AF352755

FONÉTICA Y FONOLOGÍA DESCRIPTIVAS DE LA LENGUA ESPAÑOLA

FONÉTICA Y FONOLOGÍA DESCRIPTIVAS DE LA LENGUA ESPAÑOLA

Volumen 1: Nivel segmental

Juana Gil y Joaquim Llisterri, *Editores*

GEORGETOWN UNIVERSITY PRESS / WASHINGTON, DC

The publisher is not responsible for third-party websites or their content. URL links were active at time of publication.

Library of Congress Cataloging-in-Publication Data

Names: Gil Fernández, Juana, editor. | Llisterri Boix, Joaquim, editor.
Title: Fonética y fonología descriptivas de la lengua española / Juana Gil y Joaquim Llisterri, editores.
Description: Washington, DC : Georgetown University Press, 2024. | Includes index. | Contents: v. 1. Nivel segmental — v. 2. Nivel suprasegmental.
Identifiers: LCCN 2022046862 (print) | LCCN 2022046863 (ebook) | ISBN 9781647121723 (v. 1 ; hardcover ; alk. paper) | ISBN 9781647121747 (v. 2 ; hardcover ; alk. paper) | ISBN 9781647121730 (v. 1 ; ebook) | ISBN 9781647121754 (v. 2 ; ebook)
Subjects: LCSH: Spanish language—Phonology. | Spanish language—Phonetics.
Classification: LCC PC4131 .F66 2023 (print) | LCC PC4131 (ebook) | DDC 461/.5—dc23/eng/20221018
LC record available at https://lccn.loc.gov/2022046862
LC ebook record available at https://lccn.loc.gov/2022046863

♾ This paper meets the requirements of ANSI/NISO Z39.48-1992 (Permanence of Paper).

25 24   9 8 7 6 5 4 3 2   First printing

Printed in the United States of America

Cover design by Jason Alejandro
Interior design by BookComp, Inc.

ÍNDICE DE CONTENIDOS

AGRADECIMIENTOS

Las versiones definitivas de los últimos capítulos de la presente obra nos llegaron bien entrado 2017, pero desde varios años antes, a medida que los distintos firmantes nos iban enviando sus textos en su forma final, Nuria Martínez García, en aquel entonces investigadora predoctoral en la Universidad de Colonia, se iba haciendo cargo de la última revisión ortotipográfica de cada uno y de la introducción de las remisiones entre ellos. No existen palabras para agradecer a Nuria su labor, su precisión, su rigor y su seriedad. Cuando los editores pensábamos que todo estaba perfecto, tras varias revisiones y correcciones, cuando creíamos que no era posible encontrar ya el más mínimo fallo ni en el cumplimiento de las convenciones y las normas de estilo, ni en el empleo de los términos ni en el de las referencias cruzadas, Nuria descubría lo imperceptible, localizaba lo ilocalizable, y nos hacía ver lo que nosotros nunca hubiéramos visto. Por eso, desde estas páginas queremos agradecerle públicamente su dedicación y su implicación decisiva en la obra.

De igual modo, queremos expresar nuestra más profunda gratitud a Marianela Fernández Trinidad, profesora de la Universidad Complutense, y a Jennifer González Ceria, doctoranda de la misma universidad, por el ingente número de horas que emplearon en revisar toda la bibliografía, en comprobar cada título, cada editorial, cada año. Por su parte, Noelia Carrillo Jiménez, antiguo miembro del personal del Instituto Cervantes de Lyon, intervino decisivamente en la última fase del proceso de preparación de los manuscritos, ocupándose, en su tiempo libre, de extraer, denominar y ordenar con infinita paciencia y clarividencia todas las imágenes y tablas (tarea esta para la cual se contó también con la ayuda puntual de Pedro Tena Tena, profesor del mismo Instituto Cervantes), de convertir las numerosísimas referencias bibliográficas insertas en los textos al estilo de citación requerido por la editorial, y de adaptar también el formato de cada capítulo a las directrices de Georgetown University Press. Gracias a todos ellos —sin cuya contribución esta obra no hubiera podido culminarse— se ha evitado la imprecisión en las citas de las múltiples fuentes bibliográficas y se ha seguido un criterio uniforme y coherente en la presentación del material.

Naturalmente, no podemos concluir este apartado de reconocimientos sin reiterar nuestra sincera gratitud a Ignacio Bosque y a Violeta Demonte, por el ejemplo que para nosotros supuso su obra y por sus palabras de ánimo cuando iniciamos la nuestra. Sin su modelo este proyecto probablemente no hubiera surgido. Tampoco hubiera sido factible esta empresa sin la colaboración de los autores que en ella han participado, que han sabido aceptar nuestros comentarios, han atendido a nuestras peticiones, y han seguido con infinita paciencia el avance, a veces lento y tortuoso, de los trabajos. Desde el primer momento percibieron con claridad que los editores aspirábamos a conseguir un texto uniforme y cohesionado, riguroso y extremadamente cuidado, lo cual iba a implicar que los tiempos se alargaran y la publicación se retrasara, y esta comprensión, unida a sus constantes palabras de ánimo, ha hecho posible la conclusión del proyecto. A todos ellos les quedamos profunda y permanentemente agradecidos.

INTRODUCCIÓN

La fonética y la fonología, así como los estudios variacionistas vinculados a ambos campos, parecen estar viviendo un momento dorado. Tal vez porque son ciencias interdisciplinares por su propia naturaleza y se ajustan, por tanto, a la perspectiva transversal que en la actualidad se fomenta en la investigación científica, o quizá porque sus hallazgos y sus avances son susceptibles de aplicarse en distintas esferas de nuestra vida cotidiana, el hecho cierto es que ambas materias despiertan cada vez más interés entre los estudiantes y atraen progresivamente a más especialistas. Por esta y otras razones que se irán exponiendo a lo largo de las páginas siguientes, los editores de la presente *Fonética y fonología descriptivas de la lengua española* nos marcamos en su momento como objetivo contribuir, en nuestra pequeña escala, al desarrollo y al progreso de las dos disciplinas, conformando una descripción lo más detallada y lo más completa posible del componente fónico del español que incorporara y sintetizara los avances logrados en la investigación con el paso del tiempo.

La obra que el lector tiene en sus manos se dirige a un público variado, como es diverso también el repertorio de áreas de conocimiento en las que pueden resultar pertinentes los temas abordados. Por consiguiente, no solo resulta de interés, en primer lugar y como es lógico, para los fonetistas y los fonólogos, sino también para los lingüistas en general, los profesores de español como primera lengua o como lengua extranjera, los logopedas y otros especialistas en alteraciones del habla, los peritos en comparaciones de habla con fines judiciales, los expertos en tecnologías lingüísticas, los profesionales de la locución y de la comunicación, etc. Por supuesto, los estudiantes universitarios que se preparan para obtener su graduación o su doctorado en cualquiera de estos campos constituyen destinatarios preferentes de estas páginas. Finalmente, el lector profano que, por afán de conocimiento o curiosidad intelectual, se acerque a la obra podrá también comprobar cómo, por su estructura y por la claridad de exposición que los autores han imprimido a sus textos, sus contenidos pueden resultarle perfectamente accesibles.

Desarrollo del proyecto

Hace casi veinticinco años, en 1999, se publicó la *Gramática descriptiva de la lengua española* (Madrid, Espasa), dirigida por los doctores Ignacio Bosque y Violeta Demonte. Tras su aparición, esta obra se convirtió casi de inmediato en el libro de referencia para todas aquellas personas interesadas en los estudios gramaticales sobre el español. Los 78 capítulos de que consta están dedicados, como es sabido, a presentar los resultados alcanzados en las investigaciones realizadas a lo largo de los años en el ámbito de la morfología y de la sintaxis, dejando fuera de su alcance, por tanto, las cuestiones relativas al componente fónico, muy alejadas del campo de especialización de los responsables de la obra.

Transcurridos diez años desde aquella publicación, ya en 2009, los editores del presente volumen coincidimos temporalmente en el Laboratorio de Fonética del Consejo Superior de Investigaciones Científicas, en Madrid, y tuvimos por ello ocasión de mantener largas conversaciones, en las que una y otra vez surgía la idea de 'completar' el trabajo de Bosque y Demonte con una obra, concebida desde idéntica perspectiva y dotada de aproximadamente las mismas características, pero dedicada de modo íntegro a la descripción fonética y fonológica del español. Esa idea, que en un primer momento fue solo un pensamiento transitorio no exento de ciertos tintes de locura, fue consolidándose poco a poco y, finalmente, desembocó en unas prolongadas sesiones de trabajo en las que perfilamos tanto el índice provisional de la obra, como sus rasgos más definitorios y unas normas de redacción ya bastante precisas en cuanto a las convenciones editoriales y a las pautas para unificar el vocabulario conceptual y el estilo expositivo. Como es natural, se consultó paralelamente a los doctores Bosque y Demonte acerca del proyecto, con la intención de conocer su opinión sobre él y, lo que es aún más importante, recibir algunos consejos fruto de su experiencia, adquirida en una tarea semejante. La respuesta de ambos investigadores fue enormemente positiva, afianzó todavía más nuestra determinación para seguir adelante y nos proporcionó algunas claves que han resultado muy provechosas a lo largo de los años.

El proyecto resultaba atractivo por muchas y variadas razones, una de las cuales era la ausencia de precedentes. Las gramáticas de otras lenguas elaboradas previamente a la aparición de la *Gramática descriptiva de la lengua española* con características algo similares (por ejemplo, *A Comprehensive Grammar of the English Language*, Londres, Longman, 1985; *Grande grammatica italiana di consultazione*, Bolonia, Il Mulino, 1988-1995; *Algemene Nederlandse Spraakkunst*, Groninga, Martinus Nijhoff, 1997) tampoco incluían capítulos enteramente dedicados a la fonética y la fonología. En algún otro trabajo reciente, como la *Gramàtica del català contemporani* (Barcelona, Empúries, 2002) la parte dedicada a la fonética y la fonología, aunque existe, no es muy extensa, en términos relativos.

Distinto es el caso, ciertamente, de la *Nueva gramática de la lengua española* (Madrid, Real Academia Española y Asociación de Academias de la Lengua, 2009-2011) que incorpora un volumen consagrado por completo a los aspectos fónicos, y el de la *Gramàtica de la llengua catalana* (Barcelona, Institut d'Estudis Catalans, 2016), que dedica sus cinco primeros capítulos a la fonética y la fonología. Sin embargo, ambas son gramáticas dirigidas a otro tipo de público, más general y no necesariamente especializado. Las dos responden a los objetivos establecidos por las instituciones que las han promovido, que son, lógicamente, diferentes de los que han guiado el trabajo de la presente obra. En efecto, en nuestro caso, como se explica en el segundo apartado de esta introducción, el objetivo fundamental ha sido presentar el estado actual de los conocimientos en el campo de la fonética y de la fonología del español con un elevado grado de detalle y una bibliografía exhaustiva, mientras que en las dos obras citadas la meta fue, por razones obvias, exponer un panorama general consensuado de esas mismas áreas con respecto a las dos lenguas estudiadas en cada caso, el español y el catalán. En definitiva, se trata de obras no comparables con la que ahora se presenta y que en 2009 se empezó a forjar.

En ese proceso de gestación, el siguiente paso fue seleccionar a los autores que podrían asumir la redacción de los distintos capítulos, conforme a la estructura que se consideró aconsejable para la obra y que se detalla en el tercer apartado de esta introducción. Fuimos muy conscientes desde el primer momento de que iba a ser difícil escoger una serie de nombres de entre los prestigiosos especialistas que investigan en la forma fónica del español. Por esa razón, establecimos un conjunto de criterios iniciales que nos guiaran en la selección. En primer lugar, queríamos respetar en la medida de lo posible el campo de especialización de los autores, tratando para ello de asignar los capítulos teniendo en cuenta los intereses y las aportaciones previas de todos ellos. En segundo lugar, intentamos que en el elenco de participantes hubiera representantes de España, de Hispanoamérica, de EE. UU. y de Europa. En tercer lugar, se optó siempre por dar prioridad a aquellos investigadores cuya especialidad fuera el estudio del español en cualquiera de sus variantes —si bien no fue posible en todos los casos por diversas razones que no ha lugar aquí detallar— y no recurrir a aquellos otros que habitualmente trabajan sobre lenguas distintas, salvo en el caso de que la peculiaridad del objeto de estudio lo requiriera por cualquier motivo. Finalmente, se acordó incluir en el listado inicial tanto a personas con una trayectoria académica consolidada como a otras que, aun con reputación y prestigio ya ganados, estaban comenzando su carrera profesional.

La selección de los firmantes resulta ser siempre la fase menos agradable del planteamiento de cualquier obra colectiva, y así lo fue también en nuestro caso, a pesar de contar con estas directrices que encaminaron nuestras decisiones. Somos conscientes, así pues, de que han quedado fuera de la relación de autores nombres importantísimos en las disciplinas tratadas y, asimismo, de que el porcentaje de contribuyentes que corresponde a cada área geográfica no está ajustado con exactitud, pero los 37 capítulos de que se compone la obra no nos permitían contar con un margen de maniobra mayor que posibilitara alcanzar una distribución más atinada. De cualquier forma, dadas las características del trabajo y la ingente cantidad de bibliografía citada, queremos pensar que en él se ve reconocida con justicia la labor de tantos y tantos especialistas que han contribuido al desarrollo de la fonética y de la fonología del español y que no se sentirán, por ello, extraños al proyecto.

Una vez asignados los autores a cada capítulo, y una vez aceptada por ellos la invitación a participar en la obra, los editores decidimos el procedimiento que íbamos a aplicar al recibir cada una de las contribuciones. Establecimos, por ejemplo, que realizaríamos dos revisiones de cada texto y que trataríamos de unificar al máximo —obviamente, con el correspondiente acuerdo de los autores— el estilo de la obra, no solo en cuanto a la forma, sino también con respecto al contenido, de acuerdo con las grandes líneas que se describen en los siguientes apartados. Nuestro interés fundamental, al plantear este modo de operar, era evitar por todos los medios que la edición consistiera en la mera yuxtaposición de diferentes trabajos heterogéneos, sin ninguna cohesión temática ni formal, sin referencias internas ni interconexión alguna, características estas que, desafortunadamente, se constatan en algunas obras colectivas. Sin duda, este afán iba a retrasar considerablemente la edición del libro, pero consideramos preferible subordinar el tiempo y el esfuerzo al resultado que a la inversa. En consecuencia, al recibir cada capítulo, cada uno de nosotros lo leía y lo anotaba individualmente, recogiendo las observaciones sobre todos los aspectos formales, la terminología, el alcance, la aproximación conceptual, el tono expositivo, etc., valoradas siempre teniendo en cuenta el conjunto. Más tarde, en una sesión semanal en línea, cotejábamos y comentábamos nuestros dos informes, y enviábamos el resultante de esa comparación al autor en cuestión, junto con algunas sugerencias que creíamos le podían resultar útiles.

El inicio y una gran parte del desarrollo de las labores vinculadas a la edición coincidieron, desafortunadamente, con los años en los que la crisis económica fue más exacerbada en España. Esta circunstancia tuvo como consecuencia que los editores nunca pudimos solicitar ninguna financiación estatal que nos proporcionase algún tipo de soporte económico, por la sencilla razón de que tales ayudas no se convocaron, a diferencia de lo que venía siendo habitual en épocas pasadas. El Consejo Superior de Investigaciones Científicas nos permitió utilizar una dirección electrónica para la gestión diaria del proyecto, y ahí terminó, lamentablemente, el apoyo institucional.

Ha sido, por tanto, un camino largo y difícil, en el que en más de una ocasión los editores hemos dudado de que tuviéramos ante nosotros un objetivo alcanzable. Sin embargo, vista en perspectiva, nuestra experiencia ha sido extraordinariamente agradable, por muchas razones. Sin entrar a mencionar los motivos estrictamente personales derivados de nuestra colaboración en una empresa común e ilusionante, la buena disposición de los autores, su aceptación de nuestras sugerencias y comentarios, los conocimientos que hemos adquirido tras leer sus contribuciones, sus ánimos, sus mensajes, su confianza permanente en el resultado de la obra, todo ello se ha convertido en un acicate decisivo para continuar y para olvidar los contratiempos que hayan podido surgir en el trascurso del tiempo. Esperamos que los volúmenes que ahora tienen en sus manos no defrauden tantas expectativas creadas.

Características generales de la obra

Al igual que las otras publicaciones con algún grado de similitud que la han precedido, mencionadas en el apartado anterior, la *Fonética y fonología descriptivas de la lengua española* es una obra 'colectiva', y lo es porque en ningún caso hubiera podido ser producto de un trabajo individual, dado el nivel de especialización que requiere redactar cada uno de sus capítulos. Con el avance de las distintas ciencias, resulta cada vez más evidente que una única persona no puede dominar todas las áreas y subáreas de una disciplina ni, mucho menos, ser capaz de compendiar sistematizadamente una cantidad de información tan diversa y de tan grandes proporciones.

Nuestra intención como editores, además, fue siempre coordinar una obra de carácter 'descriptivo', es decir, un volumen en el que se presentara la descripción actualizada y exhaustiva del sistema fonético-fonológico del español que resulta imprescindible también para caracterizar su variación y contribuir a su enseñanza. Existen multitud de trabajos sobre la fonética y la fonología del español, así como sobre sus peculiaridades dialectales, pero, como ya se explicó en páginas anteriores, no se contaba con una descripción abarcadora, profunda, especializada y lo más exhaustiva posible que reflejara el estado de la cuestión actual en cada uno de los aspectos tratados. En ese sentido, ni el considerable desarrollo de la investigación científica que trajo consigo la aparición de las últimas corrientes en fonología ni la disponibilidad de nuevas herramientas para el análisis de la señal sonora parecen haber tenido hasta el momento mucha incidencia en la puesta a punto de una descripción con las características de la que ahora se presenta. El objetivo, pues, era articular una obra de referencia en la que los fenómenos tratados se abordaran con un elevado grado de explicitud y en la que el análisis fonético y fonológico no se planteara y se justificara exclusivamente desde los supuestos de una teoría, de un modelo o de un enfoque determinados. Más bien lo que se pretendía, y así lo entendieron los autores, era presentar y ordenar los resultados que las diferentes concepciones de las distintas escuelas han ido aportando a la comprensión de los fenómenos con el correr de los años.

Finalmente, cabe señalar que la aproximación que se ha aplicado a los diversos temas tratados es fundamentalmente sincrónica. Por consiguiente, en los capítulos que abordan la variación se tienen en cuenta las variantes geográficas, de registro, de estrato social o de género, pero en ellos solo se da cabida a los aspectos diacrónicos si son necesarios para comprender la naturaleza de las unidades estudiadas y completar su análisis, porque la obra no se ha concebido como una fonética o una fonología históricas del español. De igual modo, también quedan fuera del alcance de este trabajo las investigaciones relacionadas con las diferentes aplicaciones de las que es susceptible el análisis fonético y fonológico, como las concernientes al campo de la adquisición del componente fónico, al de la didáctica de la pronunciación o al de las patologías del habla, por citar solo algunos ejemplos. Es cierto que los estudios experimentales realizados en estos ámbitos también proporcionan con frecuencia datos interesantes para describir el nivel fonético-fonológico del español, pero incluir la revisión de todas esas aportaciones en esta obra resultaba una tarea inabarcable. En ese sentido, los editores —que compartimos el convencimiento de que, en cualquier disciplina, la buena práctica exige siempre un profundo conocimiento previo de los constructos teóricos básicos que la sustentan— entendemos que la información contenida en el presente trabajo puede ser útil como un punto de partida en el que apoyarse para tratar las cuestiones más o menos problemáticas que se plantean en los diversos ámbitos de la fonética y la fonología aplicadas.

Estructura de la *Fonética y fonología descriptivas de la lengua española*

Aunque la obra no se presenta dividida de manera expresa en partes, sí es posible establecer en ella tres grandes apartados: el constituido por el capítulo 1, que por su naturaleza es muy diferente de los demás; el que integran los capítulos 2 al 23, dedicados a la descripción de los elementos segmentales; y, finalmente, el apartado conformado por los capítulos 24 al 37, centrados en el análisis de los elementos suprasegmentales. A continuación, nos detendremos brevemente en explicar las características de cada una de estas secciones.

En el capítulo 1, que constituye el 'mapa conceptual' de la obra, se presentan y se explican de modo sintético y ordenado las nociones pertenecientes al ámbito de la fonética y de la fonología generales —ya se trate de conceptos concretos o bien de escuelas, modelos o enfoques teóricos— a las que se alude en los restantes capítulos. En efecto, no en todos los casos los autores se han detenido a pormenorizar las propiedades de tales nociones, o bien porque ni el tiempo ni el espacio del que disponían se lo permitían o porque algunas de ellas son realmente muy básicas y su conocimiento se le puede presuponer al lector. El capítulo 1 está planteado, pues, como una guía a la que este se remita cada vez que en el texto de otro determinado capítulo se haga referencia a algún concepto cuyo significado quiera conocer en mayor profundidad o cuyas características (adscripción a un enfoque dado, evolución, etc.) desee comprobar. Conviene tener presente que, justamente por lo que se acaba de exponer, en este primer capítulo no se recogen todos los términos, ideas o nociones propios de la fonética y de la fonología generales —lo que lo hubiera convertido en un auténtico manual válido para ambas disciplinas y que hubiera sobrepasado la extensión razonablemente esperable en un texto introductorio de este tipo—, sino solo aquellos que se mencionan en los restantes capítulos del volumen. Para expresarlo más gráficamente cabe decir que son todos los que están, pero no están todos los que son.

Los conceptos que configuran el 'mapa' están organizados en bloques temáticos que aspiran a dar cuenta de las relaciones de dependencia o de familiaridad que existen entre ellos. Por ejemplo, en la parte inicial del capítulo, que es la referida a la fonética, se distribuyen en los tres grandes apartados en los que se suele desglosar esta disciplina: fonética articulatoria, acústica y perceptiva. Por otro lado, en la parte dedicada a la fonología, las nociones se agrupan en función de las escuelas que las han propuesto o de los enfoques con los que se vinculan, y así, por ejemplo, los conceptos claramente asociados con la fonología estructuralista se separan de los adscritos a la generativista. La extensión de las diversas entradas es variable, como variable es la complejidad de los temas abordados y, en el final de cada una de ellas, se ofrecen algunas referencias bibliográficas que podrían ser de interés para los lectores atraídos por la cuestión tratada.

El juego de remisiones internas dentro del capítulo y de remisiones de los restantes capítulos a este inicial permite al lector conseguir una visión de conjunto, un panorama estructurado, de las interrelaciones existentes entre las unidades, los métodos, las teorías y los modelos manejados.

Los capítulos 2 al 23, por su parte, se ocupan de la descripción de las distintas categorías de segmentos fónicos del español: vocales, paravocales, oclusivas orales, oclusivas nasales, fricativas y africadas, laterales y róticas. Como se puede observar, en esta clasificación las consonantes africadas aparecen agrupadas con las fricativas; en realidad, existen razones científicas para asociar a las primeras tanto con las oclusivas como con las fricativas, pero los editores decidimos optar por la presente ordenación al ser la más habitual en la tradición académica hispánica.

Cada clase estudiada se trata desde tres diferentes puntos de vista, presentados por tres autores distintos que han trabajado de forma coordinada: la descripción fonética, la caracterización de la variación y la descripción y el análisis fonológicos. A su vez, la descripción fonética se realiza desde la triple perspectiva de la producción, de las propiedades acústicas y de la percepción, y abarca asimismo las variantes sistemáticas condicionadas por el contexto, es decir, las realizaciones tradicionalmente denominadas alofónicas, reservando otros tipos de variabilidad (geográfica, de registro, etc.) para el capítulo correspondiente dedicado a la variación.

En relación justamente con los capítulos que abordan la variación, conviene apuntar que están organizados internamente según la preferencia del autor y la propia especificidad del tema tratado. Por lo general, la información presentada se ordena por fenómenos fonético-fonológicos (diptongación, nasalización, despalatalización, seseo, etc.), cuya difusión se analiza en las distintas áreas dialectales del español, pero, como norma y siempre que ha sido posible, los editores hemos respetado la libertad de cada autor en relación con este aspecto.

En cuanto al análisis fonológico, este recoge los diferentes tratamientos de que ha sido objeto un determinado fenómeno, considerando los distintos planteamientos empleados hasta el momento para abordarlo. A este respecto y según se ha expuesto en el segundo apartado de la presente introducción, los editores solicitamos encarecidamente a los diversos autores que no se ciñeran a un único marco teórico ni manejaran un solo aparato conceptual, sino que intentaran ofrecer una visión equilibradamente crítica y lo más completa posible del estado de la cuestión. Precisamente este afán por la exhaustividad motivó que la descripción fonológica de las vocales se repartiera en dos capítulos distintos, el primero dedicado a su caracterización e implicación en procesos de tipo alofónico, y el segundo centrado en las alternancias morfofonológicas en las que se ven inmersas. Se optó por esta solución para evitar incluir en el volumen un texto excesivamente largo y para lograr, al tiempo, un mayor equilibrio entre el tratamiento de las vocales y el de las consonantes, a las que se dedica un gran número de capítulos. Por lo demás, el de las vocales ha sido el único caso en el que un mismo autor ha firmado dos textos.

Los aspectos fónicos suprasegmentales se estudian en los capítulos 24 al 37. El primero de ellos es el dedicado a la sílaba, que en realidad es una entidad, situada en la intersección entre el plano segmental y el suprasegmental, que resulta fundamental para expresar generalizaciones concernientes a ambos niveles. Ciertamente, la sílaba no puede considerarse una unidad suprasegmental en el mismo sentido en que el acento o la entonación lo son, pero es parte integrante de la estructuración prosódica de una lengua, en nuestro caso el español, y cumple un papel decisivo en la determinación y la descripción de los fenómenos esencialmente suprasegmentales, por lo que es habitual vincularla directamente con ellos.

Aunque la articulación general en torno a la cual se estructura la obra —esto es, la secuencia descripción fonética, descripción de la variación, descripción fonológica— se mantiene en cierta medida también en esta parte, el carácter propio de los fenómenos analizados y su elevado grado de complejidad impusieron una serie de modificaciones. Por ejemplo, en el caso de la entonación, no bastaba con presentar su descripción en términos fonéticos y fonológicos y la variación a la que está sujeta en el mundo hispanohablante, sino que se hacía preciso exponer también las interrelaciones fundamentales que sostiene con el análisis del discurso y la conversación, así como su relevancia para la interpretación pragmática de los enunciados. En sentido contrario, la carencia de suficientes trabajos pormenorizados sobre algunos aspectos suprasegmentales —por ejemplo, la relativa falta de estudios detallados sobre la velocidad de articulación— aconsejaba aglutinar en un único capítulo la descripción de la modalidad estándar y de las variantes.

Parcelar los contenidos relacionados con la fonética, con la fonología y con la variación, tanto en el nivel segmental como en el suprasegmental, implica un riesgo considerable, que los editores asumimos como mal menor y que consiste en la elevada probabilidad de que se produzcan solapamientos y repeticiones entre los distintos capítulos que los abordan. Tales desajustes son totalmente esperables en cuanto que ninguna de las tres aproximaciones constituye un compartimento estanco, sino que, muy al contrario, difícilmente pueden comprenderse sin entender antes los vínculos que mantienen entre sí y las redes de conexiones que comparten. Con todo, una gran parte del esfuerzo que los autores y los editores hemos realizado durante el proceso de preparación de la obra ha ido dirigido, precisamente, a evitar en la medida de lo posible no ya las indeseables contradicciones que pudieran manifestarse en los textos, sino las mucho más disculpables —pero no menos gravosas para la obra en su conjunto— reiteraciones innecesarias.

Convenciones

A continuación, se detallan algunas de las convenciones adoptadas en esta obra con respecto a diferentes aspectos.

Estructura de los capítulos

Por lo que se refiere a la estructura de los textos, todos los capítulos se dividen en apartados y subapartados. Se emplean dos tipos de fuente para separar las cuestiones centrales de las secundarias: los contenidos que se consideran fundamentales se presentan en un tipo, mientras que aquellos otros que constituyen puntualizaciones o excursos complementarios —y que suplen a las notas a pie de página— se reproducen en uno distinto, destacándolos con una línea vertical en el margen izquierdo para que queden perfectamente diferenciados.

El formato al que se ajustan todos los textos sigue en gran medida las directrices requeridas por la propia editorial y las pautas establecidas en la decimoséptima edición del *Chicago Manual of Style* (2017), de manera que tanto el sistema de citación como la presentación de las tablas y figuras o la organización de las referencias bibliográficas responden a los modelos estándares característicos del estilo definido por la universidad de Chicago. A este respecto, es oportuno precisar también que el empleo de las comillas en los distintos capítulos responde a unos criterios comunes y bien definidos: cuando en ellos se alude a términos o locuciones propuestos o utilizados por un determinado autor se hace siempre uso de las comillas dobles; cuando, por el contrario, simplemente se desea resaltar un concepto, o bien llamar la atención sobre una denominación o una expresión peculiar, se utilizan las comillas simples. Las remisiones internas entre capítulos se presentan entre corchetes y contienen una pequeña flecha y el número del capítulo o del apartado al que se reenvía al lector si quiere encontrar más información sobre la cuestión tratada o sobre algún otro tema relacionado con ella ([→ . . .]). Conviene subrayar que en todos los textos se remite en algún momento al capítulo 1, pero que las remisiones que este incluye son, por el contrario, internas al propio capítulo, por lo que no comparten el mismo formato.

Terminología

Con el objetivo siempre presente de unificar al máximo la terminología empleada en toda la obra, los editores tomamos una serie de decisiones en cuanto a algunos términos requeridos tanto para la descripción fonética como para la descripción fonológica del español y de sus variantes. A continuación, se mencionan las más destacables:

- En la obra se utiliza el término 'paravocales' para aludir al conjunto de sonidos vocálicos integrado por aquellos que en la tradición hispánica se denominan 'semiconsonantes' (esto es, las vocales que constituyen el elemento prenuclear de un diptongo o triptongo) y 'semivocales' (las que ocupan, en cambio, la posición posnuclear de tales agrupaciones). El término paravocal resulta útil en la medida en que sirve para expresar las generalizaciones que pueden aplicarse a ambos tipos de sonidos. Además, merced a los significados que el prefijo 'para-' presenta en español, se pone de relieve la naturaleza fonética particular de estos elementos, que no coincide exactamente con la de las vocales nucleares, a las que sin embargo acompañan siempre.
- Según se explica con detalle en varios capítulos, es generalmente aceptado que, dependiendo del contexto en el que se encuentren, los fonemas consonánticos del español /b d g/ pueden realizarse en la secuencia fónica mediante los sonidos oclusivos [b d g], o bien mediante los sonidos continuos y más débiles [β ð ɣ]. Durante muchos años estos últimos se consideraron fricativos, pero las más modernas técnicas de registro sonoro y de análisis fonético han demostrado que de ellos está ausente la fricción y que, por tanto, se distinguen notablemente de las auténticas consonantes fricativas, como /s/ o /x/, por ejemplo. La nueva denominación que se les aplica, a raíz de esta constatación, varía de unos autores a otros y ha suscitado una cierta polémica. Por ello, en esta obra los editores decidimos basar nuestra propia selección del término para definir a [β ð ɣ] simplemente en el criterio de su mayor aceptación entre los especialistas, lo que nos llevó a escoger el de 'aproximante'. Aun así, en la obra aparecen otras denominaciones, como 'débil', 'espirante' o 'relajado', con las que también se conoce a este tipo de sonidos.
- A pesar de que todavía resulta frecuente encontrar en la bibliografía especializada referencias a las consonantes 'vibrantes' del español, clasificándolas en vibrante simple (la <r> de, por ejemplo, *pero*, transcrita [ɾ]) y vibrante múltiple (la <rr> de, por ejemplo, *perro*, transcrita [r]), en este trabajo se ha optado por

emplear el término 'róticas' para denominar a ambos tipos de sonidos, especificando a continuación, si fuera necesario, si se trata del primero, una 'rótica simple', o del segundo, una 'rótica múltiple'. De este modo se evita aplicar a la rótica simple, en cuya producción el ápice de la lengua no llega a vibrar, el calificativo de 'vibrante', a todas luces inapropiado. Solo en el caso de la [r] puede tener sentido hablar de vibración apical y por eso se sigue aludiendo a ella en algún momento como 'la vibrante'.

- Algunos autores utilizaban en sus respectivos capítulos el adjetivo 'postalveolar' para caracterizar a las consonantes articuladas en la zona del paladar inmediatamente posterior a los alveolos, es decir, en la zona prepalatal. Otros, sin embargo, prefirieron servirse de este último término, 'prepalatal', para aludir al mismo tipo de consonantes. Ante esta situación, los editores optamos por unificar unos y otros usos y conceder prioridad a la denominación que para estos sonidos postula la Asociación Fonética Internacional y que, en consecuencia, es la que aparece en el Alfabeto Fonético Internacional: postalveolar.

- Por lo que respecta a los términos empleados en la descripción de los elementos suprasegmentales, conviene asimismo realizar algunas precisiones.

  Para dar nombre a los distintos patrones acentuales se ha utilizado la terminología habitual en los trabajos especializados, y así se habla de palabra 'oxítona' o 'aguda', indistintamente, y, de igual manera, de palabra 'paroxítona' o 'grave / llana', o bien de palabra 'proparoxítona' o 'esdrújula'. También en consonancia con la práctica general, en la obra las sílabas acentuadas se denominan con frecuencia 'tónicas', y las inacentuadas, 'átonas', sin que ello suponga que se identifica la prominencia acentual únicamente con la variación en el tono de la sílaba en cuestión. En lo que concierne a la entonación, se ha preferido emplear el término 'curva melódica' al de 'contorno melódico' (que podía dar lugar a algún equívoco en relación con los tonos de contorno) y al de 'curva de entonación', que suponía enlazar la alusión a un elemento gráfico y físico —la curva— con la referencia al complejo fenómeno fónico global —la entonación—. Finalmente, en la obra se utilizan las denominaciones 'velocidad de elocución' o 'velocidad de habla' en lugar de la menos transparente *tempo*.

- En los capítulos dedicados a la descripción fonética, se ha concedido una especial atención a evitar mezclar términos vinculados a perspectivas de análisis diferentes, como lo son el punto de vista acústico y el punto de vista perceptivo. Así, por ejemplo, 'amplitud' se reserva únicamente para describir una de las propiedades acústicas fundamentales del sonido, mientras que 'intensidad' remite al efecto perceptivo que dicha amplitud del sonido produce en el oyente. De igual modo, el empleo de 'frecuencia fundamental' (f_0) se limita a la esfera del análisis acústico, en tanto que 'tono' se aplica a la impresión perceptiva que la f_0 causa.

  Interesa en este punto precisar, en relación con la manera de abreviar el sintagma 'frecuencia fundamental' mediante la forma f_0, según se hace en esta obra, que en la bibliografía relevante se pueden encontrar otras diversas soluciones, como F0, f0, f_0; no obstante, los editores seleccionamos f_0 por varias razones. En primer lugar, nos pareció que era preferible reservar la <F> para aludir a los formantes, siguiendo la práctica habitual (F1, F2, etcétera), evitando así cualquier posible equívoco; en segundo lugar, optamos por la cursiva como es usual al expresar magnitudes físicas y por un cero suscrito como se recomienda en diversas publicaciones de referencia.

- Por lo que se refiere a los capítulos centrados en la descripción fonológica, los editores hubimos de tomar algunas decisiones tendentes a unificar aquellas denominaciones de conceptos especialmente relevantes no compartidas por los distintos autores.

  Es el caso del término inglés *sonority*, que recubre una noción fundamental para el análisis de la estructura silábica, y que se traduce al español de muy diversos modos: 'sonoridad', 'sonoricidad', 'sonicidad' o 'sonancia' son las formas más frecuentes. Nuestra opción fue adoptar los dos últimos vocablos, utilizándolos indistintamente, y desterrar los dos primeros, que pueden confundir al lector. En efecto, mientras que en inglés *sonority* no remite a la cualidad de los sonidos en los que se produce vibración de las cuerdas vocales (puesto que ya existe el término *voiced* para describirlos) y puede, por tanto, reservarse para definir la cualidad de los segmentos que determina su integración en la sílaba, en español 'sonoridad' alude ante todo a la acción laríngea y, solo secundariamente, a esta otra propiedad; en consecuencia, en inglés no hay posibilidad de confusión, pero en español, sí. Por la misma razón prescindimos de 'sonoricidad', que además resulta ser una formación léxica algo alambicada, y de su correspondiente adjetivo 'sonorante'. 'Sonicidad', en cambio, nos parecía válido en cuanto que es un vocablo que guarda relación con 'sonía', la cualidad perceptiva que posee un sonido y que determina en buena medida su distribución fonotáctica; y, por otra parte, 'sonancia' se justifica por el amplio consenso existente acerca de la denominación 'sonantes', con la que se relaciona y que sirve para hacer referencia a los segmentos caracterizados precisamente por poseer tal propiedad.

También optamos por emplear 'marcadez' en lugar de 'marcación' para designar la característica que algunos fonemas poseen y que condiciona gran parte de su comportamiento fonológico, puesto que 'marcación' es un nombre de acción que sugiere el desarrollo de un cierto proceso, mientras que 'marcadez' comporta una visión, más estática, que apunta a la cualidad poseída intrínsecamente por un elemento fonológico 'marcado'.

Finalmente, y como es sabido, el proceso de formación de sílabas recibe muchas denominaciones: 'silabificación', 'silabeo', 'silabación', entre otros. Los editores hemos preferido ceñirnos al verbo 'silabear', que el *Diccionario* de la Real Academia Española recoge, y, en consecuencia, utilizar indistintamente sus derivados 'silabeo' y 'silabación', dado que ni 'silabificar' ni sus derivados figuran en dicho *Diccionario*. Es cierto que aún cabría otra solución, que el *DLE* incorpora atribuyéndole el mismo significado, y que es el verbo 'silabizar' (de donde 'silabización') —pero en fonología se entiende por silabizar un proceso distinto al del silabeo— que consiste en convertir en núcleo silábico a algún elemento que inicialmente estaba situado en los márgenes de la sílaba.

Sistema de transcripción

El alfabeto utilizado para la transcripción fonética y fonológica ha sido en todo momento el propuesto por la Asociación Fonética Internacional (en su versión de 2015). No obstante, se han mantenido inalteradas las transcripciones contenidas en las citas textuales, aunque no se ajustaran a las normas vigentes actualmente o en ellas se hubiera empleado incluso otro alfabeto. Asimismo, si los autores preferían emplear, en un cierto caso, un símbolo específico distinto del habitual por cualquier razón justificada, siempre se ha respetado su deseo. Nos detenemos a continuación en algunos aspectos destacables.

- Las modificaciones que en determinadas circunstancias experimentan las vocales del español en relación con su grado de abertura se representan en la obra mediante los diacríticos correspondientes provistos por el Alfabeto Fonético Internacional, y, por tanto, no se han empleado los símbolos vocálicos asociados con otros fonemas. Así pues, una /e/ más abierta de lo que sería habitual, por ejemplo, no se ha transcrito como [ɛ] sino como [e̞], precisamente para dejar meridianamente claro el carácter alofónico y no fonológico de la variación. También con respecto a las vocales, conviene precisar que la nasalización se ha señalado preferentemente en el caso de que la vocal en cuestión esté situada entre dos consonantes nasales, lo que no quiere decir, como es lógico, que en otros entornos de asimilación menos activos la vocal no pueda llegar a adquirir un cierto grado de resonancia nasal, aunque de menor entidad.
- El caso de las paravocales merece un comentario aparte. Para representarlas, en el presente volumen se emplean por lo general los símbolos de las vocales /i/ y /u/ con el diacrítico en forma de arco invertido suscrito, lo cual indica que la vocal en cuestión no es silábica ([i̯ u̯]). Así se hace tanto si la paravocal constituye el primer elemento de un grupo vocálico tautosilábico —es decir, si es una 'semiconsonante', utilizando el término común en la tradición hispánica— como si va situada tras el núcleo vocálico —esto es, lo que en esa misma tradición se conoce como 'semivocal'—.

  Según es sabido, en la bibliografía clásica las semiconsonantes se representaban con los símbolos [j] y [w], mientras que a las semivocales se les adscribían los símbolos [i̯] y [u̯]. No obstante, dado que en el Alfabeto Fonético Internacional los símbolos [j] y [w] representan en realidad consonantes aproximantes —palatal y velar respectivamente, más abiertas que las fricativas correspondientes y sin ruido de fricción, pero consonantes al fin y al cabo— los editores, con el fin de deslindar las categorías en la mayor medida posible, optamos por transcribir todas las paravocales con el diacrítico de no silabicidad, que no parece dar lugar a equívocos, y tiene además la ventaja de que alude a la propiedad exacta que convierte una vocal plena en paravocal: su incapacidad para formar núcleo silábico.

  La unificación, sin embargo, no ha podido generalizarse a toda la obra. Recurrir al uso del diacrítico suscrito según venimos explicando no es un comportamiento inocente desde el punto de vista teórico, puesto que presupone que las paravocales son realmente alófonos de las vocales plenas correspondientes,

/i/ y /u/, cuestión esta que ha dado lugar a un animado debate entre los especialistas, sin que pueda afirmarse que se haya alcanzado aún un acuerdo. Algunos autores, en efecto, incluyen en el inventario fonológico del español dos fonemas más, /j/ y /w/, diferentes de las vocales /i/ /u/, y en estos casos, así como en los de los autores que prefirieron expresamente atenerse a la tradición, se ha respetado, como es lógico, su voluntad y no se ha unificado la transcripción.

- Por lo que se refiere a las consonantes, y más específicamente a sus distintos lugares de articulación, cabe destacar que los fonemas dentales, sordo y sonoro, del español se representan, según es habitual, como /t/ y /d/, si bien en la transcripción fonética de sus realizaciones en la secuencia fónica se ha incorporado el diacrítico que indica su dentalidad: [t̪ d̪]. La razón es que los símbolos [t] y [d], sin diacrítico, se corresponden tanto con la articulación dental, como con la alveolar o con la postalveolar de tales sonidos, de modo que convenía indicar de alguna forma que, concretamente en español, se han caracterizado como dentales o como dentoalveolares. En el caso de los fonemas, tal precisión de detalle fonético no resulta necesaria.

  Otra convención adoptada es la concerniente al símbolo empleado para transcribir el fonema palatal del castellano que aparece, por ejemplo, en palabras como *vaya* o *yo*. Con independencia de cómo se realice en el habla, no existe acuerdo entre los distintos autores acerca de cuál haya de ser la representación fonológica de tal consonante, si el símbolo correspondiente a una oclusiva (/ɟ/), el de la fricativa (/ʝ/) o, en el caso de que se reconozca su existencia, el de un fonema aproximante (/j/). Los editores hemos optado, de nuevo, por basarnos en el criterio de la mayor aceptación entre los especialistas, lo que nos ha llevado a sugerir a los autores el empleo del símbolo de la fricativa siempre que no supusiera un problema teórico para ellos.

- Los signos diacríticos que recoge el Alfabeto Fonético Internacional han resultado particularmente útiles para dar cuenta de los procesos fonético-fonológicos. Así, las sonorizaciones, velarizaciones o palatalizaciones se han expresado por lo general añadiendo al elemento afectado el diacrítico apropiado en cada caso, distinguiendo de ese modo entre, por ejemplo, un sonido intrínsecamente sonoro [z] y un sonido puntualmente sonorizado [s̬], o entre una palatal nasal [ɲ] y una nasal palatalizada [nʲ]. Con todo, también en este caso se ha dejado libertad de acción a los autores. En cambio, las realizaciones aproximantes de /b d g/ se han transcrito sistemáticamente, siguiendo las convenciones del Alfabeto Fonético Internacional, con el diacrítico que se emplea para marcar la abertura ([β̞ ð̞ ɣ̞]), diferenciándolas así explícitamente de las correspondientes variantes fricativas [β ð ɣ].

Referencias bibliográficas

Como ya se ha dicho, en las referencias y citas bibliográficas se ha adoptado el estilo de la universidad de Chicago, siguiendo las normas editoriales establecidas por Georgetown University Press. Se han incluido, pues, los nombres de pila de los autores en todos los casos, excepto en los muy escasos en los que realmente ha resultado imposible llegar a conocerlos porque los propios autores firman sistemáticamente sus trabajos con iniciales.

Por lo que respecta a los apellidos, se ha optado por incorporar a las referencias bibliográficas y a las citas en los textos tan solo el primero, salvo si se daba una de estas tres condiciones:

- que el autor sea conocido y mencionado habitualmente, por consenso implícito, con los dos apellidos. Es el caso, por ejemplo, de Tomás Navarro Tomás, Fernando Lázaro Carreter, Ana María Fernández Planas o Alonso Zamora Vicente, entre otros;
- que varios autores compartan el primer apellido, lo que hacía preciso introducir el segundo para diferenciarlos. En efecto, aunque los capítulos sean susceptibles de ser consultados independientemente y tal vez no en todos se dé la concurrencia de dos primeros apellidos iguales, nada hace suponer que el lector no vaya a manejar en un momento dado el conjunto de los trabajos y, por tanto, había que evitar cualquier confusión que pudiera generarse en el contexto global de la obra. Así pues, cuando se ha producido una coincidencia de este tipo, los editores decidimos reservar un solo apellido para el autor asociado habitualmente con él, como por ejemplo en el caso de Alonso (Dámaso), Alvar (Manuel), Quilis (Antonio) o Salvador (Gregorio), entre otros, y, en cambio, emplear los dos apellidos en las referencias a las otras personas en las que tal identificación no se produce de forma tan inmediata;

- que el autor haya manifestado expresamente su deseo de ser citado con los dos apellidos, en ocasiones unidos incluso mediante un guion, como, por ejemplo, ocurre con José María Lahoz-Bengoechea o Fernando Martínez-Gil, entre otros.

En los demás casos, como se ha dicho, se optó por mantener solo un apellido, normalmente el primero, salvo cuando es el propio autor quien se decanta por emplear el segundo al firmar sus obras (por ejemplo, Ana María Borzone de Manrique, citada como de Manrique, Ana María B.).

1 FONÉTICA Y FONOLOGÍA: MAPA CONCEPTUAL

Juana Gil Fernández

José María Lahoz-Bengoechea

1.0 Preámbulo

Como quedó dicho en la Introducción de esta obra, en este capítulo se presentan y se explican las nociones pertenecientes al ámbito de la fonética y de la fonología generales a las que se alude en las restantes contribuciones. Por consiguiente, este texto está planteado como una guía a la que el lector puede remitirse cada vez que en cualquier otro capítulo se haga referencia a algún concepto cuyo significado quiera conocer en mayor profundidad o cuyas características (adscripción a un enfoque dado, evolución, etcétera) desee comprobar. No aspiran, pues, estas páginas a presentar una introducción a la fonética y a la fonología generales, ni se pretende abordar en ellas todas las nociones que son propias de tales disciplinas, sino únicamente aquellas que se mencionan en los restantes capítulos de la obra. De modo similar, en el presente texto no se incide en igual medida en los distintos modelos teóricos, sino que se concede mayor espacio a aquellos que están más representados en el conjunto de la obra. Los criterios en función de los cuales se ha organizado el capítulo y se le han atribuido sus rasgos formales se describen con detenimiento en la Introducción general, por lo que en este punto no se detallarán de nuevo.

1.1 El ámbito de estudio de la fonética

La fonética es la rama de la lingüística que se encarga de estudiar la producción, la transmisión y la percepción de los sonidos del habla. Por tal motivo se suelen distinguir tres grandes enfoques diferenciados, aunque relacionados entre sí: la **fonética articulatoria** (producción), la **fonética acústica** (transmisión) y la **fonética perceptiva** (percepción). En conjunto, la fonética busca bases anatómicas, fisiológicas, aerodinámicas, acústicas y psicolingüísticas para describir los sonidos del habla de la manera más pormenorizada posible.

La etimología del término 'fonética' (del griego φωνή 'sonido') alude al soporte material del habla en el caso de las lenguas orales. Sin embargo, por extensión, también se aplica a las lenguas de signos para hacer referencia al estudio de la producción material del habla y de los detalles de su realización (mediante signos articulados con las manos, expresiones faciales, etcétera), así como al de las características de su transmisión (óptica) y de su percepción (visual).

Para más información, el lector interesado puede consultar Catford (1988), Fernández Planas (2005), Ladefoged y Johnson ([1975] 2014), Laver (1994), O'Connor (1973) y Raphael, Borden y Harris ([1980] 2006).

1.2 Los órganos de la producción del habla

El ser humano es capaz de producir el habla mediante la acción coordinada de una serie de órganos y estructuras anatómicas. Curiosamente, ninguno de esos órganos tiene como función primaria la producción material del habla. En el caso de las lenguas orales, como el español, todos los órganos del habla están implicados en la digestión o en la respiración (o en ambos procesos). En el apartado 1.2.1 y en el 1.2.2 no se describen pormenorizadamente la totalidad de los elementos anatómicos que desempeñan algún papel en la producción del habla, pero se enumeran los más relevantes.

Para más información, el lector interesado puede consultar Fernández Planas (2005), Gil (1988) y Llisterri (1996).

1.2.1 El tracto vocal

Entre los órganos implicados en el habla, e iniciando el recorrido en los pulmones, se pueden mencionar los bronquios y la tráquea, la laringe, la epiglotis, la faringe, el paso o puerto velofaríngeo, las fosas nasales, los orificios nasales, la úvula (comúnmente llamada 'campanilla'), el paladar blando o velo del paladar, el paladar duro (o simplemente 'paladar'), la cresta alveolar o alveolos, las mejillas, la mandíbula, la lengua, los dientes y los labios. Muchos de ellos aparecen reflejados en la Figura 1.

Es habitual referirse a la **cresta alveolar** simplemente como 'los alveolos' aunque, técnicamente, los **alveolos** son los huecos donde se insertan los dientes (tanto los superiores como los inferiores). La cresta, en cambio, es una ligera prominencia (más o menos acusada según los individuos) situada justo por detrás de los dientes superiores, en la transición hacia el paladar.

El paladar duro puede dividirse, a su vez, en varias regiones: la zona **prepalatal** (también denominada, según la perspectiva que se adopte, **postalveolar**, como se hace en esta obra), la zona **mediopalatal** (en torno al punto más alto del techo de la boca) y la zona **pospalatal** (colindante con el velo). De manera similar, también en la lengua se identifican distintas partes: el **ápice** (la punta de la lengua), el **predorso**, el **mediodorso** y el **posdorso**, además de la **raíz**. El ápice junto con el predorso forman la **corona** (pero véase Keating [1991] para una discusión más detallada de los distintos criterios que se han propuesto para delimitar el concepto de corona).

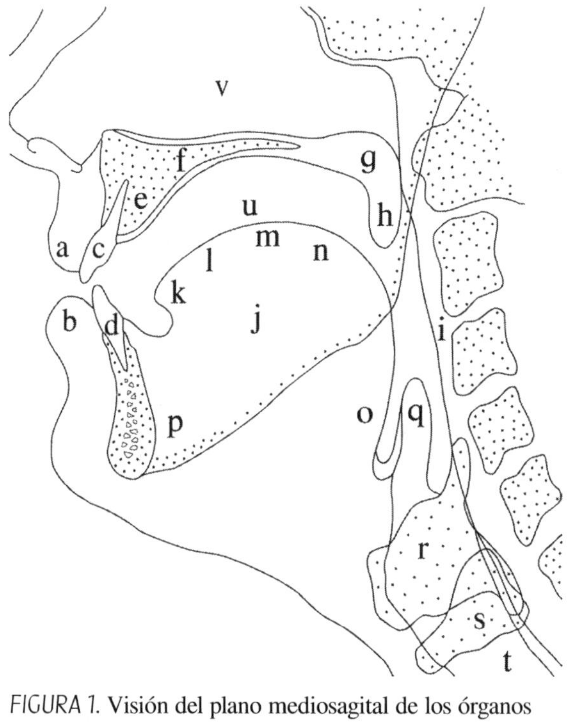

El tipo de imagen representado en la Figura 1, y sus posibles variaciones indicando las distintas posiciones de los órganos, suele denominarse **perfil articulatorio**. Es decir, se trata de un dibujo o esquema del tracto vocal en su plano mediosagital, habitualmente orientado (por convención) con los labios a la izquierda. Se conocen como posiciones 'adelantadas' o 'anteriores' las más cercanas a los labios, y como 'atrasadas' o 'posteriores' las que se localizan en el extremo opuesto. Siguiendo esta lógica, cualquier constricción en un punto del tracto vocal (descrito más adelante) establece una separación entre una cavidad posterior (o trasera) y una cavidad anterior (o frontal) con respecto a la ubicación de dicha constricción.

El **tracto vocal** (llamado así porque es por donde se canaliza la 'voz', en el sentido más amplio de este término) está formado por el conjunto de cavidades y órganos que se encuentran entre la laringe, por un lado, y los labios o los orificios nasales, por el otro. En él se distinguen tres grandes cavidades: la **cavidad faríngea** (la faringe), la **cavidad oral** (esto es, la boca) y la **cavidad nasal**

FIGURA 1. Visión del plano mediosagital de los órganos del habla. *a*, labio superior; *b*, labio inferior; *c*, dientes superiores; *d*, dientes inferiores; *e*, cresta alveolar; *f*, paladar duro; *g*, velo del paladar; *h*, úvula; *i*, faringe; *j*, cuerpo de la lengua; *k*, ápice de la lengua; *l*, predorso de la lengua; *m*, mediodorso de la lengua; *n*, posdorso de la lengua; *o*, raíz de la lengua; *p*, mandíbula; *q*, epiglotis; *r*, cartílago tiroides; *s*, cartílago cricoides; *t*, tráquea; *u*, cavidad oral; *v*, cavidad nasal (Laver 1994, 120).

(las fosas nasales). En la producción de la mayoría de los sonidos, la cavidad nasal no desempeña un papel relevante, por lo que, si al describirlos se habla de tracto vocal, en realidad se entiende que solo se está haciendo referencia a la rama oral. En los sonidos nasales, en cambio, conviene distinguir entre tracto oral y tracto nasal.

Algunos autores, como Catford (1977), incluyen las cavidades subglóticas (§ 1.3) en el concepto de tracto vocal. Sin embargo, habitualmente tiende a considerarse que el tracto vocal coincide con las cavidades supraglóticas (§ 1.3), como se ha presentado aquí.

De entre los órganos del habla, solo la laringe se puede denominar **órgano fonador** (§ 1.5.1), mientras que todos los demás son **órganos articulatorios** (§ 1.6). Además, la laringe también funciona como órgano articulatorio en los sonidos glotales, como el oclusivo [ʔ] (§ 1.6.3) o los fricativos [h] y [ɦ] (§ 1.6.3).

Ciertos órganos, como los dientes, no poseen movilidad propia, aunque pueden contribuir a la producción del sonido. Algunos únicamente admiten un tipo de movimiento, como es el caso del velo del paladar, que puede encontrarse descendido (separado de la pared posterior de la rinofaringe y dejando abierto el paso velofaríngeo), o elevado (pegado a la pared de la rinofaringe y bloqueando la entrada a las fosas nasales). Otros, como la mandíbula o la lengua, admiten distintos movimientos (arriba-abajo, adelante-atrás, etcétera). Según el número de movimientos permitidos, se dice que esos órganos tienen uno, dos, o más, **grados de libertad.**

Mientras que algunos órganos se mueven de manera independiente con respecto a otros, existen órganos cuyos movimientos están interrelacionados. Por ejemplo, si la mandíbula se eleva, también lo hacen necesariamente el labio inferior y el cuerpo de la lengua; si el cuerpo lingual avanza, también lo hace el ápice. A la hora de conseguir una determinada constricción en un punto concreto del tracto vocal, el número de estructuras interrelacionadas que se activan determina también un cierto número de grados de libertad para tal acción. Es decir, en estos casos existen diferentes maneras de combinar las acciones de los órganos para conseguir idéntico resultado. Esto permite que las estrategias empleadas para alcanzar el mismo fin varíen entre los distintos individuos y las diversas lenguas.

Además, los movimientos de los órganos participantes pueden llegar a ser contradictorios entre sí, lo que da lugar a **efectos de compensación.** Por ejemplo, lo habitual es pensar en una /a/ como una vocal que exige un notable grado de abertura de la boca. Sin embargo, es posible articular una [a] perfectamente aceptable, con su cualidad acústica esperada, sujetando un bolígrafo entre los dientes (postura que, lógicamente, no permite abrir demasiado la boca). En condiciones normales, el descenso de la mandíbula —o más bien la retracción con la que va aparejada— provoca la constricción faríngea responsable de la cualidad acústica típica de una [a]. En la situación descrita con el bolígrafo, la mandíbula no puede descender, pero la raíz de la lengua sí puede bajar y retrasarse más de lo normal, para conseguir así el mismo efecto de constricción en la faringe.

Para más información, el lector interesado puede consultar Catford (1977), Stevens (1998) y Titze (1994).

1.2.2 La laringe

La **laringe** es un órgano situado a la altura del cuello, formado por una serie de cartílagos, articulaciones y músculos.

El cartílago **cricoides** es una especie de aro unido a la tráquea. A él se vinculan, a su vez, los dos cartílagos **aritenoides** (mediante la articulación cricoaritenoidea) y el cartílago **tiroides** (mediante la articulación cricotiroidea). La **epiglotis** es otro cartílago con forma de palanca, que pasa por detrás del hueso **hioides** y se une al tiroides. La posición relativa de estos elementos puede observarse en la Figura 2.

No se debe confundir el (cartílago) tiroides con la (glándula) tiroides, aunque se encuentran adyacentes el uno con respecto a la otra. El tiroides es una estructura más o menos rígida con forma de mariposa y con una protuberancia —más acusada en los hombres que en las mujeres— denominada 'nuez de Adán' (o simplemente 'nuez').

La epiglotis experimenta un movimiento reflejo desencadenado por la deglución, de modo que cada vez que se traga algo, aunque sea solo saliva, se abate y cierra el paso a la laringe, reconduciendo el líquido o el bolo alimenticio adecuadamente hacia el esófago en lugar de hacia la tráquea. Además, en ciertas lenguas, aunque no en español, la epiglotis interviene en la producción de algunos sonidos oclusivos (§ 1.6.3) y fricativos (§ 1.6.3).

Una parte fundamental de la laringe son las **cuerdas vocales**, denominadas con mayor exactitud **pliegues vocales**, pues en realidad consisten en dos masas musculares que forman una especie de membranas o repliegues. Los dos pliegues vocales están unidos cada uno de forma independiente a uno de los dos aritenoides, y se juntan entre sí por el otro extremo, por el que están unidos al tiroides. Cuando los aritenoides separan los dos pliegues vocales, queda un

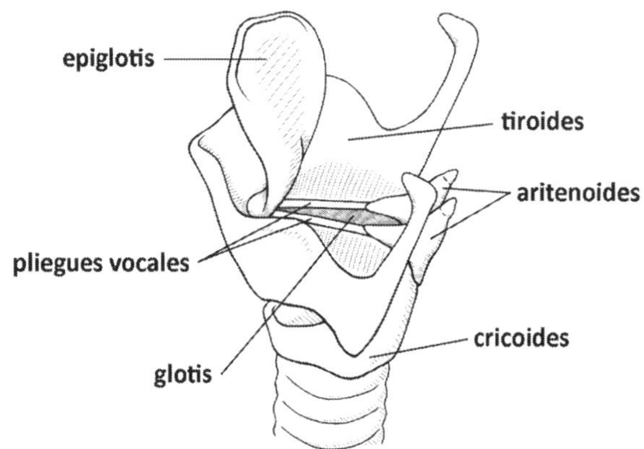

FIGURA 2. Representación esquemática de la laringe. El punto de vista se sitúa en el lateral izquierdo, y ligeramente desde arriba.

espacio libre entre ellos, de forma más o menos triangular y con un área de 1 cm², aproximadamente. Esta abertura es la **glotis,** por donde pasa el aire. Al moverse los aritenoides para juntar los pliegues vocales, se cierra la glotis y se obstaculiza el paso del aire.

De los nueve músculos que componen la laringe, tan solo uno es responsable de la **abducción glotal**, esto es, la separación de los pliegues vocales, mientras que los otros ocho participan de diversas maneras en su **aducción** o cierre, dando lugar a distintas propiedades de la fonación (§ 1.5.2), desde la frecuencia de vibración de los pliegues (§ 1.5.4) hasta los posibles cambios de cualidad de voz y de registro vocal (§ 1.5.6).

Cuando el tiroides bascula sobre el cricoides, produce un mayor o menor estiramiento de los pliegues vocales. Durante la fonación, si los pliegues vocales están más tensos, vibran a una frecuencia mayor; en cambio, su menor tensión longitudinal comporta una frecuencia de vibración inferior.

Para más información, el lector interesado puede consultar Hirose ([1997] 2010) y Titze (1994).

1.3 Aerodinámica del habla

La glotis funciona como una válvula que separa las **cavidades subglóticas** (o **subglotales**) y las **cavidades supraglóticas** (o **supraglotales**). Además, la acción de determinados órganos articulatorios puede producir constricciones en algunos puntos a lo largo del tracto vocal, lo que da lugar a una subdivisión de las vías supraglóticas en varios espacios diferenciados. La delimitación de cavidades contiguas se puede llevar a cabo mediante una separación absoluta (es decir, con un cierre total entre ellas), o tan solo mediante un estrechamiento intermedio.

Toda modificación en el volumen de una cavidad induce un cambio en la presión del aire contenido en esa cámara. Estas dos magnitudes —volumen y presión— se relacionan de manera inversamente proporcional: si se reduce el volumen, aumenta la presión y, si el volumen se amplía, la presión disminuye (es decir, se produce una **rarefacción**). Cuando la cavidad en la que tiene lugar el cambio de presión no está completamente aislada, sino comunicada con otra cavidad, la diferencia de presiones entre ambas cámaras se traduce en un flujo o movimiento de la masa de aire desde la zona en la cual la presión es mayor a aquella en la que la presión es inferior, hasta restablecer el equilibrio.

Dado un desplazamiento de un fluido, como el que se acaba de describir, es conveniente distinguir entre la velocidad de las partículas (v), calculada como la distancia que recorren por unidad de tiempo, y la velocidad volumétrica o flujo (U), que es el volumen de fluido que pasa por un determinado punto en una unidad de tiempo, y que se puede calcular gracias a la fórmula recogida en (1). La fórmula expresa que, cuanto más rápido se desplacen, pasarán más partículas por unidad de tiempo a través de esa sección del tracto vocal. Por otro lado, cuanto mayor sea el área (a) de la sección, también aumentará el número de partículas que la atraviesan en ese lapso. En la práctica, la velocidad volumétrica se mantiene constante a lo largo del conducto, de modo que, cuando se estrecha más el paso a través de una constricción, las partículas aumentan de velocidad. Piénsese, por ejemplo, en una salida de agua a través de la boca de una manguera. Si se tapa la mitad de la boquilla con un dedo, el agua empezará a salir a mayor velocidad.

(1) $U = v * a$

Existe una relación inversa entre el flujo y la presión. Si el flujo se ve limitado por una constricción, se acumula una mayor presión en la cavidad posterior a la constricción; en cambio, cuando el flujo aumenta al no existir constricción, la presión se reduce. En cuanto a la presión detectada en el seno de la propia constricción, el **efecto Bernoulli** establece que, al aumentar la velocidad de las partículas en ese tramo, se produce un descenso de presión. El efecto Bernoulli es el responsable de una serie de fenómenos físicos cotidianos. Por ejemplo, los portazos se deben al descenso de presión que se produce en el interior del vano de la puerta cuando una ráfaga de aire pasa rápidamente a través del hueco. Conforme va cerrándose la puerta y la abertura es cada vez más estrecha, el aire pasa a mayor velocidad y el efecto de succión se intensifica. Esto se constata en la aceleración del movimiento de la puerta a medida que está más próxima a dar el portazo.

Es habitual distinguir, mediante abreviaturas con subíndices, la presión o la velocidad volumétrica registradas en distintas zonas del tracto vocal. Así, por ejemplo, se habla de **presión subglótica (P_s)** frente a **presión supraglótica (P_o)**. Además, la diferencia entre estas dos se denomina **presión transglótica ($P_t = P_s - P_o$)**. Técnicamente, la presión supraglótica se puede descomponer en la presión de la cavidad faríngea (P_f), la de la cavidad oral (P_o) y la de la cavidad nasal (P_n). No obstante, se suele utilizar P_o de una manera laxa para hacer referencia a la presión supraglótica en su conjunto, siempre que no sea necesaria una mayor especificación. De modo análogo, es frecuente hablar del **flujo oral** (U_o) o del **flujo nasal** (U_n).

Todas las mediciones de presión en el tracto vocal se hacen, en realidad, por comparación con la presión atmosférica (P_{at}). Es decir, lo que se está midiendo es un **diferencial de presiones** (ΔP). Dado que la P_{at} varía en función de factores tales como la altura sobre el nivel del mar, la temperatura ambiente y la humedad, cuando se realiza un experimento fonético que requiere registrar el ΔP, es necesario calibrar los instrumentos de medición con respecto a la P_{at} registrada en ese momento y en ese lugar (véase, por ejemplo, Baken [1996] sobre cómo realizar este cálculo).

El movimiento de un fluido (como el agua o el aire) puede caracterizarse como un **flujo laminar** o como un **flujo turbulento**. En el primer caso, las partículas se mueven de forma predecible a lo largo de un conducto, en la dirección general de la corriente, y sin cambios súbitos de velocidad o dirección. En cambio, las turbulencias consisten en esos cambios inesperados de velocidad o de dirección que experimentan algunas de las partículas que conforman la corriente. El hecho de que un flujo se convierta o no en turbulento depende de la combinación de diversos factores. La generación de turbulencias es más probable cuanto más estrecha sea la constricción por la que pasa el aire, y también cuanto mayor sea la velocidad volumétrica. Además, se ve favorecida por la mayor densidad del fluido, mientras que la viscosidad de este reduce las probabilidades de que el flujo sea turbulento. Todas estas relaciones quedan recogidas en el cálculo del **número de Reynolds (Re)**, un valor adimensional que determina un punto crítico a partir del cual el flujo se convierte en turbulento.

Para más información, el lector interesado puede consultar Catford (1977) y Shadle ([1997] 2010).

1.4 Iniciación y mecanismos de corriente o flujo de aire

Las lenguas del mundo se sirven de varias estrategias diferentes para promover la **iniciación** de un flujo de aire en el tracto vocal (§ 1.2.1), flujo que después puede modularse para producir los distintos tipos de sonidos.

En función de su dirección, la corriente de aire puede ser **egresiva** (cuando hay más presión en el tracto vocal y el aire fluye hacia fuera) o **ingresiva** (cuando se produce una succión que dirige el flujo de aire hacia el interior del tracto vocal). En función del órgano responsable de provocar la presión o la succión, se distinguen tres mecanismos de creación de una corriente de aire: **pulmonar**, **laríngeo** y **velar**.

El mecanismo pulmonar siempre va aparejado a una corriente egresiva, en la que el aire va saliendo de los pulmones debido a la compresión progresiva de estos. Dicha compresión viene regulada fundamentalmente por la acción de los músculos intercostales internos, y permite obtener diferentes velocidades volumétricas en el flujo. El mencionado mecanismo da lugar a los **sonidos pulmonares**, que son los más frecuentes en las lenguas del mundo. Todos los sonidos del español son pulmonares.

El mecanismo laríngeo es el único que puede combinarse tanto con una corriente de dirección egresiva como ingresiva. En el primer caso, da lugar a las denominadas **consonantes eyectivas**, un tipo de sonido en el que se comprime el aire que está contenido en el tracto vocal y se libera repentinamente. Esto se consigue cuando, además de cerrar el tracto vocal en el punto de articulación correspondiente (§ 1.6.1), por ejemplo, en los labios, también se cierra la glotis y además se eleva todo el cuerpo de la laringe. Esa reducción del volumen del tracto vocal provoca un aumento de la presión oral (P_o), de modo que, cuando se libera el cierre, el aire escapa como disparado, como si se tratara de un pistoletazo.

Si se cierra la glotis pero la laringe desciende en lugar de elevarse, se consigue el resultado opuesto, a saber, un aumento del volumen y una rarefacción o disminución de la P_o. Al abrirse el tracto vocal, el aire entra desde fuera hacia el interior de la boca. Esta combinación de mecanismo laríngeo y dirección ingresiva es propia de las **consonantes implosivas**. A veces no resulta estrictamente necesario que se produzca una entrada de aire hacia la boca. En cualquier caso, el descenso de la laringe provoca un aumento de la presión subglótica y una disminución de la presión oral, lo que favorece el mecanismo de vibración de los pliegues vocales (§ 1.5.2), que se mantiene durante todo el tiempo que dura el cierre oral, y que incluso puede aumentar de intensidad a lo largo de dicho periodo.

El último gran tipo de sonidos, por lo que se refiere a la corriente de aire implicada en ellos, es el de los **chasquidos** (en inglés, *clicks*), que se producen con un mecanismo velar y una corriente ingresiva. Al igual que en los dos últimos casos, la pronunciación de los chasquidos comporta dos puntos de cierre en el tracto vocal, uno en la zona del velo del paladar o a veces en la úvula (mediante contacto del posdorso de la lengua en cualquier caso) y otro en un punto más adelantado. Una vez que el aire queda atrapado entre esos dos puntos, el cuerpo de la lengua baja y produce una succión debido al descenso de presión. La distensión del cierre más anterior provoca la entrada de aire en la cavidad bucal.

Para más información, el lector interesado puede consultar Catford (1977), Ladefoged y Maddieson (1996) y Laver (1994).

1.5 Fuente

No toda acción aerodinámica produce una onda sonora o, dicho de otro modo, no todo flujo de aire produce un sonido. Además del mecanismo de iniciación (§ 1.4), es necesario modular el flujo de aire para generar un diferencial de presiones (ΔP; § 1.3) que se encuentre por encima del umbral de la audición (§ 1.13.2). Dicha modulación constituye la verdadera **fuente** del sonido. Existen varios tipos de fuente, dependiendo de distintos factores (§ 1.5.1).

Para más información, el lector interesado puede consultar Raphael, Borden y Harris ([1980] 2006).

1.5.1 Tipos de fuentes

Dependiendo de si la pauta de presión y descompresión generada se repite con regularidad o no, se habla de **fuente periódica** o de fuente **aperiódica**.

En el habla, existe un tipo de fuente periódica, que consiste en la vibración cíclica de los pliegues vocales durante la fonación (§ 1.5.2). Al juntarse, los pliegues empujan o comprimen la columna de aire que queda por encima de la laringe; al separarse, la succionan y descomprimen. La energía acústica se inyecta en el tracto vocal en impulsos (o simplemente **pulsos**) glotales, y el momento de mayor intensidad corresponde al instante en que se cierra de nuevo la glotis, en cada ciclo.

Stevens (1998) señala como fuente periódica supraglótica el tipo de modulación cíclica del flujo aerodinámico que sucede en las consonantes vibrantes (§ 1.7.2), como por ejemplo la **vibración** de la [r].

Se denomina **ruido** al tipo de sonido generado por las fuentes aperiódicas (§ 1.9). Estas producen turbulencias (§ 1.3), y se clasifican en dos grandes tipos. En primer lugar, existe una **fuente de fricción**, que provoca un ruido mantenido en el tiempo cuando el aire debe pasar por un estrechamiento acusado. Tal situación suscita alteraciones en el flujo: mientras las partículas atraviesan la constricción, aumentan de velocidad y, cuando salen a la cavidad frontal, se ralentizan de nuevo, y muchas de ellas cambian de dirección, para volver a ocupar la totalidad del nuevo espacio, más ancho. Esta turbulencia en sí misma ya genera sonido. Por otro lado, también se origina ruido cuando las partículas chocan contra las paredes de la cavidad frontal, o contra otros obstáculos perpendiculares a la dirección del flujo, como los dientes (en este último caso, aumenta considerablemente la intensidad del ruido generado). La fuente, por tanto, no necesariamente se sitúa en la propia constricción, sino que puede localizarse en sus inmediaciones.

Cuando este tipo de turbulencia se produce por el paso del aire a través de la glotis estrechada (en lugar de por cualquier otra constricción supraglótica), se denomina **aspiración** (o **susurro**, si el estrechamiento es más acusado) en vez de fricción. Es decir, la aspiración no es otra cosa que una fricción glotal, pero este concepto recibe una etiqueta propia dado el comportamiento especial que los sonidos glotales suelen tener en las lenguas del mundo; por ejemplo, pueden ser el resultado de una **debucalización** o **desoralización** (§ 1.18.7), es decir, de la pérdida de la constricción en el tracto vocal o, dicho de otro modo, de la eliminación de la articulación supraglótica, de modo que el sonido se produce únicamente con intervención de la laringe. Además, a diferencia de una fricción supraglótica, producida en algún punto intermedio del tracto vocal, la aspiración produce una fuente que excita la totalidad del tracto, pues todo este constituye la cavidad frontal con respecto a dicha fuente.

El otro gran tipo de fuente aperiódica se denomina **fuente transitoria** y produce un ruido breve similar a una **explosión**. Esto se debe a la acumulación de presión detrás de un cierre y a su liberación repentina. En este caso, la fuente se ubica también en torno al lugar de la obstrucción.

Los distintos tipos de fuentes se pueden combinar. Por ejemplo, la explosión es típica de las consonantes de tipo oclusivo, mientras que la fricción es propia de las fricativas, pero la sucesión de una fuente transitoria más una fuente de fricción es lo que caracteriza a las consonantes africadas (§ 1.6.3). Por otro lado, existen oclusivas, fricativas y africadas a las que se les añade una fuente periódica mediante la fonación (§ 1.5.2), y se convierten así en oclusivas, fricativas o africadas sonoras, en lugar de sordas (§ 1.5.3).

Para producir una fricativa (o una africada) sonora, es necesario que la presión subglótica sea mayor que la presión oral, para que pueda haber fonación, pero además se precisa que la presión oral sea a su vez mayor que la presión atmosférica, para que pueda haber fricción. Esta compleja relación provoca que este tipo de sonidos sea relativamente inestable.

El resto de los sonidos pulmonares se producen con la única intervención de la fonación. Por su parte, en todos los sonidos no pulmonares actúa una fuente transitoria, con la adición de la fonación en el caso de las implosivas y en el de algunos chasquidos (§ 1.4).

Así pues, existen fuentes glóticas (fonación, aspiración —con su posible variante del susurro— y fuente transitoria en el caso de [ʔ]) y fuentes supraglóticas (vibración, fricción y fuente transitoria), que presentan un claro paralelismo entre ellas.

Para más información, el lector interesado puede consultar Catford (1977), Shadle ([1997] 2010) y Stevens (1998).

1.5.2 Fonación

Algunos autores, como Catford (1977) o Laver (1994), definen la **fonación** como cualquier actividad laríngea que sirva como fuente de sonido.

Esto excluye los movimientos verticales de la laringe que tienen función iniciadora en las eyectivas y en las implosivas (§ 1.4). Tampoco implica fonación una abertura glotal lo suficientemente amplia como para permitir un flujo de aire de tipo laminar (§ 1.3), por ejemplo durante la respiración. Por otro lado, también se excluye el cierre completo de la glotis, como en la oclusiva [ʔ] (Figura 3a), que detiene el aporte de energía aerodinámica —y, por tanto, acústica— hacia el tracto vocal. (Nótese, no obstante, que el momento de la distensión de dicho cierre glotal sí puede producir una fuente de tipo transitorio). Por último, durante la producción de los sonidos sordos, la glotis se presenta relativamente abierta (Figura 3e) y el flujo de aire que la atraviesa tampoco produce sonido audible. Esta configuración glotal de los sonidos sordos es denominada **prefonación** por algunos autores (por ejemplo, Garellek 2019).

Por el contrario, sí constituiría fonación cualquier estrechamiento de la glotis que dé lugar a un flujo turbulento. Una constricción acusada provoca un ruido más intenso, como en el **susurro**, en el que el aire apenas pasa por una pequeña abertura cerca de los aritenoides, pero la glotis puede estar cerrada en el resto de la línea de contacto de los pliegues vocales (Figura 3c). En cambio, en la **aspiración** (§ 1.5.1), la intensidad del ruido es menor porque los pliegues vocales están algo más

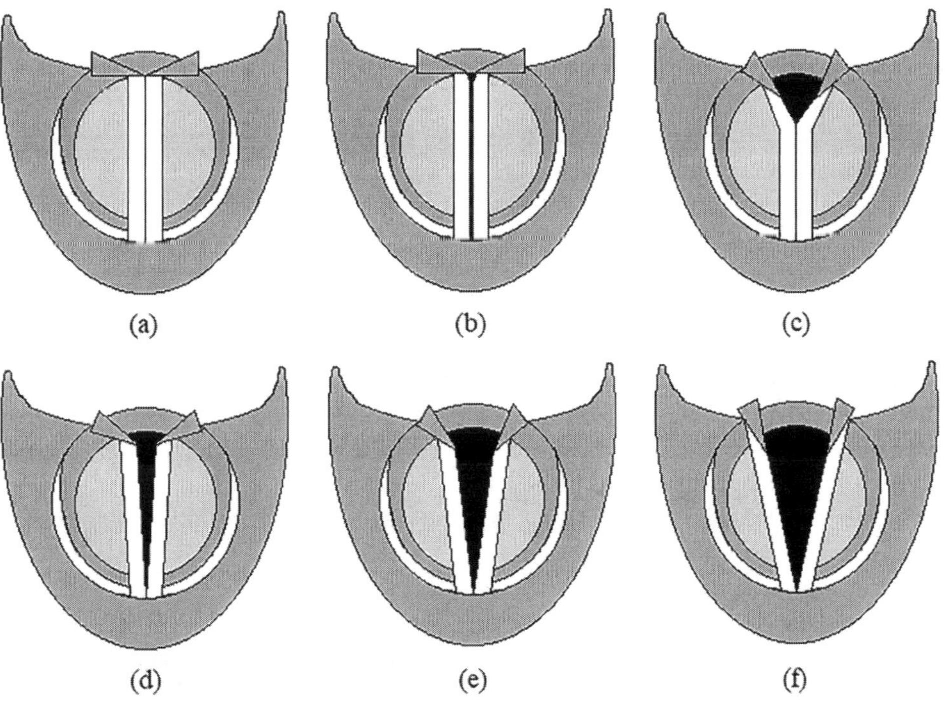

FIGURA 3. Representación esquemática de distintos estados de la glotis, vista desde arriba (la parte baja de cada diagrama es la protuberancia del tiroides, esto es, la nuez). (a) oclusión glotal; (b) aproximación de los pliegues vocales para la vibración; (c) estrechamiento propio del susurro; (d) estrechamiento propio de la aspiración; (e) prefonación, o abertura glotal típica de los sonidos sordos; (f) amplia separación de los pliegues vocales, propia de un sonido sordo cuyo momento de distensión será aspirado.

separados (Figura 3d). Cuando una oclusiva sorda se produce con una abertura glotal considerable (Figura 3f) y los pliegues deben juntarse para la fonación del sonido siguiente, normalmente estos no consiguen aproximarse a tiempo debido a la gran distancia de partida. Eso provoca que, en el momento de la distensión oral, la glotis todavía presente una configuración más bien similar a la de la Figura 3d, de modo que dicha distensión se caracteriza por una cualidad aspirada.

El prototipo de actividad fonadora consiste en generar una fuente periódica mediante la vibración de los pliegues vocales (Figura 3b). En muchos textos, el concepto de fonación se restringe a este sentido específico de vibración glotal, y ese será el sentido en el que el término se use aquí. En cambio, se usará la expresión **fuente glotal** para referirse de manera genérica a todos los estados laríngeos que producen sonido, bien sea por medio de la fonación, bien sea de cualquier otro modo

Para más información, el lector interesado puede consultar Garellek (2019), Munot y Nève (2002) y Titze (1994).

1.5.3 Sonidos sonoros y sonidos sordos

La presencia o ausencia de vibración (§ 1.5.2) de los pliegues vocales (§ 1.2.2) marca una gran diferencia entre dos tipos de sonidos: los sonidos **sonoros** y los sonidos **sordos**, respectivamente. En español son sordas las realizaciones prototípicas correspondientes a los fonemas (§ 1.17) /p/, /t /, /t͡ʃ/, /k/, /f/, /θ/, /s/ y /x/, mientras que se definen como sonoros todos los demás fonemas consonánticos y todos los vocálicos. No obstante, existen variantes alofónicas (§ 1.17.3) **ensordecidas** de estos y **sonorizadas** de aquellos, en función de factores como la posición prosódica (§ 1.21.6) o los sonidos circundantes en el contexto (§ 1.6.8), entre otras posibles causas.

La clasificación de los fonemas como sordos o sonoros no solo depende de la estricta presencia o ausencia de sonoridad, sino que intervienen otros factores (§ 1.11.4).

La oscilación periódica de los pliegues vocales produce un murmullo característico, de frecuencias (§ 1.8) muy bajas. Dicho murmullo es audible incluso en el caso de consonantes en las que el tracto vocal esté completamente cerrado (por ejemplo, con los labios cerrados y el velo del paladar elevado, como en una [b]). Esto es así porque las ondas sonoras no solo se transmiten a través del aire, sino que pueden propagarse por medios líquidos o sólidos (en este caso, a través de los tejidos del cuello, y de ahí, ya sí, pasan al aire).

Cuando los pliegues están separados, la glotis (§ 1.2.2) está abierta y el aire puede pasar libremente por ella, sin provocar ninguna vibración. En cambio, la vibración puede llegar a ocurrir cuando, por la acción de los aritenoides, se juntan los pliegues vocales y la glotis se cierra oponiéndose al paso del aire (Figura 3b). En esta configuración, los pliegues no ejercen tanta presión el uno contra el otro como en la oclusión glotal (Figura 3a).

En efecto, un primer requisito para que se produzca la fonación es que los pliegues vocales estén juntos. A continuación, la progresiva contracción de los pulmones —ayudada, a su vez, por la del diafragma y la de los músculos intercostales— hace que aumente la presión del aire que está contenido en todas las vías respiratorias por debajo de la glotis (la presión subglótica, P_s; § 1.3). Dada la elasticidad de los pliegues vocales, llega un momento en que toda esta P_s acumulada vence la resistencia que oponen estos al paso del aire. La masa de aire va separándolos, empezando por la parte baja del borde de contacto hasta deshacer el contacto también en la parte alta. En ese momento, el aire puede pasar a través de la glotis, y lo hace muy rápidamente, debido al acusado estrechamiento del pasaje (§ 1.3). La gran velocidad del flujo de aire que circula por la glotis da lugar al efecto Bernoulli (§ 1.3), y entonces se produce un descenso en la **presión intraglótica**, (P_i), lo que atrae a los dos pliegues entre sí como consecuencia de dicha succión. Cuando se juntan de nuevo, se regresa al estado inicial, con la glotis cerrada, y empieza otra vez el ciclo: se acumula P_s, el aire se abre paso, y los pliegues se juntan por el efecto Bernoulli.

Dado que una de las fases de la vibración precisa que la P_s acumulada sea suficiente para vencer la resistencia de los pliegues vocales y separarlos, esta condición es un requisito imprescindible. En concreto, la P_s debe ser mayor que la presión supraglótica o presión oral (P_o). Dicho de otro modo, la presión transglótica (P_t), que es la diferencia entre la presión subglótica y la supraglótica ($P_s - P_o$), debe ser positiva (§ 1.3).

Cuando, por el contrario, la P_s es menor o igual que la P_o, se detiene la vibración y se produce un **ensordecimiento pasivo** (Ladefoged y Maddieson 1996, 49): es un ensordecimiento porque cesa el murmullo fonador, y se denomina pasivo porque esto ocurre a pesar de que la intención articulatoria sea la de generar dicho murmullo (la posición glotal es de aducción, es decir, con los pliegues vocales juntos). Este fenómeno es habitual en los sonidos que presentan una obstrucción en el tracto vocal. Conforme transcurre el tiempo de articulación de dicho sonido, desciende la P_s (porque el aire va saliendo de los pulmones hacia la boca) y aumenta la P_o (porque el aire se acumula en la boca, al encontrar su paso al exterior obstaculizado).

En el momento en que la presión de ambas cavidades se iguala, se detiene la vibración. Esto explica que en todas las lenguas que presentan parejas de sonidos obstruyentes (§ 1.6.2), sordos y sonoros, los sonoros siempre son más breves que sus equivalentes sordos, puesto que los requisitos aerodinámicos necesarios para la fonación no pueden mantenerse en el tiempo de manera muy prolongada.

El fenómeno opuesto es la **sonorización pasiva** (Jessen y Ringen 2002; Westbury y Keating 1986) que consiste en la propagación de la vibración glotal de un sonido sonoro a otro colindante en el que los órganos no adoptan intencionalmente una posición propicia a la fonación. Esta asimilación (§ 1.18.7) es tanto más probable cuanto menor sea la duración del segmento que experimenta la sonorización pasiva. La presión transglótica necesaria para mantener la vibración de los pliegues vocales es menor que la requerida para iniciar dicha vibración. Por tanto, cuando el proceso vibratorio ya está en marcha (por el sonido precedente), este puede continuar durante una obstruyente (§ 1.6.2) siguiente si la duración de la misma es lo suficientemente breve como para que la constricción oral no llegue a provocar tal aumento de P_o que se pierda el umbral de P_t requerido. Todo esto —bien entendido— siempre que los pliegues vocales permanezcan también lo bastante juntos, como se presentarían en el estado fonatorio del sonido sonoro, y esto es posible, igualmente, si la brevedad de la obstruyente impide desarrollar un gesto de abertura glotal de la magnitud requerida para conseguir una sorda activa. Además, el nivel de P_o se mantendrá más bajo si los músculos de las paredes del tracto vocal permanecen relajados y elásticos, permitiendo que las paredes cedan ante el aumento de presión, compensándolo.

Para más información, el lector interesado puede consultar Esling (2013) y Ladefoged y Johnson ([1975] 2014).

1.5.4 La frecuencia fundamental

Cada uno de los ciclos glóticos constituye una vibración de los pliegues vocales (§ 1.5.2), y una sucesión de ciclos provoca la generación de una onda sonora (§ 1.8) al establecer un patrón periódico de presión y descompresión del aire. La frecuencia con la que se repiten los ciclos laríngeos es la **frecuencia fundamental** (f_0; § 1.9), cuyo correlato perceptivo es el **tono**: a mayor frecuencia, un tono más alto; a menor frecuencia, un tono más bajo.

En realidad, la periodicidad de la vibración nunca es perfecta, sino que suelen darse pequeñas variaciones de un ciclo al siguiente, de modo que, en este sentido, es más apropiado hablar de 'vibración cuasiperiódica'. La variación promediada entre ciclos consecutivos, en lo que se refiere a la frecuencia de vibración, recibe el nombre de *jitter*, mientras que la variación en cuanto a la amplitud de la vibración (§ 1.8) se denomina *shimmer*. Cuando estos parámetros presentan valores muy elevados, pueden ser síntomas de una voz patológica (véase, por ejemplo, Baken 1996), pero una determinada cantidad de *jitter* y *shimmer* siempre está presente en la voz normal (que, de lo contrario, sonaría robótica y metálica). La cualidad concreta de una voz (§ 1.5.6) depende en cierta medida de su *jitter* y de su *shimmer*.

Para más información, el lector interesado puede consultar Catford (1977), Laver (1994) y Titze (1994).

1.5.5 Melodía y entonación

Existen diversos tipos de variaciones locales en la frecuencia de vibración. Las llamadas **variaciones micromelódicas** constituyen pequeñas alteraciones de la f_0 (§ 1.5.4) propias de determinados sonidos (Buenafuentes, Madrigal y Garrido Almiñana 2000; Di Cristo 1982; Di Cristo y Hirst 1986; Kitajima y Tanaka 1995). Por ejemplo, las vocales altas (§ 1.6.5) como la [i] y la [u] suelen presentar una f_0 **intrínseca** (o inherente) más elevada que las vocales bajas (§ 1.6.5) como la [a] (Di Cristo y Hirst 1986; Esling 1995; Van Hoof y Verhoeven 2011; Whalen y Levitt 1995). Además, algunas consonantes experimentan breves descensos micromelódicos, normalmente atribuibles a causas aerodinámicas. Si se produce una aproximación o incluso un contacto entre dos órganos articulatorios de tal modo que se obstaculiza la salida del aire, aunque sea momentáneamente, entonces el aumento relativo de la presión oral (P_o; § 1.3) con respecto a la presión subglótica (P_s; § 1.3) puede provocar una disminución en la frecuencia de vibración (aunque no llegue a producir el ensordecimiento pasivo completo; § 1.5.3). Esto es algo típico de la rótica simple [ɾ] (§ 1.6.4) o de la aproximante espirante velar [ɣ] (§ 1.6.3), por ejemplo.

Mientras que las variaciones micromelódicas son involuntarias y, normalmente, predecibles en función del segmento o sonido concreto de que se trate, existen otras variaciones de la f_0 que sí son controlables.

Dos mecanismos básicos pueden provocar un aumento de la f_0, a saber, el incremento de la P_s y la tensión de los pliegues vocales mediante la articulación cricotiroidea. Según McRoberts, Studdert-Kennedy y Shankweiler (1995), el primero es responsable del control de los cambios de f_0 que se producen a más largo plazo, como pueden ser los que afectan a la producción de enunciados completos, con valor paralingüístico, como se verá enseguida. En cambio, el segundo se caracteriza por una mayor precisión temporal, y es el que se pone en juego para las variaciones locales de la f_0, como las que experimenta la entonación en torno a las sílabas léxicamente acentuadas o en el final de los sintagmas entonativos (§ 1.21.6).

Las variaciones controladas de la f_0 determinan una **melodía**. La melodía constituye la base fonética de la **entonación**, y esta se refiere únicamente a las variaciones melódicas que tienen relevancia lingüística según la fonología de un idioma (§ 1.16).

Este sentido de la palabra 'melodía' no debe confundirse con la interpretación particular que recibe este término en el ámbito de la Fonología Autosegmental (§ 1.21.2, § 1.21.3), donde se refiere a los distintos elementos fonológicos que pueden aparecer en una posición temporal determinada de la secuencia.

Como explica Escandell (2017), los significados lingüísticos de la entonación se caracterizan por su carácter discreto; es decir, se perciben de forma categorial (§ 1.14.1) y dan lugar a pares mínimos (§ 1.17.1). Además, se rigen por convenciones: pueden variar de una lengua a otra (incluso de un dialecto a otro) y, por tanto, su interpretación no es predecible sin conocimiento lingüístico. Por último, son sistemáticos: los valores se escogen dentro de un paradigma de alguna categoría gramatical estable, con pocos valores posibles y muy bien definidos (valores que, dependiendo de la lengua, pueden codificarse por medios gramaticales distintos a la entonación). Por ejemplo, los valores que expresa la entonación suelen tener que ver con la modalidad oracional, la estructura informativa o la evidencialidad.

Además de esta **función lingüística** de la entonación, la melodía puede desempeñar una **función paralingüística** y una **función extralingüística**.

La paralingüística (la preposición griega παρά significa 'junto a') se refiere a todos los fenómenos que necesariamente acompañan cualquier producción lingüística sin poseer valor lingüístico por sí mismos. Por ejemplo, con independencia de los movimientos entonativos lingüísticamente relevantes, la **curva melódica** que las fluctuaciones frecuenciales definen en cualquier enunciado presenta un determinado valor promedio de f_0, más alto o más bajo, que a veces recibe el nombre de **registro tonal**, y que en muchas ocasiones se asocia a un significado paralingüístico (por ejemplo, pragmático).

Conviene no confundir este concepto con la noción de 'tonos de registro', es decir, aquellos sostenidos, o que mantienen una altura más o menos constante en el tiempo, por oposición a los 'tonos de contorno' (§ 1.21.1).

De igual modo, existe una **gama** o **rango tonal** delimitado por la distancia entre el tono más alto y el tono más bajo, que también puede revestir un valor paralingüístico.

Aunque a menudo se considera lo paralingüístico como un subconjunto de los elementos no verbales de la comunicación, estos dos conceptos no deben confundirse y, como se ha dicho, solo puede ser paralingüístico aquello que necesariamente acompaña la producción lingüística. Además, por ejemplo, si bien lo gestual representa un elemento de comunicación no verbal en el caso de las lenguas orales, sin poder considerarse paralingüístico, en cambio, en las lenguas de signos lo gestual puede ser lingüístico (cuando está convencionalizado) o paralingüístico (como, por ejemplo, la velocidad o la amplitud de los movimientos, siempre que no formen parte del signo).

Las variaciones paralingüísticas de la melodía pueden igualmente deberse a las emociones, al estado de ánimo o la actitud del hablante (véanse Frick 1985; Gussenhoven 2002; Murray y Arnott 1993; Pell *et al.* 2009, entre muchos otros trabajos mencionables).

Indudablemente, las variaciones con función paralingüística no se limitan a la melodía, sino que se extienden a otros fenómenos como la cualidad de voz (§ 1.5.6), la **velocidad de elocución** (también denominada *tempo,* esto es, la velocidad general de habla, pausas incluidas) o la **velocidad de articulación** (es decir, la velocidad a la que el hablante articula los distintos sonidos, excluidas las pausas); del mismo modo, pueden cumplir una función paralingüística las propias pausas, los alargamientos y otros tipos de hesitaciones.

Por otro lado, como se ha dicho, la melodía puede aportar información extralingüística, esto es, relativa a aquellas características del locutor que son independientes de su estado de ánimo. Por ejemplo, el valor medio de la f_0 (§ 1.5.4) suele servir para identificar el sexo del locutor y, muy a grandes rasgos, su edad (§ 1.9). El comportamiento melódico también puede ser índice de alguna patología o de una intoxicación.

Otras características melódicas propias del hablante incluyen su **campo tonal**, determinado por el mínimo y el máximo absolutos de f_0 que puede producir, y su **tesitura**, entendida como la zona frecuencial en la que el individuo emite su voz con más comodidad o eficacia. Por ejemplo, de menor a mayor tesitura, se suele clasificar una voz como de bajo, barítono o tenor (en el caso de los hombres), o contralto, *mezzosoprano* o soprano (en el caso de las mujeres).

Para más información, el lector interesado puede consultar Beckman y Venditti ([1997] 2010), Di Cristo (1982), Fletcher (2010), Fónagy (2003), Frick (1985) y Ladd (1996).

1.5.6 Cualidad de voz

La denominación **cualidad de voz** es doblemente ambivalente y por ello genera con frecuencia cierta confusión. En primer lugar, puede referirse a las características permanentes de la voz de una persona, esto es, la cualidad perceptiva general que tiñe todas sus emisiones y que forma parte de su individualidad, o bien puede circunscribirse a la modalidad vocal con la que se pronuncia un enunciado concreto en un determinado momento. En segundo lugar, la cualidad de voz puede considerarse como el resultado acústico-perceptivo de la acción conjunta de la fuente (§ 1.5.1, § 1.9) y del filtro (§ 1.10), esto es, como el producto de la configuración y de la actuación de todo el aparato vocal de un locutor, o puede entenderse, por el contrario, como un fenómeno exclusivamente ligado a la modalidad de fonación (§ 1.5.2), es decir, a la disposición y a la acción de los pliegues vocales durante el proceso fonatorio. En la bibliografía relevante, el término 'cualidad de voz' aparece utilizado en todos estos sentidos. Quizá la interpretación del concepto más extendida en la actualidad es la última, aquella que lo relaciona directamente con la fonación, pero conviene tener presente la diversidad existente.

Las modificaciones en la cualidad de voz resultantes de las alteraciones de la fonación se clasifican en dos grupos distintos: cambios en los **registros vocales** y cambios en los **tipos** o **modos de fonación**. Los primeros se refieren a los diferentes intervalos de frecuencias en los que se puede inscribir la voz de un hablante al modificar la longitud de los pliegues vocales, su tensión, y la masa puesta en vibración (y, como consecuencia de todo ello, la velocidad de dicha vibración). Cuando se mueve dentro de los márgenes delimitados por las gamas frecuenciales de cada registro, la cualidad de la voz del locutor no cambia demasiado, esto es, el efecto perceptivo que produce es similar, con independencia de que varíe la intensidad (más fuerte o más débil) con la que se emite. Por el contrario, el cambio de un registro vocal a otro se percibe como un salto cualitativo. Se distinguen tres registros fundamentales: la **voz modal**, la **voz de falsete** (*falsetto*) y la **voz quebrada** (en inglés, *creak phonation, vocal fry, glottal fry, pulse register, laryngealization;* las posibles traducciones al español son también variadísimas: **voz rota**, **voz crepitante**, **crepitación**, **frito vocal**, **voz pulsada**, **voz laringalizada**, **voz glotalizada**, entre otras).

El registro modal es el habitual; de hecho, se denomina 'modal' justamente en alusión a la 'moda', o valor que aparece con mayor frecuencia en una distribución estadística de datos. Es, en efecto, aquel en el que la glotis se cierra por completo en cada ciclo y las cuerdas vocales vibran con regularidad, sin fricción ni turbulencia alguna. Presenta una tensión media de los pliegues vocales y la frecuencia fundamental se mueve en torno a los valores descritos en el § 1.9. Por su parte, el **registro de falsete** se corresponde con un intervalo de frecuencias muy altas; por ejemplo, en la bibliografía se han llegado a precisar las cifras de 275 a 634 Hz como los límites inferior y superior del falsete para una voz masculina (Laver 1994, 197). El falsete se caracteriza por la elongación de los pliegues vocales y por mantener inactivo el músculo del cuerpo de los pliegues (solo vibra la cubierta, esto es, la capa de tejido más externa). Como consecuencia de esto, se reduce la superficie de contacto entre los dos pliegues vocales, que tan solo se rozan por un fino borde. De tal modo, se concentra una mayor tensión y eso es lo que permite obtener una f_0 tan elevada. Finalmente, la **voz pulsada**, **quebrada** o **rota** es aquel registro en el que las cuerdas vocales vibran en el rango de frecuencias más grave que el locutor es capaz de producir. En él, los pulsos glotales se producen a una frecuencia extremadamente baja, inferior por lo general a los 70-80 Hz, y normalmente espaciados en el tiempo de forma irregular (suele ser una voz con bastante *jitter* y bastante *shimmer*, § 1.5.4). Los pliegues vocales vibran tan despacio que es posible oír por separado cada golpe glotal (§ 1.9). En principio, la tensión longitudinal de los pliegues es escasa, mientras que la comprensión media y la tensión aductora de los aritenoides es alta, aunque las distintas descripciones que se encuentran en la bibliografía varían mucho entre sí (para una panorámica, véanse, por ejemplo, Laver [1994], Titze [1994], y también Garellek [2019] para una descripción de las diferencias de matiz entre distintas cualidades en la esfera de lo crepitante).

Los tipos o modos de fonación responden, por el contrario, no tanto a las variaciones en los intervalos frecuenciales, como sucede en el caso de los registros, sino a los diversos ajustes que pueden tener lugar en la laringe durante la fonación y que aportan un matiz extra al registro correspondiente. Por ejemplo, la **voz soplada**, **empañada** o **de hálito** (todas estas traducciones —y probablemente algunas más no recogidas aquí— se le han dado al original inglés *breathy voice*) se origina cuando los pliegues vocales no llegan a cerrar por completo la glotis y el flujo de aire proveniente de los pulmones la atraviesa rápidamente creando una turbulencia audible que recuerda a la pronunciación de la fricativa glotal [h]. De alguna manera, puede decirse que este modo de fonación se caracteriza por combinar la vibración de los pliegues vocales (fonación en sentido estricto) con otra fuente glotal de tipo aspirado. En términos más informales, puede afirmarse que la voz soplada es una voz con un considerable escape de aire (§ 1.9).

Otros ajustes diferentes de los pliegues vocales pueden originar una **voz rasgada** o **voz áspera** (en inglés, *rough / harsh voice*) —esta, acompañada de una constricción faríngea—, o una **voz tensa** (en inglés, *pressed / tense voice*), o una **voz susurrada** o **murmurada** (en inglés, *whispery voice*; § 1.5.1)

Como se ha señalado, muchos de estos modos de fonación pueden combinarse con distintos los registros vocales, pues no son mutuamente excluyentes, de manera que, gracias a esta posibilidad, la cualidad de voz sirve para transmitir una enorme riqueza de matices sonoros diferentes que normalmente se corresponden con una serie de significados lingüísticos, paralingüísticos o extralingüísticos (§ 1.5.5) también distintos. Por citar un ejemplo, es perfectamente posible murmurar con voz de falsete o con voz quebrada.

Para más información, el lector interesado puede consultar Avelino (2010), Beck ([1997] 2010), Catford (1964), Garellek (2019), Gobl y Ní Chasaide (2010), Gordon y Ladefoged (2001), Sprigg (1978) y Titze (1995).

1.6 Articulación

La **articulación** consiste en la modificación de la forma y el volumen de la cavidad de resonancia formada en el tracto vocal (§ 1.2.1), que ejerce una labor de filtro sobre la onda sonora generada por la fuente (§ 1.5.1), dotándola de ciertas características acústicas. Esto se consigue mediante el movimiento de uno o varios órganos articulatorios, que modifica la anchura del canal por el que fluye la corriente de aire en alguna zona del tracto. Normalmente se distingue entre **órganos articulatorios activos**, que son los que se mueven, y **órganos articulatorios pasivos**, hacia los que se mueven los activos.

Las dos características que definen de manera fundamental la articulación de un sonido son el punto de articulación (§ 1.6.1) y el modo de articulación (§ 1.6.2).

Para más información, el lector interesado puede consultar Bickford y Floyd ([1981] 2006).

1.6.1 Punto de articulación

El **punto** —denominado también en la bibliografía **lugar** o **zona**— de articulación es la ubicación en la que se produce la mayor constricción, esto es, la mayor aproximación entre los órganos articulatorios implicados en la producción de un sonido dado, alterando el paso natural del aire. Por supuesto, a lo largo del tracto vocal (§ 1.2.1) puede haber varios puntos de constricción, pero el considerado como punto de articulación siempre será el más estrecho de todos, pues es el que determina las principales características acústicas del sonido en cuestión.

Se distinguen los siguientes puntos de articulación:

- **Bilabial**. Órgano activo: labio inferior. Órgano pasivo: labio superior (técnicamente, este puede moverse, pero en cualquier caso lo hace de una forma mucho más limitada en comparación con el inferior). Son bilabiales, por ejemplo, los sonidos [p], [b] y [m] del español.
- **Labiodental**. Órgano activo: labio inferior. Órgano pasivo: incisivos superiores. Es labiodental, por ejemplo, el sonido [f] del español.
- **Interdental**. Órgano activo: ápice de la lengua (§ 1.2.1). Órgano pasivo: incisivos superiores e inferiores. Es interdental, por ejemplo, el sonido [θ] del español.
- **Dental**. Órgano activo: corona de la lengua (§ 1.2.1). Órgano pasivo: incisivos superiores. Son dentales, por ejemplo, los sonidos [t̪] y [d̪] del español.
- **Alveolar**. Órgano activo: ápice de la lengua. Órgano pasivo: cresta alveolar (§ 1.2.1). Son alveolares los sonidos [s], [n] y [ɾ] del español, entre otros.
- **Postalveolar** (también llamado prepalatal § 1.2.1), dependiendo de la perspectiva adoptada). Órgano activo: corona de la lengua. Órgano pasivo: parte posterior de la cresta alveolar. Es postalveolar, por ejemplo, el sonido [t͡ʃ] del español.
- **Retroflejo** (también llamado **cacuminal** en la tradición hispánica). Órgano activo: reverso del ápice de la lengua. Órgano pasivo: parte anterior del paladar. En español estándar no existen sonidos retroflejos, pero sí se han descrito como variantes en el dominio asturleonés, por ejemplo, la llamada 'che vaqueira' [ʈ͡ʂ] (García Arias [1988] 2003, 201 y ss.; Lapesa [1942] 1981, 96-97).

- **Palatal**. Órgano activo: predorso de la lengua. Órgano pasivo: paladar duro. Es palatal, por ejemplo, el sonido [ɲ] del español.
- **Velar**. Órgano activo: posdorso de la lengua. Órgano pasivo: velo del paladar. Son velares, por ejemplo, los sonidos [k], [g] y [x] del español.
- **Uvular**. Órgano activo: posdorso de la lengua. Órgano pasivo: úvula. En principio, el español estándar no cuenta con fonemas consonánticos uvulares (aunque sí son posibles realizaciones uvulares de [x]), pero se puede considerar que la vocal [o] se articula en la zona uvular (§ 1.6.5).
- **Faríngeo**. Órgano activo: raíz de la lengua. Órgano pasivo: pared posterior de la faringe. En español estándar no existen las consonantes faríngeas, pero sí que se encuentra un sonido vocálico faríngeo: la [a] (§ 1.6.5).
- **Epiglotal**. Órgano activo: pliegues ariepiglóticos (que conectan los aritenoides con la epiglotis). Órgano pasivo: epiglotis. En español estándar no existen sonidos epiglotales. Un ejemplo de este tipo de sonidos sería la consonante [ʡ] del árabe.
- **Glotal**. Órgano activo: los pliegues vocales. Un ejemplo de sonido glotal lo constituye la realización [h] procedente de la aspiración de sonidos obstruyentes (§ 1.6.3) en muchas variedades del español.

> El término **gutural** es una denominación que engloba conjuntamente los puntos de articulación uvular, faríngeo, epiglotal y glotal, es decir, aquellos situados por debajo de la bifurcación del tracto vocal en rama oral y rama nasal. Los sonidos guturales se caracterizan por la ausencia de movimiento de la mandíbula o bien por un movimiento descendente de esta, frente a los sonidos más anteriores, en los que la mandíbula alcanza una posición más elevada (Lee 1995).

En ocasiones, un sonido se articula a lo largo de una zona más amplia, que cubre varios puntos contiguos, como puede ser el caso de las articulaciones dentoalveolares, o de las alveolopalatales. En realidad, estos sonidos poseen un único punto de articulación, con la particularidad de que este es bastante extenso.

> Otra posibilidad diferente reside en que un sonido presente dos puntos de articulación no contiguos (con dos órganos activos también diferenciados). En ambos puntos de articulación se debe presentar un grado de constricción similar. Los ejemplos más destacables son aquellos que combinan una constricción ejercida con los labios y otra con la lengua.
>
> - **Labiovelar.** En la constricción labial interviene, como órgano activo, el labio inferior y, como órgano pasivo, el labio superior. En la constricción velar intervienen el dorso de la lengua y el velo del paladar, como órganos activo y pasivo, respectivamente. Un ejemplo de sonido labiovelar es la consonante [w] del inglés.
> - **Labiopalatal.** Se caracteriza por una constricción labial (labio inferior y labio superior) y otra palatal (predorso de la lengua y paladar duro). Un ejemplo de sonido labiopalatal es la [ɥ] del francés.

Cuando se comparan dos sonidos, se dice que son **homorgánicos** si comparten el lugar de articulación. Existe un concepto estricto de homorganicidad, que exige la identidad exacta del punto, normalmente determinada por el órgano pasivo. Así, según este criterio, no serían homorgánicos un sonido interdental y otro alveolar, por ejemplo. En cambio, en un sentido más amplio, para considerar homorgánicos a dos sonidos basta con que coincidan en al menos un articulador activo (por ejemplo, los labios, la corona de la lengua, el dorso de la lengua, etcétera).

> Para más información, el lector interesado puede consultar Gil (2007), Llisterri (1996) y Navarro Tomás ([1918] 1996).

1.6.2 Modo de articulación

El **modo de articulación** es la manera en la que se obstaculiza o se deja pasar el flujo de aire. Habitualmente, en los sonidos del habla se distingue entre tres grados de constricción. La primera posibilidad es que se establezca un contacto completo entre articuladores. Si no existiera tal contacto completo, puede ocurrir que se configure un estrechamiento lo suficientemente acusado para que el flujo oral (U_o), esto es, la cantidad de masa de aire que debe atravesarlo por unidad de tiempo, genere una turbulencia (§ 1.3) que dé lugar a una fuente de fricción. En estos casos se habla de estrechamiento crítico, pues exige una gran precisión: si los órganos se aproximan un poco más, entrarán en contacto y, si se distancian ligeramente, el estrechamiento ya no será suficiente para provocar el flujo turbulento. En efecto, esta es la tercera posibilidad lógica, a saber, una mera 'aproximación' entre los órganos, que no llegan a tocarse ni tampoco a acercarse tanto como para que el aire produzca un ruido de fricción al pasar entre ellos.

El modo de articulación influye de manera decisiva en las características aerodinámicas de un sonido. Los distintos modos de articulación se agrupan en dos grandes tipos. Por un lado, se habla de sonidos **obstruyentes**, que son aquellos en los que la constricción supone un obstáculo al paso del aire suficiente como para que la presión oral (P_o; § 1.3) aumente de forma notable con respecto a la presión atmosférica. Por otro lado, en los sonidos **sonantes** la P_o aumenta mucho menos, debido a que la constricción presenta una magnitud escasa o una duración muy breve (o ambas características a la vez).

Las **vocales** son, de entre todos los tipos de sonantes, los sonidos que se caracterizan por una menor magnitud en la constricción, aunque en este caso la duración del gesto articulatorio correspondiente es bastante mayor que la de los sonidos consonánticos. Son **consonantes** todos los demás tipos de sonantes (y, claro está, todas las obstruyentes).

Aunque, técnicamente, las vocales son un tipo de sonantes, es habitual encontrar el término 'sonante' referido únicamente a las consonantes sonantes.

Para más información, el lector interesado puede consultar Ball y Rahilly (1999) y Llisterri (1996).

1.6.3 Consonantes obstruyentes

Entre los sonidos obstruyentes (§ 1.6.2), se distinguen los modos de articulación que a continuación se describen.

Las consonantes **oclusivas** se producen mediante un contacto completo de los órganos articulatorios y un cierre total en algún lugar del tracto vocal. Cuando se produce la **distensión**, esto es, la separación de los órganos que configuraban la constricción, suele generarse una explosión debido a que la presión oral (P_o; § 1.3) acumulada se libera repentinamente.

Existen oclusivas de **distensión simple**, en las que el sonido siguiente empieza justo a continuación de la distensión (y de la explosión, si la hay). Estas son las oclusivas por antonomasia y se denominan simplemente 'oclusivas', es decir, no suele ser necesario especificar que son de distensión simple, si no es por contraste con alguna de las otras posibilidades. Por ejemplo, se pronuncian con este modo de articulación los sonidos [p], [t̪] y [k] del español.

Otras oclusivas presentan **distensión aspirada**: en ellas se distingue un cierto periodo de aspiración (§ 1.5.1) tras la liberación del cierre. Las oclusivas (sordas) aspiradas se caracterizan por que, en el momento de la distensión oral, todavía no se ha completado el movimiento de aducción glotal (§ 1.2.2) y, por tanto, la fonación correspondiente al siguiente sonido no puede empezar inmediatamente. Durante cierto lapso de tiempo, en la laringe no se produce murmullo fonador, sino un ruido de aspiración. Es decir, se trata de una cuestión de coordinación temporal entre los gestos articulatorios orales y el gesto fonador de la glotis. La medida del tiempo que tarda en comenzar la sonoridad con respecto al momento de la distensión es un parámetro acústico denominado *Voice Onset Time* (o, por sus siglas, **VOT**) y sirve para diferenciar, entre otras cosas, las oclusivas con distensión aspirada de las que no lo son (§ 1.11.4). Por ejemplo, son oclusivas con distensión aspirada las realizaciones [pʰ], [tʰ] y [kʰ] que presenta el inglés en algunas posiciones prosódicas (§ 1.21.6).

Alternativamente, las oclusivas pueden desarrollar una **distensión africada**. Cuando los órganos articulatorios se separan lentamente, se produce un momento durante la distensión en el que configuran un estrechamiento crítico (§ 1.6.2), que provoca un ruido de fricción en el mismo punto de articulación en el que se había producido la oclusión. Esta es la diferencia clave con respecto a las oclusivas de distensión aspirada: en estas, el ruido es necesariamente glotal, con independencia del punto de articulación de la oclusiva, mientras que en las africadas el punto de fricción es homorgánico (§ 1.6.1) al de oclusión. Algunos autores, como Martínez Celdrán y Fernández Planas ([2007] 2013), clasifican las consonantes **africadas** como un subtipo de oclusivas en función de su distensión. No obstante, dado que las africadas presentan un primer momento oclusivo y un segundo momento fricativo, en la tradición española se han tratado como un modo de articulación propio, híbrido entre los otros dos, e incluso se han relacionado más bien con las fricativas, como en la clasificación que se adopta en esta obra. Un ejemplo de africada es el sonido [t͡ʃ] del español.

Por último, aunque tipológicamente más raro, existe en español un tipo de **distensión espirante** como el que se produce en la articulación de [ɟ͡ʝ]. Aunque el sonido que sigue inmediatamente a la distensión es homorgánico con el de la oclusión, no se puede tratar como una africada debido a la ausencia del característico ruido de fricción.

Las consonantes **fricativas** son otro tipo de obstruyentes y se caracterizan por presentar un estrechamiento crítico (§ 1.6.2) en el punto de articulación, causante del ruido de fricción que el aire genera al pasar por él. Aunque es posible que, a lo largo del tracto vocal, haya varios puntos de estrechamiento, siempre es el más estrecho de todos el causante de la turbulencia que provoca el ruido de fricción y, por tanto, el verdadero lugar de articulación de la fricativa. Por ejemplo, son fricativas la [f], [θ], [s] y [x] del español centropeninsular.

Las **fricativas centrales** (o, simplemente, 'fricativas') se oponen a las **fricativas laterales**. En estas últimas, se produce un cierre completo a la salida del aire en la zona central (mediosagital) del tracto vocal, mientras que se configura el estrechamiento crítico entre los laterales de la lengua y las paredes del tracto vocal. Las fricativas laterales comparten muchas propiedades con las aproximantes laterales, de las que se hablará un poco más adelante (§ 1.6.4).

Además, existe un subtipo de fricativas llamadas **sibilantes** (entre las que se incluyen sonidos como la [s] y la [ʃ], o sus equivalentes sonoros [z] y [ʒ]). Según Ladefoged y Maddieson (1996), la particularidad de las sibilantes es que en ellas gran parte del ruido de fricción se produce por la turbulencia generada al canalizar la corriente de aire contra un obstáculo que se interpone en la dirección del flujo, como, por ejemplo, los dientes. Las sibilantes se caracterizan por presentar una mayor P_o, una mayor velocidad del aire y una mayor intensidad del ruido de fricción que las fricativas no sibilantes. El proceso por el que un sonido no sibilante se transforma en sibilante se denomina **asibilación**.

De manera análoga, también se habla de africadas sibilantes cuando su fase de fricción reviste las propiedades típicas de las fricativas sibilantes, como en el caso de la [t͡ʃ].

La última clase de obstruyentes la constituyen las consonantes **espirantes**. Estas son un subtipo de sonido **aproximante**, es decir, no presentan contacto completo entre los articuladores, sino que los órganos simplemente se aproximan entre sí, y por eso a menudo suelen considerarse versiones relajadas o débiles de sus respectivas oclusivas. Por otro lado, la constricción no llega a ser tan estrecha como para producir ruido de fricción y, por tanto, la única fuente que presentan es de tipo fonador. Sin embargo, según Martínez Celdrán y Fernández Planas ([2007] 2013), dicha constricción sí es suficiente para hacer que aumente la P_o y, en consecuencia, estas consonantes se incluyen de pleno derecho entre las obstruyentes. Nótese, en cualquier caso, que estos autores afirman que las producciones espirantes pueden variar de más abiertas a más cerradas (p. 57). Son espirantes las realizaciones [β̞], [ð̞], [ʝ̞] y [ɣ̞] del español (§ 1.17.3).

Aunque las espirantes son, como se ha indicado, solo uno de los posibles tipos de aproximante, es habitual referirse a ellas simplemente como aproximantes. Por otro lado, si bien ya Juan Pablo Bonet, en el siglo XVII, o Francisco Orchell y Antonio M.ª García Blanco, en el XIX, entendían como ideas separadas los conceptos de fricativa y de aproximante —a pesar de que no utilizan estos términos exactos—, la tradición hispánica que se inició con Tomás Navarro Tomás en el siglo XX ha persistido en denominar fricativas (sonoras) a las consonantes aproximantes espirantes, por el mero hecho de no presentar un cierre completo.

Lo que hace que un 'estrechamiento crítico' sea crítico es la cantidad exacta de flujo oral (U_o; § 1.3). En efecto, el grado de abertura de una espirante puede ser similar al de una fricativa. Sin embargo, el flujo de aire es considerablemente menor en el caso de la espirante, y por ello no llega a producirse ninguna turbulencia. Dado que en los sonidos sonoros la glotis no está abierta todo el tiempo y en los sordos (activos; § 1.5.3) sí, es comprensible que el flujo oral sea relativamente reducido en las espirantes. Esta circunstancia favorece la ausencia de ruido que las diferencia de las fricativas, e igualmente explica la relativa dificultad que supone producir las verdaderas fricativas sonoras —como [v], [ð], [z], [ʒ], [ɣ], etcétera—, pues exigen un gran flujo oral (aun con la glotis alternando entre abierta y cerrada) para poder formar una turbulencia en el punto de estrechamiento.

El hecho de tratar a las espirantes como fricativas llevó a Navarro Tomás (1934, [1918] 1996) a utilizar el concepto de **rehilamiento** para referirse a las verdaderas fricativas. De esta manera consigue distinguir entre lo que hoy se sabe que es una aproximante, [ʝ̞], y la pronunciación fricativa [ʒ], típica, por ejemplo, de la variedad porteña del español. A esta última Navarro la denomina, entonces, fricativa rehilada.

Para más información, el lector interesado puede consultar Brosnahan y Malmberg (1976).

1.6.4 Consonantes sonantes

De manera generalizada, las sonantes (§ 1.6.2) presentan una única fuente, la glotal, que es periódica; se trata, por tanto, de sonidos sonoros (§ 1.5.3), aunque es cierto que existen variantes ensordecidas. Existen tres grandes clases de sonantes: las nasales, las líquidas (con varios subtipos) y las deslizantes.

Las **nasales**, como [m], [n] y [ɲ], constituyen un modo de articulación que se caracteriza por un cierre oral combinado con un descenso del velo del paladar, de modo que el paso velofaríngeo queda abierto y permite el escape de aire por la nariz. Por ello, a pesar del contacto completo entre los articuladores orales, nunca llega a acumularse apenas presión oral (P_o; § 1.3), y eso las caracteriza como sonantes. Las consonantes nasales destacan, además, por que la participación de dos ramas del tracto vocal (la rama oral y la rama nasal), una de las cuales está cerrada (la oral), determina, como regla general, la aparición de antirresonancias (§ 1.10), lo que les confiere propiedades acústicas propias.

Las **líquidas** son una gran clase de sonidos que incluye a las **laterales**, como la [l], y a las **róticas**, como la [r]. No son un modo de articulación en sí mismo, sino más bien una categoría que consiste en la combinación de características propias de vocales y de consonantes. Las líquidas presentan una posición atrasada de la raíz lingual que provoca una constricción secundaria en la faringe asociada con propiedades vocálicas, y además tienen otra constricción principal, más acusada, en algún punto más adelantado del tracto vocal, que es la que determina las propiedades consonánticas (Boyce, Hamilton y Rivera-Campos 2016; Proctor 2009; Tabain y Beare 2018).

A menudo las líquidas van acompañadas de una vocal intrusiva —también llamada elemento esvarabático—, que suele intercalarse entre la líquida y la consonante contigua. La presencia de este elemento está casi asegurada en el caso de las róticas, y es relativamente frecuente en el de las laterales.

Como se ha explicado, el rasgo común de las líquidas es su constricción faríngea. Lo que diferencia los dos grandes tipos de líquidas es que en las laterales el aire sale por los lados de la lengua, mientras que en las róticas sale por el centro de la boca. Esto provoca que las laterales tengan antirresonancias (§ 1.10), mientras que las róticas no las presentan o, si lo hacen, no es por el mero hecho de ser róticas sino por otro motivo, como la presencia de una cavidad sublingual en el caso de las retroflejas (Stevens 1998).

La clase de las laterales incluye, principalmente, dos modos de articulación: las fricativas laterales, de las que ya se ha hablado anteriormente (§ 1.6.3), y que constituyen un tipo de obstruyente, y las aproximantes laterales, como la [l], que son las que habitualmente se denominan 'laterales', sin mayores precisiones, y que son sonantes y conforman un subtipo de aproximantes. En efecto, estas se pronuncian con un cierre completo en la línea central (mediosagital) del tracto oral, mientras que los lados de la lengua se aproximan a las paredes del tracto, sin llegar a estrechar tanto el paso del aire como para que se genere ruido.

Según lo explicado, la retracción de la lengua en la [l] es una propiedad ligada al carácter líquido, y así se ha documentado para el caso del español (Proctor 2009). Tradicionalmente se ha asociado el movimiento hacia atrás del cuerpo lingual con una pronunciación oscura [ɫ], especialmente si dicha retracción se ejecuta de manera anticipada al movimiento del ápice de la lengua (Sproat y Fujimura 1993). Esto puede parecer contradictorio con la descripción habitual de la [l] del español como clara (Recasens 2012). Sin embargo, Narayanan et al. (1997) y Proctor (2009) sugieren que la pronunciación oscura no depende del movimiento anticipado del cuerpo lingual sino del grado de la constricción faríngea alcanzado por dicho movimiento. En ese sentido, la [ɫ] oscura se puede describir como una articulación faringalizada en comparación con la [l] clara, que, si bien presenta cierta faringalización, lo hace en menor grado.

Por su parte, el término **rótica** alude a la letra griega rho (ρ), que representa una 'r', y se usa para referirse a todos los sonidos que auditivamente recuerdan a algún tipo de 'r'. Es una denominación que no se refiere, en sí misma, a un modo de articulación, pues en ella se pueden incluir ditintos modos, que se describirán a continuación: vibrantes, percusivas y aproximantes róticas, y también fricativas, como la [ɹ], (estas realizaciones con componente fricativo se suelen denominar **asibiladas**, es decir, que presentan propiedades típicas de las **sibilantes**; § 1.6.3). En algunas lenguas, existen incluso vocales rotizadas (como la [aˑ] o la [əˑ]), pero estas no son ya propiamente líquidas, porque no son consonantes. Las vocales rotizadas se relacionan sincrónica o diacrónicamente con algún contexto en el que ha desaparecido una rótica y más bien deberían describirse como vocales retroflejas. Las consonantes róticas tampoco se limitan a un punto de articulación concreto (pueden ser alveolares, retroflejas o uvulares), si bien es cierto que en todos los casos el articulador activo es la lengua (y no los labios, por ejemplo). En definitiva, lo que permite reconocer a una rótica como tal es la posición atrasada de la raíz de la lengua y el hecho de que el aire sale por el centro de la boca y no por los laterales.

Como se ha mencionado, algunas róticas se presentan en forma de consonantes **vibrantes**. Las vibrantes se caracterizan por un contacto completo entre los articuladores, pero muy breve, y este alterna con otros momentos de abertura.. La tradición hispánica ha distinguido habitualmente entre **vibrante simple** (como el sonido [ɾ] de *pero*) y **vibrante múltiple** (como el sonido [r] de *perro*). No obstante, hoy en día se sabe que las condiciones de producción de estos dos tipos de sonidos son muy diferentes, y que difícilmente pueden representar un mismo y único modo de articulación. Las verdaderas vibrantes serían las múltiples. Si se toma como ejemplo la [r] apicoalveolar, el ápice de la lengua establece contacto con la cresta alveolar y, al oponerse al paso del aire, provoca un aumento paulatino de la P$_o$ (§ 1.3). Llega un momento en que esta presión vence la resistencia interpuesta por el ápice, lo separa de la cresta alveolar, y posibilita que el aire escape rápidamente por la abertura. En ese momento, como consecuencia del efecto Bernoulli (§ 1.3), se produce un efecto de succión que vuelve a juntar el ápice a los alveolos. Este ciclo se puede repetir varias veces y es lo que constituye la vibración que da nombre al modo de articulación.

La pronunciación de este tipo de sonido exige un fino equilibrio entre tensión y relajación articulatoria. Por un lado, se requiere bastante tensión para generar un flujo de aire considerable, a pesar de tratarse de un sonido sonoro (en el que, por tanto, la glotis solo está abierta aproximadamente la mitad del tiempo). Además, en la [r] los laterales de la lengua se apoyan con fuerza contra los molares, lo que impide el escape lateral del aire. Por su parte, el ápice debe ejercer un contacto firme, para permitir el aumento de la P_o, pero debe permanecer relativamente relajado para que el empuje del aire lo pueda apartar de su punto de contacto, y también para quedar sujeto al retorno provocado por la succión que surge del efecto Bernoulli.

En cualquier caso, el único movimiento voluntario del ápice de la lengua es el del primer contacto, necesario para iniciar el aumento de P_o. En cambio, los posteriores movimientos de vibración —la separación con respecto a los alveolos y el retorno— son involuntarios, y se explican únicamente por causa aerodinámica (por el mencionado efecto Bernoulli).

Aquí reside la gran diferencia entre las vibrantes (múltiples) y las llamadas 'vibrantes simples', que otros autores prefieren denominar **percusivas**. Los sonidos percusivos se caracterizan por un único movimiento voluntario del articulador activo, que ejerce un contacto completo sobre el articulador pasivo, aunque de manera extremadamente breve, de modo que no llega a aumentar considerablemente la P_o. El movimiento, además, se suele describir como 'balístico', es decir, que se desarrolla a gran velocidad: se dirige a su objetivo y, con la misma velocidad, se retira.

En definitiva, existen diversas denominaciones para la oposición entre vibrantes y percusivas, incluyendo la caracterización como tensas y laxas, respectivamente, la tradicional de vibrante múltiple o simple, o —tal y como se hace en esta obra— la de **rótica múltiple** frente a **rótica simple**.

También existen las **aproximantes róticas**, como la [ɹ], que constituyen otro tipo de sonante. Se caracterizan por una aproximación de los articuladores, insuficiente para provocar un estrechamiento crítico (§ 1.6.2) y, por tanto, son uno de los cuatro subtipos de aproximantes, junto con las espirantes, las laterales y las deslizantes.

Finalmente, y dejando ya de lado la gran clase de las líquidas, el término **deslizante** hace referencia al modo de articulación propio de sonidos como las consonantes inglesas [j] o [w]. En español centropeninsular no hay consonantes deslizantes; de hecho, la diferencia entre la [j] inglesa y la [ʝ] española es que la primera es una sonante y, la segunda, una obstruyente (la [j] es aproximante deslizante y la [ʝ] es aproximante espirante). En cambio, la [j] sí existe en muchas variedades del español de Centroamérica, por ejemplo. A menudo, a las deslizantes se las identifica con las semiconsonantes o las semivocales, esto es —por emplear el término que engloba a ambos tipos de sonidos—, con las **paravocales**. No obstante, conviene distinguir este concepto, que alude a las vocales que no ocupan el núcleo silábico, del de deslizante, que se refiere a un tipo de consonante (así aparecen recogidos esos sonidos en los cuadros del Alfabeto Fonético Internacional; § 1.15.2) y que ocupa posiciones silábicas típicas de consonante. No obstante, el lector debe saber que muchos autores utilizan los mencionados símbolos [j] y [w] para representar las paravocales, en lugar de añadir el diacrítico de no silábico (o no nuclear) a las vocales ([i̯], [u̯]), como se hace en esta obra. Tales autores consideran que la /j/ y la /w/ son fonemas independientes de los vocálicos, en el inventario de fonemas de la lengua española. Es decir, la diferencia no estribaría únicamente en la posición silábica ocupada, sino en la identidad del segmento.

Para más información, el lector interesado puede consultar Blecua Falgueras (2001), Huffman y Krakow (1993), Ladefoged y Maddieson (1996), Martínez Celdrán (2004) y Martínez Celdrán y Fernández Planas ([2007] 2013).

1.6.5 Articulación de las vocales

Los sonidos llamados 'vocales' pertenecen a la clase de las sonantes (§ 1.6.2) y son, en principio, sonoros (§ 1.5.3), aunque pueden presentar variantes ensordecidas (susurradas). Los movimientos articulatorios de las vocales se caracterizan por ser intrínsecamente más lentos y durar más que los de las consonantes (Goldstein, Byrd y Saltzman 2006). Además, en las vocales se mantiene un considerable grado de abertura a lo largo de todo el tracto vocal. Parafraseando a Gil (1988, 77), en posiciones de refuerzo donde aumenta la magnitud de los gestos, las vocales desarrollan un mayor grado de abertura, mientras que las consonantes incrementan su cierre. En cualquier caso, debe recordarse que lo que otorga a un sonido sus propiedades acústicas características son los lugares de constricción, que dividen la longitud total del tracto en distintas cavidades de resonancia (§ 1.10). Aunque de menor magnitud que las consonantes, las vocales presentan constricciones en distintos lugares según la identidad de la vocal (lugares que constituyen, por tanto, su punto de articulación; § 1.6.1).

Todas las vocales se pronuncian con la intervención del dorso de la lengua como órgano articulatorio activo (§ 1.6), si bien puede añadirse el concurso de otros órganos en determinadas vocales o en determinados idiomas o dialectos. En función de la posición del dorso (más alta o más baja, más adelantada o más atrasada), se obtiene una vocal u otra. Aunque la clase 'vocal' se considera un modo de articulación en sí mismo, la altura del dorso lingual condiciona un mayor o menor grado de constricción y, por eso, dicha característica suele considerarse —de una manera algo informal— como el equivalente a una especie de modo de articulación dentro del conjunto de las vocales. Así pues, en función de su altura, las vocales se pueden describir como **altas, medias** o **bajas**. Muchas lenguas distinguen más grados de altura; por ejemplo, diferencian entre **medio-altas** y **medio-bajas**.

Es frecuente sustituir estas denominaciones por las de **cerradas, medias** y **abiertas**. Así, serían cerradas la [i] y la [u], medias la [e] y la [o] y abierta la [a]. En efecto, se suele pensar que lo más definitorio de una [a] es que se pronuncia con la boca abierta. No obstante, debe recordarse que lo que dota a un sonido de sus propiedades acústicas no es el lugar donde el tracto vocal está más ancho, sino donde está más estrecho. Lo que hace que una [a] suene como una [a] es el hecho de que, cuando el dorso de la lengua desciende, los músculos de este órgano se desplazan hacia atrás compensando ese movimiento, y en consecuencia se produce una constricción en la faringe. Por este motivo, algunos autores consideran más apropiado llamar 'baja' a la [a] en lugar de 'abierta'.

Por otro lado, dependiendo de la posición más o menos adelantada del dorso de la lengua, se distingue entre vocales **anteriores**, **centrales** y **posteriores**. Al igual que la altura puede equivaler al modo, la anterioridad se suele equiparar al punto de articulación.

Esto resulta válido solo por lo que respecta a la clase de las vocales, claro está, pues, aunque la [i] se caracteriza como anterior por tener el dorso relativamente adelantado con respecto a las demás vocales, no por ello deja de articularse con una aproximación del dorso a la zona palatoalveolar (la [i] española es más palatal y la [i̯] francesa es más alveolar, por ejemplo; véase Gendrot, Adda-Decker y Vaissière [2008]) y es obvio que, fuera del conjunto de las vocales, existen posibilidades de localización aún más adelantada (§ 1.6.1).

Una vez más, no debe perderse de vista que 'anterior', 'central' y 'posterior' no son propiamente valores de punto de articulación, sino posiciones del dorso. Del mismo modo que se puede afirmar que la [i] y la [e] son vocales palatales, la [u] se puede describir como (labio)velar, la [o] como (labio)uvular y la [a] como faríngea. De hecho, teniendo esto en cuenta, el punto de articulación (esto es, el punto de mayor constricción) de la [a] está mucho más atrasado que el de la [u], aunque se diga que la [a] es central y la [u], posterior.

Como se ha mencionado previamente, además del cuerpo de la lengua hay otros órganos que pueden intervenir en la articulación de las vocales. Por ejemplo, existen vocales **labializadas** o **no labializadas**. Las labializadas también se denominan **redondeadas**, **abocinadas** o **bemolizadas**. Esta característica suele acompañar de una manera más natural a las vocales posteriores, ya que la activación de los labios en forma redondeada consigue alargar la longitud total del tracto vocal, de modo que, dada una misma posición del dorso lingual, este se sitúa proporcionalmente más hacia atrás. Es decir, el carácter posterior y el labializado se refuerzan mutuamente, de la misma manera que lo hacen el anterior y el no labializado. No obstante, existen vocales anteriores labializadas y posteriores no labializadas, aunque se consideran menos 'básicas' que sus alternativas, y solo suelen aparecer en sistemas vocálicos con bastantes vocales.

El conjunto de las denominadas **vocales cardinales** está formado por esas vocales más básicas, es decir, las anteriores no labializadas (de las cuatro alturas: alta, medio-alta, medio-baja y baja) y las posteriores labializadas (de las cuatro alturas), si bien a veces se incluyen también en el sistema las vocales cardinales 'secundarias', que presentan el patrón de labialización contrario al natural. Las vocales cardinales son las vocales más extremas dentro del rango de posibilidades permitido por el tracto vocal y constituyen puntos de referencia a partir de los cuales se pueden obtener las demás vocales, mediante interpolación. Además, las vocales cardinales delimitan el perímetro del llamado **triángulo vocálico**, aunque el espacio que definen más bien tiene forma de **trapecio**. En dicho polígono, por convención, suelen disponerse las vocales anteriores a la izquierda y las posteriores a la derecha, distribución que coincide con la orientación habitual de los perfiles articulatorios (§ 1.2.1).

En las lenguas con relativamente pocas vocales, estas tienden a dispersarse al máximo unas con respecto a otras, dado el espacio articulatorio disponible. La consecuencia lógica de esta dispersión es que también aumenta la distancia acústica entre las vocales, favoreciendo así su correcta identificación por parte del oyente. De un modo técnico, se suele decir que las vocales tienden a maximizar sus **campos de dispersión** para incrementar sus márgenes de seguridad con respecto a otras vocales vecinas.

Conforme aumenta el tamaño del inventario vocálico, cada vez es más difícil mantener las distancias en las distintas dimensiones que intervienen, y se empiezan a añadir nuevas dimensiones o características que permitan oponer distintas vocales entre sí. Por ejemplo, se puede añadir la diferenciación entre vocales labializadas o no labializadas, como se ha explicado anteriormente. También existen **vocales nasales** o, mejor dicho, **oronasales**, puesto que, a diferencia de las consonantes nasales, en las vocales no solo permanece abierto el tracto nasal, sino que intervienen simultáneamente la rama nasal y la rama oral del tracto vocal. Otras lenguas distinguen entre vocales **tensas** y **laxas**, según se pronuncien con menor o mayor relajación de los órganos articulatorios y, en general, del tracto vocal (§ 1.19.3). Por lo común, las vocales laxas alcanzan posiciones articulatorias menos extremas que sus correspondientes tensas y, por tanto, se hallan ligeramente centralizadas con respecto a ellas.

Existen, asimismo, vocales que se pronuncian con la raíz de la lengua adelantada. Esta característica se conoce como ATR (por las siglas de la expresión inglesa *Advanced Tongue Root;* § 1.19.5). Dichas vocales pueden contrastar con sus equivalentes de raíz lingual retrasada. Por último, las vocales se pueden diferenciar no solo por su articulación, sino también por las características de su fonación, ya que, dependiendo del estado de la laringe, se pueden combinar con distintas cualidades de voz (§ 1.5.6). Por ejemplo, pueden producirse vocales con voz crepitante (esto es, vocales laringalizadas o glotalizadas), o vocales con voz soplada, entre otras posibilidades.

Para más información, el lector interesado puede consultar Catford (1977) y Ladefoged y Maddieson (1996).

1.6.6 Ajustes articulatorios

Con independencia de las propiedades articulatorias de cada elemento, es posible describir una serie de características que afectan a la pronunciación de secuencias más o menos largas de sonidos, y que pueden ser peculiares de una lengua, de un individuo, o simplemente de una emisión concreta por parte de ese individuo. Estos **ajustes articulatorios a largo plazo** constituyen lo que también se ha denominado **base de articulación**.

Existen ajustes generales que regulan la mayor o menor tensión muscular de los tejidos y los órganos del tracto vocal. Se producen también ajustes que afectan a la mandíbula, permitiéndole un mayor o menor rango de movimiento, y ubicándola en una posición más o menos baja y más o menos adelantada. Del mismo modo, los labios pueden estar en general más o menos redondeados, y pueden presentarse protruidos o, por el contrario, retraídos. Los ajustes de la lengua se refieren a su posición en el eje vertical y en el eje horizontal, y a su forma cóncava o convexa, y ancha o estrecha. También hay ajustes que determinan una mayor o menor elevación del velo del paladar, y otros que regulan el grado de constricción de la faringe o la altura del cuerpo de la laringe. En efecto, entre los ajustes cabe incluir aquellos que determinen una determinada cualidad de voz (§ 1.5.6). Finalmente, se pueden considerar los ajustes espiratorios, que se refieren a la mayor o menor presión espiratoria (en definitiva, a la presión subglótica; § 1.3).

Un parámetro especialmente difícil de medir cuantitativamente es la tensión del tracto vocal. No obstante, según Stevens (1998) se puede esperar que una mayor tensión vaya acompañada de un menor ancho de banda de los formantes (§ 1.10.2) y de una mayor amplitud en los componentes de altas frecuencias, como podría reflejarse en un LTAS (§ 1.10.1). Por otro lado, San Segundo y Mompeán (2017) sugieren que puede existir una correlación entre la mayor tensión y determinados parámetros rítmicos, como un incremento en la duración media de las consonantes (y de los grupos consonánticos en general) y una disminución de la variabilidad en la duración de las sílabas.

Los diferentes ajustes configuran una posición de preparación para el habla, a partir de la cual se producen los desplazamientos y las modificaciones pertinentes para articular los distintos sonidos particulares, y que constituye igualmente la **posición de retorno** para los órganos que no se activan durante la pronunciación de un determinado segmento, o a la que es posible que vuelvan todos durante, al menos, algunos tipos concretos de pausas. En ningún caso debe confundirse esta **posición fonética normal** o **posición neutra** con la **posición de reposo**, en la que, por ejemplo, los labios están juntos y el velo del paladar está descendido para permitir la respiración por la nariz. Por el contrario, en la preparación inmediatamente anterior a una locución, el velo se eleva, y esa es su posición por defecto para el habla (excepto, claro está, para los sonidos especificados como nasales). De esta manera, al cerrar el paso del aire hacia las fosas nasales, se consigue concentrar una mayor presión en la cavidad oral y eso dota a los sonidos resultantes de una mayor intensidad.

Para más información, el lector interesado puede consultar Gil (2006), Honikman (1964), Jenner (2001) y Laver (1980, 1994).

1.6.7 Hiperarticulación e hipoarticulación

En determinadas circunstancias, los hablantes, al articular los sonidos, se apartan más de la posición neutra (§ 1.6.6) y se aproximan más al objetivo articulatorio ideal. La **hiperarticulación**, término con el que se describe este fenómeno, facilita que los oyentes puedan distinguir más fácilmente un estímulo como miembro de una clase determinada. Esta manera de pronunciar suele producirse cuando el grado de predictibilidad de una palabra es muy bajo, dado el contexto, bien porque el vocablo inmediatamente anterior pueda combinarse con un elevado número de piezas léxicas, bien porque la palabra en cuestión es muy poco frecuente *per se,* bien porque es la primera vez que se introduce en un determinado discurso. Además, la hiperarticulación es más propia de los estilos de habla formales. Por último, existen condicionantes prosódicos, de tal manera que los segmentos que ocupan posiciones prosódicas fuertes (§ 1.21.6) tienden a ser hiperarticulados, hecho que sirve en sí mismo para marcar fonéticamente la estructura prosódica de un enunciado.

El fenómeno contrario, la **hipoarticulación**, consiste en una disminución de la magnitud de los movimientos que serían necesarios para alcanzar el objetivo articulatorio concreto de que se trate. En tal caso, los órganos permanecen en una posición relativamente más cercana a la posición neutra. Por ejemplo, si se piensa en la lengua, al desarrollar movimientos menos extremos, se puede decir que la pronunciación del sonido en cuestión estará más centralizada. La hipoarticulación es propia de los contextos predecibles, de las situaciones familiares o informales, y de las posiciones prosódicas débiles.

La teoría funcionalista de Lindblom (1990) propone que, en el continuo que va de la hiperarticulación a la hipoarticulación, los hablantes tienden a acomodarse al menor grado de esfuerzo requerido, dadas las circunstancias, siempre que se preserve la información suficiente como para que el oyente sea capaz de descodificar el mensaje. Keating (2006) hace notar que el debilitamiento normalmente se asocia a una reducción de esfuerzo por parte del hablante y a una menor perceptibilidad para el oyente. Sin embargo —razona—, el debilitamiento no constituye una pérdida de información, sino que es tan informativo acerca de la estructura prosódica como lo pueda ser el refuerzo: el refuerzo marca la frontera entre unidades y el debilitamiento, la continuación de una misma unidad. Esto, claro está, es aplicable al tipo de debilitamiento que se localiza específicamente en las posiciones prosódicas débiles (§ 1.21.6) y no al debilitamiento generalizado que puede venir dado por la familiaridad de la situación, por ejemplo.

Para más información, el lector interesado puede consultar Lahoz-Bengoechea (2015) y Lindblom (1990).

1.6.8 Coarticulación

La **coarticulación** se refiere al hecho de que la pronunciación de cada sonido presenta, inevitablemente, cierta influencia por parte de los segmentos colindantes en la secuencia, puesto que los órganos articulatorios del habla deben pasar por una serie de posiciones intermedias para llegar de una posición a otra.

En función de los requisitos necesarios para su producción, existen sonidos más resistentes a la coarticulación que otros: aquellos que exigen una mayor precisión en la postura de un determinado órgano son menos propensos a ver dicha postura modificada por la acción del contexto. Al mismo tiempo, son esos mismos sonidos los que, precisamente, ejercen una mayor influencia sobre los segmentos contiguos. Por ejemplo, entre las consonantes, son más resistentes (y provocan una mayor coarticulación en su entorno) la rótica múltiple /r/ (§ 1.6.4) y las fricativas (§ 1.6.3), porque sus requisitos aerodinámicos exigen alcanzar una determinada posición lingual con muy poco margen de error. También se encuentran en este grupo las palatales, puesto que implican un movimiento coordinado del dorso lingual y de la corona (§ 1.6.1). En cuanto a las vocales, son más resistentes las vocales anteriores, por el mismo motivo que las consonantes palatales, y, en general, las vocales altas, dado que necesitan un movimiento lingual más amplio.

Los efectos de la coarticulación se pueden ejercer tanto sobre el segmento precedente como sobre el siguiente al sonido que la desencadena. No obstante, es más frecuente la tendencia a anticipar los movimientos. Por un lado, esto es así por un motivo de planificación motora. Por otro, cuando una vocal va seguida de una consonante que se realiza mediante un movimiento de la corona, de los labios o del velo del paladar, este movimiento se puede anticipar y empezar a producirse durante la vocal, siempre que no interfiera con los movimientos orgánicos propios de dicha vocal. (Hay que tener en cuenta que las vocales se caracterizan, fundamentalmente, por la posición del dorso de la lengua, aunque en las vocales anteriores también se activa la corona y en las vocales redondeadas el movimiento de la lengua se acompaña de una acción labial). Cuando el desencadenante es una consonante articulada con el dorso, es posible observar tanto una anticipación como una persistencia del gesto dorsal.

La interconexión de las distintas partes de la lengua permite establecer otra predicción interesante basada en los efectos coarticulatorios. Así, las vocales bajas tienden a favorecer la articulación apical —esto es, con el ápice ligeramente girado hacia arriba— de las consonantes coronales (§ 1.19.5) del contexto. Por su parte, las vocales altas propician más bien una producción laminal —es decir, con el ápice horizontal, apuntando hacia delante, lo que permite que, en caso de haber contacto, la superficie de dicho contacto sea mayor—.

Además de los gestos de la lengua, de los labios y del velo del paladar (ya mencionados), por supuesto también se puede extender en el tiempo, por coarticulación, una determinada configuración laríngea, como sucede en el caso de la sonorización pasiva, en la que un segmento fonológicamente sordo se pronuncia parcial o totalmente sonorizado por efecto del contexto (§ 1.5.3).

La coarticulación puede ocurrir a distancia (de una vocal a otra, sorteando una consonante intermedia). En principio, esto puede suceder cuando la consonante no supone un movimiento del dorso de la lengua, de modo que la posición del dorso propia de la vocal desencadenante se puede mantener durante la pronunciación de la consonante. Lo normal en estos casos es que la vocal que ejerce su influjo pertenezca a la sílaba acentuada de la palabra. La coarticulación puede darse aunque los sonidos implicados pertenezcan a palabras diferentes, pero, lógicamente, las pausas (que delimitan los fragmentos de la secuencia hablada conocidos como **grupos fónicos**) impiden que se produzca el fenómeno.

Los trabajos realizados en el seno de la llamada Fonología Articulatoria (§ 1.23) y del modelo de la dinámica de tareas (§ 1.23.2) han demostrado que, cuando una consonante ocupa la posición silábica de ataque (§ 1.21.8), el inicio de sus movimientos articulatorios se coordina de manera simultánea al inicio de los movimientos correspondientes a la vocal nuclear. En cambio, cuando la consonante se sitúa en la coda (§ 1.21.8), el inicio de sus movimientos se desencadena cuando la vocal ya está en la mitad de su desarrollo (Goldstein, Byrd y Saltzman 2006). Por consiguiente, se espera una mayor coarticulación cuando la consonante se encuentra en el ataque. No obstante, si la consonante ocupa la coda, es posible anticipar el movimiento de algunos órganos, siempre que esto no interfiera con la correcta identificación de la vocal. Por ejemplo, en una secuencia de vocal más consonante nasal en coda, el velo del paladar puede empezar a descender durante la producción de la vocal, lo que provocaría su nasalización, siempre que en esa lengua la oposición entre vocales orales y nasales no sea pertinente (como es el caso, por ejemplo, del español, pero no del francés).

De cualquier manera, la coarticulación siempre es mayor en el seno de una sílaba que a través de fronteras silábicas, y esto dota a la sílaba de ciertas características que le dan una gran estabilidad como unidad perceptiva (Marrero-Aguiar 2001). En efecto, la coarticulación se reduce progresivamente según los segmentos potencialmente afectados se encuentren en una frontera prosódica más alta en la Jerarquía Prosódica (§ 1.21.6), esto es, en una posición fuerte, mientras que las posiciones débiles la favorecen (Byrd *et al.* 2000).

A veces los efectos de la coarticulación pasan a formar parte de la fonología de la lengua, bien mediante reglas de alternancia alofónica (§ 1.17.3), bien tomando carta de naturaleza en la secuencia de fonemas (§ 1.17.1) de una palabra como consecuencia de un cambio histórico. Cuando esto sucede, se habla de asimilación (§ 1.18.7). El proceso contrario, la disimilación (§ 1.18.7), supone un intento por parte del hablante de diferenciar al máximo entre dos sonidos contiguos o próximos.

Para más información, el lector interesado puede consultar Farnetani y Recasens ([1997] 2010), Hardcastle y Hewlett (1999), Kang, Johnson y Finley (2016) y Recasens (2014).

1.7 Técnicas instrumentales para el estudio de la fonética articulatoria

En este apartado se presentan, si no todas, algunas de las técnicas instrumentales más importantes en el estudio de la fonética articulatoria. De un modo general, puede decirse que la mayoría de tales técnicas comportan el uso de aparatos de un elevado coste económico y de complicado manejo. Además, en mayor o menor medida, muchas de ellas son invasivas, por lo que siempre se hace más difícil contar con sujetos para la investigación. Su carácter invasivo también resta naturalidad a la pronunciación. Dicho esto, muchas veces resulta útil poder obtener información articulatoria detallada que no podría extraerse a partir de una simple grabación de la señal sonora.

El comportamiento de la laringe puede observarse directamente mediante un **fibroscopio** (o **laringoscopio**), un catéter fino y flexible que se inserta por un orificio nasal, a través de las fosas nasales y hasta la faringe, y que está recorrido por una fibra de vidrio que transmite la imagen. Este instrumento puede utilizarse también en la técnica de la **transiluminación**, en la que se dirige una fuente de luz contra la piel del cuello, por debajo de la laringe y, con la ayuda de la cámara del fibroscopio, se registran las variaciones en la cantidad de luz que pasa a través de la glotis según esta se abre y se cierra. Un método menos invasivo para estudiar la vibración glotal es la **electroglotografía (EGG)**, que se basa en el hecho de que los tejidos humanos son relativamente buenos conductores de la electricidad (Baken 1996). Consiste en adherir al cuello, a la altura de la laringe, dos electrodos, entre los que hay un pequeño diferencial de potencial eléctrico, y en medir la intensidad de la corriente que pasa del uno al otro. Esta intensidad es mayor cuando los pliegues vocales entran en contacto que cuando están separados, ya que el aire es un aislante eléctrico y, si la glotis está abierta, la corriente debe dar un rodeo.

Para el estudio de las características aerodinámicas del habla, suelen usarse **transductores de presión**, unos dispositivos que convierten el diferencial de presiones (§ 1.3) en una señal eléctrica (Baken 1996), que a su vez se manda como señal de datos a un ordenador. Los transductores se conectan a pequeños tubos de plástico que se pueden insertar en la cavidad oral o en la cavidad nasal, según lo que se quiera medir. También pueden conectarse a una máscara oral o nasal y, en estos casos, mediante una simple conversión matemática, se puede calcular la velocidad volumétrica del flujo de aire que pasa por una sección de la máscara (véase Rothenberg 1977; tales máscaras suelen llamarse **máscaras de**

Rothenberg debido a este autor). Estos dispositivos deben calibrarse en cada sesión en función de la presión atmosférica (§ 1.3). La presión subglótica (P_s) se puede medir mediante una **punción traqueal** (Ladefoged 2003), pero este método resulta sumamente invasivo. En su lugar, se puede optar por estimar la P_s y luego interpolar sus valores, a partir de los picos de P_o correspondientes a la producción de las oclusivas sordas, pues en este caso ambas medidas son equiparables si se tienen en cuenta ciertas precauciones metodológicas (Hertegård, Gauffin y Lindestad 1995; Koike y Hirano 1973; Netsell 1969; Rothenberg 1982; Solomon, Ramanathan y Makashay 2007). Además, las propiedades aerodinámicas pueden estimarse a partir de modelos teóricos basados en circuitos eléctricos (Baken 1996; Stevens 1998).

Existen técnicas de imagen empleadas habitualmente con fines médicos que sirven también para explorar la configuración del tracto vocal. Por ejemplo, la **cinerradiografía** se basa —como su nombre indica— en la radiografía, pero incorpora movimiento. Desde hace años ya no se permite el uso de esta técnica, pues la exposición de los participantes en los experimentos a sustancias radioactivas puede ser nociva para su salud. En su lugar, se ha dado paso a algunos otros procedimientos, como la **ecografía** (basada en ultrasonidos). Como explican Mennen *et al.* (2010), esta técnica es relativamente económica y, además, tiene la ventaja de que los aparatos son portátiles. A ello se suma que no resulta invasiva y permite obtener registros de un habla bastante natural. No obstante, presenta algunas desventajas, como que la imagen no abarca la totalidad del tracto vocal y aparece muy distorsionada, y la señal se pierde cuando se pasa de un tejido a una bolsa de aire. Por ejemplo, puede que el ápice deje de verse si hay una cavidad sublingual. Además, si se quiere ubicar el paladar como referencia, es necesario realizar una grabación independiente, en la que el sujeto retenga agua en el interior de la boca, para así obtener un contorno del paladar y luego superponerlo al resto de las grabaciones. Por otro lado, también se puede utilizar la **resonancia magnética dinámica** (normalmente abreviada como **MRI**, por la expresión inglesa *Magnetic Resonance Imaging*). Es mucho más costosa que la ecografía y, al no ser portátil, no se puede usar, por ejemplo, en un trabajo de campo. Sin embargo, como ventajas, cabe destacar que la imagen es mucho más nítida y que comprende todo el tracto vocal.

Más recientemente, además, se han desarrollado métodos semiautomáticos de procesamiento de la imagen (Bresch *et al.* 2006, 2008; Narayanan *et al.* 2004). En efecto, uno de los mayores problemas de estas técnicas es pasar de una imagen continua a una serie de datos discretos que se puedan cuantificar. Para ello, se suele dividir el tracto vocal en secciones mediante una rejilla semipolar: la cavidad faríngea se segmenta en regiones mediante líneas paralelas entre sí, mientras que la cavidad oral se subdivide con líneas radiales que emanan de un único punto en el centro del cuerpo de la lengua, como se muestra en la Figura 4.

Para obtener información discretizada, esto es, no continua, resulta más útil la **articulografía electromagnética (EMA)**, que además permite obtener una gran resolución tanto espacial como temporal. No obstante, es un procedimiento más invasivo que los anteriormente mencionados y, por ello, el habla puede resultar menos natural. Esta técnica, descrita en Perkell *et al.* (1992), consiste en adherir unos pequeños sensores a distintos puntos de la lengua, los labios o la mandíbula, para rastrear sus movimientos a lo largo del tiempo, en función de la intensidad con la que reciben la señal de unos emisores electromagnéticos situados de tal forma que permiten definir un plano (en el caso de la articulografía mediosagital, EMMA) o un volumen (en los modelos más recientes). La información se obtiene en forma de coordenadas de cada punto dentro de ese espacio. Como aspecto negativo, cabe señalar que dicha información es muy parcial, pues apenas se refiere a unos

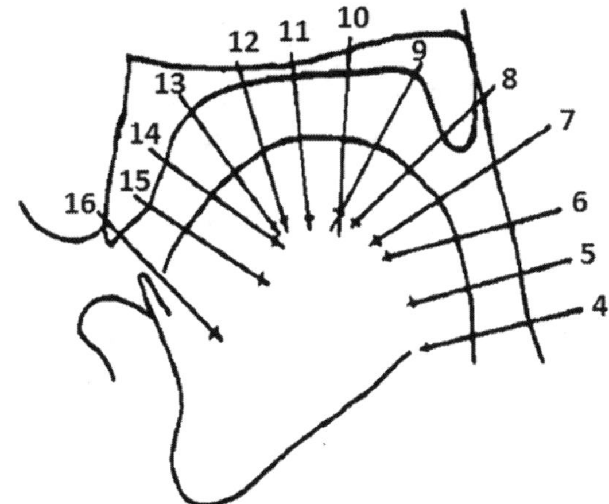

FIGURA 4. Subdivisión del tracto vocal mediante una rejilla semipolar, con los labios orientados a la izquierda (imagen adaptada de Jackson [1988, 127]).

pocos puntos (no es posible captar la totalidad del tracto vocal). Si se quiere modelar la curvatura de la lengua, son necesarios cuatro puntos linguales como mínimo, pero debe entenderse que los sensores no pueden colocarse en una región demasiado posterior de la lengua, o se corre el riesgo de provocar un reflejo gástrico a los sujetos. Los datos requieren, además, una serie de transformaciones matemáticas, descritas con detalle en Lahoz-Bengoechea (2015).

El *optotrak* es otra técnica de seguimiento de puntos basada, en este caso, en emisiones infrarrojas, y que puede aplicarse únicamente a puntos visibles desde el exterior del tracto vocal, como los labios o la mandíbula, pero tiene la ventaja de medir el movimiento en un espacio tridimensional (Stone [1997] 2010).

La **electropalatografía (EPG)** permite detectar, de forma dinámica, los puntos en los que la lengua entra en contacto con la parte superior de la cavidad oral (incluyendo los incisivos superiores, la cresta alveolar y el paladar duro hasta el inicio del velo). Los datos que ofrecen los **electropalatogramas** se obtienen gracias a la activación de distintos sensores ubicados en un paladar artificial que se adhiere al paladar del propio sujeto (Fernández Planas 2000; Martínez Celdrán y Fernández Planas [2007] 2013).

Finalmente, la **electromiografía (EMG)** sirve para cuantificar el grado de contracción de distintos músculos, en función de su actividad eléctrica, medida con unas agujas insertadas en el músculo en cuestión (Ladefoged, Draper y Whitteridge 1958; Stone [1997] 2010).

Para más información, el lector interesado puede consultar Baken (1996), Hardcastle y Hewlett (1999), Ladefoged (2003), Mennen *et al.* (2010) y Stone ([1997] 2010).

1.8 La onda sonora

Una **onda sonora** consiste en un patrón de variaciones de presión, es decir, se trata de un fenómeno en el que alternan algunas zonas con mayor densidad de partículas con otras zonas de densidad menor. En efecto, la onda sonora es un tipo de onda mecánica; es decir, solo puede propagarse a través de un medio material (sólido, líquido o gaseoso), pero no puede hacerlo en el vacío. La oscilación de una partícula transmite la perturbación a las partículas adyacentes, y estas a su vez a las siguientes, provocando una transmisión en cadena en las tres dimensiones del espacio.

La distribución de zonas con mayor presión y zonas con menor presión es cambiante a lo largo del tiempo, pero lo que se desplaza en última instancia es la perturbación, no las partículas. Las partículas que conforman el medio de propagación tan solo oscilan en torno a una posición más o menos fija, desplazándose hacia un lado y luego retornando hacia el contrario; se mueven, pero no necesariamente experimentan un desplazamiento neto. En cambio, como consecuencia de dicha oscilación, lo que en un momento dado puede ser una zona en la que se concentre un mayor número de partículas (desplazadas desde posiciones cercanas), al momento siguiente puede ver de nuevo disminuida su densidad relativa, dado el retorno de dichas partículas. Son esas zonas de mayor presión las que sí van avanzando de un lugar a otro a lo largo del tiempo, pero en cada momento son partículas diferentes las responsables, de que ahí se produzca una mayor concentración.

Este fenómeno de alternancia entre zonas de presión y zonas de rarefacción se representa gráficamente por medio de una **sinusoide** (Figura 5), en la cual los picos equivalen a un aumento de presión y los valles a su disminución. Sin embargo —conviene insistir—, no debe pensarse que las partículas se desplazan en el espacio formando igualmente una sinusoide, pues, como se ha dicho, no son las partículas las que se trasladan, sino que lo hace el patrón alternante de presiones.

Cuanto más se apartan las partículas de su posición de reposo, mayor es la presión en las zonas donde se concentran, y mayor es la **amplitud de onda** (lo que se representa con picos más altos y valles más profundos). Ese mayor o menor despla-

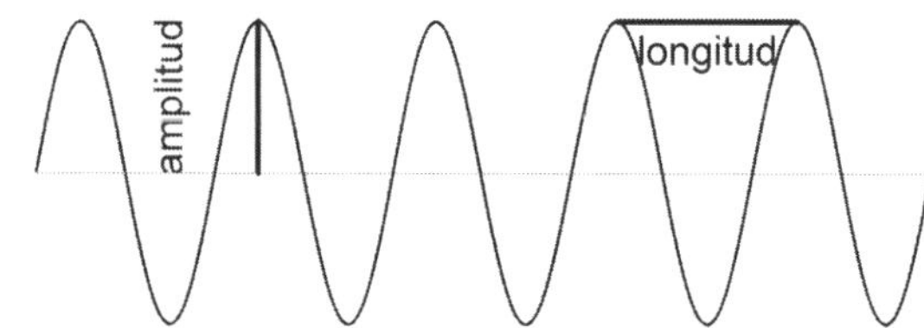

FIGURA 5. Representación sinusoidal de una onda sonora.

zamiento depende de la fuerza con que se origina el movimiento; es decir, depende del mayor o menor esfuerzo en la espiración (en el caso de los sonidos pulmonares) y, de un modo más general, del diferencial de presiones (ΔP; § 1.3) generado entre una cavidad del tracto vocal y la siguiente. En efecto, la amplitud se mide en unidades de presión, como, por ejemplo, el pascal (Pa) o la dina por centímetro cuadrado (dyn/cm^2). Como se verá más adelante, una mayor amplitud se relaciona con una mayor intensidad (§ 1.8.2) a la hora de percibir ese sonido.

Dado que, a lo largo del tiempo, una onda oscila entre amplitudes positivas, por encima de la presión atmosférica, y amplitudes negativas, la media aritmética de esas amplitudes se aproxima a cero. Si se desea obtener un promedio del valor absoluto de la amplitud, el método empleado suele ser el **RMS** (en inglés, ***Root Mean Square***), es decir, la raíz de la media de los cuadrados. Al elevar al cuadrado, todas las amplitudes se vuelven positivas; entonces se calcula el promedio y después se deshace la potencia mediante la raíz.

Por otro lado, cuanto mayor distancia exista entre una zona de presión y la siguiente, se dice que hay una mayor **longitud de onda (λ)**. Este concepto se relaciona con otro, mucho más usado en fonética, que es el de frecuencia. La **frecuencia de una onda** es el número de veces por segundo que se forma un pico de presión en un punto determinado, y se mide en **hercios**

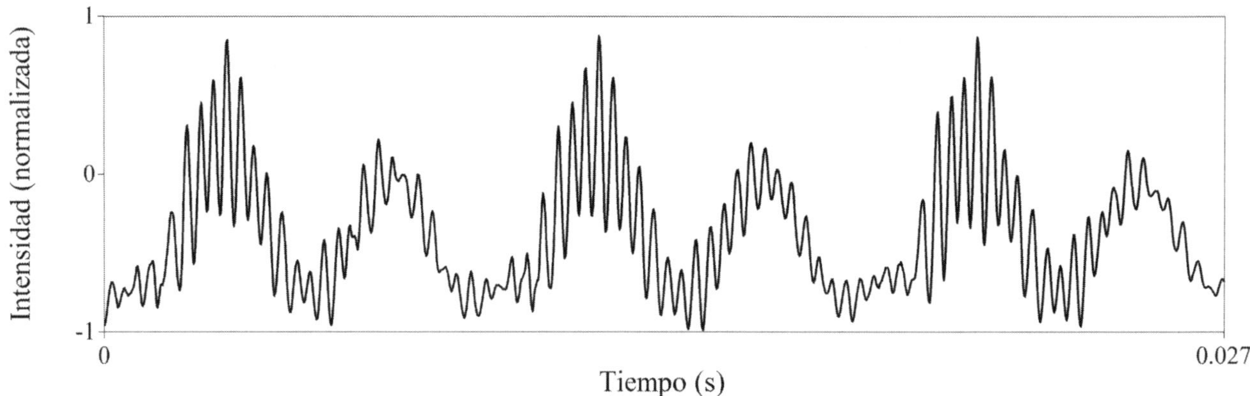

FIGURA 6. Oscilograma.

(abreviado como **Hz**). El inverso de la frecuencia es el **periodo (T)**, es decir, el tiempo que transcurre entre una cresta y la siguiente. El periodo se relaciona también de una forma muy directa con la longitud de onda, solo que el primero se mide en unidades de tiempo y la segunda, en unidades de espacio.

Cuando se superponen varias ondas, se crea una **onda compleja,** es decir, una perturbación en la que se reconocen varios patrones recursivos, cada uno con una frecuencia y una amplitud diferentes. Para poder estudiar separadamente todas las propiedades de una onda de estas características, se utiliza el **análisis de Fourier,** un procedimiento matemático que permite descomponer una onda compleja para recuperar la frecuencia y la amplitud de las ondas simples que la integran.

Existe una versión 'rápida' de la **Transformada de Fourier** a la que se alude habitualmente por su sigla, FFT, por la expresión inglesa *Fast Fourier Transform*.

En la Figura 6 se muestra un **oscilograma** —también denominado **forma de onda**—, es decir, una representación gráfica de las variaciones de amplitud que experimenta una onda a lo largo del tiempo al pasar por un punto fijo del espacio, que se toma como referencia, y que suele ser el foco de emisión de la onda (por ejemplo, la boca o unos altavoces) o el punto de recepción (por ejemplo, el oído o un micrófono). La onda representada en esta figura es una onda compleja. En efecto, en ella se observan distintos patrones recurrentes (distintas frecuencias). Por un lado, el patrón con la menor de todas las frecuencias es el que consiste en la repetición de una especie de 'montaña' elevada seguida de otra montaña menos elevada; en la figura se muestran tres repeticiones de este patrón. La siguiente frecuencia correspondería a cada una de esas montañas, altas o bajas, de las que aparecen seis repeticiones: por tanto, se trata de una frecuencia que es el doble de la anterior. Por último, se aprecia un patrón con una frecuencia de repetición muchísimo más elevada, que se manifiesta como una serie de 'picos' afilados superpuestos a cada una de esas montañas. El resto de frecuencias de esta onda no se observan de una manera tan intuitiva.

En el mundo físico real, la onda experimenta sus variaciones de amplitud (esto es, de diferencial de presiones, ΔP; § 1.3) de una manera continua.

Para más información, el lector interesado puede consultar Denes y Pinson ([1963] 2015), Harrington ([1997] 2010) y Ladefoged ([1962] 1996).

1.8.1 Digitalización de la onda sonora

La **digitalización de una onda** consiste en tomar una serie de valores de amplitud a intervalos regulares de tiempo, de tal forma que, aunque las muestras son discretas —esto es, discontinuas—, se puede obtener una buena aproximación de la onda continua real. Aunque existen diversos formatos de audio digital, cada uno con características propias, suele ser habitual normalizar los valores de amplitud de la onda entre +1 y −1; es decir, se otorga un valor de +1 (o de −1) al pico o al valle (respectivamente) que presente un mayor valor absoluto de amplitud, y el resto de valores se calcula de manera proporcional.

En definitiva, un audio digital consiste en una secuencia de números (comprendidos entre +1 y −1). Por ejemplo, en la Figura 7, las primeras 10 muestras corresponden a los valores −0,31 −0,55 −0,66 −0,47 −0,03 0,33 0,51 0,41 0,03 −0,39. A estos números se debe añadir un dato más, imprescindible para la reconstrucción de la onda: la **frecuencia de muestreo** (abreviada como F_s por la expresión inglesa *sampling frequency*), es decir, el número de muestras que se ha tomado por cada segundo. Por ejemplo, en esta figura se han tomado 50 muestras en una ventana de 0,005 segundos. Por tanto, la frecuencia de muestreo de esa onda es de 10 000 muestras por segundo ($F_s = 10$ kHz).

Para evitar distorsiones de muestreo (en inglés, *aliasing*), es necesario que se tomen al menos dos muestras por cada ciclo, para que esa frecuencia pueda ser analizable en esa onda digitalizada. Se puede encontrar una muy buena explicación de por qué esto es así en Johnson ([1997] 2003). Dicho a la inversa, dada una onda con una determinada frecuencia de muestreo, la máxima frecuencia analizable (denominada **frecuencia de Nyquist**) es justo la mitad de esa frecuencia de muestreo. Esta precaución metodológica se debe tener en cuenta especialmente cuando se quiere analizar tipos de sonidos, como, por ejemplo, las fricativas, en los que las frecuencias altas son muy relevantes.

Para más información, el lector interesado puede consultar Johnson ([1997] 2003).

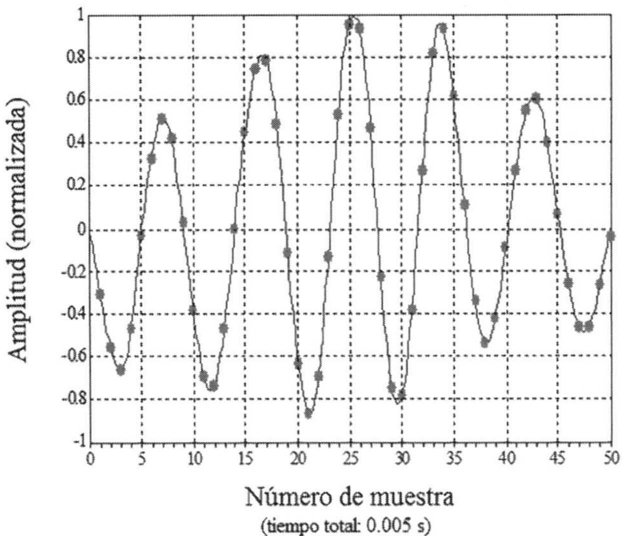

FIGURA 7. Extracción de muestras de una onda para su digitalización.

1.8.2 Intensidad

En un oscilograma o forma de onda (§ 1.8), lo que se representa es la evolución temporal de la amplitud (habitualmente normalizada a valores entre +1 y −1). Sin embargo, existe otra magnitud relacionada con esta y que se usa de manera más habitual en los estudios de fonética, que es la **intensidad** (medida en **decibelios, dB**). La intensidad permite calcular la relación entre la presión generada por una onda y otra presión que se toma como referencia, que suele ser la correspondiente al umbral de audición (§ 1.13.2), a menos que se diga lo contrario.

Dicho umbral de audición corresponde a 0,0002 dinas por centímetro cuadrado (dyn/cm²) o, lo que es lo mismo, 0,0002 microbares (μb), o 20 micropascales (μPa) (Baken 1996, 98).

El cálculo de la intensidad puede basarse en la presión o en la potencia, entendiendo por potencia la cantidad de energía que transporta la onda sonora por unidad de tiempo a través de una superficie dada (como, por ejemplo, el tímpano). En ambos casos, el cálculo de la intensidad presenta propiedades logarítmicas. Así, si se duplica la presión de referencia, la intensidad aumenta 6 dB (si lo que se duplica es la potencia, el aumento es tan solo de 3 dB); si se multiplica por 10 la presión de referencia, la intensidad aumenta 20 dB (y si se multiplica por 10 la potencia, la intensidad aumenta 10 dB).

El habla normal suele emitirse con una intensidad en torno a los 70 dB, lo que equivale a una presión unas 4000 veces mayor que el mínimo cambio de presión que puede oír el ser humano en condiciones normales.

Por otro lado, teniendo en cuenta la expansión tridimensional (en principio, esférica) de las ondas acústicas, se puede establecer que la intensidad decrece proporcionalmente con el cuadrado de la distancia con respecto a la fuente.

Para más información, el lector interesado puede consultar Baken (1996), Gil (1988) y Johnson ([1997] 2003).

1.9 Características acústicas de la fuente

Los sonidos del habla pueden producirse mediante varios tipos de fuente (§ 1.5.1), que son los mecanismos que permiten modular el flujo de aire a través de una constricción y crear así una onda sonora (§ 1.8) en el tracto vocal (§ 1.2.1). Existen dos tipos fundamentales de fuente según su localización: la glotal y la supraglotal. La glotal, a su vez, puede ser periódica —resultado de la fonación, esto es, de la vibración de los pliegues vocales— o aperiódica; en este último caso, puede ser una fuente de fricción (llamada 'aspiración') o una fuente transitoria (conocida como 'oclusión glotal'). Por su parte, la fuente supraglotal puede ser periódica (llamada 'vibración') o aperiódica, bien de tipo fricción, como en las consonantes fricativas, bien transitoria, como en las oclusivas (§ 1.5.1).

En acústica, se denomina **frecuencia fundamental** (f_0) la frecuencia más baja de todas las frecuencias con las que vibra un cuerpo. El periodo (§ 1.8) correspondiente a dicha frecuencia es el periodo fundamental (T_0). En el habla humana, la frecuencia más baja que puede formar parte de un sonido es, precisamente, la frecuencia de la fonación (§ 1.5.4), es decir, la frecuencia a la que vibran los pliegues vocales. En la voz de un hombre adulto, esa frecuencia se sitúa en torno a unos 120 Hz, como promedio, y en la voz de una mujer adulta, en torno a 220 Hz, aunque a menudo se redondean estas cifras a 100 y 200, respectivamente, por comodidad de cálculo. La f_0 media en la etapa infantil y en la pubertad es más elevada en ambos sexos, y va descendiendo progresivamente, sobre todo en el caso de los hombres (Baken [1996] recopila datos de diversos estudios sobre los valores esperables en una voz normal de niños y adultos, tanto hombres como mujeres). En cualquier caso, la f_0 sigue variando, aunque mucho más levemente, a lo largo de la vida adulta; se ve afectada por el ciclo menstrual en el caso de las mujeres; y, desde luego, varía de un individuo a otro. Además, para una misma persona y en una misma etapa de su vida, la f_0 fluctúa necesariamente, entre otras cosas para marcar la entonación (§ 1.5.5).

La frecuencia exacta con la que vibran los pliegues vocales depende de una gran variedad de factores, entre los que se encuentran la presión transglótica (P_t; § 1.3) —que puede incrementarse aumentando el empuje espiratorio mediante la acción de los músculos intercostales y del diafragma—; la masa de los pliegues vocales —que varía entre individuos—, pero, sobre todo, su tensión —que depende de la proporción de esa masa puesta en juego durante la vibración, en función de la mayor o menor activación del músculo tiroaritenoideo—; y la longitud de los pliegues vocales —característica de cada persona y modificable mediante la basculación del tiroides sobre el cricoides (§ 1.2.2)—.

La frecuencia fundamental se refiere al patrón de vibración que recorre la extensión total de cada uno de los pliegues vocales. Sin embargo, a este patrón se superponen otros de mayor frecuencia, resultantes de tener en cuenta las sucesivas subdivisiones del pliegue vocal en un número entero de partes iguales. Es decir, hay otro patrón de vibración que completa un ciclo recorriendo tan solo la mitad de la extensión del pliegue y que, por tanto, tiene una frecuencia igual al doble de la fundamental; existe asimismo otro patrón con una frecuencia triple de la fundamental, etcétera. Estos patrones que surgen espontáneamente en el proceso de vibración se denominan **armónicos** y siempre presentan frecuencias que son múltiplos naturales de la f_0. La propia frecuencia fundamental se puede considerar el primer armónico ($1 * f_0$); el segundo armónico tiene una frecuencia que es $2 * f_0$; el tercer armónico tiene una frecuencia de $3 * f_0$, y así sucesivamente. Cada armónico presenta una amplitud ligeramente inferior a la del armónico inmediatamente anterior. En general, cuanto más eficiente es la fonación, más paulatina es la pérdida de amplitud. En cambio, un acusado descenso de amplitud suele delatar un excesivo escape de aire a través de la glotis (Hanson 1997).

Tal escape puede deberse a una multitud de factores, pero aquí solo se mencionarán dos, a modo de ilustración. Por ejemplo, si los aritenoides no llegan a juntarse por completo, puede quedar un pequeño espacio en esa zona que nunca llega a cerrarse. Otra posibilidad es que aumente la proporción de tiempo de abertura sobre el total del ciclo (**cociente de abertura** o, en inglés, *open quotient,* Oq), debido a una lentitud en el retorno de los pliegues vocales a la línea media de la glotis, por una falta de tensión.

El **espectro** de una voz consiste en esa distribución exacta de valores de amplitud correspondientes a los sucesivos armónicos que aparecen a lo largo de la escala de frecuencias (§ 1.10.1). Su correlato perceptivo es el **timbre** de voz (§ 1.10.1). La mayor o menor **declinación** o **pendiente espectral** (esto es, la sucesiva aminoración de la amplitud en los armónicos superiores) es, en efecto, un correlato de la cualidad de voz (§ 1.5.6). En la Figura 8 se muestran tres ejemplos

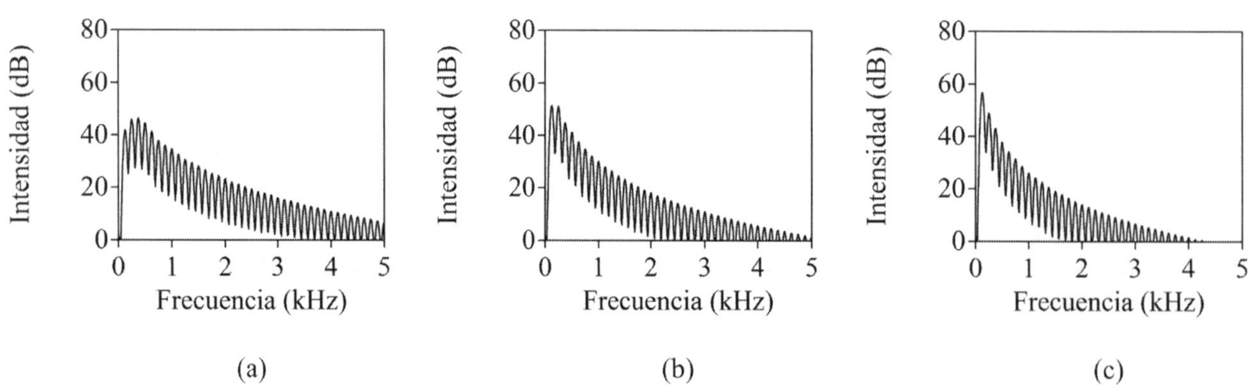

FIGURA 8. Espectros de tres fuentes sonoras con distinto grado de declinación espectral. (a) H1 < H2 indica voz crepitante; (b) H1 = H2 indica Oq = 0,5; (c) H1 > H2, con la declinación más abrupta, indica voz soplada.

de espectro de una fuente sonora con distinta declinación espectral. Nótese que el primer pico de cada espectro (primer armónico) se sitúa a la frecuencia de la f_0 y el resto de los armónicos se encuentran equidistantes entre sí.

La diferencia entre H1 (la amplitud del primer armónico) y H2 (la amplitud del segundo armónico) se correlaciona, además, con el cociente de abertura. Si ambos valores son similares, el Oq es cercano a 0,5 (esto quiere decir que, dado un ciclo glotal, la glotis está abierta la mitad del tiempo y cerrada la otra mitad). Si H1 es superior y, por tanto, la resta H1 – H2 es positiva, entonces la glotis está abierta más tiempo, lo que puede corresponderse con una voz soplada (§ 1.5.6). Cuando H1 es inferior a H2 (y H1 – H2 es negativo), suele tratarse de una voz crepitante (§ 1.5.6; véase Hanson 1997).

En el espectro de una onda glotal sonora como la que se ha descrito, las distintas frecuencias que componen la onda compleja resultante son solo las de los armónicos, siempre equidistantes (espaciados en el eje de la frecuencia por un lapso igual a f_0). El resto de frecuencias intermedias no se hallan representadas en la onda. A decir verdad, esta afirmación tan contundente es tan solo una aproximación, pues cada uno de los armónicos tiene un cierto ancho de banda, esto es, se extiende con menor amplitud a las frecuencias colindantes.

Las fuentes aperiódicas generan sonido mediante una turbulencia en la que no se producen armónicos. Por ese motivo, esto es, por presentar una superposición de frecuencias impredecibles, resultan más desagradables al oído y, técnicamente, se denominan **ruidos** (§ 1.5.1). Las frecuencias representadas en estos tipos de fuente no están equiespaciadas, sino que se extienden de manera más o menos continua en un determinado rango.

Para más información, el lector interesado puede consultar Hanson (1997), Hanson y Chuang (1999), Kreiman, Gerratt y Antoñanzas-Barroso (2007), Stevens (1998), Titze (1994) y Toda, Maeda y Honda (2010).

1.10 Interacción entre la fuente y el filtro

La onda resultante de alguno de los tipos de fuente —o de una combinación de ellos— (§ 1.5.1) recorre el tracto vocal (§ 1.2.1) y adquiere determinadas características dependiendo de la configuración que este presente, es decir, como consecuencia de la posición de los distintos órganos articulatorios. El tracto vocal ejerce sobre la fuente un efecto de **filtro**, potenciando ciertas propiedades de la onda y atenuando otras (Fant 1960).

En términos matemáticos, la transformación que ejerce el filtro sobre la fuente se expresa por medio de una **función de transferencia.** Por otro lado, la técnica del **filtrado inverso** permite reconstruir de forma aproximada la onda pura emanada de la fuente, partiendo del producto acústico final y de una estimación del efecto del filtro.

Además de dicho efecto, Fant (1960) señala que el sonido se emite al exterior del tracto vocal mediante un proceso de radiación, que ejerce un progresivo refuerzo de la intensidad sobre las frecuencias más altas (con una ganancia de 6 dB por cada octava; § 1.13.2)

En la generación de un sonido del habla necesariamente intervienen siempre (al menos) una fuente y un filtro, que interactúan entre ellos. No existe sonido que no se sustente en una fuente y no existe sonido que se emita sin filtrar, de un modo u otro. Dicho esto, es posible mantener una fuente constante y modificar el filtro, con lo que se obtendrán sonidos diferentes, por ejemplo, distintas vocales, aunque con la misma sensación perceptiva de altura tonal, esto es, la misma nota musical, si es que se trata de un sonido fonado, ya que la fuente se mantiene sin cambios, con la misma frecuencia fundamental. A la inversa, es posible fijar un mismo filtro y variar la fuente, con lo que se obtienen distintas notas para un mismo sonido (por ejemplo, una [a]).

Para más información, el lector interesado puede consultar Alku (2011), Fant (1960) y Ghosh y Narayanan (2011).

1.10.1 El espectro

El espectro (§ 1.9) muestra las distintas amplitudes (§ 1.8) de las diferentes frecuencias que componen una onda, y sus propiedades se reflejan, perceptivamente, en el timbre (§ 1.9). El espectro de un sonido o el timbre de un sonido corresponden a las propiedades de la onda una vez que la fuente ha sido filtrada por efecto de la articulación de un sonido concreto en el tracto vocal. Según los componentes de mayor amplitud se concentren en las zonas de bajas o de altas frecuencias, se habla de un timbre **grave** (oscuro) o **agudo** (claro), respectivamente. La Figura 9 muestra dos ejemplos de espectros resultantes de la acción conjunta de la fuente y el filtro. En la columna (a) aparece la misma fuente en ambos casos, pero, al recibir distintos filtros (b), se obtienen distintos espectros en (c). Este tipo de representación gráfica recibe el nombre de **corte espectral**, por mostrar, con respecto a un instante de tiempo determinado, la intensidad asociada a cada frecuencia.

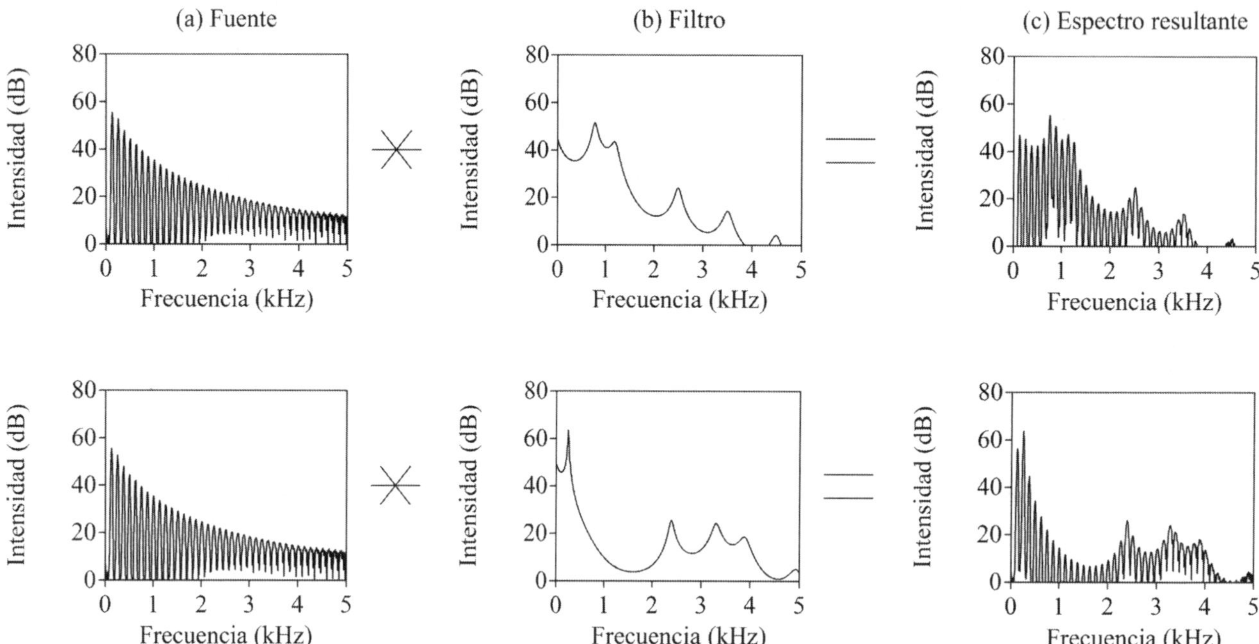

FIGURA 9. Espectro resultante de la acción conjunta de la fuente y el filtro.

La técnica denominada **LTAS** (siglas de su denominación en inglés, *Long Term Average Spectrum*, esto es, espectro promediado a largo plazo), sirve para obtener un perfil espectral no solo de un sonido, sino de toda una secuencia, o incluso de un corpus entero. Al incluir todos los tipos de sonidos, las características espectrales particulares de cada uno de ellos se compensan mutuamente, y esto permite analizar las propiedades más globales de la emisión, por ejemplo, las relacionadas con los ajustes articulatorios (§ 1.6.6) o con la eficacia vocal de la fuente (§ 1.9).

El tracto vocal se asemeja a un tubo por el que se propaga la onda creada por la fuente con todos sus componentes frecuenciales; por ejemplo, sus armónicos (§ 1.9). Esa onda rebota de un extremo a otro del tubo y, al superponerse dos ondas iguales en frecuencia y amplitud, cada una viajando en sentido contrario con respecto a la otra, se crea una onda estacionaria.

Las distintas cavidades del tracto vocal, dependiendo de la longitud de cada una, presentan unas **resonancias**, que son las propiedades del tubo que permiten incrementar la amplitud de determinados componentes frecuenciales de la fuente. Por otro lado, existen componentes frecuenciales que ven disminuida su amplitud, y por ello se dice que el tracto vocal hace las veces de filtro con respecto a la fuente, puesto que potencia la amplitud de algunas de sus frecuencias, mientras que aminora la de otras.

A modo ilustrativo, se suele comparar el fenómeno de la resonancia con el mecanismo utilizado para darse impulso en un columpio. Si se sincroniza adecuadamente el momento del impulso con el instante en que el columpio va a cambiar de dirección por su propia inercia pendular, entonces ambas fuerzas se suman. Si, por el contrario, alguien empuja el columpio hacia delante cuando a este todavía le queda cierto recorrido hacia atrás, ambas fuerzas se contrarrestarán y el columpio perderá velocidad.

En un tubo ideal, sin pérdidas de energía, si cada vez que rebota la onda se aplicara un nuevo impulso de la fuente, la frecuencia resonante incrementaría progresivamente su amplitud, de forma ilimitada. Se dice que hay **polos** situados en esas frecuencias, que atraen su amplitud hacia el infinito. Sin embargo, lo cierto es que sí hay pérdidas de energía en el tracto vocal (véase, por ejemplo, Stevens 1998). Por un lado, esto es así porque parte de esa energía es radiada al exterior. Por otro lado, las paredes del tracto no son completamente rígidas, sino que ceden en cierta medida a la presión y, por ello, la onda que rebota no lo hace con toda su energía. La pérdida es aún mayor en el caso de los sonidos nasales, debido a la gran superficie de las paredes de la cavidad nasal, incluyendo todos los senos nasales. Otra causa de pérdida de energía, general para cualquier tipo de sonido, es que la viscosidad del aire hace que se desplace más lentamente en las zonas más próximas a las paredes. Por último, hay parte de energía que se transforma en calor y se libera a través de las paredes del conducto. Como consecuencia de estas pérdidas, la amplitud de las frecuencias resonantes no es, ni mucho menos, infinita. En cambio, parte de esa energía se 'difumina' y se reparte entre otras frecuencias cercanas. Esto contribuye a que las resonancias no se concentren en un valor frecuencial exacto, sino que presenten un determinado ancho de banda (§ 1.10.2).

Para más información el lector interesado puede consultar Stevens (1998).

1.10.2 Los formantes

Las zonas frecuenciales del espectro de un sonido (§ 1.10.1) que presentan una mayor amplitud relativa como consecuencia de las resonancias (§ 1.10.1) del filtro (§ 1.10) se denominan **formantes**, y se designan como primer formante (F1), segundo formante (F2), tercer formante (F3), etcétera, empezando a numerar por el de frecuencia más baja.

Algunos autores prefieren reservar el concepto de formante para los sonidos que presentan una fuente periódica (es decir, los sonidos sonoros). En este sentido, el formante sería el conjunto formado por uno o más armónicos intensificados por efecto del filtro. En el caso de los sonidos sordos, no se hablaría propiamente de formantes, sino de frecuencias más intensas, o de resonancias. Sin embargo, teniendo en cuenta que la aparición de formantes se debe, efectivamente, a las resonancias del tracto vocal, esto es, al filtro, no conviene que la denominación de 'formante' se haga depender del tipo de fuente. Más bien parece que las resonancias serían propiedades acústicas del tubo, y los formantes serían elementos reconocibles en el espectro de un sonido concreto —sordo o sonoro—, debidos al efecto de dichas resonancias.

En cada formante (F1, F2, F3, . . . Fn . . .) hay una frecuencia exacta que experimenta el mayor aumento relativo de amplitud (los valores de amplitud de esas frecuencias se representan como A1, A2, A3, . . . An . . . , aunque a menudo se expresan en realidad en términos de intensidad; § 1.8). Sin embargo, debido a la difuminación de la energía hay otras frecuencias alrededor del centro del formante que también se ven amplificadas, aunque en menor medida cuanto más se alejan de dicho centro. En efecto, el formante presenta una zona de influencia que puede ser más o menos extensa. Se considera que las frecuencias circundantes todavía se hallan bajo el efecto intensificador del formante cuando su amplitud equivale a un diferencial de presiones (§ 1.3) que sea por lo menos la mitad del diferencial correspondiente a la amplitud de la frecuencia central del formante. Dicho de otro modo, la zona de influencia abarca las frecuencias cercanas al centro cuya intensidad difiera en menos de 6 decibelios (dB) con respecto a An (§ 1.8.2). Así pues, cada formante tiene un **ancho de banda** (B1, B2, B3, . . . Bn. . .), que es la diferencia (en Hz) entre la mayor y la menor de las frecuencias que se ven afectadas por su efecto intensificador.

Por otro lado, a lo largo de un sonido, la frecuencia central de un formante puede permanecer más o menos estable, pero experimenta en todo caso pequeñas variaciones. Ahora bien, en los momentos iniciales y finales del sonido, los valores formánticos tienden a ser muy cambiantes, y sus trayectorias en la escala de frecuencias definen las **transiciones** entre sonidos, pues dos sonidos colindantes siempre se afectan el uno al otro en mayor o menor medida, debido a la coarticulación que se produce entre ellos (§ 1.6.8). Aunque parecen momentos de inestabilidad, las transiciones condensan información muy valiosa acerca de los dos sonidos que las enmarcan.

La totalidad del tracto vocal presenta una longitud más o menos estable. Puede alargarse un poco por efecto del abocinamiento de los labios, o acortarse si estos se estiran, pero en cualquier caso se trata de una variación limitada. Aunque la longitud del tracto varía ligeramente de un individuo a otro (y de una etnia a otra), suele proponerse la medida aproximada de 17 cm para un tracto vocal de un hombre adulto, y de 15 cm para uno de una mujer adulta.

Ahora bien, los diferentes órganos articulatorios pueden ejercer constricciones en determinados puntos del tracto, dividiéndolo en varios tramos: la cavidad trasera, la constricción y la cavidad frontal. Cada una de estas cavidades presenta sus propias resonancias, en función de su longitud. Por ese motivo, las frecuencias de los formantes de un sonido dependen fundamentalmente de la zona del tracto vocal en la que se sitúe la constricción que divide el sistema en cavidades; es decir, dependen de su punto de articulación. En estos casos, cada cavidad aporta sus propias frecuencias resonantes. Si se ordena de menor a mayor la lista de estas frecuencias, puede perfectamente darse el caso de que algunos formantes del sonido sean el producto de las resonancias de una de las cavidades y otros formantes dependan de las resonancias de otra cavidad (Figura 10).

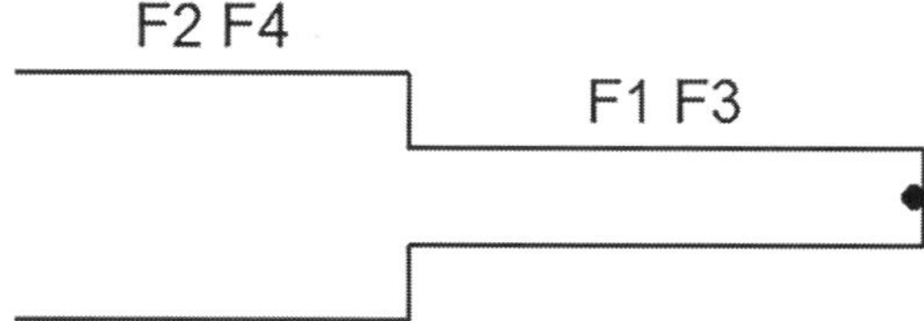

FIGURA 10. Modelo de tubos para una constricción distribuida en la faringe, como la de la [a]. El círculo negro marca la fuente en la glotis. El filtro consiste en una sucesión de dos tubos cerrados en un extremo y abiertos en el otro. La cavidad posterior presenta una mayor longitud y, por tanto, frecuencias resonantes más bajas que la cavidad anterior.

Dada la transmisión esférica de las ondas acústicas, también hay resonancias atribuibles a la anchura y no a la longitud del tubo. Sin embargo, esas frecuencias son muy altas y no son relevantes para los sonidos del habla. Consecuentemente, a la hora de determinar los formantes de un sonido, lo que importa es la longitud de las cavidades, y no tanto cómo de anchas o estrechas sean. De manera idealizada, se asume que el tracto vocal es un tubo de anchura uniforme. Cuando se produce una constricción relevante en algún lugar, se interpreta que esta divide el tracto en regiones también de ancho uniforme, y se calculan las resonancias a partir de la longitud de cada una de ellas por separado. En la práctica, a menos que haya un cierre total entre las cavidades, estas se influyen mutuamente, y se produce un **acoplamiento** entre ellas que es tanto mayor cuanto menos estrecha sea la constricción que las divide, y cuanto menor sea la diferencia de anchura entre la cavidad posterior y la cavidad anterior. Esto modifica en mayor o en menor medida las resonancias que tendrían las cavidades si realmente fueran independientes.

Las propiedades acústicas de un tubo dependen de si sus extremos están cerrados o abiertos. En la idealización sin acoplamiento, la glotis se considera un extremo cerrado, pues ahí es donde empieza el tracto vocal y la cavidad de resonancia. En cambio, el extremo contrario (los labios) constituye el extremo abierto del tubo (siempre que la boca esté abierta). Cuando se produce una constricción en cualquier punto intermedio del tubo, y el tracto vocal se subdivide en varias cavidades de resonancia, se asume que el extremo de cada una de estas cavidades está abierto o cerrado dependiendo de si la cavidad contigua es más o menos ancha que ella, respectivamente. Por ejemplo, en la Figura 10, se considera que cada tubo está cerrado en su extremo posterior y abierto en su extremo anterior. Cuanto más estrecha sea la constricción, menor será el grado de acoplamiento entre las cavidades, y más se aproximará su comportamiento a la idealización de que resuenan de forma completamente independiente.

Las resonancias de un tubo cerrado por un extremo y abierto por otro se producen cada cuarto impar de onda, según la fórmula $f_n = c \cdot (2n-1)/4l$ (n: número de resonancia; c: velocidad del sonido; l: longitud del tubo). Los tubos cerrados por ambos extremos o abiertos por ambos extremos resuenan cada media onda, según la fórmula $f_n = nc/2l$. Los tubos de gran volumen y con una pequeña abertura funcionan como un resonador de Helmholtz y su primera resonancia se calcula como $f_1 = (c/2\pi) \cdot \sqrt{(A_2/A_1 l_1 l_2)}$, donde A es el área de la sección de corte del tubo y l, su longitud, y el subíndice 1 corresponde al tubo posterior (grande) y el 2, al orificio de salida. La primera de estas tres fórmulas justifica los valores de referencia de los formantes vocálicos que se dan en el § 1.11.1.

A veces, la resonancia propia de una cavidad no tiene reflejo en el producto acústico que se emite porque queda cancelada: al rebotar contra un extremo cerrado, la onda mantiene su frecuencia y su amplitud, pero cambia de polaridad (de positiva a negativa o a la inversa), y se sustrae a la nueva onda que está viniendo. Esto provoca la aparición de **antirresonancias**. Las antirresonancias también se denominan **ceros,** puesto que la contribución de esa frecuencia al espectro es nula (en este sentido, los ceros se oponen a los polos (§ 1.10.1). Las zonas del espectro donde la amplitud es mínima debido al efecto de una antirresonancia se denominan a veces **antiformantes**. En cualquier caso, el efecto de estos ceros suele observarse mejor en un corte espectral (§ 1.10.1) que en un espectrograma (§ 1.11).

El ejemplo prototípico de antirresonancia se produce con las consonantes nasales y con las laterales, en las que el tracto vocal se divide en diferentes ramas y una de estas ramas no tiene salida al exterior. En el primer caso, la rama principal (con salida al exterior) es la que va desde la laringe hasta los orificios nasales, mientras que la parte oral del tracto se comporta como una rama secundaria sin salida. Por ello, la resonancia propia de esa región del tubo (contando desde la bifurcación hasta la oclusión oral) aparece como 'restada' del resultado acústico final. Algo similar ocurre en el caso de las laterales, solo que en esta ocasión la rama cerrada es la parte central del tracto oral. Dependiendo del punto de articulación exacto de esas consonantes nasales o laterales, la longitud de esa rama secundaria cambiará y, con ella, la frecuencia de la antirresonancia.

La cavidad sublingual que aparece en la pronunciación de los sonidos retroflejos y de algunos postalveolares también puede comportarse como rama secundaria e introducir antirresonancias, al igual que existen otras debidas al acoplamiento de las vías subglóticas cuando la glotis se encuentra abierta. Por ejemplo, existe un cero en torno a los 1300-1600 Hz que puede afectar a la amplitud de F2 si este cruza esa zona de frecuencias (Chi y Sonderegger 2007). Por ese motivo, parece que en las lenguas del mundo tienden a evitarse los sonidos con un F2 en esa zona, que se convierte, de algún modo, en una línea divisoria entre vocales posteriores (con valores de F2 más bajos) y anteriores (con valores más altos).

Por último, también presentan antirresonancias los sonidos en los que hay una fuente situada en algún punto intermedio de la cavidad, como es el caso de las fricativas (§ 1.6.3). En estos sonidos, la fuente emite sonido hacia la parte frontal, pero también hacia la parte trasera, que entonces funciona como rama secundaria cerrada.

Una explicación detallada de las condiciones de aparición de polos y de ceros en función de la ubicación de la fuente puede encontrarse en Stevens (1998) y en Toda *et al.* (2010).

La técnica denominada **LPC** (del inglés *Linear Predictive Coding*) permite hacer abstracción de las frecuencias concretas de los armónicos y extraer los valores de los formantes, aislando de esta manera el efecto del filtro. Este método sirve para calcular la **envolvente espectral**, un perfil suavizado de la evolución de las amplitudes a lo largo del eje de frecuencias. Por ejemplo, en la Figura 9, la columna (b) muestra las envolventes correspondientes a los espectros de (c), calculadas con el método LPC. La principal limitación de este método, que se explica con más detalle en Johnson ([1997] 2003) o en CALLIOPE (1989), es que solamente tiene en cuenta los polos de la función de transferencia, pero no los ceros. Por tanto, la aproximación es menos adecuada en el caso de sonidos con antirresonancias.

Otro procedimiento matemático que separa el efecto del filtro del efecto de la fuente es el análisis cepstral (véase CALLIOPE [1989]), llamado así por consistir, en cierto modo, en una operación inversa al análisis espectral. En una variante de este cálculo se aplica, antes del análisis cepstral, un filtrado mediante bandas basadas en la escala mel (§ 1.13.2). De este modo se obtienen los MFCC (del inglés *Mel-frequency Cepstral Coefficients*), es decir, los coeficientes cepstrales en la frecuencia mel.

Para más información, el lector interesado puede consultar Fant (1960), Johnson ([1997] 2003), Stevens (1998), Stevens y Hanson (2010) y Toda *et al.* (2010).

1.11 Espectrogramas

Aunque en un oscilograma (§ 1.8) se pueden analizar algunas características fonéticas interesantes basadas en la amplitud relativa de los sonidos, en los estudios de fonética se usa de manera más habitual el **espectrograma**, por presentar la información de una manera más estructurada. Fruto de un análisis de Fourier (§ 1.8), en él se puede observar la evolución temporal del espectro (§ 1.10.1) y permite analizar por separado la amplitud relativa de los distintos componentes frecuenciales de la onda. Como puede apreciarse en la Figura 11, el eje x o eje horizontal representa el tiempo (en segundos, s); el eje y o eje vertical es la escala de frecuencias (en hercios, Hz); y el eje z (la profundidad), en función de la intensidad de la escala de grises —aunque también pueden realizarse espectrogramas con gamas de colores—, denota la intensidad (en decibelios, dB) correspondiente a esa frecuencia en ese momento determinado.

Cada sonido o segmento corresponde a una abstracción basada en sus rasgos de timbre (§ 1.13.2) y, a partir de esa abstracción, se puede medir la extensión temporal o **duración** de ese

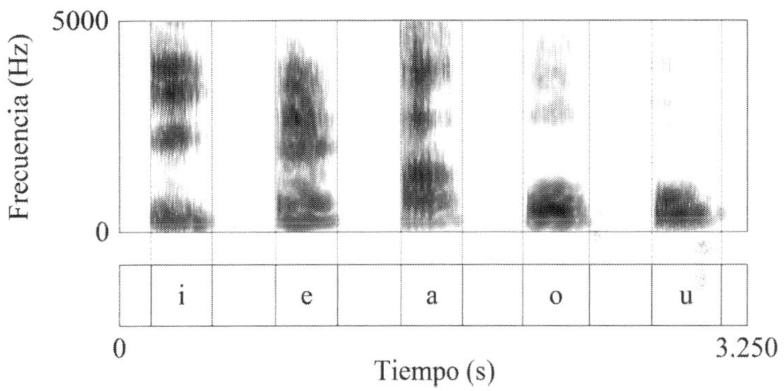

FIGURA 11. Espectrograma de las cinco vocales del español.

segmento (Cantero 2002). Algunos autores reservan el concepto de duración para la impresión perceptiva que resulta del hecho de que un sonido sea más o menos extenso en el tiempo, impresión que se produce de forma relativa a la extensión de los segmentos circundantes, lo que aporta al oyente una idea de la velocidad de elocución (§ 1.5.5) global del hablante. En cualquier caso, estos conceptos fonéticos no deben confundirse con los conceptos fonológicos de cantidad (§ 1.19.3) —que opone las vocales breves y las largas (o también, posiblemente, las consonantes simples y las geminadas)— y de peso (§ 1.21.8) —que diferencia entre sílabas ligeras y pesadas, de modo que una sílaba puede ser pesada por incluir una vocal larga, o por incluir una coda, con independencia de la cantidad vocálica—.

Como muestra la Figura 12, existen dos maneras de visualizar un espectrograma. Un **espectrograma de banda estrecha**, como el de (a), ofrece una gran resolución espectral, es decir, resulta muy fácil distinguir los distintos componentes frecuenciales, 'apilados' verticalmente, y por eso es apropiado para estudiar características de la fuente. En este tipo de visualización se aprecian los distintos armónicos (cada una de las líneas más o menos horizontales) y se constata que, cuando sube el primer armónico (la f_0; § 1.5.4), todos los armónicos se distancian más entre sí, puesto que todos son múltiplos de la frecuencia fundamental. Esto es lo que ocurre al final de este espectrograma, donde la subida de f_0 refleja una entonación ascendente. También se puede ver que, en determinados instantes temporales —correspondientes a distintos sonidos—, los armónicos que se ven intensificados por efecto de las resonancias del filtro son diferentes.

Un **espectrograma de banda ancha**, como el de (b), ofrece una mejor resolución temporal, es decir, en él se aprecia mejor el detalle de cómo cambian de un instante al siguiente las frecuencias que se ven amplificadas por las

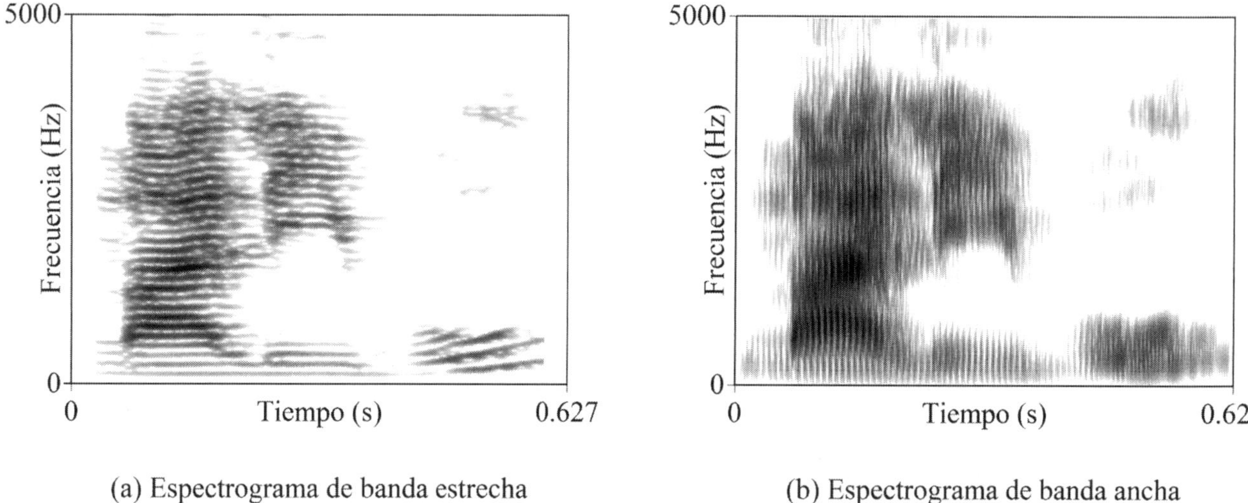

(a) Espectrograma de banda estrecha (b) Espectrograma de banda ancha

FIGURA 12. Espectrogramas de banda estrecha (a) y de banda ancha (b) de la secuencia *¿Malibú?*

resonancias del tracto vocal. En efecto, este tipo de espectrograma resulta más apropiado para analizar las características del filtro y comparar las propiedades espectrales de distintos tipos de sonidos. Además, en él se visualizan de forma clara los formantes —cada una de las franjas más oscuras (más intensas; § 1.10.2)— y sus transiciones (§ 1.10.2). La resolución temporal de este tipo de espectrograma es suficientemente precisa como para que en él puedan observarse incluso las estrías verticales que corresponden a cada uno de los pulsos glotales (§ 1.5.1). Es decir, cada vez que la glotis se cierra y aumenta la presión en las vías supraglóticas, ello se traduce en una estría más oscura. Hacia el final de este espectrograma, las estrías aparecen más juntas una a otra debido al aumento de la f_0 (el ciclo glotal se repite a intervalos temporales más breves).

Los distintos tipos de sonidos se describen en función de sus **claves acústicas** (también denominadas **pistas**, **índices** o **indicios**), es decir, los elementos de la señal que son correlatos de alguna característica fonológica (ya se entienda esta como rasgo distintivo; § 1.19.1, o de alguna otra manera).

Para más información, el lector interesado puede consultar Gil (1988) y Martínez Celdrán (1998).

1.11.1 Análisis espectrográfico de las vocales

Asúmase por un momento la idealización de que todo el tracto vocal constituye un único tubo de anchura perfectamente uniforme, es decir, sin ninguna región que presente una mayor constricción que otra. Esto incluye también al ancho de la abertura de los labios. Por otro lado, mientras se produce la fonación (§ 1.5.2), en los momentos en los que los pliegues vocales se hallan en contacto, el tracto vocal tendrá las características de un tubo cerrado por un extremo (la glotis; § 1.2.2) y abierto por otro (los labios).

Redondeando la velocidad del sonido a 340 m/s (34 000 cm/s), un tracto oral de 17 cm de longitud (como puede ser el de un varón adulto; § 1.10.2) presentará resonancias (§ 1.10.1) correspondientes a las siguientes frecuencias (en Hz): 500, 1500, 2500, 3500, etcétera. Si se sintetiza un sonido con formantes en esas frecuencias, el resultado se parece mucho a la vocal [œ] que existe, por ejemplo, en francés. Es decir, una vocal medio-baja, anterior, labializada es la mejor aproximación a un tracto vocal de ancho totalmente uniforme.

Cabe señalar, no obstante, que es frecuente asociar los valores formánticos mencionados a la vocal [ə], comúnmente conocida como *schwa*, que presenta una realización media, central, no labializada. En muchas lenguas, este tipo de producción es lo más cercano a una vocal neutra, aunque, comparada con ella, la [œ] se caracteriza por una anchura algo más homogénea a lo largo de todo el tracto vocal.

En cualquier caso, hablar de vocal neutra no equivale a decir que no exista ningún tipo de filtro, sino que el filtro consiste precisamente en un tubo uniforme, y realza las frecuencias de la fuente que coinciden con las frecuencias resonantes.

Cualquier modificación en la articulación con respecto a ese punto de partida de anchura uniforme hará que determinadas zonas presenten una mayor constricción y otras, en cambio, sean más anchas. Como consecuencia, también las frecuencias de los formantes cambiarán. Por ejemplo, F1 puede incrementarse o reducirse con respecto a los 500 Hz, F2 puede incrementarse o reducirse con respecto a los 1500 Hz, etcétera. Ahora bien, el valor frecuencial de un formante nunca puede traspasar el valor de referencia de otro formante contiguo. Por ejemplo, F1 nunca puede ser mayor que 1500 Hz; F2 nunca puede ser menor que 500 Hz ni mayor que 2500 Hz; F3 nunca puede ser menor que 1500 Hz ni mayor que 3500 Hz, etcétera.

Estas medidas pueden variar ligeramente, en función de la longitud exacta del tracto vocal de cada individuo, y también en función de la velocidad exacta de la transmisión del sonido, que depende de la presión atmosférica y, por tanto, de factores como la altitud, la temperatura y la humedad ambiental. Por ejemplo, los valores de referencia para los formantes de un tracto vocal de mujer son más altos, ya que la longitud total del tubo suele ser menor (en torno a 15 cm). Las frecuencias también aumentan en condiciones de mayor temperatura (las partículas del medio están más excitadas y el sonido se transmite a mayor velocidad). Por ejemplo, a nivel del mar, con 50 % de humedad y a 36º C, la velocidad del sonido es aproximadamente de 35 310 cm/s. Esto implica, para un tracto vocal de 17 cm, unos valores en Hz de 519, 1557, 2596, 3634, etcétera; y, para un tracto vocal de 15 cm, unos valores de 588, 1765, 2942, 4119, etcétera. En cualquier caso, los valores redondeados (500, 1500, 2500, 3500 . . .) destacan por su carácter mnemotécnico, y son buenas aproximaciones a los límites entre los que se mueven las frecuencias de cada formante, sobre todo en los formantes más bajos, que suelen ser los más relevantes.

En la práctica, de hecho, la mayoría de los valores formánticos ni siquiera llegan a acercarse demasiado a esos límites teóricos. Dichos valores no son independientes entre sí, sino que se derivan de las resonancias de los distintos tubos en que se subdivide el tracto vocal y, si aumenta la longitud de la cavidad posterior (por ejemplo), lo hace a costa de que disminuya la de la cavidad anterior. Por tanto, no se atestiguan todas las combinaciones de valores teóricamente posibles para cada formante.

Los valores formánticos de cada tipo vocálico varían considerablemente de un individuo a otro, atendiendo, entre otras razones, a su edad y a su sexo (pues ambos factores influyen en la longitud del tracto vocal). La necesidad de normalizar (§ 1.14.1) estas diferencias hace que la identificación de un estímulo acústico como representante de una vocal u otra no dependa tanto del valor frecuencial exacto de los distintos formantes como de las distancias que estos guardan entre sí, no tanto calculadas como una resta, sino como un cociente (véase, por ejemplo, Monahan e Idsardi [2010] y las referencias allí citadas).

Debido a la importancia que reviste la distancia relativa entre formantes, las lenguas tienden a organizar sus sistemas de tal forma que dicha distancia entre formantes adyacentes sea mínima para algunas vocales y máxima para otras, para así diferenciar mejor las distintas clases de vocales. Esto ocurre sobre todo en las lenguas que no poseen un inventario vocálico demasiado extenso (§ 1.6.5); si el inventario es más numeroso, resulta más complicado que todas las vocales presenten formantes mínimamente o máximamente separados. Las **vocales focales** presentan dos formantes muy próximos entre sí, de manera que se refuerzan mutuamente (como la [a], la [o] o la [u]; véase la Figura 11). A veces, los dos formantes se encuentran tan juntos que los sistemas automáticos de detección los interpretan como un único formante, muy intenso. Por ejemplo, contabilizan el conjunto F1F2 como el primer formante, y etiquetan equivocadamente como F2 lo que en verdad es el F3. Tales errores son fáciles de detectar si, al verificar manualmente los datos, se observa que el valor del supuesto F2 se mueve en realidad en la gama frecuencial propia de F3 (centrada en 2500 Hz). Otras vocales, como la [i], maximizan la distancia entre dos formantes adyacentes (por ejemplo, F1 y F2; véase la Figura 11). De este modo, aunque la maximización de F2 aleja este formante con respecto a F1, desde otro punto de vista esto lo acerca a F3 y, en ese sentido, la [i] es también una vocal focal, solo que con el foco en otro emplazamiento (F2F3 o incluso, a veces, F3F4). En cambio, si todos los formantes guardan cierta equidistancia entre sí, se trata de una **vocal centralizada** y, en la medida en que esa equidistancia sea más perfecta, se acerca más a la configuración propia de la [œ], que fue el punto de partida de esta explicación.

En una idealización sin acoplamiento (§ 1.10.2), las resonancias del tracto vocal se pueden aproximar calculando las resonancias independientes de cada una de las cavidades. Como explica Stevens (1989), para determinadas longitudes de dichas cavidades, hay frecuencias resonantes que coinciden entre una cavidad y otra. Es en estos casos cuando el efecto del acoplamiento provoca una mayor desviación de los valores reales de los formantes con respecto a los valores idealizados. Además, en torno a estos puntos de articulación, una variación relativamente grande en la posición de la constricción apenas repercute en el valor de los formantes. Así, se crea una región de estabilidad en la que el producto acústico no varía sensiblemente aunque no se alcance el objetivo articulatorio con total precisión. Estas regiones coinciden precisamente con los máximos y los mínimos formánticos. La teoría cuántica de Stevens (§ 1.14.2) establece, en efecto, que hay rangos en los que una variación articulatoria relativamente grande produce una variación acústica pequeña, mientras que en otros rangos una pequeña variación articulatoria provoca un salto cualitativo en la manifestación acústica. Lógicamente, las lenguas favorecen los sonidos caracterizados por incluir uno o más de sus formantes en las regiones de estabilidad.

Cuanto mayor sea el acoplamiento (esto es, cuanto menos estrecha sea la constricción), más se desviarán los valores formánticos con respecto a su aproximación idealizada. Sin embargo, esto no debe entenderse como una desventaja. Al contrario, el efecto es aumentar la región de estabilidad. Esto predice que los tipos de sonidos con valores formánticos más estables son aquellos con una menor constricción. Por otro lado, cuando el extremo abierto de una cavidad está muy abierto, la radiación es mayor, y aumenta el ancho de banda de las resonancias correspondientes a esa cavidad (§ 1.10).

Como se viene argumentando, la tendencia a juntar o a separar formantes aboca a que estos presenten valores frecuenciales también extremos —si no extremos dentro de sus rangos teóricos, sí al menos extremos dentro de su variación real posible—. Las vocales anteriores se caracterizan por un foco espectral F2F3 o F3F4. Las vocales posteriores, al tener un valor mínimo de F2, propician un foco F1F2 (tendencia consolidada si, como es habitual, la articulación de dichas vocales se acompaña de un redondeamiento de labios). Dentro de las vocales con foco F1F2, se pueden definir subconjuntos en función de que F1 presente un valor mínimo (vocales altas) o máximo (vocales bajas).

Según Stevens (1998), cuanto más alta sea la frecuencia de un formante, mayor amplitud se espera que tengan los formantes siguientes. Esto justifica otra diferencia entre la [a] y la [u]: debido a la baja altura de F2 en la [u], esta vocal suele experimentar una pérdida brusca de amplitud en las frecuencias más altas, algo que no ocurre con la [a]. En la [i], por su parte, el elevado valor de F2 permite una considerable amplitud en los formantes superiores. Sin embargo, F1 es muy bajo, y eso provoca un descenso notable en la intensidad de las frecuencias que median entre F1 y F2 —mucho más acusado, en todo caso, que en la vocal [e], por ejemplo— (Figura 11).

A partir de la observación de la Figura 11, se puede extraer la regla básica (que en realidad subsume dos) para interpretar espectrogramas de vocales. Un valor bajo de F1 se corresponde con vocales altas (como la [i] y la [u]) y un valor alto de F1, con vocales bajas (como la [a]). Por su parte, los valores altos de F2 son propios de las vocales anteriores ([i], [e]); los valores medios, de las vocales centrales ([a]); y los valores bajos, de las vocales posteriores ([o], [u]). Es decir, F1 se correlaciona inversamente con la altura vocálica (la variación vertical de la posición de la lengua) y F2 se correlaciona directamente con la anterioridad vocálica (la variación horizontal).

Conviene precisar que estas correlaciones son relativamente sólidas, pero siempre dentro del espacio (articulatorio y acústico) de las vocales. Existen consonantes de articulación más adelantada que la más anterior de las vocales y en las que el valor de F2 es muy bajo (por ejemplo, las bilabiales). Al contrario, en las proximidades de la glotis, los valores de F2 suben. También debe recordarse que la [a], que se define entre las vocales como baja y central, en realidad se caracteriza por una articulación faríngea, es decir, más atrasada que la de la [u], por ejemplo (§ 1.6.5).

Además, en las vocales, el redondeamiento de los labios tiene como consecuencia la aproximación de dos formantes (F1F2 en las vocales posteriores y F2F3 en las vocales anteriores), creando más bien un patrón con un único pico espectral en vez de dos, pero más intenso. Por su parte, las vocales rotizadas (§ 1.6.4) destacan por una bajada de F3 con respecto a sus equivalentes no rotizadas. No obstante, si se sale del ámbito de las vocales, un F3 bajo no es característica común del carácter rótico en las lenguas del mundo (Lindau 1985).

Aunque la altura vocálica suele vincularse al valor de F1, resulta más apropiado relacionarla con la distancia relativa entre f_0 y F1. Para una f_0 constante, es cierto que una subida de F1 se percibe como una mayor abertura vocálica (una menor altura lingual). Sin embargo, si sube F1 pero también lo hace f_0, no se apreciará un cambio en el timbre vocálico (aunque sí en el tono o nota con que se pronuncia esa vocal, debido al cambio en la f_0). Esto es así porque, del mismo modo que las distancias entre formantes sirven para normalizar los valores de estos, el valor del F1 también se interpreta como relativo al del f_0, que se toma como referencia para la normalización. Si sube F1 pero también ese valor de referencia, no cambia la altura vocálica percibida. Hasta tal punto dicha percepción depende no del valor absoluto de F1, sino de su distancia con respecto a f_0 que, si se mantiene constante F1 pero se va bajando el valor de f_0, se percibe una vocal cada vez más abierta (ya que, en comparación con la referencia que supone f_0, F1 estará progresivamente más alto, pero en realidad permanece a la misma altura absoluta). Por supuesto, la bajada de f_0 provoca un cambio no solo en el timbre percibido, sino también en el tono (cada vez más bajo).

Los valores de F1 y F2 de las vocales se suelen representar gráficamente en una **carta de formantes** (Figura 13). El eje horizontal recoge los valores posibles de F2, que —recuérdese— se correlaciona con el carácter anterior o posterior de la vocal, mientras que F1 (la altura vocálica) se representa sobre el eje vertical. La escala de los ejes no suele ser lineal, sino que se asemeja a las propiedades cuasilogarítmicas de la percepción de las relaciones entre frecuencias (§ 1.13.2). Además, si esas escalas crecen de derecha a izquierda y de arriba abajo (y no al revés, como es habitual), al ubicar cada vocal en el punto de cruce de sus respectivos valores formánticos, resulta una distribución similar a la del triángulo vocálico basado en criterios articulatorios (§ 1.6.5).

Para más información, el lector interesado puede consultar Johnson ([1997] 2003), Stevens (1989) y Vaissière (2011).

1.11.2 Análisis espectrográfico de las consonantes: modo de articulación

Las consonantes oclusivas se caracterizan por un periodo en el que el tracto vocal se encuentra cerrado, lo que bloquea la salida de la onda al exterior (§ 1.6.3), exceptuando —en el caso de las oclusivas sonoras— las bajas frecuencias correspondientes al murmullo glotal, que pueden atravesar las paredes del tracto vocal, aunque sean sólidas. Esta fase de silencio se visualiza en el espectrograma como una columna blanca, sin energía acústica, como se muestra en la Figura 14a, con el ejemplo ['aṱa]. (Si dicha columna no aparece

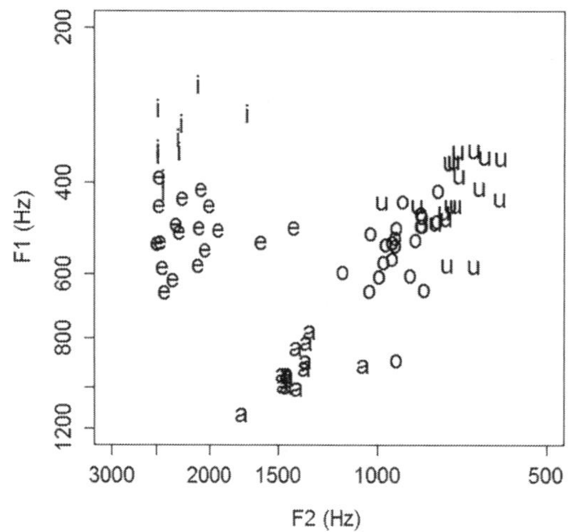

FIGURA 13. Carta de formantes de realizaciones vocálicas.

blanca en las frecuencias medias y altas, seguramente se deba a la presencia de ruido de fondo en la grabación).

La presión de aire acumulada en la cavidad oral durante la fase de oclusión se libera repentinamente tras la distensión, generando una fuente de ruido transitorio, que en el espectrograma se refleja mediante la **barra de explosión**, una pequeña fracción de tiempo en la que se excita una amplia gama de frecuencias, como marca la flecha en la Figura 14a. La mayor o menor energía de la explosión, la zona de frecuencias en la que se distribuye, su duración, y su anticipación con respecto al inicio del sonido siguiente dependen del tipo de distensión (simple, aspirada o africada; § 1.6.3), así como del punto de articulación de la oclusiva. Además, la intensidad general de la explosión suele ser más tenue en el caso de las oclusivas sonoras, ya que la glotis se encuentra cerrada aproximadamente la mitad del tiempo y, por tanto, la cantidad de aire que llega a acumularse en la cavidad oral es menor.

En la Figura 14c, d se muestran dos ejemplos de la columna de ruido propia de las fricativas (§ 1.6.3), reconocible por la elevada intensidad de las altas frecuencias y la ausencia de pulsos glotales (§ 1.5.1), aunque estos sí pueden aparecer en la parte más baja del espectrograma si se trata de una fricativa sonora. En función del punto de articulación, el filtro que afecta a la fuente de fricción puede resaltar la amplitud de unas frecuencias u otras. No obstante, muchas fricativas presentan amplias regiones de frecuencia (generalmente, altas frecuencias) con gran intensidad. Es habitual analizar el **centro de gravedad**, esto es, el promedio de las frecuencias presentes en el sonido ponderadas por su amplitud. Este parámetro se puede abreviar como CG o, a la inglesa, como CoG.

Las aproximantes (§ 1.6.3), en general, se caracterizan por la presencia de pulsos glotales, en forma de estrías verticales nítidas. Las transiciones (§ 1.10.2) hacia los sonidos contiguos suelen abarcar un rango de frecuencias considerablemente extenso y, en el caso de las deslizantes, son muy lentas. La intensidad global de las aproximantes puede ser bastante elevada (aunque no llega al nivel de la de las vocales adyacentes): véase el ejemplo de la aproximante lateral en la Figura 15b. Las espirantes (§ 1.6.3), no obstante, pueden manifestarse con una intensidad muy variable, en función de su menor o mayor abertura articulatoria, y a veces pueden ser muy tenues, mientras que en otras ocasiones llegan a parecerse mucho a una vocal. Por otro lado, las espirantes más cerradas, al provocar un mayor aumento de la P_o, suelen ir acompañadas de un descenso micromelódico (§ 1.5.5), es decir, una breve y abrupta bajada de la f_0 por causa aerodinámica, involuntaria, que no responde a ningún patrón entonativo, sino que puede considerarse una propiedad segmental más de este tipo de sonidos. En el espectrograma, el descenso micromelódico se puede deducir del mayor espaciado entre pulsos glotales sucesivos, aunque normalmente se detecta de manera más fácil gracias a las curvas de f_0 que dibujan las herramientas de análisis (véase la consonante [ɣ] en la Figura 14b).

Las consonantes nasales (§ 1.6.4) se distinguen asimismo por los pulsos glotales. Su duración puede variar con el punto de articulación, entre otros factores, pero, en general, no son sonidos breves. La intensidad es considerablemente menor a la de una vocal (Figura 15a). También en la Figura 15c se observa que las róticas múltiples (§ 1.6.4) son fácilmente reconocibles por la rápida alternancia de varias columnas muy breves de silencio (o, al menos, de baja energía) con otras columnas, igualmente breves, de características similares a una vocal (con pulsos glotales y bastante intensidad).

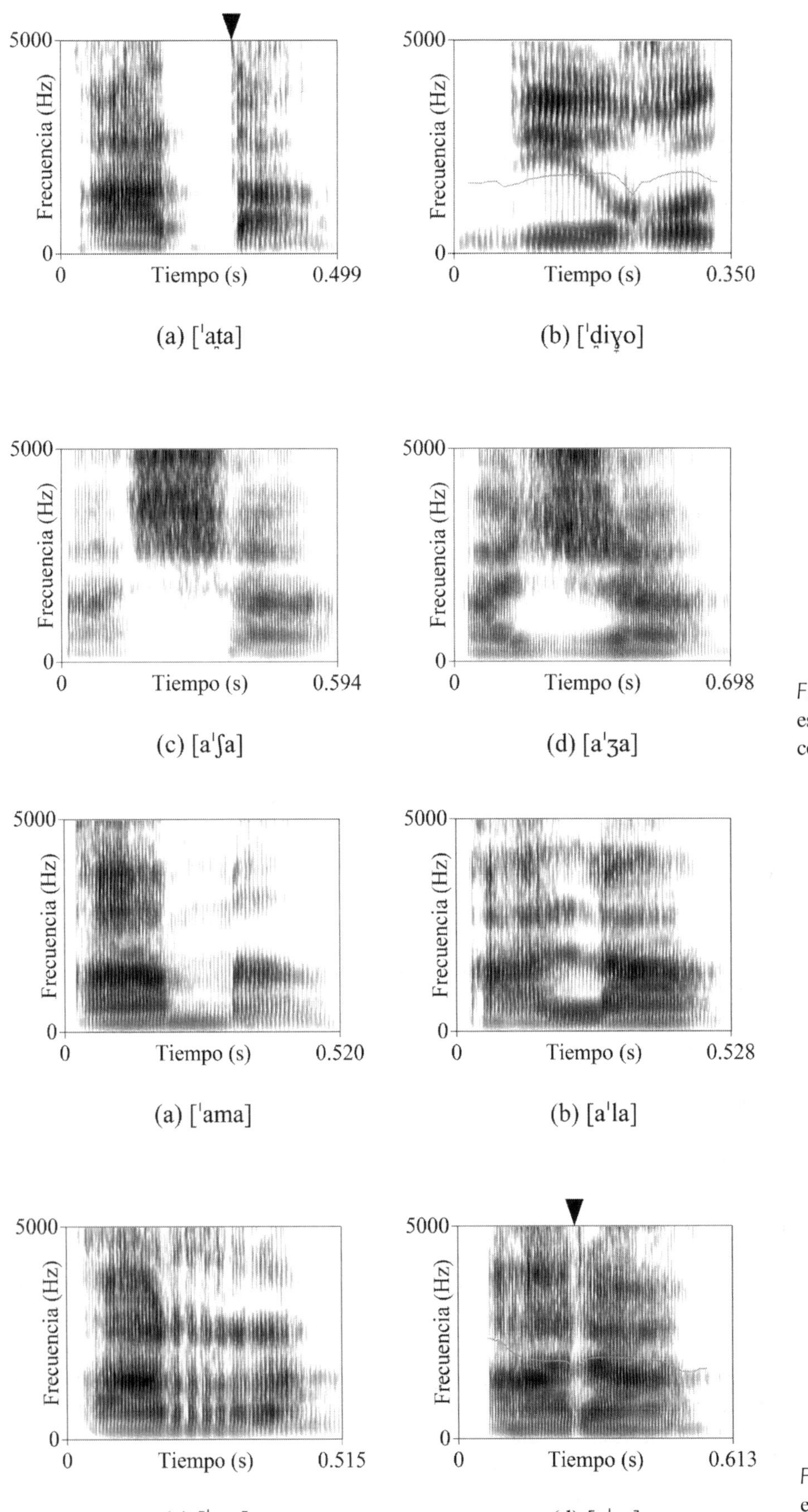

(a) [ˈaᵗa]

(b) [ˈd̯iɣo]

(c) [aˈʃa]

(d) [aˈʒa]

FIGURA 14. Ejemplos de espectrogramas de algunas consonantes obstruyentes.

(a) [ˈama]

(b) [aˈla]

(c) [ˈara]

(d) [aˈra]

FIGURA 15. Ejemplos de espectrogramas de algunas consonantes sonantes.

Las róticas simples (§ 1.6.4), por su parte, se manifiestan en el espectrograma como una única columna (muy breve) de silencio o baja energía relativa, acompañada de un descenso micromelódico, como indica la flecha en la Figura 15d. Cuando la rótica simple aparece contigua a otra consonante, entre esta y la columna de la percusiva suele interponerse una vocal intrusiva o elemento esvarabático (§ 1.6.4).

Para más información, el lector interesado puede consultar Martínez Celdrán (1998) y Martínez Celdrán y Fernández Planas ([2007] 2013).

1.11.3 Análisis espectrográfico de las consonantes: punto de articulación

El punto de articulación de un sonido condiciona la subdivisión del tracto vocal (§ 1.2.1) en una serie de cavidades de resonancia que, a modo de filtro (§ 1.10), amplifican algunas de las frecuencias naturalmente presentes en la fuente (§ 1.5.1) del sonido. Un tracto vocal de anchura perfectamente uniforme favorece unas resonancias situadas aproximadamente en torno a los 500, 1500, 2500 Hz, etcétera. Ejercer una constricción en una determinada región del tracto modifica cada uno de esos valores de referencia al alza o a la baja, y altera de ese modo las propiedades espectrales del sonido. Los puntos de articulación más frecuentes en las lenguas del mundo son aquellos en los que se maximiza o se minimiza la frecuencia de algún formante, dentro de su rango de variación posible.

Los sonidos bilabiales (§ 1.6.1) se caracterizan por un valor mínimo de las frecuencias de todos los formantes, aunque debe destacarse la del F1 (Figura 16). Como resultado, cualesquiera que sean los sonidos que rodean a una bilabial siempre tendrán valores más elevados y, por tanto, las transiciones (§ 1.10.2) mostrarán una trayectoria descendente según se acercan al centro de la duración acústica de la bilabial.

En el extremo contrario del tracto vocal, las glotales (§ 1.6.1) permiten alcanzar valores frecuenciales máximos en todos los formantes, aunque dicha subida también es especialmente característica en el F1 (Figura 16). Debido a que los valores altos del F1 se correlacionan con la percepción de la abertura vocálica (§ 1.11.1), las vocales que se encuentran en contacto con una consonante glotal, como la aspirada [h], tienden a interpretarse (y a pronunciarse) como más abiertas.

En posiciones intermedias del tracto vocal, F1 asciende progresivamente conforme el punto de articulación retrocede desde los labios hacia la glotis (Figura 16). La subida es más notoria a partir de la mitad del recorrido (es decir, aproximadamente a partir de la úvula y hacia atrás). Sin embargo, en ninguno de estos lugares intermedios la frecuencia del F1 alcanza ningún otro mínimo ni otro máximo. Cuando la constricción se encuentra en un punto intermedio del tracto vocal, la resonancia que da lugar a F1 es la que corresponde al resonador formado por la cavidad posterior y por la propia constricción.

La variación de F2 es tal que no solo tiene un mínimo en los labios y un máximo en la glotis, sino que también presenta otra pareja de valores mínimo y máximo a lo largo del recorrido. Así, un valor máximo de F2 es distintivo de

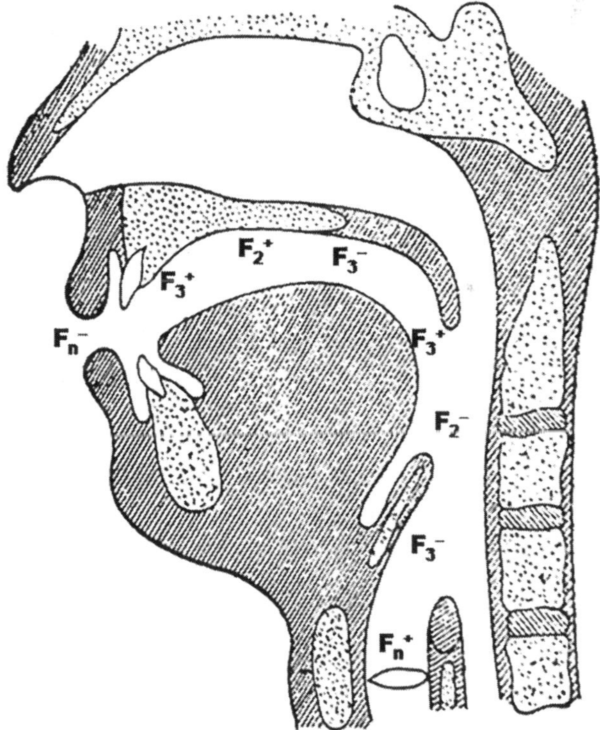

FIGURA 16. Mínimos (señalados con un signo negativo) y máximos (indicados con un signo positivo) formánticos en función de la ubicación de la constricción en el tracto vocal. La imagen del tracto vocal está tomada de Navarro Tomás ([1918] 1996), pero la información sobre los formantes es un añadido propio.

los sonidos palatales (§ 1.6.1) y uno mínimo revela un punto de articulación faríngeo (§ 1.6.1) (Figura 16). Las líquidas, por su constricción secundaria en la faringe, alcanzan valores relativamente bajos (aunque no mínimos) de F2.

Nótese que esta generalización es aplicable también a las vocales (§ 1.11.1). La [i], palatal, se caracteriza por un F2 elevado. La [a], faríngea, presenta un F2 muy bajo y próximo al F1, que, a su vez, es bastante alto, ya que la constricción se encuentra en la mitad posterior (inferior) del tracto vocal.

Al igual que ocurre con los demás formantes, F3 es mínimo en los labios y máximo en la glotis. Sin embargo, un valor máximo del F3 es, sobre todo, característico de los sonidos articulados en la zona alveolar, mientras que los valores mínimos de F3 aparecen en las velares. También hay un nuevo máximo en torno a la úvula y un mínimo en la región epiglotal (Figura 16).

En cuanto a las variaciones de F4, la más interesante es la que caracteriza a las retroflejas (§ 1.6.1), con un valor mínimo. Sin embargo, cuando la retroflexión va acompañada de redondeamiento de labios, el formante que alcanza un valor mínimo es F3, como consecuencia de la extensión de la longitud total del tracto vocal.

Entre los sonidos coronales (por ejemplo, dentales, alveolares, retroflejos; § 1.19.5), se pueden observar sutiles variaciones de F1 y de F2, cuyos valores aumentan progresivamente según se va atrasando el punto de articulación (se encuentran más alejadas del mínimo de F1 que se da en los labios y más próximas al máximo de F2 que caracteriza a la zona palatal).

Como se ha dicho, una articulación velar lleva consigo un valor mínimo del F3. Por su parte, el valor de F2, sin ser máximo, es bastante elevado, pues todavía se halla cerca del centro del paladar. En un espectrograma, si F3 es bajo y F2 es alto, ambos formantes tienden a juntarse en las transiciones que entran hacia una velar, y dan lugar a una configuración característica conocida como la **pinza velar** (Figura 17). No obstante, según explica Stevens (1998, 147), esta convergencia de F2 y F3 se observa, sobre todo, en las velares que son interruptas (oclusivas y nasales, por ejemplo), pero no en las continuas (como las fricativas o las aproximantes). Cuando la constricción es menos estrecha, tan solo hay un acercamiento sensible entre F2 y F3 si dicha constricción se encuentra, al menos, distribuida a lo largo de una mayor longitud del tracto vocal. En los casos sin pinza velar, las consonantes pronunciadas en este punto de articulación se caracterizan por tener los formantes más o menos a la misma altura que los de la vocal siguiente (sobre todo F2), debido al alto grado de coarticulación (§ 1.6.8) que suelen presentar.

La maximización o minimización de un determinado valor formántico tiene como consecuencia la formación de un foco espectral, debido a la proximidad de dos formantes, que se refuerzan mutuamente (§ 1.11.1). Así, por ejemplo, un foco F3F4 caracteriza a las retroflejas, un foco F2F3 puede ser una clave de las velares, y un foco F1F2 identifica a las faríngeas (Stevens 1989). En cambio, como indica este autor, en la zona alveolar o en

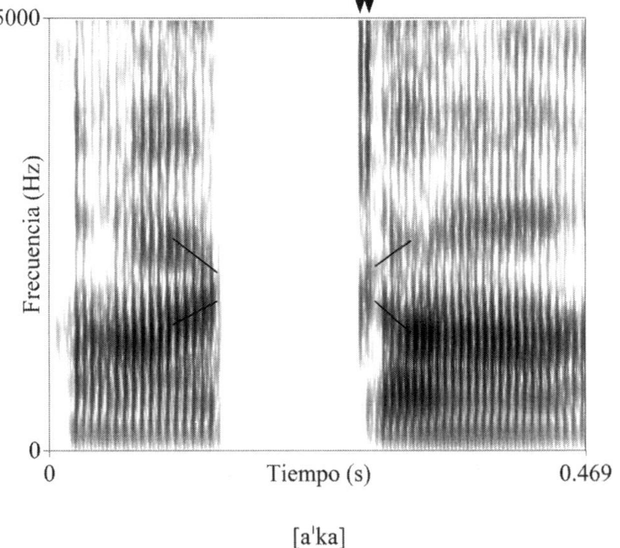

FIGURA 17. Pinza velar (confluencia de F2 y F3) y doble barra de explosión, señalada por las dos flechas.

puntos de articulación más adelantados, la frecuencia de la cavidad anterior es demasiado alta como para estar próxima a algunas de las frecuencias de la cavidad posterior y formar un pico espectral intenso mediante la unión de dos formantes. Por eso estas consonantes se caracterizan fonológicamente como difusas (§ 1.19.3).

Si en un espectrograma se prolongan imaginariamente las transiciones formánticas que van de la vocal que precede a una consonante y las de esta misma consonante a la vocal siguiente, ambas transiciones se cortan en un punto llamado **locus**, que representa el objetivo acústico ideal de la consonante. Lógicamente, es más fácil que se alcance el objetivo articulatorio (y, por tanto, también el acústico) en sonidos con una duración suficiente o, de lo contrario, se producirá una hipoarticulación (§ 1.6.7). Normalmente, el locus se refiere de manera específica a las transiciones del F2. Quilis (1993), citando a Delattre (1958), define este concepto como «el punto de convergencia virtual de las transiciones que tienen perceptivamente un mismo lugar de articulación» (p. 211). En efecto, Delattre plantea que, si se observaran las transiciones de la misma consonante con todas las vocales posibles, cada una sería ligeramente distinta, pero en todos los casos se dirigirían hacia un mismo punto: ese es el locus.

La descripción tradicional de las propiedades acústicas relativas al punto de articulación se centra en proporcionar valores absolutos (en Hz) del locus. Sin embargo, en la práctica habitual de 'lectura' o interpretación de espectrogramas, la atención suele dirigirse más bien a valores relativos, con sus mínimos y sus máximos, como se ha presentado en este apartado. La necesidad de normalizar los valores formánticos parece indicar que sus posiciones relativas, y no las absolutas, tienen mayor realismo psicológico, e incluso neurológico (Monahan y Idsardi 2010; § 1.14.1).

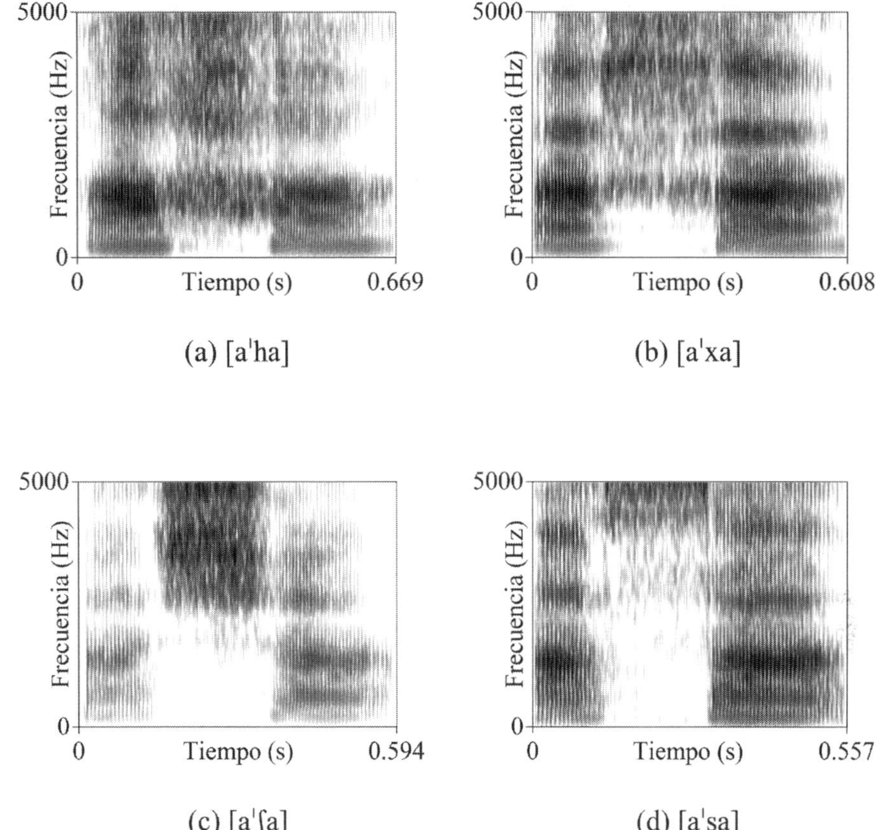

FIGURA 18. Ejemplos de espectrogramas de algunas consonantes fricativas.

(a) [aˈha]   (b) [aˈxa]

(c) [aˈʃa]   (d) [aˈs̺a]

En el caso de las consonantes fricativas, la fuente se ve afectada sobre todo por las resonancias de la cavidad anterior. Por eso, el ruido se extiende hasta frecuencias más bajas cuanto más atrasado sea el punto de articulación, puesto que, en esos casos, la cavidad anterior es más larga (Stevens 1989); véase la Figura 18.

La fricativa glotal [h], que en realidad constituye un ruido de aspiración (§ 1.5.1), es la única que excita la totalidad del tracto vocal, y se muestra filtrada por resonancias similares a las de la vocal que aparece a continuación (Figura 18a). En la [x], la energía baja hasta la altura del F2 (Figura 18b). Teniendo en cuenta el elevado grado de coarticulación (§ 1.6.8) de las velares, la frecuencia exacta de este F2 puede variar considerablemente en función del segmento siguiente. Por otro lado, las fricativas velares suelen caracterizarse por una gran intensidad en F2 y en F4, frente a un debilitamiento en las zonas correspondientes a F1 y a F3, ya que estos formantes dependen de la cavidad posterior, cuyas resonancias naturales prácticamente se ven anuladas por los ceros (§ 1.10.2) que llevan emparejados; véanse la Figura 19 y Vaissière (2007). En las fricativas palatales, como [ç], o en las postalveolares, como [ʃ] (Figura 18c), el ruido baja hasta la altura de F3. En el caso de las alveolares, el ruido de la apical [s] solo baja hasta F4 (aunque podría llegar a F3 en casos de coarticulación con vocales posteriores como la [u]), mientras que el de la predorsal [s̺] (Figura 18d) se queda en zonas más altas, sin pasar más abajo que el F5. Esta diferencia se justifica porque en la pronunciación apical se genera una cavidad sublingual que afecta a la longitud total de la cavidad anterior y, por tanto, a la frecuencia. Las fricativas más adelantadas, como la labiodental [f], muestran poca influencia de la cavidad anterior, que es ya muy reducida, y tienen, por tanto, la energía distribuida por todo el espectro. Pueden tener una zona de mayor amplitud en las frecuencias bajas, pero con un gran ancho de banda. Alternativamente, puede encontrarse un pico de mayor intensidad en zonas del espectro muy altas, en torno a los 11 000 Hz.

En cuanto a las oclusivas, existen propiedades de la barra de explosión (§ 1.11.2) que también pueden dar pistas sobre el punto de articulación. De un modo somero, se puede decir que las bilabiales presentan barras poco intensas en general, de muy breve

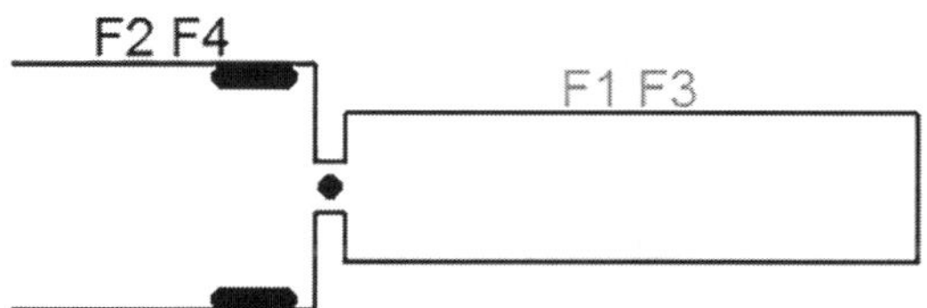

FIGURA 19. Cancelación de F1 y F3 en una fricativa velar debida a la ubicación de la fuente y a la afiliación de los formantes a las distintas cavidades.

duración, y con predominancia de frecuencias graves. Las dentoalveolares, en cambio, se caracterizan por un centro de gravedad (§ 1.11.2) mucho más alto. Las velares, por su parte, destacan por que sus frecuencias más intensas dependen de la altura de los formantes de la vocal siguiente. Además, sus barras de explosión duran más y suelen anticiparse más al inicio de la vocal. También es habitual que las velares presenten una **doble barra de explosión** (Figura 17). Esto ocurre cuando se produce una primera distensión involuntaria provocada por un exceso de presión oral —téngase en cuenta que el punto de articulación más atrasado de las velares favorece el rápido aumento de la P_o (§ 1.3)—. Al salir rápidamente el aire liberado, se puede desencadenar el efecto Bernoulli (§ 1.3), que motiva el retorno del dorso lingual a su posición de contacto con el velo. A continuación se produce una segunda distensión, ya voluntaria, que tiene su reflejo gráfico en la segunda barra de explosión.

Para más información, el lector interesado puede consultar Johnson ([1997] 2003), Stevens (1989) y Vaissière (2007).

1.11.4 Análisis espectrográfico de las consonantes: acción glotal

En la descripción de un segmento, la **acción glotal** se refiere al estado de la laringe —posiblemente apoyado por acciones faríngeas (véanse, por ejemplo, Edmonson y Esling 2006; Slis y Cohen 1969)—, que permite la generación (o no) de alguna fuente de sonido, ya sea esta por fonación (dando lugar a distintas cualidades de voz: voz modal, voz soplada, etcétera; § 1.5.6) o por aspiración. Esta fuente puede actuar como base para otras posibles fuentes supraglóticas (§ 1.5.1) y, además, para las características derivadas de la articulación del sonido.

La acción glotal ayuda a crear contrastes de sonidos sobre todo entre las consonantes obstruyentes (§ 1.6.3). No obstante, en algunas lenguas su uso contrastivo se extiende también a algunos tipos de sonantes (§ 1.6.4), y, en otras, pueden producirse, al menos, variantes alofónicas (§ 1.17.3) basadas en la acción glotal. En el caso de las oclusivas, africadas y fricativas, permite diferenciar entre sonidos por la ausencia o la presencia de fonación (§ 1.5.2), creando series paralelas de sonidos sordos o sonoros (§ 1.5.3), respectivamente. Por otro lado, las oclusivas (sordas) pueden tener distensión simple (§ 1.6.3), de modo que el sonido siguiente empieza justo después de la distensión y su correspondiente explosión, o pueden presentar distensión aspirada (§ 1.6.3), y en ese caso entre la distensión y el inicio del sonido siguiente transcurre un lapso de tiempo ocupado por ruido de aspiración. Abramson y Whalen (2017) mencionan que hay unas pocas lenguas con fricativas y africadas seguidas de distensión aspirada.

Aunque parece que la característica acústica más evidente para distinguir entre sonidos sordos y sonoros es la presencia de pulsos glotales (§ 1.5.1) en el espectrograma de los sonoros, el contraste es mucho más complejo y se puede basar en una gran variedad de claves (§ 1.11), que se repasará a continuación. Normalmente, estas claves coexisten y se refrendan mutuamente. Sin embargo, aunque alguna de ellas esté ausente (incluso si son los propios pulsos glotales), las otras claves suelen permitir la adscripción correcta del sonido a su clase correspondiente.

En el caso de las oclusivas sonoras, el cierre completo del tracto vocal bloquea la salida de la mayoría de los elementos frecuenciales y en el espectrograma se observa una columna blanca correspondiente al silencio. Tan solo son capaces de atravesar el medio sólido interpuesto por las paredes del tracto vocal las frecuencias más bajas, que corresponden precisamente al componente fonador. En el espectrograma se refleja con una banda de energía que recorre, en horizontal, la franja de las frecuencias más bajas durante toda la extensión del murmullo glotal. En esta **barra de sonoridad** se pueden distinguir, además, los pulsos glotales (Figura 20).

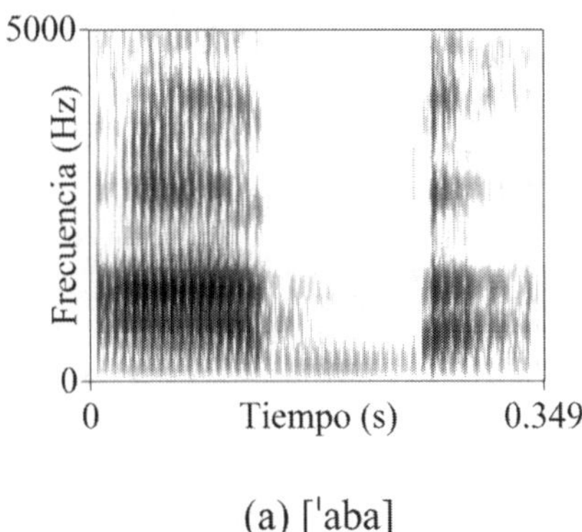

(a) [ˈaba]

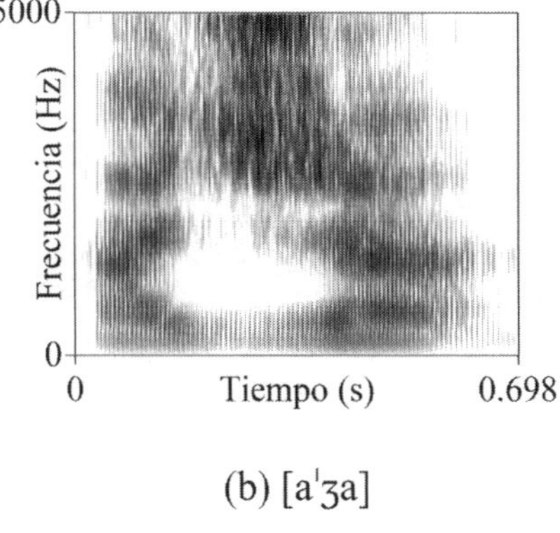

(b) [aˈʒa]

FIGURA 20. Ejemplos de barra de sonoridad (pulsos glotales en las bajas frecuencias).

Estrictamente hablando, la barra de sonoridad aparece en todos los sonidos sonoros, cualquiera que sea su modo de articulación, pero, en presencia de otros componentes de frecuencia relativamente baja, en el espectrograma aparece unida a ellos sin solución de continuidad. En cambio, es visualmente muy notoria en el caso de las oclusivas, debido a la reducida energía de las frecuencias que aparecen justo por encima. También en las fricativas sonoras la barra de sonoridad suele destacar, ya que las siguientes frecuencias con cierta intensidad relativa se encuentran bastante más altas. Además, aunque dichas fricativas sonoras pueden presentar pulsos glotales en las frecuencias elevadas, estos suelen aparecer desdibujados al entremezclarse con el ruido, aperiódico. No obstante, los pulsos son fácilmente identificables en la zona baja del espectrograma, y eso también contribuye a resaltar la barra de sonoridad.

El carácter sonoro se asocia asimismo a la menor duración y la menor intensidad de las partes de ruido: la explosión, en el caso de las oclusivas; la fricción, en el de las fricativas; y ambos elementos, en las africadas.

Dados los requisitos aerodinámicos tan estrictos que se requieren para producir ruido de fricción (§ 1.5.1), se entiende que la vibración glotal dificulte el aporte de flujo oral (U_o) suficiente para generar un ruido intenso y mantenerlo en el tiempo. De igual forma, ya que la glotis solo está abierta aproximadamente la mitad de un ciclo de vibración, la acumulación de presión oral (P_o) durante una oclusiva sonora es menor que durante una sorda, y por ello la explosión generada al liberar esta presión es menos intensa.

Cabe recordar, a modo de puntualización, que las propiedades espectrográficas de la explosión también dependen del punto de articulación (§ 1.11.3), con barras de explosión más duraderas e intensas en puntos de articulación más atrasados, como el velar, debido a que el menor volumen de la cavidad supraglótica conlleva un mayor aumento de P_o.

En el caso de las fricativas sonoras, la menor duración del ruido fricativo equivale a decir que todo el segmento tiene una extensión temporal también reducida (en comparación con las sordas). En cuanto a las oclusivas sonoras, no solo es la explosión la que dura menos, sino que igualmente disminuye la duración total del segmento, pues la fase de 'silencio' —correspondiente al momento de oclusión— también es más breve. Esta reducción temporal se ha relacionado con el carácter laxo de las sonoras frente a las sordas (Martínez Celdrán 1991, 1993; Slis y Cohen 1969). La menor tensión de las sonoras asegura que las paredes del tracto vocal puedan ceder levemente para compensar excesos de presión oral aumentando el volumen de la cavidad (Stevens [1998] asegura que en las oclusivas sonoras la capacidad de cesión de las paredes del tracto es unas tres veces mayor que en las oclusivas sordas). De este modo, la presión transglótica (P_t; § 1.3) sigue siendo la suficiente para hacer vibrar los pliegues vocales. Además, si se extendieran más en el tiempo, las oclusivas sonoras acabarían sufriendo un ensordecimiento pasivo (§ 1.5.3).

Quizá de manera más sorprendente, la distinción entre sonidos sordos y sonoros también se apoya en claves que no se localizan en el propio segmento, sino en las vocales contiguas. Por ejemplo, la vocal que precede a una sonora dura más que la que precede a una sorda (en condiciones iguales), y las vocales que rodean a una sonora son más intensas. Además, la f_0 en el inicio de una vocal es más baja cuando esta sigue a una sonora que si sigue a una sorda (Hombert 1978). Por otro lado, las transiciones (§ 1.10.2) de una oclusiva a la vocal siguiente son más lentas cuando la oclusiva es sonora. En dichas transiciones, además, el rango de frecuencia recorrido por el F1 es más amplio cuando la secuencia consonante-vocal (CV) incluye una oclusiva sonora en vez de sorda.

Es perfectamente posible que en una lengua no se haga uso de todas estas distinciones o que, aun explotando alguna de estas dimensiones, se encuentren diferencias de detalle en la realización fonética con respecto a otras lenguas. Sin embargo, por lo general, las claves descritas representan tendencias universales en la implementación de la oposición entre segmentos sordos y sonoros.

Ahora bien, no en todas las lenguas la oposición entre obstruyentes tensas y laxas se manifiesta por medio de la ausencia o la presencia de sonoridad, esto es, de vibración real en los pliegues vocales. Las lenguas que sí lo hacen pueden llamarse 'lenguas de sonorización', frente a las 'lenguas de aspiración' (Gósy y Ringen 2009), en las que las tensas se caracterizan por el hecho de que su distensión va seguida de un cierto lapso dominado por ruido de aspiración, provocado por una fuente aperiódica que genera una turbulencia continuada en el tiempo al paso del aire a través de la glotis. En el espectrograma, la aspiración se detecta como una columna de ruido, que, por lo demás, excita la totalidad del tracto vocal, ya que avanza desde la glotis y, por tanto, suele presentar valores formánticos que anticipan los de la vocal que viene a continuación. En las lenguas de aspiración, tanto las obstruyentes tensas como las laxas son sordas, a menos que sufran sonorización pasiva (§ 1.5.3).

Lisker y Abramson (1964) propusieron una medida acústica, el ***Voice Onset Time*** (**VOT**), que ha resultado ser muy útil para distinguir entre segmentos tensos y laxos, ya se diferencien por la sonorización o por la aspiración. Aunque inicialmente se planteó para estudiar oclusivas en posición inicial de enunciado, el VOT también es aplicable a otras posiciones intermedias (e incluso finales) y, con pequeñas adaptaciones, incluso a las fricativas y africadas (Abramson y Whalen

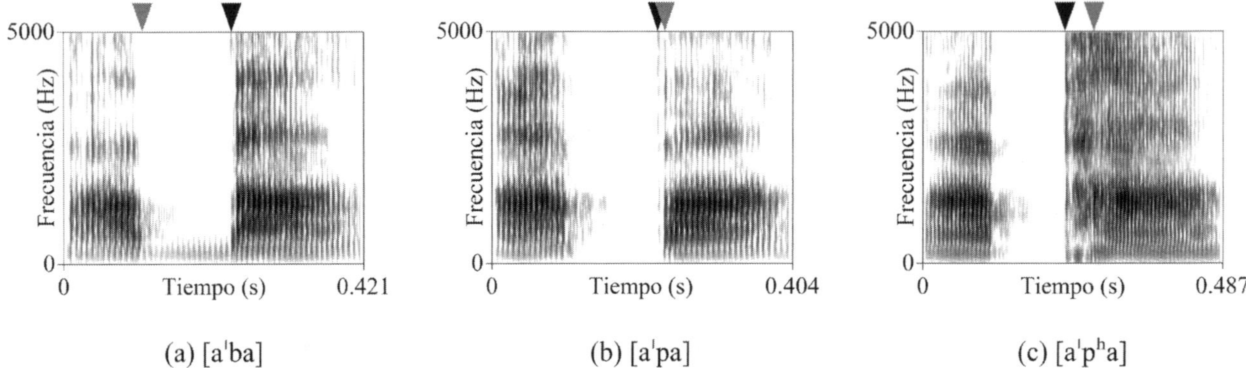

(a) [aˈba]   (b) [aˈpa]   (c) [aˈpʰa]

FIGURA 21. VOT de oclusivas sonoras, sordas y sordas aspiradas. La flecha negra señala la distensión y la flecha gris, el comienzo de la vibración glotal.

2017). Se define como el tiempo que tarda en iniciarse la sonoridad (reflejada en los pulsos glotales), contando a partir de la distensión (que coincide con el inicio de la explosión en el caso de las oclusivas, o con el final del ruido de fricción en el de las fricativas y africadas). Así, el VOT de las consonantes sonoras es negativo, puesto que la sonoridad está presente ya durante la fase tensiva de la consonante, antes de la distensión. Un VOT positivo es propio de las consonantes sordas; si, dentro del rango positivo, mantiene un valor cercano a cero, se trata de una sorda de distensión simple y, si es más elevado, indica la presencia de un lapso de aspiración (o de fricción) antes del inicio de la sonoridad (Figura 21).

Para calcular el VOT, se restan los instantes temporales correspondientes: inicio de la fonación menos inicio de la distensión. Esto resulta en un VOT negativo para la sonora [aˈba] (Figura 21a), positivo (pero cercano a cero) para la sorda de distensión simple [aˈpa] (Figura 21b), y positivo largo para la sorda aspirada [aˈpʰa] (Figura 21c).

La simplicidad de cálculo del VOT es uno de sus aspectos más atractivos, además de lo útil que resulta poder unificar bajo un mismo continuo la manifestación de dos tipos de contrastes diferentes (el de sonorización y el de aspiración). Sin embargo, no todas las características de la acción glotal se pueden medir con este parámetro. Por ejemplo, deja fuera a las **consonantes preaspiradas**, en las que el ruido de aspiración precede a la fase tensiva del segmento, en lugar de seguir a su distensión. Tampoco incluye a las llamadas 'sonoras aspiradas', en las que la diferencia con respecto a las sonoras es más bien una cuestión de cualidad de voz (soplada en vez de modal), aunque ambas presenten VOT negativo. Las pulmonares sonoras tampoco se pueden distinguir de las implosivas por su VOT (igualmente negativo en ambos casos), aunque en las implosivas la amplitud del oscilograma es mucho mayor, e incluso puede crecer a lo largo del tiempo, mientras que en las pulmonares dicha amplitud tiende a aminorar conforme se prolonga la oclusión. Por su parte, la distensión de las eyectivas se anticipa considerablemente al inicio de la sonoridad en la vocal siguiente y no se distinguirían de las aspiradas si solo se atendiera a este VOT largo, pero en las eyectivas la amplitud de la explosión es mucho mayor, y además el espectro del ruido que sigue a la distensión es distinto al de un ruido de aspiración.

El VOT se ha extendido entre la comunidad científica como medida de la coordinación (o del desfase temporal) entre los cambios en la fonación y los cambios en la articulación en los momentos cercanos al final de la consonante.

Aunque menos difundida, también existe una medida equivalente para estudiar qué sucede en torno al inicio de la consonante, que puede llamarse, según los autores, *Voice Decay Time* (VDT), *Voice Termination Time* (VTT) o *Voice Offset Time* (Vo). Consiste en calcular el lapso transcurrido desde el cese de la fonación de una vocal hasta el inicio de la obstrucción de la consonante sorda siguiente y sirve para caracterizar las consonantes preaspiradas (cuando la medida es negativa) o las consonantes que experimentan sonorización pasiva (cuando la medida es positiva).

Para más información, el lector interesado puede consultar Abramson y Whalen (2017), DiCanio (2012), Martínez Celdrán (1998), Martínez Celdrán y Fernández Planas ([2007] 2013), Ruch y Harrington (2014) y Slis y Cohen (1969).

1.12 Fonética perceptiva

El proceso que va desde la estimulación del oído por la onda sonora hasta la descodificación del mensaje lingüístico se compone de tres fases. La **audición** (§ 1.13) es el proceso físico que transmite y convierte la onda que llega al oído externo en un impulso nervioso. La **percepción** (§ 1.14) es el proceso psicolingüístico de identificación de las unidades fonológicas. Finalmente, mediante la **comprensión**, se otorga un significado a la secuencia de unidades percibidas, gracias al apoyo de otros niveles lingüísticos (léxico, sintáctico, semántico, etcétera).

Para más información, el lector interesado puede consultar Marrero-Aguiar (2001) y Pisoni y Remez (2005).

1.13 Audición

La audición es la capacidad de percibir un sonido —cualquier sonido en general— mediante el oído. En lo que respecta a los sonidos del habla en particular, para comprender plenamente esta fase del proceso de la comunicación humana es preciso conocer no solo la anatomía y fisiología de los órganos auditivos (§ 1.13.1), sino también las respuestas psicológicas que los sonidos percibidos producen en los oyentes (§ 1.13.2).

Para más información, el lector interesado puede consultar Miller y Eimas (1995) y Moore ([1997] 2010).

1.13.1 Anatomía y fisiología de los órganos auditivos

El oído humano se subdivide en tres regiones: oído externo, oído medio y oído interno, como se muestra en la Figura 22.

El **oído externo** está integrado por la oreja o pabellón auditivo, el conducto auditivo externo y el tímpano, que es una membrana que separa el oído externo del oído medio. Los repliegues de la oreja permiten captar la dirección de la que procede el sonido y (con menor precisión) la distancia a la que se halla la fuente emisora. Por otro lado, la sucesiva reducción del área de la sección del canal auditivo sirve para aumentar la presión que ejerce la onda sonora y, en definitiva, su intensidad (§ 1.8.2).

Dicha onda, que en el oído externo se transmite por el medio aéreo, golpea el tímpano y llega al **oído medio**, donde continúa viajando, esta vez a través de un medio sólido. En efecto, la vibración se propaga a través de la cadena de huesecillos (en concreto, tres huesos: el **martillo**, el **yunque** y el **estribo**), y continúa aumentando de intensidad. Sin embargo, las frecuencias bajas muy intensas resultan nocivas para el oído. Para reducir este impacto perjudicial, se produce un movimiento reflejo del músculo estapedio (llamado así por situarse junto al estribo, esto es, 'donde está o se estabiliza el pie'). Este **reflejo estapedial** puede llegar a reducir hasta 20 dB la intensidad de los sonidos graves. No obstante, dado que se trata de un movimiento muscular lento, la protección puede ser insuficiente en el caso de los graves repentinos.

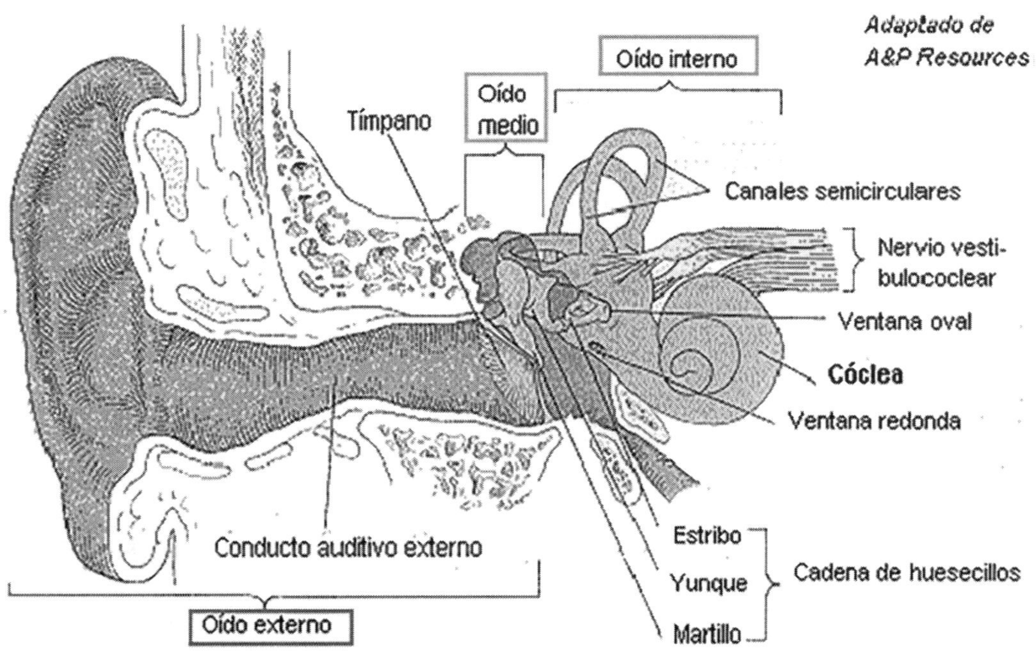

FIGURA 22. Órganos auditivos (Marrero-Aguiar 2001).

Como se ha explicado, el oído medio está aislado del externo mediante el tímpano, lo que evita interferencias en el sonido. Sin embargo, para que la amplificación de la onda resulte óptima, es necesario que la presión del oído medio sea igual a la presión atmosférica. Existe un mecanismo de nivelación de la presión del oído gracias a la **trompa de Eustaquio**, que comunica el oído con la rinofaringe. Aunque el extremo nasal de la trompa suele estar cerrado, se abre al bostezar o al tragar, lo que permite igualar las presiones interna y externa.

La onda mecánica que se transmite a través de los huesecillos pasa al **oído interno** cuando el estribo golpea la **ventana oval** y la onda empieza a propagarse por el medio líquido que se encuentra en el interior de la **cóclea** o 'caracol'. La estructura helicoidal de la cóclea presenta una especialización frecuencial (la llamada **distribución tonotópica**). Dado que las bajas frecuencias corresponden a longitudes de onda mayores, los componentes graves de la onda alcanzan su máxima amplitud hacia el final del recorrido coclear, mientras que las altas frecuencias lo hacen en un punto más cercano al inicio. Así, cada frecuencia es captada por unas células distintas, distribuidas a lo largo de la cóclea. Cuando se excita un grupo de células de una determinada región coclear, estas mandan un impulso nervioso hacia el cerebro. Concretamente, el **órgano de Corti** es el encargado de convertir esa onda en actividad nerviosa. A partir de este momento, la transmisión del sonido se produce gracias al mecanismo electroquímico propio de las neuronas, y cada componente frecuencial de la primitiva onda compleja que llegó al oído viaja hacia el cerebro en un paquete de información diferenciado. De este modo, el oído interno es capaz de descomponer una onda en sus distintos elementos integrantes. (La transformada de Fourier es un procedimiento matemático que se puede aplicar a la información de la onda digital con el mismo objetivo; § 1.8).

Para más información, el lector interesado puede consultar Marrero-Aguiar (2001), Miller y Eimas (1995) y Stevens (1998).

1.13.2 Psicoacústica

El equivalente perceptivo de la frecuencia es el tono (§ 1.5.4). En general, dada una onda compleja (§ 1.8) con distintas frecuencias integrantes, la frecuencia con que se repite todo el patrón de la onda es la frecuencia fundamental (f_0; § 1.5.4). Por ello, el tono que se percibe en dicha onda compleja es, a grandes rasgos, el correspondiente a su f_0. Además, dada una onda compuesta por diferentes armónicos (§ 1.9), aunque falte el primer armónico (la f_0), el tono puede percibirse gracias a que la distancia entre los armónicos sucesivos coincide con la frecuencia fundamental. Por ejemplo, con una secuencia de armónicos a 200 Hz, 300 Hz, 400 Hz, 500 Hz, etcétera, se percibe un tono correspondiente a una f_0 de 100 Hz, aunque ese armónico no esté presente en la señal.

No debe confundirse el 'tono' o **tonía** (en inglés, *pitch*) en tanto que percepto de la frecuencia con el uso que en fonología se le da al término 'tono' (en inglés, *tone*). En efecto, existen lenguas con **tono léxico** —llamadas **lenguas tonales** (§ 1.19.3)—, en las que la forma que se memoriza de las palabras puede incluir la asociación entre una o más sílabas y determinados comportamientos de la f_0 (que puede permanecer estable a una determinada altura, o bien variar). Dicha información es distintiva; es decir, si cambia la sílaba a la que se asocia el tono léxico o si cambia la identidad del tono (el comportamiento de la f_0), se obtiene una palabra diferente con otro significado. Por otro lado, en todas las lenguas existen **tonos posléxicos,** que se asignan en función de las reglas de entonación propias de cada idioma. Los tonos fonológicos (§ 1.21.13) —tanto léxicos como posléxicos— no se corresponden tanto con un valor frecuencial exacto, sino que se definen como valores cercanos al máximo (H, por *high* 'alto') o al mínimo (L, por *low* 'bajo'), o al punto medio (M, *mid*) del rango (§ 1.5.5) de f_0 empleado por ese hablante en ese enunciado. Esto permite equiparar y normalizar el comportamiento tonal de distintos hablantes aunque las realizaciones en hercios presenten diferencias importantes.

Existen determinadas frecuencias concretas (con un número exacto de hercios cada una de ellas) que, en la tradición musical, han constituido las diferentes notas. Es habitual equiparar la percepción del tono a la percepción de su nota correspondiente, especialmente en el contexto de la contraposición del tono con respecto al timbre (el percepto del espectro, o patrón de intensidades distribuidas por las distintas frecuencias; § 1.10.1). No obstante, debe advertirse que los valores de la f_0 en el habla (no cantada) no necesariamente corresponden —no suelen hacerlo— a notas exactas, sino que pueden presentarse más o menos desafinados, en algún punto intermedio entre dos notas consecutivas.

La percepción auditiva tiene muchas propiedades que presentan proporciones no lineales, sino en escala cuasilogarítmica. Por ejemplo, un tono de 110 Hz se percibe como una nota 'la', y también ocurre lo mismo con 220 Hz, 440 Hz, 880 Hz, etcétera (aunque la frecuencia es distinta, la altura tonal percibida es la misma). Así, las escalas musicales se organizan en **octavas**: una octava es la distancia entre dos frecuencias tal que una dobla a la otra, y por este motivo las octavas se distribuyen en una escala logarítmica con base 2. Dada esta escala, el intervalo de una octava se puede subdividir en 12 tramos iguales, llamados **semitonos**. Nótese que la distancia entre semitonos es constante sobre dicha escala logarítmica, pero no es constante si se mide en hercios.

A menudo en fonética deben calcularse distancias entre frecuencias, por ejemplo, para determinar variaciones en la f_0 a fin de estudiar la entonación. Por lo que se acaba de explicar, y especialmente cuando los cambios de f_0 deben normalizarse entre distintos hablantes (y de distinto sexo), resulta más apropiado expresar dichas distancias en semitonos que en hercios.

En la práctica, la percepción del tono no depende solo de la frecuencia, sino que puede venir matizada también por la intensidad (§ 1.8.2) —aunque estas son dos características acústicas independientes, interactúan entre sí de cara a la percepción—. Por eso, además de la escala de tonos musicales (en semitonos) existe otra escala de tono subjetivo, cuya unidad de medida es el **mel.** Por convención, se asigna un tono subjetivo de 1000 meles a una onda simple de 1000 Hz a 40 dB. A partir de esta referencia, se construye una escala en la que una misma distancia en meles equivale a una misma distancia de tono percibido. De nuevo, esta escala tiene propiedades logarítmicas y, si bien existen distintas fórmulas para aproximar el cálculo del tono subjetivo, todas suelen usar logaritmos en base 10, o bien logaritmos neperianos (también llamados 'logaritmos naturales', que toman como base el número 'e').

Al igual que en la escala de meles, también se toma como referencia una onda de 1000 Hz a 40 dB para medir la intensidad subjetiva o **sonía**, cuya unidad de medida es el **sono.** Dicha referencia tiene 1 sono, y una misma distancia en sonos equivale a una misma diferencia de intensidad percibida. (Otras veces se toma como referencia el umbral absoluto de la audición, del que se hablará poco más adelante). De manera similar a como ocurre con el tono subjetivo, aunque la sonía es —a grandes rasgos— el correlato perceptivo de la intensidad, también depende de la f_0, del espectro y de la duración, y todos esos factores interactúan de una forma compleja. La relación entre la sonía y la intensidad no es lineal (ni siquiera es logarítmica). Las frecuencias del espectro situadas más o menos entre 700 Hz y 7000 Hz se perciben con bastante intensidad subjetiva aunque la intensidad física sea relativamente baja. En cambio, en las frecuencias más altas es necesaria una mayor intensidad para producir la misma impresión perceptiva de nivel sonoro, y en las frecuencias inferiores a 700 Hz la intensidad requerida es aún mayor. Además, cuando la intensidad es ya elevada, si se aumenta aun más, el incremento en la sonía no es proporcional, sino menor.

Como puede apreciarse, estas medidas psicoacústicas del tono y la sonía establecen relaciones complejas entre las dimensiones físicas y sus correlatos perceptivos. El hecho de que la frecuencia y la amplitud de una onda interactúen a la hora de calcular el tono y la intensidad subjetivos se explica porque una mayor presión subglótica (P_s; § 1.3) puede ser responsable de un aumento en la frecuencia de vibración de los pliegues vocales, al mismo tiempo que provoca un incremento en la amplitud de la onda (§ 1.9). No obstante, existe otro mecanismo de vital importancia a la hora de regular la f_0, que consiste en modificar la tensión de los pliegues vocales por medio de la articulación cricotiroidea (§ 1.5.4).

El oído humano puede percibir frecuencias que se sitúan, aproximadamente, entre 20 Hz y 20 000 Hz, aunque esta capacidad varía según el individuo y la edad. No obstante, como se acaba de explicar, la presión del aire necesaria para percibir una determinada sonía es diferente según la frecuencia. Así, el **umbral de la audición** —determinado por la intensidad mínima necesaria para percibir sonidos— varía de una frecuencia a otra. Se puede considerar como **umbral absoluto** el mínimo de los umbrales auditivos, es decir, la mínima intensidad a la que se percibe la frecuencia 'x', siendo 'x' la frecuencia que requiere menos intensidad para ser percibida. El **campo de la audición** comprende la suma de todas las combinaciones de frecuencia e intensidad que resultan audibles. Este queda delimitado entre el umbral de la audición y el **umbral del dolor**, que marca las intensidades que empiezan a producir molestia, como mecanismo de alerta para evitar exponerse a sonidos aún más intensos, que puedan provocar un daño permanente en forma de pérdida de audición. El **área conversacional**, esto es, la zona del campo auditivo donde se sitúa la mayoría de los intercambios comunicativos, refleja las frecuencias e intensidades que se perciben de una manera cómoda, sin estar demasiado próximas al umbral auditivo ni tampoco al umbral del dolor.

Dos estímulos que difieren entre sí en alguna dimensión acústica no siempre se perciben como efectivamente distintos en esa dimensión. En cada caso, el **umbral diferencial** es la mínima distancia (en dicha característica física) que resulta necesaria para que los estímulos se perciban como diferentes.

Por ejemplo, en el ámbito de la frecuencia, el umbral diferencial es más pequeño en las frecuencias bajas que en las altas. Por debajo de 1000 Hz, se pueden distinguir sonidos que difieran en tan solo unos 2 o 3 Hz. No obstante, en el habla no suelen ser necesarias estas distinciones tan sutiles. Es más, si ambos estímulos se presentan solapados en el tiempo, se producirá un **enmascaramiento**, de modo que solo se percibirá el tono del estímulo más intenso. El rango de frecuencias perceptibles se subdivide en una serie de **bandas críticas**, tales que la superposición de estímulos que pertenecen a la misma banda crítica produce un enmascaramiento tonal. En las frecuencias bajas, las bandas tienen un ancho de unos 100 Hz, lo que permite percibir los distintos armónicos por separado. Conforme se progresa hacia frecuencias más altas, el ancho de las bandas críticas se incrementa. Dadas las propiedades de la cóclea, existen 24 bandas críticas, y se ha propuesto una escala de medida basada en ellas, cuya unidad es el **bark** (que equivale a una banda crítica).

En cuanto a la duración subjetiva, su percepción se produce por comparación con otros estímulos presentes en el contexto, lo que permite normalizar las duraciones de los distintos elementos acústicos en función de la velocidad de habla. En general, la diferenciación entre estímulos es óptima cuando sus duraciones acústicas distan unos 40 o 60 milisegundos (ms), pero el ser humano es capaz de percibir diferencias más pequeñas (en torno a los 10 ms).

Exceptuando las diferencias tan mínimas que los umbrales diferenciales no permiten distinguir, las personas son capaces de percibir la variación entre estímulos de forma continua a lo largo de las respectivas dimensiones acústicas. La **discriminación** es, precisamente, la percepción de diferencias graduales entre estímulos.

Para más información, el lector interesado puede consultar Johnson ([1997] 2003), Marrero-Aguiar (2001) y Stevens (1998).

1.14 Percepción y comprensión

El ser humano extrae patrones comunes y realiza generalizaciones a partir de individuos o fenómenos diferenciados, agrupándolos en clases abstractas. Esta clasificación de elementos comporta seguridad, en tanto en cuanto permite prever las características y los comportamientos típicos de nuevos individuos que sean miembros de la clase. A consecuencia de ello, seguramente, se reduce el coste computacional del aprendizaje, pues este se condensa en una única regla o generalización.

Por ejemplo, las personas no suelen asignar una etiqueta distinta a cada individuo cuadrúpedo y peludo que ladra. Incluso si lo hicieran, no dejarían de agruparlos a todos, además, bajo la etiqueta 'perro'. En efecto, sería impensable un mundo en el que solo existieran los nombres propios, sin ningún sustantivo o nombre común. Si bien existen diferencias considerables entre un caniche, un pastor alemán y un pequinés, por ejemplo, a todos les resulta aplicable el concepto más general de 'perro'.

Aunque las personas distinguen las variaciones continuas en los estímulos físicos gracias a la discriminación (§ 1.13.2), suelen establecer puntos de corte en dicho continuo, de tal forma que delimitan una serie de categorías distintas. Por ejemplo, aunque la variación de color en un arcoíris es paulatina, en determinados puntos del espectro óptico se establece un salto cualitativo, esto es, un cambio de clase. La **identificación** consiste en la clasificación de un estímulo como miembro de un determinado grupo. Este modo de percepción categorial descarta algunos detalles sutiles, pero aumenta la eficiencia de la percepción.

Dados dos estímulos (A y B), si no se discrimina ninguna diferencia entre ellos, necesariamente se identificarán como miembros de la misma categoría (por ejemplo, puede haber dos repeticiones idénticas de un mismo tono de verde, o puede que haya una diferencia tan sutil que no se distinga que son dos tonos distintos; en cualquier caso, se agruparán bajo la clase 'verde'). En el caso de que se discriminen como estímulos físicamente distintos, puede ocurrir que se identifiquen bajo una misma etiqueta (por ejemplo, es posible reconocer dos tonos diferentes de verde, pero no dejan de pertenecer a la misma y única clase 'verde'). Finalmente, puede darse el caso de que dos estímulos se discriminen como distintos y además se identifiquen con dos clases también diferentes (por ejemplo, 'verde' y 'azul'). En definitiva, la discriminación puede darse aunque no se perciban diferencias categoriales entre los estímulos. Simplemente, discriminar no tiene nada que ver con categorizar. La identificación tiene que ver con categorizar, pero no implica necesariamente que se categoricen dos estímulos como distintos (puede darse el caso de que se clasifiquen en el mismo grupo).

La manera de clasificar la realidad puede variar de una cultura a otra, en algunos casos. Por ejemplo, en japonés existen palabras distintas para 'verde' y para 'azul'. Sin embargo, al color de un semáforo que indica que se puede pasar se lo llama 'azul', a pesar de que en Japón los semáforos son del mismo color que en el mundo occidental.

Para más información, el lector interesado puede consultar Rosch (1978).

1.14.1 Percepción auditiva

La tarea que propiamente se conoce en fonética como percepción se basa en la audición (§ 1.13.1), pero en ella intervienen también las expectativas del oyente y las reglas fonológicas de la lengua de que se trate en cada caso.

Además de las posibles bases fonéticas para la formación de categorías (§ 1.14) a partir de los estímulos sonoros recibidos, lo cierto es que la identificación de unidades forma parte del procesamiento fonológico, y por tal motivo puede variar de una lengua a otra. En definitiva, cada persona clasifica según sus expectativas —que dependen de su propia experiencia lingüística—.

En términos cognitivos, la Fonología de Ejemplares (§ 1.24) diría que la clasificación se realiza en función de los **prototipos** (o miembros más representativos de las distintas clases) que emergen a partir del almacenamiento mental de una serie de perceptos de estímulos individuales, progresivamente acumulados.

En efecto, puede existir una gran variabilidad entre estímulos asociados a una misma categoría. Esta variabilidad, en principio, puede dificultar la tarea de asignar lo que se oye a la categoría adecuada en cada caso. Existen múltiples factores que introducen variabilidad en la señal. (En este contexto, se denomina **ruido** a cualquier elemento que produzca confusión en vez de aportar información). Tales diferencias de realización se pueden deber a la variación entre unos hablantes y otros, pero también pueden darse en un mismo hablante.

Si se comparan las producciones de distintas personas, pueden distinguirse, por ejemplo, variaciones en la f_0 (§ 1.9) y en el timbre (§ 1.9) de los sonidos. La primera cambia muy notoriamente según la edad o el sexo del hablante, aunque en general presenta pequeñas particularidades de un individuo a otro, aun dentro del mismo grupo de población. El timbre, por su parte, puede alterarse debido a razones anatómicas como la longitud y la forma exacta del tracto vocal (incluyendo el nasal). Otras veces, se justifica por hábitos de pronunciación. Finalmente, pueden existir razones más pasajeras, desde una congestión por un resfriado a una modificación voluntaria de dichos hábitos articulatorios por algún motivo, incluida la intención de disimular el propio timbre identitario. En cualquiera de estos casos, el oyente debe descartar todas estas fuentes de variación si quiere llegar a identificar los estímulos como pertenecientes a una u otra categoría fonológica.

Aunque desde el punto de vista lingüístico interesa reconocer los sonidos con independencia del hablante, la identificación del locutor tiene importantes aplicaciones en el contexto de la lingüística forense (esto es, con fines judiciales), así como en el desarrollo de tecnologías y sistemas de seguridad, entre otros usos posibles.

Para un mismo locutor, las realizaciones de un mismo tipo de sonido también están sujetas a variación debido a diversos factores. Por un lado, la posición prosódica (§ 1.20.6) que ocupa el segmento puede alterar la velocidad, la duración y la magnitud de los movimientos articulatorios. Por otro, los sonidos del contexto circundante pueden inducir alteraciones debido a la coarticulación (§ 1.6.8). Por ejemplo, una [s] seguida de [u] presenta frecuencias más bajas que en otros contextos y se asemeja acústicamente a una [ʃ]. Sin embargo, los oyentes se basan en su expectativa de cómo actúan las modificaciones contextuales para compensar la coarticulación y percibir adecuadamente una [s]. A veces, la compensación practicada resulta excesiva y se puede llegar a producir una disimilación (§ 1.18.7). Finalmente, pueden existir variaciones estilísticas, no condicionadas por la posición ni el contexto, sino por la situación comunicativa. En estilos más familiares o coloquiales, se aumenta la velocidad de elocución (§ 1.5.5), lo que favorece la hipoarticulación (§ 1.6.7). Esto puede llevar a la centralización de vocales, a cambios en el modo de articulación, debucalizaciones, elisiones y otros tipos de alteraciones o procesos (§ 1.18.7).

Ante tantas fuentes de variación, los oyentes recurren a estrategias de **normalización** para interpretar, a partir de la señal acústica, la información lingüísticamente relevante. Esto se consigue mediante la interpretación relativa de unas claves con respecto a otras.

Por ejemplo, la mayor longitud del tracto vocal hace que el valor promedio del F1 sea más bajo en los hombres que en las mujeres (y en estas, a su vez, que en los niños). Sin embargo, después de identificar el tipo de locutor gracias a la f_0, el oyente puede asignar un mismo percepto a distintos valores de F1, e interpreta la abertura vocálica no tanto por la altura absoluta de dicho formante, sino por la distancia F1 − f_0.

Por su parte, la duración de un determinado elemento se interpreta de forma relativa a la velocidad de elocución.

La presencia de ruidos (en el sentido previamente mencionado) se compensa gracias a la **redundancia** de unas claves acústicas (§ 1.11) con respecto a otras. En efecto, en una señal suele haber más de una característica acústica que apunta a la presencia de un mismo rasgo lingüístico. La diferencia entre sonidos sordos y sonoros, por ejemplo, se sustenta en diferentes claves acústicas (§ 1.11.4). Ello garantiza una codificación más sólida de la información, de modo que, aunque una de las claves se perdiera por algún motivo, la presencia de las otras seguiría garantizando una correcta transmisión. En definitiva, para cada rasgo existe una **clave primaria**, pero también una o más **claves secundarias** que le sirven de apoyo.

Como se ha mencionado antes, la coarticulación es una de las principales causas de variación en la señal. Dada una secuencia de dos segmentos, las características de la transición de uno al otro varían enormemente según la identidad de estos, pero, a la vez, precisamente, incluye información muy importante sobre dichas identidades. Por ello, las transiciones (§ 1.10.2) son un elemento vital para percibir correctamente los sonidos a pesar de los cambios que sufren por influencia del contexto.

Para más información, el lector interesado puede consultar Johnson (1997, 2005), McQueen y Cutler ([1997] 2010), Moore ([1997] 2010), Rosch (1978) y Taylor (1989).

1.14.2 La teoría cuántica del habla

La **teoría cuántica del habla** (§ 1.11.1) sugiere que existe una base natural para establecer las distintas categorías de sonidos tanto en el plano acústico como en el perceptivo. Según Stevens (1989), dada una variación gradual de un parámetro articulatorio a lo largo de sus valores posibles, existen rangos de valores en los que una pequeña modificación articulatoria apenas se traduce en un cambio acústico, mientras que la misma modificación proporcional en otras regiones del continuo articulatorio conlleva un gran cambio acústico. En efecto, los movimientos de los articuladores son continuos: para llegar de un punto a otro, los órganos deben recorrer los puntos intermedios. Sin embargo, en un espectrograma se pueden registrar cambios abruptos. Por ejemplo, supóngase que se mantiene constante la cantidad de flujo de aire que atraviesa el tracto vocal. Si una constricción articulatoria se va estrechando progresivamente, llega un momento en que el estrechamiento se vuelve crítico (§ 1.6.2) para ese flujo y produce una turbulencia. En ese instante, se produce un cambio cualitativo y se genera un ruido de fricción. La transformación del sonido es inmediata: existen sonidos fricativos o no fricativos, pero no hay una categoría intermedia. Además, la amplitud del ruido es más o menos estable durante todo el segmento, aunque siga modificándose el área de la constricción. Esto es así porque la cesión (en inglés, *compliance*) de las paredes del tracto vocal permite compensar los cambios en el diferencial de presiones que se produce a través del estrechamiento.

Otro ejemplo lo representa la alternancia entre presencia y ausencia de vibración glotal. No existe una opción acústica intermedia entre un sonido sonoro y uno sordo (§ 1.5.3). Es cierto que una progresiva abducción glotal (§ 1.2.2) o una disminución de la presión transglótica (§ 1.3) pueden causar que baje la frecuencia de vibración o que esta tenga menor amplitud (§ 1.8), pero, mientras haya vibración, el sonido será sonoro. Si aumenta la abducción glotal o continúa la bajada de P_t, llegará un momento, un punto de inflexión, en el que los pliegues vocales dejarán de vibrar, y entonces —pero solo entonces— el sonido será de inmediato clasificado como sordo.

Stevens (1989) afirma que, del mismo modo que se producen saltos cualitativos en las relaciones entre lo articulatorio y lo acústico, también puede haberlos entre lo acústico y lo perceptivo. En ese trabajo sugiere que el sistema auditivo puede responder de una manera diferente a las características acústicas propias de las consonantes que a las de las vocales. En las primeras el espectro es relativamente difuso (no hay bandas de frecuencia que sean especialmente más intensas que las de alrededor), y las células del órgano de Corti (§ 1.13.1) responden cada una a su frecuencia característica, como es de esperar. En cambio, en las vocales hay picos espectrales intensos, separados, y de poco ancho de banda (§ 1.10.2) —de hecho, suele ser menor que el ancho de la banda crítica (§ 1.13.2) correspondiente—. En estos casos, se activan todas las células receptoras de la banda crítica, aunque no sean las que corresponden exactamente a la frecuencia del pico espectral (es decir, no responden a su frecuencia característica, sino a la del estímulo).

Para más información, el lector interesado puede consultar Demestre *et al.* (2006) y Stevens (1989).

1.14.3 Percepción multimodal

La percepción de los sonidos del habla no solo se basa en la información sensorial procedente del oído, sino que puede apoyarse en datos provenientes de otros sentidos, como la vista o el tacto, y se habla, así, de **percepción multimodal**. Se ha demostrado en diversos experimentos que los individuos integran la información auditiva con ciertas claves visuales relativas a la cara del hablante —como la posición de los labios—, y estas pueden tanto apoyar la correcta percepción del sonido como modificar la impresión perceptiva.

El llamado **efecto McGurk** —un ejemplo clásico de tal fenómeno— se basa en combinar una pista de audio que contenga la secuencia /baba/ con una pista de vídeo correspondiente a /gaga/, de modo que los sujetos acaban percibiendo /dada/ (McGurk y MacDonald 1976). Cuando, por el contrario, la información visual contiene una acción labial, esta tiende a dominar el resultado. Así, por ejemplo, en la combinación inversa (con el audio /gaga/ y el vídeo /baba/), muchos sujetos percibían alguna combinación del tipo /bagba/ o directamente /baba/.

Gick y Derrick (2009) llevaron a cabo un experimento con hablantes de inglés, a los que presentaban sonidos del tipo /pa/, /ba/, /ta/ o /da/. De manera sincronizada a la reproducción del audio, en algunos estímulos se lanzaba, mediante unos tubitos, un soplo de aire para que impactara en la mano o en la nuca de los informantes. La percepción táctil del soplo de aire favorecía significativamente la impresión de haber oído /pa/ o /ta/, según el caso, puesto que se asociaba con la realización aspirada que puede presentar la distensión de estos fonemas en inglés. Con este trabajo, extendieron el ámbito de estudio de la percepción multimodal más allá de las interacciones entre el oído y la vista, para incluir también el tacto.

Para más información, el lector interesado puede consultar McGurk y MacDonald (1976) y Rosenblum (2005).

1.14.4 Modelos de percepción del habla

La percepción de los sonidos del habla viene determinada, lógicamente, por la información presente en la señal sonora, que llega al cerebro transformada en forma de impulso nervioso. Sin embargo, la descodificación no solo se apoya en esa información realmente presente (en los llamados **procesos de abajo arriba**), sino que el oyente se apoya en su propio conocimiento del sistema lingüístico para reponer piezas de información que puedan estar ausentes y, en cualquier caso, para aumentar su eficacia (mediante los llamados **procesos de arriba abajo**). Aceptar esto supone admitir que el procesamiento no es estrictamente serial, sino que hay momentos en los que se puede volver atrás, por ejemplo, para resolver ambigüedades: se trata de un procesamiento en paralelo.

Entre los modelos de percepción del habla, cabe distinguir entre **modelos activos** y **modelos pasivos**. Los primeros conceden una gran importancia a la variabilidad presente en la señal, y postulan la necesidad de mecanismos de percepción específicamente lingüísticos para hacer frente a tal variabilidad y poder extraer invariantes. Los segundos, en cambio, parten de una concepción del habla en la que la variabilidad no desempeña un papel fundamental, y proponen una descodificación más directa, basada en capacidades generales, no específicas del lenguaje.

Representantes de los modelos activos son las **teorías auditivas**, que consideran que el funcionamiento de la cóclea permite extraer de la señal acústica «correlatos auditivos invariantes de los rasgos distintivos» (Marrero-Aguiar 2001, 37). Por su parte, la **teoría motora de la percepción del habla** (Alvin M. Liberman y Mattingly 1985) propone que el oyente es capaz de representarse mentalmente los gestos articulatorios que han dado lugar a un determinado producto sonoro. Al igual que en la Fonología Articulatoria (§ 1.23), el gesto articulatorio (objetivo articulatorio que permite formar una constricción de mayor o menor grado en algún punto del tracto vocal) se entiende a la vez como unidad de producción y de percepción. A pesar de la variabilidad existente en el habla, el gesto consiste en el mínimo conjunto invariable de características necesarias para que se pueda pronunciar (o percibir) un sonido. Esta teoría ha sido objeto de una fuerte polémica, con una sucesión de trabajos a favor o en contra de la idea de que la información auditiva permita recuperar información articulatoria (véanse Fowler 1996, Fowler y Galantucci 2005, Iskarous 2010 y Ohala 1996).

Entre los modelos pasivos se pueden destacar los siguientes. El modelo de **acceso al léxico a partir del espectro** (en inglés, *Lexical Access from Spectra,* LAFS) de Klatt, siguiendo los modelos computacionales de estados finitos, propone que los oyentes almacenan mentalmente una serie de **difonemas** (esto es, secuencias de dos segmentos, de modo que se incluye la transición entre ellos), y que van interpretando la señal como la secuencia más plausible de esas unidades. De este modo, se reconstruyen las palabras directamente a partir de la señal acústica. Por su parte, Jusczyk propuso el **modelo de reconocimiento de palabras y adquisición de la estructura fonética** (abreviado como WRAPSA, por la expresión inglesa *Word Recognition and Phonetic Structure Acquisition*). Según este autor, en un primer momento se procede al análisis auditivo, que depende de las propiedades innatas del oído (no sigue un comportamiento específico de la capacidad del lenguaje, ni de una lengua concreta). En una fase posterior, se da más o menos peso a alguno de esos rasgos encontrados durante la audición, en función de los contrastes que son relevantes en una lengua determinada. A continuación, se extraen patrones a partir de la señal acústica, y esta se segmenta en unidades del tamaño aproximado de una palabra. Por último, se cotejan las piezas anteriormente segmentadas con el diccionario mental para intentar identificar la pieza léxica de que se trata. Si no se obtiene una coincidencia suficiente, se repite el proceso.

Para más información, el lector interesado puede consultar Demestre *et al.* (2006), Marrero-Aguiar (2001) y Massaro (2006).

1.14.5 Acceso al léxico

Tras la identificación de los segmentos que componen la secuencia oída, deben identificarse otras unidades mayores, según la Jerarquía Prosódica (§ 1.21.6). La fase de comprensión del habla implica, además, un procesamiento paralelo en otros niveles lingüísticos distintos al fónico. Por ejemplo, hay que reconocer las palabras que integran dicha secuencia. A partir de sus propiedades semánticas y sintácticas, se puede reconstruir la estructura sintáctica de las oraciones, a lo que también puede ayudar la localización de las fronteras entre las mencionadas unidades prosódicas (por ejemplo, mediante sus característicos alargamientos finales) o el comportamiento de la entonación propio de algunas de estas fronteras. Por último, se debe interpretar la semántica de toda la oración y enriquecer el significado pragmáticamente. De todos estos estadios, cabe prestar atención en el contexto de esta obra al reconocimiento de las palabras y a los mecanismos que ayudan a que esto suceda.

Con la expresión **acceso al léxico** se hace referencia a los procesos cognitivos que permiten a un individuo activar mentalmente alguna palabra conocida, previamente almacenada en su diccionario mental, por ejemplo, para cotejarla con la información auditiva que le llega e identificar las palabras que componen una secuencia (cf. Levelt 2001). La decisión suele realizarse tras resolver una competición entre distintos candidatos (McQueen, Norris y Cutler 1994) y, por tanto, comporta un procesamiento que no es secuencial: a veces esa decisión solo puede tomarse después de oír parcial o totalmente la palabra siguiente. En dicha competición, suelen tener más peso los vocablos más frecuentes y aquellos cuyos competidores, a su vez, son poco frecuentes.

En el habla, las palabras no se separan con pausas unas de otras (las pausas, cuando las hay, responden a otras funciones). Sin embargo, como apoyo al proceso de acceso al léxico, en cada lengua existen estrategias de segmentación del continuo sonoro, que identifican los puntos donde es más plausible que comience una palabra nueva, y que sirven para dar más peso a los candidatos que coinciden con esos puntos preferenciales. Algunas de tales estrategias se basan en propiedades fonológicas de cada lengua, lo que las hace más eficaces, pero existen, asimismo, estrategias básicas que no dependen de ningún conocimiento fonológico previo.

Así, los hablantes de una lengua dada (nativos o no) desarrollan una intuición acerca de la probabilidad de que dos unidades fónicas —por ejemplo, dos segmentos, o dos sílabas— vayan la una seguida de la otra. Se interpreta que, cuanto más frecuente sea su coaparición, tanto más probable será que pertenezcan a una misma palabra (por eso, cada vez que aparece la palabra, aparece la sucesión en cuestión). En cambio, si la probabilidad de que la primera unidad vaya seguida de la otra es baja, se interpreta que entre ellas seguramente hay una frontera léxica, y por ello solo coaparecen cuando da la casualidad de que una combinación específica de dos palabras lo permite (Saffran, Newport y Aslin 1996). De esta manera, se va desarrollando una intuición acerca de las **restricciones fonotácticas** de la lengua (es decir, de las secuencias de segmentos permitidas o no permitidas dentro de una misma palabra). Debido a que esta intuición se genera sin necesidad de un conocimiento previo de la fonología de la lengua, esta estrategia es la predominante en los primeros estadios de adquisición de un idioma.

Posteriormente, se van desarrollando otras estrategias más específicas, basadas, por ejemplo, en la unidad rítmica principal de la lengua de que se trate (Cutler y Mehler 1993). Así, en las lenguas de ritmo silábico (§ 1.21.6), la sílaba es la unidad de segmentación preléxica (Mehler *et al.* 1981); es decir, se otorga más peso a las palabras cuyas fronteras coinciden con una frontera silábica, si bien esto no significa que se descarten por completo las demás palabras. En cambio, los hablantes de lenguas de ritmo acentual (§ 1.21.6) se basan en el pie (§ 1.21.6) a la hora de realizar la segmentación (Cutler *et al.* 1986; Cutler y Norris 1988; Field 2005), y los hablantes de lenguas de ritmo moraico (§ 1.21.6) lo hacen en la mora (Otake *et al.* 1993).

Para más información, el lector interesado puede consultar Cristophe *et al.* (2004), Cutler (2012), Cutler y Mehler (1993), Demestre *et al.* (2006) y McQueen (1998).

1.15 La transcripción fonética

Transcribir fonéticamente consiste en representar por escrito los diversos sonidos con el fin de reflejar gráficamente los rasgos y los matices que los caracterizan y los distinguen entre sí.

Si bien la **transcripción fonética** pretende dar cuenta de la naturaleza física de los sonidos y aspira a aproximarse a ella lo más posible, el hecho es que en sí misma conlleva un considerable grado de abstracción, porque parte de la base de que el habla puede segmentarse en una secuencia de sonidos discretos, con límites nítidos, representados por los diferentes símbolos empleados, universalmente válidos. La realidad, por el contrario, es que los segmentos individuales no se emiten separadamente unos de otros, sino que la cadena hablada es un continuo en el que los sonidos no admiten con frecuencia delimitaciones claras, sino que se solapan. De hecho, los segmentos adyacentes en la cadena se producen de acuerdo con pautas de coordinación de los gestos articulatorios que dan lugar al fenómeno de la coarticulación (§ 1.6.8).

Con todo, a pesar de estos reparos que pueden hacérsele y que han dado lugar a no pocos debates, la transcripción fonética sigue empleándose como un método de representación válido desde el punto de vista científico, que se vincula en cierta medida con un nivel de representación situado a medio camino entre el plano de las realizaciones puramente físicas y el plano fonológico, más abstracto.

Para más información, el lector interesado puede consultar Ladd ([1995] 2011), Martinet (1970) e International Phonetic Association (1999).

1.15.1 Transcripción estrecha y transcripción ancha

Una transcripción fonética puede ser más o menos detallada. Así, en las denominadas **transcripciones estrechas**, se intenta plasmar la mayor cantidad posible de información fonética, lo que en ocasiones implica incorporar a los símbolos que los alfabetos proporcionan algunos **signos diacríticos** especiales, destinados a reflejar las peculiaridades propias de los distintos sonidos. Por el contrario, en las conocidas como **transcripciones anchas**, menos minuciosas, solo se anotan los rasgos fónicos necesarios para diferenciar los sonidos entre sí, sin incorporar mayores precisiones ni detalles particulares.

Conviene tener presente, no obstante lo anterior, que por muy estrecha y detallada que sea una transcripción, nunca representará exhaustivamente la realidad fónica, sino que será tan solo una aproximación imperfecta al complejo conjunto de movimientos articulatorios y fenómenos acústicos que constituyen el habla.

Para más información, el lector interesado puede consultar Esling ([1997] 2010), Gil (1988), Llisterri (1996) y Wells ([1993] 2006).

1.15.2 Los alfabetos fonéticos

Al ser la transcripción un método práctico, establecido por convención y de uso generalizado con fines diversos, ha de estar basada en un **alfabeto fonético**, es decir, en un conjunto de símbolos, conocidos y consensuados por todos los especialistas, con los cuales se eviten las incoherencias de la ortografía convencional y se faciliten las interpretaciones unívocas. Existen varios alfabetos fonéticos. El **Alfabeto Fonético Internacional** (conocido como AFI por sus siglas en español, o como IPA por sus siglas en inglés) es el más difundido en la actualidad, tanto en trabajos de índole fonética como en estudios de carácter fonológico, y es el que se ha empleado en la presente obra (véase la Figura 23). Fue creado en 1889 y los principios que guiaron su elaboración se recogen en el ya clásico librito *Principles of the International Phonetic Association*, publicado en 1949 por la propia Asociación Fonética Internacional, que lo revisa a intervalos de tiempo irregulares. Los símbolos utilizados en el AFI son, en su mayor parte, grafías latinas, si bien ocasionalmente se recurre al alfabeto griego, en particular cuando se pretende diferenciar dos sonidos emparentados y muy próximos acústicamente.

En el mundo hispanohablante, por otra parte, se ha venido utilizando durante muchos años el llamado **Alfabeto de la Revista de Filología Española** (RFE), denominado así porque fue propuesto por la RFE en 1915, basándose en el alfabeto empleado de forma general por los romanistas europeos. Este es el alfabeto del que, por ejemplo, Tomás Navarro Tomás se sirvió en su *Manual de pronunciación española* ([1918] 1996). Hoy en día, sin embargo, incluso los investigadores que desarrollan su trabajo en el ámbito hispánico prefieren manejar, en las obras de carácter general, el AFI, por su alcance más universal.

Para más información, el lector interesado puede consultar Albright (1958), International Phonetic Association (1949), Kemp ([1993] 2006) y Ladefoged y Halle (1988).

1.16 La fonología y su relación con la fonética

Tanto la fonética como la fonología se ocupan del estudio del aspecto fónico de la comunicación y ambas 'se necesitan' mutuamente: por un lado, los análisis fonológicos tienen que basarse en los hechos fonéticos y, por otro, la investigación fonética ha de partir de la base de que el ser humano se sirve de sus capacidades fónicas con un fin lingüístico. Mientras que la fonética se ocupa de las bases acústicas y fisiológicas del habla, la fonología se interesa por la organización lingüística de los sonidos en las distintas lenguas. Dicho en otros términos: los fonólogos estudian cómo se comportan los sonidos en cada idioma, cómo se estructuran de acuerdo con esquemas abstractos de organización que varían de lengua a lengua, pero que pueden describirse mediante un conjunto finito de constituyentes discretos, y cómo los niños y los adultos aprenden y llegan a dominar esos esquemas cuando adquieren la lengua en cuestión.

Algunas tareas que competen a los fonólogos son, por tanto, las siguientes: precisar cuáles son las categorías contrastivas en las que se organizan los **fonos** o sonidos del habla, es decir, con qué fonemas se asocian (§ 1.17.1) y qué variantes o alófonos (§ 1.17.3) pueden estos presentar; establecer cómo se distribuyen tales elementos para conformar los diversos constituyentes de la secuencia hablada; relacionar el plano fónico de las lenguas con los restantes niveles del análisis lingüístico —morfológico, sintáctico, léxico, semántico y pragmático—; y concretar qué propiedades o estructuras fónicas

CONSONANTS (PULMONIC)

© 2015 IPA

	Bilabial	Labiodental	Dental	Alveolar	Postalveolar	Retroflex	Palatal	Velar	Uvular	Pharyngeal	Glottal
Plosive	p b			t d		ʈ ɖ	c ɟ	k g	q ɢ		ʔ
Nasal	m	ɱ		n		ɳ	ɲ	ŋ	N		
Trill	ʙ			r					R		
Tap or Flap		ⱱ		ɾ		ɽ					
Fricative	ɸ β	f v	θ ð	s z	ʃ ʒ	ʂ ʐ	ç ʝ	x ɣ	χ ʁ	ħ ʕ	h ɦ
Lateral fricative				ɬ ɮ							
Approximant		ʋ		ɹ		ɻ	j	ɰ			
Lateral approximant				l		ɭ	ʎ	ʟ			

Symbols to the right in a cell are voiced, to the left are voiceless. Shaded areas denote articulations judged impossible.

CONSONANTS (NON-PULMONIC)

Clicks	Voiced implosives	Ejectives
ʘ Bilabial	ɓ Bilabial	' Examples:
ǀ Dental	ɗ Dental/alveolar	p' Bilabial
ǃ (Post)alveolar	ʄ Palatal	t' Dental/alveolar
ǂ Palatoalveolar	ɠ Velar	k' Velar
ǁ Alveolar lateral	ʛ Uvular	s' Alveolar fricative

OTHER SYMBOLS

ʍ Voiceless labial-velar fricative

w Voiced labial-velar approximant

ɥ Voiced labial-palatal approximant

ʜ Voiceless epiglottal fricative

ʢ Voiced epiglottal fricative

ʡ Epiglottal plosive

ɕ ʑ Alveolo-palatal fricatives

ɺ Voiced alveolar lateral flap

ɧ Simultaneous ʃ and x

Affricates and double articulations can be represented by two symbols joined by a tie bar if necessary.

t͡s k͡p

VOWELS

	Front		Central		Back
Close	i • y		ɨ • ʉ		ɯ • u
		ɪ ʏ		ʊ	
Close-mid	e • ø		ɘ • ɵ		ɤ • o
			ə		
Open-mid	ɛ • œ		ɜ • ɞ		ʌ • ɔ
		æ	ɐ		
Open			a • ɶ		ɑ • ɒ

Where symbols appear in pairs, the one to the right represents a rounded vowel.

SUPRASEGMENTALS

ˈ Primary stress

ˌ Secondary stress

ˌfoʊnəˈtɪʃən

ː Long   eː

ˑ Half-long   eˑ

˘ Extra-short   ĕ

| Minor (foot) group

‖ Major (intonation) group

. Syllable break   ɹi.ækt

‿ Linking (absence of a break)

DIACRITICS

Some diacritics may be placed above a symbol with a descender, e.g. ŋ̊

Diacritic			Diacritic			Diacritic		
Voiceless	n̥	d̥	Breathy voiced	b̤	a̤	Dental	t̪	d̪
Voiced	s̬	t̬	Creaky voiced	b̰	a̰	Apical	t̺	d̺
Aspirated	tʰ	dʰ	Linguolabial	t̼	d̼	Laminal	t̻	d̻
More rounded	ɔ̹		Labialized	tʷ	dʷ	Nasalized	ẽ	
Less rounded	ɔ̜		Palatalized	tʲ	dʲ	Nasal release	dⁿ	
Advanced	u̟		Velarized	tˠ	dˠ	Lateral release	dˡ	
Retracted	e̠		Pharyngealized	tˤ	dˤ	No audible release	d̚	
Centralized	ë		Velarized or pharyngealized	ɫ				
Mid-centralized	e̽		Raised	e̝	(ɹ̝ = voiced alveolar fricative)			
Syllabic	n̩		Lowered	e̞	(β̞ = voiced bilabial approximant)			
Non-syllabic	e̯		Advanced Tongue Root	e̘				
Rhoticity	ɚ	a˞	Retracted Tongue Root	e̙				

TONES AND WORD ACCENTS

LEVEL			CONTOUR		
e̋	or ˥	Extra high	ě	or ˩˥	Rising
é	˦	High	ê	˥˩	Falling
ē	˧	Mid	e᷄	˦˥	High rising
è	˨	Low	e᷆	˩˨	Low rising
ȅ	˩	Extra low	e᷈	˧˦˧	Rising-falling
↓ Downstep			↗ Global rise		
↑ Upstep			↘ Global fall		

Typefaces: Doulos SIL (metatext); Doulos SIL, IPA Kiel, IPA LS Uni (symbols)

FIGURA 23. Alfabeto Fonético Internacional (International Phonetic Association 2015).

constituyen universales fonológicos por estar presentes en todas las lenguas del mundo, y cuáles no aparecen nunca en ellas, perfilando de este modo las características del componente lingüístico innato del que todos los seres humanos están dotados.

Las relaciones entre la fonética y la fonología, con ser absolutamente indiscutibles —puesto que ambas estudian el componente fónico de las lenguas—, nunca han sido fáciles. Algunos fonólogos, los más radicales, consideran que la fonética no es, en realidad, una disciplina lingüística, y algunos fonetistas, también los más radicales, piensan que la fonología no es, en realidad, una ciencia, al menos en la misma medida en que su especialidad lo es. La opinión generalizada, sin embargo, es que ambas son las dos caras de la misma moneda, que se complementan, se necesitan y se implican.

Para más información, el lector interesado puede consultar Cohn (2007), Davenport y Hannahs ([1998] 2020), Hale y Reiss (2008), Kawahara (2011), Keating (1988b), Kaye (1989), Kingston (2007), Ladd ([1995] 2011), Ohala ([1997] 2010) y Scobbie (2007).

1.17 La fonología estructuralista

Con esta denominación general de **fonología estructuralista** (o **estructural**) suelen identificarse principalmente los trabajos desarrollados entre los años veinte y cuarenta del siglo pasado por la escuela de Praga, en la que se enmarcan figuras tan importantes como Nicolaj Trubetzkoy y Roman Jakobson. El llamado 'estructuralismo norteamericano' (cuyos representantes más destacados fueron Leonard Bloomfield y Charles Hockett) y los estudios llevados a cabo por la escuela danesa (en particular, por Louis Hjelmslev) también se engloban habitualmente en el modelo estructural, en cuanto que, a pesar de las claras diferencias que mantienen entre sí, coinciden en concebir el componente fónico del lenguaje como un sistema estructurado de relaciones en el que cada elemento cumple una función específica y distintiva.

La fonología estructuralista praguense aportó algunos de los más importantes conceptos básicos de la teoría fonológica —como, tal como hoy se entienden, el de fonema (§ 1.17.1), el de oposición (§ 1.17.2) y el de alófono (§ 1.17.3), entre otros—. Todos ellos han pervivido a lo largo de la historia de la disciplina, a cuya constitución como ciencia independiente contribuyó decisivamente el trabajo de los praguenses. En su monumental obra *Grunzüge der Phonologie* (1939), traducida al español muchos años después con el título de *Principios de fonología,* Trubetzkoy precisa con claridad cuál ha de ser la tarea del fonólogo al analizar una lengua dada desde la perspectiva estructuralista:

> investigar cuáles son las diferencias fónicas que . . . están ligadas a las diferencias de significación, cómo se comportan unos con respecto a otros los elementos de diferenciación . . . y de acuerdo con qué reglas pueden combinarse para formar palabras y oraciones (Trubetzkoy [1939] 1973, 9-10).

El fonólogo ha de partir, pues, de la representación fonética de la secuencia hablada para averiguar qué propiedades de los sonidos son esenciales en cuanto que desempeñan una función diferenciadora o distintiva. En este sentido, la escuela de Praga se separa del estructuralismo norteamericano, dado que, para sus integrantes, las representaciones fonéticas y la propia noción de sonido del habla resultan ser conceptos tan fundamentales a la hora de 'hacer' fonología como los puramente fonológicos de fonema u oposición. No se trata de que identifiquen o aglutinen los dos niveles de análisis, el fonético y el fonológico, claramente separados, sino de que, para precisar las relaciones opositivas que mantienen entre sí los elementos constituyentes de los sistemas fonológicos en las diferentes lenguas y que otorgan a estos su valor distintivo, acuden a la materia —a la sustancia— fónica segmentada en sonidos, lo que les permite establecer, por ejemplo, las relaciones de alofonía (§ 1.17.3). Los estructuralistas norteamericanos, en cambio, al sostener un enfoque ultraempiricista, no otorgaban valor alguno a la representación fonética, que consideraban arbitraria, entendiendo que el habla es un continuo que no puede en realidad segmentarse (§ 1.15.1). La descripción del sistema de una lengua dada podía hacerse, en este último caso, con una mera lista de fonemas, sin mencionar sus alófonos ni sus características fonéticas (cf. Sommerstein 1977, 46).

La obra de reputados fonólogos como Emilio Alarcos, en España, o André Martinet, en Francia, o incluso la de otros representantes de planteamientos funcionalistas actuales, no puede entenderse sin conocer las bases que sentó en su momento la llamada 'fonología estructural' en sus distintas versiones.

Para más información, el lector interesado puede consultar Anderson (1985 ; 2021b), Fontaine ([1974] 1980) y Vachek (1966).

1.17.1 Fonemas y pares mínimos. La conmutación

La fonología se sirve de procedimientos de descubrimiento y análisis, como, por ejemplo, el ya clásico de los pares mínimos. Dos sonidos pueden presentar una distribución paralela en la cadena hablada, es decir, pueden aparecer en los mismos contextos, y, por consiguiente, puede darse el caso —y se da frecuentísimamente— de que dos palabras se diferencien solo a causa de ellos: en francés, *poison/poisson;* en inglés, *cut/cup;* en italiano, *vera/sera,* en español, *casa/cama,* etcétera. Estos pares de vocablos se denominan **pares mínimos** y demuestran que la divergencia fonética que existe entre los dos sonidos considerados en cada caso cumple una función distintiva, estrictamente lingüística, la de diferenciar significados. Los dos sonidos intercambiados son, pues, contrastivos, es decir, son realizaciones de categorías o unidades fónicas distintas, tradicionalmente denominadas **fonemas**. Para precisar qué elementos fónicos de una lengua poseen valor distintivo (son fonemas) y cuáles no, basta con conmutar o sustituir un sonido por otro en el mismo contexto (el procedimiento se denomina justamente **conmutación**) y, si se obtiene un par mínimo, esto es, si se consigue un cambio de significado, se sabrá que los dos sonidos considerados son realizaciones de fonemas diferentes.

Para más información, el lector interesado puede consultar Alarcos (1950), Gleason (1961), Dresher (2011), Duchet (1981), Hayes (2009), Krámský (1974), Muljačić ([1969] 1982) y Trubetzkoy ([1939] 1973).

1.17.2 Las oposiciones fonológicas

El concepto de oposición es clave en el modelo fonológico estructualista. En *Principios de fonología,* Trubetzkoy ([1939] 1973) escribe: «La idea de diferencia supone la de oposición. . . . La función distintiva, por lo tanto, solo puede ser desempeñada por una particularidad fónica en la medida en que ella se oponga a otra particularidad fónica» (p. 29). A continuación incide más en este planteamiento añadiendo que solo se considerarán **oposiciones fonológicas distintivas**, y así se denominarán, aquellas que pueden diferenciar las significaciones intelectuales de dos palabras.

En las diversas lenguas, los fonemas pueden verse implicados de distintas maneras en un contraste fonológico, lo que, a su vez, da lugar a toda una tipología de oposiciones. La clasificación sistemática y «lógica» que de ellas presenta Trubetzkoy ([1939] 1973) vino a sustituir a alguna otra anterior esbozada por Jakobson, y mantiene su vigencia en la actualidad. En tal clasificación se distingue entre oposiciones **bilaterales** frente a **multilaterales**, **proporcionales** frente a **aisladas**, y **privativas** frente a **graduales** o **equipolentes**, en función de cuál sea la interrelación existente entre los miembros de la oposición o de qué clase de relación mantengan ambos con el sistema fonológico en su totalidad. Antes de definir los diferentes tipos, sin embargo, es preciso aludir a otra noción importante sin la cual estos no podrían entenderse, la de **base de comparación**, la cual está constituida por las características comunes a los miembros opuestos, es decir, no por las propiedades por las que estos se oponen, sino justamente por las que comparten. Dos elementos que no poseen ningún rasgo en común, esto es, ninguna base de comparación, no pueden, de hecho, formar una oposición.

Así, en las oposiciones bilaterales la base de comparación de los dos miembros de la oposición es propia únicamente de ellos, no aparece en ningún otro elemento del mismo sistema fonológico (un ejemplo sería el de /r/ ~ /ɾ/ en español). Esta exclusividad no se da, sin embargo, en el caso de las oposiciones multilaterales, cuyos miembros comparten la base de comparación con otras unidades del sistema (en español, por ejemplo, /p/ ~ /t/, porque existe /k/). Se dice, por otro lado, que una oposición es proporcional cuando la relación que mantienen entre sí los dos miembros opuestos es idéntica a la que existe entre otro(s) par(es) perteneciente(s) al mismo sistema fonológico (en español, /p/ ~ /b/ en comparación con /t/ ~ /d/), mientras que se hablará de oposición aislada cuando los miembros de ninguna otra pareja de fonemas de dicho sistema se relacionen entre sí del mismo modo (en español, y según el modelo estructuralista alarquiano, /r/ ~ /ɾ/, opuestas por el rasgo de tensión; cf. Alarcos [1950]).

Los tipos de oposiciones anteriores se establecen, como se ha visto, tomando en consideración la estructura y la composición total del sistema del que forman parte; en cambio, las oposiciones privativas, así como las graduales y las equipolentes, se definen analizando exclusivamente la relación mutua que guardan los miembros de la oposición. De esta manera, una oposición es privativa cuando uno de los elementos opuestos se caracteriza por la presencia de una propiedad o **marca** (§ 1.17.6, § 1.18.8), y el otro, por su ausencia (por ejemplo, la sonoridad en las oposiciones sordo ~ sonoro; § 1.5.3); será gradual, por el contrario, cuando sus miembros presentan una misma particularidad, pero en distinto grado (por ejemplo, la abertura en la oposición /e/ ~ /i/; § 1.6.5); y, por último, se considerará equipolente cuando sus dos términos sean lógicamente equivalentes (por ejemplo, el contraste en español /p/ ~ /k/), es decir, que ni puedan caracterizarse por la afirmación o la negación de una misma propiedad (como en el caso de la oposición privativa) ni posean idéntica característica, pero en diferente grado (como en el de la oposición gradual).

Para más información, el lector interesado puede consultar Dresher (2016), Fudge (1973), Hyman (1975) y Trubetzkoy ([1939] 1973).

1.17.3 Alófonos, distribución complementaria y variantes combinatorias

Merced al procedimiento basado en las oposiciones y en el establecimiento de los pares mínimos mediante la conmutación (§ 1.17.1) se procede a la determinación de los fonemas y a su notación en términos fonológicos, con lo cual quedan perfectamente diferenciados de los sonidos. Sin embargo, los fonemas no se manifiestan en el habla siempre del mismo modo: cada realización o **variante** de un fonema dependiente del contexto se conoce como **alófono**. Los alófonos alternan unos con otros, y de aquellos que se excluyen mutuamente se dice que están en **distribución complementaria**. Por ejemplo, los alófonos [β] y [b] en español están en distribución complementaria, y son, por ello, **variantes combinatorias**: la [b] oclusiva (§ 1.6.3), pronunciada con cierre completo de los labios, aparece cuando va situada a comienzo de emisión o tras consonante nasal; la [β], que no se articula con cierre completo de los labios, sino con un estrechamiento del orificio de salida conformado por estos, aparece en todos los demás contextos. Este orificio de salida es por lo general tan amplio que la hace ser relajada, débil o aproximante (la denominación varía de unos autores a otros, pero no el hecho objetivo de que no llega a presentar la fricción que caracteriza a las consonantes fricativas, § 1.6.3).

Los fonemas se realizan, además, con otras variantes que no dependen del contexto en el que van situados, es decir, que no se derivan de la propia secuencia hablada, sino que vienen condicionadas por las diversas situaciones comunicativas: ningún hablante articula del mismo cuando está, por ejemplo, dando una conferencia que cuando está en una reunión con los amigos (§ 1.6.7); la pronunciación es también distinta en un medio sociocultural bajo que en otro alto, y un hispanohablante de la pampa argentina no suena como uno de la altiplanicie boliviana. Todos estos factores, pragmáticos, socioculturales o geográficos —y también puramente individuales—, generan diversas variantes para cada fonema, unas más difundidas o más frecuentes que otras.

Para más información, el lector interesado puede consultar Alarcos (1950), Krámský (1974) y Martín (1980).

1.17.4 La neutralización y el archifonema

De todas las nociones surgidas en la escuela de Praga, los conceptos de **neutralización** y **archifonema** (vinculados entre sí, desde sus orígenes a finales de los años veinte del pasado siglo, mediante una relación de causa-efecto) han sido sin duda los más controvertidos, en particular el de neutralización, que ha evolucionado considerablemente a través del tiempo.

Siguiendo la muy clara definición que ofrece Trask (1996), por neutralización se entiende la anulación, en un cierto contexto, de una oposición (§ 1.17.2) entre dos o más segmentos, que, sin embargo, prevalece en otras posiciones. La oposición que puede suspenderse en determinadas circunstancias se denomina por ello **neutralizable**, mientras que aquellas otras que se mantienen en cualquier entorno se conocen como **constantes**. El segmento que aparece en la posición de neutralización puede ser —dependiendo de diversos factores— idéntico o similar a uno u otro de los elementos neutralizados o puede representar un término medio entre los dos, siendo así distinto de cualquiera de ellos. Ese segmento que surge en los casos de neutralización es la manifestación material, justamente, del concepto abstracto de archifonema, esto es, de las propiedades compartidas por los dos fonemas neutralizados con la exclusión de aquello que los distingue.

Como se ha dicho, la noción de neutralización ha experimentado notables cambios a lo largo de la historia de la fonología. Para ser exactos, no ha sido tanto el concepto de neutralización el debatido (puesto que nunca se ha puesto en duda que se trata de la suspensión de un contraste), sino el alcance que debe tener, es decir, los tipos de oposiciones que son potencialmente neutralizables. En un principio, se consideraba que solo podían serlo las así llamadas 'oposiciones correlativas', es decir, las que cumplen a la vez las condiciones de las bilaterales, las privativas y las proporcionales (§ 1.17.2), pero a partir de la publicación de los *Principios de fonología* de Trubetzkoy ([1939] 1973), el requisito se suavizó y las oposiciones bilaterales, aunque no llegaran a ser correlativas, se reconocieron como potencialmente neutralizables. Años más tarde, la noción aún sufrió otra modificación, cuando Martinet (1968) solo clasificó como neutralizables a las oposiciones que se dieran entre fonemas «en relación exclusiva», es decir, que compartieran un conjunto de propiedades que únicamente ellos tuvieran en común, como es el caso de, por ejemplo, las tres consonantes nasales del español.

Aún cabría mencionar otras aportaciones que se han ido sucediendo, y que han ido variando, en mayor o menor grado, el concepto teórico de la neutralización, pero, a pesar de todos estos puntos de vista divergentes, ciertas precisiones realizadas por Trubetzkoy se han mantenido sin discusión hasta el presente, como las relativas a los principios que rigen el fenómeno:

así, sigue aceptándose que una neutralización puede estar condicionada por el contexto de la palabra (por ejemplo, la de las consonantes nasales en español cuando se presentan en posición final de sílaba ante consonante) o puede ser 'interna', esto es, venir exigida por la estructura del sistema (por ejemplo, la de /r/ ~ /ɾ/ en español en final de palabra). En ocasiones, la neutralización de una oposición puede ser, a la vez, condicionada e interna; de nuevo, es válido el caso de las nasales del español, que sirve para ejemplificar esta situación: en interior de palabra se neutralizan condicionalmente ante todas las consonantes; en final de palabra, lo hacen internamente.

Por lo que respecta al archifonema, la noción como tal fue introducida por Roman Jakobson y perfilada posteriormente por Trubetzkoy, quien clasificó, además, las distintas realizaciones que puede presentar el archifonema en el habla. Alarcos (1950) adopta tales criterios clasificatorios y resume todos los casos posibles de aparición de archifonemas (siempre representados gráficamente con letras mayúsculas) en el español. Con el paso de los años, autores de la talla de André Martinet se han replanteado la utilidad de este concepto para la teoría fonológica —sobre todo a partir del desarrollo de la teoría de los rasgos distintivos (§ 1.19), que alteró profundamente el enfoque de la cuestión al convertir a los rasgos en los verdaderos protagonistas de la fonología en lugar de los fonemas y los archifonemas—. En términos generales, la polémica no se ha centrado tanto en las características o la naturaleza del archifonema, sino en su validez teórica.

En lo que se refiere a la fonología generativista clásica (§ 1.18), las reglas que convierten las formas abstractas subyacentes en las fonéticas superficiales (§ 1.18.2, § 1.18.4) derivan estas últimas de las primeras permitiendo que, llegado el caso, los resultados del proceso hagan converger, en su manifestación fonética, a fonemas originalmente distintos. Por ejemplo, la regla de asimilación (§ 1.18.7) nasal en español convierte un fonema /n/ subyacente seguido de consonante labial en una [m] superficial idéntica a la que representaría a un fonema /m/ subyacente. Se habla en ese caso, como en el modelo estructuralista, de neutralización, pero el concepto de archifonema, entendido como una unidad representacional diferente y adicional que reúne los rasgos comunes a dos fonemas distintos cuando entre ellos se pierde la distintividad, ya no tiene sentido en el modelo: un determinado sonido de la secuencia hablada puede provenir de un fonema o de otro en virtud de los procesos que hayan intervenido en su generación. Esa misma irrelevancia de la noción de archifonema se constata en los enfoques no derivacionales más actuales, que operan con restricciones (§ 1.22) o con otro tipo de unidades, como los gestos (§ 1.23).

Para más información, el lector interesado puede consultar Akamatsu (1988), Davidsen-Nielsen (1978), Martinet (1968) y Waugh (1976).

1.17.5 Distribución defectiva

Relacionado con el de neutralización (§ 1.17.4), el concepto de **distribución defectiva** alude a la ausencia de un fonema en un determinado contexto por no admitirlo el sistema de la lengua de que se trate. Amado Alonso ([1945] 1967), por ejemplo, al referirse a las consonantes líquidas laterales (§ 1.6.4) del español, no postula su neutralización en posición implosiva (§ 1.21.8) en interior o final de palabra, como sí hace Alarcos (1950), sino que habla de una distribución defectiva de la lateral palatal /ʎ/ en esta lengua, cuyo sistema fonológico —afirma— no permite ni esa ni otras consonantes palatales en dicha posición. Por otra parte, mientras que Quilis (1997) presupone una distribución defectiva de /ɾ/ a comienzo de palabra en español, el mismo Alarcos defendía en esa posición una neutralización de las róticas /r/ y /ɾ/, con [r] como representante del archifonema /R/.

Así pues, si se consideran todas estas divergencias —fácilmente constatables en la bibliografía— en cuanto a su propia ejemplificación, resulta obvio concluir que este es un concepto sobre el que no existe un consenso claro. No obstante, se trata de una noción significada en la teoría fonológica clásica, que adquirió especial relevancia en el estructuralismo norteamericano (también denominado 'distribucionalismo' por la importancia concedida en el modelo a la distribución de los fonemas en la secuencia fónica), puesto que sus representantes, que prescindieron del concepto de neutralización, interpretaban los casos de las oposiciones neutralizables como, en realidad, casos de distribución defectiva.

Para más información, el lector interesado puede consultar Fischer-Jørgensen (1952).

1.17.6 La marca

Los miembros de una oposición privativa contrastan entre sí porque uno de ellos es el **término marcado**, esto es, posee una marca (§ 1.17.2) o propiedad que está ausente del otro. Por ejemplo, en una oposición privativa (§ 1.17.2) cuya marca sea la nasalidad (/m/ ~ /b/), el miembro marcado o 'polo positivo' es el nasal y el **no marcado** o 'polo negativo' es el oral.

Este ejemplo en concreto sirve para explicar la crítica más frecuentemente realizada al concepto o, más bien, a la manera de dilucidar su aplicación, porque, si bien es claro que un elemento posee una cualidad que el otro no tiene, cabrían dudas acerca de cómo interpretar esa diferencia: al fin y al cabo, en la realización del fonema oral, la úvula debe cerrar el paso a la cavidad nasal, lo que supone un mayor esfuerzo articulatorio que podría justificar que se considerara al oral como el término marcado.

Precisamente para evitar este tipo de problemas se acudió, en el modelo estructuralista, a la noción de archifonema (§ 1.17.4), y se postuló que el término no marcado es el que representa esta unidad y surge en las posiciones en las que se produce la neutralización, siempre y cuando no existan otros condicionantes contextuales que determinen la aparición del miembro marcado.

El concepto de marca se desarrolla principalmente, pues, en la escuela de Praga, pero —ya en el ámbito de otros modelos teóricos distintos y posteriores (§ 1.18, § 1.20, § 1.22)— está en la base de la conocida como 'teoría de la marca', de gran influencia en los estudios fonológicos de variada naturaleza (§ 1.18.8). Entre las muchas y diversas concepciones que de la marca se ofrecen en el marco de esta teoría pueden distinguirse dos grandes grupos: a) las que la relacionan con el sistema fonológico de que se trate en cada caso, y b) las que la relacionan con consideraciones fonéticas o de frecuencia de aparición. La argumentación anteriormente expuesta, propia del estructuralismo, que vinculaba la asignación de la marca con el resultado de la neutralización de dos elementos en un sistema dado pertenecería al primer grupo; al segundo se adscribirían los modelos que asignan la marca en función de la distribución de los elementos en las lenguas del mundo, de su frecuencia de aparición, de su complejidad fonética intrínseca, de su adquisición temprana o tardía, etcétera.

Para más información, el lector interesado puede consultar Hume (2011) y Rice (2007).

1.18 La fonología generativista lineal

La fonología generativista, a la que también se suele denominar con igual frecuencia **fonología generativa** (si bien en puridad no es generativa, sino interpretativa de las formas generadas por la sintaxis), es un modelo desarrollado fundamentalmente, en su forma más clásica o estándar (§ 1.18.1), en la obra *The Sound Pattern of English*, publicada por Noam Chomsky y Morris Halle en 1968, así como en otros muchos trabajos posteriores realizados por los colaboradores y discípulos de estos dos autores. Todos estos estudios iniciales enmarcados en la teoría se engloban bajo la denominación **fonología generativista lineal**, porque las representaciones fonológicas que en ellos se postulan están constituidas por la secuencia lineal de los segmentos, que se entienden, a su vez, como compuestos cada uno de ellos por un conjunto o matriz de rasgos no sujetos a una ordenación particular. La representación, por tanto, consta de un solo plano, el que define la propia sucesión temporal de las distintas unidades, estas sin estructura interna determinada.

Desde la aparición de la obra fundacional anteriormente mencionada (conocida por la sigla de su título, **SPE**), la teoría ha experimentado múltiples modificaciones y revisiones —algunas de ellas de gran calado—, mediante las cuales se han propuesto diferentes cambios a partir del modelo original, atenientes bien a la ordenación y distribución modular de las reglas sobre las que este se articulaba (§ 1.18.6), bien a la concepción de las representaciones fonológicas que en él se manejaban (§ 1.21.2), bien al grado de abstracción que estas podían llegar a alcanzar (§ 1.20.1).

Para más información, el lector interesado puede consultar Anderson (1985, 2021a, 2021b), Bale y Reiss (2018) Botha (1971), Dell (1973), Goldsmith (1999), Goldsmith y Laks (2016), Halle (1972), Kenstowicz (1994), Newmeyer (2022), Odden ([2005] 2013) y Roca y Johnson (1999).

1.18.1 La fonología generativista clásica o estándar

El modelo **estándar** expuesto por Noam Chomsky y Morris Halle en *The Sound Pattern of English* (1968) concibe la fonología como un componente más de la gramática, entendido este último término como el conjunto de reglas abstractas que un hablante de una lengua dada tiene interiorizadas y que le permiten comunicarse, es decir, producir y entender enunciados en esa lengua concreta. El componente fonológico es el encargado de dotar de forma sonora a las estructuras que previamente ha generado el componente central de la gramática, que es el sintáctico —en otras palabras, el componente fonológico es el responsable de interpretarlas en términos fónicos—. El papel del fonólogo precisamente consiste, según los postulados generativistas, en explicitar esa gramática interna que los hablantes poseen, avanzando hipótesis sobre las representaciones y las reglas que la componen y el orden en que estas se aplican. Ello debe hacerse teniendo siempre en cuenta la **medida de simplicidad** que entraña la aplicación del **Principio de la Parsimonia**, conocido igualmente como de la **Navaja de Occam**. Este principio afirma literalmente que *principia non sunt multiplicanda praeter necessitatem,* lo que, traducido y parafraseado, viene a decir que cuanto más simple y más económica sea una teoría, una hipótesis, una formalización o una explicación, tanto más preferible será, al ser más fácilmente falsable (§ 1.19.6).

A diferencia de lo propugnado por la escuela fonológica praguense (§ 1.17), en la fonología generativista clásica o estándar no existe nada similar a una representación fonológica autónoma formulada en términos de fonemas. Sí existen, no obstante, tres tipos de representación: la **representación léxica** de cada morfema de la lengua, almacenada en el denominado **léxico** o **lexicón** mental, o lista general de todos los morfemas adquiridos por los hablantes; la **representación fonológica sistemática** o **forma subyacente**, que viene a coincidir con la léxica, pero conlleva más información de naturaleza morfofonológica (por ejemplo, en ella se precisa la posición de los límites de los morfemas) y se compone no ya de fonemas, sino de haces o matrices de rasgos distintivos, de modo que no es en absoluto equiparable a la representación fonológica praguense; finalmente, la **representación fonética sistemática, o forma superficial,** que es mucho más precisa desde el punto de vista fonético que la subyacente y, por ello, se acerca más a la pronunciación real, aunque no recoge todos y cada uno de sus detalles. El papel de las reglas que integran el componente fonológico es transformar las secuencias de elementos que componen las formas subyacentes en formas superficiales, para lo cual dichas reglas se aplican en estadios sucesivos conformando el procedimiento conocido como **derivación**. Es por ello por lo que este modelo fonológico recibe el calificativo de **derivacional**.

Para más información, el lector interesado puede consultar Carr y Montreuil ([1993] 2013), Goldsmith y Laks (2016) y Sommerstein (1977).

1.18.2 Tipos de reglas

Las **reglas** formuladas en la fonología generativista clásica o estándar (§ 1.18.1) por lo general dan cuenta de procesos que ocurren en la lengua estudiada de que se trate, pero no todas cumplen esa función. Conviene tener presente que en la tradición generativista se ha partido siempre de dos principios generales: el de que las formas léxicas subyacentes han de contener solo la información fonológica mínima necesaria para salvaguardar la distintividad entre unas y otras, es decir, no deben incluir información redundante, y el de que las formas fonéticas superficiales resultantes del proceso de derivación (§ 1.18.1) han de estar constituidas, en cambio, por matrices de rasgos completamente especificadas. Es evidente, entonces, que para pasar de una forma sin redundancias a otra ya definida en términos fonéticos, algunas reglas del componente fonológico han de completar los valores inicialmente ausentes de la representación léxica. Esta es la función de las llamadas **reglas de redundancia**. No son reglas, pues, que cambian los valores de los rasgos, porque no dan cuenta de procesos; son reglas que introducen valores de rasgos. Así, una regla de redundancia interna sería, por ejemplo, 'Especifíquese toda consonante nasal como [+sonoro]', y su formulación e inclusión en el sistema de reglas permitiría eliminar ese rasgo de la forma subyacente de la consonante nasal, simplificándola. El estudio de la redundancia y de este tipo de reglas tiene mucho que ver con el concepto de subespecificación (§ 1.18.9), posteriormente incluido en la teoría.

Otras reglas, las denominadas **reglas de estructura morfémica** o **morfemática** (más tarde conocidas como 'restricciones' o 'condiciones' de estructura morfémica), regulan la forma que pueden tener los morfemas almacenados en el lexicón (§ 1.18.1) y también rellenan de modo automático, como las de redundancia, todos los valores de rasgos que son predecibles. Por ejemplo, en español puede existir un morfema con la forma /dɾag-/ pero no uno con la forma /dnag-/ porque esa combinación de fonemas en el interior de un mismo morfema no es permisible. En consecuencia, el rasgo [nasal] se especificará automáticamente con un valor negativo en el segmento que ocupe la posición tras /d/ porque dicho valor es totalmente predecible: [−nasal]. Ha existido mucha discusión sobre estas reglas, y por diversos motivos, pero tal vez la mayor crítica que han recibido ha sido que no tienen en cuenta ni la sílaba ni el silabeo (§ 1.21.11), cuando muchas de las restricciones de buena formación de los morfemas se derivan de su organización interna en sílabas (§ 1.21.7, § 1.21.8).

Las reglas que sí dan cuenta de procesos, por otra parte, pueden agruparse en dos grandes categorías: las que expresan **procesos de naturaleza morfofonológica** y las que formalizan **procesos de naturaleza alofónica**. Los primeros conllevan alternancias fonológicas que vienen motivadas por condicionantes de carácter morfosintáctico o léxico; por ejemplo, aunque el paso de /o/ a /ue/ que se produce en español en algunas formas del verbo *soñar* (*soñé*, pero *sueño*) implica, como es obvio, un cambio de segmentos fonológicos que ocurre en determinadas circunstancias, tal alternancia depende en realidad de condicionantes léxicos: se da en este verbo, pero no se produce, por ejemplo, en el verbo *podar,* entre otros muchos mencionables. Es decir, las causas de que se desencadene el proceso no son exclusivamente fónicas y, por ello, este se considera un **proceso no automático** que no se registra en todos los casos. Por el contrario, las reglas que reflejan **procesos automáticos** o de naturaleza alofónica (como el que nasaliza una vocal entre dos consonantes nasales en español) son aquellas que regulan la aparición de los distintos alófonos de un fonema en la secuencia hablada (§ 1.17.3). Por ejemplo, una obstruyente sonora en español se pronuncia como relajada o aproximante (§ 1.6.3) siempre que aparezca en posición intervocálica.

A pesar de estas divergencias entre las distintas clases de reglas, en la bibliografía se han señalado repetidamente algunas características que, en el modelo generativista derivacional, todas ellas comparten: son específicas de cada lengua o dialecto (no tienen por qué ser universales, a diferencia de los rasgos distintivos); son productivas, en el sentido de que se aplican a los préstamos o, en general, a las nuevas palabras que se van incorporando al léxico; y, finalmente, los hablantes las adquieren, las conocen y las aplican de modo inconsciente, lo que les permite apreciar si un determinado vocablo o una secuencia de vocablos están bien o mal formados en la lengua en cuestión.

Para más información, el lector interesado puede consultar Booij (2011), Contreras y Lleó (1982), Purnell (2017) y Hayes (2009).

1.18.3 Notación formal de las reglas

Las reglas de la fonología generativista derivacional (§ 1.18.1) se formalizan siguiendo el modelo A → B / C __ D, en el cual se distinguen tres partes bien diferenciadas: la referida al elemento que va a experimentar el proceso (A); la relativa al proceso en sí (A → B) y la concerniente al contexto en el que se da ese proceso (C __ D).

Concretando aún más, 'A' representa el sonido o la clase de sonidos (expresados en términos de rasgos) a que se aplica la regla, es decir, el elemento que experimenta el proceso determinado de que se trate en cada caso. '→' ha de interpretarse como 'pasa a ser, se convierte en, se hace', etcétera. Por consiguiente, 'B', situado a la derecha de esta flecha, indica el resultado de la aplicación de la regla, es decir, cuál ha sido el cambio estructural producido. La barra oblicua '/' puede interpretarse como 'en el contexto', de modo que C y D representan el contexto anterior y posterior al elemento objeto de la acción de la regla, es decir, el entorno en el que ocurre el cambio y que normalmente lo origina, lo que se denomina técnicamente **descripción estructural**. Por último, el guion bajo alude a la posición ocupada por el elemento en cuestión en dicho contexto. Un ejemplo de cómo se emplea esta notación podría ser el de la regla de nasalización vocálica: [+vocálico] → [+nasal] / [+consonántico +nasal] __ [+consonántico +nasal] (una vocal se nasaliza —se hace oronasal (§ 1.6.5)— cuando va situada entre dos consonantes nasales).

Aunque el formalismo de las reglas adquiere a menudo una mayor complejidad dada la diversa naturaleza y los distintos condicionamientos de los procesos expresados, en la fonología generativista derivacional la notación básica aquí presentada no experimentó cambios fundamentales a lo largo de los años.

Para más información, el lector interesado puede consultar Clements y Halle (1983) y Purnell (2017).

1.18.4 El orden de aplicación de las reglas

En el marco derivacional que caracterizó las primeras décadas de la fonología generativista (§ 1.18.1), el interés principal de los fonólogos fue estudiar y describir el sistema de reglas: las reglas que operaban en cada lengua, el orden y el ámbito en el que operaban y de qué modo se formalizaban. Como resultado de una gran cantidad de trabajos desarrollados en torno a estas cuestiones, se determinó que las reglas se aplicaban secuencialmente a través de una serie de estadios, e iban modificando la forma subyacente y las sucesivas formas intermedias hasta llegar a la forma superficial.

Al operar de manera seriada, las distintas reglas pueden interactuar entre ellas en los siguientes sentidos:

- una regla A puede **nutrir** (en inglés, *feed*) a otra B, es decir, puede crear las condiciones o el contexto adecuado para que B se aplique posteriormente; si, en cambio, B se ordena antes que A, tal ordenación será **antinutridora** (en inglés, *counterfeeding*) porque impedirá que se conforme el contexto requerido para que B opere, esto es, evitará que se cumpla su descripción estructural (§ 1.18.3).
- la aplicación de una regla A puede generar una estructura que ya no reúna las condiciones necesarias para que opere ulteriormente otra regla, B, a pesar de que, en principio, ambas podrían aplicarse. Se dice, entonces, que

A **erosiona** (en inglés, *bleed*) a B; si, por el contrario, B opera antes que A, se habla de **orden antierosionante** (en inglés, *counterbleeding*) porque ya no puede alterar las condiciones que permitían que A se aplicara.

Las traducciones de los términos ingleses *feeding, counterfeeding, bleeding* y *counterbleeding* varían de unos autores a otros, dado que son etiquetas metafóricas para procesos reales. Por ejemplo, en Contreras y Lleó (1982) se emplea 'privación' para traducir *bleeding,*. Las aquí propuestas se sugieren teniendo en cuenta el significado que se pretende transmitir y tratando de mantener ese carácter metafórico de las denominaciones originales.

Se ha considerado que tanto la ordenación antinutridora como la ordenación antierosionante producen con frecuencia el efecto conocido como **opacidad fonológica** (§ 1.22.6).

Este fenómeno se produce cuando la forma fonética resultante de todo el proceso de derivación suscita dudas acerca de por qué no se ha aplicado una regla dada si se cumplen los requisitos para hacerlo (**infraaplicación**) o bien, en el caso contrario, acerca de por qué se ha aplicado una regla si no se cumplen aparentemente las condiciones para hacerlo (**sobreaplicación**). Es decir, el proceso derivacional no es transparente, sino opaco. La bibliografía sobre el fenómeno de la opacidad es abundantísima, y este sigue siendo actualmente un tema de debate importante incluso en modelos no derivacionales, como el de la Teoría de la Optimidad (§ 1.22).

El orden de las reglas en la fonología generativista clásica es **extrínseco o externo**, es decir, es el analista el que lo estipula y no se desprende necesariamente de la información contenida en las propias reglas —su descripción estructural—, en cuyo caso se hablaría de orden **intrínseco o interno**. En algunos enfoques posteriores derivados del modelo, como el de la Fonología Generativa Natural (§ 1.20.1), se propuso que la ordenación debería ser siempre intrínseca, de forma que el único orden admitido sería el nutridor y una regla se aplicaría solo cuando se cumplan las condiciones para ello precisadas en su descripción estructural. La idea que presidía esta modificación era, justamente, evitar que, gracias a la libertad de que disponía previamente el fonólogo para estipular o, por así decir, 'manipular' la aplicación seriada de las reglas, se propusieran análisis demasiado abstractos y poco naturales y plausibles.

Para más información, el lector interesado puede consultar Baković ([1995] 2011), Contreras y Lleó (1982), Gussenhoven y Jacobs ([1998] 2017) y Kiparsky (1968, 1973).

1.18.5 El principio de ciclicidad

El **Principio de Ciclidad** permite aplicar las reglas repetidamente siempre que se cumpla su descripción estructural (§ 1.18.3), esto es, siempre que se den las condiciones requeridas por las propias reglas para que se puedan aplicar, en ámbitos cada vez mayores. Así, a partir de la estructura sintáctica de una oración —cuyos distintos componentes (sintagma nominal, sintagma verbal, etcétera) y su ordenación jerárquica se reflejan empleando corchetes rotulados— una regla podrá aplicarse, en un primer **ciclo** y siempre que se verifique su descripción estructural, al dominio menor incluido entre corchetes, por ejemplo, un morfema; después, en un segundo ciclo, puede volver a aplicarse en el nivel superior, por ejemplo, el de la palabra que contenga ese morfema, y posteriormente, en el siguiente nivel o ciclo, en el sintagma que albergue tal vocablo, y así hasta llegar al ámbito máximo del enunciado.

Para más información, el lector interesado puede consultar Bermúdez Otero (2011), Cole (1995), Mascaró ([1976] 1978) y Privizentseva, Andermann y Müller (2023).

1.18.6 La Fonología Léxica

La **Fonología Léxica**, también derivacional (§ 1.18.1) como, en general, la fonología generativista clásica, es un modelo propuesto y desarrollado en los años ochenta del pasado siglo por autores como David Pesetsky, Karuvannur Mohanan o Paul Kiparsky, entre otros. En este enfoque, el lexicón (§ 1.18.1) adquiere un papel central, dado que en su interior se establecen una serie de niveles en los que se van aplicando, sucesivamente, un conjunto de reglas que requieren información morfológica y que, precisamente por aplicarse en estos niveles internos al lexicón, se denominan **reglas léxicas.** Son, en realidad, reglas morfofonológicas de estructura morfemática y de formación de palabras (§ 1.18.2) que actúan en el interior de estas últimas unidades, que operan cíclicamente y que están sujetas a excepciones. Un ejemplo de regla léxica en español sería aquella que cambia /k/ en /θ/ al constituirse, por ejemplo, el vocablo *electricidad* a partir de *eléctric + idad*. Podría pensarse que este es un proceso meramente fonológico y automático de **desvelarización** (en inglés, *velar softening*), por el cual la oclusiva velar se convierte en una fricativa interdental (§ 1.6), pero obsérvese que en español la /k/ no siempre cambia ante /i/ y que la secuencia /ki/ es perfectamente posible en esta lengua y aparece en muchas ocasiones; por ello, se entiende que esta es una regla léxica, que puede infringirse en la superficie en otros muchos casos distintos del ejemplo.

Posteriormente, una vez que las reglas léxicas han actuado, se inicia fuera del lexicón, esto es, en la secuencia fónica (la cadena hablada) ya constituida, la aplicación de las **reglas posléxicas,** de carácter puramente fonológico (§ 1.18.2), para cuya aplicación se requiere —de precisarse alguna— información de naturaleza sintáctica. Son procesos que pueden darse en el interior de una palabra o a través de sus límites, en la secuencia, y no admiten excepciones. Un ejemplo de regla posléxica en español sería aquella que convierte las obstruyentes sonoras en aproximantes (§ 1.6.3).

Como se desprende de esta somera presentación, la Fonología Léxica centra su interés no tanto en el sistema de reglas, como sucedía en la fonología generativista clásica (§ 1.18.1) más cercana a *The Sound Pattern of English* (Chomsky y Halle 1968), ni en la naturaleza de las representaciones, como ocurre en la fonología no lineal (§ 1.21), sino en las relaciones de la fonología con otros módulos de la gramática, en concreto con la morfología: integra ambas en el mismo modelo y este constituye, precisamente, su rasgo más definitorio. De hecho, en multitud de ocasiones se emplean indistintamente la denominación más simple de 'Fonología Léxica' o la más compleja de **Fonología y Morfología Léxicas**. Este modelo se asemeja mucho al propuesto en la Teoría de la Optimidad con Estratos (también denominada 'Teoría de la Optimidad Estratal', por influencia del original inglés, *Stratal OT*), en particular porque ambos organizan el componente fonológico en estratos o módulos (§ 1.22.7).

Por otra parte, y también relacionada con el enfoque de la Fonología Léxica, la **Fonología Morfoléxica** defiende que, antes de que se apliquen las reglas morfofonológicas de formación de palabras (léxicas) y las propiamente fonológicas (posléxicas), actúa un tipo de reglas distinto, las 'reglas morfoléxicas', cuya función es seleccionar el alomorfo adecuado para cada morfema en cada caso y en cada contexto. En otras palabras, ya no se postula que, en el lexicón, la forma subyacente correspondiente a cualquier morfema deba ser necesariamente un único morfo del que se originan sus otros posibles alomorfos en el curso de la derivación mediante la aplicación de las reglas del componente fonológico, léxicas y posléxicas, sino que se permite la posibilidad de que un morfema esté representado por varios alomorfos en el lexicón, y sean las reglas morfoléxicas las que seleccionen el adecuado al inicio de la derivación. Esta idea también fue defendida por la Fonología Generativa Natural, aunque apoyándose en otros argumentos (§ 1.20.1).

Para más información, el lector interesado puede consultar Gussenhoven y Jacobs ([1998] 2017), Inkelas ([1995] 2011), Kiparsky (1982, 1985) y Mohanan (1986).

1.18.7 Los procesos y sus tipos

Los distintos procesos de los que dan cuenta las reglas generativistas (§ 1.18.2) pueden clasificarse en varios grupos, entre los que cabe mencionar los siguientes:

- **Procesos de fonologización**. La **fonologización** se produce, en sincronía, cuando una diferencia fonética entre dos elementos se sistematiza y adquiere valor fonológico. Sirva como ejemplo el caso de las vocales abiertas del andaluz oriental, cuya posible fonologización ha sido objeto de un amplio debate. Existe otra interpretación del término según la cual se habla de fonologización (diacrónica) cuando una variante de un fonema —un alófono (§ 1.17.3)— pasa a ser un fonema independiente en el curso de la evolución histórica de la lengua. Otro ejemplo es el alófono [kʲ] del fonema /k/ del latín, que adquirió en un determinado momento valor distintivo, esto es, se fonematizó, y se obtuvieron con ello dos fonemas distintos: /k/ y /kʲ/.
- **Procesos de desfonologización**. La **desfonologización** representa el caso contrario al anterior, es decir, la pérdida de valor fonológico de una determinada unidad. Por ejemplo, la /ʎ/ se ha desfonologizado en una gran parte del dominio hispanohablante, por lo que la oposición /ʎ/ ~ /j/ ha dejado de ser distintiva en esas hablas.
- **Procesos asimilatorios**. La **asimilación**, en general, es el proceso por el cual un segmento adquiere propiedades (referidas a la sonoridad, al modo o al lugar de articulación) de otro segmento vecino, como fruto de la coarticulación (§ 1.6.8), de forma que ambos resultan ser más similares o incluso idénticos. Por ejemplo, en español, cuando una vocal va situada en la secuencia entre dos consonantes nasales, se hace ella misma oronasal y el proceso asimilatorio que experimenta se denomina **nasalización** (§ 1.6.5, § 1.18.3). Igualmente, un ejemplo de asimilación es la **sonorización** que experimentan determinadas consonantes sordas, que se vuelven sonoras en contacto con otros segmentos sonoros, como cuando la /s/ va seguida de una

consonante sonora. Del mismo modo, en el español de Chile, cuando la consonante /k/ se encuentra ante una vocal /i/, adelanta su articulación, adopta la naturaleza palatal de esta vocal y se pronuncia [kʲ], por lo que se habla en este caso de **palatalización**.

Cabe precisar a este respecto que para explicar, por ejemplo, algunas pronunciaciones castellanas de palabras catalanas, como *Sabade*[l] en lugar de *Sabade*[ʎ], así como otras alternancias tipo *doncella ~ doncel,* se ha postulado un proceso que actúa en la dirección opuesta y provoca la **despalatalización** de la [ʎ], aunque este no presentaría naturaleza asimilatoria, sino que tendría que ver con las restricciones fonotácticas (§ 1.14.5).

Un proceso asimilatorio frecuente en las lenguas del mundo es el que experimentan las consonantes nasales en posición implosiva (§ 1.21.8) ante otra consonante. En ese contexto la nasal asimila los rasgos de punto de articulación de la consonante siguiente y ambas se convierten en homorgánicas, término que expresa que la producción de una y otra se localiza en la misma zona (§ 1.6.1).

La asimilación puede ser **anticipatoria** o **regresiva**, si el elemento asimilado precede al asimilador ([ˈalto], con una realización dentalizada de /l/); **posterior** o **progresiva**, si el elemento asimilado sucede al asimilador ([aθˈteka], con una realización interdentalizada de /t/); y **bidireccional**, si el elemento asimilado es influido tanto por el segmento precedente como por el siguiente ([ˈmẽn̪te], con una realización oronasal de la vocal /e/).

Asimismo, la asimilación puede darse **por contacto** —es el caso de todos los ejemplos citados en los párrafos anteriores— o puede darse **a distancia**. El fenómeno conocido como **armonía** o **armonización** representa un proceso de asimilación a distancia y se origina cuando la articulación de los segmentos fonológicos —ya sean vocales o ya sean consonantes— pertenecientes al mismo dominio (el mismo morfema, la misma palabra o a la misma oración) coinciden necesariamente en cuanto al valor de ciertos rasgos. Así, en un caso típico de armonía vocálica como el que se da, por ejemplo, en turco, todas las vocales de una palabra han de compartir el valor del rasgo [±anterior] (§ 1.19.5).

Todos los fenómenos mencionados son ejemplos de asimilación **parcial**, pero en ocasiones la asimilación llega a ser **total**, es decir, el segmento asimilado toma todas las características del segmento asimilador, lo que da lugar a la creación de dos elementos idénticos. Esto ocurre, por ejemplo, cuando se crean las consonantes o las vocales **geminadas** en el trascurso del proceso denominado **geminación** ([ˈmiʂmo] > [ˈmĩmmo]).

Algunos cambios por asimilación pueden provocar una neutralización (§ 1.17.4), al hacer que un fonema presente una variante alofónica que también puede ser alófono de otro fonema.

- **Procesos disimilatorios**. El resultado de un proceso disimilatorio o **disimilación** (§ 1.6.5, § 1.6.8) es exactamente el contrario del de un proceso de asimilación, porque en el primero un segmento dado altera alguno(s) de sus rasgos para distinguirse más de otro elemento adyacente o cercano. Por ejemplo, la razón de que el sufijo *-ar* alterne con *-al* en español es disimilatoria, esto es, se desencadena cuando concurren dos consonantes laterales cercanas y se opta por la variante *-ar* si hay una /l/ en la última sílaba o en la coda de la penúltima: *uvul-ar, vulg-ar,* pero *fluvi-al, mort-al, terren-al, anu-al.* También la disimilación, como la asimilación, puede ser progresiva, como en estos casos, o regresiva, como en el caso de *meridional,* que procede del latín *medidie* ('mediodía').

- **Procesos de refuerzo** (o **fortición**). Existen numerosos procesos que pueden afectar a los segmentos que ocupan posiciones prosódicas fuertes (§ 1.21.6). En estas posiciones, los movimientos articulatorios ven incrementada su extensión temporal y, bajo determinadas condiciones, también la espacial. Por ejemplo, el grado de constricción de una consonante puede aumentar, como en los procesos de **fricativización** o de **oclusivización**. También se deben a un refuerzo algunos procesos de **ensordecimiento** o **desonorización** que experimentan ciertas consonantes sonoras o *lenis*, en posición inicial, especialmente inicial de enunciado. donde se realizan como sordas o *fortis* (§ 1.5.3): así, en el dialecto del Río de la Plata, la palatal [ʒ] se pronuncia como [ʒ̊] en esa posición.

- **Procesos de debilitamiento** (o **lenición**). Estos procesos**,** como su propio nombre indica, provocan cambios en los elementos que aparecen situados en una posición prosódica débil (§ 1.21.6), hasta el punto de que pueden llegar a desaparecer en un proceso extremo de **elisión** o pérdida, que afecta también a la estructura silábica (§ 1.21.11).

Asimismo, son procesos de debilitamiento, entre otros, la **debucalización** (§ 1.5.1), cuyo efecto es que una consonante pierde todos los rasgos referidos a su zona de articulación, porque queda reducida a una aspiración o a un golpe glotal (y, por tanto, solo mantiene los rasgos referidos a la actividad laríngea); la **espirantización**, término con el que se denomina cualquier proceso mediante el cual una consonante oclusiva se convierte en una espirante (§ 1.6.3); el **rotacismo**, que permite la transformación en /r/ de determinadas consonantes; algunos casos de ensordecimiento, producidos en posición de coda silábica; la **degeminación**, o simplificación de grupos de dos consonantes idénticas seguidas; la **vocalización**, proceso por el cual una consonante se transforma en una vocal; la **reducción** vocálica o consonántica, a resultas de la cual una vocal o una consonante pierden algunas de sus características definitorias (la reducción vocálica conlleva habitualmente una centralización del timbre de la vocal afectada); finalmente, la **diptongación**, que supone que el timbre de una vocal de una sílaba no se mantiene estable durante toda su duración, sino que va cambiando más o menos rápidamente hacia el de otra vocal, de modo que finalmente son claramente perceptibles dos vocales diferentes, es decir, un diptongo.

Algunas diptongaciones pueden deberse no a procesos de debilitamiento sino a procesos de naturaleza coarticulatoria. Dada la transición entre dos segmentos, el estadio intermedio puede tomar carta de naturaleza mediante una disimilación.

En posición de coda silábica, la posición débil por antonomasia, se suelen producir muchos procesos lenitivos que dan lugar a una neutralización (§ 1.17.4), que los fonólogos generativistas interpretan como resultado de un proceso debido al cual un fonema se ve representado en la forma superficial por variantes que coinciden con las de otros fonemas.

Además de estos tipos de procesos, y como ya se ha dicho, existen algunos que afectan fundamentalmente a la estructura de la sílaba (§ 1.21.11) y a la asignación del acento (§ 1.21.12).

Para más información, el lector interesado puede consultar Jun (2004), Lahoz-Bengoechea (2015), Lass (1984), Martínez-Gil (2012), Pensado (1983), Recasens (2014), Spencer (1996) y van Oostendorp *et al.* (2011).

1.18.8 *La teoría de la marca*

Al igual que los estructuralistas praguenses (§ 1.17.2, § 1.17.6), de los que toman el concepto, los fonólogos generativistas conciben la marca en términos binarios, es decir, como una propiedad que distingue los pares de segmentos, de forma que uno de ellos la posee (el término marcado) y el otro no (el término no marcado; § 1.17.6). Sin embargo, los primeros capítulos de *The Sound Pattern of English* (*SPE*; Chomsky y Halle [1968]) no alcanzaban a dar cuenta de ciertas regularidades comprobadas en las lenguas del mundo, como, por ejemplo, la de que es más natural para una vocal ser [+sonoro] que [−sonoro] (§ 1.5.3), o la de que el par /ɲ/ /ŋ/ tiene mucha menor difusión que el par /m/ /n/, entre otras muchas generalizaciones registradas en los distintos idiomas. Estos hechos no podían explicarse, porque los valores positivos y negativos de los rasgos distintivos con los que se trabajaba (§ 1.19.5) se evaluaban y se trataban por igual en todos los contextos, sin atender a otro tipo de consideraciones.

Solo en el último capítulo de *SPE* —el tantas veces citado *Chapter Nine* (véase, por ejemplo, Stampe 1973)— se inicia lo que podría denominarse la **teoría de la marca**, que se ha seguido desarrollando, en el ámbito de diferentes enfoques y modelos, hasta la actualidad. En el capítulo mencionado, las entradas léxicas ya no están representadas mediante rasgos distintivos especificados con valores meramente positivos o negativos, sino que los rasgos poseen el valor de 'marcado' o el valor de 'no marcado', correspondiéndose este último con la especificación 'normal', 'natural' o 'esperable' de dicho rasgo con respecto al segmento fonológico de que se trate. Ocurre justo lo contrario con el valor 'marcado'. Por ejemplo, puesto que las vocales son sonoras en la mayoría de las lenguas, la presencia de sonoridad será su valor no marcado, y la ausencia de sonoridad, su valor marcado. De estas especificaciones se derivan después, en un nivel posterior, los valores habituales [+] y [−] para cada rasgo mediante la aplicación de las llamadas **convenciones de marcaje** o **de marcado** universales, y todas las reglas fonológicas que operen después de haberse aplicado ya estas convenciones se formulan exclusivamente con los coeficientes [+] y [−] (si bien este aspecto dio lugar a una gran polémica, al ser discutido por muchos investigadores).

Tal vez la diferencia fundamental entre la aproximación a la marca en el modelo estructuralista praguense y en el generativista es que en este último se considera un fenómeno de carácter universal (§ 1.18.8), más que específico de una determinada lengua (§ 1.17.6). Los fonólogos generativistas se han servido de un gran número de pautas para asignar la marca, a partir de las asimetrías que se han observado interlingüísticamente no solo en el modo en que se combinan los rasgos en un segmento, sino también en la distribución de los valores de los rasgos independientemente considerados. Por ejemplo, los segmentos aspirados, especificados con el rasgo [+glotis dilatada] (§ 1.19.5), son mucho menos frecuentes en las lenguas del mundo que los no aspirados, [−glotis dilatada]. Así pues, la tipología lingüística, el cambio histórico, el proceso de adquisición del lenguaje, las patologías del habla y la complejidad articulatoria y acústica han figurado entre los criterios empleados para dilucidar si algunos valores de rasgos son o no marcados, y los distintos autores han concedido mayor o menor prioridad a cada uno de estos factores según su propia preferencia (por ejemplo, algunos recurren sobre todo al contenido fonético intrínseco del elemento o rasgo considerado para dilucidar si es marcado o no, mientras que otros prefieren buscar justificaciones de tipo estrictamente formal para atribuirle tal condición). De cualquier modo, los segmentos no marcados, en general, son aquellos que responden a las tendencias naturales de todas las lenguas, los que aparecen más frecuentemente en todas ellas, los que se adquieren antes y desaparecen más tardíamente, y los que conlle-van el mecanismo de producción más esperable en función de los articuladores implicados.

A veces se da el caso de que en una lengua, por la propia estructura fonológica de su léxico, no se puede constatar ni el mantenimiento de una opción marcada ni su sustitución por la no marcada. Cuando en esa lengua se incorpora un préstamo de otra, puede ser necesario realizar ajustes en su forma fonológica para adecuarla a lo menos marcado. Este fenómeno es conocido como **TETU** (siglas de la expresión inglesa *The Emergence of The Unmarked*).

La marca ha continuado siendo un concepto fundamental de la teoría fonológica, ya sea en los nuevos enfoques de raíces generativistas como la Teoría de la Optimidad (§ 1.22), ya sea en los modelos funcionalistas más actuales de corte cognitivista, en los cuales a la marca se le da una interpretación escalar y no binaria: los distintos elementos se diferencian gradualmente del elemento prototípico o **prototipo** (no marcado) de una categoría dada a medida que aumenta su complejidad estructural o cognitiva.

Para más información, el lector interesado puede consultar Hume (2011), de Lacy (2006), Rice (2007) y Stampe (1973).

1.18.9 *La subespecificación de las representaciones*

Eliminar la redundancia de las formas subyacentes siempre ha sido un objetivo de la fonología generativista (§ 1.18.2). Ese requerimiento está en la base de la conocida como **Teoría de la Subespecificación Contrastiva**, que proscribe de la representación fonológica cualquier información que pueda ser predecible, con lo cual dicho nivel contendrá solo las especificaciones mínimas necesarias para preservar la distintividad y estará, por ello, 'subespecificado'. El componente fonológico de una lengua (constituido por las reglas) opera únicamente sobre estos rasgos.

Sin embargo, según la versión más 'fuerte' de esta teoría, conocida como **Teoría de la Subespecificación Radical**, no solo han de omitirse en la representación los valores de los rasgos que sean redundantes por ser concomitantes con otros en función del inventario segmental de una lengua dada —por ejemplo, en español, si una vocal es [−bajo +retraído] ha de ser necesariamente [+redondeado] (§ 1.19.5), por lo que esta especificación sería innecesaria desde el punto de vista contrastivo—, sino también todos aquellos otros valores que se puedan desprender de principios o convenciones de marcaje universales (§ 1.18.8).

Así, para el rasgo [nasal] el valor universalmente no marcado es [−] porque, en la mayoría de los casos, los segmentos nasales tienen una distribución mucho más limitada que los orales (§ 1.18.8), y, por tanto, esta especificación, predecible, no deberá incluirse en la representación fonológica.

En otras palabras, la teoría de la marca (§ 1.18.8) determina cuál es, universalmente, el valor marcado y cuál el no marcado de cada rasgo, siendo este último el correspondiente al estado normal o neutro del articulador implicado en cada caso. A partir de ahí y según los presupuestos de la subespecificación radical, las representaciones subyacentes solo estarán integradas por los valores marcados de los rasgos, y los no marcados se asignarán mediante **reglas por defecto**.

Por ejemplo, la consonante /b/, oral, no presentará una especificación negativa subyacente para [nasal], al contrario que la consonante /m/, que sí estará especificada como [+nasal]. En el curso de la derivación, una regla de redundancia basada en los principios de marcaje universales (formalizada como '[ ] → [−nasal]') asignará el rasgo [−nasal] a la /b/. Esta es precisamente una diferencia importante entre la subespecificación contrastiva y la subespecificación radical: en el primer enfoque (al igual que en el modelo jakobsoniano), los rasgos redundantes siempre están ausentes de la descripción y de la operación de los segmentos fonológicos; en cambio, en la subespecificación radical, los rasgos redundantes se rellenan mediante reglas, como la anteriormente ejemplificada, durante el curso de la derivación y, por ello, pueden formar parte de la computación fonológica en un momento dado; así, pueden existir reglas que se apliquen con posterioridad a las de defecto, es decir, cuando las formas estén totalmente especificadas y con las redundancias incorporadas.

El concepto de subespecificación ha sido objeto de una fuerte polémica, prácticamente desde el mismo momento de su inclusión en la teoría.

Para más información, el lector interesado puede consultar Archangeli (1988, 2011), Roca (1994) y Steriade (1995).

1.19 Los rasgos distintivos

No han sido los lingüistas los únicos que han observado que el lenguaje y el pensamiento en general ponen de manifiesto la tendencia natural de los seres humanos a clasificar los objetos y los hechos en categorías o tipos preestablecidos en función de su similitud. Así, pues, en tanto en cuanto los rasgos son, en primera instancia, las propiedades o las características mediante las cuales pueden describirse, agruparse y clasificarse todos los segmentos fónicos en categorías, podría decirse que el interés que han despertado siempre entre los fonólogos y fonetistas y la gran cantidad de investigación que han generado están justificados por la propia naturaleza del lenguaje y de la cognición humana a la que se acaba de hacer referencia.

A lo largo de la historia de la fonología, se han propuesto diversos sistemas que difieren entre sí en cuanto al número de rasgos que engloban, a la naturaleza de los correlatos que cada rasgo presenta y al carácter, binario o no, de sus especificaciones. Simplificando mucho la cuestión, puede establecerse una diferenciación básica entre los rasgos manejados en la fonología estructuralista (§ 1.19.3) y los rasgos empleados en la fonología generativista (§ 1.19.5), si bien han sido numerosas las modificaciones que los diversos autores han ido sugiriendo con el transcurrir del tiempo (cf., por citar un ejemplo, el sistema de rasgos propuesto por Duanmu [2016], que recoge aportaciones críticas previas de otros autores).

> En las últimas décadas, ha sido la propia concepción de rasgo distintivo, en cuanto constructo universal e innato sobre el que se basa la organización del componente fónico, la que se ha puesto en tela de juicio, arguyendo que es el desarrollo histórico de los sistemas fónicos de las distintas lenguas el que da lugar a la recurrencia de determinados grupos de sonidos o clases naturales que funcionan de manera similar (§ 1.19.4) y de las que 'emergen', secundariamente, los rasgos distintivos pertinentes en cada caso, no innatos y no necesariamente universales (cf. Cui 2020, Mielke [2004] 2008).
>
> Para más información, el lector interesado puede consultar Baltaxe (1978), Botma, Kula y Nasukawa (2011), Campbell (1974), Clements y Ridouane (1978), Duanmu 2016, Halle (1992) y Mielke ([2004] 2008).

1.19.1 La noción de rasgo. El rasgo distintivo en la fonología estructuralista

El término 'rasgo' no es exclusivo de la fonología. En general, en lingüística se emplea este vocablo para hacer referencia a cualquier propiedad que define al lenguaje oral o escrito, y así se habla, por ejemplo, de rasgos sintácticos o semánticos de las palabras para aludir a algunas de sus características intrínsecas, concretamente las que afectan a la estructura sintáctica y al significado de los enunciados en los que dichas palabras intervienen. La noción de rasgo tiene cabida, pues, en cada nivel del análisis lingüístico. No hay duda, sin embargo, de que ha sido en el nivel fonológico donde el concepto de rasgo ha adquirido con el paso de los años una relevancia extraordinaria, especialmente desde que los rasgos fónicos dejaron de concebirse únicamente como parte de la definición de los fonemas y pasaron a disputarles a estos últimos el papel de unidades básicas del análisis fonológico. Conviene precisar en este punto que la denominación 'rasgo' no es común a todos los modelos que tal análisis presentan: 'elementos', 'partículas' o 'componentes' son otros términos posibles que, no obstante, vienen a recubrir *grosso modo* la misma noción.

La descripción fonética de los sonidos del habla se hace, y siempre se ha venido haciendo tradicionalmente, en función de una serie de parámetros, ya sean estos de tipo articulatorio, ya sean de tipo acústico o perceptivo (§ 1.1). A partir de los trabajos de la escuela de Praga y, en particular, desde que Roman Jakobson comienza a desarrollar la teoría de los componentes del fonema durante los primeros años treinta del siglo pasado, se empieza a comprobar que solo algunas de estas propiedades fonéticas se revisten de un valor contrastivo o distintivo, y por ende, fonológico, cuando sirven para establecer oposiciones entre fonemas (§ 1.17.2).

> Así, en español, si se sustituye la [s] del sustantivo *asa* por una [t], se obtiene la forma verbal *ata*, de significado obviamente distinto. Este cambio semántico indica que se trata de dos fonemas diferentes, /s/ y /t/, dotados de capacidad distintiva merced a ciertas cualidades constitutivas que los componen y que les permiten oponerse.

Dicho de otro modo, los fonemas de una lengua se identifican descomponiéndolos en las características fonológicas que los conforman y los oponen a los otros fonemas del sistema, y pueden representarse como **matrices** o **columnas de rasgos,** cada uno de los cuales va provisto de una especificación positiva o negativa, según se ilustra en (2) con el sistema sumamente simple (tres vocales con dos grados de abertura) del árabe clásico. En este sentido, en el modelo praguense al que se viene haciendo referencia, los rasgos tienen sobre todo, y por definición, un valor funcional, su significado es pura 'alteridad'.

(2)

$$\begin{array}{ccc}
/i/ & /u/ & /a/ \\
\begin{bmatrix} +\text{vocálico} \\ -\text{consonántico} \\ -\text{denso} \\ -\text{grave} \end{bmatrix} &
\begin{bmatrix} +\text{vocálico} \\ -\text{consonántico} \\ -\text{denso} \\ +\text{grave} \end{bmatrix} &
\begin{bmatrix} +\text{vocálico} \\ -\text{consonántico} \\ +\text{denso} \end{bmatrix}
\end{array}$$

Matrices de rasgos de las vocales del árabe clásico, según el sistema de rasgos de Jakobson, Fant y Halle (1951).

Es fácil comprobar que las vocales de (2) quedan suficientemente diferenciadas con los rasgos presentes en sus matrices.

Los dos primeros, [+vocálico −consonántico] (§ 1.19.3), sirven para distinguirlas de las consonantes; [+denso] (§ 1.19.3) opone la /a/ tanto a la /i/ como a la /u/, por lo que la vocal abierta ya no necesita de mayores especificaciones para quedar perfectamente identificada, y, finalmente, /u/ e /i/ contrastan por el valor que comporta en las dos el rasgo 'grave', [−grave] para la /i/, [+grave] para la /u/ (§ 1.19.3).

Obsérvese que, convencionalmente, las denominaciones de los rasgos distintivos, junto con su especificación positiva o negativa, se enmarcan entre corchetes; a menudo en la bibliografía pueden aparecer abreviadas: [+nas], [+estr], etcétera.

Para más información, el lector interesado puede consultar Alarcos (1950) y Jakobson y Halle (1956).

1.19.2 Rasgos distintivos y redundantes

La innovación más notoria de Roman Jakobson, como primer y principal proponente de la teoría de los rasgos distintivos, fue precisar que el conjunto, bastante reducido, de rasgos fonológicos necesarios para diferenciar las unidades fonémicas de las lenguas del mundo no tenía por qué coincidir con el conjunto, mucho más amplio, de rasgos fonéticos precisos para describir la variada gama de sonidos de esas mismas lenguas, aunque es obvio que entre los dos grupos existen claras interrelaciones.

Considérese la caracterización en términos de rasgos de la vocal /o/ en español. Fonéticamente, es un sonido vocálico, en el que el flujo de aire sale al exterior de forma continua y sin obstáculos, oral, sonoro, de abertura media y localización posterior en la cavidad bucal, que se produce con un redondeamiento labial, y que presenta, en el espectrograma (§ 1.11), un predominio relativo de las bajas frecuencias y una moderada dispersión de la energía. Fonológicamente, en cambio, solo algunas de estas propiedades van a repercutir en el valor contrastivo de la vocal /o/ en español. Por ejemplo, al atribuirle el rasgo fonológico [+vocálico] que la opone a la mayor parte de las consonantes, excepto a las líquidas, que poseen también un carácter vocálico (§ 1.6.4), ya no resulta pertinente especificarla —se entiende siempre fonológicamente—como oral o [−nasal], puesto que en castellano no existen vocales nasales con capacidad distintiva, como ocurre en otras lenguas como el francés o el portugués. Por lo tanto, el valor de este último rasgo será **redundante**, 'concomitante', o 'dependiente de' la especificación [+vocálico]: si un fonema es vocálico en español, no será fonológicamente nasal.

Lo mismo puede decirse tanto del rasgo de redondeamiento como del de sonoridad: dado que todas las vocales velares son, en español, redondeadas, la labialización o el redondeamiento no será un rasgo distintivo en ellas, sino un rasgo redundante vinculado siempre al de posterioridad; y, por otra parte, dado que todos los sonidos vocálicos son concomitantemente sonoros por principio (al menos en una abrumadora mayoría de lenguas), la sonoridad tampoco revestirá valor contrastivo en este caso.

Así pues, en la descripción fonológica de la /o/ castellana, serán pertinentes solo aquellos rasgos referidos a su carácter [+vocálico] (que la diferencia en primer lugar de las consonantes puras) y [−consonántico] (frente a las consonantes líquidas; § 1.6.4), a su localización posterior y consecuente naturaleza [+grave] (en oposición a las vocales /i/ y /e/, anteriores; § 1.6.5), y a su abertura media y dispersión moderada de la energía (que la hace ser [−denso] y [−difuso] en contraste, respectivamente, con la vocal de abertura máxima /a/ y con las vocales cerradas /i/ y /u/; § 1.6.5). Como se deduce de lo expuesto, existen dos grandes **tipos de redundancias**, las de carácter universal y las específicas de cada lengua. Por ejemplo, el hecho de que todos los segmentos [+vocálico] sean [−estridente] (§ 1.19.3) es una redundancia universal, porque la naturaleza fonética misma de los elementos vocálicos está reñida con la estridencia que conllevan ciertas consonantes (§ 1.6.3); en cambio, la relación entre [+vocálico] y [−nasal] a la que se aludió antes es una redundancia específica del español, que puede o no darse en otros idiomas.

Para más información, el lector interesado puede consultar Alarcos (1950), Jakobson, Fant y Halle (1951), Jakobson y Halle (1956) y Jakobson y Waugh (1979).

1.19.3 El sistema jakobsoniano de rasgos distintivos

Las dos obras fundamentales para conocer el sistema elaborado por Roman Jakobson y sus colaboradores son *Preliminaries to Speech Analysis* (1951), escrita por el lingüista ruso junto con Gunnar Fant y Morris Halle, y *Fundamentals of Language* (1956), para la cual Jakobson contó de nuevo con la colaboración de Halle. Salvo por algunas cuestiones de detalle concernientes a su organización, el conjunto de rasgos que se presenta en ambas obras es el mismo. Tanto en una como en otra, y en primer lugar, los rasgos se dividen en **inherentes** y **prosódicos**, según necesiten o no de referencia al decurso fónico para su definición: los rasgos inherentes se identifican solo mediante la comparación del término presente en una posición determinada con el ausente, mientras que los rasgos prosódicos presuponen la comparación de dos términos polares presentes ambos en un contexto dado.

A continuación, los primeros, es decir, los inherentes, se subdividen en **rasgos de sonoridad**, determinados por la cantidad y densidad de energía en el espectro del sonido (§ 1.10.1), y **rasgos de tonalidad**, establecidos en función de la configuración que presenten los extremos del espectro del segmento considerado en cada caso. Se presentan a continuación los 15 rasgos que constituyen cada uno de estos subgrupos, tal y como los entienden y los describen Jakobson y sus colaboradores en las obras citadas.

1.19.3.1 Rasgos inherentes de sonoridad

- **Vocálico / No vocálico**. Los segmentos especificados como [+vocálico] presentan, desde el punto de vista acústico, una estructura formántica (§ 1.10.2) claramente definida, a diferencia de los segmentos [−vocálico]. Articulatoriamente, [+vocálico] implica la vibración de las cuerdas vocales y una salida sin obstáculos del flujo de aire al exterior. Este rasgo, por tanto, opone las vocales y demás fonos con características vocálicas (por ejemplo, las consonantes líquidas) a las consonantes oclusivas, fricativas y africadas.

  [+vocálico]: vocales y consonantes líquidas.

  [−vocálico]: consonantes oclusivas (nasales y orales), fricativas y africadas, y fonemas glotales.

  Los fonemas glotales se denominan a menudo 'glides consonánticas' y son el fricativo sordo /h/, el sonoro /ɦ/ y el oclusivo /ʔ/.

- **Consonántico / No consonántico**. Los segmentos [+consonántico] poseen un menor grado de energía acústica, en contraste con los [−consonántico]. La articulación de los fonemas [+consonántico] se caracteriza, además, por la presencia de un obstáculo en algún punto del tracto vocal, obstáculo que no aparece en la de los segmentos [−consonántico].

  Nótese que, al efectuar la división de la oposición 'vocálico / consonántico' en dos binarias, [+vocálico] / [−vocálico] y [+consonántico] / [−consonántico], Jakobson y sus colaboradores quieren simplificar el sistema y, a la vez, mantener la concepción dicotómica o binaria de cada rasgo (§ 1.19.6).

  [+consonántico]: consonantes oclusivas (nasales y orales), fricativas, africadas y líquidas.

  [−consonántico]: vocales y fonemas glotales.

- **Sonoro / No sonoro**. Esta oposición distintiva, que se consigue articulatoriamente al hacer vibrar la columna de aire a su paso por la glotis (§ 1.5.2) en los fonemas sonoros, y al prescindir de tales vibraciones en los no sonoros o sordos, se utiliza en la mayor parte de las lenguas del mundo aplicada a las consonantes. Así, las consonantes [+sonoro] se caracterizan por la superposición de una fuente armónica de sonido (la vibración de las cuerdas vocales; § 1.5.2) a la fuente de ruido aperiódico que define a las [−sonoro] (§ 1.5.1). Las vocales son generalmente sonoras.

  [+sonoro]: vocales y consonantes sonoras.

  [−sonoro]: consonantes sordas.

- **Denso / Difuso**. Los fonemas poseedores del rasgo [+denso] (por ejemplo, las vocales abiertas o las consonantes velares) se caracterizan por el predominio relativo de los formantes (§ 1.10.2) situados en la región central de su espectro acústico. La energía acústica de los [+difuso] no aparece, en cambio, tan aglutinada en la zona de frecuencias central, sino más diseminada por el espectro (tal es el caso de las consonantes labiales o el de las vocales cerradas). En el sistema vocálico este rasgo puede admitir un término medio, además de los dos términos polares, de modo que el rasgo de densidad puede concebirse como la oposición entre dos polos, negativo y positivo, simbolizados por (+) y (−) respectivamente, y un término intermedio especificado como (±).

Esta oposición de dos contrarios puede, no obstante, resolverse subdividiéndola en dos oposiciones de contradictorios: 'denso / no denso' y 'difuso / no difuso', como se ha venido haciendo en los estudios derivados de las primeras obras de Jakobson, para especificar las vocales de abertura media, que son [−denso] y [−difuso].

[+denso]: vocales abiertas o bajas y consonantes palatales y velares.

[−denso]: vocales medias y cerradas o altas.

[+difuso]: vocales cerradas o altas y consonantes alveolares, dentales y labiales.

[−difuso]: vocales medias y abiertas o bajas.

- **Tenso / No tenso.** La cantidad total de energía acústica invertida en la producción de los sonidos [+tenso] es mayor que la que requiere la producción de los sonidos [−tenso]. Los fonemas tensos se articulan, asimismo, con mayor precisión y fuerza articulatoria, y presentan una duración también superior a la de los correspondientes fonemas no tensos. En términos generales, cuanto mayor sea la tensión, mayor será la deformación de toda la cavidad oral con respecto a lo que puede considerarse como posición de preparación para el habla o de retorno (§ 1.6.6). Las consonantes sordas son, por lo común, segmentos [+tenso], las sonoras son [−tenso].

  En gran número de lenguas la relevancia del rasgo de tensión excluye la pertinencia del rasgo de sonoridad, que pasa a ser redundante; igualmente, puede encontrarse el caso inverso, en el que el rasgo de tensión es irrelevante con relación al de sonoridad, y, por último, existen lenguas en las que ambos rasgos son distintivos y forman parte del sistema fonológico. En esta última posibilidad, el rasgo [±tenso] suele realizarse como presencia o ausencia de aspiración en las oclusivas, en su mayoría, sordas. Por lo que hace al sistema vocálico, esta oposición está bastante extendida: no son pocos los idiomas en los que afecta al sistema completo, si bien lo más frecuente es que caracterice solo algunos fonemas vocálicos (sirve, por ejemplo, para distinguir más de tres grados de abertura; cf. el empleo del rasgo [±Raíz de la Lengua Adelantada]; § 1.19.5).

  [+tenso]: vocales y consonantes tensas.

  [− tenso]: vocales y consonantes relajadas.

- **Nasal / No nasal.** El rasgo de nasalidad responde a la intervención en la producción del sonido de una nueva cavidad de resonancia, la nasal. Acústicamente, la acción de este nuevo resonador se traduce en la presencia, en las consonantes y vocales [+nasal], de formantes adicionales, y en la reducción de la intensidad de algunos de los ya existentes, especialmente de la del primero (§ 1.6.4, 1.6.5).

  [+nasal]: consonantes nasales y vocales nasales.

  [−nasal]: consonantes orales y vocales no nasales.

- **Continuo / No continuo.** Los fonemas [+continuo] se producen mediante un estrechamiento en algún punto del tracto vocal; los [−continuo] se articulan con un completo cierre, seguido de abertura, de dicho canal vocal. Así, las consonantes oclusivas son sonidos [−continuo] con un espectrograma en el que aparece un periodo de silencio (aunque en las sonoras está presente la barra de sonoridad a baja frecuencia; § 1.11.4), a menudo seguido de una barra perpendicular de explosión. Las fricativas y aproximantes son sonidos [+continuo] que, por consiguiente, no presentan las características acústicas anteriores: no existe un periodo de silencio y sus frecuencias armónicas e inarmónicas se sitúan en diferentes zonas según la consonante de que se trate (§ 1.11.2).

  La aplicación de este rasgo a las consonantes nasales y líquidas no ha estado carente de polémica. Desde el punto de vista acústico, en las primeras no se produce el periodo de silencio que caracteriza a las oclusivas orales, aunque, articulatoriamente, sí exista la oclusión en la cavidad oral. Con todo, lo más habitual es considerarlas [−continuo]. En cuanto a las consonantes líquidas, no ha existido nunca acuerdo: si para Jakobson las róticas eran [−continuo] y las laterales [+continuo], para Chomsky y Halle (1968), quienes adoptaron este rasgo (§ 1.19.5), la especificación debía ser la contraria: las laterales no serían continuas y las róticas, sí. No parece haberse llegado a una solución definitiva.

  [+continuo]: las vocales y las consonantes fricativas, espirantes, laterales y glotales.

  [−continuo]: consonantes oclusivas (nasales y orales), róticas y africadas.

- **Estridente / Mate.** Los segmentos estridentes (por ejemplo, la /s/ del español) presentan ruido más intenso, puesto que poseen ondas sonoras de forma irregular y en el espectrograma muestran áreas de frecuencias distribuidas desordenadamente. Los mates, o [−estridente], sin embargo, responden a ondas más regulares y sus zonas de frecuencia forman estrías verticales u horizontales. Articulatoriamente, en la producción de las consonantes estridentes el impedimento opuesto a la salida del aire al exterior es más complejo que el que interviene en sus correspondientes mates (labiodental frente a labial, o uvular frente a velar, por ejemplo).

En todos los casos, para obtener una consonante [+estridente] se necesita una barrera suplementaria, ya esté formada por los dientes, ya por la úvula, etcétera. Las oclusivas suelen ser mates y a aquellas que son estridentes se las denomina 'africadas'; las fricativas, en cambio, pueden ser tanto estridentes como no estridentes, si bien la fricativa óptima es la estridente (§ 1.11.2).

> [+estridente]: las consonantes fricativas más ruidosas (labiodentales, alveolares y alveolopalatales) y las consonantes africadas.

> [–estridente]: consonantes fricativas de menor ruido, aproximantes, oclusivas (nasales y orales), líquidas y glotales.

- **Glotalizado / No glotalizado.** Los fonemas glotalizados se caracterizan por que entrañan una constricción glotal simultánea con una oral y conllevan una descarga rápida de energía en un corto intervalo de tiempo (como en las consonantes denominadas 'eyectivas'; § 1.4); en los segundos, el gasto de energía es menor y se extiende por un periodo de tiempo más largo.

> [+glotalizado]: consonantes glotalizadas.

> [–glotalizado]: consonantes no glotalizadas.

1.19.3.2 Rasgos inherentes de tonalidad

- **Grave / Agudo.** Esta oposición se basa, desde el punto de vista acústico, en el predominio de una gama de frecuencias sobre otra: cuando las que predominan son las bajas frecuencias (las que se manifiestan en la parte baja del espectrograma), el fonema de que se trate será considerado [+grave]; por el contrario, si prevalece el rango de frecuencias superiores del espectro, el fonema será [+agudo]. Las consonantes periféricas, labiales y velares, son [+grave], al igual que las vocales posteriores; las consonantes alveolares y palatales, como las vocales anteriores, son [+agudo].

> Tal y como ocurrió con la oposición denso / difuso, ya mencionada, en las ediciones posteriores a la inicial de *Fundamentals of Language* (1956) Jakobson y Halle escindieron la dicotomía grave / agudo en dos oposiciones, grave / no grave y agudo / no agudo, de forma que se posibilitase, por ejemplo, la caracterización de las vocales centrales, que no son ni anteriores ni posteriores (esto es, [–agudo –grave]), al igual que la escisión de denso / difuso posibilitó la descripción de los sonidos vocálicos de abertura media.

> [+grave]: consonantes labiales y velares y vocales posteriores.

> [–grave]: consonantes dentales, alveolares y palatales y vocales no posteriores.

> [+agudo]: consonantes dentales, alveolares y palatales y vocales anteriores.

> [–agudo]: consonantes labiales y velares y vocales no anteriores.

- **Bemolizado / No bemolizado.** El rasgo de bemolización se manifiesta por el descenso en el eje de frecuencias de la totalidad (o de una gran parte) de los formantes del espectro, descenso que afecta a los fonemas bemolizados. La oposición [+bemolizado] / [–bemolizado] puede entenderse, en el plano articulatorio, como una oposición de variación en el orificio, puesto que el rasgo [+bemolizado] se produce genéticamente al reducir cualquiera de los dos orificios de la cavidad bucal: el anterior, de los labios, mediante la **labialización**, o el posterior, de la faringe, merced a la **faringalización**. También la **retroflexión** de la lengua (la punta se curva hacia el paladar) y la **velarización** (la parte posterior de la lengua se alza hacia el velo del paladar) conllevan un efecto de bemolización del sonido.

> [+bemolizado]: consonantes labializadas, velarizadas, faringalizadas, retroflejas y vocales redondeadas.

> [–bemolizado]: consonantes no labializadas, no velarizadas, no faringalizadas, no retroflejas, y vocales no redondeadas.

> Este tipo de rasgo, que puede derivarse de mecanismos articulatorios muy distintos, fue muy criticado en el modelo fonológico generativista (§ 1.19.4) y constituyó uno de los argumentos en los que se basó la preferencia por rasgos articulatorios en lugar de acústicos en el nuevo paradigma (§ 1.19.5).

- **Sostenido / No sostenido.** Para producir los segmentos [+sostenido] se reduce la cavidad bucal elevando parte de la lengua hacia la parte anterior del paladar (palatalización; § 1.18.7), a la par que se dilata el orificio posterior faríngeo de la cavidad. Acústicamente, en los sonidos [+sostenido] se da un ascenso frecuencial del segundo formante y, en cierta medida, también de los formantes más altos.

> [+sostenido]: consonantes palatalizadas.

> [–sostenido]: consonantes no palatalizadas.

1.19.3.3 *Rasgos prosódicos*

Además de los rasgos inherentes, en el sistema de Jakobson se incluyen tres rasgos denominados **prosódicos**, los cuales no se ciñen necesariamente a los límites de un fonema, sino que caracterizan fragmentos determinados de la cadena hablada coincidentes o no con él. Son, en realidad, propiedades perceptivas que se corresponden, a grandes rasgos, con dimensiones físicas de la onda sonora como el tiempo (que determina la oposición de **cantidad** [+largo] / [−largo]), la intensidad (que condiciona la oposición [+acentuado] / [−acentuado]) y la frecuencia fundamental (en función de la cual se establece la oposición [+tono ascendente] / [− tono ascendente]).

- **Largo / No largo**. La duración de los sonidos tiene valor fonológico en muchas lenguas; sin embargo, en otras, como el español, las distinciones temporales no son significativas y por lo tanto la oposición de longitud carece de pertinencia. El sistema latino, por ejemplo, presentaba dos subsistemas vocálicos que se oponían por el carácter [+largo] de las vocales de uno de ellos frente al [−largo] de las vocales que integraban el otro. Esta diferencia en la **cantidad** de las vocales redundaba en el peso fonológico de las sílabas (§ 1.21.8) en las que las vocales se enmarcaban en el decurso, y la consecuente naturaleza ligera o pesada de tales sílabas era lo que a su vez condicionaba la posición del acento.
- **Acentuado / No acentuado**. En las lenguas de acento libre, la posición del acento dentro de la palabra puede servir para distinguir significados y este hecho lo dota de pertinencia fonológica. Así pues, la unidad que comporta el acento (el «prosodema acentual», en términos praguenses), y que normalmente es la sílaba, contrasta con las otras unidades inacentuadas de la misma unidad léxica, de las que se diferencia mediante una serie de mecanismos fonéticos, variable de una lengua a otra: mayor energía articulatoria, tono más elevado, alargamiento, etcétera.
- **Tono ascendente / Tono descendente**. Cuando las variaciones de la frecuencia fundamental contienen información léxica o morfológica, se dan en el ámbito de la palabra y poseen valor distintivo se denominan **tonos** y las lenguas que presentan esta posibilidad, lenguas tonales (§ 1.13.2). En muchas de ellas existe, pues, una oposición 'de registro tonal' a través de la cual pueden diferenciarse también los significados. La forma más simple de transcribir los distintos tonos es utilizando un acento agudo (´) para señalar el tono ascendente, uno grave (`) para representar el descendente, y ninguno para indicar el tono medio o neutro.

Hasta aquí la descripción de los diferentes rasgos distintivos tal y como la realizan Jakobson, Fant y Halle (1951) y se desarrolla en Jakobson y Halle (1956) y obras posteriores. Según puede apreciarse, se trata de un sistema universal con el que debe ser posible dar cuenta de todas las oposiciones fonológicas de todas las lenguas, y en el que cada rasgo posee un correlato acústico y, al tiempo, una correspondencia articulatoria. Es un sistema en el cual vocales y consonantes se especifican a partir del mismo conjunto de rasgos, y todos ellos son binarios. A diferencia de lo que ha ocurrido con el conjunto de rasgos propuesto en el modelo generativista (§ 1.19.5), el sistema jakobsoniano no ha sufrido alteraciones profundas a lo largo del tiempo. Los fonólogos que se han servido de él para describir las fonologías de las diversas lenguas lo han adoptado sin introducir variaciones relevantes. En este sentido, podría decirse que es un sistema 'cerrado' en contraste con el generativista, más 'abierto'.

Para más información, el lector interesado puede consultar Alarcos (1950), Jakobson, Fant y Halle (1951) y Jakobson y Halle (1956).

1.19.4 Los rasgos distintivos en la fonología generativista. Las clases naturales

La relevancia del carácter opositivo y discriminatorio de los rasgos, por otra parte tan consustancial a los postulados del estructuralismo (§ 1.17), se mitiga con la irrupción en el escenario científico, a mediados de los años sesenta, de la fonología generativista, que adopta las ideas jakobsonianas sobre la posibilidad de descomponer los elementos fónicos de todas las lenguas del mundo en haces de rasgos extraídos de un inventario universal, pero introduce considerables modificaciones, relativas no solo al inventario en sí, sino también a la propia noción de rasgo distintivo.

Para empezar, según el modelo avanzado por Chomsky y Halle en *The Sound Pattern of English* (*SPE*; 1968), en todos los niveles de la descripción se emplea un único conjunto de rasgos, de modo que estos desempeñan dos papeles bien delimitados. Por una parte, integran las matrices clasificatorias (§ 1.19.1) que constituyen la representación fonológica sistemática o forma subyacente (§ 1.18.1) de una palabra u oración y, por otra, especifican la estructura interna de los segmentos que forman la representación fonética sistemática o forma superficial (§ 1.18.1), de manera que, por así decirlo, amplían sus funciones, al servir también, a diferencia de lo que ocurría en el modelo estructural (§ 1.19.1), como mecanismos de especificación fonética de los enunciados. La razón de tal cambio hay que buscarla en las peculiaridades mismas del modelo teórico generativista, con el cual se intenta dar cuenta no solo de los procesos fonológicos (o morfofonológicos) que se dan en las lenguas, sino asimismo de los procesos alofónicos o fonéticos documentados en ellas.

Ahora, los rasgos que caracterizan las representaciones subyacentes presentan un coeficiente positivo (+) o negativo (−), al igual que en el sistema jakobsoniano, puesto que siguen siendo dispositivos de clasificación, pero los rasgos fonéticos en que se convierten los rasgos fonológicos, mediante la aplicación de las reglas del componente fonológico, son considerados como escalas físicas con posibilidad de recibir distintos valores numéricos fijados por las propias reglas. Es importante señalar, con todo, que este nivel fonético sistemático no es equivalente a lo que se denomina habitualmente 'cadena hablada', es decir, no se realiza físicamente ni da cuenta de las cuestiones relacionadas con el detalle fonético de menor nivel —mayor o menor grado de coarticulación, mayor o menor duración del VOT (§ 1.6.3, § 1.11.4), etcétera—, sino que viene a ser un 'programa' para llevar a cabo la producción real de los enunciados en una etapa posterior a través de la actividad neuromuscular concreta.

En segundo lugar, los rasgos distintivos se conciben en la fonología generativista como unidades de categorización innatas mediante las cuales se puede no solo caracterizar un segmento, sino también definir todo un grupo, lo que se conoce como una **clase natural**; por ejemplo, la clase natural de segmentos [+obstruyente −continuo −sonoro] albergaría en español a todos los fonemas oclusivos sordos /p t k/ (y, para algunos autores —cf. Steriade 1993—, también la /t͡ʃ/). Los elementos que constituyen este tipo de agrupaciones comparten una o varias propiedades de tipo fónico, y además —y esto es lo realmente interesante desde el punto de vista lingüístico— manifiestan el mismo funcionamiento fonológico, en el sentido de que condicionan o están sometidos a determinados procesos que implican a la totalidad de la clase como tal. Si se piensa, pues, en términos de clases naturales y se hace uso del sistema de rasgos distintivos para definirlas, es posible formular generalizaciones de modo mucho más sencillo, y expresar los procesos de manera más simple tanto por lo que se refiere a los elementos que los experimentan como a los que los desencadenan.

Aunque una buena parte de la organización y del comportamiento fonológicos de las lenguas se rige por criterios de naturalidad como los apuntados, a veces y debido sobre todo a cambios históricos, las clases de sonidos que demuestran ser relevantes para la descripción lingüística son irregulares desde el punto de vista fonético (véase la interesante discusión al respecto de Clark y Yallop [[1990] 1995, 317–18]).

Una prueba para saber si dos o más segmentos constituyen una clase natural consiste en verificar si para especificarla son precisos menos rasgos de los que se necesitarían para especificar dichos segmentos por separado. De hecho, cuanto más general es la clase, menos propiedades harán falta para caracterizarla. Así, en español, por ejemplo, la clase natural formada por todas las consonantes queda perfectamente definida con el rasgo [+consonántico]; con el rasgo [+sonoro] se hará referencia nada menos que a /b d g ɾ r l ʎ m n ɲ j a e i o u/, y con los rasgos [+consonántico +sonoro] a /b d g ɾ r l ʎ m n ɲ j/. Es decir, la última clase, que es la menos inclusiva, es justamente la que más rasgos necesita para caracterizarse (dos), mientras que las otras dos clases, mucho más abarcadoras, precisan tan solo de uno. Existe correspondencia, por consiguiente, entre simplicidad y generalidad, correspondencia imposible de alcanzar si no se hiciera uso de los rasgos y se empleara, por el contrario, notación fonémica.

El concepto de clase natural fundamentado en el mero recuento de los rasgos que la integran no está exento de problemas. En gran medida, esos problemas tienen que ver con la cuestión más general de la 'naturalidad' en fonología y con el concepto de marca (§ 1.17.6, § 1.18.8). Se da el caso de que con un mismo número de rasgos se pueden definir clases que difieren mucho en cuanto a su grado de naturalidad: una clase muy natural como es la de las consonantes nasales se enuncia como [+nasal], con un solo rasgo; una clase muy variopinta y poco natural —y con escasas posibilidades de verse implicada en bloque en un proceso fonológico— como la constituida por todos las consonantes orales se especifica también con un solo [−nasal]. Únicamente si se toma en consideración el contenido intrínseco de los rasgos —y no únicamente su número— y se acepta, en consecuencia, que existen unas agrupaciones más básicas que otras, pueden soslayarse estas dificultades teóricas.

En relación con este punto, cabe mencionar la mucho más reciente 'Teoría de los rasgos emergentes' (Mielke [2004] 2008), que defiende, a diferencia del modelo generativista, que es el propio desarrollo de los distintos sistemas fonológicos lo que explicaría la recurrencia de grupos particulares de sonidos o clases más o menos naturales, basadas en fenómenos como la similitud fonética o la analogía, y no necesariamente idénticas en todas las lenguas. En otras palabras, ni las clases naturales ni los rasgos sobre los que estas se conforman (véase al respecto el § 1.19) serían innatos, y tampoco universales, sino que emergerían de las pautas fonológicas activas en cada lengua.

En cualquier caso, es esta vertiente categorizadora de los rasgos distintivos, con la mayor simplicidad formal en la expresión de los procesos y el mayor poder de generalización que comporta, la ventaja que aducen principalmente los fonólogos generativistas para justificar haber adoptado tales unidades como primitivos de la teoría. Los rasgos, pues, se constituyen en el eje de la descripción fonológica desde el mismo momento de la publicación de *SPE* en 1968, y así ha seguido siendo hasta la actualidad.

Para más información, el lector interesado puede consultar Hall (2007), Harris (1969) y Varela (1984).

1.19.5 *El sistema de rasgos propuesto por Noam Chomsky y Morris Halle (1968)*

A diferencia de lo que ocurría con el sistema de rasgos elaborado por Jakobson y sus colaboradores, en el sistema propuesto en *The Sound Pattern of English* (*SPE*; Chomsky y Halle 1968), los rasgos se detallan desde el punto de vista articulatorio, siguiendo un orden y una distribución en grupos que apuntan, en cierto modo, a una clasificación jerárquica. Los rasgos siguen teniendo, por supuesto, correlatos y consecuencias de tipo acústico, pero los mecanismos articulatorios con que se corresponden son los que determinan fundamentalmente su definición, de modo que todo el sistema se orienta a la fase inicial del proceso comunicativo, la de la producción.

Todos los rasgos se describen con relación a un 'punto de partida' que se denomina posición neutra (§ 1.6.6), y que es la que el aparato vocal adopta supuestamente al disponerse a hablar: la glotis se encuentra en un estado tal que, bajo la acción de la corriente de aire sin obstáculo, las cuerdas vocales vibran espontáneamente; el velo del paladar está alzado y el cuerpo de la lengua mantiene la posición requerida para el sonido con el que se pronuncia la vocal inglesa *e* de *bed*, esto es, elevado y hacia delante, en tanto que el predorso reposa en la misma forma que en la respiración normal.

Muchos autores no aceptan que esta sea precisamente la posición neutra de la que haya que partir para definir los rasgos, y los hay, además, que van más allá y niegan cualquier validez universal al concepto.

Los rasgos inherentes se dividen en a) rasgos de clase mayor, b) rasgos de cavidad, c) rasgos de modo de articulación, y d) rasgos de fuente. Seguidamente se describen todos ellos tal y como se hace en *SPE*.

1.19.5.1 *Rasgos de clase mayor*

Los **rasgos de clase mayor** se denominan así porque sirven para establecer los tipos más básicos de segmentos mediante la clasificación primaria en vocales, consonantes, obstruyentes, etcétera.

- **Vocálico / No vocálico**. La constricción que presentan en la cavidad oral los sonidos considerados [+vocálico] nunca es superior a la que caracteriza a las vocales /i/ y /u/, en tanto que el estado de las cuerdas vocales permite la sonoridad espontánea. En cambio, en los segmentos [−vocálico], la constricción oral es mayor que la de /i/ o /u/, y la sonoridad espontánea no es posible por la disposición de los pliegues vocales. Basta con que se dé una de estas dos últimas condiciones para que un sonido deje de especificarse como [+vocálico].

     [+vocálico]: las vocales y las consonantes líquidas.
     [−vocálico]: todas las consonantes oclusivas, fricativas, africadas, nasales y glotales.

Los propios Noam Chomsky y Morris Halle sustituyeron sobre la marcha, aun dentro del mismo *SPE*, este rasgo por uno nuevo, [±**silábico**], el cual caracterizaría a todos los segmentos que ocuparan la cima o núcleo silábico. Se trata, por tanto, de un rasgo interpretado en términos distribucionales o funcionales, que fue adoptado rápidamente por la mayor parte de los fonólogos generativistas, con el abandono consiguiente de [±vocálico].

Ciertamente, este último rasgo, heredado del sistema jakobsoniano, no permitía distinguir las líquidas y nasales con función silábica —muy frecuentes en las lenguas del mundo— de las que no desempeñaban tal función. Además, para ciertos sistemas como el del español, [±silábico] resultaba extraordinariamente útil, al convertirse en la clave para diferenciar las vocales ([+silábico]) de las paravocales ([−silábico]), de manera que, aunque se reconocía que su contenido fonético intrínseco no se podía determinar con precisión (lo que solo se consideraba posible si se llegaba a comprender mucho mejor qué es lo que confiere a la sílaba la individualidad e identificabilidad que tan claramente posee), se lo juzgaba menos problemático y más ventajoso que [±vocálico].

Sin embargo, con el desarrollo de una teoría más elaborada de la sílaba, iniciado a partir de la difusión del modelo autosegmental (§ 1.21.2), la silabicidad o nuclearidad de los segmentos ha pasado a ser predecible en función de las relaciones de sonicidad o perceptibilidad (§ 1.21.9) que guardan entre sí los componentes de la sílaba y es, por ello, una simple consecuencia del grado de sonicidad que se le asigna a cada uno de los sonidos. Esto pone en cuestión, según muchos autores, la conveniencia de mantener un rasgo como [±silábico], sin correspondencia fonética clara y visto ahora como un tanto obsoleto.

- **Consonántico / No consonántico.** Los segmentos consonánticos se producen con una obstrucción en la cavidad bucal tan marcada al menos como la que se encuentra en las consonantes fricativas. La presencia de dicha obstrucción no va acompañada necesariamente por el cierre del paso a la corriente de aire procedente de los pulmones. En los sonidos [−consonántico], como las vocales y las glotales, no existe tal obstrucción en la cavidad bucal.

  [+consonántico]: consonantes oclusivas, fricativas y africadas, nasales y líquidas.

  [−consonántico]: vocales, consonantes aproximantes y segmentos glotales.

- **Obstruyente / No obstruyente.** En los segmentos [−obstruyente] (también denominados sonantes (§ 1.6.4) o incluso **sonorantes**, **sonánticos** o **resonantes**) los órganos articulatorios permiten el libre paso de la corriente de aire a través de las cavidades oral o nasal, y se produce vibración espontánea de las cuerdas vocales. Son claramente sonantes las vocales, las nasales y las líquidas y, en ciertos casos, las glotales. En los fonos [+obstruyente] (es decir, en los no sonantes), el flujo de aire se ve obstaculizado en algún punto del tracto y la sonoridad espontánea es imposible. Este rasgo, para el que algunos autores prefieren la denominación **disonante**, permite agrupar a las consonantes nasales y líquidas, junto con las vocales, en la categoría [−obstruyente], posibilidad que no presentaba el sistema jakobsoniano, en el que este rasgo no figura. Habida cuenta de que líquidas y nasales constituyen en muchas lenguas una auténtica clase natural, la incorporación de este rasgo que la define pareció necesaria a los proponentes del nuevo modelo.

  [+ obstruyente]: las consonantes oclusivas, fricativas, africadas y glotales sordas.

  [− obstruyente]: vocales, nasales, líquidas y glotales sonoras.

  Conviene precisar que a estos tres rasgos ya mencionados se les añadió más adelante un cuarto, también de clase mayor, que no se consideraba en este primer modelo y que se conoce como [±aproximante]. Su especificación positiva se aplica a todos aquellos sonidos emitidos con una constricción en el canal oral no lo suficientemente grande como para que exista fricción: las vocales, las paravocales (esto es, las semivocales y semiconsonantes, en el caso de que se consideren categorías fonológicas diferenciadas de las vocales plenas) y las consonantes líquidas (/l/ o /r/, por ejemplo). No obstante, no todos los autores incluyen este rasgo en el inventario con el que operan.

1.19.5.2 Rasgos de cavidad

Los rasgos de cavidad se denominan así porque hacen referencia a las características que presentan las distintas cavidades del tracto vocal durante la realización de los diferentes sonidos.

- **Coronal / No coronal.** Todo sonido en cuya producción el predorso o corona de la lengua (§ 1.2.1) se eleva con respecto a la posición neutra se clasifica en *SPE* como [+coronal]. Por el contrario, los sonidos [−coronal] se articulan con el predorso de la lengua en posición neutra.

  [+coronal]: consonantes dentales, interdentales, alveolares y palatoalveolares.

  [−coronal]: consonantes bilabiales, labiodentales, palatales, velares y faríngeas.

  Este rasgo vino a sustituir, en combinación con [±anterior], a los rasgos jakobsonianos [±difuso] y [±grave], con la muy notable diferencia de que estos últimos servían para especificar tanto a vocales como a consonantes (§ 1.19.3), mientras que [±coronal] y [±anterior] no se aplicaron, en un primer momento, nada más que a las consonantes (salvo en alguna ocasión en que podía servir para diferenciar una vocal retrofleja de una no retrofleja).

  Con el correr del tiempo, sin embargo, la concepción del rasgo [±coronal] ha experimentado algunas modificaciones interesantes. En primer lugar, al igual que otros rasgos necesarios para denotar la zona de articulación, ha dejado de ser un rasgo binario, es decir, ya no presenta los valores (+) y (−): si aparece entre el conjunto, organizado jerárquicamente, de propiedades atribuidas a un segmento (simplemente como [**CORONAL**], sin especificación positiva o negativa; § 1.21.5) se entiende que dicho segmento lo posee; si no se incluye en la representación, se interpreta en buena lógica que no se está ante un segmento coronal. En segundo lugar, [coronal] ha empezado a emplearse también, al menos en algunos análisis relativamente recientes, para la descripción de las vocales, una vez que diferentes autores —retomando la senda que marcó Jakobson— han apuntado la conveniencia de que la especificación de consonantes y vocales se lleve a cabo mediante las mismas propiedades. Ello contribuye a poner de manifiesto la naturalidad de algunos de los procesos que se dan entre las unas y las otras, por ejemplo, los de asimilación (§ 1.18.7).

- **Anterior / No anterior**. Los segmentos [+anterior] se producen con una obstrucción localizada delante de la región palatoalveolar de la boca. Los [−anterior] no presentan la mencionada obstrucción. Dada su definición, algunos autores prefieren reservar esta denominación exclusivamente para las consonantes, de manera que, si necesitan precisar que una vocal (que obviamente no presenta obstrucción) se articula en la parte anterior de la boca, emplean el rasgo [**±adelantado**] y evitan así cualquier posible confusión. No obstante, esta no es una práctica generalizada, y otros estudiosos aplican [anterior] tanto a vocales como a consonantes.

  [+anterior]: consonantes labiales, labiodentales, interdentales, dentales y alveolares.

  [−anterior]: consonantes palatoalveolares, palatales, velares, uvulares y faríngeas.

  Pocos rasgos del sistema avanzado en *SPE* han sido más discutidos que este, pese a lo cual sigue formando parte del inventario empleado por la mayoría de los especialistas.

  En general, las críticas se refieren a que los dos grandes grupos de segmentos que se configuran a partir de él, esto es, el de los sonidos [+anterior] y el de aquellos otros [−anterior], no conforman auténticas clases naturales: así, la agrupación de las labiales, labiodentales, dentales, interdentales y alveolares podrá constituir una clase natural desde el punto de vista formal, la de las consonantes [+anterior], pero no responde a la intuición de los hablantes, basada en la experiencia empírica del funcionamiento fonológico real de las lenguas. En el mismo sentido, se ha argumentado que la clase natural designada por la combinación de rasgos [−anterior − coronal], que comprende todos los segmentos palatales, velares, uvulares y faríngeos, resulta absolutamente antiintuitiva. Todas estas observaciones se relacionan con el problema que supone definir las clases sin tener en cuenta el contenido fonético intrínseco de los rasgos sobre los que se construyen y, asimismo, con la idea de que a veces uno de los valores de un rasgo binario no identifica a ninguna clase natural que desempeñe papel alguno en el funcionamiento fonológico.

- **Alto / No alto**. Todos los segmentos en cuya producción el cuerpo de la lengua se eleva por encima de la posición neutra son [+alto]. Los sonidos [−alto] se articulan sin dicha elevación. En el modelo de *SPE* este rasgo se aplica tanto a vocales como a consonantes, dando lugar a la siguiente clasificación:

  [+alto]: las vocales cerradas y las consonantes palatales y palatalizadas, velares y velarizadas.

  [−alto]: las consonantes labiales, labiodentales, dentales, interdentales, alveolares, uvulares, faríngeas y faringalizadas, los segmentos glotales y las vocales no cerradas.

  En un primer momento, [±alto] no suscitó controversia alguna. Muy al contrario, se lo consideró un rasgo firmemente fundamentado, de gran utilidad para explicar procesos de asimilación que se dan en diversas lenguas, como, por ejemplo, el que afecta a las vocales cerradas (= [+alto]), que se convierten en medias (= [−alto]) en el entorno de una consonante uvular o faríngea (= [−alto]). Procesos, en cualquier caso, que resultarían totalmente inusitados con un sistema que no incluyera este rasgo, aplicado a la par a vocales y consonantes. Con el transcurso del tiempo, sin embargo, el empleo de [±alto] ha variado sustancialmente, y en algunos trabajos se hace uso de él ya solo para diferenciar las vocales.

  Un precursor de esta nueva concepción de [±alto] fue el fonetista británico Peter Ladefoged, quien en *Preliminaries to Linguistic Phonetics* (1971) propuso una revisión en profundidad del sistema generativista estándar, la cual, paradójicamente, remite por una parte a los rasgos más tradicionales, anteriores incluso a la teoría de Jakobson, como 'bilabial', 'alveolar', 'vibrante múltiple', etcétera, y, por otra parte, adelanta planteamientos que luego serán unánimemente aceptados en el modelo autosegmental (§ 1.21.2) y en otros enfoques de él derivados. Ladefoged considera que [alto] (o [**altura**], como él prefiere) ha de aplicarse solo a las vocales, puesto que la especificación de la localización de las consonantes se resuelve haciendo uso del rasgo polivalente [**zona de articulación**]. El propio rasgo [altura] también es polivalente para el lingüista británico, de forma que, en los raros casos de sistemas vocálicos de más de tres grados de abertura, para marcar los contrastes no resulta preciso acudir a [±redondeado] o [±tenso], como con el sistema de *SPE*, ni a otros rasgos incorporados más tarde y *ad hoc* al inventario como [±medio] (cf. Lass 1984) o [±Raíz de la Lengua Adelantada] (§ 1.6.5).

- **Bajo / No bajo**. En la articulación de los segmentos [+bajo], el cuerpo de la lengua desciende por debajo de la posición neutra; en los [−bajo] no se produce dicho descenso.

  > [+bajo]: vocales abiertas y consonantes faríngeas o faringalizadas.
  >
  > [−bajo]: vocales medias y cerradas y todas las consonantes no faríngeas.

  Este rasgo, que permanece en las revisiones más actuales del modelo, suele ser más rentable para describir las vocales que las consonantes, incluso en aquellas propuestas en las que se parte de una representación jerárquica de los rasgos (§ 1.21.5) común para ambos grupos de sonidos.

- **Retraído / No retraído**. Cuando el cuerpo de la lengua se retrae en relación con la posición neutra, el sonido articulado es [+retraído]. En los demás casos, el sonido se especificará como [−retraído].

  > [+retraído]: vocales posteriores y consonantes velares y uvulares.
  >
  > [−retraído]: vocales anteriores y todas las consonantes no velares ni uvulares.

  Para muchos autores, la denominación [retraído] parece preferible a la también posible de [posterior] porque es más descriptiva desde el punto de vista articulatorio y porque evita un falso paralelismo con [anterior], que es un rasgo que, tal como está definido en *SPE*, no se aplica a las vocales (muchos fonólogos —aunque no todos— emplean [adelantado] en lugar de [anterior] cuando se refieren a la clasificación de las vocales para evitar malentendidos).

  Los últimos tres rasgos presentados, [±alto], [±bajo] y [±retraído], guardan entre sí una estrecha relación. En primer lugar, los tres se utilizan, principalmente, para clasificar a las vocales, ya sea solos o combinados con otros como [±redondeado] o [±Raíz de la Lengua Adelantada] (§ 1.6.5); en segundo lugar, los tres tienen que ver con el dorso de la lengua, es decir, que es precisamente esa parte del articulador activo por excelencia la que se eleva, desciende o se retrotrae, en cada caso, con respecto a la posición neutra de la que siempre se parte. Por eso es por lo que, en los modelos más actuales, estos tres rasgos se hacen depender de otro rasgo 'de mayor categoría' y monovalente, que alude al articulador implicado y que se denomina [DORSAL] (§ 1.21.5).

- **Redondeado / No redondeado**. Todo segmento producido con un estrechamiento del orificio interlabial es un sonido [+redondeado] o labializado. Si no existe un tal estrechamiento, se está ante un elemento [−redondeado].

  > [+redondeado]: vocales labializadas y consonantes labializadas.
  >
  > [−redondeado]: vocales no labializadas y consonantes no labializadas.

  En el sistema de *SPE*, no existía ningún rasgo que se refiriera a los labios como articulador primario, excepto este [±redondeado], aplicado a las vocales y a las consonantes que presenten la modificación secundaria conocida como 'labialización'.

  > Más tarde, sin embargo, un gran número de investigadores se adhirió a la propuesta de Anderson (1974) a favor de introducir en el inventario [±labial], que engloba a todos los fonemas en cuya realización intervienen decisivamente los labios, bien sea creando una constricción (/p/, /m/. . .), bien sea abocinándose (/o/, /u/, /gʷ/. . .). Dicho rasgo [±labial], de especificación binaria, evolucionó finalmente dentro de la teoría hasta convertirse en [LABIAL], una propiedad monovalente que da cuenta de la intervención de los labios en el segmento en cuestión y que se sitúa, en la estructura jerárquica de rasgos, al mismo nivel que [CORONAL] o [DORSAL] (§ 1.21.5).

- **Distribuido / No distribuido**. Los sonidos consonánticos distribuidos se articulan con una constricción de considerable extensión a lo largo de la dirección de la corriente de aire. Será, por el contrario, [−distribuido] todo aquel sonido que presente una constricción de poca extensión en esa dirección.

  > [+distribuido]: consonantes labiales, laminales y no retroflejas.
  >
  > [−distribuido]: consonantes labiodentales, apicales y retroflejas.

  Así pues, este rasgo, de denominación poco afortunada al menos en español, se corresponde con la división tradicional entre consonantes laminales ([+distribuido]) —producidas con todo el predorso de la lengua— y apicales ([−distribuido]) —producidas con el ápice—, si bien la correspondencia no es del todo exacta, puesto que [±distribuido] distingue también las labiales (+) de las labiodentales (−), en las que, como es obvio, no interviene la lengua. El rasgo se ha mantenido a lo largo de los años en el sistema generativista.

- **Cubierto / No cubierto**. Los sonidos cubiertos se producen con un estrechamiento del espacio de la faringe, con el aumento concomitante de la tensión de las paredes de esta cavidad y con un ligero ascenso de la laringe, lo que les confiere su matiz apagado característico. Si no se da ninguna de las circunstancias anteriores, se está ante un elemento [−cubierto].

La denominación 'cubierto' no es transparente, tal vez 'apagado' hubiera sido una mejor traducción en español del término original inglés, *covered*. En cualquier caso, este rasgo se aplica en *SPE* únicamente a las vocales; de hecho, se introdujo para dar cuenta de algunos fenómenos de armonicidad vocálica documentados en lenguas africanas, en los que el proceso de armonía (§ 1.18.7) se da entre dos grupos de vocales pronunciadas, respectivamente, con la raíz de la lengua adelantada ([−cubierto]) y con la raíz de la lengua no adelantada ([+cubierto]).

[+cubierto]: vocales faringalizadas.

[−cubierto]: todas las restantes vocales.

Para caracterizar en conjunto tanto a las vocales faringalizadas como a las consonantes también faringalizadas o intrínsecamente faríngeas se introdujo con el correr del tiempo un nuevo rasgo, [**±Raíz de la Lengua Retraída**] o [**±RLR**], que a veces ha recibido otra denominación, [**±faringe constreñida**].

En efecto, los sonidos faríngeos consonánticos se producen, al igual que los vocálicos, haciendo descender la masa de la lengua y retrotrayendo su raíz hacia la pared posterior de la faringe, y en ese sentido era razonable contar con un rasgo común para las dos grandes clases de segmentos que, además, se pueden influir mutuamente.

Al lado de este rasgo se incorporó asimismo al sistema su antónimo y complementario, [**±Raíz de la Lengua Adelantada**] (§ 1.6.5) o [**±RLA**] (cf., por ejemplo, Vaux 1996**),** concebido no solo para sustituir a [±cubierto], sino también para realizar las funciones que antes cumplía el rasgo [±tenso] heredado del modelo jakobsoniano, esto es, permitir especificar el doble de alturas (o aberturas) vocálicas de las que permite el uso en exclusiva de [alto] y [bajo]. La vocal [+tensa] /o/, por ejemplo, sería [−alto +RLA +retraído +redondeado] porque en su producción la raíz lingual y con ella el resto de la lengua se adelantan; la vocal [−tensa] /ɔ/, en cambio, sería [−alto −RLA +redondeado +retraído] porque en su producción no se da ese movimiento hacia delante de la lengua.

Mucha polémica han generado ambos rasgos, [±RLR] y [±RLA] (en realidad, variantes fonéticas de un único rasgo fonológico). Mientras que ciertos autores han argumentado a favor de eliminarlos del sistema por no ser estrictamente necesarios si se adoptan otras modificaciones, hay especialistas que defienden su mantenimiento a ultranza, en particular el de [±RLA] más que el de su antónimo, tanto para vocales como para consonantes, y, en general, los dos se suelen seguir postulando en los modelos más actuales como rasgos dependientes de la zona de articulación faríngea (o formando parte de la clase de rasgos 'guturales').

- **Constricción glotal / No constricción glotal.** Se dice que un segmento presenta una constricción glotal (o es **glotalizado** o **laringalizado**) cuando en su producción la abertura glotal se ha estrechado con respecto a la posición neutra. A veces tal estrechamiento alcanza un grado máximo, es decir, existe un cierre total (en el caso de la oclusiva glotal /ʔ/).

[+constricción glotal]: las consonantes oclusivas glotales, las consonantes sonantes glotalizadas, las consonantes preglotalizadas, eyectivas o implosivas (§ 1.4) y las vocales glotalizadas.

[−constricción glotal]: todas las restantes consonantes y vocales.

Este rasgo, que en el sistema de Ladefoged (1971), por ejemplo, fue sustituido por otro, no binario sino polivalente, llamado [**glotálico**] y con respecto al cual se caracterizaban todos los posibles modos de fonación, se ha mantenido, sin embargo, en el modelo generativista, aunque con el nombre un poco alterado: [**±glotis constreñida**]. Además, se ha visto complementado con la propiedad opuesta, [±glotis dilatada] (que algunos autores denominan [±glotis expandida] o [±glotis distendida]), concebida para dar cuenta del fenómeno de la aspiración. Los sonidos aspirados, no obstante, se trataban en *SPE* mediante uno de los rasgos denominados 'de fuente', [±presión subglótica elevada]. Véase más adelante, en esta misma entrada, el apartado 1.19.5.4), donde se presentan todos estos rasgos.

- **Nasal / No nasal.** Los sonidos nasales se producen con el velo del paladar bajo, de forma que el aire pueda pasar libremente a través de las fosas nasales. Los sonidos [−nasal] u orales se articulan con el velo del paladar alzado, de forma que el aire solo puede salir al exterior a través de la boca.

[+nasal]: consonantes nasales, vocales oronasales y consonantes nasalizadas, prenasalizadas y posnasalizadas.

[−nasal]: todas las restantes vocales y consonantes.

Tradicionalmente este rasgo se ha considerado como 'de modo de articulación', al igual que el siguiente, [±lateral], en contra de la clasificación que se presenta en el modelo de *SPE*, donde, como se ve, ambos se engloban entre los rasgos 'de cavidad', concretamente en el subgrupo conocido como de 'aberturas secundarias'.

- **Lateral / No lateral**. En las consonantes [+lateral] —a las vocales este rasgo no se les aplica—, la parte media de la lengua desciende por sus dos lados o solo por uno, de forma que el flujo de aire sale al exterior pasando cerca de los dientes molares. En los sonidos [−lateral], sin embargo, ninguno de estos posibles pasos laterales permanece abierto.

  [+lateral]: consonantes sonantes líquidas no róticas y también algunas consonantes obstruyentes (fricativas sordas y sonoras y africadas).

  [−lateral]: todas las restantes consonantes.

  Habitualmente se identifica a las laterales solo con una variedad de sonantes (o no obstruyentes), las líquidas, clase que comparten con todas las modalidades de 'r', los sonidos róticos. Sin embargo, en un buen número de lenguas, tanto africanas y asiáticas como amerindias, existen laterales obstruyentes, fricativas o africadas. De igual forma, en *SPE* y en trabajos posteriores, se ha vinculado a las laterales únicamente con la zona de articulación coronal, en el convencimiento de que no existía ningún sonido lateral localizado en otros lugares del tracto vocal. Tampoco esto se ha demostrado cierto, porque, por ejemplo, en zulú, en ciertas variedades del inglés y en dialectos del árabe hay laterales velares, y, como apunta Trask (1996), Catford (1977) incluso describe una «extraña» lateral bilabial propia de una variedad del irlandés. Tales documentaciones de sonidos, que, en principio, podrían juzgarse como meramente anecdóticas, tienen más importancia de la que aparentan, porque pueden determinar las relaciones de dependencia que guardan los rasgos entre sí (§ 1.21.5). Es claro que si solo existieran laterales coronales, el rasgo [±lateral] habría de vincularse exclusivamente al de coronalidad; al encontrarse laterales en otras zonas de articulación, tal asociación ha de ponerse, cuando menos, en tela de juicio.

1.19.5.3 Rasgos de modo de articulación

Los rasgos de modo de articulación se denominan así porque hacen referencia a las características de la constricción formada por los órganos articulatorios.

- **Continuo / No continuo**. En la producción de los segmentos continuos, la constricción primaria del aparato vocal no llega a estrecharse hasta el punto de bloquear la corriente de aire proveniente de los pulmones, mientras que en los fonos [−continuo] el flujo de aire sí queda bloqueado en alguna zona del tracto oral. La aplicación de este rasgo, ya existente en el modelo jakobsoniano (§ 1.19.3), a las distintas clases de consonantes ha generado mucha polémica. En principio, en *SPE*, la especificación, no coincidente con la propuesta por Jakobson, se otorgaba según se detalla a continuación.

  [+continuo]: consonantes róticas.

  [−continuo]: consonantes laterales, oclusivas orales y nasales, africadas (cf. con respecto a estas últimas lo expuesto más adelante).

  Algunos autores optaron por sustituir este rasgo por el más transparente de [±oclusivo], de manera que las consonantes previamente caracterizadas como [−continuo] se describen como [+oclusivo]. Otros investigadores, en cambio, lo han mantenido, pero, motivados por la problemática caracterización de ciertas clases de fonemas con respecto a este rasgo —particularmente las laterales, por su naturaleza ambivalente—, lo han escindido en dos: a) [**continuo clásico**], cuya valencia positiva se aplicaría a todos aquellos segmentos en los que el flujo de aire puede salir sin bloqueo por alguna parte, sea la que sea, de la cavidad oral (las fricativas serían, por tanto, [+continuo clásico]), y b) [**continuo mediosagital**], cuya especificación positiva caracterizaría a aquellos elementos en los que el flujo de aire puede salir sin bloqueo por la región mediosagital de la misma cavidad (las oclusivas serían, por tanto, [−continuo mediosagital]). Las consonantes laterales serían, así pues, [+continuo clásico −continuo mediosagital]. Finalmente, como se constata en la presente obra, algunos especialistas niegan a las consonantes nasales el carácter [+oclusivo] que les atribuía *SPE*, en cuanto que durante su articulación sigue abierto un canal de salida alternativo al oral, el nasal. Ello motiva que se proponga, también en ese caso, la sustitución de [±continuo] por tres rasgos monovalentes que expresan una gradación de mayor a menor obstrucción y permiten especificaciones más precisas de varias clases de segmentos: [**oclusivo**], [**fricativo**] y [**aproximante**].

- **Relajamiento retardado / No relajamiento retardado.** Los sonidos oclusivos que presentan una demora en el relajamiento de su oclusión, esto es, una especificación [+relajamiento retardado], se producen con una turbulencia mucho mayor que los que presentan un relajamiento instantáneo. Los primeros son aquellos oclusivos durante cuya fase de relajación se produce una fuerte turbulencia muy similar a la que acompaña a los fricativos, es decir, los africados.

  [+relajamiento retardado]: consonantes africadas.

  [–relajamiento retardado]: consonantes oclusivas (y todas las demás consonantes).

  En el sistema jakobsoniano de *Preliminaries to Linguistic Analysis* (Jakobson, Fant y Halle 1951), la diferencia entre las consonantes oclusivas y las africadas venía determinada por el rasgo [±estridente]: las oclusivas no eran estridentes en tanto que las africadas sí lo eran. De este modo, no se permitía la existencia de africadas no estridentes, que, no obstante, sí aparecen en los inventarios fonológicos de ciertas lenguas amerindias. Este hecho motivó, según explican los propios Chomsky y Halle, que se introdujera el nuevo rasgo [±relajamiento retardado] para diferenciar oclusivas y africadas, mientras que la estridencia, entendida siempre como en el sistema jakobsoniano, pasaba a emplearse para establecer la subdivisión posterior entre africadas estridentes y no estridentes. Anderson (1974) fue más lejos aún y distinguió dos rasgos donde antes solo había uno: [**±relajamiento gradual**] —para oponer fricativas y africadas (+) a todas las demás consonantes (–)— y [**±relajamiento instantáneo**] —para oponer las oclusivas (–) a todas las demás consonantes (+)—.

  Muy pronto, sin embargo, algunos investigadores empezaron a buscar nuevas soluciones que no entrañaran hacer uso de un rasgo como este. Así, se recurrió a la noción de **segmento complejo** para explicar el caso de las africadas, entendiendo por segmento complejo aquel elemento fonológico que presenta una distribución secuencial de algunas de sus propiedades intrínsecas y, en consecuencia, no puede ser producido mediante un conjunto de movimientos articulatorios simultáneos. Las africadas serían, de acuerdo con esta definición, segmentos complejos, puesto que su primera fase es [–continuo] y, en un segundo momento, se tornan [+continuo], y eso suponía que su representación mediante matrices había de ser diferente a la de los restantes elementos. A lo que estaban apuntando este tipo de propuestas, y por lo que resultan interesantes vistas desde el presente, es a una concepción de cualquier consonante africada como un único segmento, cuya duración corresponde también a la de un único elemento, pero que, desde el punto de vista cualitativo, de sustancia fónica, tiene naturaleza bisegmental, la de una oclusiva seguida de una fricativa. Esa es, justamente, la interpretación que se da de las africadas en la Fonología Autosegmental y en la geometría de rasgos (§ 1.21.5) y esa es asimismo la razón de que [±relajamiento retardado] haya desaparecido casi completamente del sistema de rasgos actualmente consensuado: ha dejado de ser necesario, porque la representación formal de las africadas ya las distingue suficientemente de las oclusivas y, en general, de todas las demás obstruyentes de cualquier lengua.

- **Tenso / No tenso.** Los segmentos que poseen el rasgo [+tenso] (a veces denominado [**fuerte**] por algunos autores) se producen con movimientos deliberados y precisos, con una máxima diferenciación entre sí, y requieren un esfuerzo muscular considerable. El periodo durante el cual los órganos articulatorios mantienen la configuración adecuada es relativamente largo. Los sonidos [–tenso], por el contrario, se articulan más rápidamente y no son tan definidos como los tensos.

  [+tenso]: consonantes sordas y vocales cerradas y largas.

  [–tenso]: consonantes sonoras y vocales abiertas y breves.

  Se aprecia rápidamente que la caracterización de los sonidos tensos frente a los relajados o laxos que hacen Chomsky y Halle es bastante similar a la que Jakobson, Fant y el propio Halle ofrecían en *Preliminaries to Speech Analysis* (1951). El empleo de la tensión en el marco de un sistema binario como es el generativista fue muy criticado desde el primer momento, sin embargo. De ser imprescindible su empleo, se cuestionó que fuera un rasgo binario; más bien se trataría de una propiedad gradual en la medida en que todos los segmentos (excepto los glotales) requieren algún esfuerzo supraglótico mayor o menor y se hace complicado, por tanto, precisar cuál es la mínima cantidad de esfuerzo muscular que permite catalogar un sonido como [+tenso]. De otro lado, se apuntaba que las oposiciones definidas por [±tenso] eran todas ellas reinterpretables en términos de otras propiedades, como la longitud o la misma cualidad del sonido. Por esta y otras razones, discutidas y discutibles, el rasgo de tensión perdió relevancia enseguida en el sistema generativista estándar y su función pasó a ser desempeñada por otros rasgos, en particular por el ya mencionado [±RLA] (cf. § 1.19.5.2).

- **Succión velar / No succión velar**. Este rasgo es el mecanismo básico para la producción de cualquier tipo de *click* o chasquido (§ 1.4). Para articular estos sonidos la cavidad oral se bloquea en sus dos extremos (por lo que se ha dicho tradicionalmente que poseen dos articuladores, uno en la parte posterior y otro en la parte anterior de la cavidad), y el aire en ella contenido se pone en movimiento mediante succión. Cuando a continuación se abre la cavidad, relajando las oclusiones anteriores, el vacío en su interior provoca que penetre rápidamente aire del exterior y eso es, justamente, lo que genera el sonido que se conoce como *click*.

  [+succión]: *clicks*.

  [−succión]: todos los restantes segmentos.

  [±Succión velar] se ha mantenido en el sistema generalmente empleado, aunque algunos autores propusieron una denominación diferente para él: [**±velárico**].

1.19.5.4 Rasgos de fuente

Los rasgos de fuente se denominan así porque hacen referencia a las características de los segmentos derivadas del tipo de fuente que los genera, ya sea esta la fuente glotal, ya sea una fuente de ruido.

- **Presión subglótica elevada / Presión subglótica no elevada**. Los segmentos especificados con el rasgo [+presión subglótica elevada] suelen ser tensos, si bien puede darse el caso de sonidos relajados articulados con mayor presión subglótica. Se supone que el aumento de la presión a que se refiere este rasgo es requisito imprescindible para la producción de las consonantes aspiradas.

  [+presión subglótica elevada]: consonantes aspiradas.

  [−presión subglótica elevada]: consonantes no aspiradas.

  Algunos autores han propuesto sustituir este rasgo por [**±aspirado**], aduciendo que la aspiración es más un fenómeno de sincronización entre el relajamiento de la constricción de una consonante y el comienzo de la sonoridad que una cuestión de 'tensión', 'fuerza' o 'aumento de presión'. No obstante, este cambio no ha sido generalmente admitido y en el marco de la corriente generativista que podría denominarse 'ortodoxa', se sigue tratando la aspiración como una modalidad de fonación y no como un problema de ajuste temporal entre los articuladores. Se ha producido, eso sí, una variación terminológica que implica una cierta modificación conceptual: según se avanzó anteriormente al hablar del rasgo opuesto [±constricción glotal], la denominación [±presión subglótica elevada] se ha visto sustituida por la de [**±glotis dilatada**] (o **expandida** o **distendida**), que no alude tanto al aumento de presión necesario para la aspiración cuanto al estado que debe presentar la laringe para que esta se produzca. Así pues, las consonantes aspiradas (generalmente oclusivas, pero raras veces también fricativas) son [+glotis dilatada] y las no aspiradas son [−glotis dilatada].

- **Sonoro / No sonoro**. Un segmento es sonoro cuando las cuerdas vocales no están tan separadas como en la respiración o en el susurro, de modo que el aire proveniente de los pulmones, al pasar a través de ellas, pueda ponerlas en vibración (§ 1.5.3). Se aplicará la especificación [−sonoro] (= sordo) a los sonidos producidos con una abertura de la glotis lo suficientemente amplia para impedir la sonorización.

  [+sonoro]: consonantes producidas con vibración glotal (algunas obstruyentes, todas las sonantes) y todas las vocales.

  [−sonoro]: consonantes producidas sin vibración de las cuerdas vocales.

  Ciertamente, [±sonoro] es un rasgo 'clásico' que forma parte de todos los sistemas de rasgos propuestos hasta el momento. Sin embargo, a partir del trabajo de Halle y Stevens (1971), en lugar de [±sonoro] se documenta el empleo —no general— de dos rasgos distintos: [**±cuerdas vocales rígidas**] (en inglés, *stiff vocal cords*) y [**±cuerdas vocales distendidas**] (en inglés, *slack vocal cords*), los cuales, junto con los ya vistos [±glotis constreñida] y [±glotis dilatada] constituyen el conjunto de rasgos laríngeos. La idea que subyace en la modificación propuesta es que la presencia o ausencia de sonoridad es una propiedad de los segmentos básicamente acústica y dependiente de la vibración de las cuerdas vocales, la cual es a su vez un reflejo puramente mecánico de ciertos ajustes voluntarios de la laringe, de los que los nuevos rasgos dan cuenta. Por lo tanto, es a estos ajustes articulatorios —y no a su consecuencia acústica— a los que hay que prestar atención en un sistema que se pretende sea de naturaleza fundamentalmente articulatoria.

- **Estridente / No estridente**. Se consideran [+estridente] aquellos sonidos que presentan mayor cantidad de ruido que sus opuestos [−estridente], los cuales se producen con menor ruido.

[+estridente]: consonantes fricativas de mayor ruido y africadas.

[−estridente]: todas las restantes consonantes.

Una vez que este rasgo acústico, heredado del modelo de Jakobson, dejó de ser imprescindible para diferenciar a las consonantes africadas de las oclusivas, al introducirse [±relajamiento retardado], su pervivencia dentro del sistema se cuestionó. Ladefoged y Maddieson (1996) abogan no tanto por eliminarlo, sino por reemplazarlo por otra propiedad definida de manera más precisa, **[±sibilante]** (§ 1.6.3): las fricativas sibilantes son las producidas cuando la corriente de aire a gran velocidad generada por una constricción muy marcada choca con el borde de algún obstáculo, como, por ejemplo, los dientes (es el caso de las alveolares /s/ y /z/, o de las postalveolares /ʃ/ y /ʒ/); en las fricativas no sibilantes, la turbulencia que se percibe se produce en la propia constricción (como sucede en las labiodentales /f/ y /v/, las dentointerdentales /θ/ y /ð/, la velar /x/, etcétera). Obsérvese que, con base en este rasgo, hay motivo suficiente para pensar que el carácter de sibilante está vinculado a la zona de articulación dental / alveolar / palatal, esto es, coronal, lo cual también se ha querido postular con respecto a [±estridente] en los últimos años —es decir, este rasgo solo serviría para diferenciar las coronales entre sí—. Sin embargo, lo que es obvio si se adopta [sibilante] tal y como está formulado no lo es tanto si se mantiene [estridente] o, al menos, el consenso no es general en este punto. La razón es que las bilabiales y las labiodentales, de un lado, y las velares y las uvulares, de otro, se han venido oponiendo también, desde *SPE,* en función de la estridencia de las segundas frente a la no estridencia de las primeras y ello contraviene la supuesta adscripción de este rasgo únicamente a las coronales.

Pese a su polémica naturaleza, el rasgo [±estridente] se sigue empleando habitualmente en descripciones actuales.

Por lo demás, Chomsky y Halle (1968) reconocen que sus estudios sobre los rasgos prosódicos (§ 1.19.3) no están lo suficientemente avanzados como para incluirlos en su modelo de *SPE,* si bien sus seguidores y los continuadores de su obra se han encargado de suplir esa deficiencia.

Para más información, el lector interesado puede consultar Contreras y Lleó (1982), Cressey (1978), Durand ([1990] 1992) y Keating (1988a).

1.19.6 El carácter binario de los rasgos

Entre los muchos puntos controvertidos existentes en el campo de la fonología, sobresale especialmente la así llamada **hipótesis binarista** a causa de la gran polémica a que ha dado lugar. La idea que subyace en esta hipótesis es que las relaciones que se establecen entre los elementos fonológicos de las distintas lenguas siempre se ajustan a un principio binario, a saber, la presencia frente a la ausencia de un rasgo distintivo. El papel desempeñado por el binarismo en la fonología clásica —para ser precisos, en la fonología de la escuela de Praga (§ 1.17)— es fundamental, especialmente a partir de la obra de Roman Jakobson, pero no lo es menos en el marco de la fonología generativista, como lo prueba el hecho de que, en el sistema presentado en *The Sound Pattern of English* (*SPE*; Chomsky y Halle [1968]), las categorizaciones subyacentes sean siempre binarias (§ 1.19.4), y, también, el hecho de que el binarismo se haya mantenido en las revisiones posteriores del modelo, al menos para algunos rasgos. No obstante, casi desde el mismo momento en que se formuló, el principio binarista (o dicotómico) se ha discutido desde diferentes puntos de vista, y aún en la actualidad sigue siendo una cuestión objeto de debate.

A pesar de que Jakobson no emplea nunca los vocablos 'binarismo' o 'binario' en sus obras, la noción misma de oposición fonológica ya entraña, según su concepción, el carácter binario de los rasgos. Una oposición fonológica es, para el lingüista ruso, una relación de implicación mutua y recíproca entre dos términos, de acuerdo con la cual la presencia de uno de ellos implica la existencia del otro, de manera que ambos son complementarios. La estructura abstracta de las oposiciones no siempre es la misma: unas son contrarias, es decir, oponen entidades caracterizadas por la misma propiedad en máximo y mínimo grado respectivamente (como en la oposición entre fonemas graves y agudos), y otras son contradictorias, puesto que oponen unas unidades que presentan una propiedad a otras que no la presentan (como la que se da entre segmentos sordos y sonoros), pero todas se reflejan en un conjunto de rasgos binarios.

Jakobson siempre argumentó a favor del código binario aludiendo a su tremenda simplicidad y eficacia. Para un lingüista como él, tan preocupado por la economía del sistema, un procedimiento como el dicotómico ofrecía ventajas innegables, comparables, por ejemplo, a las que se podían obtener al adoptar un único sistema de rasgos para especificar vocales y consonantes. Además, tanto el propio Jakobson como sus seguidores, influidos sin duda por la lógica formal y la teoría de la información, tenían la absoluta convicción de que la organización dicotómica es inherente a la naturaleza misma del lenguaje y de que el mecanismo perceptivo humano, cuando actúa en el proceso de la comunicación, se ajusta realmente a una elección binaria (idea que fue secundada por el generativismo).

La cuestión, sin embargo, es más complicada. Mientras que la relación que se establece en las oposiciones privativas (§ 1.17.2) sí es intuitiva y claramente binaria (un elemento posee una propiedad y el otro no), con las oposiciones graduales y, sobre todo, con las lógicamente equipolentes (§ 1.17.2), la conveniencia de la formalización dicotómica no es tan evidente, y son innumerables los estudios que han abordado la cuestión proponiendo soluciones que en ningún caso gozan del consenso general de los especialistas.

Sin embargo, la fonología generativista de la primera época no se hizo eco de este tipo de observaciones críticas al binarismo. En el modelo de *SPE* (§ 1.19.4), todos los rasgos se consideran binarios cuando cumplen una función clasificatoria, es decir, en el nivel léxico y en el fonológico sistemático, ya que las representaciones fonéticas, resultado de la aplicación de las reglas fonológicas, se describen con el mismo conjunto de rasgos, pero con especificación polivalente en este caso. Para Chomsky y Halle (1968), la forma más natural, más clara y menos ambigua de mostrar si un elemento pertenece o no a una determinada categoría es el empleo de rasgos que solo tengan dos valores posibles (+) y (−), y, en tal sentido, aceptan el binarismo en cuanto procedimiento útil para conformar las clasificaciones, sin formular explícitamente conjeturas acerca de sus implicaciones neurológicas o su auténtico papel en el mecanismo perceptivo humano, del tipo de las que sustentaban el planteamiento —teóricamente más ambicioso a este respecto— de Jakobson. No obstante, y a pesar de tratarse ya de otro sistema de rasgos nuevo, los problemas de base a los que se acaba de aludir subsistían, y ello provocó que, más pronto que tarde, varios autores se cuestionaran la necesidad de mantener un conjunto uniformemente binario de rasgos, exigencia esta que hasta entonces se había considerado ineludible para poder aplicar la medida de simplicidad o Principio de la Parsimonia (§ 1.18.1) como sistema de evaluación.

En la década de los ochenta y en la de los noventa del siglo pasado, a medida que el interés de los fonólogos parecía irse desplazando del estudio de las unidades fonológicas básicas, elementos primitivos de la teoría, hacia el de las representaciones léxicas, y del estudio del nivel segmental hacia el del nivel suprasegmental, con las investigaciones sobre la estructura de la sílaba (§ 1.21.8) y la acentuación (§ 1.21.12), el debate sobre el carácter binario o no binario de los rasgos quedó un poco en el olvido, en buena parte porque resultaba muy difícil, si no imposible, encontrar una solución que complaciera completamente a los especialistas. Con todo, en la bibliografía de la época se siguen encontrando opiniones a favor y en contra del binarismo, fundamentadas en argumentos ya conocidos: de un lado, se alegaba el carácter no positivista del análisis fonológico o la pura utilidad clasificatoria de los rasgos binarios para defender a ultranza la hipótesis dicotómica; del otro, se argüía que la teoría binarista contravenía algunos hechos incontestables de la realidad fonética y fonológica, lo que hacía de ella una construcción arbitraria.

Finalmente, en los planteamientos más actuales, especialmente a partir del surgimiento y desarrollo de la geometría de rasgos (§ 1.21.5), el principio binario se ha aceptado con reservas, aplicándolo de manera menos estricta y optando, en consecuencia, por modelos más flexibles en los que que tienen cabida rasgos monovalentes (§ 1.21.5). Incluso algunas propuestas trabajan únicamente con tales rasgos unarios, como es el caso de la Fonología de Dependencias (Anderson 1987) o de la Fonología Radical de CV (van der Hulst 2020).

Para más información, el lector interesado puede consultar Contreras (1969), Gil (1989) y Halle (1957).

1.19.7 El número de rasgos

En los trabajos fundacionales de Roman Jakobson y sus colaboradores, resulta muy evidente el afán por reducir al máximo el inventario de rasgos suficientes para dar cuenta de todos los contrastes de todas las lenguas, esto es, el inventario universal de los rasgos, afán fundamentado en el convencimiento de que la variabilidad de las distintas estructuras fonológicas que caracterizan los diferentes idiomas es más restringida de lo que a primera vista pudiera parecer. Así, el número total de rasgos utilizados en los estudios de estos años —a partir de Jakobson, Fant y Halle (1951)— se reduce a 15 (§ 1.19.3).

Este interés por economizar en el número de unidades primitivas se manifiesta en dos aspectos característicos de la primera época de la teoría del rasgo: el empleo de un único sistema de rasgos para describir y clasificar las consonantes y las vocales (§ 1.19.2), y la inclusión en el inventario de los llamados 'rasgos complejos o sincréticos', como [bemolizado] (§ 1.19.3). Con respecto al último de tales recursos, la hipótesis de Jakobson es que aquellas propiedades aparentemente distintas que en una lengua no aparecen juntas en un mismo entorno fonológico y que se distinguen de todas las otras propiedades por una característica relacional común deben considerarse realizaciones diferentes de un único rasgo distintivo complejo o sincrético.

> Así, por ejemplo, como ningún idioma posee a la vez las oposiciones consonánticas distintivas faringalizado / no faringalizado, retroflejo / no retroflejo, labializado / no labializado, y puesto que todas ellas causan un efecto perceptivo idéntico, producido por propiedades acústicas similares, tales oposiciones son, desde el punto de vista lingüístico, variantes contextuales de la oposición que define el rasgo sincrético bemolizado / no bemolizado. Este mecanismo de 'asociación' de rasgos contribuyó, evidentemente, a la simplicidad y a la economía del sistema, pero fue bastante discutido, puesto que, aunque los rasgos complejos recubren varias oposiciones (por ejemplo, [tenso] recoge las de tensión, intensidad y aspiración), no existe procedimiento alguno para determinar cuál de ellas se selecciona como realización del rasgo en cada una de las lenguas.

A diferencia de lo que fue habitual en la corriente jakobsoniana, en el modelo generativista nunca se ha manifestado una gran preocupación por limitar el número de rasgos disponibles en el sistema, entre. Entre otras razones porque en este último enfoque los rasgos no solo han de servir para dar cuenta de la función clasificatoria y distintiva propia de la representación fonológica subyacente, sino que con ellos se ha de especificar igualmente la forma fonética superficial (§ 1.18.1); eso supone que se hace preciso eliminar los rasgos sincréticos, difíciles de interpretar fonéticamente, y que se hace igualmente necesario contar con un número de rasgos suficiente para dar cuenta de todos los sonidos de las lenguas (véase Lass [1984] y Duanmu [2016] para la discusión detallada de esta cuestión). No obstante, en sintonía con el Principio de la Parsimonia (§ 1.18.1), los análisis que se realizan empleando un menor número de rasgos se prefieren a aquellos otros que implican más unidades.

> Para más información, el lector interesado puede consultar Clements (2003) y Ladefoged (1975).

1.19.8 Los correlatos de los rasgos

La naturaleza de los rasgos se deriva del conjunto específico de factores que intervienen en la actividad fonatoria y articulatoria que es capaz de producir el ser humano. Ello explica que cada rasgo posea correlatos físico-acústicos, fisiológicos y, en última instancia, perceptivos (cf. Johnson y Babel 2010) y neurológicos (cf. Arsenault y Buchsbaum 2015). Al concebir su sistema de rasgos distintivos, Jakobson, Fant y Halle (1951) tomaron en consideración el componente acústico de cualquier sonido analizado y, así, la nomenclatura que utilizan incluye en algunos casos términos tomados de la acústica o de la psicoacústica, como prueban, entre otras, las denominaciones [estridente] / [mate] o [denso] / [difuso]. Aunque los mismos autores precisan el carácter absolutamente arbitrario —o al menos intrascendente— de tal terminología y basan su elección en criterios puramente prácticos, en la teoría e investigación fonológicas posteriores se ha solido clasificar a los rasgos del sistema jakobsoniano como rasgos acústicos (§ 1.19.3).

> Este hecho, que no es sino una interpretación reduccionista del inventario propuesto, ya que en él cada rasgo presenta características propias en los distintos niveles (articulatorio, acústico y perceptivo), es lógica consecuencia de la ausencia casi total de consideraciones de tipo acústico o perceptivo en la teoría fonológica anterior.
>
> No obstante, Jakobson y sus colaboradores reconocen una jerarquía de niveles, al menos con fines operativos, en la que el acústico es preferido al articulatorio, y así puede leerse en *Preliminaries to Linguistic Analysis* (1951) que cuanto más se acerque la investigación al punto de destino del mensaje, es decir, a la percepción por parte del receptor, mejor se podrá estudiar la información que dicho mensaje (en forma de ondas sonoras) comporta. Es esto lo que determina que el ordenamiento de niveles de mayor a menor importancia sea: nivel perceptivo, auditivo, acústico y articulatorio (este último no ofrece al receptor ninguna información directa). Igualmente —argumentaban Jakobson y sus coautores—ciertos factores favorecen la definición de los rasgos en términos físico-acústicos. En primer lugar, la articulación es un movimiento continuo e incesante, lo que hace inapropiado hablar de correlatos articulatorios estáticos o fijos, mientras que todos los fenómenos acústicos pueden formularse de modo científico con bastante exactitud, y pueden transformarse en fenómenos observables visualmente (con lo cual se evita un gran número de polémicas). Además, admiten tratamiento matemático y pueden reducirse a un número muy pequeño de dimensiones: frecuencia, intensidad y tiempo. En segundo lugar, siempre puede aducirse la idea de que el lenguaje es un sistema de comunicación auditivo en el que las señales que el emisor produce y el receptor percibe son 'sonidos', no articulaciones.

Por el contrario, la tradición que considera la articulación como la última y definitiva sustancia del habla es muy larga. Trubetzkoy se sirvió en sus *Principios de fonología* ([1939] 1973) de terminología articulatoria para describir los fonemas, y algunos fonólogos estructuralistas optaron también por seguir esa práctica criticando abiertamente la postura de Jakobson (por ejemplo, André Martinet 1955).

> A juicio de estos autores, una de las circunstancias que parece desaconsejar el empleo de especificaciones acústicas se refiere a la coarticulación o modificación física que experimentan los sonidos en función de su contexto fonético (§ 1.6.8),

modificación esta que ha generado muchas complicaciones al intentar relacionar los fonemas con las representaciones acústicas de sus rasgos. Aunque en la teoría estructuralista las especificaciones acústicas de todos los rasgos distintivos de un segmento deben ser apropiadas, en términos binarios, para cualquiera de sus variantes o alófonos, la investigación experimental ha demostrado que no siempre es así. Además, los hechos acústicos no resultan, en muchas ocasiones, demasiado útiles si no se entienden como producto de la articulación o como origen de la percepción. Si se desea explicar las tendencias generales y el desarrollo de los sistemas fonológicos, o el valor simbólico de los fonemas, los datos acústicos no son de gran ayuda si no se conciben como resultado de una articulación o como origen de una percepción, puesto que el habla es actividad humana y, por ello, las explicaciones deben buscarse, en último término, en la fisiología y la psicología.

Por los diversos razonamientos aducidos a lo largo del tiempo y, asimismo, porque la observación superficial de la disposición de los órganos articulatorios depende menos que el análisis acústico del apoyo instrumental, el sistema generativista de *SPE* y los sistemas de rasgos derivados de él empleados en general en la fonología lineal y multilinear (esta última también denominada 'multilineal' o 'no lineal'; § 1.21) se configuran fundamentalmente, con la posible excepción de los rasgos prosódicos y de algún rasgo inherente como [estridente] o [sonante], a partir de propiedades definidas en términos articulatorios. Solo recientemente, en algunas versiones de la Teoría de la Optimidad (§ 1.22) se han empezado a tomar de nuevo en consideración las propiedades acústicas o perceptivas de los segmentos. Esto no significa en modo alguno que se haya resuelto de manera clara y explícita la polémica acerca de las ventajas y desventajas de la caracterización acústica o articulatoria.

Para más información, el lector interesado puede consultar Brakel (1983), Clements y Ridouane (2011), Johnson y Babel (2010), Halle (1983), Hawkins (2010), Ladefoged (1972) y van Reenen (1982).

1.20 La naturalidad en fonología

Sin duda debido a las acerbas críticas que recibió el excesivo grado de abstracción imperante en muchos de los estudios fonológicos generativistas de la primera época (§ 1.18), en los años setenta del siglo pasado comienza a ponerse de manifiesto una preocupación real por lo que podría denominarse 'la naturalidad' de la teoría fonológica.

Se trata, en efecto, de una reacción en contra de algunos aspectos que se habían señalado repetidamente como deficiencias de la teoría 'clásica': por ejemplo, a) que no era psicológicamente plausible, en cuanto que en ella se postulaban representaciones subyacentes abstractas que difícilmente el hablante puede tener interiorizadas; b) que muchas de las derivaciones con las que se trataba de explicar la sincronía no eran sino una reformulación de procesos históricos supuestamente 'conocidos' por el hablante; c) que para marcar los casos excepcionales se recurría con demasiada frecuencia a introducir en la representación rasgos diacríticos imposibles de interpretar fonéticamente; d) que el empleo de la simplicidad como criterio para elegir entre distintas propuestas no se corresponde necesariamente con la complejidad de los hechos fonéticos empíricos, etcétera.

Dos grandes modelos surgieron como respuesta a todas estas objeciones: la Fonología Generativa Natural (§ 1.20.1) y la Fonología Natural (§ 1.20.2). Mientras que el primero se centró sobre todo en restringir el grado de abstracción de las representaciones fonológicas, el segundo se interesó principalmente por la naturalidad de los distintos tipos de procesos.

Para más información, el lector interesado puede consultar Hooper (1976), Lass (1984), Stampe ([1973] 1979) y Vennemann (1974).

1.20.1 La Fonología Generativa Natural

De manera muy simplificada, puede afirmarse que el principal objetivo de la **Fonología Generativa Natural** es restringir el grado de abstracción de las formas subyacentes y de las reglas, de modo que también se ve muy limitado el número de posibles gramáticas planteadas para dar cuenta de un conjunto determinado de datos.

Por lo que se refiere a las formas léxicas subyacentes, es decir, a las representaciones de los morfemas en el lexicón (§ 1.18.1), un principio fundamental de la teoría es que en ellas no pueden aparecer elementos fonológicos que no se manifiesten después en, al menos, alguna de las formas superficiales con las que esos morfemas se realizan en el habla, porque no se puede concebir razonablemente que los hablantes posean representaciones mentales que incluyan elementos nunca oídos durante el proceso de adquisición de su lengua. Tampoco se aconseja emplear elementos no interpretables fonéticamente, como los diacríticos, que indican qué morfemas están sujetos a ciertos procesos y cuáles no. Tales estipulaciones conllevan importantes consecuencias para el tratamiento de las alternancias morfofonológicas: en lugar de ser producto de una derivación (obteniendo a partir de una única forma básica todas las demás), en la Fonología Generativa Natural las formas alternantes pueden codificarse en el lexicón como entradas distintas totalmente especificadas.

De este modo, por ejemplo, las diferentes formas paradigmáticas del verbo español *soñar* no tienen por qué proceder de una sola representación subyacente /sueɲ-/ o /soɲ-/, sino que ambas posibilidades están contempladas en el lexicón y es el contexto el que determina la aparición de una u otra en la conjugación. Igualmente, mientras que en su descripción de la fonología del español Harris (1969) postulaba un solo morfema subyacente /lakte/ a partir del cual se originarían tanto *leche* como *lácteo, lechoso, láctico,* etcétera, ahora se supone que el hablante tiene directamente interiorizadas dos formas, /letʃ-/ y /lakt-/, vinculadas entre sí por un tipo de reglas denominadas 'reglas-vía', no generativas en realidad, que simplemente precisan la relación existente entre ambas formas. Este último tipo de reglas convive en el modelo con las 'reglas-F', o reglas fonéticas universales, con las que se describen los procesos regidos por las propiedades físicas del tracto vocal, y con las 'reglas-MF', o reglas morfofonológicas, que no tienen por qué tener base fonética y son específicas de cada lengua.

Para más información, el lector interesado puede consultar Anderson (1985, 2021b), Hooper (1976) y Hudson (1974).

1.20.2 La Fonología Natural

La **Fonología Natural**, cuya consideración como modelo generativista es discutible, se centra fundamentalmente en el análisis de la naturalidad de los procesos fonológicos, que diferencia en dos grandes tipos: **procesos naturales** y **procesos aprendidos**. Los primeros son innatos y universales, son automáticos y no presentan excepciones; además, están motivados por factores fisiológicos o perceptivos y forman parte, por consiguiente, de la facultad del lenguaje de la que cualquier niño está dotado al nacer. Todos ellos se aplican en los primeros años de vida, pero, a medida que el niño va creciendo, va modificando, suprimiendo o limitando la aplicación de muchos de ellos en función de la lengua de su entorno (aunque algunos puedan volver a hacerse presentes en situaciones comunicativas relajadas e informales, en las que el hablante no ejerce un control tan acusado sobre sus producciones).

Un ejemplo de proceso natural sería el que favorece que todas las consonantes sean oclusivas —dado que estos son los elementos consonánticos por antonomasia—, y ello explica que sean precisamente las oclusivas los segmentos que aparecen en primer lugar, junto con las vocales, en el habla infantil. Como es lógico, este proceso se anula a medida que se va adquiriendo la lengua en cuestión.

Por el contrario, los procesos aprendidos, como indica su propia denominación, no son innatos ni universales y el hablante los adquiere conforme va dominando su lengua. Aunque son siempre sensibles al contexto, no responden necesariamente a una motivación fonética, y a su operación se deben, por lo general, las alternancias morfofonológicas.

Por ejemplo, el debilitamiento velar que se produce en español en alternancias como *electri*[k]*o* ~ *electri*[θ]*idad* es un proceso aprendido que da cuenta de la variación producida en la raíz de la palabra en función de la vocal o del sufijo que se añada, pero no tiene una justificación fonética determinante, puesto que se pueden encontrar en el vocabulario palabras como *e*[k]*idad* o *ma*[k]*inista*.

Para más información, el lector interesado puede consultar Donegan y Stampe (1979), Dressler (1984), Méndez y Pensado (1990), Sommerstein (1977) y Stampe (1973).

1.21 La fonología generativista no lineal

En la versión estándar o clásica del generativismo (§ 1.18) —y en el estructuralismo (§ 1.17)— la representación fonológica se concibe de manera bastante simple como la sucesión lineal de segmentos, los cuales, a su vez, son haces de rasgos sin organización interna, especificados con un valor positivo o negativo (§ 1.19.4, § 1.19.6). Entre los segmentos pueden aparecer ciertos 'límites' (de morfema, de palabra, etcétera), impuestos por la estructura morfológica o sintáctica. Con esta concepción columnar de los elementos, era posible formular reglas que formalizaran los diferentes tipos de procesos (§ 1.18).

No obstante, algunos procesos asimilatorios, como el de armonía (§ 1.18.7) vocálica y el de (la menos frecuente) armonía consonántica, o el que produce la homorganicidad (por ejemplo, la de las nasales en posición implosiva (§ 1.21.8) y las consonantes que las siguen; § 1.6.1) plantearon desde un principio problemas formales a esta fonología conocida en términos generales como **fonología lineal** (§ 1.18). Lo mismo sucedía con algunos otros fenómenos fonológicos documentados en las lenguas, como los tonos de contorno y la existencia de segmentos complejos o de consonantes africadas.

Los 'tonos de contorno', a diferencia de los 'tonos de registro', deben describirse en términos de movimientos transitorios que se deslizan de un punto a otro de la escala de tonalidades. Así, una única vocal puede poseer, por ejemplo, un tono ascendente-descendente. Por otra parte, un segmento complejo (§ 1.19.5) presenta dos especificaciones diferentes y sucesivas en el tiempo para el mismo rasgo. Por ejemplo, las oclusivas prenasalizadas, del tipo [mp] presentan un primer momento [+nasal] y otro segundo momento [–nasal]. Finalmente, las consonantes africadas poseen un primer momento [–continuo] y un segundo momento [+continuo] (§ 1.19.5).

Las dificultades surgían en el momento en que el ámbito o el dominio de un determinado rasgo no coincidía en el tiempo —no estaba sincronizado— con los límites del segmento, sino que era superior (el caso de la asimilación de rasgos entre varios segmentos) o inferior (el caso de los contornos tonales en una vocal, o en el de las africadas). La razón última de tales problemas teóricos era que los rasgos se consideraban categorías formales binarias vinculadas a unos límites segmentales netos, no entidades independientes con una correspondencia fonética real.

Fue en la segunda mitad de la década de los años setenta del siglo pasado cuando tuvo lugar la innovación conceptual de mayor alcance a este respecto, dirigida a resolver las dificultades planteadas. A raíz, sobre todo, de los trabajos de John Goldsmith sobre la prosodia, y en concreto sobre el problemático tratamiento de los tonos, se inicia el desarrollo pleno de la llamada **fonología multilineal** (también **multilinear**) o **no lineal**, en cuyo marco la representación fonológica se concibe organizada en un conjunto de niveles o planos autónomos en los que se inscriben los rasgos, de modo que la asignación de estos últimos no tiene por qué coincidir necesariamente en extensión con los segmentos.

Precedentes ilustres de este giro teórico fueron la Teoría de los Componentes Largos avanzada por Zellig Harris, en los años cuarenta, y el Análisis Prosódico postulado por el británico John R. Firth, en los cincuenta. Un antecesor especialmente destacado y, sin embargo, apenas mencionado en la bibliografía sobre la cuestión fue Trubetzkoy, quien en sus *Grunzüge der Phonologie* (1939) asignó los grupos de rasgos que funcionaban con independencia unos de otros en las diversas lenguas a planos diferentes de la estructura, y relacionó su estatus psicológico autónomo con su parentesco fonético y su homogeneidad funcional.

Para más información, el lector interesado puede consultar Durand ([1990] 1992) o Goldsmith ([1976] 1979, 1990).

1.21.1 *La naturaleza de las representaciones fonológicas*

Dentro del ámbito general de la fonología no lineal (§ 1.21), cabe distinguir dos modelos teóricos fundamentales y complementarios: la Fonología Autosegmental (§ 1.21.2) y la Fonología Métrica (§ 1.21.12). La primera se ha caracterizado por el tratamiento autónomo que ha dado a los rasgos distintivos y, consecuentemente, por la novedosa formulación de los procesos con ellos expresados, en tanto que la segunda se ha centrado más en investigar la sílaba y su estructura interna, así como en indagar en el proceso de asignación del acento en las diferentes lenguas. El fenómeno de la entonación, por otra parte, es abordado por la Teoría Métrica-Autosegmental (§ 1.21.13), que se nutre de principios y análisis avanzados en los dos enfoques anteriores, con los que está claramente relacionada. En todos los casos, es la naturaleza de las representaciones fonológicas lo que constituye el principal objeto de interés teórico.

Para más información, el lector interesado puede consultar Durand ([1990] 1992), Goldsmith ([1976] 1979, 1990), Hualde (2003) y McCarthy (1982).

1.21.2 *La Fonología Autosegmental*

La **Fonología Autosegmental** se inscribe en el marco derivacional —al igual que la fonología generativista clásica (§ 1.18.1)—, si bien su foco de interés está localizado en las representaciones más que en las reglas. Merced a sus planteamientos se resuelven tanto los dilemas formales derivados de la estructura interna característica de algunos segmentos (la estructura subsegmental de las africadas, por ejemplo; § 1.6.3) como los problemas planteados previamente en referencia a fenómenos fonológicos de alcance superior al segmento (la armonía vocálica, por ejemplo; § 1.18.7), permitiendo a los rasgos que lo componen adquirir autonomía y situarse en planos diferentes (§ 1.21.5).

Se postula en este modelo que las propiedades de un segmento (denominado a veces **melodía**) mantienen cierto grado de independencia mutua y pueden ubicarse en niveles distintos vinculados entre sí por **líneas de asociación**. De este modo, la representación fonológica generativista clásica, lineal y con un único plano (§ 1.18), se hace más compleja y se divide ahora en una serie de niveles, paralelos y autónomos (de ahí el adjetivo *auto*segmental), cada uno de los cuales se relaciona con una propiedad melódica (es decir, segmental) diferente, que puede actuar autónomamente en los distintos procesos: hay un plano para la nasalidad, otro para la sonoridad, otro en el que se ubican propiedades segmentales básicas como [±obstruyente] o [±consonántico], etcétera. Asimismo, existe un **plano tonal** independiente del segmental, lo que soluciona los problemas surgidos en muchas lenguas en cuanto a la correspondencia entre tonos y unidades segmentales (§ 1.21.5).

En el marco del análisis autosegmental, la mayoría de los procesos se expresan en la derivación mediante las dos operaciones básicas de **asociación** y **desasociación** (o **desvinculación** o **disociación**) **de autosegmentos**. Así, por ejemplo, en el caso de la asimilación de la zona de articulación de las nasales en posición implosiva (§ 1.21.8) a la de la consonante que las sucede, el autosegmento referido al lugar de articulación de esta última se asociará con la consonante nasal, que se desasociará del suyo propio, de manera que ambas pasarán a ser homorgánicas (§ 1.6.1) sin necesidad de que los otros rasgos de ninguna de las dos consonantes, situados en planos distintos, se vean afectados por el proceso.

Además del módulo relativo al tratamiento de los hechos fonológicos estrictamente segmentales, bajo la etiqueta de fonología no lineal se engloban también otros subcomponentes de la teoría, como el referido a la estructura interna de la sílaba (§ 1.21.8) y el concerniente al análisis del fenómeno del acento (§ 1.21.12).

Para más información, el lector interesado puede consultar Cressey ([1974] 2000), Durand ([1990] 1992), Gussenhoven y Jacobs ([1998] 2017), Sagey ([1986] 1990) y van der Hulst y Smith (1982).

1.21.3 El esqueleto, el plano CV y el plano-X

El plano o nivel fundamental de la representación autosegmental se conoce con el nombre de **esqueleto prosódico**, porque constituye el anclaje al que aparecen ligados los otros planos, mediante líneas de asociación. El esqueleto, así entendido, en un principio reflejaba la secuencia de los segmentos concretos (por eso a veces se denomina **esqueleto melódico**) que componen el enunciado y conllevaba información básica sobre ellos, por ejemplo, si eran silábicos o no, o si eran sonantes o no (§ 1.19.5). Sin embargo, al hilo de las revisiones del modelo que se han ido proponiendo a lo largo del tiempo, la naturaleza de este nivel básico ha ido variando.

En primer lugar, se introdujo el denominado **plano CV**, intermedio entre el plano segmental y el silábico, en el que se precisa, empleando letras mayúsculas, si los elementos de la secuencia son consonantes (c) o vocales (v), lo cual elimina la necesidad de especificar si son silábicos o no en el nivel melódico (§ 1.21.2) y simplifica claramente el diseño de este último nivel. Más adelante, la simplificación alcanzada fue aún mayor, al propugnarse un **plano-X** o **plano temporal**, es decir, la sustitución del plano del esqueleto, tal y como estaba concebido originalmente, por otro sin ninguna información en absoluto, salvo la referida a la sucesión en el tiempo de las diferentes posiciones en las que se insertan los distintos segmentos, representadas por 'X' (**posiciones X**). Se trata de una suerte de **plantilla prosódica** (o esqueleto prosódico, o **esqueleto-X**) sobre la que se conforma la secuencia fónica. En la Figura 24 se representan las dos modalidades de esqueleto.

Aunque cada una de estas modificaciones ha dado lugar a las correspondientes fonologías (se habla así de **Fonología CV** o de **Fonología de Esqueleto-X**), todas ellas siguen enmarcándose en el ámbito de la Fonología Autosegmental y comparten los mismos procedimientos operativos y similares características.

Para más información, el lector interesado puede consultar Clements y Keyser (1983), Levin (1985) y Szigetvári (2011).

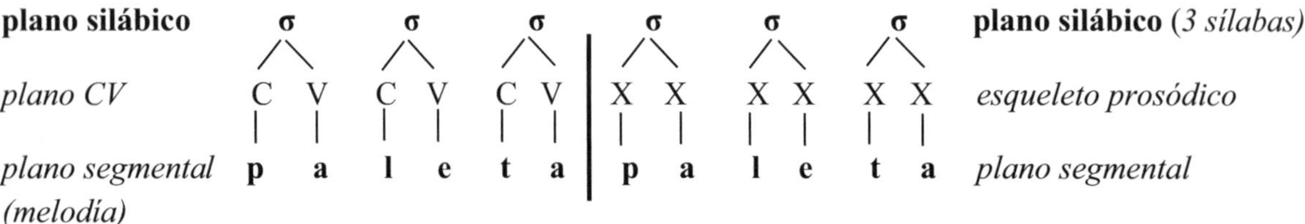

FIGURA 24. Representaciones autosegmentales de la palabra *paleta* haciendo uso del plano CV (izquierda) y del plano-X (derecha).

1.21.4 Principios y condiciones

En la Fonología Autosegmental operan una serie de **condiciones** o principios **de buena formación**, que rigen el modo en que están constituidas las representaciones y la manera en que interactúan sus distintos niveles o planos. Existe un gran número de tales principios; a continuación se exponen algunos que revisten interés para la presente obra:

- **Convención de Asociación**. Regula la vinculación de los autosegmentos y prescribe que, si quedaran, por una parte, unidades del esqueleto y, por otra, autosegmentos aún sin vincular entre sí a uno de los lados de una línea de asociación ya establecida, estos automáticamente y por defecto se irán asociando de uno en uno y de izquierda a derecha.

  Para más información, el lector interesado puede consultar Goldsmith (1990).

- **Condición de No Cruce de Líneas**. En la formalización de los procesos, las líneas de asociación no pueden cruzarse.

  Para más información, el lector interesado puede consultar Coleman y Local (1991).

- **Condición de la Aplicabilidad Uniforme**. Referida al tratamiento de las consonantes geminadas, prescribe que no se puede alterar una de las dos consonantes sin modificar al mismo tiempo la otra. Es una condición muy relacionada con la 'restricción relativa a las asociaciones' (en inglés, *Linking Constraint;* véase más adelante), en cuanto que ambas están formuladas para impedir que se apliquen ciertas reglas a las consonantes geminadas, en particular a las que forman parte del mismo morfema, esto es, las **tautomorfémicas**.

  Para más información, el lector interesado puede consultar Schein y Steriade (1986).

- **Principio del Contorno Obligatorio**. Prohíbe, o al menos desaconseja, que dos elementos idénticos aparezcan adyacentes en un determinado nivel de la representación. Puede referirse a segmentos completos o solo a un subconjunto de los rasgos que los conforman. Por ejemplo, el principio del contorno obligatorio-lugar prohíbe especificaciones idénticas adyacentes en el plano correspondiente al lugar de articulación (§ 1.21.5) y así excluye que dos consonantes homorgánicas (§ 1.6.1), sean o no totalmente idénticas, aparezcan una al lado de la otra.

  Para más información, el lector interesado puede consultar Goldsmith ([1976] 1979), Leben (Leben [1973] 1979) y Odden (1986).

- **Restricción relativa a las asociaciones**. Esta restricción, formulada en principio para dar cuenta de la inalterabilidad de las consonantes geminadas, estipula que las líneas de asociación establecidas entre el nivel CV y el nivel de la melodía (los segmentos) en la descripción estructural de las reglas tienen que recibir una interpretación fonética equiparable.

  Por ejemplo, si un único elemento del nivel melódico —en otras palabras, un solo segmento— está asociado con varias posiciones C(onsonantes) del nivel CV mediante asociación múltiple, como sucede en el caso de las geminadas, que están asociadas a dos espacios C, la forma fonética superficial resultante de toda la derivación también deberá asociarse a dos posiciones C igualmente, y no a una sola. Esto impide que determinadas reglas se apliquen solo a 'una parte' de las geminadas, es decir, salvaguarda su inalterabilidad.

  Para más información, el lector interesado puede consultar Hayes (1986).

1.21.5 El segmento por dentro: la organización jerárquica de los rasgos

En la Fonología Autosegmental se dota al segmento de una estructura interna. Si anteriormente el haz de rasgos distintivos que lo constituía era un conjunto desordenado (§ 1.19), ahora en cambio su configuración se enriquece extraordinariamente, porque los distintos rasgos se organizan en una estructura jerárquica en la cual todas las propiedades están situadas en niveles distintos y no se vinculan al segmento de modo caprichoso, sino que conforman un entramado 'geométrico' perfectamente organizado (de ahí la denominación **geometría de rasgos** con la que se conoce este modelo). En esa estructura, los rasgos que se comprueba que conforman clases naturales (§ 1.19.4) y funcionan como un bloque en los procesos fonológicos se subagrupan en constituyentes jerárquicos intermedios o **nodos de clase** de los que dependen. Un nodo de clase puede ser, por ejemplo, [LARÍNGEO], que domina todos los rasgos en los que está implicada la acción de la laringe, esto es, la acción de los pliegues vocales (frente a [SUPRALARÍNGEO], que recubre aquellos rasgos relacionados con el resto del tracto). Otro podría ser [Punto de Articulación] del que dependen todos los rasgos relacionados con la zona concreta del tracto vocal en la que se articula un sonido.

El resultado de todo ello es una configuración del segmento como, por ejemplo, la del esquema que se recoge en la Figura 25.

Se asume que todas las ramificaciones de la estructura geométrica de rasgos parten de un **nodo raíz** que, ocupando un espacio temporal **X** del plano-X —esto es, el correspondiente a la duración en milisegundos de un segmento de la cadena hablada (§ 1.21.3)—, representa al segmento de que se trate, sea una consonante o una vocal; en la Figura 25, el nodo raíz estaría indicado por A. En ese mismo esquema de la Figura 25 se aprecia también clara-

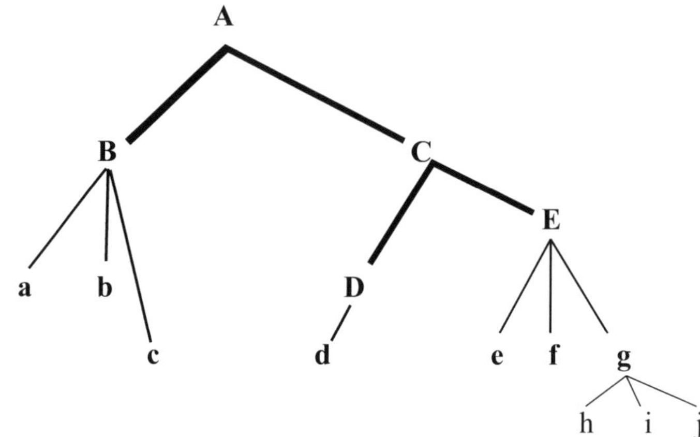

FIGURA 25. Esquema de la organización jerárquica de los rasgos en el interior del segmento.

mente la diferencia de nivel existente entre los nodos de clase (Nodo de Clase 1, Nodo de Clase 2, etcétera, representados en la figura por letras mayúsculas en negrita), los nodos **monovalentes** de ellos dependientes (rasgo monovalente 1, rasgo monovalente 2, etcétera, que aparecen en la figura con letras mayúsculas y cuya denominación responde a los distintos articuladores que entran en juego) y los **rasgos terminales** del último nivel ([Rasgo terminal 1], [Rasgo terminal 2], etcétera, presentados en el esquema con letras minúsculas) que ayudan a establecer más precisiones sobre los segmentos. Por ejemplo, del nodo de clase **Punto de Articulación (PA)** dependerían los nodos [labial], [coronal], [dorsal] (§ 1.19.5) y [radical] o [faríngeo], y, también por ejemplo, del primero de ellos, [labial], dependería el rasgo terminal [±redondeado].

Así pues, en un segmento especificado como [labial], intervienen los labios (el articulador [labial]), que crean una constricción más o menos notable. En un segmento especificado como [coronal] interviene la parte anterior de la lengua, sumamente móvil, que se eleva con respecto a la posición neutra, al tiempo que se adelanta o se curva hacia atrás. En un segmento especificado como [dorsal] interviene el mediodorso de la lengua, que se alza hacia el velo del paladar por encima de la posición neutra (§ 1.6.6). Finalmente, en un segmento especificado como [radical] interviene la raíz de la lengua adelantándose o retrotrayéndose con relación a tal posición. A diferencia de los rasgos terminales binarios, estos nodos se consideran, como se ha dicho, monovalentes (o unarios, si se prefiere), de manera que no reciben especificación ni positiva ni negativa (§ 1.19.6): los rasgos monovalentes, pues, o bien forman parte de un segmento determinado y entonces se reflejan en su composición (por ejemplo, la /p/ es [labial]), o bien no forman parte de tal segmento y simplemente están ausentes de su descripción ([labial] no aparecería en el caso, por ejemplo, de la /k/).

La organización jerárquica de los rasgos es universal y obedece a ciertas pautas o condiciones, igualmente universales, de buena formación. Una de las claves de la teoría es, como ya se ha señalado, que los constituyentes jerárquicos no se establecen *ad libitum*, sino que han de estar funcionalmente justificados: la estructura interna del segmento siempre se determina examinando los procesos fónicos que pueden revelarla. Por ejemplo, el nodo de clase Punto de Articulación (PA) es, en este sentido, un constituyente suficientemente avalado, en tanto en cuanto son muchas las lenguas —el español entre ellas— en las que se ha comprobado que todos los rasgos de lugar de articulación funcionan como una unidad con respecto a ciertos procesos: en el de asimilación (§ 1.18.7) de las consonantes nasales implosivas (§ 1.21.8) a la consonante siguiente, por ejemplo, se constata que la nasal asimila todos los rasgos asociados con la zona de articulación, pero solo esos y no otros seleccionados al azar, lo cual no podía deducirse de la formalización que la fonología generativista clásica ofrecía (§ 1.18.3); la concepción geométrica del segmento, en cambio, al permitir que los rasgos que funcionan recurrentemente como un bloque se asocien en nodos de clase, posibilita la expresión de este tipo de procesos naturales de forma mucho más simple e intuitiva.

Existen muchas versiones de la geometría de rasgos universal, más o menos distantes las unas de las otras. Desde Clements (1985) en adelante, las modificaciones avanzadas por los distintos autores han ido sustentando un debate, muy rico y aún abierto, sobre cuáles deban ser los parámetros a partir de los que se establezcan los nodos constitutivos de la organización jerárquica interna del segmento, y acerca de cuál haya de ser la estructura de dependencias. En general, se distingue entre los rasgos vinculados a un articulador, como por ejemplo [nasal], [anterior] o [posterior] (§ 1.19.5), que responden siempre a la activación de ese articulador concreto; y los rasgos no vinculados en exclusividad a ningún articulador; por ejemplo, un rasgo como [continuo] puede implicar en su ejecución a distintos órganos en cada caso: los labios, la corona de la lengua, su dorso o su raíz, el paladar blando, los pliegues vocales. Teniendo esta diferenciación en cuenta y aun a riesgo de simplificar mucho, se podría afirmar que las divergencias entre unos y otros modelos propuestos se han referido sobre todo a la ubicación en la jerarquía de estos últimos rasgos, esto es, los que no se vinculan a un articulador particular, que se podrían entender como rasgos más bien de modo de articulación (§ 1.6.2) ([lateral], [estridente], el mismo [continuo], etcétera; cf., por ejemplo, Padgett [[1991] 1995]).

Conviene señalar, no obstante, que también se han ido sugiriendo cambios y se han avanzado propuestas distintas que afectan a rasgos ligados a articuladores concretos. Así, por ejemplo, mientras que, en el trabajo fundacional de Clements (1985), del nodo de clase Punto de Articulación dependían solo los rasgos [coronal] y [anterior], de forma que los diversos segmentos se caracterizaban y diferenciaban en función de estos dos rasgos ([–coronal +anterior] las consonantes labiales; [+coronal +anterior] las dentales y alveolares; [+coronal –anterior] las postalveolares; [–anterior –coronal] las palatales y velares), en la llamada **Teoría del Articulador** (McCarthy 1988; Sagey [1986] 1990) los segmentos se distinguen por el articulador activo que realiza el gesto de constricción más que por el lugar en el que esta se localiza, de manera que del nodo de clase Punto de Articulación dependen ahora los ya mencionados rasgos [LABIAL] [CORONAL] [DORSAL] y [RADICAL] o [FARÍNGEO], y se evita de este modo la utilización de un rasgo problemático de zona articulatoria como es [anterior] (§ 1.19.5).

Para más información, el lector interesado puede consultar Broe (1992), Clements (1985, [1993] 2006), Clements y Hume (1995), Halle (1992, 1995), Keyser y Stevens (1994), McCarthy (1988), Newman (1997) y Sagey ([1986] 1990).

1.21.6 La Jerarquía Prosódica

Según la hipótesis de la **Fonología Prosódica**, ampliamente difundida, los elementos de contenido fonológico (ya se entiendan como fonemas (§ 1.17.1), rasgos (§ 1.19), gestos articulatorios (§ 1.23.1), o de cualquier otra manera) se agrupan en constituyentes progresivamente mayores (desde el nivel de la sílaba hasta formar un enunciado). Esta organización jerárquica se conoce como **estructura prosódica**, cuyo estudio abarca tanto la delimitación de los constituyentes de cada nivel como las prominencias relativas entre constituyentes 'hermanos'. Existen rasgos o características fonéticas que marcan las fronteras entre unidades, así como los patrones de prominencia. Además, cada unidad prosódica puede constituir el ámbito de aplicación de determinados fenómenos fonológicos, tanto segmentales como suprasegmentales. Por ejemplo, la entonación es un fenómeno prosódico que acomoda su manifestación a la estructura prosódica (§ 1.21.13). Por lo tanto, un análisis prosódico completo debe incluir no solo la descripción de la estructura, sino también la de esos rasgos y fenómenos.

La base de las actuales propuestas de Jerarquía Prosódica se encuentra en los trabajos de Selkirk (1978, 1980, 1981, 1986), aunque otros autores han defendido sus propias jerarquías, más o menos diferenciadas (como recogen, de forma panorámica, Shattuck-Hufnagel y Turk [1996]). Según Selkirk (1981, 1984), la jerarquía atiende a una **estratificación rigurosa,** es decir, cada unidad o constituyente de los que componen un nivel está integrado por un número entero de unidades del nivel inmediatamente inferior; sin embargo, esta condición se plantea más bien como una tendencia, no como una regla inquebrantable, en posteriores trabajos (Selkirk 1996).

A modo de ilustración, se recoge aquí la jerarquía de unidades propuesta por Selkirk (2011). El primer nivel de agrupación prosódica lo constituye la **sílaba** (a menudo simbolizada como **σ**, según ya se vio en la Figura 25), cuyas características se describen con más detalle en el § 1.21.7 y ss.

Aunque en la jerarquía planteada por esta autora no aparece la mora (μ; § 1.21.8), existe un amplio debate sobre si esta puede considerarse un constituyente inferior al nivel de la sílaba, o si simplemente describe una característica de esta (Blevins 1995; Fox 2000; Lahoz-Bengoechea 2015).

Las sílabas se agrupan en **pies** (Σ; § 1.21.12), que suelen ser binarios, pero también pueden ser unarios, o ternarios, mediante recursividad limitada (Martínez-Paricio 2013). Los pies binarios pueden ser **troqueos**, cuando presentan la prominencia en el primer elemento, o **yambos**, con prominencia final. Además, los troqueos pueden presentar propiedades dependientes del peso silábico (§ 1.21.8), como sucede en el caso de los **troqueos moraicos**, o independientes, como en los **troqueos silábicos** (Hayes 1995). El contraste entre tiempos fuertes y débiles de un pie introduce acentos secundarios en la palabra (§ 1.21.12).

A partir de este punto de la jerarquía, existe una correspondencia entre los niveles prosódicos y distintos constituyentes de la gramática (Selkirk [1995] 2011). En ese sentido, se dice que la prosodia ejerce de interfaz entre la fonología y la sintaxis. No obstante, esta correspondencia no siempre es perfecta, puesto que los constituyentes prosódicos deben satisfacer además una serie de requisitos puramente fonológicos, que pueden recibir más o menos prioridad dependiendo del idioma. Así pues, las unidades prosódicas no siempre son isomórficas con respecto a las unidades gramaticales (Fougeron 1999; Nespor y Vogel [1986] 1994; Selkirk 2000).

Por ejemplo, el nivel siguiente al pie es la **palabra prosódica** o **fonológica (ω)**, que se corresponde con una palabra sintáctica. La palabra prosódica o fonológica es el ámbito de asignación del **acento léxico**, el cual coincide con el tiempo fuerte del pie más prominente de esa palabra prosódica. Es decir, si las sílabas prominentes de cada pie son portadoras de **acento secundario** (§ 1.21.12), la del pie principal recibe un **acento primario** (§ 1.21.12). Por cada palabra prosódica que haya en la secuencia, habrá un acento léxico (en las lenguas que presentan este fenómeno, claro está) y, por cada acento léxico, habrá una palabra prosódica. Se trata, por tanto, de una relación biunívoca.

Hay que tener en cuenta, sin embargo, que, aunque suelen coincidir, una palabra prosódica no siempre es equivalente a una palabra morfosintáctica. Por ejemplo, en español, los compuestos sintagmáticos (como 'salón comedor', 'coche cama', 'mar de fondo', 'caja fuerte', 'media naranja', 'centro-izquierda', etcétera) y otros modismos o expresiones pluriverbales lexicalizadas ('estirar la pata', 'saltar a la vista', etcétera), aun formando una sola unidad léxica, corresponden a más de una palabra prosódica (una por cada raíz morfológica con sus afijos y clíticos), como demuestra la presencia de más de un acento primario. Lo mismo puede decirse de los adverbios en -*mente*. En otras lenguas, la correspondencia entre la palabra prosódica y las unidades morfológicas puede ser diferente (Nespor y Vogel [1986] 1994).

Las palabras prosódicas se unen para formar **frases** o **sintagmas fonológicos** o **prosódicos (φ)**. Un sintagma fonológico es el constituyente que se corresponde con los sintagmas de la sintaxis. Esta unidad es portadora de un **acento de frase**, al que, según la Teoría Métrica-Autosegmental (§ 1.21.13), se asocian determinados comportamientos entonativos en función de la modalidad oracional, la estructura informativa, la evidencialidad, etcétera.

Los **sintagmas entonativos** o **frases entonativas (ι)** se corresponden con las cláusulas de la sintaxis, preferentemente aquellas dotadas de fuerza ilocutiva (es decir, una intención comunicativa concreta relacionada con una modalidad oracional). Hay algunas construcciones sintácticas que forman un sintagma entonativo por sí mismas (Nespor y Vogel [1986] 1994), como los vocativos, las interjecciones, los incisos, las construcciones explicativas (no especificativas), las preguntas coletilla o las dislocaciones sintácticas, entre otras. Cuando existe alguna construcción parentética de este tipo, divide el enunciado en distintos sintagmas o frases entonativas. El límite final del sintagma entonativo se asocia a un tono de frontera (§ 1.21.11), que depende del patrón entonativo escogido para la oración.

Según Ito y Mester (2007), estos constituyentes prosódicos de interfaz pueden estar sujetos a construcciones recursivas. Así, por ejemplo, los distintos tipos de clíticos prosódicos (palabras sin acento léxico propio) pueden unirse mediante adjunción a una palabra prosódica o a un sintagma fonológico ya existentes y dar lugar a otra unidad de la misma categoría (Selkirk 1996). Además, la recursividad mediante adjunción o mediante coordinación permite explicar algunos fenómenos asociados a las palabras compuestas (Ito y Mester 2021). Por otro lado, la recursividad implica que un mismo tipo de categoría prosódica puede tener una proyección mínima (que no domina a ninguna otra del mismo nivel), una proyección máxima (que no es dominada por ninguna del mismo nivel), y posibles proyecciones intermedias. Por ejemplo, la proyección máxima de la palabra prosódica equivale al grupo clítico (Selkirk 1996); la proyección mínima del sintagma fonológico se corresponde con lo que otros llaman grupo acentual o frase menor, mientras que su proyección máxima equivale al grupo entonativo intermedio o frase mayor (Ito y Mester 2007, 2012); finalmente, la proyección máxima del sintagma entonativo constituye el enunciado fonológico (Selkirk 2009).

Como se ha explicado, un constituyente de un determinado nivel puede estar formado por uno o más constituyentes del nivel inmediatamente inferior. De entre estos, siempre hay uno que destaca sobre los demás y que ejerce como núcleo de la unidad superior. Se establece así una relación sintagmática de contraste entre constituyentes hermanos. Estas prominencias determinan un patrón de alternancia métrica entre unidades fuertes y débiles, que está en la base del fenómeno del **ritmo**, que no es sino la sensación perceptiva que tal alternancia, recurrente en periodos regulares, produce en el oyente.

Según se ha mencionado también, existen marcas fonéticas que ponen de manifiesto la estructura prosódica: tanto las fronteras entre constituyentes como las prominencias relativas de estos. Dado un constituyente de un determinado nivel, se reconocen **posiciones fuertes** y **posiciones débiles**. Por ejemplo, en la sílaba es fuerte el inicio (el ataque) y es débil el final (la coda) (§ 1.21.8). En el resto de unidades superiores, son fuertes las posiciones contiguas a las fronteras, tanto inicial como final, mientras que son débiles las posiciones intermedias. De esta forma, el refuerzo que experimentan los segmentos (o los gestos articulatorios) en esas posiciones sirve para poner de relieve el límite entre una unidad y la siguiente, mientras que el debilitamiento denota continuidad de un mismo constituyente. La fuerza relativa de una posición es además mayor cuanto más alto en la Jerarquía Prosódica se encuentre el nivel de un determinado constituyente. La manifestación fonética de las posiciones fuertes experimenta una acumulación progresiva a medida que se asciende en dicha jerarquía.

Para más información, el lector interesado puede consultar Fletcher (2010), Fougeron (1999), Fox (2000), Hayes (1995), Ito y Mester (2007), Keating (2006), Lahoz-Bengoechea (2015), Nespor y Vogel ([1986] 1994), Selkirk (1986 , 1996, 2011) y Shattuck-Hufnagel y Turk (1996).

1.21.7 La sílaba fonológica

Existe un consenso bastante generalizado acerca de la existencia de una unidad llamada 'sílaba', de la que los hablantes nativos de las distintas lenguas poseen una clara intuición; no se da tanto acuerdo, sin embargo, en cuanto a cuál sea su naturaleza fonética exacta y el mejor modo de abordarla.

Conviene señalar en este punto la diferencia existente entre **sílaba fonética** y **sílaba fonológica**. La primera se define en función de criterios de carácter fonético, físico, que, como se acaba de mencionar, no son coincidentes en todos los autores. La definición de la segunda, por el contrario, se basa en consideraciones de tipo lingüístico, estructurales o funcionales. Una sílaba fonética no siempre es equivalente a una sílaba fonológica; por ejemplo, un enunciado como *me hizo daño* tiene cinco sílabas fonológicas *(me-i-zo-da-ño)*, pero solo cuatro fonéticas *(mei-zo-da-ño)*.

Por lo que se refiere a su tratamiento desde el punto de vista estrictamente fonológico, cabe decir que la sílaba no ha atraído en igual medida la atención de las distintas corrientes teóricas que se han ido sucediendo en el tiempo. En el marco estructuralista (§ 1.17), su interés como objeto de estudio venía dado por su ineludible relación con los fenómenos suprasegmentales y no por su propio estatus de unidad fonológica; y en el primer generativismo (§ 1.18) tampoco se asignó a la sílaba un papel constituyente, aunque sí se concedió al menos un reconocimiento no expreso del concepto al proponerse, por ejemplo, el rasgo [±silábico] (§ 1.19.5).

A partir del surgimiento de los modelos no lineales (§ 1.21) es cuando la sílaba adquiere un protagonismo del que antes no gozaba y pasa a considerarse como una unidad imprescindible en fonología por varias razones: se hace necesaria para describir y acotar diversos procesos (§ 1.21.11), simplificando la formulación de muchas generalizaciones fonológicas; es el dominio sobre el que se sustentan rasgos suprasegmentales como, por ejemplo, el acento o el ritmo; y constituye el marco de referencia para establecer las combinaciones distribucionales de segmentos permitidas o excluidas en las diferentes lenguas. La sílaba es, pues, un constituyente generalmente admitido e integrado en la Jerarquía Prosódica (§ 1.21.6) universal, en un nivel intermedio entre los segmentos y los pies (§ 1.21.6).

En el modelo de la Teoría de la Optimidad (§ 1.22), por otra parte, la sílaba también desempeña un papel central, en cuanto que la valoración en paralelo de los distintos candidatos a educto (en inglés, *output*) se realiza evaluándolos simultáneamente con respecto a restricciones referidas a su constitución segmental y a su estructura prosódica al completo, en la que se incluye su organización silábica.

Para más información, el lector interesado puede consultar Blevins (1995), Meynadier (2001), Ridouane, Meynadier y Fougeron (2011) y van der Hulst y Ritter (1999).

1.21.8 Estructura interna de la sílaba

La concepción clásica entiende la sílaba como una secuencia de segmentos distribuidos en **ataque** (o **inicio** o **cabeza**), **núcleo** y **coda**, tres componentes formales situados en el mismo nivel (véase, por ejemplo, Hockett 1955). El ataque —que ocupa, por tanto, la posición **prenuclear** o **explosiva**—, y la coda —que aparece en la posición **posnuclear** o **implosiva**— constituyen los **márgenes** silábicos y, a diferencia del núcleo, no son indispensables para que exista una sílaba (por ejemplo, en español *a, y, o,* etcétera, no los presentan). El conjunto del ataque y el núcleo, por una parte, y del núcleo y la coda, por otra, se conoce como **semisílaba** o **demisílaba**: la sílaba *trans,* por ejemplo, consta de dos semisílabas: *tra* y *ans* (§ 1.21.10). Los segmentos que forman parte de la misma sílaba se suelen denominar **tautosilábicos** (a veces, **homosilábicos**); los que se adscriben a sílabas distintas, **heterosilábicos**.

Cuando una sílaba conlleva coda, se considera **cerrada** o **trabada** (el caso de *at* en inglés, de *tel* en francés, de *pan* en español, etcétera); si no existe coda, entonces se habla de sílaba **abierta** o **libre** (el caso de *no* en español, *blé* en francés, *she* en inglés, etcétera). Tanto los márgenes como el núcleo pueden ser **simples** o **complejos** (o **compuestos**) dependiendo de si están integrados por un único elemento o por más de uno.

Un núcleo simple sería el de *pan,* y un núcleo complejo, el de *pie*; un ataque simple sería el de *su,* y uno complejo, el de *tres;* una coda simple sería la de *en,* y una compleja, la de *inspirar.*

Todas estas nociones y los términos que las denotan se han mantenido a lo largo del tiempo, pero, con la llegada de la fonología no lineal, la estructura interna de la sílaba se enriqueció notablemente. A partir de ese momento se han ido conformando varios modos de entenderla, todos ellos acordes con la concepción multiplanar o multidimensional de las representaciones fonológicas (§ 1.21):

- Una estructura jerárquica que presenta ramificación binaria: ataque-**rima,** y, ya dentro de la rima, núcleo y coda (véase, por ejemplo, Halle y Vergnaud [1980] y el esquema de la Figura 26). Algunos autores que defienden también una estructura binaria similar postulan sin embargo una agrupación diferente de dos subcomponentes distintos, el **cuerpo** y la coda, en la cual el cuerpo es el que se subdivide en ataque y núcleo (véase, por ejemplo, Vennemann 1987). Tanto en el primer caso como en el segundo los subconstituyentes con los que se opera, ataque-rima o cuerpo-coda, se conciben como independientes entre sí, esto es, se entiende que están sujetos a sus propios principios internos de ordenación y distribución segmental, y que son ámbito de aplicación de diversos procesos particulares y circunscritos a ellos, todo lo cual justifica su existencia.

- Una estructura plana, sin constituyentes de nivel intermedio, en la que todos los elementos C(onsonantes) y V(ocales) están situados a la misma altura aunque dominados por el nodo silábico situado en un plano superior, y dominando, a su vez, a la secuencia de segmentos fonéticos reales con los que tales elementos se corresponden (véase, por ejemplo, Clements y Keyser 1983).

- Una estructura basada en la **mora (µ),** es decir, en una unidad de tiempo o **peso silábico,** que divide las sílabas en **pesadas** y **ligeras,** y que tiene relevancia métrica

en algunas lenguas (no en todas), en las que condiciona la asignación del acento (§ 1.21.11). Una sílaba abierta cuyo núcleo sea simple no presenta, por ello, una rima ramificada en núcleo y coda, de modo que posee una sola mora y se considera ligera; en cambio, una sílaba con un núcleo complejo o trabada por una consonante final sí conlleva una rima ramificada, cuenta con dos moras y se considera pesada (véanse, por ejemplo, Hyman 1985; Zec 2011).

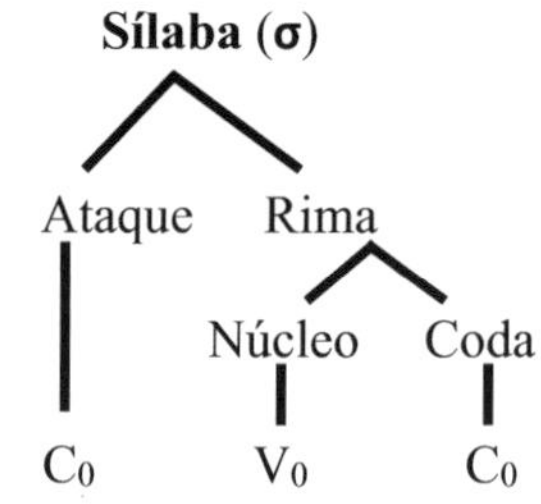

Sílaba (σ)

Ataque   Rima

Núcleo   Coda

C_0 V_0 C_0

FIGURA 26. Estructura jerárquica de la sílaba según Halle y Vergnaud (1980). El '0' suscrito ha de entenderse como «0 o más consonantes / vocales».

Conviene saber que algunas lenguas permiten sílabas constituidas únicamente por consonantes, como sucede en beréber —un ejemplo de esta lengua citado en van der Hulst y Ritter (1999) es *ssrksxt*: 'lo escondí'—, o en bella-coola —los mismos autores ejemplifican en este caso con la palabra *xsćc:* 'ahora estoy gordo'—. Este hecho supone un desafío a los principios generales que determinan la estructura interna de la sílaba, por lo que diversos fonólogos han tratado de explicar tales aparentes contraejemplos mediante distintos procedimientos y recursos, que van der Hulst y Ritter (1999, 18) resumen y comentan.

Para más información, el lector interesado puede consultar Bosch (2011) y Núñez Cedeño (2016).

1.21.9 La sonicidad o sonancia de los segmentos

La **sonicidad** o **sonancia** (que algunos autores denominan **sonoridad** por influencia del original inglés *sonority,* lo cual origina una cierta confusión al coincidir en español este término con el que da nombre a la propiedad de los sonidos resultante de la vibración de las cuerdas vocales; § 1.5.3) se concibe como una característica intrínseca de los segmentos que permite organizarlos jerárquicamente a lo largo de una escala o o jerarquía unidimensional. No se trata de una creación innovadora de los fonólogos generativistas, ni siquiera de los estructuralistas, sino que se encuentra ya en los escritos de autores clásicos como Jespersen, Saussure o Grammont.

La sonicidad no es fácil de definir ni de explicar en términos fonéticos (a pesar de que se han realizado muchos intentos para hacerlo, aludiendo a la abertura, la presión, la intensidad de los sonidos, etcétera); en cambio, en el ámbito de la fonología, es una noción ampliamente utilizada, en particular en relación con las sílabas y con las pautas distribucionales a las que obedecen los segmentos para constituirlas. Ello quiere decir que, en tanto en cuanto es un constructo teórico conveniente y que resulta útil para explicar y predecir ciertos hechos, los fonólogos se sirven de él derivándolo del propio análisis de los esquemas silábicos estudiados, sin incidir demasiado en las propiedades fónicas reales sobre las que se sustenta.

La idea básica es que cada sílaba, en cualquier lengua, presenta exactamente una **cima** o cumbre de sonicidad, coincidente con su núcleo. En consecuencia, las probabilidades de que los segmentos puedan constituir el núcleo silábico aumentan a medida que se asciende en la **jerarquía** o **escala universal de sonicidad** (o de **sonancia**), es decir, en una escala en la que se distribuyen todas las clases naturales (§ 1.19.4) de menor a mayor sonicidad. La jerarquía más consensuada (no todas las propuestas de los distintos autores coinciden) es la siguiente, de mayor a menor sonancia: vocales > aproximantes > líquidas > nasales > obstruyentes. No obstante, muchos fonólogos establecen subdivisiones en algunas de estas clases: consideran, por ejemplo, que las obstruyentes fricativas poseen más sonicidad que las oclusivas (§ 1.6.3), o que las vocales abiertas superan a las de abertura media también a este respecto.

Partiendo de esta escala, las sílabas españolas *tan, pros, claus* o *bal,* por ejemplo, serían sílabas modélicamente bien formadas, porque en todas ellas se produce un aumento gradual de la sonicidad desde su inicio hasta el núcleo, y un descenso desde el núcleo hasta el final, ateniéndose al denominado 'Principio de Secuenciación (o de Secuencia) de la Sonancia' (§ 1.21.10) que regiría universalmente la conformación de las unidades silábicas. Sin embargo, en distintos estudios se han documentado sílabas que no parecen avenirse con esta generalización ni, por ende, con la idea de que la sonicidad fundamente la estructuración silábica en las diversas lenguas.

Esa es la razón principal —junto con la carencia de un correlato fonético inequívocamente definido— por la cual este concepto de sonancia continúa siendo debatido en la actualidad, e incluso es puesto en tela de juicio.

Para más información, el lector interesado puede consultar Clements (1990), Martínez Gil (2001), Ohala (1990), Ohala y Kawasaki (1984; 1997) y Parker (2011, 2016).

1.21.10 *La estructura silábica: principios de buena formación*

En los estudios llevados a cabo sobre la sílaba se han formulado una serie de 'principios', 'condiciones' o 'restricciones' de buena formación (la diversidad en estas denominaciones responde al modelo en el que se inscriben), de validez supuestamente universal, y que rigen el modo en que la sílaba se organiza en las diferentes lenguas. Existe un gran número de estipulaciones de esta clase; a continuación se exponen algunas que revisten interés para la presente obra.

- **Principio de la Secuenciación de la Sonancia**. Prescribe que el nivel de sonicidad en toda sílaba debe ir incrementándose a medida que se avanza desde su inicio hasta su núcleo —dotado de la máxima sonancia— y ha de ir decayendo desde esta cima de sonicidad hasta el final de la sílaba. Así pues, el perfil global de sonancia de toda sílaba mostraría, según este principio, un movimiento de aumento-disminución en torno al punto central constituido por el núcleo.

  Para más información, el lector interesado puede consultar Clements (1990) y Henke, Kaisse y Wright (2012).
- **Distancia Mínima de Sonicidad**. Da nombre a un requisito activo en las lenguas por el cual los segmentos que constituyen un grupo consonántico inicial de sílaba deben mantener entre sí una distancia en la escala de sonicidad de al menos x grados; la cifra varía dependiendo de qué lengua se trate. Si se asume la escala de sonancia habitual (§ 1.21.9), los elementos que en español se ven más favorecidos por este requerimiento para ocupar la segunda posición de un grupo consonántico en el ataque son, pues, las consonantes líquidas, dado que, de entre todas las consonantes, son las que presentan el mayor grado de sonancia (*pl-, cl-, br-,* etcétera).

  Para más información, el lector interesado puede consultar Selkirk (1984).
- **Distancia de Sonicidad Máxima (DSM)**. Se trata de una restricción universal, formulada como tal en el marco de la Teoría de la Optimidad (§ 1.22), que estipula que entre los segmentos integrantes de un ataque silábico debe existir el máximo grado de diferencia en cuanto a su sonicidad.

  Para más información, el lector interesado puede consultar Colina (2009).
- **Principio de la Dispersión de la Sonancia**. Este principio requiere que el incremento en la sonancia sea máximo desde el ataque hasta el núcleo de la sílaba y, por el contrario, que la disminución de la sonicidad desde el núcleo hasta la coda sea mínima. Además, tanto el ascenso como el descenso en la sonancia se deben producir sin saltos bruscos en la progresión. Es decir, una semisílaba o demisílaba (§ 1.21.8) inicial constituida por obstruyente + líquida + vocal (todas ellas separadas entre sí en la escala de sonancia por un grado; piénsese, por ejemplo, en *plan*) resultará preferible a una integrada por obstruyente + aproximante + vocal, o por obstruyente + nasal + vocal, que son secuencias en las que las distancias entre los elementos que las forman no guardan la misma proporción.

Cuanto menos se respete este principio en la constitución de una sílaba dada, mayor será su grado de complejidad.

Para más información, el lector interesado puede consultar Clements (1988).

- **Principio de la Formación de un Ataque Silábico Mínimo** (en inglés, *Minimal Onset Satisfaction*). Recoge el hecho de que, en el proceso de segmentación de la cadena fónica en sílabas —esto es, en el proceso de silabeo (§ 1.21.11)— entra en juego una tendencia universal que favorece la posición de ataque en detrimento de la de coda. Es decir, en una secuencia del tipo VCV, la división preferida será V.CV en lugar de VC.V, dotando así a la segunda sílaba de un mínimo ataque.

Para más información, el lector interesado puede consultar Selkirk (1982).

- **Principio de la Formación de un Ataque Silábico Máximo** (en inglés, *Onset Maximization Principle*). Muy relacionado con el principio anterior, este prescribe que se ubiquen en los ataques el mayor número posible de elementos, siempre que den lugar a combinaciones permitidas por la lengua; por tanto, se concede prioridad a la formación de los ataques sobre la de las codas. Así, en una sucesión compleja de segmentos, como en CVCCV, por ejemplo, las sílabas creadas serán preferiblemente CV.CCV (y no CVC.CV), maximizando el ataque de la segunda sílaba, siempre y cuando el grupo consonántico CC resultante esté admitido por las restricciones fonotácticas de la lengua en cuestión.

Para más información, el lector interesado puede consultar Roca y Johnson (1999).

- **Principio de Legitimidad** (en inglés, *Legality Principle*). Sostiene que solo pueden aparecer en el comienzo o en el final de las sílabas aquellos segmentos que aparecen en el inicio o al término de las palabras. Por ejemplo, una sílaba no puede incluir en el ataque un grupo consonántico que no encabece ninguna palabra de la lengua en cuestión, ni puede presentar en la coda un grupo consonántico que no aparezca al final de ningún vocablo.

Para más información, el lector interesado puede consultar Goslin y Frauenfelder (2001).

1.21.11 Procesos que afectan a la estructura silábica

Los distintos procesos relacionados con la estructura de la sílaba pueden clasificarse en varios grupos, entre los que cabe mencionar los siguientes:

- **Procesos de constitución de las sílabas: silabeo y resilabeo**. El procedimiento por el cual la representación fonológica se divide en sílabas se denomina **silabeo** (también **silabación** e, incluso, para algunos autores, **silabificación**). Básicamente, pues, consiste en formar sílabas asignando las diversas consonantes o vocales de la secuencia a las distintas posiciones silábicas: ataque, núcleo y coda.

Interesa no confundir este proceso con el de **silabización**, que supone convertir en núcleo silábico alguna consonante que antes estaba situada en uno de los márgenes, esto es —en términos de rasgos distintivos— hacerla [+silábico].

El proceso de silabeo es mucho más complejo de lo que pudiera pensarse a simple vista y, además de tomar en cuenta principios generales y supuestamente universales (§ 1.21.10), obedece a determinadas reglas o restricciones específicas de cada lengua que regulan los casos particulares y que se han ido formulando en los diversos estudios llevados a cabo sobre la cuestión. Por ejemplo, en la fonología del español y partiendo de un modelo derivacional (§ 1.18), dos reglas propuestas que afectan al silabeo de las paravocales son la **Regla del núcleo complejo** y la **Regla de la coda**; ambas incluyen a la paravocal o bien en un núcleo compuesto o bien en la coda dependiendo, respectivamente, de si precede o sucede al propio núcleo (Hualde 1991, 1994). Cuestiones relativas al silabeo muy debatidas en los modelos derivacionales son las referidas a la conveniencia de incluirlo ya en la representación léxica o, de no ser así, a la concreción del punto exacto de la derivación en la que deben operar reglas como las antes mencionadas. Con todo, la aparición en el panorama académico de la versión original de la Teoría de la Optimidad (§ 1.22) zanjó en buena medida la polémica al eliminar de sus postulados la idea de derivación seriada.

En la Fonología Léxica (§ 1.18.6) —y, por extensión, también en la esfera de otros enfoques fonológicos que han incorporado algunos de sus postulados (§ 1.18.6)— se admite de modo general que existen procesos léxicos, que se dan en el marco de la palabra, y procesos posléxicos, que operan en el nivel oracional.

El denominado **resilabeo** o **resilabación** (también, para algunos autores, **resilabificación**) constituye uno de tales procesos posléxicos. Se trata de trasladar algún segmento de una sílaba a otra dentro de la secuencia. Por ejemplo, en el sintagma *las ocas,* la /s/ final del artículo se silabea como ataque de la sílaba inicial del sustantivo: *la.so.cas,* poniendo en juego de este modo el principio de la incorporación de un ataque mínimo (§ 1.21.10). De igual modo, la elisión o desaparición de un segmento dado puede dar lugar a una reorganización de las sílabas de esta misma naturaleza.

Para que se produzca un proceso de resilabeo entre palabras, no puede existir entre ellas una **juntura**, esto es, un límite o transición discontinua que impediría que se conformara una sílaba distinta. Algunos casos con los que sistemáticamente se ejemplifica la juntura en los trabajos estructuralistas clásicos son los de las palabras inglesas *an iceman, night rate* (con juntura) frente a *a nice man, nitrate,* o las españolas *en aguas, en ojo* (con juntura) frente a *enaguas, enojo.* La juntura fue, en efecto, un fenómeno demarcativo muy estudiado en el estructuralismo, en cuyo ámbito se llegó a considerar que constituía un verdadero fonema (cf., por ejemplo, Hockett 1955; Stockwell, Bowen y Silva-Fuenzalida 1956) y se manifestaba en el habla mediante la coaparición de ciertos cambios fonéticos en los otros fonemas que la circundaban. Trabajos posteriores (cf. Monroy 1980) han puesto en duda que pueda hablarse de pistas fonéticas estables que avalen la existencia de tales fonemas junturales.

Se diferenciaban varios tipos de juntura: a) la **juntura abierta externa** o **terminal**, que se presentaba al final de las oraciones, delimitándolas; b) la **juntura abierta interna** (también **juntura interna abierta**) o **plus juntura**, que coincidía con los límites de palabras; y c) la **juntura cerrada**, que podía darse entre fonemas en el interior de palabra.

En los modelos que se ocupan del análisis de la entonación, como el de la escuela americana de niveles, el de la Teoría Métrica-Autosegmental (§ 1.21.13) o el de Aix-en-Provence, se alude a los fenómenos de juntura que delimitan el final de un dominio prosódico, y así se habla, por ejemplo, de **tonos de juntura terminal** o **tonos de frontera**.

Para más información, el lector interesado puede consultar Monroy (1980), Noske (1993) y Prieto (2003).

- **Procesos de elisión** (§ 1.18.7). Conllevan la pérdida de uno o más segmentos, bien sea en posición inicial (**aféresis**), interior (**síncopa**) o final de palabra (**apócope**). La elisión de un sonido puede dar lugar al fenómeno conocido como **alargamiento compensatorio**, consistente en que un elemento, por lo general una vocal, alarga su duración para compensar la pérdida o elisión de un sonido adyacente, muy frecuentemente una consonante en coda. Por ejemplo, en griego clásico, cuando se perdía la /s/ en posición final de sílaba, el segmento adyacente se prolongaba y ocupaba su espacio temporal (o mora; § 1.21.8). En español dialectal, se han señalado casos de posible alargamiento compensatorio debidos a la elisión de la /s/ en posición de coda en interior de palabra: así, por ejemplo, en el dialecto cubano, la palabra *pasta* se pronunciaría ['pa:.ṭa], en oposición a *pata* ['pa.ṭa].

  Para más información, el lector interesado puede consultar Hayes (1989).

- **Procesos de inserción** (§ 1.18.7). Implican la adición de un segmento, en posición inicial (**prótesis**), interior (**epéntesis**, también llamada **anaptixis**) o final de palabra (**paragoge**). Algunos autores precisan que ha de ser una vocal para que se les pueda aplicar tal denominación, mientras que otros especialistas opinan que puede ser tanto una vocal como una consonante. Se cuenta con abundante bibliografía en la que se exploran las razones por las que, en las distintas lenguas, los segmentos epentéticos son ciertas vocales o consonantes y no otras, en lo cual se ha querido ver un reflejo de la noción de marca (§ 1.17.6, § 1.18.8), en el sentido de que la epéntesis se daría para evitar agrupaciones de sonidos marcadas y, además, implicaría a elementos no marcados en sí mismos. Por ejemplo, Paradis y Prunet (1991) concedieron un estatus especial de consonantes no marcadas a las coronales basándose, entre otros motivos, en que pueden ser epentéticas, a diferencia de las labiales o dorsales (§ 1.21.5).

  Algunos procesos de inserción tienen un origen coarticulatorio y se justifican porque entre dos sonidos surge otro segmento que toma carta de naturaleza, con características híbridas tomadas de aquellos dos. Especialmente en los préstamos de otras lenguas, estos procesos sirven para conformar la palabra a las estructuras silábicas permitidas en la lengua meta o a sus restricciones fonotácticas (§ 1.14.5).

  Para más información, el lector interesado puede consultar Hall (2011), Martínez-Gil (1997) y Mowrey y Pagliuca (1995).

- **Procesos de metátesis.** Cualquier cambio en la ubicación lineal de los segmentos en la secuencia fónica se denomina **metátesis.** En ciertos casos, este fenómeno se debe a la necesidad de satisfacer algún requisito para la buena formación de las sílabas en la lengua de que se trate, y, aunque esa no tiene por qué ser la única causa que provoca el proceso en su origen (ni siquiera la principal), sí influye en que la metátesis se mantenga y se lexicalice, puesto que los hablantes favorecerán inconscientemente las palabras que presenten sílabas mejor formadas (cf. Booij, Lehmann y Mugdan 2000–2004). En español, como en otras lenguas, algunas metátesis parecen implicar la tendencia a simplificar la estructura silábica en la medida de lo posible: podría pensarse, así, que en el cambio vulgar de *Gabriel* a *Grabiel* tiene algo que ver, entre otros factores, el reparto de la complejidad de una sílaba con ataque y núcleo compuestos (*briel:* CCVV) entre dos sílabas de carácter más simple: CCV.CVV.

Para más información, el lector interesado puede consultar Blevins y Garrett (2004) y Holt (2004).

1.21.12 La Fonología Métrica

La **Fonología Métrica**, que es un modelo no lineal de fonología muy relacionado con el de la Fonología Autosegmental (§ 1.21.2.), al que en cierto modo complementa, fue concebida en un principio como una teoría del acento planteada para superar las deficiencias de las que adolecía el tratamiento dado a este fenómeno en la fonología lineal (§ 1.18) (Liberman, 1975). Según los presupuestos de esta última corriente el acento léxico se representaba mediante el rasgo [±acento], que se asignaba a las vocales siguiendo el formalismo habitual de las reglas en el generativismo clásico (§ 1.18.3); por ejemplo, 'V [+acento] / __ C #' significaba que 'una vocal ante consonante en posición final de palabra recibe el acento'. Se adujo enseguida, entre otros inconvenientes, que este tipo de reglas era puramente descriptivo, exponían un hecho (la acentuación de un elemento), pero no la causa que lo producía ni el patrón relacional sintagmático al que obedecía. Así pues, el acento se entendía como un rasgo que, al añadirse al segmento, modificaba su contenido fonético (su frecuencia, su duración, su intensidad), sin tener en cuenta las alternancias de prominencia que se ponen de manifiesto, de forma no caprichosa, sino ajustada a unas determinadas pautas, en los distintos constituyentes jerárquicos en que puede analizarse la secuencia fónica —sílaba, pie, palabra, sintagma, enunciado, etcétera (§ 1.21.6)—.

Por el contrario, la Fonología Métrica entiende ya el acento como un fenómeno dependiente de la posición estructural que ocupa el elemento en cuestión que se ve acentuado en un constituyente de la secuencia fónica mayor que la sílaba, que es el pie (§ 1.21.6). El tipo más básico y habitual de pie es el bisílabo, integrado por una sílaba fuerte 'f' (la **cabeza** o **núcleo del pie**) y una sílaba débil 'd', formando una estructura arbórea ramificada en dos, esto es, binaria. La sílaba fuerte puede estar situada a la izquierda o a la derecha, dependiendo de la opción preferida por cada lengua. A su vez, una palabra puede constar de varios pies, de los cuales uno será el prominente o **primario** y, por ende, su cabeza será la sílaba que reciba el acento léxico primario (§ 1.21.6), mientras que otros serán **secundarios** (§ 1.21.6), y en consecuencia albergarán los posibles acentos secundarios que conlleve el vocablo.

Las relaciones de prominencia se pueden expresar formalmente mediante un **árbol métrico**, semejante a los árboles habituales en sintaxis, o con una **rejilla** (o **retícula**) **métrica**; véase la Figura 27, con un ejemplo del español. Los dos recursos gráficos expresan realmente la misma información, pero, según puede apreciarse en la figura, la rejilla se conforma asignando un asterisco en primer lugar a cada sílaba (nivel inferior), posteriormente otro a cada sílaba fuerte de cada pie, para concluir con el asterisco que se adscribe al pie más prominente en el ámbito de la palabra. Así, mientras que con base en la representación arbórea la sílaba fuerte de la palabra será la que esté dominada por el mayor número de nodos fuertes (f), en la retícula la sílaba fuerte de la palabra, es decir, la que comporta el acento primario (§ 1.21.6), resultará ser la que más número de asteriscos presente.

La representación visual que proporciona la rejilla métrica permite entender fácilmente los casos de **choque acentual** (también llamado **colisión** o *clash acentual*), el fenómeno que se produce cuando dos sílabas acentuadas son adyacentes en la secuencia fónica. En el supuesto de que la lengua de que se trate rechace esta situación, las estrategias fonéticas para resolverla son variadas: por

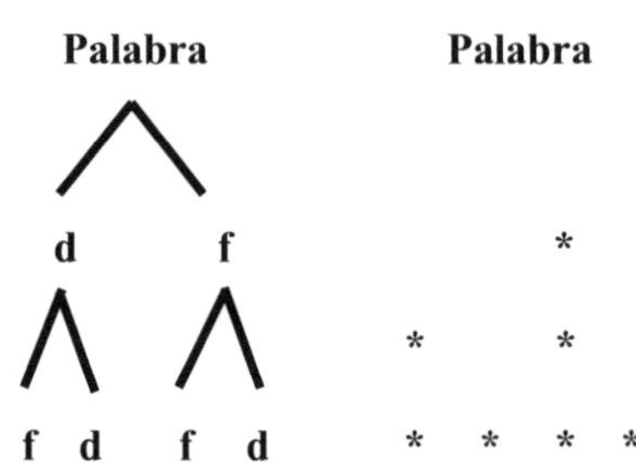

FIGURA 27. Árbol y rejilla métricos de la palabra *comadrona*. La letra 'f' indica que la sílaba o el nodo con los que va asociada son 'fuertes'; la grafía 'd', por el contrario, identifica los elementos 'débiles'.

ejemplo, uno de los dos acentos puede cambiar de posición, o bien puede no llegar a realizarse, entre otras diversas posibilidades que, de nuevo, parecen depender de la lengua en cuestión, y que han sido objeto de numerosos estudios. En la rejilla, el choque acentual se pone de manifiesto al existir dos sílabas adyacentes que presenten columnas con asteriscos en dos filas sucesivas en el eje vertical. Por ejemplo, como se ha señalado en la Figura 28, en el sintagma *melón verde* las columnas correspondientes a las sílabas *lón* y *ver* presentan asteriscos tanto en la primera fila como en la inmediata superior y son adyacentes.

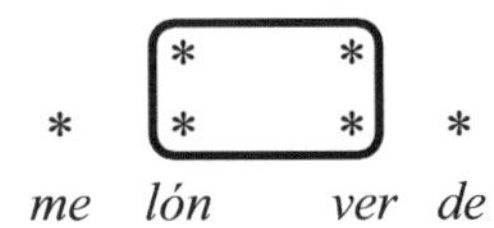

FIGURA 28. Rejilla métrica correspondiente al sintagma *melón verde*.

Para más información, el lector interesado puede consultar Goldsmith (1990), Hayes (1995), Liberman (1975) y Liberman y Prince (1977).

1.21.13 El tratamiento de la entonación en la fonología no lineal: la Teoría Métrica-Autosegmental

A partir de la tesis doctoral de Janet Pierrehumbert (1980), se comienza a desarrollar la **Teoría Métrica-Autosegmental**, cuyo objetivo es analizar fonológicamente la entonación. Como indica su propia denominación, es una teoría muy relacionada con la Fonología Autosegmental (§ 1.21.2) en cuanto que concibe, al igual que ella, que los distintos niveles tonales —dos: Alto (A) y Bajo (B), o, en inglés, *High* (H) y *Low* (L)— son independientes de las sílabas que constituyen la secuencia fónica, pero se asocian con ellas siguiendo unos patrones dados, unas pautas concretas, que son contrastivas y, por ende, fonológicas y propias de cada lengua.

Así, por ejemplo, en español centropeninsular, una interrogativa absoluta conllevaría la asociación de un patrón L* HH% con la parte final de la oración, lo cual ha de entenderse como que la última sílaba acentuada se pronuncia con un tono bajo —está vinculada a un **acento tonal** grave o bajo (L*)— y que la frecuencia sube y el tono evoluciona a muy alto en el límite del grupo entonativo —es decir, presenta un 'tono de frontera' HH%—. Otros tipos de oraciones responderían a patrones contrastivos diferentes.

Conviene tener presente que los tonos fonológicos no se corresponden con un valor frecuencial exacto en hercios, sino que se definen como valores cercanos al máximo (H, por *high* 'alto') o al mínimo (L, por *low* 'bajo') del rango de f_0 (§ 1.5.5) que esté empleando el locutor en el enunciado de que se trate en cada caso (§ 1.13.2). Hay que tener en cuenta que, a lo largo de dicho enunciado, el punto mínimo y, sobre todo, el máximo de ese rango van evolucionando a la baja, por el fenómeno conocido como **declinación tonal** ('t Hart, Collier y Cohen 1990). Esto refuerza la idea de que un tono fonológicamente alto, por ejemplo, puede equivaler a un valor distinto de f_0 en un momento y en otro.

La Teoría Métrica-Autosegmental guarda relación, asimismo, con la Fonología Métrica (§ 1.21.12) porque en las asociaciones que se establecen entre la secuencia fónica (las sílabas y los segmentos que las constituyen) y los tonos (las variaciones en la frecuencia fundamental) desempeña un papel importante y a menudo determinante la distribución que presenten las prominencias acentuales, esto es, la estructura rítmica de la frase.

Para más información, el lector interesado puede consultar Hualde (2003) y Sosa (1999).

1.22 La Teoría de la Optimidad

La obra que se considera fundacional de la Teoría de la Optimidad es un manuscrito publicado en 1993 por Alan Prince y Paul Smolensky, *Optimality Theory: Constraint Interaction in Generative Grammar*, pero los principios y los presupuestos de la teoría fueron difundidos, ya en formato impreso, en Prince y Smolensky (2004) y han sido desarrollados posteriormente en multitud de trabajos de diversos autores.

El modelo surgió, en buena parte, y así se ha señalado en la bibliografía, porque la fonología de las distintas lenguas obedece a determinadas condiciones de buena formación de las formas fonéticas superficiales que pueden bloquear o, por el contrario, desencadenar la aplicación de los diferentes procesos. En otras palabras, los procesos se aplican o no según el resultado o **educto** fonético de la derivación (el *output*, en inglés) sea o no aceptable en la lengua en cuestión. Por ejemplo, en español no pueden existir eductos con una /s/ en posición inicial de palabra seguida de una consonante, por lo que se desencadena un proceso de epéntesis de /e/ (§ 1.21.11) con el objeto de que se pueda resilabear (§ 1.21.11) la /s/ como una consonante en coda (*spray* > *espray*) y que el educto sea admisible en castellano. De esta clase de hechos, aunque se conocían, no se podía dar cuenta fácilmente en ninguna de las versiones de la teoría generativista anterior. Se sabía que existían unas ciertas restricciones universales de buena formación, y se llegaron a emplear, especialmente durante los años ochenta, en el modelo autosegmental y métrico (§ 1.21.12, § 1.21.2), pero, por una parte, eran restricciones que no podían infringirse y, por otra, a veces servían para desencadenar la aplicación de determinadas reglas fonológicas y a veces para bloquearla, de modo que no existía un claro entendimiento acerca de su operatividad en las lenguas.

Para más información, el lector interesado puede consultar Archangeli y Langendoen (1997), Kager (1999) y McCarthy (2002, 2004, 2007).

1.22.1 Los fundamentos de la Teoría de la Optimidad

La idea fundamental de la que se parte en la Teoría de la Optimidad es la de que la gramática de una lengua consiste en un ordenamiento específico de ciertas **restricciones de buena formación** que poseen carácter universal y cuya característica más importante reside en que pueden verse infringidas en determinadas ocasiones. Eso quiere decir que las gramáticas —y, como parte de ellas, las fonologías— de las lenguas difieren entre sí justamente, y solo, porque responden a **jerarquías de restricciones** distintas: cada lengua asigna un orden de prioridad diferente a las restricciones, y la labor del analista que la estudia —al igual que la del niño que la adquiere— es, por consiguiente, descubrir cuál es, en concreto, la jerarquía o el rango que opera en ella. Con este fin, tiene que observar el comportamiento que con respecto a cada una de las restricciones presentan los elementos de la lengua en cuestión.

Como modelo de raíces generativistas, la Teoría de la Optimidad —a la que a menudo se alude con las siglas TO o Top (en inglés, *OT*)— presupone una serie de entradas léxicas subyacentes o abstractas, que serán las formas de las que se parte para el análisis, los **aductos** (en inglés, *inputs*), y una serie de **eductos** (en inglés, *outputs*), que son las formas fonéticas perceptibles. Entre las diversas posibilidades de realización superficial que tiene cada aducto —esto es, entre los **candidatos** a educto—, la lengua elige una, que será la óptima, la que mejor se ajuste a su propia escala de restricciones, o bien porque infrinja un menor número de ellas o porque infrinja las menos importantes (las que ocupan el rango inferior de la jerarquía). Consiguientemente, presuponiendo la forma inicial, conociendo el resultado final y conociendo las familias de restricciones universales, puede deducirse cuál es el orden en que estas últimas se organizan en una lengua concreta.

Por ejemplo, se sabe que existe una tendencia universal, señalada por muchos autores, a la sílaba abierta, es decir, a la sílaba sin coda (§ 1.21.8), que es la sílaba 'óptima' y menos marcada desde el punto de vista fonético. Se puede hablar, entonces, de una restricción de buena formación universal que 'prohíbe las codas'. No obstante, el hecho de que, en español, por ejemplo, como en muchas otras lenguas, existan sílabas que sí presentan coda indica que esa restricción se infringe con frecuencia y dependerá de cada una de las lenguas considerada el que se infrinja más o menos, en función del puesto que ocupe en la jerarquía de restricciones que opere en ese idioma.

Para más información, el lector interesado puede consultar Griffiths (2019), McCarthy (2004) y Odden ([1995] 2011).

1.22.2 Derivación frente a evaluación en paralelo

A diferencia de la fonología generativista lineal (§ 1.18) y de la no lineal (§ 1.21), la Teoría de la Optimidad no es un modelo derivacional. Las restricciones evalúan en paralelo y no de manera seriada los posibles eductos, esto es, las formas fonéticas superficiales, en función de la jerarquía que prevalezca en la lengua en cuestión. Mientras que cada una de las reglas que componen una derivación pone en relación un aducto (sobre el que se aplica) con un educto (el resultado de aplicarla) sin que se tome en consideración cuál va a ser el producto fonético final de la derivación, en la versión más clásica de la Teoría de la Optimidad todos estos pasos intermedios no se consideran y las restricciones de buena formación se refieren solo a los posibles eductos finales, fundamentando los juicios sobre su grado de marcaje (§ 1.18.8) o su grado de similitud o disimilitud con respecto al aducto de entrada (§ 1.22.1), principalmente.

En realidad, en las versiones revisadas de la fonología generativista clásica, como el modelo de la Fonología Autosegmental (§ 1.21.2) o el de la Fonología Métrica (§ 1.21.12), aunque se seguía trabajando con reglas y derivaciones, ya se habían introducido 'condiciones de buena formación' que, a decir verdad, se asemejan mucho a las *constraints* o restricciones de la Optimidad; por ejemplo, el Principio del Contorno Obligatorio (§ 1.21.4) o la serie de restricciones y estrategias de reparación postuladas por Paradis (1988).

El modelo que encarna la Teoría de las Restricciones y de las Estrategias de Reparación (en inglés, *Theory of Constraints and Repair Strategies*) de Paradis, LaCharité y otros, a finales de los años ochenta y en los noventa, representa en cierto modo un marco transitorio entre la fonología generativista con reglas fonológicas y la Teoría de la Optimidad, en cuanto que postula «reparaciones» cuando el educto resultante de la aplicación de las reglas fonológicas infringe determinadas restricciones universales (véase Paradis y LaCharité 1997).

Para más información, el lector interesado puede consultar Clements (2000) y McCarthy (2007).

1.22.3 Componentes básicos de la Teoría de la Optimidad

La gramática, entendida tal y como se entiende en la Teoría de la Optimidad, genera para cada aducto o *input* un conjunto infinito de posibles candidatos a educto o *output,* de entre los cuales selecciona el óptimo. Los componentes fundamentales con los que opera el modelo son los siguientes:

- **El Lexicón**. El lexicón o léxico de una lengua contiene las formas subyacentes, esto es, las representaciones léxicas, de los morfemas, con todas sus propiedades fonológicas, morfológicas, semánticas y sintácticas. Su constitución obedece al principio denominado **Riqueza de la Base**, que establece que las formas integradas en el léxico no están sujetas a condicionante alguno; es decir, así como las formas subyacentes generativistas debían atenerse a las reglas de estructura morfemática (§ 1.18.2) para ser admisibles (de modo que, por ejemplo en español, un morfema integrado por la secuencia /brn-/ no sería aceptable), en el lexicón, tal como lo concibe la Teoría de la Optimidad, la forma de los morfemas léxicos que lo componen no se ve restringida de ninguna manera.
- **El Generador**. El generador es el mecanismo que, a partir de una determinada forma subyacente extraída del léxico (un aducto), genera todos los posibles candidatos a ser la forma superficial correspondiente, los cuales son evaluados en paralelo mediante las restricciones, a fin de seleccionar el candidato óptimo de acuerdo con el orden jerárquico en que tales restricciones se presenten en la lengua en cuestión. El generador ha de ofrecer, por tanto, candidatos lo suficientemente variados como para que la lengua pueda elegir entre ellos el que más se ajuste a su propia jerarquía.

  El Principio de la Riqueza de la Base del lexicón permitiría que se propusiera como posible aducto una forma completamente divergente de la que realmente aparece en la lengua, a partir de la cual el generador propondría candidatos muy diversos, que habrían de someterse a un proceso de evaluación largo y complejo que implicaría ordenar e infringir multitud de restricciones. Para evitar esta situación, se propuso **el Principio de la Optimización del Léxico**, que estipula que el aducto que el léxico proporcione ha de ser el más cercano, fonéticamente hablando, a la realización superficial. Obsérvese que esta idea es reminiscente de la prescripción, por parte de la Fonología Generativa Natural, acerca de que la forma subyacente de un morfema debía coincidir, al menos, con una de sus representaciones fonéticas superficiales (§ 1.20.1). Se trata, en definitiva, de evitar un grado de abstracción no deseable por ser, además, intuitivamente inaceptable.
- **El Evaluador**. La jerarquía de las restricciones que operan en cada lengua se conoce con el nombre de evaluador. Su función, como se deduce de su denominación, es evaluar en paralelo, de acuerdo con el ordenamiento de las restricciones, los distintos candidatos suministrados por el generador y elegir, entre todos ellos, el óptimo, es decir, el que, en cada idioma, infringe el menor número de restricciones inferiores en la jerarquía y las infringe, además, en menor medida. De este candidato se dice que es el más 'armónico'. Conviene destacar que si un candidato infringe las restricciones jerárquicamente superiores es de inmediato excluido del proceso de evaluación, aunque respete por completo las inferiores. Esto se conoce como el principio o la **Condición de la Prioridad Estricta** (en inglés, *Strict Domination*).

  Para más información, el lector interesado puede consultar Cutillas (2003).

1.22.4 Tipos de restricciones

En la Teoría de la Optimidad se reconocen dos tipos de restricciones: las **restricciones de marca** y las **restricciones de fidelidad**. Las primeras restringen la aparición de elementos marcados (§ 1.18.8) en los eductos, ya sean segmentos, combinaciones de segmentos o estructuras prosódicas. Por ejemplo, una restricción de marca universal es 'Las vocales no son nasales', y, naturalmente, varias lenguas la infringen. Las restricciones de fidelidad, por su parte, ponen en relación el aducto con el educto y exigen que entre ambos exista similitud, es decir, que el educto no se aleje formalmente del aducto.

Un ejemplo de esta clase de estipulación podría ser 'Todos los segmentos del educto se corresponden con otros tantos segmentos en el aducto', restricción que, de cumplirse, impediría que fueran seleccionados como óptimos o armónicos (§ 1.22.3) candidatos con elisión o inserción de fonemas.

> Existen otros subtipos de estipulaciones mencionables, como, por ejemplo, las **restricciones de alineamiento o alineación**, que en realidad se integran con las de marca (puesto que se refieren a estructuras prosódicas, que pueden o no ser marcadas) y que describen la tendencia a alinear ciertos elementos o fenómenos adscritos a distintos niveles de análisis lingüístico; las restricciones de alineación son, por ejemplo, especialmente relevantes en aquellas lenguas en las que la posición del acento léxico primario es predecible y se alinea o se corresponde siempre con un límite de la palabra, bien sea el inicial o bien sea el final.
>
> Para más información, el lector interesado puede consultar Cutillas (2003), Kager (1999) y McCarthy (2008).

1.22.5 Teoría de la Dispersión del Contraste

Inscrita en el marco general de la Teoría de la Optimidad (§ 1.22), la **Teoría de la Dispersión del Contraste** (en inglés, *Dispersion Theory of Constrast*) se construye sobre la hipótesis de que los sistemas fonológicos están conformados a partir de consideraciones fonéticas, y que esa relación se pone de manifiesto en el tipo de restricciones existentes (§ 1.22.4), las cuales responden, básicamente, a tres finalidades o funciones primordiales: a) maximizar la distintividad de los contrastes; b) minimizar el esfuerzo articulatorio; y c) maximizar la velocidad a la que la información se transmite. Teniendo todo esto en cuenta, se arguye que un gran número de restricciones parecen deberse al afán por facilitar o bien la articulación o bien la percepción de los distintos elementos, y que, por ello, conviene introducir en la teoría fonológica, formalizándolas, tales motivaciones fonéticas. Al hacerlo, las restricciones se podrán agrupar en distintas familias en función de a cuál de los tres objetivos enumerados se deban en cada caso.

> Flemming (2004) cita el ejemplo de la restricción que se ha propuesto en la bibliografía para explicar por qué son preferibles en muchas lenguas las vocales anteriores no redondeadas a las redondeadas (§ 1.6.5). Una restricción así, en contra del redondeamiento de las vocales palatales, puede formularse —argumenta Flemming— aludiendo al hecho de que las vocales anteriores no redondeadas son perceptivamente más distantes de las vocales posteriores (su contraste es más notorio), es decir, introduciendo una motivación perceptiva, que también actuaría en muchas otras restricciones, y dando así lugar a un mayor grado de generalización. En este sentido, las restricciones pueden ser **sistémicas**, es decir, motivadas por las características particulares del sistema fonológico de la lengua en cuestión, con sus posibles oposiciones o contrastes. Por ejemplo, en una lengua en la que la dispersión de los elementos vocálicos fuera mayor al no existir vocales posteriores, la restricción sobre las vocales anteriores redondeadas no se vería especialmente favorecida, al no existir un condicionante sistémico.

La Teoría de la Dispersión del Contraste se enmarca, pues, entre los enfoques que aluden a la posibilidad de dar cabida en el modelo de la Teoría de la Optimidad a consideraciones y explicaciones de tipo funcional. En otras palabras, la idea que se defiende es que, por primera vez, se dispone de un mecanismo formal que permite expresar cómo ciertas tendencias motivadas funcionalmente determinan las gramáticas de las lenguas naturales, aunque no todas las restricciones postuladas tengan que reflejar necesariamente ese tipo de tendencias. En este sentido, la organización de la fonología se atiene a los principios que aseguran un diseño eficaz y funcional, en el estricto sentido de la palabra. La idea repetida una y otra vez es que las lenguas siempre tienden a ser los mejores sistemas semióticos posibles. Aquellas restricciones cuya aplicación facilita la articulación del habla o vuelve las formas contrastivas más distinguibles perceptivamente son *a priori* más plausibles, de acuerdo con la hipótesis de que el lenguaje es un sistema biológico diseñado para realizar su trabajo correcta y eficientemente.

Los antecedentes más claros de esta teoría son la Teoría de la Dispersión Adaptativa de Bjorn Lindblom (1986, 1990), de la que toma el nombre, y, sin duda, la obra del funcionalista André Martinet (1952, 1955).

> Para más información, el lector interesado puede consultar Flemming (2004, 2017), Kirchner (2001) y McCarthy (2002).

1.22.6 Teoría de la Optimidad con Cadenas Candidatas

La denominada **Teoría de la Optimidad con Cadenas Candidatas** (en inglés, *Optimality Theory with Candidate Chains- OTCC*) es una revisión de la versión original de la Teoría de la Optimidad (§ 1.22) en la cual la competición no se establece entre los candidatos a educto tal como se entienden habitualmente en el modelo (esto es, entre las diferentes formas generadas por el mecanismo generador; § 1.22.3), sino que los candidatos que se evalúan son auténticas derivaciones o cadenas que parten de un aducto para llegar a un educto en cada caso. Esto quiere decir que el cumplimiento o la infracción de ciertas restricciones pueden evaluarse durante el proceso de construcción de las propias derivaciones que compiten, es decir, en un ámbito local, o bien, por el contrario, pueden evaluarse, más globalmente, una vez que todas las derivaciones competidoras están ya construidas.

Por consiguiente, en la Teoría de la Optimidad con Cadenas Candidatas, cada candidato representa la proyección gradual de un aducto a un educto a través de varios pasos sucesivos, y en ese sentido se habla de derivación. Tales derivaciones tienen que atenerse a unas determinadas características: cada forma de la cadena (esto es, de la derivación) ha de ser más 'armónica' que la anterior en función de la jerarquía de restricciones que prevalezca en la lengua en cuestión; y a cada estadio se ha de llegar a partir del anterior a través de la aplicación de solo una operación básica (insertar o elidir un segmento, cambiar el valor de un rasgo, etcétera).

Esta revisión del modelo, al igual que la que supuso la Teoría de la Optimidad con Estratos (§ 1.22.7) fue propuesta por McCarthy (2007) para tratar de explicar el fenómeno de la opacidad (§ 1.18.4), que desde la época de la fonología generativista clásica ha venido suscitando enormes debates y ha dado lugar a un gran número de publicaciones.

En la fonología derivacional (§ 1.18.1), se constataban fenómenos que eran inexplicables desde el punto de vista de la forma fonética superficial, pero de los que se podía dar cuenta aludiendo a un cierto orden 'opaco' de las reglas. Por ejemplo, en la bibliografía especializada se cita repetidamente el caso del francés de Quebec, en el cual las vocales anteriores cerradas desencadenan la africación de una /t/ precedente; aunque luego tales vocales desaparecen, la africación de la /t/, ahora sin causa aparente, permanece. La fonología derivacional explica este hecho acudiendo a una ordenación externa de los procesos y proponiendo que la regla de africación se aplique antes de la de síncopa de la vocal, en lo que constituye un orden opaco (no transparente) porque no es deducible de la forma fonética superficial, en la que únicamente aparece, se diría que injustificadamente, una africada. Este recurso resultaba inaccesible para la Teoría de la Optimidad original, en la que no existen niveles intermedios en los que operen reglas (las restricciones se refieren solo a la forma superficial —educto—, solo a la forma subyacente —aducto—, o a ambas). Al introducir en el modelo revisado derivaciones seriadas, el problema de la opacidad puede abordarse.

Para más información, el lector puede consultar Baković ([1995] 2011) y McCarthy (2007).

1.22.7 Teoría de la Optimidad con Estratos

Aunque existen algunas diferencias notables entre ambos enfoques, la **Teoría de la Optimidad con Estratos** (en inglés, *Stratal Optimality Theory*) recuerda claramente a la Fonología Léxica (§ 1.18.6) en cuanto que, como ella, defiende una estructura del componente fonológico organizada en estratos o niveles, aborda la naturaleza de la interfaz entre la sintaxis, la morfología y la fonología y hace uso del concepto de ciclo (§ 1.18.5).

De hecho, algunos autores prefieren denominar a la Teoría de la Optimidad con Estatos con el término 'Fonología Léxica TO' (en inglés, *Lexical Phonology OT*). Las dos divergencias principales entre la Teoría de la Optimidad con Estatos y la Fonología Léxica consisten en que la primera emplea restricciones en lugar de las reglas generativas clásicas utilizadas por la segunda, y en que, en la primera, se restringe el número de estratos léxicos a dos —nivel del tema (es decir, la raíz y la vocal temática) y nivel de la palabra—, mientras que en algunas versiones de la Fonología Léxica se han propuesto más de dos estratos léxicos.

Esta revisión de la Teoría de la Optimidad original surge al constatar los fonólogos (son especialmente notables a este respecto los trabajos de Ricardo Bermúdez-Otero) que el modelo inicial no informaba acerca del número preciso de niveles de representación. Naturalmente, al ser un enfoque enmarcado en este paradigma de la Optimidad, no es derivacional y, como se ha dicho ya, no trabaja con reglas como lo hacía la Fonología Léxica, sino con restricciones que se aplican en modo paralelo de acuerdo con un ordenamiento jerárquico que puede variar, en mayor o menor medida, dependiendo del estrato o del nivel considerado. Se distinguen tres tipos básicos de restricciones: las que actúan en el dominio correspondiente al tema de la palabra; las que operan cíclicamente (§ 1.18.5) en el dominio de la palabra completamente constituida y las que intervienen, siempre cíclicamente, en el dominio de la frase.

Este tipo de estructura del componente fonológico permite tratar un problema que la Teoría de la Optimidad, en su concepción originaria, no había podido abordar, el de la opacidad (§ 1.18.4, § 1.22.6), al incorporar un cierto grado de 'derivación seriada' localizada; es decir, la opacidad existe y puede producirse por la sucesión e interacción de los distintos ciclos en los distintos niveles, pero, dentro de cada uno de ellos, los procesos siguen aplicándose de manera siempre transparente mediante el procedimiento habitual de evaluación en paralelo de los candidatos generados por el Generador y la proyección del aducto inicial en el educto final.

Para más información, el lector puede consultar Baković ([1995] 2011) y Bermúdez-Otero (2006, 2018).

1.23 La Fonología Articulatoria

Las relaciones entre la fonética y la fonología han sido siempre complejas y han estado sujetas a considerables vaivenes. Una teoría, surgida a finales del siglo pasado, que trata de integrar las dos disciplinas es la que se conoce como Fonología Articulatoria. A diferencia de otros modelos (§ 1.17, § 1.18, § 1.21, por ejemplo), que son teorías de temporización extrínseca, es decir, que no incorporan información acerca de los detalles de la coordinación temporal existente entre las unidades que manejan (sean estas rasgos o segmentos), en Fonología Articulatoria la dimensión temporal es fundamental en cuanto que forma parte de la organización del habla en patrones de gestos con valor contrastivo. La función de la fonología, para los proponentes de este enfoque, es, pues, caracterizar las pautas organizativas de acuerdo con las cuales se combinan los gestos en cada lengua.

Para más información, el lector interesado puede consultar Browman y Goldstein (1992) y Goldstein y Fowler (2003).

1.23.1 Los gestos como unidades analíticas básicas

Los **gestos**, que son las unidades básicas de la Fonología Articulatoria (§ 1.23), no son equiparables ni a los fonemas (§ 1.17.1) ni a los rasgos distintivos (§ 1.19). Durante el proceso de producción del habla, se conforman y posteriormente se deshacen una serie de constricciones en el tracto vocal cuyas características varían en función de la lengua de que se trate, y que, por ello, pueden denominarse 'variables del tracto'. Los órganos articuladores que intervienen en la creación de dichas constricciones se organizan de manera coordinada para conseguir los distintos objetivos. Por ejemplo, para que se le pueda asignar un valor a la variable 'abertura labial' en relación con un segmento de una lengua dada han de actuar coordinadamente la mandíbula y los labios superior e inferior, cuyos movimientos determinarán el grado de abertura, y para asignar un valor dado a la variable 'situación de la constricción formada por el ápice de la lengua' los órganos articulatorios que habrán de coordinarse serán el ápice y el cuerpo de la lengua, así como la mandíbula. Pues bien, en Fonología Articulatoria, cada gesto se define en función de una de las cinco variables del tracto que se postulan, a saber: abertura labial, constricción formada por el ápice, constricción formada por el cuerpo de la lengua, abertura del velo del paladar y abertura de la glotis.

En consecuencia, aunque los gestos pueden funcionar como unidades básicas del análisis fonológico al igual que los rasgos distintivos, se trata, como se ve, de conceptos muy diferentes. En Fonología Articulatoria, dos palabras se oponen o contrastan si responden a una organización gestual distinta, bien porque en una esté presente un gesto que está ausente en la otra, bien porque la coordinación temporal de los gestos varíe entre ellas, o bien porque los valores paramétricos asignados a cada gesto sean diversos en uno y otro vocablo. La representación fonológica viene a ser, así pues, una descripción explícita y directa de la organización articulatoria en el espacio y en el tiempo.

Para más información, el lector interesado puede consultar Browman y Goldstein (1986, 1989, 1990, 1992).

1.23.2 La organización fonológica de los gestos

En la Fonología Articulatoria (§ 1.23), los gestos, discretos, abstractos y definidos dinámicamente (§ 1.23.1), se combinan en esquemas o **marcadores gestuales** (en inglés, *gestural scores*) de los que resultan o 'emergen' los segmentos: por poner un ejemplo, una /b/ no es ya un fonema estático [+consonántico], [+sonoro], etcétera, como en modelos anteriores (§ 1.17, § 1.18), sino que se interpreta como un gesto de cierre bilabial, que se combina con otro gesto, el de abertura del velo del paladar, en este caso especificado negativamente porque no es una nasal, todos los cuales —esto es lo más importante desde el punto de vista de su tratamiento fonológico— son susceptibles de formalización y análisis matemático. Además, durante la producción del habla los gestos se suceden o se solapan entre sí temporalmente y es este posible solapamiento temporal, que afecta a la trayectoria y duración de los diferentes movimientos que los realizan, lo que da lugar a la variación observable en la actividad del tracto vocal. Se está, por tanto, ante una teoría que persigue reflejar el dinamismo y la coordinación temporal de los articuladores. Como Bybee (2001, 57) explica, desde una perspectiva teórica de tipo general, la Fonología Articulatoria o Gestual reconoce que el habla es una 'actividad', una actividad motora espaciotemporal, y que el conocimiento fonológico que el hablante implícitamente posee es más procesual que proposicional y estático, de manera que está sujeto a las mismas fuerzas que modifican otras habilidades motoras. Krivocapić (2022) incide también en esta idea cuando resume las características del modelo.

Importa mucho insistir en que los gestos, auténticos átomos de la estructura fonológica, son invariables y relativamente abstractos. Las trayectorias físicas continuas de los articuladores que los ejecutan en el habla y su coordinación exacta son calculadas y expresadas por, entre otros (cf. Parrell *et al.* 2019), el modelo formal de la dinámica de las tareas —en inglés, *task dynamics model*— que no es sino la expresión matemática y computable de la organización, trayectoria y temporización de los movimientos en el ámbito de cada gesto, a partir de principios generales de carácter biológico y físico operativos en todo tipo de movimientos, no solo en los relativos a la producción del habla (cf. Hawkins 1992; van Lieshout 2004). Es decir, los marcadores gestuales donde se definen los objetivos que se desea alcanzar y su temporización vienen a ser el aducto de la *task dynamics*. Cuando un gesto se activa, las ecuaciones del sistema computacional regulan la coordinación de los articuladores de modo que se llegue a realizar la 'tarea' gestual pretendida (la formación de una constricción concreta) a medida que los movimientos articulatorios se llevan a cabo. Como señala Hawkins (1992, 57), uno de los aspectos más interesantes de este tipo de enfoques es que une, en lugar de separar, las restricciones motoras, perceptivas y fonológicas.

Para más información, el lector interesado puede consultar Browman y Goldstein (1995), Parrell *et al.* (2019), Pouplier (2011) y Saltzman y Munhall (1989).

1.24 La fonología experimental o de laboratorio

La denominada **fonología de laboratorio** (o también **fonología experimental**) no constituye en sí misma un modelo diferente de fonología, ni es una 'teoría' incompatible con cualquiera de las presentadas en otras entradas de este capítulo. Como se explica claramente en Pierrehumbert *et al.* (2000, 274), los 'fonólogos de laboratorio' son científicos que emplean métodos experimentales para validar las hipótesis acerca de la estructura y el funcionamiento de los sistemas sonoros de las lenguas, y estas hipótesis pueden enmarcarse en modelos diversos. Así pues, se trata más bien de un modo distinto de 'hacer' fonología.

En ese sentido, y en principio, sería perfectamente posible desarrollar una investigación en el marco de la Fonología Autosegmental (§ 1.21.2), por ejemplo, y acudir a datos y a pruebas de tipo experimental (sean de naturaleza acústica, articulatoria o psicolingüística) para tratar de explicar y justificar los resultados obtenidos.

El modo de proceder de la fonología de laboratorio se aparta por completo del seguido en los enfoques puramente formales (cf. Reiss 2018), como el generativismo más ortodoxo (§ 1.18), y responde al presupuesto de que el lenguaje humano —y los sistemas fónicos como parte de él— está regido por factores y principios que no son exclusivamente lingüísticos, sino que son compartidos y operan en otros ámbitos de la cognición y del mundo real. En consecuencia, no admite el recurso a estipulaciones o conceptos que no sean empíricamente comprobables y mensurables.

Retomando el ejemplo anterior acerca de la Fonología Autosegmental, un fonólogo de laboratorio no daría por buena la explicación de la estructura interna de la sílaba basada en el concepto de sonancia o sonicidad (§ 1.21.9) si no se determina previamente la realidad física, biológica o cognitiva de tal noción.

Algunos enfoques fonológicos relativamente recientes, como la **Fonología Basada en el Uso** (Bybee 2001) o los **modelos de ejemplares** (Frisch 2018; Gahl y Yu 2006; Gradoville 2023, Johnson 1997, 2006) pueden inscribirse en la esfera de la fonología de laboratorio o experimental, en cuanto que el primero explica el comportamiento sincrónico y diacrónico de los sistemas fónicos basándose en datos objetivos sobre la frecuencia de uso de las unidades (una noción anteriormente circunscrita al plano de la actuación y externa al de la competencia), y el segundo lo hace presuponiendo que el cerebro humano no almacena objetos simbólicos, sino recuerdos concretos de episodios, ejemplares o instancias reales de habla especificados en todos sus detalles físicos, distribucionales, idiosincráticos del hablante, etcétera.

Para más información, el lector interesado puede consultar Bybee (2001), Cohn (2010), Cohn, Fougeron y Huffman (2012), Demolin (2012), Foulkes y Docherty (2006), Johnson (2006), Legallois y François (2011), Ohala (1986), Pierrehumbert, Beckman y Ladd (2000) y Port (2007).

Agradecimientos

Los autores agradecen al Dr. Fernando Martínez Gil los comentarios realizados sobre este capítulo, cuyos posibles errores son responsabilidad exclusiva de sus firmantes.

Referencias bibliográficas

Abramson, Arthur S. y Douglas H. Whalen. 2017. «Voice Onset Time (VOT) at 50: Theoretical and Practical Issues in Measuring Voicing Distinctions». *Journal of Phonetics* 63: 75–86. https://doi.org/10.1016/j.wocn.2017.05.002.

Akamatsu, Tsutomu. 1988. *The Theory of Neutralization and the Archiphoneme in Functional Phonology*. Ámsterdam: John Benjamins. https://doi.org/10.1075/cilt.43.

Alarcos, Emilio. 1950. *Fonología española*. Madrid: Gredos.

Albright, Robert W. 1958. *The International Phonetic Alphabet: Its Backgrounds and Development*. Bloomington: Indiana University, Research Center in Anthropology, Folklore, and Linguistics.

Alku, Paavo. 2011. «Glottal Inverse Filtering Analysis of Human Voice Production – A Review of Estimation and Parameterization Methods of the Glottal Excitation and Their Applications». *Sādhanā. Academy Proceedings in Engineering Sciences* 36 (5): 623–50. https://doi.org/10.1007/s12046-011-0041-5.

Alonso García, Amado. (1945) 1967. «Una ley fonológica del español. Variabilidad de las consonantes en la tensión y distensión de la sílaba». En *Estudios lingüísticos. Temas españoles*, 3.ª ed., 288–303. Madrid: Gredos.

Anderson, John M. y Jacques Durand. 1986. «Introduction». En Explorations in Dependency Phonology, editado por John M. Anderson y Jacques Durand. Dordrecht: Foris. https://doi.org/10.1515/9783110871654.1.

Anderson, Stephen R. 1974. *The Organization of Phonology*. Nueva York: Academic Press.

———. 1985. *Phonology in the Twentieth Century. Theories of Rules and Theories of Representations*. Chicago: University of Chicago Press. Trad. de Elena de Miguel, *La fonología en el siglo xx*. Madrid: Visor, 1990.

———. 2021a. «A Short History of Phonology in America. Plus c'est la même chose, plus ça change». En All Things Morphology: Its Independence and Its Interfaces, editado por Sedigheh Moradi, Haag, Marcia, Janie Rees-Miller y Andrija Petrovic, 327–48. Ámsterdam: John Benjamins. https://doi.org/10.1075/cilt.353.18and.

———. 2021b. Phonology in the Twentieth Century. 2.a ed. revisada y Aumentada. Berlín: Language Science Press. https://doi.org/10.5281/zenodo.5509618.

Archangeli, Diana. 1988. «Aspects of Underspecification Theory». *Phonology* 5 (2): 183–207. https://doi.org/10.1017/S0952675700002268.

———. 2011. «Feature Specification and Underspecification». En *The Blackwell Companion to Phonology. Vol. 1: General Issues and Segmental Phonology*, editado por Marc van Oostendorp, Colin J. Ewen, Elizabeth V. Hume y Keren Rice, 148–70. Malden: Wiley-Blackwell. https://doi.org/10.1002/9781444335262.wbctp0007.

Archangeli, Diana y D. Terence Langendoen, eds. 1997. *Optimality Theory. An Overview*. Oxford: Blackwell.

Arsenault, Jessica S. y Bradley R. Buchsbaum. 2015. «Distributed Neural Representations of Phonological Features during Speech Perception». *The Journal of Neuroscience* 35 (2): 634–42. https://doi.org/10.1523/JNEUROSCI.2454-14.2015.

Avelino, Heriberto. 2010. «Acoustic and Electroglottographic Analyses of Nonpathological, Nonmodal Phonation». *Journal of Voice* 24 (3): 270–280. https://doi.org/10.1016/j.jvoice.2008.10.002.

Baken, Ronald J. 1996. *Clinical Measurement of Speech and Voice*. San Diego: Singular.

Baković, Eric. (1995) 2011. «Opacity and Ordering». En *The Handbook of Phonological Theory*, editado por John A. Goldsmith, Jason Riggle y Alan C. L. Yu, 2.ª ed., 40–67. Malden: Wiley-Blackwell. https://doi.org/10.1002/9781444343069.ch2.

Bale, Alan y Charles Reiss. 2018. Phonology: A Formal Introduction. Cambridge, MA: MIT Press.

Ball, Martin J. y Joan Rahilly. 1999. *Phonetics. The Science of Speech*. Londres: Arnold. https://doi.org/10.4324/9780203767252.

Baltaxe, Christiane A. M. 1978. *Foundations of Distinctive Feature Theory*. Baltimore: University Park Press.

Beck, Janet. (1997) 2010. «Organic Variation of the Vocal Apparatus». En *The Handbook of Phonetic Sciences*, editado por William J. Hardcastle, John Laver y Fiona E. Gibbon, 2.ª ed., 155–201. Chichester: Wiley-Blackwell. https://doi.org/10.1002/9781444317251.ch5.

Beckman, Mary E. y Jennifer J. Venditti. (1997) 2010. «Tone and Intonation». En *The Handbook of Phonetic Sciences*, editado por William J. Hardcastle, John Laver y Fiona E. Gibbon, 2.ª ed., 603–52. Chichester: Wiley-Blackwell. https://doi.org/10.1002/9781444317251.ch16.

Bermúdez-Otero, Ricardo. 2006. «Morphological Structure and Phonological Domains in Spanish Denominal Derivation». En *Optimality-Theoretic Studies in Spanish Phonology*, editado por Fernando Martínez-Gil y Sonia Colina, 278–311. Ámsterdam: John Benjamins. https://doi.org/10.1075/la.99.11ber.

———. 2011. «Cyclicity». En *The Blackwell Companion to Phonology. Vol. 4: Phonological Interfaces*, editado por Marc van Oostendorp, Colin J. Ewen, Elizabeth V. Hume y Keren Rice, 2019–2048. Malden: Wiley-Blackwell. https://doi.org/10.1002/9781444335262.wbctp0085.

———. 2018. «Stratal Phonology». En *The Routledge Handbook of Phonological Theory*, editado por Stephen J. Hannahs y Anna R. K. Bosch, 100–134. Londres: Routledge. https://doi.org/10.4324/9781315675428-5.

Bickford, Anita C. y Rick Floyd. (1981) 2006. *Articulatory Phonetics. Tools for Analyzing the World's Languages*. 4.ª ed. Dallas: SIL International.

Blecua Falgueras, Beatriz. 2001. «Las vibrantes del español: manifestaciones acústicas y procesos fonéticos». Tesis de doctorado, Universitat Autònoma de Barcelona. http://hdl.handle.net/10803/4859.

Blevins, Juliette. 1995. «The Syllable in Phonological Theory». En *The Handbook of Phonological Theory*, editado por John A. Goldsmith, 206–44. Oxford: Blackwell.

Blevins, Juliette y Andrew Garrett. 2004. «The Evolution of Metathesis». En *Phonetically Based Phonology*, editado por Bruce Hayes, Robert M. Kirchner y Donca Steriade, 117–56. Cambridge: Cambridge University Press. https://doi.org/10.1017/CBO9780511486401.005.

Booij, Geert E. 2011. «Morpheme Structure Constraints». En *The Blackwell Companion to Phonology. Vol. 4: Phonological Interfaces*, editado por Marc van Oostendorp, Colin J. Ewen, Elizabeth V. Hume y Keren Rice, 2049–2070. Malden: Wiley-Blackwell. https://doi.org/10.1002/9781444335262.wbctp0086.

Booij, Geert E., Christian Lehmann y Joachim Mugdan, eds. 2000–2004. *Morphologie. Ein internationales Handbuch zur Flexion und Wortbildung / Morphology. An International Handbook on Inflection and Word-Formation*. 2 vols. Berlín: de Gruyter. https://doi.org/10.1515/9783110111286.1 (Vol. 1), 10.1515/9783110172782.2 (Vol. 2).

Bosch, Anna R. K. 2011. «Syllable-Internal Structure». En *The Blackwell Companion to Phonology. Vol. 2: Suprasegmental and Prosodic Phonology*, editado por Marc van Oostendorp, Colin J. Ewen, Elizabeth V. Hume y Keren Rice, 781–98. Malden: Wiley-Blackwell. https://doi.org/10.1002/9781444335262.wbctp0033.

Botha, Rudolf P. 1971. *Methodological Aspects of Transformational Generative Phonology*. La Haya: Mouton. Reed., Berlín: de Gruyter Mouton, 2018. https://doi.org/10.1515/9783110872392.

Botma, Bert, Nancy C. Kula y Kuniya Nasukawa. 2011. «Features». En *The Continuum Companion to Phonology*, editado por Nancy C. Kula, Bert Botma y Kuniya Nasukawa, 33–66. Londres: Continuum.

Boyce, Suzanne E., Sarah M. Hamilton y Ahmed Rivera-Campos. 2016. «Acquiring Rhoticity across Languages: An Ultrasound Study of Differentiating Tongue Movements». *Clinical Linguistics & Phonetics* 30 (3–5): 174–201. https://doi.org/10.3109/02699206.2015.1127999.

Brakel, Arthur. 1983. *Phonological Markedness and Distinctive Features*. Bloomington: Indiana University Press.

Bresch, Erik, Jason Adams, Arthur Pouzet, Sungbok Lee, Dani Byrd y Shrikanth S. Narayanan. 2006. «Semi-Automatic Processing of Real-Time MR Image Sequences for Speech Production Studies». En *Proceedings of the 7th International Seminar on Speech Production*, 427–434. Ubatuba: CEFALA, Centro de Estudos da Fala, Acústica, Linguagem e Música.

Bresch, Erik, Yoon-Chul Kim, Krishna Nayak, Dani Byrd y Shrikanth S. Narayanan. 2008. «Seeing Speech: Capturing Vocal Tract Shaping Using Real-Time Magnetic Resonance Imaging». *IEEE Signal Processing Magazine* 25 (3): 123–32. https://doi.org/10.1109/MSP.2008.918034.

Broe, Michael B. 1992. «An Introduction to Feature Geometry». En *Gesture, Segment, Prosody. Papers in Laboratory Phonology II*, editado por Gerard J. Docherty y D. Robert Ladd, 149–65. Cambridge: Cambridge University Press. https://doi.org/10.1017/CBO9780511519918.007.

Brosnahan, Leonard F. y Bertil Malmberg. 1976. *Introduction to Phonetics*. Cambridge: Cambridge University Press.

Browman, Catherine P. y Louis M. Goldstein. 1986. «Towards an Articulatory Phonology». *Phonology Yearbook* 3: 219–52. https://doi.org/10.1017/S0952675700000658.

———. 1989. «Articulatory Gestures as Phonological Units». *Phonology* 6 (2): 201–51. https://doi.org/10.1017/S0952675700001019.

———. 1990. «Gestural Specification Using Dynamically-Defined Articulatory Structures». *Journal of Phonetics* 18 (3): 299–320.

———. 1992. «Articulatory Phonology: An Overview». *Phonetica* 49 (3–4): 155–80. https://doi.org/10.1159/000261913.

———. 1995. «Dynamics and Articulatory Phonology». En *Mind as Motion. Explorations in the Dynamics of Cognition*, editado por Robert F. Port y Timothy van Gelder, 175–93. Cambridge, MA: MIT Press.

Buenafuentes, Cristina, Natalia Madrigal y Juan María Garrido Almiñana. 2000. «Análisis acústico de las variaciones micromelódicas en las curvas del F0 en español». *Español Actual. Revista de español vivo* 73: 65–77.

Bybee, Joan L. 2001. *Phonology and Language Use*. Cambridge: Cambridge University Press. https://doi.org/10.1017/CBO9780511612886.

Byrd, Dani, Abigail Kaun, Shrikanth S. Narayanan y Elliot L. Saltzman. 2000. «Phrasal Signatures in Articulation». En *Acquisition and the Lexicon. Papers in Laboratory Phonology V*, editado por Michael B. Broe y Janet B. Pierrehumbert, 70–87. Cambridge: Cambridge University Press.

CALLIOPE. 1989. *La parole et son traitement automatique*. París: Masson.

Campbell, Lyle. 1974. «Phonological Features: Problems and Proposals». *Language* 50 (1): 52–65. https://doi.org/10.2307/412009.

Cantero, Francisco José. 2002. *Teoría y análisis de la entonación*. Barcelona: Edicions de la Universitat de Barcelona.

Carr, Philip y Jean-Pierre Y. Montreuil. (1993) 2013. *Phonology*. 2.ª ed. Basingstoke: Palgrave Macmillan.

Catford, John C. 1964. «Phonation Types: The Classification of Some Laryngeal Components of Speech Production». En *In Honour of Daniel Jones. Papers Contributed on the Occasion of His Eightieth Birthday*, editado por David Abercrombie, Dennis B. Fry, Peter A. D. MacCarthy, Norman C. Scott y John L. M. Trim, 26–37. Londres: Longmans.

———. 1977. *Fundamental Problems in Phonetics*. Edimburgo: Edinburgh University Press; Bloomington: Indiana University Press.

———. 1988. *A Practical Introduction to Phonetics*. Oxford: Oxford University Press.

Chi, Xuemin y Morgan Sonderegger. 2007. «Subglottal Coupling and Its Influence on Vowel Formants». *The Journal of the Acoustical Society of America* 122 (3): 1735–1745. https://doi.org/10.1121/1.2756793.

Chomsky, Noam y Morris Halle. 1968. *The Sound Pattern of English*. Nueva York: Harper & Row. Trad. parcial de José Antonio Millán, *Principios de fonología generativa*, editado por José Antonio Millán y Pilar Calvo. Madrid: Fundamentos, 1979.

Christophe, Anne, Sharon Peperkamp, Christophe Pallier, Eliza Block y Jacques Mehler. 2004. «Phonological Phrase Boundaries Constrain Lexical Access I. Adult Data». *Journal of Memory and Language* 51 (4): 523–47. https://doi.org/10.1016/j.jml.2004.07.001.

Clark, John y Collin Yallop. (1990) 1995. *An Introduction to Phonetics and Phonology*. 2.ª ed. Oxford: Blackwell.

Clements, George N. 1985. «The Geometry of Phonological Features». *Phonology Yearbook* 2: 225–52. https://doi.org/10.1017/S0952675700000440.

———. 1988. «The Sonority Cycle and Syllable Organization». En *Phonologica 1988*, editado por Wolfgang U. Dressler, Hans C. Luschützki, Oskar E. Pfeiffer y John R. Rennison, 63–76. Cambridge: Cambridge University Press.

———. 1990. «The Role of the Sonority Cycle in Core Syllabification». En *Between the Grammar and Physics of Speech. Papers in Laboratory Phonology I*, editado por John Kingston y Mary E. Beckman, 283–333. Cambridge: Cambridge University Press. https://doi.org/10.1017/CBO9780511627736.017.

———. 2000. «In Defense of Serialism». *The Linguistic Review* 17 (2–4): 181–98. https://doi.org/10.1515/tlir.2000.17.2-4.181.

———. 2003. «Feature Economy in Sound Systems». *Phonology* 20 (3): 287–333. https://doi.org/10.1017/S095267570400003X.

———. (1993) 2006. «Feature Organization». En *Encyclopedia of Language & Linguistics*, editado por Keith Brown, 2.ª ed., 433–440. Ámsterdam: Elsevier. https://doi.org/10.1016/B0-08-044854-2/00055-9.

Clements, George N. y Elizabeth V. Hume. 1995. «The Internal Organization of Speech Sounds». En *The Handbook of Phonological Theory*, editado por John A. Goldsmith, 245–306. Oxford: Blackwell.

Clements, George N. y Samuel J. Keyser. 1983. *cv Phonology. A Generative Theory of the Syllable*. Cambridge, MA: MIT Press.

Clements, George N. y Rachid Ridouane, eds. 2011. *Where Do Phonological Features Come from? Cognitive, Physical and Developmental Bases of Distinctive Speech Categories*. Ámsterdam: John Benjamins. https://doi.org/10.1075/lfab.6.

Cohn, Abigail C. 2007. «Phonetics in Phonology and Phonology in Phonetics». *Working Papers of the Cornell Phonetics Laboratory* 16: 1–31.

———. 2010. «Laboratory Phonology: Past Successes and Current Questions, Challenges, and Goals». En *Laboratory Phonology 10*, editado por Cécile Fougeron, Barbara Kühnert, Mariapaola D'Imperio y Nathalie Vallée, 3–30. Berlín: de Gruyter Mouton. https://doi.org/10.1515/9783110224917.1.3.

Cohn, Abigail C., Cécile Fougeron y Marie K. Huffman, eds. 2012. *The Oxford Handbook of Laboratory Phonology*. Oxford: Oxford University Press. https://doi.org/10.1093/oxfordhb/9780199575039.001.0001.

Cole, Jennifer. 1995. «The Cycle in Phonological Grammar». En *The Handbook of Phonological Theory*, editado por John A. Goldsmith, 70–113. Oxford: Blackwell.

Coleman, John y John K. Local. 1991. «The "No Crossing" Constraint in Autosegmental Phonology». *Linguistics and Philosophy* 14 (3): 295–338. https://doi.org/10.1007/BF00627405.

Colina, Sonia. 2009. *Spanish Phonology. A Syllabic Perspective*. Washington D. C.: Georgetown University Press.

Contreras, Heles. 1969. «Simplicity, Descriptive Adequacy and Binary Features». *Language* 45 (1): 1–8. https://doi.org/10.2307/411747.

Contreras, Heles y Conxita Lleó. 1982. *Aproximación a la fonologia generativa: principios teóricos y problemas*. Barcelona: Anagrama.

Cressey, William W. 1978. *Spanish Phonology and Morphology: A Generative View*. Washington D. C.: Georgetown University Press.

———. (1974) 2000. «La homorganicidad en fonología generativa». En *Panorama de la fonología española actual*, editado y traducido por Juana Gil, 385–93. Madrid: Arco/Libros.

Cui, Aletheia. 2020. «The Emergence of Phonological Categories». Tesis de doctorado, University of Pennsylvania.

Cutillas, Juan Antonio. 2003. *Teoría lingüística de la optimidad. Fonología, morfología y aprendizaje*. Murcia: Universidad de Murcia, Servicio de Publicaciones.

Cutler, Anne y Jacques Mehler. 1993. «The Periodicity Bias». *Journal of Phonetics* 21 (1–2): 103–8.

Cutler, Anne. 2012. *Native Listening: Language Experience and the Recognition of Spoken Words*. Cambridge, MA: MIT Press. https://doi.org/10.7551/mitpress/9012.001.0001.

Cutler, Anne, Jacques Mehler, Dennis Norris y Juan Segui. 1986. «The Syllable's Differing Role in the Segmentation of French and English». *Journal of Memory and Language* 25 (4): 385–400. https://doi.org/10.1016/0749-596X(86)90033-1.

Cutler, Anne y Dennis Norris. 1988. «The Role of Strong Syllables in Segmentation for Lexical Access». *Journal of Experimental Psychology: Human Perception and Performance* 14 (1): 113–121. https://doi.org/10.1037/0096-1523.14.1.113.

Davenport, Mike y Stephen J. Hannahs. (1998) 2020. *Introducing Phonetics and Phonology*. 4.ª ed. Londres: Routledge. https://doi.org/10.4324/9781351042789.

Davidsen-Nielsen, Niels. 1978. *Neutralization and Archiphoneme. Two Phonological Concepts and Their History*. Copenhague: Akademisk Forlag; Copenhague: Wilhelm Fink.

Delattre, Pierre C. 1958. «Les indices acoustiques de la parole : premier rapport». *Phonetica* 2 (3–4): 226–51. https://doi.org/10.1159 /000257885. Reed. en *Studies in French and Comparative Phonetics*, 248–75. La Haya: Mouton, 1966.

Dell, François. 1973. *Les règles et les sons. Introduction à la phonologie générative*. París: Hermann.

Demestre, Josep, Joaquim Llisterri, Montserrat Riera y Olga Soler Vilageliu. 2006. «La percepció del llenguatge». En *Psicologia del llenguatge*, editado por Olga Soler Vilageliu, 35–114. Barcelona: Editorial UOC.

Demolin, Didier. 2012. «Experimental Methods in Phonology». *Travaux Interdisciplinaires sur la Parole et le Langage (TIPA)* 28. https://doi .org/10.4000/tipa.162.

Denes, Peter B. y Elliot N. Pinson. (1963) 2015. *The Speech Chain. The Physics and Biology of Spoken Language*. 2.ª ed. Long Grove: Waveland Press.

Di Cristo, Albert. 1982. *Prolégomènes à l'étude de l'intonation : micromélodie*. París: Centre National de la Recherche Scientifique.

Di Cristo, Albert y Daniel Hirst. 1986. «Modelling French Micromelody: Analysis and Synthesis». *Phonetica* 43 (1–3): 11–30. https://doi .org/10.1159/000261758.

DiCanio, Christian. 2012. «The Phonetics of Fortis and Lenis Consonants in Itunyoso Trique». *International Journal of American Linguistics* 78 (2): 239–72. https://doi.org/10.1086/664481.

Donegan, Patricia J. y David Stampe. 1979. «The Study of Natural Phonology». En *Current Approaches to Phonological Theory*, editado por Daniel A. Dinnsen, 126–73. Bloomington: Indiana University Press.

Dresher, B. Elan. 2011. «The Phoneme». En *The Blackwell Companion to Phonology. Vol. 1: General Issues and Segmental Phonology*, editado por Marc van Oostendorp, Colin J. Ewen, Elizabeth V. Hume y Keren Rice, 241–66. Malden: Wiley-Blackwell. https://doi.org /10.1002/9781444335262.wbctp0011.

———. 2016. «Contrast in Phonology, 1867–1967: History and Development». *Annual Review of Linguistics* 2: 53–73. https://doi.org/10 .1146/annurev-linguistics-011415-040800.

Dressler, Wolfgang U. 1984. «Explaining Natural Phonology». *Phonology Yearbook* 1: 29–51. https://doi.org/10.1017/S0952675700000282.

Duanmu, San. 2016. *A Theory of Phonological Features*. Oxford: Oxford University Press. https://doi.org/10.1093/acprof:oso/97801996 64962.001.0001.

Duchet, Jean-Louis. 1981. *La phonologie*. París: Presses Universitaires de France. Trad. de Damià Bas, *La fonología*. Vilassar de Mar: Oikos-Tau, 1982.

Durand, Jacques. (1990) 1992. *Fundamentos de fonología generativa y no lineal*. Traducido por Roser Estapà. Barcelona: Teide.

Edmonson, Jerold A. y John H. Esling. 2006. «The Valves of the Throat and Their Functioning in Tone, Vocal Register and Stress: Laryngoscopic Case Studies». *Phonology* 23 (2): 157–91. https://doi.org/10.1017/S095267570600087X.

Escandell, María Victoria. 2017. «Esto me suena a gramática: prosodia, rasgos gramaticales y efectos pragmáticos». En *Tendencias actuales en fonética experimental. Cruce de disciplinas en el centenario del* Manual de Pronunciación Española *(Tomás Navarro Tomás)*, editado por Victoria Marrero-Aguiar y Eva Estebas-Vilaplana, 414–16. Madrid: Universidad Nacional de Educación a Distancia.

Esling, John H. 1995. «Pharyngeal Phonetics: Larynx Height, Tongue Root, and Pitch Dependence». En *Papers from the 31st Regional Meeting of the Chicago Linguistic Society*, editado por Audra Dainora, Rachel Hemphill, Barbara Luka, Barbara Need y Sheri Pargman, 143–152. Chicago: Chicago Linguistic Society.

———. (1997) 2010. «Phonetic Notation». En *The Handbook of Phonetic Sciences*, editado por William J. Hardcastle, John Laver y Fiona E. Gibbon, 2.ª ed., 678–702. Chichester: Wiley-Blackwell. https://doi.org/10.1002/9781444317251.ch18.

———. 2013. «Voice and Phonation». En *The Bloomsbury Companion to Phonetics*, editado por Mark J. Jones y Rachael-Anne Knight, 110–126. Londres: Bloomsbury. https://doi.org/10.5040/9781472541895.

Fant, Gunnar. 1960. *Acoustic Theory of Speech Production. With Calculations Based on X-Ray Studies of Russian Articulations*. La Haya: Mouton. Reed., Berlín: de Gruyter Mouton, 2012. https://doi.org/10.1515/9783110873429.

Farnetani, Edda y Daniel Recasens. (1997) 2010. «Coarticulation and Connected Speech Processes». En *The Handbook of Phonetic Sciences*, editado por William J. Hardcastle, John Laver y Fiona E. Gibbon, 2.ª ed., 316–52. Chichester: Wiley-Blackwell. https://doi.org /10.1002/9781444317251.ch9.

Fernández Planas, Ana María. 2000. «Estudio electropalatográfico de la coarticulación vocálica en estructuras vcv en castellano». Tesis de doctorado, Universitat de Barcelona. http://hdl.handle.net/10803/2094.

———. 2005. *Así se habla. Nociones fundamentales de fonética general y española. Apuntes de catalán, gallego y euskara*. Barcelona: Horsori.

Field, John. 2005. «Intelligibility and the Listener: The Role of Lexical Stress». *TESOL Quarterly* 39 (3): 399–423. https://doi.org/10.2307 /3588487.

Fischer-Jørgensen, Eli. 1952. «On the Definition of Phoneme Categories on a Distributional Basis». *Acta Linguistica Hafniensia* 7 (1–2): 8–39. https://doi.org/10.1080/03740463.1952.10415400.

Flemming, Edward S. 2004. «Contrast and Perceptual Distinctiveness». En *Phonetically-Based Phonology*, editado por Bruce Hayes, Robert M. Kirchner y Donca Steriade, 232–76. Cambridge: Cambridge University Press. https://doi.org/10.1017/CBO978051148 6401.008.

———. 2017. «Dispersion Theory and Phonology». En *Oxford Research Encyclopedia of Linguistics*, editado por Mark Aronoff. Oxford: Oxford University Press. https://doi.org/10.1093/acrefore/9780199384655.013.110.

Fletcher, Janet. 2010. «The Prosody of Speech: Timing and Rhythm». En *The Handbook of Phonetic Sciences*, editado por William J. Hardcastle, John Laver y Fiona E. Gibbon, 2.ª ed., 523–602. Chichester: Wiley-Blackwell. https://doi.org/10.1002/9781444317251.ch15.

Fónagy, Ivan. 2003. «Des fonctions de l'intonation : essai de synthèse». *Flambeau* 29: 1–20.

Fontaine, Jacqueline. (1974) 1980. *El círculo lingüístico de Praga*. Traducido por Federico Sánchez Alcolea. Madrid: Gredos.

Fougeron, Cécile. 1999. «Prosodically Conditioned Articulatory Variations: A Review». *UCLA Working Papers in Phonetics* 97: 1–74.

Foulkes, Paul y Gerard J. Docherty. 2006. «The Social Life of Phonetics and Phonology». *Journal of Phonetics* 34 (4): 409–38. https://doi.org/10.1016/j.wocn.2005.08.002.

Fowler, Carol A. 1996. «Listeners Do Hear Sounds, Not Tongues». *The Journal of the Acoustical Society of America* 99 (3): 1730–1741. https://doi.org/10.1121/1.415237.

Fowler, Carol A. y Bruno Galantucci. 2005. «The Relation of Speech Perception and Speech Production». En *The Handbook of Speech Perception*, editado por David B. Pisoni y Robert E. Remez, 633–52. Oxford: Blackwell. https://doi.org/10.1002/9780470757024.ch26.

Fox, Anthony. 2000. *Prosodic Features and Prosodic Structure. The Phonology of Suprasegmentals*. Oxford: Oxford University Press.

Frick, Robert W. 1985. «Communicating Emotion: The Role of Prosodic Features». *Psychological Bulletin* 97 (3): 412–29. https://doi.org/10.1037/0033-2909.97.3.412.

Frisch, Stefan A. 2018. «Exemplar Theories in Phonology». En *The Routledge Handbook of Phonological Theory*, editado por Stephen J. Hannahs y Anna R. K. Bosch, 553-68. Londres: Routledge. https://doi.org/10.4324/9781315675428-20.

Fudge, Erik. 1973. *Phonology. Selected Readings*. Harmondsworth: Penguin Books.

Gahl, Susanne y Alan C. L. Yu. 2006. «Introduction to the Special Issue on Exemplar-Based Models in Linguistics». *The Linguistic Review* 23 (3): 213–16. https://doi.org/10.1515/TLR.2006.007.

García Arias, Xosé Lluis. (1988) 2003. *Gramática histórica de la lengua asturiana. Fonética, fonología e introducción a la morfosintaxis histórica*. 2.ª ed. Oviedo: Academia de la Llingua Asturiana.

Garellek, Marc. 2019. «The Phonetics of Voice». En *The Routledge Handbook of Phonetics*, editado por William F. Katz y Peter F. Assmann, 75–106. Londres: Routledge. https://doi.org/10.4324/9780429056253-5.

Gendrot, Cédric, Martine Adda-Decker y Jacqueline Vaissière. 2008. «Les voyelles /i/ et /y/ du français : focalisation et variations formanti-ques». En *Actes des 27es Journées d'Étude sur la Parole. Avignon, 9-13 juin 2008*, 205–208. Avignon: Université d'Avignon.

Ghosh, Prasanta K. y Shrikanth S. Narayanan. 2011. «Joint Source-Filter Optimization for Robust Glottal Source Estimation in the Presence of Shimmer and Jitter». *Speech Communication* 53 (1): 98–109. https://doi.org/10.1016/j.specom.2010.07.004.

Gick, Bryan y Donald Derrick. 2009. «Aero-Tactile Integration in Speech Perception». *Nature* 462: 502–504. https://doi.org/10.1038/nature08572.

Gil, Juana. 1988. *Los sonidos del lenguaje*. Madrid: Síntesis.

———. 1989. «The Binarity Hypothesis in Phonology: 1938-1985». *Historiographia Linguistica. International Journal for the History of the Language Sciences* 16 (1–2): 61–88. https://doi.org/10.1075/hl.16.1-2.05gil.

———. 2006. «Implicaciones fonológicas de la base de articulación». En *Filología y lingüística. Estudios ofrecidos a Antonio Quilis*, 1:219–252. Madrid: Consejo Superior de Investigaciones Científicas; Madrid: Universidad Nacional de Educación a Distancia; Valladolid: Universidad de Valladolid.

———. 2007. *Fonética para profesores de español: de la teoría a la práctica*. Madrid: Arco/Libros.

Gleason Jr., Henry A. 1961. *An Introduction to Descriptive Linguistics*. Nueva York: Holt, Rinehart and Winston. Trad. de Enrique Wulff, *Introducción a la lingüística descriptiva*. Madrid: Gredos, 1975.

Gobl, Christer y Ailbhe Ní Chasaide. 2010. «Voice Source Variation and Its Communicative Functions». En *The Handbook of Phonetic Sciences*, editado por William J. Hardcastle, John Laver y Fiona E. Gibbon, 2.ª ed., 378–423. Chichester: Wiley-Blackwell. https://doi.org/10.1002/9781444317251.ch11.

Goldsmith, John A. (1976) 1979. *Autosegmental Phonology*. Nueva York: Garland.

———. 1990. *Autosegmental and Metrical Phonology*. Oxford: Blackwell.

———, ed. 1999. *Phonological Theory. The Essential Readings*. Oxford: Blackwell.

Goldsmith, John A. y Bernard Laks. 2016. «Generative Phonology: Its Origins, Its Principles and Its Successors». Manuscrito. David Livingstone College of Education eLibrary, Livingstone, Zambia. http://155.0.68.10:8080/jspui/handle/123456789/419.

Goldstein, Louis M., Dani Byrd y Elliot L. Saltzman. 2006. «The Role of Vocal Tract Gestural Action Units in Understanding the Evolution of Phonology». En *From Action to Language via the Mirror Neuron System*, editado por Michael A. Arbib, 215–49. Cambridge: Cambridge University Press. https://doi.org/10.1017/CBO9780511541599.008.

Goldstein, Louis M. y Carol A. Fowler. 2003. «Articulatory Phonology: A Phonology for Public Language Use». En *Phonetics and Phonology in Language Comprehension and Production. Differences and Similarities*, editado por Niels O. Schiller y Antje S. Meyer, 159–208. Berlín: Mouton de Gruyter. Reed., Berlín: de Gruyter Mouton, 2011. https://doi.org/10.1515/9783110895094.159.

Gordon, Matthew y Peter Ladefoged. 2001. «Phonation Types: A Cross-Linguistic Overview». *Journal of Phonetics* 29 (4): 383–406. https://doi.org/10.1006/jpho.2001.0147.

Goslin, Jeremy y Ulrich H. Frauenfelder. 2001. «A Comparison of Theoretical and Human Syllabification». *Language and Speech* 44 (4): 409–36. https://doi.org/10.1177/00238309010440040101.

Gósy, Mária y Catherine O. Ringen. 2009. «Everything You Always Wanted to Know about VOT in Hungarian». Presentado en IXth International Conference on the Structure of Hungarian, Debrecen, Hungría, septiembre.

Gradoville, Michael S. 2023. «The Future of Exemplar Theory». En *The Handbook of Usage-Based Linguistics*, editado por Manuel Díaz-Campos y Sonia Balasch, 527-544. Hoboken: John Wiley & Sons. https://doi.org/10.1002/9781119839859.ch29.

Griffiths, Joshua M. 2019. «On the Rapid Expansion of Optimality Theory at the End of the Twentieth Century». *Historiographia Linguistica. International Journal for the History of the Language Sciences* 46 (1-2): 133-62. https://doi.org/10.1075/hl.00041.gri.

Gussenhoven, Carlos. 2002. «Intonation and Interpretation: Phonetics and Phonology». En *Speech Prosody 2002, International Conference. Aix-en-Provence, France, April 11-13, 2002*, 47–57. International Speech Communication Association (ISCA) Online Archive.

Gussenhoven, Carlos y Haike Jacobs. (1998) 2017. *Understanding Phonology*. 4.ª ed. Londres: Routledge. https://doi.org/10.4324/9781315267982.

Hale, Mark y Charles Reiss. 2008. *The Phonological Enterprise*. Oxford: Oxford University Press.

Hall, Nancy. 2011. «Vowel Epenthesis». En *The Blackwell Companion to Phonology. Vol. 3: Phonological Processes*, editado por Marc van Oostendorp, Colin J. Ewen, Elizabeth V. Hume y Keren Rice, 1576–1596. Malden: Wiley-Blackwell. https://doi.org/10.1002/9781444335262.wbctp0067.

Hall, T. Alan. 2007. «Segmental Features». En *The Cambridge Handbook of Phonology*, editado por Paul de Lacy, 311–334. Cambridge: Cambridge University Press. https://doi.org/10.1017/CBO9780511486371.014.

Halle, Morris. 1957. «In Defense of the Number Two». En *Studies Presented to Joshua Whatmough on His Sixtieth Birthday*, editado por Ernst Pulgram, 65–72. La Haya: Mouton.

———. 1972. «Theoretical Issues in Phonology in the 1970's». En *Proceedings of the Seventh International Congress of Phonetic Sciences / Actes du Septième Congrès International des Sciences Phonétiques. Held at the University of Montreal and McGill University, 22–28 August 1971 / Tenu à l'Université de Montréal et à l'Université McGill, 22–28 août 1971*, editado por André Rigault y René Charbonneau, 179–205. La Haya: Mouton. Reed., Berlín: de Gruter Mouton, 2017. https://doi.org/10.1515/9783110814750-013.

———. 1983. «On Distinctive Features and Their Articulatory Implementation». *Natural Language & Linguistic Theory* 1 (1): 91–105. https://doi.org/10.1007/BF00210377.

———. 1992. «Phonological Features». En *International Encyclopedia of Linguistics*, editado por William Bright, 3:207–212. Oxford: Oxford University Press.

———. 1995. «Feature Geometry and Feature Spreading». *Linguistic Inquiry* 26 (1): 1–46.

Halle, Morris y George N. Clements. 1983. *Problem Book in Phonology. A Workbook for Courses in Introductory Linguistics and Modern Phonology*. Cambridge, MA: MIT Press.

Halle, Morris y Kenneth N. Stevens. 1971. «A Note on Laryngeal Features». *Massachusetts Institute of Technology. Research Laboratory of Electronics. Quarterly Progress Report* 101: 198–213. http://hdl.handle.net/1721.1/56178.

Halle, Morris y Jean-Roger Vergnaud. 1980. «Three Dimensional Phonology». *Journal of Linguistic Research* 1 (1): 83–105.

Hanson, Helen M. 1997. «Glottal Characteristics of Female Speakers: Acoustic Correlates». *The Journal of the Acoustical Society of America* 101 (1): 466–481. https://doi.org/10.1121/1.417991.

Hanson, Helen M. y Erika S. Chuang. 1999. «Glottal Characteristics of Male Speakers: Acoustic Correlates and Comparison with Female Data». *The Journal of the Acoustical Society of America* 106 (2): 1064–1077. https://doi.org/10.1121/1.427116.

Hardcastle, William J. y Nigel Hewlett, eds. 1999. *Coarticulation. Theory, Data and Techniques*. Cambridge: Cambridge University Press. https://doi.org/10.1017/CBO9780511486395.

Harrington, Jonathan. (1997) 2010. «Acoustic Phonetics». En *The Handbook of Phonetic Sciences*, editado por William J. Hardcastle, John Laver y Fiona E. Gibbon, 2.ª ed., 81–129. Chichester: Wiley-Blackwell. https://doi.org/10.1002/9781444317251.ch3.

Harris, James W. 1969. *Spanish Phonology*. Cambridge, MA: MIT Press. Trad. de Aurelio Verde, *Fonología generativa del español*. Barcelona: Planeta, 1975.

't Hart, Johan, René Collier y Antonie Cohen. 1990. *A Perceptual Study of Intonation. An Experimental-Phonetic Approach to Speech Melody*. Cambridge: Cambridge University Press. https://doi.org/10.1017/CBO9780511627743.

Hawkins, Sarah. 1992. «An Introduction to Task Dynamics». En *Gesture, Segment, Prosody. Papers in Laboratory Phonology II*, editado por Gerard J. Docherty y D. Robert Ladd, 9–25. Cambridge: Cambridge University Press. https://doi.org/10.1017/CBO9780511519918.002.

———. 2010. «Phonological Features, Auditory Objects, and Illusions». *Journal of Phonetics* 38 (1): 60–89. https://doi.org/10.1016/j.wocn.2009.02.001.

Hayes, Bruce. 1986. «Inalterability in CV Phonology». *Language* 62 (2): 321–351. https://doi.org/10.2307/414676.

———. 1989. «Compensatory Lengthening in Moraic Phonology». *Linguistic Inquiry* 20 (2): 253–306.

———. 1995. *Metrical Stress Theory. Principles and Case Studies*. Chicago: University of Chicago Press.

———. 2009. *Introductory Phonology*. Malden: Wiley-Blackwell.

Henke, Eric, Ellen K. Kaisse y Richard A. Wright. 2012. «Is the Sonority Sequencing Principle an Epiphenomenon?» En *The Sonority Controversy*, editado por Steve Parker, 65–100. Berlín: de Gruyter Mouton. https://doi.org/10.1515/9783110261523.65.

Hertegård, Stellan, Jan Gauffin y Per-Åke Lindestad. 1995. «A Comparison of Subglottal and Intraoral Pressure Measurements during Phonation». *Journal of Voice* 9 (2): 149–55. https://doi.org/10.1016/S0892-1997(05)80248-6.

Hirose, Hajime. (1997) 2010. «Investigating the Physiology of Laryngeal Structures». En *The Handbook of Phonetic Sciences*, editado por William J. Hardcastle, John Laver y Fiona E. Gibbon, 2.ª ed., 130–52. Chichester: Wiley-Blackwell. https://doi.org/10.1002/9781444317251.ch4.

Hockett, Charles F. 1955. *A Manual of Phonology*. Baltimore: Waverly Press.

Holt, D. Eric. 2004. «Sobre los cambios fónicos esporádicos que optimizan el contacto silábico en el español antiguo: el caso de la metátesis». En *Actas del XIII Congreso de la Asociación de Lingüística y Filología de la América Latina (ALFAL). San José, Costa Rica, 18-23 de febrero de 2002*, editado por Víctor Ml Sánchez Corrales, 1–11. San José: Universidad de Costa Rica. CD.

Hombert, Jean-Marie. 1978. «Consonant Types, Vowel Quality, and Tone». En *Tone. A Linguistic Survey*, editado por Victoria A. Fromkin, 77–111. Nueva York: Academic Press.

Honikman, Beatrice. 1964. «Articulatory Settings». En *In Honour of Daniel Jones. Papers Contributed on the Occasion of His Eightieth Birthday, 12 September 1961*, editado por David Abercrombie, Dennis B. Fry, Peter A. D. MacCarthy, Norman C. Scott y John L. M. Trim, 73–84. Londres: Longmans.

van Hoof, Sarah y Jo Verhoeven. 2011. «Intrinsic Vowel F0, the Size of Vowel Inventories and Second Language Acquisition». *Journal of Phonetics* 39 (2): 168–77. https://doi.org/10.1016/j.wocn.2011.02.007.

Hooper, Joan B. 1976. *An Introduction to Natural Generative Phonology*. Nueva York: Academic Press.

Hualde, José Ignacio. 1991. «On Spanish Syllabification». En *Current Studies in Spanish Linguistics*, editado por Héctor Campos y Fernando Martínez-Gil, 475–93. Washington D. C.: Georgetown University Press.

———. 1994. «La contracción silábica en español». En *Gramática del español*, editado por Violeta Demonte, 629–47. México, D. F.: El Colegio de México.

———. 2003. «El modelo métrico y autosegmental». En *Teorías de la entonación*, editado por Pilar Prieto Vives, 155–84. Barcelona: Ariel.

Hudson, Grover. 1974. «The Representation of Non-Productive Alternations». En *Proceedings of the First International Conference on Historical Linguistics. Edinburgh, 2nd-7th September 1973*, editado por John M. Anderson y Charles Jones, 2:203–229. Ámsterdam: North-Holland.

Huffman, Marie K. y Rena A. Krakow. 1993. *Nasals, Nasalization, and the Velum*. San Diego: Academic Press. https://doi.org/10.1016/C2009-0-21373-0.

van der Hulst, Harry. 2020. *Principles of Radical CV Phonology: A Theory of Segmental and Syllabic Structure*. Edimburgo: Edinburgh University Press.

van der Hulst, Harry y Nancy A. Ritter, eds. 1999. *The Syllable. Views and Facts*. Berlín: Mouton de Gruyter. Reed., Berlín: de Gruyter Mouton, 2012. https://doi.org/10.1515/9783110806793.

van der Hulst, Harry y Norval Smith. 1982. «An Overview of Autosegmental and Metrical Phonology». En *The Structure of Phonological Representations (Part I)*, editado por Harry van der Hulst y Norval Smith, 2–45. Dordrecht: Foris.

Hume, Elizabeth V. 2011. «Markedness». En *The Blackwell Companion to Phonology. Vol. 1: General Issues and Segmental Phonology*, editado por Marc van Oostendorp, Colin J. Ewen, Elizabeth V. Hume y Keren Rice, 79–106. Malden: Wiley-Blackwell. https://doi.org/10.1002/9781444335262.wbctp0004.

Hyman, Larry M. 1975. *Phonology. Theory and Analysis*. Nueva York: Holt, Rinehart and Winston. Trad. de Rafael Monroy, *Fonología. Teoría y análisis*. Madrid: Paraninfo, 1981.

———. 1985. *A Theory of Phonological Weight*. Dordrecht: Foris.

Inkelas, Sharon. (1995) 2011. «The Interaction between Morphology and Phonology». En *The Handbook of Phonological Theory*, editado por John A. Goldsmith, Jason Riggle y Alan C. L. Yu, 2.ª ed., 68–102. Malden: Wiley-Blackwell. https://doi.org/10.1002/9781444343069.ch3.

International Phonetic Association. 1949. *The Principles of the International Phonetic Association*. Londres: International Phonetic Association.

———. 1999. *Handbook of the International Phonetic Association. A Guide to the Use of the International Phonetic Alphabet*. Cambridge: Cambridge University Press.

———. 2015. «The International Phonetic Alphabet (Revised to 2015)». Documento en línea. International Phonetic Association. https://www.internationalphoneticassociation.org/content/full-ipa-chart.

Iskarous, Khalil. 2010. «Vowel Constrictions Are Recoverable from Formants». *Journal of Phonetics* 38 (3): 375–87. https://doi.org/10.1016/j.wocn.2010.03.002.

Ito, Junko y Armin Mester. 2007. «Categories and Projections in Prosodic Structure». Presentado en 4th Old-World Conference in Phonology, Rodas, Grecia, enero.

Ito, Junko y Armin Mester. 2012. «Recursive Prosodic Phrasing in Japanese». En *Prosody Matters. Essays in Honor of Elisabeth Selkirk*, editado por Toni Borowsky, Shigeto Kawahara, Mariko Sugahara y Takahito Shinya, 280–303. Londres: Equinox.

Ito, Junko y Armin Mester. 2021. «Recursive Prosody and the Prosodic Form of Compounds». *Languages* 6 (2): 65. https://doi.org/10.3390/languages6020065.

Jackson, Michel T. T. 1988. «Analysis of Tongue-Positions: Language-Specific and Cross-Linguistic Models». *The Journal of the Acoustical Society of America* 84 (1): 124–43. https://doi.org/10.1121/1.396979.

Jakobson, Roman, Gunnar Fant y Morris Halle. 1951. *Preliminaries to Speech Analysis. The Distinctive Features and Their Correlates.* Cambridge, MA: MIT Press.

Jakobson, Roman y Morris Halle. 1956. «Phonology and Phonetics». En *Fundamentals of Language*, 11–66. La Haya: Mouton. Reed., Berlín: de Gruyter Mouton, 2010. https://doi.org.10.1515/9783110894264. Trad. de Carlos Piera en *Fundamentos del lenguaje*, 2.ª ed., 7–90. Madrid: Ayuso, 1973.

Jakobson, Roman y Linda R. Waugh. 1979. *The Sound Shape of Language*. Brighton: Harvester Press. https://doi.org/10.1515 /9783110889451. Trad. de Mónica Mansour, *La forma sonora de la lengua*. México, D. F.: Fondo de Cultura Económica, 1987.

Jenner, Bryan. 2001. «"Articulatory Setting". Genealogies of an Idea». *Historiographia Linguistica. International Journal for the History of the Language Sciences* 28 (1–2): 121–41. https://doi.org/10.1075/hl.28.1.09jen.

Jessen, Michael y Catherine O. Ringen. 2002. «Laryngeal Features in German». *Phonology* 19 (2): 189–218. https://doi.org/10.1017 /S0952675702004311.

Johnson, Keith. 1997. «Speech Perception without Speaker Normalization: An Exemplar Model». En *Talker Variability in Speech Processing*, editado por Keith Johnson y John W. Mullennix, 145–65. San Diego: Academic Press.

———. (1997) 2003. *Acoustic and Auditory Phonetics*. 2.ª ed. Oxford: Blackwell.

———. 2005. «Speaker Normalization in Speech Perception». En *The Handbook of Speech Perception*, editado por David B. Pisoni y Robert E. Remez, 363–389. Oxford: Blackwell. https://doi.org/10.1002/9780470757024.ch15.

———. 2006. «Resonance in an Exemplar-Based Lexicon: The Emergence of Social Identity and Phonology». *Journal of Phonetics* 34 (4): 485–99. https://doi.org/10.1016/j.wocn.2005.08.004.

Johnson, Keith y Molly Babel. 2010. «On the Perceptual Basis of Distinctive Features: Evidence from the Perception of Fricatives by Dutch and English Speakers». *Journal of Phonetics* 38 (1): 127–136. https://doi.org/10.1016/j.wocn.2009.11.001.

Jun, Jongho. 2004. «Place Assimilation». En *Phonetically Based Phonology*, editado por Bruce Hayes, Robert M. Kirchner y Donca Steriade, 58–86. Cambridge: Cambridge University Press. https://doi.org/10.1017/CBO9780511486401.003.

Kager, René W. J. 1999. *Optimality Theory*. Cambridge: Cambridge University Press. https://doi.org/10.1017/CBO9780511812408.

Kang, Shinae, Keith Johnson y Gregory Finley. 2016. «Effects of Native Language on Compensation for Coarticulation». *Speech Communication* 77: 84–100. https://doi.org/10.1016/j.specom.2015.12.005.

Kawahara, Shigeto. 2011. «Experimental Approaches in Theoretical Phonology». En *The Blackwell Companion to Phonology. Vol. 4: Phonological Interfaces*, editado por Marc van Oostendorp, Colin J. Ewen, Elizabeth V. Hume y Keren Rice, 2283–2303. Malden: Wiley-Blackwell. https://doi.org/10.1002/9781444335262.wbctp0096.

Kaye, Jonathan. 1989. *Phonology. A Cognitive View*. Londres: Routledge. https://doi.org/10.4324/9780203056806.

Keating, Patricia A. 1988a. *A Survey of Phonological Features*. Bloomington: Indiana University Linguistics Club.

———. 1988b. «The Phonology-Phonetics Interface». En *Linguistics: The Cambridge Survey I. Linguistic Theory: Foundations*, editado por Frederick J. Newmeyer, 281–302. Cambridge: Cambridge University Press. Trad. de Luis Santos Domínguez en *Panorama de la lingüística moderna de la Universidad de Cambridge I. Teoría lingüística: fundamentos*, edición supervisada por Luis Eguren, 329–52. Madrid: Visor, 1990.

———. 1991. «Coronal Places of Articulation». En *The Special Status of Coronals. Internal and External Evidence*, editado por Carole Paradis y Jean-François Prunet, 29–48. San Diego: Academic press. https://doi.org/10.1016/B978-0-12-544966-3.50008-7.

———. 2006. «Phonetic Encoding of Prosodic Structure». En *Speech Production. Models, Phonetic Processes, and Techniques*, editado por Jonathan Harrington y Marija Tabain, 167–86. Nueva York: Psychology Press.

Kemp, Alan. (1993) 2006. «Phonetic Transcription: History». En *Encyclopedia of Language & Linguistics*, editado por Keith Brown, 2.ª ed., 396–410. Ámsterdam: Elsevier. https://doi.org/10.1016/B0-08-044854-2/00015-8.

Kenstowicz, Michael J. 1994. *Phonology in Generative Grammar*. Oxford: Blackwell.

Keyser, Samuel J. y Kenneth N. Stevens. 1994. «Feature Geometry and the Vocal Tract». *Phonology* 11 (2): 207–36. https://doi.org/10 .1017/S0952675700001950.

Kingston, John. 2007. «The Phonetics-Phonology Interface». En *The Cambridge Handbook of Phonology*, editado por Paul de Lacy, 401–34. Cambridge: Cambridge University Press. https://doi.org/10.1017/CBO9780511486371.018.

Kiparsky, Paul. 1968. «Linguistic Universals and Linguistic Change». En *Universals in Linguistic Theory*, editado por Emmon Bach y Robert T. Harms, 170–202. Nueva York: Holt, Rinehart and Winston.

———. 1973. «Abstractness, Opacity and Global Rules». En *Three Dimensions of Linguistic Theory*, editado por Osamu Fujimura, 57–86. Tokio: TEC.

———. 1982. «From Cyclic Phonology to Lexical Phonology». En *The Structure of Phonological Representations (Part I)*, editado por Harry van der Hulst y Norval Smith, 131–75. Dordrecht: Foris.

———. 1985. «Some Consequences of Lexical Phonology». *Phonology Yearbook* 2: 85–138. https://doi.org/10.1017/S0952675700000397.

Kirchner, Robert M. 2001. «Phonological Contrast and Articulatory Effort». En *Segmental Phonology in Optimality Theory. Constraints and Representations*, editado por Linda Lombardi, 79–117. Cambridge: Cambridge University Press. https://doi.org/10.1017 /CBO9780511570582.004.

Kitajima, Kazutomo y Kazunari Tanaka. 1995. «The Effects of Intraoral Pressure Change on F_0 Regulation: Preliminary Study for the Evaluation of Vocal Fold Stiffness». *Journal of Voice* 9 (4): 424–28. https://doi.org/10.1016/S0892-1997(05)80205-X.

Koike, Yasuo y Minoru Hirano. 1973. «Glottal-Area Time Function and Subglottal-Pressure Variation». *The Journal of the Acoustical Society of America* 54 (6): 1618–1627. https://doi.org/10.1121/1.1914458.

Krámský, Jiří. 1974. *The Phoneme. Introduction to the History and Theories of a Concept*. Múnich: Wilhelm Fink.

Kreiman, Jody, Bruce R. Gerratt y Norma Antoñanzas-Barroso. 2007. «Measures of the Glottal Source Spectrum». *Journal of Speech, Language, and Hearing Research* 50 (3): 595–610. https://doi.org/10.1044/1092-4388(2007/042).

Krivokapić, Jelena. 2022. «Prosody in Articulatory Phonology». En *Prosodic Theory and Practice*, editado por Jonathan Barnes y Stefanie Shattuck-Hufnagel, 213–36. Cambridge, MA: MIT Press. https://doi.org/10.7551/mitpress/10413.003.0008.

de Lacy, Paul. 2006. *Markedness. Reduction and Preservation in Phonology*. Cambridge: Cambridge University Press. https://doi.org/10.1017/CBO9780511486388.

Ladd, D. Robert. 1996. *Intonational Phonology*. Cambridge: Cambridge University Press. https://doi.org/10.1017/CBO9780511808814.

———. (1995) 2011. «Phonetics in Phonology». En *The Handbook of Phonological Theory*, editado por John A. Goldsmith, Jason Riggle y Alan C. L. Yu, 2.ª ed., 348–373. Malden: Wiley-Blackwell. https://doi.org/10.1002/9781444343069.ch11.

Ladefoged, Peter. 1971. *Preliminaries to Linguistic Phonetics*. Chicago: University of Chicago Press.

———. 1972. «Phonological Features and Their Phonetic Correlates». *Journal of the International Phonetic Association* 2 (1): 2–12. https://doi.org/10.1017/S0025100300000384.

———. 1975. *A Course in Phonetics*. Nueva York: Harcourt Brace Jovanovich.

———. (1962) 1996. *Elements of Acoustic Phonetics*. 2.ª ed. Chicago: University of Chicago Press.

———. 2003. *Phonetic Data Analysis. An Introduction to Fieldwork and Instrumental Techniques*. Oxford: Blackwell.

Ladefoged, Peter, Morrel H. Draper y David Whitteridge. 1958. «Syllables and Stress». En *Miscellanea Phonetica III*, 1–14. Londres: International Phonetic Association.

Ladefoged, Peter y Morris Halle. 1988. «Some Major Features of the International Phonetic Alphabet». *Language* 64 (3): 577–82. https://doi.org/10.2307/414533.

Ladefoged, Peter y Keith Johnson. (1975) 2014. *A Course in Phonetics*. 7.ª ed. Boston: Cengage Learning.

Ladefoged, Peter e Ian Maddieson. 1996. *The Sounds of the World's Languages*. Oxford: Blackwell.

Lahoz-Bengoechea, José María. 2015. «Fonética y fonología de los fenómenos de refuerzo consonántico en el seno de unidades léxicas en español». Tesis de doctorado, Universidad Complutense de Madrid.

Lapesa, Rafael. (1942) 1981. *Historia de la lengua española*. 9.ª ed. corregida y aumentada. Madrid: Gredos.

Lass, Roger. 1984. *Phonology. An Introduction to Basic Concepts*. Cambridge: Cambridge University Press.

Laver, John. 1980. *The Phonetic Description of Voice Quality*. Cambridge: Cambridge University Press.

———. 1994. *Principles of Phonetics*. Cambridge: Cambridge University Press. https://doi.org/10.1017/CBO9781139166621.

Leben, William R. (1973) 1979. *Suprasegmental Phonology*. Nueva York: Garland.

Lee, Sook-Hyang. 1995. «Orals, Gutturals and the Jaw». En *Phonology and Phonetic Evidence. Papers in Laboratory Phonology IV*, editado por Bruce Connell y Amalia Arvaniti, 343–60. Cambridge: Cambridge University Press. https://doi.org/10.1017/CBO9780511554315.024.

Legallois, Dominique y Jacques François. 2011. «La linguistique fondée sur l'usage : parcours critique». *Travaux de Linguistique. Revue internationale de linguistique française* 62 (1): 7–33. https://doi.org/10.3917/tl.062.0007.

Levelt, Willem J. M. 2001. «Spoken Word Production: A Theory of Lexical Access». *Proceedings of the National Academy of Sciences* 98 (23): 13464-71. https://doi.org/10.1073/pnas.231459498.

Levin, Juliette. 1985. «A Metrical Theory of Syllabicity». Tesis de doctorado, Massachusetts Institute of Technology. http://hdl.handle.net/1721.1/15321.

Liberman, Alvin M. y Ignatius G. Mattingly. 1985. «The Motor Theory of Speech Perception Revised». *Cognition* 21 (1): 1–36. https://doi.org/10.1016/0010-0277(85)90021-6.

Liberman, Mark Y. 1975. «The Intonational System of English». Tesis de doctorado, Massachusetts Institute of Technology. http://hdl.handle.net/1721.1/27376.

Liberman, Mark Y. y Alan S. Prince. 1977. «On Stress and Linguistic Rhythm». *Linguistic Inquiry* 8 (2): 249–336.

van Lieshout, Pascal. 2004. «Dynamical systems theory and its application in speech». En *Speech motor control in normal and disordered speech*, editado por Ben Maassen, Raymond D. Kent, Herman Peters, Pascal van Lieshout y Wouter Hulstijn, 51-82. Oxford: Oxford University Press.

Lindau, Mona. 1985. «The Story of /r/». En *Phonetic Linguistics. Essays in Honor of Peter Ladefoged*, editado por Victoria A. Fromkin, 157–68. Nueva York: Academic Press.

Lindblom, Björn. 1986. «On the Origin and Purpose of Discreteness and Invariance in Sound Patterns». En *Invariance and Variability in Speech Processes*, editado por Joseph S. Perkell y Dennis H. Klatt, 493–523. Hillsdale: Lawrence Erlbaum. https://doi.org/10.4324/9781315802350.

———. 1990. «Explaining Phonetic Variation: A Sketch of the H&H Theory». En *Speech Production and Speech Modelling. Proceedings of the NATO Advanced Study Institute on Speech Production and Speech Modelling. Bonas, France, July 17-29, 1989*, editado por William J. Hardcastle y Alain Marchal, 403–439. Dordrecht: Kluwer. https://doi.org/10.1007/978-94-009-2037-8_16.

Lisker, Leigh y Arthur S. Abramson. 1964. «A Cross-Language Study of Voicing in Initial Stops: Acoustical Measurements». *Word* 20 (3): 384–422. https://doi.org/10.1080/00437956.1964.11659830.

Llisterri, Joaquim. 1996. «Los sonidos del habla». En *Elementos de lingüística*, editado por Carlos Martín Vide, 67–128. Barcelona: Octaedro.

Marrero-Aguiar, Victoria. 2001. *Fonética perceptiva. Addenda*. Madrid: Universidad Nacional de Educación a Distancia.

Martín, Eusebia Herminia. 1980. *La teoría fonológica y el modelo de estructura compleja. Esbozo e interpretación del componente fonológico del español*. Madrid: Gredos.

Martinet, André. 1952. «Function, Structure, and Sound Change». *Word* 8 (1): 1–32. https://doi.org/10.1080/00437956.1952.11659416.

———. 1955. *Économie des changements phonétiques. Traité de phonologie diachronique*. Berna: A. Francke.

———. 1968. «Neutralisation et syncrétisme». *La Linguistique* 4 (1): 1–20.

———. 1970. «Savoir pourquoi et pour qui on transcrit». En *La linguistique synchronique. Études et recherches*, 168–73. París: Presses Universitaires de France.

Martínez Celdrán, Eugenio. 1991. «Tensión frente a sonoridad en las consonantes mates del castellano». En *Fonética experimental: teoría y práctica*, 131–41. Madrid: Síntesis.

———. 1993. «Un mismo parámetro fonético en el fondo de la lenición protorromance: la duración». En *Estudios filológicos en homenaje a Eugenio de Bustos Tovar*, editado por José Antonio Bartol, Juan Felipe García Santos y Javier de Santiago, 2:621–640. Salamanca: Ediciones Universidad de Salamanca.

———. 1998. *Análisis espectrográfico de los sonidos del habla*. Barcelona: Ariel.

———. 2004. «Problems in the Classification of Approximants». *Journal of the International Phonetic Association* 34 (2): 201–10. https://doi.org/10.1017/S0025100304001732.

Martínez Celdrán, Eugenio y Ana María Fernández Planas. (2007) 2013. *Manual de fonética española. Articulaciones y sonidos del español*. 2.ª ed. Barcelona: Ariel.

Martínez-Gil, Fernando. 1997. «Word-Final Epenthesis in Galician». En *Issues in the Phonology and Morphology of the Major Iberian Languages*, editado por Fernando Martínez-Gil y Alfonso Morales-Front, 269–340. Washington D. C.: Georgetown University Press.

———. 2001. «Sonority as a Primitive Phonological Feature: Evidence from Spanish Complex Onsets Phonotactics». En *Features and Interfaces in Romance. Essays in Honor of Heles Contreras*, editado por Julia Herschensohn, Enrique Mallén y Karen Zagona, 203–22. Ámsterdam: John Benjamins. https://doi.org/10.1075/cilt.222.14mar.

———. 2012. «Main Phonological Processes». En *The Handbook of Hispanic Linguistics*, editado por José Ignacio Hualde, Antxon Olarrea y Erin O'Rourke, 111–31. Malden: Wiley-Blackwell. https://doi.org/10.1002/9781118228098.ch6.

Martínez-Paricio, Violeta. 2013. «An Exploration of Minimal and Maximal Metrical Feet». Tesis de doctorado, University of Tromsø. https://hdl.handle.net/10037/5658.

Mascaró, Joan. (1976) 1978. *Catalan Phonology and the Phonological Cycle*. Bloomington: Indiana University Linguistics Club.

Massaro, Dominic W. 2006. «Theories and Models of Speech Perception and Recognition». En *Encyclopedia of Cognitive Science*, editado por Lynn Nadel, 1–9. Hoboken: John Wiley & Sons. https://doi.org/10.1002/0470018860.s00085.

McCarthy, John J. 1982. «Non-Linear Phonology: A Review». *GLOW Newsletter* 50.

———. 1988. «Feature Geometry and Dependency: A Review». *Phonetica* 45 (2–4): 84–108. https://doi.org/10.1159/000261820.

———. 2002. *A Thematic Guide to Optimality Theory*. Cambridge: Cambridge University Press. https://doi.org/10.1017/CBO9780511613333.

———, ed. 2004. *Optimality Theory in Phonology. A Reader*. Oxford: Blackwell. https://doi.org/10.1002/9780470756171.

———. 2007. «What Is Optimality Theory?» *Language and Linguistics Compass* 1 (4): 260–91. https://doi.org/10.1111/j.1749-818X.2007.00018.x.

———. 2008. *Doing Optimality Theory. Applying Theory to Data*. Oxford: Blackwell. https://doi.org/10.1002/9781444301182.

McGurk, Harry y John MacDonald. 1976. «Hearing Lips and Seeing Voices». *Nature* 264: 746–48. https://doi.org/10.1038/264746a0.

McQueen, James M. 1998. «Segmentation of Continuous Speech Using Phonotactics». *Journal of Memory and Language* 39 (1): 21–46. https://doi.org/10.1006/jmla.1998.2568.

McQueen, James M. y Anne Cutler. (1997) 2010. «Cognitive Processes in Speech Perception». En *The Handbook of Phonetic Sciences*, editado por William J. Hardcastle, John Laver y Fiona E. Gibbon, 2.ª ed., 489–520. Chichester: Wiley-Blackwell. https://doi.org/10.1002/9781444317251.ch14.

McQueen, James M., Dennis Norris y Anne Cutler. 1994. «Competition in Spoken Word Recognition: Spotting Words in Other Words». *Journal of Experimental Psychology: Learning, Memory, and Cognition* 20 (3): 621–38. https://doi.org/10.1037/0278-7393.20.3.621.

McRoberts, Gerald W., Michael Studdert-Kennedy y Donald P. Shankweiler. 1995. «The Role of Fundamental Frequency in Signaling Linguistic Stress and Affect: Evidence for a Dissociation». *Perception & Psychophysics* 57 (2): 159–74. https://doi.org/10.3758/BF03206502.

Mehler, Jacques, Jean Yves Dommergues, Ulrich H. Frauenfelder y Juan Segui. 1981. «The Syllable's Role in Speech Segmentation». *Journal of Verbal Learning and Verbal Behavior* 20 (3): 298–305. https://doi.org/10.1016/S0022-5371(81)90450-3.

Méndez Dosuna, Julián y Carmen Pensado, eds. 1990. *Naturalists at Krems. Papers from the Workshop on Natural Phonology and Natural Morphology (Krems, 1–7 July 1988)*. Salamanca: Ediciones Universidad de Salamanca.

Mennen, Ineke, James M. Scobbie, Esther de Leeuw, Sonja Schaeffler y Felix Schaeffler. 2010. «Measuring Language-Specific Phonetic Settings». *Second Language Research* 26 (1): 13–41. https://doi.org/10.1177/0267658309337617.

Meynadier, Yohann. 2001. «La syllabe phonétique et phonologique : une introduction». *Travaux Interdisciplinaires du Laboratoire Parole et Langage d'Aix-en-Provence (TIPA)* 20: 91–148.

Mielke, Jeff. (2004) 2008. *The Emergence of Distinctive Features*. Oxford: Oxford University Press.

Miller, Joanne L. y Peter D. Eimas. 1995. «Speech Perception: From Signal to Word». *Annual Review of Psychology* 46: 467–492. https://doi.org/10.1146/annurev.ps.46.020195.002343.

Mohanan, Karuvannur P. 1986. *The Theory of Lexical Phonology*. Dordrecht: Reidel. https://doi.org/10.1007/978-94-009-3719-2.

Monahan, Philip J. y William J. Idsardi. 2010. «Auditory Sensitivity to Formant Ratios: Toward an Account of Vowel Normalization». *Language and Cognitive Processes* 25 (6): 808–39. https://doi.org/10.1080/01690965.2010.490047.

Monroy, Rafael. 1980. *Aspectos fonéticos de las vocales españolas*. Madrid: SGEL.

Moore, Brian C. J. (1997) 2010. «Aspects of Auditory Processing Related to Speech Perception». En *The Handbook of Phonetic Sciences*, editado por William J. Hardcastle, John Laver y Fiona E. Gibbon, 2.ª ed., 454–88. Chichester: Wiley-Blackwell. https://doi.org/10.1002/9781444317251.ch13.

Mowrey, Richard y William Pagliuca. 1995. «The Reductive Character of Articulatory Evolution». *Rivista di Linguistica* 7 (1): 37–124.

Muljačić, Žarko. (1969) 1982. *Fonología general. Revisión crítica de las nuevas corrientes fonológicas*. Traducido por Eduard Feliu. 2.ª ed. Barcelona: Laia.

Munot, Philippe y François-Xavier Nève. 2002. *Une introduction à la phonétique. Manuel à l'intention des linguistes, orthophonistes et logopèdes*. Lieja: Éditions du CÉFAL.

Murray, Iain R. y John L. Arnott. 1993. «Toward the Simulation of Emotion in Synthetic Speech: A Review of the Literature on Human Vocal Emotion». *The Journal of the Acoustical Society of America* 93 (2): 1097–1108. https://doi.org/10.1121/1.405558.

Narayanan, Shrikanth S., Abeer Alwaan y Katherine Haker. 1997. «Toward Articulatory-Acoustic Models for Liquid Approximants Based on MRI and EPG Data. Part I. The Laterals». *The Journal of the Acoustical Society of America* 101 (2): 1064–77. https://doi.org/10.1121/1.418030.

Narayanan, Shrikanth S., Krishna Nayak, Sungbok Lee, Abhinav Sethy y Dani Byrd. 2004. «An Approach to Real-Time Magnetic Resonance Imaging for Speech Production». *The Journal of the Acoustical Society of America* 115 (4): 1771–76. https://doi.org/10.1121/1.1652588.

Navarro Tomás, Tomás. 1934. «Rehilamiento». *Revista de Filología Española* 21: 274–79.

———. (1918) 1996. *Manual de pronunciación española*. 26.ª ed. Madrid: Consejo Superior de Investigaciones Científicas.

Nespor, Marina y Irene Vogel. (1986) 1994. *La prosodia*. Traducido por Ana Ardid. Madrid: Visor.

Netsell, Ronald. 1969. «Subglottal and Intraoral Air Pressures during the Intervocalic Contrast of /t/ and /d/». *Phonetica* 20 (2–4): 68–73. https://doi.org/10.1159/000259275.

Newman, John. 1997. *Coursebook in Feature Geometry*. Múnich: LINCOM.

Newmeyer, Frederick J. 2022. *American Linguistics in Transition: From Post-Bloomfieldian Structuralism to Generative Grammar*. Oxford: Oxford University Press. https://doi.org/10.1093/oso/9780192843760.001.0001.

Noske, Roland G. 1993. *A Theory of Syllabification and Segmental Alternation. With Studies on the Phonology of French, German, Tonkawa, and Yawelmani*. Tubinga: Niemeyer. Reed., Berlín: de Gruyter Mouton, 2011. https://doi.org/10.1515/9783111594798.

Núñez Cedeño, Rafael A., ed. 2016. *The Syllable and Stress. Studies in Honor of James W. Harris*. Berlín: de Gruyter. https://doi.org/10.1515/9781614515975.

O'Connor, Joseph D. 1973. *Phonetics*. Harmondsworth: Penguin Books.

Odden, David. 1986. «On the Role of the Obligatory Contour Principle in Phonological Theory». *Language* 62 (2): 353–83. https://doi.org/10.2307/414677.

———. (2005) 2013. *Introducing Phonology*. 2.ª ed. Cambridge: Cambridge University Press. https://doi.org/10.1017/CBO9781139381727.

———. (1995) 2011. «Rules vs. Constraints». En *The Handbook of Phonological Theory*, editado por John A. Goldsmith, Jason Riggle y Alan C. L. Yu, 2.a ed., 1–39. Malden: Wiley-Blackwell. https://doi.org/10.1002/9781444343069.ch1.

Ohala, John J. 1986. «Consumer's Guide to Evidence in Phonology». *Phonology Yearbook* 3: 3–26. https://doi.org/10.1017/S0952675700000555.

———. 1990. «Alternatives to the Sonority Hierarchy for Explaining Segmental Sequential Constraints». En *Papers from the 26th Annual Regional Meeting of the Chicago Linguistic Society. Part 2: The Parasession on the Syllable in Phonetics and Phonology*, editado por Michael Ziolkowski, Manuela Noske y Karen Deaton, 319–338. Chicago: Chicago Linguistic Society.

———. 1996. «Speech Perception Is Hearing Sounds, Not Tongues». *The Journal of the Acoustical Society of America* 99 (3): 1718–1725. https://doi.org/10.1121/1.414696.

———. (1997) 2010. «The Relation between Phonetics and Phonology». En *The Handbook of Phonetic Sciences*, editado por William J. Hardcastle, John Laver y Fiona E. Gibbon, 2.ª ed., 653–77. Chichester: Wiley-Blackwell. https://doi.org/10.1002/9781444317251.ch17.

Ohala, John J. y Haruko Kawasaki. 1984. «Prosodic Phonology and Phonetics». *Phonology Yearbook* 1: 113–27. https://doi.org/10.1017/S0952675700000312.

Ohala, John J. y Haruko Kawasaki-Fukumori. 1997. «Alternatives to the Sonority Hierarchy for Explaining Segmental Sequential Constraints». En *Language and Its Ecology. Essays in Memory of Einar Haugen*, editado por Stig Eliasson y Ernst H. Jahr, 343–66. Berlín: Mouton de Gruyter. Reed., Berlín: de Gruyter Mouton, 2011. https://doi.org/10.1515/9783110805369.343.

van Oostendorp, Marc, Colin J. Ewen, Elizabeth V. Hume y Keren Rice, eds. 2011. *The Blackwell Companion to Phonology*. Malden: Wiley-Blackwell. https://doi.org/10.1002/9781444335262.

Otake, Takashi, Giyoo Hatano, Anne Cutler y Jacques Mehler. 1993. «Mora or Syllable? Speech Segmentation in Japanese». *Journal of Memory and Language* 32 (2): 258–278. https://doi.org/10.1006/jmla.1993.1014.

Padgett, Jaye. (1991) 1995. *Stricture in Feature Geometry*. Stanford: CSLI Publications.

Paradis, Carole. 1988. «On Constraints and Repair Strategies». *The Linguistic Review* 6 (1): 71–97. https://doi.org/10.1515/tlir.1987.6.1.71.

Paradis, Carole y Darlene LaCharité. 1997. «Preservation and Minimality in Loanword Adaptation». *Journal of Linguistics* 33 (2): 379–430. https://doi.org/10.1017/S0022226797006786.

Paradis, Carole y Jean-François Prunet, eds. 1991. *The Special Status of Coronals. Internal and External Evidence*. San Diego: Academic Press. https://doi.org/10.1016/C2013-0-07497-X.

Parker, Steve. 2011. «Sonority». En *The Blackwell Companion to Phonology. Vol. 2: Suprasegmental and Prosodic Phonology*, editado por Marc van Oostendorp, Colin J. Ewen, Keren Rice y Elizabeth V. Hume, 1160–1184. Malden: Wiley-Blackwell. https://doi.org/10.1002/9781444335262.wbctp0049.

———. 2016. «Sonority». En *Oxford Bibliographies in Linguistics*, editado por Mark Aronoff. Oxford: Oxford University Press. https://doi.org/10.1093/OBO/9780199772810-0042.

Parrell, Benjamin, Adam C. Lammert, Gregory Ciccarelli y Thomas F. Quatieri. 2019. «Current Models of Speech Motor Control: A Control-Theoretic Overview of Architectures and Properties». *The Journal of the Acoustical Society of America* 145 (3): 1456–1481. https://doi.org/10.1121/1.5092807.

Pell, Marc D., Silke Paulmann, Chinar Dara, Areej Alasseri y Sonja A. Kotz. 2009. «Factors in the Recognition of Vocally Expressed Emotions: A Comparison of Four Languages». *Journal of Phonetics* 37 (4): 417–35. https://doi.org/10.1016/j.wocn.2009.07.005.

Pensado, Carmen. 1983. *El orden histórico de los procesos fonológicos*. Salamanca: Ediciones Universidad de Salamanca.

Perkell, Joseph S., Marc H. Cohen, Mario A. Svirsky, Melanie L. Matthies, Iñaki Garabieta y Michel T. T. Jackson. 1992. «Electromagnetic Midsagittal Articulometer Systems for Transducing Speech Articulatory Movements». *The Journal of the Acoustical Society of America* 92 (6): 3078–3096. https://doi.org/10.1121/1.404204.

Pierrehumbert, Janet B. 1980. «The Phonology and Phonetics of English Intonation». Tesis de doctorado, Massachusetts Institute of Technology. http://hdl.handle.net/1721.1/16065.

Pierrehumbert, Janet B., Mary E. Beckman y D. Robert Ladd. 2000. «Conceptual Foundations of Phonology as a Laboratory Science». En *Phonological Knowledge. Conceptual and Empirical Issues*, editado por Noel Burton-Roberts, Philip Carr y Gerard J. Docherty, 273–303. Oxford: Oxford University Press.

Pisoni, David B. y Robert E. Remez, eds. 2005. *The Handbook of Speech Perception*. Oxford: Blackwell. https://doi.org/10.1002/9780470757024.

Port, Robert F. 2007. «How Are Words Stored in Memory? Beyond Phones and Phonemes». *New Ideas in Psychology* 25 (2): 143–70. https://doi.org/10.1016/j.newideapsych.2007.02.001.

Pouplier, Marianne. 2011. «The Atoms of Phonological Representations». En *The Blackwell Companion to Phonology. Vol. 1: General Issues and Segmental Phonology*, editado por Marc van Oostendorp, Colin J. Ewen, Elizabeth V. Hume y Keren Rice, 107–29. Malden: Wiley-Blackwell. https://doi.org/10.1002/9781444335262.wbctp0005.

Prieto Vives, Pilar, ed. 2003. *Teorías de la entonación*. Barcelona: Ariel.

Prince, Alan S. y Paul Smolensky. 2004. *Optimality Theory: Constraint Interaction in Generative Grammar*. Malden: Blackwell. https://doi.org/10.1002/9780470759400. Versión corregida de «Optimality Theory: Constraint Interaction in Generative Grammar». Technical Report CU-CS-696-93. Boulder: University of Colorado at Boulder, 1993.

Privizentseva, Mariia, Felicitas Anderman y Gereon Müller, eds. 2023. Cyclicity. Leipzig: Universität Leipzig, Institut für Linguistik.

Proctor, Michael I. 2009. «Gestural Characterization of a Phonological Class: The Liquids». Tesis de doctorado, Yale University. ProQuest (305039426).

Purnell, Thomas. 2018. «Rule-Based Phonology: Background, Principles and Assumptions». En *The Routledge Handbook of Phonological Theory*, editado por Stephen J. Hannahs y Anna R. K. Bosch, 135–66. Londres: Routledge. https://doi.org/10.4324/9781315675428-6.

Quilis, Antonio. 1993. *Tratado de fonología y fonética españolas*. Madrid: Gredos.

———. 1997. *Principios de fonología y fonética españolas*. Madrid: Arco/Libros.

Ranke, Otto F. y Hans Lullies. 1953. *Gehör. Stimme. Sprache*. Berlín: Springer.

Raphael, Lawrence J., Gloria J. Borden y Katherine S. Harris. (1980) 2006. *Speech Science Primer. Physiology, Acoustics, and Perception of Speech*. 5.ª ed. Baltimore: Lippincott Williams & Williams.

Recasens, Daniel. 2012. «A Cross-Language Acoustic Study of Initial and Final Allophones of /l/». *Speech Communication* 54 (3): 368–83. https://doi.org/10.1016/j.specom.2011.10.001.

———. 2014. *Coarticulation and Sound Change in Romance*. Ámsterdam: John Benjamins. https://doi.org/10.1075/cilt.329.

van Reenen, Pieter. 1982. *Phonetic Feature Definitions. Their Integration into Phonology and Their Relation to Speech. A Case Study of the Feature NASAL*. Dordrecht: Foris. https://doi.org/10.1515/9783111404226.

Reiss, Charles. 2018. «Substance Free Phonology». En *The Routledge Handbook of Phonological Theory,* editado por Stephen J. Hannahs y Anna R. K. Bosch, 425–52. Londres: Routledge. https://doi.org/10.4324/9781315675428-15.

Rice, Keren. 2007. «Markedness in Phonology». En *The Cambridge Handbook of Phonology*, editado por Paul de Lacy, 79–98. Cambridge: Cambridge University Press. https://doi.org/10.1017/CBO9780511486371.005.

Ridouane, Rachid, Yohann Meynadier y Cécile Fougeron. 2011. «La syllabe : objet théorique et nature physique». *Faits de langues* 37: 213–34.

Roca, Iggy. 1994. *Generative Phonology*. Londres: Routledge. https://doi.org/10.4324/9780203406809.

Roca, Iggy y Wyn Johnson. 1999. *A Course in Phonology*. Oxford: Blackwell.

Rosch, Eleanor. 1978. «Principles of Categorization». En *Cognition and Categorization*, editado por Eleanor Rosch y Barbara B. Lloyd, 27–48. Hillsdale: Lawrence Erlbaum.

Rosenblum, Lawrence D. 2005. «Primacy of Multimodal Speech Perception». En *The Handbook of Speech Perception*, editado por David B. Pisoni y Robert E. Remez, 51–78. Oxford: Blackwell. https://doi.org/10.1002/9780470757024.ch3.

Rothenberg, Martin. 1977. «Measurement of Airflow in Speech». *Journal of Speech and Hearing Research* 20 (1): 155–76. https://doi.org/10.1044/jshr.2001.155.

———. 1982. «Interpolating Subglottal Pressure from Oral Pressure». *Journal of Speech and Hearing Disorders* 47 (2): 219–20. https://doi.org/10.1044/jshd.4702.219.

Ruch, Hanna y Jonathan Harrington. 2014. «Synchronic and Diachronic Factors in the Change from Pre-Aspiration to Post-Aspiration in Andalusian Spanish». *Journal of Phonetics* 45: 12–25. https://doi.org/10.1016/j.wocn.2014.02.009.

Saffran, Jenny R., Elissa L. Newport y Richard N. Aslin. 1996. «Word Segmentation: The Role of Distributional Cues». *Journal of Memory and Language* 35 (4): 606–21. https://doi.org/10.1006/jmla.1996.0032.

Sagey, Elizabeth C. (1986) 1990. *The Representation of Features and Relations in Non-Linear Phonology*. Nueva York: Garland.

Saltzman, Elliot L. y Kevin G. Munhall. 1989. «A Dynamical Approach to Gestural Patterning in Speech Production». *Ecological Psychology* 1 (4): 333–82. https://doi.org/10.1207/s15326969eco0104_2.

San Segundo, Eugenia y José Antonio Mompeán. 2017. «Perception of Vocal Tract Tension: Exploring Possible Prosodic Correlates». En *Tendencias actuales en fonética experimental. Cruce de disciplinas en el centenario del* Manual de Pronunciación Española *(Tomás Navarro Tomás)*, editado por Victoria Marrero-Aguiar y Eva Estebas-Vilaplana, 79–82. Madrid: Universidad Nacional de Educación a Distancia.

Schein, Barry y Donca Steriade. 1986. «On Geminates». *Linguistic Inquiry* 17 (4): 691–744.

Scobbie, James M. 2007. «Interface and Overlap in Phonetics and Phonology». En *The Oxford Handbook of Linguistic Interfaces*, editado por Gillian Ramchand y Charles Reiss, 17–52. Oxford: Oxford University Press. https://doi.org/10.1093/oxfordhb/9780199247455.013.0002.

Selkirk, Elisabeth O. 1978. «On Prosodic Structure and Its Relation to Syntactic Structure». En *Nordic Prosody II. Papers from a Symposium*, editado por Thorstein Fretheim, 111–40. Trondheim: Tapir.

———. 1980. «The Role of Prosodic Categories in English Word Stress». *Linguistic Inquiry* 11 (3): 563–605.

———. 1981. «On the Nature of Phonological Representation». En *The Cognitive Representation of Speech*, editado por Terry Myers, John Laver y John M. Anderson, 379–388. Ámsterdam: North-Holland. https://doi.org/10.1016/S0166-4115(08)60213-7.

———. 1982. «The Syllable». En *The Structure of Phonological Representations (Part II)*, editado por Harry van der Hulst y Norval Smith, 337–383. Dordrecht: Foris.

———. 1984. *Phonology and Syntax. The Relation between Sound and Structure*. Cambridge, MA: MIT Press.

———. 1986. «On Derived Domains in Sentence Phonology». *Phonology Yearbook* 3: 371–405. https://doi.org/10.1017/S095267570000695.

———. (1995) 2011. «The Syntax-Phonology Interface». En *The Handbook of Phonological Theory*, editado por John A. Goldsmith, Jason Riggle y Alan C. L. Yu, 2.a ed., 435–84. Malden: Wiley-Blackwell. https://doi.org/10.1002/9781444343069.ch14.

———. 1996. «The Prosodic Structure of Function Words». En *Signal to Syntax. Bootstrapping from Speech to Grammar in Early Acquisition*, editado por James L. Morgan y Katherine Demuth, 187–214. Mahwah: Lawrence Erlbaum. https://doi.org/10.4324/9781315806822.

———. 2000. «The Interaction of Constraints on Prosodic Phrasing». En *Prosody: Theory and Experiment. Studies Presented to Gösta Bruce*, editado por Merle Horne, 231–61. Dordrecht: Kluwer. https://doi.org/10.1007/978-94-015-9413-4_9.

Shadle, Christine H. (1997) 2010. «The Aerodynamics of Speech». En *The Handbook of Phonetic Sciences*, editado por William J. Hardcastle, John Laver y Fiona E. Gibbon, 2.ª ed., 39–80. Chichester: Wiley-Blackwell. https://doi.org/10.1002/9781444317251.ch2.

Shattuck-Hufnagel, Stefanie y Alice E. Turk. 1996. «A Prosody Tutorial for Investigators of Auditory Sentence Processing». *Journal of Psycholinguistic Research* 25 (2): 193–247. https://doi.org/10.1007/BF01708572.

Slis, Iman H. y Antonie Cohen. 1969. «On the Complex Regulating the Voiced-Voiceless Distinction, I». *Language and Speech* 12 (2): 80–102. https://doi.org/10.1177/002383096901200202.

Solomon, Nancy P., Pradeep Ramanathan y Matthew J. Makashay. 2007. «Phonation Threshold Pressure across the Pitch Range: Preliminary Test of a Model». *Journal of Voice* 21 (5): 541–550. https://doi.org/10.1016/j.jvoice.2006.04.002.

Sommerstein, Alan H. 1977. *Modern Phonology*. Baltimore: University Park Press. Trad. de Guillermo Diamante, *Fonología moderna*. Madrid: Cátedra, 1980.

Sosa, Juan Manuel. 1999. *La entonación del español. Su estructura fónica, variabilidad y dialectología*. Madrid: Cátedra.

Spencer, Andrew. 1996. *Phonology. Theory and Description*. Oxford: Blackwell.

Sprigg, Richard K. 1978. «Phonation Types: A Re-Appraisal». *Journal of the International Phonetic Association* 8 (1–2): 2–17. https://doi.org/10.1017/s0025100300001687.

Sproat, Richard y Osamu Fujimura. 1993. «Allophonic Variation in English /l/ and Its Implications for Phonetic Implementation». *Journal of Phonetics* 21 (3): 291–311. https://doi.org/10.1016/S0095-4470(19)31340-3.

Stampe, David. 1973. «On Chapter Nine». En *Issues in Phonological Theory. Proceedings of the Urbana Conference on Phonology, 1971, University of Illinois*, editado por Michael J. Kenstowicz y Charles W. Kisseberth, 44–52. La Haya: Mouton. Reed., Berlín: de Gruyer Mouton, 2011. https://doi.org/10.1515/9783110905137.44.

———. (1973) 1979. *A Dissertation on Natural Phonology*. Nueva York: Garland.

Steriade, Donca. 1993. «Orality and Markedness». En *Proceedings of the Nineteenth Annual Meeting of the Berkeley Linguistics Society. General Session and Parasession on Semantic Typology and Semantic Universals*, editado por Joshua S. Guenter, Barbara A. Kaiser y Cheryl C. Zoll, 334–47. Berkeley: Berkeley Linguistics Society. https://doi.org/10.3765/bls.v19i1.1518.

———. 1995. «Underspecification and Markedness». En *The Handbook of Phonological Theory*, editado por John A. Goldsmith, 114–74. Oxford: Blackwell.

Stevens, Kenneth N. 1989. «On the Quantal Nature of Speech». *Journal of Phonetics* 17 (1–2): 3–45.

———. 1998. *Acoustic Phonetics*. Cambridge, MA: MIT Press.

Stevens, Kenneth N. y Helen M. Hanson. 2010. «Articulatory-Acoustic Relations as the Basis of Distinctive Contrasts». En *The Handbook of Phonetic Sciences*, editado por William J. Hardcastle, John Laver y Fiona E. Gibbon, 2.ª ed., 424–53. Chichester: Wiley-Blackwell. https://doi.org/10.1002/9781444317251.ch12.

Stockwell, Robert P., J. Donald Bowen y Ismael Silva-Fuenzalida. 1956. «Spanish Juncture and Intonation». *Language* 32 (4): 641–665. https://doi.org/10.2307/411088.

Stone, Maureen L. (1997) 2010. «Laboratory Techniques for Investigating Speech Articulation». En *The Handbook of Phonetic Sciences*, editado por William J. Hardcastle, John Laver y Fiona E. Gibbon, 2.ª ed., 9–38. Chichester: Wiley-Blackwell. https://doi.org/10.1002/9781444317251.ch1.

Szigetvári, Péter. 2011. «The Skeleton». En *The Blackwell Companion to Phonology. Vol. 2: Suprasegmental and Prosodic Phonology*, editado por Marc van Oostendorp, Colin J. Ewen, Keren Rice y Elizabeth V. Hume, 2963–2989. Malden: Wiley-Blackwell. https://doi.org/10.1002/9781444335262.wbctp0054.

Tabain, Marija y Richard Beare. 2018. «An Ultrasound Study of Coronal Places of Articulation in Central Arrernte: Apicals, Laminals and Rhotics». *Journal of Phonetics* 66: 63–81. https://doi.org/10.1016/j.wocn.2017.09.006.

Taylor, John R. 1989. *Linguistic Categorization*. Oxford: Oxford University Press.

Titze, Ingo R. 1994. *Principles of Voice Production*. Englewood Cliffs: Prentice Hall.

———. 1995. «Definitions and Nomenclature Related to Voice Quality». En *Vocal Fold Physiology. Voice Quality Control*, editado por Osamu Fujimura y Minoru Hirano, 335–342. San Diego: Singular.

Toda, Martine, Shinji Maeda y Kiyoshi Honda. 2010. «Formant-Cavity Affiliation in Sibilant Fricatives». En *Turbulent Sounds. An Interdisciplinary Guide*, editado por Susanne Fuchs, Martine Toda y Marzena Żygis, 343–74. Berlín: Mouton de Gruyter. https://doi.org/10.1515/9783110226584.343.

Trask, R. Larry. 1996. *A Dictionary of Phonetics and Phonology*. Londres: Routledge. https://doi.org/10.4324/9780203695111.

Trubetzkoy, Nikoláj Sergéevič. 1939. *Grundzüge der Phonologie*. Travaux du Cercle Linguistique de Prague 7. Praga: Jednota československých matematiků a fyziků. Trad. de Delia García Giordano, *Principios de fonología*, editado por Luis Jorge Prieto. Madrid: Cincel, 1973.

———. (1939) 1973. *Principios de fonología*. Editado por Luis Jorge Prieto. Traducido por Delia García Giordano. Madrid: Cincel.

Vachek, Josef. 1966. *The Linguistic School of Prague. An Introduction to Its Theory and Practice*. Bloomington: Indiana University Press.

Vaissière, Jacqueline. 2007. «Area Functions and Articulatory Modeling as a Tool for Investigating the Articulatory, Acoustic, and Perceptual Properties of Sounds across Languages». En *Experimental Approaches to Phonology*, editado por Maria-Josep Solé, Patrice S. Beddor y Manjari Ohala, 54–71. Oxford: Oxford University Press.

———. 2011. «On the Acoustic and Perceptual Characterization of Reference Vowels in a Cross-Language Perspective». En *17th International Congress of Phonetic Sciences. Hong Kong, 17–21 August, 2011*, editado por Wai-Sum Lee y Eric Zee, 52–59. International Congress of Phonetic Sciences (ICPhS) Online Archive.

Varela, Soledad. 1984. «Lo "natural" en fonología». *Estudios de Lingüística. Universidad de Alicante (ELUA)* 2: 91–119. https://doi.org/10.14198/ELUA1984.2.03.

Vaux, Bert. 1996. «The Status of ATR in Feature Geometry». *Linguistic Inquiry* 27 (1): 175–82.

Vennemann, Theo. 1974. «Phonological Concreteness in Natural Generative Grammar». En *Towards Tomorrow's Linguistics*, editado por Roger W. Shuy y Charles-James N. Bailey, 202–219. Washington D. C.: Georgetown University Press.

———. 1987. *Preference Laws for Syllable Structure. And the Explanation of Sound Change with Special Reference to German, Germanic, Italian, and Latin*. Berlín: Mouton de Gruyter. Reed., Berlín: de Gruyter Mouton, 2012. https://doi.org/10.1515/9783110849608.

Waugh, Linda R. 1976. *Roman Jakobson's Science of Language*. Lisse: Peter de Ridder.

Wells, John C. (1993) 2006. «Phonetic Transcription and Analysis». En *Encyclopedia of Language & Linguistics*, editado por Keith Brown, 2.ª ed., 386–396. Ámsterdam: Elsevier. https://doi.org/10.1016/B0-08-044854-2/00014-6.

Westbury, John R. y Patricia A. Keating. 1986. «On the Naturalness of Stop Consonant Voicing». *Journal of Linguistics* 22 (1): 145–66. https://doi.org/10.1017/S0022226700010598.

Whalen, Douglas H. y Andrea G. Levitt. 1995. «The Universality of Intrinsic F0 of Vowels». *Journal of Phonetics* 23 (3): 349–66. https://doi.org/10.1016/S0095-4470(95)80165-0.

Zec, Draga. 2011. «Quantity-Sensitivity». En *The Blackwell Companion to Phonology. Vol. 2: Suprasegmental and Prosodic Phonology*, editado por Marc van Oostendorp, Colin J. Ewen, Elizabeth V. Hume y Keren Rice, 1335–1362. Malden: Wiley-Blackwell. https://doi.org/10.1002/9781444335262.wbctp0057.

2   DESCRIPCIÓN FONÉTICA DE LAS VOCALES

Alexander Iribar Ibabe

2.1 Las vocales del español: presentación general

El sistema vocálico del español, formado por sus cinco conocidos elementos /i e a o u/, es un ejemplo representativo de los considerados sistemas fonológicos dominantes, es decir, de los sistemas vocálicos más presentes en las distintas lenguas del mundo. Es sabido (Crothers 1978; Maddieson 1984) que la mayoría de las lenguas poseen sistemas vocálicos de entre cuatro y nueve vocales, pero que los sistemas vocálicos más frecuentes contienen cinco elementos, como el del español [→ § 4.1].

Maddieson (1984) especifica los porcentajes de aparición de las vocales presentes en el corpus *UPSID* (*UCLA Phonological Segment Inventory Database,* que contiene 317 lenguas), clasificadas según tres criterios articulatorios clásicos (que serán convenientemente explicados en el § 2.2) [→ § 14.5.1]. La Tabla 1 muestra dichos porcentajes, junto con los correspondientes a las vocales del español; como puede verse, los valores son casi idénticos.

Las llamadas 'vocales extremas', /i u a/, con mucho las más frecuentes en los inventarios fonológicos de las lenguas, están también presentes en español. Del resto de vocales, según Maddieson (1984), las más frecuentes son, precisamente, las medias, del tipo /e o/. En definitiva, el del español es un sistema vocálico que se podría denominar 'estándar' en las lenguas del mundo, «uno de los sistemas vocálicos más sencillos, simétricos y accesibles para el no nativo de entre todos los de las lenguas de cultura más cercanas a la nuestra" (Gil 2007, 425).

La Tabla 1 refleja la proporción de cada tipo de vocal dentro del sistema vocálico del español. Lógicamente, la frecuencia de aparición de cada vocal en el habla real es una cosa muy distinta. Moreno Sandoval, Torre, Curto y de la Torre (2006) ofrecen los siguientes porcentajes de aparición de los cinco fonemas vocálicos en un corpus oral de 1,2 millones de fonemas: 15,12 % (/e/) - 12,27 % (/a/) - 10,38 % (/o/) - 7,22 % (/i/) - 3,14 % (/u/). El porcentaje total de las apariciones de los fonemas vocálicos es, por tanto, del 48,13 %. Las proporciones no son muy diferentes de las que aporta Rojo (1991) a partir de un corpus textual de más de 3,5 millones de fonemas.

Como en cualquier otro elemento fonético, se constata en las vocales una estrecha relación entre sus aspectos articulatorios, acústicos y perceptivos, aunque esta relación no es sencilla, puesto que existen complejos fenómenos de compensación en la articulación y de reinterpretación en la percepción. En este capítulo se examinarán separadamente las vocales del español desde las tres perspectivas mencionadas: articulatoria (§ 2.2), acústica (§ 2.3) y perceptiva (§ 2.4).

2.2 Producción de las vocales del español

Tradicionalmente se hace referencia a las vocales como elementos abiertos en los que la columna de aire proveniente de los pulmones no encuentra ningún obstáculo articulatorio a su paso por el tracto vocal [→ § 1.2.1]. En realidad, esta afirmación —como casi todas en fonética— no debe entenderse de manera absoluta, sino como una cuestión de grado.

Tabla 1 *Frecuencias de aparición (en porcentajes) de los elementos de los sistemas vocálicos del corpus* UPSID *(Maddieson 1984) y del español*

		UPSID	**Español**
Abertura	vocales altas	39	40
	vocales medias	40,5	40
	vocales bajas	20,5	20
Localización	vocales anteriores	40	40
	vocales centrales	22,2	20
	vocales posteriores	37,8	40
Redondeamiento	vocales redondeadas	38,5	40
	vocales no redondeadas	61,5	60

Evidentemente, sí se producen ciertos 'estrechamientos' en las cavidades supraglóticas (piénsese, por ejemplo, en el 'acercamiento' de la lengua hacia el paladar en la pronunciación de [i]), pero no en un grado suficiente como para constituir un verdadero obstáculo a la salida del aire. En los siguientes subapartados se expone con detalle el modo en el que se producen las vocales en general, y las vocales del español en particular.

2.2.1 Observaciones generales acerca de la producción vocálica

Producir una vocal es sencillo, basta con abrir la boca y fonar: el resultado siempre será un sonido vocálico. ¿Cuántas vocales se pueden producir? Si, a modo de prueba, los órganos de la articulación se mueven, sin interrumpir la fonación [→ § 1.5.2], para producir sonidos vocálicos distintos, ¿cuántas vocales se emiten? Resulta difícil de precisar, pero, desde luego, no pocas. Por otra parte, ¿qué es lo que los hablantes mueven al realizar este pequeño ejercicio? Al menos, lo siguiente:

1. La mandíbula, que puede subir o bajar y también, en menor grado, adelantarse o retroceder.
2. La lengua, que puede subir o bajar, adelantarse o retroceder, y también modificar su forma (curvarse, estirarse, retraerse, etcétera).
3. Los labios, que pueden estirarse o abocinarse.

En realidad, los movimientos de la mandíbula son secundarios con respecto a los de la lengua: al bajar la mandíbula, aumenta en principio la distancia entre la lengua y el paladar, pero se puede corregir dicha distancia subiendo la lengua. Lo importante, en definitiva, es la cavidad, el hueco que resulta en la boca de los movimientos articulatorios en cuestión [→ § 4.1]. Sobre esta idea se volverá con frecuencia a lo largo de este capítulo.

Además de estos movimientos, los órganos de la articulación son capaces de generar otros muchos. A continuación se repasan los criterios articulatorios [→ § 1.6.5] que pueden operar en la clasificación de los sonidos vocálicos, siguiendo para ello a Landercy y Renard (1977, 84):

1. Por el punto de articulación, las vocales pueden ser anteriores, medias (centrales) o posteriores.
2. Por la abertura, las vocales pueden ser cerradas (altas) o abiertas (bajas).
3. Por la acción del velo del paladar, las vocales pueden ser orales o nasales.
4. Por la acción de los labios, las vocales pueden ser labializadas (redondeadas) o no labializadas (no redondeadas).
5. Por la duración, las vocales pueden ser breves o largas.
6. Por la tensión, las vocales pueden ser tensas o relajadas.
7. Por la estabilidad, las vocales pueden ser monoptongadas o poliptongadas (diptongadas o incluso triptongadas).
8. Por la acción de la glotis, las vocales pueden ser glotalizadas o no glotalizadas.
9. Por la dirección de la columna de aire, las vocales pueden ser espiradas (egresivas) o inspiradas (ingresivas).

Cuanto más simple sea el sistema vocálico que se pretende describir o definir, menos parámetros articulatorios se verán involucrados en la tarea. En el § 2.2.2 se expondrán los que resultan necesarios para definir el vocalismo del español. Conviene además tener presente a partir de este punto todo lo señalado en el § 1.6.5 sobre las vocales cardinales, puesto que se manejarán frecuentemente como marco de referencia para la caracterización de las vocales del español.

2.2.2 La articulación de las vocales del español

Los dos ejes de movimiento de la lengua (cierre-abertura y anterioridad-posterioridad) son, obviamente, un continuo que va desde la vocal más alta (o cerrada) a la más baja (o abierta) y desde la vocal más delantera (adelantada, anterior o palatal) a la más trasera (retraída, posterior o velar).

La terminología utilizada para la clasificación o la descripción vocálica es variada. En el eje vertical, los términos cambian según se considere la posición de la lengua o la cavidad que esta genera: el principio general es que cuanto más alta se coloque la lengua, más pequeña será la cavidad oral resultante, y a la inversa. Por tanto, si el foco de atención es la lengua, las vocales se describirán como más o menos altas o bajas; si el foco, en cambio, es la cavidad oral, las vocales serán más o menos cerradas o abiertas.

En cuanto al eje horizontal, las parejas de términos delantero-anterior (al que podría sumarse el de 'frontal', traducción directa del término inglés *front* utilizada también en ocasiones) y trasero-posterior pueden entenderse como sinónimos desde el punto de vista fonético. Por su parte, la Asociación Fonética Internacional utiliza los términos 'adelantado' *(advanced)* y 'retraído' *(retracted)* más bien para referirse a las modificaciones antero-posteriores secundarias con respecto a una determinada posición dada [→ § 4.1]. La tradición filológica española (véase Navarro Tomás 1918, 36) realiza una adecuación no del todo exacta entre las posiciones linguales vocálicas y las zonas articulatorias consonánticas, de modo que identifica las zonas articulatorias de las vocales anteriores con las de los segmentos palatales y las de las posteriores con las de los velares.

Como en toda variable continua, pueden establecerse intervalos en las dos variables manejadas, en cantidad suficiente para clasificar las vocales de la lengua en cuestión. Para el español, es necesario distinguir en cada criterio tres posiciones, de acuerdo con el esquema de la Tabla 2.

Con relación a las vocales cardinales [→ § 1.6.5], en las que se distinguen cuatro grados de abertura, las vocales medias del español se corresponden mejor con las semicerradas que con las semiabiertas, puesto que se consideran articulatoriamente más cerca de [i u] que de [a]. Por eso —y también por tradición y comodidad— se transcriben como [e o] y no como [ɛ ɔ].

Es importante tener en cuenta que esta clasificación se basa en la localización (en los dos ejes) del punto más alto del arco lingual, lo que no tiene por qué coincidir —de hecho, no coincide en varios casos— con la zona de mayor constricción de la cavidad bucofaríngea. Así, de Manrique (1980) señala (de acuerdo con Wood [1979]) cuatro zonas de constricción [→ § 1.6.5] para las vocales del español: palatal ([i e]), faríngea ([a]), velofaríngea ([o]) y velar ([u]).

En definitiva, lo verdaderamente importante no es la localización exacta de un punto —sea el que sea— a lo largo del tracto, sino el hecho de que ese punto permite distinguir dos cavidades de resonancia: la bucal y la faríngea, es decir, la anterior y la posterior a la constricción. Estas dos cavidades o resonadores son los responsables directos del timbre vocálico, como se verá en el § 2.3.

Las imágenes obtenidas mediante la técnica de resonancia magnética (MRI: *Magnetic Resonance Imaging*) [→ § 1.7] permiten observar con bastante precisión el contorno lingual y las cavidades que este genera. A modo de ejemplo, la Figura 1 muestra los cortes sagitales medios de la articulación vocálica del autor, en contextos fonéticamente neutros (entre consonantes bilabiales). Si se toma en cada caso el punto más alto del arco lingual, se trasladan esos cinco puntos a un mismo plano y se unen entre sí, se obtiene el 'esquema articulatorio' de las vocales en cuestión (en la Figura 1 se

Tabla 2 *Clasificación articulatoria de las vocales del español*

		Localización		
		anterior	**central**	**posterior**
Abertura	cerrada	[i]		[u]
	media	[e]		[o]
	abierta		[a]	

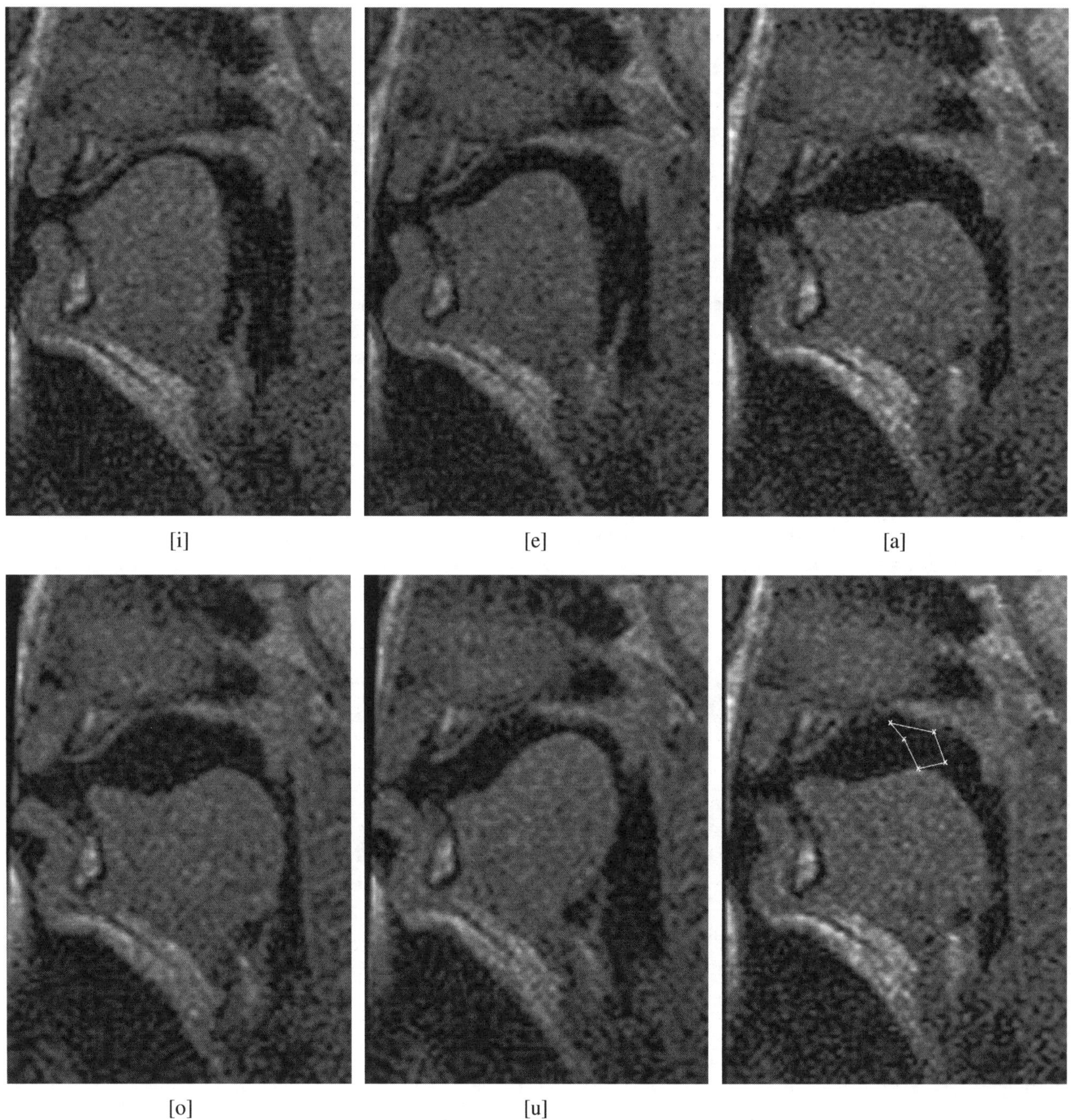

FIGURA 1. Imágenes obtenidas mediante MRI de las articulaciones vocálicas de un hablante y su esquema articulatorio correspondiente.

muestra en el ángulo inferior derecho, trazado sobre la articulación de [a]). Este esquema se conoce tradicionalmente como 'triángulo articulatorio', aunque en rigor se trata —en español, al menos— de un pentágono.

La tradición del triángulo articulatorio se remonta a los esquemas articulatorios triangulares de Hellwag (1781). La descripción de las vocales de Navarro Tomás (1916b, 1918), basada en imágenes radiológicas, asumía la validez de tal representación. Por otra parte, el término 'triángulo' facilita la comparación con el llamado 'triángulo acústico' (que se explicará en el § 2.3.2), aunque, en rigor, tampoco este es siempre de forma triangular.

El esquema articulatorio de las vocales refleja la posición, con respecto a los dos ejes manejados (abertura y localización), del punto más alto del contorno lingual en cada realización, de modo que representa la localización espacial en la cavidad

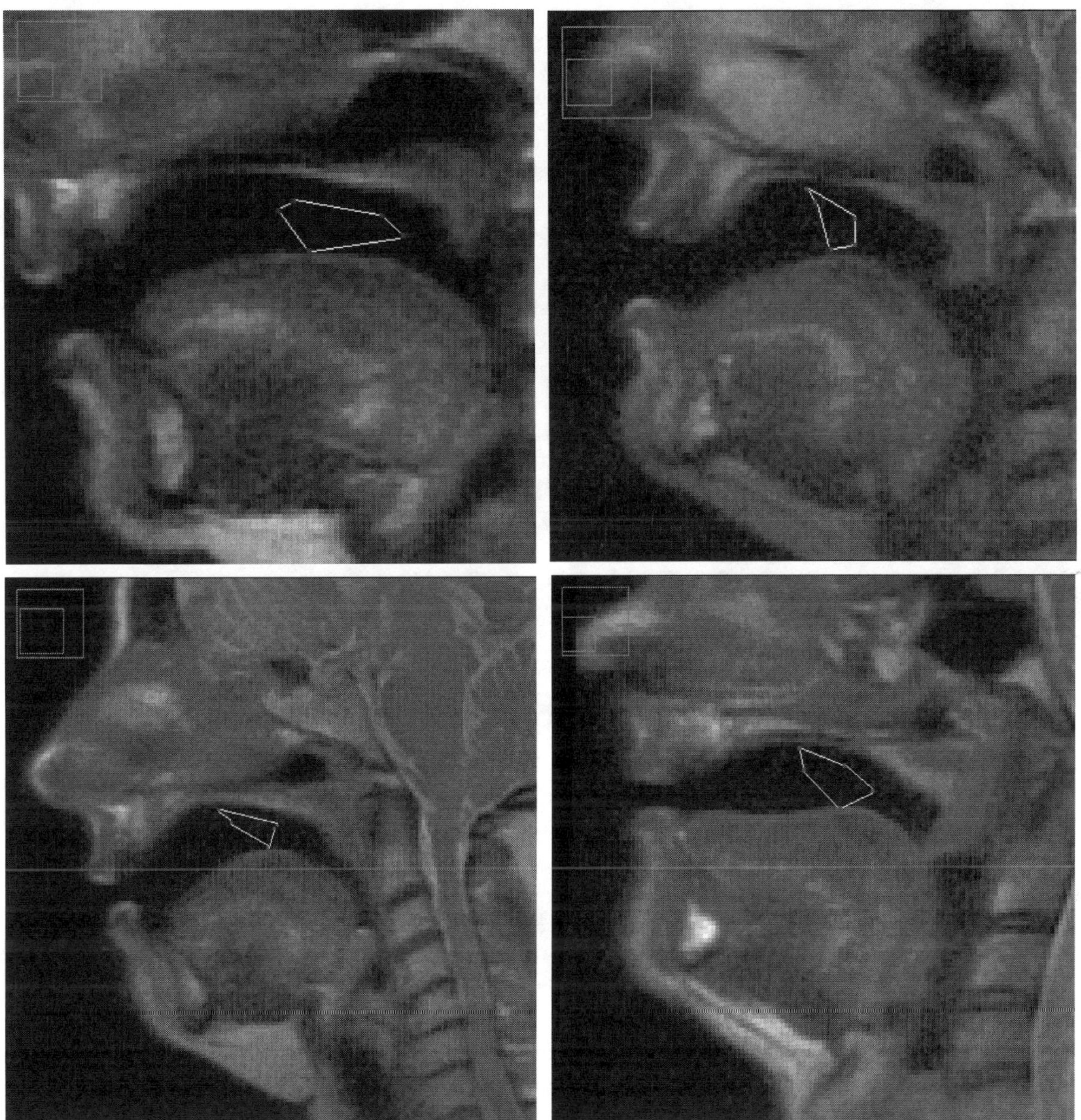

FIGURA 2. Esquemas articulatorios del vocalismo de cuatro hablantes de español (Iribar 2013).

bucal de la constricción más elevada de la vocal, no necesariamente de la constricción mayor (como, por ejemplo, sucede en [a], cuya constricción mayor es faríngea, como ya se ha indicado).

En las imágenes de la Figura 1 se observa la notable diferencia existente entre las configuraciones linguales de las cinco vocales, así como las zonas, ya señaladas, de mayor constricción a lo largo del tracto vocal. También se puede apreciar cómo el redondeamiento labial en [o u] alarga la cavidad oral (aunque la distancia sagital entre los labios puede ser amplia, especialmente en esta [o]), o cómo la posición de la laringe cambia de una vocal a otra (más alta en [i], más baja en [a], si bien la diversidad en este aspecto es muy grande).

Existe una gran variación entre los esquemas articulatorios de los diferentes hablantes. Iribar (2013) muestra los esquemas articulatorios correspondientes a cuatro hablantes de castellano del País Vasco, en los que se aprecia claramente esta disparidad (Figura 2).

Con los valores medios de los cuatro informantes, Iribar (2013) propone el esquema articulatorio del vocalismo del español que se muestra en la Figura 3.

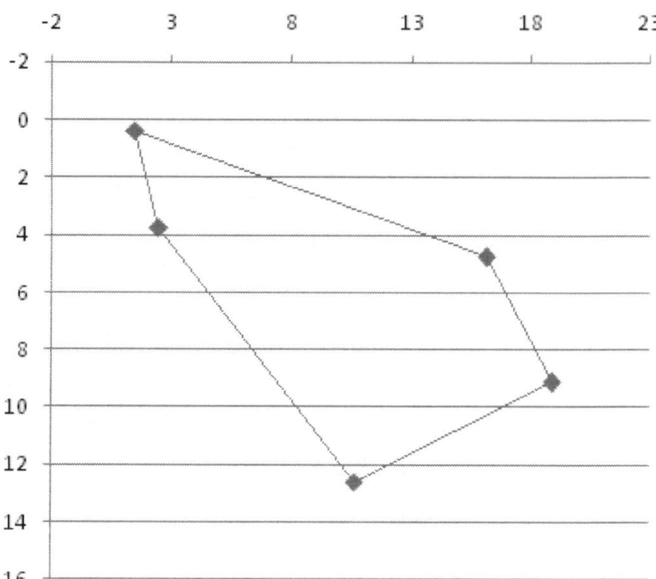

FIGURA 3. Propuesta de esquema articulatorio del vocalismo del español (Iribar 2013).

Tabla 3 *Clasificación articulatoria del vocalismo del español (Iribar 2013, 68)*

		Localización		
		anterior	**central**	**posterior**
Abertura	cerrada	[i]		
	semicerrada	[e]		[u]
	semiabierta			[o]
	abierta		[a]	

Este esquema articulatorio, de forma pentagonal (aunque fácilmente asimilable a un trapecio rectángulo), no se corresponde con la clasificación presentada anteriormente, puesto que exige un grado más de abertura, como muestra la Tabla 3.

Así pues, debe entenderse que la clasificación articulatoria de las vocales del español, al menos si se atiende exclusivamente al punto más alto del arco lingual, es muy variable, y puede requerir, según los casos, un número diferente de grados en los dos ejes (sobre todo de abertura, pero incluso también de localización).

Con un programa adecuado (véase Elejabeitia, Iribar y Pagola 2009), se pueden medir las distancias (en mm) y las áreas (en mm²) de las imágenes obtenidas mediante MRI, y también del esquema de la Figura 3 (Tabla 4).

Como puede suponerse a partir de las figuras anteriores, las cavidades resonadoras originadas por las distintas configuraciones linguales son muy diferentes entre sí. Iribar (2012) muestra un ejemplo representativo de la cavidad oral correspondiente a cada vocal de los cuatro informantes ya indicados (Figura 4).

Medidas las áreas correspondientes a las cavidades bucal (CB) y faríngea (CF), se observa que ambas tienden a compensarse mutuamente, en una relación inversamente proporcional, aunque con notables diferencias entre los informantes. En cuanto a las vocales:

Tabla 4 *Medidas de distancias (mm) y áreas (mm²) del vocalismo español (Iribar 2013)*

Distancias primarias	[i] – [a]	15,37
	[a] – [u]	8,84
	[i] – [u]	14,82
Distancias secundarias	[e] – [i]	3,86
	[e] – [a]	11,93
	[e] – [o]	16,61
	[e] – [u]	13,15
	[o] – [u]	4,68
	[o] – [a]	8,38
	[o] – [i]	18,86
Área del pentágono		93,16
Área del triángulo [i] – [a] – [u]		65,91

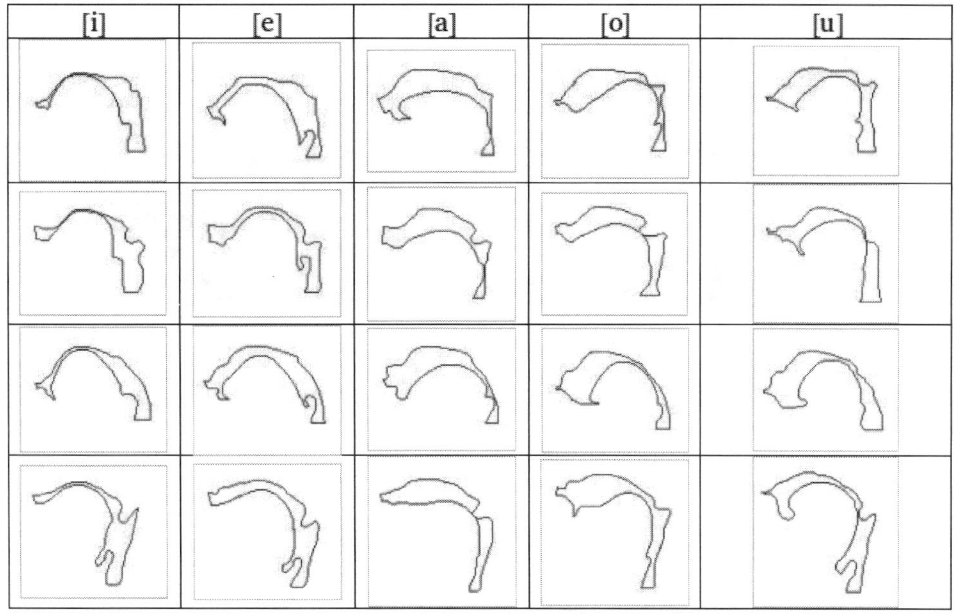

FIGURA 4. Cavidades resonadoras de las vocales de cuatro hablantes de español (Iribar 2012).

- La vocal [i] posee la CB menor (casi siempre inferior a 200 mm^2) y la CF mayor (entre 750 y 1150 mm^2, aproximadamente).
- La vocal [e] posee una CB algo mayor que la de [i] (con unos valores aproximados de entre 250 y 450 mm^2) y una CF amplia, de extensión muy variable (de entre unos 550 y 1100 mm^2).
- La vocal [a] posee la CB más amplia (con unos valores homogéneos en torno a una media aproximada de 1150 mm^2) y la CF más reducida (habitualmente menor de 250 mm^2).
- La vocal [o] posee una CB algo menor que la de [a] (aproximadamente de unos 200 mm^2, salvo en un caso en el que es mayor) y una CF algo mayor (unos 175 mm^2).
- La vocal [u] posee una CB algo menor que la de [o], pero sensiblemente mayor que la de [e] (de entre 700 y 1000 mm^2, aproximadamente) y una CF bastante variable, mayor que [o] y menor que [e] (de entre 500 y 800 mm^2, aproximadamente).

La Figura 5 muestra la relación entre la cavidad bucal (en oscuro) y la faríngea (en claro) de los cuatro informantes.

Hay que tener en cuenta que todos estos parámetros —distancias y áreas— son bidimensionales, y que la realidad opera con volúmenes. Falta, por tanto, la reconstrucción tridimensional del tracto vocal en la producción de las vocales del español, con los datos pertinentes en las tres dimensiones. Un importante avance en esta dirección se presenta en Gurlekian, Elisei y Eleta (2004), quienes realizan un análisis del vocalismo de una hablante argentina a partir de la captura de imágenes mediante MRI. Los autores miden cortes sagitales, coronales y transversales, de la articulación y calculan las áreas de los tubos resonadores equivalentes a las cavidades, así como sus frecuencias teóricas de resonancia (solo de las vocales extremas), que comparan con las reales.

Hasta este momento, las observaciones sobre la producción de las vocales del español se han realizado desde una perspectiva sagital o lateral, desde la que las vocales no muestran obstrucción alguna (aunque sí zonas de marcado estrechamiento). Asimismo, desde una perspectiva frontal, tampoco puede observarse ninguna obstrucción central en el tracto vocal. Eso no significa que no se produzcan contactos linguopalatales en otras zonas, ya observados por Navarro Tomás (1918). Fernández Planas (2007) estudia estos contactos mediante la electropalatografía [→ § 1.7] y ofrece (Figura 6) los electropalatogramas de la articulación que considera representativa de cada vocal del español (tónicas en secuencia ['pVpV]). Debe tenerse muy en cuenta que el contexto fonético puede hacer variar notablemente estos modelos [→ § 1.6.8].

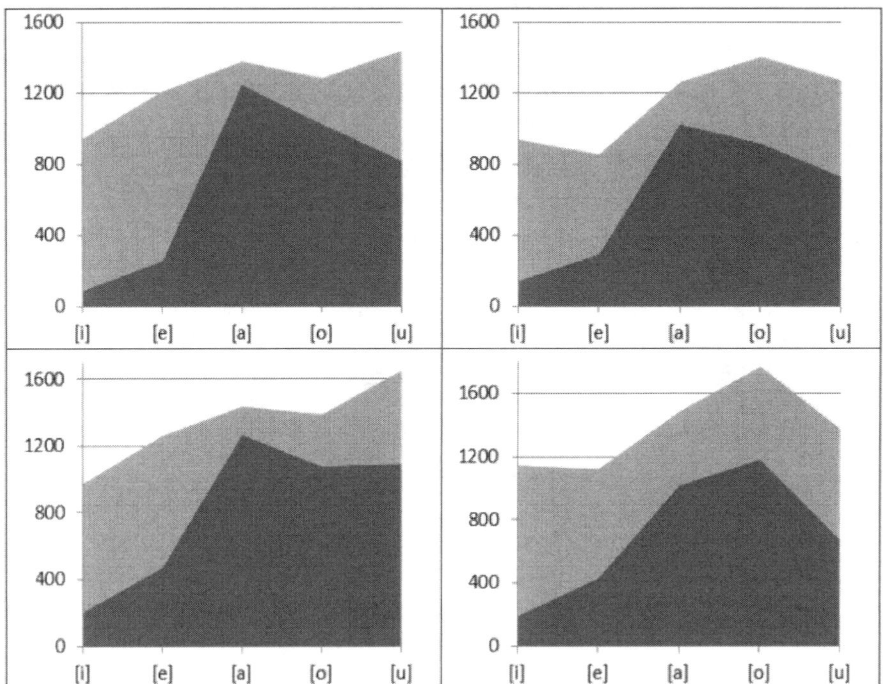

FIGURA 5. Proporción entre las cavidades bucal y faríngea (en mm2) de las vocales del español producidas por cuatro hablantes (Iribar 2012).

FIGURA 6. Modelos electropalatográficos de las vocales del español (adaptado de Fernández Planas [2007, 42]).

En la articulación de [i], el dorso de la lengua se eleva contra el paladar duro y produce un contacto linguopalatal relativamente amplio, que llega hasta los caninos (la fila quinta del paladar artificial) y que deja un canal central relativamente estrecho. La articulación de [e] es similar, pero menos central: el contacto lingual puede llegar hasta el mismo punto, pero la abertura del canal central es mayor. En la articulación de [a] se produce una ligera elevación del dorso de la lengua —situada por Navarro Tomás (1918) aproximadamente entre el paladar duro y el blando— que apenas origina contactos linguopalatales; de producirse, aparecen en los extremos de la última fila del paladar artificial. Para articular las vocales posteriores, la parte trasera de la lengua se eleva hacia el velo del paladar, más en [u] que en [o], cuya mayor constricción es, según se ha visto, velofaríngea. Los contactos linguopalatales de estas dos realizaciones son bastante parecidos, pero —como en el caso de las vocales anteriores— su mayor diferencia reside en el grado de centralidad: [u] suele presentar más puntos de contacto que [o], y en columnas más centrales. Hay que tener en cuenta, además, que los posibles contactos en el paladar blando no quedan reflejados en el paladar artificial.

En resumen, la información proporcionada por la electropalatografía permite distinguir fácilmente las realizaciones vocálicas de las consonánticas (solo estas últimas presentan activación de electrodos en el centro del paladar) y también las vocales entre sí, aunque esto último con menos claridad: el análisis discriminante efectuado por Fernández Planas (2007) clasifica correctamente el 61 % de las vocales analizadas. Las vocales anteriores (especialmente [i]) se distinguen bien del resto, mientras que [a o u] no siempre van a poder identificarse únicamente por los contactos linguopalatales.

2.3 Caracterización acústica de las vocales del español

En el apartado anterior se ha analizado la manera en la que se articulan las vocales del español. Ahora se examinarán los resultados acústicos de dicha producción, es decir, 'cómo son físicamente' los sonidos vocálicos del español.

2.3.1 Cualidades intrínsecas de las vocales del español

Es comúnmente sabido que, en términos generales, las características básicas del sonido son tres: tono [→ § 1.5.4], intensidad [→ § 1.8.2] y duración [→ § 1.11].

> En rigor, tono, intensidad y duración son términos comunes que aluden a la percepción de las tres cualidades, no a sus correspondientes magnitudes físicas, que son, respectivamente, la frecuencia fundamental (o f_0) [→ § 1.5.4], la amplitud y el tiempo. No debe olvidarse que este apartado se centra siempre en el plano acústico.

Los sonidos vocálicos, en tanto que sonidos, no pueden dejar de poseer dichas propiedades: toda vocal ha de tener una determinada altura de f_0, una cierta amplitud y un tiempo concreto de duración. ¿De qué dependen los valores de estas tres magnitudes físicas en un sonido vocálico? Pueden señalarse dos tipos de factores principales:

1. Factores no lingüísticos, como la fisiología del hablante (sexo, edad, configuración orofaríngea, etcétera), el contexto comunicativo, la intencionalidad expresiva, etcétera. Estas cuestiones se tratarán en el capítulo 4 de esta obra.
2. Factores lingüísticos, como el acento, los sonidos contiguos, la posición en la sílaba y el número de sílabas de la palabra, la posición con respecto a las pausas, la entonación, etcétera, que se abordan en el § 2.5.

Los análisis acústicos han mostrado que estas características físicas de los sonidos vocálicos también varían en función de la vocal analizada, es decir, que cabe plantear la existencia de unas 'cualidades acústicas intrínsecas' de las vocales.

¿A qué se deben estas cualidades intrínsecas de los sonidos vocálicos? La respuesta no es sencilla. Se han propuesto distintas explicaciones, de carácter fisiológico-articulatorio, acústico y hasta neuronal (Wiersma 2003), pero la cuestión no está aclarada. En cualquier caso, y sea por la razón que sea, parece *a priori* más esperable que las vocales cerradas de cualquier lengua tengan menor amplitud que las abiertas, tiendan a ser más breves, pero presenten una altura tonal mayor (f_0 más alta) [→ § 1.5.4]. Esta última cualidad es la que ha recibido mayor atención por parte de la fonética, tanto general como específica del español.

La relación inversa entre la abertura vocálica y la f_0 se ha observado desde antiguo (Crandall 1925; Meyer 1896–1897) y en numerosas lenguas. Más en particular, la observación se centra en que las vocales altas (como [i u]) tienden a presentar una frecuencia fundamental más elevada que las abiertas (como [a ɑ]). Esta diferencia tonal suele expresarse en semitonos, puesto que los valores absolutos de frecuencia dependen de la tesitura tonal de cada hablante. Whalen y Levitt (1995) revisan y ordenan los trabajos realizados hasta ese momento y concluyen que la frecuencia fundamental intrínseca (IFO o *intrinsic f_0*, como se la conoce habitualmente) [→ § 1.5.5] es universal, es decir, se produce en cualquier lengua porque no está motivado lingüísticamente, sino que obedece a algún tipo de proceso natural.

> Se ha tratado de explicar este fenómeno especialmente desde las perspectivas articulatoria y acústica. La hipótesis articulatoria sostiene que la tensión muscular necesaria para elevar la lengua se traslada también a la laringe, de modo que aumenta la frecuencia de vibración de las cuerdas vocales. La hipótesis acústica entiende que el fenómeno es, en esencia, un procedimiento de ganancia acústica: cuando el primer formante de la vocal es muy bajo, como sucede con las vocales cerradas (los formantes acústicos de las vocales se expondrán con detalle en el § 2.3.2 [→ § 1.10.2]), y cercano por tanto a la f_0, se produce un acoplamiento acústico entre esta y la frecuencia de resonancia de la cavidad oral, que hace que ascienda la f_0. Para el español, León y Valdivieso (2002) exploran la hipótesis fisiológica y concluyen que [i u] demandan más esfuerzo de las cuerdas vocales que [a], aunque no de igual manera: en [i], lo que más se perturba es —según estos autores— la frecuencia fundamental; en [u], la amplitud.

Sea cual sea la explicación del fenómeno, en los últimos años han aparecido cada vez más trabajos que cuestionan la validez de la hipótesis universalista. Así, por ejemplo, la IFO no parece funcionar en los tonos bajos de las lenguas tonales (Connell 2002). Una revisión de la hipótesis consiste en relacionarla con el tamaño del inventario fonético de cada lengua (Verhoeven y Van Hoof 2007), de modo que el fenómeno no se cumpliría —o al menos no de modo general— en las

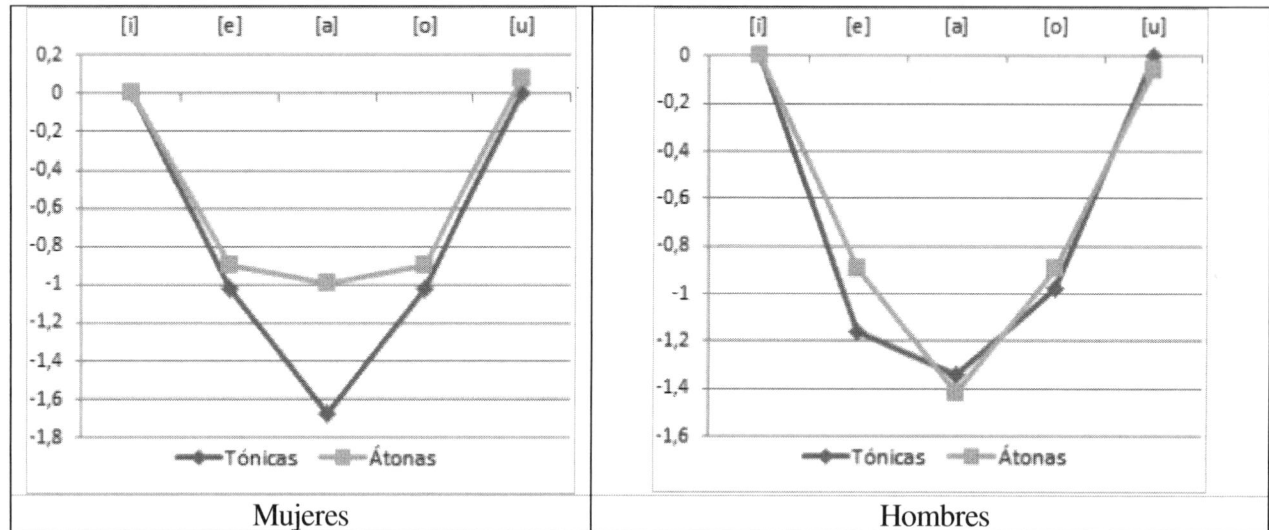

FIGURA 7. Frecuencia fundamental intrínseca (en semitonos) de las vocales del español (Datos reelaborados a partir de Mateo 1988).

lenguas con un inventario vocálico reducido, como el español. Otros trabajos, sin embargo, entienden que las variaciones de la f_0 vocálica son debidas a otros factores diferentes, como algunos aspectos prosódicos (Kingston 2007) o incluso la variación dialectal (Jacewicz y Fox 2015).

Para el español, los experimentos de Mateo (1988) constatan la presencia de la IF0 de manera sistemática al medir la altura tonal de las cinco vocales en contextos neutros (palabras bisílabas del tipo ['pVpV] y [pV'pV]), en posición tónica y átona. (Hay que tener en cuenta que las vocales tónicas suelen presentar, en principio, una f_0 más elevada que las átonas, como se expondrá en el § 2.5).

Los rangos tonales varían en función del sexo, de modo que el de las vocales producidas por mujeres (42 Hz) es notablemente mayor que el de las producidas por hombres (26 Hz), además de situarse, obviamente, en una tesitura [→ § 1.5.5] más elevada. Para igualar las diferencias inherentes a los distintos rangos tonales, se pueden convertir los intervalos tonales presentados por Mateo (1988, 163) de Hz a semitonos —por medio de la fórmula $st = 12 \times log\ (A/B)$, siendo A y B los dos tonos reales cuya diferencia en semitonos se quiere calcular—, de manera que se obtienen los gráficos de la IF0 que se muestran en la Figura 7, partiendo de un valor inicial teórico de [i] = 0 semitonos [→ § 1.13.2] .

Estos datos permiten a Mateo (1988) concluir que en español las vocales se diferencian intrínsecamente por su frecuencia fundamental, y que esta varía en relación inversa a su abertura articulatoria, puesto que es mayor en las vocales cerradas [i u], desciende en la vocales medias [e o] y es aún menor en la vocal abierta [a]. No obstante, según la propia Mateo (1988, 166), las diferencias no son estadísticamente significativas.

La media en semitonos de las diferencias [i]-[u]/[a] de las lenguas reseñadas por Whalen y Levitt (1995, 356), y que estos autores consideran estadísticamente significativa, es de 1,65 st. Desde un punto de vista prosódico, el umbral mínimo de percepción se suele situar para el español en 1,5 st (Pamies *et al.* 2002); pues bien, solo uno de los intervalos vocálicos manejados (vocales cerradas frente a vocal abierta tónica femenina) supera dicho umbral (1,84 st).

Tras la investigación de Mateo (1988), varios trabajos posteriores han medido la f_0 de las vocales de palabras similares a las utilizadas por esta autora para otros fines distintos, de orden especialmente prosódico. Los resultados de estos trabajos no corroboran los datos hasta aquí expuestos, al menos en la mayor parte de las condiciones o contextos examinados.

Así, Figueras y Santiago (1993) distinguen las vocales tónicas y átonas en posición inicial y final, en sílaba de tipo CV con [p t k], empleando datos de un único informante. La relación gradual entre altura articulatoria de la vocal y altura tonal solo se da completamente en uno de los 12 grupos manejados: el de las vocales iniciales átonas con consonante velar.

Por su parte, Muñiz (2009) mide la altura tonal de las vocales en un contexto controlado de acuerdo con las siguientes variables: sexo, modalidad entonativa (enunciativa e interrogativa), posición y acento (tónica inicial, tónica final, átona inicial y átona final). Los resultados, como en el caso anterior, muestran que la hipótesis universalista no se cumple, o lo hace, en el mejor de los casos, de manera muy parcial.

Tabla 5 *Frecuencia fundamental intrínseca de las vocales del español (Albalá et al. 2008)*

	[i]	[e]	[a]	[o]
N (tónicas + átonas)	179 (90 + 89)	620 (84 + 536)	353 (270 + 83)	715 (450 + 265)
Frecuencia fundamental (Hz)	120	115	123	121

Saz *et al.* (2009) analizan, para otros propósitos, 129 vocales de 168 estudiantes. El tono fundamental, según estos autores, discrimina las vocales cerradas del resto cuando son tónicas, y únicamente la [u] cuando son átonas.

En el trabajo de Albalá *et al.* (2008) se consideran 1867 vocales producidas en habla espontánea por 30 locutores masculinos, en sílaba abierta con oclusivas sordas o [s]. Hay que destacar que solo se midieron cuatro vocales, puesto que las apariciones de [u] no cumplían los requisitos mínimos establecidos para el estudio. Los datos más relevantes aparecen en la Tabla 5 y, como puede verse, tampoco coinciden con los de Mateo (1988).

Por último, Iribar (2012) estudia la f_0 de 105 vocales obtenidas mediante un cuestionario *ad hoc* grabado por cuatro informantes, y concluye que «la hipótesis del IF0 no se cumple en ningún caso, en ningún informante y en ninguna condición» (131).

Toda esta información, aparentemente contradictoria, permite constatar, una vez más, que un pequeño cambio en el protocolo experimental seguido en los distintos trabajos genera unos datos muy diferentes, de modo que la comparación de resultados siempre es problemática.

En definitiva, ¿se cumple o no en español la supuesta relación universal entre altura articulatoria y frecuencia fundamental de las vocales? Los datos, desde luego, no son concluyentes, aunque la mayoría contradice la hipótesis universalista. Para entenderlos convenientemente, hace falta tal vez recurrir a la reflexión ya mencionada acerca de la influencia que el tamaño del inventario fonológico de una lengua puede tener sobre el rendimiento que necesita obtener de los parámetros físicos de las vocales (cf. Verhoeven y Van Hoof [2007], aunque ya lo apuntaba el propio Ladefoged [2001, 35]) [→ § 1.6.5]. En lenguas con un reducido inventario de vocales (cinco o menos), como el español, los elementos se distinguen suficientemente entre sí por medio del timbre vocálico (que se examinará en el próximo apartado), de modo que los demás valores acústicos (frecuencia fundamental, tiempo, amplitud) pueden quedar más libres, sujetos por tanto a mayor influencia de distintas variables, lingüísticas y no lingüísticas. Por el contrario, en las lenguas con un elevado número de vocales, estas no se distinguen suficientemente bien por medio únicamente del timbre vocálico, por lo que se hace preciso recurrir a otros índices acústicos (f_0, etcétera), que de este modo resultan más fijos, menos sujetos a variación. ¿Es esta la razón que explica las aparentes contradicciones de los datos recogidos hasta el momento? Faltan aún más trabajos para poder contestar a esta pregunta con seguridad.

Al igual que la frecuencia fundamental, la duración intrínseca se ha documentado en numerosas lenguas, aunque también se citan casos que contradicen su supuesta universalidad (Alioua [1991–1992], para el árabe, por ejemplo). Para el español, Navarro Tomás (1916a) ordena las vocales de mayor a menor duración en una escala [a] > [o] > [e] > [u] > [i], en la que la diferencia de duración entre una y otra vocal es del 8 %.

Estudios posteriores corroboran la hipótesis de la duración intrínseca solo parcialmente. Así, Monroy (1980) registra —en sílabas trabadas— la mayor duración para [a] y la menor para [u], pero, entre estos dos extremos, [i] puede durar más que [o]. Por su parte, Massone, de Manrique y Signorini (1983) otorgan la mayor duración a [a] y la menor a [i], pero señalan que [o u] pueden alcanzar valores similares a los de [a].

Los datos de Marín Gálvez (1994–1995), en cambio, sí coinciden plenamente con la hipótesis: las vocales más breves son las cerradas, sin apenas diferencia entre ellas (60,6 y 60,9 ms respectivamente para [i u]); les siguen las medias, también idénticas entre sí (64,9 y 64,1 ms para [e o]) y un 6,1 % más largas que las cerradas; por último, la vocal abierta es la más larga (69,6 ms, un 7,8 % más larga que las medias). Por tanto, según Marín Gálvez (1994–1995), los tres grados de abertura de las vocales del español se distinguen por su duración intrínseca, como se aprecia al situar sus valores en un eje de coordenadas inverso (Figura 8).

Estas diferencias de duración son estadísticamente significativas, según Marín Gálvez (1994–1995, 218). Sin embargo, el porcentaje de variación de la duración mínima con respecto a la máxima es de 14,7 %, lo que queda muy por debajo del umbral de percepción de diferencias de duración en español apuntado por Pamies y Fernández Planas (2006), que se sitúa en torno al 36 %.

Almeida (1999) encuentra que las proporciones esperadas de la duración intrínseca se cumplen en las vocales tónicas entre consonantes oclusivas, aunque no de manera tan simétrica como en el estudio de Marín Gálvez (1994–1995), puesto que [e] se acerca más a [i] y [o] se acerca más a [a]. Sin embargo, entre [p] y consonantes líquidas, solo se cumple —y no siempre— la relación [i u] < [a], puesto que las vocales medias poseen frecuentemente duraciones superiores a las de las vocales cerradas. Una gráfica elaborada a partir de las medias de los valores medios facilitados por el autor (Figura 9) permite hacerse una idea aproximada de lo anterior.

De acuerdo con los datos de Saz *et al.* (2009), [o a] son las vocales más largas, seguidas de [i u], de modo que [e] presenta la duración menor.

Por último, en el trabajo de Iribar (2012) se advierte una tendencia general que vincula la abertura vocálica con diferencias temporales, pero que no se cumple siempre ni —sobre todo— en las cinco vocales.

En definitiva, la duración intrínseca parece ser una tendencia observable en el vocalismo del español, pero sujeta a un gran número de factores de variación, algunos de los cuales se examinarán en el § 2.3.

La amplitud intrínseca es tal vez la magnitud que menos interés ha suscitado entre los estudiosos. La razón parece doble: por un lado, la estrecha relación de la intensidad con factores no lingüísticos; por otro, la dificultad técnica y metodológica para medir adecuadamente los valores de amplitud.

Albalá y Marrero-Aguiar (1995) determinan la amplitud de las realizaciones de todos los fonemas del español. Para las vocales, ofrecen los valores que se muestran en la Tabla 6.

Las vocales no son, según estas autoras, los fonemas que se realizan con más amplitud: por delante de ellos en la escala se sitúan los dos fonemas sibilantes. En general, para las autoras, los fonemas con el rasgo [+vocálico] poseen una intensidad media de 21,01 dB, mientras que los [+consonántico] poseen una intensidad media de 15,78 dB.

Por su parte, en el trabajo de Blecua Falgueras y Acín (1995) se propone la siguiente escala de gradación, de mayor a menor, en la intensidad de las vocales: [a] > [i] > [o] > [e] > [u].

Las autoras no proporcionan medias de intensidad, y solo dan valores numéricos concretos en cada una de las condiciones distinguidas en su experimento (por ejemplo, las vocales en posición prepausal, acentuada y en enunciado largo). No obstante, los valores medios difícilmente podrían acercarse a los suministrados por Albalá y Marrero-Aguiar (1995), puesto que el rango de las magnitudes oscila entre 0,76 dB (para una [o] átona) y 15,71 dB (para una [a] tónica). Se pone, pues, de manifiesto la dificultad para estandarizar las escalas de medición de la intensidad.

Iribar (2012) encuentra asociaciones entre la abertura vocálica y su amplitud acústica solo en uno de los cuatro informantes analizados.

Parece razonable, en definitiva, no descartar completamente la hipótesis de que las vocales del español puedan poseer unos valores intrínsecos de amplitud, aunque las diferencias no sean muy apreciables: la diferencia entre los valores máximo y mínimo es de 4,6 dB según Albalá y Marrero-Aguiar (1995) y de solo 2 dB según Blecua Falgueras y Acín (1995). La relación directa entre abertura articulatoria e intensidad no se cumple de manera absoluta: los valores de [i] de Blecua Falgueras y Acín (1995) se sitúan inmediatamente después de la [a], por delante, por tanto, de las vocales medias [o e].

En resumen, las vocales varían constantemente sus valores de frecuencia fundamental, tiempo y amplitud, de acuerdo con una compleja trama de factores lingüísticos y extralingüísticos, cuyas relaciones e influencias mutuas se está lejos de

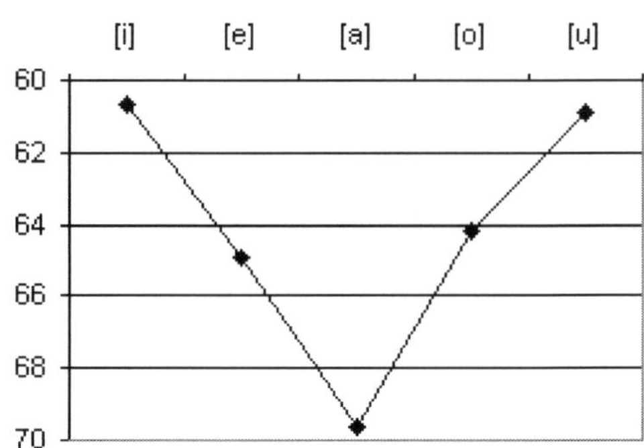

FIGURA 8. Duración intrínseca (en ms) de las vocales del español (Datos de Marín Gálvez 1994–1995, 217–18).

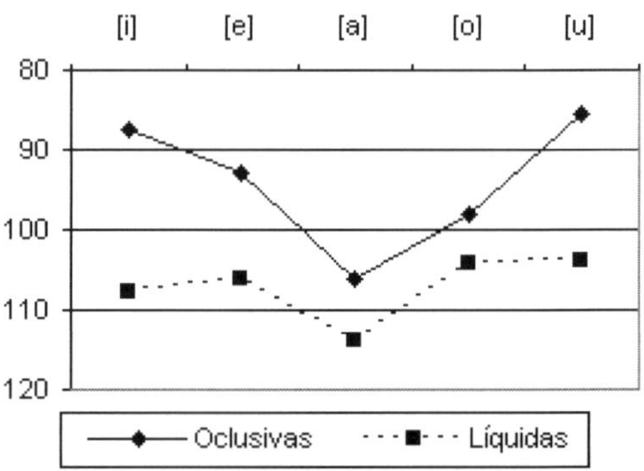

FIGURA 9. Duración intrínseca (en ms) de las vocales del español (Datos de Almeida 1999, 71).

Tabla 6 *Valores medios (M) de la amplitud (en dB) de las vocales del español (Albalá y Marrero-Aguiar 1995, 119-20)*

	[i]	[e]	[a]	[o]	[u]
M (dB)	21,92	24,74	25,18	22,53	20,58

conocer en su conjunto. No obstante, los datos recogidos hasta el momento muestran que las tres magnitudes varían también en función de cada elemento, de modo que, de alguna manera que aún no se acaba de comprender, las vocales también poseen —o al menos tienden a poseer— unas cualidades físicas que les son propias, que son intrínsecas para cada vocal.

Los valores absolutos de dichas cualidades varían según los autores, puesto que dependen en gran medida del protocolo experimental utilizado en cada caso para su examen. Sin embargo, más importantes que los valores en sí son las proporciones que presentan, que —si bien con más excepciones de lo que sería deseable— apuntan a unas relaciones directas entre los parámetros articulatorios de producción vocálica y sus características acústicas intrínsecas.

Así, en español —como en tantas otras lenguas, puesto que tal vez se trate de un fenómeno general— la abertura vocálica tiende a ser directamente proporcional a la duración y a la intensidad de la vocal, e inversamente proporcional a su tono. Sin embargo, esta tendencia general se ve constantemente modificada en el discurso —conviene repetirlo una vez más— por un gran número de factores de distinto carácter que tejen un complejo entramado de influencias.

2.3.2 El timbre vocálico

En el apartado anterior se ha explicado que las vocales tienden a poseer unos valores de tono, duración e intensidad (o, en términos estrictamente acústicos, frecuencia fundamental, tiempo y amplitud) que les son propios o característicos, aunque ya se ha aclarado que influyen en ellos un gran número de factores, lingüísticos y no lingüísticos. En cualquier caso, es evidente que las vocales no pueden distinguirse entre sí únicamente por dichas magnitudes físicas. De hecho, se podrían producir las cinco vocales del español con idénticos valores de f_0, tiempo y amplitud, y aun así se distinguirían perfectamente. Por tanto, ¿qué es lo que diferencia a las vocales entre sí? Una cuarta cualidad del sonido que no se había tenido en cuenta hasta el momento: el timbre. Se trata de una cualidad física compleja, que viene a ser el resultado acústico de la estructura o conformación armónica del sonido.

En el capítulo 1 se proporciona una explicación detallada de los conceptos fundamentales que se manejan habitualmente en la descripción acústica del timbre vocálico, tales como onda compuesta, estructura armónica, fuente y filtro, formantes acústicos, anchos de banda, cartas de formantes, triángulo acústico, etcétera [→ § 1.8, § 1.9, § 1.10, § 1.11]. Todos estos conceptos son necesarios para comprender adecuadamente la caracterización acústica del vocalismo del español que se expone a continuación.

La Figura 10 muestra un espectrograma de banda ancha [→ § 1.11] de la secuencia vocálica del español [ieaou], en la que se marcan mediante líneas punteadas las trayectorias de los cuatro primeros formantes acústicos [→ § 1.10.2].

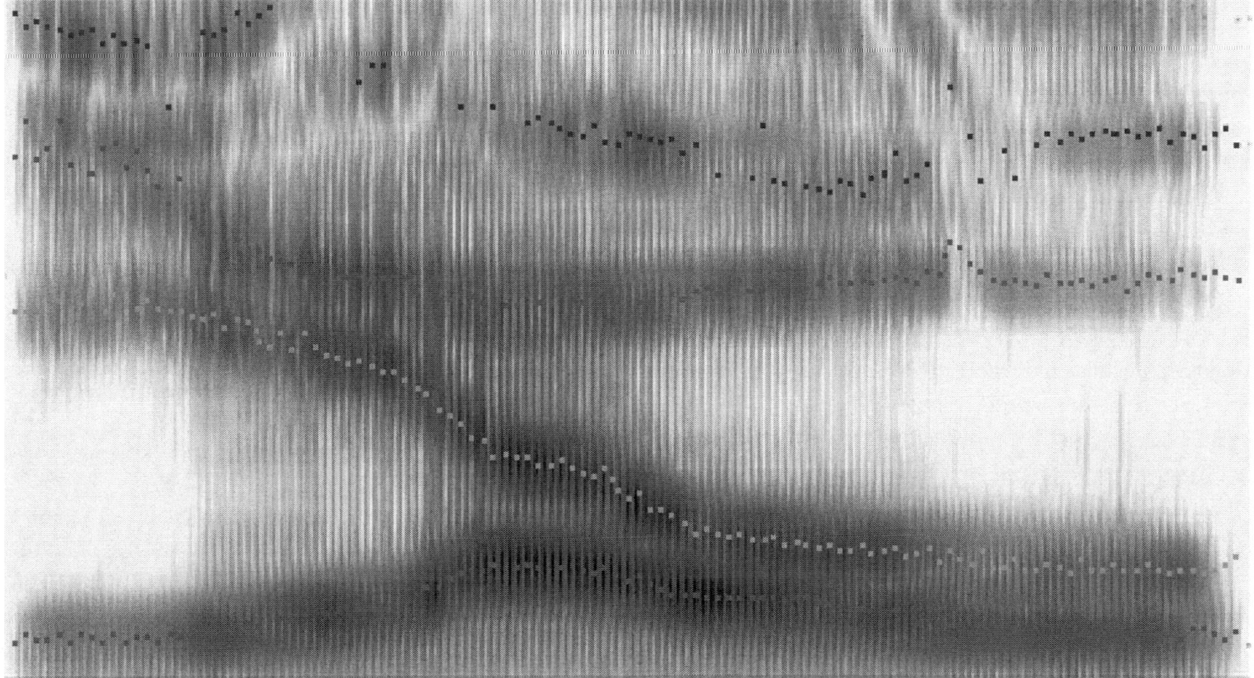

FIGURA 10. Formantes de la secuencia vocálica [ieaou].

Se aprecia con claridad que el primer formante, que guarda —como se ha explicado en el capítulo 1— una relación directa con la abertura articulatoria, se sitúa en una frecuencia más elevada en la vocal abierta [a], desciende en las vocales medias [e o] y es aún más bajo en las vocales cerradas [i u]. Del mismo modo, el segundo formante, que guarda una relación directa con la anterioridad articulatoria, forma una trayectoria descendente ([i] > [e] > [a] > [o] > [u]) desde la vocal más anterior hasta la más posterior. En las vocales posteriores [o u], la cavidad anterior, de suyo más larga, se alarga aún más por la protrusión labial.

> La estructura armónica de las vocales (esto es, la frecuencia, el ancho de banda y la amplitud de sus formantes) no permanece siempre idéntica ni estable en las realizaciones de cada vocal; antes al contrario, experimenta continuas variaciones a lo largo de la cadena hablada, reflejo de los constantes ajustes articulatorios efectuados por el hablante. Esta cuestión se tratará algo más extensamente en el § 2.5.2.

Martínez Celdrán (1995) comprueba mediante procedimientos estadísticos que el F1 permite discriminar en español los tres grados de abertura (vocales altas-medias-baja) y, el F2, los tres grados de localización (vocales anteriores-central-posteriores). Por tanto, de manera independiente, tanto F1 como F2 solo permiten discriminar la vocal [a]. Ahora bien, considerados de manera conjunta, los dos primeros formantes discriminan satisfactoriamente las cinco vocales, con unos porcentajes de predicción que oscilan entre el 93 % y el 100 %. La serie posterior se discrimina ligeramente peor que la anterior.

Al trasladar a una carta de formantes [→ § 1.11.1] los valores de los dos primeros formantes acústicos de un buen número de realizaciones vocálicas de un hablante cualquiera de español, los valores de cada vocal resultan presumiblemente parecidos, pero no idénticos, de modo que se forman cinco grandes zonas en las que los valores quedan más o menos agrupados. Estas cinco zonas se conocen como 'áreas de dispersión vocálica' y muestran el margen de libertad de las realizaciones fonéticas de los fonemas vocálicos, en este caso del español. A partir de los datos de Quilis (1981, 158), por ejemplo, se pueden representar 30 realizaciones de vocales tónicas en sílaba libre (se reproducen aquí en una escala lineal), tal como se muestra en la Figura 11.

Lógicamente, cuantas más vocales se coloquen, y más variables —lingüísticas y no lingüísticas— incidan en las realizaciones que se trasladen a los ejes de coordenadas, estas áreas aumentarán de tamaño y se producirán inevitablemente zonas de intersección entre ellas. Véanse, por ejemplo, las áreas de dispersión de las vocales átonas en estilo conversacional obtenidas en Canarias por Almeida (1990) y reproducidas en la Figura 12.

> En cualquier caso, el tamaño del propio inventario vocálico influye en el margen de libertad de las vocales que lo integran: a mayor inventario, menor margen, y viceversa. El español, en este sentido, posee unas áreas de dispersión bastante 'holgadas' en comparación con otras lenguas de inventarios vocálicos más extensos. En el § 3.1, dedicado a la variación vocálica, se presentan más ejemplos de diferentes campos de dispersión de las vocales del español.

Si se sitúan en una carta de formantes los valores de las cinco vocales del español, y se unen mediante un trazo continuo, se obtiene el denominado 'triángulo acústico vocálico'. Así como el triángulo articulatorio [→ § 1.6.5] pretendía

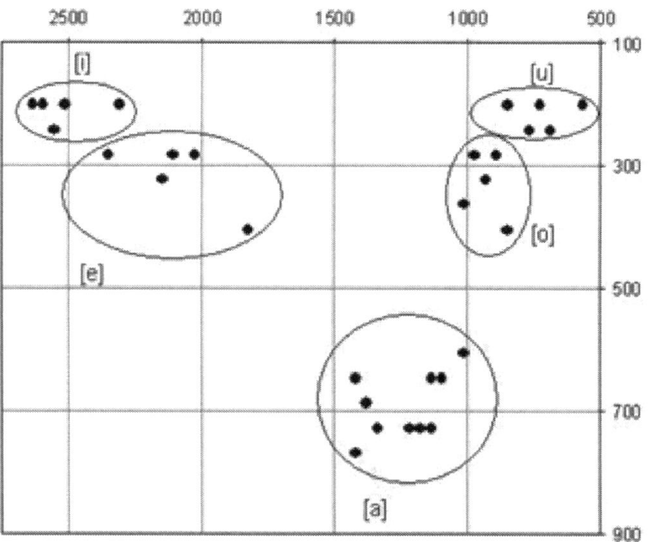

FIGURA 11. Áreas de dispersión de las vocales tónicas en sílaba libre (representación reelaborada a partir de los datos de Quilis [1981, 158]).

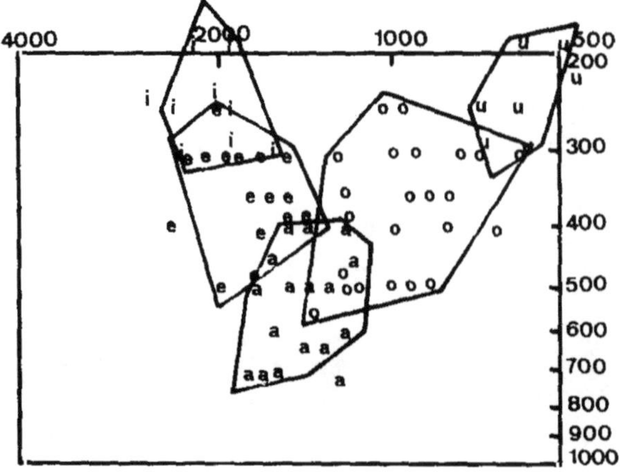

FIGURA 12. Áreas de dispersión de las vocales átonas (Almeida 1990, 83).

representar la articulación de las vocales, el triángulo acústico refleja su naturaleza acústica. En la Figura 13 se muestra, por ejemplo, un triángulo acústico vocálico obtenido con las medias de 10 repeticiones de cada vocal en posición fonética normal [→ § 1.6.6] por el mismo informante cuyo triángulo articulatorio —pentágono, en realidad— se presentó anteriormente (§ 2.2.2, Figura 1).

La Figura 13 representa un posible triángulo vocálico del español, correspondiente a un único hablante. ¿Pueden establecerse unos valores formánticos válidos para todas las vocales del español? En rigor, no. Por una parte, aclarar simplemente qué se entiende por 'español' podría suponer un largo excurso. Por otra parte, es sabido que los segmentos fonéticos varían en la cadena hablada por efecto de un sinfín de variables, lingüísticas y no lingüísticas. Los especialistas llevan más de medio siglo analizando acústicamente el vocalismo de numerosas variedades y muestras del español, utilizando una gran diversidad de protocolos experimentales. Existen, por tanto, cuantiosas propuestas, pero ninguna de ellas debe entenderse como 'el' triángulo del español, sino como 'un' triangulo del español, es decir, una propuesta de valores que se consideran válidos como medida general de referencia. La Tabla 7 muestra los datos de algunos de los trabajos más destacados que han proporcionado valores para los dos primeros formantes de las vocales del español.

Los valores de la Tabla 7 pueden tomarse como si fueran datos individuales no promediados, y confeccionar con ellos una gráfica de áreas de dispersión, que en este caso indica las zonas acústicas en las que se sitúan los valores formánticos medios de las vocales del español (Figura 14). En definitiva, lo importante no es el valor concreto de un formante, sino el área de dispersión en la que dicho valor puede oscilar en el habla real o, lo que es lo mismo, los límites de su libertad de variación tímbrica.

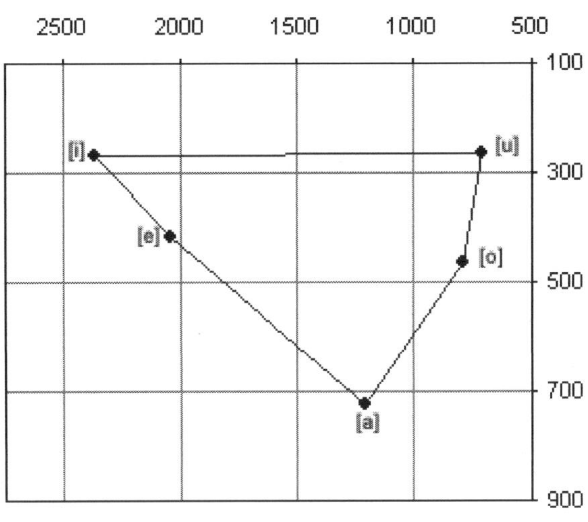

FIGURA 13. Triángulo acústico de las vocales del español producidas por un informante.

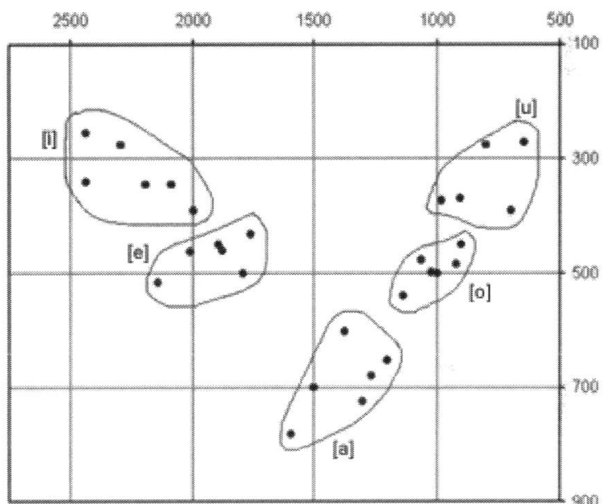

FIGURA 14. Áreas de algunos valores formánticos medios (en Hz) del español.

Tabla 7 *Algunas propuestas de valores formánticos (en Hz) del español*

		[i]	**[e]**	**[a]**	**[o]**	**[u]**
Alarcos (1950)	F1	400	500	700	500	400
	F2	2000	1800	1500	1000	700
Delattre (1965)	F1	275	450	725	450	275
	F2	2300	1900	1300	900	800
Quilis y Esgueva (1983)	F1	255	462	653	483	270
	F2	2439	2011	1202	922	647
Martínez Celdrán (1984)	F1	345	461	680	499	373
	F2	2197	1884	1265	1022	981
Martínez Celdrán (1995)	F1	341	516	782	540	369
	F2	2442	2146	1591	1135	907
Albalá et al. (2008)	F1	345	432	603	477	-
	F2	2089	1764	1375	1062	-

Como se ha señalado anteriormente, el rango tonal del hablante [→ § 1.5.5] influye en la altura absoluta de los valores formánticos de sus vocales (aunque no tanto en sus proporciones relativas). Por consiguiente, los formantes vocálicos suelen ser más altos en las mujeres que en los hombres —alrededor de un 17 % más según de Manrique (1980)—, y más elevados aún en los niños. Para mostrar gráficamente la relación entre la f_0 y la altura formántica, en la Figura 15 se reproducen en una escala lineal los triángulos vocálicos correspondientes a hablantes masculinos y a femeninos propuestos por Martínez Celdrán y Fernández Planas (2007, 179). Al presentar unos valores más altos, el triángulo de las locutoras femeninas (con trazo más oscuro) ocupa una extensión mayor en la carta de formantes que el triángulo masculino (con trazo más claro), y aparece más desplazado hacia la zona inferior y —sobre todo— hacia la zona izquierda. Las pruebas estadísticas realizadas por los autores confirman la impresión visual: el F2 discrimina el sexo ligeramente mejor que el F1.

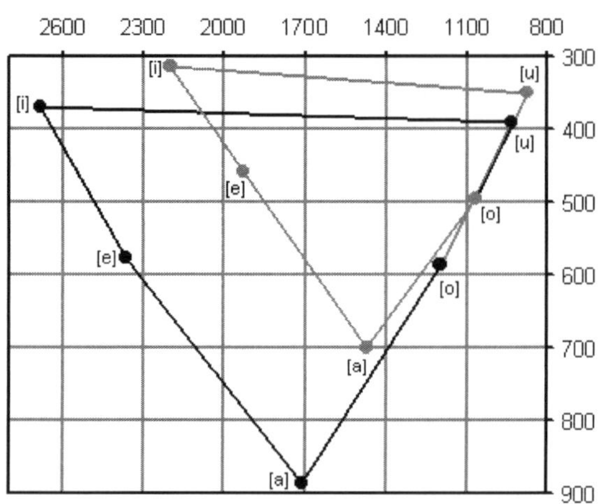

FIGURA 15. Triángulos vocálicos masculino y femenino (reelaborados a partir de Martínez Celdrán y Fernández Planas [2007, 179]).

Para minimizar la influencia de la frecuencia fundamental, o de cualquier otro factor individual, en los valores formánticos de las vocales, es cada vez más habitual en los trabajos experimentales no manejar los valores reales, sino los valores normalizados [→ § 1.14.1], que resultan de la aplicación de algún tipo de fórmula matemática (el *Constant Logarithm Interval* de Nearey [1978], por ejemplo). Adank, Smits y van Hout (2004) realizan una evaluación de estos procedimientos de normalización y, por su parte, Barreda (2021) lleva a cabo una interesante validación de tales métodos desde el punto de vista perceptivo.

Al igual que desde la perspectiva articulatoria, también desde el punto de vista acústico las vocales de una lengua dada pueden compararse con las vocales cardinales [→ § 1.6.5], con cuyos valores teóricos puede obtenerse su correspondiente trapecio —mejor que triángulo en este caso— acústico. La Figura 16 muestra la relación entre las vocales cardinales (según la propuesta de Delattre, Liberman, Cooper y Gerstman [1952]), con trazo más claro, y dos de las propuestas clásicas para el español: la de Quilis y Esgueva (1983, 249) y la de Martínez Celdrán (1984, 300), ambas con trazo más oscuro. Todos los valores se han ajustado a una escala lineal.

De las representaciones de la Figura 16 pueden extraerse las siguientes observaciones de carácter general:

- El área acústica del vocalismo del español es más reducida que la de las vocales cardinales, tanto en el eje de abertura como en el de localización. La reducción es más notable de acuerdo con los datos de Martínez Celdrán (1984).

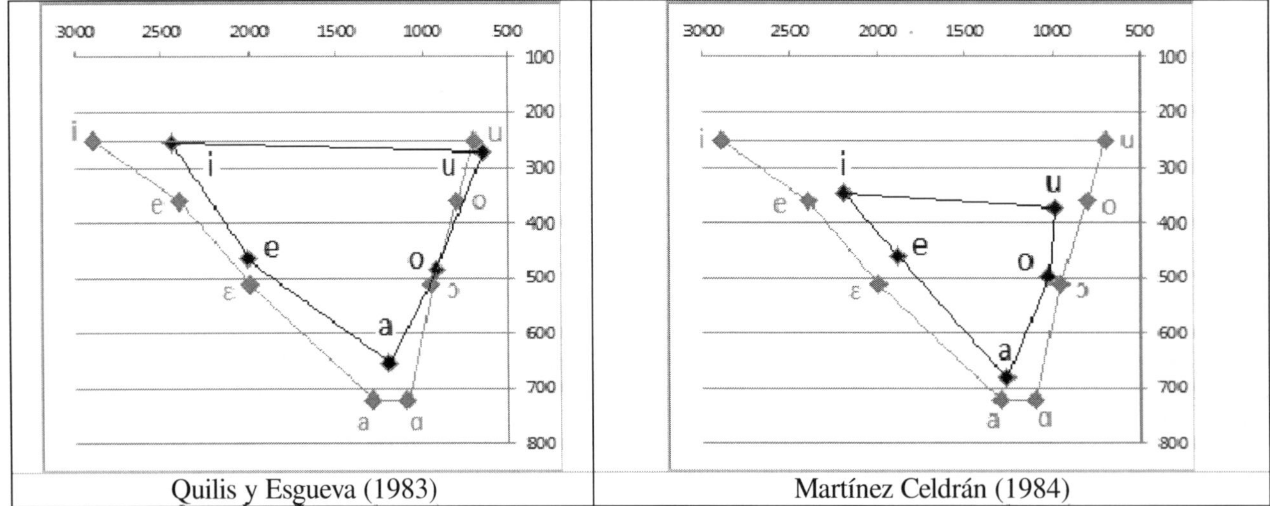

FIGURA 16. Dos propuestas de triángulo acústico para las vocales del español, comparadas con las vocales cardinales primarias.

- En cuanto al eje de abertura:
  - [i u] son más abiertas que las correspondientes cardinales. Los valores de Martínez Celdrán (1984) llegan a corresponder a los de las cardinales [e o].
  - [e o] coinciden más con los valores acústicos de las cardinales [ɛ ɔ] (y de las vocales [ɛ ɔ] de otras lenguas, como el inglés, el francés o el alemán), aunque son claramente más cerradas que estas. No obstante, los valores acústicos de estas vocales del español suelen estar más cercanos a [i u] que a [a] (la Figura 14), lo que justificaría, también desde la perspectiva acústica, su transcripción como semicerradas.
  - La serie posterior es ligeramente más abierta que la anterior.
  - [a] es más cerrada que la correspondiente cardinal.
- En cuanto al eje anteroposterior:
  - El triángulo vocálico del español es en general más posterior que el de las vocales cardinales, sobre todo en la serie anterior. En la posterior, la situación varía de un triángulo a otro.
  - La vocal [a] se encuentra en el centro de la distancia entre las correspondientes vocales abiertas cardinales (ligeramente atrasada, en realidad), de modo que se define plenamente como central.

Todas estas cuestiones sobre los triángulos vocálicos tratan únicamente la información acústica de los dos primeros formantes. Pocos estudios han analizado los formantes superiores del vocalismo del español. En la Tabla 8 se muestran los resultados de dos de ellos. Quilis y Esgueva (1983, 251) solo presentan datos referidos al F3; Albalá *et al.* (2008, 5-6) no muestran datos sobre [u].

La Figura 17 muestra todos los valores formánticos obtenidos por los autores mencionados.

Marrero-Aguiar *et al.* (2008) comprueban, con los datos de Albalá *et al.* (2008), que las variaciones de los valores de F1 y F2 dependen estrechamente de la vocal en cuestión, mientras que las de los valores de F3 y F4 —sobre todo de este último— se relacionan más directamente con el locutor.

Con los valores de los tres primeros formantes pueden elaborarse representaciones en el espacio F1-F2-F3 de los sistemas vocálicos. La que se muestra en la Figura 18 corresponde a los datos de Quilis y Esgueva (1983).

Conviene hacer una última reflexión acerca de la descripción acústica del vocalismo. En rigor, para describir adecuadamente una vocal desde la perspectiva acústica, no bastaría con suministrar dos o tres valores formánticos estáticos, sino que sería necesario mostrar una completa matriz de datos con la frecuencia, la amplitud y el ancho de banda de cada uno

Tabla 8 *Dos propuestas de valores (en Hz) de F3 y F4 de las vocales del español*

		[i]	[e]	[a]	[o]	[u]
Quilis y Esgueva (1983)	F3	3122	2758	2332	2624	2423
Albalá *et al.* (2008)	F3	2693	2485	2296	2459	-
	F4	3678	3677	3628	3566	-

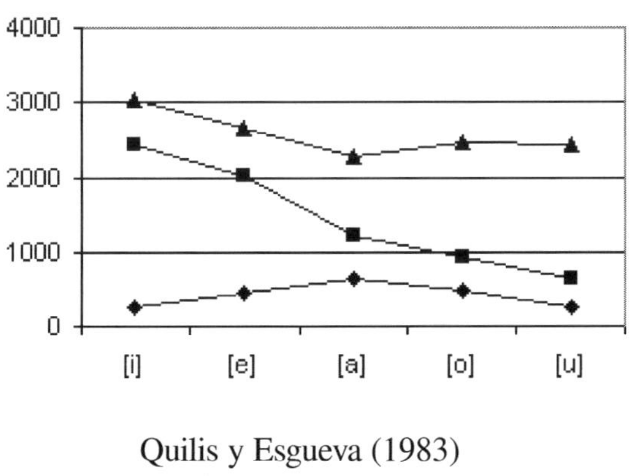

Quilis y Esgueva (1983)

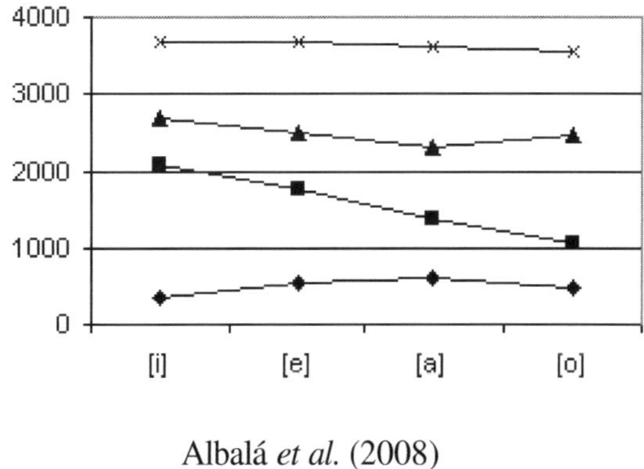

Albalá *et al.* (2008)

FIGURA 17. Dos propuestas de distribución de los formantes de las vocales del español.

de sus formantes, tomados a breves intervalos temporales a lo largo de toda la duración del segmento vocálico, incluyendo sus transiciones (Strange 1987) [→ § 1.10.2]. No obstante, la experiencia de los estudios fonéticos muestra que una reducción tan drástica de información como la que se ha presentado en este apartado, que simplifica un modelo de especificación vocálica dinámico en otro estático, es más que aceptable y permite una adecuada descripción acústica general de los sistemas vocálicos, siempre y cuando no se olvide que se trata de una depuración de la información acústica real, realizada en última instancia por razones lingüísticas.

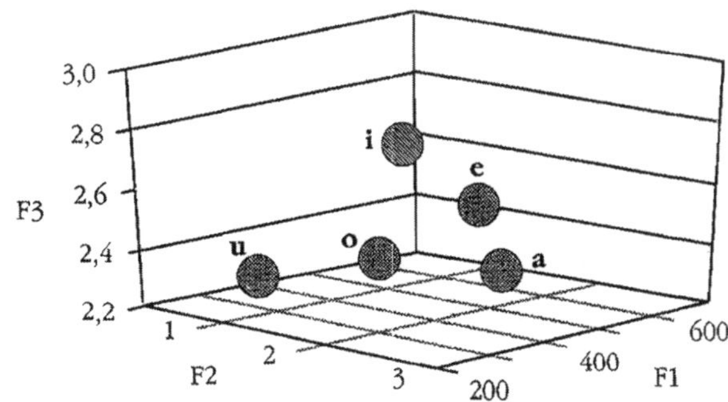

FIGURA 18. F1-F2-F3 en las vocales del español (Llisterri 1989, 441).

2.4 Percepción de las vocales del español

El vocalismo del español —y, en general, toda su fonética— está mucho menos estudiado desde la perspectiva perceptiva que desde la acústica y la articulatoria. Se tiene una idea razonablemente precisa de cómo se producen y de cómo son los sonidos vocálicos, pero se sabe menos acerca de cómo se perciben.

La cuestión básica es simple: si las particularidades acústicas de las vocales producidas por los hablantes varían constantemente (véase el § 2.5), ¿por qué los interlocutores no dudan acerca de las vocales emitidas? La pregunta podría perfectamente extenderse al resto de los segmentos fonéticos de una lengua. En realidad, el mecanismo general de la percepción lingüística sigue siendo en buena medida desconocido. Existen varias teorías, pero ninguna ha podido demostrarse satisfactoriamente. Tampoco está claro si todas las categorías fonéticas se perciben de igual manera, aunque se ha solido sostener que las consonantes se perciben de modo más bien categorial (Repp 1984) [→ § 1.14.1], mientras que las vocales se perciben de modo más bien continuo (Fry *et al.* 1962). Para el vocalismo, se ha propuesto, entre otras posibles explicaciones, la construcción de patrones para cada hablante (Joos 1948) o grupo de hablantes (van Bergem, Pols y Koopmans-van Beinum 1988), y el cálculo del tracto vocal por las variaciones de F3 (Claes *et al.* 1998) o del espacio vocálico a partir de [i] (Matthei y Roeper 1983). Por su parte, Zhang y Peng (2021) aportan pruebas neurofisiológicas de la normalización que el hablante realiza de la variación vocálica. En rigor, lo que se desconoce no es cómo se perciben las vocales, sino cómo los seres humanos perciben la realidad [→ § 1.14.4].

2.4.1 Observaciones generales acerca de la percepción vocálica

Desde una perspectiva general, suele admitirse que la percepción del contraste entre vocal y consonante se fundamenta en la estabilidad o en la inestabilidad de los componentes acústicos. Un sonido con formantes estables en el tiempo tiende a percibirse como vocal, mientras que un sonido cuyos formantes presenten movimientos bruscos tiende a ser percibido como consonante (o más precisamente, como una secuencia consonante-vocal). En un trabajo clásico, Delattre *et al.* (1956) presentan unos esquemas sintetizados (reproducidos en la Figura 19) de diferentes trayectorias formánticas, que muestran cómo, a medida que el movimiento inicial se va haciendo más abrupto, la interpretación de la secuencia pasa de dos vocales contiguas a paravocal-vocal y a consonante-vocal.

Por otra parte, la experiencia del laboratorio de fonética muestra que todo sonido lingüístico se identifica con dificultad si se escucha de manera aislada, y que el contexto resulta fundamental para la correcta percepción de los segmentos de la cadena

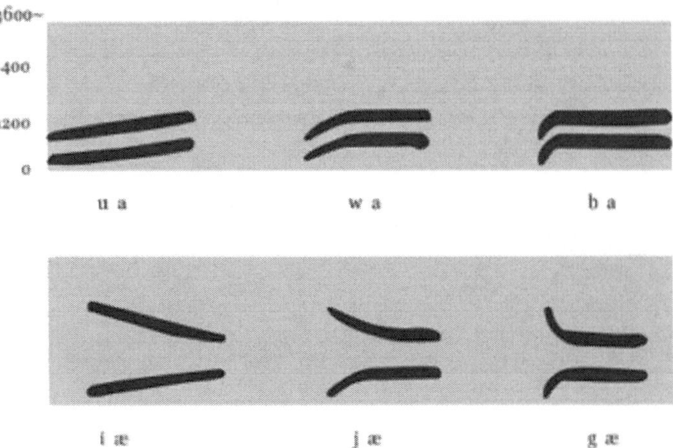

FIGURA 19. Esquema de las transiciones formánticas de diferentes secuencias fonéticas (tomado de Delattre *et al.* [[1956] 2013, 84]).

hablada. Esto sucede así especialmente con los sonidos consonánticos: si algún sonido puede identificarse con cierta facilidad cuando se presenta de modo aislado es el de las vocales. No obstante, es preciso que el sonido vocálico posea una duración mínima (en torno a los 25 ms, según de Manrique [1980, 99]) para que se pueda interpretar de manera correcta.

Es comúnmente aceptado que los dos primeros formantes de una vocal constituyen su 'invariante perceptiva' y que son los responsables de la identificación de su timbre, tal como se ha comprobado repetidamente en numerosos experimentos de percepción realizados con estímulos sintetizados que proporcionan solo información sobre la altura tonal de F1 y F2.

Como en el apartado anterior, conviene también aquí plantear la cuestión de si, para la percepción, es suficiente la información formántica presente en un único punto central de la vocal o si, por el contrario, hace falta contar con la información completa de la variación de los valores formánticos a lo largo de toda la duración vocálica. A pesar de que existen algunas pruebas en favor del modelo dinámico también en la percepción (Harrington y Cassidy 1994; Jenkins, Strange y Edman 1983; Strange 1989), lo habitual sigue siendo 'conformarse' con la información estática, que se ha demostrado suficiente.

Además, no hay que olvidar que un formante no solo es una altura tonal, sino también un ancho de banda y una intensidad [→ § 1.10.2]. Por tanto, si se pretende una buena percepción de un estímulo sintetizado, este deberá contener una adecuada información acerca de estos valores. En especial, es importante que la intensidad de F2 sea menor que la de F1, puesto que así sucede en la realidad. También, por supuesto, el estímulo sintético se enriquecerá si se le añade información adecuada relativa a sus cualidades acústicas básicas de frecuencia fundamental, amplitud y tiempo de duración.

La identificación vocálica no depende tanto de la altura absoluta de los formantes cuanto de su altura relativa, es decir, de las distancias relativas entre dichos formantes (recuérdese lo comentado al respecto en el § 2.3.2). Cuando dos formantes están muy próximos, para la percepción del timbre sería suficiente con un único formante de frecuencia media entre los dos, de modo que un único formante podría ser suficiente, por ejemplo, para la identificación de las vocales posteriores (Delattre *et al.* 1952, 203-4). Para el español, esta reducción podría aplicarse a los dos primeros formantes de [o u] y a los formantes segundo y tercero de [i e]; en cualquier caso, es obvio que, para una buena identificación de las vocales, lo mejor es contar con la mayor cantidad posible de información acústica.

Los formantes situados por encima de los 3 KHz desempeñan un papel muy escaso en la identificación del timbre vocálico. Se suelen considerar más bien como 'formantes individuales', es decir, índices acústicos que contribuyen a caracterizar al individuo hablante (véase al respecto Marrero-Aguiar *et al.* 2008).

2.4.2 Las áreas de dispersión de la percepción vocálica en español

Para el español, dos experimentos, de Romero Gallego (1988) y de Fernández Planas (1993), tratan de delimitar las áreas de dispersión de la percepción de las vocales, esto es, dónde se sitúan en una carta de formantes los estímulos reconocidos como [i], [e], etcétera. Si se trasladan los valores proporcionados por ambos estudios al habitual eje de coordenadas (medido en Hz), las respectivas áreas de dispersión pueden comparase fácilmente, como se muestra en la Figura 20.

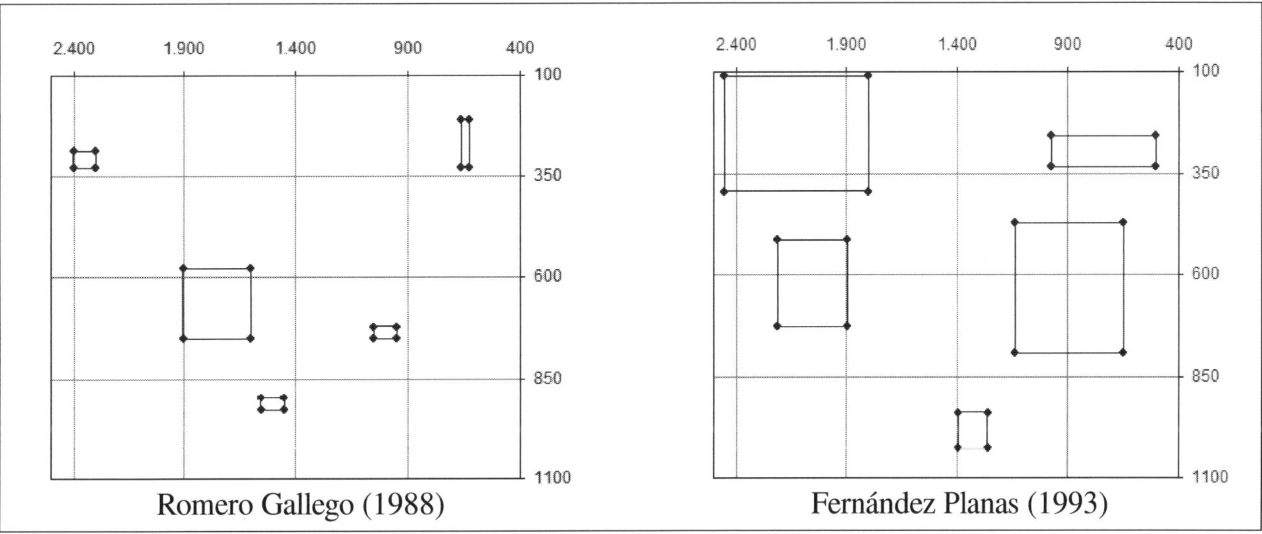

FIGURA 20. Áreas de dispersión perceptiva de las vocales del español.

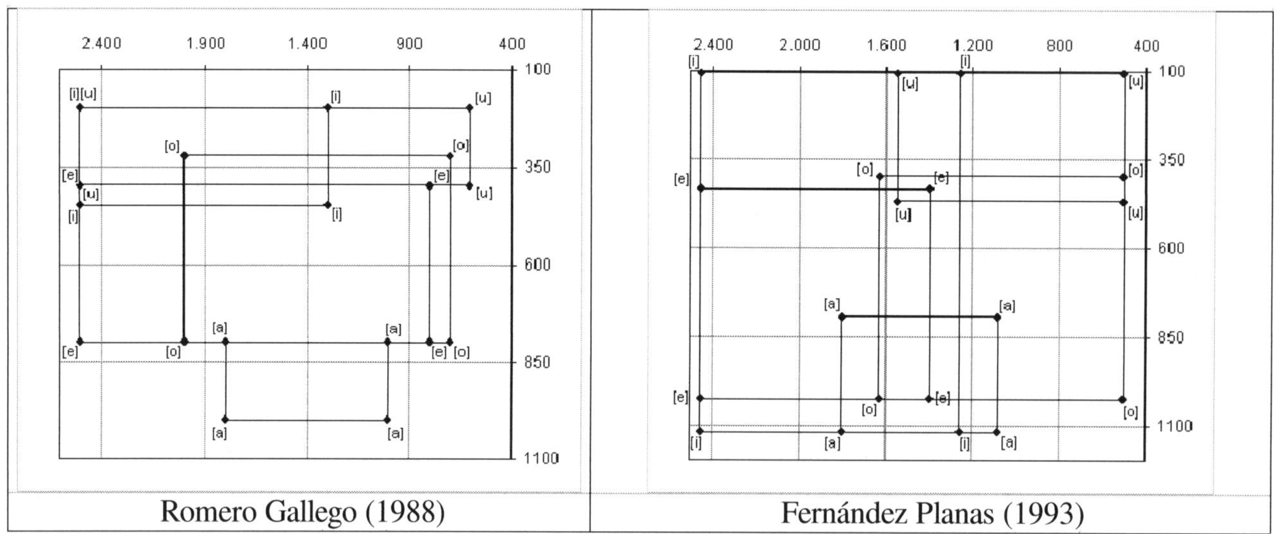

FIGURA 21. Áreas de dispersión perceptiva de las vocales del español (todas las identificaciones).

Debe tenerse en cuenta que los procedimientos experimentales utilizados por los dos autores son diferentes. Romero Gallego (1988) emplea como estímulo una grabación de varias vocales cardinales y obliga a sus encuestados a adscribir cada una de ellas a una de las vocales españolas. Por su parte, Fernández Planas (1993) crea estímulos sintéticos con valores variables de F1 y F2 a lo largo de una escala teórica y permite a sus encuestados identificar una vocal con seguridad o de manera dudosa, e incluso no identificarla en absoluto.

Tal vez lo primero que llama la atención es la diferencia de tamaño entre las áreas de dispersión perceptiva. Hay que tener en cuenta que estas áreas muestran únicamente los casos en los que se produce un alto grado de identificación de los estímulos: más del 80 % en el caso de Romero Gallego (1988) y más del 66 % en el de Fernández Planas (1993). Esta diferencia de porcentaje puede muy bien explicar el mayor tamaño de las áreas de dispersión en el segundo caso. Como es lógico, a medida que se rebaja el umbral de seguridad de la identificación, aumenta el tamaño de las áreas de dispersión; si se consideran todos los casos, estas aumentan extraordinariamente, de modo que se producen grandes áreas de inclusión. Véanse los gráficos de la Figura 21, en los que se muestran casi la totalidad de las identificaciones.

En definitiva, existe una 'zona ancha' de la dispersión, sujeta en primer lugar a variables individuales (parece que la percepción puede variar considerablemente según los individuos), en la que casi cualquier realización vocálica puede ser interpretada como cualquier vocal. A medida que se van considerando solo las identificaciones más seguras y regulares, las áreas de dispersión van estrechándose. Véanse, a modo de ejemplo, en la Figura 22, las tres áreas de dispersión de la vocal [a] que señala Fernández Planas (1993), correspondientes a las identificaciones de más del 10 % (primera zona, la más clara), de más del 32 % (segunda zona) y de más del 66 % (tercera zona, la más oscura).

En cualquier caso, los dos autores coinciden en señalar que las áreas de dispersión vocálica son mayores en la percepción que en la producción:

> los límites en las frecuencias a la hora de percibir el sonido son mucho más amplios que a la hora de producirlo . . . El oído admite una gama mucho más variada de frecuencias y . . . exige menor precisión en estas frecuencias a la hora de identificar un sonido fonológicamente pertinente de lo que se admite al realizarlo (Romero Gallego 1988, 187).

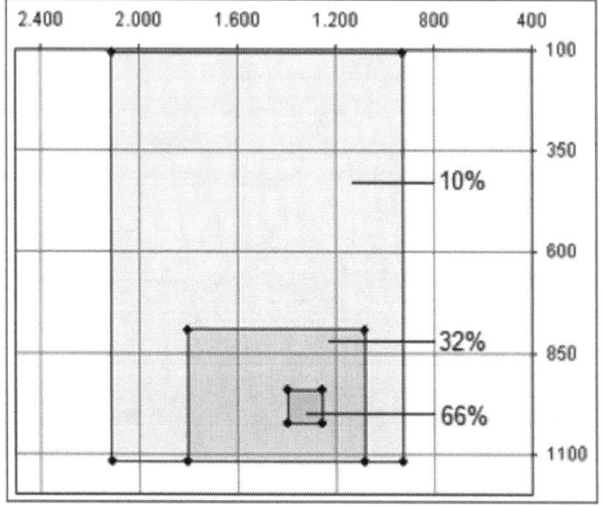

FIGURA 22. Áreas de dispersión perceptiva de [a] con distintos márgenes de identificación (Fernández Planas 1993).

Un estudio posterior de González Álvarez y Cervera (2001) examina con más detalle el área perceptiva de la vocal [i] para analizar el posible 'efecto magnético' en la percepción de las vocales del español. En el marco de la teoría de los prototipos en la percepción lingüística (Rosch 1975) se postula la existencia de un 'efecto magnético' o 'efecto imán' (Kuhl 1991) por el cual la discriminación en torno a un buen ejemplar (ejemplar prototípico) de una categoría fonética es peor que la discriminación en torno a un ejemplar pobre (ejemplar no prototípico) de la misma [→ § 1.23.2]. González Álvarez y Cervera (2001) estudian la discriminación de 49 estímulos sintetizados correspondientes a la vocal [i] generados en torno a unos valores considerados prototípicos de F1 = 234 Hz y F2 = 2281 Hz. Tras un pormenorizado análisis, los autores no encuentran el efecto magnético para la vocal [i] del español. No obstante, se pueden colocar los datos del área de dispersión perceptiva de [i] de González Álvarez y Cervera (2001) junto con los de Romero Gallego (1988) y Fernández Planas (1993), tal y como se aprecia en la Figura 23.

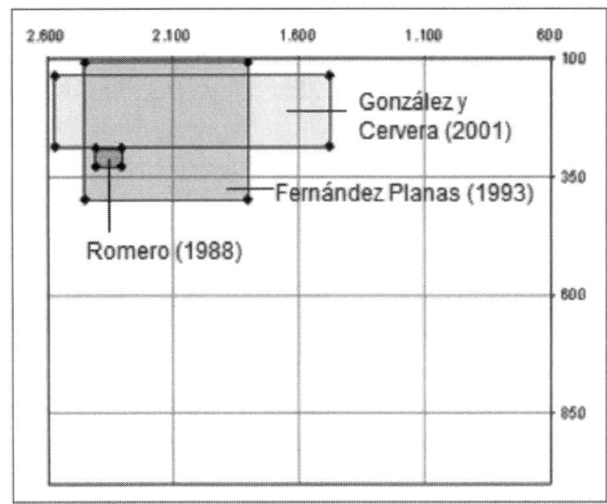

FIGURA 23. Áreas de dispersión perceptiva de [i] según Romero Gallego (1988), Fernández Planas (1993) y González Álvarez y Cervera (2001).

Además de las diferencias de tamaño, se observan también diferencias de forma, que apuntan a una distinta incidencia en la percepción de los valores de F1 y F2 según los experimentos. Así, al menos para el caso de [i], los datos de González Álvarez y Cervera (2001) se muestran más sensibles a las variaciones de abertura (F1) que a las de localización (F2), mientras que estas dos variables se mueven —mucho o poco— más homogéneamente en los otros dos casos.

En definitiva, el análisis de los índices perceptivos de las vocales del español precisa aún de más estudios experimentales.

2.5 Variación lingüística de las vocales del español

Las vocales, como todo en la lengua, varían constantemente en el habla real. El estudio de la variación de cualquier elemento lingüístico es un asunto extremadamente complejo, puesto que, para empezar, son muchos los factores que inciden en ella, y resulta muy difícil aislarlos para poder analizarlos independientemente.

En el presente caso, se distingue entre la variación vocálica debida a factores estrictamente lingüísticos, que se trata en este apartado, y la originada por factores extralingüísticos y paralingüísticos [→ § 1.5.5], que será analizada en el capítulo 3.

En cuanto a la variación en sí misma, en teoría podrían aplicarse las tres perspectivas fundamentales ya manejadas, y estudiar así la variación articulatoria, acústica y perceptiva de las vocales del español. Sin embargo, en la práctica es un planteamiento irrealizable. Desde el punto de vista perceptivo, no se sabe casi nada acerca de los posibles factores de variación de la percepción vocálica, ni de qué modo puede manifestarse.

Al parecer, la percepción vocálica guarda relación con variables de orden lingüístico, como el tamaño del inventario (Bond y Moore 1994; Neel 2008), la duración vocálica (Ferguson y Kewley-Port 2002) o el contexto fonético (Shigeno 1992); con variables personales, como el sexo —o, mejor, la frecuencia fundamental— (Hirahara y Kato 1992; Meddis y Hewitt 1992) y la edad (Fox, Wall y Gokcen 1992); y también con variables de orden sociolingüístico, como el estilo de habla (Picheny, Durlach y Braida 1985) o las posibles variaciones dialectales (Jacewicz y Fox 2012). Por otra parte, ter Schure, Chládková y van Leussen (2011) encuentran diferencias significativas entre la identificación de vocales sintéticas y de vocales naturales; este hecho —que debe, desde luego, confirmarse— podría ser relevante, puesto que buena parte de lo que se sabe sobre percepción vocálica se basa en estímulos sintéticos.

Desde la perspectiva articulatoria, tampoco se conoce mucho más, al menos sobre el español. Fernández Planas (2000) estudia con detalle, mediante la electropalatografía [→ § 1.7], la influencia que la vocal ejerce sobre la articulación consonántica, pero no la que esta ejerce sobre las vocales. Martínez Celdrán y Fernández Planas (2007, 189–90) examinan, también con electropalatografía, la influencia del contexto y del acento en la abertura vocálica (sus conclusiones serán expuestas en el § 2.5.2). Nadeu (2011) presenta algunos datos electropalatográficos acerca de la influencia de algunos factores prosódicos en la articulación vocálica.

A falta de estudios detallados sobre la cuestión, en la Figura 24 se presentan, a modo de simple ejemplo, algunas imágenes electropalatográficas de la articulación del autor de las cinco vocales en secuencia [CV'CVCV] y con diferentes consonantes ([p t l ɲ k]). El electropalatograma muestra los porcentajes de contacto lingual durante la duración de la segunda vocal de cada caso. Las imágenes muestran una variación apreciable, pero de escasa magnitud.

En definitiva, la variación vocálica en español desde las perspectivas articulatoria y perceptiva está aún pendiente de estudio. Por tanto, en este apartado se examinará la variación acústica del vocalismo del español, que ha sido mucho más trabajada. Como en los demás apartados de este capítulo, se tratan separadamente las cualidades básicas y el timbre vocálico.

2.5.1 Variación de las cualidades intrínsecas vocálicas

Las cualidades acústicas básicas de las vocales —tiempo, amplitud y frecuencia fundamental— varían constantemente en el habla real. A continuación se examina la variación de dichas cualidades debida a factores estrictamente lingüísticos.

En primer lugar, la f_0 es una magnitud estrechamente ligada a los factores prosódicos, de modo que las vocales tónicas suelen ser más agudas que las átonas, lo mismo que las situadas en los picos tonales de la curva melódica [→ § 1.5.5, § 25.2.1, § 27.1]. Estas variaciones tonales resultan extremadamente complejas, y serán extensamente analizadas en los capítulos dedicados a los elementos suprasegmentales.

Además de lo prosódico, también el contexto consonántico puede influir en la frecuencia fundamental de las vocales. Según Mateo (1988, 176), las vocales entre consonantes bilabiales muestran en español una f_0 más baja que entre consonantes dentales o velares, aunque esta diferencia no resulta estadísticamente significativa. Los movimientos de la lengua en la articulación consonántica, obviamente diferentes según la localización de las distintas consonantes, parecen repercutir en la tensión glótica, lo que a su vez incide en la frecuencia fundamental.

De manera análoga, se suele considerar (Delattre 1962, 1965; Lehiste 1970) que la duración vocálica se ve generalmente alterada por la consonante adyacente, sobre todo la situada en la coda silábica. Así, las vocales tienden a ser más largas ante consonantes sonoras que ante sordas, ante fricativas que ante oclusivas, ante nasales que ante orales.

Para el español, las variaciones de duración vocálica, observadas siempre dentro del contexto silábico, obedecen a diversos factores, que manifiestan a su vez diferente importancia según los autores y los experimentos.

Un factor que incide claramente en la duración vocálica en español es el acento (a pesar de no ser la duración su correlato acústico principal —para autores relevantes, al menos—, como se expone en el § 25.2 y el § 25.3.2). Así lo señalan, por ejemplo, Quilis y Esgueva (1983, 243), para quienes las vocales átonas duran como media el 79 % de las tónicas. Navarro Tomás (1918, 200) especifica que las vocales tónicas son más largas especialmente en palabras agudas, menos en palabras llanas y apenas se alargan, o incluso resultan más breves, en palabras esdrújulas. Monroy (1980, 134) señala que las vocales tónicas son en general entre un 23 % y un 33 % más largas que las átonas. Para Marín Gálvez (1994–1995, 218), las vocales tónicas son, en general, un 20 % más largas que las átonas.

> Un caso particular en el que el acento puede influir en las duraciones vocálicas es el llamado 'choque de acentos' (en inglés, *accent clash*) [→ § 1.21.12], es decir, la concurrencia de dos o más sílabas tónicas seguidas. Una de las estrategias que los hablantes pueden utilizar para evitar estos contextos en principio poco naturales es alargar o acortar la duración de una de las sílabas tónicas y, por tanto, la de su correspondiente vocal (Almeida y San Juan 2001) [→ § 25.3.2, § 36.4].
>
> Otro caso particular es la concurrencia en el discurso de dos vocales homónimas, pertenecientes a dos sílabas contiguas. En la mayor parte de los casos, las vocales pertenecen a palabras distintas, aunque hay algunos pocos ejemplos dentro de la misma palabra (*azahar, leer, alcohol,* etcétera). La realización de este tipo de secuencias constituye un continuo que va desde el mantenimiento de dos vocales silábicas ([V.V]) hasta la completa simplificación ([V]), pasando por todos los posibles grados intermedios de [V:]. Los resultados del proceso guardan relación con el acento, puesto que pueden darse todas las combinaciones acentuales; por ejemplo, con la vocal central: [a.ˈa] (*mira antes*), [a.a] (*mira abajo*), [ˈa.ˈa] (*mirará antes*), [ˈa.a] (*mirará abajo*). Según Román, Quezada y Aguilera (2018), la mayor duración se produce en la combinación tónica+tónica y la menor duración, en la átona simple.

Otro factor de influencia destacada en la duración vocálica es la posición en la frase de la vocal en cuestión. Así, las vocales tienden a alargarse en el final de las frases, especialmente si se trata de final absoluto. Por supuesto, para una

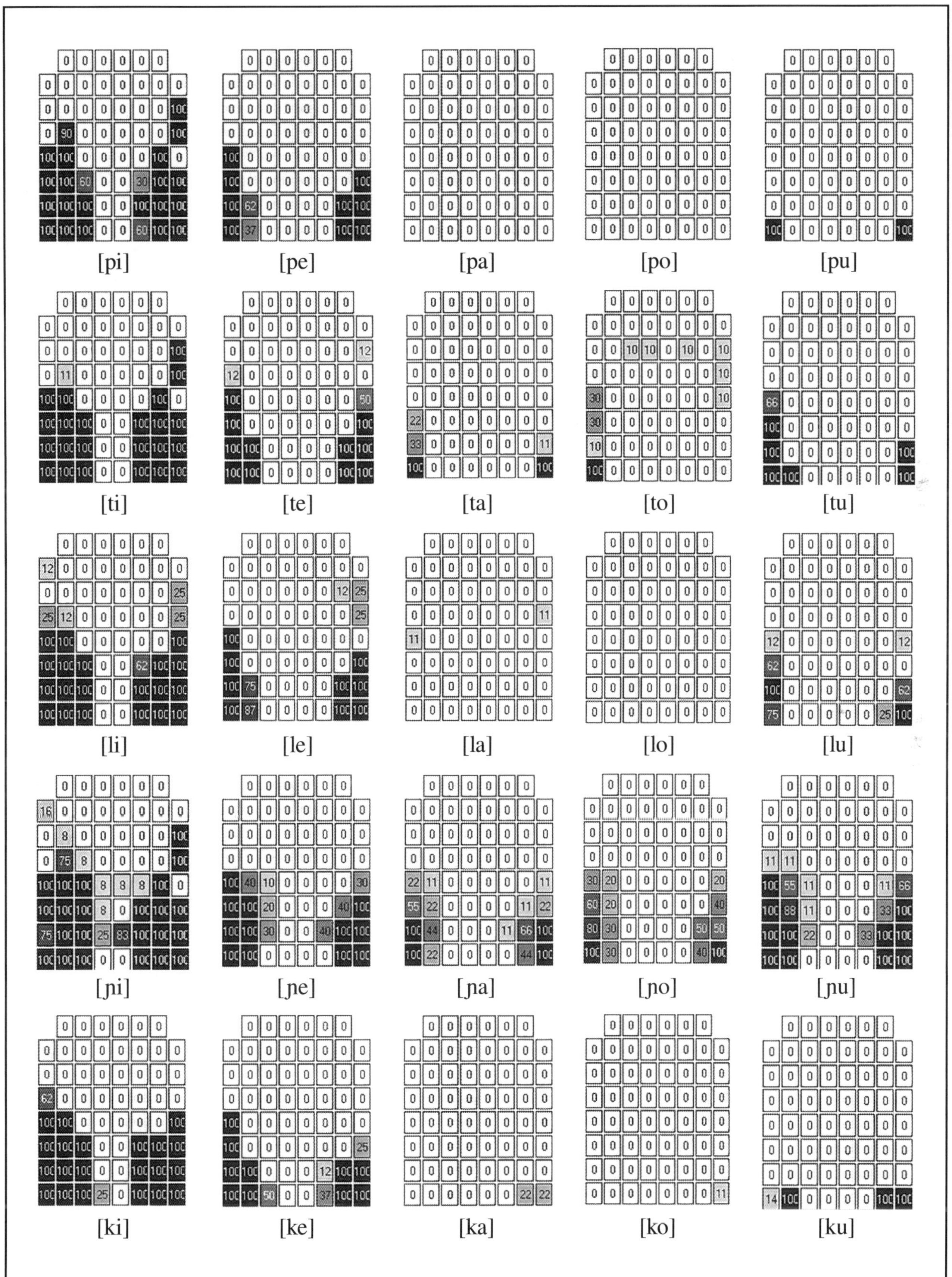

FIGURA 24. Electropalatogramas de [i e a o u] tras [p t l ɲ k].

misma posición final, las vocales tónicas resultan por lo general más largas que las átonas. Navarro Tomás (1918, 203) especifica que una vocal átona en posición final absoluta iguala o supera en duración a la tónica anterior. Marín Gálvez (1994–1995, 222) concreta que las vocales en posición prepausal resultan un 47 % más largas que en posición no prepausal; en posición final absoluta, según este autor, el alargamiento señalado se ve además favorecido por la sílaba libre y el acento.

En el párrafo anterior se han manejado sin excesivo rigor los conceptos de pausa y frase. No es el momento de distinguir, por ejemplo, entre frase, grupo entonativo, grupo fónico, etcétera. Todas estas nociones se analizarán con detalle en los capítulos correspondientes al nivel suprasegmental. Baste señalar por ahora que son conceptos cuya relación con la duración ha sido abordada en diversos estudios. Por ejemplo, Muñiz (2017) examina el comportamiento de la duración vocálica (del español y del asturiano) en relación con el acento, los límites sintagmáticos y la entonación.

La influencia sobre la duración vocálica de la estructura de la sílaba que contiene la vocal no parece clara. Según Navarro Tomás (1916a, 397), este factor influye solo en las vocales tónicas, que resultan más breves en sílaba trabada que en sílaba libre. Para Marín Gálvez (1994–1995) esta variable apenas influye, puesto que, según sus datos, las vocales en sílaba trabada son prácticamente idénticas a las de sílaba libre (tan solo un 1 % más largas). Para Monroy (1980), la influencia puede ser incluso la contraria. Marín Gálvez (1994–1995) además, pone esta variable en relación con el punto de articulación consonántico; así, señala que las vocales en sílaba abierta son ligeramente más largas ante nasales y líquidas, mientras que, en sílaba trabada, duran algo más ante fricativas. Para Aldrich y Simonet (2019), en cambio, la duración vocálica no se ve influida por la complejidad de la coda silábica, sino por la de su parte inicial (vocales más cortas tras un grupo consonántico).

Por último, Navarro Tomás (1916a) y Monroy (1980) examinan detalladamente la influencia que en español ejerce la consonante adyacente, especialmente en sílaba trabada, sobre la duración vocálica, pero sus resultados no son coincidentes, lo que lleva al segundo a concluir, citando a Zimmerman y Sapon (1958, 153) que «no parece haber una base consistente en términos de punto y modo de articulación de la consonante con respecto a su efecto sobre la duración vocálica» (Monroy 1980, 47). No obstante, otros estudios sí llegan a proponer ciertas tendencias generales, según las cuales la duración vocálica en español se ve favorecida por las siguientes características consonánticas:

- La sonoridad. Quilis y Esgueva (1983, 243) indican que la duración de las vocales entre bilabiales sonoras es un 30 % mayor que entre bilabiales sordas. Según Marín Gálvez (1994–1995), la vocal es un 5 % más larga seguida de consonante sonora que de consonante sorda.
- De manera general, Marín Gálvez (1994–1995) observa que la duración vocálica tiende a crecer a medida que aumentan las características vocálicas de la consonante precedente (desde oclusiva sorda hasta aproximante), aunque no de manera regular. También Mendoza Lara *et al.* (2003) observan que las vocales son más largas tras consonantes sonantes y más breves ante consonantes fricativas sordas.

En el § 2.3.1 se reconocía que la amplitud es la cualidad vocálica menos estudiada [→ § 1.8]. Sobre las variaciones que dicha magnitud experimenta en el habla real, se sabe menos aún. Desde una perspectiva acústica general, el tono de un sonido suele guardar una relación directa con su amplitud, de modo que, por ejemplo, una nota cantada tiende a aumentar de intensidad a medida que su frecuencia fundamental asciende. Desde el punto de vista articulatorio, el fenómeno se explica por la relación entre la presión subglótica y la tensión de las cuerdas vocales (Ladefoged y McKinney 1963). Por tanto, al menos en teoría puede establecerse que los factores que tienden a aumentar la frecuencia fundamental de una vocal —especialmente los prosódicos— también pueden contribuir, secundariamente, a incrementar su amplitud. Esta influencia, no obstante, está lejos de resultar clara.

La relación directa entre la tonicidad de una sílaba y la intensidad de su núcleo vocálico fue ya propuesta por Navarro Tomás (1918). Los estudios posteriores acerca de la naturaleza fonética del acento no suelen considerar la intensidad como su correlato principal, pero tampoco niegan su relación. Esta cuestión se tratará pormenorizadamente en el § 25.2. Albalá y Marrero-Aguiar (1995) encuentran una pequeña diferencia media (de 3,6 dB) entre las vocales tónicas y las átonas. Dichas autoras también encuentran pequeñas diferencias de intensidad según el acento y la posición silábica, según muestra la Tabla 9.

Por su parte, Blecua Falgueras y Acín (1995) correlacionan el acento con la posición prepausal, tal como se resume en la Tabla 10. Obsérvese que los valores absolutos se mueven en una escala notablemente distinta.

Tabla 9 *Intensidades vocálicas por acento y posición (Albalá y Marrero-Aguiar 1995, 128)*

Vocal interior tónica	25,05 dB
Vocal interior átona	21,38 dB
Vocal inicial	23,36 dB
Vocal final	23,28 dB
Vocal no silábica (paravocal)	20,52 dB

Tabla 10 *Intensidades vocálicas en función del acento y de la posición prepausal / no prepausal (Blecua Falgueras y Acín 1995, 264)*

	Posición prepausal	**Posición no prepausal**
Tónica	7,52 dB	11,17 dB
Átona	2,24 dB	10,20 dB

2.5.2 Variación del timbre vocálico

Es sobradamente conocido que ningún segmento fonético se realiza siempre exactamente de la misma manera en el habla real. Así, en cada una de sus realizaciones fonéticas, los valores formánticos de una misma vocal —su timbre vocálico, por tanto— varían, a veces muy ligeramente, a veces de modo más notable, pero siempre dentro de los límites de su campo de dispersión, puesto que, de moverse fuera de ellos, se pondría en peligro su correcta percepción. (Cuando eso sucede, o bien se consigue interpretar el enunciado gracias al contexto, lingüístico o extralingüístico, o bien se produce el error en la comunicación).

Suele tradicionalmente afirmarse que el timbre vocálico de las vocales del español es, en comparación con otras lenguas cercanas, bastante seguro y constante (Navarro Tomás 1918, 41, 43). No obstante, la existencia de variación en su timbre es un hecho observado desde antiguo. ¿Cómo es esta variación y a qué factores obedece? Son muchos los trabajos publicados sobre estas cuestiones, pero, aun así, la información de la que se dispone dista mucho de ser completa, y los interrogantes sobre este asunto no obtienen —como se verá seguidamente— una respuesta satisfactoria.

En primer lugar, cabe preguntarse si la variación afecta por igual a las cinco vocales. Navarro Tomás (1918, 41) sugiere que las variaciones afectan más a las vocales medias [e o]. Albalá *et al.* (2008) encuentran que los valores estadísticos de desviación de F1 y F2 (y, por tanto, su zona de dispersión) son mayores en [o] (sobre todo en F2), pero no en [e]. Entre estos dos extremos temporales, separados por 90 años, los datos sobre la dispersión de los valores formánticos que pueden encontrarse en la bibliografía son muy variables y no permiten validar la hipótesis de Navarro ni ninguna otra (por ejemplo, la que predice que, si se acepta que las vocales medias se encuentran algo más cercanas a las cerradas que a la abierta, es esta última la que presumiblemente poseería el mayor margen de variación).

Tal vez no resulte ocioso recordar que no es lo mismo manejar los gráficos habituales de las áreas de dispersión, correspondientes a valores reales, que las gráficas o tablas realizadas a partir de valores de desviación, esto es, datos estadísticos. Además, en ambos casos resultaría necesario conocer los criterios de depuración de datos —si esta ha existido— que se han seguido en cada estudio. En definitiva, la tarea de comparación de resultados entre los diferentes trabajos no resulta sencilla y debe llevarse a cabo con cautela.

En segundo lugar, ¿esta variación es lo suficientemente apreciable y —sobre todo— regular y predecible como para poder hablar de variantes o de alófonos vocálicos en español? Esta cuestión se ha tratado extensamente en los estudios de fonética (y se discute desde la perspectiva fonológica en el § 4.2), puesto que Navarro Tomás (1918, 46-64) señaló la existencia de una serie de variantes vocálicas que han tenido una gran repercusión en las descripciones posteriores, tanto para justificarlas —como Alarcos (1950, 148)— como para simplemente reproducirlas —Canellada y Madsen (1987, 48) o Quilis y Fernández ([1964] 1985, 48-51)—, o incluso para cuestionarlas —como Gil (1988, 90)—, entre otros muchos ejemplos. Según Navarro Tomás, y siempre en función de unas circunstancias fonéticas que describe detalladamente, las vocales cerradas y medias /i e o u/ experimentan variaciones en el grado de abertura (se hacen más abiertas), mientras que la vocal central /a/ varía en su localización (puede adelantarse o atrasarse). Por tanto, Navarro Tomás planteó la existencia de dos alófonos para el castellano estándar, abiertos [i̞ e̞ o̞ u̞] y cerrados [i e o u], para cada una de las vocales cerradas y medias, y tres alófonos para la vocal abierta: [a̟] adelantada (que denominó 'palatal'), [a] central y [a̠] retrasada (que denominó 'velar') [→ § 4.4.1].

Más adelante en este mismo apartado, cuando se presenten las vocales oronasales, se verá que estos alófonos vocálicos propuestos por Navarro Tomás (1918, 46-64) no son los únicos que se han postulado para el español.

Los análisis acústicos posteriores no han permitido corroborar la hipótesis de Navarro Tomás. Es verdad que se han descrito variantes abiertas en determinadas variedades del español (Flórez 1951; Haden y Matluck 1977; Isbăşescu 1968;

Oroz 1966) o en el propio estándar (Albalá *et al.* 2008; Álvarez González 1981), pero estas variantes, en general, no son sistemáticas (no afectan siempre a las mismas vocales) ni regulares (no responden a los mismos factores) ni significativas (la variación de sus valores no es estadísticamente significativa). Por otra parte, otra serie de trabajos acústicos —desde Cárdenas (1960) hasta Martínez Celdrán y Fernández Planas (2007), pasando, por ejemplo, por Monroy (1980)— niega directamente la existencia de variantes vocálicas.

En resumen, las variaciones en los valores de F1 y F2 no parecen registrarse de la manera prevista por Navarro Tomás (1918): no siempre las condiciones que según este autor favorecían la abertura producen vocales más abiertas, etcétera. Simplemente, los valores se mueven, como había quedado dicho en el § 2.2, dentro del campo de dispersión de cada vocal, sujetos a un gran número de influencias que se entremezclan en un entramado difícil de desenmarañar. No puede hablarse, por tanto, de 'alófonos' [→ § 1.17.3], sino de 'tendencias' vocálicas.

Morrison (2004) concluye su minucioso análisis sobre esta cuestión en las vocales medias afirmando que, de plantearse la existencia de alófonos de /e o/, es estadísticamente más defendible el criterio de localización que el de abertura. Se plantea así la posible existencia de dos variantes, anterior y posterior, para /e/, y de tres variantes, anterior-cerrada, central y posterior-abierta, para /o/, que él mismo acaba rechazando.

Martínez Celdrán y Fernández Planas (2007, 186) examinan mediante electropalatografía algunos de los contextos favorecedores de la abertura señalados por Navarro Tomás (1918), y encuentran que, efectivamente, las diferencias articulatorias sí son significativas, al menos en la serie anterior. Por consiguiente, según estos autores, la distinción entre [i]-[i̞], [e]-[e̞], [o]-[o̞] y [u]-[u̞] no es sostenible desde el punto de vista acústico, pero sí lo es desde el punto de vista articulatorio. Se trataría de un ejemplo más de la falta de relación directa entre los parámetros articulatorios y acústicos, que podría explicarse de acuerdo con la teoría cuántica de Stevens (1972, 1989) [→ § 1.14.2].

En definitiva, las vocales del español —y de cualquier otra lengua, en realidad— varían su patrón de formantes en el habla real, aunque no parece que todas lo hagan de igual manera ni en similar grado. Se llega así a la tercera pregunta: ¿A qué obedece esta variación? ¿Cuáles son los factores de variación del timbre vocálico? Navarro Tomás (1918, 42) señalaba tres factores principales: la estructura silábica, el acento y el contexto fonético.

Para Navarro Tomás (1918), las vocales altas y medias [i e o u] son en general (con algunas matizaciones o excepciones que no es necesario detallar) más abiertas en sílaba trabada que en sílaba libre [→ § 1.21.8]. Las descripciones posteriores (Álvarez González 1981; Cárdenas 1960; Madrid y Marín Rodríguez 2001, entre otras) no han corroborado esta observación.

Un caso particular de vocal en sílaba libre se produce en la posición final absoluta. Según Álvarez González (1981), las vocales en esta posición (mayoritariamente [a o], por razones fonotácticas sobradamente conocidas) poseen un timbre más cerrado (F1 más bajo), independientemente del acento, cuya influencia se examina seguidamente.

En efecto, las vocales tónicas, por lo general, suelen producirse con algo más de tensión que las átonas, de modo que poseen un timbre vocálico algo más estable, menos sujeto en principio a la influencia de cualquier otro tipo de variable.

Navarro Tomás (1918) afirma que las vocales átonas tienden a la relajación, de un modo y en un grado difícil de precisar, puesto que tal tendencia obedece en última instancia a un complejo entramado de circunstancias fonéticas, aunque en ningún caso llega a comprometer la inteligibilidad de su timbre. Quilis (1993, 151) precisa que las vocales pueden producirse con un cierto —y por supuesto variable— grado de relajación en determinados contextos de marcada atonicidad (entre dos acentos, más aún si coincide con una posición final de frase), y que esta relajación no suele impedir que las vocales conserven su timbre característico, pero sí puede hacer perder algo —o mucho— de nitidez, puesto que sus formantes pueden aparecer muy atenuados en el espectro. Nótese que, además del timbre, la relajación de las vocales átonas puede afectar a sus valores de amplitud, tiempo e incluso frecuencia fundamental.

Por su parte, Skelton (1950) indica que la vocal átona tiende a moverse hacia la posición de la vocal tónica precedente. Este dato no ha sido considerado en los estudios posteriores.

También se ha señalado (§ 2.3.1) que los factores prosódicos hacen que determinadas sílabas en el discurso posean una frecuencia fundamental más elevada, y asimismo (§ 2.3.2) que este aumento de la frecuencia fundamental conlleva unos valores formánticos algo más elevados. Por ello, aunque en un grado muy reducido, las vocales correspondientes a los picos melódicos tenderán a poseer unos valores formánticos ligeramente más altos, sin variar, no obstante, sus distancias relativas.

Se ha discutido la influencia que el acento ejerce sobre la abertura vocálica [→ § 25.3.1]. Algunos autores (Albalá *et al.* 2008; Almeida 1990; Álvarez González 1981) afirman que las vocales tónicas —o al menos algunas vocales tónicas— presentan unos valores de F1 más elevados que las átonas, lo que implicaría que se producen con un grado mayor de abertura del arco lingual. Esta diferencia, matizan Albalá *et al.* (2008, 4), es significativa únicamente para las vocales medias [e o]. Otros autores, en cambio, no encuentran tal diferencia. Es llamativo que Navarro Tomás (1918), que enumera minuciosamente los factores que, a su juicio, influyen en la abertura vocálica, no incluya entre ellos al acento, salvo de modo muy ocasional (por ejemplo, para la [i]). Quilis y Esgueva (1983, 243) concluyen que las diferencias entre vocales tónicas y átonas son pequeñas y que en ningún caso muestran una correlación constante entre abertura y tonicidad.

Por su parte, Martínez Celdrán y Fernández Planas (2007, 188) afirman que, comparados los triángulos acústicos de las vocales tónicas y átonas, las tónicas son generalmente más extremas que las átonas, puesto que estas últimas tienden —en un grado variable— a la centralización. De este modo, el área vocálica de las vocales átonas sería habitualmente más reducida que la de las tónicas, y las cinco áreas de dispersión vocálica resultarían más cercanas y entrelazadas. Por

consiguiente, en una carta de formantes, el triángulo vocálico átono quedaría incluido en el correspondiente tónico. Véanse los triángulos tónicos y átonos según Martínez Celdrán (1984, 299), reproducidos con una escala aritmética en la Figura 25.

Según se observa en la Figura 25, las vocales átonas altas [i u] son más abiertas que las tónicas y la baja [a] es más cerrada, mientras que las vocales medias [e o] no comparten una misma tendencia ([e] se comporta como [a] y [o] se comporta como [i u]). Así pues, solo [e a] muestran relación directa entre tonicidad y abertura.

En cuanto a la localización, de la Figura 25 se desprende que las vocales átonas anteriores son más posteriores que las respectivas tónicas, y las posteriores son más anteriores; la vocal media [a] actúa del mismo modo que la serie posterior, es decir, resulta más anterior. En conjunto, la vocal [a] (y algo menos [e]) es la más afectada por el acento, mientras que la vocal [i] apenas experimenta variación por este motivo.

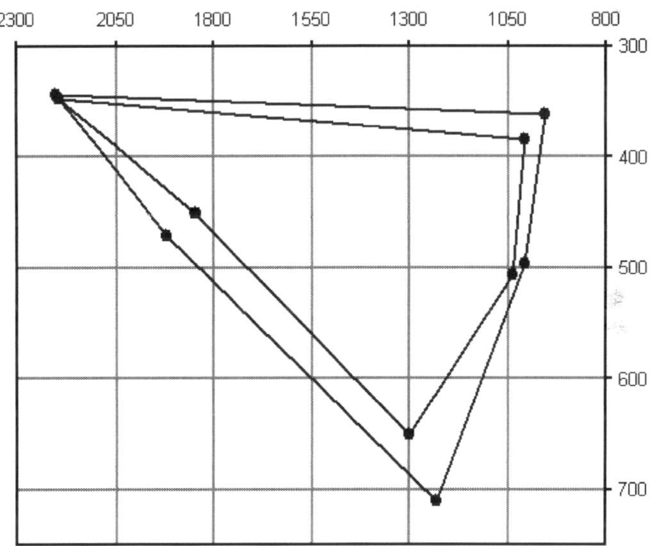

FIGURA 25. Triángulos acústicos de las vocales tónicas y átonas (adaptados de Martínez Celdrán [1984, 299]).

El estudio clásico de Quilis y Esgueva (1983) contradice la idea de Martínez Celdrán y Fernández Planas (2007) de que el triángulo tónico incluye al átono, puesto que los triángulos obtenidos a partir de los análisis de Quilis y Esgueva son prácticamente idénticos. Tampoco Santiago y Mairano (2018) encuentran diferencias en el espacio vocálico asociadas al acento. En definitiva, una vez más, los resultados de los distintos trabajos no son coincidentes.

El último de los factores de variación del timbre vocálico que señalaba Navarro Tomás (1918) es el contexto consonántico. El grado de dicha influencia no está claro. Por ejemplo, para Skelton (1950), se trata del principal factor de variación tímbrica en las vocales del español; sin embargo, Cárdenas (1960) no encuentra ninguna influencia reseñable del contexto consonántico en las vocales, tanto en sílaba libre como trabada.

Son numerosos los trabajos que, desde Navarro Tomás (1918), han tratado de pormenorizar la influencia del contexto consonántico en el timbre vocálico. Sin embargo, el resultado de ese considerable esfuerzo es extraordinariamente confuso, puesto que se pierde en una casuística enmarañada que, además, no coincide entre los diferentes estudios. En definitiva, no hay uno solo de los contextos fonéticos señalados por Navarro del que se pueda afirmar con seguridad y precisión una determinada influencia en alguna vocal.

A modo de ejemplo, podemos repasar someramente la influencia de uno de los factores contextuales recurrentes en la bibliografía: la consonante rótica, que supuestamente tiende a abrir el timbre de la vocal adyacente (F1 más alto, por tanto). Para Navarro Tomás (1918), la [r] abre a [i e o u], aunque señala varias excepciones contextuales para la [e]. Para Álvarez González (1981), la [r] abre las vocales anteriores [i e], pero estas también pueden resultar abiertas en otros contextos (por ejemplo, [g x] para [e]); el resto de las vocales resultan abiertas en otros contextos (por ejemplo, la [o] se abre en contacto con [n]); la [r], además, tiende a centralizar la localización de [e]. Monroy (1980), por su parte, no encuentra mayor abertura vocálica en contacto con [r]. La influencia de la rótica ni tan siquiera es mencionada en relevantes descripciones generales del vocalismo del español (de Manrique 1980; Martínez Celdrán 1984; Martínez Celdrán y Fernández Planas 2007; Quilis 1981, 1993, entre otras) [→ § 4.4.1, § 21.2.1]. En los estudios dialectales, no son pocos quienes no encuentran influencia alguna de este elemento: Boyd-Bowman (1960, 32) en Guanajuato; Haden y Matluck (1977, 15-17) en La Habana, etcétera.

Nótese además que muchas veces se habla de 'rótica', sin especificar si es simple o múltiple. Ello es especialmente relevante teniendo en cuenta que una de las posiciones tal vez más frecuentes de este elemento es la implosiva, en la que la realización simple o múltiple es impredecible. Si se consideran, además, las realizaciones no vibrantes de las róticas así como, en rigor, la variación diatópica, diastrática e idiolectal, resulta que ni tan solo el contexto objeto de análisis está adecuadamente definido [→ § 1.6.4].

Una vez, más, se trata de una intrincada —o al menos no desenmarañada por el momento— red de factores contextuales que inciden, de un modo muy variable, en el timbre vocálico. Solo puede sostenerse, de un modo general, la tendencia de las vocales del español a modificar —ligera o notablemente— su timbre de acuerdo con la naturaleza fonética de las consonantes adyacentes, tanto más cuanto más marcado sea dicho contexto (la consonante en coda silábica influye en igual o mayor medida que la situada en el ataque; la influencia es mayor aún si la vocal se produce entre dos consonantes de igual naturaleza dentro de una misma sílaba). De este modo, las vocales del español —de cualquier lengua, en realidad— tienden a nasalizarse en un contexto nasal, a palatalizarse en un contexto palatal, a velarizarse en un contexto velar, etcétera [→ § 3.2]. Esta tendencia, por otra parte, será más notoria cuanto más alejada sea la localización original de la vocal en cuestión, de modo que, por ejemplo, una palatalización contextual será más apreciable en [o] que en [e].

La Figura 26 muestra, a modo de ejemplo, las modificaciones que experimenta el espectro de la vocal [a] en cuatro contextos consonánticos diferentes, pronunciados por un único informante. Por supuesto, dichas modificaciones no tienen por qué ser constantes en la cadena hablada.

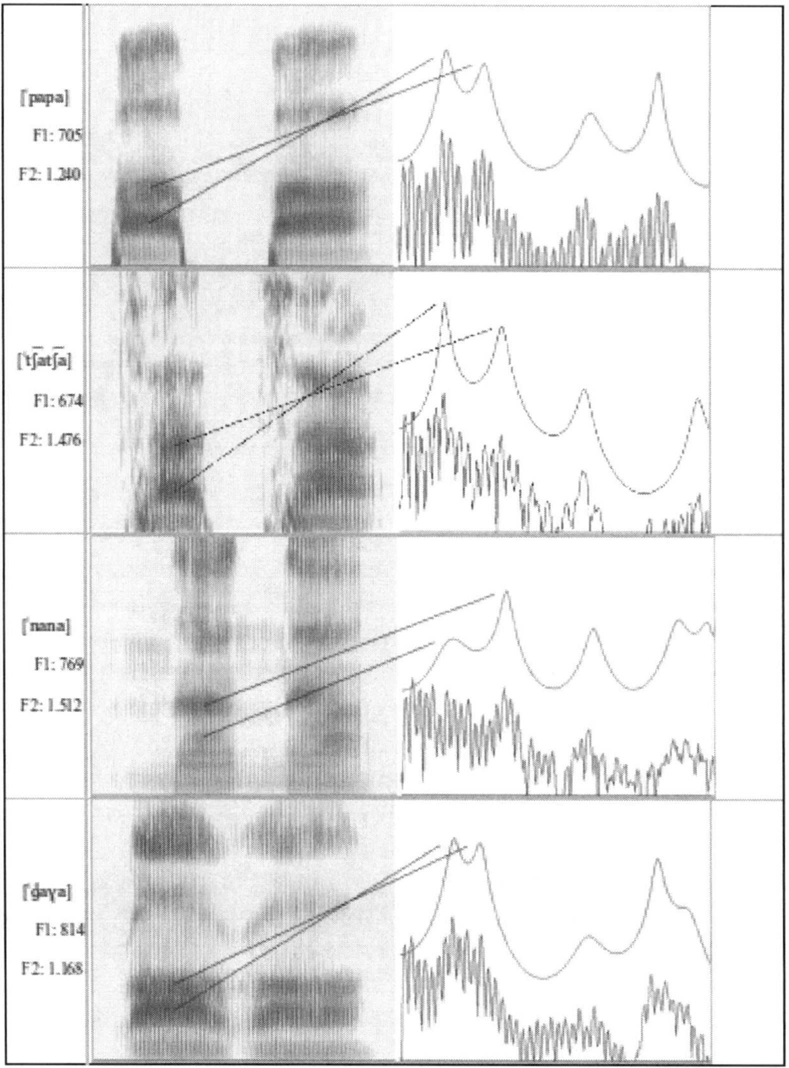

FIGURA 26. Formantes de la vocal [a] en cuatro contextos consonánticos.

Aunque en la Figura 26 solo se ha anotado el valor frecuencial de los dos primeros formantes, es la estructura armónica en su conjunto la que cambia, con sus picos y sus valles, en los diferentes contextos. La palatalización de ['tʃatʃa] genera un considerable aumento de la frecuencia de F2 (y también, en menor medida, de F3), así como un descenso de F1. La velarización de ['g̊aɣa] genera un apreciable descenso frecuencial de F2. La nasalización de ['nãna] supone una alteración muy notable del espectro, puesto que las vocales oronasales poseen unas características acústicas particulares, de una considerable complejidad.

En las vocales nasales o nasalizadas, la úvula, normalmente adherida a la pared faríngea, se desplaza hacia adelante (y secundariamente hacia abajo, junto con parte del paladar blando), dejando así libre el paso del aire hacia las cavidades nasa-

les. Como la cavidad oral también permanece abierta —a diferencia de lo que sucede en las consonantes nasales—, la columna de aire sale por ambas cavidades. Por eso, desde el punto de vista articulatorio, las vocales nasales son, en rigor, oronasales [→ § 1.6.6, § 4.4.2]. La Figura 27 muestra una imagen mediosagital obtenida por resonancia magnética de una articulación de [ũ] en español.

Desde el punto de vista acústico, el pulso glotal, que actua como fuente primaria, [→ § 1.11] es modificado por dos filtros, uno fijo (la cavidad nasal) y otro variable (la cavidad oral); así se explicaría el hecho de que la nasalización no afecte exactamente del mismo modo a todas las vocales (Ladefoged 2001, 165). Los formantes acústicos de las vocales nasalizadas, sobre todo el F1, tienen menor intensidad y mayor ancho de banda; también puede verse alterada su altura frecuencial, dependiendo algo más del timbre de cada vocal. Otro índice clásico de la nasalidad es la aparición de un formante propiamente nasal (denominado en ocasiones 'murmullo nasal') en torno a los 250 Hz (Delattre 1954; Hawkins y Stevens 1985). Un planteamiento básico de la cuestión en español puede leerse en Quilis (1981, 164-69). En todo caso, la caracterización acústica de la nasalidad será tratada con detalle en el capítulo 12 de esta obra.

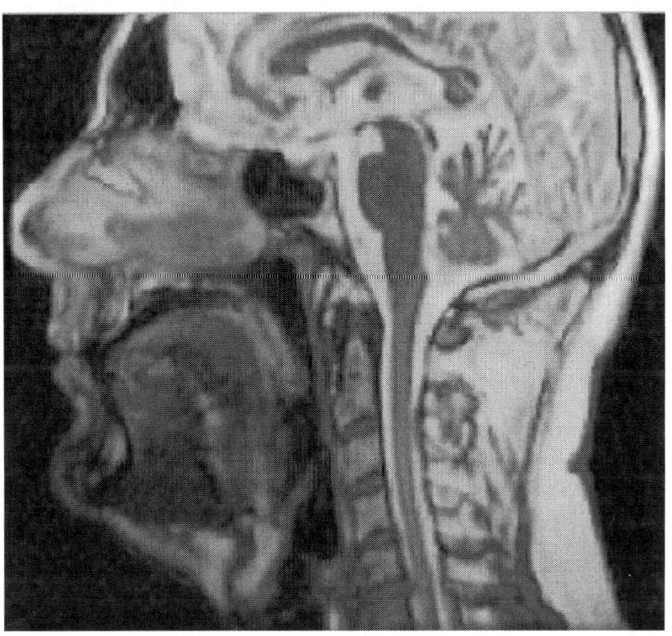

FIGURA 27. Imagen obtenida por resonancia magnética (RMI) de una articulación de la vocal oronasal [ũ] de un informante.

En este punto conviene mencionar que algunos autores (Quilis 1993, 145; Veiga 2002, 73, entre otros) han considerado que la nasalización contextual en español es un fenómeno lo suficientemente apreciable, regular y predecible como para plantear la existencia de dos alófonos vocálicos, orales [i e a o u] y oronasales [ĩ ẽ ã õ ũ]. Los segundos aparecerían en dos contextos fundamentales: entre consonantes nasales y tras pausa y ante nasal (Quilis 1993, 149-50).

Cuando el contexto es también vocálico, es decir, en las secuencias vocálicas, la variación en el timbre suele consistir, en términos muy generales, en un acercamiento entre las articulaciones de cada uno de los segmentos que componen la secuencia, lo que implica su mayor cercanía en la carta de formantes. Por supuesto, se trata de una cuestión muy compleja, en la que influyen no pocas variables: la estructura silábica (secuencias tautosilábicas o heterosilábicas), el tipo de secuencia (creciente o decreciente), el acento o la propia naturaleza de los segmentos vocálicos en cuestión. Véanse, por ejemplo, los estudios de Aguilar (2017) y de Conklin y Dmitrieva (2020). La variación es especialmente relevante en las vocales cerradas, de modo que ya Navarro Tomás (1918, 48-50, 62-64) distinguió las variantes 'semivocales', transcritas como [i̯ u̯] (en diptongo decreciente) y 'semiconsonantes', transcritas como [j w] (en diptongo creciente), que más recientemente se han solido unificar con los términos de 'deslizantes' o 'paravocales' [→ § 1.19.5]. Estos elementos serán examinados con detalle en los capítulos 6, 7 y 8.

Es importante recordar en este punto lo señalado anteriormente acerca de las especificaciones estática y dinámica del patrón de formantes de las vocales. La variación tímbrica de una vocal resulta más difícil de analizar tomando en consideración un único punto en su zona media y más estable, puesto que las modificaciones debidas presumiblemente al contexto se manifiestan a lo largo de toda la duración vocálica, y no necesariamente de igual manera durante dicha duración. Así, por seguir con el ejemplo anterior, una palatalización contextual será mucho menos apreciable en la zona central del segmento que en sus transiciones.

2.6 Conclusiones

En este capítulo se ha estudiado, en primer lugar, cómo se producen o articulan las vocales del español (§ 2.2); seguidamente, se ha analizado cómo son físicamente los resultados de dicha articulación, es decir, cuáles son sus características acústicas principales (§ 2.3); finalmente, se ha tratado la cuestión de cómo se perciben o discriminan estos sonidos vocálicos (§ 2.4). Una vez realizada esta triple caracterización, se ha abordado la variación lingüística de las vocales en español (§ 2.5).

Desde la perspectiva articulatoria, el procedimiento general de la producción vocálica parece claro, así como las características básicas que diferencian entre sí la articulación de los cinco elementos vocálicos del español, y que se condensan en el habitual esquema articulatorio con tres grados de abertura y otros tantos de localización.

Sin embargo, los modelos articulatorios de los hablantes particulares examinados hasta el momento muestran una gran heterogeneidad, que puede incluso plantear dudas acerca de la idoneidad del esquema clasificatorio señalado anteriormente. Es necesario, por tanto, analizar la articulación de un mayor número de hablantes de español, para ordenar y clarificar esta variación observada en la producción vocálica.

También falta por aclarar la relación entre los esquemas articulatorios y los acústicos. Puesto que la teoría sostiene que la configuración articulatoria de cada vocal en cuestión explica su timbre vocálico particular, debería ser posible conseguir dos representaciones gráficas, articulatoria y acústica, de las cinco vocales de un informante con un alto grado de correspondencia mutua. Sin embargo, esto no resulta así en la práctica. No se ha conseguido identificar dos parámetros articulatorios —primarios o secundarios— mensurables en alguna exploración articulatoria (imágenes de MRI, por ejemplo) que, trasladados a un eje de coordenadas, produzcan resultados equiparables a los de los valores de los dos primeros formantes acústicos de esas mismas vocales.

Desde la perspectiva acústica, la hipótesis de las cualidades intrínsecas básicas de las vocales —es decir, que la frecuencia fundamental, el tiempo de duración y la amplitud de una vocal se relacionen en primera instancia con su timbre vocálico— es una cuestión aún pendiente de aclarar para el español (y también, en rigor, para el resto de las lenguas), puesto que los trabajos realizados hasta el momento ofrecen unos resultados no solo no concluyentes, sino incluso contradictorios.

Las cuestiones tal vez más interesantes tienen que ver con la llamada 'hipótesis de la IF0' (en inglés, *intrinsic* f_0). ¿Es el tono intrínseco igual para las series vocálicas anterior y posterior? En ocasiones se ha señalado que [u] suele ser más aguda que [i], y se ha relacionado con la mayor tensión glótica. Admitida la distancia [i]-[u]/[a], ¿qué sucede con las vocales medias?; ¿su tono fundamental guarda relación con la proporción articulatoria o acústica?; ¿funciona la IF0 de manera análoga en hablantes masculinos y femeninos, está sujeto a alguna otra variable sociolingüística?; ¿cómo influyen en el IF0 algunas variables fonéticas, como el contexto consonántico, el acento, la sílaba, etcétera? Todas estas cuestiones están pendientes. También lo están, en realidad, las principales: la relación del IF0 con el rango tonal y el tamaño del inventario vocálico, la validación misma de la supuesta universalidad del fenómeno y la aclaración de su origen. En definitiva, hacen falta aún muchos más trabajos experimentales sobre estas cuestiones.

La caracterización acústica del timbre vocálico basada en los dos primeros formantes es sobradamente conocida, tanto desde una perspectiva fonética general como en su aplicación a las vocales del español. Se ha conseguido, por tanto, una idea bastante precisa de cómo son, en general, esos primeros formantes para las cinco vocales españolas. Las cartas de formantes (resultado de trasladar a un eje de coordenadas los valores frecuenciales de los dos primeros formantes acústicos) son una herramienta sencilla y práctica para entender y comparar los valores de cualquier hablante o grupo de hablantes, o para comparar las vocales del español con las vocales cardinales o las de cualquier otra lengua. Conviene, no obstante, tener presentes las limitaciones de una caracterización acústica que no contempla más que dos valores de frecuencia, desdeñando así la información referida a la amplitud y al ancho de banda, y la referida también al F3 y al resto de los formantes, por no hablar de que dicha caracterización resulta estática, mientras que las vocales en el habla real son, obviamente, de naturaleza dinámica. En definitiva, los sencillos datos contenidos en una carta de formantes resultan una herramienta suficiente en muchos casos, pero dejan fuera mucha información acústica que puede resultar relevante para una caracterización fonética más exhaustiva.

La percepción vocálica es un terreno menos seguro que los dos anteriores porque es en realidad el propio mecanismo de la percepción humana lo que no se conoce adecuadamente. Con todo, se ha comprobado que los dos primeros formantes son habitualmente suficientes para identificar una vocal. De este modo, se han elaborado varios gráficos de las áreas de dispersión de las vocales del español (que muestran dónde se sitúan en una carta de formantes los estímulos reconocidos como cada una de las cinco vocales), aunque no resultan fácilmente comparables porque dependen en gran medida del protocolo experimental. Son necesarios, por tanto, muchos más trabajos sobre esta cuestión.

La variación que experimentan las vocales en español debido a los diferentes factores lingüísticos (contexto fonético, acento, estructura silábica, etcétera) ha sido profusamente estudiada, pero los resultados de ese empeño resultan confusos y contradictorios porque los trabajos son difíciles de comparar y apenas han sido replicados. Para empezar, no acaba de estar resuelta la cuestión de la posible existencia de alófonos vocálicos, como los abiertos [i̞ e̞ o̞ u̞] y los nasalizados [ĩ ẽ ã õ ũ], entre otros, aunque en general no suelen considerarse como tales, al menos desde una perspectiva estrictamente acústica.

Otro caso en el que tampoco puede extraerse una conclusión definitiva de la consulta bibliográfica es el de la influencia del acento en el timbre vocálico. Parece que, frente a las átonas, las vocales tónicas presentan —aunque en un grado difícil de precisar— unos formantes más definidos, que suponen una mayor nitidez en la percepción de su timbre. Lo que no queda claro es si los formantes de las vocales tónicas presentan además algún desplazamiento regular en su altura frecuencial. Para esta cuestión se han planteado, esencialmente, dos posibilidades, ninguna de las cuales ha podido ser validada plenamente: la variación consiste en una mayor altura de F1 (fruto de una mayor abertura articulatoria), o bien la variación persigue la ampliación del espacio acústico o la descentralización (juegos de compensación de F1 y F2 según la vocal en cuestión, por tanto).

Por último, las articulaciones secundarias que experimentan las vocales en función de los diferentes contextos fonéticos (nasalización, palatalización, labialización, velarización, etcétera) son bien conocidas; la influencia que cada una de ellas ejerce sobre la estructura formántica de las vocales parece asimismo bastante clara, en términos generales. Sin embargo, hay que reconocer que aún no se dispone de una caracterización acústica exhaustiva de dichas articulaciones secundarias en español.

En definitiva, resulta evidente que, a pesar de contar con varias décadas de trabajo ya realizado, aún quedan por llevar a cabo muchos y mejores análisis fonéticos de las vocales del español.

Referencias bibliográficas

Adank, Patti, Roel Smits y Roeland van Hout. 2004. «A Comparison of Vowel Normalization Procedures for Language Variation Research». *The Journal of the Acoustical Society of America* 116 (5): 3099–3107. https://doi.org/10.1121/1.1795335.

Aguilar, Lourdes. 2017. «Enlace postléxico de vocales: formación de grupos heterosilábicos, grupos homosilábicos y procesos de elisión». En *Relaciones sintácticas. Homenaje a Josep M. Brucart y M. Lluïsa Hernanz*, editado por Ángel J. Gallego, Yolanda Rodríguez Sellés y Javier Fernández Sánchez, 1–18. Bellaterra: Universitat Autònoma de Barcelona, Departament de Filologia Espanyola.

Alarcos, Emilio. 1950. *Fonología española*. Madrid: Gredos.

Albalá, María José, Elena Battaner, Mario Carranza, Juana Gil, Joaquim Llisterri, María Jesús Machuca, Natalia Madrigal, *et al.* 2008. «VILE: nuevos datos acústicos sobre vocales del español». En *Language Design. Journal of Theoretical and Experimental Linguistics. Special Issue 1. New Trends in Experimental Phonetics: Selected papers from the IV International Conference on Experimental Phonetics. Granada, 11-14 February 2008*, editado por Antonio Pamies y Elisabeth Melguizo, 1–14. Granada: Método Ediciones.

Albalá, María José y Victoria Marrero-Aguiar. 1995. «La intensidad de los sonidos españoles». *Revista de Filología Española* 75 (1–2): 105–32. https://doi.org/10.3989/rfe.1995.v75.i1/2.424.

Aldrich, Alexander C. y Miquel Simonet. 2019. «Duration of Syllable Nuclei in Spanish». *Studies in Hispanic and Lusophone Linguistics* 12 (2): 247–80. https://doi.org/10.1515/shll-2019-2012.

Alioua, Ahmed. 1991–1992. «De la corrélation entre la durée et l'aperture des voyelles brèves en arabe littéral». *Travaux de l'Institut de Phonétique de Strasbourg* 22: 1–8.

Almeida, Manuel. 1990. «El timbre vocálico en español actual». *Revista de Filología Románica* 7: 75–85.

———. 1999. *Tiempo y ritmo en el español canario. Un estudio acústico*. Madrid: Iberoamericana; Fráncfort: Vervuert. https://doi.org/10.31819/9783865278395.

Almeida, Manuel y Esteban San Juan. 2001. «*Clash* silábico y desplazamiento acentual en el español canario». *Estudios de Fonética Experimental* 11: 160–71.

Álvarez González, Juan Antonio. 1981. «Influencias de los sonidos contiguos en el timbre de las vocales (Estudio acústico)». *Revista Española de Lingüística* 11 (2): 427–45.

Barreda, Santiago. 2021. «Perceptual Validation of Vowel Normalization Methods for Variationist Research». *Language Variation and Change* 33 (1): 27–53. https://doi.org/10.1017/S0954394521000016.

van Bergem, Dick R., Louis C. W. Pols y Florien J. Koopmans-van Beinum. 1988. «Perceptual Normalization of the Vowels of a Man and a Child in Various Contexts». *Speech Communication* 7 (1): 1–20. https://doi.org/10.1016/0167-6393(88)90018-0.

Blecua Falgueras, Beatriz y Vanessa Acín. 1995. «Propuesta de un modelo de intensidad vocálica del castellano y el catalán aplicable a un sistema de conversión de texto a habla». *Procesamiento del Lenguaje Natural* 17: 257–71.

Bond, Zinny S. y Thomas J. Moore. 1994. «A Note on the Acoustic-Phonetic Characteristics of Inadvertently Clear Speech». *Speech Communication* 14 (4): 325–37. https://doi.org/10.1016/0167-6393(94)90026-4.

Boyd-Bowman, Peter. 1960. *El habla de Guanajuato*. México, D. F.: Universidad Nacional Autónoma de México, Centro de Estudios Literarios.

Canellada, María Josefa y John Kuhlmann Madsen. 1987. *Pronunciación del español. Lengua hablada y literaria*. Madrid: Castalia.

Cárdenas, Daniel N. 1960. «Acoustic Vowel Loops of Two Spanish Idiolects». *Phonetica* 5 (1): 19–34. https://doi.org/10.1159/000258037.

Claes, Tom, Ioannis Dologlou, Louis ten Bosch y Dirk van Compernolle. 1998. «A Novel Feature Transformation for Vocal Tract Length Normalization in Automatic Speech Recognition». *IEEE Transactions on Speech and Audio Processing* 6 (6): 549–557. https://doi.org/10.1109/89.725321.

Conklin, Jenna T. y Olga Dmitrieva. 2020. «Vowel-to-Vowel Coarticulation in Spanish Nonwords». *Phonetica* 77 (4): 294–319. https://doi.org/10.1159/000502890.

Connell, Bruce. 2002. «Tone Languages and the Universality of Intrinsic *F0*: Evidence from Africa». *Journal of Phonetics* 30 (1): 101–29. https://doi.org/10.1006/jpho.2001.0156.

Crandall, Irving B. 1925. «The Sounds of Speech». *The Bell System Technical Journal* 4 (4): 586–626. https://doi.org/10.1002/j.1538-7305.1925.tb03969.x.

Crothers, John. 1978. «Typology and Universals of Vowel Systems». En *Universals of Human Language. Vol. 2: Phonology*, editado por Joseph H. Greenberg, 95–152. Stanford: Stanford University Press.

Delattre, Pierre C. 1954. «Les attributs acoustiques de la nasalité vocalique et consonantique». *Studia Linguistica. A Journal of General Linguistics* 8 (1–2): 103–09. https://doi.org/10.1111/j.1467-9582.1954.tb00507.x. Reed. en *Studies in French and Comparative Phonetics*, 243–47. La Haya: Mouton, 1966.

———. 1962. «Some Factors of Vowel Duration and Their Cross-Linguistic Validity». *The Journal of the Acoustical Society of America* 34 (8): 1141–1143. https://doi.org/10.1121/1.1918268.

———. 1965. *Comparing the Phonetic Features of English, French, German and Spanish*. Heidelberg: Julius Groos.

Delattre, Pierre C., Franklin S. Cooper, Alvin M. Liberman y Louis J. Gerstman. 1956. «Speech Synthesis as a Research Technique». En *Proceedings of the Seventh International Congress of Linguists. London, 1-6 September 1952*, editado por Frederick Norman, 544–61. Londres: International University Booksellers.

———. (1956) 2013. «Speech Synthesis as a Research Technique». En *Eight Decades of General Linguistics. The History of CIPL and Its Role in the History of Linguistics*, editado por Ferenc Kiefer y Piet van Sterkenburg, 77–92. Leiden: Brill. https://doi.org/10.1163/9789004242050_006.

Delattre, Pierre C., Alvin M. Liberman, Franklin S. Cooper y Louis J. Gerstman. 1952. «An Experimental Study of the Acoustic Determinants of Vowel Color; Observations on One- and Two-Formant Vowels Synthesized from Spectrographic Patterns». *Word* 8 (3): 195–210. https://doi.org/10.1080/00437956.1952.11659431. Reed. en *Acoustic Phonetics. A Course of Basic Readings*, editado por Dennis B. Fry, 221–37. Cambridge: Cambridge University Press, 1976.

Elejabeitia, Ana, Alexander Iribar y Rosa Miren Pagola. 2009. «El cine-MRI aplicado a la descripción de las sibilantes vascas». *Estudios de Fonética Experimental* 18: 145–160.

Ferguson, Sarah H. y Diane Kewley-Port. 2002. «Vowel Intelligibility in Clear and Conversational Speech for Normal-Hearing and Hearing-Impaired Listeners». *The Journal of the Acoustical Society of America* 112 (1): 259–71. https://doi.org/10.1121/1.1482078.

Fernández Planas, Ana María. 1993. «Estudio del campo de dispersión de las vocales castellanas». *Estudios de Fonética Experimental* 5: 129–162.

———. 2000. «Estudio electropalatográfico de la coarticulación vocálica en estructuras vcv en castellano». Tesis de doctorado, Universitat de Barcelona. http://hdl.handle.net/10803/2094.

———. 2007. «Cuestiones metodológicas en la palatografía dinámica y clasificación electropalatográfica de las vocales y de algunas consonantes linguales del español peninsular». *Estudios de Fonética Experimental* 16: 11–80.

Figueras, Carolina y Marisa Santiago. 1993. «Investigaciones sobre la naturaleza del acento a través del Visi-Pitch». *Estudios de Fonética Experimental* 5: 81–112.

Flórez, Luis. 1951. *La pronunciación del español en Bogotá*. Bogotá: Instituto Caro y Cuervo.

Fox, Robert A., Lida G. Wall y Jeanne Gokcen. 1992. «Age-Related Differences in Processing Dynamic Information to Identify Vowel Quality». *Journal of Speech, Language, and Hearing Research* 35 (4): 892–902. https://doi.org/10.1044/jshr.3504.892.

Fry, Dennis B., Arthur S. Abramson, Peter D. Eimas y Alvin M. Liberman. 1962. «The Identification and Discrimination of Synthetic Vowels». *Language and Speech* 5 (4): 171–89. https://doi.org/10.1177/002383096200500401. Reed. en *Acoustic Phonetics. A Course of Basic Readings*, editado por Dennis B. Fry, 238–57. Cambridge: Cambridge University Press, 1976.

Gil, Juana. 1988. *Los sonidos del lenguaje*. Madrid: Síntesis.

———. 2007. *Fonética para profesores de español: de la teoría a la práctica*. Madrid: Arco/Libros.

González Álvarez, Julio y Teresa Cervera. 2001. «El efecto magnético en la percepción de las vocales españolas. Estudio perceptivo sobre la vocal /i/». *Estudios de Fonética Experimental* 11: 211–42.

Gurlekian, Jorge Alberto, Natalia Elisei y Martín Eleta. 2004. «Caracterización articulatoria de los sonidos vocálicos del español de Buenos Aires mediante técnicas de resonancia magnética». *Fonoaudiológica* 50 (2): 7–14.

Haden, Ernest F. y Joseph H. Matluck. 1977. «El habla culta de La Habana: análisis fonológico preliminar». En *Estudios sobre el español hablado en las principales ciudades de América*, editado por Juan Miguel Lope Blanch, 13–37. México, D. F.: Universidad Nacional Autónoma de México, Instituto de Investigaciones Filológicas.

Harrington, Jonathan y Stephen Cassidy. 1994. «Dynamic and Target Theories of Vowel Classification: Evidence from Monophthongs and Diphthongs in Australian English». *Language and Speech* 37 (4): 357–73. https://doi.org/10.1177/002383099403700402.

Hawkins, Sarah y Kenneth N. Stevens. 1985. «Acoustic and Perceptual Correlates of the Non-Nasal–Nasal Distinction for Vowels». *The Journal of the Acoustical Society of America* 77 (4): 1560–1575. https://doi.org/10.1121/1.391999.

Hellwag, Christoph Friedrich. (1781). *Dissertatio inauguralis physiologico medica de formatione loquelae*. Tubinga: Literis Fuesianis. Reed., Ámsterdam: Universiteit van Amsterdam, Instituut voor Fonetische Wetenschappen, 1967.

Hirahara, Tatsuya y Hiroaki Kato. 1992. «The Effect of *F0* on Vowel Identification». En *Speech Perception, Production and Linguistic Structure*, editado por Yoh'ichi Tohkura, Eric Vatikiotis-Bateson y Yoshinori Sagisaka, 89–112. Tokio: Ohmsha; Ámsterdam: IOS Press.

Iribar, Alexander. 2012. «Caracterización fonética experimental del vocalismo vasco-románico». Tesis de doctorado, Universidad de Deusto.

———. 2013. «Apuntes para la caracterización articulatoria experimental del vocalismo del español». *Estudios de Fonética Experimental* 22: 37–80.

Isbăşescu, Cristina. 1968. *El español en Cuba. Observaciones fonéticas y fonológicas*. Bucarest: Sociedad Rumana de Lingüística Románica.

Jacewicz, Ewa y Robert A. Fox. 2012. «The Effects of Cross-Generational and Cross-Dialectal Variation on Vowel Identification and Classification». *The Journal of the Acoustical Society of America* 131 (2): 1413–33. https://doi.org/10.1121/1.3676603.

———. 2015. «Intrinsic Fundamental Frequency of Vowels Is Moderated by Regional Dialect». *The Journal of the Acoustical Society of America* 138 (4): EL405–EL410. https://doi.org/10.1121/1.4934178.

Jenkins, James L., Winifred Strange y Thomas R. Edman. 1983. «Identification of Vowels in "Vowelless" Syllables». *Perception & Psychophysics* 34 (5): 441–50. https://doi.org/10.3758/BF03203059.

Joos, Martin. 1948. *Acoustic Phonetics*. Baltimore: Linguistic Society of America.

Kingston, John. 2007. «Segmental Influences on F0: Automatic or Controlled?» En *Tones and Tunes. Vol. 2: Experimental Studies in Word and Sentence Prosody*, editado por Carlos Gussenhoven y Tomas Riad, 171–210. Berlín: de Gruyter Mouton. https://doi.org/10.1515/9783110207576.2.171.

Kuhl, Patricia K. 1991. «Human Adults and Human Infants Show a "Perceptual Magnet Effect" for the Prototypes of Speech Categories, Monkeys Do Not». *Perception & Psychophysics* 50 (2): 93–107. https://doi.org/10.3758/BF03212211.

Ladefoged, Peter. 2001. *Vowels and Consonants. An Introduction to the Sounds of Languages*. Oxford: Blackwell.

Ladefoged, Peter y Norris P. McKinney. 1963. «Loudness, Sound Pressure, and Subglottal Pressure in Speech». *The Journal of the Acoustical Society of America* 35 (4): 454–60. https://doi.org/10.1121/1.1918503.

Landercy, Albert y Raymond Renard. 1977. *Éléments de phonétique*. Bruselas: Didier; Mons: Centre International de Phonétique Appliquée.

Lehiste, Ilse. 1970. *Suprasegmentals*. Cambridge, MA: MIT Press.

León, Hernán y Humberto Valdivieso. 2002. «Timbre vocálico y esfuerzo de las cuerdas vocales». *Estudios Filológicos* 37: 65–75. https://doi.org/10.4067/S0071-17132002003700004.

Llisterri, Joaquim. 1989. «Los sistemas vocálicos: tipología, universales y explicación fonética». *Anuario del Seminario de Filología Vasca «Julio de Urquijo»* 23 (2): 435–46.

Maddieson, Ian. 1984. *Patterns of Sounds*. Cambridge: Cambridge University Press. https://doi.org/10.1017/CBO9780511753459.

Madrid, Edgar Alberto y Mario A. Marín Rodríguez. 2001. «Estructura formántica de las vocales del español de la Ciudad de México». En *Temas de fonética instrumental*, editado por Esther Herrera Zendejas, 39–58. México, D. F.: El Colegio de México.

de Manrique, Ana María Borzone. 1980. *Manual de fonética acústica*. Buenos Aires: Hachette.

Marín Gálvez, Rafael. 1994–1995. «La duración vocálica en español». *Estudios de Lingüística. Universidad de Alicante (ELUA)* 10: 213–226. https://doi.org/10.14198/ELUA1994-1995.10.11.

Marrero-Aguiar, Victoria, Elena Battaner, Juana Gil, Joaquim Llisterri, María Jesús Machuca, Montserrat Marquina, Carme de-la-Mota y Antonio Ríos. 2008. «Identifying Speaker-Dependent Acoustic Parameters in Spanish Vowels». En *Proceedings of Acoustics'08. Paris, France, 29 June - 4 July, 2008*, 5673–5677. París: Société Française d'Acoustique. https://doi.org/10.1121/1.2935781. DVD-ROM.

Martínez Celdrán, Eugenio. 1984. *Fonética (Con especial referencia a la lengua castellana)*. Barcelona: Teide.

———. 1995. «En torno a las vocales del español: análisis y reconocimiento». *Estudios de Fonética Experimental* 7: 195–218.

Martínez Celdrán, Eugenio y Ana María Fernández Planas. 2007. *Manual de fonética española. Articulaciones y sonidos del español*. Barcelona: Ariel.

Massone, María Ignacia, Ana María Borzone de Manrique y Angela Signorini. 1983. «Rasgos prosódicos: organización temporal del español». *Fonoaudiológica* 29 (2): 92–101.

Mateo, Ana. 1988. «Experimento sobre el tono intrínseco de las vocales castellanas». *Estudios de Fonética Experimental* 3: 157–180.

Matthei, Edward y Thomas Roeper. 1983. *Understanding and Producing Speech*. Londres: Fontana.

Meddis, Ray y Michael J. Hewitt. 1992. «Modeling the Identification of Concurrent Vowels with Different Fundamental Frequencies». *The Journal of the Acoustical Society of America* 91 (1): 233–245. https://doi.org/10.1121/1.402767.

Mendoza Lara, Elvira, Gloria Carballo, Alicia Cruz, María Dolores Fresneda, Juana Muñoz López y Victoria Marrero. 2003. «Temporal Variability in Speech Segments of Spanish: Context and Speaker Related Differences». *Speech Communication* 40 (4): 431–447. https://doi.org/10.1016/S0167-6393(02)00086-9.

Meyer, Ernst A. 1896–1897. «Zur Tonbewegung des Vokals im gesprochenen und gesungenen Einzelwort». *Phonetische Studien* 10 (4): 1–21.

Monroy, Rafael. 1980. *Aspectos fonéticos de las vocales españolas*. Madrid: SGEL.

Moreno Sandoval, Antonio, Doroteo Torre, Natalia Curto y Raúl de la Torre. 2006. «Inventario de frecuencias fonémicas y silábicas del castellano espontáneo y escrito». En *IV Jornadas en Tecnología del Habla. Zaragoza, 8-10 de noviembre de 2006*, editado por Luis Buera, Eduardo Lleida, Antonio Miguel y Alfonso Ortega Giménez, 77–81. Zaragoza: Universidad de Zaragoza.

Morrison, Geoffrey. 2004. «An Acoustic and Statistical Analysis of Spanish Mid-Vowel Allophones». *Estudios de Fonética Experimental* 13: 11–37.

Muñiz, Carmen. 2009. «La relevancia del tono intrínseco de las vocales en la entonación». *Estudios de Fonética Experimental* 18: 273–85.

———. 2017. «Implicaciones de la duración en la prosodia: asturiano y castellano del centro de Asturias». *Estudios de Fonética Experimental* 26: 223–43.

Nadeu, Marianna. 2011. «The Articulation of Stress and Focus in Spanish». Presentado en 5th Phonetics and Phonology in Iberia (PaPI 2011), Tarragona, España, junio.

Navarro Tomás, Tomás. 1916a. «Cantidad de las vocales acentuadas». *Revista de Filología Española* 3 (4): 387–408.

———. 1916b. «Siete vocales españolas». *Revista de Filología Española* 3 (1): 51–62.

———. 1918. *Manual de pronunciación española*. Madrid: Junta para Ampliación de Estudios e Investigaciones Científicas, Centro de Estudios Históricos.

Nearey, Terrance M. 1978. *Phonetic Feature Systems for Vowels*. Bloomington: Indiana University Linguistics Club.

Neel, Amy T. 2008. «Vowel Space Characteristics and Vowel Identification Accuracy». *Journal of Speech, Language, and Hearing Research* 51 (3): 574–585. https://doi.org/10.1044/1092-4388(2008/041).

Oroz, Rodolfo. 1966. *La lengua castellana en Chile*. Santiago de Chile: Universidad de Chile, Facultad de Filosofía y Educación.

Pamies, Antonio y Ana María Fernández Planas. 2006. «La percepción de la duración vocálica en español». En *Actas del V Congreso Andaluz de Lingüística General. Homenaje al profesor José Andrés de Molina Redondo. Granada, 17, 18 y 19 de noviembre de 2004*, editado por Juan de Dios Luque, 1:501–512. Granada: Granada Lingvistica.

Pamies, Antonio, Ana María Fernández Planas, Eugenio Martínez Celdrán, Alicia Ortega Escandell y Mari Cruz Amorós. 2002. «Umbrales tonales en español peninsular». En *Actas del II Congreso de Fonética Experimental. Sevilla, 5, 6 y 7 de marzo de 2001*, editado por Jesús Díaz García, 272–278. Sevilla: Universidad de Sevilla, Facultad de Filología, Laboratorio de Fonética.

Picheny, Michael A., Nathaniel I. Durlach y Louis D. Braida. 1985. «Speaking Clearly for the Hard of Hearing I: Intelligibility Differences between Clear and Conversational Speech». *Journal of Speech, Language, and Hearing Research* 28 (1): 96–103. https://doi.org/10.1044/jshr.2801.96.

Quilis, Antonio. 1981. *Fonética acústica de la lengua española*. Madrid: Gredos.

———. 1993. *Tratado de fonología y fonética españolas*. Madrid: Gredos.

Quilis, Antonio y Manuel Esgueva. 1983. «Realización de los fonemas vocálicos españoles en posición fonética normal». En *Estudios de fonética I*, editado por Manuel Esgueva y Margarita Cantarero, 159–252. Madrid: Consejo Superior de Investigaciones Científicas.

Quilis, Antonio y Joseph A. Fernández. (1964) 1985. *Curso de fonética y fonología españolas para estudiantes angloamericanos*. 11.ª ed. Madrid: Consejo Superior de Investigaciones Científicas.

Repp, Bruno H. 1984. «Categorical Perception: Issues, Methods, Findings». En *Speech and Language. Advances in Basic Research and Practice*, editado por Norman J. Lass, 10:243–335. Nueva York: Academic Press. https://doi.org/10.1016/B978-0-12-608610-2.50012-1.

Rojo, Guillermo. 1991. «Frecuencia de fonemas en español actual». En *Homenaxe ó profesor Constantino García*, editado por Mercedes Brea y Francisco Fernández Rei, 1:451–467. Santiago de Compostela: Universidade de Santiago de Compostela, Servicio de Publicacións e Intercambio Científico.

Román, Domingo, Camilo Quezada y Loreto Aguilera. 2018. «Duración de vocales idénticas en límite de palabras en español de Chile». *Estudios de Fonética Experimental* 27: 151–72.

Romero Gallego, Joaquín. 1988. «Campos de dispersión auditivos de las vocales del castellano. Percepción de las vocales». *Estudios de Fonética Experimental* 3: 181–206.

Rosch, Eleanor. 1975. «On the Internal Structure of Perceptual and Semantic Categories». En *Cognitive Development and the Acquisition of Language*, editado por Timothy E. Moore, 111–14. Nueva York: Academic Press. https://doi.org/10.1016/B978-0-12-505850-6.50010-4.

Santiago, Fabián y Paolo Mairano. 2018. «The Role of Lexical Stress on Vowel Duration and Vowel Space in Two Varieties of Spanish». En *Speech Prosody 2018. Poznań, Poland, 13–16 June, 2018*, 453–57. International Speech Communication Association (ISCA) Online Archive. https://doi.org/10.21437/SpeechProsody.2018-92.

Saz, Óscar, Javier Simón, William Ricardo Rodríguez Dueñas, Eduardo Lleida y Carlos Vaquero Avilés-Casco. 2009. «Analysis of Acoustic Features in Speakers with Cognitive Disorders and Speech Impairments». *EURASIP Journal on Advances in Signal Processing* 2009 (1): 159–234. https://doi.org/10.1155/2009/159234.

ter Schure, Sophie, Kateřina Chládková y Jan-Willem van Leussen. 2011. «Comparing Identification of Artificial and Natural Vowels». En *17th International Congress of Phonetic Sciences. Hong Kong, 17-21 August, 2011*, editado por Wai-Sum Lee y Eric Zee, 1770–1773. International Congress of Phonetic Sciences (ICPhS) Online Archive.

Shigeno, Sumi. 1992. «Assimilation and Contrast in Vowel Perception». En *Speech Perception, Production and Linguistic Structure*, editado por Yoh'ichi Tohkura, Eric Vatikiotis-Bateson y Yoshinori Sagisaka, 3–20. Tokio: Ohmsha; Ámsterdam: IOS Press.

Skelton, Robert B. 1950. «A Spectrographic Analysis of Spanish Vowel Sounds». Tesis de doctorado, University of Michigan. ProQuest (304378025).

Stevens, Kenneth N. 1972. «The Quantal Nature of Speech: Evidence from Articulatory-Acoustic Data». En *Human Communication: A Unified View*, editado por Edward E. David y Peter B. Denes, 51–66. Nueva York: McGraw-Hill.

———. 1989. «On the Quantal Nature of Speech». *Journal of Phonetics* 17 (1–2): 3–45.

Strange, Winifred. 1987. «Information for Vowels in Formant Transitions». *Journal of Memory and Language* 26 (5): 550–57. https://doi.org/10.1016/0749-596X(87)90141-0.

———. 1989. «Evolving Theories of Vowel Perception». *The Journal of the Acoustical Society of America* 85 (5): 2081–2087. https://doi.org/10.1121/1.397860.

Veiga, Alexandre. 2002. *El subsistema vocálico español*. Santiago de Compostela: Universidade de Santiago de Compostela, Servicio de Publicacións.

Verhoeven, Jo y Sarah Van Hoof. 2007. «Intrinsic Vowel Pitch in Dutch and Arabic». En *Proceedings of the 16th International Congress of Phonetic Sciences (ICPhS XVI). 6-10 August 2007, Saarbrücken, Germany*, editado por Jürgen Trouvain y William J. Barry, 1785–1788. Saarbrücken: Universität des Saarlandes.

Whalen, Douglas H. y Andrea G. Levitt. 1995. «The Universality of Intrinsic F0 of Vowels». *Journal of Phonetics* 23 (3): 349–366. https://doi.org/10.1016/S0095-4470(95)80165-0.

Wiersma, Valerie. 2003. «Perception of Vowel Intrinsic Pitch by Musically Trained Listeners». Tesis de maestría, University of Edinburgh.

Wood, Sidney A. J. 1979. «A Radiographic Analysis of Constriction Locations for Vowels». *Journal of Phonetics* 7 (1): 25–43.

Zhang, Kaile y Gang Peng. 2021. «The Time Course of Normalizing Speech Variability in Vowels». *Brain and Language* 222: 105028. https://doi.org/10.1016/j.bandl.2021.105028.

Zimmerman, Samuel A. y Stanley M. Sapon. 1958. «Note on Vowel Duration Seen Cross-Linguistically». *The Journal of the Acoustical Society of America* 30 (2): 152–153. https://doi.org/10.1121/1.1909521.

3 LA VARIACIÓN EN LAS VOCALES

Dolors Poch Olivé

Carolina Julià Luna

3.1 La variación vocálica en español: cuestiones generales

La noción de homogeneidad de una lengua es considerada hoy en día una ficción conceptual por casi todos los autores (por ejemplo, por Moreno Fernández [1998] 2005). Los estudios sobre variación geográfica y sobre sociolingüística variacionista han demostrado que las lenguas se manifiestan a través de sus variedades y que nociones como las de 'el inglés', 'el chino' o 'el español' son entidades virtuales puesto que, en la realidad, solo se encuentran manifestaciones concretas, 'actualizaciones' de dichas nociones. No obstante, ello no es óbice para que los hablantes tengan constituida en sus mentes una imagen de estas entidades virtuales que les permite identificar una lengua frente a otra a través del análisis de sus manifestaciones concretas.

En el dominio de la pronunciación de un inventario determinado de segmentos, las reglas que regulan sus combinaciones más el funcionamiento de su prosodia configuran las características fónicas de una lengua. En el caso de las vocales del español, la fonología ha establecido que su sistema comprende, en todo el dominio hispanohablante, cinco unidades que poseen valor fonemático: /i/, /e/, /a/, /o/, /u/ [→ capítulo 4]. La observación de las 'actualizaciones' de estos segmentos fonemáticos, es decir, de sus realizaciones fonéticas, muestra que estas cinco unidades no se manifiestan de forma homogénea, sino que presentan características diferentes en función de una serie de factores que actúan como condicionantes. Dichos factores configuran una dinámica de las realizaciones de las unidades del sistema que acepta un importante rango de variabilidad en la pronunciación.

El estudio de la variación vocálica en español se orienta, pues, como el análisis de la dinámica a la que están sometidas las manifestaciones fonéticas de las cinco unidades distintivas del sistema fonológico. Más que como un catálogo de posibles variaciones de las realizaciones de los segmentos, el estudio de la variabilidad vocálica se concibe como la elaboración de un modelo que permita predecir las características de los distintos alófonos pronunciados por los hispanohablantes en cada situación comunicativa. La definición de un modelo de este tipo es extraordinariamente compleja, pero debe constituir el objetivo último de la descripción, pues su formulación reflejaría que la fonética (y la fonología) son capaces de explicar cómo funciona el sistema vocálico en el conjunto de las distintas manifestaciones de la comunicación. Como se verá, sería deseable integrar, en una descripción de este tipo, los datos que pueden proporcionar tanto la dialectología como la sociolingüística, en la medida en la que ofrecen pistas sobre cómo los hablantes utilizan las posibles variaciones de los sonidos y qué significado tienen para ellos dichos cambios. Las limitaciones de los estudios realizados hasta ahora sobre las vocales del español no permiten, todavía, la elaboración de un modelo global del funcionamiento del sistema aunque, en la medida de lo posible, se intentará, en este trabajo, arrojar luz sobre su dinámica.

Los estudios sobre los fenómenos de variación en el lenguaje, desde sus inicios hasta los últimos trabajos publicados en el siglo XXI —por ejemplo, Coseriu ([1962] 1973), Martín Butragueño (2002, 2014), Moreno Fernández (2020) y Moreno Fernández y Caravedo (2022)—, permiten establecer cuatro tipos de fuentes de variación:

- Variación de carácter 'fonético': como ya se ha indicado, las descripciones clásicas realizadas desde la perspectiva de la fonética experimental han establecido que las características articulatorias y acústicas de los sonidos se modifican en función de factores tales como la posición que ocupa dicho sonido en la sílaba, de si la sílaba en la que está situado es tónica o átona, de las características de los sonidos del entorno inmediato, etcétera. Estos aspectos de la variación, condicionados exclusivamente por influencias de orden lingüístico, se tratan en el § 2.5 de esta obra.
- Variación geográfica o diatópica: la dialectología comenzó a interesarse, en la segunda mitad del siglo XIX, por las variaciones que se podían observar en las características de los sonidos del habla que estaban determinadas por el territorio, y ha plasmado los resultados hallados en los atlas y mapas de carácter dialectal.
- Variación social o diastrática: la sociolingüística variacionista, desarrollada durante la segunda mitad del siglo XX, ha puesto de relieve que la pertenencia a un grupo social u otro conduce a sus miembros a presentar diferentes modos de hablar —son modélicos a este respecto los trabajos de Labov (1972) sobre el habla de Nueva York y sobre el cambio lingüístico en la isla de Martha's Vineyard—. Ha quedado así claramente establecida la existencia de una variación relacionada con el lugar que ocupan los hablantes en la escala social, así como el hecho de que estos, para aumentar sus posibilidades de ascenso en el seno de la sociedad, modifican sus hábitos lingüísticos con la finalidad de acercarlos a los que el grupo social considera prestigiosos, que suelen ser los propios de quienes están situados en los puestos de mayor influencia económica, política o cultural. La modificación de hábitos lingüísticos puede conducir, incluso, a la introducción de un cambio en el sistema, como se ve en el citado estudio de Labov sobre Martha's Vineyard.
- Variación de registro o diafásica / Variación estilística: tradicionalmente se ha considerado que, en todas las lenguas, se dan modos de hablar que convienen mejor a un determinado grado de formalidad de la situación comunicativa que a otros y que los hablantes son capaces de adaptar su habla a las necesidades de la situación, configurándose así el concepto de 'registro'. El registro afecta muy especialmente a la pronunciación, puesto que establece que determinados fenómenos fonéticos quedan claramente restringidos a unos ámbitos precisos. La simplificación de grupos consonánticos, por ejemplo, suele considerarse propia de situaciones o registros coloquiales en los que la pronunciación se relaja y, por tanto, este fenómeno no resulta aceptable en una situación formal en la que es imprescindible articular con precisión. Trabajos como los ya citados de Labov (1972) conducen a reconsiderar el concepto de registro y se inclinan más por utilizar la noción de 'estilo de habla'. Dichos estudios, que tienen muy presentes las aportaciones de la pragmática a la descripción de los usos del lenguaje, muestran que el grado de formalidad de la situación de comunicación, que viene determinado, como se ha explicado, por diferentes factores, condiciona fuertemente las características de los sonidos emitidos, favoreciendo o impidiendo la aparición de determinados fenómenos que el grupo social estima poco convenientes en determinados entornos comunicativos. La fonética ha hecho suya la noción de estilo de habla y, en adelante, se utilizará este término en referencia a este factor de variación de carácter pragmático.

Estos cuatro factores de variación inciden simultáneamente sobre las características de los sonidos y, en ocasiones, es difícil distinguir el tipo de influencia que cada uno ejerce sobre una determinada pronunciación de un hablante. La variación que se ha denominado 'fonética' está siempre presente y, dado que es obligado acentuar determinados segmentos de la onda sonora y organizar el habla en sílabas, y que la influencia ejercida por los sonidos del entorno inmediato es de orden casi mecánico, es relativamente fácil predecir cómo se van a ver modificadas las realizaciones de un determinado segmento en función de este tipo de factores.

La variabilidad de tipo diatópico y diastrático depende de elementos extralingüísticos como el lugar de nacimiento del hablante y la clase social a la que pertenece. Actualmente se dispone, gracias a los estudios sociolingüísticos, de un importante volumen de información sobre la influencia que los aspectos diatópicos y diastráticos ejercen sobre las formas de hablar.

Para ciertos territorios que han sido abundantemente estudiados por la dialectología se puede prever el comportamiento fónico de los hablantes en función de la geografía, pero son necesarios muchos más estudios que permitan configurar una visión de conjunto del español desde este punto de vista e igual ocurre en el caso de las variaciones de carácter diastrático, para cuya comprensión han realizado numerosas aportaciones, aunque todavía parciales, los estudios variacionistas.

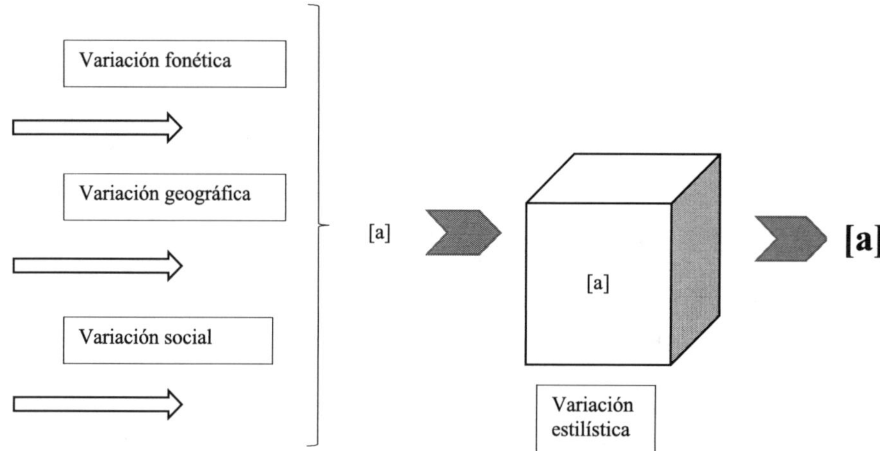

FIGURA 1. Posible realización del segmento /a/ ([a]) en función de las características articulatorias y acústicas determinadas por los factores de variación.

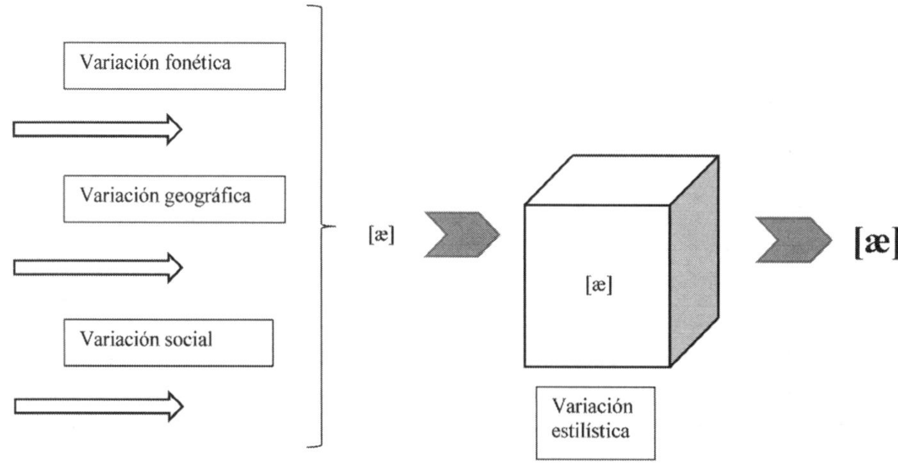

FIGURA 2. Posible realización del segmento /a/ ([æ]) en función de las características articulatorias y acústicas determinadas por los factores de variación.

La variabilidad de carácter estilístico está también determinada por factores externos de orden pragmático, pero se diferencia de los otros tipos de variación en que posee un carácter global que incide sobre todos los demás factores de variación, puesto que la dimensión estilística conduce a modificar de la pronunciación de los enunciados en situación y afecta, por tanto, a la variación 'fonética' y a la relacionada con el territorio y con la clase social. Así, dos hablantes que compartan origen geográfico y pertenencia a un grupo social específico presentarán un comportamiento fonético diferenciado en función de la formalidad de la situación comunicativa, que modificará su pronunciación de forma global por encima de los otros tipos de variación.

De forma esquemática, la variación vocálica podría representarse, como se aprecia en las Figuras 1 y 2, imaginando que un sonido determinado es siempre producto del 'valor' que sus características alcanzan en cada uno de los cuatro ejes de variación: fonético, geográfico, social y estilístico, teniendo siempre en cuenta que este último incide de un modo global sobre todos los demás. Así, una posible realización del segmento /a/ tendría unas propiedades articulatorias y acústicas si fuera el resultado de los valores de los parámetros de variación representados en la Figura 1, y otros valores distintos si fuera el resultado de los valores de los parámetros de variación representados en la Figura 2. En ambos casos, la variabilidad fonética, geográfica y social conduce a un resultado que después es modificado por la variabilidad estilística que afecta de forma global a todas las producciones de los hablantes. La realización finalmente emitida es diferente, y la forma en que los factores de variación influyen sobre ella distingue el comportamiento de la variación estilística respecto al de los otros tipos de variabilidad.

Las variaciones en las características articulatorias y acústicas de las realizaciones de los segmentos vocálicos se reflejan en sus áreas de dispersión [→ § 1.6.5, § 2.3.2]. En las Figuras 3 y 4 pueden apreciarse las áreas de dispersión de las vocales del español realizadas por un hablante natural de Santander en la lectura de una lista de palabras y en conversación espontánea (Harmegnies y Poch 1992). Las vocales de ambos estilos de habla están extraídas de las mismas palabras mediante el procedimiento consistente en grabar, en primer lugar, la conversación, seleccionar a continuación 30 realizaciones átonas y 30 realizaciones tónicas del mismo segmento fonológico en estructura silábica CV y en grabar, en segundo lugar y en orden aleatorio, la lista de las palabras aisladas que contenían las vocales seleccionadas para constituir el corpus. Ello significa que los factores fonéticos, geográficos y sociales que pudieran influir en la pronunciación de las vocales son los mismos y, por tanto, la variabilidad de las realizaciones estudiadas depende exclusivamente del estilo de habla.

Las vocales de la Figura 3 presentan diferencias en los valores de los formantes [→ § 1.10.2], pero estos se agrupan claramente en cinco zonas y son, por tanto, similares a los que proporcionan los autores que han estudiado el habla de laboratorio. Dichas diferencias, neutralizadas las variaciones geográficas y sociales porque se trata del mismo hablante, son de orden fonético (grado de acentuación de la sílaba, entorno fónico, etcétera). Las vocales de la Figura 4, en cambio, procedentes de una conversación espontánea, muestran un grado de variación mucho mayor que las anteriores.

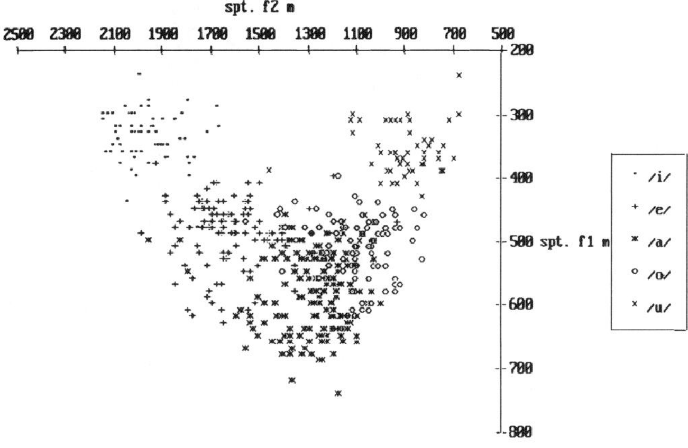

FIGURA 3. Vocales del español procedentes de una grabación de habla de laboratorio (Harmegnies y Poch 1992, 435).

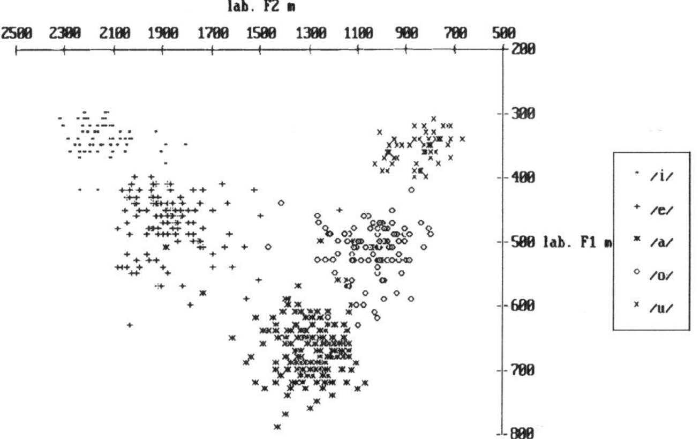

FIGURA 4. Vocales del español procedentes de una grabación de habla espontánea (Harmegnies y Poch 1992, 435).

Las realizaciones emitidas en una situación formal suelen producirse con un alto grado de precisión: la velocidad de habla suele ser lenta y, por tanto, los movimientos articulatorios necesarios para producir los sonidos son amplios y los órganos pueden adoptar posiciones precisas, semejantes a las que suelen describirse como las correspondientes a la realización aislada. La mayor parte de los sonidos emitidos en una situación informal, en cambio, debido en parte a la velocidad a la que se pronuncian, no pueden presentar el mismo grado de precisión articulatoria. Los órganos fonadores no logran alcanzar posiciones de referencia y, por tanto, las características de las realizaciones se ven modificadas de forma importante. En el primer caso, se suele hablar de realizaciones 'hiperarticuladas' y, en el segundo, de realizaciones 'hipoarticuladas' [→ § 1.6.7]. Si se observa la configuración de las áreas de dispersión, salta a la vista que el centro del espacio vocálico está ocupado por multitud de vocales, los valores de cuyos formantes se acercan a 500 Hz en el caso del F1 y a 1500 Hz en el del F2. Además, las áreas de dispersión correspondientes a las realizaciones de los segmentos /i/, /e/ y /a/ muestran un importante grado de superposición de los elementos que las integran, lo cual, traducido a términos acústicos, significa que los valores de los formantes de estos sonidos se alejan considerablemente de los valores de referencia propios de las realizaciones de laboratorio [→ § 2.3.2]. Se diría que, en estilo espontáneo, el sistema se 'desorganiza' y, aparentemente, tiende al caos. Fenómenos similares se han detectado en otras lenguas románicas —Blecua Falgueras, Poch y Harmegnies (1993), para el catalán; Harmegnies y Poch (1995), para el italiano; Delplancq, Harmegnies y Poch (1996) y Poch, Delgado y Harmegnies (1996), para el portugués; y Harmegnies y Poch (1994), para el francés—, en hablantes de otras variedades de español de España (Poch y Harmegnies 2010) y en hablantes de la variedad de español de México (Martín Butragueño, Poch y Harmegnies 2008).

La aparente desorganización, presente en todas las lenguas estudiadas hasta ahora desde esta perspectiva, ofrece manifestaciones algo diferentes según las características de cada una de ellas. Los sistemas vocálicos de las lenguas naturales poseen un inventario cerrado de unidades y su número es variable en cada lengua. De forma general, puede afirmarse que, en un sistema vocálico con un elevado número de unidades, el grado de variación que pueden presentar las realizaciones de los segmentos fónicos es menor que el grado de variación que puede encontrarse en un sistema vocálico que posea pocas unidades (por ejemplo, cinco, como en español). Los segmentos fónicos se estructuran en un mismo espacio vocálico para todas las lenguas; así, por ejemplo, el inglés debe insertar las realizaciones de 12 unidades con valor distintivo en el mismo espacio en el que el español debe insertar las realizaciones de cinco segmentos fonológicos. La variabilidad de las realizaciones puede ser mayor o menor, pero nunca debe ser tan fuerte que impida la comunicación porque los hablantes no entiendan el enunciado emitido. En el caso del español, el grado de variabilidad puede ser grande porque el sistema se compone únicamente de cinco unidades, pero la desorganización de las realizaciones es solamente aparente porque, sean cuales sean las características articulatorias y acústicas de un sonido determinado, nunca se emiten sonidos que confundan al hablante. La dinámica a la que está sometido el sistema, por tanto, debe respetar el principio básico de no impedir la comunicación [→ § 2.3.2].

Hasta la fecha, el modelo que mejor explica estos fenómenos es el denominado 'H&H' *(hyper- and hypo-articulation)* formulado por Björn Lindblom en 1987 [→ § 1.6.7] —aunque las reflexiones del autor sobre estos temas se inician ya en Lindblom (1963)—, que postula que, desde el punto de vista del estilo de habla, las características articulatorias y acústicas de un sonido determinado dependen de la intersección de los valores de dos ejes que intervienen pragmáticamente en la situación comunicativa: la cantidad de información que debe contener la onda sonora para que la comunicación funcione adecuadamente y la cantidad de información contenida en el contexto comunicativo que permite disminuir la información contenida en la señal. Lindblom representa este modelo mediante el esquema que puede verse en la Figura 5.

Como puede apreciarse, los casos en los que la señal sonora vehicula una importante cantidad de información conducen a realizaciones hiperarticuladas (las denominadas en inglés *over-clear speech*), que presentan poca variación y cuyas características se acercan a las correspondientes realizaciones aisladas. Este tipo de pronunciación es la habitual en situaciones muy formales, como un discurso de un presidente de gobierno, una conferencia académica, etcétera. En estos casos, el contexto comunicativo informa tan solo sobre el tipo de discurso, pero no contiene ninguna otra clase de información. Los oyentes deben estar siempre pendientes de las palabras del orador y este, para ser comprendido, debe procurar articular con la máxima precisión posible para evitar las ambigüedades y las incomprensiones. Los casos en los que el contexto vehicula una gran cantidad de información conducen a realizaciones hipoarticuladas (las denominadas en inglés *unclear speech*), en las que el grado de variación es muy grande. Se encuentran en

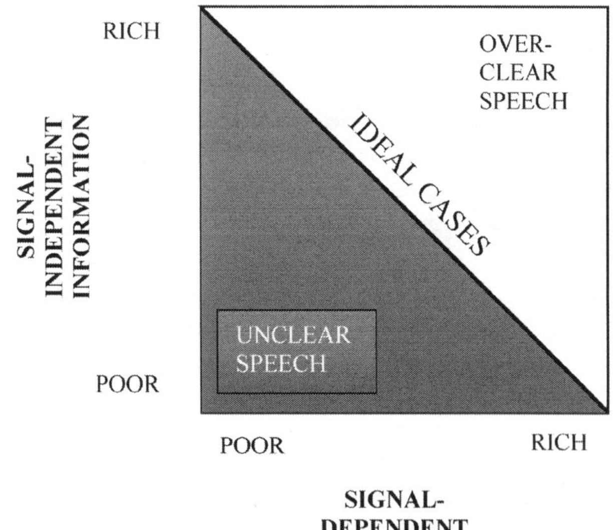

FIGURA 5. Esquema del modelo H&H (Lindblom 1987, 14).

contextos en los que las presuposiciones compartidas entre los hablantes son muchas, en los que los participantes en la conversación mantienen relaciones de igualdad y no de poder, etcétera. En todos estos casos, no es necesario articular con precisión extrema para ser comprendido y, por tanto, las realizaciones de los sonidos suelen ser muy relajadas, lo cual implica que sus características articulatorias y acústicas se encuentran alejadas de las correspondientes a pronunciaciones hiperarticuladas.

Si se parte de la evidencia de que la variación vocálica produce un efecto aparentemente desorganizador sobre el sistema, un modelo del comportamiento de la variación no puede ser otra cosa que un 'modelo de la desorganización'. Su base de referencia estaría constituida por las realizaciones hiperarticuladas de las vocales aisladas, cuyos valores de frecuencia, proyectados sobre una carta de formantes, se concentrarían en áreas de dispersión claramente diferenciadas unas de otras y localizadas en zonas bien determinadas en el espacio vocálico [→ § 2.3.2]. La máxima 'desorganización' correspondería a las realizaciones hipoarticuladas propias del habla coloquial relajada, en las cuales los valores de los formantes presentarían claras diferencias con respecto a los de las hiperarticuladas y las áreas de dispersión ocuparían zonas muy amplias del espacio vocálico, dándose, en algunos casos, superposiciones entre ellas. La interpretación de estos datos en el marco de la teoría H&H implica que, especialmente en los casos de solapamientos en las áreas de dispersión, otros factores presentes en la situación de comunicación (probablemente paralingüísticos) proporcionarían a los hablantes la información necesaria para evitar ambigüedades y malentendidos, de forma que la comunicación funcionaría, gracias a ellos, con la máxima fluidez.

Este punto de vista conduce a un claro replanteamiento de la idea de la existencia de elementos invariantes en la onda sonora que los hablantes identificarían en todos los casos. Las áreas de dispersión de las vocales de la Figura 4 muestran que, en la conversación espontánea, en muchas ocasiones, cuando la expectativa del hablante es encontrar, por ejemplo, una realización del segmento /o/, en la onda sonora aparece una unidad cuyas características acústicas son muy similares a las que corresponden a la vocal transcrita habitualmente como [ə], e igual ocurre en muchos casos en los que se esperaría que apareciera una realización del segmento /e/. Los estudios llevados a cabo hasta ahora sobre los estilos de habla plantean un reto importante a la fonética y también a la fonología, pues parecen invalidar modelos anteriores y obligan a buscar mucha más información que permita elaborar un modelo explicativo global.

3.2 Los fenómenos de variación que afectan a las vocales del español

A la reflexión sobre los factores que determinan la variabilidad debe seguirle la que se plantea cuáles son los fenómenos de variación que, condicionados por dichos factores, afectan a las realizaciones de los segmentos vocálicos del español. En el dominio hispanohablante, los sonidos vocálicos están sometidos a modificaciones de todo tipo: las vocales pueden abrirse, cerrarse, anteriorizarse, posteriorizarse, nasalizarse, ensordecerse, etcétera [→ § 1.6.5, § 4.4]. Con el fin de estudiar ordenadamente estos fenómenos, se ha optado en este capítulo por describirlos en función de la zona del aparato fonador en la que se producen. Se presentarán, en primer lugar, los fenómenos que se originan en la zona laríngea (§ 3.2.1) y los que se relacionan con la acción del velo del paladar (§ 3.2.2) para, en segundo lugar, abordar las modificaciones sufridas por las diversas realizaciones vocálicas en la cavidad oral (§ 3.2.3). Estas últimas configuran las variaciones más importantes que se registran en el sistema, tanto cualitativa como cuantitativamente y, por esa razón, requieren un tratamiento específico en la descripción de la variabilidad.

En todos los casos, se describirá primero el fenómeno y se ilustrará con los correspondientes espectrogramas, que mostrarán las variaciones a las que están sujetos los formantes de las vocales. En la medida de lo posible, se situará geográficamente cada fenómeno en el ámbito hispanohablante y, finalmente, se dará cuenta de la forma en la que los parámetros de tipo pragmático (especialmente la variación estilística) influyen en la aparición del fenómeno de variación estudiado. Se debe tener presente que, en el caso de muchos de estos fenómenos, no se dispone de estudios que puedan dar cuenta cabal de su estructuración, pues, como ya se ha mencionado, incluso la bibliografía referida a la variación geográfica es limitada, especialmente en el caso de las variedades americanas, y también lo es la relativa a los fenómenos de tipo pragmático que afectan a las características de las vocales en distintos estilos de habla. No obstante, con el fin de mostrar que las tendencias que aquí se ilustran están presentes en el conjunto del dominio lingüístico, los espectrogramas mostrarán realizaciones de hablantes procedentes de España, así como del resto de los países hispanohablantes. La mayor parte de los ejemplos que se presentan para mostrar los fenómenos de variación están extraídos del amplio corpus que se recogió durante la preparación del volumen *Nueva gramática de la lengua española: fonética y fonología* (Real Academia Española y Asociación de Academias de la Lengua Española 2011), por lo que es necesario agradecer a la Real Academia Española que haya facilitado la utilización de este material. Los ejemplos incluidos en este capítulo son originales y el único que coincide con los que aparecen en la *Nueva gramática* es el que se presenta en la Figura 21.

3.2.1 Fenómenos producidos en la laringe por la acción de las cuerdas vocales: ensordecimiento

El ensordecimiento de las vocales puede considerarse una manifestación específica de debilitamiento del conjunto de las realizaciones de un enunciado. El fenómeno se produce cuando una vocal se pronuncia sin vibración de las cuerdas vocales. Articulatoriamente, la cantidad de energía necesaria para realizar una vocal ensordecida es menor que la que exige la realización habitual de un sonido perteneciente a esta clase. Desde el punto de vista acústico, la onda sonora de una vocal ensordecida no presenta la periodicidad característica de esta clase de sonidos.

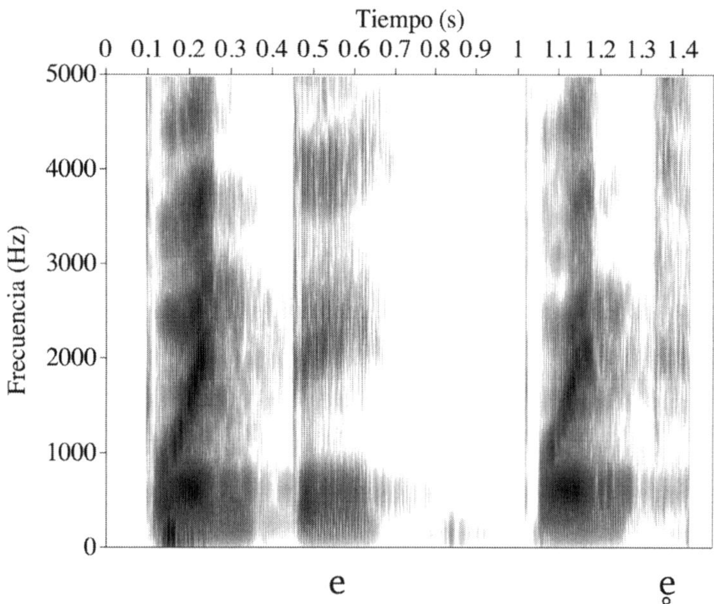

FIGURA 6. Espectrograma de las realizaciones de la palabra *puente* pronunciada como [ˈpu̯ente] y como [ˈpu̯ente̥] con la última vocal ensordecida producidas por una mujer española.

La Figura 6 muestra las realizaciones de la palabra *puente* como [ˈpu̯ente] y como [ˈpu̯ente̥]. En el espectrograma puede apreciarse que, en el segundo caso, correspondiente a la pronunciación con la vocal ensordecida, no aparecen las estrías verticales regulares que reflejan la vibración de las cuerdas vocales [→ § 1.5.3]. La configuración de los formantes es nítida en [ˈpu̯ente], pero estos, sin embargo, quedan solamente esbozados en [ˈpu̯ente̥]. Además, su color grisáceo en la realización ensordecida indica una disminución de la intensidad con respecto a la que se aprecia en la realización de otros sonidos de la palabra.

Como es habitual en los casos de debilitamiento, este tipo de fenómenos afecta a los elementos ya de por sí más débiles de la cadena fónica, las vocales átonas; suele encontrarse con mayor frecuencia en posición final, como en *cante* [ˈkan̪te̥] o en *beso* [ˈbeso̥], y es mucho más frecuente en realizaciones hipoarticuladas que en pronunciaciones hiperarticuladas, por lo que está vinculado con los estilos coloquiales e informales.

Desde el punto de vista geográfico el ensordecimiento está documentado en múltiples zonas del mundo hispanohablante, puesto que los fenómenos de debilitamiento tienen carácter general. En muchísimas partes de España, especialmente en Andalucía (Moya Corral 1977) y en las Islas Canarias (Torres Stinga 1995), se ha detectado el fenómeno. En América puede oírse en algunas zonas de Guatemala (García Tesoro 2008), en Honduras (Lipski 1987), en El Salvador (Azcúnaga 2010), en Costa Rica (Quesada 1996), en la República Dominicana y en Puerto Rico (Navarro Tomás 1948), en Nuevo México (Espinosa García 1930) y en el centro de México (Boyd-Bowman 1952; Canellada y Zamora Vicente 1960; Henríquez Ureña 1921; Lope Blanch 1963–1964, 1972; Matluck 1951), en algunas zonas de Colombia (Canfield [1981] 1988) y de Bolivia (Gordon 1980; Mendoza Quiroga 2008), en Ecuador (Canfield [1981] 1988; Toscano 1964), en la zona andina de Perú (Canfield [1981] 1988; Henríquez Ureña 1921) y en la provincia de Santiago del Estero, en Argentina.

3.2.2 Fenómenos producidos por la acción del velo del paladar: nasalización

Una vocal se nasaliza cuando el velo del paladar se sitúa en una posición intermedia entre la lengua y la pared de la faringe y permite que el aire sea expulsado, a la vez, por la cavidad oral y por las fosas nasales. La vocal afectada por el proceso conserva sus cualidades orales, pero adquiere, además, el carácter de nasal [→ § 1.6.8, § 14.6.4]. La Figura 7 ilustra las diferencias acústicas entre una vocal oral y una vocal nasal. La primera imagen del espectrograma muestra las realizaciones del segmento /a/ en la palabra *papá* ([paˈpa]), y la segunda imagen muestra las realizaciones de /a/ en la palabra *mamá* ([mãˈmã]). La voz pertenece a una mujer chilena.

Como puede apreciarse, la cualidad de nasal se manifiesta acústicamente en las vocales mediante un formante de baja frecuencia que refleja la resonancia producida al salir el aire por las fosas nasales. Suele denominarse 'formante de

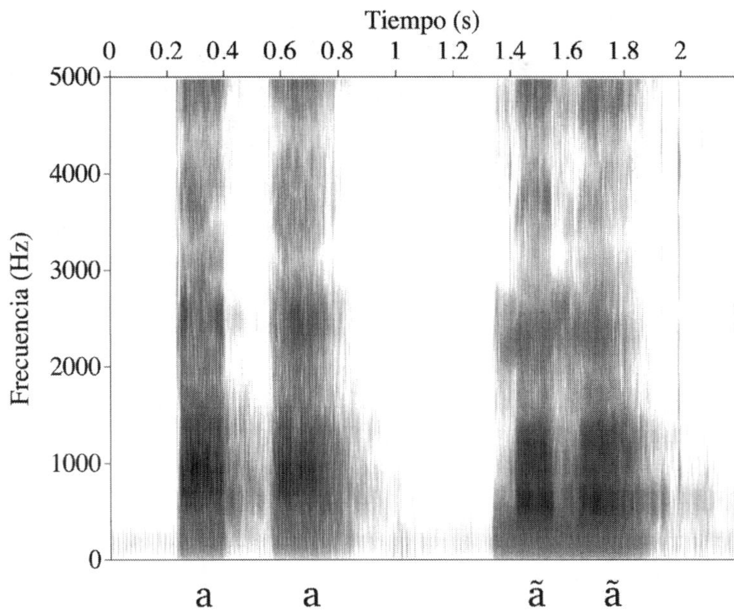

FIGURA 7. Espectrogramas de las realizaciones del segmento /a/ en las palabras *papá* ([pa'pa]) y *mamá* ([mã'mã]) producidas por una mujer chilena.

nasalidad' y se sitúa, habitualmente, en las zonas del espectrograma que corresponden a las frecuencias graves [→ § 12.3]. La frecuencia de los formantes de las vocales nasalizadas de [mã'mã] es claramente más grave que la de los formantes de las vocales orales de [pa'pa], especialmente en el caso del primer formante (F1), el más sensible a la influencia del formante grave de nasalidad.

Es este un fenómeno general en el dominio hispanohablante, en cuya aparición el entorno consonántico desempeña un papel fundamental, pues las vocales que se encuentran junto a una consonante nasal suelen asimilarse a ella y nasalizarse, como ocurre en los ejemplos que aquí se ofrecen. Se trata, además, de un fenómeno general en español y no tiene, en ningún caso, valor distintivo [→ § 2.5.2, § 4.4.2, § 13.2]. La nasalidad puede ser más o menos fuerte en las vocales dependiendo del grado de coarticulación que presenten con las consonantes del entorno, entendiendo por coarticulación la adopción de características semejantes entre sonidos vecinos (en Fernández Planas [2000, § 1.4], pueden consultarse la historia de las diferentes formas mediante las que se ha definido la coarticulación y los distintos puntos de vista relacionados con la caracterización de los conceptos de coarticulación y de asimilación; véase también el § 1.6.8 de la presente obra). En una pronunciación hipoarticulada, el grado de nasalización es más fuerte que en una pronunciación hiperarticulada, en la cual los órganos fonadores se mueven a una velocidad suficiente para establecer distinciones claras entre los sonidos (aunque las influencias de unos sobre otros sigan estando presentes). En cambio, la hipoarticulación no permite que los movimientos articulatorios sean precisos, por lo que en este estilo de habla es más frecuente encontrar sonidos que compartan características articulatorias y acústicas.

Es interesante, además, señalar que en algunas zonas de España (León, por ejemplo; véase Hualde [2014]) [→ § 13.2.1], en Cuba (Terrell 1975), en la República Dominicana (Vaquero de Ramírez 1996) y en Puerto Rico (Navarro Tomás 1948) [→ § 13.2.2b], puede elidirse la consonante nasal implosiva, de manera que en el enunciado se mantiene solamente la vocal nasal (Chela Flores 1986; D'Introno y Sosa 1988; Moreno Fernández y Otero 2007); para México y América Central, véase el § 13.2.2a; para Panamá y Colombia, véase el § 13.2.2b; para Guinea Ecuatorial, véase el § 13.2.3. En estos casos, una palabra como *condición* se realiza como [koɲdi'θįõ].

3.2.3 Variaciones originadas en la cavidad oral

Dada la estructura del sistema vocálico del español, cuyas unidades se caracterizan principalmente por los parámetros relativos a la abertura del maxilar inferior, los movimientos de la lengua y la posición de los labios [→ § 1.6.5, § 2.2], la mayoría de los fenómenos de variación que afectan a estos segmentos se producen por la acción de los órganos mencionados. Ya se ha indicado que el sistema de cinco unidades del español permite un elevado grado de variabilidad en las realizaciones; ello implica que un desplazamiento mínimo del maxilar, de la lengua o de los labios origine la aparición de innumerables alófonos de una misma unidad fonemática. Así, por ejemplo, como se expondrá a continuación, pueden encontrarse en español realizaciones de los segmentos vocálicos cerradas, abiertas, anteriorizadas, velarizadas, centralizadas, etcétera. En función de la zona del espacio vocálico en la que se sitúan las producciones de un determinado segmento fónico que realizan los hablantes, la variabilidad se manifiesta de distintas formas, y ello en el marco de la dinámica general del sistema que, según se ha explicado, tiende a presentar una aparente desorganización en la localización de las producciones.

3.2.3.1 Anteriorización

El fenómeno de la anteriorización es el resultado de las modificaciones sufridas por una vocal cuando, para su realización, la lengua se desplaza hacia la parte anterior del canal bucal con respecto a la posición que ocuparía si la vocal se pronunciara de forma aislada. Dado que los movimientos del aparato fonador afectan a todos los órganos implicados en la producción de los sonidos, un movimiento de adelantamiento de la lengua comporta, además, un cambio en el grado de abertura del canal bucal y también una ligera diferencia en la posición de los labios.

En la Figura 8 pueden apreciarse las características de los formantes de la vocal [a], en primer lugar realizada aisladamente y, en segundo lugar, en habla de laboratorio, en sus dos apariciones en la secuencia *la llave* (junto a una consonante postalveolar sorda más anterior que la vocal y cuya influencia sobre la misma consiste en provocar el adelantamiento de la posición de la lengua), pronunciada como [laˈʃaβe] por un hablante de Uruguay.

Puede apreciarse en los espectrogramas que, mientras los formantes son estables durante la realización de la vocal aislada, en el caso de la secuencia *la llave* muestran una trayectoria inclinada. Cuando la vocal va situada antes de la consonante postalveolar, F1 y F2 muestran una trayectoria ascendente hacia la consonante. Puede observarse también que los formantes F1 y F2 de la vocal que sigue a la consonante no son estables, pues F2 presenta una trayectoria inclinada desde la consonante hacia los valores propios de la vocal y F1 muestra un ligero ascenso desde frecuencias más graves hasta las propias del F1 de [a]. Es fácil, en este documento, segmentar la vocal [a], pero es muy difícil, casi imposible, establecer la existencia de una zona estable semejante a la de la realización aislada. Ello comporta que los valores de los formantes de la vocal [a] acentuada en *la llave* se alejen de los que presenta la pronunciación aislada, como puede apreciarse a simple vista.

En la Figura 9 puede verse, en primer lugar, la estructura formántica de [a], emitida por el mismo hablante procedente de Uruguay, extraída de un texto de carácter formal leído en voz alta. La vocal se encuentra, igual que en los casos anteriores, junto a una consonante postalveolar sorda en la secuencia *el castellano* [elkas̬teˈʃano]. En la misma figura, y en segundo lugar, las realizaciones de /a/ proceden de una conversación espontánea con el hablante uruguayo en la secuencia *la parada al fondo* (hablando de la parada final de una línea de metro) y se encuentran junto a las consonantes anteriores [→ § 1.6.1, § 1.19.5] [ɾ] y [ð̞] en *parada al*. En todos los casos, las realizaciones de /a/ forman parte de sílabas acentuadas.

La realización acentuada de /a/ en la primera secuencia del espectrograma muestra que el comportamiento de dicha vocal es similar al que se apreciaba en la realización de la secuencia *la llave,* en la Figura 8. Tanto el habla de laboratorio

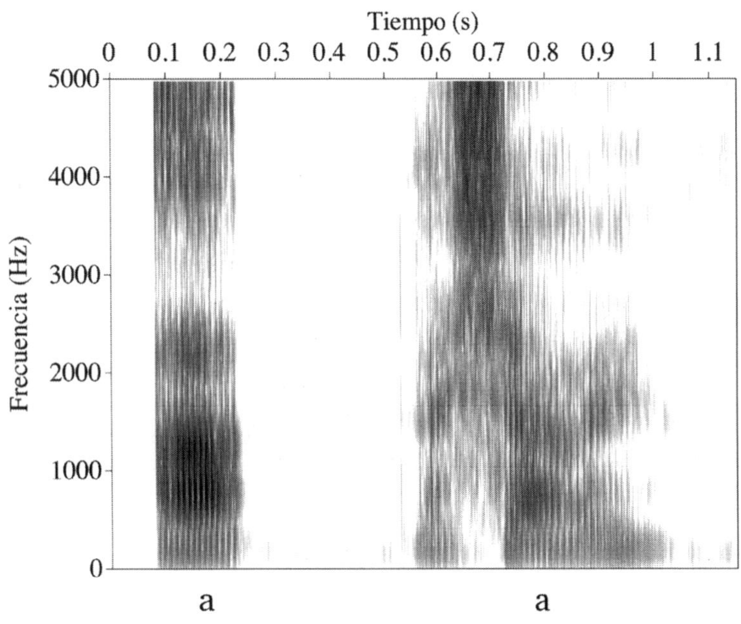

FIGURA 8. Espectrogramas de la vocal [a] pronunciada aisladamente y junto a una consonante postalveolar en la secuencia la *llave* [laˈʃaβe] emitida por un hablante de Uruguay.

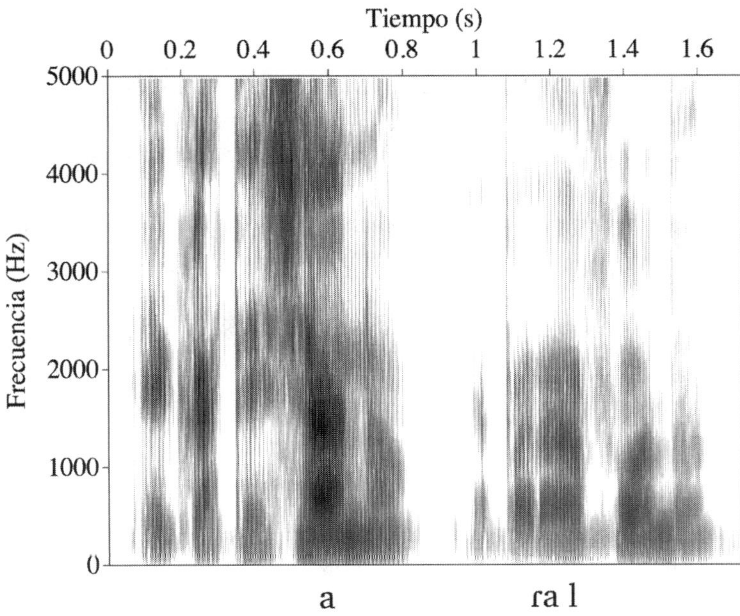

FIGURA 9. Realizaciones de /a/ acentuada en la secuencia *el castellano* (lectura de un texto formal) y en la secuencia *en la parada al fondo* (conversación espontánea) pronunciadas por un hablante de Uruguay.

como la lectura de un texto formal constituyen manifestaciones de habla hiperarticulada. El comportamiento es muy distinto cuando se trata de realizaciones extraídas de habla espontánea (secuencia *la parada al fondo*). Es imposible identificar qué segmento de la onda sonora corresponde a cada uno de los sonidos en el fragmento . . . *rada al*. . . de la secuencia mencionada. La rapidez que exige el habla espontánea conduce a realizaciones fuertemente hipoarticuladas y, por tanto, a la producción de ondas sonoras en las cuales es prácticamente imposible segmentar los sonidos. Nótese que el examen del espectrograma de esta secuencia induce a pensar que las consonantes rótica simple y aproximante han sufrido un proceso de hipoarticulación tan importante que probablemente se han elidido. Así pues, el efecto de la variabilidad estilística es muy fuerte, actúa sobre el conjunto de los sonidos del enunciado y, como sucede en este caso, puede anular la influencia ejercida por las consonantes del entorno inmediato para desembocar en una onda sonora en la que quedan suficientes elementos para identificar el mensaje, pero en la cual, debido al debilitamiento y a la elisión, han dejado de producirse fenómenos como el desplazamiento de la zona de articulación, que están claramente presentes en otros estilos de habla.

Probablemente a causa de su localización en el centro del sistema, la vocal /a/ sufre un gran número de procesos de variación relacionados con el desplazamiento de la lengua, y aproxima sus características a las de [e], vocal más cerrada y más anterior, es decir, palatal con respecto a las características de [a]. En consecuencia, si el fenómeno de anteriorización afecta a la vocal [e], la lengua se situará en una zona más adelantada de la que es propia de la realización de referencia, se producirá también una ligera variación en el grado de abertura, que será menor, y la posición de los labios tenderá a asemejarse más a la correspondiente a las realizaciones de /i/. Si las vocales sometidas a procesos de anteriorización son /o/ y /u/, se podrán observar modificaciones similares: la posición de la lengua se adelantará y el maxilar inferior se abrirá ligeramente en relación con las vocales pronunciadas aisladamente. Estas variaciones en los movimientos articulatorios conllevarán también cambios en los valores de los formantes de las vocales anteriorizadas: un descenso de F1 y un aumento de F2 en los casos de /i/ y /e/, y un aumento de F1 y de F2 en los casos de /o/ y /u/.

Uno de los fenómenos de anteriorización vocálica que han sido más estudiados en español es el que afecta a las realizaciones de /a/ en numerosas zonas de Andalucía (sobre todo en Córdoba y Jaén, y también en el norte de Málaga y Granada). En estos territorios se produce un fenómeno de anteriorización (o palatalización) de /a/ que da como resultado [aʲ] o [e], fenómeno este que ha dado lugar a que se conozca tradicionalmente la zona en la que se constata como 'la Andalucía de la -e', y que ha sido ampliamente documentado por los estudios de dialectología (por ejemplo, Alonso [1956] 1972; Alonso, Zamora Vicente y Canellada 1950; Alvar 1958–1959; Mondéjar 1970, 1979, 1991). Todos los autores coinciden en señalar que la anteriorización (o palatalización) de [a] se registra únicamente en hablas muy coloquiales y que, desde el punto de vista social, la realización del segmento /a/ como [aʲ] o como [e] se considera vulgar. Estas observaciones constituyen también una manifestación del carácter estilístico del fenómeno.

3.2.3.2 *Posteriorización*

La posteriorización (o velarización) puede caracterizarse como el desplazamiento de la lengua hacia la parte posterior de la cavidad bucal durante la realización de una vocal. Este movimiento es el inverso a la anteriorización y puede afectar igualmente a cualquier realización vocálica. El contexto consonántico velar favorece el retraso de la zona de articulación de las vocales. Igual que en el caso de la anteriorización, la vocal /a/ es una de las más afectadas por fenómenos de este tipo, dando lugar a la aparición de realizaciones velarizadas del tipo de [aˠ].

Las Figuras 10 y 11 ilustran la posteriorización de vocales en español. En la Figura 10 se presentan los espectrogramas de [a] pronunciada aisladamente, y de la misma vocal, en habla de laboratorio, realizada entre consonantes velares en la palabra *cajón* [kaˠˈxon]. En la Figura 11 puede verse, a la izquierda, la estructura formántica de [a], junto a una consonante velar, en la palabra *mexicano,* extraída de un texto leído de estilo formal y, a la derecha, la realización de [a] en la palabra *dejar* (igualmente junto a una consonante velar), procedente de una conversación espontánea (la secuencia originaria es *podía dejar de...*). La voz pertenece a una mujer madrileña.

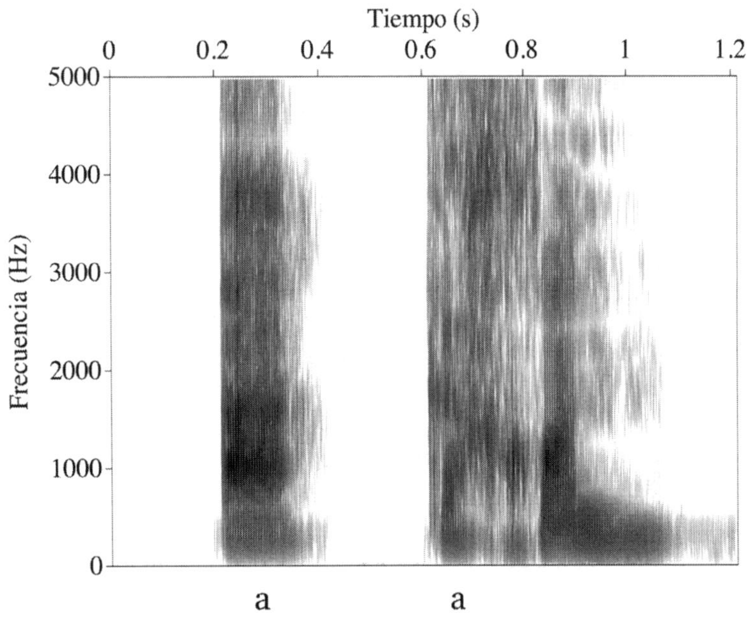

FIGURA 10. Espectrogramas de [a] pronunciada aisladamente ([a]) y posteriorizada ([aˠ]) en la palabra *cajón* realizada en habla de laboratorio por una hablante madrileña.

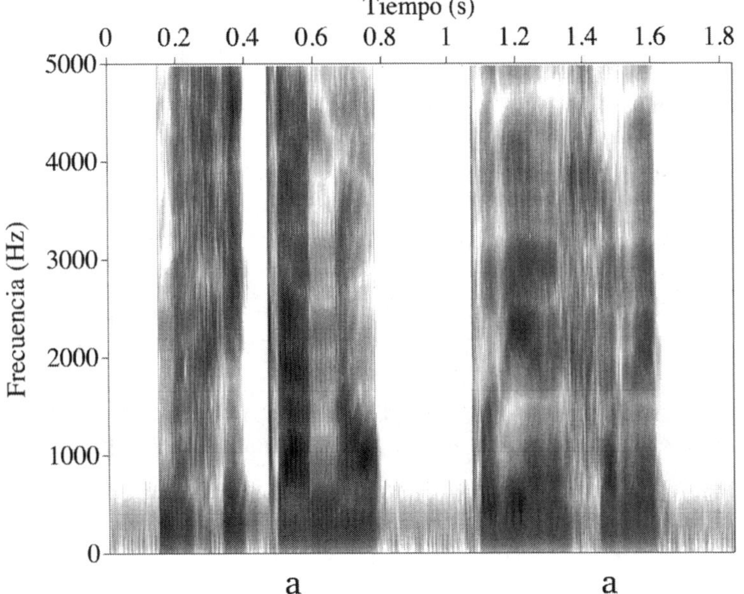

FIGURA 11. Realización, por una hablante madrileña, de la vocal /a/ en lectura formal, en la palabra *mexicano* (contexto consonántico velar), y en la palabra *dejar* (contexto consonántico velar), extraída de una conversación espontánea.

Como puede apreciarse en los espectrogramas de las Figuras 10 y 11, los formantes de la vocal [a] en contacto con consonante velar en la palabra *cajón* presentan diferencias con respecto a los de la realización aislada. La frecuencia de F1 y F2 es más baja en la vocal velarizada, lo cual responde a un ligero ascenso del maxilar inferior y a un desplazamiento de la lengua hacia la parte posterior de la cavidad bucal. Es decir, la velarización acerca las realizaciones del segmento /a/ a las realizaciones de los segmentos vocálicos /o/ y /u/ que, al tratarse ya de vocales posteriores, se ven cuantitativamente menos afectados por este fenómeno. Igual que ocurría en el caso de la anteriorización, la vocal velarizada se ve sometida a influencias tanto de tipo 'fonético' como de tipo estilístico, por lo que, si bien la diferencia en la frecuencia de los formantes con respecto a la pronunciación aislada está presente en todos los casos, no puede afirmarse con rotundidad que el factor lingüístico sea el más importante.

Las variaciones determinadas por el estilo, especialmente por la velocidad de elocución [→ § 1.5.5; capítulo 33], que conduce a realizaciones más breves, con un grado de coarticulación más importante que el que está presente en otros estilos de habla, dan como resultado, en el espectrograma, imágenes que muestran la alteración de la estructura formántica en relación con la correspondiente a las pronunciaciones aisladas. La vocal es casi un puente entre el sonido que la precede y el sonido siguiente, de forma que, si bien es posible determinar visualmente el centro de los formantes, tal vez no sea ese el indicio más significativo de las vocales, pues los formantes no presentan, en ningún punto, una situación estable, sino que están continuamente en movimiento. Como se discutirá más adelante, quizá habría que considerar la caracterización de las vocales desde este punto de vista y no estrictamente desde la perspectiva de la determinación de un único punto central en cada formante, en cuyo establecimiento suele intervenir, en muchos casos, la subjetividad [→ § 2.3.1]. El fenómeno se ha subrayado ya en el apartado dedicado a la anteriorización y podrá apreciarse también en las descripciones de los otros fenómenos que se estudian a continuación. Como consecuencia de ello, el timbre de la realización queda modificado, y cobra mayor importancia en la variabilidad de las realizaciones vocálicas el efecto provocado por el cambio de estilo de habla que el efecto generado por otros factores.

Los segmentos /e/ e /i/, que no están sujetos a fuertes fenómenos de anteriorización por tratarse ya de vocales anteriores, sí pueden, en cambio, presentar pronunciaciones claramente posteriorizadas. Las Figuras 3 y 4 muestran la presencia de realizaciones de /e/ e /i/ en zonas del espacio vocálico cuyo timbre podría transcribirse como [e̞] o como [ə], pues la posteriorización implica un retraimiento de la lengua y un mayor grado de abertura del maxilar inferior.

Los estudios de dialectología han puesto de relieve que la posteriorización o velarización es muy frecuente en algunas variedades de habla como la de Madrid, y también en Canarias (Almeida y Díaz Alayón 1988), donde se documentan con frecuencia realizaciones velarizadas junto con la persistencia de la aspiración procedente de [-s]. Igual que en el caso de la anteriorización, los estudios de geografía lingüística señalan que la aparición de realizaciones posteriorizadas de las vocales aumenta en función del grado de informalidad del estilo de habla empleado por los locutores, como se ha podido apreciar en los ejemplos presentados.

3.2.3.3 Cierre

El proceso de cierre puede definirse como una modificación del grado de abertura del maxilar inferior que se desplaza hacia arriba provocando un estrechamiento en el canal de salida del aire. Este desplazamiento acarrea, a su vez, un cambio de posición de la lengua, con lo que las cavidades de resonancia formadas en la boca modifican su tamaño y su forma. Como consecuencia de estas alteraciones en la posición de los órganos articulatorios, los valores de los formantes de las vocales afectadas cambian con respecto a los de los correspondientes a la realización de las mismas vocales en posición aislada. Como es lógico, las vocales más afectadas por el fenómeno de cierre son las medias [e] y [o] y la propiamente abierta [a]. El cierre se manifiesta como un acercamiento a las características de [i], cuando el fenómeno afecta a la vocal media anterior, y como una aproximación a [u] si la vocal que se cierra es la media posterior, y ello conduce a la realización de alófonos como [u̯]. Si es la vocal [a] la que experimenta el fenómeno, el resultado es la aparición de alófonos que tienden a [æ] o [ɛ].

El fenómeno de cierre, según numerosos autores (por ejemplo, Almeida 1990), está relacionado con la posición final de palabra, especialmente en sílabas átonas, como puede apreciarse en las Figuras 12 y 13, que ilustran el proceso al hacer visibles las modificaciones sufridas por las realizaciones de los segmentos /e/, /a/ y /o/. La Figura 12 muestra los espectrogramas de las vocales [e], [a] y [o] realizadas aisladamente por un hablante peruano, y la Figura 13 presenta las palabras *leche, lana* y *lobo* pronunciadas por el mismo informante.

Como puede apreciarse en las imágenes de la Figura 13, las frecuencias de los formantes de la vocal final son sensiblemente distintas a las de las vocales aisladas de la Figura 12, que se corresponden con los valores de frecuencia tomados

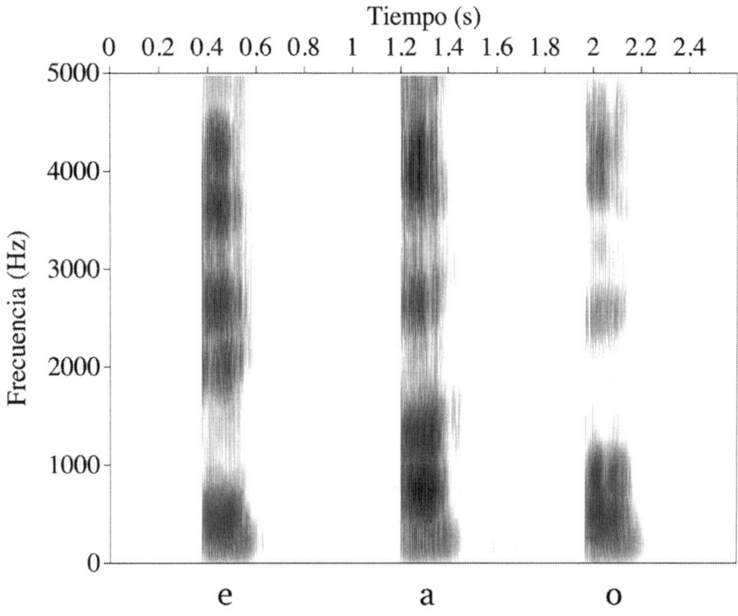

FIGURA 12. Realizaciones de las vocales /e/, /a/ y /o/ aisladas ([e], [a], [o]) pronunciadas por un hablante peruano.

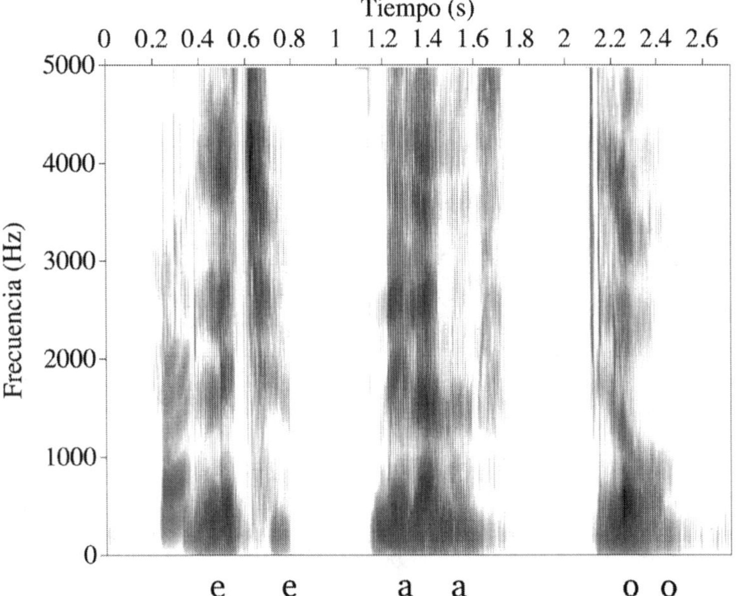

FIGURA 13. Espectrogramas de *leche, lana* y *lobo* pronunciadas aisladamente en lista de palabras por un hablante peruano.

habitualmente como referencia [→ § 2.3]. Los movimientos de los órganos fonadores que producen vocales más cerradas son diferentes para cada una de las unidades. El cierre de [e] puede detectarse por el descenso de la frecuencia de F1 y el ascenso de la frecuencia de F2 (es decir, un acercamiento a las características de [i]), el cierre de [o] se manifiesta mediante el descenso de la frecuencia de F1 y F2 (en este caso, una aproximación a las características de [u]), y el cierre de [a] puede observarse en el descenso de la frecuencia de F1 y el ascenso en la frecuencia de F2 (que configuran una vocal cuyo timbre tiende al propio de [ə]).

En las Figuras 14, 15 y 16 pueden contemplarse las realizaciones de /e/, /a/ y /o/ átonas en posición final extraídas de la lectura de un texto formal realizada por el mismo hablante peruano. Los espectrogramas corresponden a las secuencias *enriqueciéndose, en la península* y *o el colombiano* en posición final antes de pausa.

Pueden verse en los espectrogramas las variaciones que presentan los formantes de la vocal átona final con respecto a los de las vocales aisladas y a los del habla de laboratorio. La altura a la que se sitúan los formantes indica la tendencia al

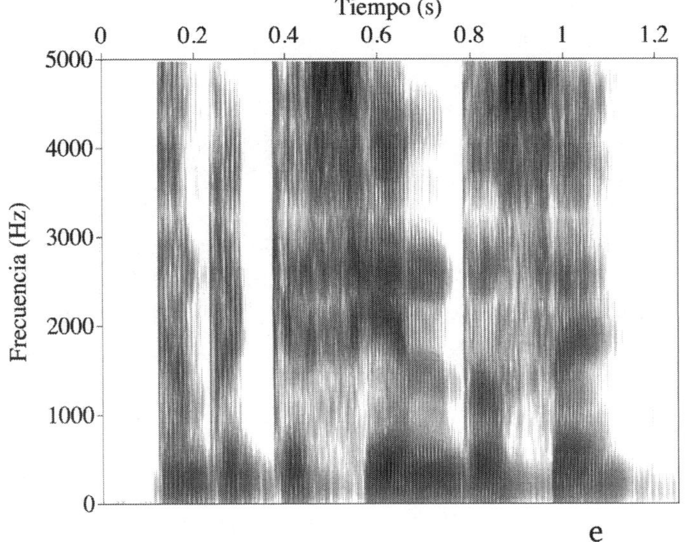

FIGURA 14. Pronunciación de la palabra *enriqueciéndose,* con cierre de la vocal [e] final átona, extraída de una lectura formal realizada por un hablante peruano.

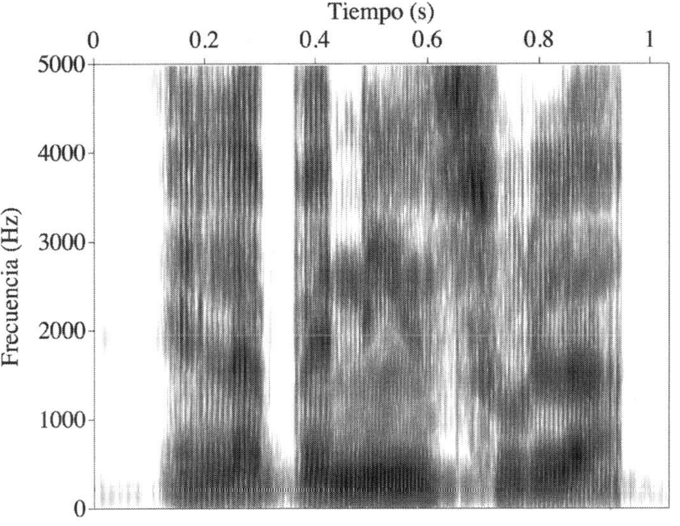

FIGURA 15. Pronunciación de la secuencia *en la península,* con cierre de la vocal [a] final átona, extraída de una lectura formal realizada por un hablante peruano.

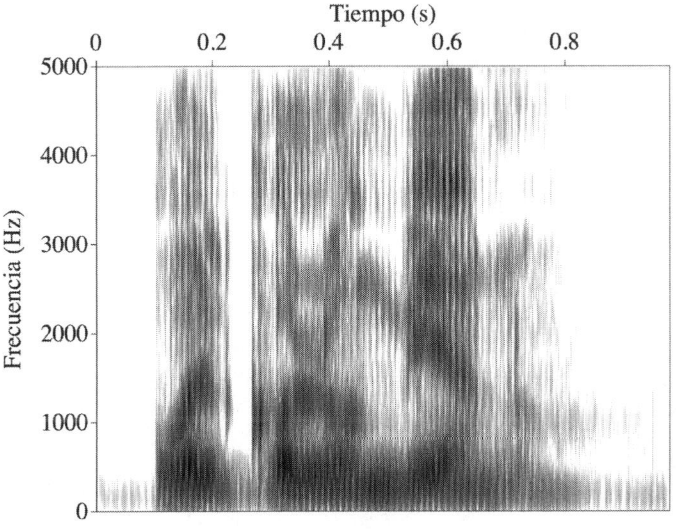

FIGURA 16. Pronunciación de la secuencia *o el colombiano,* con cierre de la vocal [o] final átona, extraída de una lectura formal realizada por un hablante peruano.

cierre de estas vocales. Al igual que en los otros casos estudiados hasta ahora, puede apreciarse que la influencia del estilo de habla es de carácter global y afecta a todo el segmento, de tal forma que las manifestaciones de cierre vocálico se ven sometidas también a la influencia de la variable relacionada con el estilo.

Los estudios dialectológicos han mostrado que la aparición del cierre vocálico es frecuente en zonas rurales y que rara vez se documenta en ámbitos urbanos. En muchas ocasiones, el cierre de la vocal átona final arrastra también al cierre de las otras vocales de la palabra produciéndose así el fenómeno conocido como 'armonía vocálica' [→ § 1.18.7], que puede documentarse, en España, en Asturias, en zonas de Salamanca y León (Alarcos 1996; Borrego 1996), en Extremadura (Montero Curiel 2006), en zonas de Andalucía Oriental —donde está relacionado, como se indicará más adelante, con la abertura de vocales para marcar el plural (Lloret y Jiménez Martínez 2009); véase también el § 4.4.5—, y también en Canarias (Almeida 1990). En América, el fenómeno se encuentra, siempre en zonas rurales, en el centro de México, en Costa Rica, en la República Dominicana y en zonas de Perú, Chile y Argentina (Lipski [1994] 1996; Lope Blanch 1963–1964, 1996).

3.2.3.4 Abertura

El fenómeno de abertura, al contrario que el de cierre, puede caracterizarse como un desplazamiento hacia abajo del maxilar inferior que acarrea el subsecuente cambio de posición de la lengua, y que da origen a la aparición de realizaciones vocálicas abiertas. El proceso de abertura puede afectar a cualquier segmento vocálico del español y puede dar origen, por tanto, a pronunciaciones que podrían transcribirse como [i̞] o como [u̞] si la vocal que sufre el proceso es una de las vocales cerradas, como [e̞] o [a ʲ] si la vocal afectada es la vocal media anterior, como [o̞] si la unidad que se abre es la media posterior o como [a̞] si la abertura afecta a las realizaciones de /a/.

Los autores que han estudiado este fenómeno (véase especialmente Navarro Tomás [1918] 1996) suelen asociar la abertura vocálica a factores contextuales y también a otras variables como el estilo de habla, aunque indican que la estructura silábica sería el factor que mayor influencia ejerce sobre la aparición de las realizaciones abiertas. La estructura CV favorecería la abertura, especialmente si la consonante que sigue a la vocal es [r] o [x], mientras que la estructura CVC tendería a favorecer la aparición de realizaciones más cerradas.

Como puede apreciarse en las Figuras 17, 18 y 19, la estructura formántica de las vocales abiertas posee características distintas de la correspondiente a las mismas vocales realizadas en posición aislada. En los tres casos se comparan los espectrogramas de las vocales aisladas [e], [o] y [a] con los espectrogramas de los mismos sonidos junto a una consonante favorecedora del fenómeno de abertura.

Puede observarse en los espectrogramas que el fenómeno de abertura se manifiesta acústicamente, en el caso de [e], por un aumento de la frecuencia de F1 y un descenso de la frecuencia de F2. Las mismas tendencias se manifiestan si la

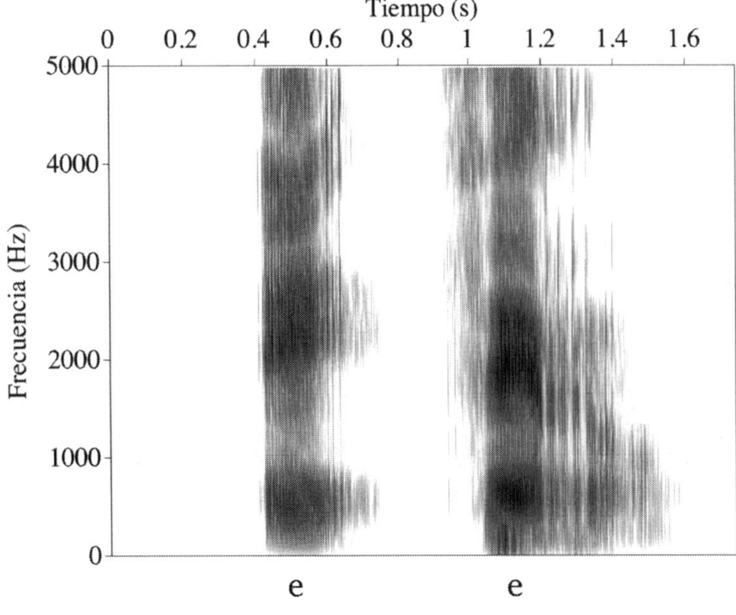

FIGURA 17. Espectrogramas de la vocal [e] aislada y de la misma vocal en la palabra *cerro* realizadas por una mujer madrileña.

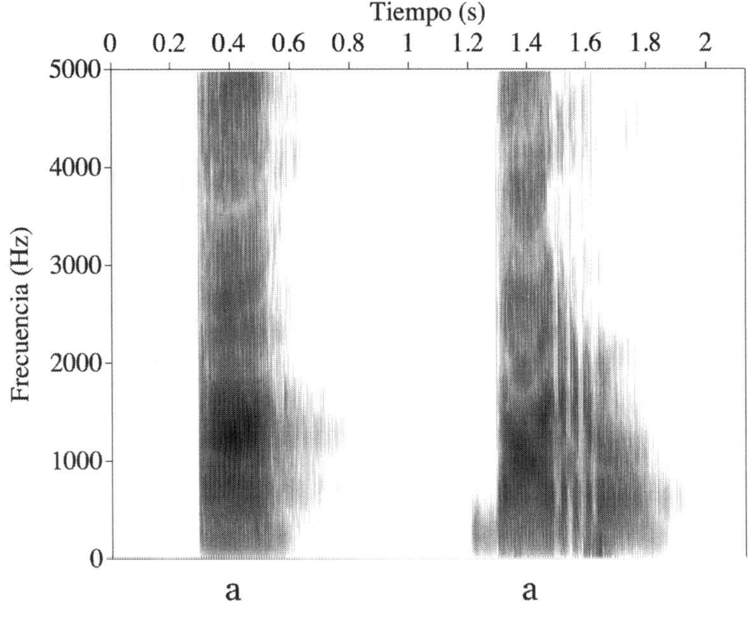

FIGURA 18. Espectrogramas de la vocal [a] aislada y de la misma vocal en la palabra *burro* realizadas por una mujer madrileña.

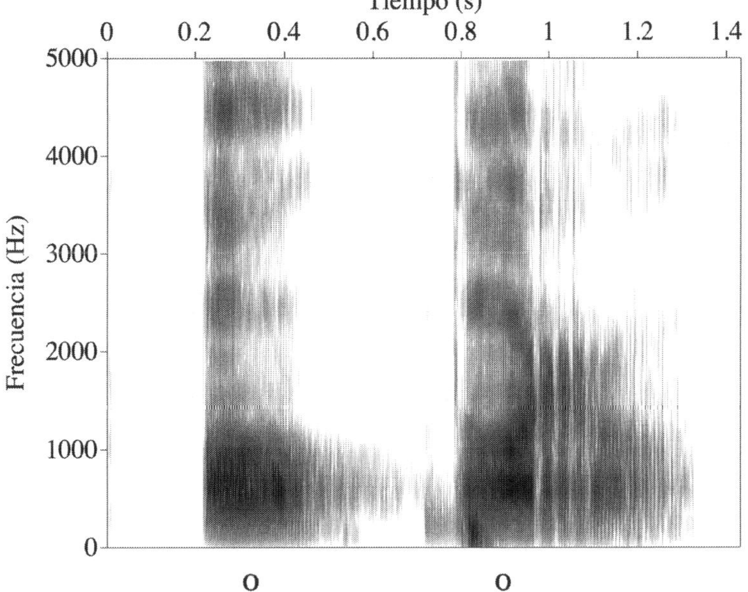

FIGURA 19. Espectrogramas de la vocal [o] aislada y de la misma vocal en la palabra *borro* realizadas por una mujer madrileña.

vocal que se abre es [i]. La frecuencia de F1 y de F2 se eleva cuando el sonido abierto es una realización del segmento /o/ y ocurre lo mismo si se trata de una realización de /u/. Las realizaciones abiertas de /a/ presentan, sobre todo, un descenso de la frecuencia de F1.

La presencia de realizaciones abiertas es frecuente en el dominio hispanohablante aunque tales realizaciones son especialmente habituales en variedades caribeñas como las de Cuba (Haden y Matluck 1977) y Puerto Rico (Navarro Tomás 1948; Vaquero de Ramírez y Guerra 1992), zonas en las que el fenómeno afecta especialmente a las realizaciones de /e/. Lo mismo ocurre en Colombia, en México y en otros lugares de América (Almeida 1990). El fenómeno es más acentuado en estilos de habla coloquiales, con lo que una vez más el cambio de estilo se configura como el factor más potente que impulsa la variabilidad vocálica. En la Figura 20 se presenta el espectrograma de la palabra *bueno* extraída de una conversación espontánea con una hablante natural de La Habana. La estructura formántica de las vocales [e] y [o] corresponde a realizaciones claramente abiertas, pues los valores de los formantes de la vocal anterior se sitúan en 673 Hz (F1) y 1479 Hz (F2), mientras que en el caso de la vocal posterior la frecuencia de F1 es de 655 Hz y la de F2 es de 1300 Hz.

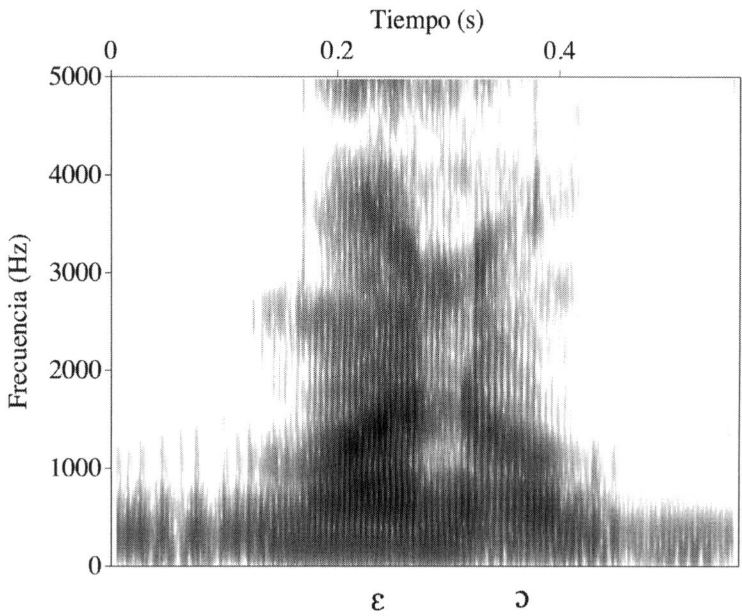

FIGURA 20. Espectrograma de la palabra *bueno* realizada por una mujer natural de La Habana.

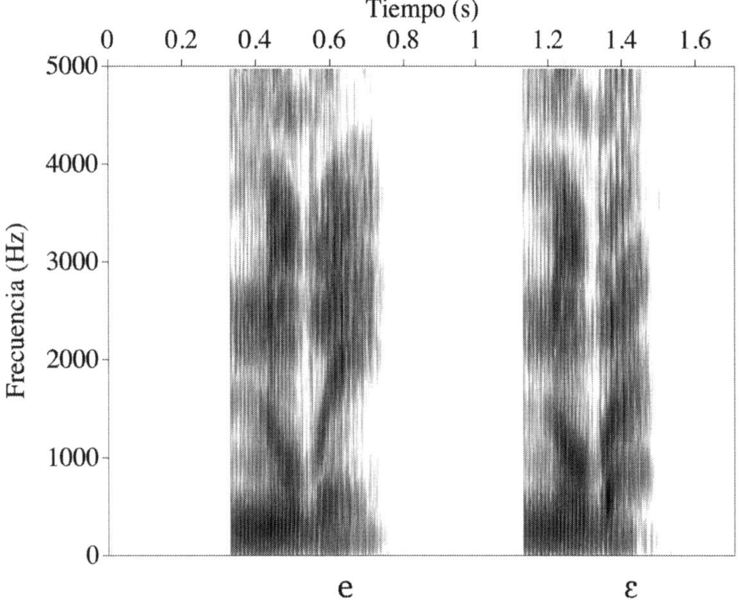

FIGURA 21. Espectrogramas de las palabras *nube* y *nubes* realizadas por un hablante de la variedad de andaluz oriental.

Merece destacarse, como caso particular de abertura vocálica, el fenómeno que se da en Andalucía Oriental, en donde, una vez perdida la aspiración final que en otras zonas funciona como marca morfológica de plural, los hablantes han desarrollado la abertura de la vocal final como marca de número [→ § 4.4.5]. Así, en dicha zona es frecuente escuchar ['perǫ] como plural de *perro* en lugar de las formas ['peroh] o ['peros]. El fenómeno ha generado una amplísima bibliografía, puesto que algunos autores han apuntado la posibilidad de que deba entenderse que, en estas variedades, el número de fonemas vocálicos del español sería mayor que en otras, dado que las realizaciones abiertas poseen valor distintivo (Alarcos 1958, 1983; Alonso, Zamora Vicente y Canellada 1950; Cerdà 1984; López Morales 1984; Martínez Melgar 1986, 1994; Mondéjar 1970; Narbona, Cano y Morillo-Velarde 1998). En la Figura 21 —extraída y adaptada de Real Academia Española y Asociación de Academias de la Lengua Española (2011, § 3.6j)— pueden apreciarse las características acústicas de las vocales que poseen valor morfológico como marca de plural en los espectrogramas de las palabras *nube* ['nuβe] y *nubes* ['nuβę] pronunciadas por un hablante de la variedad andaluza oriental. Los formantes de la vocal de la realización de *nubes* presentan unas frecuencias muy diferentes a los de la realización de *nube*. En *nubes* la frecuencia de F1 es claramente más elevada que en *nube* y la del F2 es claramente más baja, lo cual constituye una clara manifestación de la abertura de las realizaciones del segmento /e/. Igual que en el caso de los fenómenos ya estudiados, todos los autores coinciden en señalar que las realizaciones abiertas se encuentran siempre en hablas coloquiales y rara vez en hablas formales, lo que implica que se trata de un fenómeno vinculado al estilo de habla.

3.2.3.5 Centralización

La centralización puede definirse como una tendencia de las realizaciones vocálicas a acercarse al centro del espacio vocálico, lo cual provoca la aparición de unidades cuyo timbre se aproxima al de la vocal central [ə]. Es este un fenómeno que no se da en hablas formales, lo que indica que está estrechamente vinculado al estilo de habla propio de la situación comunicativa, pues cuanto más informal e hipoarticulado es el estilo de habla, más vocales se detectan en el centro del espacio vocálico.

En su descripción tradicional del sistema vocálico del español, Navarro Tomás ([1918] 1996) señala que una de las características que distingue el sistema del español del de otras lenguas es la denominada 'estabilidad' del timbre de sus vocales que, según este autor, conservan sus características en cualquier entorno consonántico, tanto en sílaba tónica como en sílaba átona; así lo han considerado, asimismo, los autores que, durante el siglo xx, han estudiado las vocales del español sobre la base de corpus constituidos por habla de laboratorio. Sin embargo, los trabajos iniciados en la década de 1990, que comienzan a utilizar otros tipos de corpus, han puesto de manifiesto, como se ha señalado en el párrafo anterior, la presencia de centralización en estilos de habla hipoarticulados.

La pronunciación de una vocal central como [ə] requiere muy poco esfuerzo articulatorio. Fant (1960) caracteriza este sonido como el que surge del aparato fonador cuando los órganos se encuentran en la posición de reposo, esto es, cuando la lengua está plana y el maxilar inferior se encuentra en una posición intermedia, ni abierto ni cerrado. El resultado acústico de este gesto articulatorio es una vocal cuyos valores formánticos aproximados son 500 Hz para el F1, 1500 Hz para el F2 y 2500 Hz para el F3 [→ § 1.11.1]. Encontrar en el centro del espacio vocálico del sistema del español realizaciones vocálicas que posean este timbre significa que se trata de pronunciaciones muy relajadas de cualquiera de las unidades que componen dicho sistema fonológico, cuya aparición está determinada por la hipoarticulación propia de determinados estilos de habla coloquiales e informales. Las áreas de dispersión de las vocales del español presentadas en las Figuras 3 y 4 (Harmegnies y Poch 1992) muestran, en las realizaciones extraídas del habla espontánea, multitud de sonidos en el centro del espacio vocálico, los valores de cuyos formantes son, aproximadamente, los correspondientes a [ə].

La tendencia a la producción de realizaciones centralizadas no es solamente propia del español de España, sino que se ha comprobado que el mismo fenómeno aparece en la variedad mexicana (Martín Butragueño, Poch y Harmegnies 2008). En la Figura 22 pueden verse las áreas de dispersión de las vocales del español pronunciadas por un hablante de sexo masculino natural de España (a la izquierda) y por un hablante de sexo masculino natural de México (a la derecha) realizadas en habla de laboratorio. La distribución de las realizaciones en cinco áreas diferenciadas, localizadas aproximadamente en la misma zona del espacio vocálico, es idéntica en el caso de los dos hablantes.

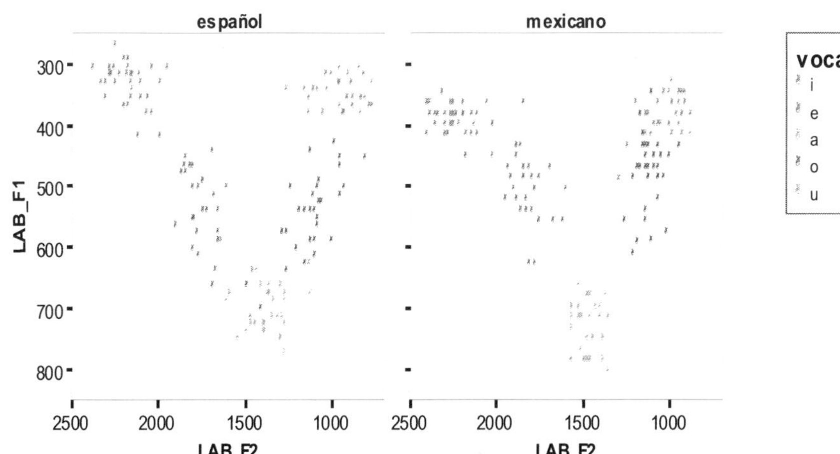

FIGURA 22. Áreas de dispersión de F1 y F2 (en Hz) de las vocales del español realizadas por un hablante español y por un hablante mexicano en habla de laboratorio (Martín Butragueño, Poch y Harmegnies 2008).

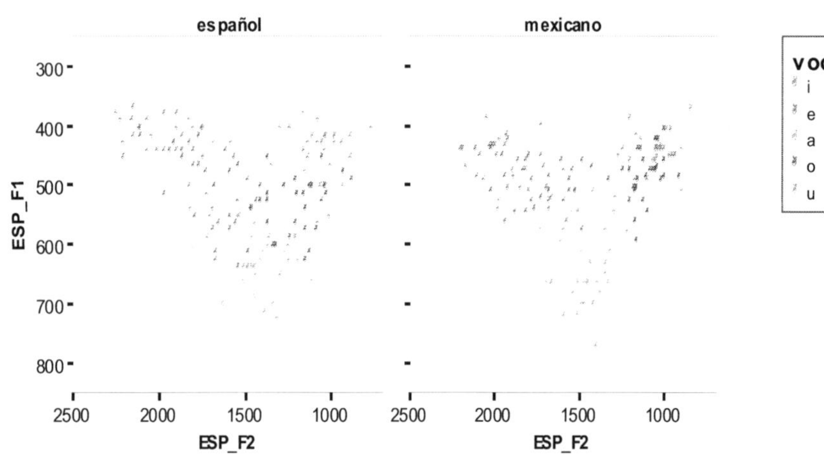

FIGURA 23. Áreas de dispersión de F1 y F2 (en Hz) de las vocales del español realizadas por un hablante español y por un hablante mexicano extraídas de una conversación espontánea (Martín Butragueño, Poch y Harmegnies 2008).

En la Figura 23 pueden apreciarse las áreas de dispersión de las vocales del español, realizadas por los mismos hablantes, pero extraídas de una conversación espontánea. Las palabras que integran los corpus de laboratorio y de habla espontánea son las mismas.

Como puede verse por la estructuración de las realizaciones en áreas de dispersión, en las dos variedades de español el comportamiento de las vocales presenta importantes diferencias entre el habla de laboratorio y la conversación espontánea. En las áreas de dispersión de la Figura 23, diversas vocales que en habla formal se realizarían como [e], como [a] o como [o], presentan una estructura formántica cuyos valores se acercan a los de [ə] cuando se pronuncian hipoarticuladas, y los símbolos que las representan se localizan, por tanto, en el centro del espacio vocálico.

El fenómeno de centralización afecta con más fuerza a las vocales átonas que a las tónicas, lo cual no es sorprendente debido al hecho de que, al tratarse de un debilitamiento de las realizaciones, las primeras que sufren el proceso son aquellas que se encuentran en una posición intrínsecamente más débil en la cadena fónica. No obstante, debido a que la hipoarticulación afecta al conjunto de los sonidos emitidos en habla informal, todas las realizaciones presentan la misma tendencia y podría afirmarse que las diferencias entre ellas son de orden cuantitativo más que cualitativo.

3.2.3.6 Labialización y deslabialización

La labialización es el resultado del redondeamiento de los labios en la producción de las vocales anteriores. Como se explica en otros capítulos de esta obra [→ capítulos 2 y 4], en español las vocales intrínsecamente labializadas o redondeadas son las posteriores /o/ y /u/, para cuya producción es imprescindible que los labios se adelanten y adopten una posición abocinada. Este movimiento no se produce habitualmente para la realización de /e/ ni para la realización de /a/ e /i/.

En ocasiones puede darse el caso contrario, la deslabialización, mediante la cual los labios no adoptan su habitual posición redondeada para la realización de vocales posteriores como sucede en el caso de la pronunciación de /u/ como [ʯ].

Se trata, en ambos casos, de fenómenos dialectales poco frecuentes detectados en algunas zonas hispanohablantes, pero sobre los que no existen todavía estudios específicos. La labialización se ha documentado en algunas variedades del andaluz y del castellano, generalmente en hablas populares. En América se ha detectado el fenómeno en Nuevo México, Ecuador, Chile y Perú (Vaquero de Ramírez [1996] 1998). La deslabialización se ha documentado en Paraguay, en hablantes bilingües de español y guaraní, probablemente por influencia de la vocal posterior no redondeada /ɨ/ propia de esta última lengua.

3.2.3.7 Relajación, debilitamiento, elisión

La relajación, el debilitamiento y la elisión pueden considerarse tres manifestaciones distintas del fenómeno por el cual las vocales, por diversas razones y en estilos de habla hipoarticulados, pierden su timbre característico, se realizan con escasa fuerza articulatoria y, en ocasiones, llegan a elidirse.

Las causas que provocan la aparición de estos fenómenos rara vez son de carácter fonético. Suelen relacionarse con factores de orden global y de tipo pragmático presentes en la situación de comunicación. En muchas ocasiones, la informalidad del acto comunicativo en el que el contexto proporciona mucha información conduce a la hipoarticulación de los sonidos y, cuando la hipoarticulación es muy fuerte, suele desembocar en su elisión.

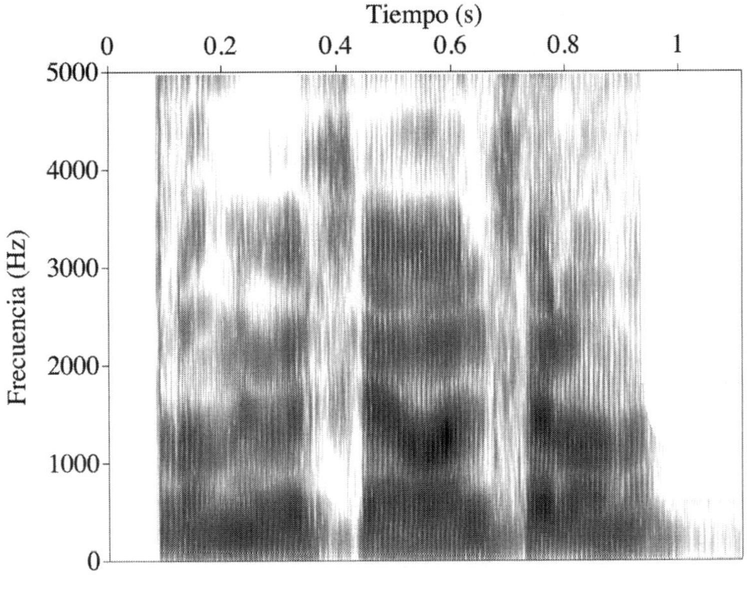

FIGURA 24. Espectrograma de la secuencia *la universidad de Barcelona* extraída de una conversación espontánea con un hablante de la República Dominicana.

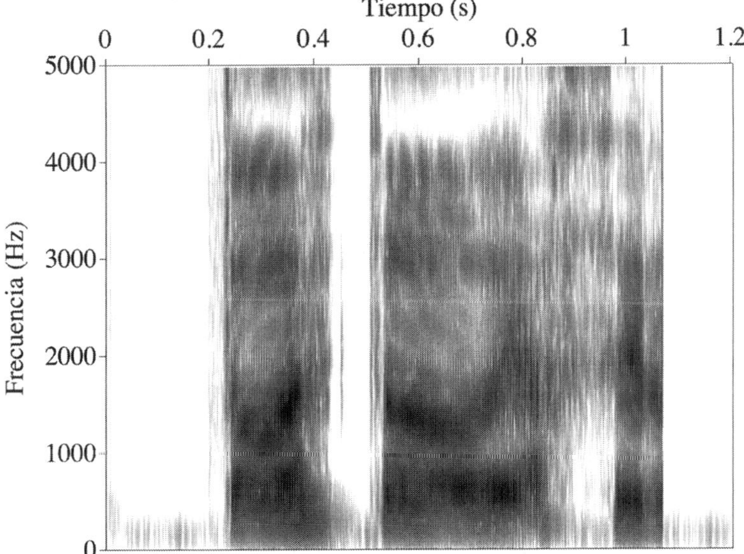

FIGURA 25. Espectrograma de la secuencia *todo esto de hacer*. . . extraída de una conversación espontánea con una hablante chilena.

En las Figuras 24 y 25 pueden verse dos ejemplos de relajación y casi elisión de algunas vocales en una conversación espontánea. La Figura 24 contiene el espectrograma de la secuencia *la universidad de Barcelona* extraída de una conversación espontánea con un hablante de la República Dominicana. La Figura 25 presenta el espectrograma de la secuencia *todo esto de hacer* . . . extraída de una conversación espontánea con una hablante chilena.

Se ha optado por no presentar la transcripción fonética de determinados segmentos en los espectrogramas de las dos figuras puesto que no es posible identificar en ellos los sonidos realizados por ambos hablantes. La onda sonora emitida es un continuo en el que la extrema relajación ha conducido a la elisión de algunos sonidos, lo cual vincula estrechamente el debilitamiento, la relajación y la elisión al estilo de habla utilizado en la situación comunicativa. El fenómeno es común en todo el dominio hispanohablante.

3.3 Secuencias vocálicas

Si bien las características y el comportamiento de los sonidos vocálicos del español han sido, como se ha visto, ampliamente estudiados, no se da la misma situación en lo referente a las denominadas 'secuencias vocálicas', es decir, a aquellos casos en los que las vocales entran en contacto con otras vocales, sea en el interior de una palabra, sea en las fronteras de palabra. Los diptongos y los triptongos de carácter etimológico, en los que se combinan las vocales plenas y las paravocales [i̯] o [u̯], son las secuencias mejor descritas e interpretadas desde las perspectivas fonética y fonológica en razón del interés que revisten las paravocales, tal como puede comprobarse en los capítulos 6, 7 y 8 de esta obra dedicados a dicha clase de sonidos. En cambio, son muchos menos los trabajos que tienen como objetivo describir cómo se comportan las realizaciones de los segmentos /a/, /e/ y /o/ cuando forman parte de una secuencia vocálica, especialmente entre palabras, así como los dedicados a estudiar las vocales /i/ y /u/ que entran en contacto con los segmentos vocálicos medios y abierto en razón de las características del enunciado [→ capítulo 24].

Los estudios que abordan la cuestión desde la perspectiva de la pronunciación normativa —especialmente Navarro Tomás ([1918] 1996) y Quilis ([1997] 2002)— describen cómo deben realizarse las secuencias de vocales en contacto. Así, Navarro Tomás ([1918] 1996) apunta:

> Nuestra pronunciación tiende, preferentemente, a convertir, siempre que es posible, todo conjunto de vocales en un grupo monosilábico; pero diversas circunstancias históricas, analógicas o eruditas suelen oponerse en muchos casos a dicha tendencia, dando lugar, fuera del caso de los diptongos y triptongos etimológicos, a vacilaciones que a veces hacen posible en una misma palabra una doble forma de pronunciación. En general, en lenguaje rápido, la reducción de los grupos vocálicos a una sola sílaba es más frecuente que en lenguaje lento; si las vocales no son acentuadas, su reducción, en igualdad de circunstancias, se produce más fácilmente que si alguna de ellas lleva acento; si son iguales, se contraen asimismo más fácilmente que si son diferentes, y si proceden del enlace de palabras distintas, mejor que si se hallan dentro de una misma palabra.
>
> Los prosodistas se han esforzado inútilmente en reducir a reglas fijas tales vacilaciones; dada la libertad de que la lengua dispone en este punto, lo único posible es tratar de señalar en cada caso la forma que hoy tiene un uso más corriente en la pronunciación correcta (148-49).

El autor formula a continuación los principios que, desde su punto de vista, rigen la pronunciación de las personas cultas:

- En términos generales, dos vocales son siempre susceptibles de reducirse a una sola sílaba aunque en determinados casos, por razones gramaticales u otras, no se cumpla dicha reducción y, por otra parte, tres o más vocales pueden, en ciertas combinaciones, ser irreducibles a un solo núcleo silábico. El grado de perceptibilidad de cada vocal desempeña una función determinante favoreciendo o impidiendo estas reducciones (150).
- Dos o más vocales iguales, sucesivas, sin acento, o siendo acentuada una de ellas, se pronuncian como si se tratase de una sola vocal, no acentuada en el primer caso y acentuada en el segundo (152). No obstante, Navarro Tomás añade una precisión importante: ello solo ocurre así en el habla coloquial corriente, mientras que en el habla lenta o en el habla esmerada no se producen estas reducciones, sino que se realizan dos vocales (152-53). El estilo de habla condicionaría la realización de las secuencias vocálicas con mucha mayor fuerza que los factores de tipo gramatical.
- Las secuencias de vocales diferentes e inacentuadas, así como las de vocales diferentes acentuadas, se reducen generalmente a una sola sílaba, conservan su carácter individual, pero se forman de manera un tanto relajada e imprecisa. En el caso de las secuencias acentuadas, el acento de la vocal fuerte extiende su intensidad a todo el conjunto vocálico (155-56). De nuevo menciona Navarro Tomás la influencia del estilo de habla sobre la pronunciación de estas secuencias: «No tiene lugar, de ordinario, dicha reducción cuando se habla lenta o enfáticamente, ni cuando el acento que llevan las vocales enlazadas es el último del grupo» (157).

En resumen, el autor señala la gran variabilidad que se puede detectar en la realización de las secuencias vocálicas tanto en interior de palabra como entre fronteras de palabras. Matiza también que la reducción de las secuencias vocálicas a una sola sílaba es un comportamiento propio del habla coloquial, mientras que, en el habla cuidada y esmerada, los hiatos están mucho más presentes en la pronunciación de las secuencias vocálicas que en la lengua cotidiana. Navarro Tomás apunta, pues, la existencia de una fuerte tendencia antihiática en el español, presente especialmente en el habla coloquial, que da como resultado la unión en una sola sílaba de las vocales que forman secuencia [→ § 6.3.3, § 24.3].

Igualmente situado en la perspectiva normativa, Quilis (1981, 178-93) recoge las apreciaciones de Navarro Tomás que se acaban de exponer. No obstante, la observación de la realidad revela que el comportamiento de los hablantes parece distar bastante de estas descripciones. Especialmente desde mediados de la década de 1980, algunos autores cuyos trabajos se analizan a continuación se han ocupado de la descripción fonética de las realizaciones de las secuencias vocálicas y sus estudios han arrojado resultados contradictorios en algunos casos.

Cabe destacar, en primer lugar, la obra de Esgueva (2008), que recoge un conjunto de trabajos anteriores del autor sobre estas cuestiones. Esgueva analiza las grabaciones de ocho informantes que forman parte del corpus recogido para un estudio más amplio del habla de Madrid y explica que realiza un análisis acústico y auditivo, aunque proporciona sus resultados en forma de porcentajes de aparición de las distintas clases de secuencias vocálicas sin ofrecer datos que emanen directamente de un análisis acústico. El autor precisa que los fenómenos contemplados han sido la elisión, el hiato y la sinalefa [→ § 24.3.1], y que ha analizado 4035 grupos fónicos, 1597 hiatos y 667 sinalefas. Sus resultados indican que las elisiones, con una frecuencia de aparición del 24,75 %, ocupan el segundo lugar de los fenómenos producidos por las vocales en contacto al enlazar palabras; los hiatos ocupan el primer lugar con un porcentaje del 53,07 %, y las sinalefas presentan una frecuencia de realización del 22,17 % (2008, 26). En la p. 31 de la obra afirma que no hay condicionamientos ni reglas para estos fenómenos en el uso del habla y que su realización, condicionada por el tipo de lenguaje, habitual o culto, es un hecho que no está sometido a normas ni a licencias.

Aguilar (2003) estudia el resultado fonético que aparece cuando dos vocales adyacentes se encuentran en frontera de palabra. La autora realiza un análisis acústico de las secuencias vocálicas en el que toma como indicios los valores de F1 y F2 y la duración, y establece la aparición de tres categorías de fenómenos: hiato, cuando en la forma de onda pueden distinguirse dos vocales; reducción, cuando aparece una vocal larga que reemplaza los segmentos que inicialmente constituyen la secuencia, y monoptongación si solamente puede observarse en la onda sonora la forma de una vocal. El resultado más importante de su trabajo es el hecho de que el hiato, con diferencia, es la solución más frecuente (2003, 2112). El corpus, leído por cinco hablantes de español centropeninsular, consiste en secuencias constituidas por un nombre y un adjetivo colocadas al inicio, en el centro y al final de la curva melódica [→ § 1.5.5, § 25.2.1, § 27.1]. Algunos ejemplos de dichas secuencias, explicados con detalle en Aguilar (2006) —que constituye una ampliación del trabajo de 2003— son los siguientes: *La patata acadia es poco exigente a las condiciones edáficas, en el siglo XIX los habitantes autóctonos apreciaban la madera del capá apureño en la construcción de buques, Estopa Épico era un caballo de capa hita que perteneció a la generación nacida en 1974.* Ante los resultados obtenidos en estos dos estudios cabe considerar la posibilidad de que las características del corpus hayan ejercido una fuerte influencia sobre el hecho de que el fenómeno más frecuente sea el hiato.

Smith, Flores y Gradoville (2008) examinan, mediante un análisis acústico realizado con Praat, las secuencias de vocales que forman hiato (/ae/, /ea/, /oa/ y /oe/) a través de las fronteras entre palabras en el habla de siete mujeres de Veracruz. Los autores señalan que es muy reciente la utilización del análisis acústico para estudiar este tipo de fenómenos y la metodología que aplican para hacerlo consiste en establecer la duración de la secuencia vocálica y realizar después tres mediciones de la frecuencia de F1 y F2: la primera, en el 25 % de duración de la secuencia; la segunda, en el 50 %, y la tercera, en el 75 %. Los criterios que aplican para interpretar los datos son los siguientes: si los datos de frecuencia están juntos desde el punto de vista temporal, el fenómeno estudiado puede considerarse una elisión; si dos puntos consecutivos presentan los mismos valores de frecuencia y el tercero es distinto, se trata de un hiato, y si no se cumple ni el primero ni el segundo criterio, el fenómeno analizado es un diptongo. El análisis de sus resultados revela (contrariamente a los estudios de Aguilar) que en un 94 % de los casos estudiados los hablantes prefieren no mantener el hiato, lo cual abundaría en la existencia de la tendencia antihiática que, como se ha mencionado, defienden numerosos autores.

Los trabajos ulteriores de Alcoholado (2012, 2013) revisten especial interés por cuanto este autor analiza diversos corpus de habla espontánea. Su perspectiva de estudio es la enseñanza del español a extranjeros sinohablantes, pues en ambos trabajos explica que, en su labor docente con alumnos de dicho perfil lingüístico, ha comprobado que la pronunciación de las secuencias vocálicas constituye un grave problema debido a que en chino mandarín no se dan combinaciones de esta clase de sonidos. Así, el autor se propone estudiar el comportamiento de los hispanohablantes ante la realización de este tipo de secuencias para poder enseñar después, a los estudiantes sinohablantes, cómo deben producirse en español.

En Alcoholado (2012), el autor analiza, en primer lugar, la resolución de las secuencias vocálicas en el discurso de recepción del Premio Nobel por parte de Mario Vargas Llosa y en el discurso de recepción del Premio Cervantes por parte de Ana M.ª Matute. En el discurso del Premio Nobel, Alcoholado registra 182 casos de vocales en contacto, 92 de los cuales constituyen un diptongo natural en interior de palabra y el resto son secuencias vocálicas entre palabras que se resuelven de la siguiente forma: 21 reducciones, 30 hiatos y 91 sinalefas. En el caso del discurso de Ana M.ª Matute, el autor contabiliza 175 casos de vocales en contacto, 77 de los cuales constituyen diptongos naturales. El resto se resuelven como 14 reducciones, 34 hiatos y 50 sinalefas. La segunda parte del trabajo está dedicada a analizar las secuencias de vocales que pueden encontrarse en las muestras de habla formal de la variedad del español europeo que se documenta en el DVD *Las voces del español: tiempo y espacio* (Real Academia Española y Asociación de Academias de la Lengua Española 2011). Dicha muestra consiste en una lectura en voz alta de un breve texto de Rufino José Cuervo que contiene 43 vocales en contacto, 19 de las cuales constituyen diptongos naturales, y dos reducciones. De los 22 casos restantes que, como señala Alcoholado, deberían realizarse como hiatos, solo 13 siguen la norma académica, mientras que los nueve restantes obedecen a la realización diptongada que caracteriza la tendencia antihiática del español. La conclusión más importante de este trabajo, en palabras de su autor, es el hecho de que se confirma de nuevo la fuerte presencia de la tendencia antihiática en español también en el registro formal, no solamente en el coloquial, por parte de hablantes cultos.

En Alcoholado (2013) el autor analiza las secuencias vocálicas, en este caso de habla coloquial, que figuran también en el DVD *Las voces del español: tiempo y espacio* (Real Academia Española y Asociación de Academias de la Lengua Española 2011). La muestra está constituida, en esta ocasión, por 20 ejemplos de 20 países hispanohablantes en los que cada informante improvisa un discurso sobre asuntos cotidianos cuya duración aproximada es de 2 minutos. Los resultados globales del análisis, que en el artículo se presentan país por país, ponen de manifiesto que en todas las muestras se producen fenómenos de resilabeo y de tendencia antihiática, pues el 95 % de ellas presenta una proporción de tautosilabismo superior al 50 % de las combinaciones vocálicas que, gramaticalmente, deberían realizarse en sílabas distintas. Los índices en esta mayoría de muestras oscilan entre el 52,38 % del informador colombiano y el 85,18 % de la informadora ecuatoriana. El autor, en su conclusión, se inclina por considerar que la presencia de resilabeo y de una tendencia antihiática en locutores procedentes de 20 estados hispanohablantes demuestra que ambos fenómenos pueden considerarse rasgos estándares del habla en lengua española.

Como puede verse, no es posible todavía establecer ninguna conclusión de carácter general sobre el problema de la realización de las secuencias vocálicas entre palabras, por lo que solamente se puede hablar de cuestiones abiertas. La bibliografía sobre el tema es aún muy poca (véase, por ejemplo, Aguilar 2010) [→ § 24.2.6] y se ha visto que algunos artículos llegan a conclusiones contradictorias. Una cuestión que cabe destacar es el hecho de que la perspectiva normativa sobre la realización de estas secuencias no parece corresponderse con la forma de pronunciación de los hablantes. Resulta, pues, imprescindible profundizar en el estudio de estos fenómenos para clarificar su exacta naturaleza y comprender el tratamiento que les dan los hablantes.

3.4 La dinámica del sistema vocálico del español

Los fenómenos de variación vocálica estudiados ponen de relieve que esta clase de sonidos puede realizarse, en español, de formas muy diversas. Ya se ha mencionado que ello viene favorecido por el hecho de que el sistema vocálico está compuesto únicamente por cinco unidades y, por tanto, su rango de variación o, dicho en otras palabras, la zona del espacio vocálico en el que pueden situarse las distintas realizaciones, es muy amplia para cada unidad fonológica, especialmente cuando se trata de fenómenos que afectan a la cavidad bucal. En el marco de la teoría H&H (Lindblom 1986) [→ § 1.6.7], el rango de variación de las realizaciones vocálicas individuales es inversamente proporcional al número de unidades que integran el sistema. En la Figura 26 puede verse, esquematizada, la dinámica de la variabilidad de las vocales del español.

Como se ha expuesto, las realizaciones de las vocales del español están sometidas a la influencia de factores de variación relacionados con las características intrínsecas de los sonidos, el grado de acentuación y la estructura silábica, así como con el origen geográfico de los hablantes y la clase social a la que estos pertenecen. No obstante, el factor de variación que más influencia ejerce sobre la variabilidad parece ser el estilo de habla, que se relaciona con el grado de formalidad de la situación de comunicación. Las variaciones en las características articulatorias y acústicas de los sonidos provocadas por el estilo de habla afectan al conjunto del enunciado y actúan sobre las variedades de tipo geográfico y sobre las variedades de tipo social.

La Figura 26 se propone ilustrar gráficamente las tendencias de la variabilidad vocálica del español. Las flechas que parten, desde las realizaciones de referencia, hacia el centro del espacio vocálico indican que esa es la tendencia de la

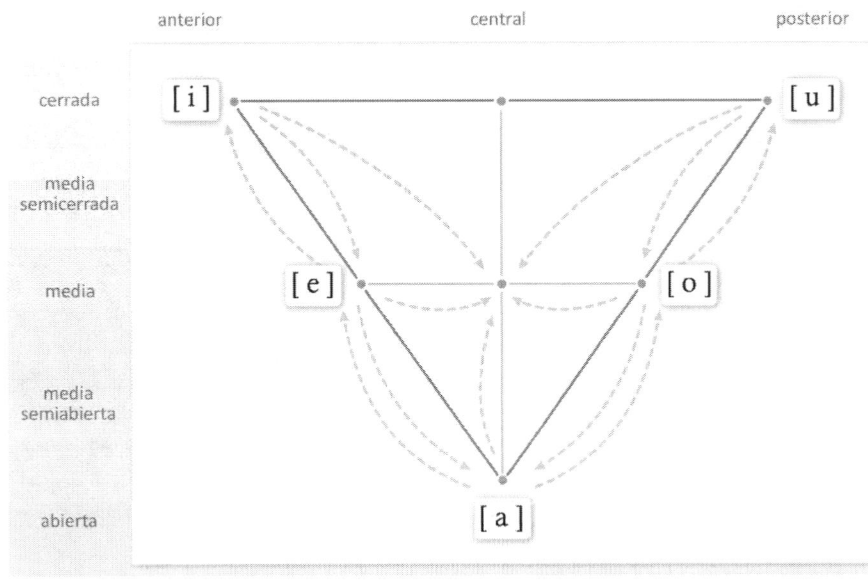

FIGURA 26. Representación esquemática de la dinámica a la que está sometida la variabilidad del sistema vocálico del español. Extraída del DVD *Las voces del español: tiempo y espacio* (Real Academia Española y Asociación de Academias de la Lengua Española 2011).

variabilidad a medida que aumenta el grado de hipoarticulación del estilo de habla. Un sistema de cinco unidades puede aceptar realizaciones muy diversificadas y, dado que la hipoarticulación constituye una manifestación de la relajación de los gestos articulatorios, los sonidos relajados producidos tienden hacia la posición de mayor relajación: el centro del espacio vocálico. Ello viene favorecido por el hecho de que no existe, en español, ningún segmento vocálico que ocupe el centro del espacio: no existe una unidad /ə/ cuyas realizaciones, de forma natural, ocupen esa zona, sino que hay un vacío que tiende a ser ocupado por las manifestaciones de cualquiera de las vocales del español que se pronuncie hipoarticuladamente.

El espacio vocálico parece, pues, contraerse en función del estilo de habla, en el sentido de que su tamaño sería inversamente proporcional al grado de hiperarticulación de las realizaciones. Se ha indicado en numerosas ocasiones en este trabajo que es necesario realizar muchos más estudios sobre el vocalismo del español desde esta perspectiva para poder afirmar con toda certeza que así se manifiesta la variabilidad vocálica en español. No obstante, los estudios citados en apartados anteriores y los ejemplos incluidos en el texto, procedentes de informantes hispanohablantes que poseen distintas variedades del español, permiten formular esta hipótesis.

Del esquema de la Figura 26 se desprende también que cada una de las unidades vocálicas segmentales del español se manifiesta a través de realizaciones fonéticamente muy diferentes. Así, por ejemplo, en la trayectoria que va desde [e] al centro del espacio vocálico, o desde [a] al centro del espacio vocálico, aparece una multitud de sonidos que se distancian progresivamente de las realizaciones de referencia. Las características articulatorias y acústicas de dichos sonidos, manifestaciones de una unidad fonológica /e/ o /a/ en el ejemplo, pueden en muchas ocasiones ser idénticas. Los valores de F1 y F2 de una realización abierta y centralizada del segmento /e/ pueden coincidir con las características articulatorias y acústicas de una realización cerrada y anteriorizada del segmento /a/, de forma que, desde el punto de vista estrictamente fonético, ambos sonidos serían iguales y provocarían, en la representación habitual de F1 y F2 en un eje de coordenadas cartesianas, una superposición de un sector de las áreas de dispersión de /e/ y de /a/. Es este un aspecto clave de la variabilidad vocálica porque muestra la intersección entre la fonética y la fonología [→ capítulo 4].

Cuando este fenómeno aparece se suele utilizar, para representarlo gráficamente y para proporcionar una explicación del mismo, un símbolo del AFI con sus correspondientes diacríticos concebido para indicar una realización específica de /e/ y otro símbolo y sus diacríticos para indicar una realización específica de /a/. Este planteamiento implica que se asume que el modelo que se elabore para explicar la variabilidad considera que el hablante, cuando escucha y cuando habla, activa el inventario de rasgos fonológicos en las combinaciones propias del habla de referencia hiperarticulada y, mediante reglas de combinación de dichos rasgos, produce realizaciones modificadas de las unidades fonológicas. Sería necesario, para conseguir elaborar un modelo explicativo de la percepción y de la producción del habla, reflexionar acerca de la aparición de sonidos cuyas características acústicas y articulatorias son idénticas, pero que remiten a unidades fonológicas abstractas distintas.

Los datos acústicos a partir de los que tradicionalmente se han caracterizado las vocales, esto es, los valores de las frecuencias de F1 y F2, plantean importantes problemas. El trabajo de van der Harst (2011), aunque centrado en el estudio de la variabilidad vocálica en holandés, dedica uno de sus capítulos a reflexionar sobre la obtención de los datos acústicos. El autor estima, con razón, que un buen análisis de la variabilidad debe basarse en un gran volumen de datos y que no es posible obtenerlos de forma manual. Discute, por tanto, los procedimientos que se emplean actualmente para la normalización de datos con vistas a la obtención automática de aquellos que interesan para el análisis acústico (pueden verse también, a este respecto, los trabajos de Recasens [2008, 2011] y de Umesh [2011]). En la misma línea de la propuesta de Vaissière (2011), van der Harst estima que, para caracterizar adecuadamente la variabilidad vocálica, es insuficiente la información proporcionada por la frecuencia de F1 y F2 y que es necesario, por lo menos, tomar en consideración los valores de F3 y la duración de las realizaciones para poseer una visión más completa de las variaciones que afectan a esta clase de sonidos.

Se ha insistido repetidamente en que el estudio de la variabilidad vocálica debería integrar también los datos recogidos en los trabajos dialectológicos y en los sociolingüísticos para ofrecer una visión global del comportamiento del sistema y de la actuación de los factores que lo condicionan. No existen prácticamente en español contribuciones que integren esta información, pero debe señalarse que ofrece una excelente muestra de este enfoque y abre importantísimas perspectivas de análisis el trabajo de Martín Butragueño (2014). Se trata del primer volumen de la obra *Fonología variable del español de México,* dedicado a los procesos segmentales; el capítulo 2 se titula «Cuestiones vocálicas: el espejismo de la estabilidad» y, en palabras del propio autor, está organizado de la siguiente forma:

> En primer término, se examina la distribución que surge del espacio vocálico al proyectar la interpretación por medio del *Alfabeto fonético internacional* de los signos correspondientes a las vocales en el *Atlas lingüístico de México.* A continuación se ofrecen algunos ejemplos de vocales del español mexicano, para en seguida ofrecer una imagen de los parámetros acústicos fundamentales de las vocales en contexto, a partir de datos extraídos de entrevistas sociolingüísticas del *Corpus sociolingüístico de la ciudad de México.* La parte más extensa del capítulo se ocupa de examinar la distribución de las vocales átonas en varios mapas del *Atlas lingüístico de México,* al tiempo que los datos se examinan a la luz de varios modelos geolingüísticos . . . y sociolingüísticos (129–30).

El capítulo se configura como un modelo aplicable al estudio de la variabilidad vocálica en las diversas variedades del español con vistas a configurar una descripción global del comportamiento de esta clase de sonidos.

3.5 Conclusiones

Como conclusión, puede afirmarse que el estudio de la variabilidad fonética en español plantea, todavía, muchos interrogantes porque no se dispone de los datos necesarios para elaborar un modelo explicativo y, por otra parte, porque deben resolverse también una serie de problemas de tipo metodológico. Los estudios existentes permiten, solamente, apuntar hipótesis que deben ser confirmadas con más datos sobre la dinámica de la variación vocálica.

Las cuestiones clave relacionadas con la variabilidad de las realizaciones de los segmentos vocálicos en español pueden resumirse en los siguientes puntos:

- De entre los distintos factores de variación (fonética, geográfica, social y estilística), parece que el estilo de habla se configura como la variable con mayor influencia sobre la aparición de realizaciones de diverso tipo. No obstante, para elaborar una descripción global de la variabilidad, es imprescindible tomar en consideración los datos ofrecidos por la dialectología y por la sociolingüística.
- Las realizaciones de las vocales del español presentan un alto grado de variación debido al hecho de que el inventario del sistema cuenta únicamente con cinco unidades, lo cual permite la presencia de realizaciones de características muy diferentes sin que se den malentendidos en la comunicación.
- La dinámica del sistema vocálico del español, en las modificaciones que sufren los sonidos desde una producción hiperarticulada (propia de registros formales) a una pronunciación hipoarticulada (propia de situaciones familiares), favorece la aparición de realizaciones centralizadas, las más relajadas, puesto que en el sistema fonológico no existe ninguna unidad que ocupe el centro del espacio vocálico.

- La tendencia a la centralización induce, a su vez, a una contracción del espacio vocálico de los sonidos hipoarticulados. El espacio vocálico es mayor, en cambio, en el caso de los sonidos hiperarticulados.
- Los trabajos que abordan el estudio de la variabilidad vocálica deberían tomar en consideración el problema de las representaciones de los fenómenos. Para dicha finalidad se utilizan generalmente los instrumentos que proporciona el AFI, pero, en ocasiones, no son suficientes para dar cuenta del continuo de realizaciones distintas que se identifican a partir de las ondas sonoras emitidas por los hablantes en pronunciación hipoarticulada.
- El análisis de producciones de distintos estilos de habla pone de relieve la necesidad de disponer de corpus extensos que conlleven un volumen importante de vocales y, por tanto, es también necesario abordar el problema de la obtención automática de los valores de los parámetros acústicos analizados, con todo lo que ello comporta con relación a la metodología de trabajo tradicional.
- Directamente relacionado con la anterior cuestión se plantea el problema de si los parámetros a través de los cuales se han analizado hasta ahora los sonidos vocálicos proporcionan suficiente información para dar cuenta de su variabilidad. Como se ha visto, se han publicado trabajos que abogan por tomar en consideración parámetros como el F3 y el F4, así como la duración de las realizaciones, para disponer de más información sobre la distribución y la organización de la energía en el tiempo.
- Finalmente, para poder alcanzar una visión global de la variabilidad es imprescindible obtener e integrar datos procedentes de todas las disciplinas que, a lo largo del siglo xx, han estudiado, de una forma u otra, las variaciones en la pronunciación de los sonidos vocálicos del español en la línea del citado trabajo de Martín Butragueño (2014).

Referencias bibliográficas

Aguilar, Lourdes. 2003. «Effects of Prosodic and Segmental Variables on Vowel Sequences Pronunciation in Spanish». En *15th International Congress of Phonetic Sciences. Barcelona, Spain, August 3-9, 2003*, editado por Maria-Josep Solé, Daniel Recasens y Joaquín Romero Gallego, 2111–14. International Congress of Phonetic Sciences (ICPhS) Online Archive.

———. 2006. «A propósito de las combinaciones vocálicas». *Nueva Revista de Filología Hispánica* 54 (2): 353–381. https://doi.org/10.24201/nrfh.v54i2.2325.

———. 2010. *Vocales en grupo*. Madrid: Arco/Libros.

Alarcos, Emilio. 1958. «Fonología y fonética (a propósito de las vocales andaluzas)». *Archivum. Revista de la Facultad de Filología* 8: 193–205.

———. 1983. «Más sobre las vocales andaluzas». En *Philologica hispaniensia in honorem Manuel Alvar*, 1:49–55. Madrid: Gredos.

———. 1996. «Gallego-asturiano». En *Manual de dialectología hispánica. El español de España*, editado por Manuel Alvar, 134–38. Barcelona: Ariel.

Alcoholado, Antonio. 2012. «La tendencia antihiática del español: descripción, uso en registros formales y proyección en la enseñanza de ELE». *redELE. Revista electrónica de Didáctica del Español como Lengua Extranjera* 24: 40–67.

———. 2013. «La tendencia antihiática como rasgo estándar del español oral: implicaciones didácticas». *redELE. Revista electrónica de Didáctica del Español como Lengua Extranjera* 25: 256–98.

Almeida, Manuel. 1990. «El timbre vocálico en español actual». *Revista de Filología Románica* 7: 75–85.

Almeida, Manuel y Carmen Díaz Alayón. 1988. *El español de Canarias*. Santa Cruz de Tenerife: Litografía A. Romero.

Alonso, Dámaso. (1956) 1972. «En la Andalucía de la E. Dialectología pintoresca». En *Obras completas. Vol. 1: estudios lingüísticos peninsulares*, 607–625. Madrid: Gredos.

Alonso, Dámaso, Alonso Zamora Vicente y María Josefa Canellada. 1950. «Vocales andaluzas. Contribución al estudio de la fonología peninsular». *Nueva Revista de Filología Hispánica* 4 (3): 209–230. https://doi.org/10.24201/nrfh.v4i3.159.

Alvar, Manuel. 1958–1959. «El cambio -al, -ar > -ę en andaluz». *Revista de Filología Española* 42 (1–4): 279–82. https://doi.org/10.3989/rfe.1959.v42.i1/4.1039.

Azcúnaga, Raúl Ernesto. 2010. «Fonética del español salvadoreño». En *El español hablado en América Central. Nivel fonético*, editado por Miguel Ángel Quesada, 83–113. Madrid: Iberoamericana; Fráncfort: Vervuert. https://doi.org/10.31819/9783865278708-004.

Blecua Falgueras, Beatriz, Dolors Poch y Bernard Harmegnies. 1993. «Variaciones en la organización de la vocales del español y del catalán en función del estilo de habla». En *Jornadas Internacionales de Lingüística Aplicada. Robert J. Di Pietro. In memoriam*, editado por Jorge Fernández Barrientos, 1:97–107. Granada: Universidad de Granada, Instituto de Ciencias de la Educación.

Borrego, Julio. 1996. «Leonés». En *Manual de dialectología hispánica. El español de España*, editado por Manuel Alvar, 139–58. Barcelona: Ariel.

Boyd-Bowman, Peter. 1952. «La pérdida de vocales átonas en la altiplanicie mexicana». *Nueva Revista de Filología Hispánica* 6 (2): 138–40. https://doi.org/10.24201/nrfh.v6i2.3163.

Canellada, María Josefa y Alonso Zamora Vicente. 1960. «Vocales caducas en el español mexicano». *Nueva Revista de Filología Hispánica* 14 (3–4): 221–41. https://doi.org/10.24201/nrfh.v14i3/4.347.

Canfield, D. Lincoln. (1981) 1988. *El español de América: fonética*. Traducido por Joaquim Llisterri y Dolors Poch. Barcelona: Crítica.

Cerdà, Ramon. 1984. «¿Fonemas o prosodemas en el andaluz oriental?» En *Athlon. Satura grammatica in honorem Francisci R. Adrados*, editado por Luis Alberto de Cuenca, Elvira Gangutia, Alberto Bernabé y Javier López Facal, 1:111–124. Madrid: Gredos.

Chela Flores, Godsuno. 1986. «Las teorías fonológicas y los dialectos del Caribe hispánico». En *Estudios sobre la fonología del español del Caribe*, editado por Rafael Núñez Cedeño, Iraset Páez y Jorge M. Guitart, 21–30. Caracas: La Casa de Bello.

Coseriu, Eugenio. (1962) 1973. «Sistema, norma y habla». En *Teoría del lenguaje y lingüística general. Cinco estudios*, 3.ª ed. revisada y corregida, 11–114. Madrid: Gredos.

Delplancq, Véronique, Bernard Harmegnies y Dolors Poch. 1996. «Effets du style de parole sur la réduction vocalique en portugais». *Verbum* 18 (2): 175–87. http://hdl.handle.net/10400.19/1429.

D'Introno, Francesco y Juan Manuel Sosa. 1988. «Elisió de nasal o nasalizaciõ de vocal eŋ caraqueño». En *Studies in Caribbean Spanish dialectology*, editado por Robert M. Hammond y Melvyn C. Resnick, 24–34. Washington D. C.: Georgetown University Press.

Esgueva, Manuel. 2008. *Vocales en contacto: elisión, hiato y sinalefa*. Madrid: Universidad Nacional de Educación a Distancia.

Espinosa García, Aurelio M. 1930. *Estudios sobre el español de Nuevo México. Parte I. Fonética*. Traducción y reelaboración con notas de Amado Alonso y Ángel Rosenblat. Buenos Aires: Universidad de Buenos Aires, Instituto de Filología.

Fant, Gunnar. 1960. *Acoustic Theory of Speech Production. With Calculations Based on X-Ray Studies of Russian Articulations*. La Haya: Mouton. Reed., Berlín: de Gruyter Mouton, 2012. https://doi.org/10.1515/9783110873429.

Fernández Planas, Ana María. 2000. «Estudio electropalatográfico de la coarticulación vocálica en estructuras vcv en castellano». Tesis de doctorado, Universitat de Barcelona. http://hdl.handle.net/10803/2094.

García Tesoro, Ana Isabel. 2008. «Guatemala». En *El español en América. Contactos lingüísticos en Hispanoamérica*, editado por Azucena Palacios, 95–118. Barcelona: Ariel.

Gordon, Alan M. 1980. «Notas sobre la fonética del castellano en Bolivia». En *Actas del Sexto Congreso Internacional de Hispanistas, celebrado en Toronto del 22 al 26 de agosto de 1977*, editado por Alan M. Gordon y Evelyn Rugg, 349–52. Toronto: University of Toronto, Department of Spanish and Portuguese. Reed., Madrid: Instituto Cervantes, Centro Virtual Cervantes.

Haden, Ernest F. y Joseph H. Matluck. 1977. «El habla culta de La Habana: análisis fonológico preliminar». En *Estudios sobre el español hablado en las principales ciudades de América*, editado por Juan Miguel Lope Blanch, 13–37. México, D. F.: Universidad Nacional Autónoma de México, Instituto de Investigaciones Filológicas.

Harmegnies, Bernard y Dolors Poch. 1992. «A Study of Style-Induced Vowel Variability: Laboratory versus Spontaneous Speech in Spanish». *Speech Communication* 11 (4–5): 429–37. https://doi.org/10.1016/0167-6393(92)90048-C.

———. 1994. «Formants Frequencies Variability in French Vowels under the Effect of Various Speaking Styles». *Journal de Physique* 4 (C5): C5.509–C5.512. https://doi.org/10.1051/jp4:19945108.

———. 1995. «A Dynamic Approach of Vowels Systems in Italian». En *Proceedings of the 13th International Congress of Phonetic Sciences (ICPhS 95). Stockholm, Sweden, 13-19 August, 1995*, editado por Kjell Elenius y Peter Branderud, 1:408–12. Estocolmo: Royal Institute of Technology (KTH), Department of Speech Communication and Music Acoustics; Estocolmo: Stockholm University, Department of Linguistics.

van der Harst, Sander. 2011. *The Vowel Space Paradox. A Sociophonetic Study on Dutch*. Utrecht: Netherlands Graduate School of Linguistics (LOT).

Henríquez Ureña, Pedro. 1921. «Observaciones sobre el español en América». *Revista de Filología Española* 8 (4): 357–90.

Hualde, José Ignacio. 2014. *Los sonidos del español*. Cambridge: Cambridge University Press. https://doi.org/10.1017/CBO9780511719943.

Labov, William. 1972. *Sociolinguistic Patterns*. Filadelfia: University of Pennsylvania Press. Trad. de José Miguel Marinas, *Patrones sociolingüísticos*. Madrid: Cátedra, 1983.

Lindblom, Björn. 1963. «Spectrographic Study of Vowel Reduction». *The Journal of the Acoustical Society of America* 35 (11): 1773–1781. https://doi.org/10.1121/1.1918816.

———. 1986. «Phonetic Universals in Vowel Systems». En *Experimental Phonology*, editado por John J. Ohala y Jeri J. Jaeger, 13–44. Orlando: Academic Press.

———. 1987. «Adaptive Variability and Absolute Constancy in Speech Signals: Two Themes in the Quest for Phonetic Invariance». En *Proceedings XIth ICPhS. The Eleventh International Congress of Phonetic Sciences. August 1-7, 1987, Tallinn, Estonia, U.S.S.R.*, 3:9–18. Tallin: Academy of Sciences of the Estonian S.S.R., Institute of Language and Literature.

Lipski, John. 1987. *Fonética y fonología del español de Honduras*. Tegucigalpa: Guaymuras.

———. (1994) 1996. *El español de América*. Traducido por Silvia Iglesias. Madrid: Cátedra.

Lloret, Maria-Rosa y Jesús Jiménez Martínez. 2009. «Un análisis *óptimo* de la armonía vocálica del andaluz». *Verba. Anuario Galego de Filoloxía* 36: 293–325. http://hdl.handle.net/10347/3518.

Lope Blanch, Juan Miguel. 1963–1964. «En torno a las vocales caedizas del español mexicano». *Nueva Revista de Filología Hispánica* 17 (1–2): 1–19. https://doi.org/10.24201/nrfh.v17i1/2.1507.

———. 1972. *Estudios sobre el español de México*. México, D. F.: Universidad Nacional Autónoma de México, Instituto de Investigaciones Filológicas.

———. 1996. «México». En *Manual de dialectología hispánica. El español de América*, editado por Manuel Alvar, 81–89. Barcelona: Ariel.

López Morales, Humberto. 1984. «Desdoblamiento fonológico de las vocales en el andaluz oriental: reexamen de la cuestión». *Revista Española de Lingüística* 14 (1): 85–97.

Martín Butragueño, Pedro. 2002. *Variación lingüística y teoría fonológica*. México, D. F.: El Colegio de México.

———. 2014. *Fonología variable del español de México. Vol. I: procesos segmentales*. México, D. F.: El Colegio de México.

Martín Butragueño, Pedro, Dolors Poch y Bernard Harmegnies. 2008. «Influencia del estilo de habla sobre las características de las realizaciones vocálicas en el español de la ciudad de México». En *Actas del XV Congreso de la Asociación de Lingüística y Filología de la América Latina (ALFAL). Montevideo, Uruguay, 18-21 de agosto de 2008*, 6–7. Montevideo: Universidad de Montevideo. CD.

Martínez Melgar, Antonia. 1986. «Estudio experimental sobre un muestreo de vocalismo andaluz». *Estudios de Fonética Experimental* 2: 195–248.

———. 1994. «El vocalismo del andaluz oriental». *Estudios de Fonética Experimental* 6: 13–64.

Matluck, Joseph H. 1951. *La pronunciación en el español del valle de México*. México, D. F.: Edición del autor.

Mendoza Quiroga, José G. 2008. «Bolivia». En *El español en América. Contactos lingüísticos en Hispanoamérica*, editado por Azucena Palacios, 213–36. Barcelona: Ariel.

Mondéjar, José. 1970. *El verbo andaluz. Formas y estructuras*. Madrid: Consejo Superior de Investigaciones Científicas.

———. 1979. «Diacronía y sincronía en las hablas andaluzas». *Lingüística Española Actual* 1 (2): 375–402.

———. 1991. *Dialectología andaluza. Estudios*. Granada: Don Quijote.

Montero Curiel, Pilar. 2006. *El extremeño*. Madrid: Arco/Libros.

Moreno Fernández, Francisco. (1998) 2005. *Principios de sociolingüística y sociología del lenguaje*. 2.ª ed. actualizada. Barcelona: Ariel.

Moreno Fernández, Francisco. 2020. *Variedades de la lengua española*. Londres: Routledge. https://doi.org/10.4324/9780429426988.

Moreno Fernández, Francisco y Jaime Otero. 2007. *Atlas de la lengua española en el mundo*. Barcelona: Ariel.

Moreno Fernández, Francisco y Rocío Caravedo, eds. 2022. *Dialectología hispánica / The Routledge Handbook of Spanish Dialectology*. Londres: Routledge. https://doi.org/10.4324/9780429294259.

Moya Corral, Juan Antonio. 1977. «La pronunciación del español en Jaén». Tesis de doctorado, Universidad de Granada. http://hdl.handle .net/10481/28962.

Narbona, Antonio, Rafael Cano y Ramón Morillo-Velarde. 1998. *El español hablado en Andalucía*. Barcelona: Ariel.

Navarro Tomás, Tomás. 1948. *El español en Puerto Rico. Contribución a la geografía lingüística hispanoamericana*. Río Piedras: Universidad de Puerto Rico.

———. (1918) 1996. *Manual de pronunciación española*. 26.ª ed. Madrid: Consejo Superior de Investigaciones Científicas.

Poch, Dolors, María Raquel Delgado Martins y Bernard Harmegnies. 1996. «Algunos fenómenos de reestructuración silábica en el portugués de Lisboa». *Contextos (Universidad de León)* 14 (27–28): 23–48.

Poch, Dolors y Bernard Harmegnies. 2010. «Centralización y reducción en las lenguas románicas». En *Actes du XXVᵉ Congrès International de Linguistique et de Philologie Romanes. Innsbruck, 3-8 septembre 2007*, editado por Maria Iliescu, Heidi Siller-Runggaldier y Paul Danler, 2:137–145. Berlín: de Gruyter. https://doi.org/10.1515/9783110231922.2-137.

Quesada, Miguel Ángel. 1996. «Los fonemas del español de Costa Rica. Aproximación dialectológica». *Lexis. Revista de Lingüística y Literatura* 20 (1–2): 535–62.

Quilis, Antonio. 1981. *Fonética acústica de la lengua española*. Madrid: Gredos.

———. (1997) 2002. *Principios de fonología y fonética españolas*. 4.ª ed. Madrid: Arco/Libros.

Real Academia Española y Asociación de Academias de la Lengua Española. 2011. *Nueva gramática de la lengua española. Fonética y fonología*. Madrid: Espasa Libros.

Recasens, Daniel. 2008. «Mètodes de normalització i de representació de dades acústiques i articulatòries». *Estudios de Fonética Experimental* 17: 331–41.

———. 2011. «Linguistic Phonetics: A Look into the Future». En *17th International Congress of Phonetic Sciences. Hong Kong, 17-21 August, 2011*, editado por Wai-Sum Lee y Eric Zee, 44–51. International Congress of Phonetic Sciences (ICPhS) Online Archive.

Smith, Janet M., Tanya L. Flores y Michael S. Gradoville. 2008. «An Analysis of Vowels across Word Boundaries in Veracruz, Mexican Spanish». *Indiana University Linguistics Club Working Papers* 8 (1): 1–21.

Terrell, Tracy D. 1975. «La nasal implosiva y final en el español de Cuba». *Anuario de Letras* 13: 257–71.

Torres Stinga, Manuel. 1995. *El español hablado en Lanzarote*. Lanzarote: Excmo. Cabildo Insular de Lanzarote, Servicio de Publicaciones.

Toscano, Humberto. 1964. «El español hablado en el Ecuador». En *Presente y futuro de la lengua española. Actas de la Asamblea de Filología del I Congreso de Instituciones Hispánicas*, 1:111–25. Madrid: Ediciones Cultura Hispánica.

Umesh, Srinivasan. 2011. «Studies on Inter-Speaker Variability in Speech and Its Application in Automatic Speech Recognition». *Sādhanā. Academy Proceedings in Engineering Sciences* 36 (5): 853–83. https://doi.org/10.1007/s12046-011-0049-x.

Vaissière, Jacqueline. 2011. «On the Acoustic and Perceptual Characterization of Reference Vowels in a Cross-Language Perspective». En *17th International Congress of Phonetic Sciences. Hong Kong, 17-21 August, 2011*, editado por Wai-Sum Lee y Eric Zee, 52–59. International Congress of Phonetic Sciences (ICPhS) Online Archive.

Vaquero de Ramírez, María. 1996. «Las Antillas». En *Manual de dialectología hispánica. El español de América*, editado por Manuel Alvar, 51–67. Barcelona: Ariel.

———. (1996) 1998. *El español de América I. Pronunciación*. 2.ª ed. Madrid: Arco/Libros.

Vaquero de Ramírez, María y Lourdes Guerra. 1992. «Fonemas vocálicos de Puerto Rico (Análisis acústico realizado con los materiales grabados para el estudio de la norma culta de San Juan)». *Revista de Filología Española* 72 (3–4): 555–82. https://doi.org/10.3989/rfe.1992.v72.i3/4.584.

4 DESCRIPCIÓN FONOLÓGICA DE LAS VOCALES: ARTICULACIÓN, TIPOLOGÍA Y VARIACIÓN ALOFÓNICA

Fernando Martínez-Gil

4.1 Introducción. Los fonemas vocálicos del español: características articulatorias y consideraciones tipológicas

Tradicionalmente, la caracterización fonológica de las vocales se basa en la configuración articulatoria particular que adoptan la lengua y los labios, lo que produce la denominada 'cualidad' vocálica (o 'timbre' vocálico) [→ § 1.10.1, § 2.2].

Las vocales se definen, pues, siguiendo dos parámetros generales: 1) la posición de la lengua y 2) la configuración (o disposición) de los labios. La posición de la lengua varía según dos dimensiones. En la dimensión vertical, la lengua puede moverse desde una posición relativamente 'alta', como en [i u], a una posición relativamente 'baja', como en [a]; en vocales como [e o], la lengua está en una posición relativamente 'media' o neutra, que aproximadamente corresponde a la posición que adopta este órgano cuando se respira con la boca semiabierta. En la dimensión horizontal, la lengua puede moverse desde una posición relativamente 'adelantada' en [i e], a una relativamente 'retraída' en [u o]; en [a], la lengua se encuentra en una posición relativamente neutra o 'central'. Por lo que respecta al segundo parámetro, los labios pueden adoptar una configuración 'redondeada', como ocurre en las vocales [u o], o pueden estar relativamente extendidos o 'no redondeados', como en [i e a].

A diferencia de lo que sucede en los capítulos 2 y 3 de esta obra, en los que se utilizan los términos 'anterior' y 'posterior' para identificar el movimiento horizontal hacia delante y hacia atrás de la lengua en la articulación vocálica, en este capítulo se seguirá la práctica de diversos estudios fonológicos en los que se prefieren los términos 'adelantado' y 'retraído', respectivamente, con lo que se evita cualquier confusión con 'anterior' y 'posterior' referidos a la región de la boca en la que se produce la obstrucción consonántica: en las consonantes 'anteriores' la obstrucción se efectúa en cualquier punto desde la región alveolar hacia adelante, y en las 'posteriores' (o 'no anteriores'), en cualquier punto desde el principio de la región alveolopalatal hacia atrás (véanse, por ejemplo, Chomsky y Halle 1968, 304-5; Hayes 2009, 84-85; Ladefoged [1975] 2006, 275; Real Academia Española y Asociación de Academias de la Lengua Española 2011, 63) [→ § 1.19.5].

El español moderno presenta un inventario de cinco fonemas vocálicos /i u e o a/, muy frecuente en las lenguas. De acuerdo con los criterios articulatorios que se acaban de mencionar, este sistema se caracteriza como se expone en (1).

(1)   Clasificación de las vocales del español según sus rasgos articulatorios:
        /i/ = vocal alta, adelantada, no redondeada;
        /u/ = vocal alta, retraída, redondeada;
        /e/ = vocal media, adelantada, no redondeada;
        /o/ = vocal media, retraída, redondeada;
        /a/ = vocal baja, central, no redondeada.

Las propiedades articulatorias que definen los fonemas vocálicos del español se ilustran en la Figura 1. El familiar trapezoide vocálico refleja la ubicación aproximada del cuerpo de la lengua en sus dimensiones vertical y horizontal durante

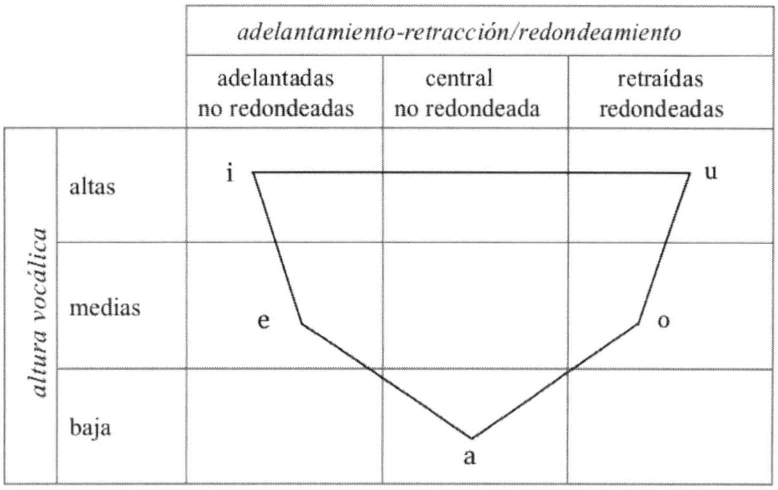

	adelantamiento-retracción/redondeamiento		
	adelantadas no redondeadas	central no redondeada	retraídas redondeadas
altas	i		u
medias	e		o
baja		a	

altura vocálica

FIGURA 1. Propiedades articulatorias de los fonemas vocálicos del español.

cada articulación vocálica. Como se puede observar, en este sistema contrastan tres grados de altura o abertura vocálica (alto, medio y bajo) y tres dimensiones en el parámetro de adelantamiento-retracción de la lengua (adelantado, central y retraído). Nótese, además, que en la clase de vocales no bajas, los valores del redondeamiento son redundantes, ya que concuerdan con los de la retracción de la lengua.

El 'triángulo' (más bien 'trapezoide') vocálico supone una representación relativamente idealizada del espacio vocálico, ya que, para cada articulación particular de cada tipo de vocal, la localización precisa de la altura y del adelantamiento o de la retracción del cuerpo de la lengua puede estar sujeta a un considerable grado de variación no solo en las diferentes lenguas del mundo, sino incluso también en distintas variedades de la misma lengua; véanse, por ejemplo, Ladefoged ([2001] 2005, § 15, [1975] 2006, 18-22, 44), así como el § 1.6.5 de la presente obra.

Desde el punto de vista tipológico, el sistema vocálico del español es simétrico y considerablemente simple en comparación con el de otras lenguas: se distinguen tres grados de altura vocálica, combinados con el adelantamiento o la retracción de la lengua. Se trata, sin duda alguna, de uno de los sistemas vocálicos más frecuentes en las lenguas (cf. Crothers 1978; Ladefoged [1975] 2006; Ladefoged y Maddieson 1996; Maddieson 1984) [→ § 2.1]. Además, en las vocales no bajas concuerdan los valores de retracción y de redondeamiento: las vocales adelantadas, /i e/, son también no redondeadas, y las vocales retraídas, /o u/, son redondeadas; por lo tanto, uno de estos valores es redundante (la mayoría de los fonólogos que se dedican al español, quizá de una manera arbitraria, suelen adoptar el redondeamiento como el valor redundante). En (2) se muestran los sistemas vocálicos simétricos más comunes, de tres, cinco, siete y nueve miembros, respectivamente, con la posibilidad de que algunos de estos sistemas contenga fonemas vocálicos adicionales (cf. Maddieson 1984, § 8, § 9).

(2)   Sistemas de fonemas vocálicos simétricos más frecuentes:

a. 3 vocales		b. 5 vocales		c. 7 vocales		d. 9 vocales	
i	u	i	u	i	u	i	u
	a	e	o	e	o	ɪ	ʊ
			a	ɛ	ɔ	e	o
					a	ɛ	ɔ
							a

En el § 1.6.5 se discuten conceptos generales relativos a la organización de los sistemas vocálicos, incluyendo aquellos que presentan otras distinciones fonémicas, tales como el contraste entre vocales tensas y laxas que se da en los sistemas de (2c, d). Para un planteamiento tipológico orientado principalmente a los aspectos fonéticos de las vocales, véase el § 2.1.

De los sistemas de (2), el único más simple que el del español es el de (2a), que contiene tres miembros y dos alturas vocálicas contrastivas, sistema que presentan lenguas como el quechua, el totonaco (México) o el esquimal de Groenlandia. El sistema del español (2b) carece de la distinción fonémica entre vocales tensas y laxas de muchos sistemas con siete vocales (2c) y cuatro niveles de altura, como el del gallego-portugués, el del yoruba (Nigeria), el del birmano (Myanmar) y el del javanés (Indonesia), o de sistemas con nueve vocales (2d) y cinco grados de altura, como el del inglés o el del latín vulgar temprano. El español tampoco tiene vocales medias o altas que difieran en retracción y redondeamiento, como las vocales adelantadas y redondeadas /y ø/ del francés o del turco, o las vocales retraídas no redondeadas /ɯ ɤ ʌ/ del vietnamita. Además, hay lenguas, tales como el guaraní, que marcan una distinción fonémica entre vocales orales y vocales nasales (o nasalizadas). La nasalización no es distintiva en las vocales del español, aunque hay ciertos contextos en los que se pueden encontrar vocales más o menos nasalizadas (véase el § 4.4.2).

En contraste con otras lenguas, como, por ejemplo, el latín clásico, el danés o el árabe, las diferencias de duración vocálica en el español no son distintivas, aunque existe un número relativamente elevado de palabras que contienen secuencias de vocales idénticas contiguas, pero que invariablemente se escanden en sílabas diferentes, tanto si son intramorfémicas (*alcohol, vehemente, azahar, rehén, loor, moho, cohorte*, etcétera) como si son heteromorfémicas (*pre-eminencia, co-operación, cre-es, le-en, golpe-e, dese-é, lo-ó* —de *loar*—, *inco-o* —de *incoar*—, *prove-er*, etcétera); véanse a este respecto Lorenzo Criado (1972), Monroy ([1980] 2004, 81-88) y Real Academia Española (1973, 57-58), así como también el § 2.5.1. Estas secuencias a menudo se realizan fonéticamente como vocales largas, sobre todo en un estilo formal. En la lengua coloquial, las secuencias vocálicas idénticas suelen simplificarse en determinadas circunstancias, especialmente cuando ambas son intramorfémicas y átonas (*vehemente* [beˈmẽn̪te], *cooperar* [kopeˈɾaɾ], etcétera), o cuando el acento recae sobre el segundo miembro (*alcohol* [alˈkol], *azahar* [aˈθaɾ], etcétera) (Real Academia Española 1973, 57). Sin embargo, existe un consenso generalizado acerca de que no se trata de contrastes de cantidad vocálica a nivel fonémico [→ § 1.19.3.3]. Incluso cuando, como consecuencia de la contracción silábica (véase Hualde 1994), se da un aparente contraste cuantitativo a nivel fonético, como ocurre en pares mínimos del tipo *corte ~ cohorte, pasé ~ pasee, asé ~ asee, salté ~ saltee, saqué ~ saquee, rito ~ riito* (diminutivo de *río*), *frito ~ friito* (diminutivo de *frío*), *Tito ~ tiito* (diminutivo de *tío*), etcétera, la diferencia decisiva entre cada uno de los dos miembros es de silabicidad, no de cantidad, como queda de manifiesto cuando cada par se pronuncia despacio, separando deliberadamente las sílabas: *cor.te ~ co.hor.te, sal.té ~ sal.te.é,* . . . (los puntos representan las lindes silábicas) [→ § 24.2.6].

A lo largo de este capítulo, los ejemplos ilustrativos se presentarán empleando la ortografía convencional, mostrando la representación fonética entre corchetes (o la representación fonémica entre barras inclinadas) de la secuencia que se desea resaltar en cada ejemplo. Cuando sea recomendable por razones de claridad, los ejemplos se darán en representación ortográfica, inmediatamente seguida de la correspondiente transcripción fonética completa.

4.2 Rasgos distintivos y caracterización fonológica de las vocales

La caracterización fonológica de las vocales suele basarse en los parámetros articulatorios de altura y retracción lingual descritos en el apartado anterior, así como en la configuración de los labios. En (3) se presentan los rasgos distintivos que definen a los fonemas vocálicos del español, siguiendo la clasificación propuesta por Chomsky y Halle (1968, § 7) [→ § 1.6.5, § 1.19.5], con las correspondientes equivalencias acústicas entre paréntesis.

(3)   Rasgos distintivos de los fonemas vocálicos del español:

	i	u	e	o	a
[alto] (= [difuso])	+	+	–	–	–
[bajo] (= [denso])	–	–	–	–	+
[retraído] (= [grave])*	–	+	–	+	+ (–)
[redondeado] (= [bemolizado])	–	+	–	+	–

*Nótese que la correspondencia entre [retraído] y [grave] solo se da en las vocales no bajas; /a/ es [+retraído], pero [–grave].

Las configuraciones de la lengua y de los labios definidas por los rasgos de (3) producen diferentes resonancias acústicas que quedan reflejadas principalmente en la estructura armónica del primer y segundo formantes, y proporcionan la cualidad tonal conocida como el 'timbre' característico de cada vocal (véase el § 2.3.2; en general, véase el capítulo 2 para el análisis acústico de las vocales del español).

En el nivel fonológico, los rasgos distintivos son binarios, como se ilustra en (3). Cada rasgo se especifica con un coeficiente positivo o negativo; el coeficiente positivo señala la presencia en ese segmento de la propiedad a la que se refiere el rasgo en cuestión, mientras que el índice negativo refleja su ausencia [→ § 1.19.6]. Los rasgos [alto], [bajo] y [retraído] se refieren a la posición particular que adopta el dorso de la lengua; [redondeado] refleja la configuración de los labios. Obsérvese que, en un sistema como el de (3), el rasgo [redondeado] es totalmente predictible en las vocales no bajas, y por lo tanto redundante, puesto que concuerda con [retraído], como ya se ha indicado antes. Por otra parte, aunque /a/ es una vocal central, en general se caracteriza fonológicamente como [+retraído], dado que suele comportarse desde este punto de vista como una vocal retraída. Mediante los rasgos [alto] y [bajo] se definen como máximo 3 grados de altura vocálica.

Tradicionalmente se ha recurrido al rasgo [tenso] para caracterizar fonológicamente la distinción que existe en muchas lenguas entre vocales no bajas tensas o cerradas ([+tenso]) y laxas o abiertas ([−tenso]), expresando así una y dos subdivisiones adicionales, que a su vez producen cuatro y cinco grados de altura vocálica respectivamente —cf. (2c, d)—. Una de las propiedades de esta distinción consiste en que la articulación de las vocales tensas va acompañada de un adelantamiento de la raíz de la lengua, mientras que las correspondientes laxas se producen con una retracción de la raíz lingual. Stewart (1967) propuso el rasgo fonológico [raíz lingual avanzada] o [RLA] (= [*Advanced Tongue Root*] o [ATR] en inglés). Este rasgo, en las últimas décadas, ha ido sustituyendo progresivamente a [tenso] en el análisis de las oposiciones y de los procesos fonológicos en los que está involucrada la distinción entre vocales tensas y laxas en muchas lenguas, lenguas en las que los contrastes fonémicos de abertura entre las vocales no bajas se habían caracterizado tradicionalmente por medio del rasgo [tenso] [→ § 1.6.5, § 1.19.5].

En español, el contraste entre vocales tensas o cerradas y laxas o abiertas se da solamente a nivel alofónico; además, en el dialecto andaluz oriental los dos tipos de vocales participan en un proceso de armonía vocálica que se examinará más adelante, en el § 4.4.5. A pesar de que no parece darse una correlación exacta entre los rasgos que definen la cualidad o timbre vocálicos y el avance o la retracción de la raíz de la lengua, en este capítulo se seguirá la práctica de usar el rasgo [RLA] para caracterizar esta distinción: las vocales tensas son [+RLA] y las laxas, [−RLA].

En el marco conocido como fonología 'multilineal' o 'autosegmental' [→ § 1.21.2] se postula que los rasgos fonológicos que componen los fonemas no se integran en matrices sin estructura interna alguna, tal y como se asumía desde Chomsky y Halle (1968), sino que se organizan en configuraciones con estructura jerárquica, generando representaciones geométricas de tipo arbóreo, similares a las usadas en sintaxis, y cuyos constituyentes intermedios, los 'nodos de clase' [→ § 1.21.5], están formados por clases naturales [→ § 1.19.4] o familias de rasgos definidas primordialmente a partir de parámetros articulatorios. A diferencia del sistema de Chomsky y Halle (1968), las representaciones jerárquicas introdujeron un cambio importante en el carácter de los rasgos, en cuanto que se establece una distinción entre dos tipos de constituyentes: a) los 'nodos de clase', como el Punto de Articulación (PA), Labial, Dorsal, etcétera, correspondientes a los diferentes articuladores activos encargados de ejecutar los gestos vocálicos, se caracterizan como 'monovalentes' o 'privativos', es decir, carecen de un coeficiente positivo o negativo: o bien están presentes, o bien están ausentes en un determinado segmento, dependiendo de los rasgos que este tenga especificados; y b) los elementos terminales en la jerarquía, como [sonoro], [nasal], [anterior], [alto], [RLA], etcétera, constituyen las propiedades articulatorias ejecutadas por los nodos de clase, y siguen caracterizándose como binarios, por lo que sí contienen un coeficiente '+' o '−' [→ § 17.4.1].

En las últimas décadas se han propuesto varias versiones de la jerarquía universal de rasgos fonológicos. Algunas difieren de otras en detalles menores; en otros casos, las divergencias pueden afectar aspectos de cierta sustancia [→ § 1.21.5]. En lo que respecta a la caracterización de los rasgos vocálicos, en (4) se ilustran tres de los modelos más influyentes de la estructura jerárquica, correspondientes a las propuestas de Sagey ([1986] 1990) en (4a), Odden (1991) en (4b) y Clements y Hume (1995) en (4c) (abreviaturas: PA = punto de articulación; [red] = [redondeado]; [retr] = [retraído]; [ant] = [anterior]; [distr] = [distribuido]; el símbolo '•' indica los nodos de clase):

(4)   a. Rasgos del punto de articulación vocálico (Sagey [1986] 1990)

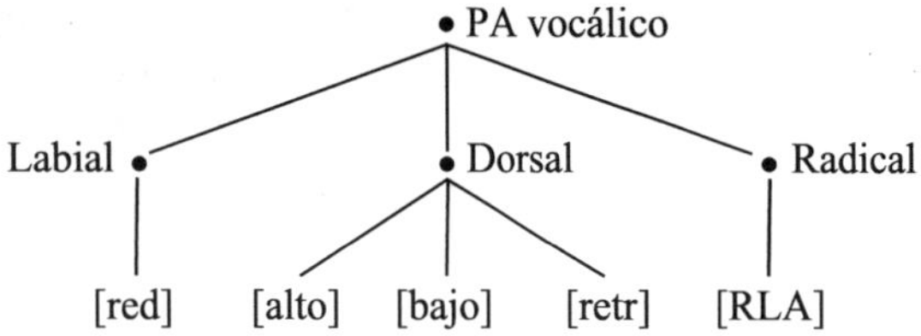

b. Rasgos del punto de articulación vocálico (Odden 1991)

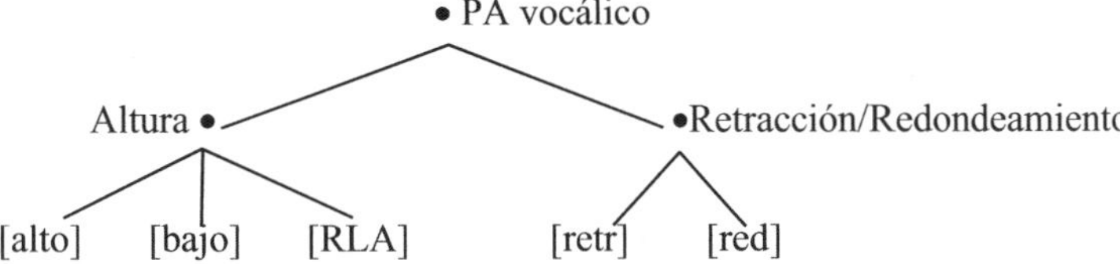

c. Rasgos del punto de articulación vocálico (Clements y Hume 1995)

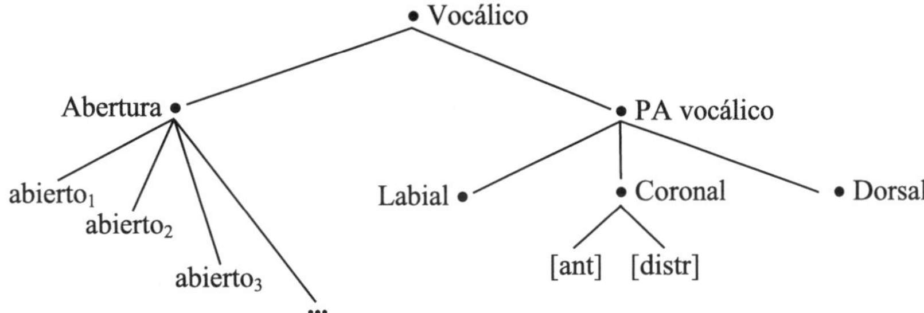

Como puede apreciarse en (4a), en el modelo de Sagey los rasgos vocálicos son dependientes de nodos de clase correspondientes a los articuladores Labial ([red]), Dorsal ([alto], [bajo] y [retr]) y Radical ([RLA]), esto es, los articuladores activos involucrados en la producción de las vocales: los labios, el dorso de la lengua y la raíz lingual. En (4b), siguiendo a Odden (1991), el punto de articulación vocálico se limita a dos nodos de clase: Altura, del que dependen los rasgos binarios que afectan a la altura vocálica: [alto], [bajo] y [RLA]; y Retracción/Redondeamiento, que pretende captar la conocida interdependencia que a menudo se establece entre estos dos rasgos en las lenguas. Por último, Clements y Hume (1995) introducen la constricción articulatoria en la representación jerárquica de las vocales, encarnada en el nodo Vocálico (en modelos anteriores, la constricción era una propiedad especificada exclusivamente en las consonantes), e introducen una distinción entre: a) el nodo Abertura, que domina el rasgo escalar [abierto] y cuya función es expresar el 'grado' de constricción (más o menos abierto, que sustituye en los casos relevantes al rasgo [RLA]); y b) el nodo PA, que denota el 'lugar' de la constricción: Labial (constricción formada con el labio inferior), Coronal (constricción formada con la corona lingual) y Dorsal (constricción formada con el dorso lingual). En este modelo —representado en (4c)—, las vocales redondeadas están especificadas con el nodo Labial, las adelantadas con el nodo Coronal y las retraídas con el nodo Dorsal, desechándose así los rasgos tradicionales [alto], [bajo], [retraído] y [redondeado].

Una de las razones para postular nodos de clase proviene del hecho de que ciertos procesos fonológicos, como los fenómenos de asimilación, a menudo no afectan a un solo rasgo, sino a un grupo de rasgos. En el turco y en otras lenguas de la familia túrquica, por ejemplo, se da un proceso de armonía vocálica (asimilación a distancia) [→ § 1.18.7, § 4.4.5] en el cual las vocales de los sufijos concuerdan en retracción y redondeamiento con la vocal de la raíz, lo que aporta pruebas empíricas para agrupar los rasgo [retraído] y [redondeado] en el nodo de clase Retr/Red propuesto en Odden (1991).

Además de los rasgos del punto de articulación vocálico, todas las vocales comparten una serie de rasgos fonológicos; entre ellos, [−consonántico], [+sonante], [+aproximante], [+continuo] y [+sonoro] son característicos de las vocales. En Chomsky y Halle (1968) el rasgo [+silábico] sirve para distinguir las vocales de las paravocales y de las consonantes, que están especificadas como [−silábico]; en cambio, en el marco de la fonología silábica de tipo autosegmental, la presencia o ausencia de silabicidad de una vocal o de un segmento cualquiera se deriva exclusivamente de su posición en la estructura silábica (en las vocales, en particular, depende de si constituyen o no el núcleo silábico). Otros valores de rasgos, tales como [−lateral], [−nasal], etcétera, son universalmente no marcados para las vocales, en el sentido de que se trata de los valores más normales, frecuentes y esperados; en otras palabras, las vocales orales constituyen el caso no marcado [→ § 1.17.6, § 1.18.8], con la implicación concomitante de que si una lengua posee vocales nasales o nasalizadas necesariamente tendrá también vocales orales, pero no así lo contrario: muchas lenguas poseen solamente vocales orales (para la noción de 'marcadez' aplicada a los rasgos y a los segmentos fonológicos, pueden consultarse Archangeli y Pulleyblank [1994], de Lacy [2006] o Hyman [1975], así como los § 1.17.6 y § 1.18.8 de esta obra). Por último, ciertos rasgos, tales como [anterior], [coronal], [estridente], [distribuido], etcétera, se refieren solo a la articulación de las consonantes, y por lo tanto son inaplicables para la caracterización de las vocales. No obstante, algunos autores han clasificado las vocales adelantadas como [+coronal]; véase, por ejemplo, la jerarquía de Clements y Hume (1995), que se ha presentado en (4c).

4.3 Procesos fonológicos y procesos morfofonológicos

La descripción de las vocales del español que se presentará en los restantes apartados de este capítulo se apoya en una división fundamental bien establecida y con una larga tradición en la investigación fonológica que distingue entre los procesos fonológicos de tipo alofónico, es decir, aquellos que están condicionados por factores de tipo puramente fonético o fonológico, las denominadas alternancias 'automáticas', y los que están determinados, al menos en parte, por información gramatical de naturaleza no fonológica, es decir, morfosintáctica: las alternancias 'no automáticas' [→ § 1.18.2]. Las primeras —que son las que se tratarán en este capítulo— se producen en la variación alofónica: se trata de las diferentes pronunciaciones de un fonema en distintos contextos cuya naturaleza depende de factores puramente fonológicos.

Por definición, los procesos alofónicos no tienen excepciones, y por lo tanto ocurren tanto dentro de morfemas y de palabras como en el nivel de la oración. En cambio, frecuentemente se encuentra otro tipo de variación condicionada de manera morfoléxica, es decir, desencadenada por morfemas específicos, por clases morfológicas particulares, e incluso por unidades léxicas concretas; esas variantes son el resultado de procesos fonológicos cuyo ámbito está limitado a una clase particular de palabras o a un tipo concreto de contextos morfológicos. Suelen tener excepciones (a veces tienen muchas excepciones, con lo que se acercan al fenómeno de la 'supleción'; véase más adelante). Estas son precisamente las alternancias fonológicas no automáticas. Puesto que se generan cuando un fonema se cambia por otro en ciertos contextos, una propiedad inherente de las alternancias no automáticas es la 'neutralización fonémica', es decir, la suspensión de un contraste fonémico en el contexto en cuestión [→ § 1.17.4]. Por el contrario, las alternancias automáticas no suelen ser neutralizadoras, ya que se crean cuando un fonema tiene diferentes realizaciones fonéticas.

Un ejemplo típico de variación alofónica en español es la asimilación homorgánica de nasales, fenómeno muy frecuente en las lenguas, mediante el cual una consonante nasal final de sílaba adopta el punto de articulación de la consonante siguiente [→ § 14.6.2]. Ocurre en interior de palabra, ya sea dentro de un morfema (*a*[m]*bos, i*[m̥]*fierno, a*[n̪]*zuelo, a*[ɳ]*dar, ca*[n]*sado, a*[ɲ]*cho, i*[ŋ]*glés*; cf. **a*[n]*bos, a*[ɳ]*bos, *a*[ɲ]*bos, *a*[ŋ]*bos,* etcétera), o entre morfemas (*e*[m] + *botellar, e*[m̥] + *foque, e*[n̪] + *cerrar, e*[ɳ] + *diablado, e*[n] + *lace, e*[ɲ] + *yesar, e*[ŋ] + *gaño,* etcétera —el símbolo '+' indica límite de morfema—), así como también entre palabras (*u*[n] *árbol, u*[m] *barco, u*[m̥]*farol, u*[n̪] *día, u*[ɳ] *cesto, u*[n] *río, u*[ɲ] *yeso, u*[ŋ] *gato,* etcétera). Otro ejemplo de variación alofónica lo constituye la nasalización de una vocal cuando va flanqueada por dos consonantes nasales, sin que importe el contexto morfosintáctico: en interior de morfema o de palabra (*mano* [ˈmãno], *nunca* [ˈnũŋka] —para mayor claridad, se resalta la vocal afectada por la nasalización—), y entre palabras (*un **e**mfermo* [unẽm̥ˈfermo], *buen **a**migo* [ˈbu̯enãˈmiɣo]).

Existe, sin embargo, el tipo de variación en la pronunciación de los fonemas que normalmente se produce en palabras morfológicamente complejas, y que está condicionada, al menos en parte, por un contexto de carácter morfológico o morfosintáctico. Esta clase de alternancias resultan de la aplicación de las 'reglas morfofonológicas', que se encuentran justamente en la interfaz entre la fonología y la morfología [→ § 1.18.6, y el capítulo 5 de la presente obra]. Por citar un ejemplo bien conocido del español, la raíz del verbo *perder* ofrece una alternancia entre la vocal [e] y el diptongo [ˈi̯e] (cf. Harris 1980, 1985). Esta variación está condicionada en parte por factores fonológicos: la primera forma alternante ocurre cuando la vocal radical es átona, como en *perd-émos,* y el diptongo aparece cuando la vocal radical es tónica, como en *piérd-o:* [e] y [ˈi̯e] son, pues, formas alternantes en el morfema radical: {perd-} y {ˈpierd-}. (Para facilitar la lectura,, en las representaciones ortográficas se indica el acento sobre la vocal tónica aunque no aparezca en la ortografía convencional, y se emplean guiones para separar los morfemas constituyentes relevantes; en este caso, para separar la raíz verbal de los morfemas flexivos; las llaves '{ }' encierran los alomorfos del morfema radical). Una alternancia similar, entre [o] y [ˈu̯e], se da en verbos como *poder: pod-émos ~ puéd-o.* Obviamente, esta alternancia vocal ~ diptongo está determinada por dos rasgos fonológicos, ya que las vocales que están sujetas a esta variación: a) son medias (en algunos casos especiales pueden ser altas: véase el § 5.3.3); y b) llevan el acento primario de la palabra [→ § 1.21.12]. Sin embargo, es asimismo evidente que en esta alternancia intervienen también factores morfoléxicos, ya que la alternancia ocurre, por ejemplo, en verbos como *perder, poder,* pero no en la mayoría de los verbos que contienen una vocal radical media /e/, /o/ (p. ej.: *vender: vénd-o, vend-émos; montar: mónt-o, mont-ámos,* etcétera); y, a la inversa, existen verbos cuya raíz contiene un diptongo que nunca alterna con una vocal media (p. ej.: *alienar: alién-o, alien-ámos; frecuentar: frecuént-o, frecuent-ámos,* etcétera).

La alternancia [e] ~ [i] que se produce en la vocal temática (la vocal que marca la conjugación a la que pertenece el verbo) de los verbos de la 2.ª conjugación (cf. *comer: com-e-s, com-e-mos,* frente a *com-í-as, com-í-do*) también está condicionada por factores morfofonológicos. Esta alternancia, producto de la elevación de la vocal temática /e/ a /i/, se encuentra solamente en ciertas formas verbales, tales como las del imperfecto de indicativo o del participio de pasado, y además está restringida a una clase morfológica particular, los verbos de la segunda conjugación (Brame y Bordelois 1973; James W. Harris 1969, 1974b; Roca 2010; véase también el capítulo 5); la vocal temática de los verbos de la 1.ª conjugación, por ejemplo, no está sujeta a esta alternancia (p. ej.: *llevar: llév-a-s, llev-á-mos, llev-á-bas, llev-á-do*).

Al contrario de lo que ocurre en los verbos de la 2.ª conjugación, la alternancia [i] ~ [e] en los verbos de la 3.ª conjugación (compárese, por ejemplo, *sal-í-mos, sal-í-an* con *sál-e-s, sál-e-n*) no se debe a un proceso de elevación, sino a uno de descenso de la vocal temática (/i/ → [e]) motivado por una restricción general del español, que prohíbe que una vocal alta átona sea el núcleo de la última sílaba en una forma verbal (por ejemplo, *sáles, sáles, sálen*, etcétera, frente a formas como **vívis, *vívi, *vívin*, etcétera, sistemáticamente excluidas; Roca [2010, 419-20]).

Como ejemplo final de alternancia morfofonológica puede citarse la elisión de la vocal temática en los verbos cuando va seguida de la vocal /o/, que es el exponente del morfema de 1.ª persona singular del presente de indicativo, según se muestra en los ejemplos de (5), representativos de las tres conjugaciones.

(5) am + a + o   →   amo (cf. *ám+a+s, am+á+mos, am+á+is*, etcétera)
    beb + e + o   →   bebo (cf. *béb+e+s, beb+é+mos beb+é+is*, etcétera)
    escrib + i + o →   escribo (cf. *escrib+í+mos, escrib+í+s*, etcétera)

Es evidente que la elisión de la vocal temática está restringida a la categoría morfosintáctica Verbo, y además se aplica solamente a las formas de la 1.ª persona del singular del presente (James W. Harris 1969). La regla no es automática, ya que, por ejemplo, no se actúa cuando la vocal va seguida de /o/ dentro del mismo morfema (*caos, peor, neón*, etcétera, no cambian a **cos, *por, *nón*), ni cuando la /o/ pertenece a una forma no verbal (*caca + o, mare + o, pati + o* no se convierten en **caco, *maro, *pato*).

Un caso extremo de alternancias morfofonológicas, generalmente circunscritas a la morfología flexiva, son las llamadas 'formas supletivas' de un morfema, en las que no existe una relación entre los diferentes alomorfos que pueda formularse mediante principios fonológicos bien motivados. Las variantes alomórficas que se dan en el paradigma del verbo *ser* (*soy, fui, era*, etcétera) son un ejemplo típico de supleción, en cuanto que esta pauta particular de variación alomórfica es exclusiva del verbo *ser* y no ocurre en ninguna otra unidad léxica del español, al contrario que la alternancia entre [e] ~ ['i̯e] y [o] ~ ['u̯e], que se da en decenas de unidades léxicas en la lengua, no solo en la formas verbales (*cerr-ámos ~ ciérr-an, sent-ímos ~ siént-en, dorm-ímos ~ duérm-en*, etcétera), sino también en formas no verbales (*cel-éste ~ ciél-o, fer-óz ~ fiér-o, bon-dád ~ buén-o, nov-éno ~ nuév-e*, etcétera).

Es necesario puntualizar que la variación alofónica a veces puede resultar en variación alomórfica. Por ejemplo, según la descripción de los alófonos de /e/ de Navarro Tomás ([1918] 1977, 50-54; véase el § 4.4.1), este fonema se realiza como una [ɛ] abierta en *pap[ɛ]l*, ya que va en una sílaba trabada por una consonante que no es /m n s d θ/, como una [e] cerrada en *pap[e]les*, puesto que va en sílaba abierta, y como una relajada [ᵉ] en el derivado *pap[ᵉ]l+era*, ya que en este caso queda en una sílaba libre carente de acento primario o secundario [→ § 1.21.12]. Sin embargo, una diferencia fundamental entre los alomorfos resultantes de una variación alofónica y las alternancias morfofonémicas propiamente dichas es que los primeros suelen dar lugar a segmentos no distintivos: la distinción entre las vocales [e], [ɛ] y [ᵉ] no es fonémica en español. En cambio, las alternancias morfofonémicas siempre operan sobre rasgos distintivos: las formas alternantes producidas por elevación o descenso de la vocal temática en la 2.ª y 3.ª conjugación incluyen vocales altas y medias, segmentos que forman parte del inventario fonémico del español.

4.4 Principales procesos alofónicos en los fonemas vocálicos del español

El sistema fonémico de vocales es extremadamente estable en español, al contrario de lo que ocurre en la pronunciación de las consonantes (en especial, en las consonantes finales de sílaba). En comparación con otras lenguas, como el inglés, el ruso o el alemán, en el español contemporáneo se da relativamente muy poca variación alofónica en la pronunciación de las vocales, tanto en las variedades normativas de cada región hispanohablante como en las diferentes modalidades dialectales [→ § 2.1]. En este apartado se describen las cinco pautas principales de variación alofónica de los fonemas vocálicos en el español contemporáneo: a) variaciones en la abertura vocálica; b) nasalización de vocales, con la posibilidad de elisión concomitante de la nasal implosiva en el español caribeño; c) reducción de vocales átonas; d) alargamiento vocálico de tipo compensatorio; y e) armonía vocálica.

De la exposición de los procesos alofónicos que se presenta en los apartados siguientes quedan excluidos todos los fenómenos dependientes de la configuración silábica, tales como como la formación de paravocales, tratados en los capítulos 6, 7 y 8 de esta obra.

4.4.1 *Las vocales del español normativo: variaciones en abertura*

Según la descripción de Navarro Tomás ([1918] 1977, 45), sin duda el tratado más completo e influyente sobre la pronunciación del español hasta la fecha, el timbre de cada vocal presenta tres variantes, condicionadas por otros tantos factores fonológicos principales: a) el tipo silábico en el que está localizada —en general, las vocales tienden a ser más cerradas en sílaba abierta, y más abiertas en sílaba cerrada por ciertas consonantes [→ § 24.2]—; b) los sonidos adyacentes (ciertos sonidos pueden ejercer un efecto de abertura o de cierre sobre una vocal adyacente; y c) si la vocal es portadora o no de tonicidad: las vocales que carecen de acento alguno se someten a relajación, manifestándose fonéticamente como ligeramente centralizadas, tanto cuando se encuentran en una sílaba intertónica —es decir, la sílaba átona que precede o sigue a la sílaba acentuada— como cuando son finales de palabra en posición final de grupo fónico [→ § 1.6.8]. Por otra parte, aunque es un hecho bien establecido que las vocales átonas en el español experimentan un ligero proceso de centralización [→ § 3.2.3.5], una covariación análoga no ocurre en cuanto a la abertura o altura vocálica: mientras que la /u/ átona se realiza como ligeramente más baja que su contraparte tónica, y que la /a/ átona es más elevada que la /a/ tónica, las diferencias de abertura o altura entre /i e o/ tónicas y átonas son prácticamente insignificantes (Martínez Celdrán [1984] 1994, 294, 299; Martínez Celdrán y Fernández Planas 2007, 188; Monroy [1980] 2004, 77-78; Quilis [1993] 1999, 150-51; véase también el § 2.5.2).

A continuación se presenta la distribución alofónica completa de los cinco fonemas vocálicos del español siguiendo la descripción de Navarro Tomás ([1918] 1977, 44-64).

1. El fonema /i/ tiene tres realizaciones alofónicas: a) cerrado, [i], en sílaba abierta tónica (s['i]*lla*, v['i]*ña*) y en sílaba átona inicial (p[i]*sada*, m[i]*serable*, d[i]*ficultad*) o final de palabra en proparoxítonos (*metrópol*[i]*s, análisis*[i]*s*); b) abierto, [i̞], en sílaba cerrada por consonante (v['i̞]*rgen*, ob['i̞]*spo*, gent['i̞]*l*, v[i̞]*rtud*, d[i̞]*ctar*), en contacto con [r] (r['i̞]*co*, m['i̞]*rra*) y ante [x] (h['i̞]*jo*, l['i̞]*gero*); y c) relajado, [ⁱ], en sílaba intertónica (av[ⁱ]*sar*, adm[ⁱ]*rable*, tím[ⁱ]*do*, gramát[ⁱ]*ca*) y en sílaba átona final de grupo fónico (*Juan es muy curs*[ⁱ]). Por último, se realiza como la paravocal [i̯] cuando va adyacente a una vocal más abierta tautosilábica en diptongos o triptongos (b[i̯]*en*, a[i̯]*re*, limp[i̯]*áis*, bue[i̯]).
2. La distribución alofónica del fonema /u/ es esencialmente idéntica a la de /i/. Se realiza como: a) cerrado, [u], cuando va en sílaba abierta tónica (c['u]*ra*, ning['u]*no*, pez['u]*ña*) y en sílaba átona inicial (m[u]*danza*, c[u]*ñado*, h[u]*manidad*) o final de palabra en formas proparoxítonas (*espírit*[u], *ómnib*[u]*s*); b) abierto, [u̞], en sílaba cerrada por consonante (disg['u̞]*sto*, t['u̞]*rco*, ins['u̞]*lto*, cond['u̞]*cta*), en contacto con [r] (r['u̞]*so*, arr['u̞]*ga*, ab[u̞]*rrido*, t[u̞]*rrón*), y ante la velar [x] (ag['u̞]*ja*, emp[u̞]*jar*); y c) relajado, [ᵘ], en sílaba libre intertónica (brúj[ᵘ]*la*, capít[ᵘ]*lo*, fab[ᵘ]*loso*, ind[ᵘ]*dable*) y en sílaba átona final de grupo fónico (*noble espírit*[ᵘ]). Cuando /u/ es el miembro inicial o final de un diptongo o triptongo se realiza como una paravocal [u̯] (c[u̯]*ento*, ca[u̯]*to*, á[u̯]*reo*, b[u̯]*ey*, averig[u̯]*áis*).
3. El fonema /e/ tiene tres variantes alofónicas orales. Se realiza como: a) relativamente cerrado, [e], cuando va en una sílaba abierta tónica (qu['e]*so*, p['e]*lo*, compr['e]), en sílaba átona inicial de palabra (p[e]*sar*, V[e]*lázquez*]) o final de palabra en formas proparoxítonas (*cónyug*[e], *árab*[e]), en sílaba trabada por alguna de las consonantes /m n s d θ/ (ej['e]*mplo*, v['e]*ngo*, c['e]*sp*[e]*d*, p['e]*z*), ante consonante palatal (p['e]*cho*, s['e]*llo*, l['e]*ña*), y cuando va ante el grupo /ks/ seguido de otra consonante ([e]*xplicar*, [e]*xtenso*); b) relativamente abierto, [ɛ], cuando va en una sílaba trabada por cualquier consonante que no sea /m n s d θ/ (v['ɛ]*rde*, b['ɛ]*lga*, pap['ɛ]*l*, af['ɛ]*cto*, conc['ɛ]*pto*), ante el grupo /ks/ seguido de vocal ([ɛ]*ximio*, [ɛ]*xhalar*), en contacto con (es decir, antes o después de) la rótica múltiple [r] (p['ɛ]*rro*, r['ɛ]*gla*, guerr['ɛ]*ro*), ante la fricativa velar [x] (ov['ɛ]*ja*, col['ɛ]*gio*, d[ɛ]*jar*), y ante la paravocal [i̯] (p['ɛ]*ine*, l['ɛ]*y*); y c) relativamente relajado, [ᵉ] , en sílaba libre intertónica (húm[ᵉ]*do*, lóbr[ᵉ]*go*, juev[ᵉ]*s*, catorc[ᵉ], Carm[ᵉ]*n*) y en sílaba átona final de grupo fónico (*Ana llegó ayer por la tard*[ᵉ]).
4. El fonema /o/ tiene una distribución alofónica en parte similar y en parte diferente a la de su contraparte no redondeada /e/. Se realiza como: a) relativamente cerrado, [o], en sílaba abierta tónica, excepto cuando

va precedido de [a] (*m*['o]*da*, *p*['o]*llo*, *llam*['o], *recibi*['o]), en sílaba átona inicial (*b*[o]*dega*, *m*[o]*delo*) o final en proparoxítonos (*símbol*[o], *teléfon*[o]), y cuando precede a una /u/ en la palabra siguiente (*compr*['o] *una casa*, *poc*[o] *usado*); b) relativamente abierto, [ọ], en sílaba trabada por una consonante (*s*['ọ]*rdo*, *g*['ọ]*lpe*, *r*['ọ]*stro*, *c*['ọ]*lcha*, *ad*[ọ]*ptar*, *c*[ọ]*stura*) o por la paravocal [i̯] (*h*['ọ]*y*, *d*['ọ]*y*, *her*['ọ]*ico*), en contacto con [r] (*r*['ọ]*sa*, *g*['ọ]*rra*, *r*[ọ]*mería*, *b*[ọ]*rrar*), ante [x] (*man*['ọ]*jo*, *esc*[ọ]*ger*), y cuando va acentuado entre una [a] precedente y una líquida siguiente (*ah*['ọ]*ra*, *aure*['ọ]*la*, *una h*['ọ]*ra*, *la* ['ọ]*la*); y c) relativamente relajado, [ᵒ], en sílaba intertónica (*símb*[ᵒ]*lo*, *ép*[ᵒ]*ca*, *temp*[ᵒ]*ral*, *ad*[ᵒ]*rar*, *ign*[ᵒ]*rancia*) o en la sílaba postónica final (*castig*[ᵒ], *muchach*[ᵒ]).

Según Navarro Tomás ([1918] 1977, 53, 57-58), en algunas zonas del sur de la Península, se tiende a pronunciar las vocales medias /e o/ como abiertas, tanto en sílaba abierta como cerrada, especialmente en registros enfáticos o deliberados. Este fenómeno también ocurre en variedades americanas (véanse también Resnick 1975; Zamora Munné y Guitart 1982).

5. El fonema /a/ tiene cuatro alófonos: a) central, [a], cuando lleva acento primario o secundario y va seguido de una consonante anterior o de la oclusiva velar /k/ (*c*['a]*ma*, *resc*['a]*te*, *cort*['a]*r*, ['a]*ctor*, *cont*['a]*cto*); b) palatalizado, [aʲ], es decir, realizado con relativo adelantamiento, cuando lleva acento primario y va seguido de una consonante o una paravocal palatal (*m*['aʲ]*cho*, *reb*['aʲ]*ño*, *m*['aʲ]*yo*, *b*['aʲ]*ile*); c) velarizado, [aˠ], cuando va ante la fricativa velar [x] (*m*['aˠ]*ja*, [aˠ]*gitar*, *c*[aˠ]*jón*), en sílaba trabada por [l] (*s*['aˠ]*lto*, *gener*['aˠ]*l*, *c*[aˠ]*lvario*, [aˠ]*ltura*), y seguido de una vocal o paravocal redondeada (*Bilb*['aˠ]*o*, [aˠ]*hora*, *c*['aˠ]*usa*, *l*[aˠ]*urel*); y d) relajado, [ᵃ], en los casos restantes; es decir, cuando va en una sílaba átona, ya sea intertónica o bien final de palabra (*cab*[ᵃ]*llero*, *tímp*[ᵃ]*no*, *sáb*[ᵃ]*na*, *madur*[ᵃ]*s*, *pec*[ᵃ]*dor*[ᵃ]).

Esta descripción alofónica de las vocales del español, formulada originalmente por Navarro Tomás en la segunda década del siglo xx, ha sido reproducida, a veces con ligeras variantes según el autor particular, en una amplia gama de trabajos sobre fonología y fonética del español, tales como los de Espinosa (1930, 54-58), Alarcos ([1950] 1965, 146-50, 1994, 30), Quilis y Fernández ([1964] 1985, 48-55), Real Academia Española (1973, 28-30), Alcina y Blecua ([1975] 1982, 277-91), Zamora Munné y Guitart (1982, 81-83), Canellada y Madsen (1987, 19-31, 48), D'Introno, Guitart y Zamora Munné (1988, 137), Gil (1988, 89-90), Aguilar (1997, 38-42), Hammond (2001, 91-104), Fernández Planas (2005, 132-35), Hualde (2005, 120-22), Piñeros (2009, 149-58), Real Academia Española y Asociación de Academias de la Lengua Española (2011, § 3), Iribar (2013), Martínez Celdrán y Elvira-García (2019) y Lipski (2020), entre muchos otros; véase también el § 2.5.2.

Siguiendo la descripción de Navarro Tomás, dos de los tratados de fonología del español más influyentes, Harris (1969, 117-22) y Cressey (1978, 75, 96-100), en un intento de así captar la excepcionalidad del acento antepenúltimo (*teléfono, simpático*, etcétera), han invocado el relajamiento de la vocal postónica en palabras esdrújulas para justificar la especificación de esta vocal con un rasgo fonológico especial ([−tenso] en Harris [1969, 121] y [−fuerte] en Cressey [1978, 100]) que actúa en la práctica como un elemento retractor del acento, impidiendo que este se asigne a la penúltima sílaba en las formas no verbales proparoxítonas. Tal análisis adolece de dos problemas graves. En primer lugar, la necesidad de especificar una vocal como [−tenso] a nivel subyacente equivale a alegar que existe un contraste fonémico entre vocales tensas y laxas en español, lo cual es claramente insostenible. El segundo problema de esta propuesta es que padece de una aparente circularidad, ya que por un lado se postula que la cualidad [−tenso] de la penúltima vocal en los proparoxítonos se desprende de su carácter átono (es decir, depende de que el acento se haya asignado a la sílaba precedente), pero, por otro, la asignación del acento a la antepenúltima sílaba se motiva por medio de la cualidad retractora que presenta el rasgo [−tenso] asociado a la penúltima vocal. Probablemente debido a problemas como estos, en Harris (1974a) la excepcionalidad de los proparoxítonos se explica sustituyendo el rasgo [−tenso] de la penúltima vocal por una marca diacrítica abstracta.

A pesar de la enorme influencia y difusión en los estudios de fonética y fonología del español de la distribución alofónica de los fonemas vocálicos propuesta por Navarro Tomás, sus resultados han suscitado una considerable polémica, y varios autores han cuestionado su validez, al menos en parte. Algunos fonólogos que han estudiado el español (por ejemplo, Cressey 1978; Dalbor [1969] 1997; Harris 1969; Quilis [1993] 1999, 145; Veiga 2002, 73-74) no otorgan un valor fonológico (es decir, sistemático o categórico) a tales variaciones vocálicas. Dalbor ([1969] 1997, 138) las califica de menores y difícilmente perceptibles, supeditadas esencialmente a las variaciones dialectales en la pronunciación de las consonantes, mientras que, para Cressey (1978, 22-24), se trata de realizaciones escalares o graduales, originadas durante el proceso de realización fonética. Harris (1969, 117) sostiene que la distribución de las variantes abiertas y cerradas descrita por Navarro Tomás no es aplicable al español mexicano, una conclusión basada en los estudios de King (1952) y de Stockwell, Bowen y Silva-Fuenzalida (1956), quienes encuentran en esta variedad que los alófonos de las vocales medias parecen estar en variación libre y, en cualquier caso, no presentan las propiedades sistemáticas características de los fenómenos fonológicos. En clara oposición, el tratado de D'Introno, del Teso y Weston (1995, 173-206) se acoge fielmente a la descripción de Navarro Tomás para expresar, mediante reglas fonológicas, una formalización explícita y completa de la distribución alofónica de los fonemas vocálicos del español.

Particularmente controvertida es la distinción propuesta por Navarro Tomás entre las variantes alofónicas abiertas y cerradas de las vocales medias, puesto que no concuerda plenamente con estudios experimentales posteriores, entre los que pueden citarse los de Cárdenas (1960), Skelton (1969), Álvarez González (1981), Quilis y Esgueva (1983), Almeida (1990), Martínez Celdrán ([1984] 1994, 289-308, 1995, 1998, 41-43), Bradlow (1995), Quilis (1981, 169-75), Ávila (2003), Monroy ([1980] 2004, 69-80), Morrison (2004), Martínez Celdrán y Fernández Planas (2007, 184-91) y O'Rourke (2010); véanse, además, los capítulos 2 y 3 de la presente obra, en los que se trata la variación en el timbre de las vocales desde el punto de vista acústico, especialmente el § 2.5.2 en lo que se refiere al problema que aquí se aborda. Almeida (1990), por ejemplo, constata que en su estudio del español canario «la mayoría de los factores contextuales señalados por Navarro Tomás apenas actúan como modificadores del timbre» (80-81). Martínez Celdrán y Fernández Planas (2007) afirman que la variabilidad alofónica de las vocales del español no es «tan sistemática como pretendía Navarro Tomás» (184), y que, además de por el contexto fonético, la realización variable de las vocales del español está determinada en gran medida por factores extralingüísticos: las preferencias de un hablante específico, el registro estilístico, el contexto comunicativo, etcétera; Alarcos (1994, 30) presenta una conclusión similar. Para Martínez Celdrán ([1984] 1994) «no es posible afirmar que la diferencia entre abiertas y cerradas sea un hecho sistemático en castellano» (301) y «Los datos de tónicas y átonas, en cambio, sí aportan una consideración fundamental y es que las átonas son ligeramente más abiertas y centralizadas que las tónicas correspondientes» (301). En su estudio de las vocales medias del español, /e o/, en la pronunciación de dos hablantes madrileños, Morrison (2004, 35) sugiere que la distribución alofónica de estas vocales no debe analizarse en función de la abertura o altura vocálicas (es decir, mediante la distinción entre las variantes abiertas y cerradas), como había sugerido Navarro Tomás, sino con relación a la variación en el adelantamiento o la retracción de la lengua (es decir, al mayor o menor grado de centralización). Asimismo, los resultados del análisis acústico de Matluck (1963) para el español mexicano confirman solo en parte los de Navarro Tomás, y, por último, los estudios acústicos realizados sobre varios dialectos del español americano, o bien no respaldan la distribución alofónica propuesta por este autor, o no aportan pruebas concluyentes que apoyen o refuten con claridad sus resultados (cf., entre otros, Aronson *et al.* [2000]; Cárdenas [1960]; Guirao y de Manrique [1975]; y Malmberg [1950], para el español argentino; Morrison y Escudero [2007]; O'Rourke [2010], para el español peruano; Bernales [1976]; Soto [2007]; y Urrutia [1976], para el español chileno; Páez [1980], para varios dialectos americanos; y Zamora Munné y Guitart [1982, 132], para el español americano; Almeida [1990], presenta un examen de la bibliografía sobre el timbre vocálico en el español americano).

El hecho de que los estudios acústicos sobre las vocales del español no apoyen aparentemente la caracterización articulatoria de los alófonos vocálicos propuesta por Navarro Tomás no implica que las observaciones de este autor sean inválidas. Debe tenerse en cuenta que la descripción alofónica que él propuso se basa fundamentalmente en observaciones de tipo articulatorio, no acústico. Por ejemplo, este autor describe explícitamente la diferencia en la realización articulatoria entre las variantes cerradas y abiertas de las vocales medias calibrando la separación de las mandíbulas entre los dientes incisivos en solo unos 2 mm: aproximadamente 6 mm para [e o], frente a unos 8 mm para [ɛ ɔ], advirtiendo que las primeras no son tan cerradas, ni las segundas tan abiertas, como las de otras lenguas en las que se da un contraste fonémico entre vocales tensas y laxas (Navarro Tomás [1918] 1977, 51-52, 57-59; véanse también Navarro Tomás [1916] y Parmenter y Treviño [1932]). Podría especularse que una separación mandibular de unos 2 mm entre los dos tipos de alófonos —si no va acompañada de un desplazamiento concomitante del cuerpo o de la raíz de lengua, parámetros estos que afectan la configuración del tracto vocal y, por ende, los valores del primer y segundo formantes— no basta para producir eventos acústicos suficientemente distintos, y aquí podría residir el origen de la discrepancia entre las observaciones de Navarro Tomás y las de los estudios acústicos posteriores. En efecto, se ha observado que no siempre se da una correlación transparente entre ciertas dimensiones articulatorias y sus correlatos acústicos. Este parece ser el caso que nos ocupa, en el que se ven involucradas ligeras variaciones de la abertura vocálica. Como apuntan Martínez Celdrán y Fernández Planas (2007):

> por lo que respecta al punto de vista articulatorio la distinción de timbre establecida por Navarro Tomás es plenamente vigente en las vocales anteriores y probablemente también en las posteriores. Esta distinción,

sin embargo, no aparece en los análisis acústicos . . . , lo cual constituye un nuevo caso de falta de relación lineal entre parámetros articulatorios y acústicos, de acuerdo con la teoría cuántica (188).

Las discrepancias de muchos estudios experimentales con los resultados de Navarro Tomás plantean de inmediato una disyuntiva: si la variación alofónica que presentan las vocales del español debe considerarse un fenómeno de tipo fonológico o si, por el contrario, pertenece al ámbito de la realización o ejecución fonética (en inglés, *phonetic implementation*) de la estructura fonológica (cf. Cressey 1978, 75). En las últimas décadas los intentos de delinear con precisión la frontera entre los fenómenos propiamente fonológicos y los que se producen en la realización fonética han constituido un motivo constante de discordia. Se postula a menudo que los primeros tienen una cualidad 'categórica'; en cambio, la realidad fonética es inherentemente 'gradual' o 'escalar': la ejecución articulatoria de las categorías fonológicas en el habla está sujeta a ligeras variaciones graduales, que frecuentemente pasan desapercibidas, ya que no poseen relevancia fonológica. Estas variaciones son toleradas siempre que no lleguen a alterar la especificación de algún rasgo distintivo, puesto que tal cambio, por definición, sería fonológico, no fonético. Un ejemplo servirá para ilustrar este punto. En español, la vocal /e/ difiere de /o/ en cuanto que la primera es media, adelantada y no redondeada; está especificada, pues, con los rasgos [−alto, −bajo, −retraído, −redondeado], mientras que la segunda es también media, pero retraída y redondeada: es [−alto, −bajo, +retraído, +redondeado]. Por otro lado, las dos vocales medias difieren de la baja /a/ en que esta última es [−alto, +bajo, +retraído, −redondeado]. Ahora bien, en la ejecución articulatoria de /e/ existe una cierta libertad en la configuración media y adelantada que adopta la lengua para articularla, y que todavía permite identificar la vocal como una realización más o menos 'típica' de /e/ en español. Esta flexibilidad se deriva del hecho de que los márgenes del espacio fonético que definen los fonemas vocálicos del español, esto es, los de su campo de dispersión, son relativamente amplios [→ § 1.6.5, § 2.3.2, § 3.1], lo que posibilita una cierta variación del timbre vocálico sin que esto tenga consecuencias fonológicas significativas. Refiriéndose a los límites de esta variación, Martínez Celdrán y Fernández Planas (2007) señalan que «Dentro de sus límites los datos pueden ser muy variables, pero se trata de un fenómeno puramente físico, sin repercusiones fonético-fonológicas» (173).

Todas estas consideraciones parecerían apuntar a la conclusión de que la alofonía vocálica del español es esencialmente una consecuencia mecánica de la adaptación articulatoria de las vocales a su contexto fonético y por lo tanto ajena, en gran medida, al control consciente de los hablantes. Aparentemente se trata, pues, de un fenómeno gradual, es decir, de detalle fonético, que, por implicación, pertenece al ámbito de la ejecución fonética.

Existen, sin embargo, pruebas empíricas de que en algunos dialectos las distinciones de abertura presentes en la ejecución fonética se han sistematizado, elevándose al plano fonológico, ejemplo típico de lo que se conoce como un proceso de 'fonologización' (véanse, entre otros, Bermúdez-Otero 2007; Bermúdez-Otero y Hogg 2003; Bybee 2001; Hyman 1976, 2013, y las referencias en ellos contenidas) [→ § 1.18.7], lo que aparentemente reivindica la validez general de la descripción de Navarro Tomás. Recuérdese que, según este autor, las vocales del español tienden a ser cerradas en sílaba abierta y abiertas en sílaba trabada por consonante. Las pruebas a favor de esta distribución provienen de ciertas variedades del español que presentan aspiración, [h], y en las que con frecuencia se elide la /s/ implosiva, como sucede en el andaluz oriental (véase, más adelante, el § 4.4.5). Según la hipótesis propuesta por Jiménez Martínez y Lloret (2007), Lloret y Jiménez Martínez (2009) y Jiménez Martínez y Lloret (2010), la aspiración de /s/ en estos dialectos ha ejercido un efecto depresor en la altura vocálica de las variantes laxas, incrementando así su diferencia fonética con las correspondientes tensas. En otras palabras, en tales variedades las diferencias alofónicas de detalle fonético se han fonologizado, dando lugar a una distinción categórica entre vocales cerradas o tensas (es decir, vocales especificadas como [+tenso]) y abiertas o laxas (es decir, [−tenso]): las primeras aparecen en sílaba abierta y las segundas en sílaba cerrada por /s/ aspirada. Tradicionalmente, la fonologización de los alófonos tensos y laxos es quizá mejor conocida con la expresión «desdoblamiento de fonemas vocálicos», acuñada por Navarro Tomás (1939). En los dialectos más extremos, en los que la /s/ se elide de manera relativamente sistemática, este contraste fonológico se ha hecho morfofonémico, puesto que sirve para marcar distinciones morfológicas, tales como singular frente a plural en formas no verbales (*verd*[e] 'verde' ~ *verd*[ɛ] 'verdes', *gat*[o] 'gato' ~ *gat*[ɔ] 'gatos'); la 3.ª persona de singular frente a la 2.ª en las formas verbales (*tien*[e] 'tiene' ~ *tien*[ɛ] 'tienes', *llev*[a] 'lleva' ~ *llev*[aʲ] 'llevas'); o simplemente para distinguir entre unidades léxicas: *v*['e] 've' ~ *v*['ɛ]z 'vez', *di*['o] 'dio' ~ *Di*['ɔ] 'Dios'.

Es importante no confundir este concepto de fonologización con el uso que han dado a este término fonólogos como Alarcos ([1950] 1965, 131-33), para quien denota un proceso en el que las variantes alofónicas de un fonema en un estadio histórico dado adquieren el estatus de fonemas nuevos en un estadio subsiguiente [→ § 1.18.7].

Por otro lado, el análisis a partir de la noción de 'clases naturales' de aquellos entornos que determinan la distribución alofónica descrita por Navarro Tomás hace pensar que la variación en abertura vocálica no pertenece al ámbito fonológico. Es un hecho bien conocido que los procesos fonológicos no solo afectan a clases naturales [→ § 1.19.4] de segmentos (grupos de segmentos que comparten una o más propiedades fonológicas), sino que se desencadenan en contextos que también constituyen tales clases. Considérese, por ejemplo, la distribución de las variantes abiertas y cerradas de las vocales medias y altas, condicionada en la mayoría de los casos por la configuración particular de la sílaba en la que se encuentra la vocal en cuestión: los alófonos abiertos ocurren en sílabas trabadas por consonante y los cerrados en sílaba abierta. La motivación fonética que ha originado esta distribución no es evidente: ¿cuál es la relación entre el carácter cerrado de una vocal y su adscripción a una sílaba abierta? Ignorando de momento esta cuestión, puede asumirse que la distribución alofónica es, en efecto, el resultado de un proceso fonológico regulado por la estructura silábica a la que está asociada la vocal. Para dar cuenta de ello, se podría postular una regla fonológica que generara vocales abiertas cuando fueran en sílaba cerrada, con lo que las variantes cerradas naturalmente aparecerían en el contexto complementario, las sílabas abiertas. Sin embargo, está ampliamente documentado que en los procesos fonológicos condicionados por factores fonéticos tanto los segmentos que se someten a la variación alofónica como el contexto condicionante tienden a formar clases fonológicas naturales, es decir, a compartir propiedades fonológicas que pueden definirse por medio de rasgos o grupos de rasgos distintivos. El problema que surge de inmediato es que además de en sílaba trabada las vocales son abiertas también en contacto con /r/ y ante /x/, pero no existe ninguna propiedad fonológica evidente que sea compartida por los contextos 'una sílaba trabada', 'en contacto con /r/' y 'ante /x/', y que haga sospechar que estos tres entornos constituyan una clase natural.

Una posible solución a este dilema consistiría en asignar estatus fonológico al contexto 'sílaba trabada', y atribuir el carácter abierto de las vocales en contacto con /r/ [→ § 2.5.2, § 21.2.1] y ante /x/ a alguna consecuencia automática de la ejecución fonética. Evidentemente, la legitimidad de esta hipótesis se consolidaría si se pudiese obtener alguna prueba fonética de que el timbre vocálico en español se ve afectado de manera uniforme por el contacto con la vibrante o por la fricativa velar /x/ siguiente. Desafortunadamente, no puede encontrarse una propiedad articulatoria compartida por estos dos contextos cuya manifestación fonética sea la articulación más abierta de una vocal adyacente. Por otra parte, se conoce una razón que parece refutar la suposición de que sea el carácter trabado de una sílaba lo que configura el contexto determinante de los alófonos abiertos. Recuérdese el proceso de fonologización con que algunos autores caracterizan el 'desdoblamiento' vocálico en dialectos como el andaluz oriental. Existen sólidas pruebas que sugieren que la eclosión de las variantes vocálicas abiertas o laxas en este contexto no procede directamente de su adscripción a una sílaba cerrada por /s/, sino del proceso mismo de aspiración de /s/ (a veces de otras consonantes implosivas). Así, siguiendo la caracterización de Vaux (1998) de la aspirada [h] como especificada con el rasgo [+glotis distendida] (en inglés, [+*spread glotis*], también traducido como [+glotis dilatada]) [→ § 1.19.5], Jiménez Martínez y Lloret (2007, 2010), Lloret (2008) Lloret y Jiménez Martínez (2009) sugieren que el rasgo [+glotis distendida], que caracteriza a la aspirada [h], es asimilado por la vocal precedente, y que, cuando la [h] se elide, la distensión glotal se adhiere parasitariamente a la vocal. La expansión del pasaje glótico asociada con el rasgo [+glotis distendida] produce una elevación de la frecuencia del primer formante de la vocal, una propiedad correlacionada con la retracción de la raíz lingual, y que se manifiesta fonológicamente sobre la vocal ejerciendo un efecto depresor sobre su altura, de modo que se produce una vocal laxa (cf. Hualde y Sanders [1995], para una perspectiva diferente sobre el origen del 'desdoblamiento' vocálico en el andaluz oriental). En definitiva, la cuestión de cómo analizar adecuadamente los alófonos abiertos y cerrados de las vocales del español y de si su motivación es fonética o fonológica (o una combinación de ambas) es un problema complejo, y parece seguro que no se ha alcanzado en la actualidad un entendimiento satisfactorio de todos sus matices e implicaciones para el análisis fónico del español.

Finalmente, en cuanto a los alófonos relajados, el español carece del proceso de reducción vocálica [→ § 1.18.7] que es característico de lenguas como el portugués, el catalán, el francés o el inglés. El que las vocales se realicen con cierto relajamiento parecería corresponder inicialmente a principios de detalle fonético, como una consecuencia automática de su falta de prominencia acentual, más que tratarse de un proceso sujeto a principios sistemáticos de la lengua [→ § 3.2.3.5].

4.4.2 Nasalización de vocales

Además de las variaciones en el timbre, los fonemas vocálicos del español presentan también otros dos tipos de variantes alofónicas: orales y nasalizadas. En las vocales orales, el velo del paladar entra en contacto con la pared faríngea, bloqueando la salida de aire por las fosas nasales. En las vocales nasalizadas, en cambio, el velo del paladar desciende, dejando que la corriente de aire fluya simultáneamente por el pasaje rinofaríngeo y por la cavidad bucal (por esta razón, a veces este tipo de vocales se caracterizan como 'oronasales'; Quilis y Fernández [[1964] 1985, 83-84]; Veiga [2002, 73]; véanse también el § 2.5.2 y el § 1.6.5).

Al contrario de lo que ocurre en lenguas como el francés o el portugués, la nasalidad no se utiliza para establecer contrastes fonémicos entre las vocales en el español. Además, a pesar de que la nasalización de vocales puede ser relativamente intensa en ciertos contextos, en español no está tan desarrollada como en francés o en portugués, y carece de la resonancia que muestran las vocales nasalizadas en estas lenguas (Quilis y Fernández [1964] 1985, 54).

Probablemente por la razón que se acaba de aducir, las vocales nasalizadas en español no presentan ninguno de los dos efectos fonológicos característicos de las lenguas con nasalización contrastiva: a) uno centralizador (las vocales nasalizadas se realizan como más centralizadas que las correspondientes orales); y b) uno depresor sobre las vocales medias y altas, que resulta en un descenso de su altura vocálica (es decir, en una mayor abertura), y un efecto opuesto sobre las vocales bajas, que produce una elevación de su altura, esto es, un relativo cierre de su abertura (Beddor 1982; Beddor, Krakow y Goldstein 1986). No parece existir prueba alguna que indique que estos dos factores afecten de manera significativa la realización de las vocales nasalizadas del español.

En la lengua coloquial las vocales pueden nasalizarse parcialmente cuando van en contacto con una o más consonantes nasales (véanse D'Introno, del Teso y Weston 1995, 308-13; Navarro Tomás [1918] 1977, 39; Piñeros 2006; Quilis 1981, 164-69; Quilis y Fernández [1964] 1985, 53-54; Real Academia Española y Asociación de Academias de la Lengua Española 2011, 100-104, entre otros muchos títulos) [→ § 13.3, § 14.7.1]. Una nasal final de sílaba puede nasalizar parcialmente la vocal precedente (*g*['ẽ]*nte*, *t*['ã]*nto*, *f*[ĩ]*ngir*, *g*['ã]*nso*, etcétera), proceso este aparentemente optativo (Navarro Tomás [1918] 1977, 39). Hay, además, dos contextos en los que según Navarro Tomás ([1918] 1977, 39) se produce un grado de nasalización más completo: a) cuando una vocal está en posición inicial de palabra después de pausa y seguida de una nasal implosiva (*h*['õ]*mbro*, [ẽ]*nfermo*, [ĩ]*nfeliz*, ['ã]*nfora*); y b) cuando la vocal va flanqueada por dos consonantes nasales (*m*['ã]*no*, *n*['ũ]*nca*, *m*['õ]*nte*, *m*['ã]*nco*, *m*['ĩ]*na*, *n*['ĩ]*ño*, *em*[ĩ]*n*['ẽ]*ncia*); además, una nasal final de palabra puede elidirse opcionalmente ante la labiovelar /w/ inicial de la palabra siguiente, nasalizando a la vocal precedente: *un huerto* [ũ-'wer̪o], *sin hueso* ['sĩ-'weso], *con huevo* [kõ-'weβo] (Navarro Tomás [1918] 1977, 141-42).

Algunos autores (por ejemplo, Hidalgo y Quilis Merín [2002] 2004, 128; Quilis [1993] 1999, 145) descartan la distribución alofónica basada en rasgos de abertura o altura vocálica propuesta por Navarro Tomás y por otros autores, y sostienen que los fonemas vocálicos del español presentan únicamente dos tipos de alófonos en distribución complementaria: los orales y los nasales.

Para ilustrar esquemáticamente la nasalización de vocales, así como otros procesos fonológicos que se examinarán en este capítulo, se recurrirá a las representaciones de la llamada 'Fonología Autosegmental' [→ § 1.21.2], especialmente por la claridad visual con que se expresan en este marco los fenómenos asimilatorios. Una de las metas fundamentales de este tipo de representaciones es la de dar cuenta del comportamiento autónomo que pueden tener los 'autosegmentos' (es decir, los rasgos o grupos de rasgos distintivos) en los procesos fonológicos. En el marco del análisis autosegmental, la mayoría de los procesos fonológicos se expresan mediante las dos operaciones básicas de asociación y desasociación de autosegmentos.

Los tres tipos principales de nasalización de vocales en español que se acaban de examinar se representan en (6) siguiendo los esquemas autosegmentales, en los que el autosegmento activo en el proceso, en este caso el rasgo [nasal], ocupa un nivel estructural autónomo e independiente del resto de los rasgos de cada segmento fonológico con el que está asociado.

(6)   a. Nasalización de una vocal entre dos nasales

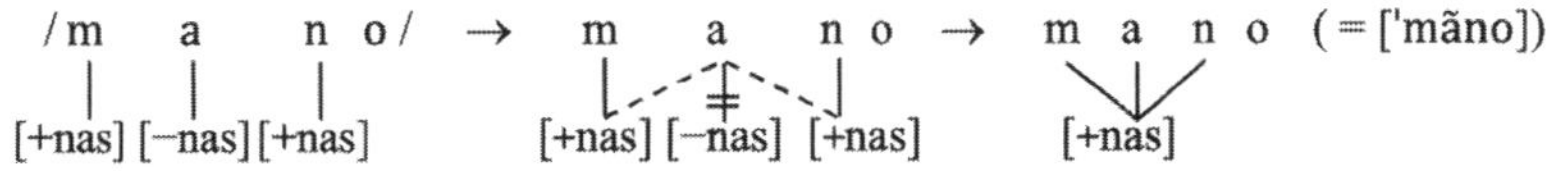

```
/m    a    n o/  →    m    a    n o  →   m  a  n  o  ( = ['mãno])
 |    |    |           |  _ _ _ _ |         \   |   /
[+nas][−nas][+nas]   [+nas][−nas][+nas]      [+nas]
```

   b. Nasalización de una vocal inicial absoluta de palabra ante nasal implosiva

```
/o    m b r o/  →    o    m b r o  →    o  m b r o  ( = ['õmbro])
 |    |               ⫫ _ _ |               \   /
[−nas][+nas]        [−nas][+nas]            [+nas]
```

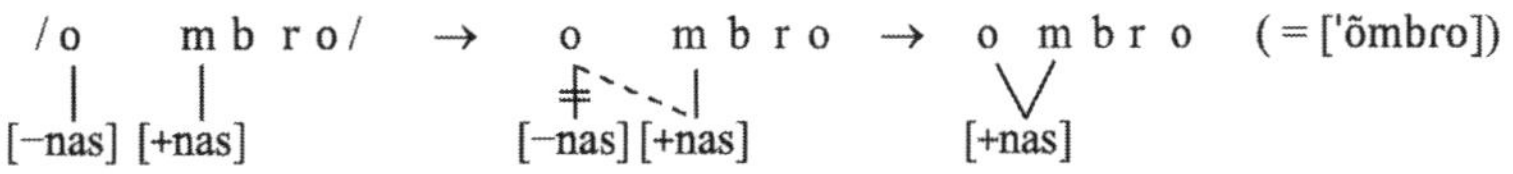

   c. Nasalización parcial de una vocal no inicial de palabra ante nasal implosiva

```
/x e   n t e/  →   x e   n t e  →   x e   n t e  (= ['xẽn̪te])
 |   |              ⌐ _ _ |            ⌐ ‾ ‾ |
[−nas][+nas]      [−nas][+nas]       [−nas][+nas]
```

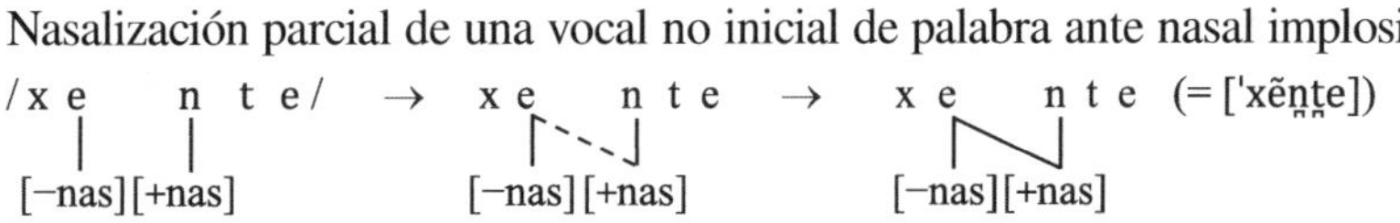

En las representaciones autosegmentales como las de (6), las líneas verticales sólidas indican asociación, las líneas discontinuas reflejan la propagación de rasgos y las dos líneas horizontales que cortan la línea vertical muestran la desasociación de rasgos. Para mayor simplicidad, de ahora en adelante se omitirá cualquier detalle estructural que no sea relevante para el proceso en cuestión.

Como puede apreciarse en (6a), la nasalidad se propaga a una vocal desde las consonantes nasales que la flanquean, operación en la que simultáneamente se desasocia el rasgo oral al que la vocal estaba inicialmente asociada; como resultado, el valor [+nasal] es ahora compartido en el educto del proceso por los tres segmentos iniciales de *mano*. La propagación de nasalidad de (6b) se realiza desde la nasal implosiva a una vocal inicial de palabra, desasociándose simultáneamente su valor oral. Finalmente, en (6c) la propagación del rasgo [+nasal] de una consonante nasal implosiva a la vocal precedente se efectúa sin desasociación concomitante de la oralidad de la vocal, lo que da como resultado un segmento de contorno oral-nasal; es decir, una vocal que comienza como oral y acaba como nasalizada, lo que explica la vocal oronasalizada que mencionan las descripciones fonéticas.

Además de los contextos anteriormente descritos para las variedades normativas, en algunos dialectos del español andaluz y caribeño (Cuba, Panamá, Puerto Rico), una vocal seguida de una nasal implosiva experimenta una nasalización relativamente completa, independientemente de la posición que ocupe la vocal en la palabra: *sentir* [sẽŋˈt̪iɾ], *tonto* [ˈt̪õŋt̪o], *tapón* [t̪aˈpõŋ], *pan* [ˈpãŋ], etcétera. De una manera similar a lo que ocurre con realizaciones fonéticas como las de, por ejemplo, *un huerto* [ũˈwer̪t̪o], *sin hueso* [ˈsĩˈweso], antes mencionadas, en estas variedades la nasal implosiva puede elidirse optativamente, pero el rasgo [+nasal] permanece en la vocal precedente: *sentir* [sẽˈt̪iɾ], *tonto* [ˈt̪õt̪o], *tapón* [t̪aˈpõ], *pelón* [peˈlõ], *pan* [ˈpã].

Para la nasalización de vocales seguidas de una nasal implosiva pueden consultarse, entre otros, los estudios de Alvar (1955b, 1955a), Cedergren (1973), Cedergren y Sankoff (1975), D'Introno y Sosa (1988), Guitart ([1973] 1976, 1980), López Morales (1980), Matluck (1961), Mondéjar (1970, 64-65), Navarro Tomás (1956), Obediente (1982, 1998), Piñeros (2006), Poplack (1979), Quilis ([1993] 1999, 150, n. 2, 239-240), Real Academia Española y Asociación de Academias de la Lengua Española (2011, 103-4), Robe (1960), Terrell (1975) y Vaquero de Ramírez (1996, 58); véanse también los capítulos 12, 13 y 14 de la presente obra.

Un dato interesante que emana de las investigaciones dialectales sobre el tema es que este tipo de nasalización vocálica con elisión optativa de la nasal parece producirse principalmente en hablas en las que se da el conocido fenómeno de la velarización de nasales implosivas, característico de muchas variedades del español peninsular y americano, aunque no se ha investigado la conexión fonética/fonológica entre ambos procesos.

La velarización de nasales en posición implosiva se describe en trabajos como los de Alcina y Blecua ([1975] 1982, 356-59), Alonso, Zamora Vicente y Canellada (1950), Alvar (1959), Canfield (1981), Guitart ([1973] 1976, 1985), Hernández (2009), Hyman (1956), Lipski (1986, 1994, 258), López Morales (1980), Narbona, Cano y Morillo-Velarde ([1998] 2003, 200-201), Núñez Cedeño (1980), Penny (2000), Quesada (1996, 105, [2000] 2002), Real Academia Española y Asociación de Academias de la Lengua Española (2011, 103), Resnick (1993) Salvador (1987, 143-51), Terrell (1975), y Zamora Munné y Guitart (1982, 115-18). [→ § 12.2.2, § 13.2, § 14.6.4].

Las diferentes fases del proceso de velarización de una nasal implosiva, la nasalización de la vocal precedente y la concomitante elisión de la nasal, se ilustran en (7) utilizando la notación fonológica autosegmental.

(7)   Nasalización vocálica y elisión de la nasal:

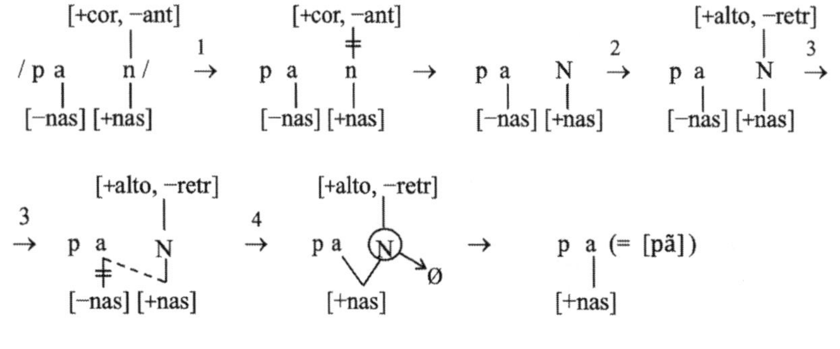

<pre>
       [+cor, -ant]   [+cor, -ant]   [+alto, -retr]
            | 1   ‡   2 | 3
  / p a   n /   →   p a   n   →   p a   N   →   p a   N   →
      | | | | | | | |
   [-nas] [+nas]   [-nas] [+nas]   [-nas] [+nas]   [-nas] [+nas]

          [+alto, -retr]   [+alto, -retr]
               | |
     3 | 4 |
  →   p a   N   →   p a   (N)   →   p a (= [pã])
          ‡--_J   /   \ø |
       [-nas] [+nas]   [+nas]   [+nas]
</pre>

Los pasos 1 y 2 de (7) captan el proceso de neutralización y de velarización de la /n/ implosiva siguiendo el análisis de Harris (1983, 45-47, 1984b, 1984a), que consiste en: a) la desasociación de los rasgos de su punto de articulación subyacente [+coronal −anterior] en el paso 1, lo que resulta en un archifonema [→ § 1.17.4] nasal que carece de estos rasgos (representado con el símbolo 'N'); y b) la asignación por defecto de los rasgos [+alto −retraído], que definen el punto de articulación velar en las consonantes, como se refleja en el paso 2. La nasalización de la vocal precedente está representada en el paso 3: el rasgo [+nasal] se propaga de la consonante nasal final de sílaba a la vocal, con la concomitante desasociación (elisión) de su especificación oral ([−nasal]). Finalmente, en el paso 4 se elide la nasal (y todos los rasgos a ella asociados), y queda una vocal nasalizada.

Algunos autores han propuesto una alternativa a la velarización de nasales del paso 2 de (7), y sugieren que la nasal tradicionalmente descrita como 'velar' [ŋ] es en realidad una consonante debucalizada [→ § 1.5.1, § 1.18.7], es decir, desprovista de su punto de articulación (Baković 1994, 2000; Rice 1996; Trigo 1988). Según Baković (2000, 7), la nasal se percibe como velar debido al efecto auditivo que causan simultáneamente el descenso del velo y el contacto linguovelar. En este análisis, el proceso de debucalización sería formalmente análogo a la aspiración de la /s/ final de sílaba típica de muchos dialectos del español; es decir, una manifestación más del proceso de debilitamiento de las consonantes implosivas. Al producirse la elisión de la consonante nasal, la nasalidad permanece y se adhiere a la vocal precedente, nasalizándola.

En ciertos dialectos del español caribeño existe otro tipo más amplio de nasalización, en el que la presencia de una nasal desencadena la propagación de la nasalidad a todos los segmentos no consonánticos dentro de la palabra: *empezar* [ẽmpẽˈsãɾ], *salíamos* [sãˈlĩãmõ], *San Juan* [sãŋˈhũãŋ] (Real Academia Española y Asociación de Academias de la Lengua Española 2011, 104; Vaquero de Ramírez 1996, 58). Como puede apreciarse en estos ejemplos, el proceso de nasalización es bidireccional: en una palabra como *empezar* [ẽmpẽˈsãɾ], el rasgo nasal se propaga de /m/ hacia su izquierda, a la /e/ inicial, y a las dos vocales a su derecha. Se trata de un proceso de armonía de nasalidad que ocurre con relativa frecuencia en las lenguas (en el guaraní, una lengua del Paraguay, se da un proceso similar). Es asimismo evidente en estos ejemplos que la propagación del rasgo [+nasal] no se detiene ante una obstruyente (por ejemplo, en *empezar* [ẽmpẽˈsãɾ] el rasgo nasal se extiende a través de la /p/ y de la /s/, dos obstruyentes orales), al contrario de lo que ocurre en muchas lenguas que presentan procesos de armonía de nasalidad, en las que un segmento oral actúa como una barrera a la propagación del rasgo [+nasal].

En (8) se muestra la representación de entrada de una palabra como *empezar,* en la que todas las vocales son orales en el nivel subyacente. A continuación, el rasgo [+nasal] se propaga de la nasal hacia la izquierda, a la vocal inicial de la palabra, y hacia la derecha, a las dos vocales siguientes, asociándose a cada una de estas vocales y simultáneamente desalojando en el proceso su rasgo [−nasal] subyacente. Como alternativa, podría asumirse que el rasgo [nasal] es privativo, según se propone en Albright (2008), Clements (1985, 1987), Harris (2008), McCarthy (1988), Rice (1992, 1993) o Steriade (1995), y que, por lo tanto, la oralidad consiste simplemente en la ausencia de una especificación de nasalidad.

(8) /e m p e s a ɾ/ → e m p e s a ɾ/ →

    [−nas] [+nas] [−nas]   [−nas] [+nas] [−nas]

→ e m p e s a ɾ / (= [ẽmpẽˈsãɾ])

    [+nas]

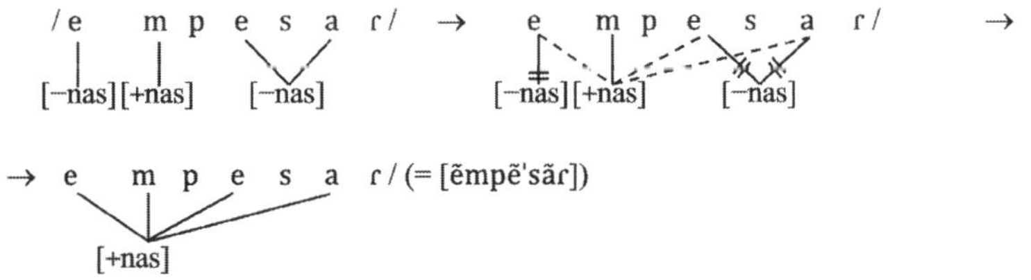

4.4.3 *Reducción extrema de vocales átonas en ciertos dialectos americanos*

En las descripciones fonéticas del español coloquial se observa a veces que las vocales átonas, en determinadas condiciones, pueden realizarse con una configuración glótica que obstaculiza o impide la vibración de las cuerdas vocales, especialmente cuando se encuentran en posición final del grupo fónico ante pausa [→ § 3.21]. Canellada y Madsen (1987), por ejemplo, indican que «una vocal en final de la rama distensiva puede tener una realización ensordecida» (27). Por otra parte, Quilis (1981) puntualiza que «El rasgo sonoro acompaña, normalmente, a la vocal, pudiéndolo perder en determinadas circunstancias, debido al entorno en que estén situadas *(vocales ensordecidas)* o a un modo de hablar *(vocales cuchicheadas)*» (184n17).

En ciertas regiones de la América hispanohablante (centro y norte de México, Ecuador, Bolivia y Perú), se da una fuerte tendencia de las vocales átonas a la reducción extrema, especialmente cuando se encuentran en sílaba trabada y están flanqueadas por consonantes sordas, lo que se traduce principalmente en una pérdida de sonoridad, favorecida probablemente por la abducción glótica que propician las consonantes sordas adyacentes, creando la impresión perceptiva de que se eliden.

Son las vocales conocidas tradicionalmente como 'caducas' o 'caedizas' en el español mexicano (Canellada y Zamora Vicente 1960; Lope Blanch 1963–1964). Aunque en general el ensordecimiento (o desonorización) y la elisión son los términos más frecuentemente usados para describir el fenómeno, en la bibliografía sobre el tema se pueden encontrar otros apelativos que parecen corresponder a estadios intermedios, tales como el acortamiento y la centralización (Lipski 1990, 1-2).

El ensordecimiento y la elisión de vocales en el español mexicano y andino han sido ampliamente documentados, en general de una manera impresionista, en una serie de estudios dialectales, como los de Matluck (1951, 1952), Boyd-Bowman (1952), Canellada y Zamora Vicente (1960), Lope Blanch (1963–1964), Malmberg (1965), Ávila (1966–1967), Perissinotto (1975) y Garza (1987) para el español mexicano, y Lope Blanch (1967), Hundley (1983), Lipski (1990), Sessarego (2012a, 2012b) y Ronquest (2013) para las variedades andinas. Por otra parte, Delforge (2008a, 2008b, 2009) ha realizado estudios acústicos considerablemente detallados del fenómeno en el español peruano. En (9) se presentan algunos ejemplos ilustrativos del ensordecimiento de vocales entre dos consonantes sordas, tanto en interior de palabra (9a), como entre palabras (9b).

(9) a. existir   [eɣsi̥s̥ˈti̥ɾ]   b. los escuchaba   [los e̥sku̥ˈt͡ʃaβa]
        viajes   [ˈbi̥axe̥s]   casi todo   [ˈkasi̥ ˈt̥oðo]
        participa   [paɾt̥i̥ˈsipa]   que salga   [ke̥ ˈsalɣa]
        alpacas   [alˈpakḁs]   traje típico   [ˈt̥raxe̥ ˈt̥ipiko]
        cuántos   [ˈku̥ant̥o̥s]   este camino   [e̥st̥e̥ kaˈmĩno]

Existe un consenso general acerca de que el ensordecimiento de vocales átonas es variable y resulta favorecido en diverso grado por diversos factores, tanto lingüísticos (de tipo fonético) como extralingüísticos (estilísticos, sociolingüísticos, etcétera), aunque estos factores pueden adoptar diferentes matices en el español mexicano y en el andino. En principio, el ensordecimiento tiende a afectar principalmente las vocales átonas que se encuentran entre dos consonantes sordas, con una marcada preferencia por que la segunda de ellas sea una /s/ implosiva (Lipski 1990; Lope Blanch 1963–1964), y en menor grado cuando aparecen en contacto con /t͡ʃ/. Las vocales átonas son más proclives al ensordecimiento cuando van seguidas por una consonante sorda implosiva que cuando la consonante está en el ataque de la sílaba siguiente. En cuanto a la reducción según el timbre vocálico, en las variedades mexicanas la desonorización de /e/ es mucho más frecuente que la de las otras vocales (Lope Blanch 1963–1964, 17). En el español peruano, las vocales medias átonas /e o/ experimentan ensordecimiento en mayor medida que las altas /i u/ o la baja /a/, y, de las vocales medias, /e/ se hace sorda con mayor frecuencia que /o/ (Delforge 2008a, 2008b). Sin embargo, en el español ecuatoriano, Según Lipski (1990) las vocales adelantadas /i e/ son más propensas al ensordecimiento que las retraídas. Además, la desonorización es más frecuente en posición final que en interior de palabra. En sus estudios acústicos del español peruano, Delforge (2008a, 2008b, 2009) concluye que el ensordecimiento, con mucha mayor frecuencia que la elisión, es la manifestación fonética primordial de la reducción extrema de vocales átonas. No obstante, esta autora no encuentra pruebas de que la reducción vocálica tenga un efecto centralizador o de que afecte significativamente el timbre vocálico en general. Aunque tradicionalmente se ha sugerido que la desonorización está condicionada por factores estilísticos y, en particular, que se ve favorecida por los registros coloquiales más rápidos [→ § 3.2.1], los resultados de Delforge para el español peruano sugieren que el contexto estilístico no afecta significativamente la reducción vocálica.

La representación autosegmental del ensordecimiento de vocales entre consonantes sordas se muestra en (10), donde la propagación simultánea del rasgo [−sonoro] de estas consonantes a la vocal desasocia su especificación [+sonoro], lo que da lugar a una configuración en la que los tres segmentos comparten el valor [−sonoro].

(10) Ensordecimiento vocálico entre consonantes sordas:

/m e s   e   s /   m e s   e   s   (= [ˈmese̥s])
                    →
[−son][+son][−son]   [−son]

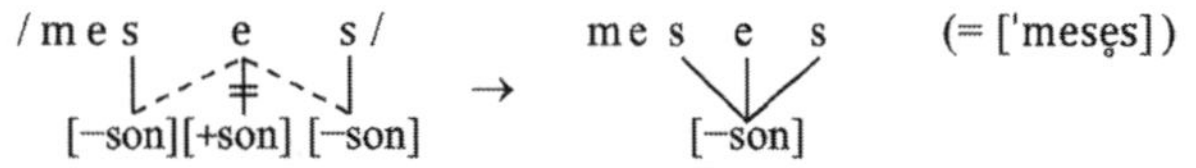

4.4.4 Alargamiento compensatorio de vocales en el español caribeño

Existen pruebas empíricas concluyentes de que la estructura prosódica posee un estatus independiente de otros niveles fonológicos, especialmente del segmental y del silábico. Entre los argumentos que a menudo se esgrimen en apoyo de esta hipótesis se incluye un fenómeno muy estudiado en las últimas décadas, conocido como 'alargamiento compensatorio' (Clements y Keyser 1983; de Chene y Anderson 1979; Gess 2011; Hayes 1989; Ingria 1980; Kavitskaya 2002; Kiparsky 2011; Steriade 1982; Wetzels y Sezer 1986) [→ § 1.18.7]. Sucede a menudo en las lenguas que, cuando se elide un segmento —generalmente una consonante implosiva—, se pierde el contenido segmental, pero su naturaleza prosódica (en este caso, su duración intrínseca) permanece y se incorpora a un segmento adyacente, generalmente la vocal precedente, alargándolo —en (12) se muestra la representación prosódica de la distinción entre vocales breves y largas—; utilizando la metáfora de John Harris (2007, 132), puede decirse que la vocal se expande al rellenar el vacío que deja la consonante implosiva elidida, resultando así en un alargamiento prosódico, una especie de compensación por la pérdida segmental, de ahí el adjetivo 'compensatorio'.

El alargamiento compensatorio es uno de los fenómenos fonológicos que motivaron que se postulara en el marco del modelo autosegmental un nivel estructural de representación fonológica independiente, el denominado 'esqueleto prosódico' [→ § 1.21.3], compuesto de unidades de tiempo, o posiciones 'X', que representan precisamente la duración inherente de cada segmento. Este nivel prosódico intermedio sirve de anclaje entre la melodía segmental [→ § 1.21.3, § 1.21.4] y la estructura silábica, como queda ilustrado en (11) con la palabra *pan*.

(11) Tres niveles básicos de representación fonológica

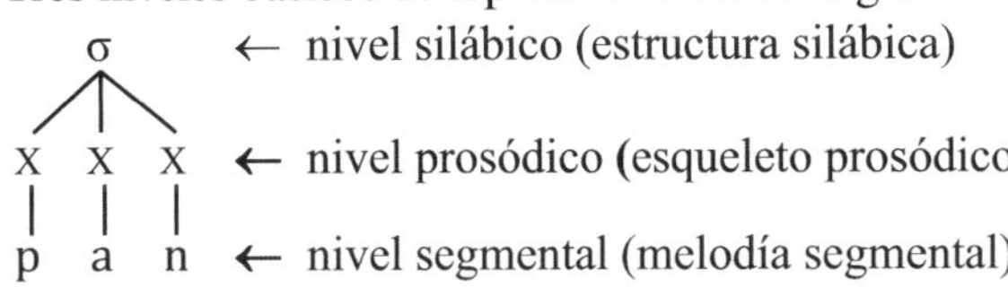

Las distinciones de cantidad vocálica están determinadas por la configuración particular de la asociación entre una vocal y el esqueleto prosódico. Como se muestra en (12), una vocal corta está asociada a una sola posición temporal en el nivel prosódico (12a), mientras que una vocal larga ocupa dos posiciones temporales (12b).

(12) a.   Vocal corta /a/   b. Vocal larga /aː/

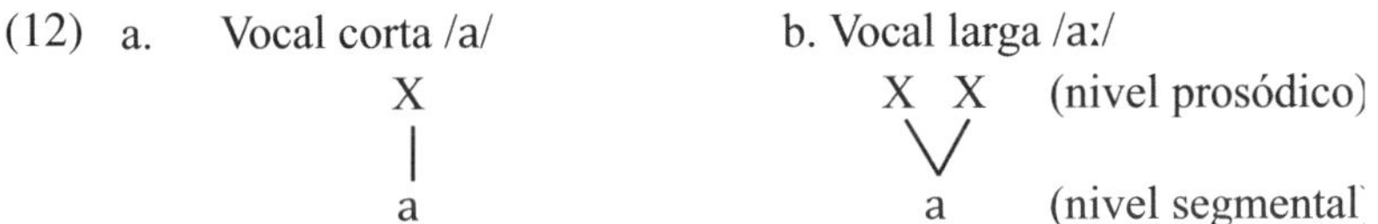

Un caso típico de alargamiento compensatorio se da en ciertas variedades del español caribeño, en las que la pérdida de la /s/ implosiva, fenómeno característico de estos dialectos, produce un alargamiento de la vocal precedente (Carlson 2008, 2012; Hammond 1978, 1986; Núñez Cedeño 1988; Núñez Cedeño y Morales-Front 1999, 180; Resnick y Hammond 1975; Sosa 1974). Aunque, como ya se ha mencionado anteriormente, en el sistema vocálico del español no existen distinciones fonémicas cuantitativas, el proceso en cuestión da lugar a pares mínimos que se distinguen únicamente por su duración en el nivel fonético, como los que se ilustran en (13), y en los están involucradas unidades léxicas específicas (13a), así como contrastes flexivos entre la 3.ª y la 2.ª personas verbales (13b) o entre el singular y el plural de formas no verbales (13c).

(13) a. pata   ['paⱡa]   ~ pasta   ['paːⱡa]   b. lleva   ['jeβa]   ~ llevas   ['jeβaː]
        buque   ['buke]   ~ busque   ['buːke]   deje   ['dehe]   ~ dejes   ['deheː]
        capa   ['kapa]   ~ caspa   ['kaːpa]   ve   ['be]   ~ ves   ['beː]
        pecado   [pe'kaðo] ~ pescado   [peː'kaðo]   come   ['kome]   ~ comes   ['komeː]
        patilla   [pa'ⱡija] ~ pastilla [paː'ⱡija]   sale   ['sale]   ~ sale   ['saːleː]
     c. casa   ['kasa]   ~ casas   ['kasaː]
        pueblo   ['pueβlo] ~ pueblos   ['pueβloː]
        calle   ['kaje]   ~ calles   ['kajeː]
        tanto   ['ⱡanⱡo]   ~ tantos   ['ⱡanⱡoː]
        tu   [ⱡu]   ~ tus   [ⱡuː]

Siguiendo el análisis de Núñez-Cedeño (1988), en (14) se ofrecen las representaciones subyacentes del par *pata* [ˈpaṱa] frente a *pasta* [ˈpaːṱa], que ilustran la distinción cuantitativa que surge a nivel superficial entre la vocal tónica corta en *pata* (14a) y su contraparte larga en *pasta* (14b), formas en las que la elisión de la /s/ implosiva da lugar al alargamiento compensatorio de la vocal precedente al asociarse esta a la posición prosódica liberada por la elisión de la consonante siguiente.

(14)   a.

$$\sigma \quad \sigma$$
$$\Lambda \quad \Lambda$$
$$x \; x \; x \; x$$
$$| \; | \; | \; |$$
$$/ p \;\; a \;\; t \;\; a / \; (= [\text{ˈpata}])$$

b.

(14b-i → ii → iii → iv) representaciones con sílabas σ y esqueleto de posiciones x para /p a s t a/, que muestran la elisión de la /s/ (→ ∅) y la reasociación de la posición prosódica liberada, dando [ˈpaːṱa].

En ciertas variedades del andaluz se da un proceso similar, aunque variable, de alargamiento compensatorio de una vocal desencadenado por la elisión de una /s/ implosiva siguiente en combinación con el conocido proceso concomitante de abertura de la vocal (cf. Alarcos 1958, 197; Alcina y Blecua [1975] 1982, 297; Alonso, Zamora Vicente y Canellada 1950, 219; Salvador 1957, 179; Zubizarreta 1979, 1). Sin embargo, en el andaluz es mucho más frecuente que la aspiración y la elisión de /s/ implosiva tengan como resultado la solución alternativa en la que el alargamiento compensatorio afecta a la consonante siguiente, dando lugar a una geminada que puede realizarse de distinto modo, o bien como preaspirada si la consonante es obstruyente (es decir, una geminada cuya fase implosiva es sorda: *pasta* [ˈpaṱṱa] o [ˈpaʰṱṱa], *busque* [ˈbukke], [ˈbuʰkke], etcétera), o bien como una geminada parcialmente sonora si la consonante implosiva es una sonante (*isla* [ˈilla] o [ˈil̥la], *mismo* [ˈmimmo] o [ˈmim̥mo]; cf. Campos-Astorkiza [2003, 2009]; Gerfen [2001, 2002]; Hualde [1989a, 1989b]; Morris [2000], y las referencias en ellos contenidas) [→ § 17.5.5]. Una situación muy similar se ha observado en el español cubano (Guitart [1973] 1976, 1980, 2004). En el español canario, por otra parte, una vocal, generalmente tónica, también se somete a alargamiento compensatorio cuando se elide una sonante siguiente final de palabra (*Isabel* [isaˈβeː], *natural* [naṱuˈraː], *comprar* [komˈpɾaː], *mujer* [muˈxeː], etcétera; Alvar [1996, 331]). La pérdida de una sonante oral también da lugar asimismo al alargamiento compensatorio de una vocal tónica en la República Dominicana (*puerco* [ˈpu̯eːko] *gordo* [ˈgoːðo], *silba* [ˈsiːβa], etcétera; Jiménez Sabater [1975, 70]).

4.4.5 Armonía vocálica en el andaluz oriental

En este apartado final sobre la variación alofónica se examinará con cierto detalle la armonía en abertura vocálica característica del andaluz oriental (véanse el § 1.18.7 para una caracterización de los procesos de armonía segmental y también el § 3.2.3 de la presente obra). Es un hecho bien conocido que la /s/ final de sílaba en el español andaluz se ve afectada por el familiar proceso de aspiración y, a menudo, de manera variable, también por la elisión, fenómeno este muy extendido en otras variedades dialectales, especialmente en las habladas en Canarias y en amplias zonas de la América Central, la región del Caribe y América del Sur.

En muchos dialectos del andaluz, cuando la /s/ se encuentra en posición final de palabra, la aspiración (con la alternativa de la elisión) ha dado lugar a un proceso de abertura o relajación de la vocal nuclear precedente, es decir, la última vocal de la palabra. Este proceso de abertura de las vocales, especialmente de las medias /e o/, como consecuencia de la aspiración y elisión de /s/ implosiva, también se ha documentado en algunos dialectos del español americano; por ejemplo, en Cuba (Madrid y Santana 2009), en Puerto Rico (Navarro Tomás 1948, 73), en Uruguay (Hooper 1976, 32; Saporta 1965; Vásquez 1953) y en Argentina (Honsa 1965).

Como ya se ha mencionado anteriormente, en el § 4.4.1, el proceso de abertura vocálica se puede explicar como el resultado de una asimilación por la vocal precedente del rasgo laríngeo [+glotis distendida] presente en la /s/ aspirada, lo cual aparentemente se debe a que el ensanchamiento de la glotis que acompaña a la aspiración produce en la vocal una elevación del primer formante, propiedad relacionada típicamente con la retracción de la raíz lingual. Así pues, la consecuencia fonológica de esta vinculación parasitaria del rasgo [+glotis distendida] de la /s/ aspirada a la vocal precedente se manifiesta como una retracción de la raíz de la lengua, es decir, como el rasgo [−raíz lingual avanzada] o [−RLA] (cf. Jiménez Martínez y Lloret [2007]; Lloret [2008]; Lloret y Jiménez Martínez [2009]; pero cf. Hualde y Sanders [1995], quienes rechazan esta explicación y elaboran una propuesta diferente sobre el origen histórico de la abertura de las vocales en el andaluz oriental).

Si se asume que el andaluz posee el mismo inventario básico de fonemas vocálicos del español normativo, el rasgo [RLA] obviamente no es contrastivo a nivel subyacente. Sin embargo, dado que cualquier vocal final seguida de una /s/ final aspirada o elidida se hace laxa, se origina un contraste en el nivel fonético entre las cinco vocales tensas [i u e o a] y sus contrapartes laxas [i̞ u̞ e̞ o̞ a̞] (en ciertos dialectos del andaluz oriental, la vocal baja laxa frecuentemente se realiza como adelantada [a̞] en posición final de palabra, y como central y ligeramente velarizada [a̠] en interior de palabra; para simplificar la discusión, se omitirá aquí este detalle fonético y se utilizará el símbolo [a̞] para representar los dos sonidos). Puesto que la /s/ final de palabra en la mayoría de los casos marca el plural de formas no verbales y la 2.ª persona del singular en las formas de ciertos tiempos verbales, la elisión de la /s/ final (con ausencia de aspiración) puede crear pares mínimos en el nivel fonético que difieren únicamente en el timbre vocálico, como queda ilustrado con las palabras monosílabas de (15). Existen, además, otros argumentos que aportan una motivación independiente para postular una /s/ implosiva subyacente, incluso en los dialectos en que se aspira o se elide de manera sistemática; véanse Jiménez Martínez y Lloret (2007, 2010).

(15) [i] ~ [i̞]: mi   [mi] ~ mis [mi̞]
      [u] ~ [u̞]: tu   [t̺u] ~ tus [t̺u̞]
      [e] ~ [e̞]: ve   ['be] ~ ves ['be̞]
      [o] ~ [o̞]: lo   ['lo] ~ los ['lo̞]
      [a] ~ [a̞]: va   ['ba] ~ vas ['ba̞]

La mayoría de los ejemplos de (15) y del resto de este apartado se han extraído de Jiménez y Lloret (existen, además, otros argumentos que aportan una motivación independiente para postular una /s/ implosiva subyacente, incluso en los dialectos en que se aspira o se elide de manera sistemática; véanse Jiménez Martínez y Lloret [2007, 2010]), cuya descripción se limita a la variedad hablada en la ciudad de Granada, basándose principalmente en los datos de Alonso *et al.* (1950) y de Sanders (1994). La bibliografía sobre el vocalismo andaluz es muy abundante; entre los trabajos más destacados sobre el tema cabe mencionar los de Navarro Tomás (1939), Rodríguez-Castellano y Palacio (1948), Alonso, Zamora Vicente y Canellada (1950), Alvar (1955a, 1955b), Salvador (1957, 1977), Alarcos (1958, 1983), Llorente (1962), Contreras Jurado (1975–1976), Hooper (1976), Gómez Asencio (1977), Mondéjar (1970, 1979, 1991), Zubizarreta (1979), López Morales (1984), Llisterri y Poch (1986), Morillo-Velarde (1985), Martínez Melgar (1986, 1994), Lieber (1987), Sanders (1994, 1998), Corbin (2006), Lloret (2008), Jiménez Martínez y Lloret (2007, 2010), Lloret, Jiménez Martínez (2009), Herrero y Jiménez Martínez (2013), Herrero de Haro (2016a, 2016b, 2017, 2018), Henriksen (2017), Lloret (2018), Rincón (2018) y Jiménez Martínez y Lloret (2018, 2020).

Se ha debatido mucho la naturaleza fonológica de la abertura de vocales en el contexto de la aspiración/elisión de /s/ en andaluz. Según la concepción tradicional, en ciertos dialectos del andaluz (los más 'extremos') los fonemas vocálicos se han 'desdoblado', con la implicación de que las variantes laxas han entrado a formar un contraste fonémico con sus contrapartes tensas (Alonso, Zamora Vicente y Canellada 1950; Alvar 1955a, 1955b; Gómez Asencio 1977; Navarro Tomás 1939; Salvador 1957, 1977). Sin embargo, los estudios experimentales de Llisterri y Poch (1986) y de Martínez Melgar (1986, 1994) no parecen apoyar la hipótesis del 'desdoblamiento' vocálico. Otros fonólogos sostienen que se trata de un proceso fonológico en el que las variantes laxas se derivan de los fonemas vocálicos en los contextos apropiados (Alarcos 1958, [1950] 1965, 149-50; Corbin 2006; Hualde y Sanders 1995; Jiménez Martínez y Lloret 2007, 2010; Lieber 1987; Lloret 2008; Lloret y Jiménez Martínez 2009; Zubizarreta 1979). Finalmente, algunos autores han argüido que las alternancias entre vocales abiertas y cerradas han cesado de estar condicionadas por factores puramente fonológicos y se han morfologizado (es decir, se han convertido en alternancias morfofonémicas), de modo que las vocales abiertas habrían adquirido el estatus de marca morfológica del plural, en los nombres, y de la 2.ª persona de singular, en los verbos

(Hooper 1976, 32-41; López Morales 1984; Mondéjar 1991, 268-79). Este análisis ha sido cuestionado vigorosamente, entre otros, por Manaster-Ramer (1989) y por Maiden (1987). Para un examen crítico de los diferentes tratamientos del vocalismo andaluz hasta la década de los noventa, véase Sanders (1994, 1998).

Se puede demostrar que el contraste en abertura no es fonémico, al menos en las formas no verbales, incluso en los dialectos del andaluz en los que la elisión de la /s/ final es categórica. Así, a pesar de que la /s/ final de sílaba (incluyendo la de final de palabra) es a menudo aspirada o elidida, todavía es necesario postularla en el nivel subyacente, ya que la /s/ se realiza fonéticamente cuando se asigna al ataque silábico debido a la concatenación de un sufijo flexivo que comienza por vocal a una palabra acabada en /s/, dando lugar a la alternancia [s] ~ Ø, como se muestra en (16) (se adopta aquí la notación de una hache sobrescrita entre paréntesis '(h)', usada frecuentemente para denotar la aspiración y elisión variable de la /s/ subyacente).

(16) mes [ˈme̞(h)] ~ mes-es [ˈme.se̞(h)], mes-ito [me.ˈsi.t̪o]
        cordobés [koɾ.ð̪o.ˈβe̞(h)] ~ cordobes-es [koɾ.ð̪o.ˈβe.se̞(h)], cordobes-a [koɾ.ð̪o.ˈβe.sa]
        tos [ˈt̪o̞(h)] ~ tos-es [ˈt̪o.se̞(h)], tos-er [t̪o.ˈseɾ]
        dios [ˈd̪i̞o̞(h)] ~ dios-es [ˈd̪i̞o.se̞(h)], dios-a [ˈd̪i̞o.sa]

En ciertas variedades del andaluz oriental (especialmente las que se hablan en las provincias de Granada, Almería, Jaén y en partes de Córdoba), la vocal abierta final creada tras la aspiración/elisión de /s/ final de palabra desencadena un proceso de armonía vocálica, mediante el cual el rasgo laxo de la vocal final se propaga hacia la izquierda dentro de la palabra. Aparentemente, el intervalo armónico está sujeto a variabilidad: a) puede estar limitado al pie métrico dominante (véase el capítulo 1 de esta obra para la noción de pie métrico); y b) puede también extenderse a todas las vocales dentro de la palabra prosódica (la palabra morfológica dotada de estructura suprasegmental) [→ § 1.21.6].

La armonía de [−RLA] genera alternancias morfofonémicas entre la clase de vocales tensas, especificadas [+RLA], y la de las laxas, especificadas [−RLA], ilustradas con pares de palabras disilábicas en (17), con formas nominales (17a) y verbales (17b). Como se puede apreciar, las formas nominales de singular y las formas verbales de 3.ª persona de singular contienen exclusivamente vocales de la clase [+RLA]. En cambio, los plurales nominales y las formas verbales de 2.ª persona de singular, los cuales terminan en una /s/ que se aspira o se elide, presentan vocales de la clase [−RLA]; cuando el sufijo -s se elide, en cada caso el plural o la 2.ª persona de singular se manifiestan exclusivamente en la especificación [−RLA] de la vocal.

(17) a. nene [ˈnene] ~ nenes [ˈne̞ne̞(h)]   b. bebe [ˈbeβe] ~ bebes [ˈbe̞βe̞(h)]
            mono [ˈmono] ~ monos [ˈmo̞no̞(h)]   tiene [ˈt̪iene] ~ tienes [t̪ˈie̞ne̞(h)]
            cena [ˈθena] ~ cenas [ˈθe̞na̞(h)]   come [ˈkome] ~ comes [ˈko̞me̞(h)]
            boca [ˈboka] ~ bocas [ˈbo̞ka̞(h)]   toma [ˈt̪oma] ~ tomas [ˈt̪o̞ma̞(h)]

La armonía vocálica de [−RLA] en el andaluz oriental está sujeta a cierta variación, que en general depende de la región geográfica particular de que se trate. Seguidamente, y para simplificar la exposición, solo se presentará la pauta armónica que muestra la variedad hablada en la ciudad de Granada, según se describe en los estudios de Alonso, Zamora Vicente y Canellada (1950), Lloret (2008), Jiménez Martínez y Lloret (2007, 2010) y Lloret y Jiménez (2009). Los hechos básicos sobre la armonía del rasgo [−RLA] en este dialecto son los siguientes. Cualquier vocal nuclear que precede a una /s/ final de palabra sujeta a aspiración o elisión se hace laxa, como se ilustra en (18) con palabras bisílabas. Siguiendo el análisis de Lloret y Jiménez (2009), se asume aquí que, desde el punto de vista fonológico, este proceso de abertura o laxitud de la vocal final se desprende del hecho de que adquiere la especificación [−RLA]. Además, el rasgo armónico [−RLA] de la vocal laxa final de palabra se propaga hacia la izquierda, a la vocal tónica, que es la cabeza (en inglés, *head*) o elemento prominente del pie métrico, siempre que dicha vocal sea media o baja, como se aprecia en (18a). Aunque una vocal alta final se hace laxa en el contexto de la debucalización de una /s/ (o a veces de otra consonante implosiva) siguiente, las vocales altas tónicas no se ven afectadas por el proceso armonizante, como se observa en (18b).

(18) a. tesis   [ˈt̪e̞si̞(h)]   bocas   [ˈbo̞ka̞(h)]   b. crisis   [ˈkɾisi̞(h)]
            Venus   [ˈbe̞nu̞(h)]   mesas   [ˈme̞sa̞(h)]   míos   [ˈmio̞(h)]
            comes   [ˈko̞me̞(h)]   martes   [ˈma̞ɾt̪e̞(h)]   tules   [ˈt̪ule̞(h)]
            lejos   [ˈle̞ho̞(h)]   casas   [ˈka̞sa̞(h)]   muchos   [ˈmut͡ʃo̞(h)]

Aunque en los datos de Alonso, Zamora Vicente y Canellada (1950) se recogen casos de aparente armonía en vocales altas tónicas (*fines* ['fi̞ne̞⁽ʰ⁾], *presidios* [pre̞'si̞ði̞o̞⁽ʰ⁾], *plumas* ['plu̞ma̞⁽ʰ⁾], *capuchas* [ka'pu̞t͡ʃa̞⁽ʰ⁾], etcétera), esta armonía, evidentemente, no se aplica de manera tan uniforme como en las vocales no altas. Por otra parte, Lloret y Jiménez Martínez (2009) atribuyen el hecho de que las vocales altas no finales estén exentas del proceso de armonía a una mayor marcadez relativa de las vocales altas laxas:

> Las vocales altas (/i, u/) . . . presentan un grado menor de abertura, como consecuencia de la dificultad articulatoria derivada de combinar simultáneamente la elevación del cuerpo de la lengua, propia de las vocales cerradas, con el retroceso de la raíz lingual, característico de las vocales abiertas (295).

> Sin embargo, esta explicación no es concluyente dado que la mencionada restricción no impide, aparentemente, que las vocales altas finales se realicen fonéticamente como laxas, según se aprecia en las palabras *tesis* o *Venus* (18a).

En palabras de tres o más sílabas, la armonía es un poco más compleja, debido en parte a que puede estar sujeta a variación y en parte a la presencia de vocales intertónicas que son potencialmente susceptibles de experimentar el proceso de armonización. Como se verá, pueden discernirse al menos dos pautas de propagación del rasgo [−RLA], que difieren tanto en el dominio prosódico particular por el que se extiende el intervalo armónico como en su modo de aplicación (obligatorio frente a optativo). Por conveniencia expositiva se hará aquí referencia a estas dos pautas con las etiquetas A y B, representadas en la primera y segunda columnas de (19), respectivamente.

		A		B
(19)				
a.	relojes	[re'lo̞he̞⁽ʰ⁾]	~	[re̞'lo̞he̞⁽ʰ⁾]
	momentos	[mo'me̞n̪t̪o̞⁽ʰ⁾]	~	[mo̞'me̞n̪t̪o̞⁽ʰ⁾]
	monederos	[mone'ðe̞ɾo̞⁽ʰ⁾]	~	[mo̞ne̞'ðe̞ɾo̞⁽ʰ⁾]
	colmenas	[kol'me̞na̞⁽ʰ⁾]	~	[ko̞l'me̞na̞⁽ʰ⁾]
	codornices	[ko̞ðor'nise̞⁽ʰ⁾]	~	[ko̞ðo̞r'nise̞⁽ʰ⁾]
b.	cojines	[ko'hine̞⁽ʰ⁾]	~	[ko̞'hine̞⁽ʰ⁾]
	molinos	[mo'lino̞⁽ʰ⁾]	~	[mo̞'lino̞⁽ʰ⁾]
	cotillones	[ko̞t̪i'ʒo̞ne̞⁽ʰ⁾]	~	[ko̞t̪i'ʒo̞ne̞⁽ʰ⁾]
	menudos	[me'nuðo̞⁽ʰ⁾]	~	[me̞'nuðo̞⁽ʰ⁾]
	besucones	[besu'ko̞ne̞⁽ʰ⁾]	~	[be̞su'ko̞ne̞⁽ʰ⁾]
c.	tréboles	['t̪re̞βo̞le̞⁽ʰ⁾]	~	['t̪re̞βo̞le̞⁽ʰ⁾]
	sótanos	['so̞t̪ano̞⁽ʰ⁾]	~	['so̞t̪ano̞⁽ʰ⁾]
	tómbolas	['t̪o̞mbola̞⁽ʰ⁾]	~	['t̪o̞mbo̞la̞⁽ʰ⁾]
	húngaros	['u̞ŋgaɾo̞⁽ʰ⁾]	~	['u̞ŋgaɾo̞⁽ʰ⁾]

La pauta A de (19) está condicionada por la estructura métrica: la propagación del rasgo armónico [−RLA] tiene como objetivo exclusivo la vocal tónica (no alta), que es la cabeza del pie métrico portador de la prominencia acentual primaria de la palabra, y ahí se detiene, mientras que las vocales átonas pretónicas no se ven afectadas por la armonización. En cambio, el ámbito de aplicación de la pauta B es la palabra prosódica: el rasgo [−RLA] se extiende desde la vocal final a todas las vocales no altas a su izquierda, independientemente de si portan o no prominencia acentual —Lloret y Jiménez Martínez (2009) mencionan que en ciertos dialectos del andaluz se da «la armonización sistemática de todas las vocales de la palabra» (295n1), lo que constituiría una indicación concluyente de que la pauta B se ha generalizado en estos dialectos—. Por otra parte, aunque en las vocales altas finales de palabra que se han convertido en laxas se pueda iniciar la propagación del rasgo armónico a otras vocales no altas, como ya se constató en relación con los datos de (18), ellas mismas no están sujetas a armonización. No obstante, según se puede observar en (19b), estas vocales altas permiten el paso del rasgo armónico a otras vocales a su izquierda, de manera que se crea, por lo tanto, un intervalo armónico interrumpido o heterogéneo, como queda reflejado, por ejemplo, en *codornices* [ko̞ðo̞r'nise̞⁽ʰ⁾] —pauta B de (19a)—, donde la vocal alta tónica tensa se intercala entre un intervalo armónico de vocales laxas: la vocal final y las dos vocales pretónicas. En la terminología frecuentemente utilizada en la bibliografía sobre los procesos de armonía, se dice que las vocales altas en el andaluz oriental resultan 'transparentes' para el proceso de armonización en [−RLA]. Por otro lado, una vocal tónica media o alta inicial de palabra en los vocablos esdrújulos, como en (19c), en la pauta A armoniza con la vocal final, pero la vocal postónica queda inalterada. En cambio, cuando se sigue la pauta B, las tres vocales se realizan como laxas.

Sin embargo, dado que en estos casos el pie métrico [→ § 1.21.6] es dactílico y coincide con la palabra prosódica, no es posible determinar en principio si el ámbito de aplicación de la propagación armónica en la pauta B es el pie métrico o la palabra prosódica. Esta ambigüedad se resuelve cuando se toman en consideración palabras proparoxítonas con vocales pretónicas, como las de (20), las cuales sugieren que hay una tercera pauta (llámese pauta 'C'), en la que el ámbito de la armonía está limitado al pie métrico.

(20)		A		B		C
	recógelos	[re'ko̞helo̞$^{(h)}$]	~	[re̞'ko̞he̞lo̞$^{(h)}$]	~	[re'ko̞he̞lo̞$^{(h)}$]
	teléfonos	[t̪e'le̞fono̞$^{(h)}$]	~	[t̪̞e̞'le̞fo̞no̞$^{(h)}$]	~	[t̪e'le̞fo̞no̞$^{(h)}$]
	benévolos	[be'ne̞β̞olo̞$^{(h)}$]	~	[be̞'ne̞β̞olo̞$^{(h)}$]	~	[be'ne̞β̞o̞lo̞$^{(h)}$]

Obsérvese que, en los nombres y formas verbales bisílabos que armonizan en [–RLA], como *nenes* ['ne̞ne̞$^{(h)}$], *bebes* ['be̞β̞e̞$^{(h)}$], etcétera, ilustrados antes en (17), coinciden el pie métrico y la palabra prosódica y, por lo tanto, encajan formalmente en cualquiera de las tres pautas de armonía.

Finalmente, cabe señalar que, según las fuentes consultadas por Lloret y Jiménez Martínez (2009) para el dialecto granadino en cuestión, cuando todas las vocales no altas de una palabra poseen el mismo timbre se da, al parecer, una fuerte tendencia a la aplicación sistemática de la pauta B, en la que armonizan todas las vocales de la palabra prosódica, como se ilustra en (21). Este requisito de que los segmentos que se someten a un proceso armónico sean similares o idénticos parece ser una condición fonológica relativamente común en los fenómenos de armonía (Lloret y Jiménez Martínez [2009, 298n1], y las referencias allí citadas).

(21)		
	retenéis	[re̞t̪̞e̞'ne̞i̯$^{(h)}$]
	repelentes	[re̞pe̞'le̞n̪̞t̪̞e̞$^{(h)}$]
	dolorosos	[do̞lo̞'ɾo̞so̞$^{(h)}$]
	monótonos	[mo̞'no̞t̪̞o̞no̞$^{(h)}$]
	amparadas	[a̞mpa̞'ɾa̞ð̞a̞$^{(h)}$]

Las tres pautas ejemplificadas en (19) y (20) se ilustran en (22) con las diferentes realizaciones de dos ejemplos representativos: *monederos* y *recógelos* —para formulaciones autosegmentales alternativas de la armonía vocálica del andaluz, véanse Lieber (1987), y Zubizarreta (1979)— (*PieM* = pie métrico; *PalPr* = palabra prosódica; las fronteras de los constituyentes prosódicos *PieM* y *PalPr* se indican entre paréntesis).

(22) a. *Pauta A*

```
                      [-RLA]              [-RLA]
                         |                   |
/monedéros/  1→   moned'ero̞(h)   2→ moned('e̞ ɾ   o̞(h))PieM
                      [-RLA]              [-RLA]
                         |                   |
/rekohelos/  1→   rek'ohe̞lo̞(h)  2→ re(k'o̞hel   o̞(h))PieM
```

b. *Pauta B*

```
                      [-RLA]              [-RLA]
                         |                   |
/monedéɾos/  1→   moned'e̞ɾ o̞(h)  2→ (mo̞ne̞d'e̞ɾo̞(h))PalPr
                      [-RLA]              [-RLA]
                         |                   |
/rekóhelos/  1→   rek'ohelo̞(h)   2→ (re̞k'o̞he̞ lo̞(h))PalPr
```

c. *Pauta C*

```
                      [-RLA]              [-RLA]
                         |                   |
/rekohelos/  1→   rek'ohe̞lo̞(h)  2→ re(k'o̞he̞lo̞(h))PieM
```

En cada una de las tres derivaciones de (22), el paso 1 representa el proceso de abertura vocálica propiciado por la aspiración de la /s/ final de palabra, mediante el cual la vocal precedente adquiere el rasgo [–RLA]; el paso 2 refleja la propagación de este rasgo de izquierda a derecha dentro del ámbito armónico correspondiente. Si se sigue la pauta A (22a), el rasgo armónico se propaga a la izquierda, a la vocal tónica, el elemento que encabeza el pie métrico dominante (PieM), sin que afecte a las vocales pretónicas (cf., en (22a), [moneˈð̞e̞ɾo̞(h)]). En los proparoxítonos, esta pauta produce una configuración armónica interrumpida, puesto que la armonización pasa por alto la vocal postónica que se intercala entre las dos vocales laxas —cf. [reˈko̞helo̞(h)] en (22a)—. En la pauta B (cf. 22b), el rasgo armónico se extiende de la vocal final a todas las vocales dentro del ámbito de la palabra prosódica (PalPr). Finalmente, la pauta C se manifiesta solamente en los proparoxítonos con una o más vocales pretónicas, como en [reˈko̞he̞lo̞(h)] (22c), donde la armonía incorpora todas las vocales dentro del pie métrico, incluyendo a la vocal postónica, por lo que formalmente su intervalo armónico no se distingue de la pauta B aplicada a las palabras trisílabas proparoxítonas, como *tréboles* [ˈt̞ɾe̞β̞o̞le̞(h)] —cf. (19c)—.

Una cuestión que ha suscitado un vigoroso debate en la bibliografía es la referida al problema de si la motivación fonológica fundamental de los procesos de armonía vocálica es de carácter coarticulatorio [→ § 1.6.8], o si por el contrario responde a factores de tipo perceptivo, como mantienen Jiménez Martínez y Lloret (2007, 2010) y Lloret (2008). Según la hipótesis coarticulatoria, los segmentos sujetos a armonización dentro del dominio relevante lo hacen mediante un proceso de asimilación al rasgo armónico presente en el elemento desencadenante, como una consecuencia típica del conocido 'principio del mínimo esfuerzo', manifestado en una tendencia a evitar la producción de gestos articulatorios distintos (cf. Akinlabi 1994; Archangeli y Pulleyblank 2002; Beckman [1998] 1999; Clements 1977; Clements y Sezer 1982; Finley 2008, 2009, 2010; Krämer 2003; Lombardi 1999, 2001; McCarthy 2009, 2011; Pulleyblank 2002; Rose y Walker [1995] 2011, entre otros). En este tipo de procesos armónicos es común, por una parte, que el elemento desencadenante esté localizado en una posición fuerte o prominente, ya sea de tipo prosódico o morfológico (la vocal tónica, una vocal larga, el ataque silábico, el comienzo de una raíz o de una palabra, etcétera) y, por otra, que el rasgo armónico se propague a posiciones débiles (por ejemplo, vocales átonas, sílabas intertónicas, codas silábicas, afijos).

Aplicado a la armonía vocálica del andaluz, un análisis articulatorio asumiría que se trata de una asimilación anticipatoria a distancia [→ § 1.18.7] al rasgo [−RLA] de la vocal final, como defienden, implícita o explícitamente, la mayoría de los estudios tradicionales, así como un análisis de tipo autosegmental al estilo del que propone Lieber (1987) o del que se muestra en (22). La hipótesis de que la economía articulatoria sea el elemento catalizador de la armonía vocálica en el andaluz presenta, sin embargo, tres problemas significativos. El primero radica en cómo explicar que en el andaluz oriental el elemento desencadenante de la armonía se encuentre en una posición débil (la sílaba átona final de palabra). El segundo es que la armonía afecta de manera invariable y obligatoria a la vocal acentuada (una posición prosódica fuerte), pero solo de manera variable a las vocales átonas de la palabra (posiciones prosódicas débiles). El tercer problema reside en la existencia de intervalos armónicos heterogéneos o interrumpidos, como los que surgen en las palabras proparoxítonas que siguen la pauta A. En un análisis de la armonía basado en la coarticulación del rasgo armónico por asimilación anticipatoria, la predicción, obviamente errónea, es que estas tres posibilidades deberían estar excluidas. En suma, la armonía vocálica del andaluz no parece encajar en las pautas de comportamiento características de los procesos asimilatorios de tipo coarticulatorio.

En cambio, el tratamiento perceptivo de la armonía vocálica mantiene que existen restricciones de marcadez [→ § 1.22.4] de tipo perceptivo, que favorecen la asociación de un determinado rasgo o clase de rasgos a una posición prominente (como, por ejemplo, la sílaba tónica) para, de esta manera, realzar la percepción de ese rasgo. La armonía surge, pues, cuando el rasgo armónico se propaga de una posición débil a una posición fuerte, que es perceptivamente más destacada que la débil, para incrementar su relieve o prominencia acústica (Jiménez Martínez y Lloret 2007, 2010; Lloret 2008). Como apuntan Jiménez Martínez y Lloret (2007, 2010) el proceso puede manifestarse con un efecto coarticulatorio concomitante, pero este se considera de carácter secundario, subordinado a los mecanismos que realzan la prominencia perceptiva. Esta hipótesis, propuesta originalmente en Suomi (1983) para explicar ciertos procesos de armonía, y elaborada subsiguientemente en Steriade (1995) y en Zoll (1997), se ha aplicado a la descripción de la armonía vocálica en varias lenguas románicas en los estudios de Walker (2001, 2004, 2005, 2006, 2011), los cuales suministran el marco conceptual en el que se apoya el tratamiento del vocalismo armónico del andaluz que se encuentra en los importantes trabajos de Jiménez Martínez y Lloret (2007, 2010) Lloret (2008) y Lloret y Jiménez Martínez (2009); pueden verse también las investigaciones de Beddor, Krakow y Lindemann (2001) y de Beddor, Harnsberger y Lindemann (2002) sobre los correlatos acústicos y perceptivos de la armonía vocálica en general.

El análisis propuesto por Jiménez y Lloret para el andaluz en los citados estudios puede resumirse de la siguiente manera. El rasgo [+glotis distendida] que caracteriza a la /s/ implosiva se manifiesta fonéticamente como el rasgo [−RLA] en la vocal átona precedente, que ocupa una posición perceptivamente débil. En los dialectos del andaluz oriental en los que la /s/ está sujeta a elisión, la especificación del rasgo [RLA] en la vocal final serviría en principio (excluyendo momentáneamente el proceso de armonía) para establecer un doble contraste paradigmático: entre el singular ([+RLA]) y el plural ([−RLA]) en las formas nominales (*nene* [ˈnene] ~ *nenes* [ˈnẹnẹ]), y entre la 3.ª persona de singular ([+RLA]) y la 2.ª ([−RLA]) en los verbos (cf. *bebe* [ˈbeβe] ~ *bebes* [ˈbẹβẹ]). En este punto, se habría creado una situación inestable: por un lado, [−RLA], un rasgo no contrastivo en español, se ha erigido en el único exponente de dos importantes distinciones morfológicas; por otro, esta propiedad se encuentra anclada en la vocal átona final, una posición de escasa prominencia perceptiva. La consecuencia de asociar [−RLA] a la vocal tónica (una posición perceptivamente fuerte) es dotarla de mayor relieve desde el punto de vista perceptivo. La propagación, además, de este rasgo a las vocales intertónicas sirve, además, para reforzar su prominencia.

4.6 Conclusiones

En este capítulo se ha presentado una descripción fonológica de las vocales del español que incluye: a) su caracterización según criterios articulatorios bien establecidos; b) una comparación con otros sistemas vocálicos muy comunes en las lenguas; y c) una panorámica de los procesos de variación alofónica más destacados, tanto en la lengua normativa como en ciertas variedades dialectales.

El inventario de fonemas vocálicos del español se ha especificado de acuerdo con criterios articulatorios ampliamente aceptados, relativos a la posición particular de la lengua en la cavidad bucal y a la configuración de los labios, sobre los que se basa un inventario universal de cinco rasgos distintivos: [alto], [bajo], [retraído], [RLA] y [redondeado], aptos, supuestamente, para especificar todos los sistemas vocálicos de las lenguas (cf. Lindau 1978). El recurso a los rasgos articulatorios en el análisis fonológico de las vocales ha prevalecido en las últimas décadas, especialmente a partir de la irrupción en escena de la fonología generativa, impulsada por el fecundo estudio de Chomsky y Halle (1968), y que desde entonces ha ido sustituyendo progresivamente a los rasgos de tipo acústico, usados por marcos teóricos precedentes. Como es sabido, los rasgos articulatorios confieren una importancia predominante a la producción del habla, es decir, adoptan la perspectiva del hablante, mientras que los acústicos se apoyan en la percepción del habla, esto es, reflejan más bien la perspectiva del oyente [→ § 1.19.8].

Hace un tiempo, sin embargo, se ha revitalizado el papel de los rasgos acústicos en el análisis fonológico. Tal es el caso de la versión del modelo de la Teoría de la Optimidad [→ § 1.22.6] conocida como la 'Teoría de la Dispersión' (Flemming 2002, 2004, 2005; Ní Chiosáin y Padgett 2009, entre otros) [→ § 1.22.5], en la que se confiere una importancia fundamental a las representaciones acústico-auditivas en la creación de los patrones fonológicos y en la preservación de los contrastes fonémicos mediante el recurso a restricciones que aluden directamente a las frecuencias de los formantes vocálicos y a otros parámetros acústicos. Otro desarrollo paralelo ha incorporado ciertas propiedades auditivas, como la prominencia acústica/perceptiva, al análisis de fenómenos fonológicos muy comunes, tales como la asimilación vocálica a distancia (metafonía, armonía vocálica; cf. Walker [2011]), en contraposición al tratamiento articulatorio tradicional, basado en el mecanismo de la coarticulación, como se desprende del análisis de la armonía vocálica en el andaluz oriental de Lloret y Jiménez Martínez (2009), mencionado en el § 4.4.5, en el que se propone que la percepción del rasgo armónico queda realzada al propagarse este desde la sílaba final átona a la vocal tónica, la vocal más prominente de la palabra. Como es evidente, en este tipo de análisis también adquiere un papel central la percepción del habla, en detrimento de la producción, que queda relegada a una posición secundaria.

Según se ha constatado en este capítulo, en comparación con otras lenguas el sistema vocálico del español es relativamente simple y además muy estable, ya que presenta una variación alofónica muy escasa en términos relativos. Por lo que se refiere a la lengua normativa, las variaciones contextuales de la abertura vocálica observadas originalmente por Navarro Tomás hace ya un siglo han sido cuestionadas, al menos en parte, por un gran número de estudios acústicos subsiguientes a lo largo del siglo xx, y continúan siendo debatidas en la actualidad. La mayor parte de los fonólogos que trabajan sobre el español consideran que estas variaciones se originan en la realización fonética, no en el componente fonológico. Sin embargo, la observación de Navarro Tomás de que las variantes abiertas se dan en el contexto de una sílaba trabada por consonante ha sido plenamente confirmada en el andaluz oriental, donde ha adoptado un estatus fonológico: la vocal final de la palabra se hace abierta al ir seguida de una /s/ implosiva, y su abertura se propaga como mínimo a la vocal tónica. Asimismo, se ha descrito aquí la nasalización de vocales en contacto con consonantes nasales, tanto en las variedades normativas como en ciertos dialectos, por ejemplo, en el español caribeño, en el que la nasalización vocálica ha ampliado su ámbito contextual, y puede ir ocasionalmente acompañada de la elisión de la nasal desencadenante del proceso. Incluso existen indicios de que en algunos dialectos caribeños está desarrollándose un fenómeno incipiente de armonía en nasalidad. En este capítulo se han abordado, igualmente, dos procesos fonológicos que afectan a las vocales en el español dialectal y que son muy comunes en las lenguas: la armonía vocálica y el alargamiento compensatorio de las vocales desencadenado por la elisión de una consonante implosiva siguiente. Por el contrario, la reducción extrema de las vocales (desonorización, ensordecimiento) que se produce en ciertas modalidades del español mexicano y andino constituye un fenómeno muy marcado desde el punto de vista fonológico, que raramente se ha observado en las lenguas.

Referencias bibliográficas

Aguilar, Lourdes. 1997. *De la vocal a la consonante*. Santiago de Compostela: Universidade de Santiago de Compostela, Servicio de Publicacións.

Akinlabi, Akinbiyi. 1994. «Alignment Constraints in ATR Harmony». *Studies in the Linguistic Sciences* 24 (1–2): 1–18. http://hdl.handle.net/2142/9297.

Alarcos, Emilio. 1958. «Fonología y fonética (a propósito de las vocales andaluzas)». *Archivum. Revista de la Facultad de Filología* 8: 193–205.

———. (1950) 1965. *Fonología española*. 4.ª ed. aumentada y revisada. Madrid: Gredos.

———. 1983. «Más sobre las vocales andaluzas». En *Philologica hispaniensia in honorem Manuel Alvar*, 1:49–55. Madrid: Gredos.

———. 1994. *Gramática de la lengua española*. Madrid: Espasa Calpe.

Albright, Adam. 2008. «How Many Grammars Am I Holding up? Discovering Phonological Differences between Word Classes». En *Proceedings of the 26th West Coast Conference on Formal Linguistics (WCCFL 26)*, editado por Charles B. Chang y Hannah J. Haynie, 1–20. Somerville: Cascadilla Proceedings Project.

Alcina, Juan y José Manuel Blecua. (1975) 1982. *Gramática española*. 3.ª ed. Barcelona: Ariel.

Almeida, Manuel. 1990. «El timbre vocálico en español actual». *Revista de Filología Románica* 7: 75–85.

Alonso, Dámaso, Alonso Zamora Vicente y María Josefa Canellada. 1950. «Vocales andaluzas. Contribución al estudio de la fonología peninsular». *Nueva Revista de Filología Hispánica* 4 (3): 209–30. https://doi.org/10.24201/nrfh.v4i3.159.

Alvar, Manuel. 1955a. «Las encuestas del Atlas Lingüístico de Andalucía». *Revista de Dialectología y Tradiciones Populares* 11 (3): 231–74.

———. 1955b. «Las hablas meridionales de España y su interés para la lingüística comparada». *Revista de Filología Española* 39 (1–4): 284–313. https://doi.org/10.3989/rfe.1955.v39.i1/4.1136.

———. 1959. *El español hablado en Tenerife*. Madrid: Consejo Superior de Investigaciones Científicas.

———. 1996. «Andaluz». En *Manual de dialectología hispánica. El español de España*, editado por Manuel Alvar, 233–58. Barcelona: Ariel.

Álvarez González, Juan Antonio. 1981. «Influencias de los sonidos contiguos en el timbre de las vocales (Estudio acústico)». *Revista Española de Lingüística* 11 (2): 427–45.

Archangeli, Diana y Douglas Pulleyblank. 1994. *Grounded Phonology*. Cambridge, MA: MIT Press.

———. 2002. «Kinande Vowel Harmony: Domains, Grounded Conditions and One-Sided Alignment». *Phonology* 19 (2): 139–88. https://doi.org/10.1017/S095267570200430X.

Aronson, Leonor, Leonardo Rufiner, Hilda M. Furmanski y Patricia Estienne. 2000. «Características acústicas de las vocales del español rioplatense». *Fonoaudiológica* 46 (2): 12–20.

Ávila Sánchez, Raúl. 1966–1967. «Fonemas vocálicos en el español de Tamazunchale». *Anuario de Letras* 6: 61–80.

———. 2003. «La pronunciación del español: medios de difusión masiva y norma culta». *Nueva Revista de Filología Hispánica* 51 (1): 57–79. https://doi.org/10.24201/nrfh.v51i1.2203.

Baković, Eric. 1994. «Strong Onsets and Spanish Fortition». En *MIT Working Papers in Linguistics, 23: Proceedings of the 6th Student Conference in Linguistics (SCIL 6)*, editado por Chris Giordano y Daniel Ardron, 21–39. Cambridge, MA: Massachusetts Institute of Technology, Department of Linguistics and Philosophy.

———. 2000. «Nasal Place Neutralization in Spanish». *University of Pennsylvania Working Papers in Linguistics (PWPL)* 7 (1): Article 2. Rutgers Optimality Archive (386).

Beckman, Jill N. (1998) 1999. *Positional Faithfulness. An Optimality Theoretic Treatment of Phonological Asymmetries*. Nueva York: Garland. https://doi.org/10.4324/9780203055427.

Beddor, Patrice S. 1982. «Phonological and Phonetic Effects of Nasalization on Vowel Height». Tesis de doctorado, University of Minnesota. Reed., Bloomington: Indiana University Linguistics Club, 1983.

Beddor, Patrice S., James D. Harnsberger y Stephanie Lindemann. 2002. «Language-Specific Patterns of Vowel-to-Vowel Coarticulation: Acoustic Structures and Their Perceptual Correlates». *Journal of Phonetics* 30 (4): 591–627. https://doi.org/10.1006/jpho.2002.0177.

Beddor, Patrice S., Rena A. Krakow y Louis M. Goldstein. 1986. «Perceptual Constraints and Phonological Change: A Study of Nasal Vowel Height». *Phonology Yearbook* 3: 197–217. https://doi.org/10.1017/S0952675700000646.

Beddor, Patrice S., Rena A. Krakow y Stephanie Lindemann. 2001. «Patterns of Perceptual Compensation and Their Phonological Consequences». En *The Role of Speech Perception in Phonology*, editado por Elizabeth V. Hume y Keith Johnson, 55–78. San Diego: Academic Press.

Bermúdez-Otero, Ricardo. 2007. «Diachronic Phonology». En *The Cambridge Handbook of Phonology*, editado por Paul de Lacy, 497–518. Cambridge: Cambridge University Press. https://doi.org/10.1017/CBO9780511486371.022.

Bermúdez-Otero, Ricardo y Richard M. Hogg. 2003. «The Actuation Problem in Optimality Theory: Phonologization, Rule Inversion, and Rule Loss». En *Optimality Theory and Language Change*, editado por D. Eric Holt, 91–119. Dordrecht: Kluwer. https://doi.org/10.1007/978-94-010-0195-3_4.

Bernales, Mario. 1976. «Análisis espectrográfico comparado de las vocales de Valdivia y Chiloé». *Estudios Filológicos* 11: 59–70.

Boyd-Bowman, Peter. 1952. «La pérdida de vocales átonas en la altiplanicie mexicana». *Nueva Revista de Filología Hispánica* 6 (2): 138–40. https://doi.org/10.24201/nrfh.v6i2.3163.

Bradlow, Ann R. 1995. «A Comparative Acoustic Study of English and Spanish Vowels». *The Journal of the Acoustical Society of America* 97 (3): 1916–1924. https://doi.org/10.1121/1.412064.

Brame, Michael K. y Ivonne Bordelois. 1973. «Vocalic Alternations in Spanish». *Linguistic Inquiry* 4 (2): 111–68.

Bybee, Joan L. 2001. *Phonology and Language Use*. Cambridge: Cambridge University Press. https://doi.org/10.1017/CBO9780511612886.

Campos-Astorkiza, Rebeka. 2003. «Compensatory Lengthening as Root Number Preservation: Codas in Eastern Andalusian Spanish». En *Proceedings of the 17th International Congress of Linguists*, editado por Eva Hajičová, Anna Kotěšovcová y Jiří Mírovský, 1–11. Praga: Matfyzpress, MFF UK. CD-ROM.

———. 2009. *The Role and Representation of Minimal Contrast and the Phonetics-Phonology Interaction*. Múnich: LINCOM.

Canellada, María Josefa y John Kuhlmann Madsen. 1987. *Pronunciación del español. Lengua hablada y literaria*. Madrid: Castalia.

Canellada, María Josefa y Alonso Zamora Vicente. 1960. «Vocales caducas en el español mexicano». *Nueva Revista de Filología Hispánica* 14 (3–4): 221–41. https://doi.org/10.24201/nrfh.v14i3/4.347.

Canfield, D. Lincoln. 1981. *Spanish Pronunciation in the Americas*. Chicago: University of Chicago Press. Trad. de Joaquim Llisterri y Dolors Poch, *El español de América: fonética*. Barcelona: Crítica, 1988.

Cárdenas, Daniel N. 1960. «Acoustic Vowel Loops of Two Spanish Idiolects». *Phonetica* 5 (1): 19–34. https://doi.org/10.1159/000258037.

Carlson, Kristin M. 2008. «An Acoustic and Perceptual Analysis of Compensatory Processes in Vowels Preceding Deleted Post-Nuclear /s/ in Andalusian Spanish». *Purdue Linguistics Association Working Papers* 1: 4–23.

———. 2012. «An Acoustic and Perceptual Analysis of Compensatory Processes in Vowels Preceding Deleted Post-Nuclear /s/ in Andalusian Spanish». *Concentric: Studies in Linguistics* 38 (1): 39–67.

Cedergren, Henrietta J. 1973. «The Interplay of Social and Linguistic Factors in Panama». Tesis de doctorado, Cornell University. ProQuest (302659326).

Cedergren, Henrietta J. y David Sankoff. 1975. «Nasals: A Sociolinguistic Study of Change in Progress». En *Nasalfest. Papers from a Symposium on Nasals and Nasalization*, editado por Charles A. Ferguson, Larry M. Hyman y John J. Ohala, 67–80. Stanford: Stanford University, Department of Linguistics, Language Universals Project.

de Chene, Brent y Stephen R. Anderson. 1979. «Compensatory Lengthening». *Language* 55 (3): 505–35. https://doi.org/10.2307/413316.

Chomsky, Noam y Morris Halle. 1968. *The Sound Pattern of English*. Nueva York: Harper & Row. Trad. parcial de José Antonio Millán, *Principios de fonología generativa*, editado por José Antonio Millán y Pilar Calvo. Madrid: Fundamentos, 1979.

Clements, George N. 1977. «The Autosegmental Treatment of Vowel Harmony». En *Phonologica 1976. Akten der dritten Internationalen Phonologie-Tagung. Wien, 1-4 September 1976*, editado por Wolfgang U. Dressler y Oskar E. Pfeiffer, 111–19. Innsbruck: Universität Innsbruck, Institut für Sprachwissenschaft.

———. 1985. «The Geometry of Phonological Features». *Phonology Yearbook* 2: 225–52. https://doi.org/10.1017/S0952675700000440.

———. 1987. «Phonological Feature Representation and the Description of Intrusive Stops». En *Papers from the 23rd Annual Regional Meeting of the Chicago Linguistic Society*, editado por Anna R. K. Bosch, Barbara Need y Eric Schiller, 29–50. Chicago: Chicago Linguistic Society.

Clements, George N. y Elizabeth V. Hume. 1995. «The Internal Organization of Speech Sounds». En *The Handbook of Phonological Theory*, editado por John A. Goldsmith, 245–306. Oxford: Blackwell.

Clements, George N. y Samuel J. Keyser. 1983. *CV Phonology. A Generative Theory of the Syllable*. Cambridge, MA: MIT Press.

Clements, George N. y Engin Sezer. 1982. «Vowel and Consonant Disharmony in Turkish». En *The Structure of Phonological Representations (Part II)*, editado por Harry van der Hulst y Norval Smith, 213–55. Dordrecht: Foris.

Contreras Jurado, Antonio. 1975–1976. «Vocales abiertas del plural en andaluz oriental ¿Fonemas o prosodemas?» *Yelmo* 26: 23–25.

Corbin, Lindsey C. 2006. «The Phonetics and Phonology of S-Lenition and Vowel Laxing in Eastern Andalusian Spanish». Tesis de licenciatura, Williams College.

Cressey, William W. 1978. *Spanish Phonology and Morphology: A Generative View*. Washington D. C.: Georgetown University Press.

Crothers, John. 1978. «Typology and Universals of Vowel Systems». En *Universals of Human Language. Vol. 2: Phonology*, editado por Joseph H. Greenberg, 95–152. Stanford: Stanford University Press.

Dalbor, John B. (1969) 1997. *Spanish Pronunciation. Theory and Practice*. 3.ª ed. Nueva York: Holt, Rinehart and Winston.

Delforge, Ann Marie. 2008a. «Gestural Alignment Constraints and Unstressed Vowel Devoicing in Andean Spanish». En *Proceedings of the 26th West Coast Conference on Formal Linguistics (WCCFL 26)*, editado por Charles B. Chang y Hannah J. Haynie, 147–55. Somerville: Cascadilla Proceedings Project.

———. 2008b. «Unstressed Vowel Reduction in Andean Spanish». En *Selected Proceedings of the 3rd Conference on Laboratory Approaches to Spanish Phonology*, editado por Laura Colantoni y Jeffrey Steele, 107–24. Somerville: Cascadilla Proceedings Project.

———. 2009. «The Rise and Fall of Unstressed Vowel Reduction in the Spanish of Cusco, Peru: A Sociophonetic Study». Tesis de doctorado, University of California, Davis. ProQuest (304848189).

D'Introno, Francesco, Jorge M. Guitart y Juan Clemente Zamora Munné. 1988. *Fundamentos de lingüística hispánica*. Madrid: Playor.

D'Introno, Francesco y Juan Manuel Sosa. 1988. «Elisió de nasal o nasalizaciõ de vocal eŋ caraqueño». En *Studies in Caribbean Spanish dialectology*, editado por Robert M. Hammond y Melvyn C. Resnick, 24–34. Washington D. C.: Georgetown University Press.

D'Introno, Francesco, Enrique del Teso y Rosemary Weston. 1995. *Fonética y fonología actual del español*. Madrid: Cátedra.

Espinosa García, Aurelio M. 1930. *Estudios sobre el español de Nuevo México. Parte I. Fonética*. Traducción y Reelaboración con notas de Amado Alonso y Ángel Rosenblat. Buenos Aires: Universidad de Buenos Aires, Instituto de Filología.

Fernández Planas, Ana María. 2005. *Así se habla. Nociones fundamentales de fonética general y española. Apuntes de catalán, gallego y euskara*. Barcelona: Horsori.

Finley, Sara. 2008. «Formal and Cognitive Restrictions on Vowel Harmony». Tesis de doctorado, Johns Hopkins University. Rutgers Optimality Archive (989).

———. 2009. «Morphemic Harmony as Featural Correspondence». *Lingua* 119 (3): 478–501. https://doi.org/10.1016/j.lingua.2008.09.009.

———. 2010. «Exceptions in Vowel Harmony Are Local». *Lingua* 120 (6): 1549–66. https://doi.org/10.1016/j.lingua.2009.10.003.

Flemming, Edward S. 2002. *Auditory Representations in Phonology*. Londres: Routledge. https://doi.org/10.4324/9781315054803.

———. 2004. «Contrast and Perceptual Distinctiveness». En *Phonetically-Based Phonology*, editado por Bruce Hayes, Robert M. Kirchner y Donca Steriade, 232–276. Cambridge: Cambridge University Press. https://doi.org/10.1017/CBO9780511486401.008.

———. 2005. «Deriving Natural Classes in Phonology». *Lingua* 115 (3): 287–309. https://doi.org/10.1016/j.lingua.2003.10.005.

Garza, Beatriz. 1987. *El español hablado en la ciudad de Oaxaca, México. Caracterización fonética y léxica*. México, D. F.: El Colegio de México.

Gerfen, Chip. 2001. «A Critical View of Licensing by Cue: Codas and Obstruents in Eastern Andalusian Spanish». En *Segmental Phonology in Optimality Theory. Constraints and Representations*, editado por Linda Lombardi, 183–205. Cambridge: Cambridge University Press. https://doi.org/10.1017/CBO9780511570582.007.

———. 2002. «Andalusian Codas». *Probus. International Journal of Latin and Romance Linguistics* 14 (2): 247–77. https://doi.org/10.1515/prbs.2002.010.

Gess, Randall. 2011. «Compensatory Lengthening». En *The Blackwell Companion to Phonology. Vol. 3: Phonological Processes*, editado por Marc van Oostendorp, Colin J. Ewen, Elizabeth V. Hume y Keren Rice, 1513–1536. Malden: Wiley-Blackwell. https://doi.org/10.1002/9781444335262.wbctp0064.

Gil, Juana. 1988. *Los sonidos del lenguaje*. Madrid: Síntesis.

Gómez Asencio, José Jesús. 1977. «Vocales andaluzas y fonología generativa». *Studia Philologica Salmanticensia* 1: 115–30.

Guirao, Miguelina y Ana María Borzone de Manrique. 1975. «Identification of Argentine Spanish Vowels». *Journal of Psycholinguistic Research* 4 (1): 17–25. https://doi.org/10.1007/BF01066987.

Guitart, Jorge M. (1973) 1976. *Markedness and a Cuban Dialect of Spanish*. Washington D. C.: Georgetown University Press.

———. 1980. «Aspectos del consonantismo habanero: reexamen descriptivo». En *Dialectología hispanoamericana. Estudios actuales*, editado por Gary E. Scavnicky, 32–47. Washington D. C.: Georgetown University Press.

———. 1985. «Variable Rules in Caribbean Spanish and the Organization of Phonology». En *Current Issues in Hispanic Phonology and Morphology*, editado por Frank H. Nuessel, 228–33. Bloomington: Indiana University Linguistics Club.

———. 2004. «En torno a un cambio en la pronunciación del español de La Habana en el último tercio del siglo xx y sus posibles causas». *Lingua Americana. Revista de Lingüística* 14: 9–20.

Hammond, Robert M. 1978. «An Experimental Verification of the Phonemic Status of Open and Closed Vowels in Caribbean Spanish». En *Corrientes actuales de la dialectología del Caribe hispánico. Actas de un simposio*, editado por Humberto López Morales, 93–143. Río Piedras: Universidad de Puerto Rico, Editorial Universitaria.

———. 1986. «En torno a una regla global en la fonología del español de Cuba». En *Estudios sobre la fonología del español del Caribe*, editado por Rafael A. Núñez Cedeño, Iraset Páez y Jorge M. Guitart, 31–40. Caracas: La Casa de Bello.

———. 2001. *The Sounds of Spanish: Analysis and Application (with Special Reference to American English)*. Somerville: Cascadilla Press.

Harris, Alice C. 2008. «On the Explanation of Typologically Unusual Structures». En *Linguistic Universals and Language Change*, editado por Jeff Good, 54–76. Oxford: Oxford University Press. https://doi.org/10.1093/acprof:oso/9780199298495.003.0003.

Harris, James W. 1969. *Spanish Phonology*. Cambridge, MA: MIT Press. Trad. de Aurelio Verde, *Fonología generativa del español*. Barcelona: Planeta, 1975.

———. 1974a. «Morphologization of Phonological Rules: An Example from Chicano Spanish». En *Linguistic Studies in Romance Languages. Proceedings of the Third Linguistic Symposium on Romance Languages*, editado por R. Joe Campbell, Mark G. Golding y Mary C. Wang, 8–27. Washington D. C.: Georgetown University Press.

———. 1974b. «On Certain Claims Concerning Spanish Phonology». *Linguistic Inquiry* 5 (2): 271–82.

———. 1980. «Lo morfológico en una gramática generativa: alternancias vocálicas en las formas verbales del español». En *La estructura fónica de la lengua castellana. Fonología, morfología, dialectología*, editado por Jorge M. Guitart y Joaquín Roy, 141–99. Barcelona: Anagrama.

———. 1983. *Syllable Structure and Stress in Spanish. A Nonlinear Analysis*. Cambridge, MA: MIT Press. Trad. de Olga Fernández Soriano, *La estructura silábica y el acento en español. Análisis no lineal*. Madrid: Visor, 1991.

———. 1984a. «Autosegmental Phonology, Lexical Phonology, and Spanish Nasals». En *Language Sound Structure. Studies in Phonology Presented to Morris Halle by His Teacher and Students*, editado por Mark Aronoff y Richard T. Oehrle, 67–82. Cambridge, MA: MIT Press.

———. 1984b. «Theories of Phonological Representation and Nasal Consonants in Spanish». En *Papers from the XIIth Linguistic Symposium on Romance Languages. University Park, April 1–3, 1982*, editado por Philip Baldi, 153–68. Ámsterdam: John Benjamins. https://doi.org/10.1075/cilt.26.13har.

———. 1985. «Spanish Diphthongisation and Stress: A Paradox Resolved». *Phonology Yearbook* 2: 31–45. https://doi.org/10.1017/S0952675700000373. Trad. y ed. de Juana Gil en *Panorama de la fonología española actual*, 255–72. Madrid: Arco/Libros, 2000.

Harris, John. 2007. «Representation». En *The Cambridge Handbook of Phonology*, editado por Paul de Lacy, 119–37. Cambridge: Cambridge University Press. https://doi.org/10.1017/CBO9780511486371.007.

Hayes, Bruce. 1989. «Compensatory Lengthening in Moraic Phonology». *Linguistic Inquiry* 20 (2): 253–306.

———. 2009. *Introductory Phonology*. Malden: Wiley-Blackwell.

Henriksen, Nicholas. 2017. «Patterns of Vowel Laxing and Harmony in Iberian Spanish: Data from Production and Perception». *Journal of Phonetics* 63: 106–26. https://doi.org/10.1016/j.wocn.2017.05.001.

Hernández, José Esteban. 2009. «Measuring Rates of Word-Final Nasal Velarization: The Effect of Dialect Contact on in-Group and out-Group Exchanges». *Journal of Sociolinguistics* 13 (5): 583–612. https://doi.org/10.1111/j.1467-9841.2009.00428.x.

Herrero de Haro, Alfredo. 2016a. «Four Mid Front Vowels in Western Almería: The Effect of /s/, /r/, and /θ/ Deletion in Eastern Andalusian Spanish». *Zeitschrift für romanische Philologie* 132 (1): 118–48. https://doi.org/10.1515/zrp-2016-0005.

———. 2016b. «Contexto y armonía vocálica: ¿son necesarios para la identificación de /s/ subyacente en andaluz oriental?» Presentado en IX Congreso Internacional de la Asociación Asiática de Hispanistas, Bangkok, Tailandia, junio.

———. 2017. «Four Mid Back Vowels in Eastern Andalusian Spanish: The Effect of /s/, /r/, and /θ/ Deletion on Preceding /o/ in the Town of El Ejido». *Zeitschrift für romanische Philologie* 133 (1): 82–114. https://doi.org/10.1515/zrp-2017-0004.

———. 2018. «Context and Vowel Harmony: Are They Essential to Identify Underlying Word-Final /s/ in Eastern Andalusian Spanish?» *Dialectologia. Revista electrònica* 20: 107–45.

Herrero, Ricard y Jesús Jiménez Martínez. 2013. «De la coarticulación a la armonía vocálica en valenciano». En *Studies in Phonetics, Phonology and Sound Change in Romance*, editado por Fernando Sánchez Miret y Daniel Recasens, 43–63. Múnich: LINCOM. http://hdl.handle.net/10550/51715.

Hidalgo, Antonio y Mercedes Quilis Merín. (2002) 2004. *Fonética y fonología españolas*. 2.ª ed. corregida y ampliada. Valencia: Tirant lo Blanch.

Honsa, Vladimir. 1965. «The Phonemic Systems of Argentinian Spanish». *Hispania* 48 (2): 275–83. https://doi.org/10.2307/336107.

Hooper, Joan B. 1976. *An Introduction to Natural Generative Phonology*. Nueva York: Academic Press.

Hualde, José Ignacio. 1989a. «Delinking Processes in Romance». En *Studies in Romance Linguistics. Selected Proceedings from the XVII Linguistic Symposium on Romance Languages*, editado por Carl Kirschner y Janet A. DeCesaris, 177–93. Ámsterdam: John Benjamins. https://doi.org/10.1075/cilt.60.12hua.

———. 1989b. «Procesos consonánticos y estructuras geométricas en español». *Lingüística. Publicación de la Asociación de Filología y Lingüística de América Latina* 1: 7–44. Reed. en *Panorama de la fonología española actual*, editado por Juana Gil, 395–431. Madrid: Arco/Libros, 2000.

———. 1994. «La contracción silábica en español». En *Gramática del español*, editado por Violeta Demonte, 629–47. México, D. F.: El Colegio de México.

———. 2005. *The Sounds of Spanish*. Cambridge: Cambridge University Press.

Hualde, José Ignacio y Benjamin P. Sanders. 1995. «A New Hypothesis on the Origin of the Eastern Andalusian Vowel System». En *Proceedings of the Twenty-First Annual Meeting of the Berkeley Linguistics Society: General Session and Parasession on Historical Issues in Sociolinguistics / Social Issues in Historical Linguistics*, editado por Jocelyn Ahlers, Leela Bilmes, Joshua S. Guenter, Barbara A. Kaiser y Ju Namkung, 426–37. Berkeley: Berkeley Linguistics Society. https://doi.org/10.3765/bls.v21i1.1386.

Hundley, James E. 1983. «Linguistic Variation in Peruvian Spanish: Unstressed Vowel and /s/». Tesis de doctorado, University of Minnesota. ProQuest (303184063).

Hyman, Larry M. 1975. *Phonology. Theory and Analysis*. Nueva York: Holt, Rinehart and Winston. Trad. de Rafael Monroy, *Fonología. Teoría y análisis*. Madrid: Paraninfo, 1981.

———. 1976. «Phonologization». En *Linguistic Studies Offered to Joseph Greenberg on the Occasion of His Sixtieth Birthday*, editado por Alphonse Juilland, 2:407–418. Saratoga: Anma Libri.

———. 2013. «Enlarging the Scope of Phonologization». En *Origins of Sound Change. Approaches to Phonologization*, editado por Alan C. L. Yu, 3–28. Oxford: Oxford University Press. https://doi.org/10.1093/acprof:oso/9780199573745.003.0001.

Hyman, Ruth L. 1956. «[ŋ] as an Allophone Denoting Open Juncture in Several Spanish-American Dialects». *Hispania* 39 (3): 293–99. https://doi.org/10.2307/336007.

Ingria, Robert. 1980. «Compensatory Lengthening as a Metrical Phenomenon». *Linguistic Inquiry* 11 (3): 465–95.

Iribar, Alexander. 2013. «Apuntes para la caracterización articulatoria experimental del vocalismo del español». *Estudios de Fonética Experimental* 22: 37–80.

Jiménez Martínez, Jesús, y Maria-Rosa Lloret. 2007. «Andalusian Vowel Harmony: Weak Triggers and Perceptibility». Presentado en 4th Old-World Conference on Phonology. Workshop on Harmony in the Languages of the Mediterranean, Rodas, Grecia, enero. http://roa.rutgers.edu/article/view/931.

———. 2010. «Entre la articulación y la percepción: armonía vocálica en la península Ibérica». En *Actes du XXVe Congrès International de Linguistique et de Philologie Romanes. Innsbruck, 3–8 septembre 2007*, editado por Maria Iliescu, Siller-Runggaldier, Heidi, y Paul Danler, 2:107–16. Berlín: de Gruyter. https://doi.org/10.1515/9783110231922.2-107.

———. 2018. «Restricciones articulatorias y perceptivas en la armonía vocálica del andaluz oriental y del murciano». En *Actas do XIII Congreso Internacional de Lingüística Xeral*, editado por Marta Díaz, Gael Vaamonde, Ana Varela, María del Carmen Cabeza, José María García-Miguel, y Fernando Ramallo, 490–96. Vigo: Universidade de Vigo.

———. 2020. «Vowel Harmony». En *The Routledge Handbook of Spanish Phonology*, editado por Sonia Colina y Fernando Martínez-Gil, 98–126. Londres: Routledge. https://doi.org/10.4324/9781315228112.

Jiménez Sabater, Maximiliano Arturo. 1975. *Más datos sobre el español de la República Dominicana*. Santo Domingo: Ediciones INTEC.

Kavitskaya, Darya. 2002. *Compensatory Lengthening. Phonetics, Phonology, Diachrony*. Londres: Routledge. https://doi.org/10.4324/9781315024141.

King, Harold V. 1952. «Outline of Mexican Spanish Phonology». *Studies in Linguistics* 10 (3): 51–62.

Kiparsky, Paul. 2011. «Compensatory Lengthening». En *Handbook of the Syllable*, editado por Charles E. Cairns y Eric Raimy, 31–70. Leiden: Brill. https://doi.org/10.1163/ej.9789004187405.i-464.

Krämer, Martin. 2003. *Vowel Harmony and Correspondence Theory*. Berlín: Mouton de Gruyter. Reed., Berlín: de Gruyter Mouton, 2008. https://doi.org/10.1515/9783110197310.

de Lacy, Paul. 2006. *Markedness. Reduction and Preservation in Phonology*. Cambridge: Cambridge University Press. https://doi.org/10.1017/CBO9780511486388.

Ladefoged, Peter. (2001) 2005. *Vowels and Consonants. An Introduction to the Sounds of Languages*. 2.ª ed. Oxford: Blackwell.

———. (1975) 2006. *A Course in Phonetics*. 6.ª ed. Boston: Thomson Wadsworth.

Ladefoged, Peter e Ian Maddieson. 1996. *The Sounds of the World's Languages*. Oxford: Blackwell.

Lieber, Rochelle. 1987. *An Integrated Theory of Autosegmental Processes*. Albany: State University of New York Press.

Lindau, Mona. 1978. «Vowel Features». *Language* 54 (3): 541–63. https://doi.org/10.2307/412786.

Lipski, John. 1986. «Reduction of Spanish Word-Final /s/ and /n/». *Canadian Journal of Linguistics / Revue Canadienne de Linguistique* 31 (2): 139–156. https://doi.org/10.1017/S0008413100011579.

———. 1990. «Aspects of Ecuadorian Vowel Reduction». *Hispanic Linguistics* 4 (1): 1–19.

———. 1994. *Latin American Spanish*. Nueva York: Longman. Trad. de Silvia Iglesias, *El español de América*. Madrid: Cátedra, 1996.

———. 2020. «Spanish Phonological Variation». En *The Routledge Handbook of Spanish Phonology*, editado por Sonia Colina y Fernando Martínez-Gil, 453–67. Londres: Routledge. https://doi.org/10.4324/9781315228112.

Llisterri, Joaquim y Dolors Poch. 1986. «Análisis acústico del timbre vocálico en las realizaciones normativas del plural en andaluz oriental». Presentado en XVI Simposio de la Sociedad Española de Lingüística, Murcia, España, diciembre. Resumen publicado en *Revista Española de Lingüística* 17 (1): 185.

Llorente, Antonio. 1962. «Fonética y fonología andaluzas». *Revista de Filología Española* 45 (1–4): 227–40. https://doi.org/10.3989/rfe.1962.v45.i1/4.925.

Lloret, Maria-Rosa. 2008. «On the Nature of Vowel Harmony: Spreading with a Purpose». En *Proceedings of the XXXIII Incontro di Grammatica Generativa*, editado por Antonietta Bisetto y Franceso Barbieri, 15–35. Bolonia: Università di Bologna. https://doi.org/10.6092/unibo/amsacta/2397.

———. 2018. «Andalusian Vowel Harmony at the Phonology-Morphology Interface». Presentado en 15th Old World Conference in Phonology, Londres, Reino Unido, enero.

Lloret, Maria-Rosa y Jesús Jiménez Martínez. 2009. «Un análisis *óptimo* de la armonía vocálica del andaluz». *Verba. Anuario Galego de Filoloxía* 36: 293–325. http://hdl.handle.net/10347/3518.

Lombardi, Linda. 1999. «Positional Faithfulness and Voicing Assimilation in Optimality Theory». *Natural Language & Linguistic Theory* 17 (2): 267–302. https://doi.org/10.1023/A:1006182130229.

———. 2001. «Why Place and Voice Are Different: Constraint-Specific Alternations in Optimality Theory». En *Segmental Phonology in Optimality Theory. Constraints and Representations*, editado por Linda Lombardi, 13–45. Cambridge: Cambridge University Press. https://doi.org/10.1017/CBO9780511570582.002.

Lope Blanch, Juan Miguel. 1963–1964. «En torno a las vocales caedizas del español mexicano». *Nueva Revista de Filología Hispánica* 17 (1–2): 1–19. https://doi.org/10.24201/nrfh.v17i1/2.1507.

———. 1967. «Sobre la influencia de las lenguas indígenas en el léxico del español hablado en México». En *Actas del Segundo Congreso Internacional de Hispanistas, celebrado en Nijmegen del 20 al 25 de agosto de 1965*, editado por Jaime Sánchez Romeralo y Norbert Poulussen, 395–402. Nimega: Universidad de Nimega, Instituto Español. Reed., Madrid: Instituto Cervantes, Centro Virtual Cervantes.

López Morales, Humberto. 1980. «Velarización de /n/ en el español de Puerto Rico». *Lingüística Española Actual* 2 (2): 203–17.

———. 1984. «Desdoblamiento fonológico de las vocales en el andaluz oriental: reexamen de la cuestión». *Revista Española de Lingüística* 14 (1): 85–97.

Lorenzo Criado, Emilio. 1972. «Vocales y consonantes geminadas». En *Studia Hispanica in Honorem R. Lapesa*, 1:401–412. Madrid: Gredos.

Maddieson, Ian. 1984. *Patterns of Sounds*. Cambridge: Cambridge University Press. https://doi.org/10.1017/CBO9780511753459.

Madrid, Edgar Alberto y Elizabeth Santana. 2009. «Variación de las vocales medias en el español hablado en la ciudad de La Habana: evidencia fonético-acústica». *Nueva Revista de Filología Hispánica* 57 (1): 65–87. https://doi.org/10.24201/nrfh.v57i1.2399.

Maiden, Martin. 1987. «New Perspectives on the Genesis of Italian Metaphony». *Transactions of the Philological Society* 85 (1): 38–73. https://doi.org/10.1111/j.1467-968X.1987.tb00711.x.

Malmberg, Bertil. 1950. *Études sur la phonétique de l'espagnol parlé en Argentine*. Lund: Gleerup.

———. 1965. *Estudios de fonética hispánica*. Madrid: Consejo Superior de Investigaciones Científicas.

Manaster-Ramer, Alexis. 1989. «Sound Change vs. Rule Change: The Case of Eastern Andalusian». *Folia Linguistica Historica* 8: 385–420.

Martínez Celdrán, Eugenio. (1984) 1994. *Fonética (Con especial referencia a la lengua castellana)*. 4.ª ed. Barcelona: Teide.

———. 1995. «En torno a las vocales del español: análisis y reconocimiento». *Estudios de Fonética Experimental* 7: 195–218.

———. 1998. *Análisis espectrográfico de los sonidos del habla*. Barcelona: Ariel.

Martínez Celdrán, Eugenio y Wendy Elvira-García. 2019. «Description of Spanish Vowels and Guidelines for Teaching Them». En *Key Issues in the Teaching of Spanish Pronunciation. From Description to Pedagogy*, editado por Rajiv Rao, 17–39. Londres: Routledge. https://doi.org/10.4324/9781315666839.

Martínez Celdrán, Eugenio y Ana María Fernández Planas. 2007. *Manual de fonética española. Articulaciones y sonidos del español*. Barcelona: Ariel.

Martínez Melgar, Antonia. 1986. «Estudio experimental sobre un muestreo de vocalismo andaluz». *Estudios de Fonética Experimental* 2: 195–248.

———. 1994. «El vocalismo del andaluz oriental». *Estudios de Fonética Experimental* 6: 13–64.

Matluck, Joseph H. 1951. *La pronunciación en el español del valle de México*. México, D. F.: Edición del autor.

———. 1952. «La pronunciación en el español en el Valle de México». *Nueva Revista de Filología Hispánica* 6 (2): 109–20. https://doi.org/10.24201/nrfh.v6i2.248.

———. 1961. «Fonemas finales en el consonantismo puertorriqueño». *Nueva Revista de Filología Hispánica* 15 (3–4): 332–42. https://doi.org/10.24201/nrfh.v15i3/4.376.

———. 1963. «La *é* trabada en la ciudad de México: estudio experimental». *Anuario de Letras* 3: 5–34.

McCarthy, John J. 1988. «Feature Geometry and Dependency: A Review». *Phonetica* 45 (2–4): 84–108. https://doi.org/10.1159/000261820.

———. 2009. «Harmony in Harmonic Serialism». *Linguistics Department Faculty Publication Series (University of Massachusetts, Amherst)* 41: 1–52.

———. 2011. «Autosegmental Spreading in Optimality Theory». En *Tones and Features. Phonetic and Phonological Perspectives*, editado por John A. Goldsmith, Elizabeth V. Hume y Leo Wetzels, 195–222. Berlín: de Gruyter Mouton. https://doi.org/10.1515/9783110246223.195.

Mondéjar, José. 1970. *El verbo andaluz. Formas y estructuras*. Madrid: Consejo Superior de Investigaciones Científicas.

———. 1979. «Diacronía y sincronía en las hablas andaluzas». *Lingüística Española Actual* 1 (2): 375–402.

———. 1991. *Dialectología andaluza. Estudios*. Granada: Don Quijote.

Monroy, Rafael. (1980) 2004. *Aspectos fonéticos de las vocales españolas*. 2.ª ed. Buenos Aires: LibrosEnRed.

Morillo-Velarde, Ramón. 1985. «Sistemas y estructuras de las hablas andaluzas». *Alfinge. Revista de Filología* 3: 29–60.

Morris, Richard E. 2000. «Constraint Interaction in Spanish /s/- Aspiration: Three Peninsular Varieties». En *Hispanic Linguistics at the Turn of the Millennium. Papers from the 3rd Hispanic Linguistics Symposium*, editado por Héctor Campos, Elena Herburger, Alfonso Morales-Front y Thomas J. Walsh, 14–30. Somerville: Cascadilla Press.

Morrison, Geoffrey. 2004. «An Acoustic and Statistical Analysis of Spanish Mid-Vowel Allophones». *Estudios de Fonética Experimental* 13: 11–37.

Morrison, Geoffrey y Paola Escudero. 2007. «A Cross-Dialect Comparison of Peninsular- and Peruvian-Spanish Vowels». En *Proceedings of the 16th International Congress of Phonetic Sciences (ICPhS XVI). 6-10 August 2007, Saarbrücken, Germany*, editado por Jürgen Trouvain y William J. Barry, 1505–1508. Saarbrücken: Universität des Saarlandes.

Narbona, Antonio, Rafael Cano y Ramón Morillo-Velarde. (1998) 2003. *El español hablado en Andalucía*. 2.ª ed. Sevilla: Fundación José Manuel Lara.

Navarro Tomás, Tomás. 1916. «Siete vocales españolas». *Revista de Filología Española* 3 (1): 51–62.

———. 1939. «Desdoblamiento de fonemas vocálicos». *Revista de Filología Hispánica* 1: 165–67.

———. 1948. *El español en Puerto Rico. Contribución a la geografía lingüística hispanoamericana*. Río Piedras: Universidad de Puerto Rico.

———. 1956. «Apuntes sobre el español dominicano». *Revista Iberoamericana* 21 (41): 417–29.

———. (1918) 1977. *Manual de pronunciación española*. 19.ª ed. Madrid: Consejo Superior de Investigaciones Científicas.

Ní Chiosáin, Máire y Jaye Padgett. 2009. «Contrast, Comparison Sets, and the Perceptual Space». En *Phonological Argumentation. Essays on Evidence and Motivation*, editado por Steve Parker, 103–21. Londres: Equinox.

Núñez Cedeño, Rafael A. 1980. *La fonología moderna y el español de Santo Domingo*. Santo Domingo: Taller.

———. 1988. «Alargamiento vocálico compensatorio en el español cubano: un análisis autosegmental». En *Studies in Caribbean Spanish dialectology*, editado por Robert M. Hammond y Melvyn C. Resnick, 97–102. Washington D. C.: Georgetown University Press.

Núñez Cedeño, Rafael A. y Alfonso Morales-Front. 1999. *Fonología generativa contemporánea de la lengua española*. Washington D. C.: Georgetown University Press.

Obediente, Enrique. 1982. «El fonetismo del español hablado en Venezuela». *Phonos. Revista de la Asociación Venezolana de Fonética y Fonología* 1 (1): 62–109.

———. 1998. «Fonetismo segmental». *Español Actual. Revista de español vivo* 69: 11–18.

Odden, David. 1991. «Vowel Geometry». *Phonology* 8 (2): 261–89. https://doi.org/10.1017/S0952675700001408.

O'Rourke, Erin. 2010. «Dialect Differences and the Bilingual Vowel Space in Peruvian Spanish». En *Selected Proceedings of the 4th Conference on Laboratory Approaches to Spanish Phonology*, editado por Marta Ortega-Llebaria, 20–30. Somerville: Cascadilla Proceedings Project.

Páez, Iraset. 1980. «Apertura y cerrazón vocálicas en español: evidencia idiolectal». *Letras (Instituto Pedagógico de Caracas)* 36: 129–57.

Parmenter, Clarence E. y Salomón Narciso Treviño. 1932. «An X-Ray Study of Spanish Vowels». *Hispania* 15 (5–6): 483–96. https://doi.org/10.2307/332805.

Penny, Ralph. 2000. *Variation and Change in Spanish*. Cambridge: Cambridge University Press. https://doi.org/10.1017/CBO9781139164566.

Perissinotto, Giorgio. 1975. *Fonología del español hablado en la Ciudad de México. Ensayo de un método sociolingüístico*. México, D. F.: El Colegio de México.

Piñeros, Carlos-Eduardo. 2006. «The Phonology of Nasal Consonants in Five Spanish Dialects». En *Optimality-Theoretic Studies in Spanish Phonology*, editado por Fernando Martínez-Gil y Sonia Colina, 146–71. Ámsterdam: John Benjamins. https://doi.org/10.1075/la.99.07pin.

———. 2009. *Estructura de los sonidos del español*. Upper Saddle River: Pearson Prentice Hall.

Poplack, Shana. 1979. «Sobre la elisión y la ambigüedad en el español puertorriqueño: el caso de la /n#/ verbal». *Boletín de la Academia Puertorriqueña de la Lengua Española* 7 (2): 129–144.

Pulleyblank, Douglas. 2002. «Harmony Drivers: No Disagreement Allowed». En *Proceedings of the Twenty-Eighth Annual Meeting of the Berkeley Linguistics Society. General Session and Parasession on Field Linguistics*, editado por Julie Larson y Mary Paster, 249–267. Berkeley: Berkeley Linguistics Society. https://doi.org/10.3765/bls.v28i1.3841.

Quesada, Miguel Ángel. 1996. «El español de América Central». En *Manual de dialectología hispánica. El español de América*, editado por Manuel Alvar, 101–15. Barcelona: Ariel.

———. (2000) 2002. *El español de América*. 2.ª ed. Cartago: Editorial Tecnológica de Costa Rica.

Quilis, Antonio. 1981. *Fonética acústica de la lengua española*. Madrid: Gredos.

———. (1993) 1999. *Tratado de fonología y fonética españolas*. 2.ª ed. Madrid: Gredos.

Quilis, Antonio y Manuel Esgueva. 1983. «Realización de los fonemas vocálicos españoles en posición fonética normal». En *Estudios de fonética I*, editado por Manuel Esgueva y Margarita Cantarero, 159–252. Madrid: Consejo Superior de Investigaciones Científicas.

Quilis, Antonio y Joseph A. Fernández. (1964) 1985. *Curso de fonética y fonología españolas para estudiantes angloamericanos*. 11.ª ed. Madrid: Consejo Superior de Investigaciones Científicas.

Real Academia Española. 1973. *Esbozo de una nueva gramática de la lengua española*. Madrid: Espasa-Calpe.

Real Academia Española y Asociación de Academias de la Lengua Española. 2011. *Nueva gramática de la lengua española. Fonética y fonología*. Madrid: Espasa Libros.

Resnick, Melvyn C. 1993. «Algunos aspectos histórico-geográficos de la dialectología hispanoamericana». En *La división dialectal del español de América*, editado por Francisco Moreno Fernández, 77–86. Alcalá de Henares: Universidad de Alcalá, Servicio de Publicaciones.

Resnick, Melvyn C. y Robert M. Hammond. 1975. «The Status of Quality and Length in Spanish Vowels». *Linguistics. An Interdisciplinary Journal of the Language Sciences* 13 (156): 79–88. https://doi.org/10.1515/ling.1975.13.156.79.

Rice, Keren. 1992. «Blocking and Privative Features: A Prosodic Account». *The Linguistic Review* 9 (4): 359–93. https://doi.org/10.1515/tlir.1992.9.4.359.

———. 1993. «A Reexamination of the Feature [sonorant]: The Status of 'Sonorant Obstruents'». *Language* 69 (2): 308–44. https://doi.org/10.2307/416536.

———. 1996. «Default Variability: The Coronal-Velar Relationship». *Natural Language & Linguistic Theory* 14 (3): 493–543. https://doi.org/10.1007/BF00133597.

Rincón, Miguel Ángel. 2018. «An Acoustic and Perceptual Analysis of Vowels Preceding Final /-s/ Deletion in the Speech of Granada, Spain and Cartagena, Colombia». *Boletín de Filología (Universidad de Chile)* 53 (1): 217–35. https://doi.org/10.4067/S0718-93032018000100217.

Robe, Stanley L. 1960. *The Spanish of Rural Panamá. Major Dialectal Features.* Berkeley: University of California Press.

Roca, Iggy. 2010. «Theme Vowel Allomorphy in Spanish Verb Inflection: An Autosegmental Optimality Account». *Lingua* 120 (2): 408–34. https://doi.org/10.1016/j.lingua.2009.05.005.

Rodríguez-Castellano, Lorenzo y Adela Palacio. 1948. «Contribución al estudio del dialecto andaluz: el habla de Cabra». *Revista de Dialectología y Tradiciones Populares* 4 (4): 387–418.

Ronquest, Rebecca E. 2013. «An Acoustic Examination of Unstressed Vowel Reduction in Heritage Spanish». En *Selected Proceedings of the 15th Hispanic Linguistics Symposium*, editado por Chad Howe, Sarah Blackwell y Margaret Lubbers Quesada, 151–71. Somerville: Cascadilla Proceedings Project.

Rose, Sharon y Rachel Walker. (1995) 2011. «Harmony Systems». En *The Handbook of Phonological Theory*, editado por John A. Goldsmith, Jason Riggle y Alan C. L. Yu, 2.ª ed., 240–90. Malden: Wiley-Blackwell. https://doi.org/10.1002/9781444343069.ch8.

Sagey, Elizabeth C. (1986) 1990. *The Representation of Features and Relations in Non-Linear Phonology.* Nueva York: Garland.

Salvador, Gregorio. 1957. «El habla de Cúllar-Baza. Contribución al estudio de la frontera del andaluz». *Revista de Filología Española* 41 (1–4): 161–252. https://doi.org/10.3989/rfe.1957.v41.i1/4.1050.

———. 1977. «Unidades fonológicas vocálicas en andaluz oriental». *Revista Española de Lingüística* 7 (1): 1–24. Reed. en *Estudios dialectológicos*, 79–96. Madrid: Paraninfo, 1987.

———. 1987. *Estudios dialectológicos.* Madrid: Paraninfo.

Sanders, Benjamin P. 1994. «Andalusian Vocalism and Related Processes». Tesis de doctorado, University of Illinois at Urbana-Champaign. ProQuest (304108037).

———. 1998. «The Eastern Andalusian Vowel System: Form and Structure». *Rivista di Linguistica* 10 (1): 109–36.

Saporta, Sol. 1965. «Ordered Rules, Dialect Differences, and Historical Processes». *Language* 41 (2): 218–24. https://doi.org/10.2307/411875.

Sessarego, Sandro. 2012a. «Unstressed Vowel Reduction in Cochabamba, Bolivia». *Revista Internacional de Lingüística Iberoamericana* 20 (2): 213–30. https://www.jstor.org/stable/23722480.

———. 2012b. «Vowel Weakening in Yungueño Spanish: Linguistic and Social Considerations». *PAPIA: Revista Brasileira de Estudos Crioulos e Similares* 22 (2): 279–94.

Skelton, Robert B. 1969. «The Pattern of Spanish Vowel Sounds». *International Review of Applied Linguistics in Language Teaching* 7 (3): 231–37. https://doi.org/10.1515/iral.1969.7.3.231.

Sosa, Francisco. 1974. «Sistema fonológico del español hablado en Cuba: su posición dentro del marco de las lenguas "criollas"». Tesis de doctorado, Yale University. ProQuest (288318178).

Soto, Jaime. 2007. «Variación del F1 y del F2 en las vocales del español urbano y rural en la provincia de Ñuble». *RLA. Revista de Lingüística Teórica y Aplicada* 45 (2): 143–65. https://doi.org/10.4067/S0718-48832007000200011.

Steriade, Donca. 1982. «Greek Prosodies and the Nature of Syllabification». Tesis de doctorado, Massachusetts Institute of Technology. http://hdl.handle.net/1721.1/15653.

———. 1995. «Underspecification and Markedness». En *The Handbook of Phonological Theory*, editado por John A. Goldsmith, 114–74. Oxford: Blackwell.

Stewart, John M. 1967. «Tongue Root Position in Akan Vowel Harmony». *Phonetica* 16 (4): 185–204. https://doi.org/10.1159/000258568.

Stockwell, Robert P., J. Donald Bowen y Ismael Silva-Fuenzalida. 1956. «Spanish Juncture and Intonation». *Language* 32 (4): 641–65. https://doi.org/10.2307/411088.

Suomi, Kari. 1983. «Palatal Vowel Harmony: A Perceptually Motivated Phenomenon?» *Nordic Journal of Linguistics* 6 (1): 1–35. https://doi.org/10.1017/S0332586500000949.

Terrell, Tracy D. 1975. «La nasal implosiva y final en el español de Cuba». *Anuario de Letras* 13: 257–71.

Trigo, Rosario Lorenza. 1988. «On the Phonological Behavior and Derivation of Nasal Glides». Tesis de doctorado, Massachusetts Institute of Technology. http://hdl.handle.net/1721.1/14408.

Urrutia, Hernán. 1976. «Análisis fónico del español en el sur de Chile: los segmentos vocálicos átonos y tónicos (Provincia de Valdivia)». *Estudios Filológicos* 11: 161–79.

Vaquero de Ramírez, María. 1996. «Las Antillas». En *Manual de dialectología hispánica. El español de América*, editado por Manuel Alvar, 51–67. Barcelona: Ariel.

Vásquez, Washington. 1953. «El fonema /s/ en el español del Uruguay». *Revista de la Facultad de Humanidades y Ciencias (Universidad de La República, Montevideo)* 10: 87–94.

Vaux, Bert. 1998. «The Laryngeal Specifications of Fricatives». *Linguistic Inquiry* 29 (3): 497–511. https://doi.org/10.1162/002438998553833.

Veiga, Alexandre. 2002. *El subsistema vocálico español*. Santiago de Compostela: Universidade de Santiago de Compostela, Servicio de Publicacións.

Walker, Rachel. 2001. «Positional Markedness in Vowel Harmony». En *Proceedings of HILP 5*, editado por Caroline Féry, Antony Dubach Green y Ruben van de Vijver, 212–232. Postdam: Universitätsbibliothek.

———. 2004. «Vowel Feature Licensing at a Distance: Evidence from Northern Spanish Language Varieties». En *Proceedings of the 23rd West Coast Conference on Formal Linguistics (WCCFL 23)*, editado por Vineeta Chand, Ann Kelleher, Angelo J. Rodríguez y Benjamin Schmeiser, 787–800. Somerville: Cascadilla Press.

———. 2005. «Weak Triggers in Vowel Harmony». *Natural Language & Linguistic Theory* 23 (4): 917–89. https://doi.org/10.1007/s11049-004-4562-z.

———. 2006. «Long-Distance Metaphony: A Generalized Licensing Proposal». Presentado en Phonology Fest Workshop, Bloomington, EE. UU., junio.

———. 2011. *Vowel Patterns in Language*. Cambridge: Cambridge University Press. https://doi.org/10.1017/CBO9780511973710.

Wetzels, Leo y Engin Sezer, eds. 1986. *Studies in Compensatory Lengthening*. Dordrecht: Foris.

Zamora Munné, Juan Clemente y Jorge M. Guitart. 1982. *Dialectología hispanoamericana. Teoría, descripción, historia*. Salamanca: Almar.

Zoll, Cheryl. 1997. «Conflicting Directionality». *Phonology* 14 (2): 263–286. https://doi.org/10.1017/S0952675797003369.

Zubizarreta, María Luisa. 1979. «Vowel Harmony in Andalusian Spanish». *MIT Working Papers in Linguistics* 1: 1–11.

5 DESCRIPCIÓN FONOLÓGICA DE LAS VOCALES: LAS ALTERNANCIAS MORFOFONOLÓGICAS

Fernando Martínez-Gil

5.1 Las vocales del español en la interfaz entre la fonología y la morfología: principales alternancias morfofonológicas

En el capítulo 4 de la presente obra se exploran con cierto detalle las principales características que distinguen los procesos puramente fonológicos (los cuales normalmente se aplican en el ámbito de la frase) de los morfofonológicos, que se aplican exclusivamente en el nivel léxico, es decir, que están circunscritos al ámbito de la palabra. Como se indica en dicho capítulo, los procesos fonológicos dan cuenta de la variación alofónica, puesto que su función principal es proporcionar los detalles de la realización de los fonemas en diferentes contextos. En cambio, los procesos morfofonológicos dan lugar a las distintas formas fonológicas que a veces adopta un mismo morfema (la unidad mínima de significado) cuando aparece en palabras morfológicamente relacionadas, ya sea por la flexión (p. ej., singular ~ plural: *sol* ~ *sol-es*), la derivación *(cas-a → cas-ero)* o la composición *(saca + corchos → sacacorchos)*. Estas variantes de los morfemas se conocen como sus alomorfos. Tomando como ejemplo la diptongación de las vocales medias, mencionada brevemente en el § 4.3, se observa que en la raíz de ciertas formas del español se da una alternancia entre un diptongo y una vocal: /je/ ~ /e/, como, por ejemplo, *viej-o* ~ *vej-ez*, *tiern-o* ~ *tern-ura*, *sent-imos* ~ *sient-es*, etcétera, y /we/ ~ /o/, como en **buen-o** ~ **bon-dad**, **puebl-o** ~ **pobl-ado**, **dorm-ís** ~ **duerm-en**, etcétera. Las formas alternantes {viej-} ~ {vej-}, {tiern} ~ {tern-}, {sient-} ~ {sent-}, etcétera, en cada par son los alomorfos del morfema radical. (En estos y en los ejemplos subsiguientes, el guion se utiliza por conveniencia expositiva para indicar la separación de la raíz o el tema —en inglés, *stem*— de los elementos flexivos de la palabra; no pretende reflejar necesariamente la composición morfémica de la palabra).

Entre las obras introductorias a la morfología y a los procesos morfofonológicos del español, pueden consultarse, entre otras, Alemany Bolufer (1920), Quilis (1970), Urrutia (1978), Alcina y Blecua ([1975] 1982), Real Academia Española (1973) Lang (1990), Varela (1988, 1990, 2005), los estudios recogidos en Rainer (1993), en Varela (1993), los estudios monográficos publicados en Bosque y Demonte (1999, vol. 3 parte 5), en especial el de Pensado (1999) —sin ninguna duda una de las descripciones más completas de los fenómenos morfofonológicos en español—, además de Hualde (2005). El análisis formal más elaborado de las alternancias morfofonológicas del español que se haya realizado hasta el presente es Harris ([1969], traducido al español en Harris [[1969] 1975]). No se alude a esta obra, encuadrada en el marco de la fonología generativa —que parte de la influyente obra de Chomsky y Halle (1968) [→ § 1.18.1]— en la por lo demás muy completa bibliografía comentada de Rainer (1993), a pesar de su reconocida autoridad y de su enorme influencia, sin duda un punto de referencia obligado en los estudios de fonología del español. Otros trabajos dignos de mención —muchos de ellos enmarcados también en la fonología generativa— que presentan análisis de los procesos morfofonológicos, incluyendo las alternancias vocálicas, son los de Saporta (1959b, 1959a), Saporta y Contreras (1962), Foley (1965), Narváez (1970), Brame y Bordelois (1973), Martínez Celdrán (1975), Hooper (1976), Harris (1977a, 1977c, 1978a, 1978b, 1980a, 1985a, 1991, 1992), Cressey (1978), Pena (1980), Heinz (1982), Wong-Opasi (1987), de Bustos Gisbert (1989), Pazó (1989, 1991), Dunlap (1991), Busquets y Bonzi (1993), Martín Vegas (2001), Roca (2005, 2010), Eddington (2004), Bermúdez-Otero (2006) y Bonet, Lloret y Mascaró (2015).

Según su origen histórico, las alternancias morfofonológicas del español suelen clasificarse en tres clases principales (cf. Hualde 2005; Pensado 1999). Un primer tipo lo constituyen las alternancias heredadas del latín y que han permanecido en la lengua, a veces con ciertas modificaciones. Por ejemplo, en el latín clásico ya existía un proceso morfofonológico de elisión de la vocal temática en ciertas formas verbales, pero su aplicación estaba más restringida que en el español moderno. Esta diferencia es evidente cuando se considera la 1.ª persona de singular del presente de indicativo. Ya en el latín clásico, la vocal temática de esta persona se elidía en los verbos de la 1.ª conjugación en *-ĀRE* (la elisión se indica en los siguientes ejemplos con el símbolo 'Ø'): *CLAM-Ā-RE* 'llamar': *CLAM-Ø-ō* 'llamo', *LAUD-Ā-RE* 'alabar': *LAUD-Ø-ō* 'alabo', así como en una subclase de verbos de la 3.ª conjugación en *-ĔRE*: *PĔRD-Ĕ-RE* 'perder': *PĔRD-Ø-ō* 'pierdo', *LĔG-Ĕ-RE* 'leer': *LĔG-Ø-ō* 'leo'. En cambio, la vocal temática se mantenía: a) en los verbos de la 2.ª conjugación en *-ĒRE*: *VID-Ē-RE* 'ver': *VID-Ĕ-ō* 'veo', *DĔB-Ē-RE* 'deber': *DĔB-Ĕ-ō* 'debo'; b) en una segunda clase de verbos de la 3.ª conjugación en *-ĔRE*: *FŬG-Ĕ-RE* 'huir': *FŬG-Ĭ-ō* 'huyo', *SAP-Ĕ-RE* 'saber': *SAP-Ĭ-ō* 'sé'; y c) en los verbos de la 4.ª conjugación en *-ĪRE*: *SERV-Ī-RE* 'servir': *SERV-Ĭ-o* 'sirvo', *VĔN-Ī-RE* 'venir': *VĔN-Ĭ-o* 'vengo'. En la transición al español, la elisión de la vocal temática en la 1.ª persona de singular del presente de indicativo se generalizó a las tres conjugaciones: *llam-Ø-o, deb-Ø-o, sirv-Ø-o*, pero, al igual que ocurría en latín, la vocal se ha mantenido en las demás personas de este tiempo verbal: *cant-a-s, cant-a̱, cant-a-mos, cant-á-is, cant-a-n; deb-e-s, deb-e̱, deb-e-mos, deb-é-is, deb-e-n; sirv-e-s, sirv-e̱, serv-i-mos, serv-í-s, sirv-e-n.*

Existe un segundo tipo de alternancias morfofonológicas cuyo origen es manifiestamente románico, es decir, su creación se deriva de los cambios fonéticos que han tenido lugar en el curso de la evolución histórica del español, y que afectaron a un morfema en ciertos contextos, pero no en el conjunto de contextos complementarios. Un ejemplo de este tipo es la alternancia que se encuentra en el español moderno entre una vocal alta en *lluvia* (< lat. *PLŬVĬA*) frente a una media en *llover*. Si la vocal radical en *PLŬVĬA* 'lluvia' hubiera seguido el curso regular de los cambios fonéticos del latín al español, habría resultado en una vocal media /o/ (cf. *PLŬĔRE* 'llover' > (lat. vulg.) *plovere > llover*). La razón por la que el cambio regular *ŭ > o* no afectó a la vocal radical de *lluvia* se debe al cambio histórico conocido como 'metafonía' o 'inflexión', un proceso de elevación vocálica desencadenado por el segmento alto adelantado [j] (conocido tradicionalmente como 'yod'), que en este caso particular se creó en el latín vulgar por la desilabación de una vocal adelantada en hiato con una vocal en la sílaba siguiente: *PLŬ.VĬA > *plo.v*[j]*a* (*ŭ > o* y desilabación de *ĭ*). El efecto metafónico de esta yod fue el de elevar la vocal radical precedente a alta: *plo.v*[j]*a > *plu.v*[j]*a (> lluvia).* Por el contrario, en *llover* no se generó una yod y, por consiguiente, la vocal radical no se vio afectada por la metafonía, de ahí que se sometiera al cambio regular *ŭ > o.* Es la elevación de la vocal radical en presencia de una yod siguiente, frente al cambio *ŭ > o* en ausencia de yod, lo que da cuenta de la alternancia morfofonológica entre una vocal alta y una media, respectivamente, en el par *lluvia ~ llover.*

Otro ejemplo de alternancia mofofonológica entre una vocal media y una alta, originada también en la elevación metafónica, es la que se da en el morfema radical del presente y del pretérito de indicativo de ciertos verbos de la 3.ª conjugación en el español moderno (cf. *mid-o, mid-es* frente a *med-imos; dorm-í, dorm-imos* frente a *durm-ió, durm-ieron;* etcétera). La elevación metafónica de la vocal radical media a alta en *mid-o, durm-ieron,* se deriva históricamente por asimilación en altura a una yod creada por desilabación de la vocal temática /i/ en la sílaba siguiente, que se perdió a continuación: (lat. vulg.) **med-*[j]*o, *med-*[j]*eron* (formas activas regularizadas del deponente clásico *MĒTĬOR, MENSĪ SUNT*) > **mid-*[j]*o (> mid-o), mid-*[j]*eron.* En algunos casos, la elevación ocurrió a través de un cambio analógico: ciertas formas verbales *(mid-es, mid-e, mid-en)* en las que se esperaría una vocal radical media adoptaron una alta siguiendo el modelo de las formas que experimentaron la elevación metafónica.

En ciertos casos, una alternancia morfofonológica que existía en el latín ha adoptado una pauta nueva en el español, no solo en su forma fonética, sino también en su distribución. Por ejemplo, en el latín clásico la vocal temática de los verbos de la 4.ª conjugación en *-ĪRE* alternaba entre /ī/ larga e /i/ breve (cf. *SERV-Ī-RE* 'servir', *SERV-Ī-VĪ* 'serví' frente a *SERV-Ĭ-AM* 'sirva', *SERV-Ĭ-ĒBAS* 'servías'). Esta alternancia se manifestaba también en el presente de indicativo: la vocal temática era breve en la 1.ª persona del singular (*SERV-Ĭ-O* 'sirvo') y en la 3.ª persona de singular y de plural (*SERV-Ĭ-T* 'sirve', *SERV-Ĭ-UNT* 'sirven'), y larga en la 2.ª persona de singular (*SERV-Ī-S* 'sirve'), así como en la 1.ª y 2.ª personas de plural (*SERV-Ī-MUS* 'servimos', *SERV-Ī-TIS* 'servís'). En el español moderno, la vocal temática también alterna en el presente de indicativo de los verbos de la 3.ª conjugación en *-ir*, pero ahora la alternancia se produce entre /e/ en las formas rizotónicas (las tres formas del singular y la 3.ª del plural: *serv-i-r: sirv-e-s, sirv-e, sirv-e-n*) e /i/ en las arrizotónicas *(serv-i-mos, serv-í-s)*; la vocal temática no aparece en la 1.ª persona *sirv-o* porque se somete al proceso morfofonológico de elisión ya mencionado. Parece evidente que esta pauta de alternancia de la vocal temática debe de haberse establecido siguiendo el modelo paradigmático que tradicionalmente se conoce como 'conjugación inflexionada' (es decir: cuando se da una alternancia vocálica en el radical del presente, las formas rizotónicas adoptan una forma alternante y, las formas arrizotónicas, la otra, como puede apreciarse en el paradigma de *servir: sirv-o, sirv-es, sirv-e, sirv-en* frente a *serv-imos, serv-ís*), ya que, de haber seguido los cambios fonológicos regulares (/iː/ > /i/, /i u/ > /e o/), la pauta de alternancia en la vocal temática del paradigma de presente de indicativo de la 3.ª conjugación en el español moderno habría sido diferente: *sirv-o, *sirv-i-s* (cf. SERV-Ī-S), *sirv-e, serv-i-mos, serv-í-s, *sirv-i-on* (cf. SERV-Ĭ-UNT). Puede ocurrir también que una alternancia morfofonológica que existía en un estadio previo de la lengua como resultado de cambios fonéticos regulares se elimine por el efecto de un cambio analógico de tipo nivelador. Por ejemplo, la vocal radical de ciertos verbos del español antiguo alternaba entre una vocal media y una alta (cf. *sobir, sobes, sobimos,* y *cobrir, cobres, cobrimos,* frente a *subo, subamos, subiendo,* y *cubro, cubramos, cubriendo,* respectivamente). En la transición al español moderno esta alternancia se perdió al generalizarse la vocal radical alta para todas las formas verbales (pero la vocal media permaneció en algunas formas no verbales como *cobertura, cobertor, cobertera* y *cobertizo*).

La tercera fuente de alternancias morfofonológicas en el español se encuentra en la masiva entrada de préstamos del latín clásico (en muchos casos, del griego, ya sea directamente o a través del latín) que se introdujeron en la lengua culta a partir de la época medieval, alcanzando su cúspide durante el Siglo de Oro. Aunque estas palabras se adaptaron en diverso grado a la estructura fonológica y a las restricciones fonotácticas de la lengua [→ § 1.14.5], no llegaron a experimentar los cambios fonológicos que operaron sobre el vocabulario vernáculo durante todo el período de formación del español. Por ejemplo, el proceso de elevación vocálica cambió /a/ en /e/ cuando iba en contacto con una yod derivada por vocalización de una consonante velar en coda silábica: LACTE > *la[j]te > *leche,* A[ks]E (= AXE) > *a[j]se > *eje,* etcétera. La incorporación de préstamos con la /a/ original latina ha creado una alternancia /a/ ~ /e/ en pares como *leche ~ lácteo, láctico; hecho ~ factible; eje ~ axial; mejilla ~ maxilar,* etcétera, de escasa frecuencia.

Ejemplo característico de alternancias vocálicas debidas a la introducción de préstamos latinos es la aparición de dobletes en la prefijación en los que el prefijo popular contiene una vocal media y el culto, una vocal alta, y en los cuales la variante culta se ha convertido en el alomorfo más productivo, mientras que la popular está muy lexicalizada. Este tipo de variación alomórfica en la prefijación incluye casos en los que /e/ alterna con /i/, como queda ilustrado con el popular *en-,* proveniente del prefijo *IN-* latino, que niega el significado de la base, limitado en la lengua moderna a unas cuantas unidades léxicas como *en-emigo, en-cinta* o *en-fermo,* en contraste con el correspondiente culto *in-* (o su variante *im-*), muy productivo, y que puede combinarse tanto con bases cultas como populares (*im-perfecto, im-paciente, in-cierto, in-creíble, in-epto, in-quieto,* etcétera). Un caso análogo es el del sufijo locativo popular *so-* (< *SUB-*), que aparece en un puñado de derivados fuertemente lexicalizados como *so-terrado, so-lapa, so-freír, so-cavar, so-pesar,* etcétera, frente al culto *sub-,* sincrónicamente mucho más productivo: *sub-terráneo, sub-marino, sub-rayar, sub-oficial,* etcétera. En este grupo de alternancias trasmitidas mediante préstamos de origen latino se incluye un tipo especial en el que las formas alternantes, presentes ya en el latín, se introdujeron en el español al adoptarse el vocabulario culto, si bien las condiciones que originalmente motivaron la alternancia en latín están ausentes en la lengua moderna. En este apartado se engloban casos de apofonía (cambio vocálico) en latín, en los que una vocal en la forma básica alternaba con otra vocal en la forma derivada (véase Pensado 1999, 4496-97). Entre los más comunes están: a) /a/ ~ /e/ (*arma ~ inerme, apto ~ inepto;* a veces la alternancia se produce entre una base popular y la correspondiente culta: *barba ~ imberbe, año ~ bienio,* etcétera); b) /a/ ~ /i/ (*fácil ~ difícil, saber ~ insípido, placer ~ dis-plicente*); c) /e/ ~ /i/ (*germen ~ germinal, virg-en ~ virg-inal, imagen ~ imaginable, abdomen ~ abdominal, volumen ~ voluminoso*); d) /e/ ~ /u/ (*repeler ~ repulsión, expeler ~ expulsión*); y e) /i/ ~ /u/ (*difícil ~ dificultad*).

Por último, en un número considerable de casos la introducción de préstamos ha creado pares en los que la vocal latina contenida en la forma culta, muy frecuentemente una /i/ breve, entra en alternancia con su reflejo histórico, una /e/, en la forma popular; en muchos de ellos los hablantes pueden percibir todavía una relación morfológica relativamente trasparente entre la base popular y la culta, pero, en otros, esta relación puede ser mucho más problemática (*emperador ~ imperio, origen ~ original, menos ~ minoría, seno ~ sinuoso, cometer ~ comisión, España ~ hispano, hospedar ~ inhóspito, convencer ~ convincente, pelo ~ depilar, selva ~ silvestre, encender ~ incendio,* y muchos más). Otras pautas de alternancia similares, aunque mucho menos frecuentes, son /o/ popular (< /u/ breve del latín) frente a /u/ culta (*rigor ~ riguroso, orina ~ urinario, joven ~ juvenil, moco ~ mucosidad, boca ~ bucal,* etcétera), /o/ popular frente a /aw/ culto (*oír ~ auditivo*), y /e/ ~ /aj/ (*lego ~ laico*). Con frecuencia, la base culta puede utilizarse para la formación productiva de series de derivados (*imperio, imperar, imperial, imperante; mucoso, mucosa, mucosidad; original, originar, originario, originalmente, originalidad; minoría, aminorar, minoritario, minorista; riguroso, rigurosidad, rigurosamente; urinario, urología, uromancia*). La alternancia /e/ ~ /i/ puede darse también entre sufijo culto y popular (*sol-edad ~ sol-itario, nov-edad* ~ *nov-icio*), o entre dobletes de afijos popular y culto, como en las variantes prefijales *entre-* ~ *inter-* (*entre-cortar, entre-mezclar, entre-decir, entre-piso, entre-paño*, etcétera, frente a *inter-pretar, inter-poner, inter-ludio, inter-sticio*), o en las formas sufijales *-edad* ~ *-idad* (cf. *terqu-edad, grav-edad, suci-edad, her-edad, antigü-edad* frente a *real-idad, felic-idad, local-idad, fidel-idad, vital-idad*).

5.2 Alternancias vocal ~ ∅: procesos de inserción (epéntesis) y de elisión de vocales

Las alternancias entre una vocal y cero (∅) abarcan todos los fenómenos conocidos como 'inserción' (o 'epéntesis') y 'elisión' vocálicas [→ § 1.21.12]. En este apartado se introducen algunos conceptos básicos que servirán para contextualizar la discusión sobre este tipo de procesos. En varios de los apartados subsiguientes se analizarán los principales procesos de epéntesis y de elisión del español, especialmente aquellos que presentan una cierta productividad o significación estadística, en cuanto que se aplican a un grupo relativamente numeroso de unidades léxicas.

Las alternancias entre una vocal y cero ilustran un problema básico del análisis fonológico, dado que en principio pueden derivarse apelando a dos mecanismos antagónicos: la inserción (epéntesis) de una vocal ausente en las formas subyacentes, o la elisión en las representaciones fonéticas de una vocal subyacente. En la práctica, con frecuencia se pueden encontrar pruebas lingüísticas contundentes que inclinan la balanza a favor de una u otra opción. Sin embargo, este no es siempre el caso, como queda ilustrado con la diatriba que históricamente ha girado alrededor del análisis de la presencia frente a la ausencia de /e/ final de palabra en español. Para facilitar la discusión que se presenta en este apartado sobre procesos de epéntesis y de elisión de vocales, así como en los siguientes apartados sobre alternancias vocálicas, será útil esbozar algunas propiedades básicas de la estructura morfológica del español, tanto de la no verbal como de la verbal.

El esquema prototípico de la estructura componencial de las formas no verbales del español se ilustra en (1) con los plurales de las palabras simples *mares* (1a), *casas* (1b), y con la palabra derivada *bondadosos* (1c), en las que se reconocen tres niveles de estructura constituyente (indicados por el material encorchetado): la raíz, el tema derivacional y la palabra —R = raíz; T = tema; y P = palabra— (véase Harris 1992).

(1) a. $[[[[mar]_R∅]_T∅]_P es]_P$
  b. $[[[[cas]_R]_T a]_P s]_P$
  c. $[[[[[bon]_R dad]_T os]_T o]_P s]_P$

Como se aprecia en (1), la palabra léxica no verbal consta como mínimo de una raíz, seguida de cero o de más sufijos derivativos, a su vez seguidos, optativamente, de un 'elemento terminal' (también conocido como 'marcador de palabra', 'marcador de clase', 'desinencia', 'vocal o sufijo temático', y 'formativo temático'): cero en *mar*, *-a* en *cas-a* y *-o* en *bondados-o*. Las formas en las que el elemento terminal está presente, como *mesa*, a veces se denominan 'temáticas'; las que carecen de este elemento, como *mar*, se conocen como 'atemáticas'. En el plural de las formas nominales y adjetivales simples, el morfema flexivo de número presenta dos alomorfos principales: *-s* en las palabras temáticas (*casa-s*) y *-es* en las atemáticas (*mar-es*).

Las formas no verbales del español están sujetas a una conocida restricción morfotáctica (es decir, de buena formación morfológica), la cual establece que, en el singular, el elemento terminal, que en la mayoría de los casos corresponde al morfema flexivo que representa el género gramatical (esto es, *-o* para el masculino y *-a* para el femenino), debe estar localizado en el margen derecho de la palabra, en la capa más periférica de la estructura morfológica: $[[[mes]_R]_T a]_P$, $[[[[bon]_R dad]_T os]_T o]_P$, mientras que, en los plurales, el elemento terminal va seguido del morfema de plural. De esta restricción se desprende una propiedad distribucional primaria: el elemento terminal de una palabra base no puede estar contenido en el tema de una palabra derivada; dicho de otro modo, con esta restricción se da cuenta del hecho de que los sufijos derivativos se combinan con una raíz o un tema, no con la palabra completa: *cas-a* → *cas-er-o*, no **cas-a-er-o*. Como es obvio, esta restricción no se aplica en la composición de palabras (*camp-o* + *sant-o*), incluyendo los adverbios en *-mente* (*clar-a* + *mente*); el estatus y los tipos de elementos terminales se analizarán con más detalle en el § 5.2.3.

En cuanto a las formas verbales, su estructura composicional suele caracterizarse en la bibliografía al respecto mediante el esquema de (2): una raíz (R), seguida en la mayoría de los casos de una vocal temática (VT), que marca la clase de la conjugación, seguida a su vez de los morfemas flexivos de tiempo, aspecto y modo (TAM), y de persona y número (PN). La raíz y la vocal temática combinadas constituyen el tema verbal (TV).

(2)   am + á + ba + mos
      R   VT   TAM PN
         TV

Los procesos productivos de epéntesis vocálica en las lenguas presentan dos propiedades bien documentadas: a) generalmente se desencadenan ya sea como un mecanismo preventivo, ya como uno de reparación, para subsanar la infracción de alguna restricción fonotáctica relativa a la estructura silábica o a la estructura prosódica en general; y b) la vocal epentética suele manifestarse con un mismo timbre. Por ejemplo, tanto en la lengua actual como durante todas las etapas de la historia del español, [e] es la vocal que emerge de manera sistemática en los procesos de epéntesis.

En el marco de la Subespecificación Radical (en inglés, *radical underspecification* [→ § 1.18.9]), la segunda propiedad se explica mediante la hipótesis archifonémica extrema, una concepción minimalista de las formas fonológicas subyacentes que se apoya en el 'principio de la predictibilidad': todos los valores redundantes están ausentes de las representaciones subyacentes; los rasgos superficiales se asignan por medio de principios de marcadez, ya sean universales o particulares de una lengua (cf. Archangeli [1984] 1988, 1988; Archangeli y Pulleyblank 2002 [→ § 1.18.2, § 1.18.6, § 1.18.9]). En este marco, los rasgos del timbre vocálico redundantes en una lengua dada se combinan simultáneamente en la vocal epentética, la vocal 'por defecto', cuya especificación en el nivel subyacente se limita al rasgo [−consonántico], la propiedad que la define como vocal. Las 'reglas por defecto' (o 'reglas de redundancia') se encargan de suministrar en el curso de la derivación fonológica los valores no marcados que están ausentes en el nivel subyacente, completando así las representaciones fonéticas.

Considérese, a modo de ilustración, el sistema vocálico del español reproducido en (3). En (3a) se muestra cada uno de los cinco fonemas vocálicos completamente especificado para los rasgos de altura, adelantamiento o retracción y redondeamiento [→ § 4.2]. En (3b) se ilustra la versión archifonémica extrema o 'radicalmente subespecificada' del mismo sistema (cf. Archangeli [1984] 1988, 1988).

(3)   Sistema vocálico del español
      a. Plenamente especificado (representaciones fonéticas)

	a	e	o	i	u
[alto]	−	−	−	+	+
[bajo]	+	−	−	−	−
[retr]	+	−	+	−	+
[red]	−	−	+	−	+

      b. Mínimamente especificado (representaciones subyacentes).

	a	e	o	i	u
[alto]				+	+
[bajo]	+				
[retr]			+		+
[red]					

La especificación fonética completa de las vocales del español mostrada en (3a) se logra mediante las reglas por defecto de (4) que, aplicadas en el orden indicado, proporcionan a las representaciones mínimamente especificadas de (4b) todos los rasgos redundantes ausentes.

(4)   Reglas por defecto de los rasgos vocálicos del español (con una indicación de su estatus universal o particular)
      a. [+bajo]   → [+retr, −red]   (universal)
      b. [+bajo]   → [−alto] y [+alto] → [−bajo]   (universal)
      c. [   ]   → [−alto, −bajo, −retr]   (específica del español)
      d. [α red, -bajo] → [α retr]   (universal)

La regla por defecto (4a) expresa el hecho de que los valores universalmente no marcados para la vocal baja /a/ son: no alta, retraída y no redondeada; las dos reglas de (4b) reflejan el universal absoluto que prohíbe que los valores positivos de los rasgos [alto] y [bajo] se combinen en una vocal. Las vocales medias y altas que en este punto no posean especificación alguna para los rasgos [alto], [bajo] o [retraído] (hecho reflejado por el vacío entre los corchetes) adquieren la especificación negativa de estos rasgos mediante (4c) —recuérdese que las reglas por defecto no pueden cambiar las especificaciones subyacentes: las vocales redondeadas /o u/ ya están especificadas como [+retraído] y, por lo tanto, la asignación de [−retraído] por (4c) no se les aplica—. Por último, (4d) establece que los valores para los rasgos de redondeamiento y retracción deben concordar en las vocales no bajas: /i e/ son no retraídas, y por lo tanto también no redondeadas, y lo inverso se aplica a las vocales retraídas /o u/. La vocal por defecto del español, /e/, carece de cualquier especificación subyacente con respecto a los rasgos vocálicos y, por consiguiente, recibe los valores [−alto, −bajo, −retraído] por la regla (4c) y [−redondeado] por (4d). Partiendo de estas premisas, una regla de epéntesis solamente tiene que insertar una posición vocálica en el esqueleto prosódico [→ § 1.21.3] en el contexto apropiado. La tarea de especificar el timbre particular de la vocal por defecto en una lengua dada la ejecutan reglas de redundancia como (4).

En contraste con la relativa abundancia de fenómenos de epéntesis, los procesos morfofonológicos de elisión vocálica son mucho menos frecuentes en el español moderno. Hay dos tipos principales de elisión, que se analizarán en los § 5.2.5 y 5.2.6. En ambos está involucrada la vocal temática (VT) verbal, el morfema que sigue inmediatamente a la raíz verbal y que marca la clase de la conjugación —cf. el esquema reproducido anteriormente en (2)—. El primero se aplica de manera sistemática a ciertas formas del paradigma verbal; el segundo tiene lugar en una determinada clase de derivados deverbales. Si bien existen algunos otros procesos de elisión vocálica en español, en general tienen escaso rendimiento, ya que se aplican en un número muy reducido de unidades léxicas y carecen de productividad (véase Pensado 1999, § 68.6-7). Entre ellos pueden mencionarse los ejemplos morfologizados de la apócope en los que la /-e/ final de una palabra alterna con cero, típicamente cuando la palabra es el primer miembro de un compuesto toponímico o patronímico: *monte ~ Moncayo, Mombuey, Mondoñedo; valle ~ Valdepeñas, Valderrama, Valderrobles; calle ~ Caldebarcos; torre ~ Tordesillas, Torquemada, fuente ~ Fuencarral, Fuencaliente, Fuensagrada*, etcétera. La alternancia /-e/ ~ Ø se da, además, en algunos pares en los que la forma plena contrasta con su contraparte apocopada, tales como *grande ~ gran, reciente ~ recién*, etcétera, así como en la forma de singular de algunos imperativos: *pone ~ pon, hace ~ haz, tiene ~ ten, dice ~ di, sale ~ sal*, y *viene ~ ven*.

La elisión también afecta a veces a las vocales finales *-a* y *-o*, pero está fuertemente lexicalizada; ocurre en los siguientes casos: a) en palabras que permiten una forma plena en contraste con una apocopada, tales como *ella ~ él* y *doncella ~ doncel, doña ~ don, ciento ~ cien, santo ~ san, cuanto ~ cuan*, etcétera; b) en algunos pares en los que la versión plena es posnominal, mientras que la truncada es prenominal: *uno ~ un, bueno ~ buen, malo ~ mal, primero ~ primer, tercero ~ tercer*, etcétera; y c) en las formas del singular de los adjetivos posesivos proclíticos: *mío/mía ~ mi, tuyo/tuya ~ tu*, y *suyo/suya ~ su*. Asimismo, en el primer miembro de los compuestos del tipo *pelirrojo*, formas de rendimiento y productividad elevados, la pérdida de la vocal final puede analizarse como una elisión, acompañada de la adición concomitante de una *-i-* de enlace: *pelo + rojo → pelirrojo, boca + abierta → boquiabierto, punta + aguda → puntiagudo, arte + maña → artimaña, pata + larga → patilargo, verde + negro → verdinegro, gallo + pavo → gallipavo, sopa + caldo → sopicaldo*, y muchos otros.

Finalmente, existen pares de palabras, en algunos casos heredados del latín, en los que una paravocal [i̯] final de la raíz o del tema en una forma nominal alterna con cero en otra forma morfológicamente relacionada (por lo general, una forma verbal): *furia ~ enfurecer* (cf. **enfuriecer*), *infortunio ~ fortuna, blasfemia ~ blasfemar, bienio ~ bienal, memoria ~ memorable, reliquia ~ relicario*. Sin embargo, lo realmente productivo es la ausencia de elisión (cf. *cambio ~ cambiar, premio ~ premiar, presagio ~ presagiar, columpio ~ columpiar, especie ~ especial, copia ~ copiar, incendio ~ incendiario*, etcétera).

5.2.1 Epéntesis de [e] en posición inicial de palabra

Existe un acuerdo prácticamente generalizado acerca de que el español moderno presenta un proceso morfofonológico de epéntesis que inserta la vocal [e] en posición inicial de palabra cuando esta comienza con una secuencia de /s/ más consonante (véanse Harris 1969, 1983, 1987a; Roca 1996; Colina 2006, 2009, entre otros). Se trata de un mecanismo fonológico de carácter prosódico, ya que está motivado por la fonotáctica silábica del español: existe una restricción bien conocida que prohíbe que las secuencias de /s/ más consonante se incorporen a un ataque complejo; la vocal epentética proporciona un apoyo silábico a una consonante que de otro modo no podría integrarse en la estructura silábica [→ § 1.21.8]. La epéntesis inicial es un proceso bien documentado y completamente productivo en el español actual, y así lo ha sido en el curso de toda su evolución histórica desde el latín vulgar. Sin embargo, las alternancias entre [e] y cero, ilustradas en (5), se circunscriben a un número relativamente reducido de unidades léxicas, en las que la vocal epentética está ausente cuando la secuencia inicial de /s/ más consonante de la forma básica va precedida por un elemento derivacional, incluyendo prefijos (5a) y prefijoides, o por el primer miembro de un compuesto lexicalizado (5b); por el contrario, la vocal epentética se manifiesta obligatoriamente cuando la parte inicial de la base no va precedida de material morfológico alguno (*espirar, escribir*, etcétera). Como se puede apreciar, la presencia de una vocal nuclear en el morfema precedente *(estrato-sfera)*, o de una vocal nuclear seguida de una sonante *(in-spirar)*, permite incorporar la /s/ inicial de la base a la coda de la sílaba precedente en conformidad con los principios generales de silabación del español *(ins.pi.rar, he.mis.fé.ri.co,* etcétera) [→ § 24.2].

(5)	a. **espirar**	~	in-spirar	b. **esfera**	~ estrato-sfera, estrato-sférico,
	estar	~	in-star, con-star		atmó-sfera, hemi-sférico
	escribir	~	in-scribir, de-scribir	**eslovaco**	~ checo-slovaco
	escindir	~	pre-scindir, re-scindir	**esperma**	~ zoo-spérmico
	eslabón	~	de-slabonar	**eslavo**	~ yugo-slavo, Yugo-slavia
	estreñir	~	con-streñir	**esclerosis**	~ arterio-sclerosis

Siguiendo el análisis de Harris (1983, 1987a), la epéntesis inicial puede expresarse mediante la regla de (6), la cual inserta una posición vocálica (abreviada con el símbolo 'V') localizada entre la frontera inicial de una palabra (representada con el símbolo '#') y una /s/ no asociada a la estructura silábica (indicada con el círculo alrededor de la posición prosódica) [→ § 1.18.3].

(6) $\emptyset \rightarrow V / \#$ ___ $\underset{s}{\textcircled{X}}$

A continuación, las reglas por defecto del español (4c, d) proporcionan los rasgos vocálicos a esta posición V y la especifican como [e]. En (7) se ilustra la derivación de la vocal epentética inicial en la palabra *esfera*. El paso 1 refleja la operación de las reglas de silabación, que dejan la /s/ inicial 'extraviada', dado que no puede incorporarse al ataque silábico con la consonante siguiente. La presencia de esta consonante no vinculada a la estructura silábica provoca, en el paso 2, la inserción mediante (5) de una posición vocálica, que queda especificada como [e] mediante la aplicación de las reglas de (4a) a (4d) en el paso 3. Introducir la vocal epentética conlleva naturalmente la creación automática de un núcleo silábico, y permite que /s/ se incorpore como coda de la nueva sílaba (el núcleo silábico se indica mediante la línea de asociación vertical que conecta la sílaba y el esqueleto prosódico).

(7)

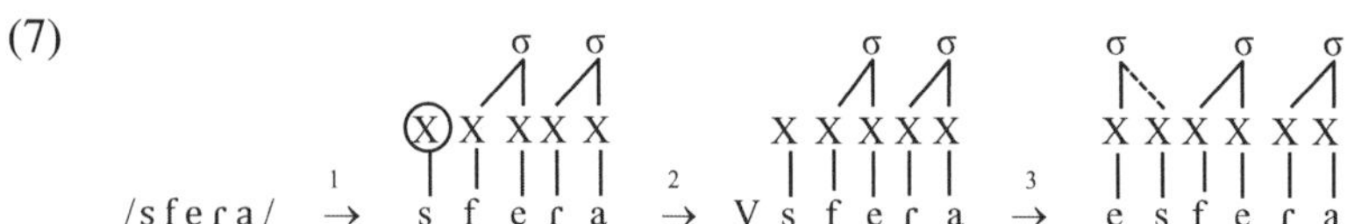

Obsérvese ahora lo muy problemática que resultaría una alternativa en la que se intentara dar cuenta de las alternancias entre [e] y cero recogidas en (5) postulando que la /e-/ inicial en *esfera* está presente en el nivel subyacente, e invocando, a cuenta seguida, por ejemplo, una regla que elida esta vocal cuando vaya precedida de un límite de morfema, como ocurre cuando a la base le antecede un prefijo o prefijoide, o el primer miembro de un compuesto. Una razón de peso para poner en duda la validez de este análisis proviene del hecho de que no exista ninguna prueba empírica que sugiera que la elisión de /e/ en el presunto contexto esté motivada por alguna restricción morfotáctica o por algún principio morfofonológico general del español. En efecto, contrastando claramente con los datos de (5) se encuentra multitud de ejemplos en los que no ocurre elisión alguna de la /e/ inicial de una base seguida de /s/ más consonante aun cuando vaya precedida de un prefijo, de un prefijoide, o del primer miembro de un compuesto acabado en vocal o /n/ (cf. *in-esperado, in-estable, in-escapable, pre-establecido, re-escribir, semi-esférico, auto-escuela, guarda-espaldas, anti-español,* etcétera).

En este punto, es interesante explicar por qué la epéntesis inicial se produce en la base de pares como *in-esperado* o *semi-esférico,* etcétera, pero no en la de otros como *in-spirar* o *estrato-sfera* (cf. **in-espirar,* **estrato-esfera*). De hecho, la presencia frente a la ausencia de epéntesis inicial puede dar lugar a pares mínimos o casi mínimos como *in-spirado* (participio de pasado de *in-spirar*) frente a *in-esperado* o *hemi-sferio* frente a *semi-esferio* (nótese que en el primer par hay dos prefijos *in-* diferentes, aunque homófonos: en *in-spirado, in-* es locativo, con el significado general de 'movimiento hacia adentro', mientras que en *in-esperado, in-* denota la negación de la base). Estos contrastes pueden explicarse de una manera simple y directa apelando a la distinción, por otro lado bien fundamentada, entre dos categorías morfológicas primitivas, el 'tema' y la 'palabra', postulando dos estratos o niveles morfológicos que corresponden a cada una de estas categorías, y que constituyen ámbitos (o 'estratos') gramaticales autónomos en los que pueden interactuar la fonología y la morfología de cada estrato, como se propone en el marco de la Fonología y Morfología Léxicas [→ § 1.18.6] (asimismo, para la aplicación de este modelo a varios problemas de morfofonología del español, véanse, entre otros, Wong-Opasi [1987], Hualde [1989], Dunlap [1991] y Bermúdez-Otero [2006]). Por ejemplo, después de una operación morfológica en cada estrato, la cadena resultante se somete a (re)silabación y a cualquier proceso fonológico pertinente en ese nivel. La idea fundamental en este análisis es la de recurrir a la distinción léxica que existe entre la fonología del tema y la fonología de la palabra: mientras que el *in-* locativo se prefija en el estrato del tema, el *in-* negativo lo hace en el nivel de la palabra, como se ilustra con la derivación del par *in-spirado* frente a *in-esperado* de (8).

(8)	Formas subyacentes:	/in+spiɾado/	/in+speɾado/
	ESTRATO 1 (nivel del *tema*);		
	Afijación de *in-* (locativo):	inspiɾado	speɾado
	Reglas de silabación:	ins.pi.ɾa.do	s pe.ɾa.do
	ESTRATO 2 (nivel de la *palabra*);		
	Epéntesis inicial (6) y silabación:	——	es.pe.ɾa.do
	Afijación de *in-* (negativo) y		
	(re)silabación:	——	i.nes.pe.ɾa.do
	Otras reglas (y educto):	ins.pi. ˈɾa. ð̞o	i.nes.pe.ˈɾa.ð̞o

Es incuestionable que la epéntesis inicial constituye una regla morfofonológica del nivel de la palabra, ya que el entorno que condiciona su aplicación es precisamente la frontera inicial de palabra. Como queda de manifiesto en (8), la prefijación del locativo *in-* (así como de otros prefijos o prefijoides pertenecientes al primer estrato, como *hemi-,* etcétera) tiene lugar en el primer estrato, el nivel del tema, seguida de una primera aplicación de las reglas de silabación. En el educto de este primer nivel morfoléxico, la /s/ inicial de la palabra no está vinculada a la estructura silábica (hecho que se indica encerrándola en un círculo), ya que una restricción fonotáctica del español prohíbe la agrupación de /s/ con una consonante siguiente en el ataque complejo de la sílaba inicial de la base. Cuando [e] se inserta en posición inicial por la regla de epéntesis (6) en el segundo estrato (el nivel de la palabra), la consonante 'extraviada' se integra en la estructura silábica como coda de la sílaba encabezada por la vocal epentética. Es fundamental que la epéntesis en el segundo estrato preceda a la operación morfológica que adjunta el prefijo negativo *in-,* que en este punto se combina con la base *esperado,* ya completamente formada y silabeada (y que, por consiguiente, presenta la vocal epentética inicial), seguida del proceso de (re)silabación, que asigna la /n/ final del prefijo *in-* a la vocal epentética inicial de *esperado.* En suma, el comportamiento diferente de las dos clases de prefijos en relación con la epéntesis inicial radica en que, mientras que los prefijos que pertenecen al primer estrato, como el *in-* locativo, se combinan con el tema 'antes' de la inserción de la vocal epentética, los que corresponden al segundo estrato, como el *in-* negativo, se adjuntan a la palabra 'después' de haberse aplicado la regla de epéntesis. De esta manera se traduce formalmente la distinción gramatical entre la prefijación sumamente lexicalizada, como ocurre con el locativo *in-* o con el prefijoide *hemi-,* y la prefijación plenamente productiva, como es el caso del prefijo negativo *in-* o del prefijoide *semi-.*

A pesar del escaso rendimiento que ofrecen las alternancias entre [e] y cero ilustradas en (5), existen pruebas irrefutables de que la epéntesis inicial es un proceso completamente productivo en el español actual, como lo demuestra la adaptación fonológica de préstamos del inglés que comienzan con una secuencia de /s/ seguida de consonante: *ski* → *esquí, slogan* → *eslogan, spray* → *espray, stop* → *esto(p), stress* → *estrés, standard* → *estándar,* etcétera [→ § 17.3.3]. La evolución histórica de la lengua presenta una análoga sistematicidad de la epéntesis inicial, como lo ilustra la evolución de palabras con /s/ más consonante inicial en latín (cf. *SPONGIA* → *esponja*, *STELLA* → *estrella*, *STUPPA* → *estopa*, *SCRIBERE* → *escribir*, *SCHOLA* → *escuela*, etcétera), así como la adaptación de préstamos del latín o del griego (cf. *SCHEMA* → *esquema*, *STOICUS* → *estoico*, *STATIKOS* → *estático*, *STERNON* → *esternón*, *STUPIDU* → *estúpido*, *STRIA* → *estría*, etcétera).

Considerada desde el punto de vista sincrónico, la epéntesis inicial presenta un problema interesante, pero de difícil solución. En la mayoría de los análisis sobre el tema se asume comúnmente que en 'todas' las unidades léxicas en las que una [e] inicial de palabra aparece seguida de /s/ más consonante en las representaciones fonéticas, la vocal [e] es epentética. Pueden aducirse tres argumentos a favor de esta interpretación: a) la predictibilidad de [e] en dicho contexto, que permite simplificar las representaciones subyacentes al reducir el material fonológico que contienen; b) las alternancias ilustradas en (5), siempre que pueda demostrarse inequívocamente que su elevado grado de lexicalización no refleje un claro caso de supleción morfémica, tema este potencialmente controvertido; y c) la vigencia de la epéntesis, que se refleja en la adaptación fonológica de los préstamos. Sin embargo, existe en la lengua una multitud de unidades léxicas en las que la [e] inicial nunca alterna con cero: *escapar, escarcha, estéril*, etcétera. Es un hecho indiscutible que las alternancias fonológicas constituyen la principal prueba para postular procesos fonológicos, pero, en ausencia de alternancias [e] ~ Ø en estos casos, surge de inmediato la pregunta obvia acerca de cómo los hablantes que adquieren el español como primera lengua pueden llegar a interiorizar representaciones subyacentes como /skapaɾ/, /skaɾt͡ʃa/, /steɾil/, etcétera, a partir de formas fonéticas que siempre contienen una /e/ inicial. De hecho, Hooper (1976, 183-84 y 233-34), trabajando en el marco de la Fonología Generativa Natural [→ § 1.20.1], se plantea precisamente esta pregunta y propone explícitamente que las representaciones léxicas en tales casos deben incluir la /e/ inicial: /eskapaɾ/, /eskaɾt͡ʃa/, /esteɾil/, etcétera, al mismo tiempo que admite que existe una regla productiva de epéntesis inicial, puesto que es necesaria para dar cuenta de la adaptación de los préstamos extranjeros con [e] epentética inicial.

5.2.2 Epéntesis de [e] en posición interior de palabra

También existe un número reducido de unidades léxicas, como las que se incluyen en (9), en las que el radical presenta una alternancia entre [e] y cero en interior de palabra, introducida como consecuencia de la entrada relativamente tardía de préstamos de origen latino que contenían la vocal y que guardan una relación etimológica con palabras de trasmisión popular que carecen de ella. En estos casos, la forma alternante con [e] es, en general, la palabra culta, mientras que la forma alternante desprovista de vocal aparece en la palabra de trasmisión popular, en la cual la pérdida de la vocal se debe al conocido cambio histórico de la síncope vocálica intertónica ocurrido en la transición al español, que en este caso particular resultó en la elisión de una /e/ localizada dentro del radical de la palabra, entre una obstruyente y la rótica simple /ɾ/.

(9)   aber-tura, abier-to, aper-itivo   abr-ir, abr-idor
        cober-tura, cobertizo, cober-tor   cubr-ir, cubr-ición, cubr-iente, cubr-imiento
        liber-ar, liber-tad, liber-al   libr-e, libr-ar, libr-anza
        mater-no, mater-nal, mater-nidad   madr-e, matr-iz, matr-iarca, matr-imonio
        pater-no, pater-nal, pater-nidad   padr-e, patr-ia, patr-iarca, patr-icida, patr-imonio
        frater-no, frater-nal, frater-nidad   fratr-icida, fratr-icidio
        peder-nal, peder-nalino, empeder-nir piedr-a, pedr-ería, pedr-usco, pedr-egal
        sacer-dote, sacer-docio   sacr-o, sacr-amento, sacr-ilegio, sacr-ificio

De manera análoga a su contraparte inicial, la motivación fonológica que se ha propuesto para la epéntesis medial tiene también un origen prosódico. Así, la raíz de las palabras que aparecen en la columna de la derecha en (9) contienen un grupo biconsonántico. Por ejemplo, *a.brir* contiene el grupo /bɾ/, que puede silabearse como el ataque de la sílaba encabezada por la vocal siguiente: *a.brir*. Por el contrario, en /abɾ + tuɾa/ (= *abertura*) el grupo en cuestión se encuentra en posición preconsonántica, y por lo tanto sus componentes no pueden incorporarse a ninguna de las dos sílabas contiguas. Como se refleja en la regla de (10), la inserción de una vocal epentética entre las dos consonantes 'extraviadas' cumple la función de proporcionar un apoyo silábico que permite su incorporación a la estructura silábica.

(10) Ø → V / (X)__(X)
              | |
              C   ɾ

En (11) se presenta una derivación típica de la vocal epentética en posición medial, en la cual la silabación inicial deja 'extraviados' en el paso 1 a los dos miembros del grupo consonántico /bɾ/ final de la raíz. La inserción de una posición vocálica se lleva a cabo en el paso 2. Finalmente, en el paso 3, y de manera análoga a la epéntesis inicial, la posición vocálica insertada recibe las especificaciones de [e], la vocal por defecto, al aplicarse (4c).

(11)

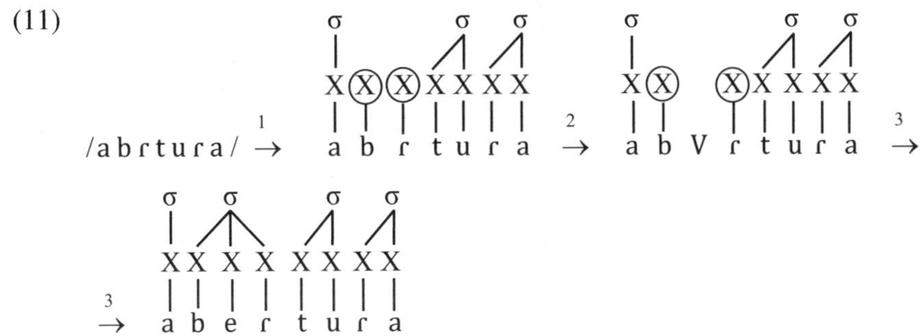

Existe en español un segundo tipo de alternancia entre [e] y cero en posición medial de palabra, ilustrada en (12), en la que la vocal aparece al final de la raíz entre las consonantes /t/ y /ɾ/. Está muy lexicalizada y su procedencia es diversa. En algunos casos ha entrado en el español a través de préstamos del latín; su origen se remonta a un proceso de síncope que tuvo lugar en el latín antes de la época clásica (cf. *dexter* 'derecha' frente a *dextr-orsum* 'hacia la derecha'). En otros, la vocal está presente en la palabra culta, pero se elidió por la síncope en la palabra relacionada de trasmisión popular (cf. *littera > letra*); la preposición *entre*, por otra parte, es la evolución popular por metátesis de la latina *inter*, que se ha reinstaurado en español y compite con aquella en la actualidad.

(12)   liter-al, liter-ario, liter-atura   letr-a, letr-ado, letr-ero, letr-illa
        magister-io, magister-ial   maestr-o, magistr-al, magistr-atura
        minister-io, minister-ial   ministr-o, ad-ministr-ar, ministr-il
        aster-oide   astr-o, astr-ólogo, astr-onauta, astr-olito
        dexter-idad   diestr-o, destr-eza, dextr-osa, dextr-ina
        inter-ino, inter-acción, inter-ceder   entre-més, entre-cejo, entre-dós, entre-cano

Una diferencia fundamental entre la epéntesis interior de palabra de (9) y el tipo ilustrado en (12) reside en que el segundo no tiene una motivación prosódica aparente, ya que la vocal epentética en los ejemplos de la primera columna está localizada entre los dos miembros de un grupo consonántico intervocálico de *muta-cum-liquida* y que, como tal, constituye un ataque silábico permitido en español, precisamente la misma secuencia de consonantes que aparecen agrupadas en los ejemplos en los que la epéntesis está ausente en la segunda columna.

Un tipo especial de alternancia /e/ ~ Ø ocurre en la morfología apreciativa, especialmente en su manifestación más productiva: los diminutivos. Puesto que el objetivo fundamental del presente apartado es describir la epéntesis de [e] en los diminutivos, no se abordará la problemática de la formación de los diminutivos ni el complejo problema que suscita la variación dialectal.

Entre los trabajos que tratan sobre la formación de los diminutivos en español, cabe mencionar Alemany Bolufer (1920, 75-95), Alonso García (1951), González Ollé (1951), Hooper y Terrell (1976), Lázaro Mora (1976, 1977, 1999), Rojas (1977), Jaeggli (1980), Lázaro Carreter (1980, 11-26), Dressler y Merlini Barbaresi (1986, 1994), Horcajada (1987–1988), Portolés Lázaro (1988), Pazó (1989), Lang (1990, § 4), Dunlap (1991), Crowhurst (1992), Prieto Vives (1992), Méndez Dosuna y Pensado (1993), Harris (1994), Ambadiang (1996), Elordieta y Carreira (1996), Miranda (1999), Santibáñez (1999), Eddington (2002), Colina (2003a, 2009), Stephenson (2004), Bermúdez-Otero (2006), Ohannesian y Pons Moll (2009) y Smith (2011). Lázaro Mora (1999) y Smith (2011) ofrecen una reseña crítica de la bibliografía sobre el tema.

En las variedades normativas del español, el morfema utilizado con mayor rendimiento para formar diminutivos presenta dos alomorfos principales: {-it-} (*-ito*) y {-cit-} (*-cito*). El segundo de ellos tiene, además, una variante con una vocal inicial {-ecit-} (*-ecito*) a la que la mayoría de los estudiosos que se han ocupado del tema consideran epentética. La distribución alomórfica entre *-ito* y *-cito* se ilustra en (13) y en (14). A pesar de la complejidad que ofrece la variación dialectal, se pueden aducir varios criterios generales que determinan la selección alomórfica en los diminutivos, incluyendo ciertas propiedades morfofonológicas o prosódicas (p. ej., el número de sílabas) de la base. En general, seleccionan el alomorfo *-ito:* a) las palabras con el elemento terminal *-a, -o* (la marca de género gramatical) (13a); b) las palabras de tres o más sílabas que acaban en una *-e* (supuestamente) epentética (13b); c) las palabras de base polisílaba que acaban en una obstruyente fricativa subyacente (13c); d) las palabras polisílabas acabadas en *-l* (13d); y e) las palabras con el elemento terminal *-a, -o* cuya base contiene un diptongo decreciente (13e).

(13)

a. *base*	*dim.*	b. *base*	*dim.*	c. *base*	*dim.*
cas-a	cas-ita	comadr-e	comadr-ita	anís	anis-ito
gat-o	gat-ito	chocolat-e	chocolat-ito	Carl-os	Carl-itos
zapat-o	zapat-ito	estudiant-e	estudiant-ito	japonés	japones-ito
pregunt-a	pregunt-ita	costumbr-e	costumbr-ita	reloj	reloj-ito
escaler-a	escaler-ita	elegant-e	elegant-ito	nariz	naric-ita
d. ángel	angel-ito	e. rein-a	rein-ita		
cordel	cordel-ito	boin-a	boin-ita		
papel	papel-ito	aul-a	aul-ita		
almendral	almendral-ito	gait-a	gait-ita		
español	español-ito	viud-a	viud-ita		

Como se ilustra en (14), seleccionan el alomorfo *-cito:* a) las palabras polisílabas acabadas en paravocal o en una sonante no lateral /-r/ o /-n/ (14a); b) las palabras acabadas en una vocal acentuada (14b). Sin embargo, el alomorfo *-cito* aparece precedido de una vocal [e] epentética *-ecito* en: a) palabras que acaban en diptongo creciente formado con la paravocal final de la raíz y el elemento terminal *-o* o *-a* en la última sílaba (14c); b) palabras en las que la primera sílaba de la raíz contiene un diptongo creciente [i̯e] (14d) o [u̯e] (14e); c) palabras monosílabas acabadas en una paravocal o una consonante (14f); d) palabras acabadas en un diptongo creciente formado con la paravocal final de la raíz y el elemento terminal *-e* (14g); e) palabras cuyo elemento terminal *-e* se inserta (supuestamente) por la regla de epéntesis final —ya que la vocal final de la raíz va seguida de material no silabeable en posición final; cf., más adelante, el § 5.2.3— (14h); y f) palabras bisílabas cuyo elemento terminal *-e* va precedido de una consonante permitida en posición final (14i).

(14)

a. *base*	*dim.*	b. *base*	*dim.*	c. *base*	*dim.*
convoy	convoy-cito	sofá	sofa-cito	radi-o	radi-**e**-cita
amor	amor-cito	café	café-cito	sabi-o	sabi-**e**-cito
radar	radar-cito	bebé	bebe-cito	copi-a	copi-**e**-cita
escritor	escritor-cito	rubí	rubi-cito	neci-o	neci-**e**-cito
joven	joven-cito	jabalí	jabali-cito	podi-o	podi-**e**-cito
canción	cancion-cita	menú	menu-cito	furi-a	furi-**e**-cita
d. fiest-a	fiest-**e**-cita	e. puebl-o	puebl-**e**-cito	f. rey	rey-**e**-cito
quiet-o	quiet-**e**-cito	puert-a	puert-**e**-cita	pan	pan-**e**-cito
piedr-a	piedr-**e**-cita	hues-o	hues-**e**-cito	sol	sol-**e**-cito
hierb-a	hierb-**e**-cita	suelt-o	suelt-**e**-cito	flor	flor-**e**-cita
vient-o	vient-**e**-cito	cuerd-a	cuerd-**e**-cita	red	red-**e**-cita
fier-a	fier-**e**-cita	cuent-o	cuent-**e**-cito	luz	luc-**e**-cita
g. seri-e	seri-**e**-cita	h. madr-e	madr-**e**-cita	i. bail-e	bail-**e**-cito
nadi-e	nadi-**e**-cito	grand-e	grand-**e**-cito	clas-e	clas-**e**-cita
especi-e	especi-**e**-cita	pobr-e	pobr-**e**-cito	pas-e	pas-**e**-cito
pingü-e	pingü-**e**-cito	coch-e	coch-**e**-cito	cruc-e	cruc-**e**-cito
enjagü-e	enjagü-**e**-cito	mont-e	mont-**e**-cito	cin-e	cin-**e**-cito
bilingü-e	bilingü-**e**-cito	suav-e	suav-**e**-cito	sed-e	sed-**e**-cita

Varios análisis recientes aducen una motivación prosódica para dar cuenta de la presencia de la vocal epentética que media entre la base y el sufijo diminutivo en las formas de (14c) a (14i). Así, para explicar la epéntesis de (14f) y (14i) se ha postulado que las bases que subcategorizan el alomorfo *-cito* deben satisfacer un requisito de minimidad prosódica, el cual requiere que el tema de la base en la forma diminutiva forme un pie métrico [→ § 1.21.6] bisílabo (Crowhurst 1992; Prieto Vives 1992; Colina 2003a, 2009). Esta restricción prosódica quedaría satisfecha en bases cuyo tema contiene dos o más sílabas, como ocurre, por ejemplo, en $(a.mor)_{Pm}$-$(ci.to)_{Pm}$, $(jo.ven)_{Pm}$-$(ci.to)_{Pm}$ (14a); o $(so.fa)_{Pm}$-$(ci.to)_{Pm}$, $(ca.fe)_{Pm}$-$(ci.to)_{Pm}$ (14b) (P_m = pie métrico). En cambio, la sufijación de *-cito* a bases monosílabas como *pan* o *flor* (14f) generaría diminutivos malformados como *$(pan)_{Pm}$-$(ci.to)_{Pm}$, *$(flor)_{Pm}$-$(ci.ta)_{Pm}$, ya que la base en cada caso no cumple con el requisito prosódico; la vocal epentética desempeña precisamente la misión de acomodar estas formas al molde prosódico bisílabo: $(pa.ne)_{Pm}$-$(ci.to)_{Pm}$, $(flo.re)_{Pm}$-$(ci.ta)_{Pm}$. Esta explicación podría extenderse también a los tipos de (14c) a (14e) y de (14g) a (14i) siempre que el tema de la base en la forma diminutiva no alcance el tamaño prosódico mínimo requerido; la vocal epentética sale al rescate para suministrar la segunda sílaba requerida por el pie métrico bisílabo: $(ra.die)_{Pm}$-$(ci.ta)_{Pm}$ (14c), $(fies.te)_{Pm}$-$(ci.ta)_{Pm}$ (14d), $(pue.ble)_{Pm}$-$(ci.to)_{Pm}$ (14e), $(se.rie)_{Pm}$-$(ci.ta)_{Pm}$ (14g), $(bai.le)_{Pm}$-$(ci.to)_{Pm}$ (14i). En todos estos casos, excepto en el del tipo (14i), el requisito de minimidad prosódica para explicar la presencia de una vocal epentética podría reforzarse con un argumento extraído de la fonotáctica silábica, a saber: la incompatibilidad de la afijación de *-cito* a la base se derivaría también del hecho de que la parte final del tema no puede incorporarse a la estructura silábica, ya sea porque el tema de la base acaba en una paravocal, como en *sab/j/-cito* (14c) o *ping/w/-cito* (14g), o acaba en una consonante o grupo consonántico prohibido: *fie/st/-cita* (14d), *pue/bl/-cito* (14e), *co/tʃ/-cito* (14h). La vocal epentética en estos casos cumple la función de proporcionar un apoyo silábico a la parte final del tema evitando así que se produzca una infracción fonotáctica.

El problema de la motivación prosódica, ya sea métrica o fonotáctica, es que falla en muchos casos. Por ejemplo, pueden encontrarse bases, como *enjagü-e* o *bilingü-e* (14g), cuyos temas satisfarían el requisito de minimidad prosódica, y otras, como *bail-e*, *cin-e* (14i), cuya consonante final del tema respeta la fonotáctica silábica y, sin embargo, todas ellas forman el diminutivo con la vocal epentética. Además, ninguna propuesta conocida ha proporcionado argumentos convincentes, ya sean fonológicos o morfológicos, que den respuesta a la cuestión de por qué la base de muchos de los tipos de (14) debe someterse a un requisito de minimidad prosódica del cual están exentas bases bisílabas como *casa* en (13a), sin duda entre las más comunes estadísticamente en la lengua. El requisito de la bisilabicidad referido a la base del diminutivo predice erróneamente que una forma inexistente, aunque prosódicamente irreprochable, como *$(ca.se)_{Pm}$-$(ci.ta)_{Pm}$, con inserción de una vocal epentética en la base, debería preferirse a la forma documentada $ca(s\text{-}i.ta)_{Pm}$, prosódicamente imperfecta.

Algunos autores han propuesto que la vocal que interviene entre el tema y el sufijo diminutivo en los tipos (14e-i) no es epentética, sino que se trata del elemento terminal de la base (Harris 1994; Colina 2003a, 2009); de acuerdo con esta interpretación, el alomorfo *-cito* se uniría directamente a la palabra prosódica, no al tema: *madre* + *cita* → *madrecita* (los tipos (14a, b) se generarían también de esta manera: *amor* + *cito* → *amorcito*, *sofá* + *cito* → *sofacito*, etcétera). El problema insuperable que presenta esta propuesta es que necesariamente caracteriza como completamente insólitos en la morfología del español los tipos de (14g) a (14i) (*seriecita*, *madrecita*, *bailecito*, etcétera), ya que, de otra manera, el elemento terminal de un nombre o adjetivo siempre aparece al final de la palabra, nunca en posición interna (cf. *cas-a* → *cas-ita*, no *casa-ita*, del mismo modo que *cas-a* → *cas-ero*, no *casa-ero*).

Una cuestión intrigante que no se ha solventado hasta la fecha es la aparente conexión que existe, con muy pocas excepciones, entre el tipo de diptongo y la selección alomórfica, y que se manifiesta en la tendencia abrumadora de las bases que contienen un diptongo creciente a formar el diminutivo con la vocal epentética —cf. (14d, e) y (14g)—, contrastando claramente con las bases con diptongo decreciente —cf. (13e)—, que prefieren *-ito*.

> Cualquier intento de sistematizar los factores que determinan la selección alomórfica en la formación de los diminutivos en español se enfrenta al desafío que presenta la cuantiosa variación interdialectal, intradialectal e incluso idiolectal, especialmente común en los tipos ilustrados en (13b) y de (14d) a (14i) (cf. Lázaro Mora 1999, § 71.7; Prieto Vives 1992). Por ejemplo, en dialectos del español sudamericano la diminutivización (14d, e) normalmente se realiza con *-ito* (*fiest-ita*, *puebl-ito*, etcétera). En algunos dialectos cabe incluso la posibilidad de que las dos variantes coexistan: *fiest-ecita* y *fiest-ita*, *puebl-ecito* y *puebl-ito*, etcétera. Los diminutivos del tipo (14f) en muchos dialectos del español americano no presentan una vocal epentética: *rey-cito*, *pan-cito*, *sol-cito*, *flor-cita*, etcétera. (Miranda 1999; Prieto Vives 1992). En otros dialectos, los diminutivos del tipo (14h, i) pueden formarse con *-ito*: *grand-ito*, *coch-ito*, *bail-ito*, etcétera. Ciertos dialectos admiten diminutivos con la vocal epentética para bases del tipo (13b): *comadr-ecita*, *chocolat-ecito*, *estuch-e-cito*, *envas-e-cito* (Prieto Vives 1992, 174). Para complicar más la situación, muchos hablantes a menudo carecen de intuiciones claras sobre los diminutivos de los tipos de (14c) a (14i) (cf. Harris 1994), en especial, sobre aquellos de escasa frecuencia en la lengua coloquial, lo que vuelve todavía más ardua la tarea del analista.

5.2.3 Epéntesis de [e] en posición final de palabra

Las formas no verbales en español se distribuyen en varias clases atendiendo a dos criterios principales: a) la presencia o ausencia de un elemento terminal o marcador de palabra, y b) el tipo de elemento terminal, cuando está presente. Siguiendo el análisis de Harris (1980b, 1985a, 1991, 1992, 1999), se distinguen las nueve clases ilustradas en su forma de singular en (15).

(15) a. cas-a, vac-a   b. libr-o, gat-o   c. ley-Ø, mar-Ø, papel-Ø
      d. seri-e, torr-e, lech-e, part-e   e. clas-e, mol-e   f. curs-i, trib-u
      g. cris-is, lej-os, vir-us   h. sofá-Ø, café-Ø   i. espray, yen, *web*, *chip*

Las clases (15a, b) representan las formas canónicas no verbales del español: acaban en un elemento terminal correspondiente a la marca de género gramatical. El resto de las clases, de (15c) a (15i), son excepcionales en diversa medida. En (15c) la palabra termina en una paravocal o una consonante de la clase coronal y anterior (excepto /r/ y /t/): /ɾ l n d s θ/; se trata de los miembros del inventario de consonantes que pueden ocupar la coda silábica final de palabra en el vocabulario patrimonial del español [→ § 24.2, § 24.3]. En (15d) el tema acaba en una consonante o en una secuencia (consonante más paravocal o grupo de dos consonantes) que constituyen configuraciones silábicas no permitidas en posición final de palabra. Como se verá, es precisamente aquí donde se postula que la -*e* final es epentética: la idea es que se inserta en el nivel léxico con el fin de aportar un apoyo silábico a la consonante o a la secuencia consonántica final prosódicamente mal formada. Este tipo de palabras, en el análisis de Harris, están marcadas en el lexicón [→ § 1.18.1] como excepciones a la regla morfológica que proporciona el elemento terminal. En (15e), la palabra contiene el elemento terminal en -*e* a pesar de que la consonante precedente está permitida en posición final de palabra; en estos casos se asume que la vocal está especificada en las representaciones subyacentes. En (15f) el elemento terminal es una vocal alta átona. La clase de (15g) comprende palabras en las que el elemento terminal consiste en una secuencia de vocal seguida de /s/; se trata de la clase en la que la forma de plural es idéntica a la del singular. En (15h) el tema (y la palabra) acaban en una vocal tónica y carecen de elemento terminal. Finalmente, (15i) recoge una clase de palabras que a veces se conocen como 'xenónimos'; se trata de un conjunto de préstamos recientes (del inglés en su mayoría) que poseen dos propiedades idiosincráticas: no admiten epéntesis en posición final de palabra ni en el singular (cf. *jarab-e* frente a *web*, no **web-e*) ni en el plural (cf. *rey ~ rey-e-s* frente a *espray ~ espray-s*, no **espray-e-s*, o *pan ~ pan-e-s* frente a *yen ~ yen-s* no **yen-e-s*, plural este último no admitido en el español de México, al que se refiere Harris en su análisis). La epéntesis en el plural se describe más adelante en el § 5.2.4.

El primer análisis que propugna el carácter epentético de la -*e* final en las palabras de la clase (15d), como *lech-e, part-e*, etcétera, se atribuye a Saltarelli (1970), y se adopta, con diversas modificaciones, en Contreras (1977), Harris (1980b, 1985b, 1987a, 1989a, 1989b), Dunlap (1991), Colina (1995, 1996), Martínez-Gil (1997) y Moyna y Wiltshire (2000), entre otros. Varios estudios, entre los que se incluyen Roca (1996), Morin (1999), Colina (2003a, 2003b, 2009) y Bonet (2006), rechazan el carácter epentético de la -*e* final en la clase (15d).

En el § 5.2 se mencionó que la forma canónica de las palabras no verbales del español está gobernada por una restricción morfotáctica según la cual el elemento terminal, cuando está presente, debe aparecer en el margen derecho de la forma de singular de una palabra morfológica bien formada; en los plurales, el elemento terminal va seguido del morfema de plural. Una regla morfológica especifica la realización de la marca de género gramatical como /o/ para el masculino y como /a/ para el femenino, mientras que otra especifica el exponente fonológico de pluralidad como /s/. En Harris (1980b, 1985b, 1991, 1992) se da cuenta de esta propiedad distribucional de los elementos terminales postulando que, en la forma canónica de las unidades léxicas no verbales, la estructura de los constituyentes flexivos debe ajustarse a una plantilla prosódica del tipo {VC} (donde V = una posición vocálica, y C = una posición consonántica) colocada en el margen derecho de la palabra, como se muestra en (16).

(16) [[...]ₐ V C]_β (donde α = Raíz/Tema, y β = Palabra: Nombre, Adjetivo o Adverbio)

Harris identifica estas posiciones prosódicas como morfemas 'flotantes', es decir: están presentes en la representación inicial de las palabras, pero no se encuentran vinculados a ningún material segmental en las representaciones subyacentes. En las formas de singular, la posición V se asocia al elemento terminal subyacente, que, en la mayoría de los casos, es el exponente del morfema de género gramatical, mientras que en las formas de plural la posición C es ocupada por /s/, el exponente del morfema de plural (véanse Harris 1985a, 1991). La derivación del singular de las clases de palabras recogidas en (15) se muestra en (17) con ejemplos representativos, en los que el paso 1 refleja la asociación del elemento terminal subyacente (si existe) a la posición V, y el paso 2 refleja el proceso de silabación léxica. Para simplificar, de (17a) a (17c) se ha omitido la posición C final de la plantilla prosódica, ya que, en ausencia de un segmento al que pueda asociarse, nunca se realiza fonéticamente en el singular, con una excepción: en las palabras de la clase (15g), cuyo elemento terminal consta de vocal más /s/, resulta decisivo que la posición C esté presente en la plantilla prosódica, al permitir la incorporación de esta consonante a la estructura silábica.

(17)   a. Clases 15a-b *(cas-a, gat-o)* y 15e-f *(mol-e, curs-i)*

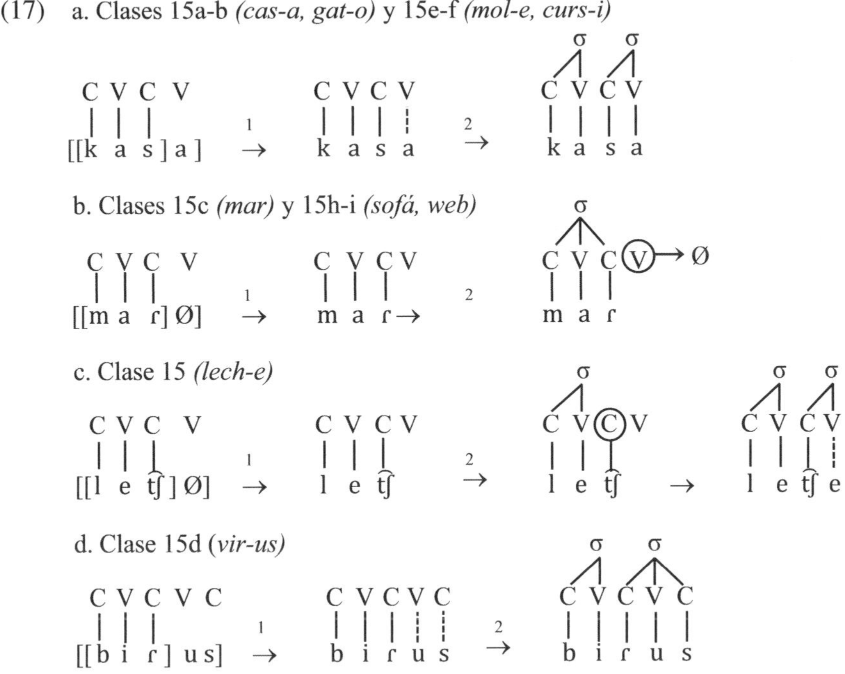

b. Clases 15c *(mar)* y 15h-i *(sofá, web)*

c. Clase 15 *(lech-e)*

d. Clase 15d (*vir-us*)

Obsérvese que, en (17c), la posición V de la plantilla prosódica [→ § 1.21.3] no tiene un segmento vocálico al que vincularse, y por lo tanto no puede incorporarse a la estructura silábica. Siguiendo una convención universal, solo los segmentos prosodificados pueden recibir una interpretación fonética, y por lo tanto esta posición es eliminada al final de la derivación. En cuanto a (17c), la consonante palatal final de la raíz no es una coda permisible y, por consiguiente, queda 'extraviada' de la silabación inicial. En este punto se recurre a la epéntesis para rescatar a esta consonante, lo que se efectúa mediante un mecanismo por defecto ya familiar, las reglas (4c, d), que asignan a la posición V los rasgos de [e].

En (18) se ilustran los datos relevantes sobre la ausencia frente a la presencia de -*e* final de palabra —clases (15c) y (15d), respectivamente—. Como se muestra en (18a), la -*e* final está ausente en la clase (15c), en la cual la palabra termina con una consonante anterior y coronal (excepto con la rótica múltiple /r/ y la dental sorda /t/): /ɾ l n d θ s/, precisamente las consonantes permitidas en posición final de palabra en el vocabulario patrimonial [→ § 24.2.3]. En la clase (15d), la -*e* final de palabra va precedida por una secuencia que no constituye una configuración silábica permitida: una paravocal o una consonante final (18b), o un grupo consonántico con perfil de sonicidad [→ § 1.21.9] ascendente (18c) —incluyendo las secuencias de consonante más paravocal—, o descendente (18d) —incluyendo las secuencias de paravocal más consonante—. Nótese que ante /e i/, <z> y <c> se realizan como [θ] o [s], dependiendo del dialecto.

(18) a. rey   b. subli**me**   c. se**rie**   d. na**ipe**   coba**rde**   emba**lse**
        mar   ado**be**   te**nue**   ace**ite**   rebe**lde**   po**rche**
        colo**r**   gri**pe**   lie**bre**   pe**ine**   empa**lme**   berri**nche**
        sol   je**fe**   no**ble**   a**ire**   co**nde**   pri**ngue**
        pape**l**   comba**te**   Chi**pre**   derru**mbe**   de**sde**   albe**rgue**
        pan   to**rre**   tri**ple**   imbe**rbe**   eno**rme**   conse**rje**

jove**n**	ca**lle**	ma**dre**	estir**pe**	fuer**te**	lari**nge**
re**d**	le**che**	sali**tre**	gol**pe**	esma**lte**	par**que**
ciuda**d**	embra**gue**	ale**gre**	cator**ce**	puen**te**	remol**que**
compá**s**	paisa**je**	o**cre**	dul**ce**	pes**te**	estan**que**
fero**z**	ata**que**	chi**cle**	roma**nce**	mor**se**	bos**que**

El proceso de epéntesis final puede expresarse mediante la regla (19), que inserta una posición vocálica en posición final de palabra cuando la última consonante no ha sido incorporada a la estructura prosódica en una primera aplicación de las reglas de silabación, precedida opcionalmente de otra consonante también 'extraviada'.

(19) $\emptyset \rightarrow V \,/\, \textcircled{X}\,\textcircled{X}\_\_ \#$

           (C) C

En (20) se ofrece la derivación de tres unidades representativas de la clase (15d), en las que el final de la raíz es una consonante palatal (20a), un grupo consonántico de sonicidad descendente (20b), o un grupo consonántico de sonicidad ascendente (20c).

(20)

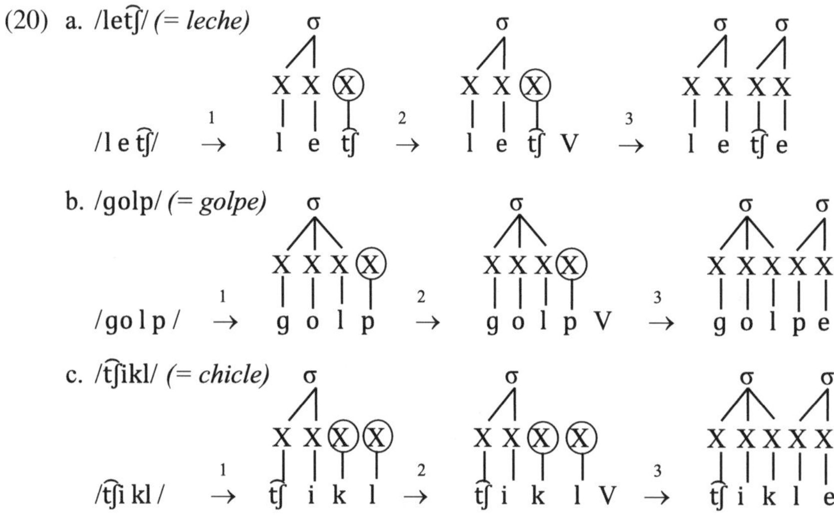

En contraposición a (18a) —la clase (15c)—, hay un grupo relativamente reducido de palabras —la clase (15e)— que presentan una *-e* final, a pesar de que la última consonante de la raíz pertenece al inventario de consonantes permitidas en posición final de palabra en el vocabulario vernáculo. La muestra de (21) es representativa (aunque en modo alguno exhaustiva) del contraste entre los dos grupos, que veces se traduce en pares mínimos como *cruz ~ cruce* o *sed ~ sede*.

(21) *Las clases de palabras de (15c) frente a las de (15e)*

ma**r**	~ títere	cruz	~ cruce	gas	~ fase	sed	~ sede
so**l**	~ prole	arroz	~ roce	atlas	~ pase	red	~ adrede
fáci**l**	~ chile	lápiz	~ ápice	detrás	~ clase	edad	~ jade
tre**n**	~ nene	coz	~ doce	francés	~ cese	abad	~ cofrade
pa**n**	~ pene	maíz	~ índice	detrás	~ engrase	lid	~ cúspide
fi**n**	~ cine	perdiz	~ hélice	dos	~ pose	vid	~ pirámide
ve**z**	~ trece	tenaz	~ enlace	compás	~ frase	ardid	~ ábside

El contraste entre las dos clases se explica postulando que en las palabras de la clase (15e) la *-e* final está presente en el nivel subyacente. Existe un argumento sólido que apoya esta hipótesis: en muchos miembros de esta clase, la *-e* final es en realidad un sufijo derivativo, que toma como base la raíz verbal, y que sirve para la formación productiva de sustantivos deverbales por derivación regresiva o posverbal. Generalmente se trata de verbos de la 1.ª conjugación: *pas-ar → pas-e,* *enlaz-ar* → *enlac-e, envas-ar* → *envas-e*, etcétera. Como señala Bonet (2006, 319), este tipo de derivados deverbales se forman independientemente del estatus silábico específico de la consonante o grupo consonántico en que termine la raíz (*derram-ar* → *derram-e, empast-ar* → *empast-e, desma**dr**-ar* → *desma**dr**-e*): de ahí que la naturaleza subyacente de la /-e/ final en estos casos sea incuestionable.

Es importante subrayar aquí que el proceso morfofonológico de epéntesis final en español no se ve apoyado por datos en los que se dé una alternancia /e/ ~ Ø, como se ha visto que ocurre con sus contrapartes inicial y medial. La epéntesis final de palabra se postula exclusivamente con base en su predictibilidad en relación con las restricciones fonotácticas sobre las codas silábicas permitidas en posición final de palabra en la silabación léxica. La hipótesis de que la -*e* final que se observa en las palabras de la clase (15d), como *leche, golpe* o *chicle* —cf. de (18b) a (18d)—, está ausente en su forma subyacente es relativamente reciente, lo que resulta interesante. El primer estudio en el que se defiende esta posición se atribuye a Saltarelli (1970), quien presentó varios argumentos contra la hipótesis alternativa, ampliamente adoptada en los estudios morfofonológicos del español hasta aquel momento, y que propugnaba un análisis en el cual la vocal era, en efecto, subyacente en todas las palabras de las clases (15d), como *leche, golpe* o *chicle,* y además en las palabras de la clase (15c) —cf. (18a)—, como *mar, papel, césped,* etcétera. Así, en otros estudios (Cressey 1978, 1980; Foley 1965, 1967; Harris 1969, 1970), se proponía que las palabras de esta segunda clase contenían una -*e* final en su forma subyacente (p. ej., /mare/, /papele/, etcétera), y que esta vocal se elide en el curso de la derivación fonológica por medio de una regla de elisión final de palabra o apócope. Esta propuesta alega, esencialmente, que la gramática sincrónica del español contemporáneo contiene una regla morfofonológica que reproduce el conocido cambio histórico de la apócope medieval. La aplicación de la regla de apócope se ilustra en (22) con la derivación de las palabras *pan, papel* y *césped.*

(22) Formas subyacentes: /pane/ /papele/ /θespede/

Acentuación: páne papéle θéspede

Apócope: pán papél θésped

Educto: ['pan] [pa'pel] ['θespeᶿ]

Mientras que la epéntesis se apoya fundamentalmente en la predictibilidad que emana de las restricciones fonotácticas [→ § 1.14.15] sobre la coda silábica final de palabra, los proponentes de la apócope recurrían principalmente al criterio de la simplicidad. La premisa básica en la que se apoya este criterio es que la hipótesis de una /-e/ final abstracta a nivel subyacente en palabras de la clase (15c), como *mar, papel,* etcétera, simplifica sustancialmente la formulación de tres procesos independientemente justificados en el español moderno. De acuerdo con una presuposición fundamental de la fonología generativa, el aprendiz de una primera lengua, cuando se enfrenta a un conjunto determinado de datos, siempre optará por el análisis que dé cuenta de esos datos con la mayor simplicidad y economía [→ § 1.18.1]. Pueden aducirse al menos tres argumentos que apoyan la hipótesis de una /-e/ abstracta subyacente y que, en combinación con una regla de apócope, simplifican el análisis morfofonológico del español.

En primer lugar, postular una /-e/ final subyacente en la clase de palabras (15c), como *mar, papel,* etcétera, tiene como consecuencia una deseable simplificación del alomorfismo del plural. La abrumadora mayoría de las formas no verbales del español forman su plural con el alomorfo {-s} cuando acaban en una vocal (*casa-s, libro-s, golpe-s, cursi-s, tribu-s,* etcétera) y con {-es} cuando acaban en consonante (*mar-es, papel-es,* etcétera); los miembros de la clase (15g), palabras llanas acabadas en -*s,* como *crisis, lunes, virus,* etcétera, son especiales en cuanto que su plural es idéntico al singular. La hipótesis de que palabras como *mar, papel,* etcétera, contienen una /-e/ subyacente permite sostener que el plural se construye, de manera uniforme, añadiendo /-s/ a la forma subyacente del singular. De este modo, /amore + s/, /papele + s/, etcétera, no difieren en los aspectos relevantes de /kasa + s/, /libro + s/; la única diferencia radica en que los primeros se someten a la regla de apócope, inaplicable a estos últimos.

Un segundo argumento en apoyo de una regla de apócope alega que postular una /-e/ final subyacente simplifica la regla de asignación del acento primario de la palabra [→ § 1.21.12]. El acento no marcado en las formas no verbales del español recae en la penúltima sílaba cuando la palabra acaba en vocal (*famóso, elefánte, estupéndo*), y en la última cuando termina en consonante (*papél, canción, felicidád*).

En los ejemplos precedentes, así como en otros ejemplos subsiguientes, la vocal tónica de la palabra se indica con una marca acentual, aunque no lo requieran las convenciones ortográficas, siempre que se considere conveniente para hacer la exposición más clara.

Si se supone que la asignación del acento precede a la aplicación de la regla de apócope en la derivación, como quedó reflejado en (22), esta curiosa disyunción desaparece de inmediato: en el punto en el que tiene lugar la asignación del acento, la consonante final de palabra iría seguida de una vocal. Como consecuencia, la regla del acento no marcado puede formularse de modo homogéneo como *acentúese la penúltima sílaba*. Por otra parte, el acento es marcado en español en las palabras proparoxítonas acabadas en vocal *(cálido, teléfono, gramática)*, así como en las paroxítonas acabadas en consonante *(césped, cóndor, útil)*. Postular una /-e/ subyacente final en estas últimas permite eliminar tal disyunción, ya que posibilita analizarlas como proparoxítonas con relación al acento: esta /-e/ final estaría presente en el momento en que se asigna el acento /θespede/, /kondore/ /utile/, etcétera), de manera que este tipo de palabras no difieren, en el nivel relevante, de las palabras proparoxítonas acabadas en vocal como *cálido* o *teléfono*, lo cual permite la caracterización uniforme del acento marcado como aquel que recae en la antepenúltima sílaba [→ capítulo 26].

El tercer argumento a favor de la apócope proviene de un proceso morfofonológico del español conocido como 'desvelarización' (en inglés, *velar softening*), que convierte en fricativas las oclusivas velares subyacentes /k g/ finales de raíz en ciertos contextos (véanse Harris 1969, 70-72, 137-38 y 155-56, 1970) [→ § 1.18.6]. En particular, /k/ cambia a [θ] ([s] en las variedades seseantes del español) cuando va seguida de ciertos sufijos que comienzan por una vocal adelantada /i e/, dando lugar a alternancias como las que se muestran en (23).

(23) místi[k]-o ~ misti[θ]-ismo   api[k]-al   ~ ápi[θ]-e
       eléctri[k]-o ~ electri[θ]-idad   fau[k]-al   ~ fau[θ]-es
       opa[k]-o ~ opa[θ]-idad   dé[k]-ada   ~ de[θ]-ena
       impli[k]-ar ~ implí[θ]-ito   apendi[k]-ular ~ apéndi[θ]-e
       médi[k]-o ~ medi[θ]-ina   Costa Ri[k]-a ~ costarri[θ]-ense

Misteriosamente, en algunos casos la /k/ final de la raíz se somete, en apariencia, al proceso de desvelarización, a pesar de que la consonante velar final de la raíz no va seguida de una vocal adelantada (de hecho, no va seguida de vocal alguna) en las formas fonéticas. Como se muestra en (24), con un análisis que postule una /-e/ subyacente en combinación con una regla de apócope, el hecho de que la desvelarización se aplique en las palabras de la segunda columna de (24a) tiene una explicación simple y directa: es precisamente lo esperado si se asume que la forma subyacente del morfema radical de estas palabras acaba en /-e/, como se ilustra en (24b); las derivaciones de *voz* y *ápice* serían análogas, excepto en que la segunda estaría marcada como una excepción a la regla de apócope:

(24) a. vo[k]-al   ~ vo[θ]   b. Formas subyacentes: /bok-e/ /apik-e/
       cervi[k]-al ~ cervi[θ]   Desvelarización: boθe   apiθe
       dé[k]-ada ~ die[θ]   Acentuación: bóθe   ápiθe
       radi[k]-al ~ raí[θ]   Apócope: bóθ   ——
                                Educto: bóθ   ápiθe

A pesar de las ventajas alegadas por los proponentes de la apócope, esta hipótesis fue abandonada de manera casi definitiva hacia finales de la década de los setenta, sin duda debido en parte a las acerbas críticas al excesivo grado de abstracción imperante en muchos de los estudios fonológicos generativistas de la época (cf. Hooper 1976) [→ § 1.20.1]. En los trabajos sobre el tema realizados durante el período subsiguiente se adoptó, de manera prácticamente unánime y de modo tácito o explícito, la solución que apela a la epéntesis final.

> En su análisis métrico sobre la asignación del acento en español, Harris (1995) volvió a rescatar la idea de una vocal final subyacente, pero esta vez entendida meramente como una posición prosódica sin más especificación que [−consonántico]; por ejemplo, en la aproximación de Harris la forma subyacente de papel sería /papel-V/. Esta suposición implica, claramente, el regreso a un análisis basado en la apócope.

En algunos estudios más recientes se rechaza la hipótesis de una *-e* final como epentética en los miembros de la clase (15d), como *leche, golpe* o *parte,* y este elemento se concibe, en cambio, como un marcador de palabra o elemento terminal subyacente que, en contraste con *-o* o *-a,* no contiene una marca explícita de género gramatical (Colina 2003a, 2003b, 2009; Bonet 2006). Existen, sin embargo, al menos dos razones de peso para cuestionar la viabilidad de esta hipótesis.

La primera de ellas surge en relación con la notoria distribución asimétrica de la *-e* final en el léxico no verbal del español moderno. Considérense, en particular, las formas no verbales patrimoniales que carecen de una marca explícita de género gramatical. Sucede que en una mayoría abrumadora de las palabras que acaban en una consonante o paravocal posnuclear, como *ley, mar* o *papel,* este segmento final pertenece precisamente al inventario de segmentos permitidos en posición final de palabra en la lengua; los vocablos que en esta configuración presentan una *-e*, como *cine, prole* o *fase,* constituyen una minoría sustancial. Por otra parte, no existen palabras en el vocabulario patrimonial no verbal que acaben en una consonante o en un grupo consonántico no incluidos en ese inventario. Los ejemplos que contradicen esta generalización, tales como *golf, vals, web, chef,* y muchos otros neologismos recientes, son en general préstamos de adaptación manifiestamente incompleta o bien pronunciaciones extranjeras aprendidas. En un análisis que asigna a la *-e* final de *cine* el mismo estatus de marcador de palabra que a la *-e* final de *parte,* esta distribución asimétrica de la *-e* final solo puede considerarse como puramente accidental; dicho de otra manera, la relación aparentemente directa que existe entre la presencia de *-e* en *parte* y su ausencia en *mar* se trata como una mera coincidencia.

El segundo argumento para poner en cuestión el estatus de marcador de palabra de la *-e* final proviene de la derivación apreciativa, y en especial de los diminutivos. Como se explicó en el § 5.2.2, los vocablos que contienen un marcador de palabra *-o, -a,* (excluyendo el caso muy especial en que la raíz o el tema de la base acaba en una paravocal), seleccionan el alomorfo {-ito}, independientemente del número de sílabas de la base (*gat-o* → *gat-ito, sombrer-o* → *sombrer-ito, abogad-o* → *abogad-ito; american-a* → *american-ita,* etcétera). De modo claramente diferente, las palabras que terminan con el supuesto marcador de palabra *-e* forman el diminutivo con ambos alomorfos, dependiendo de varios factores, como ya se ha visto, entre los que se incluye la longitud silábica de la base. Por ejemplo, mientras las bases bisílabas en general toman el alomorfo {-ecito} (*seri-e* → *seri-ecita, pobr-e* → *pobre-ecito, coch-e* → *coch-ecito,* etcétera), las trisílabas o las más largas seleccionan {-ito} (*costumbr-e* → *costumbr-ita, chocolat-e* → *chocolat-ito, elegant-e* → *elegant-ito* (con bases trisílabas). Es precisamente el número diferente de sílabas de la base lo que da cuenta del celebrado par *madr-e* → *madr-ecita* frente a *comadr-e* → *comadr-ita,* citado en Jaeggli (1980) y en Harris (1983, 4). En un análisis que atribuye a la *-e* final el mismo estatus de marcador de palabra que a los exponentes de género gramatical *-o, -a,* esta diferencia en la distribución alomórfica de los diminutivos sería inesperada e indudablemente misteriosa.

La objeción de mayor trascendencia que se ha presentado contra la epéntesis final es que se trata de un proceso fosilizado, carente de productividad, puesto que la manera normal en que se trata una consonante o un grupo consonántico final ajeno a la lengua cuando se adaptan préstamos extranjeros es mediante la elisión, no mediante la epéntesis, como en los ejemplos típicos *club* ['klu] (cf. *['kluβe]), *bistec (< beafsteak)* [biṣ'ʈe] (cf. *[biṣ'ʈeke]), *complot* [kom'plo] (cf. *[kom'ploʈe]), *Nueva York* ['nu̯eβa'joɾ] (cf. *['nu̯eβa'joɾke]), etcétera (Colina 2003a, 2003b, 2006b, 2009, 103-4). Teniendo en cuenta tales datos, Colina (2003b, 2009, 103) deduce que la epéntesis final ya no es un proceso productivo en el español, con la aparente implicación de que solo los procesos productivos existen como procesos. Que la epéntesis final no sea productiva difícilmente podría resultar sorprendente, ya que, como se ha indicado antes, una de las propiedades características de los procesos morfofonológicos es precisamente su productividad relativamente baja, llegando en multitud de casos a carecer de rendimiento alguno o a estar circunscritos a un número reducido de unidades léxicas. Colina contempla la posibilidad de que tanto la epéntesis como la elisión finales sean procesos fonológicos del español: el primero pertenecería al ámbito léxico, mientras que el segundo operaría en el nivel posléxico [→ § 1.21.11].

Existen sólidas pruebas, tanto de carácter histórico como sincrónico, de que la caracterización de la epéntesis final como un proceso no productivo parece prematura. Según se ilustra en (25), cuando se consideran diferentes estadios sincrónicos de la historia del español, desde la época medieval hasta el siglo xx, la epéntesis final constituye, con abrumadora frecuencia, el mecanismo preferido para rescatar consonantes y grupos consonánticos finales problemáticos en el proceso de adaptación de palabras extranjeras.

(25) | *préstamo* | *español* | *préstamo* | *español* |
| --- | --- | --- | --- |
| šarâb (ár.) | jarab**e** | tank (ingl.) | tanqu**e** |
| šeiḫ (ár.) | jequ**e** | top (fr. ant.) | top**e** |
| parc (fr.) | parqu**e** | shoot (ing.) | chut**e** |
| bat (ingl.) | bat**e** (de béisbol) | chef (fr.) | jef**e** |
| check (ingl.) | chequ**e** | yacht (ingl.) | yat**e** |
| fret (fr.) | flet**e** | claret (fr. ant.) | claret**e** |

Algunos datos de tipo sincrónico que parecen aportar un argumento concluyente e inapelable a favor de un proceso de epéntesis final provienen de la variedad de español hablada en el pueblo de San Antoñito, localizado en la región central del estado de Nuevo México, en los Estados Unidos (Bowen 1952, 1975). En este dialecto, la adaptación fonológica de palabras del inglés acabadas en consonantes y en grupos consonánticos problemáticos finales de palabra, ilustrada en (26), recurre, de manera aparentemente sistemática, a la epéntesis final.

(26) *inglés*   *español de San Antoñito*   *inglés*   *español de San Antoñito*

    dime   ['dai̯m], ['dai̯me] 'moneda de 10 cts.'   punch   ['ponʲt͡ʃe] 'puñetazo'

    mop   ['mape] 'fregona'   plug   ['ploɣe] 'tapón'

    tramp   ['t̪ɾampe] 'vagabundo'   cake   ['kake] 'pastel'

    fight   ['fai̯t̪e] 'pelea'   truck   ['t̪ɾake] 'camioneta'

    kite   ['kai̯t̪e] 'cometa'   crack   ['kɾake] 'grieta'

    lunch   ['lonʲt͡ʃe] 'almuerzo'   steak   [es't̪eke] 'chuleta'

Es evidente que los datos del dialecto de San Antoñito entrañan un considerable desafío al alegato de que la epéntesis final no constituye un proceso productivo en el español.

5.2.4 Epéntesis de [e] en la morfología flexiva: formación del plural

En español, se da un tipo particular de alternancias entre [e] y cero en la formación de los plurales de sustantivos y adjetivos patrimoniales acabados en consonante que incorporan una [e] epentética entre la raíz y el morfema de plural. Los datos básicos sobre la formación del plural en el español actual se presentan en (27). El plural de las palabras terminadas en una vocal que encarna el elemento terminal se forma añadiendo el morfema /-s/ al singular (27a). En las palabras que acaban en consonante que no sea /s/ (27b), y que por lo tanto carecen de un elemento terminal, el morfema de plural aparece precedido de una [e] de carácter patentemente epentético, ya que suministra un apoyo silábico a las secuencias de consonante seguida de /s/ en posición final de palabra, excluidas por la fonotáctica silábica patrimonial. En las escasas palabras patrimoniales que acaban en la paravocal [i̯] también se inserta una vocal epentética en el plural, pero en algunos préstamos se vacila entre los alomorfos {-s} y {-es} (27c). En otras formas que terminan en [i̯], en general préstamos, el plural se forma sin epéntesis (27d). La forma de plural es idéntica a la del singular en las palabras cuyo elemento terminal consiste en una secuencia de vocal seguida de /s/ (27e). Cuando una vocal radical acentuada es final de palabra, se da un contraste, aparentemente idiosincrático, entre un grupo de vocablos en los que la epéntesis es opcional y variable en el plural (27f) y otros que no admiten la vocal epentética (27g).

(27)	*sing.*	*plur.*		*sing.*	*plur.*		*sing.*	*plur.*
a. libro	libro-s	b.	mar	mar-**e**-s	c.	ley	ley-**e**-s
casa	casa-s		papel	papel-**e**-s		rey	rey-**e**-s
cine	cine-s		pan	pan-**e**-s		buey	buey-**e**-s
cursi	cursi-s		ciudad	ciudad-**e**-s		convoy	convoy-(**e**)s
tribu	tribu-s		mes	mes-**e**-s		carey	carey-(**e**)-s
d. jersey	jerséi-s	e.	lun-es	lunes	f.	sofá	sofá-(**e**)s
espray	espray-s		brind-is	brindis		rubí	rubí-(**e**)-s
paipái	paipái-s		ali-as	alias		tabú	tabú-(**e**)-s
rentoy	rentoy-s		cris-is	crisis		frenesí	frenesí-(**e**)-s
lay	lay-s		vir-us	virus		bambú	bambú-(**e**)-s
g. mamá	mamá-s (cf. *mamáes)						
esquí	esquí-s (cf. *esquíes)						
gachí	gachí-s (cf. *gachíes)						
champú	champú-s (cf. *champúes)						
tisú	tisú-s (cf. *tisúes)						

Entre los plurales de préstamos recientes, generalmente del inglés, que contienen una consonante no permitida en posición final de palabra, se pueden distinguir dos grupos: uno que admite la epéntesis de manera variable: *club* → *clubs/clubes*, *frac* → *fracs/fraques*, *tic* → *tics/tiques*, etcétera, frente al grupo complementario que no la admite: *vermut* → *vermuts* (cf. *vermutes*), *chef* → *chefs* (cf. *chefes*), *chip* → *chips* (cf. *chipes*), etcétera.

    Entre las descripciones de la morfofonología del plural y de otros aspectos formales de la flexión de número en las formas no verbales del español cabe citar Foley (1965), Quilis (1968), Harris (1969, 1970, 1980b, 1985b, 1991, 1992, 1999), Saltarelli (1970, 2001, 2006), Coseriu ([1962] 1973, 261-81), Lipski (1974), Hooper y Terrell (1976), Contreras (1977), Cressey (1978), Alcina y

Blecua ([1975] 1982, 529-47), Piera (1982), González Ollé (1984), Gallardo (1985), Wong-Opasi (1987), Varela (1988), Roca (1989, 1996), Dunlap (1991), Ambadiang (1993, 1994, 1999), Colina (1995, 2006a, 2006c, 2009), Moyna y Wiltshire (2000), Bonet (2006), y Real Academia Española y Asociación de Academias de la Lengua Española (2011).

La epéntesis en el plural de las palabras que acaban en una consonante, como es el caso de *papel-e-s* en (27b), puede expresarse mediante la regla (28) —en la que P = palabra—, que inserta una vocal entre la consonante final de una palabra y una /s/ del plural no incorporada a la estructura silábica.

(28)   Ø → V/ X __]ₚ Ⓧ]ₚ
           | |
           C   S

La aplicación de (28) a la representación subyacente de *papeles* se ilustra en (29); el paso 1 refleja la aplicación inicial de las reglas de silabación, que en este punto no pueden incorporar la /s/ del plural a la estructura silábica. La regla de epéntesis del plural (28) introduce una posición vocálica en el esqueleto prosódico entre la consonante final y la /s/ del plural en el paso 2. Finalmente, en el paso 3 la posición prosódica insertada recibe los rasgos de la vocal por defecto correspondientes a [e] por medio de las reglas (4c, d).

(29)

Al contrario de lo que ocurre con los plurales del tipo ilustrado en (27b), como *papel-e-s,* es evidente que en el plural de las palabras que acaban en vocal tónica, y que por lo tanto carecen de un elemento terminal, como en las de (27f), la epéntesis opcional no está motivada por restricciones de tipo silábico [→ § 24.2.1]. La variabilidad de la vocal epentética puede formularse de una manera simple y directa asumiendo la plantilla prosódica canónica {VC} propuesta en Harris (1980b) —véase (16)— que rige la composición fonológica no marcada de los constituyentes flexivos de la palabra. Esta plantilla se realiza fonéticamente como una secuencia de vocal seguida de /s/ cuando la vocal es, o bien el elemento terminal subyacente, como en los plurales del tipo (27a), o bien epentética, como en los del tipo (27b). Sin embargo, las palabras acabadas en paravocal (27d) o en vocal tónica (27g) carecen de un elemento terminal, y por consiguiente no hay material segmental alguno al que pueda vincularse la posición V: de ahí que esta no sobreviva a la derivación, como queda ilustrado en (30a), en donde la asociación del morfema de plural a la posición C de la plantilla prosódica se da en el paso 1, y el proceso de silabación se refleja en el paso 2. Todos los plurales de las palabras que carecen de un elemento terminal, como *mamás* o *jerséis,* se derivarían precisamente de esta manera.

(30)   a. Ausencia de epéntesis en *sofá-s*

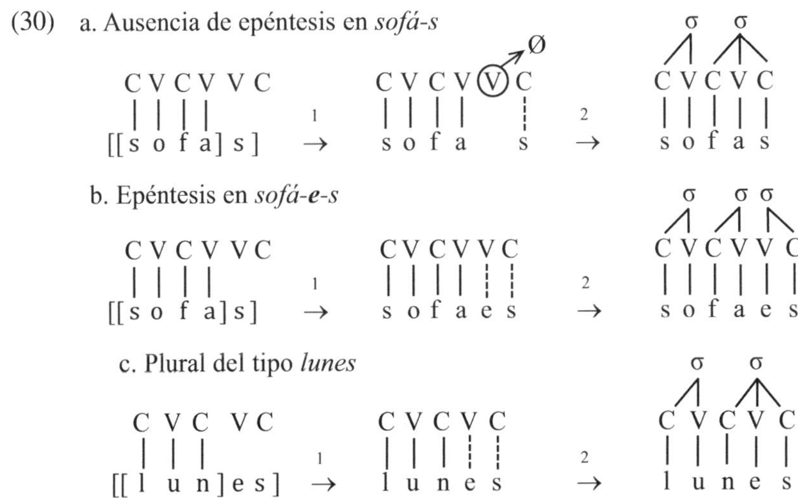

b. Epéntesis en *sofá-e-s*

c. Plural del tipo *lunes*

Supóngase ahora que las formas con vocal epentética variable, como en *sofás/sofaes* (27f) o *convoys/convoyes* (27d), pueden adoptar o bien el mecanismo que se acaba de describir, o bien una solución alternativa en la que se evita la elisión de la posición V correspondiente al elemento terminal. Esta posición puede retenerse mediante la asignación de los rasgos vocálicos por defecto, como se muestra en el paso 1 de (30b). La consecuencia directa de esta operación serían las variantes *sofaes, convoyes,* etcétera, con una vocal epentética. Por último, según se demuestra en el estudio de Harris (1980b), la identidad de las formas de singular y plural en las palabras acabadas en un elemento terminal que consta de vocal más consonante, como *lunes* en (27e), se sigue directamente y sin estipulación alguna de la plantilla prosódica {VC}. Puesto que, en este tipo, el elemento terminal se vincula a las dos posiciones disponibles en la plantilla, el morfema de plural no puede realizarse y, por tanto, no se mantiene en las representaciones fonéticas, como queda ilustrado en (30c). Nótese, además, que por una parte el español no permite consonantes geminadas y que, por otra, las geminadas finales de palabra están prohibidas universalmente; como consecuencia, se excluye la posibilidad de que la /s/ del plural se asocie a la posición C de la plantilla prosódica.

La regla de epéntesis (29) puede interpretarse como una manifestación específica del mecanismo formal ilustrado en (30): cuando la adición del morfema de plural /s/ a las palabras que acaban en consonante (/*papel* + *s*/) crea una configuración silábica problemática, la posición V que queda disponible en la plantilla prosódica es rescatada al recibir los rasgos vocálicos por defecto mediante las reglas (4c-d) anteriormente mencionadas.

5.2.5 Elisión de la vocal temática en la flexión verbal

En el § 5.2 se presentó la estructura componencial prototípica de las formas verbales del español, consistente en el tema verbal (opcionalmente precedido de un prefijo), formado con la raíz verbal más la vocal temática (VT), seguido de los morfemas de tiempo, aspecto y modo (TAM) y de los morfemas de persona y número (PN), en este orden. La VT es el exponente de la clase de conjugación de la raíz verbal y se realiza como la vocal baja /-a-/ para la 1.ª conjugación, la vocal media /-e-/ para la 2.ª, y la vocal alta /-i-/ para la 3.ª. Un fenómeno morfofonológico característico de la flexión verbal en el español (y en otras lenguas románicas) es la elisión de la VT en ciertos miembros del paradigma verbal. Como ya se mencionó en el § 5.1, la elisión de la VT en algunas formas verbales es un proceso heredado del latín, mientras que, en otras, la pérdida de este elemento ocurrió en el curso de la evolución fonológica normal de la lengua. En (31-33) se muestran los paradigmas completos de las formas simples en las tres conjugaciones (la elisión de la VT se indica gráficamente con el símbolo 'Ø'; para mayor claridad visual, se muestran con sombreado las formas que carecen inequívocamente de VT).

(31) La 1.ª conjugación

	indicativo				
persona: sing., pl.	*presente*	*imperfecto*	*pretérito*	*futuro*	*condicional*
1.ª	am-Ø-o, am-**a**-mos	am-**a**-ba, am-**á**-bamos	am-Ø-é, am-**a**-mos	am-**a**-ré, am-**a**-remos	am-**a**-ría, am-**a**-ríamos
2.ª	am-**a**-s, am-**á**-is	am-**a**-bas, am-**a**-bais	am-**a**-ste, am-**a**-steis	am-**a**-rás, am-**a**-réis	am-**a**-rías, am-**a**-ríais
3.ª	am-**a**, am-**a**-n	am-**a**-ba, am-**a**-ban	am-Ø-ó, am-**a**-ron	am-**a**-rá, am-**a**-rán	am-**a**-ría, am-**a**-rían
	subjuntivo				
	presente	*pasado*			
1.ª	am-Ø-e, am-Ø-e-mos	am-**a**-ra/am-**a**-se, am-**á**-ramos/am-**á**-semos			
2.ª	am-Ø-e-s, am-Ø-é-is	am-**a**-ras/am-**a**-ses, am-**a**-rais/am-**a**-seis			
3.ª	am-Ø-e, am-Ø-e-n	am-**a**-ra/am-**a**-se, am-**a**-ran/am-**a**-sen			
	imperativo				
sing., pl.	am-**a**, am-**a**-d				
	infinitivo	gerundio	part. pas.		
	am-**a**-r	am-**a**-ndo	am-**a**-do		

Como se aprecia en (31), en la 1.ª conjugación la VT está ausente en la 1.ª persona de singular del presente de indicativo, en todas las formas del presente de subjuntivo y en la 1.ª y 3.ª personas de singular del pretérito. No todos los autores que se han ocupado del tema coinciden en analizar la ausencia de la VT como un proceso de elisión. Por ejemplo, es una cuestión muy debatida si la -e- del subjuntivo debe considerarse un alomorfo de la VT o del morfema de TAM, o una combinación de ambos, realizados en forma de *portmanteau* (es decir, un formativo que combina la exponencia de dos o más morfemas), y que se justifica con base en el profuso sincretismo que presenta la morfología flexiva verbal del español (Roca 2010); se volverá a abordar esta cuestión más adelante.

El truncamiento de la VT afecta también a las mismas formas verbales de las otras dos conjugaciones, con una excepción singular: no ocurre en la 1.ª y 3.ª personas de singular del pretérito de indicativo, como se muestra en (32-33) para las conjugaciones 2.ª y 3.ª, respectivamente (nótese que en la 1.ª persona del pretérito la VT se realiza en el *portmanteau* de la vocal final, que posiblemente incluye también los morfemas de TAM/PN).

(32) La 2.ª conjugación

indicativo					
persona: sing., pl.	*presente*	*imperfecto*	*pretérito*	*futuro*	*condicional*
1.ª	beb-Ø-o, beb-**e**-mos	beb-**í**-a, beb-**í**-amos	beb-**í**, beb-i-mos	beb-**e**-ré, beb-**e**-remos	beb-**e**-ría, beb-**e**-ríamos
2.ª	beb-**e**-s, beb-**é**-is	beb-**í**-as, beb-**í**-ais	beb-i-ste, beb-i-steis	beb-**e**-rás, beb-**e**-réis	beb-**e**-rías, beb-**e**-ríais
3.ª	beb-**e**, beb-**e**-n	beb-**í**-a, beb-**í**-an	beb-i-ó, beb-**ie**-ron	beb-**e**-rá, beb-**e**-rán	beb-**e**-ría, beb-**e**-rían

subjuntivo			
	presente	*pasado*	
1.ª	beb-Ø-a, beb-Ø-a-mos	beb-**ie**-ra/beb-**ie**-se, beb-**ié**-ramos/beb-**ié**-semos	
2.ª	beb-Ø-as, beb-Ø-áis	beb-**ie**-ras/beb-**ie**-ses, beb-**ie**-rais/beb-**ie**-seis	
3.ª	beb-Ø-a, beb-Ø-a-n	beb-**ie**-ra/beb-**ie**-se, beb-**ie**-ran/beb-**ie**-sen	

imperativo	
sing., pl.	beb-**e**, beb-e-d

infinitivo	*gerundio*	*part. pas.*	
beb-e-r	beb-**ie**-ndo	beb-i-do	

(33) La 3.ª conjugación

indicativo					
persona: sing., pl.	*presente*	*imperfecto*	*pretérito*	*futuro*	*condicional*
1.ª	viv-Ø-o, viv-**i**-mos	viv-**í**-a, viv-**í**-amos	viv-**í**, viv-**i**-mos	viv-**i**-ré, viv-**i**-remos	viv-**i**-ría, viv-**i**-ríamos
2.ª	viv-**e**-s, viv-**í**-s	viv-**í**-as, viv-**í**-ais	viv-**i**-ste, viv-**i**-steis	viv-**i**-rás, viv-**i**-réis	viv-**i**-rías, viv-**i**-ríais
3.ª	viv-**e**, viv-**e**-n	viv-**í**-a, viv-**í**-an	viv-**i**-ó, viv-**ie**-ron	viv-**i**-rá, viv-**i**-rán	viv-**i**-ría, viv-**i**-rían

subjuntivo			
	presente	*pasado*	
1.ª	viv-Ø-a, viv-Ø-a-mos	viv-**ie**-ra/viv-**ie**-se, viv-**ié**-ramos/viv-**ié**-semos	
2.ª	viv-Ø-as, viv-Ø-áis	viv-**ie**-ras/viv-**ie**-ses, viv-**ie**-rais/viv-**ie**-seis	
3.ª	viv-Ø-a, viv-Ø-a-n	viv-**ie**-ra/viv-**ie**-se, viv-**ie**-ran/viv-**ie**-sen	

imperativo	
sing., pl.	viv-**e**, viv-**i**-d

infinitivo	*gerundio*	*part. pas.*	
viv-**i**-r	viv-**ie**-ndo	viv-**i**-do	

Entre los estudios que tratan de la vocal temática en español cabe mencionar a Bull (1960), Foley (1965, 1985), Roca Pons (1966), Harris (1969, 1972, 1973b, 1973a, 1974a, 1974b, 1977b, 1978a, 1980a, 1987b), Cressey (1972), Brame y Bordelois (1973, 1974), Hernández Alonso (1973, 1975, 1979), Alarcos (1975), Martínez Celdrán (1975), Badia i Margarit (1976), Hooper (1976), Malkiel (1979, 1982b), García-Bellido (1986), Porto Dapena (1987), Wong-Opasi (1987), Bustos Gisbert (1989), Alcoba (1990, 1999), Ambadiang (1990, 1993), Roca (1990, 2010), Dunlap (1991), Busquets y Bonzi (1993), Rojo y Veiga (1999), Lemus (2000), Arregi (2000), Boyé y Cabredo (2006), Albright (2008), Bermúdez-Otero (2013) y Embick (2012). En este apartado no se hará referencia a las pautas específicas de variación alofónica que adopta la realización fonética de la VT, que se analizarán más adelante, sino solamente a las alternancias entre la VT y cero.

Existen tres casos excepcionales de elisión de la VT en las formas verbales. En primer lugar, en contraste con la 1.ª y 3.ª personas del singular de los pretéritos regulares o débiles de (31-33), que son temáticas, la VT se elide en las correspondientes formas de los pretéritos irregulares o fuertes, todos ellos pertenecientes a la 2.ª y 3.ª conjugación (*quer-e-r ~ quis-Ø-e, quis-Ø-o; tra-e-r ~ traj-Ø-e, traj-Ø-o; ven-i-r ~ vin-Ø-e, vin-Ø-o; dec-i-r ~ dij-Ø-e, dij-Ø-o,* etcétera). En segundo lugar, también son atemáticos los participios de pasado irregulares o fuertes: *solt-a-r ~ suel-Ø-to, volv-e-r ~ vuel-Ø-to, pon-e-r ~ pues-Ø-to, escrib-i-r ~ escri-Ø-to, abr-i-r ~ abier-Ø-to,* etcétera. Por último, hay doce verbos en el español moderno en los que la VT se elide en todas las formas del futuro y del condicional; de ellos, nueve pertenecen a la 2.ª conjugación, y los tres restantes, a la 3.ª. Ambos tiempos se ilustran con la 1.ª persona de singular en (34).

(34)

infinitivo	*futuro*	*condicional*	*infinitivo*	*futuro*	*condicional*
hab-**e**-r	habr-Ø-é	habr-Ø-ía	pod-**e**-r	podr-Ø-é	podr-Ø-ía
cab-**e**-r	cabr-Ø-é	cabr-Ø-ía	pon-**e**-r	pondr-Ø-é	pondr-Ø-ía
sab-**e**-r	sabr-Ø-é	sabr-Ø-ía	hac-**e**-r	har-Ø-é	har-Ø-ía
quer-**e**-r	querr-Ø-é	querr-Ø-ía	ven-**i**-r	vendr-Ø-é	vendr-Ø-é
val-**e**-r	valdr-Ø-é	valdr-Ø-ía	sal-**i**-r	saldr-Ø-é	saldr-Ø-ía
ten-**e**-r	tendr-Ø-é	tendr-Ø-ía	dec-**i**-r	dir-Ø-é	dir-Ø-ía

El análisis morfofonológico tradicional de las alternancias entre la VT y cero en las formas verbales del español, identificado durante mucho tiempo con la aproximación generativista, iniciada por Foley (1965) y reelaborada con cambios sustanciales en Harris (1969, § 3, 1980a) —véase también Cressey (1978, 136)—, postula una VT subyacente. En la mayoría de los casos, su ausencia en las formas superficiales se explica por medio de una regla morfofonológica de truncamiento, ilustrada en (35) —basada en Harris (1969, 67)—, que se aplica cuando la VT va precedida de una frontera morfémica e inmediatamente seguida de una vocal de la que va separada también por una frontera morfémica (se presenta aquí la regla en su versión más simple; para una formulación completa que incluye todos los casos de elisión de la VT, véase Harris [1969, 67, 82, 98, 102]).

(35) $V \rightarrow \emptyset\ /\ +\ \_\_\ +\ V]_{Verbo}$

Harris asume que la VT está presente en las representaciones subyacentes de todas las formas verbales. La vocal que aparece en el lugar de la VT en el presente de subjuntivo es el morfema que marca el modo verbal: /e/ para la 1.ª conjugación (*cantar: cant-e, cant-e-s,* etcétera) y /a/ para la 2.ª y 3.ª (*deber: deb-a, deb-a-s,* etcétera; *partir: part-a, part-a-s,* etcétera). La regla (35) trunca la VT en las formas que cumplen con su descripción estructural: 1.ª persona de singular del presente de indicativo y todas las personas del presente de subjuntivo, en las que la VT va seguida de una vocal. La operación de (35) se ilustra en (36) con la derivación de las formas del indicativo *amo* y del subjuntivo *ame;* la 2.ª persona de singular del presente de indicativo *amas* se incluye para ilustrar los casos en que la regla es inaplicable, ya que no se satisface la condición de que la VT vaya seguida de una vocal en el morfema siguiente.

(36)

	Formas subyacentes:	am+a+o	am+a+e+Ø	am+a+s
1)	Elisión de la VT (35):	amo	ame	——
2)	Acentuación:	ámo	áme	ámas
	Educto:	ámo	áme	ámas

La variedad mexicana analizada por Harris (1969) carece de la 2.ª persona de plural. En el español peninsular, la regla (35) no se aplicaría, *am-á-is,* si se asume que la vocal que sigue a la VT debe ser nuclear y que el segmento inicial de la terminación de TAM/PN -*is* de la 2.ª persona del plural es subyacentemente una paravocal: /am + a + js/, con lo que no se satisfaría la condición constatada en el entorno de (35).

Harris aporta un argumento para postular la presencia de la VT en el nivel subyacente en el presente de subjuntivo. En el presente de subjuntivo de los verbos de la 1.ª conjugación cuya raíz acaba en /k/, como *sacar*, inesperadamente esta regla no se aplica, a pesar de que la raíz vaya seguida de la vocal adelantada /e/, correspondiente al morfema de modo. En efecto, la /k/ radical aparece sistemáticamente en todas las formas del presente de subjuntivo (*sa*[k]-*e, sa*[k]-*e-s, sa*[k]-*e-mos,* etcétera; cf. **sa*[θ]-*e, *sa*[θ]-*e-s, *sa*[θ]-*e-mos,* etcétera). Según Harris, la presencia de la VT subyacente en el punto en que se podría aplicar la desvelarización es precisamente lo que bloquea la aplicación de esta regla, ya que no se satisfacen sus condiciones estructurales. En otras palabras, según este análisis, la regla de desvelarización precede a la elisión de la VT: en un primer paso de la derivación, en el que tendría la oportunidad de 'suavizarse', la /k/ final de la raíz no va seguida de la vocal /e/ que marca el presente de subjuntivo, sino de la VT /a/; de ahí que el proceso quede bloqueado, como se muestra en la derivación ilustrativa de (37).

(37) Forma subyacente: sak+a+e+Ø
    1) Suavización velar: ——
    2) Elisión de la VT (35):   sak+e
    3) Acentuación: sáke
       Educto: sáke

Las dos formas restantes de la 1.ª conjugación en las que se elide la VT son la 1.ª y la 3.ª persona de singular del pretérito. Partiendo de la hipótesis de que la VT está siempre presente en el nivel subyacente, Harris asume que, en la representación subyacente de las formas de pretérito, estas dos personas verbales contienen una vocal final *portmanteau* que integra los morfemas de TAM/PN, y que se representa como /-V*/, donde el asterisco refleja una marca especial que designa a esta vocal como excepcional, de manera que no desencadena la elisión de la VT precedente por la regla (35). En (38) se muestra una derivación típica de estas dos formas de singular del pretérito: la 1.ª persona *amé, bebí* y *viví* (38a) y la 3.ª persona *amó, bebió* y *vivió* (38b) (para la regla de elevación de la VT en los verbos de la 2.ª conjugación, véase el § 5.3.4).

(38) a. Formas subyacentes: am+a+i*   beb+e+i*   bib+i+i*
     1) Elisión de la VT (35):   ——   ——   ——
     2) Elevación de la VT /e/:   ——   bebii   ——
     3) Acentuación: amái   bebíi   bibíi
     4) Coalescencia vocálica: amé   bebí   bibí
       Educto: [a'me]   [be'βi]   [bi'βi]
   b. Formas subyacentes: am+a+u*   beb+e+u*   bib+i+u*
     1) Elisión de la VT (35):   ——   ——   ——
     2) Elevación de la VT /e/:   ——   bebiu   ——
     3) Acentuación: amáu   ——   ——
     4) Monoptongación de /au/:   amó   bebíu   bibíu
     5) Traslación acentual: ——   bebiú   bibiú
     6) Descenso vocálico: amó   bebió   bibió
     7) Formación de paravocales: ——   bebjó   bibjó
       Educto: [am'e]   [be'βio]   [bi'βio]

Para la formulación concreta de las reglas incluidas en la derivación de (38), así como para su justificación como procesos morfofonológicos del español, véase Harris (1969, § 3). Con el fin de simplificar la exposición, en (38a) se han combinado en un solo paso la regla que fusiona la secuencia /ai/ → /e/ y la que simplifica dos vocales idénticas /ii/ → /i/; las dos reglas corresponden a procesos diferentes en el análisis de Harris.

La obvia desventaja de un análisis que recurre a la elisión de la VT, en conjunción con la batería de reglas morfofonológicas expuestas en (38), con el objetivo de generar las formas superficiales de la 1.ª y 3.ª personas de singular del pretérito, proviene no solo del hecho de que se apoya en representaciones cuestionables, por ser excesivamente abstractas, sino que además ha de recurrir a un aparato derivacional extraordinariamente complejo.

Sin embargo, las derivaciones de la 1.ª y la 3.ª persona de singular del pretérito de (38) contienen el germen de una idea alternativa, encarnada en el mecanismo de coalescencia morfémica, en el cual la flexión verbal se deriva por medio de la interacción de varios procesos morfofonológicos: la aparente elisión de la VT se atribuye a la fusión de este elemento formativo con los morfemas de TAM o PN, creándose así un constituyente del tipo *portmanteau*. Esta alternativa constituye uno de los mecanismos primarios al que recurren varios estudios sobre la flexión verbal en español (véanse, por ejemplo, Boyé 2000; Boyé y Cabredo 2006, 2010), y en especial el trabajo de Roca (2010), basado exclusivamente en restricciones de índole fonológica y morfológica, o en una combinación de ambas, en el marco de la fonología de la Optimidad [→ § 1.22], y que sin duda constituye el análisis más completo realizado hasta la fecha sobre la distribución alomórfica de la vocal temática en español.

5.2.6 Elisión de la vocal temática en la derivación deverbal

La alternancia entre la vocal temática y cero ocurre también en la nominalización y en la adjetivización deverbales. En su versión más productiva, los nombres y adjetivos derivados de verbos se construyen combinando el tema verbal con el sufijo nominalizador o adjetivizador (los derivados 'temáticos'). En cambio, la base verbal suele ser 'atemática' (es decir, carente de la VT) en la formación poco productiva o muy lexicalizada de derivados deverbales. Los dos tipos se ilustran de (39) a (41). En (39) se muestran ejemplos de derivados deverbales formados con las variantes del sufijo nominalizador *-ión, -ción, -sión*, que crea nombres abstractos con significado de «acción, estado o efecto de la base verbal». La productividad de esta clase generalmente está asociada con las derivaciones de tipo temático; los derivados atemáticos son considerablemente menos productivos.

> Cabe mencionar aquí que algunos derivados deverbales con *-miento, -mento*, son siempre temáticos (*razon-**a**-r → razon-**a**-miento, nac-**e**-r → nac-i-miento, imped-i-r → imped-i-mento*, etcétera), mientras que otros son sistemáticamente atemáticos, como los derivados de verbos de la 1.ª conjugación con *-ido* (*ronc-**a**-r → ronqu-ido, estall-**a**-r → estall-ido, ladr-**a**-r → ladr-ido*, etcétera).

(39)

		temáticos		*atemáticos*
a.	form-**a**-r	form-**a**-ción	explot-**a**-r	explos-ión
	naveg-**a**-r	naveg-**a**-ción	sujet-**a**-r	sujec-ión
	cre-**a**-r	cre-**a**-ción	desert-**a**-r	deserc-ión
b.	pon-**e**-r	pos-**i**-ción	reten-**e**-r	reten-ción
	repon-**e**-r	repos-**i**-ción	proteg-**e**-r	protec-ción
	opon-**e**-r	opos-**i**-ción	absten-**e**-r	absten-ción
c.	nutr-**i**-r	nutr-**i**-ción	divid-**i**-r	divis-ión
	inhib-**i**-r	inhib-**i**-ción	preven-**i**-r	preven-ción
	compet-**i**-r	compet-**i**-ción	sustitu-**i**-r	sustitu-ción

En (40) se ilustra la formación de derivados deverbales con las variantes del sufijo nominalizador *-ura, -dura, -tura*, cuyo tipo semántico es similar al anterior. De ellas, *-dura* es la variante productiva, mientras que los derivados con *-(t)ura* presentan un elevado grado de lexicalización.

(40)

		temáticos		*atemáticos*
a.	abrevi-**a**-r	abrevi-**a**-tura	apret-**a**-r	apret-ura
	at-**a**-r	at-**a**-dura	solt-**a**-r	solt-ura
	quem-**a**-r	quem-**a**-dura	hart-**a**-r	hart-ura
b.	coc-**e**-r	coc-**e**-dura	contra-**e**-r	contrac-tura
	mord-**e**-r	mord-**e**-dura	le-**e**-r	lec-tura
	torc-**e**-r	torc-**e**-dura	pon-**e**-r	pos-tura
c.	añad-**i**-r	añad-**i**-dura	escrib-**i**-r	escrit-ura
	fre-**í**-r	fre-**i**-dura	med-**i**-r	mes-ura
	hend-**i**-r	hend-**i**-dura	esculp-**i**-r	escul-tura

Por último, en (41) se muestran algunos ejemplos de derivados deverbales nominales y adjetivales formados con las variantes del sufijo agentivo *-or, -dor, -tor*. El alomorfo productivo sincrónicamente es *-dor*, mientras que *-or* y *-tor* están lexicalizados en mayor o menor grado.

(41) Nombres y adjetivos deverbales con *-or, -dor, -tor*

		temáticos		*atemáticos*
a.	dom-**a**-r	dom-**a**-dor	cant-**a**-r	cant-or
	dict-**a**-r	dict-**a**-dor	desert-**a**-r	desert-or
	soñ-**a**-r	soñ-**a**-dor	pint-**a**-r	pint-or
b.	corr-**e**-r	corr-**e**-dor	defend-**e**-r	defens-or
	ro-**e**-r	ro-**e**-dor	suced-**e**-r	suces-or
	vend-**e**-r	vend-**e**-dor	promov-**e**-r	promo-tor
c.	consum-**i**-r	consum-**i**-dor	herv-**i**-r	herv-or
	segu-**i**-r	segu-**i**-dor	conduc-**i**-r	conduc-tor
	cumpl-**i**-r	cumpl-**i**-dor	redim-**i**-r	reden-tor

5.3 Alternancias vocálicas: diptongación y elevación vocálica

De todos los procesos morfofonológicos que afectan a las vocales del español, hay dos tipos que sin duda alguna están entre los más intensamente estudiados y los que más debate han suscitado en la bibliografía sobre el tema. En primer lugar, las alternancias entre vocal media átona y un diptongo creciente encabezado por una vocal nuclear media tónica /e/ ~ /jé/ y /o/ ~ /wé/ ocurren tanto en las formas no verbales como en las verbales; además, pueden afectar a una raíz (verbal o no verbal), o a la VT en algunas formas verbales de la 2.ª y 3.ª conjugación —*beb-e-r: beb-ie-ron, beb-ie-ra, com-ie-ndo*, etcétera; *viv-i-r: viv-ie-ron, viv-ie-ra, viv-ie-ndo*, etcétera; cf. (32-33)—. El segundo tipo está integrado por las alternancias entre una vocal media y la correspondiente vocal alta: /e/ ~ /i/ y /o/ ~ /u/, pero esta clase está restringida casi exclusivamente a los verbos de la 3.ª conjugación. Hay incluso algunos verbos de la 3.ª conjugación en los que pueden combinarse los dos tipos (véase el § 5.3.1), creándose una alternancia triple: diptongo ~ vocal media ~ vocal alta. Fuera de la morfología verbal, existen algunos ejemplos de alternancias vocálicas, pero son muy escasos y carecen de la sistematicidad, rendimiento y productividad que presentan los dos tipos que se acaban de mencionar (véase Pensado 1999, 4473). Entre los ejemplos de este grupo cabe citar: /i/ ~ /e/ (*castillo ~ castellano, capilla ~ capellán*), /e/ ~ /o/ (*frente ~ frontal, fleco ~ floquecillo;* pero cf. *flequillo*), y /e/ ~ /u/ (*culebra ~ colúbrido*).

Las alternancias entre una vocal media átona y un diptongo tónico en el radical de una palabra son transcategoriales: ocurren tanto en las formas no verbales como en las verbales. En general, la vocal simple aparece en posición átona y, el diptongo, en posición tónica. Sin embargo, existe una clara diferencia entre las formas verbales y las no verbales en cuanto a la distribución de la alternante con vocal simple y la alternante con diptongo. En la raíz de la formas verbales el diptongo aparece exclusivamente en las formas rizotónicas; en cambio, es posible encontrar diptongos en posición átona en las formas nominales y adjetivales, una propiedad circunscrita a las palabras derivadas con ciertos sufijos productivos. Por otra parte, la distribución de la alternancia entre vocales medias y altas en los verbos de la 3.ª conjugación no está sujeta a la misma dependencia del acento que rige la alternancia entre vocal simple y diptongo en las formas verbales en general; las vocales altas tienden a aparecer en posición tónica (*pído, pídes, pída, pídan*, etcétera) y las medias, en posición átona (*pedír, pedímos, pedía, pediré, pediría, pedido*, etcétera), pero esto no siempre se cumple (cf. *pidió, pidiéron, pidiéndo*).

> Entre los estudios que tratan la diptongación o la elevación de las vocales medias en los verbos de la 3.ª conjugación, cabe mencionar Malkiel (1966), Harris (1969, 1973b, 1974a, 1974b, 1977c, 1975, 1977b, 1978a, 1980a, 1985a), St. Clair (1971), Brame y Bordelois (1973, 1974), Dinnsen (1974), Hooper (1976), Cressey (1978), Morgan (1984), García-Bellido (1986), Wong-Opasi (1987), Carreira (1990, 1991), Dunlap (1991), Eddington (1996, 1998, 2004), Kikuchi (1997), Albright, Andrade y Hayes (2001), Hualde (2005, 193-202) y Ohannesian (2020), entre otros. Para una perspectiva diacrónica de la diptongación con consecuencias sincrónicas, véanse Malkiel (1966, 1976, 1979, 1980, 1982a, 1982c, 1984a, 1984b) y Harris (1975).

5.3.1 Alternancias vocal–diptongo en el morfema radical

Sin duda, uno de los rasgos más característicos y mejor estudiados de la morfofonología del español lo constituyen las alternancias entre las vocales medias átonas [e o] y los diptongos tónicos [ˈi̯e ˈu̯e] en el morfema radical de muchas palabras, un fenómeno comúnmente conocido como 'diptongación' (el término, obviamente, conlleva la inevitable presuposición de que las vocales son más básicas que los correspondientes diptongos) [→ § 1.18.7]. En la escuela estructuralista que precedió al generativismo, las alternancias vocal ~ diptongo, al igual que cualquier otro tipo de alternancias morfo-fonológicas, se adjudicaban al ámbito de la morfología, no formaban parte del estudio del componente fonológico. Sin embargo, según señala Harris (1977b, 262), no cabe duda de que el control de la diptongación forma parte del conocimiento fonológico tácito que los hablantes nativos del español tienen de su lengua y que, por lo tanto, su estudio debe estar incluido en cualquier análisis que pretenda reflejar la competencia lingüística de los hablantes.

Como se ilustra en (42), una vocal no baja contenida en el morfema radical de muchas palabras se realiza como un diptongo cuando lleva el acento primario de la palabra (para que destaque visualmente, la forma alternante con diptongo se muestra subrayada en (42) y en los ejemplos subsiguientes). Según se mencionó, la alternancia entre vocales y diptongos ocurre en todos los tipos de categorías morfosintácticas, ya sean no verbales (42a, b), o verbales de (42c) a (42e), en las cuales el paradigma rizotónico está representado con la 1.ª persona de singular del presente de indicativo, y el arrizotónico, con el correspondiente infinitivo.

(42) a. ci**é**g-o   cegu-éra   b. bu**é**n-o   bon-dád   c. pi**é**ns-o   pens-ár
     fi**é**st-a   fest-ívo   fu**é**rt-e   fort-aléza   ni**é**g-o   neg-ár
     ci**é**l-o   cel-éste   su**é**l-o   sol-ár   ti**é**n-e   ten-ér
     hi**é**rr-o   herr-adúra   fu**é**r-a   for-áneo   qui**é**r-o   quer-ér
     di**é**z   dec-éna   ru**é**d-a   rod-áje   hi**é**r-o   her-ír
     mi**é**l   mel-óso   mu**é**rt-o   mort-ífero   mi**é**nt-o   ment-ír
  d. cu**é**nt-o   cont-ár   e. adqui**é**r-o   adquir-ír
     vu**é**l-o   vol-ár   ju**é**g-o   jug-ár
     pu**é**d-o   pod-ér
     vu**é**lv-o   volv-ér
     du**é**rm-o   dorm-ír
     mu**é**r-o   mor-ír

Los dos verbos de (42e) son especiales, ya que constituyen los únicos casos en que los diptongos ['i̯e 'u̯e] alternan con las vocales altas [i u] respectivamente.

Hay en español una multitud de raíces, ilustradas en (43) con formas no verbales (43a, b), y verbales, de (43c) a (43e), cuya composición fonológica es, por lo que se refiere a todos los aspectos relevantes, análoga a las ilustradas en (42), pero que no presentan alternancia alguna. Además, no existe diferencia fonética alguna entre las vocales que alternan, ya sean medias, de (42a) a (42d), o altas (42e), y las que no alternan, de (43a) a (43d) y (43e), respectivamente, ni tampoco entre los diptongos que alternan en (42) y los que no alternan (43f).

(43) a. bod**é**g-a   bodegu-éro   b. t**ó**n-o   ton-ál   c. t**é**ns-o   tens-ár
     c**é**st-a   cest-ería   c**ó**rt-e   cort-éza   p**é**g-o   peg-ár
     r**é**st-o   rest-ánte   p**ó**l-o   pol-ár   t**é**m-e   tem-ér
     p**é**rr-o   perr-úno   l**é**j-os   lej-áno   c**é**d-o   ced-ér
     p**é**z   pec-éra   d**ó**c-e   doc-éna   b**é**b-en   beb-ér
  d. m**ó**nt-o   mont-ár   e. f**í**nj-o   fing-ír   f. arri**é**sg-o   arriesg-ár
     p**ó**d-o   pod-ár   dirij-o   dirig-ír   en**y**és-o   enyes-ár
     c**ó**rr-o   corr-ér   resid-o   resid-ír   secu**é**str-o secuestr-ár
     con**ó**c-e   conoc-ér   enj**ú**g-o   enjug-ár   frecu**é**nt-o frecuent-ár
     esc**ó**j-o   escog-ér   arr**ú**g-o   arrug-ár   encu**é**r-o   encuer-ár

Obsérvese que la realización fonética del elemento subyacente inicial del diptongo en *enyesar* /en + jesar/ (43f), representada con <y>, se realiza predictiblemente en español como una consonante [enʲ.je.'sar] al estar localizada en posición inicial absoluta de sílaba. A los ejemplos de (43f) pueden añadirse otros provenientes de formas no verbales en los que el diptongo es subyacente y por lo tanto no alterna, de manera que puede aparecer tanto en sílaba tónica como átona —cf. *di**é**t-a ~ di**e**t-ético, silu**é**t-a ~ silu**e**t-ádo*—, además de ciertas formas verbales en las que un diptongo, creado por el contacto de morfemas, aparece tanto en posición tónica como átona —cf. *limpi**é**mos ~ límpi**e**, averigü**é**mos ~ averígü**e**,* etcétera—; véanse Harris (1974a, 1974b).

Cuatro aspectos de la alternancia morfofonológica entre vocales medias y diptongos en español han suscitado una considerable controversia y una intensa discusión en la bibliografía sobre el tema: 1) en los morfemas que presentan la alternancia en cuestión, ¿cuál de las dos formas alternantes es la básica? (obviamente, la direccionalidad de la alternancia es decisiva para determinar si es necesario postular una regla de diptongación de la vocal simple subyacente o, por el contrario, una regla de monoptongación del diptongo subyacente); 2) suponiendo que las formas alternantes básicas son vocales medias (hipótesis aceptada de manera prácticamente universal por los fonólogos que han trabajado sobre el español), ¿de qué manera pueden caracterizarse subyacentemente estas vocales para distinguirlas de las vocales medias que no alternan? Además, ¿es esta propiedad diferenciadora un atributo de la vocal o lo es del morfema en el que está contenida?; 3) ¿qué mecanismo fonológico está involucrado en el proceso de diptongación, y qué principios, ya sean universales o particulares al español, participan en este mecanismo? Relacionado con esta cuestión está el problema de si la diptongación se deriva de un proceso unitario o de la combinación de varias partes componentes; y 4) dado que la forma alternante con diptongo está restringida en principio a una posición tónica (sin excepción alguna en las formas verbales), ¿cómo dar cuenta del hecho de que en ciertos tipos de palabras derivadas se encuentren diptongos en posición átona (cf. *viejíto, buenísimo, ciertaménte*, etcétera)? El resto de este apartado está dedicado a esbozar las soluciones más influyentes que se han propuesto para resolver estas cuatro interrogantes.

Comenzando con la cuestión 1, acerca de cuál de las dos formas alternantes debe considerarse como básica, en Harris (1969, 161-62) y en la mayor parte de los —considerablemente numerosos— estudios subsiguientes, se parte de la hipótesis de que los segmentos básicos son vocales cuya representación subyacente contiene una propiedad especial ausente en la representación subyacente del resto de los fonemas vocálicos; cuando reciben el acento primario, una regla de diptongación trasforma las vocales que poseen esta marca especial en los diptongos ['ie] o ['ue], según estén especificadas con el valor negativo o positivo, respectivamente, para los rasgos de retracción o de redondeamiento. Manteniendo una posición diametralmente opuesta, Norman y Sanders (1977), y más tarde Carreira (1991) y Alonso-Cortés Manteca (1997) en un marco analítico autosegmental, parten de los diptongos como las formas alternantes básicas; cuando no recibe el acento primario, el diptongo se trasforma en una vocal mediante una regla de monoptongación. Aquí no se va a realizar una evaluación crítica de esta segunda hipótesis. En su lugar, el lector puede consultar el exhaustivo estudio de Harris (1977b), quien, en opinión del autor del presente trabajo, ofrece argumentos concluyentes que demuestran que la hipótesis de la monoptongación es inadmisible; por lo demás, la validez de estos argumentos sigue, en lo esencial, vigente.

Una alternativa a estos dos análisis de la diptongación consistiría en tratar la alternancia entre vocal y diptongo como un fenómeno supletivo, como sugiere Hooper (1976), de modo que las dos formas alternantes del morfema radical están disponibles en las representaciones subyacentes y un mecanismo morfofonológico especial selecciona el alomorfo apropiado según lo requiera el contexto. Por ejemplo, la representación subyacente del morfema radical correspondiente a *bueno* contendría las variantes /bon-/ y /bwen-/; el mecanismo de selección escoge la variante alomórfica /bwen-/ en *buén-o,* puesto que el acento recae sobre la vocal radical, pero elige /bon-/ en *bon-dád,* dado que la vocal radical es átona [→ § 1.20.1]. Bermúdez-Otero (2006) adopta una versión reciente de este mecanismo de selección alomórfica.

Asumiendo, pues, la hipótesis de que los diptongos ['ie 'ue] son derivados, el interrogante que se plantea a continuación es cómo deben caracterizarse subyacentemente las vocales que alternan, para así diferenciarlas de las que no alternan. Existe un consenso general entre los fonólogos que han estudiado el español sobre la idea de que, cuando los hablantes adquieren la lengua, deben aprender algo especial sobre las representaciones vocálicas subyacentes que les permita distinguir, por ejemplo, entre una /e/ que alterna con un diptongo, como en *ceguéra,* (cf. *ciégo*), y una /e/ que no alterna, como en *veguéra* (cf. *véga*), ya que la realización fonética de ambas vocales es idéntica. Puesto que carece de manifestación fonética, el atributo especial en cuestión no puede tratarse de un rasgo fonológico. En una etapa inicial, esta propiedad diferenciadora se identificó fonológicamente con la marca diacrítica [+D], codificada en la representación subyacente de las vocales que alternan (el símbolo 'D' es simplemente un recurso nemónico práctico para indicar que la vocal en cuestión experimenta una diptongación), de modo que la regla de diptongación se aplica solamente a las vocales marcadas con el diacrítico [+D].

El rechazo progresivo del uso fonológico de rasgos diacríticos, en conjunción con el advenimiento de la Fonología Autosegmental [→ § 1.21.2], abrieron la posibilidad de formular la distinción formal entre las vocales que alternan con diptongos y las que no lo hacen recurriendo exclusivamente a propiedades universales e independientemente justificadas de las representaciones fonológicas autosegmentales, sin necesidad de apelar a rasgos diacríticos o a marcas arbitrarias que carecen de interpretación fonética. Esta es precisamente la estrategia adoptada en los análisis de la diptongación propugnados en Harris (1985a), García-Bellido (1986), Carreira (1991) o Dunlap (1991). En (44) se ilustra la distinción prosódica subyacente propuesta en Harris (1985a) para diferenciar las vocales no bajas que no alternan con diptongos de las que sí alternan: en las primeras (44a), la vocal está asociada a una sola unidad temporal en el esqueleto prosódico; en las segundas (44b), la vocal va inmediatamente seguida en su representación subyacente de una posición prosódica 'flotante' (es decir, una posición no vinculada a material segmental alguno).

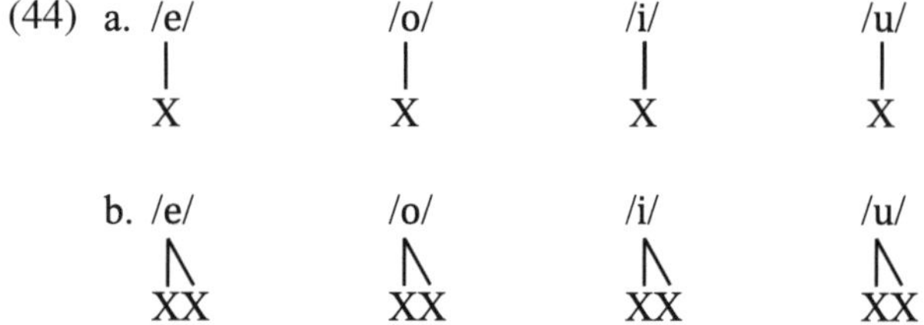

En cuanto al ámbito particular en el que está especificada la marca [+D], Harris (1977b, 297-300) demuestra que este debe ser la vocal radical misma, no el tema de la palabra ni la palabra flexionada a la que pertenece. El argumento en el que se apoya esta hipótesis es simple. Que el ámbito de [+D] no puede ser un morfema particular (la raíz o el tema de la palabra) lo confirma la existencia de contrastes paradigmáticos en los que el morfema radical sufre diptongación en ciertos casos, pero no en otros. Compárense, por ejemplo, la pauta alternante de *tend-é-r ~ tiénd-o*, *de-fend-ér ~ de-fiénd-o*, etcétera, con el patrón no alternante de *pre-tend-é-r ~ pre-ténd-o*, *o-fend-ér ~ o-fénd-o*, etcétera. Harris concluye que, si [+D] fuese un atributo del morfema radical, cabría esperar una uniformidad paradigmática que, obviamente, no se da: *pre-tend-é-r ~ *pre-tiénd-o*, *o-fend-ér ~ *o-fiénd-o*, etcétera. De estos datos se sigue inevitablemente que la vocal radical en *tender*, *defender*, debe estar especificada como [+D] en el nivel subyacente, pero no así la de *pretender*, *ofender*. Por otra parte, el dominio en el que está especificado [+D] tampoco puede ser la palabra flexionada; de lo contrario, no podría explicarse por qué paradigmas tales como *tend-é-r: tiénd-o, *ténd-es, tiénd-e, *ténd-en* o *de-fend-ér: *defénd-o, defiénd-es, *de-fénd-e, de-fiénd-en*, etcétera, no existen en español.

En cuanto a la cuestión 3, en el pasado han sido objeto de intenso debate cuál es el mecanismo fonológico específico que desencadena el proceso de diptongación y si este mecanismo consiste en una regla o en la combinación de varias reglas. En estudios como los de St. Clair (1971), Brame y Bordelois (1974) y Dinnsen (1974), el emparejamiento entre las vocales subyacentes y los diptongos superficiales no es un proceso unitario, sino que se obtiene por medio de incrementos graduales, la mayoría de los cuales tienen una cierta motivación independiente en español. Por ejemplo, en Brame y Bordelois (1974), la diptongación se logra mediante la elaborada aplicación acumulativa de las cuatro reglas ilustradas en (45) (siguiendo una práctica común, se utilizan las mayúsculas para representar en la forma subyacente las vocales que se diptongan cuando son tónicas, distinguiéndolas así de las que no alternan).

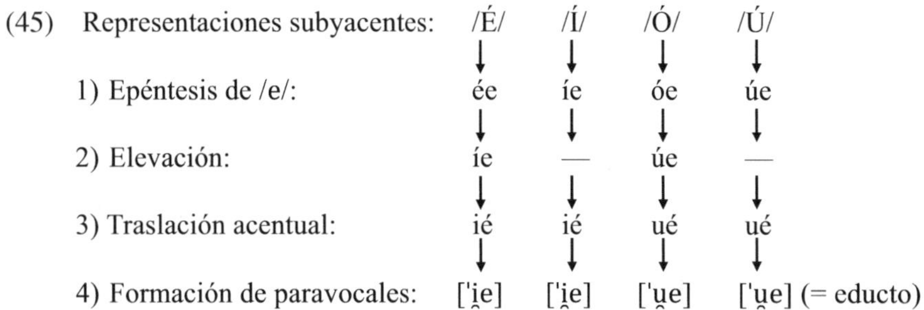

Por el contrario, en Harris (1969, 1977b) y en Brame y Bordelois (1973) se propone un análisis unitario de la diptongación, por medio de una regla relativamente compleja, que trasforma la vocal subyacente en un diptongo de un solo golpe. No es necesario comentar aquí el mérito de esta aproximación. Baste indicar que el rechazo del formalismo utilizado en las reglas de la fonología generativa clásica [→ § 1.18.3] coincidió con la progresiva introducción de representaciones autosegmentales como las que se muestran en (44), en las que se incorporan niveles autónomos (aunque relacionados) de estructura fonológica, incluyendo los niveles segmental y silábico, además del nivel intermedio que los coordina, el esqueleto prosódico, y que representa la duración de los segmentos. La introducción de este nuevo tipo de representaciones autónomas, pero coordinadas, facilitó que se formulara la regla de diptongación con el menor grado de arbitrariedad posible, al tiempo que permitió aprovechar al máximo la operación de principios estructurales, ya sean universales o particulares del español. La versión más conocida de esta nueva solución, propuesta por Harris (1985a), se ilustra en (46) con sus cuatro mecanismos integrantes. En primer lugar, el proceso de diptongación se inicia en (46a) en el punto en que la posición prosódica flotante contenida en la representación subyacente de las vocales que alternan —cf. (44b)— se asocia al rasgo [−consonántico] (abreviado con el símbolo 'V') cuando va en la sílaba tónica de la palabra —indicada con el símbolo 'σ_Σ'; la implicación, por supuesto, es que la asignación del acento debe preceder a (46a)—. En el paso siguiente, la posición vocálica generada por (46a) se especifica con los rasgos de la vocal por defecto del español —cf. (4)—, hecho reflejado en (46b).

(46) a. $\widehat{X} \rightarrow X \;/\; \underline{\quad} \;$ (V asociada a σ_Σ)

    b. $X \rightarrow X$ (V → e)

    c. $\sigma[X\;X \to X\;X]$ con $V_1\,V_2 \to V_1\,V_2$ (el elemento nuclear se permuta de izquierda a derecha)

       Condición: $V_1 = V_2$ para el rasgo [alto]

    d. $V \rightarrow [+\text{alto}] \;/\; \underline{\quad}$ (asociado a X')

       (X' = una posición no nuclear)

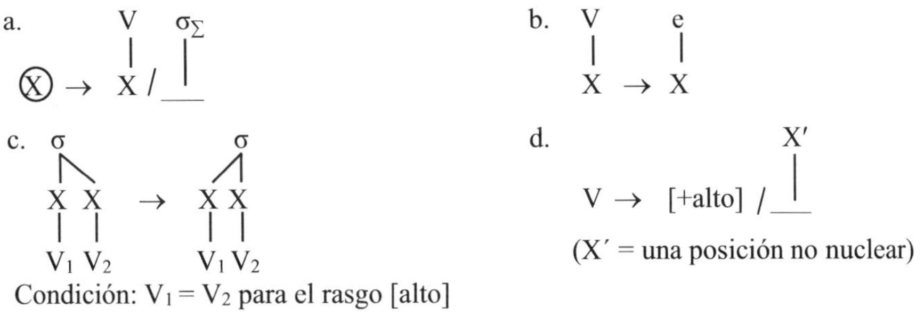

La aplicación de las reglas (46a, b) a las representaciones de (44b) crea una secuencia vocálica tautosilábica que experimenta el reajuste de (46c), en el que el elemento nuclear (indicado con la línea de asociación vertical) se permuta de la izquierda a la derecha. Esta operación se justifica a partir de una marcada preferencia, bien documentada en español (y probablemente universal; Harris Harris [1985a, 38]), según la cual el segundo miembro de una secuencia de vocales tautosilábicas de idéntica altura (o, lo que es equivalente, de idéntica sonicidad), constituye el núcleo silábico. Por último, (46d) refleja también un principio de marcadez universal, que especifica como paravocal el miembro no nuclear de un diptongo. La operación de los mecanismos de (46) se ilustra en (47) con los correspondientes cuatro pasos que integran la derivación de los diptongos del morfema radical en *cieg-o* (47a) y **buen-o** (47b), a partir de vocales con representaciones autosegmentales como las que se muestran en (44b).

(47) a. $\theta\,\acute{e}\;\widehat{X}\;g\,o \xrightarrow{1} \theta\,\acute{e}\,V\;g\,o \xrightarrow{2} \theta\,\acute{e}\,e\,g\,o \xrightarrow{3} \theta\,e\,\acute{e}\,g\,o \xrightarrow{4} \theta\,j\,\acute{e}\,g\,o$

    b. $b\,\acute{o}\;\widehat{X}\;n\,o \xrightarrow{1} b\,\acute{o}\,V\;n\,o \xrightarrow{2} b\,\acute{o}\,e\,n\,o \xrightarrow{3} b\,o\,\acute{e}\,n\,o \xrightarrow{4} b\,w\,\acute{e}\,n\,o$

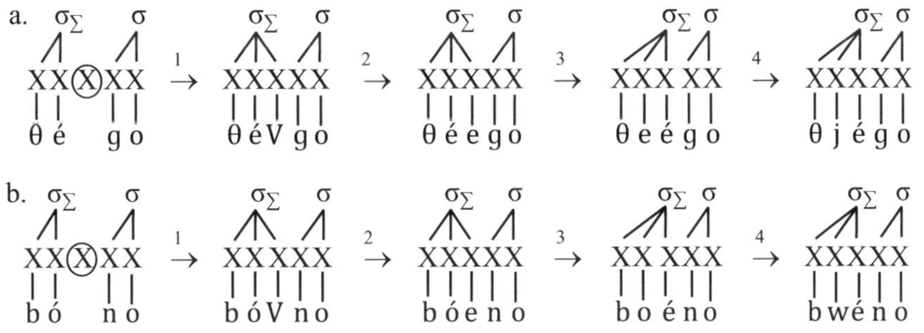

Cuando el acento primario no se asigna a las representaciones de las vocales que alternan (44b), no se cumple la condición decisiva para que se aplique el mecanismo inicial de la diptongación (46a), de manera que la posición vocálica flotante no se realiza fonéticamente.

Considérese finalmente la cuestión 4. Por regla general, en las alternancias entre vocal y diptongo, la vocal simple aparece en posición átona y el diptongo, en posición tónica. Este principio se cumple sin excepción alguna en las formas verbales regulares rizotónicas: las tres del singular y la 3.ª del plural del presente (indicativo y subjuntivo); todas las demás formas verbales son arrizotónicas, y por lo tanto siempre presentan una vocal simple. En (48) se ilustra esta distribución con tres pares de verbos representativos de las tres conjugaciones: la 1.ª (48a), la 2.ª (48b), y la 3.ª (48c) (en los verbos de la 3.ª conjugación, el diptongo alterna con dos vocales simples, /e/ ~ /i/ y /o/ ~ /u/).

(48) a. cerr-ár: c**ié**rr-o, c**ié**rr-as, c**ié**rr-a, c**ié**rr-an; c**ié**rr-e, c**ié**rr-es, c**ié**rr-e, c**ié**rr-en
           (cf.: cerr-ámos, cerr-áis, cerr-émos, cerr-éis, cerr-ába, cerr-é, cerr-aré, cerr-ára, cerr-aría,
           cerr-ádo, cerr-ándo, etc.)

cont-ár: **cuént**-o, **cuént**-as, **cuént**-a, **cuént**-an; **cuént**-e, **cuént**-es, **cuént**-e, **cuént**-en
(cf.: cont-ámos, cont-áis, cont-émos, cont-éis, cont-ába, cont-é, cont-aré, cont-ára, cont-aría, cont-ádo, cont-ándo, etc.)

b. perd-ér: **piérd**-o, **piérd**-es, **piérd**-e, **piérd**-en; **piérd**-a, **piérd**-as, **piérd**-a, **piérd**-an
(cf.: perd-émos, perd-éis, perd-ámos, perd-áis, perd-ía, perd-í, perd-eré, perd-ería, perd-iéra, perd-iéndo, perd-ído, etc.)

sol-ér: **suél**-o, **suél**-es, **suél**-e, **suél**-en; **suél**-a, **suél**-as, **suél**-a, **suél**-an
(cf.: sol-émos, sol-éis, sol-ámos, sol-áis, sol-ía, sol-í, sol-eré, sol-ería, sol-iéra, sol-iéndo, sol-ído, etc.)

c. sent-ír: **siént**-o, **siént**-es, **siént**-e, **siént**-en; **siént**-a, **siént**-as, **siént**-a, **siént**-an
(cf.: sent-ímos, sent-ís, sint-ámos, sint-áis, sent-ía, sent-í, sent-iré, sent-iría, sint-iéra, sint-iéndo, sent-ído, etc.)

dorm-ír: **duérm**-o, **duérm**-es, **duérm**-e, **duérm**-en; **duérm**-a, **duérm**-as, **duérm**-a, **duérm**-an
(cf.: dorm-ímos, dorm-ís, durm-ámos, durm-áis, dorm-ía, dorm-í, dorm-iré, dorm-iría, durm-iéra, durm-iéndo, dorm-ído, etc.)

La distribución de (48) puede no cumplirse en los verbos que presentan algún tipo de irregularidad. Por ejemplo, hay dos verbos con alternancias vocal ~ diptongo en el radical, *tener* y *venir,* que añaden un incremento velar /-g-/ entre la raíz y la VT en la 1.ª persona de singular del presente de indicativo, en los que la vocal radical de esta persona no diptonga, a pesar de ser rizotónica: *tén-g-o, vén-g-o* (pero *tién-es, tién-e. . . , viénes, vién-e. . . ,* etcétera), así como en todas las personas del presente de subjuntivo, ya que adoptan regularmente el tema de la 1.ª persona de singular del presente de indicativo: *tén-g-a, tén-g-as, tén-g-a; vén-g-a, vén-g-as, vén-g-a,* etcétera). Algunos verbos con pretéritos fuertes o irregulares muestran la alternancia vocal media ~ diptongo en el presente, siguiendo la pauta canónica de (48): *quer-ér: quiér-o, quiér-es, quiér-e, quiér-en* frente a *quer-émos, quer-éis; pod-ér: puéd-o, pued-es, pued-e, puéd-e, puéd-en* frente a *pod-émos, pod-éis,* etcétera. En estos verbos la vocal radical sufre apofonía (cambio vocálico) en el tema de pretérito, pero no diptonga, a pesar de que la 1.ª y 3.ª personas de singular son rizotónicas: *quís-e, quís-o, púd-e, púd-o.*

Contrastando claramente con las formas verbales, la conexión entre el acento y la diptongación en el radical de las formas no verbales que alternan no es siempre directa, debido a que existen ciertos tipos de palabras derivadas cuya raíz presenta un diptongo en posición átona. El fenómeno queda ilustrado con los datos de (49).

(49) a. *Alternancias* /je/ ~ /e/   b. *Alternancias* /we/ ~ /e/

A	B	C		A	B	C
ciég-o	cegu-éra	**ciegu**-íto		**suéld**-o	sold-áda	**sueld**-ecíllo
fiést-a	fest-ívo	**fiest**-áza		**puébl**-o	pobl-ación	**puebl**-úcho
viéj-o	vej-éz	**viej**-ísimo		**buén**-o	bon-dád	**buen**-ísimo
ciért-o	cert-éza	**ciert**-a-ménte		**fuért**-e	fort-aléza	**fuert**-eménte
diéstr-o	destr-éza	**adiestr**-ár		**muébl**-e	mobl-áje	**amueb**-lár
ciél-o	cel-éste	**ciel**-orráso		**cuéll**-o	coll-ár	**cuell**-ilárgo

Los ejemplos en la columna A de (49) son bases no derivadas cuya vocal radical tónica se manifiesta predictiblemente con la forma alternante diptongada. En las correspondientes palabras derivadas de la columna B, la vocal radical es átona, y por consiguiente no diptonga. Los derivados de la columna C, por otro lado, ilustran el fenómeno de la diptongación en sílaba átona, característico de ciertas operaciones morfológicas, entre las que se incluyen las cinco siguientes: a) la sufijación apreciativa (diminutivos, aumentativos, etcétera: *ciegu-íto, sueld-ecíllo, fiest-áza, puebl-úcho*); b) la formación de superlativos con el sufijo intensificador *-ísimo* (*viej-ísimo, buen-ísimo*); c) la formación de adverbios con *-mente* (*ciert-a-ménte, fuert-eménte*); d) la creación de verbos mediante la parasíntesis (*adiestrár, amueblár*); y e) la composición de palabras (*ciel-orráso, cuell-ilárgo*).

La relación entre el acento y la diptongación de la vocal radical en las formas de la columna A es trasparente, como lo es también la ausencia de diptongación en la vocal radical átona en los ejemplos de la columna B. En cambio, la diptongación en la sílaba átona que presentan las formas de la columna C constituye una manifestación típica de lo que se conoce como 'opacidad' fonológica [→ § 1.18.4] por 'sobreaplicación' [→ § 1.18.4]: aparentemente se ha aplicado una regla morfofonológica, a pesar de que en las representaciones superficiales no se satisfacen sus condiciones estructurales; en este caso particular, la condición estructural requerida para que se aplique el proceso de diptongación, es decir, que la vocal en cuestión esté localizada en la sílaba tónica, no se cumple en los ejemplos de la columna C.

Existen dos maneras básicas de generar diptongos en posición átona en las representaciones superficiales; ambas recurren de manera determinante a una distinción en la estructura morfológica: simple en los ejemplos de la columna B de (49), pero compleja en sus contrapartes de la columna C. La primera, adoptada en Harris (1969, 1973b, 1974b, 1977b, 1977c, 1978a, 1983, 87), presupone que el acento en español se aplica de manera cíclica (véase también Alonso-Cortes Manteca [1997] para un análisis cíclico que asume la existencia de diptongos subyacentes). Una regla cíclica opera primero en el constituyente morfológico primario más pequeño (la raíz), y continúa aplicándose siempre que se satisfagan sus condiciones estructurales en dominios morfosintácticos mayores (el tema), creados por la afijación de morfemas, hasta alcanzar el ámbito de la palabra [→ § 1.18.5]. En (50) se ilustran las derivaciones de tres ejemplos procedentes de (49): la forma simple *ciego* y sus derivados *ceguera* y *cieguito*. Considérese en primer lugar la derivación de *cieguito* en la columna C de (50).

(50) Formas subyacentes: $[\theta E+go]_{Adj}$ $[\theta E+ge\mathfrak{r}a]_N$ $[[\theta E]]_{Adj}+gito]_{Adj}$

1.º ciclo:

    Acentuación: θÉgo θÉgéɾa θÉ

2.º ciclo:

    1) Sufijación: —— —— θÉgito

    2) Acentuación: —— —— θÉgíto

    3) Diptongación θjégo —— θjégíto

    4) Reajuste acentual: —— —— θjegíto

    Educto: [ˈθi̯eɣo̥] [θeˈɣeɾḁ] [θi̯eˈɣito̥]

Harris propone que en este tipo de derivados el acento se asigna a la raíz en un primer ciclo (el ciclo de la raíz). La sufijación de *-ito* inicia un nuevo ciclo, en el que el acento se asigna de nuevo, esta vez a la vocal inicial del sufijo, ya que, según la pauta no marcada, el acento recae en la penúltima sílaba en las palabras acabadas en vocal. En el paso siguiente diptonga la vocal radical, que en este punto todavía mantiene el acento primario asignado en el primer ciclo. En una etapa final del segundo ciclo, el acento de la vocal radical, procedente del primer ciclo, es el objetivo de una regla de reajuste acentual que elimina cualquier acento que no sea el más cercano al margen derecho de la palabra, como consecuencia directa de una restricción del español que excluye la presencia de más de un acento primario por palabra. En vocablos no derivados, como *ciégo*, la derivación del diptongo tras la asignación del acento a la vocal radical es directa y no necesita más comentario. En cuanto a palabras derivadas como *ceguera*, Harris (1974a, 15) asume explícitamente que no contienen estructura interna alguna, una propiedad atribuida a la sufijación no productiva, en la que la selección de un determinado sufijo por la base es idiosincrática (es decir, está lexicalizada; compárense las nominalizaciones *cieg-o → cegu-era*, *viej-o → vej-ez*, *muebl-e → mobl-aje*, pero no **ciegu-ez*, **vej-aje*, **mobl-ez*), lo cual se refleja asignando la sufijación al primer ciclo. Según Harris, este análisis se aplica asimismo a las formas arrizotónicas de verbos no derivados, como *cegar* (donde la /-ɾ/ final es flexiva y la VT es un elemento formativo vacío que simplemente marca la clase de conjugación), en contraste con verbos derivados como *adiestrar* o *amueblar*, cuya derivación sigue una pauta derivacional cíclica, de manera análoga a *cieguito* (véanse también Harris 1969, 125-26, 1977b, 279n12).

El tratamiento cíclico consigue dar cuenta de la diptongación en la sílaba radical átona, pero suscita dos cuestiones controvertidas. La primera tiene que ver con el hecho de que se generen, en una etapa intermedia de la derivación, formas que contienen dos acentos primarios —cf. el paso de /θÉgíto/ a /θjégíto/ en la derivación de (50)—, en las cuales la presencia del acento en la vocal radical en este paso es decisiva para la creación de un diptongo. Dada la restricción del español que prohíbe la coexistencia de dos acentos en una palabra, que en definitiva es la que provoca el reajuste acentual en la última etapa de la derivación de (50), surge de inmediato la interrogante de por qué esta restricción no se aplica de inmediato a la forma intermedia malformada /θjégíto/, justamente en el momento en que esta cadena se genera al asignarse el acento en el ciclo del sufijo. Aunque Harris no aduce una razón por la que la diptongación deba ser incluida en el segundo ciclo, el problema tiene una fácil solución, consistente en generar el diptongo en el primer ciclo, una vez que el acento se ha asignado a la vocal radical, y permitir que el reajuste acentual se efectúe puntualmente en el momento en que el acento del segundo ciclo se asigna a la vocal inicial de sufijo, de la manera que se ilustra en (51).

(51) Formas subyacentes: $[θEg+o]_{Adj}$ $[θEg+era]_{N}$ $[[θEg]_{Adj}+ito]_{Adj}$
    1.º ciclo:

	$[θEg+o]_{Adj}$	$[θEg+era]_{N}$	$[[θEg]_{Adj}+ito]_{Adj}$
1) Acentuación:	θÉgo	θEgéra	θÉg
2) Diptongación	θjégo	——	θjég

    2.º ciclo:

	$[θEg+o]_{Adj}$	$[θEg+era]_{N}$	$[[θEg]_{Adj}+ito]_{Adj}$
1) Sufijación:	——	——	θjégito
2) Acentuación:	——	——	θjégíto
3) Reajuste acentual:	——	——	θjegíto
Educto:	[ˈθi̯eɣo]	[θeˈɣera]	[θi̯eˈɣito]

La segunda cuestión plantea problemas considerablemente mayores a un análisis, como el de Harris, que contempla la distinción entre la diptongación en sílaba átona en *cieguito* frente a su ausencia en *ceguera* como una mera función de la estructura morfológica de la palabra derivada. Desde esta perspectiva, la derivación de *cieguito* es cíclica porque el sufijo *-ito* añade estructura interna a la palabra, mientras que, en el caso de *ceguera*, la selección del sufijo *-era* por la base está lexicalizada y, según Harris, carece de estructura interna. El problema, aparentemente irresoluble para este análisis, se deriva de la existencia de datos como los ilustrados en (52), en los que la diptongación de la vocal radical en sílaba átona puede variar según la base particular con la que se combine un determinado sufijo derivativo (véanse Eddington 1996, 1998, 2004; Hualde 2005, 196-97; Carlson y Gerfen 2011).

(52) a. *-ista*: *cuént-o → cuent-ísta, huélg-a → huelgu-ísta, muébl-e → muebl-ísta*
    frente a *diént-e → dent-ísta, conciert-o → concert-ísta*
    b. *-oso*: *cién-o → cien-óso, hués-o → hues-óso, miérd-a → mierd-óso*
    frente a *fuég-o → fog-óso, fuérz-a → forz-óso, miél → mel-óso*
    c. *-ero*: *cuér-o → cuer-éro, huév-o → huev-éra, nuéz → nuec-éro*
    frente a: *tiénd-a → tend-éro, hiérr-o → herr-éro, puért-a → port-éro*
    d. *-eza*: *fiér-o → fier-éza* frente a *diéstr-o → déstr-éza, ciért-o → cert-éza, tiérn-o → tern-éza*
    e. *-udo*: *piern-a → piern-údo, hués-o → hues-údo* frente a *diént-e → dent-údo,*
    cuérn-o → corn-údo, pescuéz-o → pescoz-údo

Es evidente que, para cada uno de los sufijos de (52), la selección de la forma alternante diptongada o de la monoptongada (es decir, la opción por una derivación cíclica o no cíclica, en el análisis de Harris) está lexicalizada, pero no depende del carácter productivo o improductivo del sufijo, sino que aparentemente se trata de una propiedad arbitraria e idiosincrática de la base. Enfrentados a la variabilidad de la vocal radical de los derivados de (52), la noción de que la ciclicidad de una derivación está determinada por la naturaleza productiva o improductiva de un sufijo no parece una proposición sostenible; además, es claramente paradójica, dado que sería contradictorio caracterizar a un mismo sufijo a la vez como productivo (es decir, cíclico) en *cuent-ista*, pero como improductivo (es decir, no cíclico) en *dent-ista*. La conclusión que sugieren datos como los que se ilustran en (52) es que el criterio de la productividad es necesario, pero no suficiente para determinar la ciclicidad en un sufijo dado, y que un sufijo puede ser cíclico o no dependiendo de la base con la que se combine.

El criterio de la productividad resulta particularmente ineficaz cuando se considera la variación estilística que puede presentar un sufijo completamente productivo, como el superlativo *-ísimo*, ilustrado con algunos ejemplos comunes en (53). Según Hualde (2005, 197n6) las formas alternantes del radical con vocal simple se perciben generalmente como pertenecientes a un registro estilístico más formal que sus contrapartes con diptongo (véanse también Eddington 1996, 1998, 2004).

(53) caliénte   calent-ísimo ~ calient-ísimo
    ciért-o   cert-ísimo ~ ciert-ísimo
    fuért-e   fort-ísimo ~ fuert-ísimo
    nuév-o   nov-ísimo ~ nuev-ísimo

Existen, además, algunas bases para las que las dos variantes de la vocal radical posiblemente coexistan en el mismo dialecto (o quizá idiolecto), sin aparente condicionamiento estilístico, cuando se combinan con ciertos sufijos de incuestionable productividad, como *-ito, -oso*: cf. *caliént-e → calent-ito ~ calient-ito, ciénag-a → cenag-oso ~ cienag-oso*.

Una alternativa al análisis cíclico que genera diptongos en posición átona en el morfema radical de palabras derivadas puede encontrarse en la organización modular que propugna el marco de la Fonología y Morfología Léxicas (FML) [→ § 1.18.6]. El problema de la opacidad por sobreaplicación creada por la diptongación en sílaba átona puede analizarse siguiendo la organización modular de la Teoría de la Optimidad con Estratos [→ § 1.22.7] —cf. (8) en el § 5.2.1—, de la manera ilustrada en (54), de acuerdo, en líneas generales, con el análisis de Bermúdez-Otero (2006). Nótese que la asignación del acento en cada uno de los dos estratos léxicos emula el mecanismo de las derivaciones cíclicas de (50-51).

Para mantener la coherencia con respecto a las notaciones empleadas en el resto de este capítulo, las derivaciones de (54) se formulan mediante reglas, en lugar de mediante el sistema de restricciones empleado en el marco de la Optimidad con Estratos al que se adscribe el tratamiento de la diptongación de Bermúdez-Otero (2006).

(54) Formas subyacentes:

	$[\theta Ego]_{Adj}$	$[\theta Eg+era]_{N}$	$[[\theta Ego]_{Adj}+ito]_{Adj}$
Estrato 1 (= tema):			
1) Sufijación:	——	θEgera	——
2) Acentuación:	θÉgo	θEgéra	θÉgo
3) Diptongación:	θjégo	——	θjégo
Estrato 2 (= palabra):			
1) Sufijación:	——	——	θjégito
2) Acentuación:	——	——	θjégíto
3) Reajuste acentual:	——	——	θjegíto
Educto:	θjégo	θegéra	θjegíto

La derivación de (54) es esencialmente idéntica a su contraparte cíclica de (51), si se cambia el término 'ciclo' por el de 'estrato'. Sin embargo, la Fonología y Morfologías Léxicas y su más reciente versión, la Teoría de la Optimidad con Estratos, van más allá de una diferencia meramente terminológica, ya que presentan una indiscutible ventaja sobre un análisis cíclico: al contrario que en (50) y (51), la ciclicidad no tiene que estipularse, puesto que el efecto cíclico se sigue directamente de: a) la organización modular del componente fonológico que se muestra en (54); y b) la asignación de acento primario en los dos estratos léxicos (de hecho, la regla del reajuste acentual es aplicable tras cada regla de formación de palabras). La derivación de (54) se puede interpretar de una manera simple y directa: los sufijos como -*ero*/-*era* se combinan con la raíz en el nivel del tema, de modo que, en palabras como *ceguera*, la subsiguiente asignación del acento a la vocal del sufijo impide que se aplique, en el paso siguiente, la diptongación, una regla también restringida al estrato del tema. Por el contrario, los sufijos productivos como -*ito* se combinan en el nivel de la palabra, donde heredan del estrato del tema el diptongo en el morfema radical. Una vez se ha asignado el acento a la vocal inicial del sufijo, el reajuste acentual se aplica automáticamente y despoja de prominencia primaria al morfema radical (en el caso particular de la formación de adverbios en -*mente*, el reajuste acentual relega al estatus de acento secundario en el nivel de la palabra al acento primario asignado al radical en el estrato del tema [→ § 26.6]). Este análisis permite también dar cuenta de la variabilidad de la forma alternante en el morfema radical en datos como los de (53), postulando que, aunque normalmente la unión de la base a sufijos como los enumerados en (52) se efectúa en el nivel del tema, ciertas bases llevan una marca idiosincrática que desencadena la sufijación en el estrato de la palabra. Por último, de manera análoga, para ciertas bases, como las que se muestran en (53), hay que suponer que el estrato específico en el que se combinan con el sufijo -*ísimo* está determinado por el registro estilístico, generándose en el morfema radical, en cada caso, una vocal simple o un diptongo átonos.

5.3.2 Alternancias vocal media ~ diptongo en la vocal temática verbal

Como ya se vio en (32) y (33), la vocal temática de los verbos de la 2.ª y 3.ª conjugación, /e/ e /i/ respectivamente, se realiza como un diptongo [i̯e] en las siguientes formas rizotónicas: a) la 3.ª persona de plural del pretérito (*beb-e-r*: *beb-ie-ron*; *viv-i-r*: *viv-ie-ron*); b) todas las personas del pasado de subjuntivo (*beb-ie-ra*/*beb-ie-se*, *beb-ie-ras*/*beb-ie-ses*. . .; *viv-ie-ra*/*viv-ie-se*, *viv-ie-ras*/*viv-ie-ses*. . .); y c) en las formas del gerundio (*beb-ie-ndo*, *viv-ie-ndo*). En Harris (1969, 80) el diptongo en estos casos se deriva de una regla especial que asigna el rasgo [+D] a la VT cuando va seguida del morfema TAM en la 3.ª persona del plural del pretérito, en el pasado de subjuntivo y en el gerundio. Este tipo de diptongación difiere del que afecta al morfema radical de las palabras derivadas, no solo porque se aplica de manera regular y exclusiva a las dos vocales adelantadas /e/, /i/, sino porque, al contrario que aquel, nunca ocurre cuando la VT está contenida en una sílaba átona.

Existe un caso especial de variación alomórfica de la VT que está determinada por factores puramente fonológicos. Tiene lugar cuando la VT se realiza o bien como una paravocal, formando un diptongo con la *-ó* del morfema de TAM, como en la 1.ª persona del singular del pretérito de indicativo (cf. *beb-*[i̯]*ó*, *viv-*[i̯]*ó*), o bien como un diptongo —recuérdese que esto ocurre en la 3.ª persona de plural del pretérito de indicativo, en todas las personas del pasado de subjuntivo y en el gerundio de los verbos de la 2.ª y 3.ª conjugación; cf. (32) y (33)—. En todas estas formas que se acaban de mencionar, cuando la VT va precedida por un segmento final de la raíz verbal que es palatal sonoro, a saber, la vocal alta adelantada /i/ y las consonantes palatales /ɲ/ o /j̑/, la paravocal inicial del diptongo se somete a elisión, proceso ilustrado en (55) (como ya se ha indicado antes, /j̑/ se consonantiza en posición inicial absoluta de sílaba en el español normativo de muchas regiones, proceso que se registra ortográficamente con la letra <y>: *le-ye-ron*, etcétera); sin embargo, la elisión de la vocal temática no ocurre cuando la consonante final de la raíz es la palatal sorda /t͡ʃ/: *hench-ir*: *hinch-ie-ron*, *hinch-ie-ra*, *hinch-ie-ndo*, etcétera.

(55) reír: ri-Ø-o, ri-Ø**e**-ron, ri-Ø**e**-ra/ri-Ø**e**-se, ri-Ø**e**-ras/ri-Ø**e**-ses. . . , ri-Ø**e**-ndo, etc. (cf. leer: le-**y**-ó, le-**ye**-ron, le-**ye**-ra/le-**ye**-se, le-**ye**-ras/le-**ye**-ses. . . , le-**ye**-ndo, etc.)

  tañer: tañ-Ø-ó, tañ-Ø**e**-ron, tañ-Ø**e**-ra/tañ-Ø**e**se, tañ-Ø**e**-ras/tañ-Ø**e**-ses. . . , tañ-Ø**e**-ndo, etc. (cf. cerner: cern-**i**-ó, cern-**ie**-ron, cern-**ie**-ra/cern-**ie**-se, cern-**ie**-ras/cern-**ie**-ses. . . , cern-**ie**-ndo, etc.)

  gruñir: gruñ-Ø-ó, gruñ-Ø**e**-ron, gruñ-Ø**e**-ra/gruñ-Ø**e**-se, gruñ-Ø**e**-ras/gruñ-Ø**e**-ses, gruñ-Ø**e**-ndo, etc. (cf. unir: un-**i**-ó, un-**ie**-ron, un-**ie**-ra/un-**ie**-se, un-**ie**-ras/un-**ie**-ses. . . , un-**ie**-ndo, etc.)

  bullir: bull-Ø-ó, bull-Ø**e**-ron, bull-Ø**e**-ra/bull-Ø**e**-se, bull-Ø**e**-ras/bull-Ø**e**-ses. . . , bull-Ø**e**-ndo, etc. (cf. salir: sal-**i**-ó, sal-**ie**-ron, sal-**ie**-ra/sal-**ie**-se, sal-**ie**-ras/sal-**ie**-ses, sal-**ie**-ndo, etc.)

El mismo fenómeno de elisión de la paravocal [i̯] se da en todas las formas del pasado del subjuntivo de los pretéritos fuertes cuya raíz acaba en la fricativa velar /x/, proceso este que data de la época del español antiguo en la que el antecedente histórico de /x/ era una palatal, /ʒ/ o /ʃ/ (cf. *tra-e-r*: *traj-Øe-ron*, *traj-Øe-ra/traj-Øe-se*, *traj-Øe-ras/traj-Øe-ses*. . . , etcétera; *dec-i-r*: *dij-Øe-ron*, *dij-Øe-ra/dij-Øe-se*, *dij-Øe-ras/dij-Øe-ses*. . . , etcétera); sin embargo, la elisión no afecta a los verbos que carecen de un pretérito fuerte (cf. *recog-e-r*: *recog-i-ó*, *recog-ie-ron*, *recog-ie-ra/recog-ie-se*, *recog-ie-ras/recog-ie-ses*. . . , *recog-ie-ndo*, etcétera; *dirig-i-r*: *dirig-i-ó*, *dirig-ie-ron*, *dirig-ie-ra/dirig-ie-se*; *eleg-i-r*: *elig-ie-ras/elig-ie-ses*. . . , *elig-ie-ndo*, etcétera).

No es necesario formular aquí la regla de diptongación de la vocal temática (véase el § 5.3.1). Los mecanismos fonológicos que la efectúan serían posiblemente muy parecidos o análogos a los ilustrados en (45) y (46) para la diptongación de la vocal radical, pero, en el caso particular de la VT, en el contexto condicionante se deben mencionar los factores morfológicos específicos que intervienen en él, es decir: el hecho de que la diptongación se da en la 2.ª y en la 3.ª conjugación y, además, en las personas y en los tiempos ejemplificados en (55).

5.3.3 Alternancias vocal media ~ vocal alta

Mientras que las alternancias entre vocal media (o vocal alta, en algunos casos) y diptongo son transcategoriales, en cuanto que no están limitadas por la clase morfosintáctica de la palabra en la que se dan, las alternancias entre vocal media y alta están restringidas principalmente a las formas verbales de la 3.ª conjugación, y ocurren también de manera restringida en ciertos derivados deverbales de la 2.ª y 3.ª conjugación.

Por otra parte, con la excepción del efecto de opacidad que presentan las alternancias entre vocal y diptongo, la derivación de diptongos a partir de vocales subyacentes es razonablemente simple y directa. Como se ha visto, la polémica creada en los estudios sobre el tema ha girado, por un lado, en torno a la naturaleza precisa de la marca léxica que distingue a las vocales medias que alternan de las que no alternan y, por otro, en torno a los mecanismos fonológicos específicos encargados de derivar un diptongo de la vocal subyacente.

En cambio, mientras que las alternancias entre las vocales medias y las altas en los verbos de la 3.ª conjugación son completamente regulares y no admiten excepción alguna, la cuestión es mucho más compleja cuando se considera el caso de los derivados deverbales. Además, la complejidad se incrementa por el hecho de que las alternancias entre vocal alta y media en la VT de los verbos de la 2.ª y 3.ª conjugación se derivan en algunos casos por elevación de una vocal media subyacente (como ocurre con ciertas formas verbales de la 2.ª conjugación), mientras que en determinadas formas de la 3.ª conjugación es necesario postular un proceso inverso de descenso de una vocal alta subyacente a media.

En los tres subapartados finales de este apartado se describen las alternancias entre vocal media y alta: a) en la vocal temática de los verbos de la 2.ª y 3.ª conjugación y en los derivados deverbales temáticos formados con bases de estas dos conjugaciones; b) en la raíz verbal de las formas de la 3.ª conjugación y en los derivados deverbales formados con bases de la 2.ª y 3.ª conjugación; y c) las alternancia triples vocal media ~ vocal alta ~ diptongo en los verbos de la 3.ª conjugación.

5.3.4 Alternancias vocal media ~ vocal alta en la vocal temática de los verbos de la 2.ª conjugación

Es un hecho bien conocido que los verbos de la 2.ª conjugación en español no admiten una vocal alta en el radical. Son comunes, por ejemplo, los verbos con una vocal radical media, como *beber*, *mover*, etcétera; sin embargo, verbos hipotéticos como **biber* o **muver* están sistemáticamente excluidos. Además, en las formas verbales de la 2.ª y de la 3.ª conjugación, la VT solo difiere en los siguientes casos: a) el infinitivo (*beb-e-r* ~ *viv-i-r*); b) la 1.ª y 2.ª personas de plural del presente de indicativo (*beb-e-mos*, *beb-é-is* ~ *viv-i-mos*, *viv-í-s*); y c) el imperativo plural (*beb-e-d* ~ *viv-i-d*) —cf. (32) y (33)—. A partir de estas formas parece razonable postular que la VT de la 2.ª conjugación es una vocal media /e/ en el nivel subyacente. En todos los demás casos las formas verbales de la 2.ª y 3.ª conjugación comparten el mismo alomorfo (cero, como en *beb-Ø-o* ~ *viv-Ø-o*, etcétera; /i/, como en *beb-i-ste* ~ *viv-i-ste*, o /je/, como en *beb-ie-ra* ~ *viv-ie-ra*). Como se ilustra en (56) con las formas correspondientes de *beber*, existe una regla morfofonológica que eleva a /i/ la VT /e/ de los verbos de la 2.ª conjugación en todos las personas de pasado del indicativo: el imperfecto (56a), el pretérito (56b) (en este último, con la única excepción de la 3.ª persona de plural, en la que la VT se realiza como un diptongo, como ya se ha visto antes, en lugar de con una vocal alta), y también en el participio de pasado (56c).

> (56) a. *Imperfecto*:   beb-**í**-a, beb-**í**-as, beb-**í**-a, beb-**í**-amos, beb-**í**-ais, beb-**í**-an
>   b. *Pretérito*:   beb-**í,** beb-**í**-ste, beb-**í**-ó, beb-**í**-mos, beb-**i**-steis
>   c. *Participio pasado*:   beb-**i**-do

Para dar cuenta de los datos de (56), Harris (1969, 76) propone una regla morfofonológica de elevación, condicionada por el rasgo morfológico [+pasado], que aquí se formulará de la siguiente manera (Roca [2010, 422] adopta una regla muy similar; el símbolo 'V' en (57) equivale al rasgo [−consonántico]):

$$(57) \quad \begin{bmatrix} \text{V} \\ -\text{bajo} \end{bmatrix} \rightarrow [+\text{alto}] \ / \ \begin{bmatrix} \underline{\quad\quad} \\ \text{VT} \end{bmatrix}_{[+\text{pasado}]}$$

Obviamente, es preciso evitar que la regla (57) se aplique al pasado de subjuntivo (lo que da formas superficiales erróneas como **beb-i-ra*, **beb-i-ras*…, etcétera), ya que en todas las personas de este tiempo verbal la VT se manifiesta como un diptongo (*beb-ie-ra*, *beb-ie-ras*…, etcétera), como se ha visto en el § 5.3.2. Para obtener este resultado, simplemente se debe asumir que la aplicación de la regla de diptongación de la VT (véase el § 5.3.1) precede a la de la regla de elevación (57) y, por lo tanto, impide que se aplique esta última.

La regla de elevación (57) también se aplica al tema verbal cuando este sirve como base para la formación de derivados deverbales temáticos con ciertos sufijos, como los ilustrados en (58): los nominalizadores abstractos *-ida* (58a) y *-ción* (58b), el nominalizador formado por derivación regresiva *-miento* (58c) y el adjetivizador *-ble* (58d).

> (58) a. beb-**e**-r   beb-**í**-da   b. perd-**e**-r   perd-**i**-ción
>   acog-**e**-r   acog-**í**-da   demol-**e**-r   demol-**i**-ción
>   com-**e**-r   com-**í**-da   aparec-**e**-r   apar-**i**-ción
>   tra-**e**-r   tra-**í**-da   impon-**e**-r   impos-**i**-ción
>   ca-**e**-r   ca-**í**-da   propon-**e**-r   propos-**i**-ción

	c. entend-**e**-r	entend-**i**-miento	d. mov-**e**-r	mov-**i**-ble
	proced-**e**-r	proced-**i**-miento	tem-**e**-r	tem-**i**-ble
	mov-**e**-r	mov-**i**-miento	romp-**e**-r	romp-**i**-ble
	nac-**e**-r	nac-**i**-miento	apetec-**e**-r	apetec-**i**-ble
	convenc-**e**-r	convenc-**i**-miento	acced-**e**-r	acces-**i**-ble

Mientras que la elevación de la VT de (58a) se desprende directamente del hecho de que la base del derivado deverbal procede del participio de pasado del correspondiente verbo (mediante el mecanismo de derivación cero o regresiva), esta explicación no es aplicable a la VT de los derivados deverbales de (58b) a (58d). Por otra parte, como se ilustra en (59), la VT de las bases verbales de la 2.ª conjugación se mantiene inalterada en la nominalización deverbal con otros sufijos de gran productividad, como el instrumental/locativo *-dero* (59a), el agentivo/instrumental/locativo *-dor* (59b), o el nominalizador *-ura* (59c).

(59)	a. beb-**e**-r	beb-**e**-dero	b. vend-**e**-r	vend-**e**-dor	c. torc-**e**-r	torc-**e**-dura
	tend-**e**-r	tend-**e**-dero	corr-**e**-r	corr-**e**-dor	cos-**e**-r	cos-**e**-dura
	vert-**e**-r	vert-**e**-dero	com-**e**-r	com-**e**-dor	mord-**e**-r	mord-**e**-dura
	corr-**e**-r	corr-**e**-dera	ro-**e**-r	ro-**e**-dor	romp-**e**-r	romp-**e**-dura
	barr-**e**-r	barr-**e**-dero	ten-**e**-r	ten-**e**-dor	barr-**e**-r	barr-**e**-dura

El único intento que el autor conoce de formalizar la distinción entre los sufijos que requieren una VT alta, como los de (58), y los que se combinan con la VT inalterada, como los de (59), se debe a Brame y Bordelois (1973, 121), quienes proponen tres reglas, una versión ligeramente adaptada de las cuales se formula aquí informalmente en (60), y cuyo objetivo es dar cuenta de la elevación de la VT tanto en las formas verbales pertinentes de la 2.ª conjugación como en derivados deverbales como los ilustrados en (58).

$$(60) \quad \text{a.} \quad \begin{bmatrix} \text{é} \\ +2.^{\text{a}} \text{ conj} \end{bmatrix}_{\text{VT}} \quad \rightarrow \quad \text{í}$$

$$\text{b.} \quad \begin{bmatrix} \text{e} \\ +2.^{\text{a}} \text{ conj} \end{bmatrix}_{\text{VT}} \quad \rightarrow \quad \text{i} / \underline{\quad} C_0 j \acute{V}$$

La regla (60a) eleva la VT cuando es tónica, tanto en las formas verbales arrizotónicas (*com-í-mos*, *com-í-amos*, *com-í-do*, etcétera) como en los derivados deverbales de (58a) y (58d) (*beb-í-da*, *acog-í-da*, *mov-í-ble*, *tem-í-ble*, etcétera); por otra parte, (60b) eleva la VT cuando va seguida de un diptongo cuyo primer miembro es la paravocal [i̯] y está localizado en la sílaba siguiente, como en (58b, c) (*perd-i-ción*, *demol-i-ción*, *entend-i-miento*, *proced-i-miento*, etcétera). Sin embargo, puede argüirse que las reglas de (60) hacen poco más que reproducir los hechos observados. Además, (60a) no produce los resultados deseados, ya que se aplicaría incorrectamente a formas en las que el acento recae en la VT, como *beb-é-mos*, *beb-é-is*, convirtiéndolas en **beb-í-mos*, **beb-í-(i)s*. Una explicación posiblemente más perspicaz consistiría en atribuir la selección entre una VT alta y una media al marco de subcategorización de un sufijo particular, de manera que los sufijos como *-ida*, *-ción*, *-miento* y *-ble* de (58) seleccionarían la variante alomórfica del tema verbal con la VT alta, mientras que otros, como los *-dero*, *-dor*, y *-ura* de (59), se combinarían con un tema verbal con la VT media.

Por último, en el presente de indicativo la VT /i/ de la 3.ª conjugación se realiza como media /e/ cuando se encuentra en posición final átona, es decir, en la 2.ª y 3.ª personas del singular y en la 3.ª persona de plural: *viv-e-s, viv-e, viv-e-n*. Para expresar este proceso, Harris (1980a, 188) propone una regla de descenso vocálico como la que se formula en (61) (en Roca [2010, 419-20], el proceso de descenso vocálico se atribuye a una restricción general del español que prohíbe una vocal nuclear alta átona en la sílaba final de palabra y que, por lo tanto, excluye formas de la 3.ª conjugación que preserven la VT en posición átona final, como los hipotéticos **viv-i, *viv-i-s, *viv-in*, etcétera).

(61) $V \rightarrow [-\text{alta}] / \left[\overline{\text{VT}_{[-\text{acento}]}} \right] + C_0 \Big]_{\text{Verbo}}$

Como señala Harris, no es necesario especificar que (61) se aplica solo en el presente de indicativo, ya que este es el único tiempo en el que la VT está desprovista de acento primario. La regla (61) se aplica también a un cierto número de derivados deverbales temáticos formados a partir de verbos de la 3.ª conjugación, como ocurre en el caso del nominalizador abstracto *-ncia: exist-i-r → exist-e-ncia, influ-i-r → influ-e-ncia, resist-i-r → resist-e-ncia, resid-i-r → resid-e-ncia, difer-i-r → difer-e-ncia,* etcétera. (Nótese que en los derivados en *-ncia* con bases verbales de las otras dos conjugaciones, la VT se mantiene como tal; cf. *repugn-**a**-r → repugn-**a**-ncia, tend-e-r → tend-e-ncia,* etcétera).

5.3.5 Alternancias vocal media ~ vocal alta en las raíces verbales

Aunque una vocal media y un diptongo alternan con frecuencia en la raíz de los verbos de la 2.ª conjugación (§ 5.3.1), las alternancias entre vocal media y alta nunca afectan al radical en las formas verbales, pero sí en ciertos derivados deverbales que presentan una vocal alta, como se ilustra en (62).

(62) a. *Alternancias /e/ ~ /i/*

prove-er	prov**i**-sión, prov**i**-sor
prend-er	pr**i**s-ión
venc-er	v**i**ct-oria, inv**i**ct-o
convenc-er	conv**i**c-ción, conv**i**nc-ente
comet-er	com**i**s-ión, com**i**t-ente

    b. *Alternancias /o/ ~ /u/*

llov-er	ll**u**v-ia
romper	r**u**p-tura
corromp-er	corr**u**p-ción, corr**u**p-to
somet-er	s**u**mis-ión, s**u**mis-o

Por otra parte, la mayoría de las raíces de la 2.ª conjugación nunca presentan alternancia alguna entre vocal media y alta, como queda ilustrado en (63).

(63)

ced-er	ces-ión	coc-er	coc-ción, coc-imiento
descend-er	descens-o	corr-er	corr-edizo, corr-edor
pretend-er	pretens-ión	envolv-er	envol-tura, envolv-imiento
absten-er	absten-ción	promov-er	promo-ción, promo-tor,
converg-er	converg-encia	absorb-er	absor-ción, absor-to

Harris (1980a, 158) propone que la vocal radical subyacente de los verbos de (62) es la vocal alta que emerge en los derivados nominales y adjetivales deverbales; la regla morfológica de (64) cambia la vocal alta subyacente a media cuando aparece en una forma verbal.

(64) $\begin{bmatrix} V \\ -\text{baja} \end{bmatrix} \rightarrow [-\text{alto}] / \dots \begin{bmatrix} \underline{\qquad} \\ 2.^{\text{a}}\,\text{conj} \end{bmatrix} \dots \Big]_{\text{radical verbal}}$

Sin embargo, la validez de este análisis se ve comprometida por la existencia de derivados de los verbos de (62), como los ilustrados en (65), que no presentan alternancia alguna (véase también la crítica del tratamiento de Harris [1969] que realizan Brame y Bordelois [1973, 131-32]).

(65) a.

prend-e-r	prend-edor, prend-imiento
venc-e-r	venc-edor, venc-imiento
conten-e-r	conten-edor, conten-ción
convenc-er	convenc-imiento
comet-er	comet-ido

    b.

llov-er	llov-izna
romper	romp-ible, romp-iente, romp-edor, romp-edura
somet-er	somet-imiento

Existe otro argumento, igualmente obvio, que refuta la hipótesis de que las formas verbales de (62) contienen una vocal alta subyacente, y que proviene de una conocida restricción absoluta del español, según la cual las vocales altas están prohibidas en la posición final de la raíz (que en innumerables casos coincide con la única vocal de la raíz) en los verbos de la 2.ª conjugación; formas hipotéticas como *biber* o *currer* están sistemáticamente excluidas. Esta restricción, que indudablemente representa una generalización válida en la gramática del español, quedaría impugnada, al menos en un nivel inicial abstracto, al postularse una vocal alta subyacente en las formas verbales de (62).

Las alternancias entre una vocal media y la correspondiente alta en las formas verbales están limitadas a los miembros de la 3.ª conjugación. Al contrario de lo que sucede en los verbos de la 2.ª conjugación, no hay restricción alguna sobre las vocales que pueden aparecer en el morfema radical de los verbos de la 3.ª conjugación. Sin embargo, los verbos que contienen una vocal radical baja /a/, incluyendo los casos en que esta vocal es el núcleo de un diptongo, forman un grupo muy reducido (*abrir, partir, aplaudir, persuadir,* etcétera). Por tanto, la abrumadora mayoría de los verbos de la 3.ª conjugación contienen una vocal radical no baja; entre ellos pueden distinguirse cuatro subclases de verbos en función de dos criterios (véanse Harris [1969, 105-16, 1980b, 160-87], para una clasificación que sigue criterios similares): a) si la vocal radical media alterna o no en las formas verbales, y b) si la vocal radical que aparece en el tema de la forma de infinitivo verbal es o no la vocal que aparece en los derivados deverbales.

- Clase I) Existen unos 30 verbos en los que la vocal radical media subyacente /e/ (*med-ir, ser-vir,* etcétera) alterna con la correspondiente vocal alta en las formas verbales (*mid-o, med-imos,* etcétera; *sir-vo, ser-vimos,* etcétera), pero se realiza como media en los derivados deverbales (*med-ición, med-idor,* etcétera; *ser-vicio, ser-vidumbre, ser-vidor,* etcétera); sin embargo, en ciertos casos excepcionales, la base toma el radical con la vocal alternante alta, como *pid-ón,* y en especial en los derivados que se forman con la raíz del gerundio, como *sirv-iente*). En esta clase puede incluirse también otro grupo de aproximadamente 25 verbos con vocal radical media, que presentan una alternancia triple en las formas verbales: vocal media ~ vocal alta ~ diptongo (*sent-ir, sint-amos, sient-o,* etcétera; *dorm-ir, durm-amos, duerm-o,* etcétera), pero en los que la vocal radical se mantiene como media en los derivados nominales y adjetivales deverbales (*sent-imiento, sent-imental; dorm-itorio, dorm-ilón*); de nuevo, se excluyen los derivados que, como *durm-iente,* se forman sobre el radical del gerundio.
- Clase II) Se cuentan aproximadamente 10 verbos que contienen una vocal radical media subyacente (*re-ír, teñ-ir,* etcétera) que alterna con una vocal alta en las formas verbales (*rí-o, re-ímos,* etcétera; *tiñ-o, teñ-imos,* etcétera), pero que se realiza como alta en los correspondientes derivados deverbales (*ri-sa, ri-sueño,* etcétera; *tin-te, tin-tura,* etcétera).
- Clase III) Hay un grupo de verbos cuya raíz contiene una vocal radical alta subyacente /i/ o /u/ que invariablemente se manifiesta como tal en las formas verbales (p. ej.: *dirig-ir, dirij-o, dirig-imos,* etcétera; *cubr-ir, cubr-o, cubr-imos,* etcétera), que alterna con la correspondiente vocal media en derivados deverbales (*direc-ción, direc-tivo, direc-tor; cober-tura, cober-tor, cober-tizo,* etcétera), si bien existe en este caso un considerable número de excepciones (*recip-iente, recib-o, recib-imiento,* etcétera; véase más adelante).
- Clase IV) El grupo más numeroso de verbos de la 3.ª conjugación contiene una vocal radical subyacente alta /i u/ (*viv-ir, sufr-ir*) o media /e/ (*sumerg-ir*), que nunca alternan en las formas verbales (*viv-o, viv-imos,* etcétera; *suf-ro, sufr-imos,* etcétera; *sumerj-o, sumerg-imos,* etcétera), ni tampoco en los correspondientes derivados deverbales (*viv-encia, viv-ienda, viv-idor; sufr-imiento, sufr-ible; sumer-sión, sumerg-ible, sumerg-imiento,* etcétera).
- El grupo de verbos de la clase IV que contienen una vocal radical media es muy reducido; entre ellos se incluyen *oír* y los tres verbos regulares *convergir, divergir* y *sumergir,* además de otros verbos, como *agredir* o *abolir,* que presentan una flexión defectiva o incompleta, y que tampoco muestran alternancias, ni en las formas verbales que normalmente se conjugan (ej.: *agred-ir, agred-es, agred-imos, agred-ís, agred-en,* etcétera; *abol-ir, abol-en, abol-ió,* etcétera), ni en los derivados deverbales (*agres-ión, agres-ivo,* etcétera).

Las cuatro clases verbales, organizadas según los dos criterios antes indicados, se ilustran de manera esquemática en (66), con algunos ejemplos representativos de cada clase. Como hipótesis nula se puede asumir que la vocal radical subyacente es la que aparece en la forma de infinitivo (VR = vocal radical).

(66)

	Clase I	Clase II	Clase III	Clase IV
La VR alterna en las formas verbales	**sí:** *med-ir, mid-o, med-imos; serv-ir, sirv-o, serv-imos*	**sí:** *re-ír, rí-o, re-ímos; teñ-ir, tiñ-o, teñ-imos*	**no:** *dirig-ir, dirij-o, dirig-imos; cubr-ir, cubr-o, cubr-imos*	**no:** *viv-ir, viv-o, viv-imos; sufr-ir, suf-ro, sufr-imos*
La VR en los derivados deverbales es distinta de la VR verbal	**no:** *med-ición, med-idor; serv-icio, serv-idumbre*	**sí:** *ri-sa, ri-sueño; tin-te, tin-tura*	**sí:** *direc-ción, direc-tivo; cobert-ura, cobert-izo*	**no:** *viv-encia, viv-eza, viv-ienda, vív-eres; sufr-ible, sufr-idor, sufr-imiento*

Los estudios más completos sobre la alternancia entre vocal media y alta en el morfema radical de los verbos de la 3.ª conjugación son, sin duda, los de Harris (1969, § 3-5, 1977b, 1977c, 1978b, 1980a). Las propuestas originales de Harris (1969) se reseñan críticamente con gran lujo de detalle en Brame y Bordelois (1973, 1974), quienes a su vez sugieren alternativas al análisis de aquel autor. Harris (1974b, 1977c), sin embargo, ofrece varios argumentos que ponen en tela de juicio la validez del análisis de Brame y Bordelois (1973, 1974). Hooper (1976, § 8) rechaza la aproximación de Harris y caracteriza las alternancias entre vocal media y alta en el radical de los verbos de la 3.ª conjugación por medio de representaciones supletivas en el léxico. Entre otros estudios que tratan del tema, cabe mencionar los de Malkiel (1966), Harris (1977a, 1978a), García-Bellido (1986), Roca (1990) y Alcoba (1999, 4959-60).

Considérese primero la clase IV, ya que sus miembros no presentan alternancia alguna ni en las formas verbales ni en los derivados deverbales. Incluyen: a) las raíces ya mencionadas que contienen /a/, a veces combinada con una paravocal (*part-ir, sal-ir, persuad-ir, aplaud-ir*, etcétera); y b) las raíces con una vocal media o alta; dado que nunca alternan, deben contener una vocal media o alta, respectivamente, en el nivel subyacente. Según Harris (1980a, 160) los miembros de esta clase con vocal radical alta constituyen el grupo más numeroso de verbos de la 3.ª conjugación (véase Harris [1969, 105] para una lista más completa). En (67) se ofrecen algunos ejemplos ilustrativos.

(67) a. *Raíces de la clase IV que contienen una vocal media*

      sumerg-ir: sumer-sión, sumerg-ible, sumerg-imiento
      agred-ir: agres-ión, agres-or, agres-ivo, agres-ividad
      converg-ir: converg-encia, converg-ente
      gem-ir: gem-ido, gem-ebundo
      diverg-ir: diverg-encia, diverg-ente
      o-ír: **o**-íble, **o**-yente, **o**-idor
      ab**o**l-ir: ab**o**l-ición, ab**o**l-icionista, ab**o**l-icionismo

  b. *Raíces de la clase IV que contienen una vocal alta*

      escrib-ir: escrib-iente, escrib-ano, escrib-a, escri-tura, escri-tor
      aflig-ir: aflic-ción, aflig-ente, aflic-tivo, aflig-imiento
      prohib-ir: prohib-ición, prohib-itivo, prohib-itorio
      exig-ir: exig-encia, exig-ible, exig-ente
      red**u**c-ir: red**u**c-ción, red**u**c-tivo, red**u**c-ible, red**u**c-imiento
      sufr-ir: sufr-imiento, sufr-idor, sufr-iente, sufr-ido
      bull-ir: bull-icio, ebull-ición, bull-idor, ebull-icioso

A continuación se examina la clase I, cuyos miembros presentan una alternancia entre las vocales adelantadas /e i/ en el morfema radical. La distribución de las formas con vocal radical alta, ejemplificada con el verbo *medir*, se muestra en (68).

(68) a. míd-o, míd-es, míd-e, míd-en
     b. míd-a, míd-as, míd-a, mid-ámos, mid-áis, míd-an
     c. mid-ió, mid-iéron

    d. mid-iéra/mid-iése, mid-iéras/mid-iéses, mid-iéra/mid-iése, mid-iéramos/mid-iésemos, mid-iérais/
       mid-iéseis, mid-iéran/mid-iésen
    e. mid-iéndo
    f. míd-e

Como puede apreciarse en (68), la vocal radical se realiza como alta en las formas rizotónicas del presente de indicativo: las tres personas del singular y la 3.ª del plural (68a), y en todas las personas del presente de subjuntivo, ya sean rizotónicas o arrizotónicas (68b); esto es predictible, ya que todas las personas del presente de subjuntivo en español se forman con la raíz de la 1.ª persona de singular del presente de indicativo. También contienen una vocal radical alta todas las formas en las que la VT átona o bien se realiza como la paravocal [i̯] al ir seguida de una vocal nuclear (ej.: *mid-i-ó*), o bien como un diptongo tónico ['i̯e], cuyo primer miembro es también la paravocal [i̯]. Esto ocurre en la 3.ª persona de singular y de plural del pretérito, ambas arrizotónicas (68c); en todas las personas del pasado de subjuntivo, ya sean rizotónicas o arrizotónicas, formadas sobre la raíz de la 1.ª persona de singular del pretérito de indicativo (68d); en el gerundio (68e) y en el imperativo singular (68f).

La vocal radical se realiza como media en todos demás casos, enumerados en (69). Comprenden el conjunto de formas arrizotónicas que van seguidas de la VT /i/ nuclear, localizada en la sílaba siguiente; a saber: la 2.ª y 3.ª personas de plural del presente de indicativo (69a), la 1.ª y 2.ª personas de singular y de plural del pretérito (69b), todas las formas del imperfecto de indicativo (69c), del futuro (69d) y del condicional (69e), el infinitivo (69f), el participio de pasado (69g), y el imperativo plural (69h).

(69) a. med-ímos, med-ís
      b. med-í, med-íste, med-ímos, med-ísteis
      c. med-ía, med-ías, med-ía, med-íamos, med-íais, med-ían
      d. med-iré, med-irás, med-irá, med-irémos, med-iréis, med-irán
      e. med-iría, med-irías, med-iría, med-iríamos, med-iríais, med-irían
      f. med-ír
      g. med-ído
      h. med-íd

Como es característico en los verbos de la clase I, la vocal media que presenta el radical de las formas recogidas en (69) se mantiene en los correspondientes derivados deverbales, tal y como se ilustra en (70) con algunos ejemplos representativos.

(70) med-ir: med-ición, med-idor, med-ida, med-ido
      serv-ir: serv-icio, serv-idor, serv-ible, serv-idumbre
      ped-ir: pet-ición, ped-idor, ped-ido, ped-igüeño, pet-itorio
      segu-ir: segu-idor, segu-imiento, segu-idilla, sec-uaz, sec-uela, sec-uencia
      eleg-ir: elec-ción, elec-to, elec-tivo, elec-tor, eleg-ible
      conceb-ir: concep-ción, concep-to, concep-tual, concep-tivo, concept-ista

Harris (1969, 109-12, 1980a, 162-69) asume que en esta clase de verbos la vocal subyacente es media, y como tal se manifiesta en las formas generadas por la derivación deverbal (como ya se ha indicado, se excluirían de esta generalización los derivados del gerundio, que tienen una vocal alta, alta como, por ejemplo, segu-ir: *sigu-iente*). En Harris (1980a) se asume que a la vocal radical de todas las formas de los verbos de la 3.ª conjugación de la clase I se le aplica una regla morfológica de elevación de vocales medias (71) (Harris 1980a, 162), generando de manera directa el alomorfo de la raíz con la vocal alternante alta en todas las formas de (68).

$$(71) \quad \begin{bmatrix} V \\ -\text{baja} \end{bmatrix} \rightarrow [+\text{alta}] \; / \dots \begin{bmatrix} \underline{\quad\quad} \\ 3.ª \; \text{conj} \end{bmatrix} \dots \Big]_{\text{radical verbal}}$$

Obviamente, la regla (71) tiene que restringirse de alguna manera, de modo que no eleve erróneamente la vocal radical en todas las formas en las que esta se realiza como media: precisamente, las formas que se incluyen en (69). Para conseguir este objetivo, Harris propone una regla especial de disimilación, que se formula en (72) adaptándola de Harris (1980a, 167), que es aplicable solo a los verbos de la 3.ª conjugación y que revierte a media la vocal radical alta generada por la regla de elevación (71) cuando va seguida de una /i/ nuclear.

(72) $V \rightarrow [\text{−alta}] / \_\_ C_0 i. . .]_{\text{Verbo, 3.ª conj.}}$

En (73) se presenta una derivación típica, siguiendo el análisis de Harris, de dos formas representativas de *medir* —*medimos* y *midamos*—, en las que la vocal radical se manifiesta como media y alta respectivamente.

(73)

	medimos	*midamos*
Formas subyacentes:	med+i+mos	med+i+a+mos
1) Elisión de la VT:	——	medamos
2) Acentuación	medímos	medámos
3) Elevación de la VR (71):	midimos	midamos
4) Disimilación (72):	medímos	——
Educto	medímos	midámos

La clase II es idéntica a la clase I en cuanto que la vocal radical muestra la misma pauta de alternancia entre alta y media en las formas verbales, pero difiere de ella en que las formas derivadas no verbales contienen invariablemente una vocal alta. Comprende un grupo de raíces como las que se incluyen en (74).

(74) **re**-ír: **ris**-ible, **ris**-a, **ris**-ueño, **ris**-otada
       (son)**re**-ír: (son)**ri**-ente, (son)**ris**-a, (son)**ris**-ueño
       dec-ir: **dic**-ción, **dic**-tado, **dich**-o
       pre**dec**-ir: pre**dic**-ción, pre**dic**-tible, pre**dic**-tor, pre**dich**-o
       mal**dec**-ir: mal**dic**-ión, mal**dic**-iente, mal**di**-to
       ben**dec**-ir: ben**dic**-ión, ben**di**-to
       fre-ír: **fri**-to, **fri**-tura, **fri**-tillas, **fri**-tada, **fri**-tangas
       teñ-ir: **tin**-te, **tin**-tura, **tint**-orería
       ceñ-ir: **cin**-tura, **cin**-to, **cin**-turón, **cint**-ero

Para expresar el comportamiento diferente de los derivados deverbales de (70) y de sus contrapartes de (74), Harris (1980a, 169-70) asume que, al contrario que en los miembros de la clase I, la vocal radical de los verbos de la clase II es alta en el nivel subyacente. La vocal alternante media de la raíz en las formas verbales de la clase II que la presentan se genera de un modo análogo a la clase I por la regla de disimilación (72) —cf. *medimos* en (73)—, como queda ilustrado en (75) con las formas *teñimos* y *tiñamos* (nótese que la regla de elevación vocálica es inaplicable aquí o, lo que es equivalente, se aplica de manera vacua, ya que se asume que la vocal subyacente es alta).

(75)

	teñimos	*tiñamos*
Formas subyacentes:	tiñ+i+mos	tiñ+i+a+mos
1) Elisión de la VT:	——	tiñamos
2) Acentuación:	tiñímos	tiñámos
3) Disimilación (72):	teñímos	——
Educto	teñímos	tiñámos

La clase III incluye un cierto número de raíces que no presentan alternancia alguna en las formas verbales, pero alternan con una vocal media en la nominalización y adjetivización deverbal, como se muestra en (76).

(76) **dirig**-ir: **direc**-ción, **direc**-tivo, **direc**-tor, **direc**-to
       recib-ir: **recep**-ción, **recep**-tivo, **recep**-tor, **recep**-táculo
       exim-ir: **exen**-ción, **exen**-to
       redim-ir: **reden**-ción, **reden**-tor

deprim-ir: depre-sión, depres-ivo, depres-or
cubr-ir: cober-tura, cober-tor, cober-tizo
mull-ir: mol-icie, mol-itivo

Harris propone que la vocal media que aparece en los derivados deverbales es la vocal subyacente del radical, de manera que las representaciones subyacentes correspondientes a las formas de infinitivo de *dirigir* o *cubrir*, por ejemplo, serían /diɾex + i + ɾ/ y /kobɾ + i + ɾ/, respectivamente). La regla morfofonológica de elevación de la vocal radical media, formulada anteriormente en (71), da cuenta de la realización alta de esta vocal en todas las formas verbales de la 3.ª conjugación. Sin embargo, al contrario de lo que ocurre en (73), es imprescindible que la regla de disimilación (72), que deriva una vocal radical media en formas de las clases I y II, como *medimos*, *medí* (clase I), o *reímos*, *reí* (clase II), no se aplique al educto de la elevación en las formas correspondientes de la clases III y IV, ya que, de lo contrario, se generarían formas agramaticales en los casos en que la vocal radical va seguida de la VT nuclear /i/, como se ilustra en la derivación de las formas de dos verbos de la clase III, *dirigir* y *cubrir*: arrizotónicas (*diriges*, *cubres*) y rizotónicas (*dirigimos*, *cubrimos*), derivación presentada en (77).

(77)	*diriges*	*cubres*	*dirigimos*	*cubrimos*
Formas subyacentes:	diɾex+i+s	kobɾ+i+s	diɾex+i+mos	kobɾ+i+mos
1) Descenso de la VT (61):	diɾexes	kobɾes	——	——
2) Acentuación:	diɾéxes	kóbɾes	diɾexímos	kobɾímos
3) Elevación de la VR (71):	diɾíxes	kúbɾes	diɾixímos	kubɾímos
4) Disimilación (72):	deɾíxes	——	diɾexímos	kobɾímos
Educto	*[deˈɾixes]	[ˈkuβɾes]	*[diɾeˈximos]	*[koˈβɾimos]

La validez de la hipótesis que supone que la vocal radical media emergente en derivados deverbales como los que se ilustran en (76) refleja el timbre subyacente de la vocal radical de los verbos de la clase III queda sustancialmente disminuida, dado que parecen darse numerosas excepciones. Así, junto a los derivados con vocal radical media de (76), existen muchos otros formados con la misma base, pero que presentan la vocal alternante alta de las formas verbales: cf., entre otros, *dirig-ir: dirig-ible, dirig-ismo; recib-ir: recib-o, recib-imiento, recib-idor; exim-ir: exim-io, exim-ente; deprim-ir: deprim-ente, deprim-ido; redim-ir: redim-ible; cubr-ir: cubr-ición, cubr-imiento; mull-ir: mull-idor.* Para subsanar este problema, Harris (1980a, 168-69) sugiere que las representaciones léxicas de los miembros de la clase II deben contener un diacrítico especial que desencadene la regla de disimilación, mientras que los de la clase III carecen de esta marca y, por lo tanto, su vocal radical no se disimila. Harris apunta que no existe ninguna propiedad fonológica que distinga a la clase III de la clase II, como se pone de manifiesto al comparar radicales que no alternan con otros que alternan y que forman pares mínimos [→ § 1.17.1] o casi mínimos en cuanto a los aspectos aquí relevantes: *recib-* (de *recib-ir*, clase III) frente a *concib-* ~ *conceb-* (de *conceb-ir*, clase II), *dirig-* (de *dirig-ir*, clase III) frente a *corrig-* ~ *correg-* (de *correg-ir*, clase II), *aflig-* (de *afligir*, clase IV) frente a *elig-* ~ *eleg-* (de *elegir*, clase II), *admit-* (de *admit-ir*, clase IV) frente a *repit-* ~ *repet-* (de *repet-ir*, clase II), *asist-* (de *asist-ir*, clase IV) frente a *invist-* ~ *invest-* (de *invest-ir*, clase II), y otros. Además, como señala Harris, esta marca especial no puede ser simplemente una propiedad de la raíz, sino más bien de la raíz prefijada, como demuestran algunos pares con la misma raíz que pertenecen a una clase distinta: *con-ceb-ir* (clase II) frente a *re-cib-ir* (clase III) (cf. *re-cep-ción, con-cep-ción*), o *co-rreg-ir* (clase II) frente a *di + rig-ir* (clase III) (cf. *co-rrec-ción, di-rec-ción*).

Finalmente, existen seis verbos con pretérito fuerte, pertenecientes a la 2.ª y a la 3.ª conjugación, en los que la característica apofonía de la vocal radical media se realiza por medio de la elevación vocálica. En este grupo, ilustrado en (78), la vocal radical se manifiesta como alta en todas las personas del pretérito de indicativo y del pasado de subjuntivo.

(78) **quer**-er   **quis**-e, **quis**-iera/**quis**-iese, etc.
    dec-ir   **dij**-e, **dij**-era/**dij**-ese, etc.
    ven-ir   **vin**-e, **vin**-iera/**vin**-iese, etc.
    ten-er   **tuv**-e, **tuv**-iera/**tuv**-iese, etc.
    pod-er   **pud**-e, **pud**-iera/**pud**-iese, etc.
    pon-er   **pud**-e, **pud**-iera/**pud**-iese, etc.

Es evidente que este tipo de elevación está limitada a los pretéritos fuertes y que, por lo tanto, no guarda relación alguna con las alternancias entre vocal media y alta que ocurren en los verbos de la 3.ª conjugación. Además, en el caso de *tener,* la vocal radical media adelantada /e/ alterna con una alta redondeada /u/. El verbo *dec-ir,* perteneciente a la clase II —cf. (74)—, participa de las dos pautas de elevación: la que afecta a las formas verbales incluidas en la clase I —cf. (68)—, y la de los pretéritos fuertes.

5.3.6 Alternancias vocal media ~ vocal alta ~ diptongo en las raíces verbales

Según Harris (1980a, 171), hay unos 30 verbos de la 3.ª conjugación que presentan una alternancia tripartita entre una vocal media /e o/, un diptongo creciente ['ie 'ue] y la correspondiente vocal alta /i u/, respectivamente (p. ej., *sent-ir: sent-imos ~ sient-en ~ sint-ió; dorm-ir: dorm-imos ~ duerm-en ~ durm-ió*). Solamente existen dos verbos con vocal radical media redondeada subyacente /o/ que muestran la triple alternancia y que son, además, los mismos dos verbos ya mencionados en el § 5.3.5 con alternancias entre vocal alta y media: *dorm-ir* y *mor-ir*. En todos los demás verbos, la vocal radical media subyacente es la adelantada, /e/. La distribución alomórfica se muestra en (79). En cuanto a la alternancia entre la vocal media y la alta, esta distribución es idéntica a la descrita para las clases I y II en el § 5.3.5, excepto en que en este caso el diptongo aparece en todas las formas rizotónicas (79a). Cuando va seguida de la VT nuclear /i/, la vocal radical es media (79b). En todos los demás casos, incluyendo aquellos en los que la VT es átona y se realiza como la paravocal [i̯], al ir seguida de una vocal nuclear, la vocal radical se manifiesta como alta (79c).

(79) a. si̯ént-o, si̯ént-es, si̯ént-e, si̯ént-en; si̯ént-a, si̯ént-as, si̯ént-a, si̯ént-an
          du̯érm-o, du̯érm-es, du̯érm-e, du̯érm-en; du̯érm-a, du̯érm-as, du̯érm-a, du̯érm-an
      b. sent-ír; sent-ímos, sent-ís; sent-í, sent-íste, sent-ísteis; sent-ía; sent-iré; sent-iría; sent-ído, etc.
          dorm-ír; dorm-ímos, dorm-ís; dorm-í, dorm-íste, dorm-ísteis; dorm-ía, dorm-iré; dorm-iría;
          dorm-ído, etc.
      c. sint-ámos, sint-áis; sint-[i̯]ó, sint-[i̯]éron; sint-[i̯]éra/sint-[i̯]ése; sint-[i̯]éndo, etc.
          durm-ámos, durm-áis; durm-[i̯]ó; durm-[i̯]éra/durm-[i̯]ése; durm-[i̯]éndo etc.

Las raíces de esta clase mantienen la vocal media en los derivados deverbales (de nuevo, se excluyen las palabras derivadas cuya base es la forma del gerundio, en las que la vocal radical es alta, como en *herv-ir ~ hirv-iente* o *dorm-ir ~ durm-iente*) (cf. el § 5.3.5). Por lo tanto, en lo que se refiere a la alternancia entre vocal media y vocal alta en las formas verbales y en los derivados deverbales, se comportan como los verbos de la clase I, como se puede observar comparando los ejemplos de (80) con las formas de (79b, c).

(80) sent-ir: sent-ido, sens-ación, sens-ible, sens-ato
      ment-ir: ment-ira, ment-iroso, ment-ís
      her-ir: her-ida, her-ido, her-idor
      herv-ir: herv-idero, herv-idor, herv-or, herv-oroso
      suger-ir: suger-encia, suger-ente, suges-tión, suges-tivo
      diger-ir: diger-ible, diges-tión, diges-tivo
      convert-ir: convers-ión, convert-ible, convers-o
      adher-ir: adher-encia, adher-ente, adhes-ión, adhes-ivo
      difer-ir: difer-ente, difer-encia, difer-encial, difer-ido
      dorm-ir: dorm-itorio, dorm-ilón, dorm-idero
      mor-ir: mor-ibundo, mor-tífero, mor-tal, mor-tandad

Asumiendo que en los verbos de esta clase la vocal subyacente del morfema radical es media, la generación de las vocales alternantes diptongada y alta se realizaría por medio de los mecanismos ya descritos en los dos apartados precedentes: los diptongos en las formas rizotónicas serían el resultado de aplicar las operaciones que se muestran en (45), mientras que la alternancia entre vocal media y alta en las formas arrizotónicas se generaría mediante la aplicación de las reglas de elevación de la vocal radical media (71) y de disimilación de la vocal radical (72), como se ilustra en (81) con la derivación de tres formas representativas de sentir.

(81)

		sientes	*sentimos*	*sintámos*
	Formas subyacentes:	sEnt+i+s	sEnt+i+mos	sEnt+i+a+mos
1)	Elisión de la VT (35):	——	——	sEntamos
2)	Descenso de la VT (61):	sEntes	——	——
3)	Acentuación:	sÉntes	sEntímos	sEntámos
4)	Diptongación (45a-d):	sjéntes	——	——
5)	Elevación de la VR (71):	——	sintímos	sintámos
6)	Disimilación (72):	——	sentímos	——
	Educto	['si̯en̪tes]	[sen̪'t̪imos]	[sin̪'t̪amos]

5.4 Conclusiones

En el presente capítulo se ha presentado una panorámica de los principales procesos morfofonológicos que afectan al sistema vocálico del español, tanto en las formas no verbales como en las verbales, clasificados en función de dos categorías principales: a) procesos de inserción (o epéntesis) y elisión vocálica, y b) procesos de diptongación y elevación vocálica. Algunos de ellos participan en operaciones de tipo flexivo (la epéntesis en la formación del plural, la elevación de la vocal radical en la flexión de los verbos de la 2.ª y la 3.ª conjugación); otros, en procesos de carácter derivativo (la elisión de la vocal temática en la formación de derivados deverbales). Existe un acuerdo bastante generalizado en que los varios procesos de epéntesis vocálica descritos en este capítulo —inicial, medial, final y diminutivos— son desencadenados por factores prosódicos, es decir, fonológicos. En general, se trata de estrategias de reparación cuya finalidad es evitar ciertas configuraciones prohibidas por las restricciones sobre la estructura silábica vigentes en el español. En cambio, los procesos de elisión de la vocal temática descritos aquí están condicionados por factores morfoléxicos, ya que se dan exclusivamente en el ámbito del tema verbal, ya sea en la flexión verbal (§ 5.2.5) o en la formación de derivados deverbales (§ 5.2.6). Otra propiedad significativa que diferencia los procesos léxicos de inserción vocálica de los de elisión es que los primeros no discriminan entre tipos o categorías morfosintácticas, es decir, se aplican indistintamente tanto a las formas no verbales como a las verbales. Por el contrario, los procesos de elisión de la vocal temática se aplican en un ámbito morfológico mucho más restringido: ciertas formas verbales o derivados atemáticos formados sobre el tema verbal.

El análisis de las alternancias vocálicas del español se ha ilustrado con las derivaciones morfofonológicas características del marco de la fonología generativa, en la cual —con la excepción obvia de aquellos morfemas que muestran un comportamiento supletivo— se asume que cada morfema posee una forma subyacente única, la forma básica, y en la que los alomorfos de cada morfema se derivan por medio de reglas fonológicas que especifican su realización fonética, pero que apelan necesariamente a información de tipo morfológico. Se ha optado por recurrir a las derivaciones de tipo generativo por dos razones principales. Por un lado, los trabajos de investigación sobre la problemática de la interacción entre la fonología y la morfología en los últimos decenios han estado dominados por el modelo generativista en alguna de las diferentes versiones de este marco teórico que han ido surgiendo a lo largo del tiempo, especialmente la Fonología y Morfología Léxicas [→ § 1.18.6] —incluyendo su formulación más reciente, la Teoría de la Optimidad con Estratos [→ § 1.22.7], basada en restricciones, en lugar de en reglas derivacionales— y la Morfología Prosódica. Por otro lado, sin duda los estudios más numerosos e influyentes realizados hasta la fecha sobre el alomorfismo de las vocales en la Fonología Léxica del español han adoptado el marco teórico generativista, en cualquiera de sus variantes, una tradición iniciada en Foley (1965) y Harris (1969) que ha perdurado hasta años recientes, como queda patente en los trabajos de Roca (1996), Moyna y Wiltshire (2000), Colina (2003a, 2006a, 2006c, 2009) y Bonet (2006) sobre procesos de epéntesis; en los de Kikuchi (1997), Albright, Andrade y Hayes (2001) y Bermúdez-Otero (2006, 2013) sobre las alternancias entre vocal media y diptongo; en los de Roca (2010) y Bermúdez-Otero (2013) sobre las alternancias en la vocal temática; el de Boyé (2000) sobre la morfofonología verbal, o el de Piñeros (1998) sobre procesos de morfología prosódica, por mencionar unos cuantos. En cambio, los estudios fonológicos estructuralistas clásicos se desentienden sistemáticamente de las alternancias morfofonológicas: en el estructuralismo americano se exige una separación estricta entre los niveles fonológico y morfológico, mientras que en su vertiente europea tales fenómenos se circunscriben esencialmente al ámbito de la morfología [→ § 1.17]. En el clásico tratado de Alarcos (1975), por ejemplo, no se incluye referencia alguna a las alternancias morfofonémicas del español; por el contrario, cuatro de los cinco capítulos dedicados a la fonología sincrónica del español en Harris (1969) tratan precisamente sobre el tema y solo un capítulo está dedicado a procesos de tipo alofónico. Se han propuesto, como es de esperar, otras aproximaciones alternativas al problema del alomorfismo vocálico en el español, como las que se presentan en los análisis psicolingüísticos de Eddington (1996, 1998, 2004) o de Carlson y Gerfen (2011), entre otros, pero es evidente que no han llegado a competir en cuanto a cantidad e influencia con los estudios de corte generativista.

Por último, debe reconocerse que ya desde un principio surgieron desafíos al postulado fundamental de la fonología generativa clásica (Chomsky y Halle 1968) [→ § 1.18.1] que prescribe una representación subyacente única para cada morfema. Entre las alternativas más conocidas se incluyen las que ofrecen la Fonología Generativa Natural [→ § 1.20.1], la Fonología Morfoléxica [→ § 1.18.6], o la Morfología Natural (véase Spencer 1991, § 4) [→ § 1.20.2]. Algunas ideas provenientes de estas teorías se han adaptado al análisis fonológico generativista en años recientes. Por ejemplo, Bermúdez-Otero (2006), en su estudio sobre la diptongación de vocales medias en el marco de la Optimidad con Estratos mencionado en el § 5.3.1, asume que los dos alomorfos de la raíces alternantes ya están codificados en las representaciones léxicas. En lugar de derivar los alomorfos de una representación subyacente única por medio de reglas o restricciones fonológicas, el papel fundamental de la fonología en el análisis de Bermúdez-Otero es el de seleccionar el alomorfo apropiado en función de un contexto fonológico determinado (en este caso en particular, la presencia frente a la ausencia de acento primario) en cada una de las operaciones morfológicas que tienen lugar en los dos módulos en que la fonología y la morfología interactúan en el lexicón: el estrato del tema y el estrato de la palabra. De hecho, la propuesta de codificar los alomorfos de un morfema en las entradas léxicas, que se remonta a Hudson (1974), en el marco de la Fonología Generativa Natural, ha sido retomada por varios fonólogos para dar cuenta de la distribución alomórfica externa —el alomorfismo determinado por factores estrictamente fonológicos— en el marco de la Teoría de la Optimidad (véase Bermúdez-Otero 2006, 285) [→ § 1.22]. Es este solo un ejemplo de cómo los desarrollos en teoría fonológica pueden aportar una nueva perspectiva al estudio de las alternancias morfofonológicas y del alomorfismo. Es de esperar que, en el futuro, los análisis innovadores de este tipo se generalicen al estudio de otros aspectos del alomorfismo vocálico del español, especialmente en vista de las posibilidades que ofrece la versión más reciente del modelo de la Fonología y Morfología Léxicas, la Optimidad con Estratos [→ § 1.22.7].

Referencias bibliográficas

Alarcos, Emilio. 1975. «Otra vez sobre el sistema verbal español». En *Homenaje a la memoria de Don Antonio Rodríguez-Moñino 1910-1970*, 9–26. Madrid: Castalia.

Albright, Adam. 2008. «How Many Grammars Am I Holding up? Discovering Phonological Differences between Word Classes». En *Proceedings of the 26th West Coast Conference on Formal Linguistics (WCCFL 26)*, editado por Charles B. Chang y Hannah J. Haynie, 1–20. Somerville: Cascadilla Proceedings Project.

Albright, Adam, Argelia Andrade y Bruce Hayes. 2001. «Segmental Environments of Spanish Diphthongization». *UCLA Working Papers in Linguistics* 7: 117–51.

Alcina, Juan y José Manuel Blecua. (1975) 1982. *Gramática española*. 3.ª ed. Barcelona: Ariel.

Alcoba, Santiago. 1990. «Morfología del verbo español: conjugación y derivación deverbal». En *Lenguajes naturales y lenguajes formales. Actas del VI Congreso de Lenguajes Naturales y Lenguajes Formales. Tarragona, 17-21 de septiembre de 1990*, editado por Carlos Martín Vide, 1:87–120. Barcelona: Promociones y Publicaciones Universitarias.

———. 1999. «La flexión verbal». En *Gramática descriptiva de la lengua española. Vol. 3. Entre la oración y el discurso. Morfología*, editado por Ignacio Bosque y Violeta Demonte, 4915–91. Madrid: Espasa Calpe.

Alemany Bolufer, José. 1920. *Tratado de la formación de palabras en la lengua castellana*. Madrid: Librería General de Victoriano Suárez.

Alonso García, Amado. 1951. «Noción, emoción, acción y fantasía en los diminutivos». En *Estudios lingüísticos. Temas españoles*, 195–229. Madrid: Gredos.

Alonso-Cortés Manteca, Ángel. 1997. «Fonología y morfología en los diptongos alternantes del español *je* y *we*». *Revista de Filología Románica* 14 (1): 41–58.

Ambadiang, Théophile. 1990. «Contribución al estudio del verbo español: un análisis morfosemántico». *Anuario de Lingüística Hispánica* 4: 29–64.

———. 1993. «Algunas observaciones sobre las llamadas "marcas de palabra" y el género en español». *Cuadernos de Lingüística (Instituto Universitario Ortega y Gasset)* 1: 1–25.

———. 1994. *La morfología flexiva*. Madrid: Taurus.

———. 1996. «La formación de diminutivos en español: ¿fonología o morfología?» *Lingüística Española Actual* 18 (2): 175–212.

———. 1999. «La flexión nominal: género y número». En *Gramática descriptiva de la lengua española. Vol. 3. Entre la oración y el discurso. Morfología*, editado por Ignacio Bosque y Violeta Demonte, 4843–914. Madrid: Espasa Calpe.

Archangeli, Diana. 1988. «Aspects of Underspecification Theory». *Phonology* 5 (2): 183–207. https://doi.org/10.1017/S0952675700002268.

———. (1984) 1988. *Underspecification in Yawelmani Phonology and Morphology*. Nueva York: Garland.

Archangeli, Diana y Douglas Pulleyblank. 2002. «Kinande Vowel Harmony: Domains, Grounded Conditions and One-Sided Alignment». *Phonology* 19 (2): 139–188. https://doi.org/10.1017/S095267570200430X.

Arregi, Karlos. 2000. «How the Spanish Verb Works». Presentado en 30th Linguistic Symposium on Romance Languages (LSRL 30), Gainesville, EE. UU., febrero.

Badia i Margarit, Antoni Maria. 1976. «Aspects de la description du verbe en espagnol et en catalan». En *Actes du XIIIᵉ Congrès International de Linguistique et Philologie Romanes, tenu à l'Université Laval, Québec, Canada, du 29 août au 25 septembre 1971*, editado por Marcel Boudreault y Frankwalt Möhren, 1:293–310. Quebec: Les Presses de l'Université Laval.

Bermúdez-Otero, Ricardo. 2006. «Morphological Structure and Phonological Domains in Spanish Denominal Derivation». En *Optimality-Theoretic Studies in Spanish Phonology*, editado por Fernando Martínez-Gil y Sonia Colina, 278–311. Ámsterdam: John Benjamins. https://doi.org/10.1075/la.99.11ber.

———. 2013. «The Spanish Lexicon Stores Stems with Theme Vowels, Not Roots with Inflectional Class Features». *Probus. International Journal of Latin and Romance Linguistics* 25 (1): 3–103.

Bonet, Eulàlia. 2006. «Gender Allomorphy and Epenthesis in Spanish». En *Optimality-Theoretic Studies in Spanish Phonology*, editado por Fernando Martínez-Gil y Sonia Colina, 312–38. Ámsterdam: John Benjamins. https://doi.org/10.1075/la.99.12bon.

Bonet, Eulàlia, Maria-Rosa Lloret y Joan Mascaró, eds. 2015. *Understanding Allomorphy. Perspectives from Optimality Theory*. Londres: Equinox.

Bosque, Ignacio y Violeta Demonte, eds. 1999. *Gramática descriptiva de la lengua española*. 3 vols. Madrid: Espasa Calpe.

Bowen, J. Donald. 1952. «The Spanish of San Antonito, New Mexico». Tesis de doctorado, University of New Mexico.

———. 1975. «Adaptation of English Borrowing». En *El lenguaje de los chicanos. Regional and Social Characteristics Used by Mexican Americans*, editado por Eduardo Hernández-Chávez, Andrew D. Cohen y Anthony F. Beltramo, 115–21. Arlington: Center for Applied Linguistics.

Boyé, Gilles. 2000. «Problèmes de morpho-phonologie verbale en français, espagnol et italien». Tesis de doctorado, Université Paris-Diderot – Paris VII.

Boyé, Gilles y Patricia Cabredo. 2006. «The Structure of Allomorphy in Spanish Verbal Inflection». *Cuadernos de Lingüística (Instituto Universitario Ortega y Gasset)* 13: 9–24.

———. 2010. «Defectiveness as Stem Suppletion in French and Spanish Verbs». En *Defective Paradigms. Missing Forms and What They Tell Us*, editado por Matthew Baerman, Greville G. Corbett y Dunstan Brown, 35–52. Oxford: Oxford University Press. https://doi.org/10.5871/bacad/9780197264607.003.0003.

Brame, Michael K. y Ivonne Bordelois. 1973. «Vocalic Alternations in Spanish». *Linguistic Inquiry* 4 (2): 111–68.

———. 1974. «Some Controversial Questions in Spanish Phonology». *Linguistic Inquiry* 5 (2): 282–98.

Bull, William E. 1960. *Time, Tense, and the Verb. A Study in Theoretical and Applied Linguistics, with Particular Application to Spanish*. Berkeley: University of California Press.

Busquets, Loreto y Lidia Bonzi. 1993. *Los verbos en español*. Madrid: Verbum.

de Bustos Gisbert, Eugenio. 1989. «Algunas observaciones sobre las alternancias vocálica y consonántica en el lexema verbal de presente». En *Philologica. Homenaje a D. Antonio Llorente*, editado por Julio Borrego, José Jesús Asencio y Luis Santos Río, 2:255–270. Salamanca: Ediciones Universidad de Salamanca.

Carlson, Matthew T. y Chip Gerfen. 2011. «Productivity Is the Key: Morphophonology and the Riddle of Alternating Diphthongs in Spanish». *Language* 87 (3): 510–538. https://doi.org/10.1353/lan.2011.0054.

Carreira, María Margarita. 1990. «The Diphthongs of Spanish. Stress, Syllabification, and Alternations». Tesis de doctorado, University of Illinois at Urbana-Champaign. ProQuest (303836170).

———. 1991. «The Alternating Diphthongs of Spanish: A Paradox Revisited». En *Current Studies in Spanish Linguistics*, editado por Héctor Campos y Fernando Martínez-Gil, 407–45. Washington, DC: Georgetown University Press. Trad. y ed. de Juana Gil en *Panorama de la fonología española actual*, 273–319. Madrid: Arco/Libros, 2000.

Chomsky, Noam y Morris Halle. 1968. *The Sound Pattern of English*. Nueva York: Harper & Row. Trad. parcial de José Antonio Millán, *Principios de fonología generativa*, editado por José Antonio Millán y Pilar Calvo. Madrid: Fundamentos, 1979.

Colina, Sonia. 1995. «A Constraint-Based Analysis of Syllabification in Spanish, Catalan, and Galician». Tesis de doctorado, University of Illinois at Urbana-Champaign. ProQuest (304183131).

———. 1996. «Spanish Truncation Processes: The Emergence of the Unmarked». *Linguistics. An Interdisciplinary Journal of the Language Sciences* 34 (6): 1199–218. https://doi.org/10.1515/ling.1996.34.6.1199.

———. 2003a. «Diminutives in Spanish: A Morpho-Phonological Account». *Southwest Journal of Linguistics* 22 (2): 45–89.

———. 2003b. «The Status of Word-Final [e] in Spanish». *Southwest Journal of Linguistics* 22 (1): 87–108.

———. 2006a. «No "Double Plurals" in Dominican Spanish: An Optimality-Theoretic Account». *Linguistics. An Interdisciplinary Journal of the Language Sciences* 44 (3): 541–68. https://doi.org/10.1515/LING.2006.018.

———. 2006b. «Optimality-Theoretic Advances in Our Understanding of Spanish Syllable Structure». En *Optimality-Theoretic Studies in Spanish Phonology*, editado por Fernando Martínez-Gil y Sonia Colina, 172–204. Ámsterdam: John Benjamins. https://doi.org/10.1075/la.99.08col.

———. 2006c. «Output-to-Output Correspondence and the Emergence of the Unmarked in Spanish Plural Formation». En *New Analyses in Romance Linguistics. Vol. II: Phonetics, Phonology and Dialectology. Selected Papers from the 35th Linguistic Symposium on Romance Languages (LSRL). Austin, Texas, February 2005*, editado por Jean-Pierre Y. Montreuil, 49–63. Ámsterdam: John Benjamins. https://doi.org/10.1075/cilt.276.05col.

———. 2009. *Spanish Phonology. A Syllabic Perspective*. Washington, DC: Georgetown University Press.

Contreras, Heles. 1977. «Epenthesis and Stress Assignment in Spanish». *University of Washington Working Papers in Linguistics (UWWPL)* 3: 9–33.

Coseriu, Eugenio. (1962) 1973. *Teoría del lenguaje y lingüística general. Cinco estudios*. 3.ª ed. revisada y corregida. Madrid: Gredos.

Cressey, William W. 1972. «Irregular Verbs in Spanish». En *Generative Studies in Romance Languages*, editado por Jean Casagrande y Bohdan Saciuk, 236–246. Rowley: Newbury House.

———. 1978. *Spanish Phonology and Morphology: A Generative View*. Washington, DC: Georgetown University Press.

———. 1980. «Sobre la abstracción en la fonología generativa y ciertos fenómenos del castellano». En *La estructura fónica de la lengua castellana. Fonología, morfología, dialectología*, editado por Jorge M. Guitart y Joaquín Roy, 113–37. Barcelona: Anagrama.

Crowhurst, Megan J. 1992. «Diminutives and Augmentatives in Mexican Spanish: A Prosodic Analysis». *Phonology* 9 (2): 221–54. https://doi.org/10.1017/S0952675700001597.

Dinnsen, Daniel A. 1974. *The Fallacy of Strict Sequentiality*. Bloomington: Indiana University Linguistics Club.

Dressler, Wolfgang U. y Lavinia Merlini Barbaresi. 1986. «How to Fix Interfixes? On the Structure and Pragmatics of Italian (and Spanish, Russian, Polish) Antesuffixal Interfixes and of English "Intermorphic Elements"». *Acta Linguistica Academiae Scientiarum Hungaricae* 36 (1–4): 53–67.

———. 1994. *Morphopragmatics. Diminutives and Intensifiers in Italian, German, and Other Languages*. Berlín: Mouton de Gruyter. Reed., Berlín: de Gruyter Mouton, 2011. https://doi.org/10.1515/9783110877052.

Dunlap, Elaine R. 1991. «Issues in the Moraic Structure of Spanish». Tesis de doctorado, University of Massachusetts Amherst.

Eddington, David. 1996. «Diphthongization in Spanish Derivational Morphology: An Empirical Investigation». *Hispanic Linguistics* 8 (1): 1–13.

———. 1998. «Spanish Diphthongization as a Non-Derivational Phenomenon». *Rivista di Linguistica* 10 (2): 335–54.

———. 2002. «Spanish Diminutive Formation without Rules or Constraints». *Linguistics. An Interdisciplinary Journal of the Language Sciences* 40 (2): 395–420. https://doi.org/10.1515/ling.2002.017.

———. 2004. *Spanish Phonology and Morphology. Experimental and Quantitative Perspectives*. Ámsterdam: John Benjamins. https://doi.org/10.1075/sfsl.53.

Elordieta, Gorka y Maria Margarita Carreira. 1996. «An Optimality Theoretic Analysis of Spanish Diminutives». En *Papers from the 32nd Regional Meeting of the Chicago Linguistic Society. The Main Session*, editado por Lise M. Dobrin, Kora Singer y Lisa McNair, 49–60. Chicago: Chicago Linguistic Society.

Embick, David. 2012. «Contextual Conditions on Stem Alternations: Illustrations from the Spanish Conjugation». En *Romance Languages and Linguistic Theory 2010. Selected Papers from «Going Romance» Leiden 2010*, editado por Irene Franco, Sara Lusini y Andrés Saab, 21–40. Ámsterdam: John Benjamins. https://doi.org/10.1075/rllt.4.02emb.

Foley, James A. 1965. «Spanish Morphology». Tesis de doctorado, Massachusetts Institute of Technology. http://hdl.handle.net/1721.1/13008.

———. 1967. «Spanish Plural Formation». *Language* 43 (2): 486–93. https://doi.org/10.2307/411548.

———. 1985. «Quatre principes de l'analyse morphologique». *Langages* 78: 57–72.

Gallardo, Andrés. 1985. «Del plural del nombre». *Estudios Filológicos* 20: 37–47.

García-Bellido, Paloma. 1986. «Lexical Diphthongization and High-Mid Alternations in Spanish: An Autosegmental Account». *Linguistic Analysis* 16 (1): 61–92.

González Ollé, Fernando. 1962. *Los sufijos diminutivos en castellano medieval*. Madrid: Consejo Superior de Investigaciones Científicas.

———. 1978. «Formación superlativa en los nombres terminados en /ia/, /io/, /ie/ y fonología generativa de sus derivados mediante sufijos que comienzan por /i/». En *Estudios ofrecidos a Emilio Alarcos Llorach (con motivo de sus xxv años de docencia en la Universidad de Oviedo)*, 3:103–132. Oviedo: Universidad de Oviedo, Servicio de Publicaciones.

———. 1984. «El plural de las palabras terminadas en semivocal». En *II Simposio Internacional de Lengua Española (1981)*, editado por Manuel Alvar, 55–81. Las Palmas de Gran Canaria: Ediciones del Excmo. Cabildo Insular de Gran Canaria.

Harris, James W. 1969. *Spanish Phonology*. Cambridge, MA: MIT Press. Trad. de Aurelio Verde, *Fonología generativa del español*. Barcelona: Planeta, 1975.

———. 1970. «A Note on Spanish Plural Formation». *Language* 46 (4): 928–30. https://doi.org/10.2307/412262.

———. 1972. «Five Classes of Irregular Verbs in Spanish». En *Generative Studies in Romance Languages. Proceedings of the 1st Linguistic Symposium of Romance Languages, University of Florida Feb. 17-20, 1971*, editado por Jean Casagrande y Bohdan Saciuk, 247–71. Rowley: Newbury House.

———. 1973a. «Las formas verbales de segunda persona plural y otras cuestiones de fonología y morfología». *RLA. Revista de Lingüística Teórica y Aplicada* 11: 31–60.

———. 1973b. «On the Order of Certain Phonological Rules in Spanish». En *A Festschrift for Morris Halle*, editado por Stephen R. Anderson y Paul Kiparsky, 59–76. Nueva York: Holt, Rinehart and Winston.

———. 1974a. «Morphologization of Phonological Rules: An Example from Chicano Spanish». En *Linguistic Studies in Romance Languages. Proceedings of the Third Linguistic Symposium on Romance Languages*, editado por R. Joe Campbell, Mark G. Golding y Mary C. Wang, 8–27. Washington, DC: Georgetown University Press.

———. 1974b. «On Certain Claims Concerning Spanish Phonology». *Linguistic Inquiry* 5 (2): 271–82.

———. 1975. «Diphthongization, Monophthongization, Metaphony Revisited». En *Diachronic Studies in Romance Linguistics. Papers Presented at the Conference on Diachronic Romance Linguistics. University of Illinois, April 1972*, editado por Mario Saltarelli y Dieter Wanner, 85–98. La Haya: Mouton. Reed., Berlín: de Gruyter Mouton, 2010. https://doi.org/10.1515/9783110811827.85.

———. (1969) 1975. *Fonología generativa del español*. Traducido por Aurelio Verde. Barcelona: Planeta.

———. 1977a. «Aspects of Spanish Verb Morphology». En *Studies in Romance Linguistics. Proceedings of the Fifth Linguistic Symposium on Romance Languages*, editado por Michio P. Hagiwara, 44–60. Rowley: Newbury House.

———. 1977b. «Remarks of Diphthongization in Spanish». *Lingua* 41 (3): 261–305. https://doi.org/10.1016/0024-3841(77)90082-1.

———. 1977c. «Spanish Vowel Alternations, Diacritic Features, and the Structure of the Lexicon». En *Proceedings of the Seventh Annual Meeting of the North Eastern Linguistic Society (NELS 7)*, editado por Judy A. Kegl, David Nash y Annie Zaenen, 99–113. Cambridge, MA: University of Massachusetts, Department of Linguistics, Graduate Linguistics Student Association.

———. 1978a. «A Rejoinder to "Vocalic Variations in Spanish Verbs"». *Glossa. A Journal of Linguistics* 12: 83–99.

———. 1978b. «Two Theories of Non-Automatic Morphophonological Alternations: Evidence from Spanish». *Language* 54 (1): 41–60. https://doi.org/10.2307/412998.

———. 1980a. «Lo morfológico en una gramática generativa: alternancias vocálicas en las formas verbales del español». En *La estructura fónica de la lengua castellana. Fonología, morfología, dialectología*, editado por Jorge M. Guitart y Joaquín Roy, 141–99. Barcelona: Anagrama.

———. 1980b. «Nonconcatenative Morphology and Spanish Plurals». *Journal of Linguistic Research* 1 (1): 15–31.

———. 1983. *Syllable Structure and Stress in Spanish. A Nonlinear Analysis*. Cambridge, MA: MIT Press. Trad. de Olga Fernández Soriano, *La estructura silábica y el acento en español. Análisis no lineal*. Madrid: Visor, 1991.

———. 1985a. «Spanish Diphthongisation and Stress: A Paradox Resolved». *Phonology Yearbook* 2: 31–45. https://doi.org/10.1017/S0952675700000373. Trad. y ed. de Juana Gil en *Panorama de la fonología española actual*, 255–72. Madrid: Arco/Libros, 2000.

———. 1985b. «Spanish Word Markers». En *Current Issues in Hispanic Phonology and Morphology*, editado por Frank H. Nuessel, 34–54. Bloomington: Indiana University Linguistics Club.

———. 1987a. «Epenthesis Processes in Spanish». En *Studies in Romance Languages*, editado por Carol Neidle y Rafael A. Núñez Cedeño, 107–122. Dordrecht: Foris. https://doi.org/10.1515/9783110846300.107.

———. 1987b. «The Accentual Patterns of Verb Paradigms in Spanish». *Natural Language & Linguistic Theory* 5 (1): 61–90. https://doi.org/10.1007/BF00161868.

———. 1989a. «Our Present Understanding of Spanish Syllable Structure». En *American Spanish Pronunciation. Theoretical and Applied Perspectives*, editado por Peter C. Bjarkman y Robert M. Hammond, 151–69. Washington, DC: Georgetown University Press. Trad. y ed. de Juana Gil en *Panorama de la fonología española actual*, 485–510. Madrid: Arco/Libros, 2000.

———. 1989b. «Sonority and Syllabification in Spanish». En *Studies in Romance Linguistics. Selected Proceedings from the XVII Linguistic Symposium on Romance Languages*, editado por Carl Kirschner y Janet A. DeCesaris, 139–53. Ámsterdam: John Benjamins. https://doi.org/10.1075/cilt.60.10har.

———. 1991. «The Exponence of Gender in Spanish». *Linguistic Inquiry* 22 (1): 27–62.

———. 1992. «The Form Classes of Spanish Substantives». En *Yearbook of Morphology 1991*, editado por Geert E. Booij y Jaap van Marle, 65–88. Dordrecht: Kluwer. https://doi.org/10.1007/978-94-011-2516-1_6.

———. 1994. «The OCP, Prosodic Morphology and Sonoran Spanish Diminutives: A Reply to Crowhurst». *Phonology* 11 (1): 179–90. https://doi.org/10.1017/S0952675700001883.

———. 1995. «Projection and Edge Marking in the Computation of Stress in Spanish». En *The Handbook of Phonological Theory*, editado por John A. Goldsmith, 867–888. Oxford: Blackwell.

———. 1999. «Nasal Depalatalization *No*, Morphological Wellformedness *Sí*; the Structure of Spanish Word Classes». *MIT Working Papers in Linguistics* 33: 47–82.

Heinz, Federico Eduardo. 1982. «Word Formation in the Lexicon: A Study of Eight Spanish Suffixes». Tesis de doctorado, Georgetown University.

Hernández Alonso, César. 1973. «Sobre el tiempo en el verbo español». *Revista Española de Lingüística* 3 (1): 143–78.

———. 1975. «Las categorías de persona y número en el verbo español». *Revista Española de Lingüística* 5 (1): 121–37.

———. 1979. «Modos verbales». En *Estudios ofrecidos a Emilio Alarcos Llorach (con motivo de sus xxv años de docencia en la Universidad de Oviedo)*, 4:117–51. Oviedo: Universidad de Oviedo, Servicio de Publicaciones.

Hooper, Joan B. 1976. *An Introduction to Natural Generative Phonology*. Nueva York: Academic Press.

Hooper, Joan B. y Tracy D. Terrell. 1976. «Stress Assignment in Spanish: A Natural Generative Analysis». *Glossa. A Journal of Linguistics* 10 (1): 64–110.

Horcajada, Bautista. 1987–1988. «Morfonología de los diminutivos formados sobre bases consonánticas monosílabas». *Revista de Filología Románica* 5: 55–72.

Hualde, José Ignacio. 1989. «Silabeo y estructura morfémica en español». *Hispania* 72 (4): 821–31. https://doi.org/10.2307/343560.

———. 2005. *The Sounds of Spanish*. Cambridge: Cambridge University Press.

Hudson, Grover. 1974. «The Representation of Non-Productive Alternations». En *Proceedings of the First International Conference on Historical Linguistics. Edinburgh, 2nd-7th September 1973*, editado por John M. Anderson y Charles Jones, 2:203–229. Ámsterdam: North-Holland.

Jaeggli, Osvaldo. 1980. «Spanish Diminutives». En *Contemporary Studies in Romance Languages. Proceedings of the Eighth Annual Symposium on Romance Languages*, editado por Frank H. Nuessel, 142–58. Bloomington: Indiana University Linguistics Club.

Kikuchi, Seiichiro. 1997. «A Correspondence-Theoretic Approach to Alternating Diphthongs in Spanish». *Journal of Linguistic Science (Tohoku University)* 1: 39–50.

Lang, Mervyn F. 1990. *Spanish Word Formation. Productive Derivational Morphology in the Modern Lexis*. Londres: Routledge. https://doi.org/10.4324/9780203388426. Trad. del autor, *Formación de palabras en español. Morfología derivativa productiva en el léxico moderno*. Madrid: Cátedra, 1992.

Lázaro Carreter, Fernando. 1980. *Estudios de lingüística*. Barcelona: Crítica.

Lázaro Mora, Fernando Ángel. 1976. «Compatibilidad entre lexemas nominales y sufijos diminutivos». *Thesaurus. Boletín del Instituto Caro y Cuervo* 31 (1): 41–57.

———. 1977. «Morfología de los sufijos diminutivos -ito(a), -ico(a), -illo(a)». *Verba. Anuario Galego de Filoloxía* 4: 115–25. http://hdl.handle.net/10347/3132.

———. 1999. «La derivación apreciativa». En *Gramática descriptiva de la lengua española. Vol. 3. Entre la oración y el discurso. Morfología*, editado por Ignacio Bosque y Violeta Demonte, 4645–82. Madrid: Espasa Calpe.

Lemus, Jorge Ernesto. 2000. «Alternancias vocálicas en los verbos españoles». *Científica. Revista de investigaciones de la Universidad Don Bosco* 2: 47–64. http://hdl.handle.net/11715/180.

Lipski, John. 1974. «Toward a Production Model of Spanish Morphology: A Further Look at Plurals». *Studia Linguistica. A Journal of General Linguistics* 28 (1): 83–99. https://doi.org/10.1111/j.1467-9582.1974.tb00608.x.

Malkiel, Yakov. 1966. «Diphthongization, Monophthongization, Metaphony. Studies in Their Interaction in the Paradigm of the Old Spanish *-ir* Verbs». *Language* 42 (2): 430–72. https://doi.org/10.2307/411700.

———. 1976. «Multi-Conditioned Sound Change and the Impact of Morphology on Phonology». *Language* 52 (4): 757–78. https://doi.org/10.2307/413294.

———. 1979. «Another Ambiguous Linguistic Term: "Thematic Vowel"». *Romance Philology* 33 (2): 333–35.

———. 1980. «The Fluctuating Intensity of a "Sound Law". Some Vicissitudes of *ẹ́* and *ọ́* in Spanish». *Romance Philology* 34 (1): 48–63.

———. 1982a. «Contrastive Patterns of Overextension of Diphthongs in Old Spanish». *Romance Philology* 36 (1): 18–28.

———. 1982b. «Infinitive Endings, Conjugation Classes, Nominal Derivational Suffixes, and Vocalic Gamuts in Romance». *Acta Linguistica Hafniensia* 17 (1): 15–48. https://doi.org/10.1080/03740463.1982.10414895.

———. 1982c. «Morpho-Semantic Conditioning of Spanish Diphthongization: The Case of *teso ~ tieso*». *Romance Philology* 36 (2): 154–84.

———. 1984a. «Old Spanish Resistance to Diphthongization, or Previous Vowel Lengthening?» *Language* 60 (1): 70–114. https://doi.org/10.2307/414191.

———. 1984b. «Spanish Diphthongization and Accentual Structure in Diachronic Perspective». *Diachronica* 1 (2): 217–42. https://doi.org/10.1075/dia.1.2.05mal.

Martín Vegas, Rosa Ana. 2001. «Algunas causas de la pobreza del componente morfofonológico en castellano». *Verba. Anuario Galego de Filoloxía* 28: 355–370. http://hdl.handle.net/10347/3357.

Martínez Celdrán, Eugenio. 1975. «Estudio morfonológico de la vocal temática en español». *Revista Española de Lingüística* 5 (1): 165–76.

Martínez-Gil, Fernando. 1997. «Word-Final Epenthesis in Galician». En *Issues in the Phonology and Morphology of the Major Iberian Languages*, editado por Fernando Martínez-Gil y Alfonso Morales-Front, 269–340. Washington, DC: Georgetown University Press.

Méndez Dosuna, Julián y Carmen Pensado. 1993. «¿Hasta qué punto es innatural *Víctor → Vict-ít-or*? Los diminutivos infijados en español». En *La formación de las palabras*, editado por Soledad Varela, 316–35. Madrid: Taurus.

Miranda, Inés. 1999. «An Optimality Theoretic Analysis of Nicaraguan Spanish Diminutivization: Results of a Field Survey». Tesis de doctorado, University of Washington. http://hdl.handle.net/1773/8393.

Morgan, Terrell A. 1984. «Consonant-Glide-Vowel Alternations in Spanish: A Case Study in Syllabic and Lexical Phonology». Tesis de doctorado, University of Texas at Austin.

Morin, Regina. 1999. «Spanish Substantives: How Many Classes?» En *Advances in Hispanic Linguistics. Papers from the 2nd Hispanic Linguistics Symposium*, editado por Javier Gutiérrez-Rexach y Fernando Martínez-Gil, 1:214–230. Somerville: Cascadilla Press.

Moyna, María Irene y Caroline R. Wiltshire. 2000. «Spanish Plurals: Why [s] Isn't Always Optimal?» En *Hispanic Linguistics at the Turn of the Millennium. Papers from the 3rd Hispanic Linguistics Symposium*, editado por Héctor Campos, Elena Herburger, Alfonso Morales-Front y Thomas J. Walsh, 31–48. Somerville: Cascadilla Press.

Narváez, Ricardo. 1970. *An Outline of Spanish Morphology. Formation of Words, Inflectional and Derivational*. St. Paul: EMC Corporation.

Norman, Lisa S. y Gerald D. Sanders. 1977. «Vocalic Variation in Spanish Verbs». *Glossa. A Journal of Linguistics* 11 (2): 171–90.

Ohannesian, María. 2020. «Allomorphic Variation». En *The Routledge Handbook of Spanish Phonology*, editado por Sonia Colina y Fernando Martínez-Gil, 286–304. Londres: Routledge. https://doi.org/10.4324/9781315228112.

Ohannesian, María y Clàudia Pons Moll. 2009. «Shattering Paradigms: An Attempt to Formalize Pressures within Subparadigms». En *Selected Proceedings of the 6th Décembrettes: Morphology in Bordeaux*, editado por Fabio Montermini, Gilles Boyé y Jesse Tseng, 76–94. Somerville: Cascadilla Proceedings Project.

Pazó, José. 1989. «Morfología léxica del español: la estructura de palabra en nombres y adjetivos». Tesis de doctorado, Universidad Autónoma de Madrid. http://hdl.handle.net/10486/12169.

———. 1991. «La estructura de palabras en nombres y adjetivos». *Lingüística Hispánica* 14: 93–123.

Pena, Jesús. 1980. *La derivación en español. Verbos derivados y sustantivos verbales*. Santiago de Compostela: Universidade de Santiago de Compostela, Secretariado de Publicaciones.

Pensado, Carmen. 1999. «Morfología y fonología: fenómenos morfofonológicos». En *Gramática descriptiva de la lengua española. Vol. 3. Entre la oración y el discurso. Morfología*, editado por Ignacio Bosque y Violeta Demonte, 4423–504. Madrid: Espasa Calpe.

Piera, Carlos. 1982. «Spanish Plurals: A Further Look at the Non-Concatenative Solution». *Cornell Working Papers in Linguistics* 3: 44–57.

Piñeros, Carlos-Eduardo. 1998. «Prosodic Morphology in Spanish: Constraint Interaction in Word-Formation». Tesis de doctorado, Ohio State University. https://doi.org/10.7282/T3222SMR.

Porto Dapena, José Álvaro. 1987. *El verbo y su conjugación*. Madrid: Arco/Libros.

Portolés Lázaro, José. 1988. «Sobre los interfijos en español». *Lingüística Española Actual* 10 (2): 153–70.

Prieto Vives, Pilar. 1992. «Morphophonology of the Spanish Diminutive Formation: A Case for Prosodic Sensitivity». *Hispanic Linguistics* 5 (1–2): 169–205.

Quilis, Antonio. 1968. «Morfología del número en el sintagma nominal español». *Travaux de Linguistique et de Littérature* 6 (1): 131–40.

———. 1970. «Sobre la morfonología. Morfonología de los prefijos en español». *Revista de la Universidad de Madrid* 19 (74): 223–48.

Rainer, Franz. 1993. *Spanische Wortbildungslehre*. Tubinga: Niemeyer. Reed., Berlín: de Gruyter Mouton, 2011. https://doi.org/10.1515/9783110956054.

Real Academia Española. 1973. *Esbozo de una nueva gramática de la lengua española*. Madrid: Espasa-Calpe.

Real Academia Española y Asociación de Academias de la Lengua Española. 2011. *Nueva gramática de la lengua española. Morfología y sintaxis, I*. Madrid: Espasa Libros.

Roca, Iggy. 1989. «The Organisation of Grammatical Gender». *Transactions of the Philological Society* 87 (1): 1–32. https://doi.org/10.1111/j.1467-968X.1989.tb00617.x.

———. 1990. «Morphology and Verbal Stress in Spanish». *Probus. International Journal of Latin and Romance Linguistics* 2 (3): 321–50. https://doi.org/10.1515/prbs.1990.2.3.321.

———. 1996. «Phonology-Morphology Interface in Spanish Plural Formation: An Optimality Analysis». En *Interfaces in Phonology*, editado por Ursula Kleinhenz, 210–30. Berlín: Akademie Verlag.

———. 2005. «Strata, Yes; Structure Preservation, No. Evidence from Spanish». En *Romance Languages and Linguistic Theory 2003. Selected Papers from 'Going Romance'. 2003, Nijmegen, 20–22 November*, editado por Twan Geerts, Ivo van Ginneken y Haike Jacobs, 197–218. Ámsterdam: John Benjamins. https://doi.org/10.1075/cilt.270.12roc.

———. 2010. «Theme Vowel Allomorphy in Spanish Verb Inflection: An Autosegmental Optimality Account». *Lingua* 120 (2): 408–34. https://doi.org/10.1016/j.lingua.2009.05.005.

Roca Pons, Josep. 1966. «Estudio morfológico del verbo español». *Revista de Filología Española* 49 (1–4): 73–89. https://doi.org/10.3989/rfe.1966.v49.i1/4.871.

Rojas, Nelson. 1977. «Aspectos de la morfología del diminutivo -ito». En *Actas del Quinto Congreso Internacional de Hispanistas, celebrado en Bordeaux del 2 al 8 de septiembre de 1974*, editado por Maxime Chevalier, François López, Joseph Pérez y Nöel Salomon, 2:743–751. Burdeos: Université de Bordeaux III, Instituto de Estudios Ibéricos e Iberoamericanos. Reed., Madrid: Instituto Cervantes, Centro Virtual Cervantes.

Rojo, Guillermo y Alexandre Veiga. 1999. «El tiempo verbal: los tiempos simples». En *Gramática descriptiva de la lengua española. Vol. 2. Las construcciones sintácticas fundamentales. Relaciones temporales, aspectuales y modales*, editado por Ignacio Bosque y Violeta Demonte, 2287–934. Madrid: Espasa Calpe.

Saltarelli, Mario. 1970. «Spanish Plural Formation: Apocope or Epenthesis?» *Language* 46 (1): 89–96. https://doi.org/10.2307/412409.

———. 2001. «The Realization of Number in Italian and Spanish». En *Features and Interfaces in Romance. Essays in Honor of Heles Contreras*, editado por Julia Herschensohn, Enrique Mallén y Karen Zagona, 239–54. Ámsterdam: John Benjamins. https://doi.org/10.1075/cilt.222.16sal.

———. 2006. «A Paradigm Account of Spanish Number». En *Optimality-Theoretic Studies in Spanish Phonology*, editado por Fernando Martínez-Gil y Sonia Colina, 339–56. Ámsterdam: John Benjamins. https://doi.org/10.1075/la.99.13sal.

Santibáñez, Francisco. 1999. «Conceptual Interaction and Spanish Diminutives». *Cuadernos de Investigación Filológica* 25: 173–90. https://doi.org/10.18172/cif.2247.

Saporta, Sol. 1959a. «Morpheme Alternants in Spanish». En *Structural Studies in Spanish Themes*, editado por Henri R. Kahane y Angelina Rosalía Pietrangeli, 15–162. Salamanca: Universidad de Salamanca; Urbana: University of Illinois Press.

———. 1959b. «Spanish Person Markers». *Language* 35 (4): 612–615. https://doi.org/10.2307/410600.

Saporta, Sol y Heles Contreras. 1962. *A Phonological Grammar of Spanish*. Seattle: University of Washington Press.

Smith, Jason A. 2011. «Subcategorization and Optimality Theory: The Case of Spanish Diminutives». Tesis de doctorado, University of California, Davis. ProQuest (937028673).

Spencer, Andrew. 1991. *Morphological Theory. An Introduction to Word Structure in Generative Grammar*. Oxford: Blackwell.

St. Clair, Robert. 1971. «Diphthongization in Spanish». *Papers in Linguistics* 4 (3–4): 421–32. https://doi.org/10.1080/08351817109370271.

Stephenson, Tamina. 2004. «Declensional-Type Classes in Derivational Morphology: Spanish Diminutives Revisited». Manuscrito no publicado. Massachusetts Institute of Technology, Cambridge, MA.

Urrutia, Hernán. 1978. *Lengua y discurso en la creación léxica. La lexicogenesia*. Madrid: CUPSA.

Varela, Soledad. 1988. «Flexión y derivación en la morfología léxica». En *Homenaje a Alonso Zamora Vicente*, 1:511–524. Madrid: Castalia.

———. 1990. *Fundamentos de morfología*. Madrid: Síntesis.

———, ed. 1993. *La formación de palabras*. Madrid: Taurus.

———. 2005. *Morfología léxica: la formación de palabras*. Madrid: Gredos.

Wong-Opasi, Uthaiwan. 1987. «Lexical Phonology and the Spanish Lexicon». Tesis de doctorado, University of Illinois at Urbana-Champaign. ProQuest (303588207). Reed., Bloomington: Indiana University Linguistics Club, 1989.

6 DESCRIPCIÓN FONÉTICA DE LAS PARAVOCALES

Lourdes Aguilar

6.1 Introducción

Al abordar la descripción fonética de las paravocales del español, es particularmente necesario delimitar el objeto de estudio, deslindándolo de conceptos como el de núcleo silábico [→ § 1.21.8] y grupo vocálico, forzosamente unidos a la distinción entre hiato, diptongo y triptongo, y de la comparación con consonantes fonéticamente relacionadas.

Una vez acotado el tema de la exposición en el § 6.2, y dejando de lado la discusión en torno a la naturaleza fonológica de los segmentos, que se trata en el capítulo 8 de esta obra, es relevante comprender los mecanismos responsables de la distribución de las paravocales antes de pasar a su descripción fonética. Por ello, en el § 6.3 se presenta el inventario de diptongos, hiatos y triptongos, además de hacer referencia a las cuestiones de distribución contextual. Partiendo de estos fundamentos descriptivos, se explorarán los límites del estado actual del conocimiento sobre la producción, la acústica y la percepción de las paravocales en los § 6.4, § 6.5 y § 6.6, respectivamente.

6.2 Delimitación del objeto de estudio

Se emplea el término 'paravocal' para hacer referencia a aquellos segmentos que tienen naturaleza vocálica desde un punto de vista fonético, pero que reciben el tratamiento de consonantes desde una perspectiva funcional, al no poder constituir por sí solos núcleo silábico [→ § 24.1.1]. Otras denominaciones acuñadas en distintos estudios han sido: 'vocoides', 'deslizadas', 'deslizantes', *glides*, 'sonantes de deslizamiento' o 'vocales con articulación de cierre' (Gil 2000, 45-46). En español, pueden funcionar como paravocales las vocales /i u/, si bien en determinados estilos de pronunciación se produce el fenómeno de 'sinéresis' [→ § 24.3.1], por el cual dos vocales no altas tienden a reducirse a una sola sílaba, especialmente en contextos inacentuados.

6.2.1 La sílaba como dominio del contraste fonético

Puesto que las paravocales pueden seguir o preceder al núcleo silábico, la tradición románica ha diferenciado los sonidos posnucleares (o posvocálicos) de los prenucleares (o prevocálicos) con los términos 'semivocal' y 'semiconsonante', respectivamente.

Por lo que se refiere a la transcripción fonética, en el alfabeto de la *Revista de Filología Española* se usa [i̯ u̯] para representar las que se consideran variantes menos cerradas (posvocálicas) y [j w] para las variantes más cerradas (prevocálicas). Algunos autores (cf. Fernández Planas 2012, 3-4) defienden esta opción para poner de relieve que las paravocales se sitúan en una categoría distinta a la de vocales y consonantes, de modo que son sonidos a medio camino articulatoria y acústicamente entre ellas. Por el contrario, si se adopta la notación del Alfabeto Fonético Internacional, las paravocales se conciben como variantes asilábicas de las vocales /i u/, por lo que se representan con el diacrítico de pérdida de silabicidad colocado debajo del símbolo correspondiente: [i̯ u̯]. Esta propuesta permite diferenciar entre una pronunciación en hiato y una pronunciación en diptongo sin usar los símbolos [j w], que representan a las consonantes aproximantes sonoras palatal y labiovelar respectivamente. También posibilita un tratamiento conjunto de los fenómenos de diptongación, sinéresis y sinalefa [→ § 24.3.1] —contracción silábica en el margen de palabra de grupos de vocales, ninguna de las cuales es /i u/—, triptongos y encuentros de tres vocales en el margen de palabras (cf. Aguilar 2010).

Otra forma de aproximarse al asunto tiene que ver con los principios de delimitación silábica entre vocales: así, las vocales /i u/ se combinan con las vocales /a e o/ para formar hiatos, diptongos y triptongos. Si dos vocales contiguas se mantienen en sílabas diferentes se trata de un 'hiato' (secuencia heterosilábica) y, si se integran en la misma sílaba, de un 'diptongo' (secuencia tautosilábica). Por su parte, se denomina 'triptongo' a la secuencia de paravocal seguida de vocal seguida a su vez de paravocal en una misma sílaba: es decir, la cima silábica aparece en el centro del grupo, rodeada de paravocales. En el encuentro de dos vocales como resultado del enlace de palabras, el proceso de pérdida de silabicidad puede darse en forma de diptongación, si intervienen /i u/, o de sinalefa, si ninguna de las dos vocales es /i u/. Por su parte, los grupos de tres vocales que se producen en el margen de palabras se pronuncian en una sola sílaba (sinalefa) siempre que el grado de abertura articulatoria siga una trayectoria ascendente o descendente dentro del grupo, o que tengan la cima silábica en el centro [→ § 24.3.1].

Los ejemplos de la serie (1a) corresponden a casos de hiatos, diptongos y triptongos léxicos; los de la serie (1b), a fenómenos de sinéresis en grupos de dos y de tres vocales, y los de la serie (1c), a procesos de sinalefa como resultado del encuentro de dos o tres vocales en el enlace de palabras.

(1)   a. liana [li.ˈana], rabia [ˈraβi̯a], vieira [ˈbi̯ei̯ɾa]
          b. aeropuerto [ae̯roˈpu̯eɾto], indoeuropeo [indo̯eu̯roˈpeo]
          c. cálido abrazo [ˈkaliðo̯aˈβraθo], estudió animado [estuˈði̯o̯ani̯ˈmaðo].

Estos datos configuran la sílaba como el dominio que permite dar cuenta del contraste fonético entre vocal y paravocal, pese a que el concepto de 'silabicidad' parece tener una función más clara desde el punto de vista fonológico que desde el fonético [→ § 24.1]. Llegados a este punto, cabe recordar que la construcción de sílabas en español no suele tener en cuenta las fronteras léxicas, de ahí que se encuentren paravocales en el dominio léxico, pero también como resultado del enlace de palabras (cf. Esgueva 2008), si bien los estudios sobre enlaces vocálicos consignan que la manifestación fonética de las paravocales /i u/ no difiere por el hecho de aparecer en el margen de palabra (Aguilar 2006, 366-72; Alba 2006, 273-75).

6.2.2 La similitud fonética entre paravocales y consonantes

La similitud fonética entre algunas de las paravocales y ciertos sonidos consonánticos ha constituido un factor crucial en su análisis desde los estudios pioneros de Navarro Tomás. Es el caso de la concurrencia en determinados contextos de las consonantes ortográficamente representadas por <y> o <w> con las paravocales [i̯ u̯]. En la serie palatal, Navarro Tomás ([1918] 1970) identifica las diferencias articulatorias entre la vocal [i], las paravocales pre- y posvocálica [i̯] y la consonante [j] en los siguientes términos:

> La consonante **y** y la vocal **i** presentan varios rasgos comunes; pero se diferencian, entre otras razones, por la forma de la abertura linguopalatal, que es redondeada en **i** y alargada en **y**; por el punto de articulación, que en ésta es algo más interior que en aquélla, y por la intervención de los labios, que mientras que en la **i** toman una posición relativamente fija, en la **y** sólo realizan una función indiferente. La semiconsonante **j** y la semivocal **i̯** se diferencian de la **y** en no ser, como ésta, sonidos prolongables de timbre uniforme y definido dentro de la variedad correspondiente a cada caso (§ 120).

En la serie velar, Navarro Tomás ([1918] 1970) relaciona el sonido consonántico [w] con la semiconsonante [u̯], dado que aparece en su lugar entre vocales y en posición inicial absoluta:

en estos casos el punto de partida de su articulación toma aún más carácter de consonante que cuando va dentro de sílaba entre consonante y vocal; los labios se aproximan más entre sí y la lengua se acerca más al velo del paladar, llegando especialmente en la conversación familiar a desarrollarse delante de dicha **w** una verdadera consonante que, según predomine la estrechez de los órganos en uno u otro punto, aparece como una **g** labializada o, menos frecuentemente, como una **b** velarizada (§ 65).

El interés de la comparación estriba en el hecho de que es posible hallar casos de contraste cuasifonémico entre las paravocales iniciales y las consonantes fonéticamente relacionadas, del tipo: *nieto - un hielo*, *nuevo - un huevo* (Harris 1969, 38-57), *desierto-deshielo, abierto-abyecto* (Hualde 2005, 11). Esta particularidad ha inducido a algunos autores a considerar la paravocal como un alófono de la consonante (cf. la revisión historiográfica de las diferentes explicaciones teóricas en Aguilar [2005, 122-34] y en López Gavín [2015], así como en el capítulo 8 de la presente obra). Sin embargo, cabe resaltar que la similitud fonética entre paravocal y consonante en la serie palatal únicamente se da en una de sus variantes fonéticas: la aproximante, cuando, en general, los inventarios fonéticos del español incluyen también las variantes africada, oclusiva y fricativa (Hualde 2005, 6-11). Además, la concurrencia de variantes contextuales solo tiene lugar en condiciones distribucionales limitadas: en contexto prevocálico, en una sílaba sin ataque consonántico y en posición inicial absoluta de palabra. Así pues, puede convenirse con Hualde (2005, 3-10) y con Martínez Celdrán (2008, 36-39) en que, pese a los rasgos de similitud fonética que existen en la serie vocal-paravocal-consonante aproximante, las diferencias funcionales, de estructura silábica y de distribución impiden que se las trate como manifestaciones de una misma categoría.

6.3 Distribución

De manera general, la aparición de una paravocal en los grupos de vocales, una de las cuales es /i u/, viene condicionada por el acento léxico: es decir, si la vocal alta es tónica, el grupo se pronuncia obligatoriamente como hiato, mientras que si la vocal alta es átona, la tendencia del español, comprobada diacrónicamente, es la diptongación (Ariza 2012, § 1.3; Menéndez Pidal [1904] 1940, § 30-31; Penny [1991] 2006, § 2.4.3.4). Son pocos los casos en que un grupo de vocales no lleva el acento sobre la /i u/ y estas se pronuncian separadamente de la vocal contigua, conformando así un hiato (los llamados 'hiatos excepcionales'). No obstante, el asunto de la distribución de las paravocales en español despierta un gran interés entre los investigadores, por cuanto es posible encontrar ejemplos de contraste fonémico o cuasifonémico entre paravocales y vocales altas, como es el caso de *Está barriendo* (diptongo) frente a *Estaba riendo* (hiato) y otros ejemplos, recogidos en Hualde (2005, 81). Ahora bien, pese a que la mayoría de los estudios publicados sobre el español se centran en la diferencia entre hiatos y diptongos, cabe señalar que las paravocales aparecen de forma muy frecuente en grupos de más de dos vocales.

En consecuencia con lo dicho, se presenta en los siguientes apartados el inventario de diptongos (§ 6.3.1) y de hiatos (§ 6.3.2) del español, seguido del estado de la cuestión sobre los mecanismos responsables de la distribución contextual de hiatos y diptongos (§ 6.3.3), para acabar con el inventario de triptongos (§ 6.3.4). Por su importancia en el sistema vocálico del español, las descripciones, aunque someras, se hallan tanto en tratados fonéticos y fonológicos (Canellada y Madsen 1987; D'Introno, del Teso y Weston 1995; Fernández Planas 2005; Hidalgo y Quilis Merín [2002] 2004; Hualde 2005, 2014; Martínez Celdrán 1984; Navarro Tomás [1918] 1970; Quilis 1993; Veiga 2002) como en gramáticas (Alarcos 1994; Alcina y Blecua 1975; Fernández Ramírez [1951] 1986; Real Academia Española 1973; Real Academia Española y Asociación de Academias de la Lengua Española 2011) y en diccionarios (Moliner 1966–1967; Real Academia Española y Asociación de Academias de la Lengua Española 2005).

6.3.1 Inventario de diptongos

Un diptongo consiste en una secuencia de dos elementos de tipo vocálico con grado de abertura diferente que se articulan con una transición gradual y que forman parte de la misma sílaba [→ § 24.2.4]. En esta secuencia, uno de los elementos carece de silabicidad pero, como el paso de un elemento a otro se produce gradualmente, es difícil precisar en qué momento se cambia de segmento. A este respecto, se asume, teniendo en cuenta la jerarquía de sonicidad de los segmentos [→ § 1.21.9] en la constitución de una sílaba, que la vocal más abierta (no alta) es el núcleo de la sílaba, mientras que la vocal más cerrada (alta) constituye un sonido de transición, que sufre diversas modificaciones fonéticas por el hecho de integrarse en una sílaba de naturaleza compleja [→ capítulo 24].

El repertorio tradicional de diptongos del español se establece a partir de la combinación de una vocal alta /i u/ con una vocal no alta /e o a/, de modo que se forma un diptongo 'creciente' en el encuentro de una vocal alta con otra media o baja ([i̯a], [i̯e], [i̯o], [u̯a], [u̯e], [u̯o]) y un diptongo 'decreciente' en el encuentro de una vocal media o baja con una vocal alta ([ai̯], [ei̯], [oi̯], [au̯], [eu̯], [ou̯]). Son ejemplos de diptongos crecientes —en los que la vocal más cerrada, que constituye el margen silábico prenuclear, se realiza fonéticamente como paravocal, y la vocal que aparece en segundo lugar cumple la función de núcleo silábico— los de la serie (2). Son ejemplos de diptongos decrecientes —en los que el núcleo silábico lo constituye la vocal que aparece en primer lugar, y la vocal más cerrada, margen silábico posnuclear, se realiza fonéticamente como paravocal— los de la serie (3). En todos los casos, los diptongos pueden aparecer en sílabas átonas y en tónicas, además de en distintas posiciones de la palabra y formando parte de estructuras silábicas variadas (Alarcos 1994, § 37-39; Real Academia Española y Asociación de Academias de la Lengua Española 2011, § 8.9). También se suelen agrupar los diptongos teniendo en cuenta la vocal cerrada que integra el grupo: desde este punto de vista, son 'palatales' aquellos diptongos en los que la vocal cerrada es /i/, mientras que son 'velares' aquellos en los que la vocal cerrada es /u/.

(2)   a. Diptongos palatales crecientes en sílabas tónicas: *diario, cientos, kiosco*
         b. Diptongos velares crecientes en sílabas tónicas: *cuatro, puesto, aguoso*
         c. Diptongos palatales crecientes en sílabas átonas: *rabia, piedad, radio*
         d. Diptongos velares crecientes en sílabas átonas: *pascua, acueducto, continuo*

(3)   a. Diptongos palatales decrecientes en sílabas tónicas: *baile, deleite, boina*
         b. Diptongos velares decrecientes en sílabas tónicas: *aula, deuda, bou*
         c. Diptongos palatales decrecientes en sílabas átonas: *vainilla, peinado, ovoidal*
         d. Diptongos velares decrecientes en sílabas átonas: *pausado, neutral, estadounidense*

Puede comprobarse que en los diptongos crecientes la abertura articulatoria va de menor a mayor en el grupo, a diferencia de lo que ocurre en los diptongos decrecientes, en los que el proceso es inverso. Llegados a este punto, es fácil comprender que esta aproximación plantea problemas en el caso de dos vocales altas agrupadas *(ciudad, ingenuidad)*. En general, se ha seguido la descripción tradicional de Navarro Tomás ([1918] 1970), para quien «En los grupos *iu, ui* predomina siempre como principal elemento del diptongo la segunda vocal, reduciéndose la primera a semiconsonante» (§ 66). Sobre el grupo [u̯i], indica el autor que «En algunas partes del norte de España se pronuncia *cuida*-[ˈku̯i.ða], *descuido*-[desˈku̯i.ðo], *cuita*-[ˈku̯i.ta], *muy*-[ˈmu̯i], con preponderancia de la **u**. En el resto del país lo corriente es [ˈku̯i.ða], [desˈku̯i.ðo], [ˈku̯i.ta], [ˈmu̯i], con preponderancia de la **i**» (§ 66n1; transcripción actualizada por la autora). Desde este punto de vista, por tanto, en el repertorio de diptongos del español, las vocales altas agrupadas conforman diptongos crecientes (Alcina y Blecua 1975, 414-15; D'Introno, del Teso y Weston 1995, 221; Fernández Ramírez [1951] 1986, § 23).

Otras aproximaciones, en cambio, aceptan la posibilidad de que cualquiera de los elementos cerrados sea el núcleo silábico. Así, Alarcos ([1950] 1965, 157) menciona la alternancia, incluso en un mismo hablante, de los diptongos tónicos [ˈu̯i]/[ˈui̯] y [ˈi̯u]/[ˈiu̯]: *viuda* [ˈbi̯u.ða] y [ˈbiu̯.ða], *cuida* [ˈku̯i.ða] y [ˈkui̯.ða], *ruido* [ˈru̯i.ðo] y [ˈrui̯.ðo], *muy mal* [ˈmu̯i.ˈmal] y [ˈmui̯.ˈmal]; y Canellada y Madsen (1987) citan el ejemplo de *muy:* «la tan discutida palabra 'muy' se pronuncia [múi̯], lo cual se prueba en la pronunciación enfática 'muy bien, pero que MUY bien' [ˈmu:i̯ ˈβien] y no [ˈmu̯i: ˈβien]» (p. 50; transcripción actualizada por la autora). Por su parte, Quilis (1981) señala el valor de la intensidad como parámetro decisivo para saber cuál de las vocales es nuclear: «al tratarse de vocales altas, formará núcleo silábico la vocal que mayor intensidad posea, por muy pequeña que sea esta diferencia» (179). Desde este punto de vista, la elección del segmento que actúa como núcleo depende del hablante, de la situación comunicativa o del dialecto [→ § 8.3.1, § 24.2.4].

Para continuar con el repertorio, cabe mencionar que no existen diptongos en español en los que la vocal y la paravocal sean idénticas en grado de abertura articulatoria y adelantamiento, es decir, *[u̯u], *[i̯i], *[uu̯], *[ii̯]. D'Introno, del Teso y Weston (1995) atribuyen este hecho a «una condición que excluye una secuencia de deslizada y vocal idénticas en abertura y punto» (207), de manera que todas las secuencias de dos vocales altas idénticas se silabean como hiatos [→ § 3.2.4].

Por último, pese a carecer de datos cuantitativos sobre la frecuencia de aparición de los diptongos (los estudios estadísticos de frecuencias de aparición de los fonemas en español tratan los diptongos como combinaciones difonemáticas: cf. Navarro Tomás [[1946] 1966]; Quilis y Esgueva [1980]; Rojo [1991]; Saporta y Cohen [1958]), se suele convenir, teniendo en cuenta las reglas de la evolución diacrónica, que las secuencias tautosilábicas son más frecuentes que las heterosilábicas (Real Academia Española 1973, 47-58; Real Academia Española y Asociación de Academias de la Lengua Española 2011, § 8.9f).

6.3.2 Relación de hiatos

Como ya se ha señalado, los hiatos se definen como una secuencia de dos vocales contiguas, cada una de las cuales ocupa una posición de núcleo silábico [→ § 24.2.6]. Precisamente por su carácter silábico, las vocales /i u/ pueden ser tónicas o átonas, de modo que se distingue entre hiatos 'normales', cuando el acento recae en la vocal que no es /i u/, e 'inversos', si la vocal acentuada es /i/ o /u/. Por otra parte, la delimitación silábica no siempre está asegurada por el acento, dado que existen grupos en hiato en los que ninguna de las vocales pertenece a una sílaba con acento léxico.

Del mismo modo que para los diptongos, se recurre a la distinción entre grupos palatales y velares, en sucesión creciente y sucesión decreciente. Se denominan 'palatales' aquellos hiatos en los que una de las vocales es /i/ y 'velares' aquellos en los que una de las vocales es /u/; 'crecientes', a los grupos cuya primera vocal es alta, y 'decrecientes', a los grupos en que la trayectoria articulatoria pasa de una vocal no alta a una alta. Todas las combinaciones de vocales son posibles en el hiato inverso creciente y decreciente, aunque son raras las combinaciones [o.'u], salvo en compuestos o en el encuentro de palabras. En cambio, no existen hiatos normales de sucesión decreciente. Dicho de otro modo, la secuencia de una vocal no alta tónica seguida de una alta átona forma siempre diptongo en español. Constituyen ejemplos de trayectoria creciente los de la serie (4) y de trayectoria decreciente los de la serie (5). En ambas series se distingue la tipología según el contexto prosódico.

    (4)   a. Hiatos inversos: *cría, ríe, vocerío, rúa, hindúes, búhos*
            b. Hiatos normales: *brial, riel, prior, carruaje, cruel, afectuoso*
            c. Hiatos inacentuados: *criatura, alienar, miocardio, dualista, crueldad, fluorado*

    (5)   a. Hiatos inversos: *abstraído, codeína, egoísmo, aúpa, transeúnte, finohúngaro*
            b. Hiatos inacentuados: *cainismo, freidora, prohibir, intrauterino, reuntar, proucranio*

También se produce una agrupación de vocales heterosilábicas en las combinaciones de las vocales /i u/ *(triunviro, huir)*, pero se documentan numerosas diferencias dialectales por lo que respecta a su pronunciación en diptongo o en hiato. Así ocurre con los casos citados en la obra de Navarro Tomás ([1918] 1970, § 68): *viuda, ruido*. Finalmente, como ya se ha señalado en el apartado anterior, todas las secuencias de dos vocales altas idénticas, aunque muy poco frecuentes, se silabean como hiatos. Son ejemplos de Hualde (2005, 78-79): *tiito, chiita, antiitaliano, nihilista, duunviro*.

6.3.3 El contraste fonético entre hiato y diptongo

En español, de modo general, se articulan como diptongos los grupos en los que el acento recae en las vocales /a e o/ y, como hiatos, los grupos en los que el acento recae en las vocales /i u/. Esta generalización está en sintonía con la tendencia antihiática, constatada desde antiguo en lengua poética y en habla coloquial, que ha motivado algunos cambios diacrónicos (*vaina*, del antiguo *vaína*, o *reina*, de *reína*), y que sigue presente en la pronunciación relajada, como demuestran diversos estudios fonéticos basados en el análisis de corpus orales (cf. Aguilar 1997; Aguilar y Machuca 1995a, 1995b; Alcoholado 2017) [→ § 3.2.4, § 24.3]. Sin embargo, al lado de esta generalización, y aunque son raros en español aquellos casos de combinaciones vocálicas situadas en sílabas átonas, lo cierto es que son los que plantean un mayor número de pronunciaciones vacilantes, incluso con modificación articulatoria de alguna de las vocales en contacto. Un buen ejemplo es la palabra *buhardilla*, de la que el *Diccionario panhispánico de dudas* (Real Academia Española y Asociación de Academias de la Lengua Española 2005) cita las variantes *bohardilla, boardilla* y *guardilla* (cf. Aguilar [2010], en lo que se refiere a las cuestiones ortológicas y ortográficas).

Así pues, la distinción entre el diptongo y el hiato ha motivado, por su interés teórico, numerosas líneas de investigación, aunque pocas veces la diferencia entre ambos constituye un contraste fonológico (['pi̯e] - [pi.'e]) (Cabré y

Ohannesian 2007, 2009; Chitoran y Hualde 2007; Colina 1999; Hualde 1999, 2004, 2005; Kaisse 2020) [→ § 8.4.3]. A este respecto, la preservación del hiato en determinadas piezas léxicas parece explicarse por la combinación de factores morfológicos y factores prosódicos. Entre las motivaciones morfológicas o paradigmáticas se hallan la correspondencia morfológica y el análisis en los componentes morfológicos de la palabra, si bien en ambos casos la presencia del acento en el grupo vocálico es determinante [→ § 8.5]. Se comprueba, en los ejemplos de (6a), que una vocal acentuada alta está presente en algunas de las formas del paradigma morfológico y que el acento permanece en el grupo vocálico y, en los ejemplos de (6b), que el hiato tiene lugar en la frontera de morfema y el acento también se localiza en el grupo.

(6)   a. desconfianza, arriero, ferrovial, fianza, crianza
          b. bienio, maniobra, boquiancho, respetuoso, puntual

Por otro lado, aunque las palabras derivadas por sufijación suelen mantener el hiato de la forma simple *(ali.ar-ali .anza; acentu.ar-acentu.ado)*, la nueva adición de un sufijo hace que la forma ya sufijada que ha preservado el hiato se diptongue, lo que explicaría el paso de hiato a diptongo en la serie *confi.ar-confi.able-conf*[i̯a]*bilidad*. En estos casos, del mismo modo que sucede en los compuestos *(anti.héroe* frente a *ant*[i̯e]*dad)*, la distancia con respecto al acento de la palabra actúa como factor desencadenante de la diptongación.

Todos los hiatos de trayectoria decreciente pueden explicarse por las condiciones morfológicas. En cuanto a los hiatos crecientes, aquellos que no se justifican por la morfología, aparecen si se dan condiciones prosódicas favorables. Basándose en los casos observados de excepciones a la diptongación, Hualde (2005, 81-84) las formula como: 1) condición de inicialidad: se ha documentado la tendencia de los hiatos a aparecer en posición inicial de palabra *(pi.ano, cli.ente, ri.endo, di.urno)*; y 2) condición de acento: se ha comprobado que los hiatos excepcionales tienen el acento en la propia secuencia o en la siguiente sílaba a su derecha, pero no más allá *(di.álogo-di.alogo-dia.logó)*. En ningún caso se encuentran hiatos en la sílaba postónica *(co.pia, histo.ria)*.

De todo lo dicho se infiere que la distribución contextual de hiatos y diptongos en español obedece a los siguientes principios:

1)   De manera general, una secuencia C[i/u]V se silabeará en la misma sílaba a menos que la vocal alta esté acentuada.
2)   Los hiatos excepcionales (es decir, aquellos cuya vocal alta no está acentuada) aparecen si se dan unas condiciones morfológicas o prosódicas que propicien la separación silábica. Son condiciones morfológicas favorables al hiato: a) la existencia de una frontera morfológica entre las dos vocales y el hecho de que la vocal inicial de la forma simple sea tónica: *bienio, semiárida;* b) la correspondencia con otra palabra cuya vocal alta es tónica: *viable (vía)*. Son condiciones prosódicas favorables al hiato: a) el contexto inicial de palabra: *fi.ordo;* b) la presencia de acento léxico en la propia secuencia o en la siguiente sílaba, pero no más allá a la derecha: *di.álogo-di.alogo-dia.logó*.

Aunque se ha dedicado mucho esfuerzo a investigar los criterios morfológicos que permiten predecir las producciones en hiato, lo cierto es que el papel del acento léxico en la manifestación de las vocales altas como paravocales (en particular, la ausencia del acento en el grupo vocálico y la distancia con respecto al acento primario de la palabra) se ha revelado como decisivo. Menos general ha sido el reconocimiento de la influencia de los factores fonéticos, aunque en las descripciones se pueden rastrear algunos indicios. Así, María Moliner en su *Diccionario de uso del español* (entrada 'vocal') sugiere una relación entre los finales de palabra en *-l* o *-r* y la pronunciación hiática (por ejemplo, *bri.al, cru. el, pri.or, ri.el, cru.el)*, y Hualde (2005, 84) observa que muchas de las palabras con hiato excepcional contienen alguna de las secuencias /i.a/, /i.o/. En el caso de los grupos velares, con especial referencia a los verbos vocálicos *(averig*[u̯a]*r -actu.ar)*, el contexto fónico precedente decide la pronunciación: cuando la /u/ está precedida por una consonante velar, es asilábica; cuando está precedida por una consonante no velar, silábica (Real Academia Española 1973, 335; Ríos 1999, § 6.8.2.1.3).

6.3.4 Inventario de triptongos

Se han examinado hasta ahora las combinaciones que resultan de la agrupación de una de las vocales de la serie /a e o/ y otra de la serie /i u/. También pueden darse en español combinaciones de tres vocales en una cima silábica, formando un triptongo, que empieza con un movimiento articulatorio de abertura creciente y termina con abertura decreciente [→ § 24.2.5]. En particular, los triptongos españoles están formados por una vocal /a e o/, rodeada por dos elementos /i u/ realizados fonéticamente como [i̯], [u̯]. Tres vocales pueden formar una sílaba si se agrupan en torno a una única cumbre de sonicidad, y parece posible asumir la existencia de una escala universal de sonicidad que determina qué elemento constituye el núcleo en un grupo tautosilábico: en esta escala, las vocales bajas presentan mayor grado de sonicidad que las medias y estas a su vez lo presentan mayor que las altas.

La noción de escala de sonicidad o de sonancia tiene una larga tradición, aunque han sido las propuestas avanzadas desde el generativismo las que la han desarrollado de manera sistemática (cf. entre otros, Harris 1969, 50-52; Núñez Cedeño y Morales-Front 1999, 170-76) [→ § 1.21.9].

Si, por otra parte, el núcleo se caracteriza por las propiedades de «mayor abertura, mayor tensión, mayor intensidad, mayor perceptibilidad, mejor posibilidad de transmisión, más duración, etc.» (Quilis 1993, 179), pueden constituir triptongo las combinaciones: *iai, iei, ioi, uai, uei, uoi, iau, ieu, iou, uau, ueu, uou*. Algunos ejemplos se muestran en (7).

(7)   a. despreciáis, cambiéis, santiguáis, sentenciéis
        b. miau, buey, guau

No obstante, dado que los triptongos léxicos en español no son muy frecuentes —con la excepción de las terminaciones verbales de 2.ª persona del plural que, además, no se dan en todas las variantes dialectales—, no disponemos de palabras que contengan cada una de las posibilidades. Según la Real Academia Española (1973):

> solo se usan las combinaciones siguientes: *iai*: *li-diáis*; *iei*: *li-diéis*; *iau*: *Chiau-tla* (topónimo mejicano), *miau*; *ioi*: *dioi-co*, *hioi-des* (vacilan entre el triptongo *ioi* y el hiato *i-oi*); *uai*: *cuai-ma*, *guai-ra*, *guay*, *a-guay* (escrito también como trisílabo *a-gua-í*), *a-guáis*; *uéi*: *buey*, *averigüéis*; *uau*: *guau*, *guaucho* (51).

Posiblemente por la baja frecuencia de uso de los triptongos, descripciones tradicionales como las de Navarro Tomás ([1918] 1970, § 67) o Alcina y Blecua (1975, § 2.6.5.2), en las que se basan otros tratados, como el de D'Introno, del Teso y Weston (1995, 207), excluyen la vocal [o] como posible núcleo de un triptongo, pese a que estos se hallan con facilidad en el enlace de palabras. Son ejemplos de Navarro Tomás ([1918] 1970, § 69): *ocio inútil, sitio umbroso, perpetuo imperio, monstruo humano*.

Por el contrario, no existen en español triptongos en los que el núcleo sea una vocal /i u/: *[i̯i̯i̯], *[u̯u̯i̯], *[i̯u̯i̯]. D'Introno, del Teso y Weston (1995, 207) atribuyen la inexistencia de los dos primeros casos a la condición que excluye una secuencia de paravocal y núcleo idénticos en abertura y punto de articulación, como en el caso de los diptongos *[i̯i], *[u̯u] (Harris 1969, 51). El tercer caso queda explicado por la imposibilidad de que un segmento cerrado constituya núcleo silábico si precede a otro segmento cerrado. En cuanto a las condiciones prosódicas, aunque raramente se emplean triptongos inacentuados *(aguaitar, hioideo)*, la presencia del acento léxico en el grupo no es una condición obligatoria. Únicamente cabe recordar que, si en la combinación de tres vocales una de las vocales cerradas es tónica, no se forma triptongo: es el caso de *distribuíos, huíamos*.

6.4 Producción

Pese a que las paravocales no pueden describirse de manera aislada del grupo vocálico del cual forman parte, para llegar a entender los aspectos implicados en su producción es necesario tratarlas como segmentos discretos, sin dejar de recordar que el movimiento de los órganos vocales es gradual y que, por tanto, desde el punto de vista de los datos articulatorios, se observa solapamiento de gestos en los límites entre un sonido y el siguiente [→ § 1.6.8].

En la articulación de las paravocales, el acercamiento de los órganos articulatorios del tracto vocal es superior al de las vocales, pero inferior al de las consonantes aproximantes y fricativas, lo que determina que el paso del aire produzca un grado de fricción con muy poca energía acústica y, en consecuencia, apenas perceptible. En cuanto al estado de la glotis, todas las paravocales del español son sonoras: se da vibración del aire a su paso por la cavidad laríngea por la acción de las cuerdas vocales. Asimismo, la úvula permanece pegada a la pared faríngea durante su articulación, cerrando el paso del aire a la cavidad nasal.

Por otra parte, puede afirmarse que la cavidad oral está más cerrada en las paravocales prevocálicas, así como que la configuración del tracto vocal característica de la articulación de /i u/ se mantiene durante un tiempo relativamente mayor en la producción de las paravocales posvocálicas.

Lo que distingue a unas paravocales de otras es el grado de constricción entre los articuladores, la posición de la lengua y la disposición de los labios, según se especifica en la Tabla 1 para cada uno de los segmentos. No se dispone de estudios especializados sobre las propiedades articulatorias de las paravocales del español, de modo que lo que sigue se basa principalmente en la descripción de Navarro Tomás ([1918] 1970, § 45-53, § 58-70).

Dado que, como ya se ha señalado, el concepto de paravocal está forzosamente unido al de grupo vocálico y con el fin de sortear las dificultades que entraña describir las paravocales como elementos discretos, se suele incorporar el tiempo que dura la articulación como un factor crucial en el análisis. Desde este punto de vista, se describen como sonidos «no prolongables» (Martínez Celdrán y Fernández Planas 2007, 161; Navarro Tomás [1918] 1970, § 48), es decir, como un movimiento de transición desde una zona vocálica a otra: las paravocales prevocálicas implican el paso de la lengua desde una posición alta a una posición relativamente más baja, mientras que las posvocálicas se producen de modo inverso, desde una posición baja a una más alta. Los cortes sagitales publicados en Quilis (1970, 16-20) reflejan la posición de los articuladores, aunque en la actualidad resulta especialmente útil para la visualización de las trayectorias articulatorias en la producción de las paravocales y de los diptongos la página web *Fonética: los sonidos del español*, de la Universidad de Iowa (Moon y Piñeros 2000). En ella pueden observarse los cortes sagitales dinámicos, acompañados de una descripción

Tabla 1 *Descripción de las características articulatorias de las paravocales [i̯] y [u̯] en contextos pre- y posvocálicos: grado de constricción, posición de la lengua y disposición de los labios*

[i̯] prevocálica

- Se articula con una constricción estrecha, aunque sin llegar a la fricción perceptible, entre el dorso de la lengua y el paladar: el grado de constricción es mayor que para la vocal [i] y que para la [i̯] posvocálica, pero menor que para la aproximante [j].
- Se articula con el dorso de la lengua en posición de máximo adelantamiento y elevación en dirección al paladar, sin llegar al extremo de la vocal [i]: el ápice de la lengua toca levemente la cara interna de los incisivos inferiores y los lados del dorso, los molares superiores.
- Se produce sin redondeamiento de los labios.

[i̯] posvocálica

- Se articula con una constricción estrecha, aunque sin llegar a la fricción perceptible, entre el dorso de la lengua y el paladar: el grado de la constricción es menor que para la [i̯] prevocálica, pero mayor que para la vocal [i].
- Se articula con el dorso de la lengua adelantado y elevado, aunque sin llegar a la posición de adelantamiento y elevación de [i̯] prevocálica ni de la vocal [i]: el ápice de la lengua toca levemente la cara interna de los incisivos inferiores y los lados del dorso, los molares superiores.
- Se produce sin redondeamiento de los labios.

[u̯] prevocálica

- Se articula con una constricción estrecha, aunque sin llegar a la fricción perceptible, entre el dorso de la lengua y la zona velar: el grado de la constricción es mayor que para la vocal [u] y que para la [u̯] posvocálica, pero menor que para la aproximante [ɣ].
- Se articula con el dorso de la lengua en una posición retraída, en dirección a la parte posterior del velo del paladar a la que se acerca, sin llegar al máximo de la vocal [u].
- Los labios adoptan una forma redondeada en su producción, creándose así una doble constricción: linguovelar y bilabial.

[u̯] posvocálica

- Se articula con una constricción estrecha, aunque sin llegar a la fricción perceptible, entre el dorso de la lengua y la zona velar: el grado de la constricción es menor que para la [u̯] prevocálica, pero mayor que para la vocal [u].
- Se articula con el dorso de la lengua retrasado y en posición de acercamiento al velo del paladar, sin llegar al extremo de la vocal [u] ni de la [u̯] prevocálica.
- Los labios adoptan una forma redondeada en su producción, creándose así una doble constricción: linguovelar y bilabial.

---

de cada uno de los movimientos articulatorios implicados y de un vídeo que permite oír la secuencia a la vez que se observa el movimiento de los labios.

Otra forma de examinar las trayectorias articulatorias la ofrece la electropalatografía, método de análisis del habla que posibilita estudiar de manera cuantitativa el paso de una configuración a otra en la cadena fónica [→ § 1.7]. Reproducimos los gráficos de Martínez Celdrán y Fernández Planas (2007, fig. 3.39), que ilustran con una sucesión de electropalatogramas la transición desde una abertura menor a una abertura mayor en los diptongos crecientes de las palabras *piel* y *piano* (Figura 1) y la transición desde una abertura mayor a una menor en los diptongos decrecientes de las palabras *peine* y *aire*

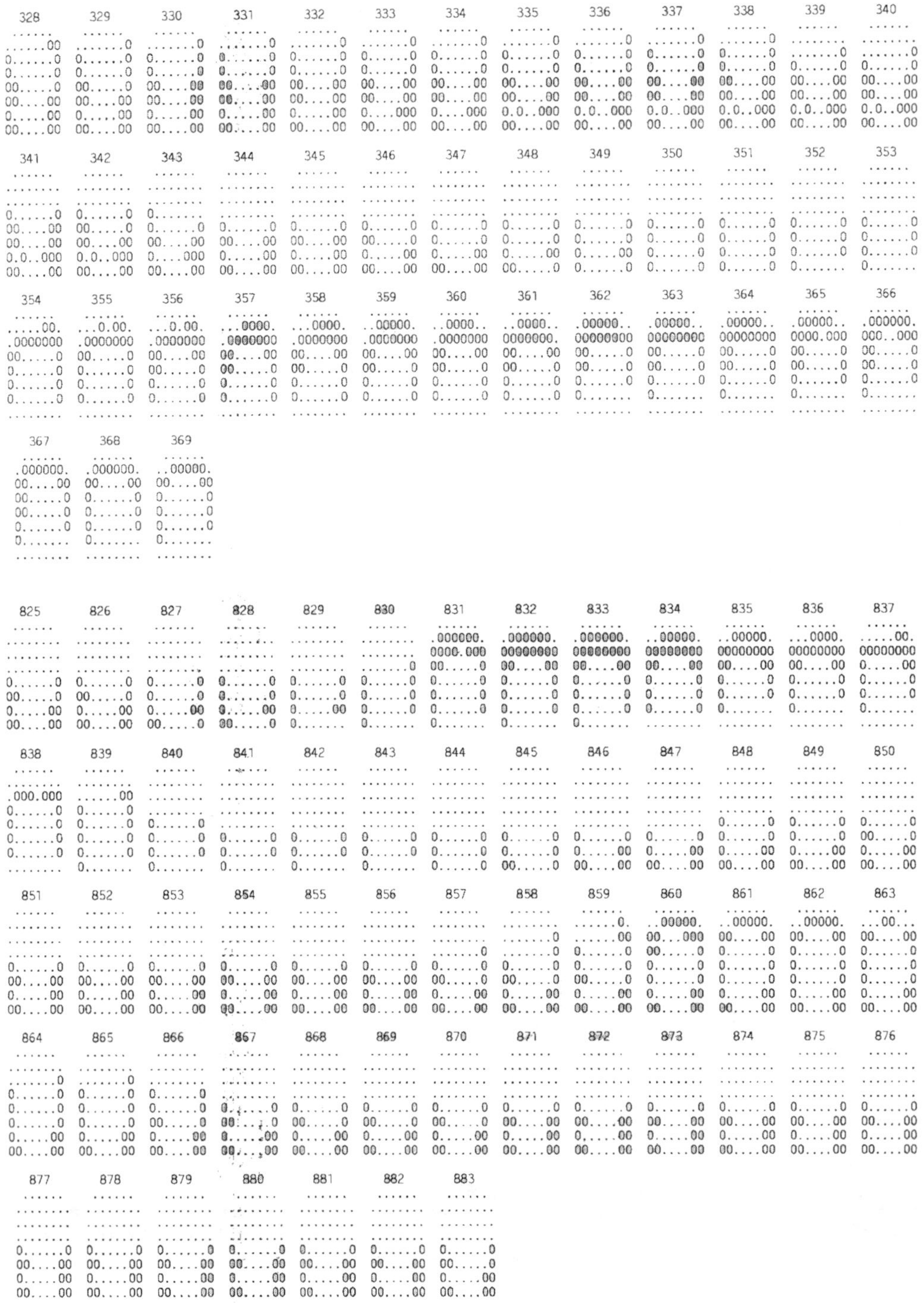

FIGURA 1. Sucesión de electropalatogramas en los diptongos crecientes de las palabras *piel*, en la parte superior: y *piano*, en la parte inferior (Martínez Celdrán y Fernández Planas 2007, fig. 3.39).

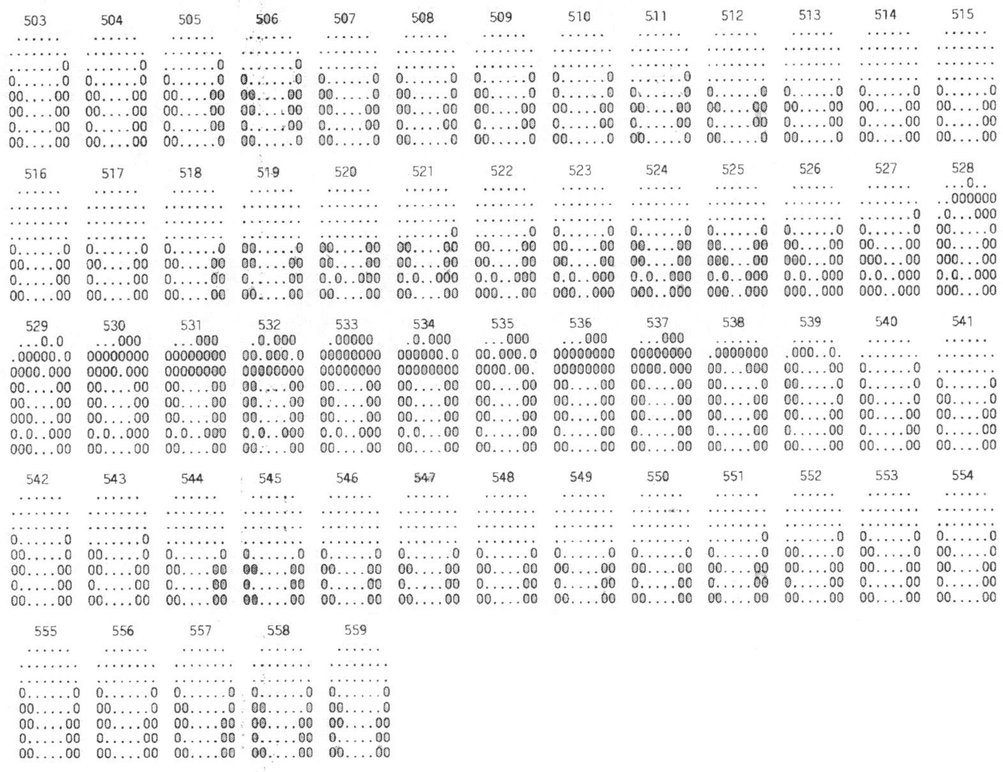

FIGURA 2. Sucesión de electropalatogramas en los diptongos decrecientes de las palabras *peine,* en la parte superior, y *el aire,* en la parte inferior (Martínez Celdrán y Fernández Planas 2007, fig. 3.39).

(Figura 2). Pueden observarse la diferencia en el grado de abertura y adelantamiento entre las configuraciones inicial y final, así como el número de gestos articulatorios implicado.

> Los electropalatogramas muestran diferencias de grado de contacto o de permanencia en el tiempo de activación de un electrodo determinado en una escala de blanco (el electrodo no ha sufrido activación) a negro (el electrodo ha estado activo en todo momento), señalando los diferentes niveles de grises las diferencias de porcentaje de activación entre los dos extremos. Para una interpretación más detallada de este tipo de documento, pueden consultarse Fernández Planas (1999) y Martínez Celdrán y Fernández Planas (2007, 15-22).

Al observar en la Figura 1 la serie de electropalatogramas (en adelante, EPG) que corresponde a la articulación de los diptongos crecientes de las palabras *piel* y *piano* se aprecia que la zona delimitada por las líneas verticales indica el periodo de articulación de los diptongos [i̯e] (EPG-336 hasta EPG-353) e [i̯a] (EPG-239 hasta EPG-256). Puede comprobarse por los electrodos activados (los puntos marcados con '0' indican el contacto linguopalatal) que los contactos se localizan cada vez más en la zona palatal y se concentran en las columnas más exteriores a medida que el diptongo progresa en el tiempo, es decir, se va ampliando el canal para la salida del aire hacia el exterior. Con más detalle, si se compara la configuración inicial del diptongo [i̯e] (EPG-336) con la configuración final (EPF-353), se pone de manifiesto una diferencia clara en el número de electrodos activados, lo que corresponde a un mayor grado de cierre del tracto vocal durante la articulación de la paravocal. En los diptongos decrecientes [e̯i] (EPG-514 hasta EPG-527) y [a̯i] (EPG-840 hasta EPG-859) de la Figura 2, el proceso es el contrario: se va cerrando el paso del aire a medida que el grupo evoluciona temporalmente. Resulta fácil, por tanto, verificar la dirección contraria de los contactos en diptongos crecientes y decrecientes.

Otra posibilidad que ofrece la electropalatografía es la de estudiar una configuración determinada una vez se han promediado varias repeticiones de una secuencia. Este procedimiento permite examinar los puntos de máximo contacto en el momento más estable del segmento. En el caso de la paravocal [i̯], Martínez Celdrán y Fernández Planas (2007, fig. 3.50) comparan el electropalatograma promediado de diversas realizaciones por parte de la misma informante de la palabra *biológico* con el electropalatograma correspondiente a una vocal palatal producida de forma aislada. Puede notarse en la Figura 3 que los puntos de activación de los electrodos son muy similares durante la articulación de la paravocal [i̯] y la articulación de la vocal [i]: en ambos casos se concentran en la parte posterior del paladar, sin presentar ningún nivel de activación en el espacio central en ninguna de las dos mitades del paladar: dicho de otro modo, tanto la vocal como la paravocal dejan libre el tracto vocal a la salida del aire hacia el exterior. De ello se desprende que desde el punto de vista de la configuración articulatoria, sin tener en cuenta la evolución temporal, la paravocal y la vocal (al menos en la serie palatal) son muy similares.

En cuanto a la paravocal [u̯], las limitaciones de la electropalatografía no permiten analizar los diptongos velares, ya que el paladar artificial no cubre el velo. Aunque no se dispone de trabajos comparables para el español, los estudios basados en otras técnicas de análisis articulatorio realizados para otras lenguas (cf. Gick 2003) han demostrado la existencia de dos gestos articulatorios: uno de carácter vocálico y otro de carácter consonántico.

Para acabar, conviene hacer referencia al trabajo de Limanni (2014, 120-72), que ofrece datos sobre la variación intra- e interlocutor en la articulación de las secuencias vocálicas del español. Los datos se obtienen a partir de la lectura de palabras bisílabas que contienen ejemplos de los diptongos acentuados [ia ie io] y de los hiatos con el acento en la vocal /i/ [ˈia ˈie ˈio] por parte de hablantes de español mexicano. Las palabras se incluyen en frases marco y cada uno de los 10 informantes repite tres veces cada frase a dos velocidades de elocución.

Para observar el movimiento de los articuladores, Limanni (2014, 124-29) aplica el sistema de magnetometría EMA [→ § 1.7], que permite obtener valores temporales (en particular, el movimiento de la lámina lingual y del ápice lingual) y espaciales (desplazamiento de la lámina lingual y del ápice lingual, y desplazamiento del ápice lingual en el punto de máxima distancia de la lámina lingual). La obtención de valores temporales y de magnitud permiten aplicar métodos estadísticos (ANOVA y análisis discriminante) a los datos. Los resultados ponen de manifiesto que los diptongos muestran una trayectoria más breve de la lámina lingual al ápice lingual y una mayor constricción del ápice lingual, que las diferencias entre hiatos y diptongos son menores para los grupos con la vocal /a/, y que los hiatos muestran una mayor variabilidad que los diptongos. Del estudio se desprende que los diptongos son más estables articulatoriamente que los hiatos (la paravocal prevocálica es más resistente a la coarticulación que la vocal), lo cual podría explicar la tendencia a la pronunciación monosílaba del español.

El sistema EMA se basa en la detección de campos magnéticos para la obtención de datos de movimiento en múltiples puntos de los órganos articulatorios. Para una interpretación detallada, puede consultarse Cagigal y Recasens (1998). El sistema de magnometría EMA del Laboratorio de Fonética de la Universidad de Toronto empleado en el trabajo de Limanni (2014) consta de ocho sensores emplazados: sobre el labio superior y el labio inferior para la detección del movimiento labial, sobre las mejillas derecha e izquierda para la detección de los músculos faciales, sobre el ápice lingual, la lámina lingual y el dorso lingual para la detección del movimiento lingual, y delante de los incisivos inferiores para la detección del movimiento de la mandíbula inferior. Otros cuatro sensores de referencia se colocan en puntos inmóviles, a saber, sobre el puente entre la nariz y la frente, delante de los incisivos superiores y detrás de las orejas. También se ha usado como método para establecer la relación entre índices articulatorios y correlatos acústicos (cf. Mefferd 2017).

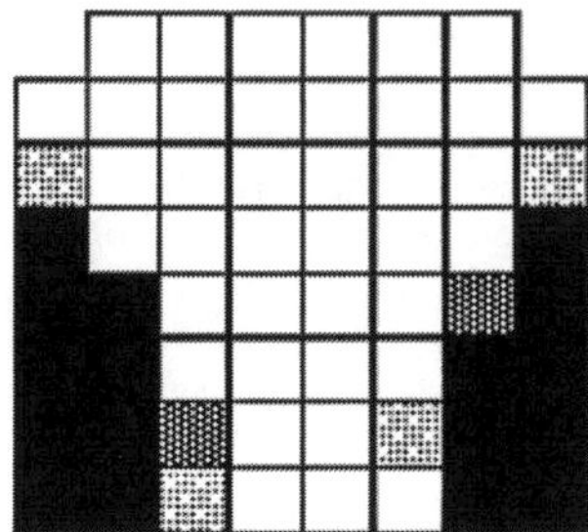
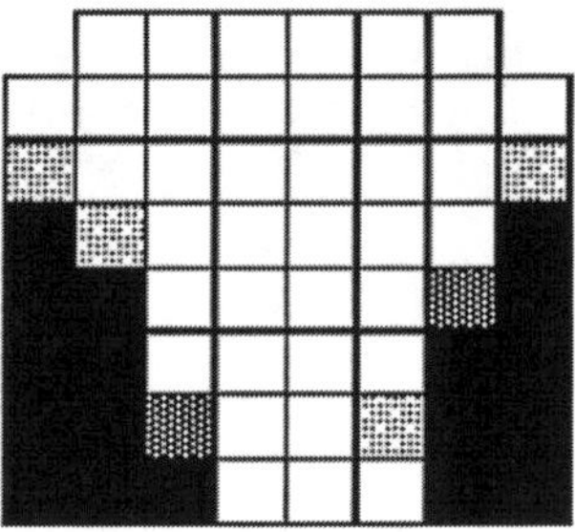

FIGURA 3. Electropalatogramas promediados de los puntos de máximo contacto de la paravocal palatal (superior) y de una vocal palatal (inferior) (Martínez Celdrán y Fernández Planas 2007, fig. 3.50).

6.5 Correlatos acústicos. Dominio de la frecuencia

Hasta aquí se han expuesto las características del modo de producción de las paravocales, constatando la falta de estudios especializados sobre la dinámica de los gestos articulatorios. Más numerosos son los estudios sobre las paravocales del español que se han ocupado de su estructura física, con el principal objetivo de aportar nuevos datos a la teoría de la invariación acústica, formulada en los numerosos trabajos de Blumstein y Stevens, según la cual existen propiedades acústicas que distinguen un segmento fonético de otro, además de otras generales, que caracterizan las unidades del habla (cf. Blumstein y Stevens 1981; Stevens 1980). Desde este punto de vista, los principales interrogantes que se plantean en torno a las paravocales tienen que ver con las diferencias en los rasgos acústicos que se ponen de manifiesto al comparar las siguientes categorías fonéticas: hiatos y diptongos (§ 6.5.1); vocal, vocal formando parte de un hiato y semiconsonante (§ 6.5.2); semiconsonante y semivocal (§ 6.5.3).

6.5.1 Diferencias frecuenciales entre hiatos y diptongos

Con el fin de dar respuesta a la pregunta de si los diptongos y los hiatos pertenecen a categorías fonéticas distintas, la hipótesis de trabajo más extendida es la basada en la función silábica: esto es, hiatos y diptongos están fonéticamente compuestos por los mismos elementos y la diferencia fonética obedece a una cuestión de organización silábica. En otras palabras, si los elementos integrantes de un diptongo están presentes en la sílaba desde el principio de su planificación, son necesarios ciertos cambios de frecuencia y de duración para producir ambos segmentos vocálicos en una única sílaba. En definitiva, estos cambios son los que han de reflejar la diferencia acústica entre hiatos y diptongos. Para obtener datos que permitan verificar o descartar la hipótesis, el procedimiento tradicional de análisis ha consistido en segmentar el grupo vocálico en tres partes correspondientes a la zona inicial o parte estable de la primera vocal, la transición y la zona final o parte estable de la segunda vocal: se obtienen así valores de duración de cada uno de los periodos, y de frecuencia de las posiciones estacionarias, lo que permite calcular la velocidad de cambio del periodo de transición, definida como el rango de frecuencia en que un formante se desplaza en un intervalo de tiempo determinado (de Manrique 1979; Burgess 1969; Jha 1985; Lehiste y Peterson 1961; Maddieson y Emmorey 1985).

Sirva como ejemplo de este procedimiento la Figura 4, que corresponde a las representaciones oscilográficas y espectrográficas de las palabras *desgracia* y *causa,* leídas en el interior de una frase por un hablante masculino: el diptongo [i̯a] aparece segmentado en la parte correspondiente a la paravocal (P), el periodo de transición (T) y la parte correspondiente a la vocal (V); el diptongo [au̯] aparece dividido en una parte estable, correspondiente a la vocal (V), un periodo de transición (T) y una parte correspondiente a la paravocal (P). De acuerdo con la definición tradicional de 'parte estable' (en inglés, *target*), se ha determinado como zona estacionaria de la vocal (V) el intervalo de tiempo durante el que los formantes permanecen paralelos al eje temporal; el punto de máximo cambio en la forma de onda y de inicio del cambio de trayectoria formántica, especialmente en el nivel del segundo formante, corresponde al inicio de la transición (T), que continúa hasta el punto en el que los formantes adquieren de nuevo un movimiento uniforme (P) —cf. Martínez Celdrán ([1998] 2007, 42-43), para un análisis más detallado de otros ejemplos—.

La más representativa de las investigaciones realizadas para el español en este marco de análisis es la de de Manrique (1979). En este estudio se midió la frecuencia de los dos primeros formantes de las vocales en diptongo, en su zona más estable, la duración de la zona estacionaria de la vocal, la transición de una vocal a otra y la duración total del diptongo. El corpus estaba constituido por 28 palabras que ejemplifican dos veces cada uno de los 14 diptongos del español, además de una lista de 10 pares mínimos *(rey/reí),* leídas de manera aislada e insertadas en frases por cuatro hablantes masculinos adultos de Buenos Aires. Los resultados indicaron que la configuración espectral de la vocal abierta y la dirección y velocidad de transición del segundo formante constituyen los parámetros más constantes en la estructura física de los diptongos, y que la distinción entre secuencias tautosilábicas y heterosilábicas depende de la relación temporal entre las zonas estables de las vocales.

> Cabe mencionar, no obstante, que en el estudio de Toledo y Antoñanzas-Barroso (1987) se obtuvieron datos distintos para el español de Argentina al comprobar diferencias relevantes en el porcentaje de cambio del segundo formante debidas a un cambio de velocidad de elocución [→ § 1.5.5]: cuanto más rápida era la velocidad de elocución, más se alejaba el valor de F2 del valor esperado o *target* para la vocal.

Basándose en los análisis acústicos de de Manrique (1979), los tratados de fonética y fonología de Quilis (1981, 1993) difundieron desde muy pronto una descripción de los grupos vocálicos del español según la cual se produce un cambio lento de la transición entre los formantes de las dos vocales cuando forman un grupo tautosilábico; por el contrario, un cambio rápido refleja una secuencia heterosilábica, siendo tanto más acusada la percepción de hiato cuanto más rápido sea el cambio, ya que este actúa como límite silábico (Quilis 1981, 179). En otras palabras, en un grupo vocálico, cuando la transición formántica es lenta y su duración es larga, se está en presencia de un diptongo; por el contrario, cuando la transición es rápida y su duración es breve, se identifica un hiato (Quilis 1993, 186).

Sin embargo, la observación de ejemplos procedentes de diferentes hablantes en contextos variados de pronunciación conduce enseguida a cuestionar el alcance de esta generalización. La Figura 5 incluye las representaciones oscilográficas y espectrográficas de las palabras *varía* y *varias* leídas por el mismo locutor en frases que forman parte de un corpus más amplio grabado para el desarrollo de sistemas de conversión de texto en habla, es decir, sin instrucciones sobre la

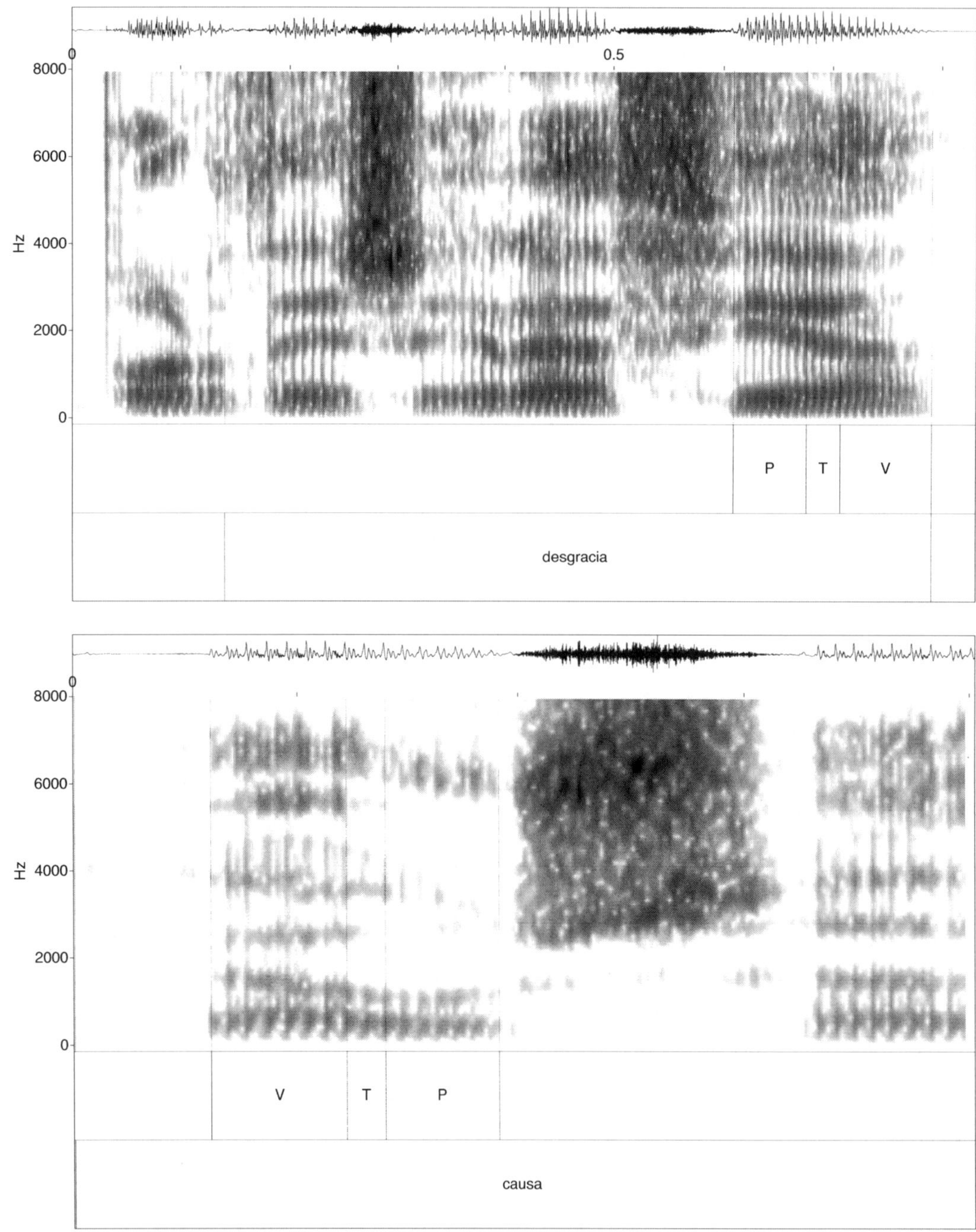

FIGURA 4. Representaciones oscilográficas y espectrográficas de las palabras *desgracia* y *causa,* con los diptongos correspondientes segmentados en paravocal (P), transición (T) y vocal (V).

articulación específica del grupo vocálico. En ninguno de los casos, la pronunciación esperada en hiato *(varía)* y diptongo *(varias)* se ha visto alterada por el modo de lectura. Si se comparan en los gráficos la forma de onda y la trayectoria del segundo formante, puede identificarse un periodo de transición lenta en ambos casos: sobre una duración global del hiato en *varía* de 156 ms, la transición ocupa 44 ms; sobre una duración global del diptongo en *varias* de 130 ms, la transición dura 36 ms. Se observa, en cambio, una clara diferencia en los valores de los formantes: mientras que en el hiato se mantienen en los márgenes de variación de las vocales nucleares (F1 = 280 Hz-553 Hz / F2 = 2485 Hz-1372 Hz), en el diptongo los valores tienden a centralizarse (F1 = 394 Hz-553 Hz / F2 = 2144 Hz-1508 Hz).

En sentido contrario se encuentran algunos diptongos en los que el paso de una zona de frecuencias a otra se realiza de forma rápida, como se muestra en la Figura 6 con la palabra *estoicamente:* de los 172 ms del diptongo, la vocal nuclear

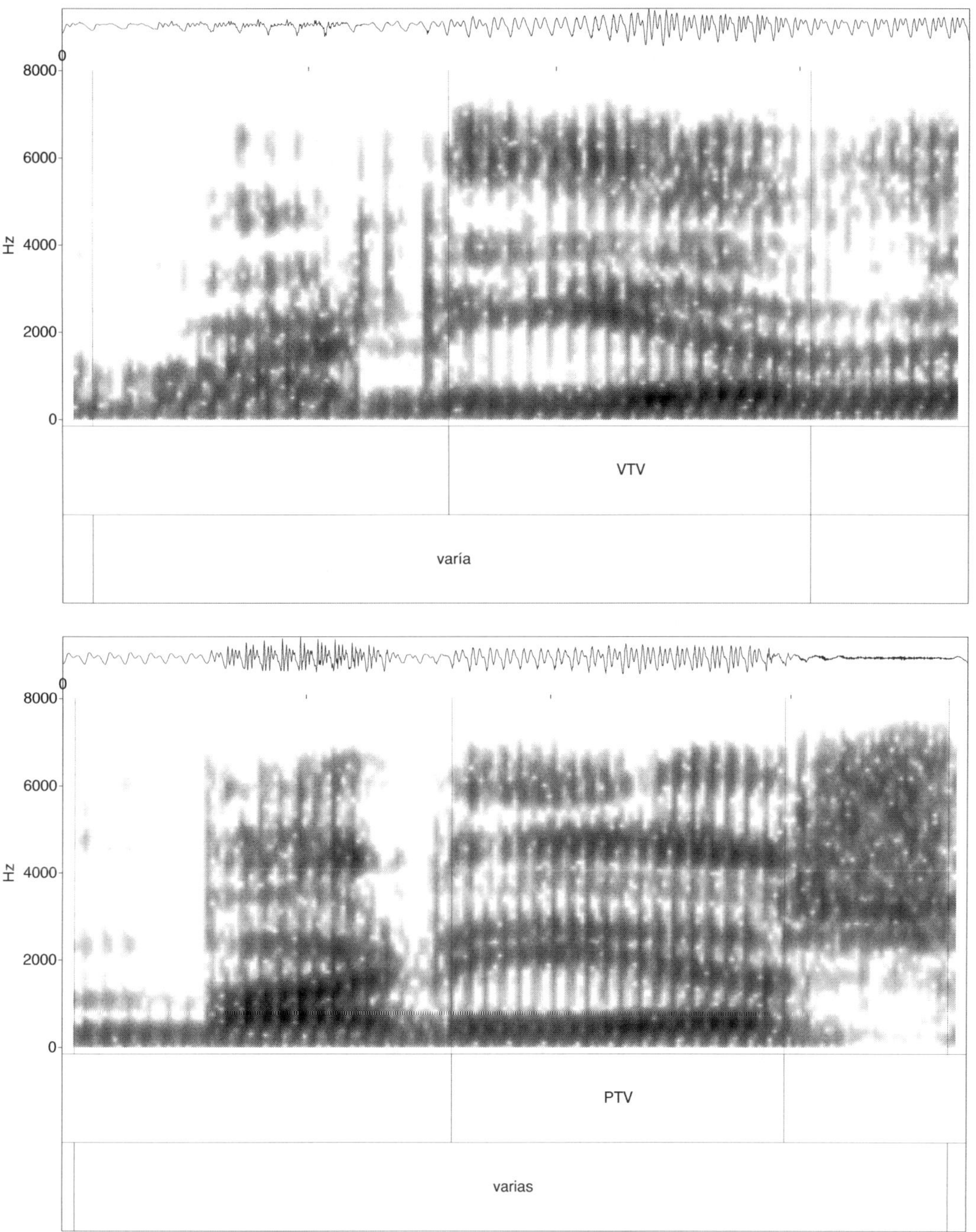

FIGURA 5. Representación oscilográfica y espectrográfica de las palabras *varía* y *varias,* con las secuencias vocálicas encuadradas entre las líneas verticales.

ocupa 70 ms, seguida de una corta transición de 30 ms en la que los formantes consiguen situarse en la zona de la paravocal palatal.

En otras ocasiones, la dificultad radica en identificar de manera suficientemente precisa el periodo de transición en los diptongos. El procedimiento de segmentación en tres elementos correspondientes a dos zonas vocálicas y una transición plantea numerosos problemas de definición de fronteras en segmentos tan intrínsecamente continuos. Ocurre con frecuencia que resulta imposible identificar una zona correspondiente a la transición, sea porque vocal y paravocal comparten el grado de abertura, sea porque las paravocales son transiciones alargadas de las vocales nucleares. Ilustran lo dicho las representaciones oscilográficas y espectrográficas de los diptongos [i̯e], [i̯o] y [u̯a], en las palabras *ciento, cambio* y *Juan* respectivamente, extraídas de frases leídas a una velocidad de elocución normal por hablantes masculinos

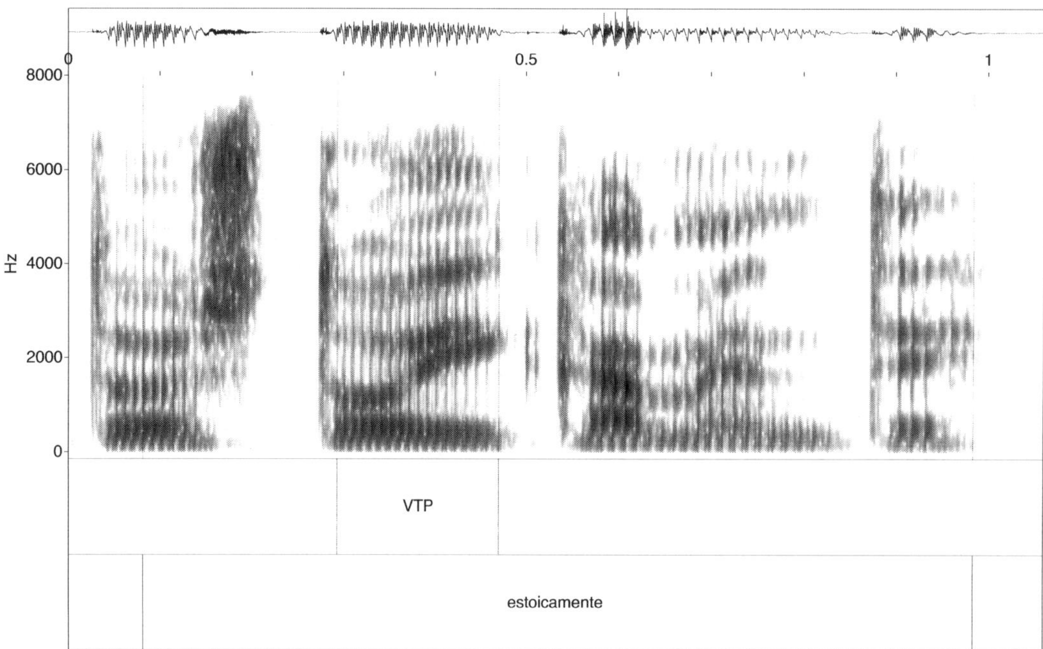

FIGURA 6. Representación oscilográfica y espectrográfica de la palabra *estoicamente* con el diptongo señalado entre las líneas verticales.

(Figura 7): en todos los casos se observan cambios en los dos primeros formantes de la paravocal en dirección hacia los formantes de las vocales nucleares, pero no es posible separar un periodo de transición ni delimitar un momento preciso en el que la paravocal se separe de la vocal, dado que se observa total continuidad. Similar descripción se aplica al diptongo decreciente [ei̯] en la palabra *deleite* (Figura 7): desde las posiciones frecuenciales típicas de la vocal [e], el primer formante dibuja una trayectoria descendente y el segundo formante, una ascendente, sin que sea posible delimitar las tres partes: vocal-transición-paravocal.

Dadas las dificultades de segmentación, algunos estudios han explorado nuevos procedimientos de carácter dinámico, considerando el grupo de manera global. Partiendo de la hipótesis de que la pendiente de las trayectorias formánticas es un parámetro discriminante entre secuencias heterosilábicas y tautosilábicas, en Aguilar (1997, 1999) se aplicó un método distinto de análisis, asociando la trayectoria de F1 y F2 a lo largo de la secuencia vocálica (sea hiato o diptongo) a la ecuación polinómica que más se aproxima al conjunto de puntos obtenidos a partir del modelo de análisis por predicción lineal (LPC) en un intervalo de tiempo normalizado: $F(x) = ax^2 + bx + c, -1 < x < 1$.

La decisión de usar una función cuadrática se adoptó teniendo en cuenta la tendencia a la forma parabólica de las trayectorias formánticas en los grupos vocálicos observados. Con el fin de poder comparar secuencias de diferente duración, se aplicó una normalización temporal en el intervalo [-1, 1], de forma que para cada formante de cada secuencia se obtiene una ecuación polinómica del tipo $F(x) = ax^2 + bx + c, -1 < x < 1$, donde a representa el grado de curvatura y la dirección de la curva.

De esta forma, se consigue una representación dinámica de la secuencia vocálica, además de que es posible recabar índices susceptibles de someterse a tratamientos estadísticos y a técnicas automáticas de identificación (cf. San Segundo y Yang (2019), que demuestran el potencial de la dinámica de los formantes en la comparación forense de voces y, para otras lenguas, Carré y Mrayati [1991], Clermont [1993] y Elvin, Williams, y Escudero [2016]). El corpus estaba constituido por 16 palabras insertadas en frases marco y leídas a una velocidad de elocución normal por 16 hablantes masculinos. Para neutralizar el efecto del acento y de la posición de la paravocal, se compararon diptongos crecientes en sílabas acentuadas con hiatos crecientes inversos, es decir, [ˈi̯a ˈi̯e ˈi̯o ˈu̯a ˈu̯e ˈu̯o] frente a [ˈi̯a ˈi̯e ˈi̯o ˈu̯a ˈu̯e ˈu̯o].

Cabe indicar que en Aguilar (1997, 1999) se presentan datos procedentes de dos entornos experimentales de obtención de muestras: la lectura de palabras incluidas en frases marco y la participación en una tarea dirigida al objetivo de completar de forma colaborativa un mapa (*Map Task*, Anderson *et al.* [1991]). En todo lo que sigue, la exposición de resultados de Aguilar (1997, 1999) se centrará en los datos procedentes de la lectura de palabras.

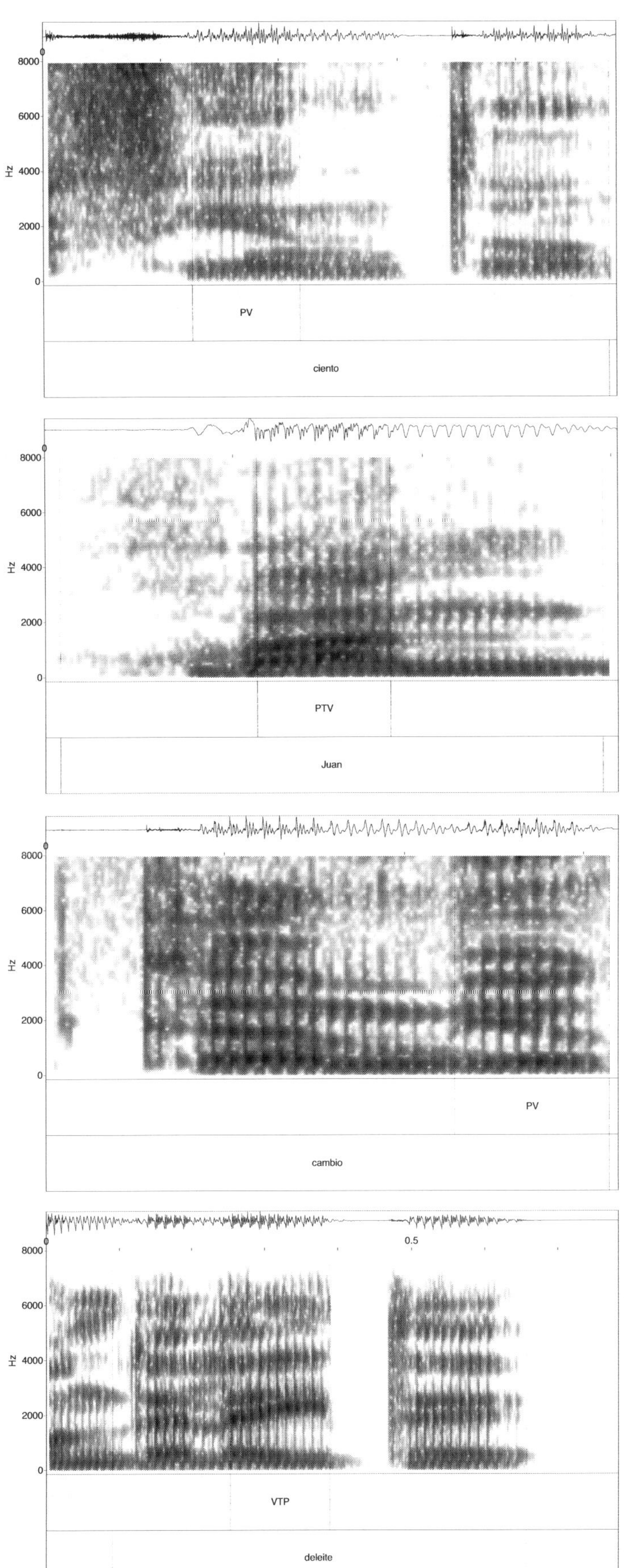

FIGURA 7. Representación oscilográfica y espectrográfica de las palabras *ciento, Juan, cambio* y *deleite,* con los diptongos encuadrados entre las líneas verticales.

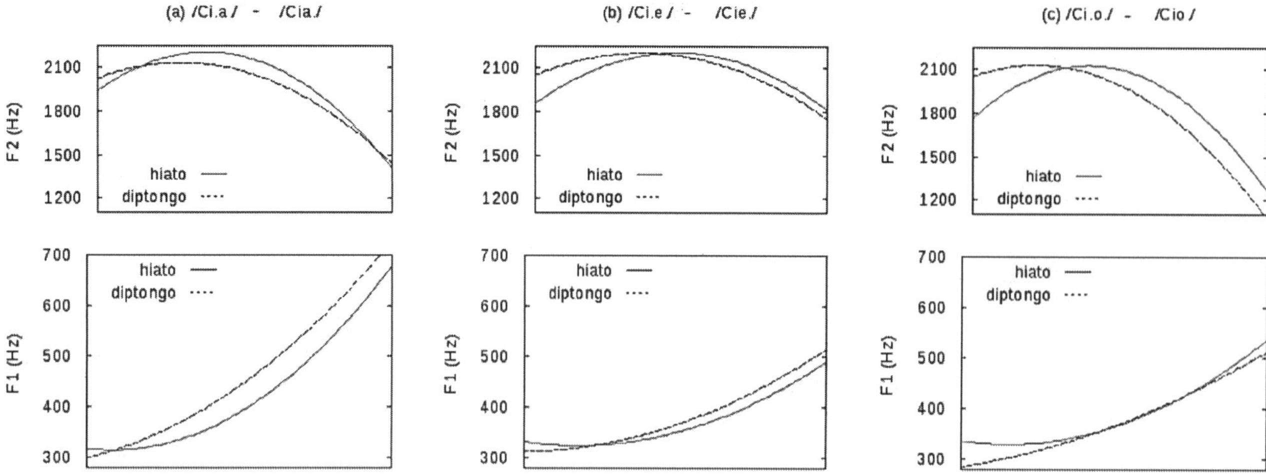

FIGURA 8. Representación de las trayectorias formánticas de los grupos vocálicos palatales en hiato y en diptongo a partir de la ecuación polinómica $F(x) = ax^2 + bx + c$, $-1 < x < 1$ (Aguilar 1999).

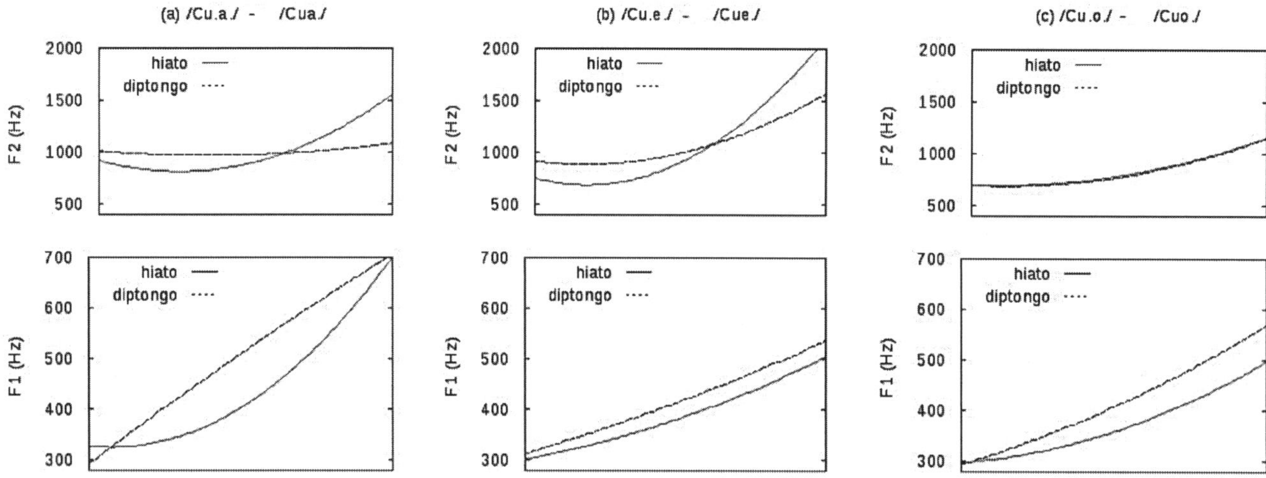

FIGURA 9. Representación de las trayectorias formánticas de los grupos vocálicos velares en hiato y en diptongo a partir de la ecuación polinómica $F(x) = ax^2 + bx + c$, $-1 < x < 1$ (Aguilar 1999).

Con el fin de facilitar la interpretación de los datos, los coeficientes de la ecuación polinómica se han transformado en las gráficas de las Figuras 8 y 9, que corresponden a la representación de la curva obtenida para la trayectoria de los dos primeros formantes a lo largo de la secuencia vocálica de grupos vocálicos palatales (Figura 8) y velares (Figura 9). Puede observarse que, para cada grupo (con la excepción de /uo/, que se comentará más adelante), la trayectoria descrita para los hiatos (línea continua) es distinta a la dibujada para los diptongos (línea discontinua), y que las diferencias son más apreciables en el segundo formante. Los valores correspondientes a la paravocal y a la vocal en los diptongos muestran un acercamiento, mientras que los valores correspondientes a las vocales en los hiatos se sitúan más alejados en el espacio formántico. Queda visualizado así el hecho de que cuando los segmentos vocálicos pertenecen a diferentes sílabas se da una influencia mutua menor que cuando el grupo es tautosilábico.

Más allá de la capacidad ilustrativa, el procedimiento ofrece la ventaja de proporcionar un índice que permite evaluar de manera cuantitativa las diferencias entre los diptongos y los hiatos a partir del coeficiente a de la ecuación $F(x) = ax^2 + bx + c$, $-1 < x < 1$. En general, los hiatos presentan un coeficiente a de la curva de F2 mayor que los diptongos integrados por las mismas vocales. Como demuestran los resultados de los análisis de varianza (ANOVA) expuestos en la Tabla 2, las diferencias entre los valores de F2 son significativas para cada grupo vocálico, salvo en el caso de la

Tabla 2 *Resultados de los análisis de varianza (ANOVA) entre hiatos y diptongos en los coeficientes* a *de la ecuación* $F(x) = ax^2 + bx + c, -1 < x < 1$ *asociada con la trayectoria de F1-F2*

	a **F1**	*a* **F2**
[ia]-[i̯a]	* $F = 4, p < 0{,}05$	* $F = 24, p < 0{,}001$
[ie]-[i̯e]	$F = 0{,}49, p > 0{,}05$	* $F = 8, p < 0{,}001$
[io]-[i̯o]	* $F = 6, p < 0{,}05$	* $F = 10, p < 0{,}05$
[ua]-[u̯a]	* $F = 30, p < 0{,}001$	* $F = 74, p < 0{,}001$
[ue]-[u̯e]	$F = 0{,}19, p > 0{,}05$	* $F = 42, p < 0{,}001$
[uo]-[u̯o]	$F = 0{,}70, p > 0{,}05$	$F = 0{,}22, p > 0{,}05$

Nota. Para cada caso de hiato y de diptongo del corpus de lectura de palabras, se asocia la trayectoria de F1-F2 a lo largo de la secuencia vocálica a la ecuación polinómica que más se aproxima al conjunto de puntos obtenidos a partir del modelo de análisis por predicción lineal (LPC) en un intervalo de tiempo normalizado: $F(x) = ax^2 + bx + c, -1 < x < 1$. Una vez obtenidos los datos se aplica un análisis de varianza (ANOVA) para determinar si las diferencias son estadísticamente significativas. Los resultados de la tabla demuestran que las diferencias entre los valores del coeficiente a asociados con la trayectoria de F2 son significativas para cada grupo vocálico, excepto en el caso de [uo]-[u̯o] (Aguilar 1999). En el caso de F1, solo aparecen diferencias significativas en los grupos *ia, io, ua.*

combinación /uo/, en que la frecuencia por sí sola no permite diferenciar la categoría de hiato de la de diptongo (los datos sobre duración avalan en cambio la discriminación categorial, tal como se explica en el § 6.6.1). Las variaciones en el coeficiente de curvatura de las trayectorias de F2 indican que su movimiento tiene que cubrir una diferencia superior de frecuencia entre dos puntos en el caso de los hiatos, conclusión acorde con los patrones temporales de los grupos que se expondrán en el § 6.6.1, según los cuales los hiatos presentan una mayor duración. También aportan una prueba empírica a la hipótesis formulada al principio del apartado, que predice ajustes de frecuencia y de duración en los diptongos para producir dos segmentos vocálicos en una única sílaba.

6.5.2 Diferencias frecuenciales entre vocal, vocal en hiato y paravocal prevocálica

Estrechamente relacionadas con la descripción acústica de los diptongos, las paravocales han atraído la atención de los investigadores con el fin de hallar las propiedades físicas que las distinguen de las vocales aisladas. El trabajo clásico de de Manrique (1976) permite comparar las características más relevantes de las variantes de /i u/ en los siguientes contextos: diptongo en posición inicial absoluta de palabra *(hiena, huelo)*, paravocal en posición prevocálica *(Viena, duelo)*, paravocal en posición posvocálica *(peina, deudo)* y vocal en posición de núcleo silábico *(pino, dudo)*. En las Figuras 10 y 11 se reproducen los diagramas que ilustran las diferencias entre estas variantes y que sirven de base para el comentario de este apartado y del siguiente (§ 6.5.3). Los casos analizados proceden de un corpus de 24 palabras, leídas tres veces (dos de ellas, de forma aislada, y la tercera, con las palabras incluidas en frases) a una velocidad de elocución normal por cuatro hablantes masculinos del español del Río de la Plata.

Por lo que se refiere a las diferencias que halla de Manrique entre las paravocales en posición prevocálica y las vocales en posición de núcleo silábico, sus datos muestran que los valores de los formantes del segmento palatal en C + [i̯e] y C + [i] no difieren entre sí (en la Figura 10 aparecen situados en los mismos rangos de frecuencia), mientras que los dos primeros formantes del segmento velar en C + [u̯e] se sitúan en zonas de frecuencia superiores a los de C + [u] (Figura 10). Los desplazamientos de los campos de dispersión en la carta de formantes se observan con facilidad en la Figura 11. Tales resultados coinciden parcialmente con los de Aguilar (1997, 101-15), dado que en este trabajo se señalan modificaciones de frecuencia tanto en lo que se refiere a la variante velar como a la variante palatal. Por otra parte, cabe señalar que en Aguilar (1997, 101-15) no solo se examinan las paravocales y las vocales en entorno consonántico, sino que se incorpora también el estudio de las vocales cuando forman parte de un hiato. De este modo, se comparan los valores de los dos primeros formantes de las vocales /i u/ en tres contextos: a) cuando constituyen un núcleo silábico y

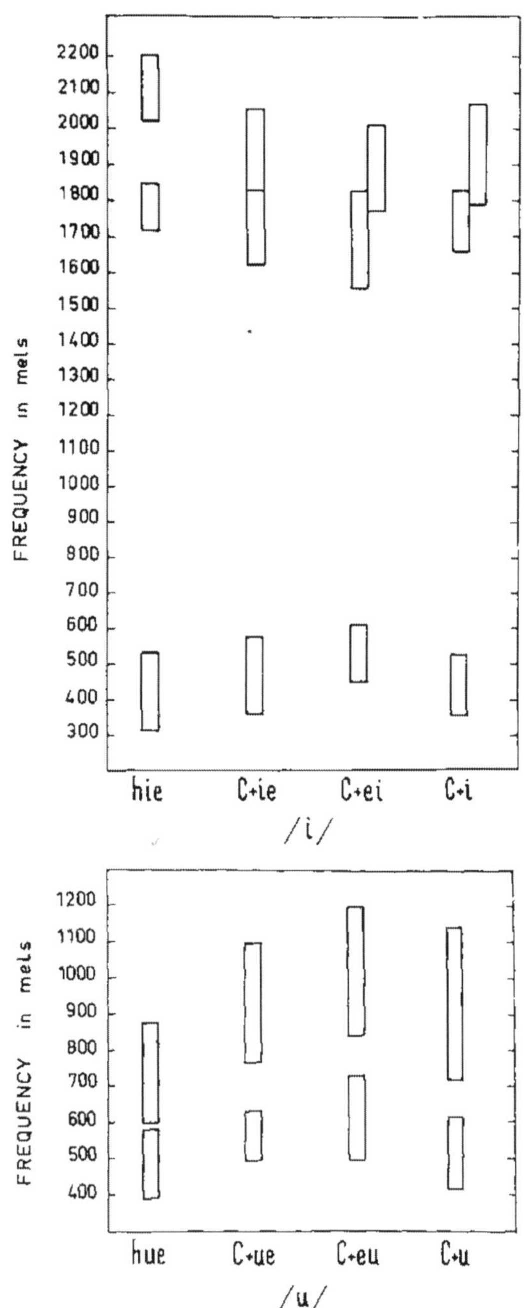

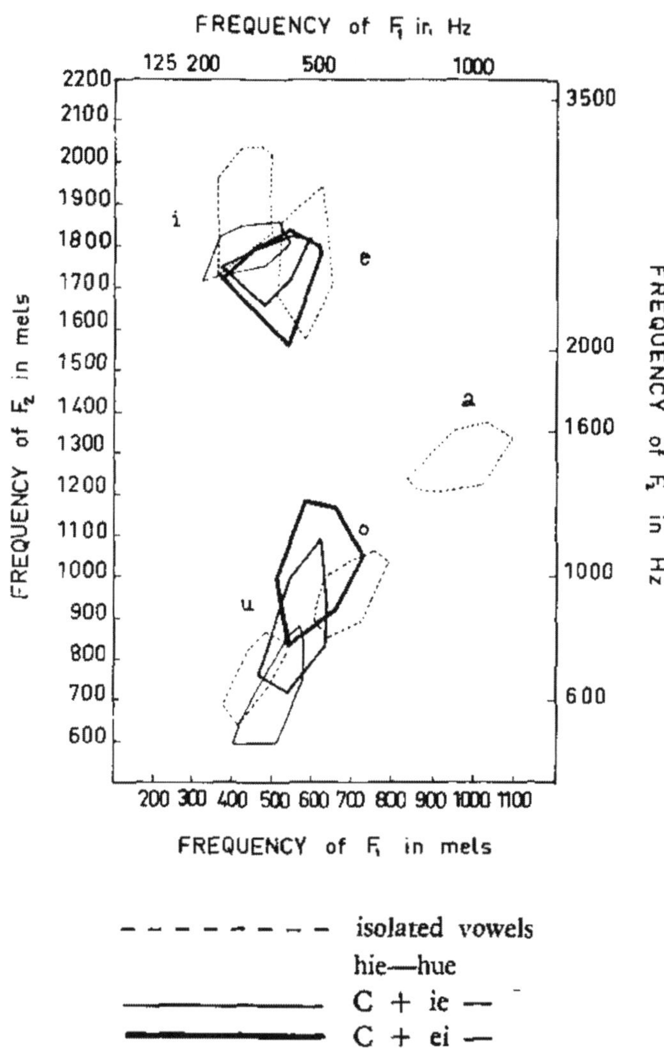

FIGURA 11. Áreas de dispersión en el espacio F1-F2 (en una escala en meles) de las vocales en posición de núcleo silábico y de las paravocales (de Manrique 1976, 124).

FIGURA 10. Distribución frecuencial de los formantes (en una escala en meles) de las variantes de /i/ y de las variantes de /u/ (de Manrique 1976, 123 y 126, respectivamente).

están rodeadas por consonantes; b) cuando constituyen un núcleo silábico, pero formando parte de un hiato; y c) cuando forman parte de un diptongo, es decir, son paravocales. Las secuencias analizadas proceden de un corpus en el que se adopta el procedimiento experimental habitual de insertar palabras en frases marco del tipo *Ha dicho [. . .], y después se ha ido*. Los participantes en el experimento (16 varones, de entre 20 y 30 años, con estudios superiores) leyeron el conjunto de frases sin instrucciones previas sobre la velocidad de elocución.

Las Tablas 3, 4 y 5 permiten cotejar la distribución frecuencial en el espacio F1-F2, respectivamente, de las vocales /i u/ en posición de núcleo silábico; de la vocal /i/ en situación de hiato y de la paravocal [i̯] en distintos entornos vocálicos; y de la vocal /u/ en situación de hiato y de la paravocal [u̯] en distintos entornos vocálicos. Se consigna el número de casos analizados (*N*) y los valores medios obtenidos para los dos primeros formantes (además de la desviación típica, entre paréntesis).

Si se compara la paravocal [i̯] con la vocal [i] en hiato en los distintos entornos vocálicos (Tabla 4), se constata que la primera presenta una frecuencia de F1 más alta y una frecuencia de F2 más baja; si se compara la vocal [i] en hiato (Tabla 4) con la vocal en entorno consonántico (Tabla 3), se aprecia que el F1 de la primera se sitúa en zonas de frecuencias superiores y el F2 en zonas de frecuencia inferiores. En otras palabras, se observa un desplazamiento hacia zonas más centrales del espacio vocálico en la serie vocal en entorno consonántico-vocal en hiato-paravocal. Aunque a partir de la mera observación de los valores medios recogidos en la Tabla 4 resulta difícil establecer una separación clara entre las diferentes realizaciones, las pruebas estadísticas (en concreto, una prueba de Scheffé) aplicadas a los datos confirman la relevancia de las diferencias en los valores de F2 en todas las comparaciones: vocal en hiato-paravocal, vocal en hiato-vocal en entorno consonántico, paravocal-vocal en entorno consonántico.

En la serie velar, la paravocal [u̯] presenta valores de F1 y F2 superiores a los de la vocal [u], tanto formando parte de un hiato (Tabla 5) como en entorno consonántico (Tabla 3), lo que muestra un desplazamiento hacia zonas centrales del espacio vocálico. Ahora bien, cabe señalar que los datos de desviación típica, especialmente altos en el F2, indican dispersión de los valores. Las pruebas estadísticas identifican diferencias significativas en el F2 únicamente en la comparación entre paravocal y vocal en entorno consonántico.

Cabe concluir, por tanto, que la paravocal se sitúa en zonas de frecuencia distintas con respecto a la vocal en hiato y a la vocal en contexto consonántico, a la vez que muestra una menor estabilidad formántica. El desplazamiento formántico se traduce en una elevación de F1 y un descenso de F2 en la paravocal palatal, y en una elevación de F1 y de F2 en la paravocal velar. Estos resultados están en línea con los descritos en el § 6.5.1, según los cuales las pendientes de los formantes en los diptongos se modifican en forma de un acercamiento entre los valores de los segmentos

Tabla 3 *Análisis de la distribución frecuencial en el espacio F1-F2 de las vocales [i u] en posición de núcleo silábico*

	N = 62	
	F1	**F2**
[i]	326 (29)	2217 (108)
[u]	337 (43)	804 (101)

Nota. Datos procedentes de un corpus de lectura de palabras insertadas en frases marco (Aguilar 1997). Número de casos analizados (*N*) y valores medios en Hz de F1-F2 (desviación típica, entre paréntesis) de las vocales [i u]. Los valores se usan para observar las diferencias con las mismas vocales en posición de hiato y en diptongo.

Tabla 4 *Análisis de la distribución frecuencial en el espacio F1-F2 de la vocal [i] en situación de hiato y de la paravocal [i̯] seguidas de las vocales [a e o u]*

	_a (N = 62)		_e (N = 62)		_o (N = 62)		_u (N = 62)	
	F1	**F2**	**F1**	**F2**	**F1**	**F2**	**F1**	**F2**
vocal en hiato [i]	355 (52)	2194 (99)	327 (54)	2185 (105)	345 (59)	2108 (102)	325 (29)	2133 (85)
paravocal [i̯]	349 (58)	2138 (83)	328 (49)	2171 (86)	333 (52)	2109 (79)	340 (57)	2049 (95)

Nota. Datos procedentes de un corpus de lectura de palabras insertadas en frases marco (Aguilar 1997). Número de casos analizados (*N*) y valores medios en Hz de F1-F2 (desviación típica, entre paréntesis). Los valores se usan para valorar la relevancia estadística de las diferencias entre vocal [i] en posición de núcleo silábico, vocal [i] en hiato y paravocal [i̯].

Tabla 5 *Análisis de la distribución frecuencial en el espacio F1-F2 de la vocal [u] en situación de hiato y de la paravocal [u̯] seguidas de las vocales [a e o]*

	_a (N = 62)		_e (N = 62)		_o (N = 62)	
	F1	**F2**	**F1**	**F2**	**F1**	**F2**
vocal en hiato [u]	354 (47)	887 (90)	336 (42)	815 (153)	328 (42)	710 (74)
paravocal [u̯]V	381 (57)	799 (89,5)	357 (62)	838 (129)	347 (58,5)	713 (84)

Nota. Datos procedentes de un corpus de lectura de palabras insertadas en frases marco (Aguilar 1997). Número de casos analizados (*N*) y valores medios en Hz de F1-F2 (desviación típica, entre paréntesis). Los valores se usan para valorar la relevancia estadística de las diferencias entre la vocal [u] en posición de núcleo silábico, la vocal [u] en hiato y la paravocal [u̯].

agrupados: los cambios en los valores esperados de /i u/ son mayores en el caso de la paravocal que en el caso de la vocal en hiato.

6.5.3 Diferencias frecuenciales entre paravocal prevocálica y paravocal posvocálica

El tercer aspecto implicado en la búsqueda de invariación en el dominio acústico para las paravocales tiene que ver con el contraste en función del contexto pre- o posvocálico en que aparezcan los segmentos, en definitiva, con la diferencia entre las prevocálicas y las posvocálicas. Las representaciones de la Figura 12 proporcionan información oscilográfica y espectrográfica del diptongo creciente [i̯a] *(amplia)* y del diptongo decreciente [ai̯] *(bailar)*: en el segundo formante se observa una trayectoria desde zonas de frecuencia altas a zonas inferiores en [i̯a] y el movimiento inverso en el caso de [ai̯].

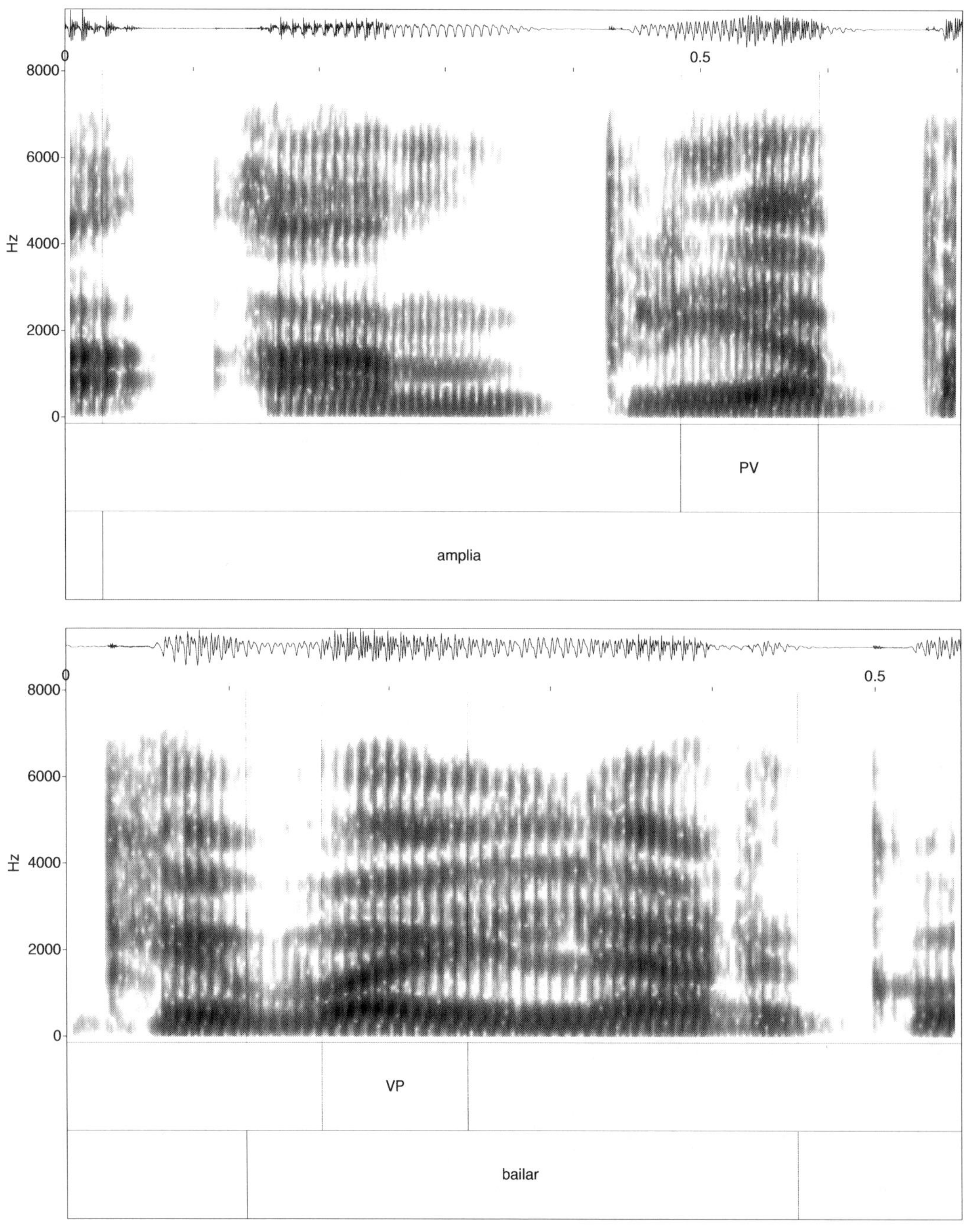

FIGURA 12. Representación oscilográfica y espectrográfica de las palabras *amplia* y *bailar* con los diptongos creciente (PV) y decreciente (VP), respectivamente, segmentados.

El estudio de Aguilar (1997, 130-37) analiza los valores de frecuencia de los dos primeros formantes de las paravocales, en función del contexto pre- o posvocálico. El corpus está constituido por veinticuatro palabras bisílabas que se han introducido en frases marco del tipo *Ha dicho rápidamente:* violín, *y después se ha ido,* y que han sido leídas a una velocidad de elocución normal por 16 hablantes masculinos de español peninsular. Las combinaciones que son objeto de análisis *(ai, ei, oi, ia, ie, io, au, eu, ou, ua, ue, uo)* aparecen en sílabas tónicas y en sílabas átonas, de manera que puede observarse la influencia del patrón acentual en la representación segmental.

La Tabla 6 permite cotejar los valores medios de F2 correspondientes a las paravocales prevocálicas y posvocálicas en la serie palatal y en la serie velar. En todos los diptongos palatales, la paravocal prevocálica presenta un valor de F1 inferior y un valor de F2 superior al de la correspondiente posvocálica. Sin embargo, queda por aclarar si las diferencias entre las frecuencias formánticas de las paravocales son discriminantes entre los segmentos. Para ello, se aplicó a los datos de la serie palatal un análisis de la varianza (ANOVA) de un factor, que señala diferencias significativas tanto en los datos de F1 como de F2 ($p = 0{,}0001$, en ambos casos). Una descripción detallada de las variaciones frecuenciales en función de la vocal silábica del diptongo y en función del acento puede encontrarse en Aguilar (1997, 133-38), aunque merece la pena señalar que la distinción categorial entre prevocálica y posvocálica queda confirmada en todas las comparaciones.

En cuanto a la serie velar, se observa en la Tabla 6 que los valores tanto de F1 como de F2 de la posvocálica son superiores a los de la prevocálica, es decir, en este caso, el efecto de centralización en el espacio vocálico de la posvocálica se traduce en un aumento de las frecuencias tanto de F1 como de F2. Estas diferencias aparecen como estadísticamente significativas en un análisis de la varianza ($p = 0{,}0001$, en ambos casos).

La descripción frecuencial concuerda con las de de Manrique (1976) y Williams (1982). Los datos de de Manrique demuestran que, mientras que los formantes de [i] en el contexto C + [i̯e] coinciden con los de [i] en C + [i], la variante en el contexto C + [e̯i] sufre modificaciones de frecuencia en el sentido de una elevación de la frecuencia de F1 y un descenso de F2 y F3 (cf. los valores en la Figura 10 y las áreas de dispersión en la Figura 11). De Manrique también comprueba un desplazamiento de frecuencias cuando compara las variantes C + [u̯e] y C + [e̯u]. La paravocal prevocálica y la vocal tienen el mismo grado de abertura, mientras que la posvocálica es más abierta. Acústicamente, por tanto, según de Manrique (1976) se pueden distinguir tres variantes de /i/ y tres variantes de /u/: las características acústicas de la paravocal son claramente diferentes a las de la vocal correspondiente, y la paravocal que aparece en posición inicial del grupo vocálico es distinta a la que aparece en posición final. En la misma línea, el trabajo de Williams (1982) registra una frecuencia del primer formante más baja y una frecuencia del segundo formante más alta para las prevocálicas que para las posvocálicas.

6.6 Correlatos acústicos. Dominio del tiempo

El análisis de las propiedades temporales de las paravocales y de los grupos relacionados, si bien desde siempre ha estado presente en la descripción de los diptongos, con el cálculo de la velocidad a la que cambian las trayectorias formánticas y la duración de las partes estables, cobra especial importancia en los trabajos enfocados desde la fonología de laboratorio [→ § 1.24], en los que las propiedades rítmicas de las lenguas se incorporan como factor de explicación de determinados comportamientos fonológicos.

6.6.1 Diferencias temporales entre hiatos y diptongos

Todos los estudios fonéticos que abordan las propiedades temporales de los diptongos y de los hiatos en español concluyen que un grupo vocálico en hiato se distingue de un diptongo por su mayor duración. La Tabla 7 recopila los resultados de los experimentos expuestos en Aguilar (1997) y Aguilar (1999), en Hualde y Prieto (2002) y en Face y Alvord (2004).

Tabla 6 *Análisis de la distribución frecuencial en el espacio F1-F2 de las paravocales [i̯] y [u̯] en posición pre- y posvocálica*

		F1	F2
	N	M (DT)	M (DT)
[i̯]V	248	337 (56)	2114 (121)
V[i̯]	248	390 (75)	2000 (227)
[u̯]V	248	355 (59)	832 (177)
V[u̯]	248	379 (65)	989 (245)

Nota. Número de casos analizados (N), valores medios (M) de F1-F2 y desviación típica (DT). Los resultados muestran una tendencia a la abertura de las paravocales en posición posvocálica.

Tabla 7 *Comparación de los estudios fonéticos que abordan las propiedades temporales de los diptongos y los hiatos en español*

	Aguilar (1997)	Aguilar (1999)	Hualde y Prieto (2002)	Face y Alvord (2004)
Combinaciones vocálicas analizadas	iu, io, ie, ia ui, uo, ue, ua	io, ie, ia uo, ue, ua	ia	ia
Modo de obtención de las muestras de habla	Lectura de palabras incluidas en frases marco	Lectura de palabras incluidas en frases marco	Lectura de palabras incluidas en frases marco	Lectura de palabras incluidas en frases marco
Número de informantes	16	16	6	5
Número de casos	32 palabras × 16 hablantes × 2 repeticiones = 1024 casos	24 palabras × 16 hablantes × 2 repeticiones = 768 casos	20 frases × 6 sujetos × 3 repeticiones = 360 casos	20 frases × 5 sujetos × 3 repeticiones = 300 casos
Valores medios de duración de los hiatos	192,5 ms ($DT = 42$)	193 ms ($DT = 44$)	Informante 1: 138 ms ($DT = 15$) Informante 2: 168 ms ($DT = 15$) Informante 3: 176 ms ($DT = 27$) Informante 4: 167 ms ($DT = 15$) Informante 5: 195 ms ($DT = 24$) Informante 6: 152 ms ($DT = 27$)	Informante 1: 188 ms ($DT = 24$) Informante 2: 226 ms ($DT = 30$) Informante 3: 175,5 ms ($DT = 22$) Informante 4: 190 ms ($DT = 22$) Informante 5: 254 ms ($DT = 33$)
Valores medios de duración de los diptongos	146 ms ($DT = 25$)	141 ms ($DT = 37$)	Informante 1: 114 ($DT = 20$) Informante 2: 138 ($DT = 32$) Informante 3: 118 ($DT = 30$) Informante 4: 131 ($DT = 19$) Informante 5: 133 ($DT = 14$) Informante 6: 113 ($DT = 25$)	Informante 1: 155 ($DT = 22$) Informante 2: 163,5 ($DT = 36$) Informante 3: 123 ($DT = 24$) Informante 4: 137 ($DT = 22$) Informante 5:189 ($DT = 42,5$)

Las diferencias en los valores obedecen a los distintos protocolos empleados, como puede observarse en el número de combinaciones analizadas, el modo de obtención de las muestras de habla y el conjunto de informantes. Lo relevante es que en todos los experimentos se obtienen valores medios de duración de los hiatos superiores a los valores medios de duración de los diptongos.

Tomando como referencia los valores medios de los diptongos obtenidos en Aguilar (1999), se calcula un porcentaje de alargamiento del 36 % de los hiatos con respecto a los diptongos (la media de duración de los hiatos es de 193 ms frente a una media de duración de 141 ms de los diptongos), con algunas diferencias en función de si la vocal integrante del grupo es /i/ o /u/: en los grupos palatales, se obtiene el 26 %, llegando al 47 % en el caso de los grupos velares. Para observar en detalle si las distinciones temporales debidas a la categoría se mantienen aunque se separen los datos teniendo en cuenta el efecto de la posición del acento y el tipo de vocal nuclear, se reproducen los datos de Aguilar (1999, 63-65) en las Figuras 13 y 14. Las combinaciones analizadas incluyen /ia ie io ua ue uo/ y proceden de un corpus de lectura de palabras incluidas en frases marco por parte de 16 informantes.

En relación con el acento, es necesario precisar que las comparaciones solo pueden efectuarse dentro de cada una de las categorías de hiato y diptongo, dado que un diptongo es acentuado o inacentuado, de manera global, mientras que un hiato puede llevar el acento en la primera vocal (hiatos inversos), en la segunda vocal (hiatos normales), o en ninguna de ellas (hiatos inacentuados) (cf. el § 6.3.2) —en los datos de Aguilar (1999) no se dispone de muestras del tercer tipo—. De todos modos, cabe destacar el alcance del factor prosódico en ambas categorías: primero, los diptongos muestran mayor duración en presencia de tonicidad silábica; segundo, los hiatos son más largos cuando el acento recae sobre la vocal /i u/ (Figura 13).

En cuanto al efecto del entorno vocálico, la Figura 14 demuestra que, con independencia de las variaciones debidas a la vocal nuclear, los hiatos tomados globalmente presentan siempre duraciones superiores a las de los diptongos. Ahora bien, si se observan las desviaciones de los datos con respecto a los valores medios, representadas en las figuras con una barra vertical en cada una de las columnas, se constata un amplio margen de variación temporal: en los grupos /ia io uo/ se da superposición de valores entre las categorías, de manera que un hiato corto puede presentar idéntica duración a la de un diptongo largo. El mismo tipo de variabilidad se registra en los trabajos de Hualde y Prieto (2002) y de Face y Alvord (2004), como se expone a continuación.

Aunque los resultados de Hualde y Prieto (2002) confirman la hipótesis previa de la separación temporal entre las dos clases de palabras con hiato y palabras con diptongo, al mismo tiempo ponen de manifiesto la existencia de valores coincidentes en la producción de ambas clases. Por su parte, Face y Alvord (2004) repiten el experimento de Hualde y Prieto (2002) con resultados similares: los valores medios de duración de los hiatos son superiores a los valores medios de duración de los diptongos, aunque también se hallan zonas en las

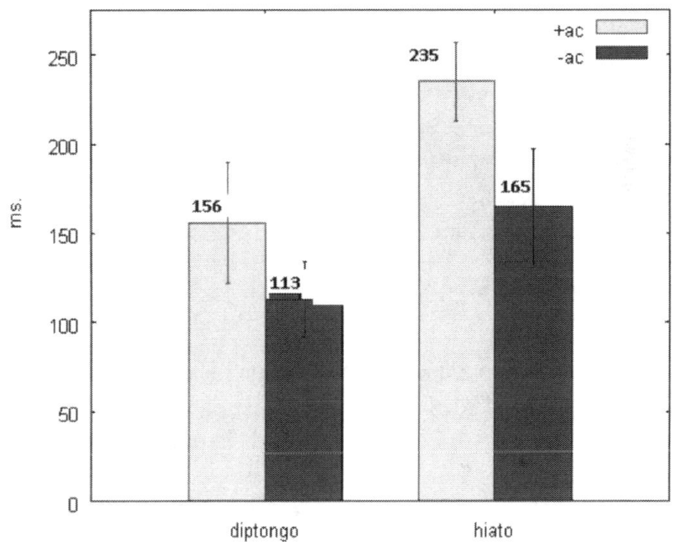

FIGURA 13. Valores medios de duración en ms (± 1 desviación típica) de hiatos y diptongos, separados por contextos acentuales (Aguilar 1999).

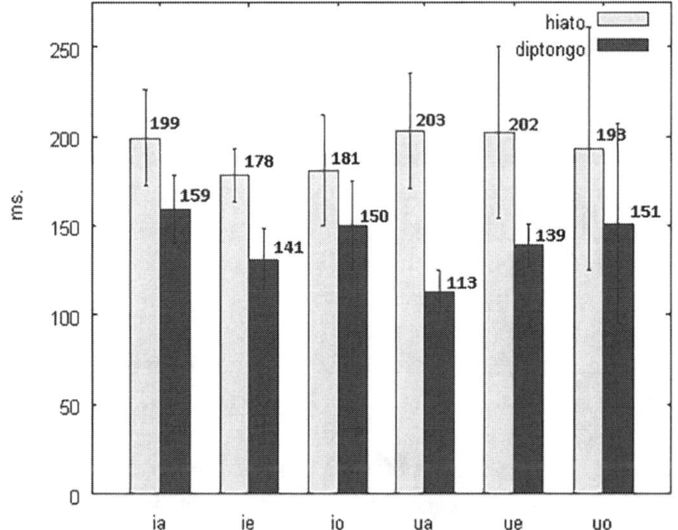

FIGURA 14. Valores medios de duración en ms (±1 desviación típica) de hiatos y diptongos, separados por contextos vocálicos (Aguilar 1999).

que los valores de hiatos y diptongos coexisten, factor que se suma a las diferencias entre hablantes. Concluyen, por tanto, que no se puede establecer un umbral temporal que discrimine entre hiatos y diptongos: parece claro que una mayor duración caracteriza al hiato frente al diptongo, pero no es posible dibujar una frontera precisa en la que el cambio temporal determine el paso de una categoría a otra.

Otros estudios, como los de Hualde y Chitoran (2003) y Chitoran y Hualde (2007), relacionan la producción en hiato o diptongo de las palabras del corpus con las diferencias de duración entre las sílabas debidas a la organización prosódica de las lenguas. En particular, se formula la hipótesis de que las excepciones a la diptongación diacrónica tienen que ver con una mayor duración del entorno silábico en que aparecen. En un primer experimento, cuatro hablantes de español peninsular leen, cuatro veces, una lista de frases marco con palabras que contienen la secuencia /ia/. En función de la posición de la secuencia vocálica con respecto al acento, las palabras están clasificadas en tres grupos: 1) contexto tónico (*diáspora, diana*); 2) contexto pretónico (*diamante, diagrama*); y 3) contexto prepretónico (*diagonal, diametral*). Para cada secuencia, se obtuvieron los datos de duración del grupo /ia/. Las pruebas estadísticas (ANOVA y comparaciones *post hoc*) revelan que las secuencias que aparecen en el entorno tónico son significativamente más largas que las de los otros dos grupos, para todos los hablantes. (Cabe señalar la existencia de numerosos estudios que demuestran el efecto del acento sobre la duración de los segmentos del español: cf., entre otros, de Manrique y Signorini [1983] y el capítulo 25 de la presente obra). Por otra parte, las secuencias en posición pretónica tienen mayor duración que aquellas secuencias en posición prepretónica, al menos para dos de los cuatro informantes.

Los autores interpretan las diferencias de duración en el sentido de que la percepción de un hiato solo es posible si transcurre un tiempo suficiente para que los dos elementos vocálicos se realicen. En los contextos de duración larga (tónicos), el hiato es la configuración preferida, a diferencia de los contextos de duración corta (prepretónicos), en los que se elige mayoritariamente el diptongo.

6.6.2 Diferencias temporales entre vocal, vocal en hiato y paravocal prevocálica

De modo paralelo a la diferencia temporal entre hiatos y diptongos, el estudio de Aguilar (1997, 101-5) demuestra que, con independencia de la vocal adyacente y del entorno acentual, la vocal [i u] de un grupo vocálico en hiato es la unidad que presenta mayor duración, seguida de la paravocal prevocálica (semiconsonante) y de la vocal nuclear. No se hallan, en cambio, modificaciones temporales estadísticamente significativas entre la vocal y la paravocal prevocálica. Las Figuras 15 y 16 permiten observar esas diferencias.

En la serie palatal, como puede apreciarse en la Figura 15, la vocal [i] de un grupo vocálico en hiato es la unidad con mayor duración, seguida de la paravocal prevocálica [i̯], y de la vocal [i] en un entorno consonántico. En cuanto a la serie velar, la vocal [u] en contacto con otra vocal es más larga que la vocal en entorno consonántico y esta, a su vez, que la paravocal prevocálica. Un análisis de la varianza (ANOVA) de un factor ('categoría') señala diferencias en la duración de los sonidos debidas al hecho de que el segmento observado sea una vocal en entorno consonántico, una vocal en hiato o una paravocal con un nivel de significación del 99 % ($p < 0{,}001$), en ambas series, palatal y velar.

Una vez comprobadas las diferencias entre las categorías, resulta interesante establecer si las variaciones temporales se mantienen con independencia del entorno vocálico. Si se tiene en cuenta el timbre de la vocal que sigue a la paravocal prevocálica o a la vocal, se obtienen los valores medios que se resumen en el diagrama de barras de la Figura 16. Cuando el hiato es palatal, se registra una gradación de mayor a menor duración en virtud de la abertura de la vocal siguiente: los hiatos con la vocal [a] son más largos que los hiatos con las vocales medias [e o]. Cuando el grupo es velar, puede afirmarse que la vocal [u]

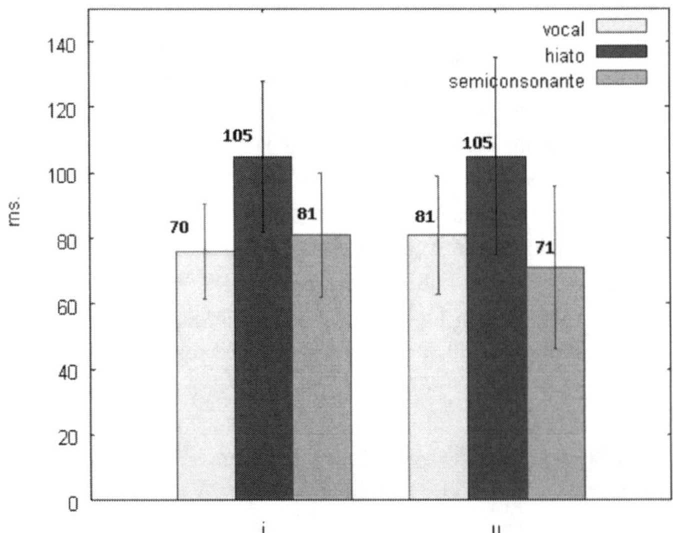

FIGURA 15. Valores medios de duración en ms (± 1 desviacion típica) de la vocal en entorno consonántico, la vocal en hiato y la paravocal en la serie palatal (columnas agrupadas con la leyenda 'i') y velar (leyenda 'u') (Aguilar 1997).

en contacto con [e] es más larga que en contacto con [a o], mientras que la paravocal presenta mayor duración seguida de [o e] que de [a]. Mediante las pruebas estadísticas aplicadas (análisis de varianza, test de Scheffé) se identifican diferencias significativas en estas variaciones microfonéticas (a un nivel de significación del 99 %, p < 0,001), localizadas en los pares: vocal en hiato-semiconsonante, vocal en hiato-vocal en entorno consonántico. No se hallan, en cambio, diferencias entre vocal en entorno consonántico y paravocal prevocálica, ni en la serie velar ni en la serie palatal (cf., para un análisis más detallado, Aguilar [1997, 101-5]).

6.6.3 Diferencias temporales entre paravocal prevocálica y posvocálica

Dado que el contraste entre la paravocal prevocálica y la posvocálica está forzosamente unido a la distinción entre diptongo creciente y decreciente, se ha representado en la Figura 17 la correspondencia entre la duración total del diptongo y la de la paravocal correspondiente, a partir de los datos de Aguilar (1997, 130-33). Puede observarse que las relaciones temporales entre paravocal y núcleo silábico se ven alteradas: las paravocales prevocálicas ocupan un dominio temporal superior en el grupo que las posvocálicas. Aplicado sobre estos datos, un análisis de varianza (ANOVA) muestra la existencia de diferencias significativas debidas a la posición en el diptongo ($p = 0{,}0001$).

Otros trabajos como los de Monroy (1980) o Williams (1982) distinguen las paravocales prevocálicas por su duración breve. Sin embargo, no se dispone de información acerca del número de casos analizados, de los criterios de segmentación adoptados para decidir las fronteras entre el elemento asilábico y el núcleo, ni de la significación estadística de las diferencias entre los valores.

Considerando globalmente los datos de duración de hiatos y diptongos, vocales en hiato, paravocales pre- y posvocálicas, se deduce que la mayor duración del hiato se debe a un alargamiento de la vocal cuando pasa a formar parte de un grupo heterosilábico, como modo de preservar su naturaleza vocálica, y no a un acortamiento de la paravocal, proceso que solo se observa en el contexto posvocálico, donde, cabe notar, las posibilidades de contrastar con una vocal son muy limitadas.

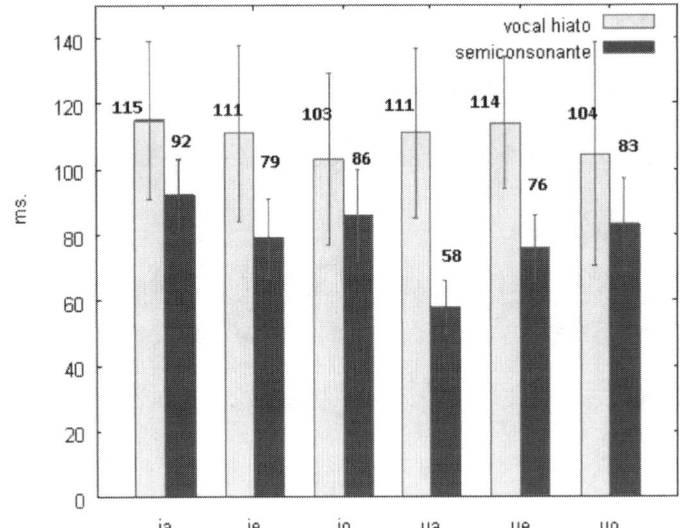

FIGURA 16. Valores medios de duración en ms (± 1 desviacion típica) de la vocal en hiato y de la paravocal en función de la vocal siguiente (Aguilar 1997).

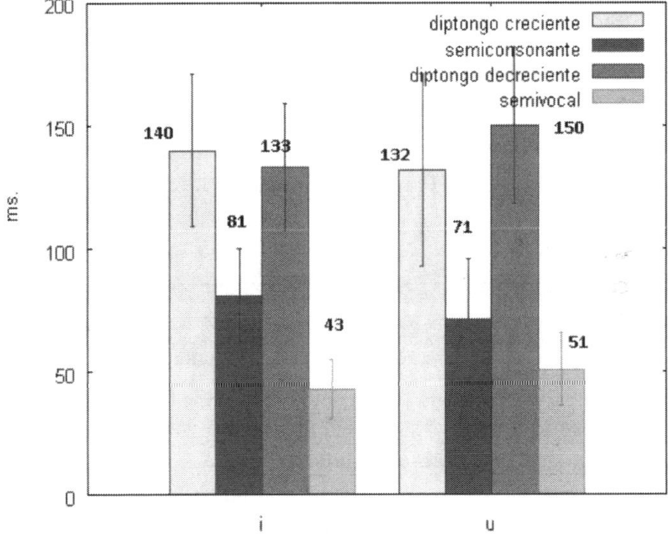

FIGURA 17. Valores medios de duración en ms (± 1 desviación típica) de diptongos crecientes, semiconsonantes, diptongos decrecientes y semivocales (Aguilar 1997).

6.7 Percepción

Para acabar el recorrido por la descripción fonética de las paravocales, queda por examinar el modo en que los oyentes las distinguen de otros segmentos fonéticos. Aunque los primeros análisis sobre identificación de diptongos se basaron en la aplicación de las técnicas de síntesis en experimentos de percepción (§ 6.7.1), la mayoría de los estudios publicados para el español se han acometido desde la fonología de laboratorio [→ § 1.24], aproximación teórica que aplica el método experimental para validar o descartar hipótesis fonológicas. Como principal procedimiento de obtención de datos sobre la percepción de las paravocales, se recurre a las pruebas de silabación, en las que los oyentes tienen que revelar sus intuiciones fonológicas a propósito de las agrupaciones vocálicas (§ 6.7.2), con el doble objetivo de establecer si son sistemáticas en un conjunto representativo de hablantes y si tal sistematicidad puede relacionarse de manera clara con alguna de las propiedades acústicas de los diptongos, en particular, con la duración (§ 6.7.3).

6.7.1 Indicios: transiciones formánticas, velocidad de cambio

Con el fin de explicar si las realizaciones físicas dispares de los diptongos llegan a interpretarse como una unidad lingüística y poder determinar los indicios básicos que señalan la presencia de diptongos, las investigaciones pioneras de Gay (1970) y de Bond (1978, 1982) emplearon técnicas de síntesis de habla para crear estímulos artificiales en los que se podían manipular los parámetros estudiados: en concreto, la duración de las zonas vocálicas y de las transiciones. No se conocen trabajos comparables sobre los diptongos del español, pero los experimentos en inglés demostraron que el desplazamiento de las frecuencias formánticas en su dimensión temporal ofrecía el indicio primario en la percepción de los diptongos; es más, la simple presencia de la transición, sin componentes de la zona estable, bastaba para discriminarlos de las vocales. Estos resultados se consideraron válidos de manera interlingüística, dado que, como ha quedado dicho en el § 6.5.1, la descripción generalizada de los diptongos en español se basó en la velocidad de cambio de las trayectorias formánticas. No obstante, convienen nuevas exploraciones de base experimental, dado que las lenguas estudiadas presentan inventarios vocálicos muy diversos al del español y, según se ha expuesto en el § 6.5.1, la trayectoria formántica de los diptongos puede manifestarse bien como una transición que empieza y acaba en unas determinadas zonas vocálicas, bien como dos posiciones sin transición.

6.7.2 Pruebas de silabación

Para avanzar en el conocimiento de la distribución de los hiatos y los diptongos del español, los juicios lingüísticos de los hablantes constituyen una valiosa fuente de información. Algunos estudios comprueban así que los hablantes de español tienen intuiciones sólidas acerca de la clasificación de un grupo vocálico como hiato o como diptongo. Son representativos de esta línea de investigación los trabajos de Hualde y Prieto (2002) y de Face y Alvord (2004), en que los oyentes deben indicar el número de sílabas de cada palabra según su propia producción. El objetivo es determinar hasta qué punto las decisiones sobre silabación [→ § 1.21.11] de los grupos vocálicos son sistemáticas en sendos grupos de hablantes de castellano de Madrid y Barcelona, respectivamente. Para ello, los investigadores eligen, de acuerdo con su propia pronunciación, un conjunto de 10 palabras que contienen diptongos y 10 palabras que contienen hiato, y solicitan a los participantes del experimento que escriban el número de sílabas de que consta cada palabra.

Dado que en ambos experimentos se usa el mismo conjunto de palabras, los resultados pueden reproducirse de forma conjunta en la Tabla 8, donde una 'x' indica que la intuición del sujeto difiere de lo que se esperaba, mientras que la celda vacía representa la coincidencia con las predicciones de los autores. De forma general, de los seis participantes en el experimento de Hualde y Prieto (2002), tres coinciden totalmente en la clasificación hipotética de las palabras como pertenecientes a la clase de palabras con hiato o con diptongo, y solo uno de ellos difiere en 12 de las 20 posibilidades; del resto, uno difiere únicamente en una palabra, y otro, en tres. Los resultados son similares en el experimento de Face y Alvord (2004), en el que las principales divergencias se localizan para ciertas formas léxicas (*barriada*) y determinados informantes (D y E). Aunque estos datos sugieren un elevado grado de sistematicidad en los juicios de los hablantes, ponen de manifiesto asimismo diferencias idiolectales: así, el informante JT, participante en el experimento de Hualde y Prieto (2002), toma decisiones sobre silabación de forma poco sistemática, mientras que los informantes E y D, del conjunto de hablantes entrevistados en Face y Alvord (2004), muestran hábitos contrapuestos (el informante E tiende a generalizar el hiato, mientras que el informante D lo hace con el diptongo).

Un análisis más detallado es el que ofrecen Cabré y Prieto Vives (2006), con un cuestionario de 246 palabras que ejemplifican distintos tipos de configuración prosódica (según la posición en la palabra y la distancia con respecto al acento léxico (*diadema-persiana-material; viola-violín-violinista*), organización segmental (*truhán, Luis*) y patrones morfológicos (*contraindicación, preuniversitario*). La tarea de los 15 hablantes de español peninsular que participaron en el experimento consistió en separar las sílabas de la palabra de acuerdo con su propia producción. El primer resultado relevante tiene que ver con las tendencias articulatorias de los hablantes: las autoras distinguen entre hablantes 'conservadores' y hablantes

Tabla 8 *Pruebas de silabación para observar la clasificación de un grupo vocálico como hiato o como diptongo*

	Hualde y Prieto (2002)						Face y Alvord (2004)				
	JL	IF	JT	MH	AH	JC	A	B	C	D	E
DIPTONGOS											
Ulpiano			x								x
aliviamos											x
italiana			x								
presidiario											
envidiable											
limpiando											x
saciamos											
barriada			x				x		x		x
elogiamos											x
Indiana			x								x
HIATOS											
piano										x	
enviamos			x							x	
liana						x					
diario											
semiviable						x				x	
piando						x					
vaciamos	x		x						x		
riada			x				x				
guiamos											
Diana			x								

Nota. Resultados de los experimentos de silabación de Hualde y Prieto (2002) y de Face y Alvord (2004). Los oyentes deben indicar el número de sílabas de cada palabra según su propia producción. Previamente, los investigadores han clasificado cada palabra en el grupo de hiatos o diptongos. La marca 'x' en la tabla indica que la intuición del informante difiere de lo esperado, mientras que la celda vacía indica que existe una coincidencia con la categorización inicial. Aunque los resultados revelan diferencias idiolectales, indican un elevado grado de sistematicidad en los juicios de los hablantes.

'innovadores', en función de su preferencia por preservar el hiato, registrando una difusión del diptongo en el 50 % de los informantes encuestados.

El segundo resultado pone de manifiesto la necesidad de comprobar empíricamente las hipótesis formuladas en anteriores estudios, dado que algunos de los factores de variación asumidos previamente en las decisiones sobre la formación de diptongos y de hiatos quedan sin ratificar. En particular, solo los resultados de ocho de los 15 informantes confirman la influencia de la posición inicial de palabra (es decir, una preferencia por el hiato si la combinación vocálica aparece en la sílaba inicial de la palabra, en palabras como *piano*), puesto que separan en sílabas diferentes entre el 26 % y el 48 % de los casos; el resto de los informantes prácticamente ha generalizado el diptongo en esta misma posición (silabean como diptongos las mismas palabras entre el 52 % y el 100 %). El efecto de la posición inicial se restringe al conjunto de palabras en las que el acento léxico recae en el grupo o en la sílaba contigua *(vi.olín-v[i̯o]linista)*, y que no son potencialmente monosilábicas *(di.ana-D[i̯o]s)*. Esta segunda condición no se aplica en aquellas palabras potencialmente monosilábicas con una frontera morfológica o con un ataque silábico complejo, ya que en estos casos la solución general es el hiato *(fi.ar, cru.el)*. En cuanto a los factores morfológicos, los datos revelan diferentes soluciones según se trate del paradigma nominal o del verbal, y según los hábitos articulatorios de los hablantes: mientras que en los paradigmas nominales el hiato solo se manifiesta si la vocal alta es posterior y se halla en un límite de morfema *(virtu.al-artific*[i̯a]*l, virtu.oso-prec*[i̯o]*so)*, en los paradigmas verbales el grupo vocálico se produce como hiato si se encuentra en un límite morfológico y existe una vocal alta acentuada en otras formas del paradigma *(conf*[i.a]*r-confí.o* frente a *camb*[i̯a]*r-camb*[i̯o]) [→ § 26.4].

En síntesis, los datos obtenidos mediante pruebas de silabación sugieren que los hablantes interiorizan patrones claros de distribución de las secuencias vocálicas, aplicando reglas prosódicas y analógicas de manera sistemática, pero que dichos patrones no tienen carácter universal, como revela la variabilidad interlocutor en función de factores articulatorios y léxicos.

6.7.3 Indicios: duración

Una vez examinado el grado de coincidencia en los juicios de categorización entre hiato y diptongo por parte de los hablantes de español, diversos experimentos se centran en investigar si existe una relación clara con las diferencias temporales puestas de manifiesto en anteriores estudios (véase el § 6.6). Los trabajos de Hualde y Prieto (2002), Hualde y Chitoran (2003) o Simonet (2005) demuestran que, si los oyentes perciben secuencias largas, las asocian con los hiatos. Desde este punto de vista es posible explicar la silabación de las secuencias vocálicas a partir de patrones generales de ritmo y duración: es el aumento de la duración de la sílaba, debido a fenómenos independientes de organización prosódica, lo que explica la pervivencia de los hiatos en dichas posiciones. Mientras que en el caso de las vocales las diferencias temporales apenas se perciben, aunque existan, en el caso de las secuencias vocálicas tales diferencias condicionan la fonologización del grupo como diptongo o como hiato. Dicho de otro modo, el hecho de que determinadas sílabas sean más largas que otras preserva el hiato etimológico.

No obstante, también se ha demostrado repetidamente que el margen de duración en que puede manifestarse un diptongo o un hiato es muy variable, de manera que, si se admite que un cambio en la duración de la secuencia explica el paso de la percepción de diptongo a hiato, el contraste entre estas categorías debe considerarse de naturaleza gradual y no categórica. Los resultados de Simonet (2005) así lo prueban: 12 hablantes de español tuvieron que decidir si el grupo vocálico que aparecía en una muestra de 45 formas léxicas (12 de ellas existentes en el vocabulario español y, el resto, inexistentes aunque posibles, dada su configuración fonética, fonológica y morfológica) era hiato o diptongo, además de precisar el grado de confianza en sus intuiciones mediante una escala de mayor a menor certeza. Los resultados muestran una coincidencia sustancial en los juicios de los hablantes en lo que concierne a los contextos de duración corta (en posición prepretónica se elige de manera mayoritaria el diptongo) y a los contextos de duración larga (en posición tónica, el hiato es la configuración preferida), pero menor sistematicidad en las secuencias que aparecen en sílaba pretónica. De acuerdo con estos resultados, no se puede establecer un punto preciso de la escala de duración en el que una secuencia vocálica en hiato pase a considerarse diptongo: lo que se halla es una diferencia gradual que va desde un hiato prototípicamente largo a un diptongo prototípicamente corto. En conclusión, se describen dos categorías (hiato y diptongo o, de manera equivalente, vocal alta y paravocal), pero no se localiza una frontera precisa entre ambas.

La complejidad del fenómeno, no obstante, es tal que autores como Face y Alvord (2004) incorporan nuevos factores de análisis, como el léxico: en particular, se preguntan si el hecho de que una palabra habitualmente se pronuncie como diptongo o forme parte del grupo de las palabras con el llamado hiato excepcional (véase el § 6.3.3) influye más en la decisión de los oyentes que las diferencias temporales. Para ello, diseñan dos condiciones experimentales: 1) discriminación A-B en secuencias descontextualizadas, y 2) discriminación A-B con palabras reales y con ítems léxicos alterados acústicamente. En la primera de las tareas (discriminación A-B en secuencias descontextualizadas), los sujetos oyen de manera aislada cada una de las secuencias vocálicas extraídas del conjunto de palabras, y tienen que decidir si pertenece a la categoría de hiato o de diptongo. Los resultados muestran que los oyentes son capaces de diferenciar entre hiatos y diptongos en secuencias aisladas con mucha precisión: globalmente, se percibieron de manera correcta el 79 % de los ítems (un 73 % en el caso de los diptongos, un 84 % en el de los hiatos). Se confirma, por tanto, la duración como un factor discriminante de la estructura silábica en las combinaciones de vocales.

Una vez se ha establecido que los informantes son capaces de percibir las diferencias entre las categorías aun estando descontextualizadas, se formula la hipótesis de que incluir las secuencias en el marco de una palabra va a aumentar el grado de precisión en la identificación de las categorías. En la segunda tarea (discriminación A-B con dos tipos de ítems), por tanto, se investiga el efecto de las piezas léxicas. Para ello, los informantes oyen palabras que incluyen diptongos (por ejemplo, *limpiando*) o hiatos excepcionales *(piando)* y deben decidir a cuál de las dos categorías corresponden.

Intercaladas con los ítems reales, se halla la misma serie de palabras, pero con una alteración temporal: la palabra que contiene un diptongo léxico se ha modificado de manera que la secuencia vocálica se alarga como si fuera un hiato; y, a la inversa, la palabra que contiene un hiato excepcional se modifica para que la duración de la secuencia vocálica sea corta, como la de un diptongo. De esta forma, al usar dos tipos de formas léxicas (las que corresponden a una pronunciación prototípica en términos de duración y las que ven alterada su estructura temporal), los autores pueden investigar si los oyentes son capaces de percibir la diferencia entre hiato y diptongo basándose en indicios temporales, o bien si están influenciados por el acceso al léxico.

Los resultados apuntan a una influencia decisiva del factor léxico, por cuanto el grado de éxito en los juicios de los oyentes varía radicalmente de una condición experimental a otra. En sus palabras de origen, tanto los diptongos como los hiatos se perciben siempre de manera correcta (100 % y 95 % de acierto, respectivamente). Por el contrario, cuando el factor temporal y el factor léxico entran en conflicto (es decir, en el conjunto de palabras que han visto modificada su duración), los juicios de los hablantes dejan de ser sistemáticos, aproximándose a una distribución aleatoria: las secuencias con diptongo léxico y duración de hiato se categorizan como diptongos en el 65 % de las ocasiones y como hiatos en el 35 %; las secuencias con hiato léxico y duración de diptongo se clasifican como grupos tautosilábicos en el 60 % de las ocasiones y como heterosilábicos en el 40 %.

Estos datos pueden interpretarse, en la línea de la llamada 'tendencia antihiática del español', motivada diacrónicamente, como una tendencia a percibir como diptongos todos los tipos de secuencias. Sin embargo, Face y Alvord (2004) incorporan la frecuencia de uso como una nueva vía de análisis que puede ayudar a conocer mejor el reparto contextual de las categorías: el hecho de que los diptongos sean más frecuentes que los hiatos en español conduce a los oyentes a descartar la separación silábica cuando los indicios temporales se contradicen con los indicios léxicos.

6.8 Conclusiones

Los numerosos estudios sobre las vocales /i u/ y las paravocales (en ámbitos tan diversos como la invariación acústica, las intuiciones lingüísticas o las relaciones entre los niveles fonológico, morfológico y léxico) deben su origen al hecho de que, si bien en español las paravocales son variantes contextuales de las vocales /i u/, existen ciertas posiciones en las que es posible encontrar un contraste entre las dos clases de segmentos. Este fenómeno ha despertado el interés por describir la producción, la acústica y la percepción de las paravocales y de los grupos vocálicos relacionados, así como por encontrar los factores que permiten explicar en las lenguas la distinción entre las categorías de hiato y diptongo.

Desde el punto de vista de la descripción fonética de las paravocales, son relevantes las siguientes generalizaciones:

1) Para caracterizar articulatoriamente las paravocales se necesita incorporar información temporal, al constituirse como sonidos de transición desde una zona vocálica a otra sin diferencias notables con respecto a las vocales relacionadas, si se observa únicamente el momento central de su configuración.

2) Los estudios sobre características acústicas demuestran que existen indicios acústicos asociados con las paravocales, los diptongos y los hiatos, en el dominio temporal y en el de la frecuencia, propiedades que se configuran como contrastes mínimos y suficientes para su identificación. Primero: el hiato es significativamente más largo que el diptongo, y las diferencias en el ámbito de la frecuencia entre hiatos y diptongos se localizan en el grado de curvatura que presenta la trayectoria del segundo formante a lo largo del grupo. Es la combinación de los valores de duración y de trayectoria formántica lo que conduce a una separación más clara de las secuencias en hiato y en diptongo. Segundo: comparada con una vocal en hiato, la paravocal es significativamente más corta, pero no es así si se compara con una vocal en entorno consonántico, dado que los márgenes de variación se superponen. También se ha comprobado en la descripción frecuencial una tendencia a la dispersión de los valores formánticos, además de un desplazamiento de los dos primeros formantes con respecto a la vocal nuclear en la dirección de una centralización. Tercero: la paravocal posvocálica presenta una menor duración que la prevocálica y, en el ámbito de la frecuencia, los dos primeros formantes se desplazan hacia zonas aún más centrales del espacio vocálico.

3) Las pruebas de percepción a las que se someten los hablantes de español proporcionan resultados sistemáticos en la clasificación categorial de hiatos y diptongos. De modo general, los hablantes muestran intuiciones claras sobre si el grupo puede producirse con un hiato o sobre si incluye un diptongo de manera

obligatoria. Por otro lado, la existencia de variaciones individuales o dialectales altera la pronunciación de una determinada palabra, no la relación entre las categorías hiato-diptongo.

Queda demostrado, por tanto, que las paravocales constituyen una categoría fonética distinta de la vocal, del mismo modo que el hiato puede tratarse como una agrupación vocálica diferente del diptongo. Ahora bien, hay suficientes razones para defender que la silabación en hiato del español es inusual y que puede explicarse mediante patrones generales de las lenguas. Para empezar, el contraste se da entre un conjunto de palabras que tienen diptongo de manera obligatoria y un grupo de palabras que de manera excepcional presentan hiato. Cabe recordar que en estilos de pronunciación relajados cualquier hiato es reducible a diptongo, del mismo modo que cualquier diptongo es susceptible de sufrir una monoptongación. Por otro lado, el hecho de que los experimentos de silabación y de percepción demuestren que los oyentes hispanohablantes son capaces de diferenciar entre hiatos y diptongos, pero que, si se da conflicto entre los indicios acústicos y el conocimiento léxico, los oyentes perciben un diptongo, indica la tendencia antihiática señalada repetidamente para el español.

Finalmente, se ha comprobado que la mayoría de los hiatos en español puede explicarse mediante las relaciones de correspondencia con formas léxica o morfológicamente relacionadas, y que el resto debe su aparición al efecto, motivado de manera independiente, de la organización prosódica de las lenguas. La recategorización de las secuencias /iV/ como diptongos se bloquea con el alargamiento de la vocal nuclear, y es debida, en muchos de los casos, a la duración de la sílaba en la que esta aparece, en línea con otros procesos de reforzamiento articulatorio que tienen lugar en las posiciones de inicio de palabra.

En síntesis, considerando conjuntamente los datos que indican variabilidad (variación dialectal e idiolectal) y los que inducen a pensar en la sistematicidad (distinción acústica y clasificación perceptiva), puede asegurarse que la distribución de los hiatos y los diptongos es un asunto de gran trascendencia en la estructura fónica del español. Siguen inexplorados aspectos relacionados con condicionamientos fonéticos segmentales (la influencia de la consonante que precede al grupo vocálico en su pronunciación hiática o diptongada, o los fenómenos de asimilación de nasales en combinación con paravocales, entre otras posibilidades) y prosódicos (la influencia de la posición del grupo vocálico teniendo en cuenta aspectos como la prominencia tonal o temporal de la sílaba que ocupa). Asimismo, son necesarios estudios especializados que aporten nuevos datos sobre las configuraciones articulatorias de las paravocales, diptongos, hiatos y triptongos (grado de abertura y adelantamiento en las posiciones inicial y final de la secuencia, número de gestos articulatorios implicados, etcétera). En lo que respecta a la caracterización acústica, quedan por examinar nuevas formas de aproximación, como el cálculo de las distancias entre los valores de las zonas estables o la superposición entre las áreas de dispersión, así como estudios experimentales sobre las propiedades de los triptongos. Por último, sin duda son nuevos experimentos de percepción los que han de permitir dilucidar el modo en que los oyentes categorizan las realizaciones físicas dispares de las paravocales en los diptongos y los triptongos.

Agradecimientos

Quiero expresar mi gratitud a Antonio Bonafonte por todo el tiempo dedicado a recalcular y presentar gráficamente los datos de frecuencia y tiempo discutidos en los apartados 6.5 y 6.6, y a Joan Borràs-Comes por su ayuda eficaz en la preparación de las Figuras 4-7.

Referencias bibliográficas

Aguilar, Lourdes. 1997. *De la vocal a la consonante*. Santiago de Compostela: Universidade de Santiago de Compostela, Servicio de Publicacións.

———. 1999. «Hiatus and Diphthong: Acoustic Cues and Speech Situation Differences». *Speech Communication* 28 (1): 57–74. https://doi.org/10.1016/S0167-6393(99)00003-5.

———. 2005. «A vueltas con el problema de las semiconsonantes y las semivocales». *Verba. Anuario Galego de Filoloxía* 32: 121–42. http://hdl.handle.net/10347/3430.

———. 2006. «A propósito de las combinaciones vocálicas». *Nueva Revista de Filología Hispánica* 54 (2): 353–381. https://doi.org/10.24201/nrfh.v54i2.2325.

———. 2010. *Vocales en grupo*. Madrid: Arco/Libros.

Aguilar, Lourdes y María Jesús Machuca. 1995a. «Intentionality in the Speech Act and Reduction Phenomena». En *Proceedings of the 13th International Congress of Phonetic Sciences (ICPhS 95). Stockholm, Sweden, 13–19 August, 1995*, editado por Kjell Elenius y Peter Branderud, 3:460–463. Estocolmo: Royal Institute of Technology (KTH), Department of Speech Communication and Music Acoustics: Estocolmo: Stockholm University, Department of Linguistics.

———. 1995b. «Pragmatic Factors Affecting the Phonetic Properties of Diphthongs». En *Fourth European Conference on Speech Communication and Technology (EUROSPEECH'95). Madrid, Spain, September 18–21, 1995*, 2251–254. International Speech Communication Association (ISCA) Online Archive.

Alarcos, Emilio. (1950) 1965. *Fonología española*. 4.ª ed. aumentada y revisada. Madrid: Gredos.

———. 1994. *Gramática de la lengua española*. Madrid: Espasa Calpe.

Alba, Matthew C. 2006. «Accounting for Variability in the Production of Spanish Vowel Sequences». En *Selected Proceedings of the 9th Hispanic Linguistics Symposium*, editado por Nuria Sagarra y Almeida Jacqueline Toribio, 273–85. Somerville: Cascadilla Proceedings Project.

Alcina, Juan y José Manuel Blecua. 1975. *Gramática española*. Barcelona: Ariel.

Alcoholado, Antonio. 2017. «Fenómenos métricos y antihiatismo en hablantes cultos de español: enfoques histórico, preceptivo y empírico. Validación gramatical y normativa». Tesis de doctorado, Universitat Jaume I. http://hdl.handle.net/10803/405455.

Anderson, Anne H., Miles Bader, Ellen G. Bard, Elizabeth Boyle, Gwyneth Doherty, Simon Garrod, Stephen Isard, et al. 1991. «The HCRC Map Task Corpus». *Language and Speech* 34 (4): 351–366. https://doi.org/10.1177/002383099103400404.

Ariza, Manuel. 2012. *Fonología y fonética históricas del español*. Madrid: Arco/Libros.

Blumstein, Sheila E. y Kenneth N. Stevens. 1981. «Phonetic Features and Acoustic Invariance in Speech». *Cognition* 10 (1–3): 25–32. https://doi.org/10.1016/0010-0277(81)90021-4.

Bond, Zinny S. 1978. «The Effects of Varying Glide Durations on Diphthong Identification». *Language and Speech* 21 (3): 253–63. https://doi.org/10.1177/002383097802100304.

———. 1982. «Experiments with Synthetic Diphthongs». *Journal of Phonetics* 10 (3): 259–64.

Burgess, Neill. 1969. «A Spectrographic Investigation of Some Diphthongal Phonemes in Australian English». *Language and Speech* 12 (4): 238–46. https://doi.org/10.1177/002383096901200403.

Cabré, Teresa y María Ohannesian. 2007. «The Role of Morpheme Boundaries in Spanish Glide Formation». *Cuadernos de Lingüística (Instituto Universitario Ortega y Gasset)* 14: 1–17.

———. 2009. «Stem Boundary and Stress Effects on Syllabification in Spanish». En *Phonetics and Phonology. Interactions and Interrelations*, editado por Marina Vigário, Sónia Frota y Maria João Freitas, 159–80. Ámsterdam: John Benjamins. https://doi.org/10.1075/cilt.306.08cab.

Cabré, Teresa y Pilar Prieto Vives. 2006. «Exceptional Hiatuses in Spanish». En *Optimality-Theoretic Studies in Spanish Phonology*, editado por Fernando Martínez-Gil y Sonia Colina, 205–38. Ámsterdam: John Benjamins. https://doi.org/10.1075/la.99.09cab.

Cagigal, Macarena y Daniel Recasens. 1998. «El sistema de magnetometría EMA aplicado al estudio de la producción del habla». *Estudios de Fonética Experimental* 9: 11–35.

Canellada, María Josefa y John Kuhlmann Madsen. 1987. *Pronunciación del español. Lengua hablada y literaria*. Madrid: Castalia.

Carré, René y Mohammed Mrayati. 1991. «Vowel-Vowel Trajectories and Region Modeling». *Journal of Phonetics* 19 (3–4): 433–44. https://doi.org/10.1016/S0095-4470(19)30334-1.

Chitoran, Ioana y José Ignacio Hualde. 2007. «From Hiatus to Diphthongs: The Evolution of Vowel Sequences in Romance». *Phonology* 24 (1): 37–75. https://doi.org/10.1017/S095267570700111X.

Clermont, Frantz. 1993. «Spectro-Temporal Description of Diphthongs in F_1-F_2-F_3 Space». *Speech Communication* 13 (3–4): 377–90. https://doi.org/10.1016/0167-6393(93)90036-K.

Colina, Sonia. 1999. «Reexamining Spanish Glides: Analogically Conditioned Variation in Vocoid Sequences in Spanish Dialects». En *Advances in Hispanic Linguistics. Papers from the 2nd Hispanic Linguistics Symposium*, editado por Javier Gutiérrez-Rexach y Fernando Martínez-Gil, 1:121–34. Somerville: Cascadilla Press.

D'Introno, Francesco, Enrique del Teso y Rosemary Weston. 1995. *Fonética y fonología actual del español*. Madrid: Cátedra.

Elvin, Jaydene, Daniel Williams y Paola Escudero. 2016. «Dynamic Acoustic Properties of Monophthongs and Diphthongs in Western Sydney Australian English». *The Journal of the Acoustical Society of America* 140 (1): 576–81. https://doi.org/10.1121/1.4952387.

Esgueva, Manuel. 2008. *Vocales en contacto: elisión, hiato y sinalefa*. Madrid: Universidad Nacional de Educación a Distancia.

Face, Timothy L. y Scott M. Alvord. 2004. «Lexical and Acoustic Factors in the Perception of the Spanish Diphthong vs. Hiatus Contrast». *Hispania* 87 (3): 553–64. https://doi.org/10.2307/20063061.

Fernández Planas, Ana María. 1999. «Acercamiento a la lectura de palatogramas». En *Contribuciones al estudio de la lingüística aplicada*, editado por Julián de las Cuevas y Dalila Fasla, 667–74. Castellón de la Plana: Asociación Española de Lingüística Aplicada.

———. 2005. *Así se habla. Nociones fundamentales de fonética general y española. Apuntes de catalán, gallego y euskara*. Barcelona: Horsori.

———. 2012. «Las semivocales y las semiconsonantes del español». En *Lengua Española. Fonética y fonología del español*, editado por María José Albalá. Madrid: Liceus.

Fernández Ramírez, Salvador. (1951) 1986. *Gramática española 2. Los sonidos*. Editado por José Polo. Madrid: Arco/Libros.

Gay, Thomas. 1970. «A Perceptual Study of American English Diphthongs». *Language and Speech* 13 (2): 65–88. https://doi.org/10.1177/002383097001300201.

Gick, Bryan. 2003. «Articulatory Correlates of Ambisyllabicity in English Glides and Liquids». En *Phonetic Interpretation. Papers in Laboratory Phonology VI*, editado por John K. Local, Richard Ogden y Rosalind A. M. Temple, 222–236. Cambridge: Cambridge University Press. https://doi.org/10.1017/CBO9780511486425.013.

Gil, Juana, ed. 2000. *Panorama de la fonología española actual*. Madrid: Arco/Libros.

Harris, James W. 1969. *Spanish Phonology*. Cambridge, MA: MIT Press. Trad. de Aurelio Verde, *Fonología generativa del español*. Barcelona: Planeta, 1975.

Hidalgo, Antonio y Mercedes Quilis Merín. (2002) 2004. *Fonética y fonología españolas*. 2.ª ed. corregida y ampliada. Valencia: Tirant lo Blanch.

Hualde, José Ignacio. 1999. «Patterns in the Lexicon: Hiatus with Unstressed High Vowels in Spanish». En *Advances in Hispanic Linguistics. Papers from the 2nd Hispanic Linguistics Symposium*, editado por Javier Gutiérrez-Rexach y Fernando Martínez-Gil, 1:182–97. Somerville: Cascadilla Press.

———. 2004. «Quasi-Phonemic Contrasts in Spanish». En *Proceedings of the 23rd West Coast Conference on Formal Linguistics (WCCFL 23)*, editado por Vineeta Chand, Ann Kelleher, Angelo J. Rodríguez y Benjamin Schmeiser, 374–98. Somerville: Cascadilla Press.

———. 2005. *The Sounds of Spanish*. Cambridge: Cambridge University Press.

———. 2014. *Los sonidos del español*. Cambridge: Cambridge University Press. https://doi.org/10.1017/CBO9780511719943.

Hualde, José Ignacio y Ioana Chitoran. 2003. «Explaining the Distribution of Hiatus in Spanish and Romanian». En *15th International Congress of Phonetic Sciences. Barcelona, Spain, August 3-9, 2003*, editado por Maria-Josep Solé, Daniel Recasens y Joaquín Romero Gallego, 1683–86. International Congress of Phonetic Sciences (ICPhS) Online Archive.

Hualde, José Ignacio y Mónica Prieto. 2002. «On the Diphthong/Hiatus Contrast in Spanish: Some Experimental Results». *Linguistics. An Interdisciplinary Journal of the Language Sciences* 40 (2): 217–234. https://doi.org/10.1515/ling.2002.010.

Jha, Sunil Kumar. 1985. «Acoustic Analysis of the Maithili Diphthongs». *Journal of Phonetics* 13 (1): 107–15.

Kaisse, Ellen K. 2020. «Glides and High Vowels in Spanish». En *The Routledge Handbook of Spanish Phonology*, editado por Sonia Colina y Fernando Martínez-Gil, 145–61. Londres: Routledge. https://doi.org/10.4324/9781315228112.

Lehiste, Ilse y Gordon E. Peterson. 1961. «Transitions, Glides, and Diphthongs». *The Journal of the Acoustical Society of America* 33 (3): 268–77. https://doi.org/10.1121/1.1908638. Reed. en *Readings in Acoustic Phonetics*, editado por Ilse Lehiste, 228–37. Cambridge, MA: MIT Press, 1967.

Limanni, Anna. 2014. «Production and Perception of Vocalic Sequences in Mexican Spanish». Tesis de doctorado, University of Toronto. http://hdl.handle.net/1807/68148.

López Gavín, Elena. 2015. «Una revisión del sistema fonológico español: de Alarcos Llorach a la NGLE». Tesis de doctorado, Universidade de Santiago de Compostela. http://hdl.handle.net/10347/13776.

Maddieson, Ian y Karen Emmorey. 1985. «Relationship between Semivowels and Vowels: Cross-Linguistic Investigations of Acoustic Difference and Coarticulation». *Phonetica* 42 (4): 163–74. https://doi.org/10.1159/000261748.

de Manrique, Ana María Borzone. 1976. «Acoustic Study of /i, u/ in the Spanish Diphthong». *Language and Speech* 19 (2): 121–28. https://doi.org/10.1177/002383097601900203.

———. 1979. «Acoustic Analysis of the Spanish Diphthongs». *Phonetica* 36 (3): 194–206. https://doi.org/10.1159/000259958.

de Manrique, Ana María Borzone y Angela Signorini. 1983. «Segmental Duration and Rhythm in Spanish». *Journal of Phonetics* 11 (2): 117–28.

Martínez Celdrán, Eugenio. 1984. *Fonética (Con especial referencia a la lengua castellana)*. Barcelona: Teide.

———. (1998) 2007. *Análisis espectrográfico de los sonidos del habla*. 2.ª ed. Barcelona: Ariel.

———. 2008. «Some Chimeras of Traditional Spanish Phonetics». En *Selected Proceedings of the 3rd Conference on Laboratory Approaches to Spanish Phonology*, editado por Laura Colantoni y Jeffrey Steele, 32–46. Somerville: Cascadilla Proceedings Project.

Martínez Celdrán, Eugenio y Ana María Fernández Planas. 2007. *Manual de fonética española. Articulaciones y sonidos del español*. Barcelona: Ariel.

Mefferd, Antje S. 2017. «Tongue- and Jaw-Specific Contributions to Acoustic Vowel Contrast Changes in the Diphthong /ai/ in Response to Slow, Loud, and Clear Speech». *Journal of Speech, Language, and Hearing Research* 60 (11): 3144-58. https://doi.org/10.1044/2017_JSLHR-S-17-0114.

Menéndez Pidal, Ramón. (1904) 1940. *Manual de gramática histórica española*. 6.ª ed. Madrid: Espasa-Calpe.

Moliner, María. 1966–1967. *Diccionario de uso del español*. Madrid: Gredos.

Monroy, Rafael. 1980. *Aspectos fonéticos de las vocales españolas*. Madrid: SGEL.

Moon, Jerald y Carlos-Eduardo Piñeros. 2000. «Sounds of Speech: Spanish». Recurso en línea. https://soundsofspeech.uiowa.edu/main/spanish.

Navarro Tomás, Tomás. (1946) 1966. *Estudios de fonología española*. 2.ª ed. Nueva York: Las Americas Publishing Company.

————. (1918) 1970. *Manual de pronunciación española*. 15.ª ed. Madrid: Consejo Superior de Investigaciones Científicas.

Núñez Cedeño, Rafael A. y Alfonso Morales-Front. 1999. *Fonología generativa contemporánea de la lengua española*. Washington D. C.: Georgetown University Press.

Penny, Ralph. (1991) 2006. *Gramática histórica del español*. Traducido por José Ignacio Pérez Pascual y María Eugenia Pérez Pascual. 2.ª ed. actualizada a cargo de Blanca Ribera. Barcelona: Ariel.

Quilis, Antonio. 1970. *Fonética española en imágenes*. Madrid: La Muralla.

————. 1981. *Fonética acústica de la lengua española*. Madrid: Gredos.

————. 1993. *Tratado de fonología y fonética españolas*. Madrid: Gredos.

Quilis, Antonio y Manuel Esgueva. 1980. «Frecuencia de fonemas en el español hablado». *Lingüística Española Actual* 2 (1): 1–25.

Real Academia Española. 1973. *Esbozo de una nueva gramática de la lengua española*. Madrid: Espasa-Calpe.

Real Academia Española y Asociación de Academias de la Lengua Española. 2005. *Diccionario panhispánico de dudas*. Madrid: Santillana. http://www.rae.es/recursos/diccionarios/dpd.

————. 2011. *Nueva gramática de la lengua española. Fonética y fonología*. Madrid: Espasa Libros.

Ríos, Antonio. 1999. «La transcripción fonética automática del diccionario electrónico de formas simples flexivas del español: estudio fonológico en el léxico». Tesis de doctorado, Universitat Autònoma de Barcelona.

Rojo, Guillermo. 1991. «Frecuencia de fonemas en español actual». En *Homenaxe ó profesor Constantino García*, editado por Mercedes Brea y Francisco Fernández Rei, 1:451–67. Santiago de Compostela: Universidade de Santiago de Compostela, Servicio de Publicacións e Intercambio Científico.

San Segundo, Eugenia y Junjie Yang. 2019. «Formant Dynamics of Spanish Vocalic Sequences in Related Speakers: A Forensic-Voice-Comparison Investigation». *Journal of Phonetics* 75: 1–26. https://doi.org/10.1016/j.wocn.2019.04.001.

Saporta, Sol y Rita Cohen. 1958. «The Distribution and Relative Frequency of Spanish Diphthongs». *Romance Philology* 11 (4): 371–77.

Simonet, Miquel. 2005. «Prosody and Syllabification Intuitions of [CiV] Sequences in Spanish and Catalan». En *Prosodies. With Special Reference to Iberian Languages*, editado por Sónia Frota, Marina Vigário y Maria João Freitas, 247–68. Berlín: Mouton de Gruyter. Reed., Berlín: de Gruyter Mouton, 2009. https://doi.org/10.1515/9783110197587.2.247.

Stevens, Kenneth N. 1980. «Acoustic Correlates of Some Phonetic Categories». *The Journal of the Acoustical Society of America* 68 (3): 836–42. https://doi.org/10.1121/1.384823.

Toledo, Guillermo Andrés y Norma Antoñanzas-Barroso. 1987. «Influence of Speaking Rate in Spanish Diphthongs». En *Proceedings XIth ICPhS. The Eleventh International Congress of Phonetic Sciences. August 1-7, 1987, Tallinn, Estonia, U.S.S.R.*, 3:125–28. Tallin: Academy of Sciences of the Estonian S.S.R., Institute of Language and Literature.

Veiga, Alexandre. 2002. *El subsistema vocálico español*. Santiago de Compostela: Universidade de Santiago de Compostela, Servicio de Publicacións.

Williams, Stephanie A. 1982. «An Acoustic Analysis of the Spanish Sound System». Tesis de doctorado, Georgetown University.

7   LA VARIACIÓN EN LAS PARAVOCALES

Laura Colantoni

7.1 Introducción

La multiplicidad de términos empleados, como por ejemplo, 'semivocal', 'semiconsonante', 'paravocal' o 'deslizante' [→ § 6.2.1] para hacer referencia a las vocales no nucleares en secuencias tautosilábicas [→ § 1.6.4] constituye por sí misma una prueba de la naturaleza variable de estos elementos. En efecto, las paravocales son elementos intrínsecamente variables. A caballo entre vocales y consonantes, pueden comportarse como las primeras en los así llamados 'hiatos excepcionales' [→ § 6.3], ilustrados en (1a), o como las segundas, en los casos de consonantización, ilustrados en (1b).

    (1)   a. Hiatos excepcionales (Hualde y Prieto 2002, 218):
            riamos [ri.ˈa.mos], cliente [kli.ˈen̪te], biólogo [bi.ˈo.lo.ɣo], dueto [d̪u.ˈe.t̪o]
        b. Consonantización:
            iodo [ˈio.ð̪o] ~ [ˈʒo.ð̪o], huevo [ˈwe.β̞o] ~[ˈɡwe.β̞o]

Esta capacidad para cambiar de categoría ha hecho que las paravocales atrajeran la atención de los especialistas en mayor medida que las vocales aisladas. Sin embargo, no todas las secuencias posibles han recibido la misma atención, como así tampoco todos los fenómenos de variación. Este capítulo reflejará, por lo tanto, la desproporción existente en la bibliografía, y se prestará de este modo más atención a las paravocales anteriores que a las posteriores. Así pues, el § 7.2 comenzará por abordar el tema más estudiado, es decir, la realización del contraste entre diptongos e hiatos. En el apartado siguiente, el § 7.3, se discutirá la variación en la realización del contraste fonético a nivel acústico y perceptivo. En el § 7.4 se tratará la variación entre paravocales y consonantes y, en el § 7.5, se revisará la variación en la realización de las secuencias que se crean entre palabras como resultado del resilabeo. Se concluye brevemente en el § 7.6 con algunas sugerencias para futuros trabajos.

7.2 Diptongos frente a hiatos

Los dos fenómenos relacionados con la variación que probablemente hayan recibido más atención son la realización heterosilábica de secuencias que, según las reglas generales, deberían constituir una sola sílaba (esto es, los hiatos excepcionales), y la diptongación de vocales medias, es decir, la creación de diptongos a partir de secuencias heterosilábicas [→ § 1.21.8]. Los datos recogidos en los últimos años indican que estos dos fenómenos están en distribución complementaria desde un punto de vista geográfico: en las zonas donde aparecen los primeros (centro y norte de España) no se dan los segundos (mayormente en el español de América). Por lo demás, una misma tendencia aúna ambos fenómenos, que se tratan en detalle en los siguientes subapartados: la extensión progresiva de los diptongos en español, que parece constituir un movimiento que no se ha detenido en el paso del latín al romance [→ § 3.2.4, § 6.3.3, § 24.3].

7.2.1 De hiatos a diptongos

La mayor parte de los trabajos sobre los hiatos excepcionales se debe a Hualde y a sus colaboradores (Chitoran y Hualde 2007; Hualde y Prieto 2002, entre otros). En cuanto a las características generales de los hiatos excepcionales, se ha determinado, en primer lugar, que se observan en palabras morfológicamente relacionadas con otras palabras que presentan hiatos ([ˈri.a.ða] y [ˈri.o]). En segundo lugar, los hiatos excepcionales se registran en presencia de una frontera morfológica ([bi.ˈe.nio]). Aunque los condicionamientos morfológicos parecen ser los más regulares, se ha propuesto una serie de factores contextuales para caracterizar la distribución variable de estas secuencias. Entre ellos, cabe destacar la proximidad al acento y la posición inicial [→ § 8.4.3], ilustradas ambas en los ejemplos de (2).

(2)   Proximidad al acento y condición de inicio (cf. Chitoran y Hualde 2007):
       Suizo [su.ˈi.θo], biólogo [bi.ˈo.lo.ɣo]

La primera observación importante para el presente capítulo es que las intuiciones acerca del silabeo [→ § 1.21.11] de estas secuencias de sonicidad o sonancia [→ § 1.21.9, § 14.3.4, § 17.3.1] creciente no solo varían de hablante a hablante (p. ej., Cabré y Prieto Vives 2006; Hualde 2005) sino en un mismo hablante (Hualde [2005]; Hualde y Prieto [2002], y el § 6.7.2 de esta misma obra). Con respecto a la variación entre hablantes, Cabré y Prieto Vives, en un estudio sobre las intuiciones relativas al silabeo de 15 hablantes de distintas zonas de España, concluyen que la diptongación en las secuencias estudiadas va de un mínimo de un 58 % a un máximo de un 98 %, aunque los rangos revelan que, para algunos hablantes, la diptongación es categórica (Cabré y Prieto Vives 2006, 211). En cuanto a los contextos que favorecen la diptongación, las autoras observan que, sorprendentemente, la posición inicial no bloquea la diptongación (pero cf. Chitoran y Hualde 2007, 51) y encuentran que distintos factores promueven el mantenimiento de los hiatos en el paradigma nominal frente al paradigma verbal [→ § 26.4]. El trabajo de Hualde y Prieto (2002) también señala la existencia de variaciones entre los seis individuos nativos de Madrid incluidos en la muestra. Sin embargo, los datos procedentes de las medidas de duración revelan que incluso quienes favorecen la diptongación en las pruebas de silabación mantienen el contraste de duración.

Como bien señalan Hualde y Prieto (2002), la mayoría de los trabajos se centran en el español peninsular y poco se sabe acerca del silabeo de estas secuencias en el español de América. Colantoni y Limanni (2010) analizaron algunas de estas secuencias en un corpus de habla semiespontánea en dos variedades del español de la Argentina. Los resultados corroboraron algunas impresiones informales (Hualde 2005, 82) sobre la menor frecuencia de los hiatos excepcionales en el español de América.

Mientras que la diptongación de los hiatos excepcionales afecta solo a secuencias cuyo primer elemento es una vocal alta, el segundo fenómeno mencionado, la diptongación de vocales medias (Colantoni y Hualde 2016; Garrido Gutiérrez 2008, 2013; Luis y García Jurado 1983; Quilis 1993) se extiende a secuencias cuyo primer o segundo elemento es una de las vocales /e o/. Aunque este fenómeno se ha observado principalmente en el español de América, tanto Navarro Tomás ([1918] 1970, § 135) como Quilis (1993) consideran que se trata de una tendencia natural en la lengua. En este sentido, Quilis (1993, 190-91) recoge numerosos ejemplos de diptongación de vocales medias en el habla popular. A pesar de que Navarro Tomás señala que en la pronunciación estándar del español peninsular se conserva el timbre de cada vocal, concluye, al igual que Quilis, que es más frecuente la realización tautosilábica [→ § 1.21.8] de secuencias que contienen vocales medias (p. ej., *paseo, traen*) que de secuencias con una vocal alta acentuada (p. ej., *frío, mío*; Navarro Tomás [[1918] 1970, § 146]).

En general, en América Latina, la diptongación de vocales medias parece estar más extendida que en España, sobre todo desde un punto de vista sociolingüístico, dado que alcanza las distintas clases sociales (cf. Alonso García 1930; Alvar 1996; Martín Butragueño 2002). La frecuencia de diptongación, sin embargo, no parece ser la misma en todas las variedades del español de América, como lo demuestra el estudio de Garrido Gutiérrez (2008), que constituye la primera comparación sistemática de este fenómeno en dos variedades del español americano. Este trabajo, que incluye una variedad de métodos de recolección de datos, desde las técnicas experimentales al estudio de las actitudes, concluye

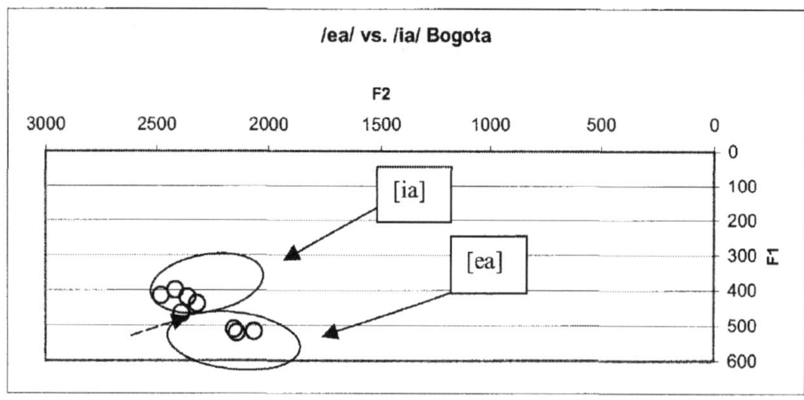

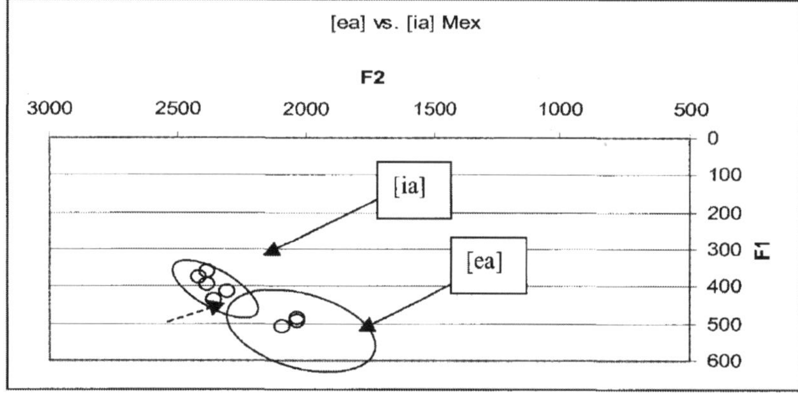

FIGURA 1. Carta de formantes de las secuencias /ia/-/ea/ en Bogotá y en México D. F. (Garrido Gutiérrez 2008, 104).

que el fenómeno es más frecuente en el español de México que en las zonas costeras de Colombia. Las conclusiones se basan, en primer lugar, en los resultados del análisis acústico, que indican que las secuencias son más breves en el español de México que en el de Colombia. Los análisis frecuenciales complementan los de duración. Garrido Gutiérrez encontró que en ambas variedades se da un cambio en la altura de la vocal media (indicado por un descenso del F1) en posición postónica, acompañado por un cambio en el valor del F2, que sugiere también una articulación más anterior de la misma vocal en ambas variedades, indicando que el proceso, en ambos casos, comienza por la posición postónica. En el español de México, sin embargo, la secuencia /ea/ parece estar más cerca de /ia/ que en el español de Bogotá, como se observa en las cartas de formantes de la Figura 1.

Es interesante observar, sin embargo, que los estudios de las actitudes que acompañan la recolección de los datos experimentales revelan que los mexicanos consideran la diptongación como un fenómeno sociolingüísticamente marcado que se restringe a las clases bajas. No solo las actitudes hacia la diptongación muestran que se trata de un marcador sociolingüístico: los datos que Garrido Gutiérrez presenta sobre casos de hipercorrección (p. ej., *monopoleo* por *monopolio*) proporcionan pruebas adicionales tanto acerca del estatus de este proceso como de la posibilidad de que la hipercorrección, a la larga, bloquee la propagación de la diptongación (cf. Garrido Gutiérrez 2008, 191).

La estratificación sociolingüística de este tipo de diptongación requiere estudiarse con mayor profundidad. Aguilar (2010, 41), al resumir una serie de trabajos anteriores, señala la generalización de la diptongación en distintas zonas de América, lo que sugeriría que las actitudes hacia este fenómeno están cambiando. Existe la posibilidad de que la estigmatización solo afecte a ciertas secuencias (e incluso a ciertos ítems léxicos) y no a otras. Por ejemplo, Vidal de Battini (1964) considera casos como *peor* ['pi̯or] como marcadores del habla rural en el español de la Argentina, pero Colantoni y Kochetov (2010) obtuvieron una tasa de diptongación entre el 60 % y el 100 % en palabras como *cráneo*. Lo que llama la atención es que los cinco participantes en el estudio (hablantes nativos de español de Buenos Aires) eran todos universitarios y produjeron los estímulos en un contexto que implica un elevado grado de formalidad: lectura con un paladar artificial de los ítems que aparecen en la pantalla de una computadora.

En un estudio relativamente reciente, Colantoni y Hualde (2016) analizaron la tasa de diptongación en vocales medias utilizando una tarea de silabación completada por 102 participantes (58 provenientes de Querétaro, México y 48 de Buenos Aires, Argentina). La tasa de diptongación fue significativamente mayor en México que en Argentina, confirmando los resultados de Garrido Gutiérrez. El estudio concluyó que, además de ciertos factores léxicos, existen factores morfológicos que parecen bloquear la diptongación. En particular, los hablantes de ambas zonas coincidieron en rechazar la diptongación en el presente del subjuntivo de verbos de segunda conjugación (ej. *leamos*), mientras que la aceptaron en el presente del indicativo de verbos de primera conjugación (ej. *deseamos*).

Los escasos datos con los que se cuenta parecerían indicar también que se produce una mayor estigmatización de la diptongación cuando esta se aplica a secuencias en las que la vocal media ocupa la segunda posición (*ahora* realizada como [ˈau̯ɾa]), fenómeno que se ha documentado especialmente en el habla rural. Como sugiere Aguilar (2010), sería interesante analizar este fenómeno en conexión con el proceso de elisión de la /d/ intervocálica. De hecho, este crea nuevas secuencias vocálicas (p. ej., *cansado > cansao*) a las que luego se puede aplicar la diptongación: [kan.ˈsau̯].

Un último caso de diptongación lo constituyen los casos de desplazamiento acentual ilustrados en (3).

(3)   maíz [ma.ˈis] > [ˈmai̯s]

Este fenómeno, sin embargo, parece afectar principalmente a secuencias de sonicidad decreciente [→ § 24.1] y a un limitado número de palabras (cf. Alonso García 1930). Aunque la diptongación por desplazamiento acentual se ha documentado tanto en el español peninsular como en zonas de América Latina, donde también se registra la diptongación de vocales medias, este proceso parece estar socialmente estratificado y, al menos en algunas regiones, limitarse al habla rural (cf. Vidal de Battini 1964).

7.2.2 Realizaciones hiáticas de diptongos

Mientras que la diptongación es un fenómeno relativamente frecuente tanto en español como en las distintas lenguas del mundo, el fenómeno opuesto, es decir, la realización hiática de diptongos, ejemplificada en (4), parece estar mucho más restringido geográficamente y, en el caso del español, se ha descripto sobre todo en zonas de contacto con el guaraní (Abadía de Quant 2000; Thon 1989).

(4)   camiones ca.[mi.ˈʔo].nes - ca.[ˈmi̯o].nes

Gregores y Suárez (1967) indican que, en guaraní, las secuencias vocálicas constituidas por una vocal alta y otra vocal tienden a realizarse como hiatos, aunque esta realización puede verse afectada por la velocidad del habla. Las secuencias de vocales, según la posición del acento, pueden también estar separadas por la presencia de una oclusiva glotal. Aunque aparecen algunas referencias a este fenómeno en descripciones generales del español de América (cf. Lipski 1994, 309-10), hasta el momento solo existe un estudio sociolingüístico (Thon 1989) que se ha ocupado de analizarlo en profundidad en el español de Corrientes (Argentina). En su trabajo, Thon entrevistó a 59 hablantes de distintas localidades de la provincia de Corrientes, empleando una muestra socialmente estratificada. La autora analiza la inserción del ataque glotal en distintos contextos vocálicos, de los cuales solo la posición intervocálica es relevante para este capítulo. Thon concluye que, aunque se trata de un fenómeno extendido desde el punto de vista geográfico, no es muy frecuente. De hecho, apenas supera el 30 % (1989, 208), no se encuentra en el habla de todos los participantes y es más habitual entre los hombres, lo que sugiere que se trata de un fenómeno socialmente estigmatizado. En cuanto a los factores lingüísticos, solo la vocal siguiente parece desempeñar un papel significativo, pues la inserción glotal es más frecuente ante las vocales /e o/.

7.3 Variaciones en la realización del contraste fonético en los diferentes dialectos del español

En otros capítulos de esta obra se presentan tanto las reglas generales y las específicas para el silabeo de las secuencias vocálicas [→ capítulo 8] como los parámetros acústicos que caracterizan a los diptongos y a los hiatos [→ capítulo 6]. Este apartado se centrará principalmente en dos aspectos diferentes que se han estudiado con cierto detalle y que sugieren: a) que el contraste puede ser variable en un mismo individuo en función de la velocidad y del estilo de habla (§ 7.3.1), y b) que, aunque el contraste se mantenga, los parámetros acústicos que cada variedad dialectal emplea para realizarlo pueden no ser los mismos (§ 7.3.2). En la última sección de este apartado se discutirán brevemente las implicaciones de estas diferencias individuales y dialectales en la percepción del contraste.

7.3.1 Diferencias en la realización según el estilo de habla

El estilo de habla es, según Navarro Tomás ([1918] 1970, § 135), el primer factor que determina la reducción de dos vocales heterosilábicas a una sola sílaba, tanto en el interior de palabras como entre palabras. Harris (1969, 25-27) se refiere a las diferencias de estilo que determinan la presencia de una paravocal o de una consonante en el español mexicano. Según Harris, en el estilo *andante* —definido como moderadamente lento, cuidado, pero natural, como el que se emplea al dar una clase o una charla (Harris 1969, 7)—, el primer sonido en palabras como *hiena* o *huevo* es una consonante obstruyente, mientras que en el estilo *allegretto* —ligeramente rápido, informal y coloquial; alterna frecuentemente con el estilo *andante*— se pronuncia una paravocal.

Aguilar (1997, 1999) evalúa experimentalmente el efecto de la situación comunicativa en el mantenimiento de las diferencias entre diptongos e hiatos a través del análisis de la producción de 16 participantes, todos ellos hablantes de español peninsular. Con el objetivo de caracterizar las diferencias fonéticas y fonológicas entre ambos tipos de secuencias, la autora controla diferentes factores, entre ellos el estilo de habla. Así, Aguilar compara la realización de las secuencias en una tarea de lectura, en la que las palabras se insertaron en una frase portadora [→ § 6.5.2], con un diálogo en el que una pareja de participantes intercambiaba instrucciones acerca de cómo llegar de un punto a otro siguiendo el camino señalado en un mapa. Los resultados indicaron que, aunque la distinción entre diptongos e hiatos se mantiene en ambas situaciones comunicativas, en el diálogo se observaron procesos de reducción; es decir, diptongación de hiatos y monoptongación de diptongos. En cuanto al primero de los procesos, la diptongación fue evaluada por tres fonetistas de forma independiente; el proceso de reducción se puso de manifiesto tanto en la duración total de la secuencia como en la trayectoria del F2 (Figura 2).

Estos estudios muestran que el estilo desempeña un papel tanto en los procesos de refuerzo consonántico de las secuencias como en su reducción; sin embargo, la correlación entre estilo y velocidad de habla no resulta obvia. Los resultados son coherentes con modelos articulatorios del cambio que sugieren la existencia de un continuo que se extiende desde la hiperarticulación en situaciones formales a la hipoarticulación en el habla espontánea [→ § 1.6.7] (cf. Diehl y Lindblom [2004]; Lindblom [1990] y, asimismo, el capítulo 3 de esta obra).

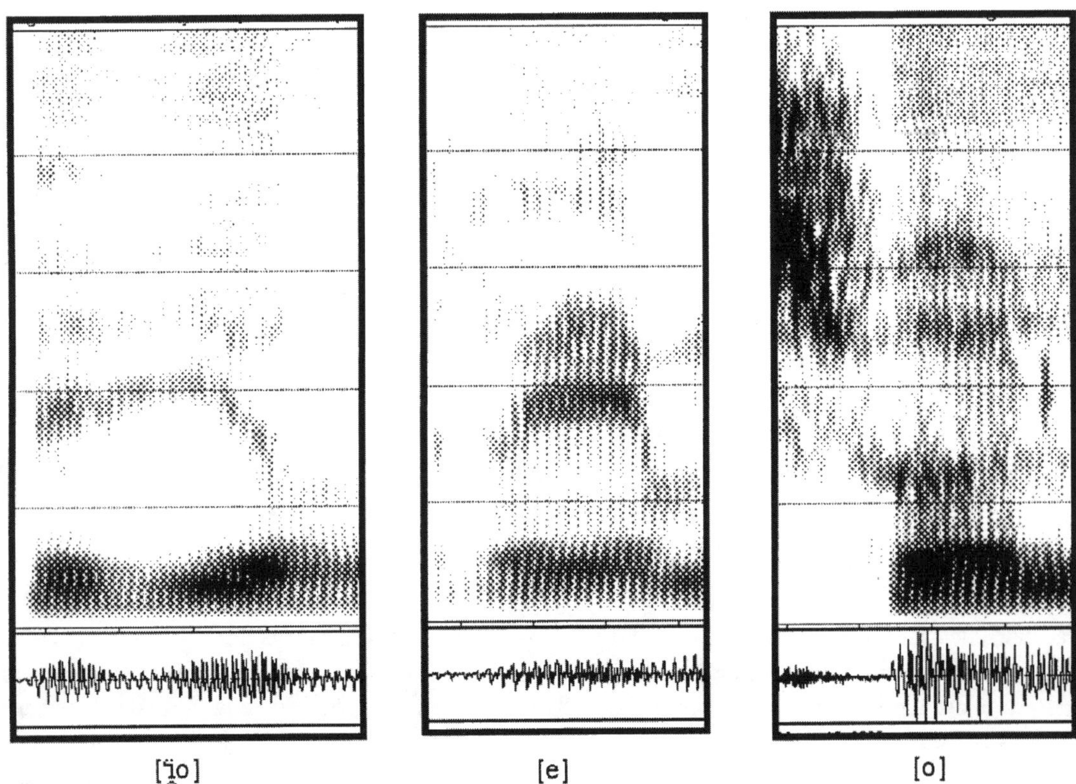

FIGURA 2. Ejemplos de procesos de reducción en hiatos excepcionales ([i.o] > [i̯o] en *diodo*), hiatos ([i.e] > [e] en *ríete*) y diptongos ([u̯e] > [o] en *duelo*) (Aguilar 1999, 70).

7.3.2 Variaciones dialectales en los parámetros fonéticos mediante los que se realiza el contraste

En uno de los pocos estudios comparativos existentes, MacLeod (2007b) analiza la realización de diptongos e hiatos en secuencias de sonicidad creciente y decreciente [→ § 24.1] en tres variedades del español (argentino, peninsular y costarricense). La autora compara distintos parámetros temporales (duración de la frase portadora, de la palabra que contiene la secuencia, de la secuencia en sí y de cada una de sus partes) y frecuenciales (valores de los tres primeros formantes en las distintas partes de la secuencia y tasa de cambio del F2), en estímulos diseñados para contener todas las combinaciones posibles de secuencias vocálicas con vocales altas en interior de palabra y entre palabras, y en posiciones átonas y tónicas. Mientras que los resultados de la caracterización de diptongos e hiatos son coherentes con los obtenidos en otros estudios, la autora observa nuevas tendencias tanto en la variación entre hablantes como entre dialectos. En cuanto a la primera, MacLeod indica que, para todos los hablantes, se produce un mayor grado de variación en la realización de los diptongos que en la de los hiatos y observa que el parámetro que presenta una mayor variación entre hablantes es la tasa de cambio del F2. En cuanto a la variación dialectal, MacLeod concluye que el español de la Argentina y el de Costa Rica presentan un contraste temporal más marcado que el peninsular, mientras que las diferencias frecuenciales son cuasiconstantes en los tres dialectos.

Los resultados generales de MacLeod (2007b) coinciden con los de otro estudio en el que se compara la realización de las secuencias vocálicas en variedades del español en contacto con el guaraní, y en variedades monolingües del español de la Argentina (Colantoni y Limanni 2010). En este trabajo, las autoras se proponen mostrar que la tendencia a la diptongación se propaga a ciertas hablas como la de Corrientes (Argentina), donde el español está en contacto con el guaraní, y para la que se había señalado la existencia de un elevado porcentaje de hiatos (véase el § 7.2). Con respecto a esta hipótesis, Colantoni y Limanni demuestran que la diptongación es frecuente tanto en las variedades monolingües como en las de contacto, en las que la tasa de diptongación es del 90 %. Sin embargo, aunque ambas variedades se asemejan en la tasa de diptongación, difieren tanto en los parámetros temporales (Figura 3) como en los frecuenciales (Figura 4) que caracterizan el contraste entre diptongo e hiato.

En cuanto a los parámetros temporales, se observa (Figura 3) que los diptongos, en las variedades en contacto, se caracterizan por la brevedad relativa de la primera vocal (V1) con respecto a la segunda (v2), mientras que, en la otra variedad, la transición constituye la parte de la secuencia que ocupa una mayor proporción. Ambas variedades difieren también en las propiedades frecuenciales de las distintas secuencias (Figura 4). En general, los resultados indicaron que la pendiente del F2 es mucho más pronunciada en las variedades monolingües que en las de contacto (Colantoni y Limanni 2010, 30-31).

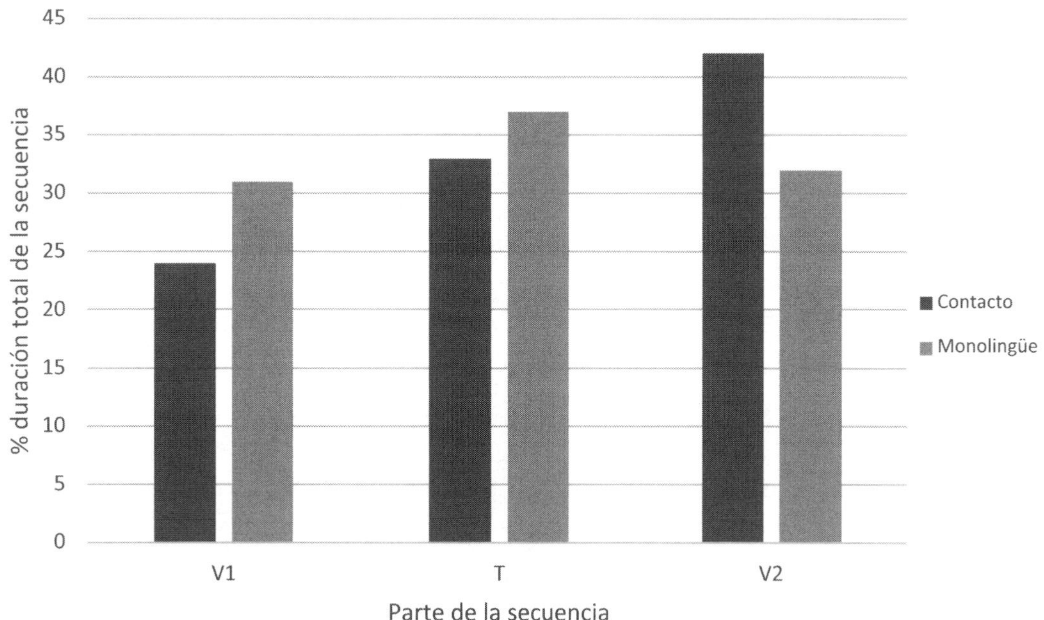

FIGURA 3. Duración de cada una de las partes del diptongo (V1, transición, V2) en relación con la duración total de la secuencia en variedades de contacto y en variedades monolingües.

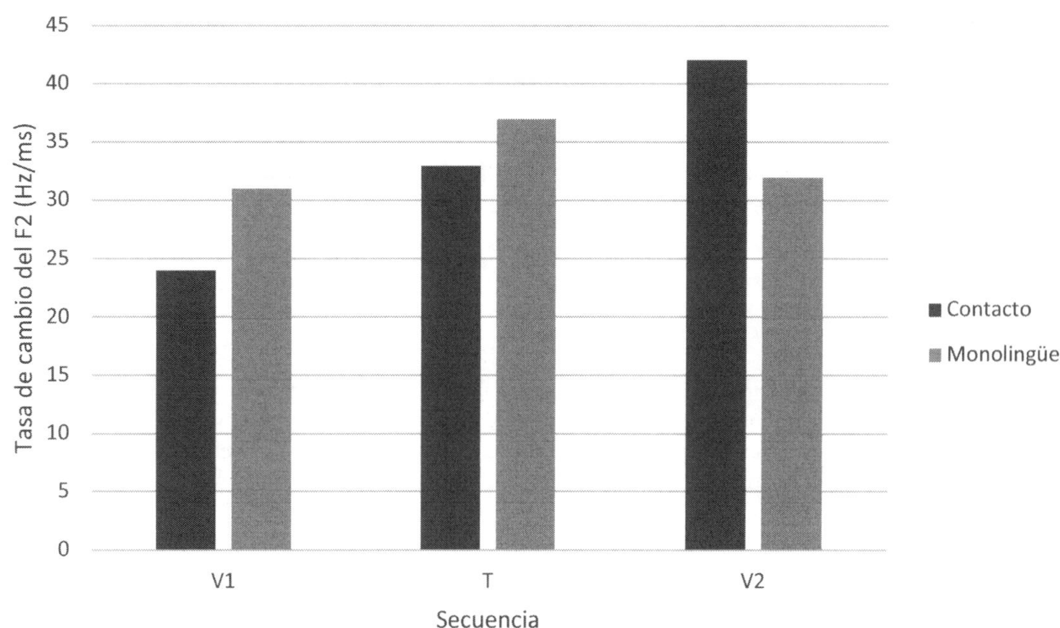

FIGURA 4. Tasa de cambio del F2 (Hz por ms) en la transición de cada una de las secuencias en variedades de contacto frente a variedades monolingües.

Numerosos estudios ponen de manifiesto la existencia de variaciones dialectales e individuales a la hora de distinguir entre diptongos e hiatos. En un trabajo, en el que se emplea la articulografía electromagnética (EMA; [→ § 1.7]) y se analiza el habla de la ciudad de México (Limanni y Navasivayam 2010; véase también Limanni 2014) los autores encontraron que, en general, los diptongos se distinguen de los hiatos por diferencias temporales en cuanto a la alineación relativa de los picos del gesto del cuerpo y de la punta de la lengua y por el grado de constricción, que es mayor en los diptongos.

El trabajo de Limanni se propone evaluar la hipótesis de Chitoran y Hualde (2007) acerca de las diferencias en la secuenciación de los gestos vocálicos en diptongos e hiatos. Según esta hipótesis, los gestos de la punta y del cuerpo de la lengua están en fase en los diptongos, pero organizados secuencialmente en los hiatos. Esta hipótesis, sin embargo, no está basada en datos articulatorios, sino en inferencias a partir de datos acústicos. La articulografía electromagnética tiene la ventaja de que permite evaluar directamente la hipótesis, porque se puede analizar por separado la contribución de la trayectoria de la punta y del cuerpo de la lengua.

Sin embargo, mientras que tres de los cinco hablantes presentan diferencias en ambos parámetros, dos de ellos solo presentan contrastes temporales y no en el grado de constricción.

En resumen, los trabajos reseñados en este apartado parecen indicar que existen diferencias dialectales no solo a la hora de realizar una determinada secuencia como diptongo o como hiato, sino también en los parámetros acústicos (y, posiblemente, también en los articulatorios) que caracterizan las distintas secuencias.

7.3.3 Variación dialectal en la percepción de las secuencias vocálicas

Como se puede observar, la mayoría de las investigaciones se han centrado en la caracterización acústica de las secuencias vocálicas y poco se sabe acerca de la percepción de las mismas [→ § 6.7.2]. Muy pocos estudios han intentado determinar qué factores inciden en la mayor o menor confusión entre diptongos e hiatos y aún menos han buscado determinar si estos factores son los mismos en las distintas variedades del español.

El único trabajo publicado al respecto hasta el momento es el de Face y Alvord (2004). Los autores comparan la percepción y la producción de los mismos estímulos empleados por Hualde y Prieto (2002) —es decir, secuencias de diptongos e hiatos excepcionales— en el español de Barcelona. El componente de percepción consistía en dos tareas más la tarea de silabación incluida en el experimento de producción, con la que Face y Alvord se aseguraron de que quienes realizaron los experimentos de percepción tuvieran intuiciones semejantes a las de los sujetos que participaron en la tarea de producción. En la primera, los 10 participantes escucharon 30 estímulos, de los cuales 16 constituían el objeto de estudio. De estos 16 estímulos, ocho se tomaron, sin modificaciones, del experimento de producción, y otros ocho se manipularon: a las palabras que contenían un diptongo (p. ej., *Ulpiano*) se les insertó la secuencia proveniente de aquellas que contenían un hiato excepcional (p. ej., *piano*). Los participantes escucharon cada uno de los estímulos y tuvieron que indicar cuántas sílabas contenía la palabra escuchada. En el segundo experimento, la tarea consistió en indicar si seis secuencias aisladas de vocales eran diptongos o hiatos. Los resultados de ambas tareas indican que los participantes pueden diferenciar sin problemas los diptongos de los hiatos y que, como era de esperar, la primera tarea presenta menos errores que la segunda. Mientras que, expuestos a las secuencias aisladas, los participantes percibieron como tales un 73 % de los diptongos y un 84 % de los hiatos, cuando escucharon las palabras con las secuencias originales, el reconocimiento de los diptongos fue categórico [→ § 1.14] y, el de los hiatos, cuasicategórico (Face y Alvord 2004, 561). En cambio, cuando fueron expuestos a las palabras con la secuencia manipulada (palabras con diptongos a las que se les había insertado un hiato y viceversa), los participantes tendieron a escuchar más diptongos que los presentes en los estímulos. Este estudio constituye un primer paso para determinar si los hablantes de español son capaces de discriminar el contraste fonético entre los distintos tipos de secuencia. Dado el tipo de tarea, sin embargo, no se sabe aún si los locutores que tienen intuiciones variables en las tareas de percepción también presentan más variabilidad en la producción de las secuencias vocálicas. En segundo lugar, no se dispone de resultados que indiquen cómo actúan los hablantes en tareas de discriminación tradicionales, puesto que no se les solicitaba que discriminaran diferencias, sino que realizaran una tarea metalingüística como el recuento de sílabas. Por último, queda por determinar si los hablantes de distintas variedades del español poseen una capacidad de discriminación perceptiva similar, independientemente de su producción de estas secuencias.

7.4 Paravocales y consonantes

En posición inicial absoluta las paravocales, tanto en español (de Manrique 1976) como en otros idiomas (p. ej., Ohala 1993, 1997), adquieren patrones acústicos que las acercan a las consonantes fricativas (en el caso de las paravocales anteriores) [→ § 16.5.1] o a las aproximantes labiales o velares (en el caso de las paravocales posteriores) [→ § 10.2.2]. Este refuerzo trae aparejado el debate acerca de las diferencias articulatorias, acústicas y perceptivas entre las paravocales y las consonantes correspondientes, según se expone en los siguientes subapartados.

7.4.1 Refuerzo de la paravocal anterior

Es interesante observar que la mayoría de los tratados de fonética y fonología del español han hecho hincapié en las diferencias entre paravocales y consonantes palatales. Así, por ejemplo, Navarro Tomás ([1918] 1970, § 120) distingue lo que él considera claramente una realización fricativa del fonema /j/ de la paravocal y enumera una serie de diferencias articulatorias y fonotácticas entre ambos sonidos. Alarcos (1950, 153-54) considera que la diferencia fundamental entre paravocales y consonantes es de función; pertenecen a clases distintas (la de las vocales frente a la de las consonantes) porque entablan relaciones de oposición con distintos elementos del sistema. Quilis (1993, 261-62) evita el debate acerca de las diferencias entre paravocales y consonantes y caracteriza a estas últimas como fricativas de fricción débil. En este sentido, se acerca a la descripción de Martínez Celdrán (2008, 36-38), quien argumenta que las consonantes palatales no son fricativas en el español peninsular, sino aproximantes [→ § 1.6.3], y que se distinguen de las paravocales por las características de los patrones formánticos. Hualde (2005, 165-72) comienza por discutir la variabilidad en la realización de la consonante en el español de Madrid, donde puede presentar diversos grados de estrechamiento, desde una realización aproximante ('paravocal' en sus términos) a una oclusiva o fricativa palatal. Otras muestras de la variabilidad en la realización de este sonido se encuentran en el trabajo de Díaz-Campos y Morgan (2002), en el que se comparan realizaciones de la palatal en sintagmas del tipo *mi yate* en distintos dialectos del español. Los autores muestran que en estas secuencias se observan realizaciones que pueden ir desde la vocalización en el español de Nicaragua a las africadas en el de Madrid (264). Así, Hualde (2005) observa que los análisis fonológicos propuestos deben tener en cuenta el sistema de contrastes en cada una de las variedades, que, evidentemente, no son los mismos.

De hecho, la dificultad que plantea la asignación fonémica de paravocales y consonantes se pone de manifiesto en las distintas posturas que se han adoptado en la teoría fonológica a este respecto (véanse, por ejemplo, Clements y Hume [1995]; Hume [1994]; Nevins y Chitoran [2008] y el capítulo 8 de esta obra). Whitley (1995) revisa cuatro propuestas teóricas diferentes acerca de la relación entre fonemas vocálicos y consonánticos y las pone a prueba mediante un simple e ingenioso diseño experimental en el que muestra que los hablantes de distintas variedades del español tienden a tratar como consonantes el primer elemento de la secuencia cuando esta se encuentra en posición inicial de palabra. Los participantes en este experimento (25 hablantes nativos, procedentes de 12 países diferentes) debían seleccionar el alomorfo correspondiente de la conjunción copulativa *y/e* en coordinaciones cuyo segundo constituyente comenzaba con /i e/ o con la secuencia fonética [i̯]V, como se ejemplifica en (5a) y (5b) respectivamente.

(5) a. padres-hijos
     b. agua-hielo

El primer resultado obtenido fue que todos los participantes optaron por la conjunción *y* ante palabras que comenzaban por <y> (p. ej., *yate*), mientras que eligieron *e* cuando la palabra siguiente comenzaba por <i> o <hi> (p. ej., *hijos*). La variación se manifestó, sin embargo, con la secuencia fonética [i̯]V, ante la cual los participantes optaron en forma variable por una u otra conjunción, como se observa en la Tabla 1.

De los datos reproducidos en la Tabla 1, Whitley concluye que el tratamiento como vocal o como consonante del sonido inicial en cada una de estas palabras (según se desprendería de la elección de uno u otro alomorfo) depende de una serie de factores (contexto fonético, influencia de la ortografía, factores sociolingüísticos), el más relevante de los cuales sería el nivel léxico-estilístico (Whitley 1995, 150). Así, Whitley observa que los participantes tienden a tratar como consonántico el primer sonido en palabras de uso frecuente, como *hielo*, mientras que tratan como vocal el primer sonido en palabras técnicas, como *iones*.

Whitley es el primero en demostrar que no son tanto las alternancias morfofonológicas (cf. Harris 1969; Harris y Kaisse 1999) las que desempeñan un papel a la hora de determinar la naturaleza vocálica o consonántica de las paravocales, sino una serie de factores fonéticos y, sobre todo, no fonéticos, como el léxico y la ortografía. Colantoni (2013) llega a conclusiones similares, analizando en este caso solo hablantes del español de Buenos Aires, donde la consonantización de las paravocales iniciales ha llegado quizá a un punto extremo. De hecho, Colantoni (2013), en un estudio experimental en el que participaron 20 hablantes de español bonaerense y en el que se incluyeron tareas de elicitación de vocabulario y de lectura de palabras inventadas, muestra que se trata de un cambio regular que solo parece estar bloqueado por las convenciones ortográficas. Los resultados de la tarea de elicitación de vocabulario revelaron la existencia de variaciones en la pronunciación, pero únicamente en los casos de palabras con deletreo variable. Por ejemplo, formas como *iodo/yodo* recibieron pronunciaciones asibiladas y no asibiladas [→ § 1.6.4], incluso por parte de un mismo hablante (Colantoni y Steele [2004]; participante: SN099A). Los resultados de la lectura de palabras inventadas mostraron que los participantes utilizan una realización asibilada en palabras deletreadas con <y>, mientras que la realización vocálica es categórica en palabras que comienzan con <iV> o <hiV> (Figura 5).

Así, se puede sostener que, en esta región, la realización asibilada constituye un nuevo fonema (cf. Hualde 1997; Malmberg 1950, 106), dadas las diferencias acústicas con la paravocal y la existencia de algunos pares mínimos [→ § 1.17.1], como el ejemplificado en (6). Se podría argumentar, entonces, que en el español de algunas variedades, incluyendo la rioplatense, se habría producido un caso de escisión fonémica (Labov 1994; cf. también Colantoni 2013).

(6) hierba-yerba

Desde este punto de vista, el refuerzo sería el resultado de un cambio fonético que se ha regularizado en el curso de posiblemente dos siglos (cf. Fontanella de Weinberg 1995). Este proceso, sin embargo, no se ha extendido a todo el léxico. Se han ofrecido dos explicaciones para las excepciones: 1) la frecuencia léxica (Whitley 1995) (Whitley,

Tabla 1 *Jerarquía de los 20 ítems del test según el número de usos de* y *en lugar de* e *(Whitley 1995, 149)*

19	76 %	Iota
18	72 %	Iones
17	68 %	Hiato; ionosfera; Ionesco
16	64 %	Iatrogénicas; hiodes; hialita
13	52 %	Hierática; hienación
07	28 %	Hienas
05	20 %	Hiedra
02	8 %	Hierro
02	8 %	Hielo
00	0 %	Ycrro; ycguas; yatcs; yclmos; yogur; Yugoslavia

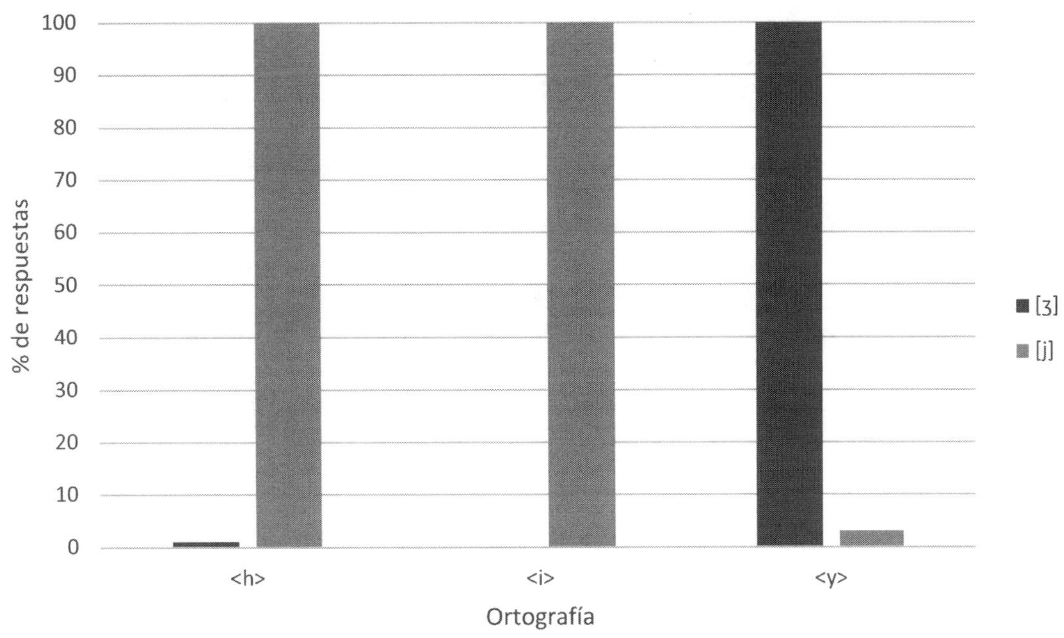

FIGURA 5. Tasa de consonantización en función de los diferentes grafemas (Experimento 2: palabras inventadas), (Colantoni 2013).

1995); 2) la ortografía (Hualde 1997, 72, y el § 8.2.2 de la presente obra). Colantoni (2013) confirma esta última propuesta. En la lectura de una lista de palabras inventadas (Figura 5), las realizaciones asibiladas se observaron solamente en las palabras escritas con <y>, mientras que en aquellas escritas con <hiV> o <iV> se registraron solamente casos de paravocales.

7.4.2 Refuerzo de la paravocal posterior

El refuerzo de la paravocal posterior, también conocido como 'inserción velar', ha sido escasamente estudiado en la fonología del español [→ § 10.2.2]. De acuerdo con las descripciones existentes (p. ej., Alarcos 1950, 158-59; Harris 1969; Hualde 2005), la inserción velar ocurre especialmente en posición inicial (p. cj., [ˈgu̯cβo]) o después de una nasal (p. ej., [uŋ ˈgu̯eβo]). A diferencia del refuerzo de la paravocal anterior, en el que la misma paravocal se consonantiza, la paravocal posterior se mantiene. Una segunda diferencia entre ambos procesos radica en que el refuerzo de la paravocal posterior no parecería restringirse a determinadas zonas dialectales, sino a diferentes estilos de habla o velocidades de elocución (Harris 1969).

En una serie de experimentos en los que se compara la intensidad relativa de las paravocales posteriores en el español de dos variedades (la de Buenos Aires, Argentina, y la de San José, Costa Rica) y en hablantes de español como segunda lengua, MacLeod (2007a, 2009) muestra que los valores obtenidos para la paravocal española son inferiores a los de la /w/ del inglés, lo cual puede inducir a los hispanohablantes a percibir la paravocal del inglés como una secuencia de una consonante velar más una vocal. Esto explicaría, en parte, por qué los hablantes de español tienden a emplear el refuerzo velar en préstamos del inglés (p. ej., *Washington* [gu̯a]*shington*), pero no daría cuenta de por qué este proceso se aplicaría también a palabras nativas (p. ej., *ahuecar* [ay̯ueˈkaɾ]) (cf. Gómez Capuz 2001).

Una explicación posible es la sugerida por Harris (1969), quien sostiene que el debilitamiento de la consonante velar en posición intervocálica y el refuerzo de las paravocales en posición inicial de sílaba plantean dudas en lo que se refiere a la representación subyacente de las secuencias con paravocal y con consonante velar. MacLeod (2007a) retoma esta hipótesis en un experimento de producción en el que analiza acústicamente secuencias de paravocal + vocal en palabras con y sin consonantes velares (p. ej., *hueso* frente a *guante*) producidas por hablantes del español de Buenos Aires. La autora muestra que, incluso en posición inicial, la consonante velar se debilita hasta el punto de que el patrón más frecuente es la elisión en un 46 % de los casos, seguido por la espirantización (43 %) y la realización de la paravocal (p. ej., [ˈwu̯aɲte]) en el resto de los casos. Para determinar si existían diferencias acústicas entre la paravocal subyacente y la resultante del debilitamiento de /g/, MacLeod comparó los valores de duración e intensidad sin encontrar diferencias significativas. Esto muestra que la neutralización propuesta por Harris (1969) no sería tanto un resultado del refuerzo de la secuencia [u̯]V como del debilitamiento de la consonante velar (Hualde 2005, 113), al menos para el español de Buenos Aires.

7.4.3 Asimetrías en los procesos fonológicos que afectan a paravocales posteriores y anteriores

Los datos resumidos en el apartado anterior apuntan a una asimetría entre el refuerzo [→ § 1.18.7] de las paravocales anteriores y el de las posteriores. En primer lugar, mientras que los procesos de refuerzo de las paravocales anteriores han dado como resultado consonantes asibiladas en algunas variedades del español, como en el de la Argentina, las paravocales posteriores no se han consonantizado de forma regular en ninguna variedad. En segundo lugar, y en relación con esto, no existen tantas pruebas de que el proceso de refuerzo de la paravocal posterior tenga como resultado la inserción de una oclusiva velar, como se había sostenido en la bibliografía. Por último, según se mencionó anteriormente, la extensión geográfica de los procesos no parece ser la misma.

Otro proceso que afecta a las paravocales posteriores es la alternancia labio-velar tanto en oclusivas o en aproximantes como en fricativas, ilustrada en (7a, b)

(7) a. a[ˈβ̞u̯e]lo > a[ˈɣu̯e]lo
     b. a[ˈfu̯e]ra > a[ˈxu̯e]ra

Ambos procesos (cf. Quilis [1993, 224 y 282-83], y el § 10.2.2 de la presente obra para el primero de ellos) están documentados en todo el mundo hispano y, aunque más frecuentes ante diptongos y vocales posteriores, pueden extenderse, sobre todo el segundo de los procesos, a vocales medias y altas. A pesar de la semejanza, ambos procesos no parecen tener ni la misma extensión ni idéntica estratificación social en todas las variedades. En un estudio en el que se realizan experimentos de percepción, de producción y entrevistas sociolingüísticas en Corrientes (Argentina), Mazzaro (2010) demuestra que, mientras que la alternancia labio-velar en fricativas está prácticamente restringida a los grupos de hablantes sin escolarizar o con estudios primarios incompletos, la alternancia en la producción de las aproximantes, así como la confusión en su percepción, se extiende a todos los grupos sociales.

El último fenómeno al que se hará referencia en este apartado es el de palatalización de consonantes nasales ante secuencias que comienzan con una paravocal anterior. Este proceso puede ir acompañado por una despalatalización de la nasal palatal y la consiguiente neutralización entre nasales palatales y alveolares, que se ejemplifica en (8a, b):

(8) a. Alema[ni̯a] > Alema[ɲa]
     b. a[ɲo] > a[ni̯o]

Una vez más, ambos procesos se han documentado en distintas regiones. La palatalización, el mismo proceso que originó la nasal palatal en el paso del latín al romance, parece seguir activa en León (España), Jalisco (México), Nuevo México (Estados Unidos), como así también en distintas zonas de Chile y Colombia (cf. Quilis 1993). Por su parte, la despalatalización o descomposición también está documentada no solo en el español de Argentina, de Chile y de Colombia (cf. Penny 2000; Quilis 1993), sino también en el judeoespañol (Penny 2000). En un estudio realizado mediante electropalatografía dinámica [→ § 1.7], Colantoni y Kochetov (2010) comparan la realización de la nasal palatal en el español de La Habana, Cuba, y en el de Buenos Aires, Argentina (Figura 6). Los autores observan que, mientras que la nasal palatal se distingue claramente de la nasal alveolar en las realizaciones de los hablantes cubanos, en el español de Buenos Aires se observan distintas realizaciones que incluyen: a) el mantenimiento de la distinción (véase AR3 en la Figura 6); b) la palatalización de las secuencias de nasal alveolar + vocal (AR4); y c) la despalatalización de la nasal palatal (AR1 y AR2).

Los autores relacionan explícitamente la variabilidad observada en el español de Buenos Aires con otro proceso que es mucho más frecuente en esta variedad que en el español de La Habana: la diptongación de las vocales medias. Mientras que los participantes de la Argentina diptongaron las vocales medias en palabras como *línea* entre un 60 % y un 100 % de los casos, el rango para los participantes cubanos oscila entre el 0 % y el 40 %. Así, Colantoni y Kochetov proponen que las nuevas secuencias creadas de nasal + paravocal se suman a las ya existentes y corren el riesgo de neutralizarse con las secuencias de nasal + paravocal que resultan de la despalatalización de la nasal palatal, aun para los hablantes que

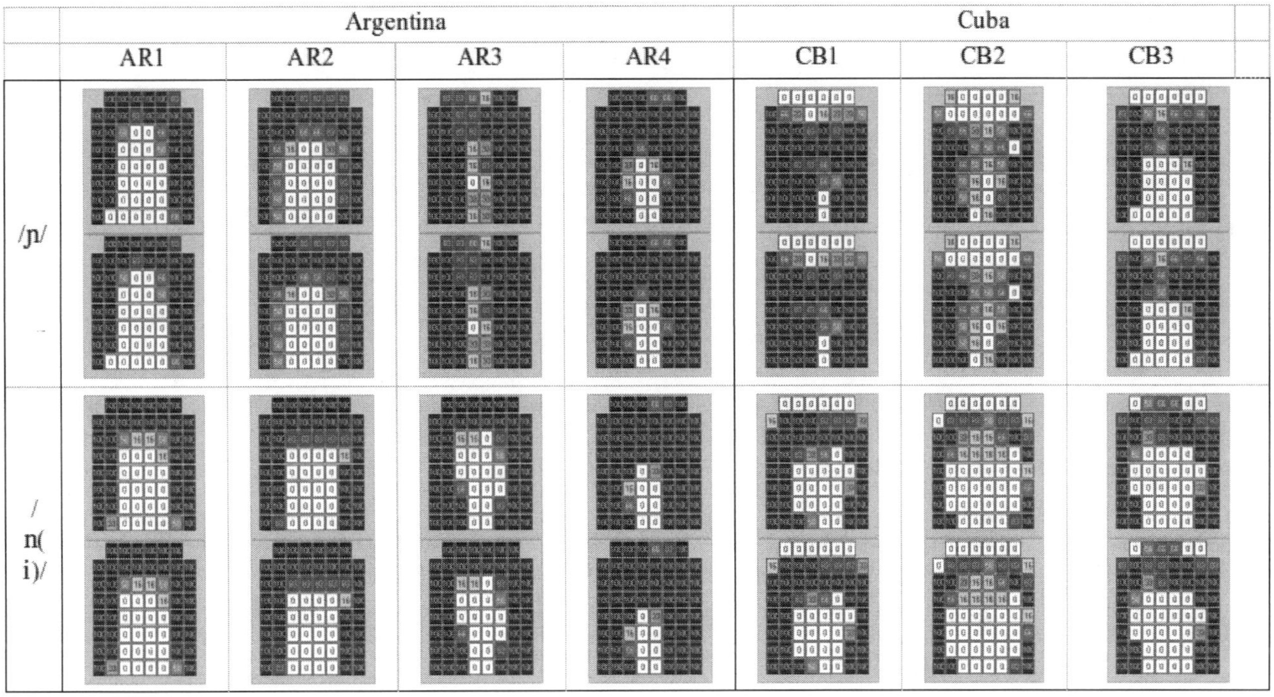

FIGURA 6. Contacto linguopalatal (promediado sobre seis repeticiones) para todos los participantes en el estudio en las palabras *pestañar* y *Alemania* (Colantoni y Kochetov 2010).

tienen una nasal palatal en su sistema. Concluyen que, de acuerdo con los datos recogidos hasta el momento, la variabilidad observada en el español de Buenos Aires puede interpretarse, desde el punto de vista de la Fonología Articulatoria [→ § 1.23], como una disociación del gesto nasal y el palatal. Así, tanto la palatalización como la despalatalización serían dos caras de un mismo proceso: la coalescencia (cf. Recasens *et al.* 1993). Algunos estudios de corte sociolingüístico que se enfocan tanto en la percepción (Bongiovanni 2015) como en la producción (Bongiovanni 2021) confirman que la fusión entre la palatal nasal y las secuencias de nasales + paravocales es un cambio que casi se ha completado en el español de Buenos Aires. En percepción (Bongiovanni 2015), los participantes pueden distinguir entre /n/ y /ɲ/ en una tarea de discriminación ABX, pero no distinguen entre /ɲ/ y la secuencia de nasal alveolar + paravocal. En producción (Bongiovanni 2019), no se obtuvieron diferencias temporales o frecuenciales entre los hablantes más jóvenes de la muestra.

7.5 Variación en la realización de secuencias vocálicas entre palabras

La variabilidad en la realización de las secuencias vocálicas no se limita al dominio de la palabra, sino que se da también entre palabras, y depende de diversos factores, según se explica en el siguiente subapartado.

7.5.1 Variación en el resilabeo y en la diptongación

Al igual que ocurre en el interior de la palabra, tanto el tipo de secuencia como el acento desempeñan un papel importante en la realización variable de las secuencias vocálicas (Alba 2006; Jenkins 1999). A diferencia de lo que sucede en el nivel de palabra, la frontera de palabra abre la posibilidad de la inserción de una pausa, bloqueando así la realización potencial de un diptongo.

Una segunda diferencia en estos casos reside en que la posibilidad de aparición de secuencias de tres o más vocales es mayor entre palabras y, como bien señala Navarro Tomás ([1918] 1970, § 136) [→ § 3.2.4], mientras que se constata una tendencia casi universal a reducir dos vocales a una sola, cuando se trata de tres o más vocales las posibilidades de agrupación son diversas [→ § 6.3.4 y 24.3.1]. Así, la reducción a una única sílaba solo sería posible en los casos en los que se dé una secuencia de sonoridad creciente, en la que la paravocal es el primer elemento (*nadie escucha* [ˈna.ði̯es.ˈku.

tʃa]), o de sonicidad decreciente, en la que la paravocal es el último elemento (*poca autoridad* [ˈpo.kau̯.t̪o.ɾi.ˈð̩aᵒ]). Una tercera posibilidad de reducción se daría cuando la vocal más abierta se sitúa en el centro de la secuencia (*agua estancada* [ˈa.ɣu̯ᵃes̪.t̪aŋ.ˈka.ð̩a] ~ [a.ɣu̯es̪.t̪aŋ.ˈka.ð̩a]).

En lo que se refiere a las secuencias de dos vocales diferentes (para vocales idénticas, véanse Aguilar [2005]; Alba [2006]; Jenkins [1999]), el grado de reducción parece estar ligado, en primer lugar, al estilo (mayor reducción en el habla espontánea que en la lectura; cf. Aguilar [2010, 68]) y, en segundo lugar, a la presencia del acento (Aguilar 2010, 67; Jenkins 1999, 6; pero véase Aguilar 2005) y al tipo de vocal, factores cuyo poder predictivo en cuanto a la variación sobrepasa el de otras variables, como la frecuencia léxica o la coocurrencia, que se han tomado en consideración en algunos estudios (cf. Alba 2006, 243). Navarro Tomás ([1918] 1970, § 140, § 142) señala que se produce un mayor grado de reducción en secuencias inacentuadas (§ 140) que en acentuadas. De hecho, en estas últimas, tanto Jenkins (1999) como MacLeod (2007b) indican que el hiato es la solución más frecuente, normalmente acompañada por la inserción de una pausa. La reducción en secuencias inacentuadas, sin embargo, es temporal, pero no se mencionan cambios de timbre en la vocal. Jenkins (1999), por otro lado, en su estudio del español de Nuevo México, indica que la diptongación es la estrategia más utilizada. Este proceso no solo se produce en las vocales altas inacentuadas (con mayor frecuencia) y en las acentuadas, sino también en las vocales medias /e o/. Lo importante es que, en la creación de estos diptongos, se da una clara tendencia a que la primera de las vocales se transforme en una paravocal, tanto cuando la vocal media va seguida por la vocal baja [a] como cuando se trata de dos vocales medias en la secuencia [eo]. Jenkins señala que la creación de secuencias de sonoridad creciente es mucho más frecuente que la de su contrapartida de sonoridad decreciente, lo cual es coherente con una tendencia universal ya indicada por Casali (1996). En el orden inverso, es decir, en la secuencia [oe], la estrategia más frecuente es la elisión de la segunda vocal en lugar de la diptongación. Jenkins complementa su categorización auditiva de las diferentes secuencias entre palabras con un análisis de la duración de cada una de estas secuencias, a través del cual demuestra que los diptongos de sonoridad creciente que se crean entre palabras tienen una duración media semejante al resultado de la elisión de una de las vocales, pero diferente de la de las secuencias heterosilábicas o de la de los diptongos crecientes (1999, 62).

Como bien señalan Hualde, Simonet y Torreira (2008), la mayoría de los estudios ha analizado la reducción vocálica, en general, y la creación de diptongos entre palabras, en particular, suponiendo que se trata de un fenómeno de aplicación variable, pero que da como resultado categorías discretas. Esto se constata en todos los trabajos reseñados en este apartado, los cuales, independientemente del enfoque adoptado, parten de la clasificación en diptongos o hiatos (además de otras posibilidades como la elisión, etcétera, que no se tratan aquí) suponiendo que no existen resultados intermedios. En estos estudios, a su vez, parecería que la reducción se entiende como un fenómeno en el que principalmente se ve afectada la duración de la vocal que se convertirá luego en paravocal. Esto se aplica a las observaciones tempranas de Navarro Tomás ([1918] 1970, § 140) y a estudios experimentales como los de Jenkins (1999) o Aguilar (2005), que únicamente presentan medidas de duración. En este sentido, la mayoría de los estudios de secuencias vocálicas entre palabras se aparta de los estudios de las secuencias léxicas, que han considerado otro tipo de factores. De hecho, en un trabajo experimental Hualde, Simonet y Torreira (2008) analizan tanto medidas temporales como frecuenciales en hablantes peninsulares y muestran que la reducción en duración es un fenómeno común a todos los hablantes. En cuanto al timbre de la vocal, los autores observan (2008, 1920-21) un cambio en la altura de la primera vocal en alguno de los hablantes en las secuencias de dos vocales medias [eo] y [oe] y un adelantamiento de la misma en la secuencia [ea], pero sin llegar a los niveles de diptongación que se registran en el interior de palabra en distintas zonas de Hispanoamérica.

Los datos disponibles hasta el momento no permiten, sin embargo, establecer un paralelismo, desde un punto de vista geográfico, entre la frecuencia de la diptongación en interior de palabra y la frecuencia de la diptongación entre palabras. Ciertos resultados, como los presentados por Jenkins (1999), parecerían apoyar la existencia de una correlación, en el Nuevo Mundo, entre la diptongación de vocales medias en el interior de palabras y entre palabras. Por otro lado, los datos recogidos por Hualde, Simonet y Torreira (2008) indican que, en el español peninsular, la diptongación de vocales medias en la palabra está estigmatizada y, aunque se observan procesos de reducción entre palabras, el cambio en el timbre de la vocal no parece ser constante en todos los hablantes. MacLeod (2007b), en un estudio piloto en el que compara la realización de secuencias vocálicas en el interior de palabras y entre palabras en cuatro hablantes del español de Buenos Aires y un participante de Barcelona, encontró diferencias significativas en tres parámetros acústicos (duración de la secuencia, duración de la transición y pendiente del F2) en interior de palabra, pero ninguna diferencia significativa en secuencias de palabras. Estos resultados sugieren que es necesario profundizar en las descripciones de las realizaciones de secuencias vocálicas en las distintas variedades del español para poder establecer correlaciones entre el comportamiento en el dominio de la palabra y el que se da en dominios prosódicos mayores.

7.6 Conclusiones

La primera generalización que emerge de lo anteriormente expuesto en cuanto a la variación de las paravocales es que las secuencias vocálicas de sonicidad creciente son más variables que las de sonicidad decreciente. Esta variación incluye tanto el debilitamiento —es decir, la reducción de hiatos a diptongos— como el refuerzo consonántico en posición inicial de palabra. Cabe recordar que solo en las secuencias de sonicidad creciente se observan los hiatos excepcionales. Además, estas secuencias están en aumento, dada la diptongación de vocales medias documentada en muchas zonas de Latinoamérica. Por último, tales secuencias interactúan con otros fenómenos de variación, como el de la palatalización de la nasal alveolar, discutido en el § 7.4.3.

La segunda generalización es que la variación se da tanto en el nivel individual como en el dialectal. Entre los fenómenos de variación individual analizados figuran la frecuencia de la diptongación de los hiatos excepcionales en el español peninsular (p. ej., Hualde 1999), la mayor frecuencia de diptongación en los diálogos que en la lectura (Aguilar 1997, 1999), la mayor frecuencia de los hiatos en algunos hablantes de zonas de contacto (Colantoni y Limanni 2010) y los cambios en el timbre de la vocal en las secuencias entre palabras observados en algunos de los hablantes analizados por Hualde, Simonet y Torreira (2008). Con respecto a la variación dialectal, se han discutido tanto fenómenos restringidos a ciertas zonas de contacto—como la realización hiática de diptongos en la zona de contacto español-guaraní o la consonantización de la paravocal anterior—como casos que se extienden a la mayoría de los países latinoamericanos (diptongación de vocales medias).

En tercer lugar, los factores lingüísticos que promueven la diptongación son coherentes con los que favorecen los procesos de debilitamiento, en general, mientras que los que favorecen los hiatos o los refuerzos consonánticos son los mismos que promueven los procesos de refuerzo. Así, la diptongación, en interior de palabra y entre palabras, es más frecuente en sílabas átonas que en sílabas tónicas. Por otro lado, los hiatos excepcionales tienden a mantenerse en posición inicial o en sílabas tónicas y el refuerzo de paravocal a consonante es más frecuente en posición inicial de palabra que en otros contextos.

Un poco menos se sabe acerca de los factores sociales que promueven la variación. Existen datos, por ejemplo, que muestran que la diptongación de los hiatos excepcionales es un fenómeno que se está expandiendo entre los grupos más jóvenes (cf. Cabré y Prieto Vives 2006). Los resultados son menos claros en cuanto a la distribución social de la diptongación de las vocales medias. Aunque Garrido Gutiérrez (2008) constata que la diptongación es más frecuente en el español de México que en el de Colombia, los participantes en su estudio parecen mostrar una actitud negativa hacia el fenómeno. Por el contrario, algunos resultados preliminares sugieren que, en el español de la Argentina, la estratificación social del fenómeno depende de la secuencia y de la posición de la secuencia con respecto al acento.

Además de haber presentado un sucinto resumen de los principales fenómenos que conciernen a la variación de las paravocales, se espera que este capítulo haya sugerido algunas líneas de investigación para el futuro. Los trabajos a los que se ha hecho referencia ponen claramente de manifiesto las asimetrías en el tratamiento de ciertos temas. Si se comparan las tres perspectivas desde las que se puede abordar la descripción fonética, se sabe más acerca de la variación en la dimensión acústica que en la articulatoria o en la perceptiva. El estudio de la variación perceptiva, sin embargo, resulta decisivo para dilucidar el estatus fonológico de los hiatos excepcionales y el alcance de las diferencias entre paravocales y consonantes palatales aproximantes. Con respecto a la cobertura de la variación geográfica y social, se necesitan más trabajos que comparen la realización de las mismas secuencias con metodologías comunes. Por último, hacen falta más estudios que no analicen la variación en las paravocales como un fenómeno aislado, sino como parte de la variación en la realización de los contrastes vocálicos y consonánticos.

Referencias bibliográficas

Abadía de Quant, Inés. 2000. «El español del Nordeste». En *El español de la Argentina y sus variedades regionales*, editado por María Beatriz Fontanella de Weinberg, 100–137. Buenos Aires: Edicial.

Aguilar, Lourdes. 1997. *De la vocal a la consonante*. Santiago de Compostela: Universidade de Santiago de Compostela, Servicio de Publicacións.

———. 1999. «Hiatus and Diphthong: Acoustic Cues and Speech Situation Differences». *Speech Communication* 28 (1): 57–74. https://doi.org/10.1016/S0167-6393(99)00003-5.

———. 2005. «Los enlaces vocálicos: ¿cuestión de dominios prosódicos?» *Revista Internacional de Lingüística Iberoamericana* 3 (6): 29–48.

———. 2010. *Vocales en grupo*. Madrid: Arco/Libros.

Alarcos, Emilio. 1950. *Fonología española*. Madrid: Gredos.

Alba, Matthew C. 2006. «Accounting for Variability in the Production of Spanish Vowel Sequences». En *Selected Proceedings of the 9th Hispanic Linguistics Symposium*, editado por Nuria Sagarra y Almeida Jacqueline Toribio, 273–85. Somerville: Cascadilla Proceedings Project.

Alonso García, Amado. 1930. *Problemas de dialectología hispanoamericana*. Buenos Aires: Universidad de Buenos Aires, Instituto de Filología.

Alvar, Manuel, ed. 1996. *Manual de dialectología hispánica. El español de América*. Barcelona: Ariel.

Bongiovanni, Silvina. 2015. «Neutralización del contraste entre /n/ y /ɲ/ en el español de Buenos Aires: un estudio de percepción». *Signo y Seña. Revista del Instituto de Lingüística* 27: 11–46.

———. 2021. «An Acoustical Analysis of the Merger of /ɲ/ and /nj/ in Buenos Aires Spanish». *Journal of the International Phonetic Association* 51 (2): 177–201. https://doi.org/10.1017/S0025100318000440.

Cabré, Teresa y Pilar Prieto Vives. 2006. «Exceptional Hiatuses in Spanish». En *Optimality-Theoretic Studies in Spanish Phonology*, editado por Fernando Martínez-Gil y Sonia Colina, 205–38. Ámsterdam: John Benjamins. https://doi.org/10.1075/la.99.09cab.

Casali, Roderic. 1996. «Vowel Elision in Hiatus Contexts». *UCLA Working Papers in Phonology* 1: 18–56.

Chitoran, Ioana y José Ignacio Hualde. 2007. «From Hiatus to Diphthongs: The Evolution of Vowel Sequences in Romance». *Phonology* 24 (1): 37–75. https://doi.org/10.1017/S095267570700111X.

Clements, George N. y Elizabeth V. Hume. 1995. «The Internal Organization of Speech Sounds». En *The Handbook of Phonological Theory*, editado por John A. Goldsmith, 245–306. Oxford: Blackwell.

Colantoni, Laura. 2013. «On the Regularity of Coronalization in Buenos Aires Spanish». En *Variación yeísta en el mundo hispánico*, editado por Rosario Gómez Campaña e Isabel Molina, 313–32. Madrid: Iberoamericana; Fráncfort: Vervuert. https://doi.org/10.31819/9783954870691-014.

Colantoni, Laura y José Ignacio Hualde. 2016. «Conditions on Front Mid-Vowel Gliding in Spanish». En *The Syllable and Stress. Studies in Honor of James W. Harris*, editado por Rafael A. Núñez Cedeño, 3–27. Berlín: de Gruyter. https://doi.org/10.1515/9781614515975-003.

Colantoni, Laura y Alexei Kochetov. 2010. «Palatal Nasals or Nasal Palatalization?» Presentado en 40th Linguistic Symposium on Romance Languages (LSRL 40), Seattle, EE. UU., marzo.

Colantoni, Laura y Anna Limanni. 2010. «Where Are Hiatuses Left? A Comparative Study of Vocalic Sequences in Argentine Spanish». En *Romance Linguistics 2008. Interactions in Romance. Selected Papers from the 38th Linguistic Symposium on Romance Languages (LSRL). Urbana-Champaign, April 2008*, editado por Karlos Arregi, Zsuzsanna Fagyal, Silvina Montrul y Annie Tremblay, 23–38. Ámsterdam: John Benjamins. https://doi.org/10.1075/cilt.313.05col.

Colantoni, Laura y Jeffrey Steele. 2004. «The University of Toronto Romance Phonetics Database». Recurso en línea. http://rpd.chass.utoronto.ca.

Díaz-Campos, Manuel y Terrell A. Morgan. 2002. «On the Production and Perception of Spanish Palatal Obstruents: An Acoustic Phonetic Study with Implications for Phonology, Dialectology, and Pedagogy». En *Structure, Meaning, and Acquisition in Spanish. Papers from the 4th Hispanic Linguistics Symposium*, editado por James F. Lee, Kimberly L. Geeslin y J. Clancy Clements, 244–68. Somerville: Cascadilla Press.

Diehl, Randy L. y Björn Lindblom. 2004. «Explaining the Structure of Feature and Phoneme Inventories: The Role of Auditory Distinctiveness». En *Speech Processing in the Auditory System*, editado por Steven Greenberg, William A. Ainsworth, Arthur N. Popper y Richard R. Fay, 101–62. Nueva York: Springer. https://doi.org/10.1007/0-387-21575-1_3.

Face, Timothy L. y Scott M. Alvord. 2004. «Lexical and Acoustic Factors in the Perception of the Spanish Diphthong vs. Hiatus Contrast». *Hispania* 87 (3): 553–64. https://doi.org/10.2307/20063061.

Fontanella de Weinberg, María Beatriz. 1995. «El rehilamiento bonaerense del siglo xix, nuevamente considerado». *Nueva Revista de Filología Hispánica* 43 (1): 1–15. https://doi.org/10.24201/nrfh.v43i1.943.

Garrido Gutiérrez, Marisol. 2008. «Diphthongization of Non-High Vowel Sequences in Latin American Spanish». Tesis de doctorado, University of Illinois at Urbana-Champaign. ProQuest (304627314).

———. 2013. «Hiatus Resolution in Spanish: Motivating Forces, Constraining Factors, and Research Methods». *Language and Linguistics Compass* 7 (6): 339–50. https://doi.org/10.1111/lnc3.12026.

Gómez Capuz, Juan. 2001. «Estrategias de integración fónica de los anglicismos en un corpus de español hablado: asimilación, compromiso y efectos estructurales». *Estudios de Lingüística. Universidad de Alicante (ELUA)* 15: 51–86. https://doi.org/10.14198/ELUA2001.15.03.

Gregores, Emma y Jorge Alberto Suárez Savini. 1967. *A Description of Colloquial Guaraní*. La Haya: Mouton. Reed., Berlín: de Gruyter Mouton, 2018. https://doi.org/10.1515/9783111349633.

Harris, James W. 1969. *Spanish Phonology*. Cambridge, MA: MIT Press. Trad. de Aurelio Verde, *Fonología generativa del español*. Barcelona: Planeta, 1975.

Harris, James W. y Ellen K. Kaisse. 1999. «Palatal Vowels, Glides and Obstruents in Argentinian Spanish». *Phonology* 16 (2): 117–90. https://doi.org/10.1017/S0952675799003735.

Hualde, José Ignacio. 1997. «Spanish /i/ and Related Sounds: An Exercise in Phonemic Analysis». *Studies in the Linguistic Sciences* 27 (2): 61–79. http://hdl.handle.net/2142/11587.

———. 1999. «Patterns in the Lexicon: Hiatus with Unstressed High Vowels in Spanish». En *Advances in Hispanic Linguistics. Papers from the 2nd Hispanic Linguistics Symposium*, editado por Javier Gutiérrez-Rexach y Fernando Martínez-Gil, 1:182–97. Somerville: Cascadilla Press.

———. 2005. *The Sounds of Spanish*. Cambridge: Cambridge University Press.

Hualde, José Ignacio y Mónica Prieto. 2002. «On the Diphthong/Hiatus Contrast in Spanish: Some Experimental Results». *Linguistics. An Interdisciplinary Journal of the Language Sciences* 40 (2): 217–34. https://doi.org/10.1515/ling.2002.010.

Hualde, José Ignacio, Miquel Simonet y Francisco Torreira. 2008. «Postlexical Contraction of Non-High Vowels in Spanish». *Lingua* 118 (12): 1906–1925. https://doi.org/10.1016/j.lingua.2007.10.004.

Hume, Elizabeth V. 1994. *Front Vowels, Coronal Consonants, and Their Interaction in Nonlinear Phonology*. Nueva York: Garland. https://doi.org/10.4324/9781315049366. original-date; 1992.

Jenkins, Devin L. 1999. «Hiatus Resolution in Spanish: Phonetic Aspects and Phonological Implications from Northern New Mexican Data». Tesis de doctorado, University of New Mexico. ProQuest (304513057).

Labov, William. 1994. *Principles of Linguistic Change. Internal Factors*. Oxford: Blackwell. Trad. de Pedro Martín Butragueño, *Principios del cambio lingüístico. Vol. 1: factores internos*. Madrid: Gredos, 1996.

Limanni, Anna. 2014. «Production and Perception of Vocalic Sequences in Mexican Spanish». Tesis de doctorado, University of Toronto. http://hdl.handle.net/1807/68148.

Limanni, Anna y Aravind Navasivayam. 2010. «Articulatory Characteristics of Spanish Vocalic Sequences: An EMMA Study». Presentado en 40th Linguistic Symposium on Romance Languages (LSRL 40), Seattle, EE. UU., marzo.

Lindblom, Björn. 1990. «Explaining Phonetic Variation: A Sketch of the H&H Theory». En *Speech Production and Speech Modelling. Proceedings of the NATO Advanced Study Institute on Speech Production and Speech Modelling. Bonas, France, July 17-29, 1989*, editado por William J. Hardcastle y Alain Marchal, 403–439. Dordrecht: Kluwer. https://doi.org/10.1007/978-94-009-2037-8_16.

Lipski, John. 1994. *Latin American Spanish*. Nueva York: Longman. Trad. de Silvia Iglesias, *El español de América*. Madrid: Cátedra, 1996.

Luis, Carlos Rafael y María Amalia García Jurado. 1983. «Desplazamientos fonéticos de vocales españolas». *Letras de Hoje. Estudos e debates em linguística, literatura e língua portuguesa* 18 (4): 98–109.

MacLeod, Bethany. 2007a. «G-Deletion and G-Insertion in Buenos Aires Spanish». Manuscrito no publicado. University of Toronto.

———. 2007b. «Variable Realization of Vocalic Sequences across Spanish Dialects». Tesis de maestría, University of Toronto.

———. 2009. «The Acquisition of Vocalic Sequences by English-Speaking L2 Learners of Spanish». *Toronto Working Papers in Linguistics* Generals Papers, University of Toronto Linguistics PhD students' Generals Papers (junio).

Malmberg, Bertil. 1950. *Études sur la phonétique de l'espagnol parlé en Argentine*. Lund: Gleerup.

de Manrique, Ana María Borzone. 1976. «Acoustic Study of /i, u/ in the Spanish Diphthong». *Language and Speech* 19 (2): 121–28. https://doi.org/10.1177/002383097601900203.

Martín Butragueño, Pedro. 2002. *Variación lingüística y teoría fonológica*. México, D. F.: El Colegio de México.

Martínez Celdrán, Eugenio. 2008. «Some Chimeras of Traditional Spanish Phonetics». En *Selected Proceedings of the 3rd Conference on Laboratory Approaches to Spanish Phonology*, editado por Laura Colantoni y Jeffrey Steele, 32–46. Somerville: Cascadilla Proceedings Project.

Mazzaro, Natalia. 2010. «Changing Perceptions: The Sociophonetic Motivations of the Labial Velar Alternation in Spanish». En *Selected Proceedings of the 4th Conference on Laboratory Approaches to Spanish Phonology*, editado por Marta Ortega-Llebaria, 128–45. Somerville: Cascadilla Proceedings Project.

Navarro Tomás, Tomás. (1918) 1970. *Manual de pronunciación española*. 15.ª ed. Madrid: Consejo Superior de Investigaciones Científicas.

Nevins, Andrew y Ioana Chitoran. 2008. «Phonological Representations and the Variable Patterning of Glides». *Lingua* 118 (12): 1979–1997. https://doi.org/10.1016/j.lingua.2007.10.006.

Ohala, John J. 1993. «The Phonetics of Sound Change». En *Historical Linguistics. Problems and Perspectives*, editado por Charles Jones, 237–78. Londres: Longman.

———. 1997. «Aerodynamics of Phonology». En *Proceedings of the 4th Seoul International Conference on Linguistics*, 92–97. Seúl: Linguistic Society of Korea.

Penny, Ralph. 2000. *Variation and Change in Spanish*. Cambridge: Cambridge University Press. https://doi.org/10.1017/CBO9781139164566.

Quilis, Antonio. 1993. *Tratado de fonología y fonética españolas*. Madrid: Gredos.

Recasens, Daniel, Edda Farnetani, Jordi Fontdevila y Maria Dolors Pallarès. 1993. «An Electropalatographic Study of Alveolar and Palatal Consonants in Catalan and Italian». *Language and Speech* 36 (2–3): 213–34. https://doi.org/10.1177/002383099303600306.

Thon, Sonia. 1989. «The Glottal Stop in the Spanish Spoken in Corrientes, Argentina». *Hispanic Linguistics* 3 (1–2): 199–218.

Vidal de Battini, Berta. 1964. *El español de la Argentina*. Buenos Aires: Consejo Nacional de Educación.

Whitley, M. Stanley. 1995. «Spanish Glides, Hiatus, and Conjunction Lowering». *Hispanic Linguistics* 6–7: 355–85. Trad. y ed. de Juana Gil en *Panorama de la fonología española actual*, 129–157. Madrid: Arco/Libros, 2000.

8 DESCRIPCIÓN FONOLÓGICA DE LAS PARAVOCALES

Sonia Colina

8.1 Introducción: definición y estatus fonológico

Antes de abordar la descripción fonológica de las paravocales, conviene proporcionar una definición clara de estos elementos, así como determinar cuál es su estatus fonológico en la lengua estudiada, el español en el presente caso. A ello se dedican los siguientes subapartados.

8.1.1 Definición

Una paravocal [→ § 1.6.4] puede definirse en términos de rasgos distintivos [→ § 1.19] como un segmento [−consonántico], [−vocálico] y [+alto] que puede ser [−posterior] o [+posterior]. Muchas variedades del español admiten además paravocales medias, lo que significa que, en tales variedades, esta clase de segmentos se define con los rasgos [−consonántico] y [−bajo]. Las paravocales, también denominadas 'deslizadas', 'semivocales' (en posición posvocálica), o 'semiconsonantes' (en posición prevocálica) [→ § 6.2.1], alternan en español con consonantes altas (§ 8.2) y con vocales altas y, a veces, medias (§ 8.4). Dada su alternancia con las vocales, en ocasiones es conveniente referirse a todas ellas con el término 'vocoide'. Vocales y paravocales forman una clase común por su estatus no consonántico que las opone a los segmentos consonánticos.

8.1.2 Estatus fonológico: ¿fonemas o alófonos?

Uno de los aspectos más importantes de la descripción fonológica de un segmento es determinar si constituye un fonema independiente o una realización alofónica [→ § 1.17.3] de otro fonema; en el marco derivacional [→ § 1.18.1] que ha dominado la fonología hasta finales del siglo xx, el problema radica en decidir cuál es la representación subyacente y cuáles son las formas de superficie.

En algunos modelos fonológicos recientes, tales como la Teoría de la Optimidad [→ § 1.22], la forma subyacente ha perdido en parte su papel central en la descripción fonológica. Estos modelos se basan en la evaluación y selección del mejor educto (forma superficial; en inglés, *output*) entre una serie de candidatos; la selección se realiza en función de restricciones universales jerarquizadas de forma diferente en cada lengua. El postulado de la 'Riqueza de la Base' (en inglés, *Richness of the Base*; McCarthy [2002] [→ § 1.22.3]) impide imponer límites o restricciones sobre la forma subyacente, de modo que las restricciones universales y la jerarquía propia de cada lengua deben ser suficientes para escoger la forma superficial adecuada con independencia de cuál sea la forma subyacente. En otras palabras, las restricciones y la jerarquía correctas seleccionarán el candidato adecuado aun partiendo de representaciones subyacentes diferentes.

Como se mencionó en el § 8.1.1, las paravocales en español pueden tener realizaciones vocálicas y consonánticas. Su representación subyacente o su estatus fonémico, sin embargo, constituye probablemente el aspecto más controvertido del análisis y quizás uno de los más debatidos en la fonología del español. Durante bastante tiempo la postura más aceptada en determinados modelos fue la que atribuía estatus fonémico a las paravocales, mientras que hoy en día muchos análisis se inclinan por su naturaleza alofónica. Este tema se abordará en varios puntos del presente capítulo y, en particular, en el § 8.4.3.

8.1.3 Objetivo y organización del capítulo

Este capítulo tiene como objetivo ofrecer una visión general de los diferentes tratamientos fonológicos de los que han sido objeto las paravocales del español, considerando las distintas perspectivas teóricas que se han empleado para abordarlos. No se trata, por tanto, de presentar argumentos a favor de un tratamiento en concreto, sino de ofrecer una visión equilibradamente crítica del estado de la cuestión, sin excluir comparaciones que apunten brevemente y en términos generales algunas de las ventajas e inconvenientes de las propuestas y análisis presentados. Puesto que el fin principal de este estudio es exponer los tratamientos fonológicos, las descripciones de los datos relevantes se harán con vistas a este propósito y no consistirán por ello en presentaciones detalladas de los datos empíricos, algo que corresponde a los capítulos 6 y 7 de esta obra.

El contenido del presente capítulo está organizado de la siguiente manera: el § 8.2 trata el proceso de alternancia con consonantes, antes de pasar a la alternancia con vocales, a la que se dedica el § 8.4; el § 8.3 discute la asignación de las paravocales a constituyentes silábicos (núcleo o coda) [→ § 1.21.8, § 24.4.2] y presenta la argumentación relevante. En el contexto de la alternancia con las vocales, en el § 8.4.3 se aborda la cuestión del estatus fonológico de las paravocales. Finalmente, el § 8.5 se dedica a los análisis fonológicos referidos a la relación entre paravocales y constituyentes morfológicos y sintácticos.

8.2 Proceso fonológico de alternancia con consonantes

En una gran mayoría de las variedades del español, un segmento no consonántico alto se convierte en un sonido consonántico en posición de ataque [→ § 1.21.8]. Existe una asimetría entre las paravocales altas anteriores y las posteriores con respecto a la consonantización, ya que esta es mucho más común entre las anteriores. Por consiguiente, el presente capítulo se centra en la alternancia de las paravocales anteriores. Se remite al lector interesado en el refuerzo de las paravocales posteriores al § 7.4.2.

8.2.1 Descripción

El fenómeno por el que un elemento vocálico no consonántico y alto pasa a ser un sonido consonántico en posición inicial de sílaba a menudo se conoce por el nombre de 'consonantización', 'fricativización' o 'refuerzo de vocales en el ataque' y se muestra en los ejemplos de (1). Este sonido es una fricativa palatal [ʝ] que puede llegar a realizarse como una africada o como una oclusiva palatal [ɟ] (Aguilar 1997, 157; Navarro Tomás [1918] 1977).

(1)   ley   [le̯i]   leyes   ['le.ʝes]
        rey   [re̯i]   reyes   ['re.ʝes]
        buey   ['bu̯e̯i]   bueyes   ['bu̯e.ʝes]
        crecieron [kɾe.'θi̯e.ɾon]   creyeron [kɾe.'ʝe.ɾon]
        creciente [kɾe.'θi̯en̪.t̪e] creyente [kɾe.'ʝen̪.t̪e]

    Cabe señalar que en algunos dialectos como el español de ciertas zonas de Estados Unidos no se consonantizan las paravocales en el ataque (Hualde 2005, 166).

En ciertos dialectos argentinos esta realización consonántica consiste en una fricativa estridente postalveolar [ʒ], normalmente sonora, aunque algunos hablantes, sobre todo en Buenos Aires, presentan una variante sorda [ʃ] (Lipski [1994]; véase el § 16.5.1, y también el § 7.4.1 sobre la variación en el refuerzo de la vocal anterior).

8.2.2 Análisis fonológico

En el marco de la fonología estructuralista española [→ § 1.7], Alarcos ([1950] 1965, 153-59) propone la existencia de dos fonemas, uno vocálico y otro consonántico, /i/ y /j̇/, en contra de la postura de Bowen y Stockwell (1955), porque a pesar de no aparecer en el mismo contexto, vocal y consonante se oponen sintagmáticamente en cuanto a su función. Para Alarcos, el hecho de que /j̇/ nunca tenga [i] como variante justifica que esta vocal, [i], se adscriba al fonema /i/. A pesar de defender que las formas consonánticas no pueden corresponder a un fonema vocálico, Alarcos admite que [j̇] puede ser una variante de /i/ en casos como *rey-reyes* pero, en otros como *mayo,* el fonema debe ser, en su opinión, /j̇/.

Por el contrario, casi todos los análisis generativistas de la consonantización parten del presupuesto de que la forma subyacente es una vocal alta; sin embargo, dado que muchas de las reglas que se han formulado para explicar este fenómeno incluyen en su descripción estructural [→ § 1.18.3] una forma no subyacente, y que algunos autores han propuesto que existe un contraste léxico entre paravocales y vocales en español (véase el § 8.4.3), parece más adecuado entender el proceso como uno que parte de un segmento no consonántico en general, ya sea vocal o paravocal (Harris y Kaisse 1999, 153).

Harris (1983, 58) propone para el español de Buenos Aires una regla como la de (2), por medio de la cual una paravocal se convierte en una consonante cuando se encuentra al principio de una sílaba. Esta misma regla se puede usar para explicar el proceso en otros dialectos, simplemente remplazando la [ʒ] del porteño por una [j̇].

(2)   [i̯] —> [ʒ] / ₒ[____

También en el contexto de un marco derivacional, en el cual la forma fonética superficial se obtiene mediante la aplicación de reglas ordenadas que modifican la forma subyacente o las formas intermedias [→ § 1.18.1], Hualde (1989, 825) explica la «fricativización de semiconsonantes» con una regla, mostrada en (3), semejante a la de Harris, que convierte un segmento no silábico en consonántico en posición inicial de sílaba.

(3)   [−silábico] —> [+consonántico] / ₒ[____

Puesto que esta regla no puede afectar a las paravocales que pasan a ser iniciales como consecuencia del resilabeo —esto es, el proceso por el que una consonante en posición final de una palabra seguida por otra que comienza por vocal se transfiere al ataque de la sílaba siguiente [→ § 1.21.11, § 24.3]—, como, por ejemplo, en *ley alguna* ['le.'i̯al.ɣu.na] *['le.i̯al.'ɣu.na], Hualde argumenta que la consonantización solo se aplica en el nivel léxico y no entre palabras.

En un trabajo posterior, Hualde (1991, 480-81) analiza la consonantización como consecuencia de una regla por la cual una paravocal pasa del núcleo al ataque, adquiriendo rasgos consonánticos como resultado de su traslado silábico. Tal y como apunta este autor, el orden podría también ser el contrario: la paravocal se convierte primero en consonante y, por lo tanto, no puede permanecer en el núcleo, pasando al ataque.

En el contexto de un análisis cuyo objetivo es explicar la consonantización tanto en los dialectos mayoritarios como en el de la Argentina, Harris y Kaisse (1999) argumentan, de forma parecida a Harris (1983), que la consonantización es el resultado de la aplicación de la regla que transforma una paravocal en una fricativa palatal [j̇] en posición inicial de sílaba en el español peninsular (4a) y en [ʒ] en el español de la Argentina (4b).

(4)   a. [i̯] —> [j̇] / ₒ[____ (consonantización)
      b. [i̯] —> [ʒ] / ₒ[____ (coronalización)

En el marco no derivacional de la Teoría de la Optimidad [→ § 1.22], en el que una jerarquía de restricciones universales y quebrantables selecciona la mejor forma fonética correspondiente al aducto (en inglés, *input*), Colina (2009) explica que la clave de la consonantización radica en que el español prefiere variar la especificación del rasgo [consonántico] de la forma subyacente (convirtiéndolo de [−] a [+consonántico]) a tener una paravocal en el ataque o a que la sílaba carezca de este. Tal análisis incorpora la idea, ya apuntada por otros investigadores (Harris 1983, 1989b, 1989a; Hualde 1991, 1994, 1997, 1999a, 1999b), pero difícil de expresar en un modelo derivacional, de que en español, como en otras lenguas, se prefieren las sílabas con ataque y de que las paravocales no constituyen buenos ataques (por motivos de sonicidad o sonancia [→ § 1.21.9] y de constricción), aunque pueden serlo si se consonantizan, simplemente alterando la especificación [−consonántico]. Es decir, el análisis paralelo sin reglas ordenadas, en el que simplemente se escoge el mejor candidato posible, ayuda a descubrir el motivo de la consonantización: proporcionar un ataque a una sílaba, un ataque que, además, sea más adecuado para tal posición silábica que una paravocal.

Los datos recogidos en (1) muestran ejemplos en los que una paravocal alterna con una consonante. Existen, sin embargo, casos en los que la paravocal nunca aparece en las formas superficiales. Como se indicó con anterioridad, y contrariamente a lo que se propone en análisis estructuralistas como el de Alarcos ([1950] 1965), la mayoría de los análisis generativistas argumentan que existe una vocal subyacente a la que se le aplica la consonantización (Harris y Kaisse 1999; Hualde 1991, 1997).

(5)	mayo	/maio/	[ˈmaɟo]
	yeso	/ieso/	[ˈɟeso]
	yunque	/iunke/	[ˈɟuŋke]
	proyecto	/proiekto/	[pɾoˈɟekt̪o]

A los ejemplos de (5) hay que añadir las formas de los dialectos yeístas en las que, como resultado de la deslateralización de una lateral palatal, se ha perdido el contraste histórico entre la lateral [ʎ] y la obstruyente palatal [ɟ] [→ § 16.5.3, § 19.3]. Estas formas también presentan una /i/ subyacente en los análisis mencionados. La deslateralización es un proceso que está empezando a afectar incluso a variedades más conservadoras que habían mantenido el contraste hasta hace solo unas décadas (Hualde [1997, 71]; véase también el § 19.3 en esta misma obra). Hualde argumenta que las representaciones subyacentes que anteriormente tenían /ʎ/ se han reinterpretado y ahora corresponden a /i/ en los dialectos yeístas.

(6)		Lleísmo		Yeísmo	
	llave	/ʎabe/	[ˈʎaβe]	/iabe/	[ˈɟaβe]
	lluvia	/ʎubia/	[ˈʎuβia]	/iubia/	[ˈɟuβia]
	llama	/ʎama/	[ˈʎama]	/iama/	[ˈɟama]
	lleno	/ʎeno/	[ˈʎeno]	/ieno/	[ˈɟeno]
	cállate	/kaʎate/	[ˈkaʎat̪e]	/kaiate/	[ˈkaɟat̪e]

En el español de la Argentina (Buenos Aires), se puede observar el mismo fenómeno, con la salvedad de que la fricativa palatal se realiza como una fricativa postalveolar [ʒ]. Hualde (1997, 72) propone, sin embargo, que en esta variedad la forma subyacente es /ʒ/, incluso para las formas de (1) en las que [ʒ] alterna con [i̯], habiéndose perdido la conexión con /i/, debido sobre todo a la gran distancia acústica entre [i] y [ʒ].

(7)   Español argentino (Hualde 1997, 72-73)

mayo	/maʒo/	[ˈmaʒo]	
yeso	/ʒeso/	[ˈʒeso]	
yunque	/ʒunke/	[ˈʒuŋke]	
proyecto	/proʒekto/	[pɾoˈʒekt̪o]	
ley	/leʒ/	[lei̯]	[ˈle.ʒes]
rey	/reʒ/	[rei̯]	[ˈre.ʒes]
buey	/bweʒ/	[bu̯ei̯]	[ˈbu̯e.ʒes]

La justificación que presenta Hualde para su interpretación radica en la aparición de un nuevo alófono palatal [ɟ] para el fonema /i/ en préstamos de origen extranjero (*paranoia* [paraˈnoɟa]) y en la pronunciación basada en la ortografía de palabras con *hiV* inicial o *-i-* en posición intervocálica (*hielo* [ˈɟelo]).

Harris y Kaisse (1999) defienden un análisis en el que [ʒ] es la forma superficial correspondiente a /i/ tanto en las formas con alternancia (1) como en aquellas que solo presentan [ʒ] (5-6), si bien apuntan la posibilidad de una solución parecida a la de Hualde, en la que las formas que no alternan con [i̯] tendrían /ʒ/ como representación subyacente. Estos autores descartan, sin embargo, tal solución basándose en que incluir /ʒ/ en el inventario fonémico del español de la Argentina no produce un sistema más simétrico ni un conjunto de alófonos más sistemático; además, indican que la distribución de /ʒ/ sería la misma que la de /i/ (1999, 166). De todos modos, Harris y Kaisse (1999) afirman que estos obstáculos no son de por sí completamente insalvables ni definitivos para descartar completamente esta vía de análisis: «we do not claim that any of our criticisms . . . necessarily constitutes a fatal flaw» (166).

(8)   Español argentino (según el análisis de Harris y Kaisse [1999])

mayo	/maio/	[ˈmaʒo]	
yeso	/ieso/	[ˈʒeso]	
yunque	/iunke/	[ˈʒuŋke]	
proyecto	/proiekto/	[pɾoˈʒekt̪o]	
ley	/lei/	[le̯i]	[ˈle.ʒes]
rey	/rei/	[re̯i]	[ˈre.ʒes]
buey	/buei/	[bu̯e̯i]	[ˈbu̯e.ʒes]

Parte de la dificultad del análisis de los datos del español argentino radica en la presencia en esta variedad de [ɟ], además de [ʒ], y de contrastes tales como *yerba* [ˈʒerβa] frente a *hierba* [ˈɟerβa]. Hualde (1997) propone que las diferencias ortográficas se han lexicalizado en pares mínimos contrastivos [→ § 1.17.1] y, en los casos de <i> ortográfica, /i/ tiene otro alófono, [ɟ]. Por otro lado, Harris y Kaisse (1999) explican la presencia del alófono palatal [ɟ] como una consecuencia de diferencias excepcionales en la representación subyacente de las formas en cuestión. Es decir, las formas con <-i> tienen una vocal alta marcada subyacentemente como silábica, /i./ (/i.ato/, /parano.i.a/), y aquellas que se escriben con <hiV-> tienen /e/, por ejemplo en *hielo* /elo/. La diferencia en la representación subyacente hace que no se aplique la regla de coronalización que produce [ʒ], ya que esta regla afecta solo a [i̯], segmento que no está presente en el momento en que se debe aplicar la regla; en una etapa posterior en la derivación, [i̯] se convierte en [ɟ] por medio de la regla de consonantización (4b). Es importante observar que una propuesta como la de Hualde (1997) para el español argentino, ejemplificada en (7), debe explicar por qué [ʒ] alterna con [i̯]; es decir, tal y como apuntan Harris y Kaisse (1999), ¿qué justificación existe para que [ʒ] se convierta en [i̯] cuando va en la coda, como en [ˈleʒes] frente a [le̯i]? Una regla de ese tipo no es común en las lenguas. Por otro lado, Harris y Kaisse se ven obligados a defender la presencia de /i/ subyacente en casos en los que no se produce ninguna alternancia, a pesar de las dificultades que esto implica desde el punto de vista de la adquisición: ¿en qué datos puede basarse el hablante nativo para deducir la existencia de una /i/ subyacente en estas formas?

En resumen, la cuestión de la forma subyacente y de la distribución de los alófonos [ʒ], [ɟ] e [i̯] no puede considerarse definitivamente resuelta en el español de la Argentina, dadas las dificultades que entrañan los análisis existentes. El español peninsular, por otro lado, no conlleva las mismas complicaciones, ya que solo existe un fonema consonántico, /ɟ/. Además de las propuestas mencionadas con anterioridad, existe otro análisis posible, al que aluden brevemente Harris y Kaisse (1999), pero que no ha recibido suficiente atención crítica, que postula un fonema /ɟ/ con un alófono [ɟ] en las formas sin alternancia, en lugar de /i/; en cambio, aquellas con alternancias tendrían subyacentemente esta vocal alta anterior con dos realizaciones: una realización no consonántica (paravocal) en el núcleo o en la coda, y otra consonántica [ɟ] en el ataque.

8.3 Silabeo: paravocales y constituyentes silábicos

El silabeo de las paravocales ha suscitado un cierto debate entre los estudiosos. En los siguientes subapartados se revisan los argumentos avanzados por algunos de ellos con respecto a la posición silábica a la que deben asignarse dichos elementos.

8.3.1 Paravocales en posición posconsonántica y prevocálica

La mayoría de los especialistas en fonología del español, por lo general, coincide en que las paravocales prevocálicas en posición posconsonántica, es decir, las tradicionales semiconsonantes, forman parte del núcleo silábico (Colina 2009; Harris 1983; Harris y Kaisse 1999; Hualde 1989, 1991). Aun así, la cuestión parece no estar tan clara para otros investigadores, a juzgar por la existencia de estudios que parten de premisas que requieren el silabeo de las paravocales en el ataque o que simplemente consideran el silabeo en el ataque como algo obvio (probablemente debido a una tendencia a generalizar basándose en los datos del inglés), sin argumentar esta postura (Anderson 2002) [→ § 24.4.2]. Dada esta situación, y en vista de la naturaleza y de los objetivos de este capítulo, parece apropiado revisar el tema de la asignación silábica de la paravocales más detenidamente de lo que en principio pudiera parecer necesario.

Se han esgrimido varios argumentos en favor de la posición nuclear de las paravocales en contexto prevocálico (véase Martínez-Gil [2016] para la argumentación contraria):

1) Las vocales medias alternan con diptongos en posición acentuada: *v*[e]*nimos, v*[ˈi̯e]*nen,* [o]*ler, h*[ˈu̯e]*len.* Dado que la diptongación depende del acento y que el acento depende de la silabeo (Harris 1985), [e] y [o] deben estar en el núcleo en el momento en el que se produce la diptongación. Por lo tanto, si la paravocal estuviese en el ataque se necesitaría una regla posterior que la trasladara del núcleo a tal posición, regla para la que no se conoce una motivación independiente.

2) La rima [→ § 1.21.8] en español consta como máximo de tres segmentos [→ § 24.4.1]. La sílaba puede puede tener un total de cinco si dos de ellos se encuentran en el ataque (Harris 1983), como, por ejemplo, en *clien.te*. Dado que una secuencia como [ˈmu̯e] en *muerte* es aceptable, la única forma de explicar por qué no lo es en **muersto* es que la paravocal que sigue a la consonante esté en la rima (en lugar de en el ataque) violentando así, debido a su posición prevocálica, la restricción que limita a tres los segmentos en la rima (Harris 1983).

3) El español tiene una conocida restricción que prohíbe la presencia de vocoides idénticos en la rima: *[ii], *[uu] *[i̯i], *[ii̯], *[u̯u], *[uu̯] (Harris 1983). Por lo tanto, el hecho de que **escritori-ito* no sea una forma aceptable indica que ambos vocoides *ii* deben formar parte de la rima, y no del ataque y de la rima, respectivamente. Una sílaba con un vocoide posvocálico, como, por ejemplo, en *tramoyista,* está bien formada porque el vocoide posvocálico ocupa el ataque, tal y como demuestra el hecho de que se haya consonantizado (Harris y Kaisse 1999, 128) [→ § 6.3.1, § 24.2.6].

4) En los hipocorísticos, los segmentos que en la base se encuentran en el ataque en la forma abreviada no pueden aparecer en el núcleo, por ejemplo: *Petronio > Petro *Petr.* Sin embargo, las paravocales en posición prevocálica aparecen como una vocal en los hipocorísticos, por ejemplo: [da.ˈni̯el] > [ˈdani] (Colina 1996; Hualde 1999a).

5) En algunos dialectos del español de Cantabria, las vocales medias se elevan si la sílaba acentuada contiene una vocal alta o una paravocal prevocálica: [kuxiˈria] [kuˈxi̯eɾe] frente a [koxeˈɾe]; [mi lu ˈði̯o] frente a [me lo komˈpɾo]; puesto que este proceso viene desencadenado por las sílabas acentuadas y se da si aparece una paravocal prevocálica, la paravocal debe estar en el núcleo, que es el único constituyente que puede recibir el acento; como es de esperar, las paravocales posvocálicas (en la coda) no desencadenan la armonía vocálica, por ejemplo: [afloˈxai̯s] (Hualde 1991, 479; Kaisse 2016).

6) El acento no puede aparecer en la antepenúltima sílaba si la penúltima contiene una paravocal prevocálica; esto, sin embargo, sí es posible con ataques complejos en la penúltima sílaba, como se muestra en los ejemplos de (9a). Por lo tanto, la paravocal no puede estar en el ataque, como en el caso de (9b), ya que de ser así se comportaría como los grupos consonánticos: es decir, si las paravocales no estuviesen en el núcleo, no deberían impedir la presencia del acento en la antepenúltima (Harris 1983, 11).

(9) a. telégrafo
         políglota
         demócrata
         república
     b. *teléf[i̯]ono
         *teléf[i̯]eno
         *teléf[i̯]ano

8.3.2 Paravocales en posición posvocálica

La adscripción de las paravocales posvocálicas es menos problemática que la de las prevocálicas, ya que, independientemente de que formen parte del núcleo o de la coda, siempre pertenecen a la rima y, por lo tanto, su estatus es similar con respecto a procesos tales como el de asignación del acento. De todos modos, existen al menos dos argumentos bastante contundentes a favor de su posición en la coda. En primer lugar, como se mencionó en el § 8.3.1, en los dialectos cántabros las paravocales posvocálicas no desencadenan armonía vocálica, lo que indica que no reciben acento y, por lo tanto, no están en el núcleo, como se observa, por ejemplo, en [aflo'xai̯s]. En segundo lugar, en español solo las sonantes [→ § 1.6.2] o [s] pueden seguir a una paravocal en la coda *(vein.te, béis.bol)*. Dado que en muchas variedades del español es posible encontrar obstruyentes en la coda que no sean [s] (p. ej., *ob.soleto, dig.no*) [→ § 24.2.3], el que las mismas no se permitan después de una paravocal solo se puede explicar bajo el supuesto de que la paravocal es el primer componente de la coda y las restricciones relativas a los segmentos que pueden aparecer a continuación de ella se refieren a los grupos consonánticos en la coda.

8.4 Proceso fonológico de alternancia con vocales

En determinados contextos y estilos de habla, en español se produce una alternancia entre paravocales y vocales, cuyos resultados se presentan y se discuten en los siguientes subapartados.

8.4.1 Descripción y datos

En español, un segmento [−consonántico] suele realizarse como una paravocal ([−vocálico]) cuando se encuentra en posición prevocálica precedido de una consonante (diptongo creciente: *miedo* ['mi̯e.ðo], *cuando* ['ku̯aṇ.do], *mi amigo* [mi̯a.'mi.ɣo]), o cuando va precedido de una vocal, a veces seguido de una consonante (diptongo decreciente: *peine* ['pei̯.ne], *pausa* ['pau̯.sa], *la usura* [lau̯.'su.ɾa]). Tal comportamiento refleja la tendencia antihiática del español [→ § 3.2.4, § 6.3.3, § 24.3], que también se puede entender como una forma de reducir el número de sílabas sin ataque creando núcleos o codas complejas. En otros contextos, el mismo segmento [−consonántico] es [+vocálico], dándose, por tanto, una alternancia entre vocales y paravocales.

Esta alternancia se observa claramente en el nivel posléxico (en la cadena hablada) [→ § 1.18.6], en estilo informal, más o menos rápido, entre palabras (11) y en el interior de las mismas (12), sujeta a cierta variación [→ § 7.5.1]. Como se puede observar en (10), en el contexto entre palabras el mismo segmento [−consonántico] es una paravocal, esto es, [−vocálico], cuando va seguido de una vocal, y es vocal, es decir, [+vocálico], cuando precede a una consonante. Si las dos vocales son iguales, la secuencia se reduce a una, como se observa en los ejemplos de (13). En el nivel posléxico, toda secuencia de vocales, incluso los hiatos excepcionales, se puede reducir a diptongo (Hualde 1994).

(10)	mi padre	[mi.'pa.ðre]	mi amigo	[mi̯a.'mi.ɣo]
	Juan y Pedro	[xu̯a.ni.'pe.ðro]	Juan y Antonio	[xu̯a.ni̯aṇ.'to.ni̯o]
	tu piso	[t̪u.'pi.so]	tu abuelo	[t̪u̯a.'βu̯e.lo]

(11)	la espera	[la.es.'pe.ɾa]	[lae̯s.'pe.ɾa]
	la usura	[la.u.'su.ɾa]	[lau̯.'su.ɾa]
	traigo alhajas	['t̪rai̯.ɣo.'ala.xas]	['t̪rai̯.ɣo̯a.'la.xas]
	tengo enchufes	['t̪eŋ.go.enʲ.'tʃu.fes]	['t̪eŋ.go̯enʲ.'tʃu.fes]
	te odia	[t̪e.'o.ði̯a]	['t̪e̯o.ði̯a]
	te ama	[t̪e.'a.ma]	['t̪e̯a.ma]

(12)	po.e.ti.sa	[po.e.'t̪i.sa]	[po̯e.'t̪i.sa]
	em.pe.o.raba	[em.pe.o.'ra.βa]	[em.pe̯o.'ra.βa]
	ma.estro	[ma.'es.t̪ro]	['mae̯s.t̪ro]
	mare.a	[ma.'ɾe.a]	['ma.ɾe̯a]

(13)	cre.eré	[kɾe.'ɾe]
	canta Antonio	['kaṇ.t̪aṇ.'to.ni̯o]
	te espero	[t̪es.'pe.ɾo]
	otro osado	['o.t̪ro.'sa.ðo]

En muchos dialectos del español, la selección de la paravocal se realiza en función de la sonicidad [→ § 1.21.9, § 14.3.4, § 17.3.1, § 24.3.1]; es decir, el segmento [−consonántico] de mayor sonicidad es nuclear y el de menor es una paravocal. En el caso de que ambos segmentos tengan la misma sonicidad, el primer segmento suele ser la paravocal. Así, en los ejemplos de (11), ['laes̯.pe.ɾa] frente a ['te̯a.ma], se pone de manifiesto que el vocoide es una paravocal media, independientemente de su posición pre- o posvocálica, dado que presenta menor sonicidad que el vocoide bajo /a/.

Existe, sin embargo, una variedad del español, el español chicano, empleado en el suroeste de Estados Unidos por hablantes de español de ascendencia mexicana, en la que la paravocal es siempre la primera vocal: si esta es alta, se convierte en una paravocal alta (14a); si es media, se eleva también y se realiza como paravocal alta (14b), o como una única vocal alta si coincide en altura con la segunda vocal (14c); si es baja, se elide, dada la imposibilidad de que una paravocal sea baja (14d) (Baković 2006; Martínez-Gil 2016).

(14) a. mi esposa   [mi̯es.'po.sa]   mi casa   [mi.'ka.sa]
      b. te humilló   [t̯iu.mi.'jo]   te ve   [t̯e.'β̯e]
      c. te irías   [t̯i.'ɾi.as]   te verías   [t̯e.β̯e.'ɾi.as]
      d. la iglesia   [li.'ɣ̯le.si̯a] la ve   [la.'β̯e]

En consecuencia, en el dialecto chicano se observa una alternancia entre vocales y paravocales altas, típica de la mayoría de los dialectos, y también entre vocales medias y paravocales altas, que resultan de la elevación de un segmento [−consonántico] posconsonántico y prevocálico.

8.4.2 Análisis fonológico

En algunos análisis derivacionales [→ § 1.18.1], la paravocal se obtiene al silabearla por medio de la regla de núcleo complejo (en inglés, *Complex Nucleus Rule*) o de la regla de la coda (en inglés, *Coda Rule*) [→ § 1.21.11], que silabean la paravocal en un núcleo complejo o en la coda, dependiendo de si precede o si sigue al núcleo (Hualde 1991, 1994). En las propuestas derivacionales, la selección de la paravocal viene determinada por el principio universal de sonicidad siguiendo los mismos criterios por los cuales una vocal se selecciona como núcleo y una consonante como ataque, en, por ejemplo, *la*. Por ello, no hace falta indicar en la regla la posición relativa de las vocales (Hualde 1994).

El resultado inicial de la aplicación de las reglas de silabeo se sometería a nivel posléxico (entre palabras y en el interior de las mismas) a una regla de desnuclearización (Harris y Kaisse 1999, 139; Hualde 1994) que desvincula del núcleo a toda vocal alta o media no acentuada en contacto con otra vocal. Como consecuencia, cualquier grupo de vocales tiende a pronunciarse en una sílaba. Harris y Kaisse, en concreto, proponen dos reglas de desnuclearización, mostradas en (15), una para la posición prevocálica y otra para la posvocálica (1999, 139-40), argumentando que se trata de dos procesos diferentes, que se aplican bajo condiciones también diferentes: la desnuclearización prevocálica es opcional y posléxica, es decir, se aplica en función del estilo y de la velocidad de habla, sin tener en cuenta las fronteras morfológicas ni las divisiones de palabras, mientras que la desnuclearización posvocálica tiene características propias del entorno léxico: se aplica obligatoriamente a la base derivacional (en inglés, *stem*) y, optativamente, entre prefijos y bases. Otros análisis conciben de modo distinto la representación subyacente, defendiendo la presencia de paravocales subyacentes, que se incorporan al núcleo por medio de las reglas de silabeo ya mencionadas —núcleo complejo y coda— (Hualde 1991). A continuación, en el ejemplo (15), se muestra la expresión del proceso mediante el formalismo autosegmental [→ § 1.21.4] para mayor claridad. La línea tachada indica que se ha producido una desvinculación o desasociación entre la vocal y la posición de núcleo.

(15) Desnuclearización (adaptado de Harris y Kaisse 1999, 139-40)

    [+alto] V ⟶ [+alto]   V ([+alto] no lleva acento)
      | | |
      N N   N

    Desnuclearización posvocálica

    [+alto] V ⟶   V [+alto] ([+alto] no lleva acento)
       | | |
       N N   N

En modelos no derivacionales, como la Teoría de la Optimidad, las paravocales son consecuencia de la prioridad que se concede al cumplimiento de la restricción en contra de las sílabas sin ataque, en detrimento de aquellas otras restricciones que penalizan los núcleos complejos o las codas (Colina 2009); es decir, una paravocal, ya sea parte de un núcleo complejo, [ˈmi̯e.ðo̯], ya sea parte de la coda, [ˈpei̯.ne], es preferible a una sílaba sin ataque, en hiato: *[mi.ˈe.ðo̯], *[ˈpe.i.ne], porque la presencia de este último se considera menos deseable que el hecho de que existan núcleos complejos o codas.

En concreto, la jerarquía de restricciones relevante a este respecto es ATAQUE >> *NÚCLEO COMPLEJO >> *CODA, donde ATAQUE prohíbe las sílabas sin ataque, y *NÚCLEO COMPLEJO y *CODA penalizan la presencia de núcleos complejos y de codas respectivamente.

La generalización relativa a la selección de la paravocal se formaliza en este modelo por medio de una jerarquía de restricciones que requiere o prohíbe la asociación de los segmentos [−consonántico] a moras [→ § 1.21.8] en función de la sonicidad: la restricción que exige que se asocie el segmento de mayor sonicidad con una mora es la que tiene mayor prioridad en la jerarquía, y aquella otra que asocia la vocal de menor sonicidad (una vocal alta) a una mora es la de menor prioridad. Si las restricciones implicadas prohíben la asociación de moras con segmentos [−consonántico], la jerarquía es la opuesta: es decir, la restricción que prohíbe la asociación de una mora con la vocal de menor sonicidad es la de mayor rango. Una diferencia entre el tratamiento derivacional y el no derivacional de la selección de la paravocal radica en que este último permite formalizar tal proceso usando el mismo mecanismo que para el resto de la fonología: la jerarquización de restricciones universales. En el análisis derivacional, sin embargo, aunque la selección se basa en la sonicidad, el mecanismo de selección es externo, y no se puede expresar con los mecanismos formales proporcionados por el marco derivacional.

Recuérdese que en el español chicano la paravocal es siempre la primera vocal, independientemente de la sonicidad de la segunda vocal: si es alta, la vocal se convierte en una paravocal alta; si es media, se eleva, también realizándose como vocal alta; y, si es baja, se elide, dada la imposibilidad de tener una paravocal alta. Ello indica que en esta variedad del español se prefieren los diptongos crecientes y se evitan los decrecientes. Un análisis derivacional como el de Martínez-Gil (2000) interpreta esta generalización como el resultado de restringir el campo de acción de una regla de diptongación que se aplicaba tanto a la derecha como a la izquierda del núcleo (en inglés, *mirror image rule*) al segmento a la izquierda del núcleo (el primero en la secuencia). En la Teoría de la Optimidad tales hechos se atribuyen al alto rango, en esta variedad del español, de la restricción en contra de las codas silábicas, que los diptongos decrecientes infringirían, pues tendrían una paravocal en la coda. Otras restricciones en contra de la paravocales no altas explican que las vocales medias se eleven, y la prohibición en contra de las paravocales bajas explica, a su vez, que estas se elidan (Colina 2009).

También dentro un marco no derivacional, Martínez-Gil (2016) (véanse también Colina, Casillas y Díaz 2018; Colina 2020, 141) propone un análisis en el que la paravocal prevocálica se incorpora al ataque en lugar de a un núcleo complejo, como en Colina (2009) y Baković (2006).

Otra diferencia entre los análisis derivacionales y los no derivacionales radica en las explicaciones propuestas por ambos marcos teóricos para el hecho de que el español presente una clara tendencia a crear diptongos tanto en el interior de palabras como entre palabras. En los análisis derivacionales se recurre a una segunda aplicación posléxica (entre palabras) de las reglas propuestas, ya sea de las reglas de núcleo complejo, de las de la coda o de las de desnuclearización. Por ejemplo, la regla de desnuclearización reproducida en (15) se aplica a nivel léxico a la palabra aislada *iglesia* [i.ˈɣle.si̯a] (pero no al artículo *la*) y, a continuación, se aplica por segunda vez a nivel posléxico al sintagma *la iglesia* [lai̯.ˈɣle.si̯a]. Sin embargo, este análisis no explica precisamente el porqué de una segunda aplicación: es decir, ¿qué motivación existe para que la desnuclearización se aplique en dos niveles? En un modelo no derivacional, por el contrario, la motivación es clara: la diptongación o la creación de paravocales es necesaria para reducir el número de sílabas sin ataque, lo que se logra a costa de incrementar la complejidad del núcleo o de la coda (núcleo complejo y coda) en [i.ˈɣle.si̯a] y, entre palabras, además, a costa de evitar la coincidencia entre el límite de palabra y el de sílaba (de modo que el principio de palabra y el principio de sílaba no estén alineados), como en [la#i̯.ˈɣle.si̯a], en donde «#» indica frontera de palabra. La explicación ofrecida por la Teoría de la Optimidad también ayuda a establecer la relación existente entre el resilabeo y la aparición de paravocales como alófonos de vocales entre palabras: todos estos procesos vienen motivados por la necesidad de evitar sílabas sin ataque en español.

8.4.3 *Estatus fonológico o fonético de las paravocales*

No todas las formas que, según las reglas anteriores, deberían tener una paravocal, la tienen. Por ejemplo, para muchos hablantes de español, *cliente* se divide en tres sílabas, en lugar de en dos. Estos ejemplos y la existencia de pares cuasimínimos, como las formas de (16) —procedentes de Hualde (1997, 64)—, han llevado a algunos fonólogos a argüir a favor del estatus fonémico de las paravocales en español (Harris 1969, 1983, 1989a, 1989b; Harris y Kaisse 1999). Por otro lado, otros han cuestionado, en sentido contrario, el valor de unos cuantos ejemplos, que podrían tratarse como excepciones (cf. Colina [1999]; Hualde [1997], Hualde [1999b], Hualde [2005]; así como el § 7.2.1 de la obra presente). El asunto no es tan sencillo como pudiera parecer y se ha convertido en un destacado tema de debate en la fonología del español en la última década, ya que tiene importantes consecuencias para los análisis propuestos, cuyos detalles y forma dependen en gran medida de la postura tomada en este debate por cada investigador (véase también el § 6.3.3). En otras palabras, para la mayoría de los análisis fonológicos de las paravocales es esencial determinar si tales segmentos son subyacentes y, por tanto, contrastivos con las vocales, o si son simplemente alófonos de estas últimas (Alarcos [1950] 1965; Harris 1969, 1983, 1989a, 1989b; Harris y Kaisse 1999). Establecer el lugar de las paravocales en el inventario fonológico del español constituye un requisito importantísimo para cualquier descripción fonológica de estos segmentos. El tema reviste asimismo especial relevancia para las alternancias con vocales, ya que en el caso de la consonantización (véase el § 8.2) las únicas propuestas de formas subyacentes incluyen vocales y consonantes, no paravocales, que, dependiendo del análisis considerado, se interpretan como una variante alofónica de un fonema vocálico o de uno consonántico.

(16) *Diptongo*   *Hiato*
    dien.te   cli.en.te
    me.dian.te   Vi.ana
    miel   ri.el
    ba.rrien.do   ri.en.do
    pie   pi.é
    dio   ri.ó

A continuación se resumen los argumentos a favor y en contra del estatus fonémico de las paravocales. Harris (1969, 1989b) y Hualde (1991, 1994, 1999a) defienden la naturaleza fonémica de las paravocales basándose en los siguientes factores:

1) La existencia de contrastes y pares cuasimínimos como los recogidos en (16).
2) La 'ventana de tres sílabas' es una conocida generalización en español que prohíbe que el acento prosódico —la prominencia que recibe una sílaba con relación a las demás— se sitúe más a la izquierda de la antepenúltima sílaba (en inglés, *Three-syllable window*; cf. Harris [1983]) [→ § 26.2]. Con base en esta generalización, el único modo de explicar la aceptabilidad de formas tales como [ˈsau̯.ri̯o] es partir de una representación subyacente con una paravocal, /ˈsau̯ri.o/ o /ˈsa.u.ri̯o/, ya que, si la representación subyacente no contuviese paravocales, se forzaría la ventana de tres sílabas: */ˈsa.u.ri.o/.
3) Dado que el presente de indicativo en español siempre va acentuado en la penúltima sílaba, la diferencia entre [amˈpli.o] y [ˈkam.bi̯o] solo se puede entender si existe un contraste en la forma subyacente /anplio/ frente a /kanbi̯o/. Este argumento requiere que el acento se asigne por medio de reglas, tal y como es costumbre en la fonología generativa. Sin embargo, el razonamiento pierde su validez en los marcos teóricos que defienden que el acento es una propiedad léxica de las palabras, almacenada en el lexicón [→ § 1.18.1] junto con otros tipos de información no predecible (cf. Hualde [1997], para el español); en estos modelos, las restricciones sobre el acento, tales como la ventana de tres sílabas, afectan solo a las formas superficiales (Hualde 1997).

Entre las propuestas que defienden la inexistencia de un contraste subyacente entre paravocales y vocales en español y, por lo tanto, la naturaleza alofónica de las paravocales, se encuentran las de Alarcos ([1950] 1965), Hualde (1997, 1999b, 2004), Roca (1991, 1997, 2006), Colina (1999, 2009) y Harris y Kaisse (1999). Estos autores argumentan del siguiente modo:

1) Los casos en los que se da un hiato en lugar del diptongo esperado son excepcionales y no justifican la introducción de un fonema paravocal.
2) Muchos hiatos excepcionales tienen una explicación morfológica, debida a a) analogía, en el caso en el que un segmento no consonántico alto sea el portador del acento en una palabra relacionada morfológicamente

con la forma en cuestión, por ejemplo, *v*[i.'a.]*ble* (cf. *vía*), o b) una frontera morfológica, como la presencia de un prefijo o de un sufijo *(bi-, -oso, -al, -ario)*, por ejemplo, *man*[u.a]*l*.

3) Tal y como demuestra Hualde (1999b, 2004), los hiatos excepcionales no están distribuidos al azar en el lexicón, y en ellos se ponen de manifiesto varias tendencias: a) aparecen casi siempre en posición inicial de palabra, por ejemplo, *ci.*['a].*ti.ca;* b) el acento recae sobre la segunda vocal del hiato o en la sílaba siguiente, pero nunca más a la derecha, por ejemplo, *di.*['a].*blo, di.a.*['fraɣ].*ma,* cf. *dia.pa.*['son]; c) raramente se da un hiato con las secuencias *ie, ue;* d) no existen hiatos excepcionales de sonicidad decreciente, es decir: el contraste solo se encuentra en el caso de hiato y diptongo creciente, no decreciente; e) no existen hiatos que tengan /uV/ después de una consonante velar, por ejemplo, *cua.tro *cu.atro*. Un somero examen de los patrones mencionados sugiere posibles explicaciones para los hiatos excepcionales: los hiatos con las vocales *ie, ue* son poco comunes porque estas secuencias son el resultado de la diptongación de una vocal media en latín; el que no aparezcan hiatos después de una velar seguida de /uV/ es probablemente la consecuencia de efectos coarticulatorios [→ § 1.6.8] que hacen que algunos de los rasgos de la paravocal se asocien al ataque.

4) Existe una considerable variación dialectal con respecto a qué formas permiten hiato, así como una cierta variación individual, debido a que los hablantes no poseen intuiciones claras con respecto al silabeo de algunas secuencias de vocales (véanse Cabré y Prieto Vives [2006]; Hualde [1997, 1999b, 2004]; y el § 7.3 para más detalles sobre la variación).

5) Los argumentos a favor de la naturaleza fonémica de las paravocales pierden validez en modelos no derivacionales, tales como la Teoría de la Optimidad u otros, que no parten de la suposición estándar en la fonología generativa derivacional de que el acento se asigna por medio de reglas, sino que responde a una serie de generalizaciones o condiciones de buena formación de las formas fonéticas. Ejemplos como ['sau̯.ri̯o] no infringen la ventana de tres sílabas si se considera que tal restricción se aplica a las formas superficiales; tanto [am.'pli.o] como ['kam.bi̯o] cumplen con el requisito de que el presente de indicativo vaya acentuado en la penúltima sílaba.

El análisis fonológico de las paravocales propuesto por aquellos que defienden la naturaleza marcada de los hiatos excepcionales consiste en indicar su estructura silábica en la representación subyacente, como núcleos obligatorios (esto es, segmentos silábicos), en contraposición a la mayoría de los casos no marcados en los que el silabeo es predecible y, por lo tanto, no aparece en las formas subyacentes (Harris y Kaisse 1999; Roca 1997).

El ejemplo de (17), adaptado de Harris y Kaisse (1999), muestra cómo se aplican las reglas de silabeo a los núcleos no marcados y a los obligatorios.

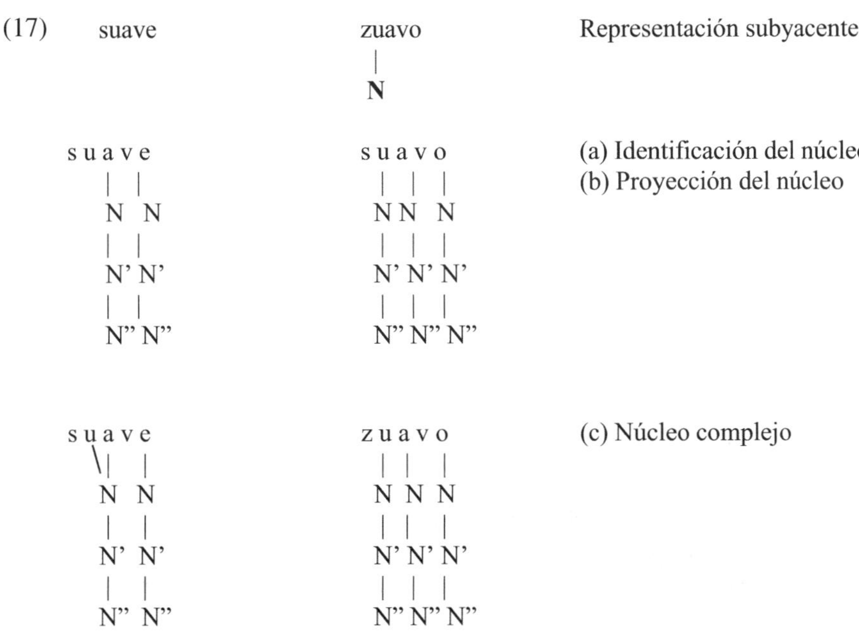

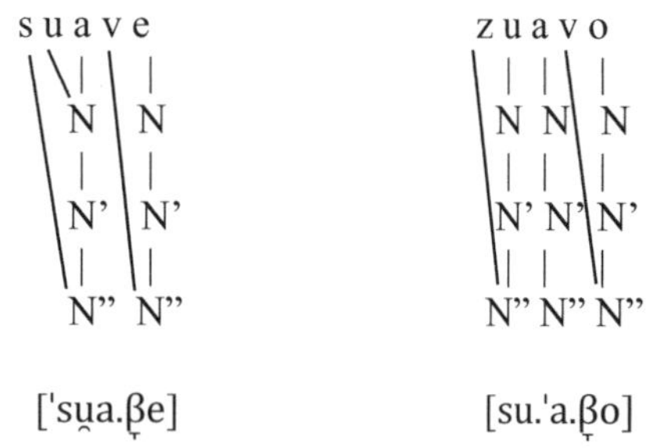

          s u a v e   z u a v o   (d) Asociación del ataque

             N   N   N N N

            N' N'   N' N' N'

            N" N"   N" N" N"

        ['sṷa.βe]   [su.'a.βo]

La diferencia entre el núcleo no marcado y el obligatorio es que el segundo aparece asociado a una posición nuclear en la representación subyacente. A partir de esta representación, el proceso de identificación (a) del núcleo produce tres núcleos (N) en *zuavo,* mientras que en *suave* solo identifica dos. Cada vocal marcada como nuclear (N), ya sea en la forma subyacente o ya sea como consecuencia de la aplicación de (a), proyecta una sílaba, representada aquí con el formalismo de N con barra (Hualde 1991; Levin 1985). Es este un formalismo representacional similar al de la X con barra empleada en sintaxis, en el que cada barra (o comilla) constituye un nivel de estructura o constituyente silábico, de modo que el núcleo proyecta una N, una N con una barra (N') y una N con doble barra (N") por cada sílaba (b). Bajo N se incluyen todos los componentes del Núcleo (vocal nuclear y paravocales prenucleares); las consonantes prenucleares en el ataque se asocian directamente a la sílaba (N"), mientras que el constituyente N' es el equivalente de la rima en otros formalismos. Volviendo al ejemplo de (17), (c) asocia los vocoides no nucleares a la izquierda del núcleo (no asociados a N) al constituyente N, formando así un núcleo complejo. A continuación, (d) incorpora las consonantes a la izquierda del núcleo, es decir, [s], [s/θ], [β] directamente a la sílaba (N").

En el marco de la Teoría de la Optimidad, Colina (2009), que mantiene la postura de que las paravocales no son contrastivas en español, explica su formación a partir de vocales subyacentes por medio de una serie de restricciones ordenadas que garantizan que una vocal subyacente pierda su mora y se asocie al núcleo, realizándose como una paravocal y creando un núcleo complejo, e infringiendo, por lo tanto, las restricciones en contra de los núcleos complejos, de las paravocales en el núcleo y de la inserción de moras, con el objeto de evitar la presencia en la forma superficial de una sílaba sin ataque o de una paravocal en el ataque. Asimismo, Colina (2009) indica que, aunque esta propuesta presenta un análisis con moras en la representación subyacente, los mismos resultados se pueden obtener partiendo de la suposición de que las vocales no están asociadas a moras en los aductos, y de que su estatus moraico en en estos últimos se debe a una restricción que exige que todas las vocales o núcleos silábicos vayan asociados a una mora; tal restricción domina a otra que inserta moras ausentes en las entradas. Colina (2009) no menciona de manera explícita cómo se analizarían los hiatos excepcionales. Puesto que en ellos es necesario especificar el silabeo subyacentemente, la solución más adecuada debe ser una en la cual los casos no marcados (paravocales en las formas superficiales) no tengan moras en la representación subyacente, mientras que los hiatos excepcionales tengan una mora asociada a la vocal correspondiente. El alto rango de la restricción que prohíbe omitir esa mora hace que no se pueda elidir y, por consiguiente, deba ser nuclear.

8.5 Paravocales y constituyentes morfológicos y sintácticos

Los análisis de las realizaciones de las paravocales en contacto con una frontera morfológica, sobre todo en posición inicial de palabra después de un prefijo *(deshielo)* o en posición final de palabra seguidas de una palabra que empieza por vocal *(ley alguna)*, han resultado ser bastante controvertidos en la fonología del español. Constituyen, además, un reto para la fonología en general debido a los casos de opacidad [→ § 1.18.4] presentes, es decir, aquellas situaciones en las que un cierto segmento aparece en una posición en la que no debería darse, ya que se cumple la descripción estructural para la aplicación de una regla, que, en contra de lo esperado, no se aplica (Kiparsky 1973). Esto hace que el análisis derivacional sea bastante complejo, puesto que se requieren múltiples reglas, con órdenes complicados y varios niveles de aplicación —léxico, posléxico, dominio de la palabra, de la frase, etcétera (cf. Kiparsky 1982, 1985)—. Para los análisis no derivacionales, sin niveles de aplicación, el problema es explicar los datos sin contradecir la naturaleza paralela y no derivacional de la teoría, que en principio niega la existencia de estratos léxicos y posléxicos, puesto que esto supondría incorporar una derivación al modelo; de hecho, la opacidad es uno de los retos más importantes a los que se enfrenta actualmente la Teoría de la Optimidad (McCarthy 2007). En el presente apartado se ofrece una visión general de estos análisis y de las dificultades que entrañan. En realidad, el tema es de naturaleza todavía más amplia, ya que atañe a la forma de tratar y de entender cómo interactúan la fonología y la morfología.

8.5.1 Descripción

Una paravocal en posición inicial de palabra y precedida por un prefijo que acaba en consonante se realiza como consonante (18a), a pesar de que el resilabeo de la consonante final del prefijo permitiría obtener un ataque y silabear la paravocal en el núcleo como parte de un diptongo (18b). En el caso de la misma secuencia de sonidos sin una frontera morfológica, es decir, si no hay un prefijo, la paravocal se realiza como tal (no consonántica), dado que la consonante final se resilabea y pasa a la posición de ataque (18c) (Hualde 2005) [→ § 24.3.2].

(18) a. deshielo   [des̠.ˈje.lo]   b. *[de.ˈsi̯e.lo]
         desyerba   [des̠.ˈjeɾ.βa]   *[de.ˈsi̯eɾ.βa]
      c. desierto   [de.ˈsi̯eɾ.t̪o]

Si la paravocal se encuentra a final de palabra y va seguida por otra palabra que empieza por vocal, la paravocal se mantiene como tal, a pesar de que el resilabeo la sitúe en posición de ataque, donde se debería aplicar la consonantización (19a, c). Se trata de un ejemplo de opacidad porque no se aplica una regla —en este caso, la de consonantización— a pesar de que se dan las condiciones para hacerlo.

(19) a. ley alguna   [le.i̯al.ˈɣu.na]   b. *[le.jal.ˈɣu.na]
      c. rey antiguo   [re.i̯an̪.ˈt̪i.ɣu̯o]   d. *[re.jan̪.ˈt̪i.ɣu̯o]

8.5.2 Análisis fonológico

Hualde (1989) propone una regla de consonantización, denominada 'fricativización de semiconsonantes', que convierte un elemento [−silábico] en [+consonántico] en posición inicial de sílaba (20). En el análisis de Hualde (1989), el hecho de que esta regla no afecte a las paravocales que pasan a ser iniciales como consecuencia del resilabeo —por ejemplo, [le.i̯al.ˈɣu.na] en (21)— va ligado a una interpretación de la fonología conocida como Fonología Léxica [→ § 1.18.6], en la cual las reglas pertenecen a dos componentes ordenados, el componente léxico y el posléxico, a los que se asignan en función de sus propiedades particulares (por ejemplo, que no presenten excepciones, que estén condicionadas por la velocidad y el estilo de habla, etcétera). Dentro del componente léxico, las reglas fonológicas se ordenan, a su vez, con respecto a las operaciones morfológicas de formación de palabras; por consiguiente, los afijos se asignan a diferentes niveles de la fonología léxica de acuerdo con sus características. Partiendo de esta concepción de la fonología, el hecho de que la fricativización de semiconsonantes no afecte a las paravocales semiconsonánticas que han pasado al ataque debido al resilabeo ([le.i̯al.ˈɣu.na]) se debe a que la fricativización de las tales elementos solo tiene una aplicación léxica en el primer nivel (nivel 1), después de la concatenación de sufijos, pero antes de la prefijación. La justificación de esta propuesta radica en que la regla presenta características típicas de las reglas léxicas, tales como la existencia de excepciones: por ejemplo, *hiato* [iˈa.t̪o] o [ˈi̯a.t̪o], pero no *[ˈja.t̪o].

(20)   [[lei̯]es]
      Nivel 1
      Sufijación   [lei̯es]
      Silabeo   [le.i̯es]
      Fricativización   j̠

      Nivel 2
      Prefijación   ______
      Resilabeo   ______
                        [le.jes]

(21)   [lei̯]   [[algun]a]
   Nivel 1
Sufijación   _______   [alguna]
Silabeo   [lei̯]   [al.gu.na]
Fricativización   _______   _______
   Nivel 2
Prefijación   _______   _______
   Nivel posléxico
Resilabeo   [le.i̯al.gu.na]
Otras reglas   [le.i̯al.ɣu.na]

Hualde presenta como prueba adicional a favor de su análisis el hecho de que *[de.ˈsi̯e.lo] esté mal formado, a pesar de la presencia de [de.ˈsi̯er.to]. Esto corrobora que, en el primer caso, la regla de fricativización debe aplicarse en el componente léxico, en el nivel 1, tal y como se aprecia en la derivación de (22) (véase también Colina 2021, 368–69):

(22)   [des[[i̯el]o]]   [[desi̯ert]o]   [des[[arm]e]]
   Nivel 1
Sufijación   [des[i̯elo]]   [desi̯erto]   [des[arme]]
Silabeo   [des.[i̯e.lo]]   [de.si̯er.to]   [des.[ar.me]]
Fricativización   ɟ   _________   _________

   Nivel 2
Prefijación   [des.ɟe.lo]   [de.si̯er.to]   [des.ar.me]

   Nivel posléxico
Resilabeo   _________   _________   [de.sar.me]
Otras reglas   [des̬.ɟe.lo]   [de.si̯er.t̬o]   [de.sar.me]

Harris y Kaisse (1999) también se sirven de reglas ordenadas y de varios niveles (palabras, frases) para explicar los datos relativos a las paravocales y las fronteras morfológicas. Su propuesta es más compleja que la de Hualde (1989) debido a que su análisis abarca dos variedades del español, el español peninsular y el español argentino, este último, como ya se vio en el § 8.2, con dos realizaciones consonánticas para las paravocales: [ɟ] y [ʒ]; también intentan dar cuenta de formas excepcionales, como *hiato* o *paranoia*. Son necesarias varias reglas para explicar todos los datos; entre ellas se encuentran, además de las de desnuclearización presentadas en (15): la diptongación, que produce el diptongo [i̯e] a partir de una vocal media acentuada marcada subyacentemente (representada por estos autores con el símbolo '!': /e!lo/ [ˈi̯e.lo]); la coronalización, que convierte una paravocal alta en una fricativa postalveolar en posición inicial de sílaba, [ˈleʒes], [ˈmaʒo], y la consonantización, que hace que una paravocal alta se realice como una fricativa palatal en posición inicial de sílaba, [ˈi̯e.lo] → [ˈɟe.lo]. Las reglas de Harris y Kaisse (1999) se aplican en un orden determinado y en un cierto dominio: el dominio de la palabra, de la frase o de ambos. No se entrará aquí en los detalles del análisis (véase el § 8.2), sino que se abordarán solo los aspectos relevantes para la morfología y para las paravocales. A pesar de la complejidad requerida por el amplio tratamiento empírico, los componentes básicos de Harris y Kaisse (1999) son esencialmente similares a los de Hualde (1989): reglas ordenadas y niveles léxico (dominio de la palabra) y posléxico (dominio del sintagma). El contraste entre [de.ˈsi̯er.t̬o] y [des̬.ˈɟe.lo] es el resultado de la regla de consonantización que se aplica en el nivel de la palabra, antes de la incorporación de los prefijos, que, a su vez, tiene lugar en el nivel de la frase. [ˈle.i̯al.ˈɣu.na] se realiza con una paravocal, a pesar de hallarse en el ataque, porque las reglas que convierten las paravocales en consonantes se aplican solo en el nivel de la palabra, estadio en el cual la paravocal no se encuentra en el ataque.

En el ejemplo (23) —adaptado de Harris y Kaisse (1999)— puede observarse que el diptongo [i̯e] se deriva a partir de una vocal media acentuada por medio de la regla de diptongación, tras asignarse el acento; la diptongación solo afecta a algunas vocales medias (Harris 1985) y, por ello, estas deben estar marcadas subyacentemente. Al igual que se hace en Harris y Kaisse (1999), Harris lo indica mediante un símbolo de exclamación junto a la vocal: /e!/. La consonantización se aplica a [i̯e] en el dominio de la palabra, antes de la concatenación de prefijos, que tiene lugar en el dominio de la frase;

ya que *desierto* no tiene prefijo, el silabeo en el nivel de la palabra incorpora la /s/ como ataque, de modo que [i̯] no está en posición inicial de sílaba y por ello no se ve afectada por la consonantización.

(23) desierto des<h>ielo
   [dese!rto] [des[e!lo]] *palabra interna (inner word)*
   de.se!r.to e!.lo silabeo
   de.ˈse!r.to ˈe!.lo asignación del acento
   de.ˈsier̯.t̯o ˈi̯e.lo diptongación
     ˈje.lo consonantización

       sintagma (outer word/phrase)
    des.ˈje.lo prefijación
     resilabeo
    deh.ˈje.lo otras reglas

En el dialecto argentino, la regla relevante para el contexto sintagmático de (23) es la de coronalización, como se puede observar en (24); la de consonantización lo sería en el español peninsular. Del mismo modo que la de consonantización, la regla de coronalización pertenece al dominio de la palabra y no se aplica en el nivel del sintagma, a pesar de que se cumpla su descripción.

(24) lei alguna *Forma subyacente*
   lei̯.al.gu.na silabeo
   ˈlei̯.al.ˈgu.na asignación del acento
     coronalización
     diptongación
     consonantización

     sintagma (outer word/phrase)
   ˈle.i̯al.ˈgu.na silabeo

Una de las críticas que se han realizado a los análisis derivacionales (Harris y Kaisse 1999; Hualde 1989), por ejemplo, en Baker y Witlshire (2003), radica en las dificultades que plantean estas propuestas a la hora de captar generalizaciones importantes, que a menudo son difíciles de expresar a causa de la necesidad de proponer varias reglas independientes para fenómenos relacionados, tales como la consonantización, la coronalización y la desnuclearización (§ 8.2.2, § 8.4.2). Postular estas reglas diferentes no permite apreciar que todas ellas responden al hecho de que en la posición de ataque se prefieren segmentos de menor sonicidad y con el rasgo [+consonántico]. Otro problema de estas propuestas reside en que no se justifica el ordenamiento extrínseco de las reglas, solo motivado por los datos; es decir, aparte de la necesidad de explicarlos, no existe ninguna razón independiente por la cual las reglas deban ordenarse de la manera propuesta. La ordenación extrínseca se suele considerar un mecanismo demasiado potente que a menudo genera formas inexistentes en las lenguas naturales.

Los análisis realizados en el marco de la Teoría de la Optimidad explican las formas con prefijo recogidas en (22) como la consecuencia de la interacción entre las restricciones de alineamiento —que exigen que los extremos de los constituyentes morfológicos y silábicos coincidan—, las restricciones relativas al ataque —que requieren segmentos de menor sonicidad que una paravocal en el ataque—, y las restricciones de fidelidad [→ § 1.22.4], que penalizan los cambios con respecto a la representación subyacente. *[de.ˈsi̯e.lo] no es una forma aceptable porque el resilabeo hace que el extremo izquierdo de la palabra —o la base morfológica sin prefijos, *stem* en Colina (2009)— no coincida con el extremo derecho de la sílaba, siendo este requisito más importante que el que impide modificar la forma subyacente, que se incumple en [des̺.je.lo]. La forma [des̺.ˈje.lo] es preferible a [des.ˈi̯e.lo] porque esta última contiene una paravocal en el ataque que, en español, no está permitida debido a su elevada sonicidad (*ATAQUE/paravocal). Por lo tanto, es preferible cambiar la especificación subyacente de [−consonántico] a [+consonántico], aunque se infrinjan algunas restricciones de fidelidad —Identˌ(cons) en Colina (2009) e Ident-IO en Wiltshire (2006)—, que incumplir las restricciones que prohíben la presencia de paravocales en el ataque —*Onset/glide en Colina (2009) y HOnset en Wiltshire (2006)—. No existen, pues, diferencias significativas entre los análisis de Colina (2009) y de Wiltshire (2006).

Ambas autoras, sin embargo, proponen explicaciones divergentes para el contexto posléxico, como en el caso de ['lei̯. al.'ɣu.na]. Colina (2009) atribuye el hecho de que la paravocal no se consonantice en el ataque a la necesidad de mantener la misma forma de la palabra *ley* [lei̯] en contextos diversos, para reducir así la alomorfía. En este análisis, la restricción que exige identidad de forma con respecto al aducto [lei̯], IDENT-PrW(cons), es más importante que la que prohíbe la presencia de paravocales en el ataque (*ATAQUE/paravocal), de ahí que la forma correcta presente una paravocal en esta posición, en lugar de la consonante palatal que aparece en el interior de palabra, ['le.jes], y después de un prefijo, [deṣ.'je.lo]. Por su parte, Wiltshire (2006) argumenta que la presencia de una paravocal se debe a que existe una restricción, WEAKPwd, también de alto rango, que exige que la posición final de palabra esté ocupada por un segmento con una sonicidad relativamente alta. La paravocal posee mayor sonicidad que la consonante y es, por ello, más adecuada para esta posición final.

Una ventaja de los análisis no derivacionales reside en su simplicidad, sobre todo en comparación con los derivacionales, los cuales, como se mencionó anteriormente, requieren múltiples y complicadas reglas, con una ordenación externa y con varios niveles morfológicos de aplicación. Las propuestas no derivacionales muestran claramente que estos procesos comparten una motivación: por un lado, la preferencia por segmentos [+consonántico] en el ataque y, por otro, la necesidad de hacer coincidir el comienzo de palabra con la sílaba y el final de palabra con segmentos de mayor sonicidad —o bien, en Colina (2009), la reducción de la alomorfía—. Tal motivación es difícil de dilucidar en el contexto de múltiples reglas, órdenes y niveles.

8.6 Conclusiones

En este capítulo se ha pasado revista a algunos de los procesos fonológicos más importantes que atañen a las paravocales del español, incluyendo su alternancia con consonantes, con vocales, su estatus fonémico y su relación con determinados constituyentes morfológicos y sintácticos (véase también Kaisse 2020). A pesar de ciertas tendencias predominantes, muchas de las cuestiones tratadas distan de estar completamente resueltas y de contar con el acuerdo de todos los expertos. Si bien esta incertidumbre pudiera ser problemática, resulta útil, no obstante, al marcar claras pautas para la investigación futura.

Un tema que dista de estar zanjado es el del estatus fonémico o fonético de las paravocales; el estudio de los datos empíricos disponibles, incorporando además los procedentes de un mayor número de dialectos del español, no ha hecho más que comenzar y podría ofrecer respuestas más claras a esta cuestión. Es posible que estas radiquen, al menos en parte, en su planteamiento y en la necesidad de revisar el concepto de fonema, al que recientemente se ha incorporado la idea de que existen contrastes cuasifonémicos (Hualde 2004). La comparación del español con otras lenguas románicas (cf. Cabré y Prieto Vives 2006; Chitoran y Hualde 2007; Hualde y Chitoran 2003), así como el estudio de las situaciones de contacto entre ellas (Cabré y Prieto Vives 2004), constituyen aportaciones muy útiles en el análisis de la cuestión.

Tal como se apuntó en el § 8.2.2, el problema de la forma subyacente y de la distribución de los alófonos [ʒ], [j̥] e [i̯] no puede considerarse definitivamente resuelto en el español de la Argentina, dadas las dificultades que entrañan los análisis existentes. Además, aunque el español peninsular no conlleva las mismas complicaciones, el análisis que postula, en lugar de /i/, un fonema /j/ con un alófono [j̥], en las formas sin alternancia, no ha recibido suficiente atención crítica.

Otro asunto relevante para la fonología del español, y para la teoría fonología en general, es el de los procesos que implican opacidad, como, por ejemplo, la alternancia entre paravocales y consonantes entre palabras (§ 8.5). Dado que la opacidad es una de las mayores dificultades a las que se enfrentan los modelos no derivacionales, como la Teoría de la Optimidad, cualquier avance en esta área tiene posibles consecuencias para la teoría, al igual que toda prueba a favor o en contra de los acercamientos al tema propuestos hasta la fecha, tales como la Teoría de la Optimidad con Estratos (en inglés, *Stratal OT*; [→ § 1.22.7]) —véanse Bermúdez-Otero (1999, 2003, 2018, en preparación)— o con Cadenas de Candidatos (en inglés, *Candidate Chains OT-CC*; [→ § 1.22.6]) —véase McCarthy (2007)—.

Antes de concluir, es necesario mencionar el problema de la variación [→ capítulo 7], en concreto, lo que se ha denominado recientemente 'variación microparamétrica'. Con relación a las paravocales, es posible que existan diferencias de silabeo en varios dialectos del español, como argumenta Bradley (2009) en el caso del judeoespañol, con respecto al cual demuestra que las paravocales prevocálicas son parte del ataque y no del núcleo. Podrían existir diferencias parecidas en otras variedades, sobre todo en aquellas en las que la paravocal [i̯] puede aparecer en el ataque, como sucede en algunos dialectos del español de Estados Unidos (Hualde 2005; Lipski 1994).

Por último, es esencial recalcar el papel de la fonética y de los estudios experimentales en la resolución de algunas cuestiones teóricas y la necesidad de colaboración entre la fonética y la fonología [→ § 1.24] (para un ejemplo de este tipo de trabajo, véase Colina y Díaz-Campos [2006]), así como destacar las perspectivas prometedoras que abren los estudios fonéticos para poner a prueba las predicciones de los modelos teóricos.

Referencias bibliográficas

Aguilar, Lourdes. 1997. *De la vocal a la consonante*. Santiago de Compostela: Universidade de Santiago de Compostela, Servicio de Publicacións.

Alarcos, Emilio. (1950) 1965. *Fonología española*. 4.ª ed. aumentada y revisada. Madrid: Gredos.

Anderson, Raquel. 2002. «Onset Clusters and the Sonority Sequencing Principle in Spanish: A Treatment Efficacy Study». En *Investigations in Clinical Phonetics and Linguistics*, editado por Fay Windsor, M. Louise Kelly y Nigel Hewlett, 213–24. Mahwah: Lawrence Erlbaum. https://doi.org/10.4324/9781410613158.

Baker, Gary y Caroline R. Wiltshire. 2003. «An OT Treatment of Palatal Fortition in Argentinian Spanish». En *Romance Linguistics. Theory and Acquisition. Selected Papers from the 32nd Linguistic Symposium on Romance Languages (LSRL). Toronto, April 2002*, editado por Ana Teresa Pérez-Leroux e Yves Roberge, 33–48. Ámsterdam: John Benjamins. https://doi.org/10.1075/cilt.244.06bak.

Baković, Eric. 2006. «Hiatus Resolution and Incomplete Identity». En *Optimality-Theoretic Studies in Spanish Phonology*, editado por Fernando Martínez-Gil y Sonia Colina, 62–73. Ámsterdam: John Benjamins. https://doi.org/10.1075/la.99.04bak.

Bermúdez-Otero, Ricardo. 1999. «Constraint Interaction in Language Change: Quantity in English and Germanic». Tesis de doctorado, University of Manchester.

———. 2003. «The Acquisition of Phonological Opacity». En *Variation within Optimality Theory. Proceedings of the Stockholm Workshop on Variation within Optimality Theory*, editado por Jennifer Spenader, Anders Eriksson y Östen Dahl, 25–36. Estocolmo: Stockholm University, Department of Linguistics. Versión ampliada en Rutgers Optimality Archive (593).

———. En preparación. *Stratal Optimality Theory*. Oxford: Oxford University Press.

Bowen, J. Donald y Robert P. Stockwell. 1955. «The Phonemic Interpretation of Semivowels in Spanish». *Language* 31 (2): 236–40. https://doi.org/10.2307/411039.

Bradley, Travis G. 2009. «On the Syllabification of Prevocalic /w/ in Judeo-Spanish». En *Romance Linguistics 2007. Selected Papers from the 37th Linguistic Symposium on Romance Languages (LSRL). Pittsburgh, 15–18 March 2007*, editado por Pascual José Masullo, Erin O'Rourke y Chia-Hui Huang, 51–67. Ámsterdam: John Benjamins. https://doi.org/10.1075/cilt.304.05bra.

Cabré, Teresa y Pilar Prieto Vives. 2004. «Prosodic and Analogical Effects in Lexical Glide Formation in Catalan». *Probus. International Journal of Latin and Romance Linguistics* 16 (2): 113–50.

———. 2006. «Exceptional Hiatuses in Spanish». En *Optimality-Theoretic Studies in Spanish Phonology*, editado por Fernando Martínez-Gil y Sonia Colina, 205–38. Ámsterdam: John Benjamins. https://doi.org/10.1075/la.99.09cab.

Chitoran, Ioana y José Ignacio Hualde. 2007. «From Hiatus to Diphthongs: The Evolution of Vowel Sequences in Romance». *Phonology* 24 (1): 37–75. https://doi.org/10.1017/S095267570700111X.

Colina, Sonia. 1996. «Spanish Truncation Processes: The Emergence of the Unmarked». *Linguistics. An Interdisciplinary Journal of the Language Sciences* 34 (6): 1199–218. https://doi.org/10.1515/ling.1996.34.6.1199.

———. 1999. «Reexamining Spanish Glides: Analogically Conditioned Variation in Vocoid Sequences in Spanish Dialects». En *Advances in Hispanic Linguistics. Papers from the 2nd Hispanic Linguistics Symposium*, editado por Javier Gutiérrez-Rexach y Fernando Martínez-Gil, 1:121–34. Somerville: Cascadilla Press.

———. 2009. *Spanish Phonology. A Syllabic Perspective*. Washington D. C.: Georgetown University Press.

———. 2020. «Phonotactic Constraints on Syllable Structure». En *The Routledge Handbook of Spanish Phonology*, editado por Sonia Colina y Fernando Martínez-Gil, 131–44. Londres: Routledge. https://doi.org/10.4324/9781315228112.

———. 2021. «Phonotactics of Spanish Morphology». En *The Routledge Handbook of Spanish Morphology*, editado por Antonio Fábregas, Víctor Acedo-Matellán, Grant Armstrong, María Cristina Cuervo e Isabel Pujol Payet, 361–74. Londres: Routledge. https://doi.org/10.4324/9780429318191.

Colina, Sonia, Joseph Casillas y Yamile Díaz. 2018. «Syllabic Affiliation of Prevocalic Glides in Sonoran Spanish». Presentado en Hispanic Linguistics Symposium, Austin, EE. UU., agosto.

Colina, Sonia y Manuel Díaz-Campos. 2006. «The Phonetics and Phonology of Intervocalic Velar Nasals in Galician». *Lingua* 116 (8): 1245–73. https://doi.org/10.1016/j.lingua.2005.05.001.

Harris, James W. 1969. *Spanish Phonology*. Cambridge, MA: MIT Press. Trad. de Aurelio Verde, *Fonología generativa del español*. Barcelona: Planeta, 1975.

———. 1983. *Syllable Structure and Stress in Spanish. A Nonlinear Analysis*. Cambridge, MA: MIT Press. Trad. de Olga Fernández Soriano, *La estructura silábica y el acento en español. Análisis no lineal*. Madrid: Visor, 1991.

———. 1985. «Spanish Diphthongisation and Stress: A Paradox Resolved». *Phonology Yearbook* 2: 31–45. https://doi.org/10.1017/S0952675700000373. Trad. y ed. de Juana Gil en *Panorama de la fonología española actual*, 255–72. Madrid: Arco/Libros, 2000.

———. 1989a. «Our Present Understanding of Spanish Syllable Structure». En *American Spanish Pronunciation. Theoretical and Applied Perspectives*, editado por Peter C. Bjarkman y Robert M. Hammond, 151–69. Washington D. C.: Georgetown University Press. Trad. y ed. de Juana Gil en *Panorama de la fonología española actual*, 485–510. Madrid: Arco/Libros, 2000.

———. 1989b. «Sonority and Syllabification in Spanish». En *Studies in Romance Linguistics. Selected Proceedings from the XVII Linguistic Symposium on Romance Languages*, editado por Carl Kirschner y Janet A. DeCesaris, 139–153. Ámsterdam: John Benjamins. https://doi.org/10.1075/cilt.60.10har.

Harris, James W. y Ellen K. Kaisse. 1999. «Palatal Vowels, Glides and Obstruents in Argentinian Spanish». *Phonology* 16 (2): 117–190. https://doi.org/10.1017/S0952675799003735.

Hualde, José Ignacio. 1989. «Silabeo y estructura morfémica en español». *Hispania* 72 (4): 821–831. https://doi.org/10.2307/343560.

———. 1991. «On Spanish Syllabification». En *Current Studies in Spanish Linguistics*, editado por Héctor Campos y Fernando Martínez-Gil, 475–493. Washington D. C.: Georgetown University Press.

———. 1994. «La contracción silábica en español». En *Gramática del español*, editado por Violeta Demonte, 629–647. México, D. F.: El Colegio de México.

———. 1997. «Spanish /i/ and Related Sounds: An Exercise in Phonemic Analysis». *Studies in the Linguistic Sciences* 27 (2): 61–79. http://hdl.handle.net/2142/11587.

———. 1999a. «La silabificación en español». En *Fonología generativa contemporánea de la lengua española*, de Rafael A. Núñez Cedeño y Alfonso Morales-Front, 170–188. Washington D. C.: Georgetown University Press.

———. 1999b. «Patterns in the Lexicon: Hiatus with Unstressed High Vowels in Spanish». En *Advances in Hispanic Linguistics. Papers from the 2nd Hispanic Linguistics Symposium*, editado por Javier Gutiérrez-Rexach y Fernando Martínez-Gil, 1:182–197. Somerville: Cascadilla Press.

———. 2004. «Quasi-Phonemic Contrasts in Spanish». En *Proceedings of the 23rd West Coast Conference on Formal Linguistics (WCCFL 23)*, editado por Vineeta Chand, Ann Kelleher, Angelo J. Rodríguez y Benjamin Schmeiser, 374–398. Somerville: Cascadilla Press.

———. 2005. *The Sounds of Spanish*. Cambridge: Cambridge University Press.

Hualde, José Ignacio y Ioana Chitoran. 2003. «Explaining the Distribution of Hiatus in Spanish and Romanian». En *15th International Congress of Phonetic Sciences. Barcelona, Spain, August 3-9, 2003*, editado por Maria-Josep Solé, Daniel Recasens y Joaquín Romero Gallego, 1683–1686. International Congress of Phonetic Sciences (ICPhS) Online Archive.

Kaisse, Ellen K. 2016. «The Syllabic Position of Glides in Spanish: Insights from Pasiego Vowel Harmony». En *The Syllable and Stress. Studies in Honor of James W. Harris*, editado por Rafael Núñez Cedeño, 29–50. Berlín; Boston: De Gruyter Mouton. https://doi.org/10.1515/9781614515975-004.

———. 2020. «Glides and High Vowels in Spanish». En *The Routledge Handbook of Spanish Phonology*, editado por Sonia Colina y Fernando Martínez-Gil, 145–61. Londres: Routledge. https://doi.org/10.4324/9781315228112.

Kiparsky, Paul. 1973. «Phonological Representations». En *Three Dimensions of Linguistic Theory*, editado por Osamu Fujimura, 3–136. Tokio: TEC.

———. 1982. «Lexical Morphology and Phonology». En *Linguistics in the Morning Calm*, editado por The Linguistic Society of Korea, 3–91. Seúl: Hanshin.

———. 1985. «Some Consequences of Lexical Phonology». *Phonology Yearbook* 2: 85–138. https://doi.org/10.1017/S0952675700000397.

Levin, Juliette. 1985. «A Metrical Theory of Syllabicity». Tesis de doctorado, Massachusetts Institute of Technology. http://hdl.handle.net/1721.1/15321.

Lipski, John. 1994. *Latin American Spanish*. Nueva York: Longman. Trad. de Silvia Iglesias, *El español de América*. Madrid: Cátedra, 1996.

Martínez-Gil, Fernando. 2000. «La estructura prosódica y la especificación vocálica en español: el problema de la sinalefa en ciertas variedades de la lengua coloquial contemporánea». En *Panorama de la fonología española actual*, editado y traducido por Juana Gil, 511–560. Madrid: Arco/Libros.

———. 2016. «Syllable Merger in Chicano Spanish: A Constraint-Based Analysis». En *The Syllable and Stress. Studies in Honor of James W. Harris*, editado por Rafael A. Núñez Cedeño, 139–186. Berlín: de Gruyter. https://doi.org/10.1515/9781614515975-007.

McCarthy, John J. 2002. *A Thematic Guide to Optimality Theory*. Cambridge: Cambridge University Press. https://doi.org/10.1017/CBO9780511613333.

———. 2007. *Hidden Generalizations. Phonological Opacity in Optimality Theory*. Londres: Equinox.

Navarro Tomás, Tomás. (1918) 1977. *Manual de pronunciación española*. 19.ª ed. Madrid: Consejo Superior de Investigaciones Científicas.

Roca, Iggy. 1991. «Stress and Syllables in Spanish». En *Current Studies in Spanish Linguistics*, editado por Héctor Campos y Fernando Martínez-Gil, 599–635. Washington D. C.: Georgetown University Press.

———. 1997. «There Are No "Glides", at Least in Spanish: An Optimality Account». *Probus. International Journal of Latin and Romance Linguistics* 9 (3): 233–266. https://doi.org/10.1515/prbs.1997.9.3.233.

———. 2006. «The Spanish Stress Window». En *Optimality-Theoretic Studies in Spanish Phonology*, editado por Fernando Martínez-Gil y Sonia Colina, 239–277. Ámsterdam: John Benjamins. https://doi.org/10.1075/la.99.10roc.

Wiltshire, Caroline R. 2006. «Prefix Boundaries in Spanish Varieties: A Non-Derivational OT Account». En *Optimality-Theoretic Studies in Spanish Phonology*, editado por Fernando Martínez-Gil y Sonia Colina, 358–377. Ámsterdam: John Benjamins. https://doi.org/10.1075/la.99.14wil.

9 DESCRIPCIÓN FONÉTICA DE LAS CONSONANTES OCLUSIVAS ORALES

Eugenio Martínez Celdrán

9.1 Definición y aspectos generales

Los sonidos oclusivos orales se caracterizan, desde el punto de vista articulatorio, por presentar un cierre absoluto en algún punto del tracto vocal y en la rinofaringe, de modo que el flujo del aire queda retenido y sale súbitamente tras la abertura de los órganos implicados en su producción [→ § 1.6.3]. En general, se articulan en tres tiempos: en el primero, los órganos implicados se van cerrando paulatinamente; en el segundo, los órganos están cerrados y permanecen durante un lapso de tiempo en esa posición y, en el tercero, los órganos se abren y entonces el aire sale bruscamente; estos tres tiempos se conocen con los nombres de 'implosión', 'oclusión' y 'explosión', respectivamente. Como se ve, la denominación de esta clase de sonidos se deriva de la del segundo tiempo. En la Figura 1 se muestra, a través de electropalatogramas [→ § 1.7], cómo se producen esos tres tiempos.

Cada electropalatograma es una imagen compuesta por puntos dispuestos en ocho filas y en ocho columnas. De arriba abajo, en la primera fila se refleja el contacto de la lengua con el final de los dientes superiores; de la segunda a la cuarta, se manifestarán los contactos con los alveolos; de la quinta a la séptima, los contactos palatales, y la octava pondrá de relieve contactos pospalatales. Los contactos se manifiestan por los 'ceritos', mientras que los puntos indican zonas sin contacto (véase Fernández Planas 2007).

En la Figura 1 se pone de manifiesto lo siguiente: el electropalatógrafo realiza un electropalatograma cada 10 ms. La figura muestra la secuencia [aţe]; se representan los tres últimos electropalatogramas que pertenecen a la [a], en los que se aprecia cómo van aumentando los contactos en la zona dentoalveolar. El electropalatograma 223 posee cuatro contactos en las filas segunda y tercera, y uno en la fila primera. Se trata de los 10 ms anteriores al cierre completo, es el momento de la implosión, en el que los órganos se mueven hacia su objetivo. En el electropalatograma 224 se alcanza el objetivo, al producirse un cierre, pues se observa un contacto total en las filas primera y segunda; es decir, los órganos aún no están en su posición definitiva. El electropalatograma 225 ya muestra el cierre completo, que se mantiene hasta el 234, lo cual representa 100 ms, es decir, se encuentran 10 electropalatogramas que poseen exactamente los mismos contactos (la oclusión dura 120 ms, contando también el 224 y el 235). El electropalatograma 235 pone de manifiesto una transición, pues las filas primera y tercera comienzan a mostrar puntos sin contacto, lo que significa que los órganos inician el movimiento de abertura que culmina en el electropalatograma 236, correspondiente al momento en el que el aire sale bruscamente formando la explosión. Obsérvese que la abertura todavía no es total y que los órganos se mueven hacia la configuración de la vocal [e] que sigue a la [ţ]. Ese movimiento se aprecia en los electropalatogramas siguientes, dado que el número de contactos va siendo cada vez menor. Se muestran solo los tres primeros electropalatogramas de la vocal [e].

Desde un punto de vista acústico, la implosión se presenta a través de las transiciones de la vocal precedente, sobre todo en el segundo formante (F2) [→ § 1.10.2]. Las transiciones son los movimientos ascendentes, descendentes o rectos de los formantes vocálicos debidos a la influencia del punto de articulación de las consonantes contiguas [→ § 1.10.2]. La oclusión, como interrumpe la salida del aire completamente, solo puede manifestarse mediante un silencio. Por último,

```
          a                                      t                               e
  221      222      223     224      225       234      235     236     237      238      239
.......   ......   .....0  000000   000000    000000   0000.0  ......  .......  .......  .....
.......   .......  00....00 00000000 00000000  00000000 00000000 00....00 0....... ........ .........
.......0  .......0 00....00 000...00 00000000  00000000 000...00 00....00 00.....0 0.......0 ...........
0......0  0......0 0......0 00....00 000...00  000...00 00....00 00....00 00.....0 00.....0 0.......0
0......0  0......0 0......0 00... 00 00....00  00....00 00....00 00....00 00....00 00....00 00.....0
0......0  0......0 0......0 0.   ...0 00.....0  00....00 00....00 00....00 00....00 00....00 00....00
0.....00  0.....00 0.....00 0.....00 0.....00  0.....00 0.....00 0.....00 0.....00 0.....00 0....00
00....00  00....00 00....00 00....00 00....00  00....00 00....00 00....00 00....00 00....00 00....00

              implosión ──────────── oclusión ──────────── explosión
```

FIGURA 1. Serie de electropalatogramas en los que se aprecian los tres tiempos en que se realiza un sonido oclusivo. Adaptada de Martínez Celdrán y Fernández Planas (2007, 32).

la explosión posee entidad propia y se manifiesta en el espectrograma [→ § 1.11] mediante una barra de ruido que se hace visible a lo largo de una banda de frecuencias [→ § 1.11.2]. Aun así, la consonante todavía influye en la vocal siguiente provocando transiciones que son debidas a su propio punto de articulación. Cuando existe sonoridad, esta se materializa, también en el espectrograma, mediante la denominada 'barra de sonoridad' [→ § 1.11.4], que está presente en todo el periodo oclusivo. Se trata de un componente periódico de baja frecuencia. Si el sonido es sordo, entonces dicha barra no aparece.

El denominado 'VOT' (siglas de la expresión inglesa *Voice Onset Time,* 'tiempo de comienzo de la sonoridad') señala el momento del inicio de la vibración laríngea respecto de la explosión, y lo que se mide es, en realidad, el lapso de tiempo transcurrido entre ambas [→ § 1.11.4]. La vibración puede comenzar antes o después de la explosión (Lisker y Abramson 1964). El VOT señala dos fenómenos: la sonoridad, pues si la vibración comienza antes de la explosión el sonido será sonoro y,

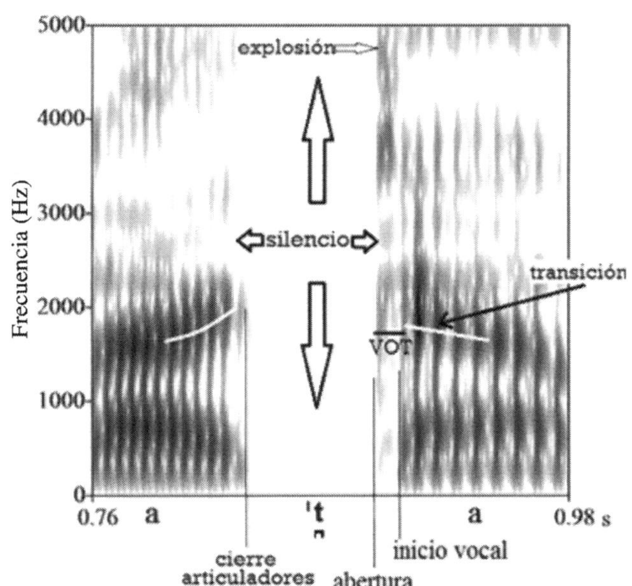

FIGURA 2. Espectrograma con los índices acústicos que caracterizan una oclusiva sorda.

si comienza después, será sordo, y el tipo oclusivo, puro o aspirado. Esto es, si el sonido es sordo y la vibración comienza relativamente cerca de la explosión, la oclusiva será 'no aspirada'; si el inicio se demora más allá de los 40 ms, entonces será 'aspirada' [→ § 1.6.2]. Las oclusivas del español no son aspiradas, en contraste con las del inglés, por ejemplo, que sí lo son en buena parte de los contextos, sobre todo en el ataque silábico. Por eso, las oclusivas sordas del español suelen tener un VOT breve; [k] es la oclusiva que tiene un mayor VOT, pero no suele superar los 40 ms.

En el espectrograma de la Figura 2 se observa que el silencio se manifiesta como un blanco entre las vocales del entorno. La barra de explosión corresponde al momento de la abertura de los articuladores y de la salida brusca del aire y, en este caso, el VOT, de unos 18 ms, caracteriza un sonido sordo no aspirado y dentoalveolar. Las transiciones del F2 marcan también la influencia de la consonante sobre las vocales e indican el punto de articulación.

Desde el punto de vista perceptivo se han realizado experimentos que demuestran que el silencio es lo más característico de una oclusiva; no obstante, la ausencia de la explosión puede provocar que se confundan los puntos de articulación (Martínez Celdrán 1991b).

9.2 Las oclusivas: aspectos articulatorios

En los siguientes subapartados se expondrán las principales características articulatorias de las consonantes oclusivas del español, así como los distintos puntos de vista y matizaciones que sobre su articulación han puesto de manifiesto diversos autores.

9.2.1 Aspectos generales

Los órganos articulatorios se dividen en órganos activos y órganos pasivos [→ § 1.2.1]. Los activos son los que pueden moverse, como sucede con la lengua o los labios: los pasivos soportan el contacto o la aproximación de los órganos activos, como sucede con dientes, alveolos, paladar o velo del paladar.

La lengua, por otra parte, es el órgano activo más importante por la variedad y cantidad de movimientos que puede realizar, por eso merece la pena distinguir sus partes, como se ve en la Figura 3. La punta de la lengua recibe el nombre de 'ápice', inmediatamente después se encuentra la zona 'laminal', que se sitúa frente a los alveolos. La superficie del cuerpo de la lengua se llama 'dorso'; como se trata de una superficie muy extensa, puede subdividirse en 'predorso', 'mediodorso' y 'posdorso'; si se lleva a cabo esta subdivisión, entonces la zona laminal se encuentra en la primera parte del predorso. Por último, la zona que se sitúa frente a la pared faríngea se denomina 'raíz'. La epiglotis es una especie de lengüeta que desciende y tapona la entrada de la laringe en la deglución; en determinadas lenguas puede formar parte de alguna articulación. Así, pues, los puntos de articulación reciben los nombres según la zona superior del tracto vocal: articulaciones 'labiales', 'dentales', 'alveolares', 'palatales', 'velares' ..., pero, frecuentemente, conviene hacer alusión a la zona lingual con que se realizan: articulaciones 'apicales', 'laminales', 'dorsales', 'radicales', etcétera.

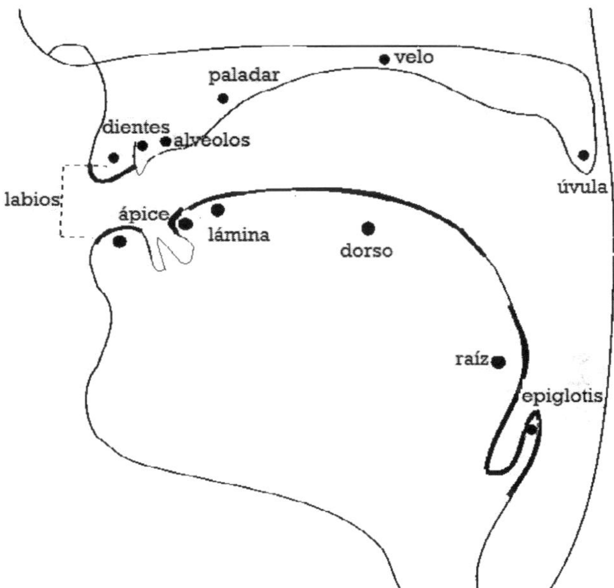

FIGURA 3. Puntos o zonas del tracto vocal que intervienen en la articulación de los sonidos.

> Muchos autores prefieren la denominación de 'lugar de articulación' (Llisterri [1996]; véase también el capítulo 10 de la presente obra) o de 'zona de articulación' (Gil 2007) siguiendo la terminología inglesa que utiliza el vocablo *place;* aquí se ha optado por usar el nombre tradicional de 'punto de articulación', aunque hay que ser conscientes de que no se trata exactamente de un 'punto', sino de una zona más o menos amplia.

También es importante atender al contacto amplio o estrecho de los órganos, pues ese hecho tendrá repercusiones acústicas. Las articulaciones labiales o apicales suelen tener contacto estrecho, eso significa que los movimientos pueden ser más rápidos y sus efectos acústicos serán, por tanto, más breves. Por el contrario, cuando en las articulaciones intervienen la zona laminal o la dorsal, la superficie de contacto será mayor y las consecuencias acústicas serán más largas, tal como se tendrá ocasión de comprobar en la explicación de algunos sonidos.

Las oclusivas del español pueden ser sordas no aspiradas o sonoras, y están repartidas en los puntos de articulación siguientes: bilabial [p b] (p. ej., *compite-convite*), dentoalveolar [t̪ d̪] (p. ej., *antes-andes*) y velar [k g] (p. ej., *manco-mango*), respectivamente. Estos serán los sonidos que se estudiarán en el presente capítulo, así como sus variantes más frecuentes y sistemáticas; por ejemplo, las variantes aproximantes sonoras o las oclusivas sonorizadas.

> Ladefoged y Maddieson (1996) consideran que las africadas son oclusivas, como se observa en su propia definición: «**affricates are stops** in which the release of the constriction is modified in such a way as to produce a more prolonged period of frication after the release» (90) [la negrita es del autor]. No obstante, no se tratarán en este capítulo, ya que se ha considerado que debían estudiarse en el capítulo 15, correspondiente a las fricativas, como se suele hacer tradicionalmente; por tanto, ni se tratará la africada palatal sorda [t͡ʃ] ni las variantes sonoras: la africada o la articulación doble [ɟ͡ʝ] y la aproximante [ʝ̞].

9.2.2 Articulaciones bilabiales

Las articulaciones bilabiales se realizan, como indica su nombre, uniendo labio superior e inferior y ejerciendo la suficiente presión entre ellos para que el aire infraglótico quede retenido por un lapso de tiempo en la boca, pues el contacto del velo con la pared rinofaríngea impide su salida a través de la cavidad nasal. Este fenómeno es común a todas las oclusivas orales. La Figura 4 muestra la disposición de los órganos en estas articulaciones.

Como se ha explicado en el § 9.2.1, el contacto de los órganos es estrecho y, cuando se produce la abertura, esta se realiza de forma rápida, por lo que la explosión dura relativamente poco tiempo. En el caso de las consonantes sordas, la vibración comienza inmediatamente; en el de las sonoras, las cuerdas vocales no han dejado de vibrar en ningún momento.

9.2.3 Articulaciones dentoalveolares

Fernández Planas y Martínez Celdrán (1997, 86) describen las oclusivas [t̪ d̪] como «dentoalveolares», cuando la tradición fonética española las denomina simplemente 'dentales', más exactamente 'apicodentales'. Por ejemplo, Menéndez Pidal ([1904] 1977) indicaba que

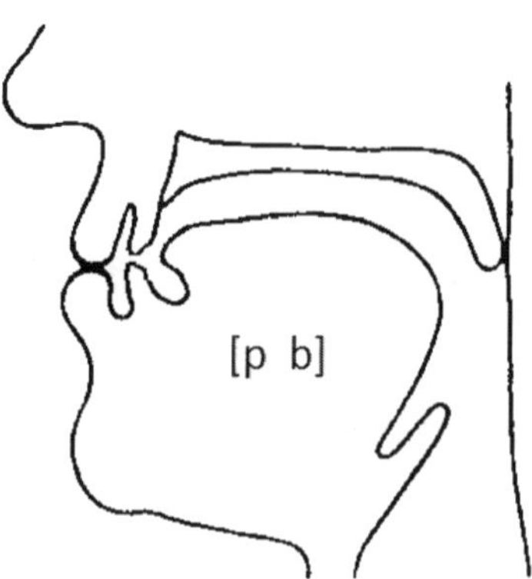

FIGURA 4. Articulaciones oclusivas bilabiales.

> para pronunciar la **t**, la punta de la lengua se aplica a la cara interna de los dientes, bajando hasta el borde inferior de los mismos, pero no avanza a ser interdental. Es, pues, una **t** más baja que la francesa (que se articula hacia las encías), y mucho más que la inglesa (articulada hacia los alvéolos) (§ 35, 3).

Más recientemente, Hualde (2005) señalaba que «in dental consonants the passive articulator is the base of the upper front teeth . . . these consonants are apicodental» (47). Torrejón (2000) presenta un diagrama articulatorio que ilustra, en su opinión, el punto de articulación de estos sonidos (Figura 5). Esta ilustración refleja las creencias de la tradición española representada por los autores mencionados —compárese con el esquema articulatorio de la Figura 6, que pone de manifiesto la opinión de Fernández Planas y Martínez Celdrán (1997) y que recoge los resultados obtenidos a través de datos palatográficos—.

Navarro Tomás ([1918] 1971) no compartía tales creencias, pues señaló que «la punta de la lengua se apoya contra la cara interior de los incisivos superiores . . . después, el contacto de la lengua se extiende más o menos, hacia arriba, por las encías y los alveolos» (§ 98). Eso mismo es lo que Martínez Celdrán y Fernández Planas (2007, 86) observan de forma sistemática en los electropalatogramas de varios hablantes de origen geográfico diverso, como el que se muestra en la Figura 6.

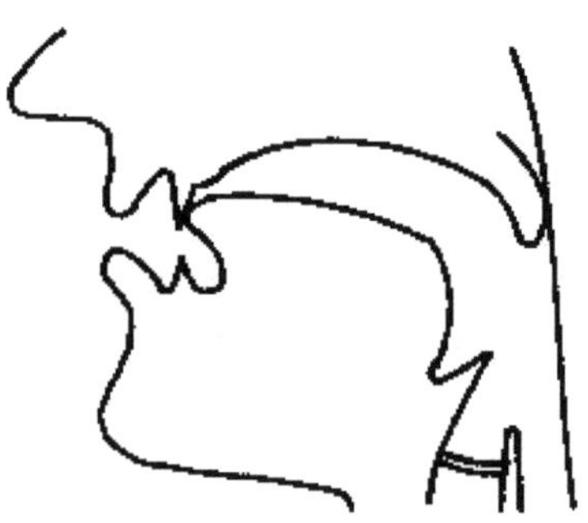

FIGURA 5. Articulación apicodental de [t̪ d̪] (Torrejón 2000, 110).

Como se puede observar, el electropalatograma de la Figura 6 presenta pleno contacto en las tres primeras filas. La primera corresponde a la parte final de los incisivos superiores y las dos siguientes atañen a la zona plenamente alveolar. Aunque algunos autores negaron con anterioridad que esa primera fila se sitúe en la zona dental (Recasens 1990, 15), hay otros que lo afirman con rotundidad: «for dentals the place of articulation is at the first row of *EPG* electrodes» (Krull *et al.* [1995, 436]; y, en términos similares, Jannedy, Poletto y Weldon [1994, 80]). Esto es lo que lleva a Martínez Celdrán y Fernández Planas (2007) a cambiar el criterio de clasificación de los sonidos oclusivos [t̪ d̪] del español: no son apicodentales, sino «dentoalveolares laminales» (86). Son laminales porque es la zona laminal la que entra en contacto con dientes y alveolos. El ápice no podría por sí solo cubrir toda esa zona, aunque con frecuencia el ápice junto con la lámina están adheridos a la zona dentoalveolar. Así, pues, el contacto establecido entre

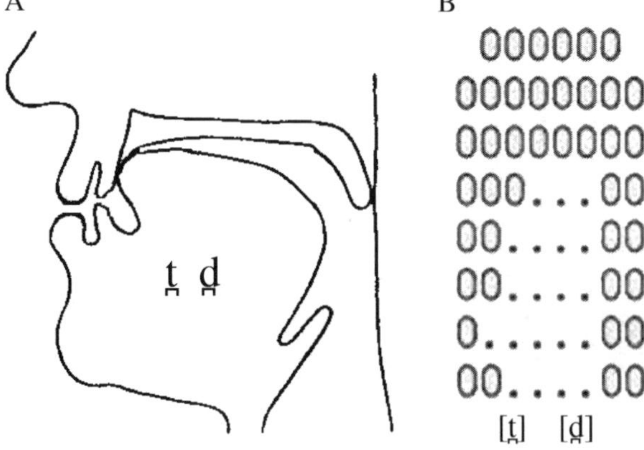

FIGURA 6. Esquema articulatorio (A) y electropalatograma (B) de las oclusivas dentoalveolares laminales.

la lámina lingual y la zona de los dientes y alveolos es amplio, lo cual conlleva que, en el momento de la abertura de los órganos, el comienzo de la vibración de las cuerdas vocales en el sonido dentoalveolar sordo se retrase un poco más que en el caso del bilabial.

Además, Ladefoged y Maddieson (1996) habían puesto de relieve que «in many languages . . . the dental stops typically have a long contact in the sagittal plane, and might better be regarded as laminal dentialveolars rather than pure dentals» (21). Un poco antes habían indicado que «in the languages we have investigated, dental stops are usually laminal rather than apical, with contact on both the teeth and the front part of the alveolar ridge» (20).

La única articulación oclusiva verdaderamente dental, incluso interdental, es la de la /t/ que sigue al sonido fricativo interdental sordo [θ]: *hazte, azteca, luz tibia* ([θt̪]). Navarro Tomás ([1918] 1971) señalaba que esta <t> mantenía «la lengua en la misma posición de la θ» (§ 97). En este caso es imposible que la lámina lingual toque los alveolos. Además, la posición será muy parecida a la observada para la aproximante interdental que aparece en la Figura 17, aunque en muchas ocasiones el ápice toque la punta de los incisivos superiores sin sobresalir.

9.2.4 Articulaciones velares

Las articulaciones velares [k g] se realizan uniendo el dorso de la lengua a la zona velar. Como este lugar es muy amplio, generalmente la oclusión se hace pospalatal cuando antecede a vocales anteriores y se hace posvelar con vocales posteriores. Esto tiene también consecuencias de tipo acústico, aunque perceptivamente no se aprecien las diferencias. Cuando la lengua se une al paladar, el contacto de los órganos es muy amplio y sucede un fenómeno parecido a la africación; es decir, mientras se despegan los órganos en la abertura, el aire pasa por un canal muy estrecho que produce un cierto grado de fricción, aunque esta no llega generalmente a ser tan larga como en una africada.

En la Figura 7 se presenta un esquema articulatorio en el que se aprecia la zona donde se suele producir el contacto cuando la oclusiva precede a la vocal central [a]; este contacto se adelantaría con [k̟i] y se atrasaría con [k̠u], sin llegar a ser uvular. En el electropalatograma de la derecha de esa figura solo se produce el contacto en una fila: la última. Generalmente, el paladar artificial llega hasta la zona pospalatal —más adentro provocaría náuseas—, lo cual implica que solo

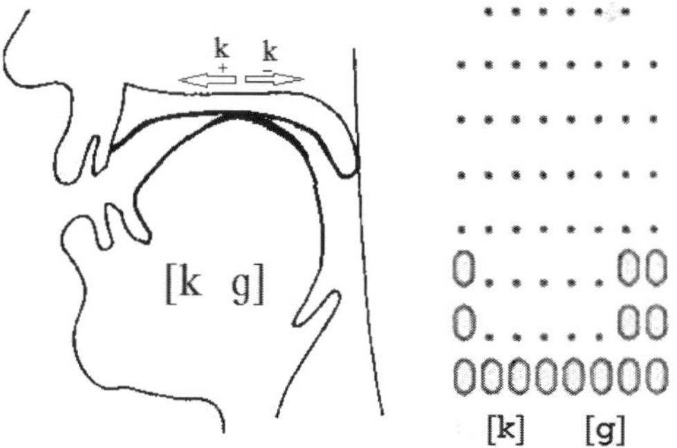

FIGURA 7. Esquema articulatorio y electropalatograma de articulaciones velares.

se pueden apreciar filas completamente contactadas si siguen vocales anteriores. No obstante, el electropalatograma de la Figura 7 es únicamente un ejemplo de una de estas articulaciones. De hecho, la electropalatografía solo recoge fielmente desde la zona dentoalveolar a la pospalatal, razón por la que no se presenta aquí ningún electropalatograma en las bilabiales.

9.3 Las oclusivas: aspectos acústicos

Las consonantes oclusivas poseen propiedades acústicas muy definidas, que varían dependiendo de si la oclusiva es sorda o bien presenta sonoridad. En los siguientes subapartados se especifican cuáles son esas propiedades en uno y en otro caso.

9.3.1 Oclusivas sordas

Como se ha dicho (§ 9.1), la característica principal de cualquier oclusiva desde un punto de vista acústico es su silencio, que se manifiesta mediante la ausencia de todo tipo de sonido durante un lapso de tiempo —una media de 87,66 ms según Martínez Celdrán y Fernández Planas (2007, 70)— en las oclusivas sordas. La única fuente de sonido posible en las oclusivas es la voz, que se materializa en el espectrograma mediante un formante denominado 'barra de sonoridad', que suele estar situado alrededor de los 250 Hz y que caracteriza las llamadas oclusivas sonoras.

En el momento de la abertura de los articuladores, se produce la explosión, que se manifiesta en el espectrograma mediante una barra de ruido que recorre las distintas frecuencias con mayor o menor intensidad. La explosión no es optativa (Johnson [1997] 2003, 139): se debe a la salida brusca del aire retenido tras los órganos cerrados, cuya presión aumenta al no interrumpirse el flujo procedente de los pulmones durante el tiempo de oclusión. Solo en la coda silábica puede faltar la explosión, sobre todo cuando sigue otra oclusiva, como por ejemplo en *óptico,* ya que el aire continua retenido por la segunda oclusión. Si sigue una fricativa, como por ejemplo en *ápside,* tampoco el aire sale libremente, al estar constreñido por la estrechez que se forma para la realización fricativa. La explosión únicamente es obligatoria ante una vocal.

Tras la explosión puede suceder que la vocal comience inmediatamente o que se produzca algún tipo de ruido. Este puede tener dos orígenes diferentes: en el caso de una oclusiva aspirada, se produce por el roce del aire en su paso a través de las cuerdas vocales; el otro posible origen es el roce del aire durante un cierto lapso de tiempo al pasar por una zona estrecha en el punto de articulación. Esto ocurre sobre todo en las zonas próximas al paladar cuando se produce una aproximación mediante la lámina o el (pre) dorso lingual, de ahí que las africadas más frecuentes en las lenguas del mundo tengan su origen en la zona palatal y alveolar (Maddieson 1984, 39). No conviene confundir, pues, este ruido y tomarlo siempre como aspiración. Es usual que las dentoalveolares laminales y las velares palatalizadas, por preceder a vocales anteriores, manifiesten este tipo de ruidos.

Los puntos de articulación se identifican a través de varios índices [→ § 1.11]: dirección de las transiciones de F2, punto frecuencial de la mayor intensidad en las barras de explosión y VOT. No siempre están presentes los tres índices simultáneamente, pero es seguro que alguno de ellos sobresaldrá de modo que no sea posible la confusión perceptiva.

En la Figura 8 se presentan palabras que contienen las sílabas [pa], [t̪a] y [ka] pronunciadas por una hablante femenina, y se observa que el punto de máxima intensidad de la barra de explosión está situado en torno a los 200 Hz en [p], a los 2860 Hz en [t̪] y a los 1850 en [k]; además, [k] presenta como una doble barra de explosión, lo cual es bastante frecuente en este sonido. La transición del F2 de la vocal siguiente es ascendente y comienza en 1298 Hz (p = 2,6 Hz/ms) en [p], es ligeramente descendente y empieza en 1754 Hz (p = −2 Hz/ms) en [t̪] y, por último, es descendente y se inicia en 1684 Hz (p = −3 Hz/ms) en [k].

En la igualdad, 'p' significa 'pendiente', calculada según la fórmula siguiente: p = (F2c − F2i)/T, donde F2c es el valor del centro del segundo formante, F2i es el valor de su inicio y T el tiempo existente entre esos dos puntos (Martínez Celdrán y Fernández Planas 2007, 91).

Teniendo en cuenta que la vocal siguiente es [a], todos los índices presentan diferencias destacadas. En cuanto al VOT, se obtienen los siguientes datos: 13 ms para [p], 20 ms para [t̪] y 38 ms para [k]; nuevamente se encuentran diferencias. No obstante, estas oclusivas de la Figura 8 son solo una muestra del habla de una persona en un momento determinado. Experimentalmente, se han obtenido los valores medios que se recogen en la Tabla 1, extraídos de las producciones de varios hablantes en diversos experimentos.

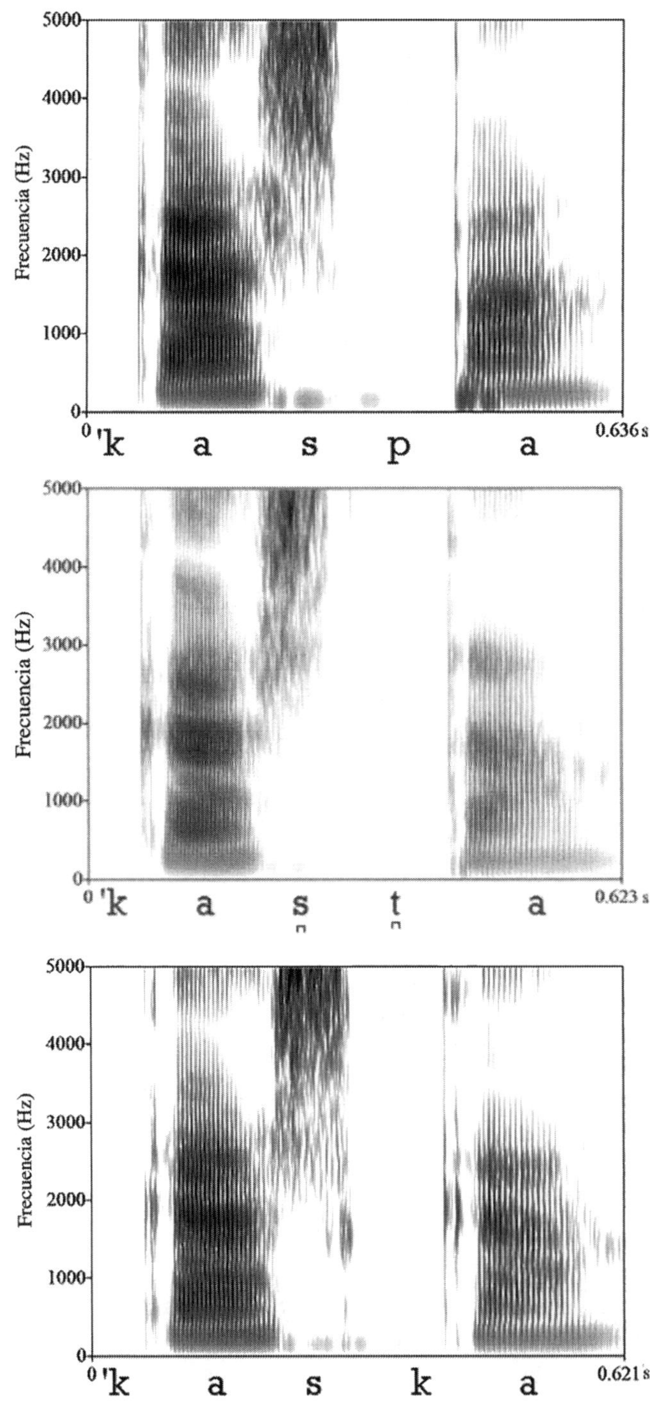

FIGURA 8. Espectrogramas de oclusivas sordas con palabras que contienen las sílabas [pa], [t̪a] y [ka].

Tabla 1 *Índices acústicos del punto de articulación*

	[p]	[t̪]	[k]
Frecuencia de máxima intensidad en la explosión. Media en Hz, voz masc. - voz fem. (Asensi, Portolés y del Río 1997, 233)	451-619	5535-6268	1794-1939
Media de duraciones de la explosión en ms, voz masc. - voz fem. (Asensi, Portolés y del Río 1997, 233)	4,8-6,4	6,2-7,8	12,9-15,5
VOT en ms para el castellano, voz masc. -voz fem. (Asensi, Portolés y del Río 1997, 233)	11,9-17,4	17-23,4	34,1-36,8
VOT en ms para el castellano (Castañeda 1986, 98)	6,5	10,4	25,7
VOT en ms para el castellano (Rosner *et al.* 2000, 221)	13,1	14	26,5
VOT en ms para el guatemalteco (Rosner *et al.* 2000, 221)	9,8	10,3	25,7
VOT en ms para el venezolano (Williams 1977, citado en Rosner *et al.* 2000, 221)	14	20,6	32,6
VOT en ms para el peruano (Williams 1977, citado en Rosner *et al.* 2000, 221)	15,2	16,2	29,7
VOT en ms para el argentino (de Manrique 1980, 130)	10	15	25
Media de los siete datos de VOT (del estudio de Asensi, Portolés y del Río [1997] se toman los valores correspondientes a la voz masculina)	11,5	14,78	28,47

La Tabla 1 presenta en primer lugar los datos del estudio de Asensi, Portolés y del Río (1997), que eran ligeramente diferentes según el sexo, lo cual es lógico en lo que respecta a la frecuencia, pero no lo es tanto en lo que atañe a la duración. Por supuesto, se trata de promedios que son orientativos, pero no absolutos, ya que suele darse una importante variación según el contexto (véase también Poch 1984). No obstante, la frecuencia de la intensidad máxima de la explosión es siempre baja en las labiales, en torno a los 500 Hz, medio-baja en las velares, alrededor de 2000 Hz, y medio-alta en las dentoalveolares, entre 5000 y 6000 Hz. La duración de la barra de explosión sigue una progresión: bilabial < dentoalveolar < velar. La explosión de la velar suele ser relativamente larga y con frecuencia llega a ser doble, como se aprecia en el espectrograma de la Figura 8. El VOT, aun manteniendo la misma progresión ascendente (bilabial < dentoalveolar < velar), se presenta con pequeñas diferencias entre los distintos dialectos estudiados. Se trata siempre de medias orientativas. Por último, cabe señalar que las medias procedentes de voces femeninas son siempre algo más elevadas que las de las correspondientes masculinas en el estudio mencionado.

Las vocales siguientes, sobre todo, ejercen alguna influencia sobre los índices de las consonantes que las preceden. La frecuencia de máxima intensidad de la barra de explosión, por ejemplo, presenta una cierta variación según la vocal siguiente, como se manifiesta en la Figura 9. Esta figura representa qué oclusiva perciben los hablantes ingleses en función de la frecuencia de la máxima intensidad de la explosión y de dicha vocal. Aunque los datos corresponden al inglés, se pueden extrapolar para la mayor parte de lenguas, entre ellas el español.

La velar [k] es la oclusiva que mayor influencia recibe, pues la frecuencia de la máxima intensidad de la explosión sigue muy de cerca la frecuencia del F2 de la vocal siguiente. Las frecuencias de los formantes vocálicos (F1 y F2) están representadas en la Figura 9 por las líneas horizontales en negro más intenso que se

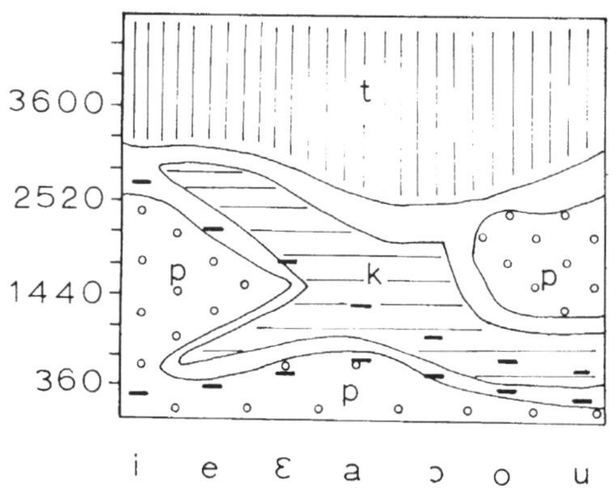

FIGURA 9. Resultados de la identificación de la oclusiva según la vocal siguiente. Figura tomada de Kent y Read (1992, 113), quienes, a su vez, reproducen la de Liberman, Delattre y Cooper (1952).

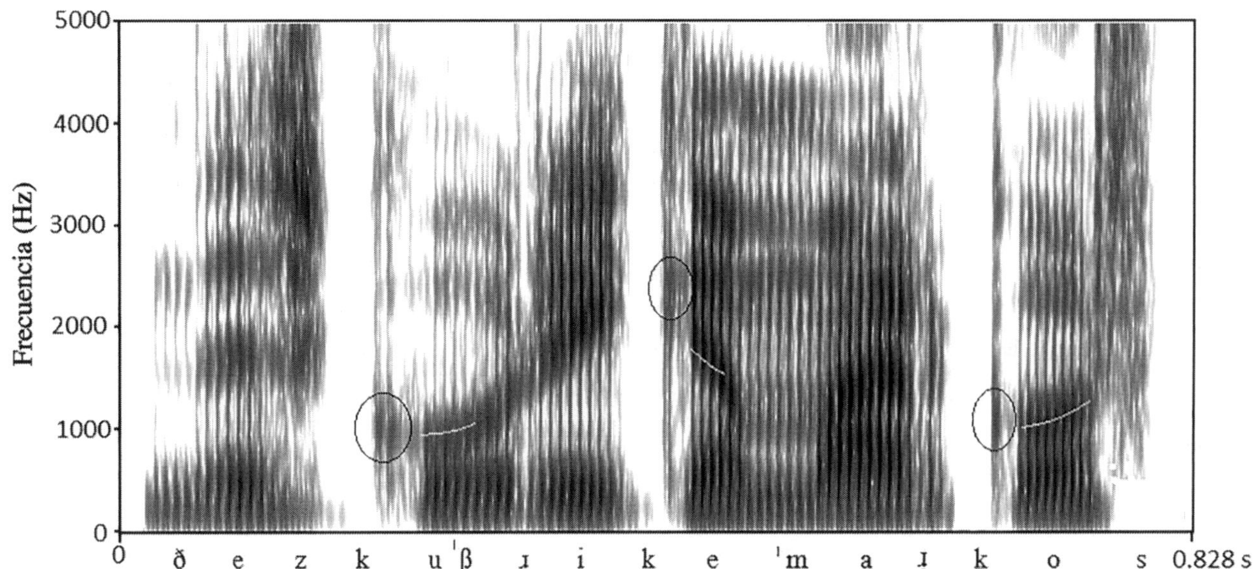

FIGURA 10. Cambios en las transiciones y las frecuencias de la zona de máxima intensidad de la barra de explosión en velares.

corresponden con cada una de las vocales. [ṭ] es la que menos influencia presenta, mientras que [p] está más condicionada por el hecho de que las vocales sean altas o bajas.

Se ofrece en la Figura 10 un espectrograma en el que se comprueban esas diferencias en la [k] del español. Las variaciones no se aprecian únicamente en la explosión, sino también en la dirección de las transiciones de los formantes vocálicos (véase Hayward 2000, 180-86).

Como se observa en el espectrograma de la Figura 10, la velar [k] cambia la dirección de las transiciones de su F2 y la posición frecuencial de su punto de máxima intensidad en la explosión según le siga una vocal posterior o anterior. Así, la máxima intensidad de la explosión (señalada con un círculo) se sitúa alrededor de 1000 Hz cuando las vocales que siguen son posteriores, y alrededor de 2200 Hz cuando son anteriores. Además, las transiciones del F2 (señaladas con líneas blancas de trazo fino) son ligeramente ascendentes con las vocales posteriores y descendentes con las vocales anteriores.

9.3.2 Oclusivas sonoras

Las oclusivas sonoras presentan, además del silencio típico de la oclusión (durante unos 57,18 ms) y una explosión, una barra de sonoridad (Figuras 11 y 12). En todas se observa un fenómeno comentado por Hayward (2000): «The voice bar is darker at the beginning than at the end of the constriction interval. This reflects a general tendency for voicing to weaken and become more breathy in character over the course of the interval» (179). Se puede ver claramente que, en el momento de la explosión, los pulsos glotales [→ § 1.11] de la barra de sonoridad no son tan negros (señal de menor intensidad) como al comienzo de la oclusiva sonora, lo cual significa que las cuerdas vocales se van abriendo más, que no se llegan a cerrar perfectamente en ese momento, y el sonido adquiere por ello un carácter más empañado (en inglés, *breathy* [→ § 1.5.6]) al final de la oclusión.

Los sonidos que preceden a la oclusiva sonora, sean estos vocales o nasales, se suelen alargar, comparados con los que preceden a las sordas. En un estudio realizado para el español (Martínez Celdrán 1997, 336) se obtuvo una media de 81,85 ms en la duración de la nasal que precedía a una oclusiva sorda, por ejemplo en *campo,* mientras que la oclusiva sorda duraba 76,94 ms. Por el contrario, la nasal que precedía a una sonora, por ejemplo, en *cambio,* presentaba una duración de 103,97 ms, mientras que la de la oclusiva era de 29,51 ms. Es decir, en estos casos se produce una compensación: la nasal se acorta ante una sorda, que a su vez se alarga; lo contrario sucede en la sonora: se alarga la nasal y se abrevia la oclusiva.

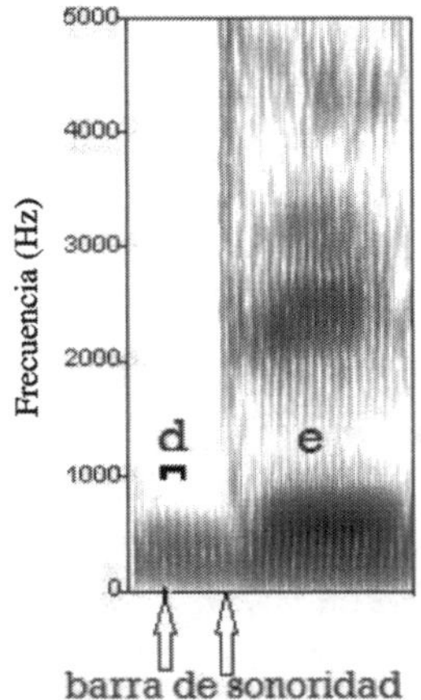

FIGURA 11. Oclusiva sonora tras un silencio.

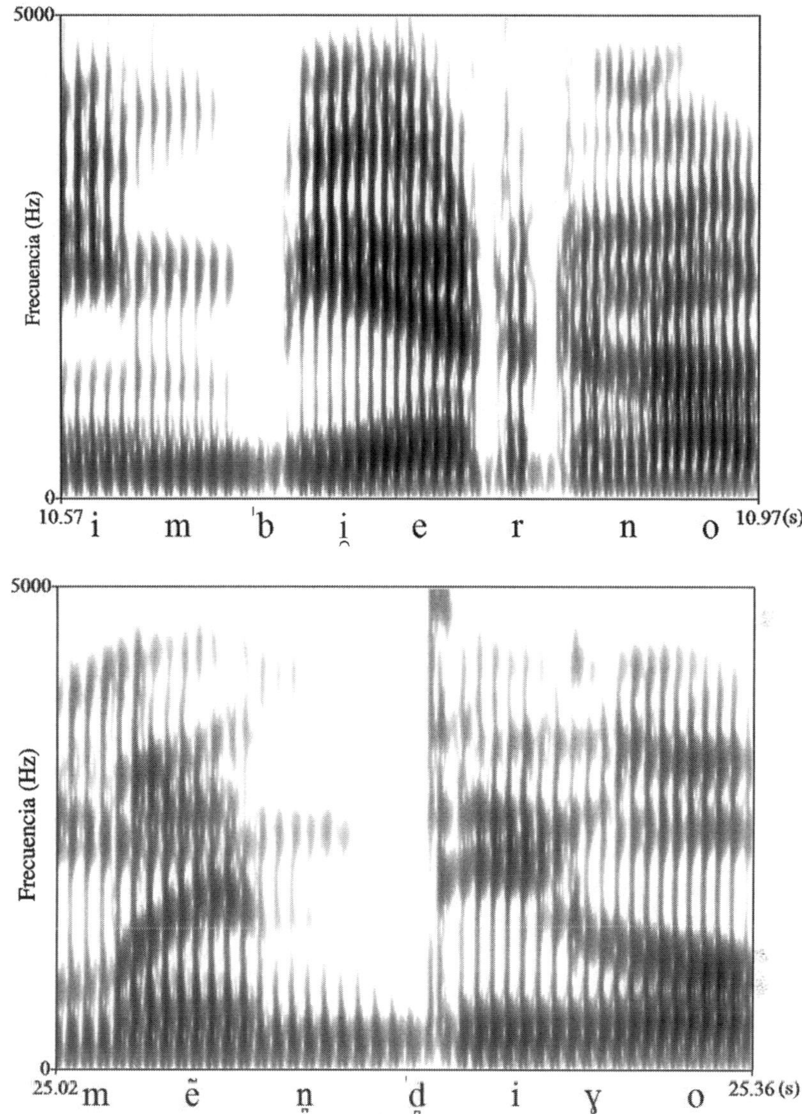

FIGURA 12. Espectrogramas de oclusivas sonoras tras nasal.

En cuanto a los puntos de articulación, las oclusivas sonoras siguen en general las mismas pautas que las sordas respectivas.

9.3.3 Locus

Delattre, Liberman y Cooper (1955), autores que desarrollaron su actividad investigadora en los Laboratorios Haskins (New Haven, EE. UU.), comprobaron mediante diversos experimentos de percepción en los que emplearon estímulos sintetizados que las transiciones vocálicas del F2 se dirigían a un punto frecuencial, al que denominaron *locus* [→ § 1.11.3], y postularon tres *loci* distintos en consonancia con los tres diferentes puntos de articulación: uno a 700 Hz para labiales; otro a 1800 Hz para alveolares y otro a 3000 Hz para velares (posteriormente, se subdividió este último *locus* y se ofrecieron dos valores: 3000 Hz con vocales anteriores y 800 Hz con posteriores).

En la Figura 13, el *locus* de cada punto de articulación está representado por un punto negro, al que se dirigen las transiciones del F2 de cada una de las cinco vocales del español. Se percibiría una consonante labial siempre que la transición del F2 se dirigiera hacia un punto situado a 700 Hz, por ejemplo. Obsérvese el distinto ángulo de cada transición según sea la vocal. Puesto que [ɾ] no es una consonante alveolar pura en español (véase el § 9.2.3), su *locus* se ha situado a unos 1500 Hz; en inglés aparece a 1800 Hz.

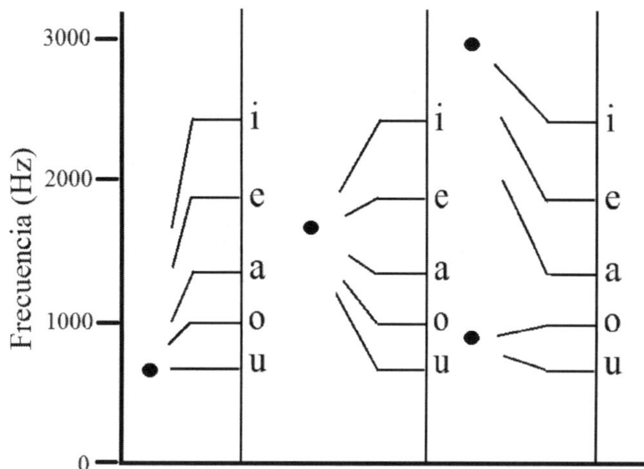

FIGURA 13. *Locus* propuesto a partir de los estudios en los Laboratorios Haskins (se reflejan solo los segundos formantes de las vocales).

Años más tarde, Liberman *et al.* (1967), al tratar sobre el *locus* de las alveolares, indicaron:

> though the locus can be defined in acoustic terms—that is, as a particular frecuency—the concept is more articulatory than acoustic. . . . What is common to /d/ before all vowels is that the articulatory tract is closed at very much the same point (438).

Es decir: se ha concluido que, como elemento invariante, realmente el *locus* es un fenómeno articulatorio, y no tanto acústico, en la medida en que representaría el objetivo más o menos estable que alcanzan los articuladores: labios, alveolos, velo (Hayward 2000, 184-90). Además, los análisis acústicos posteriores no han podido corroborar la existencia de dicho *locus* (Kewley-Port 1982) pues, como explican Kent y Read (1992), «the formant *loci* for F2 and F3 were so variable across vowel contexts that determination of a single *locus* frecuency for each stop was tenous» (118). Aunque no se pueda mantener el concepto de *locus* como una dimensión invariante desde el punto de vista acústico, las transiciones siguen siendo unos buenos índices del punto de articulación, no solo de las oclusivas, sino de otras muchas consonantes, como se pone de manifiesto en las ecuaciones de *locus*.

Sussman, McCaffrey y Matthews (1991) y Sussman, Hoemeke y Ahmed (1993) habían comprobado que para el inglés —y para otras muchas lenguas— existe una correlación entre el primer pulso glotal de la transición del F2 y el centro del F2 de la vocal que sigue a la oclusiva. Esta correlación permite establecer una fórmula que sirve de descriptor acústico del punto de articulación. Correlación y regresión son métodos estadísticos para probar la interdependencia de dos variables. La regresión se basa en la ecuación reproducida en (1).

(1) $y = ax + b$

Establecida la regresión de un punto de articulación para una lengua determinada, los elementos *a* y *b* de la ecuación se convierten en constantes: *a* representa la pendiente y *b,* la ordenada en el origen. Por tanto, se puede predecir el punto de articulación de cualquier oclusiva a partir de cualquier vocal aplicando la ecuación representada (2).

(2) $F2inicio = a * F2vocal + b$

'Ecuaciones de *locus*' es la denominación que los autores citados utilizaron para las fórmulas que permiten la caracterización de los puntos de articulación, recordando el antiguo concepto de *locus* de los Laboratorios Haskins con el que, sin embargo, no guardan ninguna relación.

Un estudio sobre el español (Martínez Celdrán y Villalba 1995) demostró que estas ecuaciones servían como índices acústicos invariantes en la descripción de los puntos de articulación de esta lengua y eran comparables con las de otras lenguas estudiadas por Sussman, McCaffrey y Matthews (1991) y por Sussman, Hoemeke y Ahmed (1993). Los datos obtenidos por Martínez Celdrán y Villalba (1995) son los que se recogen en (3).

(3)   Labiales: y = 0.83x + 126
      Dentales: y = 0.58x + 745
      Velares: y = 1x + 29
      (donde y = F2*inicio*, x = F2*vocal*)

Las fórmulas predicen el inicio de la transición de F2 dado el valor del centro de un formante; por ejemplo, si el F2 de una vocal [a] se encuentra a 1450 Hz, entonces los inicios serán los mostrados en (4).

(4)   Labiales: 1329 = (0.83 * 1450) + 126 (transición ascendente: 1329 < 1450)
      Dentales: 1586 = (0.58 * 1450) + 745 (transición descendente: 1586 > 1450)
      Velares: 1479 = (1 * 1450) + 29 (transición descendente suave: 1479 > 1450)

La Figura 14 muestra, de acuerdo con las ecuaciones de *locus,* el inicio de la transición y la pendiente que presentaría el F2 de una vocal [a] que tuviera como centro de F2 el valor de 1450 Hz. Los inicios mantienen la misma progresión ([p] < [k] < [t̪]) con las vocales posteriores, puesto que, por ejemplo, para una [u] con el centro de F2 a 750 Hz, se obtendrían los inicios siguientes: 748 para [p], 1187 para [t̪] y 779 para [k] (Figura 15), aunque las trayectorias presentan menores diferencias, sobre todo entre [p] y [k]. En cambio, con vocales anteriores, [t̪] posee transiciones ascendentes; por ejemplo, para una [i] con el centro de F2 a 2250 Hz, el inicio se situaría en 2050 Hz; en este caso, el orden sería [p] < [t̪] < [k].

En el experimento de Martínez Celdrán y Villalba (1995) se realizó un análisis estadístico discriminante con los datos de las ecuaciones de *locus* y se demostró que la pendiente —*a* en la ecuación (1)—, sola o en unión de la ordenada en el origen —*b*

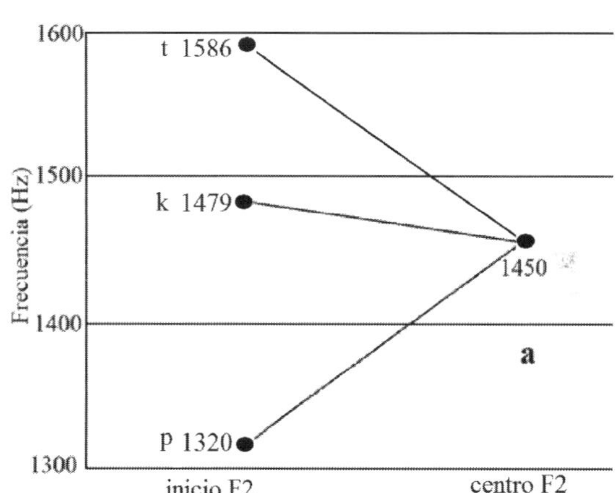

FIGURA 14. Trayectorias de las transiciones de F2 para cada punto de articulación con la vocal [a] según las ecuaciones de *locus*.

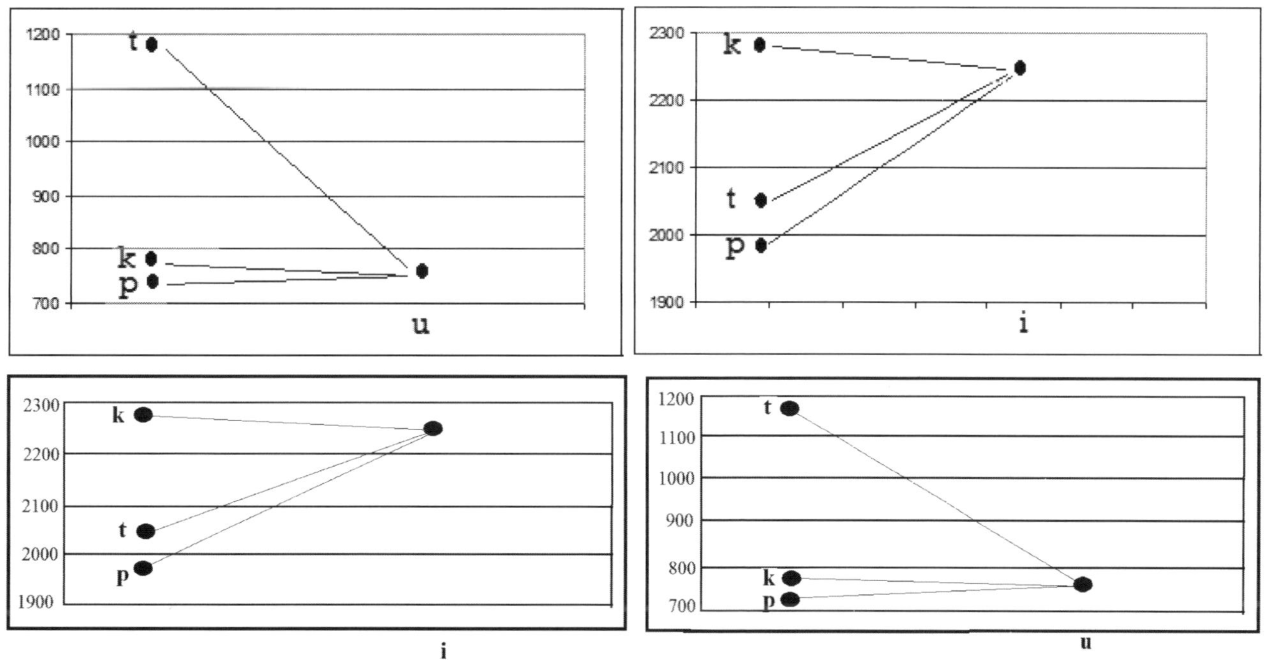

FIGURA 15. Trayectorias de las transiciones de F2 para cada punto de articulación con las vocales [u] e [i] según las ecuaciones de *locus*.

en la misma ecuación— eran capaces de discriminar el 100 % de los puntos de articulación. En el estudio participaron informantes masculinos y femeninos: ni unos ni otros presentaron diferencias significativas en cuanto a las constantes *a* y *b,* que son las invariantes buscadas; tampoco se encontraron diferencias ni en función de las vocales ni de la sonoridad de la oclusiva. Cabe subrayar que las pendientes —*a* en la ecuación (1)— son, con mucho, los índices invariantes más significativos en la discriminación de los tres puntos de articulación. Las dispersiones de dichas pendientes no presentan intersección: dentales 0.5-0.69; labiales 0.74-0.9; velares: 0.93-1.19, mínimo y máximo respectivamente.

9.4 Variantes aproximantes espirantes

Las variantes 'aproximantes espirantes' de las consonantes oclusivas del español han dado lugar a un amplio debate entre los especialistas en torno a su denominación y su exacta naturaleza fonética. A continuación se discuten detalladamente ambos aspectos.

9.4.1 Definición y aspectos generales

Las aproximantes espirantes se producen con un cierto grado de abertura; por tanto, dejan de ser oclusivas al no presentar un cierre completo y, por eso mismo, tampoco pueden tener explosión. El grado de abertura es variable, por lo que resulta ser una dimensión no discreta: puede ir desde un cierre incompleto hasta una abertura casi vocálica. Por otra parte, lo que distingue a las aproximantes espirantes de cualquier fricativa es sobre todo la tensión (véase el § 9.6.3), pues en algún momento pueden llegar a tener el mismo grado de constricción que la fricativa, pero sin la tensión que esta última posee, ya que en la fricativa los órganos se han de mantener invariablemente muy próximos para que el aire pueda rozarlos y producir turbulencias. Las aproximantes carecen totalmente de esas turbulencias (Santagada y Gurlekian 1989).

A través de una prueba electropalatográfica se obtuvieron datos que apoyan la idea de la mayor tensión en la articulación de las fricativas y de la menor tensión en las aproximantes (Martínez Celdrán y Fernández Planas 2007, 55).

En un primer momento, las aproximantes se definieron atendiendo solo a su grado de abertura, que era considerado siempre mayor que el que presentan las fricativas y por ello impedía las turbulencias que caracterizan a estas (Catford 1977, 119; Ladefoged 1975, 277). Con el tiempo, otras investigaciones más recientes (Romero Gallego 1995) han demostrado que no es cierto que las aproximantes forzosamente hayan de tener mayor abertura, pueden tenerla incluso menor. Johnson ([1997] 2003) ofrece un explicación muy interesante que se puede aplicar a este hecho:

> Because a certain degree of airflow is necessary in order to produce turbulence, voiced fricatives may lose their frication, and become glides. Note that this alternation does not necessarily involve a change in the degree of vocal tract constriction; you can produce either a voiceless fricative or a voiced glide with the same degree of vocal tract narrowing (124).

Johnson no utiliza el término inglés para aproximante, pero cada vez que se refiere a una *glide,* en realidad se está refiriendo a una aproximante espirante.

El argumento necesita completarse con la explicación ofrecida por Johnson en un párrafo anterior:

> voiced fricatives are relatively unusual in the languages of the world. . . . The difficulty . . . arises because high volume velocity is needed to produce the turbulent noise characteristic of fricatives, and the vibrating vocal cords impede the flow of air through the vocal tract (124).

El movimiento de las cuerdas vocales impide de alguna manera el paso de la corriente de aire necesaria para que se produzca una turbulencia, de ahí que muchas fricativas sonoras pierdan la turbulencia y acaben realizándose como aproximantes [→ § 1.6.3]. Por tanto, el grado de constricción puede ser el mismo, no ha de ser obligatoriamente menor para que deje de haber turbulencias. El hecho clave en las aproximantes espirantes del español es que el grado de constricción puede ser igual que el de una fricativa, pero también puede ser menor o mayor, de ahí que se trate de una dimensión fonética gradual.

Se denomina aquí 'espirantes' a esta subclase de aproximantes, siguiendo a Martinet (1956, 24), porque existen otros tipos de aproximantes: laterales, róticas (estas se realizan más habitualmente como percusivas simples o como vibrantes)

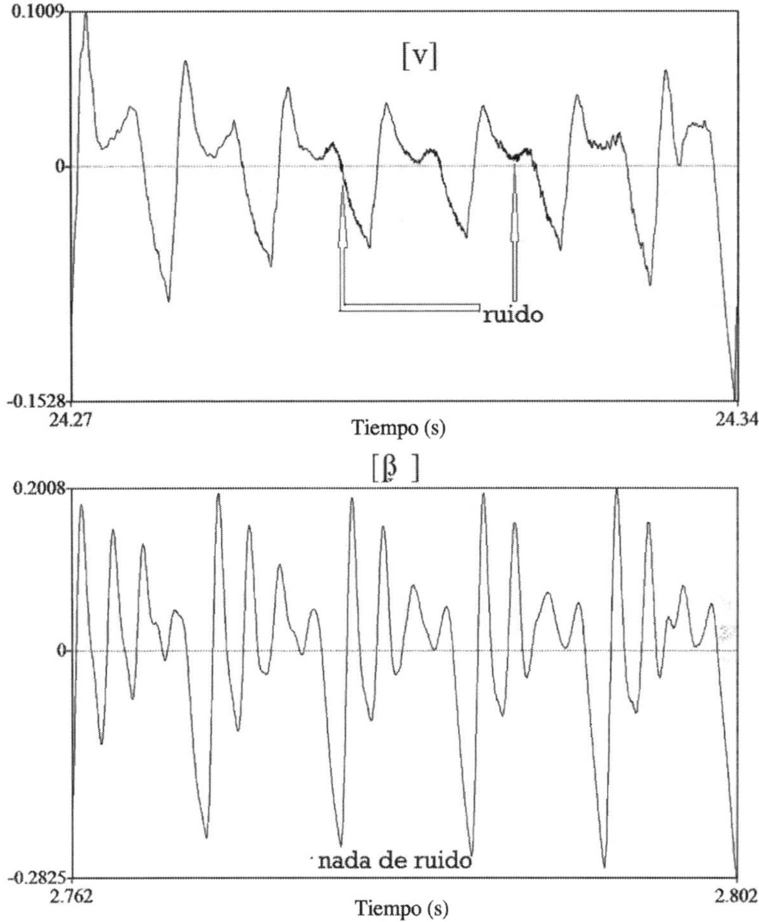

FIGURA 16. Oscilogramas de una fricativa sonora (arriba) y de una aproximante espirante (abajo).

y semivocales (estas últimas se denominan 'paravocales' en la presente obra). Todas las aproximantes coinciden en no poseer turbulencias y en un cierto grado de abertura y se diferencian por las características particulares de cada subcategoría que las convierten en laterales, róticas o paravocales (Martínez Celdrán 2004). Las aproximantes espirantes, por otra parte, son variantes de las oclusivas; esta es su característica principal. En ellas los órganos dejan de tener un cierre completo y dejan de estar apretados entre sí. Catford (1977) señalaba que las dos características simultáneas e imprescindibles de cualquier oclusiva eran: «complete, tight closure of a stop like [p] or [b]» (118). Cuando el cierre no es completo y los órganos no están apretados (en inglés, *tight*), entonces aparece una aproximante espirante, entre otras cosas porque este hecho sucede por una relajación de la oclusión, que no permite tampoco la precisión articulatoria necesaria para producir turbulencias (Ladefoged y Maddieson 1996, 137).

Veiga (2002) denomina 'oclusivas relajadas' a las aproximantes espirantes. Si bien la esencia de las aproximantes espirantes es el hecho de entrañar una relajación de la respectiva oclusiva, no parece oportuno seguir denominándolas 'oclusivas' cuando no presentan el cierre completo que caracteriza esta categoría [→ § 11.3.2]. Shockey y Gibbon (1993), ya en el título de su artículo, las denominan *stopless stops,* lo cual representa una *contradictio in terminis.* También es discutible que se siga llamándolas fricativas porque carecen de las turbulencias que definen esta otra clase: véase Ball y Rahilli (1999, 90), que las denominan *weak fricatives,* o Quilis (1981, 221), que las llama 'fricativas de resonancias bajas'. En todo caso, parece mucho más apropiado el término antiguo: *frictionless continuants,* que utilizaban los *Principles…* de la Asociación Fonética Internacional (International Phonetic Association 1949, 10).

En la Figura 16 se presentan dos oscilogramas [→ § 1.8] tomados del centro de una fricativa y de una aproximante espirante, respectivamente. El primero corresponde a una fricativa labiodental sonora no estridente [v] que, aunque posee poca turbulencia, tiene la suficiente para ser clasificada como fricativa. En el oscilograma se ha señalado con flechas esa 'pelusilla' adherida a la curva que indica el ruido. El segundo oscilograma está completamente limpio, las curvas son líneas finas que demuestran la inexistencia de turbulencia alguna; se trata de una aproximante espirante [β].

9.4.2 Aspectos articulatorios

Alarcos ([1950] 1965, § 101) considera que los fonemas /b d g/ poseen dos variantes alofónicas cada uno de ellos: una oclusiva [b d g] y otra fricativa [b d g], que se corresponde con la que actualmente se denomina aproximante espirante y se representa como [β̞ ð̞ ɣ̞] [→ § 11.2.3].

> Algunos autores utilizan como símbolo de la aproximante velar el que aparece en la fila correspondiente del cuadro del AFI, [ɰ], pero hay que tener en cuenta que, en realidad, este símbolo debe reservarse para la paravocal que corresponde a la vocal [ɯ], en las lenguas en las que exista. Como esta vocal se produce con labios no redondeados, la paravocal también ha de tenerlos así (Pullum y Ladusaw 1986, 98). En cambio, en la aproximante espirante del español la posición de los labios se modifica en función de la vocal siguiente, de modo que estarán redondeados con vocales redondeadas; esto hace que el símbolo en cuestión no resulte adecuado.

Las variantes mencionadas se rigen por el contexto: las oclusivas aparecen tras pausa y consonante nasal y, en los demás contextos, se presentan las aproximantes espirantes (p. ej., *haba*, *hada*, *haga*), excepto en el caso de [ð̞], que también se realiza como oclusiva detrás de [l] (Navarro Tomás [1918] 1971). La influencia de la tradición hace que muchos autores todavía continúen empleando el término 'fricativas' para describir estas articulaciones, siguiendo fielmente el *Manual de pronunciación española* de Navarro Tomás. Sin embargo, este autor, tras su artículo sobre el rehilamiento [→ § 1.6.3] (Navarro Tomás 1934), dejó de denominarlas fricativas. En su trabajo de 1946 (Navarro Tomás [1946] 1966), se refirió a las variantes de la consonante sonora palatal y escribió: «la *y* de *mayo*, con pronunciación suave, africada o rehilante» (9). Navarro ya no utiliza el término fricativa, sino el de 'suave' (correspondiente a la denominación 'aproximante espirante' empleada aquí) o el de 'rehilante' (equivalente a 'fricativa'); aun así, es evidente que la mayoría de los fonetistas, de los dialectólogos y de los historiadores de la lengua no toma en consideración este artículo, ni el anterior de 1934, pues continúan hablando de 'fricativas' (es decir, aproximantes espirantes) y de 'rehiladas' (es decir, fricativas) [→ § 15.12.3, § 16.5.1, § 17.2, § 19.3].

> Quilis (1981), por ejemplo, comentando la realización de sonidos palatales sonoros como el que se encuentra en *saya* (figura 8.5 del autor), y que él transcribe como [j], indica que estas articulaciones «han sido emitidas con un grado de estrechamiento que no ha llegado en ningún caso a la fricación llamada 'rehilada'» (225); es decir, no se trata de verdaderas fricativas. La fricación rehilada es la turbulencia del ruido que es característico de cualquier fricativa.
>
> Se ha dicho que el término 'rehilamiento' carecía de valor científico (Quilis 1981, 290). Se entiende que lo que se quiere indicar con esta afirmación es que no merece la pena utilizarlo como denominación de una clase fonética, puesto que se trata meramente de la clase de las fricativas, que ya posee un nombre y unas definiciones establecidas. 'Rehilamiento' debe entenderse mejor como sinónimo de 'turbulencia' y esto es lo que Navarro Tomás quería destacar con tal término: las consonantes 'suaves' no poseen turbulencia alguna, no son 'rehilantes'.

En la Figura 17 se presentan las articulaciones de estos sonidos, y en ellas se aprecia una abertura estrecha de los órganos que permite el paso franco de la corriente de aire. La [ð̞] es laminal interdental, como se aprecia en el diagrama. El ápice sobresale y los incisivos tocan la zona laminal de la lengua; como el cierre no puede ser completo en este lugar, la corriente de aire se desliza suavemente hacia el exterior sin rozar los órganos, por lo que no se producen turbulencias. El esquema articulatorio que se ha utilizado es equivalente al de la fricativa sorda [θ] (Torrejón 2000, 128), ya que habitualmente se puede observar cómo la punta de la lengua adopta esta posición en la pronunciación de este sonido en cualquier hablante del español. No obstante, se puede admitir una variante en la cual el ápice lingual roza el borde de los incisivos superiores, como el mismo Navarro Tomás ([1918] 1971, § 92) sugería.

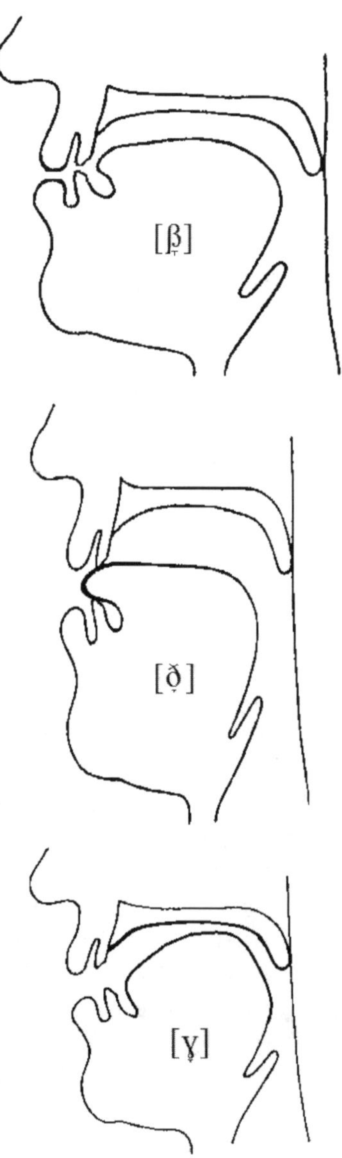

FIGURA 17. Esquemas articulatorios de las tres aproximantes.

9.4.3 Aspectos acústicos

La Figura 18 presenta un espectrograma y una curva de intensidad superpuesta de la realización *he grabado*, que contiene las tres aproximantes espirantes. La imagen espectrográfica de cualquier aproximante espirante es la de un sonido con las estrías de los pulsos glotales que poseen una intensidad y una duración bastante menor que las de las vocales vecinas (los valores que se observan en este espectrograma son los siguientes: medias de duración: 37 ms (aproximante) frente a 72 ms (vocal siguiente); medias de intensidad: 76,6 dB frente a 79,8 dB, respectivamente), y que muestra un deslizamiento suave: vocal-consonante-vocal. Además, como se observa en el espectrograma, la intensidad es gradual: bilabial (75 dB) < velar (77 dB) < interdental (78 dB).

Para que el lector pueda hacerse una idea sobre esta clase de sonidos, se presentan datos de un estudio basado en el análisis acústico de la producción de 338 sonidos pronunciados por tres hablantes femeninas (Martínez Celdrán 2013). Las palabras contenían sonidos presuntamente aproximantes espirantes: bilabiales, interdentales y velares en posición intervocálica y detrás de [s ɾ l].

En la Tabla 2 se recogen la frecuencia y el porcentaje de las aproximantes, de las oclusivas y de las fricativas que aparecieron según el contexto: un 90,6 % eran realmente aproximantes espirantes, pero en alguna ocasión se encontraron oclusivas (5,6 %) y fricativas (3,8 %).

La Tabla 2 presenta, además, los porcentajes de aparición de las clases de sonidos detrás de una vocal (V), detrás de [s] y detrás de las líquidas [ɾ l]. Se comprueba que detrás de [s] es donde se producen mayoritariamente los cambios de las aproximantes espirantes por oclusivas (22,9 %) o por fricativas (14,6 %). En los otros contextos las aproximantes espirantes son abrumadora mayoría, aunque siguen predominando también tras [s]: 62,5 %; no obstante, es cierto que tras este sonido se da un porcentaje elevado de aproximantes cerradas (25 %), esto es, de sonidos pronunciados con un cierre incompleto y, por tanto, sin explosión.

La Figura 19 ofrece una muestra de una oclusiva y una fricativa en las secuencias *desgastado y* y *se desvanecían*, respectivamente. En la parte izquierda se observa que la primera porción de la oclusiva se parece bastante a una aproximante espirante, pero las estrías se pierden antes de la explosión, que se presenta bien patente en esa barra a lo largo de la escala de frecuencias. En la parte derecha se aprecia que la fricativa ha tomado su sonoridad del segmento siguiente (/s/ → [z]),

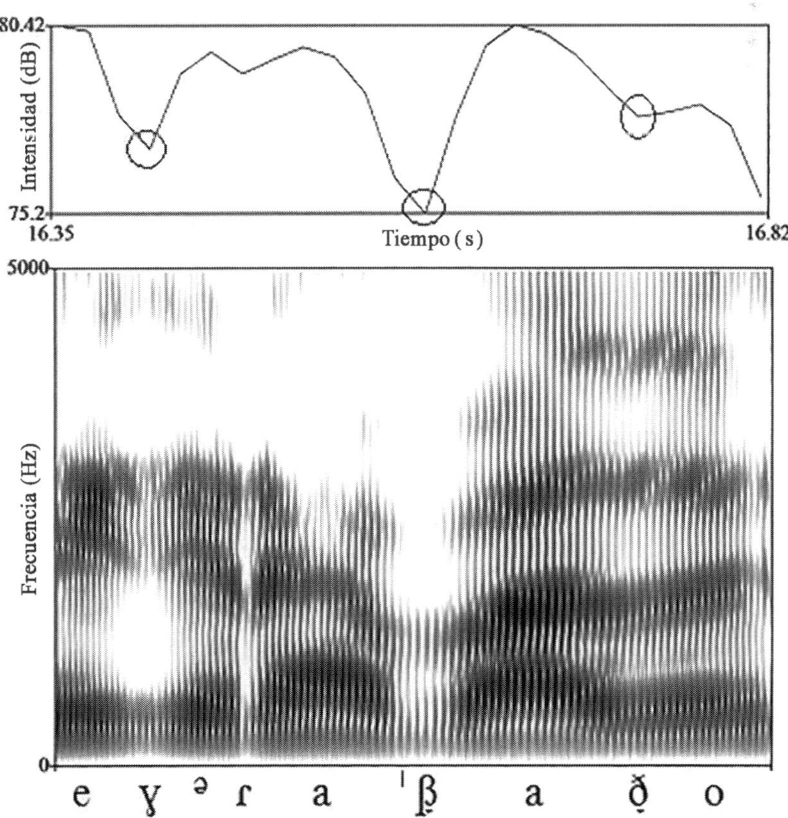

FIGURA 18. Curva de intensidad y espectrograma que muestran la realización de las aproximantes espirantes [ɣ β̞ ð̞] en la secuencia *he grabado*.

Tabla 2 *Clases de sonidos: porcentajes globales y parciales según el contexto*

	Frecuencia	Porcentaje	V (%)	[s] (%)	[r l] (%)
Aproximantes: abiertas	266	86,9	91,7	37,5	55,1
cerradas	40	13,1	4,6	25,0	34,7
Total de aproximantes:	306	90,5	96,3	62,5	89.8
Oclusivas	19	5,7	1,7	22,9	8,2
Fricativas	13	3,8	2,0	14,6	2,0
Total global	338	100	100	100	100

Nota. Los datos resumen las tablas 1, 2 y 6 de Martínez Celdrán (2013).

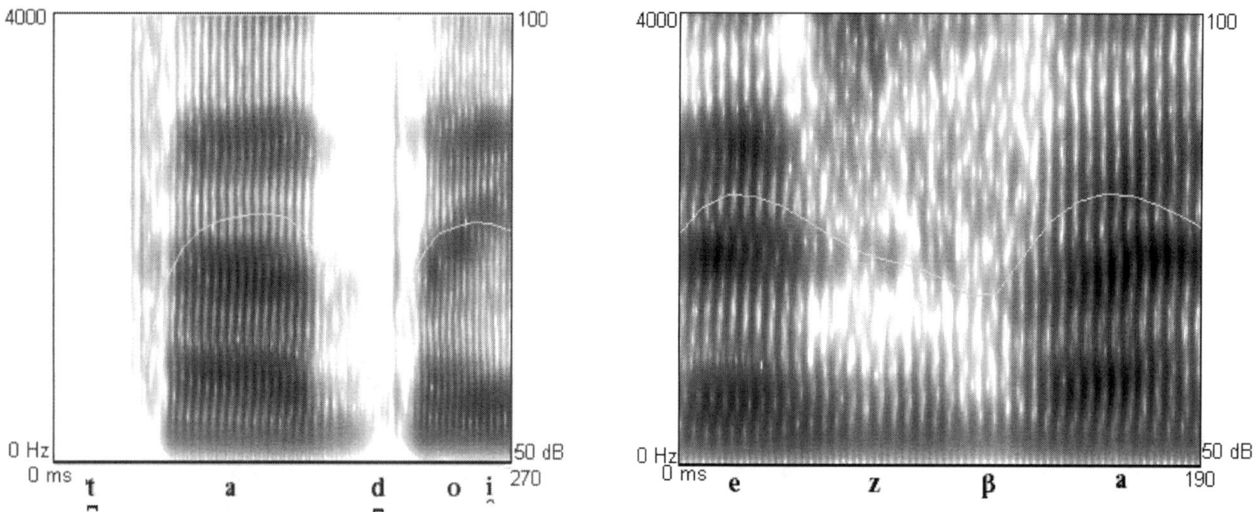

FIGURA 19. Oclusiva intervocálica (izquierda) y fricativa tras /s/ (derecha).

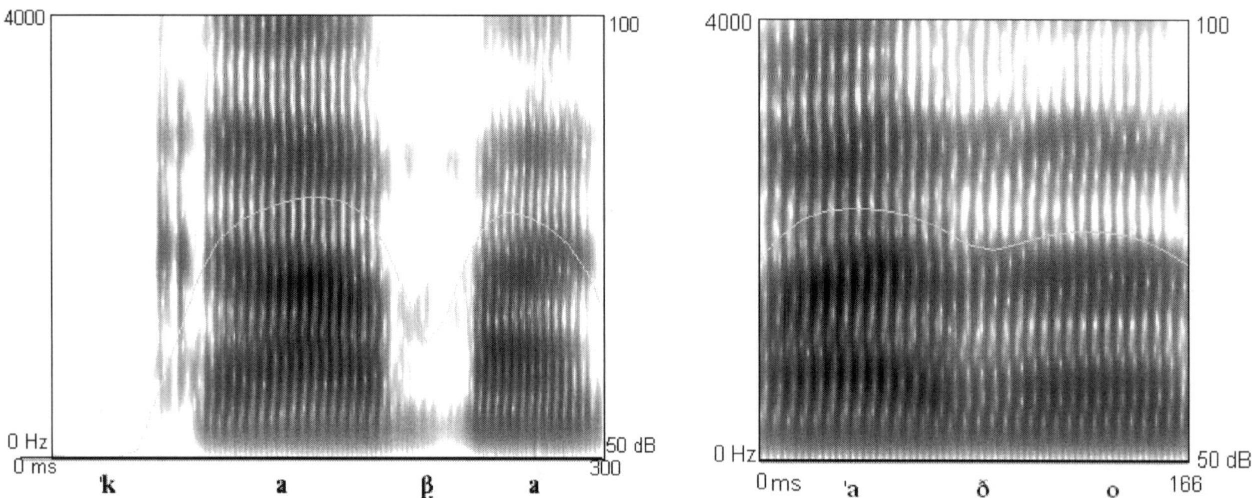

FIGURA 20. Diferencias de grado de abertura, reflejadas en la intensidad, entre aproximantes espirantes, cerrada en la figura de la izquierda y abierta en la de la derecha.

pero a su vez ha contagiado a este su fricación. Existe una diferencia clara en el grado de estridencia, mayor en [z], pero en la parte alta hay presencia de ruido en la [β].

Como clase difusa que es, existen aproximantes espirantes cerradas y abiertas. Los espectrogramas de la Figura 20 ilustran el fenómeno al que se hace referencia: las aproximantes cerradas (parte izquierda) pierden casi todas las estrías por encima de la barra de sonoridad, pero carecen de explosión, lo cual significa que los órganos están bastante cerrados,

Tabla 3 *Datos acústicos que caracterizan a las aproximantes espirantes*

	N	Mínimo	Máximo	Media	Desviación típica
Duración del grupo (ms)	306	120	267	181,67	28,12
Duración de la aproximante (ms)	306	24	87	**45,78**	10,27
dB V/C precedente	306	62	88	76,42	3,54
dB aproximante	306	57	81	70,57	4,17
Porcentaje de duración de la aproximante	306	14,46	40,00	**25,31**	4,69
Diferencia intensidad V/C	306	,00	17,00	**5,85**	3,16

Nota. Datos procedentes de Martínez Celdrán (2013, 23).

pero no llegan al cierre completo y, lo que es más importante, no están apretados, por eso no existe la explosión. Naturalmente, la intensidad sufre una caída importante. Las aproximantes abiertas (espectrograma de la derecha) poseen estrías en todas las frecuencias con una ligera disminución de la intensidad con respecto a la de las vocales vecinas.

La Tabla 2 ofrece también los porcentajes de aproximantes abiertas y cerradas encontrados en el estudio en cuestión (Martínez Celdrán 2013). Como en ella se pone de manifiesto, el porcentaje de aproximantes abiertas es el mayoritario: 86,9 %.

En la Tabla 3 se exponen los datos de duración e intensidad obtenidos en el análisis espectrográfico de las propiamente aproximantes espirantes (306 segmentos en total, como se muestra en la Tabla 2; por tanto, se excluyen las pocas oclusivas y fricativas que aparecieron). La duración del grupo se refiere a la de la secuencia constituida por la aproximante, el sonido que la precede y el que la sigue. Esto sirve para estandarizar la duración y determinar qué representa la duración de la aproximante, dato que se proporciona en forma de porcentaje respecto de la duración total del grupo. La velocidad de habla era intermedia: ni rápida ni lenta.

La intensidad también está estandarizada al reflejar la diferencia entre la intensidad de la aproximante espirante y la del segmento inmediatamente precedente.

Se han destacado en negrita los datos más importantes: la duración media de las aproximantes espirantes es de 45,78 ms, lo cual representa un 25,31 % del grupo, es decir, la aproximante siempre posee una duración menor que los segmentos vecinos, pues el 25,31 % es bastante inferior al tercio que le correspondería si los segmentos tuviesen duraciones equivalentes. La caída media de la intensidad en una aproximante respecto del segmento precedente es de 5,85 dB. Por tanto, son características importantes de cualquier aproximante espirante su menor duración y su menor intensidad comparadas con las de cualquiera de los demás sonidos contiguos, tomando ambos aspectos conjuntamente.

9.5 Variantes sonorizadas o ensordecidas

Las consonantes oclusivas del español pueden experimentar procesos de sonorización o de ensordecimiento dependiendo del contexto y del estilo de habla en el que se producen, según se explica en los siguientes subapartados.

9.5.1 Variantes en coda silábica

Aunque en habla relajada o semiformal la mayor parte de los autores aboga por la sonorización de las oclusivas sordas en la coda de la sílaba (por ejemplo, Hualde 2005, 146; Navarro Tomás [1918] 1971, § 83, 98, 125) e, incluso, por su conversión en aproximantes espirantes, lo cierto es que en esta posición predomina una gran variedad de realizaciones fonéticas que van desde la omisión o la asimilación [→ § 1.6.8] hasta el mantenimiento, aunque existe una tendencia bastante amplia a la asimilación, es decir, a que las oclusivas se mantengan sordas ante consonantes sordas y se sonoricen ante sonoras (D'Introno, del Teso y Weston 1995; Faginas 2002) [→ § 10.2.5, § 11.4.1].

En la Figura 21 se observan las oclusivas sordas [p k] ante consonantes sordas. Parece en ambos casos que no se aprecia la explosión de la consonante de la coda, porque la sucede o una fricativa o una oclusiva; por tanto, el aire no sale de forma brusca como cuando a la oclusiva le sigue una vocal, por lo que no se produce dicha explosión.

En la Figura 22 se reproducen dos casos de sonorizaciones. La sílaba tónica podría favorecer el mantenimiento de la sordez, pues mientras que en la Figura 21 se observaba que no se producía la sonorización porque la sílaba en cuestión

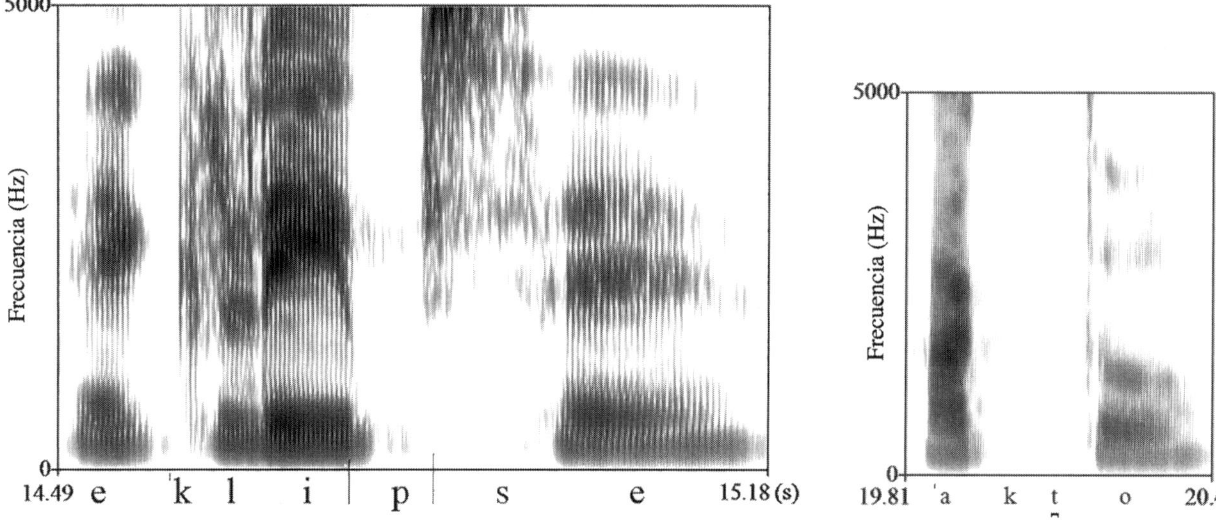

FIGURA 21. Oclusivas sordas ante consonantes sordas.

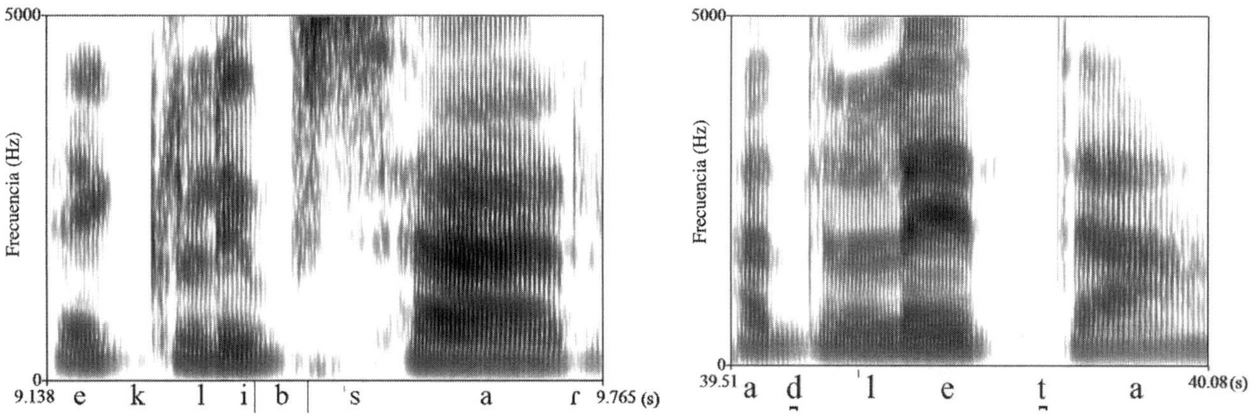

FIGURA 22. Sonorizaciones en coda.

era tónica, en la Figura 22, en cambio, se aprecia la sonorización porque la coda se presenta en una sílaba átona en *eclipsar;* por otra parte, en *atleta* se produce un caso evidente de asimilación, aunque se mantiene perfectamente la oclusión; además, se observa una barra de explosión clara: se trata de una oclusiva sonora con todas sus características.

La pronunciación de la palabra *atleta* con /t/ en posición de coda y con la sonorización que se detecta en el espectrograma de la Figura 22 solo se registra en el español peninsular, pues en Iberoamérica en general ese sonido se traslada al ataque de la sílaba y entonces se pronuncia sordo, como corresponde a su posición silábica, y no solo en esa palabra, sino siempre que se presente la combinación <t + l> [→ § 10.2.5, § 11.5, § 24.2.3, § 24.4.2]. La lateral, pues, pasa de ser heterosilábica en la Península a ser tautosilábica en Latinoamérica. En la Figura 23 se presenta la pronunciación de este vocablo por parte de un hablante chileno. Además de su realización sorda, se observa un marcado elemento esvarabático [→ § 1.6.4], ausente en la pronunciación peninsular, de forma semejante a los elementos esvarabáticos que se presentan en los grupos consonánticos formados por una oclusiva y una rótica, como, por ejemplo, en *pronto, tres, cráter,* etcétera.

El caso de la Figura 24 refleja una de las posibilidades existentes cuando sigue a la coda una sonora y, además, el acento no está en su propia sílaba: la consonante en cuestión se realiza como aproximante. Es frecuente en estos casos que aparezca un breve elemento vocálico entre las dos consonantes, que aquí se ha transcrito con una *schwa* voladita.

En la Figura 25 se presentan dos casos de segmentos sonoros en coda con diversa solución: en *adjetivo* la /d/ pierde su sonoridad en su segunda mitad; se ha transcrito con el símbolo de la fricativa porque parece que posee ruidos en las frecuencias altas, pero está claramente ensordecida al final. En cambio, en *objetivo* el segmento /b/ se ha realizado como oclusiva con una clara barra de explosión y con mantenimiento de la sonoridad, aunque acabe siendo un tanto empañada, como ya se ha comentado en el § 9.3.2.

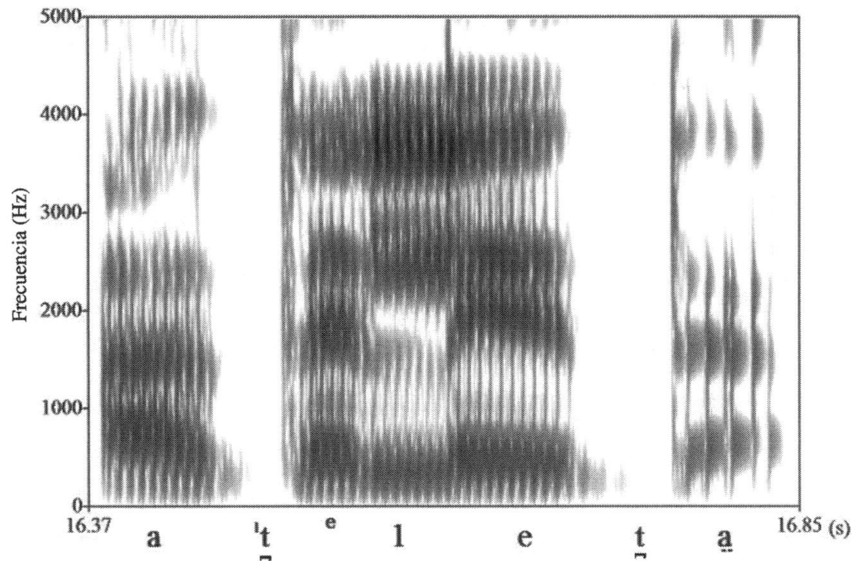

FIGURA 23. Dental sorda en ataque de sílaba con lateral tautosilábica.

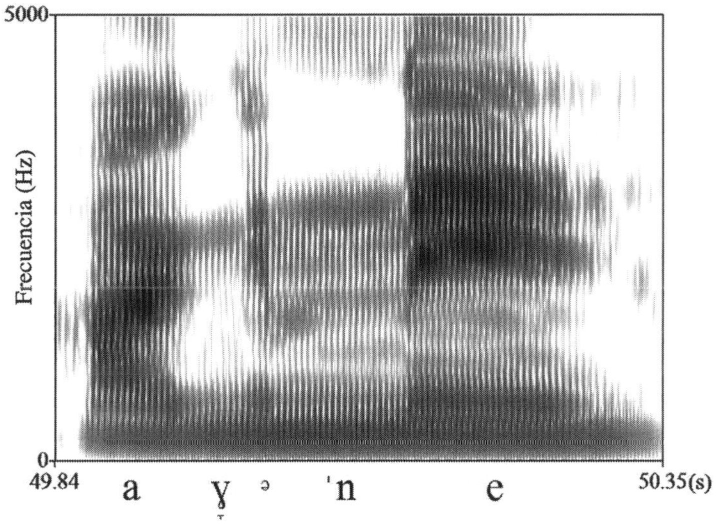

FIGURA 24. Asimilación de la sonoridad y conversión en aproximante espirante en la palabra *acné*.

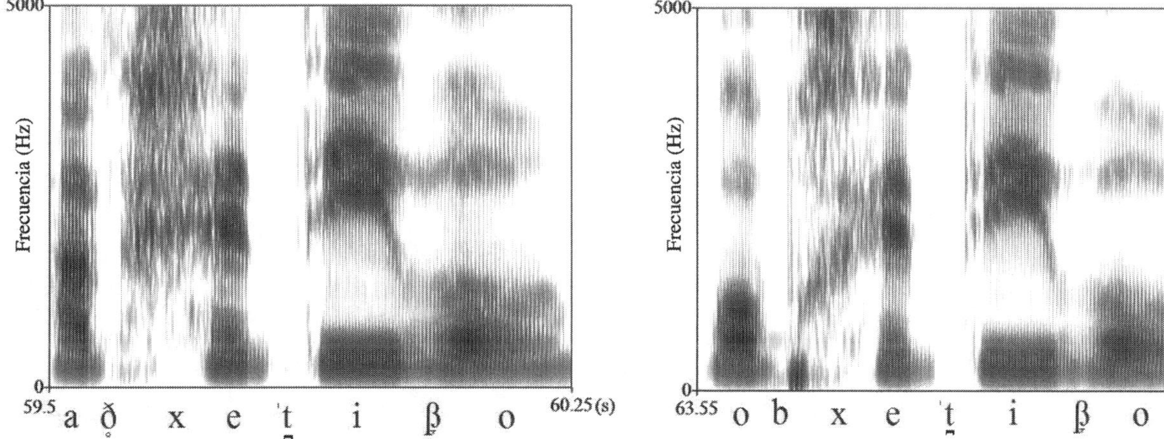

FIGURA 25. Ensordecimiento (izquierda) y mantenimiento de la sonoridad (derecha).

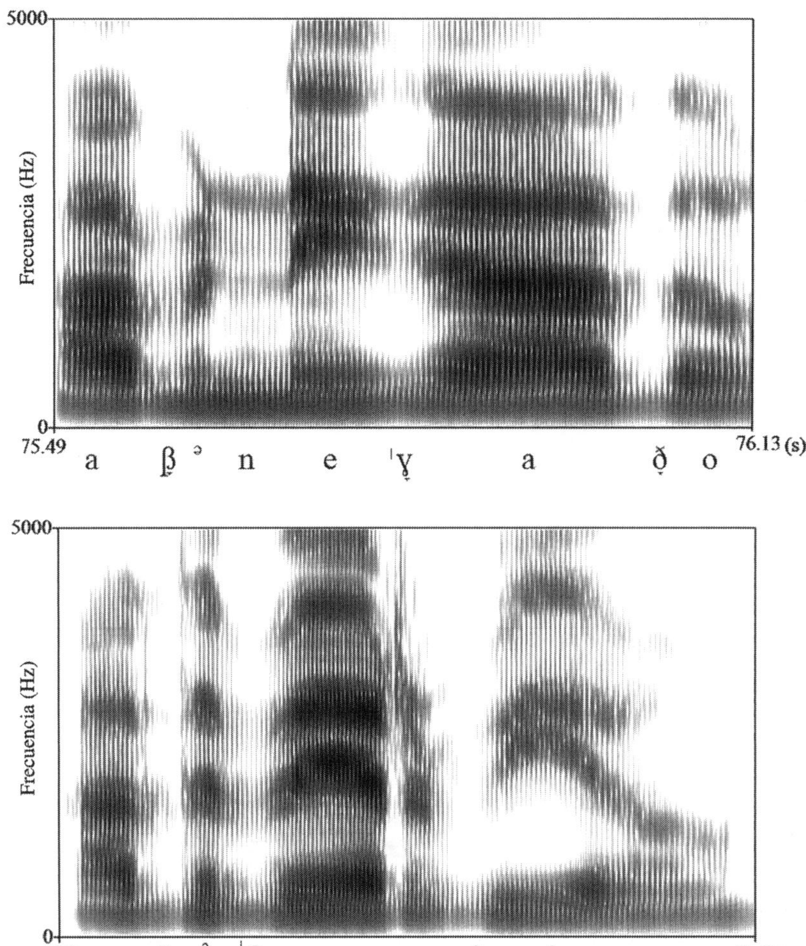

FIGURA 26. Mantenimiento de la sonoridad y realización aproximante tanto en la figura superior como en la inferior.

Por último, en la Figura 26 se ejemplifica la realización más frecuente de las oclusivas sonoras en coda: se convierten en aproximantes espirantes. Nuevamente hay que señalar que, cuando son aproximantes, aparece un breve elemento vocálico entre las dos consonantes, como se puede ver en ambos espectrogramas.

9.5.2 Sonorización de oclusivas sordas: una tendencia en aumento

Son muchos los testimonios de que existe una abundante sonorización de las oclusivas sordas en muchos dialectos del español. Herrera (1989) presenta un recuento, no exhaustivo, de los autores que han estudiado el fenómeno y de los dialectos en los que se produce: Henríquez Ureña en México (1938); Toscano en Ecuador (1953); Flórez en Colombia (1964); Isbăşescu en Cuba (1968); Navarro Correa en Puerto Cabello (1982), etcétera; en la Península, Salvador las documenta en Andalucía (1965, 1969). Además, se puede añadir a Torreblanca, que las encontró en Toledo (1976, 1979) y en otros muchos puntos del ámbito hispanohablante. Asimismo, Alvar las registra en Canarias, en varios puntos de las islas (1965, 1972); posteriormente, Almeida (1984) también se refiere a ellas, al igual que Lorenzo Ramos (1976), Trujillo (1980) y Oftedal (1985). La misma Herrera ofrece datos de estas sonorizaciones en la isla de Tenerife, en el estudio mencionado. Posteriormente, han proporcionado datos Machuca (1997) en Barcelona, Lewis (2001) en el norte peninsular y Martínez Celdrán en Murcia (2009). Como se ve, el proceso está bastante documentado, tanto en España como en América [→ § 10.2.1, § 11.2.2].

La hablante murciana estudiada por Martínez Celdrán (2009) mantuvo siempre las oclusivas sordas en dos contextos: en principio absoluto y detrás de /s/, generalmente realizada como aspirada. En los demás contextos, la realización fue de aproximante espirante en un 15,85 % de casos, de oclusiva sonora en un 58,54 % y aun hubo un 21,35 % de realizaciones semisonorizadas. Es decir, entre aproximantes y oclusivas sonoras, un total de 74,39 % de sonorizaciones plenas.

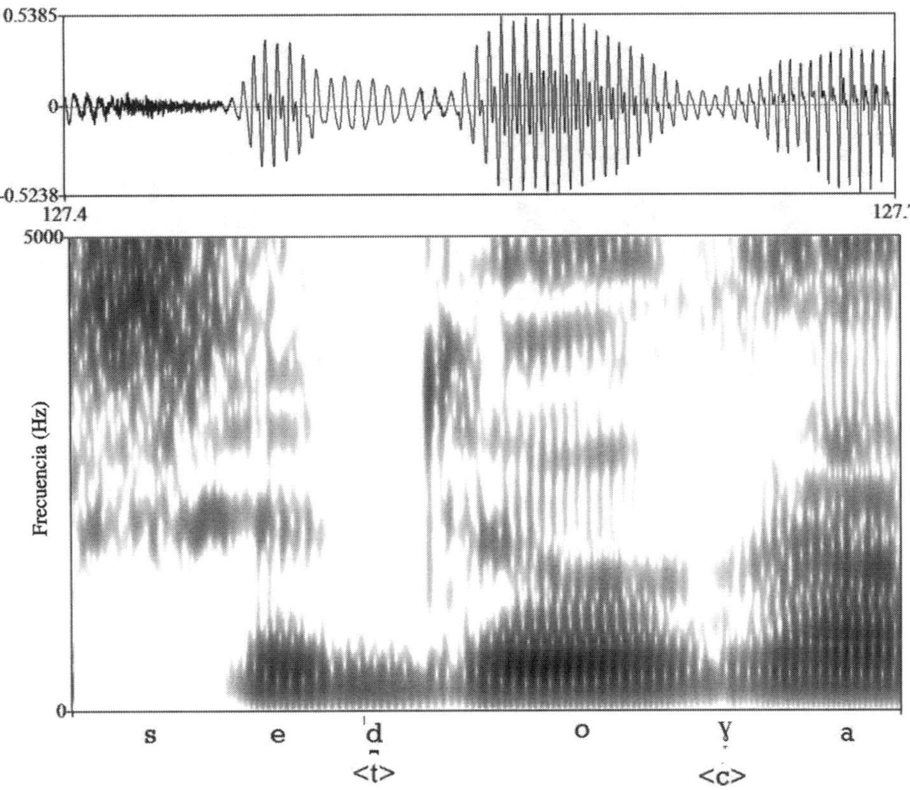

FIGURA 27. Oscilograma y espectrograma en los que se aprecian las sonorizaciones de oclusivas sordas intervocálicas.

En la Figura 27 se presenta un espectrograma del sintagma *se toca* con sonorizaciones; en primer lugar, la sonorización /t/ → [d̬], en la cual se mantiene la oclusión, aunque la oclusiva está totalmente sonorizada, como demuestran la barra de sonoridad y el oscilograma con ondas regulares. La explosión muestra un poco de ruido, según es habitual. A continuación, la oclusiva velar no solo se ha sonorizado, sino que se realiza como aproximante, como demuestran la ausencia de explosión y las estrías que se presentan en zonas frecuenciales más altas. El oscilograma nuevamente muestra ondas regulares y ausencia de ruido.

O'Neill (2010) lleva a cabo un amplio estudio sobre las hablas andaluzas con datos de Sevilla, Cádiz, Granada y Almería. Las oclusivas sordas intervocálicas se mantienen solo en un 12,5 %, se convierten en oclusivas sonoras en un 69 % y se realizan como aproximantes espirantes en un 18,5 %; por tanto, se sonorizan en un 87 % de los casos (33 tabla 8). Un ejemplo de sonorizaciones se recoge en la Figura 28. En Almería es donde más se sonoriza: 98 %, y en Granada, donde menos: 71 %; aun así, sigue siendo un dato altísimo el de esta última ciudad.

Como sucedía en Murcia, detrás de /s/ no se producen sonorizaciones, pero O'Neill (2010) encuentra varios fenómenos que son muy interesantes. Este autor afirma expresamente que:

> en el español de Andalucía, nuestros resultados indican que los fonemas oclusivos sordos en posición intervocálica se realizan mayoritariamente sonoros, y los sonoros pueden perderse. Además, las secuencias fonémicas /sp st sk/ se están realizando como oclusivas geminadas y aspiradas en Almería y Granada y oclusivas fuertemente aspiradas en Sevilla (39).

En la Figura 29, los espectrogramas presentan una aspiración sonora de la /s/; el de la izquierda tiene un alargamiento del silencio de la [p] (91 ms) y, en el de la derecha, se observa que no se produce tal alargamiento del silencio (32 ms), pero, en cambio, la oclusiva posee una aspiración (VOT: 42 ms). Las medias de duración del silencio para las oclusivas tras /s/, ofrecidas por el autor, son: 102 ms en Granada, 76 ms en Almería, 61 ms en Sevilla y 45 ms en Cádiz. Evidentemente, el silencio dura mucho más en las realizaciones propias de Granada y no tanto más en las de Almería, pero no

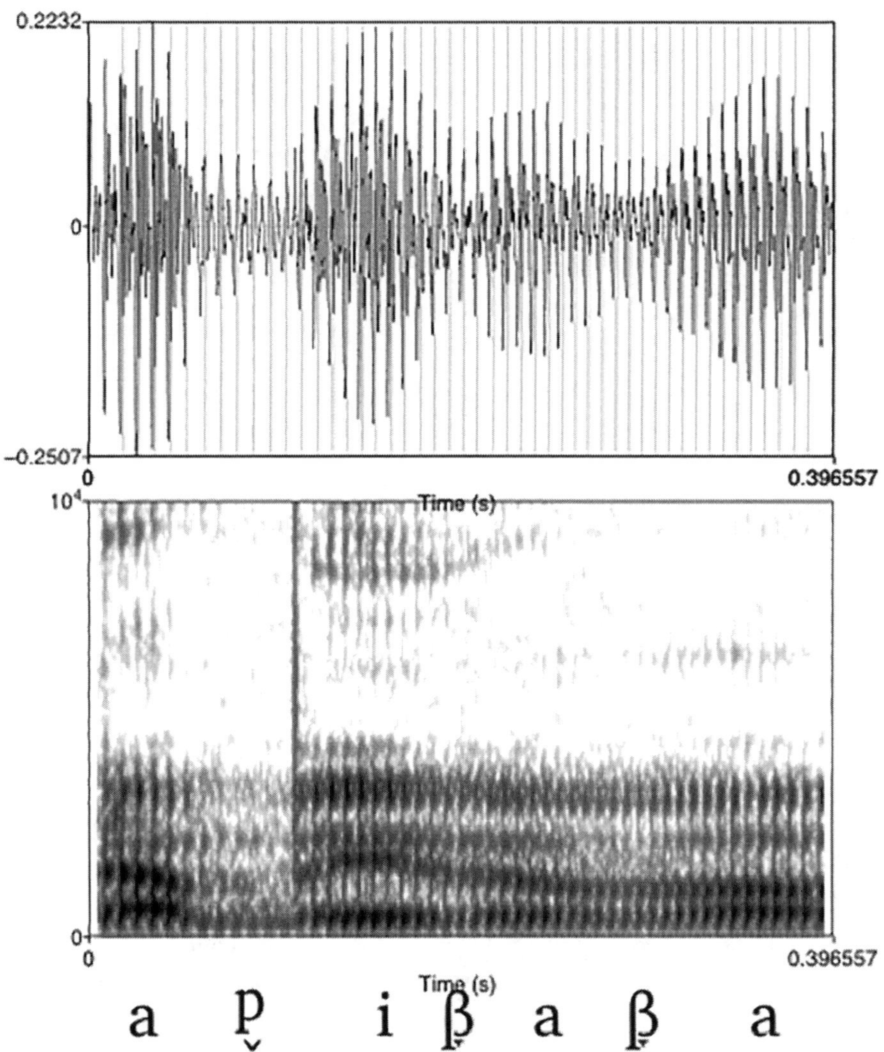

FIGURA 28. Sonorizaciones en posición intervocálica en Andalucía. Fragmento extraído de la frase *dame un*a pipa pa*(ra) mí* (O'Neill 2010, 31).

parece conveniente hablar de geminación, aunque entre la primera y la última de las ciudades investigadas la diferencia en la duración del silencio oclusivo es de más del doble. Sería mucho más apropiado decir que se trata de oclusivas largas, pues en el experimento sobre la duración del silencio de una oclusiva se necesitaban más de 150 ms para percibir una oclusiva geminada (véase el § 9.6.1).

9.5.3 Conclusiones sobre los rasgos sordo y sonoro

Oftedal (1985) incluyó en el título de su trabajo un concepto inquietante: *a secondary voicing;* es decir, una segunda sonorización. ¿Realmente se está produciendo por segunda vez un proceso como el de la sonorización que sucedió históricamente en el paso del latín al romance y que convirtió las oclusivas sordas latinas primero en oclusivas sonoras y, luego, en aproximantes espirantes? Estamos ante una generalización de la sonorización, evidentemente. Son muchos los testimonios a lo largo y ancho del dominio hispanohablante, pero los hablantes aún no son conscientes del fenómeno y, como se indicará en el § 9.6.3, el contexto es el que permite interpretar las palabras sin ambigüedad.

El mayor problema que se plantea es que muchos autores (Pérez Muñoz 2001, 332-35) utilizan el rasgo de sonoridad desde un punto de vista abstracto, pero lo definen de forma concreta. La forma concreta del rasgo es la que se refiere a la vibración de las cuerdas vocales que caracteriza a los sonidos sonoros, cuando se produce dicha vibración, y a los sordos,

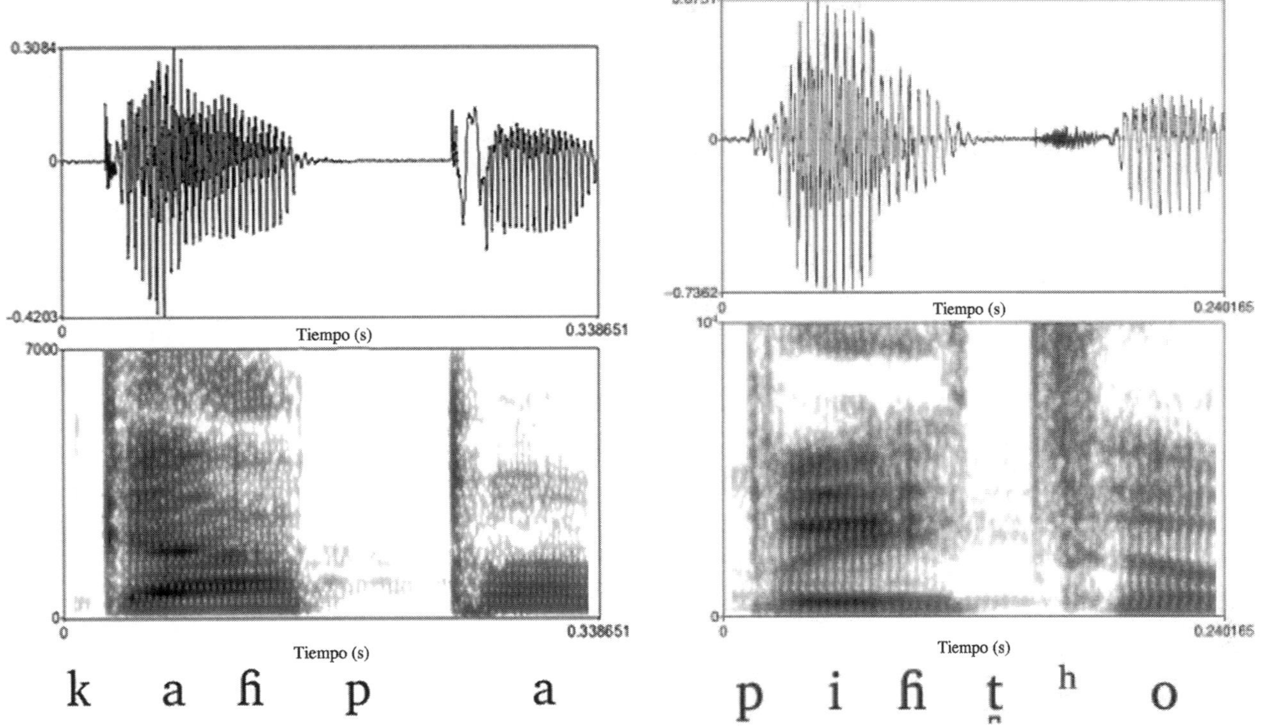

FIGURA 29. Oclusivas sordas tras /s/ en Andalucía (O'Neill 2010, 18).

cuando no se produce [→ § 1.5.3]. Desde un punto de vista abstracto, se dice que existe el rasgo de sonoridad, pero sin un parámetro concreto que lo defina. Alarcos ([1950] 1965), por ejemplo, afirmaba:

> para la percepción de la «sonoridad» no siempre es necesaria la vibración de las cuerdas vocales. Muchos factores parecen contribuir a ella: la rapidez, intensidad y duración de las transiciones vocálicas, la duración relativa de la tensión ([en francés] tenue) de la consonante, la intensidad del ruido, etc.» (71).

A esto se refiere la consideración de la sonoridad como rasgo abstracto. Existe, pero no es la vibración de las cuerdas vocales lo que lo identifica generalmente (Elejabeitia *et al.* 1995) [→ § 11.3.4].

Taylor (1989) indica que los rasgos fonológicos son abstractos; este aserto lo ejemplifica con el uso que se hace del rasgo de 'sonoridad' para oponer en inglés palabras tales como *leaf/leave;* y dice expresamente: «The voicing feature is abstract in the sense that voicing is not directly observable in the process of articulation or in the acoustic signal. Segment length and consonant intensity . . . are merely accidental reflexes of the abstract voicing contrast» (26-27). En los experimentos presentados en el § 9.6.3, se verá que la ausencia de la barra de sonoridad no fue óbice para que se percibiera la oclusiva como sonora y, en los análisis de las sonorizaciones, por el contrario, las oclusivas sonorizadas se percibían sordas en el interior de las frases pronunciadas. No parece adecuado, por tanto, seguir refiriéndose a la oposición [sordo/sonoro] y definirla como 'ausencia/ presencia de vibración de las cuerdas vocales', cuando esta vibración no es la determinante de la oposición.

La vibración de las cuerdas vocales, o su manifestación acústica en la barra de sonoridad, no es realmente lo que caracteriza, en la mayor parte de las ocasiones, la diferencia entre los sonidos 'sordos' y los 'sonoros' en español (véase el § 9.6.3). Esta misma función la puede ejercer, en teoría, la duración del silencio; pero, sobre todo, es el contexto el que ayuda en la interpretación correcta de la palabra. Este es, pues, el problema: parece que las oclusivas sordas se mantienen como tales, en el sentido concreto, tras un silencio, tras /s/ y, posiblemente, detrás de cualquier consonante. En los demás contextos —posición intervocálica, coda, etcétera—, pueden sonorizarse y, de hecho, así sucede en muchos hablantes de dialectos diversos. Aún más, las realizaciones aproximantes son cada vez más abundantes, pues las sonorizadas pueden convertirse en aproximantes e, incluso, las sonoras que tradicionalmente se dice que son oclusivas tras nasal, con frecuencia se realizan aproximantes espirantes. Todo esto no solo sucede en el habla coloquial, sino también en la lectura y en el habla formal no enfática (Martínez Celdrán 2009). Este es el reto principal que tienen los fonetistas para el futuro, el de ir observando cómo evoluciona este fenómeno: ¿se está realmente ante una segunda sonorización?

9.6 Aspectos perceptivos

Una vez examinadas las características articulatorias y acústicas de las consonantes oclusivas en español, en los siguientes subapartados se incide en la manera en la que los oyentes perciben las distintas propiedades de estos sonidos y en los factores que condicionan dicha percepción.

9.6.1 La percepción del modo

En estudios realizados con habla natural y con habla sintetizada se ha demostrado que el silencio es suficiente para la percepción de una oclusiva. En Martínez Celdrán (1991c), se presentan varios experimentos: en el primero, se eliminó la barra de explosión de oclusivas sordas, pero se añadió un silencio con la duración correspondiente a la parte eliminada; en el segundo, se descartó esta parte, es decir, el tiempo del VOT (Figura 30) y, en el tercero, se suprimieron las mitades posteriores de las fricativas y se introdujo un lapso de tiempo con la misma duración que la parte suprimida; este experimento se completó con otro en el que se eliminó todo el ruido y se mantuvo su duración como silencio. A continuación, los estímulos manipulados se sometieron a pruebas de percepción. En todos los casos, la respuesta mayoritaria se inclinó a favor de una percepción 'oclusiva'. En el primer caso, en un 97,22 % se respondió 'oclusiva sorda'. Es cierto que, al faltar la barra de explosión, se produjeron confusiones entre los puntos de articulación, aunque las bilabiales se vieron menos afectadas que las dentoalveolares y estas menos que las velares. En el segundo experimento, como disminuyó la duración de la oclusiva al eliminar la parte correspondiente a la barra de explosión, se percibió una oclusiva sorda en un 63,64 % de los casos y una ¿oclusiva? sonora en un 34,35 % (los interrogantes reflejan la duda sobre si la consonante se percibió como oclusiva o como aproximante, ya que la respuesta que se solicitaba no incluía esta diferencia). Si no se la tiene en cuenta, en un 97,99 % de los casos se respondió nuevamente 'oclusiva'.

Por último, en el tercer experimento, las respuestas fueron muy variadas, pero hubo casos llamativos: ['asa] se percibió como ['aṣ̠ta] en un 100 % de los casos; [a'xa] como [a'ka] en un 100 %; ['ifi] o ['iθi] como ['iʈi] en un 100 %, de nuevo. Solo se obtuvo [p] como respuesta mayoritaria, aunque nunca en el 100 %, cuando se manipuló la secuencia ['afa]: ['afpa] en un 78,12 % y ['apa] en un 84,37 %. La conclusión general fue que para percibir una oclusiva sorda bastaba un silencio que no tuviese una duración menor de 70-80 ms; si el silencio es más breve, se pueden oír las sonoras correspondientes.

Esto último se comprobó con el experimento realizado en Martínez Celdrán (1993); se presentó un conjunto de estímulos sintetizados que se podían interpretar como *cava*, *capa* o *cappa*. La consonante intervocálica consistía en un silencio variable en duración. Las vocales vecinas poseían las transiciones propias de una bilabial, pero no existía barra de explosión

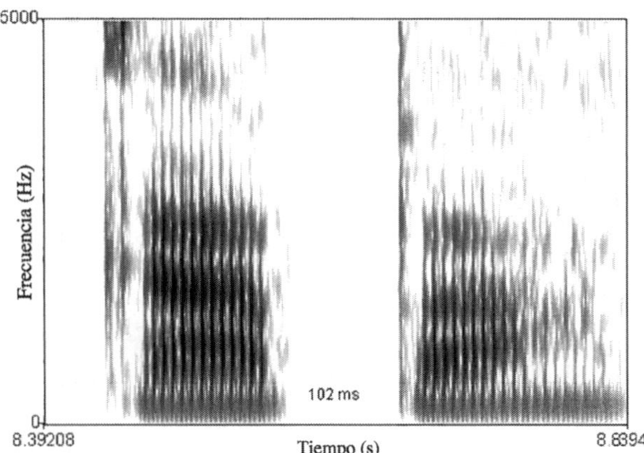

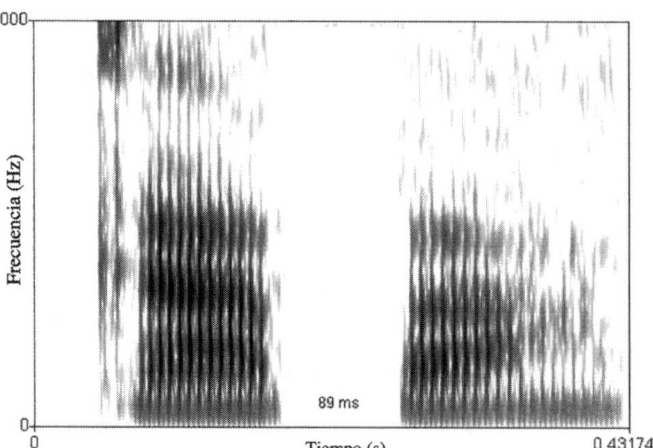

FIGURA 30. En la izquierda, espectrograma completo de la palabra *capa*. En la derecha, se ha eliminado la barra de explosión y su duración de la oclusiva intervocálica. Se sigue percibiendo *capa*.

ni ninguna huella de la barra de sonoridad: solo silencio. Se prepararon estímulos que constituían un continuo cuyo silencio intervocálico iba desde los 26,4 ms hasta los 220 ms, con un estímulo cada 8,8 ms. El resultado de la prueba mostró que, si la duración del silencio intervocálico oscila entre 26,4 ms y 61,6 ms, se interpreta la palabra *cava* de forma mayoritaria; es de suponer que se oía una aproximante espirante. Con un silencio entre 70,4 ms y 140,8 ms se obtuvo *capa* como respuesta mayoritaria y a partir de 149,6 ms se respondió *cappa*. Se concluye así que la duración del silencio es el índice más importante para la diferencia entre estas tres categorías: aproximante sonora, oclusiva sorda y geminada. Además, se puede afirmar que existe una percepción categorial [→ § 1.14.1] a partir de la duración del silencio intervocálico.

9.6.2 La percepción del punto de articulación

En los experimentos expuestos en el § 9.6.1, se puso de manifiesto que la barra de explosión no era pertinente para la percepción del modo oclusivo, pero sí lo era para establecer el punto de articulación en la medida en que, al eliminarla, los puntos se confundían; de hecho, se comprobó que se podía establecer una jerarquía: la barra resultaba especialmente necesaria en el caso de la consonante velar; si se suprimía, la [k] solo se identificaba en un 11,91 % de los casos, y se confundía sobre todo con [p] (60,72 % de las respuestas) y, en menor medida, con [t̪] (25 % de las respuestas). Por su parte, [t̪] también la necesita, aunque en menor grado, pues el número de respuestas positivas fue de un 33,33 % frente a las respuestas a favor de [p] (51,19 %). La bilabial [p] es la que menos necesita la barra de explosión, pues se interpreta como tal en un 89,91 % de los casos, aunque es cierto que recibe el mayor número de respuestas a partir de la confusión con [t̪] y [k]. Se podría decir que [p] es la consonante no marcada de la serie en cuanto a la barra de explosión. Téngase en cuenta que este elemento proporciona dos índices importantes: la frecuencia a la que se da el punto de máxima intensidad y la distancia de la barra hasta la vocal siguiente (el VOT). Como [p] es la que posee un VOT menor y su punto de máxima intensidad de la explosión se sitúa en frecuencias bajas, entonces es la que menor necesidad de dicha barra muestra en la percepción; en cambio, [k] es la oclusiva que presenta un mayor VOT y un punto de máxima intensidad situado en una zona central baja, altamente discriminativa por el modo logarítmico de nuestra percepción. Todo esto hace que sea la que requiere en mayor grado la presencia de la barra de explosión para ser percibida como velar.

Por otra parte, el experimento de la supresión de parte o de todo el ruido de la fricativa pone de manifiesto la importancia de las transiciones vocálicas; así pues, el hecho de que ['asa] se perciba como ['as̪t̪a] en un 100 % de los casos revela que las transiciones hacia la [s] son determinantes para la percepción de [t̪], que carecía de barra de explosión. Ayuda, por supuesto, el hecho de que exista la palabra en la lengua; como sucede en [a'xa], que se interpretó como [a'ka]; se puede añadir, sin embargo, que con vocales posteriores las transiciones no desempeñan un papel tan importante. Parece claro, pues, que la barra de explosión y las transiciones intervienen conjuntamente para la determinación del punto de articulación de estas clases de sonidos.

9.6.3 La percepción de la sonoridad

El rasgo de sonoridad en las oclusivas es muy controvertido en español, como ya se ha explicado (Elejabeitia *et al.* 1995; Pérez Muñoz 1998, 2001; Soto y Valdivieso 1999; Veiga 2002, 60-64; etcétera). Como se ha visto en el § 9.5.2, existe, en buena parte de los dialectos del español, una acusada tendencia a sonorizar la oclusiva sorda que no se encuentra tras una pausa o detrás de /s/. Además, se ha realizado toda una serie de experimentos que ponen en duda la relevancia de un indicio tan importante como la barra de sonoridad, que es la pista que todos los autores señalan como el índice más relevante para la detección de la sonoridad, ya que corresponde a la vibración de las cuerdas vocales, desde un punto de vista articulatorio.

Martínez Celdrán (1984) puso tempranamente en duda la validez de la barra de sonoridad como índice acústico concluyente, filtrando los primeros 500 Hz y comprobando que se seguía distinguiendo sin ningún problema una oclusiva sorda de una sonora.

En la parte inferior de la Figura 31 ha desaparecido por completo la barra de sonoridad de la oclusiva inicial, puesto que se ha eliminado toda la información entre 0 y 500 Hz; en cambio, el estímulo se sigue percibiendo como [ba]. Las transiciones permiten la percepción de la bilabial. Tampoco hay una vocal anterior cuya duración pueda guiar la percepción de la sonoridad. Se ha dicho que esa función la puede cumplir el inicio ascendente del primer formante de la vocal siguiente (Borden y Harris [1980] 1984, 187; Liberman, Delattre y Cooper 1958), pero lo cierto es que no se aprecia una gran diferencia con el otro primer formante que sigue a la sorda.

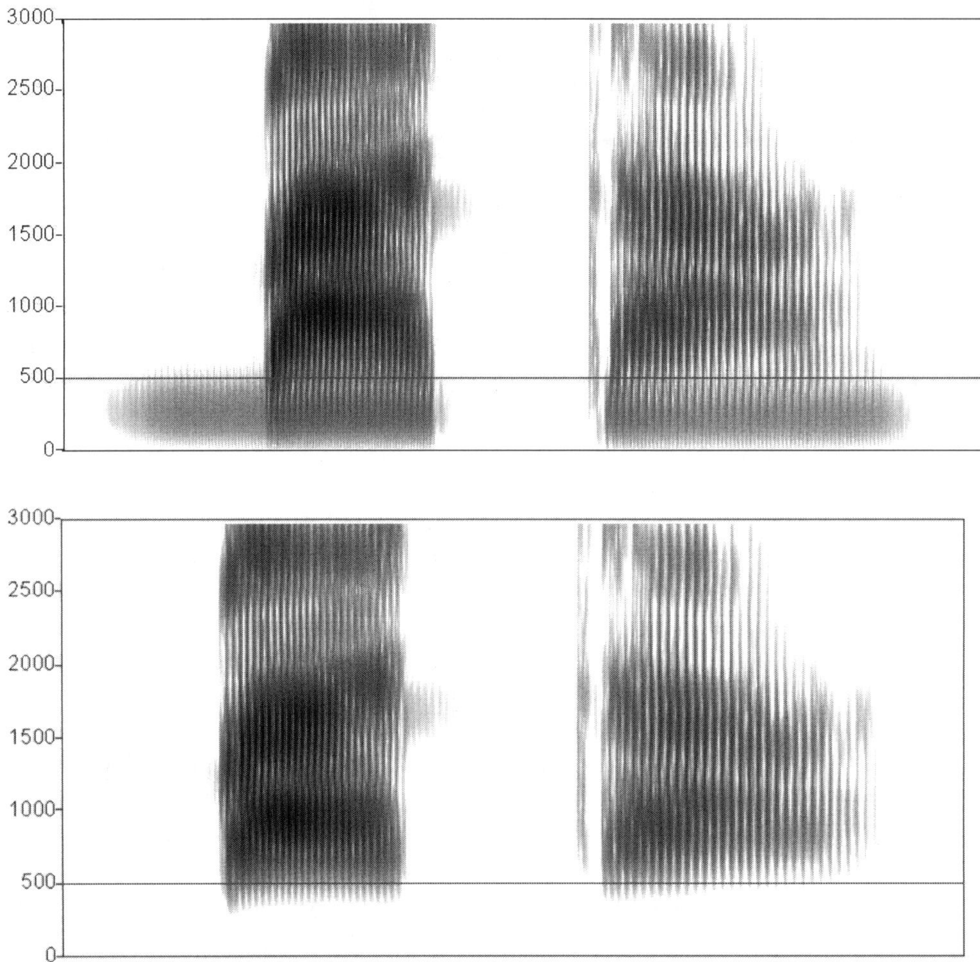

FIGURA 31. En la parte superior se observa el espectrograma de la palabra *bata* y, en la parte inferior, la misma palabra tras filtrar los primeros 500 Hz.

Otros experimentos (Martínez Celdrán 1991c) partieron de la eliminación de la barra de explosión en las sordas y la disminución de la duración del silencio (Figura 32).

Como se ha expuesto con anterioridad (§ 9.6.1), la disminución de la duración del silencio conlleva una percepción de la oclusiva como sonora. La parte superior de la Figura 32 corresponde a la manipulación de la palabra *capa* que se presentaba en la Figura 30. Puede observarse que la duración del silencio ha quedado reducida a 40 ms, con ausencia de explosión y de barra de sonoridad. La barra de explosión perturba la percepción del sonido porque no existen oclusivas sonoras intervocálicas de forma natural en español, a no ser que sean procedentes de sonorizaciones. Una vez eliminada la explosión y reducido el tiempo del silencio, se percibe *cava* perfectamente. El espectrograma de la parte inferior de la Figura 32 corresponde a la misma palabra *bata* con eliminación de la explosión y con una reducción temporal del silencio de [t̪], que queda con 40 ms: se percibe como *bada*. El experimento presentado en Martínez Celdrán (1993) se realizó con palabras sintetizadas, pero, si se parte del habla natural y se introducen estos cambios, las oclusivas sordas también se perciben como sonoras (Martínez Celdrán 1991a). Obsérvese que no hay barra de explosión y, por tanto, tampoco un VOT. No existe barra de sonoridad, ni se ha manipulado el inicio del F1 de la vocal siguiente. La duración del silencio es, por consiguiente, determinante.

La tensión [→ § 11.3.4] es un rasgo [→ § 1.19.3] que ha sido denostado modernamente por muchos fonetistas y fonólogos porque carece de parámetros objetivables (Lisker y Abramson 1964, 385-420). No existe un parámetro acústico que permita identificar la tensión en un espectrograma. Solo se pueden apreciar algunas de sus consecuencias: la duración y la intensidad, por ejemplo, pero ninguna de las dos son por sí mismas determinantes. Hay sonidos largos que

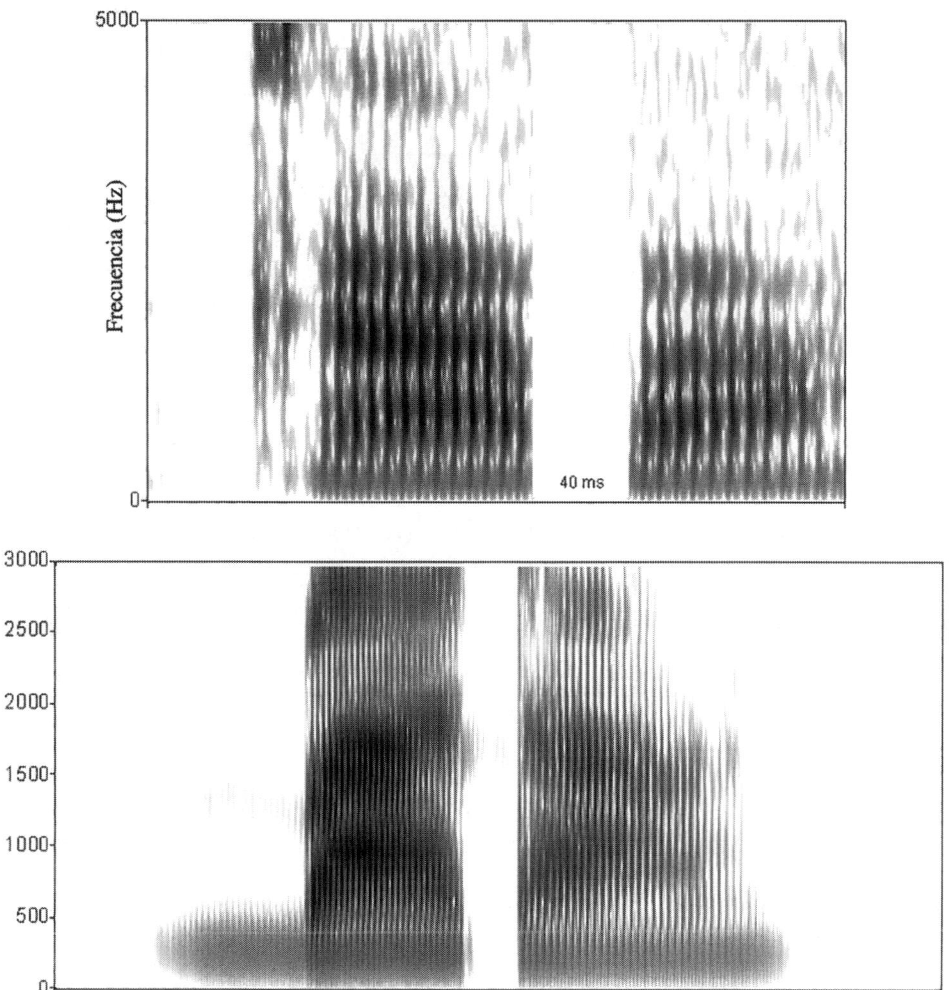

FIGURA 32. En la parte superior, espectrograma de la palabra ['kapa]. En la parte inferior, representación de ['baʈa]; en ambos casos, la percepción ha sido de la sonora correspondiente, tras la transformación sufrida.

no son tensos; por ejemplo, en el final de cualquier emisión los sonidos pierden intensidad y, en compensación, se alargan para ser percibidos. Martínez Celdrán ha defendido siempre la tensión de las oclusivas sordas como rasgo definitivo para diferenciarla de las sonoras, sobre todo si son aproximantes espirantes (1991c). Incluso en alguna ocasión se ha tratado de comprobar la tensión por otros medios, aunque no sean estrictamente lingüísticos, como la sudoración de las manos (Martínez Celdrán y Fernández Planas 2007, 84), con resultados positivos. No obstante, en el trabajo sobre la sonorización de las sordas (Martínez Celdrán 2009) se observó que palabras como *pozo,* que aisladas se oían *bozo,* en la frase en que habían sido pronunciadas se percibían como *pozo.* Incluso se debe comentar un caso especial: la frase donde aparecía esta palabra decía: *indícame dónde está ese pozo;* como la informante sonorizaba sistemáticamente, hubo algunos oyentes que entendieron *y dígame dónde está ese pozo;* es decir, *indícame* se percibió como *y dígame;* pero la palabra *pozo* que se oyó *pozo* en contexto, fuera de contexto se interpretaba *bozo.* La [p] de *pozo* al sonorizarse disminuyó su duración, señal de haberse neutralizado la tensión también y, en cambio, se siguió oyendo 'sorda' en el contexto. Todo ello suscita serias dudas y pone de relieve la gran importancia que el entorno adquiere en la percepción de las palabras dentro de las oraciones. En este sentido, Marrero-Aguiar (2008) reproduce la siguiente cita de Suomi (1987): «la variación sistemática dependiente del contexto es un factor que puede ser utilizado beneficiosamente, para incrementar la cantidad de información fonética que puede ser extraída de la señal de habla» (237). Ciertamente, el contexto desempeña un papel fundamental en la interpretación correcta de los sonidos percibidos; en este caso, sin embargo, no se está haciendo referencia tanto al entorno fonético propiamente dicho, como al gramatical y al comunicativo en general.

9.7 Conclusiones

Las oclusivas orales constituyen una clase importante en el conjunto de sonidos de todas las lenguas y, por supuesto, también del español. Se han descrito sus características articulatorias, que se han puesto de manifiesto a través de esquemas articulatorios y de electropalatogramas. Se han detallado igualmente sus propiedades acústicas con un análisis minucioso de los índices que las sustentan: barra de sonoridad, barra de explosión, transiciones vocálicas, VOT, etcétera. El estudio se ha completado con una visión sucinta de la manera en que se perciben todas esas propiedades atendiendo al modo, al punto de articulación y a la sonoridad.

Cabe señalar, para concluir, que se han especificado las variantes contextuales más sistemáticas y generales —aproximantes espirantes, sobre todo—, y se han señalado las variaciones posibles de las consonantes analizadas, bien sea debidas a su posición en la coda de la sílaba, bien sea motivadas por la tendencia actual a la sonorización.

Referencias bibliográficas

Alarcos, Emilio. (1950) 1965. *Fonología española*. 4.ª ed. aumentada y revisada. Madrid: Gredos.

Almeida, Manuel. 1984. «Factores sociolingüísticos que operan en la sonorización de oclusivas sordas canarias». Presentado en III Simposio Internacional de Lengua Española, Las Palmas de Gran Canaria, España, octubre–noviembre.

Alvar, Manuel. 1965. «Notas sobre el español hablado en la isla de La Graciosa (Canarias Orientales)». *Revista de Filología Española* 48 (3–4): 293–319. https://doi.org/10.3989/rfe.1965.v48.i3/4.891.

———. 1972. *Niveles socio-culturales en el habla de Las Palmas de Gran Canaria*. Las Palmas de Gran Canaria: Ediciones del Excmo. Cabildo Insular de Gran Canaria.

Asensi, Lluís, Sílvia Portolés y Antoni del Río. 1997. «Barra de explosión, VOT y frecuencia de las oclusivas sordas del castellano». *Estudios de Fonética Experimental* 9: 221–42.

Ball, Martin J. y Joan Rahilly. 1999. *Phonetics. The Science of Speech*. Londres: Arnold. https://doi.org/10.4324/9780203767252.

Borden, Gloria J. y Katherine S. Harris. (1980) 1984. *Speech Science Primer. Physiology, Acoustics, and Perception of Speech*. 2.ª ed. Baltimore: Williams & Wilkins.

Castañeda, María Luisa. 1986. «El VOT de las oclusivas sordas y sonoras españolas». *Estudios de Fonética Experimental* 2: 91–110.

Catford, John C. 1977. *Fundamental Problems in Phonetics*. Edimburgo: Edinburgh University Press; Bloomington: Indiana University Press.

Delattre, Pierre C., Alvin M. Liberman y Franklin S. Cooper. 1955. «Acoustic Loci and Transitional Cues for Consonants». *The Journal of the Acoustical Society of America* 27 (4): 769–73. https://doi.org/10.1121/1.1908024. Reed. en *Readings in Acoustic Phonetics*, editado por Ilse Lehiste, 283–87. Cambridge, MA: The MIT Press, 1967.

D'Introno, Francesco, Enrique del Teso y Rosemary Weston. 1995. *Fonética y fonología actual del español*. Madrid: Cátedra.

Elejabeitia, Ana, Virginia Gálvez, Alexander Iribar, Susana Morales, Pilar Rivera y Belén Vélez. 1995. «Índices de sonoridad/sordez de las oclusivas españolas». En *Phonetica. Trabajos de fonética experimental*, editado por Ana Elejabeitia y Alexander Iribar, 157–72. Bilbao: Universidad de Deusto.

Faginas, Sandra. 2002. «Análisis acústico de la sonoridad de /k/ en posición de coda silábica». En *Actas del II Congreso de Fonética Experimental. Sevilla, 5, 6 y 7 de marzo de 2001*, editado por Jesús Díaz García, 167–72. Sevilla: Universidad de Sevilla, Facultad de Filología, Laboratorio de Fonética.

Fernández Planas, Ana María. 2007. «Cuestiones metodológicas en la palatografía dinámica y clasificación electropalatográfica de las vocales y de algunas consonantes linguales del español peninsular». *Estudios de Fonética Experimental* 16: 11–80.

Fernández Planas, Ana María y Eugenio Martínez Celdrán. 1997. «Sobre la articulación de [t-d] en español». *Estudios de Fonética Experimental* 8: 297–317.

Flórez, Luis. 1964. «El español hablado en Colombia y su Atlas lingüístico». En *Presente y futuro de la lengua española. Actas de la Asamblea de Filología del I Congreso de Instituciones Hispánicas*, 1:5–77. Madrid: Ediciones Cultura Hispánica.

Gil, Juana. 2007. *Fonética para profesores de español: de la teoría a la práctica*. Madrid: Arco/Libros.

Hayward, Katrina. 2000. *Experimental Phonetics. An Introduction*. Harlow: Longman. https://doi.org/10.4324/9781315842059.

Henríquez Ureña, Pedro. 1938. «Datos sobre el habla popular de Méjico». En *El español de Méjico, los Estados Unidos y la América Central*, 277–327. Buenos Aires: Universidad de Buenos Aires, Instituto de Filología.

Herrera Santana, Juana Luisa. 1989. «Sonorización de oclusivas sordas en Tenerife». En *Tres estudios de fonética*, editado por Josefa Dorta y Juana Luisa Herrera Santana, 111–21. La Laguna: Universidad de La Laguna, Secretariado de Publicaciones.

Hualde, José Ignacio. 2005. *The Sounds of Spanish*. Cambridge: Cambridge University Press.

International Phonetic Association. 1949. *The Principles of the International Phonetic Association*. Londres: International Phonetic Association.

Isbășescu, Cristina. 1968. *El español en Cuba. Observaciones fonéticas y fonológicas*. Bucarest: Sociedad Rumana de Lingüística Románica.

Jannedy, Stefanie, Robert Poletto y Tracey L. Weldon. 1994. *Language Files. Materials for an Introduction to Language and Linguistics*. 6.ª ed. Columbus: Ohio State University Press.

Johnson, Keith. (1997) 2003. *Acoustic and Auditory Phonetics*. 2.ª ed. Oxford: Blackwell.

Kent, Raymond D. y Charles Read. 1992. *The Acoustic Analysis of Speech*. San Diego: Singular.

Kewley-Port, Diane. 1982. «Measurement of Formant Transitions in Naturally Produced Stop Consonant–Vowel Syllables». *The Journal of the Acoustical Society of America* 72 (2): 379–89. https://doi.org/10.1121/1.388081.

Krull, Diana, Björn Lindblom, Bang E. Shia y David Fruchter. 1995. «Cross-Linguistic Aspects of Coarticulation: An Acoustic and Electropalatographic Study of Dental and Retroflex Consonants». En *Proceedings of the 13th International Congress of Phonetic Sciences (ICPhS 95). Stockholm, Sweden, 13-19 August, 1995*, 3:436–39. Estocolmo: Royal Institute of Technology (KTH), Department of Speech Communication and Music Acoustics; Estocolmo: Stockholm University, Department of Linguistics.

Ladefoged, Peter. 1975. *A Course in Phonetics*. Nueva York: Harcourt Brace Jovanovich.

Ladefoged, Peter e Ian Maddieson. 1996. *The Sounds of the World's Languages*. Oxford: Blackwell.

Lewis, Anthony M. 2001. «Weakening of Intervocalic /p, t, k/ in Two Spanish Dialects. Toward the Quantification of Lenition Processes». Tesis de doctorado, University of Illinois at Urbana-Champaign. ProQuest (304695161).

Liberman, Alvin M., Franklin S. Cooper, Donald P. Shankweiler y Michael Studdert-Kennedy. 1967. «Perception of the Speech Code». *Psychological Review* 74 (6): 431–61. https://doi.org/10.1037/h0020279.

Liberman, Alvin M., Pierre C. Delattre y Franklin S. Cooper. 1952. «The Role of Selected Stimulus-Variables in the Perception of the Unvoiced Stop Consonants». *The American Journal of Psychology* 65 (4): 497–516. https://doi.org/10.2307/1418032.

———. 1958. «Some Cues for the Distinction between Voiced and Voiceless Stops in Initial Position». *Language and Speech* 1 (3): 153–67. https://doi.org/10.1177/002383095800100301.

Lisker, Leigh y Arthur S. Abramson. 1964. «A Cross-Language Study of Voicing in Initial Stops: Acoustical Measurements». *Word* 20 (3): 384–422. https://doi.org/10.1080/00437956.1964.11659830.

Llisterri, Joaquim. 1996. «Los sonidos del habla». En *Elementos de lingüística*, editado por Carlos Martín Vide, 67–128. Barcelona: Octaedro.

Lorenzo Ramos, Antonio. 1976. *El habla de los Silos*. Santa Cruz de Tenerife: Confederación Española de Cajas de Ahorro.

Machuca, María Jesús. 1997. «Las obstruyentes no continuas del español: relación entre las categorías fonéticas y fonológicas en el habla espontánea». Tesis de doctorado, Universitat Autònoma de Barcelona. http://hdl.handle.net/10803/4887.

Maddieson, Ian. 1984. *Patterns of Sounds*. Cambridge: Cambridge University Press. https://doi.org/10.1017/CBO9780511753459.

de Manrique, Ana María Borzone. 1980. *Manual de fonética acústica*. Buenos Aires: Hachette.

Marrero-Aguiar, Victoria. 2008. «La fonética perceptiva: trascendencia lingüística de mecanismos neuropsicofisiológicos». *Estudios de Fonética Experimental* 17: 207–45.

Martinet, André. 1956. *La description phonologique, avec application au parler franco-provençal d'Hauteville (Savoie)*. Ginebra: Librairie Droz.

Martínez Celdrán, Eugenio. 1984. «Cantidad e intensidad en los sonidos obstruyentes del castellano: hacia una caracterización acústica de los sonidos aproximantes». *Estudios de Fonética Experimental* 1: 71–130.

———. 1991a. «Duración y tensión en las oclusivas no iniciales del español: un estudio perceptivo». *Revista Argentina de Lingüística* 7 (1): 51–71.

———. 1991b. «Relevancia de los elementos de las oclusivas sordas del castellano según la discriminación auditiva». En *Fonética experimental: teoría y práctica*, 115–30. Madrid: Síntesis.

———. 1991c. «Tensión frente a sonoridad en las consonantes mates del castellano». En *Fonética experimental: teoría y práctica*, 131–41. Madrid: Síntesis.

———. 1993. «La percepción categorial de /b-p/ en español basada en las diferencias de duración». *Estudios de Fonética Experimental* 5: 223–39.

———. 1997. «La duración de la nasal precedente como índice de la tensión de las oclusivas españolas». En *Homenaje al profesor A. Roldán Pérez*, editado por Ricardo Escavy, Eulalia Hernández Sánchez, José Miguel Hernández Terrés y María Isabel López Martínez, 1:331–40. Murcia: Universidad de Murcia, Servicio de Publicaciones.

———. 2004. «Problems in the Classification of Approximants». *Journal of the International Phonetic Association* 34 (2): 201–10. https://doi.org/10.1017/S0025100304001732.

———. 2009. «Sonorización de las oclusivas sordas en una hablante murciana: problemas que plantea». *Estudios de Fonética Experimental* 18: 253–71.

———. 2013. «Caracterización acústica de las aproximantes espirantes en español». *Estudios de Fonética Experimental* 22: 11–35.

Martínez Celdrán, Eugenio y Ana María Fernández Planas. 2007. *Manual de fonética española. Articulaciones y sonidos del español*. Barcelona: Ariel.

Martínez Celdrán, Eugenio y Xavier Villalba. 1995. «Las ecuaciones de locus y el punto de articulación en español». *Estudios de Fonética Experimental* 7: 85–109.

Menéndez Pidal, Ramón. (1904) 1977. *Manual de gramática histórica española*. 15.ª ed. Madrid: Espasa-Calpe.

Navarro Correa, Manuel. 1982. «El español hablado en Puerto Cabello». Tesis de doctorado, Universidad de La Laguna.

Navarro Tomás, Tomás. 1934. «Rehilamiento». *Revista de Filología Española* 21: 274–79.

———. (1946) 1966. *Estudios de fonología española*. 2.ª ed. Nueva York: Las Americas Publishing Company.

———. (1918) 1971. *Manual de pronunciación española*. 16.ª ed. Madrid: Consejo Superior de Investigaciones Científicas.

Oftedal, Magne. 1985. *Lenition in Celtic and in Insular Spanish. The Secondary Voicing of Stops in Gran Canaria*. Oslo: Universitetsforlaget.

O'Neill, Paul. 2010. «Variación y cambio en las consonantes oclusivas del español de Andalucía». *Estudios de Fonética Experimental* 19: 11–41.

Pérez Muñoz, Hernán Emilio. 1998. «Incidencia de dos rasgos acústicos en la percepción de la correlación /p-t-k/ vs. /b-d-g/». *RLA. Revista de Lingüística Teórica y Aplicada* 36: 113–26.

———. 2001. «La noción de rasgo. El caso de las consonantes oclusivas del español». *Onomázein. Revista de Filología, Lingüística y Traducción* 6: 327–36.

Poch, Dolors. 1984. «Datos acústicos para la caracterización de las oclusivas sordas del español». *Folia Phonetica* 1: 89–106.

Pullum, Geoffrey K. y William A. Ladusaw. 1986. *Phonetic Symbol Guide*. Chicago: University of Chicago Press.

Quilis, Antonio. 1981. *Fonética acústica de la lengua española*. Madrid: Gredos.

Recasens, Daniel. 1990. «L'anàlisi palatogràfica». *Estudios de Fonética Experimental* 4: 12–26.

Romero Gallego, Joaquín. 1995. «Gestural Organization in Spanish: An Experimental Study of Spirantization and Aspiration». Tesis de doctorado, University of Connecticut. ProQuest (304196556).

Rosner, Burton S., Luis Enrique López Bascuas, José Eugenio García-Albea y Richard P. Fahey. 2000. «Voice-Onset Times for Castilian Spanish Initial Stops». *Journal of Phonetics* 28 (2): 217–24. https://doi.org/10.1006/jpho.2000.0113.

Salvador, Gregorio. 1965. «Encuesta en Andiñuela». *Archivum. Revista de la Facultad de Filología* 15: 190–255.

———. 1969. «Neutralización G-/K- en español». En *Actas del XI Congreso Internacional de Lingüística y Filología Románicas. Madrid, 1965*, editado por Antonio Quilis, Ramón Blanco Carril y Margarita Cantarero, 4:1739–52. Madrid: Consejo Superior de Investigaciones Científicas. Reed. en *Estudios dialectológicos*, 152–167. Madrid: Paraninfo, 1987.

Santagada, Miguel y Jorge Alberto Gurlekian. 1989. «Spanish Voiced Stops in VCV Contexts: Are They Fricative Variants or Approximants?» *Revue de Phonétique Appliquée* 91–92–93: 363–75.

Shockey, Linda y Fiona E. Gibbon. 1993. «"Stopless Stops" in Connected English». *Speech Research Laboratory, University of Reading, Work in Progress* 7: 1–7.

Soto, Jaime y Humberto Valdivieso. 1999. «Caracterización fonético-acústica de la serie de consonantes /p-t-k/ vs. /b-d-g/». *Onomázein. Revista de Filología, Lingüística y Traducción* 4: 125–33.

Suomi, Kari. 1987. «On Spectral Coarticulation in Stop-Vowel-Stop Syllables: Implications for Automatic Speech Recognition». *Journal of Phonetics* 15 (1): 85–100.

Sussman, Harvey M., Kathryn A. Hoemeke y Farhan S. Ahmed. 1993. «A Cross-Linguistic Investigation of Locus Equations as a Phonetic Descriptor for Place of Articulation». *The Journal of the Acoustical Society of America* 94 (3): 1256–68. https://doi.org/10.1121/1.408178.

Sussman, Harvey M., Helen A. McCaffrey y Sandra A. Matthews. 1991. «An Investigation of Locus Equations as a Source of Relational Invariance for Stop Place Categorization». *The Journal of the Acoustical Society of America* 90 (3): 1309–25. https://doi.org/10.1121/1.401923.

Taylor, John R. 1989. *Linguistic Categorization*. Oxford: Oxford University Press.

Torreblanca, Máximo. 1976. «La sonorización de las oclusivas sordas en el habla toledana». *Boletín de la Real Academia Española* 56 (207): 117–45.

———. 1979. «Un rasgo fonológico de la lengua española». *Hispanic Review* 47 (4): 455–68. https://doi.org/10.2307/472528.

Torrejón, Alfredo. 2000. *Introducción a la fonética y fonología españolas*. Nueva York: McGraw-Hill.

Toscano, Humberto. 1953. *El español en el Ecuador*. Madrid: Consejo Superior de Investigaciones Científicas.

Trujillo, Ramón. 1980. «Sonorización de sordas en Canarias». *Anuario de Letras* 18: 247–54.

Veiga, Alexandre. 2002. *Estudios de fonología funcional*. La Coruña: Toxosoutos.

Williams, Lee. 1977. «The Voicing Contrast in Spanish». *Journal of Phonetics* 5 (2): 169–84.

10 LA VARIACIÓN EN LAS CONSONANTES OCLUSIVAS ORALES

Pedro Martín Butragueño

10.1 Repertorio de variantes

Entre los diferentes hechos fónicos apuntados al servicio de la distinción entre variedades innovadoras y conservadoras del español (siguiendo a Moreno Fernández 2009, 80–81), al menos tres afectan a las consonantes oclusivas orales: se trata de la conservación o de la pérdida de las consonantes finales de palabra, la conservación o la simplificación de los grupos consonánticos cultos, y la conservación o el debilitamiento de las oclusivas sonoras intervocálicas.

Los otros cuatro fenómenos generadores de la escisión en dos grandes grupos de variedades son la articulación africada o fricativa de /t͡ʃ/ [→ § 16.6], la pronunciación de /x/ [→ § 16.4], la distinción o la fusión de /ɾ/ y /l/ [→ § 19.4, § 22.2.7] y el yeísmo, es decir, la presencia o la ausencia de distinción entre /ʎ/ y /j/ (Moreno Fernández 2009, 80–81) [→ § 19.3]. Se trata, en lo tocante a estos cuatro últimos, de dos procesos de escisión ([t͡ʃ] → [t͡ʃ], [ʃ]; [x] → [x], [ħ], entre otras soluciones) y de dos procesos de fusión ([ɾ], [l] → [ɹ]; [ʎ], [j] → [j], igualmente entre otras soluciones) [→ § 1.17.4, § 1.18.7, § 11.6].

Como puede apreciarse, con respecto al primero de los tres procesos que interesan ahora, las oclusivas orales forman solo un subconjunto de casos, con respecto al segundo adquieren un mayor protagonismo (véase para ambas cuestiones el § 10.2.5) y, desde luego, el tercero es propio de ellas (§ 10.2.4). Puede decirse, en suma, que los segmentos consonánticos oclusivos orales desempeñan un papel relevante con respecto a la variación del español.

El material se ordena en este capítulo de manera análoga a como se hace en la *Nueva gramática de la lengua española* (Real Academia Española y Asociación de Academias de la Lengua Española 2011, 136–62, especialmente 137). En primer término, en el presente apartado, se repasan algunas de las principales variantes fónicas que se van a ir mencionando a lo largo del texto (§ 10.1); después se consideran los diferentes tipos de procesos experimentados por las oclusivas orales, subdivididos en efectos laríngeos, modificaciones en la zona articulatoria, modificaciones del modo articulatorio, lenición de las sonoras intervocálicas y comportamiento de las oclusivas en las codas silábicas (§ 10.2); se termina con unas breves conclusiones (§ 10.3).

Algunas partes de una versión anterior de este capítulo se han publicado previamente en Martín Butragueño (2014, capítulo 3), como se avisa allí en la nota 1 de la página 245; básicamente, se trata de las referencias a México, además de algunas de las ideas generales. Es relevante señalar también que algunas transcripciones citadas de otros trabajos se uniforman según el Alfabeto Fonético Internacional (International Phonetic Association 2015).

Los procesos descritos para las oclusivas orales no aparecen en el mismo estado de avance en las diferentes zonas hispanohablantes, y pueden verse condicionados por motivos sociales y estilísticos de muy diversa naturaleza; lo mismo ocurre con los procesos que afectan a muchos otros aspectos fónicos y lingüísticos en general. Entre las principales variantes que cabe mencionar a propósito de las consonantes oclusivas orales del español, las cuales se irán comentando a lo largo del capítulo, se cuentan las que se recogen en la Tabla 1.

Como se muestra allí, los procesos experimentados por las consonantes oclusivas orales son muy variados. Los alófonos estrictamente oclusivos orales aparecen en las dos primeras líneas, que anotan las soluciones sordas y las sonoras, [p],

Tabla 1 *Principales variantes fonéticas de los fonemas oclusivos orales del español*

	bilabial	labiodental	interdental	dentoalveolar	alveolar	palatal	velar	glotal
oclusiva sorda	[p]			[t̪]			[k]	[ʔ]
oclusiva sonora	[b]			[d̪]			[g]	
oclusiva sonorizada	[p̬]			[t̬]			[k̬]	
oclusiva ensordecida	[b̥]			[d̥]			[g̊]	
oclusiva sorda aspirada	[pʰ]			[t̪ʰ]			[kʰ]	
oclusiva sorda con oclusión larga	[p:]			[t̪:]			[k:]	
oclusiva sonora con oclusión larga	[b:]			[d̪:]			[g:]	
oclusiva sorda eyectiva	[p']			[t̪']			[k']	
fricativa sorda		[f]	[θ]		[s]	[ç]		[h]
fricativa sonora		[v]				[ʝ]		
aproximante sonora	[β̞]			[ð̞]			[ɣ̞]	
aproximante sonora poco definida	[β̞]			[ð̞]			[ɣ̞]	
rótica simple					[ɾ]			
vocales no silábicas						[i̯]	[u̯]	

[t̪], [k] y [b], [d̪], [g], respectivamente, adscritos a las zonas de articulación bilabial, dentoalveolar y velar (cf. Martínez Celdrán y Fernández Planas 2007, 31–47). En estos dos mismos renglones se anota [ʔ], es decir, un alófono glotal sordo, que implica actividad laríngea que, sin embargo, deja en suspenso los gestos supralaríngeos. Las seis líneas siguientes muestran una gran diversidad de soluciones oclusivas diferenciadas por el tipo de oclusión, el manejo de la sonoridad y la participación de diferentes disposiciones laríngeas: la oclusión puede ser la común o puede ser larga, como en [p:], [t̪:], [k:] y en [b:], [d̪:], [g:]; los alófonos pueden ser sordos o sonoros, pero también pueden estar parcialmente sonorizados y parcialmente ensordecidos, como se representa por medio de [p̬] y [b̥] y los alófonos de zonas posteriores; por fin, la acción laríngea afecta a las variantes sordas aspiradas [pʰ], [t̪ʰ] y [kʰ], y a las sordas eyectivas [p'], [t̪'] y [k'], siendo las primeras [+dilatado −constreñido] y las segundas [−dilatado +constreñido] (siguiendo para los rasgos a Hall [2007, 332–33]). Obsérvese que los 18 alófonos anotados en esas seis líneas —al igual que los 7 expuestos en las dos primeras— son todos oclusivos, lo que permite consignar 25 variantes oclusivas orales.

Las 16 soluciones mencionadas en las seis últimas líneas de la Tabla 1 no se catalogan fonéticamente como oclusivas. Las dos primeras filas de este bloque anotan alófonos fricativos sordos y sonoros. Entre los primeros se cuentan [f], [θ], [s], [ç] y [h], ordenados de anterior a posterior en labiodental, interdental, alveolar, palatal y glotal. Entre los segundos están [v] y [ʝ], descritos como labiodental y palatal. Las dos filas siguientes incluyen variantes aproximantes, que pueden ser más o menos definidas, de modo que se tiene [β̞] y [β̞], [ð̞] y [ð̞], y [ɣ̞] y [ɣ̞] (cf. Martínez Celdrán 2013). Finalmente, es posible ver aparecer una rótica simple alveolar [ɾ], y dos vocales no silábicas, [i̯] y [u̯], expuestas en los órdenes fonéticos palatal y velar. A estas variantes debe añadirse la posibilidad de elisión [→ § 1.21.11] en ciertas circunstancias, la cual se representa por medio de [Ø].

Aunque /p/-/b/, /t/-/d/ y /k/-/g/ se adscriben, fonológicamente, a los órdenes LABIAL, CORONAL anterior y DORSAL [→ § 1.21.5] (Hall 2007, 332–33; Morales-Front [1999] 2014, 42–43; Real Academia Española y Asociación de Academias de la Lengua Española 2011, 117–20), las realizaciones fonéticas, sea en el ataque o en la coda silábica (Colina 2009, 28–38; Hualde 2014, 129–45), pueden ser diversas. Para una introducción a los problemas de la variación y la sociofonética, véase Silva-Corvalán y Enrique-Arias ([2001] 2017, 100–51).

10.2 Procesos

En los siguientes subapartados se revisan los procesos más destacables que dan lugar a las distintas realizaciones fonéticas de las oclusivas orales en el mundo hispánico.

10.2.1 Los efectos laríngeos

Uno de los principales procesos vinculados con la actividad laríngea (Ladefoged y Maddieson 1996, 48) de las oclusivas orales es la modificación del rasgo sonoro (Martín Butragueño 2014, 246–47; Real Academia Española y Asociación de

Academias de la Lengua Española 2011, 138–40) [→ § 11.3.4, § 11.3.5]. Es relevante distinguir entre procesos fónicos graduales y alternancias fonoléxicas que pueden describirse como abruptas o consolidadas y cuya naturaleza es diferente, por lo menos desde una perspectiva sincrónica. Los procesos de sonorización gradual pueden ofrecer soluciones variadas, del tipo de [p] → [p̬] → [p̬] → [b], es decir, una sorda, una levemente sonorizada, otra sonorizada y, por último, una solución plenamente sonora; a veces se ha hablado de formas semisonorizadas, las cuales presentan pulsos glotales en el tramo oclusivo, que desaparecen a partir de la explosión y hasta el inicio vocálico (véase Martínez Celdrán [2009, 257, 260–63]; en este mismo trabajo sobre sonorización de oclusivas sordas se discuten también los casos en que se hacen aproximantes [2009, 255, 259–60, 262–63]; véase igualmente Hualde [2014, 135]).

En cuanto a la consolidación de las alternancias fonoléxicas, considérese, por ejemplo, que *gachupín* y *cachupín* (véase Alatorre [1991], para estas voces) aparecen en el *Diccionario de la lengua española* (Real Academia Española y Asociación de Academias de la Lengua Española 2014), mientras que *gaballo* o *cabacho* no figuran en él. Según Quilis (1993, 222–24), la sonorización de las oclusivas sordas en ataque silábico es relativamente común; sería más frecuente en el caso de la dorsal /k/, como en *cayado > gayao,* o en *carraspera > garraspera* (para este último par en México, véase Pesqueira [2006, 116–17, tabla 3, 127, tabla 12]), y también ocurre el ensordecimiento, del tipo *gangrena > cangrena* —ambas, por cierto, en el *Diccionario de la lengua española* antes citado, aunque *cangrena* trae marca de desusado—. El propio Quilis (1993, 222–24) sintetiza varias referencias, entre las que se encuentran Quilis (1965) para Madrid (para las variantes aproximantes espirantes, véase el § 9.4 de la presente obra); Torreblanca (1976) para Toledo; Salvador ([1969] 1987) para Andalucía; Marrero-Aguiar (1988) para Canarias; Quilis y Graell (1992) para Panamá; Caravedo (1992) para la costa peruana; el mismo Quilis (1993, 223) hace referencia al centro y occidente de Cuba. Para Canarias, véase también García Mouton ([1994] 2007, 41). La variedad castellana norteña oriental presenta soluciones como *pescatero* o *batajo* 'badajo', que no resultan de procesos de ensordecimiento, sino de soluciones históricamente aragonesas hoy fosilizadas en el léxico; algunos de estos usos léxicos se extienden también hacia zonas circundantes, como ocurre con *pescatero*, también presente en castellano manchego y en español meridional murciano *(pescatero, acachar),* como anota Moreno Fernández (2009, 140, 143, 182). En hablas cántabras se ha encontrado sonorización de /t/ en algunas palabras, como en *aliento > aliendo* y *ántrax > ándra(x),* aunque la distribución de estas voces no coincide, pues la primera aparece en el occidente y el centro, mientras que la segunda surge también en puntos localizados en el oriente (Nuño 1996, 188).

Se ha documentado también tendencia a la sonorización de /k/ en las secuencias *s + c, z + c* en el castellano manchego, en especial en su variedad oriental, de modo que se produce *conozco > conozgo, amanezca > amanezga, muesca > muesga* (Moreno Fernández 2009, 143). Algunos datos murcianos muestran índices muy elevados de sonorización de oclusivas sordas, como pone de relieve Martínez Celdrán (2009) para Caravaca de la Cruz [→ § 9.5.2]; véase también la bibliografía allí citada (256), en especial Santana (1989). Para las costas del español andino, véase también Moreno Fernández (2009, 307), para las Antillas, Vaquero de Ramírez (1996, 58–59). Lipski ([1994] 2005) señala la frecuente sonorización de las oclusivas sordas intervocálicas en La Habana (256), así como que en Yucatán «las oclusivas sordas se suelen sonorizar ante nasales» (302). Diferentes modificaciones de sonoridad aparecen asimismo en español americano en contacto con lenguas originarias, como el náhuatl, en ejemplos como *amigo > amico* (Flores Farfán 2008, 43); en hablas yucatecas (Lope Blanch 1987b, 82–85); en el español amazónico del área andina, en soluciones del tipo *pescato* (Moreno Fernández 2009, 321); en el español austral guaranítico aparecen sonorizaciones de /p t k/ en grupos de carácter culto, tal como ocurre en *campo > cambo, canto > cando* (Moreno Fernández 2009, 348). En el español de las ciudades magrebíes se documentan sustituciones /p/ → /b/, tal como ocurre en *isbaniol* 'español'; en estas mismas variedades se presenta tendencia a la sonorización de /t/ y de /k/, como en *tabaco* [t̪a.ˈβa.ɣo], *fiestas* [ˈfie̯s.ðas] (Moreno Fernández 2009, 428–29). En el español ecuatoguineano, el segmento labial /p/ se sonoriza a veces, pudiendo articularse como labial aproximante, tal como en *zapato* [sa.ˈβa.t̪o]; aunque /t/ no se sonoriza en la lengua fang, los hablantes de otras lenguas sonorizan en ocasiones al hablar español: *gentes* [ˈhen̠.d̪es]; finalmente, /k/ se sonoriza ocasionalmente, como en *bocado > bogado* (Quilis 1996b, 383), pero véanse los comentarios de Lipski (1985, 35) al respecto.

Para Quilis (1993, 224) la sonorización procede de una lenición [→ § 1.8.7], que puede llegar a neutralizar los segmentos. Martínez Celdrán (2009), por su parte, subraya la importancia del contexto para interpretar correctamente los sonidos en situaciones con elevada frecuencia de sonorización, como la que analiza a propósito de datos murcianos; acerca de la posibilidad de que se trate de una tendencia en aumento, véanse, del mismo autor, el § 9.5.2 y el § 9.5.3 de la presente obra. Puede consultarse, asimismo, Hualde (2014, 134–35) para una descripción del fenómeno y algunas otras referencias.

En el chinato de Malpartida de Plasencia se han documentado restos de distinciones entre sibilantes sordas y sonoras, aunque estas hablas se encuentran en un proceso de pérdida irreversible; así, puede pronunciarse un alófono oclusivo oral [d̪] tanto para /z/ como para /d͡z/, en formas como *cada* 'casa' y *dide* 'dice' (Moreno Fernández 2009, 176; véase asimismo García

Mouton [1994] 2007, 33). Álvarez Martínez (1996, 176–77) reseña una serie de investigaciones al respecto de la siguiente manera: la oposición entre los dos fonemas, alveolar africado sordo /t͡s/ y sonoro /d͡z/, básicamente la medieval, presente también en sefardí, había sido documentada por Espinosa García (1935) no solo en Malpartida, sino también en Serradilla, Madroñera, puntos de la comarca de Coria, Plasencia, Garrovillas, Montehermoso, las Hurdes, la sierra de Gata, etcétera, con mantenimiento etimológico y con excepciones a favor de la solución sorda por influjo del español, y, si bien Catalán (1954) corroboró la hipótesis para Malpartida, para Torreblanca (1976, 1983, 1986) las sonorizaciones no eran herencia medieval, sino modernas, a partir de /s/ y /θ/, no etimológicas, lo que sería un fenómeno análogo al de otras sonorizaciones de consonantes sordas, como la presente en Canarias, de modo que se trataría de un proceso de lenición (Almeida 1982; Álvarez Martínez 1990; Salvador [1969] 1987; Trujillo 1980, 1981); por fin, para Ariza y Salvador Plans ([1992] 1994) en Malpartida ya no existirían hablantes como los descritos por Catalán y en casi todas las otras localidades mencionadas por Espinosa García el fenómeno estaría en regresión o habría desaparecido, pero en Serradilla, sin embargo, sí se registraban sonoras procedentes de /d͡z/ y la diferencia antigua entre /s/ y /z/ (todo esto siguiendo a Álvarez Martínez [1996, 176–77]). Borrego (1996, 153) apunta la presencia del proceso /d͡z/ → /d/, lexicalizado en formas como *idil* 'decir', *jadel* 'hacer', *-ado* 'azo', etcétera, no siempre con sonora etimológica, en algunas comarcas salmantinas.

En cuanto a la aspiración en las oclusivas sordas (Martín Butragueño 2014, 247; Real Academia Española y Asociación de Academias de la Lengua Española 2011, 138–41), las soluciones aspiradas [pʰ], [t̪ʰ] y [kʰ], al igual que las respiradas [bʱ], [d̪ʱ] y [gʱ], se manifiestan como [+dilatado] y [−constreñido] (cf. Hall 2007, 317) [→ § 1.19.5]. Quilis (1993, 224n18) apunta que la aspiración se ha señalado en algunos dialectos de manera ocasional, mencionando a Salvador ([1969] 1987) con relación al andaluz, a Torreblanca (1976) en hablas toledanas y a Rodríguez de Montes (1972) para Colombia. Lipski ([1994] 2005) recuerda la presencia ocasional de aspiradas en las tierras altas del interior de Colombia (234) y con cierta frecuencia en Yucatán (302). Alvar (1996d, 93) encuentra casos de [pʰ] en Nuevo México. En Yucatán, Lope Blanch (1987b, 82–84) muestra ejemplos de aspiración con /p/, /t/ y /k/, a veces junto con una glotal [ʔ] previa a la oclusiva sorda. Michnowicz y Carpenter (2013) se ocupan de las oclusivas sordas aspiradas yucatecas, midiendo el VOT [→ § 1.11.4] y sirviéndose de modelos de efectos mixtos (414):

> the overall mean VOT length for the present data from YS is 17.2 ms for /p/, 22 ms for /t/, and 34 ms for /k/. These values are substantially higher than those reported for Castilian Spanish: 12 ms /p/, 14 ms /t/ and 26.5 ms /k/ (Rosner *et al.* 2000), as well as the value of 25.5 ms reported for /k/ for female speakers from Central Mexico (Carpenter 2012) (415).

Sobre todo en casos de contacto con otras lenguas, es posible encontrar aumentos de la duración oclusiva, glotalizaciones y oclusivas glotales (Real Academia Española y Asociación de Academias de la Lengua Española 2011, 140–41); Lipski ([1994] 2005) apunta la presencia de oclusiones glotales interpalabra y para ruptura hiática en la zona nordeste con influjo guaraní de Argentina (193) y en Paraguay (331), en la costa pacífica colombiana como evolución de /s/ final ante vocal o de /k/ entre vocales (236), al tiempo que en Yucatán, México, se documentan oclusivas sordas aspiradas y glotalizadas, y oclusiones glotales entre palabras (302); en este párrafo y en el siguiente, se resumen los comentarios ya expuestos en Martín Butragueño (2014, 247–51). Los alófonos [pː], [t̪ː], [kː], [bː], [d̪ː], [gː] sostienen la fase tensiva; [ʔ] y [p' t' k'] activan [−dilatado] y [+constreñido] (Hall 2007, 317). Según Maddieson (2013), se distinguen tres tipos de glotalizadas: si existe un cierre total de las cuerdas vocales al que sigue un movimiento de elevación de la laringe se producen las oclusivas eyectivas [→ § 1.4], del tipo [p'], [t'], [k']; si se da un claro movimiento de descenso de la laringe pueden producirse las implosivas [→ § 1.4], que suelen ser sonoras, del tipo [ɓ], [ɗ], [ɠ]; por fin, están las sonantes glotalizadas, sin ascenso ni descenso laríngeo. En español yucateco puede surgir una oclusión glotal entre palabras, como en *tu hija* [t̪u. ˈʔi.xa] o en *no come* [no.ˈʔko.me] (Lope Blanch, 1987a, 1996, p. 85), seguramente por el contacto con el maya (Moreno Fernández 2009, 280); estos cortes con [ʔ] serían frecuentes, mientras que las formas eyectivas serían ocasionales (Lope Blanch 1996, 85, 1987b, [1983] 1987, [1984] 1987); véase Bennett (2016) para la fonología del maya.

Rosado (2011, 147n1, 155–62, y especialmente 155, tabla 7 y 158, tabla 10) agrupa en Mérida (Yucatán) como variantes tensas de /p t k/ las aspiraciones, las oclusiones largas y las eyectivas, y encuentra un promedio de 12 % de variantes tensas (en 3240 casos) para /p t k/, con 8 % para /p/, 4 % para /t/ y 26 % para /k/. Lope Blanch (1987b) señala la presencia esporádica de oclusiones largas en oclusivas sordas y sonoras, aunque se da muy poco en las velares, siendo los oclusivos sordos largos menos frecuentes que las aspiraciones; hay ejemplos de sordas sonorizadas, de alveolares [t] para /t/, de uvulares [k], [q] y de pospalatales aspiradas [k̟ʰ] para /k/, y muy ocasionalmente de /t/ y /k/ eyectivas, [t'], [k']. Según Lope Blanch ([1983] 1987), las

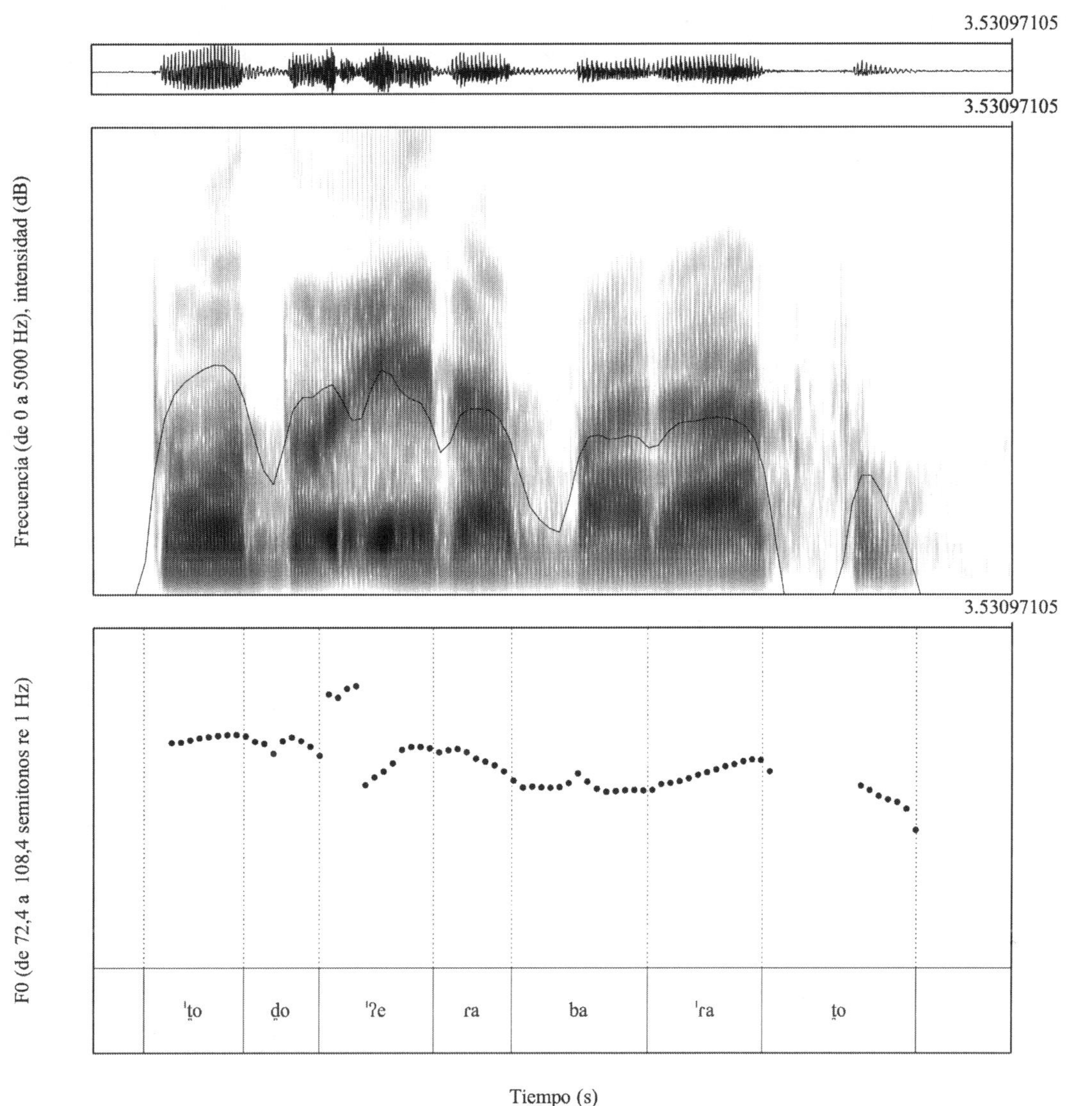

FIGURA 1. Oscilograma, espectrograma y curva de intensidad, frecuencia fundamental y transcripción de *todo era barato*, correspondientes al documento RX_002_01_M11_72_106 de las grabaciones realizadas para el *Atlas lingüístico de México* (Lope Blanch 1990–2000).

eyectivas serían muy poco comunes en español yucateco. Más habitual sería la oclusiva glotal [ʔ] (Lope Blanch [1984] 1987), especialmente en Valladolid, Carrillo Puerto, Tizimín, Ticul y Mérida, en personas de instrucción baja y en bilingües; puede distinguirse entre [ʔ], glotal oclusiva sorda, [ˀ], glotal oclusiva sorda poco definida y [ʔ͡h], glotal africada sorda; los contextos serían [VʔV], [VʔV], [#ʔV], [CʔV], [VʔC], [CʔC], [#ʔC], como en el ejemplo de *cola* [ˈʔkʰo.la]; la oclusión glotal se vería favorecida por la contigüidad de una vocal tónica; en cuanto a la clase de consonantes oclusivas, las más favorecedoras serían /b/ y /k/. Para /p/, /t/ y /k/ aspiradas en Guatemala, véase McKinnon (2020).

El ejemplo de la Figura 1 expone un caso de corte glótico, [ʔ], al inicio de la palabra *era*, contiguo a una vocal tónica, de modo que se dota de ataque a la primera sílaba y se establece una delimitación de la palabra fonológica [→ § 1.21.6] por el lado izquierdo; procede de la grabación de una mujer bilingüe maya-español, de 33 años, analfabeta, sin estudios, dedicada al hogar, que se realizó en Felipe Carrillo Puerto (Quintana Roo, México) el año 1972 en el marco del proyecto del *Atlas lingüístico de México* (Lope Blanch 1990–2000).

En español colombiano se han documentado algunos casos de reemplazo de la oclusiva dorsal, y quizá de otros segmentos, por la oclusión glotal, de forma que /k/ → [ʔ], como en *la casa cural* [la.ˈka.sa.ʔu.ɾal]; el proceso, que aparece en el llamado 'dialecto costeño pacífico', es, con todo, frecuente, tiende a ocultarse y estaría en retroceso (Montes 1996a,

138). Otra variedad que presenta soluciones glotalizadas de las oclusivas sordas —y ensordecimiento de las sonoras— es el español peruano andino (Caravedo 1996, 160). En el español austral guaranítico, por su parte, se pone de manifiesto una tendencia a producir una oclusión glotal entre palabras, sobre todo entre consonante y vocal; la oclusión glotal entre sílabas es más intensa en los hablantes bilingües (Moreno Fernández 2009, 348–49). La oclusión glotal está también documentada en el chabacano de Filipinas; surge tras la pérdida de /ɾ/ final, como en *señor* [se.ˈɲoʔ], *mar* [ˈmaʔ] (Moreno Fernández 2009, 447; Quilis 1996a, 238). También aparece con cierta frecuencia el llamado 'ataque vocálico duro' en el comienzo vocálico en posición inicial de palabra y en secuencias vocálicas, tal como se presenta en las lenguas indígenas, en hablantes de español filipino como primera lengua (Quilis 1996a, 242).

10.2.2 Cambios en la zona articulatoria

El problema con respecto al análisis de muchas de las alternancias segmentales —algunas de las cuales afectan a dimensiones diferentes a la zona articulatoria— consiste en establecer en qué medida se trata de un fenómeno puramente fonético (y, en ese sentido, podría esperarse la presencia de variantes graduales) o bien dotado de un notorio componente léxico, aunque las modificaciones se encuentren auspiciadas desde las dimensiones fónicas (el carácter abrupto se explicaría más fácilmente si se trata de alternancias léxicas). Se han apuntado numerosas alternancias entre consonantes oclusivas orales sonoras; así, /g/ → /b/ *(aguja > abuja)*, /b/ → /g/ *(bueno > güeno, vomitar > gomitar)*, /d/ → /g/ *(párpado > párpago)*, /g/ → /d/ *(suegro > suedro)* (Quilis 1993, 224); como puede observarse, en estos ejemplos el proceso es abrupto, tiene un ámbito de aplicación léxico y en alguno de los lados de la alternancia suele estar involucrado el segmento dorsal. De todos modos, también se producen alternancias entre los pares labiales orales y nasales, es decir, /b/ → /m/ *(banano > manano, boñiga > moñiga, albóndiga > almóndiga)* (Quilis 1993, 224). La disimilación [→ § 1.18.7] tiene un efecto específico en algunos de los casos, por ejemplo, por la presencia de dos labiales *(volver > golver)*; la inmediatez de dos dorsales puede conducir a la elisión de una de ellas *(aguijón > aijón, agujero > aujero)* (Moreno Fernández 2009, 101). Se documenta en castellano viejo, sin ser exclusiva de él, y especialmente en contextos sociales bajos y rurales, la dorsalización de [bu̯] y [u̯e] iniciales, en voces como *bueno > güeno, huevos > güevos* (Hernández Alonso 1996, 201) [→ § 7.4.2]; este fenómeno podría, por otra parte, recibir un tratamiento de carácter gradual, en la medida en que pueden documentarse variantes intermedias; está extendido por numerosas variedades de habla del español. En castellano nuevo se presentan también ejemplos de sustitución de las oclusivas dorsales sorda y sonora, /k/ y /g/, en formas del tipo *carpa > garpa,* así como diferentes equivalencias acústicas: *golpe > bolpe, huerta > buerta, mimbre > bimbre, bramante > gramante* (Moreno Fernández 1996a, 216). En cambio, es interesante que en algunas hablas leonesas actuales se documente la pronunciación de [u̯e] inicial sin consonante, incluso tras palabra previa terminada en consonante: *los huevos* [los.ˈu̯e.βos], *con hueso* [kon.ˈu̯e.so] (Borrego 1996, 152n24). En español de México aparecen *bagazo* y *gabazo, garigoleado* y *gariboleado,* etcétera (Pesqueira 2006, 116–17, tabla 3, 127, tabla 12). La inclusión de [g] ante [u̯e] es general en judeoespañol balcánico, en voces como *güerko, güerfano, güevo,* y a veces el proceso tiene lugar incluso en interior de palabra, tal como ocurre en *tugüerto* 'tuerto' (Sala 1996, 365). También en papiamento se producen algunas alternancias interesantes que afectan a los segmentos oclusivos orales; algunas de ellas se relacionan con nasales, como en *camarón > kabaron;* el segmento /d/, en particular, experimenta varias modificaciones: *todo > tur, candado > kandal;* se presentan igualmente reducciones de grupos con paravocal: *aguantar > wanta, guapo > wapu* (Munteanu 1996, 74).

Algunas variedades del español muestran un proceso interesante de anteriorización de oclusivas orales dorsales. Así, en hablas murcianas se ha documentado la presencia del sufijo *-iquio,* que puede ser pronunciado con palatalización, tal como ocurre en Vega del Segura, en la Huerta murciana: *zapatiquio > zapatichio, burriquio > burrichio;* se trata de uno de los pocos rasgos peculiares de las hablas murcianas; la articulación se ha descrito «como una palatal, con una mayor superficie de adherencia de la lengua» (Moreno Fernández [2009, 181–82, 182 para el entrecomillado]). El diminutivo *-iquio* sería un rasgo morfológico del murciano que habría llegado por influencia aragonesa (Muñoz Garrigós 1996, 322–23).

Más conocido es el caso de la anteriorización de dorsales, sordas o sonoras, en el español chileno, de forma que [k] → [ç], [çⁱ] y [g] → [ɟ], [ɟⁱ] ante vocal palatal; el proceso también afecta a /x/ (Lipski [1994] 2005, 224; Real Academia Española y Asociación de Academias de la Lengua Española 2011, 137, 194–95; Sáez 2001, § 3.2.1) [→ § 15.5.4, § 16.4]. Wagner (1996) recapitula observaciones de Oroz, Zamora Vicente y Rabanales: Oroz (1964, 99) había señalado el carácter mediopalatal y prepalatal de /g/ —y de /x/—, de forma que la oclusiva sonora sería frecuente en habla culta y muy extendida en habla popular, aunque solo entre Antofagasta y Valdivia; el fenómeno estaría ausente de los extremos norte y sur; aunque presente en otras latitudes (Zamora Vicente [1960] 1967, 389, 414), en Chile cobraría mayor extensión y relevancia (Rabanales 1981). El propio Wagner (1996), a partir de datos extraídos del *ALH-Chile,* precisa los señalamientos anteriores: la anteriorización de dorsales sería general, de Punta Arenas (al sur) a Copiapó (al norte); en Copiapó y Arica, las hablas cultas alternan la pronunciación dorsal y la coronalizada; las variedades de niveles sociales populares presentan únicamente formas mediopalatales; la anteriorización es solo incipiente en Antofagasta, y poblaciones como Putre y Toconao son bastante conservadoras; en Iquique, sin embargo, únicamente se documenta la solución mediopalatal, tanto en los niveles cultos como en los menos instruidos (Wagner 1996, 227). Como señala Moreno Fernández (2009), la anteriorización o palatalización de las consonantes velares se convierte entonces en uno de los rasgos fónicos más típicamente chilenos; desde un punto de vista perceptivo, el efecto es como si tras la consonante velar surgiera una leve paravocal palatal: *queso* ['kʲe.so], *higuera* [i.'ɣʲe.ɾa], *general* [xʲe.ne.'ɾal]; el fenómeno aparece también en territorios cercanos a Chile, de modo que se documenta asimismo en Argentina y en Perú, aunque más débilmente: en Chile está más extendido tanto geográfica como socialmente; con todo, la palatalización es más intensa en los estratos socioculturales más bajos (Moreno Fernández 2009, 377–78, 380).

Se ha señalado la presencia de articulaciones postalveolares y parcialmente africadas de /t/ en la Rioja Baja, en cualquier contexto, lo que podría haber influido en la articulación de /tɾ/ (Quilis [1993, 224], quien sigue a Llorente [1965, 331]). Se han mencionado asimismo /t/ y /d/ alveolares en Paraguay, al parecer básicamente ante [e], [i] y [ɾ] (Quilis [1993, 224] y referencias allí citadas; véase también Lipski [[1994] 2005, 329–30]). El español ecuatoguineano presenta soluciones alveolares de /t/ tras la pérdida de la rótica simple en [t̠ɾ] y [ɾt̠] (Quilis 1996b, 383); explica Lipski (1985) que

> the characteristic feature of /t/ in Malabo Spanish is its alveolar articulation for many speakers, a feature which has been described for Fang, but which is also found in the Spanish of Bubi and *playero* speakers, although the dental articulation of /t/ may also occur (35).

Algo parecido ocurre con /d/ (Lipski 1985, 36). Según Alvar, si bien en su momento (en referencia a Espinosa García 1930–1946) se había apuntado el paso /d/ → [z] intervocálico en español novomexicano, el hecho no aparecía en los datos más actuales del propio Alvar (1996d, 93). Un proceso interesante, que implica la palatalización de la secuencia /d/ + yod, tiene lugar en papiamento: *día lunes > djaluna* (Munteanu 1996, 73). En palenquero está documentado el paso /dɾ/ → /gɾ/, en soluciones del tipo de *cuadro > kwágro;* el fenómeno está también presente en la variedad costeña del español colombiano (Montes [1996b, 147], donde menciona a Patiño [1983]).

En diferentes zonas hispánicas se han documentado pronunciaciones labiodentales fricativas, sonoras o sordas, del segmento que en español general se articula como bilabial oclusivo o aproximante (véase Real Academia Española y Asociación de Academias de la Lengua Española 2011, 145–46). Más allá de los conocidos ejemplos de ultracorrección por influjo de la lengua escrita, se han apuntado otra serie de casos que responden a causas variadas. Uno de los más reseñados tiene que ver con la posible existencia de la distinción entre /b/ y /v/ en algunas hablas extremeñas, como resume Álvarez Martínez (1996): si bien Espinosa García (1935) había registrado el fenómeno en Serradilla y Garrovillas (Cáceres), en cualquier caso los datos posteriores serían diferentes, considerando que Ariza y Salvador Plans ([1992] 1994) ya señalaban que no existiría /v/ en tales poblaciones, e incluso descartaban que la hubiera habido, aunque lo que sí podía documentarse todavía en parte en Serradilla era la oposición entre /b/ y /β̞/, siendo la primera descendiente del latín /p/ (Álvarez Martínez 1996, 175).

El español austral guaranítico presenta cierta tendencia a una pronunciación labiodental de /b/ (Moreno Fernández 2009, 348). En la misma zona geolectal austral, en español patagón, se han observado rasgos propios de un español mapuchizado, en el que /b/ → /f/, en formas como *blanco > flanco, buscar > fucar;* también se produce el proceso inverso, como en *fideo > bideo* (Moreno Fernández 2009, 363). Con respecto a Paraguay, Lipski ([1994] 2005) anota que «/b/ suele recibir una articulación labiodental [v], incluso en posición inicial de sintagma» (330). Asimismo, en el nordeste uruguayo se han documentado realizaciones labiodentales de <v> (Donni de Mirande [1996, 220], siguiendo a Elizaincín [1992]). Se ha señalado la presencia de realizaciones labiodentales de /b/ con cierta frecuencia en hablas chilenas de Valdivia (Cepeda 1991); también se ha observado una frecuencia llamativa de [v] para /b/ en jóvenes de Concepción (Sadowsky [2010], y véanse allí algunas otras referencias; son también relevantes Vergara [2013] y Figueroa Candia y Evans [2020]). También se han mencionado casos de [v] en el español patrimonial del suroeste estadounidense (Moreno Fernández 2009, 398); en algunos ejemplos de Nuevo México puede haber influido el contacto con el inglés, y también surge en español tejano al responder preguntas (Alvar 1996d, 93, 96; Martín Butragueño 2014, 259). Asimismo, en el judeoespañol estadounidense se ha documentado la distinción entre /b/ bilabial y /v/ labiodental; en esta misma variedad se señala la pronunciación

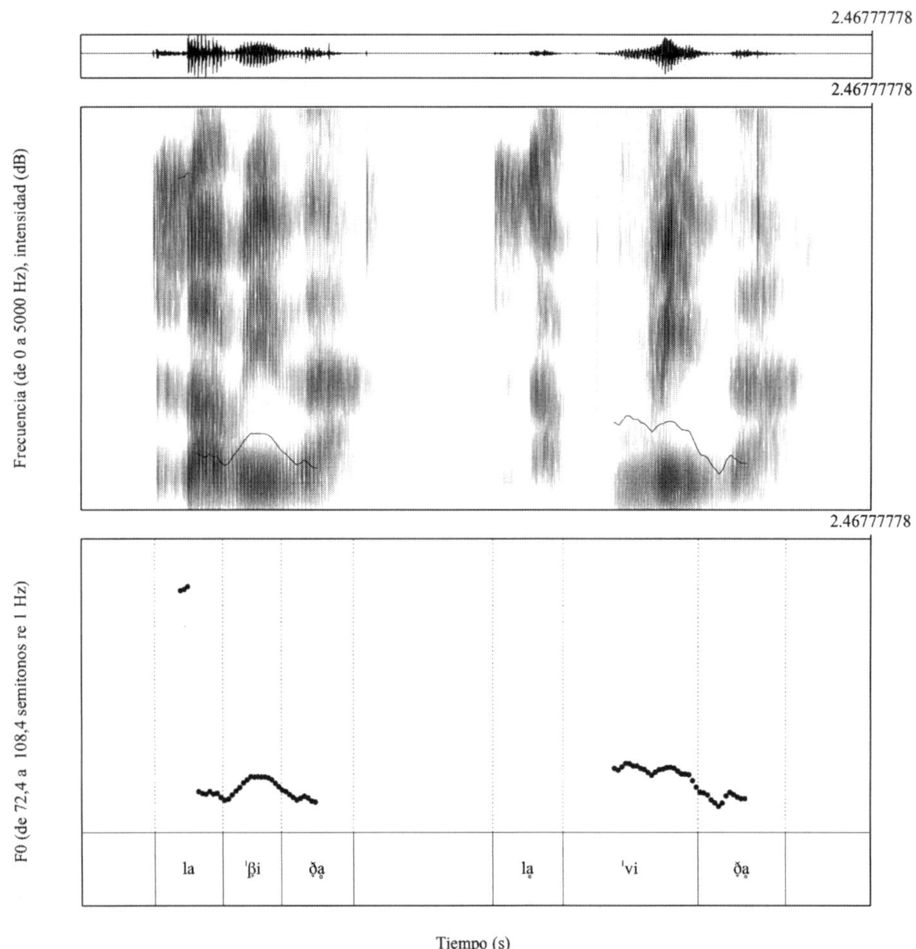

FIGURA 2. Oscilograma, espectrograma y curva de intensidad, frecuencia fundamental y transcripción de dos realizaciones de *la vida* emitidas por el autor del presente capítulo, hombre de edad madura, universitario y originario de Madrid.

labiodental de la labial en los grupos *bt, bd, vt, vd,* tal como en *devda* 'deuda', *sivdat* 'ciudad' (Moreno Fernández 2009, 401). En el judeoespañol euroasiático, presente en Israel, Turquía y los Balcanes, se mantiene también la labiodental sonora /v/, como en *lavar* [la.ˈvaɾ] (Moreno Fernández 2009, 438–39). En particular, se ha apuntado que en Sarajevo y Bucarest se ha mantenido la fricativa labiodental /v/, mientras que en el resto del territorio del judeoespañol balcánico se habría producido el proceso /v/ → [β]; sería general, en cambio, la conservación de /v/ en el grupo /vd/ *(bivdo, sivdad)* (Sala 1996, 363). En judeoespañol marroquí, en cambio, se igualan /b/ y /v/ (Alvar 1996c, 374). En el criollo chabacano de Filipinas se produce la articulación oclusiva sorda de /f/ → [p], debido a que /f/ no existe como segmento en las lenguas filipinas, tal como ocurre en *pilipino,* así como en *fondo > pondo, flores > plores* (Moreno Fernández 2009, 446; Quilis 1996a, 238n20). El proceso /f/ → [p] aparece también incluso en algunos hablantes de español filipino como primera lengua (Quilis 1996a, 241). En papiamento está presente la labiodental /v/ (Munteanu 1996, 73).

Los casos de ultracorrección, en boca de hablantes en exceso puristas e influidos por la lengua escrita, se documentan aquí y allá por casi todas partes. En la Figura 2 se muestra un ejemplo al respecto. A la izquierda aparece una realización labial aproximante [β], mientras que a la derecha figura una labiodental fricativa [v].

10.2.3 Modificaciones del modo articulatorio

Además de los contextos que en español general propician el surgimiento de soluciones oclusivas para /b d g/ —tras pausa y nasal los tres segmentos, más el contexto poslateral, en el caso del segmento coronal [→ § 11.2.3]—, algunas variedades, especialmente americanas, autorizan soluciones oclusivas en otras circunstancias (como se resume en Real Academia Española y Asociación de Academias de la Lengua Española [2011, 144–46]; en Martín Butragueño [2014, 259–60], se presentan ya algunos de los comentarios que siguen sobre oclusivas, particularmente los referidos al español mexicano; para las posconsonánticas, véase Hualde [2014, 136–38]). Lipski ([1994] 2005) ofrece una amplia lista de variedades en las que se documentan diversas proporciones de oclusivas: así, las intervocálicas en bilingües del altiplano boliviano (212); las posconsonánticas en las tierras altas interiores colombianas (234); en la costa caribeña colombiana, «en el siglo xix y a principios del xx, la población predominantemente afro-hispana de gran parte de la región costera rural daba una pronunciación oclusiva a la /d/ intervocálica, que luego se reducía a [r] en el habla rápida» (234); las intervocálicas en la Amazonia colombiana (237); en el Valle Central de Costa Rica existe variación en las posconsonánticas (247); en Esmeraldas, Ecuador, /d/ intervocálica puede ser [d] y otras veces rótica, lo que estaría en recesión (265); en El Salvador, «tras consonantes no nasales» (276); en Guatemala, «/b/, /d/ y /g/ reciben una pronunciación fricativa en posición postconsonántica . . . en mayor medida que en Honduras y El Salvador» (283); en Honduras, los posconsonánticos y posparavocálicos tienden a la oclusión (290); en Yucatán (302); «la población de Nicaragua . . . se ha ido apartando mayoritariamente de la pronunciación oclusiva de /b/, /d/ y /g/, aunque esa pronunciación todavía se oye en las regiones rurales y en la costa caribeña» (312); en la costa caribeña nicaragüense suele aparecer /d/ oclusiva intervocálica, a veces como rótica, en hablantes de español como L2 (313); en Panamá «la /d/ final de sintagma se realiza a veces como oclusiva sorda [t] en el habla enfática» (320) y entre los afroantillanos influidos por el inglés criollo puede haber oclusión aun entre vocales y la /d/ pronunciarse [ɾ] en ese mismo contexto (321); en Paraguay, /d/ post-sintagma puede ser [t̪] (330); en las tierras altas andinas peruanas, los bilingües muestran oclusión intervocálica, «en especial entre aquellos para los que el español es la lengua menos conocida» (342); en las tierras bajas amazónicas peruanas las intervocálicas tienden a ser oclusivas (344); en Venezuela, «en la región andina existe la tendencia a que /b/, /d/ y /g/ mantengan su pronunciación oclusiva tras consonantes no nasales» (382).

Quilis (1993, 221) sintetiza una serie de datos sobre la presencia de [b d g] oclusivas tras [l r s i̯ u̯], aunque la lista de contextos no es la misma según los lugares: por ejemplo, todos tendrían un efecto frecuente en Yucatán, buena parte de Centroamérica, Colombia, centro-occidente de Bolivia y San Juan de Puerto Rico (Quilis sigue en esto a Resnick [1975] y a Quilis y Graell [1992], para puntos de Panamá); listas más reducidas de contextos actúan en otras zonas. Para las Antillas, véase también Vaquero de Ramírez (1996, 59). Como señala Moreno Fernández (2009, 255–56, 279) el fenómeno es bastante frecuente en lo que llama español 'mayense-centroamericano'. (Lope Blanch 1987b, 80) apunta para español yucateco tasas elevadas de oclusión de [b] (50 %), [d] (40 %) y [g] (30 %); Rosado (2011, 148–55, y especialmente 150, tabla 2) da para Mérida (Yucatán) [b] (73 %), [d] (68 %) y [g] (66 %); para la misma ciudad, Michnowicz (2009, 68) ofrece [b] (42 %), [d] (32 %) y [g] (28 %) (véase también Michnowicz [2012], y el ejemplo recogido en la Figura 3). Quesada (1996, 103) anota que en español centroamericano /b d g/ intervocálicas no son oclusivas, mientras que en otros contextos hay variación; los estudios incluidos en el libro editado por este mismo autor (Quesada 2010) dan noticias detalladas para cada país centroamericano. Según Caravedo (1996),

> en la modalidad andina el reforzamiento se expresa en cierta glotalización en relación con las consonantes sordas, mientras que las sonoras tienden a ensordecerse. No obstante, cuando se trata de la dental sigue la dirección del debilitamiento a través de su elisión intervocálica participial (160).

En el español peruano de la zona amazónica, por otra parte, se documentan oclusivas intervocálicas, sin ser constantes:

> El fenómeno se produce simultáneamente a un aumento de la intensidad tonal de la sílaba anterior, que origina una pausa con alargamiento de la vocal, contexto perfectamente compatible con el que rige la oclusividad de estos segmentos en español; a saber, el contexto pospausal (Caravedo 1996, 160).

En el nordeste uruguayo, donde radican variedades de habla en contacto con dialectos portugueses, se ha documentado la aparición de /b/ y /d/ oclusivas intervocálicas (Donni de Mirande [1996, 220], siguiendo a Elizaincín [1992]). Por otra parte, se ha señalado también para algunas hablas chilenas, específicamente en Valdivia, la amplia distribución de las soluciones aproximantes de /g/, que surgirían también en inicio absoluto e incluso tras nasal y lateral (Cepeda 1991, 52). En referencia al español paraguayo, Lipski ([1994] 2005) anota que «los hablantes bilingües en los que domina el guaraní a veces prenasalizan las obstruyentes sonoras iniciales de palabra, en particular /b/, reflejo del hecho de que el

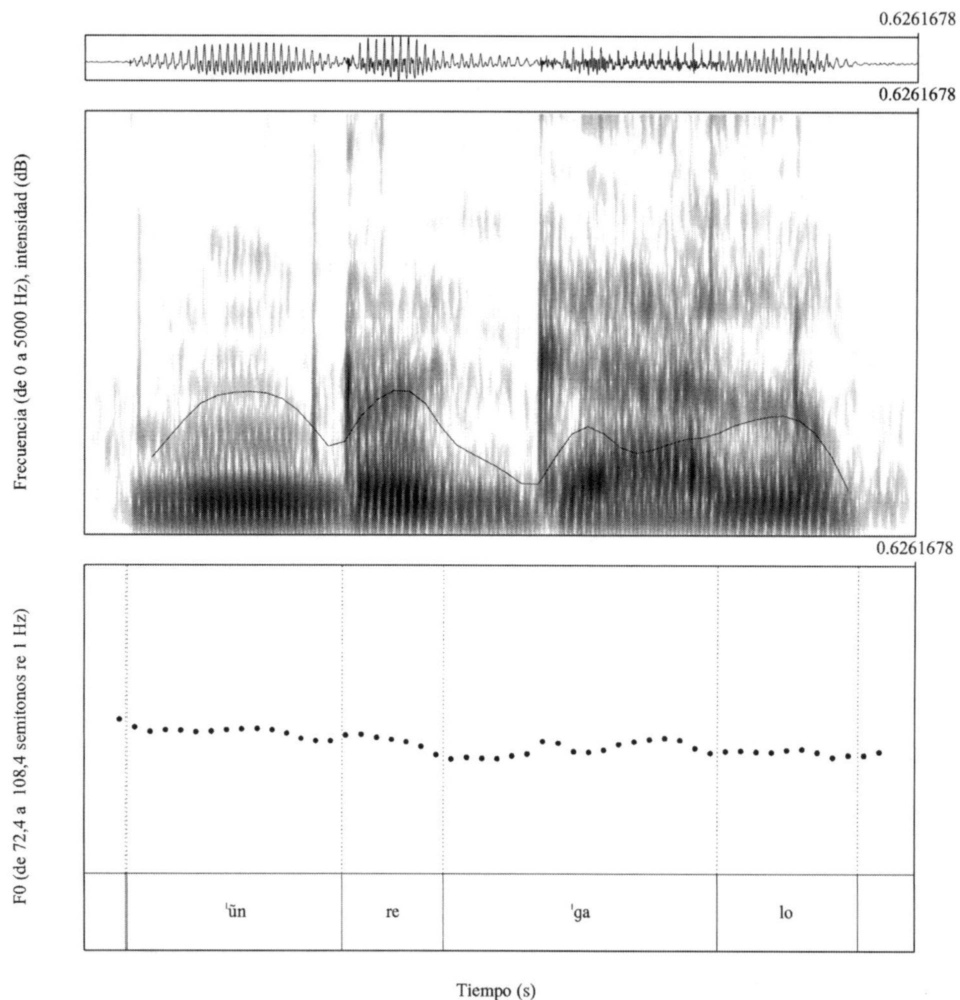

FIGURA 3. Oscilograma, espectrograma y curva de intensidad, frecuencia fundamental y transcripción de *un regalo,* correspondientes al documento ME-003-C11-2MM-14 del *Corpus oral del español de México* (Martín Butragueño, Mendoza y Orozco, en preparación).

guaraní carece de oclusivas sonoras simples: sólo posee obstruyentes sonoras prenasalizadas» (331). La tendencia a la pronunciación oclusiva de /b d g/ está también presente en el español guineano (Moreno Fernández 2009, 435–37); para mayores detalles, debe verse Lipski (1985, 35–37). Según Quilis (1996b), el español ecuatoguineano presenta soluciones oclusivas y aproximantes de /b d g/ en contextos en los que en otras variedades podrían esperarse aproximantes; otra solución llamativa es que en ocasiones la dorsal fricativa /x/ se reemplaza con /g/, como en *hijo* [ˈi.go] o, a la inversa, *guerra* [ˈxe.ra]; pueden aparecer soluciones dorsales oclusivas sordas, del tipo *gente* [ˈke̞n.te] (Quilis 1996b, 383–84). En el judeoespañol del noroeste balcánico, y aparentemente en ocasiones en el de Salónica, se conservan /d/ y /g/ oclusivas en posición intervocálica interior de palabra, como en *boda, lodu,* frente a otras variedades sefardíes, en las que se realizan como aproximantes (Sala 1996, 363).

En la Figura 3 se muestra un ejemplo de la realización de *un regalo,* procedente de una mujer de Mérida (Yucatán, México) grabada para el *Corpus oral del español de México* (Martín Butragueño, Mendoza y Orozco, en preparación), en el que se puede observar cómo la realización de /g/ no es aproximante a pesar de encontrarse en posición intervocálica, sino oclusiva, como revela la ausencia de estructura formántica y la presencia de una barra de oclusión.

En diversas variedades son comunes los procesos de asimilación cuando las oclusivas orales en ataque tienen como contexto previo una /s/ en la coda de la sílaba previa (Real Academia Española y Asociación de Academias de la Lengua Española 2011, 199–201), en formas como [loᶠ.ɸa.ˈlo.neh], [lo.fa.ˈlo.neh] para *los balones,* [laθ.ˈθi̯e.t̪ah], [la.ˈθi̯e.t̪ah] para *las dietas,* [loˣ.ˈxa.t̪oh], [lo.ˈxa.t̪oh] *los gatos* (Moreno Fernández 2009, 101–2) [→ § 15.5.3]. El proceso se ha documentado en Andalucía (Alvar 1996a, 243, 252), en castellano nuevo (Moreno Fernández 1996a, 217–18) y en hablas extremeñas, murcianas y canarias (Moreno Fernández 2009, 171, 174, 179, 181, 191). También diferentes hablas americanas muestran el fenómeno. Así, en el que Montes (1982) denomina «superdialecto costeño» se produce el proceso de ensordecimiento de sonoras, en ejemplos como *las vacas* [lah.ˈɸa.ka] (Montes 1996a, 136). Asimismo, en algunas variedades del español boliviano se han apuntado soluciones del tipo *resbaloso > refaloso*, en especial en zonas rurales de la llamada 'zona dialectal B' —Figura 8— (Coello 1996, 176). Otro tanto ocurre en datos de lo que se conoce como 'español austral' y del español chileno, donde es posible documentar *disgusto* [di.ˈxuh.t̪o] o *rasgar* [ra.ˈxaɾ] (Moreno Fernández 2009, 338–39, 378; cf. también Sáez 2001, § 3.2.1).

La conservación del grupo -MB- se encuentra en hablas extremeñas como eco fosilizado de materiales leoneses: *lambucero* 'goloso', *lamber* 'lamer' (Moreno Fernández 2009, 173; véase también García Mouton [1994] 2007, 32). En algunas hablas leonesas se documentan formas como *llamber, palomba* (Borrego 1996, 145, 151, 154). Quedan también restos en Cantabria (Nuño 1996, 187–88) [→ § 13.5.1]; véase asimismo Peña Arce (2018). La conservación del grupo -MB- está igualmente presente en judeoespañol, en formas como *palomba* 'paloma', *lombo* 'lomo' (Sala 1996, 364).

Lipski ([1994] 2005) refiere soluciones róticas para /d/ en diferentes variedades: ya se mencionó anteriormente el caso de la costa caribeña colombiana (234–35); también en Colombia, «en buena parte de la costa del Pacífico, pero especialmente en el Chocó, la /d/ intervocálica se pronuncia como [r]» (236); lo mismo se documenta en la costa caribeña de Costa Rica, donde «los habitantes anglófonos, dependiendo de su nivel de dominio del español, [. . . presentan . . .] pronunciación oclusiva de /d/ intervocálica, que puede sonar como [r]» (248–49); en Esmeraldas (Ecuador), con población afrohispánica, ocurre el mismo proceso, aunque estaría en recesión (265); algo parecido se apunta en relación con las personas con español como L2 en la costa caribeña nicaragüense (313), así como entre los afroantillanos de Panamá, cuya variedad «a veces revela los efectos del inglés criollo de las Indias Occidentales» (321); existen noticias de soluciones róticas para /d/ en el límite derecho de la frase en Paraguay (330); en la República Dominicana, existen «dialectos aislados que poseen un componente afro-hispánico considerable, donde es más frecuente el cambio /d/ > [r]» (363), como en Villa Mella y otros lugares (364). Otros autores anotan comentarios análogos: véase Zimmer (2006) con respecto a la costa caribeña de Costa Rica y a la posibilidad de que la influencia del inglés propicie soluciones /d/ → [ɾ]. Como también señala Moreno Fernández (2009), las soluciones róticas se han documentado en posición intervocálica en algunos puntos costeños de países del área andina, tanto en la costa colombiana (Chocó, Valle del Cauca, Nariño) como en la ecuatoriana (Esmeraldas), soluciones atribuibles quizá a un origen afrohispano; tal rasgo aparece en zonas aisladas, hasta la costa norte de Perú (Moreno Fernández 2009, 307). Considérese Montes (1996a) para Colombia donde, en particular, se documenta el proceso /d/ → [ɾ] en el llamado 'dialecto costeño pacífico', habiéndose pensado en un probable africanismo: *maduro > maruro, modo > moro;* posiblemente por ultracorrección se produce también el fenómeno contrario (Montes 1996a, 138). La solución rótica /d/ → [ɾ] está también presente en palenquero, en formas como *poré, rebé* (Montes [1996b, 147], que cita a Patiño [1983]). Asimismo, se han mencionado alternancias /d/ → [ɾ] (además de /d/ → [g], [l]) en algunas variedades de habla chilenas (véase Wagner 1967, 253). Para /d/ → [ɾ] pueden consultarse, además, los comentarios y referencias ofrecidos en Hualde (2014, 135–36).

No deja de ser interesante señalar que, en el contexto de la influencia del español sobre las lenguas indígenas filipinas, los préstamos iniciales del español al cebuano presentan el proceso /d/ → /ɾ/, como en *arado > araro, almidón > almirol, pedazo > piraso*, pues [d] y [ɾ] funcionaban en esta lengua al parecer como alófonos de /d/ (Quilis 1996a, 235n9).

Algunas variedades del español tienden a vocalizar las consonantes oclusivas orales en posición de coda silábica (cf. Real Academia Española y Asociación de Academias de la Lengua Española 2011, 137–38, 153, 156–57, 159–61). La vocalización está documentada en el español centroamericano, básicamente en áreas rurales, como en *perfecto* [peɾ.ˈfei̯.t̪o], en alternancia con [peɾ.ˈfe.t̪o], *cápsula* [ˈkau̯.su.la], etcétera (Quesada 1996, 103). Otro tanto ocurre en español austral guaranítico, con la dorsal sorda /k/ y con la labial sonora /b/, en ejemplos como *pacto > pauto, cable > caule* (Moreno Fernández 2009, 348). De hecho, para el caso del español paraguayo, Alvar (1996e) señala la presencia de procesos interesantes de carácter vulgar, consistentes en la lateralización y la vocalización del material oclusivo, de forma que /b/ → [l], [u̯], [u̯b], y /p/ → [u̯] (201). Asimismo, en hablas populares chilenas es posible documentar casos de vocalización de consonantes en posición implosiva [→ § 1.21.8], tal como ocurre en *doctor* [d̪ou̯.ˈt̪oɾ], así como de /b d g/ ante líquida, en formas del tipo de *abrigo* [au̯.ˈɾi.ɣo], *madre* [ˈmai̯.ɾe] (Moreno Fernández 2009, 379). Como señala Alvar (1996d), frente a las observaciones de Aurelio M. Espinosa sobre el español de Nuevo México, publicadas en inglés en 1909, y traducidas en 1930 y 1946 (Espinosa García 1930–1946), las encuestas modernas del propio Alvar no documentan *jabla*, sino *haula*, y tampoco encuentran *bable* por *baúl* (93).

10.2.4 Lenición de las sonoras intervocálicas

La lenición de /b d g/ entre vocales entraña su reducción y elisión; este tipo de procesos afectan sobre todo a la dental, seguida por la dorsal y, en mucha menor medida, a la labial (Moreno Fernández 2009, 100); véase Real Academia Española y Asociación de Academias de la Lengua Española (2011, en especial, 142–43, 146–48), así como Martín Butragueño (2014, 259–72) para algunas cuestiones sobre oclusivas orales en ataque en datos mexicanos [→ § 11.2.3].

La lenición o debilitamiento suele ser relevante en contexto intervocálico. Una pregunta que se plantea, en español y en otras lenguas, es si existe una relación específica entre diferentes series de procesos de debilitamiento, o si se trata de fenómenos independientes. Un caso muy debatido es la degeminación, sonorización y espirantización que afecta al sistema consonántico en la evolución del latín a los romances (véase Martín Butragueño [2002, 52–62] y las referencias allí citadas; la misma discusión se recoge en Martín Butragueño [2014, 251–59]).

Como recuerda Moreno Fernández (2009), entre los factores que más propician la lenición de /d/ se encontrarían el contexto -ado, la ubicación de ese contexto en adjetivo o participio (la jerarquía de propensión sería *ado > ada > ido > ida*), y palabras como *todo, nada, cada;* suele suponerse, entre la conservación y la pérdida, un peldaño de articulación relajada, [ð̞]; se trata de un cambio contextual, que no altera el repertorio segmental (100). Debe añadirse con respecto a [ð̞] y [ð̞], que la diferencia entre ambos alófonos ha dependido en muchos estudios de la ponderación de cada analista con respecto al carácter más o menos definido de la articulación, de modo que, aunque los casos extremos sean claros y se pueda realizar una descripción acústica de lo esperable para cada uno de los prototipos [→ § 1.14.1] [ð̞] y [ð̞], y aun cuando pueda existir cierta coherencia interna dentro de cada estudio, cabe albergar ciertas dudas acerca de que se haya entendido exactamente lo mismo para uno y otro alófono entre diferentes trabajos, lo que puede dificultar las comparaciones. En ese sentido, el empleo de mediciones acústicas detalladas para todos los casos y el empleo de modelos estadísticos penetrantes, como se comenta más adelante, supone sin duda un gran avance.

El español cántabro presenta diversas soluciones para las oclusivas sonoras entre vocales; /d/ es el segmento más variable, sobre todo en el occidente, con elisiones en *-ada, -eda, -ado* y otros contextos: *nevada > nevá, arrimados > arrimaos, presumida > presumía;* por su parte, /g/ se elide en casos como *agujero > aujero, auhero* (Nuño 1996, 186). En el español de corte castellano hablado en el País Vasco y norte de Navarra es frecuente la elisión de la dental en las formas en *-ado > -ao, -au* (Moreno Fernández 2009, 125); semejante propensión existe también en la variedad castellana manchega, en especial en los participios en *-ado* (Moreno Fernández 2009, 143, 1996a, 216). Como en muchas otras áreas, /d/ entre vocales, sobre todo ante átona, se pierde en el castellano viejo: la elisión es común en habla coloquial popular en participios (*cansao, bajao,* etcétera), así como en otras palabras (*tol día, de lao,* etcétera); la elisión es más intensa en personas de nivel educativo bajo, y llega a cerrarse la vocal final (Hernández Alonso 1996, 199–200; véase también García Mouton [1994] 2007, 30). Ciertas zonas de Salamanca muestran algunos rasgos propios de las variedades meridionales, entre los que se encontraría la elisión de /d/ intervocálica «más acusada que en castellano» (Borrego 1996, 153). La pérdida de /d/ intervocálica se da, desde luego, en las variedades andaluzas, siendo uno de los rasgos de Sevilla desde su configuración bajomedieval; la elisión es mayor en participios, como es el caso de *cansao* o *venío* (Moreno Fernández 2009, 147, 154, 168; cf. asimismo García Mouton [1994] 2007, 39). En andaluz occidental, la elisión de la /d/ intervocálica está asociada especialmente tanto a hombres como a mujeres sin estudios [→ § 17.5.5]; lo mismo puede decirse del proceso *des- > es-* (Alvar 1996a, 252). El debilitamiento de la /d/ intervocálica se produce asimismo en las hablas extremeñas *(sudor > suor, desollada > desollá),* murcianas y canarias (Moreno Fernández [2009, 171, 174, 180–81, 189]; cf. también García Mouton [[1994] 2007, 35], para /d/ y /b/ intervocálicas en murciano y, asimismo, Fernández de Molina [2019] para Mérida). Se ha observado que la relajación de las consonantes sonoras emparenta las hablas murcianas con las andaluzas (Muñoz Garrigós 1996, 320). Para el español peninsular en general, debe verse Estrada (2019). También la pérdida de /d/ en Canarias formaría parte de una estela de fenómenos de carácter andaluzado, procedentes al parecer no de los primeros colonos, sino propios de una influencia sevillana posterior; las soluciones para la dental oclusiva sonora son variables en todas las islas, con elisión y con presencia; en habla popular es más común la primera (Alvar 1996b, 331–32). Otro tanto ocurre en el consonantismo intervocálico del habla de Melilla (Moreno Fernández 2009, 425–26). En español ecuatoguineano los segmentos oclusivos orales sonoros se eliden ocasionalmente entre vocales, como en *tuvo > túo, sentido > sentío,* así como en contacto con [ɾ], como en *padre > pare;* la dental de *-ado* es inestable, aunque propende a la permanencia (Quilis 1996b, 383). Según Lipski, «in Guinean Spanish, intervocalic /d/ in the suffix *-ado* is realized either as [d] or as Ø, but is never given the fricative pronunciation [ð]» (1985, 37).

Como es bien sabido, la lenición de las oclusivas sonoras intervocálicas, especialmente de la dental /d/, es un campo fértil para la realización de observaciones sociolingüísticas, dados los diferentes valores sociales que esta variable puede portar (en el sentido de Eckert 2008). Existe una gran cantidad de información disponible, que seguramente exigiría la redacción de un trabajo monográfico: véanse, para el español europeo, entre muchos otros, Williams (1987), acerca de Valladolid; Samper Padilla (1990, 1996) y Samper Padilla *et al.* (2011), acerca de Las Palmas de Gran Canaria, y Samper Padilla y Pérez Martín (1998–1999), sobre Las Palmas y El Hierro; Molina (1991), acerca de Toledo; Paredes (2001, 67–73), sobre La Jara; Ruiz Martínez (2003, 109–20), sobre el nordeste de la Comunidad de Madrid; Gómez Molina (2008, 2012) y Gómez Molina y Gómez Devís (2010), sobre el español de Valencia; Molina y Paredes (2010, 2014, 2015), sobre el español de Madrid; Jiménez Fernández (2015), para Sevilla; Moya Corral *et al.* (2012), acerca de Granada; Villena (2013), para Málaga; Villena y Moya Corral (2016), para Málaga y Granada. La variable ha sido seleccionada como de estudio prioritario en el *Proyecto para el estudio sociolingüístico del español de España y América* (Moreno Fernández 1996b; Cestero 2012), por lo que, como se expone más adelante, están apareciendo una serie de trabajos muy detallados y comparables entre sí, puesto que se llevan a cabo con una metodología análoga.

Se aludirá aquí a un solo caso, a manera de ejemplo, que relaciona patrones madrileños con procesos de variación y cambio en inmigrantes esencial, aunque no exclusivamente, meridionales, en la zona de Getafe, localidad situada al sur del área metropolitana de Madrid (Martín Butragueño 1991, 2004).

El estudio de Getafe, que adaptaba propuestas como las de López Morales (1983) y Samper Padilla (1990), consideraba tres variantes, [ð̞], [ð̞̊] y elisión, y se describían tanto los factores lingüísticos (Tabla 2) como los factores sociales (Tabla 3). En este resumen solo se alude a los casos de elisión, por lo que su contraparte cuantitativa consistiría en la presencia del segmento. Se estudiaba un total de 2089 datos de /d/ intervocálica en 60 personas, en dos estilos: 1791 casos en entrevista y 298 más obtenidos por medio de un cuestionario (respuestas aisladas). De ese total, 619 (29,6 %) eran elisiones, con fuertes diferencias por estilos: 31,6 % en entrevistas y 17,4 % en el cuestionario, el estilo más formal.

Existe una fuerte diferencia entre el contexto /ˈa.do(s)#/ (75.9 % y 28 % de elisión) y los otros contextos (9,7 % y 1,7 %), lo que hace pensar incluso en que se trate de dos variables diferentes. Esto se confirma al considerar todos los casos de /ˈV.d-V(s)#/ (50 % de elisión) frente a los otros contextos (5,2 %); el cálculo /ˈV.dV(s)#/ menos /ˈa.do(s)#/ (16,8 %) sigue enfatizando el hecho de que la concentración de elisiones se produce con /ˈa.do(s)#/. En la entrevista, el tipo de vocal subraya el mismo hecho, aunque con cierta mayor variedad: /a__/ otorga 64 % de elisiones, y /o__/ 27 %; a su vez, /__o/ supone 59,3 % y /__e/ un 33,3 % (aunque sobre un número pequeño de casos). El cuestionario también subraya la importancia de /a.do/ (28 %) frente a /a.da/ e /i.do/, ambos con 1,7 %. El hecho de que /a.do/ corresponda a un participio favorece ligeramente la elisión (79,8 % frente a 71,5 %), pero la tendencia no se mantiene con /i.do/ (13,6 % frente a 15,2 %). Más allá de las formas en *-ado,* el factor léxico parece desempeñar un papel relevante, con 29 % de elisión para *todo(s)*, 25 % para *toda(s)*, etcétera; obsérvese también la relativa relevancia del resto de /ˈa.da(s)#/ (13,6 %).

Los factores sociales revelaban algunos efectos interesantes. La edad mostraba una retracción bastante relevante, en especial vista a través de /ˈa.do(s)#/, pues las personas de 56 años en adelante presentaban 96,7 % de elisión, que quedaba en 54,7 % en los más jóvenes (de 15 a 19 años); algo parecido ocurría con el resto de casos, pero en márgenes mucho más reducidos (12,1 % frente a 8,7 %). También era fuerte la retracción en los datos de cuestionario, pasándose de 32,2 % en los mayores a apenas 2,6 % en los más jóvenes. Las diferencias son pequeñas al considerar en conjunto a los madrileños frente a los inmigrantes, con porcentajes de elisión solo levemente mayores en los segundos, sea que se trate de los casos de /ˈa.do(s)#/, del resto de los casos o de los datos de cuestionario. También existe bastante paralelismo al cruzar el origen madrileño o inmigrante con los grupos de edad para /ˈa.do(s)#/; llama la atención que los inmigrantes más jóvenes alcanzan tasas de elisión inferiores a la de sus pares madrileños. Por géneros, los hombres presentan más elisiones que las mujeres: 82 % frente a 69,9 % para /ˈa.do(s)#/, y 12,5 % frente a 6,8 % para el resto de los casos, pero el patrón se invierte en el cuestionario. Por niveles de estudio, las personas de estudios bajos muestran siempre más elisiones: para /ˈa.do(s)#/, 84,5 % en nivel bajo frente a 58,8 % en nivel alto; 10,3 % frente a 8,5 % en el resto de los casos; y 22,7 % frente a 7 % en el cuestionario.

La Figura 4 expone, como ejemplo, la pronunciación coloquial madrileña de *¡Que ya hemos llegado!*, con elisión de la /d/ en *-ado.*

También entre las hablas americanas puede encontrarse un reparto semejante entre variedades con tendencia a la conservación o al debilitamiento de las oclusivas sonoras intervocálicas, en especial de la /d/. Para el español americano, es abundante la información ofrecida en Lipski ([1994] 2005): «La /d/ intervocálica no cae en la mayor parte de Argentina tan a menudo como, por ejemplo, en Chile y Paraguay, salvo entre los estratos socioeconómicos más bajos» (190); en el altiplano de Bolivia, «se suele elidir /d/ intervocálica, incluso entre hablantes cultos» (212), mientras que, en los llanos, las

Tabla 2 *Efecto de las variables lingüísticas sobre la elisión de /d/ intervocálica en datos del sur del área metropolitana de Madrid*

	Datos de entrevista sociolingüística		Datos de respuestas aisladas	
	F absoluta / N de casos	%	F absoluta / N de casos	%
/'a.do(s)#/	451/594	75,9	50/178	28
otros contextos	116/1197	9,7	2/120	1,7
/'V.dV(s)#/	529/1057	50		
otros contextos	38/734	5,2		
/'V.dV(s)#/ menos /'a.do(s)#/	78/463	16,8		
/a__/	465/727	64		
/e__/	7/42	16,7		
/i__/	16/134	11,9		
/o__/	41/152	27		
/u__/	0/2	0		
/__a/	24/199	12		
/__o/	500/843	59,3		
/__e/	5/15	33,3		
/a.do/			50/178	28
/a.da/			1/60	1,7
/i.do/			1/60	1,7
/a.do/ +participio	253/317	79,8		
/a.do/ −participio	198/277	71,5		
/i.do/ +participio	9/66	13,6		
/i.do/ −participio	7/46	15,2		
de	20/235	8.5		
todavía	0/7	0		
además	5/22	22,7		
nada	5/66	7,6		
todo(s)	31/107	29		
toda(s)	10/40	25		
resto de /'a.da(s)#/	9/66	13,6		
resto de /'o.do(s)#/	0/2	0		
resto de /'o.da(s)#/	0/3	0		

Nota. Tabla adaptada de Martín Butragueño (1991, 490–516; 2004).

oclusivas sonoras entre vocales se perderían con frecuencia entre todo tipo de personas (212); en las tierras altas interiores colombianas, las tres consonantes «son bastante débiles en la zona central de Colombia» (234), a la vez que sería frecuente la pérdida de la dental intervocálica en la costa caribeña (234); en Costa Rica, en el Valle Central es asidua la elisión de /d/ entre vocales, sobre todo en -*ado* verbal (247), y también se debilita en la frontera panameña (249); en la región costera ecuatoriana, «la /d/ intervocálica es débil y cae con frecuencia» (265); en este mismo caso, sin embargo, no habría elisión en Guatemala (283); en Nicaragua, en cambio, «/d/ intervocálica desaparece en una amplia variedad de contextos» (311); la lenición y la elisión de la dental entre vocales son frecuentes en Panamá (320); en Paraguay, «/d/ y /b/ intervocálicas son débiles y caen en el habla natural» (330); en lo que toca a Perú, «las obstruyentes sonoras se resisten, en general, a

Tabla 3 *Efecto de las variables sociolingüísticas sobre la elisión de /d/ intervocálica en datos del sur del área metropolitana de Madrid*

	Datos de entrevista sociolingüística		Datos de respuestas aisladas	
	F absoluta / N de casos	%	F absoluta / N de casos	%
/'a.do(s)#/ en 15-19 años	41/75	54,7		
/'a.do(s)#/ 20-35	104/159	65,4		
/'a.do(s)#/ 36-55	190/240	79,2		
/'a.do(s)#/ 56 en adelante	116/120	96,7		
resto de casos en 15-19 años	14/160	8,7		
resto de casos en 20-35	27/320	8,4		
resto de casos en 36-55	46/478	9,6		
resto de casos en 56 en adelante	29/239	12,1		
15-19 años			1/39	2,6
20-35			7/80	8,7
36-55			25/120	20,8
56 en adelante			19/59	32,2
/'a.do(s)#/ en madrileños	221/298	74,1		
/'a.do(s)#/ en inmigrantes	230/296	77,7		
resto de casos de madrileños	54/599	9		
resto de casos de inmigrantes	62/598	10,3		
madrileños			25/149	16,8
inmigrantes			27/149	18,1
/'a.do(s)#/ en madrileños de 15-19 años	23/39	59		
/'a.do(s)#/ en madrileños de 20-35	42/79	53,2		
/'a.do(s)#/ en madrileños de 36-55	98/120	81,7		
/'a.do(s)#/ en madrileños de 56 en adelante	58/60	96,7		
/'a.do(s)#/ en inmigrantes de 15-19 años	18/36	50		
/'a.do(s)#/ en inmigrantes de 20-35	62/80	77,5		
/'a.do(s)#/ en inmigrantes de 36-55	92/120	76,7		
/'a.do(s)#/ en inmigrantes de 56 en adelante	58/60	96,7		
/'a.do(s)#/ en hombres	242/295	82		
/'a.do(s)#/ en mujeres	209/299	69,9		
resto de casos de hombres	75/598	12,5		
resto de casos de mujeres	41/599	6,8		
hombres			19/149	12,7
mujeres			33/149	22,1
/'a.do(s)#/ en nivel alto	117/199	58,8		
/'a.do(s)#/ en nivel bajo	334/395	84,5		
resto de casos de nivel alto	34/401	8,5		
resto de casos de nivel bajo	82/796	10,3		
nivel alto			7/100	7
nivel bajo			45/198	22,7

Nota. Tabla adaptada de Martín Butragueño (1991, 490–516; 2004).

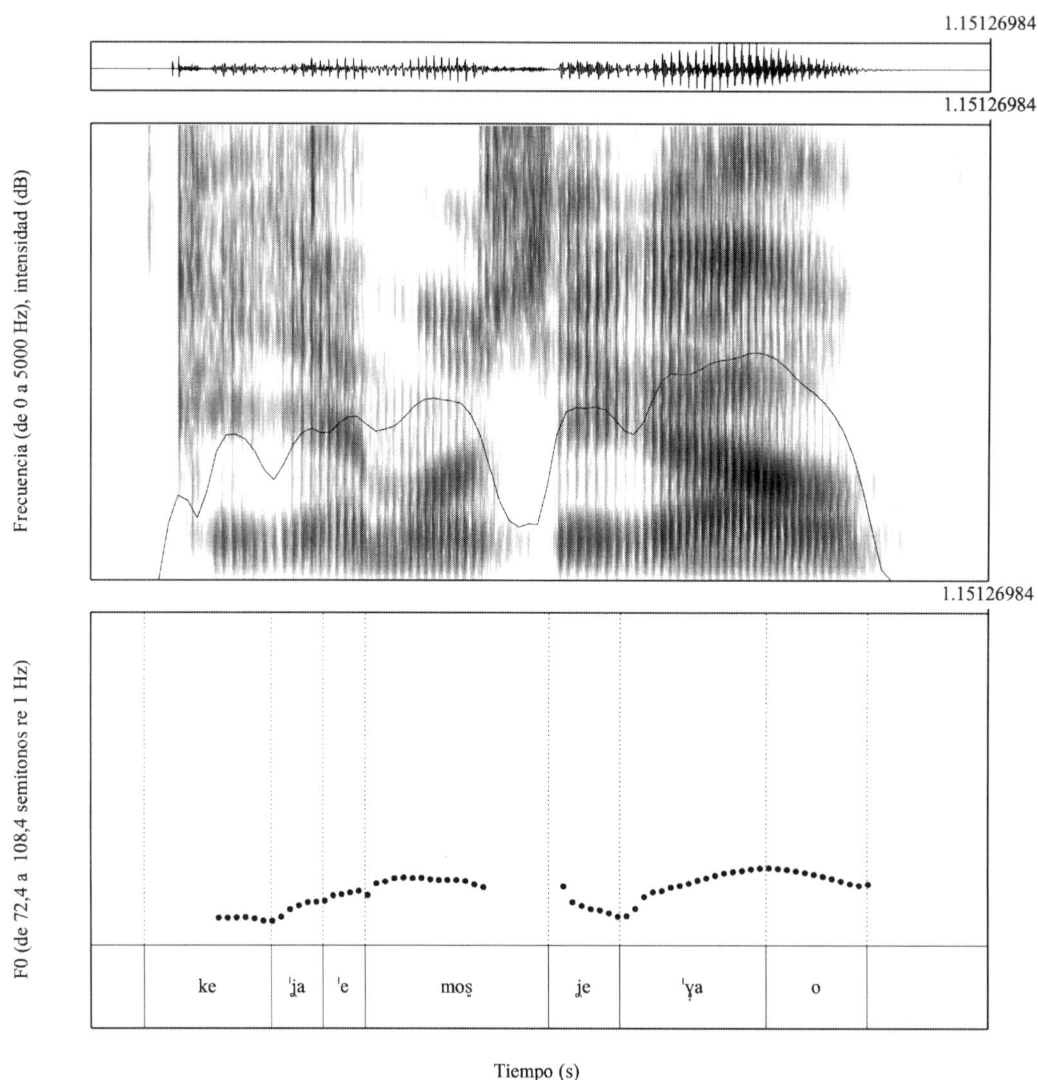

FIGURA 4. Oscilograma, espectrograma y curva de intensidad, frecuencia fundamental y transcripción del enunciado *¡Que ya hemos llegado!* pronunciado en estilo coloquial por el autor del presente capítulo, hombre de edad madura, universitario y originario de Madrid.

la desaparición en las tierras altas peruanas» (342), pero en Lima y la costa central se elide la dental entre vocales, y lo mismo es común con la labial (343), siendo también frecuente la elisión de las oclusivas sonoras entre vocales en la costa norte (343); en Puerto Rico la dental entre vocales es lene y se elide con frecuencia (354); en la República Dominicana la elisión de la dental entre vocales es bastante general (363–64) —los casos de realización rótica se mencionaron anteriormente en el § 10.2.3—; para Uruguay, «/d/ intervocálica se elide con frecuencia en todos los registros» (373); en el caso de Venezuela, «/d/ intervocálica es débil y se elide con frecuencia en el habla rápida o coloquial» (382).

En sentido muy semejante se pronuncian otros autores. Así, el español novomexicano muestra elisión de /d/ intervocálica (Alvar 1996d, 93). En las hablas antillanas está muy extendido el debilitamiento de los segmentos oclusivos sonoros entre vocales, incluida la pérdida de /d/, como en *dedo > deo;* el proceso es muy intenso en las hablas populares dominicanas, en formas del tipo *lodo > lo* (Vaquero de Ramírez 1996, 59). Las tendencias debilitadoras están, de hecho, extendidas por todo el Caribe: *nido > níu, maduro > maúro,* incluidas las hablas de la costa caribeña continental (Moreno Fernández 2009, 227, 235–36; véanse también Alba 2015, Lipski 2008, 124, 136). En la Figura 5 se ofrece un ejemplo procedente de La Habana, con elisión de la /d/ en *-ado.*

Con respecto a México, puede consultarse Martín Butragueño (2014, en particular p. 266 y ss.). Para Lope Blanch (1996, 81), la presencia de /b d g/ en posición intervocálica caracteriza las hablas cultas mexicanas. Las zonas donde se ha registrado

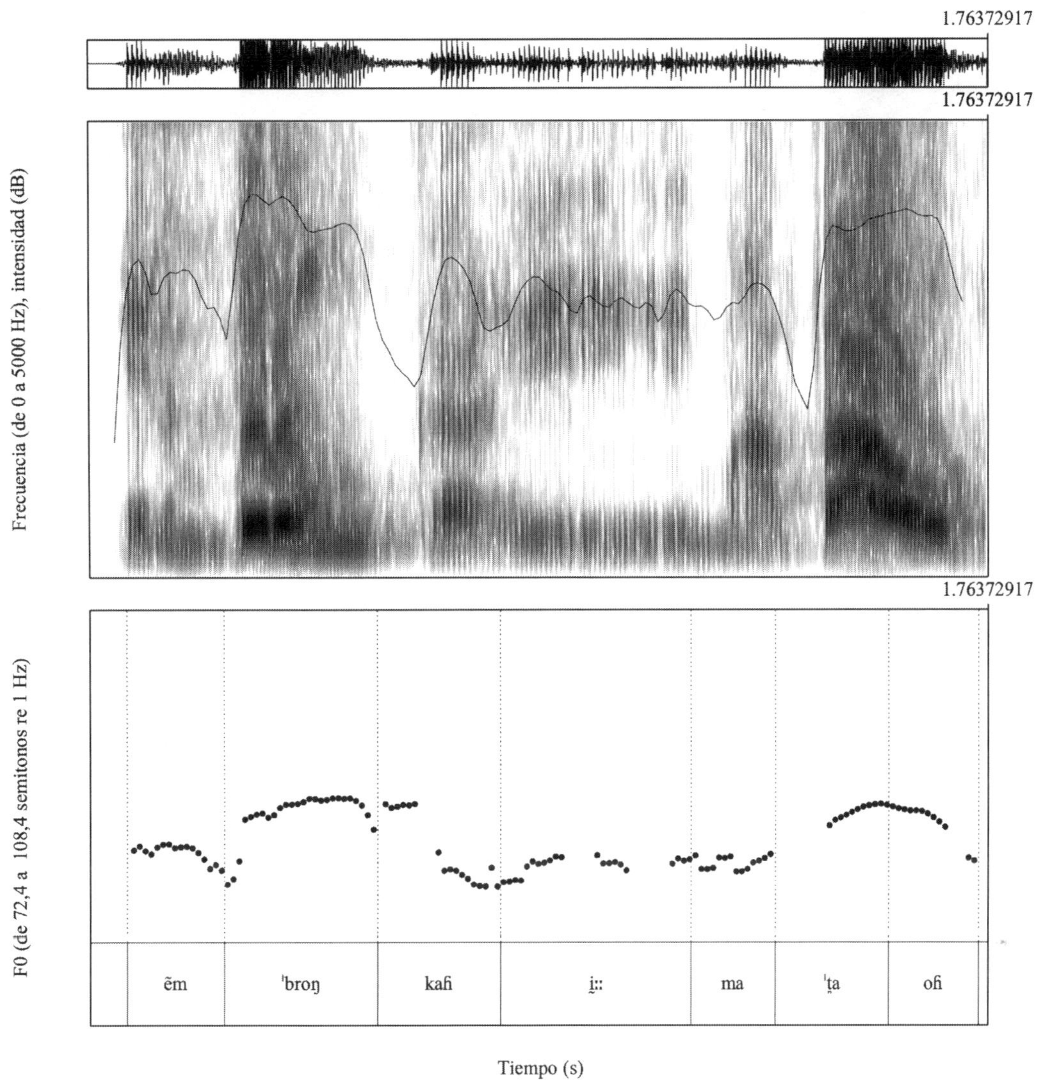

FIGURA 5. Oscilograma, espectrograma y curva de intensidad, frecuencia fundamental y transcripción de *en broncas* y *matados* correspondientes al documento LHAB_H31_025 obtenido en La Habana (PRESEEA 2014–).

relajamiento poco frecuente de /-d-/ en México son en general puntuales, aunque un poco más comunes en el sur-sureste del país (Moreno de Alba 1994, 71, mapa 15). Entre los mexicanoestadounidenses, la preservación de /d/ sería urbana y su elisión, rural o vulgar (Moreno Fernández 2009, 411, siguiendo a Sánchez [1983] 1994). En la Figura 6 se muestra un caso de preservación de /d/ en la Ciudad de México, como se puede ver en el espacio ocupado por la aproximante sonora.

Según Quilis (1993), /d/ en *-ado* «se conserva en Guatemala, Nicaragua y en Costa Rica (en Guanacaste, y, ocasionalmente, en el Valle Central). En Panamá, su reposición es frecuente entre la clase culta, pero, en general, se pierde» (220). La lenición intervocálica, del tipo *acabao,* aparece en el español puertorriqueño hablado en Estados Unidos y en el español cubanoestadounidense (Moreno Fernández 2009, 405, 407). Básicamente, la /d/ de *-ado* se mantiene en el español de Belice (Cardona 2010b, 30–33). Según Utgård (2010), sí hay casos de elisión en *-ado* en Guatemala, «sobre todo en la costa pacífica más en Quetzaltenango, Barillas, Cobán y Puerto Barrios» (56). En referencia a El Salvador, los datos de Azcúnaga (2010) ofrecen un 76,3 % de soluciones oclusivas en *-ado* (93–94, véase ahí mismo el cuadro 3) y «no se escucha en el habla regular [-ao] por [-ado]» (93). En Honduras, en *-ado* «no se registraron casos de pérdida total» (Hernández Torres 2010, 121). En Nicaragua, la elisión de la dental en *-ado* «es una solución minoritaria, solo representa el 3 %» (Rosales 2010, 142). Quesada y Vargas Vargas (2010) anotan para Costa Rica en *-ado* un 52 % de variantes continuas, siendo elisiones los demás datos (160). En cuanto a Panamá, Cardona (2010a) señala que «en la terminación /-ado/

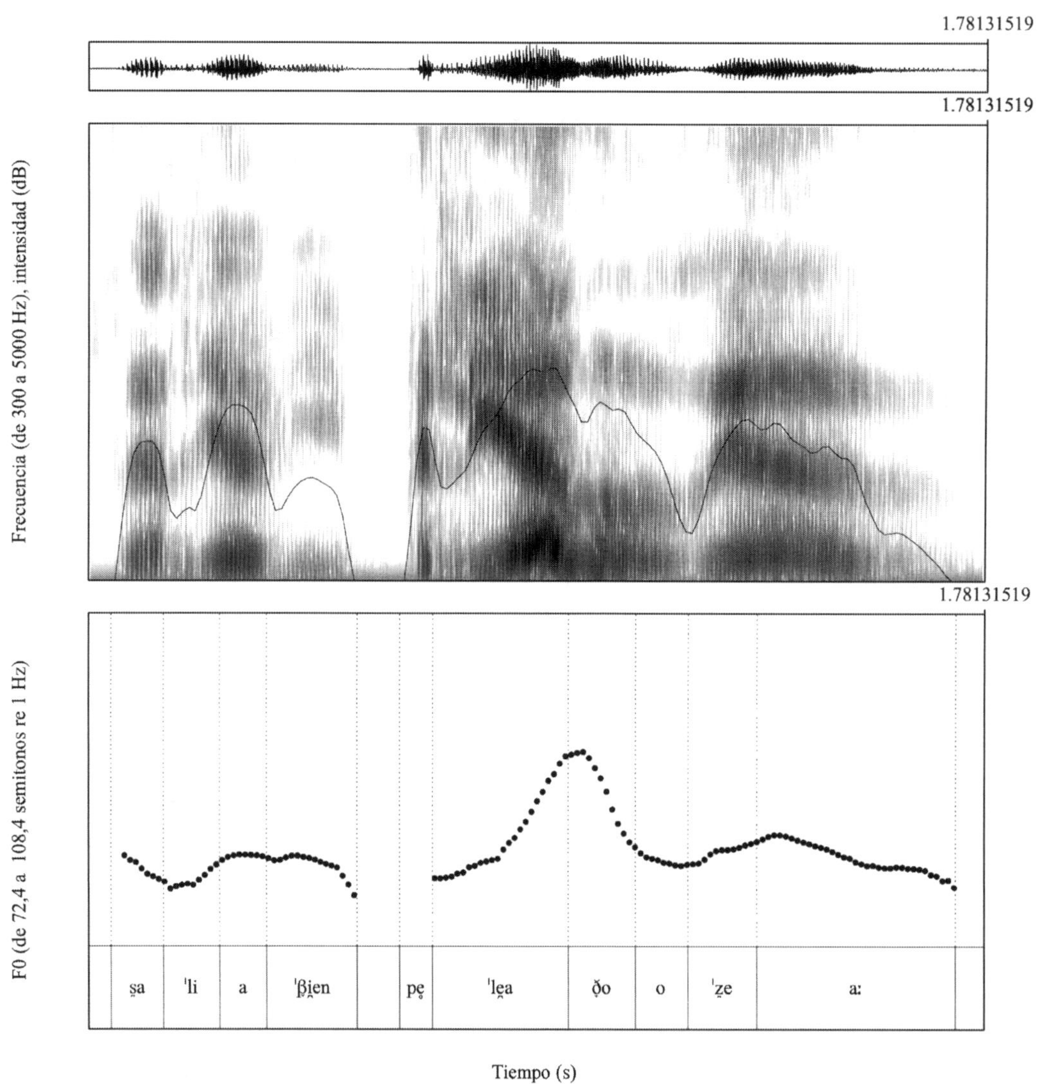

FIGURA 6. Oscilograma, espectrograma y curva de intensidad, frecuencia fundamental y transcripción de *salía bien peleado o sea* correspondientes al documento MEXI_H22_054 obtenido en Ciudad de México (PRESEEA 2014–).

. . . nuestros datos registran la pérdida total de dicho fonema . . . solo en tres de los 76 informantes. . . . El resto realizó el alófono de manera fricativa y aproximante en diferentes grados» (183–84). En los países andinos, se ha apuntado la propensión a la lenición intervocálica en las variedades costeñas (Moreno Fernández 2009, 306). Para el español venezolano también se documentaría lenición de la dental entre vocales, sobre todo en *-ado,* pero solo a veces se presentaría la elisión (Sedano y Bentivoglio 1996, 120). En el llamado 'español andino serrano', «mientras en Colombia y Ecuador /b, d, g/ se debilitan mucho, en Perú y Bolivia se suelen conservar con fuerza. Caso aparte serían algunas terminaciones de participios (*-ado* > *-ao*), que pueden encontrarse en toda la zona andina serrana» (Moreno Fernández [2009, 314]; aparecen más noticias sobre Colombia en algunos de los estudios de la parte I del volumen colectivo coordinado por Patiño y Bernal [2012] y es relevante también González-Rátiva *et al.* [2019]). En Perú, el español costeño elide con asiduidad las oclusivas sonoras entre vocales, como en *trabajo* > *traajo, puede ser* > *puee ser;* la lenición incluye Lima y los hablantes de grupos sociales instruidos, y es muy notoria para la dental en *-ado, -ada;* las variedades de las áreas andina y amazónica, en cambio, ofrecen soluciones más resistentes; en la zona andina, puede producirse glotalización de las oclusivas sordas (véase el § 10.2.1) y ensordecimiento de las sonoras, aunque con /d/ se documenta la elisión en participios; el refuerzo es más evidente en la variedad amazónica (Caravedo 1996, 160; 1990, 98–108). En la Figura 7 se muestra un caso limeño de elisión en una terminación *-ado.*

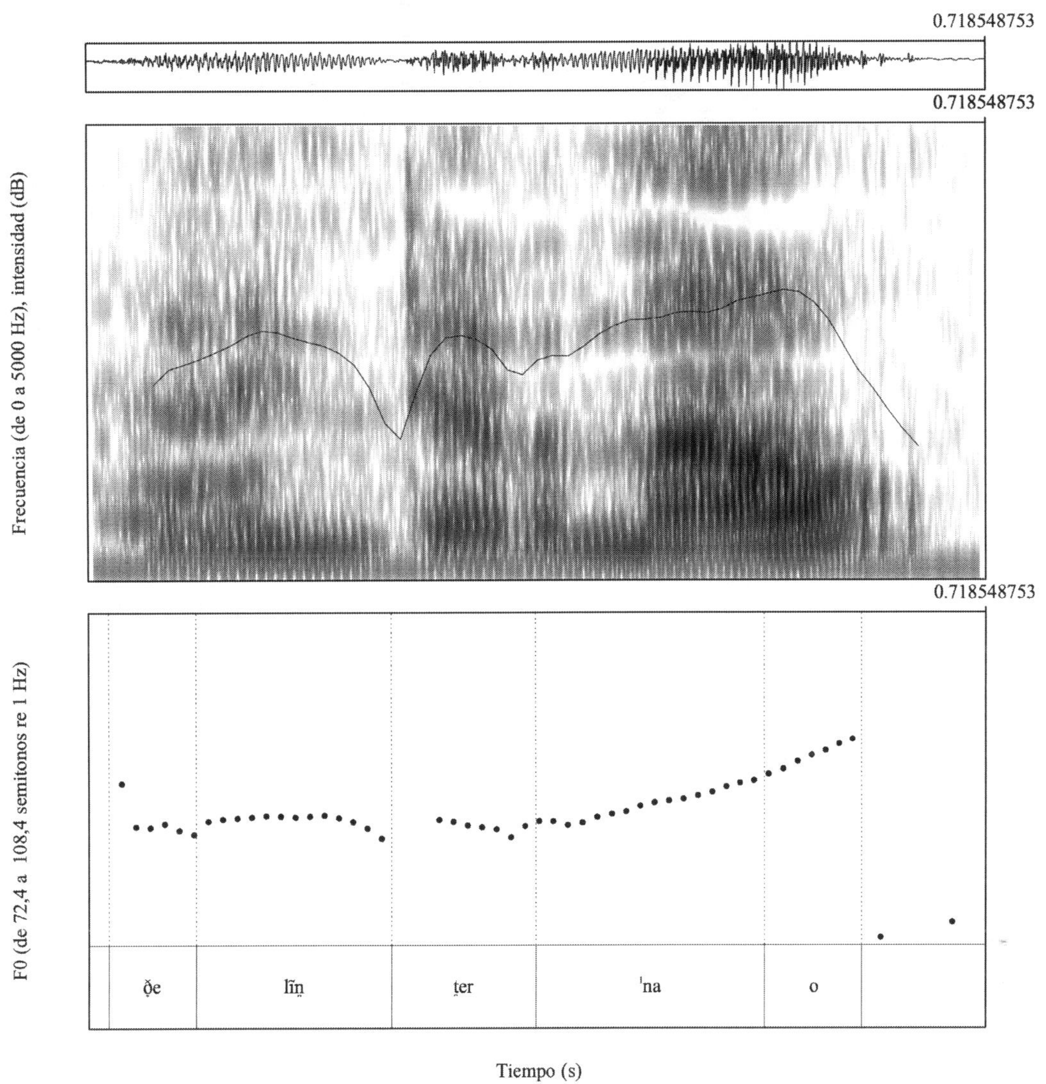

FIGURA 7. Oscilograma, espectrograma y curva de intensidad, frecuencia fundamental y transcripción de dos realizaciones de *del internado* correspondientes al documento LIMA_H11_011 obtenido en Lima (PRESEEA 2014–).

En el español boliviano (Canfield [1981] 1988, 41), el proceso de elisión del segmento /d/ entre vocales aparece en la llamada 'zona B', en secuencias *-ado* e *-ido,* y se produce asimismo en la denominada 'zona C', al parecer más acotado a los participios (Coello 1996, 176–77), tal como se puede apreciar en la Figura 8.

En el llamado 'español austral' también se presenta la tendencia a la elisión de /d/ intervocálica, sobre todo en las formas en *-ado* (Moreno Fernández 2009, 339). En particular, en español austral guaranítico se tiende a la lenición de las oclusivas sonoras, en formas como *agujero > aujero;* también en Uruguay se presenta la elisión de la /d/ entre vocales (Moreno Fernández 2009, 348, 361). En hablas populares del español paraguayo se documentan casos de pérdida de /b/ intervocálica, tal como en *taburete > taurete;* en cuanto a la /d/ entre vocales, cae frecuentemente en *-ado,* como en *nublao* (Alvar 1996e, 201). También el español chileno debilita la /d/ entre vocales (Sáez 2001, § 3.2.1); la lenición es especialmente notoria en los casos de *-ado > -ao,* es más común en habla popular y puede afectar a otras oclusivas (Moreno Fernández 2009, 378–79); la elisión de /b/ y /g/ iniciales aparece en Chiloé: *bufanda > ufanda* (Moreno Fernández 2009, 384–85). Sobre el español de Chile, véase también Verdugo Maturana (2019). En la Figura 9 se muestra un ejemplo de Santiago de Chile, con elisión de /d/ en la palabra *cerrada,* es decir, en contexto *-ada.*

Al igual que en el caso del español europeo, también ha sido muy estudiada desde un punto de vista sociolingüístico la lenición de oclusivas sonoras en el español americano, en especial, desde luego, la lenición referente a /d/. Podrían

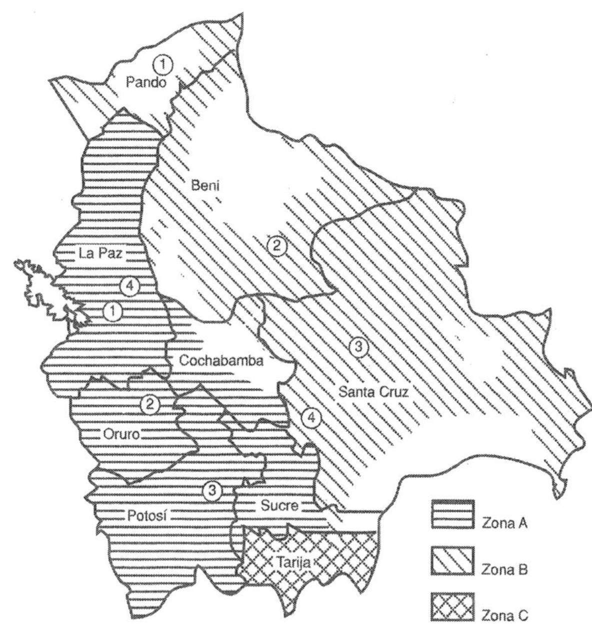

FIGURA 8. Distribución dialectal de Bolivia en tres zonas, A, B y C (Coello 1996, 174).

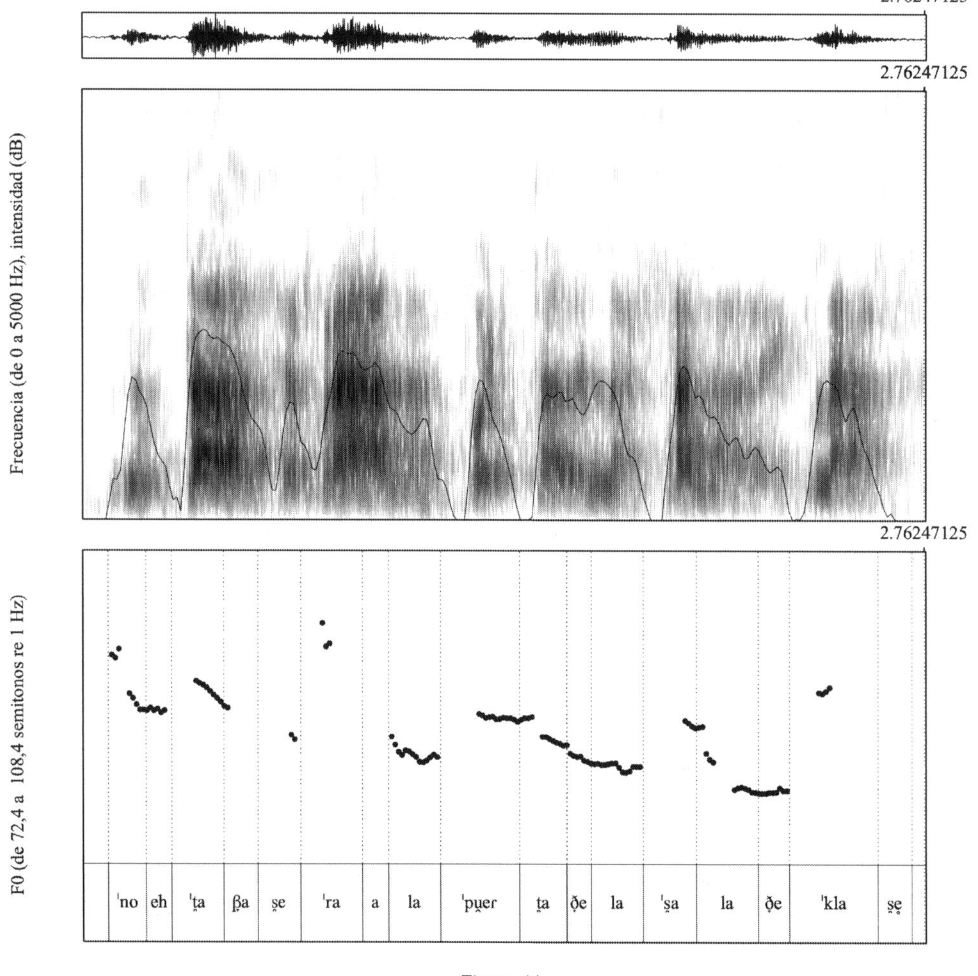

FIGURA 9. Oscilograma, espectrograma y curva de intensidad, frecuencia fundamental y transcripción de *no estaba cerrada la puerta de la sala de clase* correspondientes al documento SCHI_H31_025 obtenido en Santiago de Chile (PRESEEA 2014–).

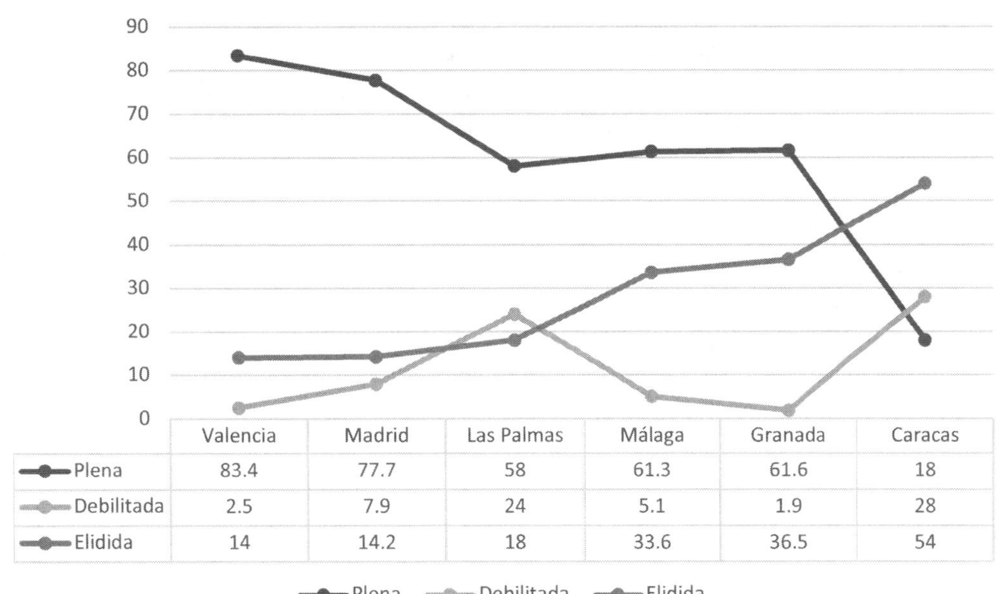

	Valencia	Madrid	Las Palmas	Málaga	Granada	Caracas
Plena	83.4	77.7	58	61.3	61.6	18
Debilitada	2.5	7.9	24	5.1	1.9	28
Elidida	14	14.2	18	33.6	36.5	54

FIGURA 10. Síntesis de los resultados de algunos estudios realizados en el marco de PRESEEA. Figura adaptada de Malaver y Samper Padilla (2016, 329, gráfico 1 y 330, cuadro 2, reunidos ahora en una sola figura).

mencionarse los trabajos de Dohotaru (2003) sobre el español habanero, Alba (Alba 1999, 2015) sobre el español dominicano, López Morales (1983) y Cameron (2005, 31–34) sobre San Juan de Puerto Rico, Serrano Morales (2002) sobre datos de sonorenses (México), Cedergren (1979) para Panamá, D'Introno y Sosa (1986), Scrivner y Díaz-Campos (2016) y Malaver y Perdomo (2016) acerca de Caracas, Caravedo (1990) para Lima, y el de Pérez Muñoz (2007) con datos chilenos (es relevante Rogers [2016] para Concepción), entre otros.

En el momento actual se siguen llevando a cabo investigaciones detalladas sobre el debilitamiento de /d/ intervocálica que suponen avances sustantivos para el conocimiento de sus propiedades lingüísticas y sociolingüísticas. Conviene destacar el estudio coordinado sobre su variación a través del ya mencionado proyecto PRESEEA, caracterizado por un enfoque sociofonético. La propuesta de codificación para /d/ intervocálica (Samper Padilla, Malaver y Samper Hernández 2021) incluye tres posibilidades en la variable dependiente, sea como elisión, realización plena o realización debilitada; se anotan 14 factores lingüísticos relacionados con la estructura prosódica de la palabra, contexto, categoría, palabras frecuentes, etcétera; siete factores estilísticos, como el tipo de discurso o la formalidad; y seis factores sociológicos (edad, modo de vida, etcétera). Sobre los avances acerca de los estudios sobre /d/ intervocálica en los corpus PRESEEA, debe revisarse Malaver y Samper Padilla (2016), algunos de cuyos datos se resumen en la Figura 10.

Los datos inscritos en la Figura 10 corresponden a «todas las realizaciones de /d/ que figuran entre dos vocales en posición interior de palabra» (Malaver y Samper Padilla [2016, 327]; véanse las referencias allí citadas para los trabajos de los diferentes equipos); obsérvese la elisión moderada en Valencia, Madrid y Las Palmas, la elisión notoria en Málaga y Granada y la muy intensa de Caracas (véase Malaver y Samper Padilla [2016, 329–30 y ss.], para otros aspectos comparativos).

Otra vía de estudio muy interesante es la que se aprecia en trabajos como el de Scrivner y Díaz-Campos (2016), quienes partiendo de datos caraqueños, analizan la elisión de la /d/ intervocálica como una variable continua, midiendo las proporciones de intensidad:

> The acoustic measurements for intervocalic /d/ were obtained by using the *relative intensity ratio* method described in Carrasco *et al.* (2012). This method requires two measurements from the intensity curve: the lowest intensity point of /d/ and the highest intensity point of a vowel. The intensity ratio is calculated by dividing the lowest intensity point of /d/ by the vowel's highest intensity point (5).

Además de ofrecer estadística descriptiva (Scrivner y Díaz-Campos 2016, 8–9), al aplicar estadística inferencial (9–12) presentan un modelo de bosque aleatorio (9, fig. 9) para jerarquizar los factores independientes y árboles de inferencia condicional para los factores sociales y los lingüísticos (10–11, figuras 10–11), y comparan los resultados del análisis con un modelo lineal generalizado de efectos fijos (12, tabla 12) y otro de efectos mixtos, en el que incluyen como efectos aleatorios el hablante y el token (12, tablas 3–4), siendo uno de los hallazgos más llamativos de este último modelo que: «Our model did not select any sociolinguistic factors, demonstrating that random effects for speakers are stronger than fixed effects» (12).

Una vez producida la lenición extrema, en forma de la pérdida completa de la consonante intervocálica, es posible que tengan lugar algunos procesos adicionales fruto del contacto entre los segmentos vocálicos (Real Academia Española y Asociación de Academias de la Lengua Española 2011, 146) [→ § 7.5]. Son posibles soluciones [ˈau̯ ˈa ˈo], como en *acabado >* *acabáu, madrugada > madrugá, todo > to,* básicamente en grupos de hablantes poco instruidos y en estilos de habla poco cuidados (Moreno Fernández 2009, 100). Se presentan formas *-ado > -au* en el español del País Vasco (Moreno Fernández 2009, 125). También en personas de niveles culturales bajos del área castellana vieja se documentan soluciones con cierre de la vocal final, como en *pirau, cuñau, araus* 'arados' (Hernández Alonso 1996, 199). En el castellano nuevo aparecen ejemplos como *pedazo > piazo,* con pérdida de /d/ intervocálica y diptongo; en Guadalajara, Cuenca, Albacete y Ciudad Real se presenta desplazamiento acentual en formas como *sentadicos > sentaicos, encañadura > encañaura;* algunos de estos casos aparecen también en variedades murcianas (Moreno Fernández 1996a, 215, 223) [→ § 6.3.3, § 7.2.1, § 8.4.1].

Las soluciones del tipo *cansado > cansau* aparecen asimismo en hablantes de los países del área andina, sobre todo en hispanohablantes monolingües, habitantes de zonas rurales y con poca instrucción (Moreno Fernández 2009, 324). En el español peruano costeño los grupos de nivel sociocultural elevado alargan la vocal previa al segmento elidido; en contraste, los grupos sociales de nivel bajo muestran una vocal de duración más reducida y cierre de la vocal media que sucede al segmento que desaparece (Caravedo 1996, 160). Otra región donde se ha documentado cierre de la [o] final, especialmente en participios, de manera que *perdido > perdiu,* es en la llamada 'zona в' de Bolivia (véase la Figura 8; cf. Coello 1996, 173, 176). El cierre de la vocal final se ha apuntado igualmente en hablas australes, como ocurre con el denominado 'español interior del noroeste' (Salta, Jujuy, Catamarca, Tucumán y Santiago del Estero; cf. Moreno Fernández [2009, 343, 353–54]). Se ha observado que en hablas rurales, así como en hablas urbanas de personas de bajo nivel sociocultural de toda Argentina, es frecuente el cierre de /o/ en *–ado* (Donni de Mirande 1996, 213). En el judeoespañol de Estados Unidos se presenta fusión vocálica tras la caída de /d/, como en *cantás, querés* (Moreno Fernández 2009, 401).

10.2.5 Las oclusivas en las codas

La sílaba, en tanto que unidad prosódica, cumple un papel relevante en numerosos procesos fónicos que afectan a la realización de los segmentos [→ § 1.21.7], incluidos desde luego los oclusivos orales (Colina 2009; Hualde 2014, 138–42; Martín Butragueño 2014, 272–96; Real Academia Española y Asociación de Academias de la Lengua Española 2011, 144–62); parte de los cambios pueden tener que ver con modificaciones del modo y de la zona articulatoria (Real Academia Española y Asociación de Academias de la Lengua Española 2011, 142–44) [→ § 9.5.1, § 11.4.1, § 11.6, § 24.2.3]. El efecto de la estructura silábica en español es muy claro en las codas, donde compiten la conocida tendencia universal a una estructura silábica CV con las exigencias del léxico (Kager 1999, capítulo 3; Prince y Smolensky 2004, parte ii, etcétera); puede también decirse que la primera tendencia es más relevante en las variedades innovadoras que en las conservadoras (Moreno Fernández 2009, 98–99, 117, 134, 139, etcétera); las soluciones que se suelen considerar prestigiosas en español en el cierre silábico para /p t k/ y /b d g/ implican mantener activa la coda de la sílaba y conservar la zona articulatoria que le corresponda léxicamente; la norma admitiría la sonorización de las codas sordas, y la realización oclusiva o aproximante de cualquier oclusiva oral (Martín Butragueño 2014, 272–73; Quilis 1993, 218–20; Real Academia Española y Asociación de Academias de la Lengua Española 2011, 144–62). Al efecto prosódico de la sílaba hay que sumar el de la palabra fonológica [→ § 1.21.6], pues algunos fenómenos se presentan específicamente en posición final de palabra, como se expone más adelante.

> Para una introducción a los procesos experimentados por las consonantes oclusivas orales situadas en la coda de la sílaba que se mencionan en los párrafos siguientes, véase Real Academia Española y Asociación de Academias de la Lengua Española ([2011, en especial 148–62: así, 149–53, para /p/; 153, para /b/; 154–56, para /t/; 156–59, para /d/; 159–61, para /k/ y /g/]; para el caso del español de México, cf. Martín Butragueño [2014, 272–96]).

Según Hernández Alonso (1996), en el castellano viejo, en personas con un nivel de estudios bajo, los grupos pueden simplificarse, como en *doctor > dotor, accidente > acidente;* los grupos /kt̪/ y /kθ/ pueden transformar en [θ] la coda /k/, como en *aspecto* o *dirección,* siendo en general bastante común que casi cualquier oclusiva oral implosiva pueda realizarse como [θ] en ciertos contextos, aunque /gn/ se pronunciaría [xn]; /mb/ puede resolverse en [m], como en *también > tamién;* igualmente se simplifica /ks/, en formas como *taxi* (201–2). Especialmente característica en la variedad castellana norteña es la interdentalización de /d/ en cierre silábico, sobre todo en final de palabra (Hernández Alonso 1996, 200; Molina 2008; Moreno Fernández 2009, 134–35; para Santander, véase Peña Arce [2020]). Los segmentos /d/ y /k/ implosivos presentan también soluciones interdentales en el castellano nuevo: *soledad > soledaz, recta > rezta;* esta variante sería frecuente en Madrid, Guadalajara, Toledo y Cuenca, mientras que en Albacete y Ciudad Real sería más común la elisión, como en *soledá, paré, salú;* el proceso /k/ → [θ] es semejante, pero en el sur de la región aparecen con asiduidad las variantes aspiradas (Moreno Fernández [1996a, 216]; para el grupo /kt/ en Madrid, véase García García de León [2015]). Sobre el comportamiento de la /d/ final en español castellano, véanse también García Mouton ([1994] 2007, 30) y Hualde y Eager (2016); por su parte, Molina (2016) es un estudio de corte variacionista de la /d/ final de palabra en Madrid.

Como señala Borrego (1996), en algunas hablas leonesas, las oclusivas en coda castellanas, con diferentes intensidades según las subzonas, pueden elidirse o vocalizarse en las palabras patrimoniales, y pueden mudarse en otro segmento, sobre todo [θ], y la /d/ final de palabra puede perderse o interdentalizarse (145, 151, 153–154). Por el contrario, variedades como el andaluz muestran tendencia a la pérdida de consonantes finales (Alvar 1996a, 246). La pérdida de la /d/ final de palabra y de otras consonantes está documentada también en hablas murcianas y canarias, como en [beɾ.'ða] por *verdad* (Moreno Fernández 2009, 154, 181, 189–90). En el español de corte castellano que se habla en las zonas catalanohablantes se propende a conservar las oclusivas sordas finales de palabra, como en *carnet,* así como a realizar sordas las oclusivas sonoras en esa misma posición, como en *verdad > verdat* (Moreno Fernández [2009, 127]; véase asimismo García Mouton [[1994] 2007, 45], para /d/ final). La simplificación de grupos cultos se documenta en el español castellano hablado en Galicia: *corrupto > corruto* (Moreno Fernández 2009, 123; García Mouton [1994] 2007, 50) [→ § 11.4]. En las Figuras 11 y 12 se muestran sendos ejemplos, en posición interior y en posición final de palabra, procedentes de un hablante madrileño, en los que la /d/ se ha ejecutado como una interdental fricativa sorda.

En la primera realización de la palabra *admiración,* a la izquierda de la Figura 11, la /d/ presente en la coda de la sílaba inicial se ha pronunciado como una [d̥] oclusiva ensordecida, e incluso puede apreciarse la barra de oclusión; la segunda realización, a la derecha de la misma figura, muestra una fricativa interdental sorda [θ] para esa misma /d/ léxica.

Por su parte, en la Figura 12 se recogen tres realizaciones para la /d/ final de la palabra prosódica o fonológica *la pared:* la de más a la izquierda presenta una [d̥] oclusiva ensordecida; la del centro corresponde a una [ð̥] aproximante bastante breve y debilitada, y la del lado derecho se manifiesta como una fricativa interdental sorda [θ].

El debilitamiento de las consonantes en posición implosiva también se produce en el español de las ciudades magrebíes (Moreno Fernández 2009, 425–28). El mantenimiento del grupo *rd,* o su metátesis en *dr,* está presente en las divisiones propuestas en el judeoespañol: en una primera zona, noroccidental, correspondiente a Bosnia, el grupo se mantiene, como en *tarde;* en una segunda, nororiental (Bulgaria, Rumanía), y en una tercera, suroriental (Turquía), se establece la metátesis, que produce soluciones del tipo *tadre,* con las dos consonantes integradas en el ataque de la segunda sílaba (Moreno Fernández 2009, 440, que cita a Quintana 2006). En judeoespañol balcánico, la presencia de préstamos léxicos propicia la ubicación de segmentos «en posiciones inexistentes dentro del español antiguo» (Sala 1996, 365); tal situación se produce, entre otros, con los segmentos /b/ (y /v/), /p/ y /t/; surgen grupos como /pk/ —*topka* 'pelota'— o /ft/ —*kefté* 'albóndiga de carne'— (Sala 1996, 365–66).

Igualmente, es abundante la variación en el español americano. En el Caribe es frecuente el debilitamiento de las codas, incluidos casos como el de la /d/ final de palabra (Moreno Fernández 2009, 227–29, 234, 237). Quesada (1996, 103) menciona para el español centroamericano ejemplos en los que la coda labial es reemplazada por la dorsal sorda, de forma que /p b/ → [k], como en *absoluto* [ak.so.'lu.to̠], así como casos en que la dental sorda es reemplazada por la sonora, es decir, /t/ → [d̥], como en *ritmo* ['rid̥.mo]; no es extraño, en diferentes grupos sociales, el proceso que conduce a la pérdida plena del material oclusivo oral en la coda de la sílaba, en ejemplos como *exponer* [es.po.'neɾ], *concepto* [kon.'se.to̠] (Quesada 1996, 103). Es posible /d/ final → Ø igualmente en el español de Venezuela: *variedad > variedá;* existe cierta tendencia a realizar *sc* como [ks], de tal modo que *escenario* puede sonar como *exenario* (Sedano y Bentivoglio 1996, 120). Se ha apuntado que el proceso de ensordecimiento de la /d/ final de palabra en zonas costeñas del español ecuatoriano se encontraría igualmente en grupos cultos, «pero también ocurre el fenómeno inverso: la supresión de la *d* final» (Córdova 1996, 194); como en otras zonas, también en Ecuador se produce la reducción de /mb/ en casos como *también > tamién* (Córdova 1996, 195). Otra variedad donde se produce la elisión del segmento /d/ en coda es en las hablas de la llamada 'zona dialectal B' del español boliviano, como puede apreciarse en la Figura 8 (Coello 1996, 176).

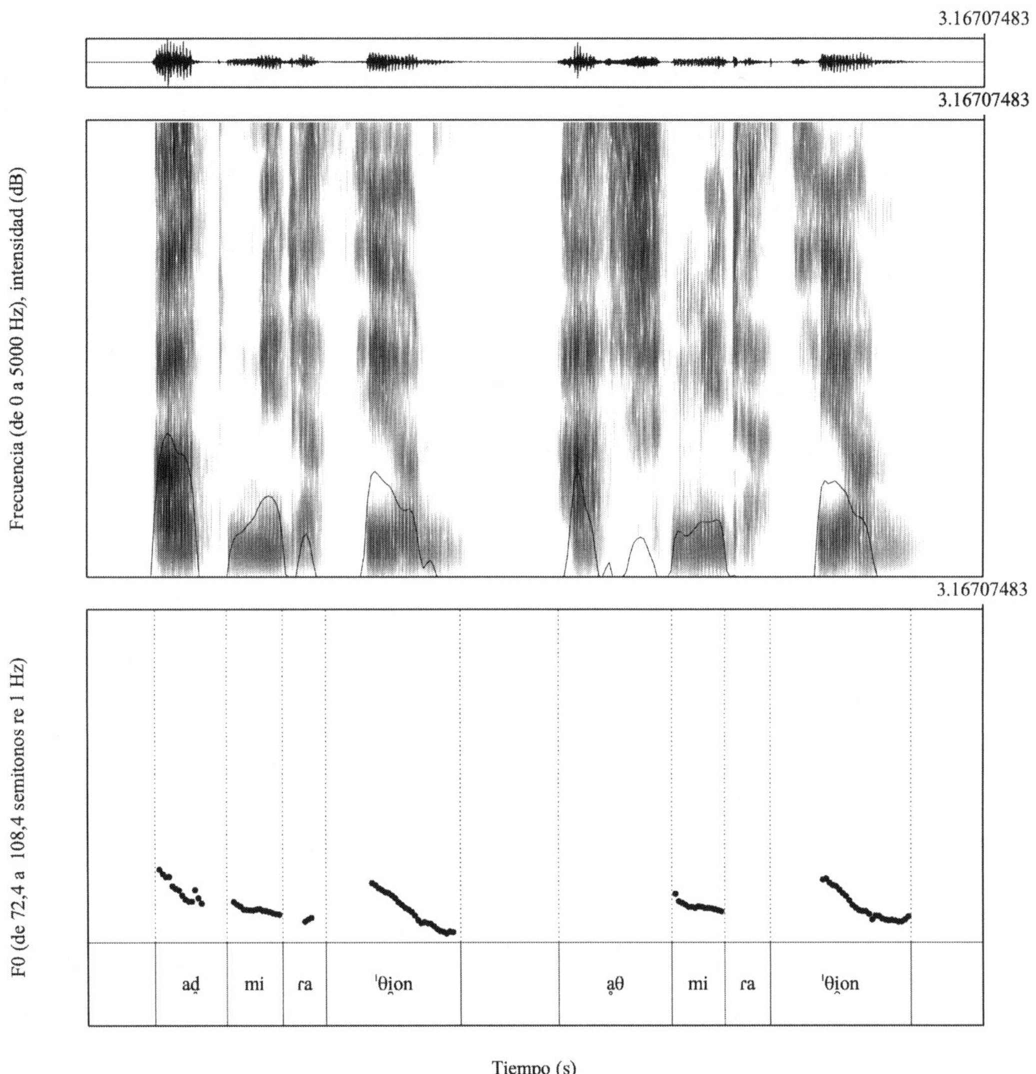

FIGURA 11. Oscilograma, espectrograma y curva de intensidad, frecuencia fundamental y transcripción de dos realizaciones de *admiración* emitidas por el autor del presente capítulo, hombre de edad madura, universitario y originario de Madrid.

También se elide con asiduidad en el español paraguayo: *verdá, ciudá;* se ha mencionado que /b/ entre vocales llega a elidirse; existen tanto realizaciones oclusivas como elisiones de /b/ ante /s/: *obsequio > osequio;* la elisión es vulgar y la oclusión tiene cierta presencia; /dm/ muestra gran variación (Alvar 1996e, 201). Asimismo, se producen elisiones de /d/ final en español austral, incluido el llamado 'español austral del litoral' *(usté, paré)* (Moreno Fernández 2009, 339, 356), y en el español chileno, en el que también es común la caída de /d/ final en casos semejantes (Moreno Fernández 2009, 378).

El español mexicano central tiende a conservar las oclusivas orales en coda silábica, como *cápsula* ['kap.su.la] (Lope Blanch 1996, 81; Moreno Fernández 2009, 255–56, 274; cf. Martín Butragueño 2014, 272–96). Para las zonas de conservación notoria del grupo /kt/ en México, véase el mapa 43 de Moreno de Alba (1994, 142), elaborado a partir de datos presentes en el *Atlas lingüístico de México* (Lope Blanch 1990–2000), en el que se sombrean áreas del centro y del occidente, así como algunos puntos aislados en el norte y en el sur. En la Ciudad de México, las personas de estudios bajos llegan a mostrar diversas modificaciones en los grupos formados por oclusivas orales en cierre de sílaba (Rodríguez Cadena y Mora Bustos 2001). La /d/ final de palabra presenta un área amplia de elisión algo frecuente en el centro del país (Moreno de Alba 1994, 76, mapa 17). Véase también García Ponce y Mora Pablo (2018). En hablas peruanas se registra fusión en coda de diferentes consonantes (Caravedo 1990, 94–98; Moreno Fernández 2009, 301, 324). Algunas de las variedades del español peruano muestran procesos muy extendidos de fusión de los segmentos /p/-/b/, /t/-/d/, /k/-/g/-/x/ implosivos; en particular,

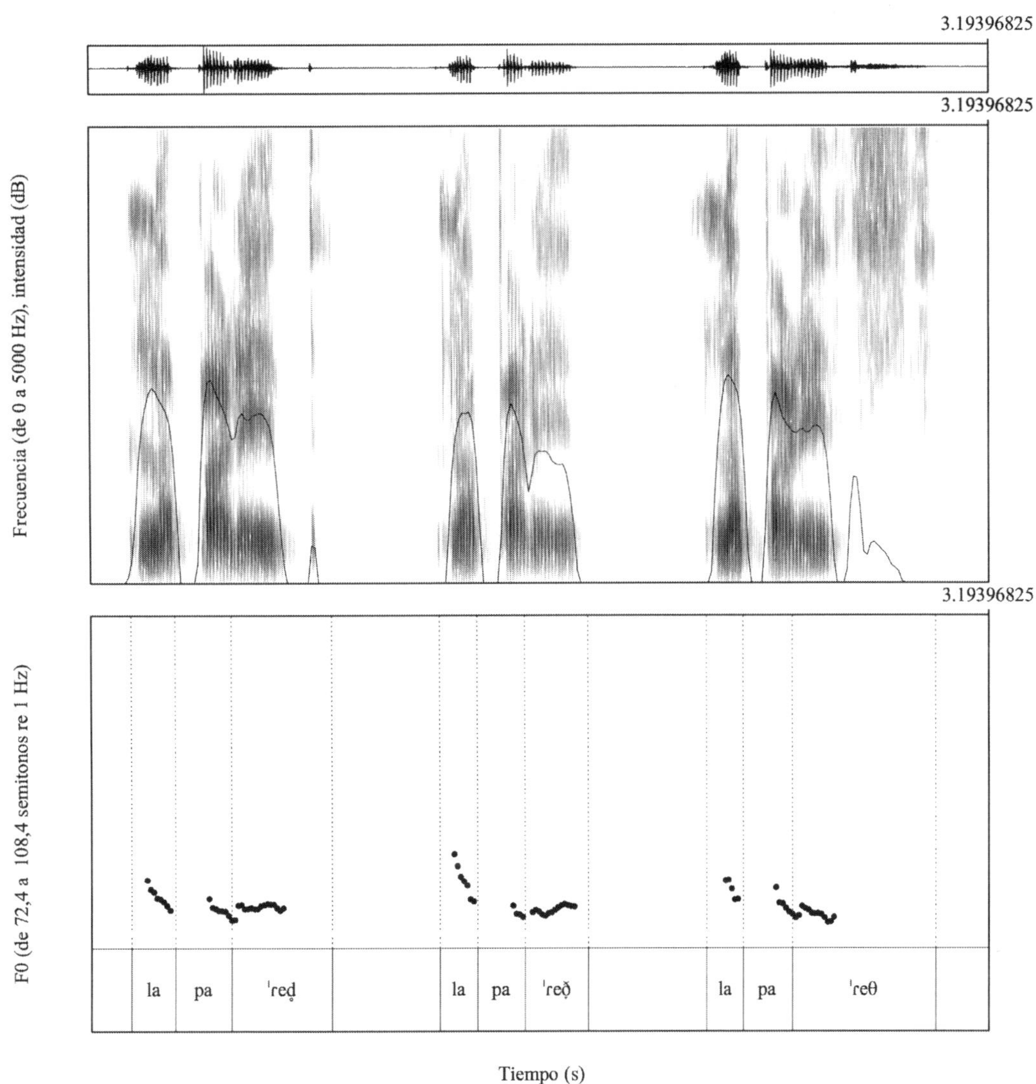

FIGURA 12. Oscilograma, espectrograma y curva de intensidad, frecuencia fundamental y transcripción de tres realizaciones de *la pared* emitidas por el autor del presente capítulo, hombre de edad madura, universitario y originario de Madrid.

en el español peruano costeño es en el que existe una propensión notoria a la fusión de los segmentos no nasales en /g/, incluso en pares mínimos [→ § 1.17.1]; las áreas andinas prefieren dorsalizar por medio de una solución /x/ (Caravedo 1996, 158–59); véase la Figura 13 para un ejemplo de Lima. El español costeño de los países andinos presentaría elisión de /d/ final de palabra en formas como *verdad* [beɾ.ˈð̥a], y el español andino serrano en general presentaría soluciones fricativas para las consonantes oclusivas en coda, del tipo de *contacto* [koɲ.ˈʈax.ʈo] (Moreno Fernández 2009, 306, 312). La tendencia a la fusión en coda se registra también en español venezolano, que en estilos informales puede mostrar soluciones dorsales, sordas o sonoras, para cualquier segmento oclusivo oral: *opción > ocsión, ogsión* (Sedano y Bentivoglio 1996, 120).

La Figura 13 permite apreciar, en una realización limeña de *el taxi*, cómo al realizarse el grupo /ks/ se documenta una velar aproximante sonora [ɣ̞], con presencia de frecuencia fundamental y con una cierta estructura formántica.

Los préstamos de otras lenguas pueden introducir codas no patrimoniales. Por ejemplo, el contacto con el maya explicaría /p t k/ en posición implosiva (entre otros) en español yucateco, como en *xet* 'leporino', *xic* 'axila', etcétera (Lope Blanch 1987a, 1996, 86; Moreno Fernández 2009, 279–80). El contacto con el inglés tiene también una repercusión cada vez mayor, que no se trata aquí, en este aspecto. En cambio, los grupos se bisilaban en préstamos a lenguas originarias filipinas: *trompo > torompo* en tagalo; *cruz > kurós* en cebuano (Quilis 1996a, 235); el chamorro de las Marianas sí introdujo grupos como /kɾ kl bɾ bl/ (Rodríguez-Ponga 1996, 246).

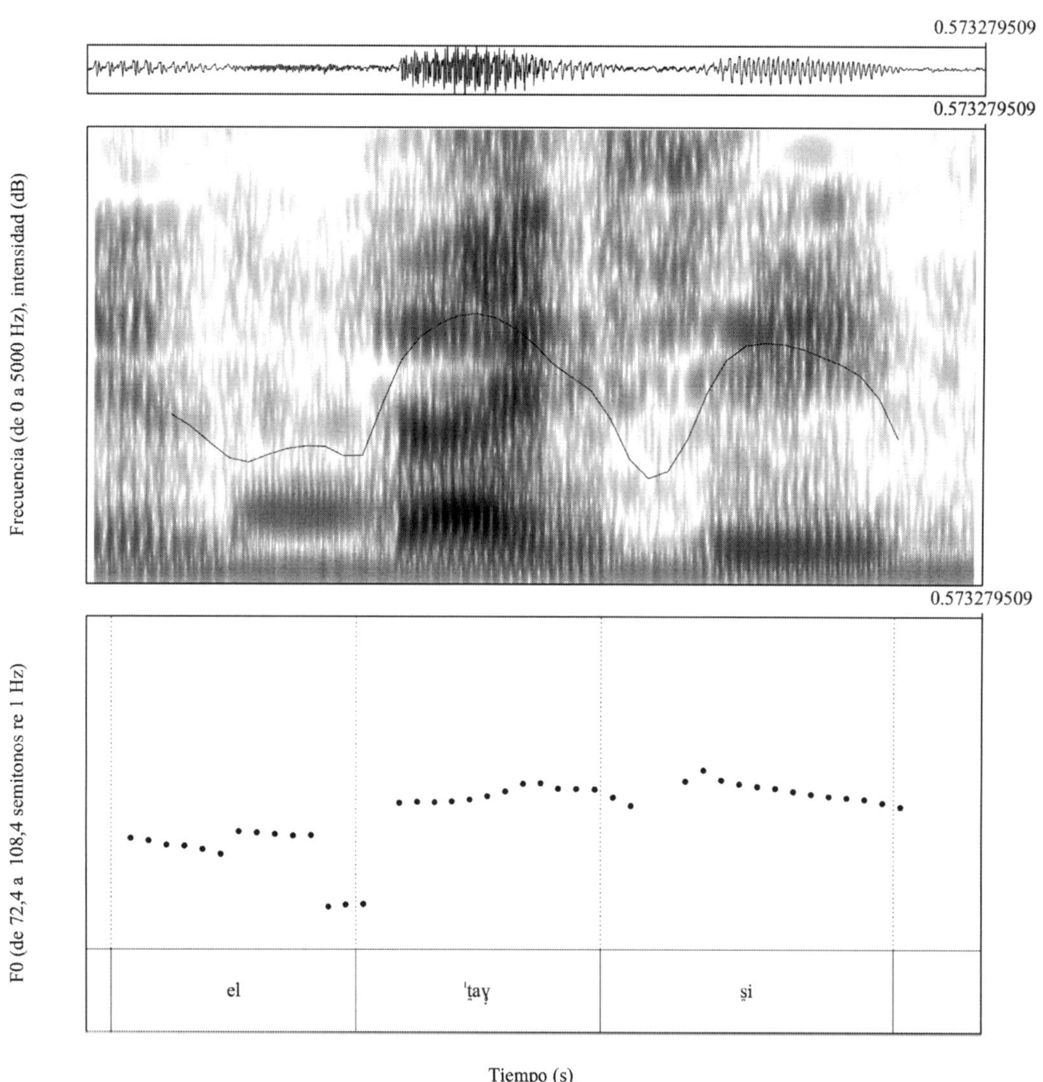

FIGURA 13. Oscilograma, espectrograma y curva de intensidad, frecuencia fundamental y transcripción de *el taxi* correspondientes al documento LIMA_H11_011 obtenido en Lima (PRESEEA 2014–).

La división silábica de la secuencia *tl* [→ § 9.5.1, § 11.5, § 24.2.3, § 24.4.2] en casos como *atlético, teponastle* o *Atlixco,* con la /t/ en la coda de la primera sílaba o en el ataque de la segunda, está sometida a variación geolingüística (Martín Butragueño 2014, 296–303; Real Academia Española y Asociación de Academias de la Lengua Española 2011, 156). Tradicionalmente, parece que se tiende a suponer que el silabeo [→ § 1.21.11] *a.tlas* es marcado con respecto al silabeo *at.las.* Aunque puede pensarse en diferentes argumentos acerca de la marcación de la estructura (estableciendo su frecuencia tipológica, por ejemplo), es interesante observar que *a.tlas* se comporta como *a.trás, re.tro.ce.der, A.driá.ti .co, pa.dre,* sea que la rótica se combine con *t* o con *d.* El argumento del silabeo *d.l,* frente a un imposible **.dl,* que sería semejante al referente a *tl,* lo que en español proporcionaría una conveniente analogía analítica, topa con un inconveniente léxico: si en el *Diccionario de la lengua española* (Real Academia Española y Asociación de Academias de la Lengua Española 2014) se selecciona la opción 'contiene dl', se obtienen las cuatro entradas recogidas en (1).

(1)   adlátere; cuodlibetal; cuodlibético, -ca; cuodlibeto.

Considérese que, además de escasas, se trata de formas cultas, especialmente las tres últimas, relacionadas entre sí y ciertamente nada comunes. En contraste, si en el mismo diccionario se selecciona 'contiene tl', la lista producida es mucho más larga, como se ve en (2).

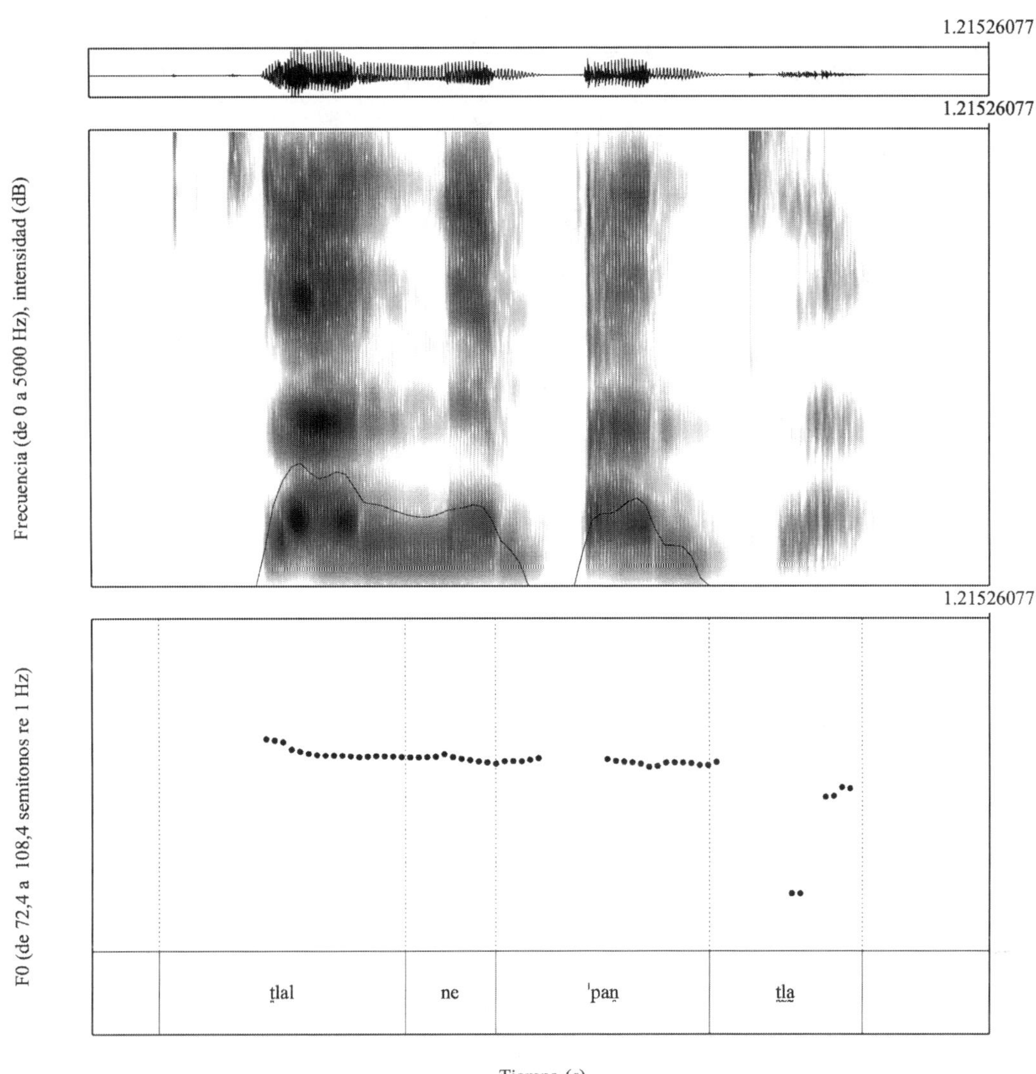

FIGURA 14. Oscilograma, espectrograma y curva de intensidad, frecuencia fundamental y transcripción del topónimo *Tlalnepantla* pronunciado por una mujer joven, estudiante, de Ciudad de México.

(2) achichintle; aguatle; ahuautle; apantle; apastle; apaxtle; atlante; atlanticense; atlántico, -ca; atlantidense; atlantideño, -ña; atlantiquense; atlantismo; atlantista; atlas; atleta; atlético, -ca; atletismo; betlehemita; betlehemítico, -ca; betlemita; betlemítico, -ca; cacahuacentli; cacahuacintle; cacastle; cacomixtle; cacomiztle; catleya; cenzontle; chichicastle; chipotle; contlapache; contlapachear; cuitlacoche; cuscatleco, -ca; cuzcatleco, -ca; decatleta; decatlón; decatloniano, -na; escuintle, -tla; escuintleco, -ca; genetlíaca; genetliaco, -ca; genetlíaco, -ca; *gentleman;* guasontle; hitleriano, -na; hitlerismo; huatli; huauzontle; huazontle; huitlacoche; juanacastle; mazatleco, -ca; metlapil; naguatlato, -ta; náhuatl; nahuatlato, -ta; nahuatlismo; neutle; pastle; pentatleta; pentatlón; Pórtland; postliminio; sensontle; sompantle; tepezcuintle; teponastle; tezontle; tlachique; tlaco; tlacoache; tlaconete; tlacote; tlacoyo; tlacuache; tlameme; tlapalería; tlapalero, -ra; tlaxcalteca; tlazol; totomochtle; transatlántico, -ca; trasatlántico, -ca; triatleta; triatlón; zenzontle; zinzontle; zomplantli.

Aunque quepa reconocer que algunas de las voces son variantes gráficas o fónicas de un mismo ítem, que algunas no sean muy comunes y que otras estén acotadas geográficamente (que no demográficamente), parece evidente con todo que la secuencia *tl* es léxicamente mucho más común que la secuencia *dl*, por lo que el papel de esta última no parece un argumento muy relevante para establecer la marcación o no de cada una de las soluciones con *tl*. A la productividad en el léxico común habría que sumar un número infinito de topónimos que presentan *tl* en cualquier posición de la palabra, sea

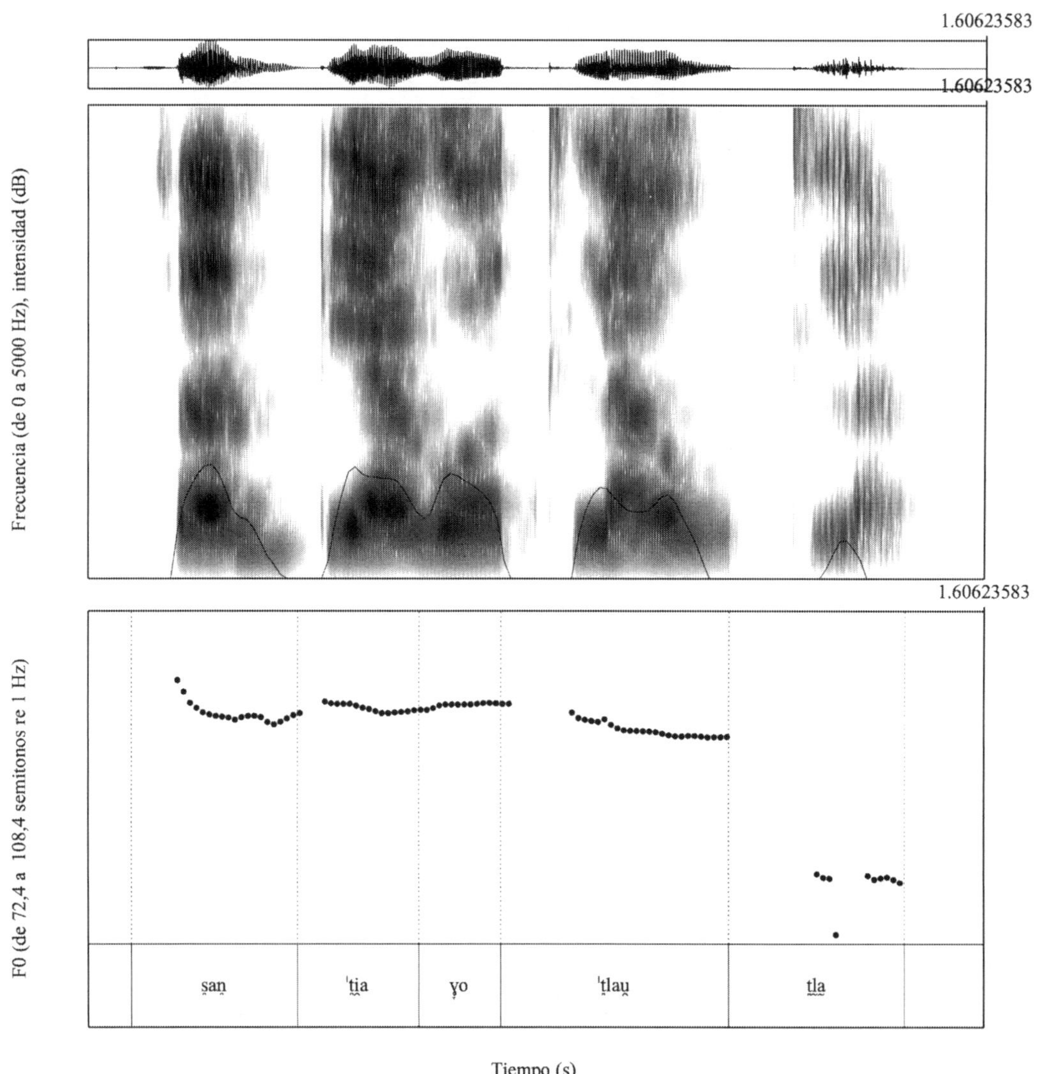

FIGURA 15. Oscilograma, espectrograma y curva de intensidad, frecuencia fundamental y transcripción del topónimo *Santiago Tlautla* pronunciado por una mujer joven, estudiante, de Ciudad de México.

inicial *(Tlacotalpan)*, intermedia *(Santiago Tlautla)* o final *(Iztaccíhuatl)*, aunque para la discusión del silabeo los relevantes son los que presentan *tl* en posición intermedia de la palabra léxica (más adelante se comenta el caso de la palabra prosódica, vinculada al nivel posléxico) [→ § 1.18.6]. Desde la perspectiva de la descripción de la variación, los hechos son simples si se considera que el silabeo *a.tlas* no es una estructura especialmente marcada [→ § 1.17.6, § 1.18.8], sino diferente, de modo que lo que hay que hacer es establecer en qué zonas geográficas hispanohablantes se elige una solución específica, pues una parte muy elevada de los hispanohablantes prefiere la solución *a.tlético*. Además, como también se comenta más adelante, un número relevante de casos difícilmente se pronunciarían de otra manera más que con la /t/ en el ataque, por ejemplo para evitar una coda compleja *(escuintle, pastle)*, si bien podría haber condicionamientos léxicos o morfológicos en otros, por ejemplo cuando se trata de ciertos préstamos o existe una frontera morfológica *(hitleriano, postliminio)*.

Las Figuras 14 y 15 muestran la proyección acústica de un par de casos, *Tlalnepantla* y *Santiago Tlautla*, ambos topónimos y con dos casos de *tl*. En *Tlalnepantla* aparecen una *tl* inicial y una *tl* intermedia, esta con la coda previa activada por medio de una /n/, de modo que el costo de silabear /t/ en la coda previa incluiría la generación de una coda compleja. Algo parecido ocurre en *Santiago Tlautla,* con la primera *tl* en posición inicial léxicamente e intermedia posléxicamente, y la segunda, intermedia, pero con un diptongo en el contexto previo. Como se puede apreciar, en los cuatro casos /t/ forma parte de un ataque complejo y no experimenta ningún debilitamiento (cf. Martín Butragueño 2014, 299, figura 3.13, y los comentarios adyacentes en 298–99 en relación con *Atlautla*).

La cuestión de *tl* se considera en Martín Butragueño (2014, 296–303). Se recuerda allí la mayor productividad léxica y toponímica en México y América Central de las formas con *tl* frente a otras áreas hispánicas; la variedad posicional de la secuencia *(huitlacoche, ixtle, tlacuache, Popocatépetl)*; la amplia extensión de la solución con *tl* en el ataque: parte del norte de la península ibérica, Canarias y América, siguiendo a Quilis (1993, 369) y a Hualde y Carrasco (2009, 178), e incluso en el español ecuatoguineano (Quilis 1996b, 383) [→ § 9.5.1]; con todo, algunas transcripciones suscitan dudas acerca de la absoluta regularidad del fenómeno (véase, por ejemplo, Alvar [2010], mapa de México 664 para *atleta*, incluido como figura 3.17 en Martín Butragueño [2014, 304]); se trataría de un rasgo importante en el español mexicano y centroamericano, a partir de los préstamos del náhuatl (Moreno Fernández 2009, 255, 257), pero de modo que el ataque *tl* se produce también con las palabras románicas (Lope Blanch 1996, 85); a su vez, Hualde y Carrasco (2009) confirman que en español mexicano es un ataque complejo [→ § 1.21.8]. Según Martín Butragueño (2014, 299–303), otros aspectos merecedores de investigación son: la existencia de variación fónica, pues el *Atlas lingüístico de México* (Lope Blanch 1990–2000) incluye posibilidades como [t͡l] y [tˡ], y pueden presentarse ejemplos como el de *tlacoyo* con [ɬ] (Martín Butragueño 2014, 300, figura 3.14 y comentarios adyacentes); la relevancia de la solidez de /t/ (en pronunciaciones como la de *atleta* en la figura 3.15 del mismo trabajo); el posible surgimiento de vocales de apoyo en el seno de la secuencia, la forma en que se solucione la pluralización de palabras terminadas en *tl* o el papel de la tonicidad de la sílaba; el hecho de que en muchos casos no es factible la partición de la secuencia en dos sílabas, pues en inicio de palabra no son posibles los efectos posléxicos [→ § 1.21.11], como en *la tlayuda,* como tampoco parece posible cuando la coda previa está ya ocupada por otra consonante, en casos del tipo *tezontle;* en final de palabra no es imposible encontrar soluciones del tipo de [ˡl] [l] o [tˀl] (véase la figura 3.16 y comentarios adyacentes, con respecto a *Popocatépetl,* en el trabajo ya mencionado).

10.3 Conclusiones

Las conclusiones más generales que cabe establecer sobre la variación en las oclusivas orales son probablemente aplicables a otras familias segmentales. En su estudio es importante combinar el efecto de los factores lingüísticos con el de los dialectales y sociolingüísticos; si los primeros, o factores internos, son esenciales para entender qué es probable o natural que ocurra y qué no, y para poner orden en los efectos observados, los segundos, o externos, son fundamentales para localizar en el tiempo y en el espacio los fenómenos que realmente están ocurriendo. En cuanto a la bibliografía disponible, algunos trabajos son muy precisos en lo que se refiere a las características articulatorias y acústicas de los procesos, mientras que otros ofrecen muestras amplias y representativas con respecto al número de datos y al número de hablantes, pero no siempre se conjuntan ambas características, dado que hoy día es fácil realizar estudios acústicos y que se dispone de corpus orales amplios (como PRESEEA 2014–) y de métodos de análisis cuantitativos que permiten combinar variables discretas y continuas (véanse Johnson 2009, Scrivner y Díaz-Campos 2016, etcétera), el futuro inmediato está abriendo nuevas perspectivas. Fuera de ello, es claro que el estudio de la variación necesita considerar dimensiones muy variadas, desde las diferentes acciones laríngeas y supralaríngeas, hasta los efectos de la prosodia, la morfología, la sintaxis y el léxico. En el análisis de las fuerzas encontradas (innovación frente a conservación, búsqueda de estructuras generales como las sílabas CV frente al respeto al léxico), es esencial asimismo considerar el papel prestigioso de las normas, la fuerte estratificación de algunas de nuestras sociedades, los muy variados estilos lingüísticos que los hablantes tienen a su disposición y el papel a veces desempeñado por el aislamiento y muchas veces por el contacto entre lenguas diferentes.

Referencias bibliográficas

Alatorre, Antonio. 1991. «Historia de la palabra *gachupín*». En *Scripta philologica. In honorem Juan M. Lope Blanch a los 40 años de docencia en la UNAM y a los 65 años de vida. Vol. 2: lingüística española e iberoamericana*, editado por Elisabeth Luna, 275–303. México, D. F.: Universidad Nacional Autónoma de México, Instituto de Investigaciones Filológicas.

Alba, Orlando. 1999. «Elisión de la /d/ intervocálica postónica en el español dominicano». En *Estudios de lingüística hispánica. Homenaje a María Vaquero*, editado por Amparo Morales de Walters, Julia Cardona Mack, Humberto López Morales y Eduardo Forastieri, 3–21. San Juan: Editorial de la Universidad de Puerto Rico.

———. 2015. «Madrid frente a Santo Domingo: la /d/ intervocálica y la /s/ implosiva». *Lingüística Española Actual* 37 (1): 5–32.

Almeida, Manuel. 1982. «En torno a las oclusivas sonoras tensas grancanarias». *Revista de Filología de la Universidad de La Laguna* 1: 77–88.

Alvar, Manuel. 1996a. «Andaluz». En *Manual de dialectología hispánica. El español de España*, editado por Manuel Alvar, 233–58. Barcelona: Ariel.

———. 1996b. «Canario». En *Manual de dialectología hispánica. El español de España*, editado por Manuel Alvar, 325–38. Barcelona: Ariel.

———. 1996c. «El judeo-español de Marruecos». En *Manual de dialectología hispánica. El español de España*, editado por Manuel Alvar, 368–77. Barcelona: Ariel.

———. 1996d. «Los Estados Unidos». En *Manual de dialectología hispánica. El español de América*, editado por Manuel Alvar, 90–100. Barcelona: Ariel.

———. 1996e. «Paraguay». En *Manual de dialectología hispánica. El español de América*, editado por Manuel Alvar, 196–208. Barcelona: Ariel.

———. 2010. *El español en México. Estudios, mapas, textos*. Editado por Florentino Paredes y Antonio Alvar Ezquerra. Alcalá de Henares: Universidad de Alcalá, Servicio de Publicaciones; Madrid: La Goleta Ediciones; Comillas: Fundación Comillas.

Álvarez Martínez, María Ángeles. 1990. «Estudios fonéticos sobre el español de Canarias: la aspiración y la sonorización de oclusivas sordas». *Español Actual. Revista de español vivo* 54: 91–100.

———. 1996. «Extremeño». En *Manual de dialectología hispánica. El español de España*, editado por Manuel Alvar, 171–82. Barcelona: Ariel.

Ariza, Manuel y Antonio Salvador Plans. (1992) 1994. «/b/ oclusiva y /b/ fricativa en Serradilla, Cáceres». En *Sobre fonética histórica del español*, de Manuel Ariza, 65–70. Madrid: Arco/Libros.

Azcúnaga, Raúl Ernesto. 2010. «Fonética del español salvadoreño». En *El español hablado en América Central. Nivel fonético*, editado por Miguel Ángel Quesada, 83–113. Madrid: Iberoamericana; Fráncfort: Vervuert. https://doi.org/10.31819/9783865278708-004.

Bennett, Ryan. 2016. «Mayan Phonology». *Language and Linguistics Compass* 10 (10): 469–514. https://doi.org/10.1111/lnc3.12148.

Borrego, Julio. 1996. «Leonés». En *Manual de dialectología hispánica. El español de España*, editado por Manuel Alvar, 139–58. Barcelona: Ariel.

Cameron, Richard. 2005. «Aging and Gendering». *Language in Society* 34 (1): 23–61. https://doi.org/10.1017/S0047404505050025.

Canfield, D. Lincoln. (1981) 1988. *El español de América: fonética*. Traducido por Joaquim Llisterri y Dolors Poch. Barcelona: Crítica.

Caravedo, Rocío. 1990. *Sociolingüística del español de Lima*. Lima: Pontificia Universidad Católica del Perú.

———. 1992. «Espacio geográfico y modalidades lingüísticas en el español del Perú». En *Historia y presente del español de América*, editado por César Hernández Alonso, 719–41. Valladolid: Junta de Castilla y León.

———. 1996. «Perú». En *Manual de dialectología hispánica. El español de América*, editado por Manuel Alvar, 152–68. Barcelona: Ariel.

Cardona, Mauricio Andrés. 2010a. «Fonética del español de Panamá». En *El español hablado en América Central. Nivel fonético*, editado por Miguel Ángel Quesada, 177–210. Madrid: Iberoamericana; Fráncfort: Vervuert. https://doi.org/10.31819/9783865278708-008.

———. 2010b. «La fonética del español en Belice». En *El español hablado en América Central. Nivel fonético*, editado por Miguel Ángel Quesada, 21–48. Madrid: Iberoamericana; Fráncfort: Vervuert. https://doi.org/10.31819/9783865278708-002.

Carpenter, Lindsey. 2012. «Language Contact: Aspiration of Voiceless Stops among Women of the Yucatan». Trabajo de maestría, North Carolina State University.

Carrasco, Patricio G., José Ignacio Hualde y Miquel Simonet. 2012. «Dialectal Differences in Spanish Voiced Obstruent Allophony: Costa Rican versus Iberian Spanish». *Phonetica* 69 (3): 149–79. https://doi.org/10.1159/000345199.

Catalán, Diego. 1954. «Concepto lingüístico del dialecto "chinato" en una chinato-hablante». *Revista de Dialectología y Tradiciones Populares* 10 (1): 10–28.

Cedergren, Henrietta J. 1979. «La elisión de la /d/: un ensayo de comparación dialectal». *Boletín de la Academia Puertorriqueña de la Lengua Española* 7 (2): 19–29.

Cepeda, Gladys. 1991. *Las consonantes de Valdivia*. Valdivia: Fondo Nacional de Desarrollo Científico y Tecnológico; Valdivia: Universidad Austral de Chile.

Cestero, Ana María. 2012. «El proyecto para el estudio sociolingüístico del español de España y América (PRESEEA)». *Español Actual. Revista de español vivo* 98: 227–34.

Coello, Carlos. 1996. «Bolivia». En *Manual de dialectología hispánica. El español de América*, editado por Manuel Alvar, 169–83. Barcelona: Ariel.

Colina, Sonia. 2009. *Spanish Phonology. A Syllabic Perspective*. Washington D. C.: Georgetown University Press.

Córdova, Carlos Joaquín. 1996. «Ecuador». En *Manual de dialectología hispánica. El español de América*, editado por Manuel Alvar, 184–95. Barcelona: Ariel.

D'Introno, Francesco y Juan Manuel Sosa. 1986. «Elisión de la /d/ en el español de Caracas: aspectos sociolingüísticos e implicaciones teóricas». En *Estudios sobre la fonología del español del Caribe*, editado por Rafael A. Núñez Cedeño, Iraset Páez y Jorge M. Guitart, 135–63. Caracas: La Casa de Bello.

Dohotaru, Puica. 2003. «Debilitamiento de /d/ intervocálica en el habla de habaneros universitarios». *Español Actual. Revista de español vivo* 80: 33–46.

Donni de Mirande, Nélida Esther. 1996. «Argentina–Uruguay». En *Manual de dialectología hispánica. El español de América*, editado por Manuel Alvar, 209–21. Barcelona: Ariel.

Eckert, Penelope. 2008. «Variation and the Indexical Field». *Journal of Sociolinguistics* 12 (4): 453–76. https://doi.org/10.1111/j.1467-9841.2008.00374.x.

Elizaincín, Adolfo. 1992. «El español actual en el Uruguay». En *Historia y presente del español de América*, editado por César Hernández Alonso, 759–74. Valladolid: Junta de Castilla y León.

Espinosa García, Aurelio M. 1930–1946. *Estudios sobre el español de Nuevo México. Parte I. Fonética. Parte II. Morfología*. Traducción y reelaboración con notas de Amado Alonso y Ángel Rosenblat. Buenos Aires: Universidad de Buenos Aires, Instituto de Filología.

———. 1935. *Arcaísmos dialectales. La conservación de «s» y «z» sonoras en Cáceres y Salamanca*. Madrid: Consejo Superior de Investigaciones Científicas.

Estrada, Ana. 2019. *The Loss of Intervocalic /d/ in European Peninsular Spanish*. Salamanca: Ediciones Universidad de Salamanca.

Fernández de Molina, Elena. 2019. «Factores lingüísticos y extralingüísticos influyentes en la elisión de la /d/ en posición intervocálica en la comarca de Mérida (España)». *Philologica Canariensia. Revista de Filología de la Universidad de Las Palmas de Gran Canaria* 25: 40–65. https://doi.org/10.20420/PhilCan.2019.257.

Figueroa Candia, Mauricio A. y Bronwen G. Evans. 2020. «Percepción del contraste bilabial-labiodental en las consonantes aproximantes del castellano de Chile». *Loquens. Spanish Journal of Speech Sciences* 7 (1): e067. https://doi.org/10.3989/loquens.2020.067.

Flores Farfán, José Antonio. 2008. «México». En *El español en América. Contactos lingüísticos en Hispanoamérica*, editado por Azucena Palacios, 33–56. Barcelona: Ariel.

García García de León, Clara Luna. 2015. «Variación en la secuencia /kt/ en español centropeninsular: estudio sincrónico y aplicaciones diacrónicas». *Loquens. Spanish Journal of Speech Sciences* 2 (1): e016. https://doi.org/10.3989/loquens.2015.016.

García Mouton, Pilar. (1994) 2007. *Lenguas y dialectos de España*. 5.ª ed. Madrid: Arco/Libros.

García Ponce, Edgar Emmanuell e Irasema Mora Pablo. 2018. «Análisis sociolingüístico de la elisión de /d/ en español de Toluca». *Cuadernos de Lingüística de El Colegio de México* 5 (2): 45–78. https://doi.org/10.24201/clecm.v5i2.114.

Gómez Molina, José Ramón. 2008. «Estudio sociolingüístico de la /d/ intervocálica en el español de Valencia». En *Actas del XV Congreso de la Asociación de Lingüística y Filología de la América Latina (ALFAL). Montevideo, Uruguay, 18–21 de agosto de 2008*. Montevideo: Universidad de Montevideo. CD.

———. 2012. «Variación y cambios fónicos de la /d/ intervocálica en el español de Valencia: Proyecto PRESEEA-PRESEVAL». *Lingüística Española Actual* 34 (2): 167–96.

Gómez Molina, José Ramón y María Begoña Gómez Devís. 2010. «Mantenimiento y elisión de la /d/ intervocálica en el español de Valencia». *Verba. Anuario Galego de Filoloxía* 37: 89–122. http://hdl.handle.net/10347/6009.

González Rátiva, María Claudia, Juan Rafael Orozco Arroyave, Liliana Estefanía Ospina y Erika Patricia Chaparro. 2019. «Aproximante [ð̞] en contexto -ado en el habla de Medellín: prueba experimental para la identificación automática de variantes alofónicas y su caracterización acústica». *Lenguaje (Universidad del Valle)* 47 (2S): 514–36. https://doi.org/10.25100/lenguaje.v47i3.7560.

Hall, T. Alan. 2007. «Segmental Features». En *The Cambridge Handbook of Phonology*, editado por Paul de Lacy, 311–34. Cambridge: Cambridge University Press. https://doi.org/10.1017/CBO9780511486371.014.

Hernández Alonso, César. 1996. «Castilla La Vieja». En *Manual de dialectología hispánica. El español de España*, editado por Manuel Alvar, 198–212. Barcelona: Ariel.

Hernández Torres, Ramón Augusto. 2010. «Fonética del español de Honduras». En *El español hablado en América Central. Nivel fonético*, editado por Miguel Ángel Quesada, 115–36. Madrid: Iberoamericana; Fráncfort: Vervuert. https://doi.org/10.31819/9783865278708-005.

Herrera Santana, Juana Luisa. 1989. «Sonorización de oclusivas sordas en Tenerife». En *Tres estudios de fonética*, editado por Josefa Dorta y Juana Luisa Herrera Santana, 111–21. La Laguna: Universidad de La Laguna, Secretariado de Publicaciones.

Hualde, José Ignacio. 2014. *Los sonidos del español*. Cambridge: Cambridge University Press. https://doi.org/10.1017/CBO9780511719943.

Hualde, José Ignacio y Patricio G. Carrasco. 2009. «/tl/ en español mexicano. ¿Un segmento o dos?» *Estudios de Fonética Experimental* 18: 175–91.

Hualde, José Ignacio y Christopher D. Eager. 2016. «Final Devoicing and Deletion of /-d/ in Castilian Spanish». *Studies in Hispanic and Lusophone Linguistics* 9 (2): 329–53. https://doi.org/10.1515/shll-2016-0014.

International Phonetic Association. 2015. «The International Phonetic Alphabet (Revised to 2015)». Documento en línea. International Phonetic Association. https://www.internationalphoneticassociation.org/content/full-ipa-chart.

Jiménez Fernández, Rafael. 2015. «Sobre el mantenimiento y la pérdida de la /d/ intervocálica en el habla de Sevilla (sociolecto bajo)». *Sociolingüística Andaluza* 17: 193–209.

Johnson, Daniel E. 2009. «Getting off the Goldvarb Standard: Introducing Rbrul for Mixed-Effects Variable Rule Analysis». *Language and Linguistics Compass* 3 (1): 359–83. https://doi.org/10.1111/j.1749-818X.2008.00108.x.

Kager, René W. J. 1999. *Optimality Theory*. Cambridge: Cambridge University Press. https://doi.org/10.1017/CBO9780511812408.

Ladefoged, Peter e Ian Maddieson. 1996. *The Sounds of the World's Languages*. Oxford: Blackwell.

Lipski, John. 1985. *The Spanish of Equatorial Guinea. The Dialect of Malabo and Its Implications for Spanish Dialectology*. Tubinga: Niemeyer. Reed., Berlín: de Gruyter Mouton, 2011. https://doi.org/10.1515/9783111676890.

———. (1994) 2005. *El español de América*. Traducido por Silvia Iglesias. 4.ª ed. Madrid: Cátedra.

———. 2008. *Varieties of Spanish in the United States*. Washington D. C.: Georgetown University Press.

Llorente, Antonio. 1965. «Algunas características lingüísticas de la Rioja en el marco de las hablas del Valle del Ebro y de las comarcas vecinas de Castilla y Vasconia». *Revista de Filología Española* 48 (3–4): 321–50. https://doi.org/10.3989/rfe.1965.v48.i3/4.892.

Lope Blanch, Juan Miguel. 1987a. *Estudios sobre el español de Yucatán*. México, D. F.: Universidad Nacional Autónoma de México, Instituto de Investigaciones Filológicas.

———. 1987b. «Las consonantes oclusivas en el español de Yucatán». En *Estudios sobre el español de Yucatán*, 65–91. México, D. F.: Universidad Nacional Autónoma de México, Instituto de Investigaciones Filológicas.

———. (1983) 1987. «Sobre glotalizaciones en el español de Yucatán». En *Estudios sobre el español de Yucatán*, 92–107. México, D. F.: Universidad Nacional Autónoma de México, Instituto de Investigaciones Filológicas.

———. (1984) 1987. «Sobre los cortes glóticos del español yucateco». En *Estudios sobre el español de Yucatán*, 108–24. México, D. F.: Universidad Nacional Autónoma de México, Instituto de Investigaciones Filológicas.

———, ed. 1990–2000. *Atlas lingüístico de México*. 6 vols. México, D. F.: El Colegio de México; México, D. F.: Universidad Nacional Autónoma de México; México D. F.: Fondo de Cultura Económica.

———. 1996. «México». En *Manual de dialectología hispánica. El español de América*, editado por Manuel Alvar, 81–89. Barcelona: Ariel.

López Morales, Humberto. 1983. *Estratificación social del español de San Juan de Puerto Rico*. México, D. F.: Universidad Nacional Autónoma de México, Instituto de Investigaciones Filológicas, Centro de Lingüística Hispánica.

Maddieson, Ian. 2013. «Glottalized Consonants». En *The World Atlas of Language Structures Online*, editado por Matthew S. Dryer y Martin Haspelmath. Leipzig: Max Planck Institute for Evolutionary Anthropology. https://wals.info/chapter/7.

Malaver, Irania y Lorena Perdomo. 2016. «La elisión de /d/ en posición intervocálica en la comunidad caraqueña». *Boletín de Filología (Universidad de Chile)* 51 (2): 147–79. https://doi.org/10.4067/S0718-93032016000200006.

Malaver, Irania y José Antonio Samper Padilla. 2016. «Estudio de la /d/ intervocálica en los corpus de PRESEEA». *Boletín de Filología (Universidad de Chile)* 51 (2): 325–45. https://doi.org/10.4067/S0718-93032016000200012.

Marrero-Aguiar, Victoria. 1988. «Fonética estática y fonética dinámica en el habla de las Islas Canarias». Tesis de doctorado, Universidad Complutense de Madrid.

Martín Butragueño, Pedro. 1991. «Desarrollos sociolingüísticos en una comunidad de habla (Getafe, Madrid)». Tesis de doctorado, Universidad Complutense de Madrid.

———. 2002. *Variación lingüística y teoría fonológica*. México, D. F.: El Colegio de México.

———. 2004. «El contacto de dialectos como motor del cambio lingüístico». En *Cambio lingüístico. Métodos y problemas*, editado por Pedro Martín Butragueño, 81–144. México, D. F.: El Colegio de México.

———. 2014. *Fonología variable del español de México. Vol. I: procesos segmentales*. México, D. F.: El Colegio de México.

Martín Butragueño, Pedro, Érica Mendoza y Leonor Orozco, eds. En preparación. *Corpus oral del español de México (COEM)*. México, D. F.: El Colegio de México.

Martínez Celdrán, Eugenio. 2009. «Sonorización de las oclusivas sordas en una hablante murciana: problemas que plantea». *Estudios de Fonética Experimental* 18: 253–71.

———. 2013. «Caracterización acústica de las aproximantes espirantes en español». *Estudios de Fonética Experimental* 22: 11–35.

Martínez Celdrán, Eugenio y Ana María Fernández Planas. 2007. *Manual de fonética española. Articulaciones y sonidos del español*. Barcelona: Ariel.

McKinnon, Sean. 2020. «Un análisis sociofonético de la aspiración de las oclusivas sordas en el español guatemalteco monolingüe y bilingüe (español-kaqchikel)». *Spanish in Context* 17 (1): 1–29. https://doi.org/10.1075/sic.00051.mck.

Michnowicz, Jim. 2009. «Intervocalic Voiced Stops in Yucatan Spanish: A Case of Contact-Induced Language Change?» En *Español en Estados Unidos y otros contextos de contacto. Sociolingüística, ideología y pedagogía*, editado por Manel Lacorte y Jennifer Leeman, 67–84. Madrid: Iberoamericana; Fráncfort: Vervuert. https://doi.org/10.31819/9783865279033-005.

———. 2012. «Dialect Standardization in Merida, Yucatan: The Case of (b d g)». *Revista Internacional de Lingüística Iberoamericana* 9 (18): 191–212.

Michnowicz, Jim y Lindsey Carpenter. 2013. «Voiceless Stop Aspiration in Yucatan Spanish. A Sociolinguistic Analysis». *Spanish in Context* 10 (3): 410–37. https://doi.org/10.1075/sic.10.3.05mic.

Molina, Isabel. 1991. «Estudio sociolingüístico de la ciudad de Toledo». Tesis de doctorado, Universidad Complutense de Madrid.

———. 2008. «The Sociolinguistics of Castilian Dialects». *International Journal of the Sociology of Language* 2008 (193–194): 57–78. https://doi.org/10.1515/IJSL.2008.047.

———. 2016. «Variación de la -/d/ final de palabra en Madrid: ¿prestigio abierto o encubierto?» *Boletín de Filología (Universidad de Chile)* 51 (2): 347–67. https://doi.org/10.4067/S0718-93032016000200013.

Molina, Isabel y Florentino Paredes. 2010. «Presentación del estudio sociolingüístico de la /d/ intervocálica». Presentado en Tercera reunión de coordinación científica de los equipos que integran el proyecto *Estudio sociolingüístico del español de Granada, Las Palmas, Lleida, Madrid-Alcalá, Málaga, Sevilla y Valencia*, Alcalá de Henares, España, enero.

———. 2014. «Sociolingüística de la elisión de la dental -/d/- en Madrid (Distrito de Salamanca)». *Cuadernos de Lingüística de El Colegio de México* 2: 55–114. https://doi.org/10.24201/clecm.v2i0.15.

———. 2015. «La conservación de la dental -/d/- en el distrito de Salamanca». En *Patrones sociolingüísticos de Madrid*, editado por Ana María Cestero, Isabel Molina y Florentino Paredes, 63–89. Berna: Peter Lang. https://doi.org/10.3726/978-3-0351-0815-6/11.

Montes, José Joaquín. 1982. «El español de Colombia: propuesta de clasificación dialectal». *Thesaurus. Boletín del Instituto Caro y Cuervo* 37 (1): 23–92.

———. 1996a. «Colombia». En *Manual de dialectología hispánica. El español de América*, editado por Manuel Alvar, 134–45. Barcelona: Ariel.

———. 1996b. «El palenquero». En *Manual de dialectología hispánica. El español de América*, editado por Manuel Alvar, 146–51. Barcelona: Ariel.

Morales-Front, Alfonso. (1999) 2014. «De la fonética descriptiva a los rasgos distintivos». En *Fonología generativa contemporánea de la lengua española*, editado por Rafael A. Núñez Cedeño, Sonia Colina y Travis G. Bradley, 2.ª ed., 25–46. Washington D. C.: Georgetown University Press.

Moreno de Alba, José G. 1994. *La pronunciación del español en México*. México, D. F.: El Colegio de México.

Moreno Fernández, Francisco. 1996a. «Castilla La Nueva». En *Manual de dialectología hispánica. El español de España*, editado por Manuel Alvar, 213–232. Barcelona: Ariel.

———. 1996b. «Metodología del "Proyecto para el estudio sociolingüístico del español de España y de América" (PRESEEA)». *Lingüística. Publicación de la Asociación de Filología y Lingüística de América Latina* 8: 257–87.

———. 2009. *La lengua española en su geografía*. Madrid: Arco/Libros.

Moya Corral, Juan Antonio, Emilio García Wiedemann, Esteban Tomás Montoro, Marcin Sosinski, María Concepción Torres López, Francisca Pose y Elisabeth Melguizo. 2012. «La /d/ intervocálica en Granada: factores lingüísticos y sociales». En *Español hablado. Estudios sobre el corpus PRESEEA-Granada*, editado por Edyta Waluch-de la Torre y Juan Antonio Moya Corral, 95–148. Varsovia: Universidad de Varsovia, Instituto de Estudios Ibéricos e Iberoamericanos.

Munteanu, Dan. 1996. «Papiamento». En *Manual de dialectología hispánica. El español de América*, editado por Manuel Alvar, 68–78. Barcelona: Ariel.

Muñoz Garrigós, José. 1996. «Murciano». En *Manual de dialectología hispánica. El español de España*, editado por Manuel Alvar, 317–24. Barcelona: Ariel.

Nuño, María del Pilar. 1996. «Cantabria». En *Manual de dialectología hispánica. El español de España*, editado por Manuel Alvar, 183–96. Barcelona: Ariel.

Oroz, Rodolfo. 1964. «El español de Chile». En *Presente y futuro de la lengua española. Actas de la Asamblea de Filología del Primer Congreso de Instituciones Hispánicas*, 1:93–109. Madrid: Ediciones Cultura Hispánica.

Paredes, Florentino. 2001. *El habla de La Jara. Los sonidos (Estudio sociolingüístico)*. Alcalá de Henares: Universidad de Alcalá, Servicio de Publicaciones.

Patiño, Carlos. 1983. «El habla en el Palenque de San Basilio». En *Lengua y sociedad en el Palenque de San Basilio*, editado por Nina S. de Friedemann y Carlos Patiño, 85–287. Bogotá: Instituto Caro y Cuervo.

Patiño, Carlos y Jaime Bernal, eds. 2012. *El lenguaje en Colombia. Tomo I. Realidad lingüística de Colombia*. Bogotá: Academia Colombiana de la Lengua; Bogotá: Instituto Caro y Cuervo.

Peña Arce, Jaime. 2018. «Continuum dialectal norteño en el español de Cantabria. Dos ejemplos fonéticos: epéntesis de yod y conservación del grupo /-mb-/». *Lingüística Española Actual* 40 (2): 229–50.

Peña Arce, Jaime. 2020. «Estudio sociolingüístico de la interdentalización de /k/, dentro del grupo /kt/, en el español hablado en la ciudad de Santander (España)». *Philologica Canariensia. Revista de Filología de la Universidad de Las Palmas de Gran Canaria* 26: 20–34. https://doi.org/10.20420/Phil.Can.2020.302.

Pérez Muñoz, Hernán Emilio. 2007. «Estudio de la variación estilística de la serie /b-d-g/ en posición intervocálica en el habla de los noticieros de la televisión chilena». *Estudios de Fonética Experimental* 16: 228–59.

Pesqueira, Dinorah. 2006. «Formas canónicas y formas no canónicas en el nivel léxico». En *Líderes lingüísticos. Estudios de variación y cambio*, editado por Pedro Martín Butragueño, 111–30. México, D. F.: El Colegio de México. https://doi.org/10.2307/j.ctv47w546.8.

PRESEEA. 2014–. «Corpus del *Proyecto para el estudio sociolingüístico del español de España y de América*». Recurso en línea. https://preseea.uah.es.

Prince, Alan S. y Paul Smolensky. 2004. *Optimality Theory: Constraint Interaction in Generative Grammar*. Malden: Blackwell. https://doi.org/10.1002/9780470759400. Versión corregida de «Optimality Theory: Constraint Interaction in Generative Grammar». Technical Report CU-CS-696-93. Boulder: University of Colorado at Boulder, 1993.

Quesada, Miguel Ángel. 1996. «El español de América Central». En *Manual de dialectología hispánica. El español de América*, editado por Manuel Alvar, 101–15. Barcelona: Ariel.

————, ed. 2010. *El español hablado en América Central. Nivel fonético*. Madrid: Iberoamericana; Fráncfort: Vervuert. https://doi.org/10.31819/9783865278708.

Quesada, Miguel Ángel y Luis Vargas Vargas. 2010. «Rasgos fonéticos del español de Costa Rica». En *El español hablado en América Central. Nivel fonético*, editado por Miguel Ángel Quesada, 155–76. Madrid: Iberoamericana; Fráncfort: Vervuert. https://doi.org/10.31819/9783865278708-007.

Quilis, Antonio. 1965. «Description phonétique du parler madrilène actuel». *Phonetica* 12 (1): 19–24. https://doi.org/10.1159/000258411.

————. 1993. *Tratado de fonología y fonética españolas*. Madrid: Gredos.

————. 1996a. «La lengua española en Filipinas». En *Manual de dialectología hispánica. El español de América*, editado por Manuel Alvar, 233–43. Barcelona: Ariel.

————. 1996b. «La lengua española en Guinea Ecuatorial». En *Manual de dialectología hispánica. El español de España*, editado por Manuel Alvar, 381–88. Barcelona: Ariel.

Quilis, Antonio y Matilde Graell. 1992. «La lengua española en Panamá». *Revista de Filología Española* 72 (3–4): 583–638. https://doi.org/10.3989/rfe.1992.v72.i3/4.585.

Quintana, Aldina. 2006. *Geografía lingüística del judeoespañol. Estudio sincrónico y diacrónico*. Berna: Peter Lang. https://doi.org/10.3726/978-3-0351-0275-8.

Rabanales, Ambrosio. 1981. «Perfil lingüístico de Chile». En *Logos semantikos. Studia linguistica in honorem Eugenio Coseriu (1921–1981). Vol. 5: historia y arquitectura de las lenguas*, editado por Brigitte Schlieben-Lange, 447–64. Madrid: Gredos; Berlín: de Gruyter.

Real Academia Española y Asociación de Academias de la Lengua Española. 2011. *Nueva gramática de la lengua española. Fonética y fonología*. Madrid: Espasa Libros.

————. 2014. *Diccionario de la lengua española*. 23.ª ed. Madrid: Espasa Libros. https://dle.rae.es.

Resnick, Melvyn C. 1975. *Phonological Variants and Dialect Identification in Latin American Spanish*. La Haya: Mouton. Reed., Berlín: de Gruyter Mouton, 2012. https://doi.org/10.1515/9783110809701.

Rodríguez Cadena, Yolanda y Armando Mora Bustos. 2001. «Las consonantes oclusivas en posición de coda silábica: estudio sobre el español de México». En *Temas de fonética instrumental*, editado por Esther Herrera Zendejas, 81–108. México, D. F.: El Colegio de México.

Rodríguez de Montes, María Luisa. 1972. «Oclusivas aspiradas sordas en el español colombiano». *Thesaurus. Boletín del Instituto Caro y Cuervo* 27 (1): 583–86.

Rodríguez-Ponga, Rafael. 1996. «Islas Marianas». En *Manual de dialectología hispánica. El español de América*, editado por Manuel Alvar, 244–48. Barcelona: Ariel.

Rogers, Brandon M. A. 2016. «The Influence of Linguistic and Social Variables in the Spirantization of Intervocalic /b,d,g/ in Concepción, Chile». *Studies in Hispanic and Lusophone Linguistics* 9 (1): 207–37. https://doi.org/10.1515/shll-2016-0008.

Rosado, Leonor. 2011. «Variación fónica: el caso de (b, d, g), (p, t, k) y (ɲ) en el español yucateco». En *Realismo en el análisis de corpus orales. Primer coloquio de cambio y variación lingüística*, editado por Pedro Martín Butragueño, 147–67. México, D. F.: El Colegio de México.

Rosales, María Auxiliadora. 2010. «El español de Nicaragua». En *El español hablado en América Central. Nivel fonético*, editado por Miguel Ángel Quesada, 137–54. Madrid: Iberoamericana; Fráncfort: Vervuert. https://doi.org/10.31819/9783865278708-006.

Rosner, Burton S., Luis Enrique López Bascuas, José Eugenio García-Albea y Richard P. Fahey. 2000. «Voice-Onset Times for Castilian Spanish Initial Stops». *Journal of Phonetics* 28 (2): 217–24. https://doi.org/10.1006/jpho.2000.0113.

Ruiz Martínez, Ana María. 2003. *Estudio fonético del nordeste de la Comunidad de Madrid*. Alcalá de Henares: Universidad de Alcalá, Servicio de Publicaciones.

Sadowsky, Scott. 2010. «El alófono labiodental sonoro [v] del fonema /b/ en el castellano de Concepción (Chile): una investigación exploratoria». *Estudios de Fonética Experimental* 19: 231–61.

Sáez, Leopoldo. 2001. «El dialecto más austral del español: fonética del español de Chile». En *II Congreso Internacional de la Lengua Española «El español en la sociedad de la información». Valladolid, 16–19 de octubre de 2001*. Madrid: Centro Virtual Cervantes, Instituto Cervantes.

Sala, Marius. 1996. «El judeo-español balcánico». En *Manual de dialectología hispánica. El español de España*, editado por Manuel Alvar, 360–67. Barcelona: Ariel.

Salvador, Gregorio. (1969) 1987. «Neutralización G-/K- en español». En *Estudios dialectológicos*, 152–67. Madrid: Paraninfo.

Salvador Plans, Antonio y Manuel Ariza. (1992) 1994. «Sobre la conservación de sonoras en la provincia de Cáceres». En *Sobre fonética histórica del español*, de Manuel Ariza, 179–201. Madrid: Arco/Libros.

Samper Padilla, José Antonio. 1990. *Estudio sociolingüístico del español de Las Palmas de Gran Canaria*. Las Palmas de Gran Canaria: La Caja de Canarias.

————. 1996. «El debilitamiento de la /d/ en la norma culta de Las Palmas de Gran Canaria». En *Actas del X Congreso Internacional de la Asociación de Lingüística y Filología de la América Latina (ALFAL). Veracruz, México, del 11 al 16 de abril de 1993*, editado por Marina Arjona, Juan López Chávez, Araceli Enríquez Ovando, Gilda C. López Lara y Miguel Ángel Novella, 791–96. México, D. F.: Universidad Nacional Autónoma de México.

Samper Padilla, José Antonio, Clara Eugenia Hernández, Magnolia Troya, Ana María Pérez Martín y Marta Samper Hernández. 2011. «Elisión de /d/ en los niveles de estudios primario y universitario de Las Palmas de Gran Canaria. Comparación con otras comunidades de habla». En *Sintaxis y análisis del discurso hablado en español. Homenaje a Antonio Narbona*, editado por José Jesús de Bustos Tovar, Rafael Cano, Elena Méndez García de Paredes y Araceli López Serena, 1:409–24. Sevilla: Universidad de Sevilla, Secretariado de Publicaciones.

Samper Padilla, José Antonio, Irania Malaver y Marta Samper Hernández. 2021. «Guía PRESEEA de estudio de la /d/ intervocálica». Documentos PRESEEA de investigación. Alcalá de Henares: Proyecto para el estudio sociolingüístico del español de España y América (PRESEEA); Alcaá de Henares: Editorial Universidad de Alcalá. https://doi.org/10.37536/PRESEEA.2021.guia3.

Samper Padilla, José Antonio y Ana María Pérez Martín. 1998–1999. «La pérdida de -/d/- en dos modalidades del español canario». *Philologica Canariensia. Revista de Filología de la Universidad de Las Palmas de Gran Canaria* 4–5: 393–412. http://hdl.handle.net /10553/3993.

Sánchez, Rosaura. (1983) 1994. *Chicano Discourse. Socio-Historic Perspectives*. 2.ª ed. Houston: Arte Público Press.

Scrivner, Olga y Manuel Díaz-Campos. 2016. «Language Variation Suite: A Theoretical and Methodological Contribution for Linguistic Data Analysis». *Proceedings of the Linguistic Society of America* 1: 1–15. https://doi.org/10.3765/plsa.v1i0.3734.

Sedano, Mercedes y Paola Bentivoglio. 1996. «Venezuela». En *Manual de dialectología hispánica. El español de América*, editado por Manuel Alvar, 116–33. Barcelona: Ariel.

Serrano Morales, Julio César. 2002. «Dialectos en contacto. Variación y cambio lingüístico en migrantes sonorenses». Tesis de licenciatura, Escuela Nacional de Antropología e Historia.

Silva-Corvalán, Carmen y Andrés Enrique-Arias. (2001) 2017. «Teoría de la variación y sociofonología». En *Sociolingüística y pragmática del español*, 2.ª ed., 100–51. Washington D. C.: Georgetown University Press.

Torreblanca, Máximo. 1976. «La sonorización de las oclusivas sordas en el habla toledana». *Boletín de la Real Academia Española* 56 (207): 117–145.

———. 1983. «Las sibilantes sonoras del Oeste de España: ¿arcaísmo o innovaciones fonéticas?» *Revista de Filología Románica* 1: 61–108.

———. 1986. «La sonorización de /s/ y /θ/ en el noroeste toledano». *Lingüística Española Actual* 8 (1): 5–20.

Trujillo, Ramón. 1980. «Sonorización de sordas en Canarias». *Anuario de Letras* 18: 247–54.

———. 1981. «¿Fonologización de alófonos en el habla de Las Palmas?» En *I Simposio Internacional de Lengua española (1978)*, editado por Manuel Alvar, 161–74. Las Palmas de Gran Canaria: Ediciones del Excmo. Cabildo Insular de Gran Canaria.

Utgård, Katrine. 2010. «El español de Guatemala». En *El español hablado en América Central. Nivel fonético*, editado por Miguel Ángel Quesada, 49–82. Madrid: Iberoamericana; Fráncfort: Vervuert. https://doi.org/10.31819/9783865278708-003.

Vaquero de Ramírez, María. 1996. «Las Antillas». En *Manual de dialectología hispánica. El español de América*, editado por Manuel Alvar, 51–67. Barcelona: Ariel.

Verdugo Maturana, Carlos. 2019. «Deletion of Voiced Plosives in Chilean Spanish». *Onomázein. Revista de Filología, Lingüística y Traducción* 46: 197–227. https://doi.org/10.7764/onomazein.46.09.

Vergara, Viviana. 2013. «Relación entre alfabetización y producción de los alófonos de /b/: estudio del habla cuidada de hablantes prealfabetizados y alfabetizados». *Onomázein. Revista de Filología, Lingüística y Traducción* 27: 158–70.

Villena, Juan Andrés. 2013. «Estatus, red e individuo. Fundamentos del análisis escalonado de la variación lingüística. Elisión de /d/ en el español de Málaga». En *De la unidad del lenguaje a la diversidad de lenguas. Actas del X Congreso Internacional de Lingüística General. Zaragoza, 2012*, editado por José Francisco Val, José Luis Mendívil, María del Carmen Horno, Iraide Ibarretxe, Alberto Hijazo, Francisco Javier Simón e Isabel Solano, 953–959. Zaragoza: Universidad de Zaragoza, Servicio de Publicaciones.

Villena, Juan Andrés y Juan Antonio Moya Corral. 2016. «Análisis comparativo de un cambio fonológico erosivo. Variación de /d/ intervocálica en dos comunidades de habla (Granada y Málaga)». *Boletín de Filología (Universidad de Chile)* 51 (2): 281–321. https://doi.org/10.4067/S0718-93032016000200011.

Wagner, Claudio. 1967. «El español en Valdivia: fonética y léxico». *Estudios Filológicos* 3: 246–302.

———. 1996. «Chile». En *Manual de dialectología hispánica. El español de España*, editado por Manuel Alvar, 222–29. Barcelona: Ariel.

Williams, Lynn. 1987. *Aspectos sociolingüísticos del habla de la ciudad de Valladolid*. Valladolid: Universidad de Valladolid, Secretariado de Publicaciones; Exeter: Universidad de Exeter.

Zamora Vicente, Alonso. (1960) 1967. *Dialectología española*. 2.ª ed. muy aumentada. Madrid: Gredos.

Zimmer, Tanja. 2006. «Transferencia lingüística en Costa Rica: rasgos del criollo limonense en el español hablado por los afrocostarricenses». En *Actas del XIV Congreso de la Asociación de Lingüística y Filología de la América Latina (ALFAL). Monterrey, México, 17–21 de octubre de 2005*, editado por Alba Valencia, 17–21. Santiago de Chile: Asociación de Lingüística y Filología de América Latina. CD.

11 DESCRIPCIÓN FONOLÓGICA DE LAS CONSONANTES OCLUSIVAS ORALES

Alexandre Veiga

Álvaro Arias

11.1 Introducción

A lo largo de la historia de la investigación sobre la fonología del español se han sucedido diversas interpretaciones acerca de la identificación y la caracterización de la serie de fonemas que pueden manifestarse en el habla como oclusivos orales. En las páginas que siguen se revisarán todas esas diferentes aproximaciones, al tiempo que se abordará en profundidad la naturaleza de tales fonemas y la de sus distintas manifestaciones fonéticas.

11.1.1 La oclusión oral ante el análisis fonológico

La realización fonética oclusiva de las consonantes objeto de estudio en este capítulo se ha presentado como la manifestación básica de la propiedad fonológica a la que Jakobson y sus colaboradores (Jakobson, Fant y Halle 1951, § 2.3111; Jakobson y Halle 1956, § 3.6.1.VII) se refirieron con el término *interrupted* —en oposición a *continuant*— [→ § 1.19.3], propiedad a la que Chomsky y Halle (1968, parte IV, 5, § 5.1) aludirían directamente mediante el término negativo *non-continuant,* y que, de hecho, identificaron con *stop* [→ § 1.19.5]. En la investigación hispánica se hallan los términos 'interrupto/a' y 'continuo/a' a partir de la segunda edición, de 1954, de la *Fonología española* de Alarcos ([1950] 1965, § 107–8, § 114).

En el terreno concreto del estudio fonológico del español (en general, de los sistemas iberorrománicos), y en contraste con los resultados de la investigación sobre la fonología de otras lenguas, llama desde el primer momento la atención el hecho de que en una determinada parte del subsistema consonántico se establezcan relaciones de alofonía —esto es, de variación fonética dentro de unas mismas unidades fonológicas [→ § 1.17.3]— entre realizaciones oclusivas y sonidos no caracterizables con el mismo calificativo desde el momento en que se articulan sin que se llegue a bloquear la salida del aire espirado a través del resonador bucal. Es el caso de parejas de segmentos fónicos como [b] ~ [β], [d̪] ~ [ð] y [g] ~ [ɣ], cuya disparidad fonética en relación con las señaladas propiedades de modo de articulación ha conducido a divergentes interpretaciones del funcionamiento de las unidades correspondientes en el seno de la descripción orgánica del sistema fonológico.

Por lo que se refiere al valor fonológico de unas unidades cuyos alófonos tantas veces admitidos, siquiera implícitamente —ya, para empezar, a la hora de transcribir—, como los prototípicos [→ § 1.14.1] se realizan con oclusión oral, a lo largo de la historia de la investigación sobre el componente fónico del español se han ido planteando diferentes problemas interpretativos desde unos u otros puntos de vista en torno a la diferenciación disciplinar entre fonética y fonología. Dicha diferenciación, establecida a finales de la tercera década del siglo XX gracias a la labor del Círculo Lingüístico de Praga, deberá crear las condiciones para identificar con garantías el valor que en los diferentes puntos del sistema fonológico español se halle manifestado en realizaciones sustanciales calificables de oclusivas orales (como, en su caso, en realizaciones fonéticas de cualquier otro tipo). Para ello, por supuesto, el primer paso debe consistir en el reconocimiento de las unidades fónicas que, funcionalmente diferenciadas en la estructura de dicho sistema, admitan este tipo de manifestación fonética.

11.1.2 Posición inicial de sílaba y distinción funcional máxima

La posición inicial de sílaba constituye en castellano la situación distribucional que permite la distinción con valor fonológico entre un mayor número de unidades dotadas de rasgo consonántico, como se explica en distintos capítulos de la presente obra [→ § 14.2, § 17.3.2, § 20.1.3, § 23.1.1, § 24.2.3]. En lo que respecta a las unidades que admiten su realización como sonidos consonantes oclusivos orales, se observa que dicha posición permite distinguir, en principio:

- Tres unidades básicamente realizables en los sonidos consonantes oclusivos orales tensos y sordos [p t̪ k], que se pueden registrar tanto en inicio absoluto, esto es, tras pausa (1a), como en el ataque de una sílaba no inicial de palabra (1b).

  (1)   a. **p**ata [ˈpat̪a], **t**ata [ˈt̪at̪a], **c**ata [ˈkat̪a]
         b. la**p**a [ˈlapa], la**t**a [ˈlat̪a], la**c**a [ˈlaka]

- Otras tres unidades realizables en los sonidos consonantes oclusivos orales flojos y sonoros [b d̪ g], realizaciones fonéticas posibles todas ellas en inicio absoluto (2a), así como al comienzo de una sílaba no inicial de palabra cuando precede directamente un sonido consonante nasal (2b) [→ § 14.3.2], además de, en el caso concreto de la articulación dental [d̪], cuando precede directamente un sonido líquido lateral (2c) (cf. el § 11.1.1 y el § 11.2.3).

  (2)   a. **b**ata [ˈbat̪a], **d**ata [ˈd̪at̪a], **g**ata [ˈgat̪a]
         b. mam**b**o [ˈmãmbo], man**d**o [ˈmãn̪d̪o], man**g**o [ˈmãŋgo]
         c. sal**d**o [ˈsald̪o]

Las tríadas de ejemplos que se acaban de mostrar en (1) y (2) revelan que, en efecto, los sonidos [p t̪ k] constituyen realizaciones de otras tantas unidades funcionales desde el momento en que la conmutación [→ § 1.17.1] recíproca de dos cualesquiera de ellos respetando una estricta igualdad de circunstancias distribucionales puede conducir, y de hecho conduce en cualquiera de estos ejemplos, a un cambio de significado; lo mismo ha de decirse, y por los mismos motivos, de los sonidos [b d̪ g]. Por otra parte, la conmutabilidad con resultado igualmente positivo de cada miembro de una tríada con aquel de la otra que con él comparte la misma zona de articulación revela que los sonidos consonantes oclusivos orales de realización tensa y sorda son manifestaciones sustanciales de unidades fonológicamente diferenciadas de aquellas que pueden ser realizadas en sonidos consonantes oclusivos orales de realización floja y sonora (3).

  (3)   a. **p**ata [ˈpat̪a] / **b**ata [ˈbat̪a]
         b. **t**ata [ˈt̪at̪a] / **d**ata [ˈd̪at̪a]
         c. **c**ata [ˈkat̪a] / **g**ata [ˈgat̪a]

Estas mismas seis unidades también admiten ser conmutadas con resultado positivo con otras de realización consonante oral no oclusiva o bien de realización nasal o líquida; así, cualquiera de los sonidos iniciales de los términos ejemplificados en (3) puede, por otro lado, ser objeto de nuevas conmutaciones conducentes a la obtención de nuevos significantes fónicos.

  (4)   **p**ata [ˈpat̪a] (etcétera) / **ch**ata [ˈt͡ʃat̪a] / **j**ata [ˈxat̪a] / **m**ata [ˈmat̪a] / **r**ata [ˈrat̪a] / **l**ata [ˈlat̪a]

Los ejemplos de (4) ilustran la conmutabilidad de dichas unidades con otras de realización consonante africada, fricativa u oclusiva nasal, así como líquida, ya sea rótica o lateral.

Los estudios de fonología del español no han dejado de mencionar nunca la existencia diferenciada de seis unidades, habitualmente transcritas /p t k b d g/, todas ellas funcionales en posición inicial de sílaba, con las que por regla general se han puesto en relación más o menos directa otros dos elementos que incluyen oclusión: /t͡ʃ/, de realización africada, y /ɟ/, que en determinadas circunstancias distribucionales es realizado en un sonido con indudable oclusión oral [→ § 17.4.3]. Estas otras dos unidades fueron respectivamente integradas junto con /p t k/ y /b d g/ por Alarcos (1949, § 28–29, [1950] 1965, § 112–14, 1994, § 17), defensor así de dos cuádruples series que, si bien no siempre caracterizadas de la misma manera, han sido admitidas por otros autores, entre ellos Canellada y Madsen (1987, § 3.4.4) o Martínez Celdrán (1983, § 3.2.1, 1989, 90, 2000, 148), quien en otro lugar (1989, 101) añadió un quinto fonema bemolizado (que transcribía /w̞/) a la serie que incluye /b d ɟ g/. Sobre /t͡ʃ/ y /ɟ/, véase el capítulo 17 de esta obra.

11.2 Fonemas realizables en sonidos oclusivos orales

Las conmutaciones mostradas en el apartado anterior se han realizado entre segmentos fónicos mínimos en el sentido de que, habiéndose aislado mediante la descomposición de la cadena fónica en secuencias progresivamente menores, no resultan ya descomponibles en segmentos sucesivos aún más breves que admitan ser conmutados por separado con resultado positivo, esto es, de manera que su sustitución recíproca pueda por sí sola ser exponente expresivo de un cambio de significado. Se identifican así, por tanto, una serie de estos segmentos fonéticos mínimos, de 'sonidos' en el sentido habitualmente concedido al término desde las disciplinas que estudian el componente fónico de la lengua, que, precisamente por sus recíprocas conmutabilidades con resultado positivo, se presentan como manifestaciones sustanciales, fonéticas, de otras tantas unidades fonológicas segmentales mínimas o 'unidades fonemáticas'. Tales unidades son 'fonológicas' porque establecen relaciones de oposición [→ § 1.17.2] funcional unas con otras, son 'segmentales' porque para aislarlas es preciso proceder mediante la segmentación progresiva del texto fónicamente comunicado y son, en fin, 'mínimas' por no resultar descomponibles en unidades menores conmutables por separado con resultado positivo, esto es, que sean simultáneamente fonológicas y segmentales [→ § 1.17]. Teniendo todo lo anterior en cuenta, en los siguientes subapartados se incide en el análisis de las unidades fonemáticas /p t k b d g/ del español y sus distintas manifestaciones en el habla.

11.2.1 Los sonidos oclusivos orales y los fonemas /p t k b d g/

La identificación de los seis sonidos oclusivos orales [p t̪ k b d̪ g] como representantes fonéticos (alófonos) de otras tantas unidades segmentales mínimas dotadas de valor funcional ha tenido lugar en unas circunstancias distribucionales en las que el sistema fonológico castellano común permite la actuación del total de oposiciones funcionales entre unidades pertenecientes a la clase consonante. Ninguna distinción fonológica entre unidades de dicha clase que no pueda actuar en inicio de sílaba puede en español reconocerse en alguna otra situación distribucional. Los seis sonidos constituyen, por tanto, en estas circunstancias, realizaciones del tipo de unidad fonológica denominada 'fonema' [→ § 1.17.1], la unidad fonemática reconocible en circunstancias de distinción funcional máxima, donde ninguna oposición fonológica se encuentra neutralizada [→ § 1.17.4], por lo que se puede considerar ya reconocida la existencia en castellano de seis fonemas que admiten una realización como sonidos consonantes oclusivos orales: los fonemas /p t k b d g/.

Sin embargo, si se prosigue el análisis del conjunto de unidades reconocibles en español como funcionalmente 'consonantes', esto es, portadoras simultáneamente de los rasgos [+consonántico] y [−vocálico] (Jakobson y Halle 1956, § 3.6.1.II; Chomsky y Halle 1968, 68), se comprueba no solamente que la oclusión oral no se registra de manera exclusiva en el análisis articulatorio de alófonos de los seis fonemas ya identificados [→ § 15.7], sino también que sonidos desprovistos de oclusión pueden aparecer como variantes de realización de algunos de estos fonemas, en cuyo conjunto el estudio más o menos detallado llevará al reconocimiento de unos u otros fenómenos de variación alofónica.

11.2.2 La variación alofónica de /p t k/

Dialectalmente es conocida la tendencia a la sonorización de las oclusivas /p t k/, que se constata en todo el ámbito hispánico [→ § 9.5.2, § 10.2.1]. Esta ha sido vista tradicionalmente como un mero hecho que explicaba usos dialectales con articulación sonora procedente de sorda o alternando con esta y, fonológicamente, como un cambio esporádico (*golumpio*) o como una alternancia de fonemas (*golumpio ~ columpio*).

Sin embargo, algunos estudios atentos a este fenómeno (Hualde, Simonet y Nadeu 2011; Lewis 2001; Machuca 1997; Oftedal 1985; Torreblanca 1979; Torreira y Ernestus 2011) han revelado que el proceso de sonorización puede registrarse con frecuencia en el habla espontánea. En este registro, junto con las realizaciones sordas [p t̪ k], también pueden darse las parcial o totalmente sonoras y 'espirantes' en contexto intervocálico, como alófonos, respectivamente, de /p t k/. En el corpus de habla espontánea estudiado por Hualde y sus colaboradores se registra hasta un tercio de realizaciones parcial o totalmente sonoras, tanto en interior de palabra como en inicial después de vocal, 'lenición' [→ § 1.18.7] de oclusivas sordas sujeta a una gran variación, ya sea en lo que se refiere a su realización sorda o sonora, ya a su articulación oclusiva o 'espirante' (Hualde, Simonet y Nadeu 2011).

Lo fonológicamente significativo es que las realizaciones de /p t k/ sonoras y 'no oclusivas' no se confunden en las mismas situaciones distribucionales con los alófonos débiles de /b d g/, a los que se hace referencia en el apartado siguiente, gracias a que las variantes sonoras de /p t k/ presentan un mayor grado de constricción que las realizaciones de /b d g/, junto con una distinta duración de los alófonos de labiales y dentales (Hualde, Simonet y Nadeu 2011; Parrell 2011).

11.2.3 La variación alofónica de /b d g/

Para tres de los seis fonemas realizables como oclusivos se han reconocido siempre otras realizaciones en cuya articulación los órganos no llegan a producir un bloqueo del paso del aire [→ § 10.2.4]. Es el caso de /b d g/, cuyos representantes oclusivos reducen su aparición a la posición inicial de sílaba cuando precede pausa —como en el ejemplo (2a)— o sonido consonante nasal (2b), así como, en el caso concreto de /d/, también cuando precede sonido líquido lateral (2c).

En otras situaciones distribucionales, la fonotáctica del español excluye la aparición de los sonidos oclusivos [b d̪ g] y en su lugar se han señalado respectivamente los relajados [β̞ ð̞ ɣ̞], sonidos que se registran en inicio de sílaba tras vocal (5a), tras consonante no nasal (5b) o tras sonido líquido (5c), con la ya mencionada singular excepción de que tras articulación lateral no puede aparecer [ð̞] por mantenerse en este contexto la articulación oclusiva.

(5)   a. haba [ˈaβ̞a], hada [ˈað̞a], haga [ˈaɣ̞a]
      b. advertir [aˑβ̞eɾˈt̪iɾ], desdén [dez̪ˈð̞en], juzgado [xuθ̬ˈɣað̞o]
      c. árbol [ˈaɾβ̞ol], calvo [ˈkalβ̞o], tarde [ˈt̪aɾð̞e], carga [ˈkaɾɣa], alga [ˈalɣ̞a]

La situación general de distribución complementaria [→ § 1.17.3] entre [b] y [β̞], [d̪] y [ð̞] o [g] y [ɣ] es en este caso manifestación y consecuencia de las relaciones de alofonía que, tratándose de variantes de unos mismos fonemas, se establecen entre los dos miembros de cada una de estas tres parejas de sonidos. La realización como oclusiva o como relajada no obedece a una decisión del hablante, sino que viene distribucionalmente condicionada, por lo que el locutor no tiene capacidad de elegir entre ambos tipos de articulación. La conmutación de unas y otras realizaciones fonéticas en igualdad de circunstancias distribucionales es, pues, imposible de acuerdo con la norma del español, y en las propiedades comunes a los dos sonidos integrantes de cada pareja habrán de buscarse las manifestaciones sustanciales de los rasgos pertinentes de los correspondientes fonemas /b d g/, mientras que la diferenciación fonética entre las realizaciones oclusivas y las no oclusivas carece de todo posible valor fonológico.

La generalización de las variantes débiles —que en la actualidad no pocos autores transcriben [β ð ɣ] [→ § 9.4.2], aun cuando sus representaciones más apropiadas pudieran ser [b̞ d̞ g̞], dando cuenta de, en todo caso, su mayor abertura, por relajación articulatoria, respecto de las correspondientes oclusivas— ha venido a constituir una característica singular del ámbito lingüístico iberorrománico, con la bien conocida consecuencia de que los hablantes extranjeros tienden a pronunciar [b d g], sonidos plenamente oclusivos, en las circunstancias distribucionales en que la norma fonética del español condiciona las correspondientes realizaciones relajadas [β ð ɣ]. Ya Navarro Tomás (1918) se refirió a estas peculiares articulaciones como «generalmente desconocidas en francés, en inglés y en otros muchos idiomas» (§ 75), reclamando la debida atención hacia ellas por parte de los enseñantes y su necesario dominio por los hablantes extranjeros en busca de una correcta pronunciación del español.

La explicación de la característica distribución de las realizaciones de los fonemas /b d g/ ha sido objeto central de atención en la fonología generativista (cf., entre otros, Amastae 1986, 1995; Branstine 1991; Danesi 1982; D'Introno, del Teso y Weston 1995, capítulo 2; Goldsmith 1981; Harris 1969, 1984; Hualde 1989; Lipski 1994; Lozano 1978, 1979;

Martínez-Gil 1991, 2003; Mascaró 1984, 1991; Núñez Cedeño y Morales-Front 1999; y Piñeros 2002. Para una revisión más reciente y actualizada del problema en el marco de la Teoría de la Optimidad, cf. asimismo Martínez-Gil 2020 y Colina 2020). En un primer momento, bajo esta perspectiva, se describía la distribución complementaria de [b ɗ g] y [β ð̞ ɣ] como el resultado de la aplicación de una regla fonológica merced a la cual [b ɗ g], en determinadas circunstancias, se realizan como [β ð̞ ɣ], esto es, se espirantizan, como consecuencia, pues, de un proceso de lenición. Así, James W. Harris (1969) fue el primer fonólogo generativista que dio cuenta de esta alternancia, formulando una regla que él denominó «de espirantización», y la mayoría de los estudios generativistas de la primera época suele considerar, igualmente, las realizaciones oclusivas como las propias de un inventario fonológico más natural y, por tanto, las básicas o no marcadas [→ § 1.17.6, § 1.18.8] frente a las realizaciones relajadas. Sin embargo, ya en 1979 Lozano sostuvo que no existen argumentos suficientemente concluyentes para estipular una dirección concreta en la alternancia entre oclusivas y espirantes, de modo que lo que parecería más apropiado es no postular ningún alófono básico, sino una especificación parcial de los segmentos en la representación subyacente [→ § 1.18.1], en la cual al rasgo [continuo] no se le asigna ni el valor positivo ni el negativo, simplemente queda inespecificado.

Este planteamiento, en el que se recurre a elementos subyacentes que podrían denominarse 'subespecificados' [→ § 1.18.9], es el que se encuentra en la base de la explicación de la alternancia en cuestión proporcionada por la Fonología Autosegmental [→ § 1.21.2] y, así, en el marco de este modelo, el rasgo 'continuo' se entiende como un autosegmento —por tanto, situado en un plano independiente [→§ 1.21.3, § 17.4.1]— que puede difundirse desde un segmento dado al segmento contiguo.

Aunque en el ámbito de la versión autosegmental del generativismo por lo general se comparte esta concepción básica de la formalización del proceso, existen disensiones. Por citar dos ejemplos, Goldsmith (1981) defiende que es la especificación [−continuo] del segmento anterior la que se propaga a la consonante no especificada con respecto a [continuo], en tanto que Harris (1984) mantiene que es [+continuo] la especificación que se difunde.

En el fondo de toda esta discusión subyace la oposición entre los conceptos de fortición y lenición [→ § 1.18.7], como se comprueba al considerar algunas otras aportaciones realizadas al debate. En efecto, en los trabajos de Pensado (1983), Baković (1994) o Barlow (2003), el cambio entre [b ɗ g] y [β ð̞ ɣ] no se concibe como un caso de lenición, sino de fortición. Estos autores entienden que el elemento subyacente es, en realidad, la espirante, que experimenta un refuerzo en oclusiva en determinados contextos. Baković, desde la perspectiva de la Teoría de la Optimidad [→ § 1.22], trata la alternancia como un caso de fortición de las relajadas subyacentes y propone que en español opera la restricción denominada 'ataque fuerte', la cual requiere que todas las sílabas empiecen con un cierre oral y está situada en un lugar muy alto de la jerarquía de restricciones que determinan la forma fónica del español (por lo que, en el modelo seguido, se infringe el menor número de veces posible).

La más tradicional y habitual transcripción de los correspondientes fonemas, /b d g/, empleando entre barras los mismos signos que entre corchetes representan sus alófonos oclusivos, revela una toma de posición al respecto tantas veces no justificada por los investigadores. No es, desde luego, el criterio estadístico el que ha llevado a interpretar dichos alófonos —que no son los de aparición más frecuente— como los principales o más representativos de los correspondientes fonemas. Su condición de realizaciones calificables de prototípicas ha de buscarse en las circunstancias distribucionales de menor influencia contextual: en la sílaba aislada, con la única adición a la realización consonante del imprescindible núcleo vocálico (dado que la fonotáctica castellana excluye la presencia independiente entre dos pausas consecutivas de cualquier unidad fónica dotada de rasgo consonántico). En este sentido, las pronunciaciones entre pausas de, por ejemplo, formas verbales como *ve* (['be]) o *da* (['ɗa]) muestran que la realización oclusiva es la que la norma asigna por defecto a este tipo de fonemas, siendo necesaria la existencia de contextos fónicos que precedan directamente a la aparición de cada uno de ellos para que se realicen en sonidos más débiles.

Como explica Lahoz-Bengoechea (2015), quien discute esta cuestión detalladamente, Macken y Barton (1980) constatan, poniendo el foco en el proceso de adquisición del español, que en el habla infantil las obstruyentes sonoras se pronuncian relajadas en muchos casos, incluso cuando aparecen en posición inicial de enunciado. A medida que la edad de los niños avanza y se va culminando el proceso de adquisición del lenguaje, el porcentaje de relajadas disminuye y aumenta el de oclusivas, lo que parece indicar que el proceso que los niños aprenden a dominar es el de oclusivización —a partir de la variante débil— y no el de espirantización —a partir de la fuerte—.

Dado que, como ya se ha señalado, los sonidos [b ɗ g] aparecen tras pausa y tras consonante nasal y, además, en el caso de [ɗ] tras realización líquida lateral, frente a las variantes relajadas, que se dan en otras situaciones distribucionales, algunos representantes de la corriente generativista han analizado la 'espirantización' como una asimilación de la oclusiva a un elemento continuo precedente: la continuidad de vocales, paravocales, fricativas y líquidas se propagaría a la unidad oclusiva. La mayor dificultad que plantea esta hipótesis atañe a cómo explicar el comportamiento de la secuencia fonemática correspondiente a la combinación *ld* (o a *lb* y *lg,* según se mire), pues con la misma unidad en unos casos se produce espirantización (*ca*[lβ̞]*o, a*[lɣ̞]*a*) y en otro no (*sa*[l̪d̪]*o*), por lo que, si se considera que la unidad líquida porta siempre el rasgo [+continuo], su combinación con la unidad dental que no deja de realizarse como oclusiva representa una excepción difícil de justificar [→ § 17.4.3].

Desde el análisis de Harris (1969), la mayoría de las explicaciones del mantenimiento contextual de la realización oclusiva en el caso de [d̪] tras sonido líquido lateral se ha basado en la singularidad del carácter homorgánico [→ § 1.6.1] del grupo [l̪d̪] frente a las combinaciones [lβ̞] y [lɣ̞]. Se interpreta, en conjunto, que existe una relación entre la homorganicidad y la oclusión y que esto explicaría la ausencia de relajamiento articulatorio en el segundo elemento de los grupos [mb n̪d̪ ŋg l̪d̪]. Sin embargo, como señala Mascaró (1991), esto es difícil de sostener, pues, entre otras razones, se constatan realizaciones homorgánicas con espirantización, como [θð̞] (*lu*[θ ð̞]*orada, en ve*[θ ð̞]*e*), y en la pronunciación forzada de grupos heterorgánicos los hablantes no espirantizan (*gon*[ŋ d̪]*e plata*). Como alternativa, el citado autor plantea una correlación más detallada fonéticamente: a las realizaciones oclusivas les precede la ausencia de flujo de aire en la zona donde se articulan. Efectivamente, esa circunstancia explica, además de las realizaciones oclusivas tras pausa, el caso de las nasales y de la lateral: las nasales conllevan un cierre al paso del aire en la cavidad bucal y la realización [l̪] cierra también el paso del aire en el punto donde se va a articular la realización de /d/ (Mascaró 1991, § 4).

En estudios relativamente más recientes se ha dejado de abordar los alófonos de estos fonemas como una alternancia entre únicamente dos posibilidades, realizándose análisis más precisos que permiten estudiar las variantes fonéticas como un continuo en función de su grado de constricción (Carrasco, Hualde y Simonet 2012; Colantoni y Marinescu 2010; Cole, Hualde y Iskarous 1999; Hualde, Simonet y Nadeu 2011; Eddington 2011; Ortega-Llebaria 2004; Soler Cervera y Romero Gallego 1999). Tal gradación se sustenta en el estudio de la intensidad de la energía acústica de la consonante y se correlaciona con el grado de constricción: a menor intensidad acústica se supone mayor constricción y a la inversa. Como la intensidad es relativa, el punto de referencia que se toma en los análisis es la diferencia de la intensidad de la consonante en relación con la de la vocal contigua. Desde esta perspectiva se observan divergencias de grado en función de factores contextuales como las vocales contiguas o el acento (Cole, Hualde e Iskarous 1999; Eddington 2011; Ortega-Llebaria 2004) o las paravocales y consonantes precedentes, de modo que puede establecerse una jerarquía (Carrasco, Hualde y Simonet 2012; Eddington 2011). El mayor grado de lenición se registra en contexto intervocálico, y el de constricción, tras pausa, en este último caso no por una menor intensidad, sino por la ausencia de formantes propia de una realización fonética oclusiva claramente articulada. Entre uno y otro extremos se encuentran las variantes fonéticas en las que el espectrograma no permite observar con claridad tal oclusión, las que tienen lugar tras líquida, fricativa y nasal, con más bajas intensidades que las intervocálicas. Esto permite establecer escalas de constricción en función del contexto precedente. Así, en el español peninsular, del estudio de las relaciones con *a-,* [i̯]*-, r-, l-, s-* se siguen las gradaciones representadas en (6) (Carrasco, Hualde y Simonet 2012, 170).

(6)   ab- > -[i̯]b- > -rb-, -lb- > -sb-
       ad- > -[i̯]d- > -rd- > -ld-, -sd-
       ab- > -[i̯]g-, -rg-, -lg- > -sg-

En general, estas descripciones más pormenorizadas no contradicen el conocimiento que se tenía tradicionalmente, excepto en lo que se refiere a las realizaciones tras /s/, que presentan un elevado grado de constricción (Carrasco, Hualde y Simonet 2012; Eddington 2011). En el caso de la consonante dental, el estudio de sus realizaciones tanto desde el punto de vista articulatorio como desde el acústico revela que su pronunciación tras /s/ suele carecer de oclusión (Hualde, Shosted y Scarpace 2011), y la menor intensidad que presenta se atribuye a la constricción creada previamente por la fricativa (Carrasco, Hualde y Simonet 2012, 170). Esto explicaría que en la secuencia *ld* se registre articulatoriamente la oclusión completa y, sin embargo, la intensidad acústica pueda ser en este caso mayor que en el caso de *sd* (Hualde, Shosted y Scarpace 2011).

La mención y representación de unos 'alófonos débiles' [β̞ ð̞ ɣ̞] ha de entenderse en todo momento, pues, como resultante de un proceso de abstracción analítico-descriptiva en el mismo sentido de hecho implícito en el reconocimiento y transcripción de cualquier sonido. No debe olvidarse a este respecto que ya Navarro Tomás (1918, § 81, 127) había señalado —para los que no dejaba de presentar y transcribir como unos mismos sonidos (respectivamente el bilabial sonoro y el velar sonoro que calificaba de 'fricativos')— una gradación relacionada con la abertura o relajamiento articulatorios, dependiente del contexto fónico o de otros factores. El mayor o menor grado de precisión analítica en la investigación fonética lleva a reconocer un mayor o menor número de posibles materializaciones para cada unidad fonemática, teniendo siempre presente la realidad de que el número de sonidos de una lengua es teóricamente infinito y que, ya desde esta base, la simple mención de un sonido determinado supone la susodicha abstracción y la desconsideración de toda variabilidad a la que el investigador no conceda suficiente importancia como para basar en ella una diferenciación entre variantes menores de realización fonética, que en el terreno práctico de las representaciones llevaría siempre pareja la necesaria complicación en la transcripción.

Los fonemas integrantes del triple conjunto /b d g/ comparten su peculiar variación alofónica básica (con oclusión y sin ella) —con independencia de la gradación fonética que los análisis más detallados puedan detectar entre las realizaciones carentes de cierre completo de la salida del aire— con otro fonema perteneciente a la clase consonante del castellano común y que entre sus manifestaciones fonéticas conoce una realización que integra oclusión. Se trata de /ɟ/, unidad habitualmente representada en la escritura por la letra *y* (o, en ciertos casos, por *hi*) y que se trata extensamente en el capítulo 17 de la presente obra.

11.3 Caracterización fonológica de /p t k b d g/

En este apartado se aborda la discusión de los rasgos fonológicos inherentes [→ § 1.19.3] que caracterizan a las unidades anteriormente presentadas, pasando previamente revista a las principales propuestas acerca del inventario de rasgos que se han planteado desde diferentes modelos teóricos.

11.3.1 Pluralidad de aproximaciones a un subconjunto fonemático

Los problemas de reconocimiento e interpretación de las unidades fonemáticas realizables en español en sonidos que incluyan oclusión oral se han mostrado desde el comienzo muy directamente dependientes de las diferentes bases de partida en cuanto a la descripción fonética de unos y otros alófonos, así como, y no menos inevitablemente, de las diversas concepciones del análisis fonológico según autores y corrientes

Los rasgos clásicos de naturaleza articulatoria, complementados con la introducción de los criterios de clasificación acústica 'difuso/denso' (inicialmente 'anterior/posterior', cf. Alarcos [1949, § 24]) y 'grave/agudo' [→ § 1.19.3], constituirían la base de la primera presentación esquemática de los fonemas consonantes del castellano en la *Fonología española* de Alarcos (Figura 1) y servirían también de fundamentación directa para una de las representaciones posteriormente propuestas por Gómez Asencio (1994), quien introduce asimismo las parejas de rasgos 'continuo/interrupto' y 'tenso/flojo' (Figura 2), ausentes en el cuadro de Alarcos, aunque de consideración implícita (junto a la defensa de 'sordo/sonoro', en lugar de de esta última como oposición pertinente; cf. más adelante el § 11.3.4) en la disposición de los signos que representan ciertos fonemas [→ § 17.4.5].

En ambos casos se refleja la identificación por parte de estos dos autores del concepto fonológico 'interrupto' con la propiedad fonética 'oclusivo', con el consiguiente rechazo a la admisión de /b d ɟ g/ como funcionalmente no continuos.

		Graves Orden labial		Agudas Orden dental		
Difusas	m	f b p		θ t	d	n
Densas		k g x		ĉ s	y	ŋ
		Orden velar		Orden palatal		

FIGURA 1. Caracterización acústica/articulatoria de los fonemas consonantes del español que admiten algún alófono dotado de oclusión (Alarcos [1950] 1965, § 108).

		Graves Labiales		Agudos Dentales	
		Interruptos	Continuos	Interruptos	Continuos
Difusos	Tensos	p	f	t	θ/s
	Flojos	b		d	
Densos	Flojos	g		ɟ	
	Tensos	k	x	tʃ	
		Interruptos	Continuos		
		Velares		Palatales	

FIGURA 2. Caracterización acústica/articulatoria de los fonemas consonantes no nasales del español que admiten algún alófono dotado de oclusión (Gómez Asencio 1994, § 6).

La publicación en 1951 de los *Preliminaries to Speech Analysis* de Jakobson, Fant y Halle motivó algunos replanteamientos en la obra de Alarcos, entre ellos la adición a partir de la segunda edición de la *Fonología española* ([1950] 1954) del cuadro binarista [→ § 1.19.6] de base acústica que se reproduce parcialmente (ceñido al conjunto de fonemas estrictamente consonantes de acuerdo con esta perspectiva analítica, esto es, los que combinan la presencia de rasgo consonántico con la ausencia de rasgo vocálico) en la Figura 3.

Esta primera clasificación acústica de los fonemas consonantes del español refleja los problemas interpretativos en cuanto a la actuación de las parejas 'continuo/interrupto', 'sordo/sonoro' y 'tenso/flojo', que se comentan más adelante (véanse los § 11.3.2, 11.3.3 y 11.3.4). La tan extensa aplicación del concepto de 'fricativo' en la obra de Navarro Tomás (1918) motivó que Alarcos tuviese que mantener las unidades /b d ɟ g/ al margen de la oposición 'continuo/interrupto', por considerar la admisión en todas ellas de un alófono fricativo al lado de otro dotado de oclusión. Su clasificación de estos cuatro fonemas como fonológicamente sonoros tanto frente a /p t t͡ʃ k/ como frente a /f θ s x/ implicaba, por otra parte, la caracterización como sordos de estos dos últimos subconjuntos, caracterización no congruente en el segundo caso desde el momento en que contextualmente se registran en español variantes fricativas sonoras, un problema que Alarcos esquivó situando entre paréntesis la respuesta de los fricativos a la última oposición (cf. el § 11.3.2). El empleo de otros paréntesis para hacer referencia a la respuesta de los fonemas de realización velar a la oposición 'nasal/oral' es consecuencia de la importancia concedida por el autor, en consonancia con los planteamientos trubetzkoyanos, al concepto de orden articulatorio (aun tras la admisión del análisis acústico como base de la caracterización fonológica [→ § 1.19.8]), y deriva de la inexistencia en español de un fonema consonante de realización nasal velar.

Caracterización de base acústica es igualmente la propuesta para los fonemas del español por Martínez Celdrán (1989), quien para el subconjunto consonante no nasal ofreció inicialmente la representación esquemática que se muestra en la Figura 4.

Esta clasificación suponía, frente a la previa de Alarcos, el reconocimiento de la funcionalidad de 'tenso/flojo' y consiguiente redundancia [→ § 1.19.2] de 'sordo/sonoro' (cf. el § 11.3.4), pero complicaba la descripción del sistema con la introducción de dos nuevas oposiciones: 'bemolizado/normal' y 'estridente/mate'. La primera se fundamentaba en la interpretación monofonemática de los complejos fónicos [gu̯] ~ [ɣu̯] y consiguiente defensa de un fonema labiovelar (*ergo* acústicamente bemolizado) /w̯/ —previamente el *Esbozo de una nueva gramática de la lengua española* (Real Academia Española 1973) había defendido un fonema de estas características; cf. Veiga (1994) sobre esta cuestión en particular—. La segunda venía condicionada por la aceptación por parte del autor del planteamiento alarquiano que mantenía los fonemas /b d ɟ g/ al margen de una oposición en términos de 'continuo/interrupto', exigiendo por otro lado la distorsión de ciertos hechos fonéticos al suponer la interpretación como funcionalmente mate del fonema africado y como funcionalmente estridentes de todos los fricativos.

	g	x	k	ņ	y	s	ĉ	m	b	f	p	n	d	θ	t
Vocal/No vocal	−	−	−	−	−	−	−	−	−	−	−	−	−	−	−
Consonante/No consonante	+	+	+	+	+	+	+	+	+	+	+	+	+	+	+
Denso/Difuso	+	+	+	+	+	+	+	−	−	−	−	−	−	−	−
Grave/Agudo	+	+	+	−	−	−	−	+	+	+	+	−	−	−	−
Nasal/Oral	(−)	(−)	(−)	+	−	−	−	+	−	−	−	+	−	−	−
Continuo/Interrupto		+	−			+	−			+	−			+	−
Sonoro (flojo)/Sordo (tenso)	+	(−)	−		+	(−)	−		+	(−)	−		+	(−)	−

FIGURA 3. Caracterización binarista de base acústica de los fonemas consonantes del español. Reproducción parcial del cuadro introducido a partir de la segunda edición de la *Fonología española* de Alarcos ([1950] 1965, 179).

difusas		densas		
graves	agudas	agudas	graves	
			normal	bemol.
p	t	c	k		tensas
b	d	j	g	w̯	laxas
f	θ	s		x	

mates }
estridentes (o ruidosas)

FIGURA 4. Caracterización acústica de los fonemas consonantes no nasales del español (Martínez Celdrán 1989, 101); se complementa con un cuadro binarista en la página 102.

Rasgos	p	b	t	d	k	g
vocálico – no vocálico	–	–	–	–	–	–
consonántico – no consonántico	+	+	+	+	+	+
denso – difuso	–	–	–	–	+	+
grave – agudo	+	+	–	–	+	+
continuo – interrupto	–	±	–	±	–	±
sonoro – sordo	–	+	–	+	–	+
oral – nasal	+	+	+	+	+	+
estridente – mate	–	–	–	–	–	–

FIGURA 5. Caracterización binarista de base acústica de los fonemas del español que admiten realización oclusiva oral (Quilis 1993, § 6.6).

	p	b	f	t	d	θ	s	tʃ	j	k	g	x
Vocálico	–	–	–	–	–	–	–	–	–	–	–	–
Consonántico	+	+	+	+	+	+	+	+	+	+	+	+
Nasal	–	–	–	–	–	–	–	–	–	0	0	0
Denso	–	–	–	–	–	–	–	+	+	+	+	+
Grave	+	+	+	–	–	–	–	–	–	+	+	+
Tenso	+	–	+	+	–	+	+	+	–	+	–	+
Continuo	–	0	+	–	0	+	+	0	0	–	0	+
Estridente	0	0	0	0	0	–	+	0	0	0	0	0
Sonoro	0	0	0	0	0	0	0	0	0	0	0	0

FIGURA 6. Caracterización binarista de base acústica de los fonemas consonantes no nasales del español que admiten algún alófono dotado de oclusión (Gómez Asencio 1994, § 6).

La interpretación de Antonio Quilis mantuvo la adición de la pareja 'estridente/mate' al conjunto de oposiciones, pero para clasificar precisamente como estridente (a la par que interrupto) el fonema africado /tʃ/ (cf. Quilis 1993, § 9.7). Por lo demás, su cuadro binarista acústico correspondiente al sexteto fonemático /p b t d k g/ (Figura 5) refleja, mediante el uso del signo '±' para caracterizar la respuesta de /b d g/ a la oposición 'continuo/interrupto', la consideración por parte de este autor de las variantes flojas de estos tres fonemas como fricativas («de resonancias bajas»; cf. el § 11.3.2), al tiempo que su persistencia en considerar en todo momento 'sonoro/sordo' como rasgos pertinentes (§ 11.3.4).

Por su parte, Gómez Asencio (1994) tomaría de nuevo como punto de partida las descripciones de Alarcos para elaborar su caracterización acústica de los fonemas consonantes no nasales del español (Figura 6), en la que reaparecen, ahora mediante el uso de la cifra '0', las tomas de postura alarquianas en cuanto a la oralidad de los velares /k g x/, así como en cuanto a la variación alofónica de /b d ɟ g/ y consiguiente falta de respuesta a la oposición formulada en términos de 'continuo/interrupto' (cf. también los comentarios de Ramírez Quesada [2020, 337]).

En contrapartida, este autor reconoce explícitamente en el mismo cuadro la redundancia de la sonoridad en favor de la pertinencia del grado de tensión (aun al precio de incluir un rasgo siempre redundante en la descripción fonológica). Por otro lado, su inclusión del rasgo 'estridente' se reduce al caso concreto de la caracterización del fricativo /s/ (directamente frente a /θ/).

La descripción articulatoria como punto de partida en la caracterización fonológica reaparecerá en fecha posterior en una clasificación como la presentada por Hualde ([2001] 2010) para los fonemas consonánticos del español, que refleja el trasvase directo de unas caracterizaciones fonéticas relativas a los diferentes modos de articulación (columna izquierda) en combinación con las distintas zonas articulatorias (fila superior), tal como representa la Figura 7.

Se trata, estrictamente hablando, de la representación y caracterización fonética de los sonidos que implícitamente están siendo aducidos como los prototípicos de cada fonema, aunque en las páginas dedicadas en el mismo estudio a las variaciones alofónicas del tipo [b ~ β] no se halle una referencia explícita al porqué de la selección de los signos correspondientes a las variantes oclusivas frente al de las que en ellas se describen como 'aproximantes' —antes bien, el autor se refiere a unas y otras como «dos tipos de alófonos principales» (Hualde [2001] 2010, 62)—. Una representación muy parecida se encuentra en Campos-Astorkiza (2012, 93), con la particularidad de que esta autora incluye entre los fonemas a los que se refiere (en inglés) como *stops* el que transcribe mediante el signo /ɟ/ (que aparece, como los restantes, sin barras en la tabla), frente a la opción de Hualde por la representación correspondiente a su alófono 'aproximante'.

	Bilabial	Labiodental	Interdental	Dental	Alveolar	Prepalatal	Palatal	Velar
Oclusiva	p b			t d				k g
Fricativa		f	(θ)		s			x
Aproximante							j	
Africada						ʧ		
Nasal	m				n		ɲ	

FIGURA 7. Caracterización articulatoria de los fonemas consonantes del español (Hualde [2001] 2010, 83; reproducción parcial de la Tabla 2.11).

Ambos investigadores, por otra parte, mantienen el empleo de los términos 'sordo' (en inglés, *voiceless*) y 'sonoro' (en inglés, *voiced*) para hacer referencia a las características diferenciales en las oposiciones del tipo /p/-/b/. Por otra parte, en Hualde (2014, 39 tabla 2.5) el fonema transcrito /j/ es incluido conjuntamente con los de realización fricativa, si bien el autor lo señala como «de estatus cuestionable».

La *Nueva gramática de la lengua española* (Real Academia Española y Asociación de Academias de la Lengua Española 2011), por otro lado, parte de la inclusión del sexteto fonemático /p t k b d g/ en el grupo de unidades consonantes 'obstruyentes', en oposición a las sonantes [→ § 1.6.2] (considerando la obra académica, cf. el § 1.4b, la presencia de explosión o de ruido de fricción como característica de las primeras frente a las segundas). La Figura 8 sintetiza la descripción fonológica binarista de estas unidades en la obra citada, sobre la que se volverá más adelante (cf. § 11.3.2 y § 11.3.5).

	/p/	/t/	/k/	/b/	/d/	/g/
Consonante	+	+	+	+	+	+
Sonante	−	−	−	−	−	−
Continuo	−	−	−	−	−	−
Sonoro	−	−	−	+	+	+
Redondeado	−			−		
Anterior		+			+	
Distribuido		−			−	
Alto			+			+
Retraído			+			+

FIGURA 8. Caracterización binarista de base articulatoria de los fonemas del español que admiten realización oclusiva oral (Real Academia Española y Asociación de Academias de la Lengua Española 2011, § 4.2e).

De acuerdo con esta propuesta, la clasificación interna en cuanto a diferencias basadas en zonas de articulación (aun cuando esta expresión pueda no ser del todo adecuada para la concepción de los rasgos aquí utilizados) complica visiblemente la descripción frente a los modelos de raíz jakobsoniana por emplear de hecho un total de cinco oposiciones binarias (basadas en los rasgos 'redondeado', 'anterior', 'distribuido', 'alto' y 'retraído') para caracterizar unas diferencias fonológicas acústicamente reductibles a dos parejas de rasgos, 'grave/agudo' y 'denso/difuso' (cf. § 11.3.5), perfectamente presentables en la perspectiva articulatoria paralela en términos de, respectivamente, 'periférico/central' y 'posterior/anterior'. Este análisis supone, además, la caracterización de los correspondientes fonemas respecto de los antedichos cinco rasgos en unos términos que, sean positivos o negativos, no encuentran nunca sus oponentes realizados en el seno del mismo subconjunto fonemático, al tiempo que ofrecen injustificados casos de redundancia (los fonemas marcados como [−distribuido] son exactamente los mismos previamente marcados como [+anterior]; los caracterizados como [+retraído] son los también caracterizados como [+alto]), lo que pone de manifiesto que la atribución de los rasgos ha sido efectuada directamente desde la observación fonética y sin una comprobación de su posible valor fonológico.

Por otro lado, aquí se siguie responddiendo a los distintos fonemas a la oposición 'sordo/sonoro', rasgos cuya posible pertinencia frente a la opción interpretativa a favor de 'tenso/flojo' no se razona en la obra académica, pese a todo lo que se ha escrito al respecto (cf. § 11.3.4). La existencia, en otro orden de cosas, de motivos para deducir que esta oposición es la más fácilmente neutralizable (cf. § 11.6) [→ § 1.17.4] y, en consecuencia, la de menor poder distintivo en el consonantismo español, debiera desaconsejar su representación, en cualquier cuadro fonológico de esta subclase fonemática, en una posición que no sea la última.

11.3.2 La pareja de rasgos 'continuo/interrupto'. Problemas terminológicos e interpretativos

Cabe ahora considerar, en primer lugar, la oposición en uno de cuyos miembros aparece configurada una parcela de sustancia fónica en que se incluye el modo de articulación oclusivo. Se hace referencia aquí a la pareja de rasgos que, en términos jakobsonianos (cf., por ejemplo, Jakobson y Halle 1956, § 3.6.1), fue formulada como 'continuo/interrupto'.

Debe mencionarse, de entrada, que la descripción de los dos miembros de dicha oposición fue efectuada por Jakobson y sus colaboradores en términos puramente sustanciales y positivos, de tal manera que, en lo que se refiere en concreto a unidades consonantes en sentido estricto, las descripciones de ambos rasgos venían a corresponder con las de los sonidos fricativos y los oclusivos, respectivamente.

En efecto, estos dos tipos articulatorios pueden constituir las manifestaciones prototípicas correspondientes a los conceptos fonológicos de 'continuo' e 'interrupto' en la clase consonante. No obstante, del hecho de que en una obra tan influyente en la historia de la fonología como resultó ser la de Jakobson la presentación de uno y otro rasgos se efectuara en términos de estricta descripción fonética de unos tipos muy determinados de realización, unido al peculiar carácter de los sonidos iberorrománicos aquí transcritos como [β̞ ð̞ ɣ̞] —no oclusivos y, pese a la caracterización defendida en su día por Navarro Tomás (1918) y aceptada por tantos otros autores, tampoco fricativos—, se han derivado interpretaciones discutibles del comportamiento de /b d g/ respecto de una oposición inicialmente planteable en términos de 'continuo/interrupto' basadas, de una u otra manera, en la identificación del segundo miembro de dicha oposición con la noción fonética de 'oclusivo', lo que pudo conducir a caracterizaciones fonológicas no acordes con los hechos reales del consonantismo español.

Tal fue ya, por ejemplo, el resultado del análisis funcional efectuado por Alarcos (1950). Este investigador, en efecto, partió de admitir la caracterización de las variantes débiles de /b d g/ como sonidos «fricativos» propuesta por Navarro Tomás y aceptada por, entre otros, Malmberg (1954), Macpherson (1975) o Quilis (1981, 1993) —quien, eso sí, diferenciaría «fricativas de resonancias altas» de «fricativas de resonancias bajas», reservando la primera de estas denominaciones para los sonidos verdaderamente fricativos y encuadrando [β̞ ð̞ ɣ̞] en el segundo grupo; cf. Quilis (1981, § 8.2.1, 1993, § 8.4.1–2)—. En consecuencia, Alarcos consideró que los fonemas /b d g/ podrían presentar realizaciones interruptas junto a realizaciones continuas («fricativas») y los clasificó al margen de la oposición 'interrupto/continuo' interpretándolos como distintivamente sonoros tanto frente al cuarteto /p t t͡ʃ k/ (unidades que describió como, por una parte, sordas —no sonoras— y por otra interruptas —no continuas—) como frente a la subclase fricativa /f θ s x/, cuyas unidades clasificó como continuas y como sordas, si bien, como ya se ha visto, elocuentemente colocando entre paréntesis, en su cuadro de las oposiciones actuantes en el sistema fonológico español, el signo negativo que atribuyó al comportamiento de dichos cuatro fonemas con respecto a la oposición 'sonoro/no sonoro' (cf. Alarcos 1950, § 114); en la segunda edición de la *Fonología española* (Alarcos [1950] 1954), en la que por primera vez el autor aplicó los principios del análisis fonológico binarista de Jakobson, se añadió el cuadro que se reproduce en la Figura 3 (§ 11.3.1) de este capítulo.

La señalada utilización de los paréntesis en el mencionado cuadro de Alarcos obedece visiblemente al hecho de que las unidades fricativas del español no podrían interpretarse sin más como fonológicamente sordas o no sonoras desde el momento en que contextualmente es posible la aparición de variantes fricativas sonoras. Por supuesto, fue la identificación de realizaciones como [β̞ ð̞ ɣ̞] con los sonidos propiamente fricativos como coincidentes en cuanto al modo de articulación y, más directamente, en cuanto a la posible clasificación fonológica de unas y otras articulaciones respecto de una oposición en términos de 'continuo/interrupto' o 'continuo/no continuo' lo que forzó a Alarcos a esta confusa clasificación de los fonemas fricativos.

> Tras esta interpretación no dejaba de hallarse el hecho de que la investigación española en fonética hubiese adoptado en su día términos y conceptos procedentes de la investigación en otras lenguas (Navarro Tomás atendió principalmente a estudios publicados en Francia o Alemania, cf., por ejemplo, la bibliografía recogida en [1918, § 32]), de la que procedían nociones como las de 'oclusivo' y 'fricativo', pero no un análisis adecuado de los sonidos [β̞ ð̞ ɣ̞] del español ni un término específico para hacer referencia a ellos.

La clasificación propuesta por Alarcos sería la base de los posteriores análisis de Gómez Asencio (1994), quien igualmente caracterizó cada uno de los fonemas /b d ɟ g/ al margen de la oposición 'continuo/interrupto' (1994, § 6), con la particularidad de que este autor, tras defender la funcionalidad de 'tenso/flojo' y la redundancia de 'sordo/sonoro' en cuanto a la caracterización de cada uno de los citados fonemas frente a los correspondientes de realización tensa y sorda (1994, § 3.1), interpretaría los fricativos /f θ s x/ como fonológicamente tensos (cf. el § 11.3.1 Figura 2), eludiendo así la contradicción alarquiana.

Cabe mencionar también que Alarcos había comenzado formulando en términos de 'plosiva/fricativa' (Alarcos 1949, § 24) la oposición fonológica para la que posteriormente (a partir de [1950] 1954) utilizaría los calificativos 'interrupto/a' y 'continuo/a'. Todavía en la primera edición de su *Fonología española* (1950) mantendría los vocablos empleados en 1949. Por otra parte, nunca llegaría a eliminar 'oclusivo/a' y 'fricativo/a' como paralelas designaciones de los dos miembros de esta oposición y de las consiguientes series de fonemas que señalaba en español (cf., por ejemplo, Alarcos [1950] 1965, § 36, 114). La aplicación directa de las caracterizaciones fonéticas en términos de 'oclusivo/fricativo' a la formulación de rasgos fonológicos llevaría también a clasificar los fonemas /b d g/ como fonológicamente oclusivos y al mismo tiempo señalarles alófonos fricativos (cf. los términos empleados, por ejemplo, por Alcina y Blecua [1975] 1982, § 2.5; Iribarren 2005, caps. 18–20; Quilis 1993, § VI.6.2 o la Real Academia Española 1973, § 1.2.2, § 1.3.4). Similar toma inicial de postura en D'Introno, del Teso y Weston (1995, § 2.1, § 2.1.2.2) buscaría posterior explicación mediante la mención de una regla que «convierte un fonema en uno de sus alófonos» (1995, § 2.3).

En cualquier caso, la impropiedad de definir como 'fricativos' sonidos de las características de [β ð̞ ɣ] ya había sido puntualizada por Trager (1939), quien describió estos sonidos como «voiced non-fricative spirants» (1939, § 3.2), contraponiendo, por tanto, el empleo de *spirant* al de *fricative* y concediendo mayor amplitud semántica al primero de ambos vocablos. Martinet empleó en varios de sus trabajos el correspondiente término francés *spirantes* para hacer referencia a estas realizaciones fonéticas, cuyo parentesco con las articulaciones oclusivas no dejó de señalar: «ce sont généralement des spirantes d'articulation peu tendue et de friction faible qui sont des occlusives d'articulation imparfaite plûtot que des fricatives proprement dites» (Martinet [1955] 2005, § 3.24), llegando a contraponer directamente el sonido fricativo [θ] del español *caza* al espirante [ð̞] de *cada* —cf. Martinet (1960, § 2–24, 1980–1981, § 1); previamente había establecido similar diferenciación para los sonidos representados respectivamente por *th* y *d* en inglés *(father)* y en español *(ocupado)*, cf. Martinet (1956, § 2–21)—. Veiga Arias (1972, 1976), en un apartado que tituló «Oclusiva débil, no fricativa», precisó, para gallego y castellano, que «el hecho de que haya una pronunciación más o menos débil, más o menos relajada, no quiere decir que haya habido un paso de oclusivo a fricativo», para exponer respecto del tipo de articulación propio de [β ð̞ ɣ] que «se trata simplemente de una realización menos tensa de la oclusiva sonora, que en sí misma es menos tensa que la sorda correspondiente» (1976, § 7.2). Martínez Celdrán (1984a, § 4.1.1.2.1.1.4) propuso el término 'aproximante' para la descripción del peculiar modo de articulación de estos sonidos, adaptando al español la denominación *approximant* surgida anteriormente en la investigación norteamericana (el introductor de esta expresión parece haber sido Ladefoged; cf. Abercrombie 1967, 50; Catford 1977, 119) y rechazando entonces el uso de un vocablo como 'espirante', «precisamente para que una aproximante no pueda ser confundida en ningún momento con una fricativa» [→ § 9.4.1] (cf. los comentarios de López Gavín [2022, § 4.2.1.1.1]). No obstante, y aun pese a su aceptación tan general en el momento actual, la caracterización de estos sonidos como aproximantes, que se reencuentra, por ejemplo, en la *Nueva gramática de la lengua española* (véanse los apartados § 4.2f, 4.3b, 4.3c, 4.4i y 4.4.k), no deja de resultar controvertida tanto en la propia perspectiva fonética como en la fonológica.

Ladefoged asignó inicialmente los *approximants* a la «phonetic class vocoid or central resonant oral» (1964, 25), no aplicándoles el calificativo de *consonant* sino en un sentido fonológico de explícita base fonotáctica. Según el mismo autor (Ladefoged [1975] 1993, 277), todas las vocales del inglés serían *approximants,* así como también las unidades fonemáticas no vocales que transcribió /j l r w/ «in many forms of English», si bien posteriormente eliminaría la referencia a «all vowels» (Ladefoged [1975] 1993, 292) y más adelante se referiría explícitamente como *approximants* a los sonidos [j w], así como a [ɹ] (Ladefoged 2003, § 6.2), destacando la visibilidad de sus formantes (propiedad 'vocálica'). La consideración de *approximant* no fue concebida por Ladefoged, por lo tanto, para ninguna unidad fónica que se deba interpretar como inequívocamente 'consonante', y en este sentido parece claramente explícita su redefinición de *approximant:* «an articulation in which one articulator is close to another but without the tract being narrowed to such an extent that a turbulent airstream is produced» (Ladefoged [1975] 1993, 292), como su posterior descripción articulatoria en el sentido de que «they do not involve any kind of closure of the vocal tract» (Ladefoged 2001, § 6.3) o las previas palabras de Abercrombie (1967), que hacían referencia explícita a vocales y a sonidos líquidos y 'semivocales' y defendían la calificación de *approximant* para cualquier segmento fónico vocal, así como para los que inician en inglés la pronunciación de términos como *run* «as pronounced by most people in England and America» (50), *we* y *you*. También Clark y Yallop ([1990] 1995), aun empleando el término *consonants,* señalaron claramente que «Approximant consonants are in many ways comparable to vowels» (§ 7.16) —cf. el concepto de *vowel-like consonants* en Ladefoged y Maddieson (1996)—, y Katamba (1989), quien propuso como ejemplos de *approximants* los sonidos del inglés que transcribió [r l w j], especificó respecto de este tipo de articulaciones que «the articulators are brought near each other but a large enough gap is left between them for air to escape without causing turbulence» (7), exigiendo, pues, ese *large enough gap* entre los órganos para poder hablar de *approximants*. Por su parte, Catford (1977) se había referido como aproximantes típicas a las

'close' vowels, like [i] or [u], 'semivowels' like [j], such as the *y* in English *yes*, the voiced labio-dental approximant [ʋ], common in Indian languages, a very common type of English /r/, and the 'liquid' [l]-sound of English and most other languages (122), y posteriormente clasificaría como *approximants* los fonemas ingleses que transcribía /l ɹ/ (Catford 1988, § 9.1); este proceder se basa en el hecho de que interpretó como *approximant* cualquier sonido realizado normalmente sonoro que, no presentando turbulencias en su realización sonora, sí ofrezca un perceptible soplo turbulento a través del canal oral si se produce sin sonoridad.

Desde el punto de vista fonético, pues, la aplicación del calificativo 'aproximante' a sonidos de las características de [β ð̞ ɣ] puede ser discutible al igual que la del más tradicional 'fricativo'. En ambos casos se han reaprovechado, extendiendo *ad hoc* su aplicación primitiva, términos que, desde el estudio de los sonidos de otras lenguas, fueron concebidos para la designación de otros tipos de articulación: en el caso de *approximant,* básicamente para la caracterización de ciertos sonidos de naturaleza vocal o líquida. Desde el punto de vista fonológico, la posibilidad de resolución de la contradicción alarquiana que brindaba el abandono del adjetivo 'fricativo' no es observada en una perspectiva analítica que siga vinculando al miembro 'continuo' de la oposición en su formulación jakobsoniana (que, recuérdese, describía dicho miembro en términos prototípicos derivados de la articulación fricativa) las realizaciones ahora llamadas 'aproximantes', vinculación que hallamos incluso en Martinet (1980–1981). Más recientemente, Martínez Celdrán ha reunido bajo el rótulo de *approximant* 'aproximante' sonidos como [β ð̞ ɣ], a los que ha añadido el calificativo de *spirant* 'espirante' (Martínez Celdrán 2004, y el § 9.4.1 de la presente obra) conjuntamente con articulaciones paravocálicas o líquidas. Esta clasificación presenta las realizaciones del tipo [β ð̞ ɣ] como fonéticamente más emparentadas con, por ejemplo, [ɹ], [l] o las paravocales que con [b d̪ g], variantes estas últimas, junto las primeras, de unos mismos fonemas, por lo que, se describan de hecho como se describan las diferencias entre unos y otros alófonos, se trata en todo caso de diferencias de realización fonética desprovistas de relevancia fonológica.

También en el ámbito fonológico generativista el rasgo de modo de articulación 'continuo' ha sido quizá uno de los más estudiados de todo el conjunto de rasgos adoptados por esta corriente investigadora para abordar el análisis de las unidades que ofrecen o admiten realización oclusiva (cf. el § 11.2.3); ya lo fue desde los primeros trabajos generales y clásicos, en el seno de dicha corriente, sobre el español (Cressey 1978; Harris 1969), y lo continúa siendo en el modelo de la Geometría de Rasgos [→ § 1.21.5], inicialmente propuesto por Clements (1985) [→ § 20.1.2]. En esta organización jerárquica de los rasgos distintivos postulada por la fonología generativista, la ubicación del rasgo 'continuo' originó un enorme debate, tanto en términos generales (Clements y Hume 1995; Halle 1995; Sagey 1986) como en relación concretamente con las consonantes del español (Núñez Cedeño y Morales-Front 1999, 72–91; Padgett [1991] 1995). La discusión se centra, básicamente, en la dependencia del rasgo 'continuo' de otros rasgos o directamente de lo que en geometría de rasgos se denomina el 'nodo Raíz'.

Cabe recordar aquí que las dependencias entre los distintos rasgos que —ordenados jerárquicamente en bloques o clases— constituyen los segmentos no se determinan en el marco de este modelo de manera arbitraria, sino sobre la base de los diferentes procesos que tienen lugar en la lengua que se describe en cada caso y que proporcionan las claves para el establecimiento de tales dependencias [→ § 1.21.5].

La idea más extendida en la bibliografía relevante para la discusión es que los rasgos relativos al modo de articulación (entre ellos, 'continuo') están situados en un nivel superior a los rasgos referidos al punto de articulación, puesto que en muchas lenguas, por ejemplo en español, los segmentos nasales asimilan su punto de articulación al de la unidad consonante siguiente, pero no su modo de articulación (no se hacen fricativos, por ejemplo), como ocurriría si los rasgos de modo estuvieran supeditados a los de zona de articulación y se vieran, por tanto, 'arrastrados' por ellos en el proceso asimilatorio. Padgett ([1991] 1995), sin embargo, mantiene que 'continuo' no es independiente de los rasgos de Punto de Articulación (PA) porque existen relaciones implicativas entre uno y otros. En opinión de este autor, que ejemplifica justamente a partir de las unidades oclusivas nasales, se da una asimetría recurrente en las lenguas según la cual dichas unidades asimilan su punto de articulación a segmentos no continuos con mayor frecuencia que a segmentos continuos, de tal manera que, si una lengua presenta asimilaciones de nasales ante sonidos fricativos las presentará también ante oclusivos, pero lo contrario no tiene por qué ser cierto. Además, lo más habitual es que la asimilación de zona conlleve, según Padgett, la de continuidad, lo cual explicaría la dependencia de este segundo rasgo con respecto a los de la primera clase (al menos en español, esta predicción no se cumple en todos los casos: *enfermo, anzuelo,* etcétera) [→ § 17.4.3].

Frente a la postura de Padgett ([1991] 1995), en el análisis de la *Nueva gramática de la lengua española* (seguidora a grandes rasgos del modelo 'geométrico' jerárquico) el rasgo 'continuo' se hace depender directamente del nodo Raíz, como en las formulaciones tradicionales de Sagey (1986) o Selkirk (1991). Aunque esto no se indica explícitamente en esa obra, se entiende que su manipulación no está asociada ni es concomitante necesariamente con la de otros rasgos.

Por otra parte, el análisis fonológico de /b d g/ que se recoge en la *Nueva gramática de la lengua española* (§ 4.2a) atribuye a estas unidades (junto con /p t k/) un rasgo especificado como [−continuo] (Figura 8) que se contradice con la posterior caracterización en la misma obra de sus alófonos débiles como «continuos aproximantes» (§ 4.2f) cuya producción es «similar a la de las fricativas» (§ 4.3b), lo que supone la atribución de alófonos continuos a unidades fonológicamente defendidas como no continuas. Desde la perspectiva de un modelo funcionalista o estructuralista no resulta admisible que a una unidad fonológica caracterizada por un rasgo en concreto se le atribuyan alófonos que contradigan ese rasgo, pero desde una perspectiva generativista (como es la de la *Nueva gramática de la lengua española* en este sentido), en la que la forma subyacente no se expresa en términos de fonemas (puesto que no existe ningún nivel equivalente al fonológico clásico) y la especificación de un rasgo puede experimentar modificaciones al alcanzar el nivel fonético superficial como resultado de la aplicación de unas reglas o de unas restricciones, este hecho es normal, si bien, como es obvio, debiera requerir siempre la correspondiente explicitación al respecto.

La sucinta revisión de las más divulgadas aproximaciones al problema de la interpretación fonética de [β ð ɣ] y de sus consecuencias para el análisis de ciertos rasgos fonológicos permite despejar algún escollo surgido y mantenido en la historia de una investigación condicionada desde sus orígenes por la falta de autonomía de los análisis fonéticos del español con respecto a otros modelos e igualmente por la falta de autonomía de la investigación fonológica respecto de la investigación fonética tanto en lo que se refiere a la terminología como a los habituales sistemas de transcripción.

Conviene evitar, para comenzar, la tentación inicial de aplicar a sonidos como [β ð ɣ] denominaciones concebidas para su aplicación a tipos fonéticos no coincidentes. Ya se ha mencionado (cf. el § 11.3.1) que ni el de 'fricativo' ni el de 'aproximante' son calificativos que se consideren unánimemente adecuados para la caracterización de los 'espirantes' del iberorromance, sonidos en cuya articulación no se produce fricación, pero tampoco puede señalarse una simple aproximación de órganos con resultados comparables a los que condujeron en la lingüística norteamericana, como se ha comentado, a hablar de sonidos *approximant* para hacer referencia a realizaciones dotadas en general de rasgo vocálico. En el caso del bilabial, se han reconocido en su manifestación acústica unos «pulsos glotales muy débiles próximos al silencio de la oclusiva, síntoma de un cierre bucal incompleto» (Martínez Celdrán y Fernández Planas 2007, 57); en el del dental, ya Navarro Tomás (1918, § 100) explicitaba que «la punta de la lengua toca suavemente los bordes de los incisivos superiores, sin cerrar por completo la salida del aire»; en términos generales Martínez Celdrán (2013) ha señalado su carácter de «categoría fonética gradual» y destacado como su principal característica que son «variantes de las oclusivas», en que «los órganos dejan de tener un cierre completo y dejan de estar apretados entre sí» (§ 2.3.1). No deja de tratarse, en cualquier caso, de sonidos para cuya articulación más común no resulta adecuada una descripción que, como la que recoge la *Nueva gramática de la lengua española* (§ 4.3b), los presente en términos generales como más abiertos que las articulaciones fricativas. De hecho, Martínez Celdrán (2013, 263) reconocería que es posible que, en relación con el de estas, su grado de abertura sea menor [→ § 9.4.1]. De manera especial ha de evitarse la designación de sonidos del tipo de [β ð ɣ] mediante un término que resulte común con el que se aplique a los propiamente fricativos (como [f θ s x]). Navarro Tomás (1918) llegó a emplear el calificativo «fricativo» poco menos que con referencia a todo aquello que no es articulatoriamente oclusivo, identificando mediante un rótulo —y, por tanto, con arreglo a una consideración común— tipos articulatorios muy diferentes entre sí. En el §13, incluyó en el conjunto de fricativos no solo sonidos como [β ð ɣ] o [ʝ], sino igualmente todos los líquidos laterales, junto con el no lateral [ɹ]; incluso llegó a presentar, en el cuadro del § 78, como consonantes fricativas los sonidos «semiconsonantes» que representaba mediante los símbolos [j] y [w], pero las redenominaciones de [β ð ɣ] en el marco de descripciones que han seguido identificándolos como continuos conjuntamente con los fricativos han venido a mantener, variando algún término, esta misma identificación básica.

11.3.3 La pareja de rasgos 'continuo/interrupto'. Su delimitación fonológica

Tras interpretaciones como las revisadas en el apartado anterior se halla el ya anticipado hecho de que el nacimiento en su momento de una nueva disciplina lingüística llamada fonología, cuyo objeto de estudio sería el aspecto lingüísticamente distintivo de las diferencias fónicas y de las unidades analizables en rasgos pertinentes realizados por medio de ciertas propiedades fonéticas, no vino acompañado de la creación de un nuevo repertorio terminológico para la designación de las oposiciones fonológicas, que se manifiestan en diferencias de base fonética, como tampoco de un nuevo sistema de representación para las unidades fonológicas segmentales mínimas, que se realizan en sonidos concretos. En ambos casos la fonología tomó prestados de la investigación fonética términos y signos; en consecuencia, la aplicación de vocablos concebidos para la designación de propiedades sustanciales, positivas, empíricamente reconocibles hubo de ser reorientada a la de propiedades funcionales, verificables, cuando se trata de rasgos fonológicos inherentes, estrictamente en lo que tienen de opositivas, de valor forzosamente relativo frente al término contrario de cada oposición.

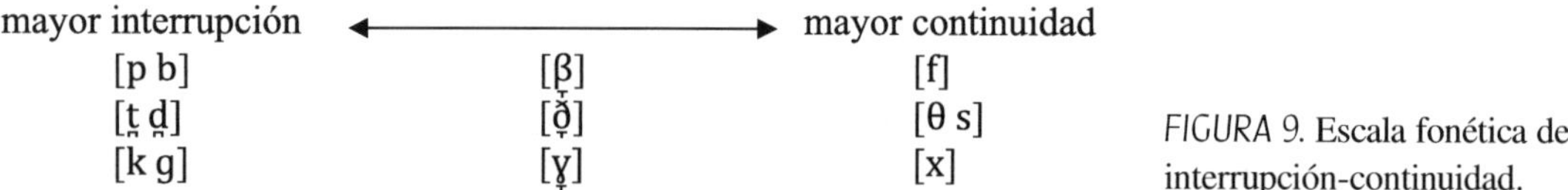

FIGURA 9. Escala fonética de interrupción-continuidad.

Los riesgos de este trasvase metodológico no han dejado de hacerse notar a lo largo de la historia de la fonología, y resulta de primordial importancia entender que, por lo específico de su funcionamiento como entidades lingüísticamente distintivas, los rasgos fonológicos inherentes solamente pueden definirse en relación con sus contrarios y no pueden identificarse sin más con realizaciones fonéticas concretas, pues, para empezar, distintos sistemas pueden establecer la frontera funcional entre dos rasgos contrapuestos en diferentes puntos de una escala fonética.

Fonológicamente hablando, 'continuo' solamente puede ser, en principio, lo que no funciona como 'interrupto' —o bien, en formulación privativa, como 'no continuo'—, y ello siempre, claro está, manteniendo el empleo de unos términos hoy de uso general, pero cuya adecuación puede no ser todo lo idónea que sería deseable en la descripción de un sistema o subsistema en particular. Cada sistema o subsistema fonológico puede, en todo caso, situar el límite sustancial entre las realizaciones de una y otra propiedades en este o en aquel lugar de la escala fonética que va de lo más interrupto a lo más continuo, y si se considera dicha escala en su aplicación a los sonidos consonantes orales del español, puede plantearse una situación como la muy esquemáticamente representada en la Figura 9.

La realidad fonológica es que el sistema establece una frontera funcional entre la articulación relajada de [β ð̞ ɣ] y la propiamente fricativa de [f θ s x] (haciendo abstracción siempre, en aras de la mayor claridad expositiva, de la variabilidad fonética que el análisis más detallado pueda señalar para cualquier tipo articulatorio); los tres primeros sonidos se identifican fonológicamente con los oclusivos [b d̞ g] como realizaciones de unos mismos fonemas /b d g/ funcionalmente opuestos a los de realización fricativa. La distinción articulatoria entre los sonidos oclusivos orales flojos y sonoros [b d̞ g] y sus respectivas variantes relajadas [β ð̞ ɣ] no deja de basarse en una diferencia de grado de tensión: si [b d̞ g] son más flojos que [p t̞ k], [β ð̞ ɣ] lo son todavía más que [b d̞ g], hasta el punto de que han dejado de realizarse con oclusión en el sentido estricto de cierre de la salida del aire. Sin embargo, sucede que mientras el sistema, en su realización más común en el dominio hispanófono, basa una oposición fonológica en las diferencias fonéticas [p]-[b ~ β], [t̞]-[d̞ ~ ð̞] y [k]-[g ~ ɣ] (sobre el papel de la sonoridad, cf. el § 11.3.4), las variaciones [b]~[β], [d̞]~[d̞] y [g]~[ɣ] son fonológicamente irrelevantes: el sistema, de acuerdo con dicha realización común, no puede construir sobre ellas ninguna oposición funcional; por lo tanto, la presencia o ausencia de oclusión no es por sí misma la base de ninguna oposición fonológica en la clase fonemática consonante del español.

Contrariamente, las articulaciones fricativas sí se muestran, en el otro extremo, como materializaciones dentro de dicha clase de un determinado rasgo dotado de valor fonológico. Ese rasgo puede diferenciar funcionalmente las unidades así realizadas de aquellas otras que presentan realización oclusiva oral, tanto si dicha realización es, en términos de modo de articulación, la fundamental (caso de /p t k/) como si (caso de /b d g/) admite una variación alofónica con sonidos de menor tensión que han llegado a dejar de ser estrictamente oclusivos, pero que no pueden identificar su modo de articulación con el fricativo característico de las realizaciones materiales de /f θ s x/.

Nada tiene por qué impedir, pues, que se reconozca la existencia de una oposición cuyos miembros establecen entre sí una diferencia que en términos articulatorios resulta ser de modo de articulación y que configura en uno de ellos la sustancia fónica propiamente fricativa mientras el otro admite, al lado de realizaciones verdaderamente oclusivas, otras en las que no llega a producirse un bloqueo de la salida del aire. Estas últimas, y merced a ello, se encuentran desde el punto de vista lingüístico en este otro miembro de la oposición, y no resultan continuas en la misma medida en que sí pueden definirse así las realizaciones fricativas. Lo determinante es que su relación de alofonía con segmentos fónicos oclusivos revela que se encuentran fonológicamente del lado de estos últimos —y del lado opuesto frente a los fricativos— respecto a la frontera fonológica que el sistema establece.

Se puede seguir designando esta oposición como 'continuo/interrupto' o, privativamente y de manera más adecuada ante los hechos fónicos concretos del español, como 'continuo/no continuo' si no se quiere romper con una tradición terminológica, pero sin olvidar que los términos no deben constituir un problema en sí mismos, que su utilización resulta siempre convencional y que las denominaciones propuestas para estos y aquellos rasgos fonológicos inherentes tienen siempre su base en el ámbito de la fonética y han de ser coherentemente readaptadas a la designación de términos de una oposición, que, debe insistirse, solamente puede definirse sobre su mutua relación opositiva.

El hecho de que el repertorio léxico del español, por otra parte, no disponga de un adjetivo idóneo para hacer referencia conjunta a lo que es sustancialmente 'oclusivo' y a lo que es sustancialmente 'espirante', de donde derivan todas las reticencias a admitir la designación de /b d g/ como fonemas funcionalmente no continuos, no es más que otra coyuntura terminológica que no debiera ser obstáculo para el coherente reconocimiento del valor funcional de estas unidades y de los rasgos que constituyen la base de su posición en la estructura del sistema.

En consecuencia, alofonías como [b] ~ [β], [d] ~ [ð] o [g] ~ [ɣ] no solamente no impiden que fonemas como /b d g/ puedan responder a una oposición en términos de 'continuo/no continuo', sino que ponen en evidencia las peculiaridades de la configuración sustancial de los términos de tal oposición, que en la clase consonante del español configura en su miembro continuo exclusivamente la sustancia fónica 'fricativa' y, en contrapartida, en el miembro no continuo el conjunto constituido por las realizaciones sustanciales carentes de fricación (y en la clase líquida las sustancias fónicas 'lateral' y 'rótica' respectivamente). De nuevo, la coherente comprensión —desde su propia base como propiedades distintivas en un sistema lingüístico— de los rasgos fonológicos como de actuación siempre relativa permite entender que los fonemas /b d g/ del español admitan su interpretación fonológica como no continuos aun cuando no se registre oclusión propiamente dicha en sus alófonos más débiles.

11.3.4 Las parejas 'tenso/flojo' y 'sordo/sonoro'

Emilio Alarcos, declarando atenerse «exclusivamente al sistema del lenguaje corriente libre de dialectalismos y vulgarismos, así como de afectaciones literarias y académicas» (1949, 265, [1950] 1965, § 90) de acuerdo con el estilo descrito fonéticamente por Navarro Tomás (1918, § 4), señaló la neutralización conjunta en posición implosiva de las oposiciones particulares /p/-/b/, /t/-/d/ y /k/-/g/ con el resultado de tres unidades fonemáticas que representó /B D G/. Se trata de tres unidades, consideradas 'archifonemas' [→ 1.17.4], que, precisamente por aparecer en circunstancias distribucionales de neutralización, ofrecen como pertinentes menos rasgos que los que identifican a cualquiera de los fonemas afectados por la neutralización concreta (a este respecto, véase, más adelante, el § 11.6).

El citado autor describió como realizaciones mayoritarias de estas tres unidades «una variedad sonora 'fortis' o una 'lenis' ensordecida con fricación» (Alarcos [1950] 1965, § 119]; entiéndase 'fricación' en el tan amplio sentido en que Navarro Tomás había empleado el término, cf. el § 11.3.2), ejemplificadas en (7).

(7) a. óptimo /'oBtimo/   ábside /'aBside/
     b. ritmo /'RiDmo/   admirar /aDmi'raR/
     c. acné /aG'ne/   digno /'diGno/

Esta triple neutralización defendida por Alarcos no supone la de tres oposiciones dispares, sino la de una misma distinción fonológica en tres puntos diferentes de la estructura del subsistema consonántico español, proyectada en unas diferencias sustanciales entre los dos términos de cada una de las tres parejas de fonemas que vienen a ser, en lo fundamental, las mismas. En efecto, en cualquiera de las tres el primer término se realiza primordialmente en algún sonido oclusivo tenso y sordo, mientras que para el segundo ya se ha observado que existe con carácter general una doble posibilidad alofónica básica, de tal manera que los alófonos correspondientes a /b d g/ ofrecen siempre frente a los correspondientes a /p t k/ diferencias basadas en un menor grado fonético de tensión, así como en su característica realización sonora, resultante de la vibración de las cuerdas vocales con el característico sonido que en el espectrograma se manifiesta en forma de una barra de sonoridad apreciable en las zonas de frecuencias más bajas del espectro [→ § 9.1].

Fonéticamente, por lo tanto, se han apreciado entre los alófonos de unos y otros fonemas /p t k/-/b d g/ dos tipos básicos de diferenciación sustancial en las realizaciones mayoritarias del consonantismo español: diferencia de tensión y diferencia en cuanto a la realización sorda/sonora, lo que plantea el problema de cuál de las dos parejas de rasgos es la realmente distintiva y cuál, en consecuencia, desempeña un papel redundante acompañando a la oposición funcional. Revisando la historia de los estudios sobre fonología del español, aun cuando siga siendo habitual hallar los rasgos 'sordo/sonoro' atribuidos como fonológicamente pertinentes a los fonemas integrantes de las antedichas tres parejas por parte de autores que no entran en la cuestión (—es, por ejemplo, la postura adoptada desde el primer momento en el capítulo 4 de la *Nueva gramática de la lengua española* (Real Academia Española y Asociación de Academias de la Lengua Española 2011)—, lo cierto es que quienes sí se han planteado el problema han coincidido en verificar la afuncionalidad de dicha pareja de rasgos y la pertinencia de 'tenso/flojo' frente a los hechos fonéticos más fácilmente observables.

No deja de resultar curioso en este sentido que Alarcos atribuyese durante mucho tiempo (desde su artículo de 1949 y en todas las ediciones de la *Fonología española,* de 1950 a 1965) el papel relevante a la oposición 'sonoro/sordo' cuando, analizando el consonantismo catalán, defendió la postura contraria al presentar 'tenso/flojo' como oposición funcional en esa lengua, postura que justificó invocando razones de economía descriptiva al poder así la misma correlación integrar los dos fonemas de realización rótica /r/-/ɾ/ (Alarcos 1953, 19n15), invocando, pues, razones que resultarían igualmente válidas en la interpretación de los hechos del español. La posible distintividad de 'tenso/flojo' en el caso de las parejas opositivas /p/-/b/, /t/-/d/ y /k/-/g/ fue planteada por Veiga Arias (1976) para el gallego, aun dudando entonces el autor de que se pudiesen aducir «razones definitivas en favor de la pertinencia de una u otra oposición» (§ 7.10); posteriormente argumentaría a favor de la funcionalidad en español de dicha oposición y de la consiguiente redundancia de 'sordo/sonoro' (Veiga Arias 1984, § 10). Martínez Celdrán (1983, § 4.1), sobre la base de lo expuesto por Alarcos a propósito del fonematismo catalán, defendería igualmente la funcionalidad de 'tenso/flojo', postura que ratificaría posteriormente (Martínez Celdrán [1989, § 2.2.1]; cf. también Ramírez Quesada [2020, 324], así como el § 9.5.3 y el § 9.6.3 de la presente obra). Alarcos (1988, § 7) aplicaría definitivamente, y en el sentido defendido por estos últimos autores, una misma interpretación a los hechos paralelos del español y del catalán.

A esta conclusión llevan fácilmente hechos como los siguientes (cf. Veiga [1985, § 2.2, 1988, § 3.1, 2005, 3.1]; cf. asimismo López Gavín [2002, 38–39] y los argumentos recogidos por Gómez Asencio [1994, § 3]):

- En primer lugar, y este es el argumento fundamental en este sentido, el funcionamiento de las oposiciones /p/-/b/, /t/-/d/ y /k/-/g/ se mantiene en el habla susurrada, esto es, si la sonoridad se elimina del soporte fonético del código lingüístico. Este hecho prueba que el sistema funciona en tanto se perciba una distinción entre tensión y flojedad, sin necesidad de que dichas propiedades aparezcan respectivamente acompañadas de sordez y sonoridad.

  La realización sonora, por supuesto, contribuye en el uso normal del código oral a la percepción de unidades de realización tan débil que, privadas de dicha realización sonora, se harían difícilmente inteligibles. No deja, con todo, de llamar la atención que pese a esta realidad, que por sí sola pone en evidencia la funcionalidad de 'tenso/flojo' en cualesquiera circunstancias comunicativas en que se establezcan las antedichas oposiciones, la primera interpretación de Alarcos concediese valor fonológico a la presencia o ausencia de sonoridad. Debe mencionarse también que Martínez Celdrán (1984b) verificó experimentalmente que en la percepción de los antedichos segmentos consonantes la tensión predomina sobre la sonoridad (cf. la revisión que desde el punto de vista experimental se ofrece en Martínez Celdrán y Fernández Planas [2007, capítulo 2 § 3.3], y en el § 9.6.3 de la presente obra).

  Alarcos ([1950] 1965, § 16), comenzó postulando que en el habla susurrada la diferencia «redundante» de tensión sustituye a la diferencia «distintiva» de sordez/sonoridad en una pareja de ejemplos como *un pino / un vino.* Asumir esta postura debiera implicar la defensa para el español de dos sistemas fonológicos diferentemente estructurados, solamente en uno de los cuales sería funcional la oposición 'sonoro/sordo', mientras que el otro, carente de dicha oposición en su estructura, vendría a ser realizado en situaciones especiales como la del susurro, en las que no pudiese funcionar el primero. Por su parte, Quilis (1981) defendió literalmente, a propósito de /p t k/-/b d g/, que «existiendo en nuestra lengua la diferencia sonora-sorda, como en todas las lenguas románicas, el rasgo tenso-débil es redundante» (§ 7.1.4.7). Estos planteamientos arrancan de atribuir desde el principio el valor funcional a una de las dos parejas de rasgos sin enjuiciar la opción alternativa, y suponen, ya de entrada, una complicación prescindible si se parte de considerar pertinente aquella pareja de rasgos que se realice en tanto el sistema fonológico funcione; a estos efectos, las oposiciones del tipo /p/-/b/ son funcionales tanto en la realización normal del sistema como cuando se prescinde de la vibración de las cuerdas vocales.

- Por otro lado, la defensa de 'tenso/flojo' como oposición funcional en el caso de las tres señaladas parejas de fonemas permite, como ya se ha adelantado, una descripción más económica del sistema fonológico del español desde el momento en que en la clase fonemática líquida la misma oposición actúa inequívocamente entre los fonemas /r/-/ɾ/ [→ § 23.1.2], ambos de normal realización sonora, por lo que en este caso no cabe, ya de entrada, la duda en cuanto a cuál es la oposición pertinente. Defender la funcionalidad de 'sordo/sonoro' entre fonemas consonantes no continuos de realización oral exige, en consecuencia, la adición de una nueva oposición a la descripción general del sistema y el mantenimiento de 'tenso/flojo' como oposición absolutamente aislada, de actuación reducida al caso concreto de /r/-/ɾ/.

> Alarcos pasó de defender dos oposiciones distintas, en términos de 'sorda/sonora' y 'simple/múltiple' —que, de hecho, mantendría diferenciadas (redenominando 'tensa/floja' la segunda) hasta la última edición de su *Fonología*—, allí donde por primera vez enuncia el total de oposiciones distintivas en el consonantismo español (Alarcos [1950] 1965, § 108) a reunirlas en una sola, formulada como «sonoro (flojo) / sordo (tenso)» en el mismo cuadro binarista en que caracterizó negativamente entre paréntesis los cuatro fonemas fricativos /f θ s x/ (cf. el § 11.3.1, Figura 3).

- En tercer lugar, es un hecho especialmente visible en español (aunque lo mismo podría señalarse en otras lenguas) que, de acuerdo con el uso normal del código oral, la articulación sorda aparece exclusivamente en el caso de realizaciones que, como las prototípicas de los fonemas oclusivos tensos /p t k/, los fricativos /f θ s x/ o el africado /t͡ʃ/, resultan suficientemente perceptibles —por razones ya de tensión articulatoria, ya de estridencia, ya de ambas características fonéticas a la vez—, mientras que la sonoridad acompaña regularmente a la realización de las unidades consonantes más flojas o a las dotadas de rasgo vocálico (comenzando por las que son vocales propiamente dichas, en cuya producción la vibración de las cuerdas vocales es uno de los factores que permiten elevar o disminuir el volumen de voz).

El caso particular de /r/, unidad que se realiza a la vez tensa (vibración múltiple, de acuerdo con su articulación característica [→ § 21.2.2]) y sonora, no invalida lo más arriba afirmado en el sentido de que en español la sordez es exclusiva de articulaciones que resultan especialmente perceptibles por otros motivos (que no implica que 'todos' los sonidos tensos tengan que realizarse sordos). Tampoco lo invalida, sino que constituye un nuevo argumento a favor de la pertinencia del grado de tensión y redundancia de la sonoridad, allí donde aparece, el hecho de que en determinadas pronunciaciones conversacionales (cf. § 11.2.2) las oposiciones entre las unidades integrantes de las tríadas /p t k/-/b d g/ pasen a materializarse como [b d̪ g] frente a [β ð̪ ɣ̪] o, incluso, añádase ahora, si se llega a relajar la articulación de los tres primeros sonidos, sigan advirtiéndose, por ejemplo, diferencias de duración respecto de los representantes de /b d g/ (cf. Hualde 2005, 143), lo que permitirá que sigan funcionando las tres oposiciones particulares /p/-/b/, /t/-/d/, /k/-/g/. De hecho, entroncando con el análisis fonológico de los procesos protorromances de lenición consonántica, las evoluciones experimentadas por los distintos segmentos, sordos o sonoros, manifiestan que, en todo caso, el sistema tendió a preservar diferenciaciones basadas en grados de tensión articulatoria con independencia de la realización sorda o sonora de las unidades primitivas (cf. Veiga 1988, § 3.5).

Como sea, el componente fonético de sonoridad facilita la percepción del enunciado y, en consecuencia, la de cualquier unidad fónica de realización sonora (cf. Veiga Arias 1984, § 10). Se presenta, pues, como visiblemente redundante en conjuntos fonemáticos como los constituidos por las unidades vocales, líquidas o nasales, en cuyo interior no cabe siquiera plantear la funcionalidad de una posible oposición 'sordo/sonoro'; la interpretación de las parejas /p/-/b/, /t/-/d/ y /k/-/g/ en español no gana sino en coherencia si se reconoce que también en este caso la sonoridad es un rasgo redundante que contribuye a facilitar la percepción de las unidades más débiles y, por tanto, menos audibles sin la ayuda de la vibración de las cuerdas vocales. La sonoridad, en suma, se revela como un rasgo siempre redundante, ilustrativo de lo que Veiga Arias (1984) llamó «redundancia complementaria» (56), la propia de rasgos fónicos que no pueden resultar pertinentes en ninguna situación distribucional, pero cuya contraposición (en este caso, la de 'sordo/sonoro') complementa alguna otra oposición funcional (en este caso 'tenso/flojo'), contribuyendo a la perceptibilidad de esta última.

11.3.5 *Diferencias de zona de articulación*

La toma en consideración del registro lingüístico en que Alarcos (1949, 1950) basó su descripción fonológica del español (cf. el § 11.3.4) presenta la oposición actuante en el caso de las parejas de fonemas /p/-/b/, /t/-/d/ y /k/-/g/ ('tenso/flojo', recuérdese) como una distinción de escaso poder funcional, que se halla neutralizada en circunstancias distribucionales donde otras oposiciones (en principio, las basadas articulatoriamente en diferencias de zona de articulación, que, atendiendo a sus manifestaciones en el plano acústico, cabría denominar, siguiendo el modelo jakobsoniano, 'grave/agudo' y 'denso/difuso') sí establecen su funcionalidad. No obstante, la consideración de otros registros lingüísticos no permitiría establecer tan fácilmente una jerarquía de poder distintivo entre unas y otras oposiciones.

En las realizaciones vulgares, como, más en general, en la que puede considerarse norma fonotáctica estricta del español común, no influida por la escritura académica, no aparecen en posición implosiva realizaciones propiamente asignables a unidades fonemáticas consonantes orales no continuas, siendo frecuentemente sustituidas por realizaciones fonotácticamente propias de la lengua (re[θ]to, e[n]samen, a[ɾ]mósfera), cuando no eliminadas (dotor), aquellas propias de la norma culta (cf. el § 11.4.1 y el § 11.4.2). De hecho, la asociación de las grafías <p-b>, <t-d> y <c-g>, respectivamente a pronunciaciones labiales ([β ᵝ]), dentales ([ð̞ ꝺ]) o velares ([ɣ ˠ]) es una convención en la pronunciación cuidada que a duras penas se mantiene; no es raro encontrar ultracorrecciones del tipo ace[k]tar (Fernández Sevilla 1980, 495n113) o confusiones en la escritura o en el habla (*aptitud* por *actitud* o viceversa), que son muestra de indistinción. Por otro lado, las pronunciaciones más esmeradas permiten la diferenciación de estos seis fonemas también en posición implosiva.

En todo caso, y aun si no se considerara el modelo descriptivo de Alarcos y su defensa de los archifonemas /B D G/, no se hallaría, desde la consideración conjunta de la pluralidad de realizaciones consonantes implosivas en unas y otras variedades de lengua, base alguna contra la identificación de 'tenso/flojo' como oposición situada en el extremo inferior de una escala jerárquica de poder funcional determinada por la neutralizabilidad relativa de unas y otras oposiciones. Su inferioridad jerárquica no ofrece mayores dudas, para empezar, en la clase fonemática líquida, donde los fonemas /r/-/ɾ/ contraen entre sí la única oposición que no puede funcionar en inicio de sílaba cuando precede pausa o sonido consonántico [→ capítulo 23]. Por otro lado, esta oposición se halla, en efecto, neutralizada allí donde alguna otra también lo esté (piénsese, entre consonantes, en las basadas articulatoriamente en diferencias de zona de articulación o incluso, de acuerdo con la que se considera norma castellana común, en 'nasal/oral'). En cuanto a la descripción de Alarcos, se constata que hace referencia a un modelo de pronunciación en que 'tenso/flojo' ('sordo'/'sonoro' en su opinión; cf. el § 11.3.4) es precisamente la única oposición entre fonemas consonantes no nasales que no puede funcionar en posición implosiva.

Por lo que se refiere a las oposiciones de zona de articulación, es relativamente fácil enfocar su actuación entre las parejas /p/-/b/, /t/-/d/ y /k/-/g/, integradas por fonemas realizados los dos primeros en sonidos siempre de articulación labial (más concretamente bilabial), en sonidos siempre de realización dental los de la segunda pareja y siempre, en general, velares los de la tercera.

Labiales y velares, articulados en uno de los dos extremos de la boca, comparten la característica articulatoria de periféricos, a la que corresponde el efecto acústico de comparativamente graves (Jakobson y Halle 1956, § 3.7.2) por permitir sus zonas de articulación la actuación de la cavidad bucal en su globalidad como caja de resonancia, con el consiguiente resultado de frecuencias de vibración de relativa gravedad. Las articulaciones dentales, contrariamente, se integran en el conjunto de las centrales, y la actuación del órgano articulatorio activo —la lengua— contra cualquiera de las zonas centrales de articulación (en términos generales, regiones dental, alveolar y palatal) hace disminuir el tamaño de la caja de resonancia provocando sonidos relativamente agudos.

En otro orden de cosas, las realizaciones labiales y dentales comparten su articulación relativamente anterior, frente a las velares, producidas en la parte posterior de la cavidad bucal. El efecto acústico de estas diferencias articulatorias es, como quedó establecido en la investigación jakobsoniana (cf. de nuevo la interrelación de conceptos articulatorios y acústicos en Jakobson y Halle [1956, § 3.7.2]), el de unos registros espectrográficos más difusos cuanto más adelantada sea la zona de articulación y, en consecuencia, más densos cuanto más retrasada resulte.

No es difícil, en principio, entender que, en términos acústicos, las unidades /p b/ y /k g/ podrán funcionar como relativamente graves (o no agudas) frente a /t d/, que siempre resultarán relativamente agudas (o no graves), así como que, por otro lado, /p b/ y /t d/ podrán funcionar como relativamente difusas (o no densas) frente a /k g/, que siempre resultarán frente a ellas relativamente densas (o no difusas). La formulación definitiva de unas y otras oposiciones requerirá de ulteriores verificaciones, pero las respectivas bases sustanciales (ya articulatorias, ya acústicas) resultan fácilmente identificables.

Dentro de los márgenes de dispersión que permite la actuación de estas oposiciones se hallan algunas variaciones alofónicas observables en relación con las zonas de articulación de los representantes de unos y otros fonemas.

Se reconoce, para empezar, si bien estrictamente en una parte de la geografía lingüística del español, la existencia de un alófono interdental de /t/, registrable únicamente cuando dicho fonema figura precedido de la unidad fricativa /θ/. Es obvio que este peculiar sonido, para el que Navarro Tomás (1918, § 97) empleó la transcripción [t̪], solamente puede existir en las variedades del español que conocen el fonema /θ/, de realización fricativa interdental [→ § 15.5.2]. Este proceso de interdentalización o adelantamiento articulatorio frente a la realización prototípica apicodental [t̪], que determina la aparición del sonido consonante de realización oclusiva interdental oral tensa y sorda que se representará como [t̟], supone un excepcional caso de asimilación progresiva —un segmento adopta una peculiaridad del que lo precede en la cadena fónica [→ § 1.18.7]— contrario a las tendencias más generales de la asimilación en cuanto a zona de articulación en español (lo habitual es, precisamente, que se dé el caso opuesto, como puede observarse en las asimilaciones de zona de articulación de sonidos nasales o, en su caso, laterales en posición implosiva o ante las asimilaciones de sonoridad-flojedad de sonidos fricativos implosivos ante sonido consonántico sonoro). La antedicha asimilación progresiva es apreciable en ejemplos como los mostrados en (8).

(8)   azteca [aθˈt̪eka], hazte [ˈaθt̪e], diez toneladas [ˈd̪i̯eθt̪oneˈlað̞as]

La región velar, por otra parte, constituye la más amplia de las zonas de articulación señaladas en las descripciones más habituales del tracto vocal y, de hecho, pueden registrarse diferencias incluso de varios centímetros entre articulaciones que, en el sentido amplio del término, podrían presentarse bajo el calificativo común de 'velares'. Puede llamar en este sentido la atención que un fonetista tan minucioso en sus análisis como Navarro Tomás emplease una misma transcripción [k] para representar lo que de hecho es una familia de sonidos articulados en diferentes puntos de la región velar: desde la más adelantada realización ante [i̯] hasta la más retrasada ante [u̯] el punto en que se establece la oclusión velar se retrotrae progresivamente, sin ir más lejos, en la serie de (9), que ilustra las combinaciones de dicha oclusión con diferentes timbres vocales, del más palatal, representado por el paravocal [i̯], al más retrasado, representado por [u̯].

(9)   **qui**ero → **qui**so → **que**so → **c**asa → **c**osa → **c**ubo → **c**uero

En la serie mostrada en (9) habría que introducir las articulaciones ante sonido rótico o lateral alveolar, tampoco uniformes, en dependencia del timbre del sonido vocálico siguiente —la articulación es considerablemente más adelantada en *crimen* que en *crudo*, por ejemplo; cf. también el § 21.3.1—. En los estudios de fonética española se ha llegado en ocasiones a establecer diferencias milimétricas en otras regiones articulatorias —cf., por ejemplo, la identificación de sonidos fricativos dentales ante otro sonido consonante de articulación dental o interdental por parte de Navarro Tomás (1918, § 105), o la distinción entre la realización nasal de *año* [ˈaɲo] de la presente en *ancho* [ˈãnʲt͡ʃo], no efectuada por Navarro ni por Alarcos (1949, 1950), pero sí por Trager (1939, 219), y habitualmente reconocida sobre todo desde Harris (1969)—; sin embargo, nunca se ha buscado un tan elevado grado de precisión analítica y diferenciación de alófonos de /k/, como, por otro lado, tampoco de /g/ y, así, ni Navarro Tomás (1918) ni Alarcos (1950) ni Quilis (1981, 1993), por ejemplo, reflejaron en sus propuestas de transcripción más de una zona de articulación velar con referencia a esta real variabilidad alofónica, mientras que Martínez Celdrán (Martínez Celdrán 1984a, 352 fig. 142) señalaría en su lugar tres zonas diferentes (pospalatal, mediovelar y posvelar).

Recuérdese, sin embargo, que Navarro Tomás (1918) calificó de «propiamente postpalatal» el punto de articulación del sonido que transcribía **k** ante vocal anterior y de «plenamente velar» ante [a o u], para acto seguido precisar que «dicho punto, bajo la influencia de las vocales contiguas, avanza, pues, desde el fondo de la boca hacia fuera, según la serie **ku, ko, ka, ke, ki**» (1918, § 125), pero no llegó a emplear transcripciones distintas en cada uno de estos casos, sino que usó siempre **k**. En el caso de [x] se referiría como «propiamente uvular» a su articulación ante [a o u], pero tampoco llevaría a la práctica transcriptora esta particular caracterización articulatoria.

Por su parte, la *Nueva gramática de la lengua española* (Real Academia Española y Asociación de Academias de la Lengua Española 2011, § 4.2b) presenta las zonas de articulación en las que se reparten las consonantes /p b/, /t d/ y /k g/, caracterizándolas como, respectivamente, «labial», «coronal» y «dorsal», atendiendo así —conforme al modelo generativista descriptivo divulgado con posterioridad a *The Sound Pattern of English* (Chomsky y Halle 1968)— a la intervención de los órganos activos en la producción de las correspondientes realizaciones fonéticas. En las versiones ulteriores a *SPE* de la fonología generativista, en particular en la ya mencionada geometría de rasgos (cf. el § 11.3.2) [→ § 1.21.5], las clases o 'nudos' LABIAL, CORONAL y DORSAL recubren algunas de las posibilidades articulatorias que ofrece el tracto supralaríngeo: en la constitución supralaríngea de las consonantes /p b/ interviene el articulador LABIAL, puesto que se articulan con los labios; /t d/ corresponden al nudo CORONAL, dado que se producen mediante la corona de la lengua; finalmente, /k g/ conllevan la especificación DORSAL, ya que es el dorso de la lengua el que conforma su articulación. A diferencia de lo que sucede en el caso de los rasgos estrictamente binarios, estos tres nudos o clases referidos al punto de articulación y dependientes, a su vez, del nudo Supralaríngeo, expresan oposiciones de más de dos términos: aunque se definiera /t/ como [−labial], esto no implicaría automáticamente que fuera [+coronal], pues podría ser igualmente [+dorsal].

Los rasgos de este tipo, cuya toma en consideración entronca de hecho con la concepción de ciertas oposiciones no binarias en el enfoque clásico de la escuela de Praga, pueden concurrir en un único segmento y no son mutuamente incompatibles,

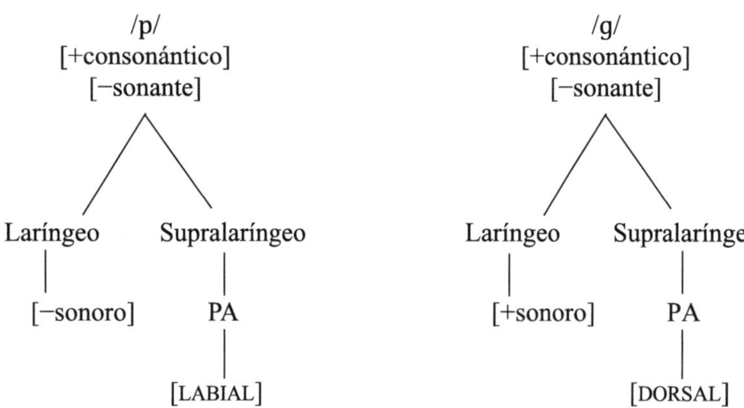

FIGURA 10. Representación simplificada, conforme al modelo de la geometría de rasgos, de /p/ y /g/.

de modo que los segmentos que poseen dos puntos de articulación (las unidades de realización labiovelar, por ejemplo) pueden describirse fácilmente recurriendo a esta base analítica.

En el modelo de la geometría de rasgos no se profundiza en la naturaleza de la oposición entre rasgos que distingue fonológicamente a cada miembro de los pares /p b/, /t d/ y /k g/, y se sigue analizando la misma en términos de sordez y sonoridad, sin tener en cuenta que esta se revela como una distinción redundante y concomitante con la oposición 'tenso/ flojo' (cf. el § 11.3.4). Por ello, se sigue entendiendo acríticamente que en esas parejas la especificación que corresponde al primer miembro es [+sonoro] y [−sonoro] al segundo; ambas especificaciones vienen dadas por el nudo Laríngeo, del que dependen los rasgos relativos a la actuación de los pliegues vocales: si las cuerdas vibran, el elemento en cuestión se especifica como [+sonoro]; si no, el segmento se define como [−sonoro]. Así, por ejemplo, la especificación de /p/ y /g/ siguiendo la concepción generativista de la geometría de rasgos podría ser la que que se presenta en la Figura 10.

11.4 Unidades fonemáticas de realización no continua oral en posición implosiva

Es un hecho excepcional en español la presencia de articulaciones oclusivas orales interiores en posición implosiva en palabras patrimoniales, pues las leyes generales de evolución fonética de la lengua eliminaron por distintas vías esta posibilidad. La casuística de estas realizaciones, aunque no es reducida, se limita básicamente a latinismos y helenismos adoptados por vía culta, así como a extranjerismos, según se explica a continuación.

11.4.1 Unidades no continuas orales implosivas en cultismos y préstamos

En el caso de los cultismos, la grafía de los grupos formados por una unidad oclusiva seguida de otra también consonántica fue introducida en el siglo XVIII y mantenida desde entonces por la presión normativa de la Real Academia Española (Alarcos [1950] 1965, § 163; Fernández Sevilla 1980, § 2.3; Lapesa 1942, § 102). La pronunciación más esmerada intenta reproducir las letras escritas, más o menos fielmente, mediante oclusión. Se trata, pues, de una adaptación forzada en contra de la propia estructura fonológica del español, y ese acomodo puede ir desde el extremo de tener en cuenta su carácter tenso o flojo (lo que es raro y artificioso) hasta la supresión del sonido implosivo (en realidad, la nula adaptación), pasando por otras realizaciones. Probablemente esta tensión entre la estructura fonológica del español y la introducción de combinaciones fonotácticamente extrañas a dicha estructura sea la causa de la variedad de resultados, enorme si se tiene en cuenta que no está condicionada por el contexto fonético o si se compara con la variabilidad más habitual de cualquier unidad fonemática en circunstancias distribucionales correspondientes a la fonotáctica castellana común.

En posición final el único resultado patrimonial es el apreciable en las grafías con <d> *(verdad, corred)*. Sin embargo, la pronunciación oclusiva en estos casos corresponde a una dicción esmerada propia del ámbito más culto, mientras que en otros registros o bien no se pronuncia sonido consonante alguno, o bien es el fricativo [θ] (Navarro Tomás 1918, § 102; Veiga 1984, 41–42).

Es la escritura el punto de partida para localizar las posibles realizaciones orales de origen culto, pudiendo en principio darse tantas combinaciones con sonido no continuo oral implosivo como sean posibles en la lengua de la que se toma el préstamo. Se debe atender, en suma, a <p t c b d g> mediales seguidas de consonante o bien en final de palabra, así como a <x> intervocálica o final de palabra. Cuantitativamente la mayoría de los casos corresponde a grupos consonánticos mediales y, dentro de estos, a los iniciados por <p>, <t> y <c> *(adopción, hipnosis, cápsula, adaptar; aritmética, etnia; facsímil, ecdótica, eczema, técnica, activo)* frente a los restantes *(abdomen, subnormal, subrayar; adquirir, adversario, admitir; magdalena, dogma)*. Los ejemplos de cultismos con estos mismos sonidos o bien con grupos consonánticos en posición final son mucho más escasos *(bíceps, tríceps, fórceps; hábitat, plácet, accésit, superávit; tórax, ex* —como sustantivo—, *sílex, dúplex, látex,* etcétera).

La letra <x> y el grupo <ps> en posición inicial *(xilófono, xenofobia; psicología, psiquiatra)* se suelen pronunciar [s], como igualmente en las formas con prefijo que colocan la <x> o el mencionado grupo en posición intervocálica *(antixenofobia; neuropsiquiatra)*. Lo mismo sucede con la <x> seguida de consonante (de acuerdo con Navarro Tomás 1918, § 129), aunque en América es frecuente su uso con el valor bifonemático *(extraño, experimento)*.

También se adaptan, como se ha señalado, extranjerismos con consonante implosiva medial no fricativa oral *(fitness, output, outsider, hit parade, background, blackjack, vodka, rugby, drag queen)*. La casuística de las posibilidades de pronunciación es, en general, similar a la de los cultismos, con mantenimiento en un registro muy cuidado *(ru*[g]*by)*, relajamiento *(ru*[ɣ]*by)*, elisión *(ruby)*, y otros resultados *(ru*[x]*by, vo*[θ]*ka, fú*[r]*bol, ma*[m]*ferlán)*. Aunque algunos, incluyendo aquellos que presentan en la lengua originaria una articulación geminada ajena a la fonotáctica castellana, se han adaptado sin segmento implosivo alguno en la pronunciación corriente *(a cappella, tutti frutti)*. Por supuesto, otros préstamos en los que aparece una grafía doble, pero que en la lengua de origen no representa realmente una articulación consonántica geminada, se pronuncian también sin ningún segmento implosivo (cf. anglicismos como *hippie, sex-appeal, zapping, baby-sitter, setter, hobby, lobby*).

Un buen número de préstamos, la mayoría del inglés o del francés, conserva en la pronunciación el final consonántico de la lengua de origen *(handicap, crep, chip, clip* —y *microchip* o *videoclip*—, *autoestop, ketchup, vedette, bufet, jet, chalet, ballet, gourmet, robot, entrecot, complot, tarot, mamut, coñac, bistec, aerobic, chic, cómic, bloc, boutique, rock, look, stock, fax, relax, kebab, web, snob, club, airbag, gulag, iceberg, tuareg,* etcétera). En la pronunciación cuidada se llegan a distinguir las localizaciones (pudiendo llegar a distinciones del tipo *clip/clic*), aunque en la corriente o popular es habitual la omisión de la consonante implosiva de muchas de estas palabras *(bufé, chalé, coñá, bisté, kebá, fas, relás)*.

La gran variación real en los diferentes dialectos y registros del español es causa de la falta de coincidencia entre los fonetistas (en cuyo caso la elección de los informantes es decisiva), entre los fonólogos e incluso entre los preceptistas u ortólogos sobre cuáles son las realizaciones y las unidades implosivas del español [→ § 9.5.1, § 10.2.5]. En cualquier caso, es inhabitual la oclusión, especialmente la tensa y sorda *(do*[k]*tor)* y se registra la solución relajada para usos cultos *(do*[ɣ]*tor)*, a la vez que son posibles soluciones como *do*[g]*tor, do*[θ]*tor, do*[u̯]*tor, dotor,* etcétera, en función de los hábitos del hablante y de la norma regional (Malmberg 1948, 49; Quilis 1981, 191; 1993, 205; 1997, 51). No dejan tampoco de registrarse posibles casos de asimilación (por ejemplo, *submarino* [summaˈrino], *hipnosis* [inˈnosis], *séptimo* [ˈsettimo]) en medio del variopinto conjunto de fenómenos que atañen al margen implosivo y que incluye procesos de refuerzo, de debilitamiento y de elisión (cf. Real Academia Española y Asociación de Academias de la Lengua Española 2011, § 4.7h) [→ § 17.4.2, § 23.2.3].

11.4.2 Innovación culta y fonologización de la implosión oral no continua

En el análisis de la implosión [→ § 1.21.8] oral del español han de tenerse en cuenta dos parámetros. Por un lado está la cuestión de si los términos susceptibles de ser pronunciados en el margen silábico implosivo son verdaderamente formas del español y, por otro, el problema de qué variedad o sociolecto considerar, pues, precisamente a causa de su origen extraño al español, los usos fonéticos son marcadamente distintos según se trate de una variedad normativa y culta o bien popular.

Tanto Alarcos ([1950] 1965, § 124n8) como Fernández Sevilla (1980, § 2.3), aunque los incluyen en sus descripciones y análisis, dudan de la pertenencia real de los cultismos y barbarismos a la lengua y, en consecuencia, también de la justificación de considerar las articulaciones oclusivas orales en posición implosiva como propias del español. En Veiga (1984, 38) se distingue, a propósito de esta cuestión, entre el sistema central o minimal y el maximal: el primero es el común a todos los idiolectos y excluye todo elemento fónico no patrimonial, mientras que el segundo incluye la periferia del sistema, esto es, admite extranjerismos y todas las posibilidades distintivas más sutiles o infrecuentes. Desde ese punto de vista, considerar únicamente las formas patrimoniales lleva a concluir que la implosión oral se reduce a la de las realizaciones nasales *(cambio, confuso, anzuelo,* etcétera) correspondientes a lo que vendría a ser un archifonema no continuo y no caracterizable fonológicamente como nasal, dada la ausencia de la oposición 'oral/nasal' en posición implosiva en el sistema central (Veiga 1984, 44–45). Este archifonema se concibe como el resultado de la neutralización de las oposiciones entre los oclusivos orales /p t k b d g/, entre los oclusivos nasales /m n ɲ/, y entre ambas clases fonemáticas y el conjunto de estas con el fonema africado /t͡ʃ/ (Veiga 1984, 45).

Al incluir las formas no patrimoniales en el análisis, la cuestión se vuelve aún más compleja, pues se perfila un panorama heterogéneo de realizaciones [→ § 17.3.2]. Mientras que Navarro Tomás (1918) dio preeminencia a la pronunciación culta en la descripción, sin por ello excluir las populares, estudios posteriores, como el de Fernández Sevilla (1980), incidieron en lo artificioso y extraño de la oclusión implosiva oral y centraron la atención en la variedad de realizaciones no oclusivas de los cultismos. Ambos enfoques son, por supuesto, compatibles, y es en la visión de conjunto donde reside el mayor interés, pues es muestra de dos tendencias antagónicas coexistentes: una, culta e impulsada desde la variedad escrita normativa y de prestigio hacia las demás (con relativo éxito, y este solo en algunas de las variedades diafásicas de la lengua); la otra, acorde con la combinatoria patrimonial y prueba de la 'fortaleza' de la estructura fonológica de una lengua ante determinadas influencias.

Como ya se ha expuesto (cf. el § 11.3.4), Alarcos ([1950] 1965, § 119) analizó fonológicamente las unidades consonantes no fricativas orales en posición implosiva como el resultado de una neutralización de las oposiciones /p/-/b/, /t/-/d/ y /k/-/g/, lo que conlleva la afuncionalidad de la oposición que presentaba como 'sordo/sonoro'. En lo que se refiere al habla vulgar, este autor interpretaba las realizaciones del tipo *a*[θ]*jetivo*, *a*[θ]*las*, *liberta*[θ], etcétera, como efectos de una neutralización de la oposición /θ/-/d/. Para Alarcos, el cambio que se da en el sociolecto culto por aceptación de formas ajenas a la fonología patrimonial no es modificación en el sistema, «sino en la distribución de ciertos fonemas en el decurso» ([1950] 1965, § 163). Según esto, en el margen silábico posvocálico se incorporan consonantes que se daban en margen prevocálico. Desde un punto de vista general (sin tener en cuenta que los paradigmas consonánticos pre- y posnucleares no son idénticos ni, por tanto, sus unidades) podría interpretarse así, pero únicamente si no se produjese neutralización de la oposición que comenzó considerando 'sordo/sonoro' ('tenso/flojo' según el análisis presentado en este capítulo; cf. el § 11.3.4). Por ello, no se trata exactamente de redistribución, sino propiamente de fonologización [→ § 1.18.7]. El cambio conlleva la inclusión de unas realizaciones —[β], [ð̞], [ɣ] y variantes más o menos próximas— existentes ya fonéticamente en otros contextos, pero no fonológicamente, pues el español carecía de unidades consonantes no continuas orales no distinguidoras entre lo tenso y lo flojo. En términos exclusivamente diacrónicos, sería modificación en la distribución si en otros contextos ya hubieran existido /B D G/ en etapas anteriores a la introducción de los grupos cultos, y sería desfonologización [→ § 1.18.7] si en una etapa previa hubieran sido posibles las oposiciones /p/-/b/, /t/-/d/ y /k/-/g/ en margen posnuclear. Sin embargo, el hecho de que estas unidades no surjan por evolución, sino por introducción externa, obliga a analizarlo como fonologización, pues supone el surgimiento de invariantes fonológicamente nuevas a partir de variantes de otras.

No debe confundirse este hecho con que estas tres invariantes se analicen sincrónicamente como resultado de neutralizaciones. /B D G/ no proceden diacrónicamente de las oposiciones neutralizadas, sino que son equivalencias establecidas analíticamente entre cada invariante (por ejemplo, /B/) y el conjunto de invariantes cuya pertinencia en común puede ser considerada equivalente a la de aquella (Arias 2000, § 7.3); por ejemplo, la invariante /B/ considerada como semejante a la pertinencia en común de /p/ y /b/.

La implosión con asimilación a una articulación no continua de la sílaba contigua (realizaciones del tipo *ado*[ˡ]*tar*, *sú*[θ̞]*dito*, *ma*[θ̞]*dalena*, etcétera) no se separa fonológicamente de los casos de pronunciación más cuidada, pues tampoco existe oposición entre unidades tensas y flojas. El hecho de que pueda variar su carácter tenso o flojo es una mera consecuencia de la igualación con la unidad consonante siguiente.

También suponen una innovación fonológica realizaciones del tipo *ma*[x]*dalena*, *si*[x]*no*, con segmento fricativo velar, pues en margen posvocálico esta unidad solo podría darse, y de forma excepcional, en final de palabra (por ejemplo, *reloj*). Esta articulación no está exenta de un componente enfático o de ultracorrección, en el que tal vez influya el doble valor fónico de la letra <g> en castellano (cf. Veiga 1984, § 2n12), ello fuera de los dialectos en los que, como, en áreas de la Castilla meridional, es normal en posición implosiva la articulación fricativa velar como resultado, para empezar, del primitivo sonido [s] en dicha posición y ante consonante también velar (*e*[x] *que*...).

Sobre vocablos terminados en *-j*, recuérdese la cita de Alonso García (1945, n4) que recogió Alarcos: «Aunque la pronunciación *reloj* es normal, *reló* se dice desde el siglo XVII; por *boj* y *troj*, se prefiere *boje* y *troje*; *carcaj* es del vocabulario poético-mitológico; *borraj* es hoy *bórax*» (1949, 284n1, [1950] 1965, § 115n2). En cuanto al caso concreto de *reloj*, Navarro Tomás (1918) había puntualizado que «La *j* de *reloj*-r̄eló se pierde corrientemente en la conversación ordinaria» (§ 131). Sobre dicha solución *reló*, que la Real Academia Española (1973, § 1.4.2*a*) mencionó en Juan Ramón Jiménez, se ha creado el plural *relós*, nada extraño en los registros vulgares o en el habla infantil.

Podría señalarse como acorde con la realidad en un registro no vulgar la defensa de una archiunidad no continua oral resultante de la neutralización de las oposiciones entre los fonemas /p b t d k g/. En todo caso, no parece necesario entender que el posible fonema /θ/ no establezca su oposición con respecto a la unidad o unidades no fricativas. Todo apunta a que la interpretación más sencilla y libre de todo condicionamiento ortográfico es considerar la pronunciación [θ] del español peninsular septentrional para lo que se grafía como <d>, tanto para palabras patrimoniales como para cultismos, como realización de la misma unidad fonemática de que es alófono implosivo en voces patrimoniales *(luz, voz, nariz)*; en principio, del fonema /θ/. La diferencia con respecto a otras zonas reside en que el posible archifonema no continuo oral tiene en esta un menor número de realizaciones ([β ᵝ χ ˠ], pero no [ð̞ ð̞]).

El resto de las soluciones de carácter popular es, en realidad, una cascada de resultados dispares, muchos de ellos alternantes, que no altera el sistema fonológico del español, sino que supone la adopción de unidades o esquemas silábicos ya existentes (Veiga 1984, 35). Con la omisión de cualquier pronunciación en margen posvocálico se realiza el esquema silábico predominante en español (*biosia, lección, anédota, ruby,* por *biopsia, lección, anécdota, rugby*). A otra estructura silábica adecuada a la fonotáctica central de la lengua es a la que se llega con las realizaciones paravocálicas que forman diptongos con la vocal precedente *(anéudota, correición)*, combinaciones perfectamente esperables en español *(adeudo, aceitero)*.

La pronunciación fricativa interdental para *d* final *(verdaz)* y *d* medial *(azquirir)* en el castellano peninsular septentrional, así como para *c (rezto)* o *t (azmósfera)*, es la misma que se da en posición implosiva en otros casos *(cruz, bizco, hallazgo, tizne)*, en sus variantes contextuales sorda [θ] o sonora [ð] por asimilación con el sonido consonante siguiente (Alarcos [1950] 1965, § 101; Navarro Tomás 1918, § 92, 94). También la realización rótica que se encuentra en adaptaciones como *fúrbol, armósfera, armitir,* es propia del español *(árbol, arma)*, como lo es la nasal, que se puede encontrar igualmente como consonante adaptadora en casos como *ensamen, manferlán* por *examen, macferlán,* o también la aspiración (*té*[h]*nica, si*[h]*no*), reservada para aquellos dialectos que, como los peninsulares meridionales, ya conocen esta realización (*to*[h]*tá* 'tostada', *ha*[ʰᵐ]*me* 'hazme', *ola*[h] 'olas').

En la variedad normativa las unidades consonantes de realización no fricativa oral en contexto posvocálico y posición implosiva *(acto, capta)* conviven opositivamente con el resto de las unidades fonemáticas que pueden figurar en esas mismas circunstancias distribucionales, tanto consonánticas *(harto, canta)* como vocálicas *(auto, cauta)*. No hay motivo para confundir aquellas con las soluciones de las otras variedades (esto es, las vocalizaciones y los segmentos consonánticos con los que se adaptan). Se trata de dialectos distintos, y, en las variedades lingüísticas en que aparecen, estas son realizaciones de las unidades a que corresponden, de acuerdo con el clásico análisis alarquiano, las transcripciones /i u θ x R N/ (más /h/ para, por ejemplo, las hablas peninsulares meridionales). En suma, la fonología de la implosión no fricativa oral atañe exclusivamente al registro más culto y no interfiere con las soluciones de los otros registros.

11.5 Un caso de distribución defectiva de los fonemas /t/ y /d/

A las realizaciones fonéticas correspondientes a los fonemas /t/ y /d/ afecta en castellano común una conocida restricción distribucional [→ § 1.17.5]: su imposibilidad de aparecer en inicio de sílaba cuando sigue el sonido líquido lateral [l].

Al lado, en efecto, de las posibilidades combinatorias de las mismas realizaciones iniciando sílaba ante [ɾ], ilustradas en (10a), no son posibles, de acuerdo con la fonotáctica del castellano común, las paralelas combinaciones ante [l], mostradas en (10b).

(10) a. **tr**ago [ˈt̠ɾaɣo], **dr**oga [ˈd̠ɾoɣa]
      b. *** tl**ago [ˈt̠laɣo], *** dl**oga [ˈd̠loɣa]

Es cierto que la primera combinación de (10b), antes de considerar su presencia en alguna variedad geográfica concreta del español, es reclamada en la pronunciación académica de dos familias de helenismos: a) términos derivados del nombre del gigante mitológico Atlas (Ἄτλας), esto es, *atlas, atlante, Atlántico, Atlántida,* y b) términos relacionados con *athlon* (ἆθλον) 'trofeo', esto es, *atleta, atlético, atletismo,* etcétera; pero no menos cierto es que estas palabras son ordinariamente registradas con soluciones fonéticas que evitan el grupo fonotácticamente incómodo (de ahí, por ejemplo, la transformación hipocorística de *Atlético/Athletic* en *Aleti* o las ultracorrectas pronunciaciones del tipo [aˠˈleta]), lo que pone en evidencia su condición de ajeno a una pronunciación calificable de común en español.

El español mexicano conoce el grupo [t̠l] en indigenismos como *Tlaxcala* (topónimo) o *chipotle* (< nahua *chilpoctli*), pero a la lengua común han pasado resultados del mismo origen que han simplificado el grupo: *chocolate* (? < nahua *xocoatl*), *petate*

(< nahua *petlatl*), *tomate* (< nahua *tomatl*); la propia voz *náhuatl,* por otro lado, se ha llegado a 'castellanizar' como *nahua.* Para un tratamiento más detallado del grupo [tl], véanse los apartados § 9.5.1, § 10.2.5, § 24.2.3, § 24.4.2 de esta misma obra.

Por lo que respecta a la segunda combinación o a su teórica variante [ðl] en los contextos adecuados, ni siquiera la vía culta permite localizar ejemplos incorporados al caudal léxico de la lengua común. No se puede pensar en un caso como el de *adlátere,* en que una frontera silábica [→ § 24.2.2] se establece entre los dos constituyentes del grupo, por lo que, en el mejor de los casos, cabría señalar en él el archifonema /D/ como primer integrante en posición final de sílaba.

En el plano fonológico, la conmutabilidad de [p] y [b] ~ [β], así como la paralela de [k] y [g] ~ [ɣ], también en inicio de sílaba y cuando sigue [l] *(templar/temblar, ancla/angla),* es argumento a favor de ver en la ausencia de [t] y [d] ~ [ð] en las mismas circunstancias no el resultado de la neutralización de alguna oposición en que intervenga una diferencia de zona de articulación, pues en dichas circunstancias distribucionales funciona la aún más fácilmente neutralizable oposición 'tenso/flojo' (/t/-/d/), sino la ausencia distribucional o distribución defectiva de los correspondientes fonemas /t/ y /d/ (cf. Veiga Arias 1984, § 2), fenómeno que supone la imposibilidad de aparición de estas unidades fonemáticas y la consiguiente funcionalidad de aquellos que sean sus oponentes directos en la estructura del sistema por estar actuando una oposición que, si no resulta verificable por conmutación, sí revela su funcionalidad al ejercer la necesaria dominancia sobre otra de rango inferior comprobable, esta sí, mediante conmutación con resultado positivo (cf. también Veiga 1993, § 7; 2002, § 4.1).

11.6 El subconjunto /p t k b d g/. Neutralizaciones y valores fonológicos

Resulta bien visible que en los más habituales cuadros binaristas (Figuras 3, 5, 6 y 8) se parte de la previa identificación de los fonemas para seguidamente ir marcando las respuestas que cada autor considera apropiadas a cada pareja de rasgos, pero sin que se justifique un criterio para la ordenación de estas parejas y sin que, en consecuencia, pueda establecerse una enteramente coherente subdivisión del sistema en subconjuntos fonemáticos. La búsqueda de esta coherente subdivisión, estableciendo el grado de parentesco fonológico entre unas y otras unidades sobre la base de sus rasgos comunes, no puede efectuarse con desatención al criterio sistemático del relativo valor distintivo de unas y otras parejas de rasgos, que su mayor o menor neutralizabilidad debe poner de manifiesto.

La oposición 'tenso/flojo', y no otra, es la que se revela como la más fácilmente neutralizable y, en consecuencia, la de menor poder funcional en la clase fonemática consonante del español, así como, por otra parte, en la clase líquida, no siendo posible la neutralización de alguna otra oposición en circunstancias en que esta pueda funcionar. Debe insistirse, sin embargo, en que de acuerdo con la fonotáctica del español común no se encuentran en posición implosiva los archifonemas /B/, /D/, /G/ señalados por Alarcos (cf. el § 11.3.4), como tampoco unidades fonemáticas analizables funcionalmente como consonantes no continuas y no nasales —de aparición no sistemática y vinculada a registros siquiera mínimamente cultos o a pronunciaciones más o menos enfáticas—, sino exclusivamente unidades consonantes de realización nasal o fricativa, o bien unidades líquidas (cf. el § 11.4.2). Ejemplos como *cuento, cuesta, mezcla, árbol* y *calvo* ilustran todas las posibilidades en cuanto a unidades fonemáticas dotadas de rasgo consonántico de acuerdo con el funcionamiento del sistema fonológico del castellano peninsular septentrional común; y, por supuesto, fenómenos como el seseo-ceceo, la aspiración o igualmente el rotacismo o el lambdacismo implosivos [→ capítulos 17, 20, 22 y 23 de la presente obra] hacen disminuir en distintas variedades del español (y en el primer caso, para la mayor parte de los hablantes) el número de estas posibilidades de distinción fonológica en margen posnuclear de sílaba [→ § 24.2.3].

Con estricta atención a la clase fonemática consonante, se observa que, frente a la posible aparición de dos unidades de realización fricativa y, por tanto, positivamente marcadas por el rasgo continuo, la norma común, con exclusión de las pronunciaciones caracterizables siquiera mínimamente de cultas, restringe la posibilidad de realización no fricativa a la aparición de sonidos de articulación oclusiva nasal. Los ejemplos *embudo, enfermo, anzuelo, andar, ansia, ancho* y *ancla* ofrecen en la posición final de sus primeras sílabas los sonidos [m] (bilabial), [ɱ] (labiodental), [n̟⁺] (linguo-interdental), [n̪] (linguo-dental), [n] (linguo-alveolar), [nʲ] (linguo-postalveolar) y [nˠ] (linguo-velar) respectivamente, y un análisis fonético más detallado permite distinguir más variantes en cuanto a diferencias de localización (cf. el § 11.3.5) [→ § 12.2.2, § 13.2, § 14.3.2].

Todos los sonidos consonantes nasales implosivos fueron fonológicamente adscritos por Alarcos ([1950] 1965, § 116) al archifonema que transcribió /N/ (N sin barras oblicuas en [1949, § 33]) y que presentó como resultante de la neutralización de las oposiciones actuantes entre los tres fonemas nasales /m n ɲ/, únicamente funcionales en inicio de sílaba *(cama/cana/*

caña). En el análisis del funcionamiento del sistema de la que se puede considerar norma castellana común, dichas realizaciones fonéticas nasales pueden corresponder a un archifonema más amplio (también transcrito /N/ en Veiga [1984, § 2]), consonante no continuo, del que las pronunciaciones propias de los registros no cultos excluyen posibles realizaciones no nasales. En cualquier caso, la fonotáctica propiamente castellana determina la realización alveolar [n] en posición final absoluta (*ratón* [ra'ton] /ra'toN/), mientras que cuando sigue cualquier sonido consonántico, la zona de articulación de la unidad implosiva de realización nasal se asimila a la de este [→ § 14.3.2].

También en posición implosiva podrían señalarse neutralizaciones en la subclase fonemática fricativa (solución defendida en Veiga [1985, § 1.2.2; 2001, § 2.4–5, 4.1]). Al lado de *ves* y *vez* no son posibles de acuerdo con la fonotáctica castellana común **vef* ni **vej* —sobre, por ejemplo, *reloj,* cf. el § 11.4.2 de la presente obra—, por lo que solamente la oposición manifestada entre las realizaciones [s] y [θ] puede verificarse en posición final absoluta, de la que están ausentes los segmentos [f] y [x], respectivamente labial y velar, 'periféricos' y, por tanto, comparativamente graves desde el punto de vista acústico (cf. el § 11.3.5) [→ § 17.3.2].

La oposición 'grave/agudo' (articulatoriamente 'periférico/central') revela así su menor poder funcional respecto de 'denso/difuso' (articulatoriamente 'posterior/anterior') en el subsistema consonántico español. Entre unidades consonantes de realización no fricativa, la imposible aparición de [j] en coda silábica frente a las realizaciones de los archifonemas alarquianos /B/, /D/, /G/ apunta en la misma dirección, por funcionar en dicha situación la oposición 'denso/difuso', entre el denso /G/ y los difusos /B D/, y reducirse la actuación de 'grave/agudo' a la confrontación funcional entre estas dos últimas unidades, mientras que /G/ carece de un oponente directo con arreglo a esta oposición y su gravedad fonética resulta, en consecuencia, redundante. En cuanto a la subclase nasal, ciertas evidencias, como el hecho de que el sonido [ɲ] no pueda ser realización del archifonema /N/, apuntan al carácter marcado de /ɲ/ frente a la pareja /m n/ en dicha subclase y, en consecuencia, a la superior jerarquía de 'denso/difuso' en su interior (cf. Veiga 2002, § 5.3.2) [→ § 14.6.2].

El hecho de que de acuerdo con la fonotáctica del español común las articulaciones consonantes orales no fricativas estén excluidas de la posición implosiva debe verse, por otro lado, como evidencia de la afuncionalidad de una oposición en términos de 'nasal/oral' en dicha situación, de tal manera que, en las circunstancias referidas, a las unidades fonológicamente 'continuas' se opone exclusivamente una unidad de realización nasal, pero que por su relación de oposición directa a las primeras revela estar funcionando estrictamente como 'no continua'. Solamente en registros calificables de mínimamente cultos se puede, en consecuencia, identificar la actuación de 'nasal/oral' en posición implosiva.

De esta manera, la oposición que se puede seguir considerando 'continuo/interrupto' se reafirma como la de mayor poder funcional, la jerárquicamente superior, en todo el subsistema consonántico del español. Así sucede tanto en la clase líquida, en la que opone laterales a róticas (las oposiciones /r/-/ɾ/ y /l/-/ʎ/ pueden hallarse neutralizadas en circunstancias en que 'continuo/interrupto' puede funcionar; cf. *mar* ['maɾ] /'maR/ frente a *mal* ['mal] /'maL/), como en la clase consonante, por encima de 'nasal/oral' (que en la lengua común no actúa en margen posnuclear de sílaba), de las oposiciones relacionadas con diferencias de zona de articulación ('denso/difuso' y 'grave/agudo', conjuntamente neutralizadas en posición implosiva en la subclase nasal) y, por fin, de 'tenso/flojo', oposición de jerarquía ínfima tanto entre unidades consonantes como entre unidades líquidas, única que la consideración conjunta de unas y otras variedades de lengua revela como neutralizable en circunstancias en que cualquiera de las restantes puede establecerse con valor funcional.

La actuación organizada de estas últimas oposiciones determina una estructura de la subclase no continua oral que puede ser representada mediante el esquema de la Figura 11.

	Fonemas consonantes con realización oclusiva oral				
± *Denso*	(−) Difusos (anteriores)				(+) Densos (posteriores)
± *Grave*	(−) Agudos (centrales)		(+) Graves (periféricos)		
± *Tenso*	(−) Flojo /d/	(+) Tenso /t/	(−) Flojo /b/	(+) Tenso /p/	(−) Flojo /g/	(+) Tenso /k/

FIGURA 11. Análisis binarista de base acústica de la subclase fonemática no continua oral en español.

Cabe observar que, frente a la neutralizabilidad defendida por Alarcos de la oposición 'tenso/flojo' (con el resultado de los archifonemas /B D G/) en posición implosiva, no existen en castellano común circunstancias distribucionales en que se pueda identificar de manera inequívoca en la subclase no continua oral la neutralización de una y solamente una de las oposiciones relacionadas con las diferencias de zona de articulación, lo que dificulta en un primer momento la identificación, por una parte, de sus términos marcados y no marcados, así como, por otra, de su relativa jerarquía funcional. El hecho de que en la subclase consonante más estrechamente vinculada a la que nos ocupa, es decir, en la subclase consonante nasal, el fonema /n/ se revele como el no marcado dentro del triple conjunto /m n ɲ/ (como ya se ha señalado, de acuerdo con la norma castellana común su realización [n] corresponde al archifonema nasal en la circunstancia más libre de influencia contextual: cuando sigue pausa directamente) permite reconocer que, realmente, en todo el subconjunto consonante no continuo del español rasgos como 'denso' (característico de /ɲ/) o 'grave' (característico de /m/) funcionan como fonológicamente marcados. Por otro lado, /d/ se manifiesta como el término no marcado de todas las oposiciones actuantes en la subclase no continua oral; verosímilmente la abundancia en castellano de formas en -*d* (por ejemplo, *red, pared, vid, alud,* sustantivos en -*dad/-tad, -tud,* imperativos en forma de plural...) —bien que fuera de la pronunciación calificable de 'esmerada', no pueda señalarse propiamente una realización consonante no continua en estos casos (cf. el § 11.4.1)—, frente a la ausencia en voces patrimoniales de palabras terminadas en -*t, -b, -p, -g, -c,* es un hecho que guarda cuando menos una relación histórica con este carácter no marcado del fonema /d/ frente a /t b p g k/.

11.7 Conclusiones

La identificación y caracterización de los fonemas que en español admiten ser realizados en sonidos oclusivos orales en relación con el análisis de otras unidades con ellos fonológicamente relacionadas ha conducido a una divergente pluralidad de interpretaciones ilustrable, para empezar, por medio de las que han sido objeto de revisión en el § 11.3.1 de este capítulo. Las disparidades interpretativas se fundamentan en la propia concepción de las unidades fonológicas, así como en los recursos analíticos, en aplicación directa a la interrelación de conceptos fonológicos y realidades fonéticas, reconocibles en unos y otros autores, y en el marco de unas u otras concepciones del análisis fonológico.

La inmersión de cada acto investigador en el seno de una serie de corrientes condiciona en mayor o menor medida el sometimiento de los resultados a distintas influencias, que en un caso como el estudiado en el presente capítulo se han dejado sentir de manera singular en la propia terminología empleada por los diferentes estudiosos y en los condicionamientos, a veces restrictivos, a veces distorsionadores, que la aplicación de un término en particular puede imponer en la labor de investigación.

No será ocioso recordar una vez más que el surgimiento en su día de una nueva disciplina llamada fonología, orientada al estudio central de lo que de distintivo para el funcionamiento de la lengua hubiese en ciertas diferenciaciones de base fonética, no vino acompañado de la elaboración de un nuevo repertorio terminológico, como tampoco de un sistema de transcripción independiente de la concepción de un alfabeto fonético. La readaptación de preexistentes términos hábiles para la descripción fonética, sustancial, a la caracterización de diferencias caracterizables como de valor fonológico hubo de plegarse ineludiblemente desde el comienzo a las presiones connotativas de la concepción originaria de aquellos términos preexistentes, como de los posteriormente más difundidos. Resulta en este sentido bien ilustrativa la revisión de las descripciones con intención 'fonológica' que para los rasgos constitutivos de diferentes parejas se hallan, sin ir más lejos, en la obra de Jakobson y Halle (1956), la que divulgó la concepción de un análisis fonológico binarista que asumiese la formulación privativa de todas las oposiciones. Dichas descripciones, en general, fueron efectuadas en términos de sustancia fónica, *ergo* fonéticos, y no en todos los casos presentados como 'relativos', esto es, como fonológicamente opositivos. Parejas como 'vocálico / no vocálico' o 'sonoro/sordo' se definieron de entrada en términos directos de 'presencia' frente a 'ausencia' de una determinada propiedad. En el caso de 'interrupto/continuo' la citada obra hablaba, 'acústicamente', de «silencio . . . frente a ausencia de transición brusca entre el sonido y el silencio» y, 'genéticamente', de «puesta en funcionamiento o interrupción rápidas de la fuente sonora» (§ 3.6.1, VI). La observación de las restantes descripciones, en particular de las 'genéticas', puede proporcionar más ejemplos de rasgos descritos en términos sustanciales y positivos, como es el caso, claramente, de las parejas 'consonántico / no consonántico', 'nasal/oral', 'estridente/mate' y 'recursivo/infraglotal', además del ya señalado de 'continuo/interrupto' (cf. Jakobson y Halle 1956, § 3.6.1).

En el análisis concreto de fonemas como /b d g/ del español, cuya variación alofónica incluye llamativas realizaciones fonéticas no caracterizables estrictamente ni como oclusivas ni como fricativas, la adaptación de términos como 'continuo' e 'interrupto' no fue posible sin la exposición al peligro que de entrada suponía la vinculación de ambos a sendas realidades fonéticas concretas cuyas respectivas manifestaciones prototípicas se habían situado, en lo que a unidades consonánticas no líquidas se refiere, precisamente en las articulaciones oclusiva y fricativa. Por otra parte, la previa investigación en fonética española, con su exponente central en la obra de Navarro Tomás (1918), había generalizado la caracterización como fricativos de los aludidos sonidos condicionada por tomar como base de partida el conjunto de términos y conceptos manejados en unos ámbitos investigadores europeos doctrinalmente desarrollados a partir del estudio de lenguas desconocedoras de este peculiar tipo articulatorio. Los resultados para un análisis fonológico que rechazó la identificación de /b d g/ conjuntamente con /p t k/, y frente a /f θ s x/, sobre la base de una oposición que en lo articulatorio se manifestase en una diferencia de 'modo de articulación' solo podían conducir, y condujeron de hecho, a inadecuaciones en la caracterización de algún subconjunto fonemático. El análisis fonológico tampoco pudo resolver sus problemas partiendo de la posterior descripción de las variantes más débiles como aproximantes, que suponía un nuevo recurso a la adaptación de un concepto realmente surgido, esta vez en la investigación norteamericana, para la caracterización de unos sonidos principalmente dotados de rasgo vocálico. En cualquier caso, estas variantes manifiestan realmente las consecuencias fonéticas de un menor grado de tensión, en términos articulatorios, respecto de los correspondientes alófonos oclusivos, y es respecto de ellos, en consecuencia, como puede resultar procedente señalar una mayor 'abertura'. La práctica transcriptora del alfabeto confeccionado por Navarro Tomás, que desde el principio hacía derivar de los signos [b d g] las representaciones de las respectivas variantes flojas, se manifiesta en este caso, incluso habiendo sido concebida antes del surgimiento de la fonología como disciplina diferenciada, como especialmente adecuada a la directa relación lingüística, fonológica, que se establece entre parejas de sonidos del tipo [b β], relación que una transcripción como [b̞] evidenciaría con especial coherencia. La discusión abierta en torno a la caracterización de los diferentes tipos de alófono en términos de rasgos y su interrelación con la caracterización fonológica de las correspondientes unidades se halla, de hecho, directamente vinculada tanto al trasvase terminológico entre dos disciplinas diferenciadas como a las disponibilidades de los modelos de transcripción.

Por otro lado, el peso de una tradición investigadora y de su exposición de resultados ha condicionado igualmente el éxito en determinados sentidos de ciertos recursos terminológicos. Piénsese, por ejemplo, en la actual pervivencia de los calificativos 'sordo' y 'sonoro' para la denominación de una pareja de rasgos opositivos, verificables como efectivamente actuantes en el sistema fonológico español en el interior de la subclase fonemática consonante no fricativa y no nasal, incluso frente a las cada vez más divulgadas evidencias de que ni la presencia de sonoridad es necesaria para el funcionamiento de esta oposición ni los fonemas tradicionalmente definidos como 'sordos' dejan de admitir posibles realizaciones sonorizadas. Por supuesto, la terminología es siempre convencional, y más aún la terminología fonológica desde el momento en que designa conceptos que han de definirse no positivamente, sino en relación a sus contrarios; pero el propio repertorio de adjetivos manejados por la fonología desde sus albores pone al alcance del investigador otro par de términos como 'tenso' y 'flojo', considerablemente más adecuados, ante toda una serie de hechos, para la designación de los miembros sistemáticamente enfrentados en parejas de fonemas como /p/-/b/. Pese a ello, la más externamente reconocible diferencia entre rasgos fonéticos basados en la presencia o en la ausencia de unas vibraciones tal como mayoritariamente se refleja en el uso normal de la lengua sigue perturbando el reconocimiento general de otro tipo de manifestaciones fonéticas —de naturaleza esta vez gradual, como corresponde a las diferencias de, en general, tensión articulatoria— como la base sustancial de una importante correlación fonológica.

En el estudio del subconjunto de fonemas que admiten realización oclusiva oral, la indisoluble interrelación fonética-fonología se hace, sin duda, más claramente perceptible que en el de otras clases o subclases fonemáticas del español. El análisis que busque dar cuenta de las propiedades fonológicamente distintivas —entre las que en español no se encuentra estrictamente la presencia o ausencia de oclusión (cf. el § 11.3.3)— no puede proseguir el proceder tradicional, tan reiterado en la investigación fonológica con independencia de las posibles divergencias en cuanto a marco teórico de base, de partir de unas descripciones en términos fonéticos para de ellas derivar el reconocimiento de las distinciones dotadas en la lengua de valor fonológico. Ni mucho menos para reconvertir directamente las caracterizaciones que la investigación fonética haya propuesto en unos u otros términos en caracterizaciones fonológicas, proceder que antes o después enmascara la coherente diferenciación entre dos disciplinas que, como tales, no coinciden en metodología ni en objeto de estudio. Adoptando como punto de partida la observación de las distinciones provistas de valor fonológico para proceder desde esta base al reconocimiento de los límites de la variación alofónica, se estará en mejores condiciones de evitar que los resultados del análisis fonológico se puedan ver restringidos o distorsionados por los propios de una investigación fonética efectuada, en realidad, con inicial desatención a los hechos que dicho análisis verifique como lingüísticamente relevantes.

Referencias bibliográficas

Abercrombie, David. 1967. *Elements of General Phonetics*. Edimburgo: Edinburgh University Press.

Alarcos, Emilio. 1949. «El sistema fonológico español». *Revista de Filología Española* 33: 265–96.

———. 1950. *Fonología española*. Madrid: Gredos.

———. 1953. «Sistema fonemático del catalán». *Archivum. Revista de la Facultad de Filología* 3: 135–46.

———. (1950) 1954. *Fonología española*. 2.ª ed. Madrid: Gredos.

———. (1950) 1965. *Fonología española*. 4.ª ed. aumentada y revisada. Madrid: Gredos.

———. 1988. «De nuevo sobre los cambios fonéticos del siglo xvi». En *Actas del I Congreso Internacional de Historia de la Lengua Española. Cáceres, 30 de marzo–4 de abril de 1987*, editado por Manuel Ariza, Antonio Salvador Plans y Antonio Viudas Camarasa, 1:47–59. Madrid: Arco/Libros.

———. 1994. *Gramática de la lengua española*. Madrid: Espasa Calpe.

Alcina, Juan y José Manuel Blecua. (1975) 1982. *Gramática española*. 3.ª ed. Barcelona: Ariel.

Alonso García, Amado. 1945. «Una ley fonológica del español: variabilidad de las consonantes en la tensión y distensión de la sílaba». *Hispanic Review* 13 (2): 91–101. https://doi.org/10.2307/470091. Reed. en *Estudios lingüísticos. Temas españoles*, 288–303. Madrid: Gredos, 1951.

Amastae, Jon. 1986. «A Syllable-Based Analysis of Spanish Spirantization». En *Studies in Romance Linguistics*, editado por Osvaldo Jaeggli y Carmen Silva-Corvalán, 2–33. Dordrecht: Foris.

———. 1995. «Variable Spirantization: Constraint Weighting in Three Dialects». *Hispanic Linguistics* 6–7: 267–86.

Arias, Álvaro. 2000. *Oposición y pertinencia en lingüística. Estudio de las funciones paradigmáticas entre invariantes*. Oviedo: Universidad de Oviedo, Departamento de Filología Española.

Baković, Eric. 1994. «Strong Onsets and Spanish Fortition». En *MIT Working Papers in Linguistics, 23: Proceedings of the 6th Student Conference in Linguistics (SCIL 6)*, editado por Chris Giordano y Daniel Ardron, 21–39. Cambridge, MA: Massachusetts Institute of Technology, Department of Linguistics and Philosophy.

Barlow, Jessica A. 2003. «The Stop-Spirant Alternation in Spanish: Converging Evidence for a Fortition Account». *Southwest Journal of Linguistics* 22 (1): 51–86.

Branstine, Zoann. 1991. «Stop/Spirant Alternations in Spanish: On the Representation of Contrast». *Studies in the Linguistic Sciences* 21 (1): 1–22. http://hdl.handle.net/2142/9344.

Campos-Astorkiza, Rebeka. 2012. «The Phonemes of Spanish». En *The Handbook of Hispanic Linguistics*, editado por José Ignacio Hualde, Antxon Olarrea y Erin O'Rourke, 89–100. Malden: Wiley-Blackwell. https://doi.org/10.1002/9781118228098.ch5.

Canellada, María Josefa y John Kuhlmann Madsen. 1987. *Pronunciación del español. Lengua hablada y literaria*. Madrid: Castalia.

Carrasco, Patricio G., José Ignacio Hualde y Miquel Simonet. 2012. «Dialectal Differences in Spanish Voiced Obstruent Allophony: Costa Rican versus Iberian Spanish». *Phonetica* 69 (3): 149–79. https://doi.org/10.1159/000345199.

Catford, John C. 1977. *Fundamental Problems in Phonetics*. Edimburgo: Edinburgh University Press; Bloomington: Indiana University Press.

———. 1988. *A Practical Introduction to Phonetics*. Oxford: Oxford University Press.

Chomsky, Noam y Morris Halle. 1968. *The Sound Pattern of English*. Nueva York: Harper & Row. Trad. parcial de José Antonio Millán, *Principios de fonología generativa*, editado por José Antonio Millán y Pilar Calvo. Madrid: Fundamentos, 1979.

Clark, John y Collin Yallop. (1990) 1995. *An Introduction to Phonetics and Phonology*. 2.ª ed. Oxford: Blackwell.

Clements, George N. 1985. «The Geometry of Phonological Features». *Phonology Yearbook* 2: 225–52. https://doi.org/10.1017/S0952675700000440.

Clements, George N. y Elizabeth V. Hume. 1995. «The Internal Organization of Speech Sounds». En *The Handbook of Phonological Theory*, editado por John A. Goldsmith, 245–06. Oxford: Blackwell.

Colantoni, Laura y Irina Marinescu. 2010. «The Scope of Stop Weakening in Argentine Spanish». En *Selected Proceedings of the 4th Conference on Laboratory Approaches to Spanish Phonology*, editado por Marta Ortega-Llebaria, 100–114. Somerville: Cascadilla Proceedings Project.

Cole, Jennifer, José Ignacio Hualde y Khalil Iskarous. 1999. «Effects of Prosodic and Segmental Context on /g/-Lenition in Spanish». En *Proceedings of the Fourth International Linguistics and Phonetics Conference (LP'98). Item Order in Language and Speech*, editado por Osamu Fujimura, Brian D. Joseph y Bohumil Palek, 2:575–89. Praga: Karolinum Press.

Colina, Sonia. 2020. «Spirantization in Spanish: The Role of the Underlying Representation». *Linguistics. An Interdisciplinary Journal of the Language Sciences* 58 (1): 1–35. https://doi.org/10.1515/ling-2019-0035.

Cressey, William W. 1978. *Spanish Phonology and Morphology: A Generative View*. Washington D. C.: Georgetown University Press.

Danesi, Marcel. 1982. «The Description of Spanish /b, d, g/ Revisited». *Hispania* 65 (2): 252–58. https://doi.org/10.2307/341540.

D'Introno, Francesco, Enrique del Teso y Rosemary Weston. 1995. *Fonética y fonología actual del español*. Madrid: Cátedra.

Eddington, David. 2011. «What Are the Contextual Phonetic Variants of /β, ð, ɣ/ in Colloquial Spanish?» *Probus. International Journal of Latin and Romance Linguistics* 23 (1): 1–19.

Fernández Sevilla, Julio. 1980. «Los fonemas implosivos en español». *Thesaurus. Boletín del Instituto Caro y Cuervo* 35 (3): 456–505. Reed. en *Panorama de la fonología española actual*, editado por Juana Gil, 207–34. Madrid: Arco/Libros, 2000.

Goldsmith, John A. 1981. «Subsegmentals in Spanish Phonology: An Autosegmental Approach». En *Linguistic Symposium on Romance Languages, 9*, editado por William W. Cressey y Donna Jo Napoli, 1–16. Washington D. C.: Georgetown University Press. Trad. y ed. de Juana Gil en *Panorama de la fonología española actual*, 336–71. Madrid: Arco/Libros, 2000.

Gómez Asencio, José Jesús. 1994. «Los fonemas consonánticos no líquidos orales del español». En *II Encuentro de Lingüistas y Filólogos de España y México. Salamanca, 25–30 de noviembre de 1991*, editado por Alegría Alonso González, Beatriz Garza y José Antonio Pascual, 9–30. Valladolid: Junta de Castilla y León; Salamanca: Ediciones de la Universidad de Salamanca. Reed. en *Panorama de la fonología española actual*, editado por Juana Gil, 159–83. Madrid: Arco/Libros, 2000.

Halle, Morris. 1995. «Feature Geometry and Feature Spreading». *Linguistic Inquiry* 26 (1): 1–46.

Harris, James W. 1969. *Spanish Phonology*. Cambridge, MA: MIT Press. Trad. de Aurelio Verde, *Fonología generativa del español*. Barcelona: Planeta, 1975.

———. 1984. «La espirantización en castellano y la representación fonológica autosegmental». En *Estudis gramaticals 1*, 149–67. Bellaterra: Universitat Autònoma de Barcelona, Servei de Publicacions. Reed. en *Panorama de la fonología española actual*, editado por Juana Gil, 357–71. Madrid: Arco/Libros, 2000.

Hualde, José Ignacio. 1989. «Procesos consonánticos y estructuras geométricas en español». *Lingüística. Publicación de la Asociación de Filología y Lingüística de América Latina* 1: 7–44. Reed. en *Panorama de la fonología española actual*, editado por Juana Gil, 395–431. Madrid: Arco/Libros, 2000.

———. 2005. *The Sounds of Spanish*. Cambridge: Cambridge University Press.

———. (2001) 2010. «Los sonidos de la lengua: fonética y fonología». En *Introducción a la lingüística hispánica*, editado por José Ignacio Hualde, Antxon Olarrea, Anna María Escobar y Catherine E. Travis, 2.ª ed., 45–122. Cambridge: Cambridge University Press. https://doi.org/10.1017/CBO9780511808821.003.

———. 2014. *Los sonidos del español*. Cambridge: Cambridge University Press. https://doi.org/10.1017/CBO9780511719943.

Hualde, José Ignacio, Ryan Shosted y Daniel Scarpace. 2011. «Acoustics and Articulation of Spanish /d/ Spirantization». En *17th International Congress of Phonetic Sciences. Hong Kong, 17–21 August, 2011*, editado por Wai-Sum Lee y Eric Zee, 906–9. International Congress of Phonetic Sciences (ICPhS) Online Archive.

Hualde, José Ignacio, Miquel Simonet y Marianna Nadeu. 2011. «Consonant Lenition and Phonological Recategorization». *Laboratory Phonology* 2 (2): 301–29. https://doi.org/10.1515/labphon.2011.011.

Iribarren, Mary C. 2005. *Fonética y fonología españolas*. Madrid: Síntesis.

Jakobson, Roman, Gunnar Fant y Morris Halle. 1951. *Preliminaries to Speech Analysis. The Distinctive Features and Their Correlates*. Cambridge, MA: MIT Press.

Jakobson, Roman y Morris Halle. 1956. «Phonology and Phonetics». En *Fundamentals of Language*, 11–66. La Haya: Mouton. Reed., Berlín: de Gruyter Mouton, 2010. https://doi.org.10.1515/9783110894264. Trad. de Carlos Piera en *Fundamentos del lenguaje*, 2.ª ed., 7–90. Madrid: Ayuso, 1973.

Katamba, Francis. 1989. *An Introduction to Phonology*. Londres: Longman.

Ladefoged, Peter. 1964. *A Phonetic Study of West African Languages. An Auditory-Instrumental Survey*. Cambridge: Cambridge University Press.

———. 1975. *A Course in Phonetics*. Nueva York: Harcourt Brace Jovanovich.

———. (1975) 1993. *A Course in Phonetics*. 3.ª ed. Fort Worth: Harcourt Brace Jovanovich.

———. 2001. *Vowels and Consonants. An Introduction to the Sounds of Languages*. Oxford: Blackwell.

———. 2003. *Phonetic Data Analysis. An Introduction to Fieldwork and Instrumental Techniques*. Oxford: Blackwell.

Ladefoged, Peter e Ian Maddieson. 1996. *The Sounds of the World's Languages*. Oxford: Blackwell.

Lahoz-Bengoechea, José María. 2015. «Fonética y fonología de los fenómenos de refuerzo consonántico en el seno de unidades léxicas en español». Tesis de doctorado, Universidad Complutense de Madrid.

Lapesa, Rafael. 1942. *Historia de la lengua española*. Madrid: Gredos.

Lewis, Anthony M. 2001. «Weakening of Intervocalic /p, t, k/ in Two Spanish Dialects. Toward the Quantification of Lenition Processes». Tesis de doctorado, University of Illinois at Urbana-Champaign. ProQuest (304695161).

Lipski, John. 1994. «Spanish Stops, Spirants and Glides: From Consonantal to [vocalic]». En *Issues and Theory in Romance Linguistics. Selected Papers from Linguistic Symposium on Romance Languages XXIII. April 1–4, 1993*, editado por Michael Mazzola, 67–86. Washington D. C.: Georgetown University Press.

López Gavín, Elena. 2022. *El enfoque funcionalista del sistema fonológico español. Revisión crítica*. Lugo: Axac.

Lozano, María del Carmen. 1978. «An Argument for Partial Specification: Evidence from Spanish». En *The Fourth LACUS Forum, 1977*, editado por Michael Paradis, 491–501. Columbia: Hornbeam Press. Trad. y ed. de Juana Gil en *Panorama de la fonología española actual*, 323–35. Madrid: Arco/Libros, 2000.

———. 1979. *Stop and Spirant Alternations. Fortition and Spirantization Processes in Spanish Phonology*. Bloomington: Indiana University Linguistics Club.

Machuca, María Jesús. 1997. «Las obstruyentes no continuas del español: relación entre las categorías fonéticas y fonológicas en el habla espontánea». Tesis de doctorado, Universitat Autònoma de Barcelona. http://hdl.handle.net/10803/4887.

Macken, Marlys A. y David Barton. 1980. «The Acquisition of the Voicing Contrast in Spanish: A Phonetic and Phonological Study of Word-Initial Stop Consonants». *Journal of Child Language* 7 (3): 433–58. https://doi.org/10.1017/S0305000900002774.

Macpherson, Ian R. 1975. *Spanish Phonology: Descriptive and Historical*. Mánchester: Manchester University Press.

Malmberg, Bertil. 1948. «Notes sur les groupes de consonnes en espagnol». *Zeitschrift für Phonetik* 2 (5): 239–55.

———. 1954. *La phonétique*. París: Presses Universitaires de France. Trad. de Gabriel G. Bès, *La fonética*. Buenos Aires: Editorial Universitaria de Buenos Aires, 1964.

Martinet, André. 1956. *La description phonologique, avec application au parler franco-provençal d'Hauteville (Savoie)*. Ginebra: Librairie Droz.

———. 1960. *Éléments de linguistique générale*. París: Armand Colin. Trad. de Julio Calonge, *Elementos de lingüística general*, 3.ª ed. revisada. Madrid: Gredos, 1984.

———. 1980–1981. «De divers types de consonnes continues». *Boletín de Filología (Universidad de Chile)* 31 (1): 435–42.

———. (1955) 2005. *Économie des changements phonétiques. Traité de phonologie diachronique*. Nueva ed. revisada. París: Maisonneuve et Larose.

Martínez Celdrán, Eugenio. 1983. «Distintividad y redundancia en los rasgos fónicos inherentes del castellano». *Patio de Letras* 5: 45–62.

———. 1984a. *Fonética (Con especial referencia a la lengua castellana)*. Barcelona: Teide.

———. 1984b. «¿Hasta qué punto es importante la sonoridad en la discriminación auditiva de las obstruyentes mates del castellano?» *Estudios de Fonética Experimental* 1: 243–91.

———. 1989. *Fonología general y española*. Barcelona: Teide.

———. 2000. «Fonología funcional del español». En *Introducción a la lingüística española*, editado por Manuel Alvar, 139–53. Barcelona: Ariel.

———. 2004. «Problems in the Classification of Approximants». *Journal of the International Phonetic Association* 34 (2): 201–10. https://doi.org/10.1017/S0025100304001732.

———. 2013. «Los sonidos obstruyentes en la cadena hablada». En *Panorama de la fonética española actual*, editado por María Azucena Penas, 253–90. Madrid: Arco/Libros.

Martínez Celdrán, Eugenio y Ana María Fernández Planas. 2007. *Manual de fonética española. Articulaciones y sonidos del español*. Barcelona: Ariel.

Martínez-Gil, Fernando. 1991. «The Insert/Delete Parameter, Redundancy Rules, and Neutralization Processes in Spanish». En *Current Studies in Spanish Linguistics*, editado por Héctor Campos y Fernando Martínez-Gil, 495–571. Washington D. C.: Georgetown University Press.

———. 2003. «Resolving Rule-Ordering Paradoxes of Serial Derivations: An Optimality Theoretical Account of the Interaction of Spirantization and Voicing Assimilation in Peninsular Spanish». En *Theory, Practice and Acquisition. Papers from the 6th Spanish Linguistics Symposium and the 5th Conference on the Acquisition of Spanish and Portuguese*, editado por Paula Kempchinsky y Carlos-Eduardo Piñeros, 40–67. Somerville: Cascadilla Press.

———. 2020. «Spirantization and the Phonology of Spanish Voiced Obstruents». En *The Routledge Handbook of Spanish Phonology*, editado por Sonia Colina y Fernando Martínez-Gil, 34–83. Londres: Routledge. https://doi.org/10.4324/9781315228112.

Mascaró, Joan. 1984. «Continuant Spreading in Basque, Catalan, and Spanish». En *Language Sound Structure. Studies in Phonology Presented to Morris Halle by His Teacher and Students*, editado por Mark Aronoff y Richard T. Oehrle, 287–298. Cambridge, MA: MIT Press.

———. 1991. «Iberian Spirantization and Continuant Spreading». *Catalan Working Papers in Linguistics* 1: 167–79. Trad. y ed. de Juana Gil en *Panorama de la fonología española actual*, 373–82. Madrid: Arco/Libros, 2000.

Navarro Tomás, Tomás. 1918. *Manual de pronunciación española*. Madrid: Junta para Ampliación de Estudios e Investigaciones Científicas, Centro de Estudios Históricos.

Núñez Cedeño, Rafael A. y Alfonso Morales-Front. 1999. *Fonología generativa contemporánea de la lengua española*. Washington D. C.: Georgetown University Press.

Oftedal, Magne. 1985. *Lenition in Celtic and in Insular Spanish. The Secondary Voicing of Stops in Gran Canaria*. Oslo: Universitetsforlaget.

Ortega-Llebaria, Marta. 2004. «Interplay between Phonetic and Inventory Constraints in the Degree of Spirantization of Voiced Stops: Comparing Intervocalic /b/ and Intervocalic /g/ in Spanish and English». En *Laboratory Approaches to Spanish Phonology*, editado por Timothy L. Face, 237–53. Berlín: Mouton de Gruyter.

Padgett, Jaye. (1991) 1995. *Stricture in Feature Geometry*. Stanford: CSLI Publications.

Parrell, Benjamin. 2011. «Dynamical Account of How /b, d, g/ Differ from /p, t, k/ in Spanish: Evidence from Labials». *Laboratory Phonology* 2 (2): 423–49. https://doi.org/10.1515/labphon.2011.016.

Pensado, Carmen. 1983. «La geada, ¿un cambio natural?» En *«Gueada» y «geada» gallegas*, de José Luis Pensado Tomé y Carmen Pensado, 93–118. Santiago de Compostela: Universidade de Santiago de Compostela, Secretariado de Publicaciones.

Piñeros, Carlos-Eduardo. 2002. «Markedness and Laziness in Spanish Obstruents». *Lingua* 112 (5): 379–413. https://doi.org/10.1016/S0024-3841(01)00048-1.

Quilis, Antonio. 1981. *Fonética acústica de la lengua española*. Madrid: Gredos.

———. 1993. *Tratado de fonología y fonética españolas*. Madrid: Gredos.

———. 1997. *Principios de fonología y fonética españolas*. Madrid: Arco/Libros.

Ramírez Quesada, Estrella. 2020. *La fonología funcional de la lengua española. Una aproximación historiográfica*. Granada: Comares.

Real Academia Española. 1973. *Esbozo de una nueva gramática de la lengua española*. Madrid: Espasa-Calpe.

Real Academia Española y Asociación de Academias de la Lengua Española. 2011. *Nueva gramática de la lengua española. Fonética y fonología*. Madrid: Espasa Libros.

Sagey, Elizabeth C. 1986. «The Representation of Features and Relations in Non-Linear Phonology». Tesis de doctorado, Massachusetts Institute of Technology. http://hdl.handle.net/1721.1/15106. Reed., Nueva York: Garland, 1990.

Selkirk, Elisabeth O. 1991. «A Two-Root Theory of Length». *University of Massachusetts Occasional Papers in Linguistics (UMOP)* 14: 123–71.

Soler Cervera, Antonia y Joaquín Romero Gallego. 1999. «The Role of Duration in Stop Lenition in Spanish». En *14th International Congress of Phonetic Sciences. San Francisco, CA, USA, August 1–7, 1999*, editado por John J. Ohala, Yoko Hasegawa, Manjari Ohala, Daniel Granville y Ashlee C. Bailey, 483–486. International Congress of Phonetic Sciences (ICPhS) Online Archive.

Torreblanca, Máximo. 1979. «Un rasgo fonológico de la lengua española». *Hispanic Review* 47 (4): 455–468. https://doi.org/10.2307/472528.

Torreira, Francisco y Mirjam Ernestus. 2011. «Realization of Voiceless Stops and Vowels in Conversational French and Spanish». *Laboratory Phonology* 2 (2): 331–53. https://doi.org/10.1515/labphon.2011.012.

Trager, George L. 1939. «The Phonemes of Castilian Spanish». En *Études phonologiques dédiées à la mémoire de M. le Prince N. S. Trubetzkoy*, 217–22. Travaux du Cercle Linguistique de Prague 8. Praga: Jednota československých matematiků a fyziků. Reed., Alabama: University of Alabama Press, 1964.

Veiga, Alexandre. 1984. «Dos unidades del sistema fonológico español: el fonema africado y el archifonema interrupto». *Verba. Anuario Galego de Filoloxía* 11: 157–79. http://hdl.handle.net/10347/4930. Reed. en *El componente fónico de la lengua. Estudios fonológicos*, 27–46. Lugo: Axac, 2009.

———. 1985. «Consideraciones relativas a la actuación y límites de las oposiciones fonológicas *interrupto / continuo* y *tenso / flojo* en español». *Verba. Anuario Galego de Filoloxía* 12: 253–85. http://hdl.handle.net/10347/4914. Reed. en *El componente fónico de la lengua. Estudios fonológicos*, 47–74. Lugo: Axac, 2009.

———. 1988. «Reaproximación estructural a la lenición protorromance». *Verba. Anuario Galego de Filoloxía* 15: 17–78. http://hdl.handle.net/10347/2688. Reed. en *El componente fónico de la lengua. Estudios fonológicos*, 75–126. Lugo: Axac, 2009.

———. 1993. «En torno a los fenómenos fonológicos neutralización y distribución defectiva». *Verba. Anuario Galego de Filoloxía* 20: 113–140. http://hdl.handle.net/10347/3203. Reed. en *El componente fónico de la lengua. Estudios fonológicos*, 139–68. Lugo: Axac, 2009.

———. 1994. «Un pretendido monofonematismo del grupo [gw] en español». *Anuario de Lingüística Hispánica* 10: 389–406. Reed. en *El componente fónico de la lengua. Estudios fonológicos*, 169–84. Lugo: Axac, 2019.

———. 2001. «Las unidades fonemáticas de realización fricativa en español». *Moenia. Revista Lucense de Lingüística & Literatura* 7: 293–330. http://hdl.handle.net/10347/5837. Reed. en *El componente fónico de la lengua. Estudios fonológicos*, 325–60. Lugo: Axac, 2009.

———. 2002. «Grupos fónicos tautosilábicos, neutralización y distribución defectiva en español». Presentado en V Congreso de Lingüística General, León, España, marzo. Ed. en *El componente fónico de la lengua. Estudios fonológicos*, 383–403. Lugo: Axac, 2009.

———. 2005. «El funcionamiento de las oposiciones fonológicas». *Moenia. Revista Lucense de Lingüística & Literatura* 11: 81–110. http://hdl.handle.net/10347/5729. Reed. en *El componente fónico de la lengua. Estudios fonológicos*, 417–46. Lugo: Axac, 2009.

Veiga Arias, Amable. 1972. «Fonología gallega. Fonemática: el sistema consonántico, IV». *Grial. Revista galega de cultura* 10 (37): 281–91.

———. 1976. *Fonología gallega. Fonemática*. Valencia: Bello.

———. 1984. «Dominancia y redundancia en fonología». *Verba. Anuario Galego de Filoloxía* 11: 39–64. http://hdl.handle.net/10347/4926. Reed. en *Estudios lingüísticos*, editado por María Rosa Pérez Rodríguez y Alexandre Veiga, 37–56. Sada: Ediciós do Castro, 1998.

12 DESCRIPCIÓN FONÉTICA DE LAS CONSONANTES OCLUSIVAS NASALES

C. Elizabeth Goodin-Mayeda

12.1 Introducción

El español cuenta con tres fonemas nasales: el nasal bilabial /m/, el coronal /n/ [→ § 1.19.5, § 1.21.5] y el palatal /ɲ/; este último es el que presenta la distribución más limitada [→ § 14.2]. En español actual, en efecto, /m/ y /n/ aparecen tanto en inicio como en interior de palabra, mientras que el palatal /ɲ/ se encuentra muy frecuentemente en el interior, pero muy rara vez en el inicio. En la mayoría de los dialectos denominados 'conservadores', solamente [n] se da en posición final de palabra.

Las tres nasales proceden de las consonantes nasales del latín, pero, mientras que la evolución de /m/ y /n/ es más bien sencilla, el desarrollo de la nasal palatal resulta algo más interesante. En general, la /n/ y la /m/ latinas dieron lugar, respectivamente, a la /n/ y la /m/ castellanas. La geminada latina -*mm*- se simplificó en -*m*- *(flamma > llama)*, y la /m/ final se elidió *(iam > ya; sum > so > soy)*, con la excepción de algunos pocos monosílabos *(quem > quien; tam > tan,* cf. Penny [[1991] 2002]). En cambio, la geminada latina -*nn*- pasó a ser palatal en español moderno *(annu > año; damnu > dannu > daño)*. La secuencia -*gn*- originó la palatal /ɲ/ de muchas lenguas románicas, incluida el español: por ejemplo, la palabra latina *pugno* produjo en español *puño,* en italiano *pugno* y en portugués *punho;* en estas dos últimas lenguas, las grafías <gn> y <nh>, respectivamente, representan /ɲ/. Finalmente, el origen de algunos casos de /ɲ/ en español es la combinación latina de una /n/ seguida de una paravocal palatal *(vīnea > vinia > viña)*. Como se discutirá más adelante (§ 12.2.1), esta evolución se debió probablemente a la similitud perceptiva existente entre una palatal nasal y una alveolar nasal seguida de una paravocal palatal.

En español actual, uno de los fenómenos más frecuentes que afectan a las nasales es la asimilación [→ § 1.18.7] de su lugar de articulación. Esto es particularmente común en los dialectos normativos o conservadores, y puede responder a factores o bien articulatorios o bien perceptivos, o de los dos tipos. Además de la variación que se encuentra en estos dialectos normativos, la realización de las consonantes nasales fluctúa también considerablemente en los denominados 'dialectos radicales' del español, esto es, aquellos que tienden a alterar o eliminar las consonantes en posición de coda. El objetivo de este capítulo es, pues, proporcionar una descripción de las consonantes nasales del español que abarque los aspectos relacionados con su articulación, su estructura acústica y su percepción, con el fin de contextualizar el comportamiento de las oclusivas nasales en los dialectos conservadores y en los radicales.

12.2 Aspectos articulatorios de las oclusivas nasales

Las oclusivas nasales, como las orales, se articulan con una obstrucción completa del flujo de aire en la región mediosagital de la cavidad bucal, y son los articuladores implicados en la constricción oral los que determinan su lugar de articulación. Sin embargo, a diferencia de lo que sucede en las oclusivas orales, las nasales conllevan el descenso del velo del paladar para permitir que la corriente de aire penetre en la cavidad nasal y fluya al exterior por las fosas nasales [→ § 1.6.4]. Ello provoca que la presión aérea en la cavidad oral durante la realización de una consonante nasal sea baja, y esta es la razón por la que las oclusivas nasales se consideran sonantes [→ § 14.3.4], diferenciándose así de sus contrapartes obstruyentes orales [→ § 1.6.2]. Además, el flujo de aire constante a través de la nariz facilita la producción de la sonoridad, que es comparativamente más fácil de mantener durante la articulación de las oclusivas nasales que durante la de las orales (Piñeros 2009, 253).

De las tres nasales del español, la más frecuente es la coronal /n/, que es también la que presenta una distribución más extensa en la mayoría de los dialectos. La bilabial /m/ es la que la sucede en orden de frecuencia, seguida a su vez por la palatal /ɲ/, que no solo es la nasal menos común, sino también la consonante menos frecuente de todas las del español (Piñeros 2009, 19) [→ § 14.5.3]. Mientras que la distinción entre las tres nasales se mantiene en inicio de sílaba, en su final, sin embargo, se pierde. En este apartado, se examinará la articulación de las oclusivas nasales en los tres contextos: en inicio de sílaba, en final de sílaba y en los grupos consonánticos formados por nasales.

12.2.1 Nasales en posición inicial de sílaba

En inicio de sílaba, ya sea a comienzo de palabra o en su interior, se mantiene la diferenciación entre las tres nasales, si bien la palatal solo aparece al comienzo de unas cuantas palabras [→ § 14.3.1]. En el ejemplo (1) se recogen algunos pares mínimos que ejemplifican los contrastes entre nasales en posición inicial de sílaba.

(1)   a. En inicio de palabra   b. En interior de palabra
       mata   cama
       nata   cana
       ñata   caña

En esta posición inicial de sílaba, la variación alofónica, dialectal o estilística es relativamente escasa por lo que se refiere al lugar de articulación. La constricción oral de /m/ se produce con los dos labios, que conforman un cierre completo. La coronal /n/ implica el contacto del predorso de la lengua con la protuberancia alveolar. La palatal /ɲ/ se pronuncia elevando el cuerpo de la lengua hacia el paladar duro, de forma que entre ambos se establece un amplio contacto en el que los laterales de la lengua tocan el paladar en toda su extensión longitudinal hasta los molares superiores. Conviene precisar que la articulación palatal es simple, es decir, que consiste solo en un gesto. Como señala Navarro Tomás ([1918] 1999), los hablantes de lenguas que no poseen /ɲ/ a menudo perciben este sonido como la secuencia [nj]. De hecho, en algunas variedades de contacto del español de Estados Unidos, los hablantes vacilan entre [ɲ] y [nj], de modo que un mismo hablante puede pronunciar *niño* como [ˈni.njo] y *unión* como [u.ˈɲon] (Schwegler, Kempff y Ameal-Guerra [1982] 2010). Esto se debe a la similitud perceptiva existente entre [ɲ] y [nj], la cual, como ya se ha dicho, probablemente también sea la razón de que la /ɲ/ que aparece en muchas palabras del español moderno se derive o bien del latín o bien de secuencias [nj] del español antiguo (sirva como ejemplo el caso ya citado de *vīnea > vinia > viña*).

12.2.2 Nasales en posición implosiva

A diferencia de lo que sucede en posición inicial de sílaba, en final de palabra se registra una considerable variación alofónica y dialectal en la articulación de las consonantes nasales. En el presente capítulo se examinarán los procesos de neutralización [→ § 1.17.4, § 14.6], de asimilación de lugar de articulación [→§ 1.18.7, § 14.6.2, § 14.7.1] y de velarización/absorción de las nasales [→ § 13.2, § 14.6.4], todos los cuales reflejan una tendencia más general de los dialectos del español hacia la lenición nasal (López Morales 1981; Piñeros 2006, entre otros).

Navarro Tomás ([1918] 1999) describió la distribución de /ɲ/ y /m/ como «defectiva» [→ § 1.17.5], en el sentido de que ninguna de ellas aparece en posición final absoluta. De hecho, en los dialectos conservadores, [n] es la única nasal que se halla en posición final de palabra (excluyendo los contextos de asimilación), debido a la neutralización. Esto puede comprobarse a partir de las alternancias morfológicas que se dan en ciertas palabras españolas, así como en algunos préstamos, como se ejemplifica en (2).

(2)   a. Adán ~ adamita
      b. desdén ~ desdeñoso

Conviene tener presente que existe variación incluso en dialectos, por otra parte, conservadores. Por ejemplo, las nasales finales con frecuencia se realizan como [m] (como en el caso de [ˈpam] *pan*) en la zona colombiana del Valle del Cauca y en la región mexicana de Yucatán (Canfield 1981) y como [ŋ] (por ejemplo, [ˈpaŋ]) en Galicia, España (Ramsammy 2011). Esto se debe, muy probablemente, al contacto con las lenguas indígenas en América y con el portugués en España [→ § 13.2].

Los préstamos que terminan con la grafía <m> se articulan habitualmente con una [n] final, casi sin excepción alguna (por ejemplo, las dos formas gráficas *harem* y *harén* se pronuncian [a.ˈɾen], cf. Navarro Tomás [[1918] 1999]). En algunos casos, la forma del plural retiene la [m] (por ejemplo, singular *álbum* [ˈal.βun], plural *álbumes* [ˈal.βu.mes]), mientras que en otras ocasiones el plural surge también con [n] (por ejemplo, *harenes* [a.ˈɾe.nes]). Es probable que esta variación sea debida al periodo en el que los préstamos se hayan incorporado al léxico del español, de modo que los más recientes son los que mantienen la [m] en sus plurales. De igual manera, la producción de una [m] final en cultismos como *referéndu*[m] y *currículu*[m] no debería considerarse como una prueba en contra de la neutralización, porque estas son formas cultas no adaptadas fonológicamente y que a menudo coexisten con formas derivadas como *referendo* y *currículo*, especialmente cuando se presentan en plural: *referendos, currículos*.

Otro fenómeno bien documentado que afecta a las nasales en final de sílaba es la asimilación de su lugar de articulación. En los dialectos conservadores, el punto de articulación de una nasal debe concordar con el de la consonante siguiente, tanto en interior como en final de palabra. Así, /n/ se hace bilabial ante /p/ y /b/, labiodental ante /f/, dental ante /t/ y /d/, etcétera. En posición final de palabra ante vocal, la /n/ se resilabeará [→ § 1.21.11, § 24.3.2], ocupará la posición inicial de sílaba y se mantendrá como /n/, según se muestra en (3g) [→ § 14.3.2].

(3)   Asimilación del punto de articulación de la nasal

        a. un beso   [ũm.ˈbe.so]

        b. confiar   [kõɱ.ˈfi̯aɾ]

        c. onza   [ˈõn̪.θa]

        d. entre   [ˈẽn̪.t̪ɾe]

        e. un yunque [ũɲ.ˈĵũŋ.ke]

        f. conjugar   [kõŋ.xu.ˈɣaɾ]

        g. un árbol   [u.ˈnaɾ.βol]

        h. pan#   [ˈpãn]

Uno de los aspectos más estudiados de la variación dialectal referida a las consonantes nasales del español es la velarización y absorción (o elisión [→ § 1.18.7]) de la /n/ final. Este proceso es productivo en Andalucía (España), Guatemala, Veracruz (México) y en la mayor parte de las 'tierras bajas' americanas, así como en el español de Galicia (España). Aunque los datos relativos a la velarización se presentan con frecuencia de un modo simplista, en particular en los análisis fonológicos, en realidad existe una considerable variabilidad por lo que respecta a los contextos en los que las nasales se velarizan (véase el capítulo 13 de esta obra para una discusión más detallada de este fenómeno en diversos dialectos del español). Dependiendo de factores geográficos y sociales, las nasales en final de sílaba pueden velarizarse solo en final de palabra, en interior de palabra pero únicamente ante consonantes [+continuo] [→ § 1.19.5], o en todos los contextos de final de sílaba, si bien es importante señalar que, incluso en los dialectos radicales, se da una notable fluctuación en las tasas de velarización y de absorción de la /n/ final. Estas pautas se ilustran en los ejemplos recogidos en (4), (5) y (6), tomados de Goodin-Mayeda (2016).

(4)   Velarización solo de la /n/ en final de palabra

        a. [ũŋ.ˈaɾ.βol]   un árbol

        b. [kõŋ.ˈpe.ð̞ro]   con Pedro

        c. [ũŋ.ˈjuŋ.ke]   un yunque

        d. [kõɱ.ˈfi̯aɾ]   confiar

        e. [ˈkõɲ.ju.xe]   cónyuge

        f. [kõm.ˈpa.ð̞re] compadre

(5)   Velarización de la /n/ en interior de palabra ante consonante [+continuo]

  a. [kõŋ.ˈfi̯aɾ]   confiar
  b. [ˈkõŋ.ju.xe]   cónyuge
  c. [ˈkãŋ.so]   canso
  d. [õŋ.ˈra.ðo]   honrado
  e. [kõm.ˈpa.ð̞ɾe] compadre
  f. [ˈkãn̪.t̪o]   canto

(6) Velarización o absorción de /n/ final en todos los contextos
   a. [ũŋ.ˈaɾ.β̞ol] ~ [ũ.ˈaɾ.β̞ol] un árbol
   b. [kõŋ.ˈpe.ð̞ɾo] ~ [kõ.ˈpe.ð̞ɾo] con Pedro
   c. [ũŋ.ˈjũŋ.ke] ~ [ũ.ˈjũ.ke] un yunque
   d. [kõŋ.ˈfi̯aɾ] ~ [kõ.ˈfi̯aɾ]   confiar
   e. [ˈkãŋ.so] ~ [ˈkã.so]   canso
   f. [õŋ.ˈra.ð̞o] ~ [õ.ˈra.ð̞o]   honrado
   g. [kõŋ.ˈpa.ð̞ɾe]~ [kõ.ˈpa.ð̞ɾe] compadre
   h. [ˈkãŋ.t̪o]~ [ˈkã.t̪o]   canto

Es preciso apuntar que algunos análisis instrumentales han puesto en tela de juicio los datos anteriores, que están casi siempre basados en apreciaciones impresionistas de los investigadores. Por ejemplo, Guitart (1973, [1973] 1976) sostiene que, en el español culto de La Habana, todas las nasales se vuelven velares (pero no necesariamente se eliden) ante consonantes, con independencia del lugar de articulación de la consonante. No obstante, los estudios electropalatográficos [→ § 1.7] llevados a cabo sobre el español de Cuba (Kochetov y Colantoni 2011) no corroboran esta afirmación y encuentran en esa variedad asimilación categorial de las nasales ante consonantes coronales.

Así pues, cuando se comparan los datos impresionistas con los instrumentales, se aprecian ciertas incoherencias, por lo que resultaría muy útil realizar en el futuro investigaciones que apliquen métodos experimentales para confirmar o refutar los datos que constituyen la base de muchos análisis fonológicos [→ § 1.24].

Se observa, en relación con la velarización, que en muchos dialectos que velarizan la /n/ final se produce también un acoplamiento nasal importante con la vocal precedente. En general, la nasalización es más acusada en los dialectos radicales que en los restantes, y la elisión o la absorción de las nasales finales está precedida por la nasalización de las vocales que las anteceden (Cedergren y Sankoff 1975; D'Introno y Sosa 1988; López Morales 1981; Terrell 1975). Terrell (1975) describe los estadios que presenta el debilitamiento de la nasal implosiva en interior de palabra como 1) asimilación de la nasal con la consonante siguiente; 2) nasalización de la vocal precedente; y 3) absorción de la consonante nasal [→ § 2.5.2, § 4.4.2, § 13.2]. Es interesante señalar que los análisis diacrónicos ponen de manifiesto una evolución similar hacia la absorción de las nasales finales tanto en francés (Azra-Ikezawa 2000) como en gallego (Colina y Díaz-Campos 2006).

Baković (2000), por el contrario, argumenta que la velarización en español consiste realmente en una debucalización [→ § 1.5.1], la cual origina una nasal sin lugar de articulación que suena como velar debido a la similitud acústica entre las vocales nasalizadas y las nasales velares (véase el § 12.4.1 para la discusión más detenida de su percepción). Sin embargo, los análisis electropalatográficos de los dialectos que velarizan no apoyan la idea de que las nasales finales velares no posean lugar de articulación (Kochetov y Colantoni 2011; Ramsammy 2013). Ramsammy (2013), por ejemplo, analizando un corpus de palabras posibles pero sin sentido, confirma que las nasales velarizadas en final de palabra en el español de Galicia se realizan sistemáticamente mediante un contacto dorsovelar tanto en los contextos prevocálicos (por ejemplo, *ditén#a-*) como en los prepausales (por ejemplo, *ditén##*). Kochetov y Colantoni (2011), por su parte, comprueban que los hablantes de español cubano realizan de modo variable la /n/ final, con el sonido [ŋ] o con el sonido [ũɰ̃], el último de los cuales es probablemente el que mejor se aviene con la concepción de Baković de una nasal sin punto de articulación. No obstante, con respecto a los dialectos estudiados instrumentalmente, es evidente que la velarización implica que exista en la coda una nasal con rasgos de lugar, al menos en algún momento.

Las observaciones referidas a la similitud perceptiva entre las nasales velares y las vocales nasalizadas suscitan como mínimo dudas sobre muchos de los análisis descriptivos de la velarización y de la absorción que se han presentado con respecto al español, puesto que buena parte de ellos (en particular los más antiguos, que son también los más citados) se fundamentan en juicios impresionistas formulados por los investigadores.

Un último aspecto relacionado con la articulación de las nasales en posición de coda es el modo en que influyen en las vocales precedentes [→ § 1.6.8]. Como ya se ha dicho, el grado de acoplamiento nasal con la vocal precedente varía entre los dialectos del español, y, en realidad, es asimismo variable entre las distintas lenguas. Los estudios interlingüísticos han mostrado que el descenso del velo del paladar antes de la articulación de las consonantes nasales entraña necesariamente un cierto grado de solapamiento con la articulación de la vocal precedente, y que la duración de tal solapamiento cambia dependiendo de las lenguas y de las variedades de que se trate (Clumeck 1976; Cohn 1990; Rochet y Rochet 1991).

Los hablantes de inglés americano, por ejemplo, bajan el velo o bien antes o bien en el mismo inicio de la vocal que precede a una consonante nasal, mientras que los hablantes de español peninsular lo hacen descender con aproximadamente la misma anticipación, pero al inicio de la consonante nasal, alrededor de 100 ms antes (Solé 1992). Estas observaciones con respecto a las dos lenguas son válidas con independencia de cuál sea la velocidad de habla. Solé (1992, 1995, 2007) argumenta que la estabilidad de propiedades articulatorias tales como el control temporal de la nasalización anticipatoria y la velocidad de descenso de la úvula observada en los dialectos conservadores del español se corresponde con el tiempo de transición que se requiere para abrir el velo, mientras que la adaptación sistemática de estas mismas propiedades a las variaciones en la duración segmental hallada en inglés, y posiblemente en los dialectos radicales del español, indica que las vocales se conciben en sí mismas como objetivos articulatorios nasales. En este sentido, el solapamiento nasal en el español conservador puede entenderse como un mero requisito mecánico exigido por la articulación, mientras que la nasalización en inglés y quizá en las variedades radicales del español puede interpretarse como fonológica.

12.2.3 Grupos consonánticos formados por nasales

En español existen tres grupos de nasales posibles: /mn/, /nm/ y /nn/ [→ § 13.5.2]. Los grupos /mn/ pueden simplificarse, como en los casos de (7), aunque tal reducción no se considera ajustada a la norma (Schwegler, Kempff y Ameal-Guerra [1982] 2010). Por el contrario, la asimilación en los grupos /nm/, ejemplificada en (8), es bastante frecuente.

(7)   Reducción de los grupos /mn/
       a. [ˈi.no]   himno
       b. [xi.ˈna.si̯o]   gimnasio
       c. [ko.ˈlu.na]   columna

(8)   Asimilación de los grupos /nm/
       a. [ĩm.me.ˈði̯a.t̪o]   inmediato
       b. [kõm.mo.ˈβeɾ]   conmover
       c. [ẽm.maɾ.ˈkaɾ]   enmarcar

En los dialectos que velarizan, la velarización únicamente es posible en los grupos /nm/ y /nn/. Puede que esto se deba al hecho de que todos los grupos /mn/ son tautomorfémicos [→ § 1.21.4], mientras que todos los grupos /nm/ y /nn/ (con la excepción del de la palabra *perenne*) están separados por un límite de morfema, como en los ejemplos de (9), al menos en el caso de las palabras más habitualmente empleadas (Harris 1984).

(9)   Velarización en los grupos /nm/ y /nn/
       a. [kõŋ.mo.ˈβeɾ]   conmover
       b. [ĩŋ.ˈna.t̪o]   innato

12.3 Aspectos acústicos de las oclusivas nasales

Acústicamente, las oclusivas nasales son más complicadas que sus contrapartes orales, porque las características del filtrado en el tracto vocal al que responden son más complejas, debido al hecho de que en él se ve involucrada más de una cámara de resonancia: la cavidad oral y la cavidad nasal. En un modelo en forma de tubo de la configuración del tracto vocal [→ § 1.10] (Figura 1), puede apreciarse que las oclusivas nasales implican, más que un único tubo uniforme, como sería el caso en las orales, una ramificación lateral (correspondiente a la cavidad oral) del tubo resonador más amplio, que incluye la cavidad nasal.

El resultado acústico de la existencia de una ramificación lateral es que algunos componentes frecuenciales se absorben y se crean antiformantes [→ § 1.10.2]. Ello se debe a que esta rama paralela del tubo no se abre directamente a la atmósfera a causa de la constricción oral que presenta la consonante nasal, de modo que alguno de los componentes frecuenciales cercanos a las frecuencias de resonancia de la cavidad oral nunca están presentes en el educto acústico; dicho en otros términos, algunas resonancias, de hecho, se cancelan (Johnson [1997] 2003). Los antiformantes (también denominados 'antirresonancias') no solo afectan al resultado de la señal original amortiguando algunos de sus componentes frecuenciales, sino también atenuando la amplitud del resto de los formantes de frecuencias más altas. La frecuencia de los formantes y de los antiformantes en una oclusiva nasal [→ § 1.10.2] depende de la longitud de la cavidad oral, esto es, de su lugar de articulación. Como ilustra la Figura 1, /m/ se corresponde con el 'tubo' de cavidad oral más largo, porque presenta el cierre oral más anterior, y la siguen /n/ y, tras ella, /ɲ/.

A diferencia de lo que sucede en las oclusivas orales sonoras, el análisis espectrográfico de las nasales muestra, por encima de la frecuencia fundamental, una estructura formántica no muy distinta de la de las vocales, puesto que el flujo de aire escapa por la nariz. No obstante, puesto que los antiformantes reducen la amplitud de los formantes más altos, los sonidos nasales poseen más energía en las frecuencias más bajas y, por consiguiente, en su representación en el espectrograma, aparecen en un tono más claro que el de las vocales orales vecinas (Johnson [1997] 2003, 155). Además, la amortiguación ejercida por los antiformantes provoca que los anchos de banda sean más amplios, especialmente el del primer formante. En la Figura 2 se pueden apreciar todas estas características.

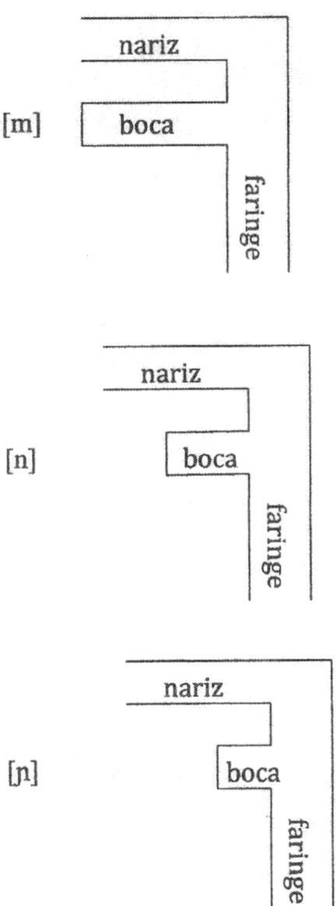

FIGURA 1. Modelos en forma de tubo de las configuraciones que presenta el tracto vocal en /m/, /n/ y /ɲ/.

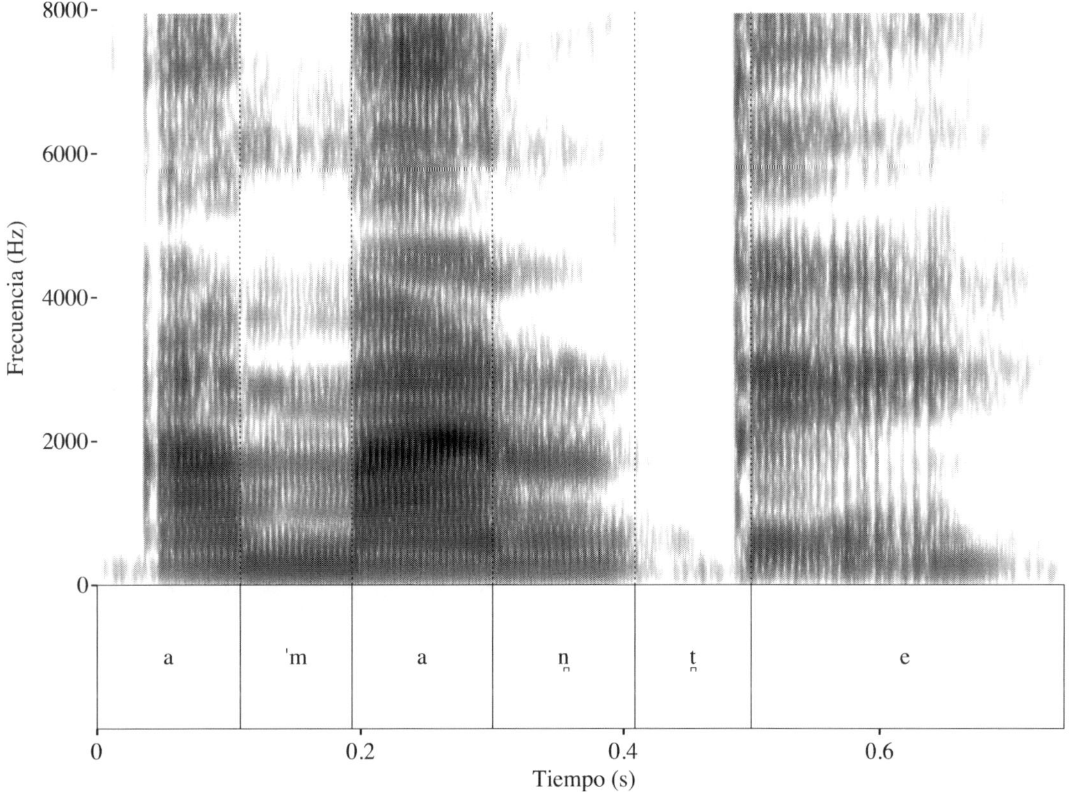

FIGURA 2. Espectrograma de la palabra *amante,* pronunciada por una hablante femenina.

Según puede comprobarse en el espectrograma, en las dos oclusivas nasales [m] y [ɲ] la estructura formántica es claramente visible, a diferencia de lo que ocurre en la oclusiva oral [t̪], que se manifiesta con una fase de relativo silencio seguida de la barra de explosión coincidente con el relajamiento de la oclusión. No obstante, si se comparan con los de las vocales, los formantes de las oclusivas nasales se caracterizan en general por una menor amplitud, lo que hace que se vean en un tono más claro en el espectrograma. Además, estos formantes no siempre están presentes en la estructura acústica de las nasales (Quilis 1981). Así, mientras que [m] —que es la nasal más estable— posee normalmente la estructura formántica más definida, es habitual que en [n] solo aparezca el F2, y que en [ɲ] únicamente se distinga el F1 (Quilis 1981, 217). Como se verá en el siguiente apartado, estas características acústicas, junto con otros factores, determinan el modo en el que se perciben las oclusivas nasales.

12.4 Aspectos perceptivos de las oclusivas nasales

Teniendo en cuenta las diferencias que presenta la configuración del tracto vocal en las distintas nasales, según se muestra en la Figura 1, y dadas las consecuencias acústicas que tales diferencias entrañan, muchas investigaciones se han centrado en estudiar cómo las resonancias y las antirresonancias pueden constituir indicios acústicos [→ § 1.11] para percibir el punto de articulación nasal. Pese a que las distintas longitudes que adopta el tubo de la boca dan lugar a estructuras de formantes y antiformantes también diferentes, los estudios experimentales han demostrado que esta puede no ser la clave más fiable sobre la que se basan las distinciones del lugar de articulación nasal. En este apartado se examinan los indicios a los que los oyentes prestan atención a fin de distinguir el punto de articulación de las oclusivas nasales, claves entre las que se incluye el papel desempeñado por la posición silábica y por la lengua materna.

12.4.1 El papel de la posición silábica

Si los oyentes emplean o no los formantes y antiformantes como indicios para determinar el lugar de articulación de las nasales y, en caso afirmativo, en qué grado lo hacen, es una cuestión todavía sujeta a debate. Algunos investigadores (Piñeros 2011; Widdison 1997) han sugerido que si la cavidad de resonancia de la boca es más larga, los indicios que esta proporcionará en relación con el lugar de articulación serán más prominentes. De acuerdo con ello, /m/ sería la nasal más perceptible, seguida por /n/ y por las demás. Existen algunas pruebas experimentales que avalan esta idea. Por ejemplo, se ha comprobado en varios estudios sobre distintas lenguas que los oyentes tienden a identificar /m/ de modo más preciso que las otras nasales (Goodin-Mayeda [2016], sobre el inglés y el español; Herrera Zendejas [2002], sobre el español; Malécot [1956], sobre el inglés). Además, Repp (1986) constató que los oyentes identificaban correctamente murmullos nasales que correspondían a [m] y [n] extraídas de ataques silábicos en el 72 % de las ocasiones. Ello podría sugerir que los oyentes realmente se sirven de la información proporcionada por los formantes y antiformantes para discriminar el lugar de articulación; sin embargo, dado que el nivel de azar en esta tarea sería el 50 %, un 72 % de respuestas correctas no resulta demasiado convincente (Johnson [1997] 2003). Así pues, si bien la estructura formántica y antiformántica desempeña claramente un cierto papel en la percepción del lugar de articulación de las nasales, como ha puesto de manifiesto el nivel de acierto —por encima del nivel de azar— con el que se han percibido en muchos de los estudios, los indicios acústicos del murmullo no son robustos por sí mismos.

Otros estudios experimentales han mostrado que las transiciones formánticas [→ § 1.10.2] entre la nasal y la vocal precedente o siguiente son claves mucho más fiables del lugar de articulación de la consonante, y que los oyentes prestan más atención a estas transiciones formánticas que a las resonancias nasales para determinar el punto de articulación. Por ejemplo, se ha comprobado que los oyentes perciben los murmullos nasales, cuando se presentan de forma aislada, con mucha menor precisión que cuando se combinan con una vocal adyacente (Goodin-Mayeda 2016; Herrera Zendejas 2002; Malécot 1956; Repp 1986). Además, si en el estímulo las transiciones formánticas no concuerdan con la resonancia nasal, son las transiciones las que sirven como clave primaria de los rasgos de punto de articulación de la nasal (Malécot 1956). En otras palabras, cuando se segmenta la resonancia correspondiente a [m] y se vincula a transiciones que corresponden a una coronal, los oyentes perciben [n] en lugar de [m].

Si se asume que los oyentes emplean las transiciones formánticas como indicios del punto de articulación nasal, entonces de ello se sigue que las nasales en la posición de ataque silábico son más perceptibles que aquellas que ocupan la coda, debido al hecho de que, en general, las transiciones formánticas son más perceptibles en el ataque. Esto se ve corroborado por muchos estudios, en los que se ha comprobado que el punto de articulación de la nasal se percibe más correctamente en el ataque que en la coda (Herrera Zendejas 2002; Malécot 1956; Ohde, Haley y Barnes 2006, entre otros). Malécot (1956), por ejemplo, halló que los oyentes anglófonos por lo general percibían más adecuadamente las nasales de una sílaba dotada de las transiciones formánticas apropiadas cuando las consonantes iban situadas en el ataque que cuando se ubicaban en la coda, salvo en el caso de [ŋ], que se percibía mejor en la coda, posiblemente debido a que en inglés [ŋ] no aparece en el ataque. La misma tendencia a percibir con más precisión las nasales en posición inicial que en posición final de sílaba la observó Goodin-Mayeda (2016) tanto en oyentes hispanohablantes como en anglófonos.

Existen algunos contextos en los cuales se ve mejorada la perceptibilidad de las nasales situadas en la coda en comparación con las que van en el ataque: los contextos de asimilación. Herrera Zendejas (2002) encontró que la bilabial [m] era percibida correctamente por hablantes de español de México en el 87 % de los casos si iba seguida de vocal, pero, si la sucedía una oclusiva oral homorgánica, el porcentaje de acierto se elevaba al 95 %. Esto es consecuencia de un hecho bien conocido: en las combinaciones de nasal más oclusiva, los indicios del punto de articulación de la oclusiva oral son los que más destacan perceptivamente y, por lo tanto, dominan el percepto (Ohala y Ohala 1993). Ohala y Ohala (1993) argumentan que la asimilación del punto de articulación de las nasales puede tener sus raíces en la percepción en lugar de en la noción de «facilidad de articulación» a la que a menudo se recurre para justificar dicho proceso de asimilación. Aunque la asimilación de punto de articulación se produce también entre consonantes no nasales, es particularmente habitual que una nasal se asimile a la consonante siguiente. Constituye un ejemplo de ello el desarrollo de las secuencias de nasal más consonante (NC) en latín a partir del protoindoeuropeo (los ejemplos siguientes están tomados de Ohala y Ohala [1993, 241]).

(10) a. *k̂mtóm > centum* (cf. *šim̃tas* en lituano)
      b. *quam ~ quandī*

Téngase en cuenta que muchas secuencias CC se mantuvieron intactas en latín, sin que se produjera un cambio semejante en la articulación de la primera consonante.

(11) a. *-bs- > -ps-*, por ejemplo, *lāpsus*
      b. *ok̂tō > octō*

Además, incluso aunque pueda producirse una asimilación progresiva que afecte a otras propiedades articulatorias, en el caso de las secuencias NC no se ha documentado en las diferentes lenguas estudiadas una asimilación progresiva de punto de articulación, la cual provocaría que la zona de articulación de la obstruyente se asimilara a la de la nasal precedente (por ejemplo, *nt > mp*, cf. Herrera Zendejas [2002]). Esto se debe a que las claves del lugar de articulación de la nasal son menos prominentes en comparación con las de las oclusivas orales, que constan de una explosión y transiciones formánticas rápidas, y, por consiguiente, en las secuencias de nasal más oclusiva, las claves de la obstruyente eclipsan perceptivamente a las de la nasal (Ohala y Ohala 1993). Todo ello ha quedado demostrado mediante estudios en los que se ha podido comprobar que los oyentes que escuchan grupos heterorgánicos de nasal más oclusiva perciben solo un lugar de articulación, el de la oclusiva oral (Ohala 1990).

En español, los resultados de los trabajos experimentales sobre la percepción de las nasales tienen relevancia para las descripciones fonológicas de la nasal situada en la coda (véase el capítulo 14 de la presente obra para una discusión más detallada de los aspectos fonológicos de las nasales del español). Una línea compartida por muchas de las investigaciones sobre la neutralización de las nasales y la asimilación parte de la idea de que las nasales en coda (al contrario de lo que sucede a las que ocupan el ataque) o bien pierden sus rasgos de lugar o bien no consiguen realizarlos sin alteraciones, indistintamente. Como se ha visto, esto resulta coherente con el hecho de que los rasgos de lugar son difíciles de percibir en posición de coda, especialmente en el caso de las consonantes nasales. El hecho de que la nasal velar sea la menos perceptible, en particular cuando ocupa la posición de coda, conlleva también consecuencias al considerar los dialectos velarizantes del español. Ohala y Ohala (1993) apuntan que «the further back a nasal consonant is articulated, the less 'consonantal' it is» (234). Como Widdison (1997) subraya, la razón por la que [ŋ] destaca mucho menos que sus contrapartes labial y coronal es que su cavidad de resonancia oral es hasta tal punto más corta (debido a la posterioridad de esta consonante) que el efecto amortiguador se produce a frecuencias mucho más altas, considerablemente por encima de la gama frecuencial en la que se realizan otros murmullos nasales: «Given the negligible effect the tiny secondary chamber exerts on the velar nasal, the auditory impression is that of a sound wave enhanced by a single resonating cavity, much like that of a vowel» (143). Dicho en otros términos, una vocal nasalizada seguida de [ŋ] suena de manera muy similar a una vocal nasal. Esto explica algunas de las incoherencias que se detectan entre los datos impresionistas y los instrumentales, como se vio en el § 12.2.2.

Piñeros (2011) da cuenta de los inventarios de fonemas nasales de las distintas lenguas postulando que sobre el lugar de articulación de las nasales interactúan determinadas restricciones de tipo articulatorio y perceptivo [→ § 14.5.4]. Es notoria la tendencia de las lenguas a incluir en sus inventarios fonológicos las consonantes /m/ y /n/ y, en el caso de contar con un tercer fonema nasal, /ŋ/ o /ɲ/. Piñeros examinó los inventarios de 451 lenguas y halló que, de las 138 que poseen solo dos nasales, 136 (el 98,55 % de ellas) tienen /m/ y /n/. Este autor explica que estas dos nasales se benefician de una relativa economía articulatoria, así como de una relativa mayor perceptibilidad en comparación con las nasales palatales y velares. Por una parte, en función de una jerarquía basada en la facilidad de articulación, los lugares de articulación se ordenarían, de mayor a menor economía, del siguiente modo: coronal > labial > dorsal > palatal. La razón es que el articulador más móvil es la corona de la lengua, seguido por la mandíbula (que interviene en las articulaciones bilabiales), y, a continuación, por el dorso de la lengua. Las articulaciones palatales son las menos económicas, dado que implican simultáneamente un gesto coronal y un gesto dorsal. Por otra parte, en el trabajo de Piñeros (2011) se propone también que las nasales se ordenarían en una jerarquía perceptiva que situaría a las labiales como las más perceptibles, seguidas de las coronales, palatales y, en último lugar, las dorsales (es decir, las velares). Como ya se ha visto, el lugar de articulación anterior de las labiales y de las coronales permite que en la cavidad oral se cree un espacio más amplio, lo cual vuelve más perceptibles las antirresonancias orales creadas durante la articulación de la nasal, mientras que, por el contrario, las nasales con una zona de articulación más posterior dejan menos espacio en la cavidad oral en la que se generan las antirresonancias. Por este motivo, en la jerarquía perceptiva, la nasal velar está clasificada como la menos perceptible. En consecuencia, el que la tercera nasal de una lengua sea [ɲ] o [ŋ] depende de si la gramática de esa lengua en particular prioriza la economía de la articulación o la discernibilidad de la percepción.

12.4.2 El papel de la lengua materna

Otro aspecto importante en la percepción del lugar de articulación de las nasales es el papel que desempeña la lengua materna del oyente. Marckwardt (1946), por ejemplo, realizó pruebas de percepción de palabras inglesas terminadas en [m], [n] y [ŋ] por parte de oyentes hispanohablantes, y comprobó que estos percibían la [n] final mejor que las [m] y [ŋ] finales, de lo cual dedujo que ello ocurría porque únicamente [n] puede aparecer en final de palabra en español (en contextos no asimilatorios). Además, así como Malécot (1956) encontró que los oyentes de habla inglesa percibían la [m] aislada con más precisión, Herrera Zendejas (2002) constató que era la [n] aislada la que los oyentes mexicanos percibían mejor. La Tabla 1 resume los resultados de Malécot (1956) con respecto al inglés, y los de Herrera Zendejas (2002) en relación con el español. Téngase en cuenta que el hecho de que la precisión de los oyentes hispanohablantes sea bastante inferior a la mostrada por los oyentes de habla inglesa se debe presumiblemente a que las metodologías empleadas en ambos estudios fueron diferentes.

Malécot asume que la nasal velar resulta más perceptible para oyentes anglohablantes en la coda que en el ataque debido a que [ŋ] en final de sílaba les resulta más familiar; sin embargo, el hecho es que, desde una perspectiva interlingüística, [ŋ] muy raras veces aparece en la posición de ataque. Con toda probabilidad, esto se debe a que, de entre todas las nasales, es la más similar a una vocal (Ohala 1975; Widdison 1997) y a que, en términos de sonicidad [→ § 1.21.9, § 14.3.4, § 17.3.1], son las consonantes con menor sonancia (esto es, las que difieren más de las vocales) las preferidas en el ataque (Clements 1988, 1990), todo lo cual convierte a [ŋ] en una mala candidata a ocupar tal posición. Con respecto a los datos del español, podría suponerse que [n] se percibió más acertadamente cuando se presentó de forma aislada por el hecho de que es la más frecuente de todas las nasales, y la segunda consonante que más habitualmente aparece en español (Piñeros 2009, 19).

Tabla 1 *Porcentajes de acierto en la percepción de murmullos nasales aislados*

	Oyentes anglófonos				Oyentes hispanohablantes		
	m	n	ŋ		m	n	ɲ
m	**96**	4	0	m	**20**	80	0
n	42	**56**	2	n	60	**40**	0
ŋ	60	28	**12**	ɲ	55	30	**15**

Nota. Resultados extraídos de Malécot (1956) para los oyentes anglófonos y de Herrera Zendejas (2002) para los hispanohablantes.

Goodin-Mayeda (2016) comparó la percepción [m], [n], [ɲ] y [ŋ] por parte de oyentes ingleses y españoles en tres contextos: murmullo aislado, en el ataque y en la coda. Partiendo de que el inglés y el español difieren con respecto al inventario fonológico de nasales (el inglés tiene /ŋ/ pero no /ɲ/, y el español tiene /ɲ/ pero no /ŋ/), el objetivo del trabajo era examinar si la lengua materna de un oyente influye en la percepción de las nasales nativas y no nativas, y cómo se relaciona esto, si es que lo hace, con la posición silábica. Las Tablas 2 y 3 resumen los resultados de los oyentes hispano-hablantes y anglófonos, respectivamente.

Los resultados de Goodin-Mayeda (2016) apoyan la idea de que en la percepción de una oclusiva nasal influyen el lugar de articulación, el contexto en el que aparece (aislada, en ataque o en coda) y el inventario fonológico de la L1 del oyente. Tanto los anglohablantes como los hispanohablantes demostraron mayor acierto en la percepción de [m] en casi todos los contextos, y difirieron solo en que los hablantes de español fueron ligeramente más precisos en la percepción de la [n] situada en la coda, frente a otras condiciones. Además, las nasales ubicadas en el ataque se percibieron por lo general más acertadamente que cuando ocupaban la coda, y, a su vez, las nasales en posición implosiva se identificaron mejor que los murmullos aislados. Las únicas excepciones a esta generalización las constituyen la [m] aislada y la [ŋ] en coda. Los juicios emitidos por los oyentes de ambas lenguas acerca de la [m] fueron más acertados cuando esta se presentaba aislada que cuando aparecía en posición implosiva, pero menos correctos que cuando aparecía en el ataque. De hecho, se tendió a identificar todos los murmullos nasales como [m], con independencia de su lugar de articulación. Repárese en que las nasales que no eran [m] fueron identificadas como [m] en más del 50 % de las ocasiones por los oyentes de habla española y, casi en la misma proporción, por los de habla inglesa. Las diferencias entre los grupos lingüísticos se pusieron de manifiesto en la percepción de [ɲ] y [ŋ] en el ataque, posición en la que los hablantes de español demostraron mayor acierto que los de inglés.

Estos resultados concuerdan, en términos generales, con los de Herrera Zendejas (2002) y Malécot (1956), aunque se aprecian algunas divergencias. En los tres trabajos se halló que [m] y [n] fueron los segmentos que más a menudo se confundieron entre sí. Asimismo, los errores cometidos con respecto a las otras nasales (ya fueran [ɲ], [ŋ] o las dos, dependiendo del estudio) apuntaban siempre hacia [m]. Sin embargo, a diferencia de Herrera Zendejas, quien constató que los oyentes hispanohablantes percibían mejor [n] cuando se presentaba de forma aislada, en los resultados de Goodin-Mayeda (2016) se comprueba que es [m] la consonante que los hispanohablantes perciben más acertadamente en tal condición. Esta discrepancia podría deberse al empleo de metodologías distintas: mientras que Herrera Zendejas extrajo los murmullos a partir de palabras leídas de forma natural, los murmullos utilizados en Goodin-Mayeda (2016) se habían producido aisladamente y se prolongaron más de lo que dura una nasal típica enmarcada en una secuencia. Con

Tabla 2 *Percepción por parte de hispanohablantes de las consonantes nasales en tres contextos*

	(a) murmullo				(b) ataque				(c) coda			
	m	n	ɲ	ŋ	m	n	ɲ	ŋ	m	n	ɲ	ŋ
m	**82**	60	50	55	**93**	12	1	17	**64**	4	2	9
n	8	**25**	27	28	1	**76**	1	17	16	**68**	25	25
ɲ	2	7	**3**	2	0	3	**93**	23	7	9	**41**	11
ŋ	8	8	20	**15**	6	8	4	**43**	13	18	32	**55**

Nota. Contextos: (a) murmullo aislado, (b) en secuencias NV y (c) en secuencias VN. Las cifras indican porcentajes.

Tabla 3 *Percepción por parte de anglófonos de las consonantes nasales en tres contextos*

	(a) murmullo				(b) ataque				(c) coda			
	m	n	ɲ	ŋ	m	n	ɲ	ŋ	m	n	ɲ	ŋ
m	**78**	45	45	48	**91**	16	4	32	**58**	7	10	11
n	8	**42**	27	30	3	**56**	29	26	14	**46**	35	19
ɲ	8	8	**13**	10	3	16	**56**	23	14	31	**32**	21
ŋ	5	5	15	**12**	2	12	10	**19**	14	17	23	**49**

Nota. Contextos: (a) murmullo aislado, (b) en secuencias NV y (c) en secuencias VN. Las cifras indican porcentajes.

independencia de estas diferencias, ambos estudios, en conjunto, proporcionan pruebas de que en el grado de precisión con el que se perciben las nasales la lengua materna del oyente interactúa con otros factores fonológicos, como la posición en la sílaba y el inventario de fonemas.

12.5 Conclusiones

En este capítulo se han examinado las características articulatorias, acústicas y perceptivas de las consonantes oclusivas nasales del español. Las nasales y la nasalización constituyen un tema de investigación particularmente interesante debido a la complejidad acústica que conlleva la intervención en ellas de más de una cavidad de resonancia. Como se ha visto, esta naturaleza acústicamente compleja de las nasales tiene implicaciones perceptivas, lo cual es significativo no solo por lo que se refiere al estudio de la percepción de los oyentes en general, sino también porque la mayor parte de los datos que los lingüistas emplean para analizar la producción del habla están basados en métodos de recolección impresionistas, más que experimentales, y por tanto, en tal contexto, el investigador es también un oyente sujeto a los mismos sesgos perceptivos que los demás oyentes. Por esta razón sería especialmente útil que en el futuro se realizaran estudios con los métodos instrumentales disponibles para analizar cuantitativamente la producción del habla, tales como la electropalatografía, los ultrasonidos, las nasografías, etcétera [→ § 1.7], puesto que no solo serían más fiables, sino que también proporcionarían un conocimiento más detallado de la articulación de las nasales, que incluyera la secuenciación temporal de los gestos implicados en su producción.

Referencias bibliográficas

Azra-Ikezawa, Jean-Luc. 2000. «Emergence and Evolution of French Nasal Vowels. Reconsidering Data through the Interplay of Production and Perception». En *Historical Linguistics 1995. Vol. 1: General Issues and Non-Germanic Languages. Selected Papers from the 12th International Conference on Historical Linguistics. Manchester, August 1995*, editado por John C. Smith y Delia Bentley, 1–22. Ámsterdam: John Benjamins. https://doi.org/10.1075/cilt.161.02azr.

Baković, Eric. 2000. «Nasal Place Neutralization in Spanish». *University of Pennsylvania Working Papers in Linguistics (PWPL)* 7 (1): Article 2. Rutgers Optimality Archive (386).

Canfield, D. Lincoln. 1981. *Spanish Pronunciation in the Americas*. Chicago: University of Chicago Press. Trad. de Joaquim Llisterri y Dolors Poch, *El español de América: fonética*. Barcelona: Crítica, 1988.

Cedergren, Henrietta J. y David Sankoff. 1975. «Nasals: A Sociolinguistic Study of Change in Progress». En *Nasalfest. Papers from a Symposium on Nasals and Nasalization*, editado por Charles A. Ferguson, Larry M. Hyman y John J. Ohala, 67–80. Stanford: Stanford University, Department of Linguistics, Language Universals Project.

Clements, George N. 1988. «The Role of the Sonority Cycle in Core Syllabification». *Working Papers of the Cornell Phonetics Laboratory* 2: 1–68.

———. 1990. «The Role of the Sonority Cycle in Core Syllabification». En *Between the Grammar and Physics of Speech. Papers in Laboratory Phonology I*, editado por John Kingston y Mary E. Beckman, 283–333. Cambridge: Cambridge University Press. https://doi.org/10.1017/CBO9780511627736.017.

Clumeck, Harold. 1976. «Patterns of Soft Palate Movements in Six Languages». *Journal of Phonetics* 4 (4): 337–51.

Cohn, Abigail C. 1990. «Phonetic and Phonological Rules of Nasalization». *UCLA Working Papers in Phonetics* 76: 1–224.

Colina, Sonia y Manuel Díaz-Campos. 2006. «The Phonetics and Phonology of Intervocalic Velar Nasals in Galician». *Lingua* 116 (8): 1245–73. https://doi.org/10.1016/j.lingua.2005.05.001.

D'Introno, Francesco y Juan Manuel Sosa. 1988. «Elisió de nasal o nasalizaciõ de vocal eŋ caraqueño». En *Studies in Caribbean Spanish dialectology*, editado por Robert M. Hammond y Melvyn C. Resnick, 24–34. Washington D. C.: Georgetown University Press.

Goodin-Mayeda, C. Elizabeth. 2016. *Nasals and Nasalization in Spanish and Portuguese. Perception, Phonetics and Phonology*. Ámsterdam: John Benjamins. https://doi.org/10.1075/ihll.9.

Guitart, Jorge M. 1973. «Markedness and a Cuban Dialect of Spanish». Tesis de doctorado, Georgetown University. Reed., Washington D. C.: Georgetown University Press, 1976.

———. (1973) 1976. *Markedness and a Cuban Dialect of Spanish*. Washington D. C.: Georgetown University Press.

Harris, James W. 1984. «Autosegmental Phonology, Lexical Phonology, and Spanish Nasals». En *Language Sound Structure. Studies in Phonology Presented to Morris Halle by His Teacher and Students*, editado por Mark Aronoff y Richard T. Oehrle, 67–82. Cambridge, MA: MIT Press.

Herrera Zendejas, Esther. 2002. «La asimilación de las nasales en español: un estudio instrumental». *Nueva Revista de Filología Hispánica* 50 (1): 1–14. https://doi.org/10.24201/nrfh.v50i1.2176.

Johnson, Keith. (1997) 2003. *Acoustic and Auditory Phonetics*. 2.ª ed. Oxford: Blackwell.

Kochetov, Alexei y Laura Colantoni. 2011. «Spanish Nasal Assimilation Revisited: A Cross-Dialect Electropalatographic Study». *Laboratory Phonology* 2 (2): 487–523. https://doi.org/10.1515/labphon.2011.018.

López Morales, Humberto. 1981. «Velarization of -/n/ in Puerto Rican Spanish». En *Variation Omnibus. Papers in English and French from the Eighth Colloquium on New Ways of Analyzing Variation in English (NWAVE) Held in Montréal, Québec, Canada, 1980*, editado por David Sankoff y Henrietta J. Cedergren, 105–13. Edmonton: Linguistic Research.

Malécot, André. 1956. «Acoustic Cues for Nasal Consonants: An Experimental Study Involving a Tape-Splicing Technique». *Language* 32 (2): 274–84. https://doi.org/10.2307/411004.

Marckwardt, Albert H. 1946. «Phonemic Structure and Aural Perception». *American Speech. A Quarterly of Linguistic Usage* 21 (2): 106–11. https://doi.org/10.2307/486482.

Navarro Tomás, Tomás. (1918) 1999. *Manual de pronunciación española*. 27.ª ed. Madrid: Consejo Superior de Investigaciones Científicas.

Ohala, John J. 1975. «Phonetic Explanations for Nasal Sound Patterns». En *Nasalfest. Papers from a Symposium on Nasals and Nasalization*, editado por Charles A. Ferguson, Larry M. Hyman y John J. Ohala, 289–316. Stanford: Stanford University, Department of Linguistics, Language Universals Project.

———. 1990. «The Phonetics and Phonology of Aspects of Assimilation». En *Between the Grammar and Physics of Speech. Papers in Laboratory Phonology I*, editado por John Kingston y Mary E. Beckman, 258–75. Cambridge: Cambridge University Press. https://doi.org/10.1017/CBO9780511627736.014.

Ohala, John J. y Manjari Ohala. 1993. «The Phonetics of Nasal Phonology: Theorems and Data». En *Nasals, Nasalization, and the Velum*, editado por Marie K. Huffman y Rena A. Krakow, 225–49. San Diego: Academic Press. https://doi.org/10.1016/B978-0-12-360380-7.50013-2.

Ohde, Ralph N., Katarina L. Haley y Christine W. Barnes. 2006. «Perception of the [m]-[n] Distinction in Consonant-Vowel (cv) and Vowel-Consonant (vc) Syllables Produced by Child and Adult Talkers». *The Journal of the Acoustical Society of America* 119 (3): 1697–711. https://doi.org/10.1121/1.2140830.

Penny, Ralph. (1991) 2002. *A History of the Spanish Language*. 2.ª ed. Cambridge: Cambridge University Press. https://doi.org/10.1017/CBO9780511992827.

Piñeros, Carlos-Eduardo. 2006. «The Phonology of Nasal Consonants in Five Spanish Dialects». En *Optimality-Theoretic Studies in Spanish Phonology*, editado por Fernando Martínez-Gil y Sonia Colina, 146–71. Ámsterdam: John Benjamins. https://doi.org/10.1075/la.99.07pin.

———. 2009. *Estructura de los sonidos del español*. Upper Saddle River: Pearson Prentice Hall.

———. 2011. «El inventario fonémico nasal del español: un estudio comparativo». *Revista Española de Lingüística* 41 (1): 73–112.

Quilis, Antonio. 1981. *Fonética acústica de la lengua española*. Madrid: Gredos.

Ramsammy, Michael. 2011. «The Realisation of Coda Nasals in Spanish». Tesis de doctorado, University of Manchester.

———. 2013. «Word-Final Nasal Velarisation in Spanish». *Journal of Linguistics* 49 (1): 215–255. https://doi.org/10.1017/S0022226712000187.

Repp, Bruno H. 1986. «Perception of the [m]-[n] Distinction in cv Syllables». *The Journal of the Acoustical Society of America* 79 (6): 1987–1999. https://doi.org/10.1121/1.393207.

Rochet, Anne P. y Bernard L. Rochet. 1991. «The Effect of Vowel Height on Patterns of Assimilation Nasality in French and English». En *Actes du XIIᵉ Congrès International de Sciences Phonétiques / Proceedings of the XIIth International Congress of Phonetic Sciences. Aix-en-Provence, France, 19–24 août 1991*, 3:54–57. Aix-en-Provence: Université de Provence, Service des Publications.

Schwegler, Armin, Juergen Kempff y Ana Ameal-Guerra. (1982) 2010. *Fonética y Fonología Españolas*. 4.ª ed. Hoboken: John Wiley & Sons.

Solé, Maria-Josep. 1992. «Phonetic and Phonological Processes: The Case of Nasalization». *Language and Speech* 35 (1–2): 29–43. https://doi.org/10.1177/002383099203500204.

———. 1995. «Spatio-Temporal Patterns of Velopharyngeal Action in Phonetic and Phonological Nasalization». *Language and Speech* 38 (1): 1–23. https://doi.org/10.1177/002383099503800101.

———. 2007. «The Stability of Phonological Features within and across Segments: The Effect of Nasalization on Frication». En *Segmental and Prosodic Issues in Romance Phonology*, editado por Pilar Prieto Vives, Joan Mascaró y Maria-Josep Solé, 41–65. Ámsterdam: John Benjamins. https://doi.org/10.1075/cilt.282.05sol.

Terrell, Tracy D. 1975. «La nasal implosiva y final en el español de Cuba». *Anuario de Letras* 13: 257–71.

Widdison, Kirk A. 1997. «On Nasal Variation in Dialectal Spanish». *Deseret Language and Linguistic Society Symposium* 23 (1): 139–45.

13 LA VARIACIÓN EN LAS CONSONANTES OCLUSIVAS NASALES

Celia Casado Fresnillo

María Antonieta Andión Herrero

13.1 Introducción

Se presenta en este capítulo la variación regional de las oclusivas nasales en el mundo hispanohablante y, cuando se dispone de datos, la variación social y de estilo. Serán objeto de estas líneas y, por tanto, reseñables, aquellas realizaciones que muestren modificaciones respecto de la manifestación esperable para la bilabial /m/ *(cama)*, la alveolar /n/ *(cana)* o la palatal /ɲ/ *(caña)* en posición explosiva e implosiva [→ § 1.21.8].

La debilidad que conlleva la posición final de sílaba o de palabra es la que provoca una rica e interesante alofonía [→ § 1.17.3], que se discutirá extensamente en el apartado sobre la /n/ implosiva (§ 13.2). A los fenómenos más importantes que implican variación en las nasales en posición explosiva o en sus sonidos contiguos se dedican los apartados § 13.3 —(des)palatalización— y § 13.4 —(des)nasalización—. Para finalizar, se tratarán en el § 13.5 las secuencias consonánticas en las que comúnmente participan nasales —a veces, más de una—, ya sean tautosilábicas o heterosilábicas [→ § 1.21.8]: *ns* más consonante, *mn, nm, mb, mp* y *gn*.

Notará el lector que los estudios citados muestran a veces datos un tanto contradictorios. Ha de entenderse que no todas las investigaciones se han realizado en las mismas situaciones, con la misma metodología, en la misma época y —por qué no decirlo— con el mismo rigor. Se han consultado las fuentes originales de las investigaciones, no sus referencias posteriores en otros autores, y en la exposición de sus resultados se ha intentado lograr la mayor exhaustividad posible, aportando información acerca de la metodología seguida en los diferentes trabajos con objeto de evaluar la comparabilidad de los datos reseñados. Ha sido imposible, no obstante, realizar un rastreo exhaustivo de la variación del polimorfismo nasal en todo el ámbito lingüístico del español, pues la mayoría de las investigaciones se centran en localidades o áreas concretas dentro de un país. Queda mucho por hacer y se evidencia una acuciante necesidad de actualización de los datos.

13.2 La /n/ implosiva: variación regional y social

De manera general, y como comportamiento habitual en la lengua, la nasal alveolar se realiza como tal, obviamente en posición explosiva [→ § 24.2], en posición final de palabra seguida de vocal y en posición implosiva prepausal. Cuando el sonido se presenta como implosivo en posición preconsonántica, interior o final de palabra, su variación alcanza un polimorfismo de enorme riqueza en el ámbito hispánico. Lo que realmente interesa de la articulación de las consonantes nasales en esta posición es

> que permanezca un segmento con resonancia nasal, sin que importe su lugar de articulación. El segmento consonántico nasal puede desaparecer, como ocurre muchas veces, incluso en el habla culta, nasalizando la vocal, que el oyente español [sic] interpreta siempre como [vocal + consonante nasal],

aunque su realización sea solo una vocal nasal. Otras veces, las menos, la consonante nasal desaparece totalmente, sin dejar ninguna huella de nasalidad (Quilis [1993] 1999, 239).

La nasal en interior de palabra o en posición preconsonántica final de palabra se ve afectada por frecuentes asimilaciones [→ § 1.18.7]. Es evidente que esta posición favorece el debilitamiento nasal y las asimilaciones muestran la primera etapa de ese debilitamiento. En el segundo estadio del proceso, en posición interna o final, las realizaciones alveolares (ante vocal y pausa) y las asimiladas (ante consonante) pasan a ser velares, y en una tercera fase tiene lugar la elisión de /-n/ [→ § 14.6.4]. En ambos casos (velarización o elisión) se puede producir la nasalización de la vocal precedente; cuando hay elisión de /-n/ sin restos de resonancia nasal, se alcanza la última etapa del proceso de debilitamiento.

Así, Terrell (1975, 270–71) distingue las tres etapas en el proceso de debilitamiento de /n/ implosiva que se muestran en la Figura 1.

Al margen de las variantes implicadas en el proceso de debilitamiento de /n/, pero alternando con ellas, se registra su bilabialización en posición final de palabra, [-m], en zonas muy concretas del español americano [→ § 12.2.2, § 14.6.3].

Precisamente por aparecer entre las realizaciones de /n/ se consideran como tales y se estudiarán con ellas, aun cuando no sean variantes resultantes del debilitamiento.

Al exponer los resultados de otras investigaciones, se identifican las variantes del proceso de debilitamiento de /n/ como: NA (realizaciones alveolares y asimiladas) y NV (realizaciones velares). Las nasales elididas con nasalización de la vocal precedente se representan como ṼØ (también cuando no se especifica si la vocal está o no nasalizada) y, como VØ, solo si se indica expresamente que no hay nasalización de la vocal. Se ha optado por identificarlas así porque es un sistema más intuitivo que el de la numeración o el del símbolo fonético agrupando varias realizaciones. Se aúnan de este modo las que, para las mismas variantes, figuran en las publicaciones como N2, N1, N0, como N1, N2, N3, N4, como [n], [ŋ] o como Ø. Asimismo, se emplea el símbolo almohadilla (#) para indicar pausa.

Por otra parte, la descripción de la variación de /n/ implosiva en América va precedida de unas breves notas en las que se da cuenta de aspectos extralingüísticos cuando estos explican, y muchas veces determinan, su comportamiento. A la vasta extensión de la mayoría de los países americanos hay que añadir su complejidad lingüística y su estructura social notablemente estratificada, con grandes diferencias entre el medio rural y el urbano, y con una norma lingüística de prestigio vinculada a las respectivas capitales. En este sentido, hay que aclarar que, aunque las zonas lingüísticas rara vez coinciden con los límites administrativos nacionales, en América los países forman una unidad lingüística relativamente coherente debido a la influencia política, cultural y lingüística de sus capitales y de sus ciudades más relevantes, ya que, además de una gran densidad demográfica,

en ellas está radicado el poder político y administrativo, los principales medios de comunicación y los centros de alta docencia e investigación. Prensa, radio y, sobre todo, televisión extienden la norma lingüística culta de las capitales hasta las más alejadas fronteras del país; el Gobierno maneja esta misma norma casi sin excepciones, y en la enseñanza es también la variedad hablada por los estratos socioculturales más favorecidos, la que se oye desde las cátedras y la que se lee en las publicaciones académicas. La escuela primaria y la secundaria de todo el país siguen sin el menor cuestionamiento la lengua ejemplar impuesta desde la capital porque es la de prestigio indiscutible (López Morales 2005, 239).

ETAPA 1	⬇ Debilitamiento nasal: • asimilación ante consonantes • alveolar débil ante vocales o pausa
	⇓ Elisión incipiente
ETAPA 2	⬇ Debilitamiento nasal: • asimilación ante consonantes • velarización ante vocales y pausa
	⇓ Elisión moderada
ETAPA 3	⬇ Debilitamiento nasal: • velarización
	Elisión fuerte

FIGURA 1. Etapas en el proceso de debilitamiento de /n/ implosiva (Terrell 1975, 271).

13.2.1 España

Las investigaciones sobre /-n/ en posición implosiva se han centrado en aquellas zonas de España que presentan variabilidad; por tanto, los estudios más exhaustivos y actualizados con que se cuenta son los de Canarias, ya que es una de las regiones con mayor polimorfismo.

Las variantes de /-n/ final se distribuyen en el ámbito del español europeo de forma bastante regular, pero con distinta vitalidad. Los atlas lingüísticos son las únicas obras que permiten obtener una visión de conjunto de su extensión geográfica. El *Atlas lingüístico de la Península Ibérica* (Navarro Tomás y de Balbín 1962) dedica dos mapas a /-n/, el 11 *(aguijón)* y el 53 *(crin)*, si bien, según Alcina y Blecua (1975, 356–57), no es esta la fuente más adecuada para extraer conclusiones fiables debido a su escaso cuerpo fónico. Este atlas peninsular establece las isoglosas de las variantes de /n/ final prepausal con bastante nitidez: la alveolar [-n] en el País Vasco, Aragón, las dos Castillas, Murcia y Andalucía oriental; y la velar [-ŋ] en Galicia, noroeste de León y de Zamora, en una localidad de Ávila, Oviedo, oeste de Santander, Cáceres, sudoeste de Badajoz y amplias zonas de Andalucía occidental, aunque, como se verá más adelante, en el *Atlas lingüístico y etnográfico de Andalucía* (Alvar 1961–1973) aparece la velarización también en Andalucía oriental [→ § 14.6.4]. Zamora Vicente ([1960] 1967) ya señalaba que la variante velar era habitual en el español europeo, en particular en Galicia, «donde es típica y representativa» (416), en Andalucía, Extremadura, Asturias, León y Canarias. Por último, la *Nueva gramática de la lengua española* (Real Academia Española y Asociación de Academias de la Lengua Española 2011, 241) documenta la velarización en el norte y el occidente de la península —Galicia, León y Extremadura—, sobre todo en zonas de contacto con el gallego. También se encuentra en Madrid y es muy frecuente en Andalucía y en Canarias.

Los datos cuantitativos de Lipski (1985, 1988) permiten obtener igualmente una visión general de las realizaciones de /n/ en posición final prepausal y prevocálica en el español europeo (Tabla 1), que se irán desglosando por regiones. Se obtuvieron en 1983 mediante entrevistas directas, de unos 30 minutos de duración, realizadas a 10 informantes de clase media que representan la norma culta de las capitales de la península y de Canarias, aunque en el archipiélago Lipski amplió su investigación al ámbito rural, salvo en El Hierro (1985, 132); los resultados de Madrid y Barcelona se incluyeron posteriormente (1988, 63); tuvo en cuenta las variantes alveolar (NA), velar (NV) y la elisión con nasalización de la vocal precedente (ṼØ) [→ § 3.2.2].

En Madrid y Barcelona, la realización alveolar [-n] ofrece los porcentajes más elevados, el 98 % ante pausa en ambas capitales, y el 97 % y el 99 %, respectivamente, ante vocal, en detrimento de las velares [-ŋ], que solo se registran en Madrid ante pausa, con un 10 %. Las elididas con nasalización vocálica también se manifiestan con cifras muy bajas: ante pausa, un 2 % en ambas capitales, y, ante vocal, un 3 % en Madrid y un 1 % en Barcelona (Tabla 1).

En el *Atlas lingüístico y etnográfico de Aragón, Navarra y Rioja* (Alvar 1979–1983) es general la variante alveolar. En el *Atlas lingüístico y etnográfico de Cantabria* (Alvar 1995, mapas 1022 *crin*, 979 *riñón*, 50 *chaparrón*), aunque la variante alveolar es mayoritaria, la velar se encuentra en el 24 % de los puntos de encuesta en el caso de *crin*, porcentaje que se reduce a la mitad en los otros dos mapas (*riñón* y *chaparrón*). También en el *Atlas lingüístico y etnográfico de Castilla y León* (Alvar 1999, mapas 27 *crin*, 608 *hollín*, 7 *riñón*, 651 *canalón*) son mayoritarias las realizaciones alveolares, con algunas velares aisladas en las provincias de Zamora, Burgos, Ávila y Segovia, algo más numerosas en la provincia de León y casi generales en la de Soria. Por otra parte, en La Coruña la variante más generalizada, por influencia del gallego, es la velar [-ŋ], 80 % —prepausal— y 76 % —prevocálica—, mientras que los porcentajes de la alveolar [-n] descienden al 12 % y al 15 %, ante pausa y vocal, respectivamente; las elisiones son algo más escasas, 8 % —prepausal— y 9 % —prevocálica— (Lipski 1988, 63, Tabla 1).

Los datos del *Atlas lingüístico y etnográfico de Andalucía* (Alvar 1961–1973, mapas 1550 *hollín*, 1582 *colchón*, 1605 *escalón*, 1609 *pan*, 1610 *tren*, 1611 *crin*) no permiten establecer isoglosas de la distribución de las variantes de /-n/ en sílaba tónica: la velar [-ŋ], con y sin nasalización vocálica, se registra en prácticamente todas las localidades, con la excepción de puntos muy aislados con variantes alveolares [-n] —no más de 12 de los 230 investigados— localizados en el norte de Huelva, de Córdoba, de Jaén y de Granada y en el nordeste de Almería, todos ellos, por tanto, próximos a las variantes castellanomanchegas, extremeñas y murcianas. Las elisiones con nasalización de la vocal precedente se distribuyen de forma irregular por todas las provincias, pero son también poco frecuentes —mucho menos las elisiones sin nasalización—, lo que indica que, a pesar de su debilitamiento, /-n/ final es la consonante que mejor se mantiene en Andalucía, aunque coexisten las distintas fases del proceso (Narbona, Cano y Morillo-Velarde 1998, 167). Por otra parte,

Tabla 1 *Realizaciones de /-n/ final en contexto prepausal y prevocálico (España)*

	/-n/# (%)			/-n/V (%)		
	NA	**NV**	**ṼØ**	**NA**	**NV**	**ṼØ**
España (península)						
Madrid	98	0	2	97	10	3
Barcelona	98	0	2	99	0	1
La Coruña	12	80	8	15	76	9
Murcia	81	0	19	85	0	15
Sevilla	2	42	56	40	38	22
Granada	0	77	23	48	35	17
Cáceres	0	65	35	21	51	28
España (Canarias)						
Fuerteventura (Pto. del Rosario)	30	54	16	50	37	13
Fuerteventura (rural)	17	26	57	56	21	23
La Gomera (S. Sebastián)	27	51	22	55	34	11
La Gomera (rural)	49	18	33	80	11	9
Las Palmas de Gran Canaria	18	49	33	54	34	12
Gran Canaria (rural)	29	29	42	73	10	17
El Hierro (Valverde)	71	5	24	96	0	4
Lanzarote (Arrecife)	39	32	29	57	17	26
Lanzarote (rural)	31	8	61	76	4	20
La Palma (Santa Cruz)	3	63	34	55	23	22
La Palma (rural)	34	32	32	61	18	21
Tenerife (Sta. Cruz de Tenerife)	13	51	36	63	19	18
Tenerife (rural)	36	35	29	63	26	11

Nota. Datos procedentes de Lipski (1985, 132, 1988, 63).

al comparar los datos de los dos mapas del *Atlas Lingüístico de la Península Ibérica* (Navarro Tomás y de Balbín 1962) con los del *Atlas lingüístico y etnográfico de Andalucía* (Alvar 1961–1973, mapas 1550 *hollín*, 1609 *pan*, 1610 *tren*, 1611 *crin*), se percibe un avance notable de la variante velar [-ŋ] en toda Andalucía; el aumento de la velar en la zona oriental se debe, en opinión de Alcina y Blecua (1975), a los años que transcurrieron entre la publicación de uno y otro atlas, o, más bien, al tiempo que pasó entre la recogida de sus materiales. Del mismo modo, Salvador ([1985] 1987) dio cuenta en el nordeste de Granada, ya en 1953, de «la ampliación en el campo de distribución de esta variante fonética . . . que aparecía no solo ante pausa, sino también final de palabra cuando va seguida de vocal en el decurso» (147). Según los datos de Lipski (1988, 63), en Granada se encuentra el mayor porcentaje de velarizaciones ante pausa, el 77 %, que se reducen más o menos a la mitad ante vocal, el 35 %; las elisiones presentan porcentajes más próximos en ambos contextos fónicos: un 23 % en el prepausal y un 17 % en el prevocálico; igualmente destacan las soluciones alveolares, el 48 %, aunque solo se dan en situación prevocálica. En Sevilla, la distribución de las variantes es bien diferente: la mayoritaria es la elisión con nasalización vocálica, el 56 % (prepausal) y el 22 % (prevocálica), no muy lejos de la velar [-ŋ], un 42 % (prepausal) y un 38 % (prevocálica); en cuanto a la alveolar [-n], como en el caso de Granada, solo tiene relevancia en el contexto prevocálico, un 40 %, y es muy reducida en el prepausal, un 2 % (Tabla 1).

En Murcia, según los resultados obtenidos por Lipski (1986, 148) en la capital, hay una clara preferencia por la variante alveolar [-n], tanto prepausal (81 %) como prevocálica (85 %), frente al 19 % y al 15 % de elisiones en ambas posiciones, respectivamente, y a la ausencia de velares (Tabla 1). Sin embargo, Salvador ([1985] 1987, 146), basándose en la velarización generalizada que presenta Andalucía oriental y en algunas notas personales recogidas por él mismo, mantiene que la variante velar debe darse en Murcia, pero no lo asegura.

En Castilla-La Mancha, según se desprende de la información contenida en 13 mapas fonéticos del *Atlas lingüístico (y etnográfico) de Castilla-La Mancha* (García Mouton y Moreno Fernández 2003), la única variante que aparece es la alveolar. Esta uniformidad de realizaciones alveolares no coincide con los datos que recopiló Paredes (2001, 148) de 28 encuestas realizadas precisamente con el cuestionario del *Atlas lingüístico (y etnográfico) de Castilla-La Mancha* en la comarca de La Jara (Toledo), que dan cuenta, asimismo, de la variante velar en esta zona y de elisiones ocasionales con la vocal nasalizada (*un lazo* [ũˈlaθo]). Tampoco guarda correspondencia con la generalizada velarización de Andalucía y Extremadura, regiones con las que limitan las provincias de Toledo, Ciudad Real y Albacete, como ponen de manifiesto los datos ya mencionados del *Atlas lingüístico y etnográfico de Andalucía* (Alvar 1961–1973) y los mapas 410 (*jamón*) y 388 (*jabón*) de Extremadura, donde la velarización es prácticamente la única variante (González Salgado 2000), coincidiendo con los datos de Lispki (1988, 63), reflejados en la Tabla 1, con la velar [-ŋ] como variante mayoritaria tanto en el contexto prepausal como en el prevocálico, el 65 % y el 51 % respectivamente, frente al 21 % de soluciones alveolares, que solo se dan ante vocal, más escasas incluso que las elisiones, con un 35 % (prepausal) y con un 28 % (prevocálica).

Como ya se ha mencionado, Canarias es la región que cuenta con estudios más exhaustivos y actualizados sobre /n/ en posición implosiva. De ellos se desprende que, según la posición y el contexto fónico, existen velarizaciones, elisiones y articulaciones alveolares. Estas variantes pueden ir acompañadas de la nasalización vocálica, si bien en un último estadio del proceso de debilitamiento pueden llegar a desaparecer tanto la consonante como las resonancias nasales. Así, en el *Atlas lingüístico y etnográfico de las Islas Canarias* (Alvar 1975–1978, mapas 1011 *hollín*, 1012 *pan*, 939 *pichón*, 1030 *colchón*), la variante velar con nasalización de la vocal precedente es general en todas las islas, y lo es algo menos sin nasalización vocálica; se registran algunas elisiones y algunas alveolares sobre todo en Tenerife, Gran Canaria y Fuerteventura; las elisiones sin nasalización de la vocal son casos muy aislados. Catalán (1960, 329) afirma que /n/ final ante vocal es generalmente alveolar en las islas, aunque a veces se realiza como velar: en posición final ante pausa, se articula como velar con nasalización de la vocal en las palabras agudas, mientras que en las llanas suele perderse dejando restos de resonancia nasal en la vocal.

En los datos de Lipski (1988, 63), recogidos en la Tabla 1, puede observarse que, en el contexto fónico prevocálico, la variante alveolar [-n] es la realización más frecuente en La Gomera, Lanzarote, Gran Canaria y Tenerife —algo menos en las ciudades que en las zonas rurales—, seguida de la velar [-ŋ] y de la elidida en el contexto prepausal. Destaca El Hierro, la única isla donde solo se investigó en la capital, con un 96 % de realizaciones alveolares ante vocal y un 71 % ante pausa, seguidas de la elisión nasal con nasalización vocálica, con un porcentaje más alto ante pausa (24 %) que ante vocal (4 %); la velar solo se da en la posición prepausal y solo con un 5 %. De las demás islas, se consignan los datos del ámbito urbano y del rural. Así, en las zonas rurales de La Gomera la alveolar representa el 80 % de las variantes ante vocal y el 49 % ante pausa; le siguen la elisión, con un 33 % (prepausal) y un 9 % (prevocálica), y la realización velar, con un 18 % (prepausal) y un 11 % (prevocálica). En su capital, San Sebastián, destaca igualmente la alveolar, con el 55 % (prevocálica) y el 27 % (prepausal); le siguen la velar, con el 51 % (prepausal) y el 34 % (prevocálica), y la elisión con nasalización vocálica, con un 22 % (prepausal) y un 11 % (prevocálica). También en Lanzarote la variante más frecuente en las áreas rurales es la alveolar, con el 76 % (prevocálica) y el 31 % (prepausal); a continuación, la elisión, con un 61 % (prepausal) y un 20 % (prevocálica), y la velar, con frecuencias mucho más bajas, el 8 % (prepausal) y el 4 % (prevocálica). En Arrecife, la capital, el porcentaje más alto es también el de las alveolares, con un 57 % (prevocálica) y un 39 % (prepausal), seguidas de las velares, con el 32 % (prepausal) y el 17 % (prevocálica), y de las elisiones con nasalización de la vocal precedente, con un 29 % (prepausal) y un 26 % (prevocálica). En la isla de Gran Canaria, es asimismo mayoritaria la realización alveolar en el ámbito rural, con el 73 % (prevocálico) y el 29 % (prepausal), cifras algo alejadas de las elisiones, un 42 % (prepausal) y un 17 % (prevocálica), y de las velares, el 29 % (prepausal) y el 10 % (prevocálico). En la capital, Las Palmas de Gran Canaria, la alveolar ofrece un porcentaje del 54 % (prevocálico) y del 18 % (prepausal); le siguen la velar, con el 49 % (prepausal) y el 34 % (prevocálica), y la elidida con nasalización vocálica, el 33 % (prepausal) y el 12 % (prevocálica). Del mismo modo, en la isla de Tenerife, la alveolar es la variante más común en las áreas rurales, con un 63 % (prevocálica) y un 36 % (prepausal); a continuación, la velar, con el 35 % (prepausal) y el 26 % (prevocálica), y la elisión con nasalización de la vocal, un 29 % (prepausal) y un 11 % (prevocálica). En la capital, Santa Cruz de Tenerife, la alveolar [-n] es también la realización mayoritaria, el 63 % (prevocálica) y el 13 % (prepausal), seguida de la velar, el 51 % (prepausal) y el 19 % (prevocálica), y de la elisión con nasalización de la vocal, el 36 % (prepausal) y el 18 % (prevocálica).

Se aparta de esta tendencia a la realización alveolar la isla de La Palma, con la velar [-ŋ] como realización mayoritaria en la capital, Santa Cruz de la Palma, con un 63 % (prepausal) y un 23 % (prevocálica); a continuación, la alveolar, con el 55 % (prevocálica) y el 3 % (prepausal), y la elisión, el 34 % (prepausal) y el 22 % (prevocálica); en el ámbito rural, la variante alveolar vuelve a ser la más frecuente, el 61 % (prevocálica) y el 34 % (prepausal), seguida de la elisión con nasalización de la vocal anterior, el 32 % (prepausal) y el 21 % (prevocálica), y de la velar, el 32 % (prepausal) y el 18 % (prevocálica). Por último, en Fuerteventura, la realización más habitual es la elisión con nasalización vocálica en la zona rural, el 57 % (prepausal) y el 23 % (prevocálica); a continuación, aunque muy próxima a ella, se encuentra la alveolar, con el 56 % (prevocálica) y el 17 % (prepausal), y la velar, con el 26 % (prepausal) y el 21 % (prevocálica); en Puerto del Rosario, su capital, la variante velar es la más común: el 54 % (prepausal) y el 37 % (prevocálica), seguida de la alveolar, el 50 % (prevocálica) y el 30 % (prepausal), y de la elisión con nasalización de la vocal precedente, el 16 % (prepausal) y el 13 % (prevocálica), como se puede observar en la Tabla 1.

Alvar (1972, 120–24) sostiene que en Las Palmas de Gran Canaria es general la velarización de /n/ en posición final absoluta, que, sin embargo, por fonética sintáctica recupera su articulación alveolar; también en esta posición puede darse la elisión de la nasal con nasalización de la vocal en hablantes de niveles socioculturales bajos. En posición final ante vocal, /n/ se articula como alveolar, y la elisión de la nasal es poco habitual en interior de palabra. Además, señala que la velar en posición final prepausal es frecuente en Tenerife (Alvar 1959, 42), en La Graciosa y en La Gomera (Alvar 1965, 306–7), con nasalización ocasional de la vocal anterior; en esta última isla se pierde a veces sin dejar vestigios de nasalización.

Almeida y Díaz Alayón (1988, 46–48), a partir de los datos obtenidos de 500 informantes (de distintos niveles socioculturales, edades y sexos) en 60 localidades canarias, afirman que existe un claro polimorfismo en lo que se refiere a la distribución de las variantes alveolar y velar de /n/ implosiva, si bien en las zonas urbanas esta última es más habitual que en las áreas rurales. El porcentaje de velares es en Las Palmas del 65 %, en Santa Cruz, del 59 %, y en las hablas rurales, del 49 %, mientras que las alveolares tienen menos incidencia en Santa Cruz de Tenerife (el 41 %) y en Las Palmas (el 35 %) que en zonas rurales, donde llega al 51 %.

Con respecto al contexto fónico, la distribución de estas variantes es bastante homogénea (Tabla 2). En el prevocálico, destacan las realizaciones alveolares, más habituales en las zonas rurales (el 71,4 %) que en las urbanas (el 52,3 % en Las Palmas y el 55,7 % en Santa Cruz), resultados que coinciden con los de Lipski (1985, 132). Ante pausa son las velares las que presentan porcentajes más altos y más próximos entre ambas zonas: el 83,1 % en la rural, el 90,9 % en Las Palmas y el 95 % en Santa Cruz. El contexto preconsonántico muestra datos más vacilantes entre el ámbito rural y urbano; así, frente a la igualdad que presenta Santa Cruz (un 50,1 % de alveolares y un 49,8 % de velares), se encuentra que en el habla rural las alveolares suponen casi el doble que las velares (el 64,3 % y el 35,6 %, respectivamente) y que en Las Palmas la variante alveolar (28,5 %) aparece con menor frecuencia que la velarizada (71,4 %).

Asimismo, todos los grupos sociales considerados, urbanos o rurales, ante vocal muestran preferencia —mucho más clara en el ámbito rural— por las realizaciones alveolares y, ante pausa, por las velares. Aunque con diferencias moderadas, el grupo de hablantes de menor instrucción (un 63,4 %), los hablantes de primera y segunda generación (65 % y 64,2 %, respectivamente) y los hablantes masculinos (el 61,3 %) favorecen la velarización; esta tendencia no se constata ni en el grupo de hablantes de cultura media (un 54 %) ni en el de las personas de más edad (el 49 %), especialmente si son mujeres mayores (un 57 %). Almeida y Díaz Alayón (1988, 47–48) concluyen que la velarización es un fenómeno en expansión no estigmatizado socialmente e impulsado por los jóvenes.

Según los datos de Marrero-Aguiar (1988, 72–77, 88–97) —procedentes del estudio que realizó en las siete islas canarias con sujetos de distintos sexos, niveles culturales y profesiones—, la /n/ en posición final (sin precisar el contexto fónico) se realiza, casi exclusivamente, como velar, aunque con distintas posibilidades articulatorias: con nasalización de la vocal y conservación de la consonante en el 71 % de los casos y con elisión de la velar en el 15,6 %, con restos de resonancias nasales en el 61,8 %. La distribución por islas muestra que en Gran Canaria hay un 30,5 % de elisiones (un 24,4 % con nasalización vocálica); en Lanzarote, un 20 % (generalmente con restos de resonancia nasal), y en Fuerteventura, solo un 8 %, ya que las realizaciones velares son mayoritarias (el 39,6 % de los casos, con nasalización vocálica, y el

Tabla 2 *Realizaciones de /n/ final según el contexto fónico en zonas rurales canarias, en Las Palmas y en Santa Cruz de Tenerife*

	/-n/C (%)		/-n/V (%)		/-n/# (%)	
	NA	**NV**	**NA**	**NV**	**NA**	**NV**
habla rural	64,3	35,6	71,4	28,5	16,8	83,1
Las Palmas	28,5	71,4	52,3	47,6	9	90,9
Santa Cruz de Tenerife	50,1	49,8	55,7	44,2	4,9	95

Nota. Datos procedentes de Almeida y Díaz Alayón (1988, 47).

Tabla 3 *Distribución de las variantes de /n/ final en Las Palmas de Gran Canaria según la posición y el contexto fónico*

	Interna (%)	**Final (%)**	**/-n/C (%)**	**/-n/V (%)**	**/-n/# (%)**
NA	96,26	64,58	82,17	54,23	1,32
NV	0,14	25,42	9,89	35,17	79,82
ṼØ	3,52	6,07	4,59	5,97	13,64
VØ	0,05	3,91	3,32	4,61	5,2

Nota. Datos procedentes de Samper Padilla (1991, 1078–80).

42,4 %, sin ella). En las demás islas se tiende, en general, a la velarización de la nasal con nasalización vocálica, siempre con porcentajes superiores al 85 %.

El estudio sociolingüístico llevado a cabo por Samper Padilla (1990, 219–21, 1991, 1075–83) en Las Palmas de Gran Canaria refleja (Tabla 3) que en posición interna las realizaciones alveolares o asimiladas (NA) son absolutamente mayoritarias, un 96,26 %, y al pasar a final de palabra bajan hasta el 64,58 %, si bien esta posición favorece más las variantes velares: un 25,42 %, frente a un exiguo 0,14 % en posición interna. Las elisiones internas y finales, con o sin nasalización vocálica, se encuentran asimismo a mucha distancia de las realizaciones anteriores (del 6,07 % al 0,05 %); en posición interior de palabra /-n/ tiende a elidirse con más frecuencia al entrar en contacto con una consonante fricativa (un 17,34 %). En el contexto preconsonántico, la variante alveolar o asimilada (NA) es la que presenta un porcentaje más alto de realizaciones (el 82,17 %), que desciende al 54,23 % en el prevocálico y hasta el 1,32 % en el prepausal, en relación inversa a la variante velar, que pasa de un 79,82 % ante pausa a un 35,17 % ante vocal y solo al 9,89 % ante consonante. Las elisiones muestran la misma tendencia, aunque con frecuencias más bajas, para las mismas posiciones: 13,64 %, 5,97 % y 4,59 % (con nasalización vocálica) y 5,2 %, 4,61 % y 3,32 % (sin nasalización).

El factor gramatical también influye, según Samper Padilla (1990, 229–32), en el incremento de las realizaciones velares de /-n/: sube del 27,3 %, cuando la nasal se encuentra en contacto con una vocal y no constituye una marca gramatical, al 59,22 %, cuando es marca de tercera persona del plural, en tanto que las realizaciones alveolares, en la misma situación, pasan del 65,54 % al 22,45 %. En cuanto a los factores sociales (239–42), el sexo del hablante no es significativo en las realizaciones de /n/ implosiva, aunque se registra un índice de velarizaciones en posición final ligeramente superior en los hombres (un 26,62 %) que en las mujeres (un 24,3 %), pero más elisiones, con o sin nasalización vocálica, en estas (el 11,36 %) que en aquellos (el 8,51 %). Tampoco el factor generacional tiene una influencia clara, ya que, en posición interna, los porcentajes de variantes alveolares se encuentran entre el 95,83 % de la primera generación y el 97 % de la tercera, y en final de palabra, entre el 63,58 % y el 67,14 % para los mismos tramos de edad.

Almeida, en un trabajo sobre los niveles sociolingüísticos en el habla de Las Palmas de Gran Canaria (1990b, 53–59), indica que la posición final favorece las realizaciones velares, sobre todo cuando es final absoluta (90 %), resultado algo alejado del que ofrece Samper Padilla. Esta tendencia es más acusada en el nivel sociocultural más alto (96,77 %) y en el más bajo (95,23 %), y en la primera y la segunda (el 100 % y el 95,83 %, respectivamente).

En Tenerife, según Almeida (1990a, 50–52), la /n/ final en posición interior es alveolar o asimilada, mientras que en posición final aumentan las variantes velares, en detrimento de las alveolares. El contexto fónico prepausal favorece las elisiones y las velarizaciones, estas últimas más frecuentes ante pausa que ante vocal o consonante. En el noroeste de la isla, en Los Silos (Lorenzo Ramos 1976, 70) y en Masca (Trujillo 1980, 103–7), la única realización registrada en posición final ante pausa es la velar, que ante vocal recupera su articulación alveolar; seguida de consonante puede elidirse.

En El Hierro, los datos del estudio sociolingüístico de Pérez Martín (2010, 114–16; véase la Tabla 4) revelan que las variantes asimilada o alveolar presentan un índice de frecuencia muy alto tanto en posición interna (el 97,1 %) como final (el 80,1 %); este último descenso conlleva un incremento en el porcentaje de las velares (el 16,7 %). Las elisiones, con o sin nasalización de la vocal, tienen unos porcentajes muy bajos, si bien el más significativo se encuentra en el contexto prepausal, con un 11,8 %, muy alejado del resto: un 2,4 % ante consonante y un 1,2 % ante vocal. Por otra parte, la variante alveolar es mayoritaria en el contexto preconsonántico, el 96,6 %, desciende al 73,4 % en el prevocálico y a un reducido 11,1 % en el prepausal. En relación inversa se encuentran los porcentajes de la realización velar, aunque con diferencias más acusadas: el 77 % ante pausa, el 25,4 % ante vocal y el 0,9 % ante consonante.

Tabla 4 *Distribución de las variantes de /n/ final en El Hierro según la posición y el contexto fónico*

	Interna (%)	Final (%)	/-n/C (%)	/-n/V (%)	/-n/# (%)
NA	97,1	80,1	96,6	73,4	11,1
NV	0,01	16,7	0,9	25,4	77
ṼØ	2,5	2,6	1,9	1	10,6
VØ	0,3	0,5	0,5	0,2	1,2

Nota. Datos procedentes de Pérez Martín (2010, 114–16).

Samper Padilla (2011) compara los resultados de investigaciones anteriores (Almeida 1990a, 1990b; Pérez Martín 2010; Samper Padilla 1990) ratificando la preferencia por la realización alveolar en las islas (Las Palmas, El Hierro y Santa Cruz de Tenerife) en un 81 %, seguida de lejos por la velar (con un 14,3 %) y por la elidida (con un 4,6 %), comportamiento que relaciona con el del Caribe: semejante al de San Juan de Puerto Rico, pero menos avanzado que el de Panamá o el de la República Dominicana (Santiago de los Caballeros). La posición final hace descender las alveolares entre 20 y 40 puntos porcentuales, y subir las velares en casi 50. Señala también la relevancia de la posición en la palabra, que, en la prepausal, favorece mayoritariamente las velares. Como dato significativo destaca que las elisiones sin nasalización de la vocal precedente aumentan aun cuando /-n/ es marca gramatical (tercera persona de plural del verbo), comportamiento más acusado en Las Palmas que en Santa Cruz de Tenerife y El Hierro.

Por último, Hernández Cabrera y Samper Hernández (2011) estudian las realizaciones nasales finales alveolares y velares en contexto prevocálico, entre otros rasgos fónicos caracterizadores de las emisiones de seis programas escogidos al azar entre los noticiarios de la Televisión Autonómica Canaria durante 2004. Los datos aportados muestran una tendencia hacia la realización de las velares (el 58,7 %) frente a las alveolares (el 41,3 %). La velarización se manifiesta favorecida por el carácter tónico de la palabra, y presenta cierta variación categorial menor: adjetivo, con el 100 %; sustantivo, el 90 %; verbo, el 93,4 %; y adverbio, el 72,7 %. La influencia de los factores de prestigio social se ve ratificada por el uso mayoritario de las velares en el habla de los presentadores (un 68,8 %), en comparación con la de los corresponsales (el 52,5 %) y la de los entrevistados (el 48 %), además del apoyo que dan a la realización velarizada las mujeres (un 61,9 %), tradicionalmente más apegadas al prestigio. Téngase en cuenta que, en el estilo formal, con una marcada determinación de los patrones fónicos de la norma(s) culta(s) canaria(s), se concede mayor relevancia a la velarización prevocálica como exponente del avance innovador y prestigioso en el archipiélago canario.

Como conclusión, puede decirse que, en general, en España, las realizaciones fundamentales (alveolar, asimilada, velar y elidida) suelen coincidir en sus localizaciones, aunque se manifiesta preferencia por una de las realizaciones, con mayor o menor grado de debilitamiento. La velarización de la /n/ final ante pausa se distribuye por Galicia —por el contacto con el gallego—, algunas zonas de Castilla y León, Cantabria, Extremadura (Cáceres, sudoeste de Badajoz), Andalucía (occidental y oriental) y Canarias.

13.2.2 América

13.2.2.1 México y América Central

La complejidad lingüística y social de México dificulta notablemente la labor de establecer zonas dialectales internas. Además de la división general entre el norte y el sur, son muchos los intentos que se han realizado para acotar las diversas áreas, desde la primera zonificación de Henríquez Ureña (1921) hasta la de Moreno Fernández (2009, 267–71), quien considera que el español mexicano-centroamericano está constituido por dos grandes ramas: la del español mexicano y la del español mayense-centroamericano. La primera, según este autor —coincidiendo con Henríquez Ureña—, incluye la variedad mexicana norteña, la mexicana central (con la capital del país) y la costeña, «modalidad más caribeña de México» (275), con los estados atlánticos de Veracruz y Tabasco y los pacíficos de Oaxaca y Guerrero. A la segunda pertenecen el español yucateco y el centroamericano, «vertebrado por la cordillera Centroamericana, que incluye el español de Chiapas» (269) y el español hablado por los indígenas bilingües.

La propuesta de Moreno Fernández (2009, 267–71) es, a juicio de las autoras del presente capítulo, la que mejor refleja la realidad lingüística y sociolingüística de México. De hecho, las áreas que delimita coinciden perfectamente con la distribución geolectal de las realizaciones de /-n/: la alveolar, en el centro y norte del país, la velar en Yucatán y en las costas del Caribe y del Pacífico [→ § 14.6.4], y la labializada en Yucatán [→ § 14.6.3].

Canfield ([1981] 1988) afirma que las variaciones alofónicas en México «se mantienen dentro de las normales» (78), pero en el sur del país y en Yucatán /-n/ tiende a ser velar ante pausa o ante vocal. En todas las zonas costeras de Yucatán, la velarización y la elisión de la nasal final son variables, mientras que en los dialectos costeros de Veracruz, Tabasco y Acapulco se distribuye de forma general por estas regiones (Lipski [1994] 2005, 302). Boyd-Bowman (1960, 83) registró realizaciones velares en la costa mexicana de Tamaulipas, Campeche y en los estados de Puebla y Morelos, Guerrero, Oaxaca y Chiapas, además de en Veracruz y Tabasco.

Williamson (1986, 113), a partir de los datos obtenidos de 102 informantes en 10 localidades de Tabasco, considera que la variante velar de /n/ final es mayoritaria en esta región, aunque también se encuentran la alveolar y su variante relajada. En las encuestas realizadas por Garza (1987) en Oaxaca, con un cuestionario específico para el nivel fónico, se constató la velarización sistemática de /n/ final de palabra en todas las clases sociales. Ante consonante, esta autora recogió algunos ejemplos sin velarización, debidos, en su opinión, a la influencia de la norma de la Ciudad de México, que los mexicanos consideran muy prestigiosa. Alvar (1965–1966) afirma que en Oaxaca la /n/ en posición implosiva se articula «como en castellano medio» (363); en final absoluta la velarización parece ser común: si bien su cuestionario no le permitía recoger frases, las palabras aisladas en las que aparecía /-n/ se pronunciaron invariablemente con velares relajadas [ᵑ] y con nasalización de la vocal precedente. Estas realizaciones le llevan a apoyar la teoría de la relación de este fenómeno con el andaluz:

> Es muy probable, como apunta Canfield . . . , que el fenómeno de la velarización de la -*n* sea de importación andaluza. En Andalucía, al menos, es de una frecuencia abrumadora. No deja de ser curiosa la coincidencia que en los tratamientos de -*n* (articulación, grados de realizaciones) se da entre el mediodía de España y determinadas zonas de Ultramar. . . . Naturalmente, la pérdida de la -*n* es un rasgo, entre otros que se han señalado, de debilitación de las consonantes finales en el habla de Oaxaca . . . , pero no se olvide que esta distensión es también rasgo característico andaluz (Alvar 1965–1966, 364).

Sin duda es en la península de Yucatán donde se encuentra el mayor polimorfismo en lo que se refiere a las variantes de /n/ en posición final, ya que, además de la alveolar propia del centro y del norte del país, existen la velar, la labial y la elisión. Alvar (Alvar 1969, 140–41, 188) señala que en posición final absoluta /n/ presenta las siguientes soluciones en sus 10 informantes: a) articulación velar muy relajada con nasalización de la vocal anterior, como en Oaxaca: [haˈmõᵑ] *jamón,* [t̪aˈkõᵑ] *tacón,* [sakɾis̪ˈt̪ãᵑ] *sacristán,* [beɾˈð̞ĩᵑ] *verdín,* propia solo de hablantes monolingües de español; b) pérdida de la consonante y nasalización de la vocal anterior [→ § 3.2.2], proceso muy frecuente entre sus encuestados: [meˈlõ] *melón,* [jukaˈt̪ã] *Yucatán;* y c) articulación de la nasal final como bilabial, con tensión o relajamiento, aunque siempre con nasalización de la vocal precedente: [kaˈhõm] *cajón,* [beɾˈð̞ĩᵐ] *verdín.*

En los mapas de México, elaborados a partir de las encuestas de Alvar (2010), se observa perfectamente la localización de las realizaciones de /n/ en posición final ante pausa: la isoglosa de [-m] abarca la península de Yucatán, Tabasco y Chiapas y rara vez sobrepasa el límite del istmo de Tehuantepec. La distribución de la bilabial es más uniforme y su frecuencia mayor cuando se trata de un monosílabo: en el mapa 557 *(fin)* se registra en 15 localidades, mientras que en los mapas 747 *(cajón)* y 746 *(tapón)* solo figura en siete, y además debilitada. Por otra parte, si la vocal que constituye el núcleo silábico [→ § 1.21.8] es átona, prácticamente desaparece, como ocurre en el mapa 553 *(virgen),* donde solo se documenta en un punto de Yucatán (Espita). La velarizada [-ŋ] se reparte con cierta regularidad por las regiones costeras (Tabasco, Chiapas, Oaxaca, Veracruz), aunque en el mapa 557 *(fin)* solo se han registrado dos casos, uno en Chiapas (San Cristóbal de las Casas) y otro de Yucatán (Carrillo Puerto). Las elisiones no son demasiado comunes y aparecen de forma irregular. Las realizaciones alveolares, con mayor o menor grado de debilitamiento, se reparten por el resto del país. La nasalización de la vocal precedente es casi general, pero solo si la sílaba es tónica; si es átona, como en *virgen,* los casos de nasalización vocálica se documentan de forma aislada.

Lope Blanch (1980, 84–86) matiza los datos de Alvar, puesto que los suyos, procedentes de las encuestas para el atlas lingüístico de México, no ofrecían una presencia tan «abrumadora» (84) de -*m,* aun siendo bastante frecuente en las zonas de adstrato maya: un promedio del 23,7 % de las realizaciones de /n/ final de palabra, agrupando las variantes bilabial [-m] y alveolo-bilabial [-nᵐ]. Esta investigación se llevó a cabo en 10 localidades de los estados peninsulares de Quintana Roo, Yucatán y Campeche: Chetumal, Felipe Carrillo Puerto, Valladolid, Tizimín, Mérida, Ticul, Campeche,

Tabla 5 *Realizaciones de /n/ final en los estados de Quintana Roo, Yucatán y Campeche*

	NA (%)	**NV (%)**	**[-m] (%)**	**[-nᵐ] (%)**	**ṼØ (%)**
Cuestionario	46	24	25	5,5	5,3
Conversación	73	8	12	5	2

Nota. Datos procedentes de Lope Blanch (1980, 84–85).

Tabla 6 *Realizaciones de /n/ final en los estados de Quintana Roo y Yucatán y en la ciudad de Campeche*

	NA (%)	**NV (%)**	**[-m] (%)**	**[-nᵐ] (%)**	**ṼØ (%)**
Cuestionario	20	40	25	5,5	8,6
Conversación	73	8	12	5	2,1

Nota. Datos procedentes de Lope Blanch (1981, 423, 1987, 42).

Champotón, Mamantel y Ciudad del Carmen, si bien los datos de esta última población no se cuantificaron porque está fuera del actual adstrato maya. En cada localidad se realizaron encuestas sistemáticas y se grabaron conversaciones espontáneas a un mínimo de siete personas; por tanto, los datos proceden de más de 54 informantes. Los resultados obtenidos se desglosan teniendo en cuenta si la recogida de materiales se ha realizado con un cuestionario o mediante conversaciones (Tabla 5): en el primer caso, la bilabial [-m] tiene una frecuencia del 25 %, y la alveolo-bilabial [-nᵐ], del 5,5 %; en el segundo, las cifras descienden notablemente al 12 % en el caso de la bilabial [-m] y al 5 % en el de la coarticulada [-nᵐ]. Los promedios generales de las demás realizaciones son: para la alveolar [-n], un 46 %; para la velar [-ŋ], un 24 %, y para la elisión, un 5,3 %. Como en el caso de la labial, los porcentajes obtenidos solo de las conversaciones varían: 73 %, la alveolar [-n]; 8 %, la velar [-ŋ]; y 2 %, la elisión.

En publicaciones posteriores, Lope Blanch (1981, 1987) retoma el problema metodológico de la obtención de datos mediante encuesta sistemática con cuestionario o mediante conversación libre o semidirigida, a propósito esta vez de los datos procedentes de siete localidades mayas de los estados de Quintana Roo y Yucatán, y de la ciudad de Campeche. En sus resultados advierte que el porcentaje de labializaciones se reduce a la mitad en las conversaciones, a favor de la solución alveolar (Tabla 6). Mantiene que las diferencias cuantitativas entre uno y otro sistema se deben al hecho de que las velarizaciones o labializaciones de /-n/ se producen preferentemente en posición final absoluta (situación que se refleja en las respuestas de los cuestionarios), mientras que en la cadena hablada —donde la nasal final va seguida de otras palabras o de pausas más breves— la articulación alveolar [-n] es, con mucho, la más general. Efectivamente, como se observa en la Tabla 6, la frecuencia de aparición de la alveolar [-n] aumenta del 20 % al 73 %, en detrimento no solo de la labial [-m], que disminuye del 25 % al 12 %, sino también de la velar [-ŋ], cuyo descenso es aún más acusado, del 40 % al 8 %, o de la elisión, del 8,6 % al 2,1 %, según se utilice el cuestionario o la conversación, respectivamente. La alveolo-bilabial [-nᵐ], sin embargo, ofrece porcentajes similares.

Además de las encuestas de Yucatán, se realizaron otras en 183 localidades para el atlas lingüístico de México, aunque solo en 46 —todas ellas lejos del área de influencia de la lengua maya y como un fenómeno esporádico— se encontró igualmente la variante bilabial [-m]: estados de Tabasco, Chiapas, Oaxaca, Veracruz, Puebla, Guerrero, Guanajuato, Querétaro, Nuevo León, Zacatecas, Nayarit, Durango, Coahuila, Chihuahua, Sonora y Baja California. En Michoacán y, sobre todo, en Jalisco, se registró con mayor vitalidad. Es decir, mientras que la bilabial [-m], como se ha visto, aparece en el 100 % de los puntos de encuesta —en prácticamente todos los informantes y con un índice de aparición en ellos del 20 %—, en las demás regiones lo hizo únicamente en el 25 % de las poblaciones, por lo general en un único informante, con un índice de aparición en él en torno al 5 % (Lope Blanch 1980, 86–87).

Por otra parte, García Fajardo (1984, 75–77) en un estudio basado en conversaciones libres mantenidas con 39 personas de Valladolid (en el este de Yucatán), de distintas clases sociales, edades y sexos, comprobó que [-m] es una variante común en todos sus informantes, pero la frecuencia total de labialización no fue alta. En su corpus apareció en el 87 % de los entrevistados (34 de los 39) con una frecuencia del 5 % al 40 %, sin una clara correlación con la clase socioeconómica, la edad, o el sexo; de estos, en el 72 % (28 hablantes) se encuentra la bilabial [-m] con una frecuencia de menos del 20 %

Tabla 7 *Distribución de las variantes de /n/ final en Mérida (estado de Yucatán) para el grupo entero según la variable sexo*

	Total (n = 25) (%)	Hombres (n = 13) (%)	Mujeres (n = 12) (%)
NA	41	47	34
[-m]	41	32	50
NV/ṼØ	18	21	16

Nota. Datos procedentes de Yager (1989, 90).

Tabla 8 *Distribución de las variantes de /n/ final en Mérida (Yucatán) según sexo, generación y nivel sociocultural (NSC)*

	Grupo entero (%)			Hombres (%)			Mujeres (%)		
	[-m]	NA	NV/ṼØ	[-m]	NA	NV/ṼØ	[-m]	NA	NV/ṼØ
Generación									
I (20-29)	55	32	13	58	23	19	52	40	8
II (30-49)	40	39	21	30	41	29	52	37	11
III (50 o +)	34	47	19	20	67	13	48	28	24
NSC									
I (alto)	35	43	21	27	44	29	42	43	15
II (medio)	47	37	16	28	57	15	63	21	16
III (bajo)	41	42	17	41	41	18	40	44	15

Nota. Datos procedentes de Yager (1989, 91, 93).

(76). Asimismo, documenta la coarticulación de alveolar y labial [-nᵐ], aunque menos frecuente que la labialización, dato que coincide con los de Lope Blanch mencionados anteriormente.

Pfeiler (1992), en una investigación realizada en Mérida (estado de Yucatán) con 32 personas de distintas edades y sexos, encontró que, efectivamente, una pausa final absoluta propicia la aparición de la variante [-m], pero sin que existiera una relación concluyente con el estrato social; las mujeres mostraron una clara tendencia a la realización labializada, hecho que concuerda con los datos de Yager (1989) y con los de Michnowicz (2007, 2008) que se ofrecen a continuación.

Un trabajo de corte sociolingüístico que se ocupa específicamente de la realización labializada [-m] de /n/ final prepausal es el mencionado de Yager (1989, 87–93), basado también en los materiales procedentes de entrevistas realizadas a 25 personas de Mérida, de ambos sexos, de tres generaciones y tres niveles socioculturales (Tablas 7 y 8). Justifica el autor la elección de Mérida por su condición de capital del estado de Yucatán, lo que, en su opinión, comporta que su variedad pueda convertirse en la norma lingüística de la región. Tuvo en cuenta, además, el conocimiento que tuvieran de la lengua maya sus informantes hispanohablantes, si bien, al no apreciar una correlación estadísticamente significativa entre tal conocimiento y la aparición de la bilabial, se centró en las otras variables sociales. Redujo las posibles realizaciones a tres variantes: alveolar [-n] (NA), bilabial [-m] o alveolo-bilabial (con mayor o menor grado de labialización), velar [-ŋ] (NV) y elisión con nasalización de la vocal anterior (ṼØ), estas dos últimas consideradas conjuntamente. Para cada informante calculó la frecuencia relativa (f_i) de cada una de las posibilidades y para cada parámetro sociolingüístico obtuvo el promedio de las frecuencias relativas individuales, aunque en el presente trabajo se expresan en porcentajes en las Tablas 7 y 8.

Se observa en la Tabla 7 que la frecuencia de la alveolar y de la bilabial es la misma (el 41 %) en toda la muestra, frente al 18 % de la variante velar y de la elisión. En cuanto al factor sexo, las mujeres presentan una tendencia más decidida por la variante [-m] (el 50 %), en tanto que los hombres prefieren la variante alveolar (el 47 %). En la elisión no se aprecian diferencias demasiado notables. Por su parte, los datos generacionales (Tabla 8) revelan que la realización labializada [-m] es más común entre los jóvenes (un 55 %) y va descendiendo a medida que aumenta la edad: del 40 % de la segunda generación al 34 % de la tercera, lo que, en opinión de Yager (1989), indica una fuerte estratificación generacional que podría revelar un fenómeno en expansión promovido por los jóvenes. Por sexos, se aprecia que en las tres generaciones de mujeres hay bastante estabilidad en el uso de la labial, mientras que en las de los hombres hay diferencias relevantes entre la primera y la última, el 58 % y el 20 %, respectivamente. Igualmente se advierte que las mujeres más jóvenes muestran un uso más conservador con un 40 % en la variante alveolar, frente al 8 % en la elisión o en la velar, mientras que los hombres más conservadores son los de la tercera generación, con un 67 % en la alveolar.

En lo referente al nivel sociocultural —NSC— (Tabla 8), la bilabial es más frecuente en el nivel medio (un 47 %), aunque no muy lejos del estrato bajo (un 41 %); ambos porcentajes tampoco se apartan demasiado de los obtenidos para los mismos estratos en la realización alveolar, el 37 % y el 42 %, respectivamente. En el nivel alto, sin embargo, las realizaciones alveolares son las mayoritarias, con un 43 %, en tanto que el porcentaje de bilabiales desciende al 35 %. Poniendo en relación el estrato sociocultural y el sexo, se comprueba que son las mujeres del nivel medio las que presentan un índice más alto de bilabiales [-m], un 63 %, pero solo un 21 % de alveolares; los hombres del mismo nivel se muestran más conservadores, con un 57 % de realizaciones alveolares y un 28 % de bilabiales. En el estrato alto, se mantiene la misma tendencia entre los hombres, con un 44 % de alveolares y un 27 % de bilabiales, aunque entre las mujeres se produce un mayor equilibrio entre ambas realizaciones, el 43 % de alveolares y el 42 % de bilabiales. La proximidad entre las dos realizaciones es más clara aún en el estrato bajo: el 41 % para ambas en el caso de los hombres, y el 40 % de bilabiales y el 44 % de alveolares en el de las mujeres.

Más reciente es la investigación sobre la nasal en posición final llevada a cabo por Michnowicz (2006) en Mérida [→ 14.6.3]. Mientras caminaba por la avenida Colón, iba preguntando a los transeúntes por el nombre de dicha calle; cuando le daban una respuesta, fingía no entender para que la repitieran, consiguiendo así una pronunciación normal y otra enfática. Dado el método utilizado en la recogida de la muestra, solo pudo hacer una selección de los hablantes por sexos, no por edad, si bien preguntó siempre a adultos jóvenes y de mediana edad; por la misma razón tampoco se pudo considerar el estrato sociocultural; no obstante, las características del área urbana donde se encuentra la avenida, con un hospital, una universidad, empresas y comercios de distinto tipo, parques, etcétera, garantizaban que de la selección aleatoria de los informantes se podía lograr una muestra socialmente representativa de la ciudad de Mérida. En total se obtuvieron 100 muestras de la nasal final de palabra, 50 con pronunciación normal y 50 enfática, de 50 hombres y 50 mujeres. Las variantes fueron la alveolar [-n] (NA), la bilabial [-m], la alveolo-bilabial [-n^m] y la velar [-ŋ] (NV), estas dos últimas agrupadas por el autor en los datos cuantitativos.

Los datos generales muestran el claro predominio de la labializada [-m] con un 74 %, muy alejado del 16 % de la alveolar [-n] y del 10 % de la alveolo-bilabial [-n^m] y de la velar [-ŋ] (Tabla 9). En la distribución de estos resultados se advierte que, en la pronunciación normal, la variante labializada [-m] es mucho más común en los hombres (84 %) que en las mujeres (68 %); en la enfática, se mantiene la misma cifra en los hombres (84 %), pero desciende en las mujeres (60 %). La variante alveolar [-n], por el contrario, presenta en ambos estilos porcentajes considerablemente más altos en las mujeres que en los hombres: el 20 % (pronunciación normal) y el 32 % (pronunciación enfática) en las mujeres, frente al 8 % (normal) y al 4 % (enfática) en los hombres.

Michnowicz amplió el estudio anterior de 2006 con otros dos, de carácter sociolingüístico, realizados en la misma ciudad de Mérida (2007, 2008), cuyos datos los obtuvo en 2004 y 2005 mediante conversaciones de tema libre, de unos 25 minutos, mantenidas con 40 personas (19 hombres y 21 mujeres), de tres generaciones (11 sujetos de 19 a 29 años; 13 de 30 a 49; y 16 de más de 50) y dos clases sociales vinculadas con el nivel de formación y la actividad laboral (15 sujetos de la baja y 25 de la alta). Además, para comprobar si la labialización está relacionada con el sustrato maya, se tuvieron en cuenta dos grupos lingüísticos: hablantes monolingües de español (19 informantes) y hablantes bilingües de maya y español (21 informantes). En su recuento, la clase social y el grupo lingüístico se analizaron conjuntamente, dado que existía una clara relación entre ambas variables. En cuanto a las variantes, en el análisis se consideraron la alveolar [-n] (NA), la labializada [-m], la velar [-ŋ] (NV) y la elidida (ṼØ).

Tabla 9 *Distribución de las variantes de /n/ final en Mérida (Yucatán) según sexo y pronunciación (normal o enfática)*

		Hombres		Mujeres	
	Total (%)	Normal (%)	Enfática (%)	Normal (%)	Enfática (%)
[-m]	74	84	84	68	60
NA	16	8	4	20	32
[-n^m]/NV	10	8	12	12	8

Nota. Datos procedentes de Michnowicz (2006, 159–60).

Como era esperable, la posición final de /n/ es un factor determinante en la aparición de la variante labializada (Tabla 10). Las variantes alveolar o asimilada presentan un elevado porcentaje en posición implosiva, un 97 %, en tanto que en posición final prepausal bajan al 61 %, al aumentar el porcentaje de la variante bilabial [-m] del 2 % al 25 %. Aunque de forma menos significativa, la variante velar y la elidida también se ven favorecidas por la posición final prepausal: la velar [-ŋ] pasa del 1 %, en posición implosiva, al 9 % en posición final, y la elidida, del 0 % al 5 %.

Tabla 10 *Variantes de /n/ final en Mérida (Yucatán) según la posición*

	NA (%)	[-m] (%)	NV (%)	Ṽ∅ (%)
no prepausal	97	2	1	0
/-n/#	61	25	9	5

Nota. Datos procedentes de Michnowicz (2007, 39, 2008, 288–89).

Por otra parte, Michnowicz (2008, 292) considera que, en lo referente a la influencia de las variables sociales, el sexo no es un factor significativo para la variante [-n], y tampoco es demasiado relevante en el caso de las otras variantes (Tabla 11). Sin embargo, en la labializada [-m], las mujeres registran un porcentaje ligeramente más elevado que los hombres, un 28 % frente al 22 % de los hombres, mientras que en estos se encuentran más realizaciones velares [-ŋ] (un 11 %) y elididas (un 6 %) que en las mujeres, en las que se registraron un 5 % y un 3 %, respectivamente.

Con respecto a la edad, Michnowicz (2008, 291) mantiene que solo es una variable significativa en el caso de [-n] y [-m]. En los tres grupos etarios, la variante alveolar es la más frecuente, con valores que van desde el 69 % de los mayores de 50 años al 58 % de los jóvenes y al 50 % del grupo intermedio. Más reveladores son los resultados de la labializada [-m]: el grupo de mediana edad muestra una clara preferencia por esta realización, un 36 %, que desciende algo en el grupo más joven, al 26 %, y solo obtiene un 15 % en el de los mayores de 50, de lo que se deduce que puede tratarse de un fenómeno en expansión promovido por el grupo de jóvenes y por el de mediana edad, que juntos proporcionan el 62 % de todos los casos registrados.

Las variables sociales nivel sociocultural y grupo lingüístico son factores relevantes en la aparición de todas las variantes de /n/. En todos los grupos el porcentaje más alto es el de las alveolares [-n], si bien destaca su presencia en el grupo de los hispanohablantes de nivel social alto —no hubo informantes hispanohablantes de nivel social bajo— con un 69 % de casos, seguido del grupo de hablantes de maya de nivel social bajo, con un 56 %, y del grupo de hablantes de maya de nivel alto, con un 43 %, cifras no muy alejadas de las del grupo de hispanohablantes de nivel alto, de lo que se puede deducir que el prestigio de la variedad estándar, la alveolar, pesa en los hablantes de maya, o bien que el contacto de lenguas favorece su uso. La bilabial [m] presenta mayor frecuencia en los dos grupos bilingües: el de hablantes de maya de nivel alto, con un 38 %, que, sumado al 26 % de los hablantes de maya de nivel bajo, ofrece un porcentaje del 64 %, muy alejado del 19 % del grupo hispanohablante, lo que indica que existe relación entre el grupo lingüístico y la aparición de la variante [-m]. En cuanto a las velares, es el grupo maya el que presenta un porcentaje más alto, un 22 % (14 % en el nivel alto y 8 % en el bajo), frente a solo el 6 % del único grupo hispanohablante considerado; las elisiones son más comunes en el grupo de hablantes de maya de nivel bajo (8 %).

Michnowicz (2008, 293–94) completa su estudio con un análisis de tablas cruzadas que muestra que los hispanohablantes monolingües del grupo de mayor edad registran las frecuencias más altas de alveolares [-n], el 72 %, seguidos de cerca por los monolingües más jóvenes, el 69 %, y por los monolingües del grupo intermedio, el 58 %. Los bilingües maya-español ofrecen los índices más bajos de la variante [-n], que van desde el 47 % del grupo de mediana edad al 39 %

Tabla 11 *Variantes de /n/ en posición final en Mérida (Yucatán) según la edad, el sexo, el nivel sociocultural y el grupo lingüístico*

	Edad (%)			Sexo (%)		Nivel sociocultural/Grupo lingüístico (%)			
	19-29	30-49	50 +	H	M	bajo/español	bajo/maya	alto/español	alto/maya
NA	58	50	69	-	-	-	56	69	43
[-m]	26	36	15	22	28	-	26	19	38
NV	-	-	-	11	5	-	8	6	14
Ṽ∅	-	-	-	6	3	-	8	4	3

Nota. Datos procedentes de Michnowicz (2008, 292–93). Hay que tener en cuenta que el grupo lingüístico maya es bilingüe y que no hubo informantes del grupo de hispanohablantes de nivel social bajo.

de los jóvenes, pero el autor no proporciona datos del grupo de más edad porque su corpus no contaba con hablantes de maya de más de 50 años. En definitiva, la variante alveolar [-n] es más frecuente en la clase social alta, en el grupo monolingüe en español y en el grupo de mayor edad.

La variante bilabial [-m] se ve afectada por todos los factores sociales: el más determinante es la edad, seguido de la clase social, la lengua y el sexo. Del cruce de variables Michnowicz concluye que son las mujeres las que presentan una mayor proporción de [-m], independientemente de la edad y de la clase social; no obstante, la frecuencia más alta se encuentra en el grupo de las mujeres mayahablantes de clase alta, con un 52 %, frente al 34 % de los hombres del mismo grupo. Igualmente, el grupo de edad de entre 30 y 49 años presenta el mayor porcentaje en ambos sexos y en todos los grupos sociales y lingüísticos.

En cuanto al origen de la variante [-m], Alvar (1969) considera que, por el hecho de ser una particularidad constante en el español yucateco —que se registra de forma bastante aislada en el ámbito hispánico o, al menos, sin continuidad entre las zonas en las que se ha documentado—, se puede asegurar que constituye una variante de tradición indígena:

> Para mí esto no ofrece duda: el que en maya se dé la *-m* final y conste en el español de la región hace creer en la aproximación del proceso. Negar la acción del adstrato porque haya *-m* en Colombia, carece de sentido (141–42).

Lope Blanch (1980, 86–87), por el contrario, afirma que la «relación de dependencia del fenómeno en el español yucateco con respecto a la lengua maya se resquebraja sensiblemente por lo menos» (87) si se tiene en cuenta, por un lado, que en México la labialización se registra con mayor o menor intensidad en todo el territorio, incluso en zonas donde nunca se ha hablado maya y, por otro, que Flórez (1950, 111–12; 1951, 135; 1963, 272) y Montes (1979, 215–20) la registran en el occidente de Colombia (véase el § 13.2.2b), y también se encuentra en el norte de Argentina. En su opinión, compartida por Michnowich (2008, 295), la labialización obedece a un proceso interno del español que adquiere mayor vitalidad en Yucatán por la influencia de la lengua maya: de los hablantes bilingües maya-español pasó a los hablantes monolingües de español debido al contacto de lenguas (Lope Blanch 1987, 62–63). Por otra parte, el influjo del maya en el español se ha visto favorecido por el aislamiento de Yucatán dentro del país, que lo mantiene ajeno a la presión de la norma estándar, pero, sobre todo, porque el maya goza de un prestigio social en México que no tienen las demás lenguas indígenas, ya que «no es una lengua hablada solo por una mayoría de población rural o popular, marginada y carente de prestigio, sino que vive asimismo en boca de una buena parte de la población culta de la península» (Lope Blanch 1981, 91).

De lo expuesto hasta aquí se puede deducir que la variante labializada [-m] es significativamente más común en las mujeres, en los jóvenes y en el grupo bilingüe maya español. Su aceptación en el estrato sociocultural alto y entre los jóvenes permite aventurar que puede tratarse de una realización en expansión en México, incluso fuera de la región yucateca. Así, Michnowicz (2008, 295) mantiene que la labialización es un fenómeno que se ha ido desarrollando desde hace 30 o 40 años, propagado con fuerza gracias a su uso entre los jóvenes y a que se ha tomado como signo de identidad de Yucatán. A modo de ejemplos, en la página 298, aduce la frase publicitaria *Vaya biem* —saludo habitual en Yucatán que se utiliza, además, en artículos turísticos de Mérida— y una página de Internet, denominada, precisamente, *Real Academia de la Lengua de Yucatám* que incluye el espacio *Vaya biem*, donde se reivindica la *-m* como yucateca: «Cuando saludamos no decimos *Que te vaya bien,* sino *Vaya biem.* El pan es pa*m* y Yucatá*m* es el lugar donde vivimos. Saludos a los de la colonia Alemá*m* donde los troles de limó*m* no tienen comparación (http://yucatam.blogspot.com.es/)».

En el caso de Guatemala, el español es lengua oficial en el país, aunque aproximadamente un 50 % de sus habitantes, sobre todo en zonas rurales, emplea además alguna de las 23 lenguas que conviven en el territorio, 21 de origen maya. El español actúa a veces como lengua franca, no solo entre indígenas y ladinos —es decir, los mestizos y descendientes de indígenas que se identifican con la lengua y la cultura hispánicas—, sino también entre las distintas comunidades lingüísticas. El bilingüismo, no obstante, presenta problemas complejos derivados. Por un lado, puede darse un dominio deficiente tanto de la lengua materna como de la segunda lengua debido a la precariedad de la escolarización en zonas rurales; y, por otro, existe una actitud de rechazo de la sociedad en general hacia las lenguas indígenas del país, lo que ha ocasionado un desinterés por la educación bilingüe y por el mantenimiento de dichas lenguas (Verdugo 2006, 195–96). Estas circunstancias han dado lugar a una estratificación sociolingüística bien definida en la que un grupo social de clase media y alta que solo habla español, localizado en la ciudad de Guatemala y en las tierras altas que la circundan, representa la norma culta del español guatemalteco. El otro grupo estaría constituido por los bilingües y por los monolingües de español de zonas rurales ubicadas en las regiones fronterizas con México, Honduras y El Salvador. Herrera Peña (1993, 49–50), partiendo de esta configuración sociolingüística, establece dos zonas dialectales bien definidas: la occidental y la oriental. La occidental es muy compleja, con un español similar al del altiplano mexicano, formada por comunidades mayahablantes —en las que se localizan, además, núcleos rurales aislados de hablantes monolingües de español—, por bilingües de maya y español, y por el área metropolitana de la capital. La oriental comprende las tierras bajas, donde predomina el uso monolingüe del español, con unas características muy similares a las del español centroamericano, sobre todo al de Honduras y al de El Salvador. En opinión de Canfield ([1981] 1988), sin embargo, la «fonología del español de Guatemala se parece más a la de Costa Rica que a la de su vecino El Salvador» (71), debido a que en la época colonial muchos habitantes de Guatemala se asentaron en Costa Rica.

La documentación más remota de la realización velar en Guatemala se encuentra en Lentzner (1893), que la caracteriza como una tendencia a la velarización de la /n/ final, similar a la terminación *ng,* como en *teniang* (pronunciado *teniang-ge*), en lugar de *tenían,* o como en *tambieng,* en lugar de *también* (pronunciado *tambieng-ge*), con la última sílaba muy débil, muy parecida a la de *fing-ger* (Lentzner 1893, 41–42).

Todas las referencias bibliográficas sobre el español de Centroamérica y, en concreto, de Guatemala, dan cuenta de la presencia generalizada en este país de la realización velar de /n/ (NV) en posición implosiva. La información de Lipski ([1994] 2005, 284) lo confirma, ya que, en sus datos, procedentes del habla de la clase media-alta de la capital guatemalteca, tales realizaciones representan un 80 % de velares ante pausa y un 69 % ante vocal (Tabla 12). Advierte este autor, no obstante, de que en el contexto prevocálico, la alveolar [n] es más habitual en Guatemala que en otras zonas centroamericanas. El 23 % de alveolares prevocálicas desciende a un 4 % ante pausa. Otra solución consiste en la elisión de la consonante nasal con nasalización de la vocal precedente (ṼØ) [→ § 3.2.2], más frecuente en el contexto prepausal —un 16 %— que en el prevocálico —el 8 %— (Lipski 1986, 148).

Tabla 12 *Realizaciones de /n/ final en Ciudad de Guatemala según el contexto fónico*

/-n/# (%)			/-n/V (%)		
NA	**NV**	**ṼØ**	**NA**	**NV**	**ṼØ**
4	80	16	23	69	8

Nota. Datos procedentes de Lipski (1986, 148).

Por otra parte, los trabajos geolectales de Alvar (1980) y de Utgård (2006, 2010) corroboran la presencia de la velar [-ŋ] en todo el país. Los resultados de las encuestas de Alvar revelan que, en la mayor parte del altiplano occidental, sus informantes realizaron una nasal velar relajada, además de soluciones con resonancia nasal y con pérdida de /n/ final (1980, 263).

Utgård llevó a cabo otras investigaciones de corte geolectal en 2004, 2008 y 2009 para el *Atlas fonético pluridimensional de Guatemala,* integrado en el proyecto *Atlas lingüístico pluridimensional de América Central*, en 22 localidades de Guatemala con 88 informantes de ambos sexos, de 25 a 60 años. Los resultados parciales publicados sobre la /n/ implosiva en la palabra *canción,* la única que se analiza, ponen de manifiesto que el 69,5 % de los guatemaltecos entrevistados tiene [-ŋ] como única variante [kaŋˈsi̯oŋ]; solo el 6,8 %, de la zona central (San Marcos y Retalhuleu) presentaron la realización alveolar [kanˈsi̯on], y el 9 % la variante alveolar en el primer segmento silábico y, seguramente por la influencia de /s/, la velar en posición final [kanˈsi̯oŋ]. Por otra parte, a pesar de que prácticamente en todas las localidades investigadas se documentaron casos de polifonía (para el 14,7 % de los encuestados), la distribución geográfica de estas variantes permite trazar una isoglosa entre la zona occidental, con cierto predominio de la variante alveolar (alternando con la velar), y la caribeña y oriental, donde la velar es prácticamente general. Asimismo, (2010, 69) señala que no ha encontrado restos de la pronunciación de «nge» que percibió Lentzner en 1893, y que se ha venido repitiendo como un rasgo propio del español guatemalteco, ni tampoco la resonancia nasal ni la elisión que menciona Alvar y que, como se ha explicado, también había documentado Lipski (1986, 148). En su estudio, por otra parte, Utgård (2006, 59) no facilita ningún dato referido a la estratificación social de las realizaciones de /-n/, aunque en un trabajo anterior inédito señala que la alveolar es un rasgo mucho más habitual entre los hombres.

Continuando por Centroamérica, en Belice la lengua oficial es el inglés, aunque solo se utiliza en la administración, en la industria turística y en la enseñanza; no es, por tanto, la lengua materna de ninguna de las etnias del país, que utilizan el criollo beliceño *(bileez kriol),* una especie de lengua franca de base inglesa, para la comunicación cotidiana. Aparte de estas dos lenguas, existen otras, propias de diversos grupos étnicos. En la actualidad, el más numeroso es el de los mestizos —que se concentra sobre todo en el norte y en la zona centro-occidental—, integrado por descendientes de hijos de mayas y de europeos hispanohablantes, a los que se suman los que han emigrado desde otras zonas de Centroamérica. Su lengua materna y familiar es el español, como segunda lengua utilizan el criollo y, en tercer lugar, el inglés. En 2005, este grupo representaba el 50 % de la población, seguido del de los criollos descendientes de esclavos africanos con el 25 %.

Si se comparan estos datos con los de 1985 que aporta Quilis (1990, 140–41: un 33 % de mestizos y un 40 % de criollos), se aprecia que la población mestiza ha crecido considerablemente, como ya suponía este autor al afirmar que el número de hispanohablantes aumentaría cuando se censara a todos los salvadoreños que comenzaron a entrar en Belice como refugiados huyendo de la guerra civil de su país. Las circunstancias sociales que rodean al español de Belice influyen de forma determinante en su configuración lingüística. Es una variedad muy peculiar dentro del ámbito hispánico que se ha ido formando a base de las influencias del inglés, del criollo beliceño y de las diferentes lenguas indígenas que conviven en el país, a las que hay que añadir las que se producen por el contacto con otras variedades del español americano, sobre todo con las de Honduras y de Guatemala (Cardona 2010b, 24–25).

Los estudios sobre el español de Belice son, hasta el momento, prácticamente inexistentes. La primera investigación de carácter geolingüístico la llevó a cabo Quilis para el *Atlas lingüístico de Hispanoamérica*. Realizó encuestas con el cuestionario del atlas y grabaciones espontáneas en Corozal, Benque Viejo del Carmen, en Ciudad de Belice y en San Pedro. A pesar de que este país aún no se ha cartografiado, los resultados parciales publicados por Quilis (1990, 143) muestran que la /n/ final ante pausa se realiza generalmente como alveolar. Una investigación posterior es la que realizó Cardona (2010b, 40–41) para el proyecto *Atlas lingüístico pluridimensional de América Central* con 39 informantes de 10 localidades donde la presencia de hispanohablantes era relevante. Los datos para la realización de /n/ en posición final, obtenidos de la pronunciación de la palabra *canción,* muestran que la variante más frecuente es la alveolar, con un 79,4 %; la variante velar [-ŋ] se da en el 20,5 % de los informantes, uno del norte y el resto del centro y del sur del país. Esta cifra contrasta con la casi ausencia de velarizaciones que obtuvo Quilis, posiblemente porque en los años que pasaron desde su investigación hasta la de Cardona, realizada en 2005, el fenómeno fue ganando terreno por la influencia de los emigrantes salvadoreños, cuyo número, como ya se ha mencionado, ha ido aumentando con el tiempo: de los 5000 que estaban censados en 1990 se ha pasado a 80 000 en 2022, lo que los convierte en el segundo grupo étnico de Belice. Otro factor que determina la presencia de la velar [-ŋ] en el centro y en el sur es el contacto continuo que se produce en esta zona con los países limítrofes Honduras y Guatemala. Parece, por tanto, que la velarización de /n/ final es un proceso en marcha que se irradia desde el centro del país, favorecido por los contactos con variedades del español en las que la velarización de /n/ final es muy común.

El español de Honduras, aun con características propias, es muy similar al de Nicaragua, al de Guatemala y, en menor medida, al de El Salvador. Para Canfield, en el campo de la fonología y de la sintaxis, Honduras forma una unidad con El Salvador y Nicaragua ([1981] 1988, 74) y, para Lipski (1987, 5), es una zona de transición entre el dialecto fonéticamente conservador de Guatemala y el más avanzado de Nicaragua.

El estudio de Lipski (1987) sobre la fonética y la fonología del español hondureño es uno de los más destacados en este campo, ya que no solo se centra en la norma culta, sino también en las variedades dialectales de todo el territorio, pues en un país como Honduras, «donde las clases populares representan la inmensa mayoría de la población, sobre todo en las zonas rurales, nos parece imposible sostener seriamente la condición privilegiada de la norma culta como base dialectal del español hondureño» (12). Este autor llevó a cabo su investigación entre 1981 y 1983 en los 17 departamentos del país, mediante grabaciones de entre 20 y 45 minutos de duración, en las que utilizó el formato de conversación libre y semidirigida con cinco personas de cada departamento, de ambos sexos y de edades comprendidas entre los 16 y los 86 años, con bajo nivel de instrucción. En la capital, Tegucigalpa, Lipski entrevistó a 30 personas: 10 del nivel sociocultural alto, 10 del medio y 10 del bajo. Para la variación regional tuvo en cuenta la posición final de palabra, en contexto fónico prepausal y prevocálico, y las variantes alveolar o asimilada (NA), velar (NV), elisión con nasalización de la vocal precedente (ṼØ) [→ § 3.2.2] y elisión sin nasalización de la vocal (VØ).

Como bien deduce Lipski (1987, 61–86), los porcentajes de las realizaciones de /-n/ no permiten establecer isoglosas, posiblemente porque el aislamiento de las zonas rurales ha provocado una fragmentación lingüística que ha impedido la difusión de las variantes (Tabla 13). Sin embargo, si se analizan sus datos, es posible afirmar que, en términos absolutos, la realización velar es predominante, e incluso en algunos casos llega a ser casi la única variante conocida; por ejemplo, en el contexto prepausal, en Colón, Cortés, Intibucá, Islas de la Bahía, Ocotepeque y Yoro; y, en el prevocálico, en Comayagua, Copán, Cortés, Gracias a Dios e Islas de la Bahía. Le siguen, a mucha distancia, la elisión con nasalización de la vocal, más frecuente ante pausa que ante vocal; después, la alveolar, que —como en el caso de la velar— se ve favorecida por el contexto prevocálico; y, por último, la elisión de la nasal sin nasalización de la vocal, con valores más elevados ante pausa que ante vocal.

Para el análisis de la estratificación sociolingüística en Tegucigalpa, Lipski (1987, 62–63) tuvo en cuenta las mismas variantes, pero amplió los contextos fónicos: final de palabra ante pausa, final de palabra ante vocal, final de palabra ante consonante no velar y preconsonántico interior (Tabla 14). Los porcentajes de las realizaciones de /n/ no muestran una

Tabla 13 *Realizaciones de /n/ final en Honduras según el contexto fónico*

Departamento	/-n/# (%)				/-n/V (%)			
	NA	NV	ṼØ	VØ	NA	NV	ṼØ	VØ
Atlántida	0	70	25	5	13	80	7	0
Choluteca	4	70	21	5	7	61	32	0
Colón	0	89	9	2	3	83	12	1
Comayagua	0	76	24	0	9	85	6	0
Copán	7	78	15	0	2	94	4	0
Cortés	0	88	12	0	6	90	4	0
Gracias a Dios	0	71	24	5	3	96	1	0
Intibucá	0	96	4	0	17	78	5	0
Islas de la Bahía	5	91	4	0	10	85	5	0
La Paz	9	55	24	12	8	72	16	4
Lempira	5	51	30	14	18	74	3	5
Ocotepeque	0	87	13	0	21	63	16	0
Olancho	7	71	22	0	10	80	9	1
El Paraíso	17	38	18	27	19	57	18	6
Santa Bárbara	5	63	21	11	19	52	29	0
Valle	9	73	17	1	13	77	10	0
Yoro	2	91	7	0	11	82	7	0

Nota. Datos procedentes de Lipski (1987, 69).

Tabla 14 *Distribución de las variantes de /n/ final en Tegucigalpa según el contexto fónico y los estratos sociales*

NSC	/-n/# (%)				/-n/V (%)				/-n/C (%)				/-n/C (interior) (%)			
	NA	NV	ṼØ	VØ	NA	NV	ṼØ	VØ	NA	NV	ṼØ	VØ	NA	NV	ṼØ	VØ
Alto	0	98	1	0	1	97	1	0	75	11	14	0	82	5	13	0
Medio	0	88	10	2	0	93	4	3	73	13	14	0	80	6	14	0
Bajo	1	78	13	8	1	84	12	3	70	14	16	0	79	5	16	0

Nota. Datos procedentes de Lipski (1987, 63).

clara relación con los niveles socioculturales (NSC), aunque revelan algunas tendencias interesantes, como, por ejemplo, que la *-n* velar supone la práctica totalidad de la muestra tanto en el contexto prepausal como en el prevocálico (98 %, 88 % y 78 %, ante pausa, y 97 %, 93 % y 84 %, ante vocal), que la elisión de la nasal con nasalización de la vocal precedente, ante pausa o vocal, es más frecuente a medida que se desciende en la escala social (1 %, 10 % y 13 %, ante pausa y 1 %, 4 % y 12 %, ante vocal), y que lo mismo ocurre con la elisión de /-n/ sin nasalización de la vocal (0 %, 2 % y 8 %, ante pausa, y 0 %, 3 % y 3 %, ante vocal). Ante consonante no velar, en posición final o interior, no aparecen diferencias significativas, si bien el sociolecto culto muestra cierta preferencia por las realizaciones alveolares y por las asimiladas. Por otra parte, estos datos explican claramente que el proceso de debilitamiento de la nasal se ve favorecido por los contextos prepausal y prevocálico en el caso de la velarización y de la variante elidida sin nasalización de la vocal, y por el preconsonántico en el caso de la elisión con nasalización.

Los datos de otras encuestas de Lipski (1986, 148) sobre las realizaciones de /-n/ en la clase social media-alta de la capital hondureña (Tabla 15) ofrecían resultados algo diferentes en los dos contextos que tuvo en cuenta, el prepausal y el prevocálico, si bien la realización velar de /-n/ es también la que presentaba porcentajes más elevados, un 64 % ante pausa y un 80 % ante vocal, seguida de la elisión con nasalización de la vocal precedente, con cifras nada desdeñables, el 34 % ante pausa y el 18 % ante vocal. La alveolar, por el contrario, presenta frecuencias muy bajas, un 2 % ante pausa y vocal.

Tabla 15 *Realizaciones de /n/ final en Tegucigalpa según el contexto fónico*

/-n/# (%)			/-n/V (%)		
NA	NV	ṼØ	NA	NV	ṼØ
2	64	34	2	80	18

Nota. Datos procedentes de Lipski (1986, 148).

Tabla 16 *Distribución de las variantes de /-n/ final en Tegucigalpa según el contexto fónico, el sexo y la edad*

		/-n/# (%)				/-n/V (%)			
Sexo	**Edad**	**NA**	**NV**	**ṼØ**	**VØ**	**NA**	**NV**	**ṼØ**	**VØ**
M	18–35	0	78	15	7	0	88	11	1
F	18–35	0	83	14	3	1	87	12	0
M	36–55	1	87	11	1	2	92	6	0
F	36–55	0	88	10	2	1	93	5	1
M	+ de 56	4	89	5	2	6	90	4	1
F	+ de 56	3	88	6	3	5	89	5	1

Nota. Datos procedentes de Lipski (1987, 70).

Finalmente, para completar el estudio sociolingüístico de Tegucigalpa, Lipski (1987, 70) amplió la primera muestra con tres informantes más de la clase sociocultural media, de distintos sexos y de tres tramos etarios (Tabla 16). Los resultados muestran que, en cuanto a la edad, no se detectan tendencias muy claras, pero, ante pausa o ante vocal, las escasas realizaciones alveolares que aparecen se mantienen algo más en la generación de mayor edad. Las elisiones con nasalización de la vocal precedente, que indican un debilitamiento más acusado, se producen con mayor frecuencia en la generación más joven y van descendiendo en las siguientes, tanto en el contexto prepausal como en el prevocálico.

Algo más actualizados, pero también más restringidos, son los datos que proporciona el *Atlas lingüístico pluridimensional de Honduras*, del proyecto del *Atlas lingüístico pluridimensional de América Central*. Hernández Torres (2010, 131–32) llevó a cabo su trabajo de campo en 18 localidades hondureñas en las que entrevistó a 84 personas de ambos sexos de 30 a 60 años. El 36,9 % de los informantes realizó la /n/ final en la palabra *canción,* en la que se basa el estudio, como alveolar, y el 63 %, como velar, aunque esta realización se da asimismo en sílaba interna (65,9 %). Señala el autor que la solución alveolar se mantiene únicamente en pequeñas áreas, como en Yoro (en el norte) y en El Paraíso (en el oriente), mientras que la velar se registra de forma general por el resto del país. Los departamentos de Lempira y de Islas de la Bahía configuran una zona de transición en la que alternan ambas realizaciones.

La situación geográfica de El Salvador y sus circunstancias históricas han sido factores determinantes en la configuración de un español con una notable variación lingüística, muy parecido al de los dos únicos países con los que limita, Guatemala y Honduras. La variación lingüística salvadoreña, como en otros estados centroamericanos, no se describe solo a partir de sus variedades regionales, sino también de los factores sociales que oponen lo urbano a lo rural. En opinión de Canfield ([1981] 1988), El Salvador,

> junto con Honduras y Nicaragua, presenta una fonología que se sitúa entre el conservadurismo propio de las tierras altas de México, Colombia y los Andes y las tendencias 'relajadas' de las tierras bajas de buena parte de la zona costera de Hispanoamérica (60).

Los primeros trabajos descriptivos sobre la pronunciación del español de El Salvador son los que llevó a cabo Canfield (1953, 1960), basados en las grabaciones que realizó en 1951 y 1952 a 14 personas de distintos departamentos del país siguiendo el *Cuestionario lingüístico hispanoamericano* de Navarro Tomás. Sus primeros resultados apuntan ya la tendencia velarizadora de /n/ en posición final del español salvadoreño, tendencia que confirma posteriormente con una nueva recogida de materiales en los que la nasal aparece siempre como velar, articulación que documenta incluso en sílaba interna ante vocal [ãˈŋelo] *anhelo* (Canfield 1960, 51).

Más concretos son los datos que aporta Lipski (2000, 87) en su descripción del español salvadoreño (Tabla 17): la realización velar de /n/ final ante pausa o ante vocal es la mayoritaria; el contexto prevocálico favorece la velarización: un 75 %, frente al 60 %

Tabla 17 *Distribución de las variantes de /n/ final en El Salvador según el contexto fónico y el nivel sociocultural (NSC)*

	/-n/# (%)			/-n/V (%)		
NSC	**NA**	**NV**	**ṼØ**	**NA**	**NV**	**ṼØ**
Alto	5	60	35	12	75	13
Medio	4	55	41	11	74	15
Bajo	2	52	46	6	71	23

Nota. Datos procedentes de Lipski (2000, 87).

del contexto prepausal. Por el contrario, la elisión con nasalización de la vocal es más frecuente ante pausa (el 35 %) que ante vocal (el 13 %).

En relación con los factores sociales, en El Salvador la velarización no responde a parámetros de estratificación sociolingüística, ya que no se observan diferencias relevantes entre los tres estratos socioculturales considerados (NSC), si bien, en el nivel alto, las velarizaciones son más comunes tanto ante vocal (un 75 %) como ante pausa (un 60 %); en el nivel bajo, el índice de elisión es menor en el contexto prevocálico (el 23 %) que en el prepausal (el 46 %). Los datos del nivel cultural alto coinciden con los que obtiene Lipski (1986, 148) en un trabajo anterior sobre el sociolecto medio-alto de la capital, San Salvador, salvo en el caso de la velar y de la elisión en contexto prevocálico, allí con un 11 % y un 14 %, respectivamente.

En la investigación para el *Atlas lingüístico pluridimensional de El Salvador*, integrado en el proyecto del proyecto *Atlas lingüístico pluridimensional de América Central,* Azcúnaga (2010, 104–5) entrevistó a 80 personas de distintas edades y sexos en 20 localidades del todo el país, del medio rural y de la capital. Sus resultados muestran que /n/ final de palabra, ante pausa o vocal, se realizó como velar en un porcentaje muy elevado de informantes (el 76,2 %), de los cuales el 12,5 % la pronunciaron debilitada, y la elidieron con nasalización de la vocal precedente el 23,8 %. En cuanto a su distribución diatópica, la velar se reparte de manera homogénea por todo el país (en 18 de los 20 puntos encuestados), la variante debilitada se registra en cuatro localidades de las cinco investigadas en el occidente y en dos del centro. La elisión también es más frecuente en la zona occidental y central, aunque además se documentan casos en el oriente.

Una perspectiva muy interesante en el estudio de la /-n/ es la que ofrece Hernández (2011, 64) a partir de un trabajo de corte sociolingüístico sobre la velarización de /n/ final en comunidades salvadoreñas de Houston, en una situación de contacto entre dialectos. A pesar de su innegable interés estadístico, solo es posible tener en cuenta aquí la tasa de velarización, ya que el autor únicamente consideró las variantes velarizadas y las no velarizadas. Los resultados de los tres grupos de salvadoreños investigados ponen de manifiesto que una pausa es el factor más favorable para la velarización (32 %), a continuación se situaría la presencia de una vocal (13 %) y, por último, la de una consonante (6 %).

El español de Nicaragua forma, con el de Honduras y El Salvador, una unidad dentro del español de América (Canfield [1981] 1988, 81), si bien en las dos regiones autónomas del Atlántico Norte y Sur, en la zona caribeña, la lengua general es el misquito y el criollo inglés nicaragüense, respectivamente (Rosales 2010, 137).

El primer testimonio de la velarización de /n/ final ante pausa o ante vocal en Nicaragua se encuentra en apenas unas notas de Lacayo (1954, 1962). Lipski observa que esta realización, general en el país, no está demasiado estigmatizada, a pesar de que en las emisoras de radio se aprecie una cierta tendencia a evitar su pronunciación ([1994] 2005, 312). Sus datos, procedentes del sociolecto medio-alto de la capital nicaragüense (Tabla 18), muestran que el número de realizaciones de la variante velar —en los dos contextos considerados— disminuye al pasar del contexto prevocálico (81 %) al prepausal (55 %), como ocurre también con la solución alveolar: un 10 % ante vocal y un 7 % ante pausa. Mucho más significativa resulta la diferencia que existe en la nasalización de la vocal con elisión de /-n/ [→ § 3.2.2], ya que de un 38 % ante pausa se desciende a solo un 9 % ante vocal (Lipski 1986, 148).

En las encuestas del *Atlas lingüístico de Hispanoamérica* que realizó Quilis en Puerto Cabezas, Juigalpa, Granada, Somoto, Managua, San Carlos, Estelí, Bluefields y León, la /n/ final antes de pausa se realizó la mayoría de las veces como velar [-ŋ], con o sin nasalización de la vocal nuclear de la sílaba en la que se encuentra la consonante; también se registraron realizaciones alveolares, pero no elisiones de la nasal. En Granada, junto al lago Nicaragua, en la región metropolitana de Managua, apareció la variante labializada [-m] (Quilis 1995, 384).

En el *Atlas lingüístico de Nicaragua*, que forma parte del proyecto del *Atlas lingüístico pluridimensional de América Central,* Rosales (2008, 2010) realizó encuestas a 76 informantes en los 15 departamentos del país —en los que se ubican los mayores núcleos urbanos y, por tanto, los que tienen la mayor densidad de población— y en las dos regiones autónomas multilingües, aunque aquí solo a hablantes monolingües. Según sus datos (2010, 149–50), el 81 % de los informantes, localizados en el norte y en el centro, realizan /n/ final como velar. Además, en la zona del Pacífico, la elisión de /n/ final, más o menos clara, con nasalización de la vocal precedente, representa un 17 %, realización que no recogió Quilis, como se ha señalado más arriba.

La pronunciación del español de Costa Rica, característica dentro de Centroamérica, es diferente a la de sus países vecinos, Nicaragua y Panamá, pero tiene ciertas similitudes con la de Guatemala, posiblemente porque en la época

Tabla 18 *Realizaciones de /n/ final en Managua según el contexto fónico*

/-n/# (%)			/-n/V (%)		
NA	NV	ṼØ	NA	NV	ṼØ
7	55	38	10	81	9

Nota. Datos procedentes de Lipski (1986, 148).

colonial formaba parte de la Capitanía General de este último país. Por otra parte, debido a la incorporación voluntaria de la región nicaragüense de Guanacaste a Costa Rica en 1824, y a que en el Valle Central se encuentran los núcleos de población más importantes, se simplifican habitualmente sus variedades dialectales en dos únicas zonas: la del Valle Central y la de Guanacaste (Canfield [1981] 1988, 47), cuando lo cierto es que existen otras con rasgos bien diferenciados, sobre todo fonéticos. Así, Lipski ([1994] 2005, 246–49) considera el Valle Central, Guanacaste, Puntarenas (costa central del Pacífico), la costa caribeña y la región de la frontera panameña. También Quesada y Vargas Vargas (2010, 172–73), a raíz de sus encuestas para el *Atlas lingüístico-etnográfico de Costa Rica*, proponen una nueva división dialectal en tres subregiones: la del Valle Central y sus zonas de influencia (zona norte, litoral atlántico, el valle El General y la región de Tilarán); la del resto del país (el noroeste, con la región de Guanacaste, excepto Tilarán, y las regiones del Pacífico norte y sur); y unas zonas de transición: las que limitan con Nicaragua y Panamá, la del Pacífico central, la de la región sur (Puntarenas) y la que linda con la parte suroeste del Valle Central.

Como en el resto de Centroamérica, la velarización de /n/ final, tanto en posición prepausal como prevocálica, es general en Costa Rica (Canfield [1981] 1988, 47; Lipski [1994] 2005, 246). No obstante, para Agüero (2009, 55) la velar [-ŋ] no llega a Guanacaste, región del noroeste en la que, como perteneció a Nicaragua, siempre se ha considerado que se habla una prolongación del español de este país.

Las investigaciones de Quesada y Vargas Vargas (2010) para el *Atlas lingüístico-etnográfico de Costa Rica,* en las que encuestaron a 144 informantes, de ambos sexos, de 30 a 60 años, en 36 localidades de las siete provincias costarricenses, llevan a estos autores a poner en duda los datos de Agüero. Se basan en que ninguno de los escasos informantes que pronunciaron /-n/ como alveolar en la palabra analizada *(canción)* eran de Guanacaste, y en que las primeras documentaciones de [-ŋ] velar se registraron a principios del siglo xx precisamente en el noroeste del país (región de Guanacaste), no en el Valle Central. Respecto a los resultados de su encuesta geolectal, de los 144 informantes solo el 2,1 % pronunció la /-n/ como alveolar, frente a un 95,1 % que la pronuncia como velar y un 2,77 % que alternaba ambas soluciones. Las realizaciones alveolares se recogieron en el Valle Central y en las vertientes atlántica y pacífica sur (Quesada y Vargas Vargas 2010, 168).

La fuerte tendencia velarizadora de la /n/ final en Costa Rica se encuentra también en los datos de Lipski (1986, 148) procedentes del sociolecto medio-alto de la capital (Tabla 19), si bien los correspondientes a la realización alveolar resultan más significativos que los del trabajo de Quesada y Vargas Vargas (2010), tanto ante pausa (11 %) como ante vocal (6 %). En cuanto a la velar, que es la más común, parece que el contexto fónico no es en este caso determinante, ya que los porcentajes son muy similares en ambos casos: un 70 % en el prepausal y un 80 % en el prevocálico. La elisión de /-n/ con nasalización de vocal ante pausa (19 %) no es tan significativa como en otros países centroamericanos y está bastante igualada con la que se encuentra ante vocal (14 %).

No es posible comparar los datos de Lipski con los de Quesada y Vargas Vargas dado que tienen objetivos y métodos distintos, pero puede aventurarse que desde que Lipski realizó sus grabaciones, hacia 1983, la velarización ha ido ganando terreno en detrimento de las realizaciones alveolares.

Tabla 19 *Realizaciones de /n/ final en San José según el contexto fónico*

/-n/# (%)			/-n/V (%)		
NA	**NV**	**ṼØ**	**NA**	**NV**	**ṼØ**
11	70	19	6	80	14

Nota. Datos procedentes de Lipski (1986, 148).

Una visión panorámica de la zona de México y Centroamérica permite concluir que en el centro y norte de México la variante general es la alveolar [-n]; en las costas del sur (Tabasco, Chiapas, Oaxaca, Veracruz), la velar [-ŋ] y la elidida [-Ø], y en el sur (Yucatán, Tabasco y Chiapas), la bilabial [-m]. En Guatemala continúa una fuerte tendencia velarizadora en sus zonas caribeña y oriental; en el altiplano occidental, la velar es relajada y, además, se producen elisiones; la alternancia con alveolar es a veces predominante —más frecuentemente entre hablantes masculinos— en el occidente guatemalteco. Honduras presenta un comportamiento semejante, pero más intenso, con la velar como casi única variante conocida (con distribución según el contexto por regiones); menos habitual es la elisión, con nasalización de la vocal, bastante menos la alveolar y, por último, la elisión sin nasalización de la vocal. En la capital, Tegucigalpa, la pérdida (con o sin nasalización) es más habitual a medida que se desciende en la escala social; las escasas realizaciones alveolares están asociadas a las generaciones mayores; las elisiones con nasalización de la vocal precedente, a los jóvenes. En el mismo sentido, en El Salvador se pone de manifiesto una tendencia velarizadora mayoritaria, que no responde a parámetros de estratificación sociolingüística, a la que siguen elisiones con nasalización vocálica, más comunes en las zonas occidental y central del país. El fenómeno continúa con intensidad por Nicaragua, donde la velar es general y no está demasiado estigmatizada; destaca la localización de bilabiales (en Granada, región metropolitana de Managua) y de elisiones en la zona del Pacífico, con nasalización de la vocal precedente. Igualmente, en Costa Rica, las velares finales, además de prestigiosas (en el sociolecto medio-alto de San José), son las más comunes, con independencia del contexto fónico; las elisiones son menos frecuentes que en los países vecinos centroamericanos y las alveolares son muy minoritarias (Valle Central y vertientes atlántica y pacífica sur). Aparte queda Belice, donde la /-n/ final se realiza generalmente como alveolar, con variantes velares irradiadas desde el centro del país y favorecidas por los contactos con el español de México, Guatemala y Honduras.

13.2.2.2 El Caribe

Desde el punto de vista geográfico Panamá pertenece a Centroamérica, pero la mayoría de las divisiones y clasificaciones del español de América lo incluyen dentro de la zona que comprende las Antillas y las costas venezolanas y colombianas del Caribe. Aunque sus circunstancias históricas hayan conformado un español muy característico en el que se pueden encontrar, en mayor o menor medida, rasgos de una y otra zona, su pronunciación «se parece mucho a la del español de Cuba, Puerto Rico, Venezuela (excepto los Andes) y las costas de Colombia» (Canfield [1981] 1988, 84). En relación con las diferencias internas, las diatópicas tienen menos relevancia que las sociales en el español panameño, puesto que la ciudad de Panamá es un núcleo de prestigio del que emanan hacia el resto del país actitudes lingüísticas relacionadas con la edad, la clase social o la procedencia rural o urbana de sus hablantes (Canfield [1981] 1988, 84; Lipski [1994] 2005, 315).

Los primeros estudios sobre la fonética del español panameño realizados en áreas rurales, como el de Robe (1960) en las provincias del centro del país, o en áreas urbanas, como el de Alvarado de Ricord (1971) sobre el habla culta de Panamá, coincidieron en que la realización velar era general en todo el país y en cualquier estrato social.

Asimismo, en el trabajo de Cedergren (1973) de corte sociolingüístico —uno de los más importantes sobre el español de Panamá, basado en el habla de 79 personas procedentes de distintos barrios de la ciudad de Panamá y estratificadas según su edad, nivel socioeconómico, sexo, procedencia geográfica y años de permanencia en la capital—, se muestra que /n/ final presenta un estado muy avanzado de debilitamiento. La realización más frecuente no es la velar [→ § 14.6.4], como en el resto de Centroamérica, sino la elisión —siempre con nasalización de la vocal anterior (68 %) [→ § 3.2.2]—, que supone más del doble del porcentaje de velarizaciones (31 %); las soluciones alveolares, por el contrario, solo alcanzan un 1 %. Los datos porcentuales de elisiones que ofrecen Cedergren (1973, 81) y Cedergren y Sankof (1975, 71) son los más altos no solo de Centroamérica, sino también del Caribe y de todo el ámbito hispánico.

En cuanto al contexto (Tabla 20), aun cuando las diferencias no son concluyentes, el consonántico es el que más favorece la elisión (74 %), seguido del prepausal (69 %) y del prevocálico (58 %). La frecuencia de las velares, sin embargo, es mayor ante vocal (41 %), disminuye algo ante pausa (34 %) y baja hasta el 24 % ante consonante no velar. Los porcentajes de realizaciones alveolares y asimiladas (NA) son muy reducidos, como máximo un 2 %, y solo ante consonante (Cedergren y Sankoff 1975, 72).

Tabla 20 *Realizaciones de /n/ final en la ciudad de Panamá según el contexto fónico*

	Total (%)	**/-n/C (%)**	**/-n/V (%)**	**/-n/# (%)**
NA	1	2	1	1
NV	31	24	41	34
ṼØ	68	74	58	69

Nota. Datos procedentes de Cedergren y Sankoff (1975, 72).

A pesar de que la posición final es un factor concluyente en la velarización y en la elisión de la nasal, Cedergren y Sankoff (1975, 68–69) aportan numerosos ejemplos de estas realizaciones en posición interna y ante cualquier consonante, que se reproducen aquí literalmente: c[ã]po *campo*, c[ã]bio *cambio*, c[ã]to *canto*, p[ã]tera *pantera*, cu[ã]do *cuando*, c[ĩ]co *cinco*, c[õ]ga *conga*, triu[ŋ]far ~ tri[ũ]far *triunfar*, ni[ŋ]fa ~ n[ĩ]fa *ninfa*, ca[ŋ]so ~ c[ã]so *canso*, ra[ŋ]cho ~ r[ã]cho *rancho*, ho[ŋ]rado ~ h[õ]rado *honrado*, e[ŋ]lace ~ [ẽ]lace *enlace*. Las soluciones velares de /-n/ en esta posición ya las había registrado Canfield ([iɲeˈreɲte] *inherente,* [koŋˈseho] *consejo*), quien, sin embargo, no había documentado casos de elisión ([1981] 1988, 84). Estas soluciones pueden constituir un indicio más de la evolución del proceso de debilitamiento de /-n/ en el español panameño.

Por lo que respecta a los factores sociales, no se ponen de manifiesto diferencias significativas entre mujeres y hombres, aunque estos muestran una ligera preferencia por las elisiones en cualquier contexto: un 74 % en el preconsonántico, un 63 % en el prevocálico, y el 65 % en el prepausal, frente a porcentajes del 71 %, el 54 % y el 64 %, respectivamente, en el caso de las mujeres. Tales datos, junto a los de velarización ante vocal (un 45 % en las mujeres y un 37 % en los hombres), podrían interpretarse como que los hombres favorecen la elisión, solución más innovadora que la velarización.

Tabla 21 *Distribución de las variantes de /n/ final en la ciudad de Panamá según el origen y el nivel sociocultural (NSC)*

Procedencia	NV (%)	ṼØ (%)	NSC	NV (%)	ṼØ (%)
Nacido en la ciudad	21	31	Alto	48	43
Llegados de niños	34	50	Medio-bajo	52	47
Llegados de adolescentes	81	63	Clase trabajadora	63	55
Llegados de adultos (rural)	62	57	Bajo	46	55

Nota. Datos procedentes de Cedergren y Sankoff (1975, 74).

Los grupos de edad presentan diferencias más claras, revelándose las dos generaciones jóvenes, en contra de lo que se podría esperar, más conservadoras que las dos de mayor edad. Los dos primeros tramos, en cualquier contexto, muestran una mayor inclinación por la realización velarizada, menos avanzada en el proceso de debilitamiento que la elisión. En el primer tramo (de 14 a 20 años), los porcentajes de velarización en los contextos preconsonántico, prevocálico y prepausal son, respectivamente, el 34 %, el 43 % y el 44 %; en el segundo (de 21 a 35), el 30 %, el 50 % y el 43 %; en el tercero (de 35 a 50), el 17 %, el 35 % y el 23 %; y en el cuarto (de más de 51), el 23 %, el 38 % y el 24 %.

Por último, el origen y el nivel social de los hablantes son variables que muestran en la ciudad de Panamá un comportamiento muy similar tanto en la velarización como en la elisión de la /n/ final (Tabla 21). Cedergren y Sankoff (1975, 74) confirman que la probabilidad de elisión aumenta en los estratos sociales más bajos y en los grupos de personas que llegaron a la ciudad de adolescentes o de adultos, en oposición al estrato social más alto y a los nacidos en la ciudad. Del mismo modo, en la velarización la probabilidad es muy baja en este último grupo (un 21 %), pero aumenta considerablemente en el grupo de los adolescentes (un 81 %) y en el de los adultos (un 62 %). Lo mismo sucede en el nivel sociocultural (NSC), ya que, si se exceptúa el caso de la clase trabajadora, el índice probabilístico de velarización es también mayor en el estrato social alto que en el bajo.

Los datos de Lipski (1986), procedentes de la clase social media-alta de la capital panameña (Tabla 22), no coinciden con los de Cedergren y Sankoff (1975) en los dos contextos que este autor tiene en cuenta, el prevocálico y el prepausal, salvo en el caso de la realización alveolar, que presenta, asimismo, un porcentaje muy bajo: un 1 % ante pausa y un 5 % ante vocal. La realización velar es aquí la mayoritaria en ambos contextos con valores muy próximos: 88 % en el prepausal y 80 % en el prevocálico; sin embargo, la elisión con nasalización de la vocal, aun siendo la segunda solución en orden de frecuencia, presenta unos datos porcentuales mucho más bajos: el 11 % ante pausa y el 15 % ante vocal (1986, 148). La diferencia tan notable que existe entre los datos de Cedergren y Sankoff y los de Lipski puede deberse a que este último solo tuvo en cuenta el estrato sociocultural medio-alto, más conservador, como revela el trabajo de Cedergren y Sankoff.

Por lo que se respecta a los trabajos geolingüísticos, las primeras encuestas sistemáticas en todo el país fueron las que llevaron a cabo en 1987 Quilis y Graell para el *Atlas lingüístico de Hispanoamérica* a 15 personas de distinto sexo, de nivel sociocultural alto y medio-bajo, en siete localidades panameñas de las provincias de Darién, Colón, Panamá, Los Santos, Veraguas, Chiriqui y Bocas del Río. Además, se realizaron grabaciones espontáneas en estas y en otras poblaciones. En la publicación de algunos resultados parciales (1992, 602) aportan datos porcentuales de las distintas realizaciones de la nasal final ante pausa, tanto en sílaba tónica como en átona, aunque no de su distribución geográfica (Tabla 23). La velarización es la solución mayoritaria, un 48,8 % (el 47 % con nasalización de la vocal), le siguen la alveolar con un porcentaje del 41,6 % (el 20 % con nasalización de la vocal precedente) y, a mucha distancia, la elisión de la nasal con un 9,6 % con vocal nasal. Además, cabe destacar el elevado índice de nasalización vocálica, sobre todo con la velar. Los datos de todo el país muestran una realidad mucho más

Tabla 22 *Realizaciones de /n/ final en la ciudad de Panamá según el contexto fónico*

/-n/# (%)			/-n/V (%)		
NA	NV	ṼØ	NA	NV	ṼØ
1	88	11	65	80	15

Nota. Datos procedentes de Lipski (1986, 148).

Tabla 23 *Realizaciones de /n/ final en Panamá según el contexto fónico (Atlas lingüístico de Hispanoamérica)*

	NA (%)	NV (%)	ṼØ (%)
Vocal sin nasalizar	21,6	1,8	
Vocal nasalizada	20	47	9,6
Total	41,6	48,8	9,6

Nota. Datos procedentes de Quilis y Graell (1992, 348).

conservadora que la de la capital, ya que, por un lado, las realizaciones alveolares de /-n/ tienen aquí un gran peso, muy próximo al de las velares, mientras que las elisiones son bastante escasas. No obstante, a pesar del elevado número de velarizaciones, Quilis y Graell no registraron ningún caso de [-ŋ] como índice de juntura interna abierta [→ § 1.21.11] ni en las preguntas con cuestionario ni en las grabaciones espontáneas (1992, 602).

También de corte geolectal es el estudio de Cardona (2010a, 200–1), basado en el análisis de los datos recopilados en 2005 y 2007 en 19 localidades de todas las provincias panameñas, siguiendo la metodología del *Atlas lingüístico pluridimensional de América Central*. Cardona entrevistó a 76 informantes, cuatro en cada localidad, de distinto sexo y de dos generaciones (entre 18 y 35, y mayores de 60). A pesar de que indica que sus datos concuerdan bastante con los de Quilis y Graell (1992), cabe señalar que los porcentajes de /n/ final en la palabra *canción* (en la que basa su estudio) están muy alejados de los obtenidos por estos autores (Tabla 24): mucho más bajos en la realización alveolar, el 9,2 % de los informantes, pero más elevados en la velar, el 64,4 %, y en la elidida con nasalización de la vocal precedente, el 21,1 %. De hecho, la comparación de los datos porcentuales de la velar y la alveolar es tan concluyente como para afirmar que, debido al debilitamiento de la nasal implosiva, la velarización y la pérdida de /-n/ con nasalización de la vocal precedente suponen un indicio más del proceso de debilitamiento consonántico generalizado en el español panameño, en el que la nasal alveolar prácticamente ha desaparecido —si bien el porcentaje de elisiones mencionado por Cardona está todavía muy alejado del que ofrecen Cedergren y Sankoff (1975) para la ciudad de Panamá—.

La distribución geográfica de las realizaciones de /n/ final muestra que la velar se extiende de manera uniforme por todo el país, mientras que la alveolar se conserva en la región más occidental (Cerro Punta, Changuinola y David), en la frontera con Costa Rica. Cardona (2010a) cree que en esta zona se está produciendo, además, una transición hacia la elisión de la nasal, como lo demuestra la mayor incidencia de soluciones velares con nasalización de la vocal, que alternan, en uno de los informantes, con la velar. En la zona central y hacia el este, se da una clara tendencia hacia la elisión del fonema con nasalización vocálica, de tal modo que incluso podría trazarse una isoglosa que iría desde la zona centro-occidental, pasando por la zona central hasta la zona oriental, quedando fuera el extremo oriental.

Cuba es uno de los países antillanos que cuenta con más trabajos sobre su español. A partir de 1959, todos los esfuerzos gubernamentales se centraron en reducir el aislamiento territorial y en nivelar las diferencias regionales a través del acceso a la educación. En la década de los ochenta, uno de los objetivos fue promover investigaciones sobre el español de Cuba desde distintas perspectivas, a través de importantes proyectos que se llevaron a cabo en colaboración con las instituciones más prestigiosas del país.

Los trabajos sobre fonética se han centrado en los procesos más característicos del habla de Cuba, como la neutralización [→ § 1.17.4] de líquidas [→ § 20.3] o la aspiración de /s/ [→ § 16.3], por ejemplo, pero pocos han estudiado el comportamiento de la /n/ implosiva, tal vez por no considerarse una variante con implicaciones sociolingüísticas. El primero, de Terrell (1975, 258, 262), basado en el sociolecto alto de La Habana (Tabla 25), muestra que las variantes alveolares y asimiladas son mayoritarias, con un porcentaje del 62,2 %; en segundo lugar, se sitúa la elisión de la nasal con nasalización de la vocal precedente, con un 25,8 % [→ § 3.2.2]; y, por último, la variante velar, con un porcentaje bastante más bajo que la alveolar, el 11,9 %.

El comportamiento de la /n/ implosiva varía sustancialmente según su posición en la palabra. La variante asimilada, que es mayoritaria, desciende notablemente al pasar de la posición interior a la final (del 84 % al 33 %), originando un aumento muy considerable del resto de realizaciones, tanto en el caso de la velar (del 0,4 % al 26 %) como en el de la elisión (del 16 % al 38 %); así pues, es indudable que, una vez más, la posición final favorece el debilitamiento de la nasal.

Tabla 24 *Realizaciones de /n/ final en Panamá según el contexto fónico (Atlas lingüístico pluridimensional de América Central)*

	NA (%)	NV (%)	ṼØ (%)
Vocal sin nasalizar	9,2	52,6	
Vocal nasalizada		11,8	21,1
Total	9,2	64,4	21,1

Nota. Datos procedentes de Cardona (2010a, 201).

Tabla 25 *Realizaciones de /n/ final en La Habana según la posición en la palabra*

	Total (%)	Interior (%)	Final (%)
NA	62,2	84	33
NV	11,9	0,4	26
ṼØ	25,8	16	38

Nota. Datos procedentes de Terrell, que figuran sin agrupar en su trabajo (1975, 258, 262).

Respecto al contexto, las variantes alveolar o asimilada (NA) y la velar (NV) se encuentran en distribución complementaria [→ § 1.17.3] (Tabla 26): en el preconsonántico, la variante alveolar [-n] presenta un elevado 60 %, mientras que en el prevocálico o prepausal la velar [-ŋ] muestra porcentajes similares, 59 % y 54 %, respectivamente. Parece, por tanto, que el contexto consonántico favorece el mantenimiento de la variante alveolar de /n/ final, mientras que el vocálico y el prepausal propician realizaciones velares. En las elisiones, el contexto no se muestra como un factor determinante, ya que presenta cifras muy similares: 39 %, ante consonante no velar; 38 %, ante vocal y pausa (Terrell 1975, 262–63).

Tabla 26 *Realizaciones de /n/ final en La Habana según el contexto fónico*

/-n/C (%)			/-n/V (%)			/-n/# (%)		
NA	NV	ṼØ	NA	NV	ṼØ	NA	NV	ṼØ
60	1	39	3	59	38	8	54	38

Nota. Datos procedentes de Terrell (1975, 262–63).

No se incluyen aquí los resultados de Lipski (1983) referidos al sociolecto medio-alto porque, como explica el autor (259–60), están tomados de Terrell (1975) y, por tanto, son totalmente coincidentes.

Otra aportación interesante es la de Darias y Fuertes (2003), que llevaron a cabo su investigación en Pinar del Río (occidente de la isla). Realizaron grabaciones de unos 10 minutos de conversaciones espontáneas mantenidas con 16 informantes, de ambos sexos, de dos generaciones y de tres niveles instructivo-ocupacionales. Tuvieron en cuenta las siguientes clases de variantes: n-1 (nasal alveolar), n-2 (asimilación en contacto), n-3 (velarización) y n-4 (cero fonético). En las Tablas 27 a 30, por coherencia con el resto de la presente exposición, se mantienen las notaciones NA (para n-1 y n-2), NV (para n-3) y ṼØ (para n-4, aunque no se especifica si existe nasalización vocálica).

Como se observa en la Tabla 27, la variante asimilada es sin duda la mayoritaria (70 %), mientras que la alveolar es prácticamente inexistente (0,5 %). Respecto a su posición (en sílaba interna o final), asimismo es la asimilada la que presenta el mayor porcentaje de aparición, tanto en interior (un 88,8 %) como en final de palabra (un 46,4 %), si bien aquí se acerca a las velares, que ascienden del 5,6 % (interior) al 34,2 % (final). Del mismo modo, las elisiones son más frecuentes en posición final (18,1 %).

Tabla 27 *Realizaciones de /n/ final según la posición (Pinar del Río)*

		Total (%)	Interior (%)	Final (%)
NA	Alveolar	0,5		1,2
	Asimilada	70	88,8	46,4
NV		18,3	5,6	34,2
ṼØ		11,2	5,6	18,1
	Total	3122	1737	1385

Nota. Datos procedentes de Darias y Fuertes (2003, 2–3).

En cuanto al contexto (Tabla 28), el prepausal favorece las realizaciones velares, que llegan a alcanzar el 88,5 % del total, mientras que el consonántico propicia las variantes asimiladas, también con un porcentaje importante (85,7 %), que desciende al 62,7 % ante vocal y al 5,5 % ante consonante. Las elisiones se manifiestan con mayor regularidad ante vocal (32,5 %) que ante pausa (10,4 %) o consonante (8,8 %).

Darias y Fuertes (2003) tienen en cuenta además la función gramatical del segmento nasal /-n/, ya que «desempeña un papel importante en el acto de la comunicación, pues brinda un valor lexical o gramatical, en una u otra posición» (4). Como se aprecia en la Tabla 29, la variante asimilada expresa valores gramaticales y léxicos en un porcentaje próximo al 80 %. La velarización ante pausa presenta cifras muy elevadas, tanto con valor léxico (un 89,5 %) como con valor gramatical (un 85,7 %), tendencia que se repite ante vocal, contexto en el que la velar es también la variante mayoritaria: 63,8 % y 59,3 %, respectivamente. La elisión solo ofrece valores relevantes en el contexto prevocálico, y principalmente con valor gramatical, un 37,3 %.

Tabla 28 *Realizaciones de /n/ final según el contexto fónico (Pinar del Río)*

		/-n/C (%)	/-n/V (%)	/-n/# (%)
NA	Alveolar		4,8	1,1
	Asimilada	85,7		
NV		5,5	62,7	88,5
ṼØ		8,8	32,5	10,4
	Total	2551	292	279

Nota. Datos procedentes de Darias y Fuertes (2003, 3).

Asimismo, la variante asimilada es la mayoritaria en relación con todos los factores sociales considerados (sexo, edad, nivel de instrucción), con valores que van del 67,9 % al 72,4 %, muy alejados del siguiente (23,1 %), correspondiente a la realización alveolar en mujeres (Tabla 30).

Tabla 29 *Variantes de /n/ final según el carácter gramatical y el contexto fónico (Pinar del Río)*

		/-n/C (%)		/-n/V (%)		/-n/# (%)	
		LEX	**GRAM**	**LEX**	**GRAM**	**LEX**	**GRAM**
NA	Alveolar			5,2	3,4	1,4	
	Asimilada	78,8	79,8				
NV		5,7	4,3	63,8	59,3	89,5	85,7
ṼØ		15,5	16	31	37,3	9,1	14,3
	Total	652	163	232	59	209	70

Nota. Datos procedentes de Darias y Fuertes (2003, 4).

Tabla 30 *Distribución de las variantes de /n/ final según el sexo, la edad y el nivel de instrucción (Pinar del Río)*

		Sexo (%)		Edad (%)		Nivel de instrucción (%)	
		H	**M**	**18-25**	**26-35**	**Alto**	**Bajo**
NA	Alveolar	1,2			1,1	1,2	
	Asimilada	71,8	68,4	70,8	69,2	72,4	67,9
NV		12,9	23,1	17,4	19,2	18,2	18,4
ṼØ		14,1	8,5	11,9	10.5	8,3	13,7
	Total	1470	1652	1594	1528	1454	1668

Nota. Datos procedentes de Darias y Fuertes (2003, 4–5).

A la vista de sus resultados con respecto a /-n/, Darias y Fuertes (2003, 5) concluyen que, en la variante pinareña del español hablado en Cuba, es clara la tendencia a la asimilación, lo que no coincide con los datos obtenidos en otras regiones. La velarizada es la segunda variante con una frecuencia de aparición más elevada, que al expresar «la marca de pluralidad presenta un valor lexical mucho más significativo que el gramatical» (5). En lo referente a las variables sociales, la asimilación y la velarización son las soluciones claramente mayoritarias, lo que, a juicio de estos autores, pone de manifiesto el proceso de debilitamiento de la nasal en el español pinareño.

En las encuestas que Quilis ([1993] 1999, 293) llevó a cabo en Cuba, la realización más común de /-n/ ante pausa es la velar, casi siempre con nasalización de la vocal nuclear de la sílaba que contiene la nasal, si bien documenta casos de elisión de la nasal con nasalización de la vocal. Ante vocal, sin embargo, es mayoritaria la solución alveolar. En Bahía Honda, Cárdenas, Sancti Spiritus y Manzanillo, ambas realizaciones se registran con la misma frecuencia: el 50 %; en Cienfuegos y Nuevitas, la velar se reduce a un 20 %, mientras que la alveolar alcanza un 80 %; en posición explosiva se registra siempre la alveolar en el resto de los puntos de encuesta.

Por último, el estudio de la pronunciación rápida de la nasal velar de los cubanos de Miami, para el que Hammond (1979, 24–27) entrevistó a 21 hispanohablantes cubanos, de ambos sexos, de 22 a 55 años, presenta unos datos algo distintos a los de La Habana (Tabla 31) [→ § 14.6.4].

La posición final favorece la realización de la velar (62,9 %), cuya frecuencia de aparición desciende en posición interior (42 %); por el contrario, la posición interior hace que la alveolar se mantenga con un porcentaje del 31 %, que se reduce drásticamente al pasar a la final: un 3,4 %. Las elisiones también obtienen un índice más bajo en la posición interior (27 %) que en la final (33,7 %). En cuanto al contexto, la velar es la realización mayoritaria en el

Tabla 31 *Realizaciones de /n/ final de los cubanos de Miami según la posición y el contexto fónico*

	Interna (%)	**Final (%)**	**/-n/C (%)**	**/-n/# (%)**
NA	31	3,4	2	7,3
NV	42	62,9	64,1	83
ṼØ	27	33,7	33,8	9,7

Nota. Datos procedentes de Hammond (1979, 24–27).

preconsonántico y en el prepausal (los dos únicos que se consideran), con un 64,1 % y un 83 %, respectivamente; las elisiones suponen la tercera realización ante consonante, con un 33,8 %, pero descienden bastante ante pausa: 9,7 %. La alveolar o la asimilada (NA) presentan una frecuencia muy escasa tanto ante consonante (el 2 %) como ante pausa (el 7,3 %).

En Puerto Rico, el español comparte oficialidad con el inglés, si bien la mayoría de sus habitantes adquiere el español como lengua materna. Sus características lingüísticas se identifican con las variedades de la zona antillana y caribeña, aunque la variación dialectal no está tan condicionada por factores diatópicos como en otros países, ya que el desarrollo económico de las zonas rurales ha hecho que el factor diferenciador sea, más bien, la estratificación social (Lipski [1994] 2005, 350).

El español de Puerto Rico constituye una de las modalidades más estudiadas de América. La primera descripción fue la de Navarro Tomás, publicada en 1948, con los materiales que obtuvo en 1928 a partir de sus encuestas para el atlas lingüístico de Hispanoamérica. Ya en este trabajo se menciona la fuerte tendencia velarizadora de la /n/ final, que

> ha ganado en Puerto Rico el dominio de toda la isla . . . En general el timbre de tal *n* resulta por sí mismo relativamente confuso y oscuro. Buena parte de su resonancia se traslada a la vocal de la misma sílaba. La *n* velar se manifiesta en las personas instruidas con la misma regularidad que entre los campesinos iletrados ([1948] 1974, 101).

Posteriores referencias, como la de Álvarez Nazario (1972, 63), entre otras, siguieron manteniendo que la realización velar, con nasalización de la vocal anterior, era general en la isla, llegando en ocasiones a desaparecer [→ § 3.2.2]. Matluck (1961) se mostraba más categórico:

> La *n* velar [ŋ] es absoluta y positivamente la única variante alofónica en posición final absoluta (ante pausa) . . . No se oye otra variante alguna, cualquiera que sea el nivel económico, social o cultural de los hablantes. Los puertorriqueños son incapaces, en su gran mayoría, de percibir esta variante, ni en su propia habla ni en la de sus compatriotas, y por eso muchos de ellos niegan rotundamente que pronuncien de esta manera (335).

La investigación más exhaustiva hasta el momento sobre el español de la capital, San Juan, es la de López Morales (1983) [→ § 14.6.4]. En este trabajo, de corte sociolingüístico, el autor tuvo en cuenta las variables condicionadas por la posición y el contexto fónico, pero excluyó el carácter gramatical de /-n/ al comprobar que en los sociolectos de San Juan la marca de plural verbal /-n/ era redundante. La relevancia de su trabajo radica, además, en que sus conclusiones, basadas en datos cuantitativos, rectifican los datos que se habían mencionado hasta ese momento como caracterizadores de la pronunciación de Puerto Rico. Sus resultados (1983, 107; 1992, 122; véase la Tabla 32) muestran que, efectivamente, la realización velar de /-n/ dista mucho de ser la más frecuente, con un 13,3 %, frente al 79 % de la realización alveolar; del mismo modo, las elisiones presentan un porcentaje reducido, pero próximo al de las velares, un 7,4 %. Por otra parte, la posición final se muestra de nuevo como el factor que determina la aparición de las variantes débiles: el porcentaje de la realización alveolar baja del 90,7 % al 66 % en beneficio de las velares que, del 1,4 % en sílaba interna, ascienden al 26,9 % en la final, a

Tabla 32 *Realizaciones de /n/ final en San Juan según la posición*

	Total (%)	Interna (%)	Final (%)
NA	79	90,7	66
NV	13,3	1,4	26,9
ṼØ	7,4	7,8	6,9

Nota. Datos procedentes de López Morales (1983, 107, 1992, 124).

pesar de que las soluciones alveolares siguen siendo mayoritarias. La posición no afecta, sin embargo, a las elisiones, dada la escasa diferencia que se observa entre internas y finales, incluso algo mayores en posición interior (7,8 %) que en la final (6,9 %), datos que difieren de los de Matluck (1961): «la consonante nasal en posición final de sílaba desaparece muy a menudo, dejando nasalizada la vocal anterior [kõseˈgil] [sic] *conseguir*, [ẽtõse] [sic] *entonces*» (336).

En lo que respecta al contexto fónico (Tabla 33), las cifras manifiestan también una tendencia conservadora, ya que las variantes asimiladas o alveolares (NA) son las más frecuentes en el preconsonántico (el 80,6 %) y en el prevocálico (el 65,8 %). Solo disminuyen en el prepausal (22,4 %), en relación inversa a las realizaciones velares, que van aumentando del preconsonántico (13 %) al prevocálico (26,6 %) hasta el prepausal (69,3 %), en el que la velar es la realización más

Tabla 33 *Distribución de las variantes de /n/ final en San Juan según el contexto fónico*

/-n/C (%)			/-n/V (%)			/-n/# (%)		
NA	**NV**	**ṼØ**	**NA**	**NV**	**ṼØ**	**NA**	**NV**	**ṼØ**
80,6	13	6,2	65,8	26,6	7,4	22,4	69.3	8,1

Nota. Datos procedentes de López Morales (1983, 109, 1992, 124).

habitual. Las elisiones, una vez más, muestran porcentajes similares en los tres contextos: el 6,2 %, el 7,4 % y el 8,1 %, respectivamente (López Morales 1983, 109; 1992, 124).

En opinión de Matluck (1961), sin embargo, la realización velar está tan arraigada y es tan general en Puerto Rico que sirve incluso para «señalar el contraste significativo entre el enlace, por una parte, y la transición abierta por otra: /úŋ obíyo/~/ú nobíyo/ [sic] *un ovillo, un novillo,* /eŋ óho/~/enóho/ [sic] *en ojo, enojo*» (335).

En cuanto a la influencia de los factores sociales en las realizaciones de /-n/, López Morales (1983), basándose en índices probabilísticos, señala que el sexo se muestra poco relevante, aunque las mujeres son algo más conservadoras que los hombres, más proclives a las realizaciones velares, el 52 % frente al 47 %; las diferencias en los índices de elisión son insignificantes, un 49 % en ellos y un 50 % en ellas. Por otra parte, la probabilidad de velarización es más elevada en el grupo generacional intermedio: un 60 %, en comparación con el 48 % de la de los jóvenes y con el 40 % de la de los mayores; también en este caso la elisión ofrece índices muy similares en los tres grupos de edad: 51 % en el primero, 47 % en el segundo y 50 % en el tercero (López Morales 1983, 117, 120).

Los datos ofrecidos por Lipski (1986, 148) relativos al sociolecto medio-alto de la capital, San Juan, aunque limitados al contexto prepausal y al prevocálico (Tabla 34), revelan diferencias notables con los que López Morales (1983) obtuvo en esta misma capital. Así, las realizaciones velares son notablemente mayoritarias tanto ante pausa (un 69 %) como ante vocal (un 79 %). Las elisiones sí muestran valores más próximos a los de López Morales: 9 % en el contexto prepausal y 13 % en el prevocálico.

Según los datos del trabajo de Poplack (1979, 108–15) sobre la modalidad puertorriqueña de Filadelfia, la variante asimilada o alveolar se mantiene como la más frecuente, con un porcentaje más bajo que en San Juan, el 56,6 % (4,5 % la alveolar y 52,09 % la asimilada), seguida de la elisión, el 24,3 % (el 20,6 % con nasalización de la vocal anterior y el 3,7 % sin ella) y de la velar, el 19 % (Tabla 35). En cuanto a la posición, la variante asimilada, en contraste con la situación de Puerto Rico, asciende considerablemente al pasar de la posición interior (50,7 %) a la final (84,8 %), en tanto que las velares descienden de manera drástica, del 22,9 % al 0,1 %, y también las elisiones, aunque de forma menos abrupta: del 26,2 % (21,9 % con nasalización de la vocal y 4,3 % sin ella) al 14,9 % (14,2 % con nasalización vocálica y 0,7 % sin ella).

El contexto apunta a una distribución complementaria de las realizaciones de /-n/ semejante a la de San Juan (Poplack 1979, 112; véase la Tabla 36). Igualmente, en este caso las asimiladas o las alveolares (NA) son las más numerosas ante consonante no velar (el 66 %), pero descienden de forma notable en el contexto prevocálico (17 %) y en el prepausal (15 %), en tanto que las velares se van incrementando con fuerza del preconsonántico (5 %), al prevocálico (56 %) hasta el prepausal (65 %). Las soluciones con elisión obtienen unos índices muy próximos ante consonante y ante vocal, el 29 % y el 26 %, respectivamente, y algo más bajo ante pausa, el 19 %.

Estos resultados contrastan con los del dialecto puertorriqueño de Jersey City (Estados Unidos) en los que, en los dos contextos estudiados (prevocálico y preconsonántico), aparece la realización velar como la más frecuente (el 79 % ante vocal y el 42 % ante consonante), seguida de las elisiones, con un 13 % en contexto prevocálico y un 41 % en

Tabla 34 *Realizaciones de /n/ final en San Juan según el contexto fónico*

/-n/# (%)			/-n/V (%)		
NA	**NV**	**ṼØ**	**NA**	**NV**	**ṼØ**
22	69	9	8	79	13

Nota. Datos procedentes de Lipski (1986, 148).

Tabla 35 *Realizaciones de /n/ final de los puertorriqueños de Filadelfia según la posición*

	Total (%)	Interna (%)	Final (%)
NA	56,6	50,7	84,8
NV	19	22,9	0,1
ṼØ	24,3	26,2	14,9

Nota. Datos procedentes de Poplack (1979). Los porcentajes proceden de la suma de los datos que la autora ofrece por separado.

Tabla 36 *Distribución de las variantes de /n/ final de los puertorriqueños de Filadelfia según el contexto fónico*

/-n/C (%)			/-n/V (%)			/-n/# (%)		
NA	**NV**	**Ṽ∅**	**NA**	**NV**	**Ṽ∅**	**NA**	**NV**	**Ṽ∅**
66	5	29	17	56	26	15	65	19

Nota. Datos procedentes de Poplack (1979, 112).

preconsonántico, resultados que sitúan a la alveolar prevocálica con un exiguo 8 % y a la asimilada en un 17 % (Ma y Herasimchuk 1971, 396–400).

El español de la República Dominicana comparte características lingüísticas con el resto de las Antillas; sin embargo, dentro de su territorio existe una diferenciación lo suficientemente clara como para que se hayan podido establecer zonas dialectales teniendo en cuenta sus rasgos fonéticos. Lógicamente, las isoglosas varían dependiendo del segmento que se haya considerado en la clasificación. Para el propósito de este trabajo, la que interesa es la que propone Lipski ([1994] 2005), basada en la pronunciación de las consonantes finales de palabra: la región de Cibao, en el norte, la del Distrito Nacional, en la que se encuentra la capital, y la del extremo occidental de la isla. A estas tres áreas principales añade Lipski ([1994] 2005) una pequeña zona justo al norte de Santo Domingo y otras regiones interiores, y la de Samaná, que ofrece mayor complejidad que cualquier otra área, por recibir influencias tanto de la región Este como del Cibao, así como por ser una zona en la que el español convive con el inglés y con el criollo haitiano.

Después de la primera descripción del español dominicano de Henríquez Ureña (1940), ha sido Jiménez Sabater quien ha realizado algunos de los estudios más completos. El más importante, de carácter geolingüístico ([1975] 1984), es el que llevó a cabo mediante encuesta directa —con el cuestionario que utilizó Navarro Tomás ([1948] 1974) en Puerto Rico— en 121 localidades dominicanas (54 de Cibao, 37 de la zona suroeste, 20 de la zona sudeste, nueve del Distrito Nacional y una en Samaná). La mayoría de sus informantes, todos de más de 25 años, pertenecía a zonas rurales; el 90 % tenía un nivel cultural bajo, muestra representativa de la realidad social de la época de la que data su estudio, en la que el 80 % de la población dominicana poseía escasa instrucción escolar. Como el autor no especifica a cuántos informantes entrevistó en cada localidad, para el recuento de casos que se presenta en las Tablas 37 y 38 se toma en consideración uno por punto de encuesta; por tanto, los porcentajes aportados se refieren a una distribución geolectal, y no se deben comparar con los datos cuantitativos de corte sociolingüístico. A pesar de que su trabajo se centró fundamentalmente en la fonética, Jiménez Sabater ([1975] 1984) no estudió con rigor la /n/ final de palabra (sí el grupo *nm*) porque, como él mismo reconoce,

> mi propia encuesta estudió de manera harto superficial e incompleta este fenómeno, movido por un prejuicio personal que me llevaba a dar por exactas y definitivas las opiniones que a este respecto externaron Henríquez Ureña y Navarro Tomás. En otras palabras, pensaba yo que la /n/ final de palabra se pronunciaba invariablemente como [ŋ] velar, realización esta que coincidía con mi propia articulación (116).

Al comprobar que en sus materiales aparecían otras variantes, además de la velar, Jiménez Sabater encargó a varios estudiantes que, bajo su supervisión, analizaran el comportamiento de /n/ final de palabra en 100 contextos diferentes, ante las cinco vocales (átonas y tónicas). Para ello, realizaron una encuesta a 10 informantes, todos ellos procedentes de Piedra Blanca, localidad cercana a Santo Domingo, mediante la que se obtuvieron datos sobre /n/ final de palabra seguida de las cinco vocales del español. Naturalmente, hay que tener en cuenta este cambio en la metodología a la hora de valorar los datos cuantitativos de /n/ en final de palabra seguida de vocal o en el grupo *nm,* del que se tratará en el § 13.5.2.

En opinión de Jiménez Sabater ([1975] 1984, 117–18), en el español dominicano el proceso de debilitamiento de /n/ implosiva es bastante acusado (Tabla 37). En Piedra Blanca (Santo Domingo) la realización más frecuente de /n/ final de palabra ante vocal es la elisión (51 %), con nasalización de la vocal precedente prácticamente en todos los casos (50 %)

Tabla 37 *Realizaciones de /n/ final en la Santo Domingo según el contexto fónico*

NA (%)	**NV** (%)	**NV[ⁿ]** (%)	**Ṽ∅** (%)	**V∅** (%)
2 %	40 %	10 %	50 %	1 %

Nota. Datos procedentes de Jiménez Sabater ([1975] 1984, 117).

Tabla 38 *Realizaciones de /n/ final en la Santo Domingo según la vocal anterior*

/n/ +	/'a/	/'i/	/'o/	/'e/	/'u/	/a/	/i/	/o/	/e/	/u/
NV	73 %	90 %	90 %	64 %	82 %					
ṼØ						73 %	80 %	67 %	72 %	90 %

Nota. Datos procedentes de Jiménez Sabater ([1975] 1984, 118–19).

[→ § 3.2.2], aunque la realización velar, más o menos débil, presenta casi la misma frecuencia (50 %), y, por último, se sitúa la alveolar, con un exiguo 2 %. Aclara el autor que estas escasas realizaciones alveolares en contexto prevocálico se han documentado únicamente en la locución *sin embargo,* alternando con elisiones y con realizaciones velares en *San Antonio* (66 %) y *San Isidro* (82 %), posiblemente porque los hablantes consideran que se trata de una única palabra.

En cuanto al contexto, la tonicidad de la vocal es un factor concluyente en la elisión y en la velarización de /n/ final prevocálica. De hecho, cuando precede a una palabra cuya vocal tónica está relativamente alejada de la nasal, esta última tiende a elidirse, nasalizando la vocal anterior; por el contrario, si la vocal en contacto con la /n/ final es tónica, la nasal se mantiene y se realiza como velar en un porcentaje muy elevado. El estudio de Jiménez Sabater ([1975] 1984, 117–18) analiza también el comportamiento de /-n/ ante todas las vocales, pero no parece que ni su timbre ni su tonicidad desempeñen un papel relevante en la elisión o en la velarización de la nasal, como se puede comprobar en la Tabla 38.

En relación con la /n/ final ante pausa, aun cuando Jiménez Sabater no ofrece datos cuantitativos de sus realizaciones, es evidente que la velar debe de ser la solución mayoritaria en todo el país, en todos los estratos sociales y en cualquier estilo de habla; de hecho, como se apuntaba más arriba, el que esta velarización estuviera tan generalizada es lo que le indujo a pensar que se daría asimismo en todos los contextos. Además, se dispone del mapa que el autor incluye en un anexo, sobre las variantes de *virgen* (Jiménez Sabater [1975] 1984, 206), en el que la realización de /-n/ más común es la velar con un 86 % (el 30,2 % con nasalización de la vocal), seguida por la elisión de la consonante, con un 14 % (un 11,6 % sin nasalización de la vocal). Estos datos geolingüísticos se confirman con los que proporciona Alvar (2000b) en los mapas 1097 *(tapón)* y 1098 *(cajón),* en los cuales la única realización de /n/ final es la velar en todos los puntos de encuesta. Lo mismo se podría señalar a propósito de la elisión de /-n/ con nasalización de la vocal anterior, ya que, como el mismo Jiménez Sabater ([1975] 1984) aclara, estas realizaciones son frecuentísimas —«muchas más de lo que es consciente el dominicano medio» (42)—, no solo en posición final de palabra, sino también en sílaba trabada. Además, [-ŋ] velar final de palabra, o la nasalización de la vocal por elisión de /-n/, sirven en el español dominicano para indicar fronteras léxicas y distinguir entre: *enaguas azules / en aguas azules, pintaba naves / pintaban aves, olvida nombres insignificantes / olvidan hombres insignificantes,* aunque Jiménez Sabater ([1975] 1984, 138–39) no ofrece detalles sobre la extensión del fenómeno. Los datos de Alvar (2000c, mapas 1090, 1091) muestran del mismo modo que [-ŋ] velar funciona como juntura interna abierta en el 57 % de las localidades en *enaguas / en aguas,* y en el 31 % en *enojo / en ojo.*

Un carácter más sociolingüístico tiene el trabajo que, acerca de todos los niveles lingüísticos, llevó a cabo Jorge Morel ([1974] 1978, 50, 82) en la ciudad de Santo Domingo, basado en el habla de 70 sujetos representativos de diversos grupos sociales y culturales de la ciudad. Según sus datos, /n/ en posición final prepausal se realiza como velar débil, sin desaparecer totalmente, en el 94 % de los encuestados, mientras que en posición final de sílaba no se producen velarizaciones ni elisiones.

Otra investigación sobre la /-n/ en el español dominicano —esta vez en final de sílaba—, es la que Haché de Yunén (1982, 147) realizó en la zona urbana de Santiago de los Caballeros, la segunda ciudad más importante del país. La propia autora reconoce que los datos tal vez no sean muy representativos porque proceden de una muestra de seis informantes, si bien coinciden en gran medida con los proporcionados por Jiménez Sabater ([1975] 1984). En Santiago, la realización velar es la más frecuente (el 64,7 %), a continuación se encuentra la elisión, con nasalización de la vocal anterior (un 28,9 %) o sin ella (un 0,6 %), y, por último, la nasal alveolar, con un reducido 5,6 % (Tabla 39).

Con respecto a la posición (Tabla 40), las realizaciones velares, más habituales en posición interior (74,6 %), descienden considerablemente al pasar a la final (48,6 %); por el contrario, la interior determina un aumento de las elisiones, mucho más patente cuando la

Tabla 39 *Realizaciones de /n/ final en Santiago de los Caballeros*

NA (%)	NV (%)	ṼØ (%)	VØ (%)
5,6	64,7	28,9	0,6

Nota. Datos procedentes de Haché de Yunén (1982, 147).

pérdida va acompañada de nasalización vocálica (del 19,5 % al 44,1 %) que cuando la elisión es total (del 0,2 % al 1,2 %). Las realizaciones asimiladas presentan un porcentaje muy similar en ambas posiciones: un 5,5 % y un 5,9 % (Haché de Yunén 1982, 148, 150).

En lo referente al contexto fónico, el prepausal favorece las realizaciones velares, mientras que el prevocálico y el preconsonántico son más proclives a las elisiones (Tabla 41). Los índices más elevados de velarización se dan ante pausa, un 70 %, mientras que descienden a un 48,6 % ante consonante y a un 42,3 % ante vocal. Las elisiones ante consonante llegan al 50,1 % (el 47,9 % con nasalización vocálica y el 2,2 % sin restos de ella), son algo menos numerosas ante vocal (44,1 %) y ante pausa solo aparecen en el 24 % de los casos. Por último, la realización asimilada o alveolar es muy escasa ante consonante (1,1 %), algo más frecuente ante pausa (6 %) y alcanza el 13,5 % en contexto prevocálico.

Los datos de Lipski (1986, 148; véase la Tabla 42) sobre la clase social media-alta de la capital dominicana revelan un estado más avanzado del proceso de debilitamiento de la /n/ final que los de Haché de Yunén, puesto que la realización velar alcanza unos índices de frecuencia muy elevados tanto en contexto prepausal como prevocálico (el 74 % y el 80 %, respectivamente), seguidos de los más moderados en el caso de la elisión de la nasal, el 22 % ante pausa y el 13 % ante vocal. La alveolar en ambos contextos presenta valores muy reducidos: un 4 % en el prepausal y un 7 % en el prevocálico.

Las características lingüísticas de la mayor parte de Venezuela se identifican con las del Caribe. Se excluye una pequeña área andina próxima a Colombia con rasgos propios, claramente diferenciados de los de la zona baja o caribeña que ocupa buena parte del país. Dentro de la zona caribeña existe tal diversidad lingüística que es posible distinguir la zona de los llanos, la occidental y la suroriental. A la zona caribeña pertenece también Caracas, cuya norma lingüística es la que proyectan los medios de comunicación como el estándar de Venezuela, con variantes relacionadas con la estratificación social.

La región andina (departamentos de Táchira, Mérida, Trujillo y Lara) posee unas características lingüísticas propias muy diferenciadas, lo que, unido a razones históricas, ha motivado que sus hablantes no acepten la norma de Caracas como la más prestigiosa del país. Así lo demuestra la investigación sobre las actitudes lingüísticas en Mérida y Maracaibo de Álvarez Muro, Martínez Matos y Urdaneta (2001), quienes explican esta actitud posiblemente por

> la importancia del papel político y cultural que le tocó jugar a Mérida [en la región andina] en la historia como capital de la antigua Provincia de Mérida, y en la distancia física que la separó siempre de Caracas, la razón de la fuerte identidad merideña y también de su postura hacia la capital del país (151).

Uno de los rasgos definitorios del español de Venezuela, como de toda la zona caribeña, es el debilitamiento de las consonantes en posición implosiva. Canfield ([1981] 1988, 103) y Geckeler y Ocampo (1973, 82) confirman que en los estados andinos de Táchira, Mérida y Trujillo /n/ final ante pausa o vocal es alveolar, [-n], pero en el resto de Venezuela es velar, [-ŋ], y, en opinión de Lipski ([1994] 2005, 383), en el extremo sur alternan /-n/ alveolar y velar. Obediente (1992, 40–41) relaciona la incidencia de las variantes de /n/ con el registro; así, en el habla controlada, en la zona caribeña se tiende, en general, a las realizaciones asimiladas ante consonante y a las velarizaciones ante vocal o pausa; por el contrario, en el habla espontánea, se tiende a velarizar la nasal final, ante cualquier consonante, pausa o vocal.

Tabla 40 *Distribución de las variantes de /n/ final en Santiago de los Caballeros según la posición*

Posición interna (%)				Posición final (%)			
NA	**NV**	**Ṽ∅**	**V∅**	**NA**	**NV**	**Ṽ∅**	**V∅**
5,5	74,6	19,5	0,2	5,9	48,6	44,1	1,2

Nota. Datos procedentes de Haché de Yunén (1982, 148, 150).

Tabla 41 *Distribución de las variantes de /n/ final en Santiago de los Caballeros según el contexto fónico*

/-n/C (%)				/-n/V (%)			/-n/# (%)		
NA	**NV**	**Ṽ∅**	**V∅**	**NA**	**NV**	**Ṽ∅**	**NA**	**NV**	**Ṽ∅**
1,1	48,6	47,9	2,2	13,5	42,3	44,1	6	70	24

Nota. Datos procedentes de Haché de Yunén (1982, 150).Nota. Datos procedentes de Haché de Yunén (1982, 150).

Tabla 42 *Distribución de las variantes de /n/ final en Santo Domingo según la posición*

/-n/# (%)			/-n/V (%)		
NA	**NV**	**Ṽ∅**	**NA**	**NV**	**Ṽ∅**
4	74	22	7	80	13

Nota. Datos procedentes de Lipski (1986, 148).

D'Introno y Sosa (1988, 26–27) estudiaron las realizaciones de la nasal final de palabra en el español de Caracas, partiendo del análisis del habla espontánea de 18 informantes adultos, pertenecientes a tres niveles socioeconómicos, 3 hombres y 3 mujeres por nivel (Tabla 43) [→ § 14.6.4]. Las realizaciones velares son notablemente mayoritarias, el 85,9 % —de las cuales el 9,3 % son debilitadas—, a gran distancia de las alveolares (el 12,3 %) y de las elididas (el 1,9 %).

Tabla 43 *Distribución de las variantes de /n/ final en Caracas según el contexto fónico*

	Total (%)	**-n/C (%)**	**-n/V (%)**	**-n/# (%)**
NA	12,3	22,5	3,8	4,6
NV	85,9	76,5	94,6	92,1
ṼØ	1,9	1	1,6	3,3

Nota. Datos procedentes de D'Introno y Sosa (1988, 26).

Respecto al contexto, de nuevo se obtienen los índices más elevados de [-ŋ] en el prevocálico y en el prepausal, un 94,6 % y un 92,1 %, respectivamente, y algo menores en el preconsonántico (un 76,5 %). Por el contrario, las realizaciones asimiladas y alveolares presentan un índice moderado ante consonante (22,5 %) y muy bajo ante vocal (3,8 %) y ante pausa (4,6 %). Las elisiones, sin que en los datos se especifique si nasalizan o no la vocal precedente, son muy escasas en los tres contextos: el 1 % en el preconsonántico, el 1,6 % en el prevocálico y el 3,3 % en el prepausal.

Por lo que respecta al contexto, D'Introno y Sosa (1988, 28) consideran también el comportamiento de /-n/ según la categoría de la consonante siguiente. De acuerdo con sus datos, ante consonante no velar, los porcentajes de velarización son elevados (el 70,9 %), descienden bastante los de neutralización y los de asimilación (un 18,6 % y un 9,5 %, respectivamente), y son muy escasos los de elisión (solo un 1 %).

Los datos de Lipski (1986, 148), procedentes del sociolecto medio-alto venezolano de la capital (Tabla 44), ponen de manifiesto que el debilitamiento de /-n/ se encuentra bastante avanzado, puesto que la realización velar alcanza unos índices de frecuencia muy altos, algo más en el contexto prepausal (86 %) que en el prevocálico (72 %), frente a los de elisión, que están muy igualados con la solución alveolar ante vocal (13 % la alveolar y 15 % la elidida), pero más distantes ante pausa (1 % la alveolar y 13 % la elisión).

Tabla 44 *Distribución de las variantes de /n/ final en Caracas según el contexto fónico*

/-n/# (%)			/-n/V (%)		
NA	**NV**	**ṼØ**	**NA**	**NV**	**ṼØ**
1	86	13	13	72	15

Nota. Datos procedentes de Lipski (1986, 148).

Asimismo, Navarro Correa (1995, 169) registró en Puerto Cabello, en las tierras bajas venezolanas, un 92,1 % de realizaciones velarizadas (más o menos debilitadas), y un 7,8 % de alveolares, pero ningún caso de elisión nasal. Por su parte, Durán y Serrón (2007, 310–15) en su trabajo sobre /n/ posvocálica final de palabra en Barquisimeto (estado de Lara), basado en entrevistas realizadas a 25 hablantes de ambos sexos, de dos niveles socioculturales y divididos en tres tramos de edad, confirman la tendencia velarizadora de la zona caribeña con un 83,6 % de realizaciones velares, frente a un 16,2 % de alveolares. En lo referente a la variable sexo, velarizan el 90 % de las mujeres, frente al 80 % de los hombres. Del mismo modo, muestra una clara tendencia a la velarización el grupo de 15 a 25 años (43,8 %), tendencia que disminuye algo en el de 26 a 40 años (36,4 %) y es poco frecuente en el de más de 41 (19,8 %); en el nivel sociocultural bajo son más numerosas las soluciones velares: un 65,5 %, frente al 37,5 % en el alto.

Ya en la región andina, Obediente (1986, 46) mantiene que uno de los rasgos más representativos de esta zona son las realizaciones alveolares en cualquier posición, junto a un bajo índice de velarizaciones ante consonante no velar, si bien, en un trabajo posterior (1998), señala que:

> En los Andes . . . comienza, sin embargo, a oírse una nasal velar en posición final ante pausa y ante vocal, reemplazando a la alveolar, que en esas posiciones sigue siendo la realización más frecuente entre los hablantes de esa región (15).

Este cambio incipiente no responde, en opinión de Sedano (2001), a factores internos, sino a la poderosa influencia de las tierras bajas, sobre todo de la capital, Caracas. Obediente (1999) defiende que la ausencia de velarización sirve a los andinos para delimitar, desde el punto de vista lingüístico, su identidad:

> Por un lado, quiere el andino manifestar su pertenencia a la comunidad venezolana general, dicho de otro modo, no quiere que lo tilden de andino colombiano, para lo cual deja de pronunciar las [-s] finales, y por otro, dejar sentado que es de los Andes y no de otra región venezolana, lo que manifiesta no

velarizando las nasales implosivas. Si esto fuera así, habría que aceptar que se está dando un proceso de revalorización del ser andino dentro de la propia comunidad regional (219).

La tendencia a la velarización parece confirmarse con el estudio de Freites (2008, 177) sobre las realizaciones de /n/ en posición implosiva, obtenidas de 32 entrevistas espontáneas realizadas en el estado de Táchira (en las tierras altas venezolanas limítrofes con Colombia) a personas de distintos sexos, de dos grupos de edad y de ámbitos rurales y urbanos. El autor llega a la conclusión de que la zona andina venezolana no es tan conservadora como se ha mantenido tradicionalmente, sino que presenta un dialecto intermedio entre el costeño y el andino.

En el ámbito rural andino, el trabajo de Villamizar (1998, 31) ratifica, no obstante, el carácter alveolar de la nasal en esta zona, mediante el estudio de las realizaciones de /-n/ en varias localidades de dos comarcas de la cordillera de Mérida, en las que se estaba produciendo un cambio de modelo del medio rural al urbano. Los resultados apuntan claramente a que los hablantes mantenían su conservadurismo en la pronunciación, ya que las variantes no velares son absolutamente mayoritarias (un 98,8 % en el Páramo y un 95 % en la Pedregosa), frente a un exiguo 1,2 % en la primera comarca y un 5 % en la segunda.

En las encuestas geolingüísticas realizadas por Alvar (2001b) en Venezuela, la variante alveolar, en el mapa *cajón,* aparece únicamente en seis localidades de la zona andina, mientras que en el mapa *tapón* solo se registra en cuatro, dos de la zona andina y dos de la caribeña. Las variantes más numerosas en ambos mapas son las realizaciones velares y las elididas con nasalización de la vocal anterior.

El español de Colombia puede considerarse el resultado de los diversos desarrollos que la lengua experimentó en América partiendo de los modelos peninsulares. Montes (1982, 44–49), a partir de los datos del *Atlas lingüístico-etnográfico de Colombia* (Flórez *et al.*, 1981–2004), establece dos grandes zonas lingüísticas: la del superdialecto costeño y la del superdialecto central o andino; a su vez, el costeño se divide en costeño caribe y costeño pacífico, y el andino, en centro-oriental y centro-occidental. Además, de acuerdo con Lipski ([1994] 2005, 236), se podría establecer una tercera zona que no fue investigada durante la realización del *Atlas lingüístico-etnográfico de Colombia,* la amazónica, en donde conviven hispanohablantes procedentes de distintas zonas del país con la población indígena que habla español como segunda lengua. En opinión de Canfield ([1981] 1988),

> La relativa inaccesibilidad de sus tierras altas y de sus valles durante el periodo colonial hace que sea posible encontrar como mínimo cinco manifestaciones del castellano andaluz en el antiguo virreinato de Nueva Granada. Estos dialectos representan en su mayor parte, distintas etapas en la evolución de la lengua entre 1500 y 1800 (43).

Colombia es uno de los países de América que cuenta con más estudios dialectales. La primera descripción es la que realiza Cuervo ([1867] 1907) del habla de Bogotá, aunque ofrece también datos de otras zonas del país. Lo mismo ocurre con un trabajo posterior de Flórez (1951), basado en el habla espontánea de todas las clases sociales bogotanas, pero con referencias a otras modalidades colombianas. Tomando como base los materiales recopilados para el *Atlas lingüístico-etnográfico de Colombia,* dirigido por Flórez y publicado por el Instituto Caro y Cuervo (Flórez *et al.*, 1981–2004), se multiplicaron las descripciones sobre las variedades regionales del español colombiano. Todas coinciden en que el debilitamiento de /-n/ es el que define de modo más claro el superdialecto costeño, y la zona donde se registra puede considerarse como el habla costeña más característica (si se exceptúa alguna localidad de la sierra de Nariño). Los mapas del *Atlas lingüístico-etnográfico de Colombia* (Flórez *et al.*, 1981–2004) presentan de forma precisa la extensión de este fenómeno; de hecho, las isoglosas de las realizaciones de /-n/, entre otras, sirvieron para delimitar esta zona frente al superdialecto central andino, en el que predomina la realización alveolar. Además, al tratarse de un rasgo no marcado [→ § 1.18.8], contrariamente a lo que ocurre, por ejemplo, con la aspiración de -*s* [→ § 15.5.3, § 17.5.5] o con la neutralización -*l/-r* [→ § 20.3.3, § 23.2.1], es posible delimitar de modo preciso su extensión sin tener en cuenta variables sociolingüísticas (Montes 1982, 40).

Ya en los primeros trabajos de Flórez, anteriores al *Atlas lingüístico-etnográfico de Colombia,* se menciona que la /n/ final se velariza frecuentemente en ambas costas (del Atlántico y del Pacífico) y en la región de Cúcuta (departamento norte de Santander), del Chocó, del Valle y del Cauca —todos en la costa del Pacífico— (1951, 267, 1963, 272); lo mismo que en Montería y Sincelejo, en la costa atlántica (Flórez 1949, 133); en el departamento de Bolívar (Flórez 1960, 177) y en el de Chocó (en la costa del Pacífico), en final de palabra, ante pausa y «en medio de la frase» (Flórez 1950, 111). En una investigación ulterior, en la que actualiza sus anteriores datos con los obtenidos en el *Atlas lingüístico-etnográfico de*

Colombia, mantiene que en las costas, sobre todo en la del Caribe, la realización más frecuente de /n/ final de palabra, y a veces también la de sílaba interior, es la velar, mucho más notoria en las palabras terminadas en *án, én, ón* (Flórez 1978, 222). Por otra parte, Montes (1962, 448), también a partir de los materiales recogidos para el *Atlas lingüístico-etnográfico de Colombia* (Flórez *et al*., 1981–2004), señala que en San Basilio de Palenque (departamento de Bolívar), en la costa caribeña, /n/ en final absoluta es generalmente velar y se pierde casi invariablemente cuando precede una vocal velar *(o, u)*; en el departamento de Chocó, en la costa del Pacífico, es velar y con bastante frecuencia también alveolar, pero siempre muy débil (Montes 1974, 412); y en Mechengue (departamento de Cauca), igualmente en la zona costera del Pacífico, alternan las variantes alveolares con las velarizadas y con la elididas (Montes 1975, 561).

Las realizaciones de la /n/ implosiva se reflejan en los mapas del *Atlas lingüístico-etnográfico de Colombia* (*corazón, almacén, pan* y *hollín*). La variante alveolar se encuentra con regularidad en las tierras altas, en los departamentos del Cauca y Valle del Cauca junto a realizaciones labializadas, [-m] [→ § 14.6.3], y velares, [-ŋ]. La solución velar es general en el Noroeste y Oeste de Colombia, en las zonas de las costas atlántica y del Pacífico: en el noreste de Nariño, Guajira, César, Magdalena, Chocó, Atlántico, Norte de Bolívar, Sucre, norte de Córdoba y de Antioquia (Flórez *et al*. 1981–2004).

En Cartagena de Indias (en la costa caribeña), Becerra (1985, 138–60) registra como variante mayoritaria en todos los grupos sociales la velarización de /n/ en posición final ante pausa, sobre todo si se encuentra en sílaba tónica, en cuyo caso se nasaliza además se vocal, mientras que la alveolar solo se documenta en el registro formal de los estratos sociales medio y alto. En el contexto preconsonántico, tanto en interior como en final de palabra, se produce la asimilación de /-n/, excepto si la consonante es aspirada [→ § 1.6.3]. Si en interior de palabra la vocal que precede a /-n/ es tónica, se nasaliza y se elide la nasal, principalmente en el estrato social bajo; cuando la vocal es átona, la realización más habitual es la alveolar, aunque la nasal también puede llegar a perderse, quedando nasalizada la vocal [→ § 3.2.2]. De estos datos se deduce que, a pesar de que el debilitamiento y la pérdida de la nasal se dan en todos los grupos sociales, son algo menos frecuentes a medida que se asciende en el estrato social. En un trabajo posterior, en el que Becerra investigó en el área urbana de Cartagena el carácter gramatical de /-n/ como marca verbal de 3.ª persona plural en 25 informantes de ambos sexos, de más de 20 años y de tres niveles socioculturales, llegó a la conclusión de que, frente a un 9,3 % de realizaciones alveolares, las variantes debilitadas suponen un elevado 90,7 %, de las cuales el 43,4 % son elisiones de la nasal, lo que indica que /-n/ es una marca redundante cuando existen otros elementos gramaticales que transmiten la información sin ambigüedad, como, por ejemplo, el pronombre sujeto (Becerra 1991, 944).

En Nariño, departamento del sur con una parte costera y otra andina (en la frontera con Ecuador), se encuentran, según Albor (1971, 515), los rasgos más conservadores de Colombia; así, la /n/ en posición final se realiza como alveolar de forma general, pero se hallan casos aislados de velarización en hablantes de cualquier nivel sociocultural. En Iscuandé, en el extremo norte de Nariño, la /n/ final tiene articulación velar (de Granda 1973, 448). También, según Lipski ([1994] 2005, 237), en la zona amazónica colombiana se documentan realizaciones velares, debido a la influencia de los dialectos peruanos o a que en esta zona se han asentado habitantes procedentes de distintas zonas del país.

A estos estudios cabe añadir el de Betancourt y García Zapata (1998, 29–30) sobre la fonética de dos regiones auríferas de Antioquia, basado en los datos obtenidos en las entrevistas realizadas a 103 mineros agrupados en tres niveles culturales y en tres tramos de edad. El trabajo revela la existencia de dos zonas lingüísticas claramente diferenciadas en dicho departamento: la del bajo Cauca, que participa de los rasgos del español costeño (de las tierras bajas o del litoral), y la del Nordeste, con características del español andino de las tierras altas. Así, en el bajo Cauca las realizaciones velares de /n/ en final de palabra ascienden a un 85,7 %, frente al 14,3 % de alveolares. En cuanto a los factores sociales, el nivel sociocultural bajo ofrece los índices más elevados de velarizaciones (un 39,7 %), seguido del medio (un 30,2 %), y del alto, que presenta un porcentaje bastante alejado de los anteriores (un 15,9 %). Por el contrario, la variante alveolar, muy poco frecuente, solo se registra en el estilo formal (de lectura) en los niveles medio y alto (7,9 % y 4,8 %, respectivamente), y casi no aparece en el bajo (1,6 %). Por otra parte, los datos que se correlacionan con el factor edad ponen de manifiesto que la velarización de /-n/ es un fenómeno muy vivo en el habla de la zona del bajo Cauca, ya que el primer tramo de edad (de 20 a 39 años) es el que registra el porcentaje más alto de realizaciones velares (un 57,1 %), mientras que, en el segundo (de 40 a 59 años), desciende al 28,6 % y no figura en el tercero; las realizaciones alveolares (un 14,3 %) solo se registraron en el estilo formal o de lectura. Los resultados de las velarizaciones contrastan con los obtenidos en la región del Nordeste, donde la única variante documentada es la alveolar en todos los niveles socioculturales y edades.

Por último, se ha de hacer referencia a otra variante de /n/ en posición final, la labial [-m] —característica de la península de Yucatán (véase el § 13.2.2a) [→ § 14.6.3]— que ya registró Flórez (1978) en regiones del Pacífico a partir de 1948:

Entre hablantes cultos e incultos de diversos lugares del Cauca y del Valle es frecuente oír pronunciar la *n* final de palabra (y a veces inclusive la final de sílaba dentro de palabra) como *m*: *pam, Poyápam, hollím, jabóm, corazóm, rayóm, peóm, pantalóm, sartém, quimce, clim. . .* En 1948 registré este fenómeno en el departamento del Chocó (*piam, decíam, tambiém, a la ordem, Medeyím,* etc.); en 1974 ya había disminuido mucho (quizás por aumento y mejora de la instrucción escolar y de los transportes y comunicaciones) (222).

Montes (1974) ya solo documentó un caso en la región del Chocó en un individuo nativo de Condoto residente en Nóvita: [saŋˈˣu̯am] *San Juan* y [kaˈˣom] *cajón,* pero aclara que este fenómeno, frecuente en Cauca y Valle, «quizá tiene una geografía que rebasa los límites de Colombia hacia el sur: en un programa de la Televisora Nacional (Bogotá), Canal Nacional, sept 7/72, una de las 'hermanitas Rosario', cantantes peruanas, articulaba claramente *cancióm, emocióm*» (412). Posteriormente, Montes (1979), en los trabajos para el *Atlas lingüístico-etnográfico de Colombia* (Flórez *et al.*, 1981–2004), registró la variante labializada en 21 localidades del occidente de Colombia (en los departamentos del Cauca, Valle del Cauca y Chocó), sobre todo en /n/ final en sílaba tónica, aunque encontró dos ejemplos en sílaba átona: *trajerom* y *zumbam.* Estos casos aparecieron con una frecuencia desigual: más de 10 casos en tres localidades (Cali, Palmira y Morales), mientras que en ocho poblaciones solo se detectaron uno o dos. También Canfield ([1981] 1988, 44) menciona esta realización como característica de la región de Cauca-Valle en posición final de palabra ante vocal o pausa: [ˈpam], [ãn̪ˈd̪em].

De la información antes detallada se puede concluir que el Caribe mantiene la tendencia velarizadora en Panamá, seguida por la elisión de /-n/ acompañada de nasalización vocálica; la alveolar [-n] se conserva en la región más occidental. La capital panameña se muestra innovadora, con un debilitamiento muy acusado —el más elevado del ámbito hispánico— y con predominio de las elisiones, sobre todo en hombres y en nivel sociocultural bajo, al que oponen alguna retención de la velar los hablantes pertenecientes al tramo de edad de 35 a 50 años y los cultos en general. Cuba se muestra conservadora al apostar, sobre todo en la parte más occidental de la isla y en el sociolecto alto de La Habana, por las variantes alveolares y asimiladas, favorecidas por la posición interior y el contexto consonántico y vocálico, alternando en segundo y tercer puestos con las elisiones, con nasalización de la vocal precedente, y las velares, según las regiones. Del mismo modo, en Puerto Rico se produce una clara tendencia hacia la variante alveolar; así en San Juan, [-n] es hoy la realización más general —ligeramente más en mujeres—, mientras que son más escasas las velares y las elididas, condicionadas las primeras por el contexto preconsonántico y las últimas por el prevocálico y el prepausal. Conviene precisar que las velares en los contextos mencionados son mayoritarias en el nivel sociocultural medio-alto de la capital. En la República Dominicana se atestigua un acusado debilitamiento de la /n/ implosiva que da lugar a realizaciones velares y elididas, con nasalización en ambos casos de la vocal precedente, determinadas por la pausa y, en el caso de ser prevocálicas, por la tonicidad de la vocal siguiente.

En la zona caribeña de Venezuela, con la norma estandarizadora de Caracas, es muy frecuente la variante velar [ŋ] final, sobre todo en los muy jóvenes y en el nivel sociocultural bajo, y algo más escasa en las mujeres. Respecto al estilo, las velares predominan en el habla espontánea, pero en el habla controlada no se realizan ante consonante. En los estados venezolanos andinos (Táchira, Mérida, Trujillo y Lara) se documenta la alveolar [-n] ante pausa o vocal, y en el sur alternan la alveolar [-n] y la velar [-ŋ]. Por otra parte, las elisiones en Venezuela son poco habituales, lo que indica cierta moderación en el proceso de debilitamiento de la /n/ implosiva. En Colombia, en general, también se pueden establecer diferencias entre territorios costeros (del Atlántico y del Pacífico) y centro-andinos (sobre todo, los departamentos del Cauca y Valle del Cauca), con distribución de velares o elididas y alveolares, respectivamente. Este contraste se hace evidente en Nariño, departamento del sur con una parte costera y otra andina. La ascensión en el estrato social parece determinar mayor moderación en el debilitamiento de la /-n/ en las costas colombianas, aunque no parece influir en ello, sin embargo, la marca de gramaticalidad (3.ª persona del plural de los verbos), ante cuya función no se contienen las velares o elididas. A estas variantes de /n/ cabe añadir la labializada [-m] que se registra en los departamentos de Cauca, Valle del Cauca y Chocó.

13.2.2.3 *Los Andes*

El español de Perú es el resultado de una serie de condicionantes históricos, culturales y sociales, cuya manifestación más notable en los últimos años han sido los desplazamientos demográficos de la población hacia las zonas urbanas costeras, sobre todo a Lima. Estas migraciones han puesto en contacto dos variedades históricas del español peruano asociadas a asentamientos de la población y geográficamente bien delimitadas: la costeña, con subdivisiones internas (del norte, de Lima y del sur) y con hablantes monolingües de español, y la andina, con población mayoritariamente indígena con el español como segunda lengua, a las que hay que añadir la variedad de la zona amazónica, colonizada mucho más tarde, en la que conviven lenguas diversas. En opinión de Caravedo (1996), las influencias que se establecen entre las distintas modalidades en un mismo espacio impiden que se puedan distinguir con facilidad las características de cada una, pero, desde el punto de vista social, provocan la identificación de las diferencias dialectales con las sociales, de tal forma que las variedades no costeñas y, sobre todo las andinas, se interpretan como las más bajas en la estratificación social. Ambas situaciones favorecen «el surgimiento de modalidades distintas como resultado del contacto y de la interacción entre los grupos, que serán determinantes en el perfil del español peruano» (155).

De los datos de Caravedo (1996, 159), procedentes de los materiales de sus encuestas para el *Atlas lingüístico de Hispanoamérica* y de sus investigaciones sociolingüísticas, se desprende que la velarización de /n/ implosiva [→ § 14.6.4] es general en la costa, excepto en la parte sur, donde convive con realizaciones alveolares, coincidiendo con el norte de Chile, zona en la que también alternan ambas soluciones. La realización velar se encuentra en el interior y en final de palabra ante cualquier consonante, aunque no tiene relación con la clase social. Del mismo modo, Escobar Sambrano (1978, 47) mantiene que, en la variedad del litoral norteño o central, la /-n/ final tiende regularmente a velarizarse, y Lipski ([1994] 2005, 343) afirma que la velarización es general en toda la zona alta andina de Perú, en Lima y en el litoral norte y central, pero su frecuencia va descendiendo progresivamente en la costa sur, donde predominan las realizaciones alveolares. Además, según Caravedo (1996, 159), las realizaciones velares alternan con una tendencia hacia la elisión de la nasal con desplazamiento del rasgo de nasalidad a la vocal contigua, elisión que para Lipski ([1994] 2005, 341) se produce con regularidad en la zona alta andina.

Más concretos son los datos que aporta la misma autora, procedentes de un corpus de 24 entrevistas realizadas a habitantes no migrantes de la ciudad de Lima, de dos grupos socioculturales, culto y popular (Caravedo 1990, 196–201). El estudio, de corte sociolingüístico, tiene en cuenta las variantes asimiladas, velares y elididas (siempre con nasalización vocálica), como estadios del proceso de debilitamiento de /-n/, tanto en posición implosiva interior como final, en los contextos preconsonántico, prevocálico y prepausal.

En interior de palabra, los resultados muestran que, en términos absolutos, en Lima la velarización es la realización mayoritaria en el grupo popular, un 72 % frente a un 28 % del grupo culto y, por consiguiente, la variante alveolar representa el 28 % en el popular y el 72 % en el culto. Estos porcentajes varían en función de la consonante siguiente: ante consonante bilabial la realización velar es más habitual en el grupo popular, el 80 % frente al 40 % del grupo culto, y, ante dental, también el sociolecto popular registra más velarizaciones (un 65 %) que el culto (un 48 %); sin embargo, ante consonante palatal la situación se invierte: un 60 % de velares en el grupo culto y un 40 % en el popular.

En posición final de palabra (Tabla 45), la variante alveolar o asimilada (NA) presenta porcentajes significativos solo en el grupo culto (47 % ante consonante y 40 % ante vocal), en el popular se reduce al 10 % en ambos contextos y no se encuentra ante pausa. No obstante, tanto en el grupo culto como en el popular, la velarización es la solución más frecuente en todos los contextos, si bien los porcentajes más elevados se registran ante vocal y ante pausa en ambos grupos, lo que, en opinión de Caravedo (1990), indica un estadio avanzado en el proceso de debilitamiento de /-n/, pero sin que los hablantes lleguen a percibirlo como negativo. Así, en el contexto prepausal, la variante velar alcanza un porcentaje del 90 % entre los informantes cultos y del 78 % entre los populares, mientras que, en el vocálico, el porcentaje más elevado corresponde al grupo popular: un 80 %, frente al 60 % del grupo culto. Las cifras descienden ante consonante, desde el 65 % del grupo popular a solo el 40 % del grupo culto. En lo que se refiere a la elisión, los datos indican que, en este caso, la relación con el estrato social es más relevante: los porcentajes más altos, alejados de los de la velarización, se dan en el sociolecto popular (un 25 % ante consonante, un 22 % ante pausa y un 10 % ante vocal), frente al 13 % ante consonante, el 10 % ante pausa y el 0 % ante vocal en el culto. Lo más significativo, no obstante, es que las elisiones son

Tabla 45 *Distribución de las variantes de /n/ final en Perú según el contexto fónico y el nivel sociocultural*

	/-n/C (%)			**/-n/V (%)**			**/-n/# (%)**		
	NA	**NV**	**ṼØ**	**NA**	**NV**	**ṼØ**	**NA**	**NV**	**ṼØ**
Grupo culto	47	40	13	40	60	0	0	90	10
Grupo popular	10	65	25	10	80	10	0	78	22

Nota. Reelaboración de los datos de Caravedo (1990, 202–4).

más numerosas en el contexto preconsonántico que en el prepausal y, sobre todo, que en el prevocálico, donde ni siquiera existen en el grupo culto.

Ante esta distribución de variantes, Caravedo se cuestiona por qué el contexto vocálico, más proclive al debilitamiento o la velarización, se muestra, sin embargo, como el más resistente a la desaparición de la nasal. En su opinión, puede deberse a que el sistema silábico español no admite bien dos vocales contiguas en frontera silábica [→ § 24.2.2] que no lleguen a formar diptongo [→ § 3.2.4, § 4.2, § 7.5.1, § 24.2.3] porque se considera más natural que la frontera silábica se origine teniendo por límite una consonante (1990, 204–5).

Ecuador es un país con una gran variedad dialectal enriquecida por el contacto con las lenguas indígenas, sobre todo con el quechua en la zona andina. Desde el punto de vista lingüístico, se pueden delimitar tres áreas que tienen continuidad por otros países andinos: la costa, la sierra (con divisiones internas) y la zona amazónica.

Si bien existen trabajos locales que no aportan datos fonéticos, el primer estudio sistemático del español hablado en Ecuador es el de Toscano (1953, 108–9). Ya entonces mantenía este autor que en el Ecuador la /n/ final ante vocal o ante pausa era siempre velar y «muy nasal» [→ § 3.2.2], excepto en la provincia del Carchi (al norte del país, en el límite con Colombia), donde era alveolar. Sobre esta pronunciación afirma que

> en Quito suele reprocharse a los carchenses el pronunciar «tienen ustedes», por ejemplo, como pronunciaría un quiteño si fuera una sola palabra «tienenustedes». En Quito y buena parte de la Sierra se dice con *n* alveolar o dentoalveolar, *bien hecho*, o mejor *bienhecho*, con significación especial: una interjección de alegría o aprobación por un castigo o un percance que sufre otra persona, y que se supone merecido. En los demás casos, bien hecho, se pronuncia con *n* velar (109).

Lipski ([1994] 2005, 265–67) señala que en la costa —en las provincias de Esmeraldas, Guayas, Los Ríos y Manabí— la /n/ final de sintagma y de palabra ante vocal se velariza. En la región andina, en las provincias de Imbabura a Chimborazo (incluido Quito), se velariza y a veces se elide, nasalizando la vocal anterior. Por el contrario, en la provincia del Carchi y en la de Loja, es general la alveolar en estos contextos, aunque en Loja alterna con la velarizada, realización algo más numerosa. Por otra parte, sus datos procedentes de la clase social media-alta de la capital (Tabla 46), Quito, ponen de manifiesto que la variante velar es mayoritaria en el contexto prepausal (el 87 %), y que ante vocal el porcentaje también es elevado (el 74 %). Las elisiones y las variantes velares presentan en ambos contextos resultados muy alejados de estos; sin embargo, la elisión es algo más frecuente que la variante alveolar o asimilada (Lipski 1986, 148).

Boyd-Bowman (1953, 228) asegura que tanto en la sierra como en la costa se pronuncia /n/ final de palabra como velar ante pausa y ante vocal, acompañada en ocasiones de nasalización de la vocal precedente, aunque sus datos, según aclara, proceden de tres ecuatorianos con los que coincidió en un viaje de tres días por los Estados Unidos y de un cuestionario que le envió un señor de Cuenca con información de esta ciudad, de Loja y de Cañar. Mucho más reciente es el trabajo de Moreno y Taboada (2008) sobre la pronunciación de /-n/ en la ciudad de Quito, basado en grabaciones de la lectura de palabras, frases y textos realizadas por 26 informantes quiteños (10 hombres y 16 mujeres) distribuidos en cuatro tramos de edad. Los autores no ofrecen datos porcentuales, pero afirman que la /-n/ se realiza siempre como velar en posición final, «independientemente de la presencia o ausencia de una pausa a continuación» (582).

Tabla 46 *Distribución de las variantes de /n/ final en Quito según el contexto fónico*

/-n/# (%)			/-n/V (%)		
NA	**NV**	**ṼØ**	**NA**	**NV**	**ṼØ**
2	87	11	11	74	15

Nota. Datos procedentes de Lipski (1986, 148).

De naturaleza geolingüística es la información que ofrece Quilis (1988, 649–59), procedente de 14 encuestas realizadas en dos localidades de la costa, tres de la sierra y dos de la zona amazónica para el *Atlas lingüístico de América*. El análisis de sus datos demuestra que la nasal implosiva se velariza ante pausa, frecuentemente con nasalización de la vocal, aunque alternando con realizaciones alveolares y elididas. Solo se realizó como velar ante vocal una vez en Guayaquil y otra en Esmeraldas (poblaciones ambas de en la costa), pero en los informantes de menor cultura. Por tanto, Quilis mantiene que en los lugares que investigó no existe juntura interna abierta [→ § 1.21.11].

Desde el punto de vista lingüístico, Bolivia pertenece al área del español andino, si bien no participa del español costeño. A partir de los estudios sobre sus variedades dialectales, se han podido establecer dos grandes zonas lingüísticas: la del español del altiplano, en contacto con las lenguas quechua y aimara, y la del español de los llanos o 'español camba', que ocupa el 70 % del territorio. En este último, se suele distinguir dos subzonas con características lingüísticas propias, próximas al español colonial: la del departamento de Tarija, en la frontera septentrional con Argentina, donde se habla el español 'chapaco', y la del departamento de Santa Cruz, que limita con el norte de Paraguay, donde se habla el español 'vallegrandino'.

Aparte de algunas aportaciones muy locales, son escasos los trabajos dedicados a la descripción del español boliviano. Una de las investigaciones que se ha ocupado de su pronunciación es la de Gordon (1980, 349), quien entrevistó a 118 personas de diferentes regiones del país, y de distintas clases sociales y niveles educativos. Los datos obtenidos de sus grabaciones, muy concisos y nada concluyentes, apuntan a que la variante alveolar es la más común, si bien el 73 % de los informantes emplearon, ante sonidos no velares y ante pausa, las variantes alveolar [-n] y velar [-ŋ], sin que la elección de una u otra obedeciera a ningún factor geográfico o social. El 29 % de estos informantes alternó [-n] y [-ŋ] solo ante vocal y pausa, el 25 %, únicamente ante vocal, y el 12 %, ante vocal, consonante y pausa. Añade Gordon que «es tan pegajosa esta articulación velar» (349) que la registró también en posición interior en dos informantes: [peŋˈsamos] y [ˈõŋse].

Lipski ([1994] 2005, 212), por su parte, afirma que en los llanos (tierras bajas) la velarización de /n/ es menos frecuente que en las tierras altas.

Quilis y Quilis Sanz (2003, 785), a partir los datos obtenidos de las encuestas realizadas a 31 informantes de 15 localidades de todo el país, aseguran que la /n/ final ante pausa raramente se velariza y que la velar [-ŋ] no apareció en sus materiales como segmento de juntura interna abierta [→ § 1.21.11], pero no aportan más información.

Como visión general de los territorios andinos, puede concluirse que Perú presenta velarización generalizada en la costa (en la parte sur convive con [-n]), en Lima y en la zona alta andina, en interior y final de palabra ante cualquier consonante. También marcan su presencia las elisiones con nasalización de la vocal contigua en la zona alta andina. En la capital, el nivel sociocultural culto prefiere las alveolares o asimiladas en interior de palabra —y en final—, al contrario del popular, con comportamientos internos que dependen de la consonante siguiente. Las estigmatizaciones de los peruanos hacia unas u otras variantes parecen estar relacionadas con las elisiones, más propias del nivel sociocultural bajo. En Ecuador la /n/ final es generalmente velar, más ante pausa, excepto en el norte y en el sur del país (más en Carchi y menos en Loja), donde es alveolar. Ello incluye la costa y la región andina (de Imbabura a Chimborazo), donde a veces se elide, con nasalización de la vocal. A medida que se penetra en el continente suramericano, las alveolares acentúan su predomino: Bolivia usa más [n], que ante velares y pausa se hace [ŋ], comportamiento que es más propio de los llanos (tierras bajas).

13.2.2.4 Zona austral y Chile

Todos los estudios sobre la zona austral y Chile coinciden en que la realización de /n/ implosiva es alveolar de forma general, aunque puedan darse casos aislados de velares [→ § 14.6.4].

Para Argentina, Alvar, en un estudio sobre el polimorfismo (2000c, 329), señala que la /n/ final es alveolar, aunque recoge casos de velarizaciones y de elisiones con nasalización vocálica, además de alguna realización bilabial. En Uruguay la /n/ implosiva se realiza de forma general como alveolar (Lipski [1994] 2005, 373).

En Paraguay, es común la alveolar final, si bien se encuentran realizaciones velares esporádicas (Lipski [1994] 2005, 330). Para de Granda (1994, 303) es general la variante alveolar con fuerte nasalización de la vocal precedente «y, con menos frecuencia, de sustitución de /-N/ por [m], sin duda por imposición de un rasgo fonético, homólogo, del guaraní» [→ § 14.6.3]. En el atlas lingüístico de Paraguay (Alvar 2001a), la realización de /n/ final absoluta es alveolar en todos los informantes en el caso de *tapón* (mapa 1093); con mayoría alveolar (en 16 de 26), algunas velarizaciones y una labialización, en *cajón* (mapa 1094). No obstante, las variantes de *jabón* (mapa 1028) contrastan con las del primer caso porque aquí la realización mayoritaria es la velar (en 18 de 26) —todas debilitadas, excepto dos—, seguida de la elisión, y de dos labializaciones [m], pero no se documenta ningún caso de alveolar.

En Chile, la articulación alveolar en el norte —región que perteneció a Perú— alterna con la velar, coincidiendo con la zona sur de la costa peruana, donde también se registran casos de alternancia (Lipski [1994] 2005, 223).

Resumiendo, en Chile, Argentina, Uruguay y Paraguay se realiza la /n/ implosiva alveolar de forma general; igualmente se dan casos aislados de velares y elididas. En Chile [-ŋ] alterna con [-n] al norte, en la antigua zona peruana. Debido a una posible influencia del guaraní, en Paraguay se registran algunas realizaciones labializadas [-m], que también se dan en Argentina.

13.2.2.5 Estados Unidos de América

En el sur de los Estados Unidos, en Texas, Nuevo México, en la Luisiana y en el sur de Arizona y Colorado, se conserva un 'español patrimonial', heredado de los colonos españoles de los siglos XVI al XVIII, que se fue configurando desde el siglo XIX. Este español, «cuando se conserva, es marca de grupo y de distinción social» frente al de los emigrantes mexicanos que se instalaron a lo largo de la frontera desde finales del xix y principios del siglo xx (Moreno Fernández 2009, 392–93).

Los datos procedentes de las encuestas de Alvar (2000a, mapas 62, 225, 356, 412, 467, 536, 537) muestran que /n/ en posición final absoluta es generalmente alveolar, con nasalización de la vocal, en Texas, Nuevo México, Colorado y Arizona, pero aparecen algunas variantes velares aisladas [→ § 14.6.4]. En Luisiana, sin embargo, siempre es velar, también con nasalización de la vocal. Estas realizaciones se dan tanto en sílaba tónica como en átona, como en *virgen* (mapa 412) o en *examen* (mapa 537). El predominio de las variantes alveolares se debe indudablemente a la influencia mexicana, mientras que las velares de Luisiana son un vestigio de las hablas canarias.

En este español patrimonial se enmarca el de los 'isleños', descendientes de los emigrantes canarios que llegaron al territorio de Luisiana a finales de siglo xviii. Siguen manteniendo, si bien cada vez con menos vitalidad, la variedad del español canario. De acuerdo con Samper Padilla y Hernández Cabrera (2008, 396), la información que aportan los distintos estudios sobre la variación de la nasal implosiva en el español isleño es muy divergente. Álvarez Nazario (1972, 63) señala que entre los isleños de Luisiana la velar final [ŋ] nasaliza la vocal precedente y generalmente desaparece. Mac-Curdy (1975, 53) asegura que /n/ final ante pausa, precedida de una vocal velar, se articula generalmente como velar *(aga-llón)*. No obstante, los datos de Lipski (1985, 130), procedentes de los materiales que él mismo recogió en la comunidad de isleños de Luisiana, revelan la poca relevancia que, en los contextos prepausal y prevocálico, tiene la velarización (un 2 % y 0 %, respectivamente), menor incluso que la elisión: 16 % y 6 %, respectivamente (Tabla 47). Estos resultados contradicen los de MacCurdy, cuando, según aclara Lipski, entrevistaron en ocasiones a las mismas personas. En su opinión, la escasa incidencia de soluciones velares indica, por una parte, que cuando se produjo la emigración de canarios a Luisiana la velarización no existía aún en las islas — nada extraño si se tiene en cuenta que en la actualidad es un proceso que no abarca todo el territorio— y, por otra, que es un rasgo adicional que «subraya la naturaleza legítimamente arcaizante del lenguaje isleño, y su condición de antecesor del habla canaria actual» (130). Alvar realizó en 1991 encuestas a los isleños de Luisiana y encontró también que «tenían n velar en la terminación», pero no menciona ninguna otra realización de la nasal (1998, 45).

Diferente es el caso del español de los emigrantes hispanoamericanos que desde mediados del siglo xix se han desplazado a los Estados Unidos. Las variedades de este español mantienen, en gran medida, las características lingüísticas de los dialectos de los países originarios, sobre todo si los hablantes se concentran en comunidades. Se han expuesto ya los datos sobre las nasales de las comunidades salvadoreñas de Houston, los de los cubanos de Miami y los de la modalidad puertorriqueña de Filadelfia en el § 13.2.2.

Tabla 47 *Realizaciones de /n/ final en la variedad de los isleños de Luisiana según el contexto fónico*

/-n/# (%)			/-n/V (%)		
NA	NV	ṼØ	NA	NV	ṼØ
82	2	16	94	0	6

Nota. Datos procedentes de Lipski (1985, 130).

13.2.3 África

Guinea Ecuatorial es el único país de África que tiene el español como lengua oficial, junto al francés y al portugués. Sus habitantes, no obstante, adquieren como primera lengua la autóctona propia de su etnia.

Lipski (1990, 73–74, 107), para su trabajo sobre el español de Malabo, entrevistó a 25 personas de distintas etnias, de ambos sexos y de diferente nivel de instrucción (educación primaria o secundaria). Asegura que en todas las encuestas y observaciones realizadas no encontró ni un solo caso de velarización de /n/ final [→ § 14.6.4] ni ante vocal ni ante pausa ni ante consonante; de hecho, en ocasiones, la nasal no se asimiló a la consonante siguiente, aunque esta fuera velar, labial, etcétera, debido, en su opinión, «al ritmo lento con que se habla el español». La elisión de la consonante nasal y la nasalización de la vocal anterior no se produce en Malabo, excepto como rasgo idiosincrático.

La investigación de Quilis y Casado (1995, 108, 161, 231) sobre el español de Guinea Ecuatorial se basó en los materiales recogidos en 12 localidades de la isla y del continente. Se grabó a 466 informantes, de todas las etnias, de ambos sexos, de todas las edades y de distintos niveles de formación, si bien, dado el contexto sociocultural del país, predominaron los del nivel bajo y medio. Los datos sobre /n/ en posición final de palabra ante pausa muestran que la realización mayoritaria es la alveolar sin nasalización de la vocal de la sílaba en la que aparece ([saɾˈt̪en] *sartén*); en orden de frecuencia, la segunda posibilidad es que se conserve y se nasalice la vocal [ˈkomẽn] *comen;* la tercera, que se pierda sin nasalizar la vocal: [taˈm̞i̯e] *también;* la cuarta es que se elida nasalizando la vocal, [ˈkomẽ] *comen* [→ § 3.2.2]; la quinta es que se realice como velar, nasalizando la vocal precedente: [ta'põŋ] *tapón;* y la sexta, que se pronuncie como velar, sin nasalizar la vocal [ba'loŋ] *balón.* La elisión de la nasal final tiene repercusiones morfológicas, pues, al funcionar como morfema de número en el verbo, afecta a la tercera persona del plural y, por tanto, a los enunciados de impersonalidad en general. Son muchos los casos que se recogieron en las encuestas espontáneas, algunos de ellos claros ejemplos de pérdida de la nasal, que afectaban la concordancia y que provocaban ambigüedades que solo podía resolver el contexto; sin embargo, en ocasiones quedaba la duda de si se trataba de una generalización de la forma pasiva impersonal o de la pérdida del morfema de plural del verbo.

En la República Árabe Saharaui Democrática el español es la segunda lengua oficial, después del árabe. A pesar de no ser la lengua materna de ninguno de sus habitantes, tiene una gran vitalidad y goza de gran prestigio. Desde 1975, los saharauis de los campamentos de refugiados de Tinduf (en Argelia) decidieron defender el uso del español como un signo más de su identidad nacional y para distinguirse del entorno francófono. La mayoría es bilingüe, ya que la población escolarizada en los campamentos ha recibido enseñanza de español y el resto posee un nivel muy alto de competencia en esta lengua; de hecho, utilizan el árabe y el español en ámbitos y con funciones sociales diferentes.

Tarkki (1995) fue el primero que estudió la pronunciación de la variedad saharaui del español en los campamentos del Frente Polisario de Tinduf. Realizó entrevistas a 31 personas, de ambos sexos, de 10 a 70 años, de formación primaria y universitaria. Sus exhaustivos análisis acústicos revelan que /n/ en posición implosiva se asimila y en posición final se realiza como alveolar, pero no se dan casos de velarización ni de elisión. La consonante alveolar nasal sonora enfática del hasanía no influye en la pronunciación del español.

13.2.4 Asia

En Filipinas, Quilis y Casado (2008, 94) entrevistaron a 30 filhispanos de nueve localidades de distintas islas. Estos informantes mantenían el español en sus relaciones familiares y sociales, aunque se encontraban tan dispersos por las islas que no fue posible establecer grupos de edad o de clase social. A pesar del amplio corpus con el que se trabajó, procedente de encuestas sistemáticas y espontáneas, el fonema /n/ apareció siempre con realización alveolar en posición final absoluta, pese a que en las lenguas autóctonas filipinas existe el fonema nasal /ŋ/; por ello, nunca apareció como índice de juntura interna abierta [→ § 1.21.11].

13.3 Palatalización y despalatalización: variación regional y social

El proceso de palatalización [→ § 1.18.7] de /n/ se extiende por todo el ámbito hispánico, sobre todo en la secuencia *ni* seguida de vocal; este es un fenómeno antiguo que se produjo igualmente en el paso del latín al castellano, en palabras como, por ejemplo, *Hispania > España, dominiare > domeñar,* etcétera. Por otra parte, la despalatalización [→ § 1.18.7] de /ɲ/ se ha producido, o se está produciendo, en varias partes del mundo hispánico y románico [→ capítulo 19]. En los siguientes subapartados se proporcionan más detalles sobre las características y la extensión de ambos procesos.

13.3.1 Palatalización

En España, la palatalización de /n/ inicial constituye una de las características del dialecto leonés; se conoce en partes de Asturias, de León y en tierras de Zamora y de Salamanca: *ñacer* 'nacer', *ñabu* 'nabo', *ñato* 'nato', *ñegru* 'negro', *ñariz* 'nariz', *ñalga* 'nalga', *ñube* 'nube' (Quilis [1993] 1999, 242); no obstante, en opinión de Borrego (1996, 144–45), se trata de un rasgo que va desapareciendo de estas zonas, por ejemplo, de Babia y Laciana. Moreno Fernández (1996, 221) afirma que las palatalizaciones de [n] + [i̯] se registran en muchas zonas de España, y él las ha recogido en el sudeste de Toledo (Mora de Toledo, Quintanar de la Orden), en el nordeste de Ciudad Real (Herencia) y en el este de Cuenca (Valdemorillo de la Sierra, Alcalá de la Vega): *begoña* 'begonia', *mañatico* 'maniático'.

En América, según explica Quilis ([1993] 1999, 242), la palatalización de /n/ se ha documentado en numerosos países: México, Chile, en Nuevo México, en los Estados Unidos, en Argentina, en Colombia, etcétera.

En Ecuador, la palatalización de /n/ inicial ha dado lugar a arcaísmos que se han conservado preferentemente en la sierra, registrados como tales por la Real Academia Española en la última edición de su *Diccionario*: *peaña* 'peana', *ñublado* 'nublado', *ñudo* 'nudo'; el primero de uso general y los dos últimos, rurales y, sobre todo, propios del habla castellana de los indígenas. Por asimilación se dice *niño* 'niño', *Ñuñez* 'Núñez', pero solo entre hablantes poco instruidos. Un ejemplo más moderno de palatalización es el neologismo *ñoquear* (*noquear,* comúnmente), procedente del verbo inglés *to knock* ('golpear') que, a su vez, da lugar a la expresión *to knock out* en el mundo del boxeo. El sustantivo correspondiente es *nocao* o, vulgarmente, *ñocao* y *ñocau.* En esta palatalización puede rastrearse el influjo del americanismo que se documenta en el *Diccionario* de la Real Academia Española, *ñeque,* cuya acepción en el Ecuador es *golpe,* y que tiene una segunda forma: *ñeco* (Toscano 1953, 106–7). Asimismo, la tendencia palatalizadora de *n* seguida de vocal palatal es absolutamente general en la sierra (Córdova 1996, 195) cuando la vocal forma parte de combinaciones vocálicas, como en [ˈliɲa] *línea.* Moreno y Taboada (2008) la localizan en Quito: [ˈsoɲa] *Sonia,* [ãɲˈtoɲo] *Antonio,* como fenómeno generalizado «entre los grupos de 14 a 20 y de 21 a 30 años y aparece ocasionalmente en los de 31 a 40 y en el de 41 a 62» (582).

El fonema /n/ en posición inicial se palataliza en Bolivia en algunos informantes cuando precede a las vocales cerradas altas /i u/ y a la anterior media /e/, y se realiza como palatalizada [nʲ] o como palatal nasal [ɲ] (Quilis y Quilis Sanz 2003, 784–85).

Garza (1987) precisa, desde un punto de vista sociolingüístico, que en Oaxaca «es propio de de los hablantes de nivel bajo palatalizar la *n* en el grupo *n* + yod» (50), y Alvar (1965–1966) anota que, en sus investigaciones en Oaxaca (México),

> no abundó la palatalización de n + yod, puesto que de todas las formas consignadas (*niebla, nieve, demonio, matrimonio, línea*) solo obtuvimos *demoño* en dos informantes y *matrimoño* en otro, y en esta última no como respuesta a nuestra pregunta, sino en la conversación. Se dan, pues, casi exclusivamente los tratamientos de la lengua común, y los raros casos de palatalización indican una tendencia fonética más tímida que en habla de Ajusco (363).

En Colombia, Montes (1962, 448) califica de frecuente la palatalización de *n-* en contacto con vocal palatal: *ñágara* 'Niágara', *ñeves* 'nieves'. Localiza también este fenómeno en Manzanares, en la parte oriental del departamento de Caldas, en las estribaciones orientales de la cordillera central de los Andes y en San Basilio de Palenque (Montes 1957, 163, 1985, 25, 92). También se registra la palatalización en el departamento de Nariño, donde la combinación *n*[-i̯] da lugar a *Toño,* el hipocorístico de *Antonio* [ãɲˈtoɲo] (Albor 1971, 531).

Quilis y Casado (1995, 109) recogen en Guinea Ecuatorial frecuentes palatalizaciones de /n/ ante las vocales /e/, /i/ y, a veces, también ante /u/, tanto en posición inicial como en interior de palabra, [nʲ]: [ˈnʲu̯eβe] *nueve,* [ˈnʲi̯eβla] *niebla,* [mẽnʲe'aɾ] *menear,* [pulmõ'nʲi̯a] *pulmonía,* que pueden desembocar en la palatalización total de /n/ con pérdida de la vocal: [boˈɲatos] *boniatos,* [ˈliɲa] *línea.*

También en Filipinas, Quilis y Casado (2008) registran palatalizaciones frecuentes de diverso grado de /n/ ante vocal palatal, «llegando incluso a pronunciarse como [ɲ]: [ˈnʲi̯eto] *nieto,* [maɾ̪i'mõnʲi̯o] ~ [maɾ̪i'mõnʲo] ~ [maɾ̪i'mõɲo] *matrimonio*» (94). El fenómeno se extiende, «aunque de forma esporádica» (94), a contextos con [e] no silábica: [ˈlĩnʲea] ~ [ˈlinʲi̯a] *línea.*

13.3.2 Despalatalización

La extensión de la despalatalización abarca dialectos españoles y americanos y el judeoespañol de Bucarest y de Marruecos (Quilis [1993] 1999, 243).

Moreno Fernández (1988, 62) afirma que se encuentran casos de despalatalización en el noroeste peninsular, en Andalucía y en Extremadura. En su investigación en Quintanar de la Orden, en Toledo (1988, 64), documenta diversos grados de mantenimiento de la palatal (*panio* 'paño', *monio* 'moño', *senior* 'señor') o simplemente con *n* (*albanil* 'albañil', *estanador* 'estañador', *canonazo* 'cañonazo', *manana* 'mañana', *panuelo* 'pañuelo', *pequenito* 'pequeñito', *senor* 'señor', *bano* 'baño', *cana* 'caña', *companía* 'compañía', *ninio* 'niño', *panuelo* 'pañuelo', etcétera). Moya Corral (1993) analiza la despalatalización de /ɲ/ en la provincia de Jaén, sitúa su área principal en la Loma de Úbeda y comprueba que las dos realizaciones que adopta /ɲ/, [ni̯] *(anio),* y [n] *(albanil),* están en distribución complementaria.

En cuanto a las zonas americanas de México y Centroamérica, los escenarios de las despalatalizaciones son parte del istmo de Tehuantepec y Yucatán. Henríquez Ureña (1938) las localiza en Oaxaca y Yucatán (México). Suárez Molina ([1945] 1996, 65), refiriéndose a esta península caribeña, afirma que:

> por diferenciación, la consonante deja de ser palatal cuando la vocal lo es y la *ñ* se convierte también en *n* en *albañil* [alba'nil], *compañía* [kompa'nḭa] (p. 56). . . . La articulación simple de la *ñ,* palatal nasal

sonora no se encuentra en el yucateco, quien desarticula este fonema en *n + i: ninio* 'niño', *anio* 'año', *canio* 'caño', *lenia* 'leña', *manania* 'mañana', *pequenio* 'pequeño' (65).

Lope Blanch (1981, 420–21) se pronuncia advirtiendo de la cautela con que se debe tratar la posible influencia del adstrato maya sobre este fenómeno; lo considera, más bien, un «simple» proceso interno, aunque favorecido por la inexistencia de /ɲ/ en las lenguas mayas. Alvar (1969), basándose en la escasez de palatalizaciones recogidas en Yucatán ya comentadas, propone rectificar los datos de Henríquez Ureña (1938) y cree «de interés consignar el hecho inverso: la despalatalización de la *ñ*, según se cumple en ['unja] [sic] *maniana, espanja*» (172). Así, en Mérida (Yucatán, de influencia maya) y en Oaxaca (español mexicano y centroamericano), se registra la despalatalización de *ñ: albanil* 'albañil', *anil* 'añil', *anio* 'año', *ninio* 'niño' (Canfield [1981] 1988, 24).

Por lo que respecta a Belice, Quilis (1990, 143) apunta que es frecuente la despalatalización de [ɲ], que se realiza como palatalizada o como palatalizada seguida de paravocal prevocálica.

En Ecuador «también tenemos la despalatalización de *ñ* con estos pocos ejemplos: *companía*, 'compañía', *alfenique* 'alfeñique', *ninio* 'niño', *danino* 'dañino'» (Córdova 1996, 195), *albanil* 'albañil', *pestanear* 'pestañear'; esos mismos casos y algunos otros se han observado en el español andino serrano costeño de Guayaquil: *danino* 'dañino'. Otro caso de despalatalización ofrece la frecuentísima palabra *taíno*, procedente de *taíño* o *taheño*. Por disimilación, se despalataliza /ɲ/ en los gentilicios: *baneño* (el de Baños, tanto de Azuay como de Tungarahua), de uso general, y *machacheno —machacheño*, de Machachi— (Toscano 1953, 107).

En el español austral del litoral argentino hay una clara tendencia a la despalatalización de la nasal palatal: [baˈni̯aɾ] *bañar*, [ˈãni̯o] *año*, [piˈni̯ones] *piñones* (Moreno Fernández 2010); también se documenta en Chile (Oroz 1966).

Quilis y Casado (1995, 111) constatan la despalatalización de /ɲ/ en Guinea Ecuatorial en informantes annoboneses y de la etnia fang «aunque no de forma regular: [ˈãno] *año*, [mi peˈkeno] *mi pequeño*, [seˈnoɾ] *señor*, [ˈkana] *caña*».

13.4 Nasalización y desnasalización: variación regional y social

La nasalización de consonantes ha sido escasamente documentada en el mundo hispánico y tampoco son demasiado frecuentes los casos de desnasalización; a ambos procesos se dedican los siguientes subapartados.

13.4.1 Nasalización de consonantes

Lipski ([1994] 2005) ofrece datos de interés sobre la nasalización de consonantes en el Caribe, en concreto para la República Dominicana, donde menciona «una aspiración nasalizada, transcrita a veces como una nasal velar, especialmente en la palabra *virgen* [ˈbíŋheŋ]» (364). En el español dominicano también se produce la nasalización de /-ɾ/ ante aspiración con resultado alveolar [n] o velar [ŋ] y nasalización concomitante de la vocal anterior: [ˈbĩ̃ŋheŋ] ~ [ˈbĩheŋ] ~ [ˈbĩnheŋ] (Jiménez Sabater [1975] 1984, 206, mapa *virgen*). Según Caravedo (1990, 200), en Lima, Perú, se produce la nasalización de consonantes orales: [ˈbiŋxen] *virgen*, [ˈdiŋno] *digno*.

En cuanto a la nasalización de las palatales /t͡ʃ/ y /ʝ/, está muy extendido en América el adjetivo *ñato* 'chato', que «tiene origen español», en Asturias y León (Toscano 1953, 108), o el verbo *ñamá* 'llamar', y, en España, los salmantinos *ñugo* 'yugo' y *morceña* 'morcella', *ñema* 'yema' (Quilis [1993] 1999, 242–43). En Ecuador se documentan casos de nasalización en *peñiscar* 'pellizcar', *ñapa* 'yapa' y *ñapango* 'mestizo, mulato', de *llapango* 'descalzo' (Toscano 1953, 108). En Guinea Ecuatorial esta nasalización se pone de manifiesto en algunos ejemplos de la lengua escrita como: *Me ñaman* 'Me llaman' o *¿Me ñamas?* '¿Me llamas?' (Quilis y Casado 1995, 110).

13.4.2 Desnasalización de /ɲ/

La desaparición de la oclusión oral de la consonante /ɲ/ da lugar a su desnasalización, por lo que se realiza como palatal central nasal sonora, [jⁿ]. Quilis y Casado documentan la solución [jⁿ] en Guinea Ecuatorial, independientemente de la lengua materna del hablante (1995, 110), en Filipinas (2008, 94) y en la sierra ecuatoriana (1995, 110): [ˈajⁿo] *año*, [pesˈt̪ajⁿa] *pestaña*, [kasˈt̪ajⁿa] *castaña*, [seˈjⁿal] *señal*, [ˈkajⁿa] *caña*, [mãˈjⁿãna] *mañana*. Quilis y Quilis Sanz (2003, 785) registran casos de desnasalización en ocho localidades de Bolivia: [ˈpijⁿa] *piña*, [ˈlejⁿa] *leña*, [ˈnijⁿa] *niña*, [niˈjⁿeɾo] *niñero,* ['majⁿa] *maña,* ['ajⁿo] *año,* [ka'jⁿoto] *cañoto,* ['ujⁿa] *uña,* [bajⁿa'ðoɾ] *bañador,* ['ṱijⁿa] *tiña,* [me'jⁿike] *meñique,* ['mõjⁿo] *moño.* Quilis ([1993] 1999, 243) también encontró realizaciones de /ɲ/ como [jⁿ] en la región occidental de Cuba (en Guane y en Bahía Honda).

El final del proceso de desnasalización es la oralización total de /ɲ/, lo que da lugar a una realización fricativa palatal sonora, [j]. Quesada (2000, 67) señala algunos casos en Colombia y Perú: ['jame] *ñame,* [jaị'βi] *ñaibí,* y Canfield (1960, 51) en El Salvador, aunque con nasalización de las vocales contiguas: ['kãja] *caña* o [mã'jãna] *mañana.*

13.5 Secuencias consonánticas con nasal: variación regional y social

En español, las secuencias consonánticas en las que interviene una nasal, *ns, mn, nm, mb, gn,* tienen un interesante comportamiento dialectal que se abordará en los siguientes apartados. Dada la mayor frecuencia de aparición de palabras que contienen el grupo *ns,* se dedicará un apartado específico (§ 13.5.1) a esta combinación.

13.5.1 Secuencia ns + consonante

La secuencia /ns/ en posición silábica implosiva, por tanto seguida de otra consonante, se puede realizar reduciendo la secuencia a [s], a [n] o conservando [ns]. En España, en todo el ámbito rural y urbano de Castilla la Vieja, y especialmente entre hablantes con bajo nivel cultural, «se reducen y simplifican casi todos los grupos consonánticos» hacia la búsqueda de «una pronunciación más cómoda para el emisor» (Hernández Alonso 1996, 201): *istituto, istancia.* La tendencia simplificadora alcanza, sin mayores restricciones de prestigio, a dialectos innovadores como los canarios en los que Hernández Cabrera y Samper Hernández (2011) documentan «tanto la pronunciación canónica [instituto] [sic] como las regionales [ihtitúto] e [intitúto] [sic]» (270). Asimismo, Quilis (1999 [1993], 244) mantiene que la reducción de la secuencia /ns/ a [s] es muy frecuente tanto en España como en Hispanoamérica.

En América Central, Quilis (1995, 384) recoge para Nicaragua la secuencia /ns/ como [ns] en Bluefields (Atlántico sur) y Juigalpa (orilla este del Lago Nicaragua): [ṱɾanspa'ɾeṋte] *transparente;* como [n] o [m], la más frecuente, en Estelí, Granada, León, Managua, Puerto Cabezas, San Carlos y Somoto: [iṋta'laɾ] *instalar,* [koṋtɾu'ṱoɾ] *constructor,* [ṱɾamɸoɾma'ðoɾ] *transformador,* [tɾampa'ɾeṋte] *transparente,* [iṋṱi'ṱuṱo] *instituto,* [imṱɾu'mẽṋto] *instrumento.*

En el área del Caribe, Quilis ([1993] 1999, 244) distingue en Cuba tres realizaciones para la posición implosiva de /ns/ seguida de consonante: a) reducción a la nasal (la más general), como en Panamá: [nṣṱ] > [ṋṱ] [koṋti'paɾse] *constiparse,* [nsp] > [mp] [ṱɾampa'ɾeṋte] *transparente;* b) aspiración: [nsp] > [hp] [ṱɾahpa'ɾeṋte] *transparente;* y c) conservación: [nṣṱ] > [nst] [ĩnṣṱɾu'mẽṋto] *instrumento,* [nsp] > [nsp] [ṱɾanspa'ɾeṋte] *transparente.* En la República Dominicana, según los datos obtenidos mediante encuestas directas por Jiménez Sabater ([1975] 1984, 126), la solución simplificada del grupo culto /nst/ presenta distintas realizaciones alofónicas en *instrumento* y *constante,* que se documentan en todo el país, alternando en algunas localidades las dos realizaciones más generales: a) mantenimiento de /n/ y pérdida de /s/: [ĩṋṱɾu'mẽṋto] *instrumento,* [koṋ'ṱaṋte] *constante,* es la más frecuente, especialmente en la capital; b) pérdida de /n/ y conservación del alófono aspirado [h] de /s/ más arraigada en la región sudeste. Los índices de elisión de la nasal son en la capital del 49 %, en la palabra *transportar,* lo que contrasta con los resultados obtenidos en el medio rural, tal vez porque en la ciudad se trabajó con más informantes cultos (Jorge Morel [1974] 1978, 83). Los datos que aporta Alvar (2000b) presentan índices similares: elisión de [n] en el 31 % de los encuestados para *instrumento* (mapa 1103) y en un 42 % para *transparente* (mapa 1104). Alvar (2000b, 50) añade que los grupos *nst* y *nsp* se conservan como cultismos en San Juan de Puerto Rico, pero en Santo Domingo y La Habana pierden la *s*: *intrumento, tramparente.*

Quilis y Graell (1992, 347) recogen en Panamá la secuencia /ns/ con una solución [n], mayoritaria en todos los informantes: [iṋtɾu'mẽṋto] *instrumento,* [koṋtɾu'ṱoɾ] *constructor,* [tɾampa'ɾeṋte] *transparente.* Los informantes cultos de Jaqué, Santiago, David, Changuinola y, en algún caso, de Ciudad de Panamá, realizan esta secuencia con relativa frecuencia como [ns] o como [s].

En las costas caribeñas y pacíficas (departamento de Nariño) de Colombia «se pierde la *n* del grupo *ns* en todo hablante: *istituto* instituto, *istalar* instalar» (Albor 1971, 530; Rodríguez Cadena 2006, 182–83). Flórez (1978) asocia la conservación de *n* al «habla muy cuidadosa y esmerada» de los colombianos (223); lo culto —no «lo afectadamente culto» en Bogotá— es reducir la presencia de la *n* a una ligera nasalización de la vocal precedente (Flórez 1977, 15).

Quilis y Quilis Sanz (2003, 785–86) registran varios comportamientos en Bolivia para la secuencia consonántica tautosilábica posnuclear /ns/. El mayoritario es la reducción a [s]: [iṣti'ṭuṭo] *instituto,* [ṭṛaspa'reṇṭe] *transparente,* [koṣ'-ṭaṇṭe] *constante,* que también afecta a la secuencia heterosilábica (seseante): [ɸra'seses] *franceses.* La reducción puede acompañarse de nasalización de la vocal que constituye el núcleo de la sílaba que contiene el grupo *ns* ([ṭṛãspa'reṇṭe] *transparente,* [ĩṣti'ṭuṭo] *instituto*) y llevar, consecuentemente, a la aspiración de la [s] ([ihṭi'ṭuṭo] *instituto,* [ṭṛahpa'reṇṭe] o [ṭṛãhpa'reṇṭe] *transparente*) o a su elisión ([koṇ'ṭaṇṭe] *constante,* [ĩṇṭi'ṭuṭo] *instituto,* [ṭṛampa'reṇṭe] *transparente*). En el sentido contrario, también se mantiene [ns]: [ṭṛanspa'reṇṭe] *transparente,* [ĩnṣṭru'mẽṇṭo] *instrumento.*

Quilis y Casado (2008, 94) anotan para Filipinas dos posibilidades: la secuencia /ns/ puede mantenerse como [ns] ([ṭṛanspa'reṇṭe] *transparente*) o simplificarse en [s] ([iṣṭru'mẽṇṭo] *instrumento*).

En Guinea Ecuatorial, se repite el comportamiento documentado en Filipinas con una mayoría de [ns], en un 63 % de los casos, y con más de un tercio de [s], en un 37 %: [koṣ'ṭaṇṭe] *constante,* [iṣṭi'ṭuṭo] *instituto,* [koṣ'ṭruiɾ] *construir,* [iṣṭa'laɾ] *instalar.* En ocasiones aparecieron realizaciones como [n] o [m]: [koṇṭru'si̯on] *construcción,* [ṭṛamfor'mar] *transformar,* [ṭṛampa'reṇṭe] *transparente* (Quilis y Casado 1995, 112).

13.5.2 Secuencias mn, nm, mb, mp, gn

13.5.2.1 Secuencia nasal + nasal: mn, nm

La /m/ de la secuencia *mn* se realiza en el istmo de América central como «[ŋ] cuando precede a /n/ o /g/: ['iŋno] *himno,* [ko'luŋna] *columna*» (Quesada 1996, 105). Quilis (1995, 384) recoge en sus encuestas para el *Atlas lingüístico de Hispanoamérica* varias realizaciones nicaragüenses para esta secuencia: como [mn] en Bluefields, Estelí, Granada, Juigalpa, León, Managua, Puerto Cabezas, San Carlos, y Somoto: [ko'lumna] *columna;* como [n] también en Estelí, Juigalpa y San Carlos: [a'luno] *alumno;* como [gn] o [ɣn] en Estelí, León, Managua, Puerto Cabezas, San Carlos y Somoto: [ko'lugna] *columna,* ['iɣno] *himno.* Para la secuencia *nm,* Quilis (1995, 384) encuentra en Nicaragua las soluciones [nm] en Bluefields, Estelí, León y Managua: [kon'miɣo] *conmigo;* [m] en Estelí, Granada, Juigalpa, León, Managua, Puerto Cabezas, San Carlos y Somoto: [ẽmahka'raðo] *enmascarado.*

En los territorios caribeños, Quilis y Graell (1992, 347) ofrecen, por orden decreciente de frecuencia, las posibles soluciones encontradas en Panamá para *mn,* que se muestran independientes del grado de instrucción de los informantes: [n] [a'luno] *alumno,* [ɣn] [ko'luɣna] *columna;* [mn] y [ɣn] ['ĩmno] e ['iɣno] *himno;* y [ŋn] ['ĩŋno] *himno.* Por su parte, la secuencia *nm* presenta, por orden decreciente de frecuencia, dos realizaciones: [m] [ko'miɣo] *conmigo* y, a mucha distancia de la anterior, [nm] [ẽnmaska'raðo] *enmascarado.*

En Cuba, Quilis ([1993] 1999, 244) recoge las mismas realizaciones heterosilábicas de *mn* que en Panamá, pero en otro orden de preferencias: [n], 63 %, [ko'luna] *columna;* [mn], 13,6 %, [ko'lumna]; [gn], con [g] más o menos oclusiva, 10,2 %, [ko'lugna]; [v:n] [sic], 3,4 %, [alu:no] *alumno*; [nn], 3,4 %, [a'lunno] o [a'luŋno]; [n:], 2,2 %, [a'lun:o]. Tristá y Valdés Bernal (1978, 11) mencionan realizaciones de *mn* como *n* velar: ['iŋno] *himno* y como *rn* en el habla popular femenina: [ka'lurni̯a] *calumnia,* [ko'lurna] *columna.* En el caso de la secuencia *nm (conmigo, un mes),* se dieron dos soluciones posibles: [m], 79 %, [ko'miɣo], y [nm] en el resto de los casos, [kon'miɣo] (Quilis [1993] 1999, 244).

Jiménez Sabater ([1975] 1984, 125) documenta para la República Dominicana una única solución para *mn* en prácticamente todo el país, la variante con elisión de /m/: [ko'luna] *columna;* solo en tres localidades aparecieron las variantes [ko'luⁿna], [ko'luŋna] y [ko'lulna]. En el trabajo geolingüístico de Alvar (2000b), la palabra *columna* (mapa 1080) presenta un elevado índice de realizaciones con pérdida de /m/ [ko'luna] (un 63,15 %); las asimilaciones son algo menos frecuentes, [ko'luⁿna], un 31,57 %; y las variantes con mantenimiento de /m/ descienden a un 5,26 %. Resultados algo más equilibrados se obtienen de los mapas 1079 *(alumno)* y 1081 *(himno)*: en el primer caso, la pérdida de /m/ [a'luno] alcanza un 47,37 %, y la asimilación [a'luⁿno], un 52,63 %; los porcentajes se invierten en el segundo caso, *himno:* la elisión ['ino] representa el 52,63 % y la asimilación el 47,37 %. Debe destacarse que en estos dos mapas se muestran cuatro casos de nasalización vocálica en las realizaciones asimiladas, dos para cada una: [ã'luno], ['ĩno].

En el caso de la secuencia *nm,* Jiménez Sabater ([1975] 1984, 114–16) distingue en los dominicanos cuatro realizaciones diferentes de la palabra *conmigo,* aunque no presentan una distribución geográfica uniforme, ya que suelen alternar varios tipos en cada punto de encuesta. En orden de mayor a menor frecuencia son las siguientes: asimilación de /n/ a la bilabial [kom'miɣo] o [koᵐ'miɣo], en 53 localidades de las 121 investigadas (43,8 %); disimilación de la nasal alveolar, que se convierte en oral y presenta soluciones como [koɾ'miɣo] [kol'miɣo] o [koi̯'miɣo], en 46 localidades (un 38 %); elisión de /n/ y nasalización de la vocal precedente [kõˈmiɣo], en 16 localidades (un 13,22 %); y velarización de /n/ [koŋˈmiɣo], en 10 localidades (un 8,26 %). También aparecieron realizaciones aisladas con [n] alveolar en una localidad [konˈmiɣo]; [koᵖˈmiɣo], con asimilación progresiva y ensordecimiento, en tres. Las soluciones bilabial y velarizada son comunes en las clases altas, que las irradian a las clases más populares, en tanto que las orales [ɹ], [l] o [i̯] y las elididas son las más tradicionales y, a su vez, más propias del habla rural; tanto es así que la variante disimilada [koi̯ˈmiɣo] solo se ha documentado en personas ancianas de Cibao, pero se trata de una forma muy desprestigiada y poco usada entre los jóvenes.

Los datos proporcionados por Alvar (2000b) en el mapa 1086 *(conmigo)*, relativos a la República Dominicana, presentan una mayor uniformidad: solo se registran dos realizaciones, la asimilada [koᵐˈmiɣo], en el 52,63 % de los 19 informantes, y la elidida [koˈmiɣo], sin nasalización de la vocal, en el 47,36 %. En este último caso, sorprende la ausencia de nasalización vocálica en un ámbito dialectal en el que este fenómeno está tan generalizado, como lo demuestran los datos aportados por Jiménez Sabater ([1975] 1984). En el mapa 1083 *(enmascarado)*, las variantes asimiladas y las elididas, también sin nasalización de la vocal, se presentan en el mismo número de casos, el 36,84 %; asimismo, en dos localidades se registra la variante con mantenimiento de la alveolar [nm].

Alvar (2000b, 50) señala que el grupo *mn* se conserva en San Juan de Puerto Rico, en Santo Domingo y en La Habana, mientras que en *nm* se produce asimilación [mm] en San Juan y en Santo Domingo, pero no en La Habana.

El español andino se muestra coincidente en algunas realizaciones. Según Flórez (1978, 223), las hablas no cultas y semicultas de Colombia resuelven de diversas maneras la secuencia *mn*: como [bn]: [aˈlubno], [koˈlubna], [ˈibno]; como [pn]: [aˈlupno], [koˈlupna], [ˈipno]; como [n]: [aˈluno], [koˈluna], [ˈino]; [bn] y [pn] son soluciones semicultas y [n] es no culta. En el departamento de Nariño, la secuencia *mn* aparece como [ŋn] o como la reducción [n]: [ˈĩŋno] e [ˈĩno] *himno*, [hiŋˈnasi̯a] y [hiˈnasi̯a] *gimnasia*; para *nm*, [ŋm]: [laˈkotʃa es iŋˈmẽnsa] y [laˈkotʃa es iˈmẽnsa] *la Cocha es inmensa* (Albor 1971, 530).

Quilis y Quilis Sanz (2003, 785) recogen en Bolivia realizaciones muy frecuentes de *mn* como [mn] y [n], propia la primera de los informantes instruidos, y algunos casos de [gn] y [ŋn]: [koˈlumna] y [koˈluna] *columna*, [kaˈluni̯as] *calumnias*, [ˈigno] e [ˈĩŋno] *himno*. Para *nm* predomina la realización [m], tanto en los informantes instruidos como en los no instruidos: [koˈmiɣo] *conmigo*, [ˈũmãˈnaso] *un manazo*, [koˈmũˈmẽn̪te] *comúnmente*.

En el caso de Argentina, Donni de Mirande ([2000] 2004) generaliza un comportamiento conservador para las secuencias consonánticas en las que convergen dos nasales en habla culta; en estilos informales y niveles socioculturales bajos «el primer elemento se relaja hasta llegar al cero fónico» (90): *solene* 'solemne', *imigrante* 'inmigrante'.

Según informan Quilis y Casado (1995, 111), la secuencia *mn* se reduce en Guinea Ecuatorial a /n/: [koˈluna] *columna;* en otros casos se ha descrito la realización como [n:] o como [nn]: [koˈlun:a] o [koˈlunna]; *nm*, generalmente, se reduce a [m]: [koˈmiɣo] *conmigo*, [ĩˈmẽnsa] *inmensa*.

En Filipinas, por otra parte, se descubren en *mn* dos tendencias: se mantiene [mn] o se simplifica en [n]: [aˈlumno] y [aˈluno] *alumno* (Quilis y Casado 2008, 94). El mismo fenómeno se produce en el grupo *nm:* [konˈmiɣo] y [koˈmiɣo] *conmigo*.

13.5.2.2 *Secuencia nasal + labial:* mb, mp

En España, Hernández Alonso (1996) localiza en Castilla la Vieja la pérdida de la labial oral en el grupo *mb* en el «ámbito rural y urbano [. . .] entre las personas de bajo nivel cultural especialmente» (201): *tamién* 'también'. Borrego (1996, 145,151) atestigua su conservación en el leonés en palabras del ámbito agrícola (*llamber, palomba, ŝombu* [sic]), sobre todo en localidades de la zona occidental (Camaleño, Carmona, Tresviso y otras: *lombo / lombu* 'lomo' y sus derivados *lombear / alombar / alombiar / lumbillar / hacer lombíos*) y oriental (*cambear / hacer cambadas*); otros derivados del celta se extienden desde el occidente y la montaña hasta algunos enclaves del oriente santanderino: *ambozada / emboza(d)a* (con variantes fonéticas *arbozada / albozada / albonzada / alborzada / empozá*). También se constata la reducción a [m], como en Castilla.

Viudas Camarasa, Ariza y Salvador Plans (1987) extienden los influjos leoneses de la conservación del grupo latino *mb* a algunas zonas cacereñas, en Extremadura: *lamber* 'lamer', *lambucero* 'goloso', aunque las palabras están en proceso de desaparición, ya que son «cada vez más raras e inusuales incluso en pueblos que hasta hace escasos años conservaban el grupo» (34). También Navarra y La Rioja, sobre todo la oriental, retienen la pronunciación de la secuencia: *lamber, lombo, palomba*, etcétera, «hasta el punto de perdurar ultracorrecciones *(gambella, gombitar)*» (González Ollé 1996, 313; Alvar 1979–1983, mapa 588). En el español hablado en Aragón, la asimilación de *mb* en [m] es general, según recoge el

Atlas lingüístico y etnográfico de Aragón, Navarra y Rioja, menos en *cambiar* (mapa 1518); no aparecen casos de [mb] en los mapas 1496 *(lomo)* o 588 *(lamer).*

En territorio americano, en La Habana, Cuba, se mantiene la nasal y la bilabial oral *mp/mb* o se transforma la primera en una [ŋ] velar: [komˈpaðɾe] *compadre,* [eŋpiˈnaɾ] *empinar.* Quilis ([1993] 1999, 244) precisa que en «la secuencia [mb], la duración de [b] es siempre muy pequeña, de ahí que no es de extrañar que, aún en el habla culta, se den realizaciones como *tamién* 'también', y en el habla vulgar *camiar* 'cambiar'» (244). En la secuencia heterosilábica /nd/, esta misma circunstancia afecta a la /d/, que por su brevedad es asimilada por la nasal, resultando [n].

Córdova (1996, 195) registra en Ecuador la desaparición de /b/ en *mb: tamién* 'también', que Toscano (1953, 109) asocia a registros vulgares y que llega a reducirse a *tan* en buena parte de la sierra, quizás por influencia quechua. En habla vulgar serrana, la nasal bilabial /m/ sufre un fuerte proceso de debilitamiento y desaparece totalmente en la secuencia *sm* interior, sobre todo en Quito: *miso* 'mismo'; *soy del miso Quito* es frase festiva muy frecuente.

En Bolivia se tiende a la reducción consonántica a [m]: [kamˈi̯arme] *cambiarme,* [ˈkami̯o] *cambio,* [ʈaˈmi̯en] *también,* etcétera (Quilis y Quilis Sanz 2003, 785). En un único caso los mismos autores también documentaron la pérdida de la nasal: [oˈβliɣo] *ombligo.*

En Guinea Ecuatorial la secuencia /mb/ se reduce en ocasiones a [m]: [ʈaˈmi̯en] *también,* [ˈkami̯o] *cambio* (Quilis y Casado 1995, 111), pero, según Lipski (1990, 75), la reducción de este grupo se produce con menor frecuencia que en otros ámbitos hispánicos. En Filipinas se pierde muy frecuentemente la consonante oral en [ʈaˈmi̯en] o [ʈaˈmẽn] *también* (Quilis y Casado 2008, 94).

13.5.2.3 *Secuencia nasal + velar:* gn

La secuencia consonántica *gn* presenta poca variación documentada en el mundo hispánico. Canfield ([1981] 1988, 62) anota que en El Salvador se pronuncian los grupos cultos con nasal velarizada: [ĩŋoˈɾaɳʈe] *ignorante.*

En la República Dominicana, Alvar (2000b) obtiene en *magnesia* (mapa 935) tres variantes que se reparten con la misma proporción: [mãˈnesi̯a], [mãˈnẽnsi̯a] y las asimiladas [mãˈnnesi̯a], [mãⁿˈnesi̯a], siempre con alveolar; en *ignorante* (mapa 936), la asimilada [ĩ́ⁿnoˈɾaɳʈe] junto a [ĩnoˈɾaɳʈe] e [iɣnoˈɾaɳʈe]. En Perú, Caravedo (1990, 206) documenta para este grupo la variante velar asimilada [ˈdiŋno] *digno,* [ˈsiŋno] *signo.*

13.6 Conclusiones

El panorama geolectal que en estas páginas se ha ofrecido del comportamiento de las nasales implosivas y explosivas muestra que el español tiene en estas consonantes un interesante escenario de variación. Los estudios reseñados, aunque no exentos de algunas discrepancias en cuanto a métodos y a resultados, trazan la caracterización general de los fenómenos con vitalidad geográfica y social, y ponen de relieve la acuciante necesidad de completar o ampliar el estudio de otros territorios específicos potencialmente fructíferos, así como de actualizar datos recogidos, en ocasiones, hace más de dos décadas.

Las nasales en posición implosiva alcanzan una polifonía de enorme riqueza en el ámbito hispánico que muestra un proceso en curso: el debilitamiento nasal, con asimilación ante consonantes, la conservación de la alveolar ante vocales o pausa y la incipiente elisión. Estos primeros estadios producen velarizaciones, sobre todo ante vocales y pausa, y conducen a un aumento de la elisión, que, finalmente, llega a ser total. Así, las velares son las variantes más caracterizadoras del debilitamiento de la /-n/, con elisión más o menos acusada de la nasal según las regiones, y se registran con mayor frecuencia en el Caribe continental e insular; se ramifican por Centroamérica y penetran a través de las costas en el subcontinente, donde los Andes parecen retener su avance y preservar la [n] alveolar. El norte (centro y norte de México) y cono sur de la América hispánica quedan fuera de esta geografía innovadora, aunque presentan zonas de transición en las que conviven ambas variantes.

La tendencia al debilitamiento de /-n/ se da también en España, con una interesante influencia de factores lingüísticos y sociolingüísticos, con más intensidad en los dialectos más innovadores, que dejan huella en la nasalización de la vocal que constituye el núcleo de la sílaba que contiene la consonante nasal y afianzan el prestigio del fenómeno.

Por último, en el 'español patrimonial' de los Estados Unidos, /n/ en posición final absoluta es generalmente alveolar en Texas, Nuevo México, Colorado y Arizona, con algunos casos de velarización. En Luisiana siempre es velar con nasalización de la vocal precedente. Aunque más distantes y aisladas dentro del ámbito hispánico, en Filipinas, la República

Árabe Saharaui Democrática y Guinea Ecuatorial se prefiere la [-n] alveolar, si bien se han documentado realizaciones velares y elisiones en este último país.

Además de las variantes debidas al debilitamiento de /n/, se registra en amplias zonas de México y Colombia, y de forma aislada en Paraguay y Argentina, la variante labializada [-m].

La *n* inicial también muestra variación, pero no con la policromía fónica de las implosivas. Destacan los fenómenos (des)palatalizadores y (des)nasalizadores, extendidos por todo el ámbito hispánico, en el que muchos territorios comparten procesos desestabilizadores del lugar de articulación alveolar de la [n-]. La palatalización convierte a /n-/, especialmente a *ni,* en nasal palatal. Es un fenómeno presente por el norte de España (Asturias, Castilla y León y Castilla-La Mancha), aunque en proceso de desaparición. En América, el caso de palatalización más extendido es *ñato* 'chato', aunque también se recogen otros en los Estados Unidos (Nuevo México), México (Jalisco), Puerto Rico (Ponce), Colombia, Ecuador (sierra), Bolivia, Chile y Argentina. Se unen a este grupo Guinea Ecuatorial y Filipinas.

Las nasales de secuencias consonánticas tautosilábicas y heterosilábicas *ns* más consonante, *mn, nm, mb, mp,* y —en menor medida— *gn* participan en procesos fundamentalmente simplificadores y velarizadores, bastante generalizados en España y en América, con pocas y localizadas restricciones de prestigio, que se hacen más intensas en el caso de *mb.*

Referencias bibliográficas

Agüero, Arturo. 2009. *El español de Costa Rica*. San José: Editorial de la Universidad de Costa Rica.

Albor, Hugo R. 1971. «Observaciones sobre la fonología del español hablado en Nariño». *Thesaurus. Boletín del Instituto Caro y Cuervo* 26 (3): 515–33.

Alcina, Juan y José Manuel Blecua. 1975. *Gramática española*. Barcelona: Ariel.

Almeida, Manuel. 1990a. *Diferencias sociales en el habla de Santa Cruz de Tenerife*. La Laguna: Instituto de Estudios Canarios.

———. 1990b. *El habla de Las Palmas de Gran Canaria. Niveles sociolingüísticos*. La Laguna: Centro de la Cultura Popular Canaria.

Almeida, Manuel y Carmen Díaz Alayón. 1988. *El español de Canarias*. Santa Cruz de Tenerife: Litografía A. Romero.

Alvar, Manuel. 1959. *El español hablado en Tenerife*. Madrid: Consejo Superior de Investigaciones Científicas.

———. 1961–1973. *Atlas lingüístico y etnográfico de Andalucía*. Con la colaboración de Antonio Llorente y Gregorio Salvador. 6 vols. Granada: Universidad de Granada; Granada: Consejo Superior de Investigaciones Científicas.

———. 1965. «Notas sobre el español hablado en la isla de La Graciosa (Canarias Orientales)». *Revista de Filología Española* 48 (3–4): 293–319. https://doi.org/10.3989/rfe.1965.v48.i3/4.891.

———. 1965–1966. «Algunas cuestiones fonéticas del español hablado en Oaxaca (México)». *Nueva Revista de Filología Hispánica* 18 (3–4): 353–377. https://doi.org/10.24201/nrfh.v18i3/4.1520.

———. 1969. «Nuevas notas sobre el español de Yucatán». *Iberoromania. Revista dedicada a las lenguas, literaturas y culturas de la Península Ibérica y de América Latina* 1: 159–89. https://doi.org/10.1515/iber.1969.1969.1.159. Reed. en *El español en México. Estudios, mapas, textos,* editado por Florentino Paredes y Antonio Alvar Ezquerra. Alcalá de Henares: Universidad de Alcalá, 2010.

———. 1972. *Niveles socio-culturales en el habla de Las Palmas de Gran Canaria*. Las Palmas de Gran Canaria: Ediciones del Excmo. Cabildo Insular de Gran Canaria.

———. 1975–1978. *Atlas lingüístico y etnográfico de las Islas Canarias*. 3 vols. Las Palmas de Gran Canaria: Ediciones del Excmo. Cabildo Insular de Gran Canaria.

———. 1979–1983. *Atlas lingüístico y etnográfico de Aragón, Navarra y Rioja*. Con la colaboración de Antonio Llorente, Tomás Buesa y Elena Alvar. 12 vols. Zaragoza: Excma. Diputación de Zaragoza, Institución Fernando el Católico, Departamento de Geografía Lingüística.

———. 1980. «Encuestas fonéticas en el suroccidente de Guatemala». *Lingüística Española Actual* 2 (2): 245–98.

———. 1995. *Atlas lingüístico y etnográfico de Cantabria*. Madrid: Arco/Libros.

———. 1998. *El dialecto canario de Luisiana*. Las Palmas de Gran Canaria: Universidad de Las Palmas de Gran Canaria, Servicio de Publicaciones.

———. 1999. *Atlas lingüístico de Castilla y León*. 3 vols. Valladolid: Junta de Castilla y León.

———. 2000a. *El español en el sur de Estados Unidos. Estudios, encuestas, textos*. Alcalá de Henares: Universidad de Alcalá, Servicio de Publicaciones; Madrid: La Goleta Ediciones.

———. 2000b. *El español en la República Dominicana. Estudios, encuestas, textos*. Editado por Antonio Alvar Ezquerra. Alcalá de Henares: Universidad de Alcalá, Servicio de Publicaciones; Madrid: La Goleta Ediciones.

———. 2000c. «Muestras de polimorfismo en el español de la Argentina». En *América. La lengua*, 315–47. Valladolid: Universidad de Valladolid, Secretariado de Publicaciones e Intercambio Editorial.

————. 2001a. *El español en Paraguay. Estudios, encuestas, textos*. Editado por Antonio Alvar Ezquerra, Jairo Javier García Sánchez y José Ramón Franco Rodríguez. Alcalá de Henares: Universidad de Alcalá, Servicio de Publicaciones; Madrid: Agencia Española de Cooperación Internacional; Madrid: La Goleta Ediciones.

————. 2001b. *El español en Venezuela. Estudios, encuestas, textos*. Editado por Antonio Alvar Ezquerra y Florentino Paredes. Alcalá de Henares: Universidad de Alcalá, Servicio de Publicaciones; Madrid: Agencia Española de Cooperación Internacional; Madrid : La Goleta Ediciones.

————. 2010. *El español en México. Estudios, mapas, textos*. Editado por Florentino Paredes y Antonio Alvar Ezquerra. Alcalá de Henares: Universidad de Alcalá, Servicio de Publicaciones; Madrid: La Goleta Ediciones; Comillas: Fundación Comillas.

Alvarado de Ricord, Elsie. 1971. *El español de Panamá. Estudio fonético y fonológico*. Panamá: Editorial Universitaria.

Álvarez Muro, Alexandra, Hernán Martínez Matos y Lino Urdaneta. 2001. «Actitudes lingüísticas en Mérida y Maracaibo: otra cara de la identidad». *Boletín Antropológico* 52 (2): 145–66.

Álvarez Nazario, Manuel. 1972. *La herencia lingüística de Canarias en Puerto Rico*. San Juan: Instituto de Cultura Puertorriqueña.

Azcúnaga, Raúl Ernesto. 2010. «Fonética del español salvadoreño». En *El español hablado en América Central. Nivel fonético*, editado por Miguel Ángel Quesada, 83–113. Madrid: Iberoamericana; Fráncfort: Vervuert. https://doi.org/10.31819/9783865278708-004.

Becerra, Servio T. 1985. *Fonología de las consonantes implosivas en el español urbano de Cartagena de Indias (Colombia). Ensayo socio-lingüístico*. Bogotá: Instituto Caro y Cuervo.

————. 1991. «Algunos aspectos morfológicos de /s/ y /n/ implosivos en el español de Cartagena (Colombia)». En *El español de América. Actas del III Congreso Internacional de* El español de América. *Valladolid 3 a 9 de julio de 1989*, editado por César Hernández Alonso, Germán de Granda, Carmen Hoyos, Vicenta Fernández, Deborah A. Dietrick y Yolanda Carballera, 2:937–46. Valladolid: Junta de Castilla y León.

Betancourt, Amanda y Carlos García Zapata. 1998. «Caracterización fonética de dos zonas auríferas de Antioquia, Colombia». *Thesaurus. Boletín del Instituto Caro y Cuervo* 53 (1): 1–59.

Borrego, Julio. 1996. «Leonés». En *Manual de dialectología hispánica. El español de España*, editado por Manuel Alvar, 139–58. Barcelona: Ariel.

Boyd-Bowman, Peter. 1953. «Sobre la pronunciación del español en el Ecuador». *Nueva Revista de Filología Hispánica* 7 (1–2): 221–33. https://doi.org/10.24201/nrfh.v7i1/2.310.

————. 1960. *El habla de Guanajuato*. México, D. F.: Universidad Nacional Autónoma de México, Centro de Estudios Literarios.

Canfield, D. Lincoln. 1953. «Andalucismos en la pronunciación salvadoreña». *Hispania* 36 (1): 32–33. https://doi.org/10.2307/334736.

————. 1960. *Observaciones sobre el español salvadoreño*. Buenos Aires: Universidad de Buenos Aires, Instituto de Filología Hispánica «Dr. Amado Alonso».

————. (1981) 1988. *El español de América: fonética*. Traducido por Joaquim Llisterri y Dolors Poch. Barcelona: Crítica.

Caravedo, Rocío. 1990. *Sociolingüística del español de Lima*. Lima: Pontificia Universidad Católica del Perú.

————. 1996. «Perú». En *Manual de dialectología hispánica. El español de América*, editado por Manuel Alvar, 152–68. Barcelona: Ariel.

Cardona, Mauricio Andrés. 2010a. «Fonética del español de Panamá». En *El español hablado en América Central. Nivel fonético*, editado por Miguel Ángel Quesada, 177–210. Madrid: Iberoamericana; Fráncfort: Vervuert. https://doi.org/10.31819/9783865278708-008.

————. 2010b. «La fonética del español en Belice». En *El español hablado en América Central. Nivel fonético*, editado por Miguel Ángel Quesada, 21–48. Madrid: Iberoamericana; Fráncfort: Vervuert. https://doi.org/10.31819/9783865278708-002.

Catalán, Diego. 1960. «El español canario. Entre Europa y América». *Boletim de Filologia* 19: 317–37.

Cedergren, Henrietta J. 1973. «The Interplay of Social and Linguistic Factors in Panama». Tesis de doctorado, Cornell University. ProQuest (302659326).

Cedergren, Henrietta J. y David Sankoff. 1975. «Nasals: A Sociolinguistic Study of Change in Progress». En *Nasalfest. Papers from a Symposium on Nasals and Nasalization*, editado por Charles A. Ferguson, Larry M. Hyman y John J. Ohala, 67–80. Stanford: Stanford University, Department of Linguistics, Language Universals Project.

Córdova, Carlos Joaquín. 1996. «Ecuador». En *Manual de dialectología hispánica. El español de América*, editado por Manuel Alvar, 184–95. Barcelona: Ariel.

Cuervo, Rufino José. (1867) 1907. *Apuntaciones críticas sobre el lenguaje bogotano*. 5.ª ed. París: A. & R. Roger y F. Chernoviz.

Darias, José Luis y Yolanda Elvira Fuertes. 2003. «Descripción articulatoria del fonema nasal distensivo en Pinar del Río». Documento en línea. Monografias.com. https://www.monografias.com/trabajos29/fonema-nasal/fonema-nasal.shtml.

D'Introno, Francesco y Juan Manuel Sosa. 1988. «Elisió de nasal o nasalizaciõ de vocal eŋ caraqueño». En *Studies in Caribbean Spanish dialectology*, editado por Robert M. Hammond y Melvyn C. Resnick, 24–34. Washington D. C.: Georgetown University Press.

Donni de Mirande, Nélida Esther. (2000) 2004. «El español en el litoral». En *El español de la Argentina y sus variedades regionales*, editado por María Beatriz Fontanella de Weinberg, 2.ª ed., 75–120. Bahía Blanca: Asociación Bernardino Rivadavia, Proyecto Cultural Weinberg/Fontanella.

Durán, Migdalia y Sergio Serrón. 2007. «Estudio de los procesos posvocálicos: la consonante nasal alveolar». *Laurus. Revista de Educación* 13 (24): 305–17.

Escobar Sambrano, Alberto. 1978. *Variaciones sociolingüísticas del castellano en el Perú*. Lima: Instituto de Estudios Peruanos.

Flórez, Luis. 1949. «Cuestiones del español hablado en Montería y Sincelejo». *Thesaurus. Boletín del Instituto Caro y Cuervo* 5 (1–3): 124–62.

———. 1950. «El habla del Chocó». *Thesaurus. Boletín del Instituto Caro y Cuervo* 6 (1): 110–16.

———. 1951. *La pronunciación del español en Bogotá*. Bogotá: Instituto Caro y Cuervo.

———. 1960. «Pronunciación del español en Bolívar (Colombia)». *Thesaurus. Boletín del Instituto Caro y Cuervo* 15 (1–3): 174–79.

———. 1963. «El español hablado en Colombia y su Atlas Lingüístico». *Thesaurus. Boletín del Instituto Caro y Cuervo* 18 (2): 268–356.

———. 1977. *Apuntes de español: pronunciación, ortografía, gramática, léxico, extranjerismos, el habla en la radio y la televisión, enseñanza del idioma y de la gramática en Colombia*. Bogotá: Instituto Caro y Cuervo.

———. 1978. «Sobre algunas formas de pronunciar muchos colombianos el español». *Thesaurus. Boletín del Instituto Caro y Cuervo* 33 (2): 197–246.

Flórez, Luis, José Joaquín Montes, Siervo Custodio Mora Monroy, María Luisa Rodríguez de Montes, Jennie Figueroa Lorza, Mariano Lozano Ramírez, Ricardo Aparicio Ramírez Caro, María Bernarda Espejo y Gloria Esperanza Duarte. 1981–2004. *Atlas lingüístico-etnográfico de Colombia*. 6 vols. Bogotá: Instituto Caro y Cuervo.

Freites, Francisco. 2008. *De hablantes, gravedad y péndulos. Identidad andina fronteriza y uso lingüístico*. Caracas: Academia Venezolana de la Lengua.

García Fajardo, Josefina. 1984. *Fonética del español de Valladolid, Yucatán*. México, D. F.: Universidad Nacional Autónoma de México, Instituto de Investigaciones Filológicas.

García Mouton, Pilar y Francisco Moreno Fernández, eds. 2003. «Atlas lingüístico (y etnográfico) de Castilla-La Mancha». Recurso en línea. http://www.linguas.net/alecman/.

Garza, Beatriz. 1987. *El español hablado en la ciudad de Oaxaca, México. Caracterización fonética y léxica*. México, D. F.: El Colegio de México.

Geckeler, Horst y Jaime Ocampo. 1973. «La posición del habla andina de Venezuela en el marco de la dialectología hispanoamericana». *Vox Romanica* 32: 66–94. https://doi.org/10.5169/seals-25979.

González Ollé, Fernando. 1996. «Navarro». En *Manual de dialectología hispánica. El español de España*, editado por Manuel Alvar, 305–16. Barcelona: Ariel.

González Salgado, José Antonio. 2000. «Cartografía lingüística de Extremadura: origen y distribución del léxico extremeño». Tesis de doctorado, Universidad Complutense de Madrid.

Gordon, Alan M. 1980. «Notas sobre la fonética del castellano en Bolivia». En *Actas del Sexto Congreso Internacional de Hispanistas, celebrado en Toronto del 22 al 26 de agosto de 1977*, editado por Alan M. Gordon y Evelyn Rugg, 349–52. Toronto: University of Toronto, Department of Spanish and Portuguese. Reed., Madrid: Instituto Cervantes, Centro Virtual Cervantes.

de Granda, Germán. 1973. «Dialectología, historia social y sociología lingüística en Iscuandé». *Thesaurus. Boletín del Instituto Caro y Cuervo* 28 (3): 445–70.

———. 1994. *Español de América, español de África y hablas criollas hispánicas. Cambios, contactos y contextos*. Madrid: Gredos.

Haché de Yunén, Ana María. 1982. «La /n/ final de sílaba en el español de Santiago de los Caballeros». En *El español del Caribe. Ponencias del VI Simposio de Dialectología*, editado por Orlando Alba, 145–154. Santiago de los Caballeros: Pontificia Universidad Católica Madre y Maestra, Departamento de Publicaciones.

Hammond, Robert M. 1979. «The Velar Nasal in Rapid Cuban Spanish». En *Colloquium on Spanish and Luso-Brazilian Linguistics*, editado por James P. Lantolf, Francine W. Frank y Jorge M. Guitart, 19–36. Washington D. C.: Georgetown University Press.

Henríquez Ureña, Pedro. 1921. «Observaciones sobre el español en América». *Revista de Filología Española* 8 (4): 357–90.

———. 1938. *El español en México, los Estados Unidos y la América Central*. Buenos Aires: Universidad de Buenos Aires, Instituto de Filología.

———. 1940. *El español en Santo Domingo*. Buenos Aires: Universidad de Buenos Aires, Instituto de Filología.

Hernández Alonso, César. 1996. «Castilla La Vieja». En *Manual de dialectología hispánica. El español de España*, editado por Manuel Alvar, 198–212. Barcelona: Ariel.

Hernández Cabrera, Clara Eugenia y Marta Samper Hernández. 2011. «Rasgos fónicos regionales en los noticiarios de la televisión autonómica canaria. La velarización de la nasal final». En *Variación del español en los medios*, editado por Raúl Ávila Sánchez, 267–88. México, D. F.: El Colegio de México. https://doi.org/10.2307/j.ctv6mtd9s.17.

Hernández, José Esteban. 2011. «Measuring Rates and Constraints of Word-Final Nasal Velarization in Dialect Contact». En *Selected Proceedings of the 13th Hispanic Linguistics Symposium*, editado por Luis A. Ortiz López, 54–69. Somerville: Cascadilla Proceedings Project.

Hernández Torres, Ramón Augusto. 2010. «Fonética del español de Honduras». En *El español hablado en América Central. Nivel fonético*, editado por Miguel Ángel Quesada, 115–36. Madrid: Iberoamericana; Fráncfort: Vervuert. https://doi.org/10.31819/9783865278708-005.

Herrera Peña, Guillermina. 1993. «Los idiomas hablados en Guatemala. Notas sobre el español hablado en Guatemala». *Boletín de Lingüística y Educación* 7 (42): 1–4.

Jiménez Sabater, Maximiliano Arturo. (1975) 1984. *Más datos sobre el español de la República Dominicana*. 2.ª ed. Santo Domingo: Universidad Autónoma de Santo Domingo.

Jorge Morel, Elercia. (1974) 1978. *Estudio lingüístico de Santo Domingo. Aportación a la geografía lingüística del Caribe e Hispano América*. 2.ª ed. Santo Domingo: Editora Taller.

Lacayo, Heberto. 1954. «Apuntes sobre la pronunciación del español de Nicaragua». *Hispania* 37 (3): 267–268. https://doi.org/10.2307/335261.

———. 1962. *Cómo pronuncian el español en Nicaragua*. México, D. F.: Universidad Iberoamericana, Facultad de Letras Españolas.

Lentzner, Karl. 1893. «Observations on the Spanish Language in Guatemala». *Modern Language Notes* 8 (2): 41–43. https://doi.org/10.2307/2918323.

Lipski, John. 1983. «La norma culta y la norma radiofónica: /s/ y /n/ en español». *Language Problems and Language Planning* 7 (3): 239–262. https://doi.org/10.1075/lplp.7.3.01lip.

———. 1985. «Reducción de /s/ y /n/ en el español isleño de Luisiana: vestigios del español canario en Norteamérica». *Revista de Filología de la Universidad de La Laguna* 4: 125–134.

———. 1986. «Reduction of Spanish Word-Final /s/ and /n/». *Canadian Journal of Linguistics / Revue Canadienne de Linguistique* 31 (2): 139–156. https://doi.org/10.1017/S0008413100011579.

———. 1987. *Fonética y fonología del español de Honduras*. Tegucigalpa: Guaymuras.

———. 1988. «Contactos hispano-africanos en el África ecuatorial y su importancia para la fonética del Caribe hispánico». En *Studies in Caribbean Spanish dialectology*, editado por Robert M. Hammond y Melvyn C. Resnick, 50–65. Washington D. C.: Georgetown University Press.

———. 1990. *El español de Malabo. Procesos fonéticos/fonológicos e implicaciones dialectológicas*. Madrid: Instituto de Cooperación para el Desarrollo; Malabo: Centro Cultural Hispano-Guineano.

———. 2000. «El español que se habla en El Salvador y su importancia para la dialectología hispanoamericana». *Científica. Revista de investigaciones de la Universidad Don Bosco* 2 (1): 65–88. http://hdl.handle.net/11715/186.

———. (1994) 2005. *El español de América*. Traducido por Silvia Iglesias. 4.ª ed. Madrid: Cátedra.

Lope Blanch, Juan Miguel. 1980. «La interferencia lingüística: un ejemplo del español yucateco». *Thesaurus. Boletín del Instituto Caro y Cuervo* 35 (1): 80–97. Reed. en *Estudios sobre el español de Yucatán*, 48–64. México, D. F.: Universidad Nacional Autónoma de México, 1987.

———. 1981. «Sobre la influencia fonética maya en el español de Yucatán». *Thesaurus. Boletín del Instituto Caro y Cuervo* 36 (3): 413–428. Reed. en *Estudios sobre el español de Yucatán*, 32–47. México, D. F.: Universidad Nacional Autónoma de México, 1987.

———. 1987. *Estudios sobre el español de Yucatán*. México, D. F.: Universidad Nacional Autónoma de México, Instituto de Investigaciones Filológicas.

López Morales, Humberto. 1983. *Estratificación social del español de San Juan de Puerto Rico*. México, D. F.: Universidad Nacional Autónoma de México, Instituto de Investigaciones Filológicas, Centro de Lingüística Hispánica.

———. 1992. *El español del Caribe*. Madrid: Fundación MAPFRE.

———. 2005. *La aventura del español en América*. Madrid: Espasa Calpe.

Lorenzo Ramos, Antonio. 1976. *El habla de los Silos*. Santa Cruz de Tenerife: Confederación Española de Cajas de Ahorro.

Ma, Roxana y Eleanor Herasimchuk. 1971. «The Linguistic Dimensions of a Bilingual Neighborhood». En *Bilingualism in the Barrio*, editado por Joshua A. Fishman, Robert L. Cooper y Roxana Ma, 347–464. Bloomington: Indiana University Press.

MacCurdy, Raymond R. 1975. «Los "isleños" de la Luisiana. Supervivencia de la lengua y folklore canarios». *Anuario de Estudios Atlánticos* 21: 471–591.

Marrero-Aguiar, Victoria. 1988. «Fonética estática y fonética dinámica en el habla de las Islas Canarias». Tesis de doctorado, Universidad Complutense de Madrid.

Matluck, Joseph H. 1961. «Fonemas finales en el consonantismo puertorriqueño». *Nueva Revista de Filología Hispánica* 15 (3–4): 332–342. https://doi.org/10.24201/nrfh.v15i3/4.376.

Michnowicz, Jim. 2006. «Final -m in Yucatan Spanish: A Rapid and Anonymous Survey». En *New Analyses in Romance Linguistics. Vol. II: Phonetics, Phonology and Dialectology. Selected Papers from the 35th Linguistic Symposium on Romance Languages (LSRL). Austin, Texas, February 2005*, editado por Jean-Pierre Y. Montreuil, 155–166. Ámsterdam: John Benjamins. https://doi.org/10.1075/cilt.276.12mic.

———. 2007. «El habla de Yucatám: Final [m] in a Dialect in Contact». En *Selected Proceedings of the Third Workshop on Spanish Sociolinguistics*, editado por Jonathan C. Holmquist, Augusto Lorenzino y Lotfi Sayahi, 38–43. Somerville: Cascadilla Proceedings Project.

———. 2008. «Final Nasal Variation in Mérida, Yucatán». *Spanish in Context* 5 (2): 278–303. https://doi.org/10.1075/sic.5.2.13mic.

Montes, José Joaquín. 1957. «Del castellano hablado en Manzanares». *Thesaurus. Boletín del Instituto Caro y Cuervo* 12 (1): 154–173.

———. 1962. «Sobre el habla de San Basilio de Palenque (Bolívar, Colombia)». *Thesaurus. Boletín del Instituto Caro y Cuervo* 17 (2): 446–450.

———. 1974. «El habla del Chocó: notas breves». *Thesaurus. Boletín del Instituto Caro y Cuervo* 29 (3): 409–428.

———. 1975. «La neutralización del consonantismo implosivo en un habla colombiana (Mechengue, Cauca)». *Thesaurus. Boletín del Instituto Caro y Cuervo* 30 (3): 561–64.

———. 1979. «Un rasgo dialectal del occidente de Colombia: *-n>-m*». En *Homenaje a Fernando Antonio Martínez. Estudios de lingüística, filología, literatura e historia cultural*, 215–20. Bogotá: Instituto Caro y Cuervo.

———. 1982. «El español de Colombia: propuesta de clasificación dialectal». *Thesaurus. Boletín del Instituto Caro y Cuervo* 37 (1): 23–92.

———. 1985. *Estudios sobre el español de Colombia*. Bogotá: Instituto Caro y Cuervo.

Moreno Fernández, Francisco. 1988. «Despalatalización de ñ en español». *Lingüística Española Actual* 10 (1): 61–72.

———. 1996. «Castilla La Nueva». En *Manual de dialectología hispánica. El español de España*, editado por Manuel Alvar, 213–232. Barcelona: Ariel.

———. 2009. *La lengua española en su geografía*. Madrid: Arco/Libros.

———, ed. 2010. «Catálogo de voces hispánicas». Recurso en línea. Centro Virtual Cervantes. http://cvc.cervantes.es/lengua/voces_hispanicas/.

Moreno, Nina y Inma Taboada. 2008. «Alófonos emergentes de /n/, /r/ y /ʎ/ entre grupos de diferentes edades en el español quiteño». En *Actas del XXXVII Simposio Internacional de la Sociedad Española de Lingüística. Pamplona, 17–20 de diciembre de 2007*, editado por Inés Olza, Manuel Casado Velarde y Ramón González Ruiz, 579–89. Pamplona: Universidad de Navarra, Servicio de Publicaciones. http://hdl.handle.net/10171/21071.

Moya Corral, Juan Antonio. 1993. «La pérdida de la ñ en la provincia de Jaén». *Revista de la Facultad de Humanidades de Jaén* 2 (1): 21–33.

Narbona, Antonio, Rafael Cano y Ramón Morillo-Velarde. 1998. *El español hablado en Andalucía*. Barcelona: Ariel.

Navarro Correa, Manuel. 1995. *El español hablado en Puerto Cabello*. Valencia, Venezuela: Universidad de Carabobo, Facultad de Ciencias de la Educación.

Navarro Tomás, Tomás. (1948) 1974. *El español en Puerto Rico. Contribución a la geografía lingüística hispanoamericana*. Río Piedras: Universidad de Puerto Rico, Editorial Universitaria.

Navarro Tomás, Tomás y Rafael de Balbín. 1962. *Atlas lingüístico de la Península Ibérica I. Fonética, 1*. Madrid: Consejo Superior de Investigaciones Científicas.

Obediente, Enrique. 1986. «Las nasales en el español venezolano». Manuscrito no publicado. Universidad de los Andes, Mérida, Venezuela.

———. 1992. «El sistema fonológico del español hablado en Venezuela». En *El idioma español de la Venezuela actual*, de Alexandra Álvarez Muro, Paola Bentivoglio, Enrique Obediente, Mercedes Sedano y María Josefina Tejera, 22–44. Caracas: Cuadernos Lagoven. http://hdl.handle.net/123456789/13244.

———. 1998. «Fonetismo segmental». *Español Actual. Revista de español vivo* 69: 11–18.

———. 1999. «Identidad y dialecto: el caso de los Andes venezolanos». En *Identidad cultural y lingüística en Colombia, Venezuela y en el Caribe hispánico. Actas del segundo Congreso Internacional del Centro de Estudios Latinoamericanos (CELA) de la Universidad de Maguncia en Germersheim, 23–27 de junio de 1997*, editado por Matthias Perl y Klaus Pörtl, 213–20. Tubinga: Niemeyer. Reed., Berlín: de Gruyter Mouton, 2012. https://doi.org/10.1515/9783110963571.213.

Oroz, Rodolfo. 1966. *La lengua castellana en Chile*. Santiago de Chile: Universidad de Chile, Facultad de Filosofía y Educación.

Paredes, Florentino. 2001. *El habla de La Jara. Los sonidos (Estudio sociolingüístico)*. Alcalá de Henares: Universidad de Alcalá, Servicio de Publicaciones.

Pérez Martín, Ana María. 2010. *Estudio sociolingüístico del español hablado en El Hierro*. Las Palmas de Gran Canaria: Universidad de Las Palmas de Gran Canaria, Servicio de Publicaciones.

Pfeiler, Barbara. 1992. «Así so[m], los de Yucatá[m]. El proceso fonológico -vn en dos lenguas en contacto». En *Memorias del Primer Congreso Internacional de Mayistas. San Cristóbal de las Casas, México, 1989*, 1:110–122. México, D. F.: Universidad Nacional Autónoma de México, Instituto de Investigaciones Filológicas, Centro de Estudios Mayas.

Poplack, Shana. 1979. «Function and Process in a Variable Phonology». Tesis de doctorado, University of Pennsylvania. ProQuest (302962645).

Quesada, Miguel Ángel. 1996. «El español de América Central». En *Manual de dialectología hispánica. El español de América*, editado por Manuel Alvar, 101–15. Barcelona: Ariel.

———. 2000. *El español de América*. Cartago: Editorial Tecnológica de Costa Rica.

Quesada, Miguel Ángel y Luis Vargas Vargas. 2010. «Rasgos fonéticos del español de Costa Rica». En *El español hablado en América Central. Nivel fonético*, editado por Miguel Ángel Quesada, 155–76. Madrid: Iberoamericana; Fráncfort: Vervuert. https://doi.org/10.31819/9783865278708-007.

Quilis, Antonio. 1988. «Resultado de algunas encuestas lingüísticas recientes en el Ecuador». En *Hommage à Bernard Pottier*, 2:649–58. París: Klincksieck.

———. 1990. «Notas sobre el español de Belice». *Voz y Letra. Revista de Literatura* 1 (1): 139–48.

———. 1995. «Notas de fonética del español de Nicaragua». En *Homenaje a Félix Monge. Estudios de lingüística hispánica*, 379–86. Madrid: Gredos.

———. (1993) 1999. *Tratado de fonología y fonética españolas*. 2.ª ed. Madrid: Gredos.

Quilis, Antonio y Celia Casado. 1995. *La lengua española en Guinea Ecuatorial*. Madrid: Universidad Nacional de Educación a Distancia.

———. 2008. *La lengua española en Filipinas*. Madrid: Consejo Superior de Investigaciones Científicas.

Quilis, Antonio y Matilde Graell. 1992. «La lengua española en Panamá». *Revista de Filología Española* 72 (3–4): 583–638. https://doi.org/10.3989/rfe.1992.v72.i3/4.585.

Quilis, Antonio y María José Quilis Sanz. 2003. «Datos para la caracterización fonética del español de Bolivia». En *Lengua, variación y contexto. Estudios dedicados a Humberto López Morales*, 2:775–91. Madrid: Arco/Libros.

Real Academia Española y Asociación de Academias de la Lengua Española. 2011. *Nueva gramática de la lengua española. Fonética y fonología*. Madrid: Espasa Libros.

Robe, Stanley L. 1960. *The Spanish of Rural Panamá. Major Dialectal Features*. Berkeley: University of California Press.

Rodríguez Cadena, Yolanda. 2006. «El español del Caribe colombiano». En *Estudios sociolingüísticos del español de España y América*, editado por Ana María Cestero, Isabel Molina y Florentino Paredes, 179–86. Madrid: Arco/Libros.

Rosales, María Auxiliadora. 2008. *Atlas lingüístico pluridimensional de Nicaragua. Nivel fonético (Análisis geolingüístico pluridimensional)*. Managua: PAVSA.

———. 2010. «El español de Nicaragua». En *El español hablado en América Central. Nivel fonético*, editado por Miguel Ángel Quesada, 137–54. Madrid: Iberoamericana; Fráncfort: Vervuert. https://doi.org/10.31819/9783865278708-006.

Salvador, Gregorio. (1985) 1987. «La nasal velar en español». En *Estudios dialectológicos*, 143–51. Madrid: Paraninfo.

Samper Padilla, José Antonio. 1990. *Estudio sociolingüístico del español de Las Palmas de Gran Canaria*. Las Palmas de Gran Canaria: La Caja de Canarias.

———. 1991. «El proceso de debilitamiento de la nasal implosiva en el Caribe y en Canarias». En *El español de América. Actas del III Congreso Internacional de* El español de América. *Valladolid 3 a 9 de julio de 1989*, editado por César Hernández Alonso, Germán de Granda, Carmen Hoyos, Vicenta Fernández, Deborah A. Dietrick y Yolanda Carballera, 2:1075–83. Valladolid: Junta de Castilla y León.

———. 2011. «Sociophonological Variation and Change in Spain». En *The Handbook of Hispanic Sociolinguistics*, editado por Manuel Díaz-Campos, 98–119. Malden: Wiley-Blackwell. https://doi.org/10.1002/9781444393446.ch5.

Samper Padilla, José Antonio y Clara Eugenia Hernández Cabrera. 2008. «El español isleño». En *Enciclopedia del español en los Estados Unidos. Anuario del Instituto Cervantes 2008*, editado por Humberto López Morales, 390–409. Madrid: Instituto Cervantes : Santillana.

Sedano, Mercedes. 2001. «Normas regionales y socioculturales en el español de Venezuela». En *II Congreso Internacional de la Lengua Española «El español en la sociedad de la información». Valladolid, 16–19 de octubre de 2001*. Madrid: Centro Virtual Cervantes, Instituto Cervantes.

Suárez Molina, Víctor Manuel. (1945) 1996. *El español que se habla en Yucatán. Apuntamientos filológicos*. 3.ª ed. corregida por Miguel A. Güémez Pineda. Mérida: Universidad Autónoma de Yucatán.

Tarkki, Pekka. 1995. *El español en los campamentos de refugiados de la República Árabe Saharaui Democrática*. Helsinki: Universidad de Helsinki, Centro Iberoamericano.

Terrell, Tracy D. 1975. «La nasal implosiva y final en el español de Cuba». *Anuario de Letras* 13: 257–71.

Toscano, Humberto. 1953. *El español en el Ecuador*. Madrid: Consejo Superior de Investigaciones Científicas.

Tristá, Antonia María y Sergio Valdés Bernal. 1978. *El consonantismo en el habla popular de La Habana*. La Habana: Editorial de Ciencias Sociales.

Trujillo, Ramón. 1980. *Lenguaje y cultura en Masca. Dos estudios*. Santa Cruz de Tenerife: Editorial Interinsular Canaria; La Laguna: Universidad de La Laguna, Instituto Universitario de Lingüística Andrés Bello.

Utgård, Katrine. 2006. «Fonética del español de Guatemala. Análisis geolingüístico pluridimensional». Tesis de maestría, Universitetet i Bergen. http://hdl.handle.net/1956/2641.

———. 2010. «El español de Guatemala». En *El español hablado en América Central. Nivel fonético*, editado por Miguel Ángel Quesada, 49–82. Madrid: Iberoamericana; Fráncfort: Vervuert. https://doi.org/10.31819/9783865278708-003.

Verdugo, Lucía. 2006. «Situación lingüística de Guatemala». En *Estudios sociolingüísticos del español de España y América*, editado por Ana María Cestero, Isabel Molina y Florentino Paredes, 195–204. Madrid: Arco/Libros.

Villamizar, Thania. 1998. «Fonetismo». En *El habla rural de la Cordillera de Mérida*, editado por Enrique Obediente, 27–94. Mérida: Universidad de Los Andes, Consejo de Desarrollo Científico, Humanístico y Tecnológico, Centro de Investigaciones Etnológicas.

Viudas Camarasa, Antonio, Manuel Ariza y Antonio Salvador Plans. 1987. *El habla en Extremadura*. Mérida: Editora Regional de Extremadura.

Williamson, Rodney. 1986. *El habla de Tabasco. Estudio lingüístico*. México, D. F.: El Colegio de México.

Yager, Kent. 1989. «La -*m* bilabial en posición final absoluta en el español hablado en Mérida, Yucatán (México)». *Nueva Revista de Filología Hispánica* 37 (1): 83–94. https://doi.org/10.24201/nrfh.v37i1.731.

Zamora Vicente, Alonso. (1960) 1967. *Dialectología española*. 2.ª ed. muy aumentada. Madrid: Gredos.

14 DESCRIPCIÓN FONOLÓGICA DE LAS CONSONANTES OCLUSIVAS NASALES

Carlos-Eduardo Piñeros

14.1 Introducción

El inventario de fonemas nasales del español está compuesto por una terna de consonantes oclusivas nasales, representadas por las letras *m, n* y *ñ* en la ortografía y por los símbolos /m/, /n/, y /ɲ/ en el Alfabeto Fonético Internacional [→ § 1.15.2]. Hay que señalar, sin embargo, que el número de sonidos nasales que emergen a nivel fonético es mayor e incluye no solamente consonantes, sino también vocales, estas últimas creadas por nasalización. A través de un examen fonético minucioso y dialectalmente amplio, es posible identificar 22 fonos nasales diferentes: trece consonantes y nueve vocales (Tabla 1). Once de las trece consonantes nasales difieren exclusivamente en cuanto al lugar de articulación, mientras que las dos restantes difieren adicionalmente en que son silábicas. Las nueve vocales nasales también pueden ser silábicas o no silábicas [→ § 1.19.5] y divergen, además, en cuanto a la altura y el lugar. En los apartados subsiguientes se presenta una información más detallada sobre estos fonos, así como algunos ejemplos de palabras y de secuencias en las que aparecen.

Tal proliferación de fonos nasales proviene de la participación de los fonemas /m/, /n/ y /ɲ/ en procesos fonológicos. Por ejemplo, la multiplicidad de consonantes nasales no silábicas es el producto de un proceso de 'asimilación de lugar' que otras consonantes inducen en los fonemas oclusivos nasales, mientras que el origen de las vocales nasalizadas, tanto silábicas como no silábicas, se encuentra en un proceso de 'asimilación de nasalidad' que los fonemas oclusivos nasales desencadenan en las vocales. En el primer caso, las oclusivas nasales adquieren una propiedad que otros fonemas les transmiten —el lugar de articulación [→ § 1.18.7]—, mientras que, en el segundo caso, son los fonemas oclusivos nasales los que transmiten a otros fonemas una de sus propiedades —la nasalidad—. En cuanto a las consonantes oclusivas nasales silábicas, el fenómeno que las genera es un proceso de 'silabización' [→ § 1.21.11], cuyo efecto es transferir los fonemas /m/ y /n/ desde uno de los márgenes de la sílaba a la posición de núcleo silábico.

El presente capítulo examina la estructura y el comportamiento de los fonemas oclusivos nasales del español en el siguiente orden. En el § 14.2 se sustenta la tesis de que el inventario fonémico nasal está compuesto por la terna /m n ɲ/, mientras que, en el § 14.3 y en el § 14.4, se explicitan las diferencias de distribución y de frecuencia que existen entre estas unidades. La cuestión de cuáles son los rasgos fonológicos que relacionan y distinguen los miembros de la terna nasal se investiga en el § 14.5, donde también se discute el papel que desempeña la 'marcadez' en la constitución del inventario fonémico nasal. El tema del § 14.6 son los procesos fonológicos capaces de neutralizar los contrastes entre las oclusivas nasales; entre ellos se incluyen algunos procesos típicos del español estándar, como la alveolarización y la asimilación de lugar, y otros procesos propios de variedades regionales, como la bilabialización y la velarización o absorción. En el § 14.7 se tratan dos procesos en los que las oclusivas nasales interactúan con las vocales. Uno de ellos es el de asimilación de nasalidad, caso en el que las oclusivas nasales no son los segmentos sobre los que actúa el proceso, sino los que lo desencadenan. El otro es el de la silabización, un fenómeno infrecuente en el que una vocal cede su posición silábica a una oclusiva nasal. En el § 14.8 se sintetizan, por último, las principales conclusiones.

Tabla 1 *Inventario de los fonos nasales del español*

CONSONANTES	No silábicas	[m] [ɱ] [n̪] [n̺] [n] [n̠] [ɲ] [ŋ̟] [ŋ] [ŋ̄] [ɴ]	11
	Silábicas	[m̩] [n̩]	2
VOCALES	Silábicas	[ã] [ẽ] [õ] [ĩ] [ũ]	5
	No silábicas	[ẽ̯] [õ̯] [ĩ̯] [ũ̯]	4

14.2 Identificación de los fonemas nasales

El método utilizado para motivar la existencia de los fonemas oclusivos nasales consiste en realizar un seguimiento de la nasalidad desde el plano fonético hacia el plano fonológico. Un hecho que se debe subrayar de entrada es que no existe un número constante de fonos oclusivos nasales para todo el español. El número varía de un dialecto a otro y puede abarcar un máximo de 11 lugares de articulación diferentes. Estos se enumeran y ejemplifican en la Tabla 2, usando como contexto la secuencia formada por el artículo *un* seguido de un nombre.

Este espectro de oclusivas nasales está limitado a la posición final de sílaba y su aparición requiere, además, que la consonante nasal vaya seguida por otra consonante, que determina el lugar de articulación de la secuencia consonántica que ambas forman. Así, la variante bilabial aparece ante consonante bilabial (p. ej., [b] y [p]), la variante labiodental ante consonante labiodental (p. ej., [f]), la variante interdental ante consonante interdental (p. ej., [θ]) y así sucesivamente.

Dado que la consonante oclusiva nasal adopta el lugar de articulación de la consonante siguiente, el número de fonos oclusivos nasales que surja en un dialecto específico equivale al total de lugares de articulación que presenten las consonantes en ese dialecto. Un hecho que está directamente relacionado con esta generalización es que los dialectos que carecen de la fricativa interdental [θ] y de la fricativa uvular [χ] también carecen de las oclusivas nasales [n̟] y [ɴ] —ítems (c) y (k) de la Tabla 2—. El surgimiento de la palatal [ɲ] en posición preconsonántica es un fenómeno análogo, dado que también depende de la realización propiamente palatal del segundo miembro de la secuencia consonántica. Por ello conviene aclarar que el fonema inicial de la palabra *yeso* —ítem (g) de la Tabla 2— es sumamente variable y, solo en los dialectos en los que se realiza como palatal (p. ej., [j], [ʝ] o [ɟ͡ʝ]), es posible que [ɲ] sea la realización de la oclusiva nasal que lo precede. En los dialectos en los que dicho fonema emerge como postalveolar (p. ej., [ʒ], [ʃ] o [d͡ʒ]), una oclusiva nasal precedente también se realiza como postalveolar: [n̠]. Con respecto a las variantes velares —ítems (h-j)—, hay que puntualizar que la diversidad de este subgrupo proviene de la influencia que el lugar de articulación de las vocales ejerce sobre una consonante velar precedente. Debido a que las vocales anteriores inducen un adelantamiento en el lugar de la

Tabla 2 *Inventario de fonos oclusivos nasales no silábicos*

	Lugar	**Símbolo**	**Ejemplo**
a.	Bilabial	[m]	**un** beso
b.	Labiodental	[ɱ]	**un** faro
c.	Interdental	[n̟]	**un** zumo
d.	Dentoalveolar	[n̪]	**un** toro
e.	Alveolar	[n]	**un** sapo
f.	Postalveolar	[n̠]	**un** chino
g.	Palatal	[ɲ]	**un** yeso
h.	Prevelar	[ŋ̟]	**un** kilo
i.	Velar	[ŋ]	**un** gato
j.	Posvelar	[ŋ̄]	**un** cura
k.	Uvular	[ɴ]	**un** juego

constricción de una consonante velar precedente mientras que las vocales posteriores tienen el efecto opuesto sobre tal consonante —retraen su lugar de constricción—, cualquier oclusiva nasal que se halle bajo la influencia de una consonante velar afectada por este fenómeno experimenta también esos cambios (Martínez Celdrán [1984] 1994, 340). Así, la oclusiva nasal se realiza como [ŋ̟] antes de una consonante velar que preceda a una vocal anterior —ítem (h)—, y como [ŋ̄] antes de una consonante velar que preceda a una vocal posterior —ítem (j)—. En el caso de una consonante velar que preceda a una vocal central, su lugar de constricción es propiamente velar, de modo que la oclusiva nasal antecedente emerge como [ŋ] —ítem (i)—.

La utilidad de la Tabla 2 reside en que informa detalladamente sobre el repertorio de lugares de articulación que las oclusivas nasales pueden adoptar en español; sin embargo, no justifica que se postulen 11 fonemas oclusivos nasales diferentes porque no aporta pruebas de que los segmentos en cuestión se requieran para almacenar los signos lingüísticos. Para almacenar la palabra *un*, por ejemplo, el hablante tendrá que memorizar que el segmento final es una consonante oclusiva nasal, pero no habrá de memorizar la información sobre cada uno de los 11 lugares de articulación que esa consonante puede adquirir. Tal información la proporciona el contexto. Esto significa que postular un solo fonema oclusivo nasal sería suficiente para obtener la gama completa de oclusivas nasales.

En posición preconsonántica no existen pruebas de que el español cuente con más de un fonema oclusivo nasal. Los datos relevantes se encuentran en posición prevocálica; más precisamente, cuando la oclusiva nasal precede a una vocal perteneciente a la misma palabra. Los ejemplos de (1) muestran que, de las 11 oclusivas nasales que aparecen ante consonante, solamente tres se dan también ante vocal: [m], [n] y [ɲ]. El hecho de que estos tres fonos surjan, aun en ausencia de una consonante adyacente que los controle, indica que tienen su propio lugar de articulación. En virtud de la autonomía que ello les confiere, se crean pares y tríos mínimos [→ § 1.17.1].

(1)   a. Pares mínimos

lo[m]a	lo[n]a	—
—	pe[n]a	pe[ɲ]a
ri[m]a	—	ri[ɲ]a

       b. Tríos mínimos

do[m]a	do[n]a	do[ɲ]a
la[m]a	la[n]a	la[ɲ]a
se[m]a	se[n]a	se[ɲ]a

El razonamiento que justifica dotar de estatus fonémico a los fonos [m], [n] y [ɲ] es el siguiente. En vista de que las palabras de cada par o trío son idénticas excepto por un fono, la única manera de evocar sus significados inequívocamente es que el hablante almacene en la mente las diferencias que existen entre los fonos no idénticos. Puesto que el aspecto en el que [m], [n] y [ɲ] difieren es el lugar de articulación, esa información tiene que incluirse en su representación mental. De esto se infiere que los segmentos en cuestión existen en la consciencia lingüística con su propio lugar de articulación, es decir, como los fonemas /m/, /n/ y /ɲ/.

La característica más evidente del inventario nasal /m n ɲ/ es que consta exclusivamente de consonantes, que además coinciden en otras dos dimensiones articulatorias. En cuanto al modo de articulación, son todas oclusivas y, en cuanto a la acción de las cuerdas vocales, son todas sonoras. La dimensión en la que divergen es, obviamente, la del lugar de articulación. Por lo que respecta al articulador activo, la diferencia reside en que /m/ es labial, /n/ es coronal y /ɲ/ es predorsal, debido a que el órgano o la parte del órgano que se desplaza para formar las oclusiones correspondientes es, respectivamente, el labio inferior, la corona de la lengua y el predorso de la lengua [→ § 1.2.1].

La ausencia de vocales en el inventario /m n ɲ/ es significativa porque indica que, aunque funcional, la nasalidad no alcanza en español la rentabilidad que tiene en lenguas hermanas cuyos inventarios fonémicos incluyen no solamente consonantes, sino también vocales nasales (p. ej., el francés y el portugués). Que la nasalidad no tiene consecuencias fonológicas para las vocales del español es algo que se hace patente en (2), donde se observa que la cualidad nasal u oral de una vocal depende de los segmentos que la circundan. En (2a) se observa que, cuando la vocal va flanqueada por oclusivas nasales a ambos costados, su realización es nasal. Los ejemplos de (2b, c) muestran, por otro lado, que la vocal se realiza como oral si una de las consonantes que la flanquean es oral, bien sea esta la del costado derecho, bien sea la del costado izquierdo. No es sorprendente, por tanto, que la vocal también emerja como oral cuando las consonantes que la rodean a ambos costados son orales (2d). Esto significa que, para que una vocal pueda ser nasal, ha de aparecer en un entorno predominantemente nasal. La generalización que sintetiza las observaciones anteriores es que los miembros de los pares [ã] ~ [a], [ẽ] ~ [e], [õ] ~ [o], etcétera, están en 'distribución complementaria', es decir, que, en las posiciones donde aparece un miembro de cada par, no aparece el otro. La nasalidad en las vocales del español es, por ende, una propiedad predecible a partir del contexto, lo cual significa que no es necesario almacenarla en la representación mental de cada vocal. Los fonemas vocálicos del español son orales y es el contacto con consonantes nasales lo que hace que en algunos casos se nasalicen [→ § 3.2.2, § 4.4.2, § 13.2.2].

(2)   Realización nasalizada u oral de las vocales

a. m[ã]ngo	c. t[a]ngo
m[ẽ]nta	s[e]nda
m[õ]nto	f[o]ndo
b. m[a]go	d. p[a]go
m[e]ta	v[e]ta
m[o]to	f[o]to

Bastante diferente es el comportamiento de la nasalidad en el ámbito de las consonantes. Considérense a este respecto los datos de (3), que ilustran la oposición entre una consonante oclusiva nasal y su equivalente oral más cercana.

(3)   Oposición entre oclusivas nasales y oclusivas orales sonoras
      a. [m]eta   [b]eta
         [m]ula   [b]ula
      b. [n]ota   [d̪]ota
         [n]ilo   [d̪]ilo
      c. [ɲ]ato   [g]ato
         [ɲ]anga   [g]anga

Como muestran los pares mínimos de (3), es imposible prever a partir del contexto si las consonantes oclusivas sonoras serán nasales u orales, dado que la posición ocupada por una consonante del primer tipo puede coincidir con la posición ocupada por una consonante del segundo tipo —en el caso ilustrado aquí, el inicio de palabra ante vocal—. Esto indica que las oclusivas nasales funcionan de forma autónoma en el sistema fonológico del español y, por ello, la propiedad que las diferencia de las oclusivas orales sonoras —la nasalidad— ha de almacenarse en su representación mental. Se infiere, por ende, que el inventario fonémico del español incluye tanto la serie /m n ɲ/ como la serie /b d g/. Sin ambas clases de fonemas, las diferencias de significado que existen entre los miembros de los pares mínimos de (3) serían irreconocibles.

Cabe precisar que, al contrario de lo que ocurre en el par /m/ ≠ /b/, los miembros de los pares /n/ ≠ /d/ y /ɲ/ ≠ /g/ no difieren exclusivamente en cuanto a la presencia/ausencia de nasalidad. La Tabla 3 hace explícitas las diferencias que existen entre los miembros de las dos series de oclusivas sonoras.

En la Tabla 3 se observa que, paralelamente a la oposición nasal ≠ oral, existe una oposición entre las dos series de oclusivas sonoras con respecto a la clase mayor de rasgos [→ § 1.19.5]: las nasales son sonantes, mientras que las orales son disonantes. En este capítulo se evita emplear la etiqueta 'obstruyentes' para hacer referencia a la clase mayor compuesta por las oclusivas orales, fricativas y africadas porque este término denota un grado elevado de constricción, el cual también está presente en las oclusivas nasales. Se prefiere, por ello, la denominación de 'disonantes' porque lo que es común a las oclusivas orales, fricativas y africadas es la presencia de turbulencia en el flujo de aire y la falta de vibración espontánea de las cuerdas vocales, que son indicadores de su escasa sonancia o sonicidad [→ § 1.19.5].

Es patente, además, que el lugar de articulación de los miembros de las parejas /n/ ≠ /d/ y /ɲ/ ≠ /g/ no es exactamente el mismo. La discrepancia dentro de la categoría coronal radica en que /n/ es alveolar, mientras que /d/ es dentoalveolar [→ § 9.2.3]. Todavía más obvio es el desfase que se presenta entre los miembros del par de dorsales, dado que, al ser palatal, el lugar de /ɲ/ es mucho más anterior que el de /g/, que es velar.

No sería adecuado apelar a una diferencia de clase mayor para formalizar el contraste existente entre las oclusivas sonoras /m n ɲ/ y /b d g/ porque se ignoraría que, en este caso, la oposición sonante ≠ disonante (obstruyente) no constituye una dimensión contrastiva independiente de la nasalidad. Esto es así porque el gesto articulatorio que produce la nasalidad —el descenso del velo del paladar— es también el mecanismo que da origen a la cualidad sonante de las oclusivas nasales. Resulta que, con un flujo constante de aire a través de la cavidad nasal, el volumen de aire transglótico requerido para que las cuerdas vocales puedan vibrar se mantiene constante también [→ § 1.6.4]. Así, la condición que un segmento debe cumplir para que se lo clasifique como sonante —la presencia de vibración espontánea de las cuerdas vocales— se satisface automáticamente (Chomsky y Halle 1968, 302). En otras palabras, la sonancia de las oclusivas nasales es concomitante con su nasalidad, razón por la cual carece de utilidad fonológica.

La diferencia en cuanto al punto exacto en el que las oclusivas coronales forman la oclusión tampoco tiene consecuencias fonológicas, por lo menos en el sistema fónico del español. Así lo indica el hecho de que en esta lengua no existen pares

Tabla 3 *Oposiciones entre oclusivas sonoras*

	Labial	Coronal		Dorsal		
		Dentoalveolar	**Alveolar**	**Palatal**	**Velar**	
Nasal	/m/		/n/	/ɲ/		Sonante
Oral	/b/	/d/			/g/	Disonante

mínimos cuyos segmentos no idénticos difieran exclusivamente en que uno es dentoalveolar y el otro alveolar. Los miembros de pares como [n]*ato* ~ *[n̪]*ato* y *[d]*ato* ~ [d̪]*ato,* por ejemplo, no se asocian con significados diferentes, sino que se interpretan como realizaciones de una misma palabra. Cabe señalar que la causa de esta asimetría de lugar no se le puede imputar a /n/, sino que debe provenir de /d/, ya que el punto de articulación que normalmente tienen las consonantes coronales es alveolar. De hecho, con la excepción de las oclusivas orales, las demás clases consonánticas del español favorecen el lugar alveolar sobre el dentoalveolar (p. ej., /s/, /n/, /l/, /r/ y /ɾ/). El hecho de que las oclusivas orales del español rompan con esta tendencia representa una idiosincrasia que amerita investigarse; sin embargo, por no relacionarse directamente con el tema de este capítulo, aquí se deja de lado [→ § 9.2.3].

Una asimetría registrada en la Tabla 6 que sí tiene que ver directamente con la configuración del inventario de fonemas oclusivos nasales es la discrepancia de lugar que existe entre los miembros del par /ɲ/ ≠ /g/. En vista de que el repertorio universal de oclusivas nasales incluye la velar /ŋ/, es intrigante que no sea esta, sino la palatal /ɲ/, la que el español elige como el homólogo nasal de la oclusiva oral velar sonora, /g/. Nótese que, si se hubiese elegido /ŋ/, el par resultante hubiera sido /ŋ/ ≠ /g/, lo cual hubiera contribuido a obtener un inventario fonémico más simétrico. En el § 14.5.4 se discute una explicación plausible para la selección de /ɲ/ en vez de /ŋ/.

A pesar de las diferencias adicionales que se acaban de detallar, es indudable que el fundamento de la distinción entre las series /m n ɲ/ y /b d g/ es la oposición nasal ≠ oral. Esto se aprecia claramente en el par /m/ ≠ /b/, que, por estar libre de asimetrías de lugar, expresa la oposición relevante de forma aislada. Si se eliminara la nasalidad de /m/, el resultado sería /b/, y, si se añadiera nasalidad a /b/, el resultado sería /m/. Frente a este hecho, no hay más opción que admitir que el español emplea la nasalidad para distinguir las oclusivas sonoras.

Por si quedara alguna duda, el poder distintivo del que goza la nasalidad entre las oclusivas se manifiesta también con respecto a las demás clases consonánticas del español. Por ejemplo, en los pares [m]*esa* ≠ [p]*esa,* [n]*ula* ≠ [t̪]*ula* y [ɲ]*apa* ≠ [k]*apa,* las oclusivas nasales sonoras contrastan con las oclusivas orales sordas; en [m]*ina* ≠ [f]*ina,* [n]*ena* ≠ [θ]*ena,* [n]*ota* ≠ [s]*ota* y [ɲ]*arra* ≠ [x]*arra* con las fricativas; en [n]*arro* ≠ [t͡ʃ]*arro* con la africada; en [n]*odo* ≠ [l]*odo* y [ɲ]*ame* ≠ [ʎ]*ame* con las laterales; en [n]*asa* ≠ [r]*asa* y *pa*[n]*a* ≠ *pa*[ɾ]*a* con las róticas, y en *ma*[ɲ]*a* ≠ *ma*[j]*a* con la aproximante.

Teniendo en cuenta que el eje sobre el que giran tales distinciones es el modo en que se articulan las consonantes, se colige que la nasalidad es una propiedad fónica a la que el español concede un papel fonológico dentro de los siguientes límites: se permite que la nasalidad figure en la composición de ciertos fonemas consonánticos, exclusivamente oclusivos, pero no en la de los fonemas vocálicos; además, entre las

Tabla 4 *Inventario de los fonemas nasales del español*

	Labial	**Coronal**	**Dorsal**
Oclusiva nasal	/m/	/n/	/ɲ/

oclusivas, se admite su combinación con tres macrocategorías de lugar que tienen valor distintivo [→ § 1.21.5]: labial, coronal y dorsal. La terna nasal de la Tabla 4 es el resultado de que se cumplan tales condiciones.

14.3 Pautas distribucionales

Recuérdese que las oclusivas nasales tienen su propio lugar de articulación cuando aparecen ante una vocal (1), pero normalmente pierden el control sobre esa propiedad cuando se encuentran ante una consonante (Tabla 2). Cabe observar que la posición prevocálica coincide con el ataque silábico, mientras que la posición preconsonántica se corresponde con la coda silábica [→ § 1.21.8]. La causa de ello es que el silabeo [→ § 1.21.11] —el proceso de agrupar los segmentos en sílabas— funciona de tal modo en español que cualquier oclusiva nasal que preceda a una vocal se agrupa con ella, por ejemplo, en *ga*[.n]*o,* mientras que, si precede a otra consonante, se agrupa con la vocal precedente, por ejemplo en *ga*[n.]*so.* En ambos ejemplos la frontera entre sílabas se indica en la transcripción fonética por medio de un punto. La referencia a la sílaba es importante porque la gramática determina qué secuencias de segmentos pueden existir y cuáles no tomando como base esta unidad prosódica [→ § 24.2.3]. Se verá más adelante en este apartado que las posibilidades combinatorias de las oclusivas nasales con otras clases de segmentos dependen de la posición silábica en la que se ubiquen: el ataque, el núcleo o la coda. La Figura 1 sintetiza las opciones distribucionales de las oclusivas nasales en español y será útil como punto de referencia.

El núcleo es la única posición silábica obligatoria y las vocales son la única clase segmental que el español estándar permite en ella. Como consecuencia de estas restricciones, cualquiera de los fonemas vocálicos puede formar una sílaba

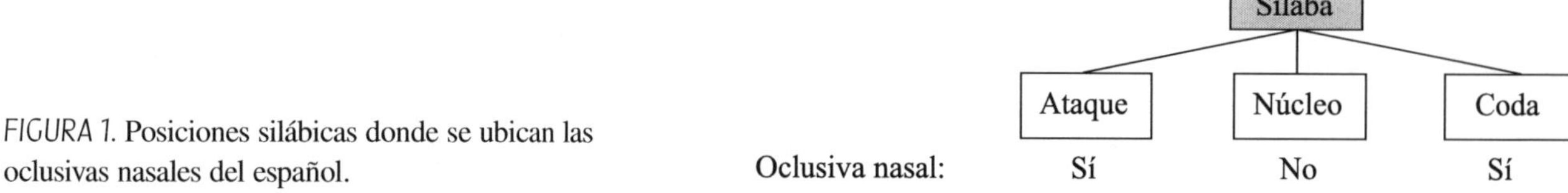

FIGURA 1. Posiciones silábicas donde se ubican las oclusivas nasales del español.

Oclusiva nasal:

por sí solo, pero ninguno de los fonemas consonánticos posee esa capacidad. Una pauta básica de la distribución de las oclusivas nasales es, por ende, su confinamiento a los márgenes silábicos (p. ej., *re*[.măn.]*so*). El ataque y la coda imponen, además, sus propias restricciones, de suerte que ciertas oclusivas nasales presentan una distribución más limitada que otras.

14.3.1 Oclusivas nasales en el ataque

El ataque es la posición silábica que mayor libertad concede a las oclusivas nasales. Así lo pone de manifiesto el hecho de que todas las opciones lógicas que resultan de combinar los tres fonemas oclusivos nasales con los cinco fonemas vocálicos corresponden a sílabas existentes. Ejemplos de la combinación de /m/ con las cinco vocales son [ma.]*pa*, [me.]*sa*, [mi.]*ra*, [mo.]*ta*, [mu.]*la*, de /n/ son [na.]*ve*, [ne.]*cio*, [ni.]*quel*, [no.]*che*, [nu.]*be*, y de /ɲ/ son *pe*[.ɲa], *ri*[.ɲe], *me*[.ɲi.]*que*, *a*[.ɲo], *ca*[.ɲu.]*to* [→ § 12.2.1].

Solo se constata una restricción sobre las secuencias de oclusiva nasal más vocal cuando el núcleo silábico es compuesto: si el ataque contiene la oclusiva nasal palatal, /ɲ/, el núcleo no puede contener un diptongo creciente con la paravocal alta anterior, [i̯]. Se encuentran, por ejemplo, sílabas con la secuencia [mi̯e] y [ni̯e], como en *miel* y *niel*, pero no con la secuencia *[ɲi̯e]: no existe *ñiel*. La formación del gerundio de ciertos verbos corrobora que este no es un vacío accidental. Nótese que de *gemir* y *venir* se obtienen los gerundios *gi*[.mi̯ẽn̯.]*do* y *vi*[.ni̯ẽn̯.]*do*, mientras que de *ceñir* y *teñir* no resultan *ci[.ɲi̯ẽn̯.]do* y *ti[.ɲi̯ẽn̯.]do*, sino *ci*[.ɲẽn̯.]*do* y *ti*[.ɲẽn̯.]*do*. En estos casos se hace patente cómo la secuencia problemática se resuelve a expensas de la paravocal. En cambio, cuando el diptongo creciente comienza con la paravocal alta posterior, [u̯], su combinación con un ataque formado por cualquiera de los fonemas oclusivos nasales es válida (p. ej., [mu̯e.]*la*, [nu̯e.]*ra* y *pa*[.ɲu̯e.]*lo*). Estas observaciones sugieren que la causa de la restricción tiene que ver con el hecho de que [ɲ] e [i̯] son segmentos palatales; sin embargo, la contigüidad entre segmentos palatales no puede constituir la única explicación, dado que la sílaba [ɲi] es lícita, a pesar de que también incluye dos segmentos palatales en contacto (p. ej., *a*[.ɲi.]*cos*).

Cabe mencionar que /ɲ/ abunda poco cuando el ataque silábico se encuentra en posición inicial de palabra, como pone de manifiesto la brevedad de los apartados dedicados a la letra *ñ* en los diccionarios de español. En la vigesimosegunda edición del *Diccionario de la lengua española* (Real Academia Española 2001) se encuentran apenas 95 lemas en el apartado de *ñ*, la mayoría de los cuales son americanismos cuyo uso no es general, sino específico de ciertos países (p. ej., *ñajo*, en Honduras y Nicaragua; *ñeco*, en Honduras y la República Dominicana; *ñorbo*, en Ecuador y Perú). La escasez de palabras que comiencen con /ɲ/ posee raíces históricas. En efecto, mientras que /m/ y /n/ se heredaron del latín, el español adquirió el fonema /ɲ/ en el curso de su evolución. Debido a que el nuevo fonema se originó a partir de secuencias segmentales en interior de palabra (p. ej., /gn/, como en *si*[gn]*a* > *se*[ɲ]*a*, y /mn/, como en *do*[mn]*u* > *due*[ɲ]*o*), en su distribución original no estaba incluido el ataque de la sílaba inicial. Fue la adopción de préstamos provenientes de varias fuentes, principalmente de las lenguas amerindias, lo que propició esta opción (Champion 1992; Hare 1998). De cualquier modo, hay que reconocer que la posibilidad de que /ɲ/ ocupe el ataque inicial de palabra no está vetada en ningún dialecto; palabras como *ñoño* y *ñandú* son de uso pandialectal.

Las oclusivas nasales están sujetas a una restricción categórica que tiene que ver con la complejidad del ataque. Ningún fonema de esta clase puede formar parte de ataques compuestos. El vocabulario patrimonial carece de palabras en las que /m/, /n/ o /ɲ/ se combinen con otra consonante dentro del ataque y, cuando se toman prestados vocablos de lenguas que sí lo permiten, se recurre a alguna estrategia para deshacer tal estructura. Con ataques compuestos por /s/ + oclusiva nasal, la disolución se suele obtener insertando la vocal [e] [→ § 17.3.3]. La sílaba adicional que así se crea proporciona un margen para albergar al fonema /s/, que puede experimentar un proceso opcional de asimilación de sonoridad. Ejemplos de esto son [es̬.m]*og*, [es̬.m]*oquin*, [es̬.n]*ob* y [es̬.n]*ifar*, formas adaptadas de las palabras inglesas *smog*, *smoking*, *snob* y *sniff*. Otros tipos de ataque compuesto con oclusiva nasal se resuelven mediante una elisión; por ejemplo, la sílaba inicial de las palabras *pneuma, gnomo* y *mnemónico* se realiza con una sola consonante en el ataque: [nẽṷ.]*ma*, [nõ.]*mo* y [nẽ.]*mónico*. Estos hechos, en su conjunto, constituyen una prueba fehaciente de que el español prohíbe los ataques compuestos que involucren oclusivas nasales.

14.3.2 Oclusivas nasales en la coda

Las pautas distribucionales de los fonemas /m/, /n/ y /ɲ/ son más difíciles de observar en la coda silábica debido a la influencia que en ellos puede ejercer la consonante siguiente. En relación con esto, conviene aclarar que las codas finales de palabra difieren de las codas en interior de palabra con respecto al elemento al que preceden. Mientras que las codas en interior de palabra son siempre preconsonánticas (p. ej., *ho*[n.r]*a*), las codas en final de palabra pueden ser preconsonánticas, prevocálicas o prepausales (p. ej., *son pesos, son esos, esos son*). Estas diferencias de entorno tienen dos consecuencias notables. La primera consiste en que, cuando son prevocálicas, las codas finales de palabra no están confinadas a esa posición, sino que pueden desplazarse al ataque de la sílaba siguiente (p. ej., *so*[.ne.]*sos*) como resultado de un proceso de resilabeo que opera en el nivel de la frase y busca maximizar el número de sílabas dotadas de ataque [→ § 1.21.11, § 12.2.2]. La segunda es que, cuando son prevocálicas o prepausales, las codas en final de palabra quedan libres de la influencia de una consonante siguiente [→ § 24.2.3]. Obsérvese que, en *so*[m.p]*esos*, el fonema oclusivo nasal asimila el lugar de articulación de la consonante adyacente; mientras que, en *so*[.ne.]*esos* y *esos so*[n], ese mismo fonema aparece tal como es, ya que el lugar de articulación con el que se manifiesta no es el de otro segmento, sino el suyo propio. La situación es diferente en el caso de una coda en interior de palabra. En esa posición, el fonema oclusivo nasal se ve siempre influido por una consonante siguiente, la cual suele imponerle su lugar de articulación. Por ejemplo, en palabras como *ca*[m.p]*o, ni*[ɱ.f]*a, o*[n̪.θ]*e, die*[ɳ.ʈ]*e*, etcétera, el lugar de articulación del fonema oclusivo nasal queda supeditado al de la siguiente consonante, que provoca su asimilación.

En vista de que en coda interna de palabra el lugar de una oclusiva nasal está normalmente encubierto por la zona de articulación de la consonante siguiente, los datos para desvelar las pautas que gobiernan la distribución de /m/, /n/ y /ɲ/ en la coda silábica se han de buscar en posición final de palabra. El examen de lo que sucede en esta posición pone de manifiesto tres grados posibles de admisibilidad: un miembro de la terna nasal está estrictamente prohibido, otro se acepta marginalmente y el otro está ampliamente aceptado.

La ausencia total de palabras patrimoniales que terminen en /ɲ/ indica que el español prohíbe la asignación de ese fonema a la coda. Ni siquiera se aceptan las excepciones en el caso de los préstamos. La adaptación de la palabra francesa *champa*[ɲ], por ejemplo, se obtiene en algunos dialectos añadiendo una vocal final, la cual, además de explicitar el género gramatical del vocablo, permite reubicar la consonante problemática en el ataque, *champa*[.ɲa]. Una alternativa utilizada en otros dialectos consiste en modificar el lugar de articulación de la consonante para convertirla en una coda permitida, *champá*[n]. En la adaptación de ciertas palabras catalanas, como el apellido *Fortu*[ɲ], se observan estrategias similares. Lloret y Mascaró (2006, 79) explican que, cuando el préstamo se introduce a través de la escritura, el dígrafo *ny*, que es como la ortografía catalana representa el fonema /ɲ/, lleva a los hispanohablantes a producir *Fortu*[.ni], mientras que, cuando el préstamo se incorpora por vía oral, la estrategia a la que se recurre consiste en modificar el lugar de articulación de la oclusiva nasal, *Fortu*[n] [→ § 20.3.2].

La suerte del fonema /m/ en la coda es ligeramente más favorable, como se deduce de la existencia de una minoría de palabras que se escriben con *m* final. Al realizar una consulta por orden alfabético inverso de la vigesimosegunda edición del *Diccionario de la lengua española*, se encuentra un total de 103 lemas terminados en *m*. La mayoría de ellos son cultismos provenientes del latín (p. ej., *álbum, quórum, médium, tedeum, tándem, maremágnum, ítem*), aunque también se documentan préstamos de otras lenguas (p. ej., *harem, islam, macadam, tótem, boom, zum, ohm*) y algunas onomatopeyas (p. ej., *bum, cataplum, plim*). Tal configuración es ajena al idioma (véase el § 14.6.3) [→ § 13.2.2] y se tiende a cambiar para adaptarse a la estructura de las palabras patrimoniales. Así, los cultismos que terminan en el sufijo latino *-um* tienden a desarrollar una forma alternativa con el sufijo patrimonial *-o* (p. ej., *pódium > podio, fórum > foro, ultimátum > ultimato, memorándum > memorando*), mientras que en los préstamos provenientes de otras lenguas y en las onomatopeyas se tiende a sustituir la *m* final por *n* (p. ej., *harén, macadán, catapún, plin*). A pesar de que tales ajustes son tan frecuentes que la ortografía misma los reconoce, no se puede negar que el español tolera el silabeo de /m/ en coda, y no solamente al final, sino también en interior de palabra. Los tipos de palabra en los que /m/ emerge silabeado en coda interna son, nuevamente, cultismos, préstamos y onomatopeyas (p. ej., *inso*[m.]*nio, há*[ms.]*ter* y *ru*[m.]*rum*). Un origen frecuente de tales codas es el grupo culto *mn,* que amerita una especial atención por el hecho de que la oclusiva nasal es capaz de resistir la influencia asimilativa ejercida por la consonante siguiente (p. ej., *alu*[m.n]*o, calu*[m.n]*ia, a*[m.n]*esia, hi*[m.n]*o, colu*[m.n]*a, o*[m.n]*ívoro,* etcétera). En el § 14.6.2 se verá que la asimilación de lugar también puede afectar a las secuencias consonánticas formadas por dos oclusivas nasales (p. ej., *alumno* puede pronunciarse *alu*[n.n]*o*), pero la probabilidad de que esto suceda es menor que cuando la consonante que sigue a la oclusiva nasal es oral (p. ej., *co*[ɱ.f]*undir, co*[n̪.θ]*eder, co*[n̪.t̪]*ener*).

La oclusiva nasal que el español acoge mejor en la coda es, indiscutiblemente, /n/. A diferencia de lo que sucede con /m/, la posibilidad de que /n/ se silabifique en tal posición no se circunscribe a un ámbito específico del vocabulario. Se documentan no solamente cultismos, préstamos y onomatopeyas (p. ej., *inmaturo, hooligan* y *tilín*), sino también una plétora de palabras patrimoniales que incluyen tal configuración. Si se realiza una consulta por orden alfabético inverso del *Diccionario de la lengua española*, se encuentra un total de 4766 lemas terminados en /n/. Esta cifra revela una desproporción abismal cuando se compara con los 103 lemas correspondientes a /m/ y con la ausencia total de lemas terminados en /ɲ/. Es válido generalizar, entonces, que existen tres grados de aceptación de las oclusivas nasales en la coda silábica: rechazo categórico de /ɲ/, tolerancia marginal de /m/ y aceptación general de /n/.

La distribución de las oclusivas nasales en la coda incluye, por último, la posibilidad de participar en codas compuestas. Estas provienen de grupos cultos que se crean en la frontera entre un prefijo y una raíz (p. ej., *trans* + *mitir*) y obedecen a una pauta fija: su segundo elemento es la fricativa alveolar sorda /s/. Son ejemplos representativos *tra*[ns.]*portar, tra*[ns.]*formar, co*[ns.]*pirar, co*[ns̠.]*treñir, i*[ns̠.]*truir* e *i*[ns.]*cribir*. Es bien sabido, sin embargo, que el español tiende a simplificar tales codas por medio de la elisión, un cambio tan arraigado en el habla popular que la ortografía acepta ya para algunas de tales palabras una forma ortográfica alternativa con coda simple (p. ej., *transmitir o trasmitir, transportar o trasportar, transformar o trasformar*). Con independencia de que la ortografía lo reconozca o no, las palabras con coda compuesta se pronuncian normalmente con coda simple, lo cual da pie a que se produzcan variaciones con respecto a la consonante suprimida [→ § 17.3.2, § 24.2.3]. En algunos dialectos se simplifica la coda a expensas de la oclusiva nasal (p. ej., *tra*[s.]*portar, tra*[s.]*formar, co*[s.]*pirar, co*[s̠.]*treñir, i*[s̠.]*truir, i*[s.]*cribir*), mientras que en otros se elimina la fricativa alveolar, permitiendo así que la oclusiva nasal experimente la influencia asimilativa de la consonante que ocupa el ataque de la sílaba siguiente (p. ej., *tra*[m.]*porte, tra*[ɱ.]*formar, co*[m.]*pirar, co*[n̪.]*treñir, i*[n̪.]*tituto, i*[ŋ.]*cribir*). Una tercera opción es la absorción de la oclusiva nasal por parte de la vocal precedente mientras que la coda conserva vestigios de la fricativa alveolar en forma de una aspiración débil (p. ej., *tr*[ãʰ.]*portar, tra*[ãʰ.]*formar, c*[õʰ.]*pirar, c*[õʰ.]*treñir,* [ĩʰ.]*truir,* [ĩʰ.]*cribir*). El resultado de estas tendencias es que, en la práctica, las oclusivas nasales no aparecen en codas compuestas más que en un estilo de habla esmerado o afectado.

14.3.3 Oclusivas nasales en el núcleo

En el español tradicional de Nuevo México no se sigue estrictamente la tendencia a excluir los segmentos consonánticos del núcleo silábico. Este dialecto es atípico porque muestra un proceso opcional de silabización: el desplazamiento de consonantes desde los márgenes al núcleo de la sílaba. Esto ocurre en el habla informal y afecta a las oclusivas nasales, a las laterales y a las róticas cuando están en contacto con una vocal alta acentuada, la cual desaparece al tiempo que la consonante en cuestión se adueña del núcleo (Espinosa García 1925; Lipski 1993; Piñeros 2005). Además de darse con carácter optativo, el proceso está sujeto a restricciones morfológicas, por lo que las oclusivas nasales silábicas surgen solamente en palabras que incluyen ciertos morfemas (p. ej., sufijos diminutivos). En (4) se recogen algunos ejemplos representativos en los que se aprecia que, a diferencia de /m/ y /n/, la oclusiva nasal palatal, /ɲ/, se resiste al cambio.

(4)   Silabización de las oclusivas nasales en el español tradicional de Nuevo México
        lo*m*ita   lo[.ˈmi.]ta ~ lo[.ˈm̩.]ta
        cu*n*ita   cu[.ˈni.]ta ~ cu[.ˈn̩.]ta
        ni*ñ*ito   ni[.ˈɲi.]to —

Este proceso se trata en el § 14.7.2 con más detalle. El aspecto interesante en este momento es que el núcleo silábico no es la posición que se asigna en primera instancia a las oclusivas nasales. Inicialmente, la consonante se silabea en uno de los márgenes y la silabización puede tener lugar solo si la vocal alta acentuada desaparece. Prueba de ello es que la consonante no puede ser silábica mientras la vocal alta acentuada esté presente; por ejemplo, **lo*[.m̩.ˈi.]*ta* y **cu*[.n̩.ˈi.]*ta* no son pronunciaciones posibles.

En otras variedades regionales (p. ej., de México y de Ecuador) también se ha atestiguado el surgimiento de consonantes silábicas; sin embargo, el fenómeno es diferente allí porque involucra exclusivamente a consonantes disonantes (obstruyentes) —especialmente /s/— y porque la vocal que cede su silabicidad es inacentuada (Boyd-Bowman 1952).

No está de más subrayar que la 'silabización' es un proceso distinto del 'silabeo', por lo que se debe evitar intercambiar estos términos. La silabización es más específica en el sentido de que se aplica exclusivamente a las consonantes, que normalmente se ubican en los márgenes de la sílaba, pero que pueden a veces transferirse desde allí al núcleo silábico. 'Silabizar' significa, literalmente, convertir en silábico, es decir, en núcleo de sílaba. El silabeo es un proceso más general, dado que se refiere a la incorporación de cualquier segmento, sea este vocálico o consonántico, en cualquier posición silábica, bien sea esta el núcleo o bien sea uno de los márgenes. 'Silabear' significa, literalmente, formar sílabas [→ § 1.21.10, § 24.2.2].

14.3.4 El papel de la sonancia

El hecho de que las oclusivas nasales propendan a esquivar el núcleo y a ubicarse en los márgenes de la sílaba se suele explicar en términos de 'sonancia' o 'sonicidad' —la perceptibilidad de los segmentos [→ § 1.21.9, § 17.3.1]—. Se ha observado que existe una correlación entre la sonancia y el grado en el que se obstaculiza el flujo de aire. Tal correlación radica en que, cuanto más se cierra el tracto vocal, menor es la cantidad de aire que puede fluir, con lo cual las paredes de los resonadores absorben la mayoría de las resonancias de la voz, produciéndose así un sonido de escasa sonicidad. Por el contrario, en la medida en que se abre el tracto vocal, el flujo de aire aumenta y las resonancias de la voz que coincidan con las frecuencias de los resonadores resultan amplificadas. Así se obtiene un sonido de elevada sonancia. De conformidad con estas observaciones, las oclusivas orales —cuyo cierre de la cavidad oral y del pasaje velofaríngeo impide completamente el flujo de aire— son los segmentos menos sonantes, mientras que las vocales —cuya abertura de la cavidad oral permite un flujo copioso de aire— son los segmentos más sonantes. A las oclusivas nasales les corresponde una posición intermedia entre esos dos polos porque, si bien es cierto que la cavidad oral se cierra completamente, el pasaje velofaríngeo se abre. Esto hace posible que, aunque en menor volumen que el permitido por la cavidad oral en las vocales, el aire fluya por la cavidad nasal, y que ciertas resonancias de la voz se amplifiquen en ese resonador.

Para expresar las relaciones de sonancia o sonicidad es útil servirse de una jerarquía [→ § 1.21.9], como la presentada en (5), en la cual se han incluido también las fricativas y las aproximantes. Las fricativas —cuya constricción obstaculiza en gran medida el flujo de aire sin llegar a extinguirlo— se ubican entre las oclusivas orales y las oclusivas nasales, mientras que las aproximantes —cuyo grado de constricción es el más cercano a la abertura de las vocales— se sitúan entre estas y las oclusivas nasales. (También existen diferencias de sonicidad entre las aproximantes laterales, las aproximantes centrales y las aproximantes róticas, así como entre vocales altas, vocales medias y vocales bajas, pero, puesto que no son relevantes para la presente discusión, no se han incluido en (5). El símbolo '>' debe leerse 'más sonante que').

(5)   Jerarquía de sonancia
       vocales > aproximantes > oclusivas nasales > fricativas > oclusivas orales

La 'jerarquía de sonancia' o 'jerarquía de sonicidad' ha servido para evaluar la silabicidad potencial de los distintos segmentos. Dado que el núcleo representa la cima de prominencia de la sílaba, es natural que se prefiera situar los segmentos más sonantes en tal posición. Desde esta óptica, la exclusión de las consonantes del núcleo se puede interpretar como el resultado de imponer un umbral elevado de sonancia: el español requiere que los segmentos silábicos tengan, como mínimo, un nivel de sonicidad superior al que tienen las aproximantes. Esto explicaría la ausencia general de consonantes silábicas en la lengua. Nótese que, en el caso del español tradicional de Nuevo México (véase el § 14.3.3), habría que modificar esta condición. Sería preciso permitir un umbral bastante más bajo de sonancia para que también pudieran admitirse las aproximantes y las oclusivas nasales en el núcleo de la sílaba.

La jerarquía de sonancia se aplica asimismo al evaluar qué consonantes forman mejores ataques silábicos, para lo cual es necesario prestar atención al contraste que producen con el segmento que ocupa el núcleo. En principio, la combinación de una consonante poco sonante con una vocal (p. ej., [t̺i]) ha de resultar en una sílaba de mejor calidad que la combinación de una consonante bastante sonante con esa misma vocal (p. ej., [ɾi]), ya que en el primer caso se obtiene un contraste más acusado y, por ende, más fácil de detectar que en el segundo caso. Las oclusivas nasales no serían, según esto, la mejor opción combinatoria para una vocal (p. ej., [ni]), pero tampoco serían la peor. El hecho de que los niveles de sonicidad correspondientes a las oclusivas nasales y a las vocales no sean contiguos en la jerarquía de sonancia sugiere que su combinación produce un contraste de sonancia suficientemente amplio; de ahí que el español acepte todas las combinaciones entre oclusivas nasales y vocales.

La combinación de una oclusiva nasal con otra consonante dentro del mismo margen silábico conlleva, inevitablemente, que se reduzca la magnitud del contraste de sonicidad en el interior de la sílaba. Por ejemplo, si se intercalara una aproximante entre una oclusiva nasal y una vocal, se obtendría una secuencia de niveles contiguos de sonancia. Con base en esta observación, se podría proponer que la razón por la que el español no permite sílabas como *[mli] y *[nɾi] es una condición de 'distancia mínima de sonancia' que requeriría que los niveles de sonicidad de las consonantes dentro de un mismo margen silábico estuvieran separados al menos por un nivel intermedio. Desafortunadamente, esta estipulación no funciona cuando se aplica a otros casos, bien porque es demasiado laxa o bien porque es demasiado estricta. Por ejemplo, la agrupación de una oclusiva oral y una oclusiva nasal dentro de un ataque compuesto satisface la distancia mínima estipulada, pero el español la rechaza (p. ej., *[pni] y *[gni]). Por otro lado, la agrupación de una oclusiva nasal con una fricativa dentro de una coda compuesta no se atiene a la distancia mínima estipulada y, a pesar de ello, el español la permite (p. ej., [ins]). Para esquivar el problema podría incrementarse la distancia mínima en el ataque y disminuirla en la coda, pero si se requiriera un mínimo de dos niveles de diferencia en los ataques compuestos, sílabas como [fli] serían erróneamente excluidas, y si no se requiriera por lo menos un nivel de diferencia en la coda, sílabas como [iln] serían erróneamente aceptadas. En suma, la jerarquía de sonancia no permite predecir exhaustivamente las combinaciones de consonantes que son posibles dentro de la sílaba.

Otro caso en el que la jerarquía de sonancia no permite distinguir entre secuencias bien formadas y mal formadas es el que se ha mencionado antes con respecto a la oclusiva nasal palatal ante paravocal alta anterior, es decir, la ausencia de sílabas como *[ɲie]. El inconveniente radica en que, dado que el concepto de sonancia o sonicidad está basado en el grado de obstrucción al flujo de aire, cualquier condición de sonancia que se adopte para descartar sílabas como *[ɲie] también descartará sílabas como *[ɲue], ya que, por articularse con el mismo grado de abertura, las paravocales altas obstaculizan el flujo de aire en idéntico grado. Casos como este son de especial interés porque indican que, tanto el modo de articulación como el lugar y, posiblemente, todas las propiedades del segmento, son relevantes para decidir qué secuencias de segmentos son lícitas y cuáles no lo son. Como alternativa a los tratamientos basados en la jerarquía de sonancia, Ohala y Kawasaki (1984, 1997) proponen evaluar la detectabilidad de las secuencias segmentales en función de varios parámetros acústicos (p. ej., la amplitud, la periodicidad, la forma del espectro y la frecuencia fundamental [→ § 1.8 y ss.]), los cuales tienen la ventaja de que pueden medirse con mayor precisión que el grado en el que el flujo de aire se ve obstruido. Los autores mencionados suponen que las secuencias en las que la transición de un segmento a otro genera cambios de escasa magnitud en el espacio acústico definido por este conjunto de parámetros se evitarán, ya que son más difíciles de detectar que las secuencias en las que tales cambios son acusados. Lamentablemente, aún no se han propuesto modelos que desarrollen esta idea.

14.4 Frecuencia de aparición

Es un hecho palpable que el español no emplea los fonemas /m/, /n/ y /ɲ/ equitativamente. Por citar un caso concreto, los hispanohablantes tienen la impresión de que /ɲ/ es un segmento menos frecuente que /m/ y /n/ en vista de que lo escriben y lo pronuncian menos. Esta intuición puede objetivarse calculando la frecuencia con la que los fonemas oclusivos nasales aparecen en los textos. Para llevar a cabo este ejercicio, el autor de este capítulo compiló un corpus de 14 296 palabras a partir de artículos periodísticos.

Los periódicos utilizados fueron *El Clarín* (Argentina), *La Nación* (Chile), *El Tiempo* (Colombia), *Vanguardia* (Cuba), *El País* (España), *El Heraldo* (México), *Ojo* (Perú) y *El Nacional* (Venezuela). Los artículos se extrajeron de las secciones de sociedad, opinión, entretenimiento y cultura con el ánimo de recoger un vocabulario lo más cotidiano e informal posible. También cabe señalar que el recuento se llevó a cabo a partir de la representación fonémica, la cual se obtuvo de la siguiente manera: en caso de que la oclusiva nasal apareciera en ataque silábico, las letras *m*, *n* y *ñ* se atribuyeron a los fonemas /m/, /n/ y /ɲ/, respectivamente; sin embargo, cuando la posición en la que se ubicaba dicho segmento era la coda silábica, la letra *m* ante *p* o *b* se atribuyó al fonema /n/, junto con todas las realizaciones de la letra *n* en esa posición. Las demás realizaciones de la letra *m* en coda silábica sí se atribuyeron al fonema /m/. Como era de esperar, no hubo ningún caso de *ñ* en coda silábica.

Teniendo en cuenta que los fonemas oclusivos nasales mantienen su lugar de articulación cuando se ubican ante una vocal —es decir, cuando se silabean en el ataque—, es de suponer que las diferencias de frecuencia que existan entre ellos se observarán más claramente en esta posición. Se comenzará, entonces, por exponer los resultados obtenidos en el ataque silábico (Tabla 5).

Tabla 5 *Frecuencia de aparición de los fonemas oclusivos nasales en ataque silábico*

/m/	/n/	/ɲ/	Total
1466	1605	118	3189
45,97 %	50,33 %	3,70 %	100 %

Entre las 14 296 palabras del corpus, se encontró un total de 3189 consonantes oclusivas nasales ubicadas ante una vocal de la misma palabra. La distribución de ese total entre los miembros de la terna nasal confirma sin ningún género de dudas que /ɲ/ es menos frecuente que /m/ y /n/. Resulta que solo 118 de los ítems (el 3,70 %) corresponden a /ɲ/, mientras que /m/ y /n/ superan sobradamente el millar de ítems cada uno; exactamente, 1466 ítems para /m/ (el 45,97 %) y 1605 ítems para /n/ (el 50,33 %). Entre los dos fonemas oclusivos nasales más frecuentes existe un pequeño margen de diferencia a favor de /n/ (139 ítems o el 4,36 %), pero es evidente que /m/ no muestra las limitaciones de /ɲ/ en lo que se refiere a su frecuencia de aparición.

Otros datos mencionados en la bibliografía coinciden con los de la Tabla 5 en relación con la exigüidad de /ɲ/. Alarcos ([1950] 1961), Lloyd y Schnitzer (1967) y Quilis y Esgueva (1980) son algunos de los estudios en los que se realizaron recuentos para determinar la frecuencia relativa de cada uno de los segmentos del español. Sus resultados coinciden en que la frecuencia de /ɲ/ se aproxima al cero por ciento (el 0,20 %, el 0,28 % y el 0,25 %, respectivamente), lo que lo hace uno de los segmentos más escasos. Es pertinente agregar que estos estudios hallaron que alrededor del 48 % de los segmentos presentes en los textos son vocales, mientras que el 52 % restante está integrado por consonantes. La contribución del fonema /ɲ/ al 52 % correspondiente a las consonantes es, pues, minúscula.

En cuanto a los fonemas /m/ y /n/, no está claro en qué dirección se inclina la balanza. Los datos de Alarcos ([1950] 1961) concuerdan con los de la Tabla 5, ya que muestran una ligera ventaja de /n/ sobre /m/ (el 2,70 % frente a al 2,50 %), mientras que Lloyd y Schnitzer (1967) y Quilis y Esgueva (1980) hallaron que es /m/ el que aventaja ligeramente a /n/ (el 2,48 % frente al 2,34 % y el 3,06 % frente al 2,78 %, respectivamente). Estos resultados ponen de manifiesto que /n/ y /m/ superan sobradamente a /ɲ/; sin embargo, es imposible concluir que, ante una vocal de la misma palabra, /n/ sea más frecuente que /m/ o viceversa. Existe un acuerdo parcial en el sentido de que la distancia entre los porcentajes de frecuencia de aparición que se han registrado para /n/ y /m/ es escasa, pero parece ser que, en algunas variedades de la lengua, /n/ se impone, mientras que, en otras, es /m/ el que toma la delantera. En el corpus que se utilizó para confeccionar la Tabla 5, /n/ supera a /m/ en el total porque, en las muestras de seis de los ocho países, este último ocurrió con una frecuencia ligeramente inferior a la de aquel. Los dos países donde la tendencia se invirtió fueron México (el 49,58 % para /m/ frente al 46,50 % para /n/) y Perú (el 51,30 % para /m/ frente al 45,57 % para /n/).

Se examinan ahora los resultados para el margen derecho de la sílaba. Atendiendo al hecho de que la coda silábica rechaza categóricamente al fonema /ɲ/ y no acepta al fonema /m/ más que en cultismos, préstamos y onomatopeyas (véase el § 14.3.2), se esperaría que la clase oclusiva nasal en general fuese escasa en ese contexto. Sin embargo, los resultados presentados en la Tabla 6 indican lo contrario. Entre las 14 296 palabras del corpus utilizado, se encuentra un total de 7101 oclusivas nasales, de las cuales 3189 —o el 44,91 %— aparecen en ataque silábico. Los 3912 ítems restantes, que equivalen al 55,09 %, aparecen en coda silábica. Es decir, existe una ventaja significativa en favor de la coda (723 ítems o el 10,18 %), lo cual indica que, en vez de escasear, las oclusivas nasales proliferan en esa posición.

Tabla 6 *Propensión de los fonemas oclusivos nasales a ocupar los márgenes silábicos*

Ataque	3189	44,91 %
Coda	3912	55,09 %
Total	7101	100,00 %

Este resultado es comprensible desde el punto de vista de la sonancia, porque las oclusivas nasales son consonantes bastante sonantes y, a diferencia del ataque, la coda silábica favorece las consonantes de elevada sonicidad.

Es indiscutible que /n/ es el miembro de la clase oclusiva nasal que predomina en coda silábica. Como se observa en la Tabla 7, la enorme mayoría de los ítems con nasal en coda silábica los aporta este fonema (3902 ítems o el 99,74 %). En cambio, ninguno de los 3912 ítems relevantes conllevan /ɲ/ y la contribución a este total por parte de /m/ es mínima (10 ítems o el 0,26 %). Es importante hacer constar que en el cómputo de estos resultados se asumió que las oclusivas nasales en posición preconsonántica pertenecen al fonema /n/, a menos que dieran pruebas de que su lugar de articulación es independiente del de la consonante siguiente (p. ej., *solemne, módem nuevo*). Las razones en las que se basa este supuesto se exponen en el § 14.6.2.

Considérense ahora los totales de la Tabla 8. La suma de las cifras correspondientes a /m/, /n/ y /ɲ/ en ataque y en coda silábica muestra una clara superioridad de /n/, que está presente en 5507 ítems o el 77,55 % de la totalidad de oclusivas nasales en el corpus. En segundo lugar se encuentra /m/ con 1476 ítems o el 20,79 % y, en último lugar, aparece /ɲ/ con apenas 118 ítems o el 1,66 %.

Estos resultados son congruentes con los de los recuentos realizados por Navarro Tomás (1946), Delattre (1965) y Guirao y García Jurado (1987), quienes también asumen que la mayoría de las oclusivas nasales en posición preconsonántica corresponden al fonema /n/. Operando bajo tal supuesto, estos autores hallaron que la frecuencia de /n/ es más del doble que la de /m/. En los datos de Navarro Tomás /n/ aparece en un 6,94 % y /m/ en un 3,09 % de las ocasiones; en los de Delattre se encuentra un 7,03 % para /n/ y un 3,74 % para /m/, mientras que en los de Guirao y García Jurado la frecuencia de aparición de /n/ es del 7,1 %, y la de /m/, del 3,2 %.

A la luz de los resultados que se acaban de presentar, sería imprudente pretender que los miembros de la terna nasal tienen el mismo estatus gramatical. El componente fonológico debe contar con criterios de evaluación que le permitan establecer las ventajas del empleo de /n/ en relación con el de /m/ y de ambos con respecto a /ɲ/. La pregunta que suscita este razonamiento es: ¿cuáles son esos criterios? En vista de que el único aspecto en el que difieren los fonemas oclusivos nasales es el lugar de articulación, la respuesta tendrá que tomar en consideración los efectos de la ubicación de la oclusión oral sobre el timbre de la consonante nasal. En el § 14.5.3, dedicado a los rasgos de lugar de las oclusivas nasales, se aborda esta cuestión.

Tabla 7 *Frecuencia de aparición de los fonemas oclusivos nasales en coda silábica*

/m/	/n/	/ɲ/	Total
10	3902	0	3912
0,26 %	99,74 %	0 %	100 %

Tabla 8 *Frecuencia de aparición de los fonemas oclusivos nasales*

	/m/	/n/	/ɲ/	Totales
Ataque	1466	1605	118	3189
Coda	10	3902	0	3912
	1476	5507	118	7101
	20,79 %	77,55 %	1,66 %	100 %

14.5 Rasgos fonológicos

No todas las propiedades que presentan las consonantes oclusivas nasales a nivel fonético tienen valor fonológico. La sonoridad es, claramente, una propiedad fonológicamente irrelevante en el ámbito de las oclusivas nasales porque el español no distingue entre oclusivas nasales sordas y sonoras, sino que todas las consonantes de esta clase son sonoras. Análogamente, la consonanticidad es redundante en las oclusivas nasales porque la lengua carece de fonemas nasales que sean vocálicos y porque cualquier segmento que sea oclusivo es simultáneamente consonántico. Las únicas propiedades que contribuyen a distinguir los fonemas /m/, /n/ y /ɲ/ de los demás fonemas del español son la oclusión, la nasalidad y el lugar de articulación. La oclusión distingue las consonantes oclusivas de otras consonantes con un menor grado de constricción; la nasalidad separa las oclusivas nasales de las oclusivas orales, y el lugar de articulación se encarga de precisar la identidad exacta de cada miembro de la clase oclusiva nasal.

Para formalizar las propiedades distintivas de los segmentos, los analistas postulan rasgos fonológicos [→ § 1.19.1], unidades mínimas que, al combinarse entre sí, generan las diversas clases de segmentos (Jakobson 1942; Trubetzkoy [1939] 1969). La formulación más común de los rasgos fonológicos es binaria: para cada rasgo, se postula un coeficiente positivo y otro negativo [→ § 1.19.6]. Así, las oposiciones segmentales se pueden expresar asignando el coeficiente positivo a los segmentos que posean la propiedad en cuestión y el coeficiente negativo a los segmentos que carezcan de ella (Alarcos [1950] 1961; Jakobson, Fant y Halle 1951; Jakobson y Halle 1956). Chomsky y Halle (1968) adoptaron esta perspectiva en el primer trabajo sobre fonología generativa [→ § 1.19.5] y, a causa del gran impacto que tuvo esta obra, los rasgos binarios se han venido empleando en el análisis fonológico de muchas lenguas, incluyendo el español (véanse, por ejemplo, Harris 1969, 1970). Aplicando el modelo de Chomsky y Halle (1968), la distintividad de los fonemas /m/, /n/ y /ɲ/ del español se puede derivar a través de cuatro rasgos binarios, a saber, [±continuo], [±nasal], [±coronal] y [±anterior]. El primero se refiere a la continuidad del flujo de aire, el segundo a la presencia de flujo nasal, el tercero a la activación de la corona de la lengua, y el cuarto a la ubicación de la constricción delante de los alveolos.

Como se observa en la Tabla 9, a /m/, /n/ y /ɲ/ se les asigna el coeficiente negativo del rasgo [±continuo] y el coeficiente positivo del rasgo [±nasal], con lo cual se logra distinguir las oclusivas nasales de las demás clases de segmentos. Por tanto, la clase oclusiva nasal se definiría fonológicamente por la combinación [−continuo +nasal]. Los rasgos de lugar [±coronal] y [±anterior] son responsables de las distinciones internas en esta clase. En concreto, el fonema /n/ se clasifica como [+coronal] por articularse con la corona de la lengua, mientras que /m/ y /ɲ/ se consideran [−coronal] por no involucrar esa parte de la lengua. A /m/ y a /n/ se les confiere, por otra parte, la especificación [+anterior] por articularse delante de los alveolos, mientras que a /ɲ/ se le atribuye la marca [−anterior] por articularse detrás de ese punto de referencia. El resultado es que a cada una de las tres oclusivas nasales le corresponde una combinación diferente de coeficientes, lo cual las hace entidades formalmente distintas.

Tabla 9 *Definición de /m/, /n/ y /ɲ/ mediante rasgos binarios*

	/m/	/n/	/ɲ/
[continuo]	−	−	−
[nasal]	+	+	+
[coronal]	−	+	−
[anterior]	+	+	−

Nota. Adaptada de Harris (1969, 12) y de Harris (1970, 35).

Aunque parece que este sistema de rasgos fonológicos permite analizar el inventario nasal del español en sus componentes básicos, existen varios aspectos de los fonemas /m/, /n/ y /ɲ/ que no encajan con las definiciones que se les atribuyen en la Tabla 9. A continuación se consideran alternativas para formalizar la nasalidad, el grado de constricción y el lugar de articulación.

14.5.1 La nasalidad

Es importante saber que el rasgo binario [±nasal] no es la única opción disponible para representar la nasalidad; en realidad, existen cuatro posibilidades lógicas porque hay dos parámetros que pueden variar. De una parte, la polaridad que resulta de oponer segmentos nasales con segmentos orales podría interpretarse bien como 'equipolente' o bien como 'privativa' [→ § 1.17.2] y, de otra parte, es necesario determinar si la cualidad que funciona como el polo 'marcado' es la nasalidad o la oralidad (Trubetzkoy [1939] 1969, 75). Asumir que una oposición polar es equipolente implica que ambos polos son fonológicamente activos, de modo que los dos tienen que representarse en el sistema fonológico. Esto se puede conseguir fácilmente postulando un rasgo binario. En cambio, suponer que una oposición polar es privativa implica que solo uno de los polos es fonológicamente activo, de modo que el otro debe dejarse sin representar en el sistema fonológico. La manera lógica de conseguir esto es postular un rasgo monovalente. Apelando a la noción de 'marcadez' [→ § 1.17.6] es posible llegar a una formulación más precisa de estos enfoques. Si se asume que la nasalidad es el polo marcado —es decir, la cualidad especial— mientras que la oralidad es el polo no marcado —por tanto, la cualidad ordinaria—, el valor positivo del rasgo binario y el valor del rasgo monovalente se asignarán a la nasalidad (6a, c). Por otro lado, si la relación de marcadez que se asume entre la nasalidad y la oralidad es la inversa, el valor positivo del rasgo binario y el valor del rasgo monovalente habrán de corresponder a la oralidad (6b, d).

(6)   a. [+nasal] ≠ [−nasal]

        b. [+oral] ≠ [−oral]

        c. [nasal]

        d. [oral]

Según (6a), la diferencia entre segmentos nasales y orales residiría en que aquellos llevarían la especificación [+nasal] mientras que estos estarían especificados como [−nasal]. La alternativa de (6b) contempla la oposición desde el ángulo opuesto: los segmentos orales llevarían la especificación [+oral] mientras que los segmentos nasales quedarían especificados como [−oral]. En las dos alternativas restantes, se deja un término de la oposición sin codificar. Según (6c), los segmentos nasales portarían la especificación [nasal] mientras que los segmentos orales no portarían ninguna marca. La estipulación que hace (6d) es que los segmentos orales llevan la especificación [oral] mientras que los segmentos nasales quedarían sin marcar.

En los estudios de lingüística hispánica, se han distinguido tradicionalmente los fonemas nasales y los orales utilizando la estipulación de (6a). Véanse, por ejemplo, Alarcos ([1950] 1961), Harris (1969, 1970, 1984a, 1984b), Cedergren y Sankoff (1975), Cressey (1978), D'Introno y Sosa (1988), D'Introno, del Teso y Weston (1995), Veiga (1995),

Núñez Cedeño y Morales-Front (1999), y Núñez Cedeño, Colina y Bradley ([1999] 2014). El peso de esta tradición no justifica, sin embargo, que se dé por supuesta su validez. Para tener la certeza de que (6a) es la manera apropiada de formalizar la oposición nasal ≠ oral es indispensable constatar que las implicaciones de esta formulación son ciertas; es decir, que tanto la nasalidad como la oralidad desempeñan un papel fonológico en la lengua y que la propiedad que se comporta de manera especial, esto es, la propiedad marcada, es efectivamente, la nasalidad. La búsqueda de procesos fonológicos que manipulen el carácter nasal u oral de los segmentos aportará pruebas reveladoras en este sentido.

Los datos de (4) se discutieron anteriormente (véase el § 14.3.3) con relación a la predictibilidad de la nasalidad en el ámbito de las vocales, pero se ha de hacer de nuevo referencia a ellos porque también ilustran un proceso que manipula la nasalidad. Recuérdese que las vocales del español se realizan como nasales cuando van flanqueadas por oclusivas nasales a ambos costados; sin embargo, cuando los segmentos que las circundan son orales, su realización es oral (p. ej., [mãŋ.]*co* frente a [baɾ.]*co*). Tales pautas distribucionales indican que la nasalidad de las vocales no es inherente, sino que proviene de las consonantes oclusivas nasales presentes en el entorno. Se trata de un proceso de asimilación que matiza la realización de los fonemas /a/, /e/, /o/, /i/ y /u/, ajustándolos a los contextos que promueven la nasalidad. Este fenómeno se describe más a fondo en el § 14.7.1, pero se trae aquí a colación como prueba de que la nasalidad es una propiedad fonológicamente activa porque tiene la capacidad de extenderse de un segmento a otro.

Se podría conferir a la oralidad un estatus similar si los fonemas orales pudieran inducir una realización oral de los fonemas nasales; por ejemplo, si las vocales /a/, /e/, /o/, /i/ y /u/ pudieran hacer que las consonantes /m/, /n/ y /ɲ/ se tornaran orales, [b], [ɖ] y [ɟ] en ciertos contextos. Si tal proceso existiera, no sería descabellado esperar que palabras como *cama, cana* y *caña* se realizaran como **ca*[b]*a*, **ca*[ɖ]*a* y **ca*[ɟ]*a* como consecuencia de extender a las consonantes nasales la oralidad del entorno en el que se encuentran. (Nótese que la posible confusión que podría surgir en los casos de **ca*[b]*a-cava* y **ca*[ɖ]*a-cada* no sería un impedimento para la aplicación de tal proceso porque la pronunciación de los segundos miembros de cada uno de estos pares es, sistemáticamente, *ca*[β]*a* y *ca*[ð̞]*a*, dado que las consonantes oclusivas orales sonoras experimentan un proceso de debilitamiento). La realidad es que en ninguna variedad del español se ha atestiguado tal fenómeno, lo cual sugiere que la oralidad es fonológicamente inactiva; no hay pruebas de que pueda extenderse de un segmento a otro, como se esperaría si realmente tuviera realidad fonológica. De hecho, la inacción fonológica de la oralidad no es una idiosincrasia del español, sino la norma translingüística (Steriade 1993).

En vista de que existe asimilación de nasalidad, pero no de oralidad, apelar a un rasgo binario, tal como se hace en (6a) y (6b), no parece el recurso más apropiado para formalizar la oposición nasal ≠ oral. En cambio, si se postula un rasgo monovalente, lo que se espera es, justamente, que no exista uno de los dos tipos de asimilación, debido a que la propiedad ausente no puede participar en procesos fonológicos. Está claro, además, que tal propiedad no puede ser la nasalidad, como implica (6d), porque su presencia es decisiva para obtener la asimilación de nasalidad. Así pues, de las cuatro opciones lógicas recogidas en (6), la más coherente con la fonología del español es (6c).

Las consideraciones relacionadas con la marcadez también apoyan la opción (6c) porque, si se asume que la nasalidad es el polo marcado de la oposición, es posible explicar por qué los segmentos nasales son mucho menos frecuentes que los orales. En este sentido, la argumentación sería la siguiente: si los segmentos nasales son los únicos que conllevan una marca pertinente para la oposición nasal ≠ oral, su estructura será necesariamente más compleja y costosa que la de los segmentos orales; por ende, si se asume que las lenguas del mundo se atienen a un principio de economía, es de esperar que sus inventarios fonémicos incluyan menos segmentos nasales que orales.

La nasalidad, en español, es claramente escasa, dado que esta lengua carece de fonemas vocálicos nasales y de fonemas consonánticos nasales aparte de los oclusivos. En este sentido, debe señalarse que el español se amolda a las tendencias translingüísticas. La moderación con la que las lenguas humanas emplean la nasalidad se puede comprobar en la *UPSID (UCLA Phonological Segment Inventory Database)*, una base de datos en la que se documentan los inventarios fonémicos de una muestra representativa de las lenguas del mundo [→ § 2.1].

La *UPSID* está disponible en Internet (Reetz 2018). Las lenguas incluidas en esta base de datos se seleccionaron con el propósito de obtener una muestra genéticamente equilibrada de las lenguas que existen en el mundo. El principio que se adoptó para garantizar la cuota apropiada fue incluir todas las familias de lenguas que se conocen y solo una lengua de cada rama (Maddieson 1984, 5). En la actualidad, la *UPSID* cuenta con un total de 451 lenguas, lo cual representa una expansión del 42,27 % con respecto a las 317 lenguas que contenía en la versión de 1984.

Tomando en cuenta únicamente las principales clases segmentales, en la Tabla 10 se comparan las lenguas que emplean segmentos nasales sonoros con las que se sirven de segmentos orales sonoros. (Dado que los segmentos nasales son inherentemente sonoros, la comparación solo tiene valor informativo si se hace con respecto a segmentos orales que también

Tabla 10 *Número de lenguas presentes en la UPSID (UCLA Phonological Segment Inventory Database) que contienen segmentos nasales y orales*

	Nasal		Oral	
	Lenguas	**Porcentaje**	**Lenguas**	**Porcentaje**
Oclusiva sonora	435	96,45 %	331	73,99 %
Fricativa sonora	0	0 %	229	50,78 %
Africada sonora	0	0 %	154	34,59 %
Aproximante sonora	3	0,67 %	434	96,23 %
Vocal alta	93	20,62 %	426	94,46 %
Vocal media	48	10,64 %	252	58,88 %
Vocal baja	93	20,62 %	442	98,00 %

sean sonoros). Nótese que, con la excepción del modo de articulación oclusivo, en el que los segmentos nasales sobrepasan a sus homólogos orales sonoros (el 96,45 % frente al 73,99 %), los demás modos de articulación no se combinan fácilmente con la nasalidad. Las consonantes fricativas, africadas y aproximantes muestran un fuerte rechazo de la nasalidad y, aunque es verdad que las vocales la toleran mejor, se da una clara propensión a preferir las vocales orales.

La confirmación de que las lenguas, en general, emplean muchos más segmentos orales que nasales invalida las opciones (6b) y (6d) y revela otra deficiencia de (6a). El problema añadido que presenta (6a) radica en que, a pesar de implicar que la oralidad es una cualidad no marcada, la asignación del rasgo [−nasal] a los segmentos orales impide ver que su estructura es más simple y, por ende, más económica que la de los segmentos nasales. En otras palabras, no se comprende cómo un segmento portador de una marca podría considerarse 'no marcado' en la dimensión estructural a la que se refiere esa marca. En cambio, si se adopta (6c), se aprecia claramente la diferencia de marcadez, porque los segmentos nasales reciben la marca pertinente, pero los segmentos orales quedan sin marcar al respecto.

Cabe subrayar que el uso de rasgos monovalentes continúa siendo marginal en la teoría fonológica, por lo que adoptar (6c) representa romper con la visión convencional. Para conciliar el rasgo binario [±nasal] con la inacción fonológica que caracteriza la oralidad, se ha apelado a la 'Subespecificación' [→ § 1.18.9], un principio según el cual la información predecible no debe incluirse en las entradas léxicas (Archangeli 1984, 41; Chomsky y Halle 1968, 404, entre otros). Según este enfoque, los segmentos nasales portarían la especificación [+nasal], mientras que los segmentos orales se dejarían sin especificar al respecto, ya que, dado su carácter predecible, la especificación [−nasal] podría introducirse mediante una regla de redundancia: [ ] → [−nasal]. Un punto que debe subrayarse es que **este análisis emplea** dos pasos para dar cuenta de la inacción fonológica de la oralidad: en el primero se desactiva el rasgo [−nasal] en el nivel subyacente y en el segundo se reintroduce en el curso de la derivación. Así, la ausencia de asimilación de oralidad y la mayor frecuencia de los segmentos orales se pueden atribuir al estadio gramatical en el que el rasgo [−nasal] no ha sido todavía introducido por la regla de redundancia. Si bien es cierto que esto produce los resultados deseados, el precio que hay que pagar es alto, porque se complica de modo innecesario la gramática. La subespecificación es un mecanismo concebido, en particular, para desactivar temporalmente una propiedad que, aunque presente en el plano fonético, es fonológicamente inactiva. Sin embargo, la necesidad de tal mecanismo no surge cuando las oposiciones privativas se formalizan usando rasgos monovalentes. Al no asignar valores fonológicos a ciertas propiedades fonéticas, como se hace, precisamente, en (6c), se refleja de una manera sencilla y directa el hecho de que estas no desempeñan ninguna función fonológica. El Principio de Parsimonia —la navaja de Ockham [→ § 1.18.1]— desaprueba que se postulen entidades superfluas y dictamina que (6c) es preferible a (6a) porque capta el comportamiento fonológico de la nasalidad sin tener que recurrir a la subespecificación ni a reglas de redundancia.

14.5.2 El grado de constricción

Considérese ahora la oclusión bucal, que en el modelo de Chomsky y Halle (1968) se formaliza por medio del rasgo [−continuo] [→ § 1.19.3, § 1.19.5]. La asignación de este rasgo está bien justificada en el caso de las oclusivas orales porque en su articulación existe una fase en la que la salida del aire se interrumpe [→ § 11.3]; sin embargo, es cuestionable en el caso de las oclusivas nasales porque, en estas, el aire sale de forma continua (Martínez Celdrán y Fernández Planas 2007, 123). Considérese a este respecto la interjección [m: ↗], una [m] silábica y alargada con entonación ascendente que se usa para expresar duda o extrañeza. Si el flujo de aire se interrumpiera durante la articulación de esta consonante, habría una fase en la que el sonido se extinguiría; sin embargo, la emisión de la onda sonora permanece constante a lo largo de esta o de cualquier otra oclusiva nasal. Ello significa que, en lo que respecta a la continuidad del flujo, las oclusivas nasales no se comportan como las oclusivas orales, sino más bien como las fricativas, que son las consonantes continuas por excelencia. Esta particularidad de las oclusivas nasales se debe a que, durante su articulación, el pasaje velofaríngeo permanece abierto mientras se ocluye la cavidad oral, así que la transferencia de aire del tracto vocal a la atmósfera es constante. A la luz de este hecho, es más adecuado asignar el rasgo [+continuo] a este tipo de oclusiva.

Además de atribuirles una discontinuidad que no tienen, el uso de [−continuo] para caracterizar las oclusivas nasales es inadecuado porque no permite representar el verdadero parentesco que existe entre las oclusivas orales y las nasales. Independientemente de que el flujo de aire se interrumpa o permanezca constante, lo que es común a estas dos clases consonánticas es que un articulador activo se desplaza hasta establecer contacto con un articulador pasivo. La forma más clara de formalizar este hecho es postulando el rasgo [oclusivo], que se refiere específicamente al grado de constricción. A este respecto, Ladefoged (1971, 55) explica que existen tres grados básicos de constricción consonántica, que se corresponden con las clases oclusiva, fricativa y aproximante. La primera de estas clases se caracteriza por un cierre total creado por el contacto entre dos articuladores (p. ej., [b] y [m]); la segunda, por la estrechez creada cuando dos articuladores se acercan hasta el punto de producir una corriente de aire turbulenta (p. ej., [f]); y la tercera, por la aproximación creada cuando dos articuladores se acercan sin llegar a producir una corriente de aire turbulenta (p. ej., [w]). El hecho de que los inventarios fonémicos normalmente incluyan al menos un representante de cada una de estas clases requiere que se reconozcan a nivel fonológico. Es decir, además de [oclusivo], las gramáticas deben disponer de otros dos rasgos fonológicos referidos al grado de constricción: [fricativo] y [aproximante].

Procede resaltar que la propuesta de reemplazar el rasgo [−continuo] con el rasgo [oclusivo] implica más que un simple cambio de nombre. Una diferencia sustancial reside en que el rasgo [−continuo] se basa, fonéticamente, en un fenómeno aerodinámico, mientras que el rasgo [oclusivo] se fundamenta en un hecho articulatorio. Además, [−continuo] refleja la concepción de que las oclusivas nasales participan en una 'oposición polar', mientras que [oclusivo] entraña que la oposición en la que interviene esta clase consonántica es 'gradual'. La diferencia entre los dos tipos de oposición radica en el número de valores contrastados (Trubetzkoy [1939] 1969, 76) [→ § 1.17.2]. En una oposición polar, se contrastan exactamente dos valores (p. ej., [+continuo] y [−continuo]), mientras que para que exista una oposición gradual se hace preciso contrastar un mínimo de tres valores (p. ej., [oclusivo], [fricativo] y [aproximante]).

La necesidad de reconocer tres grados diferentes de cierre se hace patente en el debilitamiento y en el fortalecimiento de consonantes, dos procesos fonológicos comunes en español. Es bien sabido que las oclusivas sonoras, /b d g/, están sujetas a un proceso variable de debilitamiento, que las transforma en fricativas, [β ð ɣ], o aproximantes, [β̞ ð̞ ɣ̞] [→ capítulos 9 y 11 de la presente obra]. Por otra parte, la aproximante palatal, /ʝ/ (sobre este fonema, véase lo explicado en el § 1.6.4), tiende a experimentar un proceso variable de fortalecimiento que genera múltiples variantes, entre las cuales figuran la fricativa [ʝ] y la oclusiva [ɟ]. Los pasos de oclusiva a fricativa y de fricativa a aproximante representan dos grados de debilitamiento e, inversamente, los pasos de aproximante a fricativa y de fricativa a oclusiva constituyen dos grados de fortalecimiento. En vista de que los dos grados de debilitamiento o fortalecimiento operan en la misma dimensión estructural, es esencial concederles un tratamiento unificado. Eso se puede lograr si se reconocen tres grados de cierre, [oclusivo], [fricativo] y [aproximante], pero resulta imposible cuando lo que se tiene en cuenta es la continuidad del flujo del aire. La gama de cambios implicados en estos procesos no se puede captar mediante el rasgo [±continuo] porque este solo puede referirse a dos de las tres clases naturales involucradas.

En resumen, reemplazar el rasgo binario [±continuo] por los rasgos monovalentes [oclusivo], [fricativo] y [aproximante] presenta, al menos, dos ventajas: por una parte, se evita tener que caracterizar las oclusivas nasales como discontinuas, cuando realmente no lo son, y, por otra, se puede dar cuenta de manera natural del debilitamiento y del fortalecimiento gradual de consonantes.

14.5.3 El lugar de articulación

Ya se explicó anteriormente que, en los albores de la fonología generativa, las distinciones entre los fonemas /m/, /n/ y /ɲ/ se representaron por medio de los rasgos [±coronal] y [±anterior] [→ § 1.19.5]. Las especificaciones relevantes se recogen en la Tabla 11. El principal problema que plantean estos rasgos es que no permiten identificar inequívocamente los lugares de articulación. Por ejemplo, la combinación [−coronal −anterior] que se atribuye a /ɲ/ también sería válida para la velar, /ŋ/, porque la información que estos coeficientes negativos transmiten es, simplemente, que la corona de la lengua no participa en la articulación y que la constricción no ocurre delante de los alveolos. Dicho de otro modo, esta definición soslaya la activación del predorso, que es decisiva para formar una constricción en la zona palatal. Un problema similar se presenta al asignar a /m/ la

Tabla 11 *Definición de /m/, /n/ y /ɲ/ con rasgos binarios*

	/m/	/n/	/ɲ/
[coronal]	−	+	−
[anterior]	+	+	−

Nota. Adaptada de Harris (1969, 12) y de Harris (1970, 35).

combinación [−coronal +anterior]. El coeficiente negativo del rasgo [±coronal] no hace sino descartar la participación de la corona y, aunque el coeficiente positivo del rasgo [±anterior] ubica el lugar de articulación delante de los alveolos, eso no basta para implicar a los labios, cuya activación es indispensable para articular un fono bilabial.

La combinación [+coronal +anterior], por otra parte, identifica el lugar de /n/ con precisión porque, en vez de mencionar propiedades de las que carece esa consonante, se refiere explícitamente a las propiedades que sí posee. De esto se infiere que la causa de las imprecisiones que se presentan en los casos de /ɲ/ y /m/ radica en los coeficientes negativos de los rasgos binarios. El problema con ellos es que intentan captar la activación de un articulador refiriéndose a la ausencia de actividad de otro órgano, pero esto es imposible porque cada articulador puede funcionar con independencia de los demás.

En su tesis doctoral, Sagey (1986) propuso un modelo para formalizar la estructura interna de los segmentos y, junto con él, introdujo redefiniciones para varios de los rasgos fonológicos propuestos por Chomsky y Halle (1968). La innovación relevante para la presente discusión es su formulación de rasgos monovalentes de lugar, específicamente, [labial], [coronal] y [dorsal]. Al admitir que estos rasgos no tienen coeficientes positivos o negativos, sino que solo pueden estar presentes o ausentes, Sagey reconoce que cada uno de los articuladores de lugar puede funcionar independientemente. Lo que verdaderamente importa en la caracterización de los segmentos labiales, por ejemplo, es que poseen el rasgo [labial], mientras que la ausencia de los rasgos [coronal] y [dorsal] es absolutamente irrelevante para su estructura. Según esta propuesta, las articulaciones ejecutadas exclusivamente por los labios son simplemente [labial], aquellas ejecutadas exclusivamente por la corona de la lengua son simplemente [coronal] y las que son ejecutadas exclusivamente por el dorso de la lengua son simplemente [dorsal] [→ § 11.3.5].

En cuanto a las articulaciones palatales, surgieron dos puntos de vista. Por un lado, Keating (1988) propuso analizar las consonantes palatales como segmentos complejos porque, según los datos obtenidos mediante trazados realizados a partir de rayos X, la lámina —que es la parte horizontal de la corona de la lengua— colabora con el dorso de la lengua para formar la constricción. La especificación correspondiente a la categoría palatal sería, entonces, la combinación [coronal dorsal]. En contraste con esta propuesta, otros autores han defendido que las consonantes palatales no utilizan la corona de la lengua activamente, por lo que es desacertado considerarlas segmentos complejos. Recasens (1990, 270–72) recopila datos obtenidos mediante diferentes técnicas (linguogramas, palatogramas y rayos X) para demostrar que, aunque el área de contacto de las consonantes palatales es bastante extensa, el órgano que establece el contacto es esencialmente el predorso de la lengua. Los linguogramas y los palatogramas muestran que, aunque la lámina puede participar en este contacto, siempre lo hace de manera marginal. Con base en esto, Recasens arguye que un contacto marginal junto a uno principal no justifica suponer que la articulación sea compleja, porque los articuladores involucrados no están sujetos al mismo grado de control. La explicación alternativa que propone es que el control de un área específica de la lengua puede causar un contacto incidental con áreas adyacentes, en este caso, con la parte posterior de la corona.

La participación activa de la corona de la lengua en las consonantes palatales también fue rechazada por Ladefoged y Maddieson (1996, 31), cuya investigación de una gran variedad de lenguas los llevó a concluir que el articulador que forma las constricciones palatales está más estrechamente vinculado a los articuladores que forman las constricciones velares y uvulares que al que forma las constricciones dentoalveolares. Estos autores puntualizan que las palatales, velares y uvulares pertenecen a la macrocategoría dorsal y que el aspecto en el que difieren es simplemente el área específica del dorso de la lengua que emplean. Mientras que las palatales dependen de la acción del predorso de la lengua, las velares y uvulares dependen de la acción del mediodorso y del posdorso, respectivamente. Por tanto, los rasgos de lugar que les corresponden son [predorsal], [dorsal] y [posdorsal] [→ § 17.4.5]. Es obvio que la clase oclusiva nasal del español no los aprovecha todos, sino que se vale solamente de [predorsal].

Al sustituir los rasgos binarios por los rasgos monovalentes anteriormente propuestos, la definición de los fonemas oclusivos nasales del español queda como se muestra en la Tabla 12. La ventaja de introducir esta modificación reside en que así es posible identificar cada miembro de la clase de forma inequívoca. Nótese, por ejemplo, que ya no existe riesgo alguno de que /ɲ/ se confunda con ninguna otra oclusiva nasal porque la definición de su lugar de articulación no está supeditada a la corona de la lengua ni a los alveolos —que no desempeñan ningún papel en su articulación—, sino que se atribuye directamente al articulador que ejecuta el gesto relevante. El mismo razonamiento puede aplicarse a /m/.

Este planteamiento se enfrenta, sin embargo, a un nuevo reto. Recuérdese que, en el caso de la nasalidad, la sustitución del rasgo binario [±nasal] por el rasgo monovalente [nasal] explica por qué solo un término de la oposición nasal ≠ oral es fonológicamente activo y por qué los fonemas nasales son mucho menos frecuentes que los orales. Lamentablemente, los resultados que se obtienen en el caso del lugar de articulación no alcanzan el mismo nivel explicativo. La situación es la siguiente: sustituir los rasgos binarios [±coronal] y [±anterior] por los rasgos monovalentes [labial], [coronal], [predorsal], [dorsal] y [posdorsal] predice que habrá múltiples rasgos de lugar que serán fonológicamente activos, es decir, que podrán participar en procesos fonológicos tales como la asimilación de lugar. Este es, sin duda alguna, un resultado positivo porque eso es justamente lo que se observa (véase el § 14.6.2). El inconveniente radica en que queda sin explicar por qué algunos rasgos de lugar son menos frecuentes que otros. A este respecto, ya se ha dejado constancia de que el español limita severamente el uso del fonema /ɲ/ y, aunque utiliza /m/ con mayor frecuencia, tampoco lo emplea con la profusión con la que usa /n/ (Tabla 8). Estas pautas distribucionales representan un reto para las definiciones que se muestran en la Tabla 12, dado que la presencia del mismo número de rasgos de lugar en cada miembro de la terna nasal impide argüir que tales asimetrías provengan de diferentes grados de marcadez. La pregunta es, entonces, ¿cuál es la causa de que /ɲ/ escasee y de que /n/ abunde, mientras que /m/ representa un punto intermedio?

Una manera de explicar la escasez de /ɲ/ consistiría en aceptar la propuesta de Keating (1988) de que las consonantes palatales son segmentos complejos. Nótese que, si se asume que /ɲ/ comporta la combinación [coronal dorsal], la escasa frecuencia con la que el español emplea este segmento tendría sentido porque su estructura sería más compleja y, por tanto, más costosa que la de /m/ y /n/. Además, si se aceptara la idea de que la representación fonológica de /n/ no requiere una marca de lugar porque 'coronal' es el lugar de articulación por defecto (Avery y Rice 1989; Kean 1975; Kiparsky 1985; Paradis y Prunet 1989, entre otros), la elevada frecuencia con la que el español emplea este fonema también parecería natural porque este sería el miembro de la terna nasal que posee la estructura más simple, es decir, la más económica. Conjugando estas propuestas, se podría alegar que: a) /ɲ/ es escaso porque el empleo de dos rasgos de lugar eleva su coste funcional, b) /m/ es más frecuente porque el uso de un solo rasgo de lugar rebaja su coste, y c) /n/ abunda porque la ausencia de rasgos de lugar no conlleva ningún coste.

Existen varias razones que desaconsejan la elección de esta vía de análisis. Una de ellas es que desatiende los hechos fonéticos. Ya se ha aclarado que las consonantes palatales no pueden concebirse como segmentos complejos porque el articulador que ejecuta su constricción es esencialmente el predorso —es solamente por su proximidad a ese articulador por lo que que la parte más posterior de la corona de la lengua se ve indirectamente involucrada—. Resulta difícil aceptar, además, que /n/ sea un segmento carente de rasgos de lugar, porque su articulación requiere que se controle activamente la corona de la lengua, y, si esa información no se incluyera en su representación fonológica, sería imposible distinguirlo de /m/ y de /ɲ/. Dicho de otro modo, así como la labialidad y la palatalidad no pueden describirse como la ausencia de coronalidad, esta última tampoco puede describirse como la ausencia de aquellas.

Aun si se hiciera caso omiso de estas consideraciones, la explicación basada en diferentes grados de complejidad es insostenible. Si la causa de la exigüidad del fonema /ɲ/ fuera la complejidad que implica el tener dos rasgos de lugar, sería lógico que el español optara por completar su terna nasal con una unidad que poseyera un solo rasgo de lugar. En concreto, como [dorsal] es el único rasgo necesario para identificar el lugar de articulación de la oclusiva nasal velar, /ŋ/, la estructura de este segmento tendría que ser más simple que la de /ɲ/. Esto significa que seleccionar /ŋ/ en vez de /ɲ/ contribuiría a obtener una terna nasal más económica, puesto que ninguno de los integrantes incluiría más de una marca de lugar: /m n ŋ/. El hecho de que la tercera oclusiva nasal del español no sea /ŋ/ aviva las dudas de que la complejidad estructural sea el factor que limita la frecuencia de aparición de /ɲ/. Sería absurdo que la lengua restringiera esta unidad so pretexto de que su estructura es demasiado compleja cuando el problema podría cortarse de raíz seleccionando una oclusiva nasal más simple.

Los datos recogidos en la *UCLA Phonological Segment Inventory Database* (*UPSID*) corroboran la hipótesis de que /ŋ/ es un fonema menos costoso que /ɲ/, dado que existe un mayor número de lenguas que seleccionan el primero de

Tabla 12 *Definición de /m/, /n/ y /ɲ/ mediante rasgos monovalentes*

/m/	/n/	/ɲ/
[nasal]	[nasal]	[nasal]
[oclusivo]	[oclusivo]	[oclusivo]
[labial]	[coronal]	[predorsal]

Tabla 13 *Frecuencia de las cuatro oclusivas nasales más comunes en la UCLA Phonological Segment Inventory Database (UPSID)*

Lugar	Símbolo	Número de lenguas	Porcentaje
Alveolar/dental	/*n/	445	98,67 %
Bilabial	/m/	425	94,24 %
Velar	/ŋ/	237	52,55 %
Palatal	/*ɲ/	186	41,24 %

ellos. En la Tabla 13 se presentan los resultados de computar el número de lenguas que usan los cuatro fonemas oclusivos nasales más comunes (Piñeros 2011, 84).

Con respecto a la Tabla 13, es preciso realizar algunas aclaraciones. Siguiendo a Maddieson (1984), Piñeros (2011) emplea el símbolo /*n/ para subsumir dos oclusivas nasales, la alveolar /n/ y la dental /n̪/, cuya clasificación independiente no se logró siempre en la *UPSID* debido a que algunas de las fuentes utilizadas no especifican esa información. Otra convención tomada de Maddieson es el símbolo /*ɲ/ para subsumir la palatal /ɲ/ y la postalveolar /n̠/. Estas conflaciones se justifican porque, en cada caso, se trata de dos lugares de articulación estrechamente relacionados, dado que corresponden a constricciones creadas por el mismo articulador —la corona, en el caso de /n/ y /n̪/, y el predorso, en el caso de /ɲ/ y /n̠/—. No se conocen, además, lenguas que distingan entre /ɲ/ y /n̠/ y las que distinguen entre /n/ y /n̪/ son escasas (14 o el 3,10 %).

Sucede que, entre las 451 lenguas de la *UPSID*, se encuentran 445 (98,67 %) que incluyen /*n/ y 425 (94,24 %) que incluyen /m/. Esto significa que, en lo que respecta a los dos primeros miembros de la terna nasal, el español sigue la misma tendencia que la mayoría de las lenguas del mundo. Lo sorprendente es que, cuando se trata de incorporar más oclusivas nasales al inventario fonémico nasal, el español se aparta de la tendencia translingüística predominante: el número de lenguas que usan /ŋ/ es bastante más elevado que el número de lenguas que emplean /*ɲ/ (237 o el 52,55 % frente a 186 o el 41,24 %).

Es importante prestar atención a la magnitud de las diferencias. Aunque es cierto que /*n/ es la unidad predominante, su ventaja sobre /m/ es modesta (20 lenguas o el 4,43 %). Este pequeño margen se reduce aún más si al grupo representado por /*n/ se le restan las 14 lenguas de la muestra que distinguen entre /n/ y /n̪/, es decir, los casos en los que /n̪/ existe como una entidad fonológica independiente de /n/. Al hacer esto, se obtiene un grupo /n/ (431 lenguas o el 95,57 %), cuya ventaja con respecto al grupo /m/ sería de apenas seis lenguas o del 1,33 %. Dado que una cifra tan baja no es significativa, es razonable asumir que /n/ y /m/ presentan aproximadamente la misma frecuencia. En cuanto a /ŋ/, su ventaja sobre /ɲ/ no alcanza la proporción de la ventaja que sobre él tienen /n/ y /m/, pero no hay duda de que es significativa (51 lenguas o el 11,31 %). En resumen, suponiendo que la frecuencia de aparición es un reflejo del coste funcional de los fonemas, estas cifras sugieren que: a) tanto /m/ como /*n/ son unidades económicas, b) /*ɲ/ y /ŋ/ son unidades costosas y c) /ɲ/ es la unidad más costosa de este conjunto.

Tal estado de cosas plantea varios retos. En primer lugar, ¿cómo explicar las diferencias de coste entre los fonemas oclusivos nasales si, como supone la aproximación basada en rasgos monovalentes, /m/, /n/, /ɲ/ y /ŋ/ poseen el mismo número de rasgos? Conlleva otra dificultad conciliar el desequilibrio funcional que existe entre los fonemas /n/ y /m/ en español con el hecho de que su presencia en los inventarios fonémicos nasales no difiera significativamente. Finalmente, ¿cuál es la causa de que el español se empeñe en escoger /ɲ/ como el tercer miembro de su terna nasal si, como sugiere la menor frecuencia translingüística de /ŋ/, el coste de este es menor que el de aquel? Tales interrogantes se abordan en el próximo apartado.

14.5.4 La composición de la terna nasal

La cuestión de por qué el español elige específicamente /m/, /n/ y /ɲ/ para componer su inventario fonémico nasal se investiga a fondo en Piñeros (2011, 2016). Allí se propone que para valorar el coste de las consonantes oclusivas nasales se deben tener en cuenta aspectos relativos tanto a la producción como a la percepción del habla. Se arguye que los factores que hacen que estos segmentos resulten costosos desde el punto de vista articulatorio son diferentes de los factores que los vuelven costosos desde el punto de vista perceptivo. Por esa razón, es de esperar que no todas las lenguas empleen las mismas oclusivas nasales. La selección de estos fonemas procederá de diferente manera dependiendo de si la valoración de su coste prioriza los factores articulatorios o los factores perceptivos. Se defiende que, en español, son los factores perceptivos los que priman.

A continuación se resume esta propuesta; sin embargo, antes de proceder, es necesario puntualizar que el concepto de 'marcadez' es inadecuado para explicar las asimetrías que se observan entre fonemas oclusivos nasales. Está claro que, en el caso de una oposición privativa (p. ej., nasal ≠ oral), es válido hablar de un término 'no marcado' porque la distinción consiste en oponer la presencia de una propiedad a su ausencia y, por lo tanto, uno de los términos carece verdaderamente de toda marca en la dimensión estructural correspondiente [→ § 1.17.2]. La situación, sin embargo, es completamente diferente en las oposiciones graduales —el tipo al que pertenecen los contrastes de lugar (p. ej., labial ≠ coronal ≠ predorsal)—. En este caso no hay razón para suponer que uno de los términos de la oposición sea 'no marcado', porque la distinción se obtiene oponiendo valores concretos de la propiedad en cuestión, ninguno de los cuales es equivalente a la ausencia de información relevante. Nótese, además, que tampoco hay justificación para afirmar que uno de los términos sea 'menos marcado' o 'más marcado' que los demás, ya que el número de marcas que se requiere para distinguirlos es el mismo. No hay duda, por ejemplo, de que /m/ y /ŋ/ poseen un solo rasgo de lugar cada uno y, no obstante, aquel debe ser menos costoso que este porque las lenguas se inclinan decididamente a su favor. Esto indica que el coste de las unidades lingüísticas no depende necesariamente de su complejidad estructural.

Desde el punto de vista articulatorio, el coste de los rasgos de lugar se puede interpretar como una consecuencia de la movilidad de los articuladores. La observación de los gestos articulatorios sugiere que, en virtud de su composición neuromuscular, la corona de la lengua es el articulador más diestro para ejecutar el movimiento rápido y local necesario para producir las consonantes, mientras que el labio inferior, el dorso de la lengua y el predorso de la lengua, cuya sofisticación neuromuscular decrece inversamente al aumento de su masa, son gradualmente menos idóneos para ese propósito. Tal falta de equivalencia conlleva diferentes grados de esfuerzo articulatorio, de modo que, cuanto mayor esfuerzo requieran, mayor será el coste de los segmentos.

Organizando jerárquicamente los rasgos de lugar se logra dar cuenta, de un modo lógico, de la falta de equivalencia en el coste funcional de los articuladores. En (7), [coronal] se ubica en el extremo inferior de la 'jerarquía articulatoria de lugar' porque, dado que el articulador que lo ejecuta es el más diestro, su coste articulatorio debe ser el más bajo. Por otro lado, [labial], [dorsal] y [predorsal] se ubican en posiciones superiores porque, como los articuladores implicados son gradualmente menos diestros, su coste articulatorio ha de ser gradualmente más elevado. (La 'jerarquía articulatoria de lugar' propuesta en Piñeros (2011, 2016) es, en realidad, más amplia, pero aquí solamente se han incluido los términos que son relevantes para la presente discusión). En esta jerarquía, el significado del símbolo '>' es 'más difícil de articular que'.

(7) Jerarquía articulatoria de lugar
     [predorsal] > [dorsal] > [labial] > [coronal]

Según esta propuesta, la oclusiva nasal coronal, /n/ —ya sea que se realice como alveolar o como dentoalveolar—, será la opción que las lenguas del mundo prefieran por tratarse de la que menos esfuerzo articulatorio requiere. Seguidamente, se optará por la labial /m/, la dorsal /ŋ/ y la predorsal /ɲ/. Es de esperar, además, que, como un epifenómeno de la organización jerárquica de (7), los inventarios de oclusivas nasales se expandan en un orden preciso. En concreto, los inventarios de una sola unidad constarán de /n/, los de dos unidades constarán de /n m/, los de tres unidades constarán de /n m ŋ/ y los de cuatro unidades constarán de /n m ŋ ɲ/. No debería ser posible ninguna otra ruta de expansión. Así, por ejemplo, ninguna lengua optaría por un inventario de una unidad formado por /ɲ/ o de dos unidades formado por /ɲ ŋ/, porque ello implicaría invertir el orden de la jerarquía. En vista de que no existen lenguas que se comporten de tal manera, la jerarquía articulatoria de lugar parece ir por el camino correcto.

Existen, sin embargo, lenguas que no se ajustan estrictamente al orden especificado en (7). Nótese a este respecto que la jerarquía articulatoria de lugar predice que solamente las lenguas que poseen un mínimo de cuatro oclusivas nasales deberían incluir el fonema /ɲ/, porque existen tres oclusivas nasales cuyo coste articulatorio es inferior. Las lenguas que, como el español, se sirven de la terna nasal /m n ɲ/ respetan la relación de dominio que se postula entre [labial] y [coronal], pero desobedecen aquella que se postula entre [predorsal] y [dorsal].

Si bien es cierto que las predicciones de la jerarquía articulatoria de lugar con respecto a las ternas nasales no son exactas, hay que reconocer que no son del todo erróneas. La *UCLA Phonological Segment Inventory Database* (*UPSID*) incluye 143 lenguas que limitan el número de oclusivas nasales a tres. Dentro de este subgrupo, hay 93 (un 65,03 %) que usan la terna /m n ŋ/, pero, curiosamente, también se encuentran 45 (el 31,47 %) que optan por la terna /m n ɲ/. Es un hecho, entonces, que la jerarquía articulatoria de lugar predice correctamente lo que sucede en la mayoría de las lenguas del mundo, pese a que existen excepciones, entre las cuales figura el español.

La segunda parte de la propuesta de Piñeros (2011, 2016) sostiene que, además de la jerarquía articulatoria de lugar, existe una 'jerarquía de perceptibilidad nasal', que también desempeña un papel en la valoración de las oclusivas nasales. La jerarquía de perceptibilidad nasal presentada en (8) tiene una base fonética. Los datos acústicos sugieren que, cuanto más posterior sea la oclusión de una consonante nasal, más difícil será la percepción de su lugar de articulación (House 1957; Ohala 1975; Ohala y Ohala 1993). Esto se debe a que la retracción de la oclusión disminuye el tamaño del tracto vocal, lo cual aumenta la frecuencia de las antirresonancias [→ § 1.10.2], una de las claves fonéticas que señalan el lugar de articulación de las oclusivas nasales. Las antirresonancias de alta frecuencia dificultan la percepción de una consonante nasal porque la distribución de energía en el espectro de los fonos sonoros es tal que aumenta en las bajas frecuencias y disminuye en las altas. Esto significa que las antirresonancias de una oclusiva nasal posterior aparecerán precisamente en la zona del espectro más afectada por la disminución de energía. Por ello, percibir el lugar de una oclusiva nasal posterior resulta más difícil que percibir el lugar de una oclusiva nasal anterior (Johnson, DiCanio y MacKenzie 2007). De acuerdo con estas observaciones, la combinación [labial nasal] —correspondiente a /m/— se ubica en el extremo inferior de la jerarquía de perceptibilidad nasal porque, por ser la oclusiva nasal más anterior, también resulta la más fácil de percibir. En cambio, la combinación [dorsal nasal] —correspondiente a /ŋ/— ocupa el extremo superior porque, al tratarse de la más posterior del grupo, también es la más difícil de percibir. La combinación [coronal nasal] —correspondiente a /n/— y la combinación [predorsal nasal] —correspondiente a /ɲ/— se ubican en posiciones intermedias en orden ascendente. El símbolo '>' debe interpretarse aquí como 'más difícil de percibir que'.

(8)   Jerarquía de perceptibilidad nasal
      [dorsal nasal] > [predorsal nasal] > [coronal nasal] > [labial nasal]

La razón de que la terna nasal del español no sea /m n ŋ/, sino /m n ɲ/ se hace, pues, evidente. Por lo que respecta a las dos primeras unidades de los inventarios de oclusivas nasales, las predicciones de la jerarquía articulatoria de lugar y de la jerarquía de perceptibilidad nasal concuerdan: deben elegirse /n/ y /m/ porque tanto en términos articulatorios como en términos perceptivos esas son las dos unidades más económicas. Sin embargo, las discrepancias surgen cuando se trata de conformar un inventario nasal de tres unidades. En ese caso, la jerarquía articulatoria de lugar se inclina a favor de /ŋ/ como el tercer integrante, mientras que la jerarquía de perceptibilidad nasal favorece a /ɲ/. Es decir que, aunque /ŋ/ aventaja a /ɲ/ desde la perspectiva articulatoria, /ɲ/ es preferible desde el punto de vista perceptivo. Esta dualidad de criterios justifica que la balanza se incline ocasionalmente en favor de /ɲ/. En otras palabras, el tercer integrante de la terna nasal será /ŋ/ en las lenguas en las que se dé mayor peso a las consideraciones articulatorias, mientras que, en las lenguas en las que primen las consideraciones perceptivas, el tercer integrante de la terna nasal será /ɲ/, tal como sucede en español.

Vale la pena señalar que la jerarquía de perceptibilidad nasal también aclara la escasa distancia —y no siempre a favor de /n/— que separa las frecuencias de aparición de los fonemas /n/ y /m/ en posición de ataque silábico (Lloyd y Schnitzer 1967; Quilis y Esgueva 1980). Si la jerarquía articulatoria de lugar fuera el único criterio disponible para evaluar el coste de las consonantes oclusivas nasales, el hecho de que en ciertas variedades del español la frecuencia de /m/ en el ataque supere la de /n/ sería una incógnita, que no se plantea cuando se adopta la jerarquía de perceptibilidad nasal. Los méritos perceptivos de /m/ pueden competir con los articulatorios de /n/, de modo que la ventaja articulatoria que normalmente presenta el rasgo [coronal] sobre el rasgo [labial] puede verse contrarrestada cuando en la valoración de las consonantes nasales prevalecen las consideraciones perceptivas.

En cuanto a la coda silábica, que es donde el español concede prioridad a /n/, la asimetría puede interpretarse como el efecto de restricciones específicas sobre esa posición. Es bien sabido que, en comparación con el ataque, la coda silábica ofrece condiciones menos favorables para la realización de las claves fonéticas: las consonantes ubicadas allí pueden carecer de distensión [→ § 1.6.3] y, en caso de tenerla, esta queda encubierta por la tensión de la consonante que ocupa el ataque de la sílaba siguiente (Ohala y Kawasaki 1984) [→ § 12.4.1]. El efecto acústico de este fenómeno es que el espectro de tales consonantes proporciona menos indicios para su identificación, a la luz de lo cual es comprensible que el español muestre una tendencia general a restringir las consonantes en coda silábica (véase Harris 1983). Por ejemplo, de la terna de oclusivas orales sonoras, /b d g/, y del cuarteto de fricativas sordas, /f θ s x/, solamente las unidades coronales, /d/, /s/ y /θ/, aparecen sistemáticamente en la coda (p. ej., *uste*[ᵊ], *me*[s], *pa*[θ]). Teniendo en cuenta que las demás clases consonánticas también favorecen la categoría coronal en fin de sílaba (*ma*[ɾ], *ma*[l], *pa*[n], *se*[ᵊ]), la prevalencia de /n/ sobre /m/ no puede considerarse un caso aislado. Se trata de una asimetría común a todas las clases consonánticas, por lo que su causa no debe buscarse en los principios que rigen la composición de los segmentos, sino en los que rigen la de la sílaba.

14.6 Procesos de neutralización

La realización de los fonemas oclusivos nasales se relaciona con su posición en la sílaba. Cuando se silabean en el ataque, /m/, /n/ y /ɲ/ tienden a conservar todas sus propiedades distintivas (p. ej., *to*[.m]*o*, *to*[.n]*o*, *To*[.ɲ]*o*). En cambio, cuando se silabean en la coda, tienden a experimentar procesos fonológicos que alteran parte de su estructura, especialmente, en lo que se refiere al lugar de articulación. Nótese, por ejemplo, la pronunciación de la oclusiva nasal de la preposición *en* en las secuencias *e*[m.] *Valladolid,* *e*[ɱ.] *Figueras,* *e*[n̪.] *Zaragoza,* *e*[n̟.] *Toledo,* etcétera. El hecho de que aparezcan sistemáticamente variantes inalteradas en el ataque y alteradas en la coda se interpreta como un indicio

de que la primera es una posición fuerte mientras que la segunda constituye una posición débil. En sentido figurado, el ataque es fuerte porque fomenta el mantenimiento de los contrastes consonánticos, mientras que la coda es débil porque suscita la pérdida de esos contrastes (Figura 2).

Cuando un proceso fonológico crea variantes alteradas que coinciden con la realización de otro(s) fonema(s), se produce una 'neutralización' [→ § 1.17.4], es decir, una pérdida de contrastes distintivos [→ § 11.6]. La secuencia *en Valladolid* es un buen ejemplo de ello,

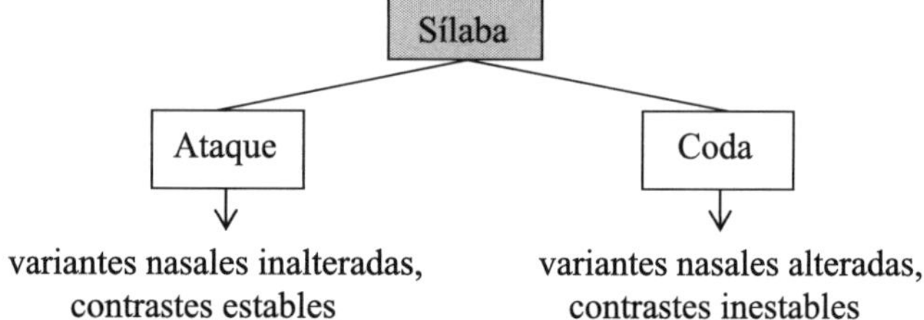

FIGURA 2. Comportamiento asimétrico de las oclusivas nasales en los márgenes silábicos.

dado que muestra que /n/ puede realizarse como la variante inalterada de /m/: *e*[m.] *Valladolid.* En el transcurso de este apartado se verá que, entre los procesos fonológicos que afectan a los fonemas oclusivos nasales del español, existen cuatro que tienen como resultado una neutralización: la alveolarización, la asimilación de lugar, la bilabialización y la velarización o absorción.

Describir la realización de los fonemas oclusivos nasales en coda silábica es una labor delicada, no solamente por el amplio espectro de variantes fonéticas modificadas que crean los procesos fonológicos [→ § 1.18.7], sino también porque existe un elevado grado de variación. Una causa obvia de tal variación es la extensión del territorio hispanohablante. La distancia geográfica que separa las distintas comunidades propicia el desarrollo de tendencias fonéticas regionales, de modo que algunos dialectos muestran procesos fonológicos que no existen en otros. Sucede que, mientras que en el español estándar los cambios que afectan a los fonemas oclusivos nasales en coda silábica se limitan a la alveolarización y a la asimilación de lugar, en ciertas variedades geográficas esos procesos coexisten con la bilabialización o la velarización o absorción.

14.6.1 Alveolarización

La realización de los fonemas /m/ y /ɲ/ con la variante fonética [n] hace suponer que el español cuenta con un proceso de 'alveolarización', consistente en modificar el lugar de articulación de un segmento a fin de convertirlo en alveolar. Considérense las palabras de (9), que presentan una raíz terminada en /m/ o /ɲ/ (*Ada*/m/-, *Abraha*/m/-, *do*/ɲ/- y *desde*/ɲ/-). En la columna de la izquierda se observa que, cuando una de estas raíces va seguida por un sufijo que comienza con vocal, su oclusiva nasal se conserva intacta gracias a que logra silabearse en ataque. En cambio, la columna de la derecha muestra que, en ausencia de un sufijo siguiente, la consonante final de la raíz tiene que silabearse en coda, donde modifica su lugar de bilabial o palatal a alveolar.

(9) Alveolarización de /m/ y /ɲ/
  a. ada[m] + ita   Adá[n]
    abrahá[m] + ico Abrahá[n]
  b. desde[ɲ] + a   desdé[n]
    do[ɲ] + a   do[n]

Puesto que es raro que un morfema que termine en /m/ o /ɲ/ no vaya seguido por otro morfema que comience con vocal, las alternancias ilustradas en (9) son extremadamente escasas. Esto sugiere la posibilidad de que la causa de tales alternancias no sea un proceso fonológico, sino morfofonológico. En otras palabras, aunque el silabeo de la consonante en coda haya sido la motivación original, el cambio se ha 'morfologizado'; es decir, se ha convertido en una idiosincrasia de ciertos morfemas (Harris 1999; Pensado 1997). En consecuencia, las condiciones fonológicas han dejado de ser indispensables para que el proceso se aplique. Considérense a este respecto las palabras *ada*[n] + *ismo* y *desde*[n] + *es,* que muestran los efectos del proceso a pesar de que las raíces *Ada*/m/- y *desde*/ɲ/- van seguidas por un sufijo que comienza con vocal. Dado que las consonantes en cuestión logran silabearse en ataque, es imposible defender que exista una justificación fonológica para que se produzca una alveolarización. Parece ser, más bien, que estas raíces han desarrollado la peculiaridad de tener dos alomorfos y que seleccionan uno u otro según los afijos con los que se combinen. Ejemplos similares son *Cataluña/catalán/catalanista* y *Bretaña/bretón/británico,* en los que se comprueba que en uno de los derivados de *Cataluña* y *Bretaña* la nasal se realiza como una alveolar en la coda, mientras que, en el otro, se da la misma realización aunque se silabee en el ataque. Teniendo en cuenta que los procesos fonológicos buscan facilitar la pronunciación de los sonidos según su contexto de aparición, mientras que los procesos morfológicos dictan arbitrariamente cuál debe ser la estructura de los morfemas, es sensato asumir que las alternancias anteriores no se crean en la fonología, sino en la morfología. Solo así tiene sentido que no siempre se respeten las condiciones fonológicas y que el vocabulario patrimonial incluya un reducido número de morfemas que se comportan de tal modo.

Sin embargo, los préstamos léxicos aportan pruebas de que existe un proceso fonológico de alveolarización. Un fenómeno característico de los cultismos, de los préstamos y de las onomatopeyas terminados en /m/ es que no siempre se pronuncian con [m] final, sino que tienden a pronunciarse con [n], especialmente en los registros informales y entre hablantes que no tienen conocimiento de otras lenguas, como muestran algunos ejemplos representativos que se recogen en (10a). Los préstamos no ofrecen muchos ejemplos de alveolarización del fonema /ɲ/, pero los que existen confirman que la coda silábica prohíbe categóricamente el lugar palatal dado que, en vez de ser optativa —como en el caso de /m/—, la alveolarización es obligatoria en el caso de /ɲ/ (10b). Por este motivo, para poder inferir que se ha producido una alveolarización se hace necesario comparar la palabra prestada con su pronunciación en la lengua de origen.

(10) Alveolarización de /m/ y /ɲ/ en préstamos

      a. tedeu[m] ~ tedeu[n]

          tóte[m] ~ tóte[n]

          boo[m] ~ boo[n]

          pli[m] ~ pli[n]

      b.   Montsc[n] (cf. catalán *Montse*[ɲ])

      —   Ferre[n] (cf. catalán *Ferre*[ɲ])

El inglés, que es la lengua de la que el español moderno toma más préstamos, ofrece otro caso claro de alveolarización. Las palabras inglesas que terminan en /ŋ/, representada ortográficamente por el dígrafo <ng> (p. ej., *gang*), suelen pronunciarse con [n] final en español estándar. La lista de palabras de este tipo que han entrado en el español es extensa y continúa creciendo; incluye *ga*[n], *ri*[n], *big ba*[n], *danci*[n], *ranki*[n], *holdi*[n], *standi*[n], *casti*[n], *windsurfi*[n], *marketi*[n], *overbooki*[n], *lifti*[n], *dumpi*[n], *cateri*[n], *campi*[n], *livi*[n], *joggi*[n], *footi*[n] y *leasi*[n]. El interés de estos datos reside en que, aunque ninguno de los miembros de la terna nasal del español coincide con la oclusiva nasal de la lengua de origen y, por ende, en ninguno de ellos se reproduce fielmente la terminación de las palabras inglesas, se pone de manifiesto una clara propensión a elegir [n] como el segmento sustituto.

La adaptación de los préstamos indica que, en el español estándar, los fonemas /m/, /ɲ/ y /ŋ/ de otras lenguas se convierten en la variante [n] cuando el proceso de silabeo los ubica en coda. Para llevar a cabo tal transformación es necesario manipular los rasgos de lugar. La alveolarización de /m/, /ɲ/ o /ŋ/ requiere eliminar el rasgo de lugar original y sustituirlo con [coronal] (Figura 3).

En vista de que el rasgo que prevalece es precisamente aquel que ocupa la posición más baja de la jerarquía articulatoria de lugar presentada en (7), es factible suponer que el objetivo de este proceso es disminuir el coste articulatorio, como se explica a continuación. El punto de partida es la premisa de que, por albergar un menor número de claves fonéticas, la coda acepta menos rasgos de lugar que el ataque, lo cual se refleja en el hecho de que el número de lugares de articulación de las consonantes en la coda constituye normalmente un subconjunto del número de lugares de articulación de las consonantes en

<table>
<tr><td>a. Reestructuración de /m/</td><td>b. Reestructuración de /ɲ/</td></tr>
</table>

FIGURA 3. Reestructuración de las oclusivas nasales en los préstamos.

el ataque. Se asume, además, que la gramática establece una línea divisoria en la jerarquía articulatoria de lugar, de modo que los niveles inferiores a esa línea se aceptan porque respetan ese límite, mientras que los niveles superiores se rechazan al no respetarlo. Así pues, si en el vocabulario prestado el límite para aceptar lugares en la coda se establece justo sobre el segundo nivel más bajo de la jerarquía articulatoria de lugar, los rasgos [labial] y [coronal] se admitirán, pero [dorsal] resultará vetado (11). Los préstamos que incluyan /ŋ/ y /ɲ/ en la coda tendrán, por consiguiente, que modificar la estructura de esos segmentos eliminando el rasgo inadmisible. Además, como cualquier rasgo sustitutivo implicará un cambio, es preferible escoger el rasgo que resulte menos costoso. Esto explica por qué, aunque en la coda de las palabras prestadas se acepta el rasgo [labial], la adaptación de /ŋ/ y /ɲ/ no se realiza por medio de una bilabialización, sino de una alveolarización.

(11) Admisión de dos rasgos de lugar (préstamos)

$$[\text{predorsal}] \; > \; [\text{dorsal}] \; | > \; [\text{labial}] \; > \; [\text{coronal}]$$

En el vocabulario patrimonial, el umbral de aceptación debe ser más estricto dado que las codas nasales se limitan a [n]. Si el límite se fija justo por encima del nivel más bajo de la jerarquía articulatoria de lugar, [coronal] será el único rasgo de lugar permitido en esa posición (12). El resultado es que las oclusivas nasales que tengan cualquier otro rasgo de lugar tendrán que perderlo y reemplazarlo con el rasgo lícito. Así se explica que los préstamos terminados en /m/ tiendan a pronunciarse con [n].

(12) Admisión de un solo rasgo de lugar (vocabulario patrimonial)

$$[\text{predorsal}] \; > \; [\text{dorsal}] \; > \; [\text{labial}] \; | > \; [\text{coronal}]$$

Conviene recalcar que el rasgo [coronal] que adquiere la oclusiva nasal en su proceso de alveolarización no proviene del entorno. Prueba de ello es que para que se produzca la alveolarización no es necesaria la presencia de una consonante o de una vocal coronal adyacentes; por ejemplo, el préstamo *zu*[m] puede pronunciarse *zu*[n], a pesar de que el segmento con el que la oclusiva nasal está en contacto es una vocal dorsolabial. Esta observación corrobora la idea de que, para decidir qué oclusivas nasales son preferibles en la coda, el español se apoya en criterios universales, representados por la jerarquía articulatoria de lugar.

14.6.2 Asimilación de lugar

En posición preconsonántica, el español muestra un amplio espectro de variantes oclusivas nasales generadas por un proceso de asimilación de lugar de articulación, que opera tanto en interior como en final de palabra. Considérense los ejemplos de (13). La columna de la izquierda consta de palabras verbales en las que un circunfijo rodea una raíz, [x +__+ y], mientras que la columna de la derecha está formada por sintagmas verbales consistentes en un verbo y un sustantivo que funciona como su objeto directo, [*hacen* x]. La columna central presenta la transcripción fonética correspondiente a los grupos consonánticos resaltados en cursiva, que aparecen en la juntura entre morfemas o palabras y son, además, heterosilábicos, es decir, sus elementos pertenecen a sílabas diferentes. La peculiaridad de estos grupos consonánticos reside en que el primer elemento es una consonante oclusiva nasal, N, que adopta el lugar de articulación del segundo elemento, una consonante genérica, C. Las secuencias NC resultantes son, por consiguiente, 'homorgánicas': el articulador que ejecuta la constricción de N es el mismo órgano que ejecuta la constricción de C. La denominación de los lugares de articulación de C corresponde a la presentada en la Tabla 2.

(13) Asimilación de lugar en interior y final de palabra

e*m*+*p*olv+a	[m.p]	hace*n* *p*olvo
e*n*+*f*oc+a	[ɱ.f]	hace*n* *f*ocos
e*n*+*c*er+a	[n̟.θ]	hace*n* *c*era
e*n*+*d*ulz+a	[n̪.d̪]	hace*n* *d*ulce
e*n*+*s*eb+a	[n.s]	hace*n* *s*ebo
e*n*+*ch*ap+a	[n̠.t͡ʃ]	hace*n* *ch*apas
e*n*+*y*es+a	[ɲ.ɟ]	hace*n* *y*eso
e*n*+*qu*ici+a	[ŋ̟.k̟]	hace*n* *qu*icios
e*n*+*g*arr+a	[ŋ.g]	hace*n* *g*arras
e*n*+*c*ub+a	[ŋ̄.k̠]	hace*n* *c*ubas
e*n*+*j*oy+a	[ɴ.χ]	hace*n* *j*oyas

Recuérdese que la variante interdental [n̟] y la variante uvular [ɴ] solo aparecen en dialectos que cuentan con la fricativa interdental [θ] y la fricativa uvular [χ], es decir, en las variedades del centro y del norte de España. La variante palatal [ɲ] en la palabra *enyesa* y en el sintagma *hacen yeso* solo se da en dialectos en los que la realización del fonema aproximante /j/ incluye variantes palatales con un mayor grado de constricción, tales como la oclusiva palatal [ɟ]. Téngase presente, además, que la variante prevelar [ŋ̟] y la posvelar [ŋ̄] reflejan ajustes realizados en el lugar de las consonantes velares, que avanzan su punto de articulación ante vocales anteriores, como [i] y [e], y lo retraen ante vocales posteriores, como [u] y [o].

Cabe aclarar también que, aunque la ortografía dicta que una oclusiva nasal antes de <p> o <b> debe representarse con la letra <m>, no por ello se debe asumir que el fonema oclusivo nasal que aparece en palabras como *em + polv + a* y *em + barc + a* es /m/. Según se puede observar en (13), la asimilación afecta a las secuencias NC con independencia del lugar que tenga C, de modo que el par de oclusivas orales bilabiales no constituye un caso especial. A la luz de esta observación, resulta incoherente que la ortografía registre los efectos de este proceso cuando los desencadenantes son /p/ o /b/, pero opte por hacer caso omiso cuando los desencadenantes son otras consonantes. Estipular que se registre la variante bilabial producida por la asimilación de lugar en interior de palabra, pero que se ignore cuando se genera entre palabras tampoco se aviene fielmente con los hechos. Compárese, por ejemplo, *empolva* con *hacen polvo,* donde las oclusivas nasales pertinentes se representan con letras diferentes a pesar de que ambas se realizan como [m]. En resumen, debido a que existe una tendencia general a que el primer elemento de las secuencias NC anticipe el lugar del segundo elemento, es infundado suponer que la letra <m> antes de <p> o <b> representa el fonema /m/.

El polimorfismo que muestran las oclusivas nasales en los ejemplos de (13) oculta la naturaleza de la oclusiva nasal involucrada en los grupos NC; sin embargo, la verdadera identidad de tal segmento se descubre claramente cuando se examina su realización en posición prevocálica. Considérense, por ejemplo, *e*[.ne]*bra* y *e*[.na]*rbola.* Estas formas indican que, en todas las palabras de la columna de la izquierda que se muestran en (13), /n/ es el fonema oclusivo nasal que experimenta la asimilación de lugar, ya que el circunfijo que aparece en *em + polv + a, en + foc + a, en + cer + a, en + dulz + a,* etcétera, es el mismo que aparece en *en + (h)ebr + a* y *en + arbol + a.* La diferencia reside en que, en los dos últimos ejemplos, la oclusiva nasal al final de la primera parte del circunfijo no se ve influida por una consonante siguiente, lo cual le permite mantener inalterado su lugar de articulación. De modo análogo, secuencias como *hacen espadas* y *hacen armas* indican que la oclusiva nasal al final del verbo que aparece en los grupos de la columna de la derecha en (13) es /n/, ya que cuando no aparece una consonante siguiente que le imponga su lugar de articulación, se realiza como [n]: *hace*[.ne]*spadas* y *hace*[.na]*rmas.*

La identificación de la oclusiva nasal que experimenta la asimilación de lugar es más complicada cuando los segmentos que forman la secuencia NC son 'tautomorfémicos', es decir, pertenecientes al mismo morfema. Considérense los ejemplos de (14), consistentes en formas verbales en las que una raíz que contiene una secuencia NC va acompañada por un sufijo.

(14) Asimilación de lugar en interior de morfema

co*mp*r + a	[m.p]
tu*mb* + a	[m.b]
ca*nt* + a	[n̪.t̪]
ro*nd* + a	[n̪.d̪]
bri*nc* + a	[ŋ.k]
sa*ngr* + a	[ŋ.g]

La complicación viene dada por el hecho de que la oclusiva nasal se encuentre en posición interna de morfema. En relación con (13) se vio que, cuando la oclusiva nasal es el segmento final de un morfema, existe la posibilidad de que el segmento inicial del morfema o de la palabra siguiente sea una vocal, V. En tal caso, la secuencia que se crea no es NC, sino NV, lo cual permite observar el comportamiento de la oclusiva nasal cuando no está influida por una consonante siguiente. El reto que plantean los datos de (14) se deriva del hecho de que esa opción no está disponible porque en las lenguas normalmente no se permite manipular el número ni el orden de los fonemas que integran los morfemas. Nótese, por ejemplo, que si artificialmente se eliminaran los segmentos que intervienen entre la oclusiva nasal de la raíz *compr-* y la vocal del sufijo *-a*, sería imposible reconocer esa raíz en la palabra resultante (p. ej., **com + a*) y lo mismo sucedería si se optara por variar el orden de los segmentos para ubicar la oclusiva nasal ante la vocal del sufijo (p. ej., **corpm + a*). La necesidad de proteger la integridad de los morfemas para que estos puedan reconocerse impide realizar tales alteraciones, de manera que, cuando la secuencia NC es tautomorfémica, es imposible saber con plena certeza cuál sería la realización de la oclusiva nasal si no estuviese influida por la consonante siguiente.

En la escuela estructuralista, este problema se resolvió representado el segmento en cuestión como una oclusiva nasal indeterminada. Para ello se introdujo el concepto de 'archifonema', una unidad abstracta formada por los rasgos comunes a un grupo de fonemas [→ § 1.17.4]. Según esta perspectiva, el español contaría con el archifonema /N/ (representado siempre entre barras), una consonante dotada de oclusión y nasalidad, pero carente de lugar de articulación. La representación subyacente de una raíz como *compr-* sería, entonces, /koNpɾ/, con lo que ni se propone ni se descarta ninguno de los fonemas oclusivos nasales. Debe señalarse que, al permitir que las representaciones subyacentes incluyan no solo /m/, /n/ y /ɲ/, sino también /N/, este tratamiento equivale a afirmar que el inventario fonémico del español consta de un total de cuatro unidades: tres especificadas completamente y una subespecificada, tal como se muestra en la Tabla 14. En el transcurso de la derivación, el proceso de asimilación de lugar se encargaría de asignar un rasgo de lugar a la oclusiva nasal subespecificada.

Téngase en cuenta que las notaciones N, [ɴ] y /N/ representan tres conceptos distintos, por lo que es de suma importancia no confundirlas. La primera representa una oclusiva nasal genérica, es decir, cualquier miembro de la clase oclusiva nasal. La segunda corresponde a la transcripción de la variante fonética resultante de la asimilación de lugar ante consonante uvular. La tercera, por su parte, implica que se postula un fonema subespecificado, es decir, carente de rasgos de lugar.

Tabla 14 *Inventario fonémico nasal con la inclusión del archifonema /N/*

/m/	/n/	/ɲ/	/N/
[nasal]	[nasal]	[nasal]	[nasal]
[oclusivo]	[oclusivo]	[oclusivo]	[oclusivo]
[labial]	[coronal]	[predorsal]	

A esta interpretación de los hechos puede objetársele que no existen pruebas de que el componente fonológico requiera la cuarta unidad postulada. A diferencia de /m/, /n/ y /ɲ/, que son imprescindibles para distinguir ciertos signos lingüísticos (p. ej., *ra*/m/*a, ra*/n/*a, ra*/ɲ/*a*), la oclusiva nasal subespecificada es inútil para codificar significados debido a que, como no puede existir con independencia de una consonante siguiente, su distribución es siempre predecible. Esto significa que la única utilidad de /N/ reside en que evita precisar obligatoriamente el lugar de articulación original de la oclusiva nasal afectada por la asimilación de lugar cuando no existen alternancias; sin embargo, negar que ese segmento posea rasgos de lugar no constituye la solución más idónea. Dado que las oclusivas nasales siempre se realizan con un lugar de articulación —bien sea este propio o asimilado—, la existencia de una oclusiva nasal desprovista de rasgos de lugar carece de fundamento empírico; el problema radica, por tanto, en el grado de abstracción. El archifonema /N/ es una entidad tan abstracta que resulta imposible de validar.

Las pautas distribucionales de los fonemas oclusivos nasales indican indirectamente cuál de ellos es el objeto de la asimilación de lugar en posición interna de morfema (15). Es improbable que el fonema afectado sea /ɲ/ porque, como el español no permite su ubicación en codas finales de palabra, existen motivos para suponer que tampoco se admitirá en las codas internas de palabra. No se encuentra ni un solo contraejemplo que sugiera lo contrario. En lo que respecta al fonema /m/, no puede ignorarse que una minoría de cultismos, préstamos y onomatopeyas dan testimonio de su ubicación en la coda, tanto en final como en interior de palabra (p. ej., *ítem, hámster, rum rum*); sin embargo, asumir que /m/ es un elemento sobre el que puede actuar la asimilación de lugar solamente se justifica en el caso de esa minoría de palabras. La única opción que resta tras este procedimiento de eliminación es /n/. Es decir, que, ante la ausencia de datos independientes acerca del lugar de articulación de una oclusiva nasal silabeada en coda interna de palabra, la conjetura menos arriesgada consiste en suponer que ese segmento es el mismo que se favorece en las codas finales de palabra. Los datos de (15) apoyan este punto de vista.

(15) Manifestación de la oclusiva nasal subyacente

    gra*nd* + e   [n̪.d̪]   →   gra*n*   [n]

    sa*nt* + o   [n̪.t̪]   →   sa*n*   [n]

    ta*nt* + o   [n̪.t̪]   →   ta*n*   [n]

Las palabras de (15) constituyen casos excepcionales en los que se suprime un morfema por condicionamiento sintáctico (cf. *Es un problema grande* con *Es un gran problema*). Obsérvese que, en las formas apocopadas correspondientes a *grand* + *e, sant* + *o* y *tant* + *o,* se elide la vocal final, la cual representa un sufijo flexivo. Como esto impide que la consonante final de las raíces *grand-* y *sant-* pueda silabearse en ataque, la alternativa lógica sería ubicar ese segmento en la coda de la sílaba precedente; sin embargo, esto tiene el inconveniente de que crearía una coda compuesta no permitida: *gra*[n̪d̪] y *sa*[n̪t̪] (véase el § 14.3.2). Para respetar las condiciones de buena formación silábica, se opta por elidir la segunda consonante del grupo NC, de suerte que las formas resultantes son *gran* y *san*. Lo relevante es que, tras la eliminación de C, la realización de N ya no es [n̪], sino [n], lo cual indica que, si no fuese por la influencia de C, la oclusiva nasal en coda interna de palabra se realizaría de acuerdo con la norma prevalente en las codas finales de palabra.

Navarro Tomás ([1918] 1967, 88–89) menciona un fenómeno del habla lenta que también sugiere que /n/ es la oclusiva nasal presente en las secuencias NC en el interior de un morfema. Sucede que, cuando cada sílaba se pronuncia aisladamente, palabras como *compra* y *rumbo* no se pronuncian con [m], sino con [n]. Este es un efecto natural, dado que el aislamiento de las sílabas equivale a la introducción de una pausa intermedia, que actúa como una barrera que impide que la consonante siguiente influya en la oclusiva nasal (p. ej., [kon‖pɾa], [run‖bo]).

En resumen, aunque la identidad de la oclusiva nasal sea menos evidente cuando la secuencia NC en la que participa es tautomorfémica, las pautas distribucionales de la clase oclusiva nasal y varios fenómenos marginales permiten inferir que el segmento en cuestión es /n/. El razonamiento es que, excepto en el caso de los vocablos que demuestren lo contrario, la predilección por /n/ atestiguada en las codas finales se constata también en las codas internas de palabra. Tal extrapolación no resulta tan fiable como la observación que puede realizarse directamente cuando la secuencia NC es heteromorfémica, pero es más segura que la alternativa, demasiado abstracta y *ad hoc,* consistente en postular el archifonema /N/. Se concluye, entonces, que el conjunto de elementos susceptibles de experimentar una asimilación de lugar no abarca todos los miembros de la terna nasal. El fonema /ɲ/ queda excluido porque jamás se permite en coda y, si bien es cierto que /m/ no está vetado por completo, su participación en la asimilación de lugar es modesta, puesto que solo se le permite ocupar la coda en cultismos, préstamos y onomatopeyas (véase el § 14.6.3) [→ § 13.2.2]. Frente a las limitaciones distribucionales que presentan /ɲ/ y /m/, el hecho de que /n/ se acepte de manera general en la coda garantiza su participación en una plétora de secuencias NC, que son, por consiguiente, el objeto principal de la asimilación de lugar.

El contraste entre los fonemas /n/ y /m/ en coda silábica no solo es infrecuente, sino que también tiende a perderse en el habla normal a causa de la asimilación de lugar. Considérense los datos de (16). La palabra patrimonial *joven* y el préstamo *módem* no forman un par mínimo, pero sus estructuras son bastante similares y se oponen con respecto a la oclusiva nasal final de palabra: /n/ frente a /m/. Lo que resulta curioso en la pronunciación de estas dos palabras es que tal oposición puede mantenerse ante otra palabra que comience con vocal (16a, b); sin embargo, tiende a desaparecer ante una palabra que comience con consonante bilabial o alveolar, debido a que la asimilación de lugar hace que /n/ se realice como [m] y que /m/ se convierta en [n] (16c, d). Ello confirma que el proceso implica una neutralización.

(16) Neutralización entre /n/ y /m/ por asimilación de lugar

    a. jove*n* *ú*til   [.nu]   —

    b. —   [.mu]   móde*m* *ú*til

    c. jove*n* *p*ráctico   [m.p]   móde*m* *p*ráctico

    d. jove*n* *s*eguro   [n.s]   móde*m* *s*eguro

Es importante aclarar que la asimilación de lugar no se produce siempre que se crea una secuencia NC, sino que existen varios factores que inciden en su aplicación. La velocidad tiene un efecto notable dado que, cuanto más rápidamente se hable, mayor es la necesidad de conectar los segmentos, de modo que la influencia de C sobre N es más fuerte en la elocución rápida. En el habla lenta, los articuladores cuentan con más tiempo para completar los gestos correspondientes a cada segmento, por lo que la probabilidad de que N retenga su lugar de constricción es mayor.

Es de esperar, por tanto, que, como regla general, las asimilaciones aumenten o disminuyan proporcionalmente al aumento o a la disminución de la velocidad del habla. Otro factor que repercute sobre la frecuencia de las asimilaciones es la posición dentro de la palabra. La asimilación de lugar opera de modo más sistemático cuando los miembros de la secuencia NC pertenecen a la misma palabra que cuando pertenecen a palabras diferentes, lo que constituye un indicio suplementario de la importancia de que se dé un alto grado de conexión entre el objeto y el desencadenante del proceso. La desconexión total, como la que se produce cuando la secuencia NC aparece en la juntura [→ § 1.21.11] entre dos secuencias, impide —naturalmente— que se produzca la asimilación de lugar; por ejemplo, en la sucesión de interrogativas *¿Quién? ¿Por qué?* la oclusiva nasal mantiene su articulación alveolar a menos que la pausa intermedia se reduzca a una transición muy breve.

El modo de articulación de la consonante que sigue a la nasal también es relevante. Si se vuelven a examinar los ejemplos de (13), se observará que el desencadenante de la asimilación de lugar es, en todos ellos, una consonante disonante u obstruyente (oclusiva oral, fricativa o africada). Esto plantea la pregunta de si las consonantes sonantes (oclusivas nasales, laterales, róticas y aproximantes) también pueden ser las desencadenantes del proceso. La rótica simple, /ɾ/, es un candidato que se puede descartar de entrada, dado que jamás aparece tras oclusiva nasal. La única rótica que se admite en tal posición es la vibrante, /r/, que figura en grupos NC homorgánicos (p. ej., *ho*[n.r]*ado* y *u*[n.r]*atón*) [→ § 23.1.1]. Se ha de considerar, sin embargo, que, como el lugar de articulación de /r/ coincide con el de /n/, la homorganicidad de la secuencia [n.r] no es necesariamente el producto de la asimilación de lugar, sino que podría deberse a la conservación de los rasgos de lugar subyacentes. La misma situación se presenta con la lateral alveolar, /l/, y la nasal alveolar, /n/, que participan en secuencias NC que son homorgánicas independientemente de que se aplique o no la asimilación (p. ej., *e*[n.l]*ace, u*[n.l]*obo, i*[n.n]*ato, u*[n.n]*iño*). Para confirmar que la asimilación de lugar opera sobre tales secuencias, habría que comprobar que la corona de la lengua articula ambas consonantes mediante un solo gesto. Lo cierto es que el único estudio experimental en el que se han investigado los gestos articulatorios de las secuencias NC (Honorof 1999) se limitó a estímulos en los que C es disonante (obstruyente). Queda, pues, para trabajos futuros, constatar instrumentalmente si en realidad se da la asimilación de lugar en las secuencias homorgánicas [n.r], [n.l] y [n.n].

Cuando el segundo elemento de la secuencia NC es una oclusiva nasal heterorgánica se obtienen tres resultados diferentes. Los ejemplos de (17) muestran que N puede conservar su lugar de articulación, asimilarse parcialmente o asimilarse completamente. El mantenimiento del lugar es característico del habla culta, la asimilación parcial se favorece en el habla popular a velocidad normal y la asimilación total surge en el habla popular a velocidad rápida. Los datos de (17) muestran, pues, que la asimilación de lugar es sumamente variable cuando el desencadenante es otra oclusiva nasal, y ponen de manifiesto que el proceso no siempre oblitera el lugar original de N. (La ausencia de ejemplo al final de la columna de la izquierda obedece a que /ɲ/ solo puede ir precedido por oclusiva nasal entre palabras, pero nunca en interior de palabra).

(17) Pronunciación de N ante otra oclusiva nasal

*in*material	[n.m]	~ [ᵐᵐ.m]	~ [m.m]	u*n* *m*ercado
alu*mn*ado	[m.n]	~ [ᵐⁿ.n]	~ [n.n]	álbu*m* *n*uevo
—	[n.ɲ]	~ [ⁿᶮ.ɲ]	~ [ɲ.ɲ]	u*n* *ñ*andú

La prueba de que otras clases de consonante sonante también desencadenan la asimilación de lugar la proporcionan la lateral palatal, /ʎ/, y la aproximante palatal, /j/; sin embargo, conviene realizar dos aclaraciones al respecto. La primera es que /ʎ/ es un fonema poco frecuente y ha desaparecido de la mayoría de los dialectos del español [→ § 19.3], por lo que no se cuenta con suficientes datos. Canellada y Madsen (1987, 22) contemplan un sistema en el que todavía se conserva /ʎ/ y señalan que la secuencia NC de palabras como *conllevar* y sintagmas como *un llanto* es homorgánica: *co*[ɲ.ʎ]*evar* y *u*[ɲ.ʎ]*anto*. En lo que se refiere a /j/, cabe precisar que este fonema muestra una amplia gama de variantes fonéticas, algunas de las cuales no son ni sonantes ni palatales, sino más bien disonantes (obstruyentes) y postalveolares (p. ej., [ʒ], [ʃ] y [d͡ʒ]) [→ § 16.5.1]. En los dialectos en los que /j/ tiene tales realizaciones, la oclusiva nasal que la preceda es postalveolar, [n̠]; por ejemplo, *inyectar* y *con yeso* se pronuncian *i*[n̠.ʒ]*ectar* y *co*[n̠.ʒ]*eso*. Existen, por otro lado, dialectos en los que /j/ no se fortalece o lo hace conservando su carácter palatal. Esto genera la variante sonante [j], en el primer caso, y las variantes disonantes (obstruyentes) [ɟ], [ʝ] o [ɟ͡ʝ], en el segundo. El hecho relevante es que la oclusiva nasal que precede a estas variantes se retrae hasta convertirse en palatal (p. ej., *i*[ɲ.j]*ectar* y *co*[ɲ.j]*eso*). Los datos con los que se cuenta permiten concluir que el conjunto de elementos desencadenantes de la asimilación de lugar no consta exclusivamente de

FIGURA 4. Reducción de la estructura mediante la asimilación de lugar.

consonantes disonantes u obstruyentes. Al menos algunas de las consonantes sonantes logran transmitir su lugar a una oclusiva nasal precedente.

El proceso de asimilación que se está discutiendo es de carácter 'anticipatorio'[→ § 1.18.7]. Esto significa que, durante la pronunciación de la oclusiva nasal, los articuladores forman, por adelantado, la constricción de la consonante que viene a continuación. En vista de que la oclusiva nasal así creada no es compleja —es decir, no se articula con doble constricción—, se ha asumido tradicionalmente que el cambio conlleva la pérdida de una parte de la estructura del elemento asimilado (Baković 2000; Goldsmith 1981; Harris 1984a, 1984b; Piñeros 2006, entre otros). La Figura 4 muestra, esquemáticamente, que la secuencia NC pasa de incluir un lugar de articulación para cada consonante a tener un solo lugar que ambos segmentos comparten. Por hacer referencia a un caso concreto, en el sintagma *hacen polvo,* la secuencia NC consta de los fonemas /n/ y /p/, lo cual lleva a suponer que los rasgos [coronal] y [labial] están presentes; sin embargo, después de la asimilación de lugar, solamente se mantiene el rasgo [labial]: *hace*[m.p]*olvo.* Se presume, además, que, aun en aquellos casos en los que los fonemas que convergen en la secuencia NC presentan el mismo lugar de articulación, la asimilación hace que la estructura sea más económica, porque reduce dos constricciones ejecutadas por el mismo articulador a una sola (p. ej., *come*[n.s]*opa).*

En el estudio ya mencionado sobre los gestos articulatorios de las secuencias NC, Honorof (1999, 59) encontró que los datos fonéticos no se ajustan por completo a esta interpretación del proceso. Los experimentos realizados utilizando el magnetómetro muestran que el lugar de N desaparece y es reemplazado por el lugar de C cuando esta consonante es labial o dorsal; sin embargo, cuando C es coronal, el gesto coronal de N no desaparece totalmente, sino que los dos gestos coronales se fusionan en un solo gesto mixto. Esto contradice la hipótesis de que la asimilación de lugar suprime siempre el rasgo de lugar de N. El mismo estudio fonético aludido proporciona otro dato importante: con independencia del lugar de C, N asimila no solamente el lugar, sino también el grado de constricción, de suerte que, si C es una consonante fricativa, N pierde el contacto completo entre los dos articuladores y se pronuncia formando un canal estrecho sin que con ello se altere el flujo nasal (Honorof 1999, 58). Tal constatación cuestiona la visión tradicional de que el lugar y el grado de constricción son independientes (Clements 1985; McCarthy 1988). En vista de que el grado de constricción se modifica al tiempo que opera la asimilación de lugar, estas dos dimensiones articulatorias deberían representarse conectadas (Padgett 1994).

Un aspecto intrigante de la asimilación de lugar es que el número de zonas de articulación que emergen a nivel fonético es mucho mayor que el número de rasgos de lugar necesarios para identificar los fonemas oclusivos nasales. La Tabla 15 es instructiva a este respecto, porque muestra que al rasgo [labial] le corresponden dos variantes nasales, al rasgo [coronal] tres, al rasgo [predorsal] dos, al rasgo [dorsal] tres y al rasgo [posdorsal] una. Estas correspondencias ponen de manifiesto que el conjunto de rasgos postulados para distinguir entre /m/, /n/ y /ɲ/ no ofrece información suficiente para que se genere la gama completa de variantes fonéticas nasales.

Para distinguir entre las variantes nasales pertenecientes a la misma macro-categoría de lugar, se podrían postular rasgos suplementarios que ofrecieran información más específica sobre los gestos que debe ejecutar cada articulador. Al considerar esta idea debe tenerse presente que tales rasgos no forman parte de la estructura de la

Tabla 15 *Correspondencias entre rasgos y lugares de articulación*

Rasgo fonológico	Variante fonética	Lugar
[labial]	[m]	bilabial
	[ɱ]	labiodental
[coronal]	[n̪]	interdental
	[n̪]	dental
	[n]	alveolar
[predorsal]	[n]	postalveolar
	[ɲ]	palatal
[dorsal]	[ŋ̟]	prevelar
	[ŋ]	velar
	[ŋ̄]	posvelar
[posdorsal]	[ɴ]	uvular

oclusiva nasal asimilada, sino que pertenecen a la estructura del segmento desencadenante, es decir, que el elemento de la secuencia NC que conviene examinar cuidadosamente no es N, sino C.

El origen del lugar labiodental de [ɱ], por ejemplo, habrá que buscarlo en la composición del fonema /f/, que es el responsable de que, en una palabra como *enfoca* o en un sintagma como *hacen focos*, el fonema /n/ se realice como [ɱ]. Postular un rasgo de lugar subordinado a [labial] que sirva para distinguir las consonantes labiodentales de las bilabiales podría ser una solución. Desafortunadamente, carece de motivación independiente; en concreto, el español no contrasta la fricativa labiodental, /f/, con la fricativa bilabial, /ɸ/, así que postular un rasgo fonológico destinado a distinguir esas dos subcategorías labiales sería superfluo. La razón de que el inventario fonémico del español incluya /f/, pero no /ɸ/ se relaciona con el hecho de que las consonantes fricativas son acústicamente más prominentes cuando son estridentes —es decir, ruidosas [→ § 1.19.3]— que cuando son mates [→ § 15.13.1]. La estridencia facilita la percepción de las fricativas y ello explica por qué /f/ es un fonema más frecuente que /ɸ/, a pesar de que su lugar de articulación no es el más prototípico dentro de la categoría labial. Entre las lenguas de la *UCLA Phonological Segment Inventory Database (UPSID)*, se encuentran 180 (un 39,91 %) que usan /f/, pero solamente 39 (el 8,65 %) que emplean /ɸ/.

El hecho de que /f/ sea una fricativa estridente es relevante porque esta propiedad acústica se obtiene ajustando ligeramente el lugar de articulación. Para producir una fricativa estridente es necesario que, tras atravesar un canal estrecho, la corriente de aire choque contra la superficie de otro órgano a fin de generar un ruido adicional. En el caso específico de una fricativa labial, la estridencia se logra retrayendo el labio inferior de modo que, al formarse un pasaje estrecho entre este y los dientes superiores, el labio superior queda libre para actuar como la superficie adicional contra la que choca la corriente de aire. De no aplicarse este ajuste, el resultado será /ɸ/, o sea, la contrapartida mate en la que el uso del labio superior como la superficie contra la que el labio inferior forma la constricción implica que la corriente de aire egresará sin chocar contra ninguna otra superficie; consecuentemente, no se producirá ruido adicional [→ § 15.2.1]. Según estas observaciones, para caracterizar el fonema /f/ del español no se requiere introducir un rasgo de lugar que complemente a [labial] porque, en las lenguas que no distinguen entre fricativas labiales estridentes y mates, el lugar exacto de una fricativa labial será, por defecto, labiodental.

El punto de articulación exacto de dos de las variantes nasales articuladas mediante la corona de la lengua también se relaciona con el nivel de ruido de las fricativas. Recuérdese que, ante la fricativa alveolar [s], la oclusiva nasal se realiza como alveolar (p. ej., *e*[n.s]*seba* y *hace*[n.s]*ebo*), mientras que, ante la fricativa interdental [θ], su realización es interdental (p. ej., *e*[n̪.θ]*era* y *hace*[n̪.θ]*era*). Aunque es cierto que los fonemas fricativos coronales /s/ y /θ/ divergen en cuanto al lugar, esta no es la diferencia más importante entre ellos. La fricativa coronal alveolar es estridente porque, después de atravesar el pasaje estrecho que se forma entre la corona y los alveolos, la corriente de aire choca contra la cara interior de los dientes superiores, incrementando así el nivel de ruido. En cambio, la fricativa coronal interdental es mate porque, después de atravesar el pasaje estrecho que se crea entre la corona y el borde de los dientes superiores, el aire sale al exterior sin chocar contra otra superficie [→ § 15.2.3]. La oposición entre /s/ y /θ/ se puede fundamentar, por ende, en el nivel de ruido y si, además, se toma en consideración que lo normal es que las consonantes fricativas sean estridentes, resulta evidente que la propiedad que hay que marcar es la correspondiente a su carácter mate. Así, la distintividad entre las dos fricativas coronales del español se consigue asignando a /θ/ el rasgo monovalente [mate] y dejando a /s/ sin marcar al respecto. A partir de este razonamiento se concluye que la interdentalidad de /θ/ es un epifenómeno de su timbre mate; en otras palabras, la constricción coronal se forma en la zona interdental a fin de evitar que la corriente de aire choque contra una barrera adicional.

Es razonable asumir, entonces, que el punto exacto ocupado dentro de una macrocategoría de lugar no depende exclusivamente del rasgo de lugar pertinente, sino que es susceptible de ajustarse para acomodar otros rasgos del segmento. Esta inferencia es útil porque evita tener que postular rasgos de lugar adicionales que, a la larga, resultarían redundantes, ya que duplicarían parte del trabajo de otros rasgos. Los casos de las tres consonantes fricativas que se acaban de presentar ponen de manifiesto, además, que tales ajustes se transmiten en la asimilación de lugar con independencia de si la propiedad que los motiva es distintiva, como en la oposición entre /s/ y /θ/, o redundante, como en /f/. En relación con esto, se observa que la consonante que desencadena la asimilación de lugar también logra transmitir a la oclusiva nasal propiedades adquiridas de otro segmento. Ello se ve claramente cuando el segundo elemento de la secuencia NC es una oclusiva oral velar, /k/ o /g/. Recuérdese que estos fonemas se realizan como prevelares ante vocal anterior y como posvelares ante vocal posterior (p. ej., [k̟i]*na* frente a [k̠u]*na*), lo cual es una indicación de que asimilan parcialmente el lugar de la vocal a la que preceden. Lo interesante es que una oclusiva nasal que preceda a una oclusiva oral velar hereda los efectos de tales ajustes; por ejemplo, en la pronunciación de las palabras *conquista* y *concurso*, el fonema /n/ cambia de la macrocategoría coronal a la macrocategoría dorsal y, dentro de esta, se ajusta al punto prevelar o posvelar según sea el lugar que la consonante desencadenante adopte de la vocal que le sigue: *co*[ɲ̟.k̟]*ista* y *co*[ŋ̄.k̄]*urso*. Esto constituye una prueba contundente de que el proceso de asimilación que se está tratando es de carácter 'alofónico' [→ § 1.17.3]; su objetivo, por tanto, es crear variantes fonéticas acordes con el contexto fónico.

El proceso ilustrado en (18) es bastante diferente. Como es de esperar, la oclusiva nasal del prefijo *in-* experimenta una asimilación de lugar cuando este morfema precede a una raíz cuyo segmento inicial es una consonante disonante u obstruyente (p. ej., *i*[m] + *potente*, *i*[ɱ] + *frecuente*, *i*[n̪] + *cesante*, *i*[ŋ] + *tolerante*, etcétera). Sin embargo, cuando la raíz que le sigue comienza con una sonante lateral o rótica, ese mismo prefijo pierde la oclusiva nasal (18). Tal cambio resulta peculiar porque, a pesar de ser recurrente, no se produce con todos los prefijos terminados en oclusiva nasal; por ejemplo, *en* + *lazar* y *en* + *rollar* conservan ese segmento. Esto indica que el proceso de (18) es morfofonológico, dado que su aplicación depende no solamente de la información sobre el contexto fonológico, sino también de que la oclusiva nasal pertenezca a un morfema específico. Otro prefijo que tiene esta idiosincrasia es *con-*; compárese, por ejemplo, *com* + *partir* y *con* + *fluir* con *co* + *rroer* y *co* + *laborar*. Si se acepta que el proceso morfofonológico se aplica antes que el alofónico, es natural que aquel pueda bloquear a este.

(18) Elisión de la oclusiva nasal final de prefijo

legal   →   i+legal   *in+legal

lógico   →   i+lógico   *in+lógico

real   →   i+rreal   *in+real

regular   →   i+rregular   *in+regular

La asimilación de lugar interactúa de manera sutil con otro proceso morfofonológico. Considérense los datos de (19). La columna de la izquierda presenta los infinitivos de verbos cuya raíz termina en /m/ o /ɲ/. (Nótese que la entrada léxica de algunas de estas raíces debe incluir una marca especial, ya que, a diferencia de los morfemas ordinarios, estos contienen una vocal que alterna entre alta y media, por ejemplo, *redimir* frente a *redentor* y *teñir* frente a *tinta*). Soslayando tales alternancias, lo que interesa es la realización del segmento final de la raíz en las palabras de la columna de la derecha. Estas son formas nominales en las que la oclusiva nasal, en vez de ir seguida por vocal, va seguida por una consonante dental y, por ello, emerge también como dental. Puesto que este es el mismo tipo de ajuste que experimenta la oclusiva nasal de morfemas como *in-* y *en-*, se ha propuesto que el conjunto de elementos susceptibles de experimentar la asimilación de lugar incluya a todos los miembros de la terna nasal (Harris 1969, 1970, 1984a, 1984b).

(19) Supuesta aplicación de la asimilación de lugar a /m/ y /ɲ/

redi[m] + ir   rede[n̪] + tor

asu[m] + ir   asu[n̪] + to

te[ɲ] + ir   ti[n̪] + ta

ce[ɲ] + ir   ci[n̪] + to

Para no malinterpretar los datos de (19), conviene considerarlos conjuntamente con los de (20), que se utilizaron anteriormente para ilustrar el proceso morfofonológico de alveolarización discutido en el § 14.6.1. Como en (19), las palabras de (20) contienen una raíz cuyo segmento final es /m/ o /ɲ/. La diferencia reside en que, en las formas de la derecha, ese fonema no va seguido por consonante, gracias a lo cual la alveolarización que se le aplica para ajustarlo a la coda resulta transparente. Hay que añadir, sin embargo, que la alveolarización puede tornarse opaca en el nivel del sintagma, ya que, si la palabra siguiente comenzara con consonante, se crearían las condiciones propicias para que operara la asimilación de lugar (p. ej., *do*[m] *Pedro*, *do*[ɱ] *Fabio*, etcétera). De estas observaciones se infiere que, en las palabras de la columna de la derecha de (19), los fonemas /m/ y /ɲ/ también se convierten en alveolares para poder silabearse en coda; lo que sucede es que, como la coda de las sílabas internas de palabra siempre va seguida de consonante, esa parte de la derivación queda encubierta por los efectos del proceso subsecuente de asimilación de lugar [→ § 1.18.4]. Eso significa que, en (19), la asimilación de lugar no opera propiamente sobre los fonemas /m/ y /ɲ/, sino sobre el producto de la alveolarización, es decir, la variante [n]. El hecho de que la pronunciación pausada de palabras como *redentor* y *tinte* no sea *[re‖d̪em‖t̪oɾ] y *[t̪iɲ‖t̪e], sino [re‖d̪en‖t̪oɾ] y [t̪in‖t̪e], apoya esta interpretación.

(20) Alveolarización de /m/ y /ɲ/
      ada[m] + ita   Adá[n]
      do[ɲ] + a   do[n]

A modo de observación final, cabe añadir que, aunque las secuencias NC son normalmente heterosilábicas, el grupo culto *ns* puede dar origen a secuencias NC tautosilábicas, que también muestran una asimilación de lugar con asimilación concomitante del grado de constricción (p. ej., *tra*[ns.]*currir, i*[ns.]*tigar* y *co*[ns.]*pirar*). Este caso es relevante porque desvirtúa el argumento acerca de que la ubicación de N en la coda y de C en el ataque sea lo que determina la dirección de la asimilación (Baković 2000; Piñeros 2006). Dado que tanto el elemento objeto del proceso como su desencadenante pueden estar silabeados en coda, la mayor prominencia del ataque silábico no puede ser la razón del cambio. Es más plausible que, en vez de la supremacía de una posición silábica sobre otra, el verdadero impulso provenga de la supremacía de una clase consonántica sobre otra. Esta explicación es coherente con el hecho de que la asimilación de lugar opere más sistemáticamente cuando C es disonante (obstruyente) que cuando es sonante, lo cual es de esperar dado que las disonantes poseen claves fonéticas más robustas.

14.6.3 Bilabialización

En ciertas zonas del mundo hispanohablante (p. ej., en partes de la Península de Yucatán y de la Costa Pacífica de Colombia), existe una tendencia a bilabializar las oclusivas nasales en final de palabra [→ § 13.2.2]. Esta innovación regional compite con la norma del español estándar, tendente a utilizar la variante [n] en esa posición. Los ejemplos de (21) muestran que el cambio suele darse en posición final de enunciado, es decir, ante pausa. En la columna de la izquierda aparece la pronunciación estándar, mientras que en la columna de la derecha se presenta la pronunciación dialectal. Al comparar (21a) con (21b), se deduce que el fonema oclusivo nasal del final de *melón* y de *almacén* es /n/, tanto en el español estándar como en las variedades regionales, ya que las formas plurales de esas palabras —en las que la consonante en cuestión se silabea en ataque— se pronuncian sistemáticamente con [n]. Como consecuencia de la bilabialización, el contraste entre /m/ y /n/ queda neutralizado en la coda. Nótese, además, que, dado que no existen palabras patrimoniales o prestadas que terminen en /ɲ/, el único elemento afectado por este proceso es /n/.

(21) Bilabialización de /n/
      a. No quiero meló[n].   No quiero meló[m].
         Compró el jabó[n].   Compró el jabó[m].
      b. No queremos melo[n]es.   No queremos melo[n]es.
         Compraron los jabo[n]es. Compraron los jabo[n]es.

Ejemplos como *está*[m] y *henequé*[m] son especialmente relevantes porque muestran que el contacto con un segmento labial no es un requisito para que la oclusiva nasal se bilabialice. Esto permite aseverar que el rasgo [labial] no proviene del entorno y que el cambio estructural que está operando es similar al que se produce en la alveolarización; en concreto, se elimina un rasgo de lugar y se reemplaza con otro insertado (véanse la Figura 5 y la Figura 3).

$$/n/ \quad \longrightarrow \quad [m]$$
$$| \qquad\qquad |$$
$$[\text{coronal}] \qquad\qquad [\text{labial}]$$

FIGURA 5. Reestructuración de /n/ en la labialización nasal.

Los estudios cuantitativos sobre este fenómeno en el español yucateco han establecido que el proceso es opcional y que su aplicación varía en función de diversos factores, algunos de índole extralingüística y otros de índole intralingüística. Entre los primeros se han identificado el sexo, la edad, el nivel socioeconómico y el origen maya (García Fajardo 1984; Lope Blanch 1980, 1987; Michnowicz 2006b, 2007, 2008; Pfeiler 1992; Yager 1989). En cuanto a los segundos, Michnowicz (2006b, 2008) consideró el acento, el timbre de la vocal precedente, la clase gramatical y el origen de la palabra, pero halló que el acento es el único que produce un efecto significativo.

Aunque estas investigaciones han demostrado que se trata de un proceso productivo, la bilabialización no logra superar la frecuencia con la que se utiliza la variante [n] en la coda. Michnowicz (2006b, 2008) señala que, en un corpus que incluye 14 702 oclusivas nasales ubicadas en coda, solamente el 2 % se realiza como [m]. La gran mayoría, el 97 %, se realiza como [n] o como una nasal asimilada a la consonante siguiente, mientras que el 1 % restante toma la forma de otras variantes. El final de enunciado es la posición donde el cambio alcanza su máxima productividad. En el corpus de

Michnowicz, el subgrupo de oclusivas nasales en codas prepausales consta de 1091 ítems, entre los cuales [n], o una nasal asimilada a la consonante siguiente, continúa siendo la opción preferida (61 %); sin embargo, [m] gana bastante terreno, puesto que alcanza una frecuencia del 25 % (el 14 % restante está representado por otras variantes). Lope Blanch (1987) detectó porcentajes bastante similares: el 73 % para [n] o una nasal asimilada a la consonante siguiente, el 12 % para [m] y el 10 % para otras variantes.

Es pertinente mencionar que, en una encuesta rápida en la que se les preguntaba a los informantes el nombre de una calle —la Avenida Colón—, Michnowicz (2006a) halló una cantidad exorbitante de bilabializaciones [→ 13.2.2]. De un total de 100 producciones, 74 correspondieron a *Coló*[m]. Es evidente, sin embargo, que este incremento está relacionado con el método utilizado para obtener los datos, ya que una respuesta que consista simplemente en un nombre aumenta la probabilidad de que el hablante realice una pausa. En el habla conversacional, que fue el estilo investigado por Michnowicz (2006b, 2008) y por Lope Blanch (1987), la frecuencia de [m] no llega ni a la mitad de la frecuencia de la opción preponderante, lo que es de esperar, dado que en una conversación normal no se introduce una pausa al final de cada palabra. Aun así, los resultados de esta encuesta rápida son informativos porque confirman el papel decisivo que la pausa desempeña en este proceso.

Otros ejemplos de bilabialización son *pa*[m], *bie*[m], *huracá*[m], *camió*[m], *sacristá*[m], *alacrá*[m], *hollí*[m], *trajero*[m], *pantalo*[m], *balcó*[m] y *Yucatá*[m], que, siendo todas palabras agudas, ponen de manifiesto que el acento es un factor recurrente en el contexto estructural de este proceso. Piñeros (2013) compiló todos los ejemplos ofrecidos por las fuentes que han documentado la labialización nasal en español y, con base en ellos, concluyó que existen al menos cinco factores estructurales que facilitan el cambio: a) el final de sílaba, b) el final de palabra, c) el final de sintagma entonativo, d) el final de enunciado y e) la presencia de acento. De estos, solamente es obligatoria la ubicación de la oclusiva nasal en posición final de sílaba. Los demás factores son optativos, pero, no por ello, irrelevantes. Los datos compilados indican que cuantos más de ellos converjan, mayor es la propensión de la oclusiva nasal a labializarse. Así, por ejemplo, aunque tanto en *están* como en *saben* la oclusiva nasal se encuentra en coda silábica y la sílaba a la que pertenece es final de palabra, la probabilidad de que su realización sea bilabial es mayor en *están*, dado que, allí, la sílaba en cuestión es, además, acentuada. En un enunciado como *Así son los de Yucatán*, la probabilidad de bilabialización se eleva aún más, ya que, por un lado, la oclusiva nasal de la palabra *son* es final de sílaba, final de palabra, final de frase entonativa y pertenece a una sílaba acentuada y, por otro lado, la oclusiva nasal de la palabra *Yucatán* reúne esas mismas condiciones y tiene el mérito añadido de ser final de enunciado. Conviene insistir, sin embargo, en que la convergencia de todos estos factores no garantiza que la bilabialización tenga lugar porque se trata de un proceso estilístico y, por ende, optativo.

Se registran bilabializaciones esporádicas en interior de palabra, pero, en ese caso, la sílaba a la que pertenece la coda ocupada por la oclusiva nasal es acentuada (p. ej., *sa*[m.]*tos*, *movimie*[m.]*to*). De un modo similar, surgen bilabializaciones esporádicas en sílaba inacentuada, en cuyo caso la sílaba a la que pertenece la coda ocupada por la oclusiva nasal es final de palabra y, potencialmente, final de frase entonativa y final de enunciado (p. ej., *sabe*[m], *tiene*[m]). De esto se infiere que, una vez satisfecho el requisito fundamental de que la oclusiva nasal se encuentre en coda silábica, la presencia de uno de los demás factores estructurales que promueven el cambio puede ser suficiente para que este se produzca.

A la luz de estos hechos, cabe preguntarse qué es lo que comparte el acento con los dominios fonológicos relevantes (la sílaba, la palabra, la frase entonativa y el enunciado) para que todos ellos puedan incidir en la bilabialización. La tesis defendida en Piñeros (2013) es que la propiedad compartida es la duración. Numerosos estudios han documentado que el acento induce un alargamiento de la sílaba y, por ende, un aumento de la duración de sus segmentos (de Manrique y Signorini 1983; Gili Gaya 1940; Monroy 1980; Navarro Tomás 1916, [1918] 1967, entre otros [→ § 25.2]). Asimismo, está bien establecido que la posición final de palabra y la posición prepausal —que coincide siempre con el fin de una frase entonativa y puede coincidir con el fin del enunciado— también tienen el efecto de alargar los segmentos (Cuenca Villarín 1996–1997; Macarrón, Escalada y Rodríguez Crespo 1991; Marín Gálvez 1994–1995; Navarro Tomás 1916, 1917). En vista de que estas son precisamente las posiciones en las que las oclusivas nasales tienden a labializarse, Piñeros (2013) defiende que el desencadenante de este proceso no es ni segmental ni subsegmental, sino suprasegmental.

La existencia de un proceso que convierta el fonema /n/ en la variante [m] es sorprendente porque va contra la tradición que considera a [coronal] como el rasgo de lugar menos costoso. Vista desde esa óptica, la bilabialización no parece natural, dado que la sustitución de [coronal] por parte de [labial] incrementaría en vez de reducir el coste del segmento. La evolución natural sería el cambio en la dirección opuesta, como sucede en la alveolarización.

Esta paradoja puede resolverse de modo plausible apelando a la idea de que la valoración de las oclusivas nasales no es unidimensional, sino que, además de la dimensión articulatoria, existe también una dimensión de perceptibilidad nasal

(Piñeros 2011, 2016). Los rangos universales de la jerarquía de perceptibilidad nasal brindan la solución. Si se asume que la coda silábica restringe el coste perceptivo al nivel más bajo —véase (22)—, las oclusivas nasales silabeadas en tal posición no podrán tener un rasgo de lugar diferente de [labial]. Esta propuesta se fundamenta en un fenómeno fonético: un cambio articulatorio genera un efecto acústico, el cual produce, a su vez, un efecto perceptivo. En concreto, el desplazamiento de la oclusión desde los alveolos a los labios aumenta el tamaño del tracto vocal, lo que disminuye la frecuencia de las antirresonancias nasales. Como las frecuencias bajas son las más prominentes del espectro nasal, el resultado final es que se facilita la percepción de la oclusiva nasal. Así, es posible concluir que tanto la alveolarización como la bilabialización son cambios naturales. La primera optimiza la articulación de las oclusivas nasales, mientras que la segunda optimiza su percepción.

(22) Aceptación del rasgo de lugar menos costoso perceptivamente

[dorsal nasal] > [predorsal nasal] > [coronal nasal] > [labial nasal]

La explicación basada en (22) es prometedora, pero plantea varios retos, uno de los cuales consiste en desentrañar la relación entre la perceptibilidad de la oclusiva nasal y su duración. Si la motivación de este proceso es facilitar la percepción de la oclusiva nasal, ¿por qué conviene hacerlo justamente cuando el segmento experimenta un alargamiento? ¿Es acaso el aumento de la duración un factor negativo que requiere optimizar el perfil acústico de la consonante? Se ha de señalar también que la coexistencia de la bilabialización con el proceso rival de alveolarización requiere desarrollar modelos capaces de manejar la variación lingüística. Si bien es cierto que la alveolarización es natural desde el punto de vista articulatorio y la bilabialización lo es desde el punto de vista perceptivo, cabe preguntarse cómo es que dos procesos motivados por fuerzas contrarias pueden coexistir.

14.6.4 Velarización o absorción nasal

Otra tendencia regional que afecta a las oclusivas nasales en coda silábica es el desplazamiento de la oclusión oral a la zona velar, con lo que se obtiene la variante [ŋ] [→ § 4.4.2, § 13.2.1, § 13.2.2, § 13.2.3]. En (23) se muestran algunos ejemplos representativos del proceso de velarización. Los ejemplos de (23a) involucran el fonema /n/, que constituye el segmento al que más comúnmente afecta este proceso porque —como ya se ha explicado— es el miembro de la terna nasal que más a menudo aparece en la coda. Los préstamos léxicos proporcionan algunos ejemplos de velarización de /m/, (23b), mientras que la ausencia total de palabras terminadas en /ɲ/ excluye a este fonema del conjunto de elementos objeto del proceso de velarización.

(23) Velarización de /n/ y /m/
    a. fi[n]+al   fi[ŋ]
       comu[n]+al   comú[ŋ]
       carto[n]+ero   cartó[ŋ]
    b. vietna[m]+ita   Vietna[ŋ]
       islá[m]+ico   isla[ŋ]

En ambos grupos de datos, se observa que los ítems de la columna de la derecha terminan en [ŋ] a pesar de que no existe una consonante velar adyacente a la que se le pueda atribuir ese efecto. El verdadero lugar de articulación de la oclusiva nasal se hace patente en los ítems de la columna de la izquierda, en los que la consonante en cuestión se silabea en el ataque, de modo que se manifiesta sin experimentar ningún cambio. La pronunciación de las palabras de la izquierda no permite sostener que los dialectos velarizantes cuenten con un fonema oclusivo nasal velar, /ŋ/. Si ese fuera el caso, las palabras de ambas columnas deberían pronunciarse con [ŋ], dado que los miembros de cada par están morfológicamente relacionados por tener la misma raíz. La explicación más compatible con los datos de (23) es que los fonemas /n/ y /m/ se velarizan en final de palabra, lo cual los neutraliza en un alófono que no se identifica con ninguno de ellos.

Como la mayoría de los procesos fonológicos, la velarización es variable. Algunos de los factores que condicionan su aplicación son extralingüísticos y tienen que ver con los hablantes (p. ej., el sexo, la edad, el nivel socioeconómico) o con las circunstancias del acto de habla (p. ej., el grado de formalidad y la velocidad de habla). Existen asimismo factores intralingüísticos, como la posición en la cadena fónica (p. ej., prepausal, prevocálica o preconsonántica) y la posición en la palabra (p. ej., interior o final de palabra), que también condicionan la aplicación del proceso. En algunos dialectos, la velarización es muy productiva. Para el español de Caracas, D'Introno y Sosa (1988, 26–27) ofrecen porcentajes del 92,1 %, del 94,6 % y del 76,5 %, en posición prepausal, prevocálica y preconsonántica, respectivamente [→ § 13.2.2]. Por otro lado, en otros dialectos el cambio está menos avanzado. En el español de San Juan, López Morales (1980, 209) detectó porcentajes del 69,3 %, del 26,6 %, y del 13 % en posición prepausal, prevocálica y preconsonántica, respectivamente [→ § 13.2.2.2]. En lo que se refiere a la posición en interior de palabra, se han descrito dialectos en los que las oclusivas nasales son propensas a velarizarse no solamente en codas finales, sino también en codas interiores de palabra. Hammond (1979, 27) encontró que, en el español cubano de Miami, el 42,4 % de las oclusivas nasales ubicadas en codas en interior de palabra se velarizan [→ § 13.2.2.2], lo cual contrasta con los datos de López Morales (1980, 208) sobre el español de San Juan, donde apenas se velarizan el 1,4 % de las oclusivas nasales en esa misma posición. Se colige, entonces, que la velarización comienza por afectar a la coda final de palabra y desde esa posición se extiende a las codas internas, aunque el proceso continúa siendo más productivo en posición final de palabra. La vitalidad de la velarización en final de palabra es tal que inicialmente se creyó que ocurría exclusivamente en esa posición, lo que condujo a proponer que la variante [ŋ] cumplía una función demarcativa: identificar el final de la palabra (Hyman 1956; Malmberg 1967). Hoy en día está claro que tal hipótesis es insostenible, puesto que se ha constatado que el proceso no está confinado al final de la palabra.

La posibilidad de que una oclusiva nasal en final de palabra vaya seguida de una vocal cimienta un fenómeno curioso. Dado que, en español, se produce un proceso de resilabeo a través del cual la consonante que ocupa la coda final de una palabra puede pasar a ocupar el ataque de la sílaba inicial de una palabra siguiente que comience con vocal, es posible que la oclusiva nasal velarizada aparezca silabeada en ataque (Bjarkman 1978; Hammond 1979). Los sintagmas *un ojo* y *en agua*, pronunciados *u*[.ŋo.]*jo* y *e*[.ŋa.]*gua*, ilustran esta situación. A primera vista, ejemplos como estos parecen sugerir que la velarización no opera exclusivamente en coda, sino que también puede ocurrir en ataque. De adoptarse tal postura, sin embargo, sería imposible explicar por qué palabras como *anoche* y *conejo* jamás se pronuncian **a*[.ŋo.]*che* y **co*[.ŋe.]*jo*. Resulta que las únicas pronunciaciones atestiguadas para estas palabras, aun en los dialectos velarizantes, son *a*[.no.]*che* y *co*[.ne.]*jo*. El problema se evita si se restringe la aplicación de la velarización a la coda silábica. La razón de que las oclusivas nasales de *anoche* y *conejo* no se velaricen reside, simplemente, en que no se silabean en coda. El caso de las palabras *un* y *en* es diferente porque sus oclusivas nasales sí se silabean en coda y se velarizan, precisamente, en esta posición (p. ej., *u*[ŋ] y *e*[ŋ]). Lo que sucede es que, en un sintagma, esa ubicación puede modificarse siempre y cuando la sílaba inicial de la palabra siguiente tenga disponible la posición de ataque. En secuencias como *un ojo* y *en agua*, dicha condición se satisface, de modo que la oclusiva nasal silabeada originalmente en coda termina ocupando el ataque: *u*[.ŋo.]*jo* y *e*[.ŋa.]*gua*. En casos como *un pelo* y *en leche*, en cambio, las consonantes en cuestión no tienen la opción de cambiar de posición silábica, por lo que la impresión de que la velarización nasal opera en el ataque no se presenta: *u*[ŋ.p]*elo* y *e*[ŋ.l]*eche*.

Más insólitos todavía son los casos esporádicos de velarización mencionados por Hammond (1979, 28), en los que la oclusiva nasal ocupa el ataque de una sílaba cuyo núcleo es una vocal perteneciente a la misma palabra: *enamora, vinieron* y *leninistas* pronunciados *e*[.ŋa.]*mora, vi*[.ŋie.]*ron* y *leni*[.ŋih.]*tas*. Como el propio Hammond señala, lo que tienen en común tales casos es que la oclusiva nasal velarizada se encuentra ante una frontera morfológica (*en + amora, vin + ieron* y *lenin + istas*), que puede interpretarse como la frontera de uno de los dominios en los que opera un proceso cíclico de silabeo. Desde esta perspectiva, la oclusiva nasal se velarizaría porque, dentro de ese dominio específico, la posición silábica que ocupa es la coda: *e*[ŋ.] + *amora, vi*[ŋ.] + *ieron* y *leni*[ŋ.] + *ihtas*. Posteriormente, cuando el silabeo vuelve a aplicarse en el dominio de toda la palabra, la oclusiva nasal velarizada se transferiría al ataque. La alternativa a este punto de vista sería suponer que la velarización se está extendiendo progresivamente desde la coda final de palabra a las codas internas de palabra y, desde allí, a los ataques silábicos (Bjarkman 1978, 22), si bien esto presenta el inconveniente de que la aparición de [ŋ] en ataque interior de palabra coincidiendo siempre con una frontera morfológica resultaría un hecho accidental. Esto es lo que impide afirmar que la velarización opere fuera de la coda silábica, por lo menos en el presente estadio evolutivo de la lengua.

Otro desafío que plantea la velarización es que no es evidente la razón por la cual una oclusiva nasal habría de convertirse en velar. No hay duda de que, para que /m/ y /n/ se realicen como [ŋ], hay que despojar a esos fonemas de los rasgos [labial] y [coronal] y asignarles el rasgo [dorsal]. Lo que no está claro es qué beneficio se obtiene con tal reestructuración. En este caso no puede recurrirse a la noción de coste articulatorio porque el dorso de la lengua no es el articulador más apto para formar consonantes, por lo que no tiene sentido que el proceso favorezca a ese articulador a expensas de los labios y de la corona de la lengua. Tampoco aporta soluciones la noción de coste perceptivo, porque la retracción de la oclusión oral a la zona velar no facilita, sino que dificulta, la percepción de la oclusiva nasal, dado que reduce el tamaño del tracto vocal, elevando así las antirresonancias (véase el § 14.5.4). No resulta útil, por tanto, remitir a la jerarquía articulatoria de lugar o a la jerarquía de perceptibilidad nasal para explicar la velarización. Ambas jerarquías (7 y 8) coinciden en que [dorsal] es un rasgo sumamente costoso en las consonantes, por lo que ningún proceso consonántico motivado por consideraciones de coste funcional debería promoverlo.

Dos de las soluciones que se han propuesto consisten en manipular la valoración de los rasgos de lugar, lo que implica que la jerarquía de lugar que se utilice no será universal. Harris (1984a) propone que la marcadez de los rasgos de lugar varía de un dialecto a otro, de modo que [coronal] podría ser el rasgo de lugar menos costoso en ciertos dialectos, pero [dorsal] podría tener ese estatus en otros. Esto explicaría por qué algunos dialectos son alveolarizantes, mientras que otros son velarizantes. El problema con el que se enfrenta esta propuesta es que existen dialectos en los que coexisten procesos fonológicos que favorecen diferentes rasgos de lugar. Un ejemplo de ello es el español yucateco, el cual muestra indicios de ser alveolarizante, velarizante y bilabializante. En esta variedad, la alveolarización y la asimilación de lugar se encargan de determinar la realización fonética de la mayoría de las oclusivas nasales en coda silábica. Prueba de ello es que, en el corpus de Michnowicz (2006b, 2008), el 97 % de las oclusivas nasales en coda silábica corresponden a [n] o a una nasal asimilada a la consonante siguiente. La bilabialización aparece en segundo lugar (el 2 %), mientras que la velarización ocupa la tercera posición (el 1 %). Para hacer frente a esta diversidad, habría que asignar el estatus de 'menos costoso' a varios rasgos de lugar, pero esto desvirtúa el concepto de coste funcional, ya que podría alegarse que cualquier rasgo de lugar, con independencia de su frecuencia de uso, es el 'menos costoso'. Como alternativa, se ha propuesto que el coste de los rasgos de lugar puede variar según la posición silábica: [coronal] sería menos costoso en el ataque, mientras que [dorsal] sería menos costoso en la coda (Trigo 1988, 102). Sin embargo, este planteamiento tampoco es satisfactorio, dado que, aunque explicaría la velarización, no podría dar cuenta de la alveolarización ni de la bilabialización, dos procesos que operan estrictamente en la coda. Conviene resaltar, además, que, a diferencia de la jerarquía articulatoria de lugar y de la jerarquía de perceptibilidad nasal —basadas en universales fonéticos y, por consiguiente, invariables—, ninguna de las propuestas que manipulan la valoración de los rasgos de lugar aporta pruebas empíricas que justifiquen por qué [dorsal] sería el rasgo de lugar menos marcado en ciertos dialectos o en cierta posición silábica. Esta es una estipulación que se realiza, simplemente, porque se necesita para obtener los resultados deseados.

Bjarkman (1978, 1985) y Piñeros (2006, 2009) llaman la atención sobre un fenómeno decisivo para resolver el problema: la velarización nasal jamás ocurre de modo independiente, sino que siempre aparece combinada con un proceso de nasalización que afecta a la vocal precedente [→ § 3.2.2], tal como muestran los datos de (24). El hecho de que un segundo segmento se vea forzosamente implicado hace que resulte precipitado extraer conclusiones basadas en los ejemplos de (23), ya que estos solo cuentan una parte de la historia. Para entender mejor el fenómeno, hay que observar los cambios de timbre que tienen lugar no solo en la oclusiva nasal, sino también en la vocal que la precede.

(24) Velarización nasal con nasalización vocálica concomitante
      pat[i̯.n]ador   pat[ĩŋ]
      embet[u.n]o   bet[ũŋ]
      ladr[o.n]a   ladr[õŋ]

Tomando como base la concomitancia existente entre la velarización de la oclusiva nasal y la nasalización de la vocal precedente, es posible argüir que en los dialectos velarizantes se produce un proceso de 'asimilación mutua', de modo que dos segmentos se influyen mutuamente. La oclusiva nasal transmite el rasgo [nasal] a la vocal precedente y esta transmite el rasgo [dorsal] a la oclusiva nasal. Esta propuesta se apoya en el supuesto de que [dorsal] está presente en la composición de todas las vocales, para lo que existe una clara justificación fonética, ya que el dorso es indispensable para la producción de las vocales posteriores, de las centrales y de las anteriores. Los demás articuladores de lugar —labios, corona y raíz— introducen rasgos complementarios, pero no tienen la capacidad de producir esas clases de vocal si el dorso no interviene desplazándose horizontalmente. Es bien sabido, además, que las diferencias de altura que existen entre vocales altas, medias y bajas dependen de que el dorso se desplace verticalmente. Es decir, tanto en el eje horizontal como en el eje vertical, las coordenadas espaciales de las vocales requieren la activación del dorso, por lo que [dorsal] es un rasgo indispensable en la estructura de cualquier vocal (Clements y Hume 1995; Keyser y Stevens 1994; Sagey 1986, entre otros) [→ § 4.2].

Habiendo reconocido que la velarización nasal y la nasalización vocálica concomitante son facetas de un proceso de asimilación mutua, es posible inferir que, en esta reestructuración, se sustraen pero no se suman rasgos. La sustracción está bien justificada porque, para crear la variante velar, es necesario eliminar los rasgos de lugar de /m/ y /n/. Por otro lado, como [nasal] es un componente de N y [dorsal] es un componente de V, no hay motivo alguno para suponer que se agregue estructura. Lo que sucede, más bien, es que estos rasgos se propagan entre los miembros de la secuencia VN; es decir, que [nasal] retrocede desde la oclusiva nasal hacia la vocal, mientras que [dorsal] avanza desde la vocal hacia la oclusiva nasal (Figura 6). Esto significa que, a pesar de realizarse como velar, la oclusiva nasal de la secuencia VN carece del rasgo [dorsal]. Es la vocal precedente la que porta ese valor. Así se comprende por qué ni la jerarquía articulatoria de lugar ni la jerarquía de perceptibilidad nasal desempeñan papel alguno en la selección del rasgo responsable de la velarización. Ambas jerarquías son irrelevantes en este proceso, porque lo que evalúan no es el coste de los rasgos de lugar en la estructura de las vocales, sino en la de las consonantes. Teniendo en cuenta que las vocales y las consonantes son dos clases

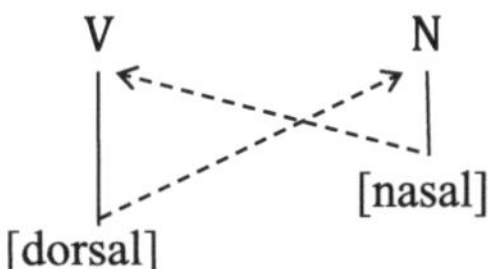

FIGURA 6. Asimilación mutua en la secuencia VN.

segmentales completamente distintas, adquiere sentido que los rasgos de lugar presenten diferente coste funcional cuando pertenecen a una u otra de estas clases. Nótese que mientras que [dorsal] es un rasgo costoso en las consonantes, debe ser el rasgo de lugar más económico en las vocales, ya que todos los segmentos vocálicos lo incluyen.

La operación esquematizada en la Figura 6 suscita un nuevo interrogante: ¿cuál es la razón de que los rasgos [nasal] y [dorsal] trasciendan los límites de sus respectivos segmentos? En otras palabras, ¿qué se gana al coarticular la oclusiva nasal y la vocal precedente? La respuesta se puede vislumbrar si se consideran los datos de (25), que ilustran una pronunciación alternativa de las sílabas terminadas en la secuencia VN en los dialectos velarizantes. Los ítems de las dos columnas de la derecha muestran que la asimilación mutua entre V y N puede avanzar hasta el punto de resultar en una coalescencia (esto es, en la fusión de los dos segmentos adyacentes en uno que conserva rasgos de ambos). Debido a que todos los rasgos de la vocal se mantienen, pero en la consonante solo [nasal] se conserva, este tipo de coalescencia se denomina 'absorción nasal'. (El producto de la absorción es una vocal más intensamente nasalizada que la que surge concomitantemente con la velarización; sin embargo, esta diferencia ha quedado sin registrar en (25) debido a que el Alfabeto Fonético Internacional carece de símbolos para representar diversos grados de nasalidad).

(25) Variación entre la velarización y la absorción nasal

     viol[i.n]ista   viol[ĩŋ]   ~ viol[ĩ]

     encaj[o.n]ado   caj[õŋ]   ~ caj[õ]

     harag[a.n]a   harag[ãŋ] ~ harag[ã]

Es evidente que la velarización y la absorción están estrechamente relacionadas [→ § 13.2]. Además de coexistir, ambos procesos operan sobre la misma estructura —sílabas terminadas en la secuencia VN— y los dos reducen el número de rasgos con el que se implementan los segmentos de dicha secuencia. También es importante señalar que los rasgos que se suprimen son siempre rasgos pertenecientes a la consonante oclusiva nasal. En la velarización, se eliminan los rasgos de lugar de N, mientras que en la absorción desaparecen todos los demás rasgos de N excepto [nasal], que permanece incorporado a la vocal precedente (Piñeros 2006, 2009). Tales similitudes no son accidentales, sino que reflejan un objetivo común: la desintegración de N por medio de su fusión gradual con V (p. ej., VN → Ṽ[ŋ] → Ṽ). El efecto global de este proceso es convertir una sílaba cerrada por consonante en una sílaba abierta, es decir, terminada en vocal (p. ej., *vio*[.lin] → *vio*[.lĩŋ] → *vio*[.lĩ]). En la Figura 7 se esquematizan las tres etapas básicas de esta evolución.

En estas representaciones se puede apreciar que la velarización o absorción pretende llevar a cabo un cambio estructural más general que los cambios que resultan de los demás procesos nasales. Mientras que la alveolarización, la asimilación de lugar y la bilabialización afectan a un componente de la oclusiva nasal —el lugar de articulación—, la velarización o la absorción afectan al segmento entero, ya que la meta ulterior es reestructurar una unidad prosódica: la sílaba.

14.7 Otros procesos

El presente apartado se ocupa de la asimilación de nasalidad y de la silabización, dos procesos que, a primera vista, parecen no tener nada en común, pero que, en realidad, producen un efecto similar. Ambos extienden la nasalidad de suerte que una

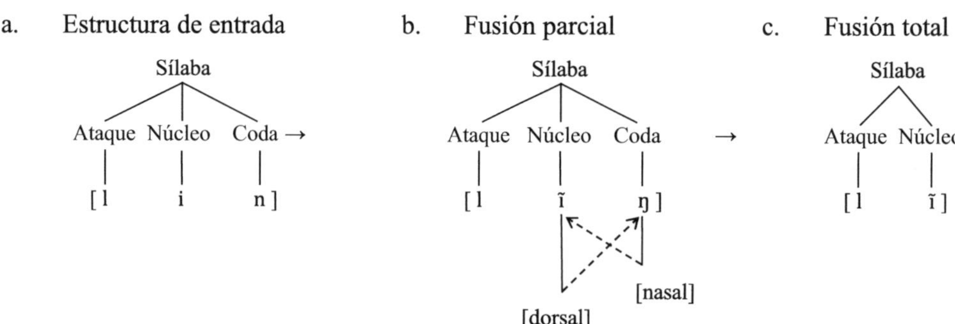

FIGURA 7. Cambio de sílaba cerrada a sílaba abierta.

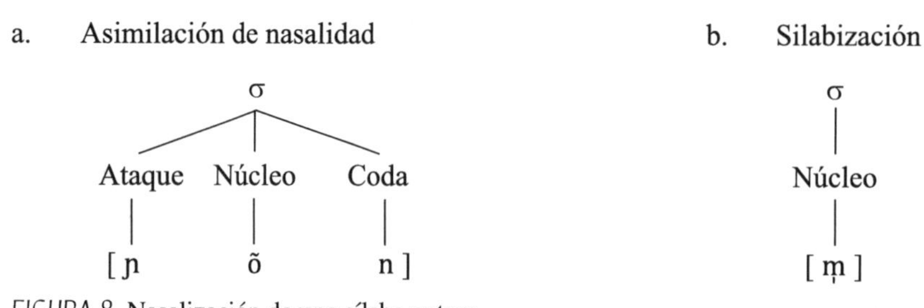

FIGURA 8. Nasalización de una sílaba entera.

sílaba entera se realiza como nasalizada, según se puede apreciar en las representaciones de la Figura 8. En la Figura 8a se muestra la estructura de la sílaba final de *cañón*, mientras que en la Figura 8b se ilustra la estructura de la penúltima sílaba de *camita*, después de haberse aplicado la silabización. La diferencia entre las sílabas nasalizadas resultantes reside en que la creada por la asimilación de nasalidad conserva una vocal en la posición de núcleo (p. ej., *ca*[.ɲõn]), en tanto que la que se crea por medio de la silabización contiene una oclusiva nasal en esa posición y no admite ningún segmento ni en el ataque ni en la coda (p. ej., *ca*[.m̩.]*ta*). Los objetivos de estos dos procesos son diferentes. Con uno se busca uniformizar una propiedad subsegmental a lo largo de una secuencia de segmentos, mientras que, con en el otro, se pretende modificar la estructura de la sílaba. Cabe puntualizar, además, que la asimilación de nasalidad es pandialectal, mientras que la silabización se ha atestiguado únicamente en un dialecto: el español tradicional de Nuevo México [→ § 13.2.2].

14.7.1 Asimilación de nasalidad

En ciertos casos, el contacto entre oclusivas nasales y vocales conduce a la creación de vocales nasalizadas [→§ 2.5.2, § 4.4.2, § 12.2.2]. Los ejemplos de (26) muestran los contextos específicos en los que esto suele ocurrir. En (26a, b) se observa el fenómeno en posición internasal, con la diferencia de que en (26a) la segunda oclusiva nasal pertenece a la misma sílaba que la vocal afectada, mientras que en (26b) esa consonante forma parte de la sílaba siguiente. Esto indica que la asimilación de nasalidad no está condicionada por la estructura silábica, sino exclusivamente por la composición de los segmentos que circundan la vocal. Los ítems de (26c, d) muestran que el cambio también opera entre pausa inicial y oclusiva nasal, sin que importe tampoco en este caso si la oclusiva nasal pertenece o no a la misma sílaba que el segmento afectado.

(26) Contextos asimilativos
     a. [nũŋ.]ca   c. [ĩɳ.]dio
       ja[.mõn]   [ãm.]bos
     b. [mĩ.]na   d. [ũ.]ña
       [ɲõ.]ño   [ẽ.]nero

En caso de que aparezca más de una vocal entre oclusivas nasales, cada elemento de la secuencia vocálica se nasaliza, tal como se ilustra, en posición interior de palabra, en (27a) y, entre palabras, en (27b). Debido a que, en el habla fluida, se produce en español un proceso de 'fusión de sílabas' mediante el cual la sílaba final de una palabra terminada en vocal se fusiona con la sílaba inicial de una palabra siguiente que comience con vocal —p. ej., *me (h)a importado* y *no (h)a entrado*—, es habitual que, en el nivel del sintagma, se creen sílabas cuyo núcleo consta de dos, tres o más vocales (27b). Nótese que la vocal más sonante del grupo mantiene su silabicidad mientras que las demás se reducen a paravocales [→ § 1.21.11, § 3.2.4, § 7.5.1, § 8.5.1, § 24.3]. Los ejemplos de (27c) muestran que la asimilación de nasalidad también opera sobre secuencias vocálicas ubicadas entre una pausa inicial y una oclusiva nasal, lo que corrobora que una pausa inicial provoca exactamente el mismo efecto que una oclusiva nasal. De conformidad con ello, es posible afirmar que los contextos N__N y ‖__N son equivalentes.

(27) Secuencias de vocales nasalizadas
    a. [mĩ̯ẽm.]bro   b. [mẽã̯ĩ̯m.]portado   c. [ã̯ũ̯ŋ.]que
       insi[.nũ̯ã̯ṇ.]do   [.nõ̯ãẽ̯ṇ.]trado   [ĩ̯õn]

Dado que la asimilación de nasalidad no opera a menos que la(s) vocal(es) vaya(n) flanqueada(s) por oclusivas nasales a ambos lados o por pausa inicial y oclusiva nasal, se ha de reconocer que no existe un solo desencadenante, sino que son los dos elementos que circundan la(s) vocal(es) los que impulsan el cambio. Ello sugiere que el rasgo [nasal] de cada oclusiva nasal se extiende a la(s) vocal(es) intermedia(s). Dicho de otro modo, en español la asimilación de nasalidad es bidireccional [→ § 1.18.7], tal como se esquematiza en la Figura 9. Esta es una diferencia esencial con respecto a la asimilación de nasalidad que se produce en inglés, lengua en la que basta con que la vocal vaya seguida por una oclusiva nasal dentro de la misma sílaba para que se nasalice (Solé 1995). Compárese, por ejemplo, la pronunciación de los dobletes *option* y *opción*. Mientras que la palabra inglesa se pronuncia con una vocal nasalizada en la sílaba final, *op*[.ʃõn], la pronunciación estándar del equivalente en español muestra en esa sílaba una secuencia de vocales orales, debido a que la consonante que ocupa el flanco izquierdo no es nasal, *op*[.ˈθi̯on] u *op*[.ˈsi̯on].

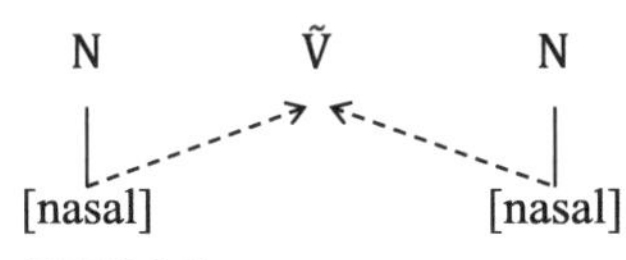

FIGURA 9. Asimilación bidireccional.

La aplicación del proceso en el contexto ‖__N requiere una especial atención porque, en ese caso, el flanco izquierdo de la(s) vocal(es) no está ocupado por un segmento que posea el rasgo [nasal]. A pesar de esta diferencia, se puede comprender la equivalencia entre una pausa inicial y una oclusiva nasal si se toma en consideración que, durante una pausa, el velo desciende para permitir la respiración. Como el velo desciende durante la respiración al igual que durante la producción de un segmento nasal, es natural que los contextos ‖__N y N__N funcionen de la misma manera. La articulación de una vocal oral entre dos oclusivas nasales o entre una pausa inicial y una oclusiva nasal requeriría que el velo descendiera, se elevara y volviera a bajar; por el contrario, si se omite el gesto intermedio de elevación del velo, se agiliza la articulación y se economiza esfuerzo. Tal estrategia se adecua bien a una lengua como el español porque, como en ella la nasalidad no es distintiva en el caso de las vocales, la inteligibilidad del signo lingüístico no se ve comprometida.

14.7.2 Silabización

Por lo que hasta ahora se sabe, el español tradicional de Nuevo México es la única variedad conocida de la lengua en la que opera un proceso de silabización de consonantes sonantes. Los datos de (28) constituyen una muestra representativa de la aplicación optativa de este proceso a la clase de las oclusivas nasales. En (28a), la consonante pertinente aparece junto a una vocal alta acentuada. En estas condiciones, es posible que los segmentos en cuestión se realicen sin cambios o que la vocal alta acentuada desaparezca al tiempo que la oclusiva nasal ocupa el núcleo silábico. Por lo que respecta a la pronunciación con consonante silábica, cabe resaltar que la desaparición de la vocal acentuada no implica que el acento se pierda o se transfiera a una sílaba diferente. El acento se conserva en la misma sílaba, pero recae sobre la oclusiva nasal silábica. Los ejemplos de (28b, c) muestran que la silabización no se limita al dominio de la palabra, sino que también puede operar en el nivel del sintagma. La palabra que incluye la oclusiva nasal y la vocal alta acentuada en las secuencias de (28b) es el artículo indefinido *un*, el cual, a pesar de ser una palabra funcional, en español se pronuncia sistemáticamente con acento primario (Espinosa García 1925; Hualde 2012; Navarro Tomás [1918] 1967; Quilis y Fernández [1964] 1996, entre otros) [→ § 1.21.12, § 26.5]. Es importante observar que, en este caso, el margen silábico ocupado originalmente por la oclusiva nasal no es el ataque, sino la coda, y que el segmento siguiente es otra consonante oclusiva, la cual le transmite su lugar de articulación. La situación ilustrada en (28c) difiere en que la oclusiva nasal y la vocal alta acentuada pertenecen a una palabra funcional que carece de acento inherente —el adjetivo posesivo de 1.ª persona singular *mi*—, pero que puede adquirir un acento secundario en un grupo sintagmático siempre y cuando la sílaba que siga inmediatamente después sea átona. Solamente en caso de que adquiera tal acento, es posible que la palabra *mi* se pronuncie con una consonante oclusiva nasal silábica. El sintagma *mi casa* sirve para ilustrar este punto. A diferencia de lo que sucede en las secuencias de (28c) —en las que la segunda palabra comienza con una sílaba átona—, la silabización no tiene lugar en el sintagma *mi casa* porque, como la sílaba inicial de la palabra *casa* lleva acento primario, es imposible que la sílaba de la palabra *mi* reciba acento secundario.

(28) Silabización opcional de oclusivas nasales
    a. bo*n*ita   bo[.ˈni.]ta   ~ bo[.ˈn̩.] ta
       ra*m*ito   ra[.ˈmi.]to   ~ ra[.ˈm̩.]to
    b. *un* dedal   [ˈũn̩.] dedal   ~ [ˈn̩.] dedal
       un burro   [ˈũm̩.] burro   ~ [ˈm̩.] burro
    c. *mi* paquete   [ˌmi.] paquete   ~ [ˌm̩.] paquete
       mi mamá   [ˌmi.] mamá   ~ [ˌm̩.] mamá

Existen varias propiedades fonéticas que diferencian a las consonantes [n̩] y [m̩] de sus homólogas no silábicas. La duración es una de ellas. Sucede que la oclusión oral de una oclusiva nasal silábica no se abre durante la sílaba que la contiene, sino que se mantiene hasta el inicio de la sílaba siguiente. Dicho en términos más concretos, la oclusión oral de la consonante silábica se prolonga hasta el momento en que se abre la constricción de la consonante situada en el ataque de la sílaba siguiente. Como consecuencia, las oclusivas nasales silábicas son notablemente más largas que las no silábicas. A este respecto, Espinosa García (1925, 110) señala que la duración de la variante silábica es equivalente a la duración de la combinación de oclusiva nasal + vocal alta acentuada de la cual se deriva.

El hecho de que la abertura de la constricción de la consonante silábica esté sincronizada con la abertura de la constricción de la consonante siguiente indica que estos segmentos se producen coarticulados. Esto es especialmente evidente cuando la secuencia N̩C es homorgánica, dado que las dos consonantes comparten una sola constricción (p. ej., *un palo* y *mi mantel* pronunciadas como [ˈm̩.p]*alo* y [ˌm̩.m]*antel*). Sin embargo, aun cuando la secuencia N̩C sea heterorgánica (p. ej., *lo*[.ˈm̩.t̪]*a* y *ra*[.ˈm̩.t̪]*o*), existen indicios claros de coarticulación, ya que, al final de la consonante silábica, se observa un breve período en el que el tracto vocal queda obstruido simultáneamente en dos puntos diferentes debido a que la constricción de N̩ no se abre hasta que no se forma la constricción de C (Espinosa García 1925, 111). Tal como se desprende del hecho de que no puedan aparecen oclusivas nasales silábicas ante vocal o pausa (29a, b), es imprescindible que exista una consonante siguiente con la que la oclusiva nasal pueda coarticularse. Además, es fundamental que la consonante adyacente sea otra oclusiva, ya que las variantes silábicas tampoco aparecen ante consonante fricativa o aproximante (29c, d).

(29) La silabización no ocurre ante vocal, pausa, fricativa, ni aproximante
    a. ve*n*ía   ve[.ˈni.]a   ~ *ve[.ˈn̩.]a
    b. yo dor*m*í   yo dor[.ˈmi.]   ~ *yo dor[.ˈm̩.]
    c. bue*n*ísimo   bue[.ˈni.]simo   ~ *bue[.ˈn̩.]simo
    d. Ca*m*ila   Ca[.ˈmi.]la   ~ *Ca[.ˈm̩.]la

Otra diferencia notable entre las oclusivas nasales silábicas y sus homólogas no silábicas reside en su función prosódica. Sucede que solo la clase silábica puede ser portadora de acento. Esto indica que la silabización no solamente transfiere las oclusivas nasales de los márgenes al núcleo silábico, sino que, además, las asciende a la posición de núcleo del 'pie' (la unidad prosódica dentro de la cual se asigna el acento [→ § 1.21.6]). Teniendo en cuenta que las oclusivas nasales silábicas nunca aparecen como átonas, es posible formular la generalización de que el español tradicional de Nuevo México las permite exclusivamente en la posición de núcleo de pie, ya sea este primario o secundario. Esto se puede ver claramente en la transcripción completa de los ejemplos *bonita* y *mi paquete*: [bo.(ˈn̩.t̪a)] y [(ˌm̩.pa).(ˈke.t̪e)]. En estas transcripciones, los paréntesis señalan los límites del pie, mientras que los diacríticos ' ˈ ' y ' ˌ ' identifican el núcleo del pie primario y secundario, respectivamente.

Piñeros (2005) analiza la silabización estableciendo una conexión directa entre la posición prosódica en la que se encuentran las oclusivas nasales silábicas y la causa de su formación. Como la desaparición de la vocal alta acentuada es simultánea a la aparición de la oclusiva nasal, se propone que lo que se pretende con esta reestructuración es evitar que sea una vocal la que funcione como el núcleo de la sílaba a la que se asigna el nivel más elevado de prominencia dentro del pie. En otras palabras, se prefiere que la sílaba que funcione como núcleo del pie tenga, a su vez, como núcleo una consonante en lugar de una vocal. El problema que se plantea es el siguiente: ¿por qué habría de favorecerse un segmento consonántico sobre uno vocálico en posición de núcleo, si cualquier vocal es más sonante —es decir, prominente— que cualquier consonante y, por ende, más apta para desempeñar el papel de núcleo? La respuesta que se ofrece está relacionada con otra propiedad general de la silabización en el español tradicional de Nuevo México: el cambio jamás afecta a los miembros de la macrocategoría dorsal.

(30) Las oclusivas nasales no se silabizan cuando pertenecen a la macrocategoría dorsal

        a. cari*ñ*ito   cari[.ˈɲi.]to ~ *cari[.ˈɲ̩.]to
          pa*ñ*itos   pa[.ˈɲi.]tos ~ *pa[.ˈɲ̩.]tos
        b. *un* gato   [ˈũŋ.g]ato ~ *[ˈŋ̩.g]ato
          un caballo [ˈũŋ.k]aballo ~ *[ˈŋ̩.k]aballo

Ocurre que la oclusiva nasal palatal nunca se convierte en silábica (30a) y, aunque una oclusiva nasal que asimile el lugar de una consonante siguiente puede silabizarse, esto solo se permite si ese segmento es coronal o labial —obsérvense de nuevo los datos de (28b)—. Los ejemplos de (30b) muestran que, en caso de que la asimilación de lugar convierta la oclusiva nasal en velar, la silabización de esa consonante resulta imposible. De conformidad con estas observaciones, el análisis propuesto postula una condición de buena formación que prohíbe la asociación del rasgo [dorsal] con el núcleo de la sílaba a la que se le asigna el papel de núcleo de pie (Piñeros 2005, 275). Se arguye que dicha prohibición logra apartar a las vocales altas del núcleo silábico porque estas constituyen la clase vocálica menos sonante y, por ende, la que más fácilmente admite un movimiento en contra del rasgo [dorsal]. Por otro lado, esta misma prohibición no consigue excluir a las vocales medias y bajas del núcleo porque, aunque estas también conllevan el rasgo [dorsal], sus niveles de sonancia son superiores. El atractivo que tiene esta línea argumental es que logra esclarecer no solamente por qué no existen oclusivas nasales silábicas que sean dorsales (palatales y velares), sino también por qué, a la par, una vocal desaparece siempre que una oclusiva nasal se torna silábica: NV → N̩.

La desaparición de la vocal alta acentuada pareciera sugerir que el proceso de silabización implica la elisión de un segmento. Este punto de vista, esquematizado en la Figura 10a, es el adoptado en el análisis de Lipski (1993), según el cual la silabización reduce la secuencia NV a un solo segmento, que representa exclusivamente a la oclusiva nasal. (Las flechas bidireccionales se utilizan aquí para indicar qué segmentos de la salida se corresponden con qué segmentos de la entrada). Vale la pena comparar esta interpretación con la alternativa esquematizada en la Figura 10b, en la que también se postula que el proceso reduce dos segmentos a uno solo, pero que difiere al suponer que se mantienen simultáneamente la oclusiva nasal y la vocal alta. (La función dual de la consonante silábica se señala en la Figura 10b por medio de los dos índices que la acompañan). Desde esta óptica, ningún segmento sufriría elisión, sino que se produciría una coalescencia.

A pesar de que ambas interpretaciones son lógicas, la coalescencia entraña un análisis más congruente con las propiedades de las consonantes silábicas que la elisión. Recuérdese que la silabización incrementa la duración de la oclusiva nasal de modo que la variante silábica resulta tan larga como la combinación de la oclusiva nasal y de la vocal alta acentuada de la que proviene. Si se asume que los segmentos de la secuencia NV se fusionan, la equivalencia en la duración de la entrada y de la salida tiene sentido; sin embargo, sería difícil de explicar si se asumiera que la vocal se elide, ya que lo que se esperaría en ese caso es que la duración de la salida disminuyera en grado equivalente a la duración de la vocal.

Otro obstáculo con el que tropieza la tesis de que la silabización implica elisión es que existen casos en los que la creación de la consonante silábica no conlleva la reducción en el número de segmentos. Examínense a este respecto las secuencias *una fonda* y *un americano*, que se pueden pronunciar con o sin consonante silábica: [ˈũ.na.ˈfoɲ.ɟa] = [ˈn̩.

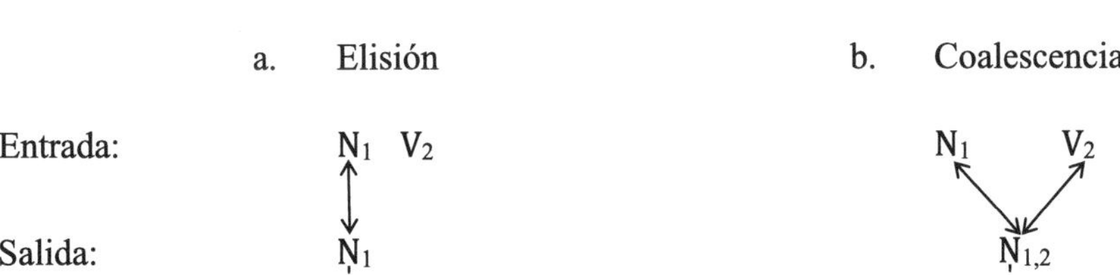

FIGURA 10. Dos análisis de la silabización.

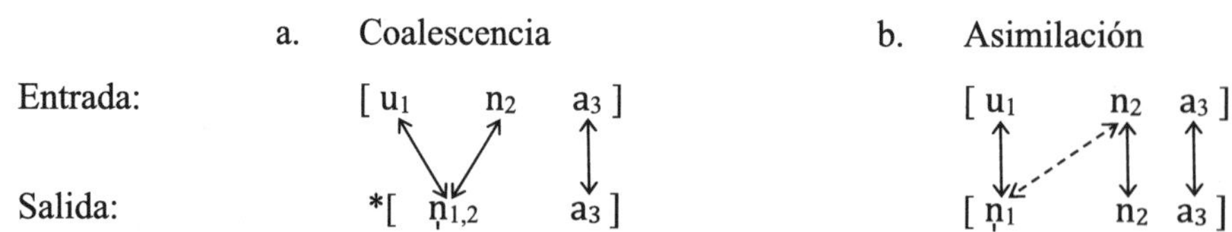

FIGURA 11. Dos procedimientos para la creación de consonantes silábicas.

na.ˈfoŋ.ɖa] y [ˈũ.nã.ˌme.ɾi.ˈka.no] = [ˈn̩.nã.ˌme.ɾi.ˈka.no]. En este caso se comprueba que la pronunciación alternativa con consonante silábica presenta exactamente el mismo número de segmentos que la pronunciación sin consonante silábica. Este resultado inesperado se debe a que la oclusiva nasal del artículo indefinido *un*/*una* no va seguida, en estos sintagmas, por consonante, sino por vocal, lo cual va en contra del requisito insoslayable de que las consonantes silábicas deben coarticularse con una consonante adyacente. El problema se ilustra en la Figura 11a. Nótese que, si la estrategia que se utilizara para silabizar la oclusiva nasal en tales circunstancias fuese la coalescencia, la variante silábica resultante carecería del apoyo articulatorio de una consonante siguiente. Ese inconveniente no surge si la estrategia por la que se opta es la asimilación (Figura 11b). Cuando la oclusiva nasal no silábica transmite todos sus rasgos fonológicos a la vocal alta que la precede, también se crea una oclusiva nasal silábica, pero con la ventaja de que esta se manifiesta en posición preconsonántica. Tales hechos muestran que la reducción en el número de segmentos es un efecto secundario —la silabización no implica elisión— y confirman que lo que se busca no es silabizar la oclusiva nasal per se, sino evitar que una vocal alta funcione como núcleo prosódico.

Además de los condicionantes puramente fonológicos que se acaban de examinar, la silabización es un proceso regido por condicionantes morfológicos. En efecto, no todas las oclusivas nasales que están en contacto con una vocal alta acentuada tienen la opción de convertirse en silábicas. Aparte del sufijo diminutivo *-it*, el artículo indefinido *un* y el adjetivo posesivo *mi*, existen muy pocos morfemas que, a pesar de incluir una secuencia de oclusiva nasal y vocal alta acentuada, permitan la aplicación del proceso, lo que lleva a pensar que este se ha morfologizado. Resulta particularmente interesante que no aparezcan raíces entre los morfemas implicados, ya que ello sugiere que la estructura de este tipo de morfema se valora más que la estructura de los afijos.

14.8 Conclusiones

En el presente capítulo se han dilucidado varios aspectos de la estructura y del comportamiento de los fonemas oclusivos nasales del español. Las diferencias en su distribución indican que los integrantes de la terna /m n ɲ/ no tienen el mismo estatus gramatical. Mientras que /ɲ/ solo se permite en el ataque silábico, /m/ y /n/ se aceptan tanto en el ataque como en la coda. Además, entre los dos fonemas nasales que pueden aparecer en ambos márgenes silábicos también se observa una diferencia significativa, dado que la aceptación de /n/ en coda es general, mientras que la de /m/ es marginal, y se limita a cultismos, préstamos y onomatopeyas. El análisis de la frecuencia de aparición corrobora que /n/ goza de un estatus gramatical privilegiado, ya que su frecuencia es, con mucho, más elevada que la de /m/ y /ɲ/, y que /ɲ/ es, una vez más, el miembro de la terna nasal con mayores restricciones (consúltese el § 14.4). Es indiscutible, por tanto, que no existe uniformidad en el inventario fonémico nasal. Lo que se encuentra es profusión en el uso de /n/, moderación en el uso de /m/ y exigüidad en el uso de /ɲ/. La explicación de tales desigualdades radica en la composición de los tres fonemas nasales, que presentan similitudes y diferencias entre sí. Los miembros del grupo /m n ɲ/ convergen en dos dimensiones estructurales pertinentes —la nasalidad y el grado de constricción—, mientras que divergen en una dimensión: el lugar de articulación.

El estudio minucioso de la nasalidad pone de relieve que esta propiedad es el polo marcado de una oposición polar privativa, motivo por el que se ha adoptado aquí el rasgo monovalente [nasal] para representarla fonológicamente. Este tratamiento es congruente con la inacción del polo opuesto —la oralidad— en los procesos fonológicos y con el hecho de que los fonemas nasales son mucho menos frecuentes que los fonemas orales. El grado de constricción, por su parte, constituye el fundamento de una oposición gradual en la que se contrastan tres valores: oclusión, fricción y aproximación. Por ello, a los fonemas que aquí se han estudiado se les ha asignado el rasgo [oclusivo] que, en combinación con el rasgo [nasal], define la clase natural de las 'oclusivas nasales'.

Las oclusivas nasales del español se distinguen a partir del lugar de articulación, que depende de tres articuladores: los labios, la corona de la lengua y el predorso de la lengua. Se establece así otra oposición gradual en la que, lógicamente, no puede existir un valor 'no marcado', aunque pueden darse valores funcionalmente 'menos costosos' que otros. Se ha propuesto que, desde el punto de vista articulatorio, [coronal] es un valor menos costoso que [labial], que es, a su vez, menos costoso que [dorsal] y que [predorsal], debido a que se observa una merma gradual en la capacidad de la corona, los labios, el dorso y el predorso para ejecutar la constricción rápida y local característica de las consonantes. Así se obtiene una 'jerarquía articulatoria de lugar' (7), que explica por qué /ɲ/ es el miembro de la terna nasal que presenta más restricciones. La ubicación de [predorsal] en la posición más alta de la jerarquía implica que /ɲ/ es un fonema articulatoriamente más costoso que /m/ y /n/ y, curiosamente, su coste articulatorio también sobrepasa al de /ŋ/. Teniendo esto en cuenta, es difícil explicar la razón por la que el tercer integrante de la terna nasal del español no es /ŋ/, sino /ɲ/. Resulta paradójico que, existiendo una tercera oclusiva nasal menos costosa que /ɲ/, existan lenguas que no la elijan para completar sus ternas nasales. En este sentido, el español se comporta como lo hace una minoría de lenguas.

El problema se resuelve si se acepta que, desde el punto de vista perceptivo, el coste de los rasgos de lugar es diferente cuando las consonantes que los poseen contienen también el rasgo [nasal]. Sucede que, cuanto más posterior sea el lugar en el que se realiza la oclusión oral, más difícil resulta percibir una oclusiva nasal debido a que, al reducirse el tamaño del tracto vocal, se debilita una de sus claves acústicas: las antirresonancias nasales. Este fenómeno fonético constituye la base de una 'jerarquía de perceptibilidad nasal' (8), según la cual [labial nasal] es la combinación más económica que una oclusiva nasal puede presentar, mientras que [dorsal nasal] es la más costosa. La idea central de esta tesis es que la combinación [predorsal nasal] es perceptivamente menos costosa que la combinación [dorsal nasal], lo que significa que la selección de /ɲ/ en vez de /ŋ/ puede resultar beneficiosa para la gramática de una lengua. Tal razonamiento permite comprender que, en la creación de su inventario fonémico nasal, el español se aparte de la mayoría de lenguas al conceder prioridad al criterio perceptivo sobre el criterio articulatorio. Recocer estas dos dimensiones de coste funcional explica automáticamente la ubicuidad de /n/ y de /m/ en los inventarios fonémicos nasales, puesto que los rasgos [coronal] y [labial] se sitúan en los dos niveles más bajos de ambas jerarquías (7 y 8).

También se ha visto que la clase oclusiva nasal del español es objeto de varios procesos fonológicos, la mayoría de los cuales operan cuando esos segmentos se silabean en coda. En esa posición, es habitual que la identidad de /m/, /n/ y /ɲ/ se trastoque mediante ajustes estructurales que alteran el lugar de articulación y que pueden, por ende, neutralizar los contrastes entre los miembros de la clase. Uno de los procesos fonológicos que afecta a los fonemas oclusivos nasales favorece el rasgo [coronal], razón por la que es plausible suponer que la jerarquía articulatoria de lugar desempeña un papel en ese cambio. Sucede que, en la incorporación de préstamos, los fonemas /m/, /ɲ/ y /ŋ/ de otras lenguas se alveolarizan cuando aparecen en posición de coda silábica. Al postular un umbral de aceptabilidad que se sitúa justo por encima del segundo nivel más bajo de la jerarquía articulatoria de lugar (11), se permite la presencia de /m/ y /n/ en las codas de los préstamos. Ello obliga a las oclusivas nasales que posean rasgos diferentes de [labial] y [coronal] a sustituirlos por este último. Para dar cuenta de la tendencia de /m/ a realizarse también como alveolar, los requisitos son más rigurosos. El umbral de aceptabilidad debe situarse justo por encima del nivel más bajo de la jerarquía articulatoria de lugar (12), de modo que ni siquiera [labial] pueda contrastar con [coronal] en la coda. Otro fenómeno en el que las diferencias de coste funcional entre los rasgos de lugar son relevantes es la tendencia observada en ciertos dialectos a bilabializar el fonema /n/ en contextos en los que se incrementa la duración de los segmentos. Esto ocurre en la sílaba que porta el acento o que es final de palabra, final de sintagma entonativo o final de enunciado. Tal evolución, que pareciera no ser natural, recibe una explicación plausible cuando se examina desde la perspectiva de la 'jerarquía de perceptibilidad nasal'. Si el umbral de aceptabilidad en la selección de oclusivas nasales en coda se sitúa justo por encima del nivel más bajo de la jerarquía de perceptibilidad nasal, [labial] se perfila como la mejor opción (22). Desafortunadamente, no se ha encontrado todavía una explicación para el papel que desempeña la duración en la optimización perceptiva de la oclusiva nasal.

La asimilación de lugar y la velarización o absorción constituyen otros dos procesos que modifican el lugar de articulación de las oclusivas nasales en coda silábica; sin embargo, a diferencia de lo que sucede en la alveolarización y en la bilabialización, el coste funcional de los rasgos de lugar no es el que determina el lugar de articulación favorecido, sino la influencia de un segmento vecino. Dicho de otro modo, no se inserta un rasgo de lugar, sino que se adopta uno que está ya presente en el entorno.

En la asimilación de lugar, el lugar de articulación de una consonante siguiente, C, se extiende a una oclusiva nasal, N, y se llega así a crear hasta 11 variantes fonéticas diferentes (2). El desencadenante, C, puede ser disonante (obstruyente) o sonante, heterorgánico u homorgánico, heterosilábico o tautosilábico, aunque lo esperable es que sea disonante (obstruyente), heterorgánico y heterosilábico. En principio, el elemento afectado, N, puede ser cualquier miembro de la terna nasal, pero en realidad /ɲ/ no forma parte de secuencias NC porque jamás se silabea en coda y, aunque /m/ puede aparecer en esa posición, su presencia en las secuencias NC está limitada a los cultismos, los préstamos y las onomatopeyas. En consecuencia, /n/ es el elemento que se ve afectado principalmente. Este proceso de asimilación es anticipatorio, porque durante la articulación del primer elemento de la secuencia NC se forma, por adelantado, la constricción del segundo elemento. Dicho de otro modo, la dirección va de derecha a izquierda. El estudio experimental de Honorof (1999) confirma, en aquellos casos en los que C es labial o dorsal, la concepción tradicional de que la asimilación de lugar induce la pérdida del rasgo de lugar de N, pero la contradice en el caso de que C sea coronal, debido a que en los resultados obtenidos por este autor se puso de manifiesto una fusión de los dos gestos coronales en un solo gesto coronal mixto. Honorof comprobó, además, que no solamente el lugar, sino también el grado de constricción de C, se extienden a la oclusiva nasal asimilada, lo que indica que el proceso afecta a las coordenadas horizontales y verticales de la constricción. Por otra parte, aunque es evidente que las especificaciones [labial], [coronal], [dorsal] y [predorsal] son insuficientes para identificar los lugares de las 11 variantes fonéticas creadas por la asimilación de lugar (Tabla 15), debe procederse con cautela a la hora de proponer rasgos de lugar de articulación suplementarios, ya que varios de los puntos específicos dentro de las macrocategorías de lugar parecen resultar del ajuste del lugar del elemento desencadenante en función de la presencia de otros rasgos en ese segmento. El hecho de que la asimilación de lugar transmita a N propiedades de C que son distintivas, redundantes o adquiridas de otro segmento prueba que se trata de un proceso alofónico, cuya aplicación ha de ser posterior a la de los procesos morfofonológicos.

En la velarización, una oclusiva nasal se convierte en velar en contextos en los que no se encuentra necesariamente en contacto con una consonante velar. El origen de la velaridad reside en la vocal precedente, que está siempre presente en el entorno y que resulta también afectada, dado que se nasaliza concomitantemente. Esta modificación en el timbre de la vocal indica que tiene lugar un proceso de asimilación mutua entre los miembros de una secuencia VN. La oclusiva nasal transmite el rasgo [nasal] a la vocal y esta transmite el rasgo [dorsal] a la oclusiva nasal (Figura 6). Aunque la oclusiva nasal afectada puede estar ubicada en una coda en interior o en final de palabra, es en esta última posición donde el cambio se manifiesta en primera instancia y donde alcanza su máxima productividad. Curiosamente, la velarización con nasalización simultánea de la vocal precedente coexiste con un proceso de absorción, que opera en el mismo contexto y en las mismas condiciones. Los dos cambios tienen en común, además, el efecto de debilitar la estructura VN al eliminar los rasgos pertenecientes a N. Este conjunto de similitudes sugiere que la velarización y la absorción son facetas de un mismo fenómeno. Representan el estadio intermedio y el estadio final de una transformación estructural más amplia: la conversión de una sílaba cerrada por oclusiva nasal en una sílaba abierta (Figura 7); de ahí que afecten no solamente al lugar de articulación, sino también a los demás componentes de la oclusiva nasal.

Los dos últimos procesos examinados en este capítulo —la asimilación de nasalidad y la silabización— poseen la peculiaridad de extender el rasgo [nasal] a lo largo de toda una sílaba. En la asimilación de nasalidad, una o más vocales flanqueada(s) por oclusivas nasales a ambos lados o por pausa inicial y oclusiva nasal adquiere(n) la nasalidad de los elementos circundantes. Dado que cuando no existe un elemento nasal en uno de los dos lados, no se produce la nasalización de la(s) vocal(es), se ha de admitir que este proceso de asimilación es bidireccional (Figura 9). Este cambio entraña ventajas de carácter articulatorio: en vez de hacer descender el velo, elevarlo y volverlo a bajar, las secuencias N__N y ‖__N se producen de forma más eficaz cuando se omite el gesto intermedio de elevación del velo.

En la silabización, la sílaba que se produce completamente nasalizada muestra el mínimo grado de complejidad: posee un núcleo, pero carece tanto de ataque como de coda (Figura 8b). Tal estructura se deriva de una secuencia NV o VN, en la que N es bilabial o alveolar y V es alta y acentuada. En el nivel de la sílaba, el cambio consiste en que N asume la función de núcleo silábico desempeñada por V, lo que produce dos cambios notables en la estructura segmental: V desaparece y la oclusión de N se prolonga. La prolongación de N se logra mediante su coarticulación con la consonante que ocupa el ataque de la sílaba siguiente, que puede ser homorgánica o heterorgánica, pero que tiene que ser también oclusiva. Puesto que necesitan ese apoyo articulatorio, las oclusivas nasales silábicas no surgen en posición prevocálica, prepausal o ante consonantes fricativas o aproximantes. El hecho de que las consonantes silábicas del español tradicional de Nuevo México sean portadoras de acento primario o secundario indica que asumen no solamente la función de núcleo silábico, sino también la de núcleo de pie. Estos cambios funcionales son inesperados si se toma en consideración que, en virtud de su mayor sonancia, las vocales son segmentos más aptos para actuar como núcleos prosódicos que las consonantes. Limitar las consonantes silábicas a las categorías labial y coronal ayuda a resolver el problema. Sucede que /ɲ/ jamás se silabiza y, aunque una oclusiva nasal asimilada puede silabizarse, esto no se permite cuando el lugar de articulación adoptado es velar. Al observarse que lo que las oclusivas nasales que no se silabizan —las palatales y velares— tienen en común con los segmentos eliminados del núcleo —las vocales— es que poseen el rasgo [dorsal], se ha propuesto explicar el fenómeno prohibiendo ese rasgo de lugar en la posición de núcleo de pie. Según esta interpretación, la menor sonancia de las vocales altas las hace vulnerables a la prohibición en contra del rasgo [dorsal], mientras que la mayor sonancia de las vocales medias y bajas las protege. En cuanto a la desaparición de la vocal, se propone que la elisión no es la operación que la causa. La coalescencia entre N y V, cuando la sílaba siguiente comienza con consonante (Figura 10b), y la asimilación total de V a N, cuando la sílaba siguiente empieza por vocal (Figura 11b), son las verdaderas responsables de la desaparición de V. Dos pruebas incontrovertibles de ello son el efecto compensatorio que tiene la prolongación de N y la posibilidad de crear la oclusiva nasal sin reducir el número de segmentos. Por último, la aparición de consonantes silábicas en el español tradicional de Nuevo México está sujeta a condicionamientos morfológicos, que reducen el alcance del proceso porque excluyen ciertos morfemas, especialmente, las raíces.

Referencias bibliográficas

Alarcos, Emilio. (1950) 1961. *Fonología española*. 3.ª ed. aumentada y revisada. Madrid: Gredos.

Archangeli, Diana. 1984. «Underspecification in Yawelmani Phonology and Morphology». Tesis de doctorado, Massachusetts Institute of Technology. http://hdl.handle.net/1721.1/15440. Reed., Nueva York: Garland, 1988.

Avery, Peter y Keren Rice. 1989. «Segment Structure and Coronal Underspecification». *Phonology* 6 (2): 179–200. https://doi.org/10.1017/S0952675700001007.

Baković, Eric. 2000. «Nasal Place Neutralization in Spanish». *University of Pennsylvania Working Papers in Linguistics (PWPL)* 7 (1): Article 2. Rutgers Optimality Archive (386).

Bjarkman, Peter C. 1978. «Theoretically Relevant Issues in Cuban Spanish Phonology». En *Papers from the 14th Regional Meeting of the Chicago Linguistic Society*, editado por Donka Farkas, Wesley M. Jacobsen y Karol W. Todrys, 13–27. Chicago: Chicago Linguistic Society.

———. 1985. «Velar Nasals and Explanatory Phonological Accounts of Caribbean Spanish». En *Proceedings of the Second Annual Eastern States Conference on Linguistics (ESCOL'85)*, editado por Soonja Choi, 1–16. Columbus: Ohio State University.

Boyd-Bowman, Peter. 1952. «La pérdida de vocales átonas en la altiplanicie mexicana». *Nueva Revista de Filología Hispánica* 6 (2): 138–40. https://doi.org/10.24201/nrfh.v6i2.3163.

Canellada, María Josefa y John Kuhlmann Madsen. 1987. *Pronunciación del español. Lengua hablada y literaria*. Madrid: Castalia.

Cedergren, Henrietta J. y David Sankoff. 1975. «Nasals: A Sociolinguistic Study of Change in Progress». En *Nasalfest. Papers from a Symposium on Nasals and Nasalization*, editado por Charles A. Ferguson, Larry M. Hyman y John J. Ohala, 67–80. Stanford: Stanford University, Department of Linguistics, Language Universals Project.

Champion, James J. 1992. «On the Distribution of the Spanish Palatal Nasal». *Romance Quarterly* 39 (3): 355–59. https://doi.org/10.1080/08831157.1992.10543884.

Chomsky, Noam y Morris Halle. 1968. *The Sound Pattern of English*. Nueva York: Harper & Row. Trad. parcial de José Antonio Millán, *Principios de fonología generativa*, editado por José Antonio Millán y Pilar Calvo. Madrid: Fundamentos, 1979.

Clements, George N. 1985. «The Geometry of Phonological Features». *Phonology Yearbook* 2: 225–52. https://doi.org/10.1017/S0952675700000440.

Clements, George N. y Elizabeth V. Hume. 1995. «The Internal Organization of Speech Sounds». En *The Handbook of Phonological Theory*, editado por John A. Goldsmith, 245–306. Oxford: Blackwell.

Cressey, William W. 1978. *Spanish Phonology and Morphology: A Generative View*. Washington D. C.: Georgetown University Press.

Cuenca Villarín, María Heliodora. 1996–1997. «Análisis instrumental de la duración de las vocales en español». *Philologia Hispalensis. Revista de Estudios Lingüísticos y Literarios* 11 (1): 295–307. https://doi.org/10.12795/PH.19961997.v11.i01.20.

Delattre, Pierre C. 1965. *Comparing the Phonetic Features of English, French, German and Spanish*. Heidelberg: Julius Groos.

D'Introno, Francesco y Juan Manuel Sosa. 1988. «Elisió de nasal o nasalizaciõ de vocal eŋ caraqueño». En *Studies in Caribbean Spanish Dialectology*, editado por Robert M. Hammond y Melvyn C. Resnick, 24–34. Washington D. C.: Georgetown University Press.

D'Introno, Francesco, Enrique del Teso y Rosemary Weston. 1995. *Fonética y fonología actual del español*. Madrid: Cátedra.

Espinosa García, Aurelio M. 1925. «Syllabic Consonants in New Mexican Spanish». *Language* 1 (4): 109–18. https://doi.org/10.2307/409538.

García Fajardo, Josefina. 1984. *Fonética del español de Valladolid, Yucatán*. México, D. F.: Universidad Nacional Autónoma de México, Instituto de Investigaciones Filológicas.

Gili Gaya, Samuel. 1940. «La cantidad silábica en la frase». *Castilla* 1: 287–98.

Goldsmith, John A. 1981. «Subsegmentals in Spanish Phonology: An Autosegmental Approach». En *Linguistic Symposium on Romance Languages, 9*, editado por William W. Cressey y Donna Jo Napoli, 1–16. Washington D. C.: Georgetown University Press. Trad. y ed. de Juana Gil en *Panorama de la fonología española actual*, 336–71. Madrid: Arco/Libros, 2000.

Guirao, Miguelina y María Amalia García Jurado. 1987. «A Statistical Approach to Spanish American Phonological Units». En *Proceedings XIth ICPhS. The Eleventh International Congress of Phonetic Sciences. August 1–7, 1987, Tallinn, Estonia, U.S.S.R.*, 4:132–35. Tallin: Academy of Sciences of the Estonian S.S.R., Institute of Language and Literature.

Hammond, Robert M. 1979. «The Velar Nasal in Rapid Cuban Spanish». En *Colloquium on Spanish and Luso-Brazilian Linguistics*, editado por James P. Lantolf, Francine W. Frank y Jorge M. Guitart, 19–36. Washington D. C.: Georgetown University Press.

Hare, Cecilia. 1998. «El fonema nasal palatal inicial en las lenguas romances: modificación de las oposiciones de los fonemas nasales en español y portugués después de su llegada al Nuevo Mundo». En *Atti del XXI Congresso Internazionale di Linguistica e Filologia Romanza. Università di Palermo 18–24 settembre 1995*, editado por Giovanni Ruffino, 1:127–32. Tubinga: Niemeyer. Reed., Berlín: de Gruyter Mouton, 2011. https://doi.org/10.1515/9783110961522.127.

Harris, James W. 1969. *Spanish Phonology*. Cambridge, MA: MIT Press. Trad. de Aurelio Verde, *Fonología generativa del español*. Barcelona: Planeta, 1975.

———. 1970. «Distinctive Feature Theory and Nasal Assimilation in Spanish». *Linguistics. An Interdisciplinary Journal of the Language Sciences* 8 (58): 30–37. https://doi.org/10.1515/ling.1970.8.58.30.

———. 1983. *Syllable Structure and Stress in Spanish. A Nonlinear Analysis*. Cambridge, MA: MIT Press. Trad. de Olga Fernández Soriano, *La estructura silábica y el acento en español. Análisis no lineal*. Madrid: Visor, 1991.

———. 1984a. «Autosegmental Phonology, Lexical Phonology, and Spanish Nasals». En *Language Sound Structure. Studies in Phonology Presented to Morris Halle by His Teacher and Students*, editado por Mark Aronoff y Richard T. Oehrle, 67–82. Cambridge, MA: MIT Press.

———. 1984b. «Theories of Phonological Representation and Nasal Consonants in Spanish». En *Papers from the XIIth Linguistic Symposium on Romance Languages. University Park, April 1–3, 1982*, editado por Philip Baldi, 153–68. Ámsterdam: John Benjamins. https://doi.org/10.1075/cilt.26.13har.

———. 1999. «Nasal Depalatalization *No*, Morphological Wellformedness *Sí*; the Structure of Spanish Word Classes». *MIT Working Papers in Linguistics* 33: 47–82.

Honorof, Douglas N. 1999. «Articulatory Gestures and Spanish Nasal Assimilation». Tesis de doctorado, Yale University. ProQuest (304541608).

House, Arthur S. 1957. «Analog Studies of Nasal Consonants». *Journal of Speech and Hearing Disorders* 22 (2): 190–204. https://doi.org/10.1044/jshd.2202.190.

Hualde, José Ignacio. 2012. «Stress and Rhythm». En *The Handbook of Hispanic Linguistics*, editado por José Ignacio Hualde, Antxon Olarrea y Erin O'Rourke, 153–71. Malden: Wiley-Blackwell. https://doi.org/10.1002/9781118228098.ch8.

Hyman, Ruth L. 1956. «[ŋ] as an Allophone Denoting Open Juncture in Several Spanish-American Dialects». *Hispania* 39 (3): 293–299. https://doi.org/10.2307/336007.

Jakobson, Roman. 1942. «The Concept of Phoneme». En *On Language*, editado por Linda R. Waugh y Monique Monville-Burston, 218–241. Cambridge, MA: Harvard University Press.

Jakobson, Roman, Gunnar Fant y Morris Halle. 1951. *Preliminaries to Speech Analysis. The Distinctive Features and Their Correlates*. Cambridge, MA: MIT Press.

Jakobson, Roman y Morris Halle. 1956. «Phonology and Phonetics». En *Fundamentals of Language*, 11–66. La Haya: Mouton. Reed., Berlín: de Gruyter Mouton, 2010. https://doi.org.10.1515/9783110894264. Trad. de Carlos Piera en *Fundamentos del lenguaje*, 2.ª ed., 7–90. Madrid: Ayuso, 1973.

Johnson, Keith, Christian DiCanio y Laurel MacKenzie. 2007. «The Acoustic and Visual Phonetic Basis of Place of Articulation in Excrescent Nasals». *Annual Report of the Phonology Laboratory at the University of California, Berkeley* 3: 529–61.

Kean, Mary-Louise. 1975. «The Theory of Markedness in Generative Grammar». Tesis de doctorado, Massachusetts Institute of Technology. http://hdl.handle.net/1721.1/27381.

Keating, Patricia A. 1988. «Palatals as Complex Segments: X-Ray Evidence». *UCLA Working Papers in Phonetics* 69: 77–91.

Keyser, Samuel J. y Kenneth N. Stevens. 1994. «Feature Geometry and the Vocal Tract». *Phonology* 11 (2): 207–36. https://doi.org/10.1017/S0952675700001950.

Kiparsky, Paul. 1985. «Some Consequences of Lexical Phonology». *Phonology Yearbook* 2: 85–138. https://doi.org/10.1017/S0952675700000397.

Ladefoged, Peter. 1971. *Preliminaries to Linguistic Phonetics*. Chicago: University of Chicago Press.

Ladefoged, Peter e Ian Maddieson. 1996. *The Sounds of the World's Languages*. Oxford: Blackwell.

Lipski, John. 1993. «Syllabic Consonants in New Mexico Spanish: The Geometry of Syllabification». *Southwest Journal of Linguistics* 12 (1–2): 109–127.

Lloret, Maria-Rosa y Joan Mascaró. 2006. «Depalatalization in Spanish Revisited». En *Optimality-Theoretic Studies in Spanish Phonology*, editado por Fernando Martínez-Gil y Sonia Colina, 74–98. Ámsterdam: John Benjamins. https://doi.org/10.1075/la.99.05llo.

Lloyd, Paul M. y Ronald D. Schnitzer. 1967. «A Statistical Study of the Structure of the Spanish Syllable». *Linguistics. An Interdisciplinary Journal of the Language Sciences* 5 (37): 58–72. https://doi.org/10.1515/ling.1967.5.37.58.

Lope Blanch, Juan Miguel. 1980. «La interferencia lingüística: un ejemplo del español yucateco». *Thesaurus. Boletín del Instituto Caro y Cuervo* 35 (1): 80–97. Reed. en *Estudios sobre el español de Yucatán*, 48–64. México, D. F.: Universidad Nacional Autónoma de México, 1987.

———. 1987. *Estudios sobre el español de Yucatán*. México, D. F.: Universidad Nacional Autónoma de México, Instituto de Investigaciones Filológicas.

López Morales, Humberto. 1980. «Velarización de /n/ en el español de Puerto Rico». *Lingüística Española Actual* 2 (2): 203–17.

Macarrón, Alejandro, José Gregorio Escalada y Miguel Ángel Rodríguez Crespo. 1991. «Generation of Duration Rules for a Spanish Text-to-Speech Synthesizer». En *Second European Conference on Speech Communication and Technology (EUROSPEECH'91). Genova, Italy, September 24–26, 1991*, 617–20. International Speech Communication Association (ISCA) Online Archive.

Maddieson, Ian. 1984. *Patterns of Sounds*. Cambridge: Cambridge University Press. https://doi.org/10.1017/CBO9780511753459.

Malmberg, Bertil. 1967. «Fenómenos de juntura en castellano». En *Lenguas, literatura, folklore. Estudios dedicados a Rodolfo Oroz*, editado por Gastón Carrillo, 285–89. Santiago de Chile: Universidad de Chile, Facultad de Filosofía y Educación.

de Manrique, Ana María Borzone y Angela Signorini. 1983. «Segmental Duration and Rhythm in Spanish». *Journal of Phonetics* 11 (2): 117–128.

Marín Gálvez, Rafael. 1994–1995. «La duración vocálica en español». *Estudios de Lingüística. Universidad de Alicante (ELUA)* 10: 213–26. https://doi.org/10.14198/ELUA1994-1995.10.11.

Martínez Celdrán, Eugenio. (1984) 1994. *Fonética (Con especial referencia a la lengua castellana)*. 4.ª ed. Barcelona: Teide.

Martínez Celdrán, Eugenio y Ana María Fernández Planas. 2007. *Manual de fonética española. Articulaciones y sonidos del español*. Barcelona: Ariel.

McCarthy, John J. 1988. «Feature Geometry and Dependency: A Review». *Phonetica* 45 (2–4): 84–108. https://doi.org/10.1159/000261820.

Michnowicz, Jim. 2006a. «Final -m in Yucatan Spanish: A Rapid and Anonymous Survey». En *New Analyses in Romance Linguistics. Vol. II: Phonetics, Phonology and Dialectology. Selected Papers from the 35th Linguistic Symposium on Romance Languages (LSRL). Austin, Texas, February 2005*, editado por Jean-Pierre Y. Montreuil, 155–166. Ámsterdam: John Benjamins. https://doi.org/10.1075/cilt.276.12mic.

———. 2006b. «Linguistic and Social Variables in Yucatan Spanish». Tesis de doctorado, Pennsylvania State University.

———. 2007. «El habla de Yucatám: Final [m] in a Dialect in Contact». En *Selected Proceedings of the Third Workshop on Spanish Sociolinguistics*, editado por Jonathan C. Holmquist, Augusto Lorenzino y Lotfi Sayahi, 38–43. Somerville: Cascadilla Proceedings Project.

———. 2008. «Final Nasal Variation in Mérida, Yucatán». *Spanish in Context* 5 (2): 278–303. https://doi.org/10.1075/sic.5.2.13mic.

Monroy, Rafael. 1980. *Aspectos fonéticos de las vocales españolas*. Madrid: SGEL.

Navarro Tomás, Tomás. 1916. «Cantidad de las vocales acentuadas». *Revista de Filología Española* 3 (4): 387–408.

———. 1917. «Cantidad de las vocales inacentuadas». *Revista de Filología Española* 4 (4): 371–88.

———. 1946. *Estudios de fonología española*. Syracuse: Syracuse University Press.

———. (1918) 1967. *Manual de pronunciación española*. 13.ª ed. Madrid: Consejo Superior de Investigaciones Científicas.

Núñez Cedeño, Rafael A., Sonia Colina y Travis G. Bradley, eds. (1999) 2014. *Fonología generativa contemporánea de la lengua española*. 2.ª ed. Washington D. C.: Georgetown University Press.

Núñez Cedeño, Rafael A. y Alfonso Morales-Front. 1999. *Fonología generativa contemporánea de la lengua española*. Washington D. C.: Georgetown University Press.

Ohala, John J. 1975. «Phonetic Explanations for Nasal Sound Patterns». En *Nasalfest. Papers from a Symposium on Nasals and Nasalization*, editado por Charles A. Ferguson, Larry M. Hyman y John J. Ohala, 289–316. Stanford: Stanford University, Department of Linguistics, Language Universals Project.

Ohala, John J. y Haruko Kawasaki. 1984. «Prosodic Phonology and Phonetics». *Phonology Yearbook* 1: 113–27. https://doi.org/10.1017/S0952675700000312.

Ohala, John J. y Haruko Kawasaki-Fukumori. 1997. «Alternatives to the Sonority Hierarchy for Explaining Segmental Sequential Constraints». En *Language and Its Ecology. Essays in Memory of Einar Haugen*, editado por Stig Eliasson y Ernst H. Jahr, 343–66. Berlín: Mouton de Gruyter. Reed., Berlín: de Gruyter Mouton, 2011. https://doi.org/10.1515/9783110805369.343.

Ohala, John J. y Manjari Ohala. 1993. «The Phonetics of Nasal Phonology: Theorems and Data». En *Nasals, Nasalization, and the Velum*, editado por Marie K. Huffman y Rena A. Krakow, 225–49. San Diego: Academic Press. https://doi.org/10.1016/B978-0-12-360380-7.50013-2.

Padgett, Jaye. 1994. «Stricture and Nasal Place Assimilation». *Natural Language & Linguistic Theory* 12 (3): 465–513. https://doi.org/10.1007/BF00992743.

Paradis, Carole y Jean-François Prunet. 1989. «On Coronal Transparency». *Phonology* 6 (2): 317–348. https://doi.org/10.1017/S0952675700001056.

Pensado, Carmen. 1997. «On the Spanish Depalatalization of /ɲ/ and /ʎ/ in Rhymes». En *Issues in the Phonology and Morphology of the Major Iberian Languages*, editado por Fernando Martínez-Gil y Alfonso Morales-Front, 595–618. Washington D. C.: Georgetown University Press.

Pfeiler, Barbara. 1992. «Así so[m], los de Yucatá[m]. El proceso fonológico -vn en dos lenguas en contacto». En *Memorias del Primer Congreso Internacional de Mayistas. San Cristóbal de las Casas, México, 1989*, 1:110–22. México, D. F.: Universidad Nacional Autónoma de México, Instituto de Investigaciones Filológicas, Centro de Estudios Mayas.

Piñeros, Carlos-Eduardo. 2005. «Syllabic-Consonant Formation in Traditional New Mexico Spanish». *Probus. International Journal of Latin and Romance Linguistics* 17 (2): 253–301.

———. 2006. «The Phonology of Nasal Consonants in Five Spanish Dialects». En *Optimality-Theoretic Studies in Spanish Phonology*, editado por Fernando Martínez-Gil y Sonia Colina, 146–71. Ámsterdam: John Benjamins. https://doi.org/10.1075/la.99.07pin.

———. 2009. *Estructura de los sonidos del español*. Upper Saddle River: Pearson Prentice Hall.

———. 2011. «El inventario fonémico nasal del español: un estudio comparativo». *Revista Española de Lingüística* 41 (1): 73–112.

———. 2013. «La labialización nasal en español: el papel de la estructura suprasegmental». *Lingüística Española Actual* 35 (1): 5–40.

———. 2016. «Exceptional Nasal-Stop Inventories». *Catalan Journal of Linguistics* 15: 67–100. https://doi.org/10.5565/rev/catjl.181.

Quilis, Antonio y Manuel Esgueva. 1980. «Frecuencia de fonemas en el español hablado». *Lingüística Española Actual* 2 (1): 1–25.

Quilis, Antonio y Joseph A. Fernández. (1964) 1996. *Curso de fonética y fonología españolas para estudiantes angloamericanos*. 14.ª ed. Madrid: Consejo Superior de Investigaciones Científicas.

Real Academia Española. 2001. *Diccionario de la lengua española*. 22.ª ed. Madrid: Espasa Calpe.

Recasens, Daniel. 1990. «The Articulatory Characteristics of Palatal Consonants». *Journal of Phonetics* 18 (2): 267–80.

Reetz, Henning. 2018. «Interface to the UCLA Phonological Segment Inventory Database (UPSID)». Recurso en línea. http://web.phonetik.uni-frankfurt.de/upsid.html.

Sagey, Elizabeth C. 1986. «The Representation of Features and Relations in Non-Linear Phonology». Tesis de doctorado, Massachusetts Institute of Technology. http://hdl.handle.net/1721.1/15106. Reed., Nueva York: Garland, 1990.

Solé, Maria-Josep. 1995. «Spatio-Temporal Patterns of Velopharyngeal Action in Phonetic and Phonological Nasalization». *Language and Speech* 38 (1): 1–23. https://doi.org/10.1177/002383099503800101.

Steriade, Donca. 1993. «Orality and Markedness». En *Proceedings of the Nineteenth Annual Meeting of the Berkeley Linguistics Society. General Session and Parasession on Semantic Typology and Semantic Universals*, editado por Joshua S. Guenter, Barbara A. Kaiser y Cheryl C. Zoll, 334–47. Berkeley: Berkeley Linguistics Society. https://doi.org/10.3765/bls.v19i1.1518.

Trigo, Rosario Lorenza. 1988. «On the Phonological Behavior and Derivation of Nasal Glides». Tesis de doctorado, Massachusetts Institute of Technology. http://hdl.handle.net/1721.1/14408.

Trubetzkoy, Nikoláj Sergéevič. (1939) 1969. *Principles of Phonology*. Traducido por Christiane A. M. Baltaxe. Berkeley: University of California Press.

Veiga, Alexandre. 1995. «Los fonemas de realización nasal en español». *Moenia. Revista Lucense de Lingüística & Literatura* 1: 345–66. http://hdl.handle.net/10347/5982. Reed. en *Panorama de la fonología española actual*, editado por Juana Gil, 185–206. Madrid: Arco/Libros, 2000.

Yager, Kent. 1989. «La -*m* bilabial en posición final absoluta en el español hablado en Mérida, Yucatán (México)». *Nueva Revista de Filología Hispánica* 37 (1): 83–94. https://doi.org/10.24201/nrfh.v37i1.731.

15 DESCRIPCIÓN FONÉTICA DE LAS CONSONANTES FRICATIVAS Y AFRICADAS

Victoria Marrero-Aguiar

15.1 Inventario

Ya en las primeras descripciones fonéticas de los sonidos lingüísticos (por ejemplo, en Rousselot 1897–1901, 428), el calificativo 'fricativo' aparece aplicado a unidades dotadas de unas características muy particulares, tanto articulatorias como acústicas, con el ruido durante su emisión como elemento definitorio (en el caso de los sonidos 'africados', a las especificidades propias de las fricativas se suma la existencia de una oclusión previa a la fricción) [→ § 1.6.3]. A pesar de ello, el inventario de las consonantes fricativas y africadas del español ha sido objeto de cierto debate. Desde un punto de vista estrictamente fonético, los sonidos fricativos de las variedades más extendidas del español, todos ellos sordos, son: el labiodental [f] (como el que se encuentra en *fa* o en *efe*), el ápico-alveolar [s̠] o el predorso-dental [s] *(so, eso)* y el velar [x] *(ja, hijo)* —[→ § 16.1]—. A ellos se suma, en algunas hablas peninsulares, el interdental [θ] *(zar, haza)*. Sin embargo, en los tratados sobre fonética hispánica suelen incluirse también otros elementos en el capítulo dedicado a las fricativas:

- La consonante palatal sonora *(aya)*, considerada fricativa por algunos autores, aunque otros le otorgan un carácter predominantemente aproximante.

  Entre los primeros se incluyen Alba (2001, 126), Face (2003, 27), Navarro Tomás ([1918] 1980, 78), Obediente ([1983] 1998, 314) o la *Nueva gramática de la lengua española* (Real Academia Española y Asociación de Academias de la Lengua Española 2011), entre otros. Las pruebas de su carácter aproximante las han aportado Fernández Planas (2005, 224–26), desde el punto de vista articulatorio; Aguilar (1994, 431), considerando las frecuencias de aparición de sus diferentes realizaciones; y Martínez Celdrán (2015), contabilizando los cruces por cero en un intervalo de 30 ms, lo que proporciona, «una buena medida del ruido de una señal y, por tanto, una medida excelente para indicar si un sonido es fricativo o no» (123). Veiga (2009, 281) incluso defiende que la etiqueta 'aproximante' resulta más adecuada para esta consonante que para cualquier otro sonido del español, considerando sus características articulatorias. Otros autores, por último, han variado sus posturas a lo largo del tiempo; así, Hidalgo y Quilis Merín ([2002] 2004) clasificaban la consonante palatal sonora como «fricativa aproximante» (162), aunque Hidalgo y Quilis Merín (2012) la incluyen ya entre los sonidos aproximantes, junto a las realizaciones no iniciales de /b d g/ (194).

- Las realizaciones no oclusivas de /b d g/, que también han sido clasificadas como fricativas por algunos autores y como aproximantes por otros [→ § 9.4, § 11.3.2].

  Quilis (1981, capítulo 8) incluye tanto la consonante palatal como las realizaciones continuas de /b d g/ entre las fricativas, pero, consciente de sus diferencias respecto a /f θ s x/, califica estas como «fricativas de resonancias altas» (228), frente a las primeras, «de resonancias bajas» (221), distinción que suscribieron Hidalgo y Quilis Merín ([2002] 2004, 160, 2012, 188) [→ § 11.3.1].

Además, otros sonidos pueden presentar realizaciones fricativas más o menos frecuentes: es el caso de las róticas, algunas de cuyas variantes dialectales, como las 'asibiladas' [→ § 1.6.3], son claramente fricativas (Real Academia Española y Asociación de Academias de la Lengua Española 2011, 258) [→ § 16.5.1, § 21.3.3, § 22.2.3, § 22.3.5].

En español general y en habla espontánea, se han documentado realizaciones puramente fricativas de las consonantes róticas. Según Ortiz de Pinedo (2013–2014) y a partir de los datos recogidos en su estudio sobre habla televisada, son escasas: solo les atribuye una frecuencia del 1,01 %, limitada a la posición final de sílaba ante consonante y al margen silábico formando un grupo consonántico que incluye la rótica. En cambio, Blecua Falgueras, Cicres y Gil (2014) encuentran que la posición prepausal las favorece; Cicres y Blecua Falgueras (2015) describen así los resultados de este trabajo:

> cuando la rótica prepausal constaba de un único componente, este era mayoritariamente fricativo (65 % de los casos analizados). . . . Pero lo más significativo del estudio es que se hallaron realizaciones fricativas en posiciones que no habían sido explicadas. Se trata de los casos de dos componentes en los que el segundo presenta fricción en lugar de una estructura formántica definida, característica del elemento vocálico, y que suponen el 57 % de los casos (3–4).

Todo lo anterior ha llevado a considerar que «esta categoría ha sido tradicionalmente un cajón de sastre donde se colocaba cualquier sonido consonántico que no fuese una oclusiva» (Martínez Celdrán y Fernández Planas 2007, 101), una afirmación quizá algo hiperbólica, pero representativa de las dificultades que han surgido para delimitar las consonantes fricativas en español, y más concretamente, la pertenencia de /ɟ/ a esta categoría.

En este capítulo, los apartados 15.2, 15.3, 15.4 y 15.5 se refieren exclusivamente a la descripción de /f/, /θ/, /s/ y /x/. El § 15.6 se dedica a /ɟ/ y el último apartado (el § 15.7) se centra en las realizaciones de la consonante africada /t͡ʃ/ (*che, ocho*).

Martínez Celdrán y Fernández Planas (2007) defienden que /t͡ʃ/ no es una consonante africada, sino una oclusiva de relajación lenta; aquí se adoptará, sin embargo, la propuesta más generalizada.

Para cada una de esas consonantes, además de las realizaciones de la variedad estándar, se describirán las variantes contextualmente motivadas; las debidas a factores geosociolectales y estilísticos se abordan en el capítulo 16 de esta misma obra.

15.1.1 Consonantes fricativas

Los fonemas /f/, /θ/, /s/ y /x/ tienen pesos lingüísticos y frecuencias de uso muy diferentes en español (Tabla 1): desde /s/, omnipresente marca morfológica de plural, hasta /θ/, ausente en la mayor parte del dominio hispanohablante y el único de los sonidos del español considerado inusual en las lenguas del mundo (Maddieson 2013). Se representan en la escritura mediante las siguientes grafías: <f> (/f/); <z> y <ce>, <ci> (/θ/); <s> (/s/); y <j>, <ge>, <gi> (/x/).

En cuanto a las posiciones silábicas [→ § 1.21.8], en coda raramente se encuentran /f/ o /x/; en cambio, /θ/ y /s/ sí aparecen en esa posición, aunque sufriendo procesos de debilitamiento, como se verá con detalle en los capítulos 16 y 17 de esta obra.

El fonema /ɟ/ se representa ortográficamente como <y> en posición inicial de sílaba (*yo, hoyo*); esta misma representación, <y>, en posición final de sílaba corresponde a la paravocal [i̯] (*hay, rey*); las grafías <hi> más vocal (*hierro, deshielo*) para algunos autores corresponden a /ɟ/ y para otros a /i/ (cf. la justificación que ofrece Obediente [[1983] 1998, 352]) [→ § 7.4.1]. Su frecuencia de uso real depende de cuánto se haya extendido el yeísmo en la variedad del español que se esté considerando para el recuento [→ § 19.3], pero también de las decisiones teóricas sobre cómo establecer las unidades de cómputo.

Tabla 1 *Frecuencia de aparición de los fonemas fricativos del español en castellano hablado*

Fonema	Moreno Sandoval *et al.* (2006)	Llisterri y Mariño (1993)	Quilis (1981, 36)
/f/	0,50 %	0,51 %	0,55 %
/θ/	1,52 %	1,53 %	1,45 %
/s/	8,11 %	6,95 % (+ 1,33 % = [ʂ])	8,32 %
/x/	0,62 %	0,63 %	0,57 %

Tabla 2 *Frecuencia de aparición del fonema africado del español en castellano hablado*

Fonema	Moreno Sandoval *et al.* (2006)	Llisterri y Mariño (1993)	Quilis (1981, 36)
/t͡ʃ/	0,30 %	0,40 %	0,37 %

Así, entre los repertorios considerados en la Tabla 1, solo Moreno Sandoval *et al.* (2006) consideraron que, al ser el habla de Madrid claramente yeísta, no tenía sentido mantener el fonema /ʎ/ en los recuentos, y automáticamente computaron todas sus apariciones normativas como realizaciones de /ʝ/: un 0,83 % del total de sonidos —por un error tipográfico en la tabla 1 de Moreno Sandoval *et al.* (2006) aparece el símbolo /ʎ/ en lugar de /ʝ/ (Moreno Sandoval, comunicación personal)—. Llisterri y Mariño (1993) separan /ʝ/ (0,19 %) de /ʎ/ (0,54 %), al igual que Quilis (1981), quien da para /ʝ/ un porcentaje del 0,41 %, y para /ʎ/, del 0,38 %.

15.1.2 Consonantes africadas

El fonema africado /t͡ʃ/, representado mediante el dígrafo <ch>, es menos frecuente que cualquiera de los fricativos (Tabla 2) y sufre mayores restricciones combinatorias, porque no aparece en posición de coda silábica. Entre las consonantes africadas del español consta también la realización tensa de /ʝ/, descrita en el § 15.6.2.

15.2 Producción de las consonantes fricativas

Desde un punto de vista fonético, la característica común a todas las consonantes fricativas es la presencia de un estrechamiento en el tracto vocal que genera turbulencias en la corriente aérea procedente de los pulmones; esa constricción es muy estrecha, tensa, exigente desde el punto de vista articulatorio; el flujo de aire debe comprimirse al atravesarla, lo cual provoca fluctuaciones aleatorias en la onda sonora durante la emisión del aire fonador, que se traducen en bandas de ruido inarmónico, de distribución frecuencial e intensidad variables en función del tamaño y de la forma de la cavidad oral. Además, estos sonidos se caracterizan por presentar un comienzo y un final relativamente suaves, graduales, no abruptos [→ § 1.6.3]. A continuación se describirán con más detalle los procesos implicados en la producción de las consonantes fricativas.

15.2.1 Aerodinámica de los sonidos fricativos

El aire, como todos los fluidos, puede desplazarse de dos maneras: mediante una corriente laminar, perfectamente ordenada, o mediante una corriente turbulenta, caótica; esta segunda es característica de los sonidos fricativos. En ellos, la libre salida del flujo espiratorio sufre una alteración provocada por uno o varios estrechamientos en determinados puntos de la cavidad oral. Las partículas de aire se comprimen desordenadamente al acercarse a esa barrera, aumentando la presión en la cavidad previa a la constricción; cuando se produce finalmente su salida, a gran velocidad, disminuye de forma súbita esa presión, con lo que se genera el característico ruido turbulento.

En general, en mecánica de fluidos, el movimiento de los gases se determina mediante la aplicación de una fórmula, cuyo resultado es el número de Reynolds (Re), que toma en cuenta las características intrínsecas del fluido, como su densidad o su viscosidad, y otras que dependen más del entorno, como la velocidad típica de desplazamiento o el diámetro del canal que recorre (Nelson [2004] 2005, capítulo 5). El número de Reynolds puede presentar valores altísimos; en ingeniería náutica se expresa en forma de potencia (un gran barco puede generar un movimiento en el agua de 10^9). Sin embargo, en la modesta aerodinámica del habla se sitúa entre 0,5 y 1: cuanto más próximo esté a 0,5, más turbulento será el ruido. No obstante, según Ohala y Solé (2008),

en canales de forma irregular como el tracto vocal, en el cual el flujo de aire penetra normalmente de manera turbulenta (como ciertamente ocurre dado que el aire atraviesa varias superficies 'rugosas', como los estrechos alveolos pulmonares, los anillos traqueales, las cuerdas vocales, las cuerdas ventriculares, la epiglotis, etc.), puede presentarse cierta turbulencia, incluso audible, en condiciones en las que el número de Reynolds está muy alejado del umbral ideal entre el fluido laminar y el turbulento (300, traducción propia).

El factor clave que condiciona las características de la turbulencia es, pues, la velocidad en las partículas del aire que fluye a través del canal: cuanto menor sea la abertura y mayor el volumen de aire que intente atravesarla, más velocidad se imprimirá a las partículas y, por lo tanto, más turbulento será el ruido fricativo. En palabras de Kent y Read (1992), «el estrechamiento funciona como una boquilla o inyector. En un canal, el aire que sale de la constricción forma una corriente. Cuando esta corriente se junta con el aire circundante, se genera la turbulencia» (31, traducción propia). Para que se produzca la turbulencia, el tamaño mínimo del estrechamiento se sitúa en torno a los 0,1 cm^2 (Stevens 1998, 47).

Las Figuras 1–5 se han elaborado mediante el programa Photoshop a partir de imágenes procedentes de Wikimedia Commons (Dilmen 2011), tomando como referencia las imágenes radiológicas de Quilis ([1973] 1980) y las de resonancia magnética del Laboratorio de Fonética de la Universidad de Gerona («Imatges de ressonància magnètica» s. f.). En todo caso, se trata de aproximaciones gráficas con fines meramente ilustrativos.

Para poder cuantificar el grado de fricción, es esencial conocer la diferencia entre la presión de aire previa al estrechamiento y la posterior; en el caso concreto de las fricativas, dado que presentan una constricción oral y no glotal, la diferencia se establece entre la presión de la cavidad oral y la atmosférica. Los sonidos abiertos, como las vocales o las sonantes, presentan la misma presión dentro de la boca que fuera: el aire fluye a una velocidad homogénea y no se producen turbulencias; los sonidos obstruyentes, como las fricativas o las africadas (y las oclusivas) provocan un aumento en la presión oral respecto a la atmosférica; las partículas que consiguen pasar al exterior lo hacen a gran velocidad, y esa velocidad se relaciona directamente con la intensidad y frecuencia central de cada sonido fricativo.

El comportamiento aerodinámico varía de unas fricativas a otras, y en consecuencia, se modifican también las frecuencias centrales y las intensidades respectivas. En [f] intervienen un obstáculo labiodental más una segunda

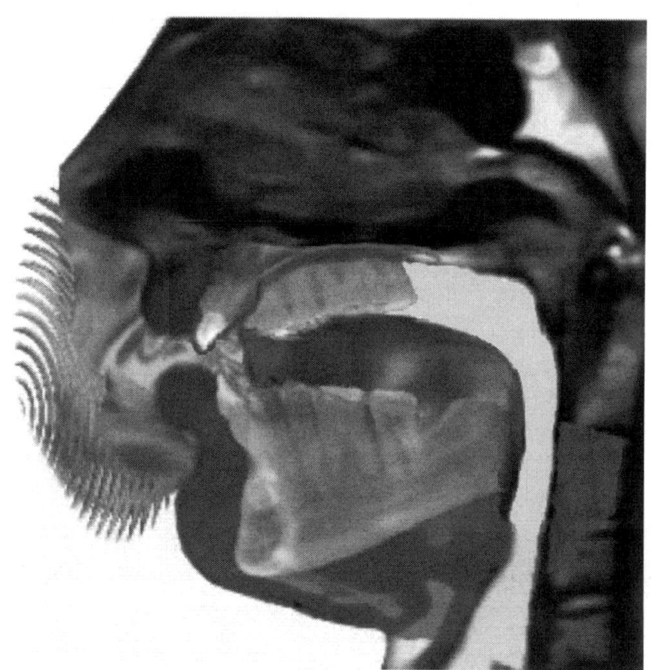

FIGURA 1. Turbulencia de los sonidos fricativos; simulación de [s̺].

barrera en el labio superior, a cuya acción sucede una abrupta ampliación del canal en cuanto se superan ambos: las partículas se encuentran de pronto fuera de cualquier cavidad, en el exterior de la boca, y eso genera una turbulencia adicional (Ohala y Solé 2008, 331). En [s̺] el flujo de aire fonador debe superar también dos obstáculos: primero una constricción linguoalveolar y, a continuación, la barrera de los incisivos: de nuevo se produce un incremento de las turbulencias. La interdental [θ] se caracteriza por el papel protagonista de los incisivos superiores, cuyas diferencias individuales (al igual que las variaciones en el tamaño entre los insterticios dentales) pueden provocar que no se genere el cambio de presión suficiente para provocar la turbulencia (Jones 2005, 7–8). Por último, [x] es diferente de los sonidos descritos hasta ahora: Shadle (1990) distingue entre los sonidos fricativos generados mediante la presencia de un obstáculo, como se ha descrito en referencia a los tres anteriores, y las fricativas como [x], en las que el sonido se genera sin presencia de obstáculo,

> a lo largo de una pared relativamente rígida, aproximadamente paralela al flujo [de aire]. . . . Se caracteriza por presentar una fuente sonora de amplitud elevada, pero no máxima, . . . por una forma espectral con un pico ancho, y por una tasa de cambio en la presión sonora, en relación con la velocidad del volumen, alta pero no máxima (207, traducción propia).

La distinción entre ambos tipos de fricativas, sin embargo, no es categórica: «la diferencia entre una pared y un obstáculo es solo una cuestión de ángulo con respecto al eje de la corriente de aire, y teóricamente podría desplazarse a lo largo de un continuo» (Shadle 1990, 207, traducción propia). Esta doble posibilidad se ha definido también como «turbulencia de obstáculo» ([f], [θ], [s̺]) y «turbulencia de canal» ([x]) (Solé 2010, 291).

Por lo que respecta a las realizaciones aspiradas, Everett *et al.* (2023) en su trabajo sobre la interacción del habla con el entorno físico (en relación con la expansión de aerosoles, cuya importancia puso de manifiesto la pandemia por SARS-CoV-2), al estudiar en concreto /p t k/ con y sin aspiración, encontraron que el flujo de aire alcanzaba los mayores picos en las aspiraciones posconsonánticas, y también la mayor tasa de submicropartículas procedentes de los bronquiolos. Sin embargo, no sabemos si este comportamiento se da también en los sonidos aspirados del español.

Las condiciones aerodinámicas de las fricativas también varían en función de su posición silábica: en coda disminuye la presión oral y, por tanto, se retrasa el comienzo de la fricción y baja su intensidad (cf. Solé 2010).

15.2.2 Acción de las cuerdas vocales. La diferencia entre fricativas sordas y sonoras

La combinación de sonoridad y fricción es costosa desde el punto de vista articulatorio: la vibración de las cuerdas vocales reduce el flujo de aire que llega a las cavidades supraglóticas, dificultando y retrasando el incremento en la velocidad de la partículas necesario para generar turbulencia (Johnson [1997] 2003, 120–24). Así pues, «las fricativas sonoras son difíciles de producir; si la sonoridad es fuerte, se tiende a desfricativizar; si la fricción se consigue, hay una tendencia a desonorizar» (Ohala y Solé 2008, 321, traducción propia).

El español cuenta con ambos procesos, que afectan, por ejemplo, a las realizaciones del fonema /ĵ/ en el español rioplatense [→ § 7.4.1]. La desonorización se muestra en la evolución desde una primera variante generalizada [ʒ], postalveolar turbulenta que inicialmente mantuvo el carácter sonoro de [ĵ], hasta la tendencia actual hacia [ʃ], con un claro avance del ensordecimiento; entre las explicaciones para esa evolución, en alguna ocasión se ha aducido justamente la difícil relación entre sonoridad y turbulencia (Donni de Mirande [1991], citado por Fernández Trinidad [2010, 267–268n3]). La otra alternativa, la desfricativización, puede provocar un refuerzo, un incremento de tensión en la articulación que dé lugar a una africada, [d͡ʒ]; es interesante que, según Fernández Trinidad (2010), «la realización africada sonora del fonema prepalatal aparece únicamente en aquellas informantes que también realizan fricativas sonoras» (279): si la tensión entre fricción y sonoridad se resuelve por la vía del ensordecimiento, resulta innecesario recurrir además al refuerzo de la africación.

Una excepción a esa tendencia hacia la mutua exclusión entre sonoridad y fricción (aparte del propio sonido [ĵ], cuyo controvertido carácter fricativo se abordará en el § 15.6) serían las realizaciones sonoras de las fricativas, especialmente las variantes sonorizadas de /s/ y /θ/, motivadas por razones contextuales, y las realizaciones sonoras de /f/, debidas a un estilo de habla informal, según Batllori, Rost y Blecua Falgueras (2009). Todas ellas se describirán más adelante (§ 15.5.1), aunque puede avanzarse ya aquí que su aparición se ha atribuido a mecanismos de debilitamiento, bien generales (habla hipoarticulada [→ § 1.6.7]), bien contextuales (/sl/, /sm/, /θd/, etcétera), relacionados con la dificultad de mantener el control temporal de la vibración glotal y la tensión articulatoria en la cavidad supraglótica.

15.2.3 Lugares de articulación. Gestos y coordinación motora

Una característica común a todas las consonantes fricativas, como se ha expuesto, es la tensión articulatoria: se requiere un nivel considerable de precisión y coordinación fonoarticulatoria para crear simultáneamente un volumen de aire suficiente y un estrechamiento tales que, mantenidos durante el tiempo suficiente, generen una turbulencia audible.

Martínez Celdrán (2008), basándose en consideraciones previas de Ladefoged y Maddieson (1996), afirma que «se pueden establecer tres grados de tensión [consonántica]: máxima en fricativas, media en oclusivas y mínima en aproximantes» (36). Sin embargo, para Ríos (1999, § 5.4.1.2.2.2) las oclusivas sordas y las africadas sordas serían más tensas que las fricativas debido al cierre articulatorio que presentan.

Además, todos los sonidos fricativos del español estándar son egresivos o pulmonares (se emiten durante la espiración, no durante la inspiración), sordos (sin vibración en las cuerdas vocales, salvo las excepciones mencionadas; cf. el § 15.5 y el § 15.6), y orales (con ascenso del velo del paladar, que se adhiere a la pared faríngea y cierra el canal velofaríngeo, impidiendo la salida del aire hacia la cavidad nasal). Dentro del modo de articulación común —el fricativo— puede diferenciarse, en función de la forma del estrechamiento creado, entre fricativas 'alargadas', «con estrechez en forma de hendidura» (Navarro Tomás [1918] 1980, 19), como [f] o [θ], y fricativas 'redondeadas', como [s̺]. Sin embargo, los lugares de articulación dependen, lógicamente, de los diferentes órganos implicados en la producción de cada una de ellas.

Se expone a continuación, con más detalle, la articulación de los cuatro sonidos fricativos en sus realizaciones generales.

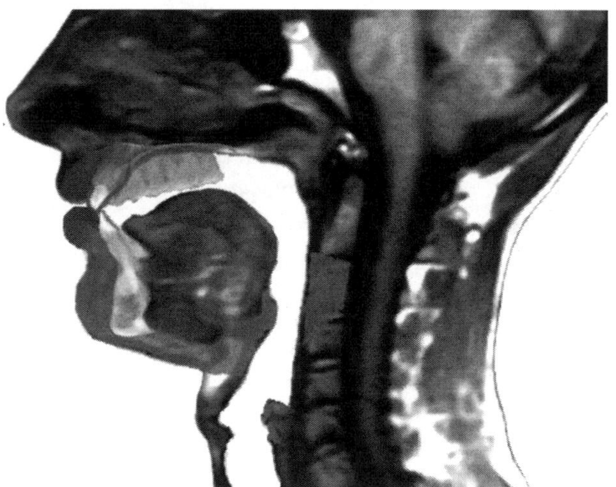

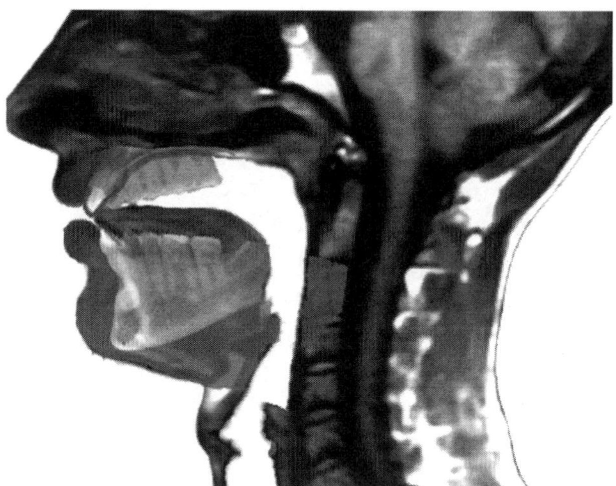

FIGURA 2. Esquema articulatorio de [f].

FIGURA 3. Esquema articulatorio de [θ].

En la labiodental [f], el labio inferior (articulador activo) se aproxima a los incisivos superiores (articulador pasivo), permitiendo la salida del aire por un estrecho canal distribuido a lo largo de toda la zona de acercamiento (Figura 2).

Este lugar de articulación puede variar ligeramente; así, entre las variantes de /f/ es posible encontrar también realizaciones bilabiales ([ɸ]), en las que ambos labios se aproximan, como ocurre en [β], pero sin sonoridad, y también bilabiodentales, realizadas «por medio de una constricción simultánea del labio inferior con los incisivos y el labio superiores» (Quilis 1993, 247); en la transición entre [f] y [ɸ] se han señalado «soluciones intermedias», transcritas como [fᶲ] (Ruiz Martínez 2003, 127). En el § 15.5 se mencionarán otras realizaciones de /f/ motivadas por el contexto.

En el caso de la interdental [θ], el ápice de la lengua (articulador activo) se sitúa entre los incisivos superiores —sobre los que ejerce una ligera presión— e inferiores, creando una estrecha zona de contacto alrededor de la cual se desliza el aire; los laterales del dorso lingual se elevan, formando un canal que dirige la salida del aire hacia la abertura central (Figura 3).

Entre las variantes de /θ/ se han señalado algunas realizaciones posdentales (Iribarren 2005, 265; Ruiz Martínez 2003, 128) o ápico-dentales (Barreiro 1999–2000, 249–50), con un retroceso del ápice hasta la cara interna de los incisivos superiores, aunque manteniendo la elevación de los lados de la lengua, lo que diferencia esta realización de la [s] ápico-dental.

Dada la cercanía de las realizaciones sonorizadas de /θ/ con la aproximante [ð̞], algunos autores han considerado necesario caracterizar sus diferencias; así, Navarro Tomás, en 1934, recurre al 'rehilamiento', término acuñado años antes por Amado Alonso para aludir a la «vibración relativamente intensa y resonante con que se producen ciertas articulaciones. La [z] es rehilante y la [d] no lo es» (Navarro Tomás [1934], citado por Bès [1964, 20]; se mantiene la transcripción original, característica de la *RFE*) [→ § 1.6.3, § 9.4.2, § 16.5.1, § 17.2, § 19.2]. Según Canellada y Madsen (1987):

la diferencia entre [ð] y [θ], ambas sonoras e interdentales, estriba en que la [θ̬], como otras fricativas sonoras, tiene turbulencia entre los articuladores primarios, en este caso entre el borde de los dientes y el ápice. Esta turbulencia no se da en la [ð] por la mayor distancia entre sus articuladores. En el resto de la articulación hay gran semejanza entre una y otra (37).

La fricativa /s/ presenta diversas realizaciones [→ § 16.3.1]. En su variante apical o ápico-alveolar ([s̺]), el ápice de la lengua (articulador activo) se aproxima a los alveolos dentales de los incisivos superiores (articulador pasivo), como se aprecia en la Figura 4, mientras que el dorso lingual eleva sus bordes laterales, creando así una concavidad o canal central para la salida del aire (Alba 2001, 125; D'Introno, del Teso y Weston 1995, 289; Navarro Tomás [1918] 1980, 105). Canellada y Madsen (1987) señalan que «puede llegar a tener una realización un poco retrofleja» (37), y también puede adquirir, según Martínez Celdrán (1984, 321), un leve matiz prepalatal.

Fernández Planas (2000) la describe detalladamente, a partir de estudios electropalatográficos de cuatro sujetos, en los términos siguientes:

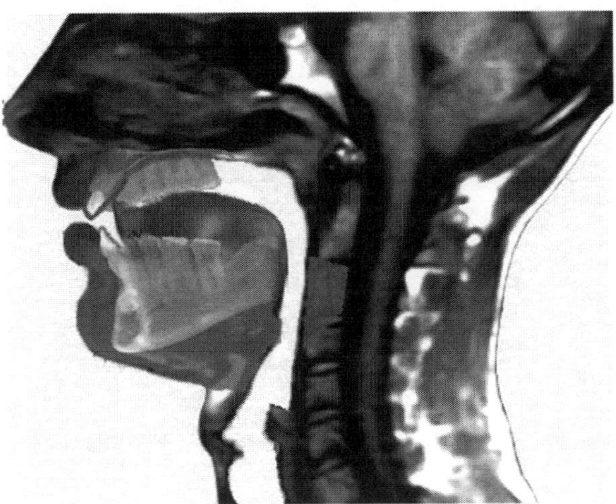

FIGURA 4. Esquema articulatorio de [s̺] apical.

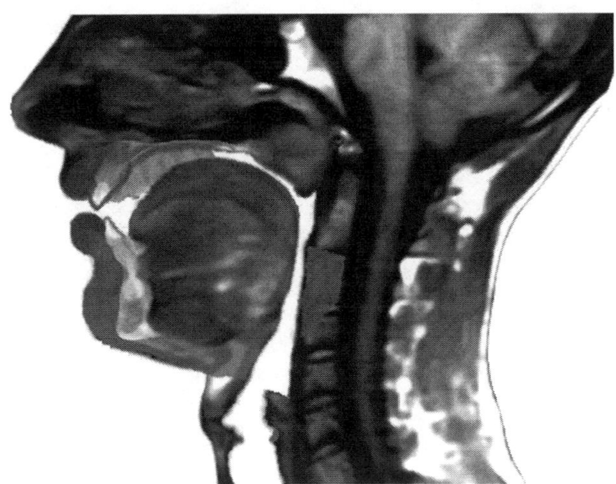

FIGURA 5. Esquema articulatorio de [x].

presenta su máxima constricción en la zona alveolar del paladar aunque tiene una característica propia. . . . Se trata de una ausencia de contactos en la región central de la constricción máxima que corresponde al canal por donde sale el aire espirado rozando los órganos y produciendo fricción. . . . Durante su producción el dorso lingual se eleva hacia el paladar duro y activa los electrodos situados en el borde del paladar artificial a ambos lados (155–56).

En su realización ampliamente mayoritaria en el mundo hispanohablante, la predorsal o predorso-dental ([s̺]), es la zona dorsal o predorsal de la lengua la que se aproxima, con mayor o menor redondeamiento, a la cara interna de los incisivos superiore, mientras el ápice se apoya en la base de los incisivos inferiores; la cavidad de resonancia es menor en las realizaciones predorsales que en las apicales (Alba 2001, 125).

Los electropalatogramas correspondientes a las /s/ argentina y cubana reproducidos Colantoni y Kochetov (2016) muestran el dorso como articulador activo y aproximándose a los alvéolos con contacto, lateral pero no central. También Fernández Planas (2001, 156) indica que sus sujetos con articulaciones más apicales presentaron un canal central para la salida del aire más estrecho que los que tendían a articulaciones algo predorsales, aunque no lo fueran tanto como las que caracterizan las variantes meridionales.

El fonema /s/ en posición de coda silábica se realiza como una aspiración en amplias zonas hispanohablantes, y puede llegar a omitirse [→ § 16.3.3]; sus características articulatorias se exponen más adelante en este apartado.

Los lugares de articulación anteriormente descritos pueden resultar afectados por el contexto, vocálico o consonántico, que rodea a /s/, como se verá en el § 15.5.

En la producción de la fricativa velar [x] (Figura 5), el articulador activo es el posdorso de la lengua, que se aproxima al velo del paladar o paladar blando y adopta un perfil algo convexo, aproximadamente paralelo a la propia curvatura velar, por lo que el aire procedente de los pulmones ha de salir por un canal estrecho, pero plano (cf. el § 15.2.1). El ápice de la lengua reposa en los incisivos inferiores. Es la más posterior de las consonantes del español estándar (Navarro Tomás [1918] 1980, 142–43).

Las vocales velares [o u] favorecen la realización uvular [χ] de /x/ (D'Introno, del Teso y Weston 1995, 313), en la que pueden detectarse incluso vibraciones entre el posdorso de la lengua y el velo del paladar (Real Academia Española y Asociación de Academias de la Lengua Española 2011, 194); por el contrario, las vocales anteriores [i e] provocan un adelantamiento o palatalización (cf. el § 15.5.4) [→ § 16.4.1].

Las variantes americanas de la fricativa velar se han calificado, por lo general, como menos tensas que las castellanas; conviven con una realización aspirada, considerada por diversos autores como la característica del español general: «todo el resto del mundo hispánico extrapeninsular aspira. Puede decirse, pues, que la aspiración es el sonido del español. La gran mayoría de los hispanohablantes aspiran [sic] el fonema /x/» (Moya Corral *et al.* 2014, 86). A continuación, se describe el sonido aspirado que coincide fonéticamente con el procedente de /s/.

La aspiración faríngea o laríngea, también calificada como glotal, ha sido descrita así por Barrutia y Terrell (1982):

si relajamos la articulación y el grado de fricción de este sonido [fricativo velar] y si la lengua no se encuentra tan cerca del velo del paladar, el resultado será un sonido muy poco fricativo, algo débil y más posterior . . . muy parecido a la [h] del inglés (83).

Marrero-Aguiar (1990a) la define como «una fricación articulable en la laringe, en la faringe o en el velo del paladar» (391); Alba (2001) la ha caracterizado como «una especie de soplo de aire que roza la faringe al salir con relativa fuerza por el canal bucal abierto» (125). Los electropalatogramas de Colantoni y Kochetov (2016) muestran, para la realización aspirada de /s/, «un muy bajo grado de contacto, consistente con una realización fricativa glotal [h]» (34). Algún otro autor (Face 2003) la considera «nada más que una versión sorda de la vocal adyacente» (30), en la que el dorso de la lengua no necesita articular una constricción velar, se separa y se relaja. Obediente ([1983] 1998) afirma que se trata de un gesto glotal, carente de articulación supralaríngea o bucal:

en las realizaciones glotales no hay articulación propiamente dicha, es decir, no se produce un contacto entre órganos diferentes (como en el caso de las realizaciones supralaríngeas), sino un juego de abertura y cierre de la glotis, juego que dará como resultado . . . la fricativa mínima [h] (318).

En su propuesta, /h/ es un «fonema con dos posibles realizaciones: una sorda [h] y otra sonora [ɦ]» (Obediente [1983] 1998, 319) [→ § 16.3.5].

Marrero-Aguiar (1990a) establece, en el español de Canarias, tres variantes, cuyas frecuencias de aparición vienen condicionadas por la posición silábica y el fonema al que corresponden: la articulación laríngea (el 22,6 % de 322 realizaciones analizadas), producida en la zona de la glotis intercartilaginosa, sin intervención de los articuladores bucales, es la que más tiende a sonorizarse y, quizá como consecuencia, también la más intensa, y es la que aparece con mayor frecuencia cuando equivale a /s/ posnuclear; la faríngea (el 12,1 %), producida mediante una aproximación del posdorso lingual a la pared faríngea, predominantemente sorda cuando corresponde a /x/ (contexto en el que es el tipo de aspirada más frecuente) y sonora cuando corresponde a /s/; y la velar (el 13,3 %), para la que, como en [x], el posdorso lingual se acerca al paladar blando, pero dejando una zona mucho más amplia para la salida del aire fonador; esta variante es la más resistente a la sonorización, la más escasa y la más condicionada por el contexto —vocales o consonantes posteriores— y el estilo de habla —lectura—, y suele proceder más de /x/ que de /s/. Cuando la aspiración corresponde a /s/ en posición implosiva, un 52 % de las realizaciones se caracterizan como asimiladas, pues consisten en una constricción o fricción homorgánica con la consonante siguiente, que o bien se añade a una aspiración previa, o bien ocupa por sí sola todo el tiempo de emisión de /s/.

En el § 15.5 se retomará la influencia del contexto sobre la aparición de las realizaciones aspiradas.

Una vez que la coordinación motora ha permitido crear las condiciones aerodinámicas necesarias para producir los sonidos fricativos se genera una onda acústica cuyas características se presentan en el próximo apartado.

15.3 Características acústicas de las consonantes fricativas

Desde las primeras descripciones acústicas de los sonidos fricativos del español (de Manrique y Massone 1981; Quilis 1981) hasta las publicaciones recientes, tanto las puramente descriptivas de la norma estándar como las dedicadas a las variedades dialectales o las orientadas a las tecnologías del habla, los esfuerzos de los investigadores se han centrado en abordar la misma cuestión básica: lograr una caracterización óptima de las consonantes fricativas mediante medidas que recojan de forma precisa los rasgos relevantes de la distribución espectral del inconstante ruido turbulento, considerando la posible influencia de las transiciones de las vocales contiguas, así como el papel de la intensidad y la duración, y sus variaciones entre unas fricativas y otras. A lo largo de las páginas siguientes se resumen las distintas propuestas realizadas por los investigadores que se han ocupado de las consonantes fricativas del español en lo que concierne tanto a los parámetros frecuenciales (§ 15.3.1), como a los relativos a la intensidad (§ 15.3.2) y a la duración (§ 15.3.3).

15.3.1 Parámetros frecuenciales

Las descripciones acústicas de los sonidos fricativos varían considerablemente en cuanto a los parámetros que en ellas se toman en consideración: en los trabajos procedentes del ámbito de la lingüística es común valorar la zona de inicio o final de la turbulencia, la aparición de picos espectrales más o menos definidos (puntos en los que se concentra una mayor cantidad de energía) e, incluso, la presencia de concentraciones estables de energía (de tipo formántico, aunque nunca tan definidas como las de las vocales, las nasales o las líquidas); en algunos de estos trabajos se describen también las direcciones de las transiciones. Desde el entorno de las tecnologías del habla se ha recurrido al centro de gravedad y a coeficientes cepstrales. Con fines judiciales, por último, se han avanzado caracterizaciones basadas también en el centro de gravedad de cada fricativa y en la curtosis del espectro [→ § 1.10.1].

Cada consonante se presenta a continuación por separado, pues la distribución del ruido varía en función de los distintos lugares de articulación.

Las descripciones de la fricativa labiodental [f] han oscilado entre caracterizaciones muy generales, indicando el comienzo de las turbulencias o su punto de máxima intensidad, hasta otras en las que se detallan las concentraciones de energía espectral, tomando en consideración las variaciones contextuales (Tabla 3). Entre las más indeterminadas, Rojas Avendaño y Fernández Rojas (2015) solo indican «concentración de energía que ocupa la parte alta, media y baja en el espectrograma» (79). De Manrique y Massone (1981) describen esta consonante como de espectro difuso, con predominio de frecuencias altas, con picos espectrales entre los 1500 y los 8500 Hz; de Manrique (1980) matiza que «en posición intervocálica muestra a veces un espectro muy difuso, sin picos, y reducción notable del nivel total de intensidad» (143). Marrero-Aguiar (1990b) coincide en señalar turbulencias difusas, que se inician alrededor de los 1350 Hz, y llegan, sin una estructura marcada, hasta los 5000 Hz, a veces hasta los 9500 Hz, e incluso se siguen detectando ruidos débiles hasta los 11 700 Hz. Barreiro (1999–2000) indica que [f] presenta energía dispersa en una banda de frecuencias entre los 1000 y los 13 400 Hz, y un espectro plano, con pocas diferencias de intensidad entre los picos; a partir de los 6000 Hz encuentra mayores variaciones individuales y más dispersión en las concentraciones de energía. Por último, Feijóo *et al.* (2002) encuentran concentración de energía espectral en la región de 1000–3000 Hz y destacan la influencia del contexto.

A pesar de la heterogeneidad de los datos disponibles, puede concluirse que [f] es un sonido difuso, poco marcado, con la energía distribuida en amplias bandas de frecuencia que cubren buena parte del espectro; no obstante, según la mayoría de los autores, se aprecia una primera concentración de energía por debajo de los 2000 Hz. En cambio, no se encuentran coincidencias en cuanto a la frecuencia de la banda más intensa: en torno a los 1500 Hz según Feijóo *et al.* (2002), a los 1700 Hz para de Manrique y Massone (1981), a los 3690 Hz para Barreiro (1999–2000) y a los 5000 Hz para Fernández Planas (2005, 145). Respecto a la frecuencia en la que terminan las turbulencias, solo puede concluirse que supera los 8000 Hz. Por último, varios autores (Feijóo *et al.* 2002; Marrero-Aguiar 1990b; de Manrique y Massone, 1981) han señalado la influencia que las vocales del entorno imprimen en la distribución espectral de [f]: en contacto con vocales anteriores, las concentraciones de energía de [f] tienden a comenzar en una zona de frecuencias más elevadas que en contacto con vocales posteriores.

La Figura 6 ilustra la forma de onda y el espectrograma correspondientes a [f], rodeada por las cinco vocales del español.

Las Figuras 6, 7, 8, 9, 15 y 18 se han obtenido mediante el programa Praat (Boersma y Weenink 2018), a partir de la grabación de un hablante masculino de la variedad castellana del español.

Las descripciones acústicas del alófono bilabial [ɸ] señalan su mayor periodicidad respecto a [f]. Almeida y Pérez Vidal (1991), analizando el habla canaria, destacan su elevado relajamiento, que provoca, en la mayoría de las realizaciones, la ausencia de fricción. Cuando esta aparece, su distribución espectral, según Marrero-Aguiar (1990b), comienza en torno a los 840 Hz, se extiende desde los 1750 a los 3500 Hz, y aparece de nuevo a partir de los 5000 Hz, hasta las frecuencias más altas analizadas (por encima de los 8000 Hz). Aunque esta autora no encuentra influencias de las vocales circundantes en esta distribución, Almeida y Pérez Vidal (1991) sí observan diferencias debidas a este factor: se inicia en torno a los 600–700 Hz con vocales posteriores y alrededor de los 2000 Hz con vocales anteriores y con [a].

El sonido interdental [θ] (Figura 7) se describe desde el punto de vista acústico como el menos preciso de todos los fricativos: Quilis (1981, 229, 231) indica que presenta bandas inarmónicas de formantes muy poco intensos, cuya frecuencia varía tremendamente según las frecuencias de los formantes vocálicos de su entorno; en la descripción de la *Nueva gramática de la lengua española* (Real Academia Española y Asociación de Academias de la Lengua Española 2011, 180) también se señala esta dependencia contextual. Marrero (1990b) detecta igualmente una distribución muy irregular de la energía, pero sin una influencia constante del contexto vocálico; en el mismo sentido, Barreiro (1999–2000) encuentra la energía distribuida por todo el espectro, sin agrupamiento de picos.

No existe unanimidad en lo que se refiere a la zona frecuencial más relevante para la caracterización de la fricativa interdental (cf. el § 15.4.1): para Feijóo y Fernández López (2002a) y Feijóo, Fernández López y Balsa (1999) serían

Tabla 3 *Caracterización espectral de [f]*

	Características de la muestra	Inicio de las turbulencias	Zonas de mayor intensidad	Fin de las turbulencias
de Manrique (1980, 143)	Sin datos	1000	1500 y 8500	11 000
Quilis (1981)	Sin datos	2100		
de Manrique y Massone (1981)	Cuatro locutores masculinos de la variedad rioplatense		Media — Desv. est. [f] aislada 1733 — 152 [fi] 2150 — 378 [fe] 1700 — 100 [fa] 1633 — 251 [fo] 1633 — 208 [fu] 1446 — 208	
Marrero-Aguiar (1990b)	Dos hombres, uno castellano y otro canario, y dos mujeres, una castellana y otra canaria	Promedio: 1350 [ifi] 1379 [efe] 931 [afa] 778 [ofo] 432 [ufu] 744		Fin de las turbulencias intensas: 9000-10 000 Fin de las turbulencias débiles: 11 000-12 000
Carbó y Navarro Pesudo (1999)	Un locutor masculino de la variedad castellana	[f] -V 1127 -C 942 -# 1420	Inicio de la zona de mayor intensidad: 4394,5	-V 8849 -C 8801 -# 8821
Ortega Escandell y Matas (1999)	Cinco mujeres y tres hombres, de la variedad castellana		Media — Desv. est. 1.er pico 2981 — 1243 2.º pico 5619 — 1580 3.er pico 8338 — 1283	

			Frecuencia	Ancho de banda	Amplitud (dB)	
Barreiro (1999–2000)	Ocho locutores masculinos, grabados en León (variedad castellana)	F1	1818	121	-7	
		F2	2855	180	-3	
		F3	3690	163	-1	
		F4	4498	137	-4	
		F5	5327	100	-4	
		F6	5998	244	-7	
		F7	6696	113	-9	
		F8	7529	261	-8	
		F9	8372	216	-7	
Feijóo *et al.* (2002)	Dos locutores		1500 Más marcado en [fu] que en [fe]			
Fernández Planas (2005, 145)	Sin datos	1000	Máxima intensidad: 5000			
Real Academia Española y Asociación de Academias de la Lengua Española (2011)	Sin datos	1500	No se aprecian			8000

Nota. Los valores numéricos, salvo indicación contraria, corresponden a valores en hercios.

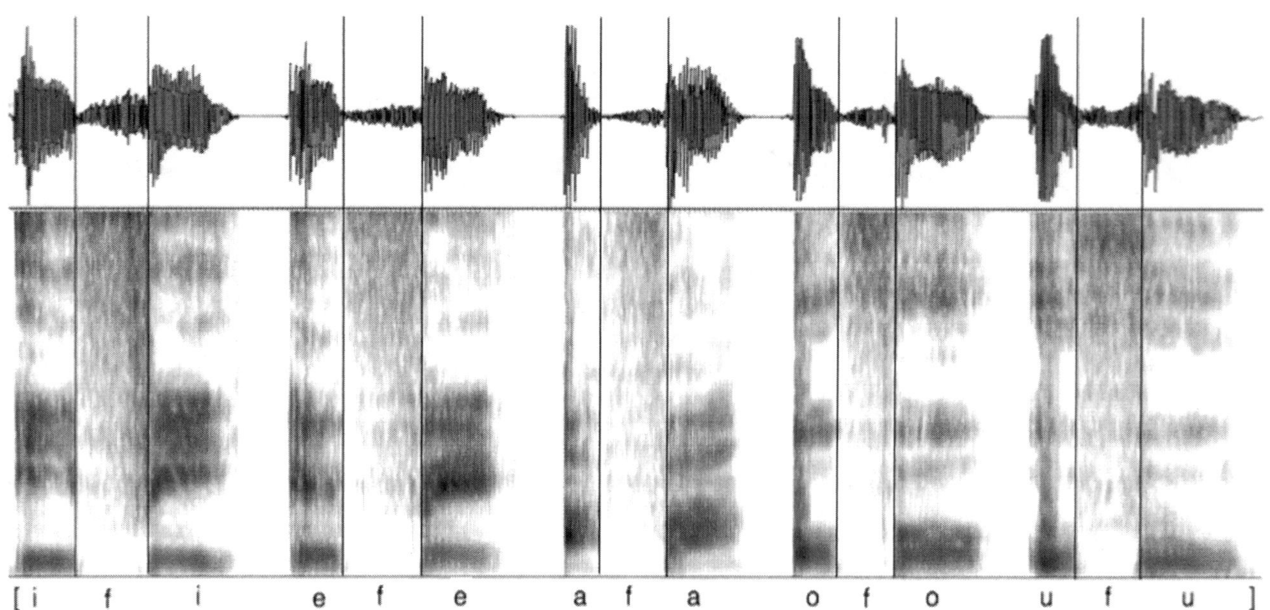

FIGURA 6. Oscilograma y espectrograma de las secuencias [ifi] [efe] [afa] [ofo] [ufu].

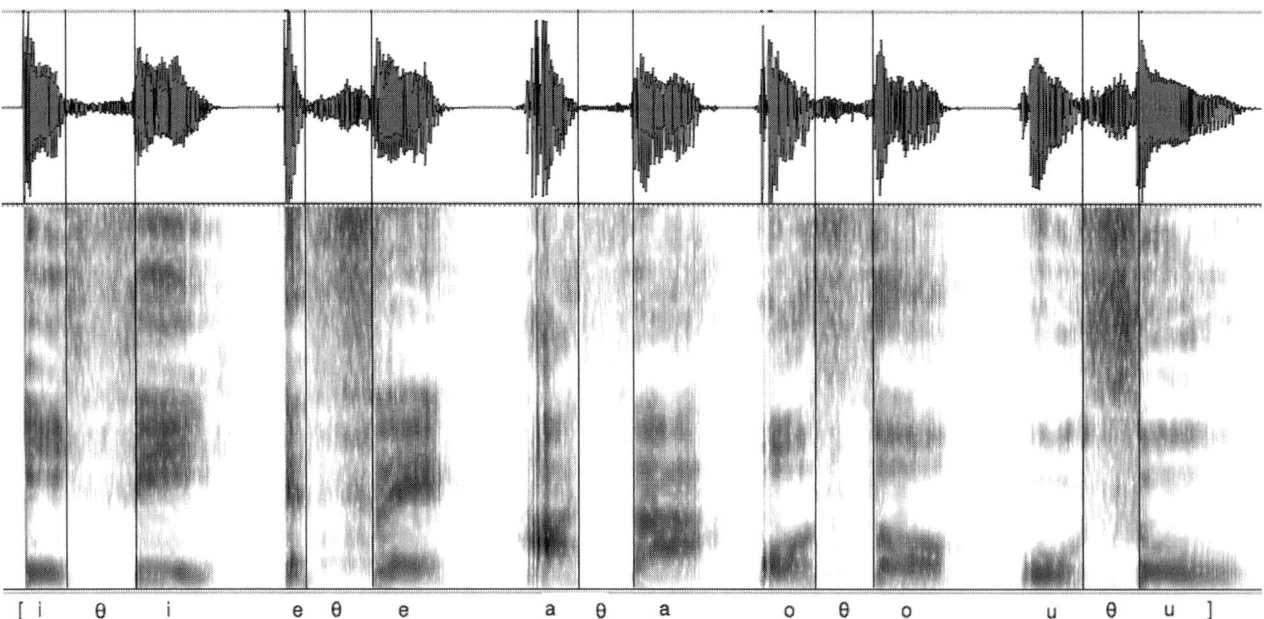

FIGURA 7. Oscilograma y espectrograma de las secuencias [iθi] [eθe] [aθa] [oθo] [uθu].

las frecuencias bajas en la zona central de la fricativa. Para Fernández Planas (2005, 145) la frecuencia característica de [θ] se sitúa a los 7000 Hz. Barreiro (1999–2000) establece una diferencia entre la realización interdental «canónica», que presentaría una concentración de energía especialmente destacada a los 5000 Hz (intermedia, por tanto, con respecto a las señaladas por los autores antes citados), y otra variante ápico-dental, en la que serían importantes frecuencias más altas. Marrero-Aguiar (1990b) detecta varias concentraciones energéticas a lo largo del espectro, aunque acompañadas de desviaciones típicas muy elevadas, señal de su inestabilidad y de la dificultad para establecer la preponderancia de unas sobre otras. En cuanto a su inicio y su final, Quilis (1981, 229) y Fernández Planas (2005, 145) consideran que el comienzo de las turbulencias se sitúa alrededor de los 2500 Hz, y continúa hasta zonas muy altas, por encima de los 10 000 Hz; Marrero-Aguiar (1990b) encuentra picos espectrales desde los 950 hasta más allá de los 7000 Hz. Barreiro (1999–2000) también sitúa el inicio de las turbulencias en torno a los 1100 Hz y su final en los 13 500 Hz. Se constata, por lo tanto,

Tabla 4 *Caracterización espectral de [θ]*

	Inicio de las turbulencias (Hz)	Frecuencia media de las turbulencias (Hz)	Fin de las turbulencias (Hz)
Quilis (1981)	[θa]: 6400 [θu]: 2400		
Marrero-Aguiar (1990b)		Promedios acompañados de desviaciones típicas muy elevadas. 1.ª zona turbulenta: 2357. 2.ª zona turbulenta: 3166. 3.ª zona turbulenta: 5050. Fricación continuada a partir de 5700.	
Carbó y Navarro Pesudo (1999)	-V 1014 -C 1300 -# 1520	Inicio de la zona de mayor intensidad: 4421.	-V 8812 -C 8489 -# 8578
Ortega Escandell y Matas (1999)		Media Desv. est. 1.ᵉʳ pico 2881 1271 2.º pico 5406 1124 3.ᵉʳ pico 8422 3256	
Barreiro (1999–2000)		Diferencias entre la realización interdental y la ápico-dental: Interdental: 5000 Hz. Ápico-dental: predominio de frecuencias más altas.	
Fernández Planas (2005, 145)	2500	Máxima intensidad: 7500.	

cierta coincidencia en situar el final de las turbulencias en frecuencias muy altas: según Carbó y Navarro Pesudo (1999) sería ese parámetro el que permitiría diferenciar [θ] de las demás fricativas, aunque solo cuando precede a una vocal. Los datos concretos aportados por la bibliografía se presentan en la Tabla 4.

Respecto a la influencia del contexto, Quilis (1981, 229) es el único autor que encuentra diferencias en las turbulencias de [θ] debidas a la vocal que la acompaña; Feijóo *et al.* (2002) indican que las transiciones de F2 y F3 resultan importantes para diferenciar entre [θe] y [θu].

La consonante /s/ es la fricativa más estudiada en español, también desde el punto de vista acústico, lo cual permite contar con datos estadísticamente más significativos que los disponibles para el resto de las fricativas (cf. la columna 'Locutores/Variedad' en la Tabla 5). La fricativa alveolar es el sonido más turbulento del español; de hecho, según algunos estudios, esta es la única consonante fricativa (y, solo en algunos casos, también [x]) que se puede describir de forma efectiva a partir únicamente de sus características espectrales. La clave más relevante para su caracterización ha sido, en muchos trabajos, el inicio de las turbulencias o primer pico espectral —según Ortega Escandell y Matas (1999), permitiría una clasificación correcta en el 70,8 % de los casos, sea cual sea el contexto y el locutor—, aunque la mayoría de los investigadores coincide en señalar la dependencia contextual de este parámetro —registra frecuencias más bajas en contacto con las vocales velares que con las palatales o con [a]—, y su posición concreta varía mucho en los diferentes estudios. Carbó y Navarro Pesudo (1999) indican que, además del inicio de la zona turbulenta más intensa —que en [s̺] aparece a frecuencias más bajas que en el resto de las fricativas— es determinante el fin de las turbulencias, en frecuencias más altas. Sin embargo, el parámetro acústico posiblemente más estable en [s̺] es el máximo pico espectral, el punto en el que se encuentra la mayor intensidad sonora, generalmente situado por encima de los 4000 y por debajo de los 6000 Hz en el español peninsular.

En el estudio de Univaso, Martínez Soler y Gurlekian (2014) sobre la [s] argentina, el parámetro que registró una menor variabilidad entre hablantes (y por tanto, resultó el más estable) fue el formante más alto, el F4; en su estudio se sitúa por encima de los 3000 Hz, pero hay que tener en cuenta que estos autores utilizan el canal telefónico, que elimina la banda superior a los 3500 Hz.

Tabla 5 *Caracterización espectral de las realizaciones de /s/*

	Locutores/variedad	Inicio de las turbulencias (Hz)	Máximo pico espectral (Hz)
de Manrique (1980, 143)	Sin datos	2000	1.º: entre 4000 y 6500 2.º: entre 7500 y 9500
Quilis (1981)	Sin datos	Dependiente del contexto vocálico y de la variedad dialectal. /'asa/ /'usu/ Ápico-alveolar 3888 2511 Ápico-dentoalveolar plana 5670 3843 Predorso-dentoalveolar 4455	
de Manrique y Massone (1981)	4: H / rioplatense		Media Desv. est. [s] 5300 1086 [si] 5560 1023 [se] 5160 1167 [sa] 5350 695 [so] 4333 472 [su] 4500 627
Balari, Llisterri y Poch (1988)	Sin datos	3500 aproximadamente. Fin de turbulencias: 11 000 aproximadamente.	
Etxebarría (1990)	Sin datos: H / País Vasco	Ápico-alveolar sorda [ʂ-] [-ʂ] [-ʂ] i 3440 3506 3637 e 3533 3521 3726 a 3476 3392 3757 o 3145 3319 3442 u 3179 3305 3440 media 3372 3424 3620 *Nota.* No se han promediado los datos de las realizaciones sonoras o sonorizadas, muy escasas.	La autora se refiere a lo largo del trabajo a "las frecuencias medias (Hz) a las que aparece la energía" (p. 429); de ese verbo y de la comparación con valores de referencia previos se deduce que se ha medido la frecuencia de inicio de la turbulencia, y no el pico máximo.
Almeida y Pérez Vidal (1991)	13: Canarias	[a] [o] [u] 4700 2400-3800 2300-3600	

Elejabeitia y Bizcarrondo (1992)	22: 11 H, 11 M / País Vasco	Hombres	[i e]	[o u]	Las autoras unen datos de hablantes masculinos y femeninos, y en el contexto prepausal (V_#) no diferencian entre vocales. En el contexto preconsonántico (V_C) se han promediado las cifras de consonantes sordas y sonoras, pues sus diferencias en Hz no parecían significativas.
		#_V	2771	2375	
		V_V	2690	2337	
		V_#	2521		
		Mujeres	[i e]	[o u]	
		#_V	3195	2673	
		V_V	3207	2704	
		V_#	3049		
		Total			
		V_C	2799	2513	

Marrero-Aguiar (1990b)	4: 2 H, 2 M / 2 castellana, 2 atlántica	[i]	3750				
		[e]	3310				
		[a]	3420				
		[o]	2950				
		[u]	2220		[i]	5200	
		Media	3130		[e]	5600	
		Concentraciones de energía			[a]	5900	
			Primera	Segunda	[o]	4620	
		[i]	2423	3092	[u]	4950	
		[e]	1903	2832	Media	5254	
		[a]	1195	1741			
		[o]	1550	2854			
		[u]	1611	2182			
		Media	1736	2540			

Carbó y Navarro Pesudo (1999)	1: H / español de Cataluña		Inicio	Final	Inicio de la zona más intensa: 3078,5 Hz.
		_V	1558	9398	
		_C	1750	9581	
		_#	1595	9367	

Ortega Escandell y Matas (1999)	8: 5 H / 3 M; español de Cataluña	Tres primeros picos espectrales		
			Media	Desv. est
		P1	3902	957
		P2	5706	964
		P3	7769	1394

Tabla 5 (continuación)

	Locutores/variedad	Inicio de las turbulencias (Hz)			Máximo pico espectral (Hz)		
			Media	Desv. est.		Media	Desv. est.
Marrero-Aguiar, Gil y Battaner (2003)	8: H / sin datos	['eṣe]	1753	225	['eṣe]	4337	474
		['aṣa]	1634	430	['aṣa]	4412	437
		['oṣu]	1338	341	['oṣu]	4092	1673
		Total	1575	372	Total	4281	999
Fernández Planas (2005, 145)	Sin datos	2500-3000			3500		
Llisterri *et al.* (2009)	30: H / sin datos				Media: 4084 Desv. est: 647 El máximo pico espectral ofrece valores similares (t de Student > 0,05) en 22 sujetos; es independiente del contexto, [aṣa] / [eṣe].		
Univaso, Martínez Soler y Gurlekian (2014)	47 (corpus interlocutor) + 6 (corpus intralocutor): H / español argentino. Canal telefónico.	F1 796 ± 181 F2 1791 ± 142 F3 2596 ± 147 F4 3248 ± 155 Centro de gravedad: 2188 ± 718 Debe considerarse la limitación de 3500 Hz del canal telefónico utilizado.					

Nota. En la segunda columna se indica en primer lugar el número total de locutores; a continuación, su sexo: H = hombres; M = mujeres; tras la barra, la variedad dialectal del español analizada. # = pausa; V = vocal; C = consonante; el guion bajo entre ellas indica la posición de /s/.

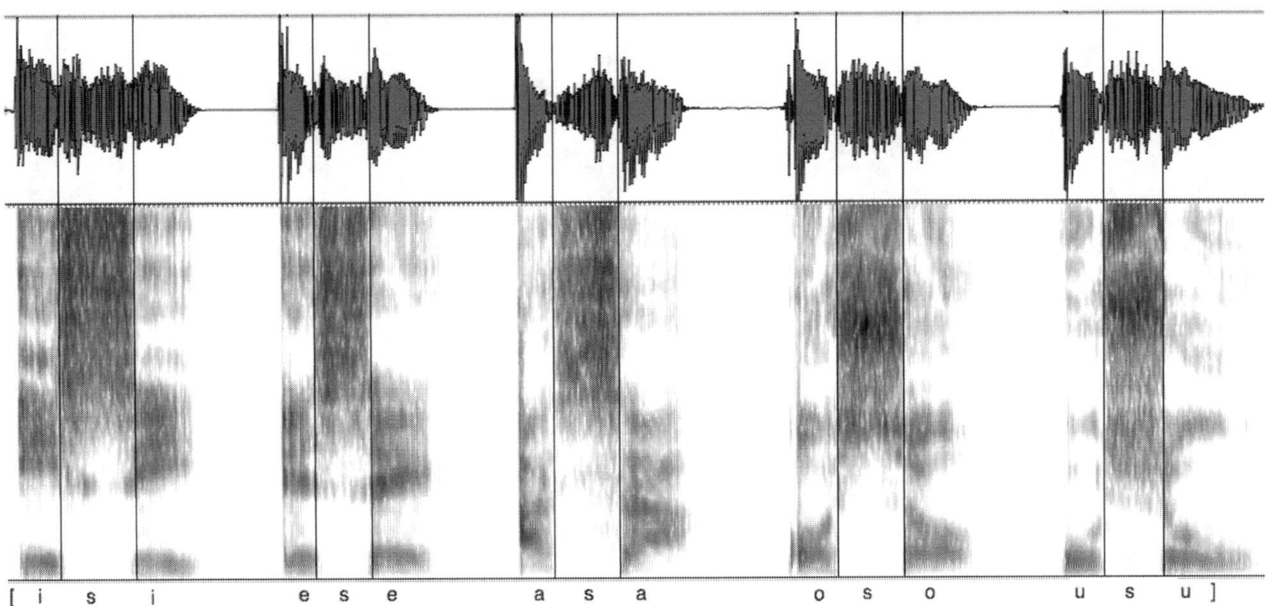

FIGURA 8. Oscilograma y espectrograma de las secuencias [iʂi] [eʂe] [aʂa] [oʂo] [uʂu]. Realización castellana.

Son destacables las diferencias que señala la bibliografía entre las dos principales realizaciones de /s/. Los trabajos llevados a cabo sobre variedades del español atlántico (Almeida y Pérez Vidal 1991; de Manrique y Massone 1981; Marrero-Aguiar 1990a) ofrecen valores más altos para el inicio y el punto de máxima intensidad de las turbulencias que los obtenidos con hablantes de la España peninsular (Carbó y Navarro Pesudo 1999; Marrero-Aguiar, Gil y Battaner 2003, entre otros, además de los comparados de Quilis 1981), aunque con la particularidad de que estos últimos estudios se realizaron todos con locutores masculinos, mientras que en los tres primeros se promediaron los datos de hombres y mujeres. De hecho, la variable sexo afecta a la distribución espectral de /s/, con valores más altos en mujeres que en hombres, según Elejabeitia y Bizcarrondo (1992). Marrero-Aguiar (1990a) compara la realización apical (castellana) y la dorsal (canaria): ambas presentan en la zona baja del espectro la misma estructura y las mismas concentraciones de energía; sin embargo, en zonas medias y altas el comienzo de turbulencias y el máximo pico espectral aparecen en frecuencias más altas en la [s] canaria. Por tanto, las realizaciones apicales presentarían las turbulencias en frecuencias más bajas que las realizaciones predorsales. Algunos autores, por último, describen estas diferencias en términos fonético fonológicos: para Quilis (1981), las realizaciones ápico alveolares (posteriores) se clasifican, en términos en términos jakobsonianos [→ § 1.19.3], como más estridentes, graves e intensas que las realizaciones predorso-dentales (anteriores), más mates, agudas y regulares. Almeida y Pérez Vidal (1991) clasifican la [s] canaria como una realización predorso-dentoalveolar mate.

En la Figura 8 pueden verse la forma de onda y el espectrograma correspondientes a la /s/ castellana en contexto intervocálico.

La información disponible sobre el sonido fricativo velar, [x], es menos abundante que la existente sobre las consonantes anteriormente tratadas, pero los datos concuerdan en que su energía se concentra en bandas de frecuencia bastante estrechas y bien definidas, hasta el punto de que algunos autores mencionan la existencia de una «estructura formántica» (Barreiro 1992) o de «cuasi-formantes» (Marrero-Aguiar 1990b). Esas bandas de energía siguen de cerca los formantes de las vocales que rodean a la fricativa velar, especialmente el segundo, mostrando un claro efecto de dependencia contextual. De Manrique y Massone (1981) observan, además de este fuerte pico de energía, otro alrededor de los 4000 Hz, 20 dB menos intenso que el anterior. De Manrique (1980) indica que

> la energía espectral de [x] se concentra en una banda estrecha de baja frecuencia que se continúa en el F2 de la vocal siguiente cuando ésta es [o, u, a]. Delante de [e, i], la posición de frecuencia de esta banda es cercana a la del F3 de estas vocales, revelando el carácter palatal de esta fricativa en dichos contextos (143).

Marrero-Aguiar (1990b) encuentra que la primera de esas concentraciones de energía desciende en frecuencia a medida que se velariza la vocal adyacente, pero la última aumenta de forma correlativa, por lo que el rango de distribución

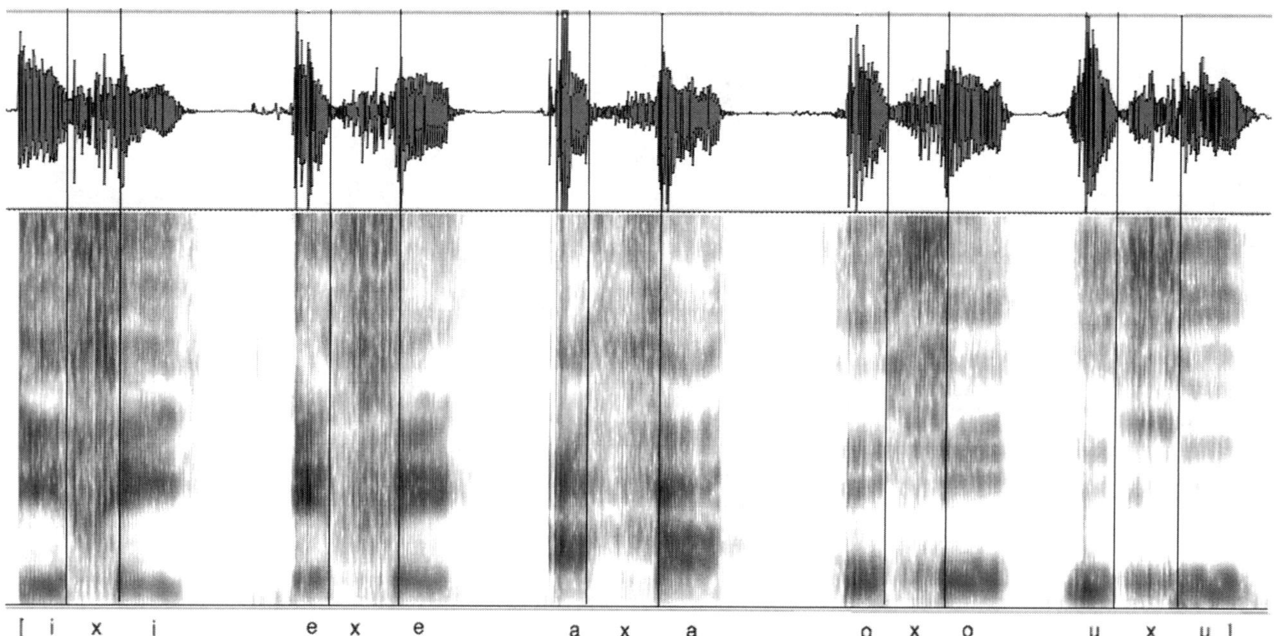

FIGURA 9. Oscilograma y espectrograma de las secuencias [ixi] [exe] [axa] [oxo] [uxu]. Las dos primeras, aunque el contexto no las favorece, son realizaciones uvulares, como puede observarse en sus estriaciones verticales.

de las mismas se amplía progresivamente de [ixi] (1800–5100 Hz) a [uxu] (650–7500 Hz). Barreiro (1992) incide igualmente en la aparición de una estructura formántica íntimamente ligada a la del contexto vocálico, tanto en la altura de las frecuencias formánticas como en las zonas que ocupan y en sus amplitudes. En la *Nueva gramática de la lengua española* (Real Academia Española y Asociación de Academias de la Lengua Española 2011) se señala igualmente que «las zonas más intensas de más baja frecuencia se sitúan a la misma altura que los formantes de las vocales del entorno» (184).

Dada esa dependencia del contexto vocálico, la información proporcionada por Ortega Escandell y Matas (1999), que no consideran esta variable, resulta difícilmente comparable con los resultados anteriores (cf. la Tabla 6), aunque estos autores destacan que fue el primero de los picos espectrales el que presentó mayores diferencias entre las cuatro fricativas, coincidiendo con Carbó y Navarro Pesudo (1999) cuando señalan que la frecuencia de inicio de la fricción es significativamente más baja en [x] que en el resto de las fricativas.

En cuanto a los resultados de otros análisis frecuenciales, Fernández López, Feijóo y Balsa (1999) obtienen unas tasas de clasificación correcta de [x] muy elevadas mediante caracterizaciones fractales de la distribución de energía espectral.

En la Tabla 6 se resumen los datos correspondientes a los estudios que se acaban de mencionar, mientras que en la Figura 9 pueden verse la forma de onda y el espectrograma correspondientes a [x] en contexto intervocálico.

Acústicamente, el sonido aspirado [h], tanto el equivalente a [x] castellana como el que resulta de las realizaciones de /s/ en determinados contextos (cf. el § 15.5.3), presenta una energía espectral muy escasa en cualquiera de sus realizaciones, aunque en la laríngea es algo más fuerte que en la faríngea, y en esta, a su vez, lo es más que en la velar. Rojas Avendaño y Fernández Rojas (2015) caracterizan la /h/ venezolana como un sonido fricativo glotal con mayor concentración de energía en frecuencias medias y bajas. Marrero-Aguiar (1990a) señala que la realización laríngea presenta unas concentraciones sonoras bien definidas, cuyas frecuencias son paralelas a las de los dos primeros formantes de las vocales de su entorno; también se apunta lo mismo en la *Nueva gramática de la lengua española* (Real Academia Española y Asociación de Academias de la Lengua Española 2011, 199). El inicio de las turbulencias se ve igualmente afectado por el contexto: con [i] empiezan alrededor de los 2100 Hz y, con [o], sobre los 650–700 Hz.

Un último elemento que se ha de mencionar para concluir la caracterización de las fricativas considerando parámetros frecuenciales son las transiciones de las vocales de su entorno. Respecto a su importancia perceptiva, se volverá a ello en el § 15.4; aquí simplemente se describirán acústicamente, según la información aportada por la bibliografía.

Las descripciones de las transiciones vocálicas se basan en dos índices difícilmente comparables: por una parte, hay autores que consideran la altura frecuencial de la transición, sin indicar su movimiento posterior (de Manrique y Massone

Tabla 6 *Caracterización espectral de [x]*

	Concentraciones de energía (Hz)			
	Media	Desv. est.		
de Manrique y Massone (1981)	[x] aislada 1462	94		
	[xi] 2950	300		
	[xe] 2750	309		
	[xa] 1600	216		
	[xo] 1025	150		
	[xu] 900	216		
Marrero-Aguiar (1990b)		[ixi]	[exe]	[axa]	[oxo]
	C.E.1 1904	2015	1413	810
	C.E.2 3098	2957	3038	3017
	C.E.3 3898	4060	4360	3888
	C.E.4 5060	5171	5832	5683
	C.E.5 6561	5589		6521
		[sx]	[lx]	[ɾx]	[nx]
	C.E.1 1337	1944	2065	1518
	C.E.2 2309	2916	2956	3159
	C.E.3 3699	3767	3888	4212
	C.E.4	4900	5022	5026
	C.E.5 5630	5710	5832	6156

	[xi]		[xa]		[xu]
Barreiro (1992)	F2 2416	F1 1488	F1 544
	F3 3544	F2 2000	F2 2300
	F4 4590	F3 3976	F3 3736
	F5 5512	F4 5790	F4 5504
	F6 6240	F5 6360	F5 6840
	F7 6760		

	Media	Desv. est.
Ortega y Matas (1999)	P1 3587	1146
	P2 5954	1066
	P3 8146	1175

	Fricción	Inicio	Final
Carbó y Navarro Pesudo (1999)	/V	557	8653
	/#	914	8298
	Inicio de la zona más intensa: 4174		

Fernández Planas (2005, 145)	Inicio del ruido: 0 Máximo pico espectral: 1700		

Nota. C.E. = concentración de energía. P = pico espectral.

Tabla 7 *Transiciones. Inicio de los formantes vocálicos en contacto con fricativas*

	de Manrique y Massone (1981) T2 (Hz)			Almeida y Pérez Vidal (1991) T2 (Hz)		Almeida y Pérez Vidal (1991) T3 (Hz)	
	[f]	[s]	[x]	[f]	[s]	[f]	[s]
[i]	2000	1990	2180	2400	2000	2800	2800-2900
[e]	1750	1750	2000	1700	1600	2100	
[a]	1120	1250	1550	1000	1200-1400		
[o]	850	1140	990	750	1100-1200	1900	
[u]	840	1120	880	350	700	1250[a]	

Nota. T2 = transición del segundo formante; T3 = transición del tercer formante.
[a] Se ha corregido una errata del texto original.

1981; Carbó y Navarro Pesudo 1999); y por otra, los hay que describen la dirección (positiva, negativa u horizontal) de toda la transición, sin precisar frecuencias (Marrero-Aguiar 1990b; Quilis 1981; Rojas Avendaño y Fernández Rojas 2015); algunos trabajos aportan ambos tipos de datos (Almeida y Pérez Vidal 1991). En las Tablas 7 y 8 se resume la información que proporcionan los mencionados estudios.

Más allá del hecho obvio del descenso progresivo en las transiciones del segundo formante de [i] a [u], de los datos de la Tabla 7 y de los aportados por Carbó y Navarro Pesudo (1999) se desprende que las fricativas sordas se diferencian entre sí por los valores de inicio del F2 de la vocal siguiente: tras [s̱], sea cual sea la vocal, se concentran en una zona central de espectro relativamente estrecha: entre los 1000 y los 2000 Hz aproximadamente; tras [f] o [x] —en su realización argentina (de Manrique y Massone 1981) o castellana (Carbó y Navarro Pesudo 1999)— su área de distribución es más amplia, empiezan a frecuencias más bajas con las vocales posteriores, y terminan a frecuencias más altas con las anteriores; para [θ] solo se dispone de los datos de Carbó y Navarro Pesudo (1999), que presentan una gráfica con valores ligeramente más dispersos que los de [s̱].

En cuanto al tipo de movimiento o a la dirección que se detecta en los formantes vocálicos en contacto con las fricativas, se observa en la Tabla 8 que, en general, los estudios considerados coinciden, excepto con respecto a la fricativa velar y a las realizaciones dentales de /s/ ([s̱]), sonidos ambos sujetos a relevantes diferencias dialectales, lo que podría explicar las divergencias. De cualquier modo, si se examinan los datos de la Tabla 8 a la luz de la 'teoría del *locus*' [→ § 1.11.3, § 9.3.3], en lo que concierne al segundo formante (T2), se deduce un *locus* en frecuencias bajas, inferior al segundo formante vocálico, para las fricativas más adelantadas, [ɸ] y [f]; uno intermedio-alto para las interdentales y alveolares, que se sitúa entre el F2 de [e] y de [a] para [θ] y en torno al F2 de [a] para [s̱]; y otro más elevado para la velar [x], por encima del F2 de cualquier vocal, según Marrero-Aguiar (1990b), o entre los de [e] y [a], según Quilis (1981, 229–41). Por lo que respecta a la transición del tercer formante vocálico (T3), también se infiere un *locus* ascendente que sigue la progresión [ɸ] - [f] > [θ] > [s̱]; el de [x] se situaría por debajo del de [s̱].

Como se avanzó al comienzo del apartado, desde algunas perspectivas aplicadas de la fonética, tanto a las tecnologías del habla como a fines judiciales, se han planteado descripciones acústicas de las características espectrales de las fricativas diferentes de las que se han resumido hasta aquí. Entre las primeras, el equipo del Departamento de Física Aplicada de la Universidad de Santiago (Feijóo *et al.* 1999; Fernández López, Feijóo y Balsa 1999) ha propuesto caracterizar las fricativas españolas mediante medidas cepstrales —unas de naturaleza puramente acústica, como los coeficientes cepstrales y los coeficientes cepstrales derivados de la codificación por predicción lineal (en inglés, *LPC* o *Linear Predictive Coding*), y otras ajustadas a una escala perceptiva como los coeficientes cepstrales en meles— para proporcionar una versión suavizada o ponderada del espectro. En Feijóo *et al.* (1999) se analiza el rendimiento de un análisis acústico basado en tres ventanas temporales de cuatro parámetros: coeficientes cepstrales, coeficientes cepstrales derivados del LPC, coeficientes cepstrales en meles y los primeros cuatro momentos estadísticos, en referencia al tipo de análisis realizado por Forrest *et al.* (1988). Según sus resultados, las mejores representaciones son los coeficientes cepstrales derivados del LPC y los coeficientes cepstrales. También Ortega Escandell (2016) encuentra que, para /f/, /θ/, /s/, /x/ del castellano, «el primer pico del espectro consonántico es con mucho el de mayor relevancia, tanto por lo que respecta a su altura como a su ancho de banda» (91).

Tabla 8 *Dirección de las transiciones formánticas de las vocales en contacto con fricativas*

		[ɸ]	[f]		[θ]		[ʂ] alveolar		[s̪] dental		[x]		
		M	Q	M	Q	M	Q	M	Q	M	Q	M	B
[i]	T2	−	−	−	−	−	=	−	+	−	−	+	
	T3	−	−	−	−	−	=	=	+	=	−	=	−
[e]	T2	−	−	−	−	−	−	−	=	−	−	+	
	T3	−	−	−	−	−	=	=	+	=	−	=	
[a]	T2	−	−	−	−	+	−	+	+	+	+	+	+
	T3	=	−	=	−	+	=	+	+	+	+	+	−
[o]	T2	−	=	−	+	+	+	+	+	+	+	+	
	T3	=	=	=	−	+/−	−	−	+	−	−	+/−	
[u]	T2	−	=	−	+	+	+	+/−	+	+	+	−	+
	T3	=	=	=	−	−	−	−	+	−	−	+	+

Nota. Q = Quilis (1981); M = Marrero-Aguiar (1990b); B = Barreiro (1992). T2 = transición del segundo formante; T3 = transición del tercer formante. + = transición ascendente; − = transición descendente; +/− = indeterminado.

Otra parametrización particular llevada a cabo por este mismo grupo de investigadores fue la representación fractal de las fricativas españolas (Fernández López, Feijóo y Balsa 1999) porque, en su opinión, «los modelos fractales parecen especialmente adecuados para su caracterización puesto que la turbulencia, que es la fuente sonora de las fricativas, presenta al menos algunos aspectos que son fractales» (2145, traducción propia), es decir, las fricativas muestran una estructura irregular que se repite a diferentes escalas. En este trabajo, se consideraron 20 dimensiones fractales —que al final se redujeron a ocho—, para tres ventanas temporales. Los resultados mostraron índices de clasificación correcta superiores al 81 % para todas las fricativas y para la africada; para /x/ alcanzaron incluso un 96 %, la tasa más alta. Por lo tanto, estos autores concluyen:

> Se ha probado que los modelos fractales son un método eficiente para la caracterización de las fricativas sordas, y sus resultados son comparables a los de otras caracterizaciones acústicas clásicas de los ruidos fricativos. Además, los modelos fractales son una nueva manera de ver la acústica y la aerodinámica del habla (2148, traducción propia).

Finalmente, cabe concluir este apartado sobre otras caracterizaciones espectrales de las fricativas mencionando los trabajo de Cicres (2004, 2011), con fines judiciales, en los que se analizan los siguientes parámetros:

- El centro de gravedad, que mide la concentración media de energía en el espectro.
- La distancia de las frecuencias del espectro respecto del centro de gravedad (desviación típica).
- La curtosis o apuntamiento del espectro, de modo que cuanto más elevado es su valor, mejor definidos aparecerán los picos espectrales; una curtosis baja será indicio de un espectro plano, sin picos definidos; existe una correlación inversa entre la desviación típica del centro de gravedad y la curtosis.
- La asimetría de la curva espectral, derivada de la distribución de la energía a ambos lados del centro de gravedad; los valores positivos indican predominio de las frecuencias bajas; los valores negativos señalan predominio de las frecuencias altas.
- El espectro medio a largo plazo —en inglés, LTAS o *Long-Term Average Spectrum*— estandarizado y el pico de mayor energía en el espectro FFT —*Fast Fourier Transform,* o transformada rápida de Fourier— (en Cicres 2011) [→ § 1.10.1].

En sus resultados, la media de energía para cada banda del LTAS resultó muy similar entre [f] y [θ], con valores más elevados en las frecuencias altas, mientras que en [ʂ] predomina la parte media del espectro; en cambio, [x] solo presenta valores superiores a la media de las fricativas en las tres primeras bandas espectrales. En los demás parámetros, [ʂ] y [x] muestran valores más homogéneos y menos variables entre locutores que [f] y [θ]. La curtosis fue el parámetro que en Cicres (2004) menos diferenciaba entre individuos y, por tanto, el más característico de cada consonante. A pesar de ello, la mayoría de los parámetros analizados resultó muy variable de una persona a otra:

> Únicamente no se encuentran diferencias inter hablantes significativas en la quinta banda del LTAS para [f]; las tres primeras bandas para [θ]; las bandas 8 a 10 de [s]; y el centro de gravedad, el valor máximo del espectro FFT, la banda LTAS de mayor intensidad y las bandas 1 a 4 y 13 a 16 en el caso de [x] (Cicres 2011, 41).

En conclusión, se pueden formular algunas generalizaciones: la frecuencia en la que acaban las turbulencias puede ser un parámetro acústico que diferencie las consonantes fricativas entre sí, al menos en contexto prevocálico. También el primer pico espectral parece variar significativamente entre las cuatro fricativas, aunque solo permitiría discriminar /s/, tanto en hombres como en mujeres. Otros análisis espectrales, como las representaciones fractales, las medidas cepstrales, el LTAS o el análisis de la curtosis de la curva espectral podrían proporcionar caracterizaciones adecuadas para estas consonantes.

15.3.2 Intensidad

Existe mayor coincidencia entre los distintos estudios sobre las intensidades de las consonantes fricativas que entre los trabajos que se han centrado en las frecuencias, tanto en la metodología empleada como en los resultados obtenidos. Para las fricativas del español se podría establecer la escala, de mayor a menor intensidad (de Manrique 1980, 147; de Manrique y Massone 1981; Feijóo y Fernández López 2002b; Gurlekian 1981; Marrero-Aguiar 1990a, 1990b; Albalá y Marrero-Aguiar 1995; Quilis 1981, 229) que se presenta en (1). Entre paréntesis se han incluido los sonidos que solo se mencionan en algunos de los estudios citados.

(1) /s/ > /x/ > /θ/ ≥ /f/ (> [ɸ] > [h])

La mayor intensidad de las realizaciones de /s/ respecto a las del resto de las fricativas es un lugar común en la bibliografía; también coinciden los investigadores en que /x/ ocupa el segundo puesto en la escala de intensidad. Sin embargo, las diferencias entre /f/ y /θ/ no están tan claras, puesto que se trata de dos segmentos bastante débiles en general.

Según Albalá y Marrero-Aguiar (1995), solo las oclusivas sordas [p t k] y la oclusión de [t͡ʃ] presentarían menos intensidad que [f] y [θ]; Quilis (1981, 229) considera a estas dos últimas consonantes como igualmente débiles. Los valores obtenidos por Albalá y Marrero-Aguiar (1995) son casi coincidentes para las dos, pero muestran un ligerísimo aumento en [θ] (0,77 dB, claramente por debajo del umbral de discriminación de la intensidad). Ortega Escandell y Matas (1999) apuntan que «las medias de intensidades relativas de este trabajo se dan en el mismo orden que las aparecidas en la tesis de S. C. Barreiro: de menor a mayor, dental, labiodental, velar y alveolar» (262n3). Solo Marrero-Aguiar (1990b) distingue las realizaciones bilabiales [ɸ] de las labiodentales [f]: las primeras son más débiles que las segundas, con algo más de 2 dB de diferencia; si se calcula la media entre los valores de ambas realizaciones, el resultado puede ser igual, o algo inferior, a los valores obtenidos para [θ]. Por otra parte, en Feijóo y Fernández López (2002a, fig. 2) se puede apreciar también mayor amplitud para [fu] y [fe] que para [θu] y [θe]. En cuanto a la aspiración, los valores que se conocen parecen inferiores, en general, a los de las fricativas, aunque, según Marrero-Aguiar (1990b), existe una gradación de intensidad —inversamente proporcional a la de duración— entre la aspiración laríngea, faríngea (0,5 dB menos que la laríngea) y velar (1,5 dB menos que la laríngea); las realizaciones sordas son menos intensas que las sonorizadas, y estas, a su vez, menos que las sonoras; también la sílaba átona favorece el debilitamiento, así como la posición final de grupo fónico [→ § 1.6.8]; en el habla continua la intensidad resultó mayor que en la lectura de palabras.

Si se consideran las posiciones silábicas, solo pueden compararse /s/ y /θ/, puesto que /f/ y /x/ prácticamente no aparecen en final de sílaba [→ § 24.2.3]. Marrero-Aguiar (1990b) encuentra un comportamiento opuesto entre ambas respecto a la posición silábica: en coda, la intensidad de las realizaciones de /s/ es menor que en ataque de sílaba, pero la de las de /θ/

resulta ligeramente mayor; quizá la razón estriba en la mayor tensión necesaria para mantener la articulación labiodental en una posición en la que los sonidos tienden a la lenición (cf. el § 15.2.3 y Ruiz Martínez 2003). En posición intervocálica, el hecho de que vayan seguidas de vocal tónica parece incrementar ligeramente la intensidad respecto a la de las fricativas seguidas por vocal átona, pero las diferencias son mínimas. También en Rojas Avendaño y Fernández Rojas (2015) las realizaciones iniciales de /f/ y /s/ son más intensas que las intervocálicas, y estas más que las posnucleares. No observaron diferencias en la intensidad de /h/ según su posición silábica: fue el segmento menos intenso de los estudiados (84).

Puesto que la intensidad es un parámetro relativamente estable, varios autores como Gurlekian (1981) o Romero y Fernández Planas (1995) han considerado que podría tratarse de una clave perceptivamente relevante para distinguir las diferentes fricativas entre sí. La relevancia perceptiva de la intensidad se tratará en el § 15.4.2, pero puede avanzarse aquí que, por lo que hasta ahora se conoce, los estudios perceptivos solo han confirmado esa hipótesis en determinados casos, especialmente en el de /s/. Lo mismo ocurre desde el punto de vista estadístico: según Ortega Escandell y Matas (1999), las únicas diferencias significativas son las que oponen /s/ al resto de las fricativas, puesto que los porcentajes de acierto en una clasificación mediante funciones discriminantes son elevados (73,3 %) tan solo para esta consonante.

Por lo tanto, cabe concluir que, aunque se detectan diferencias de intensidad entre todas las fricativas analizadas, como se desprende de la escala presentada en (1), este parámetro puede ser relevante únicamente para la discriminación de /s/.

15.3.3 Duración

Junto a otros sonidos, como la rótica múltiple o las africadas, las fricativas sordas son, según los datos disponibles, las consonantes más largas del español (del Barrio y Torner 1999; Mendoza Lara *et al.* 2003). A continuación se presentan las variables que afectan a la duración de las fricativas: el contexto, el acento, la posición en la sílaba y en el grupo fónico y la velocidad de elocución.

En lo que respecta al contexto, las consonantes fricativas provocan una menor duración en las vocales adyacentes, de modo que «en general, la duración de las vocales se acorta delante de consonantes fricativas sordas . . . en todos los hablantes» (Mendoza Lara *et al.* 2003, 440). En cuanto a la duración de las propias fricativas, en función de la vocal del contexto, Marrero-Aguiar (1990b) señala que la fricativa es más breve en contacto con [i] y [u] (137 ms y 131 ms de promedio, respectivamente) y su duración va aumentando cuando aparece acompañada de [e] (140 ms), [a] (150 ms) y [o] (155 ms).

Por lo que se refiere al acento, de Manrique y Signorini (1983) ponían de manifiesto una mayor duración de las consonantes españolas en las sílabas tónicas que en las átonas; sin embargo, según Marrero-Aguiar (1990b), Carbó y Navarro Pesudo (1999) y del Barrio y Torner (1999), este fenómeno no se confirma en el caso de las consonantes fricativas; de Manrique y Massone (1981) encuentran incluso duraciones superiores en sílabas átonas que en tónicas para todas las fricativas analizadas. Solo se documentan dos excepciones, ambas referidas a las realizaciones de /s/, que resultan más largas en sílabas tónicas tanto en el español del País Vasco (Elejabeitia y Bizcarrondo 1992) como en la variante de El Hierro (Dorta 1992); estos dos estudios coinciden también en señalar diferencias temporales entre locutores masculinos y femeninos.

La tercera variable que puede incidir en la duración de las fricativas es su posición en la sílaba y en el grupo fónico [→ § 1.6.8]. El alargamiento prepausal, constante en las vocales, afecta también de forma significativa a las consonantes (de Manrique y Signorini 1983; del Barrio y Torner 1999; Navarro Tomás [1918] 1980, 204), incluidas las fricativas sordas que aparecen en esta posición en español: /s/ y /θ/. En ese contexto, en relación con la posición no prepausal, Marrero-Aguiar (1990b) detecta un incremento temporal del 25 % para las realizaciones de /s/ y del 18 % para las de /θ/, y Etxebarría (1990) aduce un 26 % para las de /s/; del Barrio y Torner (1999) coinciden en la cifra del 25 % para las fricativas sordas prepausales y señalan, además, que la coda silábica comporta más variabilidad que el ataque. Según Carbó y Navarro Pesudo (1999), las fricativas sordas solo presentan diferencias significativas en cuanto a la duración en posición final prepausal, posición en la que, además, todos los valores temporales son mayores que ante vocal o consonante. Mendoza Lara *et al.* (2003), aunque no analizan la posición prepausal, encuentran duraciones más largas en posición inicial de palabra tras pausa que en interior para todas las fricativas sordas, a excepción de las realizaciones de /s/.

Finalmente, la velocidad de elocución [→ § 1.5.5, capítulo 33] en relación con el estilo de habla repercute también en las características temporales de las fricativas. En sus análisis sobre esta cuestión, del Barrio y Torner (1999) trabajaron con lectura de textos; Marrero-Aguiar (1990a) con lectura de palabras en frase portadora, y Mendoza Lara *et al.* (2003), con lectura de pseudopalabras. A partir de estos estudios puede concluirse que las fricativas en el habla continua son más breves que en la lectura, y en la lectura de texto, a su vez, más breves que en la de palabras aisladas o de pseudopalabras, la condición en la que la velocidad de elocución resulta más lenta. A los locutores les resulta muy difícil controlar esta variable, incluso cuando reciben instrucciones al respecto.

Todo lo anteriormente expuesto explica que la descripción temporal de las fricativas del español sea una tarea compleja. Si a ello se suman las elevadas diferencias existentes entre locutores que señalan Mendoza Lara *et al.* (2003) —todas las fricativas sordas presentan una gran variabilidad interlocutor en posición interior de palabra, y en posición inicial /s/ y /x/ son los segmentos que más varían entre hablantes considerando el total de las consonantes analizadas—, se constata que todavía no se dispone de estudios concluyentes para establecer con precisión la duración de estos sonidos; son necesarios trabajos con más locutores y que consideren un mayor número de variables que las que se han tomado en cuenta hasta este momento. No obstante, en la Tabla 9 se han sintetizado los datos de los que se dispone en la actualidad.

Para analizar e interpretar de forma conjunta los resultados resumidos en la Tabla 9, en primer lugar se representan, en la Figura 10, los valores medios de duración de las cuatro fricativas sordas del español (cuando los autores citados no

Tabla 9 *Caracterización temporal de las fricativas del español*

de Manrique y Massone (1981). 4 locutores. Lectura de palabras CVCV.

	átonas	tónicas
[f]	192	147
[s]	187	148
[x]	196	147

Marrero-Aguiar (1990b). 4 locutores. Lectura de palabras en frase portadora.

	Total	Interior	Final	[s] + CF	[l] + CF	[r] + CF	[n] + CF	[sf]	[sθ]	[sx]
[f]	122	132		80	140	141	101			
[θ]	124	135	164	93	127	133	97			
[s]	135	143	190	77	126	147	123	91	63	78
[x]	114	137		87	102	122	123			

CF = consonante fricativa (la que corresponda en cada fila).
Diferencias entre las dos realizaciones de /s/:

	Total	Interior	Final
[s̺] apical	135	130	151
[s] dorsal	151	156	229

del Barrio y Torner (1999). 2 locutores. Lectura de texto. Contexto [a].

[f]	115
[θ]	104
[s̺]	99
[x]	111

Guspí (1993). 5 locutores. Lectura de frases. [s̺] y [θ] en final de sílaba y de palabra, y seguidas de vocal (realizaciones simples) o de [s̺] y [θ] (realizaciones dobles): *dos alas / dos salas.*

	simple	doble
[s̺]	91	124
[θ]	89	125

Carbó y Navarro Pesudo (1999). Un locutor masculino de la variedad castellana.

	/V	/C	/#
[f]	148	105	225
[θ]	163	128,5	239
[s̺]	162	128	235
[x]	124		187

Las diferencias de duración son relevantes para distinguir las fricativas entre sí solo en posición prepausal (/#).

Mendoza *et al.* (2003). 12 locutores. Lectura de pseudopalabras.

Promedio	Inicial				Media			
	Total	[i]	[a]	[u]	Total	[i]	[a]	[u]
[f]	174	166	178	163	156	183	184	187	179
[θ]	174	163	161	157	169	184	183	189	181
[s]	175	171	172	164	177	179	178	183	178
[x]	165	161	175	158	149	169	169	174	164

Rojas Avendaño y Fernández Rojas (2015). Español de Venezuela. Habla controlada. No se indican número de locutores ni tarea.

	Promedio
[f]	126
[s]	126
[h]	104

[s̺] en español del País Vasco.

Etxebarría (1990). Cuestionario.			Elejabeitia y Bizcarrondo (1992). 22 locutores. Cuestionario.							
			Inicial		Intervocálica		[s̺] + cons. sorda		[s̺] + cons. sonora	
Interior	Final	[s̺] + consonante	tónica	átona	masc.	fem.	masc.	fem.	masc.	fem.
124	168	93	134	107	116	137	79	86	81	90

Nota. Los valores de duración se presentan en ms. Se indica el número de locutores y la tarea que realizaron.

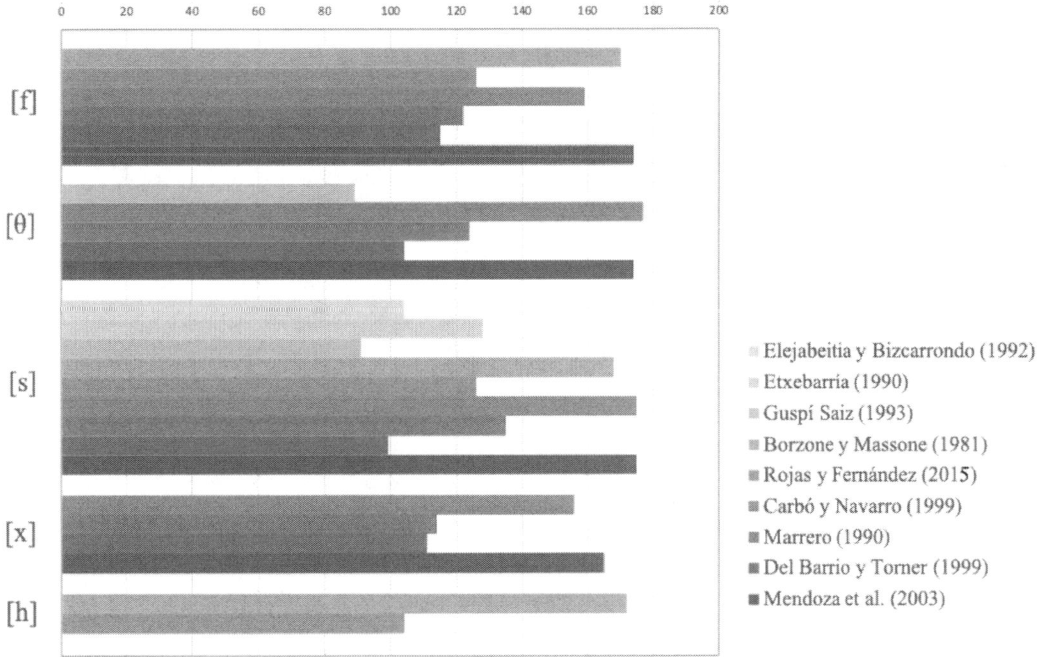

FIGURA 10. Valores medios de duración (en ms) de las cuatro fricativas sordas del español.

los proporcionaban, se ha calculado el promedio). Se observan grandes diferencias, entre estudios con valores muy altos (de Manrique y Massone 1981; Carbó y Navarro Pesudo 1999; Mendoza Lara *et al.* 2003) y otros mucho menores (del Barrio y Torner 1999; Guspí 1993), que no se pueden atribuir a factores dialectales, ya que, por ejemplo, la variedad analizada, el español de Cataluña, fue la misma en algunos trabajos.

Dado que la representación gráfica de los valores medios de las distintas realizaciones no arroja resultados claramente homogéneos, se han elaborado las escalas de duración que se muestran de (2) a (5).

(2)   /f/ > /x/ > /θ/ > /s/

(3)   /x/ > /f/ > /s/

(4)   /s/ > /f/ ≥ /θ/ > /x/

(5)   /θ/ – /s/ > /f/ – /x/

La propuesta que formulan del Barrio y Torner (1999), coincidente con la de Navarro Tomás, según afirman los autores, corresponde a la escala mostrada en (2). La recogida en (3) es la resultante de los datos proporcionados por de Manrique y Massone (1981), que se refieren a la duración de estos tres sonidos en sílaba átona, porque en tónica no encuentran diferencias entre ellos. Coinciden en la escala (4) Marrero-Aguiar (1990b), Mendoza Lara *et al.* (2003) —aunque en posición interior de palabra la escala varía y corresponde a la progresión /θ/ – /f/ > /s/ > /x/—, y Balari, Llisterri y Poch (1988), pero solo en el sentido de considerar que «[s] es siempre más larga que las otras fricativas» (91, traducción propia). Guspí (1993) también encuentra mayor duración en [s̺] que en [θ], ambas en posición final de sílaba y palabra seguidas de vocal (91 y 89 ms, respectivamente). Por último, (5) refleja el resultado de los datos obtenidos por Carbó y Navarro Pesudo (1999). En este trabajo se mantienen separados los valores de duración según el contexto (fricativa seguida de vocal, de consonante o de pausa), y esta escala es la resultante del promedio.

En conclusión, las investigaciones realizadas hasta el momento sobre la duración intrínseca de las consonantes fricativas arrojan algunas luces, pero siguen presentando bastantes sombras: no se dispone de resultados unánimes ni en datos con valores absolutos ni en datos relativos como en el caso de las escalas de duración. Es posible que la interacción de diferentes variables explique la complejidad de los resultados, y que la duración sea un parámetro relevante para caracterizar solo algunas fricativas, y únicamente en determinadas posiciones en la cadena fónica, entre las que cabría destacar la prepausal.

15.4 Características perceptivas de las consonantes fricativas

Como se acaba de exponer, son muchas las claves acústicas utilizadas para describir los sonidos fricativos; conocer su papel en la identificación perceptiva de cada uno de ellos es el objeto de este apartado. En lo que se refiere a los indicios frecuenciales, se analizará la repercusión del carácter más o menos abrupto del ruido de fricción y de su debatida frecuencia característica, propiedades ambas que podrían determinar el 'espacio perceptivo' de cada sonido fricativo en español; también se considerará la importancia perceptiva de las llamadas 'claves dependientes del contexto', esto es, de las transiciones del segundo y tercer formantes en las vocales adyacentes que, desde los años cincuenta, se han señalado como especialmente relevantes para la diferencia entre /θ/ y /f/. Por último, se revisará el papel perceptivo de la intensidad y el de la duración.

15.4.1 El papel perceptivo de las frecuencias. Distribución espectral frente a transiciones. Espacio perceptivo de las fricativas

El característico espectro del ruido, más o menos turbulento, común a todos los sonidos fricativos, se ha considerado, desde el comienzo de los estudios fonéticos, una clave probablemente prominente desde el punto de vista perceptivo. No obstante, desde hace más de medio siglo se sigue debatiendo sobre su papel y sobre la necesidad de tener en cuenta también las transiciones, especialmente para determinados sonidos, como las fricativas más adelantadas, [f] y [θ].

En general, los trabajos consultados indican que, en efecto, el ruido de fricción es una clave perceptiva imprescindible para la identificación de las fricativas (de Manrique y Massone 1979, 1981; Feijóo *et al.* 2002; Feijóo y Fernández López 2002a; Feijóo, Fernández López y Balsa 1999; Fernández López *et al.* 2000, entre otros). Si en secuencias de vocal seguida de fricativa se extrae el fragmento vocálico y se presenta de forma aislada, no se consigue recuperar ninguna de las fricativas presentes en la sílaba inicial, con la única excepción, según Widdison (1995), de la /s/ en coda silábica en sujetos familiarizados con la aspiración.

Este autor realizó un experimento perceptivo en el que las vocales de una serie de palabras reales con la forma CV.CV se sustituyeron por otras vocales procedentes de palabras con una estructura CVS.CV (por ejemplo, la /e/ de *peco* fue sustituida por la de *pesco,* pero sin insertar la fricativa) producidas por un locutor mexicano que no presentaba realizaciones aspiradas.

Veinticinco jueces monolingües chilenos realizaron un test perceptivo de respuesta cerrada y 15 bilingües anglo-hispanos, uno de respuesta abierta; según el autor, ambos grupos «estaban familiarizados con la aspiración e incorporaban este hábito articulatorio a su propia habla» (259, traducción propia). Un 33 % de las respuestas del primer grupo y un 49 % de las del segundo mostraron que los participantes eran capaces de recuperar la /s/ del estímulo original solo a partir de la vocal, en cuya emisión se habría incorporado, durante los milisegundos finales, una especie de aspiración involuntaria, que dotaría a la vocal de una cualidad de voz espirada (en inglés, *breathy*), debida a una abducción incompleta de las cuerdas vocales, que se preparan para la fricativa siguiente. El autor concluye, en ese trabajo y en otros posteriores (Widdison 1997), que «el efecto aspirado en la vocal precedente es una clave [perceptiva] temporalmente desplazada para la [s]» (Widdison 1995, 335, traducción propia); los hablantes de zonas donde se produce aspiración se acostumbrarían a utilizar esa clave secundaria para detectar la presencia de /s/ subyacente, aunque no aparezca como tal [s] en la cadena fónica.

Al segmentar la secuencia inversa, fricativa seguida de vocal, se confirma la necesidad de una porción de ruido mínima para identificar la presencia de una consonante fricativa (Feijóo y Fernández López 2002b): para /f/ y /θ/ bastarían 30–40 ms; para /s/ serían necesarios 60–90 ms, mientras que con ruidos de menor duración se provoca la percepción de una oclusiva o de una africada (véase el § 15.4.3).

Sin embargo, la presencia de ruido por sí sola tampoco garantiza la identificación de la consonante fricativa en el 100 % de los casos: las tasas de reconocimiento en esta condición varían del 92 % para /f/ procedente de sílabas con /a o u/ (pero no con /e i/) al 25 % para la /x/ rioplatense procedente de /xa/ (de Manrique y Massone 1981).

A continuación, se resumen los principales resultados obtenidos para las cuatro consonantes analizadas aquí.

El principal elemento responsable de la identificación perceptiva de la fricativa labiodental /f/ sería la presencia de un espectro difuso, con bandas de ruido situadas en posiciones extremas, muy altas —5000–7500 Hz— y muy bajas —1250–3000 Hz— (cf. de Manrique y Massone 1979, 1981). Es un sonido notablemente sensible a manipulaciones como el filtrado, según muestra el hecho de que sus tasas de identificación no superaron el 60 % con ninguno de los 10 filtros paso-banda utilizados por de Manrique y Massone (1981). También se observa una disminución drástica de su identificación, que desciende del 90 % al 47 %, cuando se experimenta con el método de claves en conflicto, mediante el cual en sílabas naturales formadas por consonante fricativa seguida de vocal, se intercambian los segmentos vocálicos de unas fricativas y otras (Fernández López *et al.* 2000). En cambio, resulta fácilmente identificable cuando se segmenta, prescindiendo completamente de la vocal y de sus transiciones; a partir de una secuencia como /fa/ se obtiene un 92 % de aciertos, según de Manrique y Massone (1981), mientras que con /fu/ el porcentaje de aciertos es del 83–88 % según Feijóo *et al.* (2002).

El rasgo más particular de la fricativa labiodental es, sin embargo, su diferente comportamiento con las vocales anteriores, especialmente con /e/: en este contexto, las tasas de identificación caen de forma significativa, del 95–98 % con /a o u/ al 87 % con /i/ y al 68 % con /e/, según Fernández López *et al.* (2000); llega incluso a ser necesaria la presentación de la palabra completa, no solo de la sílaba /fe/, para alcanzar un reconocimiento del 92–93 % (Feijóo *et al.* 2002), y este es el único contexto vocálico sensible a las diferencias entre un estilo de habla hiperarticulado y otro hipoarticulado [→ § 1.6.7]; en el primer caso, mejora la identificación, según Fernández López *et al.* (2000). Las mayores tasas de error de /f/ corresponden a las confusiones con /x/ que se dan en el español de América (de Manrique y Massone 1981; Greenlee 1992) y con /θ/ en la variedad castellana (Feijóo, Fernández López y Balsa 1999).

Resulta interesante destacar las diferencias registradas a este respecto en ambas variedades del español: ya de Manrique y Massone, trabajando con la variedad rioplatense, señalaban tasas de confusión del ruido fricativo de /x/, interpretado como /f/, en un 25 % de las presentaciones (1981, 1150). Todo el trabajo de Greenlee (1992) con chicanos en los Estados Unidos gira en torno a esa misma confusión —perceptiva, pero también en producción—, especialmente frecuente en niños con retraso en el desarrollo del lenguaje (un 30 % de error en la sílaba /xu/ > /fu/, un 26 % con vocal no redondeada; en el sentido inverso, /fu/ > /xu/, un 22,5 % de error, y /fu/ > /su/, un 21 %), pero también en niños sin retraso o en adultos.

Sin embargo, en estudios realizados en la España peninsular (Feijóo, Fernández López y Balsa 1999), los índices de confusión entre /f/ y /x/ son muchísimo menores, no superan el 1,5 %. En cambio, la interpretación de /f/ como /θ/ casi supone un 20 % de las respuestas, y la de /θ/ como /f/ alcanza el 38 %.

Sería interesante analizar hasta qué punto estas divergencias entre ambas comunidades de hablantes tienen su origen en las diferentes características físicas de la consonante fricativa velar en ambas áreas, o en la distinta estructura fonológica de un sistema distinguidor (con /θ/ como cuarto fonema fricativo) y otro sin fonema interdental.

La correcta identificación de la fricativa interdental /θ/ requiere la presencia de las transiciones vocálicas, pues el ruido fricativo por sí solo no permite alcanzar el 57 % de aciertos, la tasa más baja de todas las consonantes estudiadas por Feijóo *et al.* (1999). Esa cifra desciende al 34 % cuando se reduce la frecuencia de muestreo de 11 a 8 kHz, y al 19 % con 6 kHz; en cambio, si se presenta la sílaba CV en las mismas condiciones, la identificación solo baja del 87 % al 76 % (Feijóo, Fernández López y Balsa 1999), sin diferencias relevantes entre las cinco vocales. En cuanto a las claves acústicas del ruido que puedan tener algún correlato perceptivo, «las emisiones de /θ/ que fueron claramente percibidas como /θ/ tenían los valores más bajos en amplitud [en la banda 0–3kHz]» (Feijóo *et al.* 2002, 27, traducción propia), en oposición a /f/, cuyos ejemplares mejor percibidos eran los que presentaban mayor amplitud, es decir, más intensidad en esa zona de bajas frecuencias.

El principal elemento responsable de la identificación perceptiva de la fricativa /s/ sería el máximo pico espectral, situado en torno a 6 kHz; por eso, un ruido filtrado que mantenga sus componentes en bandas de frecuencia medias (entre los 2500 y los 5000 Hz) tiende a identificarse como /s/ (de Manrique y Massone 1981). Se trata de la consonante fricativa más resistente al filtrado, pues mantiene unas tasas de identificación correcta, con cualquiera de los 10 filtros utilizados por de Manrique y Massone, del 80–85 %. La presentación del ruido fricativo solo, prescindiendo de las transiciones vocálicas, consigue tasas de identificación notables, superiores de nuevo al 80 % (de Manrique y Massone 1981; Feijóo *et al.* 1999; Fernández López *et al.* 2000). Por lo tanto, en la percepción de esta consonante la influencia del contexto es muy limitada, aunque Fernández López *et al.* (2000) registran resultados algo mejores cuando se encuentra en contacto con vocales medias y abiertas (un 88–94 % de acierto) que cuando va acompañada de vocales cerradas (84 %).

El parámetro acústico responsable de la identificación perceptiva de la fricativa /x/, para la variedad rioplatense, sería el máximo pico espectral, aunque para su reconocimiento es necesaria la banda de frecuencias que va de los 700 a los 8000 Hz, y resulta imprescindible la contribución de las transiciones vocálicas, pues solo con el segmento turbulento extraído de la sílaba /xa/ no se supera el 25 % de reconocimiento (de Manrique y Massone 1981). En cambio, en la variedad nortepeninsular española, el ruido aislado permite identificar /x/ en el 99,5 % de las presentaciones, la tasa más alta de las registradas en todas las consonantes fricativas (Feijóo, Fernández López y Balsa 1999).

A partir de las matrices de confusión derivadas de experimentos perceptivos es posible obtener, mediante escalado multidimensional, una representación gráfica de la distribución de los sonidos en un espacio perceptivo que refleja las distancias subjetivas entre unos y otros (Arce 1993; Kruskal y Wish 1978; Shepard 1962a, 1962b; Shepard, Romney y Nerlove 1972). Las matrices de confusión de las que se dispone hasta el momento no son las más adecuadas para obtener un mapa de distancia perceptiva de las fricativas del español estándar: las construidas por de Manrique y Massone (1981) provienen del español rioplatense, con presencia del sonido [ʃ], ausencia de [θ] y una realización diferente de [x], e incluyen también las aproximantes sonoras; las que ofrecen Feijóo *et al.* (1999) corresponden a las fricativas del gallego, entre las que también se encuentra [ʃ], junto con [f], [θ], [s̺], [x], e incluso [t͡ʃ]. Sin embargo, son los únicos trabajos que ofrecen matrices de confusiones aptas para ser representadas mediante técnicas de escalado multidimensional. Se consideran aquí los experimentos más similares en ambos estudios: los tests perceptivos que utilizan como estímulo el ruido turbulento extraído de sílabas naturales CV, en las que la consonante es una de las fricativas. Las matrices de confusión generadas se presentan en la Tabla 10, seleccionando solo los datos relativos a las fricativas del español estándar.

De los datos numéricos recogidos en la Tabla 10 se pueden extraer una serie de conclusiones. El reconocimiento de /s/ solo a partir del ruido turbulento presenta buenos resultados en ambos estudios, con índices superiores al 80 %; el resultado de /f/ es mejor en el experimento realizado por de Manrique y Massone (1981) que en el de Feijóo *et al.* (1999), pero se obtienen buenas tasas en general; en cambio, la situación de /x/ es muy diferente en ambos experimentos: mientras que en el trabajo de Feijóo *et al.* prácticamente no se registran confusiones —el ruido sería el elemento discriminante más poderoso—, en el español bonaerense únicamente ha habido un 25 % de aciertos; en la mayoría de las respuestas el estímulo se ha identificado como /f/; de Manrique y Massone (1981) solo indican que «la variante velar [x] se produce ante las vocales [a, o, u], y la palatal [no considerada en la tabla] ante [e, i]» (1145), pero no se indica si la llamada «variante velar» se realizó como una aspiración o como una fricación. La interdental, solo tratada en el estudio de Feijóo *et al.*, presenta bajas tasas de reconocimiento a partir del ruido de fricción, y se

Tabla 10 *Matrices de confusiones obtenidas mediante presentación del ruido extraído de fricativas naturales*

de Manrique y Massone (1981)			
	[f]	[s]	[x]	otros
[f]	91,6	2,7	2,7	0
[s]	0	81,4	0	14,8
[x]	63,8	0	25	0

Feijóo *et al.* (1999)			
	[f]	[θ]	[s̺]	[x]
[f]	78,4	19,8	0,2	1,5
[θ]	38,2	56,5	2,4	1,6
[s̺]	0,4	1,7	80,8	0
[x]	0,4	0,1	0	99,5

Nota. Los datos se presentan en porcentajes.

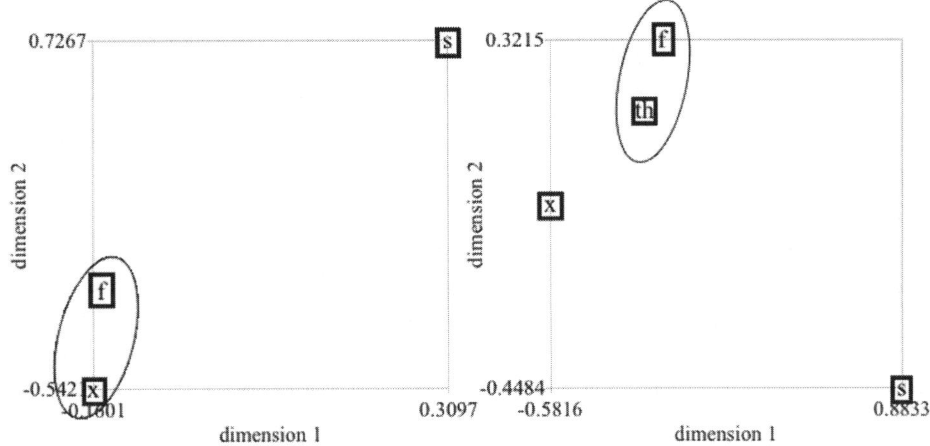

FIGURA 11. Espacio perceptivo correspondiente a las matrices de confusiones de la Tabla 10.

confunde sobre todo con la labiodental. En resumen, podría afirmarse que el espectro del ruido es suficiente para determinar la percepción de /s/, de /f/ y de la /x/ peninsular, mientras que no basta para la de /θ/ y para la de la /x/ del español rioplatense.

Al convertir los valores de las matrices de confusiones en índices de disimilitud, y trasladarlos a un espacio bidimensional, se obtienen las representaciones gráficas de la Figura 11, en las que se puede observar cómo en un sistema de tres elementos —el sistema de Manrique y Massone (1981), en la parte izquierda de la figura— la máxima diferencia se da entre /s/ y /x/, que nunca se han confundido en los experimentos, y la mínima, entre /f/ y /x/, debido sobre todo a las identificaciones de /x/ como /f/. En un sistema de cuatro elementos —el de Feijóo *et al.* (1999), en la parte derecha de la figura—, la separación entre /s/ y /x/ continúa siendo nítida, pero /f/ se aleja de la velar (sus tasas de confusión fueron mucho menores que en de Manrique y Massone [1981]), aumenta su distancia perceptiva, y entre ambas se inserta la interdental (representada como 'th'), confundida sobre todo con /f/ —y viceversa—.

15.4.2 El papel perceptivo de la intensidad

Existen precedentes en la bibliografía sobre otras lenguas (Heinz y Stevens 1961) donde se indica que las diferencias de intensidad entre los sonidos fricativos desempeñan un papel esencial en su discriminación. Sin embargo, estos resultados no siempre se han confirmado para el español.

En un trabajo pionero, Gurlekian (1981) analiza el efecto de la intensidad en la percepción del par /f/-/s/; el autor sintetizó un ruido con un ancho de banda de 500 Hz y una frecuencia central en los 4500 Hz; se acompañaba por una [a] también sintetizada; la intensidad del ruido fue variando de −32 dB a −2 dB en relación con la de la vocal, con escalones de 3–4 dB. Se crearon así 10 estímulos, que se presentaron a seis hispanohablantes argentinos y a seis anglohablantes estadounidenses, quienes debían identificar los estímulos como /fa/ o /sa/. El resultado, como puede verse en la Figura 12, fue claramente categorial y acorde con la bibliografía referida a otras lenguas, poniendo así de manifiesto que «la amplitud relativa de la fricativa puede influir en el reconocimiento del lugar de articulación» (Gurlekian 1981, 1625, traducción propia); así, los estímulos con intensidades de ruido bajas se consideraron /f/, y los ruidos más intensos, /s/.

Sin embargo, cabía la duda de si este efecto se debía a la intensidad del ruido o a la intensidad de la sílaba en su conjunto. Para disiparla, Gurlekian (1981) realizó un segundo experimento en el que se presentaron a los mismos jueces tres conjuntos de sílabas, formadas por una consonante fricativa y una vocal, a 40, 60 y 80 dB SPL, respectivamente. Los resultados mostraron que, en el caso de los jueces hispanohablantes,

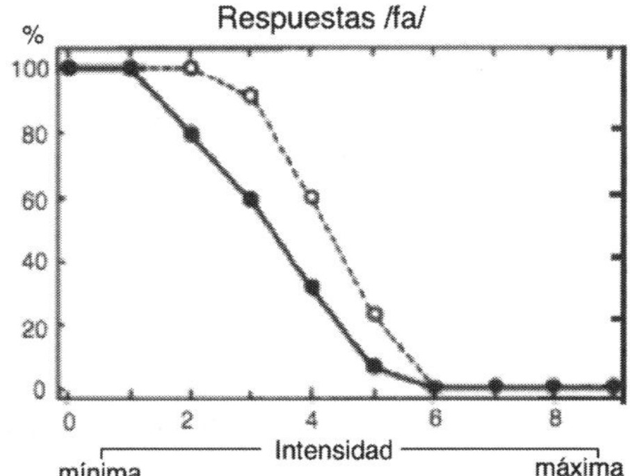

FIGURA 12. Presentación adaptada de los resultados del primer experimento de Gurlekian (1981). La línea continua corresponde a las respuestas de los jueces anglohablantes y la línea discontinua, a las de los jueces hispanohablantes.

las tasas de identificación de /f/, en lugar de disminuir a medida que aumentaba la intensidad, como era de esperar, fueron más altas a 80 dB que a 40 dB.

El autor alude, como explicación, a un efecto de enmascaramiento [→ § 1.13.2] regresivo ejercido por las transiciones vocálicas sobre el ruido de fricción, debido a la elevada intensidad del estímulo, lo cual provoca un efecto perceptivo de amortiguación de la fricativa que, en un test de respuesta cerrada, se identifica más con /f/ que con /s/; de hecho, uno de los sujetos, en una tarea de respuesta abierta, identificó las sílabas sintetizadas a 80 dB como *sfa*, mostrando ese efecto de atenuación en los 50 ms previos a la vocal.

Por último, se diseñó un tercer experimento, en el que solo se presentaba a los jueces (tres de cada lengua, español e inglés) el ruido sintetizado sostenido, sin vocal, variándolo de 60 dB a 80 dB en escalones de 2 dB; en consonancia con los resultados del primer experimento, los estímulos menos intensos se categorizaron como /f/ y los más intensos, como /s/.

Así pues, y en conclusión, las «amplitudes de ruido superiores a 18 dB respecto a la vocal producen un percepto /s/ en casi el 100 % de las respuestas, incluso si las transiciones formánticas tenían la dirección correspondiente a la fricativa labial» (Gurlekian 1981, 1626, traducción propia).

No obstante, años más tarde, Romero y Fernández Planas (1995) retoman la cuestión mediante unos experimentos en los que intentan «comprobar si las fricativas [f] y [θ] serían percibidas por los oyentes como [s] y [x] cuando a aquellas se les colocase la amplitud de estas últimas, y viceversa» (136). Utilizaron estímulos sintetizados, consistentes en una consonante fricativa seguida de una vocal y en una fricativa aislada y, según sus resultados,

> el hecho de colocar la amplitud de una consonante fricativa sorda a otra distinta no da lugar a que los oyentes perciban esta última. Por el contrario, siguen percibiendo, de hecho, la misma fricativa sobre la que se ha llevado a cabo la modificación (155).

Por lo tanto, afirman que «la amplitud por sí sola no puede ser considerada factor distintivo y decisivo en la percepción y reconocimiento de las consonantes fricativas sordas» (159), y apuntan a los anchos de banda de los picos espectrales más agudos como responsables de la percepción de las fricativas.

En tiempos más recientes se han tomado en cuenta los factores estilísticos en relación con la importancia de la intensidad para la percepción de las fricativas. Así, Feijóo *et al.* (2002) señalan que los estudios realizados se centran en rasgos que solo caracterizan el habla hiperarticulada, excesivamente cuidada, pero que no dan cuenta de los estilos hipoarticulados, esto es, más relajados y más próximos a las situaciones cotidianas. Para comprobar el efecto del estilo de habla, analizaron la percepción de /f/ y /θ/, seguidas de /e/ o /u/, a través de múltiples parámetros: algunos frecuenciales, como los momentos espectrales, los centros de gravedad, o la pendiente espectral global (en inglés, *global spectral tilt*); otros, en cambio, específicamente relacionados con la amplitud de la señal: la amplitud máxima (MA) y la amplitud media (AA) en el rango 0–3 kHz. Mientras que los tres primeros parámetros muestran importantes diferencias en función del estilo de habla, «MA y AA resultaron mucho menos afectados por la forma de habla y ofrecen más coincidencia entre las respuestas previstas y las obtenidas» (Feijóo *et al.* 2002, 29, traducción propia).

En resumen, las investigaciones experimentales sobre el papel de la intensidad en las fricativas no parecen mostrar que este parámetro presente en el español peninsular la relevancia perceptiva que se le ha asignado en otras lenguas.

15.4.3 El papel perceptivo de la duración

En las fricativas, un parámetro muy característico es la duración, cuya importancia en la fase de producción ya se ha señalado (§ 15.3). Para la emisión de cualquiera de ellas es necesario combinar una serie de ajustes articulatorios que hagan posible alcanzar una posición muy precisa, y generar así un estrechamiento de dimensiones determinadas (restricciones articulatorias), y además, crear un flujo de aire suficiente para que se origine una diferencia de presión entre la cavidad anterior y la posterior a esa constricción (restricciones aerodinámicas). Todo ello debe mantenerse en el tiempo durante el periodo necesario para que pueda percibirse una fricción y los estímulos sonoros no se identifiquen como consonantes oclusivas, aproximantes ni como aspiraciones (restricciones temporales). Como consecuencia, las consonantes fricativas suelen presentar una considerable duración en las lenguas en general, y en español en particular (véase el § 15.3.3).

Feijóo y Fernández López (2002b) analizaron las relaciones entre las características temporales de las sílabas constituidas por una consonante fricativa y una vocal y la percepción del modo y del lugar de articulación consonánticos. Mediante técnicas de segmentación de la señal comprobaron que, para que se perciba una fricción, se precisa una duración mínima superior a 20–30 ms, por debajo de la cual el estímulo se identifica como oclusivo en el caso de [f] y [θ] o como africado en el caso de [s̺].

Los resultados obtenidos muestran, en primer lugar, que la labiodental /f/ se percibe como una oclusiva labial ([p] o [b]) cuando el ruido dura entre 10 y 30 ms; a partir de los 40–60 ms se identifica predominantemente como una fricativa. Por su parte, la interdental /θ/ se percibe como una oclusiva dental ([t̪] o [d̪]) cuando el ruido dura entre 20 y 30 ms, aunque también se identificó en muchos casos como una labial, especialmente en estímulos con un ruido muy breve; la fricativa aparece a partir de 30 ms, pero se estabiliza en los 60 ms. Finalmente, la alveolar /s/ se percibe predominantemente como una oclusiva dental cuando el ruido dura entre 0 y 40 ms; entre 40 y 60 ms aparece una africada, [t͡ʃ], y solo a partir de 60 ms se identifica el percepto [s̺].

Basándose en los datos de su experimento, Feijóo y Fernández López (2002b) concluyen que «las duraciones mínimas de ruido que corresponden a la percepción del modo fricativo son 30–40 ms para /f/, 30 ms para /θ/ y 60–90 ms para /s/» (5, traducción propia).

> García Santos (2002), en el marco de un trabajo con objetivos diacrónicos, llevó a cabo dos pruebas segmentando la [f] en en el enunciado *quiero tu foto;* por encima de 90 ms sus sujetos perciben [f]; entre 80 y 40 ms, [v], y por debajo de 20 ms, [β]. Obsérvese, sin embargo, que la diferencia entre [v] y [β] no es fonológica en español; en estos casos, pues, se está pidiendo a los jueces —de cuyo número y características no se proporciona información— una discriminación entre sonidos, mientras que en el caso de /f/ se trata de una discriminación entre fonemas; metodológicamente no son, por tanto, tareas idénticas. De forma paralela analiza el cambio dialectal [θ] > [ð̞], característico de algunas hablas extremeñas y del sur de Salamanca: una duración superior a 85 ms garantiza la percepción de [θ], mientras que con valores inferiores a 35 ms el estímulo se percibe como [ð̞].

Así pues, y para concluir, la percepción de las fricativas sordas del español se sustenta, según la mayoría de los indicios, en las características de un ruido espectral suficientemente largo (superior a 30 ms), combinadas en el caso de /f/, /θ/ y de las variedades americanas de /x/, con las transiciones vocálicas. Las investigaciones sobre el papel de la intensidad no han proporcionado resultados concluyentes.

A continuación, se abordarán las variaciones en las realizaciones generales de las consonantes fricativas motivadas por los efectos coarticulatorios del contexto.

15.5 Variantes contextuales de las consonantes fricativas

Las restricciones articulatorias, aerodinámicas y temporales que afectan a las consonantes fricativas permiten considerarlas sonidos tensos, lo que implica que también posean unos límites más marcados en el continuo fónico que los de los sonidos laxos o relajados, con una menor influencia desde y hacia los elementos contiguos. Quizá como consecuencia de esa resistencia a los efectos contextuales, son sonidos que aparecen en numerosas secuencias consonánticas, según se detalla a continuación:

- En posición de coda silábica, /s/ puede preceder a cualquier consonante del español excepto /ɲ/ y /ʎ/; /θ/ puede preceder a /p/, /t/, /k/, /b/, /d/, /g/, /m/, /n/ o /l/.
- En posición de ataque silábico, /f/ puede ir precedido de nasal, /l/, /ɾ/ o /s/; /θ/ puede ir precedido de bilabial, velar, nasal, /l/, /ɾ/ o /s/; /s/ puede ir precedido de bilabial, dental, velar, nasal, /l/ o /ɾ/; /x/ puede ir precedido de bilabial, dental, nasal, /l/, /ɾ/ o /s/.

En el § 15.2.3 se han presentado algunas de las modificaciones que esta riqueza de posibilidades contextuales produce en los lugares de articulación de las consonantes fricativas; en las páginas que siguen se retoma esta cuestión considerando, asimismo, otras modificaciones fonéticas motivadas por los sonidos adyacentes, además de algunas otras fuentes de variación, como las estilísticas; las geosociolectales se tratarán, como ya se ha indicado, en el capítulo 16.

15.5.1 Variantes de /f/

En cuanto al lugar de articulación, como se ha indicado anteriormente (§ 15.2.3), en los estudios sobre /f/ se recogen con frecuencia las realizaciones bilabiales ([ɸ]) o parcialmente bilabializadas ([f͡ɸ] bilabiodental), a veces incluyendo aspiración ([ɸʰ]); su aparición parece determinada tanto por variables de carácter sociofonético y estilístico (habla relajada) como contextuales; entre estas últimas, /u/ favorecería la realización bilabial por el redondeamiento labial necesario para articular la vocal (Real Academia Española y Asociación de Academias de la Lengua Española 2011, 187). Alcina y Blecua ([1975] 1982, 319–20, 396–98) mencionan casos, en el habla popular del centro peninsular, en los que [f] se interdentaliza ([θeˈlipe], *Felipe*). En un proceso de extremo debilitamiento, puede realizarse como una aspiración, una fricativa velar o realizaciones mixtas entre ambas ([ˈxʰu̯eṇte], *fuente*), o como una «aspirada labializada», [hʷ], según D'Introno, del Teso y Weston (1995, 288), especialmente, de nuevo, cuando precede a vocales velares, fenómeno de evolución similar al de la aspiración procedente de *f-* latina, pero independiente del mismo (Alcina y Blecua [1975] 1982, 319; Real Academia Española y Asociación de Academias de la Lengua Española 2011, 189) [→§ 16.2, § 17.5.1].

En cuanto a la acción de las cuerdas vocales, /f/ presenta con frecuencia realizaciones labiodentales sonoras ([v]) o sonorizadas ([f̬]). Se han señalado casos de sonorización total o parcial en posición intervocálica o precedida de nasal, incluso en habla de laboratorio (Marrero-Aguiar 1990b); sucede lo mismo cuando a /f/ le sigue una consonante sonora (Face 2008, 11; Hualde 2005, 160, entre otros). Se han aducido para su aparición razones dialectales o, simplemente, la ultracorrección tendente a mantener diferencias fónicas entre las grafías <*B*> y <*v*> (Navarro Tomás [1918] 1980, 92), fenómeno que Lope Blanch calificó como «*v* pedante» (1988, 161). No obstante, posiblemente el elemento más determinante sea el estilo de habla: el habla coloquial y el estilo relajado, asociados a situaciones de hipoarticulación, favorecerían los alófonos sonoros o sonorizados (Batllori, Rost y Blecua Falgueras 2009; Batllori, Blecua Falgueras y Rost 2010; Blecua Falgueras y Rost 2015). Las realizaciones sonorizadas presentan una frecuencia de aparición muy variable entre locutores (entre el 25 % y el 66 %) por lo que, en opinión de Blecua Flagueras y Rost (2015), «por el momento podemos hablar de diversas soluciones en variación libre» (31). Entre las realizaciones laxas se ha llegado a documentar incluso una aproximante bilabial ([ˈpɾoβes], *profes*), en el extremo de una escala de relajación que abarcaría desde el habla de laboratorio hasta la modalidad coloquial más laxa (Batllori, Rost y Blecua Falgueras 2009); por otra parte, «las realizaciones sordas y/o parcialmente sonorizadas presentan una duración mayor que las sonoras y, en este grupo, las aproximantes resultan las más breves» (Batllori, Blecua Falgueras y Rost 2010, 28). En un experimento perceptivo de discriminación con estímulos sin significado consistentes en secuencias VCV, Blecua Falgueras y Rost (2015) observan que la sonorización resulta claramente perceptible para los jueces hispanohablantes —estudiantes de fonética y, por tanto, con algún entrenamiento—, y que las realizaciones parcialmente sonorizadas se categorizan como /f/ y las aproximantes como /b/, mientras que las sonoras ([v]) presentan una elevada variación perceptiva, ya que se categorizaron como /f/ en un 56 % de los casos y en un 44 %, como /b/.

15.5.2 Variantes de /θ/

Las principales realizaciones contextuales de /θ/, además de la posdental mencionada en el § 15.2.3, consisten en variantes sonorizadas, que se recogen cuando precede a una consonante sonora; así lo señala Navarro Tomás ([1918] 1980, 95), considerándolo un rasgo propio del habla coloquial o rápida; esta observación es compartida por otros autores (D'Introno, del Teso y Weston 1995, 289; Fernández Planas 2005, 144; Gil 2007, 489; Hualde 2005, 160; Torreblanca 1986; Veiga 2009, 345), aunque Quilis defiende que /θ/ se realiza como sorda en cualquier posición de la cadena hablada (1993, 248).

> Existe entre los especialistas diversidad de posturas respecto a la transcripción fonética más adecuada para representar el alófono sonorizado de /θ/. Canellada y Madsen (1987, 37) o Fernández Planas (2005, 144) optan por [θ̬], utilizando el signo correspondiente a la fricativa interdental y el diacrítico que indica sonorización. En de-la-Mota y Ríos (1995, 98) y en Garrido Almiñana, Machuca y de-la-Mota (1998, 11) se propone emplear el diacrítico de adelantamiento para la interdental sorda (/θ̟/) y añadir el diacrítico de sonorización para el alófono sonorizado: [θ̟̬]. Hualde (2005, 160), por su parte, elige como primera opción [ð̟], añadiendo el diacrítico que denota adelantamiento al símbolo propio de la consonante dental sonora, aunque también admite como alternativa la transcripción [θ̬].

En su estudio sobre la fonética del nordeste madrileño, Ruiz Martínez (2003, 128) detecta las variantes plenamente sonora ([ð]) o parcialmente sonorizada ([θ̬]) como realizaciones individuales incluso en posición de ataque silábico (según había señalado previamente Torreblanca), aunque es en coda final de palabra donde aparece un mayor polimorfismo: mantenimiento, sobre todo si sigue una vocal; dentalización ([ˈlu̟θ̟], *luz*); rotacismo ([ˈbeɾ kə]; *vez que*); realizaciones asimiladas a la consonante siguiente ([ˈdi̯ẽːⁿno], *diez no;* [ˈdi̯eᵐˈmĩᵐ], *diez mil* o [ˈdi̯eð̟ ˈð̟ias], *diez días*); e incluso seseo, aspiración y elisión. Hualde (2005) señala que, a diferencia del alófono aproximante de /d/ [→ § 9.2.3], esta realización sonorizada de /θ/ es «más interdental y es una fricativa» (160).

15.5.3 Variantes de /s/

15.5.3.1 Las realizaciones sonorizadas

Una de las variantes contextuales de /s/ más comúnmente señaladas es la sonorizada [s̬] o la plenamente sonora, [z], que aparece ante consonante sonora: [ˈdez̬ðe], *desde;* [ˈmizmo], *mismo,* [ˈizla] *isla,* [ˈrazɣo], *rasgo,* etcétera [→ § 16.3.5, § 17.5.2]. A este respecto, Hualde (2005, 160) ofrece un listado de los contextos que favorecen la sonorización y de los que la impiden. Muchos autores, desde Navarro Tomás ([1918] 1980, 108), describen una variante sonorizada de /s/ en español; Torreblanca (1978, 1986) la ha documentado, en habla relajada, incluso en posición inicial de sílaba, sobre todo entre vocales átonas o precedida de [l] o [ɾ] ([en el ˈs̬aɣo], *en el saco*). Según este autor, «la causa de la sonorización es una lenición articulatoria que se manifiesta, generalmente, en la menor duración de las variantes sonoras» (1986, 9). Los datos sobre frecuencias de aparición de los alófonos sonoros que nos ofrece la bibliografía son muy variados, desde los obtenidos para el español del País Vasco por Etxebarría (1990), en los que se observa un 3,6 % de variantes sonorizadas y un 2,8 % de realizaciones sonoras, hasta los recogidos para el español de Asturias por Muñiz y Cuevas (2003–2004), en los que la variante sonorizada aparece en un 1,6 % de los casos y la sonora en un 51,4 %.

Por lo que se refiere a los contextos que más favorecen la sonorización, las consonantes laterales o nasales siguientes se han considerado muy favorecedoras para tal debilitamiento de /s/, pues provocarían un descenso anticipado del velo del paladar o de los laterales de la lengua, dificultando la generación de la turbulencia necesaria para pronunciar la fricativa (Ohala y Solé 2008). Sin embargo, solo Etxebarría (1990) confirma este efecto, al encontrar las sonorizaciones «siempre en posición post-nuclear y en contacto con consonante nasal (m, n)» (431–33). Elejabeitia y Bizcarrondo (1992), por el contrario, afirman que los contextos que más favorecen el fenómeno son /sd/ (a gran distancia del resto), seguido por /sb/ y /sg/, tal como se observa en la Tabla 11. Coinciden con Muñiz y Cuevas (2003–2004), aunque en este estudio sobre el español de Asturias —llevado a cabo a partir de 4200 realizaciones de /s/ seguida de [β ð ɣ l m n j̬] obtenidas de 20 locutores asturianos, 10 hombres y 10 mujeres, mediante la lectura de frases— el contexto que más favoreció la sonorización fue [s̬l] y, tras él, los contextos [s̬β], [s̬ð] y [s̬j̬]; en [s̬n] la proporción de sonorización fue la menor de los contextos estudiados, en [s̬m] la siguiente y en [s̬l] la tercera más baja (Tabla 11).

Los grupos /sb/, /sd/ y /sg/ han recibido especial atención en estudios dialectales por sus realizaciones en diversas variedades del español, donde pueden llegar a simplificarse en una fricativa sorda, tras su aspiración, como en /sb/ > [ɸ] ([de.ɸo.ˈkar] *desbocar*), /sd/ > [θ] ([ˈde.θe] *desde*) o /sg/ > [x] ([fi.ˈxar] *fisgar*) (cf. Quilis 1966b, entre otros).

El alcance de la sonorización puede deducirse a partir de los datos acústicos, pero se cuantifica con precisión conociendo la sincronización temporal entre los gestos laríngeo (vibración glotal) y supralaríngeos (estrechamiento ápico-alveolar). Romero Gallego (1999) analizó, mediante articulometría electromagnética (EMA) y transiluminación laríngea [→ § 1.7], varias secuencias de /s/ seguida de /p t k/ o de /b d g/, tanto en interior de palabra como separadas por una frontera léxica. Según sus resultados, la sonorización no es un proceso categórico ni automático —la combinación de /s/ seguida de consonante sonora llegó a mostrar, paradójicamente, magnitudes de sonoridad inferiores a las de la combinación de /s/ con una consonante sorda—, sino un proceso gradual o continuo, más favorecido por el lugar de articulación labial que por el dental o el velar; no se detectaron diferencias significativas entre los resultados en el interior de palabra

Tabla 11 *Porcentajes de sonorización de /s/ seguida de consonante según los contextos*

| | Elejabeitia y Bizcarrondo (1992) | | | Muñiz y Cuevas (2003–2004) | |
	[s̬]	[s̬]	[z]	[z] mujeres	[z] hombres
[s̬m]	87		13	28,7	58,7
[s̬n]	78,3		21,7	19	48,3
[s̬l]	77,8	5,6	16,7	26,8	61,3
[s̬ɣ]	56,1	8,9	35,0	39,7	63,7
[s̬β]	54,0	10,0	35,9	52,3	72,7
[s̬ð]	35,5	20,0	44,4	50,7	69,7
[s̬j̬]				56,7	71,1

y en la frontera léxica; en cuanto al intervalo temporal que separa la vibración glotal y el gesto supralaríngeo, los grupos consonánticos constituidos con obstruyente sonora muestran un valor intermedio entre el que corresponde a la realización de /s/ (esto es, un sonido sordo y, por tanto, con un gesto supralaríngeo muy anterior a la vibración glotal) y el que corresponde a la consonante siguiente (en el caso de /b d g/, el gesto laríngeo precede al glotal).

Por último, en un estudio sobre la influencia de la velocidad de habla sobre la sonorización de /s/, Garcia (2013) analiza las realizaciones de 15 sujetos de diferentes países hispanohablantes en habla normal, rápida y lenta, mediante tres tareas (lectura de palabras, lectura de un texto y una entrevista), considerando la posición en interior o en final de palabra. Según sus resultados, la velocidad de habla tiene un efecto significativo sobre la sonorización, en el sentido de que a más velocidad, más realizaciones sonoras o sonorizadas, tanto en posición interior de palabra como final; sin embargo, el estilo de habla, al comparar la lectura con la entrevista, no presentó un efecto tan claro al respecto.

15.5.3.2 Realizaciones con modificaciones articulatorias

El contexto consonántico, asociado a la posición de /s/ en coda silábica, puede producir modificaciones en el lugar de articulación de la fricativa: desde asimilaciones parciales (como la dentalización ante consonante dental) hasta otras más marcadas, que pueden llegar hasta la duplicación débil de la consonante siguiente ([ᵖp], [ᵏk], [ᶠf], [ᵐm], [ⁿn], [ˡl], etcétera) o la desaparición, como en /sr/. A continuación, se resumirán esos efectos.

El contexto vocálico ejerce cierta influencia en el lugar de articulación de /s/, algo más adelantado entre [i e], palatales, y más retrasado entre [o u], velares (Navarro Tomás [1918] 1980, 105–8; Quilis 1981, 234–39). Así, a partir de datos electropalatográficos se comprueba que «[las realizaciones de /s/ en contacto con] las vocales anteriores muestran un área de contacto dorsopalatal más amplia que la que presentan las vocales posteriores» (Fernández Planas 2000, 156); esa influencia no afecta tan claramente al ápice de la lengua, cuya posición viene determinada por la necesidad de crear, durante la emisión de [s̺], la constricción necesaria para producir el ruido turbulento, por lo que está sujeto a una mayor precisión articulatoria.

Sobre los alófonos dentalizados de /s/ ante consonante dental o interdental, tampoco ha habido acuerdo general: Navarro Tomás, en la edición de 1950 de su *Manual de pronunciación española* ([1918] 1980, 104), señaló por vez primera estas variantes dentalizadas a las que también alude Alarcos (1950, 162). Quilis (1966b), sin embargo, a partir de datos acústicos y cinerradiográficos [→ § 1.7], encuentra que no se dan diferencias entre las realizaciones de /s/ ante dental respecto a otros contextos, y que su articulación se realiza en la zona alveolar y no en la dental; Martínez Celdrán y Fernández Planas (2007), apoyándose en datos electropalatográficos, se refieren a «una asimilación parcial» (114). Romero Gallego (1996) analizó mediante articulometría electromagnética (EMA) la combinación de /s/ con dental o interdental comparándola con las secuencias /ld/ y /ɾd/, y explica que

> [en] el grupo [zd̪] . . . la punta de la lengua se mueve desde una posición cercana a la de [s] sola hasta una posición próxima a los lugares de constricción dental de [t] o [d̪]. Este movimiento deslizante refleja la existencia de poca o ninguna superposición —no hay asimilación— entre los dos gestos del ápice lingual, que parecen haberse articulado, por el contrario, de modo secuencial (107).

No obstante, la producción de /s/ en /sd/ no es idéntica a la de /s/ aislada, ya que se realiza «considerablemente más retraída»; el autor lo interpreta como una ligera sobrearticulación necesaria desde un punto de vista mecánico para generar el deslizamiento posterior. El efecto de la vocal silábica que sigue a /d/ fue reducido. En todo caso, parece claro que «las diferencias articulatorias entre el sonido apicoalveolar [s] y la realización correspondiente ante consonante dental son muy pequeñas, afectan principalmente a la transición entre los dos sonidos y no comportan consecuencias acústicas perceptibles» (Veiga 2009, 333–34).

El caso de la secuencia /sr/ es diferente y siempre se ha señalado como 'incómoda' para los hablantes de español: construir una rótica múltiple, con sus exigencias articulatorias, después de una fricativa también tensa, entraña un esfuerzo difícil de mantener incluso en situaciones de habla cuidada [→ § 17.5.2]:

> en el grupo *sr* . . . la *s* se sonoriza . . . pero la punta de la lengua, arrastrada por la enérgica articulación de la r̄ siguiente, abandona la forma característica de estrechez redondeada que la punta de la lengua forma en la *s*, haciendo perder a ésta su timbre sibilante y produciendo propiamente, en vez de la *z* ordinaria y regular, una ɹ, o sea una *r* fricativa . . . otras veces, en pronunciación relativamente fuerte,

la *s* se pierde por completo, aumentándose a manera de compensación, las vibraciones de la r̄ siguiente (Navarro Tomás [1918] 1980, 108–9).

el fonema /s/ suele perderse cuando precede a /r̄/, en el habla: [ir̄aél] *Israel,* [lar̄éxas] *las rejas,* [dó r̄eáles] *dos reales,* etc. En una pronunciación muy cuidada, la articulación resultante del contacto de estos dos sonidos es una consonante fricativa sonora asibilada (Quilis 1993, 251).

Ohala y Solé (2008) comparan los electropalatogramas de las realizaciones de /s/ y de /r/, considerando que la secuencia /sr/ «conlleva requisitos posicionales antagonistas» (323, traducción propia) en lo que se refiere a la posición de la lengua: para /s/ el ápice y el dorso de la lengua deben elevarse y avanzar, mientras que para la rótica han de descender y retraerse; la anticipación articulatoria de este segundo gesto (a menos de 30 ms del primero) impediría que se generaran las condiciones esenciales para producir una turbulencia (cf. el § 15.2.1). Así pues, la realización de /s/ como [ɾ] o [ɹ] está prácticamente generalizada cuando aparece en el grupo /sr/ y es bastante habitual en el grupo /sθ/ (Navarro Tomás [1918] 1980, 111).

15.5.3.3 *La realización aspirada y las asimilaciones*

En posición de coda silábica es muy frecuente, en amplias zonas del español, la sustitución de /s/ por un sonido aspirado, sordo, sonorizado, o parcialmente asimilado (['kaʰᵏko], *casco*), e incluso su desaparición, y en algunas variedades del español eso ocurre también en posición inicial de sílaba o de palabra; la repercusión de estos fenómenos en el sistema fónico se tratará también en próximos capítulos. Entre las variables fonéticas que favorecen el debilitamiento de /s/ se han señalado los contextos consonánticos, tanto sordos como sonoros (Ruiz Martínez 2003, 135–65). El lugar de articulación de la aspiración puede ser laríngeo, faríngeo o velar (véase el § 15.2.3), y presentar ciertos indicios de sonoridad. El proceso de aspiración de /s/ comienza a producirse cuando, en posición de coda silábica, la fricativa va seguida de consonante, para extenderse a la posición final absoluta, ante pausa; en las variedades del español en las que el proceso ha avanzado más se puede encontrar también aspiración en ataque silábico, o incluso cuando la fricativa se encuentra en coda y seguida de vocal: [loh 'oʈɾoh], *los otros.* Así, según Bybee (2000, 253–58), que se sirve de datos del habla de Buenos Aires y de Cuba, el contexto que más favorece la aspiración es el de coda silábica en interior de palabra (['kahpa], *caspa*), en el que se encuentran entre el 80 % y el 97 % de realizaciones aspiradas, seguido por el mismo contexto de coda silábica, pero en frontera de palabra ([lah 'ʈoka], *las toca*) con un 69–75 %; en posición final de enunciado las aspiraciones rondan el 11–13 % y en posición final de palabra seguida de vocal ([lah 'aʈa], *las ata*) los porcentajes de aspiración varían mucho entre una variedad del español más conservadora, la bonaerense (con un 7 %), y otra más innovadora, la cubana (con el 48 %).

Para terminar, el contacto entre /s/ en coda silábica y la consonante siguiente produce, en distintas variedades del español, diversos fenómenos fonéticos (Navarro Tomás [1918] 1980, 104–6): asimilaciones, que pueden evolucionar hacia una geminación y ensordecimiento parcial de la consonante como, por ejemplo, en ['mimmo], *mismo,* ['anno], *asno,* ['illa], *isla,* ['pekka], *pesca,* [e'ffeɾa], *esfera* o [ɟe'ppaθi̯o], *despacio* (D'Introno, del Teso y Weston 1995); postaspiraciones como en ['paʰʈʰa], *pasta* (Torreira 2006), o realizaciones africadas como en ['litˢo], *listo* (Moya Corral 2007) [→ § 1.18.7, § 16.3.3, § 17.5.5].

15.5.4 *Variantes de* /x/

El lugar de articulación de [x], según se adelantó en el § 15.2.3, se ve influido por las vocales de su entorno: las posteriores ([o], [u]) favorecen realizaciones de /x/ muy retrasadas, uvulares, mientras que las anteriores ([i], [e]) provocan un adelantamiento que en algunas áreas geolectales (Chile, especialmente) es «tremendamente acusado, produciendo una verdadera palatalización», [ç], una «constrictiva medio o postpalatal sorda» (Quilis 1981, 243) [→ § 10.2.2, § 16.4].

Del mismo modo que en algunas variedades del español se aspira o se velariza la labiodental inicial (/f/ > [x]-[h], ['huey̞o] *fuego*), en otras, como en el centro de México, se encuentra el proceso inverso: la velar se labiodentaliza (/x/ > [f], ['fuey̞o] *juego*; véase Matluck [1951, 81], citado por Greenlee [1992, 185], además de la información detallada que se presenta en el capítulo 16).

Por lo que respecta a la acción de las cuerdas vocales, no hay acuerdo entre los especialistas sobre la tendencia a la sonorización en [x]. Hualde (2005, 106) pone de manifiesto su resistencia a sonorizarse incluso cuando va seguida de consonante sonora, a diferencia de otras consonantes fricativas; sin embargo, Barreiro (1992) detectó realizaciones prevocálicas sonorizadas, incluso en habla de laboratorio.

En cuanto a las variaciones motivadas por la posición silábica, la fricativa velar /x/, al igual que la labiodental /f/, tiene menor libertad distribucional que /s/ o /θ/, y su presencia en coda es muy reducida en español: se limita a unas pocas unidades léxicas, en las que, además, suele omitirse o asimilarse [→ § 17.3.2, § 24.2.3].

15.5.4.1 *La influencia de las vocales sobre /f θ s/. La hipótesis de la compatibilidad articulatoria*

El distinto grado de relevancia del contexto vocálico con respecto a las diferentes consonantes fricativas podría explicarse considerando la 'compatibilidad articulatoria' entre el lugar de articulación de la consonante y el de la vocal: cuanto menor sea esa compatibilidad, más necesario resultaría contar con el contexto para evaluar la identidad de la consonante. Esta hipótesis es el punto de partida de varios trabajos del Departamento de Física Aplicada de la Universidad de Santiago (Feijóo y Fernández López 2001; Fernández López *et al.* 2000; Fernández López y Feijóo 2001). Todos ellos se caracterizan por adoptar como medida de coarticulación la escala DAC (*Degree of Articulatory Constraint*), desarrollada por Recasens (Recasens, Pallarès y Fontdevila 1997) para cuantificar la restricción articulatoria determinada por el grado de contacto linguopalatal en cada sonido: a los sonidos palatales y velares, en los que este contacto es muy fuerte, se les asigna el valor máximo de 3; los bilabiales, que no requieren participación alguna de la lengua, ocupan el extremo contrario, con un valor de 1; en una situación intermedia se ubicarían segmentos como /s/, que no requieren una participación tan activa del dorso lingual, pero sí están sujetos a sus efectos. Los valores en la escala DAC asignados por Feijóo y Fernández López (2001) a las combinaciones de fricativa con vocal son los que se muestran en (6).

(6)   /f/ (1) < /a/ /o/ /u/ (1,5) < /θ/ (2) < /s/ /e/ (2,5) < /ʃ/ /i/ (3)

Cuando la vocal presenta un grado de constricción superior al de la consonante, su influencia coarticulatoria se incrementa de forma proporcional a la distancia entre el valor en la escala DAC de ambas. Por tanto, /f/ sufriría los efectos de la vocal siempre, pero con mayor intensidad ante vocales palatales; /θ/, solo si va seguida de /e/ o /i/; y /s/, solo cuando aparece ante una /i/.

En Feijóo y Fernández López (2001) se correlacionan los valores DAC con la transición del segundo formante, definida como la diferencia entre su posición al inicio de la vocal y la posición en su punto de estabilidad. Con este criterio,

los resultados muestran que existe una correlación significativa entre la magnitud del efecto coarticulatorio y las transiciones del F2, indicando que el F2 está relacionado con las restricciones articulatorias entre la consonante y la vocal, y no con el lugar de articulación de la consonante (1, traducción propia).

Estos datos apoyarían las propuestas defendidas por las teorías del *locus* [→ § 9.3].

15.6 La consonante palatal sonora oral /ʝ/

El fonema palatal sonoro oral del español, /ʝ/, se caracteriza, fonéticamente, por presentar unas realizaciones que varían en cuanto a su grado de tensión articulatoria entre dos extremos: desde las cuasivocálicas —['mai̯o], *mayo*— hasta otras africadas —[enʲd͡ʒeˈso] o [enʲɟ͡ɟeˈso], *enyesó*—, pasando por las de carácter aproximante —['kuʝo], *cuyo*— y las propiamente fricativas —[di̯sʝuɲˈti̯βa], *disyuntiva*—. En definitiva, «un continuo de realizaciones en lo que concierne al grado de constricción» (Hualde 2004, 385, traducción propia). Las variables que determinan la aparición de unas realizaciones u otras son de distinta naturaleza: contextuales, sociogeolectales, estilísticas e idiolectales [→ § 16.5].

Es la falta de unanimidad en cuanto a su carácter predominantemente fricativo (véase también § 15.6.1.) la que nos lleva a definirla solo en términos de lugar de articulación, y no de modo, y a dedicarle un apartado específico, distinto del correspondiente a /f θ s x/. Así, para Veiga (2009), la realización prototípica es la vocálica: «el aspecto más llamativo de la realización fonética [j] [sic] es su proximidad a sonidos de naturaleza vocal» (278). Aguilar (1994) encuentra que la realización aproximante «aparece con carácter general en posición intervocálica en el habla conversacional» (431) e incluso en posición inicial absoluta; la realización fricativa, por el contrario, se considera una «preferencia por parte de algunos informantes frente a la variante aproximante» (431). Finalmente, la realización africada, "aparece en posición inicial absoluta como manifestación de un reforzamiento por parte de algunos hablantes en una pronunciación cuidada" (430).

También la entidad fonológica de /ʝ/ ha sido y sigue siendo objeto de controversias [→ § 1.6.4, § 17.1]. En consecuencia, a menudo se ha descrito más en términos relativos, de diferencias con otros sonidos próximos, como /t͡ʃ/ o /i/, que en términos absolutos, considerándolo *per se*. Si a ello se suman su implicación en uno de los mayores cambios fonológicos actuales del español, el yeísmo [→ § 16.5.3, § 19.3], y las modificaciones contrapuestas que sufre en amplias áreas geolectales (reforzamiento en el español rioplatense [→ § 16.5.1], debilitamiento en el sur peninsular y zonas centroamericanas, etcétera) [→ § 17.5.3], el resultado es que los estudios de carácter puramente fonético se encuentran en desventaja numérica frente a los geosociolectales o diacrónicos. En este apartado, siguiendo la misma estructura que en el anterior, se resumirán las principales aportaciones de los primeros.

15.6.1 *Características articulatorias, acústicas y perceptivas*

La caracterización articulatoria del sonido [ʝ] está condicionada por sus diferentes realizaciones y por sus relaciones con los elementos vecinos, como se acaba de mencionar. En general, para producir este sonido es preciso elevar el dorso lingual hacia el paladar duro, hacia la zona central de la bóveda bucal; los laterales de la lengua tocan el paladar y los molares, mientras que en el centro se forma una abertura plana y alargada por la que discurre el flujo de aire, que proviene de unas cuerdas vocales en vibración (Figura 13).

Fernández Planas (2000, 224) analiza, mediante electropalatografía, las características de este contacto: el mediodorso y el posdorso de la lengua tocan las zonas mediopalatal y pospalatal, aunque las vocales anteriores pueden adelantar la articulación, haciendo intervenir el predorso de la lengua y las zonas anteriores del paladar. En esta tesis, y también en Fernández Planas (2007), se detallan las diferencias entre la articulación de [ʝ] y la del resto de consonantes habitualmente consideradas palatales en español: [ɲ], [ʎ] y [t͡ʃ]: «[ɲ, ʎ, t͡ʃ] comparten características con articulaciones alveolares, por un lado, y con palatales, por otro, con lo cual podemos clasificarlas articulatoriamente como constituyentes de un mismo grupo en el que no cabe la aproximante [ʝ]» (Fernández Planas 2007, 65). Son, pues, en opinión de esta autora, alveolopalatales (cf. el § 15.7.1). La única consonante propiamente palatal del español, pues, sería [ʝ].

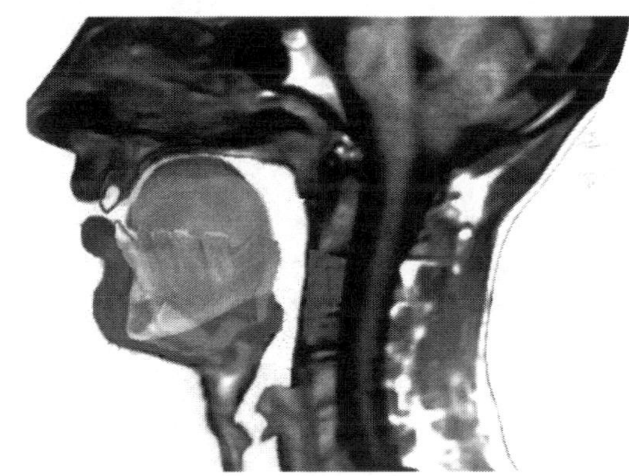

FIGURA 13. Esquema articulatorio de [ʝ]. En color oscuro, la posición de los laterales de la lengua: cuanto más claro es el color, más central es la posición.

La imagen de la Figura 14, correspondiente a las respectivas configuraciones palatográficas de uno de los informantes de Fernández Planas, es muy ilustradora respecto a estas diferencias: el contacto en [ʎ], [ɲ] y [t͡ʃ] es mucho más amplio y afecta a zonas mucho más anteriores que en [ʝ].

Por otra parte, el tamaño del canal de salida puede variar por diversos motivos, con importantes repercusiones en el timbre de esta consonante, e incluso en su consideración fonológica. Navarro Tomás ([1918] 1980), en una de sus acertadas apreciaciones, ya lo explicaba claramente:

> la amplitud de la abertura linguopalatal varía según la fuerza de la pronunciación; la afectación y el énfasis, aumentando la elevación de la lengua, llegan a convertir la y en africada; la pronunciación relajada, por el contrario, aumentando la distancia entre la lengua y el paladar, hace que en algunos casos la y llegue propiamente a tener más timbre de vocal que de consonante. Entre uno y otro extremo la

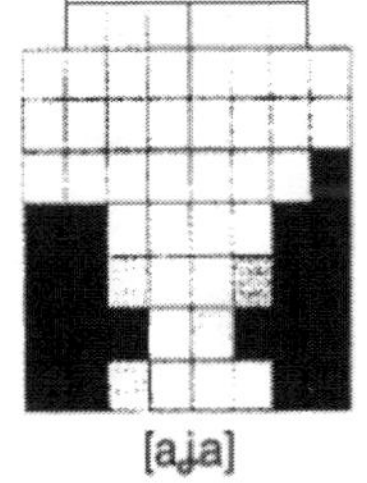

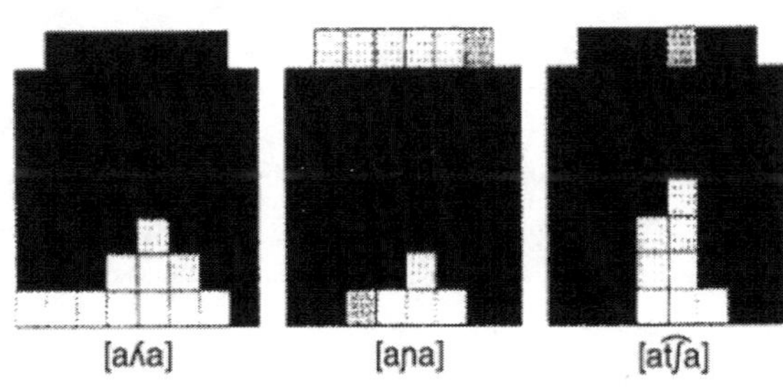

FIGURA 14. Electropalatogramas de [ʝ], [ʎ], [ɲ] y [t͡ʃ], adaptados de Fernández Planas (2007, 61).

conversación ordinaria ofrece numerosas variantes; pero la forma más frecuente en la pronunciación correcta, por lo que se refiere a la posición de la lengua, es suficientemente cerrada para que no haya duda en considerarla como consonante fricativa (138).

No obstante, sí han seguido surgiendo dudas acerca de su carácter fricativo; así, varios autores defienden que se trata de una consonante aproximante (Martínez Celdrán 1996, 82). Como se ha argumentado anteriormente, las articulaciones fricativas son muy exigentes desde el punto de vista aerodinámico, ya que es difícil mantener simultáneamente la vibración de las cuerdas vocales y la presión supraglótica necesaria para que aparezca un ruido turbulento; por eso, en las lenguas del mundo son escasos los sonidos fricativos sonoros (Maddieson 2013; véanse también el § 15.2.1 y el § 15.2.2). Mantener la fricción en una articulación relajada dificulta mantener el control articulatorio del sonido: cuanto más aumente esa abertura linguopalatal mencionada por Navarro Tomás, menor será la posibilidad de generar el ruido turbulento propio de una fricativa. Así lo señala Fernández Planas (2000):

> en el centro de los contactos queda un canal para la salida del aire bastante amplio, como corresponde a una articulación laxa frente a las articulaciones tensas que constituyen las fricativas. Esta característica articulatoria distingue la fricativa de la aproximante, aunque no es la única. . . . Para que una fricativa lo sea el aire que se escapa por la boca durante su emisión debe producir ruido, circunstancia que no se produce durante la articulación de [j̞] (225–26).

Las pocas descripciones acústicas del sonido palatal que ha sido posible consultar (Baker 2004, 239; Hidalgo y Quilis Merín 2012, 195; Martínez Celdrán 1998, 72; Rojas Avendaño y Fernández Rojas 2015) coinciden en señalar una estructura cuasiformántica dependiente de los formantes de las vocales vecinas, con concentraciones de energía en frecuencias bajas (F1) y medias (F2), y con transiciones muy largas, como puede observarse en el espectrograma reproducido en la Figura 15. Fernández Planas (2005, 143) recoge un valor de 2100 Hz para ese segundo formante de [j̞]. Martínez Celdrán (1996, 82) lo sitúa también muy cerca, en los 2080 Hz, con la mayor intensidad de todas las aproximantes, solo 9 dB menos que la vocal precedente. Rojas Avendaño y Fernández Rojas (2015) encuentran un valor de 2290 Hz en posición intervocálica y 1876 en inicial para el español de Venezuela. En suma, se observa bastante homogeneidad entre diferentes autores sobre la frecuencia de este segundo formante.

En un análisis acústico con cuatro locutoras femeninas y 33 realizaciones de cada sonido, utilizando el cómputo de cruces por cero como medida de su tasa de ruido, Martínez Celdrán (2015) encuentra, tanto en la realización de /j̞/

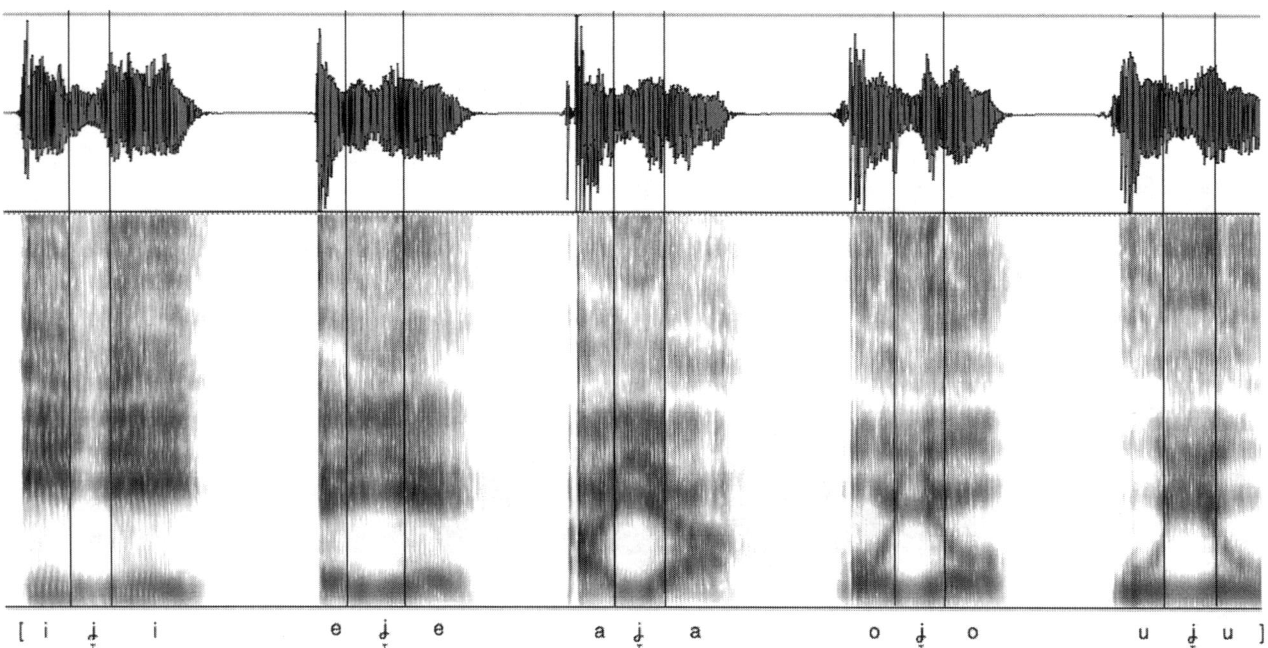

FIGURA 15. Oscilograma y espectrograma de las secuencias [ij̞i] [ej̞e] [aj̞a] [oj̞o] [uj̞u].

intervocálica como en la precedida de pausa, menos cruces por cero que en las aproximantes correspondientes a /b d g/ —aunque las diferencias no alcanzan significatividad estadística—, y muchos menos que en cualquiera de las consonantes fricativas, con las cuales las diferencias sí resultan estadísticamente significativas. En las conclusiones del trabajo mencionado se afirma que

> Los datos proporcionados por los cruces por cero en 30 ms para la 'ye' son los mismos estadísticamente que los de las aproximantes [β̞ ð̞ ɣ̞]; por tanto, la 'ye' es una articulación aproximante. Además, los electropalatogramas indican que es un sonido claramente palatal, en contra de todos los que afirman que es prepalatal o alveolopalatal. Sucede lo mismo con el alófono africado, o mejor 'doble articulación' como hemos venido llamándolo, pues su segundo elemento no es fricativo (Martínez Celdrán 2015, 130).

Si los estudios acústicos sobre este sonido son escasos, los perceptivos prácticamente no existen. Lo más cercano a un análisis sobre la percepción de /ʝ/ en español a que se ha tenido acceso es un experimento de Widdison (1995) —mencionado también en Widdison (1997)— sobre las realizaciones sibilantes rioplatenses que este autor transcribe como [ž] y [š]: se elicitó la variante sorda en un locutor porteño, y se fue acortando en escalones de 45 ms; los jueces fueron 10 estudiantes hispanohablantes de diversas procedencias. Los resultados pusieron de manifiesto que «La percepción de los oyentes cambió del 72 % para [š] en el sonido sordo original, a un 81 % para la sonora en los más acortados» (Widdison 1997, 261, traducción propia). Por lo tanto, las claves temporales permitirían provocar la percepción de sonoridad, aun cuando la información espectral no lo sustente.

15.6.2 Las realizaciones contextuales de /ʝ/

Probablemente, la más estudiada entre las realizaciones contextuales de /ʝ/ sea la correspondiente a un sonido africado y tenso, descrito por primera vez por Navarro Tomás ([1918] 1980), por medio de su comparación con [t͡ʃ] (transcrito este último como [ĉ]; se mantienen los símbolos fonéticos del original, de forma que [ŷ] corresponde al alófono de /ʝ/):

> la zona de contacto entre la lengua y el paladar es en ŷ más amplia que en ĉ, la parte de la lengua que forma este contacto, aun siendo en ambas el predorso, resulta en la ŷ un poco más interior que en la ĉ; en la ŷ la punta de la lengua se apoya ordinariamente contra los incisivos inferiores, quedando despegada, frente a los dientes superiores, mayor parte de la lengua que en la ĉ; la fricación con que termina la articulación de la ŷ, además de ser sonora, es más suave que la de la ĉ, presentando aquélla, de ordinario, mayor semejanza con el sonido de la y fricativa que con el de la ž (j francesa); en pronunciación enérgica, sin embargo, dicha fricación se acerca al timbre de una ž no labializada (127–28).

Quizá como consecuencia de esa comparación inicial, tradicionalmente se ha considerado la realización tensa de /ʝ/ como el correlato sonoro del fonema /t͡ʃ/, y se ha utilizado para representarlo el símbolo [d͡ʒ], compuesto por oclusiva alveolar y fricativa postalveolar unidas por la ligadura característica de las africadas (Gil 2007, 488; Hidalgo y Quilis Merín [2002] 2004, 112; Quilis 1981, 263, entre otros). Sin embargo, en la ilustración del Alfabeto Fonético Internacional dedicada al español peninsular en el *Journal of the International Phonetic Association,* Martínez Celdrán, Fernández Planas y Carrera-Sabaté (2003) presentan la combinación [ɟ͡ʝ] como símbolo correspondiente a este sonido (utilizado también en Martínez Celdrán y Fernández Planas [2007, 58]), uniendo los signos de la oclusiva palatal y la fricativa homorgánica, convención que también adopta Fernández Planas (2005, 146). Veiga (2009) coincide con Martínez Celdrán y Fernández Planas al considerar que «no existe un 'segundo segmento' propiamente fricativo en la realización fuerte del fonema /ʝ/, sino en todo caso un sonido comparable a [j], esto es, un sonido 'aproximante'» (283; se mantiene la transcripción fonética del original); y, más adelante, este mismo autor añade: «el fonema /ʝ/, ninguno de cuyos dos alófonos habitualmente reconocidos es un sonido fricativo» (340), y en nota: «su alófono débil . . . presenta características de sonido *aproximante,* . . . mientras que el alófono fuerte . . . es un sonido bisegmental integrado por un primer segmento oclusivo seguido de una realización fonética semejante a [j]». Obsérvese que, en la cita anterior de Martínez Celdrán (2015), se incide en la ausencia de fricación (y por tanto, de carácter africado) en esta variante. Véase también el § 16.5 de la presente obra.

Tradicionalmente se ha indicado que la aparición de la realización tensa se produce cuando el sonido va precedido de /n/, /l/ o pausa (Navarro Tomás [1918] 1980, 128–29; Quilis 1993, 275, entre otros), especialmente en situaciones

Tabla 12 *Datos acústicos de la realización tensa de /ɟ/*

	Duración total	Momento interrupto	Momento fricativo	Frecuencia media del ruido de fricción
[d͡ʒ]	84,8 ms (la mitad que [t͡ʃ])	52,8 ms	32 ms	2184 Hz (330 Hz más bajo que [t͡ʃ]
[ɟ]	45 ms	45 ms	–	A la altura de la transición del F2

Nota. Datos adaptados de Quilis (1981, 263-64).

de habla enfática e hiperarticulada. Scarpace, Beery y Hualde (2015) han comparado, en 1092 realizaciones de /ɟ/, el grado de estrechamiento —cuantificado como la diferencia entre la intensidad mínima durante la producción de la consonante y la intensidad máxima posterior, dentro de la sílaba— en ocho hablantes del corpus del español peninsular *Glissando* (Garrido Almiñana *et al.* 2013). Según sus resultados, solo aparecía una consonante significativamente más intensa cuando [ɟ] iba precedida por pausa; su realización tras /n/ o /l/ no variaba respecto al contexto intervocálico; la frontera de palabra tampoco se asoció a un incremento significativo del estrechamiento en [ɟ]; sin embargo, sí resultó estadísticamente significativa la diferencia entre sílabas tónicas, con realizaciones más intensas, y sílabas átonas. Serían necesarios, por lo tanto, más estudios experimentales sobre las variables prosódicas y segmentales que determinan la aparición de la realización tensa del fonema palatal oral.

En lo que respecta a sus características articulatorias, Quilis (1981) menciona dos realizaciones principales:

> las africadas sonoras presentan en español dos variantes principales de realización: a) una, con momento fricativo, que transcribimos con el signo [d͡ʒ]; b) otra, sin fricación o con una brevísima fricación, que transcribimos con el signo [ɟ]. . . . Su zona articulatoria es más amplia que en las otras realizaciones, tanto sonora como sorda, y su articulación es más adherente; de ahí la tendencia a mostrarse como una verdadera *oclusiva palatal,* sin fricación (263).

Los datos acústicos que Quilis proporciona respecto a ambas realizaciones se recogen en la Tabla 12. Martínez Celdrán y Fernández Planas (2001) analizan 120 realizaciones del alófono africado, y concluyen que

> en español, la mayoría de los casos, 76,67 % (92 casos) constan de oclusiva más aproximante; además, el 12,50 % (15 casos) presentan únicamente aproximante y sólo el 10,83 % (13 casos) muestra una africada cuyo segundo elemento es una fricativa (178).

Estos autores recogen la realización oclusiva descrita por Quilis; por lo tanto, califican la realización tensa de /ɟ/ como «doble articulación» palatal, para la cual proponen la combinación de dos símbolos del AFI [ɟʝ], ya descrita en el presente apartado.

Jiménez Martínez y Lloret (2015) cuentan las realizaciones para la secuencia *el yerno* recogidas en el *Atlas Lingüístico y Etnográfico de Castilla-La Mancha* (*ALECMAN*). Según sus datos, las variantes más frecuentes son [dɟ] y [ɟ], prácticamente igualadas en número de ocurrencias, y a mucha distancia del resto de realizaciones.

En definitiva, la realización tensa del fonema /ɟ/ es una variante contextualmente determinada, resultado de un proceso de reforzamiento, pero posiblemente sujeta, también, a las mismas fuentes de variabilidad que sus otras realizaciones.

Por lo que se refiere a la influencia de los contextos vocálicos sobre [ɟ], hay que tener en cuenta que, desde un punto de vista puramente articulatorio, la consonante palatal es un sonido con un nivel de restricción alto, que implica muy directamente al dorso lingual en la constricción principal necesaria para su emisión. Por ello, en escalas de grado de coarticulación como la DAC (véase la parte final del § 15.5.4), se le otorga un índice máximo, que se traduce en una elevada resistencia a la influencia de la vocales de su entorno,

> a pesar de que su producción dorsal deja relativamente libre al ápice. Se trata de una articulación muy resistente porque para su producción requiere del dorso una posición muy estable. . . . Los contextos más propicios para sufrir efectos coarticulatorios de las vocales adyacentes los encontramos en los que determinan [a] y [o] (Fernández Planas 2000, 250).

15.7 La consonante africada /t͡ʃ/

La consonante /t͡ʃ/, fusión de una oclusiva y una fricativa homorgánicas, es el segmento africado más común en las lenguas del mundo, dado que se encuentra, aproximadamente, en el 45 % de ellas (Ladefoged y Maddieson 1996, 90). En español aparece como resultado de la reestructuración del conjunto de las consonantes palatales en el castellano medieval. Presenta una distribución fonotáctica bastante limitada y una resistencia elevada a los efectos del contexto, por lo que sus numerosas realizaciones y variantes son de carácter geosociolectal, y no se mencionarán en este apartado, sino que se tratarán en el § 16.6.

15.7.1 Características articulatorias

La principal característica de las consonantes africadas es la presencia de dos momentos, el primero interrupto y el segundo constrictivo, durante la emisión de un único sonido y en su fase de tensión (Figura 16). En palabras de Canellada y Madsen (1987), «las *africadas* presentan dos fases homorgánicas: una oclusión completa cuya metástasis se convierte en fricción. La cantidad de esas dos fases no suele ser más grande que la de una consonante sencilla» (37).

Explica Navarro Tomás ([1918] 1980) que durante la producción de la consonante africada del español

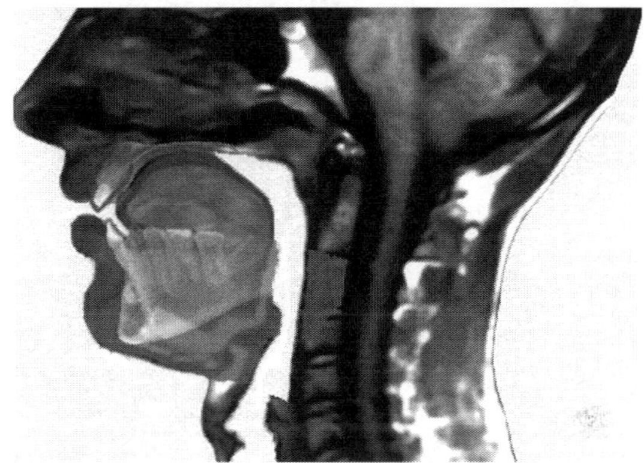

FIGURA 16. Esquema articulatorio de [t͡ʃ]. En color oscuro, la posición de la lengua durante la fase oclusiva; en color claro, la fase fricativa.

> prodúcese en el canal vocal un contacto que interrumpe momentáneamente, como en las oclusivas, la salida del aire; después este contacto se resuelve suavemente, sin transición brusca, en una estrechez; la oclusión y la estrechez se verifican en el mismo punto y entre los mismos órganos, y el tiempo que se emplea en ambos momentos viene a ser el mismo que se gasta en la producción de cualquier sonido meramente oclusivo. El paso gradual de la oclusión a la estrechez es lo que constituye la naturaleza característica de estas articulaciones (20).

El mecanismo de liberación del aire en [t͡ʃ], ese paso gradual, hace que la forma de la cavidad anterior al contacto afecte a la corriente turbulenta en sus primeros 50 ms, lo cual no ocurre en los sonidos oclusivos. Pasado el primer momento, las características del ruido de fricción serían similares a las que corresponden a una fricativa (Feijóo y Fernández López 2003).

En cuanto a su lugar de articulación, el sonido [t͡ʃ] se ha considerado, quizá a causa de su evolución diacrónica, una consonante palatal, a pesar de que, desde sus primeras descripciones, se puso de manifiesto la participación de zonas más adelantadas de la bóveda bucal en su producción:

> la lengua se eleva, convexa, tocando a cada lado de la boca, desde los molares hacia arriba, una zona bastante ancha del paladar; *el predorso de la lengua continúa este contacto por la parte de delante contra el prepaladar y los alvéolos;* en la parte más alta de éstos la superficie de contacto es generalmente mucho más estrecha que a los lados de la boca, pero siempre es suficiente para interrumpir por un momento la salida del aire espirado. Esto constituye la primera parte de la articulación. Después *el predorso se separa gradualmente de los alvéolos y del prepaladar,* formando con éstos durante un instante una estrechez por donde el aire se escapa, produciendo una breve fricación (Navarro Tomás [[1918] 1980, 125]; énfasis de la autora de este capítulo).

En términos muy similares se describe esta articulación en Fernández Planas (2000, § 3.3.3.3.1).

Algunos autores, en consecuencia, han preferido calificar este sonido como prepalatal (Hualde 2005, 152; Martínez Celdrán 1996, 46; Real Academia Española y Asociación de Academias de la Lengua Española 2011, 204), alveolopalatal (Fernández Planas 2005, 45) o palatoalveolar:

el fonema español /t͡ʃ/ es una africada sorda no aspirada lamino-palatoalveolar. . . . En [su] articulación la corriente de aire es bloqueada primero por el cierre oral entre el dorso de la lengua y la parte anterior del paladar duro. Una vez que se ha creado la suficiente presión de aire como para permitir que el paso continuo de la corriente de aire procedente de los pulmones sobrepase el área de cierre oral, el dorso de la lengua se mueve alejándose ligeramente de la región palatoalveolar y permitiendo por tanto que el aire escape, no instantáneamente, como en el caso de una simple oclusiva, sino más lentamente, a través de un área acanalada entre el dorso de la lengua y el paladar. Por lo tanto, el articulador activo para /t͡ʃ/ es el dorso de la lengua, y su punto de articulación es la región palatoalveolar, esto es, la región anterior del paladar duro (Hammond 2001, 184, traducción propia).

En Fernández Planas (2007, 66), donde se retoma el trabajo de 2000 se opta por la denominación «alveolo-palatal», por considerarla «más gráfica ya que se trata de articulaciones que presentan amplios contactos tanto en la zona alveolar como en la palatal. . . . Se trata de configuraciones con una amplia cobertura palatina, de ahí la denominación de *mojadas* (Bruyninckx 1995)» (Figura 17).

En todo caso, sea cual sea la etiqueta elegida, se puede concluir que en la consonante africada del español el articulador pasivo es la parte anterior del paladar, desde los alveolos hacia adelante, y por ambos laterales del paladar duro, y el articulador activo abarca el predorso y el dorso lingual. El aire fonador sale solo por la boca y las cuerdas vocales no vibran.

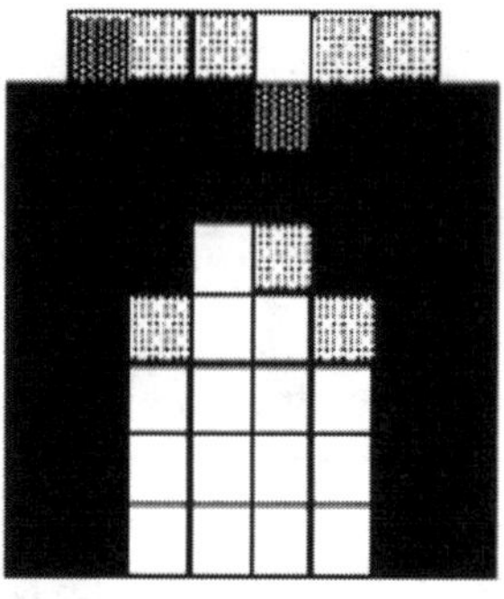

FIGURA 17. Electropalatogramas correspondientes al punto inicial (izquierda) y final (derecha) del momento oclusivo de [t͡ʃ]. (Adaptados de Fernández Planas [2007, 66-67]).

El ápice de la lengua fue considerado irrelevante para la articulación de [t͡ʃ] por Navarro Tomás ([1918] 1980), quien precisaba que

la punta de la lengua no desempeña en este caso función esencial, quedando generalmente libre y como suspendida frente a los incisivos superiores, o bien, como ocurre en la pronunciación de algunas personas, apoyándose más o menos contra los incisivos inferiores, sin que esto haga variar sensiblemente el timbre de dicha articulación (126).

En el mismo sentido se pronuncian Canellada y Madsen (1987, 37) o Baker (2004, 6), entre otros. Fernández Planas (2007) incide en la misma idea:

no podemos considerar que [en el caso de las africadas] se trate de articulaciones dentales o *dento-alveolo-palatales*, aunque en muchas ocasiones efectivamente el ápice de la lengua presione la cara interior de los incisivos superiores . . . , puesto que . . . estas articulaciones no siempre presentan activación de todos los electrodos más anteriores al 100 % y, si la presentan, no se mantienen así a lo largo de su desarrollo temporal (66).

Sin embargo, Túrrez (1990) distingue, en el español del País Vasco, una realización prepalatal claramente preponderante, que supondría el 98 % de las realizaciones, y otra más anterior, alveoloprepalatal, que «articulatoriamente se diferencia de la anterior por el adelantamiento del ápice de la lengua sobre los alvéolos pero sin abandonar la zona palatal» (794).

Más controvertido ha resultado precisar el grado de tensión asociado a este sonido: mientras Navarro Tomás le otorgaba un nivel algo menor que el de las oclusivas, para Fernández Planas (2000), «la africada requiere una tensión importante de los órganos y una fuerte implicación del dorso lingual. . . . Por ello bloquea en gran medida . . . la influencia de las vocales adyacentes sobre su P.M.C. [punto de máximo contacto]» (246). En consecuencia, le otorga el valor más alto en la escala DAC (cf. la parte final del § 15.5.4), mientras que las oclusivas como /t/ y la bilabial reciben el más bajo. Quilis (1966b, 1981, 259–63), sin embargo, detecta una variación en la frecuencia de fricación del segundo componente de /t͡ʃ/, que sí dependería de la vocal silábica, como se describirá a continuación en el § 15.7.2 (Tabla 13).

15.7.2 Características acústicas

Las primeras descripciones acústicas de la /t͡ʃ/ del español se remontan a un trabajo realizado por Gili Gaya con 200 curvas quimográficas, y publicado en 1923. Desde entonces hasta las fechas más recientes, los investigadores han centrado

Tabla 13 *Caracterización temporal de [t͡ʃ]*

	Duración (ms)			
	Oclusión	**Fricción**	**Total**	**% de fricción**
Gili Gaya (1923)	75,7	53,6	129,3	42 %
Quilis (1966a, citado en Quilis 1981, 259, 263)	92,5	73,6	166	44 %
Túrrez (1990)	V_V 67,4 C_V 63,9	_V 69,2 V_V 68,6 C_V 71,4	V_V 136 C_V 135,3	V_V 50 % C_V 47 %
Dorta (1997) (1997)	87,6	84,5	172	51 %
	La autora diferencia en sus datos entre los obtenidos en palabras llanas y agudas; los segundos son más breves que los primeros, pero aquí se han promediado.			
Martín Gómez (2010)	74,1	75,2	143,8	52 %
	Se han promediado los datos de locutores masculinos y femeninos.			
Rojas Avendaño y Fernández Rojas (2015)	58	61	120	51 %

Nota. Gili Gaya trabajó con siete locutores cultos, uno de ellos andaluz y el resto del centro peninsular. El estudio de Túrrez se realizó con informantes masculinos monolingües del País Vasco (no se indica el número), a través de un cuestionario de 130 unidades. El de Dorta se llevó a cabo a partir de los datos de un único informante masculino y otro femenino, ambos madrileños, que leyeron cinco pseudopalabras con la estructura ˈVt͡ʃV y otras cinco con la estructura Vˈt͡ʃV. En la investigación de Martín Gómez los locutores fueron 10 (cinco hombres y cinco mujeres) y repitieron 50 secuencias similares a las de Dorta, en frase portadora. En la de Rojas Avendaño y Fernández Rojas (2015) se indica que el estilo analizado fue habla controlada.

sus análisis en dos dimensiones: la temporal —estudiando la duración total de la consonante y de sus dos fases, la oclusiva y la fricativa— y la frecuencial —analizando datos sobre distribución de la energía espectral de las turbulencias en la fase fricativa—.

En cuanto a su duración, los valores absolutos oscilan entre los 120 y los 172 ms de media, aunque este dato aporta poca información, puesto que depende de factores no controlados en los estudios consultados, como la velocidad de elocución, o de las diferentes metodologías utilizadas para la obtención de la muestra. Más relevante es observar la proporción entre el momento oclusivo y el fricativo; en la última columna de la Tabla 13 puede apreciarse que este último ocupa entre el 42 y el 52 % de la duración total de [t͡ʃ]. Señala Gili Gaya (1923) que el acento influye sobre estas proporciones:

> el mayor énfasis con que se pronuncia la sílaba tónica y el alargamiento de la consonante postónica en contacto inmediato con la vocal acentuada . . . hacen que . . . la oclusión de ĉ tienda a alargarse un poco a expensas de la fricación . . . en cambio, en posición protónica [sic] interior, la tendencia a la pronunciación relajada hace aumentar la duración del elemento fricativo (182).

Martín Gómez (2010) coincide en la importancia de esta variable, pero en un sentido diferente: según sus resultados con respecto a locutores masculinos de Tenerife, si la [t͡ʃ] aparece en sílaba tónica, precediendo a la vocal acentuada, la duración total de la consonante aumenta.

En la descripción de la dimensión temporal de [t͡ʃ] que se ofrece en el presente capítulo solo se han tenido en cuenta las realizaciones propias del español general; las diferencias temporales entre la fase oclusiva y la fase fricativa determinan, además, las características de muchas realizaciones geolectales de esta consonante, que van desde variantes totalmente oclusivas hasta otras completamente fricativas, y se tratan en el § 16.6.

Las caracterizaciones espectrales de [t͡ʃ] (Tabla 14) coinciden en presentar como frecuencias medias para el inicio de las turbulencias las comprendidas en una banda próxima a los 2000 Hz (± 500 Hz), promedio bastante más bajo que el correspondiente a [s], situado en la mayoría de los estudios entre los 3000 y los 4000 Hz (cf. el § 15.3.1 y, en él, la Tabla 5). Tanto en Quilis (1966b) como en Túrrez (1990) y en la *Nueva gramática de la lengua española* (Real Academia Española y Asociación de Academias de la Lengua Española 2011, 207) se destaca la influencia de las vocales del entorno

Tabla 14 *Caracterización espectral de [t͡ʃ]*

	Frecuencia de inicio de la turbulencia (Hz)				
	Media	**Variables**			
Quilis (1966a, citado en Quilis 1981, 259, 263)	2516	Contexto [a] 3500 [o] 3000 [u] 2500			
Martínez Celdrán (1984, 329)	2000				
Túrrez (1990)	#_V V_V C_V 2376,2 2405 2426,6		#_V	V_V	C_V
		[i]	2510	2492,3	2505,3
		[e]	2610	2521	2486,7
		[a]	2583,2	2591,4	2507
		[o]	2133,3	2277,5	2255
		[u]	1943,3	2046	2210
Dorta (1997)	2378				
Martín Gómez (2010)	1570	Frecuencia de máxima intensidad: Hombres: 4712 Mujeres: 6949			

en la frecuencia en la cual se inician las turbulencias, que desciende cuando la africada aparece en contacto con vocales graves y asciende en el contexto con vocales agudas. Martín Gómez (2010) ofrece datos sobre la frecuencia de máxima intensidad que, como puede verse en la Tabla 14, varían de forma muy considerable entre locutores masculinos y femeninos; su frecuencia media, alrededor de 1,5 Khz, es la más baja de todos los estudios analizados, pero coincide con el primer pico de intensidad detectado por Rojas Avendaño y Fernández Rojas (2015).

Las transiciones de la [t͡ʃ] castellana, según observación de Quilis (1966b), tienden hacia el *locus* característico de las consonantes palatales; Dorta (1997) obtuvo para las mismas una duración media de 34,8 ms.

El único estudio que analiza la intensidad de la consonante africada es el más reciente, el de Martín Gómez (2010). Según sus datos, existe una relación entre duración e intensidad: en las realizaciones en las que predomina la fase oclusiva, la duración total de la consonante es mayor, pero su intensidad, menor; en cambio, en las que presentan predominio de la fase fricativa, la duración global es menor, pero su intensidad aumenta. Los informantes masculinos produjeron oclusiones más breves que los femeninos, pero se detectaron importantes diferencias interindividuales en ambos grupos.

En la Figura 18 se muestran la forma de onda y el espectrograma correspondientes a las realizaciones del fonema africado español, rodeado por las cinco vocales.

15.7.3 Características perceptivas

La consonante africada española /t͡ʃ/ parece, según los escasos estudios realizados al respecto, bastante resistente desde el punto de vista perceptivo: Feijóo, Fernández López y Balsa (1999) encuentran tasas de reconocimiento superiores al 97 % cuando los jueces contaban solo con su segmento fricativo; cabe señalar que solo /x/ presentó resultados mejores, mientras que los de /θ/, en esta misma condición, apenas superaron el 56 %. En un trabajo posterior que incluía la africada gallega, dos de estos autores argumentan que «los cambios espectrales ocurridos durante los primeros milisegundos de la explosión *[release]* africada probablemente proporcionaron una clave adicional que ayudó a los oyentes a identificar la africada sorda» (Feijóo y Fernández López 2003, 6, traducción propia). Efectivamente, los resultados obtenidos en otras lenguas indican que las claves temporales pueden resultar esenciales para la discriminación del modo de articulación y,

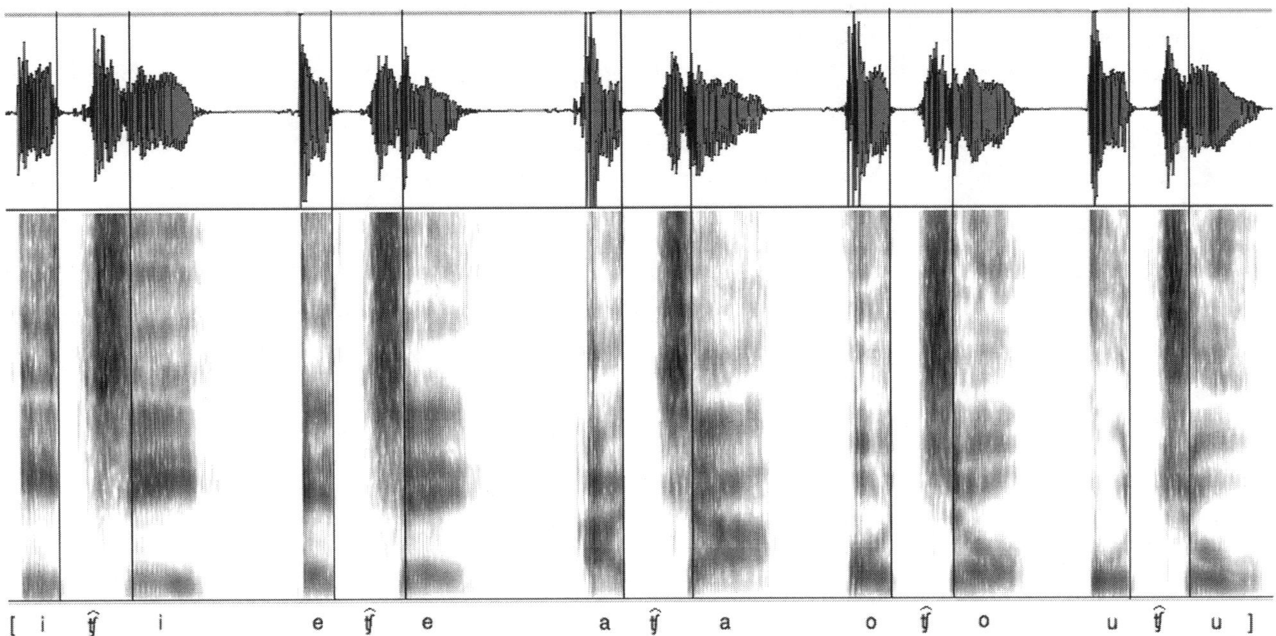

FIGURA 18. Oscilograma y espectrograma correspondientes a las realizaciones [it͡ʃi] [et͡ʃe] [at͡ʃa] [ot͡ʃo] [ut͡ʃu].

más concretamente, de la diferencia de modos de articulación en el continuo africado-fricativo (Ferrero, Pelamatti y Vagges 1982; Kluender y Walsh 1992, entre otros).

También se dispone de algunas pruebas experimentales de que la existencia del contraste entre /s/ y /t͡ʃ/ en español permite a los hispanohablantes monolingües discriminar mejor el contraste entre /ʂ/ y /tʂ/ del vasco que los contrastes entre las fricativas ápico-alveolar, lamino-alveolar y postalveolar de esa lengua (Baese-Berk y Samuel 2012).

En este apartado no se describen realizaciones contextuales, puesto que, según la bibliografía consultada, las variantes de /t͡ʃ/ documentadas en español deben su aparición a causas exclusivamente geolectales, que se tratarán en el § 16.6.1.

15.8 Conclusiones

En este capítulo se han caracterizado fonéticamente las realizaciones de los fonemas fricativos del español estándar (/f/ /θ/ /s/ /x/), así como las del africado /t͡ʃ/. También se han descrito las correspondientes al fonema palatal /ʝ/, cuya realización canónica presenta características fonéticas más similares a las aproximantes que a las fricativas.

En cuanto a su producción, las consonantes fricativas se caracterizan por un estrechamiento en uno o varios puntos del tracto vocal que altera el desplazamiento del flujo de aire, provocando cambios de presión que, sostenidos en el tiempo, se traducen en ruido turbulento; son, por lo tanto, sonidos tensos, que requieren una considerable precisión por parte de los órganos articuladores. Ese estrechamiento, cuyo tamaño crítico está en torno a 0,1 cm², es diferente para cada consonante: en [f] y en las realizaciones de /s/ los obstáculos son dos —para la primera, los incisivos superiores más el labio inferior; para la segunda, la constricción lingual más los incisivos—, lo cual provoca un incremento de las turbulencias, de menor intensidad en [f] por la inmediata salida del aire al exterior; para articular [θ] es esencial el control de la presión apical en la cara interna de los incisivos. De cualquier forma, en los tres casos la constricción se produce creando un obstáculo. En [x], por el contrario, el aire debe atravesar un canal con una pared paralela al flujo del aire, de modo que los cambios en la presión son muy notables, pero no máximos.

Las fricativas generales del español son pulmonares, sordas y orales; según el lugar de articulación de sus realizaciones, /f/ es labiodental (con realizaciones bilabiales); /θ/ es interdental (con realizaciones posdentales); /s/ puede ser dental (dorsal y plana o redondeada en su realización meridional o atlántica) o alveolar (apical y cóncava en su realización castellana); dada su libertad posicional, sufre diversas influencias contextuales, que pueden considerarse, en general, como asimilaciones; /x/, por último, es velar, y se articula con la parte posterior de la lengua, el posdorso, que se aproxima al paladar blando (aunque en sus realizaciones más adelantadas el articulador pasivo pasa a ser el paladar duro); las realizaciones meridionales y atlánticas son más laxas, se realizan como una aspiración, sea velar, faríngea o laríngea.

Considerando su transmisión, las características acústicas de las fricativas giran en torno a la distribución espectral de la energía turbulenta, en una banda de frecuencias no superior a 3–4 KHz (Ortega Escandell 2016), que presenta una estructura definida en el caso de [s̠] o de la [x] castellana, pero más indeterminada en el de [f] o en el de [θ], sonidos calificados como mates, irregulares, de espectro difuso o plano, sin prominencias marcadas, por lo que para identificarlos se necesita, además, la información que proporciona el contexto.

Las turbulencias de [f] comienzan, según la mayoría de los estudios, por debajo de 1 kHz, y se prolongan por encima de los 8 kHz; sus picos, poco marcados, recorren toda esa banda. En cuanto a [θ], para algunos autores es un sonido más agudo que [f], con el inicio de las turbulencias alrededor de los 2500 Hz (Fernández Planas 2005; Marrero-Aguiar 1990b; Quilis 1981); otros, sin embargo, sitúan ese inicio en torno a los 1000 Hz (Carbó y Navarro Pesudo 1999), o en unos picos apenas 100 Hz inferiores a los de [f] (Ortega Escandell y Matas 1999). Estos dos sonidos son, además, los menos intensos entre los fricativos y los más difíciles de discriminar a partir de sus picos espectrales (Ortega Escandell 2016).

En el caso de las realizaciones de /s/, en cambio, se da una distribución espectral del ruido que permite diferenciar esta fricativa de las demás, tanto por su frecuencia como por su intensidad, que es la más elevada de este grupo de sonidos. Su pico de energía sonora más intenso rondaría los 4 kHz, con diferencias de ± 1 kHz según los autores; así, los valores más bajos son los propuestos por Etxebarría (1990) o por Carbó y Navarro Pesudo (1999), mientras que los más elevados se encuentran en de Manrique y Massone (1981) o en Marrero-Aguiar (1990b), que estudiaron la variedad dorsal, más aguda que la apical; por otra parte, las realizaciones de hablantes femeninos resultan también más agudas que las de los masculinos. El inicio de las turbulencias depende del contexto, especialmente de la vocal silábica, de modo que aumenta con las agudas y disminuye en frecuencia con las graves, pero la mayoría de los trabajos consultados lo sitúa entre los 3 y los 4 kHz.

La velar, por último, presenta concentraciones claras de energía en zonas bajas del espectro, y una intensidad superior a la de [f] o a la de [θ], aunque no alcanza la de las realizaciones de /s/; sus frecuencias dependen en gran medida del contexto vocálico, por lo que los valores medios pueden no aportar información significativa; así, Carbó y Navarro Pesudo (1999) dan una frecuencia de inicio de 557 Hz, pero Ortega Escandell y Matas (1999) la elevan hasta cerca de los 4000 Hz. En general, con vocales posteriores las concentraciones de energía suelen aparecer por debajo de los 900 Hz, y con vocales anteriores, por encima de los 2000 Hz.

Por lo que respecta a las transiciones vocálicas del F2, cuando siguen a [f] presentan una amplia área de distribución (de los 250 a los 2500 Hz) y sus direcciones apuntan a unas frecuencias bajas, como correspondería, según la teoría del *locus* (Delattre 1962), a los sonidos labiales. Sobre [θ] se cuenta con menos datos, aunque sus valores frecuenciales parecen algo más centrados que los de [f], pero menos que los de las realizaciones de /s/; su *locus* se emplazaría por encima del de [f], e incluso del de /s/. En las realizaciones de /s/, las transiciones, por el contrario, se situarían an una zona más reducida y más central del espectro, entre los 1000 y los 2000 Hz, y apuntarían a una ubicación intermedia, a la altura del segundo formante de /a/, en una zona acorde con la de los sonidos dentoalveolares. Por último, [x] presenta unas frecuencias algo más dispersas que las de /s/, pero menos que las de [f] (800–2100 Hz), y su *locus* sería el más alto de los de las fricativas.

Se dispone también de otras caracterizaciones frecuenciales más 'innovadoras', como las representaciones mediante coeficientes cepstrales derivados del LPC (Feijóo *et al.* 1999; Feijóo y Fernández López 2003) o las fractales (Fernández López, Feijóo y Balsa 1999), que se han demostrado tan adecuadas o más que las tradicionales para definir los sonidos fricativos. El centro de gravedad de las fricativas y la asimetría de la curva espectral resultan parámetros muy variables individualmente y, por tanto, útiles para caracterizar al locutor; por el contrario, la curtosis del espectro presenta una mayor estabilidad y, por ello, puede considerarse el parámetro más adecuado para una caracterización general de los sonidos; cabe añadir que en el trabajo de Cicres (2004), las menores diferencias interindividuales correspondieron a la velar [x] y, las mayores, a [f] y [s̠].

Al analizar la duración, los estudios ofrecen datos muy dispares, quizá como consecuencia de la interacción entre numerosas variables difíciles de controlar: el contexto, el acento, la posición silábica, las variaciones estilísticas y geolectales, etcétera. Entre los resultados coincidentes destaca el alargamiento en posición prepausal. No hay acuerdo sobre cuál sea la escala de duración de las fricativas españolas, pero sí existen indicios sobre sus umbrales temporales: por debajo de 20–30 ms un ruido turbulento deja de percibirse como fricativo y se interpreta como oclusivo o africado; /θ/ necesita una duración mínima de 30–40 ms, /f/ requiere 40–60 ms, y /s/, 60–90 ms (Feijóo y Fernández López 2002b).

Los experimentos perceptivos muestran que la distribución espectral del ruido turbulento es suficiente para la identificación de /s/, cuyas frecuencias más relevantes se sitúan entre los 4 y los 6 kHz (de Manrique y Massone 1981; Feijóo y Fernández López 2002a). La consonante velar /x/ presentó resultados muy diferentes en los estudios sobre el español de España —en los que sus tasas de reconocimiento solo mediante el ruido eran similares e incluso mejores que las de /s/— y los del español de Argentina —en los que el ruido de /x/ se identificó como /f/ en casi dos tercios de las presentaciones—. En cambio, /f/ y /θ/ requieren necesariamente las claves contextuales que proporcionan las transiciones formánticas para lograr tasas de reconocimiento elevadas. El caso más complejo es el de /f/: se ve muy afectada por el filtrado, y también por el contexto, resultando especialmente difícil de identificar la sílaba /fe/.

Si se trasladan los datos de la identificación de las fricativas obtenidos a partir de su ruido turbulento a una representación multidimensional, se pueden apreciar las diferencias entre el mapa perceptivo de los jueces rioplatenses, con /x/ muy próximo a /f/, y el de los jueces del norte peninsular español, que aproximan perceptivamente /f/ a /θ/, pero no a /x/; en ambos casos, /s/ se mantiene como un elemento claramente diferenciado.

Por último, la influencia de los sonidos vecinos y de la distensión silábica provocan procesos asimilatorios que modifican las características de las fricativas: pueden realizarse como sonoras o parcialmente sonorizadas, variar sus lugares de articulación —adelantándolos en contextos anteriores o retrasándolos en los posteriores—, aspirarse, duplicar la consonante siguiente e, incluso, elidirse.

Por lo que se refiere a [j], en su emisión intervienen las zonas centrales y posteriores del dorso lingual (articulador activo) y del paladar (articulador pasivo), que se unen lateralmente, dejando un canal central de paso para la salida del aire, plano y alargado, de un tamaño generalmente superior al necesario para producir ruido turbulento; las cuerdas vocales vibran y la entrada del aire hacia la cavidad nasal está bloqueada. Como consecuencia de la anchura del canal de salida, su estructura acústica es muy definida, con unas transiciones muy largas y marcadas en las vocales contiguas, aunque con un F2 mucho más débil que los de estas, y situado alrededor de los 2000 Hz.

Se trata de un sonido muy sujeto a variaciones contextuales, estilísticas y geosociolectales, que se combinan para favorecer la aparición de variantes más o menos tensas. En las más tensas, la palatal puede realizarse mediante una articulación doble, cuyo primer elemento es oclusivo y el segundo puede ser fricativo —en cuyo caso se estaría ante un sonido africado sonoro—, o aproximante, de modo que la articulación doble ya no constituiría una consonante africada.

La principal característica del sonido africado [t͡ʃ], por otra parte, es su doble articulación, con un primer momento oclusivo, para el cual el predorso y el mediodorso de la lengua entran en contacto con la parte anterior del paladar, y otro segundo fricativo, homorgánico, producido en la misma zona, pero sin contacto, solo mediante un estrechamiento; la transición entre la primera y la segunda fase es suave, y parece proporcionar claves perceptivas robustas. Las cuerdas vocales no vibran y el aire sale exclusivamente por la cavidad oral.

La duración total de [t͡ʃ] no excede significativamente la de otros sonidos del español, pero la de sus dos momentos, oclusivo y fricativo, muestra una considerable variabilidad, tanto entre los diferentes estudios como entre locutores.

El ruido turbulento característico del momento fricativo comienza alrededor de los 2000 Hz, aunque presenta cierta dependencia contextual de las vocales del entorno: ante [i e] el ruido comienza a frecuencias más altas que ante [o u]. La banda de frecuencias de máxima intensidad se sitúa en zonas más elevadas del espectro en las mujeres que en los hombres. Las realizaciones en las que predomina el momento fricativo son más intensas, lógicamente, que las que presentan un momento oclusivo más prolongado.

Referencias bibliográficas

Aguilar, Lourdes. 1994. «Los procesos fonológicos y su manifestación fonética en diferentes situaciones comunicativas: la alternancia vocal / semiconsonante / consonante». Tesis de doctorado, Universitat Autònoma de Barcelona. http://hdl.handle.net/10803/4886.

Alarcos, Emilio. 1950. *Fonología española*. Madrid: Gredos.

Alba, Orlando. 2001. *Manual de fonética hispánica*. San Juan: Plaza Mayor.

Albalá, María José y Victoria Marrero-Aguiar. 1995. «La intensidad de los sonidos españoles». *Revista de Filología Española* 75 (1–2): 105–32. https://doi.org/10.3989/rfe.1995.v75.i1/2.424.

Alcina, Juan y José Manuel Blecua. (1975) 1982. *Gramática española*. 3.ª ed. Barcelona: Ariel.

Almeida, Manuel y Carmelo Pérez Vidal. 1991. «Datos acústicos de las consonantes fricativas canarias». *Revista de Filología de la Universidad de La Laguna* 10: 7–14.

Arce, Constantino. 1993. *Escalamiento multidimensional: una técnica multivariante para el análisis de datos de proximidad y preferencia.* Barcelona: Promociones y Publicaciones Universitarias.

Baese-Berk, Melissa M. y Arthur G. Samuel. 2012. «Non-Native Perception and Production of Basque Sibilant Fricatives». *The Journal of the Acoustical Society of America* 132 (3): 1938. https://doi.org/10.1121/1.4755129.

Baker, Gary K. 2004. «Palatal Phenomena in Spanish Phonology». Tesis de doctorado, University of Florida.

Balari, Sergio, Joaquim Llisterri y Dolors Poch. 1988. «Structuration de la langue 3 chez les locuteurs bilingues». En *Dixième anniversaire. Langue et méthodologie. Littérature et civilisation. Informatique et FLE. Actas de las X Jornadas Pedagógicas sobre la Enseñanza del Francés en España*, editado por Ana Blas González, Claude Mestreit y Manuel Tost, 89–98. Barcelona: Universitat Autònoma de Barcelona, Institut de Ciències de l'Educació.

Barreiro, Silvia. 1992. «La influencia del contexto vocálico en el análisis acústico de [x]». *Estudios Humanísticos. Filología* 14: 203–14. https://doi.org/10.18002/ehf.v0i14.4272.

———. 1999–2000. «Análisis acústico comparado de las fricativas castellanas no sibilantes [f] y [θ] en realizaciones aisladas». *Contextos (Universidad de León)* 17–18 (33–36): 243–60.

del Barrio, Laura y Sergio Torner. 1999. «La duración consonántica en castellano». *Lingüística Española Actual* 21 (1): 99–126.

Barrutia, Richard y Tracy D. Terrell. 1982. *Fonética y fonología españolas.* Nueva York: John Wiley & Sons.

Batllori, Montserrat, Beatriz Blecua Falgueras y Assumpció Rost. 2010. «Nuevas reflexiones sobre la existencia de la labiodental sonora en la evolución del español». En *Actes du XXV* *Congrès International de Linguistique et de Philologie Romanes. Innsbruck, 3–8 septembre 2007*, editado por Maria Iliescu, Heidi Siller-Runggaldier y Paul Danler, 2:23–32. Berlín: de Gruyter. https://doi.org/10.1515 /9783110231922.2-23.

Batllori, Montserrat, Assumpció Rost y Beatriz Blecua Falgueras. 2009. «Evolución y adquisición fonológica de la fricativa labiodental sonora en español». En *Diachronic linguistics / Lingüística diacrónica / Lingüística diacrònica*, editado por Joan Rafel, 135–63. Gerona: Documenta Universitaria.

Bès, Gabriel G. 1964. «Examen del concepto de rehilamiento». *Thesaurus. Boletín del Instituto Caro y Cuervo* 19 (1): 18–42.

Blecua Falgueras, Beatriz, Jordi Cicres y Juana Gil. 2014. «Variación en las róticas del español y su implicación en la identificación del locutor». *Revista de Filología Románica* 31: 13–35. https://doi.org/10.5209/rev_RFRM.2014.v31.n1.51021.

Blecua Falgueras, Beatriz y Assumpció Rost. 2015. «Implicaciones perceptivas de la variación: la fricativa labiodental». *Revista Española de Lingüística* 45 (1): 25–44.

Boersma, Paul y David Weenink. 2018. *Praat: Doing Phonetics by Computer* (versión 6.0.42). Programa informático. Ámsterdam: University of Amsterdam. http://www.praat.org.

Bruyninckx, Marielle. 1995. «Spécificités de la qualité palatale». *Revue de Phonétique Appliquée* 114: 65–80.

Bybee, Joan L. 2000. «Lexicalization of Sound Change and Alternating Environments». En *Acquisition and the Lexicon. Papers in Laboratory Phonology V*, editado por Michael B. Broe y Janet B. Pierrehumbert, 250–68. Cambridge: Cambridge University Press.

Canellada, María Josefa y John Kuhlmann Madsen. 1987. *Pronunciación del español. Lengua hablada y literaria.* Madrid: Castalia.

Carbó, Carme y María José Navarro Pesudo. 1999. «Características acústicas de los sonidos fricativos del español». En *Actes del I Congrés de Fonètica Experimental. Tarragona, 22, 23 i 24 de febrer de 1999*, 135–42. Tarragona: Universitat Rovira i Virgili; Barcelona: Universitat de Barcelona.

Cicres, Jordi. 2004. «Anàlisi espectral de [f θ s x] en espanyol i la seva utilitat en la identificació de parlants». *Interlingüística* 15 (1): 291–98.

———. 2011. «Los sonidos fricativos sordos y sus implicaciones forenses». *Estudios Filológicos* 48: 33–48. https://doi.org/10.4067/S0071 -17132011000200003.

Cicres, Jordi y Beatriz Blecua Falgueras. 2015. «Caracterización acústica de las róticas fricativas prepausales en español peninsular». *Loquens. Spanish Journal of Speech Sciences* 2 (1): e019. https://doi.org/10.3989/loquens.2015.019.

Colantoni, Laura y Alexei Kochetov. 2016. «Estudio electropalatográfico del debilitamiento de /s/ y /n/ en coda en dos dialectos del español». En *53 reflexiones sobre aspectos de la fonética y otros temas de lingüística*, editado por Ana María Fernández Planas, 31–37. Barcelona: Universitat de Barcelona, Laboratori de Fonètica.

Delattre, Pierre C. 1962. «Le jeu des transitions de formants et la perception des consonnes». En *Proceedings of the Fourth International Congress of Phonetic Sciences, held at the University of Helsinki, 4–9 September 1961*, editado por Antti Sovijärvi y Pentti Aalto, 407–17. La Haya: Mouton. Reed. en *Studies in French and Comparative Phonetics*, 276–86. La Haya: Mouton, 1966.

Dilmen, Nevit. 2011. *Roentgenogram or Medical X-Ray Image.* Wikimedia Commons. https://commons.wikimedia.org/wiki/File:Medical _X-Ray_imaging_SOX07_nevit.jpg.

D'Introno, Francesco, Enrique del Teso y Rosemary Weston. 1995. *Fonética y fonología actual del español.* Madrid: Cátedra.

Donni de Mirande, Nélida Esther. 1991. «Sobre el ensordecimiento del zeísmo». En *Variación lingüística en el español de Rosario*, de Nélida Esther Donni de Mirande, Susana H. Boretti de Macchia, María Cristina Ferrer de Gregoret y Carmen Sánchez Lanza, 7–21. Rosario: Universidad Nacional de Rosario, Consejo de Investigaciones.

Dorta, Josefa. 1992. «Datos acústicos de la /s/ de El Hierro». *Revista de Filología de la Universidad de La Laguna* 11: 55–64.

———. 1997. «Datos acústicos y percepción de la [ĉ] adherente de Canarias y de la pre-palatal castellana». En *Contribuciones al estudio de la lingüística hispánica. Homenaje al profesor Ramón Trujillo*, editado por Manuel Almeida y Josefa Dorta, 1:57–72. Barcelona: Montesinos.

Elejabeitia, Ana y Gema Bizcarrondo. 1992. *La s en el español de Vizcaya. Análisis acústico*. Bilbao: Universidad de Deusto.

Etxebarria, Maitena. 1990. «Lingüística contrastiva: análisis acústico de las realizaciones sibilantes en euskera y castellano». En *Actas del Congreso de la Sociedad Española de Lingüística, XX Aniversario. Tenerife, 2–6 de abril de 1990*, editado por María Ángeles Álvarez Martínez, 1:424–435. Madrid: Gredos.

Everett, Caleb, Chantal Darquenne, Renee Niles, Marva Seifert, Paul R. Tumminello y Jonathan H. Slade. 2023. «Aerosols, Airflow, and More: Examining the Interaction of Speech and the Physical Environment». *Frontiers in Psychology* 14: 1184054. https://doi.org/10.3389/fpsyg.2023.1184054.

Face, Timothy L. 2003. «Consonant Strength Innovations across the Spanish-Speaking World: Evidence and Implications for a Usage-Based Model of Phonology». En *LACUS Forum XXIX: Linguistics and the Real World*, editado por Douglas W. Coleman, William J. Sullivan y Arle Lommel, 25–35. Houston: Linguistic Association of Canada and the United States (LACUS).

———. 2008. *Guide to the Phonetic Symbols of Spanish*. Somerville: Cascadilla Press.

Feijóo, Sergio y Santiago Fernández López. 2001. «Acoustical Effects of Coarticulation in Speech». En *Proceedings of the 17th International Congress on Acoustics. Rome, 2–7 September 2001*, 4:Paper 7P.43. Roma: International Commission for Acoustics. CD-ROM.

———. 2002a. «Location of Spectral Cues for the Perceptual Identification of Fricatives». En *Forum Acusticum Sevilla 2002. 3rd European Congress on Acoustics*, SPA-Gen-014. Madrid: Sociedad Española de Acústica.

———. 2002b. «Temporal Effects of Phonetic Integration in CV Syllables». En *Forum Acusticum Sevilla 2002. 3rd European Congress on Acoustics*, SPA-Gen-013. Madrid: Sociedad Española de Acústica.

———. 2003. «Auditory Identification and Acoustic Representation of the Voiceless Fricatives and Affricates». *e-RTH. Revista electrónica en Tecnologías del Habla* 1: 1–12.

Feijóo, Sergio, Santiago Fernández López y Ramón Balsa. 1999. «Influence of Frequency Range in the Perceptual Recognition of Fricatives». *The Journal of the Acoustical Society of America* 105 (2): 1401–2. https://doi.org/10.1121/1.426658.

Feijóo, Sergio, Santiago Fernández López, Nieves Barros y Ramón Balsa. 1999. «Acoustic and Perceptual Characteristics of the Spanish Fricatives». En *Sixth European Conference on Speech Communication and Technology (EUROSPEECH'99). Budapest, Hungary, September 5–9, 1999*, 1679–83. International Speech Communication Association (ISCA) Online Archive.

———. 2002. «Context Effects and Acoustic Cues for the Auditory Identification of Spanish Fricatives /f/ and /θ/». *Acta Acustica united with Acustica* 88 (1): 113–26.

Fernández López, Santiago y Sergio Feijóo. 2001. «Coarticulatory Effects in Perception». En *EUROSPEECH 2001 Scandinavia, 7th European Conference on Speech Communication and Technology, 2nd INTERSPEECH Event. Aalborg, Denmark, September 3–7, 2001*, editado por Paul Dalsgaard, Børge Lindberg, Henrik Benner y Zheng-hua Tan, 155–58. International Speech Communication Association (ISCA) Online Archive.

Fernández López, Santiago, Sergio Feijóo y Ramón Balsa. 1999. «Fractal Characterization of Spanish Fricatives». En *14th International Congress of Phonetic Sciences. San Francisco, CA, USA, August 1–7, 1999*, editado por John J. Ohala, Yoko Hasegawa, Manjari Ohala, Daniel Granville y Ashlee C. Bailey, 2145–48. International Congress of Phonetic Sciences (ICPhS) Online Archive.

Fernández López, Santiago, Sergio Feijóo, Ramón Balsa y Nieves Barros. 2000. «Perceptual Effects of Coarticulation in Fricatives». En *2000 IEEE International Conference on Acoustics, Speech, and Signal Processing. Proceedings. 5–9 June 2000, Istanbul, Turkey*, 3:1347–50. Piscataway: Institute of Electrical and Electronic Engineers. https://doi.org/10.1109/ICASSP.2000.861828.

Fernández Planas, Ana María. 2000. «Estudio electropalatográfico de la coarticulación vocálica en estructuras VCV en castellano». Tesis de doctorado, Universitat de Barcelona. http://hdl.handle.net/10803/2094.

———. 2005. *Así se habla. Nociones fundamentales de fonética general y española. Apuntes de catalán, gallego y euskara*. Barcelona: Horsori.

———. 2007. «Cuestiones metodológicas en la palatografía dinámica y clasificación electropalatográfica de las vocales y de algunas consonantes linguales del español peninsular». *Estudios de Fonética Experimental* 16: 11–80.

Fernández Trinidad, Marianela. 2010. «Variaciones fonéticas del yeísmo: un estudio acústico en mujeres rioplatenses». *Estudios de Fonética Experimental* 19: 263–92.

Ferrero, Franco, Giovanna M. Pelamatti y Kyriaki Vagges. 1982. «Continuous and Categorical Perception of a Fricative-Affricate Continuum». *Journal of Phonetics* 10 (3): 231–44.

Forrest, Karen, Gary Weismer, Paul Milenkovic y Ronald N. Dougall. 1988. «Statistical Analysis of Word-Initial Voiceless Obstruents: Preliminary Data». *The Journal of the Acoustical Society of America* 84 (1): 115–23. https://doi.org/10.1121/1.396977.

Garcia, Alison. 2013. «Allophonic Variation in the Spanish Sibilant Fricative». Tesis de doctorado, University of Wisconsin-Milwaukee.

García Santos, Juan Felipe. 2002. *Cambio fonético y fonética acústica*. Salamanca: Ediciones Universidad de Salamanca.

Garrido Almiñana, Juan María, David Escudero Mancebo, Lourdes Aguilar, Valentín Cardeñoso, Emma Rodero, Carme de-la-Mota, César González Ferreras, *et al.* 2013. «Glissando: A Corpus for Multidisciplinary Prosodic Studies in Spanish and Catalan». *Language Resources and Evaluation* 47 (4): 945–71. https://doi.org/10.1007/s10579-012-9213-0.

Garrido Almiñana, Juan María, María Jesús Machuca y Carme de-la-Mota. 1998. *Prácticas de fonética. Lengua española I*. Bellaterra: Universitat Autònoma de Barcelona, Servei de Publicacions.

Gil, Juana. 2007. *Fonética para profesores de español: de la teoría a la práctica*. Madrid: Arco/Libros.

Gili Gaya, Samuel. 1923. «Observaciones sobre la ĉ». *Revista de Filología Española* 10 (2): 179–82.

Greenlee, Mel. 1992. «Perception and Production of Voiceless Spanish Fricatives by Chicano Children and Adults». *Language and Speech* 35 (1–2): 173–87. https://doi.org/10.1177/002383099203500214.

Gurlekian, Jorge Alberto. 1981. «Recognition of the Spanish Fricatives /s/ and /f/». *The Journal of the Acoustical Society of America* 70 (6): 1624–27. https://doi.org/10.1121/1.387228.

Guspí, Marta. 1993. «Estudi de la duració de les consonants en el context de final i principi de paraula en català i en castellà». *Estudios de Fonética Experimental* 5: 189–222.

Hammond, Robert M. 2001. *The Sounds of Spanish: Analysis and Application (with Special Reference to American English)*. Somerville: Cascadilla Press.

Heinz, John M. y Kenneth N. Stevens. 1961. «On the Properties of Voiceless Fricative Consonants». *The Journal of the Acoustical Society of America* 33 (5): 589–96. https://doi.org/10.1121/1.1908734.

Hidalgo, Antonio y Mercedes Quilis Merín. (2002) 2004. *Fonética y fonología españolas*. 2.ª ed. corregida y ampliada. Valencia: Tirant lo Blanch.

———. 2012. *La voz del lenguaje: fonética y fonología del español*. Valencia: Tirant Humanidades.

Hualde, José Ignacio. 2004. «Quasi-Phonemic Contrasts in Spanish». En *Proceedings of the 23rd West Coast Conference on Formal Linguistics (WCCFL 23)*, editado por Vineeta Chand, Ann Kelleher, Angelo J. Rodríguez y Benjamin Schmeiser, 374–98. Somerville: Cascadilla Press.

———. 2005. *The Sounds of Spanish*. Cambridge: Cambridge University Press.

«Imatges de ressonància magnètica». s. f. Recurso en línea. Laboratori de Fonètica, Universitat de Girona. Consultado el 24 de junio de 2019. http://www2.udg.edu/aer/Laboratoridefonetica/Recursos/ImatgesRessonanciaMagneticaIRM/tabid/14216/language/ca-ES/Default.aspx.

Iribarren, Mary C. 2005. *Fonética y fonología españolas*. Madrid: Síntesis.

Jiménez Martínez, Jesús y Maria-Rosa Lloret. 2015. «Semivocals en la cruïlla: enfortiment i lenició en els marges sil·làbics». En *Actes del Setzè Col·loqui Internacional de Llengua i Literatura Catalanes. Universitat de Salamanca, 1–6 de juliol de 2012*, editado por Àlex Martín Escribà, Adolf Piquer y Fernando Sánchez Miret, 2:527–42. Barcelona : Associació Internacional de Llengua i Literatura Catalanes; Barcelona: Publicacions de l'Abadia de Montserrat.

Johnson, Keith. (1997) 2003. *Acoustic and Auditory Phonetics*. 2.ª ed. Oxford: Blackwell.

Jones, Mark J. 2005. «An Experimental Acoustic Study of Dental and Interdental Non-Sibilant Fricatives in the Speech of a Single Speaker». *Cambridge Occasional Papers in Linguistics* 2: 109–21.

Kent, Raymond D. y Charles Read. 1992. *The Acoustic Analysis of Speech*. San Diego: Singular.

Kluender, Keith R. y Margaret A. Walsh. 1992. «Amplitude Rise Time and the Perception of the Voiceless Affricate/Fricative Distinction». *Perception & Psychophysics* 51 (4): 328–33. https://doi.org/10.3758/BF03211626.

Kruskal, Joseph B. y Myron Wish. 1978. *Multidimensional Scaling*. Beverly Hills: SAGE Publications. https://doi.org/10.4135/9781412985130.

Ladefoged, Peter e Ian Maddieson. 1996. *The Sounds of the World's Languages*. Oxford: Blackwell.

Llisterri, Joaquim, María Jesús Machuca, Montserrat Marquina, Victoria Marrero-Aguiar y Antonio Ríos. 2009. «Segmentos VILE.xls». Datos inéditos del proyecto VILE (Estudio acústico de la variación inter e intralocutor en español). Universitat Autònoma de Barcelona.

Llisterri, Joaquim y José Bernardo Mariño. 1993. «Spanish Adaptation of SAMPA and Automatic Phonetic Transcription». Technical Report. SAM-A Speech Technology Assessment in Multilingual Applications (ESPRIT project 6819) SAM-A/UPC/001/v1. Barcelona: Universitat Politècnica de Catalunya. https://joaquimllisterri.cat/publicacions/SAMPA_Spanish_93.pdf.

Lope Blanch, Juan Miguel. 1988. «La labiodental sonora en el español de México». *Nueva Revista de Filología Hispánica* 36 (1): 153–70. https://doi.org/10.24201/nrfh.v36i1.670.

Maddieson, Ian. 2013. «Presence of Uncommon Consonants». En *The World Atlas of Language Structures Online*, editado por Matthew S. Dryer y Martin Haspelmath. Leipzig: Max Planck Institute for Evolutionary Anthropology.

de Manrique, Ana María Borzone. 1980. *Manual de fonética acústica*. Buenos Aires: Hachette.

de Manrique, Ana María Borzone y María Ignacia Massone. 1979. «On the Identification of Argentine Spanish Fricatives». En *Proceedings of the Ninth International Congress of Phonetic Sciences, Held in Copenhagen 6–11 August 1979*, editado por Eli Fischer-Jørgensen, Jørgen Rischel y Nina Thorsen, 1:237. University of Copenhagen, Institute of Phonetics.

———. 1981. «Acoustic Analysis and Perception of Spanish Fricative Consonants». *The Journal of the Acoustical Society of America* 69 (4): 1145–53. https://doi.org/10.1121/1.385694.

de Manrique, Ana María Borzone y Angela Signorini. 1983. «Segmental Duration and Rhythm in Spanish». *Journal of Phonetics* 11 (2): 117–28.

Marrero-Aguiar, Victoria. 1990a. «Estudio acústico de la aspiración en español». *Revista de Filología Española* 70 (3–4): 345–97. https://doi.org/10.3989/rfe.1990.v70.i3/4.672.

———. 1990b. «Las consonantes fricativas del español». Manuscrito no publicado. Presentado públicamente ante el tribunal que juzgó la plaza de Profesor Titular de Universidad en el Departamento de Lengua Española y Lingüística General. Universidad Nacional de Educación a Distancia, Madrid.

Marrero-Aguiar, Victoria, Juana Gil y Elena Battaner. 2003. «Inter-Speaker Variation in Spanish. an Experimental and Acoustic Preliminary Approach». En *15th International Congress of Phonetic Sciences. Barcelona, Spain, August 3–9, 2003*, editado por Maria-Josep Solé, Daniel Recasens y Joaquín Romero Gallego, 703–6. International Congress of Phonetic Sciences (ICPhS) Online Archive.

Martín Gómez, José Antonio. 2010. «Estudio acústico de las variantes de ch en Tenerife en comparación con la alveolopalatal castellana». *Estudios de Fonética Experimental* 19: 165–203.

Martínez Celdrán, Eugenio. 1984. *Fonética (Con especial referencia a la lengua castellana)*. Barcelona: Teide.

———. 1996. *El sonido en la comunicación humana. Introducción a la fonética*. Barcelona: Octaedro.

———. 1998. *Análisis espectrográfico de los sonidos del habla*. Barcelona: Ariel.

———. 2008. «Some Chimeras of Traditional Spanish Phonetics». En *Selected Proceedings of the 3rd Conference on Laboratory Approaches to Spanish Phonology*, editado por Laura Colantoni y Jeffrey Steele, 32–46. Somerville: Cascadilla Proceedings Project.

———. 2015. «Naturaleza fonética de la consonante "ye" en español». *Normas. Revista de Estudios Lingüísticos Hispánicos* 5: 117–31. https://doi.org/10.7203/Normas.5.6825.

Martínez Celdrán, Eugenio y Ana María Fernández Planas. 2001. «Propuesta de transcripción para la africada palatal sonora del español». *Estudios de Fonética Experimental* 11: 174–90.

———. 2007. *Manual de fonética española. Articulaciones y sonidos del español*. Barcelona: Ariel.

Martínez Celdrán, Eugenio, Ana María Fernández Planas y Josefina Carrera-Sabaté. 2003. «Castilian Spanish». *Journal of the International Phonetic Association* 33 (2): 255–59. https://doi.org/10.1017/S0025100303001373.

Mendoza Lara, Elvira, Gloria Carballo, Alicia Cruz, María Dolores Fresneda, Juana Muñoz López y Victoria Marrero-Aguiar. 2003. «Temporal Variability in Speech Segments of Spanish: Context and Speaker Related Differences». *Speech Communication* 40 (4): 431–47. https://doi.org/10.1016/S0167-6393(02)00086-9.

Moreno Sandoval, Antonio, Doroteo Torre, Natalia Curto y Raúl de la Torre. 2006. «Inventario de frecuencias fonémicas y silábicas del castellano espontáneo y escrito». En *IV Jornadas en Tecnología del Habla. Zaragoza, 8–10 de noviembre de 2006*, editado por Luis Buera, Eduardo Lleida, Antonio Miguel y Alfonso Ortega Giménez, 77–81. Zaragoza: Universidad de Zaragoza.

de-la-Mota, Carme y Antonio Ríos. 1995. «Problemas en torno a la transcripción fonética del español: los alfabetos fonéticos propuestos por IPA y RFE y su aplicación a un sistema automático». *Acta Universitatis Wratislaviensis. Estudios Hispánicos* 4: 97–109.

Moya Corral, Juan Antonio. 2007. «Noticia de un sonido emergente: la africada dental procedente del grupo -st- en Andalucía». *Revista de Filología de la Universidad de La Laguna* 25: 457–66.

Moya Corral, Juan Antonio, Esteban Tomás Montoro, Antonio José Manjón-Cabeza, Marcin Sosinski, María de la Sierra Tejada, María Concepción Torres López, Francisca Pose y Francisco José Sánchez García. 2014. «Un paso más hacia la convergencia. La /x/ en Granada: factores sociales». *Revista Española de Lingüística* 44 (1): 83–114.

Muñiz, Carmen y Miguel Cuevas. 2003–2004. «Grados de sonorización de la consonante /s/ en el español de Asturias». *Revista de Filoloxía Asturiana* 3–4: 291–304.

Navarro Tomás, Tomás. 1934. «Rehilamiento». *Revista de Filología Española* 21: 274–79.

———. (1918) 1980. *Manual de pronunciación española*. 20.ª ed. Madrid: Consejo Superior de Investigaciones Científicas.

Nelson, Philip C. (2004) 2005. «La vida en vía lenta: el mundo a bajo [sic] número de Reynolds». En *Física biológica. Energía, información, vida*, traducido por David Jou, 167–207. Barcelona: Reverté.

Obediente, Enrique. (1983) 1998. *Fonética y fonología*. 3.ª ed. Mérida: Universidad de Los Andes, Facultad de Humanidades y Educación, Consejo de Publicaciones.

Ohala, John J. y Maria-Josep Solé. 2008. «Turbulence & Phonology». *Annual Report of the Phonology Laboratory at the University of California, Berkeley* 4: 297–355.

Ortega Escandell, Alicia. 2016. «Relevancia de mediciones acústicas en la distinción entre consonantes fricativas del español». En *53 reflexiones sobre aspectos de la fonética y otros temas de lingüística*, editado por Ana María Fernández Planas, 87–91. Barcelona: Universitat de Barcelona, Laboratori de Fonètica.

Ortega Escandell, Alicia y Josep Matas. 1999. «Las consonantes fricativas del castellano del nordeste peninsular. Dos experimentos de discriminación del punto de articulación: análisis de los picos de amplitud y de las diferencias de intensidad relativa». En *Actes del I Congrés de Fonètica Experimental. Tarragona, 22, 23 i 24 de febrer de 1999*, 257–64. Tarragona: Universitat Rovira i Virgili; Barcelona: Universitat de Barcelona.

Ortiz de Pinedo, Núria. 2013–2014. «Análisis acústico de la vibrantes del español en habla espontánea». *Phonica* 9–10: 21–32.

Quilis, Antonio. 1966a. «Datos para el estudio de las africadas españolas». En *Mélanges de linguistique et de philologie romanes offerts à Monseigneur Pierre Gardette*, 403–12. Estrasburgo: Université de Strasbourg, Centre de Philologie et Littérature Romanes.

———. 1966b. «Sobre los alófonos dentales de /s/». *Revista de Filología Española* 49 (1–4): 335–343. https://doi.org/10.3989/rfe.1966.v49.i1/4.883.

———. (1973) 1980. *Álbum de fonética acústica.* 2.ª ed. Madrid: Consejo Superior de Investigaciones Científicas.

———. 1981. *Fonética acústica de la lengua española.* Madrid: Gredos.

———. 1993. *Tratado de fonología y fonética españolas.* Madrid: Gredos.

Real Academia Española y Asociación de Academias de la Lengua Española. 2011. *Nueva gramática de la lengua española. Fonética y fonología.* Madrid: Espasa Libros.

Recasens, Daniel, Maria Dolors Pallarès y Jordi Fontdevila. 1997. «A Model of Lingual Coarticulation Based on Articulatory Constraints». *The Journal of the Acoustical Society of America* 102 (1): 544–61. https://doi.org/10.1121/1.419727.

Ríos, Antonio. 1999. «La transcripción fonética automática del diccionario electrónico de formas simples flexivas del español: estudio fonológico en el léxico». Tesis de doctorado, Universitat Autònoma de Barcelona.

Rojas Avendaño, Nelson y María Fernanda Fernández Rojas. 2015. «Consonantes fricativas, aproximantes y africadas». En *Análisis acústico de los sonidos del español venezolano*, editado por Elsa Mora Gallardo y Hernán Martínez Matos, 75–100. Mérida: Universidad de Los Andes.

Romero Gallego, Joaquín. 1996. «Articulatory Blending of Lingual Gestures». *Journal of Phonetics* 24 (1): 99–111. https://doi.org/10.1006/jpho.1996.0007.

———. 1999. «The Effect of Voicing Assimilation on Gestural Coordination». En *14th International Congress of Phonetic Sciences. San Francisco, CA, USA, August 1–7, 1999*, editado por John J. Ohala, Yoko Hasegawa, Manjari Ohala, Daniel Granville y Ashlee C. Bailey, 1793–96. International Congress of Phonetic Sciences (ICPhS) Online Archive.

Romero, Javier y Ana María Fernández Planas. 1995. «La invariación acústica en las fricativas del castellano. Estudio perceptivo». *Estudios de Fonética Experimental* 7: 135–60.

Rousselot, Pierre-Jean. 1897–1901. *Principes de phonétique expérimentale. Vol. 1.* París: H. Welter.

Ruiz Martínez, Ana María. 2003. *Estudio fonético del nordeste de la Comunidad de Madrid.* Alcalá de Henares: Universidad de Alcalá, Servicio de Publicaciones.

Scarpace, Daniel, David Beery y José Ignacio Hualde. 2015. «Allophony of /ʝ/ in Peninsular Spanish». *Phonetica* 72 (2–3): 76–97. https://doi.org/10.1159/000381067.

Shadle, Christine H. 1990. «Articulatory-Acoustic Relationships in Fricative Consonants». En *Speech Production and Speech Modelling. Proceedings of the NATO Advanced Study Institute on Speech Production and Speech Modelling. Bonas, France, July 17–29, 1989*, editado por William J. Hardcastle y Alain Marchal, 187–209. Dordrecht: Kluwer. https://doi.org/10.1007/978-94-009-2037-8_8.

Shepard, Roger N. 1962a. «The Analysis of Proximities: Multidimensional Scaling with an Unknown Distance Function. I». *Psychometrika* 27 (2): 125–40. https://doi.org/10.1007/BF02289630.

———. 1962b. «The Analysis of Proximities: Multidimensional Scaling with an Unknown Distance Function. II». *Psychometrika* 27 (3): 219–46. https://doi.org/10.1007/BF02289621.

Shepard, Roger N., A. Kimball Romney y Sara B. Nerlove, eds. 1972. *Multidimensional Scaling. Theory and Applications in the Behavioral Sciences. Vol I: Theory.* Nueva York: Seminar Press.

Solé, Maria-Josep. 2010. «Effects of Syllable Position on Sound Change: An Aerodynamic Study of Final Fricative Weakening». *Journal of Phonetics* 38 (2): 289–305. https://doi.org/10.1016/j.wocn.2010.02.001.

Stevens, Kenneth N. 1998. *Acoustic Phonetics.* Cambridge, MA: MIT Press.

Torreblanca, Máximo. 1978. «El fonema /s/ en la lengua española». *Hispania* 61 (3): 498–503. https://doi.org/10.2307/341080.

———. 1986. «La sonorización de /s/ y /θ/ en el noroeste toledano». *Lingüística Española Actual* 8 (1): 5–20.

Torreira, Francisco. 2006. «Coarticulation between Aspirated-s and Voiceless Stops in Spanish: An Interdialectal Comparison». En *Selected Proceedings of the 9th Hispanic Linguistics Symposium*, editado por Nuria Sagarra y Almeida Jacqueline Toribio, 113–20. Somerville: Cascadilla Proceedings Project.

Túrrez, Itziar. 1990. «Lingüística contrastiva: análisis acústico de las realizaciones africadas en euskera y castellano». En *Actas del Congreso de la Sociedad Española de Lingüística, XX Aniversario. Tenerife, 2–6 de abril de 1990*, editado por María Ángeles Álvarez Martínez, 2:787–96. Madrid: Gredos.

Univaso, Pedro, Miguel Martínez Soler y Jorge Alberto Gurlekian. 2014. «Variabilidad intra- e inter-hablante de la fricativa sibilante /s/ en el español de Argentina». *Estudios de Fonética Experimental* 23: 95–124.

Veiga, Alexandre. 2009. *El componente fónico de la lengua. Estudios fonológicos.* Lugo: Axac.

Widdison, Kirk A. 1995. «Two Models of Spanish s-Aspiration». *Language Sciences* 17 (4): 329–43. https://doi.org/10.1016/0388-0001(95)00018-6.

———. 1997. «Phonetic Explanations for Sibilant Patterns in Spanish». *Lingua* 102 (4): 253–64. https://doi.org/10.1016/S0024-3841(97)00006-5.

16 LA VARIACIÓN EN LAS CONSONANTES FRICATIVAS Y AFRICADAS

John Lipski

16.1 Introducción: las consonantes fricativas y africadas del español; su función como marcadores dialectales

Aunque en la lengua española existe una considerable diversidad de sonidos fricativos debido a la variación alofónica correlacionada con el contexto fonético, las únicas unidades caracterizadas esencialmente por el rasgo de articulación continua son los fonemas /f/, /s/, /x/ y /ʝ/ [→ § 15.1]. Las cuatro fricativas muestran una amplia gama de variantes regionales, cuyas isoglosas figuran en los atlas lingüísticos elaborados en España e Hispanoamérica (entre otros, Alvar 1975–1978, 1979–1983, 1961–1973, 1995, 1999; Bills y Vigil 2008; Flórez *et al.* 1981–2004; Lope Blanch 1990–2000; Navarro Tomás y de Balbín 1962; Thun *et al.* 2000). Dentro de cada región, los fonemas fricativos actúan como variables sociolingüísticas que delimitan las respectivas capas sociales, así como los registros y estilos de la lengua hablada. Asimismo, el único fonema caracterizado por su naturaleza africada, /t͡ʃ/, también presenta patrones de variación regional y social en toda la extensión territorial de la lengua española.

16.2 La fricativa /f/

El fonema fricativo /f/ se caracteriza por que en la mayoría de sus manifestaciones alofónicas participan los articuladores labiales [→§ 15.5.1], como se explica en los siguientes subapartados.

16.2.1 *Variación regional y social: variantes [f], [ɸ], [h]/[x]*

La variante labiodental [f] alterna con la fricativa bilabial [ɸ] en casi todas las regiones de España e Hispanoamérica. En general, la variante labiodental [f] predomina en los sociolectos más cultos, mientras que el alófono bilabial [ɸ] se escucha con mayor frecuencia en los entornos rurales. Los alófonos de /f/ son casi siempre sordos, aunque se han detectado casos de sonorización de /f/ prevocálica, por ejemplo en Misiones —Argentina— (Sanicky 1988).

En muchas variedades rurales del español a través del mundo /f/ se realiza como [h] o [x] ante las vocales redondeadas /o/ y /u/ y ante la paravocal [u̯], como se muestra en (1).

(1)   jormación < formación; jue < fue; juego < fuego; jumar < fumar; junción < función; jundido < fundido; juribundo < furibundo; jurioso < furioso; jusil < fusil; justán < fustán

En los sociolectos en los que se produce el cambio /f/ > [h] no es insólita la realización del fonema fricativo posterior /x/ como /f/ (pronunciada como [ɸ]) en los mismos contextos, según se ejemplifica en (2).

(2)   fudío < judío; fugo < jugo; fulio < julio; funio < junio; furo < juro; funta < junta; fuego < juego

La evolución /f/ (realizada como [ɸ]) > [h] ante vocales redondeadas /o/ y /u/ y ante la paravocal /u̯/) se puede explicar por razones articulatorias: puesto que ambos sonidos se producen con los labios redondeados, basta un pequeño desajuste de los gestos articulatorios para que el redondamiento no se extienda a lo largo del conjunto consonante + vocal. Lloyd ([1987] 1993) describe la realización bilabial, [ɸ], de /f/ en español de la siguiente forma:

> La combinación de la bilabialidad con la flojez significa que la ligera relajación en la posición de los labios casi los descarta como articuladores, algo que es especialmente probable que ocurra cuando los labios no están rígidos. Según esto, [ɸ] ante vocal, pronunciado con un poco más de relajación, dará como resultado una corriente sorda de aire, seguida de la vibración de las cuerdas vocálicas que requiere la vocal siguiente. Así pues, el resultado de esta articulación floja se acercaría al de una fricativa glotal. . . . Este tipo de desarrollo es más probable que ocurra con las vocales posteriores, ya que el redondeamiento de los labios que se necesita para pronunciarlas entra en conflicto, en alguna medida, con la distensión labial requerida para articular [ɸ] (347).

Los modelos de la fonología de gestos (Browman y Goldstein 1989, 1990, 1992) [→ § 1.23] recurren a la metáfora de una 'partitura' de gestos articulatorios en la que cada articulador (dorso de la lengua, labios, velo del paladar, glotis, etcétera) ocupa un renglón autónomo cuya sincronía con respecto a los otros renglones puede variar de forma independiente [→ § 1.23.2]. De igual manera, la realización de /x/ como [ɸ] ante una vocal o paravocal redondeada (por ejemplo, *juego* > *fuego*) se debe al mismo tipo de desajuste entre los articuladores; en algunos casos, la inseguridad sociolingüística aporta un elemento de ultracorrección al natural contrapunteo de los órganos articulatorios [→ § 17.5.1].

16.2.2 Zonas de contacto (lenguas autóctonas y africanas): realización [hʷ] de /f/ ante vocales no redondeadas

Además de los casos ya expuestos, en varias regiones iberoamericanas se produce el cambio /f/ > [hʷ] ante vocales no redondeadas [→§ 15.5.1]. Un caso prototípico se da en Iquitos, en la región amazónica del Perú, donde se documentan ejemplos como los que se muestran en (3), tomados de Castonguay (1987).

(3)   juácil < fácil; juamilia < familia; juecha < fecha; jueliz < feliz; jueo < feo; juijar < fijar; juilo < filo; juin < fin

En el mismo dialecto, la combinación [xu̯] suele realizarse como [ɸ] ante vocales no redondeadas, tal y como se comprueba en (4).

(4)   Fan < Juan; Fana < Juana; fane < juane 'plato regional de yuca o arroz con pollo o pescado';
      Faquín < Joaquín; febes < jueves; fego < *juego < fuego; fera < *juera < fuera; fez < juez; ficio < juicio

La zona amazónica del Perú se caracteriza por el intenso contacto de las lenguas autóctonas con el español, tanto en el caso del quechua desplazado de la región serrana como en el de las lenguas propias de la cuenca del Amazonas. En otras regiones de Sudamérica, el cambio /f/ > [hʷ] ante vocales no redondeadas se produce siempre en comunidades de habla bilingües o en aquellos lugares en los que en el pasado el español ha estado en contacto con lenguas que carecen de fricativas bilabiales como [ɸ]. Se ha registrado el fenómeno en la sierra ecuatoriana y peruana en contacto con el quechua (Domínguez Condezo 1990, 44, 53; Mendoza Cuba y Cuba 1976, 81–86; Moya Torres 1981, 286–87; Toscano 1953, 83–84). La misma neutralización [→ § 1.17.4] es frecuente en comunidades de afrodescendientes, en las que en épocas pasadas circulaban varias lenguas africanas; tal es el caso en la provincia de Esmeraldas —Ecuador— (García Salazar 1982, 29), en el Chocó de Colombia (Flórez 1950, 1951, 182; Montes 1974), en las comunidades afromexicanas (Aguirre 1958; Althoff 1994; Lipski 2007b; Rosas Mayén 2007) y en el habla tradicional afroboliviana (Lipski 2008).

En contacto con lenguas que carecen de una fricativa bilabial como [ɸ], la realización de /f/ como [hʷ] implica una diptongación de un elemento ajeno al sistema fonológico de la lengua receptora: la conversión de dos gestos articulatorios simultáneos en una secuencia temporal de gestos. La fricativa bilabial [ɸ] presenta el gesto de redondeamiento labial superpuesto a la aspiración faríngea [→ § 1.5.1], de hecho, [hɦ]. La secuencia [hʷ] mantiene la aspiración faríngea en su primera fase, mientras que el redondeamiento se convierte en el gesto inicial de la vocal siguiente (Lipski 1995b). Andersen (1972) describe casos similares en la fonología diacrónica de varias lenguas. No se debe, pues, a la casualidad el hecho de que la realización de /f/ como [ħʷ] ante vocales no redondeadas solo se dé en aquellos dialectos del español que se han adquirido de manera informal en situaciones desfavorables (por ejemplo, en los casos de esclavitud o de servidumbre indígena).

16.3 Las fricativas /s/ y /θ/

De todos los fonemas del español, la /s/ presenta el panorama de variación regional y social más amplio. A continuación se exponen las características articulatorias que la definen en las distintas zonas dialectales, así como el comportamiento que manifiesta la oposición fonológica entre /s/ y /θ/ en todas ellas.

16.3.1 Oposición /s/-/θ/; distribución regional y social; realizaciones fonéticas

La articulación de /s/ es alveolar y plana en todas las zonas dialectales del español a través del mundo (véase, sin embargo, el § 15.2.3) con la excepción de la España peninsular, donde la /s/ recibe una pronunciación apicoalveolar [s̺] en amplias áreas del país. Solo en el sector occidental de Andalucía y en las Islas Canarias predomina la realización dorsal [s]. En Hispanoamérica la /s/ apicoalveolar no es característica de ninguna zona dialectal, excepto de algunas regiones de Colombia alrededor de Medellín (Flórez *et al.* 1981–2004). En Guinea Ecuatorial y en Filipinas algunas personas dan a la /s/ una realización apicoalveolar, pero la articulación dorsal es más frecuente (Lipski 1986, 1987b, 1987d, 1990a, 2007a).

La oposición fonológica entre /s/ y /θ/ se presenta principalmente en la España peninsular, donde abarca la mayor parte de su extensión territorial. Aunque tradicionalmente los dialectos de Andalucía occidental no contaban con el fonema independiente /θ/, hoy día no es insólita la distinción entre /s/ y /θ/ en Sevilla capital y aun en Huelva y Cádiz. La oposición /s/-/θ/ no ha penetrado en el dialecto español de Gibraltar, a pesar de la proximidad de las variedades andaluzas (Fierro 1997; Kramer 1986; Lipski 1986; Ruiz Fernández 1995). Algunos dialectos levantinos tampoco distinguen los fonemas /s/ y /θ/, si bien la pronunciación distinguidora también se expande en esta zona. En las Islas Canarias el fonema /θ/ está ausente en todos los dialectos regionales; sucede lo mismo en Hispanoamérica, donde aparentemente la distinción entre /s/ y /θ/ nunca arraigó en tiempos coloniales, pese a algunas afirmaciones en sentido contrario.

En Guinea Ecuatorial, el español vernáculo presenta un panorama variable: algunos guineanos distinguen sistemáticamente entre /s/ y /θ/, pero es más frecuente que la oposición se realice de modo diverso, incluso en el nivel idiolectal (Lipski 1990a, 2007a). Hace más de medio siglo, Castillo (1966) describía el español de la Guinea Española de la siguiente manera: "el tono de voz elevado, el timbre nasal, cierta debilitación de las consonantes de articulación dura, el seseo, una entonación ligeramente melosa, con el ritmo entrecortado y una variedad de tonos silábicos" (16). Hoy en día el seseo no es una característica del español guineano. El mismo hablante puede realizar algunas palabras con la /θ/ etimológica y, en otro momento, emplear la [s] en vez de la [θ] correspondiente; es poco frecuente el 'ceceo', es decir, el empleo hipercorrecto de [θ] en lugar de /s/ (Lipski 1986, 1990a, 2007a; Quilis y Casado 1995). Esta variación es el resultado natural de la confluencia de dos dialectos peninsulares durante el período de formación del dialecto guineano: el habla de Castilla (en concreto, de Madrid), que distingue completamente los fonemas /θ/ y /s/, y el español de Valencia, una variedad esencialmente 'seseante' durante la época colonial guineana (primera mitad del siglo xx). Asimismo, los sacerdotes educadores del Corazón de María (claretianos) no solo procedían de España, sino también de países hispanoamericanos, en ninguna de cuyas regiones se da la distinción entre /s/ y /θ/.

En las islas Filipinas el español nunca arraigó en grandes comunidades de habla, pero todavía existen muchos filipinos de habla española. Al igual que en Guinea Ecuatorial, en Filipinas la oposición /s/-/θ/ es tenue y variable. Aunque las raíces lingüísticas del español en Filipinas provienen mayormente de México, la última generación de hispanohablantes está formada en su mayoría por descendientes de españoles. Debido a la mezcla de dialectos peninsulares, no hay filipinos completamente seseantes, pero tampoco es habitual que los hablantes de español distingan /s/ y /θ/ según los patrones etimológicos (Lipski 1987a, 1987b).

16.3.2 Seseo y ceceo; distribución regional y social

La neutralización del contraste entre /s/ y /θ/ más frecuente es el 'seseo', es decir, la realización de ambos fonemas como [s] dorsal o como [s̺] apical. El seseo caracteriza todas las variedades hispanoamericanas y canarias y las zonas urbanas dentro de los dialectos regionales de la España peninsular que no distinguen entre las dos fricativas. En muchas áreas rurales de Andalucía se da el 'ceceo', de modo que la realización tanto de /s/ como de /θ/ es la fricativa dental [θ] (Narbona, Cano y Morillo-Velarde 1998). El ceceo carece de prestigio en las zonas urbanas, pero sirve como marca de procedencia regional y no es del todo rechazado en las comunidades donde predomina esta pronunciación (Carbonero 2003; Hernández Campoy y Villena 2009; Villena 2008a, 2008b). En Hispanoamérica el ceceo se escucha en el habla rural de El Salvador (Canfield 1960), pero dicha pronunciación está en declive hoy en día.

16.3.3 Comportamiento de /s/ y /θ/ en posiciones posnucleares: aspiración y elisión, sonorización, alargamiento vocálico y desdoblamiento consonántico; efectos del entorno fonético

La /s/ final de sílaba y final de palabra en español presenta una amplia gama de articulaciones reducidas que incluye la aspiración, el rotacismo (esto es, la realización como [ɾ]) [→ § 15.1], el alargamiento compensatorio de la vocal anterior [→ § 24.4.1], el desdoblamiento de la consonante siguiente y la elisión [→ § 17.5.5]. En muchos casos la reducción, por analogía con la /s/ final de palabra, se extiende a los casos de /s/ seguida de vocal o en posición inicial de palabra. Los parámetros de variación son en su mayoría regionales; dentro de cada región existen correlaciones entre las variantes alofónicas de /s/ y el entorno sociolingüístico.

La aspiración de la /s/ posnuclear constituye la manifestación más frecuente de la reducción fonética [→ § 15.5.3]. En España, la /s/ se aspira en contextos preconsonánticos en toda la región meridional, excepto en la zona levantina. En Madrid y Toledo la aspiración de la /s/ preconsonántica ya está bastante avanzada (Calero 1993, § 5; Momcilovic 2009). En Cantabria existen enclaves lingüísticos caracterizados por la aspiración de la /s/ posnuclear (Holmquist 1988; Nuño 1996). La extensión de la aspiración a contextos prevocálicos (por ejemplo, *los amigos, las once, más alto*) se da en Andalucía, Extremadura, Murcia, en partes de La Mancha y en todo el archipiélago canario. Como alternativa, se produce el alargamiento compensatorio de la vocal que antecede a la /s/, sobre todo si la vocal es tónica: *pesca* ['peːka] (Hualde 1989). El rotacismo se encuentra en algunas zonas de Castilla y de La Mancha (Moreno Fernández 1996), sobre todo ante consonantes dentales y alveolares (*los niños* [loɾ.'ni.ɲos̺], *los dientes* [loɾ.'ðien̪.t̪es̺]).

En amplias áreas de Andalucía, la /s/ seguida de las obstruyentes sonoras /b/, /d/ y /g/ se combina con la consonante siguiente, dando como resultado una fricativa sorda que refleja el punto de articulación de la obstruyente [→ § 17.5.5]. Así, /s/ + /b/ da [ɸ] (*las vacas* [la.'ɸa.ka]), /s/ + /d/ da [θ] (*desde* ['d̪e.θe]) y /s/ + /g/ da [x] (*rasgo* ['ra.xo]). Otra variante de la /s/ preconsonántica en las hablas andaluzas conlleva la creación de oclusivas aspiradas: *costa* ['ko.t̪ʰa] (Gerfen 2002; Torreira 2006, 2007) o incluso una africada dental ['ko.t͡sa] (Moya Corral, Baliña y Cobos 2007). En ambos casos se trata de un desajuste temporal entre los articuladores responsables de la realización de las consonantes y de las vocales correspondientes (la glotis, el dorso de la lengua, el ápice de la lengua).

En Hispanoamérica la reducción de la /s/ posnuclear prevalece en casi todo el continente, con la excepción de la zona andina (Bolivia, Perú, Ecuador y Colombia), las tierras altas de México y Guatemala y la meseta central de Costa Rica. Los índices más altos de elisión de /s/ final de palabra se registran en la cuenca del Caribe (Cuba, Puerto Rico, República Dominicana, Venezuela, Panamá, litoral caribeño de Colombia), en la costa occidental de Sudamérica (desde Colombia hasta Chile), así como en el noreste argentino y la costa meridional de México. Megenney (1989) apunta que las elevadas tasas de elisión de /s/ final en el Caribe reflejan la adquisición del español por parte de los hablantes de lenguas africanas durante la época esclavista, un punto de vista respaldado por Figueroa Arencibia (1998, 2002). (Véase el § 23.1.3 para casos de ultracorrección en el habla popular dominicana).

16.3.4 Reducción de /s/ y /θ/ posnucleares en el contexto de la resilabificación

La aspiración de la /s/ inicial de palabra en posición posvocálica (por ejemplo, *la semana, no se puede*) es frecuente en el habla vernácula de Honduras y de El Salvador (Lipski 1985) y también en el español tradicional de Nuevo México en Estados Unidos (Brown 2004, 2005a, 2005b). La aspiración de /s/ inicial de palabra se ha documentado también, en menor grado, en la República Dominicana (Jiménez Sabater 1975, 32–37), en Chile (Oroz 1966, 104), en Colombia (Becerra 1980, 105), en Uruguay (Elizaincín 2008, 309) y en el noreste argentino (Vidal de Battini 1964, 102–3). El fenómeno de aspiración de /s/ al inicio de palabra solo ocurre en dialectos en que la /s/ final de palabra se aspira con frecuencia aun en contextos prevocálicos (por ejemplo, *los amigos*); aparentemente, se debe a la delimitación ambigua de las palabras, puesto que la /s/ aspirada no aparece al final de una sílaba (Lipski 1999). En España la aspiración de /s/ inicial de palabra e intervocálica interior se conoce como 'heheo' y se encuentra esporádicamente en el habla rural de Andalucía (Narbona, Cano y Morillo-Velarde 1998, 170–71) [→ § 17.5.5].

16.3.5 Sonorización de /s/ y /θ/ en contextos prevocálicos

En la mayoría de los dialectos del español, /s/ (y /θ/) se realizan sin sonoridad, excepto ante una consonante sonora, por ejemplo en *rasgo, hallazgo,* donde pueden aparecer una realización sonora [z]/[ð̞] [→ § 15.5.3] o una aspiración sonora [ɦ] [→ § 15.2.3]. En algunas regiones del Ecuador, se sonoriza la /s/ final de palabra cuando la palabra inmediatamente siguiente empieza con vocal: *los amigos* [lo.za.ˈmi.ˈɣos] (Lipski 1989; Robinson 1979). En estas variedades la /s/ intervocálica se sonoriza a veces también en los prefijos que terminan en *-s*, por ejemplo *des- (desacuerdo, desanimar),* y asimismo en combinaciones que no contienen auténticos prefijos, pero cuya estructura fonotáctica se parece a la de los vocablos con prefijos: *presidente, desastre,* etcétera. En el español de la sierra ecuatoriana, la /s/ final de frase se realiza con alguna sonoridad, lo cual sugiere que la sonorización intervocálica proviene de los alófonos presentes en posición final absoluta [→ § 17.5.2]. También existe la posibilidad de que la [z] intervocálica sea un arcaísmo y refleje la pronunciación del castellano colonial del siglo XVI (tal como sugiere Robinson 1979). Algunos préstamos castellanos del quechua retienen arcaísmos fonéticos (Argüello 1984). La /s/ intervocálica sonorizada (por ejemplo, *caza* 'casa', *cuz(i)na* 'cocinar' y *azina* 'hacer') también se encuentra en la 'Media Lengua' hablada en algunas comunidades de la sierra ecuatoriana; se trata de esqueletos gramaticales del quechua con sustantivos, verbos y adjetivos relexificados del español (Gómez Rendón 2008; Muysken 1979, 1980, 1988, 1997). Al mismo tiempo, el hecho de que, con la excepción de los prefijos, no se sonorice la /s/ intervocálica en posiciones internas de palabra no favorece la hipótesis de un arcaísmo fonético.

En algunos enclaves rústicos de Extremadura, ya casi extintos, se habla el dialecto 'chinato', en el que la /θ/ intervocálica se sonoriza en [ð̞] (Catalán 1954; Viudas Camarasa 1987), tal como se puede apreciar en el texto folclórico, reproducido en (5), en el que la /θ/ sonorizada se representa con la letra *d* (Viudas Camarasa 1987, 72).

(5) —Buenoj diaj tia Antoña.
  —Buenoj moloj de Dio Ludia. ¿Aonde ba V. tan temprano?
—Por mira boy a pol un comino de agua pol que quiero mazal unoj panedillo u aluego ilme a pladencia a molel una maquilla.
  —y tu, ¿ande baj Ludia?
—Poj yo boy apol doj pera daguardiente pa Zajinto, polque le tengo malo y tiene unoj comitoj que le dej-changan tuyto.
  —Poj di ¿como no ce lo didij al meico? No cea que baya acel enfermea! No modobligara el didilcclo. . .

En Cataluña, los hablantes bilingües a veces trasfieren del catalán al español la sonorización de /s/ final de palabra ante vocal; esta pronunciación forma parte del 'acento' catalán y no se encuentra en el habla de los bilingües equilibrados (véase, por ejemplo, Blas Arroyo 2004, 1075).

16.4 La fricativa /x/

La fricativa posterior /x/ se caracteriza por una considerable variación regional, pero también por una escasa estratificación sociolingüística. En los siguientes subapartados se presentan tales variantes, incidiendo asimismo en la interacción que se establece entre /x/, /s/ y /θ/ en los diversos dialectos del español.

16.4.1 Variación regional y social: variantes [x], [χ], [h], [ħ], [ç]

En la mayor parte de la España peninsular predomina la articulación uvular de la /x/, [χ], (sobre todo en contacto con vocales posteriores) excepto en Andalucía occidental. Fuera de España, la realización [χ] no ocurre en ninguna comunidad de habla, aunque se puede escuchar en Guinea Ecuatorial y en Filipinas entre personas que han vivido en España. En las Islas Canarias y la zona occidental de Andalucía es más frecuente la articulación faríngea [ħ]. En Hispanoamérica están presentes tanto la fricativa velar [x] como la faríngea [ħ]. Tal como se documenta en Canfield (1962, mapa 3), la articulación aspirada [h] se concentra en los dialectos caribeños, así como en el interior de Colombia, la costa pacífica del Ecuador y del Perú, los países centroamericanos, el sudeste y la franja norte de México y el sudoeste de los Estados Unidos. En Chile la fricativa posterior /x/ adquiere una articulación palatal, [ç], ante las vocales anteriores /i/ y /e/ (Oroz 1966, 125) [→ § 10.2.2, § 15.5.4, § 17.5.1]. Algunos observadores (por ejemplo, Borland 2004; Sadowsky 2015) han afirmado que la realización palatalizada de /x/ es más frecuente en los sociolectos populares, pero esta hipótesis no se ha confirmado de forma independiente.

16.4.2 Interacción de /x/, /s/ y /θ/

En la mayoría de los dialectos del español en los que se aspira la /s/ final de sílaba o de palabra, se mantiene la articulación aspirada [h] aun cuando a la /s/ final de palabra le siga en la cadena sintáctica una palabra que comienza con vocal: *los animales* [lo.ha.ni.ˈma.leh] [→ § 17.5.5]. En la combinación de un artículo con un sustantivo, cuando el sustantivo comienza con vocal tónica es posible que la /s/ final del determinante retenga su articulación alveolar, excepto en las variedades dialectales más 'radicales': *las once* [la.ˈson.se] (Alvar 1961–1973; Guitart 1981a, 1981b; Lafford 1982; Lipski 1984; Seklaoui 1989; Terrell 1977, 1979, 1981, 1983). En Andalucía la aspiración de /s/ final de palabra se mantiene incluso ante vocales tónicas, excepto cuando la primera consonante de la palabra siguiente es /x/: *los ojos* [lo.ˈso.ho(h)]. Es notorio que esta restricción sobre la aspiración de la /s/ final de palabra solo se presenta en variedades del español en las que la fricativa posterior /x/ recibe una articulación faríngea [ħ], similar o idéntica a la variante aspirada de /s/. En estos dialectos es posible que la /s/ final de palabra se realice como [s] incluso ante vocales átonas cuando la primera consonante es /x/: *mis hijitos* [mi.si.ˈhi.ʈo(h)]. Asimismo, se han observado tasas de aspiración reducidas ante vocales tónicas cuando la primera consonante es /s/ aspirada en contextos preconsonánticos: *los astros* [lo.ˈsah.ʈro(h)] (Torreblanca 1976, 58). Carbonero (1982) al describir el habla de Sevilla, señala que

> la *s* se pronuncia con regularidad cuando en la sílaba siguiente aparece el sonido *j*, para evitar la posible cacofonía que produciría la presencia de dos sonidos similares tan cercanos: no se dice "loh oho" sino *los oho* 'los ojos'; ni "loh iho" sino *los iho* 'los hijos' (33).

Vaz de Soto (1981), refiriéndose al mismo dialecto, afirma que "no es raro que reaparezca la 's', sobre todo en pronunciación culta o cuidada . . . y siempre, por razones de eufonía, si sigue una 'j' en la sílaba siguiente: 'los-ojo' . . . 'mis ijo' . . . 'dos-ajo'" (79). Torreblanca (1976), por su parte, precisa que

> en el habla de Villena, hay otra posición donde el alófono [s] se conserva al final de palabra: cuando, en la palabra siguiente, aparece una fricativa laríngea, al final de la primera sílaba, o una fricativa faríngea, inicial de la segunda sílaba. Ejemplos: [lasähpä:] "las aspas", [dosóho:] "dos ojos" (58).

Rodríguez-Castellano y Palacio (1948), en su análisis de un dialecto de Andalucía central, observan que

> entre personas campesinas de avanzada edad, no se aspira esta *s* en palabras que tienen otro sonido aspirado, de cualquier origen que sea . . . y se comprende que sea así, pues aunque la tendencia a aspirarse la *s* es general, en este caso tenía que hacer excepción por un sencillo motivo de disimilación. El que no se diga **loh oho* "los ohos" se debe a la misma razón que ha impedido el mantenimiento de la *h* en la forma etimológica *hiho* (< filiu) (591–92).

En los dialectos canarios, Catalán (1960) también nota la ausencia de aspiración de /s/ final de palabra cuando le sigue otra consonante aspirada:

> La [s] surge, no sólo en el habla cuidada de la oratoria, sino conversacionalmente siempre que se entrecomilla o subraya una palabra; y desde luego, es aún obligada, en ciertos casos, cuando queda intervocálica por fonética sintáctica . . . el progresivo desvinculamiento de la -[h] implosiva respecto al fonema /s/ se patentiza en la tendencia marcada del habla popular a preferir la -[h] . . . en la mayor parte de las situaciones en que se convierte en explosiva por fonética sintáctica; sólo en las voces en que hay otra aspirada en la sílaba inmediata triunfa la -[s] por disimilación . . . *únos-óhoh, grándes-ohoh,*

ésos-ahnoh . . . nos-ábreh la puérta, cómpras-óhah . . .; en las voces esdrújulas la disimilación se produce aunque medie una sílaba átona entre las dos aspiraciones: *fiéras-águilah, los-útileh de trabáho . . .* y, en contrapartida, no ocurre la disimilación en las voces agudas, pese a la aparente proximidad de las dos aspiradas: *máh atráh, báh atráh . . . noh iráh a desir . . .* (322–23).

Por lo que respecta al español de América, Castelli y Mosonyi (1986) explican, en relación con las hablas venezolanas, que "las palabras bisílabas que comienzan fonéticamente en vocal acentuada y cuya primera consonante es el fonema /h/, no permiten la aspiración de /s/ final de la palabra anterior" (117), y mencionan como ejemplos *los ojos, buenos hijos* y *unos ajos*.

En lugar de verse impedida la aspiración de /s/ final de palabra ante vocal tónica seguida de /x/, en algunas variedades dialectales la /s/ desaparece por completo, eliminando así la posibilidad de una secuencia [. . .hV.hV] (Carrasco Cantos 1981, 82; García Martínez 1986; Moya Corral 1977; Zamora Vicente 1943). Al mismo tiempo, en los dialectos del español en los que la aspiración de /s/ final de palabra es sistemática, pero la fricativa posterior /x/ recibe una articulación velar o uvular, la presencia de /x/ como primera consonante de la palabra siguiente no impide la aspiración de /s/. Así, por ejemplo, Salvador (1957) comenta que en el dialecto andaluz de Cúllar-Baza la aspiración de /s/ final de palabra no se frena ante la presencia de /x/ en la sílaba siguiente "como ocurre en otros lugares" (225). Lipski (1995a) ofrece un análisis fonológico de la interacción entre la aspiración de /s/ final de palabra y la presencia de /x/ en la sílaba siguiente.

16.5 La fricativa palatal /ʝ/

El fonema /ʝ/ recibe una amplia gama de articulaciones palatales y postalveolares, sea en zonas yeístas, sea en dialectos que mantienen la oposición entre /ʝ/ y /ʎ/ [→ § 19.3]. La variación tiene lugar en función de parámetros geográficos, sin que se produzca una estrecha correlación con los estratos socioculturales de los hablantes. A continuación se describen las principales variantes diatópicas de /ʝ/ [→ § 7.4.1, § 15.6].

16.5.1 *Variación regional y social: variantes [j], [ʝ], [ʒ], [d͡ʒ], [ʃ]*

- [j]/[ʝ]: aproximante o fricativa palatal sonora. Estas variantes predominan en todos los dialectos peninsulares y canarios del español; también caracterizan el español de Filipinas. En Hispanoamérica, las variantes [j]/[ʝ] caracterizan los dialectos caribeños (Cuba, Puerto Rico, República Dominicana, Venezuela, Panamá), Colombia, Ecuador, Perú, Bolivia, Chile (excepto el extremo sur) y los dialectos periféricos de la Argentina, fronterizos con Chile y Bolivia.
- [i̯]: paravocal alta anterior. Esta variante débil y efímera se encuentra en toda la región centroamericana (Guatemala, Honduras, El Salvador, Nicaragua, Costa Rica), en la franja norte y el sector suroriental de México, en el sur de Chile y en el español de Guinea Ecuatorial.
- [d͡ʒ] o [d͡z]: africada palatal o postalveolar sonora. En la mayoría de los dialectos hispanoamericanos en los que el fonema /ʝ/ recibe una realización palatal fricativa [ʝ] o aproximante [j] se produce una articulación reforzada africada al comienzo de una frase (posición inicial absoluta) y después de consonante (por ejemplo, *inyectar* [inʲd͡ʒeɣ.ˈʈaɾ]). En posición intervocálica /ʝ/ presenta una pronunciación africada [d͡ʒ] o [d͡z] en Paraguay y en las zonas limítrofes de la Argentina (sobre todo en Misiones: Sanicky [1984, 2008]), pero las variantes africadas no son tan frecuentes como lo eran en las generaciones anteriores (de Granda 1982, 161). En Paraguay puede producirse una variante sorda [ç] o [ʂ] de la /ʝ/ intervocálica (Krivoshein y Corvalán 1987, 25).
- [ʒ] o [ʃ]: fricativa postalveolar sonora o sorda. La realización de /ʝ/ como fricativa postalveolar predomina en la zona dialectal del Río de la Plata, cuyo epicentro es el eje Buenos Aires-Montevideo. En la lingüística hispánica tradicional esta realización se conoce como 'rehilada' [→ § 1.6.3, § 9.4.2, § 15.2.3, § 17.2, § 19.2]. En Uruguay la pronunciación postalveolar abarca casi todo el territorio nacional, mientras que en la Argentina avanza constantemente, aunque no alcanza las zonas al norte, donde se mantiene la oposición entre /ʝ/ y /ʎ/. Efectivamente, en la franja septentrional de la Argentina la rótica múltiple /r/ recibe una pronunciación fricativa [ʒ], que en un principio podría confundirse con la realización postalveolar de /ʝ/. Colantoni (2006) examina la interacción de los alófonos fricativos o aproximantes de /ʝ/ y /r/ en el noreste

argentino. La pronunciación ensordecida [ʃ] de /j/ parece haber surgido en Buenos Aires durante el siglo xx (Guitarte 1955), y es más frecuente en el habla femenina. Esta articulación sorda [ʃ] se ha extendido hasta incluir amplios segmentos de la población bonaerense (Wolf 1984; Wolf y Jiménez 1979). En Montevideo también se da el ensordecimiento de la /j/ postalveolar, pero las tasas de realizaciones son más bajas, sobre todo entre la población masculina (Barrios 2002; Elizaincín 2008; Thun *et al.* 2000, vol. 2).

16.5.2 *Elisión de /j̯/ en contacto con vocales anteriores*

En los dialectos en que /j/ recibe la articulación paravocálica [i̯], este sonido suele desaparecer en contacto con las vocales anteriores /i/ y /e/: *silla* [ˈsi.a], *gallina* [ga.ˈi.na], *sello* [ˈse.o], *billete* [bi.ˈe.t̪e], *bollito* [bo.ˈi.t̪o] [→ § 17.5.3]. Este proceso se ha documentado para el español hablado por los mexicanos en los Estados Unidos (Ross 1980; Sánchez 1972), el dialecto tradicional de Nuevo México (Espinosa García 1930, 197–99), la Argentina (Vidal de Battini 1949, 47), El Salvador (Canfield 1960), Nicaragua (Lacayo 1954), Honduras (Lipski 1987c), Costa Rica (Wilson 1970), México y Guatemala (Henríquez Ureña 1938, 352–53; Predmore 1945), Yucatán, México (Suárez Molina 1945, 68), Ecuador (Toscano 1953, 102–3), la región amazónica de Colombia (Alvar 1977) y el sur de Chile (Oroz 1966, 135–36). Lipski (1990b) ofrece un análisis fonológico de la elisión de /j/ en contacto con vocales anteriores [→ § 17.4.5].

16.5.3 *Oposición /j̯/ /ʎ/: variación regional y social*

La fricativa palatal /j/ se opone a la lateral palatal /ʎ/ en algunos enclaves cada vez más reducidos de la España peninsular, sobre todo en el País Vasco, Cantabria, Asturias, Cataluña y Aragón. En las Islas Canarias la existencia de la oposición entre /j/ y /ʎ/ caracterizaba el habla de todas las islas hasta las últimas décadas. Hoy día el 'yeísmo' (neutralización de la oposición /j/-/ʎ/ en favor de /j/) [→ § 19.3] se escucha en las zonas urbanas canarias y se extiende hasta muchas áreas rurales. En Guinea Ecuatorial todos los hablantes del español presentan yeísmo, mientras que en Filipinas algunas personas retienen el fonema /ʎ/, tal vez a raíz de los reflejos de la lateral palatal en los hispanismos de las principales lenguas filipinas (tagalo, cebuano, ilocano, etcétera) y de los dialectos del criollo hispano-filipino conocido como 'chabacano' (Cuadrado 1972; Lipski 2000; Quilis 1976). En Hispanoamérica la distinción entre /j/ y /ʎ/ se mantiene en todo el territorio paraguayo y boliviano (excepto en el dialecto tradicional afroboliviano), en las provincias nororientales y noroccidentales de la Argentina, en algunas comunidades en el extremo nororiental de Chile, en toda la sierra del Ecuador y en algunos enclaves andinos de Colombia y del Perú.

En las zonas dialectales donde se mantiene la oposición /j/-/ʎ/, el fonema /ʎ/ recibe una articulación lateral palatal [ʎ], excepto en el centro de la sierra ecuatoriana (por ejemplo, en Quito), donde el fonema /ʎ/ se realiza como una fricativa postalveolar sonora [ʒ], mientras que /j/ se articula como [j] o [j̯] (Argüello 1978, 1980). Esta dicotomía también se refleja en la 'Media Lengua' de la provincia de Imbabura (Gómez Rendón 2008), por ejemplo en casos como *yuka* [ˈju.ka] 'yo' - *illa-ka* [i.ˈʒa.ka] 'ella'. En Santiago del Estero (Argentina), se ha detectado la misma realización de la oposición /j/-/ʎ/ (Vidal de Battini 1964, 121), pero hoy en día los rasgos típicos del habla de Santiago del Estero son escasamente perceptibles.

16.6 La africada /t͡ʃ/

El único fonema africado del español es /t͡ʃ/ [→ § 15.7]. Su realización principal es una africada postalveolar [t͡ʃ] y esta variante predomina en la mayoría de los países de habla española. No obstante, también se registran otras articulaciones, según se explica a continuación.

16.6.1 *Variación regional y social: variantes [t͡ʃ], [ʃ], [t͡s]*

En la España peninsular, además de la realización africada postalveolar [t͡ʃ], también se escucha una variante con una articulación más anterior, en el límite con la zona alveolar (Moreno Fernández 1996, 221). En varios puntos de Andalucía se produce la desafricación de /t͡ʃ/, que da como resultado una fricativa postalveolar [ʃ] (Villena 2008a) [→ § 17.4.3]. En Hispanoamérica se encuentran variantes fricativas de /t͡ʃ/ en Panamá (Cedergren 1973), en algunos lugares de Chile

(Díaz-Campos 1986; Oroz 1966, 113; Sadowsky 2015), en el norte de México (Moreno de Alba 1994) y en Nuevo México (Jaramillo 1986; Jaramillo y Bills 1982). En Panamá, la variante fricativa es más frecuente en el habla femenina y en las clases populares (Cedergren 1973), y en las demás zonas dialectales, el alófono [ʃ] predomina en el habla vernácula de los estratos socioeconómicos medios y bajos.

En el centro de Chile es frecuente una realización africada muy adelantada, casi [t͡s] (Bernales 1986; Canfield 1962; Llach 2004; Sadowsky 2015), y se han registrado variantes algo anteriorizadas en Puerto Rico (Quilis y Vaquero de Ramírez 1973; Vaquero de Ramírez 1978).

16.6.2 Variación alofónica y mantenimiento de la oposición /t͡ʃ/-/ʝ/

En el contexto de la variación regional y social de la lengua española, la fricativa postalveolar sorda [ʃ] puede corresponder al fonema /t͡ʃ/ (el caso más frecuente), pero también al fonema /ʝ/ (Río de la Plata). Cabe destacar que en los dialectos en los que la /ʝ/ recibe una articulación sorda [ʃ], el fonema /t͡ʃ/ nunca pierde su componente oclusivo. Aunque el rendimiento funcional de la oposición entre /ʝ/ y /t͡ʃ/ no es elevado (por ejemplo, *callo-cacho*), la evolución paralela de los fonemas /ʝ/ y /t͡ʃ/ nunca desemboca en variantes neutralizadas. Solo en la provincia argentina de Misiones, donde el español refleja las huellas de la lengua guaraní, puede darse la variante fricativa de /t͡ʃ/ (Sileoni de Biazzi 1983), pero en esta zona el fonema /ʝ/ no recibe articulaciones postalveolares [ʃ] o [ʒ], sino realizaciones palatales, fricativa [ʝ] o africada [d͡ʝ].

16.7 Conclusiones

En la variación del español destaca el papel desempeñado por las consonantes, que sirven como marcadores inmediatamente reconocibles del origen geográfico y social. Aunque casi todas las consonantes presentan realizaciones variables, las fricativas —y en menor grado la africada /t͡ʃ/— sobresalen por la coherencia de su comportamiento, y cumplen un cometido importante en la especificación de las pautas de clasificación dialectal. Los matices fonéticos de las fricativas y de las africadas se conjugan para facilitar un perfil sociodemográfico casi inmediato, y como tal representan una de las fuentes más ricas de datos sociolingüísticos.

Referencias bibliográficas

Aguirre, Gonzalo. 1958. *Cuijla. Esbozo etnográfico de un pueblo negro*. México, D. F.: Fondo de Cultura Económica.

Althoff, Daniel. 1994. «Afro-Mestizo Speech from Costa Chica, Guerrero: From Cuaji to Cuijla». *Language Problems and Language Planning* 18 (3): 242–56. https://doi.org/10.1075/lplp.18.3.08alt.

Alvar, Manuel. 1961–1973. *Atlas lingüístico y etnográfico de Andalucía*. Con la colaboración de Antonio Llorente y Gregorio Salvador. 6 vols. Granada: Universidad de Granada; Granada: Consejo Superior de Investigaciones Científicas.

———. 1975–1978. *Atlas lingüístico y etnográfico de las Islas Canarias*. 3 vols. Las Palmas de Gran Canaria: Ediciones del Excmo. Cabildo Insular de Gran Canaria.

———. 1977. *Leticia. Estudios lingüísticos sobre la Amazonia colombiana*. Bogotá: Instituto Caro y Cuervo.

———. 1979–1983. *Atlas lingüístico y etnográfico de Aragón, Navarra y Rioja*. Con la colaboración de Antonio Llorente, Tomás Buesa y Elena Alvar. 12 vols. Zaragoza: Excma. Diputación de Zaragoza, Institución Fernando el Católico, Departamento de Geografía Lingüística.

———. 1995. *Atlas lingüístico y etnográfico de Cantabria*. Madrid: Arco/Libros.

———. 1999. *Atlas lingüístico de Castilla y León*. 3 vols. Valladolid: Junta de Castilla y León.

Andersen, Henning. 1972. «Diphthongization». *Language* 48 (1): 11–50. https://doi.org/10.2307/412489.

Argüello, Fanny M. 1978. «El dialecto žeísta del español en el Ecuador: un estudio fonético y fonológico». Tesis de doctorado, Pennsylvania State University. ProQuest (302903357).

———. 1980. «El rehilamiento en el español hablado en la región andina del Ecuador». *Lexis. Revista de Lingüística y Literatura* 4 (2): 151–55.

———. 1984. «Arcaísmos fonéticos en el español y el quechua hablados en la región andina del Ecuador». *Orbis. International Journal of General Linguistics and Linguistic Documentation* 33: 161–70.

Barrios, Graciela. 2002. «El ensordecimiento del fonema palatal /ž/». En *Marcadores sociales en el lenguaje. Estudios sobre el español hablado en Montevideo*, editado por Graciela Barrios y Virginia Orlando, 29–41. Montevideo: Gráficos del Sur.

Becerra, Servio T. 1980. «Consonantes implosivas en el español urbano de Cartagena de Indias (Colombia): implicaciones socio-lingüísticas». En *Dialectología hispanoamericana. Estudios actuales*, editado por Gary E. Scavnicky, 110–12. Washington D. C.: Georgetown University Press.

Bernales, Mario. 1986. «La palatal africada en el español del sur de Chile». En *Actas del V Congreso Internacional de la Asociación de Lingüística y Filología de la América Latina (ALFAL). Caracas, Venezuela, enero de 1978*, 225–32. Caracas: Universidad Central de Venezuela, Facultad de Humanidades y Educación, Instituto de Filología Andres Bello.

Bills, Garland D. y Neddy A. Vigil. 2008. *The Spanish Language of New Mexico and Southern Colorado. A Linguistic Atlas*. Albuquerque: University of New Mexico Press.

Blas Arroyo, José Luis. 2004. «El español actual en las comunidades del ámbito lingüístico catalán». En *Historia de la lengua española*, editado por Rafael Cano, 1065–86. Barcelona: Ariel.

Borland, Karen E. B. 2004. «La variación y distribución alofónica en el habla culta de Santiago de Chile». *Onomázein. Revista de Filología, Lingüística y Traducción* 10: 103–15.

Browman, Catherine P. y Louis M. Goldstein. 1989. «Articulatory Gestures as Phonological Units». *Phonology* 6 (2): 201–51. https://doi.org/10.1017/S0952675700001019.

———. 1990. «Gestural Specification Using Dynamically-Defined Articulatory Structures». *Journal of Phonetics* 18 (3): 299–320.

———. 1992. «Articulatory Phonology: An Overview». *Phonetica* 49 (3–4): 155–80. https://doi.org/10.1159/000261913.

Brown, Esther L. 2004. «The Reduction of Syllable-Initial /s/ in the Spanish of New Mexico and Southern Colorado: A Usage-Based Approach». Tesis de doctorado, University of New Mexico. ProQuest (305162432).

———. 2005a. «New Mexican Spanish: Insight into the Variable Reduction of "*la ehe inihial*" (/s-/)». *Hispania* 88 (4): 813–24. https://doi.org/10.2307/20063211.

———. 2005b. «Syllable-Initial /s/ in Traditional New Mexican Spanish: Linguistic Factors Favoring Reduction *ahina*». *Southwest Journal of Linguistics* 24 (1–2): 1–18.

Calero, María Ángeles. 1993. *Estudio sociolingüístico del habla de Toledo*. Lérida: Pagès.

Canfield, D. Lincoln. 1960. *Observaciones sobre el español salvadoreño*. Buenos Aires: Universidad de Buenos Aires, Instituto de Filología Hispánica «Dr. Amado Alonso».

———. 1962. *La pronunciación del español en América. Ensayo histórico descriptivo*. Bogotá: Instituto Caro y Cuervo.

Carbonero, Pedro. 1982. *El habla de Sevilla*. Sevilla: Ayuntamiento de Sevilla, Servicio de Publicaciones.

———. 2003. *Estudios de sociolingüística andaluza*. Sevilla: Universidad de Sevilla, Secretariado de Publicaciones.

Carrasco Cantos, Pilar. 1981. *Contribución al estudio del habla rural de Baeza (Jaén)*. Jaén: Instituto de Estudios Giennenses.

Castelli, Michele y Esteban Emilio Mosonyi. 1986. *Curso de fonética del español de Venezuela*. Caracas: Universidad Central de Venezuela.

Castillo, Manuel. 1966. *La influencia de las lenguas nativas en el español de la Guinea Ecuatorial*. Madrid: Consejo Superior de Investigaciones Científicas.

Castonguay, Luis. 1987. *Vocabulario regional del oriente peruano*. Iquitos: Centro de Estudios Teológicos de la Amazonía.

Catalán, Diego. 1954. «Concepto lingüístico del dialecto "chinato" en una chinato-hablante». *Revista de Dialectología y Tradiciones Populares* 10 (1): 10–28.

———. 1960. «El español canario. Entre Europa y América». *Boletim de Filologia* 19: 317–37.

Cedergren, Henrietta J. 1973. «The Interplay of Social and Linguistic Factors in Panama». Tesis de doctorado, Cornell University. ProQuest (302659326).

Colantoni, Laura. 2006. «Micro and Macro Sound Variation and Change in Argentine Spanish». En *Selected Proceedings of the 9th Hispanic Linguistics Symposium*, editado por Nuria Sagarra y Almeida Jacqueline Toribio, 91–102. Somerville: Cascadilla Proceedings Project.

Cuadrado, Adolfo. 1972. *Hispanismos en el tagalo*. Madrid: Oficina de Educación Iberoamericana.

Díaz-Campos, Elia. 1986. «Perfil fónico diferenciado del castellano santiaguino, 1985». En *Actas del II Congreso Internacional sobre el Español de América. Ciudad de México, 27–31 de enero de 1986*, editado por José G. Moreno de Alba, 296–301. México, D. F.: Universidad Nacional Autónoma de México, Facultad de Filosofía y Letras.

Domínguez Condezo, Víctor. 1990. *Problemas de interferencia quechua-español. Estudio sociolingüístico en el Huallaga andino*. Huánuco: Universidad Nacional Hermilio Valdizán, Facultad de Educación.

Elizaincín, Adolfo. 2008. «Uruguay». En *El español en América. Contactos lingüísticos en Hispanoamérica*, editado por Azucena Palacios, 301–19. Barcelona: Ariel.

Espinosa García, Aurelio M. 1930. *Estudios sobre el español de Nuevo México. Parte I. Fonética*. Traducción y Reelaboración con notas de Amado Alonso y Ángel Rosenblat. Buenos Aires: Universidad de Buenos Aires, Instituto de Filología.

Fierro, Eduardo. 1997. *Gibraltar. Aproximación a un estudio sociolingüístico y cultural de la Roca*. Cádiz: Universidad de Cádiz, Servicio de Publicaciones.

Figueroa Arencibia, Vicente Jesús. 1998. «Un rasgo semicriollo en el español no estándar en la región suroriental cubana: el tratamiento de /-s/». Tesis de doctorado, Universidad de La Habana.

———. 2002. «Tratamiento de /-s/ en el español no estándar de la región suroriental cubana: un rasgo semicriollo». En *Estudios de lingüística hispanoamericana, brasileña y criolla*, editado por Matthias Perl y Klaus Pörtl, 97–147. Fráncfort: Peter Lang.

Flórez, Luis. 1950. «El habla del Chocó». *Thesaurus. Boletín del Instituto Caro y Cuervo* 6 (1): 110–16.

———. 1951. *La pronunciación del español en Bogotá*. Bogotá: Instituto Caro y Cuervo.

Flórez, Luis, José Joaquín Montes, Siervo Custodio Mora Monroy, María Luisa Rodríguez de Montes, Jennie Figueroa Lorza, Mariano Lozano Ramírez, Ricardo Aparicio Ramírez Caro, María Bernarda Espejo y Gloria Esperanza Duarte. 1981–2004. *Atlas lingüístico-etnográfico de Colombia*. 6 vols. Bogotá: Instituto Caro y Cuervo.

García Martínez, Ginés. 1986. *El habla de Cartagena. Palabras y cosas. Notas para el estudio del castellano vulgar actual y de la propagación del aragonés y del catalán por el Sur*. Murcia: Universidad de Murcia; Cartagena: Excmo. Ayuntamiento de Cartagena.

García Salazar, Juan. 1982. *La poesía negrista en el Ecuador*. Esmeraldas: Banco Central del Ecuador.

Gerfen, Chip. 2002. «Andalusian Codas». *Probus. International Journal of Latin and Romance Linguistics* 14 (2): 247–77. https://doi.org/10.1515/prbs.2002.010.

Gómez Rendón, Jorge. 2008. *Mestizaje lingüístico en los Andes. Génesis y estructura de una lengua mixta*. Quito: Abya-Yala.

de Granda, Germán. 1982. «Observaciones sobre la fonética del español en el Paraguay». *Anuario de Letras* 20: 145–94.

Guitart, Jorge M. 1981a. «En torno a la sílaba como entidad fonemática en los dialectos del Caribe hispánico». *Thesaurus. Boletín del Instituto Caro y Cuervo* 36 (3): 457–63.

———. 1981b. «On the True Environment for Weakening and Deletion in Consonant-Weak Spanish Dialects». En *Issues in Language. Studies in Honor of Robert J. Di Pietro Presented to Him by His Students*, editado por Marcel Danesi, 17–25. Lake Bluff: Jupiter Press.

Guitarte, Guillermo. 1955. «El ensordecimiento del žeísmo porteño: fonética y fonología». *Revista de Filología Española* 39 (1–4): 261–83. https://doi.org/10.3989/rfe.1955.v39.i1/4.1135.

Henríquez Ureña, Pedro. 1938. *El español en México, los Estados Unidos y la América Central*. Buenos Aires: Universidad de Buenos Aires, Instituto de Filología.

Hernández Campoy, Juan Manuel y Juan Andrés Villena. 2009. «Standardness and Nonstandardness in Spain: Dialect Attrition and Revitalization of Regional Dialects of Spanish». *International Journal of the Sociology of Language* 2009 (196–197): 181–214. https://doi.org/10.1515/IJSL.2009.021.

Holmquist, Jonathan C. 1988. *Language Loyalty and Linguistic Variation. A Study in Spanish Cantabria*. Dordrecht: Foris.

Hualde, José Ignacio. 1989. «Delinking Processes in Romance». En *Studies in Romance Linguistics. Selected Proceedings from the XVII Linguistic Symposium on Romance Languages*, editado por Carl Kirschner y Janet A. DeCesaris, 177–93. Ámsterdam: John Benjamins. https://doi.org/10.1075/cilt.60.12hua.

Jaramillo, June A. 1986. «Variation in /ch/ and Second Person Address in the Spanish of Tomé, New Mexico». Tesis de doctorado, University of New Mexico. ProQuest (303514718).

Jaramillo, June A. y Garland D. Bills. 1982. «The Phoneme /ch/ in the Spanish of Tomé, New Mexico». En *Bilingualism and Language Contact. Spanish, English, and Native American Languages*, editado por Florence Barkin, Elizabeth A. Brandt y Jacob Ornstein-Galicia, 154–65. Nueva York: Teachers College.

Jiménez Sabater, Maximiliano Arturo. 1975. *Más datos sobre el español de la República Dominicana*. Santo Domingo: Ediciones INTEC.

Kramer, Johannes. 1986. *English and Spanish in Gibraltar*. Hamburgo: Helmut Buske.

Krivoshein, Natalia y Grazziella Corvalán. 1987. *El español del Paraguay en contacto con el guaraní*. Asunción: Centro Paraguayo de Estudios Sociológicos.

Lacayo, Heberto. 1954. «Apuntes sobre la pronunciación del español de Nicaragua». *Hispania* 37 (3): 267–68. https://doi.org/10.2307/335261.

Lafford, Barbara A. 1982. «Dynamic Synchrony in the Spanish of Cartagena, Colombia: The Influences of Linguistic, Stylistic and Social Factors on the Retention, Aspiration and Deletion of Syllable- and Word-Final /s/». Tesis de doctorado, Cornell University.

Lipski, John. 1984. «On the Weakening of /s/ in Latin American Spanish». *Zeitschrift für Dialektologie und Linguistik* 51 (1): 31–43.

———. 1985. «/s/ in Central American Spanish». *Hispania* 68 (1): 143–49. https://doi.org/10.2307/341630.

———. 1986. «Sobre el bilingüismo anglo-hispánico en Gibraltar». *Neuphilologische Mitteilungen* 87 (3): 414–27.

———. 1987a. «Breves notas sobre el español filipino». *Anuario de Letras* 25: 209–19.

———. 1987b. «El español en Filipinas: comentarios sobre un lenguaje vestigial». *Anuario de Lingüística Hispánica* 3: 123–42.

———. 1987c. *Fonética y fonología del español de Honduras*. Tegucigalpa: Guaymuras.

———. 1987d. «Fonética y fonología del español guineano. Implicaciones para la dialectología hispánica». *África 2000. Revista de cultura* 2 (1): 9–17.

———. 1989. «/s/-Voicing in Ecuadoran Spanish: Patterns and Principles of Consonantal Modification». *Lingua* 79 (1): 49–71. https://doi.org/10.1016/0024-3841(89)90019-3.

———. 1990a. *El español de Malabo. Procesos fonéticos/fonológicos e implicaciones dialectológicas*. Madrid: Instituto de Cooperación para el Desarrollo; Malabo: Centro Cultural Hispano-Guineano.

———. 1990b. «Elision of Spanish Intervocalic /y/: Toward a Theoretical Account». *Hispania* 73 (3): 797–804. https://doi.org/10.2307/343991.

———. 1995a. «Blocking of Spanish /s/- Aspiration: The Vocalic Nature of Consonantal Disharmony». *Hispanic Linguistics* 6–7: 287–327.

———. 1995b. «[round] and [labial] in Spanish and the "Free-Form" Syllable». *Linguistics. An Interdisciplinary Journal of the Language Sciences* 33 (2): 283–304. https://doi.org/10.1515/ling.1995.33.2.283.

———. 1999. «The Many Faces of Spanish /s/-Weakening: (Re)Alignment and Ambisyllabicity». En *Advances in Hispanic Linguistics. Papers from the 2nd Hispanic Linguistics Symposium*, editado por Javier Gutiérrez-Rexach y Fernando Martínez-Gil, 1:198–213. Somerville: Cascadilla Press.

———. 2000. «El español criollo de Filipinas: el caso de Zamboanga». En *Estudios de sociolingüística*, editado por Yolanda Lastra, 339–66. México, D. F.: Universidad Nacional Autónoma de México, Instituto de Investigaciones Antropológicas.

———. 2007a. «El español de Guinea Ecuatorial en el contexto del español mundial». En *La situación actual del español en África. Actas del II Congreso Internacional de Hispanistas en África. Malabo, del 11 al 14 de julio de 2006*, editado por Gloria Nistal y Guillermo Pié, 79–117. Madrid: Sial.

———. 2007b. «El lenguaje afromexicano en el contexto de la lingüística afrohispánica». *Publication of the Afro-Latin/American Research Association (PALARA)* 11: 33–45.

———. 2008. *Afro-Bolivian Spanish*. Madrid: Iberoamericana; Fráncfort: Vervuert. https://doi.org/10.31819/9783865279026.

Llach, Carolina. 2004. «Análisis sociolingüístico de la extensión del empleo de la variante [tˢ] de la variable fonológica /ĉ/ entre los hablantes jóvenes de la ciudad de Valparaíso». Tesis de maestría, Universidad de Chile.

Lloyd, Paul M. (1987) 1993. *Del latín al español I. Fonología y morfología históricas de la lengua española*. Traducido por Adelino Álvarez Rodríguez. Madrid: Gredos.

Lope Blanch, Juan Miguel, ed. 1990–2000. *Atlas lingüístico de México*. 6 vols. México, D. F.: El Colegio de México; México, D. F.: Universidad Nacional de Educación a Distancia; México, D. F.: Fondo de Cultura Económica.

Megenney, William W. 1989. «An Etiology of /-s/ Deletion in the Hispanic Caribbean: Internal Process or Substratum Influence?» En *Estudios sobre español de América y lingüística afroamericana. Ponencias presentadas en el 45 Congreso Internacional de Americanistas. Bogotá, julio de 1985*, 300–327. Bogotá: Instituto Caro y Cuervo.

Mendoza Cuba, Aída y María del Carmen Cuba. 1976. *Sistema fonológico del castellano y variantes regionales*. Lima: INIDE, Ministerio de Educación, Instituto Nacional de Investigación y Desarrollo de la Educación Augusto Salazar Bondy.

Momcilovic, Natasa B. 2009. *A Sociolinguistic Analysis of /s/ Aspiration in Madrid Spanish*. Múnich: LINCOM.

Montes, José Joaquín. 1974. «El habla del Chocó: notas breves». *Thesaurus. Boletín del Instituto Caro y Cuervo* 29 (3): 409–28.

Moreno de Alba, José G. 1994. *La pronunciación del español en México*. México, D. F.: El Colegio de México.

Moreno Fernández, Francisco. 1996. «Castilla La Nueva». En *Manual de dialectología hispánica. El español de España*, editado por Manuel Alvar, 213–32. Barcelona: Ariel.

Moya Corral, Juan Antonio. 1977. «La pronunciación del español en Jaén». Tesis de doctorado, Universidad de Granada. http://hdl.handle.net/10481/28962.

Moya Corral, Juan Antonio, Leopoldo Baliña y Ana María Cobos. 2007. «La nueva africada andaluza». En *Las hablas andaluzas y la enseñanza de la lengua. Actas de las XII Jornadas sobre la enseñanza de la lengua española. Granada, noviembre 2006*, editado por Juan Antonio Moya Corral y Marcin Sosinski, 275–284. Granada: Universidad de Granada, Grupo de investigación «Estudios de español actual». CD-ROM.

Moya Torres, Ruth. 1981. *El quichua en el español de Quito*. Otavalo: Instituto Otavaleño de Antropología.

Muysken, Pieter C. 1979. «La mezcla de quechua y castellano. El caso de la "media lengua" en el Ecuador». *Lexis. Revista de Lingüística y Literatura* 3 (1): 41–56.

———. 1980. «Halfway between Quechua and Spanish: The Case for Relexification». En *Theoretical Orientations in Creole Studies*, editado por Albert Valdman y Arnold R. Highfield, 52–78. Nueva York: Academic Press.

———. 1988. «Media Lengua and Linguistic Theory». *Canadian Journal of Linguistics / Revue Canadienne de Linguistique* 33 (4): 409–422. https://doi.org/10.1017/S0008413100013207.

———. 1997. «Media Lengua». En *Contact Languages. A Wider Perspective*, editado por Sarah G. Thomason, 365–426. Ámsterdam: John Benjamins. https://doi.org/10.1075/cll.17.13muy.

Narbona, Antonio, Rafael Cano y Ramón Morillo-Velarde. 1998. *El español hablado en Andalucía*. Barcelona: Ariel.

Navarro Tomás, Tomás y Rafael de Balbín. 1962. *Atlas lingüístico de la Península Ibérica I. Fonética, 1*. Madrid: Consejo Superior de Investigaciones Científicas.

Nuño, María del Pilar. 1996. «Cantabria». En *Manual de dialectología hispánica. El español de España*, editado por Manuel Alvar, 183–196. Barcelona: Ariel.

Oroz, Rodolfo. 1966. *La lengua castellana en Chile*. Santiago de Chile: Universidad de Chile, Facultad de Filosofía y Educación.

Predmore, Richard L. 1945. «Pronunciación de varias consonantes en el español de Guatemala». *Revista de Filología Hispánica* 7 (3): 277–80.

Quilis, Antonio. 1976. *Hispanismos en cebuano. Contribución al estudio de la lengua española en Filipinas*. Madrid: Ediciones Alcalá.

Quilis, Antonio y Celia Casado. 1995. *La lengua española en Guinea Ecuatorial*. Madrid: Universidad Nacional de Educación a Distancia.

Quilis, Antonio y María Vaquero de Ramírez. 1973. «Realizaciones de /ĉ/ en el área metropolitana de San Juan de Puerto Rico». *Revista de Filología Española* 56 (1–2): 1–52. https://doi.org/10.3989/rfe.1973.v56.i1/2.746.

Robinson, Kimball L. 1979. «On the Voicing of Intervocalic /s/ in the Ecuadorian Highlands». *Romance Philology* 33 (1): 137–43.

Rodríguez-Castellano, Lorenzo y Adela Palacio. 1948. «Contribución al estudio del dialecto andaluz: el habla de Cabra». *Revista de Dialectología y Tradiciones Populares* 4 (4): 387–418.

Rosas Mayén, Norma. 2007. «Afro-Hispanic Linguistic Remnants in Mexico: The Case of the Costa Chica Region of Oaxaca». Tesis de doctorado, Purdue University. ProQuest (304824011).

Ross, L. Ronald. 1980. «La supresión de /y/ en el español chicano». *Hispania* 63 (3): 552–54. https://doi.org/10.2307/341016.

Ruiz Fernández, María Jesús. 1995. *La tradición oral del campo de Gibraltar*. Cádiz: Diputación Provincial de Cádiz.

Sadowsky, Scott. 2015. «Variación sociofonética de las consonantes del castellano chileno». *Sociolinguistic Studies* 9 (1): 71–92. https://doi.org/10.1558/sols.v9i1.19927.

Salvador, Gregorio. 1957. «El habla de Cúllar-Baza. Contribución al estudio de la frontera del andaluz». *Revista de Filología Española* 41 (1–4): 161–252. https://doi.org/10.3989/rfe.1957.v41.i1/4.1050.

Sánchez, Rosaura. 1972. «Nuestra circunstancia lingüística». *El Grito. A Journal of Contemporary Mexican-American Thought* 6 (1): 45–74.

Sanicky, Cristina A. 1984. «El alófono [j] y sus variantes en Misiones, Argentina». *Orbis. International Journal of General Linguistics and Linguistic Documentation* 33: 182–86.

———. 1988. «El comportamiento de /f/ en el habla misionera». *Bulletin of Hispanic Studies* 65 (3): 273–78. https://doi.org/10.3828/bhs.65.3.273.

———. 2008. «Las variantes de /j/ en Misiones, Argentina: estudio diacrónico-sincrónico». *Bulletin of Hispanic Studies* 85 (5): 599–608. https://doi.org/10.3828/bhs.85.5.1.

Seklaoui, Diana R. 1989. *Change and Compensation. Parallel Weakening of [s] in Italian, French and Spanish*. Nueva York: Peter Lang.

Sileoni de Biazzi, Glaucia. 1983. «Penetración del guaraní en la fonética, morfosintaxis, léxico y entonación del español hablado en Misiones». En *Primeras Jornadas Nacionales de Dialectología. Tucumán, 1977*, 381–86. Tucumán: Universidad Nacional de Tucumán, Facultad de Filosofía y Letras, Departamento de Letras.

Suárez Molina, Víctor Manuel. 1945. *El español que se habla en Yucatán. Apuntamientos filológicos*. Mérida: Díaz Massa.

Terrell, Tracy D. 1977. «Constraints on the Aspiration and Deletion of Final /s/ in Cuban and Puerto Rican Spanish». *Bilingual Review / La Revista Bilingüe* 4 (1–2): 35–51.

———. 1979. «Final /s/ in Cuban Spanish». *Hispania* 62 (4): 599–612. https://doi.org/10.2307/340142.

———. 1981. «Diachronic Reconstruction by Dialect Comparison of Variable Constraints: s-Aspiration and Deletion in Spanish». En *Variation Omnibus. Papers in English and French from the Eighth Colloquium on New Ways of Analyzing Variation in English (NWAVE) Held in Montréal, Québec, Canada, 1980*, editado por David Sankoff y Henrietta J. Cedergren, 115–24. Edmonton: Linguistic Research.

———. 1983. «Sound Change: The Explanatory Value of the Heterogeneity of Variable Rule Application». En *Spanish in the U.S. Setting. Beyond the Southwest*, editado por Lucía Elías-Olivares, 133–48. Rosslyn: National Clearinghouse for Bilingual Education.

Thun, Harald G., Fred Boller, Andreas Harder y Johanne Peemöller. 2000. *Atlas lingüístico diatópico y diastrático del Uruguay-Norte (ADDU-Norte)*. Kiel: Westensee.

Torreblanca, Máximo. 1976. *Estudio del habla de Villena y su comarca*. Alicante: Instituto de Estudios Alicantinos.

Torreira, Francisco. 2006. «Coarticulation between Aspirated-s and Voiceless Stops in Spanish: An Interdialectal Comparison». En *Selected Proceedings of the 9th Hispanic Linguistics Symposium*, editado por Nuria Sagarra y Almeida Jacqueline Toribio, 113–20. Somerville: Cascadilla Proceedings Project.

———. 2007. «Pre- and Postaspirated Stops in Andalusian Spanish». En *Segmental and Prosodic Issues in Romance Phonology*, editado por Pilar Prieto Vives, Joan Mascaró y Maria-Josep Solé, 67–82. Ámsterdam: John Benjamins. https://doi.org/10.1075/cilt.282.06tor.

Toscano, Humberto. 1953. *El español en el Ecuador*. Madrid: Consejo Superior de Investigaciones Científicas.

Vaquero de Ramírez, María. 1978. «Hacia una espectrografía dialectal: el fonema /c/ en Puerto Rico». En *Corrientes actuales de la dialectología del Caribe hispánico. Actas de un simposio*, editado por Humberto López Morales, 239–47. Río Piedras: Universidad de Puerto Rico, Editorial Universitaria.

Vaz de Soto, José María. 1981. *Defensa del habla andaluza*. Sevilla: EdiSur.

Vidal de Battini, Berta. 1949. *El habla rural de San Luis*. Buenos Aires: Universidad de Buenos Aires, Instituto de Filología.

———. 1964. *El español de la Argentina*. Buenos Aires: Consejo Nacional de Educación.

Villena, Juan Andrés. 2008a. «La formación del español común en Andalucía. Un caso de escisión prestigiosa». En *Fonología instrumental: patrones fónicos y variación*, editado por Esther Herrera Zendejas y Pedro Martín Butragueño, 211–56. México, D. F.: El Colegio de México.

———. 2008b. «Sociolinguistic Patterns of Andalusian Spanish». *International Journal of the Sociology of Language* 2008 (193–194): 139–160. https://doi.org/10.1515/IJSL.2008.052.

Viudas Camarasa, Antonio. 1987. «Islotes lingüísticos: las hablas de la comarca del Trevejo (Cáceres) y el chinato de Malpartida de Plasencia». En *El habla en Extremadura*, de Antonio Viudas Camarasa, Manuel Ariza y Antonio Salvador Plans, 67–73. Mérida: Editora Regional de Extremadura.

Wilson, Jack L. 1970. «A Generative Phonological Study of Costa Rican Spanish». Tesis de doctorado, University of Michigan.

Wolf, Clara. 1984. «Tiempo real y tiempo aparente en el estudio de una variación lingüística: ensordecimiento y sonorización del yeísmo porteño». En *Homenaje a Ana María Barrenechea*, editado por Lía Schwartz e Isaías Lerner, 175–96. Madrid: Castalia.

Wolf, Clara y Elena Jiménez. 1979. «El ensordecimiento del yeísmo porteño: un cambio fonológico en marcha». En *Estudios lingüísticos y dialectológicos. Temas hispánicos*, de Ana María Barrenechea, Mabel V. Manacorda de Rosetti, María Luisa Freyre, Elena Jiménez, Teresa Orecchia y Clara Wolf, 115–44. Buenos Aires: Hachette.

Zamora Vicente, Alonso. 1943. *El habla de Mérida y sus cercanías*. Madrid: Consejo Superior de Investigaciones Científicas.

17 DESCRIPCIÓN FONOLÓGICA DE LAS CONSONANTES FRICATIVAS Y AFRICADAS

Maria-Rosa Lloret

Violeta Martínez-Paricio

17.1 Introducción

En las consonantes fricativas y en las africadas la salida del aire a través de una constricción, con oclusión previa en el caso de las africadas, provoca un ruido continuo de fricción [→ § 1.6.3, capítulo 15]. Estas consonantes forman junto con las oclusivas la clase mayor [→ § 1.19.5] denominada 'obstruyente', término que hace referencia a la presencia de un obstáculo en la salida del aire formado por un cierre completo de los articuladores o por un elevado grado de constricción entre ellos. Los fonemas fricativos más extendidos en las variedades del español son cuatro: /f/, /s/, /ʝ/ y /x/, a los que hay que sumar /θ/, propio del centro y norte de España. El único fonema africado del español es /t͡ʃ/. Con excepción de la fricativa /ʝ/, que es sonora, el resto de fonemas fricativos, así como el africado, son sordos, aunque algunos de los fricativos poseen variantes sonorizadas [→ capítulo 15, capítulo 16, § 17.5.2]. Teniendo en cuenta su punto de articulación básico, esta serie de segmentos se puede clasificar en labiodental (/f/), interdental (/θ/), alveolar (/s/), postaveolar (/t͡ʃ/) —también denominado 'prepalatal' o 'alveolopalatal'—, palatal (/ʝ/) y velar (/x/). A modo de resumen, la Tabla 1 presenta los fonemas fricativos y africados básicos del español agrupados en función de las tres grandes zonas articulatorias: LABIAL, CORONAL y DORSAL [→ § 1.21.5].

Al conjunto anterior se pueden añadir el fonema fricativo postalveolar /ʃ/ y el africado alveolar /t͡s/, que aparecen excepcionalmente en algunas voces indígenas americanas. También se documentan variantes fricativas de /t͡ʃ/, fruto de su desafricación en puntos de Andalucía e Hispanoamérica [→ § 16.6]. Asimismo, por la vasta extensión del fenómeno, cabe destacar la sustitución de /x/ por el fonema fricativo glotal /h/ en andaluz, en canario y en muchas variedades de la América Central [→ § 16.4.1].

En general, las consonantes fricativas y africadas presentan una amplia variación geográfica y, además, despliegan en cada región una gran diversidad de alófonos por motivos sociales y estilísticos. Este tipo de variaciones se presenta en el capítulo 16. El presente se limita fundamentalmente a estudiar las variantes alofónicas condicionadas por el contexto fonológico y morfofonológico en que aparecen, sin profundizar demasiado en el tratamiento de las variantes contextuales de base puramente fonética, que se discuten ampliamente en el capítulo correspondiente a la descripción fonética [→ capítulo 15]. Tampoco se aborda aquí la cuestión de las variantes no oclusivas de /b/, /d/, /g/, clasificadas como fricativas o como aproximantes en la bibliografía [→ § 9.4]. Igualmente, se excluyen de la discusión las realizaciones paravocálicas de /ʝ/ [→ § 8.2], pero se tratan los casos de /ʝ/ derivados del fenómeno del 'yeísmo' [→ § 19.3].

El estatus fonemático de /ʝ/ es, de hecho, un tema polémico en la bibliografía sobre el español [→ § 15.6]. Por un lado, se encuentran los autores que diferencian los alófonos derivados del fonema fricativo /ʝ/ (que se corresponde con las grafías <y> a inicio de sílaba, <ll> en los dialectos yeístas e <hi> seguida de vocal en algunas variedades) de los derivados del fonema vocálico /i/ y, por otro lado, figuran los autores que derivan todos estos alófonos de /i/ (véase Whitley [1995], que presenta dos opciones más, y el capítulo 8 de la presente obra). Se mantiene la primera postura en

Tabla 1 *Fonemas fricativos y africados básicos del español*

| | LABIAL | | CORONAL | | | DORSAL | |
	Bilabial	Labiodental	Interdental	Alveolar	Postalveolar	Palatal	Velar
Fricativo		/f/	/θ/	/s/		/ʝ/	/x/
Africado					/t͡ʃ/		

Tabla 2 *Cuadro ampliado de los fonemas fricativos y africados del español*

| | LABIAL | | CORONAL | | | DORSAL | | LARÍNGEO |
	Bilabial	Labiodental	Interdental	Alveolar	Postalveolar	Palatal	Velar	Glotal
Fricativo		/f/	/θ/ ←→	/s/	(/ʃ/)	/ʒ/ ←— /ʝ/	/x/ —→	/h/
Africado				(/t͡s/)	/t͡ʃ/			

los tratados tradicionales de Alarcos ([1950] 1965), Navarro Tomás ([1918] 1985) y Quilis ([1993] 1999), así como en la *Nueva gramática de la lengua española* (Real Academia Española y Asociación de Academias de la Lengua Española 2011) y en la mayoría de trabajos contemporáneos, con alguna variante; la segunda postura, que se atribuye a Catalán (1964), tiene menos partidarios —por ejemplo, para el español peninsular estándar, Hualde (1997) y Colina (1999, 2009b) y, para el español de México, Shepherd (2003)—. Hualde (2014, 162–69) presenta una síntesis actualizada de la argumentación esgrimida en la bibliografía. Concisamente, en las propuestas con un único fonema /i/, los alófonos consonánticos como [ʝ] se derivan de un fenómeno de fortalecimiento en posición inicial de sílaba, como sucede en *hiena* ['ʝe.na], *yeso* ['ʝe.so], *mayo* ['ma.ʝo] y *llena* ['ʝe.na]. Este análisis es adecuado para las variedades que no distinguen en la pronunciación las grafías <hi> seguida de vocal, <y> inicial de sílaba y <ll> en las zonas yeístas. En algunas variedades, sin embargo, se diferencian las pronunciaciones de la secuencia ortográfica <hi> seguida de vocal *(hiena)* de las que contienen <y> y <ll> *(yeso, llena)*, con menor constricción en el caso de las primeras (como en *hiena* ['ie.na] ~ ['ʝe.na], derivadas de /i/) que en el de las segundas (como en *llena* ['ʝe.na] ~ ['ʝe.na], derivadas de /ʝ/). El contraste es aún más manifiesto en las variedades en las que <y> y <ll> han evolucionado hacia una fricativa postalveolar sonora /ʒ/, como en la zona del Río de la Plata y en el argentino normativo en general (con una articulación sorda [ʃ] que se difunde desde Buenos Aires), según ejemplifica el par mínimo *yerba* ['ʒer.βa] 'hojas de mate' frente a *hierba* ['ier.βa] 'césped' (Hualde 2014, 166) [→ § 7.4.1, § 8.2.2, § 16.5.1, § 16.6.2].

En la Tabla 2 se amplía el conjunto de fonemas fricativos y africados posibles en español incluyendo en él las principales características regionales. La flecha doble indica fusiones potenciales (neutralización de /θ/ y /s/) y las flechas simples, posibles sustituciones (/h/ por /x/ y /ʒ/ por /ʝ/); se presentan entre paréntesis los fonemas adicionales debidos a indigenismos.

El presente capítulo se organiza de la forma siguiente. En primer lugar, se describen los principales sistemas fonológicos que presenta el español en lo que concierne a los fonemas fricativos y africados (§ 17.2). A continuación, se explicitan las pautas distribucionales que muestran tales segmentos según la posición silábica que ocupan y atendiendo a cuestiones de sonicidad y complejidad fónica (§ 17.3). En tercer lugar, se discuten los rasgos distintivos que los caracterizan fonológicamente (§ 17.4). Con posterioridad, se explican y analizan los principales procesos fonológicos en que se ven involucrados (§ 17.5). Para finalizar, se recapitulan las principales conclusiones que se desprenden de todos los apartados anteriores (§ 17.6).

17.2 Principales sistemas fonológicos

Aunque el español presenta una amplia variación geográfica en lo que respecta a la realización de las consonantes fricativas y africadas, se considera que existen dos sistemas fonológicos principales atendiendo a la ausencia o la presencia de /θ/: respectivamente, el 'sistema (no distinguidor) de seseo', que es el mayoritario, y el 'sistema (distinguidor) norteño', típico del centro y norte de España. A los sistemas anteriores se puede añadir el 'sistema (no distinguidor) de ceceo', que

Tabla 3 *Sistemas fonológicos principales para los fonemas fricativos y africados del español*

Sistema distinguidor	Norteño		/f/, /θ/, /s/, /ɟ/, /x/, /t͡ʃ/
Sistemas no distinguidores	Seseo	general	/f/, /s/, /ɟ/, /x/, /t͡ʃ/ (/ʃ/, /t͡s/)
		con aspiración	/f/, /s/, /ɟ/, /h/, /t͡ʃ/ (/ʃ/, /t͡s/)
		con rehilamiento	/f/, /s/, /ʒ/, /x/, /t͡ʃ/ (/ʃ/, /t͡s/)
	Ceceo (con aspiración)		/f/, /θ/, /ɟ/, /x/ (o /h/), /t͡ʃ/

neutraliza /s/ y /θ/ en favor de /θ/, bastante extendido en Andalucía, especialmente en la zona costera. Mientras que el sistema de seseo es plenamente aceptado, el de ceceo se halla estigmatizado por considerarse rural y vulgar [→ § 16.3.2].

En los sistemas de seseo, aún cabría distinguir los dos subsistemas mencionados en el apartado anterior: por un lado, el propio del andaluz, del canario y de muchos dialectos de la América Central, que han sustituido /x/ por /h/ (fenómeno descrito como 'aspiración'), y, por otro, el del español de la zona del Río de la Plata (y del argentino normativo), que ha sustituido /ɟ/ por /ʒ/ (fenómeno conocido como 'rehilamiento' en la tradición hispánica) [→ § 1.6.3, § 9.4.2, § 15.2.3, § 16.5.1, § 19.2]. En el sistema de ceceo andaluz, algunas variedades también presentan /h/ por /x/.

En la Tabla 3 se resumen los principales sistemas regionales del español en lo que concierne a la distribución de los fonemas fricativos y africados; las casillas sombreadas indican los sistemas básicos a partir de los que se desarrollan las explicaciones de los apartados siguientes. Se añaden /ʃ/ y /t͡s/, documentados en indigenismos, a los posibles sistemas no distinguidores con seseo existentes en las variedades americanas.

17.3 Pautas distribucionales

En los subapartados que siguen se detallan las pautas distribucionales a las que se ajustan las consonantes fricativas y africadas del español. Para entenderlas es útil acudir al concepto de sílaba, cuya estructura se analizará en primer lugar.

17.3.1 La estructura silábica

Como es sabido —y según se resume en los apartados 1.21.7 a 1.21.10 de la presente obra, y se detalla asimismo en el capítulo 24 , las consonantes y las vocales se organizan fonológicamente en sílabas. Cada sílaba está constituida por un pico de mayor sonicidad con la mayor abertura oral (el 'núcleo'), al cual pueden preceder una o más consonantes, que conforman el 'ataque' silábico, y al que pueden suceder una o más consonantes, que constituyen la 'coda' silábica. El núcleo y la coda forman la 'rima' silábica. El ataque y la coda constituyen los 'márgenes' de la sílaba con relación al núcleo (Figura 1). Las paravocales pueden formar parte del núcleo, del ataque o de la coda, según el comportamiento fonológico que tengan en cada lengua [→ § 8.3].

La estructura silábica jerárquica que se adopta en el presente capítulo (con la distinción entre ataque y rima y, en el interior de la rima, entre núcleo y coda) es la más utilizada desde Pike y Pike (1947) y es la que también se asume en muchos de los trabajos sobre fonología del español, como en la *Nueva gramática de la lengua española* (Real Academia Española y Asociación de Academias de la Lengua Española 2011, 14) y en Hualde ([1999] 2014). Otras estructuras binarias menos detalladas —como la defendida en Harris (1983), que no singulariza el núcleo y la coda en la rima— servirían igualmente para explicar el comportamiento de las fricativas y las africadas objeto de estudio (sin embargo, algunas de sus limitaciones se exponen en el § 17.3.2). Para una discusión más detallada sobre organizaciones silábicas alternativas, puede consultarse el capítulo 24.

Los segmentos del ataque y de la coda están organizados en relación decreciente de sonicidad desde el núcleo a los márgenes silábicos, de manera que los segmentos que se agrupan en torno al núcleo son menos sonantes según se van alejando del pico hacia la periferia de la sílaba. Esta relación, que determina la estructura de la sílaba y se basa en la noción de sonicidad, se recoge en el 'Principio de Secuenciación de la Sonicidad' (avanzado ya en los trabajos clásicos de Grammont [1933]; Jespersen [1904]; de Saussure [1916]; Sievers [1881]), que justifica la ordenación de los segmentos en la sílaba a partir de una escala o jerarquía de sonicidad [→ § 1.21.9]. La escala pretende ser universal, aunque se presenta con diferencias en cuanto al número de niveles que se distinguen en ella. Para el objetivo de este capítulo se asume la jerarquía propuesta por Foley (1970) y reflejada en (1), que es más detallada que la que se reproduce en otros capítulos de la presente obra [→ § 14.3.4, § 23.1.5]. El grado de sonicidad relativa de cada clase se expresa entre paréntesis; el símbolo '>' se lee como 'más sonante que'.

(1) Escala o jerarquía de sonicidad
     vocal > aproximante > líquida > (oclusiva) nasal > fricativa > oclusiva (oral)
       (6)   (5)   (4)   (3)   (2)   (1)

⟶

más sonante   menos sonante

En algunos trabajos sobre el español —por ejemplo, en Colina (2009b), Harris (1983, 1989), Hualde (2014, [1999] 2014) y en el § 24.1 de esta obra, así como en Clements (1990)—, se incluyen en un solo grupo todas las obstruyentes (oclusivas, fricativas y africadas), con lo cual los grupos formados por oclusiva y fricativa pasan a ser del mismo rango, o forman un *plateau*, en terminología de Clements. Como se discutirá en el § 17.3.2, computar en un único grupo todas las obstruyentes explica mejor las combinaciones existentes en los ataques compuestos, pero no los aspectos relacionados con las codas compuestas del español. En la *Nueva gramática de la lengua española* (Real Academia Española y Asociación de Academias de la Lengua Española 2011, 287) se introduce un eslabón más en la jerarquía de (1), al situar a las africadas entre las fricativas y las oclusivas. Sin embargo, en (1) se ha optado por la postura más habitual de no distinguir las africadas porque, por su naturaleza intrínsecamente compleja (esto es, con una fase oclusiva y otra fricativa), se aduce que tienen la posibilidad de comportarse fonológicamente ora como las fricativas, ora como las oclusivas (véase el § 17.4.3). Martínez-Gil (1996, 1997), entre otros, distingue en español, como se hace en (1), solo las fricativas de las oclusivas, al igual que en el § 14.3.4.

La Figura 1 representa esquemáticamente la estructura de la sílaba y la relación decreciente de sonicidad que se establece entre el núcleo y los márgenes. Para la sílaba del ejemplo, [ʈɾans], se apuntan los grados de sonicidad de cada segmento según la escala de (1): esta sílaba muestra un perfil de sonicidad adecuado, porque decrece del núcleo vocálico hacia el ataque por la izquierda y hacia la coda por la derecha: '1 < 4 < 6 > 3 > 2'.

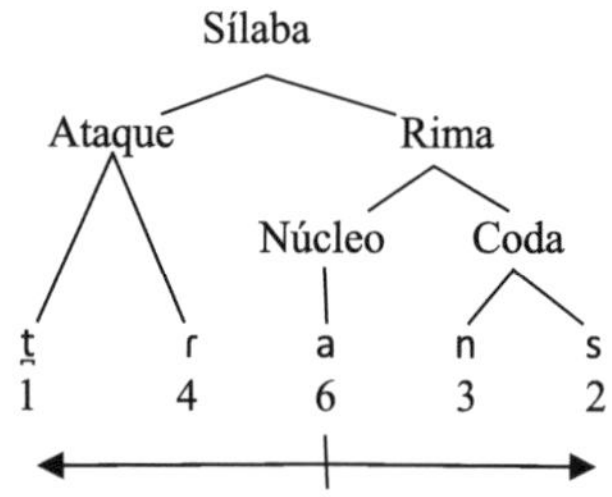

FIGURA 1. Estructura silábica de la sílaba [ʈɾans].

17.3.2 Pautas distribucionales según la posición silábica

- Posición de ataque silábico. El ataque simple admite todos los fonemas fricativos (/f/, /θ/, /s/, /ʝ/, /x/) y el africado (/t͡ʃ/), tanto en inicio como en interior de palabra (*foca, mofa; zorro, caza; saca, casa; yema, haya; jarro, roja; choca, cacho*). Los fonemas /ʃ/ y /t͡s/ aparecen excepcionalmente en algunas voces indígenas, en particular en las variedades de América (del náhuatl, *xocoyote, mixiote* y *zapote, quetzal,* respectivamente); la *Nueva gramática de la lengua española* (Real Academia Española y Asociación de Academias de la Lengua Española 2011, 308) también menciona casos de /ʃ/ en algunos hipocorísticos andinos (*Ashuca,* de *Asunción; Ushi,* de *Lucía* o de *Eusebio*). Los nombres propios extranjeros y los préstamos con /ʃ/ y /t͡s/ suelen adaptarse en las variedades que no disponen de estos fonemas (con despalatalización en el caso de /ʃ/, por ejemplo en *Shanghái* [s]*hangái,* del chino, y desafricación en el caso de /t͡s/, por ejemplo en *tsunami* [s]*unami,* del japonés, o en la adaptación recientemente reconocida por la Real Academia Española *guasapear,* del inglés *to whatsapp*). La secuencia /ʝi/, que combina dos palatales, presenta una distribución limitada: en posición inicial de palabra, únicamente aparece en nombres propios extranjeros y sus derivados (*Yibuti, yibutiano*) y en las pronunciaciones yeístas de las voces del quechua *lliclla* y *llicta;* en posición media, la mayoría de los casos provienen de realizaciones con yeísmo (*apellido, detallista*), pero también se originan en palabras derivadas con <y> como *hoyito* o *tramoyista*.

  En el léxico patrimonial el ataque compuesto solo presenta las combinaciones formadas por /f/ seguida de las líquidas /ɾ/ o /l/ (/fɾ/, /fl/), tanto en inicio como en interior de palabra (*frota, cofre; flaco, moflete*), aunque también se dan las agrupaciones /θɾ/ y /xɾ/ en préstamos recientes: *thriller* [θɾ]*iller,* del inglés, o el apellido ruso *Khruschev* [xɾ]*uschev,* adaptado con la grafía *Jruschef,* si bien se oye asimismo la pronunciación con oclusiva, [kɾ]*uschev*.

- Posición de coda silábica. En interior de palabras pertenecientes al léxico patrimonial, la coda simple admite /s/ *(costa)*, que también aparece tras núcleo compuesto por diptongo decreciente *(claustro, aislamiento, Eustaquio)*, al igual que /f/ y /θ/, con un rendimiento mucho menor *(nafta, bizco)*, aunque en el caso de /f/ esté aumentando al irse incorporando anglicismos de nuevo cuño *(offset, lifting, software)*. En algunos préstamos aislados aparecen /x/ *(majzén, del árabe marroquí; pajla, del quechua)* y /t͡ʃ/ *(pechblenda, tomado del alemán, con la variante pecblenda)*; /x/ es también habitual en la adaptación de apellidos extranjeros *(Rajmáninov, del ruso Rachmaninov, a veces pronunciado con la oclusiva [k])*. Asimismo, algunas voces indígenas americanas presentan excepcionalmente /ʃ/ *(taxcal, del náhuatl)*, con tendencia a despalatalizarse en [s] en el español peninsular. En final de palabra, la coda simple admite, además de las comunes /s/ y /θ/ *(tos, coz)*, /f/, con un rendimiento bajo, y /x/, con un rendimiento aún menor en préstamos antiguos *(reloj, carcaj o boj y erraj, que alternan con las formas con <e> añadida, boje y herraje)*, y en préstamos recientes (del inglés, —voz en— *off, sij*; del francés, *chef*), en siglas *(UNICEF)* y en nombres propios extranjeros (del ruso, *Rajmáninov*; del kazajo, el topónimo *Kustanaj*) [→ § 11.4.2]. Tras diptongo decreciente y triptongo puede aparecer /s/ *(seis, apreciáis)* y, en algunos apellidos del español peninsular, /θ/ *(Saiz)*. La africada /t͡ʃ/ está presente en préstamos recientes (del inglés, *sándwich, match*) y en apellidos no castellanos terminados en <ch> *(Llorach, del catalán; Románovich, del ruso)*. Hualde (2014, 61) observa que la adaptación de la africada en coda interna se puede resolver, en cambio, insertando una vocal (*watchman* [gwa.t͡ʃi.ˈman], anglicismo usado en algunas variedades de Latinoamérica), y evitando así su presencia en la coda. El mismo procedimiento se ha utilizado para adaptar nombres propios foráneos con codas compuestas inexistentes en español, como en *Kazajistán*, de *Kazakhstan*. Más excepcionalmente aparece /ʃ/ en algunas voces indígenas americanas (del quechua, *Áncash*, departamento del Perú, del que deriva su gentilicio *ancashino*) o en préstamos recientes (del inglés, *flash*, pronunciado también con despalatalización, [ˈflas], especialmente en el español peninsular).

La coda compuesta muestra muchas limitaciones en español [→ § 24.2.3]; sin embargo, cuando se da, /s/ suele ocupar, con escasas excepciones, la segunda posición de este constituyente. En interior de palabra, la combinación más frecuente es /ns/, que aparece en grupos cultos *(transcribir, conspirar, instituto)* [→ § 14.3.2]. También existen algunas palabras con las líquidas /l/ y /ɾ/ seguidas de /s/ (/ls/, /ɾs/: *solsticio, perspectiva*) y con una oclusiva seguida de /s/ (*abstención* [ps], *adscribir* [t͡s], *sexto* [ks]); en estas últimas agrupaciones la inversión de la secuenciación de sonicidad se considera adecuada. Las combinaciones anteriores son más frecuentes porque se presentan en nombres propios extranjeros (como en el apellido *Kiparsky* [ɾs] o en el topónimo *Salzburgo* [lş]). Excepto en el caso de las codas formadas por líquida seguida de /s/, las restantes tienden a simplificarse manteniendo la /s/ (*abstención* [aş]*tención*, y *adscribir* [as]*cribir, sexto* [ˈseş]*to*, e incluso admitiendo la variante gráfica simplificada: *trascribir* [t̪ɾas]*cribir*). Por otra parte, la coda interna /st/, presente en la palabra *istmo* y en el prefijo *post-* (*postnatal*), también muestra una clara tendencia a la simplificación: [ˈiş]*mo*, reflejada igualmente en una variante gráfica; *posnatal* [ˈpoş]*natal*.

En posición final de palabra, además de los grupos anteriores (*afrikáans, vals, másters, bíceps, robots, tóra*[**ks**]), aparecen las combinaciones /nθ/, /nt͡ʃ/ y /ɾt͡ʃ/ en algunos apellidos del español peninsular (*Sanz*, pronunciado como [ˈsanθ] o [ˈsans]) y en otros no castellanos (*Blanch, March*, pronunciados con africada o con consonante velar final: -[ɲt͡ʃ] o -[ŋk], -[ɾt͡ʃ] o -[ɾk], respectivamente). En nombres propios, las combinaciones de nasal e interdental pueden aparecer excepcionalmente tras diptongo decreciente (por ejemplo, en *Sainz*, pronunciado como [ˈsai̯nθ] o [ˈsai̯ns]). Esporádicamente, en algunos préstamos aparece la combinación de la fricativa /f/ con una /s/ siguiente que representa el morfo de plural (*chefs*); de hecho, este morfo, al constituir plurales no normativos, incrementa el número de apariciones de determinadas combinaciones, como los grupos /n/ + /s/, /l/ + /s/ y /ɾ/ + /s/ (*pins, chándals, pósters*). Finalmente, en algunos préstamos recientes se registran las combinaciones /lf/ y /ɾf/ (del inglés, *golf, surf*); según la *Nueva gramática de la lengua española* (Real Academia Española y Asociación de Academias de la Lengua Española 2011, 318), en el habla esmerada y de forma muy aislada, estas combinaciones pueden llegar a mantenerse en las codas finales triconsonánticas correspondientes a sus plurales (*golfs*); el grupo /st/, en cambio, tiende a simplificarse en -[s] (como sucede en el término inglés *test*, pronunciado habitualmente tanto en singular como en plural como [ˈt̪es], en el tecnicismo *karst ~ carst* [ˈkaɾs] o en topónimos como *Bucarest* y *Budapest* articulados con -[s]). En el habla esmerada, es posible hallar el grupo -[ms] resultante de añadir la /s/ de plural a palabras con /m/ final, que son cultismos del latín (*ítems*) o préstamos de otras lenguas (*booms*, del inglés), en lugar de la pronunciación habitual simplificada en el grupo de alveolares -[ns] [→ § 14.6.1]. Del mismo modo, son excepcionales las pronunciaciones cultas de las codas compuestas internas con nasales no alveolarizadas en las palabras *hámster* [ms] (del alemán) y *tungsteno* [ŋs] (del sueco), en lugar de las habituales con [ns], como la que surge en el préstamo del inglés, más antiguo y asimilado a la lengua, *gánster* (Real Academia Española y Asociación de Academias de la Lengua Española 2011, 230). Estas codas pueden reaparecer en el habla esmerada en algunos nombres propios (*Chomsky* [ms], *Kingstown* [ŋs]).

Boyd-Bowman (1952) documenta la existencia del alófono silábico de /s/, [s̩], que pasa a ocupar la posición del núcleo en la sílaba por efecto de la pérdida habitual de vocales inacentuadas en variedades de México y Ecuador. La elisión vocálica es más frecuente en el habla rápida y no suele afectar a la vocal más sonante (y abierta) /a/. Los contextos consonánticos que favorecen la elisión del núcleo vocálico son aquellos en los que la supresión de la vocal genera secuencias consonánticas de oclusivas sordas y /s/ (como ocurre en *p(e)scar* [ps̩'kar]) o bien aquellos en los que la /s/ se halla en posición final de palabra (como en *entonc(e)s* [en̩'tons̩]). En algunas secuencias, en lugar de emerger la [s̩] silábica, las consonantes restantes se agrupan con las sílabas adyacentes, como en la coda compuesta que se origina al elidirse la vocal final de *tren(e)s* y en la cual el autor indica la presencia de «una ligera oclusión sorda: *los trenᵗs*» (138n2). Cabe destacar que este fenómeno implica que aumente la frecuencia de algunas codas compuestas poco habituales en español (como -[ls] en *nopal(e)s* [no'pals] o [ks] en *bloqu(e)s* ['bloks]) e incluso que se generen nuevas estructuras silábicas (como el ataque compuesto [sp]- en *s(u)pongo* ['spoŋgo]) [→ § 14.7.2].

A tenor de todo lo expuesto, cabe generalizar que cualquier fonema fricativo o africado puede constituir un ataque simple y, excepto /j̦/, también puede conformar una coda simple. En cuanto a la composición interna de los ataques compuestos, su primer segmento no puede ser ni sibilante (ni fricativo /s/, ni africado /t͡ʃ/) ni la fricativa palatal /j̦/; su segundo miembro tan solo puede ser, como en el caso de otros ataques compuestos en español [→ § 24.2.3], una líquida /ɾ/ o /l/, siendo más permisibles las combinaciones con la rótica (es el caso de /fɾ/ y, en préstamos recientes, de /θɾ/ y de /xɾ/) que con la lateral (/fl/); se sigue, por tanto, el patrón general 'fricativa + líquida'. Por lo que se refiere a las codas compuestas, existe una gama más amplia en posición final de palabra (/ns/ y, con menor frecuencia, oclusiva seguida de /s/ y los grupos /fs/, /ls/, /ɾs/, /nθ/, /nt͡ʃ/, /ɾt͡ʃ/, /lf/, /ɾf/, e incluso /st/, /ms/) que en interior de palabra (/ns/ y, con menor frecuencia, oclusiva seguida de /s/ y los grupos /ls/, /ɾs/, e incluso /st/, /ms/, [ŋs] de /ngs/) pero, en general, son excepcionales y se limitan prácticamente a los casos en los que /s/ va en segunda posición, con el patrón 'nasal/oclusiva/líquida + /s/'.

La Tabla 4 recapitula el inventario de ataques y codas posibles del español actual con presencia de fricativas y africadas. Además del sistema tradicional, se presentan entre paréntesis los casos menos frecuentes, que proceden de pronunciaciones esmeradas y de la incorporación de indigenismos y préstamos recientes, dado que estos «no están 'prohibidos'» en español (Pensado [1985] 2000, 476). En la tabla, la 'O' del grupo '/Os/' se refiere a 'Oclusiva'.

Tabla 4 *Inventario de ataques y codas posibles en español con presencia de fricativas y africadas*

| | Ataque | | Coda | | | |
	Simple	Compuesto	Simple Interior	Simple Final	Compuesta Interior	Compuesta Final
/f/	√	/fɾ/, /fl/	√	(√)		(/lf(s)/, /ɾf(s)/)
/θ/	√	(/θɾ/)	√	√		(/nθ/)
/s/	√		√	√	/ns/ (/Os/, /ls/, /ɾs/, e incluso /st/, /ms/, /ngs/: [ŋs])	/ns/ (/Os/, /ls/, /ɾs/, /fs/, e incluso /st/, /ms/)
(/ʃ/)	(√)		(√)	(√)		
/j̦/	√					
/x/	√	(/xɾ/)	(√)	(√)		
(/t͡s/)	(√)					
/t͡ʃ/	√		(√)	(√)		(/nt͡ʃ/, /ɾt͡ʃ/)

17.3.3 El papel de la sonicidad y de la complejidad fónica

Las consonantes fricativas y africadas en posición de ataque o de coda simples respetan el principio de secuenciación de la sonicidad, es decir, son menos sonantes que las vocales del núcleo; sin embargo, debido a la restricción del español que afecta a los fonemas palatales en coda, /j̑/ no está permitida en esta posición (para los efectos de esta restricción en las nasales, véase el § 14.3.2, y, en las laterales, el § 20.3.2). En los ataques compuestos con fricativas, también se cumple el principio de secuenciación de la sonicidad; sin embargo, es interesante observar, por un lado, que las combinaciones posibles se limitan a aquellas cuyos segundos segmentos son consonantes líquidas, al igual que ocurre en otros ataques compuestos existentes en español, y, por otro lado, que /s/ y /j̑/, además de la africada /t͡ʃ/, quedan excluidas de dichas combinaciones. En segundo lugar, en el caso de las codas compuestas, destaca el hecho de que /s/ es la consonante preferida como segundo elemento, aun a expensas de revertir la secuenciación de la sonicidad en los grupos de oclusiva seguida de /s/. Existe, por tanto, una asimetría clara entre ataques y codas: mientras que los ataques compuestos por fricativa y líquida excluyen las combinaciones con /s/, las codas compuestas las favorecen. Para justificar mejor estas limitaciones distribucionales es útil recurrir a las condiciones de distancias de sonicidad que se establecen entre los segmentos constituyentes de las sílabas y a la complejidad fónica que determinados segmentos comportan por sus características.

- La sonicidad intrasilábica. Además del principio de secuenciación de la sonicidad, la organización intrasilábica de los segmentos atiende al 'Principio de Distancia Mínima de Sonicidad' (véanse, entre otros, Hooper [1976], Kiparsky [1979], Selkirk [1982], Steriade [1982], Vennemann [1988] y, para el español, Martínez-Gil [1997]). Aplicado al ataque, dicho principio requiere que la sonicidad de sus segmentos componentes disminuya al máximo respecto del núcleo. En consecuencia, los mejores ataques simples son los constituidos por oclusivas —grado de sonicidad 1 en la escala presentada en (1)— y, a continuación, los integrados por fricativas —grado de sonicidad 2—. Por tanto, la aparición en español de cualquier fricativa o africada en un ataque simple satisface perfectamente esta condición. En cuanto a los ataques compuestos, el principio de distancia mínima hace preferible que el primer segmento sea mínimamente sonante y el segundo, máximamente sonante. Desde este punto de vista, las combinaciones de fricativas seguidas de líquidas (como [fl] en *flaco*) cumplen bien este requisito porque presentan un perfil de sonicidad '2 < 4' (2 para la fricativa, 4 para la líquida), y aún lo cumplen mejor las combinaciones de oclusivas seguidas de líquidas (como [pl] en *pleno*), con un perfil de sonicidad '1 < 4' (1 para la oclusiva, 4 para la líquida) [→ § 24.4.2].

  El principio de distancia mínima de sonicidad, que tendría que aplicarse también a los segmentos de las codas, queda matizado por el 'Principio de la Dispersión de la Sonicidad' [→ § 1.21.10] postulado por Clements (1990). Según este principio, los segmentos de la 'semisílaba inicial' (formada por el ataque y el núcleo) [→ § 1.21.8] tienden a mostrar una disminución de la sonicidad uniforme y abrupta (esto es, están separados entre ellos en cuanto al grado de sonicidad, y la primera consonante dista de la vocal en el grado máximo); en cambio, los segmentos de la 'semisílaba final' (formada por el núcleo y la coda) tienden a mostrar una disminución de la sonicidad uniforme y suave (esto es, son máximamente adyacentes en la escala de sonicidad y próximos a la vocal). Este principio justifica, por ejemplo, que en general las sonantes sean mejores codas simples que las obstruyentes y que las oclusivas resulten ser las peores codas. Asimismo, estipula que los ataques compuestos de fricativa más líquida (*flaco*) son muy adecuados, porque la semisílaba inicial presenta un perfil homogéneo decreciente desde el núcleo hasta la consonante inicial '2 < 4 < 6' (por ejemplo, en [fla], *fla:* 2 para [f], 4 para [l], 6 para [a]). Sin embargo, también determina que la coda compuesta más habitual del español, esto es, /ns/ (*transcribir, afrikáans*), que crea un perfil de sonicidad '6 > 3 > 2' en la semisílaba final (así, en [ans], de *trans:* 6 para [a], 3 para [n], 2 para [s]), no es tan adecuada como otras posibles que, en cambio, no existen en español (como [aln] o [arn], con un perfil decreciente '6 > 4 > 3', más suave que el de '6 > 3 > 2' presentado por [ans]). De igual manera, el español tolera otras codas con perfiles menos satisfactorios que los anteriores con respecto a la dispersión de la sonicidad: las codas formadas por líquida seguida de fricativa (*vals, golf*), con un perfil de semisílaba final más disperso '6 > 4 > 2' (por ejemplo, en [als], de *vals:* 6 para [a], 4 para [l], 2 para [s]), o por dos fricativas (*chefs*), con un perfil abrupto y plano '6 > 2 = 2' (así, en [efs], de *chefs:* 6 para [e], 2 para [f] y [s]), y las formadas por oclusiva seguida de /s/ (*tórax*), que revierten la secuenciación con el perfil de la semisílaba final '6 > 1 < 2' (como se aprecia en [aks], de *rax:* 6 para [a], 1 para [k], 2 para [s]).

De todo ello se deduce que el español admite cualquier consonante como ataque simple, pero solo admite ataques compuestos por segmentos que disten un mínimo de dos grados en la escala de sonicidad. En lo que respecta a las codas, el español acepta codas simples finales excepto, en general, las de mínima sonicidad, esto es, las de máxima distancia con la vocal del núcleo. Justificar en términos de sonicidad el inventario de codas compuestas posibles del español resulta, en cambio, más problemático, por lo que se han buscado parámetros adicionales que expliquen de forma más convincente que se prefiera /s/ en segunda posición.

Por lo que se refiere al español, la agrupación de todas las obstruyentes en un mismo punto de la escala de sonicidad permite descartar directamente las combinaciones de oclusiva seguida de nasal (del tipo *pn-*) en los ataques compuestos, porque ambas consonantes estarían separadas por tan solo un grado en esa escala (Harris 1983, 21), mientras que distan dos grados si se aplica la escala de (1) y, por tanto, serían, en principio, posibles. Pese a esto, en el presente capítulo se asume la escala más detallada de (1) porque explica mejor los fenómenos, más complejos, concernientes a las codas. Se justifica así, por ejemplo, por qué en español se admiten codas de líquidas y nasales con fricativas ([ls], [lf], [rs], [rf], [ns], [nθ]) y no de líquidas y nasales con oclusivas (*[lt], *[rt], *[nt], etcétera): el perfil decreciente de sonicidad es más suave en las primeras combinaciones que en las segundas. También se fundamenta mejor por qué el español es más tolerante con las codas finales con fricativas *(chef, pez, mes, reloj)* que con oclusivas (como en *red*, con las pronunciaciones debilitadas más frecuentes en -[ð] ~ -[θ] o 'cero' [→ § 10.2.5]): como se ha argumentado, por el principio de dispersión de la sonicidad, la peor coda es la de sonicidad más baja, esto es, la constituida por una oclusiva. Tanto en una como en otra propuesta el comportamiento silábico de /s/ continúa siendo, a veces, excepcional.

- El comportamiento excepcional de *s*. Para explicar algunas de las singularidades que presenta la silabación [→ § 1.21.11] de /s/, no solo en español, sino también en muchas otras lenguas, se ha apelado al carácter de 'apéndice' que tiene este segmento. Conviene recapitular, previamente, las peculiaridades que presenta en español. En primer lugar, aun siendo el español muy reticente a aceptar codas compuestas, la más frecuente (/ns/) termina en /s/. En segundo lugar, /s/ aparece en codas compuestas de sonicidad inversa, esto es, en codas formadas por una oclusiva seguida de /s/, tanto en interior como en final de palabra *(abstención, adscribir, sexto; bíceps, robots, tórax)*. Finalmente, /s/ no puede aparecer en ataques compuestos por líquidas. Así, mientras que en la adaptación de préstamos se aceptan los ataques compuestos por la fricativa interdental y la velar (por ejemplo, [θɾ]*iller*, [xɾ]*uschef*), además de los patrimoniales /fɾ/ y /fl/, en las combinaciones con /s/ inicial en el mismo contexto se inserta una vocal ([e]*slip*). De hecho, la estrategia adoptada obedece la pauta tradicional de añadir una vocal en cualquier grupo inicial formado por *s* seguida de consonante (la llamada '*s* líquida' en la terminología tradicional), tanto si la combinación resultante es conforme al principio de la secuenciación de la sonicidad (en cuyo caso la formación de ataque compuesto sería tolerable: así, del latín *slavus*, el español *eslavo;* del inglés *slogan*, el español *eslogan*, o, sin adaptación gráfica, el caso de [e]*slip*) como si no lo sigue (del latín *schola*, el español *escuela;* del inglés *scooter*, el español [e]*scooter*, con su variante gráfica *escúter*, o [e]*Skype*). Obsérvese, además, que, a diferencia de los grupos con /s/ inicial, otros ataques compuestos (*ps-, pn-, mn-, pt-, x-* [ks]-) se han adaptado elidiendo la primera consonante, aunque se ajusten al principio de secuenciación de la sonicidad (del griego *psique* se ha llegado a ['si.ke]-, voz homófona con el baile hondureño *sique; PSOE* se pronuncia ['so.e] o, con silabeo de la letra inicial, [pe.'so.e]) [→ § 14.3.1].

El carácter epentético de <e> inicial en los grupos *sC-* no se cuestiona, pues actúa de manera sistemática y sin excepción en los préstamos antiguos y recientes (como se ha visto en los ejemplos *eslavo, eslogan,* [e]*slip; escuela, escúter* ~ [e]*scooter,* [e]*Skype*) [→ § 5.2.1]. Corrobora su carácter epentético el hecho de que, aun cuando el resilabeo [→ § 24.3] podría evitar su inserción, la vocal se añade (*un* [e]*slip, salva-*[e]*slip*). Harris (1979) apunta una prueba más relacionada con la posición del acento en las formas *estás, está, están* del presente de indicativo del verbo *estar*. Si la vocal estuviera presente en la forma fonológica de la raíz (*/est/), todas ellas tendrían que ser llanas, como lo son las formas *entras, entra, entran* del verbo *entrar,* que presenta la raíz vocálica /entr/. Tan solo partiendo de la raíz sin vocal /st/ subyacente en *estar* se puede explicar que el acento recaiga en la terminación y, por tanto, que *estás, está, están* sean agudas, porque el carácter epentético de <e> inicial evita que la raíz pueda comportar el acento de palabra. El carácter epentético de <e> en posición final es, en cambio, más discutible (véanse, entre otros, Bermúdez-Otero 2006; Bonet 2006; Colina 2003, 2009b; Núñez Cedeño [1999b] 2014).

Los problemas anteriores quedan en parte solventados si se admite que la /s/ se caracterice de un modo particular, como 'apéndice silábico' (Halle y Vergnaud 1980), o como '*s* extrasilábica' o '*s* extraprosódica', dependiendo el empleo de uno u otro término de los distintos modelos. Los elementos que, como la *s,* son apéndices pueden añadirse a una sílaba que está bien formada según los principios de sonicidad, tanto precediendo al ataque (como en el latín **sch**ola o en el inglés **sc**ooter) como siguiendo a la coda (como en las voces españolas *tórax* y *sexto*). La esencia de la propuesta reside en el hecho de que el apéndice no se incorpora a la sílaba, sino que pasa a formar parte directamente de una unidad prosódica superior (como la 'palabra prosódica' [→ § 1.21.6] de la Figura 2), por lo que su presencia en grupos como [sk] en ataque o [ks] en coda es inmune al principio de la secuenciación de la sonicidad. En la misma línea, Clements (1990, 289) propone distinguir la «silabación

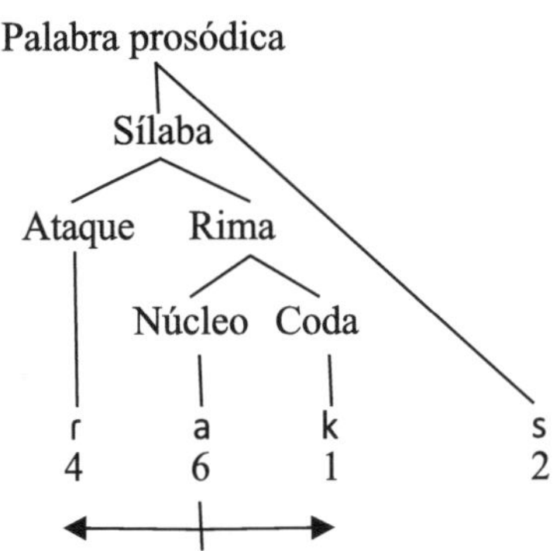

FIGURA 2. Carácter de 'apéndice' de /s/ en la sílaba -[raks] de *tórax.*

nuclear», en la que la secuenciación de la sonicidad se sigue sin excepción, de la silabación tardía, en la que pueden incorporarse segmentos no silabeados con anterioridad aunque posean mayor sonicidad. En ambos casos, se justificaría así la existencia en español de codas compuestas en las que una oclusiva va seguida de /s/, pero no que esta última consonante se mantenga en las secuencias iniciales *sC-* mediante la inserción de la vocal ([e]*slip,* [e]*Skype*).

Harris (1983, 8–16), para proponer una estructura silábica binaria que distingue entre ataque y rima sin diferenciar entre los subcomponentes de la rima —núcleo y coda—, utiliza como argumento el hecho de que la rima del español puede contener como máximo tres segmentos (en su propuesta, las paravocales no iniciales de sílaba forman parte de la rima, tanto si preceden como si siguen a la vocal). Así explica, por ejemplo, que el español presente una estructura como la de *pers* [pers] (en **perspectiva**), *mues* [mu̯es̺] (en **muestra**), *seis* [sei̯s̺] y *buey* [bu̯ei̯], con tres segmentos en la rima ([ers], [u̯es], [ei̯s] y [u̯ei̯], respectivamente), pero no la de **muens* *[mu̯ens̺] (en **muenstra*), **sueis* *[su̯ei̯s̺] o **bueys* *[bu̯ei̯s̺], con cuatro segmentos en la rima (*[u̯ens] y *[u̯ei̯s]). Esta misma generalización es difícil de formular si se quisiera hacer referencia al número de segmentos en el núcleo, ya que lo que realmente importa es el cómputo total de los elementos en el conjunto de la rima.

En su propuesta, sin embargo, para poder explicar la presencia de sílabas finales como *gueis* [gu̯ei̯s] en *averigu**éis*** o *piais* [pi̯ai̯s] en *lim**piáis***, existentes en español peninsular y problemáticas para su análisis por contener —a priori— cuatro segmentos en la rima ([u̯ei̯s] y [i̯ai̯s]), apela al carácter 'extramétrico' de esa -*s* final debido a su carácter flexivo (Harris 1983, 27) aunque esto no justificaría la existencia esporádica de otras rimas de cuatro segmentos en formas como *Sainz*. Esto le lleva a reinterpretar dichas rimas como rimas de tres segmentos seguidas de un apéndice. No analiza de la misma manera las *s* finales que forman parte de la raíz de la palabra (como en *vals*) o que aparecen en el interior de la palabra (como en *perspectiva*), que no plantean este problema; analiza estas últimas como si constaran de tres segmentos (tanto en **vals** [als] como en **perspec**-**tiva** [ers]). No obstante, considera extramétricos otros segmentos no radicales y también segmentos finales de la raíz que necesita que no cuenten como parte de la rima para justificar así su acentuación. De este modo, en la sílaba [raks] de *tó**rax***, considera la [s] y la [k] extramétricas: la [s] porque, en la estructura morfológica que Harris propone, no es parte de la raíz (*tórak-**s***) —y lo justifica por la alternancia [k] ~ [θ] presente en pares como *tóra*[k]-*s* ~ *torá*[θ]-*ico*—, y la [k] por motivos acentuales, dado que, a pesar de que la raíz termina en consonante, la palabra es llana (Harris 1983, 114-15).

Existe una explicación alternativa de tipo funcional para el carácter excepcional de la *s*. Se trata de reinterpretar la organización de los segmentos a partir de los indicios perceptivos que presentan según sus características y la posición en que aparecen (Henke, Kaisse y Wright 2012; Steriade 2008; Wright 2004). Desde esta perspectiva, la naturaleza inherentemente prominente que tiene la sibilante /s/, debida a los fuertes indicios perceptivos que la caracterizan, incrementa sus posibilidades de ser recuperada auditivamente [→ § 15.4], incluso en la posición implosiva de coda silábica. Se favorece, así, tanto su mantenimiento en los grupos consonánticos (en ataques y en codas) como su mayor presencia en la posición de coda, y queda justificada su resistencia en los casos de simplificación consonántica, incluso a expensas de otras prioridades silábicas (*trans*cribir ~ *tras*cribir, *sexto* [ˈses̺.t̪o]).

- La complejidad fónica. El concepto de complejidad fónica evoca distintos parámetros relacionados bien con aspectos fonéticos, como la dificultad que conlleva producir determinados segmentos, bien con aspectos fonológicos, como el carácter 'marcado' que poseen algunos de ellos, relacionado con cuestiones tales como la frecuencia de aparición (Blevins 2004), las implicaciones universales a las que obedecen (Greenberg 1966) o sus representaciones formales (Archangeli 1984); para una revisión del concepto de 'marcadez', véase, por ejemplo, Hume (2011) [→ § 1.18.8]. De hecho, la explicación funcional que se ha presentado en el punto anterior para justificar el comportamiento silábico especial de /s/ podría sustentarse en este concepto. Por otra parte, se puede apelar a la complejidad articulatoria que presentan determinados segmentos por su lugar o su modo de articulación para explicar que su presencia se vea limitada en ciertos contextos. Así, el carácter complejo de las africadas, constituidas por una fase oclusiva y otra fricativa (§ 17.4.3), justifica su bajo rendimiento en codas simples, así como su ausencia en ataques o codas compuestos. Asimismo, la complejidad articulatoria de las palatales, con una articulación compleja, coronal y dorsal (§ 17.4.5), explica que /j/ esté ausente de los ataques compuestos y de cualquier tipo de coda. En lo concerniente al punto de articulación de los segmentos, se puede invocar además el carácter general no marcado de las articulaciones coronales, frente a las labiales y las dorsales, lo que explica el alto rendimiento de la /s/ (coronal) en la coda frente al bajo rendimiento de la /f/ (labial) y de la /x/ (dorsal) en esta posición (§ 17.4.5). De igual manera, la glotal (/h/) ha sido calificada como menos marcada que los segmentos coronales por no disponer de punto de articulación oral (§ 17.4.4) y ello explicaría que se prefiera en posiciones silábicas distendidas como las codas, según demuestra la tendencia del español a aspirar la /s/ implosiva (§ 17.5.5).

> Harris (1983, 33) atribuye el hecho de que no existan ataques compuestos del tipo *sr, *sl, *chr, *chl a que en estas combinaciones tanto la fricativa (/s/) y la africada (/t͡ʃ/) como las líquidas (/r/, /l/) comparten el punto de articulación alveolar. Los grupos permitidos, en cambio, no comparten el mismo punto de articulación: labial y alveolar en /fr/, /fl/ y en /pr/, /pl/, /br/, /bl/; velar y alveolar en /xr/, /xl/ y en /kr/, /kl/, /gr/, /gl/; y dental y alveolar en /θr/, /θl/ y en /tr/, /dr/. Cabe puntualizar que Harris apela a la caracterización que hace Navarro Tomás ([1918] 1985) de la africada como alveoloprepalatal («el predorso de la lengua continúa este contacto por la parte de delante contra el prepaladar y los alvéolos», 125) para atribuirle el rasgo [+alveolar], aunque Navarro Tomás claramente la clasifica en el grupo de las palatales y no de las alveolares (véase, por ejemplo, el cuadro de las consonantes españolas que este autor presenta en la página 82) y así la denomina en consecuencia: «palatal africada sorda» (125). El carácter meramente alveolar de la africada /t͡ʃ/ tampoco es aceptado hoy en día (véanse el § 17.4.3 y el § 17.4.5).

De lo expuesto en este apartado se concluye que, aunque los principios de sonicidad y otros factores lingüísticos (como la perceptibilidad y la complejidad articulatoria) establezcan pautas generales de organización silábica y, además, puedan explicar la presencia o ausencia de determinadas configuraciones, así como ciertas preferencias por algunos comportamientos fonológicos, no permiten predecir completamente las combinaciones que son posibles (o imposibles) en cada lengua.

17.4 Rasgos y caracterización fonológica

Desde los inicios de la fonología como disciplina diferenciada de la fonética, el estudio de las unidades mínimas que conforman los fonemas, esto es, los rasgos fonológicos, ha constituido un tema central en las investigaciones sobre el componente fonológico del lenguaje (Chomsky y Halle [1968] 1991; Jakobson [1941] 1968; Jakobson, Fant y Halle 1951; Trubetzkoy [1939] 1969) [→ § 1.19.1 y ss.]. El análisis de los rasgos ha permitido caracterizar las clases naturales de sonidos [→ § 1.19.4] y entender mejor los patrones y procesos fonológicos más frecuentes en las lenguas del mundo. En el ámbito de las lenguas particulares, además, el análisis de los rasgos distintivos (esto es, los rasgos que permiten distinguir fonemas y significados) ha facilitado estudiar y caracterizar las oposiciones fonológicas propias de cada una de ellas. En este apartado se tratará de establecer los rasgos mínimos que definen los fonemas fricativos y el africado en español para así, en el § 17.5, poder entender mejor el comportamiento fonológico de esta clase de segmentos y su participación en varios procesos fonológicos.

Los rasgos 'distintivos' —las unidades mínimas que ayudan a distinguir significados— aparecen combinados unos con otros simultáneamente y pueden ir acompañados de otros rasgos que, aunque no poseen función distintiva (es decir, no distinguen significados), «ayudan a identificar un rasgo o una combinación de rasgos distintivos, e incluso en condiciones de emisión o de audición deformadas pueden llegar a sustituir a los rasgos pertinentes en la descodificación del mensaje» (Quilis [1993] 1999, 29). Estos rasgos denominados tradicionalmente 'redundantes' o 'rasgos que se insertan por defecto' son aquellos que en un determinado sistema pueden deducirse, bien a partir del resto de rasgos, bien a partir del contexto [→ § 1.19.2].

17.4.1 Teoría de los rasgos y estructura interna de los segmentos

En los primeros trabajos sobre rasgos se asumía que estos se agrupaban de manera inordenada en un haz o matriz de rasgos (Chomsky y Halle [1968] 1991; Jakobson [1941] 1968; Jakobson, Fant y Halle 1951; Trubetzkoy [1939] 1969). Sin embargo, según se ha expuesto en otros capítulos (por ejemplo, en el § 4.2), con el tiempo se postuló, en el marco de la Fonología Autosegmental [→ § 1.21.2], que los rasgos se organizan en un conjunto de subclases, ordenados jerárquicamente en una estructura universal arbórea conocida como 'Geometría de rasgos' (Clements 1985; Clements y Hume 1995; Halle 1992, 1995; McCarthy 1988; Rice y Avery 1993; Sagey 1986) [→ § 1.21.5]. En la Figura 3 se ejemplifica un modelo básico de la geometría de rasgos, que va a servir de punto de partida para caracterizar fonológicamente a los fonemas fricativos y a la africada del español en los próximos apartados. (Los rasgos bivalentes se indican en minúsculas entre corchetes, precedidos de su respectivo coeficiente positivo o negativo; los rasgos monovalentes, que se corresponden con los tres articuladores principales —LABIAL, CORONAL y DORSAL— también se indican entre corchetes y en minúsculas; los nodos de clase, en cambio, aparecerán con la inicial en mayúscula).

En la Figura 3 puede observarse que, a diferencia de lo que sucede en los trabajos estructuralistas y en Chomsky y Halle ([1968] 1991), los rasgos aparecen agrupados en diversos nodos. En primer lugar, el nodo 'Raíz', también denominado nodo 'de clase mayor', agrupa aquellos rasgos que permiten distribuir de manera general los segmentos en cuatro grandes clases según sean 'consonantes' o 'vocales' (mediante el rasgo [±consonante]) y 'obstruyentes' o 'sonantes' (mediante el rasgo [±sonante]); por ser el nodo base, la Raíz se une a la unidad temporal ('X') que forma el esqueleto fónico de la palabra [→ § 1.21.3]. A continuación se sitúan dos 'nodos de clase': el nodo 'Laríngeo', que domina los rasgos relativos a la actividad de las cuerdas vocales y la actividad laríngea en general, y el nodo del 'Punto de Articulación', que engloba los tres rasgos monovalentes referentes al lugar en que se articula el segmento: [labial], [coronal], [dorsal] y, en algunos modelos, también [faríngeo] (véanse el § 17.4.4 y el § 17.4.5 y Sagey 1986). Estos rasgos, a su vez, pueden dominar diversos rasgos terminales de lugar, como [±anterior] o [±distribuido] en el caso de [coronal]. Nótese que, a diferencia de los rasgos terminales, los rasgos articuladores no presentan coeficientes binarios, sino que están presentes o ausentes en la representación de un fonema —los articuladores ausentes en la representación de un segmento permanecen inactivos durante su emisión y son, por tanto, irrelevantes para la estructura y la fonología de dicho segmento—. Por último, se encuentran tres rasgos fonológicos relacionados con el modo de articulación

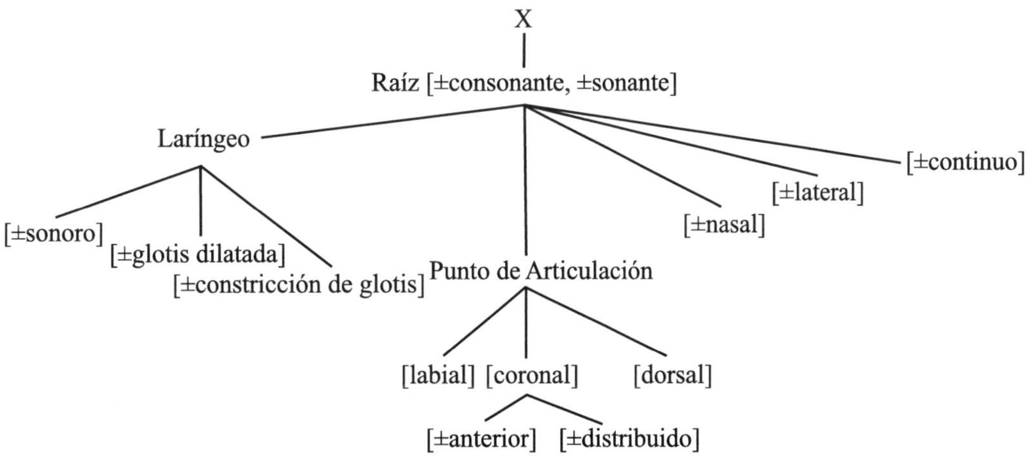

FIGURA 3. Geometría de rasgos básica (adaptada de Uffmann [2011, 647]).

directamente ligados al nodo Raíz: [±nasal], [±lateral] y [±continuo]. Exceptuando a Clements (1985), quien propuso que estos rasgos se encuentran dominados por el nodo 'Modo de Articulación', los distintos autores por lo general han asumido que estos últimos rasgos no aparecen bajo un mismo nodo porque suelen actuar de manera independiente en los procesos fonológicos. También ha habido otros autores que han situado estos rasgos en otra parte de la geometría (para propuestas alternativas sobre el lugar que ocupa en la jerarquía el rasgo [±continuo], tan importante en la caracterización de fricativas y africadas, véanse el § 11.3.3 y el § 17.4.3).

En la Figura 3 se aprecia que los rasgos de la geometría estándar tienen una base eminentemente articulatoria, heredera de la propuesta de rasgos articulatorios realizada en *The Sound Pattern of English* (Chomsky y Halle [1968] 1991). Sin embargo, en los trabajos fundacionales sobre los rasgos fonológicos (por ejemplo, Halle 1959; Jakobson, Fant y Halle 1951; Trubetzkoy [1939] 1969) adaptados por lingüistas españoles como Alarcos ([1950] 1965) y Quilis ([1993] 1999), muchos de los rasgos presentaban una base acústica [→ § 1.19.8]. En la caracterización fonológica de las fricativas y africadas de este apartado se mantendrá el enfoque articulatorio por ser el más extendido en la actualidad, pero se discutirán también los rasgos acústicos relevantes que se han empleado en el pasado para caracterizar a este tipo de fonemas. Asimismo, se asumirá que todos los rasgos excepto los relativos a los articuladores son binarios, pudiendo presentar un coeficiente '+' o '−'. Esta es la postura general más común, pero cabe señalar que existen diversas propuestas en las que se ha defendido que algunos o todos los rasgos deberían ser privativos, es decir, se supone que estos no presentan un valor positivo o negativo, sino que están o no están presentes en la configuración de un fonema [→ § 1.19.6].

A pesar de que en la actualidad no se ha alcanzado un consenso total acerca de la forma específica de la geometría de rasgos, y de que, incluso en teorías fonológicas recientes como la Teoría de la Optimidad (Prince y Smolensky 2004) [→ § 1.22], hay autores que asumen representaciones más simples en las que los rasgos no presentan una estructura interna jerarquizada, la geometría de rasgos básica expuesta en la Figura 3 servirá de guía en el presente capítulo para describir los rasgos fonológicos de las consonantes fricativas y de la africada del español y su comportamiento fonológico.

17.4.2 Rasgos de clase mayor

Los principales fonemas fricativos del español (/f/, /θ/, /s/, /j/, /x/) y el africado /t͡ʃ/ coinciden en sus rasgos de clase mayor. Al igual que el resto de las consonantes, ambos tipos de fonemas son [+consonante], oponiéndose así a las vocales. Por su parte, el rasgo [+sonante] caracteriza a los sonidos cuya constricción no llega a producir una turbulencia en la columna de aire (Morales-Front [1999] 2014, 41). En las fricativas y la africada se da dicha turbulencia, por lo que este rasgo presenta en ellas un coeficiente negativo, de manera similar a lo que ocurre en las oclusivas, junto con las que forman la clase de las 'obstruyentes'. La caracterización como [−sonante] de las fricativas y la africada en español las opone a las consonantes (oclusivas) nasales y a las líquidas, que son sonantes como las vocales y, por tanto, se realizan con menor grado de constricción y sin fricción (Tabla 5). En conclusión, si se atiende únicamente a los rasgos de clase mayor, las fricativas y la africada /f θ s j x t͡ʃ/ forman una clase natural con las oclusivas (orales) /p t k b d g/, lo que podría explicar el hecho de que en ocasiones presenten comportamientos fonológicos y distribuciones fonotácticas similares en las lenguas del mundo. En el caso del español, por ejemplo, las fricativas y las oclusivas en posición implosiva tienden a debilitarse, quizá debido a la preferencia general por segmentos en posición de coda con un grado de sonicidad relativamente alto, no tan alejado del grado de sonicidad de las vocales del núcleo (véanse el § 17.3.3 y el § 17.5). Además, algunas fricativas, junto a las oclusivas, son los únicos segmentos capaces de aparecer como primer elemento en un ataque compuesto (véase el § 17.3.2).

Tabla 5 *Obstruyentes frente a sonantes*

	OBSTRUYENTES			**SONANTES**		
	Oclusivas	**Fricativas**	**Africada**	**Nasales**	**Líquidas**	**Vocales**
[consonante]	+	+	+	+	+	−
[sonante]	−	−	−	+	+	+

No existe tanta unanimidad en torno a la caracterización específica como sonante u obstruyente de la fricativa [h], como realización de /s/ y /x/ implosivas, e incluso como fonema glotal sustituto de la velar /x/ en algunas variedades. Para algunos autores, como Trubetzkoy ([1939] 1969), todas las fricativas, incluida la /h/, son obstruyentes («consonadoras» en la traducción al español). Sin embargo, hay otras propuestas que se inclinan por caracterizar estos sonidos como [+sonante] (por ejemplo, Chomsky y Halle [1968] 1991). Vaux y Miller (2011, 680–82), en su artículo sobre la representación de las fricativas, señalan que existen datos lingüísticos que parecen apoyar ambas tesis, por lo que la caracterización como [+sonante] o [−sonante] de la /h/ variará según la lengua. Basándose en datos y ejemplos proporcionados por Mielke (s. f.), estos autores señalan que en algunas lenguas el fonema /h/ y sus realizaciones se comportan como sonantes, diferenciándose así del resto de obstruyentes, pero en otras lenguas se dan procesos fonológicos en los que /h/ se comporta como una obstruyente más, oponiéndose a las sonantes. En el caso del español, los paralelismos entre la glotal /h/ y el resto de fricativas —en algunas variedades el sonido [h] surge como resultado del proceso de aspiración de la /s/ en posición implosiva y, además, en algunos casos, /h/ puede adquirir valor fonológico como sustituto de la fricativa velar /x/— parecen indicar que la caracterización más apropiada de la /h/ es como fricativa, es decir, como [−sonante].

Uno de los principales argumentos fonológicos para situar los rasgos [±consonante] y [±sonante] en la raíz de la geometría de rasgos (Figura 3) es que no parecen comportarse como el resto. Mientras que otros rasgos están fonológicamente activos y pueden asimilarse, disimilarse o disociarse de manera independiente, los rasgos [±consonante] y [±sonante] se han descrito en ocasiones como rasgos 'inertes': al estar agrupados como haces de rasgos en el nodo Raíz, solo pueden propagarse o disociarse cuando lo hace la raíz completa, es decir, no tienen autonomía propia (McCarthy 1988; Schein y Steriade 1986). Esto ocurre en algunas variedades del español, por ejemplo, en las que se dan procesos de asimilación total o geminación. Un caso concreto documentado en el andaluz oriental que pone de manifiesto la propagación total de los rasgos de raíz, se produce cuando la fricativa alveolar /s/ en posición de coda interna adopta el nodo Raíz del segmento siguiente, dando lugar a una geminada (*casta* [kaṭ.ṭa]). Tal geminación no solo se ha constatado en los contextos en que la /s/ precede a una obstruyente, sino que también tiene lugar cuando a la /s/ le sigue una sonante, lo que produce una geminada, como en *mismo* ['mim.mo], *isla* ['il.la] [→ § 11.4.1, § 23.2.3]. El hecho de que la /s/ implosiva adopte todos los rasgos de la siguiente consonante por medio de la asimilación regresiva [→ § 1.18.7] de los rasgos de clase mayor [±consonante] y [±sonante] apoya la tesis según la cual estos rasgos se propagan juntos (para un análisis completo en términos autosegmentales de la aspiración de /s/ implosiva y la geminación, véase el § 17.5.5).

Pese a que, por lo general, [±consonante] y [±sonante] se incluyen en el nodo Raíz y se postula que ambos son fonológicamente inertes, Kaisse (1992) investigó la posibilidad de separar estos rasgos y propuso que [±consonante] podía estar activo. Sustentándose en datos de diversas lenguas, entre ellas el griego chipriota o el sueco de Halland, esta autora argumentó que en algunos casos en que una vocal alta o una paravocal se realizan como una consonante en posición posconsonántica se puede argüir que el rasgo [+consonante] de la consonante se ha propagado y, por lo tanto, es un rasgo activo. Sin embargo, muchos de estos datos se han analizado de manera alternativa por otros autores, sin tener que hacer referencia a la propagación de este rasgo (Cho e Inkelas 1994; Hume y Odden 1996). De especial interés para el análisis fonológico del español es la propuesta de Kaisse (1996) consistente en analizar la debucalización [→ § 1.18.7] de /s/ en [h] en el español de la Argentina como una propagación del rasgo [−consonante]. La debucalización en esta variedad solo se aplica cuando la /s/ implosiva va precedida de una vocal o de una paravocal, lo que lleva a esta autora a concluir que la aspiración resulta de la propagación regresiva del rasgo [−consonante]. No obstante, existen variedades como la del español de Cuba en las que la aspiración también tiene lugar cuando a la /s/ le precede una nasal (*in*[s̩]*tituto* frente a *in*[h]*tituto*), hecho que demuestra que «la vocal no modifica nada» (Núñez Cedeño [1999a] 2014, 87). En el § 17.5.5 se analizarán con más detalle estos procesos de debilitamiento que afectan a la /s/ y otras fricativas como la /f/ en posición implosiva.

17.4.3 *Rasgos relativos al modo de articulación*

- Fonemas fricativos /f θ s ʝ x/. El rasgo distintivo que ha caracterizado por excelencia, junto con [−sonante], a los fonemas fricativos es el rasgo [+continuo]. De hecho, Jakobson, Fant y Halle (1951, 43) especificaron el rasgo [+continuo] para los fonemas fricativos y no lo hicieron para las vocales, ya que dieron por supuesto que estas adoptan el rasgo referente a la continuidad por defecto, al realizarse sin constricción alguna. Tampoco Chomsky y Halle ([1968] 1991) especificaron las vocales como [+continuo], arguyendo que no contrastan en relación con este rasgo. Desde el punto de vista fonético [→ capítulo 15], lo que singulariza a los fonemas fricativos /f θ s j x/ es el particular grado de constricción de la cavidad oral en el momento de su producción: el articulador activo y el pasivo se aproximan, produciendo el ruido de fricción característico de los sonidos fricativos (Morales-Front [1999] 2014, 34; Quilis [1993] 1999, 258). Esta propiedad se codifica en la representación por medio del rasgo [+continuo], lo que los opone claramente al otro grupo de segmentos obstruyentes, las oclusivas, que son interruptas o [−continuo]. Como se puede ver en la Figura 4, en el caso de la labiodental sorda /f/,

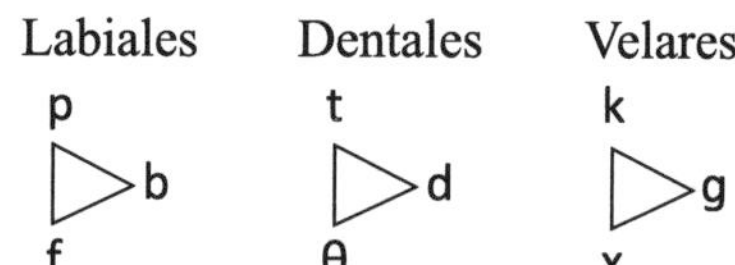

FIGURA 4. Correlaciones de continuidad y de sonoridad en español (Alarcos [1950] 1965, 171; Quilis [1993] 1999, 42).

la interdental sorda /θ/ y la velar sorda /x/, basta este rasgo para diferenciar cada consonante fricativa de las dos oclusivas que tienen el mismo punto de articulación (labial, dental o velar, en la terminología de Alarcos y Quilis); por tanto, puede concluirse que el rasgo de continuidad constituye un rasgo distintivo en español. Las dos consonantes oclusivas de cada serie, por su parte, se distinguen entre sí gracias al rasgo de sonoridad [→ § 11.3.3].

Nótese que Alonso-Cortés Manteca (1993) también incluye en la serie dental a la /s/, pues, según este autor, tanto la /θ/ como la /s/ son fonológicamente coronales y se oponen a las oclusivas de la serie dental por poseer el rasgo [+continuo]. La /s/ y la /θ/ son ambas [+continuo] y [−sonoro], y la una se opone a la otra por medio del rasgo distintivo [+estridente], como se explica más adelante, y por el rasgo del punto de articulación [±distribuido] (véase el § 17.4.5).

Más allá del valor distintivo de [+continuo] en las fricativas, existen pruebas fonológicas que sustentan la tesis de que este rasgo está fonológicamente activo en español. En el capítulo sobre la fonología de las oclusivas [→ § 11.2.2], se explica que los casos de variación alofónica entre los alófonos interruptos [b d g] y continuos [β ð̞ ɣ] pueden analizarse, en líneas generales, por medio de la propagación del rasgo [+continuo] de las vocales y las líquidas, que hacen que la oclusiva se realice como una espirante (Harris 1969). Aunque el análisis no es tan simple y cabe realizar algunas matizaciones (recuérdese que en los casos en que la /d/ sigue a la /l/ no se produce la espirantización de la oclusiva: ca[l̪.d̪]o, *ca[l̪.ð̞]o), lo cierto es que el rasgo [+continuo] es decisivo en este proceso [→ § 11.2.3].

Como se anticipaba en el § 17.4.1, en el modelo de la Fonología Autosegmental la solución más habitual ha consistido en ligar el rasgo [±continuo] directamente a la raíz (Halle 1992; McCarthy 1988; Sagey 1986). Los argumentos a favor de esta propuesta se basan en la posibilidad de expandir el rasgo [±continuo] de manera independiente de otros rasgos. Frente a esto, Padgett (1991, 1994) argumentó que existían casos de asimilación en los que, por ejemplo, una nasal adopta el punto articulación de una oclusiva o una fricativa siguientes, y en estos casos —señaló— el comportamiento de la nasal cuando se asimila a la oclusiva es muy diferente a cuando se asimila a la fricativa; concretamente, propuso que las nasales no solo se asimilan en cuanto al punto de articulación, sino también en el grado de constricción [→ § 11.3.2, § 14.6.2]. Para formalizar la idea de que el rasgo [±continuo] depende de los rasgos de articulación, y, si se expanden estos, también lo hace el rasgo [±continuo], Padgett lo situó inmediatamente debajo de los articuladores del punto de articulación. Sin embargo, más recientemente, Halle, Vaux y Wolfe (2000) han argumentado en contra de esta propuesta. Investigaciones futuras inclinarán la balanza hacia una u otra postura.

Por otra parte, en lugar de caracterizar el modo de articulación de las fricativas como [−sonante] y [+continuo], algunos autores propusieron un rasgo específico para las fricativas para así diferenciar el modo de articulación de estos fonemas frente al de otros, como el rasgo monovalente [fricativo], que Ladefoged (1989, 42) opuso a [oclusivo] y [aproximante] o, en la Fonología Articulatoria de Browman y Goldstein (1986, 228) [→ § 1.23], el gesto 'fricativo'. Sin embargo, dado que en español y en otras lenguas los rasgos [±continuo] y [±sonante] se necesitan independientemente para caracterizar determinadas oposiciones entre fonemas, resulta más económico aprovechar estos rasgos, en lugar de proponer uno adicional para caracterizar a todas las fricativas.

Por último, con respecto al modo de articulación de las fricativas, cabe señalar que, en el dialecto castellano, además de los rasgos [−sonante] y [+continuo], se ha utilizado otro rasgo relativo al modo de articulación para describir la diferencia entre las coronales /s/ y /θ/, el rasgo [±estridente], de modo que /s/ es [+estridente] y /θ/ es [−estridente] (en la tradición hispánica a los sonidos [−estridente] se los conoce también como 'mates'). Jakobson, Fant y Halle (1951, 23–26) fueron los primeros en postular el rasgo

[±estridente] que, en consonancia con el resto de rasgos propuestos por estos autores, tiene una base eminentemente acústica [→ § 1.19.3]. En la misma línea, Quilis ([1993] 1999) afirma que los sonidos estridentes «se caracterizan por la total irregularidad en sus ondas sonoras componentes; su espectrograma refleja una distribución desigual, desordenada, de las áreas de frecuencias» (118). En las fricativas estridentes este ruido «es más intenso y más turbulento, ya que, además de la correspondiente constricción, se establece una barrera o un obstáculo suplementario que es el causante de su peculiar estridencia» (118). En *The Sound Pattern of English*, Chomsky y Halle ([1968] 1991) mantuvieron esta caracterización fonética: «Strident sounds are marked acoustically by greater noisiness than their nonstrident counterparts» (329) [→ § 1.19.5]. Desde el punto de vista articulatorio, Ladefoged y Maddieson (1996) señalan que «los sonidos fricativos pueden ser el resultado de la turbulencia generada en la misma constricción o pueden ser debidos al chorro del aire de gran velocidad formado por la estrecha constricción que se estrella contra el borde de una obstrucción como la de los dientes» (138) (citado en Martínez Celdrán y Fernández Planas [2007, 105]). Estos últimos sonidos fricativos son estridentes. Atendiendo a estas definiciones, la /s/ es [+estridente] y la /θ/ [−estridente]. Este contraste es decisivo y distintivo, ya que es el único en términos de rasgos —junto con el que se establece con el rasgo de lugar [±distribuido] (véase el § 17.4.5)— que opone a estos dos segmentos fricativos.

La mayoría de los autores han caracterizado la /f/ también como [+estridente] (por ejemplo, Alarcos [1950] 1965, 79; Chomsky y Halle [1968] 1991, 329; Harris 1969, 193; Martínez Celdrán 1989, 85; Real Academia Española y Asociación de Academias de la Lengua Española 2011, 171), aunque en este punto no existe unanimidad, y se documenta también la postura contraria, que no la considera estridente (Ladefoged y Maddieson 1996, 138; Quilis [1993] 1999, 56). Por su parte, la velar /x/ se ha definido generalmente como [−estridente] (Harris 1969, 169; Real Academia Española y Asociación de Academias de la Lengua Española 2011, 170; Quilis [1993] 1999, 56); aun así, también hay excepciones como las propuestas de Alarcos ([1950] 1965, 78) y Martínez Celdrán (1989, 85), que la consideran estridente. En cualquier caso, dado que la /f/ y la /x/ son los únicos fonemas fricativos en la serie labial y velar respectivamente, el rasgo [±estridente] no posee valor distintivo con respecto a estos segmentos y no es necesario para su definición.

Más recientemente, autores como Ladefoged y Maddieson (1996, 138) solo consideran fricativas estridentes a las dentales, alveolares y postalveolares; y excluyen de este grupo, por tanto, a las bilabiales, labiodentales, interdentales, palatales y velares (Martínez Celdrán y Fernández Planas 2007, 105). Por último, dado que en otras lenguas parece ser que el rasgo [±estridente] es solo distintivo en las consonantes coronales sibilantes, el rasgo [±estridente] a veces se ha equiparado con el rasgo [±sibilante] (véanse Clements [2006, 1], donde aparecen citados algunos trabajos que han propuesto usar el rasgo [±estridente] como contrastivo en otros puntos de articulación y Martínez Celdrán y Fernández Planas [2007]).

- Fonema africado /t͡ʃ/. Los fonemas africados son segmentos individuales que constan de dos fases realizadas en el mismo punto de articulación: una de cierre, como en las oclusivas, seguida de una constricción que produce una fricción perceptible, como en las fricativas [→ § 15.7]. Esta dualidad articulatoria y acústica, unida a su también dual comportamiento fonológico (en algunas lenguas las africadas se comportan como fricativas, en otras, como oclusivas; incluso es posible que en una misma lengua las africadas actúen de una u otra manera dependiendo de fenómenos específicos), han impedido que se haya alcanzado un consenso acerca de la representación fonológica de estos segmentos, especialmente en lo que concierne a los rasgos relativos al grado de constricción (para una revisión crítica del estado de la cuestión, véase Lin [2011]). En líneas generales, se pueden distinguir dos clases de propuestas referidas a la caracterización fonológica de las africadas: por un lado, la de los autores que han optado por analizarlas como 'segmentos complejos' que constan de dos rasgos, [−continuo] y [+continuo] (Hualde 1991b; Lombardi 1990; Sagey 1986; van de Weijer 1992) y, por otro, la de los que han defendido que las africadas son un tipo de oclusivas, con algún rasgo adicional del tipo [+estridente] (Clements 1999; Jakobson, Fant y Halle 1951; Kehrein 2002; Kim 1997; LaCharité 1993; Rice 1994; Rubach 1994; Shaw 1991; Steriade 1993). En *The Sound Pattern of English*, Chomsky y Halle ([1968] 1991) representaron las africadas con los rasgos [−continuo] y [+explosión retardada], pero este último rasgo (a veces denominado [+relajamiento retardado]), propuesto únicamente para distinguir las africadas de las oclusivas, nunca fue muy aceptado, por lo que no se tendrá en cuenta en la presente caracterización.

Entre los proponentes del enfoque que considera que las africadas son segmentos complejos, existen divergencias en lo que respecta a la ordenación intrínseca de los rasgos [−continuo] y [+continuo] (véase Lin 2011). Originariamente, autores como Sagey (1986) propusieron que estos rasgos se encontraban ordenados sucesivamente, en primer lugar [−continuo] y, en segundo lugar, [+continuo], por lo que denominaron a las africadas 'segmentos complejos (con rasgos) de contorno'. Para sustentar esta propuesta, se aportaron datos de lenguas en las que las africadas en su límite izquierdo se comportan como oclusivas, y, en su límite derecho, como fricativas. Sin embargo, en estudios posteriores se ha demostrado lo contrario, es decir, a partir de datos procedentes de otras lenguas, se han puesto de relieve algunos casos de procesos en los que las africadas no se comportan como fricativas en su límite derecho ni como oclusivas en su límite izquierdo, y basándose en ello, se ha propuesto que estos rasgos no deben estar ordenados (véanse, por ejemplo, Hualde 1987, 1991a, Lombardi 1990).

En los trabajos en los que se opta por analizar las africadas como oclusivas, se han señalado otros datos lingüísticos, o se han reconsiderado análisis previos, argumentando que las africadas se comportan de manera similar a las oclusivas y, por tanto, deben caracterizarse como estas por medio de [−continuo] (véase Lin 2011). Esta postura ha cobrado fuerza en los últimos años sustentándose en investigaciones sobre la adquisición del lenguaje: los niños suelen adquirir antes las africadas que las fricativas y, además, en el lenguaje infantil se documentan también diversos procesos mediante los cuales los niños sustituyen las fricativas por las oclusivas y las africadas (véanse las referencias en Lin 2011). Con todo, la interpretación oclusiva de la africada deja algunas cuestiones abiertas relacionadas con el componente de fricción que existe en la africada. ¿Tiene este componente de fricción una base fonética o fonológica? ¿Cómo se puede explicar que el rasgo [±estridente], que es generalmente incompatible con [−continuo], se vincule a este rasgo, si [±estridente] es mucho más compatible y perceptible con las fricativas? En definitiva, la caracterización universal de las africadas es un tema polémico que aún no se ha resuelto.

En español, la africada sorda /t͡ʃ/ es la única africada con valor fonológico, pues las realizaciones sonoras [d͡ʒ] y [ɟ͡ʝ] solo existen en tanto alófonos contextuales de la fricativa postaveolar sonora /ʒ/, en el caso del español de Argentina, y de la palatal sonora /j/ en el caso del español norteño peninsular (véanse el § 17.5.4; Harris y Kaisse 1999; Lozano 1979; Navarro Tomás [1918] 1985; Real Academia Española y Asociación de Academias de la Lengua Española 2011) [→ § 16.6]. Entre los autores que se han dedicado a la fonología del español, los hay partidarios del análisis de la africada como un tipo de fonema oclusivo y los hay que se decantan por el análisis de la africada como un segmento complejo, con los rasgos [−continuo +continuo]. Así, por un lado, los trabajos estructuralistas de Alarcos ([1950] 1965, 174–79) y Quilis ([1993] 1999, 56) analizan el fonema /t͡ʃ/ como una oclusiva con el rasgo [−continuo]. Es más, según Alarcos, del mismo modo que /x/ y /k/ se oponen en la serie velar, y /f/ y /p/ lo hacen en la serie labial, por el valor de la continuidad, la africada /t͡ʃ/ es el fonema oclusivo correspondiente a la fricativa /s/ en la serie palatal (Alarcos [1950] 1965, 174). Esta caracterización de la /s/ como una palatal es problemática y no se ha aceptado en el resto de estudios fonológicos (véanse Alonso-Cortés Manteca 1993, y el § 17.4.5). Para los demás autores que también caracterizan el fonema /t͡ʃ/ como [−continuo], este fonema se opone a las otras oclusivas por el rasgo [+estridente], rasgo que compartiría con la /s/ (Morales-Front [1999] 2014, 11; Quilis [1993] 1999, 54). Por otro lado, en otros trabajos, como el de Morales-Front ([1999] 2014, 44) o la *Nueva gramática de la lengua española* (Real Academia Española y Asociación de Academias de la Lengua Española 2011, 205), se ha optado por caracterizar la africada como un segmento complejo, compuesto por los rasgos [−continuo +continuo].

La distribución restringida de este fonema (solo aparece en ataques simples y, de manera minoritaria, en codas simples) y el hecho de que no participe en muchos procesos fonológicos en la lengua española hace complicado poder decantarse por uno de estos dos análisis, esto es, considerarlo bien como un segmento oclusivo, bien como un segmento complejo. Con todo, existen tres tipos de datos que parecen inclinar la balanza ligeramente hacia el análisis de la africada como segmento complejo con rasgos de contorno [−continuo +continuo]. Por un lado, el hecho de que /t͡ʃ/ se haya desafricado, o pueda desafricarse, en algunas variedades del español andaluz y americano, dando lugar a la variante fricativa postalveolar [ʃ], por ejemplo en *muchacho* [mu.'ʃa.ʃo] [→ § 16.6] (D'Introno, del Teso y Weston 1995, 305), podría reforzar la hipótesis de la africada como segmento complejo: si la africada contiene dos rasgos, [−continuo] y [+continuo], el paso de la /t͡ʃ/ a la /ʃ/ puede explicarse como el simple borrado del rasgo oclusivo [−continuo]. Por el contrario, si la africada es en realidad una oclusiva y solo contiene la especificación

[−continuo], el cambio a la fricativa resultaría menos natural y sería más difícil de explicar de manera sencilla que la oclusiva se convierta en una fricativa. En cambio, si la /t͡ʃ/ se considera una oclusiva, llama la atención que sea la única que no puede aparecer en ataques compuestos, ya que el resto de oclusivas sordas /p t k/ sí son admisibles en ese contexto. Es cierto que también hay algunas fricativas que pueden aparecer en ataques complejos (véase el § 17.3.2), pero, con excepción de aquellos formados por /f/ y consonantes líquidas, esta es una tendencia poco común en español. Por último, la particular distribución alofónica de la realización fricativa [ʝ] y de la africada [d͡ʒ] del fonema /ɟ/ también parece sustentar la hipótesis según la cual las africadas son segmentos complejos con los rasgos de contorno [−continuo +continuo] (para los detalles concretos de este argumento, véase el análisis presentado en el § 17.5.4).

17.4.4 Rasgos laríngeos

A excepción del fonema fricativo palatal sonoro /ɟ/ (que en la zona dialectal del Río de la Plata, cuyo epicentro es el eje Buenos Aires-Montevideo, se sustituye por la fricativa postalveolar también sonora /ʒ/ [→ § 16.5.1]), el resto de las fricativas y la africada del español /f θ s x t͡ʃ/ son todas sordas y se caracterizan mediante el rasgo laríngeo [−sonoro]. Aunque en el nivel fonético son frecuentes las sonorizaciones de algunos de estos fonemas en determinados contextos (§ 17.5.2), en el sistema fonológico del español el valor de la sonoridad no es tan decisivo en la serie de fricativas como lo es en otras series de consonantes; por ejemplo, el rasgo [±sonoro] es imprescindible en las oclusivas para distinguir las sordas de las sonoras [→ § 11.3.4]. En las fricativas, en cambio, sería más económico recurrir a otras diferencias significativas, como el punto de articulación, para codificar la oposición sus distintos tipos (§ 17.4.5).

En la Figura 3, que reproduce la geometría de rasgos, se puede observar que, en el nodo Laríngeo, junto al rasgo de sonoridad referido a la vibración de las cuerdas vocales, se encuentran otras dos posibles especificaciones de rasgos relativos al estado de la glotis, es decir, al espacio que queda entre los pliegues vocales. Por un lado, aparece el rasgo que caracteriza la aspiración: [±glotis dilatada] [→ § 1.19.5]. En la actualidad, la postura más aceptada con respecto a este rasgo y a su relación con las fricativas es considerar que las fricativas sordas son [+glotis dilatada] y las sonoras, [−glotis dilatada] (Blevins 1993; Buckley [1992] 1994; Vaux 1997, 1998; Vaux y Miller 2011). No solo existen motivos fonéticos que sustentan esta hipótesis —para realizar una fricativa sorda la glotis debe estar dilatada, ya que este ajuste glotal es necesario para poder generar suficiente presión tras la constricción formada por el primer articulador (Stevens 1998)—, sino que también se han aducido argumentos fonológicos a favor de esta propuesta (véanse Vaux [1998] y Vaux y Miller [2011] para un compendio de procesos fonológicos que se dan en lenguas de muy diversas familias y que hacen precisa la caracterización de las fricativas sordas como [+glotis dilatada]).

Beckman y Ringen (2009) y Nicolae y Nevins (2009, 2016) han matizado la generalización de Vaux (1998) según la cual las fricativas sordas son siempre [+glotis dilatada]. Para estos autores, dicha generalización solo es correcta en las lenguas en las que el rasgo [±glotis dilatada] está activo, y no lo es en las lenguas en las que las fricativas y las oclusivas solo se oponen por el rasgo [±sonoro] En cualquier caso, Nicolae y Nevins (2016, 156) parecen asumir que, en los dialectos andaluces en los que se aspira la /s/ y se ha documentado la existencia de oclusivas aspiradas (Torreira 2012), esta fricativa sí presentaría el rasgo [+glotis dilatada] (véanse los § 17.5.5). Precisamente el hecho de que las variedades mencionadas presenten oclusivas aspiradas se toma como argumento a favor de sus propuestas. No queda claro, sin embargo, qué asumirían con respecto a los dialectos en los que se aspira la /s/, pero no se dan oclusivas aspiradas.

En el caso concreto del español, en el dialecto de Sevilla se hallan datos relativos al proceso de aspiración de la /s/ implosiva que sustentan la hipótesis de que las fricativas sordas son [+glotis dilatada]. En algunos hablantes sevillanos, cuando la /s/ implosiva se aspira (/s/ > [h]) causa la aspiración de la oclusiva que la sigue, como en *los padres* [loh.ˈpʰa.ð̞reh] (Vaux 1998, 504; véase también el § 17.5.5). En un análisis de carácter fonético, O'Neill (2010) documenta que, en algunos casos, incluso la /s/ implosiva se elide completamente, y en tales circunstancias la siguiente oclusiva también presenta aspiración, como en *pisto* [ˈpi.t̪ʰo] (véase el § 17.5.5). La aspiración de la /s/ y de la oclusiva siguiente en [loh.ˈpʰa.ð̞reh] se puede explicar fácilmente si se presupone que la /s/, al igual que el resto de fricativas sordas, posee el rasgo [+glotis dilatada] característico de la aspiración. En cuanto a la especificación de los rasgos laríngeos del fonema /h/, este ha sido caracterizado como [+glotis dilatada] y [−sonoro]. En lo que respecta a sus rasgos del punto de articulación, algunos autores han defendido que este fonema no posee rasgos relativos al punto de articulación oral (Buckley [1992] 1994; Lloret 1995; Lloret y Martínez-Paricio 2020; Steriade 1987) y lo caracterizan únicamente por sus rasgos del nodo Laríngeo [+glotis dilatada] y [−sonoro].

FIGURA 5. Aspiración y propagación del rasgo [+glotis dilatada].

También hay autores que defienden un análisis alternativo, en el cual se postula la existencia de un cuarto articulador, FARÍNGEO [→ § 1.21.5], representado por el rasgo [faríngeo] en el nodo Punto de Articulación. Este rasgo se ha empleado en ocasiones para caracterizar conjuntamente a los sonidos guturales (uvulares, glotales y faríngeos) y diferenciarlos así de los puramente orales, esto es, de los labiales, coronales y dorsales (McCarthy 1989, 1994). McCarthy (1994) propuso, además, dividir el nodo Punto de Articulación en dos subclases: 'Oral' (dominando a [labial], [coronal] y [dorsal]) y [faríngeo]. Puesto que el español cuenta únicamente con un sonido gutural —solo existe la glotal /h/ en algunas de sus variedades—, se considera que, en este caso, el rasgo [faríngeo] del nodo Punto de Articulación no se halla activo en la caracterización de dicho segmento, de modo que /h/ se define exclusivamente por los rasgos del nodo Laríngeo [+glotis dilatada] y [−sonoro].

Esta propuesta, según la cual la /h/ no posee rasgos de lugar, es la que goza de mayor aceptación en la caracterización fonológica del español (véanse, por ejemplo, Real Academia Española y Asociación de Academias de la Lengua Española 2011, 198; Núñez Cedeño [1999a] 2014, 107). La aspiración de la /s/ se analiza, por tanto, como un proceso de debucalización de la /s/ que da lugar a la [h]: los rasgos de lugar de la fricativa alveolar se disocian —es decir, se borran— y los rasgos laríngeos de la /s/ [−sonoro] y [+glotis dilatada] se mantienen, de modo que se convierte en una [h]. A su vez, por medio de un proceso de asimilación progresiva, el rasgo [+glotis dilatada] se expande a la consonante siguiente, generando una oclusiva sorda aspirada, como se ilustra en la Figura 5 (para más detalles, véase el § 17.5.5). Este fenómeno, por consiguiente, parece avalar la tesis de que las fricativas sordas del español poseen el rasgo [+glotis dilatada]. (En las siguientes figuras se utiliza la abreviatura 'LAR' para el nodo Laríngeo y 'PA' para el nodo Punto de Articulación).

La tercera especificación posible relativa al nodo Laríngeo en la geometría de rasgos universal es [±constricción de glotis]. Este rasgo, característico de los fonemas glotales como /h/ y /ʔ/, no está activo ni es distintivo en español, por lo que no se tendrá en cuenta en la presente caracterización de las fricativas y de la africada.

A modo de resumen, la Tabla 6 presenta los valores de los rasgos [±sonoro] y [±glotis dilatada] para los principales fonemas fricativos del español. Se observa que las fricativas comparten los rasgos [−sonoro] y [+glotis dilatada], a excepción del fonema palatal sonoro /ʝ/, sustituido en el español del Río de la Plata por el también sonoro /ʒ/; estos últimos presentan en ambos rasgos justamente los valores opuestos, esto es, [+sonoro] y [−glotis dilatada].

Por su parte, la africada /t͡ʃ/ sigue también la tendencia general hacia la sordez en las fricativas y se caracteriza con el rasgo [−sonoro]. En lo que respecta a [±glotis dilatada], dado que este rasgo no es distintivo en español para la clase de las africadas (no se produce un contraste entre africadas puras y africadas aspiradas como sucede en otras lenguas, por ejemplo, en chino mandarín) ni se han documentado procesos fonológicos que pongan de manifiesto la actividad de [+glotis dilatada] en este segmento, la tendencia general es asumir que la /t͡ʃ/ es [−glotis dilatada], al igual que las consonantes oclusivas del español. Este rasgo no sería distintivo, sino redundante.

Tabla 6 *Rasgos laríngeos de las fricativas del español*

	[sonoro]	[glotis dilatada]
/f/	−	+
(/θ/)	−	+
/s/	−	+
/x/	−	+
/ʝ/	+	−
(/ʒ/)	+	−
(/h/)	−	+

17.4.5 Rasgos relativos al lugar de articulación

Como se ha visto en la Figura 3, las investigaciones fonológicas han establecido tres rasgos monovalentes principales en función de cuál sea el articulador activo que participa en la producción de un sonido (los labios, la corona de la lengua o el dorso de la lengua): [labial], [coronal] y [dorsal] (Sagey 1986). En ocasiones, mediante rasgos adicionales dependientes de los articuladores, estas grandes clases pueden subdividirse en subclases. Los fonemas que, dentro de un único sistema o en los de diferentes lenguas, comparten su rasgo de punto de articulación pueden comportarse como una clase natural, es decir, pueden participar en procesos fonológicos similares y, a su vez, presentar restricciones distributivas paralelas, como determinadas restricciones de coocurrencia (por ejemplo, en ocasiones si dos segmentos comparten el punto de articulación, estos no pueden ser adyacentes; véanse el § 17.3.3 y el § 17.5.7). En español, atendiendo a los tres articuladores orales principales, los fonemas fricativos y el africado pueden clasificarse en labiales, coronales y dorsales.

En el conjunto de las fricativas, el fonema /f/ es el único que presenta activo el articulador LABIAL y que, por tanto, posee el rasgo [labial]. En casi todas las regiones de España e Hispanoamérica este fonema se realiza en su variante labiodental [f] o bilabial [ɸ], siendo la segunda realización característica de los sociolectos menos cultos [→ § 16.2.1]. Independientemente de esto, dado que en español la oposición entre labiodental y bilabial no es contrastiva en la serie fricativa, no es necesario postular un rasgo fonológico adicional para distinguir entre los tipos de labiales. Esta particularidad del español es bastante común en las lenguas del mundo: hay pocas lenguas en las que la distinción entre labiodentales y bilabiales sea contrastiva en la serie fricativa. Desde un punto de vista tipológico, también es común que, en las lenguas en las que existen oclusivas bilabiales, estas contrasten con las fricativas labiodentales. Tal es el caso del español, en el que la fricativa labial se opone a /p b/ por el rasgo de continuidad en la serie labial. En cuanto a la oposición de la /f/ con el resto de fricativas del español, al ser /f/ la única [labial], este rasgo distintivo basta para singularizarla y oponerla al resto de fricativas sordas.

En la serie en la que está activo el articulador CORONAL, se incluye la alveolar /s/ y, en el sistema distinguidor del norte y centro de España, además, la interdental /θ/. Aunque el punto de articulación exacto de estos sonidos es distinto —[θ] es más adelantada que [s]— ambas se caracterizan mediante el rasgo [coronal]. En aquellos dialectos que presentan el fonema fricativo interdental /θ/, este se diferencia de la /s/ por medio del rasgo [+estridente], comentado anteriormente (véase el § 17.4.3).

El rasgo [coronal] ha sido tradicionalmente considerado el menos marcado de todos los rasgos de lugar de articulación, tanto desde el punto de vista interlingüístico como desde la perspectiva interna de un sistema (pueden consultarse los argumentos concretos en Rice [2011] y en de Lacy [2006], entre muchos otros). Esta marcadez universal explicaría que, en numerosos casos de neutralización [→ § 1.17.4] de los rasgos de punto de articulación, el sonido resultante sea coronal. Así mismo, se cuenta con datos procedentes de la adquisición del lenguaje que demuestran que las consonantes coronales son menos marcadas y que, en algunas lenguas, se adquieren antes que las velares o las labiales. En español, por ejemplo, se ha visto en el § 17.3.2 que, en coda final de palabra, los fonemas coronales son todos permisibles y mucho más frecuentes que los labiales y los dorsales, menos frecuentes o incluso imposibles en esa posición.

En cuanto al grupo de las coronales, para diferenciar entre sus subtipos se han utilizado otros rasgos como [±anterior] y [±distribuido] [→ § 1.19.5.2], aunque en español estos no parecen ser del todo necesarios desde el punto de vista fonológico. El rasgo [+anterior] es propio de los segmentos coronales más adelantados, como los dentales, interdentales o alveolares; en cambio, [−anterior] se emplea para caracterizar a los segmentos postalveolares y retroflejos. Tanto la /s/ como la /θ/ son ambas [+anteriores], por lo que este rasgo no cumple una función distintiva en español. El rasgo [±distribuido], por su parte, hace referencia al área de contacto o de acercamiento entre el articulador activo y el pasivo. Si el área es extensa el sonido es [+distribuido]; si se trata de un contacto puntual, o de área reducida, es [−distribuido] (Morales-Front [1999] 2014, 43; Real Academia Española y Asociación de Academias de la Lengua Española 2011, 173). Atendiendo a esta caracterización, la /s/ es [+distribuida] y la /θ/, [−distribuida]. En aquellos dialectos hispánicos que diferencian entre ambos fonemas, este rasgo de base articulatoria ayuda a distinguirlos, aunque se encuentra inoperativo en el resto de las oposiciones fonológicas. Dado que los sistemas fonológicos tienden a ser económicos (esto es, tienden a codificar el máximo número de contrastes por medio del menor número de rasgos distintivos) y que, como ya se vio en el § 17.4.3, el rasgo [±estridente] da cuenta de la diferencia entre los dos fonemas coronales, aquellos análisis que incluyan [±estridente] entre la nómina de rasgos distintivos del español no necesitarían recurrir a [±distribuido] para marcar la diferencia entre /s/ y /θ/. Por ejemplo, los autores que analizan la africada /t͡ʃ/ como una oclusiva estridente no precisan de [±distribuido] para distinguir la africada del resto de las oclusivas; en tal caso, sería más económico aprovechar también el rasgo [±estridente] para diferenciar las dos coronales. Por su parte, los enfoques que analizan la africada como un segmento complejo podrían en principio recurrir a cualquiera de estos dos rasgos, [±distribuido] o [±estridente], para formalizar la distinción entre /s/ y /θ/. En definitiva, los rasgos [±anterior] y [±distribuido] presentan en español un carácter eminentemente redundante, y podría considerarse que solo [±distribuido], en algunos análisis, posee valor distintivo.

Al encontrarse la zona palatal a medio camino entre las correspondientes a los sonidos coronales y a los dorsales, la caracterización de los rasgos de lugar del fonema palatal fricativo sonoro /ʝ/ y de la postalveolar africada sorda /t͡ʃ/ no resulta evidente. En la Tabla 1 del presente capítulo la palatal fricativa /ʝ/ se clasificó como dorsal y la africada postalveolar /t͡ʃ/ como coronal. En este apartado se matiza dicha afirmación; concretamente, se propone que la palatal fricativa /ʝ/ debe incluir en su caracterización dos rasgos de punto de articulación: [coronal dorsal]. Sin embargo, más adelante se verá que algunos autores se han decantado por uno de estos dos rasgos.

La caracterización de /ʝ/ como [dorsal] fue defendida por Hall (1997), quien en su estudio sobre la fonología de las coronales demuestra que las oclusivas palatales se comportan como coronales, mientras que las fricativas palatales forman una clase natural con las velares y el resto de dorsales, y conllevan, por tanto, la activación del articulador DORSAL. Esta postura que considera dorsal a la /ʝ/ también ha sido adoptada en algunas caracterizaciones fonológicas del español (como la que ofrece Morales-Front [[1999] 2014, 44]), que además hacen extensiva la caracterización [dorsal] a la africada /t͡ʃ/. Para otros autores, en cambio, puesto que los sonidos palatales y postalveolares se realizan ambos con la parte posterior de la corona de la lengua, pertenecen más bien a la clase de segmentos con el rasgo [coronal] (Real Academia Española y Asociación de Academias de la Lengua Española 2011, 193–96, 204), En algunas variedades del español de América, como el español mexicano hablado en los Estados Unidos, el análisis de /ʝ/ como [coronal] se ve reforzado por un proceso fonológico que tiende a eliminar la palatal fricativa, o cualquiera de sus variantes, cuando estas son adyacentes a una vocal /i/, como en *silla* ['si.a], *bellísima* [be.'i.si.ma], *bullicio* [bu.'i.si̯o]. Como se expondrá más adelante en el § 17.5.3, Lipski (1990) analiza este proceso como la consecuencia directa de infringir el 'Principio del Contorno Obligatorio' (PCO) [→ § 1.21.4]. Según este principio, en las representaciones fonológicas no puede haber dos segmentos adyacentes idénticos. Dado que la vocal /i/ y la fricativa /ʝ/ poseen ambas el rasgo articulador [coronal], una explicación lógica de este proceso es que el segmento consonántico se elide para evitar que concurran dos segmentos coronales adyacentes. En definitiva, /ʝ/ se ha caracterizado en algunos trabajos como [coronal], en otros como [dorsal] [→ § 16.5.2].

Una tercera opción bastante generalizada en la actualidad, que es la que se adoptará en este trabajo, consiste en clasificar los fonemas que tienen el punto de articulación palatal (no así el postalveolar) por medio de la combinación [coronal dorsal]. Desde el punto de vista fonológico, dicha especificación predice, por un lado, que los segmentos palatales pueden presentar patrones fonológicos propios de ambas clases de segmentos (esto es, de los coronales y de los dorsales). Por otro lado, al caracterizarlos como segmentos complejos que comportan la doble especificación [coronal dorsal], se predice también que puedan resultar más marcados que otros segmentos con puntos de articulación simples. En opinión de las autoras del presente capítulo, en español se obtienen al menos dos ventajas explicativas si se describe la palatal fricativa /ʝ/ como segmento complejo en su punto de articulación. En primer lugar, nótese que, si la palatal /ʝ/ se clasifica como [coronal] y [dorsal], se puede remitir a esa complejidad, o marcadez estructural relativa, para explicar por qué los segmentos palatales (pero no así, en modo alguno, el postalveolar /t͡ʃ/) están prohibidos en posición de coda (véase el § 17.3.2). En segundo lugar, si se toma en cuenta el resto de rasgos y oposiciones activos en la lengua española, la caracterización compleja también parece la más apropiada: en la serie fricativa, esta clasificación compleja de la /ʝ/ permite diferenciarla de los otros fonemas fricativos del español, los claramente coronales (/s θ/) y los velares (/x/). Por ello, en este trabajo se opta por caracterizar la /ʝ/ como [coronal dorsal], aunque solo futuras investigaciones permitirán corroborar (o contradecir) esta propuesta.

> Desde el punto de vista fonético esta tesis según la cual las palatales son segmentos complejos ha sido avalada por algunos experimentos articulatorios llevados a cabo por Keating (1988). Sin embargo, otras investigaciones, como las de Recasens (1990, 270–72) y Ladefoged y Maddieson (1996, 31), han rebatido esta propuesta y se han inclinado por caracterizar las palatales como meramente dorsales [→ § 14.5.3].

Por el contrario, la postalveolar /t͡ʃ/ se caracteriza aquí como [coronal], pues este es el punto de vista predominante en la actualidad (véase Real Academia Española y Asociación de Academias de la Lengua Española 2011, 204). La complejidad de este segmento viene dada por su particular modo de articulación (véase el § 17.4.3), más que por su lugar de articulación.

Por último, en la serie dorsal se ubica la velar fricativa sorda /x/, en la que está activo el articulador DORSAL. Esta fricativa comparte el rasgo [dorsal] con las oclusivas velares /k/ y /g/, a las que solo se opondría de manera distintiva por el rasgo de la continuidad. La articulación uvular de este fonema, [χ], predomina —sobre todo en contacto con vocales posteriores— en la mayor parte de la España peninsular, excepto en Andalucía occidental, por lo que podría proponerse que en tales variedades el fonema subyacente es /χ/. Lo mismo podría decirse de las hablas que presentan la realización glotal [h] o la faríngea [ħ] en lugar de [x] [→ § 16.4.1]. A modo de resumen, la Tabla 7 presenta los rasgos del punto de articulación de las principales fricativas y africadas en español; se excluyen de ella las variantes dialectales documentadas para algunos fonemas.

En cuanto a la caracterización mediante rasgos de articulación del fonema glotal /h/ en aquellos dialectos que no poseen /x/ y en su lugar presentan /h/, ya se ha comentado en el § 17.4.4 que la postura más extendida es la de asumir que en español el fonema laríngeo no posee rasgos de lugar. Esta tesis es la que ha gozado de mayor aceptación, pues permite explicar en términos sencillos de geometría de rasgos los casos de debucalización de la /s/ implosiva al remitir a la disociación del nodo Punto de Articulación, sin necesidad de tener que postular ninguna otra operación [→ § 1.21.2]. Si la /h/, en cambio, se caracterizara por poseer activo un articulador del punto de articulación de tipo [faríngeo], habría que explicar cómo y por qué se pasa de una especificación no marcada [coronal] (propia de la /s/) a otra marcada ([faríngeo]). Así pues, puede concluirse que la caracterización de la /h/ sin rasgos de articulación orales facilita un análisis más económico y sencillo.

Siguiendo la postura más generalizada en la actualidad, en este apartado los fonemas se han caracterizado atendiendo a sus rasgos del punto de articulación y, para ello, se han empleado tres rasgos de base articulatoria. Con todo, en los trabajos pioneros sobre los rasgos distintivos, especialmente en los estructuralistas (Jakobson 1963; Jakobson, Fant y Halle 1951; Trubetzkoy [1939] 1969), en lugar de hacer referencia a estos rasgos articulatorios, se emplearon cuatro rasgos de base acústica, que se corresponden en líneas generales con alguna propiedad articulatoria. Se trata, en concreto, de la pareja de rasgos [agudo] ~ [grave] y [denso] ~ [difuso]. Aunque estos rasgos apenas se usen hoy en día, autores como Alarcos ([1950] 1965) y Quilis ([1993] 1999) los incluyen en sus inventarios de rasgos distintivos, por lo que parece oportuno comentar esta caracterización alternativa [→ § 1.19.3, § 11.3.1].

La pareja de rasgos [agudo] ~ [grave] hace referencia a la particular distribución de la energía en el espectro de frecuencias de un sonido. Así, cuando predominan las frecuencias bajas, se dice que el sonido posee el rasgo [grave]; cuando lo hacen las altas, se dice que el sonido es [agudo]. Articulatoriamente, el rasgo [grave] viene determinado por una «cavidad bucal de resonancia amplia y no dividida, mientras que el rasgo [agudo] se origina a causa de una cavidad bucal de resonancia pequeña y dividida» (Quilis [1993] 1999, 119). Por ello, en la serie de consonantes fricativas y africadas, las consonantes graves son las que se realizan en las zonas más periféricas, las labiales y velares (Tabla 8), mientras que las dentales y palatales son [agudas]. Por su parte,

> el rasgo *compacto* o *denso* se caracteriza por una concentración más elevada de energía en una zona relativamente estrecha, central de su espectro, acompañada de un aumento de la cantidad total de energía y de su expansión en el tiempo. Por el contrario, el rasgo *difuso* se caracteriza por una concentración más reducida de energía en la zona central del espectro, acompañada de una disminución de la cantidad total de energía y de su expansión en el tiempo (Quilis [1993] 1999, 114–15).

La diferencia en términos articulatorios entre las consonantes densas y las difusas radica en la relación que en ellas se dé entre los volúmenes de las cajas de resonancia anterior y posterior al punto de mayor constricción. En las consonantes palatales y velares, articuladas hacia la zona posterior de la cavidad bucal, la caja de resonancia anterior es mayor que la posterior, mientras que, en las consonantes labiales y dentales, que se articulan hacia la parte anterior de la cavidad, sucede justamente lo contario, puesto que presentan una caja de resonancia posterior más amplia; este es el caso de los sonidos labiales y dentales. En la Tabla 8, adaptada parcialmente de la presentada por Alarcos ([1950] 1965, 170) —recuérdese que para Alarcos /s/ y /t͡ʃ/ son palatales fonológicamente— se muestra la caracterización de los fonemas fricativos y del africado atendiendo a estos rasgos acústicos.

Tabla 7 *Rasgos distintivos de punto de articulación de las principales fricativas y de la africada en español*

Rasgo	**[labial]**	**[coronal]**			**[dorsal]**
Fricativas	f	θ	s	ʝ	x
Africada			t͡ʃ		

Tabla 8 *Relación entre rasgos acústicos y articulatorios en la clasificación de las fricativas y la africada*

	Graves	**Agudas**
Difusas	Orden labial f	Orden dental, alveolar (θ)
Densas	t͡ʃ x Orden velar	ʝ s Orden palatal

Nota. Tabla adaptada parcialmente de la presentada por Alarcos ([1950] 1965, 170).

17.4.6 Propuesta de caracterización global

En este apartado se ha presentado una caracterización fonológica de los principales fonemas fricativos y del fonema africado en español. A partir del análisis minucioso de los rasgos mínimos que componen estos segmentos, se ha intentado determinar cuáles de estos rasgos poseen un valor distintivo en el sistema fonológico de la lengua, y de ello cabe concluir que todos los fonemas fricativos pueden caracterizarse por poseer los rasgos distintivos [+consonante], [−sonante] y [+continuo]. Tal caracterización los diferencia, por un lado, de las consonantes sonantes (por medio de [−sonante]), de las oclusivas orales y nasales (por medio de [+continuo]) y de las vocales (por medio de [+consonante]). Por su parte, la africada /t͡ʃ/ presenta estos mismos rasgos, pero, en lo que respecta a los rasgos del modo de articulación, se ha de matizar que posee la doble caracterización [−continuo +continuo].

Se ha visto, además, que todas las fricativas, a excepción de las sonoras /ʝ/ (y /ʒ/ en el español del Río de la Plata), son sordas, es decir, poseen el rasgo [−sonoro] y, según las propuestas de algunos autores, también se caracterizarían por el rasgo [+glotis dilatada] (Vaux 1998; Vaux y Miller 2011). En lo que se refiere a los rasgos del punto de articulación, se ha concluido que la labiodental /f/ se clasifica por medio del rasgo [labial]; por su parte, la velar /x/ es [dorsal], la alveolar /s/ y la interdental /θ/ de los dialectos distinguidores es [coronal], y la palatal /ʝ/ es un segmento complejo, con la doble articulación [coronal dorsal]. En los dialectos del Río de la Plata que en lugar de /ʝ/ poseen la /ʒ/, esta última sería también [coronal] y se diferenciaría del resto de segmentos coronales por ser [+sonora]. También se ha propuesto aquí que la africada postalveolar es [coronal] y la /h/, sustituta de /x/ en Canarias y en algunas variedades de Andalucía y de América, no posee ninguna especificación concreta de ningún articulador oral. Así, la /h/ en español se caracteriza únicamente por los rasgos que posee en común con el resto de las fricativas [+consonante], [−sonante] y [+continuo], así como por los rasgos laríngeos [−sonoro] y [+glotis dilatada]. Para diferenciar los fonemas fricativos coronales sordos /s/ y /θ/ en las variedades distinguidoras, se ha propuesto emplear el rasgo [+estridente] (la alveolar es [+estridente] y la interdental, [−estridente]), pero alternativamente podría recurrirse también al rasgo de articulación [±distribuido], dependiente de [coronal]. En tal caso, la /s/ adopta el valor [+distribuido] y la /θ/, [−distribuido]. A modo de resumen, la Tabla 9 presenta los principales rasgos distintivos.

17.5 Principales procesos fonológicos

En este apartado se tratan los principales procesos fonológicos que afectan a las consonantes fricativas en español. En primer lugar, se describen y analizan los casos en que las fricativas sordas, por influencia de las vocales que las siguen, participan en

Tabla 9 *Rasgos distintivos de los principales fonemas fricativos y africados del español*

	RASGOS DE RAÍZ		RASGOS DE MODO		RASGOS LARÍNGEOS		RASGOS DE PUNTO DE ARTICULACIÓN		
	[consonante]	[sonante]	[continuo]	[estridente]	[sonoro]	[glotis dilatada]	[labial]	[coronal]	[dorsal]
/f/	+	−	+		−	+	✓		
(/θ/)	+	−	+	−	−	+		✓	
/s/	+	−	+	+	−	+		✓	
/x/	+	−	+		−	+			✓
/ʝ/	+	−	+		+	−		✓	✓
(/ʒ/)	+	−	+		+	−		✓	
(/h/)	+	−	+		−	+			
/t͡ʃ/	+	−	− +	(+)	−			✓	

Nota. El rasgo [estridente] aparece entre paréntesis en la caracterización de la africada para indicar que si se analiza la /t͡ʃ/ como un segmento complejo [−continuo +continuo] este rasgo no es necesario; sin embargo, en la propuesta alternativa, que opta por caracterizar la africada como una oclusiva más, especificada con el rasgo [−continuo], [+estridente] sí sería necesario para distinguirla de las oclusivas, que son [−estridente]. Aunque algunos autores también han caracterizado la /f/ como [+estridente], ya se vio que no existe consenso al respecto, y puesto que, en cualquier caso, este rasgo no es necesario en la labiodental para marcar ninguna oposición, no se ha incluido en su descripción, del mismo modo que tampoco se ha incorporado en la caracterización de la consonante /ʒ/, a pesar de ser esta sin duda alguna [+estridente].

procesos asimilatorios del punto de articulación (§ 17.5.1) o, por influencia de un segmento sonoro, se sonorizan (§ 17.5.2). Seguidamente, se analizan dos procesos que afectan exclusivamente a la palatal fricativa sonora /ʝ/: su elisión en posición intervocálica —documentada en algunas variedades del español de América— (§ 17.5.3) y su fortalecimiento —o el de su variante dialectal, la postalveolar fricativa sonora /ʒ/— en determinados contextos (§ 17.5.4). A continuación, se documentan y analizan extensamente los procesos de debilitamiento y reducción de la /s/ (§ 17.5.5) y la /θ/ (§ 17.5.6) implosivas. Finalmente, se trata la elisión de fricativas en contextos de contacto entre fricativas idénticas (§ 17.5.7).

La consonante africada postalveolar /t͡ʃ/ presenta una extensión mucho más limitada que la mayor parte de las fricativas en español (§ 17.2) y, quizá por ello, no participa en procesos fonológicos concretos más allá del de su desafricación en algunas variedades (esto es, la pérdida del elemento oclusivo: /t͡ʃ/ > /ʃ/ [→ § 16.6.1]) o, del proceso contrario, la pérdida o reducción de su elemento fricativo, lo que da lugar a las denominadas variantes adherentes («/t͡ʃ/ > /t͡ʃ/ > [tʲ]»); (Real Academia Española y Asociación de Academias de la Lengua Española 2011, 207). Dado que la desafricación de /t͡ʃ/ se encuentra en la actualidad lexicalizada —en algunas variedades el fonema /t͡ʃ/ ha sido sustituido por alguna de las variantes señaladas—, este apartado no incluirá un análisis de estos casos de simplificación por no tratarse de procesos sincrónicos, sino del resultado de un cambio fonológico.

17.5.1 Asimilación de lugar por influencia de las vocales

Los casos de coarticulación [→ § 1.6.8] en los que las consonantes fricativas sordas /f/, /θ/, /s/ y /x/ ven ligeramente alterado su punto de articulación por influencia de la vocal que las sigue son frecuentes en español (véanse Hualde 2014, 99–100; Real Academia Española y Asociación de Academias de la Lengua Española 2011, 186–97 y el § 15.5 de la presente obra). Concretamente las fricativas sordas, cuando preceden a una vocal o paravocal anterior [i e i̯], suelen presentar realizaciones más adelantadas, y, por otra parte, ante una vocal o paravocal posterior [o u u̯], las fricativas tienden a presentar realizaciones más retrasadas, aunque

> los casos de posteriorización de las fricativas están presentes en ciertos subsistemas dialectales de forma independiente del contexto, lo que implica que en este caso se trate de un proceso de variación no relacionado con el contexto y asociado a los sistemas (Real Academia Española y Asociación de Academias de la Lengua Española 2011, 196).

En el caso concreto de la /f/ también se han documentado casos en los que la vocal velar labial /u/ favorece su bilabialización (/f/ > [ɸ]) y, por tanto, su anteriorización a causa del redondeamiento labial necesario para producir la vocal (Real Academia Española y Asociación de Academias de la Lengua Española 2011, 186; § 15.5.1).

En algunas zonas rurales de América Central se han documentado casos de posteriorización de la /f/, sea como velar o sea como aspiración faríngea o laríngea, cuando precede a la paravocal labial [u̯] o a las vocales posteriores [o u] (*fuerte* [ˈxu̯er.te] ~ [ˈħu̯er.te] ~ [ˈhu̯er.te]; Real Academia Española y Asociación de Academias de la Lengua Española [2011, 189]) [→ § 16.2]. Esta posteriorización moderna se da en cualquier sílaba de la palabra, no solo en las sílabas iniciales (*difunto* [di.ˈhun̯.to], *perfumar* [per.hu.ˈmar]). En el caso de algunos hablantes no escolarizados de Colombia, la posteriorización se ha generalizado y se produce ante cualquier vocal (*famosa* [ha.ˈmo.sa], *café* [ka.ˈhe]). Por otra parte, como se avanzaba anteriormente, en muchas zonas de España es muy común la anteriorización de la /f/, que desemboca en la realización bilabial [ɸ] (*fuera* [ˈɸu̯era], *fuego* ([ˈɸu̯eɣo]; Real Academia Española y Asociación de Academias de la Lengua Española [2011, 186]). La labialización de la /f/ se ve favorecida por la vocal labial velar /u/, como también se ha dicho, pero no solo es el contexto vocálico el que determina la aparición de una u otra realización de la /f/, sino que las variables de carácter sociofonético, estilístico y dialectal influyen en la realización particular de este fonema [→ § 15.5.1, § 16.2.1]. De hecho, en la *Nueva gramática de la lengua española* se señala que el alófono [ɸ] es la realización más habitual de la /f/ en muchas variedades del español. Las vocales posteriores [o u] favorecen asimismo realizaciones más retrasadas de la velar /x/, dando lugar en algunas hablas a la uvular [χ] (D'Introno, del Teso y Weston 1995, 313 y el § 15.2.3 de la presente obra); por el contrario, ante vocales anteriores, la /x/ presenta realizaciones más adelantadas. En algunas variedades peninsulares, la uvular [χ] es la realización elegida generalmente, con independencia del contexto vocálico. El lugar de articulación de la fricativa /s/ también suele ser algo más adelantado ante /e i/ y más retrasado ante /o u/ (Navarro Tomás [1918] 1985, 105–8). Para más ejemplos y referencias exactas sobre la anteriorización y posteriorización de las fricativas en contacto con vocales en diversas variedades del español, véanse los § 15.5 y 16.2–4 de esta obra, y las páginas 185–97 de la *Nueva gramática de la lengua española*.

La mayor parte de los datos sobre la anteriorización o la posterización de las fricativas sordas se ha tratado como casos de coarticulación, es decir, como fenómenos puramente fonéticos sin mayor repercusión en el sistema fonológico del español y, por ello, no se analizarán en el presente apartado [→ § 15.5]. Frente a estos efectos puramente fonéticos, condicionados en parte por variables sociales y de estilo, también se han documentado algunos otros casos en que la influencia de la vocal en la consonante fricativa es tal que ha llegado a determinar la aparición sistemática de un nuevo alófono. Esto es más frecuente en los procesos de anteriorización de las fricativas que en los de posteriorización (Real Academia Española y Asociación de Academias de la Lengua Española 2011, 195), y es el caso, por ejemplo, de la realización de la fricativa velar sorda /x/ en algunas zonas geolectales, como la de Chile. En esta variedad, el fonema /x/ presenta dos alófonos en distribución complementaria [→ § 1.17.3]: el velar [x] y el palatal [ç] (Lenz, Bello y Oroz 1940; Oroz 1966, 125; Quilis 1975, [1993] 1999, 271; Real Academia Española y Asociación de Academias de la Lengua Española 2011, 194; y los § 15.5.4 y § 16.4.1 de la presente obra). Como se ilustra en (2), el alófono palatal [ç] aparece ante las realizaciones vocálicas o paravocálicas de los fonemas anteriores /e i/ (['çeɲ.t̪e] *gente*, [çi.'ra.fa] *jirafa*, [ar.t̪i.'lu.çi̯o] *artilugio*); en los restantes contextos se encuentra la velar [x] (para un estudio sociofonético reciente de la palatalización de la velar fricativa /x/, véase Flores [2016]).

(2)   Distribución complementaria de los alófonos [x] y [ç] en el español de Chile

$$\text{Fonema /x/} \quad\begin{cases} [ç] \ / \ \underline{\quad} \ /e\ i/ \\ [x] \ / \ \underline{\quad} \ /a\ o\ u/ \end{cases}$$

La distribución alofónica de [x] y [ç] en el español de Chile representa un claro proceso de 'palatalización' por el cual las vocales anteriores /e i/ extienden de manera regresiva sus rasgos de punto de articulación a la consonante que las precede, /x/. Como resultado de dicha asimilación, el fonema fricativo velar /x/ se realiza con un alófono más adelantado, el palatal [ç]. También se han registrado casos en que, como resultado de la palatalización, se ha desarrollado una vocal no silábica palatal (*gente* ['çi̯eɲ.t̪e]), fenómeno que se ha documentado para otras consonantes obstruyentes dorsales en el español chileno, como la /k/ y la /g/ (Real Academia Española y Asociación de Academias de la Lengua Española 2011, 137), lo que pone en evidencia que la anteriorización de la fricativa velar /x/ no es un caso aislado en este sistema, sino una tendencia general que afecta a otras consonantes dorsales de la lengua.

La palatalización de consonantes, no solo de las fricativas, es un fenómeno fonológico bastante común en las lenguas del mundo (Clements y Hume 1995, 294–95; Hualde 2014, 99–100; Morén-Duolljá 2011, 457) y pone de manifiesto la patente interacción entre los rasgos vocálicos y los consonánticos. En el marco de la Fonología Autosegmental, para poder dar cuenta de este tipo de interacciones, así como de la composición interna de determinadas consonantes con articulaciones secundarias, autores como Clements y Hume (1995) propusieron caracterizar el punto de articulación de las vocales por medio de los mismos rasgos articulatorios que el de las consonantes: [labial], [coronal], [dorsal] y [faríngeo] (Uffmann 2011, 651) [→ § 4.2]. Esta 'teoría unificada de rasgos' postuló, además, que los fonemas presentan dos nodos de Punto de Articulación, el nodo 'Lugar-Consonántico' (Lugar-C) y el nodo 'Lugar-Vocálico' (Lugar-V). En el caso de las vocales, los rasgos de punto de articulación aparecen ligados al nodo Lugar-Vocálico, que depende del nodo Vocálico. Este nodo Vocálico no solo domina a Lugar-V, sino que también domina al nodo 'Abertura', con el rasgo escalar [abierto], necesario para formalizar el diferente grado de abertura de las vocales. Para más detalles sobre la representación de estas últimas en este modelo, véase el § 4.2. Por motivos de sencillez expositiva, en este apartado y en los siguientes, se empleará un solo nodo de Punto de Articulación, si bien las autoras comparten la tesis de que la subdivisión en dos de este nodo conlleva ventajas explicativas para una gran variedad de procesos y de patrones fonológicos.

Si se presume que las vocales anteriores [e i] y la paravocal [i̯] poseen el rasgo vocálico [coronal], el proceso de palatalización de /x/ en el español de Chile puede interpretarse como el resultado de la propagación del rasgo [coronal] del nodo Punto de Articulación de /e i/ a la consonante precedente (Figura 6). Esta asimilación regresiva del rasgo [coronal] solo se activa en presencia de la fricativa velar sorda /x/ y tiene como resultado la creación de una fricativa con una doble especificación de lugar [dorsal coronal]. Como se explicó en § 17.4.5, la caracterización compleja [coronal dorsal] es propia de los segmentos palatales. En conclusión, en el español de Chile la fricativa /x/ subyacente adopta una especificación adicional para el nodo del Punto de Articulación cuando va seguida de una vocal o paravocal anterior, lo que resulta en el segmento palatal sordo [ç]. La Figura 6 ilustra el proceso de palatalización en términos autosegmentales [→ § 1.21.2].

FIGURA 6. Palatalización de /x/ como asimilación regresiva del rasgo [coronal].

Aunque no deba catalogarse como un cambio articulatorio ocasionado por la influencia de las vocales en las consonantes adyacentes, parece interesante destacar aquí un cambio consonántico concreto que afecta al punto de articulación de la fricativa labial en algunos dialectos. Moreno Fernández (1996) señala que en algunas variedades rurales del español de Castilla la Nueva «en hablantes con pocos estudios se encuentran equivalencias acústicas del tipo *celipe* 'Felipe', *cinca* 'finca', *escalazón* 'escalafón'. En estas variedades, «la /f/ se realiza como bilabial [ɸ] en buena parte de la región» (216), por lo que, como matiza Honeybone (2016, 344), más que de un caso de /f/ > [θ], se trataría de un caso de /ɸ/ > [θ]. De cualquier manera, Honeybone, citando a Moreno Fernández (comunicación personal), señala que probablemente este no sea un cambio fonético regular, sino que afecte a ciertas palabras aisladas (Honeybone 2016, 345). Esto es interesante ya que actualmente se discute si en las lenguas del mundo pueden existir cambios fonológicos posibles e imposibles (véanse Blevins 2015 y Honeybone 2016, entre otros) y, precisamente, el paso de la /f/ a [θ] se ha caracterizado tipológicamente como un cambio fonológico «imposible», según autores como Honeybone (2016). Futuros estudios fonéticos sobre este tipo de realizaciones y otras de la /f/ en estos dialectos serán claves en el desarrollo de teorías sobre el cambio fonológico.

17.5.2 Sonorización

- En interior de palabra. La sonorización de las fricativas sordas /f/, /θ/ y /s/ en posición de coda seguidas de una consonante sonora, obstruyente o sonante, es muy frecuente en la mayoría de los dialectos del español (Harris 1969; Hualde 1989a; Martínez-Gil 1991, 2012; Navarro Tomás [1918] 1985; Quilis [1993] 1999; véanse también las referencias en el § 15.5). Este proceso afecta a las obstruyentes sordas en general (la sonorización de las oclusivas sordas se aborda en el § 10.2.4). En (3) se presentan algunos ejemplos ilustrativos de la sonorización de /f s θ/. Siguiendo a Hualde (2014, 156), el símbolo [ð̬] representa en estos ejemplos la fricativa interdental sonorizada (para otras opciones de transcripción, véase el § 15.5.2). La velar /x/ parece resistirse a la sonorización (Hualde 2014, 156), aunque no existe acuerdo total en torno a este punto [→ § 15.5.4]. En cualquier caso, dado que /x/ es bastante infrecuente en la posición de coda silábica, se excluye de la presente discusión, a la espera de futuras investigaciones sobre su sonorización.

(3) Sonorización de fricativas sordas en coda seguidas de una consonante sonora (Hualde 2014, 155–56; Martínez-Gil 2012, 112).

afgano	/afgano/	[av.ˈɣa.no]
hallazgo	/ajaθɣo/	[a.ˈjað̬.ɣo]
juzgado	/xuθgaðo/	[xuð̬.ˈɣa.ð̬o]
desde	/desde/	[ˈdez̬.ð̬e]
isla	/isla/	[ˈiz.la]
mismo	/mismo/	[ˈmiz.mo]
esbelto	/esbelto/	[ez.ˈβel̪.t̪o]
deshielo	/desjelo/	[d̪ez.ˈje.lo]

La naturaleza fonética o fonológica de la sonorización de las fricativas es una cuestión controvertida. Por un lado, hay estudiosos que, al constatar la variabilidad y opcionalidad del proceso, defienden un análisis de la sonorización en términos fonéticos [→ § 15.5], con lo cual se explicaría en parte que la sonorización no sea siempre completa, y que se den asimismo casos de sonorizaciones parciales (Hualde 2014, 155). En los modelos de base articulatoria como los de Browman y Goldstein (1986, 1989) [→ § 1.23], este tipo de procesos asimilatorios se originarían al resincronizarse la coordinación de los gestos articulatorios (Hualde 2014, 106–7). Por otro lado, a pesar de que, en muchas variedades, la sonorización de las fricativas en coda es efectivamente un proceso fonético sujeto a gran variabilidad, algunos autores como Hualde (1989a), Mascaró (1990), Martínez-Gil (1991, 2003, 2012), Jiménez Martínez y Lloret (2014) y Núñez

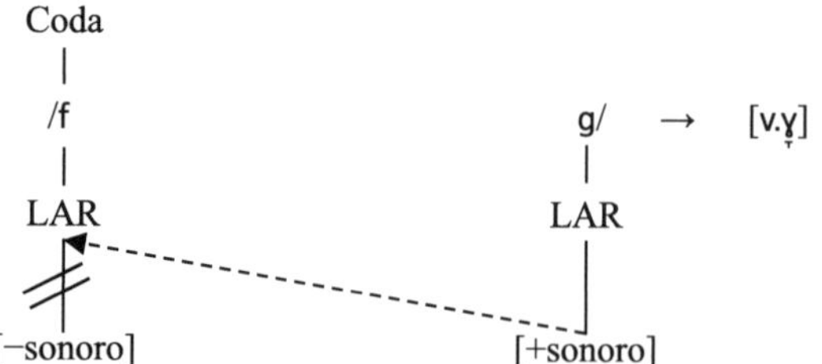

FIGURA 7. Sonorización de las fricativas sordas en coda (/afgano/: [av.ˈɣa.no]).

Cedeño ([1999a] 2014, 103) han propuesto análisis de la sonorización de carácter fonológico para aquellas variedades en las que el proceso es más sistemático. Tales análisis, ya sean autosegmentales (Hualde 1989a; Martínez-Gil 1991; Mascaró 1990), ya sean en términos de la Teoría de la Optimidad (Jiménez Martínez y Lloret 2014; Martínez-Gil 2003, 2012), coinciden en interpretar la sonorización como el resultado de un proceso asimilatorio por el cual una consonante sonora en posición de ataque propaga su rasgo de sonoridad a la fricativa sorda que, en posición de coda, la precede. En términos autosegmentales, los rasgos del nodo Laríngeo de la consonante fricativa en coda se disocian para adoptar los de la consonante sonora siguiente (Figura 7). Como resultado de la asimilación, el rasgo [+sonoro] de la consonante sonora en ataque aparecerá ligado a dos segmentos.

La dirección de la asimilación no es aleatoria, sino que tiene en cuenta las asimetrías perceptivas y las diferencias de prominencia entre los distintos constituyentes silábicos (Jiménez Martínez y Lloret 2014, 56) [→ § 24.4.2]. Desde un punto de vista fonético y fonológico, en la sílaba, la posición de ataque es una posición 'fuerte', de modo análogo a como lo son las posiciones iniciales de otros constituyentes fonológicos (por ejemplo, el inicio del pie métrico, de la palabra prosódica o del sintagma fonológico) [→ § 1.22.4]; como tal, las especificaciones subyacentes de los segmentos ligados al ataque suelen mantenerse en mayor medida. En cambio, la posición de la coda silábica es una posición 'débil' tanto articulatoria como acústica y perceptivamente; esto facilita su implicación en diversos procesos de debilitamiento fonológico en los que se pueden llegar a alterar algunas, o todas, las especificaciones subyacentes para adoptarse las de otros segmentos en posiciones fuertes. En la sonorización de las fricativas /f θ s/, la especificación que se altera es la relativa al rasgo [±sonoro], que pasa de tener un coeficiente negativo a tener uno positivo. También es frecuente el fenómeno contrario, es decir, el ensordecimiento de las obstruyentes sonoras en posición de coda, seguidas de una consonante sorda en posición de ataque (por ejemplo, en *absoluto* [ap.so̯ˈlu.t̥o], Núñez Cedeño [[1999a] 2014, 103]; véase el § 10.2.4). En los § 17.5.5 y 17.5.6 se analizarán otros procesos fonológicos que afectan a las fricativas en coda debido, precisamente, a la debilidad inherente a esta posición silábica.

En la variedad rural del 'chinato' (hablado en algunos puntos de Extremadura), también se ha documentado la sonorización de la /θ/ en posición intervocálica (por ejemplo, [lu.ˈð̞i.a] por [lu.ˈθi.a] *Lucía*); véanse el § 16.3.5, y Hualde (2014, 158n8).

En el marco de la Teoría de la Optimidad el comportamiento asimétrico entre codas y ataques se formaliza mediante la interacción de restricciones de fidelidad generales [→ § 1.22.4], como IDENTIDAD [±rasgo] —que vela por que se mantengan las especificaciones del aducto— y restricciones posicionales específicas como IDENTIDAD-ATAQUE [±rasgo] —que vela por que se mantengan las especificaciones del aducto ligadas a una posición concreta prominente, en este caso, al ataque silábico (Beckman 1997)—. En el caso de las sonorizaciones de las fricativas, Martínez-Gil (2003, 2012) señala que cuando IDENTIDAD-ATAQUE [sonoro] y ASIMILACIÓN [sonoro] (la restricción de marcadez que propicia que dos segmentos adyacentes compartan el valor de un rasgo concreto) dominan a la restricción general de fidelidad IDENTIDAD [sonoro], se generan gramáticas como las del español, con sonorizaciones posicionales y contextuales de las fricativas sordas en coda cuando estas van seguidas de ataques con consonantes. En Martínez-Gil (2003, 2012) se analizan más detalladamente todos los tipos de sonorizaciones y ensordecimientos del español en el marco de la Teoría de la Optimidad; véase también Jiménez Martínez y Lloret (2014) para un análisis de los efectos graduales de la sonorización en las lenguas románicas,

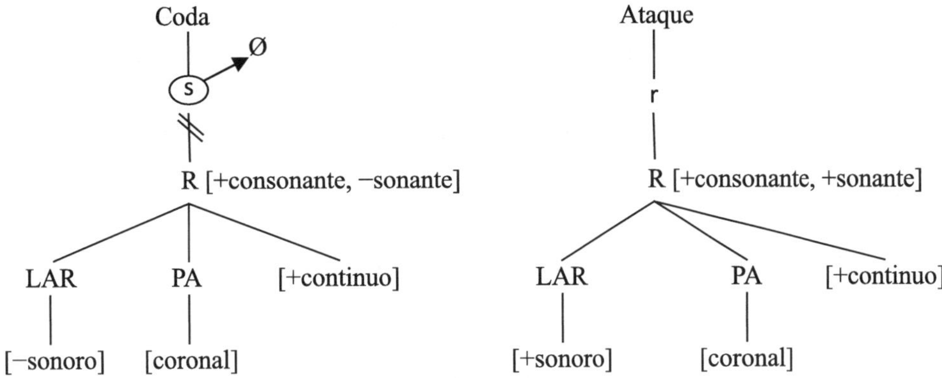

FIGURA 8. Elisión de /s/ (disociación y borrado de /s/).

especialmente interesante porque consigue explicar la razón por la que, en algunas variedades, las vocales en determinados contextos morfológicos favorecen o impiden la sonorización de las fricativas.

Entre las sonorizaciones de las fricativas sordas, un caso que merece especial atención es la realización del segmento fricativo /s/ implosivo cuando va seguido de la rótica múltiple [r] en posición de ataque (por ejemplo, en *Israel*, o entre palabras, en secuencias como *las rejas* o *es rico*) [→ § 15.5.3, § 22.2.11]. En estos casos, además de la sonorización de la /s/ ([iʂ.ra.ˈel]), son frecuentes otras soluciones (Navarro Tomás [1918] 1985, 108–9; Ohala y Solé 2008, 232; Quilis [1993] 1999, 251; Real Academia Española y Asociación de Academias de la Lengua Española 2011, 253). Por ejemplo, en pronunciaciones cuidadas, la rótica puede anticipar su articulación, «por lo que durante la realización de la consonante fricativa /s/ se producen vibraciones» (Real Academia Española y Asociación de Academias de la Lengua Española 2011, 253). En estos casos, en vez de la [ʂ] sonorizada, se produce una rótica simple [ɾ] o una aproximante [ɹ] ([iɾ.ra.ˈel], [iɹ.ra.ˈel]). En pronunciaciones relajadas, por el contrario, es bastante frecuente que la /s/ se elida (*Israel* [i.ra.ˈel], *las rejas* [la.ˈre.xas]), siendo el principal motivo de la elisión la complejidad articulatoria de la secuencia [sr], ya que la producción de cada segmento conlleva «requisitos posicionales antagonistas» (Ohala y Solé 2008, 232).

La gran variedad de realizaciones que puede presentar la /s/ en la secuencia *-sr-* (desde su sonorización hasta su elisión total, o sus diversas realizaciones róticas) no hace sino poner de manifiesto la relativa dificultad de este grupo consonántico [→ § 15.5.3]. Desde un punto de vista articulatorio, el motivo de la complejidad es evidente: la producción de la secuencia *-sr-* requiere que se realicen dos segmentos dispares en una misma zona articulatoria y en un breve período de tiempo. A ello hay que añadir que la configuración interna de los segmentos involucrados presenta diferencias importantes en términos de rasgos (Figura 8). Así, aunque la [s] y la [r] son ambas coronales y continuas —si se adopta la caracterización de la rótica múltiple como [+continuo] que ofrece la *Nueva gramática de la lengua española* (Real Academia Española y Asociación de Academias de la Lengua Española 2011, 217)—, difieren en los valores de dos rasgos fundamentales: el rasgo [±sonante] y el rasgo laríngeo [±sonoro]. Tales diferencias provocan que, en contextos más relajados y con una velocidad de articulación rápida, el nodo Raíz de la /s/ se disocie; todo el segmento acaba por elidirse al suprimirse la unidad temporal que ocupaba (la elisión se indica con el símbolo 'Ø' en la Figura 8). En otros contextos, en cambio, tendrán lugar otras operaciones (como la propagación o la disociación de ciertos rasgos) que serán las causantes de la sonorización de la /s/ en algunos casos y, en otros, de su rotacismo. ('R' es la abreviatura correspondiente al nodo Raíz.)

- Entre palabras. La sonorización de fricativas sordas no es un fenómeno restringido a las codas en interior de palabra, sino que afecta igualmente a las codas de final de palabra (por ejemplo, en *dos más* [ˈd̪oz.ˈmas]; véanse Hualde [2014, 155]; Navarro Tomás [[1918] 1985, 108]). En estos casos de sonorizaciones entre palabras, los resultados se derivarían con la misma operación descrita en la Figura 7.

Por otra parte, en la mayoría de los dialectos las fricativas no se sonorizan entre vocales, ni en interior de palabra (*asa* [ˈa.sa]) ni entre palabras (*las alas* [la.ˈsa.las]). Sin embargo, existe una variedad realmente interesante, la del español de la Sierra de Ecuador, en la que la sonorización está activa, además de en el contexto preconsonántico hasta ahora visto (4c, d), en posición de coda intervocálica a través de linde de palabra (de 4e a 4h) (Lipski 1989) [→ § 16.3.5]. Este hecho resulta sorprendente porque el contexto intervocálico en interior de palabra no desencadena la sonorización de las fricativas (4a) y, curiosamente, tampoco se da la sonorización entre palabras cuando, en el nivel léxico, la /s/ posvocálica ocupa la posición de ataque de la segunda palabra (4i, j). Es decir, para que la sonorización intervocálica opere entre palabras, la fricativa sorda intervocálica debe ser necesariamente el último segmento de la primera palabra en el nivel léxico, independientemente de que esta se resilabee como ataque de la palabra siguiente en el nivel posléxico (de 4e a 4h).

(4)   Realizaciones de la /s/ intervocálica (Lipski 1989, 50)

a. casa	[ˈka.sa]	f. es él	[e.ˈsel]
b. este	[ˈes̬.t̬e]	g. casas altas	[ˈka.sa.ˈs̬al̩.t̬as]
c. mismo	[ˈmis̬.mo]	h. has ido	[ˈa.ˈs̬i.ð̬o]
d. las vacas	[las̬.ˈβ̞a.kas]	i. ha sido	[ˈa.si.ð̬o]
e. los otros	[lo.ˈs̬o.t̬ros]	j. no sé	[no.ˈse]

La sonorización intervocálica del español de la Sierra de Ecuador ha sido objeto de numerosos análisis fonológicos, tanto en el marco de la Fonología Autosegmental (Lipski 1989) como en el de la Teoría de la Optimidad (Bermúdez-Otero 2011; Colina 2009a; Jiménez Martínez y Lloret 2014; Strycharczuk *et al.* 2014, por citar algunos). Como señalan Jiménez Martínez y Lloret (2014), este fenómeno representa un claro ejemplo de opacidad [→ § 1.22.6]:

> que las consonantes asimiladas ocupen la posición de coda en las palabras aisladas . . . [*has* en 4h] es esencial para que se puedan sonorizar, pero esta información contextual, que justificaría la (sobre) aplicación del proceso [recuérdese que en interior de palabra no se da la sonorización intervocálica], desaparece en el resultado superficial, ya que los segmentos finales se resilabean como ataques. Por consiguiente, la mayoría de trabajos que abordan la sonorización entre palabras analizan el fenómeno por medio de versiones cíclicas o por estratos de la fonología, tanto en fonología autosegmental (Mascaró 1987; Lipski 1989) como en Teoría de la Optimidad (e.g., Jiménez Martínez 1999; Bermúdez-Otero 2001; 2006b; 2011; Bradley 2005; Bradley & Delforge 2006; Beckman & Ringen 2007; 2008), y lo hacen apelando a un estadio intermedio, problemático, en que la consonante final aparece en la coda y pierde (o no tiene) la especificación para el rasgo [±sonoro] (72).

La Tabla 10 muestra de manera esquemática la ordenación de los procesos de sonorización y silabación que es necesaria para derivar los resultados correctos en el español de la Sierra de Ecuador.

En modelos no seriales en los que no existen fases intermedias en la derivación y esta es paralela, se han propuesto otras soluciones para dar cuenta de la peculiar sonorización intervocálica de la Sierra de Ecuador. Por ejemplo, para garantizar que únicamente los ataques tengan siempre un papel prominente en todos los niveles, autores como Jiménez Martínez y Lloret (2014) han sugerido que «el mantenimiento de los rasgos en el nivel posléxico esté gobernado por restricciones paradigmáticas del tipo OUTPUT-OUTPUT(OO)-FAITHFULNESS, que exigen la igualdad superficial entre todas las ocurrencias de un mismo ítem léxico (fonología transderivacional; Benua 1997)» (73; véase también Colina 2009a).

Por último, otra cuestión problemática a la que se enfrentaron algunos análisis de la sonorización del español de la Sierra del Ecuador en los que se asumía que la sonorización era un efecto puramente fonético (Colina 2009a) fue el estatus categórico del proceso que se ha documentado en al menos algunos hablantes

Tabla 10 *Interacción entre sonorización y silabación*

Estado inicial:	[kasa]	[as] ## [ið̬o]	[a] ## [sið̬o]
Silabación léxica:	[ka.sa]	[as] ## [i.ð̬o]	[a] ## [si.ð̬o]
Sonorización en coda:	[ka.sa]	[as̬] ## [i.ð̬o]	[a] ## [si.ð̬o]
Silabación posléxica:	[ka.sa]	[a.s̬i.ð̬o]	[a.si.ð̬o]

(Strycharczuk *et al.* 2014), a pesar del carácter optativo y de la variación individual del fenómeno. Para una crítica del análisis de Colina (2009a), véase Strycharczuk *et al.* (2014).

17.5.3 Elisión de [i̯] entre vocales anteriores

En algunas variedades americanas en que /ʝ/ recibe una articulación paravocálica [i̯], este sonido suele desaparecer entre las vocales anteriores /i e/. Es el caso, por ejemplo, del español hablado por los mexicanos en Estados Unidos —según se ejemplifica en (5)—, así como de otras variedades del español de América Central y América del Sur (para las referencias concretas sobre los dialectos americanos que presentan elisión de /ʝ/, véase el § 16.5).

(5)　Elisión de /ʝ/ en hablantes de español mexicano en los Estados Unidos (Lipski 1990, 797; Ross 1980)

silla	[ˈsi.a]	sella	[ˈse.a]
grillo	[ˈgri.o]	sello	[ˈse.o]
billete	[bi.ˈe.t̬e] ~ [ˈbi̯e.t̬e]	leyes	[ˈle.es] ~ [ˈles]
patilludo	[pa.t̬i.ˈu.ð̬o] ~ [pa.ˈt̬i̯u.ð̬o]	velludo	[be.ˈu.ð̬o]
gallina	[ga.ˈi.na]	bellísima	[be.ˈi.si.ma]
bollito	[bo.ˈi.t̬o]	sellito	[se.ˈi.t̬o]
bullicio	[bu.ˈi.si̯o]		

En algunas variedades, la elisión de la fricativa /ʝ/ afecta esporádicamente a palabras como *calle, calla* o *caballo,* en las que la /ʝ/ intervocálica aparece entre secuencias de vocales no anteriores (véanse las referencias en Lipski 1990, 799). En dichas variedades, estos casos de elisión se limitan a un número restringido de voces y afectan también a otras consonantes intervocálicas en palabras específicas, por lo que deben entenderse como el resultado de un proceso general de debilitamiento activo solo en algunos vocablos concretos. Este proceso de debilitamiento general de consonantes intervocálicas y, en concreto, de la /ʝ/, no se discutirá en este apartado.

De los ejemplos presentados en (5) se puede concluir que para que la elisión ocurra no resulta decisiva la posición relativa que ocupe la /e/ o la /i/ con respecto a la /ʝ/ (compárese *silla* [ˈsi.a], donde la vocal anterior precede al segmento elidido, con *gallina* [ga.ˈi.na], donde la vocal desencadenante de la elisión aparece después de /ʝ/); el único requisito indispensable es que la /ʝ/ sea intervocálica y contigua a una de estas vocales en al menos uno de sus límites, ya sea el izquierdo o el derecho.

Desde un punto de vista fonológico, la elisión de un segmento en ataque silábico resulta *a priori* sorprendente, ya que se trata de una posición fonológica fuerte y, como tal, suele mantener las especificaciones segmentales subyacentes, al contrario de la coda silábica, posición débil que experimenta procesos de debilitamiento y borrado de rasgos en mayor medida. A esto hay que añadir que la sílaba no marcada por excelencia es aquella que se compone de una consonante y una vocal (CV) y, sin embargo, la elisión de la /ʝ/ intervocálica conlleva la alteración de esta estructura silábica en favor de otras más complejas, ya sea una sílaba con núcleo compuesto (como en *billete* [ˈbi̯e.t̬e]), ya sea una sin ataque consonántico (como en *silla* [ˈsi.a]). La tendencia universal a las sílabas con ataque (conocida como la 'maximización de ataques silábicos' [→ § 24.4.2]) se observa claramente en español, donde la finalidad de diversos procesos fonológicos es la de 'reparar' estructuras silábicas sin ataque para dotarlas precisamente de él, por ejemplo, en los casos de diptongaciones, resilabaciones o sinalefas (Colina 2009b; Harris 1983; Hualde 1991a, [1999] 2014) [→ § 24.3]. Por lo tanto, dado que el ataque silábico es una posición fonológica fuerte y, en general, las sílabas con ataque son menos marcadas que las sílabas sin ataque, tendrá que haber otros factores fonológicos que expliquen y favorezcan la elisión de este segmento intervocálico en posición de ataque. En Jiménez Martínez, Lloret y Pons-Moll (2019) se sugiere, por ejemplo, que la supresión de la fricativa intervocálica puede responder a una estrategia para minimizar el esfuerzo articulatorio, ya que con ella se consigue un perfil de sonicidad intersilábico más homogéneo (Kirchner 1998, 2004; Uffmann 2007; véase también el § 17.5.5). En el presente caso esto solo sería posible cuando las vocales adyacentes mantienen (o absorben, depende del análisis) el carácter [coronal] de la fricativa elidida.

Lipski (1990) identifica acertadamente el factor desencadenante de la elisión intervocálica de /ʝ/ en estas variedades del español de América. Según este autor, la principal motivación del borrado contextual de /ʝ/ se encuentra en el principio del contorno obligatorio [→ § 1.21.4], principio que, como ya se ha explicado (cf. § 17.4.5), prohíbe elementos idénticos adyacentes (Goldsmith 1976; Leben 1973; McCarthy 1979, 1983; Yip 1988). Este principio se formuló tras constatarse que existe una tendencia interlingüística universal que evita tonos, segmentos o rasgos idénticos adyacentes. En el caso que aquí se discute, al observar la composición interna de las vocales anteriores y de la fricativa palatal, se advierte que ambas clases de segmentos comparten, además de [+continuo] y el rasgo laríngeo [+sonoro], el rasgo [coronal] (Figura 9). En términos autosegmentales, cada rasgo ocupa un nivel específico en la representación fonológica, y el rasgo [coronal] del punto de articulación de las vocales anteriores y el de la /j/ son adyacentes, por lo que, en consecuencia, se infringe el principio del contorno obligatorio. Para evitar esta transgresión, la /j/ se elide.

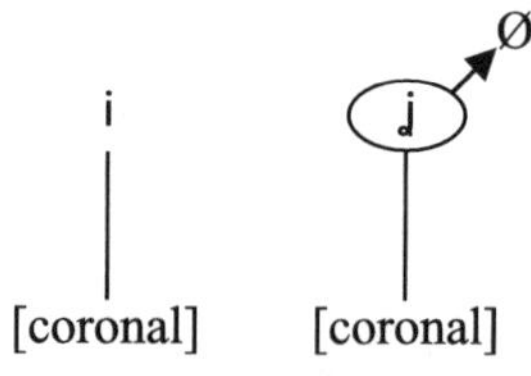

FIGURA 9. Elisión de /j/ a causa del principio del contorno obligatorio en *silla*.

En la Figura 9 la vocal que precede a la /j/ es la /i/, pero el mismo proceso se da en contacto con la /e/ (como en *sello*); asimismo, no es necesario que las vocales anteriores precedan a la /j/, sino que el proceso opera igualmente si la vocal anterior en cuestión la sucede (como en *gallina*).

17.5.4 Africación contextual de la fricativa sonora

En la mayoría de variedades del español, en posición inicial absoluta (tras pausa), después de una nasal o de la lateral /l/, la fricativa palatal sonora /j/ suele realizarse como una africada (6a), que, siguiendo a Martínez Celdrán, Fernández Planas y Carrera-Sabaté (2003), se transcribe aquí como [ĵj] (para otras transcripciones más tradicionales, véase el § 15.6.2). En el español del Río de la Plata, donde en lugar de la palatal /j/ aparece la postalveolar /ʒ/, en estas mismas posiciones se da la africada [d͡ʒ]. Como se ejemplifica en (6b), tras vocales, fricativas o róticas, aparece la variante fricativa, [j] o [ʒ] dependiendo del dialecto (Harris y Kaisse 1999; Kaisse 2011, 303; Navarro Tomás [1918] 1985, 128; Quilis [1993] 1999, 252–53; Real Academia Española y Asociación de Academias de la Lengua Española 2011, 193).

(6)   Ejemplos de la distribución de los alófonos de /j/ en español peninsular

      a. yeso   ['ĵje.so]

           un yunque   [un̠.'ĵjuŋ.ke]

           el yeso   [el̠.'ĵje.so]

           cónyuge   ['kon̠.ĵju.xe]

      b. ese yeso   ['e.se.'je.so]

           Héctor llega   ['ek.t̠or.'je.ɣa]

           calle   ['ka.je]

Como señala Quilis ([1993] 1999, 252–53), tanto la nasal como la lateral, cuando preceden a [ĵj] se palatalizan, pero «no llegan a convertirse en la nasal palatal o la lateral palatal» y, por ello, se ha considerado aquí más apropiado transcribir estos casos concretos como postalveolares ([n̠], [l̠]) para señalar que el punto de articulación de ambas consonantes se ha retrasado.

Tradicionalmente, las nasales y la lateral /l/ se han caracterizado en español como segmentos [−continuo], ya que en su producción se da una interrupción momentánea de la salida del aire: en el caso de las nasales, el bloqueo del aire se produce en el canal oral; en el caso de la lateral, el aire no se ve bloqueado en todo el canal oral, pero sí en su área mediosagital. Partiendo de ello, Harris y Kaisse (1999, 142) analizan la africación contextual de (6a) como un proceso asimilatorio, por el cual el rasgo [−continuo] de la nasal o de la lateral se propaga a la /j/ (o a la /ʒ/, dependiendo del dialecto) siguiente, con lo que se crea un segmento complejo con los rasgos de contorno [−continuo +continuo], es decir, se origina una consonante africada [ĵj] —o [d͡ʒ]— (véase el § 17.5.4). La Figura 10 ilustra más claramente la propagación de este rasgo. En relación con la representación de las africadas, este análisis viene a sustentar las tesis de aquellos autores que postularon que los rasgos [−continuo] y [+continuo] se encuentran ordenados en la configuración interna de las africadas en español (véase el § 17.4.3).

En algunas variedades, este análisis se ve reforzado por otros datos que documentan también la africación tras oclusivas, como ocurre en secuencias del tipo *Rut Yañez, la red llega* o el *jeep llega* (Harris y Kaisse 1999, 143). Asumiendo esta interpretación, sin embargo, no quedaría del todo claro por qué la rótica simple /ɾ/, que tiende a caracterizarse en la actualidad como [−continuo] (Real Academia Española y Asociación de Academias de la Lengua Española 2011, 247) [→ § 22.2.1], no causa la africación de la fricativa. Una posible explicación de que no se produzca africación tras /ɾ/ remitiría al requisito de la homorganicidad entre el segmento desencadenante de la africación y la fricativa /j/ (o /ʒ/). Obsérvese que tanto la nasal como la lateral en estos contextos presentan soluciones asimiladas postalveolares —véase la aclaración incluida tras los ejemplos de (6)—. En cambio, en este mismo contexto (antes de /j/), la rótica simple es

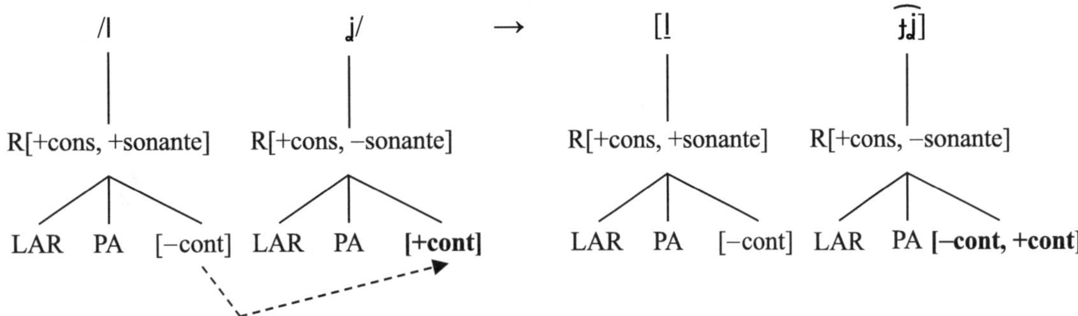

FIGURA 10. La africación planteada como propagación del rasgo [–continuo] en la secuencia *el yeso* en español peninsular (/el ǰeso/: [el.'ĵ͡ɟe.so]).

alveolar. En muchas lenguas, para que cierto proceso se aplique, el segmento desencadenante y el segmento afectado deben compartir el punto de articulación. En este caso, se podría postular, por tanto, que la expansión del rasgo [–continuo] solo tendrá lugar cuando ambos segmentos sean homorgánicos [→ § 1.6.1]. Futuras investigaciones sobre la realización fonética de estas consonantes en estos contextos posiblemente arrojarán luz sobre la validez del presente análisis.

Finalmente, para explicar la africación de /ǰ/ (o /ʒ/) en posición inicial absoluta, podría aludirse al fortalecimiento general que sufren los segmentos en esta y otras posiciones fuertes o prominentes (véase el § 17.4.2).

17.5.5 Reducción de /s/ y sus efectos en los sonidos adyacentes

En la posición prosódica débil de final de sílaba se produce una amplia gama de realizaciones de /s/, que abarca desde su preservación, su reducción y la reorganización de los distintos gestos articulatorios (aspiración, asimilación, glotalización, vocalización, rotacismo) hasta su elisión total. En algunos casos, las reducciones comportan que los sonidos adyacentes se alteren (con el alargamiento compensatorio [→ § 1.21.11] y la abertura de vocales precedentes; la aspiración, la fricativización y el ensordecimiento de las consonantes siguientes). Entre palabras, también se producen debilitamientos en posición prevocálica, aunque en mucha menor medida que en posición preconsonántica. En lo que se refiere a las consonantes fricativas, el debilitamiento de /s/ es el fenómeno más estudiado del español por la gran variación que presenta; es típico del sur de España (aunque también se produce en el centro y en el norte) y de la mayoría de las variedades americanas. Como en otros casos, para el alcance geográfico, sociolingüístico y estilístico preciso de cada fenómeno, se remite al lector a los apartados oportunos del capítulo dedicado a la variación [→ § 16.3.3, § 16.3.4] y también, entre la abundante bibliografía sobre el tema, al compendio de Samper Padilla (2001) y a las partes correspondientes de las obras generales de Quesada (2000, 74–76), Aleza y Enguita (2010, 64–68) y a la *Nueva gramática de la lengua española* (Real Academia Española y Asociación de Academias de la Lengua Española 2011, 197–203). El presente apartado se limita a ilustrar y mostrar cómo se interpretan y justifican fonológicamente los cambios que aparecen resumidos en la Tabla 11; se indica entre corchetes el subapartado concreto en que se discute cada cambio (para la asimilación de sonoridad y los resultados específicos del grupo *-sr-*, véase el § 17.5.2). En general, se comprobará que todos estos procesos se pueden explicar a partir de tres tipos de argumentos principales: a) argumentos relacionados con la debilidad inherente a la posición de coda frente a otras posiciones silábicas; b) argumentos relativos a la estructura interna y autosegmental de los segmentos; y, en algunos casos, c) argumentos relacionados con cuestiones de sonicidad y su particular distribución en la sílaba.

Para indicar la geminación consonántica se ha optado por repetir el símbolo de la consonante con el fin de poder marcar de forma clara el límite silábico y el acento ante sílabas que empiezan con la segunda parte de una consonante geminada (como en *esfera* [ef.'fe.ra]). En la bibliografía, sin embargo, las geminadas a veces se transcriben con el símbolo del AFI [ː], que representa 'largo', cuando la transcripción de la geminada no interfiere con el límite silábico ni con el acento (como, por ejemplo, en *casta* ['kat̪ːa]). En el presente capítulo, el símbolo [ː] se emplea únicamente para marcar las vocales largas (*casta* ['ka:t̪a]).

- Aspiración (variedad *a* en la Tabla 12). Un primer paso en el proceso de relajamiento de la /s/ es su aspiración ([h]), como ocurre con la /s/ preconsonántica de *casta* ['kah.t̪a], *esfera* [eh.'fe.ra] y en la final de *casas* ['ka.sah] (en algunas transcripciones, se indica el carácter más breve que puede tener la aspiración con el

Tabla 11 *Procesos fonológicos que afectan a /s/ según su posición silábica*

| | CODA | | ATAQUE | |
	FINAL DE SÍLABA INTERNA	FINAL DE PALABRA	INICIAL DE PALABRA ATAQUE POR RESILABEO	ATAQUE INICIAL
Preservación (y sonorización) (§ 17.5.2)	ca[s̠.t̠]a (mi[s̠.m]o)	amigo[s]	lo[.sa]migos (lo[.s̠a]migos)	la [.se]mana
Aspiración (y efectos adyacentes en vocales) *(a)*	ca[h.t̠]a, mi[ɦ.m]o	amigo[h] (amig[ɔh])	lo[.ha]migos, lo[.ɦa]migos de[.sa]rmar, de[.ha]rmar	la [.he]mana
Elisión (y efectos adyacentes en vocales) *(b)*	ca[.t̠]a (c[aː.t̠]a), mi[.m]o	amigo[Ø] (amig[ɔ]) la[Ø.s]alas (§ 17.5.7)	lo[.a]migos	
Asimilación *(c)*	ca[t̠.t̠]a, mi[m.m]o			
Asimilación y aspiración (o ensordecimiento) *(c)*	ca[ʰt̠.t̠]a, mi[ɦm.m]o (mi[m̥.m]o)			
Aspiración doble *(d)*	ca[h.t̠ʰ]a			
Aspiración fusionada *(d)*	ca[.t̠ʰ]a			
Africación *(e)*	ca[.t͡s]a			
Fricativización y ensordecimiento (y degeminación) *(f)*	de[θ.θ]e (de[.θ]e)			lo[θ.θ]edos (lo[.θ]edos)
Glotalización *(g)*	mi[ʔ.m]o		lo[.ʔa]migos	
Vocalización *(g)*	perro[e̞]			
Rotacismo *(h)*	mi[ɾ.m]o, mi[ɹ.m]o			

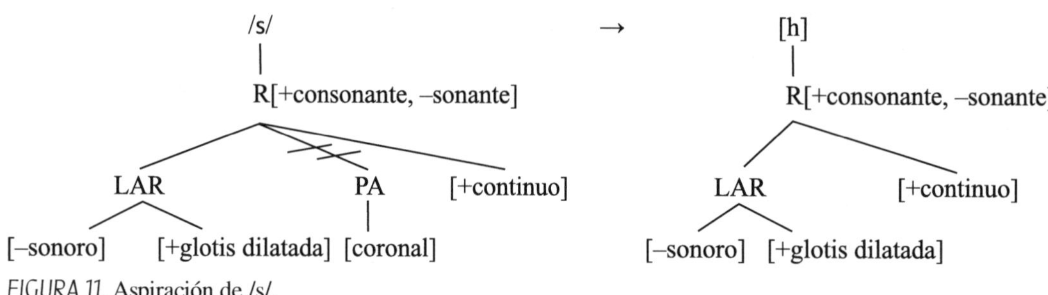

FIGURA 11. Aspiración de /s/.

símbolo [ʰ]: [ˈkaʰ.t̠a], [eʰ.ˈfe.ra], [ˈka.saʰ]). Conforme a la caracterización fonológica y a los rasgos presentados en el § 17.4, la aspiración de /s/ se interpreta como un caso de debucalización, esto es, como la pérdida (por disociación y borrado del nodo Punto de Articulación) de los rasgos de punto de articulación oral, según se muestra en la Figura 11.

Goldsmith (1981) fue el primer autor en sugerir que el paso de /s/ a [h] en español suponía el borrado de todos los rasgos orales de la /s/ y el mantenimiento de la configuración laríngea. En su análisis inicial, se hacía hincapié en el hecho de que el rasgo oral relevante que la regla de aspiración eliminaba era el autosegmento «[+coronal]». En análisis posteriores de la aspiración, según la particular organización jerárquica de los autosegmentos que se adopte, [h] acaba teniendo en su caracterización los rasgos laríngeos y el rasgo [+continuo] (como se asume en este capítulo y en la *Nueva gramática de la lengua española. Fonética y fonología*, Real Academia Española y Asociación de Academias de la Lengua Española 2011) o simplemente los rasgos laríngeos (como en Hualde 1989a).

La aspiración, como la elisión, se produce principalmente en posición implosiva de coda silábica, siendo la aspiración más habitual ante consonante —tanto en interior de palabra (*casta* [ˈkah.t̠a]) como entre palabras (*más casta* [mah.ˈkah.t̠a])— que en posición final ante pausa (*casas* [ˈka.sah]) (véanse, entre

Tabla 12 *Interacción entre aspiración y silabación*

		casas	**desarmar**	**casas altas**
a.	Estado inicial:	[[kas]as]	[des [[aɾm]aɾ]]	[[kas]as] ## [[alt]as]
	Sufijación y silabación léxica:	[ka.sas]	[des. [aɾ.maɾ]]	[ka.sas] ## [al.tas]
	Aspiración en coda:	[ka.sah]	[deh.[aɾ.maɾ]]	[ka.sah] ## [al.tah]
	Prefijación y silabación léxica:		[de.haɾ.maɾ]	
	Silabación posléxica:			[ka.sa.haḷ.ṭah]
b.	Estado inicial:	[[kas]as]	[des [[aɾm]aɾ]]	[[kas]as] ## [[alt]as]
	Sufijación y silabación léxica:	[ka.sas]	[des. [aɾ.maɾ]]	[ka.sas] ## [al.tas]
	Prefijación y silabación léxica:		[de.saɾ.maɾ]	
	Aspiración en coda:	[ka.sah]	--	[ka.sah] ## [al.tah]
	Silabación posléxica:			[ka.sa.haḷ.ṭah]
c.	Estado inicial:	[[kas]as]	[des [[aɾm]aɾ]]	[[kas]as] ## [[alt]as]
	Sufijación y silabación léxica:	[ka.sas]	[des. [aɾ.maɾ]]	[ka.sas] ## [al.tas]
	Prefijación y silabación léxica:		[de.saɾ.maɾ]	
	Silabación posléxica:			[ka.sa.sal.tas]
	Aspiración en coda:	[ka.sah]	--	[ka.sa.saḷ.ṭah]

otros, Bybee 2000; Hualde 2014, 157–60; Lipski 1984; Samper Padilla 2001; y el § 15.5.3). La aspiración ante vocal, esto es, en posición de ataque silábico, se halla mucho más limitada, y siempre comporta la aspiración (o elisión) de la /s/ implosiva. La aspiración prevocálica se presenta normalmente en el contexto posléxico de posición final de palabra seguida de palabra con vocal inicial (*los amigos* [lo.ha.ˈmi.ɣoh], *casas altas* [ka.sa.ˈhaḷ.ṭah]) y en algunas variedades (como en las andaluzas) el fenómeno se extiende a prefijos terminados en *-s* (*desarmar* [de.haɾ.ˈmaɾ]). Para explicar los casos de aspiración prevocálica se apela al orden en que se aplican los procesos fonológicos con relación a los procesos morfológicos (Harris 1983; Hualde 1989b, 1991b). En el § 14.6.4 se trata un caso análogo referente a la velarización de la nasal, y en el § 17.5.2 se abordan efectos similares en la sonorización. Para las variedades con aspiración prevocálica entre palabras (variedades *a-b* de la Tabla 12), la aspiración tiene lugar antes de la resilabación debida a la silabación posléxica ([ˈka.sah], [ˈaḷ.ṭah]) y, por tanto, transciende el límite de palabra después del resilabeo [ˈka.sa.ˈhaḷ.ṭah]). En cambio, para las variedades sin aspiración prevocálica entre palabras (variedad *c* de la Tabla 12), la aspiración actúa después de la silabación posléxica (entre palabras) y, por tanto, las codas finales de palabra que se resilabean como ataques de las sílabas iniciales de la palabra siguiente no se ven afectadas por la aspiración [ˈka.sa.ˈsaḷ.ṭah]. Del mismo modo, para explicar la aspiración o su ausencia en las palabras prefijadas se tiene que ordenar la prefijación y la resilabación concomitante después del proceso de aspiración (variedad *a* en la Tabla 12) ([deh], [aɾ.ˈmaɾ] > [de.haɾ.ˈmaɾ]) o antes del proceso de aspiración (variedad *b* en la Tabla 12) ([de.saɾ.ˈmaɾ]), o bien en lo que se denomina en la Fonología Léxica [→ § 1.18.6] regla de 'estrato morfológico 1' (o dominio que incluye la sufijación), en el primer caso, y regla de 'estrato morfológico 2' (o dominio que incluye la prefijación y la composición), en el segundo. En las tres variedades ilustradas en la Tabla 12, la aspiración nunca afecta a la /s/ léxica en ataque silábico, porque el fenómeno de aspiración ocurre tras la primera silabación derivada de la sufijación.

Algunas de las variedades que presentan aspiración en posición final de palabra seguida de palabra con vocal inicial (como en *los amigos* [lo.ha.ˈmi.ɣoh], *casas altas* [ka.sa.ˈhaḷ.ṭah]) muestran además aspiración de /s/ inicial de palabra en posición posvocálica (*la semana* [la.he.ˈma.na]), como en las hablas de Honduras y El Salvador [→ § 16.3.4].

En el habla rápida y coloquial de zonas de Andalucía e Hispanoamérica, existe aspiración de /s/ ante vocal tanto a principio como en interior de palabra; no es un fenómeno sistemático, sino que se produce de forma esporádica y se halla condicionado léxicamente —fenómeno denominado 'heheo' o 'jejeo' en la tradición hispánica—: *lo*[h] *amigos* y también *la* [h]*emana*, [h]*í* [h]*eñor*, *co*[h]*ina* (Quesada 2000, 76; Rodríguez Prieto 2008). La aspiración ante vocal es más regular cuando le sigue otra /s/ en la misma palabra, por un proceso de disimilación —*necesario* [ne.he'sa.r̞io], *y entonces ese* [i̯en.'t̪o.he.'he.se]— (Real Academia Española y Asociación de Academias de la Lengua Española 2011, 203; Rodríguez Prieto 2008, 135).

Asimismo, se han documentado realizaciones de la aspiración faríngeas (*nosotros* [no.'ħo.t̪ros] ~ [no.'ħo.t̪ro], en el habla rural de distintas zonas de España; Real Academia Española y Asociación de Academias de la Lengua Española [2011, 203]) y velares (*Cuzco* ['kux.ko] en Lima, citado en Caravedo [1996, 156]; *es que* ['ex.ke] en Madrid, citado en Hualde [2014, 159]). Aún en algunas transcripciones se recoge el carácter sonoro que puede tener la aspiración por asimilación de la sonoridad de los segmentos adyacentes, como en *mismo* ['miɦ.mo] y *desnudo* [deɦ.'nu.ð̞o] en la costa interior de Colombia (Real Academia Española y Asociación de Academias de la Lengua Española 2011, 201) y en sonorizaciones ocasionales entre vocales en andaluz oriental (*los ojos* [lo.'ɦɔ.xɔ]; Real Academia Española y Asociación de Academias de la Lengua Española [2011, 198]). Con respecto al análisis autosegmental de la sonorización, véase el § 17.5.2.

Algunos autores avanzaron la hipótesis de que el debilitamiento se inició en interior de palabra, desde donde se extendió al contexto preconsonántico en posición final de palabra (entre otros, Terrell 1979); sin embargo, ciertos estudios específicos (entre otros, Brown y Torres Cacoullos 2003 y Lipski 1984) no avalan en todos los casos esta trayectoria, por lo que parece más indicado no establecer distinciones entre las dos posibles posiciones preconsonánticas.

Alonso ([1962] 1972) ya indicó que

> hablar de *s* final de sílaba, es casi lo mismo que hablar del grupo *s* + consonante, porque tal grupo existe: *a*) en interior de palabra; *b*) cuando a la *-s* final de palabra sigue, sin pausa, otra voz que empiece por consonante. En estas condiciones es como se han originado los fenómenos que llevan hacia la pérdida de *s*, propagados luego hacia la *s* final de palabra ante pausa, y, en grado mucho menor, ante voz que empieza por vocal (75).

En la misma línea de Alonso, la mayor parte de los autores ha supuesto que la aspiración prevocálica es más tardía y que, de hecho, se trata de la extensión analógica del fenómeno, lo que Lipski (1999) atribuye a la delimitación ambigua de las palabras. Samper Padilla (2001) destaca, sin embargo, que los porcentajes de debilitamiento de /s/ no corroboran que haya uniformidad en la evolución dialectal, sino que más bien apuntan a la existencia de dos soluciones en relación con el grado de avance del proceso: a) los dialectos conservadores, que van extendiendo la aspiración de la posición preconsonántica a la prepausal y, en menor grado, a la que precede a una vocal inicial en la palabra siguiente, y b) los dialectos innovadores, que la van extendiendo de la posición preconsonántica a la prevocálica y, finalmente, a la prepausal. En el primer grupo se engloban la mayoría de las variedades con aspiración; en el segundo se inscriben, por ejemplo, algunos dialectos del Caribe, como el habla culta de La Habana, según datos de Terrell (1975). A partir de los estudios de Lipski (1984) y de Brown y Torres Cacoullos (2003), Hualde (2014) llega a la misma conclusión: «la trayectoria por la que se extiende la aspiración de un contexto a otro no es la misma en todos los dialectos» (161).

Sea cual sea el itinerario que la aspiración sigue en cada variedad, desde el punto de vista sincrónico se tiene que justificar fonológicamente su aparición en los distintos contextos como alternativa a /s/. Estructuralmente, la coda preconsonántica y la coda ante pausa son ambas posiciones débiles desde el punto de vista fonológico, por lo que es coherente que [h] se prefiera antes que [s] en posición implosiva, pues comporta una simplificación articulatoria debida a la reducción de gestos (véase el § 17.3.2). Por otra parte, la presencia de aspiración en posición intervocálica se puede justificar de manera independiente (y no analógica) si se presume que, para las variedades en las que la aspirada muestra una distribución muy amplia, [h] se comporta fonológicamente más como una aproximante que como una fricativa, porque garantiza una transición intersilábica de sonicidad más suave que la [s] (recuérdese que las aproximantes presentan un grado de sonicidad elevado, más próximo al de las vocales que al de las fricativas). Este es el argumento, por ejemplo, al que acuden Kirchner (1998, 2004) para justificar la tendencia a la espirantización de las oclusivas sonoras, y Uffmann (2007), para explicar la gama de elementos epentéticos que prefieren las lenguas. Su tesis es que, en las secuencias 'vocal-consonante-vocal', las lenguas muestran una clara preferencia por segmentos intervocálicos más sonantes para garantizar una transición suave; desde esta perspectiva, [h] (aproximante) es mejor transición que [s] (fricativa). Cabe destacar que esta interpretación continúa siendo compatible con la justificación de la aspiración en la coda, puesto que [h] aproximante también sería mejor coda que la fricativa [s] por el principio de dispersión de sonicidad, presentado en el § 17.3.2.

La aspiración, como la elisión, puede provocar en las vocales adyacentes ciertos efectos, que se analizan en el punto siguiente.

- Elisión y efectos adyacentes en vocales (variedad *b* en la Tabla 12). En la relajación de la pronunciación de /s/ la aspiración precede a la elisión total, por lo que se supone que las variedades con predominio de la elisión son las más innovadoras: el andaluz oriental, las hablas de Panamá y, especialmente, de la República Dominicana. A diferencia de la aspiración, la elisión es mucho más habitual en posición final de palabra (*casas* ['ka.sa] es más frecuente que ['ka.sah]) que ante consonante (*casta* ['kah.t̪a] es más frecuente que ['ka.t̪a]), aunque esta distinción se pierde en las variedades donde el proceso de elisión se encuentra avanzado; ante palabra que empieza por vocal también es más frecuente la elisión que la aspiración (*casas altas* ['ka.sa.'al̪.t̪a] es más frecuente que ['ka.sa.'hal̪.t̪ah]), si bien los dialectos más conservadores con tasas elevadas de sibilancia muestran la variante sibilante [→ § 1.6.3] en esta posición (véanse, entre otros, Samper Padilla 2001; Vida 2004, 22–23). A pesar de que la función gramatical de /s/ como único marcador del morfema de plural en la flexión nominal (como en *casas* frente a *casa*) y de segunda persona del singular en la flexión verbal (como en *tienes* frente a *tiene*) puede incidir en el mayor porcentaje de mantenimiento, en algunos estudios específicos se ha confirmado que esta hipótesis funcional solo se puede mantener cuando aparecen en el contexto otras marcas que evitan la ambigüedad (Donni de Mirande 1991; Dohotaru 2000; López Morales 1983; Samper Padilla 1990, 2001; Vida 2004, 25–27). Otro factor estructural que en algunas variedades (como en las del Caribe, Chile, Canarias y Andalucía occidental) desfavorece el debilitamiento es la presencia de una vocal tónica al comienzo de la palabra que sigue a /s/ a final de palabra (en *más alta* la elisión de *-s* es menos frecuente que en *más adelante*; véanse Lipski [1984] y Samper Padilla [2001]).

De acuerdo con los rasgos y la caracterización fonológica presentados en el § 17.4, la elisión de /s/ se interpreta como un caso de disociación y borrado de todos sus rasgos (desde el nodo Raíz, por tanto). En el proceso puede perderse completamente la unidad temporal —representada por la posición 'X' en las Figuras 12 y 13— que ocupa la fricativa (*casta* ['ka.t̪a]) o bien, como en algunas variedades del español del Caribe, se puede provocar el alargamiento compensatorio de la vocal precedente por extensión de todos los rasgos de la vocal a la unidad temporal de la fricativa original (*casta* ['ka:.t̪a], *casas* ['ka.sa:]). Ello origina pares mínimos [→ § 1.17.1] diferenciados únicamente por la duración de las vocales, como en *pasta* ['pa:.t̪a] frente a *pata* ['pa.t̪a] o en *casas* ['ka.sa:] frente a *casa* ['ka.sa]. En algunas variedades la compensación vocálica es sistemática en posición preconsonántica, pero no se produce en posición final, como sucede en el habla rápida de Cuba según los datos de Hammond (1986) y las observaciones de Núñez Cedeño (1988): *busque* ['bu:.ke] frente a *buque* ['bu.ke]; *busques* ['bu:.keh] frente a *buques* ['bu.keh]. La Figura 12 ilustra la elisión total y la Figura 13, la compensación vocálica. (Para conocer los detalles del análisis y de la extensión del alargamiento compensatorio, véase el § 4.4.4).

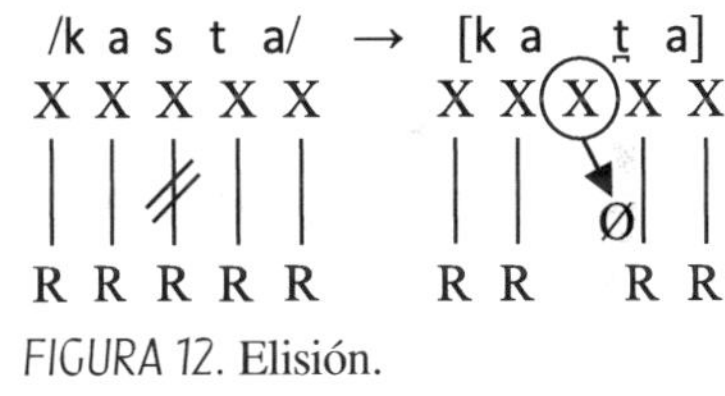

FIGURA 12. Elisión.

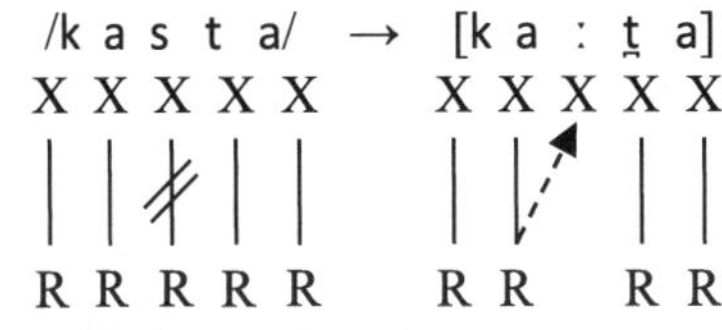

FIGURA 13. Alargamiento compensatorio.

En las variedades del andaluz oriental, la aspiración y la posterior elisión de la fricativa final de palabra conllevan la modificación de las vocales precedentes: todas las vocales se abren (aunque algunos autores, como Zubizarreta [1979] y Llisterri y Poch [1986], han cuestionado la relevancia de la abertura en las vocales altas /i u/) y, en el caso de /a/, además su punto de articulación se adelanta. De esta manera, -/as/ resulta en -[æh] ~ -[æ]; -/es/ en -[ɛh] ~ -[ɛ]; -/os/ en -[ɔh] ~ -[ɔ]; -/is/ en -[ɪh] ~ -[ɪ] y -/us/ en -[ʊh] ~ -[ʊ]. A causa de las pronunciaciones en las que la fricativa se elide por completo, se crean pares mínimos diferenciados exclusivamente por el timbre de las vocales, como ocurre en *vas* ['bæ] frente a *va* ['ba], *ves* ['bɛ] frente a *ve* ['be], *los* ['lɔ] frente a *lo* ['lo], *mis* [mɪ] frente a *mi* [mi], *tus* [tʊ] frente a *tu* [tu]. En el caso de las vocales no altas (/a e o/), su abertura desencadena además la armonía vocálica de, como mínimo, la vocal tónica precedente, como en *asas* ['æ.sæ] frente a *asa* ['a.sa], *nenes* ['nɛ.nɛ] frente a *nene* ['ne.ne], *monos* ['mɔ.nɔ] frente a *mono* ['mo.no]. Para más detalles sobre la extensión y el análisis de la armonía vocálica del andaluz, véase el § 4.4.5.

Existe un contexto de elisión de /s/ preconsonántica no relacionado con la aspiración. Se trata de la posible elisión de /s/ final de palabra ante otra /s/ inicial de palabra en las variedades que mantienen el alófono sibilante en posición de coda, fenómeno que se aborda en el § 17.5.7.

- Asimilación y efectos concomitantes (variedad *c* en la Tabla 12). Otro resultado derivado del debilitamiento de la /s/ preconsonántica en variedades con aspiración es su asimilación total a la consonante siguiente, por propagación regresiva de los rasgos de la consonante del ataque; ello da lugar a una consonante geminada. Este cambio se documenta tanto ante consonantes sordas —*casta* [ˈkat̪.t̪a], *asco* [ˈak.ko], *esfera* [ef.ˈfe.ra]) como sonoras (*desde* [ˈd̪ed̪.d̪e], *rasgo* [ˈrag.go], *isla* [ˈil.la], *mismo* [ˈmim.mo]— (véanse, entre otros, Alarcos [1950] 1965; Gerfen 2001, 2002; Hualde 1989a; Martínez-Gil 2012; Mondéjar 1991; Morris 2000; Rodríguez-Castellano y Palacio 1948; Romero Gallego 1995; Zamora Vicente [1960] 1967). Es interesante destacar que estas asimilaciones pueden originar pares mínimos diferenciados por la duración de la consonante, como en *costa* [ˈkot̪.t̪a] frente a *cota* [ˈko.t̪a], *caspa* [ˈkap.pa] frente a *capa* [ˈka.pa], *pesca* [ˈpek.ka] frente a *peca* [ˈpe.ka]. Este tipo de asimilación total se puede analizar como la disociación de todos los rasgos de la fricativa original (desde el nodo Raíz, por tanto) y la propagación regresiva de todos los rasgos de la consonante siguiente, tal como se ilustra en la Figura 14.

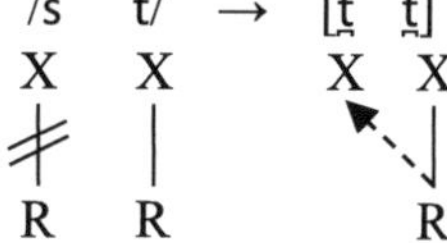

FIGURA 14. Asimilación total (/kasta/: [ˈkat̪.t̪a]).

A veces, la asimilación no se produce de manera total, sino que perdura un resto de la fricativa en forma de una breve aspiración (*casta* [ˈkaʰt̪.t̪a]) o del ensordecimiento parcial de la primera fase de la geminada (*mismo* [ˈmim̥.mo], *isla* [ˈil̥.la]); pueden verse a este respecto, entre otros, Navarro Tomás ([1918] 1985, 110), Hualde (1989a) o Gerfen (2002). En algunas variedades, según sean las combinaciones particulares, se producen resultados distintos. Así, en el español de las Islas Canarias la /s/ ante oclusiva sorda se aspira (*casta* [ˈkah.t̪a]), pero ante oclusiva sonora se asimila completamente (*desde* [ˈd̪ed̪.d̪e]) (Trujillo 1981). En general, sin embargo, existe mucha variación, con hablas en las que se simultanean las distintas soluciones apuntadas [→ § 15.5.3, § 16.3.3]. En la *Nueva gramática de la lengua española* (Real Academia Española y Asociación de Academias de la Lengua Española 2011, 200), por ejemplo, en relación con la /s/ implosiva de Nuevo México se documentan tanto las soluciones con mantenimiento inalterado de la fricativa como pronunciaciones sonorizadas, aspiradas y geminadas: *isla* [ˈis.la] ~ [ˈiṣ.la] ~ [ˈih.la] ~ [ˈil.la].

Las pronunciaciones con preaspiración o ensordecimiento parcial suponen un reto para los modelos fonológicos autosegmentales porque, como se explicó anteriormente (véase el § 17.4), cuando se produce una propagación desde el nodo Raíz, todos los rasgos deberían extenderse a la vez. De hecho, la complejidad fonética de estas articulaciones se plasma ya en las distintas interpretaciones de los resultados que dan los estudiosos. Por poner un ejemplo, en el caso de las oclusivas algunos autores (como Hualde 1989a, 39; 2014, 160) entienden que las consonantes resultantes son 'oclusivas geminadas preaspiradas', mientras que otros (como Gerfen 2002) consideran la breve aspiración como parte final de la vocal, es decir como 'la realización de una vocal aspirada' (en inglés, *breathy voiced vowel*) [→ § 1.5.6]. En el estudio de Gerfen (2002) sobre la aspiración ante consonante del andaluz oriental, se demuestra la relación inversa existente entre el alargamiento de la vocal y el de la consonante: cuanto más se prolonga la parte consonántica correspondiente a la aspiración de /s/, más disminuye el alargamiento de la vocal precedente, de manera que se produce un efecto compensatorio entre la geminación consonántica, la aspiración de la vocal y el alargamiento de la vocal. Gerfen (2002) —y también Torreira (2007)— concluye que estas fusiones parciales de rasgos son implementaciones fonéticas que no se pueden representar adecuadamente en los modelos fonológicos cuyas unidades básicas de análisis son los fonemas, por lo que propone reanalizarlas en el marco del modelo de la Fonología Articulatoria de Browman y Goldstein (1986, 1989) [→ § 1.23.1]. En este modelo, los gestos articulatorios son las unidades básicas de análisis y ello hace posible representar la superposición de los

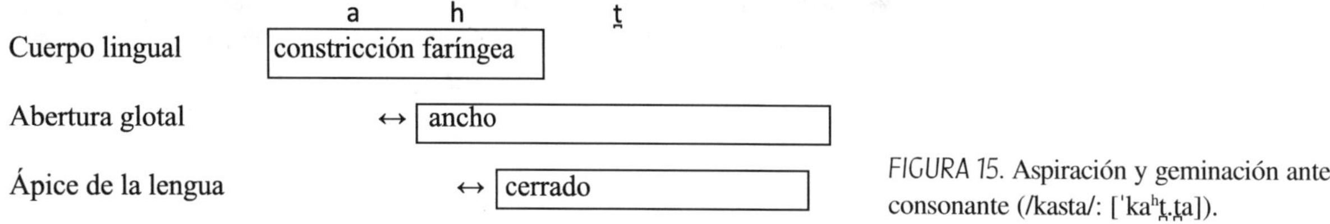

FIGURA 15. Aspiración y geminación ante consonante (/kasta/: [ˈkaʰt̪.t̪a]).

gestos que se produce en fusiones como las presentes, tal como se ilustra en la Figura 15 (tomada de Gerfen [2002, 268]) en relación con la pronunciación de *casta* con una oclusiva geminada preaspirada.

A pesar de las limitaciones de los modelos autosegmentales, Hualde (1989a) propone un análisis geométrico para estas variantes que, en este apartado, servirá de base para formalizar el proceso de preaspiración de las oclusivas y el ensordecimiento parcial de las sonantes. Tal formalización recoge, en parte, tesis presentes en Gerfen (2002) y en Núñez Cedeño ([1999a] 2014). Así, por un lado, se asumirá que en la preaspiración ante oclusivas geminadas se da una realización concreta de una geminada compleja, idea que ya se insinuaba en Gerfen (2002, 273). Por otro lado, siguiendo a Núñez Cedeño ([1999a] 2014, 129–34), aquí se presupone que un segmento puede adquirir un rasgo del segmento adyacente por asimilación, sin la concomitante pérdida del rasgo original opuesto (Núñez Cedeño [[1999a] 2014, 130] propone esta configuración, por ejemplo, para el rasgo [±sonoro] en las pronunciaciones parcialmente ensordecidas de *absorber* [aβ^φ.sor.ˈβeɾ] o parcialmente sonorizadas de *étnico* [ˈet̪ᵈ.ni.ko]). En línea con estas ideas, aquí se propone analizar tanto las oclusivas geminadas preaspiradas (*casta* [ˈkaʰt̪.t̪a]) como las sonantes geminadas parcialmente ensordecidas (*mismo* [ˈmim̥.mo]) como geminadas complejas compuestas por dos caracterizaciones laríngeas opuestas: por un lado, la especificación laríngea original de la fricativa, que se mantiene en la primera parte de la geminada y se propaga a la segunda consonante —el paso 1 de las Figuras 16 y 17— antes de que se produzca la disociación completa de rasgos desde el nodo Raíz —el paso 2 de las Figuras 16 y 17—, y, por otro, la especificación laríngea que corresponde a la segunda consonante. Según esta interpretación, las denominadas geminadas preaspiradas son oclusivas geminadas con una primera parte [+glotis dilatada], que deriva de la fricativa original, y una segunda parte [–glotis dilatada], que se corresponde con el valor no marcado (representado entre paréntesis) de la oclusiva sorda no aspirada original (Figura 16).

Por su parte, las geminadas parcialmente ensordecidas son sonantes con una primera parte [–sonoro], correspondiente a la fricativa original, y una segunda parte [+sonoro], correspondiente al valor no marcado (representado entre paréntesis) de la consonante sonante original (Figura 17).

En definitiva, según esta propuesta, ambos tipos de segmentos constituyen geminadas complejas con rasgos de contorno ordenados, tal como postularon Sagey (1986) para las africadas en relación con el rasgo [±continuo] (véase el § 17.4.3) y Riehl y Cohn (2011, 570) para las oclusivas geminadas prenasalizadas en relación con el rasgo [±nasal].

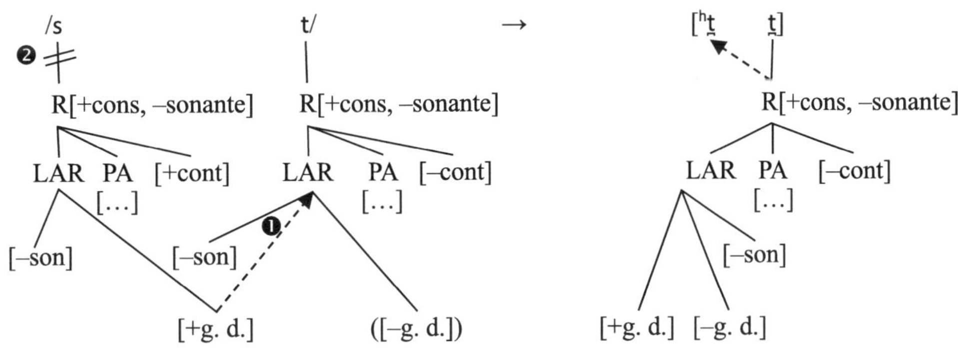

FIGURA 16. Geminada oclusiva preaspirada (/kasta/: [ˈkaʰt̪.t̪a]).

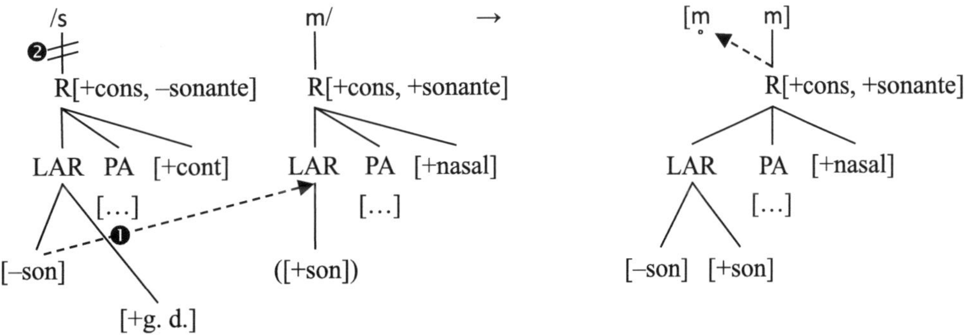

FIGURA 17. Geminada nasal parcialmente ensordecida (/mismo/: [mim̥.mo]).

El análisis autosegmental anterior permite, alternativamente, derivar la breve aspiración ante oclusiva como postaspiración en la vocal precedente, en consonancia con la propuesta de Gerfen (2002); para ello, el rasgo [+glotis dilatada] se tiene que propagar hacia la vocal precedente. Obsérvese que este sería el único análisis viable para las aspiraciones derivadas de la asimilación total de las oclusivas ante /s/ (como en andaluz oriental, *cápsula* /kapsula/: ['kahs.su.la]; Gerfen [2002, 272]): tras la asimilación total de la oclusiva a /s/ —por disociación de todos los rasgos de la oclusiva, desde el nodo Raíz, y la propagación regresiva de los rasgos de la fricativa—, el rasgo [+glotis dilatada] de la fricativa geminada resultante se difunde hacia la vocal precedente, como se muestra de forma simplificada en la Figura 18. Cabe recordar, sin embargo, que, según se ha avanzado en el § 17.4.2, la aspiración de /s/ no está estrictamente ligada a la presencia de una vocal precedente porque también se produce tras nasal (en el español de Cuba, por ejemplo, en *in*[h]*tituto*), aspecto que el análisis propuesto en este capítulo recoge sin problemas.

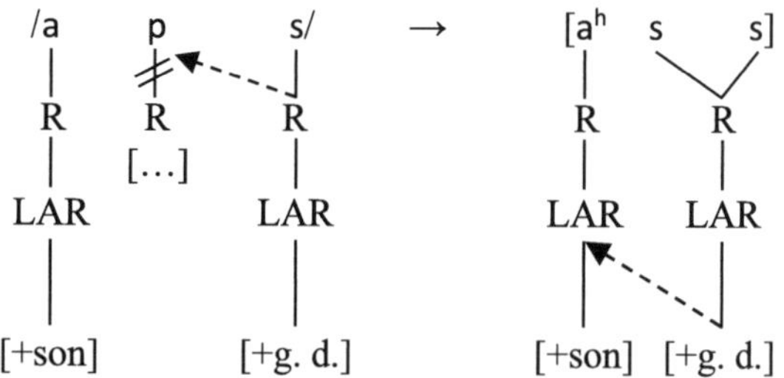

FIGURA 18. Asimilación y aspiración posvocálica (/kapsula/: ['kaʰs.su.la]).

Finalmente, obsérvese que el análisis autosegmental propuesto también da cuenta de la preaspiración sonora ante oclusiva sonora (*rasgo* ['raᶠg.go]): una vez se ha propagado el rasgo [+glotis dilatada] de la fricativa original a la consonante siguiente (el paso 1 de la Figura 19), la disociación de los rasgos de /s/ desde el nodo Raíz (el paso 2 de la Figura 19) y la posterior propagación regresiva de todos los rasgos de la oclusiva dan como resultado una oclusiva geminada sonora preaspirada, según se muestra en la Figura 19. La misma configuración serviría para la interpretación preaspirada ante nasal geminada sonora que hacen algunos autores: *mismo* ['miᶠm.mo], *isla* ['iᶠl.la] (Núñez Cedeño [1999a] 2014, 151). Sobre la extensión de la sonoridad a la aspiración, véase, entre otros, Martínez Celdrán (2016).

- Oclusiva aspirada (variedad *d* en la Tabla 12). La aspiración de /s/ preconsonántica puede provocar simultáneamente la aspiración de la oclusiva siguiente, como en andaluz oriental *casta* ['kah.t̪ʰa] (Gerfen 2002; Torreira 2007; Vaux 1998). Para estos casos de doble aspiración —o de pre- y postaspiración— se supone que con la debucalización de /s/ —por disociación y borrado de los rasgos de punto de articulación oral— sus rasgos laríngeos ([−sonoro] y [+glotis dilatada]) se mantienen, de modo que se convierte en una [h], y su rasgo [+glotis dilatada] se expande a la consonante siguiente, generando una oclusiva sorda aspirada (véase la Figura 5 del § 17.4.4, que se reproduce con más detalle más adelante, en la Figura 20). Un resultado más simple que el anterior es el que implica la elisión de la fricativa, con borrado de rasgos desde la Raíz (el paso 2 de la Figura 21) y elisión total del segmento (el paso 3 de la Figura 21), tras la aspiración de la oclusiva siguiente, esto es, después de que el rasgo [+glotis dilatada] se haya propagado a la oclusiva (el paso 1 de la Figura 21): *casta* ['ka.t̪ʰa]. Estas realizaciones son más recientes y se han documentado, por ejemplo, en zonas del andaluz occidental (Torreira 2007).

- Africación (variedad *e* en la Tabla 12). En el caso específico de la /s/, otro resultado posible del contacto con la oclusiva dental sorda es la fusión de los dos segmentos que da lugar a una africada —en algunas variedades del andaluz occidental, *casta* /kasta/ > ['ka.t͡sa], representado también como ['ka.tˢa] por algunos autores— (Moya

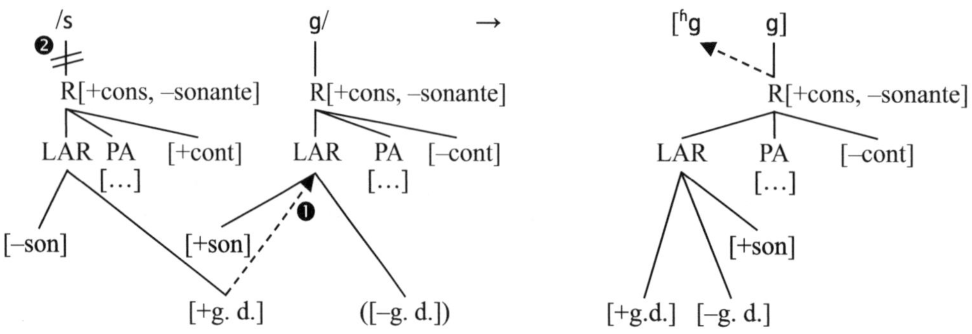

FIGURA 19. Geminada oclusiva sonora preaspirada (/rasgo/: ['raᶠg.go]).

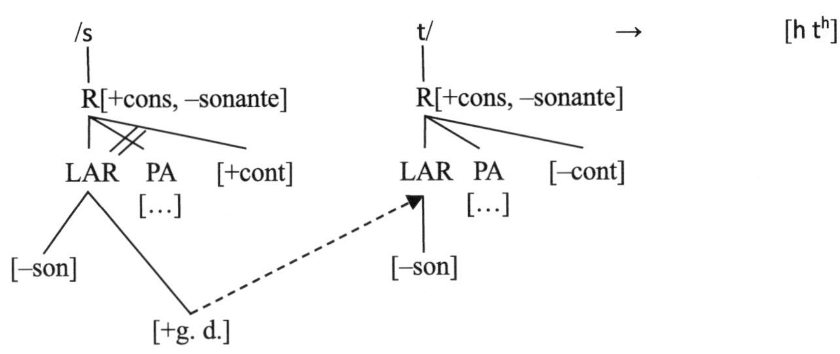

FIGURA 20. Aspiración y propagación del rasgo [+glotis dilatada] (/kasta/: [ˈkah.t̪ʰa]).

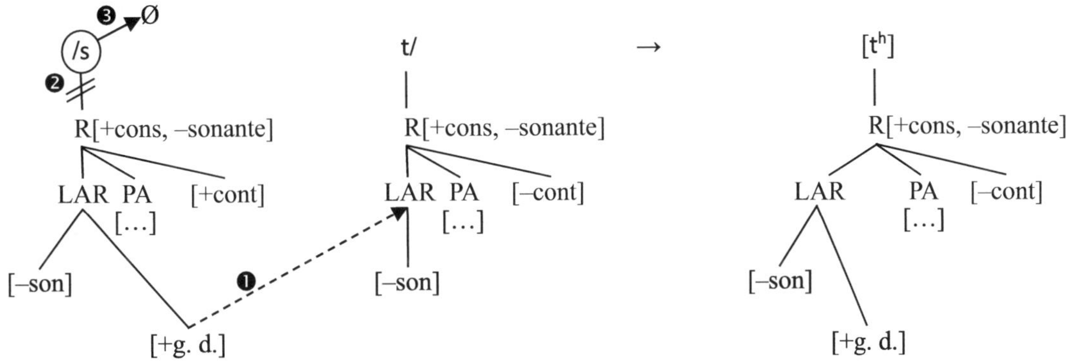

FIGURA 21. Propagación del rasgo [+glotis dilatada] y elisión (/kasta/: [ˈka.t̪ʰa]).

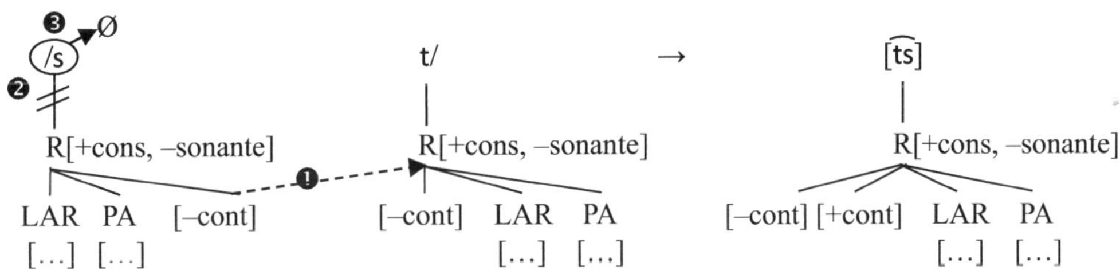

FIGURA 22. Propagación del rasgo [–continuo] y elisión (/kasta/: [ˈka.t͡sa]).

Corral 2007; Vida 2015). Esta pronunciación se documenta como una alternativa reciente a la postaspiración con elisión (*casta* [ˈka.t̪ʰa]; Figura 21). Se puede interpretar que ambos fenómenos son el resultado de un proceso de resilabación de la /s/ implosiva original, «por el cual dicho segmento pasa a ocupar la posición de ataque de la sílaba siguiente dando lugar a dos variantes, una postaspirada y otra africada» (Vida 2015, 447).

En la representación de la africada como un segmento complejo con los rasgos de contorno [–continuo +continuo], la africación resulta de la propagación del rasgo [+continuo] de la fricativa original a la oclusiva siguiente (el paso 1 de la Figura 22). Para que emerja un único segmento africado, la fusión debe comportar la disociación y el borrado del segmento implosivo (los pasos 2 y 3 de la Figura 22). Nótese que, si se presupone que los rasgos de contorno están ordenados, la reorganización de los gestos articulatorios se complica más al tenerse que reordenar los valores del rasgo [±continuo] para obtener la secuencia [–continuo +continuo].

En el estudio de carácter fonético de Vida (2015) sobre el español de hablantes con instrucción superior en la ciudad de Málaga, se aportan datos acústicos que demuestran que la africada resultante es un solo segmento en posición de ataque, y no una secuencia de oclusiva en posición de coda seguida de fricativa en posición de ataque (la [t͡s] resultante de la africación del grupo -*st*- en *castillo,* por ejemplo, es aún más breve que la [t͡ʃ] léxica de *cachillo*). Para diferenciar los dos tipos de africadas, Lloret y Martínez-Paricio (2020) proponen, en el marco autosegmental del Modelo de las Estructuras Paralelas (Morén-Duolljá 2003), interpretar las léxicas como segmentos de contorno (con dos nodos de modo secuenciales) y las derivadas del grupo -st- como segmentos complejos con doble articulación (con rasgos no ordenados dependientes de un único nodo de modo). En cualquier caso, como apunta Vida (2015), la africación «supone una solución óptima ya que permite la realización de una sílaba abierta sin perder sustancia fónica» (450). Es decir, frente a la aspiración fusionada (*pasta* [ˈpa.t̪ʰa]), la africación (*pasta* [ˈpa.t͡sa]), preponderante en los hablantes más jóvenes, permite mantener la sibilante del grupo léxico original y continuar evitando la confusión de pares mínimos como *pasta* y *pata,* que tendría lugar si se produjera la solución mayoritaria en esta variedad en los otros contextos de /s/ implosiva, esto es, la mera elisión de /s/ preconsonántica; con ambas soluciones se evita, pues, la reducción de *pasta* y *pata* a [ˈpa.t̪a].

- Fricativización y ensordecimiento (variedad *f* en la Tabla 12). En amplias zonas del sur de España y en la costa de Colombia, la aspiración de /s/ ante oclusiva sonora puede llegar a provocar la fricativización y el ensordecimiento de la oclusiva (véanse, entre otros, Hualde 1989a, 2014, 160; Montes 1996, 136; Moreno Fernández 1996, 217; Navarro Tomás [1918] 1985, 110; Real Academia Española y Asociación de Academias de la Lengua Española 2011, 200-201; Zamora Vicente [1960] 1967, 72) [→ § 16.3.3]. Tal proceso se da en interior de palabra, con simplificación del grupo en el sur de España: *desván* [d̪e.ˈɸan], *desde* [ˈd̪e.θe], *disgusto* [d̪i.ˈhuh.t̪o] (Real Academia Española y Asociación de Academias de la Lengua Española 2011, 200). También ocurre en sintagmas nominales entre el artículo plural y el nombre que le sigue, con mantenimiento de la aspirada (como en la costa de Colombia: *las vacas* [lah.ˈɸa.ka]; Montes [1996, 136]), o con formación de fricativas sordas geminadas (como en andaluz oriental: *las botas* [læɸ.ˈɸɔ.t̪æ], *los dedos* [lɔθ.ˈθɛ.ɔ], *los gatos* [lɔx.ˈxa.t̪ɔ]; Hualde [2014, 160]), que pueden simplificarse (como en el habla de Albacete: *las bolas* [la.ˈɸo.lah], *los días* [lo.ˈθi.ah], y en la secuencia *más grande* [ˈma.ˈhraɲ.d̪e]; Moreno Fernández [1996, 217]).

Hualde (1989a, 40–42) propone un análisis autosegmental de estos fenómenos que incluye los siguientes cambios ordenados: en primer lugar, según este autor, se produce la espirantización de las oclusivas sonoras por extensión del rasgo [+continuo] desde la fricativa implosiva (por ejemplo, /sb/ pasa, en esta primera fase intermedia, a /sβ/); en segundo lugar, se produce la aspiración de /s/ implosiva por pérdida de sus rasgos orales (/sβ/ pasa, en la siguiente fase intermedia, a /hβ/); en tercer lugar, el punto de articulación de la segunda consonante se propaga regresivamente a la aspirada (/hβ/ pasa, en una nueva fase intermedia, a /ɸβ/); a continuación, el nodo Laríngeo de la primera consonante se propaga progresivamente a la segunda —después de la disociación y del borrado de su nodo Laríngeo— (/ɸβ/ pasa a [ɸɸ]) y, finalmente, en las variedades que simplifican las geminadas resultantes, se produce la disociación de los rasgos de la primera parte de la geminada con borrado de su unidad temporal ([ɸ]). Adaptando el análisis derivacional de Hualde a la geometría aquí empleada, las Figuras 23–25 presentan esquemáticamente los tres posibles resultados. En la Figura 23, tras la debucalización de /s/ (por disociación y borrado del nodo Punto de Articulación) y la pérdida de los rasgos laríngeos y del rasgo [–continuo] de la oclusiva, se produce la propagación progresiva de los rasgos laríngeos y del rasgo [+continuo] de la fricativa implosiva hacia la oclusiva, lo que da lugar a una secuencia de aspirada seguida de fricativa sorda ([h.ɸ]). En la Figura 24, tras los cambios anteriores, se disocian y se borran los rasgos de la fricativa implosiva (desde el nodo Raíz) para dar paso a la propagación regresiva de todos los rasgos de la fricativa ensordecida,

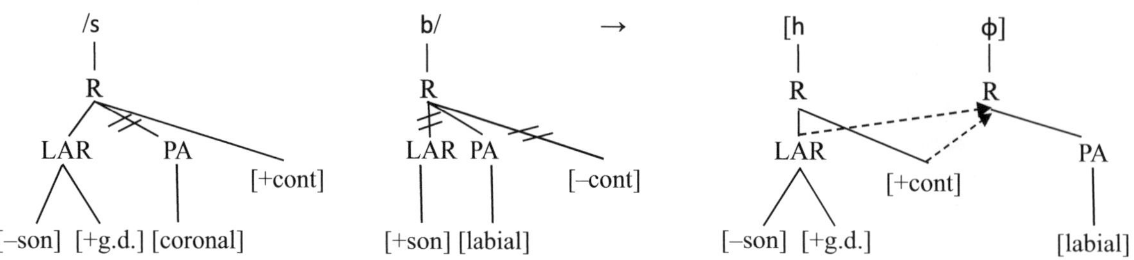

FIGURA 23. Aspiración y fricativización + ensordecimiento (/las bakas/: [lah.ˈɸa.ka]).

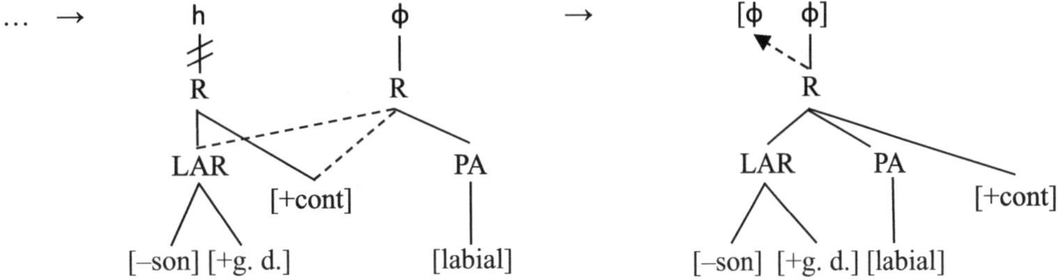

FIGURA 24. Fricativización + ensordecimiento y asimilación total (/las botas/: [læɸ.ˈɸɔ.t̪æ]).

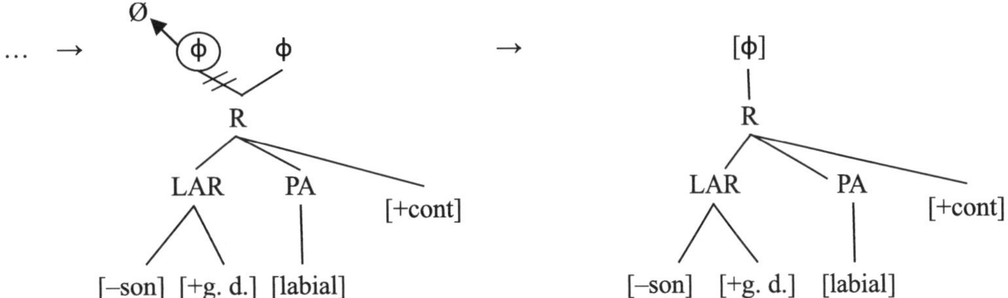

FIGURA 25. Fricativización + ensordecimiento y degeminación (/desban/: [d̪e.ˈɸan]).

como si se tratara de un alargamiento compensatorio consonántico por pérdida de la aspirada implosiva, con el resultado de una fricativa sorda geminada ([ɸ.ɸ]). En la Figura 25, la degeminación ([ɸ]) se interpreta como la disociación de los rasgos de la fricativa implosiva y el borrado total del segmento, tal como sucede con la elisión en el contacto de fricativas idénticas (§ 17.5.7).

- Glotalización y vocalización (variedad *g* en la Tabla 12). En algunas variedades, la /s/ preconsonántica puede realizarse como una oclusión glotal ante consonante sonora, como en la República Dominicana (*mismo* [ˈmiʔ.mo]; Real Academia Española y Asociación de Academias de la Lengua Española [2011, 201]) o en Nicaragua (*Dios mío* [d̪joʔ.ˈmi.o]; Lipski [1989]). La glotalización puede extenderse a la posición final ante palabra iniciada por vocal, como en ciertas zonas de Andalucía: *las iglesias* [la.ʔi.ˈɣle.s̪jah] (Real Academia Española y Asociación de Academias de la Lengua Española 2011, 200). Entre palabras, el proceso a veces se ve limitado ante vocal inicial tónica, como en Nicaragua y en el noroeste de Costa Rica: *los indios* [loʔ.ˈin̪.d̪joh], pero *los animales* [lo.ha.ni.ˈma.leh] (Quesada 1991, 74; 1996, 104). En el mismo contexto, Valentín-Márquez (2006) ha documentado en el habla puertorriqueña de los adolescentes (*tres años* [t̪ɾe.ˈʔa.ɲo]), especialmente entre las mujeres, una glotalización reciente que el autor atribuye al contacto con el inglés.

Cabe señalar que, en la bibliografía consultada en relación con los ejemplos de Costa Rica, el límite silábico se sitúa tras la glotal: «[loʔˈin̪d̪joh]» (Quesada 1996, 104); «[loʔ.ˈin̪.d̪ios]» (Real Academia Española y Asociación de Academias de la Lengua Española 2011, 201). Con respecto al puertorriqueño, Valentín-Márquez (2006, 329) discute específicamente esta cuestión y, basándose en los espectrogramas obtenidos, concluye que fonéticamente la oclusión glotal forma sílaba con la vocal inicial de la palabra siguiente, si bien afirma que, al no tratarse de un fonema de la lengua, su aparición ayuda a distinguir palabras (véanse en el § 17.5.2 algunas interpretaciones similares relacionadas con la sonorización intervocálica de /s/ entre palabras).

El análisis autosegmental de la glotalización consiste en la disociación y el borrado de los rasgos de la fricativa original, y la posterior inserción de los rasgos que caracterizan la oclusión glotal, que, como la aspirada, no tiene punto de articulación, sino tan solo rasgos laríngeos ([–sonoro] y el rasgo no distintivo en español [+constricción de glotis]; véase el § 17.4.4) y el rasgo [–continuo]. Desde esta perspectiva, por medio de la glotalización se reducen también los gestos articulatorios, puesto que la glotal es la mínima expresión de una consonante oclusiva ([–continuo]). En la Figura 26 se ha optado por mantener el nodo Raíz con las especificaciones originales de /s/ como [+consonante] y [–sonante] y el rasgo laríngeo [–sonoro], que se conservan en la oclusión glotal, y disociar los demás rasgos. La inserción del rasgo [–continuo] podría explicarse

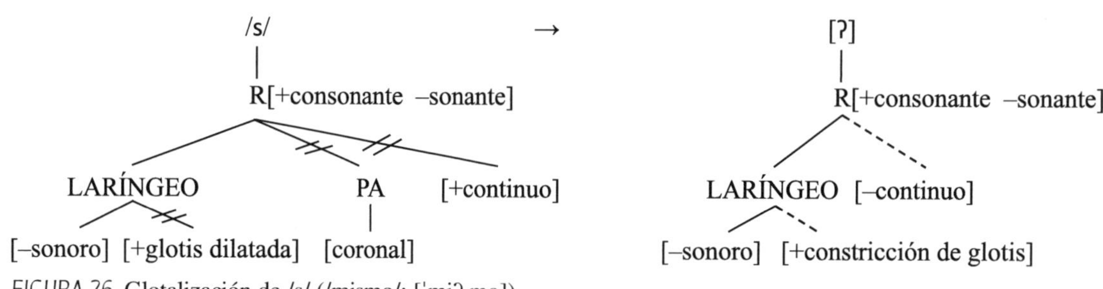

FIGURA 26. Glotalización de /s/ (/mismo/: ['miʔ.mo]).

aludiendo a cuestiones de marcadez, al ser este el valor menos marcado en las obstruyentes. Obsérvese, sin embargo, que, desde el punto de vista de la geometría de rasgos, el cambio a oclusiva glotal no queda siempre justificado por el entorno: se puede derivar el rasgo [–continuo] de la nasal en ejemplos como ['miʔ.mo], pero no se puede hacer lo mismo intervocálicamente (en [la.ʔi.ˈɣle.si̯ah], por ejemplo).

Asimismo, en zonas de Castilla-La Mancha (especialmente en la parte occidental de Toledo) se documentan casos de vocalización de /s/ final: se trata del «desarrollo de un elemento vocálico como consecuencia del debilitamiento de la sibilante, que lleva a las realizaciones [péɾoe] para *perros* y [dóhbeyótae] para *dos bellotas*» (Moreno Fernández 1996, 218). En la vocalización de la fricativa aparece una vocal que, si bien Moreno Fernández transcribe como [e], en el *Atlas lingüístico (y etnográfico) de Castilla-La Mancha* (García Mouton y Moreno Fernández 2003) aparece aparece siempre transcrita como [ᵉ] o [ᵊ] (por ejemplo, en el mapa FON-30: *dos perros* «[dóʰ péɾoᵉ]», «[dóʰ péɾoᵊ]», «[dóʰ péɾoᵊ]», «[dóʰ péɾoᵊʰ]», entre otros resultados). Se deduce, pues, que es una vocal no marcada que forma un diptongo decreciente con la vocal precedente (['pe.ro̯e], sin resilabeo). Como en los casos de glotalización, el análisis autosegmental de la vocalización no es muy explicativo —no refleja el motivo del cambio—, sino que representa meramente la disociación y el borrado de los rasgos de la fricativa original y la posterior inserción de los que caracterizan la paravocal [e̯] emergente. Este cambio mejora el perfil de sonicidad de la coda dado que, por el principio de dispersión de la sonicidad expuesto en el § 17.3.2, en esta posición silábica se prefieren segmentos de mayor sonicidad; en concreto, mediante la vocalización se pasa de una fricativa a una aproximante, que presenta un grado de sonicidad más elevado.

- Rotacismo (variedad *h* en la Tabla 12). Para terminar, otro fenómeno que afecta a la /s/ preconsonántica es el rotacismo, es decir, su paso a rótica simple [ɾ], que en ocasiones suele realizarse como aproximante [ɹ] (*mismo* [ˈmiɹ.mo], *ascenso* [aɹ.ˈθen.so]; Navarro Tomás [[1918] 1985, 111]). El rotacismo es frecuente en zonas de Castilla-La Mancha y se da con especial intensidad ante consonante dental, sobre todo ante /d/ o /θ/ (*los dientes* [loɾ.ˈð̞i̯en̪.t̪es], *las zarzas* [laɾ.ˈθaɾ.θas]; Moreno Fernández [1996, 218]). Desde el punto de vista aerodinámico, Solé (2010) apunta la posibilidad de que el rotacismo de la /s/ constituya una estrategia para esquivar la dificultad de mantener las condiciones aerodinámicas precisas para producir una fricción audible en posición final de sílaba. Esta autora sugiere que la pérdida de turbulencia facilitaría la reinterpretación del gesto apical sin fricción remanente como una rótica simple, pronunciada como alguno de los alófonos posibles en el sistema fonológico de cada variedad (Solé 2010, 303).

  Desde la perspectiva fonológica, el rotacismo de la /s/ comporta fundamentalmente un cambio en el grado de sonicidad de la coda, puesto que se pasa de una fricativa a una consonante con un grado de sonicidad más elevado (esto es, a una líquida [ɾ] o a una aproximante [ɹ]). De este modo se mejora, igual que en el caso de las vocalizaciones, el perfil de sonicidad de la coda (véase el § 17.3.2). Nótese sin embargo que, aunque el detonante del paso de /s/ a [ɾ] o [ɹ] pueda atribuirse a la sonicidad, esto no es fácil de formalizar en un análisis autosegmental, puesto que el paso a [+sonante], y específicamente a [ɾ] o [ɹ], no se deriva del contexto.

En este extenso apartado dedicado a los fenómenos relacionados con la reducción de /s/, se ha comprobado cómo la mayoría de los procesos están condicionados por la posición silábica que ocupa la fricativa (la posición débil de coda) y por el contexto en que aparece (los cambios comportan mayoritariamente la propagación de rasgos de segmentos adyacentes). Ha resultado muy útil acudir a la geometría de rasgos del modelo autosegmental para fundamentar cambios contextuales; no obstante, restan algunos cambios sin motivación aparente (la glotalización, la vocalización y el rotacismo, por ejemplo) y otros para los que los detalles fonéticos no se han recogido de forma completamente satisfactoria (como la sincronización de la geminación consonántica, la aspiración de la vocal y el alargamiento de la vocal en la preaspiración ante consonante o la africación). Tampoco se deriva directamente del modelo autosegmental el hecho de que la reducción se prefiera en la posición prosódica débil de coda; en cambio, se ha resuelto satisfactoriamente la transferencia de algunos de estos cambios a la posición de ataque por resilabeo, recurriendo a la ordenación de los procesos fonológicos por niveles (léxico y posléxico). Como en otros campos de la investigación, con los años han ido surgiendo modelos alternativos que pretenden dar respuestas a las deficiencias anteriores, como el de la Fonología Articulatoria [→ § 1.23] propuesto por Browman y Goldstein (1986, 1989), mencionado en el § 16.2.1, que da mejor cuenta de la resincronización de ciertos gestos articulatorios, o, en el marco del paradigma autosegmental, el Modelo de las Estructuras Paralelas (Morén-Duolljá 2003), que, como se ha mencionado antes, puede explicar más satisfactoriamente la africación. Otras teorías fonológicas recientes como la Teoría de la Optimidad se han decantado, en cambio, por convertir los principios generales en la esencia de su análisis, mediante una gramática compuesta por restricciones universales que se ordenan de forma distinta según las lenguas y sus variedades específicas.

Por lo que se refiere a la reducción de /s/, en la Teoría de la Optimidad se explica que en la coda se prefieran segmentos máximamente reducidos mediante la intervención, por ejemplo, de la restricción *CODA/PA (que penaliza en posición de coda los segmentos que tienen rasgos de punto de articulación, y concede así preferencia a [h] implosiva frente a [s] implosiva), y se atribuye la tendencia a la elisión de los segmentos en esta posición a la acción de la restricción más general *CODA (que penaliza la existencia de codas en general, y otorga con ello preferencia, en posición implosiva, a la elisión sobre la debucalización en forma de [h]). A su vez, la CONDICIÓNCODA (que prohíbe las consonantes en las codas a menos que estén asociadas a una consonante siguiente, como ocurre, por ejemplo, en las consonantes dobles) justifica que, en posición preconsonántica, la geminación aparezca como una alternativa habitual.

Por otra parte, el rotacismo y la vocalización se explican por la tendencia a preferir codas con segmentos más sonantes, según la jerarquía universal '*CODA/Oclusiva >> *CODA/Fricativa >> *CODA/Nasal >> *CODA/Líquida >> *CODA/Aproximante', que se presentaría en orden inverso para la posición de ataque.

Finalmente, la glotalización se atribuye, como en el caso de la aspiración, al efecto de *CODA/PA sumado, en coda preconsonántica (por ejemplo, en [ˈmiʔ.mo]), a las consecuencias de CONDICIÓNCODA (que en el ejemplo anterior favorece que [−continuo] se comparta con la nasal siguiente) y, en ataque, al alcance de la jerarquía universal que da cuenta de la preferencia por las oclusivas en esta posición ('*ATAQUE/Aproximante >> [. . .] >> *ATAQUE/Oclusiva'), como ya sugirió Valentín-Márquez (2006, 330).

Para el análisis de los fenómenos relacionados con la reducción de /s/ en la Teoría de la Optimidad —que incluye, además de las restricciones de marcadez aquí citadas, las relativas a la fidelidad [→ §1.22]—, véanse, entre otros, Colina (2002, 2009b, 73–93), Martín Butragueño (2008), Morris (2000), Shepherd (2003) y Vida (2004). El lector interesado en conocer hasta qué punto este modelo puede dar cuenta de la variabilidad en la pronunciación de /s/ implosiva y de qué mecanismos dispone para hacerlo, puede consultar, por ejemplo, Lloret (2014), Martín Butragueño (2014) y Vida (2004).

17.5.6 Reducción de /θ/

Como en la variedad distinguidora del centro y norte de España normalmente se mantiene la pronunciación sibilante de la /s/ implosiva, la interdental /θ/ implosiva también suele preservarse en esta posición —*mezcla* [ˈmeθ.kla], *cruz* [ˈkruθ]—. Cuando /θ/ va seguida por una consonante sonora, suele sonorizarse —*juzgar* [xuð̞.ˈɣaɾ], *cruz bendita* [ˈkruð̞.β̞eɳ.ˈd̪i.t̪a]— y, ante vocal inicial de palabra, con la que suele resilabearse, presenta un carácter variable —*cruz anclada* [ˈkru.ð̞aɳ.ko.ˈɾa.ð̞a]— (véase el § 17.5.2). En La Mancha y en el habla de Madrid también se ha documentado el rotacismo de la /θ/, similar al de la /s/ y que actúa especialmente ante consonante sonora —*en vez de* [em.ˈbeɾ.ð̞e], *los lunes* [loɾ.ˈlu.nes]; Hualde (2014, 156)— (véase el § 17.5.5).

En algunas variedades andaluzas, extremeñas y cántabras que distinguen entre /s/ y /θ/, la aspiración afecta a ambas fricativas, por lo que la /θ/ también puede reducirse a [h] en posición final (por ejemplo, en *nuez* [ˈn̥ueh] cf. *nueces* [ˈn̥ue.θeh]) y en posición preconsonántica (*Orozco* [o.ˈroh.ko]), e incluso la aspirada puede sonorizarse en algunos casos (*hazme* [ˈaɦ.me]) (Zamora Vicente [1960] 1967, 72; véase el § 17.5.5). En el *Atlas lingüístico (y etnográfico) de Castilla-La Mancha* (García Mouton y Moreno Fernández 2003) también se recoge ocasionalmente algún caso de elisión final, como en *codorniz* [ko.ð̞oɾ.ˈni] (mapa FON-26) y *perdiz* [peɾ.ˈð̞i] (mapa FON-24) en localidades de Toledo y Ciudad Real (véase el § 17.5.5). Finalmente, también se han documentado casos de vocalización de la /θ/ (como de la /s/) final en localidades de Toledo, como en *voz* ['boẹ], *arroz* [a.'roẹ], *luz* ['luẹ], (García Mouton y Moreno Fernández [2003], mapas FON-52, FON-53, FON-70, respectivamente; Moreno Fernández [1996, 218]; véase el § 17.5.5*g*).

17.5.7 Elisión en el contacto de fricativas idénticas

En las variedades que mantienen la /s/ en posición de coda, la /s/ puede elidirse (o fusionarse, según el análisis que se proponga) a final de palabra en contacto con otra palabra que empiece por /s/ (por ejemplo, en *las salas*). Así, según la velocidad de elocución [→ § 1.5.5], una secuencia como *las salas* [la.'sa.las] (sin reducir: [las.'sa.las]) puede acabar siendo homófona con *las alas* [la.'sa.las]. En la *Nueva gramática de la lengua española* (Real Academia Española y Asociación de Academias de la Lengua Española 2011, 331) se encuentran más ejemplos de este tipo. La elisión no suele afectar en la misma medida al contacto entre otras fricativas idénticas. De esta forma, si bien en las variedades distinguidoras pueden oírse realizaciones simplificadas cuando dos /θ/ se encuentran adyacentes (*haz zuecos* ['a.'θụe.kos]; Alarcos [[1950] 1965, 158]) y de /x/ adyacentes en las hablas que pronuncian esta consonante ocasional en final de palabra (*reloj japonés* [re.'lo.xa.po.'nes]), no suele ocurrir lo mismo en el contacto de /f/ adyacentes (por ejemplo, [f.f] en *un chef famoso* frente a [f] en *un Che famoso*). Navarro Tomás ([1918] 1985) considera que, aunque la duración no sea igual que la de la suma de las dos consonantes, se pronuncian «como si se tratase de una sola consonante relativamente larga y repartida entre las dos sílabas inmediatas» (175), de manera que distingue la pronunciación de *más obran* ['ma.'so.βran] de la de *más sobran* ['mas.'so.βran] (176). Sin embargo, Alarcos ([1950] 1965) ya apunta que «en la conversación ordinaria este alargamiento es imperceptible» (158–59n13).

Las simplificaciones en el contexto de elementos adyacentes idénticos son muy comunes en las lenguas del mundo y, como se ha explicado en el § 17.5.3, se considera que se desencadenan por la acción del principio del contorno obligatorio. En el caso del que aquí se trata, la simplificación evita la secuencia de /s/ adyacentes aunque, como se ha expuesto en el § 17.5.5 (Figura 25), en algunas variedades con reducción de /s/ implosiva tal reducción puede afectar de manera sistemática otras secuencias de fricativas idénticas.

17.6 Conclusiones

En este capítulo se ha presentado la descripción fonológica de las consonantes fricativas y africadas del español atendiendo a tres cuestiones fundamentales: a) sus pautas distribucionales, b) su composición interna en términos de rasgos distintivos y c) los procesos fonológicos en los que participan. Asimismo, se han establecido los principales inventarios fonológicos dialectales del español en función de la presencia (o ausencia) en ellos de los fonemas fricativos y africados (sistema distinguidor frente a sistemas no distinguidores; véase la Tabla 3).

En cuanto a la distribución de las fricativas y las africadas (Tabla 4), se ha visto que existen diversos factores prosódicos que motivan sus principales limitaciones distribucionales. Por un lado, la oposición fuerte-débil establecida entre las posiciones silábicas de ataque (fuerte) y coda (débil) permite explicar que en esta última posición actúen un mayor número de restricciones. Asimismo, la oposición fuerte-débil que existe entre la posición final absoluta (fuerte) y la preconsonántica (débil) justifica, de nuevo, la mayor cantidad de restricciones presentes en posición preconsonántica. Por otro lado, los principios de sonicidad relativos a la organización intrasilábica de los segmentos explican la preferencia por determinadas combinaciones en el ataque y en la coda. Con todo, se ha tenido que apelar a la complejidad fónica para limitar ciertas combinaciones, y al carácter prosódico excepcional de *s* para explicar la mayor libertad combinatoria y distributiva que presenta este segmento.

En lo que respecta a la caracterización fonológica de los principales fonemas fricativos del español /f/, /s/, /x/, /ĵ/ —y /θ/, en las variedades distinguidoras— (Tabla 9), el análisis pormenorizado de su estructura interna ha permitido concluir que todos ellos comparten tres rasgos: [+consonante], [−sonante] y [+continuo]. Estos rasgos los definen como clase natural, diferenciándolos de las consonantes sonantes ([+sonante]), de las oclusivas orales y nasales (ambas [−continuo]) y de las vocales ([−consonante]). La africada /t͡ʃ/ también comparte estos tres rasgos, con el matiz de que, además, en lo que respecta a los rasgos del modo de articulación, debe definirse como un segmento complejo con los rasgos de contorno [−continuo +continuo]. Dicha especificación plasma tanto las dos fases articulatorias y acústicas —de interrupción y fricación— propias de este segmento, como su actividad y distribución fonológica particulares. A excepción de la fricativa sonora /ĵ/ (/ʒ/ en el español del Río de la Plata), cuyo valor fonológico se discute en la bibliografía, los segmentos aquí analizados son todos sordos ([−sonoro]). Se ha visto además que, por el comportamiento fonológico de las fricativas sordas en español, estas quedan mejor caracterizadas con el rasgo adicional [+glotis dilatada]. Por lo tanto, los rasgos del punto de articulación son los que en español sirven para singularizar a cada segmento dentro de la serie fricativa y africada: así, la labiodental /f/ se ha definido como [labial]; la velar /x/ como [dorsal]; la alveolar /s/, la interdental /θ/ y la postalveolar /tʃ/ como [coronal] y, por último, la palatal /ʝ/ posee la doble articulación [coronal dorsal]. Para diferenciar los fonemas fricativos coronales sordos /s/ y /θ/ en las variedades distinguidoras, se ha propuesto que se podía emplear el rasgo [+estridente] (la alveolar es [+estridente] y la interdental, [−estridente]), aunque se ha señalado que, alternativamente, podría recurrirse al rasgo de articulación [±distribuido], dependiente de [coronal].

Finalmente, en cuanto a la participación de las fricativas en procesos fonológicos sincrónicos, se ha constatado que /s/ (y /θ/) es el fonema que se ve implicado en un mayor número de procesos —la mayoría de debilitamiento, especialmente en posición de coda—, sobre todo si se tiene en cuenta toda la variedad geosociolectal que afecta a la realización de este fonema. Dichos procesos de debilitamiento abarcan desde su reducción articulatoria hasta su elisión total. Se ha observado que, aunque posiblemente de naturaleza fonética, en todas las fricativas sordas en posición de coda y, por tanto, también en /s/ y /θ/ son frecuentes los casos de sonorización, así como las asimilaciones y las variaciones en el punto de articulación de algunas fricativas por influencia de las vocales que las siguen. Por último, se han analizado dos fenómenos contextuales, de elisión y africación, que afectan específicamente a /ʝ/. La mayoría de los procesos se han explicado en términos autosegmentales, con base en la geometría de rasgos e incorporando principios fonológicos que propician o bloquean determinados cambios. En algún caso, los procesos analizados han aportado pruebas a favor de determinadas representaciones, como la africación y el carácter complejo con rasgos de contorno de la africada o la elisión de /ʝ/ y la doble articulación de la palatal. Estas representaciones se han generalizado a otros segmentos de difícil caracterización fonológica, como son las variantes preaspiradas y parcialmente ensordecidas de las geminadas resultantes del debilitamiento de /s/ preconsonántica. A pesar de todo ello, se ha visto que, en diversas ocasiones, mediante el análisis autosegmental no se puede expresar de forma manifiesta la verdadera motivación del cambio fonológico. En los últimos años han surgido modelos alternativos que, con formalismos distintos, pretenden dar cuenta de estas limitaciones, algunos más orientados a incorporar las causas fonéticas y otros más inclinados a promover e integrar las generalizaciones fonológicas. Los futuros análisis tendrán que resolver las carencias explicativas de los planteamientos aquí expuestos y valorar los nuevos formalismos propuestos en su justa medida.

Agradecimientos

Las dos autoras han contribuido por igual en la confección del capítulo, por lo que el orden de firma sigue criterios alfabéticos. La investigación se ha llevado a cabo en el marco de los proyectos FFI2016-76245-C3-3-P y PID2020 113971GB-C21, financiados por el MCIN/AEI/10.13039/501100011033 del Gobierno de España. La segunda autora se ha beneficiado además de la Ayuda postdoctoral Juan de la Cierva Formación (FJCI-2015-24202). Agradecemos los comentarios de Jesús Jiménez Martínez y de los editores de la obra a la primera versión del trabajo.

Referencias bibliográficas

Alarcos, Emilio. (1950) 1965. *Fonología española*. 4.ª ed. aumentada y revisada. Madrid: Gredos.

Aleza, Milagros y José María Enguita, eds. 2010. *La lengua española en América: normas y usos actuales*. Valencia: Universitat de València.

Alonso, Dámaso. (1962) 1972. «Sobre la -s final de sílaba en el mundo hispánico». En *Obras completas. Vol. 1: estudios lingüísticos peninsulares*, 73–82. Madrid: Gredos.

Alonso-Cortés Manteca, Ángel. 1993. «Clasificación fonológica de /s/ en español: consecuencias para la teoría fonológica.» *Revista de Filología Románica* 10: 85–106.

Archangeli, Diana. 1984. «Underspecification in Yawelmani Phonology and Morphology». Tesis de doctorado, Massachusetts Institute of Technology. http://hdl.handle.net/1721.1/15440. Reed., Nueva York: Garland, 1988.

Beckman, Jill N. 1997. «Positional Faithfulness, Positional Neutralisation and Shona Vowel Harmony». *Phonology* 14 (1): 1–46. https://doi.org/10.1017/S0952675797003308.

Beckman, Jill N. y Catherine O. Ringen. 2009. «A Typological Investigation of Evidence for [sg] in Fricatives». Presentado en 17th Manchester Phonology Meeting, Mánchester, Reino Unido, mayo.

Benua, Laura. 1997. «Transderivational Identity: Phonological Relations between Words». Tesis de doctorado, University of Massachusetts Amherst. https://doi.org/10.7282/T34F1PK3.

Bermúdez-Otero, Ricardo. 2006. «Morphological Structure and Phonological Domains in Spanish Denominal Derivation». En *Optimality-Theoretic Studies in Spanish Phonology*, editado por Fernando Martínez-Gil y Sonia Colina, 278–311. Ámsterdam: John Benjamins. https://doi.org/10.1075/la.99.11ber.

———. 2011. «Cyclicity». En *The Blackwell Companion to Phonology. Vol. 4: Phonological Interfaces*, editado por Marc van Oostendorp, Colin J. Ewen, Elizabeth V. Hume y Keren Rice, 2019–48. Malden: Wiley-Blackwell. https://doi.org/10.1002/9781444335262 .wbctp0085.

Blevins, Juliette. 1993. «Klamath Laryngeal Phonology». *International Journal of American Linguistics* 59 (3): 237–79. https://doi.org/10 .1086/466198.

———. 2004. *Evolutionary Phonology. The Emergence of Sound Patterns*. Cambridge: Cambridge University Press. https://doi.org/10.1017 /CBO9780511486357.

———. 2015. «Evolutionary Phonology: A Holistic Approach to Sound Change Typology». En *The Oxford Handbook of Historical Phonology*, editado por Patrick Honeybone y Joseph Salmons, 485–500. Oxford: Oxford University Press. https://doi.org/10.1093 /oxfordhb/9780199232819.013.006.

Bonet, Eulàlia. 2006. «Gender Allomorphy and Epenthesis in Spanish». En *Optimality-Theoretic Studies in Spanish Phonology*, editado por Fernando Martínez-Gil y Sonia Colina, 312–38. Ámsterdam: John Benjamins. https://doi.org/10.1075/la.99.12bon.

Boyd-Bowman, Peter. 1952. «La pérdida de vocales átonas en la altiplanicie mexicana». *Nueva Revista de Filología Hispánica* 6 (2): 138–40. https://doi.org/10.24201/nrfh.v6i2.3163.

Browman, Catherine P. y Louis M. Goldstein. 1986. «Towards an Articulatory Phonology». *Phonology Yearbook* 3: 219–52. https://doi.org /10.1017/S0952675700000658.

———. 1989. «Articulatory Gestures as Phonological Units». *Phonology* 6 (2): 201–51. https://doi.org/10.1017/S0952675700001019.

Brown, Esther L. y Rena Torres Cacoullos. 2003. «Spanish [s]: A Different Story from Beginning (Initial) to End (Final)». En *A Romance Perspective on Language Knowledge and Use. Selected Papers from the 31st Linguistic Symposium on Romance Languages (LSRL). Chicago 19–22 April 2001*, editado por Rafael A. Núñez Cedeño, Luis López y Richard Cameron, 21–38. Ámsterdam: John Benjamins. https://doi.org/10.1075/cilt.238.05bro.

Buckley, Eugene L. (1992) 1994. *Theoretical Aspects of Kashaya Phonology and Morphology*. Stanford: CSLI Publications.

Bybee, Joan L. 2000. «Lexicalization of Sound Change and Alternating Environments». En *Acquisition and the Lexicon. Papers in Laboratory Phonology V*, editado por Michael B. Broe y Janet B. Pierrehumbert, 250–68. Cambridge: Cambridge University Press.

Caravedo, Rocío. 1996. «Perú». En *Manual de dialectología hispánica. El español de América*, editado por Manuel Alvar, 152–68. Barcelona: Ariel.

Catalán, Diego. 1964. «Nuevos enfoques de la fonología española». *Romance Philology* 18 (2): 178–91.

Cho, Young-mee Yu y Sharon Inkelas. 1994. «Major Class Alternations». En *The Proceedings of the Twelfth West Coast Conference on Formal Linguistics (WCCFL 12)*, editado por Erin Duncan, Donka Farkas y Philip Spaelti, 3–18. Stanford: CSLI Publications.

Chomsky, Noam y Morris Halle. (1968) 1991. *The Sound Pattern of English*. Cambridge, MA: MIT Press. Trad. parcial de José Antonio Millán, *Principios de fonología generativa*, editado por José Antonio Millán y Pilar Calvo. Madrid: Fundamentos, 1979.

Clements, George N. 1985. «The Geometry of Phonological Features». *Phonology Yearbook* 2: 225–52. https://doi.org/10.1017 /S0952675700000440.

———. 1990. «The Role of the Sonority Cycle in Core Syllabification». En *Between the Grammar and Physics of Speech. Papers in Laboratory Phonology I*, editado por John Kingston y Mary E. Beckman, 283–333. Cambridge: Cambridge University Press. https://doi .org/10.1017/CBO9780511627736.017.

———. 1999. «Affricates as Noncontoured Stops». En *Proceedings of the Fourth International Linguistics and Phonetics Conference (LP'98). Item Order in Language and Speech*, editado por Osamu Fujimura, Brian D. Joseph y Bohumil Palek, 1:271–99. Praga: Karolinum Press.

———. 2006. «The Feature [strident]». Manuscrito no publicado. Centre National de la Recherche Scientifique, París.

Clements, George N. y Elizabeth V. Hume. 1995. «The Internal Organization of Speech Sounds». En *The Handbook of Phonological Theory*, editado por John A. Goldsmith, 245–306. Oxford: Blackwell.

Colina, Sonia. 1999. «Reexamining Spanish Glides: Analogically Conditioned Variation in Vocoid Sequences in Spanish Dialects». En *Advances in Hispanic Linguistics. Papers from the 2nd Hispanic Linguistics Symposium*, editado por Javier Gutiérrez-Rexach y Fernando Martínez-Gil, 1:121–34. Somerville: Cascadilla Press.

———. 2002. «Interdialectal Variation in Spanish /s/ Aspiration: The Role of Prosodic Structure and Output-to-Output Constraints». En *Structure, Meaning, and Acquisition in Spanish. Papers from the 4th Hispanic Linguistics Symposium*, editado por James F. Lee, Kimberly L. Geeslin y J. Clancy Clements, 230–43. Somerville: Cascadilla Press.

———. 2003. «The Status of Word-Final [e] in Spanish». *Southwest Journal of Linguistics* 22 (1): 87–108.

———. 2009a. «Sibilant Voicing in Ecuadorian Spanish». *Studies in Hispanic and Lusophone Linguistics* 2 (1): 3–30. https://doi.org/10 .1515/shll-2009-1034.

———. 2009b. *Spanish Phonology. A Syllabic Perspective*. Washington D. C.: Georgetown University Press.

D'Introno, Francesco, Enrique del Teso y Rosemary Weston. 1995. *Fonética y fonología actual del español*. Madrid: Cátedra.

Dohotaru, Puica. 2000. «Elisión de -/s/ morfemática y monomorfémica en el habla de universitarios habaneros». En *Estudios lingüísticos cubanos*, editado por Milagros Aleza, 1:27–63. Valencia: Universitat de València.

Donni de Mirande, Nélida Esther. 1991. «El segmento fonológico /s/». En *Variación lingüística en el español de Rosario*, de Nélida Esther Donni de Mirande, Carmen Sánchez Lanza, Susana H. Boretti de Macchia y María Cristina Ferrer de Gregoret, 21–43. Rosario: Universidad Nacional de Rosario, Consejo de Investigaciones.

Flores, Tanya L. 2016. «Velar Palatalization in Chilean Public Speech». *Glossa. A Journal of General Linguistics* 1 (1): 1–17. https://doi.org/10.5334/gjgl.105.

Foley, James A. 1970. «Phonological Distinctive Features». *Folia Linguistica. Acta Societatis Linguisticae Europaeae* 4 (1–2): 87–92. https://doi.org/10.1515/flin.1970.4.1-2.87.

García Mouton, Pilar y Francisco Moreno Fernández, eds. 2003. «Atlas lingüístico (y etnográfico) de Castilla-La Mancha». Recurso en línea. http://www.linguas.net/alecman/.

Gerfen, Chip. 2001. «A Critical View of Licensing by Cue: Codas and Obstruents in Eastern Andalusian Spanish». En *Segmental Phonology in Optimality Theory. Constraints and Representations*, editado por Linda Lombardi, 183–205. Cambridge: Cambridge University Press. https://doi.org/10.1017/CBO9780511570582.007.

———. 2002. «Andalusian Codas». *Probus. International Journal of Latin and Romance Linguistics* 14 (2): 247–77. https://doi.org/10.1515/prbs.2002.010.

Goldsmith, John A. 1976. «Autosegmental Phonology». Tesis de doctorado, Massachusetts Institute of Technology. http://hdl.handle.net/1721.1/16388. Reed., Nueva York: Garland, 1979.

———. 1981. «Subsegmentals in Spanish Phonology: An Autosegmental Approach». En *Linguistic Symposium on Romance Languages, 9*, editado por William W. Cressey y Donna Jo Napoli, 1–16. Washington D. C.: Georgetown University Press. Trad. y ed. de Juana Gil en *Panorama de la fonología española actual*, 336–71. Madrid: Arco/Libros, 2000.

Grammont, Maurice. 1933. *Traité de phonétique*. París: Delagrave.

Greenberg, Joseph H. 1966. *Language Universals. With Special Reference to Feature Hierarchies*. La Haya: Mouton. Reed., Berlín: de Gruyter Mouton, 2010. https://doi.org/10.1515/9783110899771.

Hall, T. Alan. 1997. *The Phonology of Coronals*. Ámsterdam: John Benjamins. https://doi.org/10.1075/cilt.149.

Halle, Morris. 1959. *The Sound Pattern of Russian. A Linguistic and Acoustical Investigation*. La Haya: Mouton. Reed., Berlín: de Gruyter Mouton, 2011. https://doi.org/10.1515/9783110869453.

———. 1992. «Phonological Features». En *International Encyclopedia of Linguistics*, editado por William Bright, 3:207–12. Oxford: Oxford University Press.

———. 1995. «Feature Geometry and Feature Spreading». *Linguistic Inquiry* 26 (1): 1–46.

Halle, Morris, Bert Vaux y Andrew Wolfe. 2000. «On Feature Spreading and the Representation of Place of Articulation». *Linguistic Inquiry* 31 (3): 387–444. https://doi.org/10.1162/002438900554398.

Halle, Morris y Jean-Roger Vergnaud. 1980. «Three Dimensional Phonology». *Journal of Linguistic Research* 1 (1): 83–105.

Hammond, Robert M. 1986. «En torno a una regla global en la fonología del español de Cuba». En *Estudios sobre la fonología del español del Caribe*, editado por Rafael A. Núñez Cedeño, Iraset Páez y Jorge M. Guitart, 31–40. Caracas: La Casa de Bello.

Harris, James W. 1969. *Spanish Phonology*. Cambridge, MA: MIT Press. Trad. de Aurelio Verde, *Fonología generativa del español*. Barcelona: Planeta, 1975.

———. 1979. «Some Observations on "Substantive Principles in Natural Generative Phonology"». En *Current Approaches to Phonological Theory*, editado por Daniel A. Dinnsen, 281–93. Bloomington: Indiana University Press.

———. 1983. *Syllable Structure and Stress in Spanish. A Nonlinear Analysis*. Cambridge, MA: MIT Press. Trad. de Olga Fernández Soriano, *La estructura silábica y el acento en español. Análisis no lineal*. Madrid: Visor, 1991.

———. 1989. «Our Present Understanding of Spanish Syllable Structure». En *American Spanish Pronunciation. Theoretical and Applied Perspectives*, editado por Peter C. Bjarkman y Robert M. Hammond, 151–69. Washington D. C.: Georgetown University Press. Trad. y ed. de Juana Gil en *Panorama de la fonología española actual*, 485–510. Madrid: Arco/Libros, 2000.

Harris, James W. y Ellen K. Kaisse. 1999. «Palatal Vowels, Glides and Obstruents in Argentinian Spanish». *Phonology* 16 (2): 117–90. https://doi.org/10.1017/S0952675799003735.

Henke, Eric, Ellen K. Kaisse y Richard A. Wright. 2012. «Is the Sonority Sequencing Principle an Epiphenomenon?» En *The Sonority Controversy*, editado por Steve Parker, 65–100. Berlín: de Gruyter Mouton. https://doi.org/10.1515/9783110261523.65.

Honeybone, Patrick. 2016. «Are There Impossible Changes? θ > f but f ≯ θ». *Papers in Historical Phonology* 1: 316–58. https://doi.org/10.2218/pihph.1.2016.1705.

Hooper, Joan B. 1976. *An Introduction to Natural Generative Phonology*. Nueva York: Academic Press.

Hualde, José Ignacio. 1987. «On Basque Affricates». En *The Proceedings of the Sixth West Coast Conference on Formal Linguistics (WCCFL 6)*, editado por Megan J. Crowhurst, 77–89. Stanford: CSLI Publications.

———. 1989a. «Procesos consonánticos y estructuras geométricas en español». *Lingüística. Publicación de la Asociación de Filología y Lingüística de América Latina* 1: 7–44. Reed. en *Panorama de la fonología española actual*, editado por Juana Gil, 395–431. Madrid: Arco/Libros, 2000.

———. 1989b. «Silabeo y estructura morfémica en español». *Hispania* 72 (4): 821–31. https://doi.org/10.2307/343560.

———. 1991a. *Basque Phonology*. Londres: Routledge. https://doi.org/10.4324/9780203168004.

———. 1991b. «On Spanish Syllabification». En *Current Studies in Spanish Linguistics*, editado por Héctor Campos y Fernando Martínez-Gil, 475–93. Washington D. C.: Georgetown University Press.

———. 1997. «Spanish /i/ and Related Sounds: An Exercise in Phonemic Analysis». *Studies in the Linguistic Sciences* 27 (2): 61–79. http://hdl.handle.net/2142/11587.

———. (1999) 2014. «La silabificación en español». En *Fonología generativa contemporánea de la lengua española*, editado por Rafael A. Núñez Cedeño, Sonia Colina y Travis G. Bradley, 2.ª ed., 195–215. Washington D. C.: Georgetown University Press.

———. 2014. *Los sonidos del español*. Cambridge: Cambridge University Press. https://doi.org/10.1017/CBO9780511719943.

Hume, Elizabeth V. 2011. «Markedness». En *The Blackwell Companion to Phonology. Vol. 1: General Issues and Segmental Phonology*, editado por Marc van Oostendorp, Colin J. Ewen, Elizabeth V. Hume y Keren Rice, 79–106. Malden: Wiley-Blackwell. https://doi.org/10.1002/9781444335262.wbctp0004.

Hume, Elizabeth V. y David Odden. 1996. «Reconsidering [consonantal]». *Phonology* 13 (3): 345–76. https://doi.org/10.1017/S0952675700002670.

Jakobson, Roman. 1963. *Essais de linguistique générale*. París: Les Éditions de Minuit. Trad. de Josep Maria Pujol y Jem Cabanes, *Ensayos de lingüística general*. Barcelona: Seix Barral, 1975.

———. (1941) 1968. *Child Language, Aphasia and Phonological Universals*. Traducido por Allan R. Keiler. La Haya: Mouton. Reed., Berlín: de Gruyter Mouton, 2012. https://doi.org/10.1515/9783110890020.

Jakobson, Roman, Gunnar Fant y Morris Halle. 1951. *Preliminaries to Speech Analysis. The Distinctive Features and Their Correlates*. Cambridge, MA: MIT Press.

Jespersen, Otto. 1904. *Lehrbuch der Phonetik*. Leipzig: Teubner.

Jiménez Martínez, Jesús. 1999. *L'estructura sil·làbica del català*. Valencia: Institut Interuniversitari de Filologia Valenciana; Barcelona: Publicacions de l'Abadia de Montserrat.

Jiménez Martínez, Jesús y Maria-Rosa Lloret. 2014. «Efectos graduales de la sonorización en las lenguas romances». *Revista de Filología Románica* 31: 55–82. https://doi.org/10.5209/rev_RFRM.2014.v31.n1.51023.

Jiménez Martínez, Jesús, Maria-Rosa Lloret y Clàudia Pons-Moll. 2019. «Adjusting to the Syllable Margins: Glides in Spanish and Catalan». En *Romance Phonetics and Phonology*, editado por Mark Gibson y Juana Gil, 276–98. Oxford: Oxford University Press. https://doi.org/10.1093/oso/9780198739401.003.0015.

Kaisse, Ellen K. 1992. «Can [consonantal] Spread?» *Language* 68 (2): 313–32. https://doi.org/10.2307/416943.

———. 1996. «The Prosodic Environment of s-Weakening in Argentinian Spanish». En *Grammatical Theory and Romance Languages. Selected Papers from the 25th Linguistic Symposium on Romance Languages (LSRL XXV). Seattle, 2–4 March 1995*, editado por Karen Zagona, 123–34. Ámsterdam: John Benjamins. https://doi.org/10.1075/cilt.133.10kai.

———. 2011. «The Stricture Features». En *The Blackwell Companion to Phonology. Vol. 1: General Issues and Segmental Phonology*, editado por Marc van Oostendorp, Colin J. Ewen, Elizabeth V. Hume y Keren Rice, 288–310. Malden: Wiley-Blackwell. https://doi.org/10.1002/9781444335262.wbctp0013.

Keating, Patricia A. 1988. «Palatals as Complex Segments: X-Ray Evidence». *UCLA Working Papers in Phonetics* 69: 77–91.

Kehrein, Wolfgang. 2002. *Phonological Representation and Phonetic Phasing. Affricates and Laryngeals*. Tubinga: Niemeyer. Reed., Berlín: de Gruyter Mouton, 2013. https://doi.org/10.1515/9783110911633.

Kim, Hyunsoon. 1997. «The Phonological Representation of Affricates: Evidence from Korean and Other Languages». Tesis de doctorado, Cornell University. ProQuest (304345251).

Kiparsky, Paul. 1979. «Metrical Structure Assignment Is Cyclic». *Linguistic Inquiry* 10 (3): 421–41.

Kirchner, Robert M. 1998. «An Effort Based Approach to Consonant Lenition». Tesis de doctorado, University of California, Los Angeles. Rutgers Optimality Archive (276).

———. 2004. «Consonant Lenition». En *Phonetically-Based Phonology*, editado por Bruce Hayes, Robert M. Kirchner y Donca Steriade, 313–45. Cambridge: Cambridge University Press. https://doi.org/10.1017/CBO9780511486401.010.

LaCharité, Darlene. 1993. «The Internal Structure of Affricates». Tesis de doctorado, University of Ottawa. https://doi.org/10.20381/ruor-17073.

de Lacy, Paul. 2006. *Markedness. Reduction and Preservation in Phonology*. Cambridge: Cambridge University Press. https://doi.org/10.1017/CBO9780511486388.

Ladefoged, Peter. 1989. «Representing Phonetic Structure». *UCLA Working Papers in Phonetics* 73: 1–79.

Ladefoged, Peter y Ian Maddieson. 1996. *The Sounds of the World's Languages*. Oxford: Blackwell.

Leben, William R. 1973. «Suprasegmental Phonology». Tesis de doctorado, Massachusetts Institute of Technology. http://hdl.handle.net/1721.1/16364. Reed., Nueva York: Garland, 1979.

Lenz, Rodolfo, Andrés Bello y Rodolfo Oroz. 1940. *El español en Chile*. Traducción, Notas y Apéndices de Amado Alonso y Raimundo Lida. Buenos Aires: Universidad de Buenos Aires, Instituto de Filología.

Lin, Yen-Hwei. 2011. «Affricates». En *The Blackwell Companion to Phonology. Vol. 1: General Issues and Segmental Phonology*, editado por Marc van Oostendorp, Colin J. Ewen, Elizabeth V. Hume y Keren Rice, 367–390. Malden: Wiley-Blackwell. https://doi.org/10.1002/9781444335262.wbctp0016.

Lipski, John. 1984. «On the Weakening of /s/ in Latin American Spanish». *Zeitschrift für Dialektologie und Linguistik* 51 (1): 31–43.

———. 1989. «/s/-Voicing in Ecuadoran Spanish: Patterns and Principles of Consonantal Modification». *Lingua* 79 (1): 49–71. https://doi.org/10.1016/0024-3841(89)90019-3.

———. 1990. «Elision of Spanish Intervocalic /y/: Toward a Theoretical Account». *Hispania* 73 (3): 797–804. https://doi.org/10.2307/343991.

———. 1999. «The Many Faces of Spanish /s/-Weakening: (Re)Alignment and Ambisyllabicity». En *Advances in Hispanic Linguistics. Papers from the 2nd Hispanic Linguistics Symposium*, editado por Javier Gutiérrez-Rexach y Fernando Martínez-Gil, 1:198–213. Somerville: Cascadilla Press.

Llisterri, Joaquim y Dolors Poch. 1986. «Análisis acústico del timbre vocálico en las realizaciones normativas del plural en andaluz oriental». Presentado en XVI Simposio de la Sociedad Española de Lingüística, Murcia, España, diciembre. Resumen publicado en *Revista Española de Lingüística* 17 (1): 185.

Lloret, Maria-Rosa. 1995. «The Representation of Glottals in Oromo». *Phonology* 12 (2): 257–80. https://doi.org/10.1017/S0952675700002499.

———. 2014. «La generación de patrones fonológicos categóricos y variables en la Teoría de la Optimidad a partir de ejemplos del español». *Signos Lingüísticos* 10 (20): 8–45.

Lloret, Maria-Rosa y Violeta Martínez-Paricio. 2020. «El Modelo de las Estructuras Paralelas y el debilitamiento de la /s/ implosiva en español». *Sintagma. Revista de Lingüística* 32: 23–38. https://doi.org/10.21001/sintagma.2020.32.02.

Lombardi, Linda. 1990. «The Nonlinear Organization of the Affricate». *Natural Language & Linguistic Theory* 8 (3): 375–425. https://doi.org/10.1007/BF00135619.

López Morales, Humberto. 1983. *Estratificación social del español de San Juan de Puerto Rico*. México, D. F.: Universidad Nacional Autónoma de México, Instituto de Investigaciones Filológicas, Centro de Lingüística Hispánica.

Lozano, María del Carmen. 1979. *Stop and Spirant Alternations. Fortition and Spirantization Processes in Spanish Phonology*. Bloomington: Indiana University Linguistics Club.

Martín Butragueño, Pedro. 2008. «Retracción lingüística». En *Teoría de la optimidad: estudios de sintaxis y fonología*, editado por Rodrigo Gutiérrez Bravo y Esther Herrera Zendejas, 159–96. México, D. F.: El Colegio de México. https://doi.org/10.2307/j.ctv6mtczh.10.

———. 2014. *Fonología variable del español de México. Vol. I: procesos segmentales*. México, D. F.: El Colegio de México.

Martínez Celdrán, Eugenio. 1989. *Fonología general y española*. Barcelona: Teide.

———. 2016. «En torno al concepto de aspiración o sonido aspirado». En *Lectio magistralis de Eugenio Martínez Celdrán*, editado por Wendy Elvira-García y Paolo Roseano, 9–23. Barcelona: Universitat de Barcelona, Laboratori de Fonètica.

Martínez Celdrán, Eugenio y Ana María Fernández Planas. 2007. *Manual de fonética española. Articulaciones y sonidos del español*. Barcelona: Ariel.

Martínez Celdrán, Eugenio, Ana María Fernández Planas y Josefina Carrera-Sabaté. 2003. «Castilian Spanish». *Journal of the International Phonetic Association* 33 (2): 255–59. https://doi.org/10.1017/S0025100303001373.

Martínez-Gil, Fernando. 1991. «The Insert/Delete Parameter, Redundancy Rules, and Neutralization Processes in Spanish». En *Current Studies in Spanish Linguistics*, editado por Héctor Campos y Fernando Martínez-Gil, 495–571. Washington D. C.: Georgetown University Press.

———. 1996. «El principio de la *distancia mínima de sonoridad* y el problema de la vocalización consonántica en el español de Chile». *Hispanic Linguistics* 8 (2): 201–46.

———. 1997. «Obstruent Vocalization in Chilean Spanish: A Serial versus a Constraint-Based Approach». *Probus. International Journal of Latin and Romance Linguistics* 9 (2): 167–202. https://doi.org/10.1515/prbs.1997.9.2.167.

———. 2003. «Resolving Rule-Ordering Paradoxes of Serial Derivations: An Optimality Theoretical Account of the Interaction of Spirantization and Voicing Assimilation in Peninsular Spanish». En *Theory, Practice and Acquisition. Papers from the 6th Spanish Linguistics Symposium and the 5th Conference on the Acquisition of Spanish and Portuguese*, editado por Paula Kempchinsky y Carlos-Eduardo Piñeros, 40–67. Somerville: Cascadilla Press.

———. 2012. «Main Phonological Processes». En *The Handbook of Hispanic Linguistics*, editado por José Ignacio Hualde, Antxon Olarrea y Erin O'Rourke, 111–31. Malden: Wiley-Blackwell. https://doi.org/10.1002/9781118228098.ch6.

Mascaró, Joan. 1990. «Teoría de la asimilación en las lenguas románicas». En *Estudios de lingüística de España y de México*, editado por Violeta Demonte y Beatriz Garza, 465–487. México, D. F.: Universidad Nacional Autónoma de México : El Colegio de México. https://doi.org/10.2307/j.ctv43vs5t.25. Reed. en *Panorama de la fonología española actual*, editado por Juana Gil, 433–51. Madrid: Arco/Libros, 2000.

McCarthy, John J. 1979. «Formal Problems in Semitic Phonology and Morphology». Tesis de doctorado, Massachusetts Institute of Technology. http://hdl.handle.net/1721.1/16324.

————. 1983. «A Prosodic Account of Arabic Broken Plurals». En *Current Approaches to African Linguistics*, editado por Ivan R. Dihoff, 1:289–320. Dordrecht: Foris.

————. 1988. «Feature Geometry and Dependency: A Review». *Phonetica* 45 (2–4): 84–108. https://doi.org/10.1159/000261820.

————. 1989. «Guttural Phonology». Manuscrito no publicado. University of Massachusetts, Amherst.

————. 1994. «The Phonetics and Phonology of Semitic Pharyngeals». En *Phonological Structure and Phonetic Form. Papers in Laboratory Phonology III*, editado por Patricia A. Keating, 191–233. Cambridge: Cambridge University Press. https://doi.org/10.1017/CBO9780511659461.012.

Mielke, Jeff. s. f. «PBase. A Database of Phonological Patterns». Recurso en línea. Consultado el 24 de junio de 2019. http://pbase.phon.chass.ncsu.edu.

Mondéjar, José. 1991. *Dialectología andaluza. Estudios*. Granada: Don Quijote.

Montes, José Joaquín. 1996. «Colombia». En *Manual de dialectología hispánica. El español de América*, editado por Manuel Alvar, 134–45. Barcelona: Ariel.

Morales-Front, Alfonso. (1999) 2014. «De la fonética descriptiva a los rasgos distintivos». En *Fonología generativa contemporánea de la lengua española*, editado por Rafael A. Núñez Cedeño, Sonia Colina y Travis G. Bradley, 2.ª ed., 25–46. Washington D. C.: Georgetown University Press.

Morén-Duolljá, Bruce. 2003. «The Parallel Structures Model of Feature Geometry». *Working Papers of the Cornell Phonetics Laboratory* 15: 194–270. https://doi.org/10.5281/zenodo.3731571.

————. 2011. «Vowel Place». En *The Blackwell Companion to Phonology. Vol. 1: General Issues and Segmental Phonology*, editado por Marc van Oostendorp, Colin J. Ewen, Elizabeth V. Hume y Keren Rice, 440–64. Malden: Wiley-Blackwell. https://doi.org/10.1002/9781444335262.wbctp0019.

Moreno Fernández, Francisco. 1996. «Castilla La Nueva». En *Manual de dialectología hispánica. El español de España*, editado por Manuel Alvar, 213–32. Barcelona: Ariel.

Morris, Richard E. 2000. «Constraint Interaction in Spanish /s/- Aspiration: Three Peninsular Varieties». En *Hispanic Linguistics at the Turn of the Millennium. Papers from the 3rd Hispanic Linguistics Symposium*, editado por Héctor Campos, Elena Herburger, Alfonso Morales-Front y Thomas J. Walsh, 14–30. Somerville: Cascadilla Press.

Moya Corral, Juan Antonio. 2007. «Noticia de un sonido emergente: la africada dental procedente del grupo -st- en Andalucía». *Revista de Filología de la Universidad de La Laguna* 25: 457–66.

Navarro Tomás, Tomás. (1918) 1985. *Manual de pronunciación española*. 22.ª ed. Madrid: Consejo Superior de Investigaciones Científicas.

Nicolae, Andreea C. y Andrew Nevins. 2009. «The Phonetics and Phonology of Fricative Non-Neutralization in Turkish». Presentado en 40th Annual Meeting of the North East Linguistic Society (NELS 40), Cambridge, EE. UU., noviembre.

————. 2016. «Fricative Patterning in Aspirating versus True Voice Languages». *Journal of Linguistics* 52 (1): 151–74. https://doi.org/10.1017/S0022226715000067.

Núñez Cedeño, Rafael A. 1988. «Alargamiento vocálico compensatorio en el español cubano: un análisis autosegmental». En *Studies in Caribbean Spanish dialectology*, editado por Robert M. Hammond y Melvyn C. Resnick, 97–102. Washington D. C.: Georgetown University Press.

————. (1999a) 2014. «Modelo autosegmental jerárquico». En *Fonología generativa contemporánea de la lengua española*, editado por Rafael A. Núñez Cedeño, Sonia Colina y Travis G. Bradley, 2.ª ed., 83–152. Washington D. C.: Georgetown University Press.

————. (1999b) 2014. «Teoría de la subespecificación». En *Fonología generativa contemporánea de la lengua española*, editado por Rafael A. Núñez Cedeño, Sonia Colina y Travis G. Bradley, 2.ª ed., 153–93. Washington D. C.: Georgetown University Press.

Ohala, John J. y Maria-Josep Solé. 2008. «Turbulence & Phonology». *Annual Report of the Phonology Laboratory at the University of California, Berkeley* 4: 297–355.

O'Neill, Paul. 2010. «Variación y cambio en las consonantes oclusivas del español de Andalucía». *Estudios de Fonética Experimental* 19: 11–41.

Oroz, Rodolfo. 1966. *La lengua castellana en Chile*. Santiago de Chile: Universidad de Chile, Facultad de Filosofía y Educación.

Padgett, Jaye. 1991. «Stricture in Feature Geometry». Tesis de doctorado, University of Massachusetts Amherst. ProQuest (303941171). Reed., Stanford: CSLI Publications, 1995.

————. 1994. «Stricture and Nasal Place Assimilation». *Natural Language & Linguistic Theory* 12 (3): 465–513. https://doi.org/10.1007/BF00992743.

Pensado, Carmen. (1985) 2000. «Sobre la interpretación de lo inexistente: los tipos silábicos inexistentes en la fonología del español». En *Panorama de la fonología española actual*, editado y traducido por Juana Gil, 475–83. Madrid: Arco/Libros.

Pike, Kenneth L. y Eunice V. Pike. 1947. «Immediate Constituents of Mazateco Syllables». *International Journal of American Linguistics* 13 (2): 78–91. https://doi.org/10.1086/463932.

Prince, Alan S. y Paul Smolensky. 2004. *Optimality Theory: Constraint Interaction in Generative Grammar*. Malden: Blackwell. https://doi.org/10.1002/9780470759400. Versión corregida de «Optimality Theory: Constraint Interaction in Generative Grammar». Technical Report CU-CS-696-93. Boulder: University of Colorado at Boulder, 1993.

Quesada, Miguel Ángel. 1991. *El español de Guanacaste*. San José: Editorial de la Universidad de Costa Rica.

———. 1996. «El español de América Central». En *Manual de dialectología hispánica. El español de América*, editado por Manuel Alvar, 101–115. Barcelona: Ariel.

———. 2000. *El español de América*. Cartago: Editorial Tecnológica de Costa Rica.

Quilis, Antonio. 1975. «Caracterización acústica de /x/ en Chile». En *Studia Hispanica in Honorem R. Lapesa*, 3:387–90. Madrid: Gredos.

———. (1993) 1999. *Tratado de fonología y fonética españolas*. 2.ª ed. Madrid: Gredos.

Real Academia Española y Asociación de Academias de la Lengua Española. 2011. *Nueva gramática de la lengua española. Fonética y fonología*. Madrid: Espasa Libros.

Recasens, Daniel. 1990. «The Articulatory Characteristics of Palatal Consonants». *Journal of Phonetics* 18 (2): 267–80.

Rice, Keren. 1994. «Laryngeal Features in Athapaskan Languages». *Phonology* 11 (1): 107–47. https://doi.org/10.1017/S095267570000186X.

———. 2011. «Consonantal Place of Articulation». En *The Blackwell Companion to Phonology. Vol. 1: General Issues and Segmental Phonology*, editado por Marc van Oostendorp, Colin J. Ewen, Elizabeth V. Hume y Keren Rice, 519–49. Malden: Wiley-Blackwell. https://doi.org/10.1002/9781444335262.wbctp0022.

Rice, Keren y Peter Avery. 1993. «Segmental Complexity and the Structure of Inventories». *Toronto Working Papers in Linguistics* 12 (2): 131–53.

Riehl, Anastasia K. y Abigail C. Cohn. 2011. «Partially Nasal Segments». En *The Blackwell Companion to Phonology. Vol. 1: General Issues and Segmental Phonology*, editado por Marc van Oostendorp, Colin J. Ewen, Elizabeth V. Hume y Keren Rice, 550–76. Malden: Wiley-Blackwell. https://doi.org/10.1002/9781444335262.wbctp0023.

Rodríguez Prieto, Juan Pablo. 2008. «Distribución geográfica del "jejeo" en español y propuesta de reformulación y extensión del término». *Revista Española de Lingüística* 38 (2): 129–44.

Rodríguez-Castellano, Lorenzo y Adela Palacio. 1948. «Contribución al estudio del dialecto andaluz: el habla de Cabra». *Revista de Dialectología y Tradiciones Populares* 4 (4): 387–418.

Romero Gallego, Joaquín. 1995. «Gestural Organization in Spanish: An Experimental Study of Spirantization and Aspiration». Tesis de doctorado, University of Connecticut. ProQuest (304196556).

Ross, L. Ronald. 1980. «La supresión de /y/ en el español chicano». *Hispania* 63 (3): 552–54. https://doi.org/10.2307/341016.

Rubach, Jerzy. 1994. «Affricates as Strident Stops in Polish». *Linguistic Inquiry* 25 (1): 119–43.

Sagey, Elizabeth C. 1986. «The Representation of Features and Relations in Non-Linear Phonology». Tesis de doctorado, Massachusetts Institute of Technology. http://hdl.handle.net/1721.1/15106. Reed., Nueva York: Garland, 1990.

Samper Padilla, José Antonio. 1990. *Estudio sociolingüístico del español de Las Palmas de Gran Canaria*. Las Palmas de Gran Canaria: La Caja de Canarias.

———. 2001. «La variación fonológica: los estudios hispánicos sobre -/s/ implosiva». En *II Congreso Internacional de la Lengua Española «El español en la sociedad de la información». Valladolid, 16–19 de octubre de 2001*. Madrid: Centro Virtual Cervantes, Instituto Cervantes.

de Saussure, Ferdinand. 1916. *Cours de linguistique générale*. Publicado por Charles Bally y Albert Sechehaye con la colaboración de Albert Riedlinger. París: Payot. Trad. y ed. de Amado Alonso García, *Curso de lingüística general*. Buenos Aires: Losada, 1945.

Schein, Barry y Donca Steriade. 1986. «On Geminates». *Linguistic Inquiry* 17 (4): 691–744.

Selkirk, Elisabeth O. 1982. «The Syllable». En *The Structure of Phonological Representations (Part II)*, editado por Harry van der Hulst y Norval Smith, 337–83. Dordrecht: Foris.

Shaw, Patricia A. 1991. «Consonant Harmony Systems: The Special Status of Coronal Harmony». En *The Special Status of Coronals. Internal and External Evidence*, editado por Carole Paradis y Jean-François Prunet, 125–57. San Diego: Academic Press. https://doi.org/10.1016/B978-0-12-544966-3.50013-0.

Shepherd, Michael A. 2003. «Constraint Interactions in Spanish Phonotactics: An Optimality Theory Analysis of Syllable-Level Phenomena in the Spanish Language». Tesis de maestría, California State University. https://doi.org/10.7282/T3W9585Q.

Sievers, Eduard. 1881. *Grundzüge der Phonetik zur Einführung in das Studium der Lautlehre der indogermanischen Sprachen*. Leipzig: Breitkopf und Härtel. Reed., Hildesheim: Georg Olms, 1976.

Solé, Maria-Josep. 2010. «Effects of Syllable Position on Sound Change: An Aerodynamic Study of Final Fricative Weakening». *Journal of Phonetics* 38 (2): 289–305. https://doi.org/10.1016/j.wocn.2010.02.001.

Steriade, Donca. 1982. «Greek Prosodies and the Nature of Syllabification». Tesis de doctorado, Massachusetts Institute of Technology. http://hdl.handle.net/1721.1/15653.

———. 1987. «Locality Conditions and Feature Geometry». En *Proceedings of the Annual Meeting of the North East Linguistic Society (NELS 17)*, editado por Joyce McDonough y Bernadette Plunkett, 595–617. Amherst: University of Massachusetts, Department of Linguistics, Graduate Linguistics Student Association.

———. 1993. «Closure, Release, and Nasal Contours». En *Nasals, Nasalization, and the Velum*, editado por Marie K. Huffman y Rena A. Krakow, 401–70. San Diego: Academic Press. https://doi.org/10.1016/B978-0-12-360380-7.50018-1.

———. 2008. «The Phonology of Perceptibility Effects: The P-Map and Its Consequences for Constraint Organization». En *The Nature of the Word. Studies in Honor of Paul Kiparsky*, editado por Kristin Hanson y Sharon Inkelas, 151–79. Cambridge, MA: MIT Press.

Stevens, Kenneth N. 1998. *Acoustic Phonetics*. Cambridge, MA: MIT Press.

Strycharczuk, Patrycja, Marijn van 't Veer, Martine Bruil y Kathrin Linke. 2014. «Phonetic Evidence on Phonology-Morphosyntax Interactions: Sibilant Voicing in Quito Spanish». *Journal of Linguistics* 50 (2): 403–52. https://doi.org/10.1017/S0022226713000157.

Terrell, Tracy D. 1975. «La aspiración en el español de Cuba: observaciones teóricas». *RLA. Revista de Lingüística Teórica y Aplicada* 13: 93–107.

———. 1979. «Final /s/ in Cuban Spanish». *Hispania* 62 (4): 599–612. https://doi.org/10.2307/340142.

Torreira, Francisco. 2007. «Pre- and Postaspirated Stops in Andalusian Spanish». En *Segmental and Prosodic Issues in Romance Phonology*, editado por Pilar Prieto Vives, Joan Mascaró y Maria-Josep Solé, 67–82. Ámsterdam: John Benjamins. https://doi.org/10.1075/cilt.282.06tor.

———. 2012. «Investigating the Nature of Aspirated Stops in Western Andalusian Spanish». *Journal of the International Phonetic Association* 42 (1): 49–63. https://doi.org/10.1017/S0025100311000491.

Trubetzkoy, Nikoláj Sergéevič. (1939) 1969. *Principles of Phonology*. Traducido por Christiane A. M. Baltaxe. Berkeley: University of California Press.

Trujillo, Ramón. 1981. «¿Fonologización de alófonos en el habla de Las Palmas?» En *I Simposio Internacional de Lengua española (1978)*, editado por Manuel Alvar, 161–74. Las Palmas de Gran Canaria: Ediciones del Excmo. Cabildo Insular de Gran Canaria.

Uffmann, Christian. 2007. «Intrusive [r] and Optimal Epenthetic Consonants». *Language Sciences* 29 (2–3): 451–76. https://doi.org/10.1016/j.langsci.2006.12.017.

———. 2011. «The Organization of Features». En *The Blackwell Companion to Phonology. Vol. 1: General Issues and Segmental Phonology*, editado por Marc van Oostendorp, Colin J. Ewen, Elizabeth V. Hume y Keren Rice, 643–68. Malden: Wiley-Blackwell. https://doi.org/10.1002/9781444335262.wbctp0027.

Valentín-Márquez, Wilfredo. 2006. «La oclusión glotal y la construcción lingüística de identidades sociales en Puerto Rico». En *Selected proceedings of the 9th Hispanic Linguistics Symposium*, editado por Nuria Sagarra y Almeida Jacqueline Toribio, 326–41. Somerville: Cascadilla Proceedings Project.

Vaux, Bert. 1997. «The Phonology of Voiced Aspirates in the New Julfa Dialect of Armenian». En *Armenian Perspectives. 10th Anniversary Conference of the Association Internationale d'Études Arméniennes. School of Oriental and African Studies, London, 1993*, editado por Nicholas Awde, 231–48. Richmond: Curzon Press.

———. 1998. «The Laryngeal Specifications of Fricatives». *Linguistic Inquiry* 29 (3): 497–511. https://doi.org/10.1162/002438998553833.

Vaux, Bert y Brett Miller. 2011. «The Representation of Fricatives». En *The Blackwell Companion to Phonology. Vol. 1: General Issues and Segmental Phonology*, editado por Marc van Oostendorp, Colin J. Ewen, Elizabeth V. Hume y Keren Rice, 146–71. Malden: Wiley-Blackwell. https://doi.org/10.1002/9781444335262.wbctp0028.

Vennemann, Theo. 1987. *Preference Laws for Syllable Structure. And the Explanation of Sound Change with Special Reference to German, Germanic, Italian, and Latin*. Berlín: Mouton de Gruyter. Reed., Berlín: de Gruyter Mouton, 2012. https://doi.org/10.1515/9783110849608.

Vida, Matilde. 2004. *Estudio sociofonológico del español hablado en la ciudad de Málaga. Condicionamientos sobre la variación de /-s/ en la distensión silábica*. Alicante: Publicaciones de la Universidad de Alicante.

———. 2015. «Resilabificación de la aspiración de /-s/ ante oclusiva dental sorda: parámetros acústicos y variación social». En *Perspectivas actuales en el análisis fónico del habla. Tradición y avances en la fonética experimental*, editado por Adrián Cabedo, 441–51. Valencia: Universitat de València, Departamento de Filología Española.

van de Weijer, Jeroen. 1992. «Basque Affricates and the Manner-Place Dependency». *Lingua* 88 (2): 129–47. https://doi.org/10.1016/0024-3841(92)90053-L.

Whitley, M. Stanley. 1995. «Spanish Glides, Hiatus, and Conjunction Lowering». *Hispanic Linguistics* 6–7: 355–85. Trad. y ed. de Juana Gil en *Panorama de la fonología española actual*, 129–57. Madrid: Arco/Libros, 2000.

Wright, Richard A. 2004. «A Review of Perceptual Cues and Cue Robustness». En *Phonetically-Based Phonology*, editado por Bruce Hayes, Robert M. Kirchner y Donca Steriade, 34–57. Cambridge: Cambridge University Press. https://doi.org/10.1017/CBO9780511486401.002.

Yip, Moira. 1988. «The Obligatory Contour Principle and Phonological Rules: A Loss of Identity». *Linguistic Inquiry* 19 (1): 65–100.

Zamora Vicente, Alonso. (1960) 1967. *Dialectología española*. 2.ª ed. muy aumentada. Madrid: Gredos.

Zubizarreta, María Luisa. 1979. «Vowel Harmony in Andalusian Spanish». *MIT Working Papers in Linguistics* 1: 1–11.

18 DESCRIPCIÓN FONÉTICA DE LAS CONSONANTES LATERALES

Domingo Román Montes de Oca

María Del Saz Caracuel

18.1 Características de los sonidos laterales

El presente capítulo aborda los sonidos laterales del español. Se ofrece, en primer lugar, la lista de los principales sonidos que componen esta clase y se describen sus características generales; a continuación, se revisan en detalle las propiedades de cada uno de ellos. Se ha prestado especial atención a las cualidades articulatorias, acústicas, auditivas y perceptivas, de acuerdo con la información disponible. El procedimiento fundamental ha consistido en la recopilación de datos ya publicados; no obstante, la mayor parte de las ilustraciones se ha confeccionado especialmente para este capítulo a partir del análisis de emisiones obtenidas en el contexto de indagaciones preliminares *ad hoc*. También se realizó, con el mismo carácter, un estudio perceptivo. De la interacción entre los datos existentes y tales ilustraciones surgen algunas preguntas que se plantean en la parte final y que se espera resulten interesantes también para quienes investigan en estos temas.

En lo que se refiere a los datos sobre percepción, se ha optado por llevar a cabo una prueba perceptiva con el propósito de presentar un mapa de distancias que incorpore los sonidos laterales y otros que tradicionalmente se consideran relacionados con ellos. La propuesta debe entenderse no tanto como un dato concluyente, sino como una incitación a desarrollar estudios sobre el aspecto perceptivo de estos sonidos.

18.1.1 Inventario de los sonidos laterales del español

La lengua española cuenta con un repertorio de seis sonidos laterales, todos ellos aproximantes [→ § 1.6.5], orales y sonoros. Se corresponden con los fonemas /l/ y /ʎ/, este último existente solo en algunas zonas de España y de América [→ § 16.5.3, § 19.3, § 20.2].

El rasgo lateral conlleva que, en la articulación de los sonidos que lo poseen, la lengua entra en contacto con alguna zona central del paladar de tal manera que se crean normalmente dos canales laterales paralelos para la salida continua del aire, no necesariamente simétricos (Hamlet 1988).

El fonema /l/ cuenta con varias realizaciones típicas, determinadas contextualmente. Las principales son estas: alveolar, dentoalveolar, interdental y palatalizada (Martínez Celdrán, Fernández Planas y Carrera-Sabaté 2003, 258). Aunque también existe el sonido velarizado, este aparece en el habla debido a la influencia de la lengua catalana y no como realización de /l/ ante consonante velar (Hualde 2014) [→ § 19.4.1]. Como se ha dicho, la realización del fonema /ʎ/ también es lateral. En la Tabla 1 se muestra, para cada uno de estos sonidos, la correspondencia fonológica, el punto de articulación, el símbolo del AFI que lo representa y un ejemplo [→ § 20.1.4].

De estos seis sonidos laterales correspondientes a dos fonemas, la variante velarizada, llamada también 'ele oscura', es rasgo dialectal especialmente notorio en el español influido por el catalán, tal como ya se ha señalado anteriormente. La variante interdental también es dialectal y se produce en las zonas en que se realiza la distinción fonológica entre /s/ y

Tabla 1 *Sonidos laterales del español*

Correspondencia fonológica	Punto de articulación	Símbolo	Ejemplo
	Interdental	[l̟] (*)	*calzar*
	Dentoalveolar	[l̪]	*alta*
/l/	Alveolar	[l]	*ala*
	Palatalizado	[lʲ]	*el yacaré*
	Velarizado	[ɫ] (*)	*calma*
/ʎ/	Alveolopalatal	[ʎ] (*)	*calle*

Nota: Los elementos dialectales se señalan con (*).

/θ/. De la misma manera, como ya se ha indicado, la existencia del fonema /ʎ/ constituye también un rasgo dialectal (Quilis 1981, 314–25), cuyas realizaciones fricativas sorda [ʃ] y sonora [ʒ] se tratan con mayor profundidad en los capítulos 16 y 19 de la presente obra.

18.1.2 Características articulatorias generales

Los sonidos laterales se caracterizan por ser sonoros, es decir, por presentar vibración de las cuerdas vocales y por producirse con una articulación en la que la lengua entra en contacto con alguna zona más bien anterior del paladar, pero sin que tenga lugar una interrupción del flujo del aire, puesto que ese flujo tiene una salida continua hacia el exterior de la boca por los canales laterales.

De acuerdo con sus cualidades articulatorias y acústicas, estos sonidos se han clasificado como aproximantes, dada la ausencia de fricción en sus realizaciones. A pesar de existir un contacto total entre articuladores, no son oclusivos, pues, como ya se ha dicho, el flujo aéreo no se interrumpe en ningún momento. Ladefoged y Maddieson (1996) señalan al respecto:

> they are sounds in which the tongue is contracted in such a way as to narrow its profile from side to side so that a greater volume of air flows around one or both sides than over the center of the tongue (182).

18.1.3 Características acústicas generales

Al producirse con vibración de las cuerdas vocales, los sonidos laterales tienen una representación oscilográfica [→ § 1.8] periódica [→ § 1.5.1], por lo que guardan una especial semejanza con las vocales, hecho que aparece destacado en todas sus descripciones (por ejemplo, Martínez Celdrán y Fernández Planas 2007; Quilis 1981).

Las representaciones de la Figura 1 corresponden a una emisión de una informante colombiana. En la Figura 1a se presenta el oscilograma de la palabra *aloja* y, en la Figura 1b, un acercamiento a la parte central de la consonante para observar, justamente, la periodicidad de la señal.

La periodicidad de la señal que se produce con los sonidos laterales implica que son portadores de información de frecuencia fundamental (f_0) [→ § 1.5.4] y que poseen una estructura formántica [→ § 1.10.2] semejante a la de las vocales, tal como se puede observar en las representaciones de la Figura 2, correspondientes a la secuencia [aˈlo] de la misma emisión que se muestra en la Figura 1.

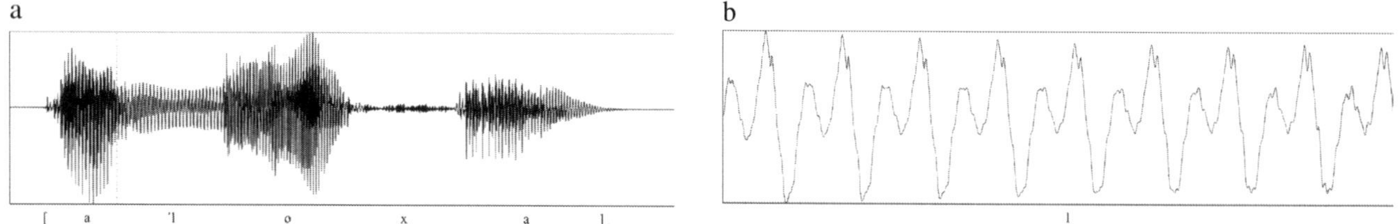

FIGURA 1. Oscilograma de la palabra *aloja* (a) y acercamiento al centro de la consonante lateral (b).

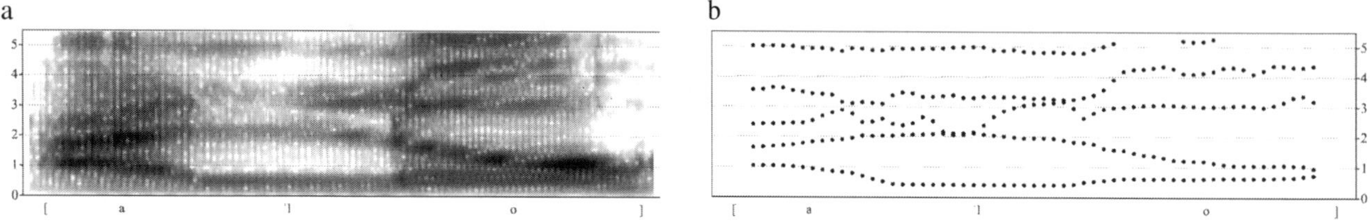

FIGURA 2. Espectrograma (a) y trayectoria de los cinco primeros formantes de la secuencia [aˈlo] (b).

Según se puede apreciar en la Figura 2, los formantes siguen una trayectoria de continuidad con las vocales adyacentes; esto es especialmente notorio en el caso de las dos primeras resonancias (F1 y F2); en la primera mitad de la consonante, el F3 aparece con poca energía en el espectrograma [→ § 1.11] y, consecuentemente, algo irregular en su trayectoria.

En la Figura 3 se presentan la curva de intensidad (60–80 dB) y la curva melódica (0–400 Hz) correspondientes a la misma secuencia [a'lo].

En la parte (a) de la Figura 3 el segmento que presenta la menor energía corresponde a la consonante. La variación entre el punto más alto en las vocales y el punto medio en la consonante es de −7,5 dB respecto de la vocal anterior y de −10,42 dB en relación con la vocal siguiente. En la parte (b) de la misma figura, se observa la curva de frecuencia fundamental, que sigue una trayectoria continua entre las vocales y la consonante, de tal manera que solo con base en esta curva sería imposible delimitar el sonido lateral consonántico de la vocal adyacente.

El sonido [ʎ] posee propiedades generales semejantes a las mencionadas para [l]. En la Figura 4, se muestra el comportamiento acústico de la palabra *llora* pronunciada por una hablante peninsular que mantiene el sonido [ʎ] como un fonema más del inventario fonológico. Se presentan el oscilograma (a) y un acercamiento a una parte de la consonante lateral (b). En esta Figura 4, al igual que en la 1, se puede apreciar claramente la periodicidad de la señal, lo que implica la presencia de frecuencia fundamental y una estructura formántica semejante a la de las vocales.

En la Figura 5, se observa el espectrograma de la palabra *llora* (a) y la correspondiente trayectoria de los formantes (b). Tanto en la parte (a) como en la parte (b) son visibles las transiciones en el límite entre la consonante y la vocal siguiente. En la trayectoria de los formantes, se observa con mucha nitidez la continuidad de las dos primeras resonancias con la vocal adyacente.

Por tratarse de sonidos con salida lateral del aire y, por lo tanto, con canales aéreos que funcionan simultáneamente, los laterales presentan antiformantes [→ § 1.10.2] en su constitución acústica. Sobre este punto resulta especialmente interesante el trabajo de Johnson ([1997] 2003, 160–63).

En la Figura 6, se muestra (a) la curva de intensidad y (b) la curva melódica correspondientes a la emisión de la Figura 5.

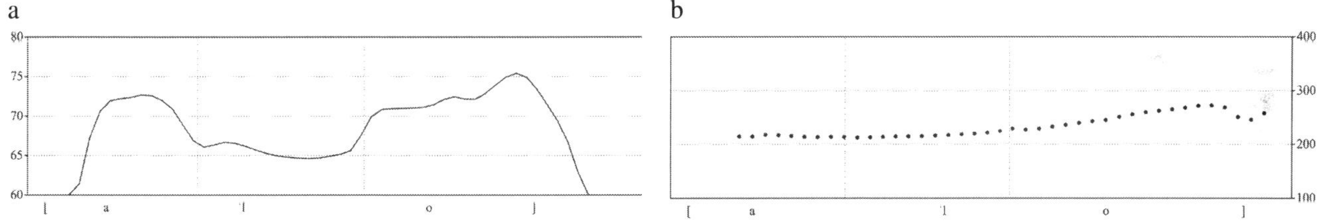

FIGURA 3. (a) Curva de intensidad (60-80 dB) y (b) curva melódica (100-400 Hz) de la secuencia [a'lo].

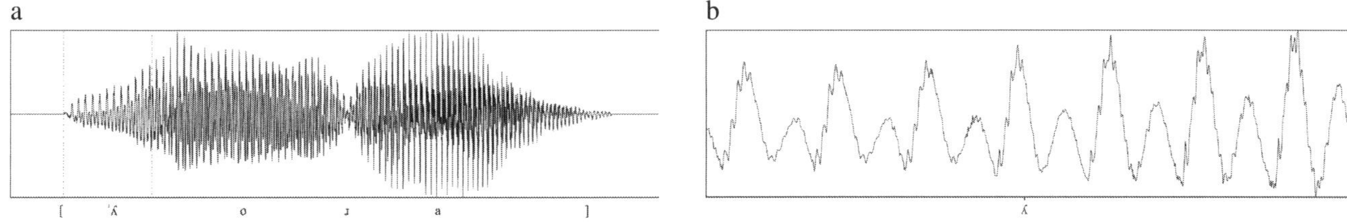

FIGURA 4. Oscilograma de la palabra *llora* (a) y acercamiento al centro de la consonante lateral (b).

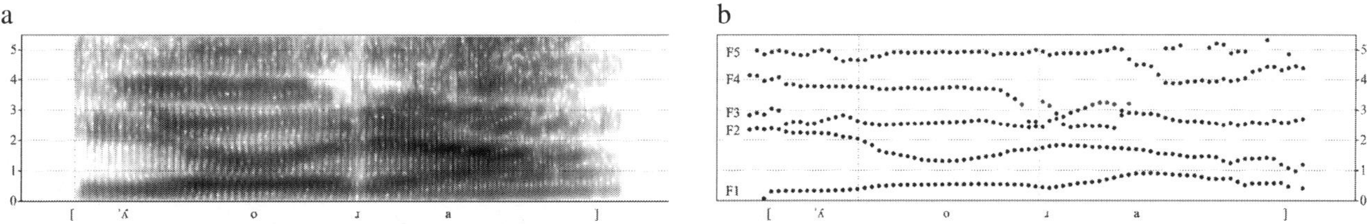

FIGURA 5. (a) Espectrograma (0-5,5 kHz) y (b) trayectoria de cinco formantes (0-5,5 kHz) de la palabra *llora*.

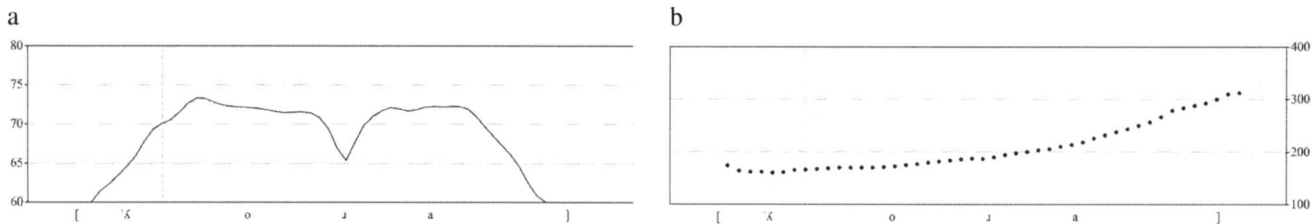

FIGURA 6. (a) Curva de intensidad (60-80 dB) y (b) curva melódica (0-400 Hz) de la palabra *llora*.

En la curva de intensidad de la parte (a) de la Figura 6, la consonante presenta, respecto de las vocales, un valor más bajo y, además, creciente, pues el sonido en cuestión aparece en posición inicial. Si se compara el promedio de intensidad de la lateral con el de la vocal siguiente, la diferencia es de −9,29 dB. Por otra parte, en la curva melódica, se observa la presencia continua de valores de f_0, lo que viene dado por la periodicidad de la señal.

En síntesis, estos sonidos laterales, tal como se ha mostrado aquí con un ejemplo del alveolar intervocálico y con otro del alveolopalatal inicial, poseen una estructura formántica semejante a la de las vocales; al igual que ellas, son portadores de frecuencia fundamental y presentan una intensidad más débil que los núcleos silábicos próximos. Comparativamente, esta debilidad no es tan pronunciada como la que caracteriza a otras consonantes.

En términos generales, varios autores ofrecen datos sobre los formantes de los sonidos laterales, especialmente para el alveolar: en coincidencia con Quilis (1981, 275), de Manrique (1980, 150) sitúa el F1 alrededor de los 400 Hz; al F2 le concede una variabilidad que va desde los 1400 hasta los 2000 Hz, y ubica el F3 en torno a los 3000 Hz con una variación de 300 Hz. Martínez Celdrán y Fernández Planas (2007) señalan respecto de las variantes interdental, dentoalveolar y palatalizada lo siguiente:

> las diferencias acústicas son mínimas entre ellas; entre interdental y dentoalveolar, la diferencia principal está en el F1 pues la primera lo posee a 526 Hz, mientras que la segunda lo presenta a 298 Hz; el F2, por el contrario, está muy próximo: 1671 Hz y 1627 Hz, respectivamente. Las transiciones son muy parecidas. La palatalizada muestra el F1 a 385 Hz y el F2 es el más grave: 1575 Hz (139).

En cuanto a la intensidad, en el texto de Quilis *et al.* (1979), en el cual se presenta una revisión exhaustiva de todas las laterales, los autores señalan constantemente que la consonante tiene una intensidad menor que la vocal con la que forma sílaba. A esto se debe agregar que la intensidad relativa de una lateral es, al mismo tiempo, mayor que la de otras consonantes y, desde este punto de vista, más parecida a la de las vocales.

Respecto de la duración, a partir de los datos aportados por Navarro Tomás (1917, 1918) destacan en estos sonidos los valores relativamente largos que ofrecen cuando se encuentran en posiciones iniciales y finales absolutas tónicas, y la brevedad que manifiestan en las posiciones pretónicas e interior de sílaba, es decir, en grupo consonántico. Navarro Tomás también apuntó una posible relación entre el punto de articulación y la duración. Ciertamente, la medición de la duración en estos sonidos aproximantes sonoros ofrece varias dificultades.

18.2 Lateral alveolar

El sonido [l] corresponde a la variante alveolar del fonema /l/ y se produce regularmente en inicio absoluto, en posición intervocálica o en coda silábica siempre y cuando el sonido siguiente no sea dentoalveolar, interdental o palatal, pues en estos casos su punto de articulación se modificará. De acuerdo con este criterio, son de realización alveolar todos los sonidos laterales del ejemplo (1).

(1)   En la alameda se levantan los árboles. / La pluma del pájaro blanco.

18.2.1 Características articulatorias

De acuerdo con la información de la que se dispone, la lateral [l] se realiza en la zona postalveolar, con un punto de articulación posterior al de la lateral catalana (Recasens 1986, 23). Martínez Celdrán y Fernández Planas (2007, 137) señalan

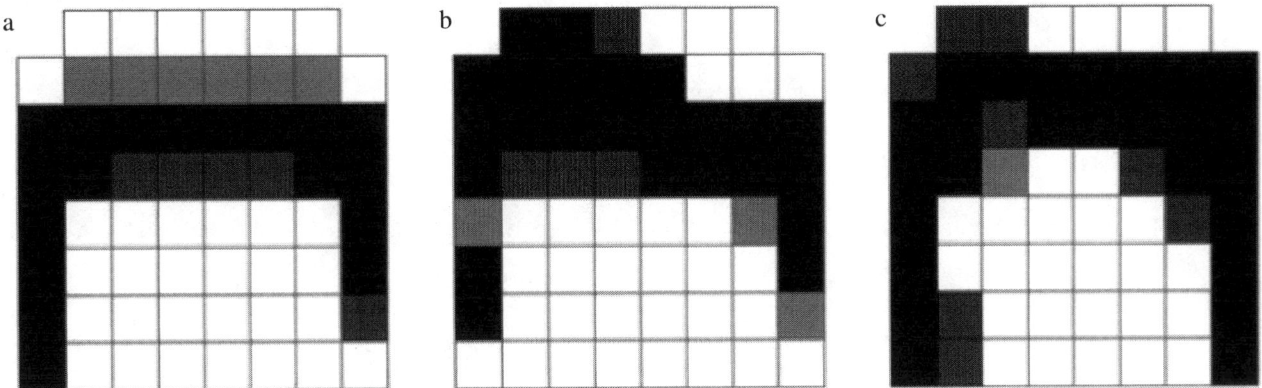

FIGURA 7. Reproducción de tres electropalatogramas de [l] en el contexto *ala* (Martínez Celdrán y Fernández Planas 2007, 137).

que el ápice lingual entra en contacto con la zona postalveolar, lo que se ilustra en las tres imágenes de la Figura 7, correspondientes a tres electropalatogramas [→ § 1.7] con los que los autores muestran diferentes soluciones articulatorias de la salida del aire en el caso de este sonido.

Los electropalatogramas de la Figura 7 muestran los puntos de máximo contacto (PMC), y en todos ellos se hace evidente el contacto alveolar y postalveolar.

Los mismos autores añaden que esta constricción se da

> entre la parte posterior de los alveolos como articulador pasivo y el ápice como articulador activo, lo cual permite que los extremos posteriores del paladar artificial en sentido longitudinal constituyan los puntos en los cuales se dejan sentir con más intensidad los efectos vocálicos (137).

En su descripción dinámica de la articulación de la alveolar, Martínez Celdrán y Fernández Planas (2007) señalan que «tras la oclusión apical el cuerpo de la lengua desciende progresivamente de forma suave, igual que sucede en otras articulaciones como [n]» (138).

18.2.2 Características acústicas

Son varios los autores que han caracterizado el sonido lateral alveolar [l] del español en términos frecuenciales. En lo que sigue se presentan los datos procedentes de algunas de esas referencias.

Para el F1 en posición inicial en sílaba tónica, Quilis *et al.* (1979, 235) ofrecen el valor de 327,46 Hz y, en sílaba átona, el de 333,25 Hz. Los valores de la misma resonancia para la posición intervocálica son de 328,34 Hz en sílaba tónica y de 337,18 Hz en sílaba átona. En sílaba final, los valores son de 329,48 Hz y de 343,75 Hz. El conjunto de datos presentados en Quilis *et al.* (1979) se ordena en torno a los 333 Hz como valor medio.

Massone (1988, 22) investigó a dos informantes masculinos representativos del habla de Buenos Aires y a partir de los datos obtenidos situó el valor del F1 alrededor de los 400 Hz.

Almeida y Dorta (1993, 99) sitúan el promedio del F1 en los 399 Hz para las laterales en sílaba tónica y en los 362,5 Hz para las que se encuentran en sílaba átona. Los autores establecen diferencias según la vocal siguiente, siendo más alta la frecuencia cuando la vocal siguiente es [a] o [e] (400 Hz) y más baja cuando es [o], [i], [u] (entre 350 y 360 Hz). Estos investigadores estudiaron a siete informantes tinerfeños, cuatro mujeres y tres hombres, de zonas rurales y urbanas. Por su parte, Obediente, Mora Gallardo y Rodríguez Hourcadette (1994, 9) presentan un valor típico para el primer formante de 387 Hz en hablantes venezolanos. Estos datos se tomaron del corpus de la *Gramática del español hablado en Venezuela*.

Martínez Celdrán y Fernández Planas (2007, 136) localizan el valor general del F1 entre los 336 y los 420 Hz, dependiendo de la vocal siguiente: más bajo con la vocal [u] y más alto con la vocal [i], a diferencia de lo reportado por Almeida y Dorta (1993, 99). Los mismos autores, Martínez Celdrán y Fernández Planas, sintetizan gran parte de la información anterior sobre este sonido y precisan que los datos coinciden en lo esencial con los proporcionados por de Manrique (1980), Quilis (1981) —que a su vez toma los valores del trabajo anterior de Quilis *et al.* (1979)—, Massone (1988) y Almeida y Dorta (1993).

En la Figura 8 se muestran tres representaciones acústicas correspondientes a emisiones de palabras que contienen el sonido lateral. Las palabras son *lámina, limita* y *girasol*. La pronunciación corresponde a la de una informante peninsular.

En las emisiones presentadas en la Figura 8, los valores para el F1 son, respectivamente, 466,97 Hz, 339,42 Hz y 401,77 Hz, en el centro de la consonante.

Quilis *et al.* (1979, 235) sitúan el valor medio del F2 en los 1587,01 Hz cuando la lateral se encuentra en sílabas tónicas iniciales y en 1606,11 Hz cuando aparece en sílaba átona en la posición inicial. En posición intervocálica, el valor es un poco más bajo: 1534,36 Hz en sílaba tónica y 1508,34 Hz en sílaba átona; para la posición final tónica el valor es de 1563,56 Hz y de 1528,86 Hz en sílaba átona. Massone (1988, 22) propone en general valores más altos, que varían en función de la vocal siguiente: 2000 Hz con [i], 1800 Hz con [e], 1700 Hz con [o a] y 1550 Hz con [u]. Almeida y Dorta (1993, 100) localizan el F2 en los 1555 Hz y en los 1493 Hz en inicio de sílabas tónicas y átonas respectivamente, en tanto que en posición implosiva [→ § 1.21.8] lo ubican en los 1480 Hz en sílabas tónicas y en los 1532 Hz en átonas. Martínez Celdrán y Fernández Planas (2007, 136) señalan variaciones desde los 1491 Hz hasta los 1630 Hz de acuerdo con la vocal siguiente, de modo que el valor más bajo está asociado a la vocal posterior y el más alto a la vocal anterior. Obediente, Mora Gallardo y Rodríguez Hourcadette (1994, 9) proporcionan un valor de F2 de 1329 Hz, algo más bajo que otros aquí mencionados.

En la Figura 9 se muestran las representaciones acústicas de las palabras *lama* y *lima* en una emisión de una hablante peninsular. Los valores de F2 para los dos casos que sirven de ejemplo en esta figura son, en el centro de la consonante, 1812,9 Hz y 1856,9 Hz respectivamente para *lama* y *lima*. Se observa que la trayectoria del F2 difiere según sea la vocal siguiente: en el primer caso, el F2 presenta un leve descenso frecuencial, en tanto que, en el segundo, el movimiento es ascendente. Las representaciones de la Figura 10 son acercamientos a las de la Figura 9, para destacar este aspecto.

Al respecto, Proctor (2009, 59) apunta que la información de los dos primeros formantes, particularmente del F2, indica el grado de velarización de la lateral. Aquellas consonantes cuyo F2 supera los 1200 Hz se perciben como [l], mientras aquellas cuyo F2 es menor que 1200 Hz se perciben como velarizadas.

En relación con el F3, Quilis *et al.* (1979, 235, 240) lo establecen en los 2603,76 Hz si la lateral se encuentra en sílaba tónica, y en 2586,26 Hz si está en sílaba átona en posición inicial. En posición intervocálica, los valores son, respectivamente, 2576,52 Hz y 2464,82 Hz. Almeida y Dorta (1993, 101) proporcionan, para las iniciales de sílabas tónicas, el valor promedio de 2678 Hz y para las átonas, de 2368 Hz. Los valores que ofrecen para las implosivas son bastante homogéneos: para las tónicas, 2626 Hz; para las átonas, 2610 Hz. Massone (1988, 22) da como valor referencial del F3 los 2700 Hz.

a

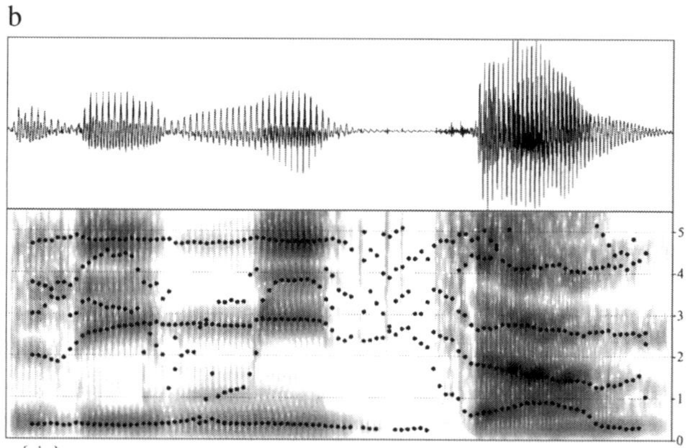

b

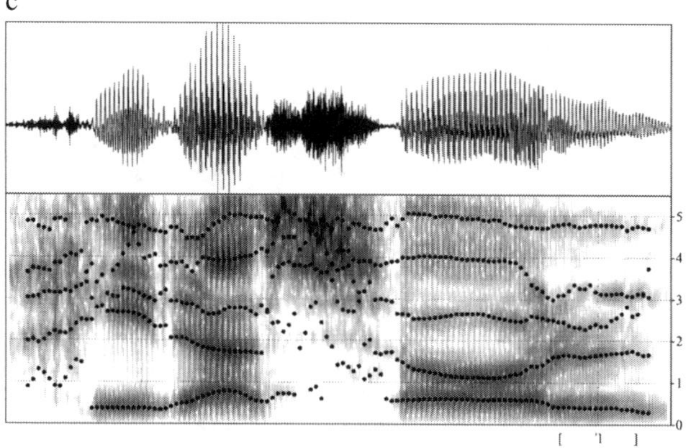

c

FIGURA 8. Oscilogramas y espectrogramas (de 0 a 5,5 kHz) con trayectoria de formantes (de 0 a 5,5 kHz) de las palabras *lámina* (a), *limita* (b) y *girasol* (c). Se transcribe el sonido lateral en cada caso.

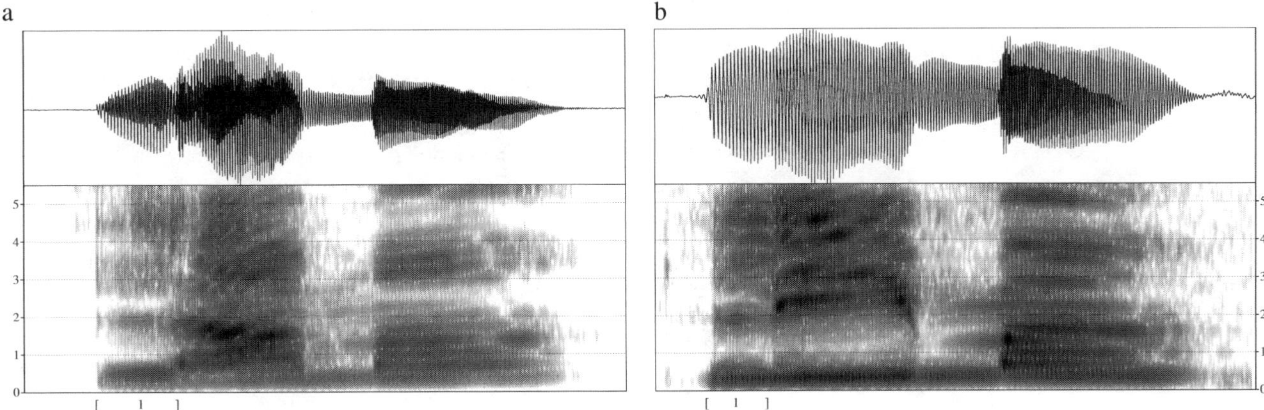

FIGURA 9. Oscilogramas y espectrogramas (de 0 a 5,5 kHz) de las palabras *lama* (a) y *lima* (b). Se transcribe el sonido lateral en cada caso.

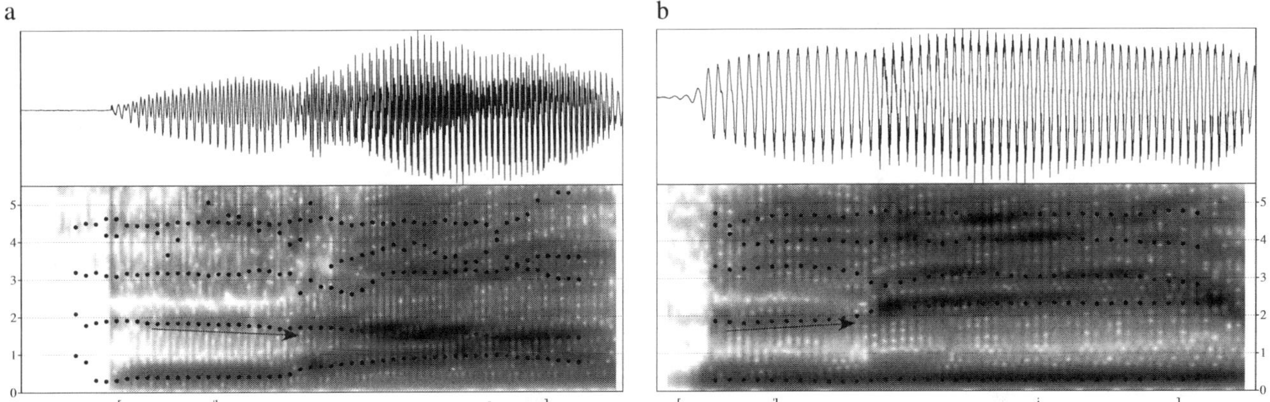

FIGURA 10. Oscilogramas y espectrogramas (de 0 a 5,5 kHz) con trayectorias de formantes superpuestas (de 0 a 5,5 kHz) de los fragmentos ['la] (a) y ['li] (b). Las flechas ponen de relieve el movimiento del F2.

En la Figura 11 se reproduce una emisión de la palabra *alimenta* pronunciada por un informante chileno. Se muestran el oscilograma y el espectrograma con la trayectoria de formantes superpuesta. En este ejemplo, el valor del F3 es de 2800,4 Hz en el inicio de la consonante lateral; en el centro, el valor es de 2798,8 Hz; y, hacia el final de la misma, el valor es de 2796 Hz. El F1 tiene, en el centro de la consonante, el valor de 294,9 Hz, y el F2, el de 1873,9 Hz.

Se ha planteado la discusión sobre la relación entre la frecuencia del primer formante y el carácter tónico o átono de la sílaba en la que se enmarca la lateral. Al respecto Quilis *et al.* (1979, 323) señalan como una propiedad de la consonante que su F1 presenta un valor más elevado en la átona que en la tónica, asunto que Almeida y Dorta (1993) discuten explícitamente a partir de sus propios datos.

Dado que las vocales, a diferencia de las consonantes, se pronuncian sin ninguna obstrucción articulatoria, la relación lógica de intensidad entre ellas supone que las vocales son siempre más prominentes que las consonantes; lo esperable será, por tanto, encontrar una energía sonora más baja en las laterales que en las vocales adyacentes.

Quilis *et al.* (1979, 239–40) señalan que la intensidad relativa de la lateral en relación con la vocal con la que forma sílaba es siempre menor, aunque encuentran algunos casos especiales, en posición inicial, en que esto no ocurre así.

La Figura 12 muestra el oscilograma, el espectrograma y la curva de intensidad correspondientes a la palabra *lacustre* pronunciada por una informante peninsular. En este ejemplo, la diferencia entre los valores de intensidad en los puntos señalados por las flechas es de 5,33 dB. Se observa que la curva de intensidad va en aumento hasta alcanzar el punto máximo en el centro de la vocal. El mismo fenómeno suele ocurrir en los casos en que la lateral está situada entre dos vocales.

La Figura 13 muestra dos emisiones de la palabra *aleve* producidas por una informante española y por un informante chileno. En ambos casos, la intensidad de la consonante es menor que la de las vocales adyacentes.

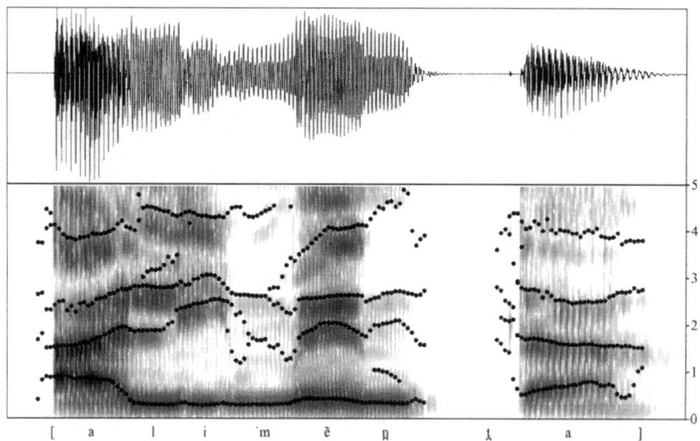

FIGURA 11. Oscilograma y espectrograma (de 0 a 5 kHz) con la trayectoria de formantes superpuesta (de 0 a 5 kHz) de la palabra *alimenta*.

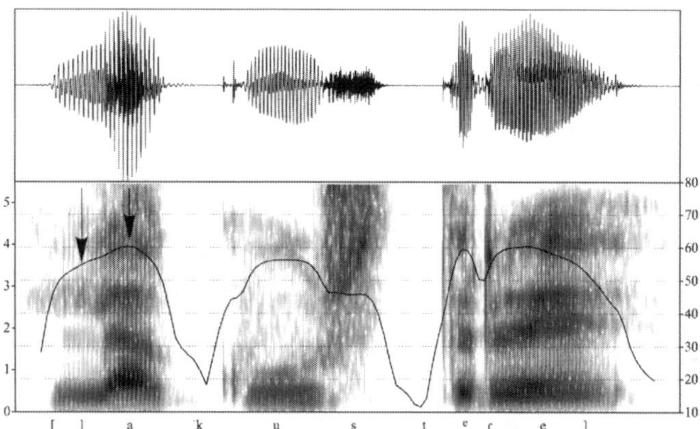

FIGURA 12. Oscilograma y espectrograma (de 0 a 5,5 kHz) con curva de intensidad (de 10 a 80 dB) de la palabra *lacustre*. Las flechas indican los puntos de la curva de intensidad correspondientes al centro de la consonante lateral y al centro de la vocal adyacente.

En los ejemplos presentados en la Figura 13, la diferencia de intensidad entre la lateral y la vocal inicial es de −0,34 dB en el caso de la mujer española, y en el del hombre chileno, de −1,93 dB. Resulta más pronunciada la disparidad entre la lateral y la vocal siguiente: −3,16 dB para la mujer y −2,31 dB para el hombre, consideradas ambas diferencias en el centro de cada sonido. Si se toma como referencia el punto más bajo de la intensidad de la lateral, que se encuentra un poco después del centro y que no se ha señalado en la curva de intensidad, las divergencias son aún más pronunciadas: respecto del centro de la vocal anterior, la diferencia, en el caso de la informante femenina, es de −4,63 dB y, con respecto a la vocal siguiente, de −7,45 dB. Cabe señalar que en otras condiciones contextuales estos datos pueden ser también distintos. Los respectivos valores en el caso del informante masculino son de −3,34 dB y de −3,72 dB. La Figura 13 muestra también que, en relación con la consonante aproximante bilabial, la lateral tiene una intensidad mayor.

Por lo que se refiere a la duración, Navarro Tomás (1917, 272–73) estableció una gradación de acuerdo con la cual la posición final en sílaba tónica es la que favorece la realización más larga. La duración menor correspondería a la que se da en grupo consonántico tautosilábico (como en *plato*, *bloque*, etcétera), y esta sería más o menos similar a la intervocálica. Serían largas las laterales que aparecen en inicio absoluto en sílaba tónica. Para la inicial tónica proporciona valores promedio de 104 ms, y de 70 ms para las iniciales átonas. Para la intervocálica, señaló como duración promedio, en posición

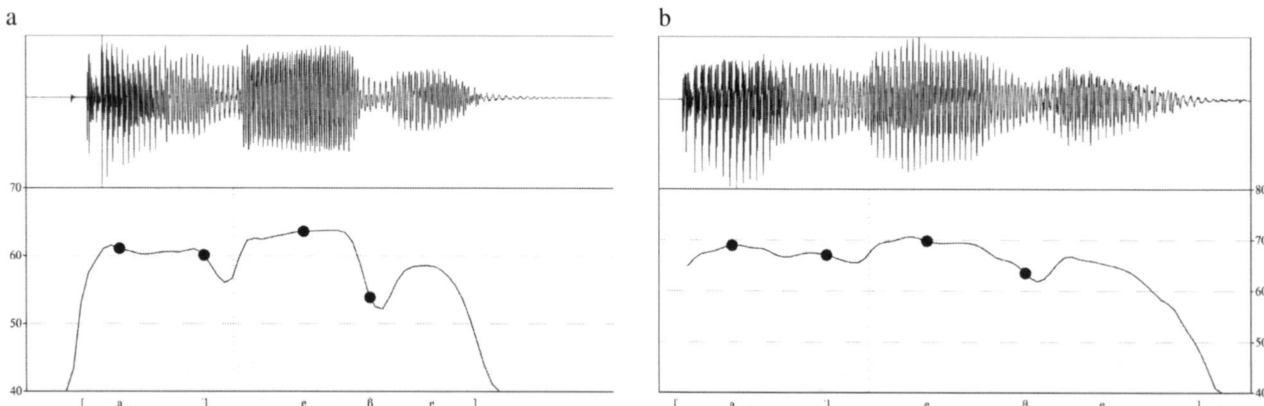

FIGURA 13. Oscilogramas y curvas de intensidad de la palabra *aleve* pronunciada por una informante española (a) y por un informante chileno (b). Las graduaciones en dB son diferentes para cada enunciado. Los puntos señalan el centro de los sonidos en la curva de intensidad.

tónica, 60 ms y, en posición átona, 45 ms; para la que aparece en agrupación consonántica tautosilábica, 51 ms en las tónicas y 47 ms en las átonas. Los casos que analiza en posición final tónica dan un promedio de 160 ms.

Quilis *et al.* (1979, 235) señalan que en posición inicial la duración media de [l] es de 68,9 ms en sílaba tónica y de 49,5 ms en sílaba átona. En posición intervocálica, en sílaba tónica es de 53 ms y en sílaba átona de 53,4 ms, sin considerar las transiciones (de ahí la sensible diferencia con las mediciones de otros investigadores). Por su parte, Almeida y Dorta (1993, 98) precisan como duración de las tónicas en posición inicial absoluta 85,9 ms, y de las átonas, 54 ms. Las tónicas iniciales de palabra duran 52,3 ms y las átonas, 50,4 ms. Las implosivas finales presentan los valores de 58,9 ms (las tónicas) y 51 ms (las átonas).

Por otro lado, Massone (1988, 23) aporta valores de duración de 91 ms en secuencia consonante-vocal, y de 113 ms en secuencia vocal-consonante-vocal; en grupos consonánticos, 73 ms en sílaba tónica y 61 ms en sílaba átona.

Del Barrio y Torner (1999, 15–17) recogen datos sobre la duración de [l] en diversos contextos. Los valores presentados se sitúan entre los 42 ms (en sílaba átona, posición inicial de sílaba no prepausal) y los 103 ms (en sílaba tónica, posición no inicial de sílaba prepausal). El promedio se situaría en torno a los 63 ms.

Las diferencias que se observan entre los datos ofrecidos por los diversos investigadores pueden deberse a sus distintos criterios de análisis para delimitar el sonido, ya que la frontera entre una lateral alveolar y una vocal no suele resultar muy clara. Los valores obtenidos también pueden estar influidos por la cantidad de informantes, el estilo de habla registrado y los instrumentos utilizados para realizar los análisis. Estas diferencias ya fueron advertidas por Almeida y Dorta (1993, 99), quienes, además, ofrecen un interesante resumen crítico de los datos recabados hasta el momento en que escriben.

La Figura 14 muestra los oscilogramas y espectrogramas correspondientes a dos emisiones leídas por una informante española. Se han marcado las duraciones en la parte superior del espectrograma para disponer de una visión general de las longitudes de las laterales.

En el ejemplo (a) de la Figura 14, las laterales alveolares presentan las siguientes duraciones: la primera, intervocálica átona, dura 76,8 ms; la que precede a [f] dura 85,9 ms, y la final (tónica), 165,3 ms. En el ejemplo (b), la inicial tónica tiene una duración de 122,3 ms; la geminada intervocálica, 134,7 ms; la intervocálica átona de *libro los* dura 76,1 ms; la cuarta en aparición, tónica, dura 86,2 ms, y la última del enunciado, átona, dura 63,5 ms. Se comprueba la duración mayor de la final absoluta en posición tónica, las duraciones intermedias de las que están en posición tónica y, asimismo, que las átonas tienen, comparativamente, menor duración.

En la Figura 15 se muestran tres casos en los que la lateral forma parte de un grupo consonántico. Se trata de la pronunciación de las palabras *concluso*, *flemático* y *cable* por parte de una hablante femenina peninsular. En estos ejemplos, la lateral de *concluso* presenta una duración de 66 ms, la de *flemático*, de 50 ms, y la de *cable,* de 101 ms.

A fin de complementar la información disponible, se examinaron las duraciones de las laterales de dos informantes de Santiago de Chile, un hombre y una mujer, y se obtuvieron los valores que se muestran en la Figura 16, diferenciando entre las que aparecen en sílaba tónica y las que se encuentran en sílaba átona.

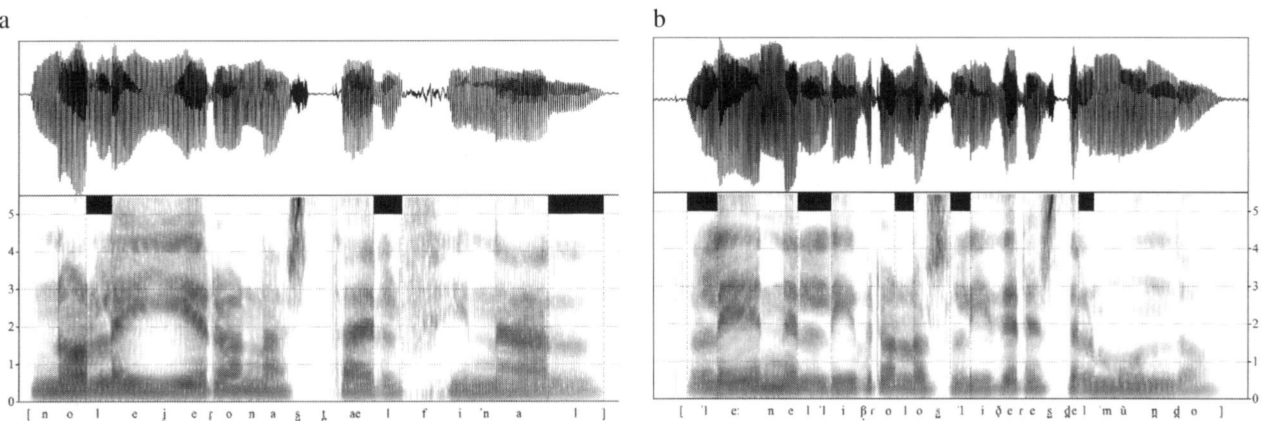

FIGURA 14. Oscilogramas y espectrogramas (de 0 a 5,5 kHz) de las emisiones *No leyeron hasta el final* (a) y *Leen el libro los líderes del mundo* (b) pronunciadas por una informante peninsular. En la parte superior del espectrograma se ha marcado en negro la duración de las laterales.

a

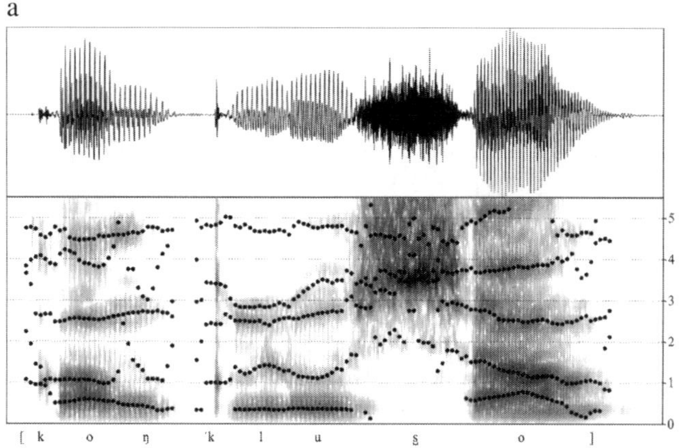

b

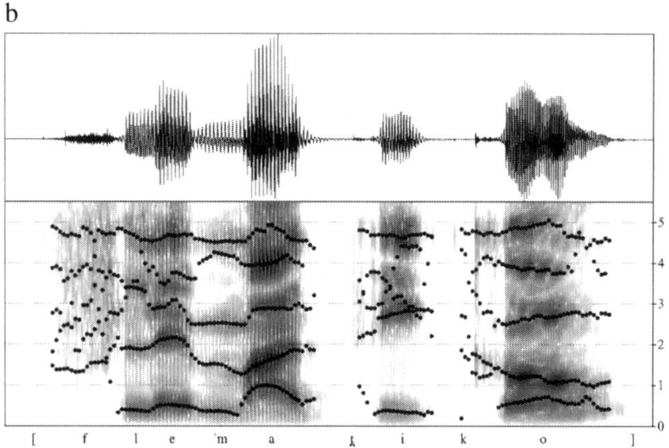

c

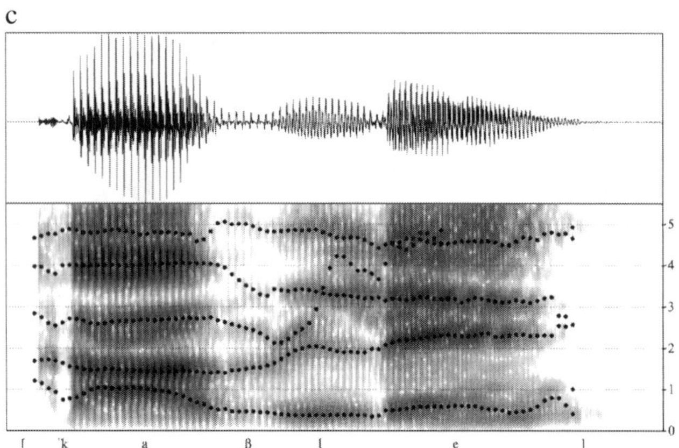

FIGURA 15. Oscilogramas y espectrogramas con trayectorias de formantes superpuestas (de 0 a 5,5 kHz) de las emisiones *concluso* (a), *flemático* (b) y *cable* (c) realizadas por una informante peninsular.

La diferencia en los valores absolutos entre ambos sujetos está determinada por la velocidad de habla de cada informante; no obstante, lo que se quiere resaltar es la tendencia hacia el valor más alto en las sílabas tónicas que en las átonas.

Un ejemplo de la relación entre duración y posición en la palabra se muestra en el histograma de la Figura 17, que resume los resultados del recuento de emisiones de estos dos informantes santiaguinos. En este caso, los datos se obtuvieron a partir de la lectura de palabras. Para este cómputo se consideraron las laterales iniciales, las finales y las internas que no están en grupo consonántico tautosilábico [→ § 1.21.8].

En los datos de la Figura 17 se observa que las laterales interiores son más breves que las que aparecen al inicio de palabra y que las que se encuentran al final; a su vez, las finales son las que presentan una mayor duración. Esto es válido en el grupo de laterales que se encuentra tanto en sílaba tónica como en átona. Por ello, cuando se comparan solo las laterales que aparecen en sílabas tónicas en las mismas posiciones que las que se muestran en la Figura 16, las proporciones relativas se mantienen exactamente igual.

Por otra parte, si se cotejan los datos de las laterales simples, de las agrupadas en secuencia tautosilábica y de las geminadas, se observa que la duración de la geminada casi duplica a la de la simple y que la duración de la lateral incluida en un grupo consonántico, del tipo *gl, bl,* etcétera, es sensiblemente menor (Figura 18).

Dado que la diferencia entre los informantes no es relevante, los datos se han agrupado de modo que se pueda deducir la tendencia general. Ramírez Vera (2006, 52) halla una duración media de 68,52 ms para las no agrupadas y de 57,62 ms para las agrupadas; datos que, aun con valores distintos, revelan la misma tendencia: el acortamiento de las laterales en grupo consonántico.

Además, también existen algunos fenómenos relacionados con los sonidos laterales que aparecen en los exámenes minuciosos, pero no tanto en las visiones generales, de estos sonidos. Dos asuntos en particular merecen especial atención: uno es la presencia del llamado 'elemento esvarabático' [→ § 1.6.4, § 21.3.1], y otro es la presencia de fricción junto con el ensordecimiento parcial.

El elemento esvarabático suele surgir cuando la lateral alveolar se encuentra contigua a una consonante. La Figura 19 muestra dos casos en los que se puede interpretar que aparece un elemento de esa naturaleza.

Este es uno de los aspectos cuya comprensión cabal requiere de descripciones detalladas. Existen ya trabajos experimentales desde el punto de vista de la audición y de la percepción, como los de Ramírez Vera (2006; 2012) y el de Widdison (2004).

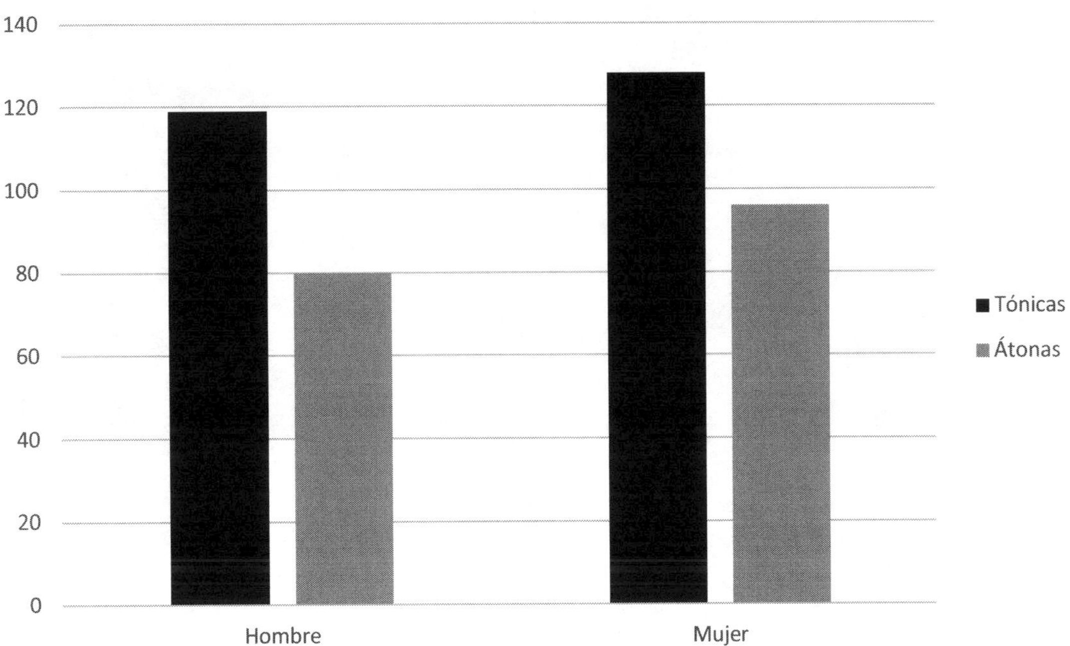

FIGURA 16. Promedios de duración (ms) de laterales alveolares en sílabas tónicas y átonas en un hombre (*n* = 82) y en una mujer (*n* = 50) hablantes de español.

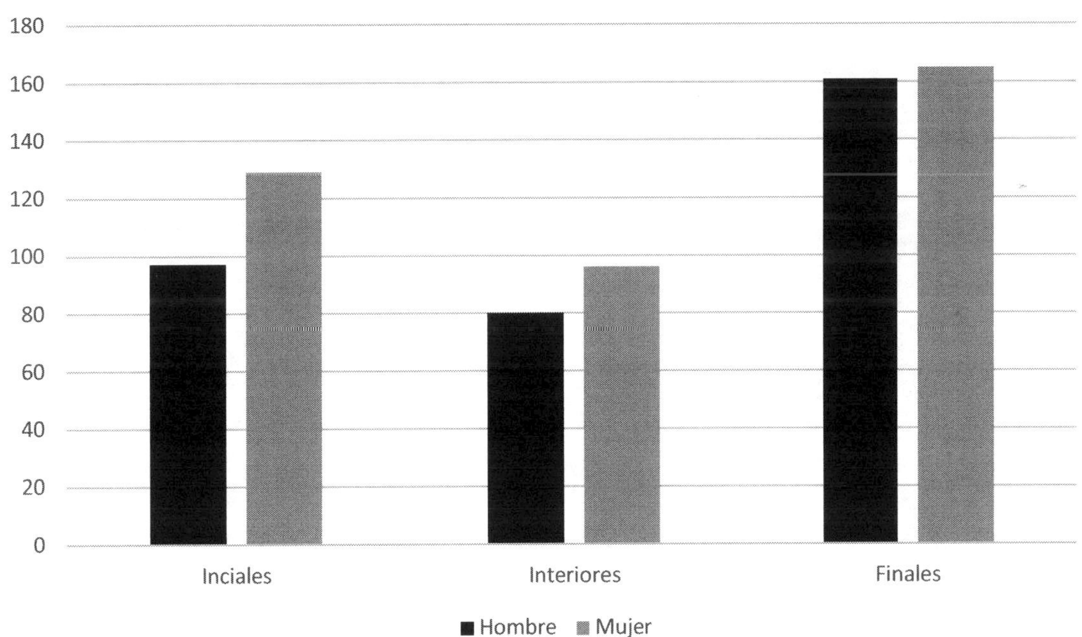

FIGURA 17. Promedios de duración (ms) de laterales alveolares en diferente posición en la palabra en un hombre (*n* = 82) y en una mujer (*n* = 50) hablantes de español.

En algunas ocasiones, se presenta algo de fricción visible en los análisis espectrales; esta fricción puede tener diversas duraciones y se produce más bien en posición de coda silábica. La imagen (b) de la Figura 20 muestra la parte final de la lateral articulada con ruido.

Finalmente, el ensordecimiento del que ya Navarro Tomás (1917, 274) había informado y que, a su parecer, era posible al entrar en contacto la lateral con una fricativa sorda (este autor señaló que el ensordecimiento correspondía más o menos a «un tercio de la articulación») también constituye un campo de investigación para el que falta información empírica.

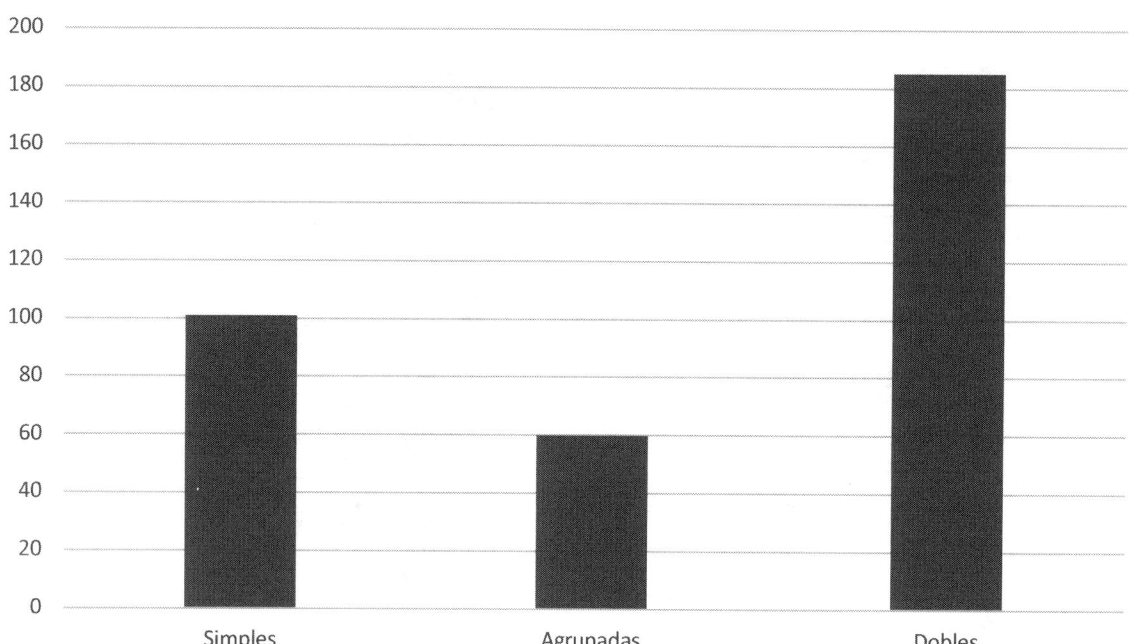

FIGURA 18. Promedios de duración (ms) de las laterales alveolares simples, de las que forman grupo consonántico (agrupadas) y de las geminadas (dobles), correspondientes a un hombre y a una mujer ($n = 132$) hablantes de español.

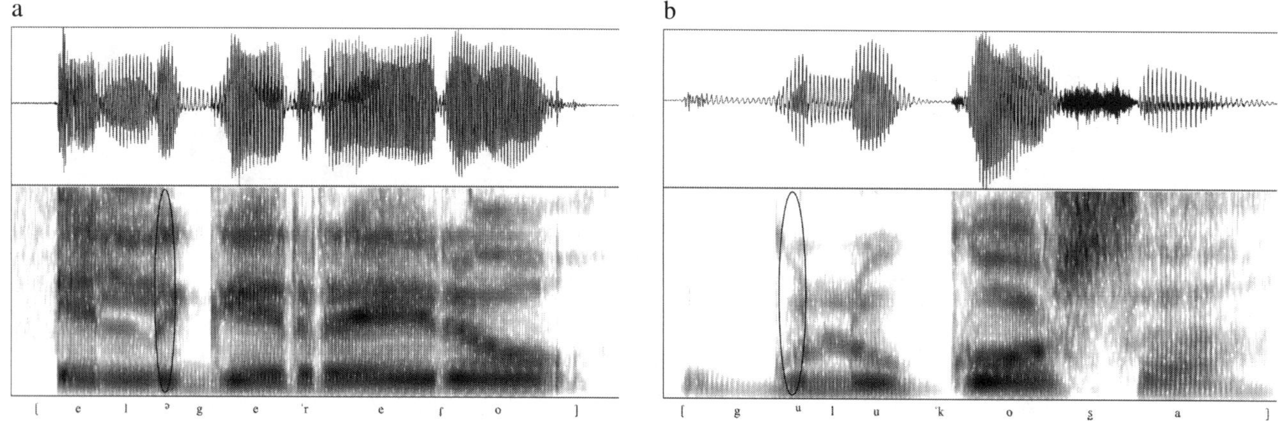

FIGURA 19. Oscilogramas y espectrogramas de las emisiones *el guerrero* (a) y *glucosa* (b) con un elemento esvarabático en cada caso.

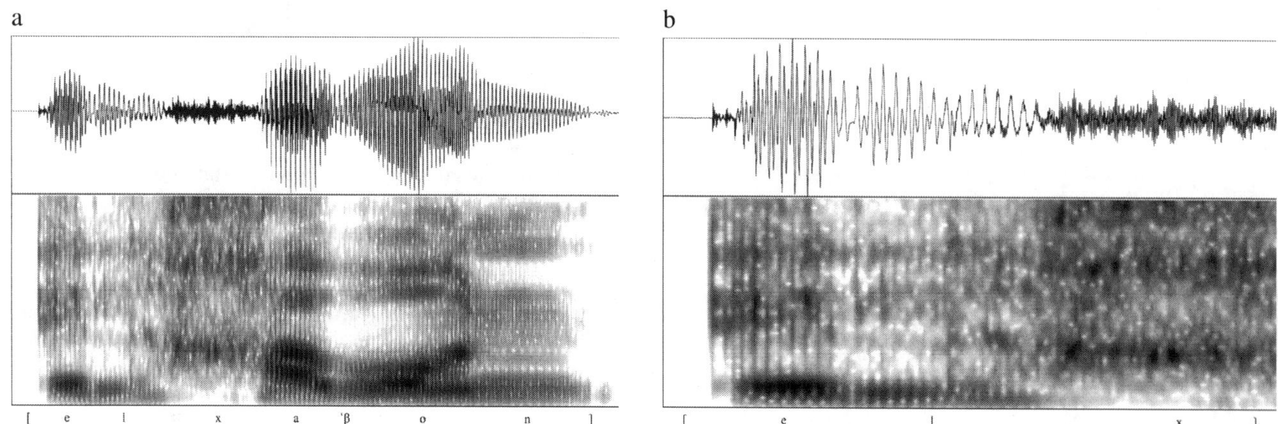

FIGURA 20. Oscilograma y espectrograma de la secuencia *el jabón* (a) y acercamiento a *el j. . .* (b). Se observa algo de ruido al final de la lateral.

18.3 Lateral interdentalizada

En el habla de las zonas de España en las que se realiza la distinción entre [s] y [θ] [→ § 16.3], se produce la articulación adelantada de la lateral —que se representa con el símbolo [l̪]— en los casos en los que la consonante siguiente es un sonido interdental fricativo sordo. Las laterales de las secuencias recogidas en (2) son ejemplos de esta articulación, que se produce siempre y cuando el hablante distinga entre [s] y [θ].

(2)   El zorro del cerro se comió un alce. / Álzate, que el zozobrar no es bueno. / Dos calzas.

18.3.1 Características articulatorias

La articulación interdental se produce con la lengua adelantada y preparada para la producción de la consonante siguiente, tal como se observa en las imágenes de la Figura 21 correspondientes a fotogramas obtenidos en el momento central de la producción de las laterales de las secuencias *calcetín, alza* y *el zulú*. En ellos se observa la lengua en posición interdental en los tres casos. A su vez, la Figura 22 muestra fotogramas de distintos momentos en la emisión de la palabra *alza*. Para preparar las imágenes se han usado simultáneamente los programas Praat (Boersma y Weenink 2018), mediante el que se identificó el tiempo con precisión, y ELAN (*ELAN* (versión 5.2) 2018), que permite obtener el fotograma correspondiente.

El primer fotograma de la Figura 22 corresponde al centro de la vocal inicial y los tres siguientes, al inicio, al centro y al final de la consonante lateral. El quinto corresponde a la consonante fricativa sorda interdental y el último, a la vocal

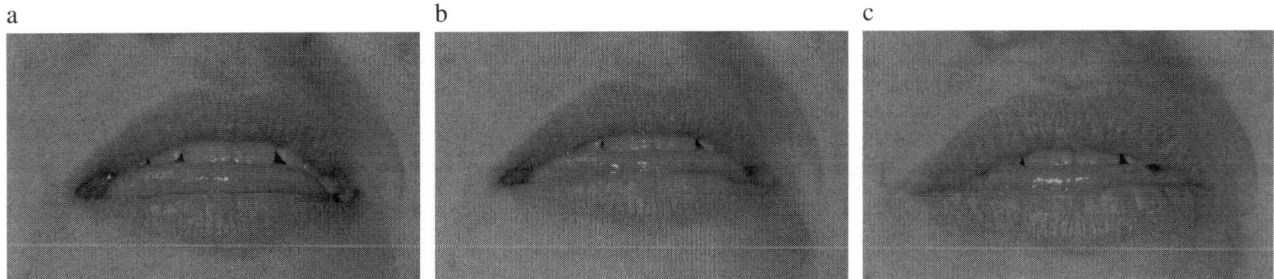

FIGURA 21. Fotogramas de una hablante peninsular en el momento en el que articula la lateral en las secuencias *calcetín* (a), *alza* (b) y *el zulú* (c).

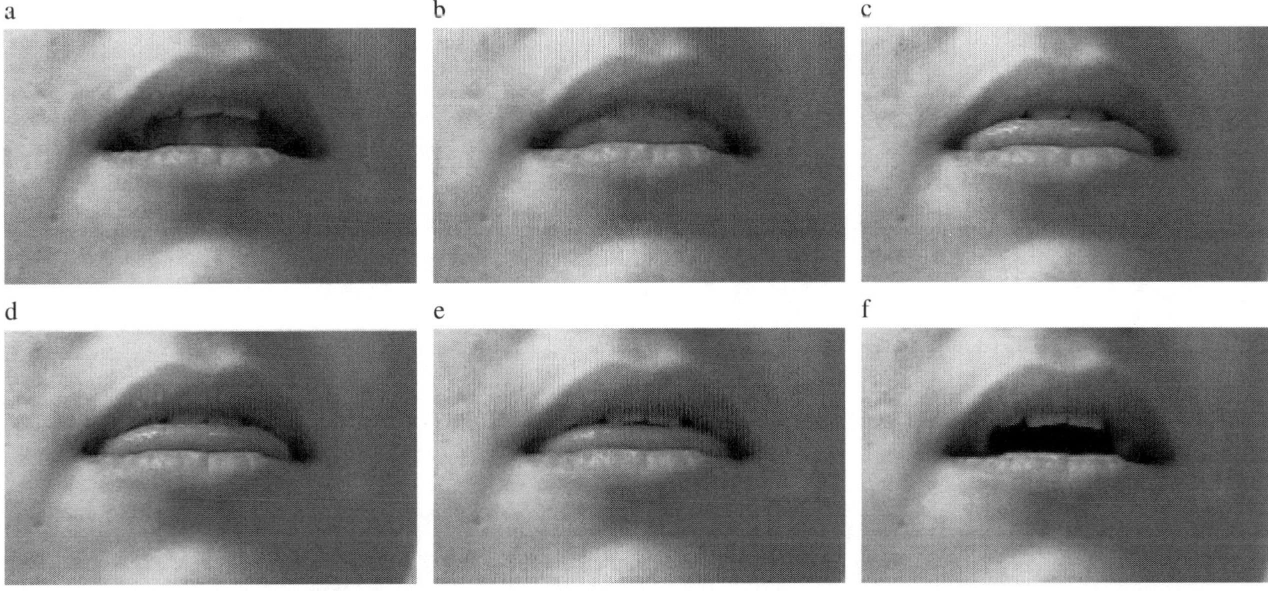

FIGURA 22. Fotogramas de una hablante peninsular en distintos momentos de la articulación de *alza*. (a) Centro de la vocal inicial, (b) inicio de la lateral, (c) centro de la lateral, (d) final de la lateral, (e) centro de la fricativa sorda interdental y (f) centro de la vocal final.

final. Es interesante observar que la posición de la lengua es prácticamente la misma en los tres momentos de la lateral y en la fricativa sorda siguiente.

18.3.2 Características acústicas

La lateral interdentalizada comparte muchas de las propiedades del sonido alveolar mencionadas en el § 18.2. La diferencia articulatoria entre ambas consonantes no produce, pues, un efecto acústico muy pronunciado, a pesar de lo visible que resulta la posición adelantada de la lengua. En el trabajo de Quilis *et al.* (1979, 284–89) se proporcionan los siguientes valores para los formantes: el F1 en sílaba tónica es de 324 Hz y, en sílaba átona, de 312,75 Hz. El F2 tiene un promedio de 1269 Hz para las sílabas tónicas y de 1376,97 Hz para las átonas. El F3 presenta, siempre de acuerdo con los autores mencionados, un promedio de 2328,75 Hz en sílaba tónica y de 2004,35 Hz en sílaba átona.

Los oscilogramas y los espectrogramas de la Figura 23 representan la emisión de las palabras (a) *alcista* y (b) *alista* por parte de una informante que distingue entre [s] y [θ]. Tal representación puede ser de interés, dado que se trata de la misma informante y de contextos fónicos similares, que difieren solo en la presencia de la fricativa interdental.

En la Figura 23c se muestra una representación estilizada de los valores de los tres primeros formantes correspondientes a la lateral interdentalizada y a la alveolar. Aunque se observan unas mínimas diferencias en cuanto a la trayectoria, al comparar los valores de los puntos iniciales, medios y finales de la consonante, se comprueba que el promedio del F1 es de 501,5 Hz para la interdental, en tanto que es de 408,7 Hz para la alveolar; el F2 es de 1778,9 Hz para la interdental y de 1947,8 Hz para la alveolar, y, finalmente, para el F3, los valores promedian los 2951,1 Hz para la interdental, mientras que, para la alveolar, el promedio llega a los 3129,6 Hz. En otras palabras, el F1 es levemente más alto en la interdental; en cambio, el segundo y el tercer formante son, comparativamente, algo más bajos. En lo que respecta a las diferencias entre estos valores y los que presentan Quilis *et al.* (1979, 284–89), se deben tener en cuenta las observaciones recogidas en el § 18.2.2 a propósito de los valores formánticos de la lateral alveolar.

Un análisis preliminar realizado *ad hoc* sobre varias emisiones de una única hablante peninsular muestra que el punto central de la consonante lateral interdental tiene un F1 con un valor medio de 428,1 Hz; el F2, de 1741,4 Hz, y el F3, de

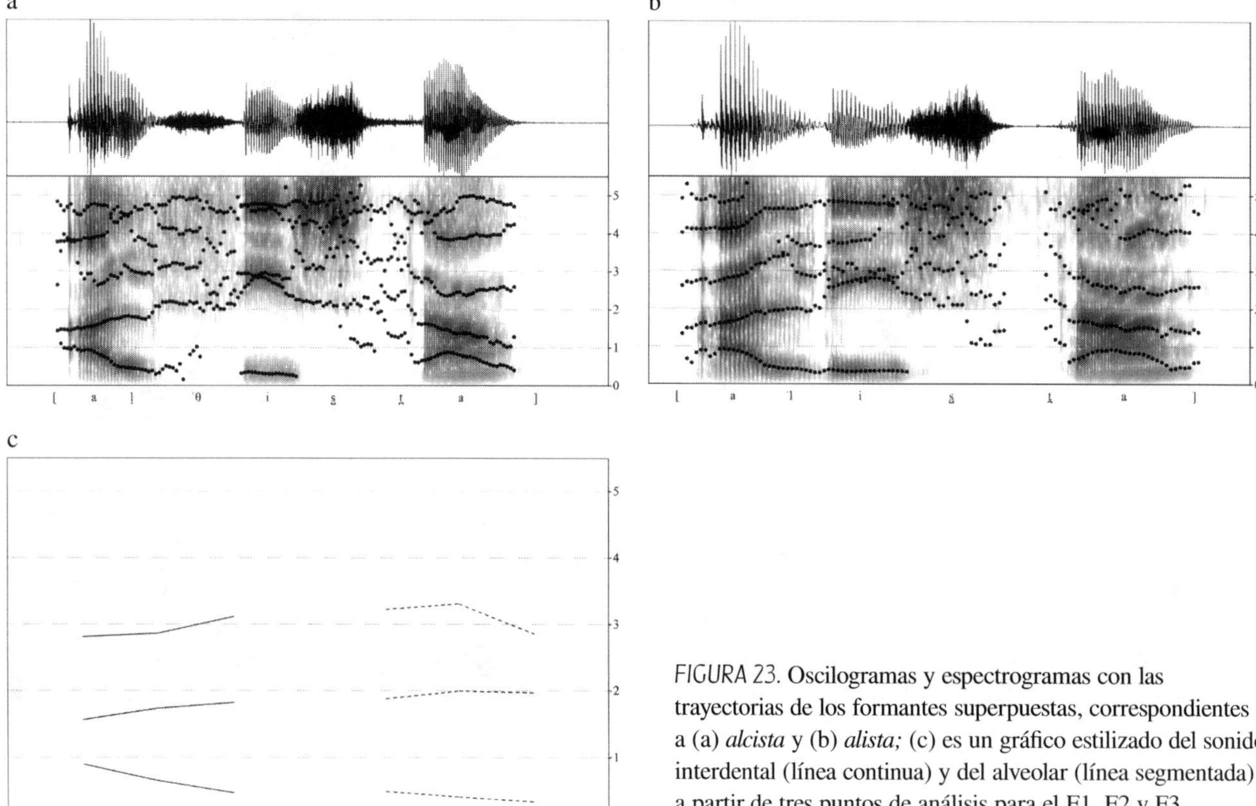

FIGURA 23. Oscilogramas y espectrogramas con las trayectorias de los formantes superpuestas, correspondientes a (a) *alcista* y (b) *alista;* (c) es un gráfico estilizado del sonido interdental (línea continua) y del alveolar (línea segmentada) a partir de tres puntos de análisis para el F1, F2 y F3, respectivamente.

2907,6 Hz. Al considerar el inicio, el centro y el final de la consonante, los valores se ordenan de la siguiente manera: el F1 desciende unos 111 Hz, el F2 asciende unos 120 Hz y el F3 sube unos 175 Hz.

En este mismo análisis se observa que, en la lateral interdental, los valores de los formantes son más elevados cuando la consonante se encuentra en posición tónica. Las diferencias se sitúan en torno a los 50 Hz para el F1 (413 Hz y 468 Hz), sobre los 150 Hz para el F2 (1698 Hz y 1856 Hz), y alcanzan algo más de 50 Hz (2893 Hz y 2946 Hz) para el F3. La diferencia más prominente se observa, por consiguiente, con respecto al F2.

En cuanto a la intensidad relativa de la lateral interdentalizada, se entiende que comparte, junto con los otros sonidos laterales, la propiedad de tener menor intensidad que los núcleos silábicos adyacentes (Quilis *et al.* 1979, 289). En conjunto, para el presente estudio se ha observado que la diferencia es ligeramente inferior a los 4,3 dB con respecto a la vocal precedente; su intensidad, en cambio, supera en más de 10 dB la de la consonante interdental que sigue. Existe más variación por lo que atañe a la vocal siguiente, aunque lo más frecuente es que la lateral sea menos intensa.

La Figura 24 muestra, en dos informantes, las relaciones entre la intensidad del sonido lateral interdental, la del sonido vocálico anterior, la del sonido fricativo interdental sordo siguiente y la de la vocal posterior.

Se observa en la Figura 24 que la relación de la lateral con la vocal anterior es, en la mayoría de los casos, negativa, es decir, la lateral es menos intensa que la vocal precedente (con algunas excepciones en una de las dos informantes);

a

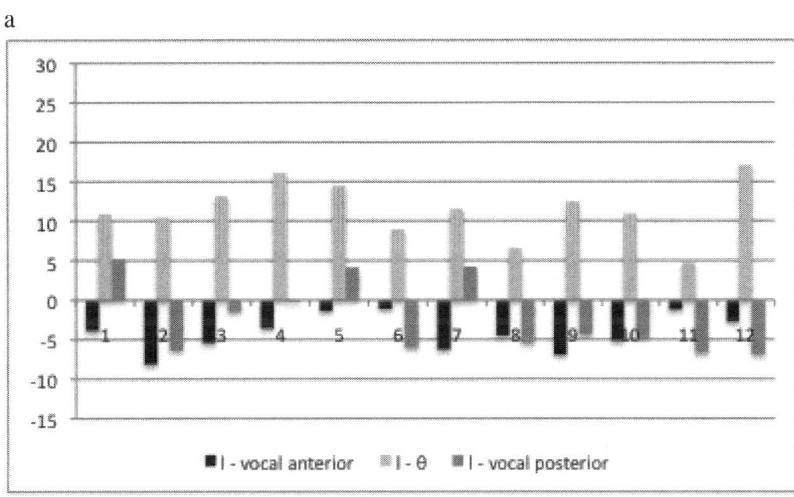

b

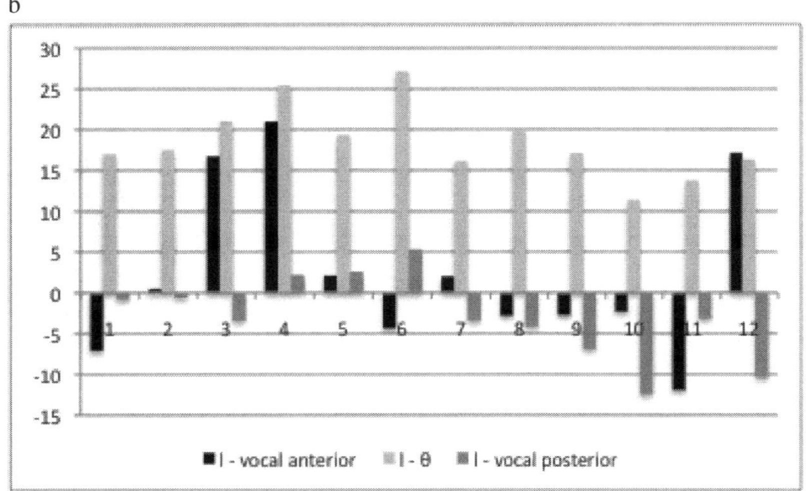

FIGURA 24. Relaciones en dB entre la intensidad del sonido lateral interdentalizado, la de la vocal anterior, la de la fricativa interdental siguiente y la de la vocal siguiente. Cada histograma muestra los valores correspondientes a una informante peninsular. En negro, la relación con la vocal anterior; en gris oscuro, la relación con la vocal posterior y, en gris claro, la relación con la consonante fricativa sorda interdental. Los números en el eje horizontal corresponden a los ítems estudiados.

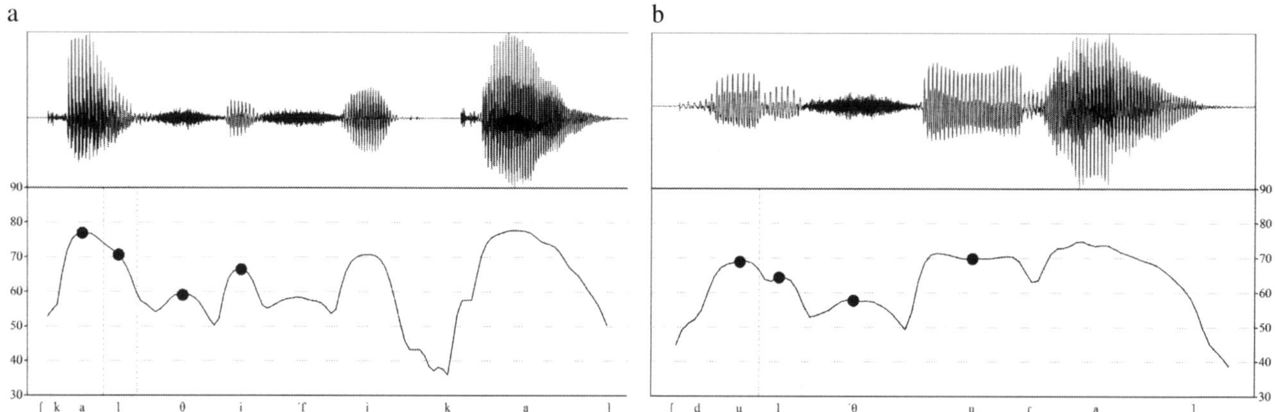

FIGURA 25. Oscilogramas y curvas de intensidad de las palabras *calcifica* (a) y *dulzura* (b). Los puntos en la curva de intensidad indican el centro de cada sonido de interés.

asimismo, se comprueba que los valores son todos positivos respecto a la consonante [θ], esto es, que la lateral es siempre más intensa. También se constata la variabilidad de los valores que relacionan la vocal posterior con la fricativa sorda.

La Figura 25 presenta un ejemplo de análisis de la intensidad en las palabras *calcifica* y *dulzura*. Esta figura permite analizar las relaciones entre los valores de intensidad del sonido lateral y los de otras consonantes ubicadas en las mismas secuencias: la lateral es bastante más intensa que las fricativas sordas y que las oclusivas sordas presentes; en cambio, su intensidad resulta ser levemente inferior a la de la aproximante alveolar de (b), que no está marcada con círculo.

Examinada la duración de las laterales interdentales en dos informantes femeninas peninsulares, se observa que la duración media de este sonido oscila en torno a los 76 ms y que su duración representa algo más del 50 % de la suma de la de la lateral y de la de la fricativa interdental sorda que la sigue (cuyo promedio de duración se sitúa alrededor de los 142 ms). La duración de las laterales en sílaba átona se localiza alrededor de los 74 ms y, en las sílabas tónicas, es algo superior a los 87 ms. Los valores que al respecto presentan Quilis *et al.* (1979, 284) son sensiblemente inferiores, dado que se consideró solo la parte estable de la lateral: 42,5 ms en las sílabas tónicas y 40,6 ms en las átonas.

18.4 Lateral dentoalveolar

La consonante lateral dentoalveolar se produce regularmente ante un sonido dental o dentoalveolar, como [t̪] o [d̪]. Son, por lo tanto, dentoalveolares, las laterales del ejemplo (3).

(3)   El día del torneo. / Alteran el diario vivir.

18.4.1 *Características articulatorias*

En la realización de la lateral dentoalveolar, el contacto anterior de la lengua tiene lugar entre la lámina lingual y la zona dentoalveolar y, tal como señalan Martínez Celdrán y Fernández Planas (2007, 139) en su análisis electropalatográfico, este contacto en la zona anterior se produce desde los momentos iniciales de la consonante.

La Figura 26 muestra el valor promedio de los puntos de máximo contacto registrados en la realización de este sonido por una hablante peninsular.

Martínez Celdrán y Fernández Planas (2007, 139) señalan que, a diferencia de lo que sucede con el sonido alveolar, en el electropalatograma del punto de máximo contacto de la articulación dentoalveolar se observa la completa saturación de la primera fila de electrodos. El hecho de que los contactos más

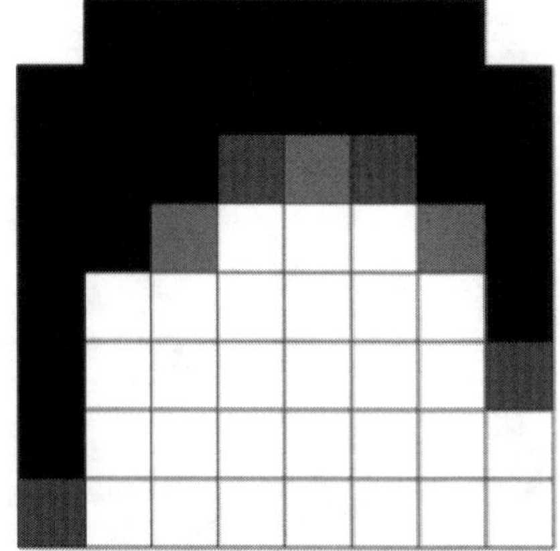

FIGURA 26. Electropalatograma del punto de máximo contacto de la lateral dentoalveolar (Martínez Celdrán y Fernández Planas 2007, 139).

anteriores se registren desde los primeros momentos de la consonante hace pensar a los autores que, en términos de la clasificación establecida por Recasens y Pallarès (2001, 16), se trata de una asimilación más que de una mezcla gestual.

18.4.2 Características acústicas

Las diferencias acústicas entre los sonidos laterales dentoalveolares y otros laterales que ya se han revisado no son excesivamente notorias; más bien se trata de divergencias sutiles, no siempre regulares. Por esa razón, estos sonidos laterales dentoalveolares son sonidos que comparten muchas propiedades con los demás de la misma serie.

Quilis *et al.* (1979, 279, 284) señalan que en la combinación /lt/ el F1 de la lateral tiene un promedio de 311,25 Hz en sílaba tónica y de 311,38 Hz en sílaba átona, una diferencia obviamente insignificante. En la combinación /ld/ los valores son, respectivamente, 321,09 Hz y 303,17 Hz. Para el F2, el valor de referencia es de 1555,2 Hz en la sílaba tónica y de 1572,82 Hz para las átonas, en la combinación /lt/; en la combinación /ld/ estos valores son, siguiendo el mismo orden, de 1533,21 Hz y 1511,3 Hz. El F3 lo sitúan, para la combinación /lt/, en los 2646,1 Hz en las sílabas tónicas y en los 2519,85 Hz en las átonas, y, en la combinación /ld/, en 2631,05 Hz en las sílabas tónicas y en los 2584,09 Hz en las átonas. En síntesis, Quilis *et al.* (1979) ofrecen, para los dos primeros formantes, valores levemente más bajos en el sonido dentoalveolar que en el alveolar.

Para el presente estudio se han revisado muestras que brindan resultados sutilmente distintos. En la Figura 27 se comparan los espectros LPC [→ § 1.10.2] de una dentoalveolar (trazo continuo) y de una alveolar (trazo segmentado) en dos informantes; en (a) se muestra la realización de una informante femenina peninsular y en (b) la de un informante masculino chileno.

Los datos mostrados en la Figura 27 permiten confirmar, en primer lugar, que las variaciones son muy leves si se consideran los centros frecuenciales, pero la diferencia se da en sentido inverso a la que plantearon Quilis *et al.* (1979). Sin duda, esta variación articulatoria producirá un escaso efecto perceptivo, tema sobre el que se volverá en el § 18.8 a propósito de los resultados de una prueba de percepción.

La Figura 28 muestra el oscilograma y el espectrograma correspondientes a los enunciados cuyos análisis LPC se han presentado en la Figura 27b. En dicha Figura 28 se observan las pequeñas diferencias frecuenciales en los centros correspondientes a cada una de las laterales presentes. Los movimientos de los formantes en el caso de la dentalizada tienen que ver, obviamente, con la articulación de la consonante siguiente.

Quilis *et al.* (1979, 279, 284) mencionan que, en la dentoalveolar, como en las otras laterales, la intensidad de la consonante es menor que la de la vocal con la que forma núcleo silábico.

La Figura 29 muestra la curva de intensidad de la secuencia *ala alta* (leída como palabras separadas). Se precisan en ella los puntos de análisis que corresponden al centro de la vocal precedente y al de la vocal siguiente, además del centro

a   b

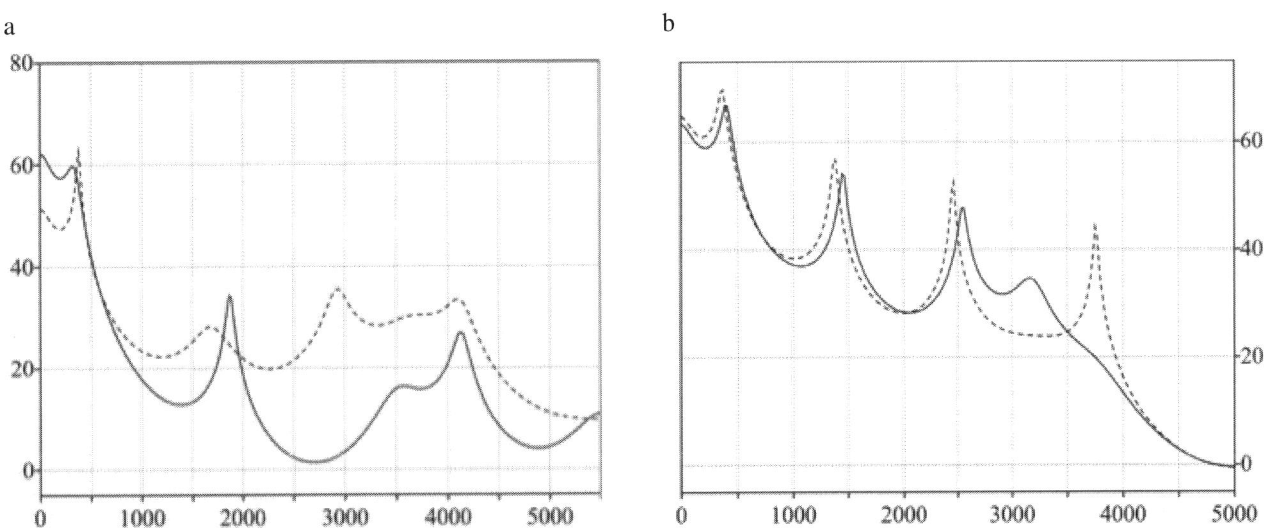

FIGURA 27. Análisis LPC que muestra las leves variaciones entre una lateral dentoalveolar (trazo continuo) y una alveolar (trazo segmentado) en una hablante peninsular (a) y en un informante chileno (b).

de la consonante lateral. En las emisiones mostradas se observa que las variaciones de intensidad son muy similares en ambos casos y que las relaciones entre la lateral y las vocales anteriores y las posteriores son también parecidas. La lateral dentalizada presenta una diferencia de 1,52 dB con respecto a la vocal precedente, y la diferencia con la vocal siguiente es de 3,9 dB. En el caso de la alveolar, la diferencia es de 3,4 dB con la vocal precedente y, con la vocal siguiente, la diferencia de intensidad es de 2,6 dB.

En la combinación /lt/, Quilis *et al.* (1979, 279, 284) asignan a la lateral dentoalveolar una duración de 49,6 ms en sílaba tónica y de 45,9 ms en sílaba átona. En la secuencia /ld/, establecieron la duración en 60,7 ms en sílaba tónica y en 59,1 ms en sílaba átona. Como se ha señalado anteriormente, estos valores son relativamente bajos, pues se ciñen al período de estabilidad de la consonante. En todo caso, reflejan la tendencia general de las laterales a una mayor duración en sílaba tónica que en sílaba átona.

Para el presente estudio se han comparado dos informantes, un hombre y una mujer, de diferentes países de habla hispana. Las duraciones de sus laterales dentalizadas son muy similares entre sí, tal como se muestra en la Tabla 2.

18.5 Lateral palatalizada

La variante palatalizada se produce regularmente cuando sigue a la lateral un sonido de articulación palatal, tal como [ɲ] o [t͡ʃ]. Son, por lo tanto, laterales palatalizadas las del ejemplo (4).

(4)   El charco del ñandú. / Aquel chopo.

18.5.1 Características articulatorias

La articulación de la lateral palatalizada requiere un contacto en la zona propiamente palatal. A partir del análisis electropalatográfico, Martínez Celdrán y Fernández Planas (2007) la describen del modo siguiente:

FIGURA 28. Oscilograma y espectrograma, con la trayectoria de formantes superpuesta, de las palabras *ala* y *alta* pronunciadas por un hablante masculino chileno. Los espectros LPC de las laterales correspondientes a esta emisión aparecen en la Figura 27b.

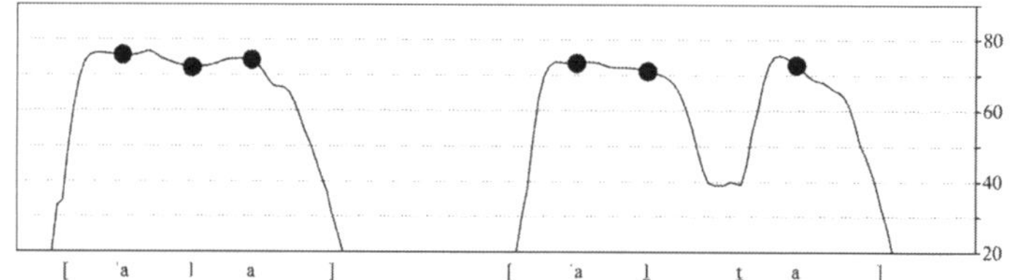

FIGURA 29. Curva de intensidad de las palabras *ala* y *alta* que aparecen a la Figura 28. Los puntos señalan los valores de intensidad mencionados en el texto.

Tabla 2 *Valores de duración de la lateral dentalizada en dos informantes*

	Informante 1 (***n* = 20**)	**Informante 2** (***n* = 20**)
Duración promedio (ms)	100,4	110,79
Desviación	26,1	23,7
Valor máximo	161,9	144,7
Valor mínimo	57,3	60,9

Nota. Para la interpretación de la tabla, debe tenerse en cuenta que las diferencias de duración inferiores a 20 ms no se consideran relevantes desde el punto de vista de la percepción (Nooteboom 1997, 655). Se aprecia, también, la variación entre los valores mínimos y los máximos.

análisis electropalatográfico, Martínez Celdrán y Fernández Planas (2007) la describen del modo siguiente:

> aumenta sus contactos en la fila 1 del paladar artificial respecto de la alveolar y, sobre todo, aumenta sus contactos en las filas posteriores aunque no llegan a presentar tanta activación como la que muestra la lateral alveolopalatal ni tampoco como los que exhibe la nasal palatalizada. Respecto al desarrollo temporal de la articulación . . . la palatalización aumenta en él desde PI [el punto de inicio] hasta PMC [punto de máximo contacto] (141).

Las imágenes de la Figura 30 —tomadas de Martínez Celdrán y Fernández Planas (2007, 142)— muestran el momento inicial, el de máximo contacto y el final en la articulación de la lateral palatalizada. Se observa que la articulación

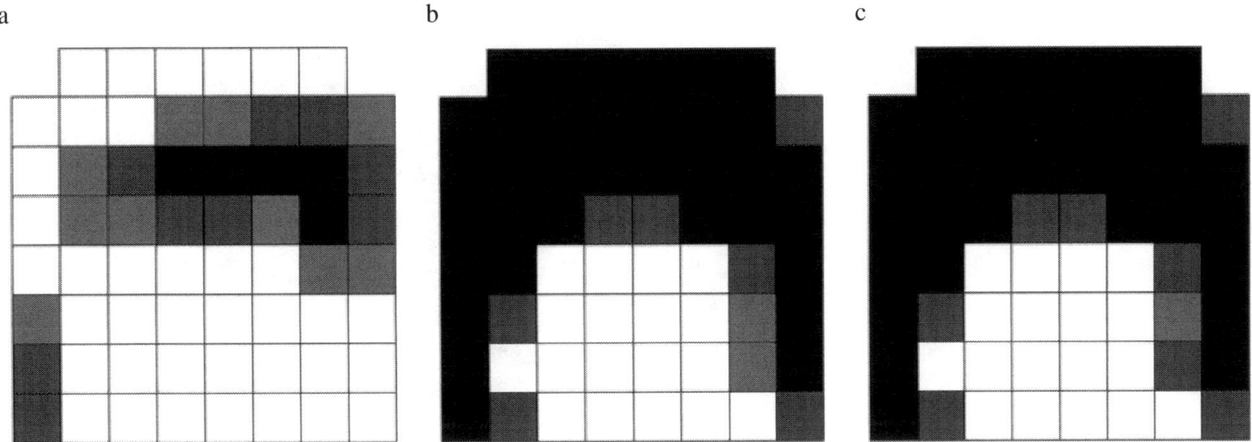

FIGURA 30. Promedios de activación de los electrodos del paladar artificial en el punto de inicio (a), en el punto de máximo contacto (b) y en el punto final (c) de una lateral palatalizada (Martínez Celdrán y Fernández Planas 2007, 142).

de este sonido mantiene la activación alveolar hasta el final. La lateral palatalizada se distingue articulatoriamente de la alveolopalatal [ʎ], dado que, en esta última, la activación palatina es muchísimo más posterior, según se verá en el § 18.6.

18.5.2 Características acústicas

Como ya se ha señalado, existen variaciones en el punto de articulación que no siempre se corresponden con una manifestación acústica o perceptiva muy nítida, lo que se explica muy bien con la teoría cuántica (Stevens 1989) [→ § 1.11.1, § 1.14.2]. La misma perspectiva explica que, a la inversa, algunas diferencias articulatorias mínimas tengan un efecto más notorio. La diferencia entre una lateral palatalizada (es decir, una lateral cuya articulación se ve influida por el sonido alveolopalatal siguiente) y una lateral alveolar parece conllevar un cierto efecto perceptivo algo más notorio que, por ejemplo, la diferencia entre la dentalizada y la alveolar.

Quilis *et al.* (1979, 299–303) proporcionan valores para el F1 de 326,89 Hz en el caso de la lateral en sílabas tónicas, y de 312,42 Hz en las átonas en la secuencia /ltʃ/. Para la secuencia /lɲ/ el F1 tiene el valor de 312,42 Hz en sílaba átona, que es la única que aparece en el corpus analizado en el mencionado estudio. El F2 lo sitúan en los 1706,78 Hz en las sílabas tónicas, y en las átonas lo establecen en los 1515,85 Hz para la combinación /ltʃ/. En la combinación /lɲ/ el F2 tiene un promedio de 1893,36 Hz. El F3 muestra un promedio de 2563,03 Hz en sílaba tónica y de 2438,1 Hz en sílaba átona en la combinación /ltʃ/ (Tabla 3). En la otra combinación palatal, el F3 tiene el promedio de 2710 Hz (en sílaba átona).

Martínez Celdrán y Fernández Planas (2007, 139) sitúan el F2 alrededor de los 1575 Hz. Otros valores se pueden ver en Rost (2009), para quien la consonante de [li] presenta los valores medios en el F1 de 360,14 Hz; en el F2, de 1544,85 Hz, y en el F3, de 2535 Hz. Para la lateral de [lj] el F1 presenta 354,84 Hz; el F2, 1636,54 Hz, y el F3, 2651,87 Hz.

La Figura 31 muestra las diferencias, algunas muy sutiles, entre los valores de los tres primeros formantes en un informante masculino y en una informante femenina.

En los datos preliminares que aquí se presentan, se observa que las variaciones en el F1 son muy leves; el

Tabla 3 *Resumen de los valores de F1, F2 y F3 (en Hz) para el sonido lateral palatalizado en las secuencias /ltʃ/ y /lɲ/ en sílaba tónica y átona*

	secuencia /ltʃ/		secuencia /lɲ/	
	tónica	átona	tónica	átona
F1	326,89	312,42	312,42	
F2	1706,78	1515,85		1893,36
F3	2563,03	2438,1		2710

Nota. Datos procedentes de Quilis *et al.* (1979, 299-303).

F2 es un poco más alto en la palatalizada, con una distancia promedio con respecto a la alveolar de casi 250 Hz en el informante masculino, y de 193 Hz en la informante femenina. En relación con el F3, el de la palatalizada resulta 97 Hz más alto en el hombre y 174 Hz más alto en la mujer.

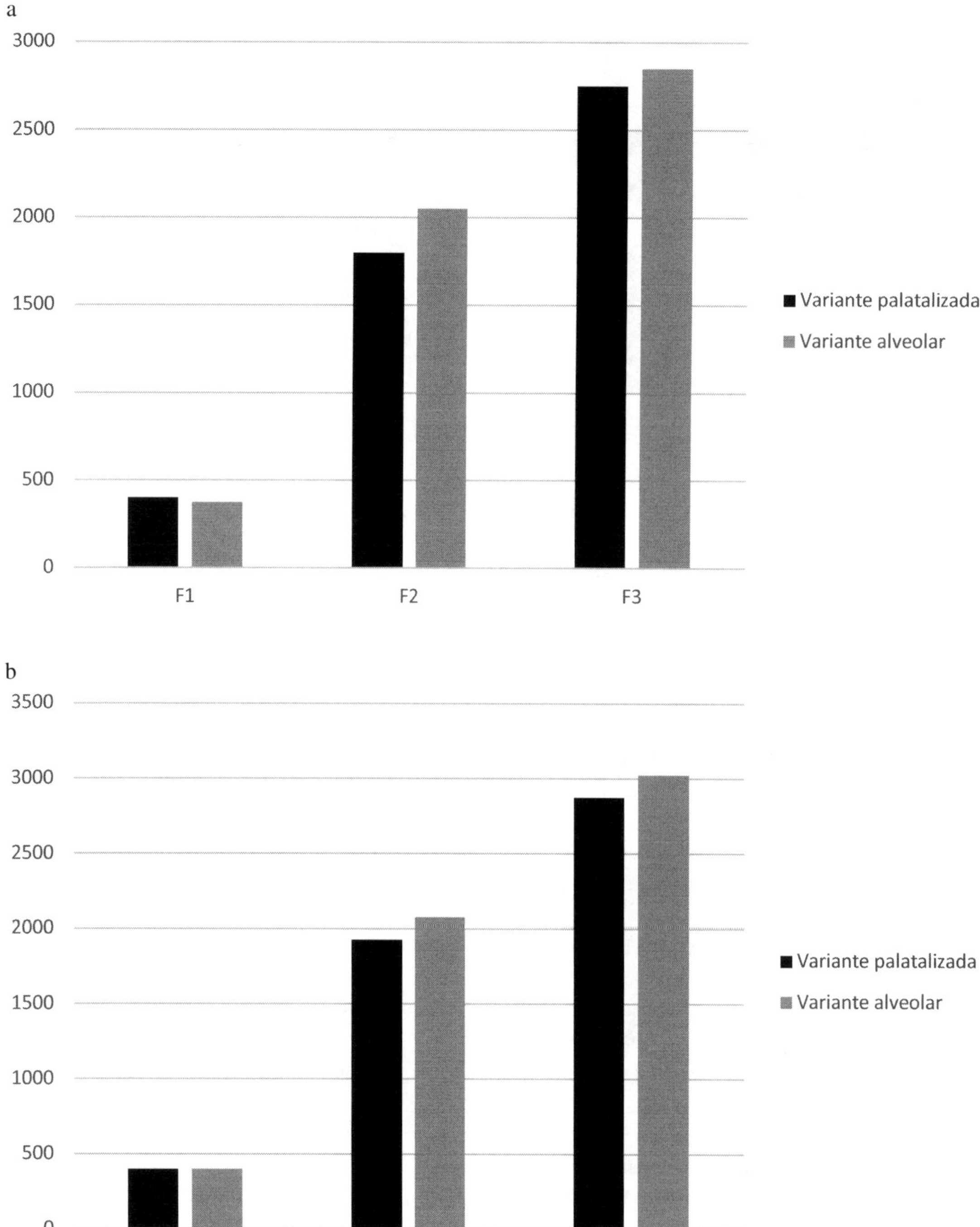

FIGURA 31. Variaciones de F1, F2 y F3 para las laterales alveolar y palatalizada en un informante masculino (a) y una informante femenina (b). Los valores están expresados en Hz. En negro, los resultados de la variante palatalizada y, en gris, los de la alveolar.

La intensidad relativa de la lateral palatalizada sigue la tendencia lógica, compartida por los sonidos revisados en este capítulo y, por tanto, es menor que la del núcleo de su sílaba (Quilis *et al.* 1979, 299, 303). La Figura 32 muestra las variaciones en dB de la lateral palatalizada en comparación con la vocal precedente, y también los puntos de análisis correspondientes a la consonante y a la vocal siguientes.

En la secuencia *el ñeque* se aprecia una relación semejante a la observada en los otros casos: la lateral suele ser menos intensa que la vocal que la precede y también es menos intensa que la vocal siguiente. Respecto de la consonante, la

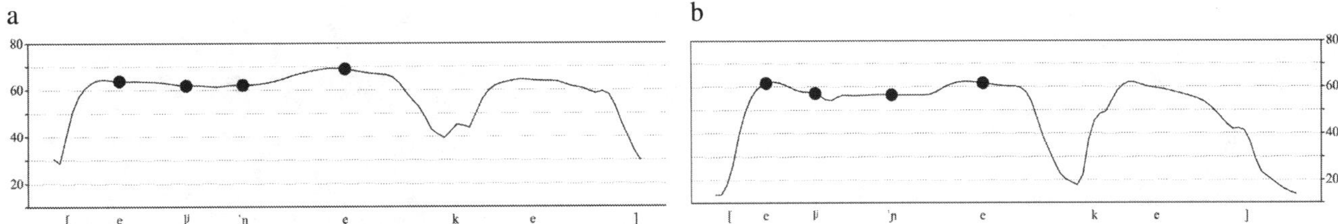

FIGURA 32. Variaciones en la curva de intensidad en la secuencia *el ñeque* en un informante masculino (a) y en una informante femenina (b). Valores expresados en dB.

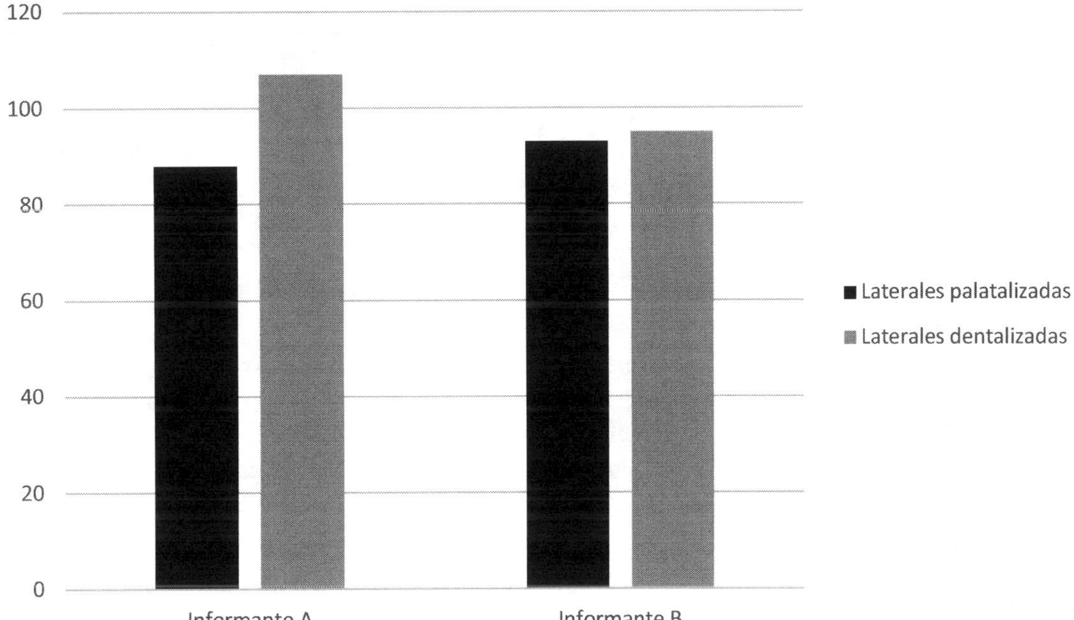

FIGURA 33. Duración (en ms) de las laterales palatalizadas y dentalizadas en dos informantes: A es una mujer española y B es un hombre chileno. Los sonidos palatalizados (19 casos para la mujer y 17 casos para el hombre) están representados en negro y los dentalizados (21 casos en el hombre y 19 en la mujer), en gris.

diferencia en intensidad en cada caso dependerá, ciertamente, de la consonante de la cual se trate; en el ejemplo anterior, la intensidad es más o menos similar, pero, si se tratase de la secuencia *el cheque,* la diferencia sería mucho más pronunciada todavía.

Los valores de duración que Quilis *et al.* (1979, 299) señalaron son de 48,5 ms, de 39,2 ms y de 56,5 ms, respectivamente, en la secuencia /ltʃ/ en sílaba tónica y átona, y en la secuencia /lɲ/ (en sílabas átonas). Según las observaciones realizadas para el presente capítulo, la palatalizada presenta una duración algo menor que la dentalizada cuando las condiciones acentuales son las mismas. La Figura 33 muestra un histograma con los datos de duración de las palatalizadas y de las dentalizadas de un hombre y de una mujer; todas las realizaciones aparecen en sílabas átonas y, lógicamente, en coda silábica.

Se constata a partir de los datos obtenidos la tendencia de la palatalizada a presentar una menor duración, tendencia esta un poco más pronunciada en un informante que en el otro. En la informante A, la palatalizada tiene una duración promedio de 89,32 ms y la dentalizada de 110,8 ms; en B, la palatalizada dura 94,1 ms y la dentalizada, 96,4 ms.

18.6 Lateral alveolopalatal

El sonido lateral alveolopalatal corresponde a la manifestación del fonema /ʎ/ que, como se sabe, es propio de algunas zonas de España y que aparece también en algunas áreas de América (Canfield 1981, 6–7) [→ § 16.5.3, § 19.3, § 20.2]. Para los hablantes que poseen este fonema en su sistema, serán realizaciones alveolopalatales las del ejemplo (5).

(5)   Lloran llanos y praderas. / Allá, un estadio lleno. / Hay camellos en esas llanuras.

18.6.1 Características articulatorias

A partir de sus investigaciones articulatorias, Martínez Celdrán y Fernández Planas (2007, 139) caracterizan la realización de /ʎ/ como alveolopalatal, dado el punto de articulación que se observa en imágenes como la de la Figura 34, correspondiente al promedio del punto de máximo contacto (PMC) en la realización de este sonido.

Los mismos autores llevan a cabo la comparación con la lateral palatalizada (Figura 30) y observan que el sonido alveolopalatal presenta más contactos activos hacia las filas posteriores del paladar artificial.

18.6.2 Características acústicas

Se sabe que una característica de los sonidos que poseen un elemento palatal es que su F2 debería aparecer en una frecuencia más bien alta (Harrington [1997] 2010, 84); por ello, en la caracterización de la lateral alveolopalatal este formante tendrá especial relevancia.

El trabajo de Quilis *et al.* (1979, 312–22) presenta como valores medios de F1, 287,64 Hz para las laterales situadas en sílabas tónicas y 290,25 Hz para las que se encuentran en sílabas átonas en posición inicial. En posición intervocálica, estos valores son levemente más altos: 292,97 Hz y 294,01 Hz, respectivamente. El F2 lo sitúan en 2068,87 Hz en las tónicas iniciales y, en las tónicas intervocálicas, en los 2085,35 Hz; para las correspondientes átonas, los valores son de 2025,45 Hz y de 2060,94 Hz. El F3 está situado, en las tónicas iniciales, en los 2766,37 Hz y, en las átonas, en 2540,52 Hz. En las sílabas intermedias, los valores correspondientes a las tónicas y átonas son, respectivamente, de 2698,69 Hz y de 2640,15 Hz (Tabla 4).

Al revisar los datos de Quilis *et al.* (1979, 339) se observa, efectivamente, en la lateral alveolopalatal un F2 más elevado que el que estos autores proporcionan para otros sonidos laterales. La distancia entre F1 y F2 resulta ser, de acuerdo con este mismo trabajo, superior a los 1700 Hz.

Martínez Celdrán y Fernández Planas (2007, 140) mencionan los 2400 Hz como valor referencial del F2 para el sonido lateral alveolopalatal, en contraste con los 1575 Hz con que caracterizan el F2 del sonido lateral palatalizado, su par más cercano, articulatoriamente, en esta serie de sonidos.

FIGURA 34. Electropalatograma que muestra el PMC de la lateral alveolopalatal (Martínez Celdrán y Fernández Planas 2007, 141).

Tabla 4 *Resumen de los valores de F1, F2 y F3 (en Hz) para el sonido lateral alveolopalatal en posición inicial e intervocálica y en sílaba tónica y átona*

	inicial		intervocálica	
	tónica	**átona**	**tónica**	**átona**
F1	287,64	290,25	292,97	294,01
F2	2068,87	2025,45	2085,35	2060,94
F3	2766,37	2540,52	2698,69	2640,15

Nota. Datos procedentes de Quilis *et al.* (1979, 321-22).

En las representaciones acústicas de la Figura 35 se observan dos realizaciones de la lateral alveolopalatal en sílaba tónica.

En la Figura 35a, se aprecia la presencia de un pronunciado movimiento del F2 hacia la vocal velar que sigue a la consonante lateral; ese cambio frecuencial es un correlato articulatorio del retroceso del cuerpo de la lengua imprescindible para la articulación de la vocal [u]. Por el contrario, cuando la vocal siguiente forma parte de la serie palatal, ese movimiento no existe, pues la frecuencia del F2 de la lateral es relativamente parecida a la de la vocal, como ocurre en la Figura 35b, con la vocal [e].

Al comparar la estructura formántica de la lateral alveolopalatal y una realización aproximante espirante palatal en un hablante que distinga los dos sonidos como fonemas distintos, se observa la diferencia en lo que respecta a la transición brusca del F1 en el caso de la lateral alveolopalatal; en cambio, el movimiento se caracteriza por un suave descenso y ascenso en el caso de la aproximante no lateral, tal como se muestra en la Figura 36.

Se aprecia, por otro lado, que el F2 tiene una forma menos sinuosa en la lateral y una menor altura en su punto central, comparativamente. En particular, el F2 parte de los 1908,8 Hz en el inicio de la consonante y termina en los

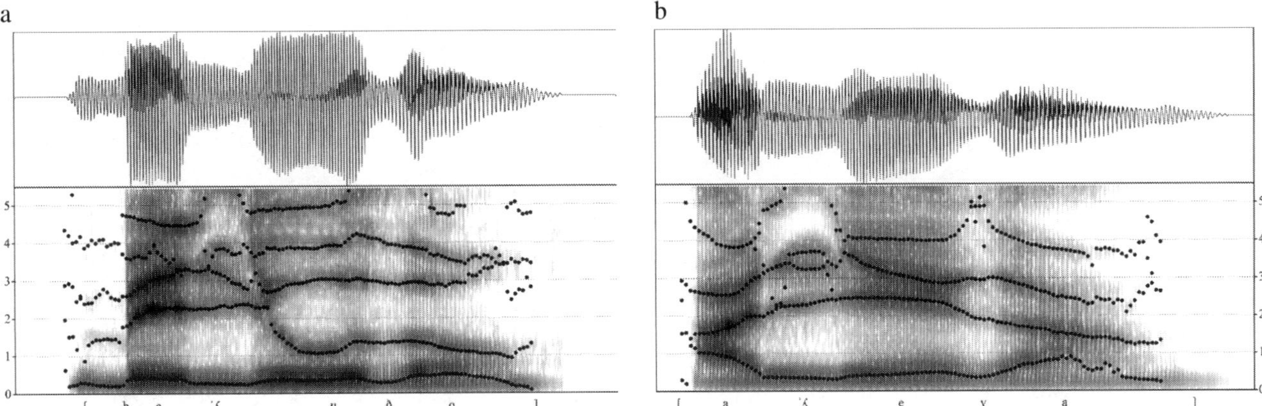

FIGURA 35. Oscilogramas y espectrogramas con trayectorias de formantes superpuestas correspondientes a *velludo* (a) y *allega* (b), emitidos por una hablante que usa con valor distintivo la lateral alveolopalatal.

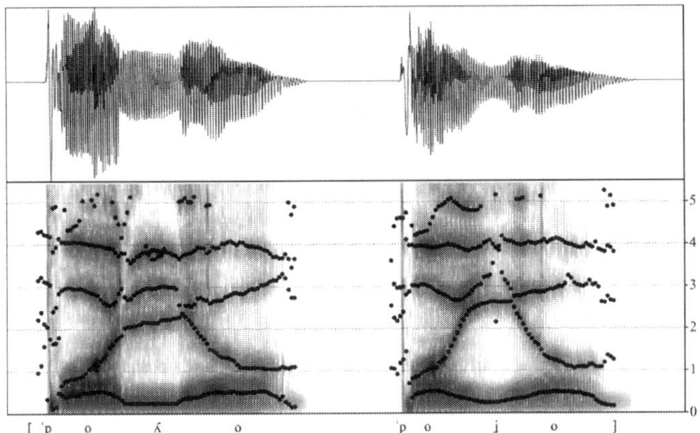

FIGURA 36. Oscilogramas y espectrogramas con trayectorias de formantes superpuestas correspondientes a *pollo* (a) y *poyo* (b), emitidos por una hablante que usa con valor distintivo la lateral alveolopalatal.

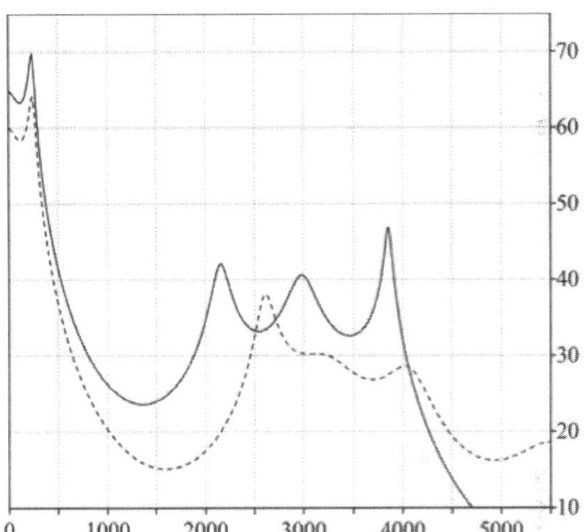

FIGURA 37. Espectros LPC superpuestos de la lateral alveolopalatal (trazo continuo) y de la aproximante espirante palatal en el mismo contexto. Los espectros se han obtenido en los puntos centrales de las consonantes que aparecen en la Figura 36.

2352,5 Hz, describiendo un ascenso gradual a lo largo de la consonante; presenta un promedio frecuencial de 2155,6 Hz; en cambio, la consonante intervocálica de *poyo* alcanza un promedio de 2467,9 Hz y el valor máximo es de 2635,5 Hz en el centro de la consonante. Además de estas diferencias frecuenciales, el movimiento del F2 resulta mucho más continuo y gradual en la parte (b) de la Figura 36.

Los dos espectros LPC superpuestos de la Figura 37 corresponden a los puntos centrales de ambas consonantes. Se aprecia en esta misma figura que la frecuencia del F1 es muy semejante en ambos sonidos, en tanto que el F2 de la alveolopalatal es un poco más bajo, comparativamente, que el de la aproximante espirante palatal, tal como se comprueba en el espectrograma de la Figura 36. Los valores del F2 aparecen sobre los 2000 Hz para la alveolopalatal y por encima de los 2500 Hz para la aproximante espirante palatal.

Por lo que se refiere a la intensidad relativa, tal como se ha señalado para los otros sonidos laterales analizados en este capítulo, se constata que las laterales alveolopalatales son de menor intensidad que las vocales contiguas, a pesar de que no son las de menor relieve dinámico. En otros términos, este sonido, al igual que los otros laterales, ocupa a este respecto una posición intermedia entre las vocales y algunas otras consonantes.

La Figura 38 ilustra esta relación tal como se observa en las emisiones correspondientes a las mismas dos palabras de la Figura 35, con la lateral en posición intervocálica.

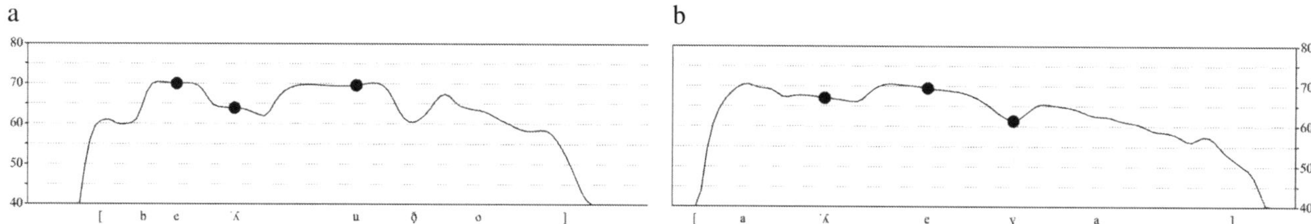

FIGURA 38. Variaciones en la curva de intensidad en las palabras *velludo* (a) y *allega* (b) en una informante femenina. Valores expresados en dB.

En los casos presentados en la Figura 38, la consonante muestra siempre un valor en dB más bajo que el de las vocales contiguas. En *velludo,* la consonante lateral es 6,2 dB menos intensa que la vocal precedente y, respecto de la vocal siguiente, es inferior en 5,8 dB. En la palabra *allega* las diferencias son menores, pero la relación es siempre similar: la consonante lateral es 2,8 dB menos intensa que la vocal precedente y es también 2,4 dB menos intensa que la vocal siguiente. En la Figura 38 se observa, asimismo, que otras consonantes presentes son más débiles que la lateral.

En cuanto a la duración de la alveolopalatal, Quilis *et al.* (1979, 312, 317) precisan la cifra de 79,6 ms en sílaba tónica en posición inicial y, en la misma posición, pero en sílaba átona, la de 64,4 ms; para este cómputo no consideran las transiciones, cuyos valores son 37,2 ms para la sílaba tónica y 30,2 para las átonas. En posición intervocálica, los mismos autores señalan 73,3 ms de duración en sílaba tónica y 75,9 ms en sílaba átona.

Por otro lado, al preparar el material para el presente capítulo se han obtenido duraciones de alrededor de 111 ms de promedio en posición intervocálica. Los datos coinciden bastante con los de Quilis *et al.* (1979) si se toman en cuenta las transiciones (con esa consideración, las tónicas de Quilis y sus colaboradores tendrían una duración de 110,9 ms y las átonas, de 101,9 ms).

18.7 Lateral velarizada

La variante velarizada de /l/, también llamada 'ele oscura' debido a su timbre, es característica del español influido por cualquiera de los dialectos del catalán (Davidson 2012; Simonet 2010a, 2010b) [→ § 19.4.1]. Esta variante es especialmente notoria cuando la lateral se encuentra en coda silábica y traba a una vocal central o posterior.

Como señala Martínez Celdrán ([1996] 2003) al describir, en general, este sonido velarizado, «el dorso de la lengua desciende rápidamente después de la zona coronal (o borde anterior de la lengua) y se eleva un poco en la zona postdorsal, formando una cavidad amplia en la zona posterior del paladar» (40).

Serán velarizadas las laterales de los ejemplos de (6) en un hablante de español cuyo dialecto esté influido por alguna de las variedades del catalán.

(6)   Con calma. / Golpe final. / Me resulta fatal.

18.7.1 Características articulatorias

La principal característica articulatoria de este sonido reside en el papel que en él desempeña el posdorso lingual (Recasens 2004, 2013; Recasens y Espinosa 2006). En palabras de Martínez Celdrán y Fernández Planas (2007):

> tras el contacto principal [ápico posalveolar] el cuerpo de la lengua desciende bruscamente y adopta una posición cóncava hasta volver a elevarse en el posdorso hacia el velo. . . . Puede decirse que este tipo de producción velarizada tiene dos objetivos articulatorios (138).

Martínez Celdrán ([1996] 2003, 40) presenta esquemas articulatorios (reproducidos aquí en la Figura 39) que permiten comparar la lateral oscura o velarizada y la 'clara', sin velarización, y apreciar la diferencia entre ambas.

Los esquemas de la Figura 39 ilustran la principal cualidad diferenciadora de la lateral del español influido por el catalán: la elevación de la parte posterior del dorso lingual hacia la zona del velo del paladar, que es lo que confiere a esta

a   b

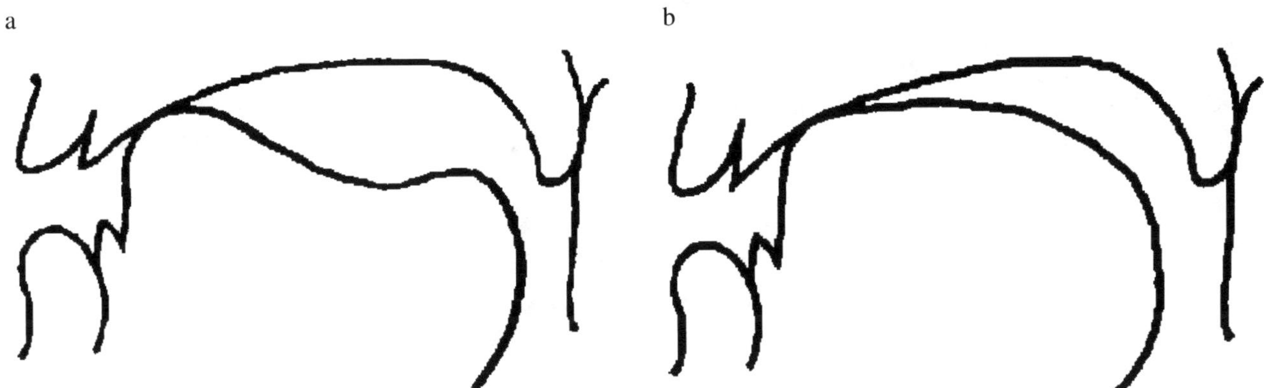

FIGURA 39. Esquemas articulatorios comparativos de (a) lateral velarizada u oscura y (b) lateral sin velarización o clara (Martínez Celdrán [1996] 2003, 40).

consonante su timbre característico, y que se manifiesta fundamentalmente con valores más bajos del F2, como se verá en el § 18.7.2.

18.7.2 Características acústicas

De acuerdo con la información disponible, una consonante lateral velarizada debe tener un F2 comparativamente bajo, lo cual determina su timbre, según explica Delattre (1951, 232). En las representaciones acústicas de la Figura 40 se contrastan ambos tipos de lateral en voces femeninas.

En las imágenes de 40a y 40c aparecen los ejemplos de laterales velarizadas; 40b y 40d contienen el sonido lateral no velarizado. Se observa en la primera lateral de *alguacil* que la emisión de la informante catalana presenta para F1 valores que comienzan en los 533,6 Hz y que, hacia el centro de la consonante, disminuyen hasta los 492 Hz, para descender, en su parte final, hasta los 325 Hz: un movimiento de descenso frecuencial constante. En cambio, en la informante que pronuncia la lateral clara, el descenso es muy leve a partir de 470,3 Hz. Por lo que se refiere al F2, este desciende en ambas informantes, pero el punto de partida de los valores correspondientes a la lateral oscura se localiza en los 1368,7 Hz, en tanto que el de la no velarizada se ubica en los 1536,7 Hz. En estos casos presentados, el punto más bajo en ese descenso es más o menos común para ambos sonidos, y se sitúa alrededor de los 1170 Hz, lo que implica que el descenso del F2 de la lateral no velarizada es más pronunciado, dado que su punto de partida es también más alto. Los valores promedio del F2 en las laterales finales de ambas informantes se distancian en más de 300 Hz y, lógicamente, el de la velarizada es el más bajo.

En la emisión *pantanal* (Figura 40c-d), se observa en el sonido final una distancia entre F1 y F2 distinta para cada tipo de lateral: en la velarizada, la distancia media es de 1046 Hz, en tanto que en la no velarizada lo es de casi 1280 Hz; el promedio de los valores del F2 de la velarizada está en los 1429 Hz, mientras que en la no velarizada se localiza en los 1642 Hz.

En la Figura 41, se presentan los análisis LPC de los sonidos laterales finales de las palabras *alguacil* y *pantanal* emitidas por dos informantes femeninas peninsulares, una de ellas, hablante de español de Cataluña, que pronuncia la lateral velarizada. Se observa en esta figura la frecuencia más baja del segundo pico espectral en el sonido velarizado en relación con la variante alveolar. Lo mismo se puede decir del pico correspondiente al tercer formante.

La comparación de los valores de las laterales velarizadas, en una muestra de tres repeticiones de siete palabras aisladas (21 emisiones en total) emitidas por una informante catalana, con los de las correspondientes laterales claras pronunciadas por una informante chilena arroja los siguientes datos: el promedio de F1 en las velarizadas es de 417,99 Hz frente a 357,38 Hz en las no velarizadas. El F2 muestra en las velarizadas un promedio de 1351,09 Hz, frente a los 1658,78 Hz de las no velarizadas. El F3 es de 2361,34 Hz para las velarizadas y de 2817 Hz para las no velarizadas.

En la Figura 42 se observa con nitidez que el valor del F2 es inferior a los 1500 Hz para la lateral velarizada y es superior a esa cifra en la lateral clara.

Se han comparado los valores de los formantes en la secuencia *La levedad del loco alucinado* en una hablante femenina cuyo español está influido por el catalán con los de otra informante peninsular cuya lateral es clara y con los de

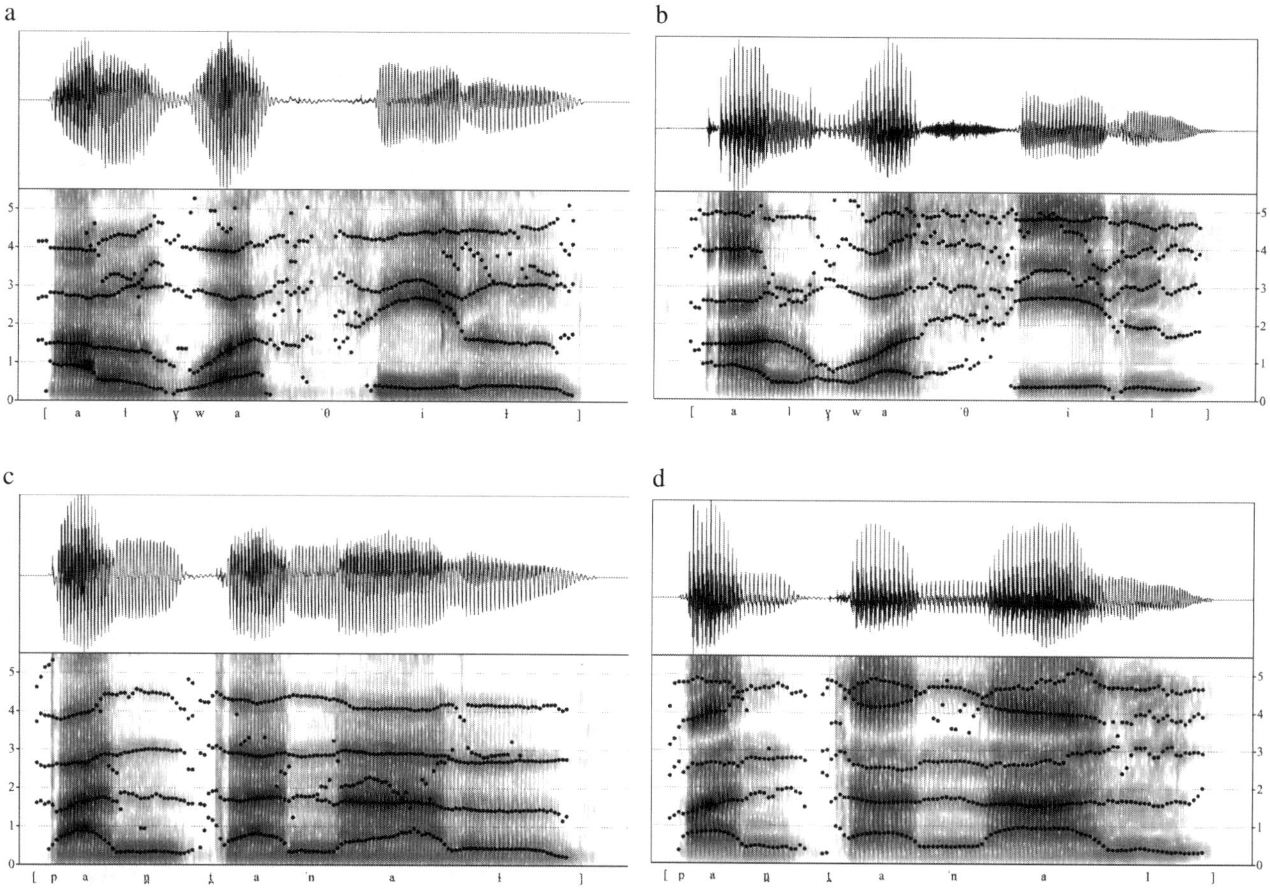

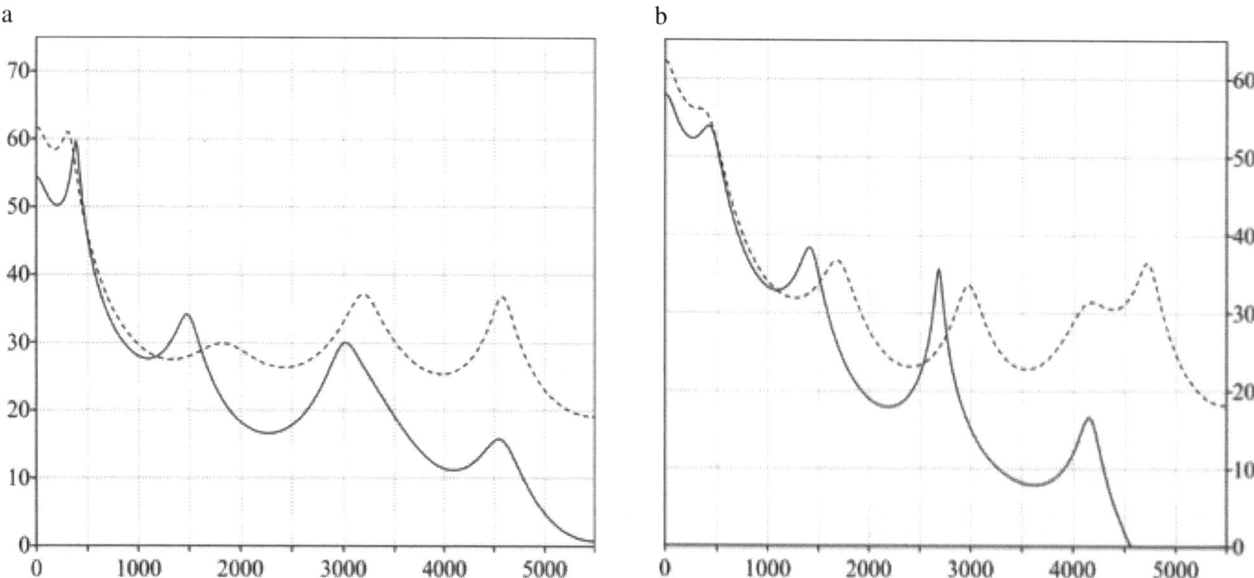

FIGURA 40. Oscilogramas y espectrogramas, con trayectoria de formantes superpuesta, de las palabras *alguacil* (a-b) y *pantanal* (c-d). Las imágenes 40a y 40c contienen sonidos laterales velarizados.

FIGURA 41. Espectros LPC de las laterales finales de *alguacil* (a) y *pantanal* (b). En trazo continuo, el espectro correspondiente a la lateral velarizada y, en trazo segmentado, el correspondiente a la no velarizada.

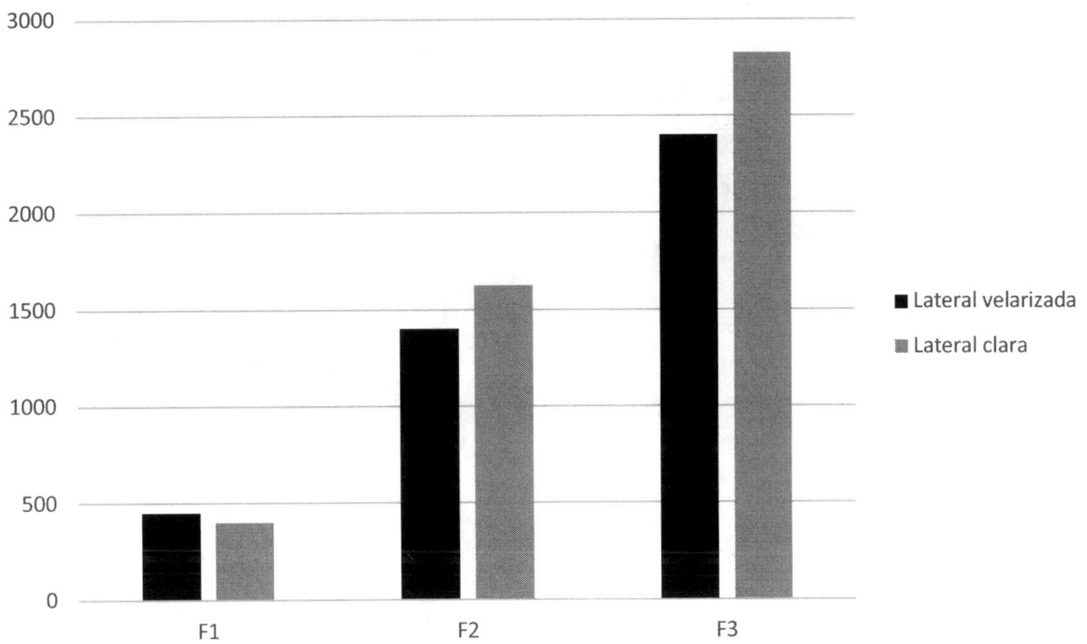

FIGURA 42. Valores promedio de F1, F2 y F3 (en Hz) en una lista de palabras para dos informantes femeninas hispanohablantes; una de ellas usa una lateral velarizada y la otra no. En negro se representan los valores del sonido velarizado y, en gris, los de la lateral clara.

otras dos informantes iberoamericanas, una colombiana y una chilena, cuyas laterales son también claras. La Figura 43a muestra los valores promedio obtenidos para los tres primeros formantes; en la Figura 43b se recoge el detalle de los valores del F2 en la emisión; se tomaron tres puntos de análisis por cada consonante estudiada (la geminada de *del loco* se considera una sola a efectos de las mediciones frecuenciales).

En el histograma de la Figura 43a con los promedios de los valores de los formantes, se observa la caída frecuencial tanto del F2 como del F3 en la serie velarizada. En el desglose de los valores del F2 —en la Figura 43b— se constata la tendencia de las laterales de la informante catalana a presentar un valor más bajo.

Los dos tipos de laterales, en general, parecen poseer valores semejantes en cuanto a duración e intensidad relativa. No hay informes científicos que señalen un comportamiento muy diferente con respecto a ninguno de estos parámetros.

En la Figura 44, se ilustra la intensidad relativa en ambos tipos de lateral en la ya mencionada palabra *alguacil*. Lo que se observa en esta figura son relaciones muy similares para ambos tipos de laterales con variaciones que no son generalizables en ningún caso. Las propiedades de intensidad y de duración parecen ser, pues, semejantes en ambos sonidos.

18.8 Percepción de los sonidos laterales

En los siguientes apartados se analizan con detalle los efectos perceptivos producidos por los distintos sonidos laterales y se proporciona el mapa perceptivo general que todos ellos configuran.

18.8.1 *Lateral alveolar*

Por las características fonéticas ya señaladas, la lateral alveolar guarda semejanzas con otros sonidos sonoros. Varios autores han planteado esta similitud, tal como se expone a continuación.

Así, por ejemplo, basándose en los resultados de una prueba de percepción, Massone (1988, 30) señala que la consonante lateral alveolar se confunde con [ɾ] dado que las pistas acústicas tanto del segmento vocálico como del consonántico (ambos, según la autora, son parte del sonido lateral) incluyen información sobre el punto y el modo de articulación.

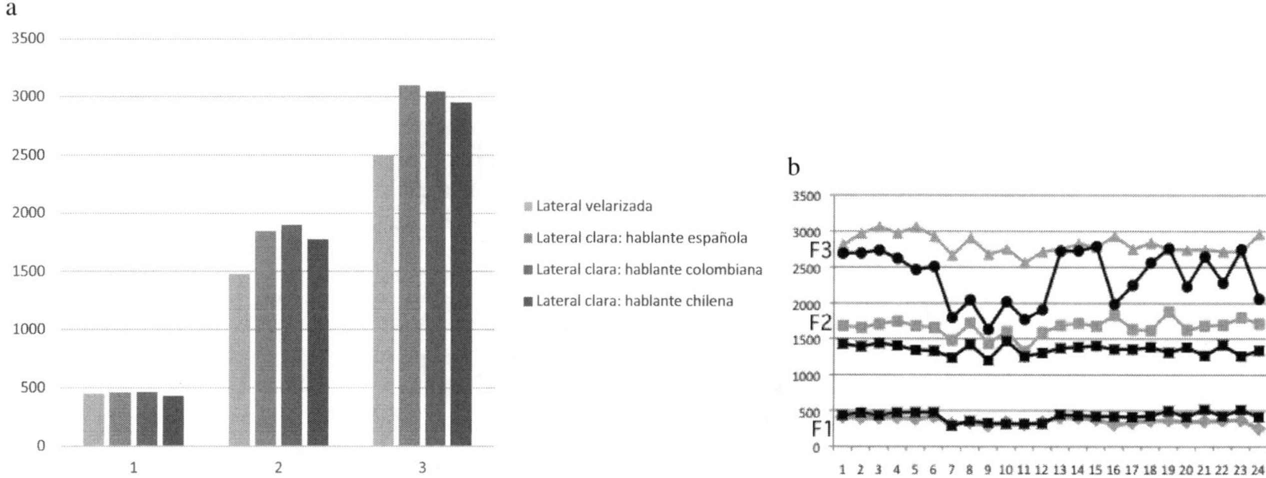

FIGURA 43. Valores (en Hz) de F1, F2 y F3 de las laterales de la secuencia *La levedad del loco alucinado* en cuatro informantes femeninas; (a) promedios y (b) detalle de los valores del F2 a lo largo de la emisión (hay tres puntos de análisis por cada sonido lateral). En (a), el primer valor en cada serie corresponde a la lateral velarizada; los tres siguientes corresponden a laterales claras, en este orden: española, colombiana y chilena. En (b), aparece en línea gruesa y con marcador cuadrado la lateral velarizada. La lateral clara de la informante española está marcada con triángulo; con círculo, la colombiana y, con rombo, la chilena.

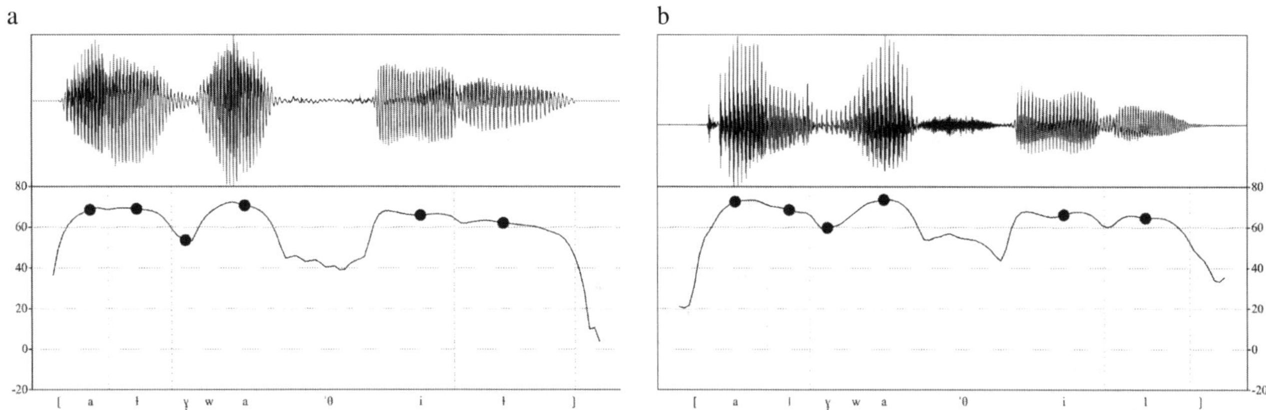

FIGURA 44. Valores de intensidad (en dB) de la secuencia *alguacil* para una realización con lateral velarizada (a) y lateral no velarizada (b).

Existen dialectos en los que estos dos sonidos pueden neutralizarse en coda silábica [→ § 19.4, § 22.2.7]. Sin embargo, no se produce confusión con la nasal alveolar.

En la Figura 45, se reproducen, superpuestos, los espectros de banda ancha [→ § 1.11] de una [l], de una [n] y de una [i], obtenidos a partir de las emisiones de una misma informante española.

Se observa, en la Figura 45, una diferencia notoria en las frecuencias alrededor de los 1500 Hz, ya que en torno a esa frecuencia aparece un pico espectral en la lateral que no surge ni en la vocal [i] ni en la nasal. Puede confrontarse esta información con la presentada anteriormente (§ 18.2.2) respecto a los tres primeros formantes. Desde este punto de vista, se sugiere que el F2 constituye la característica que diferencia la lateral alveolar de los otros sonidos mencionados.

La Figura 46 muestra el espectro auditivo o coclear (véase Boersma y Weenink 2018) y el espectro LPC de una realización

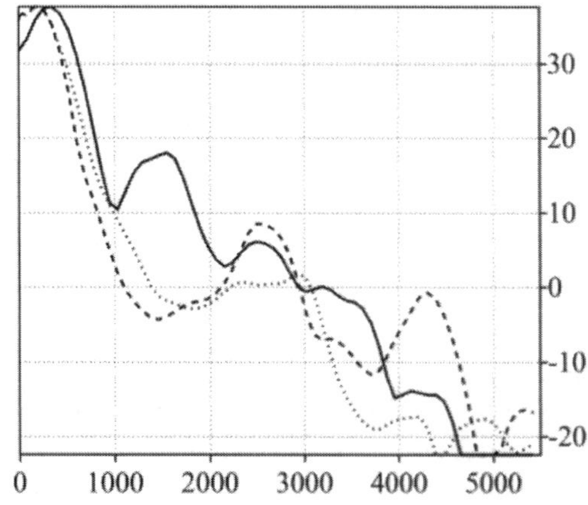

FIGURA 45. Espectros de banda ancha de [l] en línea continua, de [i] en línea segmentada y de [n] en línea punteada (0 a 5500 Hz). La amplitud se expresa en dB.

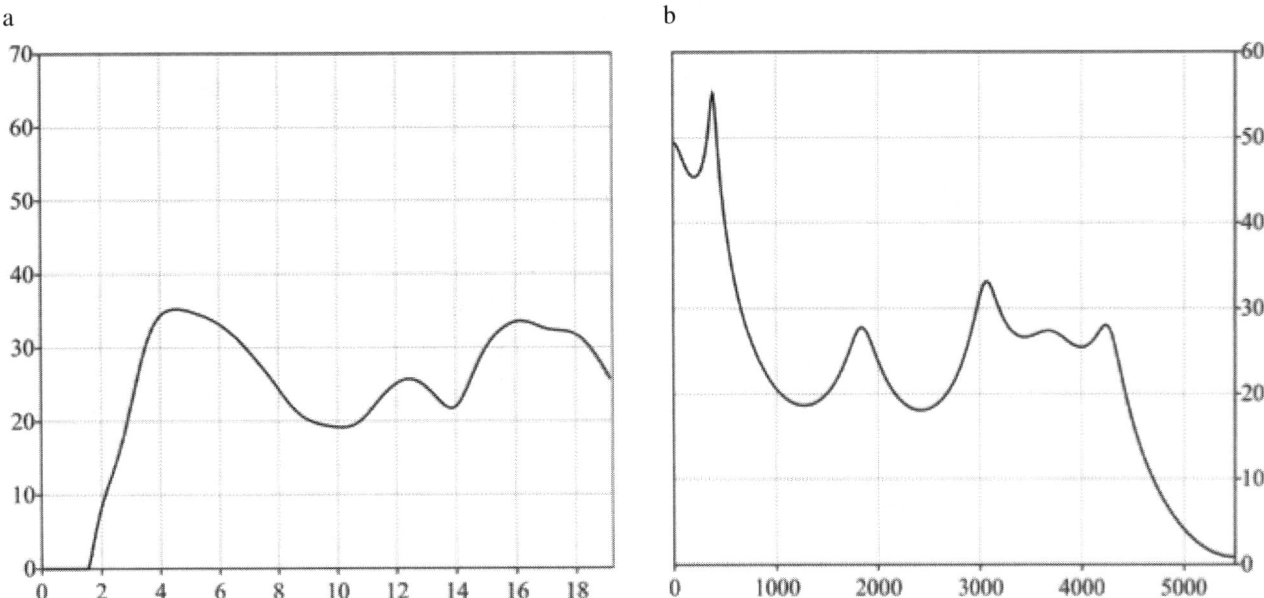

FIGURA 46. Espectro de excitación coclear (a) y análisis mediante LPC (b) de una [l] intervocálica de una hablante peninsular. Las frecuencias se expresan en el eje horizontal: en el espectro de excitación coclear, se presentan en barks y, en el LPC, se muestran en Hz; el eje vertical del espectro coclear muestra la excitación en fones y el LPC muestra la intensidad en dB.

intervocálica de [l] por parte de una hablante femenina peninsular. En el espectro coclear se observa que los tres primeros formantes ocupan casi la totalidad del espacio auditivo. Se aprecia también que el F1 y el F3 presentan los máximos relieves y que esos relieves difieren en cuanto a la intensidad percibida en menor grado de lo que se puede inferir del espectro LPC.

Desde el punto de vista de la percepción, resulta interesante disponer de una aproximación a la representación mental de las distancias que establecen los oyentes entre el sonido lateral alveolar y aquellos con los que se lo relaciona por seme-janza acústica. Por ello, se ha realizado un experimento con 109 participantes, mediante la técnica de escalamiento multi-dimensional (MDS), para conseguir una distribución, en un espacio de dos dimensiones, de las distancias entre sonidos a partir de las respuestas de los informantes ante una serie de pares de estímulos. El algoritmo utilizado fue Proxscal, y los índices de ajuste obtenidos fueron un Stress Bruto Normalizado de 0,025 y una Dispersión Explicada de 0,97.

Para llevar a cabo esta prueba se solicitó a un lingüista, fone-tista y locutor profesional, que emitiera varias veces cada una de las realizaciones en el contexto [a__a]. Una vez elegidas las emi-siones más adecuadas, se normalizaron en términos de amplitud y de frecuencia fundamental para evitar la incidencia de estos fac-tores en las respuestas de los informantes. Se crearon 36 archivos sonoros que incluían todas las combinaciones y se presentaron a los participantes en el experimento en orden aleatorio (cada vez que se realizó el test, el orden al azar fue diferente) y mezclados con ruido. Los informantes respondieron la pregunta «¿Cuán pare-cidos son estos sonidos?» ajustándose a una escala de 1 (mínimo parecido) a 10 (máximo parecido). Para la presentación de los estímulos y para el almacenamiento de las respuestas se empleó la interfaz MFC del programa Praat (Boersma y Weenink 2018).

En este apartado se recogen los datos referidos a la distancia entre el sonido lateral alveolar y la consonante lateral alveolopala-tal; además, se incluyen también la nasal alveolar, la rótica simple y las vocales anteriores.

El mapa presentado en la Figura 47 debe considerarse una primera aproximación a la distancia representada en la mente de

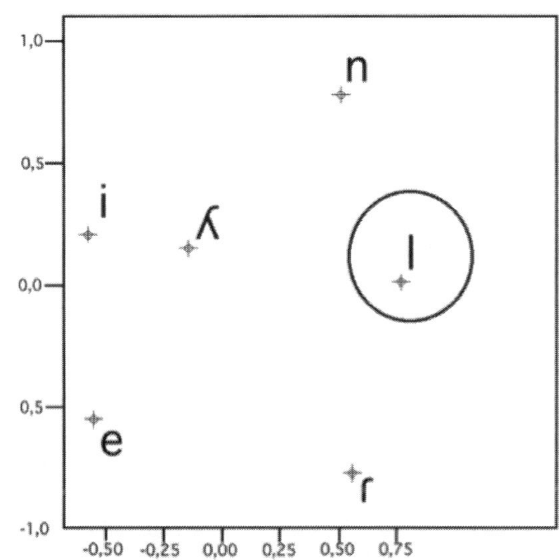

FIGURA 47. Mapa perceptivo de distancias entre la lateral alveolar, otras consonantes y las vocales palatales.

los informantes en relación con los sonidos estudiados. El eje horizontal guarda una cierta correlación con la dimensión anterior-posterior, pues los sonidos palatales aparecen agrupados a la izquierda del mapa. Se aprecia que las distancias entre la lateral y las otras consonantes son relativamente similares y menores que las que la lateral mantiene con las vocales. Los sonidos palatales están mucho más cerca entre sí que con respecto a cualquier otro, y los sonidos alveolares se encuentran prácticamente alineados en la dimensión vertical.

18.8.2 Lateral alveolopalatal

La lateral alveolopalatal posee propiedades que la hacen especialmente semejante a otros sonidos con un componente palatal: por un lado, se parece a la lateral palatalizada y, por otro lado, a la consonante aproximante espirante palatal; por la misma razón, guarda semejanza con las vocales anteriores [i e]; todos estos sonidos se articulan en zonas relacionadas.

En la Figura 48 se presentan los espectros LPC de una lateral alveolopalatal y de la vocal siguiente en las palabras *gallina* y *allega*. En (a), la vocal siguiente es [i], de *gallina* y, en (b), es [e], de *allega*.

En el caso particular de la Figura 48, se trata de una informante femenina. Se observa que el F2 de la consonante es frecuencialmente diferente del de la vocal [i], en tanto que, si se compara con el de la vocal [e], es más bien la intensidad lo que marca la diferencia. En la Figura 35b, se mostró el espectrograma de la palabra *allega,* en el cual puede comprobarse que los valores del F2 de la consonante lateral son muy semejantes a los de la vocal [e]. Es también apreciable (por la densidad del color negro) que la intensidad difiere entre ambos sonidos.

La Figura 49 muestra los valores espectrales, convertidos a sus equivalencias de excitación coclear, que corresponden a los espectros LPC de la Figura 48. Al comparar la consonante con la vocal /i/, se aprecia que existen diferencias de frecuencia y de intensidad, por lo que ambos parámetros pueden desempeñar un interesante papel distinguidor desde el punto de vista auditivo; mientras que, cuando se comparan la consonante y la vocal /e/, la diferencia, al menos por lo que se refiere al F2, no es tanto de frecuencia, sino más bien de intensidad.

Establecer la relación auditiva y perceptiva entre la lateral alveolopalatal de *callo* y la aproximante espirante palatal que aparece en *cayo* es uno de los desafíos interesantes que se plantean en los estudios sobre la percepción. Por tratarse de una distinción fonológica que no es general en toda la comunidad hispanohablante, los resultados de las investigaciones auditivas y perceptivas habrán de proporcionar con toda seguridad pistas para explicar algunos procesos que han conllevado las modificaciones en el sistema fonológico.

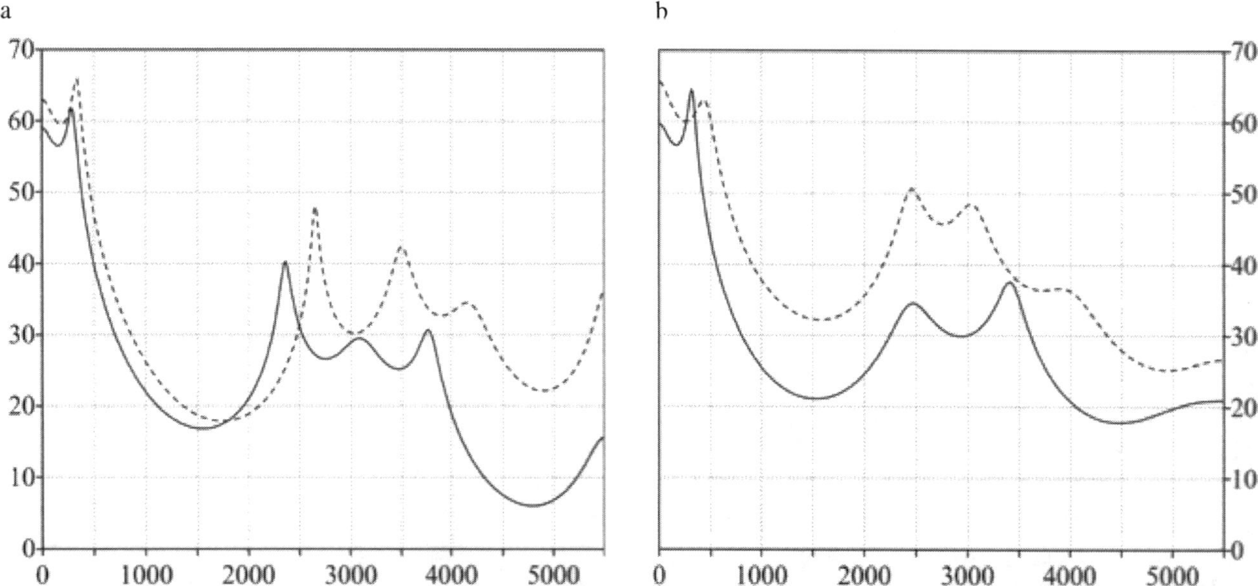

FIGURA 48. Espectro LPC de la consonante lateral y de la vocal siguiente en las secuencias *gallina* y *allega*. En ambos gráficos se muestra el LPC de la consonante, en trazo continuo, y, en línea entrecortada, el de la vocal siguiente. En (a), la lateral y la vocal /i/; en (b), la lateral y la vocal /e/. En los dos gráficos se expresan los valores en dB (vertical) y en Hz (horizontal).

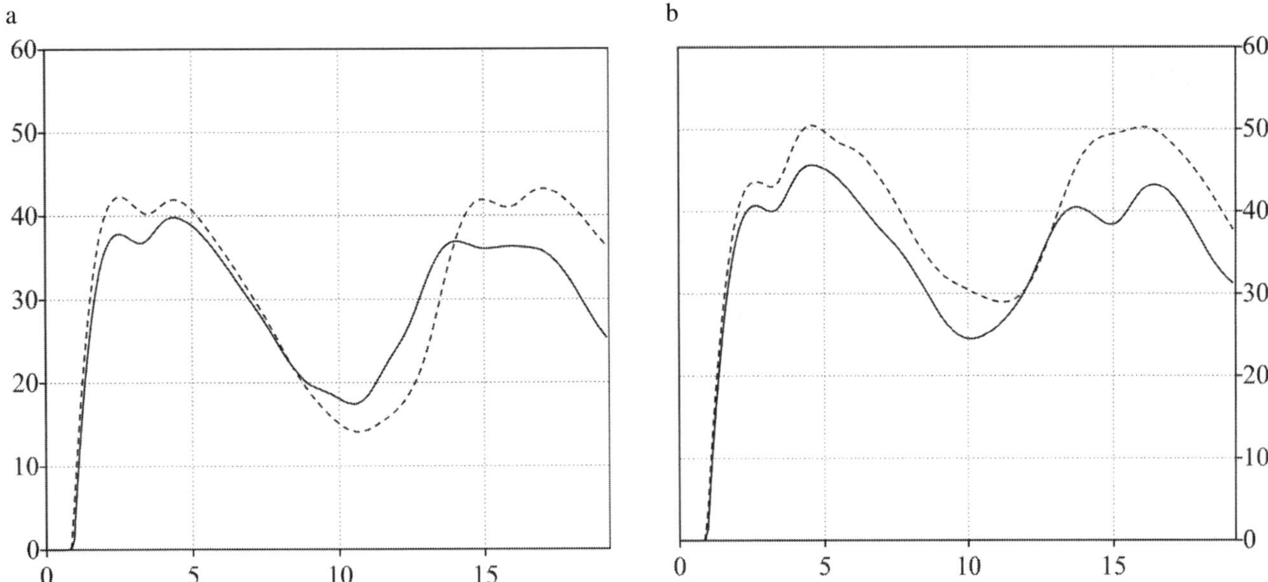

FIGURA 49. Patrones de excitación coclear de la consonante lateral y de la vocal siguiente en las secuencias *gallina* y *allega* correspondientes a los espectros LPC de la Figura 48. El de la consonante se representa en trazo continuo y, en línea entrecortada, el de la vocal. En (a), la lateral y la vocal [i]; en (b), la lateral y la vocal [e]. El eje vertical presenta valores en fones y la frecuencia se expresa en barks en el eje horizontal.

En la Figura 37 se presentó el análisis LPC de ambas consonantes en contextos equivalentes. Se observaron en ese momento las diferencias frecuenciales especialmente referidas al F2, que lo situaban más o menos unos 500 Hz más abajo en la lateral que en la aproximante espirante. Al obtener los patrones de excitación coclear equivalentes, el resultado es el espectro auditivo de la Figura 50.

En el gráfico de la Figura 50 se pone de manifiesto la relativamente escasa diferencia auditiva que entraña la variación acústica que presentan los formantes, tal como se observan en, por ejemplo, la Figura 36. Con toda seguridad, el efecto perceptivo de las frecuencias es débil y su poder distintivo vendrá dado por otros factores, como la duración, la intensidad relativa con respecto a los sonidos contiguos y el desarrollo de los movimientos frecuenciales, según se expuso al comparar los espectrogramas de la Figura 36. Todo ello apunta a algunas posibles líneas de desarrollo de los futuros estudios experimentales.

Como ya se ha señalado en el § 18.1, para redactar este capítulo se llevó a cabo una prueba perceptiva. En la

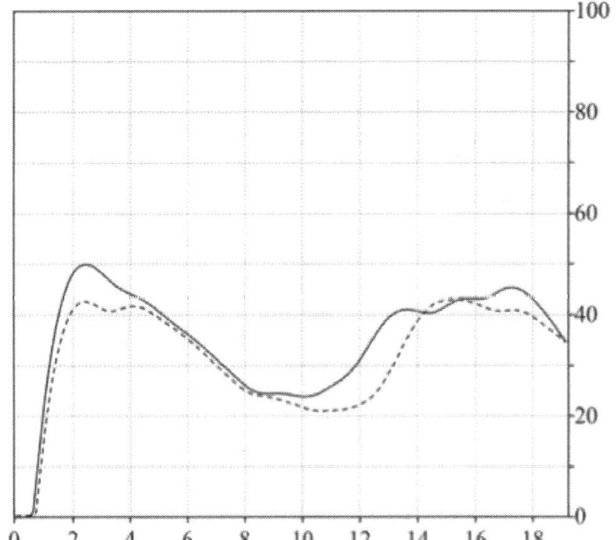

FIGURA 50. Conversión a patrones de excitación coclear de los análisis LPC presentados en la Figura 37, correspondientes a una [ʎ] intervocálica, en trazo continuo, y a una [j], en trazo segmentado. Las frecuencias se expresan en barks en el eje vertical y la excitación en fones, en el eje horizontal.

Figura 51, se muestra una parte del mapa de distancias obtenido, en el que se han destacado los sonidos con componentes palatales.

En el resultado de esta prueba, los sonidos palatales quedan naturalmente agrupados desde el punto de vista de la distancia perceptiva, formando un subconjunto. Se observa una notoria proximidad de la lateral alveolopalatal con las otras dos consonantes y una cierta distancia respecto de la lateral alveolar, con la que tiene pocas posibilidades de confusión.

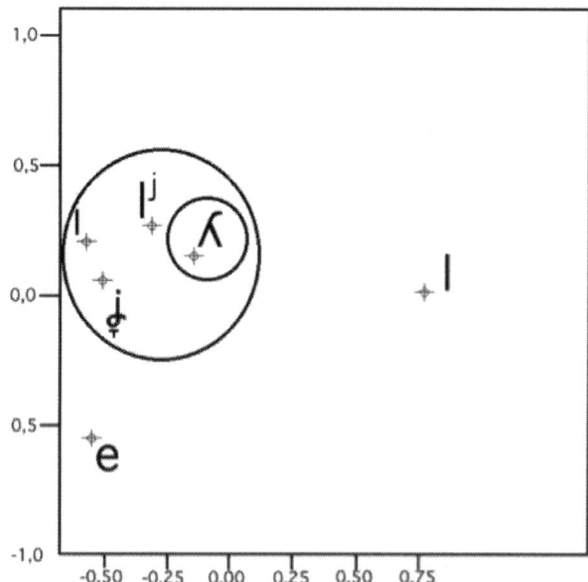

FIGURA 51. Mapa perceptivo de las distancias entre la lateral alveolopalatal, otras consonantes y las vocales palatales.

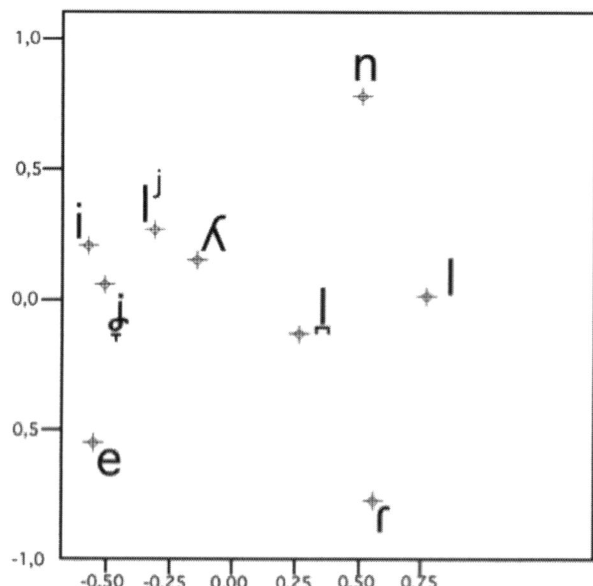

FIGURA 52. Mapa perceptivo de distancias entre consonantes laterales y otros sonidos relacionados.

18.8.3 Mapa perceptivo de los sonidos laterales

A continuación, se proporciona el mapa perceptivo general obtenido mediante el estudio descrito en el § 18.1 y que incluye los sonidos laterales alveolar, dentalizado, palatalizado y dentoalveolar, así como el alveolopalatal. También incluye la consonante aproximante espirante [ʝ], la rótica simple, la nasal alveolar y las dos vocales anteriores del español. En la Figura 52 se presenta la distribución en el espacio bidimensional de los sonidos estudiados, determinada a partir de las respuestas de los 109 informantes chilenos de ambos sexos.

El resultado más llamativo es la configuración de un eje en torno a los sonidos palatalizados en el que se incluye la vocal [i]. Las consonantes rótica simple y nasal alveolar se ubican, dentro de este conjunto de sonidos, más bien apartadas de la lateral alveolar. La dimensión horizontal del mapa guarda una cierta relación, aunque no perfecta, con el punto de articulación. No sorprende que el sonido dentalizado sea el más cercano al alveolar, pues se trata de variantes con un efecto acústico aparentemente insignificante. Resultan, en cambio, interesantes las mínimas distancias entre los sonidos palatales, a pesar de tratarse de las manifestaciones de cuatro fonemas diferentes.

El mapa presentado en la Figura 52 debe entenderse como una primera aproximación al estudio perceptivo de los sonidos laterales. Será interesante, por ejemplo, realizar pruebas semejantes con hablantes que posean el fonema /ʎ/, para los cuales sería esperable una configuración distinta, especialmente por lo que se refiere a los elementos que en los resultados del estudio llevado a cabo se han agrupado en el conglomerado de los sonidos palatales.

18.9 Conclusiones

El estado actual de las investigaciones fonéticas con respecto a las laterales del español pone de manifiesto que este es un campo que ha suscitado preocupación desde los inicios de los estudios fonéticos sobre esta lengua; no obstante, se requieren todavía más trabajos para cimentar la fiabilidad de los datos existentes. Las investigaciones disponibles actualmente están construidas a partir de pocos informantes, los estilos de habla registrados son también limitados y las variedades dialectales no siempre se abordan explícitamente. En los análisis llevados a cabo para la preparación de este capítulo, se ha observado que las laterales son sonidos cuya variación acústica puede ser más o menos amplia en algunos aspectos, incluso desde el punto de vista de la variación intralocutor; por ello mismo, incrementar el volumen de datos puede acentuar la calidad de la información. En el momento de ilustrar este capítulo, se ha constatado, en las muestras recogidas a tal fin, que los valores documentados en la bibliografía resultan ser un poco inferiores a los obtenidos, especialmente los referidos a la frecuencia promedio del F2, y este puede ser uno de los parámetros más condicionados por el número de informantes, el estilo de habla, etcétera.

Desde el punto de vista articulatorio, una de las propiedades que resulta interesante investigar es el movimiento del dorso lingual, tal como lo ha señalado Proctor (2009, 2011); se trata de uno de los ámbitos en los cuales cabría profundizar, dados los efectos acústicos, auditivos y perceptivos que este movimiento puede producir. Otro campo interesantísimo de explorar es el de la percepción de los sonidos laterales, con el fin de conseguir el acercamiento a la representación mental de tales sonidos.

Referencias bibliográficas

Almeida, Manuel y Josefa Dorta. 1993. «Datos acústicos de las líquidas españolas». En *Homenaje a José Pérez Vidal*, editado por Carmen Díaz Alayón, 97–110. La Laguna: Litografía A. Romero.

del Barrio, Laura y Sergio Torner. 1999. «La duración consonántica en castellano». *Estudios de Lingüística. Universidad de Alicante (ELUA)* 13: 9–36. https://doi.org/10.14198/ELUA1999.13.01.

Boersma, Paul y David Weenink. 2018. *Praat: Doing Phonetics by Computer* (versión 6.0.42). Programa informático. Ámsterdam: University of Amsterdam. http://www.praat.org.

Canfield, D. Lincoln. 1981. *Spanish Pronunciation in the Americas*. Chicago: University of Chicago Press. Trad. de Joaquim Llisterri y Dolors Poch, *El español de América: fonética*. Barcelona: Crítica, 1988.

Davidson, Justin. 2012. «Phonetic Interference of Catalan in Barcelonan Spanish: A Sociolinguistic Approach to Lateral Velarization». En *Selected Proceedings of the 14th Hispanic Linguistics Symposium*, editado por Kimberly L. Geeslin y Manuel Díaz-Campos, 319–39. Somerville: Cascadilla Proceedings Project.

Delattre, Pierre C. 1951. «The Physiological Interpretation of Sound Spectrograms». *PMLA* 66 (5): 864–75. https://doi.org/10.2307/459542. Reed. en *Studies in French and Comparative Phonetics*, 225–35. La Haya: Mouton, 1966.

ELAN (versión 5.2). 2018. Programa informático. Nimega: Max Planck Institute for Psycholinguistics. https://tla.mpi.nl/tools/tla-tools/elan/.

Hamlet, Sandra L. 1988. «Speech Compensation for Prosthodontically Created Palatal Asymmetries». *Journal of Speech, Language, and Hearing Research* 31 (1): 48–53. https://doi.org/10.1044/jshr.3101.48.

Harrington, Jonathan. (1997) 2010. «Acoustic Phonetics». En *The Handbook of Phonetic Sciences*, editado por William J. Hardcastle, John Laver y Fiona E. Gibbon, 2.ª ed., 81–129. Chichester: Wiley-Blackwell. https://doi.org/10.1002/9781444317251.ch3.

Hualde, José Ignacio. 2014. *Los sonidos del español*. Cambridge: Cambridge University Press. https://doi.org/10.1017/CBO9780511719943.

Johnson, Keith. (1997) 2003. *Acoustic and Auditory Phonetics*. 2.ª ed. Oxford: Blackwell.

Ladefoged, Peter y Ian Maddieson. 1996. *The Sounds of the World's Languages*. Oxford: Blackwell.

de Manrique, Ana María Borzone. 1980. *Manual de fonética acústica*. Buenos Aires: Hachette.

Martínez Celdrán, Eugenio. (1996) 2003. *El sonido en la comunicación humana. Introducción a la fonética*. 2.ª ed. Barcelona: Octaedro.

Martínez Celdrán, Eugenio y Ana María Fernández Planas. 2007. *Manual de fonética española. Articulaciones y sonidos del español*. Barcelona: Ariel.

Martínez Celdrán, Eugenio, Ana María Fernández Planas y Josefina Carrera-Sabaté. 2003. «Castilian Spanish». *Journal of the International Phonetic Association* 33 (2): 255–59. https://doi.org/10.1017/S0025100303001373.

Massone, María Ignacia. 1988. «Estudio acústico y perceptivo de las consonantes nasales y líquidas del español». *Estudios de Fonética Experimental* 3: 13–34.

Navarro Tomás, Tomás. 1917. «Sobre la articulación de la *l* castellana». En *Estudis fonètics*, editado por Pere Barnils, 1:265–75. Barcelona: Institut d'Estudis Catalans.

———. 1918. «Diferencias de duración entre las consonantes españolas». *Revista de Filología Española* 5 (4): 367–93.

Nooteboom, Sieb G. 1997. «The Prosody of Speech: Melody and Rhythm». En *The Handbook of Phonetic Sciences*, editado por William J. Hardcastle y John Laver, 640–73. Oxford: Blackwell.

Obediente, Enrique, Elsa Mora Gallardo y Manuel Rodríguez Hourcadette. 1994. «Caracterización articulatoria y acústica de las líquidas en el español de Mérida (Venezuela)». *Boletín Antropológico* 30: 7–32.

Proctor, Michael I. 2009. «Gestural Characterization of a Phonological Class: The Liquids». Tesis de doctorado, Yale University. ProQuest (305039426).

———. 2011. «Towards a Gestural Characterization of Liquids: Evidence from Spanish and Russian». *Laboratory Phonology* 2 (2): 451–85. https://doi.org/10.1515/labphon.2011.017.

Quilis, Antonio. 1981. *Fonética acústica de la lengua española*. Madrid: Gredos.

Quilis, Antonio, Manuel Esgueva, María Luz Gutiérrez Araus y Margarita Cantarero. 1979. «Características acústicas de las consonantes laterales españolas». *Lingüística Española Actual* 1 (2): 233–344.

Ramírez Vera, Carlos. 2012. «Production and Perception of Epenthetic Vowel in Obstruent + Liquid Clusters in Spanish. An Analysis of the Prosodic and Phonetic Cues Used by L1 and L2 Speakers». Tesis de doctorado, University of Toronto. http://hdl.handle.net/1807/32869.

Ramírez Vera, Carlos Julio. 2006. «Acoustic and Perceptual Characterization of the Epenthetic Vowel between the Clusters Formed by Consonant + Liquid in Spanish». En *Selected Proceedings of the 2nd Conference on Laboratory Approaches to Spanish Phonetics and Phonology*, editado por Manuel Díaz-Campos, 48–61. Somerville: Cascadilla Proceedings Project.

Recasens, Daniel. 1986. *Estudis de fonètica experimental del català oriental central*. Barcelona: Publicacions de l'Abadia de Montserrat.

———. 2004. «Darkness in [l] as a Scalar Phonetic Property: Implications for Phonology and Articulatory Control». *Clinical Linguistics & Phonetics* 18 (6–8): 593–603. https://doi.org/10.1080/02699200410001703556.

———. 2013. «Coarticulation in Catalan Dark [l] and the Alveolar Trill: General Implications for Sound Change». *Language and Speech* 56 (1): 45–68. https://doi.org/10.1177/0023830912440790.

Recasens, Daniel y Aina Espinosa. 2006. «Articulatory, Positional and Contextual Characteristics of Palatal Consonants: Evidence from Majorcan Catalan». *Journal of Phonetics* 34 (3): 295–318. https://doi.org/10.1016/j.wocn.2005.06.003.

Recasens, Daniel y Maria Dolors Pallarès. 2001. *De la fonètica a la fonologia. Les consonants i assimilacions consonàntiques del català*. Barcelona: Ariel.

Rost, Assumpció. 2009. «La consonante lateral ante semiconsonante palatal en español: un caso de palatalización». *Interlingüística* 19: 374–386.

Simonet, Miquel. 2010a. «Alveolar Laterals in Majorcan Spanish. Effects of Contact with Catalan?» En *Romance Linguistics 2009. Selected Papers from the 39th Linguistic Symposium on Romance Languages (LSRL). Tucson, Arizona, March 2009*, editado por Sonia Colina, Antxon Olarrea y Ana Maria Carvalho, 81–94. Ámsterdam: John Benjamins. https://doi.org/10.1075/cilt.315.05sim.

———. 2010b. «Dark and Clear Laterals in Catalan and Spanish: Interaction of Phonetic Categories in Early Bilinguals». *Journal of Phonetics* 38 (4): 663–78. https://doi.org/10.1016/j.wocn.2010.10.002.

Stevens, Kenneth N. 1989. «On the Quantal Nature of Speech». *Journal of Phonetics* 17 (1–2): 3–45.

Widdison, Kirk A. 2004. «Vocales esvarabáticas en grupos consonánticos con elemento lateral». *Estudios de Fonética Experimental* 13: 66–78.

Isabel Molina Martos

19.1 Introducción

En este capítulo se estudiarán las dos consonantes laterales del español, /ʎ/ y /l/, en sus dimensiones dialectal y sociolingüística; el análisis de la variación sincrónica de ambos segmentos remite a dos cambios lingüísticos en marcha, muy arraigados en el mundo hispánico:

1. El fonema palatal lateral /ʎ/ está siendo eliminado del sistema fonológico de la lengua española; su espacio va siendo ocupado por la fricativa palatal sonora /ʝ/ en un desarrollo de alcance panhispánico conocido como 'yeísmo' [→ § 16.5.3, § 20.2]. El proceso de desfonologización [→ § 1.18.7] o de fusión del contraste entre las dos unidades fonológicas tiene importantes consecuencias fonéticas, ya que, tras la eliminación del segmento lateral, el fricativo palatal experimenta una amplia variación que permite distinguir áreas dialectales en el mundo hispanohablante y determinar el alcance de la innovación en cada una de ellas.
2. La posición del fonema alveolar lateral /l/ en coda silábica favorece un proceso de debilitamiento que ha dado como resultado una importante variedad de soluciones fonéticas, entre las que cabe destacar su alternancia o su neutralización [→ § 1.17.4] con la rótica simple /ɾ/ [→ § 21.3.2, § 22.2.7, § 23.2.1]. Como el yeísmo, se trata también de una innovación antigua, pero lejos de estar avanzando, se repliega en las áreas dialectales donde había alcanzado mayor difusión. Sus perspectivas de progreso y de consolidación son, a la luz de los datos dialectales y sociolingüísticos, escasas en las regiones hispanohablantes; se está frente a la retracción de un cambio lingüístico que aún mantiene cierto grado de vitalidad en algunas regiones de España y de América.

Ambos cambios son procesos de 'variación inestable', indicativos de un cambio lingüístico en marcha (Labov 2001; Rost 2014) que, en su dimensión sincrónica, supone un ajuste fonológico y fonético del sistema. Sin embargo, sus perspectivas son diferentes; el yeísmo ha conseguido ascender socialmente hasta penetrar en las variedades estándar del español en buena parte del ámbito hispano, y hoy día puede definirse como un cambio fonológico en sus etapas finales. Por el contrario, las perspectivas de afianzamiento en las regiones hispanohablantes de la neutralización de líquidas en coda silábica son muy limitadas.

El análisis del cambio desde la perspectiva de la variación debe ampliar su objeto de estudio más allá de la propia estructura lingüística (Martín Butragueño 2002, 169–70) e indagar en la percepción que los hablantes tienen de los hechos de lengua, individualmente y como parte de una comunidad de habla. Los hablantes se agrupan en comunidades y forman parte de estructuras sociales cuyo análisis detallado desvela conflictos entre fuerzas lingüísticas internas e impulsos sociales externos. El desarrollo o el freno de los cambios depende de la propia estructura social, de modo que los mismos hechos de lengua pueden presentar soluciones diferentes en cada comunidad en la medida en que cada una de estas se define sobre un trasfondo sociohistórico divergente, y realiza su propia ponderación de los fenómenos variables. De esa valoración específica depende la dirección que en cada caso adopten los cambios, que pueden incluso frenar procesos naturales universales.

> Para explicar los diferentes usos variables es necesario abordar su estudio desde la dimensión subjetiva, pues una exclusiva observación de tipo fenoménico puede llevar a imaginar erróneamente una unidad de creencias en torno al español, o un mismo ideal de lengua, cuando en verdad existen diversos sistemas valorativos, a veces divergentes, detrás de fenómenos solo aparentemente semejantes, en cada uno de los espacios sociales en que se desarrolla la lengua, y que no se bifurcan de modo uniforme y tajante a uno y otro lado del Atlántico (Caravedo 2005, 29–30).

Este tipo de análisis se sustenta en un detallado estudio de la producción que permite conocer el nivel de conciencia que los hablantes tienen de los procesos variables, la incidencia de las distintas valoraciones de cada comunidad en el desarrollo de los mismos y los aspectos del cambio social con repercusión directa en el avance o en el retroceso de las innovaciones.

Un análisis de estas características tampoco puede obviar el impacto sobre la lengua de los procesos globalizadores de la sociedad contemporánea. La globalización económica en su dimensión cultural se traduce en la imposición de unas lenguas sobre otras, que se ven desplazadas y pueden llegar a desaparecer. El mismo proceso se observa desde la microsociolingüística: cada vez más las variedades estándar se extienden y sustituyen a las tradicionales variedades dialectales como consecuencia de las migraciones a las ciudades. El desarrollo de los cambios fónicos que aquí se examinarán refleja la tensión que implican las disyuntivas 'urbano' frente a 'rural', 'valores nacionales' frente a 'valores locales' o 'variedad estándar' frente a 'variedad local'. La identificación con una u otra dimensión determina una diferente percepción de los elementos lingüísticos en alternancia, una valoración específica que condicionará la elección lingüística y, en última instancia, la dirección de los cambios. Aquí se argumentará que la tensión entre variedades lingüísticas contribuye a explicar el avance de algunos desarrollos lingüísticos —como el yeísmo— y el freno de otros —la neutralización de líquidas—. Se abordará el estudio de las dos innovaciones panhispánicas atendiendo al hecho de que los distintos sistemas valorativos que maneja cada comunidad de habla determinan la coexistencia de patrones normativos diversos dentro de la comunidad hispanohablante (Klee y Caravedo 2006). Su influencia se proyecta sobre la dimensión espacial de la lengua en un proceso de constante reestructuración interna que es consecuencia y reflejo de la reestructuración demográfica y social (Caravedo 2003, 51).

Por último, tanto en América como en España el español convive con otras lenguas que tienen detrás universos culturales distintos y, en América, también diferentes etnias (Moreno Fernández y Caravedo 2022). Aunque no parece que las lenguas indoamericanas hayan influido estructuralmente en las variedades del español americano, en las regiones andinas, en Yucatán o en Paraguay, algunos rasgos motivados por el contacto de lenguas han pasado a formar parte de las normas regionales (Klee 2009, 39). El efecto de la globalización sobre las migraciones urbanas está afectando a la supervivencia de lenguas que durante siglos se habían mantenido gracias a su aislamiento; hoy ese aislamiento se ha roto con el acceso a los medios de comunicación, las migraciones y el impacto de la globalización (Klee 2009, 40). El análisis mostrará la relación de los factores externos con la evolución de los cambios lingüísticos.

19.2 Variación de las consonantes laterales

Las laterales /l/ y /ʎ/ son consonantes sonantes que, junto con las róticas, constituyen el grupo de las líquidas [→ § 20.1.1], caracterizadas acústicamente por, entre otras propiedades, una transición brusca con las vocales vecinas [→ § 1.6.4, § 18.1.3, § 21.2.1]. Aunque articulatoriamente presentan una oclusión, no se clasifican como oclusivas porque el aire sale de forma continua y simultánea al cierre [→ § 20.1.2]. La salida del aire puede producirse por un lado de la boca o por ambos, en la parte posterior, a la altura de los molares, de donde su denominación de 'lateral' [→ §18.1.1, § 18.1.2]. En la articulación del segmento /l/, el ápice de la lengua se pone en contacto con los alveolos, mientras que para pronunciar /ʎ/ el contacto se produce entre el dorso de la lengua y el paladar. Los principales procesos de variación que experimentan las consonantes laterales se desarrollan en las cavidades supralaríngeas e inciden especialmente sobre el modo de articulación (Real Academia Española y Asociación de Academias de la Lengua Española 2011, 220).

/l/ y /ʎ/ contrastan en inicio de palabra o de sílaba, pero no se oponen en coda silábica ni tras consonante, contextos en los que únicamente puede aparecer /l/ [→ § 1.17.5, § 20.1.3]. Su distribución silábica está implicada en la variación, ya que la palatal /ʎ/ solo puede aparecer en ataque silábico y es ahí donde necesariamente se produce su alternancia con otras unidades. En el caso de /l/, que además puede aparecer en coda y formar grupo consonántico en comienzo de sílaba, la variación en español se produce en posición implosiva siguiendo la tendencia general de la lengua a la sílaba abierta. La posición silábica favorece un proceso de debilitamiento que da lugar a las distintas variantes de la lateral alveolar, entre las cuales destaca la derivada del rotacismo [→ § 1.18.7, § 20.3.3].

Desde un punto de vista funcional, cabe distinguir la variabilidad de la palatal /ʎ/ y la de la alveolar /l/: en el primer caso, la alternancia con otras unidades produce una alteración del sistema fonológico ('variación funcional'), mientras que, en el segundo, la variabilidad solo implica alteraciones alofónicas ('variación no funcional'). Se trata de dos aspectos variables de la lengua que revelan cambios lingüísticos de distinto tipo, con diferente impacto en el sistema y desiguales consecuencias dialectales en la comunidad hispanohablante.

19.3 Variación de la lateral palatal /ʎ/: yeísmo

El yeísmo es el resultado de la fusión fonológica de las consonantes palatales sonoras /ʎ/ y /ʝ/ a favor de la segunda: el fonema palatal lateral se elimina del sistema y su espacio pasa a ser ocupado por el fonema palatal central /ʝ/ [→ § 16.5.3, § 20.2]. Al comparar la vigencia de la oposición en las regiones hispanohablantes se pone de manifiesto un cambio fonético-fonológico en marcha con distinto grado de desarrollo en cada región geográfica, comunidad de habla, estrato social e, incluso, en cada registro. Si se considera que en la actual sincronía del español conviven varios sistemas consonánticos y que el más extendido no contiene ya el fonema palatal lateral, puede concluirse que se está frente a un cambio muy avanzado que ha experimentado un rápido desarrollo a lo largo del pasado siglo xx y se encuentra en sus etapas finales.

Puesto que el fonema /ʎ/ muestra una tendencia a ser sustituido por /ʝ/ en todas las comunidades estudiadas, se puede concluir que todas las variedades del español siguen una dirección común en el nivel de la fonología, al tiempo que la evolución fonética es diferente y presenta características propias en cada comunidad. El estudio de la lateral /ʎ/ desde la perspectiva de la variación implica distinguir el nivel fonológico del fonético, siendo el segundo mucho más complejo en la sincronía actual. El análisis de /ʎ/ deberá:

- Describir el grado de mantenimiento de la oposición fonológica en cada comunidad de habla y su significación social y estilística.
- Determinar las características y la dirección de la evolución fonética en cada comunidad de habla, pues cada una responde fonéticamente al cambio de manera distinta, y esas diferencias son relativas a sus respectivos contextos dialectales.

Estos dos niveles de variación representan etapas diferentes del cambio en curso. Es una constante en los diversos desarrollos que ha seguido la desfonologización que, tras la fusión fonológica y la eliminación de la palatal lateral, la palatal fricativa /ʝ/ desarrolle variantes fonéticas cuya distribución permite distinguir áreas dialectales. Moreno Fernández (2004, 984–86) sintetiza en cuatro etapas el desarrollo yeísta:

1. Mantenimiento de la distinción fonemática.
2. La distinción deja de ser sistemática para adoptar soluciones variables: a) yeísmo con fosilizaciones de *ll*; b) yeísmo con alternancia entre *ll* y *y* africada en formas con *ll* en origen.
3. Yeísmo sin restos de la lateral. Las realizaciones fonéticas de la palatal presentan a) distinto grado de tensión y adelantamiento, o bien b) un debilitamiento que da lugar a un sonido paravocálico.
4. Se estabilizan y difunden las soluciones más adelantadas con realización fricativa o aproximante, sonora o sorda.

En las etapas 3.ª y 4.ª se desarrollan soluciones yeístas, de las cuales las más frecuentes son: [ʝ] fricativa palatal sonora; [ʝ̊] fricativa palatal ensordecida; [d͡ʒ] africada palatal sonora; [j] aproximante palatal; [i] vocal palatal alta; [ʒ] fricativa postalveolar sonora aproximantizada/espirantizada; [ʒ] fricativa postalveolar sonora; [ʃ] fricativa postalveolar sorda; elisión [Ø] [→ § 16.5].

El sonido [ʒ] que, siguiendo a la Asociación Fonética Internacional (AFI), aquí se describe como postalveolar fricativo sonoro, tradicionalmente ha sido caracterizado como prepalatal y 'rehilado' [→ § 1.6.3, § 9.4.2, § 15.2.3, § 16.5.1, § 17.2], este último rasgo en referencia a «la vibración relativamente intensa y resonante con que se producen ciertas articulaciones . . . vibración que estremece los órganos, no sólo en la laringe, sino en el punto de articulación, y el efecto acústico que de esto resulta» (Navarro Tomás 1934, 276). Así continúa describiéndolo la Real Academia Española (Real Academia Española y Asociación de Academias de la Lengua Española 2011): «El fenómeno del rehilamiento supone un comportamiento articulatorio y acústico propio de los sonidos fricativos y sonoros: es decir, los sonidos rehilados poseen barra de sonoridad de baja frecuencia y turbulencia en la parte alta del espectro» (221). Como los denominados sonidos rehilados presentan puntos en común con los fricativos, algunos autores como Quilis (1993, 314) o Martínez Celdrán y Fernández Planas (2007, 54) identifican rehilamiento con fricción, identificación que también asumen Malmberg (1965), Moreno Fernández (2004, 2009) y la Real Academia Española (Real Academia Española y Asociación de Academias de la Lengua Española 2011) al utilizar el símbolo de la prepalatal fricativa sonora [ʒ] —así descrita— para la realización rehilada sonora. Cuando Quilis (1993) y Martínez Celdrán y Fernández Planas (2007) definen un sonido como 'rehilante', se refieren a consonantes fricativas propiamente dichas, mientras que la ausencia de rehilamiento —a veces marcada en la descripción como 'arrehilante'— alude a soluciones de tipo aproximante, aunque la cuestión del rehilamiento también atañe a ciertos sonidos africados. El símbolo propuesto por la AFI que aquí se emplea para transcribir la realización postalveolar fricativa sonora —[ʒ]—, si bien resuelve el problema de la homogeneidad y la univocidad en la representación, no alcanza a distinguir todos los matices que ha descrito la tradición dialectal de la geografía lingüística hispánica desde planteamientos perceptivos. Cabe preguntarse si la ingente cantidad de matices que ha establecido la tradición a lo largo del tiempo es relevante o si se trata de información que, pese a su interés, a la postre dificulta la tarea del investigador en lugar de facilitarla. Se impone el empleo de técnicas de análisis experimental para esclarecer si los detalles fonéticos que recogen los atlas lingüísticos u otras obras afines son significativos o, por el contrario, dificultan la comparación entre áreas dialectales y entre sistemas lingüísticos (Rost 2013, 179–80, 188).

La amplia difusión geográfica y social de este cambio fonológico, su aparición en regiones dispersas y apartadas, y el hecho de tratarse de una tendencia general apreciable en otras lenguas románicas son factores todos ellos que remiten a una pulsión interna del sistema como causa primera de la innovación. Articulatoriamente, el yeísmo supone una continuación del 'ablandamiento' que caracteriza la mayor parte de los cambios experimentados por la lengua española en los Siglos de Oro (Alonso García 1951). Este hecho, sumado a la proximidad articulatoria de los miembros de la oposición /ʎ/-/ʝ/, a su escaso rendimiento funcional, y a su aislamiento dentro del sistema, convierten en prescindible la primera de las dos unidades (Alarcos [1950] 1965; Guitarte 1955).

En la actual sincronía, una parte importante de las variedades del español ya no incluye el fonema lateral palatal (Moreno Fernández 2004, 978), al tiempo que la dirección del cambio en todas las variedades que aún lo conservan apunta unívocamente a su eliminación. Las divergencias observadas entre las variedades hispánicas se refieren a etapas diferentes de un mismo proceso evolutivo que, pese a sus aparentes avances y retrocesos, se dirige implacable a la simplificación del sistema fonológico.

19.3.1 El yeísmo en España

En España, la confusión de palatales es un cambio antiguo, palpable desde la Baja Edad Media (Cano 2004; Lapesa [1942] 1980; Penny 2000) y considerado, por su impacto sobre el sistema fonológico, el más importante ocurrido en lengua española tras la revolución fonológica de los Siglos de Oro (Alonso García 1951, 159). Hay ejemplos atestiguados desde fines del siglo xiv en Toledo y desde principios del xvi en Andalucía (Frago 1993, 505–6), así como abundantes testimonios de su extensión en el habla popular de ciudades y pueblos andaluces (Frago 1993); sin embargo, y pese a la temprana vitalidad de la innovación en Andalucía, no cabe atribuirle esta única procedencia; se trata de un proceso iniciado en diversos puntos hispánicos y generalizado en Andalucía por las condiciones de nivelación simplificadora que concurrieron allí (Cano 2004, 848).

Puede pensarse en un origen independiente del yeísmo por su aparición en zonas aisladas entre sí o en medio de regiones plenamente distinguidoras. El *Atlas lingüístico de la Península Ibérica* (Navarro Tomás y de Balbín 1962) —reflejo del estado lingüístico de la Península Ibérica en el primer tercio del siglo pasado, puesto que los trabajos de campo se realizaron en los años treinta— señala áreas de yeísmo en Murcia, Toledo, Madrid, Valladolid, Salamanca, Oviedo o Santander, que deben entenderse como desarrollos históricamente independientes, sin filiación entre sí, aunque convergentes (Alonso García 1953). Hay que distinguir al menos tres focos en los que la innovación surge autónomamente: los territorios asturiano-leonés, catalán-balear y andaluz. En los dos primeros casos se trata de un yeísmo antiguo y en retroceso, mientras que en Andalucía la pérdida de la distinción es más moderna y se encuentra en fase de desarrollo y expansión (Navarro Tomás 1964, 143). El origen autónomo y disperso del cambio no impidió que su difusión por el centro y el norte peninsular se viera favorecida y reforzada, al menos desde el siglo XIX, por el peso demográfico de la emigración meridional a Madrid, desde donde habría pasado a otras ciudades septentrionales (Molina 2006; Moreno Fernández 2004; Penny 2000).

Desde el punto de vista geográfico, en el mapa yeísta del castellano peninsular se distinguen, a grandes rasgos, tres áreas de propagación: Andalucía, en el tercio sur, es la región más innovadora, donde primero se extendió y se generalizó el cambio. En el siglo XX, el proceso había alcanzado allí la más avanzada de las etapas, con alternancia en todo el territorio entre la palatal fricativa sonora [ʝ], soluciones postalveolares [ʒ] más o menos tensas y presencia —solamente en el oriente de la región— de una palatal sonora muy abierta [j] —cf. *Atlas lingüístico y etnográfico de Andalucía*, IV, mapa 1579 «yeísmo» (Alvar 1961–1973)—.

También durante el siglo XX, el yeísmo se ha difundido en las hablas canarias —cf. *Atlas lingüístico y etnográfico de las Islas Canarias*, III, mapa 904 «la gallina», mapa 1020 «ayunas» (Alvar 1975–1978)—, pero allí con más retraso que en Andalucía. Los núcleos urbanos investigados en los años sesenta habían alcanzado la segunda etapa del proceso, con distinción asistemática y focos de yeísmo en todas las islas, salvo en El Hierro. En esa década, Alvar llamaba la atención sobre la capacidad de difusión de la igualación de palatales de las Palmas de Gran Canaria, muy superior a la de las otras ciudades del Archipiélago (1972, 124, mapa 21). La variante de pronunciación yeísta canaria más frecuente es el sonido [ʝ], que alterna con soluciones muy abiertas y vocalizadas [j], condicionadas por el largo tiempo de oclusión de la africada /tʃ/, y menos tensas que las fricativas postalveolares [ʒ] andaluzas. Las variantes abiertas se encuentran mayoritariamente en la Gomera y, de forma aislada, en Tenerife, Gran Canaria, Fuerteventura y Lanzarote. La fricativa /ʝ/ inicial de palabra se pronuncia africada, con una tensión y una oclusión que facilitan su paso a [ɲ] en los hablantes menos instruidos (*yema > ñema*).

En la Península, la innovación se difunde hacia el norte, a las regiones geográficamente más próximas, pero no avanza linealmente: penetra primero en los centros urbanos y desde estos se difunde al medio rural. En Castilla-La Mancha, está consolidada en las ciudades, pero sigue habiendo núcleos conservadores por toda la región (Moreno Fernández 1996). En la provincia de Ciudad Real predomina la diferenciación, mientras que en Toledo la mayoría de los pueblos son yeístas;

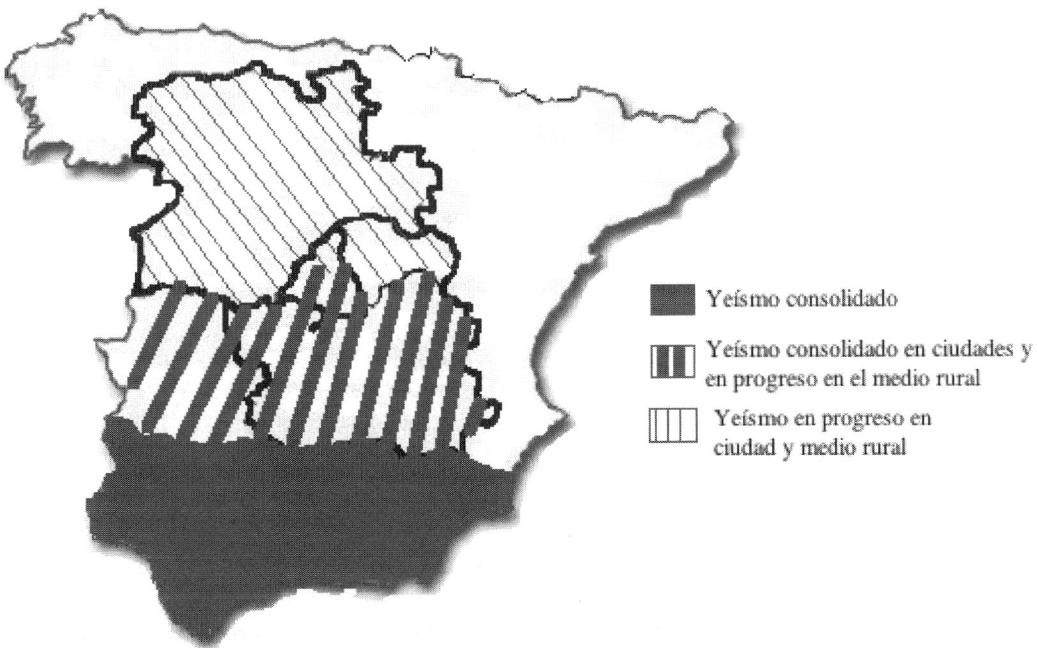

FIGURA 1. Mapa de difusión del yeísmo en las hablas castellanas (Molina 2010, 94).

Cuenca y Guadalajara mantienen la lateral palatal y Albacete se tiene por área de distinción, salvo la capital (García Mouton y Moreno Fernández 1994, 147). Solo en las provincias de Toledo y Ciudad Real, donde la innovación está más avanzada, se han desarrollado soluciones yeístas adelantadas y con fricción que prolongan la variación meridional hasta el sur de la provincia de Madrid.

En la Castilla septentrional, el yeísmo entra con más retraso. Según los datos del *Atlas lingüístico de la Península Ibérica*, la provincia de Burgos se encontraba «dentro de la zona de *ll* normal que comprende Aragón, Navarra, la parte castellanizada de Vasconia, y las provincias de Burgos, Palencia, Valladolid, Zamora, Salamanca, Logroño, Soria, Segovia, Guadalajara y Cuenca» (Navarro Tomás 1964, 2), y todavía hoy la fusión no está consolidada en las ciudades y su presencia en el campo es solo incipiente. Así sucede en Burgos (oriente de Castilla y León), donde la innovación ha penetrado en la ciudad y se difunde rápidamente entre los hablantes más jóvenes. Desde los años treinta —cuando en la ciudad todavía se practicaba la plena distinción— hasta hoy, los burgaleses se han incorporado al cambio fonológico siguiendo el patrón general de las ciudades castellanas, de manera que, en los años ochenta, la ciudad de Burgos se incluye en área de yeísmo parcial, con un 61 % de realizaciones yeístas del fonema lateral /ʎ/ y una progresión ascendente de realizaciones laterales según se avanza en la edad de los informantes (Martínez Martín 1983, 122).

Lo mismo cabe decir del entorno rural de Aragón, Navarra y Rioja: plenamente distinguidor en la década de los sesenta —cf. el *Atlas lingüístico y etnográfico de Aragón, Navarra y Rioja*, VI, mapa 827 «hollín» (Alvar 1979–1983)—, desde la segunda mitad del siglo XX comienza a sumarse al cambio urbano. Todas las regiones septentrionales, incluidas las comunidades bilingües, siguen la tendencia simplificadora: en la cornisa cantábrica, el yeísmo se incorpora más lentamente al castellano del País Vasco, tal vez por influencia de la lengua vasca (Etxebarria 2007; Oñederra 2004, 1104–5); en Galicia, el castellano es yeísta (Dubert 2013). Su desarrollo allí surge como un fenómeno de convergencia con los dialectos gallegos, yeístas en su mayoría. El fonema lateral palatal solo se conserva en hablantes de gallego del entorno rural, alejados de la cultura oficial (Freixeiro 1998). En Barcelona (Cataluña), el avance yeísta se sitúa entre las etapas 2 y 3, a caballo entre la fase en que la distinción no es sistemática y adopta soluciones variables, y la total ausencia de restos de lateral. El cambio está más avanzado en las mujeres que en los hombres, en los castellanohablantes que en los catalanohablantes y en las generaciones más jóvenes (Torres Torres *et al.* 2013).

Como capital de España, Madrid ejerce una influencia en su entorno mayor que la de otras ciudades y la tensión entre el medio rural y el urbano allí también parece más acusada. Estratégicamente situada en el centro peninsular, su influencia se irradia a las regiones próximas por contacto directo con la población y al conjunto del país por la creciente movilidad de la población y por influencia de los medios de comunicación social. Estas características favorecen su capacidad de propagar innovaciones lingüísticas.

Igual que en el resto de España, la cronología de la expansión del yeísmo madrileño es diferente en el entorno rural y en el urbano. En los años treinta, los datos del *Atlas Lingüístico de la Península Ibérica* sitúan los pueblos madrileños dentro del área de alternancia entre yeísmo y diferenciación.

En los años treinta, compartían con Madrid su carácter de frontera lingüística las siguientes provincias: Toledo, Ciudad Real, Cáceres, Badajoz y Huelva, mientras que Ávila, Albacete y Murcia eran áreas de yeísmo incipiente (Navarro Tomás 1964, 5). Años después, a finales de los ochenta, el yeísmo estaba bastante consolidado en Ciudad Real y en Toledo, con solo dos puntos distinguidores al norte de Ciudad Real y ocho más al norte y oeste de Toledo (García Mouton y Moreno Fernández 1994), y había comenzado a penetrar en Guadalajara y en Cuenca que, en cambio, en los años treinta quedaban incluidas en el área de plena distinción.

Setenta años después, en los comienzos del siglo XXI, la igualación ha alcanzado a los hablantes menores de 55 años en los pueblos de toda la región, mientras que los mayores mantienen restos de distinción en todas las localidades encuestadas con excepción de las más meridionales (García Mouton y Molina 2012; Molina 2013, 2022). La distribución de variantes yeístas por áreas geográficas indica que la región está situada en plena zona de transición de la innovación meridional y sujeta a influencias dialectales diversas. No están marcadas geográficamente la variante canónica [j] (con el 65 % de realizaciones en la comunidad de Madrid) ni la africada [d͡ʒ] (con el 14 %), pues se oyen por toda la región; la palatal lateral /ʎ/ ha desaparecido en los pueblos del sur, pero su rastro reaparece al nordeste y al este, si bien solo representa un 7 % de las realizaciones totales; la variante paravocálica [i̯], con un 2 % de realizaciones en Madrid, se concentra en el nordeste de la Comunidad, aunque también se atestigua en puntos dispersos; las soluciones meridionales con fricción [ʒ] (un 12 %) se localizan en los pueblos del sur, los mismos que han perdido completamente la palatal lateral; su presencia disminuye a medida que se avanza hacia el norte.

El contraste entre el yeísmo urbano y el rural revela, sin embargo, que su propagación en los pueblos está hoy siendo 'rectificada' desde la capital.

En el barrio de Salamanca, situado en el centro de Madrid, no quedan restos de la antigua distinción fonológica. Se constata el absoluto predominio —95 %— de la consonante canónica [ʝ], con solo apariciones esporádicas de la africada —3 %— o de la aproximante palatal [j]. Se puede afirmar que el yeísmo en esta parte de la ciudad no es variable ni presenta estratificación social. En Alcalá de Henares, donde tampoco se mantiene la oposición, el yeísmo se manifiesta a través de una variable sociolingüística estratificada en la que alternan tres variantes: [ʝ] con el 50 % de realizaciones; la africada [d͡ʒ] con el 5 %, y la aproximante [j] con el 45 %. En Alcalá, las mujeres muestran una ligera preferencia por la palatal central [ʝ], mientras que los hombres se inclinan por la aproximante [j]; por edades, los jóvenes son los que menos articulan la variante canónica y optan en cambio por [j], tendencia que se invierte en la última generación. Por último, en Getafe la solución más importante es la [ʝ] con el 83 %, seguida en proporciones muy inferiores por la africada [d͡ʒ] —8,85 %— y la postalveolar fricativa [ʒ] —7,75 %— (Molina 2013, 104–5).

En la comunidad madrileña la innovación manifiesta dos tendencias: a) una innovadora dialectal, de origen meridional, difunde hacia el norte el desarrollo del proceso; b) otra urbana más reciente que, una vez superada la etapa de eliminación de la distinción fonológica de palatales, frena el desarrollo de la variación yeísta e imprime un movimiento de retracción al cambio en curso (Molina 2013, 108). La superposición de estos dos movimientos traza tres niveles concéntricos de difusión de la innovación:

1. En el barrio de Salamanca —en el centro urbano de Madrid—, el yeísmo se ha estabilizado en una etapa sin variación en la que solo se emplea la variante canónica [ʝ] o, muy esporádicamente, un refuerzo africado [d͡ʒ]. Tras eliminarse la distinción fonológica, el cambio se ha detenido.
2. Las dos ciudades estudiadas de la periferia del área metropolitana, Alcalá de Henares y Getafe, muestran, en cambio, un yeísmo variable situado, respectivamente, en las etapas tercera y cuarta del proceso, pero convergente con el del centro de la ciudad. La estratificación sociolingüística de la variable marca la tendencia de las generaciones jóvenes a desarrollar las mismas soluciones del centro urbano, eliminando la variación dialectal.
3. En los pueblos de la región, donde la variación yeísta es mayor, se encuentran reflejadas todas las fases del proceso, desde las más retrasadas, con restos de distinción (2.ª etapa), hasta las más adelantadas, con soluciones fricativas que conectan con el yeísmo meridional (4.ª etapa). El cambio ha dejado de avanzar en la región frenando su ascenso geográfico y, actualmente, su referencia ya no está en el sur, sino en el centro: en la capital. La estratificación social del yeísmo rural madrileño por edad, sexo y nivel de instrucción indica siempre un movimiento convergente con esa dirección. Los pueblos abandonan progresivamente las variantes dialectales al tiempo que aumentan las soluciones canónicas que caracterizan a las clases medias y altas de Madrid. La isoglosa yeísta que separa las soluciones meridionales de las septentrionales sigue sin superar el núcleo urbano madrileño: las variantes adelantadas y con fricción se quedan en la periferia de la metrópoli, relegadas a los hablantes de niveles socioculturales bajos y de más edad. Si en el siglo XIX el yeísmo llegó a la ciudad como un 'cambio lingüístico desde abajo', que penetró primero en las clases populares y desde ahí se difundió a otros niveles (Molina 2006), hoy su dirección se ha alterado para convertirse en una innovación lingüística consciente dirigida por los niveles socioculturales altos, que difunden la variante normativa [ʝ] y contienen el avance de otras soluciones yeístas típicamente meridionales o marcadas como dialectales.

La situación de Madrid es extrapolable a otras ciudades castellanas: el yeísmo se propaga porque se identifica con las hablas urbanas, que concentran el prestigio oficial y funcionan como referencia en el entorno rural. Se ha producido un distanciamiento del tradicional modelo distinguidor que, en mayor o menor medida, es sustituido en todas las variedades por un sistema simplificado. En el plano fonológico, la innovación andaluza ha superado la frontera madrileña, pero no así en el fonético: las soluciones meridionales no logran penetrar en las hablas castellanas del norte; el patrón que marca la capital elimina la variación fónica e impone desde los niveles sociales altos un tipo de yeísmo fricativo palatal [ʝ]. Cabe preguntarse por qué a lo largo del siglo XX se ha afianzado en el castellano peninsular una innovación de origen meridional si Andalucía no es la referencia lingüística de los castellanohablantes. La clave puede ser demográfica: la presencia continuada en la capital de andaluces y otros hablantes meridionales desde el siglo xix habría permitido la consolidación de este cambio durante las primeras décadas del siglo xx y su posterior extensión a las áreas castellanas conservadoras.

19.3.2 El yeísmo en América

El yeísmo americano es también un desarrollo temprano, documentado desde el siglo xvi en México, Honduras, Perú, Venezuela y Cuba (Parodi 1977). La antigüedad de los procesos variables en América sin duda guarda relación con la cronología de la colonización en territorio americano; las regiones más innovadoras fonéticamente, como son las áreas costeras de América, el Caribe y las Antillas, son las que mantuvieron más contacto con las variedades meridionales peninsulares y contribuyeron a reforzar y extender sus rasgos desde los primeros tiempos de la colonización. El yeísmo americano, sin embargo, considerado andalucismo por su arraigo en las zonas marítimas comerciales (Menéndez Pidal 1962, 157), más bien debe interpretarse como un rasgo del castellano multirregional de la época con una destacada contribución andaluza a su mantenimiento y difusión (Sánchez Méndez 2003, 256). Por otro lado, resulta evidente que no surgió ni simultáneamente ni bajo un único condicionante en todo el vasto territorio americano, de modo que no es posible remitir todas las áreas yeístas a un mismo origen.

Arraigada la innovación en el Mediodía peninsular, se propagó a la Corte, manifestando su carácter urbano desde los inicios; las capitales virreinales de México y Lima, convertidas en centros de prestigio lingüístico con liderazgo sobre las regiones bajo su influencia, la acogieron muy tempranamente y la difundieron por sus virreinatos (Menéndez Pidal 1962, 158, 160). Otras regiones como Chile, Argentina, Centroamérica o Paraguay, más marginales y aisladas en el tiempo de la colonia, mantendrían una independencia mayor respecto a la Corte, lo cual les permitió desarrollar evoluciones propias, en ocasiones rasgos del habla subestándar, que se extendieron desde Bogotá o Buenos Aires.

En ese contexto se sitúa el desarrollo en el español bonaerense de una pronunciación postalveolar fricativa sonora [ʒ] testimoniada desde fines del xviii [→ § 16.5.1, § 20.2]; en ese siglo se documentan grafías confundidoras entre los criollos de mayor nivel cultural, de manera que desde sus comienzos la innovación argentina fue un cambio consciente 'desde arriba' que gozó de prestigio social. Siguiendo un criterio propio, ajeno a la norma que emanaba de los grandes centros urbanos, durante ese periodo también se afianzaron otros rasgos innovadores que posteriormente serían abandonados.

Se introdujo el seseo, la confusión de líquidas, la aspiración y pérdida de la /-s/ o la elisión de la /d/ intervocálica y final; de estos, además del yeísmo, se mantuvieron el seseo y el debilitamiento de la /-s/.

Sin embargo, el yeísmo ya estaba consolidado cuando en la segunda mitad del xix se introduce el fonema /ʃ/, confluyendo con el ensordecimiento del yeísmo con fricción.

El gran salto económico y social que dio Buenos Aires en el xix atrajo una masiva inmigración europea que transformó su demografía. La incorporación del fonema sordo posiblemente fue a través de préstamos de lenguas europeas como el francés, que durante el periodo romántico ejerció un gran influjo sobre la cultura argentina (Fontanella de Weinberg 1987).

El resultado fue una reestructuración del sistema de las palatales en seis etapas cronológicas (Fontanella de Weinberg 1987, 162) tal como se muestra en (1).

(1)

	1	2	3	4	5	6
				ʃ	ʃ	/ʃ/ [ʒ̥ ʒ ʃ]
	j̝/ʎ >	j̝ >	ʒ >	ʒ >	ʒ̥ ʒ ʃ	
	(1720)	(1790)	(1880)	(1930)	(1970)	

La concurrencia del nuevo sonido con el ensordecimiento que promocionaban las clases medias aseguró el éxito de una innovación que ha pasado a ser un hiperdialectalismo diferenciador de la región. Como en La Plata, otras zonas americanas desarrollaron un sentimiento de identidad criolla ligado en ocasiones a una peculiar evolución de los procesos lingüísticos.

En el otro extremo del cambio, el mantenimiento en algunas regiones del continente de la distinción de palatales se ha atribuido a la influencia indígena. Así, en Paraguay, una de las regiones más persistentemente distinguidoras de América, se consideró un posible influjo guaraní en la conservación de la lateral palatal (Malmberg 1947), pese a que dicha lengua no contiene esa unidad en su repertorio fonológico y el aislamiento geográfico y social de Paraguay bastaría por sí solo para explicar su conservadurismo (Lipski [1994] 1996, 97). Asimismo, aunque pocos rasgos fonéticos del español

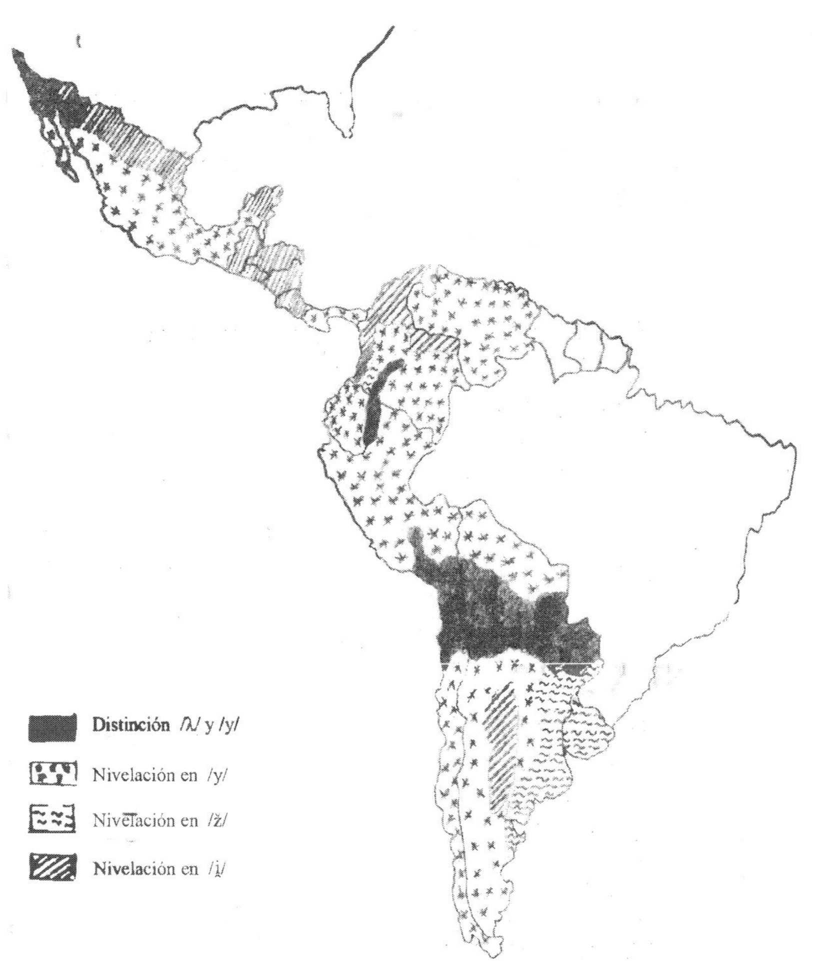

FIGURA 2. Mapa de las áreas de yeísmo y distinción de palatales (Salcedo 2005, 169). 1. Distinción /ʎ/-/ǰ/: en negro; 2. Nivelación yeísta con soluciones mayoritarias en [j]: puntos estrellados; 3. Nivelación yeísta con soluciones mayoritarias en [ǰ]: rayas oblicuas; 4. Nivelación yeísta con soluciones mayoritarias en [ʒ]: ondas horizontales.

de México se prestan a ser explicados por sustrato indígena, se ha sostenido que la pérdida de la lateral palatal podría deberse a influencia náuhatl, pero estas propuestas no están empíricamente fundamentadas. En cambio, sí parece clara la contribución del quechua y del aimara —que poseen la lateral palatal— a su retención en el español andino. Es difícil determinar por qué en unos casos predominó la influencia indígena y no en otros, a la vista de que los contactos lingüísticos y culturales no parecen condición suficiente (Lipski [1994] 1996, 95).

El yeísmo está documentado desde los comienzos del español americano con desarrollos lentos e irregulares que se mantienen activos, de manera que es posible distinguir en América todas las etapas del proceso, desde la más conservadora en zonas como Paraguay y el nordeste argentino, que permanecieron al margen de la innovación y son distinguidoras, a la nivelación yeísta con desarrollo de variantes, debilitadas o enfáticas. En el mapa de la Figura 2 se representan las áreas distinguidoras y las yeístas con sus soluciones mayoritarias (Salcedo 2005).

Salcedo (2005) elabora este mapa a partir de Canfield (1962) y de Páez (1981). Los mapas de zonificación dialectal han sido trazados a partir de las propuestas de Canfield con variaciones y ampliaciones posteriores: Fontanella de Weinberg (1992), de Granda (1982), Lipski ([1994] 1996), Montes ([1982] 1995), Moreno Fernández (2009), Moreno de Alba (1988), Páez (1981) y Salcedo (2005).

Las grandes áreas distinguidoras de América, situadas todavía en la 'primera etapa del cambio', son:

1. Paraguay, donde el fonema /ǰ/ se pronuncia con africación.
2. Gran parte de Bolivia.
3. Algunas regiones del norte de Argentina, donde se ha desarrollado una doble distinción:
     a) La distinción entre /ʎ/ y /ǰ/ se mantiene al noreste, en la región guaranítica (Misiones y Corrientes) y en el noroeste, en las zonas montañosas de las provincias de San Juan y La Rioja. El fonema /ǰ/ se

pronuncia con africación, aunque se registra una incipiente pronunciación fricativa, probablemente por influencia de Buenos Aires.

    b) En Santiago del Estero la distinción se establece entre /ʒ/ y /ɟ/.

4. La cordillera de los Andes y sus estribaciones —con la excepción de Chile—, donde el mantenimiento de la palatal lateral es general:

    4.1 Perú distingue en las tierras altas del sur (Cuzco y Puno) y en la región costera meridional (véanse, además, el § 20.2 de la presente obra para el fenómeno del 'elleísmo' en Iquitos, y Vigil [2023]).

    4.2 Gran parte de la cordillera oriental de Colombia.

    4.3 Zonas altas de Ecuador, donde la distinción adopta dos formas distintas:

        a) El extremo norte central (Carchi), Cañar y Azuay (incluida Cuenca) practica la distinción entre /ʎ/ y /ɟ/ (Lipski [1994] 1996).

        b) Los extremos norte y sur de las zonas altas de Ecuador (Chimborazo y Quito, donde se localiza la denominada 'elle quiteña'); allí la oposición se establece entre /ʒ/ y /ɟ/.

La retención de la oposición de palatales en el español andino adquiere un valor sociolingüístico que puede convertirse en recurso de construcción identitaria y reforzar la resistencia al yeísmo (Godenzzi 2004, 2013): la conservación distingue a los hablantes bolivianos de los de otros países del entorno con yeísmo consolidado, como Argentina o Uruguay; en Perú, la convergencia del español de la región andina con el quechua y el aimara se esgrime como factor de mantenimiento. Más allá de la mera convergencia lingüística, la conservación es un rasgo diferenciador que refleja las tensiones entre la tradición criollo-europea —asentada sobre todo en las ciudades costeras y, en particular, en Lima— y la andina —en las zonas rurales y en las ciudades de la sierra—. La hegemonía que ejerce la capital sobre el conjunto de la nación ha sido determinante en la falta de prestigio de la distinción, pero no ha impedido que se convirtiera en expresión de una identidad regional opuesta al poder centralizador de la capital. Así ha sucedido en Puno, ciudad del altiplano donde la población autóctona mantiene fuertemente la oposición para reafirmarse frente a los limeños llegados a la ciudad (Godenzzi 2004, 2013). Sin embargo, no hay que descartar que Lima termine por imponer la igualación yeísta entre la población andina a la vista de los procesos de integración lingüística que ya se han detectado (Klee y Caravedo 2006). Los inmigrantes andinos que llegan a la capital modifican su habla en convergencia con los limeños: en la primera generación se produce una convergencia con el estándar yeísta, y en la segunda ya son asimilados por las normas fonológicas limeñas a pesar de su predominio demográfico. La modernización y la globalización, la movilidad de las poblaciones y los procesos de urbanización están desencandenando cambios lingüísticos en amplias regiones de Latinoamérica que siguen este mismo patrón (Caravedo 2013).

Por lo que se refiere a la 'segunda etapa del cambio', existen múltiples pruebas de que el mantenimiento de la distinción fonemática presenta fisuras en algunas de las zonas urbanas tradicionalmente conservadoras; la distinción deja de ser sistemática para adoptar soluciones variables, indicio de que el cambio se ha iniciado. Es el caso de Chile, que ya no puede considerarse área distinguidora —y como tal no se ha reflejado en el mapa de la Figura 2—, aunque mantiene restos de distinción en el norte y en el sur: Talca, Quirihue, Cauquenes, Antuco, Los Ángeles, Angol, Cautín y Aisén (Wagner y Rosas Aguilar 2003). En la misma etapa del cambio cabe incluir la región andina venezolana, pues, como en Chile, también allí está documentado el resquebrajamiento de la distinción.

En Colombia, la presencia de la palatal se está debilitando en Bogotá, Pasto y en otras ciudades. Montes (1982) da cuenta del importante avance que el yeísmo había alcanzado en la capital colombiana en el transcurso de unas pocas décadas: los bogotanos mayores de 55 años solo mostraban un yeísmo incipiente, inferior al 10 %, mientras que los jóvenes menores de 30 años lo habían incorporado en más del 90 % de sus realizaciones. Hoy la distinción ya no representa la norma de Bogotá y, si quedan restos, se explican por la masiva inmigración procedente del campo que recibe la capital. La lateral palatal solo se conserva de forma sistemática en zonas rurales aisladas de los Andes colombianos, por lo que en la ciudad la pronunciación se ha connotado con el estigma de rural; Espejo (2013) valora que el yeísmo bogotano es un cambio lingüístico casi concluido, e, incluso en el dialecto andino oriental, enclave distinguidor tradicional, la pérdida de la palatal lateral es ya un proceso en marcha que concluirá con la igualación. La tendencia es imparable, ya que en la radio y en la televisión colombianas el yeísmo ha pasado a ser la norma general.

En Ecuador, tampoco es categórica la oposición distinguidora entre /ʒ/ y /ɟ/ que caracteriza el norte y el sur de las zonas altas (Chimborazo y Quito), donde la postalveolar fricativa sonora /ʒ/ se conoce como 'elle quiteña'; esta particular oposición distinguidora se ha convertido en una variable sociolingüística dependiente de factores socioculturales como la edad, la ocupación o la percepción que el individuo tiene de sí mismo en relación con los demás (Argüello 1987, 656).

La innovación lingüística penetró en Ecuador en paralelo con el desarrollo de la sociedad ecuatoriana desde la década de los setenta; los cambios en la estructura social modificaron las actitudes hacia los valores culturales tradicionales. Especialmente entre las clases populares, se han creado nuevas imágenes identificadoras, de manera que el 'ʒeísmo', que tradicionalmente ha sido un importante marcador del habla de los quiteños y de los serranos del norte, ha variado su significado social perdiendo el carácter de rasgo idiosincrásico. Nuevas indagaciones corroboran la eliminación del fonema /ʒ/ y la tendencia a la lenición [→ § 1.18.7] en [j], que se propaga por la clase alta, entre las mujeres y en registros formales (Gómez Campaña 2003). Es llamativa la velocidad de la difusión, pues, en un par de décadas, las clases medias y altas han dejado de pronunciar la postalveolar fricativa. El desarrollo del yeísmo en la sierra ecuatoriana supone la nivelación con el dialecto costeño ecuatoriano y, por extensión, con los demás dialectos yeístas del español americano.

La misma dirección sigue Cuzco, al sur de Perú, donde se registran soluciones yeístas entre las clases sociales más acomodadas (Ueda 2006) e incluso los individuos distinguidores de la tercera generación, que valoran positivamente la distinción y creen mantenerla, en realidad han dejado de producirla y la mezclan con realizaciones yeístas (Caravedo 2006).

En Paraguay, donde la palatal lateral se ha mantenido a causa de su aislamiento y del afán identitario de distinguir el español paraguayo del 'ʒeísmo' bonaerense (Klee 2009), en los años ochenta se consignaba un yeísmo incipiente entre los jóvenes de clase media (de Granda 1988, 108). También la región guaranítica de Argentina, que en el mapa de la Figura 2 se refleja como distinguidora, muestra síntomas de quiebra, según Abadía de Quant (1988), quien da testimonio de la deslateralización ocasional en los hablantes menores de 40 años de Corrientes y en la mayoría de los hablantes de Resistencia. El modelo yeísta predominante en Argentina se propaga a Santiago del Estero, donde la distinción se establecía entre /ʒ/ y /ʝ/.

Frente a las áreas conservadoras, hoy es mayor la extensión que recubre el yeísmo; de manera general, la lateral palatal ha desaparecido en las Antillas, México, Centroamérica, Venezuela, gran parte de Colombia y de Perú, el occidente de Ecuador, Chile y Argentina. El yeísmo que se practica en estas regiones está en sus fases más avanzadas: las correspondientes a las etapas 3.ª y 4.ª del cambio lingüístico (Moreno Fernández 2004). Se incluyen en la tercera etapa las soluciones agrupadas como fricativa palatal [ʝ], aproximante palatal [j] y paravocal [i̯] relajada con tendencia a la elisión, mientras que en la cuarta etapa se estabilizan y difunden soluciones postalveolares fricativas sonoras [ʒ] o sordas [ʃ].

En las áreas yeístas con fricativa palatal [ʝ] —en Cuba, Puerto Rico y República Dominicana— esta es tensa y se resiste a la elisión; en posición inicial absoluta tiende a la africación; la palatal fricativa es la solución más común en el centro de México, y se pronuncia con tensión en la mayor parte de Venezuela y en la Costa Pacífica de Colombia. En el centro de Chile predomina la pronunciación fricativa en alternancia con la africada.

Montero Bernal (2013, 138) da cuenta de una tendencia hacia la articulación abierta de /ʝ/ en Cuba que no se manifiesta homogéneamente en la geografía insular; hay un avance progresivo en las áreas urbanas, principalmente del occidente, donde llega incluso a elidirse, y presenta menor incidencia en las zonas rurales, sobre todo del centro y del extremo oriental de la isla.

En las áreas yeístas con aproximante [j] tendente a la elisión o a la vocalización, se documenta una amplia gama de soluciones que hace difícil reconstruir la ruta de la evolución. Según Lipski (1990, 798), el debilitamiento comenzó en el contexto vocal /i/ + /ʝ/, después se generalizó tras vocal /e/, y en algunos dialectos se ha extendido a los contextos anterior y posterior a /e/ o /i/.

El debilitamiento de /ʝ/ se registra en el Caribe colombiano (Montes 2000; Rodríguez Cadena 2013), en el norte de México, próximo a la frontera con los Estados Unidos, y en el sureste (Yucatán, Tabasco, Chiapas); continúa en la variedad de español chicano o mexicoestadounidense del suroeste de los Estados Unidos (Lipski 2008; Moreno Fernández 2009, 404), y llega hasta la elisión en Puerto Rico (Canfield 1962).

En todos los países centroamericanos —Belice, Guatemala, Honduras, El Salvador, Nicaragua, Costa Rica y Panamá— se articulan realizaciones aproximantes o vocalizadas de la /ʝ/ intervocálica, que puede llegar a desaparecer en contacto con /i/ y /e/.

Cardona (2010) señala que en Belice

En casi la mitad de los informantes (43,5 %) se elide. El fenómeno se registra en todo el país pero podría decirse que la parte central es el centro irradiador, ya que allí se da con mayor fuerza, mientras que en el sur y en el norte su presencia es más moderada (37).

En cambio, en Guatemala, la tendencia a la elisión (['sia] *silla*) parece haber iniciado un retroceso. Herrera Peña (citado por Utgård [2010, 76]) recalca que este rasgo típicamente guatemalteco está cambiando por influencia del habla de los medios de comunicación, de manera que los jóvenes de todas las clases sociales tienden ahora a pronunciar /ʝ/ según la norma de la ciudad de México.

En Costa Rica, según Quesada y Vargas Vargas (2010),

> Las realizaciones aproximantes o débiles figuran con mayor frecuencia en el noroeste del país y a lo largo del litoral pacífico. Se registran, aunque poco, en el litoral atlántico; la mayor parte de alternancias fluye en la sección suroeste del Valle Central. Lo anterior da pie para expandir la pronunciación debilitada de /ʝ/ al panorama dialectal de Costa Rica (165).

En Panamá, Cardona (2010) sitúa el foco de irradiación del debilitamiento en el centro del país, desde donde se

> lidera el debilitamiento del fonema, mientras que tanto al occidente como al oriente el alófono aproximante alterna en gran medida con el fricativo y, en casos esporádicos, con el alófono africado, al oriente. Así por ejemplo, las ciudades de Panamá, Chitré y Portobelo, en el centro del país, no presentaron ni un solo caso de africación del fonema. Podemos señalar una zona debilitadora del fonema que iría desde Ciudad Panamá hasta Metetí (195).

Así mismo, en posición intervocálica en contacto con /i/ el yeísmo tiende a la elisión en las tierras altas del interior de Colombia, en la región amazónica y en las zonas comprendidas en el superdialecto costeño (el Caribe, la Guajira, César, Magdalena, Atlántico, Bolívar, Sucre, Córdoba, partes de Antioquia, Norte de Santander, una porción de los Llanos Orientales y Costa Pacífica). Las mismas soluciones se registran en la costa de Ecuador, norte de Chile, Lima y la costa central peruana.

Cuando preceden vocales no anteriores, el debilitamiento es más infrecuente, limitado a algunos casos léxicos. En las variedades que siguen esta evolución, puede aparecer una [j] antihiática en los hiatos que comienzan en /e/ o /i/: *María* > *Mariya* [ma'rija]; *vea* > *veya* ['beja]. Esta pronunciación ultracorrecta está presente en todas las variedades centroamericanas —las mismas en las que la elisión se manifiesta en tasas más altas— y alcanza cierta frecuencia en Nicaragua.

En El Salvador, Lipski (2000) señala que «la [j] antihiática alcanza todas las capas sociales en determinados momentos, pero sobresale por su alta frecuencia entre los sectores rurales, y figura prominentemente en los textos costumbristas del istmo» (72). Azcúnaga (2010) añade que «en el *ALPES [Atlas lingüístico de El Salvador]* se registró este fenómeno en el área urbana, en expresiones como ['bu̯enoz̟ 'ð̟ijas] *buenos días. . .*, por lo que el caso es más general de lo que se cree» (101).

Entre los inmigrantes a Estados Unidos, los centroamericanos, asentados principalmente en el centro y en el este del país, mantienen el debilitamiento de la /ʝ/ en posición intervocálica característico de su dialecto de origen, que puede desaparecer en contacto con vocal palatal y da lugar a frecuentes consonantes antihiáticas —*reiya* 'reía', *riyo* 'río'— (Moreno Fernández 2009, 408).

La última y más avanzada de las etapas del yeísmo, la cuarta, se caracteriza por la presencia de las variantes postalveolares fricativas, sonora [ʒ] y sorda [ʃ] (García, Chappell y Martell 2022).

Las soluciones tensas con fricción son características del litoral argentino, especialmente de Buenos Aires y de Montevideo; alcanzan a parte de la Patagonia, al norte de Tucumán y a Salta, y son también características del sur de Chile. El ensordecimiento de la fricativa, típicamente bonaerense, gana terreno en Montevideo, que, junto con Buenos Aires, son focos irradiadores del 'ʒeísmo' en la zona.

También algunas de las regiones que genéricamente se vinculan a la tercera de las etapas presentan pronunciaciones postalveolares en alternancia con el debilitamiento. Así, en la República Dominicana, Alvar (2000) describe un «tenue rehilamiento en posición inicial o intervocálica y un rehilamiento fuerte tras /n/» (48); en México, Lope Blanch (1996, 81) indica que el rehilamiento de /ʝ/ es ocasional, si bien en posición inicial absoluta el fenómeno va en aumento, y Martín Butragueño (2013, 193) localiza las soluciones rehiladas en el centro-oeste y centro-este del país. En Leticia, Alvar (1977, 59) advierte que la tensión articulatoria con que puede pronunciarse la /ʝ/ lleva a un ligero rehilamiento, de manera que entre las soluciones yeístas puede darse la africación ligeramente rehilada, pero nunca labializada. También en Venezuela las soluciones yeístas pueden debilitarse o aumentar su fuerza articulatoria, en cuyo caso aparece rehilamiento con distintos tipos de realización (Alvar 2001, 47).

Si bien el 'ʒeísmo' es un marcador lingüístico de la región, no debe descartarse su propagación en Hispanoamérica a través de los programas televisivos argentinos, las radionovelas o el fútbol, con difusión por todo el continente (Quesada

2001). Inversamente, no por contar con tal marcador es menos receptiva la emigración bonaerense a la acomodación lingüística con otras comunidades de habla. En una investigación sobre residentes argentinos en la ciudad de México, Pesqueira (2008) comprobó el avance de la pronunciación mexicana —palatal fricativa sonora [ʝ]— entre los inmigrantes argentinos; la acomodación se establece en interacciones particulares que luego se proyectan a un nivel más permanente en la subcomunidad migrante de la que los individuos forman parte (Martín Butragueño 2010); los procesos migratorios y de contacto dialectal tienden a resolverse a favor de la variedad en la que se ven obligadas a integrarse las poblaciones migrantes.

19.4 Variación de la lateral alveolar /l/ en coda silábica

La variación de la consonante lateral alveolar en la lengua española se produce en coda silábica o posición de distensión articulatoria, en respuesta a uno de los principios universales que opera sobre la estructura fonológica del español: la tendencia general a la sílaba abierta (Alonso García 1945) [→ § 24.2]. Su mayor o menor desarrollo permite clasificar los dialectos en innovadores —los que relajan la consonante en coda— o en conservadores —los que la mantienen—. La lenición de las líquidas en el cierre silábico se resuelve en una gama de soluciones fonéticas, algunas coincidentes con las que despliega la obstruyente fricativa -/s/ y otras específicas de las líquidas. La lateral final -/l/, de articulación alveolar, se distingue de la /ɾ/ solo por el modo de articulación, rótico percusivo en el caso de esta última, y lateral en el de -/l/. La proximidad articulatoria de ambos segmentos lleva a confundirlos en una misma realización neutralizada, que se ve favorecida por el escaso rendimiento funcional de la pareja en esa posición [→ § 20.3.3, § 21.3.2, § 22.2.7, § 23.2.1].

Las realizaciones de la lateral alveolar en coda silábica incluyen un abanico de soluciones que comprende el mantenimiento de la lateral alveolar, la confusión con la rótica simple en una aproximante con cualidades de las laterales o de las róticas, su relajación en aspiración y otras articulaciones intermedias como la nasalización, la asimilación a la consonante siguiente [→ § 20.3.1], la geminación [→ § 20.3.5] o la vocalización en [i] [→ § 20.3.6], hasta llegar a la elisión [→ § 20.3.4]. Se ha señalado que en la ordenación de todo el proceso la neutralización es previa a la elisión de -/l/ y de -/ɾ/ finales, de modo que las soluciones relajadas y la elisión siguen a la fusión de ambos fonemas (Sánchez Méndez 2003).

En lo que se refiere al desarrollo del cambio, es determinante el significado social que se atribuye a cada variante: la neutralización es la solución más estigmatizada, a la que se oponen mayoritariamente los procesos de estandarización, mientras que el resto de las soluciones debilitadas se consideran rasgos idiosincrásicos de los dialectos innovadores, equiparables a las soluciones relajadas que resultan de las otras consonantes en coda silábica, especialmente de la fricativa -/s/, y reciben un uso social y estilísticamente estratificado.

Las connotaciones sociales negativas que conlleva la confusión de líquidas han recortado su espacio en la geografía hispanohablante: hoy solo mantiene vitalidad en Andalucía, Canarias, el Caribe y en algunas regiones costeras americanas, pese a que históricamente llegó a ocupar una extensión notablemente mayor. La difusión del proceso en otras épocas y su aparición discontinua en la geografía del español marca una tendencia general de la lengua española que cada área habría desarrollado independientemente (Alonso García 1953).

La gradual reducción del proceso en el ámbito hispanohablante supone que el cambio se retraiga hacia soluciones más conservadoras, de signo opuesto al que se ha descrito para la innovación yeísta. Ambos cambios tienden a simplificar el sistema fonológico, pero si el yeísmo consiguió a partir de determinado momento superar la barrera de la norma castellana conservadora e imponerse como solución mayoritaria en el mundo hispanohablante, la trayectoria de la neutralización y de la relajación de líquidas ha sido la contraria. Tras alcanzar una notable difusión en ciertos periodos de la historia del español, durante el siglo XX se observa un repliegue general de la evolución en todas las regiones donde tradicionalmente se había registrado.

Las primeras documentaciones de la confusión de -/l/ y -/ɾ/ en coda silábica son muy antiguas, anteriores al proceso yeísta de desfonologización de palatales. Hay ejemplos neutralizados en el mozárabe toledano de los siglos XII y XIII, anteriores a otras soluciones relajadas o elididas de los dos segmentos; la mayor parte de las variantes que hoy se conocen están documentadas al menos desde el siglo XVI (Lapesa [1942] 1980). En esa época existen numerosos testimonios de la intensificación del proceso en Andalucía: en Carmona, La Algaba, Tarifa, Jaén, Granada, Antequera o Sevilla, además de en otros lugares de la Península, que remiten a fuentes andaluzas (Frago 1993). Tal vez sea este el proceso en el que resulten más evidentes el parentesco entre Andalucía y las Antillas y el impacto de la modalidad andaluza sobre la caribeña (Menéndez Pidal 1962). La variedad de soluciones compartidas en el desarrollo del debilitamiento de las líquidas

—vocalización, aspiración, nasalización, elisión— pudo deberse al predominio de andaluces en el Caribe en los primeros tiempos de la colonización (Alonso García y Lida 1945) y, aunque se trata de un condicionamiento articulatorio con efecto en diversas lenguas y dialectos, en Andalucía se propagó hasta convertirse en una de sus características distintivas (Frago 1993). Posiblemente las condiciones de contacto lingüístico y dialectal que se dieron en la región tras la Reconquista favorecieron la coexistencia de variantes e impulsaron allí, más que en otras regiones hispánicas, el desarrollo de la innovación (Penny 2000), que también se registraba en Toledo, Extremadura o Murcia.

Desde el siglo xvi, el cambio recibió un importante impulso que se manifiesta en las características de su difusión, ya sin restricciones contextuales, y en su amplia propagación en la geografía americana. Además de la extensión que había alcanzado la confusión de líquidas en el xvi, por la misma época cobra especial relevancia la elisión de las dos consonantes en final de palabra, tanto en las hablas meridionales peninsulares como en las americanas. A estas variantes hay que añadir la asimilación y la palatalización de *-r* precediendo a *l-* en infinitivos seguidos de pronombre enclítico, muy en boga en Andalucía y en la Corte en ese mismo siglo, aunque la moda decayó en el xvii y solo se ha mantenido como vulgarismo en las hablas meridionales (Lapesa [1942] 1980).

Los testimonios acerca del desarrollo de un estigma social de la innovación también son tempranos; el debilitamiento de las líquidas y la lateralización de la rótica en -[l] se atribuyeron en el teatro a los esclavos negros (Lapesa [1942] 1980) y se usaron para caracterizar el habla rústica, aunque el vulgarismo radicaría en la frecuencia del debilitamiento o de la lateralización, pues en Andalucía el proceso es antiguo y se extendía a hablantes letrados (Frago 1993).

Lipski ([1994] 1996) considera que pudo haber contribución africana a la lateralización de /ɾ/ final de sílaba en Hispanoamérica, porque el proceso se desarrolló predominantemente en zonas donde la presencia afrohispánica fue numerosa y prolongada, y porque los primeros textos afrohispánicos de la altiplanicie de Perú y de la zona de Buenos Aires y Montevideo ya ofrecían ejemplos de lateralización. Sin embargo, la población africana por sí sola no tenía la capacidad de difundir cambios que no contaran con antecedentes en la lengua en cuestión, y su contribución reside más bien en la frecuencia o sistematicidad con que apoyó procesos variables que ya estaban en marcha.

19.4.1 Variación de la lateral alveolar /l/ en España

El *Atlas Lingüístico de la Península Ibérica* (mapas 13 «ahogarse», 15 «andar», 17 «árboles», 20 «ayer») documenta para los años treinta del siglo xx una intensa lateralización de la rótica en coda silábica [→ § 21.3.2, § 22.2.7, § 23.2.1] en las hablas rurales de Murcia y de Almería; su presencia se desdibuja hacia el centro de la región —con casos aislados en Jaén, Córdoba y Granada— hasta desaparecer en la Andalucía occidental, donde la elisión es la solución más frecuente. En el occidente peninsular, la confusión reaparece en Badajoz, Cáceres y Salamanca, y en la Meseta central, en algunos pueblos de Toledo, Ávila, Madrid, Guadalajara, Zaragoza y Logroño. El cartografiado de lateralizaciones de la rótica que muestra el *Atlas Lingüístico de la Península Ibérica* no parece el de un meridionalismo que haya avanzado hacia el norte, sino el de un rasgo potencial de cualquier variedad del español que ha dejado testimonios en buena parte de la geografía peninsular.

El vigor con que se dio la neutralización en las hablas meridionales desde el siglo xvi se ha mantenido en el entorno rural andaluz hasta la segunda mitad del siglo xx. Se cuenta con testimonios de intenso polimorfismo en la región en los años cincuenta, especialmente en las provincias orientales de Almería, Jaén, Granada, Málaga y Córdoba, lo que revela un cambio en plena ebullición en ese entorno y en ese nivel sociolingüístico (*Atlas lingüístico y etnográfico de Andalucía*, VI, mapa 1719, Alvar 1961–1973). Debe interpretarse que el retroceso de las soluciones neutralizadas comenzó en final de palabra, donde se está generalizando. En las hablas orientales, la neutralización mantiene una vigencia notable en posición interior, al tiempo que las variedades occidentales han avanzado hacia la elisión.

Asociada a la pérdida de la lateral, una parte de las hablas meridionales convierte en [e] la vocal de la terminación *-al:* el carácter retroflejo de la /l/ es la causa inductora de la palatalización de la /a/, localizada en el encuentro de las provincias de Málaga, Córdoba y Sevilla; este resultado se considera moderno y limitado a los niveles socioculturales bajos (Alvar 1958–1959, 247).

Si en Andalucía alternan las soluciones lateralizadas de -/ɾ/ con los resultados róticos de -/l/, en las Islas Canarias solo se registra la lateralización de -/ɾ/ en interior de palabra (*Atlas lingüístico y etnográfico de las Islas Canarias*, III, mapa 974, Alvar 1975–1978) y esporádicamente en final, pero no se da la neutralización en rótica (*Atlas lingüístico y etnográfico de las Islas Canarias*, III, mapa 968, Alvar 1975–1978). Estos resultados ponen a Canarias en contacto con el Caribe más que con las hablas andaluzas.

Aunque Alonso García y Lida (1945) lamentaban la falta de información sobre la potencial presencia de la igualación en Castilla, los investigadores del *Atlas Lingüístico de la Península Ibérica* y de los atlas regionales de Castilla-La Mancha y de Castilla y León confirman que la innovación tiene arraigo en el centro peninsular. El *Atlas Lingüístico de la Península Ibérica* muestra cómo en final de palabra la rótica se lateraliza en Toledo, Madrid, Ávila y Salamanca, mientras que en posición interior la confusión abarca un territorio más extenso, igual que en las hablas meridionales: en la parte occidental se extiende por Badajoz, Cáceres y Salamanca y, hacia el este, asciende por Guadalajara hasta Zaragoza y Logroño, ocupando algunos enclaves que la documentación antigua ya daba como neutralizadores (*Atlas Lingüístico de la Península Ibérica*, I, mapas 13, 15, 17, 20, Navarro Tomás y de Balbín 1962).

Los atlas regionales, más recientes que el *Atlas Lingüístico de la Península Ibérica* y con una red de puntos de encuesta significativamente más densa, constatan la continuidad de la innovación a finales del siglo XX en hablantes dialectales del entorno rural; en Castilla-La Mancha, está casi generalizada en las provincias de Toledo y de Ciudad Real. Por la parte oriental, la neutralización asciende hacia el sudoeste de Guadalajara y se localiza en puntos dispersos de Cuenca y Albacete (Moreno Fernández 1996); la isoglosa de la neutralización en las hablas castellanas se sitúa precisamente en esa zona: la provincia de Madrid mantiene la distinción en el medio rural, pero más allá de la capital, no sigue su ascenso hacia el norte —*Atlas dialectal de Madrid*, García Mouton y Molina (2015)—. *El Atlas lingüístico de Castilla y León* no la registra en ninguna posición (I, mapa 30, Alvar 1999), y el castellano occidental que se extiende desde la región asturleonesa hasta Cantabria (Nuño 1996) tampoco neutraliza en coda, aunque sí en grupo consonántico en ataque silábico (*ombrigo* 'ombligo' o *reflanes* 'refranes').

Al sur de Salamanca, la neutralización continúa en las hablas extremeñas con cierto vigor, tanto en interior como en final de palabra y con soluciones lateralizadas o róticas, estas últimas más frecuentes (González Salgado 2005–2015). La vitalidad del proceso en Extremadura supone el ascenso del meriodionalismo por el occidente, en paralelo a la región oriental, pues también en Murcia se truecan las líquidas, según lo ha constatado la investigación dialectal a lo largo del siglo XX.

Es preciso insistir en el estigma de rural e inculto que se atribuye a los hablantes con esta pronunciación tan prolijamente documentada en los atlas lingüísticos españoles. Su amplia difusión espacial podría llevar a pensar que un proceso de tanta vitalidad tiene perspectivas de propagarse, pero sus connotaciones de ruralismo y de vulgarismo dificultan, si no imposibilitan, su extensión más allá del entorno al que actualmente ha quedado confinado.

Si bien la investigación dialectal apenas arroja alguna luz sobre este cambio sociolingüístico —consciente y dirigido por los niveles socioculturales altos— que en pocos años ha modificado el antiguo panorama de las hablas meridionales, la sociolingüística sí ha detectado al oriente del Mediodía español un rápido movimiento de convergencia con el estándar castellano conservador que supone una reordenación de las restricciones universales en los dialectos meridionales (Hernández Campoy y Jiménez Cano 2003; Hernández Campoy y Villena 2009; Villena 2008a, 2008b; Villena y Vida 2004). Desde un punto de vista fonológico, la convergencia con el estándar supone la aceptación de formas complejas marcadas [→ § 1.18.8] —en este caso, la restitución de codas— que infringen la restricción de la 'retracción': en contra de lo previsto por los principios universales, se reintroduce una distinción fonológica marcada a causa del estigma social que lastra a la neutralización.

Las comunidades de habla urbanas de Andalucía oriental y de Murcia están llevando a cabo rápidos procesos de convergencia hacia los rasgos más importantes del estándar nacional (Villena y Vida 2004, 438). La convergencia con la norma en la España monolingüe es un proceso histórico y contemporáneo que va de la periferia hacia el centro y se extiende a medida que el estándar nacional gana prestigio y los dialectos tienden a perder funciones (Villena 2006).

En las hablas meridionales peninsulares, el equilibrio entre el estándar y las variedades locales está siendo determinante en la dirección de los cambios en general y de la neutralización de líquidas en particular. Como el estándar es un dialecto conservador, se dice que el andaluz es divergente, pero esta afirmación debe matizarse atendiendo a la dirección que siguen las variedades orientales y occidentales, en convergencia o divergencia con el estándar, respectivamente. El occidente andaluz mantiene una elevada aceptación social de los rasgos meridionales que lo apartan del estándar nacional y lo aproximan a las regiones innovadoras de América. La variedad urbana de Sevilla se acepta como modelo de prestigio y referencia de ese diasistema, pero no alcanza a las variedades orientales; estas derivan de dialectos de transición conservadores (Jaén, Almería y norte de Granada) o se han sometido a una fuerte convergencia urbana con el estándar nacional desde la segunda mitad del siglo XX, que está llevando a la formación de una koiné regional con características propias; se abandonan los rasgos vernáculos y se produce una nivelación en las variedades orientales y centrales del español de Andalucía que las aproxima a las variedades de transición y a las del centro de la Península, de modo que se va consolidando una forma intermedia, común, entre los dialectos conservadores e innovadores del español europeo (Villena 2008a, 2008b).

La evolución de las variedades meridionales del español revela la influencia de las poblaciones urbanas de Sevilla y Madrid; el prestigio de Sevilla ha favorecido el desarrollo de una variedad occidental que se difunde por los medios audiovisuales y se potencia ideológicamente en la prensa escrita ('andaluz culto' o 'norma sevillana'). El hecho de que no exista en la región oriental un centro de referencia equivalente, así como su mayor cercanía al castellano centroseptentrional, impiden el desarrollo de una norma regional diferenciada; por otra parte, el contacto de los hablantes orientales con los centros urbanos favorece la aproximación a la variedad dominante y el desarrollo de una variedad nivelada interregional, a medio camino entre las hablas locales y el estándar nacional, propicia a la retracción lingüística (Villena 2008a). En general, esa variedad común acepta el modelo meridional innovador de pronunciación que afecta a las consonantes en final de sílaba, pero también adopta los rasgos del estándar del norte, particularmente en posición inicial de sílaba (Hernández Campoy y Villena 2009). La tendencia es relativamente reciente, al menos por lo que se refiere a Granada y Málaga, donde la están liderando los jóvenes cultos urbanos (Hernández Campoy y Villena 2009).

Este movimiento convergente con el estándar castellano que afecta a los rasgos meridionales más significativos no incide en todos ellos de la misma manera: entre los rasgos generalmente aceptados se encuentran la lenición o la ausencia de la coda silábica, el yeísmo o la lenición de /x/, mientras que se rechazan el ceceo, la elisión de /x/, la elisión de -d- en entornos distintos de -ado, o la neutralización de las líquidas, entre otros.

En Murcia, Hernández Campoy y Jiménez Cano (2003) llevaron a cabo un estudio longitudinal en el que comparaban el habla de políticos de la región con la de otros hablantes murcianos para obtener datos cuantitativos sobre el proceso de estandarización en convergencia con el castellano del norte que se está produciendo en hablantes dialectales. Entre otros procesos, caracterizaron la evolución de las líquidas implosivas -/l/ y -/ɾ/, que tradicionalmente se han neutralizado en la región. La investigación constató un movimiento convergente con el estándar castellano que se aproxima a sus etapas finales, pues está bien asentado desde mediados de los años noventa. La restitución de la distinción entre líquidas es un ejemplo de cambio prestigioso en marcha, un cambio consciente iniciado por los hablantes cultos y liderado por jóvenes instruidos de clase media con una intensa exposición a los medios de comunicación (Villena y Vida 2004, 439).

La retracción de la neutralización de líquidas en las hablas meridionales es un cambio desde arriba —consciente— que aproxima las hablas locales al estándar nacional de referencia. El rechazo de la neutralización en Canarias debe interpretarse en la misma clave. La universalización de la educación en España en la segunda mitad del siglo xx provocó una cierta forma de diglosia entre la lengua hablada y la que se difundía desde la escuela —el modelo lingüístico para el hablante canario—. Aunque desde los años ochenta Canarias ha participado, como Andalucía, de una reivindicación de sus rasgos identitarios, la neutralización de las líquidas no superó ese filtro por causa del rechazo que previamente había arraigado. El patrón sociolingüístico que sigue Las Palmas es muy claro en este sentido: tanto la lateralización de la rótica como el rotacismo [→ § 1.18.7, § 20.3.3] de la lateral se ven favorecidos por los sociolectos más bajos y por los hablantes de más edad, lo que ha supuesto la regresión de ambos desarrollos en el español de Las Palmas, aunque con una diferencia sustancial entre sí, pues el paso *l* > *r* es tres veces más frecuente que su inverso, *r* > *l* (Samper Padilla 1990). Este dato contradice la tendencia rural canaria y, en cambio, conecta el habla urbana de Las Palmas con las soluciones rurales andaluzas, si bien la estratificación sociolingüística de la variable apunta a una futura divergencia con el campo andaluz y a la convergencia con la distinción de líquidas de la norma castellana.

Si la retracción del cambio es patente en las hablas meridionales peninsulares, todavía lo es más en las variedades castellanas. La estandarización es un proceso urbano que se irradia al entorno rural apoyado por el sistema educativo, la lengua escrita y los medios de comunicación. Las regiones castellanas que tradicionalmente han practicado la neutralización la eliminan primero de las ciudades y después de los pueblos mejor comunicados con la ciudad y, por tanto, con mayor contacto con la norma urbana. En este sentido, los investigadores del *Atlas Lingüístico y Etnográfico de Castilla-La Mancha* documentaban la neutralización como solución muy extendida en las comunidades rurales de Toledo y Ciudad Real (García Mouton y Moreno Fernández 1994); sin embargo, el contraste de la pronunciación rural con la urbana revela una drástica retracción del cambio: en la ciudad de Toledo la neutralización ha sido desterrada de casi todos los niveles sociales y solo mantiene algún resto en hombres de la última generación y de bajo nivel de instrucción, lo que significa que en muy poco tiempo su uso habrá desaparecido del entorno urbano (Molina 1998).

A falta de un estudio sociolingüístico detallado de la neutralización en Madrid capital, se cuenta con datos de su presencia en los pueblos de la provincia con una estratificación social que reproduce el mismo patrón que Toledo: la neutralización en la provincia de Madrid es poco frecuente, normalmente no supera el 5 %, y se circunscribe a los hablantes de más edad y menor nivel de instrucción. Esta caracterización general se ha constatado para los pueblos del nordeste (Ruiz Martínez 2003, 193, 215), para Alcalá de Henares, al este de la región (Blanco Canales 2004, 215, 223) y para Getafe, al sur (Martín Butragueño 1991).

Por último, en las variedades del español peninsular se registra otra variante de la lateral -/l/ al margen del proceso de lenición que característicamente afecta a los sonidos en coda silábica: se trata de una realización velarizada, característicamente catalana, que resulta del contacto entre castellano y catalán, a la que distintos autores se han referido de forma más o menos impresionista a lo largo de las décadas. Esta pronunciación, junto con la sonorización de /s/ debida a la fonética sintáctica, tal vez sean los dos rasgos más sobresalientes de la pronunciación castellana de un catalanohablante (Casanovas 1995, 56). Existe una hiperconciencia de la variante dentro y fuera de Cataluña, que se manifiesta con frecuencia en la radio o en la televisión en la parodia de hablantes catalanes. Según apunta Sinner (2004), «Buen ejemplo [del estereotipo] es la velarización de /l/ para la caracterización de algunos de los personajes catalanes del programa humorístico *Las Noticias del Guiñol* de la cadena privada española *Canal Plus*, mencionada por un informante madrileño» (176n56).

La -/l/ velar catalana se describe como 'oscura' por oposición a la lateral española, 'clara' o no velarizada [→ § 18.7]. Para la articulación de una lateral clara, el ápice de la lengua se mueve hasta formar una oclusión en la región alveolar que permite que el aire salga por uno o por los dos lados de la lengua, mientras que en la realización de la lateral oscura se produce una constricción velar secundaria al aproximar la lengua al velo del paladar (Hualde 2005, 178; Simonet 2010; Recasens 2014, 175–204). En catalán, por contraste con el castellano, esta realización se da sistemáticamente en todas las posiciones, especialmente en coda silábica, seguida de vocal o de pausa. Los catalanohablantes producen laterales más o menos oscuras en español dependiendo de su dominio del catalán y de otros factores sociales, lo que permite establecer una escala graduada de variantes (cf. Simonet 2010) que va desde las realizaciones más velarizadas (tipo [u]) a las menos velarizadas (tipo [i]).

Algunas investigaciones recientes de corte sociolingüístico han trabajado sobre la hipótesis de que la -/l/ en coda silábica funciona como un indicador de la influencia del catalán sobre el castellano. Se trata de una variable sociolingüística que se ha mantenido más o menos estable, pero que recientemente muestra síntomas de retracción como consecuencia de su estigma social: los hablantes monolingües de castellano residentes en Cataluña lo asocian con un tipo de español muy catalanizado que consideran 'feo', 'inculto' o 'grosero' (Sinner 2002). Sin embargo, dentro de la Comunidad hay distintas percepciones del rasgo, pues entre hijos de catalanohablantes tiene prestigio encubierto como marca de grupo (Sanz 1991).

En Barcelona, la velarización está estratificada generacionalmente, de manera que los más jóvenes la usan menos que los mayores, lo que pone de manifiesto un cambio lingüístico en marcha en el que la velarización disminuye en convergencia con los hablantes monolingües de español (Wesch 1997). En Palma de Mallorca, Simonet (2010) comprobó que las mujeres lideran una innovación consistente en que la variante velarizada catalana y la alveolar castellana convergen a favor de las soluciones alveolares, proceso que de nuevo se explica por el estigma de pronunciación ruralizante que lastra a la velar.

Davidson explica el desarrollo y avance del proceso como consecuencia de un cambio social reciente: la llegada de inmigrantes monolingües de castellano que en las últimas décadas se han instalado en Barcelona ha provocado que aumente el estigma que ya tenía la -/l/ velarizada. En concreto, la velarización disminuye en catalanohablantes que mantienen un contacto importante con monolingües de castellano (Davidson 2012, 323), lo que explicaría que la innovación se esté extendiendo de manera desigual en las localidades del entorno de Barcelona en función de la mayor o menor afluencia de inmigrantes. En Barcelona, Davidson sugiere que el grupo social que dirige este cambio tal vez podría identificarse con «an upper class, arrogant Catalan speech style that uses a clear non-velarized [l] category» (Davidson 2012, 336).

19.4.2 Variación de la lateral alveolar /l/ en América

En América, la neutralización de líquidas es también un fenómeno ampliamente atestiguado desde el siglo xvi en regiones muy dispersas: Puerto Rico, México, Guatemala, Santo Domingo, Panamá, Cartagena, Tunja, Quito, Lima, Arequipa, Potosí o Cuzco (Fontanella de Weinberg 1992, 60). En general, la geografía de la confusión de líquidas coincide con las áreas costeras de América, el Caribe y las Antillas, aquellas que tuvieron más contacto con los puertos de Andalucía y reforzaron y propagaron los rasgos meridionales que se habían filtrado en la lengua nivelada de los primeros tiempos (Sánchez Méndez 2003, 124).

La neutralización es uno de los procesos de lenición que, junto con el debilitamiento de la fricativa -/s/ o la pronunciación aspirada de /x/, más tempranamente se han atestiguado en América. Sin embargo, aunque la lateralización de la

FIGURA 3. Áreas de neutralización de
-/l/ y -/ɾ/ (Salcedo 2005, 179).

rótica debió de ser muy frecuente durante la primera mitad del xvii, a finales del siglo comienza a debilitarse y desde el xviii se mantiene como rasgo subestándar en las regiones que mantuvieron contacto con Andalucía o en otras periféricas y aisladas (Sánchez Méndez 2003, 259). Hoy día, no puede considerarse un rasgo general del español americano y, en las zonas que lo mantienen, está estigmatizado y en proceso de retracción (Figura 3).

Junto con la neutralización, en América se documentan otras soluciones frecuentes (Frago y Franco Figueroa [2001] 2003, 109):

1. La lateralización de -/ɾ/ en [l] es característica de Puerto Rico, República Dominicana y Cuba, y algo menos frecuente en Venezuela, Panamá y costas de Colombia y Ecuador [→ § 21.3.2, § 22.27, § 23.2.1].

2. El rotacismo de -/l/ en [ɾ] [→ § 1.18.7, § 20.3.3] está atestiguado en zonas de Cuba (Bahía Honda, La Habana y Cárdenas), pero es más común en el Cibao dominicano y en amplias áreas de Puerto Rico, en las costas colombiana, venezolana, peruana y ecuatoriana, y en zonas rurales de Paraguay. Se encuentran casos aislados de rotacismo en América Central y en Argentina (en esta última solo en Neuquén), que recuerdan que el fenómeno fue productivo en épocas pasadas. En el centro de Chile, está extendido en el entorno popular y familiar.

3. La lateral -/l/ implosiva se vocaliza en [i] especialmente en la región del Cibao y ocasionalmente en Puerto Rico (Quilis 1993, 358–59) y en la costa colombiana, siempre limitada a las hablas más vulgares, en los mismos contextos que -/ɾ/ y con idénticas restricciones.

4. La -/l/ se aspira ([h]) en Jovellanos (Cuba), en Puerto Rico, República Dominicana y en el habla vulgar colombiana.

5. La -/l/ se asimila a la consonante siguiente, pudiendo llegar a la geminación, en Cuba (Dohotaru 2002; Guitart [1973] 1976; Montero Bernal 2002; Quilis 1993; Santana 2006) [→ § 20.3.5, § 21.3.2, § 22.2.5, § 23.2.3].
6. La elisión de la lateral se localiza en Guantes, Bahía Honda, Artemisa y La Habana (Cuba), en Puerto Rico, en el Cibao, en México (Oaxaca), en el centro de Panamá y en las costas colombianas, en Venezuela, costas de Ecuador, Santa Fe en Argentina, y en Chile, en este último con escasa frecuencia (Quesada 2001).

El debilitamiento de las líquidas es característico del español del Caribe; en Cuba, las principales soluciones son las canónicas [ɾ] y [l]; de las dos, la lateral está sujeta a menos cambios —un 89 % de conservación— y apenas se neutraliza en [ɾ] —un 2,6%—, mientras que la /ɾ/ se conserva en el 76 % de los casos y se lateraliza con más frecuencia —10,5 %— (Montero Bernal 2002, 46), tal vez por contacto con el importante contingente migratorio canario llegado a la isla entre 1898 y 1936. La mayor presencia de lateralizaciones (el 33,7 %) se localiza en el suroeste de la isla: Camagüey, Las Tunas y Holguín (Montero Bernal 2007, 163). Para conocer en qué dirección avanza el cambio y qué pautas de pronunciación se imponen, hay que distinguir lo que sucede en el campo y en la ciudad, muy especialmente en La Habana, por su elevada concentración demográfica y su influencia sobre la isla.

El medio rural habanero no sigue la tendencia insular general; se decanta por soluciones no canónicas, con un alto porcentaje de asimilación (60 %) frente a las variantes estándar ([ɾ] 23,7 % y [l] 36,5 %), y registra lateralización de la rótica (8,7 %). En este proceso, los hombres y los jóvenes están impulsando las soluciones debilitadas, frente a las mujeres y a los mayores de 45 años, que favorecen la pronunciación estándar (Montero Bernal 2002, 97). La preferencia rural por la asimilación ha penetrado con fuerza en la ciudad de La Habana; por lo que respecta a la rótica -/ɾ/, en la lengua popular habanera se registran abundantes realizaciones asimiladas (45,9 %), elisiones (26,2 %) y un relativamente escaso lambdacismo [→ § 21.3.2] que se atribuye a la reciente inmigración procedente del este del país (Dohotaru 2007, 138). Frente a estas realizaciones, las variantes canónicas no constituyen más del 15,7 %. Al comparar el sociolecto popular habanero con el de los jóvenes universitarios se pone de manifiesto que el proceso de debilitamiento está mucho más avanzado en los hablantes de nivel popular, pero los habaneros universitarios se han sumado a la tendencia asimiladora con matices en cuanto al contexto fónico: ante pausa y vocal, la pronunciación se mantiene muy próxima al estándar (el 96 %-98 % conservan el alófono líquido); ante consonante, las variantes canónicas solo alcanzan el 50 % de los casos, mientras que en el otro 50 % se producen asimilaciones o elisiones; solo la lateralización de la rótica -/ɾ/ es ligeramente superior en el habla habanera culta que en el nivel popular (Dohotaru 2002, 68).

La pauta general que se irradia desde La Habana no renuncia al debilitamiento en coda silábica, característicamente caribeño, pero tampoco favorece la neutralización de líquidas; retroceden las variantes debilitadas, pero se impulsa la asimilación, que podría llegar a sustituir a la pronunciación estándar en el entorno preconsonántico (Dohotaru 2002, 68). El alto porcentaje de asimilaciones distingue a Cuba del resto del Caribe hispánico, donde también se documenta, aunque en menor grado (Montero Bernal 2002, 97).

En Puerto Rico, el tratamiento lateralizado [→ § 21.3.2] de la rótica funciona como estereotipo caracterizador del habla de la isla, pese a que los testimonios del folclore del xix y los posteriores estudios de Navarro Tomás (1948) ya ponían de manifiesto su retroceso geográfico y social. En realidad, las líquidas admiten allí pluralidad de soluciones, que incluyen la neutralización en [l] o en [ɾ], la aspiración, la asimilación a la consonante siguiente y la geminación, la vocalización en [i] y la elisión, entre las cuales las más comunes son las soluciones neutralizadas, principalmente de la rótica -/ɾ/, y la elisión.

Se sabe, sin embargo, que la neutralización tenía mayor difusión contextual en el xix, y que las vocalizaciones han desaparecido del interior de la isla. Navarro Tomás (1948) encontró un porcentaje más elevado de neutralización en [ɾ] que de lateralizaciones, pero estas debieron de seguir propagándose en años sucesivos y el proceso estaba muy vivo en la zona cuando López Morales (1983) realizó su investigación en San Juan, la capital de la isla y presumiblemente el centro irradiador de las tendencias nacionales. En los años ochenta, las variantes estándar son ya mayoritarias (59,6 %), aunque las lateralizaciones de -/ɾ/ mantienen un elevado porcentaje (34,6 %) que las convierte en rasgo distintivo del dialecto puertorriqueño.

Aunque no debe pasarse por alto este dato, ya que la identificación con un marcador sociolingüístico puede determinar su permanencia en una comunidad de habla, no es este el caso en Puerto Rico, donde la tendencia es sin duda regresiva, pues, aunque la lateralización de /ɾ/ es frecuente en toda la isla, está estigmatizada y caracteriza el habla de las clases sociales populares, de los hablantes de más edad y de los hombres. Por el contrario, en los Estados Unidos, la lateralización de la rótica se ha extendido a la variedad puertorriqueña de Nueva York —*nuyorricana*—, a la dominicana y a la variedad cubanoestadounidense. Este rasgo del Caribe hispánico se ha mantenido en la emigración como rasgo distintivo de sus comunidades de origen. Incluso en el habla cubana de Florida, reflejo de los usos cultos de los sociolectos altos de los hablantes emigrados en la década de los sesenta, se han generalizado rasgos populares de La Habana y de las provincias centrales y orientales de Cuba (Moreno Fernández 2009, 412).

En la República Dominicana, la pluralidad de soluciones de las líquidas, su geografía y su estratificación social denotan, como en Cuba y Puerto Rico, la presencia de un cambio activo. De las dos líquidas, en la República Dominicana la más expuesta a variación es la rótica -/r/, aunque también la lateral -/l/ se ve afectada en diversos contextos.

Se distinguen cinco zonas dialectales en el país atendiendo al modo en que se resuelve el debilitamiento de líquidas: 1. Zona norte o Cibao, con predominio casi sistemático de la vocalización en [i]; 2. Zona suroeste, con predomino de la variante [r]; 3. Zona sudeste: predominio de la asimilación a la consonante siguiente; 4. Distrito Nacional: predominio de la lateralización de /r/; 5. Mitad oriental de la península de Samaná, con más complejidad que en las otras zonas por la influencia del Cibao, del este del país, del inglés y del dialecto haitiano (Alba 1988, 2).

Alba (1988, 5) confirma la permanencia de la característica vocalización en el Cibao, pero con frecuencias no muy altas (-/r/ > [i] 23 %; -/l/ > [i] 27 %) y restringida a los niveles socioculturales bajos y a los hablantes de mayor edad. Su estratificación social también aquí indica el retroceso de la variante y no avala la impresión generalizada de su predominio en la región. La neutralización es prácticamente inexistente en el Cibao y, en la capital, las soluciones lateralizadas solo se oyen en los estratos socioeconómicos bajos; los jóvenes las han ido eliminando y sustituyendo por la elisión. Tanto la vocalización como la lateralización son soluciones en regresión que se concentran en las regiones rurales a causa de su estigma sociolingüístico.

En Mesoamérica las variantes neutralizadas aparecen esporádicamente en los estratos sociales bajos del medio rural en Yucatán y en puntos aislados de Costa Rica y de Honduras. Solo en Panamá la confusión de líquidas mantiene cierto arraigo, pero, incluso allí, se limita al habla rural y a hablantes de bajo nivel de instrucción. Cardona (2010, 204) circunscribe la zona neutralizante a la parte central del istmo, y Lipski ([1994] 1996, 315) apunta su presencia en los dialectos panameños afrohispánicos de la Costa Arriba y en algunas regiones rurales del oeste.

Actualmente, la neutralización ya no es característica de ningún país centroamericano: el fenómeno se encuentra en retroceso y va quedando desterrado de toda la región (Quesada 1996, 106). Estando la retracción del cambio tan avanzada, cabe plantearse el impacto que pueda llegar a tener sobre otras comunidades de habla con las que entre en contacto a través de las migraciones.

Rodríguez Cadena (2006), en un estudio sobre inmigrantes cubanos en la ciudad de México, constata la incidencia del contacto dialectal en la aceleración de la restauración de las líquidas. La autora analizó la convergencia y la divergencia de la población cubana con la mexicana con resultados que confirman la desdialectalización del grupo migrante. La influencia de la comunidad receptora crea las condiciones para que las normas fónicas del dialecto mexicano se estabilicen en los inmigrantes cubanos, siguiendo un proceso de variación lingüística principalmente ligado al tiempo de residencia en la comunidad receptora y a la edad de los migrantes: los preadolescentes cubanos actúan como líderes del cambio, responsables de la difusión de las variantes mexicanas dentro de su grupo. También es evidente la incidencia del tiempo de residencia en la comunidad: a mayor número de años de residencia en la ciudad de México, menor frecuencia de lateralizaciones. El prestigio del dialecto receptor, el deseo de identificación con la comunidad receptora y las actitudes y creencias estigmatizadas con respecto a ese rasgo dialectal interactúan entre sí y con los factores lingüísticos a la hora de impulsar o detener el cambio. El abandono por parte de los cubanos de sus pronunciaciones de origen, estigmatizadas entre la comunidad receptora, es paradigmático de los procesos de estandarización y nivelación que han desencandenado las grandes migraciones en el mundo hispanohablante.

En general, la neutralización está desterrada del español andino. En Ecuador, como en Venezuela, tiene un carácter muy esporádico, limitado a las zonas rurales del país con excepción de las tierras altas de los Andes. Sedano y Bentivoglio (1996, 120) indican que las zonas orientales prefieren el rotacismo y las centro-occidentales, la lateralización. Por lo demás, la rótica -/r/ interior de palabra tiende a relajarse e incluso en final de palabra puede llegar a desaparecer en la conversación coloquial, igual que sucede con la fricativa -/s/. En Caracas, donde el debilitamiento de las líquidas está muy avanzado y la solución más extendida es la elisión, la neutralización se considera un rasgo marcado característico de la clase urbana marginal. Solo en sectores de los Llanos y de Oriente puede oírse en hablantes de cierto nivel sociocultural (Álvarez Muro *et al.* 1992, 41).

En Colombia, se produce neutralización en las costas, pero no en la región andina: en el Caribe se da la confusión con tendencia al lambdacismo en el nivel vernáculo, mientras que en la costa pacífica la solución más común es una aproximante no lateral (Lipski [1994] 1996, 227).

En Argentina, hoy día la neutralización es un fenómeno en regresión, que solo se encuentra esporádicamente en Neuquén, al sur, y en Jujuy en el nivel vernáculo (Lipski [1994] 1996, 183). Sin embargo, estuvo bien documentada en la región bonaerense desde los siglos XVI y XVII, y alcanzó su máxima propagación en el XVIII, con confusiones que afectaban a criollos y a españoles de distintas procedencias. A partir del XIX, el proceso se revirtió rápidamente como consecuencia de la estandarización que difundían los sociolectos altos. Fontanella de Weinberg (1992, 61) vincula la retracción del proceso a la migración de comerciantes y funcionarios procedentes del norte de la Península Ibérica a partir de la creación del Virreinato. Los testimonios de afroargentinos en textos de principios del siglo XIX, con neutralización y elisión de líquidas menos restringidas que en la actualidad, son igualmente indicativos del retroceso del cambio, que ha continuado hasta el siglo XX y hoy se encuentra ausente del español bonaerense (Fontanella de Weinberg 1992, 60).

Los estudios realizados en Chile a lo largo del siglo XX sobre el tratamiento de las líquidas en coda silábica desvelan un rápido abandono de la neutralización. En 1940, Lenz aseguraba que en el Chile central todas las líquidas se neutralizaban en final de sílaba (Lenz, Bello y Oroz 1940), tendencia que vuelve a constatar Oroz en 1966, aunque ya limitada a los sociolectos bajos (Oroz 1966). Silva-Corvalán (1987) informa de su desplazamiento entre las generaciones más jóvenes en un estudio sociolingüístico llevado a cabo en Santiago de Chile. La autora explica la erradicación de este desarrollo en la sociedad santiagueña a partir de la hipótesis de que su transformación, primero en marcador social, y después en estereotipo lingüístico, es determinante para comprender la rapidez con que se cumple el proceso: la identificación del rasgo con hablantes de clase baja y nivel educativo mínimo, así como su rechazo por parte de las mujeres, han detenido su difusión en la lengua estándar y hacen prever su completa supresión (Silva-Corvalán 1987, 786).

19.5 Conclusiones

Los dos procesos lingüísticos analizados son cambios panhispánicos que en sus etapas finales han seguido trayectorias opuestas. En el primer caso, se elimina la antigua distinción fonológica entre las palatales /ʎ/ y /ʝ/, y el yeísmo se consolida en España y en América distanciándose del modelo distinguidor y de los antiguos patrones de prestigio; el viejo sistema se sustituye en todas las variedades por otro simplificado. En el segundo caso, la neutralización de líquidas pierde rápidamente terreno en una secuencia paradigmática del desplazamiento y sustitución de las hablas dialectales por las variedades estándar. La neutralización en el mundo hispanohablante fue un marcador que actualmente se ha generalizado como estereotipo sociolingüístico negativo en todas las áreas que aún lo mantienen. La neutralización de líquidas en coda silábica podría permanecer en la comunidad como un fenómeno de variación estable, si bien la influencia del sistema educativo lo irá suprimiendo a nivel individual.

Los movimientos sociales inéditos que se viven en la época actual han repercutido en ambos cambios precipitando su desenlace. El acceso a los medios de comunicación, las migraciones desde las zonas rurales hasta las ciudades o el impacto económico de la globalización han terminado con el aislamiento geográfico de las áreas más conservadoras y han transformado las formas de vida tradicionales. La movilidad social conlleva una corriente de influencias que, aunque puede parecer asistemática, incide claramente sobre los procesos lingüísticos. En el siglo XXI no basta con estudiar los fenómenos variables en cada comunidad de habla como si fueran compartimentos estancos; para valorar la dirección de los cambios es necesario incorporar el análisis del impacto de las variaciones demográficas ocasionadas por los flujos migratorios, pues en la movilidad social está la clave para comprender el funcionamiento de las sociedades modernas (Labov 2001, 63).

Esta época de contacto interdialectal ha favorecido movimientos lingüísticos que están contribuyendo a transformar la tradicional división del español americano en dialectos conservadores e innovadores, y cuyo futuro es todavía incierto, dado el carácter relativamente reciente del fenómeno (Quesada 2001). No obstante, resulta evidente que unas áreas y otras poseen distinta influencia y, por tanto, distinta capacidad de exportar rasgos culturales. Desde la demodialectología se llama la atención sobre el enorme peso demográfico de la región mexicano-centroamericana, con más de 120 millones de hablantes de su variedad, seguida de la andina, la caribeña y la austral, todas ellas, excepto la caribeña, de fonetismo conservador. Frente a estas, las zonas innovadoras han perdido peso específico y con ello han visto reducida su influencia sobre la lengua (Moreno Fernández y Otero 2007). Con todo, se pone de manifiesto cada vez más que, al margen de las dinámicas internas de las grandes áreas urbanas, los únicos cambios importantes que se están produciendo en Iberoamérica son consecuencia de las migraciones del campo a la ciudad (Lipski 2007). El análisis aquí presentado ha pretendido seguir la pauta de los desarrollos sociales que inciden en los cambios fónicos y establecer sus consecuencias en este nuevo proceso de estandarización con efectos globales.

Referencias bibliográficas

Abadía de Quant, Inés. 1988. «Procesos de cambio en el área palatal de los nativos de la capital de Corrientes, Argentina». *Anuario de Lingüística Hispánica* 4: 9–26.

Alarcos, Emilio. (1950) 1965. *Fonología española*. 4.ª ed. aumentada y revisada. Madrid: Gredos.

Alba, Orlando. 1988. «Estudio sociolingüístico de la variación de las líquidas finales de palabra en el español cibaeño». En *Studies in Caribbean Spanish Dialectology*, editado por Robert M. Hammond y Melvyn C. Resnick, 1–12. Washington D. C.: Georgetown University Press.

Alonso García, Amado. 1945. «Una ley fonológica del español: variabilidad de las consonantes en la tensión y distensión de la sílaba». *Hispanic Review* 13 (2): 91–101. https://doi.org/10.2307/470091. Reed. en *Estudios lingüísticos. Temas españoles*, 288–303. Madrid: Gredos, 1951.

———. 1951. «La *LL* y sus alteraciones en España y América». En *Estudios dedicados a Menéndez Pidal*, editado por Amado Alonso García, 2:41–89. Madrid: Consejo Superior de Investigaciones Científicas. Reed. en *Estudios lingüísticos. Temas hispanoamericanos*, 159–212. Madrid: Gredos, 1953.

———. 1953. *Estudios lingüísticos. Temas hispanoamericanos*. Madrid: Gredos.

Alonso García, Amado y Raimundo Lida. 1945. «Geografía fonética: -l y -r implosivas en español». *Revista de Filología Hispánica* 7 (4): 313–345. Reed. en *Estudios lingüísticos. Temas hispanoamericanos*, de Amado Alonso García, 213–67. Madrid: Gredos, 1953.

Alvar, Manuel. 1958–1959. «El cambio -al, -ar > -ę en andaluz». *Revista de Filología Española* 42 (1–4): 279–82. https://doi.org/10.3989/rfe.1959.v42.i1/4.1039.

———. 1961–73. *Atlas lingüístico y etnográfico de Andalucía*. Con la colaboración de Antonio Llorente y Gregorio Salvador. 6 vols. Granada: Universidad de Granada; Granada: Consejo Superior de Investigaciones Científicas.

———. 1972. *Niveles socio-culturales en el habla de Las Palmas de Gran Canaria*. Las Palmas de Gran Canaria: Ediciones del Excmo. Cabildo Insular de Gran Canaria.

———. 1975–78. *Atlas lingüístico y etnográfico de las Islas Canarias*. 3 vols. Las Palmas de Gran Canaria: Ediciones del Excmo. Cabildo Insular de Gran Canaria.

———. 1977. *Leticia. Estudios lingüísticos sobre la Amazonia colombiana*. Bogotá: Instituto Caro y Cuervo.

———. 1979–83. *Atlas lingüístico y etnográfico de Aragón, Navarra y Rioja*. Con la colaboración de Antonio Llorente, Tomás Buesa y Elena Alvar. 12 vols. Zaragoza: Excma. Diputación de Zaragoza, Institución Fernando el Católico, Departamento de Geografía Lingüística.

———. 1999. *Atlas lingüístico de Castilla y León*. 3 vols. Valladolid: Junta de Castilla y León.

———. 2000. *El español en la República Dominicana. Estudios, encuestas, textos*. Editado por Antonio Alvar Ezquerra. Alcalá de Henares: Universidad de Alcalá, Servicio de Publicaciones; Madrid: La Goleta Ediciones.

———. 2001. *El español en Venezuela. Estudios, encuestas, textos*. Editado por Antonio Alvar Ezquerra y Florentino Paredes. Alcalá de Henares: Universidad de Alcalá, Servicio de Publicaciones; Madrid: Agencia Española de Cooperación Internacional; Madrid: La Goleta Ediciones.

Álvarez Muro, Alexandra, Paola Bentivoglio, Enrique Obediente, Mercedes Sedano y María Josefina Tejera. 1992. *El idioma español de la Venezuela actual*. Caracas: Lagoven.

Argüello, Fanny M. 1987. «Variación y cambio lingüístico en el español del Ecuador: realidad sociolingüística e implicaciones metodológicas para su investigación». En *Actas del I Congreso Internacional sobre el Español de América. San Juan, Puerto Rico, del 4 al 9 de octubre de 1982*, editado por Humberto López Morales y María Vaquero de Ramírez, 655–664. San Juan: Academia Puertorriqueña de la Lengua Española.

Azcúnaga, Raúl Ernesto. 2010. «Fonética del español salvadoreño». En *El español hablado en América Central. Nivel fonético*, editado por Miguel Ángel Quesada, 83–113. Madrid: Iberoamericana; Fráncfort: Vervuert. https://doi.org/10.31819/9783865278708-004.

Blanco Canales, Ana. 2004. *Estudio sociolingüístico de Alcalá de Henares*. Alcalá de Henares: Universidad de Alcalá, Servicio de Publicaciones.

Canfield, D. Lincoln. 1962. *La pronunciación del español en América. Ensayo histórico descriptivo*. Bogotá: Instituto Caro y Cuervo.

Cano, Rafael, ed. 2004. *Historia de la lengua española*. Barcelona: Ariel.

Caravedo, Rocío. 2003. «Principios del cambio lingüístico: una contribución sincrónica a la lingüística histórica». *Revista de Filología Española* 83 (1–2): 39–62. https://doi.org/10.3989/rfe.2003.v83.i1/2.120.

———. 2005. «La realidad subjetiva en el estudio del español de América». En *El español en América. Aspectos teóricos, particularidades, contactos*, editado por Volker Noll, Klaus Zimmermann y Ingrid Newmann-Holzschuh, 17–32. Madrid: Iberoamericana; Fráncfort: Vervuert. https://doi.org/10.31819/9783865278937-002.

———. 2006. «La percepción en la fonética del español». En *Filología y lingüística. Estudios ofrecidos a Antonio Quilis*, 1:113–28. Madrid: Consejo Superior de Investigaciones Científicas; Madrid: Universidad Nacional de Educación a Distancia; Valladolid: Universidad de Valladolid.

————. 2013. «Yeísmo y distinción en el contexto social peruano. Reexamen de la cuestión». En *Variación yeísta en el mundo hispánico*, editado por Rosario Gómez Campaña e Isabel Molina, 257–94. Madrid: Iberoamericana; Fráncfort: Vervuert. https://doi.org/10.31819/9783954870691-012.

Cardona, Mauricio Andrés. 2010. «La fonética del español en Belice». En *El español hablado en América Central. Nivel fonético*, editado por Miguel Ángel Quesada, 21–48. Madrid: Iberoamericana; Fráncfort: Vervuert. https://doi.org/10.31819/9783865278708-002.

Casanovas, Montserrat. 1995. «La interferencia fonética en el español de Lleida: algunos apuntes para su estudio». *Sintagma. Revista de Lingüística* 7: 53–59.

Davidson, Justin. 2012. «Phonetic Interference of Catalan in Barcelonan Spanish: A Sociolinguistic Approach to Lateral Velarization». En *Selected Proceedings of the 14th Hispanic Linguistics Symposium*, editado por Kimberly L. Geeslin y Manuel Díaz-Campos, 319–339. Somerville: Cascadilla Proceedings Project.

Dohotaru, Puica. 2002. «La variación de -/l/ en el habla espontánea de habaneros universitarios». En *Estudios lingüísticos cubanos*, editado por Milagros Aleza, 2:67–86. Valencia: Universitat de València.

————. 2007. «El segmento fonológico -/R/ en el habla popular de la ciudad de La Habana». En *La lengua en Cuba. Estudios*, editado por Marlen A. Domínguez Hernández, 101–45. Santiago de Compostela: Universidade de Santiago de Compostela, Servizo de Publicacións e Intercambio Científico.

Dubert, Francisco. 2013. «El yeísmo y el fortalecimiento de /j/ en Galicia». En *Variación yeísta en el mundo hispánico*, editado por Rosario Gómez Campaña e Isabel Molina, 39–57. Madrid: Iberoamericana; Fráncfort: Vervuert. https://doi.org/10.31819/9783954870691-003.

Espejo, María Bernarda. 2013. «Estado del yeísmo en Colombia». En *Variación yeísta en el mundo hispánico*, editado por Rosario Gómez Campaña e Isabel Molina, 227–36. Madrid: Iberoamericana; Fráncfort: Vervuert. https://doi.org/10.31819/9783954870691-010.

Etxebarria, Maitena. 2007. «Sociolinguistics of Spanish in the Basque Country and Navarre». *International Journal of the Sociology of Language* 2007 (184): 37–58. https://doi.org/10.1515/IJSL.2007.013.

Fontanella de Weinberg, María Beatriz. 1987. *El español bonaerense. Cuatro siglos de evolución lingüística (1580–1980)*. Buenos Aires: Hachette.

————. 1992. *El español de América*. Madrid: MAPFRE.

Frago, Juan Antonio. 1993. *Historia de las hablas andaluzas*. Madrid: Arco/Libros.

Frago, Juan Antonio y Mariano Franco Figueroa. (2001) 2003. *El español de América*. 2.ª ed. corregida y aumentada. Cádiz: Universidad de Cádiz, Servicio de Publicaciones.

Freixeiro, Xosé Ramón. 1998. *Gramática da lingua galega I. Fonética e fonoloxía*. Vigo: A Nosa Terra.

García, Cristina, Whitney Chappell y Rachel Martell. 2022. «The Diffusion of *sheísmo* and Perceptions of *porteñidad* in Buenos Aires». En *The Routledge Handbook of Variationist Approaches to Spanish*, editado por Manuel Díaz-Campos, 159–70. Londres: Routledge. https://doi.org/10.4324/9780429200267.

García Mouton, Pilar e Isabel Molina. 2012. «The /ʎ/-/j/ Merger (*Yeísmo*) in Central Spain: Advances since the ALPI». *Dialectologia. Revista electrònica* Special Issue III: 23–42.

————. 2015. «Atlas Dialectal de Madrid (ADiM)». Recurso en línea. http://adim.cchs.csic.es.

García Mouton, Pilar y Francisco Moreno Fernández. 1994. «El Atlas Lingüístico y Etnográfico de Castilla-La Mancha. Materiales fonéticos de Ciudad Real y Toledo». En *Geolingüística. Trabajos europeos*, editado por Pilar García Mouton, 111–53. Madrid: Consejo Superior de Investigaciones Científicas.

Godenzzi, Juan Carlos. 2004. «Recursos fonético-fonológicos en la construcción de la identidad: retención de la oposición /ʎ/-/y/ en el español de la ciudad de Puno (Perú)». *Revista Internacional de Lingüística Iberoamericana* 2 (4): 57–67.

————. 2013. «Resistencia al yeísmo en los Andes: convergencia lingüística y expresión identitaria». En *Variación yeísta en el mundo hispánico*, editado por Rosario Gómez Campaña e Isabel Molina, 295–309. Madrid: Iberoamericana; Fráncfort: Vervuert. https://doi.org/10.31819/9783954870691-013.

Gómez Campaña, Rosario. 2003. «Sociolinguistic Correlations in the Spanish Spoken in the Andean Region of Ecuador in the Speech of the Younger Generation». Tesis de doctorado, University of Toronto. ProQuest (305249649).

González Salgado, José Antonio. 2005–2015. «Cartografía lingüística de Extremadura». http://www.geolectos.com.

de Granda, Germán. 1982. «Observaciones sobre la fonética del español en el Paraguay». *Anuario de Letras* 20: 145–94.

————. 1988. *Lingüística e historia. Temas afro-hispánicos*. Valladolid: Universidad de Valladolid, Secretariado de Publicaciones.

Guitart, Jorge M. (1973) 1976. *Markedness and a Cuban Dialect of Spanish*. Washington D. C.: Georgetown University Press.

Guitarte, Guillermo. 1955. «El ensordecimiento del žeísmo porteño: fonética y fonología». *Revista de Filología Española* 39 (1–4): 261–83. https://doi.org/10.3989/rfe.1955.v39.i1/4.1135.

Hernández Campoy, Juan Manuel y José María Jiménez Cano. 2003. «Broadcasting Standardisation: An Analysis of the Linguistic Normalisation Process in Murcian Spanish». *Journal of Sociolinguistics* 7 (3): 321–47. https://doi.org/10.1111/1467-9481.00227.

Hernández Campoy, Juan Manuel y Juan Andrés Villena. 2009. «Standardness and Nonstandardness in Spain: Dialect Attrition and Revitalization of Regional Dialects of Spanish». *International Journal of the Sociology of Language* 2009 (196–197): 181–214. https://doi.org/10.1515/IJSL.2009.021.

Hualde, José Ignacio. 2005. *The Sounds of Spanish*. Cambridge: Cambridge University Press.

Klee, Carol A. 2009. «Migrations and Globalizations: Their Effects on Contact Varieties of Latin American Spanish». En *Español en Estados Unidos y otros contextos de contacto. Sociolingüística, ideología y pedagogía*, editado por Manel Lacorte y Jennifer Leeman, 39–66. Madrid: Iberoamericana; Fráncfort: Vervuert. https://doi.org/10.31819/9783865279033-004.

Klee, Carol A. y Rocío Caravedo. 2006. «Andean Spanish and the Spanish of Lima: Linguistic Variation and Change in a Contact Situation». En *Globalization and Language in the Spanish-Speaking World. Macro and Micro Perspectives*, editado por Clare Mar-Molinero y Miranda Stewart, 94–113. Londres: Palgrave Macmillan. https://doi.org/10.1057/9780230245969_6.

Labov, William. 2001. *Principles of Linguistic Change. Social Factors*. Oxford: Blackwell. Trad. de Pedro Martín Butragueño, *Principios del cambio lingüístico. Vol. 2: factores sociales*. Madrid: Gredos, 2006.

Lapesa, Rafael. (1942) 1980. *Historia de la lengua española*. 8.ª ed. Madrid: Gredos.

Lenz, Rodolfo, Andrés Bello y Rodolfo Oroz. 1940. *El español en Chile*. Traducción, Notas y Apéndices de Amado Alonso y Raimundo Lida. Buenos Aires: Universidad de Buenos Aires, Instituto de Filología.

Lipski, John. 1990. «Elision of Spanish Intervocalic /y/: Toward a Theoretical Account». *Hispania* 73 (3): 797–804. https://doi.org/10.2307/343991.

———. (1994) 1996. *El español de América*. Traducido por Silvia Iglesias. Madrid: Cátedra.

———. 2000. «El español que se habla en El Salvador y su importancia para la dialectología hispanoamericana». *Científica. Revista de investigaciones de la Universidad Don Bosco* 2 (1): 65–88. http://hdl.handle.net/11715/186.

———. 2007. «Castile and the Hydra: The Diversification of Spanish in Latin America». Manuscrito. The Pennsylvania State University. http://www.personal.psu.edu/jml34/hydra.pdf.

———. 2008. *Varieties of Spanish in the United States*. Washington D. C.: Georgetown University Press.

Lope Blanch, Juan Miguel. 1996. «México». En *Manual de dialectología hispánica. El español de América*, editado por Manuel Alvar, 81–89. Barcelona: Ariel.

López Morales, Humberto. 1983. *Estratificación social del español de San Juan de Puerto Rico*. México, D. F.: Universidad Nacional Autónoma de México, Instituto de Investigaciones Filológicas, Centro de Lingüística Hispánica.

Malmberg, Bertil. 1947. *Notas sobre la fonética del español en el Paraguay*. Lund: Lund University Press.

———. 1965. *Estudios de fonética hispánica*. Madrid: Consejo Superior de Investigaciones Científicas.

Martín Butragueño, Pedro. 1991. «Desarrollos sociolingüísticos en una comunidad de habla (Getafe, Madrid)». Tesis de doctorado, Universidad Complutense de Madrid.

———. 2002. *Variación lingüística y teoría fonológica*. México, D. F.: El Colegio de México.

———. 2010. «El proceso de urbanización: consecuencias lingüísticas». En *Historia sociolingüística de México*, editado por Rebeca Barriga y Pedro Martín Butragueño, 2:997–1093. México, D. F.: El Colegio de México.

———. 2013. «Estructura del yeísmo en la geografía fónica de México». En *Variación yeísta en el mundo hispánico*, editado por Rosario Gómez Campaña e Isabel Molina, 169–206. Madrid: Iberoamericana; Fráncfort: Vervuert. https://doi.org/10.31819/9783954870691-008.

Martínez Celdrán, Eugenio y Ana María Fernández Planas. 2007. *Manual de fonética española. Articulaciones y sonidos del español*. Barcelona: Ariel.

Martínez Martín, Francisco Miguel. 1983. *Fonética y sociolingüística en la ciudad de Burgos*. Madrid: Consejo Superior de Investigaciones Científicas.

Menéndez Pidal, Ramón. 1962. «Sevilla frente a Madrid. Algunas precisiones sobre el español de América». En *Estructuralismo e historia. Miscelánea homenaje a André Martinet*, editado por Diego Catalán, 3:99–165. La Laguna: Universidad de La Laguna.

Molina, Isabel. 1998. *La fonética de Toledo. Contexto geográfico y social*. Alcalá de Henares: Universidad de Alcalá, Servicio de Publicaciones.

———. 2006. «Innovación y difusión del cambio lingüístico en Madrid». *Revista de Filología Española* 86 (1): 127–49. https://doi.org/10.3989/rfe.2006.v86.i1.5.

———. 2010. «El español en el centro peninsular». En *El español en contexto. Actas de las XV Jornadas sobre la Lengua Española y su Enseñanza*, editado por Esteban Tomás Montoro y Juan Antonio Moya Corral, 87–103. Granada: Universidad de Granada. CD-ROM.

———. 2013. «Yeísmo madrileño y convergencia dialectal campo/ciudad». En *Variación yeísta en el mundo hispánico*, editado por Rosario Gómez Campaña e Isabel Molina, 93–110. Madrid: Iberoamericana; Fráncfort: Vervuert. https://doi.org/10.31819/9783954870691-005.

———. 2022. «Sociolinguistics of *yeísmo* in Madrid: Dynamics of Variation and Change». En *The Routledge Handbook of Variationist Approaches to Spanish*, editado por Manuel Díaz-Campos, 231–46. Londres: Routledge. https://doi.org/10.4324/9780429200267.

Montero Bernal, Lourdes E. 2002. «Debilitamiento consonántico distensivo en el habla rural habanera». En *Estudios lingüísticos cubanos*, editado por Milagros Aleza y Nuria Gregori, 2:87–108. Valencia: Universitat de València.

———. 2007. «El español rural de Cuba y su variedad regional». En *La lengua en Cuba. Estudios*, editado por Marlen A. Domínguez Hernández, 147–78. Santiago de Compostela: Universidade de Santiago de Compostela, Servizo de Publicacións e Intercambio Científico.

———. 2013. «Yeísmo y variación dialectal en Cuba». En *Variación yeísta en el mundo hispánico*, editado por Rosario Gómez Campaña e Isabel Molina, 113–40. Madrid: Iberoamericana; Fráncfort: Vervuert. https://doi.org/10.31819/9783954870691-006.

Montes, José Joaquín. 1982. «El español de Colombia: propuesta de clasificación dialectal». *Thesaurus. Boletín del Instituto Caro y Cuervo* 37 (1): 23–92.

———. (1982) 1995. *Dialectología general e hispanoamericana. Orientación teórica, metodológica y bibliográfica*. 3.ª ed. reelaborada, corregida y aumentada. Bogotá: Instituto Caro y Cuervo.

———. 2000. *Otros estudios sobre el español de Colombia*. Bogotá: Instituto Caro y Cuervo.

Moreno de Alba, José G. 1988. *El español en América*. México, D. F.: Fondo de Cultura Económica.

Moreno Fernández, Francisco. 1996. «Castilla La Nueva». En *Manual de dialectología hispánica. El español de España*, editado por Manuel Alvar, 213–32. Barcelona: Ariel.

———. 2004. «Cambios vivos en el plano fónico del español: variación dialectal y sociolingüística». En *Historia de la lengua española*, editado por Rafael Cano, 973–1010. Barcelona: Ariel.

———. 2009. *La lengua española en su geografía*. Madrid: Arco/Libros.

Moreno Fernández, Francisco y Rocío Caravedo, eds. 2022. *Dialectología hispánica / The Routledge Handbook of Spanish Dialectology*. Londres: Routledge. https://doi.org/10.4324/9780429294259.

Moreno Fernández, Francisco y Jaime Otero. 2007. *Demografía de la lengua española*. Madrid: Universidad Complutense de Madrid, Instituto Complutense de Estudios Internacionales.

Navarro Tomás, Tomás. 1934. «Rehilamiento». *Revista de Filología Española* 21: 274–79.

———. 1948. *El español en Puerto Rico. Contribución a la geografía lingüística hispanoamericana*. Río Piedras: Universidad de Puerto Rico.

———. 1964. «Nuevos datos sobre el yeísmo en España». *Thesaurus. Boletín del Instituto Caro y Cuervo* 19 (1): 1–17.

Navarro Tomás, Tomás y Rafael de Balbín. 1962. *Atlas lingüístico de la Península Ibérica I. Fonética, 1*. Madrid: Consejo Superior de Investigaciones Científicas.

Nuño, María del Pilar. 1996. «Cantabria». En *Manual de dialectología hispánica. El español de España*, editado por Manuel Alvar, 183–96. Barcelona: Ariel.

Oñederra, Miren Lourdes. 2004. «El español en contacto con otras lenguas: español-vasco». En *Historia de la lengua española*, editado por Rafael Cano, 1103–17. Barcelona: Ariel.

Oroz, Rodolfo. 1966. *La lengua castellana en Chile*. Santiago de Chile: Universidad de Chile, Facultad de Filosofía y Educación.

Páez, Iraset. 1981. *Historia y geografía hispanoamericana del voseo*. Caracas: La Casa de Bello.

Parodi, Claudia. 1977. «El yeísmo en América durante el siglo xvi». *Anuario de Letras* 15: 241–48.

Penny, Ralph. 2000. *Variation and Change in Spanish*. Cambridge: Cambridge University Press. https://doi.org/10.1017/CBO9781139164566.

Pesqueira, Dinorah. 2008. «Cambio fónico en situaciones de contacto dialectal: el caso de los inmigrantes bonaerenses en la ciudad de México». En *Fonología instrumental: patrones fónicos y variación*, editado por Esther Herrera Zendejas y Pedro Martín Butragueño, 171–89. México, D. F.: El Colegio de Mexico.

Quesada, Miguel Ángel. 1996. «El español de América Central». En *Manual de dialectología hispánica. El español de América*, editado por Manuel Alvar, 101–15. Barcelona: Ariel.

———. 2001. «La fonética del español americano en pugna: dialectos radicales y conservadores en lucha por la supremacia». En *II Congreso Internacional de la Lengua Española «El español en la sociedad de la información». Valladolid, 16–19 de octubre de 2001*. Madrid: Centro Virtual Cervantes, Instituto Cervantes.

Quesada, Miguel Ángel y Luis Vargas Vargas. 2010. «Rasgos fonéticos del español de Costa Rica». En *El español hablado en América Central. Nivel fonético*, editado por Miguel Ángel Quesada, 155–76. Madrid: Iberoamericana; Fráncfort: Vervuert. https://doi.org/10.31819/9783865278708-007.

Quilis, Antonio. 1993. *Tratado de fonología y fonética españolas*. Madrid: Gredos.

Real Academia Española y Asociación de Academias de la Lengua Española. 2011. *Nueva gramática de la lengua española. Fonética y fonología*. Madrid: Espasa Libros.

Recasens, Daniel. 2014. *Fonètica i fonologia experimentals del català. Vocals i consonants*. Barcelona: Institut d'Estudis Catalans.

Rodríguez Cadena, Yolanda. 2006. «Variación y cambio en la comunidad de inmigrantes cubanos en la ciudad de México: las líquidas en coda silábica». En *Líderes lingüísticos. Estudios de variación y cambio*, editado por Pedro Martín Butragueño, 61–68. México, D. F.: El Colegio de México. https://doi.org/10.2307/j.ctv47w546.6.

———. 2013. «Yeísmo en el Caribe colombiano: estudio sociolingüístico en Barranquilla». En *Variación yeísta en el mundo hispánico*, editado por Rosario Gómez Campaña e Isabel Molina, 141–66. Madrid: Iberoamericana; Fráncfort: Vervuert. https://doi.org/10.31819/9783954870691-007.

Rost, Assumpció. 2013. «La transcripción fonética en estudios dialectales: propuestas en el caso del yeísmo». *Revista de Filología Española* 93 (1): 165–92. https://doi.org/10.3989/rfe.2013.06.

Rost, Assumpció. 2014. «Una panorámica del yeísmo: ¿un proceso acabado o en construcción?» *Revista Internacional de Lingüística Iberoamericana* 12 (23): 141–64. https://doi.org/10.31819/rili-2014-122311.

Ruiz Martínez, Ana María. 2003. *Estudio fonético del nordeste de la Comunidad de Madrid*. Alcalá de Henares: Universidad de Alcalá, Servicio de Publicaciones.

Salcedo, María Ernestina. 2005. «Caracterización de los componentes internos del español americano (II): descripción de los rasgos fonéticos». En *Manual de lingüística hispanoamericana*, editado por Cándido Araús, 2:161–92. Bogotá: Instituto Caro y Cuervo.

Samper Padilla, José Antonio. 1990. *Estudio sociolingüístico del español de Las Palmas de Gran Canaria*. Las Palmas de Gran Canaria: La Caja de Canarias.

Sánchez Méndez, Juan. 2003. *Historia de la lengua española en América*. Valencia: Tirant lo Blanch.

Santana, Elizabeth. 2006. «Las geminadas en el español habanero: fonotáctica y restricciones». *Signos Lingüísticos* 2 (4): 33–64.

Sanz, Cristina. 1991. «Actituds envers les varietats bilingüe i monolingüe del castellà a Barcelona». *Catalan Review. International Journal of Catalan Culture* 5 (2): 121–36.

Sedano, Mercedes y Paola Bentivoglio. 1996. «Venezuela». En *Manual de dialectología hispánica. El español de América*, editado por Manuel Alvar, 116–133. Barcelona: Ariel.

Silva-Corvalán, Carmen. 1987. «Variación sociofonológica y cambio lingüístico». En *Actas del I Congreso Internacional sobre el Español de América. San Juan, Puerto Rico, del 4 al 9 de octubre de 1982*, editado por Humberto López Morales y María Vaquero de Ramírez, 777–94. San Juan: Academia Puertorriqueña de la Lengua Española.

Simonet, Miquel. 2010. «Dark and Clear Laterals in Catalan and Spanish: Interaction of Phonetic Categories in Early Bilinguals». *Journal of Phonetics* 38 (4): 663–78. https://doi.org/10.1016/j.wocn.2010.10.002.

Sinner, Carsten. 2002. «The Construction of Identity and Group Boundaries in Catalan Spanish». En *Us and Others. Social Identities across Languages, Discourses and Cultures*, editado por Anna Duszak, 159–86. Ámsterdam: John Benjamins. https://doi.org/10.1075/pbns.98.10sin.

———. 2004. *El castellano de Cataluña. Estudio empírico de aspectos léxicos, morfosintácticos, pragmáticos y metalingüísticos*. Tubinga: Niemeyer. Reed., Berlín: de Gruyter Mouton, 2013. https://doi.org/10.1515/9783110933871.

Torres Torres, Antonio, Ana María Fernández Planas, Esther Blasco Mateo, Mar Forment, María Ángeles Pérez Edo y Cristina Illamola. 2013. «Estudio del yeísmo en el español de Barcelona a partir de materiales de PRESEEA». En *Variación yeísta en el mundo hispánico*, editado por Rosario Gómez Campaña e Isabel Molina, 19–37. Madrid: Iberoamericana; Fráncfort: Vervuert. https://doi.org/10.31819/9783954870691-002.

Ueda, Hiroto. 2006. «Retención de la lateral palatal del español andino: encuestas en Cuzco y La Paz». En *Filología y lingüística. Estudios ofrecidos a Antonio Quilis*, 1:1183–1202. Madrid: Consejo Superior de Investigaciones Científicas; Madrid: Universidad Nacional de Educación a Distancia; Valladolid: Universidad de Valladolid.

Utgård, Katrine. 2010. «El español de Guatemala». En *El español hablado en América Central. Nivel fonético*, editado por Miguel Ángel Quesada, 49–82. Madrid: Iberoamericana; Fráncfort: Vervuert. https://doi.org/10.31819/9783865278708-003.

Vigil, Nila. 2023. «Apuntes sobre la (no) distinción de las palatales sonoras en el castellano de Iquitos». En *Spanish Diversity in the Amazon: Dialect and Language Contact Perspectives*, editado por Margarita Jara, Roberto Zariquiey, Pilar M. Valenzuela y Anna María Escobar, 162–84. Leiden: Brill. https://doi.org/10.1163/9789004514645_007.

Villena, Juan Andrés. 2006. «The Iberian Peninsula / Die Iberische Halbinsel». En *Sociolinguistics. An International Handbook of the Science of Language and Society / Soziolinguistik. Ein internationales Handbuch zur Wissenschaft von Sprache und Gesellschaft*, editado por Ulrich Ammon, Norbert Dittmar, Klaus J. Mattheier y Peter Trudgill, 3:1802–10. Berlín: de Gruyter. https://doi.org/10.1515/9783110184181.3.9.1802.

———. 2008a. «La formación del español común en Andalucía. Un caso de escisión prestigiosa». En *Fonología instrumental: patrones fónicos y variación*, editado por Esther Herrera Zendejas y Pedro Martín Butragueño, 211–56. México, D. F.: El Colegio de México.

———. 2008b. «Sociolinguistic Patterns of Andalusian Spanish». *International Journal of the Sociology of Language* 2008 (193–94): 139–60. https://doi.org/10.1515/IJSL.2008.052.

Villena, Juan Andrés y Matilde Vida. 2004. «The Effect of Social Prestige on Reversing Phonological Changes: Universal Constraints on Speech Variation in Southern Spanish». En *Language Variation in Europe. Papers from the Second International Conference on Language Variation in Europe, ICLAVE 2. Uppsala University, Sweden, June 12–14, 2003*, editado por Britt-Louise Gunnarson, Lena Bergström, Gerd Eklund, Staffan Fridell, Lise H. Hansen, Angela Karstadt, Bengt Nordberg, Eva Sundgrenand y Mats Thelander, 432–44. Uppsala: Uppsala Universitet.

Wagner, Claudio y Claudia Rosas Aguilar. 2003. «Geografía de la "ll" en Chile». *Estudios Filológicos* 38: 189–200. https://doi.org/10.4067/S0071-17132003003800012.

Wesch, Andreas. 1997. «El castellano hablado de Barcelona y el influjo del catalán. Esbozo de un programa de investigación». *Verba. Anuario Galego de Filoloxía* 24: 287–312. http://hdl.handle.net/10347/3290.

20 DESCRIPCIÓN FONOLÓGICA DE LAS CONSONANTES LATERALES

Lourdes Romera Barrios

20.1 Los fonemas laterales del español: caracterización fonológica y distribución silábica

Antes de abordar la caracterización fonológica de las consonantes laterales, no se puede pasar por alto la controversia relacionada con el número de fonemas laterales existentes en español: ¿se trata de un sistema de dos fonemas, uno alveolar y otro palatal o, por el contrario, en esta lengua solo existe un fonema lateral, el alveolar? El problema viene suscitado por la pérdida de la oposición fonológica entre /ʎ/ y /ʝ/ para una gran parte de los hablantes de español, todos aquellos para los que son homófonas las pronunciaciones de *pollo* y *poyo*, *vaya* y *valla*, *haya* y *halla*. La escasa presencia del fonema /ʎ/ en español es la razón por la que habitualmente se diferencia entre dialectos distinguidores, por un lado, que son aquellos que poseen dos fonemas laterales y, por tanto, mantienen el contraste entre el fonema lateral palatal y el fonema fricativo palatal, y, por otro lado, dialectos no distinguidores, aquellas variantes geográficas en las que se ha perdido, a favor de la fricativa, la oposición entre estos dos fonemas palatales (véase, para una presentación detallada, el § 19.3 de esta misma obra, así como el § 15.1.1 y el § 16.5.3). De ahí que entre los autores que han realizado descripciones fonológicas del español se encuentren tanto quienes hablan de dos fonemas laterales (Alarcos 1950; Martínez Celdrán 1989, 1996; Navarro Tomás 1946; Núñez Cedeño y Morales-Front 1999; Quilis 1993) como quienes postulan únicamente un fonema lateral (Harris [1969] 1975; Hualde 2005, 2014; Romera Barrios 1990).

20.1.1 Caracterización fonológica de las consonantes laterales

La presencia en castellano de pares mínimos [→ § 1.7.1] como *lata* ~ *pata*, *lima* ~ *rima*, *blanca* ~ *branca*, *sal* ~ *san* o *col* ~ *coz* deja fuera de toda duda la existencia del fonema lateral alveolar en esta lengua. En cambio, como ya se ha señalado anteriormente, no todos los hablantes del español oponen la lateral palatal /ʎ/ a la fricativa palatal /ʝ/ como en *pollo* ~ *poyo* o *vaya* ~ *valla*.

Las laterales, junto con las róticas, constituyen la clase consonántica de las líquidas, una subclase de las sonantes (no obstruyentes) [→ § 1.6.4] no nasales. Este es el motivo por el que las laterales se suelen caracterizar oponiéndolas a las róticas, el otro grupo de las sonantes con el que comparten el hecho de ser no obstruyentes orales [→ capítulo 23]. Como sonantes (no obstruyentes), las líquidas comparten clase consonántica con las nasales y, para otros autores (Martínez Celdrán y Fernández Planas 2007), también con las paravocales.

20.1.2 Los rasgos distintivos de las consonantes laterales

Es sabido que los fonemas se caracterizan por sus rasgos distintivos, es decir, por aquellas propiedades que los diferencian de los demás fonemas del sistema fonológico del que forman parte [→ § 1.19]. Cuando se define un fonema como un conjunto de rasgos distintivos (Jakobson y Halle 1956) se realizan implícitamente dos distinciones: por una parte, se está distinguiendo a esa unidad de todos los demás fonemas de su sistema y, por otra, se establecen, atendiendo a sus características articulatorias o acústicas, las relaciones que mantiene con los otros elementos con los que contrasta y el lugar que ocupa entre ellos.

Por lo que atañe a las consonantes laterales en particular, su caracterización mediante rasgos distintivos ha suscitado a lo largo del tiempo cierta controversia. Entre los análisis fonológicos estructuralistas [→ § 1.19.1, § 1.19.3], el de Alarcos (1950, 178–79) asigna a estos fonemas el rasgo [+continuo], frente a las róticas, que presentan el rasgo [−continuo]; ambas, laterales y róticas, se caracterizan con los rasgos [+consonántico] [+vocálico]. La distinción entre /l/ y /ʎ/ la establece este autor a través de la oposición denso/difuso: [+difuso], el alveolar, y [+denso], el palatal. Martínez Celdrán (1989, 104), por su parte, diferencia los dos fonemas laterales, definidos como [−silábico +consonántico 0sonante] a través del rasgo [tenso], especificado negativamente para el alveolar y positivamente para el palatal, entendiendo que el término neutro es la relajación ([laxo]) y que, por tanto, el elemento marcado, en este caso el palatal, ha de especificarse como [+tenso] dada su complejidad tanto funcional como articulatoria, en paralelismo también con las róticas, especificadas como [+tensa], la múltiple, frente a [−tensa], la simple. En cambio, Martínez Celdrán (2001), a diferencia de Alarcos, prefiere utilizar los rasgos [anterior] y [posterior] para la clasificación de la alveolar y de la palatal, respectivamente.

En la Tabla 1 se sintetiza la caracterización de los fonemas laterales que presentan Alarcos (1950) y Martínez Celdrán (1989). Obsérvese que ambos autores parten del sistema de rasgos distintivos de Jakobson y Halle (1956) [→ § 1.19.3]; sin embargo, Martínez Celdrán ve necesario incorporar también el rasgo [sonante], tomado del modelo generativista [→ § 1.19.5], para establecer la distinción entre consonantes obstruyentes y líquidas. Este autor se sirve de dicho rasgo [sonante] (al que denomina «sonántico») para «definir posiciones no marginales de la sílaba» (1989, 97) y, dado que las laterales, al igual que las róticas, pueden aparecer en los márgenes silábicos, este rasgo resulta redundante para la clase de las líquidas, de ahí la especificación «0» que les otorga Martínez Celdrán.

En los análisis generativistas de Cressey (1978) y de Harris (1971) se adopta el sistema que Chomsky y Halle (1968) proponen en *The Sound Pattern of English* (de ahora en adelante, *SPE* [→ § 1.19.5]), que incorporaba nuevos rasgos, como [lateral]. Harris (1971, 184) mantiene la especificación jakobsoniana para las líquidas, y las define como [+consonántico +vocálico], mientras que Cressey (1978, 60) las especifica mediante los rasgos [+consonántico +sonante −nasal].

Los autores que utilizan para las líquidas la especificación [+vocálico], rasgo que tal y como se define en *SPE* caracteriza a los sonidos «produced with an oral cavity in wich the most radical constriction does no exceed that found in the high vowels [i] and [u] and with vocal cords that are positioned so as to allow spontaneous voicing» (303), y la especificación [+consonántico], que caracteriza a los sonidos «produced with a radical obstruction in the midsagittal región of the vocal tract» (302), contraponen con esta especificación la clase de las líquidas tanto a las clase de los sonidos vocálicos ([−consonántico +vocálico]) como a la clase de los sonidos consonánticos ([+consonántico −vocálico]).

Recuérdese [→ 1.19.5] que en *SPE* se propone la sustitución del rasgo [vocálico] por el de [silábico]: «Milner and Bailey have suggested that the feature system be somewhat modified; i.e., the feature 'vocalic' might be replaced by a feature 'syllabic' wich would characterize all segments constituting a syllabic peak» (354); este cambio fue ampliamente aceptado por los fonólogos generativistas durante la década de los setenta hasta la aparición de la tesis de Kahn (1976), que muestra la inadecuación de incluir el rasgo [silábico] en un conjunto de rasgos definidos por sus características fonéticas. Este trabajo supone el inicio de la teoría silábica en el marco de los modelos de la fonología generativista.

Tabla 1 *Caracterización de las laterales según Alarcos (1950) y Martínez Celdrán (1989)*

		Rasgos distintivos	
	Parámetros fonéticos	/l/	/ʎ/
Alarcos (1950, 179)	*Lateral*	[+consonántico] [+vocálico] [+continuo]	
	Punto de articulación	[+denso]	[+difuso]
Martínez Celdrán (1989, 104)	*Lateral*	[−silábico] [+consonántico] [0sonante]	
	Punto de articulación	[−tenso]	[+tenso]

Tabla 2 *Caracterización de las laterales según Harris (1971) y Cressey (1978)*

	Parámetros fonéticos	Rasgos distintivos	
		/l/	/ʎ/
Harris (1971, 184)	Líquida	[+consonántico] [+vocálico]	
	Lateral	[−obstruyente] [+lateral]	
	Punto de articulación	[+coronal] [+anterior]	[−coronal] [−anterior]
Cressey (1978, 60)	Sonante	[+consonántico] [+sonante] [−nasal]	
	Lateral	[+lateral]	
	Punto de articulación	[+anterior]	[−anterior]

Frente a la especificación que propone Harris (1971) de las laterales como [+consonántico +vocálico], Cressey (1978) define esta clase sonora con los rasgos [+consonántico +sonante −nasal]. El rasgo [sonante] («Sonorant sounds are articulated with a vocal configuration wich permits spontaneous voicing», 18) agrupa a las consonantes laterales con las nasales y róticas, todas ellas [+sonante], frente al resto de consonantes, oclusivas, fricativas y africadas, que son [−sonante], y mediante el rasgo [nasal] se diferencian las dos clases de sonantes, las nasales como [+nasal] y las líquidas como [−nasal]. Respecto a los rasgos distintivos utilizados para la diferenciación del punto de articulación alveolar y palatal que pueden presentar las laterales en español, para Cressey resulta suficiente emplear el rasgo [anterior], que diferencia los sonidos producidos con una obstrucción situada delante de la zona palatoalveolar de los articulados fuera de dicha zona, de ahí que /l/ esté especificada como [+anterior] y /ʎ/ como [−anterior]. Por el contrario, Harris define el lugar de articulación alveolar con los rasgos [+anterior +coronal] y el palatal como [−anterior −coronal], vinculando la especificación [+coronal] a los sonidos articulados con la parte delantera de la lengua (el ápice y el predorso), y la [−coronal] a aquellos sonidos en los que intervienen zonas de la lengua distintas del ápice y del predorso.

En la Tabla 2 se recoge la caracterización de los fonemas laterales ofrecida por Harris (1971) y por Cressey (1978).

Nótese que, de entre todas las anteriores caracterizaciones de las laterales, solo la de Alarcos se sirve del rasgo [continuo]; el resto de los autores mencionados (Cressey, Harris, Martínez Celdrán) no incluye este rasgo entre los utilizados para la especificación contrastiva de las laterales; por lo tanto, no lo consideran rasgo distintivo con respecto a esta clase de segmentos.

Lo cierto es que la asignación del rasgo [continuo] a las laterales en el marco de la fonología generativa suscitó polémica desde el principio, como se desprende de las palabras de los autores de *SPE*:

> The characterization of the liquid [l] in terms of the continuant–noncontinuant scale is even more complicated. If the defining characteristic of the stop is taken . . . as total blockage of air flow, then [l] must be viewed as a continuant and must be distinguished from [r] by the feature of «laterality.» If, on the other hand, the defining characteristic of stops is taken to be the blockage of air flow *past the primary stricture*, then [l] must be included among the stops. The phonological behavior of [l] in some languages supports somewhat the latter interpretation (318).

En cuanto a la asignación del valor para este rasgo en las laterales del español, ciertos autores las han clasificado como [+continuo] (Harris 1971), o como [−continuo] (Núñez Cedeño y Morales-Front 1999). La *Nueva gramática de la lengua española* (Real Academia Española y Asociación de Academias de la Lengua Española 2011) las especifica en primera instancia como [+continuo] (63), pero como [−continuo] en otro lugar (214–16).

La dificultad que presenta la asignación del rasgo [continuo] a las laterales se deriva de la caracterización que se ha hecho de la continuidad con respecto a las oclusivas, ya que en ella se alude a las dos condiciones articulatorias que determinan su especificación negativa para ese tipo de consonantes: a) el bloqueo total de la corriente de aire —algo que no ocurre en las laterales, con lo cual su especificación debería de ser [+continua]—, y b) el bloqueo de la corriente de aire pasada la primera constricción —lo que sí se da en la producción de las laterales y llevaría a especificarlas como [−continuo]—. Esta ambigüedad en los correlatos fonéticos ha sido destacada por Holt (2002) y por Mielke (2005).

Según Mielke (2004, 2005, [2004] 2008), proponente de la Teoría de los Rasgos Emergentes [→ § 1.19.4], el comportamiento de algunos segmentos plantea contradicciones a algunas teorías de rasgos distintivos —véase, por ejemplo, Odden (1922), para una revisión de algunas de ellas— y este es el caso de las laterales con respecto del rasgo [continuo], ya que estas consonantes pueden verse implicadas en procesos fonológicos junto con clases de segmentos tanto [−continuo] (por ejemplo, en koromfe o en alyawara) como [+continuo] (por ejemplo, en griego o en lumasaaba) o con ambos tipos, como ocurre en el proceso de espirantización en español, catalán o vasco; de ahí que Mielke las defina como segmentos ambivalentes. Frente a las oclusivas orales, que son prototípicamente [−continuo], y a las fricativas, que son prototípicamente [+continuo], las laterales muestran, en efecto, un comportamiento claramente ambivalente en relación con este rasgo. La ambivalencia de las laterales viene determinada, pues, porque no son prototípicas con respecto a la continuidad, como sí lo son, por el contrario, otras clases de segmentos, como las oclusivas o las fricativas.

Para explicar la ambivalencia del rasgo [continuo], Mielke (2005) propone dos soluciones que parten de la ambigüedad fonética que presenta la continuidad; si este rasgo tiene distintas definiciones fonéticas que explican diferentes conjuntos de datos, para dar cuenta de todos esos datos la solución radica en escindir en dos el rasgo [continuo]:

> to split [continuant] into two features, perhaps [continuant$_{mid\text{-}sagittal}$], which would require unrestricted airflow in the mid-sagittal region of the oral cavity for a + value (following Halle & Clements 1983, *inter alia*) and [continuant$_{classic}$], which would merely require unrestricted airflow through some part of the oral cavity for a + value (following Jakobson, Fant y Halle 1951, *inter alia*). With this addition, laterals would be specified [+continuant$_{classic}$, −continuant$_{mid\,sagittal}$]. Classes of stops and laterals would be featurally natural ([−continuant$_{mid\text{-}sagittal}$]) and so would classes of fricatives and laterals ([+continuant$_{classic}$]) (191).

Aun así, Mielke también considera, para no aumentar el número de rasgos —véase, a este respecto, Nikolaev y Grossman (2020)— la posibilidad de que el rasgo [continuo] se interprete de manera flexible dependiendo de la lengua. En sentido contrario, otros autores, como Flemming (2005), sostienen que, si resulta difícil dar cuenta de un determinado comportamiento fonológico con un rasgo, probablemente ese rasgo no ha de ser necesario para explicarlo, es decir, será redundante. Romera Barrios (1990, 66–67) también defiende la redundancia de [continuo] para las laterales en español.

En el modelo de la Geometría de Rasgos (Clements 1985) [→ § 1.21.5] se propone una representación de los segmentos fonológicos de acuerdo con la cual un fonema no es un mero conjunto de rasgos sin ordenar, sino que en él los rasgos mantienen relaciones jerárquicas y de dependencia entre sí. En el árbol de rasgos con el que se representa la estructura interna del segmento, los nudos de los que dependen los rasgos definen un segmento remitiendo al tipo de constricción (oclusivo, fricativo, lateral. . .), a la cavidad implicada (oral o nasal), o a los articuladores (labial, coronal, dorsal) que intervienen en la producción del segmento. Este modelo, que parte de los postulados de la Fonología Autosegmental (Goldsmith 1976), se conoce también como Modelo del Articulador (Halle 1992, 1995) [→ § 1.21.5].

La estructura del árbol de rasgos ha sido ampliada con la adición de más nudos o rasgos (Clements 1990; Clements y Hume 1995) o modificada en lo concerniente a las dependencias entre nudos y rasgos (Kaisse 1992; McCarthy 1988; Sagey 1986). La estructura propuesta por Halle (1992, 1995) es la más aceptada y utilizada actualmente; en ella se basan Spencer (1996) y Hall (2007). Las representaciones que se ofrecen en las siguientes páginas toman el modelo de este último autor (2007, 313).

En la Figura 1 se muestran las representaciones correspondientes a los fonemas laterales del español /l/ y /ʎ/ de acuerdo con el modelo autosegmental. Una especificación únicamente contrastiva, sin los rasgos redundantes, no presentaría el articulador Laríngeo del que depende el rasgo [sonoro], ya que en español todas las laterales son sonoras. Por el contrario, una representación completamente especificada incluiría también los rasgos redundantes para /l/: [−distribuido], [−nasal].

En el modelo de la geometría de rasgos, el parámetro fonético 'coronal' ya no tiene el carácter de un rasgo binario [±coronal], como se propone en *SPE* [→ § 1.19.6], sino que alude al articulador CORONAL que, junto con LABIAL y DORSAL, dependen del nudo de Punto de Articulación (PA). Todos estos rasgos (LABIAL, CORONAL y DORSAL) se tratan como rasgos 'unarios', porque son características que no tienen un contrario, de modo que su potencial negación, por ejemplo, [−coronal], no remite a una propiedad concreta, como ocurre, por ejemplo, en el caso de la negación del rasgo binario [nasal].

El hecho de que en muchas lenguas la única lateral sea alveolar y que los procesos fonológicos que implican a la lateral tengan que ver con ese punto de articulación ha llevado a algunos fonólogos a sostener que el rasgo [lateral] ha de depender de CORONAL y, por tanto, estar asignado a ese articulador en la geometría de rasgos (Blevins 1994; McCarthy 1988). Contrariamente, otros autores (Halle 1995, 6; Núñez Cedeño y Morales-Front 1999, 79) han defendido que, dada la existencia de laterales velares y la propia categorización del rasgo [lateral] entre las constricciones de la cavidad oral,

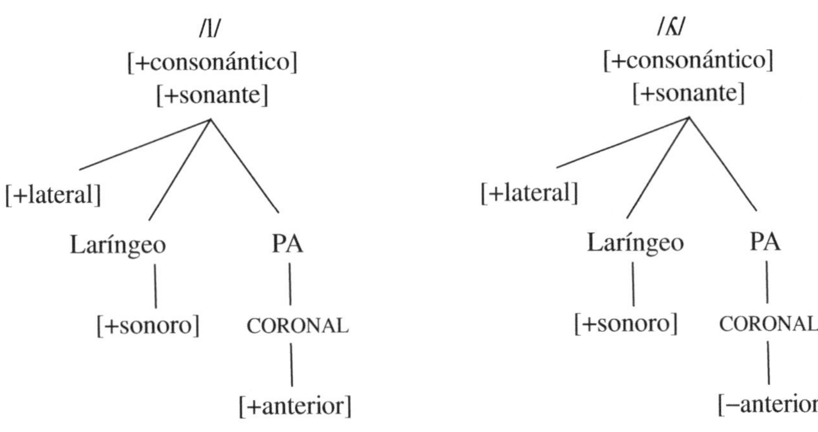

FIGURA 1. Estructura interna de /l/ y /ʎ/ de acuerdo con el modelo de la geometría de rasgos.

[lateral] no puede estar sujeto a ningún articulador, sino que debe depender directamente del nudo raíz, como aparece representado en la Figura 1.

Como es sabido, el modelo de la organización jerárquica de rasgos no solo proporciona una estructura determinada a los segmentos fónicos, sino que, además, permite la explicación de los procesos fonológicos como acciones u operaciones que afectan a los nudos a los que están asignados los rasgos [→ § 1.21.5, § 20.3.1].

20.1.3 Distribución silábica de las consonantes laterales

El fonema /l/ aparece en todas las posiciones consonánticas de la sílaba: en el ataque simple *(lila)*, en el ataque complejo *(plan)* y en la coda silábica simple *(sal)*, tal como se muestra en la Tabla 3.

Los constituyentes complejos de la sílaba en español presentan unas restricciones muy claras; por ejemplo, la posición de C_2 en un ataque solo puede estar ocupada por una líquida, o bien por la lateral o bien por la rótica simple *(frío, tres)*, —en Sotiropoulou, Gibson y Gafos (2020) se analiza la coordinación temporal de los segmentos que constituyen tales ataques complejos— mientras que la posición de C_2 en la coda solo puede estar ocupada por /s/ [→ § 24.2].

Dado que la lateral que aparece en coda silábica solo puede ser la alveolar /l/, y que, por tanto, en la posición de coda silábica esta alveolar no contrasta con otros fonemas laterales en cuanto a los rasgos de punto de articulación, en esa posición su estructura puede aparecer subespecificada (Archangeli 1984, 1988) [→ § 1.18.2, § 1.18.9] respecto de los rasgos dependientes del nudo PA. Puesto que se trata de un segmento [+lateral], las reglas de redundancia le asignarán automáticamente el nudo CORONAL. La representación de la Figura 2 es la que corresponde a la lateral alveolar cuando se encuentra en la posición de coda silábica.

El fonema /ʎ/ solo aparece en la posición silábica de ataque *(llave, callar)*; en posición final de palabra, al ocupar la coda, se realiza alveolar como resultado del proceso fonológico de despalatalización: /a.keʎ/ → [a.ˈkel] *aquel,* frente a /a.ke.ʎ+os/ → [a.ˈke.ʎos] *aquellos,* donde la palatal está, por el contrario, en posición de ataque [→ § 1.17.5, § 20.3.2, § 24.2.3].

Para los hablantes yeístas [→ § 19.3] el proceso de despalatalización ocurre con la fricativa /ʝ/: /a.keʝ/ → [a.ˈkel] *aquel,* frente a /a.ke.ʝ + os/ → [a.ˈke.ʝos].

Tabla 3 *Posiciones silábicas de /l/ en español*

Ataque simple C_1 = /l/	Ataque complejo C_2 = /l/	Coda = /l/
lila	*plan*	*sal*
lelo	*flor*	*salto*

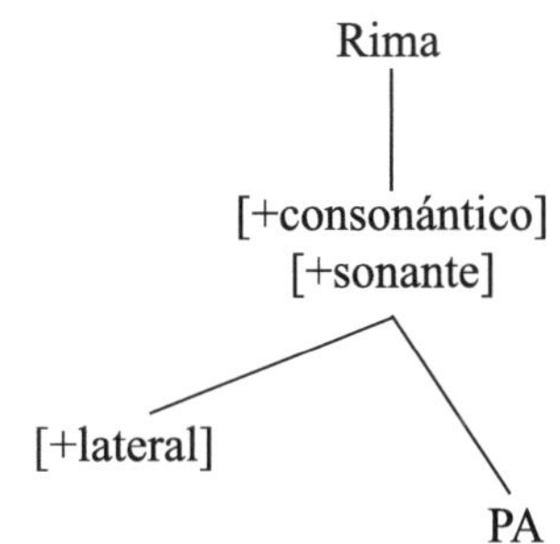

FIGURA 2. Árbol de rasgos de /l/ en la coda silábica.

20.1.4 Los alófonos de la lateral alveolar /l/ y de la lateral palatal /ʎ/

La variación alofónica de /l/ se da cuando este fonema se encuentra en posición de coda y cuando le sigue un elemento consonántico en cuya articulación interviene la corona de la lengua: una consonante interdental, dental o palatal. Ocurre tanto en interior de palabra como entre palabras, según se muestra en la Tabla 4. Estas realizaciones son el resultado del proceso de asimilación del punto de articulación coronal (véase el § 20.3.1).

Tabla 4 *Los alófonos de la lateral alveolar /l/*

PA interdental	['duʮθe]	*dulce*	[eʮ 'θiṣne]	*el cisne*
PA dental	['aʮto]	*alto*	[eʮ 'toro]	*el toro*
PA palatal	['kolʲt͡ʃa]	*colcha*	[elʲ 't͡ʃiko]	*el chico*

Cuando la consonante siguiente en posición de ataque es una labial, la lateral no sufre ninguna modificación en su realización *(alma, pulpo)*; por otra parte, la mayoría de los autores no recogen tampoco la posibilidad de una realización velarizada de /l/ en contacto con una consonante velar (Hualde 2005; Martínez Celdrán y Fernández Planas 2007; Navarro Tomás 1917, 269; Real Academia Española y Asociación de Academias de la Lengua Española 2011, 228).

Estos alófonos de /l/ se diferencian mediante los rasgos distintivos que dependen del articulador CORONAL, que son [±anterior] y [±distribuido]: [l̪] interdental se caracteriza como [+anterior +distribuido]; [l̪] dental como [+anterior −distribuido] y [lʲ] palatalizada como [−anterior +distribuido].

Recuérdese [→ § 1.19.5] que el rasgo [anterior] sirve para establecer la distinción entre las articulaciones coronales realizadas en la zona más anterior de la cavidad oral, incluidos los dientes y los alveolos, y las realizaciones también coronales que sean posteriores a la zona alveolar. Por lo tanto, tendrán la especificación [+anterior] los puntos de articulación dental y alveolar, y se especificarán como [−anterior] los lugares de articulación postalveolar y retroflejo. El rasgo [distribuido] permite la distinción entre las articulaciones apicales —alveolares o dentales— que son [−distribuido], y las articulaciones laminales —interdentales y postalveolares—, que se especifican como [+distribuido] [→ § 1.6.8].

La única realización del fonema /ʎ/, en aquellos dialectos en los que se mantiene, es [ʎ].

20.2 El yeísmo

Para los hablantes que no poseen el fonema lateral palatal, el contraste entre los dos fonemas laterales /l/ y /ʎ/ se ha trasladado a la oposición entre /l/ y /j/. Se trata del fenómeno conocido con el nombre de 'yeísmo'. Son yeístas, por tanto, todos los hablantes del español en cuyo sistema fonológico no existe el fonema /ʎ/ y para los que las palabras *pollo* y *poyo* o *haya* y *halla* tienen la misma pronunciación, como se ha señalado al principio del capítulo (véanse también el § 19.3 de esta misma obra, así como el § 15.1.1 y el § 16.5.3). La pérdida de un fonema en un sistema fonológico supone la desaparición de las oposiciones fonológicas que ese elemento mantenía con los demás fonemas; por ello, se habla, en estos casos, de 'desfonologización' [→ § 1.18.7].

El origen de la desfonologización de /ʎ/ se encuentra en un proceso de lenición o debilitamiento [→ § 1.18.7]: los hablantes dejaron de distinguir entre la lateral palatal y la fricativa palatal «como resultado de la relajación articulatoria de la lateral palatal» (Navarro Tomás 1918, 134–36). Junto a esta explicación de naturaleza articulatoria, para determinar la desaparición de un fonema también se consideran las justificaciones de tipo funcional y distribucional. Desde el punto de vista funcional, se menciona el escaso rendimiento, el limitado alcance distintivo de las oposiciones en las que interviene /ʎ/, lo que conlleva su reducida frecuencia en el sistema fonológico del español. Navarro Tomás (1946) constata para la lateral palatal una frecuencia de entre el 0,6 % y el 0,55 %, mientras que Alarcos (1950) la sitúa en un 0,5 %. Sin embargo, estos porcentajes no son muy distintos de los que presenta la fricativa /j/, un 0,4 % para ambos autores (véase también al respecto Alcina y Blecua 1975, 434). Distribucionalmente, /ʎ/ solo puede ocupar la posición de ataque silábico, pero este hecho lo comparte con la mayoría de los fonemas no alveolares. La presencia en la posición de coda silábica de este fonema únicamente se da en las representaciones léxicas (véase el § 20.1.3).

De todas maneras, se debe tener en cuenta que la funcionalidad, la frecuencia y la distribución de /ʎ/ son semejantes a las de otras palatales, como la nasal /ɲ/ o la africada /t͡ʃ/ y que estas otras palatales se mantienen en el sistema fonológico, sin haber sufrido ninguna reducción en cuanto a su distintividad.

El yeísmo es un fenómeno que aparece temprano en el español, ya que se tiene constancia de su existencia durante la Edad Media en Andalucía (Lapesa [1942] 1981, 382–83). En el siglo XVI pasa a ser un fenómeno generalizado en algunas zonas

Tabla 5 *Diferentes realizaciones de la frase* ya yo llamé

Fenómeno	Realización	Lugar representativo
yeísmo	já. jó. jamé	Madrid, La Habana, Caracas
dʒeísmo	d͡ʒá. d͡ʒó. d͡ʒamé	Nueva York
ʒeísmo	ʒá. ʒó. ʒamé	Buenos Aires, hablante masculino
ʃeísmo	ʃá. ʃó. ʃamé	Buenos Aires, hablante femenina
elleísmo con /ʎ/ y /ʝ/	já. jó. ʎamé	La Paz (Bolivia)
elleísmo con /ʎ/ y /d͡ʒ/	d͡ʒá. d͡ʒó. ʎamé	Asunción (Paraguay)
elleísmo sin /ʎ/	já. jó. d͡ʒamé	Iquitos (Perú)

Nota. Datos procedentes de Guitart (2004, 140).

del sur de España: Andalucía, Extremadura y Murcia, así como en el español no peninsular. Desde todos estos lugares se produce su expansión hacia el norte de la península. A principios del siglo XX ya está muy extendido por toda Andalucía, Canarias, Extremadura y Murcia, y empieza a ser dominante en zonas como Madrid, Toledo y Ciudad Real, mientras que en los demás lugares se mantiene, especialmente en las zonas rurales, la distinción entre las dos laterales (Navarro Tomás 1964). Otras lenguas románicas como el francés, el provenzal, el italiano, el rumano, el portugués no peninsular o algunos dialectos del catalán también presentan el fenómeno del yeísmo.

En estos momentos, ya en la tercera década del siglo XXI, el yeísmo es la realización más común en la península; en ello han tenido una gran influencia los medios de comunicación; las excepciones las constituyen algunas zonas urbanas en el norte de España, en especial donde se dan situaciones de bilingüismo catalán, vasco o gallego. En Sudamérica también el yeísmo es dominante, pero el fonema lateral palatal se puede encontrar en los sistemas fonológicos de hablantes de algunos lugares de Argentina y Chile, en Paraguay y en zonas andinas de Colombia, Ecuador y Perú (Canfield 1981, 31) —veáse, para una discusión más detallada, el § 19.3 en esta misma obra—.

La solución propiamente 'yeísta', es decir, la pronunciación con [ʝ], no es la única que presentan los dialectos que no poseen /ʎ/, ya que las realizaciones y variantes abarcan un amplio espacio que comprende pronunciaciones tanto fricativas como africadas y sordas o sonoras (Navarro Tomás 1918, 134–36). El fonema fricativo palatal sonoro, además de la realización canónica [ʝ], puede presentar otras realizaciones, como la aproximante [j], o también como [d͡ʒ], [ʒ] o [ʃ]; Guitart (2004, 139–40) describe estas tres últimas realizaciones como 'dʒeísmo', 'ʒeísmo' y 'ʃeísmo' respectivamente.

En algunos dialectos no yeístas (en Iquitos, Perú), en los que existen dos fonemas palatales sonoros no nasales, se da el fenómeno del 'elleísmo', que implica que [d͡ʒ] es realmente una realización de /ʎ/ y no de /ʝ/; de ahí que pueda hablarse de un 'elleísmo' sin /ʎ/. El término 'elleísmo' lo toma Guitart (2004, 139) de Zamora Munné.

En la Tabla 5 quedan recogidas las diferentes realizaciones posibles de la frase *ya yo llamé*.

20.3 Procesos fonológicos relacionados con las consonantes laterales

Las realizaciones del fonema lateral alvelolar /l/ y la del fonema lateral palatal /ʎ/ (o la del fonema fricativo palatal /ʝ/ en los inventarios con yeísmo) son sistemáticas en determinados contextos, ya sean fonológicos o morfológicos y, por lo tanto, predecibles, puesto que responden a la aplicación de los procesos fonológicos que afectan a esta clase de consonantes. Buena parte de estos procesos ocurren cuando /l/ se encuentra en la rima [→ § 1.21.8], en posición de coda silábica. Entre los más frecuentes, que son los que se examinan en este capítulo, cabe mencionar la asimilación de /l/ al lugar de articulación de cualquier consonante CORONAL que la siga (§ 20.3.1), la despalatalización de /ʎ/ (§ 20.3.2), el rotacismo (§ 20.3.3), la elisión (§ 20.3.4), la geminación (§ 20.3.5) y la vocalización (§ 20.3.6) de la lateral alveolar.

20.3.1 Asimilación de Punto de Articulación en CORONAL

La lateral alveolar /l/, cuando se encuentra en posición de rima silábica y en contacto con otro fonema cuyo Punto de Articulación (PA) está comprendido bajo el articulador CORONAL (interdental, dental, alveolar o palatal), adquiere los mismos rasgos de punto de articulación de ese segmento coronal, es decir, asimila todos los rasgos que dependen del articulador

Tabla 6 *Ejemplos de la asimilación (a) o de la no asimilación (b) de /l/ al punto de articulación (PA) de la consonante siguiente*

(a) Punto de articulación CORONAL

PA interdental	['du̪l̟θe]	*dulce*	[el̟ 'θisɲe]	*el cisne*
PA dental	['al̪t̪o]	*alto*	[el̪ 't̪oɾo]	*el toro*
PA alveolar	['pulso]	*pulso*	[el 'su̯eɲo]	*el sueño*
PA palatal	['kolʲt͡ʃa]	*colcha*	[elʲ 't͡ʃiko]	*el chico*

(b) Punto de articulación NO CORONAL

PA labial	['kalβo]	*kalbo*	[el 'βino]	*el vino*
PA velar	[alɣo]	*algo*	[el 'ɣato]	*el gato*

CORONAL. Como el segmento asimilado adopta rasgos del segmento que lo sigue, se está ante un proceso de asimilación de tipo anticipatorio o regresivo. Tal y como muestran los datos de la Tabla 6a, el proceso ocurre tanto en interior de palabra como entre palabras.

En español, la asimilación de punto de articulación de la lateral es semejante a la que atañe a las nasales [→ § 14.6], ya que en ambos casos el proceso asimilatorio de punto de articulación afecta a un grupo de dos consonantes adyacentes, si bien el alcance del proceso es más limitado en el caso de la lateral, puesto que se restringe a los segmentos que también son CORONAL y no incluye a los labiales y a los velares, como se aprecia en la Tabla 6b.

La representación fonológica de los dos segmentos que intervienen en la asimilación que se acaba de describir se muestra en la Figura 3, donde (a) corresponde a la representación de /l/ y (b) a la de cualquier otro fonema consonántico coronal del español que puede suceder a /l/: /θ/, /t/, /d/, /s/, /l/, /ɾ/, /t͡ʃ/. El cambio que produce el proceso asimilatorio queda representado en (c), donde se expresa que el segmento consonántico CORONAL que sigue a la lateral le propaga todos sus rasgos de lugar de articulación, de forma que ambas consonantes resultan homorgánicas y pasan a compartir el mismo lugar de articulación que poseía la segunda de ellas: interdental, dental, alveolar o palatal.

En la Figura 3 'COR' se refiere a la abreviación usual del término CORONAL. Otro procedimiento abreviatorio utilizado en el formalismo de las reglas fonológicas [→ § 1.18.3] consiste en recurrir a los signos del alfabeto griego 'α, β. . .', a los que se denominan 'variables'. Cuando aparecen en una regla fonológica, asumen los dos posibles valores si el rasgo es binario ([+] o [−]), y expresan que el valor del rasgo que se va a asimilar ha de coincidir con el del segmento asimilante. Su presencia en la regla de asimilación mostrada en la Figura 3 indica que, en el proceso asimilatorio que afecta a la lateral, esta va a recibir todos los rasgos de PA del segmento consonántico que la sigue. Merced a esta convención, no es necesario referirse a todos los rasgos de cada uno de los posibles lugares de articulación susceptibles de ser asimilados (dental, interdental, alveolar o palatal) porque [α PA] recoge y resume todo el conjunto de rasgos asimilables.

La asimilación de punto de articulación de la lateral es, de todos los procesos que afectan a las laterales, el único que se produce en todos los dialectos del español, mientras que otros procesos como la despalatalización o la vocalización tienen un ámbito más reducido (véanse el § 20.3.2 y el § 20.3.6). Al tratarse, pues, de un fenómeno presente en cualquier variedad, esta asimilación ha sido objeto de análisis en la mayoría de las descripciones fonológicas del español, por

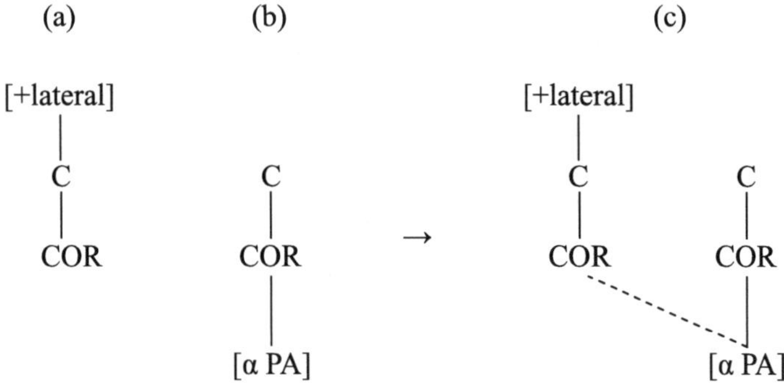

FIGURA 3. Representación de la asimilación de /l/ en CORONAL.

ejemplo, en las clásicas de Harris ([1969] 1975), Cressey (1978) o Hualde ([1989] 2000), cuyos presupuestos se exponen a continuación.

El análisis de este proceso que presenta Harris ([1969] 1975, 36–38) parte del dialecto mexicano, en el que la única lateral fonológica sistemática es /l/; la consonante «se asimila al PA de una obstruyente dental, [t d], o de una obstruyente alveolopalatal, [tʃ] que vayan a continuación» (36), proceso que el autor formaliza con la regla de (1).

(1)   /l/ → [αanterior βdistribuido] / __ [+obstr +coronal αanterior βdistribuido]

Para Harris, la regla (1), en la que se estipula que la lateral /l/ asimilará los mismos valores para los rasgos [anterior] y [distribuido] que tenga la consonante coronal que la sigue, guarda bastante semejanza con la postulada para dar cuenta de la asimilación de lugar de articulación de las nasales, lo que le permite establecer la generalización de que «las sonantes no continuas se convierten en homorgánicas con la obstruyente que sigue, dentro de los límites fijados por ciertas restricciones» (37). Obsérvese que esta generalización solo puede establecerse a partir del presupuesto de que la lateral es no continua (véase lo ya explicado a este respecto en el § 20.1.2). Dado que la única lateral es alveolar, la asimilación que este fonema presenta se puede entender, en opinión de este autor, como un subconjunto de la asimilación de las nasales. Las restricciones que menciona Harris remiten a la ausencia de laterales labiales y velares.

Otro análisis en el marco de la fonología generativa clásica es el que presenta Cressey (1978, 65–67), quien también constata la similitud de esta asimilación con la de las nasales: «El fonema lateral /l/ se asimila al punto de articulación de la consonante siguiente de una manera similar aunque no idéntica a la forma en la que la consonante nasal se asimila a la siguiente consonante» (65).

La explicación de por qué las róticas quedan excluidas de la asimilación de punto de articulación la realiza Cressey a través del rasgo [oclusivo], con valor positivo para las nasales y las laterales. Los segmentos que se asimilan quedan definidos por los rasgos [+sonante +oclusivo]. De todas maneras, no es sencillo fusionar en una regla ambas asimilaciones (la de la lateral y la de las nasales), ya que la de la lateral está restringida a los otros fonemas coronales, restricción que no se da en el caso de las nasales. Cressey propone la regla recogida en (2):

(2)   [+sonante +oclusivo] → [αPA] / __ [+cons αPA]

Este autor sustituye el rasgo [continuo] de Jakobson y Halle (1956) por el rasgo [oclusivo], cuyo correlato articulatorio es el bloqueo completo que se produce en el punto de articulación primario [→ § 1.19.5], con la equivalencia [−continuo] = [+oclusivo]. Cressey justifica esta sustitución basándose en que el rasgo [oclusivo] permite una clasificación diferente de las sonantes: nasales y laterales [+oclusivo], róticas [−oclusivo].

No obstante, la regla (2) ha de limitarse de alguna manera, ya que, tal como está formulada, originaría segmentos inexistentes: por ejemplo, se aplicaría a *alba* con la realización de una lateral labial (segmento inexistente) como resultado de la asimilación. Para evitar esa sobreaplicación de la regla, la asimilación de las laterales se ve restringida por las convenciones de marcaje (Chomsky y Halle 1968, 404–7) [→ § 1.18.8], que especificarán que, como se muestra en (3) y (4), las laterales en español solo pueden ser dentales, alveolares, postalveolares o palatales (Cressey 1978, 66).

(3)   [+lateral] → [−posterior]

(4)   [+lateral] → [+coronal] / [__ +anterior]

Por lo tanto, según (3), no se producen laterales velares, ya que todas las laterales son [−posterior] y, según (4), no se dan laterales labiales. Así se consigue que la restricción que delimita los lugares de articulación de las laterales también limite la asimilación de la lateral.

Basándose en el modelo jerárquico de la organización de rasgos (Clements 1985; Sagey 1986), Hualde ([1989] 2000, 411–13) propone un análisis de la asimilación de las laterales partiendo del filtro «todo segmento con el rasgo [+lateral] ha de ser [coronal]», que explica que no se produzca la asimilación con consonantes labiales y velares y que, además, permite formular una única regla para la asimilación de nasales y laterales. Los dos procesos pueden representarse gráficamente como en la Figura 4, en la que el segmento consonántico sonante no rótico que se encuentra en la rima silábica asimila los rasgos de punto de articulación de la consonante que lo sigue (Hualde [1989] 2000, 412).

Como, efectivamente, muestran los análisis de Harris, de Cressey y de Hualde, la asimilación de punto de articulación de las laterales se asemeja a la de las nasales, ya que ambos tipos de segmentos se han de encontrar en la coda silábica e ir seguidos por otro segmento consonántico para que se desencadene el proceso asimilatorio. El resultado de la asimilación, también en ambos casos, es una secuencia consonántica homorgánica.

Desde la perspectiva de la Teoría de la Optimidad (OT; McCarthy y Prince 1993; Prince y Smolensky 2004) [→ § 1.22] los procesos fonológicos se muestran como una interacción entre diferentes tipos de restricciones.

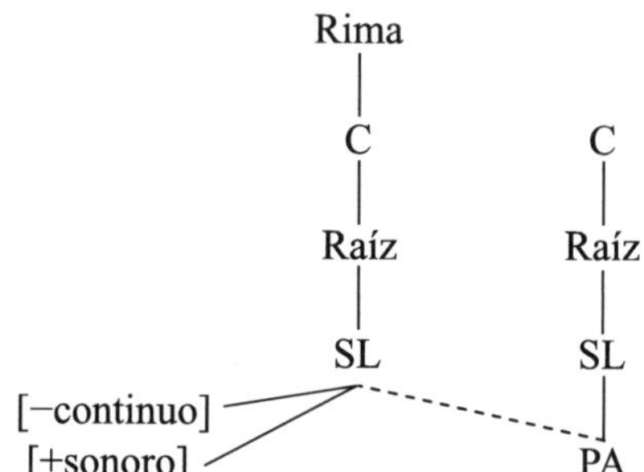

FIGURA 4. Representación de la asimilación de nasales y laterales (Hualde [1989] 2000) (SL = supralaríngeo).

En esta teoría, las formas superficiales o fonéticas no son el resultado de una derivación, como lo eran en los distintos modelos (lineales y no lineales) de la fonología generativa. La transición de la representación fonológica subyacente a la representación fonética se realiza en un solo paso, debido a la actuación de los distintos 'instrumentos' de los que está dotado el modelo. Uno de ellos es el 'generador', que proporciona (genera) todas las realizaciones fonéticas teóricamente posibles para la representación subyacente, que reciben el nombre de 'candidatos'; otra de las herramientas más importantes de este modelo son las 'restricciones', que imponen diferentes tipos de exigencias sobre los candidatos, exigencias que entran en conflicto con sus características fonológicas. Los dos tipos de restricciones más generales son las de 'marcadez', que aplican criterios de buena formación estructural a los candidatos y así, por ejemplo, prohíben las estructuras marcadas fonológicamente o la ocurrencia de determinados segmentos en posiciones específicas; y las restricciones de 'fidelidad', que se establecen entre el educto (en inglés, *input*), que corresponde a la representación fonológica subyacente, y el aducto (en inglés, *output*), esto es, las representaciones fonéticas; este segundo tipo de restricciones establece, entre otras exigencias, que en el educto deben mantenerse los mismos elementos que en el aducto y en el mismo orden lineal, o que ambos deben compartir valores para un determinado rasgo. Las restricciones en la versión estándar de la TO son universales y están organizadas jerárquicamente de una manera específica en cada lengua. Los candidatos que no cumplen las restricciones son eliminados, dejan de tenerse en cuenta como posibles representaciones fonéticas hasta que solo queda uno, el que seleccionan las restricciones entre todos los demás; se trata, por tanto, del 'candidato óptimo'.

Shepherd (2003) propone para la asimilación del PA de las laterales un análisis semejante al propuesto para las nasales (66–71), dada la similitud entre estos dos procesos, como se ha indicado más arriba. Su análisis se basa en la siguiente jerarquía de restricciones: IdOns (PA), Lat/Cor, Have Place, Coda-Cond *[Cor], Id-IO (place), restricciones que se enuncian de la siguiente manera:

IdOns (PA): se debe preservar la especificación del punto de articulación de un segmento del aducto en su educto correspondiente si tal segmento constituye un ataque silábico (Baković 2000).

Lat/Cor: todas las laterales son coronales (Morris 1998).

Have Place: todos los segmentos consonánticos han de poseer un punto de articulación.

Coda-Cond: una consonante situada en la coda solo puede tener un PA Coronal o bien el punto de articulación compartido con otra consonante (Morris 1998).

*[Cor]: no puede existir otro punto de articulación más que Coronal (Prince y Smolensky 2004).

Id-IO (place): la especificación de punto de articulación del segmento del aducto debe preservarse en el segmento correspondiente del educto (Kager 1999).

Las dos primeras restricciones —Id-IO (PA), Lat/Cor— se encuentran al mismo nivel, es decir, ninguna de ellas domina a la otra, pero, por lo que se refiere a las restantes, el orden en el que aparecen enunciadas indica la jerarquía que se establece entre ellas en el proceso de asimilación de PA: el incumplimiento por parte de un candidato de las restricciones que aparecen en los primeros puestos de la jerarquía supone la eliminación directa de ese candidato.

El análisis fonológico, que concluye con la elección del candidato óptimo, se muestra en una tabla (*tableau*) en la que en la columna de la derecha aparecen en primer lugar la representación fonológica o aducto y, debajo de ella, los candidatos o eductos que son examinados por las restricciones que están indicadas en la primera fila de la tabla, como se observa en la Figura 5. En ella se examinan tres candidatos: el primero de ellos ['alt̪o] queda eliminado al incumplir la tercera restricción Coda-Cond, puesto que [l] no tiene el mismo punto de articulación (PA) que la consonante posterior;

/ˈalto/	IdOns (PA)	Lat/Cor	Have Place	Coda-Cond	*[Cor]	Id-IO (place)
a. [ˈal̪to]				*!		
b. ☞ [ˈal̪to]						*
c. [ˈalto]	*!					*

FIGURA 5. Tabla en la que se muestra la asimilación de PA de la lateral en /ˈalto/.

sin embargo, el tercer candidato [ˈalto] ha sido eliminado antes por la primera restricción IdOns (PA) ya que la consonante del ataque no mantiene el punto de articulación, dental, que presentaba en el aducto. El candidato 'óptimo' [ˈal̪to], como la lateral no mantiene el PA del aducto, también infringe una restricción, Id-IO (place), pero este incumplimiento queda minimizado, ya que esta restricción ocupa el último lugar en la jerarquía. Con los signos '*!' se indica el incumplimiento grave (decisivo) de la restricción y con el signo '*', el mero incumplimiento; '☞' señala al candidato óptimo.

20.3.2 Despalatalización

Las alternancias entre [aˈkel] *aquel* ~ [aˈkeʎos] *aquellos* o [d̪oṉˈθel] *doncel* ~ [d̪oṉˈθeʎas] *doncellas* llevan a considerar la despalatalización de la lateral en posición final de palabra. Este proceso se ha analizado siempre en dialectos que conservan la lateral palatal (Alonso García 1945, 1951), ya que en los dialectos yeístas la alternancia, que también se da, ocurre entre el fonema lateral alveolar y la fricativa palatal: [aˈkel] *aquel* ~ [aˈkeʝos] *aquellos*. El análisis de este proceso plantea la dificultad del reducido número de datos en los que se observa la despalatalización (algunos de los cuales son o bien dudosos o bien debidos a otros hechos). Lloret y Mascaró (2006, 78) los reducen a los seis casos que se recogen en la Tabla 7.

El proceso de despalatalización de /ʎ/ se puede formalizar, inicialmente, mediante la regla (5).

(5) /ʎ/ → [l]#
       |
      Rima

Sin embargo, el tipo de alternancias en las que las laterales están en ataque silábico (la forma esperable sería *doncelles*) exige redefinir tanto la regla en sí como su contexto de aplicación.

Como es sabido [→ § 1.18.5, § 1.18.6], en la formación de palabras a través de la afijación, las reglas fonológicas se aplican empezando por los constituyentes más pequeños para volver a aplicarse a continuación a los más grandes, de manera que las mismas reglas que han actuado sobre la base morfológica inicial se aplicarán de nuevo sobre la siguiente estructura con nuevos formativos, constituyendo cada uno de ellos un ciclo. Esto es lo que se entiende como aplicación

Tabla 7 *Ejemplos de alternancia entre* [l] *y* [ʎ]

Final de palabra	No final en flexión	No final en flexión y derivación	
[l]	[l]	[ʎ]	
[ˈel]		[ˈeʎa(s)] [ˈeʎo(s)]	*él, ella(s), ello(s)*
[aˈkel]		[aˈkeʎa(s)] [aˈkeʎo(s)]	*aquel, aquella(s), aquello(s)*
[d̪oṉˈθel]	[d̪oṉˈθeles]	[d̪oṉˈθeʎa(s)] [d̪oṉθeˈʎeθ]	*doncella(s), doncellez*
[klaˈβel]	[klaˈβeles]	[klaβeˈʎina]	*clavellina*
[ˈpi̯el]	[ˈpi̯eles]	[peˈʎexo]	*pellejo*
[saβaˈð̪eʎ]		[saβað̪eˈʎense]	*sabadellense*

Nota. Datos tomados de Lloret y Mascaró (2006, 78).

cíclica de las reglas. Pues bien, para explicar la alternancia *donceles ~ doncellas* el análisis de Harris (1983), en el marco de la fonología derivacional, se basa en la aplicación cíclica de las reglas, en concreto en la asignación de las reglas de estructura silábica en interior de palabra. Este contexto resulta ser, en efecto, un entorno derivado, que es el propio de las reglas cíclicas —véase (6)—.

(6)   [doṇ.ˈθel]ɴ   [[doṇ.ˈθel]ɴ + es]]ɴ   [doṇ.ˈθe.ʎ + as]ɴ
              | | |
            Rima   Rima   Ataque

    (despalatalización (5))   (despalatalización (5))

Una vez asignada la estructura silábica, que es cíclica, (/donˈθeʎ/ → /don.ˈθeʎ/), se aplica la regla de despalatalización (5): /ʎ/ → [l]. Esta regla de despalatalización de laterales, que, como queda dicho, se aplica en el primer ciclo, después de que se haya asignado la estructura silábica, es una regla de neutralización [→ § 1.17.4] obligatoria, lo cual la sitúa en la clase de reglas cíclicas, según Mascaró (1976). Se aplica a *doncel* en el primer ciclo ya que se nutre (intrínsecamente) de las reglas de asignación de estructura silábica que crean un contexto derivado. Para obtener el resultado *donceles* sin estipulaciones *ad hoc* basta reconocer formalmente que [. . .]ɴ es un dominio cíclico, según sostiene Harris (1983, 72).

Sin embargo, en /donˈθeʎ+as/, la resilabación [→ § 1.21.11] de /donˈθeʎ+as/ en /don.ˈθe.ʎas/ sitúa la lateral en posición de ataque silábico, en la cual ya no cumple las condiciones para que se le pueda aplicar la regla de despalatalización.

Este proceso pone de manifiesto la similitud comentada anteriormente entre las nasales y las laterales, puesto que la despalatalización también afecta a la nasal palatal /ɲ/ solo en posición de rima silábica: *desdén, desdenes, desdeñar, desdeñes* [→ § 13.2.4, § 14.3.2].

Lloret y Mascaró (2006), en un análisis basado en la Teoría de la Optimidad, explican la despalatalización de laterales y nasales en español como un efecto de la centralización de cualquier punto de articulación a alveolar en posición final de palabra: /ˈforum/ → [ˈforun] *forum/forun*, /t͡ʃamˈpaɲ/ → [t͡ʃamˈpan] *champañ/champan*, /maɾaˈgaʎ/ → [maɾaˈɣal] *Maragall/Maragal*, son ejemplos que «muestran la absoluta imposibilidad de [ʎ] [ɲ] y en algunos dialectos de [m] en posición final de palabra» (83). Concluyen que, aunque sean escasos los datos que presentan la alternancia morfofonológica entre palatal y alveolar, son suficientes para constatar la existencia en español de un proceso activo de centralización de las sonantes.

> Quizá el término de 'centralización' para referirse al proceso de despalatalización puede resultar poco apropiado al estar implicados lugares de articulación tan próximos en la parte central de la cavidad bucal como el alveolar y el palatal, pero es el que utilizan los autores mencionados.

El limitado número de datos en los que se sustenta el análisis del proceso de despalatalización ha llevado a algunos autores a «dudar de su existencia» (Hualde 1989, 829) y a considerar estas alternancias únicamente alomórficas. También Pensado (1997), que se apoya en análisis de tipo psicolingüístico, niega la existencia de una regla productiva de despatalalización. Esta autora basa sus conclusiones en las pruebas experimentales sincrónicas y en el comportamiento diacrónico de la alternancia entre palatal y lateral. Como evidencia externa plantea diferentes tests (614–15) para intentar averiguar si las formas que no alternan son procesadas de una manera sistemática y si realmente los hablantes, para explicar regularidades derivacionales del tipo *desdén/desdeñar,* construyen representaciones fonológicas (las denomina 'bases abstractas') como /eʎ/ o /donθeʎ/, análisis que supone complicar la flexión en la formación del plural, por ejemplo, en *desdenes*. Los resultados experimentales indican que, si las alternancias entre palatal y alveolar son lo bastante transparentes, entonces los hablantes sí son conscientes de esas alternancias en su lexicón, hecho que, por otra parte, no supone que los hablantes vayan a captar con facilidad esas mismas alternancias cuando se trata de palabras inventadas (incluidas también en los tests). Es decir, aunque la despalatalización aparezca como tal en las realizaciones fonéticas, ello no implica que se pueda hablar de una regla morfofonológica de despalatalización en la palabra aislada. El otro tipo de prueba que utiliza Pensado para argumentar (la posibilidad de) que la despalatalización nunca haya sido una verdadera regla en español es de carácter diacrónico. Las alternancias entre palatal y alveolar tienen su origen bien en procesos no relacionados con la palatalización, bien en préstamos —véanse los ejemplos de las páginas 606–607—, lo que pone de manifiesto que este proceso nunca ha sido un cambio fonológico regular en español. Con esta contundencia lo afirma la autora: «From the evidence gathered, we must conclude that there is no rule of depalatalization, and that never was any» (613).

Tabla 8 *Ejemplos de rotacismo de /l/*

(a) /l/ en rima silábica			(b) /l/ en ataque complejo		
[delaŋˈtal]	[delaŋˈtar]	*delantal*	[ˈplanta]	[ˈpranta]	*planta*
[ˈmulta]	[ˈmurta]	*multa*	[ˈflor]	[ˈfror]	*flor*
[ˈpulso]	[ˈpurso]	*pulso*	[iˈɣlesia]	[iˈɣresia]	*iglesia*
[alβaˈɲi]	[arβaˈɲi]	*albañil*	[klaˈβel]	[kraˈβel]	*clavel*
[ˈbolsa]	[ˈborsa]	*bolsa*			
[alˈkalde]	[arˈkarðe]	*alcalde*			
[kolˈmẽna]	[korˈmẽna]	*colmena*			
[delˈtoðo]	[derˈto]	*del todo*			
[el ˈnĩɲo]	[er ˈnĩɲo]	*el niño*			
[balˈkon]	[barˈkon]	*balcón*			
[kalθeˈtin]	[karθeˈtin]	*calcetín*			

20.3.3 Rotacismo

La lateral alveolar también resulta afectada por el rotacismo; este proceso se da en aquellos casos, como los que se muestran en la Tabla 8, en que la /l/ se realiza como rótica (Hualde 2005; Proctor 2009, 56).

El rotacismo de /l/ en posición de rima silábica se produce en zonas del Caribe y en algunas partes de Andalucía, aunque Torreblanca (1989) afirma que «el paso de [l] a [ɾ] tras consonante, se da modernamente por toda Andalucía» (694) y también en zonas de Canarias. Por otra parte, el rotacismo de la lateral /l/, cuando forma parte de un ataque complejo, se da en áreas de León, Murcia y Canarias (Quilis 1993, 329) [→ § 19.4, § 22.2.7].

En las reglas (7) y (8) se formalizan los dos contextos del rotacismo.

(7)   Datos de la Tabla 8a

   /l/ → [ɾ]
   |
   Rima

(8)   Datos de la Tabla 8b

   /l/ → [ɾ]
   |
   C₁ C₂
   \V/
   Ataque

Otro efecto de este fenómeno es que la oposición entre las líquidas /l/ y /ɾ/ en la rima silábica queda neutralizada, de modo que palabras como *mal* o *mar* resultan ser homófonas, tal como se muestra en la Tabla 9.

Algunos lugares donde se producen estos tipos de rotacismo son Bahía Honda, La Habana y Cárdenas, en Cuba (Quilis 1993), en algunas zonas de Venezuela (D'Introno, Rojas y Sosa 1979), Andalucía (Becerra Hiraldo y Vargas Labella 1986; Mondéjar 1991; Quilis Sanz 1998), Canarias (Marrero-Aguiar 1988), León y Murcia (Quilis 1993) [→ § 19.4].

20.3.4 Elisión

La elisión más común de /l/ se produce en posición final de palabras agudas, como atestiguan los ejemplos de la Tabla 10.

Tabla 9 *Ejemplos de neutralización de líquidas*

alto	[ˈarto]
harto	[ˈarto]
mal	[ˈmar]
mar	[ˈmar]

Tabla 10 *Ejemplos de elisión de /l/*

hospital	[ohpiˈta]
mal	[ˈma]
alcohol	[alˈko]

El proceso de elisión se formaliza en la regla de (9), en la que 'ó]#' remite al contexto de sílaba final tónica.

(9)   /l/ → ∅
        |
      Rima
        |
      σ]#

También existen otras elisiones que afectan a la lateral en interior de palabra: *delgado* → [d̪eˈɣad̪o], *pulmonía* → [pumoˈnia] (Quilis 1993, 326). Ejemplos de elisiones de /l/ se encuentran en Andalucía, Canarias y Cuba (Quilis 1993, 327) [→ § 19.4].

20.3.5 Geminación

La lateral /l/ en posición de rima silábica y seguida de consonante sonora, tanto en interior de palabra como entre palabras, asimila todos los rasgos del fonema consonántico al que precede; el resultado de esta asimilación es una consonante geminada sonora (Tabla 11). Este proceso tiene lugar especialmente en zonas de Cuba (Guitart [1973] 1976; Quilis 1993; Santana 2006) [→ § 19.4, § 21.3.2, § 22.2.5, § 23.2.3].

La formalización de la geminación de la lateral /l/ se muestra en la Figura 6, en la que (a) corresponde a la estructura desencadenante del proceso: la lateral alveolar seguida de una consonante sonora. La lateral pierde todos sus rasgos (b), pero asimila (c) todos los demás rasgos, [αRasgos], de la consonante que la sigue, de modo que el resultado es la estructura (d), que corresponde a la geminada que se ha originado en este proceso.

20.3.6 Vocalización

El proceso de vocalización supone la realización de la lateral como paravocal palatal [i̯] cuando /l/ se encuentra en la rima silábica, tanto en posición interior como en posición final de palabra. De acuerdo con Alba (1979, 119), se da en el español cibaeño (El Cibao, República Dominicana) y también en algunas zonas de Colombia, Andalucía y Canarias (Quilis 1993, 28) [→ § 19.4]. En la Tabla 12 se muestran varios ejemplos de este fenómeno.

En la regla (10) se formaliza el proceso de vocalización de la lateral alveolar.

Tabla 11 *Ejemplos de la geminación de la lateral alveolar /l/*

calma	[ˈkamma]
pulpo	[ˈpuppo]
algo	[ˈaggo]
palma	[ˈpamma]
pulga	[ˈpugga]
purga	[ˈpugga]
el verde	[ebˈberd̪e]
el golpe	[egˈgope]

Nota. Datos tomados de Lloret y Mascaró (2006, 78).

Tabla 12 *Ejemplos de vocalización de /l/*

algo	[ˈai̯ɣo]
dulce	[ˈd̪ui̯θe]
baúl	[baˈui̯]
papel	[paˈpei̯]
revólver	[reˈβoi̯βei̯]

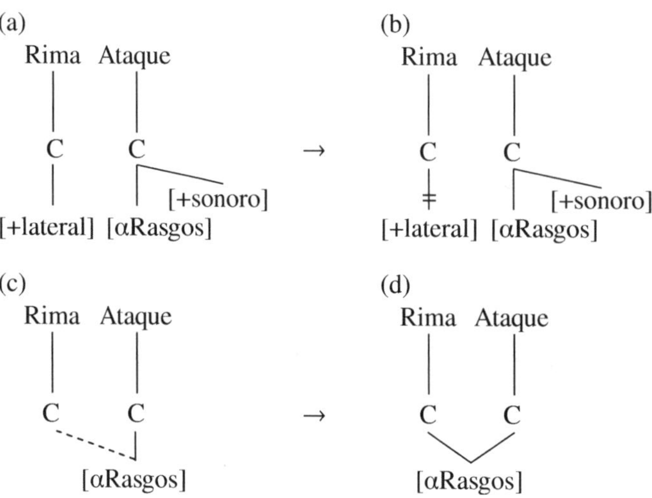

FIGURA 6. Regla de geminación de /l/.

(10) /l/ → [i̯]
|
Rima

Harris (1983, 67) compara los casos de *el aviso* [el aˈβiso], que no presenta vocalización, con *él avisa* [ˈei̯ aˈβisa], que sí la muestra. Esta disparidad en las soluciones, según este autor, estaría relacionada con el carácter de clítico del determinante frente al pronombre personal, lo que resulta en dos estructuras prosódicas diferentes, de las que solo la segunda (SN SV) desencadena la aplicación de la regla de vocalización.

20.4 Conclusiones

En este capítulo se ha examinado el papel de las laterales en la fonología del español. Aunque en la mayoría de las descripciones fonológicas de esta lengua se contabilizan dos fonemas laterales, el alveolar y el palatal, lo cierto es que el fonema lateral palatal no forma parte del sistema fonológico de gran parte de los hispanohablantes. Tal ausencia conduce al fenómeno del yeísmo, como consecuencia de la pérdida de la oposición entre los dos fonemas palatales /ʎ/ y /j/. Tipológicamente, un sistema de dos laterales es sumamente marcado: se documenta en un porcentaje cercano al 20 % de las lenguas (Maddieson 1984, 77), frente al 50 % de lenguas que presentan una sola lateral (y al 20 % que no presenta ninguna), lo que puede explicar la tendencia del español a la simplificación del subsistema de laterales. Aun así, conviene señalar que la desfonologización de /ʎ/ no ha tenido mayores repercusiones en los sistemas fonológicos de los dialectos en los que ha ocurrido. La pérdida de la lateral palatal no ha conllevado ningún reajuste especial en el sistema fonológico del español.

La lateral alveolar /l/ se especifica con los rasgos [+consonántico +sonante +lateral CORONAL +anterior] y la lateral palatal /ʎ/, con los rasgos [+consonántico +sonante +lateral CORONAL −anterior]. Por lo que respecta a la distribución silábica, la lateral alveolar puede ocupar las dos posiciones en el ataque, puesto que aparece tanto en ataque simple como en ataque complejo; también puede ocupar la posición de coda simple, que es una posición marcada respecto a la del ataque, de ahí que en ella se den neutralizaciones y tengan lugar la mayoría de los procesos fonológicos que afectan a /l/. Por ello, se entiende que en la rima silábica la lateral alveolar no esté especificada con respecto a los rasgos de punto de articulación, lo que le permite asimilarlos cuando la consonante que la sigue es coronal —proceso muy general en la fonología del español— o asimilar todos los rasgos de la consonante sonora siguiente en la geminación —proceso propio del español de Cuba—. Los otros procesos examinados, que presentan un menor alcance geográfico, son el rotacismo y la vocalización de /l/. La lateral palatal /ʎ/ interviene en el proceso de despalatalización, de carácter morfofonológico, un tanto controvertido por la escasez de datos sobre la que se ha basado su propuesta.

Las consonantes laterales presentan comportamientos fonológicos muy parecidos en algunos aspectos, y plenamente compartidos en otros, con los restantes fonemas sonantes: las róticas y las nasales. Así, el proceso de despalatalización se produce de una manera muy similar en el caso de la nasal palatal /ɲ/. La asimilación del lugar de articulación de la consonante siguiente que presentan las nasales es, además, formalmente similar a la de la lateral alveolar. Aun así, entre todas las sonantes, son las líquidas —róticas y laterales— las que más se asemejan en cuanto a su comportamiento fonológico, como demuestran procesos como el del rotacismo, y el hecho de que ambas clases puedan ocupar una posición en el ataque complejo de la sílaba.

Referencias bibliográficas

Alarcos, Emilio. 1950. *Fonología española*. Madrid: Gredos.

Alba, Orlando. 1979. «Análisis fonológico de las líquidas implosivas en un dialecto rural de la República Dominicana». *Boletín de la Academia Puertorriqueña de la Lengua Española* 7 (2): 1–18.

Alcina, Juan y José Manuel Blecua. 1975. *Gramática española*. Barcelona: Ariel.

Alonso García, Amado. 1945. «Una ley fonológica del español: variabilidad de las consonantes en la tensión y distensión de la sílaba». *Hispanic Review* 13 (2): 91–101. https://doi.org/10.2307/470091. Reed. en *Estudios lingüísticos. Temas españoles*, 288–303. Madrid: Gredos, 1951.

———. 1951. «La *LL* y sus alteraciones en España y América». En *Estudios dedicados a Menéndez Pidal*, editado por Amado Alonso García, 2:41–89. Madrid: Consejo Superior de Investigaciones Científicas. Reed. en *Estudios lingüísticos. Temas hispanoamericanos*, 159–212. Madrid: Gredos, 1953.

Archangeli, Diana. 1984. «Underspecification in Yawelmani Phonology and Morphology». Tesis de doctorado, Massachusetts Institute of Technology. http://hdl.handle.net/1721.1/15440. Reed., Nueva York: Garland, 1988.

———. 1988. «Aspects of Underspecification Theory». *Phonology* 5 (2): 183–207. https://doi.org/10.1017/S0952675700002268.

Baković, Eric. 2000. «Nasal Place Neutralization in Spanish». *University of Pennsylvania Working Papers in Linguistics (PWPL)* 7 (1): Article 2. Rutgers Optimality Archive (386).

Becerra Hiraldo, José María y Cándida Vargas Labella. 1986. *Aproximación al español hablado en Jaén*. Granada: Universidad de Granada, Secretariado de Publicaciones.

Blevins, Juliette. 1994. «A Place for Lateral in the Feature Geometry». *Journal of Linguistics* 30 (2): 301–348. https://doi.org/10.1017/S0022226700016686.

Canfield, D. Lincoln. 1981. *Spanish Pronunciation in the Americas*. Chicago: University of Chicago Press. Trad. de Joaquim Llisterri y Dolors Poch, *El español de América: fonética*. Barcelona: Crítica, 1988.

Chomsky, Noam y Morris Halle. 1968. *The Sound Pattern of English*. Nueva York: Harper & Row. Trad. parcial de José Antonio Millán, *Principios de fonología generativa*, editado por José Antonio Millán y Pilar Calvo. Madrid: Fundamentos, 1979.

Clements, George N. 1985. «The Geometry of Phonological Features». *Phonology Yearbook* 2: 225–52. https://doi.org/10.1017/S0952675700000440.

———. 1990. «The Role of the Sonority Cycle in Core Syllabification». En *Between the Grammar and Physics of Speech. Papers in Laboratory Phonology I*, editado por John Kingston y Mary E. Beckman, 283–333. Cambridge: Cambridge University Press. https://doi.org/10.1017/CBO9780511627736.017.

Clements, George N. y Elizabeth V. Hume. 1995. «The Internal Organization of Speech Sounds». En *The Handbook of Phonological Theory*, editado por John A. Goldsmith, 245–306. Oxford: Blackwell.

Cressey, William W. 1978. *Spanish Phonology and Morphology: A Generative View*. Washington D. C.: Georgetown University Press.

D'Introno, Francesco, Nelson Rojas y Juan Manuel Sosa. 1979. «Estudio sociolingüístico de las líquidas en posición final de sílaba y final de palabra en el español de Caracas». *Boletín de la Academia Puertorriqueña de la Lengua Española* 7 (2): 59–100.

Flemming, Edward S. 2005. «Deriving Natural Classes in Phonology». *Lingua* 115 (3): 287–309. https://doi.org/10.1016/j.lingua.2003.10.005.

Goldsmith, John A. 1976. «Autosegmental Phonology». Tesis de doctorado, Massachusetts Institute of Technology. http://hdl.handle.net/1721.1/16388. Reed., Nueva York: Garland, 1979.

Guitart, Jorge M. (1973) 1976. *Markedness and a Cuban Dialect of Spanish*. Washington D. C.: Georgetown University Press.

———. 2004. *Sonido y sentido. Teoría y práctica de la pronunciación del español contemporáneo*. Washington D. C.: Georgetown University Press.

Hall, T. Alan. 2007. «Segmental Features». En *The Cambridge Handbook of Phonology*, editado por Paul de Lacy, 311–34. Cambridge: Cambridge University Press. https://doi.org/10.1017/CBO9780511486371.014.

Halle, Morris. 1992. «Phonological Features». En *International Encyclopedia of Linguistics*, editado por William Bright, 3:207–12. Oxford: Oxford University Press.

———. 1995. «Feature Geometry and Feature Spreading». *Linguistic Inquiry* 26 (1): 1–46.

Halle, Morris y George N. Clements. 1983. *Problem Book in Phonology. A Workbook for Courses in Introductory Linguistics and Modern Phonology*. Cambridge, MA: MIT Press.

Harris, James W. 1971. «Aspectos del consonantismo español». En *Los fundamentos de la gramática transformacional*, editado por Heles Contreras, 164–85. México, D. F.: Siglo XXI.

———. (1969) 1975. *Fonología generativa del español*. Traducido por Aurelio Verde. Barcelona: Planeta.

———. 1983. *Syllable Structure and Stress in Spanish. A Nonlinear Analysis*. Cambridge, MA: MIT Press. Trad. de Olga Fernández Soriano, *La estructura silábica y el acento en español. Análisis no lineal*. Madrid: Visor, 1991.

Holt, D. Eric. 2002. «The Articulator Group and Liquid Geometry: Implications for Spanish Phonology Present and Past». En *Romance Phonology and Variation. Selected Papers from the 30th Linguistic Symposium on Romance Languages. Gainesville, Florida, February 2000*, editado por Caroline R. Wiltshire y Joaquim Camps, 85–99. Ámsterdam: John Benjamins. https://doi.org/10.1075/cilt.217.09hol.

Hualde, José Ignacio. 1989. «Silabeo y estructura morfémica en español». *Hispania* 72 (4): 821–31. https://doi.org/10.2307/343560.

———. (1989) 2000. «Procesos consonánticos y estructuras geométricas en español». En *Panorama de la fonología española actual*, editado por Juana Gil, 395–431. Madrid: Arco/Libros.

———. 2005. *The Sounds of Spanish*. Cambridge: Cambridge University Press.

———. 2014. *Los sonidos del español*. Cambridge: Cambridge University Press. https://doi.org/10.1017/CBO9780511719943.

Jakobson, Roman, Gunnar Fant y Morris Halle. 1951. *Preliminaries to Speech Analysis. The Distinctive Features and Their Correlates*. Cambridge, MA: MIT Press.

Jakobson, Roman y Morris Halle. 1956. «Phonology and Phonetics». En *Fundamentals of Language*, 11–66. La Haya: Mouton. Reed., Berlín: de Gruyter Mouton, 2010. https://doi.org.10.1515/9783110894264. Trad. de Carlos Piera en *Fundamentos del lenguaje*, 2.ª ed., 7–90. Madrid: Ayuso, 1973.

Kager, René W. J. 1999. *Optimality Theory*. Cambridge: Cambridge University Press. https://doi.org/10.1017/CBO9780511812408.

Kahn, Daniel. 1976. «Syllable-Based Generalizations in English Phonology». Tesis de doctorado, Massachusetts Institute of Technology. http://hdl.handle.net/1721.1/16397. Reed., Nueva York: Garland, 1980. https://doi.org/10.4324/9781315688121.

Kaisse, Ellen K. 1992. «Can [consonantal] Spread?» *Language* 68 (2): 313–32. https://doi.org/10.2307/416943.

Lapesa, Rafael. (1942) 1981. *Historia de la lengua española*. 9.ª ed. corregida y aumentada. Madrid: Gredos.

Lloret, Maria-Rosa y Joan Mascaró. 2006. «Depalatalization in Spanish Revisited». En *Optimality-Theoretic Studies in Spanish Phonology*, editado por Fernando Martínez-Gil y Sonia Colina, 74–98. Ámsterdam: John Benjamins. https://doi.org/10.1075/la.99.05llo.

Maddieson, Ian. 1984. *Patterns of Sounds*. Cambridge: Cambridge University Press. https://doi.org/10.1017/CBO9780511753459.

Marrero-Aguiar, Victoria. 1988. «Fonética estática y fonética dinámica en el habla de las Islas Canarias». Tesis de doctorado, Universidad Complutense de Madrid.

Martínez Celdrán, Eugenio. 1989. *Fonología general y española*. Barcelona: Teide.

———. 1996. «Evaluación de los cuadros de fonemas». *Lingüística Española Actual* 18 (1): 5–16.

———. 2001. «Cuestiones polémicas en los fonemas sonantes del español». *Lingüística Española Actual* 23 (2): 159–72.

Martínez Celdrán, Eugenio y Ana María Fernández Planas. 2007. *Manual de fonética española. Articulaciones y sonidos del español*. Barcelona: Ariel.

Mascaró, Joan. 1976. «Catalan Phonology and the Phonological Cycle». Tesis de doctorado, Massachusetts Institute of Technology. http://hdl.handle.net/1721.1/16399. Reed., Bloomington: Indiana University Linguistics Club, 1978.

McCarthy, John J. 1988. «Feature Geometry and Dependency: A Review». *Phonetica* 45 (2–4): 84–108. https://doi.org/10.1159/000261820.

McCarthy, John J. y Alan S. Prince. 1993. «Prosodic Morphology I: Constrain Interaction and Satisfaction». Technical Report 3. New Brunswick: Rutgers University Center for Cognitive Science. https://doi.org/10.7282/T3B856GM.

Mielke, Jeff. 2004. «The Emergence of Distinctive Features». Tesis de doctorado, Ohio State University. Reed., Oxford: Oxford University Press, 2008.

———. 2005. «Ambivalence and Ambiguity in Laterals and Nasals». *Phonology* 22 (2): 169–203. https://doi.org/10.1017/S0952675705000539.

———. (2004) 2008. *The Emergence of Distinctive Features*. Oxford: Oxford University Press.

Mondéjar, José. 1991. *Dialectología andaluza. Estudios*. Granada: Don Quijote.

Morris, Richard E. 1998. «Stylistic Variation in Spanish Phonology». Tesis de doctorado, Ohio State University.

Navarro Tomás, Tomás. 1917. «Sobre la articulación de la *l* castellana». En *Estudis fonètics*, editado por Pere Barnils, 1:265–75. Barcelona: Institut d'Estudis Catalans.

———. 1918. *Manual de pronunciación española*. Madrid: Junta para Ampliación de Estudios e Investigaciones Científicas, Centro de Estudios Históricos.

———. 1946. *Estudios de fonología española*. Syracuse: Syracuse University Press.

———. 1964. «Nuevos datos sobre el yeísmo en España». *Thesaurus. Boletín del Instituto Caro y Cuervo* 19 (1): 1–17.

Nikolaev, Dmitry y Eitan Grossman. 2020. «Consonant Co-Occurrence Classes and the Feature-Economy Principle». *Phonology* 37 (3): 419–51. https://doi.org/10.1017/S0952675720000226.

Núñez Cedeño, Raphael A. y Alfonso Morales-Front. 1999. *Fonología generativa contemporánea de la lengua española*. Washington D. C.: Georgetown University Press.

Odden, David. 2022. «Radical Substance-Free Phonology and Feature Learning». *Canadian Journal of Linguistics / Revue Canadienne de Linguistique* 67 (4): 500–51. https://doi.org/10.1017/cnj.2022.10.

Pensado, Carmen. 1997. «On the Spanish Depalatalization of /ɲ/ and /ʎ/ in Rhymes». En *Issues in the Phonology and Morphology of the Major Iberian Languages*, editado por Fernando Martínez-Gil y Alfonso Morales-Front, 595–618. Washington D. C.: Georgetown University Press.

Prince, Alan S. y Paul Smolensky. 2004. *Optimality Theory: Constraint Interaction in Generative Grammar*. Malden: Blackwell. https://doi.org/10.1002/9780470759400. Versión corregida de «Optimality Theory: Constraint Interaction in Generative Grammar». Technical Report CU-CS-696-93. Boulder: University of Colorado at Boulder, 1993.

Proctor, Michael I. 2009. «Gestural Characterization of a Phonological Class: The Liquids». Tesis de doctorado, Yale University. ProQuest (305039426).

Quilis, Antonio. 1993. *Tratado de fonología y fonética españolas*. Madrid: Gredos.

Quilis Sanz, María José. 1998. «Las consonantes [-r] y [-l] implosivas en Andalucía». *Revista de Filología Española* 78 (1–2): 125–56. https://doi.org/10.3989/rfe.1998.v78.i1/2.301.

Real Academia Española y Asociación de Academias de la Lengua Española. 2011. *Nueva gramática de la lengua española. Fonética y fonología*. Madrid: Espasa Libros.

Romera Barrios, Lourdes. 1990. «Problemas teóricos en fonología generativa (Análisis del castellano)». Tesis de doctorado, Universitat de Barcelona. http://hdl.handle.net/10803/1703.

Sagey, Elizabeth C. 1986. «The Representation of Features and Relations in Non-Linear Phonology». Tesis de doctorado, Massachusetts Institute of Technology. http://hdl.handle.net/1721.1/15106. Reed., Nueva York: Garland, 1990.

Santana, Elizabeth. 2006. «Las geminadas en el español habanero: fonotáctica y restricciones». *Signos Lingüísticos* 2 (4): 33–64.

Shepherd, Michael A. 2003. «Constraint Interactions in Spanish Phonotactics: An Optimality Theory Analysis of Syllable-Level Phenomena in the Spanish Language». Tesis de maestría, California State University. https://doi.org/10.7282/T3W9585Q.

Sotiropoulou, Stavroula, Mark Gibson y Adamantios Gafos. 2020. «Global Organization in Spanish Onsets». *Journal of Phonetics* 82: 100995. https://doi.org/10.1016/j.wocn.2020.100995.

Spencer, Andrew. 1996. *Phonology. Theory and Description*. Oxford: Blackwell.

Torreblanca, Máximo. 1989. «El paso de /l/ a /r/ postconsonántica en español». *Hispania* 72 (3): 692–99. https://doi.org/10.2307/343528.

21 DESCRIPCIÓN FONÉTICA DE LAS CONSONANTES RÓTICAS

Travis G. Bradley

21.1 Introducción

En las lenguas, la clase de las consonantes róticas presenta una notable variación fonética, que puede estar condicionada por factores lingüísticos, sociales y geográficos. En el español normativo existen dos róticas, la simple, /ɾ/, y la múltiple, /r/. Ambas se describen tradicionalmente como sonoras y alveolares, pero difieren en su articulación y en el número de contactos de la lengua con los alveolos (Blecua Falgueras 2001, 2008; Hualde 2014, 181; Martínez Celdrán y Fernández Planas 2007, 143–61; Recasens 1991; Recasens y Pallarès 1999; Solé 2002). En su volumen dedicado a la Fonética y Fonología, la *Nueva gramática de la lengua española* de la Real Academia Española y la Asociación de Academias de la Lengua Española propone distinguir terminológicamente entre *percusiva* y *vibrante*. Dado que el movimiento de un cuerpo vibrante ya implica una repetición, resulta que la denominación tradicional *vibrante simple* es una contradicción y *vibrante múltiple,* una tautología (Real Academia Española y Asociación de Academias de la Lengua Española 2011, § 6.8; véase también Blecua Falgueras, Cicres y Gil 2014, 18).

Además de las del español normativo se encuentran numerosas variantes fonéticas de las dos consonantes róticas. En este capítulo, se examinarán, en primer lugar, las características fonéticas, tanto acústicas y perceptivas como articulatorias, de las róticas /ɾ/ y /r/. A continuación, se presentará una descripción de los principales sonidos róticos del español contemporáneo, atendiendo especialmente a las variantes sistemáticas condicionadas por el contexto fonético, puesto que la descripción de las variantes de origen dialectal se aborda en el capítulo 22. La descripción se basará en el análisis acústico de ejemplos auténticos y representativos que provienen de varios corpus del español hablado. Los análisis acústicos se llevaron a cabo mediante el programa Praat (Boersma y Weenink 2023).

Los ejemplos de (1), presentados en Hualde (2014, 183), sirven para ilustrar los contextos silábicos de las róticas en el español normativo (puede verse también el § 23.1.1 de la presente obra). Las dos consonantes se oponen fonológicamente solo en posición intervocálica en interior de palabra (1a), pero están en distribución complementaria [→ § 1.17.3] en otros contextos prevocálicos. La múltiple aparece en posición inicial de sílaba, tanto al principio de una palabra como después de una consonante (1b). La simple se encuentra en la segunda posición de un grupo consonántico tautosilábico [→ § 1.21.8] y también en posición final de palabra ante vocal, donde se resilabifica como ataque (1c) [→ § 1.21.8, § 24.3]. Las róticas están en variación no contrastiva en posición final de sílaba (1d).

(1)   a. Contraste entre /ɾ/ y /r/   V._V   entre vocales
                                            /ka.ɾo/ frente a /ka.ro/

       b. Solo /r/   #_   inicial de palabra
                                              /ro.ka/
                                            C._   después de una consonante en sílaba distinta
                                            /al.re.de.doɾ/, /en.re.do/, /is.ra.e.li.ta/

  c. Solo /ɾ/   C_   después de una consonante en la misma sílaba
                                           /bɾo.ma/, /gɾa.mo/
                                           V._#V   final de palabra ante vocal
                                           /se.ɾ a.mi.gos/
  d. Rótica variable (más frecuentemente [ɾ])   V_C   ante consonante
                                           /paɾ.te/ [paɾ.te ~ paɾ.t̪e]
                                           V_#C   final de palabra ante consonante
                                           /seɾ. po.e.ta/ [seɾ. po.e.t̪a ~ ser. po.e.t̪a]
                                           V_##   final de palabra ante pausa
                                           /se.ɾ o. no. seɾ/ [se.ɾ o. no. seɾ ~ se.ɾ o. no. ser]

En la Tabla 1 se presenta un inventario de las realizaciones fonéticas de las consonantes róticas del español, dejando de lado, por el momento, los contextos fonéticos que las condicionan. Aunque en el Alfabeto Fonético Internacional [→ § 1.15.2] existe un único símbolo para la rótica aproximante alveolar [ɹ], en el presente capítulo se distingue, además, entre dos categorías de dicha aproximante alveolar en función de la duración segmental relativa: [ɹ] suele ser más larga (de 30 a 90 ms) y [ɾ̞] suele ser más breve (de 20 a 25 ms).

21.2 Características fonéticas de las consonantes róticas

Este apartado tiene como objetivo esbozar las características fonéticas de las consonantes róticas del español contemporáneo. Para una discusión mucho más detallada de estos sonidos en el español peninsular, véase Martínez Celdrán y Fernández Planas (2007, 143–61), donde se describen sus propiedades articulatorias, acústicas y perceptivas tanto en los registros formales como en el habla espontánea. En Blecua Falgueras (2001, 2008) se presenta un pormenorizado estudio acústico de dos hablantes del español peninsular en estilo formal. Blecua Falgueras y Cicres (2019) documentan la variación fonética en contextos posnucleares en un estudio acústico con seis hablantes peninsulares en habla espontánea (véanse también Cicres y Blecua Falgueras 2015; Blecua Falgueras, Cicres y Gil 2014). La primera aplicación de la ecografía [→ § 1.7] al estudio de la articulación lingual en las líquidas se encuentra en el trabajo de Proctor (2009, 46–120, 2011), en el que se analizan las realizaciones de hablantes de varios dialectos americanos. Pueden encontrarse informaciones detalladas sobre las características fonéticas de las róticas en español en de-la-Mota (1991), Dorta y Almeida (1993), Gibson (2015), Lewis (2003), Martínez Celdrán (1997), Martínez Celdrán y Rallo (1995), Massone (1988), Navarro Tomás (1918), Obediente, Mora Gallardo y Rodríguez Hourcadette (1994), Quilis (1997), Quilis y Vaquero de Ramírez (1989) y Real Academia Española y Asociación de Academias de la Lengua Española (2011, § 6.8, § 6.9, § 6.10).

Tabla 1 *Inventario de las realizaciones fonéticas de las róticas*

Realizaciones fonéticas de /ɾ/		Realizaciones fonéticas de /r/	
[ɾ]	oclusiva	[r]	múltiple
[ɾ̞]	aproximante (breve)	[ɹ̝]	fricativa
[ɾ̆]	reducida	[ɹ̝̊]	fricativa ensordecida
[Ø]	elidida	[ɹ]	aproximante (larga)
[r]	múltiple	[ɾ̞]	aproximante (breve)
[r̥]	múltiple ensordecida	[ɾɹ], [rɹ]	rótica seguida de fase aproximante
[ɹ̝]	fricativa	[ɦɾ], [ɦr]	rótica precedida de voz murmurada
[ɹ̝̊]	fricativa ensordecida	[ẓ]	fricativa retrofleja sonora
[ɹ]	aproximante (larga)	[ṣ]	fricativa retrofleja sorda
[ṣ]	fricativa retrofleja sorda	[ɻ]	aproximante (larga) retrofleja
[ɻ]	aproximante (larga) retrofleja	[x]	fricativa velar sorda
[l]	lateral	[ʁ]	fricativa uvular sonora
[i̯]	paravocálica	[χ]	fricativa uvular sorda
[ɦ], [h]	aspirada		

21.2.1 Propiedades acústicas y perceptivas

La rótica simple /ɾ/ se caracteriza por un período de constricción sumamente corto. En las descripciones acústicas de la /ɾ/ intervocálica en el español peninsular se señalan duraciones medias de 23 ms (Blecua Falgueras 2001, § 3.3.3.1) y de 20 ms (Quilis 1981, 292). Desde una perspectiva tipológica, Dickey (1997) afirma que se trata de «a quick coronal interruption of surrounding segments» (141). Se observa, además, que la /ɾ/ aparece preferiblemente entre vocales y se evita en las fronteras de palabra para poder mantener la sonoridad y aumentar la perceptibilidad del segmento (Dickey 1997, 96).

Aun cuando la /ɾ/ aparece fuera del contexto intervocálico, se puede constatar que esta rótica se realiza preferentemente cuando está rodeada de períodos de mayor energía acústica. Así, en español, la /ɾ/ no se da a principio de palabra, como se observa en (1b). Cuando se pronuncia en posición final ante pausa y en los grupos consonánticos, suele aparecer junto con un elemento vocálico [→ § 1.6.4] o vocal intrusiva (por ejemplo, [Vɾᵊ##], [CᵊɾV] y [VɾᵊC]), cuya estructura formántica se asemeja a la del núcleo vocálico adyacente a la rótica [→ § 21.3.1, § 21.3.2].

En un estudio experimental sobre la percepción de los grupos /ɾC/ en el español peninsular, Romero Gallego (2008) observa que la presencia de la vocal intrusiva intermedia favorece que se perciba la rótica, aunque no es condición imprescindible para su correcta identificación. Los oyentes son capaces de percibir una /ɾ/ en ausencia del fragmento vocálico siempre y cuando la duración del gesto lingual sea lo suficientemente corta (Romero Gallego 2008, 67; véase también Ramírez Vera 2006).

A diferencia de la rótica simple, la /r/ múltiple tiene una duración prolongable. Para el español peninsular, la duración media de la /r/ intervocálica identificada por Quilis (1981, 292) es de 85 ms con tres contactos linguales, mientras que Blecua Falgueras (2001, § 3.4.1.1) apunta una duración de 64 ms con dos contactos. En el español mexicano, Harris (1983, 62) observa que la /r/ se puede pronunciar con dos y hasta 10 vibraciones, aunque las realizaciones más largas son típicas del habla enfática. Desde el punto de vista perceptivo, la rótica múltiple posee una estructura acústica intrínsecamente prominente que consta de una alternancia entre fases de cierre y fases de abertura (Blecua Falgueras 2001, § 3.4.1).

Otra diferencia entre las róticas reside en que la /r/ múltiple puede ejercer mayores efectos coarticulatorios [→ § 1.6.8] sobre las vocales adyacentes. Navarro Tomás ([1918] 1972) señala una variante abierta de las vocales no bajas en contacto con la rótica múltiple (véanse también Monroy [1980] y Skelton [1969], quienes aportan informaciones no coincidentes, además del § 2.5.2 y el § 4.4.1 de la presente obra). Morrison (2004) recoge una variante abierta y retraída de la vocal media anterior /e/ ante /r/ intervocálica y después de /r/ inicial de palabra en el español peninsular (por ejemplo, *p*[ę]*rro* y *r*[ę]*ta*), fenómeno que se explica como un efecto de la coarticulación: «the tip of the tongue is raised and the tongue dorsum lowered in order to articulate the apicoalveolar trill, and this tongue configuration affects the articulation of the vowel» (34). Se ha demostrado que los oyentes pueden identificar correctamente una rótica intervocálica como simple o como múltiple a partir de los indicios acústicos presentes en la vocal precedente (Julie A. Lewis 1999).

Existen variantes aproximantes y fricativas [→ § 1.6.3] de las dos róticas en las variedades del español, tanto peninsulares como hispanoamericanas (Blecua Falgueras 2001, 2008; Blecua Falgueras y Cicres 2019; Bradley 2004, 2006a; Colantoni 2001, 2006a, 2006b; Martínez Celdrán y Fernández Planas 2007, 160; Quilis y Blanco Carril 1970). Basándose en un análisis acústico de la /r/ inicial de sílaba en el español argentino, Colantoni (2006a, 2006b) sugiere que las realizaciones aproximantes y fricativas se sitúan a lo largo de un continuo fonético en función de la periodicidad. En el análisis espectrográfico, las aproximantes se caracterizan por su energía periódica, rasgo que comparten con la rótica múltiple, mientras que las fricativas presentan ruido aperiódico [→ § 1.11.2]. En algunos casos las dos propiedades se combinan dentro de la misma realización rótica (véase el § 21.3.3).

A pesar de la gran variedad de realizaciones acústicas, las formas canónicas, o más frecuentes, de la /ɾ/ simple y la /r/ múltiple del español normativo comparten un componente perceptivo común. Siempre hay una breve oclusión sonora situada entre dos períodos vocálicos y, en la múltiple, se repite esta estructura más de una vez (Blecua Falgueras 2008, 28; véase también Martínez Celdrán y Rallo 1995). Las variantes aproximantes, fricativas y elididas se pueden explicar «por una tendencia al mínimo esfuerzo articulatorio por parte del hablante siempre que se mantengan los indicios suficientes para que el oyente consiga discriminar el sonido» (Blecua Falgueras 2008, 29), de acuerdo a la teoría de la variabilidad adaptativa desarrollada por Lindblom (1990).

21.2.2 Propiedades articulatorias

Las dos consonantes róticas del español normativo son sonoras y alveolares, pero difieren en su articulación y en el número de contactos linguales. La articulación de la rótica simple /ɾ/ requiere un gesto articulatorio balístico, con un único contacto breve entre el ápice de la lengua y la cresta alveolar (Hualde 2014, 181; Ladefoged [1975] 1993, 168). Para que el gesto se realice con éxito, las fases intensiva y distensiva deben sucederse satisfactoriamente: el ápice de la lengua se desplaza de la posición neutra [→ § 1.6.6] para ganar la velocidad suficiente y luego, para conseguir que el contacto sea breve, se ha de alejar rápidamente del punto de constricción (Inouye 1995, 55–56).

En un estudio llevado a cabo mediante electromagnetometría [→ § 1.7], Romero Gallego (1996) pone de manifiesto que la /ɾ/ se realiza como lo que se denomina *flap* en inglés: el ápice se levanta un poco hacia atrás antes de adelantarse para que se realice el contacto alveolar, y luego vuelve a su posición de reposo. En los grupos /ɾd/ los gestos linguales de la rótica y de la dental se producen secuencialmente, y el intervalo entre las constricciones alveolar y dental es responsable de la formación de la vocal intrusiva (Romero Gallego 2008, 67–68), mientras que en /ld/ hay una sola constricción intermedia entre los dientes y los alveolos, sin vocal intrusiva. En ciertos dialectos y estilos de habla también se observan casos de coarticulación en los grupos consonánticos con /ɾ/ (véanse el § 21.3.1 y el § 21.3.2) [→ § 1.6.8]. Bradley (1999, 2004, 2006b) propone un análisis teórico, basado en datos acústicos, según el cual el solapamiento temporal de los gestos articulatorios adyacentes da lugar a las realizaciones de los grupos /ɾC/ y /Cɾ/ sin vocal intrusiva intermedia, con fricación y ensordecimiento de la rótica. En otro estudio más reciente basado en la electromagnetometría, Gibson *et al.* (2019) señalan que, en el español peninsular, el intervalo entre las constricciones adyacentes es más largo en /Cɾ/ que en /Cl/, y que la rótica simple consta de dos movimientos linguales: «a first tongue back-lowering gesture followed by a forward gesture of the tongue tip» (23). Lo que se desprende de estos estudios es que la asimetría entre /ɾ/ y /l/ se debe a la mayor velocidad del movimiento del ápice en la primera.

A diferencia del gesto balístico de la rótica simple, la /r/ múltiple requiere un gesto más preciso para crear las condiciones aerodinámicas que favorecen la vibración pasiva del ápice de la lengua, produciéndose dos o más contactos breves (Catford 1977, 130; Ladefoged y Maddieson 1996, 217–18). Las dos róticas se distinguen acústicamente por el número de contactos linguales y por la duración segmental, pero, desde una perspectiva articulatoria, la múltiple no es una repetición del gesto lingual de la simple, sino que se producen vibraciones pasivas por el efecto Bernoulli (Martínez Celdrán y Fernández Planas 2007, 147–51; Recasens 1991; Recasens y Pallarès 1999) [→ § 1.3]. Es más, la técnica electropalatográfica [→ § 1.7] permite identificar pequeñas diferencias en los contactos linguales. En el contexto intervocálico son alveolares en la /ɾ/, pero son postalveolares en la /r/ (Martínez Celdrán y Fernández Planas 2007, 151–56). La misma asimetría que caracteriza la coarticulación de las róticas intervocálicas en el nivel acústico se observa también en el nivel articulatorio. La múltiple presenta mayor estabilidad en los contactos linguales que la simple, la cual «es más proclive a experimentar efectos coarticulatorios de las vocales adyacentes» (151).

Basándose en una investigación sobre la relación entre la presión orofaríngea, el flujo de aire y la vibración lingual, Solé (2002) afirma que la /r/ múltiple impone restricciones aerodinámicas estrictas sobre la presión orofaríngea para que las vibraciones de la lengua y de las cuerdas vocales se produzcan simultáneamente. Mínimos cambios en la presión pueden conllevar la pérdida de la vibración lingual, de la sonoridad, o de ambas. Varios investigadores recurren a una explicación aerodinámica para describir la innovación que suponen algunas variantes no normativas de la /r/. El lector interesado puede consultar los trabajos de Colantoni (2006a, 2006b) sobre las aproximantes y fricativas en el español argentino, de Willis y Bradley (2008) sobre las róticas precedidas de voz murmurada en el español dominicano, y de Bradley y Willis (2012) sobre las róticas seguidas de fase aproximante en el español de Veracruz (México).

En un estudio experimental de la pronunciación de las líquidas por hablantes de varios dialectos hispanoamericanos, Proctor (2009, 46–120, 2011) utiliza la técnica ecográfica (también conocida como 'ultrasonido') [→ § 1.7] para visualizar el movimiento del dorso de la lengua. Los resultados sugieren que las dos róticas, al igual que la líquida lateral /l/, tienen en común un gesto dorsal además del gesto apical (cf. /d/, que tiene solo un gesto apical; véase el § 9.2.3 de la presente obra). Así, se confirma que las líquidas son articulaciones complejas con un gesto apical principal coordinado con un gesto dorsal secundario. Tanto la /ɾ/ como la /r/ constan de un gesto apical que requiere una constricción estrecha en la zona alveolar, aunque la constricción es más rápida para la rótica simple. La diferencia principal estriba en que el gesto dorsal secundario conlleva una constricción que es uvular en la /ɾ/, pero que es uvular-faríngea en la /r/. Esta diferencia podría explicar por qué el punto de articulación de la constricción apical es más posterior en la /r/ que en la /ɾ/ (Martínez Celdrán y Fernández Planas 2007, 151–56). El movimiento del dorso puede influir en el movimiento del ápice y viceversa, dado que ambos forman parte del mismo articulador lingual. Según Proctor, la presencia del gesto dorsal secundario es la responsable de que se produzca la vocal intrusiva que aparece con la rótica simple en contextos no intervocálicos. Las variantes laterales y paravocálicas de la /ɾ/ posnuclear en el español caribeño (véase el § 21.3.2) se explican como resultado de los cambios en la realización de los gestos coordinados de la rótica. Además, la coproducción del gesto dorsal de las róticas con el gesto dorsal de las vocales adyacentes puede explicar los efectos coarticulatorios que se observan en los márgenes vocálicos (véase Bradley [2011], sobre los cambios vocálicos en los contextos róticos en el iberorrománico).

21.3 Realizaciones fonéticas de las consonantes róticas

Tanto la consonante rótica simple como la múltiple presentan en español un buen número de realizaciones fonéticas cuyas características y distribución se exponen en los siguientes subapartados.

21.3.1 La rótica simple en posición prenuclear

La rótica simple aparece en posición prenuclear, es decir, antes del núcleo de la sílaba a la que pertenece, en contexto intervocálico y en la segunda posición de un grupo consonántico tautosilábico, como se aprecia en (1a, c). Se analizarán aquí sus realizaciones fonéticas, en primer lugar en el contexto intervocálico y, a continuación, en los grupos consonánticos.

Se observan varias realizaciones de la /ɾ/ entre vocales. En la variedad centro-norteña del español peninsular, Blecua Falgueras (2001, § 3.3, 2008) identifica un continuo fonético de realizaciones basado en el grado de constricción del contacto lingual. Bradley y Willis (2012) encuentran realizaciones semejantes en la variedad del español hablado en Veracruz (México), lo cual sugiere que se trata de realizaciones fonéticas generales en el español contemporáneo (para el español dominicano, véase Willis y Bradley [2008]). Los ejemplos presentados en las Figuras 1 a 4 forman parte de un corpus de grabaciones realizadas por el profesor John Dalbor, de la Pennsylvania State University, en 25 regiones distintas del mundo hispanohablante durante las décadas de 1970 y 1980. La Figura 1 muestra un ejemplo de la rótica aproximante sonora [ɹ], cuya duración se indica en milisegundos (ms) encima del símbolo fonético en la palabra *pero*. En esta realización, se aprecia una barra de sonoridad, una estructura formántica continua y energía periódica en el oscilograma durante el breve contacto lingual (véase el capítulo 1 para una explicación de todos estos conceptos).

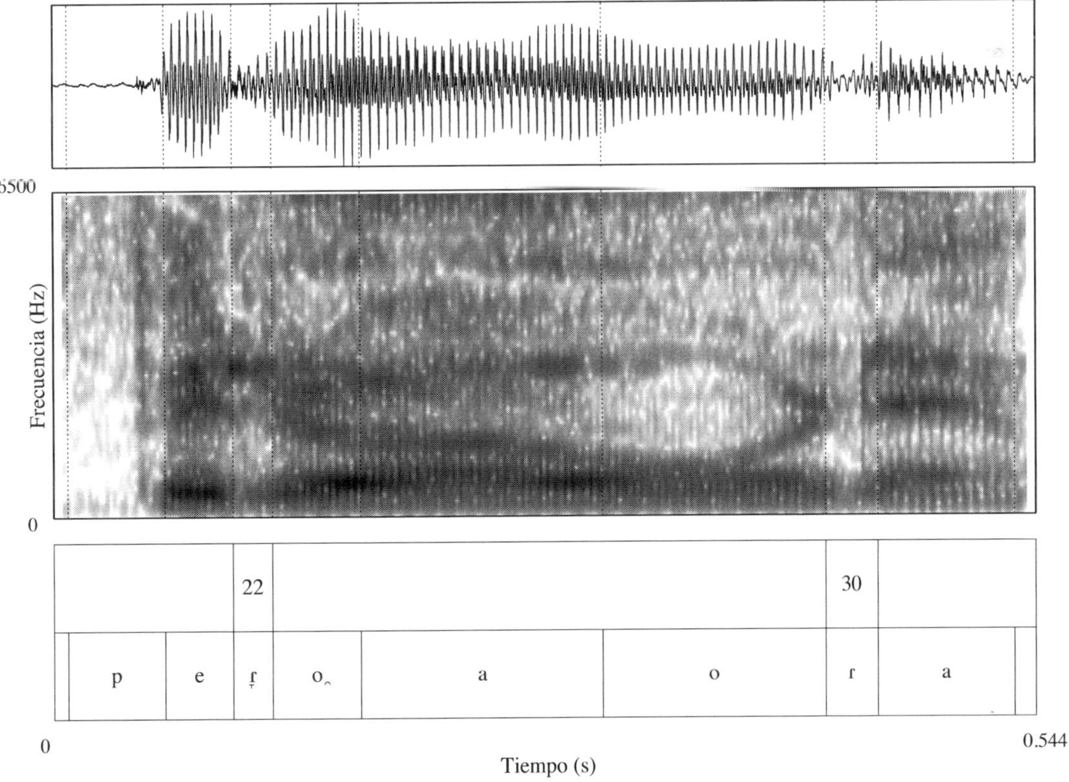

FIGURA 1. Oscilograma y espectrograma de la secuencia *pero ahora*. Realizaciones de la /ɾ/ intervocálica como aproximante y oclusiva. Variedad de Veracruz (México).

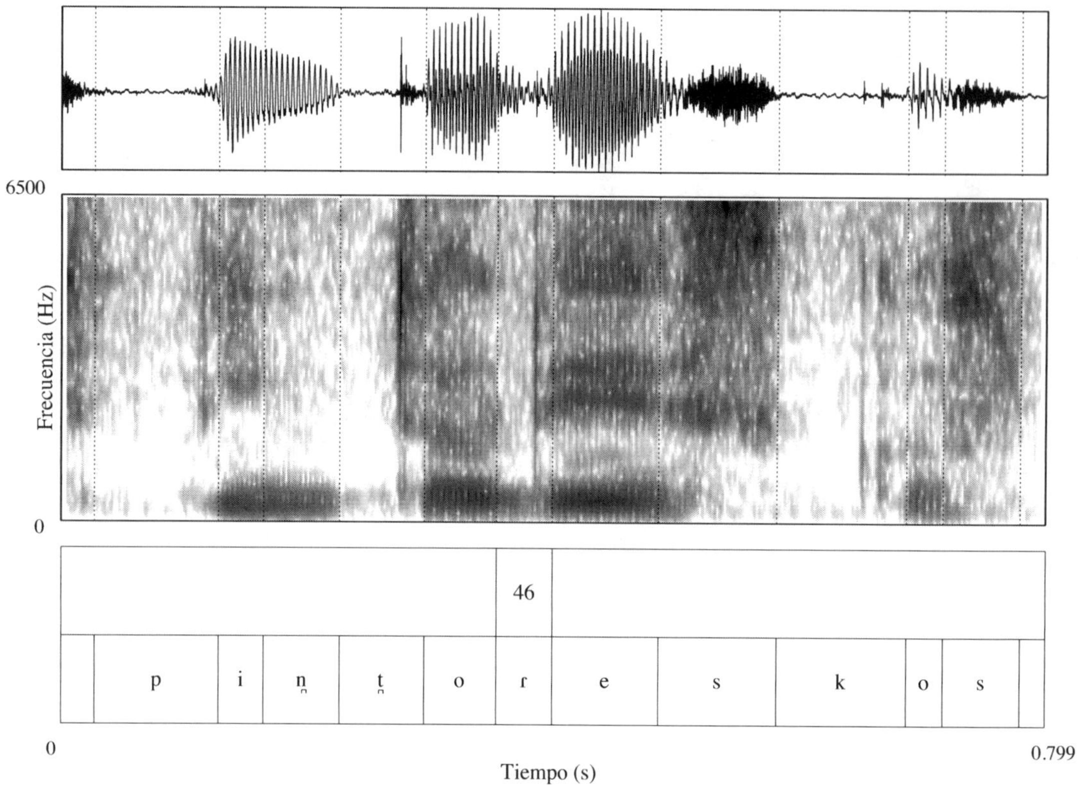

FIGURA 2. Oscilograma y espectrograma de la secuencia *pintorescos*. Realización de la /ɾ/ intervocálica como oclusiva. Variedad de Veracruz (México).

Las róticas en *ahora* de la Figura 1 y en *pintorescos* de la Figura 2 se caracterizan como sonoras por las ondas periódicas en el oscilograma y como oclusivas por la interrupción en el movimiento de los formantes durante el contacto lingual. Este tipo de realización contiene una barra de explosión en el margen derecho de la oclusión. La barra de explosión aumenta la duración del segmento entero en comparación con la realización aproximante (30 ms y 46 ms frente a 22 ms). Aunque no siempre se encuentra en las realizaciones oclusivas, la existencia de una barra de explosión apoya la clasificación fonética de esta variante como oclusiva. Para la distribución geolectal de la variante oclusiva o percusiva [→ § 1.6.4] véase el § 22.2.1.

La Figura 3 presenta, entre paréntesis, una variante reducida en la palabra *ahora*, que se puede transcribir también como una rótica simple en superíndice [ɾ]. Las fronteras entre la rótica y las vocales adyacentes son difíciles de establecer de manera precisa, así que en la figura no se indica la duración de la aproximación lingual. La amplitud de la onda sonora decae gradualmente entre la vocal precedente y la rótica y luego aumenta en la vocal siguiente. Además, se observa una ligera pérdida de intensidad de los formantes a lo largo de la aproximación lingual.

Finalmente, la rótica simple se puede elidir por completo en el contexto intervocálico. En la Figura 4, se muestra un ejemplo de elisión completa en el cual ya no es posible identificar ningún indicio acústico de la segunda /ɾ/ en la palabra *preparados*. La rótica simple puede elidirse en otros contextos silábicos, por ejemplo en los grupos consonánticos prenucleares y en posición posnuclear, aunque aquí no se proporcionarán ejemplos (véase Blecua Falgueras [2001, § 2.4.2], para el español peninsular). Para la distribución geolectal de la variante elidida, véanse el § 22.2.10 y el § 23.2.4.

Los datos que se presentan a continuación se basan en la descripción fonética y fonológica de los grupos consonánticos en posición prenuclear en varios dialectos realizada por Bradley (2006b). Estos grupos constan de una obstruyente /p t k b d g f/ seguida de una líquida /l/ o /ɾ/, con algunas excepciones: /dl/ no se observa en ningún dialecto, mientras que /tl/ es una combinación propia únicamente de algunos dialectos hispanoamericanos (Hualde 2014, 60–61) [→ § 9.5.1, § 10.2.5]. Desde hace mucho tiempo se ha observado en la bibliografía sobre fonética del español que la rótica simple /ɾ/ suele ir acompañada de un elemento vocálico que aparece entre el momento de contacto lingual y la consonante precedente (Gili Gaya 1921; Lenz 1892; Malmberg 1965; Navarro Tomás 1918; Quilis 1970). En los ejemplos de (2), este elemento se representa en transcripción estrecha como una *schwa* en superíndice [ə], pero suele tener una

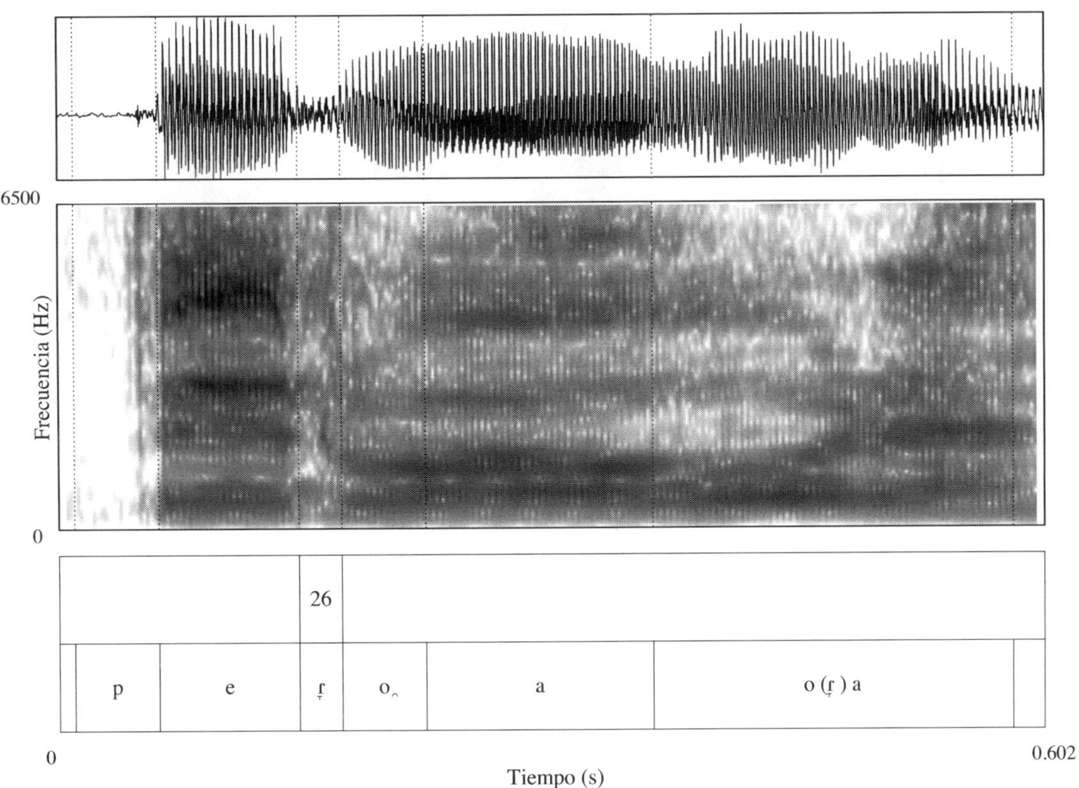

FIGURA 3. Oscilograma y espectrograma de la secuencia *pero ahora*. Realizaciones de la /ɾ/ intervocálica como aproximante y reducida. Variedad de Veracruz (México).

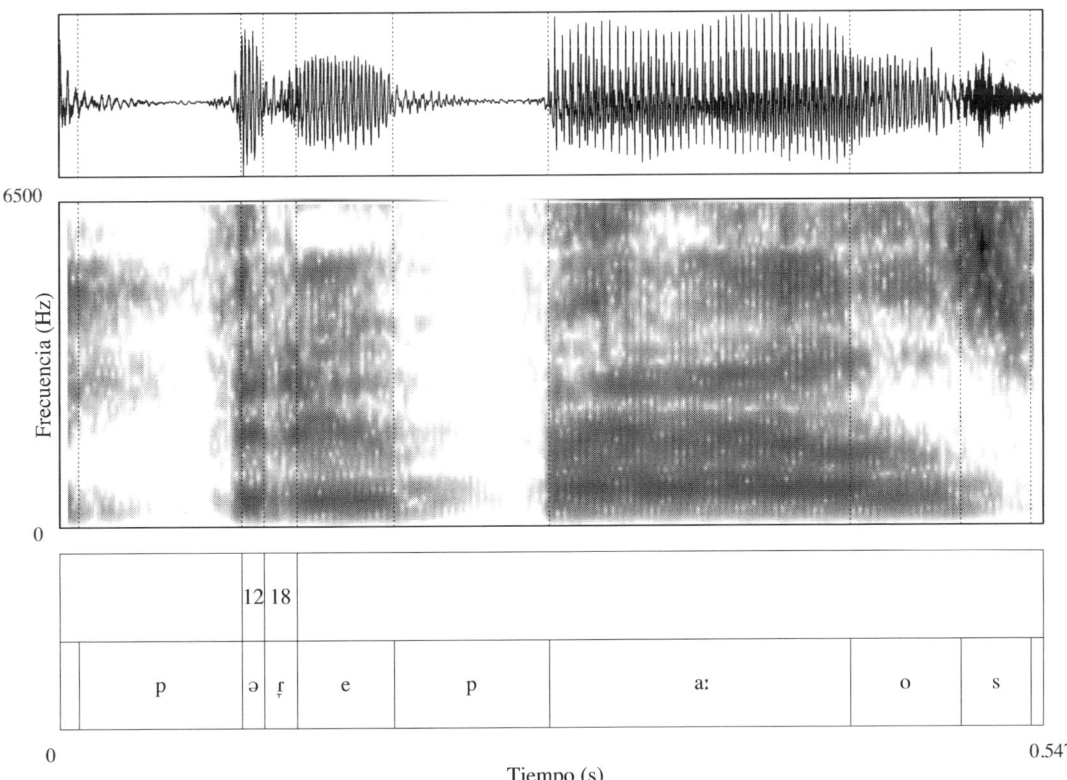

FIGURA 4. Oscilograma y espectrograma de la secuencia *preparados*. Elisión completa de la /ɾ/ intervocálica. Variedad de Veracruz (México).

estructura formántica semejante, aunque no idéntica, a la del núcleo vocálico que aparece a la derecha de la rótica simple (Blecua Falgueras 2001, § 3.1.4.3; Quilis 1981, 296–300).

(2) **pr**onto   [pᵊɾ]
     fresco   [fᵊɾ]
     tres   [t̪ᵊɾ]
     gracias   [gᵊɾ]

El elemento vocálico se conoce por muchos términos, por ejemplo, 'elemento esvarabático', 'parásito', 'epentético', o 'de transición' [→ § 1.6.4, § 18.2.2]. Para poner de relieve que no se trata de un verdadero núcleo vocálico, se utilizará la denominación 'vocal intrusiva' (Hall 2006).

En un estudio tipológico sobre las vocales intrusivas, Hall (2006) presenta argumentos a favor de la distinción entre vocales epentéticas, que se comportan como núcleo silábico en los procesos fonológicos, y vocales intrusivas, que resultan de la separación fonética de gestos articulatorios adyacentes. Para el español, se puede demostrar que las vocales intrusivas son fonológicamente invisibles, en el sentido de que nunca se cuentan en la asignación del acento ni en la formación de palabras en jerigonza, una variante lúdica del habla. Para más detalles, véase Bradley (2006b, 30).

Una de las características más sobresalientes de las vocales intrusivas reside en su notable variabilidad en lo que se refiere a la duración. En el caso del español peninsular, Gili Gaya (1921) constata que

> la duración del elemento vocálico intermedio es muy variable aun en una misma palabra repetida varias veces por un solo individuo. Esta poca fijeza depende, probablemente, de la rapidez o lentitud de la pronunciación y del hecho de no tener conciencia de la existencia de este sonido intermedio, que alcanza, sin embargo, en la mayoría de nuestros casos una duración superior a la de la misma <r> (278–79).

Malmberg (1965, 10, 35) observa que la duración de la vocal intrusiva muchas veces se aproxima a la de una vocal átona. En algunos casos, la vocal intrusiva ha dado lugar a una vocal lexicalizada que es idéntica al núcleo vocálico a la derecha de la rótica simple, tal como se puede apreciar en los ejemplos que se recogen en (3) (Gili Gaya 1921, 280; Quilis 1981, 300).

(3) peréces   < preces
     tarabilla   < trabilla
     corónica   < crónica
     chácara   < chacra
     gurupa   < grupa
     tíguere   < tigre

Quilis (1970) observa una variabilidad semejante en la duración de las vocales intrusivas que aparecen en los grupos consonánticos /Cɾ/, las cuales oscilan entre los 8 ms y los 56 ms. El promedio de la duración de las vocales intrusivas es de 29 ms, mientras que el del contacto lingual de la rótica es de 20 ms. En la variedad centro-norteña del español peninsular, Blecua Falgueras (2001) encuentra que la duración media de las vocales intrusivas en /Cɾ/ es considerablemente más larga que la de la rótica (27,9 ms frente a 20,5 ms). La desviación típica de la duración media de la vocal intrusiva es mayor que la de la rótica (9 ms frente a 5,4 ms), lo cual sugiere que existe mayor variabilidad por lo que se refiere a la primera. Colantoni y Steele (2005) constatan la misma variabilidad en la duración de las vocales intrusivas en el español de Buenos Aires (Argentina) —de 20 ms a 47 ms—. Por tanto, el fenómeno parece ser omnipresente en los dialectos del español contemporáneo, y también se observa en otras lenguas con /ɾ/ y con otras consonantes sonantes (véase Hall 2006).

En la duración de las vocales intrusivas parecen influir otros factores, pero algunos de los resultados obtenidos en diversos estudios son contradictorios. Las medidas de duración presentadas en Gili Gaya (1921) sugieren que la vocal intrusiva en /CrV/ es más larga cuando la secuencia aparece en posición inicial de palabra, cuando la primera consonante es dorsal y cuando la vocal es tónica. Blecua Falgueras (2001) encuentra vocales intrusivas más largas después de consonantes sonoras y dorsales. Basándose en datos del español madrileño, Schmeiser (2006) confirma los resultados de Blecua Falgueras, pero no observa efectos significativos con respecto a la posición del grupo consonántico dentro de la palabra ni a la presencia del acento. Para el español de Buenos Aires, Colantoni y Steele (2005) señalan que las vocales intrusivas son significativamente más largas después de consonantes sonoras, después de dorsales y en sílabas tónicas, pero los grupos consonánticos muestran vocales intrusivas más largas en interior de palabra que en posición inicial. Puesto que se trata de un fenómeno caracterizado por una gran variabilidad, es de esperar que existan discrepancias entre los resultados de los estudios empíricos, las cuales se pueden deber a divergencias entre hablantes y entre dialectos distintos.

A diferencia de lo que sucede con el grupo /Cr/, no se observan vocales intrusivas en los grupos consonánticos compuestos de obstruyente más líquida lateral. Numerosos estudios fonéticos documentan la presencia de vocales intrusivas en los grupos /Cr/, que están sistemáticamente ausentes en /Cl/ (véase el § 21.2.2 para una explicación articulatoria basada en la velocidad del movimiento lingual). Algunos investigadores consideran que la vocal intrusiva es una parte intrínseca de la rótica simple, lo cual explica su ausencia en los contextos con líquida lateral. Por ejemplo, Gili Gaya (1921) afirma que la rótica simple «es un sonido vocálico interrumpido por una oclusión alveolar, sonora, más o menos intensa» (279). Además, se constata una asimetría en el número de ejemplos del desarrollo diacrónico de las vocales lexicalizadas en los grupos consonánticos. En la mayoría de los ejemplos aducidos por Malmberg (1965) y Quilis (1981), /r/ es la segunda consonante del grupo, como se aprecia también en (3). El único ejemplo con /Cl/ es *Ingalaterra < Inglaterra.* En cuanto al español de Buenos Aires, Colantoni y Steele (2005) demuestran que los grupos con líquida lateral carecen habitualmente de vocal intrusiva.

Los oscilogramas y espectrogramas de las Figuras 5 a 8 ilustran las realizaciones de los grupos consonánticos en posición prenuclear. Los ejemplos provienen del corpus de grabaciones realizadas por el profesor John Dalbor, de la Pennsylvania State University, el mismo corpus consultado por Bradley (2006b). Aquí se presentan pronunciaciones representativas de una hispanohablante de La Paz, Bolivia. En las Figuras 5 a 7 puede apreciarse que el contacto lingual de la /ɾ/ queda separado de la obstruyente precedente por la inserción de una vocal intrusiva de duración variable, que se transcribe como [ə] en todas las figuras. La vocal intrusiva reproduce parcialmente la estructura formántica del núcleo vocálico a la derecha del contacto lingual de la rótica. A diferencia de /Cɾ/, el grupo [βl] de la Figura 8 se realiza como una secuencia de dos constricciones contiguas sin fragmento vocálico interpuesto.

Hasta este punto, la descripción de las vocales intrusivas ha puesto de manifiesto que los grupos consonánticos /Cɾ/ se realizan a lo largo de un continuo de duración intersegmental en función de la separación fonética entre las dos

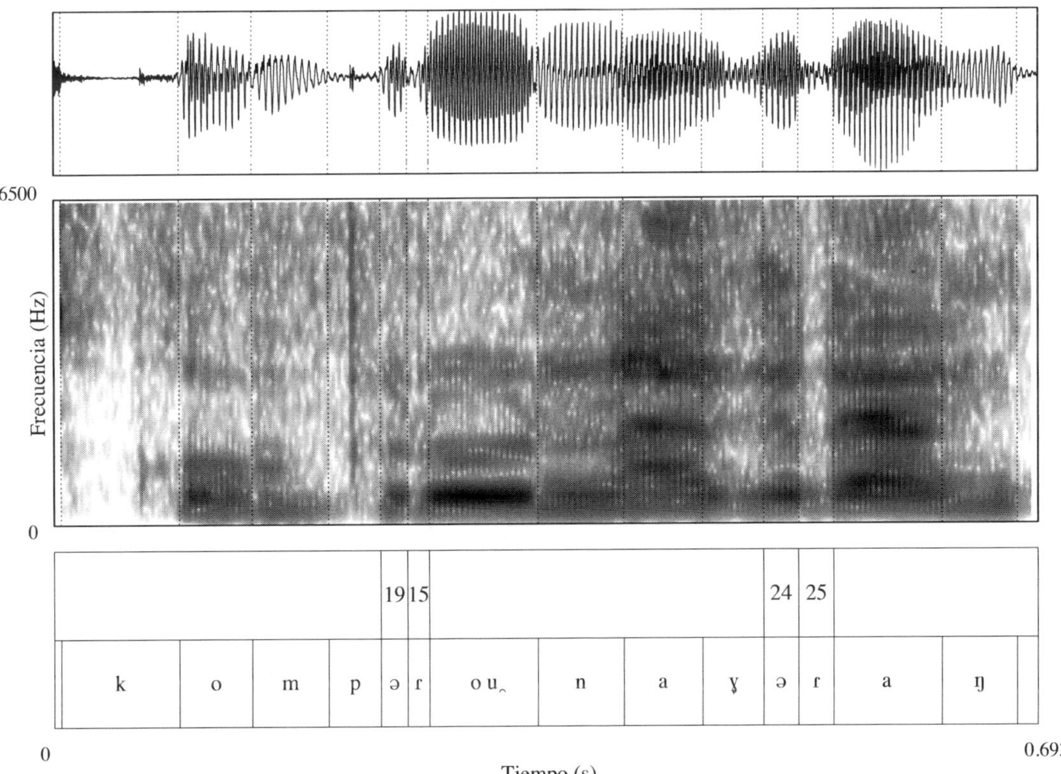

FIGURA 5. Oscilograma y espectrograma de la secuencia *compró una gran.* Realización de la /ɾ/ en grupo consonántico prenuclear como oclusiva precedida de una vocal intrusiva. Variedad de La Paz (Bolivia).

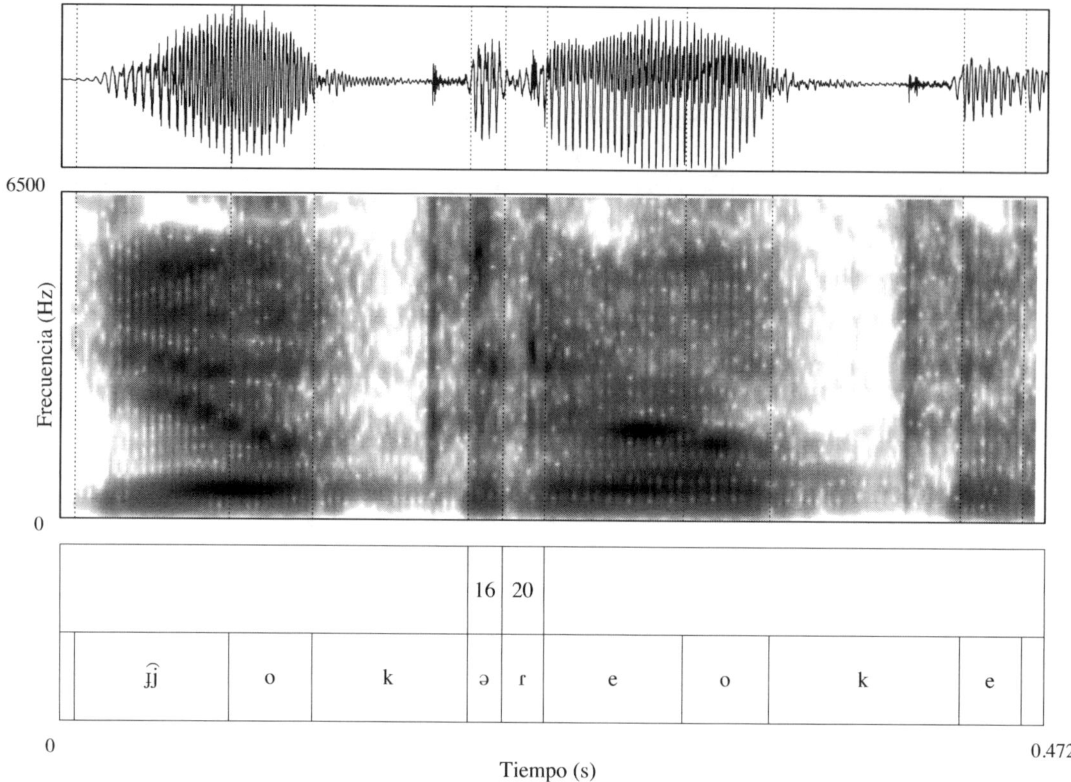

FIGURA 6. Oscilograma y espectrograma de la secuencia *yo creo que*. Realización de la /ɾ/ en grupo consonántico prenuclear como oclusiva precedida de una vocal intrusiva. Variedad de La Paz (Bolivia).

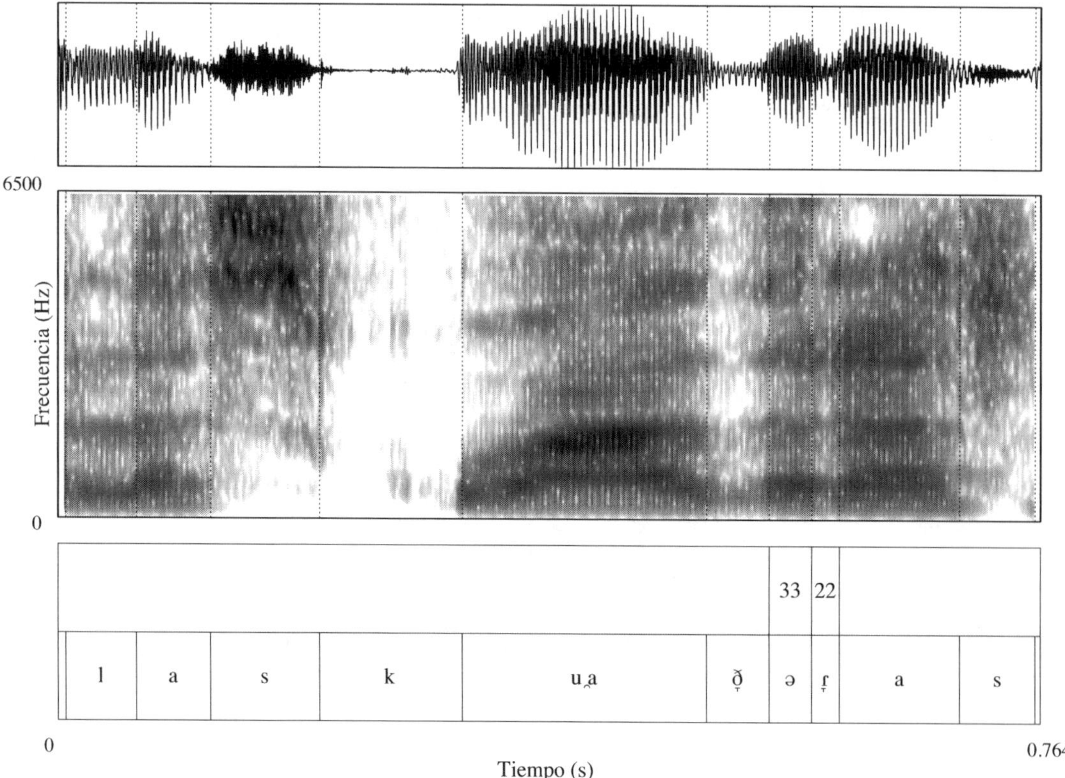

FIGURA 7. Oscilograma y espectrograma de la secuencia *las cuadras*. Realización de la /ɾ/ en grupo consonántico prenuclear como aproximante precedida de una vocal intrusiva. Variedad de La Paz (Bolivia).

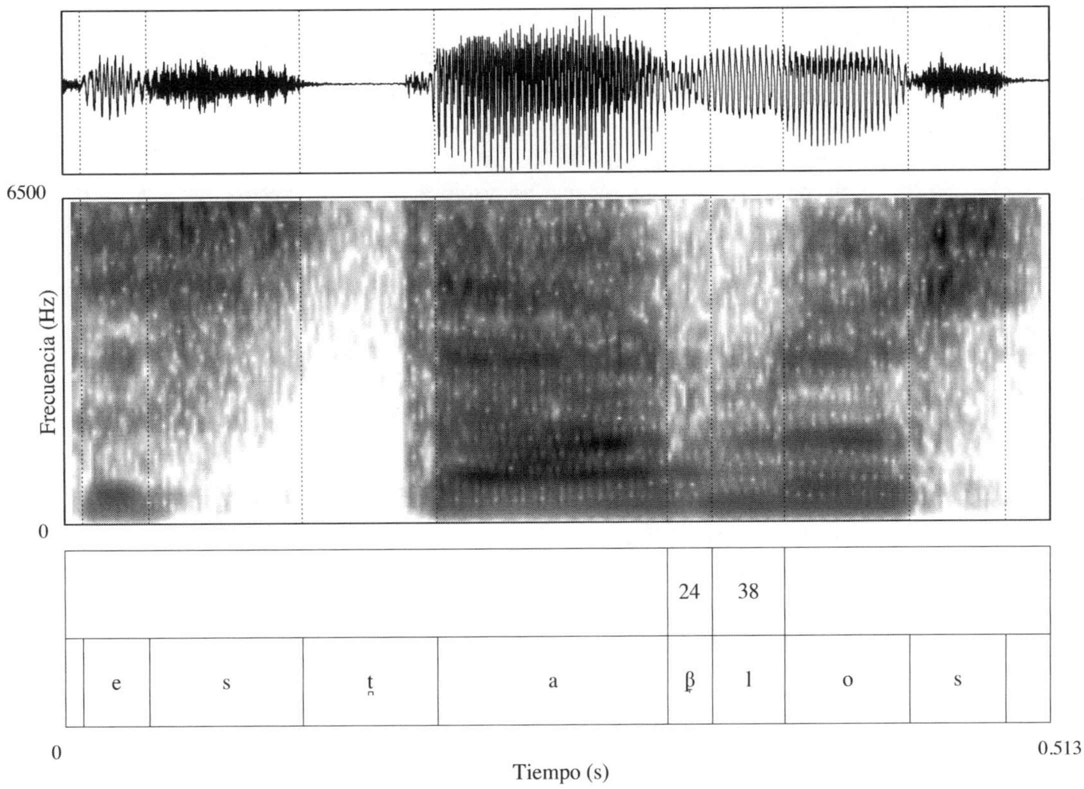

FIGURA 8. Oscilograma y espectrograma de la secuencia *establos*. Realización de la /l/ en grupo consonántico prenuclear sin vocal intrusiva. Variedad de La Paz (Bolivia).

consonantes. En el otro extremo del continuo se hallan las realizaciones que se pueden caracterizar como casos de coarticulación [→ § 1.6.8]. Los ejemplos de (4) provienen de Alonso García (1925, 176, 185–88) y son representativos de las variedades del español peninsular habladas en los años veinte cerca de Álava, Navarra, La Rioja y Aragón. Alonso García utiliza los símbolos [ɹ] y [ɹ̥] para representar las variantes sonora y ensordecida de la rótica fricativa. Siguiendo las convenciones del Alfabeto Fonético Internacional [› § 1.15.2], se incluye aquí el diacrítico [ɹ] bajo el símbolo rótico para indicar la posible presencia de fricción durante el período de constricción.

(4) apretar   [pɹ̥̩]
     hombre   [bɹ̩]
     otro   [tɹ̥̩]
     vendrá   [dɹ̩]
     padre   [ð̞ɹ̩]
     escribir   [kɹ̥̩]
     magras   [ɣɹ̩]

Las transcripciones estrechas recogidas en (4) dejan ver que la coarticulación implica la posibilidad de alguna fricción en la consonante rótica, así como la pérdida tanto de la vocal intrusiva intermedia como del contacto breve de la rótica simple. Las róticas son susceptibles de ensordecimiento cuando se coarticulan con una consonante sorda precedente (por ejemplo, [pɹ̥̩] frente a [pᵊr]). Además, las oclusivas dentales [t̺] y [d̺] se adaptan al punto de articulación apicoalveolar de la rótica, produciéndose así una realización que se puede clasificar como cuasiafricada (por ejemplo, [tɹ̥̩] frente a [t̺ᵊr]). Las descripciones recogidas en Alonso García (1925) y Malmberg (1965) son bastante reveladoras de la pronunciación coarticulada de los grupos /Cɾ/:

la <r> se une a las consonantes con que forma grupo, sin elemento vocálico epentético (Alonso García 1925, 185).

> La <r> tiende a formarse durante la articulación de la oclusiva sorda anterior, invadiendo su explosión, dejándose a su vez invadir por la sordez de esa explosión. . . . He oído a peninsulares de diversas regiones que desconocen el dialectalismo, esa misma fusión en momentos de fatiga física, cuando se habla con descuido y en voz baja (Alonso García 1925, 186, 189).

> Esta tendencia de la consonante <r> a combinarse con una dental o una postdental para formar una nueva consonante, que es generalmente un término medio entre las dos, no es desconocida en otras lenguas (Malmberg 1965, 39).

> El esmero o el forzar la voz hacen recobrar personalidad a los sonidos. . . . basta a veces forzar la voz, al procurar una mayor inteligibilidad, para que se aíslen los elementos del grupo (Alonso García 1925, 186–87).

Según las observaciones de Alonso García, las realizaciones de /Cɾ/ dependen del estilo de habla: la coarticulación se ve favorecida en el habla descuidada, mientras que el habla cuidada mejora la perceptibilidad. Sin embargo, en un estudio acústico más reciente del español de La Rioja (España), Weissglass (2011) observa en los grupos consonánticos prenucleares muy pocos casos de asibilación de /ɾ/, la cual se realiza típicamente como aproximante con una vocal intrusiva variable.

Lipski (1994) señala que, en el altiplano peruano,

> pronunciation of the groups /tɾ/, /pɾ/, /kɾ/, is partly determined by ethnolinguistic background. Among bilingual speakers, /ɾ/ in these combinations is a fricative or retroflex approximant, and in the case of /tɾ/ may fuse with the preceding consonant to produce a quasi-affricate (320).

Esta descripción del español peruano refleja las observaciones de Alonso García (1925) acerca del español peninsular, variedad en la que los grupos /Cɾ/ pueden coarticularse con independencia del punto de articulación de la primera consonante. Sin embargo, en otras variedades del español iberoamericano parece que la coarticulación se restringe a los grupos homorgánicos [→ § 1.6.1] en los que la primera consonante es una oclusiva coronal. Para la variación geolectal en la realización de las secuencias /stɾ/, /tɾ/ y /dɾ/, véanse el § 22.2.11 y el § 22.2.12. Los ejemplos de (5) se basan en el estudio de Argüello (1978) sobre el español del altiplano ecuatoriano (para un estudio acústico del grupo consonántico /tɾ/ en el español chileno, véase Figueroa Candia, Soto y Ñanculeo [2010]). Siguiendo las convenciones de la lingüística hispánica, Argüello utiliza los símbolos [řr] y [ř̥] para representar las variantes sonora y ensordecida de la rótica fricativa. A fin de mantener la coherencia, en los datos de (5a, b) se adoptan los mismos símbolos [ɹ] y [ɹ̥] que en los ejemplos de (4). Además, la ausencia de coarticulación se indica en (5c, d) mediante la transcripción de una vocal intrusiva [ᵊ], que no aparece en las transcripciones originales de Argüello.

(5) a. **tr**es [t̯ɹ̥]
      cua**tr**o [t̯ɹ̥]
   b. ven**dr**á [nᵈɹ̯]
      sal**dr**á [lᵈɹ̯]
   c. pa**dr**e [ð̯ᵊɾ]
   d. **pr**emio [pᵊɾ]
      cruz [kᵊɾ]

En el habla descuidada, en los grupos de (5a, b) se produce la coarticulación cuando la consonante coronal precedente se realiza como oclusiva. En (5c) la coronal sonora se pronuncia como continua después de una vocal, y se realiza una vocal intrusiva dentro del grupo consonántico (cf. la Figura 7). Tampoco existe coarticulación en los grupos heterorgánicos de (5d).

Tomados de la misma hablante del español boliviano de la que se obtuvieron los datos recogidos en las Figuras 5 a 8, los ejemplos de las Figuras 9 a 11 ilustran la variabilidad en la coarticulación del grupo /tɾ/. En la realización de la Figura 9 no tiene lugar la coarticulación: después de la explosión de la oclusiva dental sorda aparece una vocal intrusiva

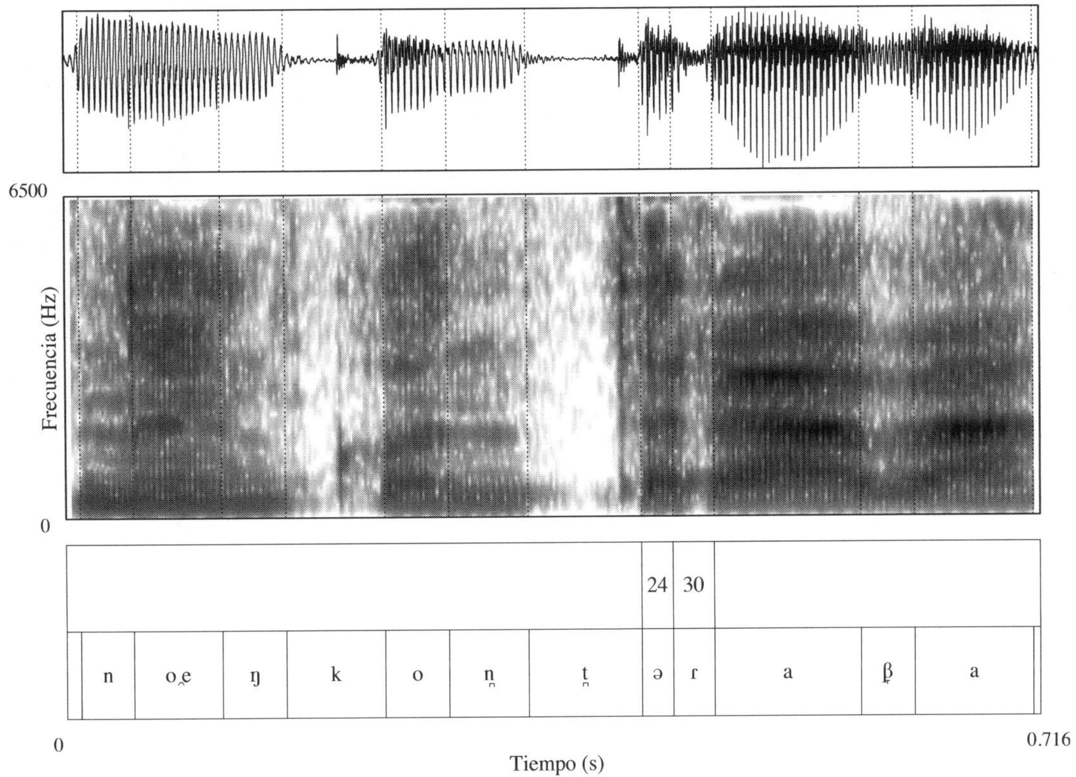

FIGURA 9. Oscilograma y espectrograma de la secuencia *no encontraba*. Realización de la /ɾ/ en grupo consonántico prenuclear como oclusiva precedida de una vocal intrusiva. Variedad de La Paz (Bolivia).

de 24 ms, y se observa una barra de sonoridad durante el contacto lingual de la rótica, el cual dura 30 ms. En el grupo coarticulado de la Figura 10 no se produce la vocal intrusiva, y la rótica corresponde a un período de 40 ms dentro del cual aparece ruido aperiódico en las frecuencias altas, sin barra de sonoridad. La Figura 11 presenta un caso extremo de la coarticulación del grupo /tɾ/ después de una /s/ en distinta sílaba: entre las vocales adyacentes se distingue un período de 96 ms en el que las dos fricativas parecen fundirse en un único momento de ruido aperiódico y sordo que oculta la oclusión de la /t/ intermedia.

Al comparar las duraciones de los elementos de los grupos /Cɾ/ de las Figuras 9 y 10, se pone de manifiesto un alargamiento compensatorio [→ § 1.21.11] de la rótica cuando se produce la coarticulación. La duración del contacto lingual de la rótica fricativa sin vocal intrusiva de la Figura 10 es mayor que la de la rótica simple de la Figura 9 (40 ms > 30 ms). El alargamiento compensatorio se puede explicar como un efecto aerodinámico. En este sentido, Romero Gallego (1995) afirma que las fricativas deben ser más largas que las aproximantes para poder aumentar la presión del aire en el punto de constricción hasta que se produzca un flujo de aire turbulento [→ § 15.2]. Parece ser que la presencia de la vocal intrusiva en [t̬ᵊɾ] permite la articulación breve de la rótica simple, mientras que su ausencia en [t̬] favorece un aumento correspondiente en la duración de la rótica fricativa.

21.3.2 La rótica simple en posición posnuclear

La rótica simple /ɾ/ aparece en posición posnuclear, después del núcleo de la misma sílaba en la que se encuentra, ante consonante y ante pausa, según puede apreciarse en (1d). En interior de palabra, la mayor parte de los grupos consonánticos /ɾC/ son heterosilábicos, excepto en algunas palabras como *perspicaz* y *perspectiva* en las que la secuencia /ɾs/ constituye la coda compleja de la primera sílaba. Para la variación geolectal en la realización de las róticas fricativas, aproximantes y retroflejas en posición posnuclear, véase el § 22.2.3. Para las secuencias /ɾs/ y /ɾtɾ/, véase el § 22.2.11.

Como se ha indicado previamente en lo que se refiere a los grupos consonánticos en posición prenuclear (véase el § 21.3.1), la rótica simple suele ir acompañada de una vocal intrusiva intermedia. La misma vocal intrusiva aparece en los grupos /ɾC/ en el español peninsular, según se muestra en los ejemplos de Malmberg (1965, 34–38) reproducidos en (6).

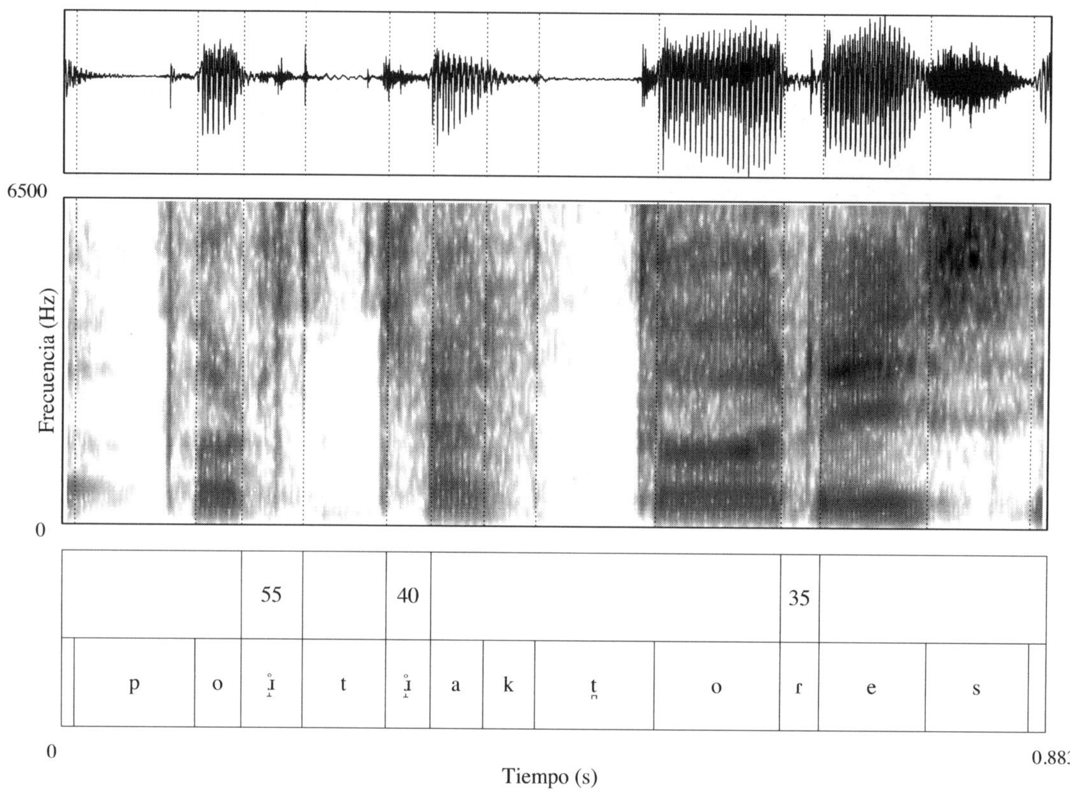

FIGURA 10. Oscilograma y espectrograma de la secuencia *por tractores*. Realización de la /ɾ/ en grupo consonántico posnuclear y prenuclear como fricativa ensordecida sin vocal intrusiva. Variedad de La Paz (Bolivia).

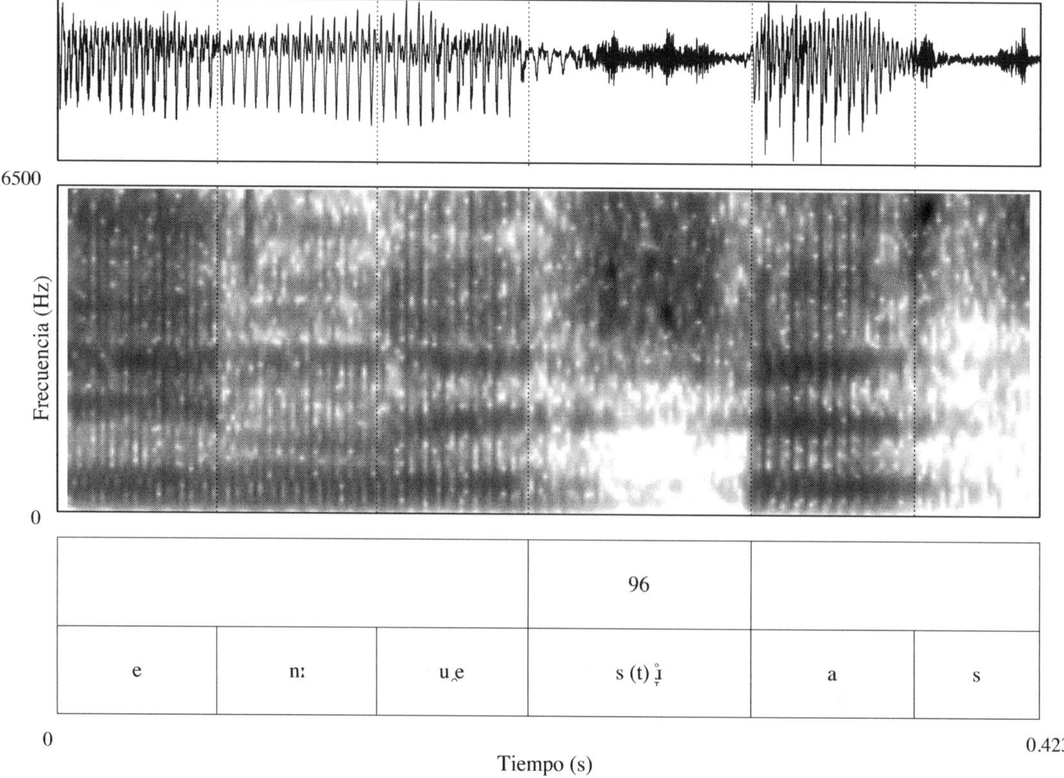

FIGURA 11. Oscilograma y espectrograma de la secuencia *en nuestras*. Realización de la /ɾ/ en grupo consonántico prenuclear después de /s/ como fricción sorda prolongada sin vocal intrusiva intermedia. Variedad de La Paz (Bolivia).

(6)   árboles   [ɾ̝ᵊβ̞]
      verdes   [ɾ̝ᵊð̞]
      cargar   [ɾ̝ᵊɣ̞]
      fuerza   [ɾ̝ᵊθ]

En el español del altiplano ecuatoriano, las vocales intrusivas intermedias aparecen en el contexto preconsonántico y también se observa variabilidad en la coarticulación de grupos homorgánicos. Los ejemplos de (7) se basan en Argüello (1978), pero con las mismas adaptaciones realizadas en (5) con respecto a los símbolos de las róticas fricativas y a la transcripción de las vocales intrusivas. En el habla descuidada, las róticas fricativas pueden aparecer ante consonantes coronales (de 7a a 7e) y se ensordecen si estas últimas son sordas (7a, c). La fricción no se produce en posición posnuclear ante consonante heterorgánica (7f).

(7)   a. puerta   [ɹ̝̊t]
      b. verde   [ɹ̝ð̞]
      c. persona   [ɹ̝̊s]
      d. carne   [ɹ̝n]
      e. perla   [ɹ̝l]
      f. cuerpo   [ɾ̝ᵊp]
         garganta [ɾ̝ᵊɣ̞]

Los ejemplos de las Figuras 12 y 13 provienen del corpus fonético de Dalbor analizado en Bradley (2004), un estudio acústico de los grupos /ɾC/ en el español del altiplano ecuatoriano. En ellos se observa que el contacto lingual de la /ɾ/ está separado de la consonante siguiente por una vocal intrusiva de duración variable (24 ms en [ɾ̝ᵊm] frente a 48 ms en [ɾ̝ᵊɣ̞]). En la vocal intrusiva se refleja parcialmente la estructura formántica del núcleo vocálico que se encuentra antes

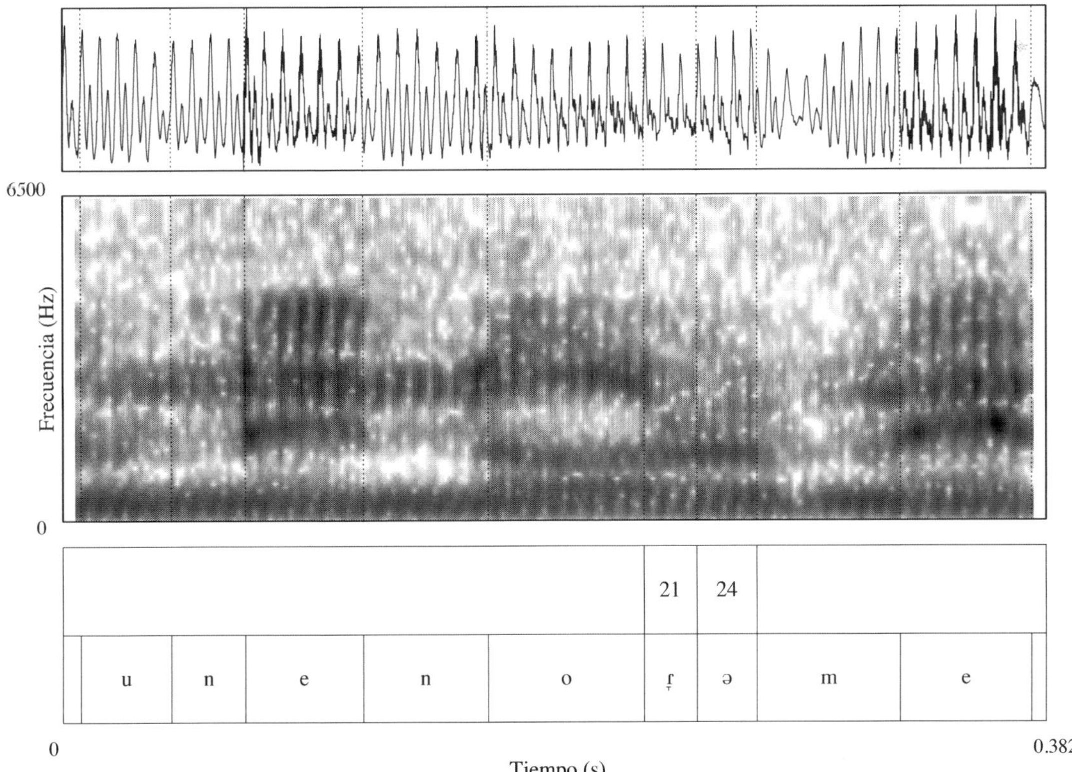

FIGURA 12. Oscilograma y espectrograma de la secuencia *un enorme.* Realización de la /ɾ/ posnuclear ante consonante como aproximante seguida de una vocal intrusiva. Variedad de Tabacundo (Ecuador).

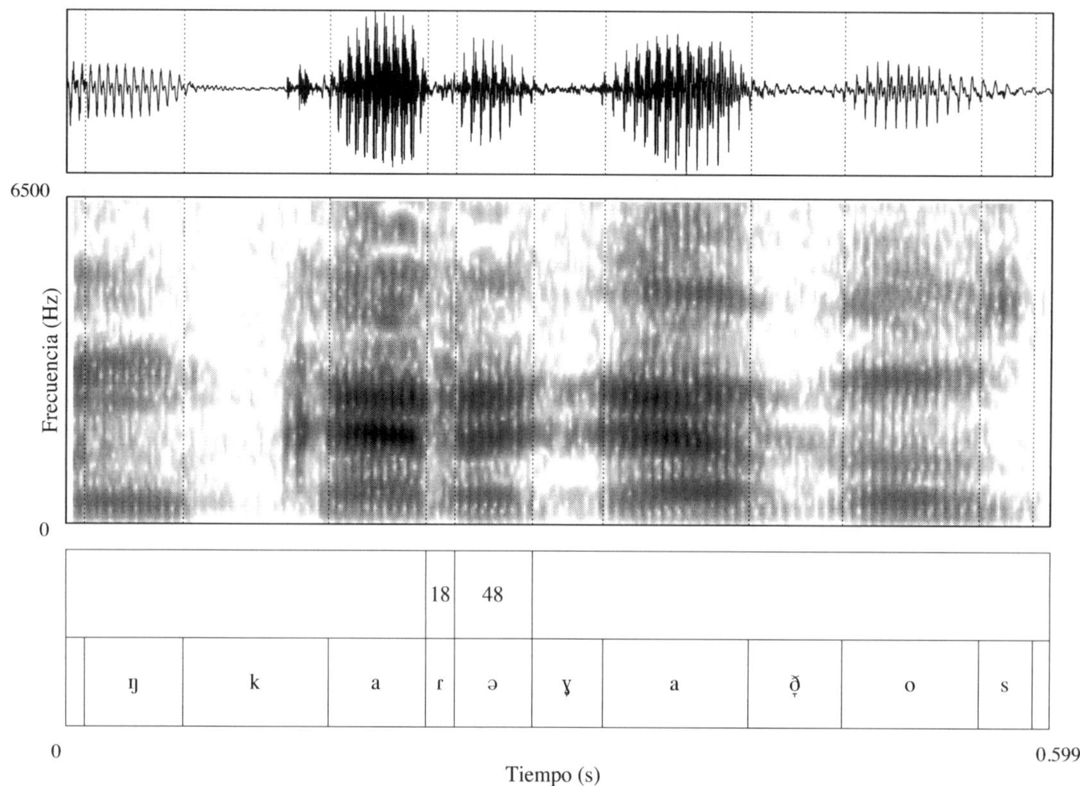

FIGURA 13. Oscilograma y espectrograma de la secuencia (*estaba*)*n cargados*. Realización de la /ɾ/ posnuclear ante consonante como oclusiva seguida de una vocal intrusiva. Variedad de Imbabura (Ecuador).

del momento de contacto lingual de la rótica. En un estudio acústico del español bonaerense, Gilbert y Rohena-Madrazo (2017) documentan una aproximante corta con vocal intrusiva como la realización más frecuente en la coda silábica.

Las Figuras 14 y 15 ilustran la variabilidad coarticulatoria del grupo /ɾt/, con ejemplos pronunciados por una hablante de Latacunga, Ecuador. En la Figura 14, aparecen una vocal intrusiva de 35 ms, antes de la oclusiva dental sorda, junto con una barra de sonoridad y una estructura formántica durante el contacto lingual de la rótica simple, que se realiza como una aproximante de 27 ms. En el grupo /ɾt/ coarticulado de la Figura 15, en cambio, no se produce una vocal intrusiva, y la rótica corresponde a un período de 54 ms durante el cual aparece ruido aperiódico en las frecuencias altas; la barra de sonoridad de la rótica fricativa va debilitándose en contacto con la consonante sorda siguiente.

La Figura 16 presenta un ejemplo de coarticulación en el grupo /ɾn/. La rótica fricativa dura unos 46 ms, y el grupo consonántico carece de vocal intrusiva. La barra de sonoridad se mantiene a lo largo del período de constricción y presenta una mayor intensidad, especialmente en los márgenes de la fricativa (cf. el ensordecimiento parcial en la parte final de la rótica en el grupo /ɾt/ de la Figura 15).

La comparación de las duraciones indicadas en las Figuras 14 a 16 apunta al mismo efecto de alargamiento compensatorio que se aprecia en los grupos consonánticos en posición prenuclear (véase la última parte del § 21.3.1). La suma de las duraciones del contacto lingual de la /ɾ/ y de la vocal intrusiva en la Figura 14 (27 ms + 35 ms = 62 ms en total) corresponde aproximadamente a la duración mayor de las róticas fricativas de la Figura 15 (54 ms) y de la Figura 16 (46 ms). Tal como se observa en la producción coarticulada del grupo [t̞ɹ̝], la ausencia de la vocal intrusiva implica un aumento correspondiente en la duración de la rótica fricativa en [ɹ̝t̞] y [ɹ̝n]．

En el español de La Habana (Cuba), se han documentado procesos variables de retroflexión y de geminación de líquidas /ɾ l/ posnucleares en contextos preconsonánticos (Guitart [1973] 1976; Zamora Munné y Guitart 1982, 118) [→ § 19.4.2, § 20.3.5]. Ante consonantes coronales, las líquidas se pueden pronunciar como postalveolares o como retroflejas, y la coronal siguiente adopta el mismo punto de articulación de la líquida precedente (por ejemplo, *e*[ɽɖ]*omingo* por *el domingo, impo*[ʈʈ]*ante* por *importante*). Ante consonantes no coronales, en cambio, las líquidas se pueden asimilar por completo a la consonante siguiente, que se realiza como geminada (por ejemplo, *cu*[bb]*a* por *curva*). Algunos

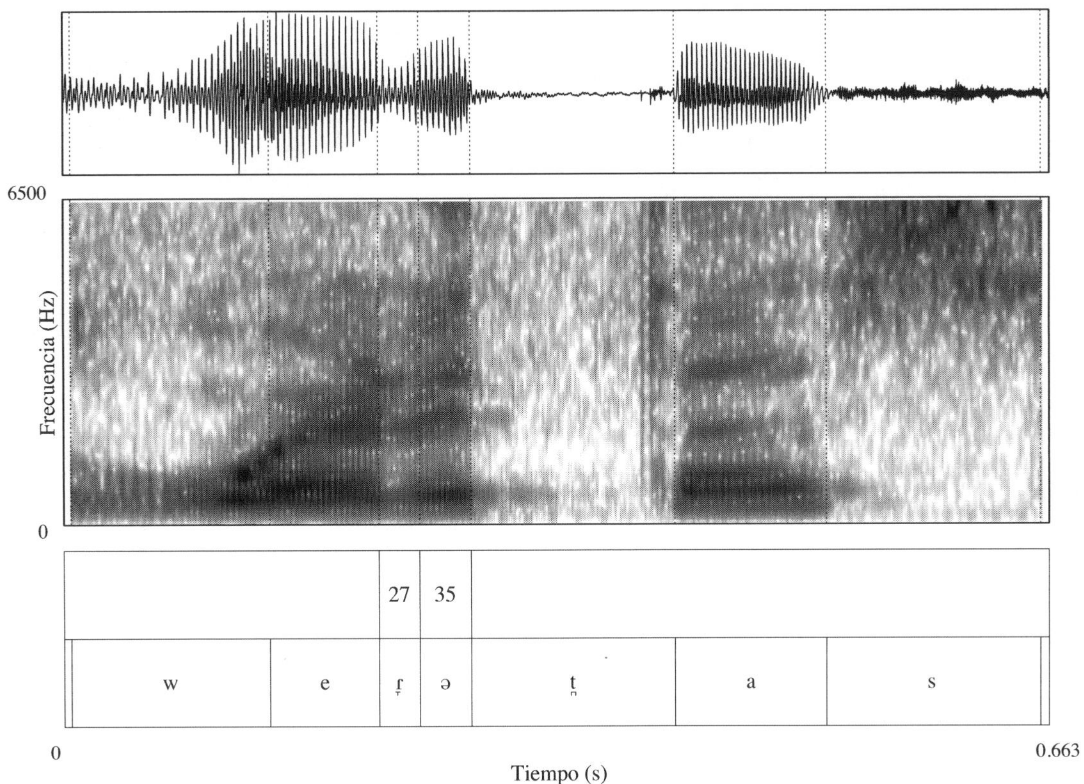

FIGURA 14. Oscilograma y espectrograma de la secuencia *huertas*. Realización de la /ɾ/ posnuclear ante consonante como aproximante seguida de una vocal intrusiva. Variedad de Latacunga (Ecuador).

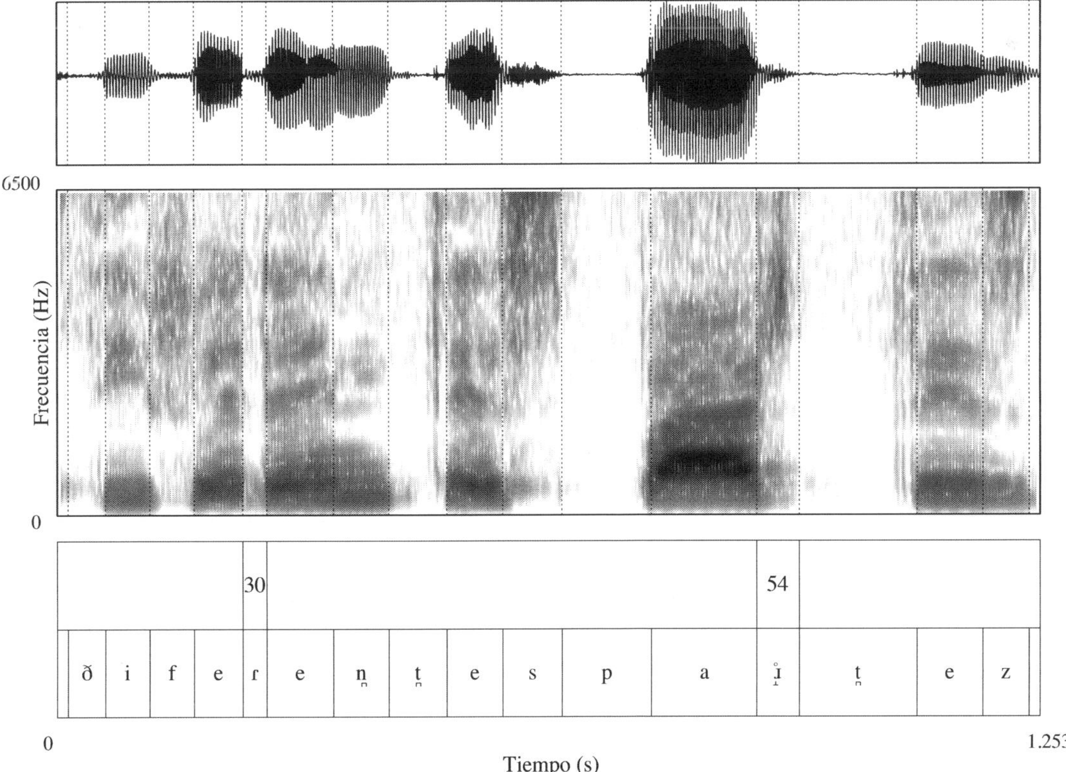

FIGURA 15. Oscilograma y espectrograma de la secuencia *diferentes partes (de)*. Realización de la /ɾ/ posnuclear ante consonante como fricativa ensordecida sin vocal intrusiva. Variedad de Latacunga (Ecuador).

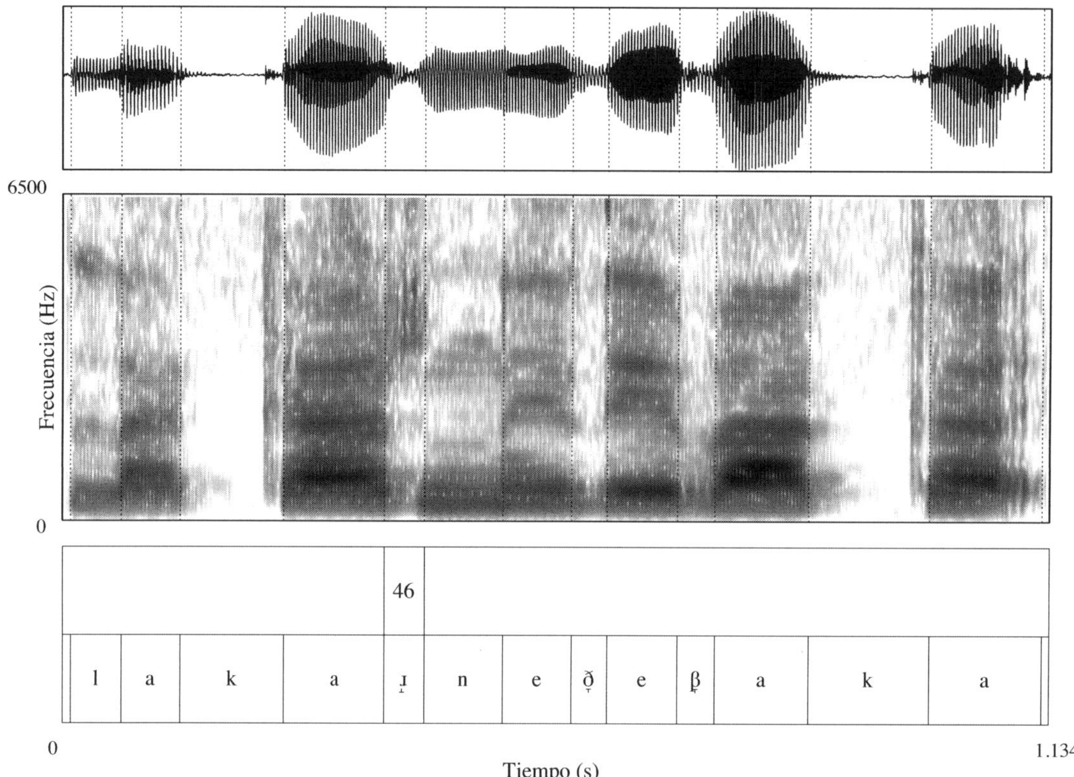

FIGURA 16. Oscilograma y espectrograma de la secuencia *la carne de vaca*. Realización de la /ɾ/ posnuclear ante consonante como fricativa sonora sin vocal intrusiva. Variedad de Latacunga (Ecuador).

hablantes prefieren la geminación en todos los contextos, siga o no una coronal (por ejemplo, *se*[t̪ː]*acaño* por *ser tacaño*). Para la distribución geolectal de la geminación o asimilación, véanse el § 22.2.5 y el § 23.2.3.

Los ejemplos presentados en las Figuras 17 y 19 provienen de un mismo hablante del español de La Habana y forman parte del corpus de Dalbor (véase el § 21.3.1). En la Figura 17 se comparan dos pronunciaciones distintas del nombre *Roberto*. El primer ejemplo es típico del habla cuidada y presenta una rótica aproximante [ɹ] seguida de una vocal intrusiva. La suma de las duraciones del contacto lingual y de la vocal intrusiva es de 73 ms, mientras que la oclusiva dental dura 109 ms. El segundo ejemplo es propio del habla descuidada. Después de la vocal [e], aparecen una estructura formántica y una barra de sonoridad durante el breve contacto lingual, representado como [ɾ] en la transcripción estrecha; no se aprecia una vocal intrusiva intermedia, y la duración total de la rótica seguida de la oclusiva geminada aumenta a 221 ms (cf. 73 ms + 109 ms = 183 ms en total en el grupo correspondiente con vocal intrusiva).

A primera vista, las barras de explosión de las dos oclusivas sordas de la Figura 17 parecen semejantes. Sin embargo, el análisis de la sección espectral de las barras de explosión pone de manifiesto una diferencia en la distribución frecuencial de la energía sonora (Figura 18): el centro de gravedad, calculado mediante el programa Praat, de la explosión de la oclusiva en el primer ejemplo es de 4173 Hz, mientras que el de la explosión de la oclusiva geminada es de 1816 Hz. Un valor más bajo del centro de gravedad implica una constricción bucal más posterior, lo cual, a su vez, sugiere que el punto de articulación de la geminada es más posterior que el de la primera oclusiva. Sin embargo, no es del todo evidente que se trate de una articulación verdaderamente retrofleja, ya que no se observa en el espectrograma ningún descenso del F3, ni en la rótica aproximante ni en el margen derecho de la vocal precedente (cf. las Figuras 25 y 32 más adelante).

La ausencia de vocal intrusiva, por la adyacencia de los contactos linguales de la [ɾ] y la [t̪ː] y por la retracción del punto de articulación de la oclusiva geminada, permite explicar la realización que se muestra en la Figura 17 como un efecto de la coarticulación, aunque sin fricación y sin ensordecimiento de la rótica (cf. las Figuras 10, 11 y 15). Parece que el solapamiento temporal de los gestos linguales no implica necesariamente un aumento compensatorio en la duración de la /ɾ/. Puede ser, pues, que se trate de dos articulaciones distintas de la rótica. En Romero Gallego (2008, 60–61) se

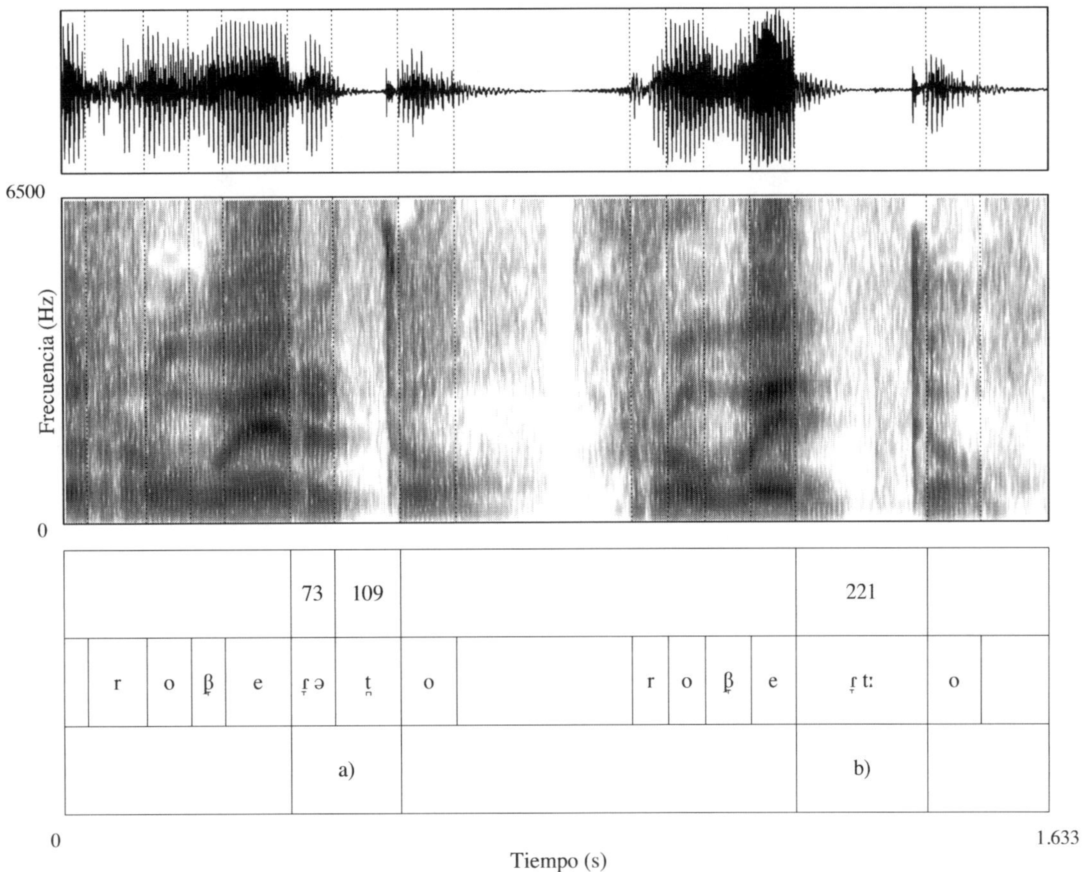

FIGURA 17. Oscilograma y espectrograma de las secuencias *Roberto / Roberto*. Realizaciones de las /ɾ/ posnucleares ante consonante como a) aproximante seguida de una vocal intrusiva y b) aproximante sin vocal intrusiva con geminación de la consonante siguiente. Variedad de La Habana (Cuba).

considera la posible distinción entre dos articulaciones de la rótica simple, denominadas *tap* y *flap* en inglés, en la coarticulación de los grupos /ɾC/ en el español ecuatoriano y cubano.

La Figura 19 presenta tres palabras pronunciadas por el mismo hablante cubano en las que las róticas se asimilan por completo a la consonante siguiente, que se realiza como geminada con un aumento en su duración.

En otras variedades, por ejemplo, en el español costarricense (Quesada 2009, 150–51), la asimilación y la geminación se limitan al contexto de la /ɾ/ final de infinitivo ante pronombre enclítico. En los ejemplos de la Figura 20 se comparan dos realizaciones de la /ɾ/ final de infinitivo, ante artículo definido y ante pronombre enclítico. En el primer caso, la rótica se realiza como oclusiva seguida de una vocal intrusiva antes de la consonante lateral. La geminación de la /l/ del pronombre enclítico, en el segundo ejemplo, implica tanto la ausencia de una vocal intrusiva como el aumento en la duración la lateral (cf. la Figura 17).

Hasta ahora se ha visto que las vocales intrusivas suelen aparecer en los grupos consonánticos /Cɾ/ y /ɾC/ a no ser que tengan lugar procesos de coarticulación o de asimilación completa con geminación. Sin embargo, estos no son los únicos contextos de aparición de la vocal intrusiva, ya que también puede encontrarse después de la /ɾ/ final de palabra ante pausa. En la Figura 21, el contacto oclusivo de la rótica simple va seguido de una vocal intrusiva cuya duración es de 44 ms. De la existencia de vocales intrusivas en el contexto de pausa final se deduce que estas no resultan necesariamente de la separación fonética entre la /ɾ/ y una consonante adyacente, sino que también dependen de la coordinación temporal de la /ɾ/ con respecto a la vocal precedente.

La /ɾ/ posnuclear en el español contemporáneo también puede realizarse habitualmente como rótica múltiple [r] (Gibson 2015; Harris 1969, 49; Navarro Tomás [1918] 1972, 115). Los ejemplos presentados en las Figuras 22 y 23 provienen del corpus de Dalbor y son representativos del español peninsular centro-norteño. Para la distribución geolectal de la rótica múltiple o vibrante en posición posnuclear, véase el § 22.2.2. En la Figura 22, las róticas de *forma* y de *escudarme*

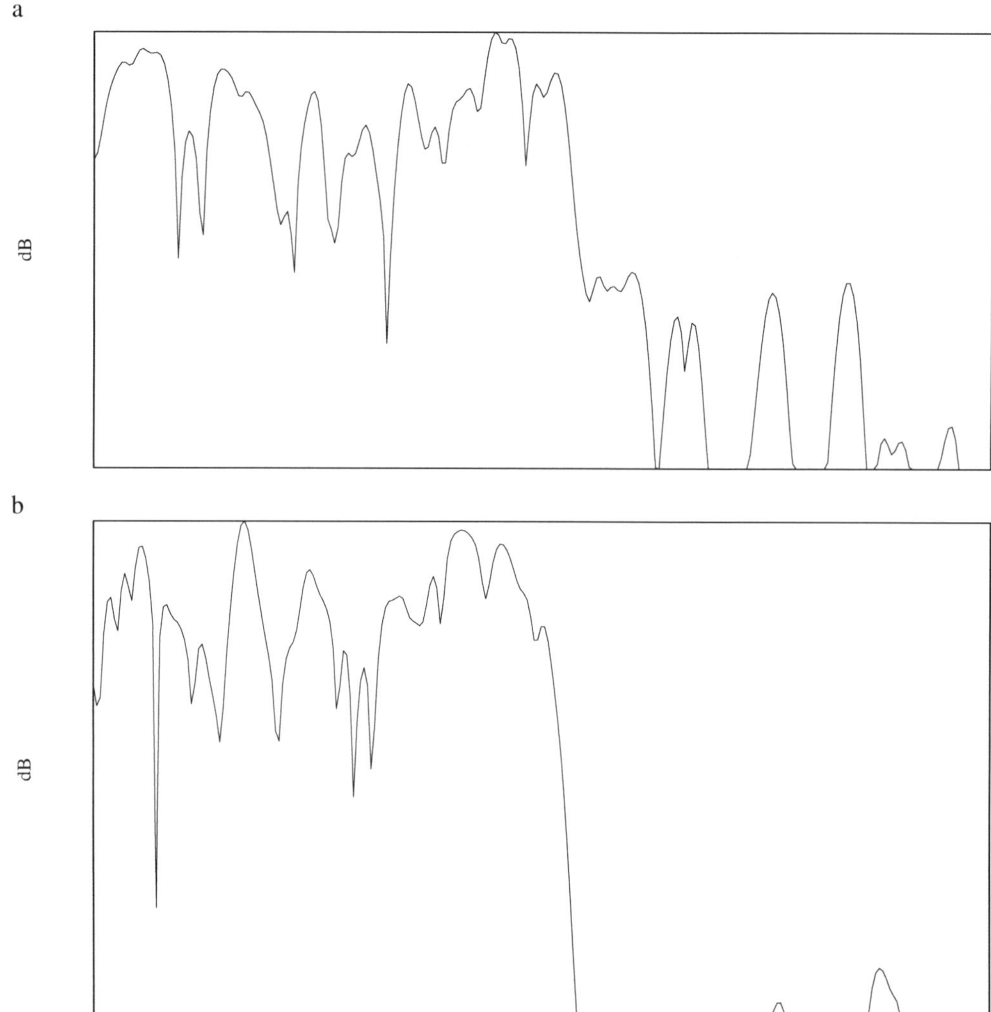

FIGURA 18. Sección espectral de las barras de explosión de las oclusivas a) [ʈ] y b) [t̪ˈ] de la Figura 17.

se realizan con dos contactos linguales separados por una fase abierta de mayor energía acústica. La duración de las róticas múltiples (76 ms y 73 ms) es mayor que la de las simples y que la de las róticas fricativas en posición preconsonántica (cf. de la Figura 12 a la 16). En la Figura 23 aparece una rótica múltiple de 108 ms en posición final de palabra ante pausa. Al escuchar este sonido se perciben dos contactos linguales, pero el análisis acústico demuestra que la rótica se ensordece parcialmente en la segunda mitad del segmento, debido a lo cual solo se puede apreciar el contacto inicial seguido de una fase abierta.

En muchas regiones de Iberoamérica, la /ɾ/ final de palabra se pronuncia como fricativa, pudiéndose ensordecer parcial o completamente. La Figura 24 presenta un caso extremo de fricación y ensordecimiento de la rótica ante pausa, extraído del corpus oral del español costarricense analizado en Adams (2002). Esta realización se caracteriza por la presencia de ruido aperiódico intenso y prolongado y también por la ausencia de una barra de sonoridad en la mayor parte de la duración del segmento, la cual es de 517 ms (cf. las duraciones menores de las róticas fricativas en posición preconsonántica en las Figuras 15 y 16).

Para un estudio acústico de la róticas del español costarricense, véase Dearstyne (2021). Para un estudio sociofonético de la asibilación de /r/ final ante pausa en el español del estado de Chihuahua (México), véase Mazzaro y González de Anda (2020).

Las realizaciones ensordecidas de las variantes [r̥] múltiple y [ɹ̝̊ˑ] fricativa son el resultado de una reducción del movimiento de las cuerdas vocales que caracteriza el contexto final ante pausa. A la vez, la mayor duración de ambos sonidos apunta a que el alargamiento fonético ejerce un efecto de refuerzo consonántico en posición final.

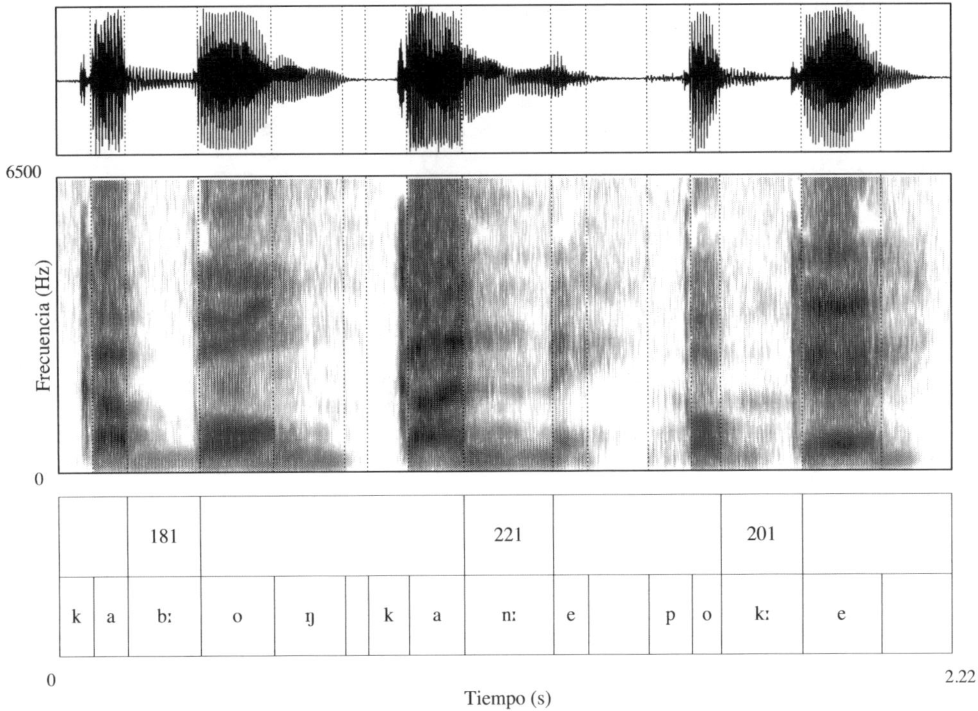

FIGURA 19. Oscilograma y espectrograma de las secuencias *carbón/carne/porque*. Realización de las /ɾ/ posnucleares ante consonante como asimiladas con geminación de la consonante siguiente. Variedad de La Habana (Cuba).

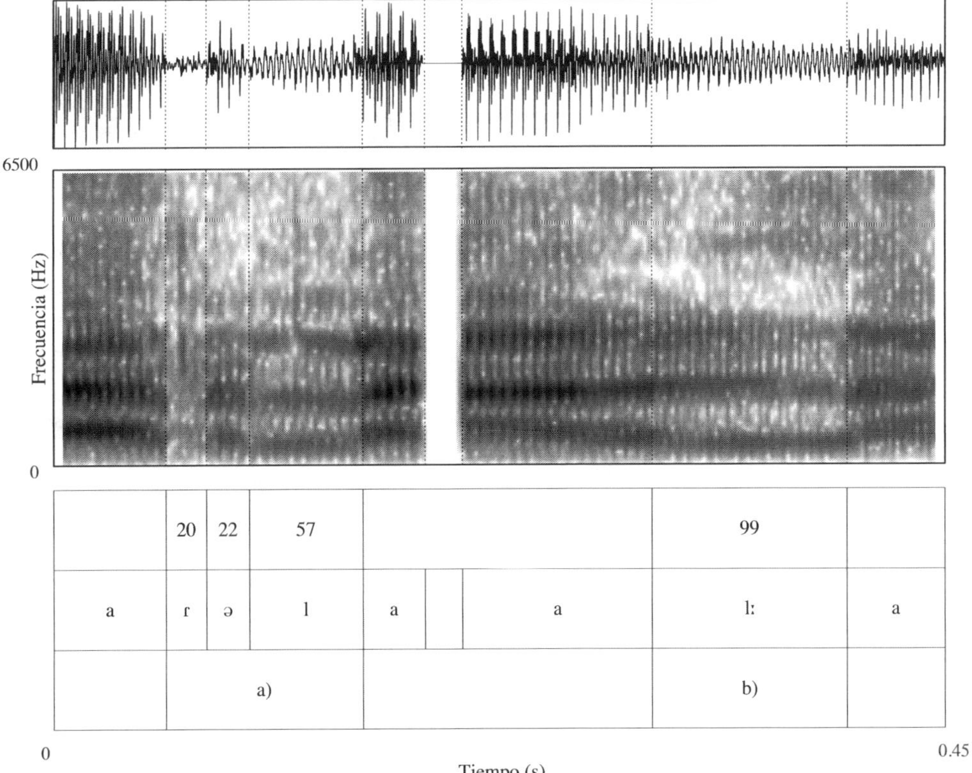

FIGURA 20. Oscilograma y espectrograma de las secuencias *(estudi)ar la (carrera) / (de habl)arla*. Realizaciones de las /ɾ/ posnucleares ante consonante como a) rótica oclusiva seguida de una vocal intrusiva y b) asimilada con geminación de la consonante siguiente. Variedad de Heredia (Costa Rica).

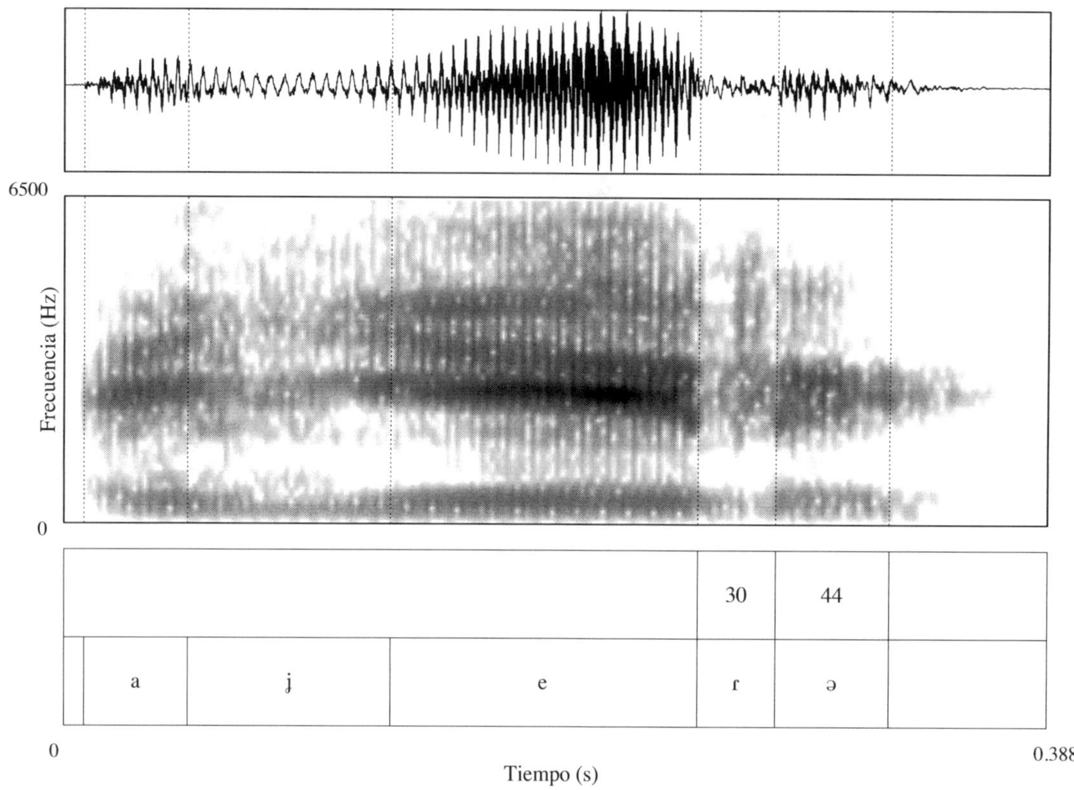

FIGURA 21. Oscilograma y espectrograma de la secuencia *ayer* ante pausa. Realización de la /ɾ/ posnuclear ante pausa como oclusiva seguida de una vocal intrusiva. Variedad de Ecuador (lugar desconocido).

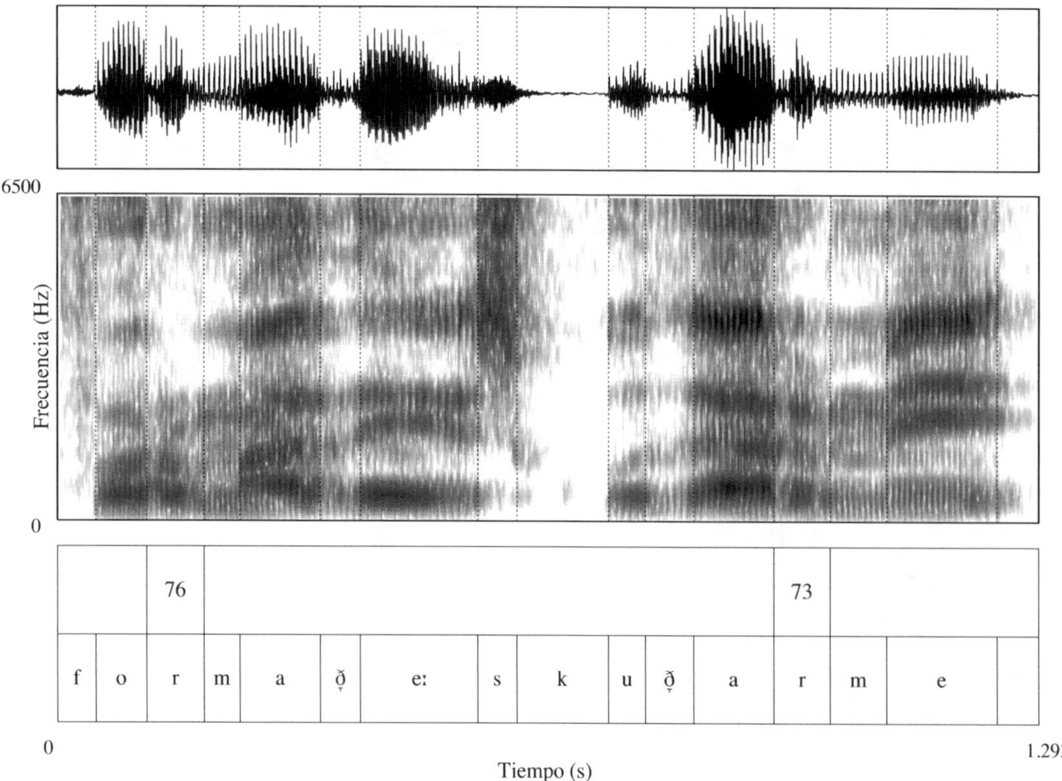

FIGURA 22. Oscilograma y espectrograma de la secuencia *forma de escudarme*. Realización como múltiples de las /ɾ/ posnucleares ante consonante. Variedad de Burgos (España).

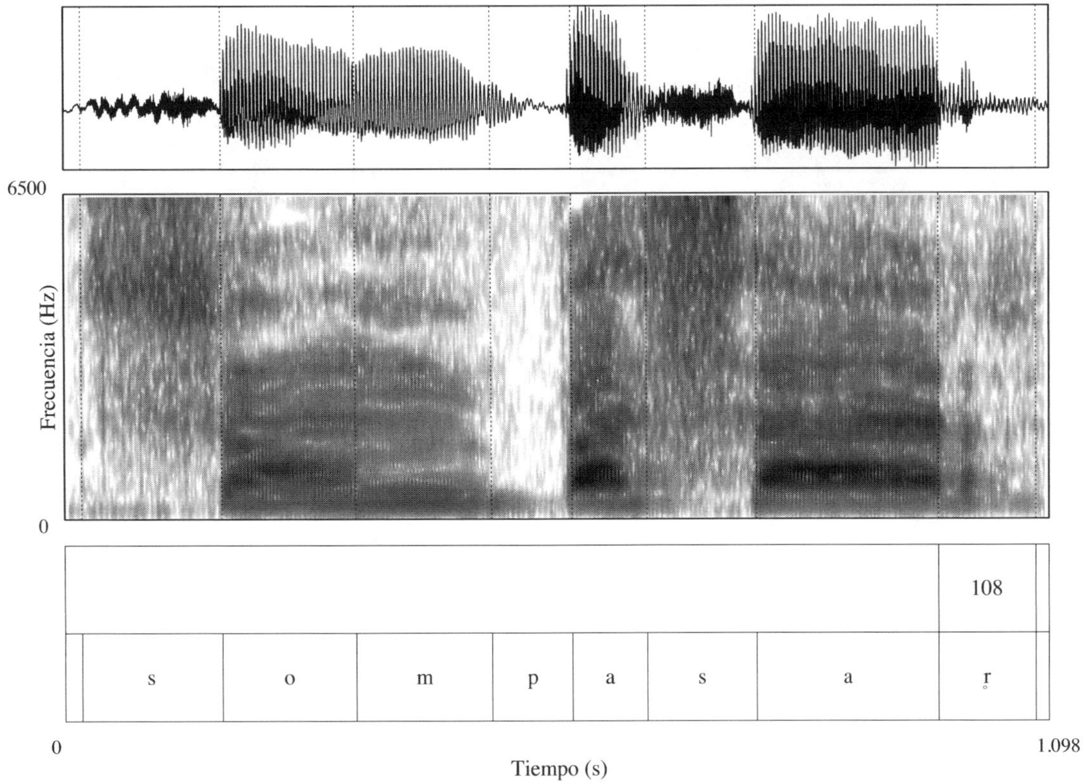

FIGURA 23. Oscilograma y espectrograma de la secuencia *pasar* ante pausa. Realización como múltiple parcialmente ensordecida de la /r/ posnuclear ante pausa. Variedad de Salamanca (España).

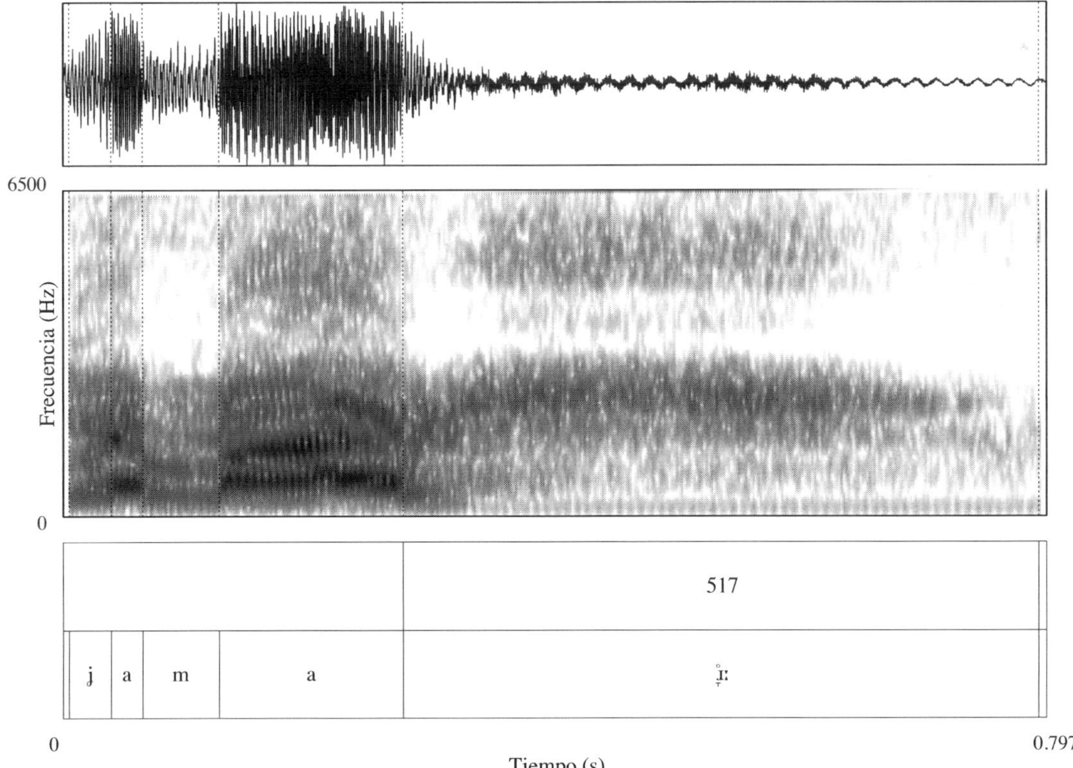

FIGURA 24. Oscilograma y espectrograma de la secuencia *llamar* ante pausa. Realización como fricativa ensordecida prolongada de la /r/ posnuclear ante pausa. Variedad de Costa Rica (lugar desconocido).

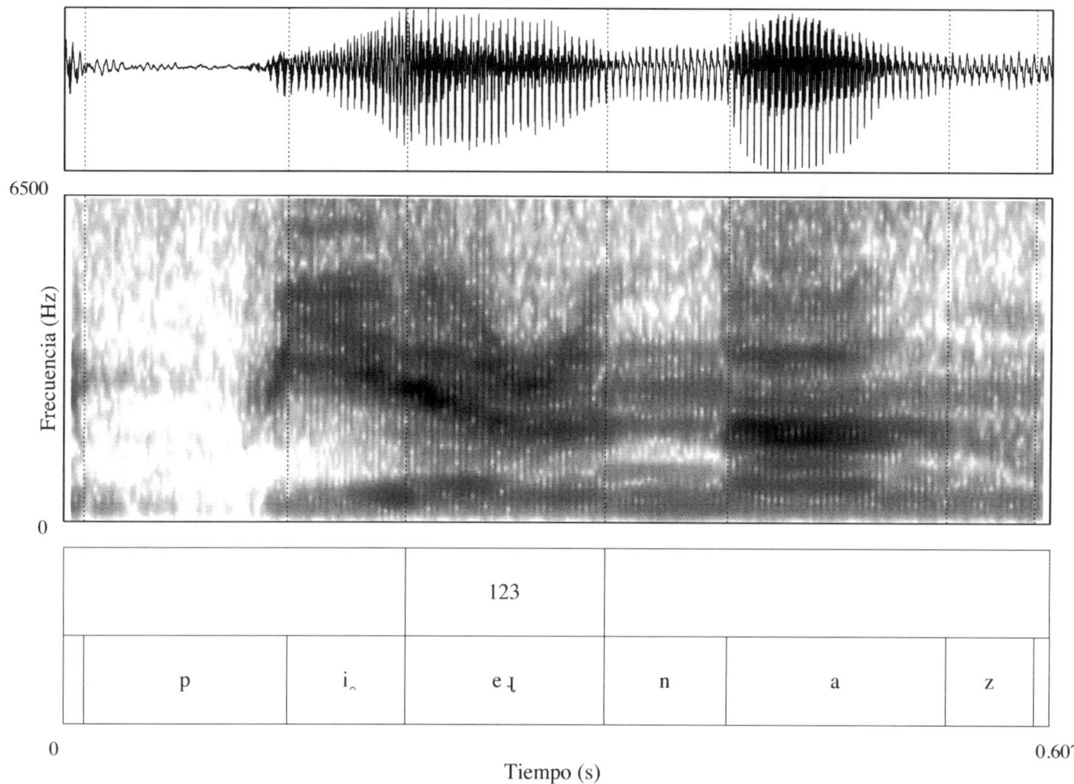

FIGURA 25. Oscilograma y espectrograma de la secuencia *pierna*. Realización como aproximante con retroflexión de la /ɾ/ posnuclear ante consonante. Variedad de Heredia (Costa Rica).

Existen variantes de la /ɾ/ posnuclear en las que no se forman contactos linguales ni períodos de fricción. La Figura 25 muestra un ejemplo de la rótica aproximante retrofleja [ɻ] ante consonante en el español costarricense, tomado del corpus de Dalbor. Puesto que esta variante presenta una estructura formántica intensa que es semejante a la de una vocal, la frontera entre la [ɻ] y la vocal precedente es difícil de determinar de manera precisa. Por eso se indica en la figura la duración de la porción vocálica entera, que es de 123 ms. No obstante, es obvio que la duración de la [ɻ] aproximante es mayor que la de la variante aproximante de la [ɾ̞] simple (cf. las Figuras 12 y 14). Esta diferencia apoya la distinción que se propone en la Tabla 1 entre dos categorías de realización aproximante en función de la duración relativa: la [ɾ̞] corta frente a la [ɹ] y la [ɻ] largas.

En la secuencia presentada en la Figura 25 se pone de manifiesto que el F3 desciende y, a continuación, asciende durante el período correspondiente a la porción vocálica, lo cual sugiere una articulación retrofleja de la rótica. Las realizaciones aproximantes de la [ɾ̞] apicoalveolar de las Figuras 12 y 14 parece que también presentan tal movimiento del F3 en la transición entre la rótica y la vocal precedente. Se observa, igualmente, un descenso del F3 en el margen vocálico ante la realización fricativa ensordecida de la Figura 24. Sin embargo, el movimiento del F3 se aprecia más claramente en la [ɻ] aproximante retrofleja larga de la Figura 25. Para la distribución geolectal de las róticas retroflejas, véase el § 22.2.3.

En el español de Puerto Rico y de otras regiones [→ § 19.4.2, § 22.2.7, § 23.2.1], la /ɾ/ posnuclear se puede realizar como [l] lateral (por ejemplo, *mar* [mal] y *mal* [mal], que serían realizaciones supuestamente homófonas; véanse Lipski [1994]; López Morales [1983]). En un estudio experimental de las líquidas posnucleares del español puertorriqueño, Simonet, Rohena-Madrazo y Paz (2008) encuentran que la /ɾ/ preconsonántica se puede realizar como lateral, aunque en muchos casos se articula como una rótica aproximante que es acústicamente distinta de la /l/. La distinción se mantiene por las diferencias en la duración de la porción vocálica (vocal + líquida) y en la trayectoria de los formantes F1, F2 y F3. Además, estas diferencias varían en función del hablante y, posiblemente, del subdialecto.

La Figura 26 presenta un ejemplo, tomado del *Digital Catalog of the Sounds of Spanish* (Morgan 2023), de la realización lateral de la /ɾ/ en final de palabra y ante pausa en el español puertorriqueño. Según los resultados de Simonet,

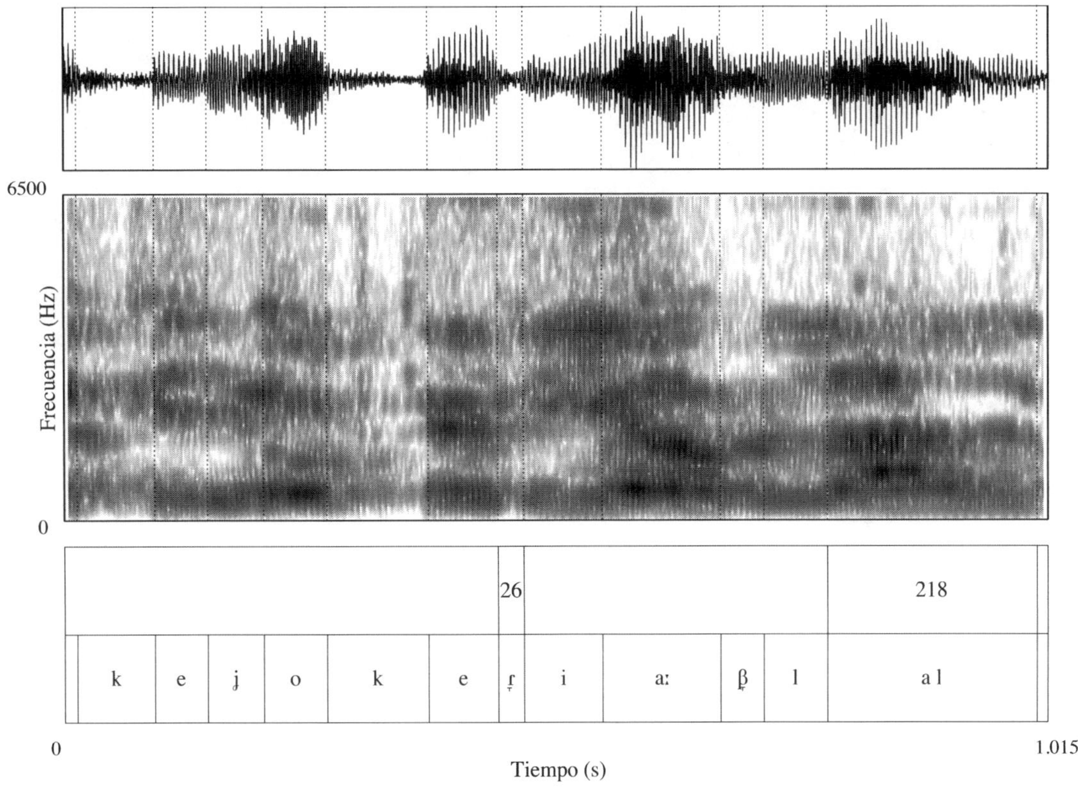

FIGURA 26. Oscilograma y espectrograma de la secuencia *que yo quería hablar*. Realización como lateral de la /ɾ/ posnuclear ante pausa. Variedad de Cabo Rojo (Puerto Rico).

Rohena-Madrazo y Paz (2008), esta realización se puede clasificar como lateral, si se compara con la rótica aproximante de la Figura 25, a causa de la mayor duración de la porción vocálica [al] (218 ms frente a 123 ms) y de las distintas trayectorias del F3, que desciende y asciende en la [ɻ], pero se mantiene más o menos plano en la [l].

Otra variante de la /ɾ/ posnuclear en la que no se forman contactos ni se produce fricción es la realización paravocálica [i̯], típica de la región del Cibao en el norte de la República Dominicana (Alba 1990) y también de otros países [→ § 22.2.6, § 23.2.2]. Se trata de un fenómeno de vocalización de líquidas posnucleares, puesto que afecta no solo a la /ɾ/ [→ § 22.2.6, § 23.2.2], sino también a la /l/ [→ § 19.4]. Los ejemplos de las Figuras 27 y 28, también provenientes del catálogo digitalizado de Morgan (2023), ilustran la realización paravocálica de la /ɾ/ posnuclear ante consonante (Figura 27) y en posición final de palabra ante pausa (Figura 28). Al igual que la rótica aproximante de la Figura 25, la variante paravocálica presenta una estructura formántica intensa semejante a la de una vocal, pero que no muestra la misma trayectoria del F3 de la [ɻ]. El movimiento de los formantes en la transición entre la paravocal y la vocal precedente es muy similar a la realización dinámica de un diptongo decreciente [Vi̯].

Finalmente, algunos investigadores (Núñez Cedeño 1994, 35; Zamora Munné y Guitart 1982, 90) afirman que la /ɾ/ posnuclear puede llegar a aspirarse en algunas variedades del español iberoamericano [→ § 22.2.4, § 23.2.4], por ejemplo: *carne* [kahne] o [kaɦne], *Carlos* [kahlos] o [kaɦlos], *arma* [ahma] o [aɦma]. Sin embargo, este tipo de realización no aparece en ninguno de los corpus orales consultados para el presente capítulo, de modo que no resulta posible ofrecer aquí una descripción fonética de las variantes aspiradas de la /ɾ/ posnuclear. Para la distribución geolectal de otras realizaciones no tratadas en este capítulo, véase el § 22.2.8 sobre el alófono nasal [ŋ] y el § 22.2.9 sobre el alófono [d].

21.3.3 La rótica múltiple

La rótica múltiple /r/ aparece en posición prenuclear inicial de sílaba entre vocales, contexto en el que se opone fonológicamente a la /ɾ/, como se aprecia en (1a). Aparece también al principio de palabra y después de una consonante en sílaba distinta, según se comprueba en (1b).

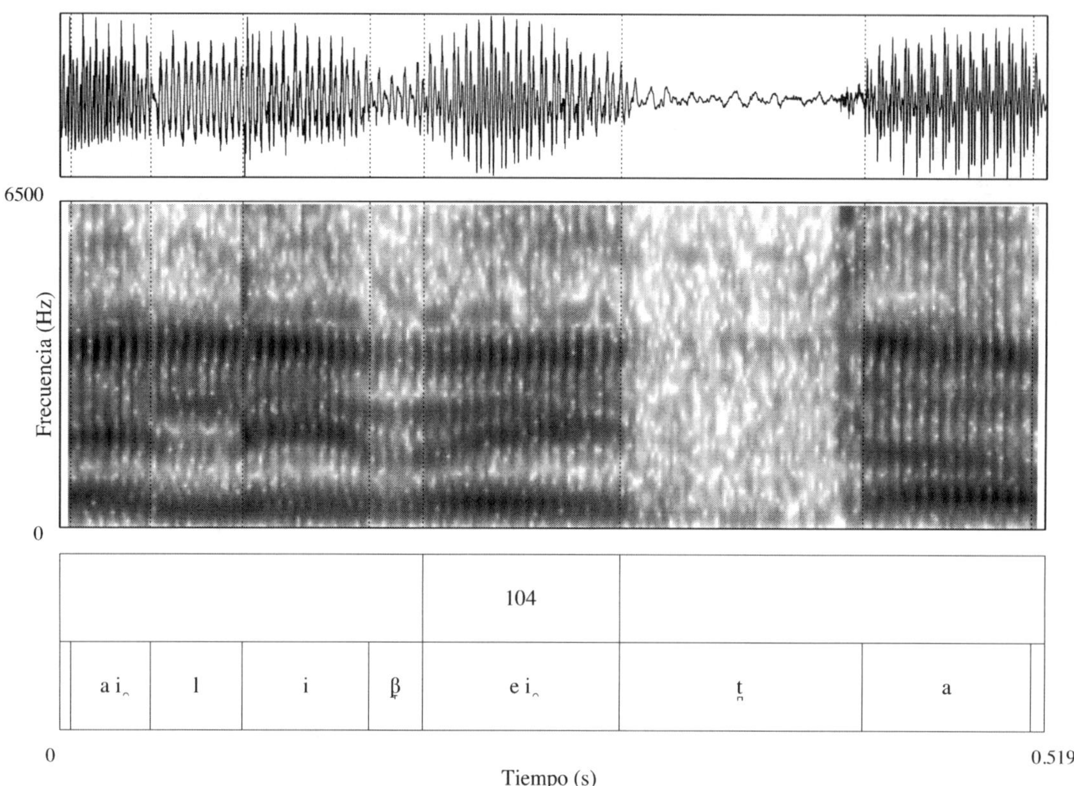

FIGURA 27. Oscilograma y espectrograma de la secuencia *hay liberta(d)*. Realización paravocálica de la /ɾ/ posnuclear ante consonante. Variedad de Nagua (República Dominicana).

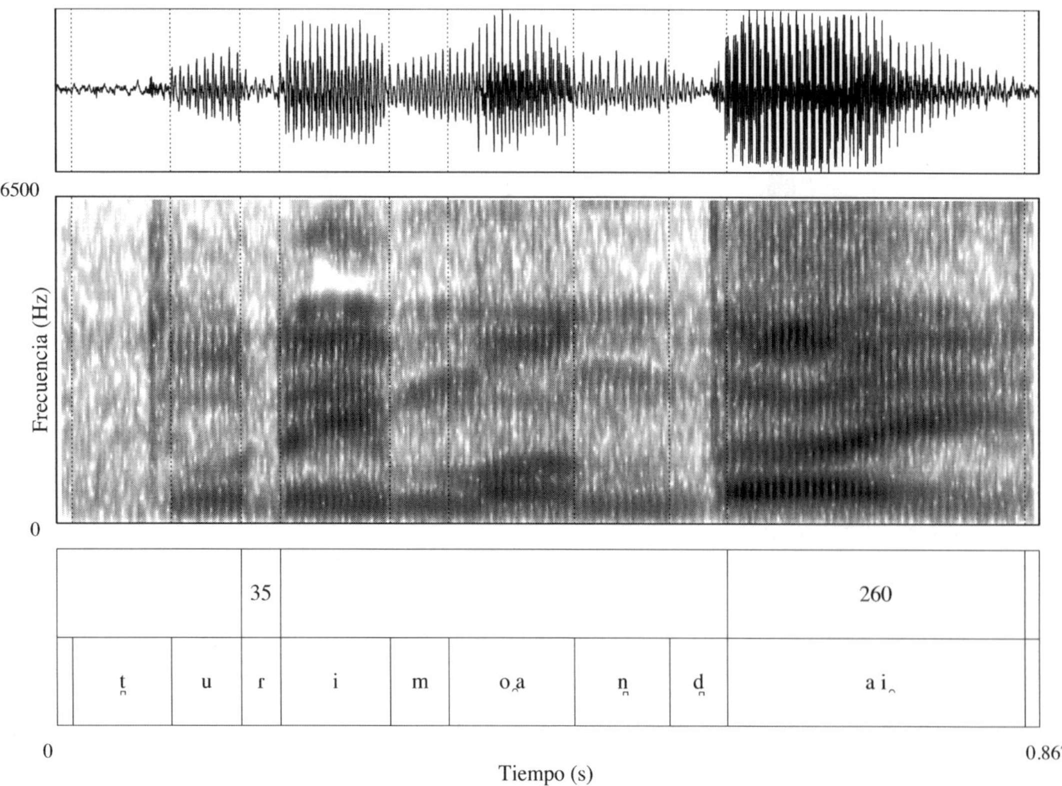

FIGURA 28. Oscilograma y espectrograma de la secuencia *turismo andar* ante pausa. Realización paravocálica de la /ɾ/ posnuclear ante pausa. Variedad de Nagua (República Dominicana).

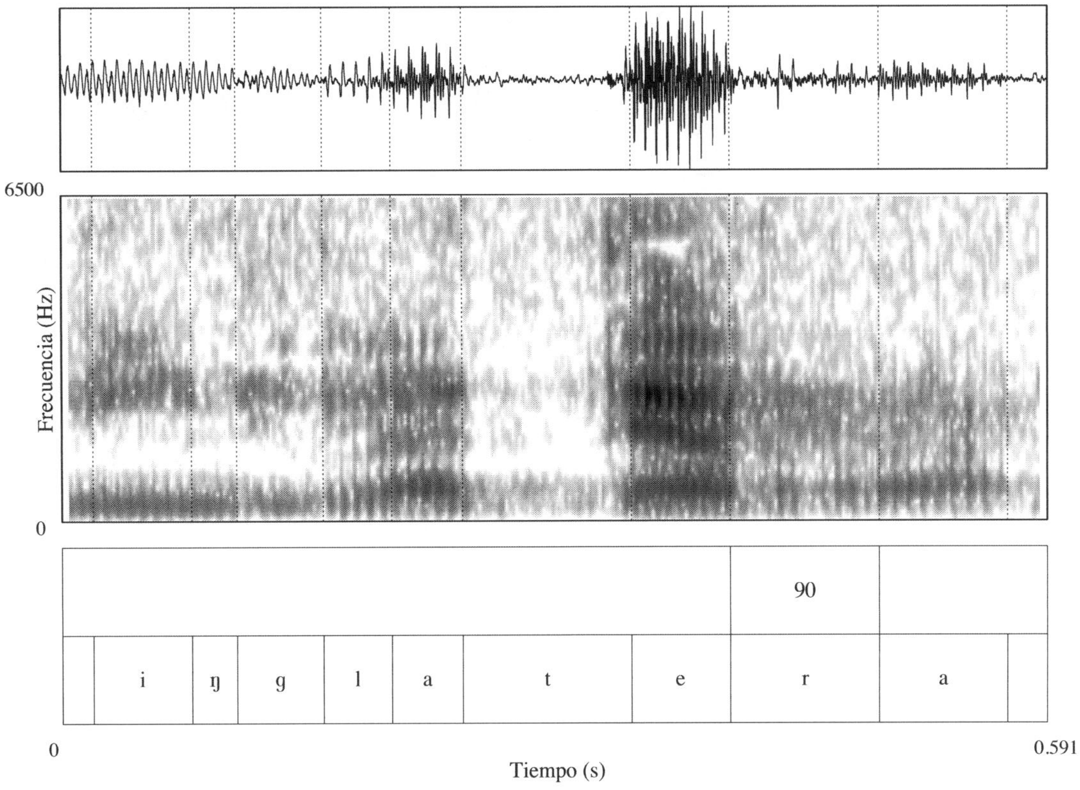

FIGURA 29. Oscilograma y espectrograma de la secuencia *Inglaterra*. Realización de la /r/ intervocálica como múltiple con tres contactos linguales. Variedad de Cali (Colombia).

La Figura 29 muestra una realización normativa de la /r/ intervocálica que consta de tres contactos linguales oclusivos, cada uno separado del otro por un segmento de energía acústica de mayor intensidad que la mostrada en las fases de oclusión. En la transición entre la vocal precedente y la rótica se observa un ligero descenso en el F3, debido al punto de articulación apicoalveolar de esta última. La duración total de la rótica múltiple es mucho mayor que la de la rótica simple intervocálica a la que se opone fonológicamente (cf. las Figuras 1 y 2). Para la distribución geolectal de la realización múltiple o vibrante, véase el § 22.3.1.

Hammond (1999, 2000a, 2000b, 2006) sostiene que en la pronunciación habitual de la gran mayoría de los hablantes nativos del español contemporáneo no se cumple la norma a la que la Real Academia Española hizo referencia en su momento, según la cual la rótica múltiple presenta tres contactos. La *Nueva gramática de la lengua española* ahora sí reconoce la pronunciación general de la /r/ como rótica vibrante con dos o más fases de cierre y además describe los procesos que ocasionan su variación al nivel fonético en muchos dialectos (Real Academia Española y Asociación de Academias de la Lengua Española 2011, § 6.9, § 6.10). Para el español peninsular centro-norteño, Blecua Falgueras (2001, § 3.4, 2008) observa una alternancia frecuente entre róticas múltiples con dos contactos y variantes aproximantes. Dejando de lado el español normativo, la realización fonética de la /r/ inicial de sílaba sirve para delimitar las distintas variedades geográficas. Los estudios empíricos recientes han documentado una gama de variantes fonéticas que se distinguen entre sí por diferencias en el modo de articulación (aproximantes, fricativas y róticas simples), el lugar de articulación (coronales, retroflejas y velares) y la realización laríngea (sonoras, sordas y con voz murmurada). Pueden consultarse a este respecto Blecua Falgueras (2001, 2008), Bradley (2006a), Bradley y Willis (2012), Colantoni (2001, 2006a, 2006b), Delgado-Díaz y Galarza (2015), Díaz-Campos (2008), Hammond (1999, 2000a, 2000b, 2006), Henriksen (2014), Henriksen y Willis (2010), Lewis (2004), Melero (2015), Morgan y Sessarego (2016), Sessarego (2011), Simonet y Carrasco (2006), Stewart (2020), Widdison (1998), Vigil (2018), Willis (2006, 2007) y Willis y Bradley (2008).

En las Figuras 30 a 33 se ilustran varias realizaciones no normativas de la /r/ inicial de sílaba. Los ejemplos, algunos de los cuales se describen en Bradley (2006a), proceden del corpus de Dalbor. Para la distribución geolectal de las variantes aproximantes y retroflejas, véase el § 22.3.2. La rótica fricativa de la Figura 30 se caracteriza por una combinación

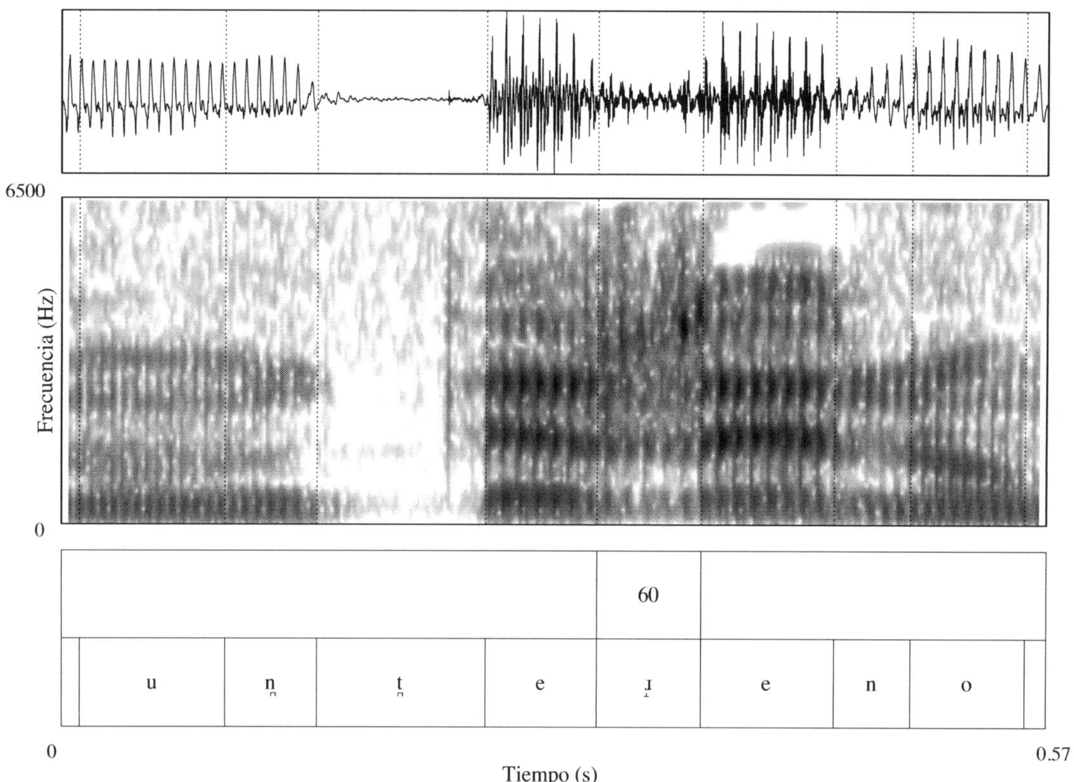

FIGURA 30. Oscilograma y espectrograma de la secuencia *un terreno*. Realización de la /r/ intervocálica como fricativa. Variedad de Imbabura (Ecuador).

de estructura formántica con ruido aperiódico y presenta una duración de 60 ms. La rótica fricativa ensordecida de la Figura 31 contiene unos 99 ms de ruido aperiódico de una cierta amplitud, pero no presenta estructura formántica ni barra de sonoridad completa. Ambas róticas fricativas carecen de los breves contactos que caracterizan la rótica múltiple y presentan, en cambio, un ruido fricativo concentrado alrededor de los 3000 Hz, de mayor duración. En la rótica aproximante de la Figura 32, no se aprecia ruido aperiódico durante la constricción sonora. A pesar de la disminución de la frecuencia de los formantes en comparación con la de las vocales adyacentes, se puede observar que el F3 desciende y asciende drásticamente durante la rótica, lo cual sugiere una articulación retrofleja. La Figura 33 muestra una realización aproximante de la /r/ inicial de palabra, que combina una estructura formántica y escaso ruido aperiódico. La duración del sonido, 26 ms, se sitúa dentro del rango normal de las róticas simples. Por tanto, se representa aquí como [ɾ̞] en transcripción estrecha en lugar de [ɹ]. Para la distribución geolectal de la /r/ como variante simple o percusiva, véase el § 22.3.4.

En un estudio de la rótica múltiple /r/ inicial de sílaba en varios dialectos del español de América, Bradley (2006a) señala que las realizaciones con múltiples contactos linguales son poco comunes en el corpus consultado (véanse también Hammond 1999, 2000a, 2000b, 2006). La fricación es especialmente frecuente en el grupo heterosilábico /sr/, que tiende a pronunciarse como una sola rótica fricativa (por ejemplo, *lo[ɹ̝]ediles* por *los rediles*). Para la realización de /sr/ en una variedad del español ecuatoriano, véase Sessarego (2011), y, para otros geolectos, véase el § 22.3.6.

Las realizaciones ilustradas en las Figuras 30 a 33 permiten observar que las róticas aproximantes y fricativas se sitúan a lo largo de un continuo fonético en función de su periodicidad (véase Colantoni [2006a, 2006b], para el español argentino). Las dos categorías se distinguen por el grado de periodicidad presente en la constricción de la rótica. En algunos casos, por ejemplo en las Figuras 30 y 33, ruido aperiódico y estructura formántica se combinan dentro del mismo segmento.

Hasta este punto se han descrito realizaciones no normativas de la /r/ múltiple que presentan estructura formántica o ruido aperiódico, o una combinación de ambos rasgos. Tomados del corpus de Dalbor, los ejemplos presentados en las Figuras 34 a 36 muestran otro tipo de realización fonética en el que se combinan contactos linguales con fases aproximantes o fricativas. Esta realización se observa en el español veracruzano (Bradley y Willis 2012), pero es probable que se dé también en otras variedades, tal como lo indican los ejemplos del español paraguayo en las Figuras 34 y 36.

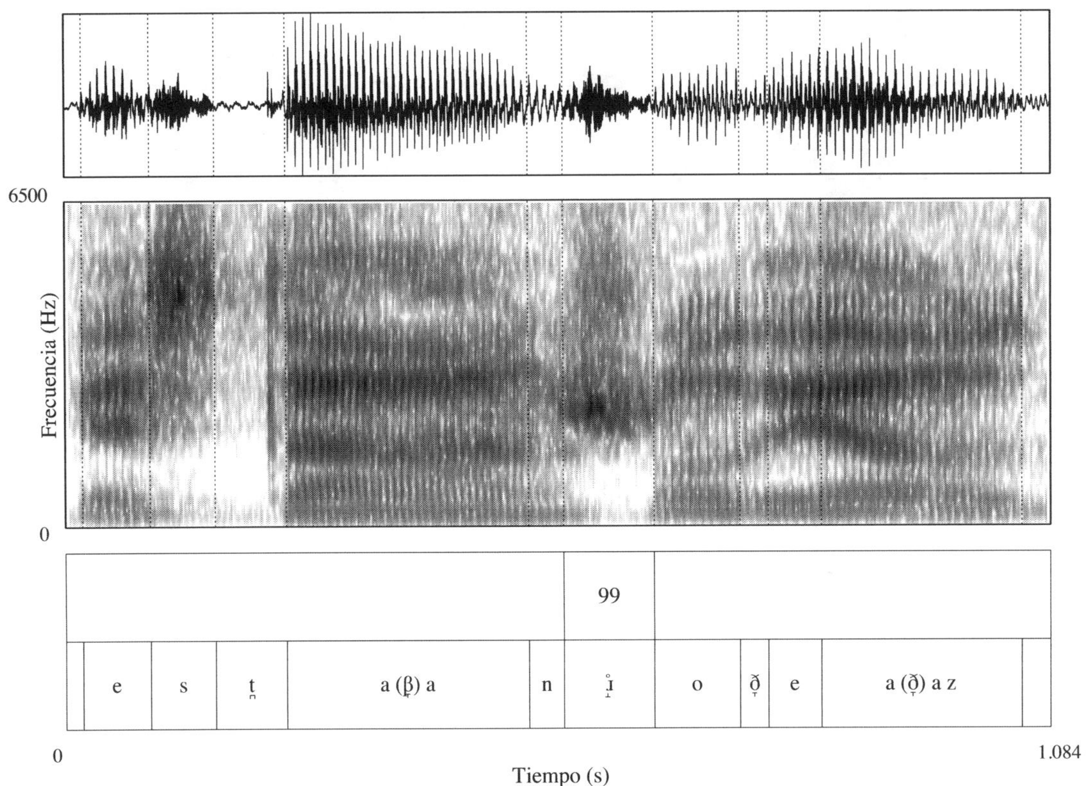

FIGURA 31. Oscilograma y espectrograma de la secuencia *estaban rodeadas*. Realización como fricativa ensordecida de la /r/ inicial de palabra tras consonante. Variedad de Guatemala (lugar desconocido).

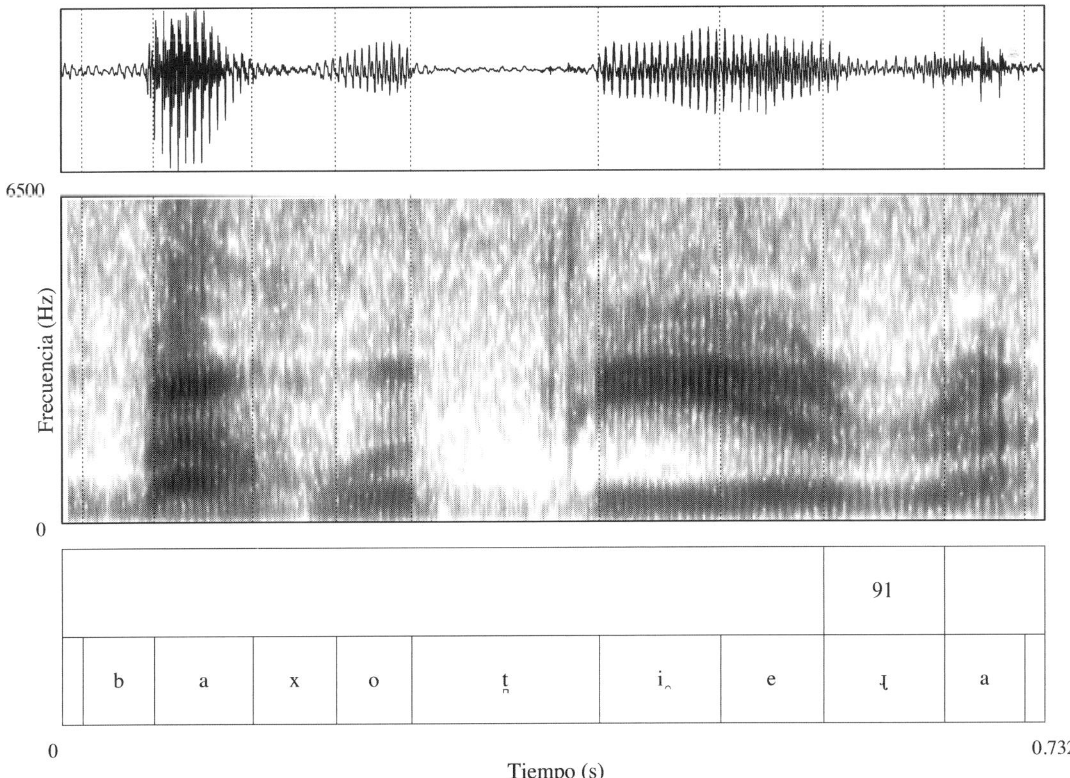

FIGURA 32. Oscilograma y espectrograma de la secuencia *bajo tierra*. Realización de la /r/ intervocálica como aproximante larga con retroflexión. Variedad de Heredia (Costa Rica).

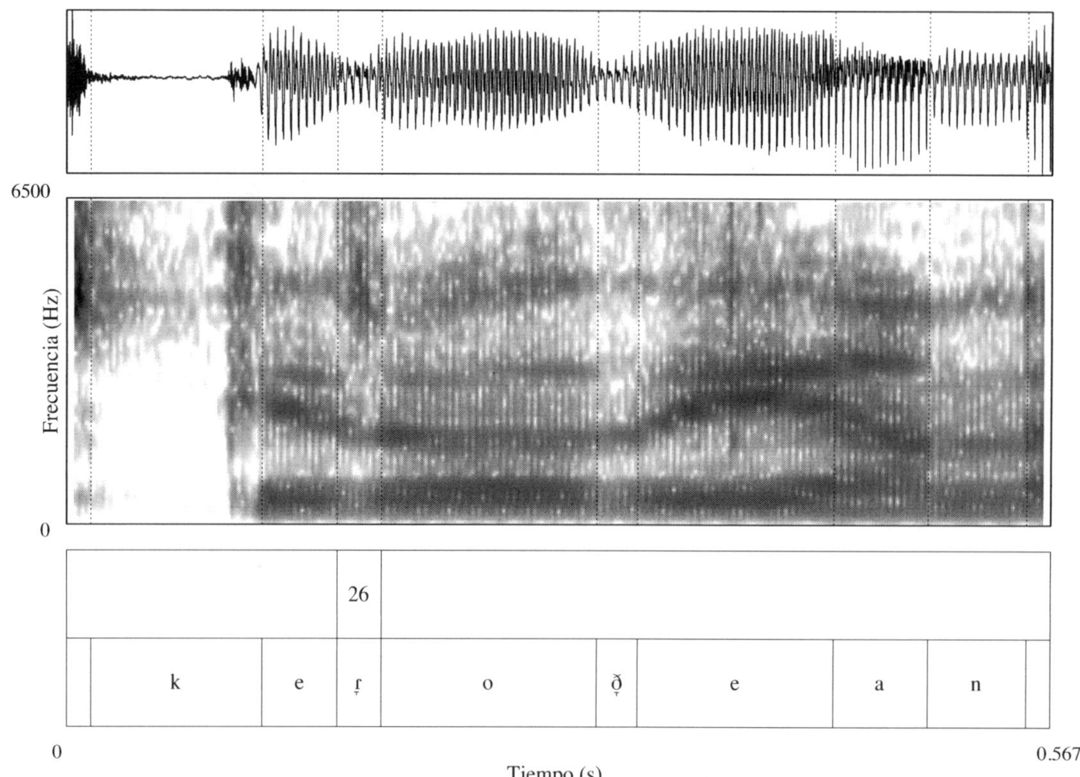

FIGURA 33. Oscilograma y espectrograma de la secuencia *que rodean*. Realización de la /r/ inicial de palabra tras vocal como rótica simple aproximante. Variedad de Potosí (Bolivia).

En la Figura 34 se aprecia un solo contacto lingual de 30 ms, seguido de ruido aperiódico y de un período de estructura formántica intensa que lleva a la vocal siguiente. En la Figura 35, a un contacto lingual de 26 ms le sigue un momento de fricción. La rótica intervocálica que se muestra en la Figura 36 empieza con dos contactos linguales y termina en una fase aproximante de 42 ms.

Se han documentado realizaciones 'mixtas' semejantes a las del español veracruzano y paraguayo en el español peninsular. En este sentido, Martínez Celdrán y Fernández Planas (2007, 157–58) describen el análisis espectrográfico de una realización en la que se observa una fase aproximante durante la transición entre la rótica múltiple intervocálica y la vocal siguiente. Henriksen y Willis (2010) documentan producciones de la /r/ que constan de un solo contacto lingual seguido de una fase aproximante, además de producciones fricativas sonoras y ensordecidas.

En cuanto a la actividad de las cuerdas vocales, la gran mayoría de las róticas descritas hasta aquí son o bien sonoras o bien ensordecidas. El español dominicano es conocido por una realización poco común de la /r/ múltiple. Tradicionalmente se ha hablado del fenómeno de la 'preaspiración de las róticas' (por ejemplo, *pe*[hr]*o* por *perro*; véanse Jiménez Sabater [1975]; Núñez Cedeño [1989, 1994]). Sin embargo, los estudios experimentales más recientes de Willis (2006, 2007) demuestran claramente que no se trata de preaspiración, sino de *pre-breathy voicing* [→ § 1.5.6], es decir, de una realización de la rótica como un período de voz murmurada seguido de uno o más contactos linguales. Para la distribución geolectal de esta realización fuera de la República Dominicana, véase el § 22.3.5.

Los ejemplos recogidos en las Figuras 37 y 38 provienen del estudio de Willis y Bradley (2008) sobre el español dominicano (véanse también Willis 2006, 2007). La /r/ del ejemplo de la Figura 37 se realiza como [ɦr], una rótica simple oclusiva precedida de un período de voz murmurada que dura 160 ms. La variante [ɦr] que aparece a principio de palabra en la Figura 38 presenta tres contactos linguales después de unos 31 ms de voz murmurada. Tanto la fricción laríngea como los contactos linguales se articulan típicamente con plena sonoridad, lo que pone en cuestión la descripción tradicional de estos componentes como sordos.

El último ejemplo que se describe en este apartado aparece en la Figura 39. La pronunciación de la /r/ inicial de sílaba como fricativa velar sorda [x] es típica del español puertorriqueño (Lipski 1994; Zamora Munné y Guitart 1982), aunque

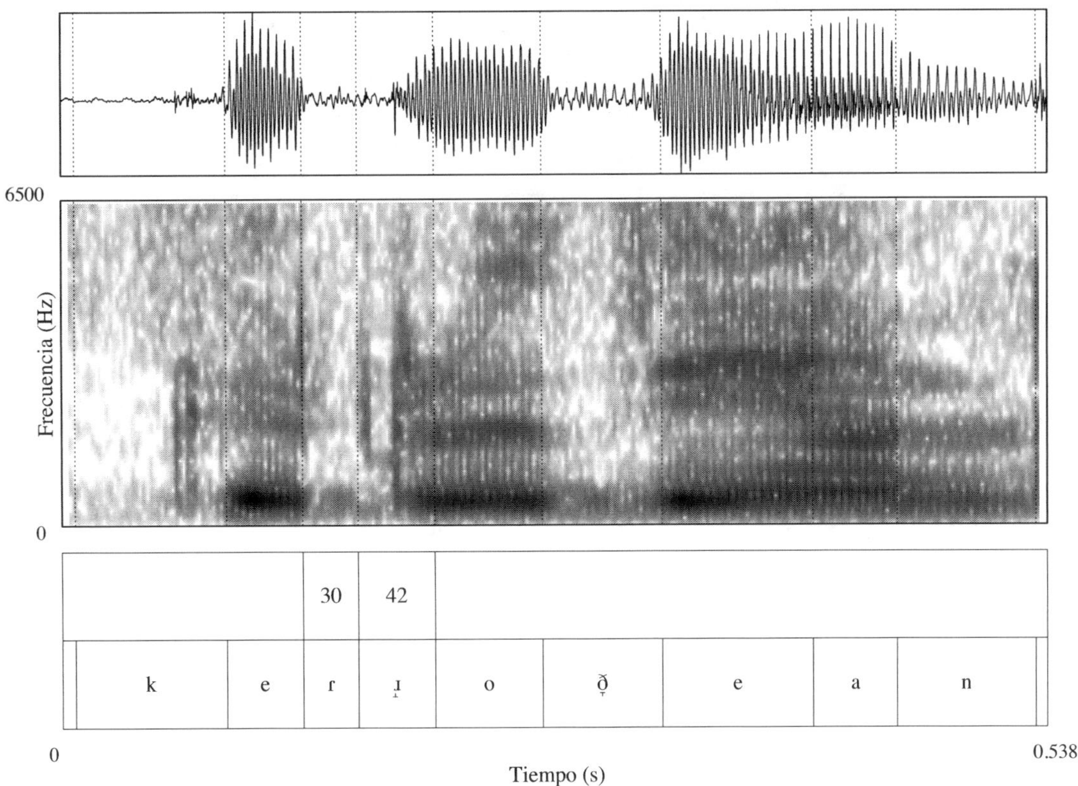

FIGURA 34. Oscilograma y espectrograma de la secuencia *que rodean*. Realización de la /r/ intervocálica como rótica oclusiva seguida de ruido aperiódico. Variedad de Coronel Oviedo (Paraguay).

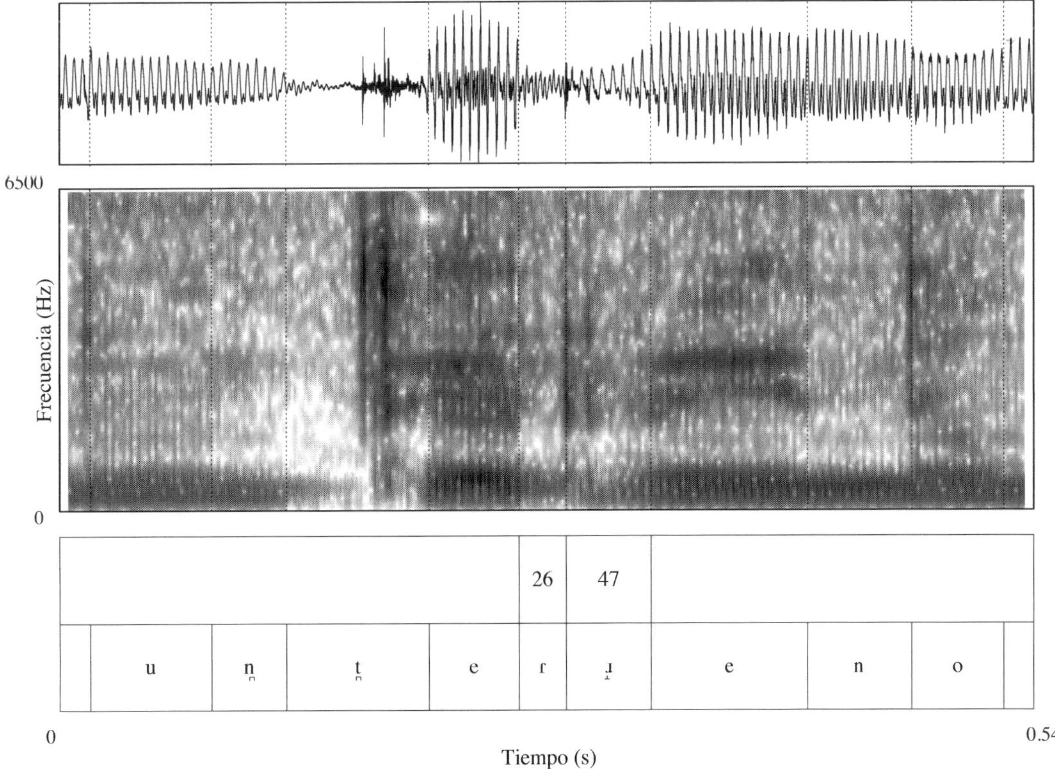

FIGURA 35. Oscilograma y espectrograma de la secuencia *un terreno*. Realización de la /r/ intervocálica como rótica oclusiva seguida de fase aproximante con ruido aperiódico. Variedad de Veracruz (México).

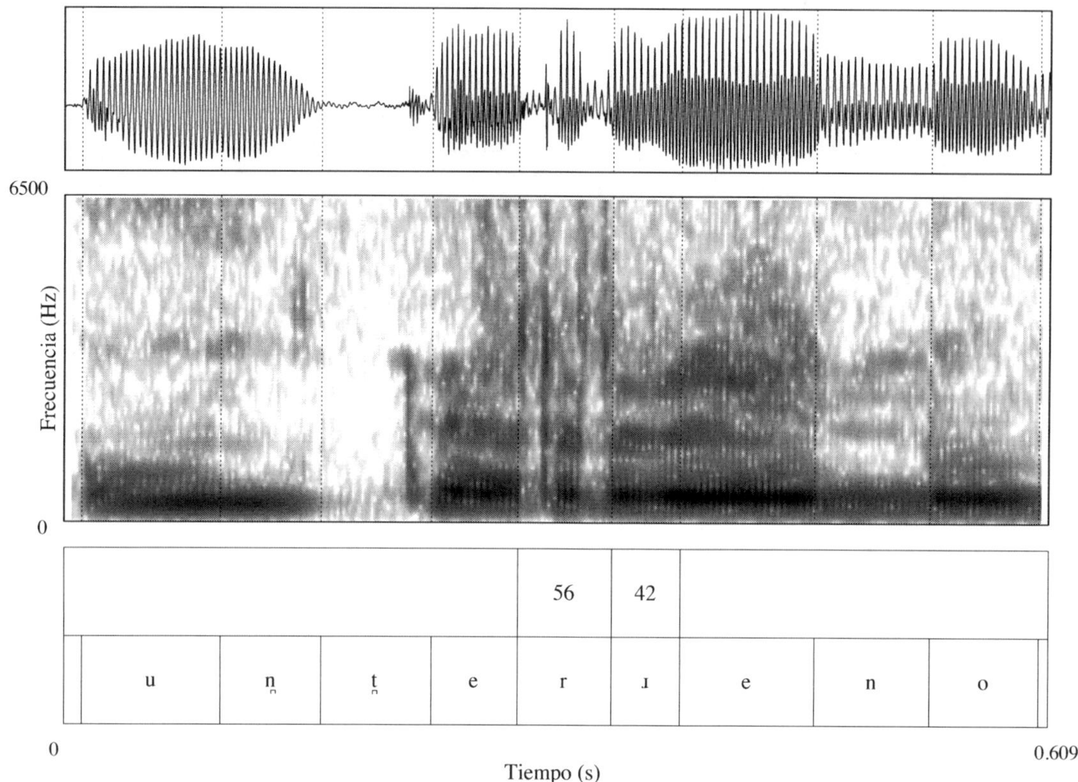

FIGURA 36. Oscilograma y espectrograma de la secuencia *un terreno*. Realización de la /r/ intervocálica como rótica múltiple seguida de fase aproximante sin ruido aperiódico. Variedad de Coronel Oviedo (Paraguay).

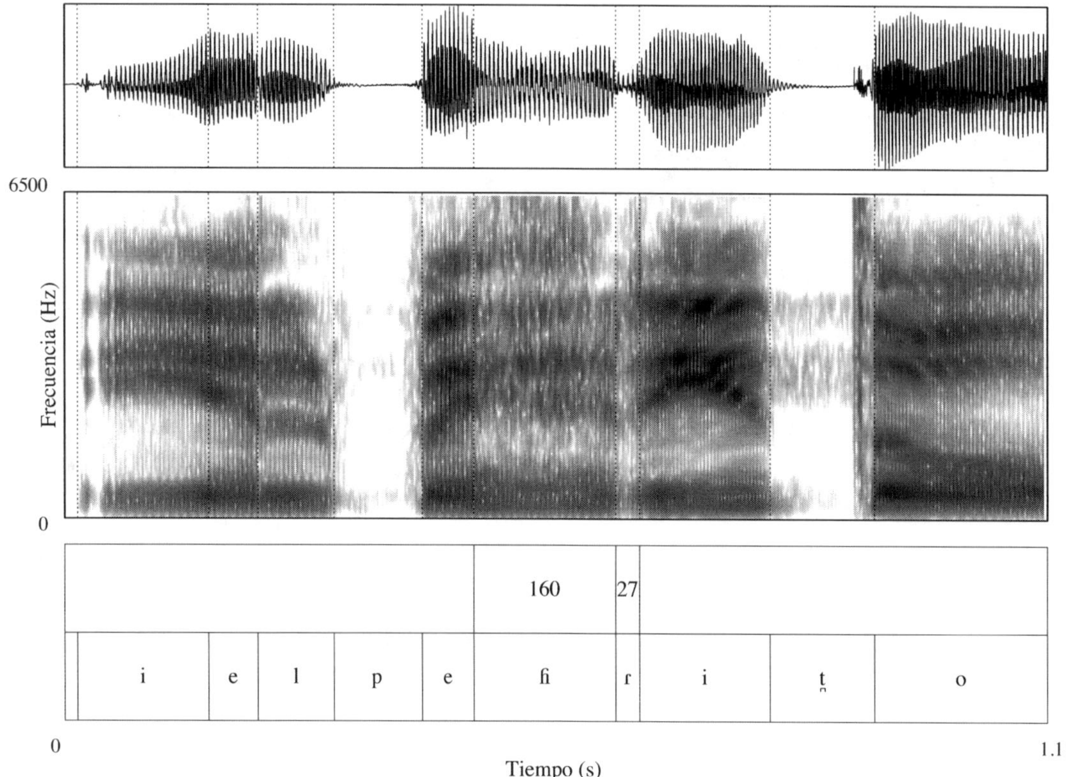

FIGURA 37. Oscilograma y espectrograma de la secuencia *y el perrito*. Realización de la /r/ intervocálica como rótica oclusiva precedida de voz murmurada. Variedad de Santiago (República Dominicana).

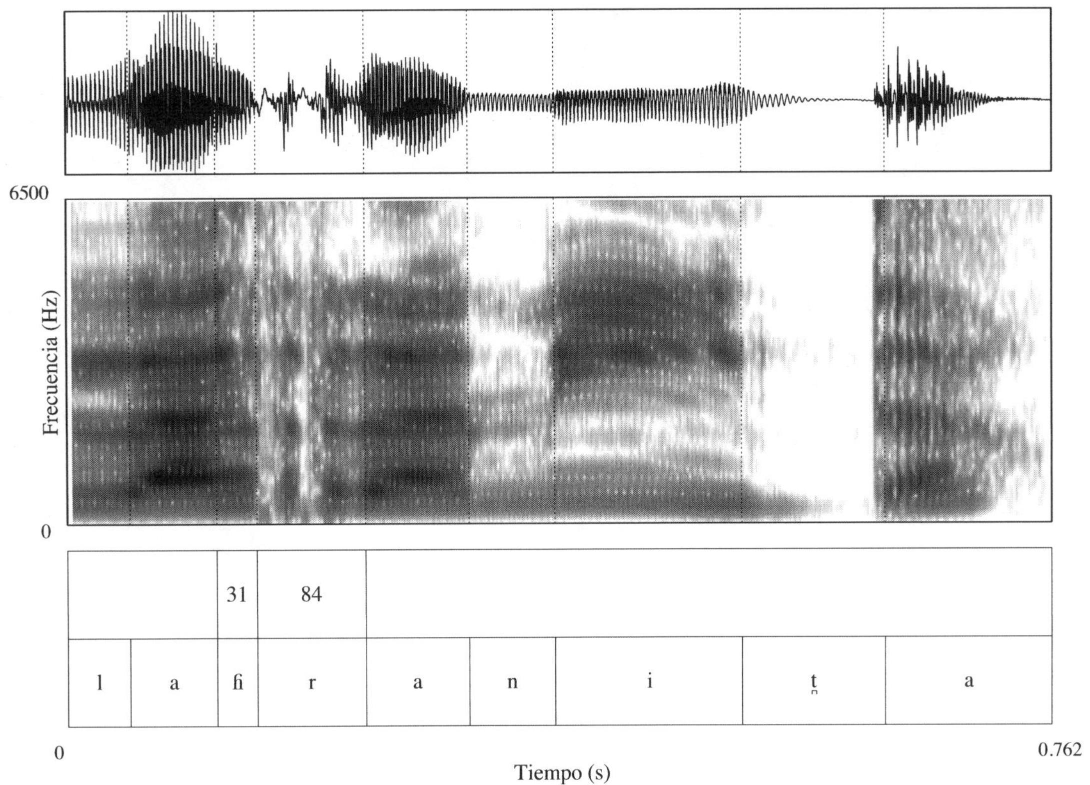

FIGURA 38. Oscilograma y espectrograma de la secuencia *la ranita*. Realización de la /r/ inicial de palabra tras vocal como rótica múltiple precedida de voz murmurada. Variedad de Santiago (República Dominicana).

también puede realizarse como fricativa uvular sonora, [ʁ], o sorda, [χ] [→ § 22.3.3]. En este ejemplo, la distribución de energía en las frecuencias correspondientes a la velar es distinta de la distribución que caracteriza la [s] coronal de la misma palabra. El centro de gravedad calculado para la duración total de la constricción de la [x] se encuentra a 1725 Hz, frente a los 3901 Hz de la [s], lo cual apunta a una articulación más posterior de la rótica velar [→ § 15.3.1].

Como se ha podido constatar en los datos presentados en este apartado, la /r/ inicial de sílaba en el español contemporáneo presenta una amplia gama de realizaciones. La existencia de un grado tan elevado de variación fonética plantea la pregunta de si el contraste en posición intervocálica —véase (1a)— se ha neutralizado [→ § 1.17.4] en muchos dialectos. Además de sostener que la realización normativa de la rótica múltiple no se observa habitualmente en la mayoría de los hablantes nativos del español, Hammond (1999) afirma también que «a neutralization of [ɾ] and [r] has occurred in many dialects in intervocalic environments» (147). La neutralización es una posibilidad real, y se trata de un cambio que se ha documentado en las variedades del judeoespañol habladas en la Península Balcánica y en Rumanía que han perdido la rótica múltiple en favor de la /r/ simple (por ejemplo, [kaɾu] < [karu], [t̪ʲeɾa] < [t̪ʲera], [ɾosa] < [rosa]; véase Quintana [2006, 84–85, 376]). Hoy en día, la Real Academia Española reconoce en su *Nueva gramática de la lengua española* la posible articulación de la /r/ como [ɾ] percusiva por un proceso fonético de reducción (Real Academia Española y Asociación de Academias de la Lengua Española 2011, § 6.10). Para los geolectos en los que la reducción parece ocasionar la neutralización en el contexto intervocálico, véase el § 22.3.4.

Sin embargo, lo más probable es que, aun cuando la /r/ se realice con un solo contacto lingual, en la producción del segmento original se mantengan otros rasgos fonéticos que actúen como indicios del contraste subyacente. La descripción de las realizaciones fonéticas de la /r/ demuestra que, en la mayoría de los casos, la duración completa del segmento es lo suficientemente larga como para salvaguardar la diferencia acústica con la notable brevedad de la /ɾ/ intervocálica. Se puede apreciar esta diferencia al comparar las róticas simples de las Figuras 1 y 2 con las realizaciones mixtas de la /r/ de las Figuras 34 y 35. La duración completa de la rótica de las Figuras 34 y 35 es de 72 y 73 ms en total y, por tanto, superior a la duración de los breves contactos de las realizaciones mostradas en las Figuras 1 y 2 (22, 30 y 46 ms). Por otro lado, se podría hablar de neutralización si en alguna variedad la /r/ intervocálica en interior de palabra se realizara

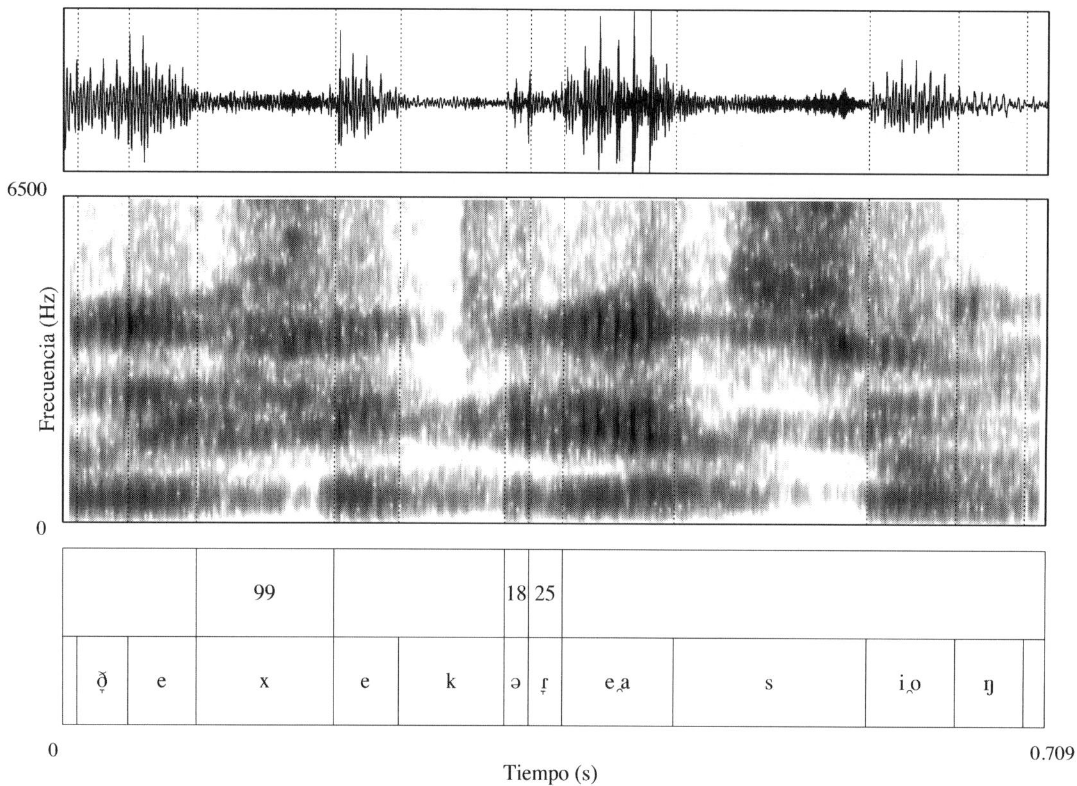

FIGURA 39. Oscilograma y espectrograma de la secuencia *de recreación*. Realización de la /r/ inicial de palabra tras vocal como fricativa velar sorda. Variedad de Cabo Rojo (Puerto Rico).

sistemáticamente como rótica aproximante breve [ɾ] (Figura 33, aunque este ejemplo corresponde a una /r/ inicial de palabra, posición en la que no se da la posibilidad de contraste entre las róticas). Otros estudios recientes confirman que el contraste rótico en posición intervocálica se expresa principalmente por la duración completa del segmento y no por el número de contactos linguales (para el español peninsular, véase Henriksen [2014]; para el español hablado como lengua heredada en los Estados Unidos, véanse Amengual [2016] y Henriksen [2015]).

21.4 Conclusiones

En este capítulo se han examinado las características acústicas, perceptivas y articulatorias de las consonantes róticas. El análisis acústico ha brindado una descripción detallada de los principales sonidos róticos propios de muchos dialectos del español contemporáneo. Cabe destacar que las róticas constituyen una clase de sonidos sumamente interesante por su amplísima variación fonética dentro del mundo hispanohablante.

Restan algunos problemas pendientes que se deben explorar en futuras investigaciones sobre las róticas. Muy buena parte de sus variantes fonéticas suelen darse en el habla descuidada o en los registros más informales, que son notoriamente difíciles de obtener en los estudios de laboratorio. Es preciso, por lo tanto, desarrollar nuevas metodologías y diseños experimentales para que las muestras recogidas se asemejen tanto como sea posible al habla producida en una situación comunicativa auténtica. Todavía restan, también, un gran número de realizaciones dialectales que no se han investigado desde la perspectiva de la fonética experimental, como las resultantes de la retroflexión y la geminación de líquidas en el español cubano, o la realización paravocálica de las líquidas en el español dominicano.

En el § 21.2 se mencionó la primera aplicación de la ecografía al estudio de las líquidas del español (Proctor 2009, 2011). Esta técnica permite observar que las líquidas son articulaciones complejas que constan de un gesto apical primario coordinado con un gesto dorsal secundario. El gesto dorsal no se ha reconocido en los estudios anteriores basados en el análisis acústico (por ejemplo, Blecua Falgueras 2001, 2008; Bradley 2004, 2006a, 2006b; Willis y Bradley 2008) o en la electropalatografía (por ejemplo, Martínez Celdrán y Fernández Planas 2007, 151–56), puesto que ninguna de las dos técnicas es apropiada para investigar las articulaciones dorsales. Martínez Celdrán y Fernández Planas (2007) señalan a este respecto limitaciones de la electropalatografía: «algunas articulaciones velares aparecen parcialmente; cuando se aprecian mejor es cuando se muestran en contacto con vocales anteriores. Finalmente, el electropalatógrafo tampoco informa de la región lingual que efectúa el contacto la constricción» (17). Hacen falta, pues, más estudios articulatorios que se sirvan de la técnica ecográfica para explorar la realización de las róticas en distintos contextos fonéticos y en un abanico más amplio de variedades del español.

Finalmente, es necesario ampliar los estudios sobre los aspectos perceptivos de las róticas. Por ejemplo, se debe determinar cuál es la influencia de las vocales intrusivas en la percepción de la /ɾ/ en varios contextos fonéticos y en dialectos diferentes. Sería relevante, además, investigar con mayor profundidad los indicios acústicos que señalan el contraste entre las róticas en posición intervocálica para determinar hasta qué punto la variación fonética puede ocasionar la neutralización, o bien entre las dos consonantes róticas (véase Henriksen 2014), o bien entre las róticas y otras consonantes que son similares a nivel perceptivo (véase Delgado-Díaz y Galarza 2015).

Referencias bibliográficas

Adams, Catalina. 2002. «Strong Assibilation and Prestige: A Sociolinguistic Study in the Central Valley of Costa Rica». Tesis de doctorado, University of California, Davis. ProQuest (304807768).

Alba, Orlando. 1990. *Variación fonética y diversidad social en el español dominicano*. Santiago de los Caballeros: Pontificia Universidad Católica Madre y Maestra.

Almeida, Manuel y Josefa Dorta. 1993. «Datos acústicos de las líquidas españolas». En *Homenaje a José Pérez Vidal*, editado por Carmen Díaz Alayón, 97–110. La Laguna: Litografía A. Romero.

Alonso García, Amado. 1925. «El grupo "tr" en España y América». En *Homenaje ofrecido a Menéndez Pidal. Miscelánea de estudios lingüísticos, literarios e históricos*, 2:167–91. Madrid: Hernando.

Amengual, Mark. 2016. «Acoustic Correlates of the Spanish Tap-Trill Contrast: Heritage and L2 Spanish Speakers». *Heritage Language Journal* 13 (2): 88–112.

Argüello, Fanny M. 1978. «El dialecto žeísta del español en el Ecuador: un estudio fonético y fonológico». Tesis de doctorado, Pennsylvania State University. ProQuest (302903357).

Blecua Falgueras, Beatriz. 2001. «Las vibrantes del español: manifestaciones acústicas y procesos fonéticos». Tesis de doctorado, Universitat Autònoma de Barcelona. http://hdl.handle.net/10803/4859.

———. 2008. «Los sonidos vibrantes: aspectos comunes y variación». En *Language Design. Journal of Theoretical and Experimental Linguistics. Special Issue 1. New Trends in Experimental Phonetics: Selected papers from the IV International Conference on Experimental Phonetics. Granada, 11–14 February 2008*, editado por Antonio Pamies y Elisabeth Melguizo, 23–30. Granada: Método Ediciones.

Blecua Falgueras, Beatriz y Jordi Cicres. 2019. «Rhotic Variation in Spanish Codas: Acoustic Analysis and Effects of Context in Spontaneous Speech». En *Romance Phonetics and Phonology*, editado por Mark Gibson y Juana Gil, 21–47. Oxford: Oxford University Press. https://doi.org/10.1093/oso/9780198739401.003.0002.

Blecua Falgueras, Beatriz, Jordi Cicres y Juana Gil. 2014. «Variación en las róticas del español y su implicación en la identificación del locutor». *Revista de Filología Románica* 31: 13–35. https://doi.org/10.5209/rev_RFRM.2014.v31.n1.51021.

Boersma, Paul y David Weenink. 2023. *Praat: Doing Phonetics by Computer* (versión 6.3.17). Programa informático. Ámsterdam: University of Amsterdam. http://www.praat.org.

Bradley, Travis G. 1999. «Assibilation in Ecuadorian Spanish: A Phonology–Phonetics Account». En *Formal Perspectives on Romance Linguistics. Selected Papers from the 28th Linguistic Symposium on Romance Languages (LSRL XXVIII). University Park, 16–19 April 1998*, editado por Jean-Marc Authier, Barbara E. Bullock y Lisa A. Reed, 57–71. Ámsterdam: John Benjamins. https://doi.org/10.1075/cilt.185.06bra.

———. 2004. «Gestural Timing and Rhotic Variation in Spanish Codas». En *Laboratory Approaches to Spanish Phonology*, editado por Timothy L. Face, 197–224. Berlín: Mouton de Gruyter.

———. 2006a. «Phonetic Realizations of /sr/ Clusters in Latin American Spanish». En *Selected Proceedings of the 2nd Conference on Laboratory Approaches to Spanish Phonetics and Phonology*, editado por Manuel Díaz-Campos, 1–13. Somerville: Cascadilla Proceedings Project.

———. 2006b. «Spanish Complex Onsets and the Phonetics-Phonology Interface». En *Optimality-Theoretic Studies in Spanish Phonology*, editado por Fernando Martínez-Gil y Sonia Colina, 15–38. Ámsterdam: John Benjamins. https://doi.org/10.1075/la.99.02bra.

———. 2011. «Mid Front Vowel Lowering before Rhotics in Ibero-Romance». En *Romance Linguistics 2010. Selected Papers from the 40th Linguistic Symposium on Romance Languages (LSRL). Seattle, March 2010*, editado por Julia Herschensohn, 63–78. Ámsterdam: John Benjamins. https://doi.org/10.1075/cilt.318.05bra.

Bradley, Travis G. y Erik W. Willis. 2012. «Rhotic Variation and Contrast in Veracruz Mexican Spanish». *Estudios de Fonética Experimental* 21: 43–74.

Catford, John C. 1977. *Fundamental Problems in Phonetics*. Edimburgo: Edinburgh University Press; Bloomington: Indiana University Press.

Cicres, Jordi y Beatriz Blecua Falgueras. 2015. «Caracterización acústica de las róticas fricativas prepausales en español peninsular». *Loquens. Spanish Journal of Speech Sciences* 2 (1): e019. https://doi.org/10.3989/loquens.2015.019.

Colantoni, Laura. 2001. «Mergers, Chain Shifts, and Dissimilatory Processes: Palatals and Rhotics in Argentine Spanish». Tesis de doctorado, University of Minnesota. ProQuest (251628680).

———. 2006a. «Increasing Periodicity to Reduce Similarity: An Acoustic Account of Deassibilation in Rhotics». En *Selected Proceedings of the 2nd Conference on Laboratory Approaches to Spanish Phonetics and Phonology*, editado por Manuel Díaz-Campos, 22–34. Somerville: Cascadilla Proceedings Project.

———. 2006b. «Micro and Macro Sound Variation and Change in Argentine Spanish». En *Selected Proceedings of the 9th Hispanic Linguistics Symposium*, editado por Nuria Sagarra y Almeida Jacqueline Toribio, 91–102. Somerville: Cascadilla Proceedings Project.

Colantoni, Laura y Jeffrey Steele. 2005. «Phonetically-Driven Epenthesis Asymmetries in French and Spanish Obstruent-Liquid Clusters». En *Experimental and Theoretical Approaches to Romance Linguistics. Selected Papers from the 34th Linguistic Symposium on Romance Languages (LSRL). Salt Lake City, March 2004*, editado por Edward Rubin y Randall Gess, 77–96. Ámsterdam: John Benjamins. https://doi.org/10.1075/cilt.272.06col.

Dearstyne, Matt. 2021. «Rhotic Variation in Costa Rican Spanish: A Preliminary Acoustic Analysis». *Cadernos de Linguística* 2 (1): e294. https://doi.org/10.25189/2675-4916.2021.V2.N1.ID294.

Delgado-Díaz, Gibran e Iraida Galarza. 2015. «¿Que comiste [x]amón? A Closer Look at the Neutralization of /h/ and Posterior /r/ in Puerto Rican Spanish». En *Selected Proceedings of the 6th Conference on Laboratory Approaches to Romance Phonology*, editado por Erik W. Willis, Pedro Martín Butragueño y Esther Herrera Zendejas, 70–82. Somerville: Cascadilla Proceedings Project.

Díaz-Campos, Manuel. 2008. «Variable Production of the Trill in Spontaneous Speech: Sociolinguistic Implications». En *Selected Proceedings of the 3rd Conference on Laboratory Approaches to Spanish Phonology*, editado por Laura Colantoni y Jeffrey Steele, 47–58. Somerville: Cascadilla Proceedings Project.

Dickey, Laura Wals. 1997. «The Phonology of Liquids». Tesis de doctorado, University of Massachusetts Amherst. ProQuest (304352751).

Figueroa Candia, Mauricio A., Jaime Soto y Marco Ñanculeo. 2010. «Los alófonos del grupo consonántico /tr/ en el castellano de Chile». *Onomázein. Revista de Filología, Lingüística y Traducción* 22: 11–42. https://doi.org/10.7764/onomazein.22.01.

Gibson, Mark. 2015. «A Stochastic Approach to Rhotic Variation in Spanish Codas». *Loquens. Spanish Journal of Speech Sciences* 2 (1): e015. https://doi.org/10.3989/loquens.2015.015.

Gibson, Mark, Stavroula Sotiropoulou, Stephen Tobin y Adamantios Gafos. 2019. «Temporal Aspects of Word Initial Single Consonants and Consonants in Clusters in Spanish». *Phonetica* 76 (6): 448–78. https://doi.org/10.1159/000501508.

Gilbert, Madeline B. y Marcos Rohena-Madrazo. 2017. «Revising the Canon: Social and Stylistic Variation of Coda (-ɾ) in Buenos Aires Spanish». En *Romance Languages and Linguistic Theory 12: Selected Papers from the 45th Linguistic Symposium on Romance Languages (LSRL), Campinas, Brazil*, editado por Ruth E. V. Lopes, Juanito Ornelas y Sonia M. L. Cyrino, 63–78. Ámsterdam: John Benjamins. https://doi.org/10.1075/rllt.12.05gil.

Gili Gaya, Samuel. 1921. «La "r" simple en la pronunciación española». *Revista de Filología Española* 8 (3): 271–80.

Guitart, Jorge M. (1973) 1976. *Markedness and a Cuban Dialect of Spanish*. Washington D. C.: Georgetown University Press.

Hall, Nancy. 2006. «Cross-Linguistic Patterns of Vowel Intrusion». *Phonology* 23 (3): 387–429. https://doi.org/10.1017/S0952675706000996.

Hammond, Robert M. 1999. «On the Non-Occurrence of the Phone [r̃] in the Spanish Sound System». En *Advances in Hispanic Linguistics. Papers from the 2nd Hispanic Linguistics Symposium*, editado por Javier Gutiérrez-Rexach y Fernando Martínez-Gil, 1:135–51. Somerville: Cascadilla Press.

———. 2000a. «The Multiple Vibrant Liquid in the Discourse of U.S. Hispanics». En *Research on Spanish in the United States: Linguistic Issues and Challenges*, editado por Ana Roca, 290–304. Somerville: Cascadilla Press.

———. 2000b. «The Phonetic Realizations of /rr/ in Spanish: A Psychoacoustic Analysis». En *Hispanic Linguistics at the Turn of the Millennium. Papers from the 3rd Hispanic Linguistics Symposium*, editado por Héctor Campos, Elena Herburger, Alfonso Morales-Front y Thomas J. Walsh, 80–100. Somerville: Cascadilla Press.

———. 2006. «The Status of [r] and [r̃] in Spanish: A Functional Analysis». En *Haciendo lingüística. Homenaje a Paola Bentivoglio*, editado por Mercedes Sedano, Adriana Bolívar y Martha Shiro, 91–104. Caracas: Universidad Central de Venezuela, Comisión de Estudios de Postgrado, Facultad de Humanidades y Educación.

Harris, James W. 1969. *Spanish Phonology*. Cambridge, MA: MIT Press. Trad. de Aurelio Verde, *Fonología generativa del español*. Barcelona: Planeta, 1975.

————. 1983. *Syllable Structure and Stress in Spanish. A Nonlinear Analysis*. Cambridge, MA: MIT Press. Trad. de Olga Fernández Soriano, *La estructura silábica y el acento en español. Análisis no lineal*. Madrid: Visor, 1991.

Henriksen, Nicholas. 2014. «Sociophonetic Analysis of Phonemic Trill Variation in Two Sub-Varieties of Peninsular Spanish». *Journal of Linguistic Geography* 2 (1): 4–24. https://doi.org/10.1017/jlg.2014.1.

————. 2015. «Acoustic Analysis of the Rhotic Contrast in Chicagoland Spanish: An Intergenerational Study». *Linguistic Approaches to Bilingualism* 5 (3): 282–321. https://doi.org/10.1075/lab.5.3.01hen.

Henriksen, Nicholas y Erik W. Willis. 2010. «Acoustic Characterization of Phonemic Trill Production in Jerezano Andalusian Spanish». En *Selected Proceedings of the 4th Conference on Laboratory Approaches to Spanish Phonology*, editado por Marta Ortega-Llebaria, 115–27. Somerville: Cascadilla Proceedings Project.

Hualde, José Ignacio. 2014. *Los sonidos del español*. Cambridge: Cambridge University Press. https://doi.org/10.1017/CBO9780511719943.

Inouye, Susan B. 1995. «Trills, Taps and Stops in Contrast and Variation». Tesis de doctorado, University of California, Los Angeles. ProQuest (304186474).

Jiménez Sabater, Maximiliano Arturo. 1975. *Más datos sobre el español de la República Dominicana*. Santo Domingo: Ediciones INTEC.

Ladefoged, Peter. (1975) 1993. *A Course in Phonetics*. 3.ª ed. Fort Worth: Harcourt Brace Jovanovich.

Ladefoged, Peter e Ian Maddieson. 1996. *The Sounds of the World's Languages*. Oxford: Blackwell.

Lenz, Rodolfo. 1892. «Chilenische Studien I. R und L». *Phonetische Studien* 5: 272–93.

Lewis, Anthony M. 2003. «Continuancy and the Aerodynamics of /r/ Production in Spanish». En *15th International Congress of Phonetic Sciences. Barcelona, Spain, August 3–9, 2003*, editado por Maria-Josep Solé, Daniel Recasens y Joaquín Romero Gallego, 423–26. International Congress of Phonetic Sciences (ICPhS) Online Archive.

————. 2004. «Coarticulatory Effects on Spanish Trill Production». En *Proceedings of the 2003 Texas Linguistics Society Conference: Coarticulation in Speech Production and Perception*, editado por Agustine Agwuele, Willis Warren y Sang-Hoon Park, 116–27. Somerville: Cascadilla Proceedings Project.

Lewis, Julie A. 1999. «Perceptual Strategies Due to Trill-Vowel Coarticulatory Effects in Spanish». En *14th International Congress of Phonetic Sciences. San Francisco, CA, USA, August 1–7, 1999*, editado por John J. Ohala, Yoko Hasegawa, Manjari Ohala, Daniel Granville y Ashlee C. Bailey, 2477–80. International Congress of Phonetic Sciences (ICPhS) Online Archive.

Lindblom, Björn. 1990. «Explaining Phonetic Variation: A Sketch of the H&H Theory». En *Speech Production and Speech Modelling. Proceedings of the NATO Advanced Study Institute on Speech Production and Speech Modelling. Bonas, France, July 17–29, 1989*, editado por William J. Hardcastle y Alain Marchal, 403–39. Dordrecht: Kluwer. https://doi.org/10.1007/978-94-009-2037-8_16.

Lipski, John. 1994. *Latin American Spanish*. Nueva York: Longman. Trad. de Silvia Iglesias, *El español de América*. Madrid: Cátedra, 1996.

López Morales, Humberto. 1983. «Lateralización de /-r/ en el español de Puerto Rico: sociolectos y estilos». En *Philologica Hispaniensia in honorem Manuel Alvar*, 1:387–98. Madrid: Gredos.

Malmberg, Bertil. 1965. *Estudios de fonética hispánica*. Madrid: Consejo Superior de Investigaciones Científicas.

Martínez Celdrán, Eugenio. 1997. «El mecanismo de producción de la vibrante apical múltiple». *Estudios de Fonética Experimental* 8: 85–98.

Martínez Celdrán, Eugenio y Ana María Fernández Planas. 2007. *Manual de fonética española. Articulaciones y sonidos del español*. Barcelona: Ariel.

Martínez Celdrán, Eugenio y Lucrecia Rallo. 1995. «[r-ɾ]: ¿Dos clases de sonidos?» *Estudios de Fonética Experimental* 7: 179–94.

Massone, María Ignacia. 1988. «Estudio acústico y perceptivo de las consonantes nasales y líquidas del español». *Estudios de Fonética Experimental* 3: 13–34.

Mazzaro, Natalia y Raquel González de Anda. 2020. «Men Finally Got It! Rhotic Assibilation in Mexican Spanish in Chihuahua». *Languages* 5 (4): 38. https://doi.org/10.3390/languages5040038.

Melero, Fernando. 2015. «Análisis acústico de la vibrante múltiple en el español de Valencia (España)». *Studies in Hispanic and Lusophone Linguistics* 8 (1): 183–206. https://doi.org/10.1515/shll-2015-0007.

Monroy, Rafael. 1980. *Aspectos fonéticos de las vocales españolas*. Madrid: SGEL.

Morgan, Terrell A. 2023. «Digital Catalog of the Sounds of Spanish». Recurso en línea. http://dialectos.osu.edu/.

Morgan, Terrell A. y Sandro Sessarego. 2016. «A Phonetic Analysis of Intervocalic /r/ in Highland Bolivian Spanish». *Spanish in Context* 13 (2): 195–211. https://doi.org/10.1075/sic.13.2.02mor.

Morrison, Geoffrey. 2004. «An Acoustic and Statistical Analysis of Spanish Mid-Vowel Allophones». *Estudios de Fonética Experimental* 13: 11–37.

de-la-Mota, Carme. 1991. «A Study of [r] and [ɾ] in Spontaneous Speech». En *Actes du XIIᵉ Congrès International de Sciences Phonétiques / Proceedings of the XIIth International Congress of Phonetic Sciences. Aix-en-Provence, France, 19–24 août 1991*, 4:386–89. Aix-en-Provence: Université de Provence, Service des Publications.

Navarro Tomás, Tomás. 1918. «Diferencias de duración entre las consonantes españolas». *Revista de Filología Española* 5 (4): 367–93.

————. (1918) 1972. *Manual de pronunciación española*. 17.ª ed. Madrid: Consejo Superior de Investigaciones Científicas.

Núñez Cedeño, Rafael A. 1989. «La /r/, único fonema vibrante del español: datos del Caribe». *Anuario de Lingüística Hispánica* 5: 153–71.

———. 1994. «The Alterability of Spanish Geminates and Its Effects on the Uniform Applicability Condition». *Probus. International Journal of Latin and Romance Linguistics* 6 (1): 23–41. https://doi.org/10.1515/prbs.1994.6.1.23.

Obediente, Enrique, Elsa Mora Gallardo y Manuel Rodríguez Hourcadette. 1994. «Caracterización articulatoria y acústica de las líquidas en el español de Mérida (Venezuela)». *Boletín Antropológico* 30: 7–32.

Proctor, Michael I. 2009. «Gestural Characterization of a Phonological Class: The Liquids». Tesis de doctorado, Yale University. ProQuest (305039426).

———. 2011. «Towards a Gestural Characterization of Liquids: Evidence from Spanish and Russian». *Laboratory Phonology* 2 (2): 451–85. https://doi.org/10.1515/labphon.2011.017.

Quesada, Miguel Ángel. 2009. *Historia de la lengua española en Costa Rica*. San José: Editorial de la Universidad de Costa Rica.

Quilis, Antonio. 1970. «El elemento esvarabático en los grupos [pr, br, t r...]». En *Phonétique et linguistique romanes. Mélanges offerts à M. Georges Straka*, 1:99–104. Lyon: Société de Linguistique Romane.

———. 1981. *Fonética acústica de la lengua española*. Madrid: Gredos.

———. 1997. «Caracterización acústica de la realización africada de /tr/». En *Contribuciones al estudio de la lingüística hispánica. Homenaje al profesor Ramón Trujillo*, editado por Manuel Almeida y Josefa Dorta, 1:97–102. Barcelona: Montesinos.

Quilis, Antonio y Ramón Blanco Carril. 1970. «Análisis acústico de [r] en algunas zonas de Hispanoamérica». *Revista de Filología Española* 54 (3–4): 271–316. https://doi.org/10.3989/rfe.1971.v54.i3/4.844.

Quilis, Antonio y María Vaquero de Ramírez. 1989. «Datos acústicos de /r/ en el español de Puerto Rico». En *Actas del VII Congreso de la Asociación de Lingüística y Filología de la América Latina (ALFAL). Homenaje a Pedro Henríquez Ureña. Santo Domingo, República Dominicana, 1984*, editado por Rafael González Tirado, 2:115–42. Santo Domingo: Asociación de Lingüística y Filología de América Latina, Filial Dominicana.

Quintana, Aldina. 2006. *Geografía lingüística del judeoespañol. Estudio sincrónico y diacrónico*. Berna: Peter Lang. https://doi.org/10.3726 /978-3-0351-0275-8.

Ramírez Vera, Carlos Julio. 2006. «Acoustic and Perceptual Characterization of the Epenthetic Vowel between the Clusters Formed by Consonant + Liquid in Spanish». En *Selected Proceedings of the 2nd Conference on Laboratory Approaches to Spanish Phonetics and Phonology*, editado por Manuel Díaz-Campos, 48–61. Somerville: Cascadilla Proceedings Project.

Real Academia Española y Asociación de Academias de la Lengua Española. 2011. *Nueva gramática de la lengua española. Fonética y fonología*. Madrid: Espasa Libros.

Recasens, Daniel. 1991. «On the Production Characteristics of Apicoalveolar Taps and Trills». *Journal of Phonetics* 19 (3–4): 267–80.

Recasens, Daniel y Maria Dolors Pallarès. 1999. «A Study of /r/ and /rr/ in the Light of the "DAC" Coarticulation Model». *Journal of Phonetics* 27 (2): 143–69. https://doi.org/10.1006/jpho.1999.0092.

Romero Gallego, Joaquín. 1995. «Gestural Organization in Spanish: An Experimental Study of Spirantization and Aspiration». Tesis de doctorado, University of Connecticut. ProQuest (304196556).

———. 1996. «Articulatory Blending of Lingual Gestures». *Journal of Phonetics* 24 (1): 99–111. https://doi.org/10.1006/jpho.1996.0007.

———. 2008. «Gestural Timing in the Perception of Spanish r+c Clusters». En *Selected Proceedings of the 3rd Conference on Laboratory Approaches to Spanish Phonology*, editado por Laura Colantoni y Jeffrey Steele, 59–71. Somerville: Cascadilla Proceedings Project.

Schmeiser, Benjamin. 2006. «On the Durational Variability of Svarabhakti Vowels in Spanish Complex Onsets». En *Proceedings of the 33rd Western Conference on Linguistics (WECOL 2004)*, editado por Michal Temkin Martínez, Asier Alcázar y Roberto Mayoral, 330–41. Fresno: California State University Press.

Sessarego, Sandro. 2011. «Phonetic Analysis of /sr/ Clusters in Cochabambino Spanish». En *Selected Proceedings of the 13th Hispanic Linguistics Symposium*, editado por Luis A. Ortiz López, 251–63. Somerville: Cascadilla Proceedings Project.

Simonet, Miquel y Patricio G. Carrasco. 2006. «Acoustic Profiling of Word-Initial Rhotics in Costa Rican Spanish». Presentado en 3rd Conference on Laboratory Approaches to Spanish Phonology (LASP 3), Toronto, Canadá, septiembre.

Simonet, Miquel, Marcos Rohena-Madrazo y Mercedes Paz. 2008. «Preliminary Evidence for Incomplete Neutralization of Coda Liquids in Puerto Rican Spanish». En *Selected Proceedings of the 3rd Conference on Laboratory Approaches to Spanish Phonology*, editado por Laura Colantoni y Jeffrey Steele, 72–86. Somerville: Cascadilla Proceedings Project.

Skelton, Robert B. 1969. «The Pattern of Spanish Vowel Sounds». *International Review of Applied Linguistics in Language Teaching* 7 (3): 231–37. https://doi.org/10.1515/iral.1969.7.3.231.

Solé, Maria-Josep. 2002. «Aerodynamic Characteristics of Trills and Phonological Patterning». *Journal of Phonetics* 30 (4): 655–88. https://doi.org/10.1006/jpho.2002.0179.

Stewart, Jesse. 2020. «A Preliminary, Descriptive Survey of Rhotic and Approximant Fricativization in Northern Ecuadorian Andean Spanish Varieties, Quichua, and Media Lengua». *En Spanish Phonetics and Phonology in Contact: Studies from Africa, the Americas, and Spain*, editado por Rajiv Rao, 103–40. Ámsterdam: John Benjamins. https://doi.org/10.1075/ihll.28.05ste.

Vigil, Donny A. 2018. «Rhotics of Taos, New Mexico Spanish: Variation and Change». *Studies in Hispanic and Lusophone Linguistics* 11 (1): 215–64. https://doi.org/10.1515/shll-2018-0008.

Weissglass, Christine. 2011. «An Acoustic Study of Rhotics in Onset Clusters in La Rioja». En *Romance Linguistics 2010. Selected Papers from the 40th Linguistic Symposium on Romance Languages (LSRL)*. Seattle, March 2010, editado por Julia Herschensohn, 49–62. Ámsterdam: John Benjamins. https://doi.org/10.1075/cilt.318.04wei.

Widdison, Kirk A. 1998. «Phonetic Motivation for Variation in Spanish Trills». *Orbis. International Journal of General Linguistics and Linguistic Documentation* 40: 51–61. https://doi.org/10.2143/ORB.40.1.505038.

Willis, Erik W. 2006. «Trill Variation in Dominican Spanish: An Acoustic Examination and Comparative Analysis». En *Selected Proceedings of the 9th Hispanic Linguistics Symposium*, editado por Nuria Sagarra y Almeida Jacqueline Toribio, 121–31. Somerville: Cascadilla Proceedings Project.

———. 2007. «An Acoustic Study of the 'Pre-Aspirated Trill' in Narrative Cibaeño Dominican Spanish». *Journal of the International Phonetic Association* 37 (1): 33–49. https://doi.org/10.1017/S0025100306002799.

Willis, Erik W. y Travis G. Bradley. 2008. «Contrast Maintenance of Taps and Trills in Dominican Spanish: Data and Analysis». En *Selected Proceedings of the 3rd Conference on Laboratory Approaches to Spanish Phonology*, editado por Laura Colantoni y Jeffrey Steele, 87–100. Somerville: Cascadilla Proceedings Project.

Zamora Munné, Juan Clemente y Jorge M. Guitart. 1982. *Dialectología hispanoamericana. Teoría, descripción, historia*. Salamanca: Almar.

22 LA VARIACIÓN EN LAS CONSONANTES RÓTICAS

Miguel Ángel Quesada Pacheco

22.1 Introducción

En las páginas que siguen se hará un recorrido por las realizaciones más frecuentes registradas hasta el momento en lo que se refiere a los fonemas róticos y a su distribución geográfica en el mundo hispanohablante. Para ello se contó con una serie de trabajos científicos, principalmente dialectológicos, con el fin de obtener una visión actualizada, de última mano, acerca de los análisis de los rasgos fonéticos de dichos fonemas en las recientes décadas del milenio pasado y en la primeras décadas del presente. A pesar de haber marcado un límite temporal —se consultaron trabajos publicados a partir de 1970—, al realizar esta revisión surgieron una serie de dificultades de todo tipo, que se describen a continuación.

Ante todo, es importante tener presente las diferencias entre los dos tipos de estudios dialectales revisados: los trabajos monográficos, de conjunto, y los atlas lingüísticos. Cada uno de ellos establece una relación respecto del público al que va dirigido el producto científico: una pasiva y una activa. Así, en los trabajos monográficos el lector adquiere una posición pasiva, pues tiene en sus manos un estudio descriptivo, relativamente amplio, de tal o cual hecho dialectal; al lector se le dice todo, se le muestra dónde se realiza cada forma dialectal y dónde están sus fronteras. A veces los datos van acompañados de mapas sintéticos o de ilustraciones. En cambio, los atlas lingüísticos requieren del lector una posición activa, puesto que este tiene en sus manos una serie de datos que deberá interpretar, y que se exponen a manera de una fotografía, de modo que se hace preciso buscar en cada uno de los mapas la extensión de la acción de un rasgo o las fronteras que separan un hecho dialectal de otro (isófonas, isomorfas, isoglosas, etcétera).

En lo que se refiere a los estudios monográficos consultados, uno de los grandes problemas es la bibliografía relativamente escasa con la que en realidad se cuenta: existen pocos fenómenos dialectales sistemáticamente descritos. Además, en ocasiones los trabajos que aspiran a ofrecer una visión de conjunto dedican más páginas al español peninsular que al conjunto de países hispanoamericanos. Así, por ejemplo, el trabajo de carácter dialectal publicado por Alvar (1996b) en dos tomos dedica el primero de ellos a España y contiene 394 páginas, mientras que el segundo (1996a), dedicado al continente americano, solo consta de 254 páginas.

Por otra parte, a menudo el marco conceptual empleado en las obras revisadas no es idéntico; por ejemplo, se habla de 'asibilación' [→ § 1.6.4], pero no se distingue claramente lo que se quiere decir con dicho concepto, de manera que lo que para unos autores es una cosa, para otros es otra; o bien, a veces se habla de vibrantes, sin que se logre discernir si el autor se refiere en particular a la rótica simple o a la múltiple [→ § 1.6.4].

Otro gran problema que surgió fue la disparidad en la manera de recolectar los datos que se aprecia en los trabajos consultados. Unos investigadores realizaron sus análisis sobre la base de conversaciones libres; otros, sobre conversaciones dirigidas; y otros, sobre datos entresacados de la lectura de textos.

Una dificultad adicional que hubo de afrontarse fue la descripción geográfica muchas veces vaga de los hechos fónicos en cuestión, de modo que resulta prácticamente imposible decidir el radio de acción de un determinado fenómeno.

En ciertos casos, para el mismo detalle fonológico se ofrecen dos descripciones distintas, según la época y según la persona que las escribe, de manera que tampoco resulta fácil decidirse por la opción más adecuada. Tal como apunta Blecua Falgueras (2001), «en muchos casos se utilizan símbolos diferentes para representar una misma variante, mientras que un mismo símbolo puede corresponder a distintos alófonos» (13).

En cuanto a los atlas lingüísticos, es preciso poner de relieve la gran cantidad de publicaciones recientes que podría suministrar datos de primera mano; además, tal como se puede apreciar en las referencias bibliográficas aquí recogidas, y en la bibliografía en general, mediante dichos atlas se están realizando grandes esfuerzos dirigidos a interpretar de forma sistemática los datos fonéticos en ciertas regiones del mundo hispanohablante. Sin embargo, la consulta de los atlas lingüísticos muchas veces se ve dificultada por el hecho de que pocas bibliotecas los albergan (los tirajes son carísimos), por no estar publicados en la red (cf. García Mouton 2017 y su proyecto de publicación del ALPI en internet), y porque han escaseado los investigadores que han asumido la tarea de interpretar dichos atlas, ya sea en mapas sintéticos, ya sea en monografías. Además, a veces la descripción de los hechos peca de insuficiente, de modo que no es posible demarcar con nitidez las zonas geolectales, como sucede en el caso del español centroamericano (Quesada 2013, 96; Quesada 2023, 377–79). El problema radica en los rasgos recolectados en un inicio, insuficientes porque los cuestionarios no tuvieron en cuenta todas las posibilidades. A modo de ilustración, puede mencionarse el cuestionario usado en América Central para la recogida de datos fonéticos sobre las róticas, que incluye realizaciones ante consonante sonora —por ejemplo, en palabras como *viernes, enfermera, Carlos, almuerzo*—, pero no incluye ninguna pregunta que dé cuenta de las róticas ante consonante sorda, como en *carpintero, parte, parque* (cf. Quesada 1992, 20; Quilis y Casado 1994, 134–35; Blecua Falgueras y Cicres 2019, 23). Por consiguiente, la interpretación de los datos que surja a partir de los atlas para los que se empleó este tipo de cuestionarios será insuficiente para una descripción de conjunto de los fonemas en cuestión. Por ejemplo, en el *Atlas lingüístico de Costa Rica* (Quesada 2010), no se separaron las realizaciones con aproximante alveolar de las retroflejas, de modo que no es posible proporcionar una distribución dialectal detallada de dichas realizaciones.

Como consecuencia de todo ello, en muchos casos ha sido preciso reinterpretar fonéticamente los datos que se reunieron para el presente análisis, de acuerdo con la terminología actual, así como los signos fonéticos empleados en análisis anteriores, respetando al máximo las definiciones y los conceptos descritos y explicados por los investigadores consultados.

Con el fin de unificar de alguna manera los datos estudiados, en el presente capítulo se adopta como criterio el hecho de que tal o cual realización esté registrada en un determinado espacio geofísico; si la bibliografía consultada no da testimonio de la realización de un determinado fonema, se considera que tal elemento está ausente en ese lugar.

Las descripciones geográficas se han llevado a cabo siguiendo la demarcación político-geográfica norte-sur y oeste-este, de acuerdo con el siguiente orden: México, Guatemala, Belice, Cuba, República Dominicana, Puerto Rico, El Salvador, Honduras, Nicaragua, Costa Rica, Panamá, Colombia, Venezuela, Ecuador, Perú, Bolivia, Paraguay, Uruguay, Chile, Argentina, España (Canarias, Península) y Guinea Ecuatorial. Para presentar las distintas realizaciones encontradas se siguió la metodología empleada por Quesada (2010b, 63-93) en la descripción del nivel fonético-fonológico del español americano.

22.2 El fonema rótico simple /ɾ/

A continuación, se exponen las características de las realizaciones alofónicas del fonema rótico simple que se han registrado en la bibliografía.

22.2.1 Rótica simple oclusiva o percusiva [ɾ]

La rótica simple oclusiva (o percusiva) [ɾ] es la realización más común y frecuente en todo el mundo hispanohablante, sobre todo en posición prenuclear [→ § 1.21.8] interna de palabra: [ˈkaɾo] *caro*, [ˈpu̯eɾt̪a] *puerta*, [meɾˈkaðo] *mercado*, [kosiˈnaɾ] *cocinar*. No aparece en posición inicial de palabra, si bien se documenta una excepción entre algunos hispanohablantes de Belice que pronuncian [ˈɾoxo] *rojo* (Cardona 2010b, 42).

22.2.2 Rótica múltiple o vibrante [r]

En México, se documenta una realización rótica múltiple (o vibrante) [r] en posición posnuclear [→ §1.21.8]; a propósito de su distribución geográfica, Moreno de Alba (1994, 138) destaca que no abarca una zona extensa, sino más bien áreas de poca extensión distribuidas en varias regiones del país, como sucede en la capital azteca (cf. Serrano Morales 2008). Al respecto acota Moreno de Alba (1994):

> Sin embargo, no deja de ser interesante que éstas parecen darse de manera más evidente en el altiplano, como sucedía con la asibilación, aunque no faltan zonas en áreas más o menos costeras de los estados de Oaxaca, Guerrero, Veracruz, Sinaloa, Sonora y Baja California. De cualquier forma, . . . es claro que este fenómeno en particular no tiene una convincente distribución por zonas (138).

Según Martín Butragueño (2014), en la capital mexicana las variantes largas del fonema rótico simple

> Suelen ser características de los momentos de habla más enfáticos, aunque hay que decir que en la ciudad de México aparecen también en numerosas ocasiones, especialmente en habla popular, sin estar necesariamente ligadas a consideraciones estilísticas (537).

En el estado de Tabasco, Williamson (1986) documenta alternancias de rótica simple y vibrante, y aduce que «Las realizaciones tabasqueñas de /r/ parecen ser, entonces, más tensas en esta posición que en cualquier otra» (112).

Asimismo, y alternando con la realización simple o percusiva, la vibrante se registra en Guatemala, El Salvador, Nicaragua, Colombia —Puerto Escondido, Antioquia, Caldas— y Paraguay —Caacupé— (Alvar 2001, 30; Azcúnaga 2010, 105; Montes 1982, 39, 1992, 526; Rosales 2010, 150; Utgård 2010, 79): [poˈner] *poner,* [ˈkorʈo] *corto.*

Un caso significativo lo representa el español salvadoreño, en el que la rótica múltiple aparece particularmente en posición posnuclear ante las consonantes /m n l s/ y en posición final de sílaba: [ˈbi̯ernes] *viernes,* [ˈkarlos] *Carlos,* [alˈmu̯erso] *almuerzo* (Azcúnaga 2010, 105). Por su parte, en Nicaragua se presenta el alófono vibrante ante nasales: [eɱferˈmera] *enfermera,* [ˈbi̯ernes] *viernes* (Rosales 2010, 150–51).

Por último, la rótica múltiple en posición posnuclear se registra en España, en particular en León, Zamora y Salamanca (Real Academia Española y Asociación de Academias de la Lengua Española 2011, 263) [→ § 21.3.2].

22.2.3 Asibilación

Por asibilación, y de acuerdo con Martín Butragueño (2014, 533–35), se entiende la realización aproximante de un fonema rótico o sonante, sin que pierda del todo el componente fricativo. Dichas realizaciones pueden desplazar su lugar de articulación, en cuyo caso puede ir de alveolar a retroflejo, pasando por manifestaciones alveopalatales. Además, se diferencian estas realizaciones de la variante apicoalveolar del fonema /s/ en que las primeras son hendidas, mientras que la [s] es cóncava y acanalada (cf. Martín Butragueño 2014, 538) [→ § 15.1].

En vista de que la bibliografía consultada en muchos casos, al referirse a la asibilación, no especifica la realización concreta, en las páginas que siguen se hablará de asibilación sin más cuando no sea posible tal especificación.

En el caso del fonema rótico simple, se documentan los siguientes alófonos asibilados, todos ellos en posición posnuclear:

- fricativa retrofleja sorda [ʂ]: [koˈmeʂ] *comer;*
- aproximante alveolar sonora [ɹ]: [koˈmeɹ] *comer;*
- aproximante retrofleja sonora [ɻ]: [koˈmeɻ] *comer.*

La fricativa retrofleja sorda se ha registrado en México —en el centro del país—, Guatemala —en la parte central—, Costa Rica —en la parte central—, Perú —en la región andina—, en Paraguay y en Chile (Real Academia Española y Asociación de Academias de la Lengua Española 2011, 261). En el caso de México, se da sobre todo ante pausa (Moreno de Alba 1994, 128; Llano 2022, 124), y para el español ecuatoriano andino se ha registrado ante consonantes coronales (Bradley 2004, 6). Para España, Cicres y Blecua Falgueras (2015, 9) registran diferentes grados de asibilación de la percusiva ante pausa, en informantes masculinos del centro del país.

En Guatemala, esta variante ocurre principalmente en posición interna y ante consonante velar sorda: [ˈmaʂka] *marca* (Canfield [1981] 1988, 70); sin embargo, Utgård (2010, 70–71) asevera que son las generaciones mayores las que la realizan, mientras que entre los jóvenes se escucha menos frecuentemente, con lo cual se puede afirmar que se está produciendo un cambio generacional hacia la realización canónica [ɾ] en posición prenuclear interna.

En Costa Rica y Chile, [ʂ] se da en posición final de palabra y ante pausa: [ˈbamosakomeʂ#] *vamos a comer* (Morales Pettorino 2003, 55; Quesada y Vargas Vargas 2010, 169). Sin embargo, en Costa Rica está en retroceso, en particular entre los jóvenes de los centros urbanos; este grupo generacional es el que más negativamente reacciona ante su uso, lo encuentra vulgar y evita su empleo; tampoco se oye en los medios de difusión (Quesada 1996b, 554). Por el contrario, en Chile, de acuerdo con los datos de Morales Pettorino (2003), «En la posición final, especialmente cuando es de palabra, el archifonema vibrante /R/, además de realizarse como una relajada [ɾ], suele asibilarse y ensordecerse de modo bastante notorio [ř̬], prácticamente en todos los niveles culturales del país» (55).

En cuanto a la aproximante alveolar [ɹ], esta se da en posición posnuclear, así como en posición final de palabra, en el habla de México —en el altiplano y en la región del norte—, Belice, Guatemala —particularmente en posición final—, Honduras, Costa Rica, Perú —sobre todo en la capital— y Paraguay: [d̪oɹˈmiɹ] *dormir,* [ˈbuɹla] *burla* (Agüero 2009, 52; Alvar 1996b, 203, 2001, 30; Caravedo 1990, 195; Cardona 2010b, 42; Hernández Torres 2010, 132; Herrera Peña 1993, 4; Moreno de Alba 1994, 129; Rissel 1986, 359).

Respecto de México, Amastae *et al.* (1998, citado por Mazzaro y González de Anda 2020, 4) registraron casos de asibilación en Ciudad Juárez, pero determinaron que el fenómeno se daba con menor frecuencia allí que en Ciudad de México. Por su parte, Alvar (2010) registra realizaciones aproximantes en los estados de Chihuahua, Zacatecas y México, tanto en posición interna como en final de palabra (mapas 553, 554, 556, 568). En el estado de Tabasco, Williamson (1986) registra la aproximante de manera esporádica, pero más en la costa que en el interior; además, condicionada socio- lingüísticamente: si bien la edad y el sexo de los consultados no influyó en sus realizaciones, sí se notó una correlación con el nivel de instrucción formal, ya que los hablantes de nivel educativo más bajo obtuvieron índices de aparición de aproximantes más elevados que los de los hablantes con un nivel más alto de instrucción (110–11). Además, de acuerdo con Martín Butragueño (2014), este fenómeno parece darse más tanto en mujeres de la clase media (536) como en per- sonas de nivel de estudios medio (561). Agrega el investigador que en México «Es posible que la asibilación haya estado asociada, más que a la instrucción de manera absoluta, a la idea de ascenso social, se realice éste de manera efectiva o no» (561). Por otra parte, Martín Butragueño observa que la asibilación se da en menor medida en la generación mayor que en las más jóvenes, razón por la cual se puede afirmar que el fenómeno está en retroceso. Al respecto afirma

> [N]o solo hay, en conjunto, una disminución global en los niveles de asibilación, sino que se manifiesta una inversión del patrón: si a mediados de los años sesenta quienes más asibilaban eran los jóvenes y las personas de mediana edad, lo que sugería un cambio pujante y vigoroso, en los datos obtenidos treinta y dos años después la edad está directamente asociada a la asibilación, lo que sugiere una retracción del fenómeno (563).

Al contrario de los hallazgos de Amastae et *al.* y de Martín Butragueño, Mazzaro y González de Anda (2020) encuentran que la asibilación, al menos en Chihuahua, no solo es activa, sino que tiene plena vitalidad:

> contrary to our expectations, we found that rhotic assibilation is not receding, but it is quite frequent in the population and, particularly, in the younger groups of both genders. In general, assibilation con- tinues to be more prevalent amongst females, but male speakers assibilate, too. In fact, as the title of this study suggests, we consider the frequency of assibilation in male speakers a sign that the variable is losing its feminine connotation and becoming a variant available across genders (15).

En su estudio sobre la pronunciación del español panameño, Alvarado de Ricord (1971) afirmaba que «En posición implosiva, esta -r, ya medial, ya final de palabra, suele realizarse como fricativa en todos los niveles» (106), y aducía los siguientes ejemplos: [aˈmaɾɣo] *amargo,* [foɹˈmaɹ] *formar,* [paɹˈt̪iðo] *partido,* [penˈsaɹ] *pensar* y [ˈpu̯eɹt̪a] *puerta.* Tres décadas después, Cardona (2010a) registra una baja frecuencia de aparición de la realización relajada de /ɾ/ y concluye que

> En términos de porcentajes, la realización de la /ɾ/ posnuclear en Panamá no parece salirse de los están- dares de articulación propios de este fonema. En la mayoría de los casos, más del 80 % lo realizó con el alófono vibrante simple (205).

Con respecto a la posibilidad de un cambio en curso, agrega el autor que «[S]e puede concluir, a partir de los resul- tados, que el debilitamiento de /ɾ/, en Panamá, aún está en una etapa inicial. Los índices porcentuales para los alófonos fricativos en ningún caso llegaron a superar el 15 % de los informantes» (205).

Comparando estos datos, separados por tres décadas de distancia, más bien se podría afirmar que el cambio en curso apunta al regreso de la pronunciación canónica de /ɾ/ en Panamá.

En el habla andina de Bolivia, el uso de la aproximante alveolar es más restringido, ya que se registra solo ante consonante nasal alveolar: [ˈpi̯eɹna] *pierna,* [ˈkaɹne] *carne* (Mendoza Quiroga 1992, 442). Alvar (1980, 270) menciona una pronunciación idéntica en el altiplano occidental de Guatemala, pero Utgård (2010) no la registra en su estudio más reciente. De acuerdo con esta investigadora, «al contrario, los informantes en esta parte del país también mantienen la vibrante simple como alófono de /r/» (73).

Por último, la aproximante retrofleja sonora es un alófono detectado en ciertas partes del mundo hispanohablante, pero en distintos entornos y con diferente frecuencia. Se documenta en el estado de Tabasco, México, de manera esporádica y alternando con el alófono aproximante, en particular cuando ocurre en posiciones inicial e intervocálica (Williamson 1986, 110).

En Belice se registra únicamente ante consonante en posición posnuclear, pero no en posición final: [ˈbi̯eɹnes] *viernes,* [ˈkaɹsel] *cárcel.* Al parecer, la posición ante lateral alveolar sonora influye en su frecuencia de aparición: [ˈpeɹla] *perla.* Respecto de su distribución dialectal, Cardona (2010b) registró este alófono únicamente en la zona norte del país, concretamente en Corozal, lugar fronterizo con México. Un dato interesante es el registro, en esta región beliceña, de un caso en el que se da elisión de nasal presumiblemente por asimilación [→ § 1.18.7] con este alófono: [ˈbi̯eɹes] *viernes* (Cardona 2010b, 43); puesto que dicho investigador menciona un caso de elisión de rótica simple, [ˈbi̯enes] *viernes,* no se puede considerar que exista una tendencia hacia la desaparición de la nasal en el español beliceño. Por otra parte, Cardona (2010b) apunta que las realizaciones del fonema rótico simple ante /n/, /l/ y /s/ son bastante cambiantes e inestables:

> En dichas posiciones, la articulación plena no mantiene la ventaja porcentual del alófono estándar en la misma medida que en las otras tres posiciones. La inestabilidad se refleja en la distribución más o menos equitativa entre todas las variantes alofónicas. También, sólo en dichas posiciones se da la variante retrofleja con porcentajes significativos (42).

En Costa Rica, [ɻ] ha tomado mucha fuerza entre las generaciones jóvenes de los centros urbanos (Quesada 1996b, 555; Zamora Munné y Guitart 1982, 100); aparece casi siempre ante consonante sonora y ante pausa: [ˈfoɻma] *forma,* [ˈbi̯eɹnes] *viernes,* [ˈkaɹlos] *Carlos,* [koˈmeɻ#] *comer,* y a veces asimila el fonema /d/ adyacente, convirtiéndolo en retroflejo: [beɻˈɖaɖ̞] *verdad.* La aparición de este segmento se puede explicar como un paso más en la evolución del retraimiento de los fonemas róticos. Al respecto, Calvo y Portilla (1998) descartan el posible origen en la interferencia con el inglés y aducen, más bien, una explicación de corte estructural:

> Se propone que la presión estructural que ejerce el fonema /s/ sobre el fonema /ɹ/ (originariamente /r/) hace que este último se reinterprete como un fonema con el rasgo distintivo [−anterior] y que, por lo tanto, pueda presentar igualmente variantes fonéticas no anteriores, tal como son las retroflejas (85).

En Ecuador, Gómez Campaña (2023, 255) se refiere a esta realización en posición intervocálica en los centros urbanos y entre los jóvenes, y aduce que es un fenómeno poco estudiado.

22.2.4 Aspiración

El debilitamiento de /r/ desencadena una aspiración, que se registra en las Antillas, Panamá —región central—, costas de Colombia y de Venezuela, llanos y oriente de Bolivia, en Chile, así como en Canarias y en Andalucía: [ˈpehla] *perla,* [ˈkahne] *carne,* [muˈhe] *mujer* (Alba 2004, 85; Alvarado de Ricord 1971, 109; Cardona 2010a, 205; Enguita 1992, 90; Montes 1992, 526; Real Academia Española y Asociación de Academias de la Lengua Española 2011, 256).

Respecto de las Antillas, el fenómeno se da con poca frecuencia. En su estudio sobre el español puertorriqueño, López Morales (1992) descubre lo siguiente:

> Las aspiraciones no fueron tomadas en consideración dado que su frecuencia en el corpus es demasiado baja; sólo 11 casos (0,12 %), casi todos en situación prenasal. . . . En Puerto Rico la aspiración —si se da— debe ser fenómeno muy circunscrito a determinadas zonas del país (102).

López Morales recuerda que la documentación registrada por Navarro Tomás (1948) en su estudio sobre el español de Puerto Rico sitúa la aspiración hacia el litoral norte de la isla, «aunque variantes mixtas en que la aspiración aparece mezclada con otros sonidos [l, r, n] se encontraban también en otros lugares» (87 mapa 19); para el español del resto de las Antillas, Navarro Tomás agrega: «La aspiración de -/r/ es fenómeno conocido en las otras Antillas, pero también poco frecuente» (87).

En Venezuela (Margarita y Paria), Navarro Correa (1995, 176) registra altos índices de aspiración frente a /n/ y /l/, pero dicha aspiración es casi inexistente en Puerto Cabello (estado de Carabobo). Al respecto afirma este autor: «Sin embargo, en Puerto Cabello, a pesar de la constante afluencia de individuos procedentes tanto de la región oriental como occidental, prácticamente no existe la variante aspirada» (176).

22.2.5 Geminación o asimilación

La geminación o la asimilación [→ § 1.18.7] ocurren en interior de palabra, cuando el fonema /ɾ/ está en contacto con la consonante prenuclear de la sílaba contigua, asimilándola completa o parcialmente. Casos de asimilación total, o geminación, se observan en [ˈbeɖɖe] *verde*, [ˈk̬ueppo] *cuerpo*, [ˈkanne] *carne*, [ˈpella] *perla*, y de asimilación parcial en [poᵈˈt̬re] *por tres*. Esta realización se registra en Cuba, República Dominicana —sobre todo en la región oriental—, Panamá —en la región central—, Colombia —en la costa—, Paraguay —en Ciudad del Este y en Encarnación— y en Chile (Alba 2004, 85; Alvar 2001, 30; Alvarado de Ricord 1971, 209; Arias 2019, 467–69; Cardona 2010a, 205; Montero Bernal 2007, 38; Montes 1992, 526; Morales Pettorino 2003, 56; Real Academia Española y Asociación de Academias de la Lengua Española 2011, 256; Uber 1986, 351) [→ § 21.3.2, § 23.2.3].

En Cuba, la asimilación se registra con bastante frecuencia hacia el oeste de la isla, «sobre todo en los sociolectos bajos» (López Morales 1992, 103). En Puerto Rico, las variantes asimiladas se han observado con escasa frecuencia (López Morales 1992, 102), mientras que en la República Dominicana la geminación se documenta sobre todo en la región oriental del país (Alba 2004, 85).

Respecto de las costas de Colombia, Montes (1982) afirma que «En algunos casos la r seguida de otra consonante se asimila a ésta: babba, cobadde, goddito, macco» (39), por *barba, cobarde, gordito, marco*.

Por último, en Chile, Morales Pettorino (2003) cataloga el fenómeno como «característico del habla popular y coloquial rápida» (56).

22.2.6 Vocalización

La vocalización consiste en realizar la rótica simple /ɾ/ como paravocal [i̯] en posición posnuclear, tanto en interior de palabra como en linde con la preposición *por* (Núñez Cedeño y Acosta 2011, 239): [ˈkai̯ta] *carta,* [poi̯ˈel] *por él* [→ § 23.2.2]. Este fenómeno se registra sobre todo en las regiones central y septentrional de la República Dominicana. No obstante, en este país el fenómeno tiene sus limitaciones estructurales, ya que no se da en todas las posiciones antedichas, como afirman Núñez Cedeño y Acosta (2011):

> Aparte de algunas restricciones fonotácticas, por ejemplo, la deslizada no aparece después de vocal alta, como *[ˈfijme] < /fiɾ.me/ 'firme' ni al final de paroxítonas como *[ˈkansej] < /kan.seɾ/ 'cáncer', se ha teorizado que el dominio de aplicación del proceso es mucho más restringido de lo que se piensa (239).

El fenómeno también se registra, aunque de manera ocasional, en Puerto Rico, en la costa pacífica de Colombia, en Canarias y en Andalucía (Montes 1992, 526; Real Academia Española y Asociación de Academias de la Lengua Española 2011, 255) [→ § 21.3.2].

22.2.7 Lambdacismo

Se entiende por lambdacismo la realización lateral de /ɾ/ en posición posnuclear: [ˈpalt̬e] *parte,* [ˈkalɣo] *cargo,* [koˈmel] *comer* [→ § 19.4, § 21.3.2, § 23.2.1]. Se registra en Cuba, República Dominicana —particularmente en la capital y en la región oriental—, Puerto Rico, Panamá —en zonas rurales—, Colombia —en regiones de la costa—, Venezuela —en la costa, el centro y en occidente—, Ecuador —en el habla rural—, Argentina —en la región de Neuquén—, Chile y, en España, en Canarias, Extremadura —en el norte de la provincia de Cáceres—, en la región septentrional —en Logroño y Soria—, en Murcia y en Andalucía —en Almería, en Granada y en Jaén— (Alba 2004, 85; Álvarez Martínez 1996, 178; Cardona 2010a, 205; Figueroa Arencibia 2009, 129–31; Megenney 1999, 75, 179; Montero Bernal 2007, 38; Montes 1982, 39; Morales Pettorino 2003, 56; Real Academia Española y Asociación de Academias de la Lengua Española 2011, 257).

En Cuba, y según López Morales (1992), el lambdacismo es esporádico, con lo cual contradice lo que otros investigadores venían repitiendo desde que Esteban Pichardo afirmara, en el siglo xix, que el fenómeno se daba con una elevada frecuencia en Pinar del Río, La Habana y Matanzas (104). No obstante, algunas investigaciones, citadas por López Morales (1992), apuntan a una baja frecuencia de esta realización.

Al contrario de en Cuba, en Puerto Rico el lambdacismo se da con altísima frecuencia, lo cual lleva a López Morales (1992) a afirmar que «sin duda, es lo que más ostensiblemente distingue el dialecto de esta zona caribeña» (104); agrega, además que «todo parece indicar que la lateralización alcanza en Puerto Rico una frecuencia sin competencia» (104).

Respecto de la República Dominicana, parece que en este país el fenómeno se da, no con la misma frecuencia que en Puerto Rico, pero más que en Cuba (López Morales 1992, 105).

Según Álvarez Martínez (1996, 178), en Extremadura la neutralización [→ § 1.17.4] de la rótica simple o percusiva y la lateral produce más bien como resultado el rotacismo [→ § 20.3.3], mas no en el norte de Cáceres, donde predomina el lambdacismo.

También se produce un lambdacismo prenuclear cuando el fonema rótico simple va precedido de consonante, formando un grupo consonántico tautosilábico [→ § 1.21.8]: ['plimo] *primo,* [fle'ɣaɾ] *fregar,* [klin] *crin.* Este fenómeno se registra en Colombia, en Chile y en España —en Cantabria— (Montes 1982, 39; Morales Pettorino 2003, 57; Nuño 1996, 188).

En Castilla-La Mancha, de acuerdo con Moreno Fernández (1996, 221), el lambdacismo ocurre primordialmente en posición final ([ko'mel] *comer*), mientras que el rotacismo se da más que todo en posición interior ([aɾβa'ɲil] *albañil*).

22.2.8 Nasalización

El fonema rótico simple en posición posnuclear puede realizarse como nasal o como nasalizado, a veces acompañado de una vocal nasalizada: [mãŋ] *mar, ser* [sẽŋ]. De acuerdo con Megenney (1999),

> [S]e trata de un patrón algo generalizado de la formación de terminaciones nasales en diferentes categorías de palabras, incluyendo verbos . . . , en que /-r/ final del infinitivo desaparece y la vocal anterior se nasaliza (e.g. ser → [sẽ], sobre todo cuando cae ante pausa (169).

El fenómeno se documenta en Cuba —Pinar del Río, La Habana, Matanzas, Cienfuegos y Sancti Spíritus— y en Venezuela —Barlovento y Maracaibo— (Megenney 1999, 169; Montero Bernal 2007, 38–39).

En Cuba ocurre por lo general en palabras agudas (Montero Bernal 2007, 41); sin embargo, al menos para este país, los porcentajes de aparición que menciona Montero Bernal (2007) son muy bajos: «En nuestro corpus se registró el alófono nasal con solo un 0,8 % de realización» (39).

22.2.9 Alófono [d]

Se registra en diferentes partes de Cuba la variante oclusiva alveolar sonora [d] en posición final de palabra: [be'β̝ed] *beber.*

De acuerdo con los datos de Montero Bernal (2007), este alófono se documenta, aunque en diversos porcentajes de aparición, en las provincias de Pinar del Río, La Habana, Matanzas, Cienfuegos, Sancti Spíritus, Camagüey, Las Tunas, Granma y Guantánamo (38–40).

En cuanto a la posición del alófono, según Montero Bernal, «El alófono oclusivo sonoro [d] se registró ante /s/ [fwédsa], [ogádse] pero obtuvo mayor frecuencia de aparición en posición final: [koméd] y [abríd]» (41). Respecto de los factores sociales que condicionan su uso, figura su aparición tanto en mujeres como en hombres, pero, en lo referente a la variable educacional, se oye más en personas de nivel de instrucción bajo que en hablantes de niveles educativos medios.

22.2.10 Elisión

En zonas de debilitamiento consonántico, como en Cuba, Puerto Rico, República Dominicana, las costas de Colombia, Venezuela y Ecuador, en Canarias, en Andalucía y en Guinea Ecuatorial, se da, en alternancia con otros rasgos, la elisión de /ɾ/ en posición posnuclear y final: [beˈβe] *beber* (Bentivoglio y Sedano 1992, 781; Franco Rodríguez 2023, 298; Montero Bernal 2007, 41–42; Navarro Correa 1995, 171; Orozco 2023, 232-233; Real Academia Española y Asociación de Academias de la Lengua Española 2011, 255).

En Puerto Rico y en Panamá, la elisión aparece con mayor frecuencia en la marca del infinitivo, y se observa con mayor asiduidad en personas mayores. Existe, en cambio, una oposición en cuanto al sexo, ya que, mientras en Panamá la elisión se ve favorecida por los hombres, en Puerto Rico es más propia de las mujeres (cf. López Morales 1992, 117–19).

En las costas, tanto pacífica como atlántica, de Colombia, según Montes (1982), «La -r final se realiza como sonido débil, fricativo, o desaparece: *mujé, hacé, jozá*, etc.» (38). Montes, asimismo, hace notar que, en posición interna de palabra, la elisión se encuentra muy escasamente.

En Venezuela (estado de Carabobo), Navarro Correa (1995, 172) señala un elevado grado de elisión en la preposición *por* y en la conjunción *porque,* casos en los que los índices de elisión de /ɾ/ son tan altos como cuando la rótica simple figura en otras clases de palabras. Por su parte, Megenney (1999) registra elisión del marcador de infinitivo en posición final en Barlovento y Maracaibo (72).

En Argentina la elisión se documenta en el nordeste, particularmente entre las clases bajas. De acuerdo con Abadía de Quant ([2000] 2004, 127), se debe a una interferencia con el guaraní. El fenómeno se constata asimismo en Chile, particularmente «en el habla vulgar rápida» (Morales Pettorino 2003, 56).

Respecto de España, en Canarias es más frecuente la elisión en posición interior de palabra (Real Academia Española y Asociación de Academias de la Lengua Española 2011, 256). Por otro lado, en Andalucía se registra con mayor frecuencia en el sudeste de Huelva y al este de Sevilla (Narbona, Cano y Morillo-Velarde 1998, 160).

La elisión puede darse, también, en posición prenuclear o intervocálica, particularmente en palabras de uso frecuente, como [ˈmia] *mira*, [kɪ̯e] *quiere*, [somˈbɾeo] *sombrero*, [banˈd̪ea] *bandera*, etcétera (ejemplos tomados de Megenney [1999, 74] y de Narbona *et al.* [1998, 181]). Este tipo de elisión se registra en Veracruz (Bradley y Willis 2012, 52–54), Venezuela —en Maracaibo— (Megenney 1999, 74) y en el Paraguay, pues, de acuerdo con de Granda (1988),

> También se dan, en buen número de ocurrencias, casos de cero fonético como representante de [r] intervocálica en circunstancias caracterizadas por habla muy informal rápida (*epeá* < esperá) y ello en la totalidad de los isolectos, urbanos y rurales, de la zona aquí considerada (132).

La elisión se registra asimismo en España, sobre todo en Andalucía y en la comunidad autónoma de Castilla y León (Nuño 1996, 200). En Andalucía, según Jiménez Fernández (1999),

> También la -r- desaparece con gran frecuencia. Así ocurre en ciertas formas verbales como «mirar» «parecer» «querer» (*mía tú - mjá tú*), (*me paese*), (*kjé tú*) y en algunos casos por fonética sintáctica: (*poai*) «por ahí». Las formas (*pae, mae*) «padre» «madre» son indudables ejemplos de pérdida de -r- intervocálica (71).

La elisión de /ɾ/ ante pronombre enclítico ([kaɲˈt̪ale] *cantarle*, [peˈð̞ime] *pedirme*, [baˈɲase] *bañarse*) se da en algunas regiones del mundo hispánico. El fenómeno se encuentra registrado en Costa Rica, en Colombia, en Venezuela —en el Oriente—, en Paraguay —en el distrito de Eusebio Ayala, departamento de Cordillera, además de en los estratos bajos urbanos y, en general, en las zonas rurales—, en Uruguay —en el departamento de Canelones—, en Chile y en España —sobre todo en Canarias y en Castilla-La Mancha— (Agüero 2009, 53; Alvar 2001, 30; de Granda 1988, 132; Elizaincín 1992, 768; Megenney 1999, 170; Montes 1982, 39; Morales Pettorino 2003, 56; Moreno Fernández 1996, 221; Real Academia Española y Asociación de Academias de la Lengua Española 2011, 256).

En las costas de Colombia, según Montes (1982, 39), el marcador de infinitivo generalmente se elide. En Costa Rica, este tipo de elisión se documenta en las zonas rurales, y se emplea como estereotipo del habla campesina. Por su parte, de Granda (1988) señala que en Paraguay

> En zonas rurales y en el habla informal de todos los isolectos urbanos, incluso los más altos, pueden observarse casos (muy frecuentes en los estratos inferiores urbanos y en el habla rural) de elisión de [r] implosiva interna y también de [r] final, siendo este último fenómeno extremadamente notable en las formas verbales de infinitivo (132).

Lo mismo sucede en Uruguay (Elizaincín 1992, 768) y en Chile, porque, según Morales Pettorino (2003): «El fenómeno es relativamente frecuente en el habla vulgar cuando se trata de un infinitivo seguido de pronombre personal enclítico» (56). Igualmente, en España (en la zona antes conocida como Castilla La Nueva), Moreno Fernández (1996) afirma que:

> Otro uso frecuente en Castilla la Nueva, aunque no sólo aquí, es la pérdida fonética de la r del infinitivo, cuando éste va seguido de un pronombre enclítico: prácticamente en todas nuestras provincias es posible recoger, sobre todo de hablantes poco cultos, realizaciones como *vestise* 'vestirse', *dejate* 'dejarte', *decilo* 'decirlo' y *reínos* 'reírnos' (221–22).

En Canarias, la elisión ocurre principalmente ante el enclítico *-se*: [ko'mese] *comerse* (Real Academia Española y Asociación de Academias de la Lengua Española 2011, 255).

22.2.11 Las secuencias /rs/, /str/ y /rtr/

En ocasiones, particularmente en la conversación rápida, las secuencias /rs/, /str/ y /rtr/ se suelen fundir en un solo alófono aproximante alveolar sordo: ['kuɹo] *curso,* ['nue̥ɹo] *nuestro,* [poɹaβ̥ieso] *por travieso.*

El fenómeno se ha detectado en Costa Rica y en la zona andina de Bolivia (Mendoza Quiroga 1992, 441; Morales Pettorino 2003, 55). En el español de Costa Rica su frecuencia de aparición es tan elevada que Sánchez Corrales (1985) propuso para esta variante la existencia de un fonema retroflejo fricativo sordo /ʂ/, opuesto a uno aproximante alveolar sonoro /ɹ/, como se aprecia en el siguiente par mínimo: ['beɹo] *berro* frente a ['beʂo] *verso.* Según el autor: «la aparición del fonema sordo /ɹ̥/, particularmente por la reducción de la secuencia [ɹs], intervocálica, a [ɹ̥], está en simpatía con la deriva fonológica del español, en lo que respecta a su preferencia por la sílaba abierta» (Sánchez Corrales 1985, 132). Cabe aclarar que el símbolo [ɹ̥] utilizado por Sánchez Corrales corresponde a [ʂ].

22.2.12 Las secuencias /tr/ y /dr/

En la secuencia biconsonántica /tr/ se da una realización africada, de modo que la secuencia se realiza como [t͡ʂ] o [d͡z̪] en la parte central de Guatemala, en la región vallecentraleña de Costa Rica, en la zona andina de Colombia y de Venezuela, en Ecuador —en la sierra, pero también en la costa—, en Bolivia —en la zona andina—, en Paraguay, en Chile y en España —en Álava, en Navarra y en La Rioja— (Bentivoglio y Sedano 1992, 780; de Granda 1994, 304; Mendoza Quiroga 1992, 441; Morales Pettorino 2003, 57; Moreno de Alba 1994, 127; Quesada 1996a, 104; Quilis 1992, 598; San Martín 2023, 219) [→ § 21.3.1].

En Costa Rica, el fenómeno parece estar estigmatizado entre los jóvenes de los centros urbanos, lo cual está llevando a su desaparición, lenta pero segura. De hecho, en el estudio de Quesada y Vargas Vargas (2010, 170), un 46 % de los entrevistados realizó la secuencia de manera biconsonántica, con total ausencia de elementos africados.

Respecto de Colombia, sobre todo en Bogotá y en zonas de Boyacá y de Santander, la realización africada también está en retroceso a causa de su escaso prestigio (Montes 1992, 526).

En cuanto al Paraguay, Alvar (2001) cree «que la realización abarca un espectro social muy amplio, aunque esté exenta de participar en él la gente con mayor instrucción» (30).

En el caso de /dr/, la africación ocurre por lo general después de pausa, de consonante nasal o de lateral: [#'d͡ɹiase] *ríase,* [an'd͡ɹes] *Andrés,* [el'd͡ɹama] *el drama.* El fenómeno se registra en Costa Rica, en la zona andina de Bolivia y en Chile (Agüero 2009, 61; Mendoza Quiroga 1992, 441; Morales Pettorino 2003, 57). En Costa Rica, de acuerdo con Agüero (2009, 61), esta realización es frecuente en la parte alta del país (región vallecentraleña) y particularmente en el habla rural.

En posición intervocálica, la africación de /dr/ se ha registrado con poquísima frecuencia. Los dos casos hasta ahora documentados se dan en Bolivia, donde Mendoza Quiroga (1992, 441) recoge el siguiente ejemplo: [a'd͡ɹede] *adrede,* y en Concepción del Paraguay, donde Alvar (2001, 30) registra la palabra *madrina* pronunciada como [ma'd͡ɹina]. Esta realización quizás se deba a la pronunciación oclusiva de /d/; sería útil, sin embargo, poner atención a casos similares en futuros estudios, en todo el mundo hispanohablante, ya que la pronunciación africada del grupo /dr/ intervocálico podría ser más común de lo esperado.

En suma, la llamada asibilación [→ § 1.6.3] de róticas es un fenómeno que puede abarcar el fonema /r/, el grupo /tɾ/, o bien los dos a la vez. En el caso de Costa Rica, los vallecentraleños realizan tanto /r/ como /tɾ/ de manera aproximante. También sucede en el Paraguay (Alvar 2001, 30), pero no ocurre lo mismo en otras regiones del continente, por ejemplo, en el norte de Argentina, donde se dan realizaciones aproximantes de /r/, pero no de /tɾ/ (cf. Borzi 2023, 193). En este sentido, la bibliografía consultada sobre el español de América no es clara, ya que no parece distinguir entre una y otra variante.

Por lo que respecta al español de Costa Rica, a juzgar por los datos históricos, primero se africaron /tɾ/ y /Cdɾ/. En una gramática de 1872, el autor recomendaba a los alumnos no decir *Anrea, almenra* ni *Anrés,* sino *Andrea, almendra* y *Andrés,* respectivamente (Quesada 1992, 141), pero no apuntaba nada acerca de las realizaciones aproximantes de /r/. Tampoco los primeros dialectólogos del mencionado país se refieren al fenómeno a principios del siglo xx (Quesada 1992, 50–51; Sánchez Corrales 1985, 63). Así pues, la aproximación de /r/ está documentada desde mediados del siglo pasado (Chavarría-Aguilar 1951, 250), y los datos más recientes apuntan, en la actualidad, a que la realización africada del grupo /tɾ/ está estigmatizada entre los jóvenes del área metropolitana de San José.

22.3 El fonema vibrante

Al igual que el fonema rótico simple /ɾ/, el fonema rótico múltiple /r/ tiene varias manifestaciones, distribuidas de manera diversa en todo el mundo hispanohablante, tal como se expone a continuación.

22.3.1 Rótica múltiple o vibrante [r]

La rótica múltiple (o vibrante) alveolar sonora constituye la realización más común de /r/ y, si se quiere, la canónica en todo el mundo hispanohablante. Por regla general, se registra en México (sobre todo fuera del altiplano), en Guatemala, en El Salvador, en Honduras, en Nicaragua, en la región noroccidental de Costa Rica, en Panamá, en Colombia, en Venezuela, en las regiones costeras de Ecuador y de Perú, en las zonas bajas de Bolivia, en Uruguay, en Argentina (particularmente en el Río de la Plata) y en España: [ˈroska] *rosca,* [kaˈreta] *carreta,* [kaˈrera] *carrera.*

Como excepción a este panorama, Belice ofrece una gama de realizaciones en las cuales la que menor frecuencia de aparición presenta es, precisamente, la vibrante. Según Cardona (2010b), «Llama la atención la escasa participación de la vibrante múltiple plena en las dos posiciones observadas, en contraste con la alta participación de las realizaciones fricativas aproximantes, de las cuales la retrofleja, [ɻ], domina sobre las demás» (41).

22.3.2 Asibilación

Al igual que sucede con la rótica simple (véase el § 22.2.3), en /r/ se dan casos de asibilación, los cuales se manifiestan en las siguientes realizaciones, casi siempre alternando unas con otras:

- aproximante alveolar [ɹ]: [ˈkaɹo] *carro,* [peˈɹera] *perrera,* [koˈɹiendo] *corriendo;*
- fricativa retrofleja sonora [ʐ]: [ˈkaʐo] *carro,* [peˈʐera] *perrera,* [koˈʐiendo] *corriendo,* y
- fricativa retrofleja sorda [ʂ]: [ˈkaʂo] *carro,* [peˈʂera] *perrera,* [koˈʂiendo] *corriendo.*
- aproximante retrofleja sonora [ɻ]: [ˈkaɻo] *carro,* [peˈɻera] *perrera,* [koˈɻiendo] *corriendo.*

La asibilación se ha registrado en México —en el altiplano y en San Luis Potosí—, Belice, Costa Rica —en la región vallecentraleña—, Colombia —en la zona andina, excepto en Bogotá, donde está en retroceso (a raíz de la pronunciación asibilada de /r/, a los bogotanos se les conoce en Colombia como 'rolos')—, Venezuela —en la zona andina y en la cordillera de Mérida—, Ecuador —en la sierra—, Perú —en la sierra y en la región amazónica—, Paraguay, Bolivia —en la zona andina (de acuerdo con la investigación de Gordon [1987, 716], la oposición en el uso de esta variante fonética frente a la realización vibrante de /r/ es lo que marca una división dialectal entre el altiplano y los llanos de Bolivia)—, Argentina —en las zonas centro-oriental y septentrional— y en Chile; con menor frecuencia, y de manera esporádica, se registra, ante pausa, en el altiplano de México, en Cuba y en Panamá (Alvar 1996a, 96, 2001, 30; Caravedo 1992, 734; Cardona 2010b, 42; Colantoni 2006; Cubo de Severino [2000] 2004, 217; de Granda 1994, 303; Donni de Mirande 1992, 401;

Lope Blanch 1996, 82–83; Montes 1992, 526–27; Morales Pettorino 2003, 58; Moreno de Alba 1972, 634, 1994, 113; Morgan y Sessarego 2016; Obediente 1996, 66, 2008, 2011, 83; Quesada 1996b, 556; Quilis 1992, 598; Rissel 1986, 359; Vaquero de Ramírez 1996, 46–48).

En España también se registra la asibilación, ya que, según Frago y Franco Figueroa ([2001] 2003), «Esta característica, la de la asibilación, se documenta en Paradas (Sevilla), y en el valle del Ebro, en el norte de la Península (La Rioja, Navarra y las Vascongadas)» (106). Los autores aprovechan la ocasión para recalcar que, dado que el fenómeno también se da en el español europeo, «debe rechazarse una explicación de efecto de sustrato indígena en América» (106). A resultados similares llegaron Henriksen y Willis (2010) en un análisis acústico del español hablado en Jerez de la Frontera (provincia de Cádiz, Andalucía):

> Results indicated that approximately 30% of all phonemic trill productions included two or more apical closures, and that the remainder of the corpus was distributed among fricatives, approximants, and r- colored variants. No single non-canonical variant could be selected as the prototypical JAS [Jerezano Andalusian Spanish] variant, a distribution reminiscent of that of English /r/, where variation at the level of the individual speaker has been well-documented (125).

Quilis (1993), refiriéndose a la fricativización de /r/ en Costa Rica, afirma que «en este último país, en general, se siente como un fenómeno estigmatizado» (347). Tal aseveración parece no tener suficiente fundamento; al contrario, dicha fricativización está en vías de extenderse a las zonas rurales o alejadas de los centros urbanos, a la vez que alterna con la retroflexión (cf. Calvo y Portilla 1998, 83–85 y Vázquez Carranza 2006, 303). Por su parte, Salazar (2022, 45), comprueba que entre sus informantes costarricenses la fricativización se da menos en posición intervocálica y es más frecuente en posición inicial, y Dearstyne (2021, 27) observó que las realizaciones fricativas se dan mayormente en la conversación informal.

Mención aparte merece la aproximante retrofleja sonora, porque muestra una distribución geolectal particular, en vista de que, a diferencia de los alófonos anteriores, predomina en ciertas zonas. Así, se ha registrado en Belice, en Costa Rica y en la región del nordeste de Argentina. En Costa Rica se halla particularmente en la generación joven, y en el nordeste argentino alterna con el alófono aproximante alveolar sonoro [ɹ]. En cuanto al origen del alófono retroflejo, Cardona (2010b) piensa lo siguiente:

> El fenómeno podría deberse a la influencia del inglés, a juzgar por los países en que ya antes se ha observado el rasgo. Sin embargo, el fenómeno merece una revisión más profunda si tenemos en cuenta que éste también se presenta en Yucatán (Lope, 1993: 280) y en Costa Rica (Quesada, 2002), en donde no se ha logrado establecer con certeza la influencia del inglés para este fenómeno (42).

De hecho, ya en años anteriores, Calvo y Portilla (1998, 83–85) rechazaban la teoría popular según la cual la retrofleja se debe al influjo del inglés, y explicaban su aparición en el nuevo orden de fricativas que se está gestando en el español costarricense como paso ulterior a la fricativización de /r/.

En la región andina de Bolivia, la fricativa retrofleja sonora, que Mendoza Quiroga (1992, 441) representa mediante el símbolo /z/ (['kaz̡o] *carro,* [z̡a'ʈon] *ratón*) alterna con la aproximante alveolar [ɹ]. Callisaya (2023, 207) arguye que dicha realización se debe al influjo aimara sobre el español de la región.

22.3.3 Rótica fricativa uvular [ʁ]

La realización de una fricativa uvular sonora es característica del español de Puerto Rico, pues allí es donde se da con mayor frecuencia y de manera sistemática: ['ʁiko] *rico,* ['ʁosa] *rosa* (Hammond 1986, 308); a veces llega a ensordecerse: ['χiko] *rico,* ['χosa] *rosa* (Ortiz 2023, 347). Estos hechos fonéticos también se han registrado, aunque con mucha menor frecuencia, en el oriente de Cuba, en las zonas rurales de las costas colombianas y en la región oriental de Venezuela (López Morales 1992, 63; Montes 1992, 525) [→ § 21.3.3].

En lo que se refiere a las actitudes lingüísticas ante el fenómeno, López Morales (1992) apreció que en Puerto Rico son bastante negativas, y que el sonido en cuestión está bastante estigmatizado. Ortiz (2023, 347) afirma que la uvularización de /r/ está condicionada por factores estructurales —se da más que todo en ataque inicial—, sociolingüísticos

—adultos mayores varones con instrucción formal elemental, alejados de la capital San Juan— y estilísticos —conversación espontánea—. Contrario a lo que indica Ortiz, Torres (2021) comprueba que la uvularización de /r/ se escucha hasta en personas con alto nivel de instrucción formal; con lo cual, según su opinión, "Se espera que a través de estudios como este se pueda eliminar el estigma que se impone a las variantes no estándares del español puertorriqueño y la variante posterior/uvular en específico" (62).

Respecto de Costa Rica, se halló en una zona montañosa del sur del cantón de Puriscal (provincia de San José), hacia el Pacífico, un grupo de personas mayores que pronunciaban sistemáticamente una variante uvular, además de un núcleo en una aldea del cantón de Miramar, en la zona noroeste (Quesada 1996b, 557). Dicha realización uvular está documentada desde principios del siglo XX por Chavarría-Aguiar (1951, 2). Por su parte, los propios hablantes costarricenses explicaron al autor del presente capítulo que, de niños, los maestros los obligaban a renunciar a dicho hábito lingüístico, razón por la cual la fricativa uvular no se ha mantenido actualmente entre las generaciones jóvenes de la zona.

22.3.4 Rótica simple o percusiva [r]

En algunas áreas de Belice, Cuba, Colombia (departamento de Bolívar), Paraguay y Argentina se registra una variante simple o percusiva para la vibrante, de manera que se produce neutralización [→ § 1.17.4] de róticas: ['peɾo] *perro,* ['baɾo] *barro* (Cardona 2010b, 43; de Granda 1992, 687; Real Academia Española y Asociación de Academias de la Lengua Española 2011, 263) [→ § 21.3.3].

En Belice, Cardona (2010b) apunta que «Cabe destacar la participación porcentual (20 %) de la vibrante simple en posición intervocálica, donde resulta una oposición fonológica conmutable con la vibrante múltiple, [pero] ~ [peɾo], sobre todo en la parte central y sur del país» (41–42).

Por lo que respecta al Paraguay, de Granda (1992) señala que «En zonas rurales se dan casos, relativamente abundantes aunque hoy ya en claro retroceso, de la reducción de [r̄] a [ʀ] monovibrante en inicial de palabra y (en menos ocasiones) en posición intervocálica» (687).

En cuanto a Guinea Ecuatorial, Franco Rodríguez (2023, 298) afirma que se da una neutralización entre vibrante y percusiva a favor de la percusiva.

22.3.5 Murmullo ante vibrante [ʰr]

La realización de un murmullo ante la vibrante se observa en palabras como ['ʰraɾo] *raro,* [ka'ʰrosa] *carroza,* [ʰriŋ'koŋ] *rincón,* y se registra en Cuba, en República Dominicana [→ § 21.3.3], en Puerto Rico, en las costas de Colombia y en las de Venezuela, particularmente en el estado de Zulia (Ortiz 2023, 347; Real Academia Española y Asociación de Academias de la Lengua Española 2011, 263).

Willis (2007), en un análisis acústico del fenómeno, rebate las afirmaciones de otros autores, según las cuales se trata de una aspiración, sino más bien de un murmullo:

> The acoustic findings indicate that the Cibaeño Dominican Spanish pre-aspirated trill is best characterized as a period of pre-breathy voice followed by one or two taps. The pre-breathy- voiced portion of the segment typically constituted more than 60% of the overall duration of the segment. The current findings contrast with earlier impressionistic accounts that claimed the CDS trill was a pre-aspirated trill or tap, and include a direct claim of voicelessness for the segment. The most frequently occurring token in the data was a pre-breathy-voice tap. The IPA symbol [ɦr] was proposed to represent the CDS trill (48).

22.3.6 La secuencia /sr/

En la secuencia /sr/ el fonema /r/ tiende a realizarse, a veces en calidad de aproximante ([laʂo'ð̞iʝas] *las rodillas*), a veces como fricativa retrofleja sorda ([laʂo'ð̞iʝas] *las rodillas*). Estas variantes se registran en las tierras altas del continente americano: en los altiplanos de México, Guatemala y Costa Rica, además de las regiones andinas (Moreno de Alba 1994, 127; Quesada y Vargas Vargas 2010, 163; Sessarego 2011, 257; Utgård 2010, 71). En un estudio con informantes de estas regiones, Bradley (2006) llega a la siguiente conclusión:

While Solé's (1999, 2002) findings for Catalan suggest that the assimilation of lingual fricatives to following trills is complete and categorical in the majority of cases across minor prosodic boundaries, this type of realization was not found in the Latin American Spanish corpus data analyzed here. Rather, the most commonly observed realizations in the word-boundary context include non-trilled, and especially strident, rhotics with either maintenance or deletion of the preceding sibilant (12).

22.4 Conclusiones

El examen detallado de los datos consultados para describir las distintas realizaciones de las róticas en el mundo hispanohablante desde la perspectiva geolectal muestra una correlación entre la geografía física y las diversas realizaciones de los fonemas róticos. Así, por ejemplo, las distintas realizaciones aproximantes y fricativas del fonema rótico simple en posición implosiva, y las del rótico múltiple, se registran en las zonas altas del continente americano, a saber: altiplano mexicano, regiones altas de América Central (como en Guatemala y Costa Rica), regiones andinas de Colombia, Venezuela, Ecuador, Perú y Bolivia, así como en las zonas septentrional y noroccidental de Argentina y en las regiones norteñas de España. Por su parte, la aspiración, la geminación o la asimilación, la vocalización y la elisión se documentan en las zonas bajas o costeras del continente, tales como las Antillas, las tierras bajas de América Central, las costas de Colombia, Venezuela, Ecuador, Perú, la región del Río de la Plata e, igualmente, en Canarias y en Andalucía; así, las realizaciones que se encuentran en las tierras bajas del continente americano se corresponden generalmente con las de las Canarias o las de las regiones meridionales españolas, primordialmente Andalucía; por el contrario, las realizaciones asibiladas del fonema rótico vibrante se hallan en la parte septentrional del país. Lo anterior correspondería, en términos de Zamora Munné y Guitart (1982, 107–10), a lo que estos autores denominan «dialectos conservadores» y «dialectos radicales», siendo los primeros aquellos cuyo consonantismo tiene que ver con el que se practica en las tierras altas del continente americano y, los segundos, aquellos que presentan los rasgos lingüísticos de las zonas bajas o costeras de dicho continente (cf. Quesada 2021, 75, para una distinción más general entre dialectos conservadores y dialectos innovadores y su convivencia con dos o más normas lingüísticas).

Visto el panorama en términos histórico-lingüísticos, lo anterior podría llevar a pensar, a manera de hipótesis y al menos en lo que a las róticas se refiere, en una distribución geolectal de acuerdo con patrones de poblamiento o de influjo lingüístico de España en dos direcciones: una septentrional hacia las tierras altas de América y otra meridional hacia las tierras bajas de este continente. En efecto, si se ha comprobado una relación histórico-económica entre Andalucía, Canarias y las tierras bajas de América, en particular las atlánticas, se podría ahondar en una relación entre el norte español y las tierras altas (cf. Menéndez Pidal 1962).

Para estar en grado de comprobar la hipótesis, hay que valerse de dos métodos: la documentación y los testimonios. En lo relativo a la documentación, la cual trata del rastreo de realizaciones de fonemas a través de alteraciones gráficas (sustituciones, elisiones, agregados, etcétera), la enorme dificultad de ver representadas en términos de grafías las variaciones de los fonemas róticos interfiere al realizar una pesquisa de tipo histórico en los manuscritos de siglos anteriores. ¿Cómo saber si el amanuense, escribano o persona que redactaba un escrito pronunciaba las róticas de manera distinta a la que le permitían las grafías <r> y <rr>, si no existían signos gráficos alternos (como sucedía para otros fonemas o alófonos: <g, h, x>, etcétera) con los que se pudieran ver representadas variaciones como la aproximación, la fricativización o el ensordecimiento? Los testimonios, por su parte, consisten en declaraciones de personas que oyeron algún cambio fónico y dieron fe de ello de manera explícita. En cuanto a los cambios alofónicos de las róticas, la bibliografía con que se cuenta para un estudio de esta índole es bastante reciente; por ejemplo, para Costa Rica se documentan a fines del siglo xix (cf. Quesada 2009, 158–63) y para México, según Perissinoto (1972), «Cabe sospechar que este fenómeno [es decir, la asibilación] es de formación reciente en México, ya que la tesis de Marden no lo menciona, y Matluck, en 1951, registra solo casos esporádicos de [tr], [dr]» (73). No se han registrado testimonios de antes de mediados del siglo xix.

Un caso especial que rompe con el esquema dialectal anterior lo ofrece Chile, donde se dan al mismo tiempo tanto las realizaciones propias de las zonas altas como las de las bajas, distribuidas en su conjunto por todo el país, sin distinción de regiones, de modo que un hablante chileno puede —así como los de las tierras bajas de América— aspirar y elidir, al mismo tiempo que, como sucede en las zonas altas americanas, realizar las róticas como aproximantes o fricativas.

Otra excepción la constituye el lambdacismo, el cual, si bien muestra mayor frecuencia en las zonas bajas del Nuevo Mundo, también se puede registrar en el habla rural de muchas partes altas, como sucede en Ecuador y, de manera fosilizada, en Costa Rica. Agüero (2009, 53) documenta en boca de campesinos costarricenses cambios como *solpresa, álbitro, Alturo, espelma*, además de algunos casos de rótica simple en posición prenuclear, como *celebro* y *pelegrino*.

Por otro lado, se puede afirmar, sin lugar a duda, que es el español americano, y no el europeo, el que presenta la más amplia gama de variaciones en la realización de las róticas, tanto por lo que se refiere al fonema rótico simple como al múltiple. No se registran en la Península, por ejemplo, alófonos retroflejos de /r/ ni la realización uvular de /r/ ni el murmullo ante /r/. Por otra parte, algunas realizaciones recogidas en España no están tan diseminadas como en América —como sucede con las asibilaciones y las realizaciones monoconsonánticas de las secuencias en las que interviene el fonema rótico simple—, sino que aparecen a manera de islotes a través del mapa geofísico. La siguiente afirmación de Moreno de Alba (1972) calza con lo hallado en el presente estudio: «En resumen, la asibilación parece darse más a menudo en Hispanoamérica que en España» (365). Si no se han registrado mayores variaciones en el español peninsular ni se tiene documentación de dichos cambios para siglos anteriores en España, a lo mejor habrá que repensar la hipótesis anterior y simplemente conformarse con aceptar que los cambios en la variación de las róticas son creación americana, con sello americano.

Finalmente, existen al menos cuatro países americanos donde se registra un descenso en las realizaciones no canónicas de las róticas (aproximaciones, fricativizaciones, retroflexiones y, en contextos biconsonánticos, africaciones), en miras a una realización más estándar, de 'reconquista' fonética: México (Martín Butragueño 2014, 570–97), Guatemala (Utgård 2010, 70–71), Costa Rica (Quesada y Vargas Vargas 2010, 170) y Colombia (Montes 1992, 526–27). También habría que ver si en las pocas regiones de España donde se dan las variaciones estará ocurriendo lo mismo. De comprobarse este fenómeno, y al menos en lo que respecta al fonema rótico simple y al fonema vibrante, estaríamos frente a procesos de estandarización a nivel panhispánico, o de lo que Martín Butragueño (2014, 535–36) da en llamar «desdialectalización».

Referencias bibliográficas

Abadía de Quant, Inés. (2000) 2004. «El español del Nordeste». En *El español de la Argentina y sus variedades regionales*, editado por María Beatriz Fontanella de Weinberg, 2.ª ed., 121–59. Bahía Blanca: Asociación Bernardino Rivadavia, Proyecto Cultural Weinberg/ Fontanella.

Agüero, Arturo. 2009. *El español de Costa Rica*. San José: Editorial de la Universidad de Costa Rica.

Alba, Orlando. 2004. *Cómo hablamos los dominicanos. Un enfoque sociolingüístico*. Santo Domingo: Grupo León Jimenes.

Alvar, Manuel. 1980. «Encuestas fonéticas en el suroccidente de Guatemala». *Lingüística Española Actual* 2 (2): 245–98.

———, ed. 1996a. *Manual de dialectología hispánica. El español de América*. Barcelona: Ariel.

———, ed. 1996b. *Manual de dialectología hispánica. El español de España*. Barcelona: Ariel.

———. 2001. *El español en Paraguay. Estudios, encuestas, textos*. Editado por Antonio Alvar Ezquerra, Jairo Javier García Sánchez y José Ramón Franco Rodríguez. Alcalá de Henares: Universidad de Alcalá, Servicio de Publicaciones; Madrid: Agencia Española de Cooperación Internacional; Madrid: La Goleta Ediciones.

———. 2010. *El español en México. Estudios, mapas, textos*. Editado por Florentino Paredes y Antonio Alvar Ezquerra. Alcalá de Henares: Universidad de Alcalá, Servicio de Publicaciones; Madrid: La Goleta Ediciones; Comillas: Fundación Comillas.

Alvarado de Ricord, Elsie. 1971. *El español de Panamá. Estudio fonético y fonológico*. Panamá: Editorial Universitaria.

Álvarez Martínez, María Ángeles. 1996. «Extremeño». En *Manual de dialectología hispánica. El español de España*, editado por Manuel Alvar, 171–82. Barcelona: Ariel.

Arias, Álvaro. 2019. «Fonética y fonología de las consonantes geminadas en el español de Cuba». *Moenia. Revista Lucense de Lingüística & Literatura* 25: 465–97.

Azcúnaga, Raúl Ernesto. 2010. «Fonética del español salvadoreño». En *El español hablado en América Central. Nivel fonético*, editado por Miguel Ángel Quesada, 83–113. Madrid: Iberoamericana; Fráncfort: Vervuert. https://doi.org/10.31819/9783865278708-004.

Bentivoglio, Paola y Mercedes Sedano. 1992. «El español hablado en Venezuela». En *Historia y presente del español de América*, editado por César Hernández Alonso, 775–801. Valladolid: Junta de Castilla y León.

Blecua Falgueras, Beatriz. 2001. «Las vibrantes del español: manifestaciones acústicas y procesos fonéticos». Tesis de doctorado, Universitat Autònoma de Barcelona. http://hdl.handle.net/10803/4859.

Blecua Falgueras, Beatriz y Jordi Cicres. 2019. «Rhotic Variation in Spanish Codas: Acoustic Analysis and Effects of Context in Spontaneous Speech». En *Romance Phonetics and Phonology*, editado por Mark Gibson y Juana Gil, 21–47. Oxford: Oxford University Press. https://doi.org/10.1093/oso/9780198739401.003.0002.

Borzi, Claudia. 2023. «El español en Argentina». En *Dialectología hispánica. The Routledge Handbook of Spanish Dialectology*, editado por Francisco Moreno Fernández y Rocío Caravedo, 189–201. Londres: Routledge. https://doi.org/10.4324/9780429294259.

Bradley, Travis G. 2004. «Gestural Timing and Rhotic Variation in Spanish Codas». En *Laboratory Approaches to Spanish Phonology*, editado por Timothy L. Face, 197–224. Berlín: Mouton de Gruyter.

——— 2006. «Phonetic Realizations of /sr/ Clusters in Latin American Spanish». En *Selected Proceedings of the 2nd Conference on Laboratory Approaches to Spanish Phonetics and Phonology*, editado por Manuel Díaz-Campos, 1–13. Somerville: Cascadilla Proceedings Project.

Bradley, Travis G. y Erik W. Willis. 2012. «Rhotic Variation and Contrast in Veracruz Mexican Spanish». *Estudios de Fonética Experimental* 21: 43–74.

Callisaya, Gregorio. 2023. «El español en Bolivia». En *Dialectología hispánica. The Routledge Handbook of Spanish Dialectology*, editado por Francisco Moreno Fernández y Rocío Caravedo, 202-15. Londres: Routledge. https://doi.org/10.4324/9780429294259.

Calvo, Annette y Mario Portilla. 1998. «Variantes retroflejas de /ɾ/ y /r/ en el habla culta de San José». *Káñina. Revista de Artes y Letras de la Universidad de Costa Rica* 22 (1): 81–86.

Canfield, D. Lincoln. (1981) 1988. *El español de América: fonética*. Traducido por Joaquim Llisterri y Dolors Poch. Barcelona: Crítica.

Caravedo, Rocío. 1990. *Sociolingüística del español de Lima*. Lima: Pontificia Universidad Católica del Perú.

———. 1992. «Espacio geográfico y modalidades lingüísticas en el español del Perú». En *Historia y presente del español de América*, editado por César Hernández Alonso, 719–41. Valladolid: Junta de Castilla y León.

Cardona, Mauricio Andrés. 2010a. «Fonética del español de Panamá». En *El español hablado en América Central. Nivel fonético*, editado por Miguel Ángel Quesada, 177–210. Madrid: Iberoamericana; Fráncfort: Vervuert. https://doi.org/10.31819/9783865278708-008.

———. 2010b. «La fonética del español en Belice». En *El español hablado en América Central. Nivel fonético*, editado por Miguel Ángel Quesada, 21–48. Madrid: Iberoamericana; Fráncfort: Vervuert. https://doi.org/10.31819/9783865278708-002.

Chavarría-Aguilar, Oscar Luis. 1951. «The Phonemes of Costa Rican Spanish». *Language* 27 (3): 248–53. https://doi.org/10.2307/409754.

Cicres, Jordi y Beatriz Blecua Falgueras. 2015. «Caracterización acústica de las róticas fricativas prepausales en español peninsular». *Loquens. Spanish Journal of Speech Sciences* 2 (1): e019. https://doi.org/10.3989/loquens.2015.019.

Colantoni, Laura. 2006. «Increasing Periodicity to Reduce Similarity: An Acoustic Account of Deassibilation in Rhotics». En *Selected Proceedings of the 2nd Conference on Laboratory Approaches to Spanish Phonetics and Phonology*, editado por Manuel Díaz-Campos, 22–34. Somerville: Cascadilla Proceedings Project.

Cubo de Severino, Liliana. (2000) 2004. «El español cuyano». En *El español de la Argentina y sus variedades regionales*, editado por María Beatriz Fontanella de Weinberg, 2.ª ed., 207–40. Bahía Blanca: Asociación Bernardino Rivadavia, Proyecto Cultural Weinberg/Fontanella.

Dearstyne, Matt. 2021. «Rhotic Variation in Costa Rican Apanish: A Preliminary Acoustic Analysis». *Cadernos de Linguística* 2 (1): e294. https://doi.org/10.25189/2675-4916.2021.V2.N1.ID294.

Donni de Mirande, Nélida Esther. 1992. «El español actual hablado en la Argentina». En *Historia y presente del español de América*, editado por César Hernández Alonso, 383–412. Valladolid: Junta de Castilla y León.

Elizaincín, Adolfo. 1992. «El español actual en el Uruguay». En *Historia y presente del español de América*, editado por César Hernández Alonso, 759–774. Valladolid: Junta de Castilla y León.

Enguita, José María. 1992. «Rasgos lingüísticos andaluces en las hablas de Hispanoamérica». En *Historia y presente del español de América*, editado por César Hernández Alonso, 85–111. Valladolid: Junta de Castilla y León.

Figueroa Arencibia, Vicente Jesús. 2009. «El español en Cuba: los contactos lingüísticos y la variación geosociolectal de /-ɾ/ y /-l/». *Revista Internacional de Lingüística Iberoamericana* 7 (14): 115–44.

Frago, Juan Antonio y Mariano Franco Figueroa. (2001) 2003. *El español de América*. 2.ª ed. corregida y aumentada. Cádiz: Universidad de Cádiz, Servicio de Publicaciones.

Franco Rodríguez, José Ramón. 2023. «El español en Guinea Ecuatorial». En *Dialectología hispánica. The Routledge Handbook of Spanish Dialectology*, editado por Francisco Moreno Fernández y Rocío Caravedo, 293–303. Londres: Routledge. https://doi.org/10.4324/9780429294259.

García Mouton, Pilar. 2017. «El Atlas Lingüístico de la Península Ibérica (ALPI) en línea. Geolingüística a la carta». *Estudis Romànics* 39: 335-43. https://doi.org/10.2436/20.2500.01.224.

Gómez Campaña, Rosario. 2023. «El español en Ecuador». En *Dialectología hispánica. The Routledge Handbook of Spanish Dialectology*, editado por Francisco Moreno Fernández y Rocío Caravedo, 252–63. Londres: Routledge. https://doi.org/10.4324/9780429294259.

Gordon, Alan M. 1987. «Distribución demográfica de los alófonos de /r/ en Bolivia». En *Actas del I Congreso Internacional sobre el Español de América. San Juan, Puerto Rico, del 4 al 9 de octubre de 1982*, editado por Humberto López Morales y María Vaquero de Ramírez, 715–24. San Juan: Academia Puertorriqueña de la Lengua Española.

de Granda, Germán. 1988. *Sociedad, historia y lengua en el Paraguay*. Bogotá: Instituto Caro y Cuervo.

———. 1992. «El español del Paraguay: distribución, uso y estructuras». En *Historia y presente del español de América*, editado por César Hernández Alonso, 675–695. Valladolid: Junta de Castilla y León.

———. 1994. *Español de América, español de África y hablas criollas hispánicas. Cambios, contactos y contextos*. Madrid: Gredos.

Hammond, Robert M. 1986. «La estratificación social de la R múltiple en Puerto Rico». En *Actas del II Congreso Internacional sobre el Español de América. Ciudad de México, 27–31 de enero de 1986*, editado por José G. Moreno de Alba, 307–14. México, D. F.: Universidad Nacional Autónoma de México, Facultad de Filosofía y Letras.

Henriksen, Nicholas y Erik W. Willis. 2010. «Acoustic Characterization of Phonemic Trill Production in Jerezano Andalusian Spanish». En *Selected Proceedings of the 4th Conference on Laboratory Approaches to Spanish Phonology*, editado por Marta Ortega-Llebaria, 115–27. Somerville: Cascadilla Proceedings Project.

Hernández Torres, Ramón Augusto. 2010. «Fonética del español de Honduras». En *El español hablado en América Central. Nivel fonético*, editado por Miguel Ángel Quesada, 115–36. Madrid: Iberoamericana; Fráncfort: Vervuert. https://doi.org/10.31819/9783865278708-005.

Herrera Peña, Guillermina. 1993. «Los idiomas hablados en Guatemala. Notas sobre el español hablado en Guatemala». *Boletín de Lingüística y Educación* 7 (42): 1–4.

Jiménez Fernández, Rafael. 1999. *El andaluz*. Madrid: Arco/Libros.

Llano, Diego Rubén. 2022. «Procesos de variación fonética del español en la parroquia Santiago de Machachi del cantón Mejía de la provincia de Pichincha». Trabajo de titulación, Universidad Central del Ecuador. http://www.dspace.uce.edu.ec/handle/25000/28889.

Lope Blanch, Juan Miguel. 1996. «México». En *Manual de dialectología hispánica. El español de América*, editado por Manuel Alvar, 81–89. Barcelona: Ariel.

López Morales, Humberto. 1992. *El español del Caribe*. Madrid: Fundación MAPFRE.

Martín Butragueño, Pedro. 2014. *Fonología variable del español de México. Vol. I: procesos segmentales*. México, D. F.: El Colegio de México.

Mazzaro, Natalia y Raquel González de Anda. 2020. «Men Finally Got It! Rhotic Assibilation in Mexican Spanish in Chihuahua». *Languages* 5 (4): 38. https://doi.org/10.3390/languages5040038.

Megenney, William W. 1999. *Aspectos del lenguaje afronegroide en Venezuela*. Madrid: Iberoamericana; Fráncfort: Vervuert. https://doi.org/10.31819/9783865278869.

Mendoza Quiroga, José G. 1992. «Aspectos del castellano hablado en Bolivia». En *Historia y presente del español de América*, editado por César Hernández Alonso, 437–500. Valladolid: Junta de Castilla y León.

Menéndez Pidal, Ramón. 1962. «Sevilla frente a Madrid. Algunas precisiones sobre el español de América». En *Estructuralismo e historia. Miscelánea homenaje a André Martinet.*, editado por Diego Catalán, 3:99–165. La Laguna: Universidad de La Laguna.

Montero Bernal, Lourdes E. 2007. «Zonificación geolectal de Cuba desde el punto de vista fonético». En *Visión geolectal de Cuba*, editado por Kerstin Störl y Germán de Granda, 33–50. Fráncfort: Peter Lang.

Montes, José Joaquín. 1982. «El español de Colombia: propuesta de clasificación dialectal». *Thesaurus. Boletín del Instituto Caro y Cuervo* 37 (1): 23–92.

———. 1992. «El español hablado en Colombia». En *Historia y presente del español de América*, editado por César Hernández Alonso, 519–542. Valladolid: Junta de Castilla y León.

Morales Pettorino, Félix. 2003. *Fonética chilena (Con acotaciones fonológicas y morfonológicas)*. 2.ª ed. corregida y aumentada. Valparaíso: Universidad de Playa Ancha.

Moreno de Alba, José G. 1972. «Frecuencias de la asibilación de /r/ y /rr/ en México». *Nueva Revista de Filología Hispánica* 21 (2): 363–70. https://doi.org/10.24201/nrfh.v21i2.2837.

———. 1994. *La pronunciación del español en México*. México, D. F.: El Colegio de México.

Moreno Fernández, Francisco. 1996. «Castilla La Nueva». En *Manual de dialectología hispánica. El español de España*, editado por Manuel Alvar, 213–32. Barcelona: Ariel.

Morgan, Terrell A. y Sandro Sessarego. 2016. «A Phonetic Analysis of Intervocalic /r/ in Highland Bolivian Spanish». *Spanish in Context* 13 (2): 195–211. https://doi.org/10.1075/sic.13.2.02mor.

Narbona, Antonio, Rafael Cano y Ramón Morillo-Velarde. 1998. *El español hablado en Andalucía*. Barcelona: Ariel.

Navarro Correa, Manuel. 1995. *El español hablado en Puerto Cabello*. Valencia, Venezuela: Universidad de Carabobo, Facultad de Ciencias de la Educación.

Navarro Tomás, Tomás. 1948. *El español en Puerto Rico. Contribución a la geografía lingüística hispanoamericana*. Río Piedras: Universidad de Puerto Rico.

Núñez Cedeño, Rafael A. y Junice Acosta. 2011. «En torno al contexto real de la vocalización cibaeña: un nuevo replanteamiento prosódico». En *Selected proceedings of the 13th Hispanic Linguistics Symposium*, editado por Luis A. Ortiz López, 239–50. Somerville: Cascadilla Proceedings Project.

Nuño, María del Pilar. 1996. «Cantabria». En *Manual de dialectología hispánica. El español de España*, editado por Manuel Alvar, 183–96. Barcelona: Ariel.

Obediente, Enrique. 1996. «Datos sobre la r asibilada en Venezuela». *Lengua y Habla. Revista del Centro de Investigación y Atención Lingüística C.I.A.L.* 1 (2): 67–75.

———. 2008. «Más sobre variación y cambio fonológico: el caso de los fonemas vibrantes en el español de Mérida (Venezuela)». En *Fonología instrumental: patrones fónicos y variación*, editado por Esther Herrera Zendejas y Pedro Martín Butragueño, 151–70. México, D. F.: El Colegio de México.

———. 2011. «El español hablado en los Andes venezolanos». En *Temas iberoamericanos. Estudios dedicados a Birger Angvik y Willy Rasmussen*, editado por María Álvarez Solar, Miguel Ángel Quesada, Jon Askeland y Johannes A. Nymark, 79–111. Medellín: Fondo Editorial Universidad EAFIT.

Orozco, Rafael. 2023. «El español en Colombia». En *Dialectología hispánica. The Routledge Handbook of Spanish Dialectology*, editado por Francisco Moreno Fernández y Rocío Caravedo, 227–40. Londres: Routledge. https://doi.org/10.4324/9780429294259.

Ortiz López, Luis A. 2023. «El español en Puerto Rico». En *Dialectología hispánica. The Routledge Handbook of Spanish Dialectology*, editado por Francisco Moreno Fernández y Rocío Caravedo, 344–58. Londres: Routledge. https://doi.org/10.4324/9780429294259.

Perissinotto, Giorgio. 1972. «Distribución demográfica de la asibilación de vibrantes en el habla de la ciudad de México». *Nueva Revista de Filología Hispánica* 21 (1): 71–79. https://doi.org/10.24201/nrfh.v21i1.2860.

Quesada, Miguel Ángel. 1992. *Atlas lingüístico-etnográfico de Costa Rica: cuestionario*. San José: Nueva Década.

———. 1996a. «El español de América Central». En *Manual de dialectología hispánica. El español de América*, editado por Manuel Alvar, 101–15. Barcelona: Ariel.

———. 1996b. «Los fonemas del español de Costa Rica. Aproximación dialectológica». *Lexis. Revista de Lingüística y Literatura* 20 (1–2): 535–62.

———. 2009. *Historia de la lengua española en Costa Rica*. San José: Editorial de la Universidad de Costa Rica.

———, ed. 2010a. *Atlas lingüístico-etnográfico de Costa Rica (ALECORI)*. San José: Editorial de la Universidad de Costa Rica.

———. 2010b. *El español de América*. Cartago: Editorial Tecnológica de Costa Rica.

———. 2013. «Situación del español en América Central». En *El español en el mundo. Anuario del Instituto Cervantes 2013*, 83–100. Alcalá de Henares: Instituto Cervantes.

———. 2021. «Dialectología histórica del español de América Central. Nivel fonético-fonológico». *Revista de Historia de la Lengua Española* 16: 67–100. https://doi.org/10.54166/rhle.2021.16.03.

———. 2023. «El español en las repúblicas centroamericanas». En *Dialectología hispánica. The Routledge Handbook of Spanish Dialectology*, editado por Francisco Moreno Fernández y Rocío Caravedo, 371–82. Londres: Routledge. https://doi.org/10.4324/9780429294259.

Quesada, Miguel Ángel y Luis Vargas Vargas. 2010. «Rasgos fonéticos del español de Costa Rica». En *El español hablado en América Central. Nivel fonético*, editado por Miguel Ángel Quesada, 155–76. Madrid: Iberoamericana; Fráncfort: Vervuert. https://doi.org/10.31819/9783865278708-007.

Quilis, Antonio. 1992. «Rasgos generales sobre la lengua española en el Ecuador». En *Historia y presente del español de América*, editado por César Hernández Alonso, 593–606. Valladolid: Junta de Castilla y León.

———. 1993. *Tratado de fonología y fonética españolas*. Madrid: Gredos.

Quilis, Antonio y Celia Casado. 1994. *Cuestionario del Atlas Lingüístico del Ecuador (ALEcu)*. Ambato: Casa de Montalvo.

Real Academia Española y Asociación de Academias de la Lengua Española. 2011. *Nueva gramática de la lengua española. Fonética y fonología*. Madrid: Espasa Libros.

Rissel, Dorothy. 1986. «La dinámica social de la asibilación de vibrantes en San Luis Potosí, México». En *Actas del II Congreso Internacional sobre el Español de América. Ciudad de México, 27–31 de enero de 1986*, editado por José G. Moreno de Alba, 357–61. México, D. F.: Universidad Nacional Autónoma de México, Facultad de Filosofía y Letras.

Rosales, María Auxiliadora. 2010. «El español de Nicaragua». En *El español hablado en América Central. Nivel fonético*, editado por Miguel Ángel Quesada, 137–54. Madrid: Iberoamericana; Fráncfort: Vervuert. https://doi.org/10.31819/9783865278708-006.

Salazar, Sergio José. 2022. «Rhotics in Costa Rican Spanish: An Acoustic Study». Tesis de graduación, Florida State University.

San Martín, Abelardo. 2023. «El español en Chile». En *Dialectología hispánica. The Routledge Handbook of Spanish Dialectology*, editado por Francisco Moreno Fernández y Rocío Caravedo, 216–26. Londres: Routledge. https://doi.org/10.4324/9780429294259.

Sánchez Corrales, Víctor. 1985. «Fricación de erre en el español de Costa Rica: un caso de escisión fonológica». *Revista de Filología y Lingüística de la Universidad de Costa Rica* 11 (1): 63–66. https://doi.org/10.15517/RFL.V11I1.16249.

Serrano Morales, Julio César. 2008. «Vibrantes asibiladas en español de la ciudad de México (1964–1972)». En *Fonología instrumental: patrones fónicos y variación*, editado por Esther Herrera Zendejas y Pedro Martín Butragueño, 191–210. México, D. F.: El Colegio de Mexico.

Sessarego, Sandro. 2011. «Phonetic Analysis of /sr/ Clusters in Cochabambino Spanish». En *Selected Proceedings of the 13th Hispanic Linguistics Symposium*, editado por Luis A. Ortiz López, 251–63. Somerville: Cascadilla Proceedings Project.

Solé, Maria-Josep. 1999. «Production Requirements of Apical Trills and Assimilatory Behavior». En *14th International Congress of Phonetic Sciences. San Francisco, CA, USA, August 1–7, 1999*, editado por John J. Ohala, Yoko Hasegawa, Manjari Ohala, Daniel Granville y Ashlee C. Bailey, 487–90. International Congress of Phonetic Sciences (ICPhS) Online Archive.

———. 2002. «Assimilatory Processes and Aerodynamic Factors». En *Laboratory Phonology 7*, editado por Carlos Gussenhoven y Natasha L. Warner, 351–86. Berlín: Mouton de Gruyter. https://doi.org/10.1515/9783110197105.2.351.

Uber, Diane Ringer. 1986. «Los procesos de retroflexión y geminación de líquidas en el español cubano: análisis sociolingüístico y dialectológico». En *Actas del II Congreso Internacional sobre el Español de América. Ciudad de México, 27–31 de enero de 1986*, editado por José G. Moreno de Alba, 350–56. México, D. F.: Universidad Nacional Autónoma de México, Facultad de Filosofía y Letras.

Utgård, Katrine. 2010. «El español de Guatemala». En *El español hablado en América Central. Nivel fonético*, editado por Miguel Ángel Quesada, 49–82. Madrid: Iberoamericana; Fráncfort: Vervuert. https://doi.org/10.31819/9783865278708-003.

Vaquero de Ramírez, María. 1996. *El español de América I. Pronunciación*. Madrid: Arco/Libros.

Vásquez Carranza, Luz Marina. 2007. «On the phonetic realization and distribution of Costa Rican rhotics». *Revista de Filología y Lingüística de la Universidad de Costa Rica* 32 (2): 291–309. https://doi.org/10.15517/rfl.v32i2.4299.

Willis, Erik W. 2007. «An Acoustic Study of the 'Pre-Aspirated Trill' in Narrative Cibaeño Dominican Spanish». *Journal of the International Phonetic Association* 37 (1): 33–49. https://doi.org/10.1017/S0025100306002799.

Williamson, Rodney. 1986. *El habla de Tabasco. Estudio lingüístico*. México, D. F.: El Colegio de México.

Zamora Munné, Juan Clemente y Jorge M. Guitart. 1982. *Dialectología hispanoamericana. Teoría, descripción, historia*. Salamanca: Almar.

23 DESCRIPCIÓN FONOLÓGICA DE LAS CONSONANTES RÓTICAS

Rafael A. Núñez Cedeño

23.1 Estatus fonológico de las consonantes róticas: Teoría de la Rótica Dual y Teoría de la Rótica Unitaria

La lengua española posee dos consonantes róticas contrastivas: la rótica simple [ɾ] y la rótica múltiple [r], que se oponen en posición intervocálica en interior de palabra, como lo ejemplifican los pares mínimos [→ § 1.17] *caro* [ˈkaɾo] ~ *carro* [ˈkaro] y *amaras* [aˈmaras] ~ *amarras* [aˈmaras]. Aun cuando este tipo de pares mínimos no abunda en el citado contexto (Willis y Bradley 2008), el hecho de que existan sitúa a la lengua española entre el reducido 18 % de las lenguas del mundo que distinguen significativamente los dos sonidos, oponiéndolos (Maddieson 1984) [→ capítulo 21]. En los demás contextos fonológicos, estos segmentos jamás contrastan, ya sea porque se excluyen mutuamente al inicio de palabra y tras ciertos segmentos, ya sea porque se neutralizan [→ § 1.17.4] en función del estilo de habla, como se constatará en el próximo apartado.

Con respecto a las róticas, el mayor reto al que se ha enfrentado la fonología hispánica ha sido determinar su carácter fonológico. El establecimiento de tal estatus se ha abordado desde dos posiciones teóricas opuestas: la de los que opinan que existen dos fonemas distintos, /ɾ/ y /r/, a la que se denominará 'Teoría de la Rótica Dual', y la de los que arguyen que solo existe uno, cuya distribución puede predecir cuándo se va a crear oposición distintiva o cuándo se neutraliza en un alófono rótico dado. A esta última se la conoce como 'Teoría de la Rótica Unitaria'.

Por lo que se refiere a la perspectiva dual que se acaba de esbozar, fueron los estructuralistas [→ § 1.17] los que inicialmente establecieron la dicotomía que se manifiesta en la Teoría de la Rótica Dual. Un antiguo principio general de la lingüística postula que en una lengua se descubren fonemas si al sustituir un fono por otro en cualquier contexto fonológico se producen significados diferentes [→ § 1.17.1], como bien reconoce Blecua Falgueras (2001) en su tesis doctoral sobre las róticas. Puesto que estas consonantes suelen contrastar en contextos restringidos, la conclusión lógica es que, efectivamente, corresponden a dos fonemas diferentes, tesis que se expone en los trabajos de Alarcos ([1950] 1965), Gili Gaya ([1950] 1966), Alonso García ([1951] 1967), Navarro Tomás ([1918] 1974), Quilis (1981), D'Introno, del Teso y Weston (1995), Blecua Falgueras (2001) y, más recientemente, en los textos pedagógicos de Hammond (2001), Hualde (2005), Piñeros (2009) y Schwegler, Kempff y Ameal-Guerra ([1982] 2010), entre otros. No obstante, hay que destacar que, en el caso concreto de Hammond (2001), aunque acepta la Teoría de la Rótica Dual, había cuestionado en otro trabajo anterior (Hammond 1999) la existencia misma de /r/ para la generalidad dialectal panhispánica. A este respecto, cabe señalar que algunos fonólogos generativistas [→ § 1.18] también se adhieren a la Teoría de la Rótica Dual, ya sea planteándola desde una visión estándar (D'Introno, del Teso y Weston 1995), ya sea defendiéndola con base en el 'principio de sonicidad' o 'de sonancia' (Bonet y Mascaró 1997) [→ § 1.21.9, § 14.3.4, § 17.3.1]. Puesto que este último análisis se inscribe en los preceptos de la teoría no lineal [→ § 1.21], se presentará en el § 23.1.3.

23.1.1 Distribución de las róticas

Dado que el contraste entre las róticas solo tiene lugar entre vocales, la Teoría de la Rótica Dual se limita a reconocer, en su descripción, que en los demás contextos aparecerán uno u otro fonema o segmento fonológico, los cuales se manifiestan superficialmente de manera distinta a la fonológica, y son susceptibles de una rica variedad de pronunciaciones [→ capítulo 22], que resultan, no obstante, irrelevantes para determinar su carácter fonológico. Si se tiene esto en cuenta, las róticas fonológicas se realizan como se expone en (1) [→ § 21.1].

(1) a. Tanto /r/ como /ɾ/ contrastan en posición intervocálica: /miɾa/ [ˈmi.ɾa] *mira* frente a /mira/ [ˈmi.ra] *mirra*.

   b. Al principio de palabra y tras las coronales heterosilábicas /n l s/ solo aparece /r/: /#ropa/ [#ˈropa] *ropa*, /on.ra/ [ˈon.ra] *honra*, /al.rota/ [al.ˈroṱa] *alrota*, /israel/ [iṣ.ra.ˈel] *Israel*.

   c. Como segundo segmento tautosilábico de los ataques complejos que se inician con /p t k b d g f/ únicamente aparece /ɾ/: /konpɾa/ [ˈkom.pɾa] *compra*, /atɾaso/ [a.ˈtɾa.so] *atraso*, /kɾis.tal/ [kɾiṣ.ˈtal] *cristal*, /abɾe/ [a.ˈβɾe] *abre*, /dɾil/ [ˈdɾil] *dril*, /gɾasa/ [ˈgɾa.sa] *grasa*, /ko.fɾe/ [ˈko.fɾe] *cofre*.

   d. En la rima silábica [→ § 1.21.8] solo aparece /ɾ/, aunque puede manifestarse como [r], en habla enfática, o mediante otros fonos, dependiendo del dialecto de que se trate, como quedó dicho: /kaɾ.ta/ [ˈkaɾ.ṱa] *carta*, /kontaɾ/ [koṋˈṱaɾ] *contar*.

Si bien la Teoría de la Rótica Dual proporciona una excelente e incuestionable descripción de la distribución de las róticas, la que resulta ser problemática y debatible es la situación descrita en (1a), puesto que las róticas se definen como fonemas a partir de un contexto extremadamente circunscrito, el intervocálico, mientras que otros fonemas de la lengua gozan de una distribución contextual más amplia, como es el caso de /n l s/, por ejemplo, que contrastan en todos los entornos. La distinción que se ofrece en (1a) se anula en las formas recogidas del punto (1b) al punto (1d), causando así una neutralización. El estructuralismo dio cuenta muy tempranamente de esta pérdida de oposición fonológica en ciertos contextos al adoptar el concepto de 'archifonema' [→ § 1.17.4], el cual, en el caso concreto de las róticas, se representaría como /R/, de manera que *carta* y *contar* se transcriben como /kaRta/ y /kontaR/, respectivamente (Alarcos [1950] 1965, 49–51).

Precisamente ese contexto limitado de oposición distintiva que reconoce la Teoría de la Rótica Dual es el que ha dado pie a que muchos investigadores cuestionen y replanteen la hipótesis que esta teoría postula, lo que da lugar, de este modo, a que surja la nueva perspectiva que encarna la Teoría de la Rótica Unitaria, alternativa fundamentada, precisamente, en el análisis de tales contextos. Como se verá en el § 23.1.2, aunque en el marco de la Teoría de la Rótica Unitaria no existe consenso en cuanto a la representación fonológica de la rótica única, todas las propuestas coinciden en que la distribución de las dos róticas es el elemento esencial que pone en jaque a la Teoría de la Rótica Dual. No obstante este significativo reparo, en la teoría generativa estándar [→ § 1.18.1] existe también un modelo dual, que se presentará en el § 23.1.4. A fin de seguir un orden cronológico en la exposición de las diferentes hipótesis, se repasarán a continuación las alternativas a la Teoría de la Rótica Dual estructuralista, comenzando con la fonología generativa estándar, continuando con el modelo generativo dual y terminando con la Teoría de la Optimidad [→ § 1.22].

23.1.2 La rótica unitaria en la teoría generativa estándar: hipótesis de la rótica geminada

El primer acercamiento a la Teoría de la Rótica Unitaria se produce en la obra pionera de Harris, *Spanish Phonology* (1969). En este trabajo, Harris intenta en primer lugar determinar los rasgos fonéticos que definen a las róticas a partir de datos acústicos y articulatorios, para así establecer una distinción fónica entre ellas. Esencialmente, lo que propone es reproducir los argumentos distribucionales heredados del estructuralismo, según se han expuesto en el § 23.1.1. En sintonía con la caracterización de Navarro Tomás ([1918] 1974), quien postula que se requiere mucha más tensión muscular para producir [r] que [ɾ], en su primer estudio generativista Harris concluye que la primera se caracteriza por ser [+tensa], mientras que la segunda es [−tensa]. Ambos sonidos comparten, en cambio, los demás rasgos que se muestran en (2), donde no se ha incluido el rasgo [vocálico], heredado de la obra *The Sound Pattern of English* (Chomsky y Halle 1968) [→ § 1.19.5], puesto que su interpretación se presta a confusión al aplicarse hoy día exclusivamente a las vocales:

(2) | | r | ɾ |
|---|---|---|
| Consonántico | + | + |
| Sonante | + | + |
| Anterior | + | + |
| Coronal | + | + |
| Alto | – | – |
| Continuo | + | + |
| Tenso | + | – |
| Sonoro | + | + |
| Estridente | – | – |

Aun reconociendo que la asignación a estas róticas del rasgo [+continuo] es discutible, los rasgos acústico-articulatorios recogidos en (2) son los que van a desempeñar un papel determinante para caracterizar sus propiedades fonológicas cuando se introduzca la hipótesis unitaria a partir de la cual se van a predecir las variantes que surgen en los diversos contextos.

En efecto, si se tiene presente la distribución alofónica que se muestra en (1), y al observar, además, que la distinción significativa solo se produce en posición intervocálica, Harris (1969, 51–56) avanza, por vez primera en la bibliografía generativista, la propuesta relativa a la existencia de un fonema único, la rótica simple /ɾ/, a partir del cual es posible predecir las demás variantes mediante reglas fonológicas. Es decir, en el estudio citado se propone que la rótica no tensa /ɾ/ se transforma en la tensa [r], o bien al principio de palabra, como se muestra en la regla formal (3a), o tras las coronales /l n s/, como en (3b), regla en la que Harris caracteriza la /s/ con el rasgo [+distribuido] [→ § 1.19.5] propio del dialecto mexicano que él describe. En ambas reglas se emplean los símbolos de los fonemas, y se sobreentiende que contienen los rasgos fonológicos expuestos en (2) [→ § 1.18.3].

$$(3) \quad /ɾ/ \rightarrow [r] \, / \left\{ \begin{array}{l} \# \\ [\text{+cor}] \\ [\text{+distr}] \end{array} \right\} \underline{\qquad} \quad \begin{array}{l} \text{(a)} \\ \\ \text{(b)} \end{array}$$

Se sugiere, pues, que la distinción entre las róticas en posición intervocálica se basa fonológicamente en que a la múltiple [r] la subyace la secuencia /ɾɾ/, mientras que la simple se corresponde únicamente con una /ɾ/. Es decir, la palabra *perro* a nivel subyacente se representa como /peɾɾo/, mientras que *pero* aparece como /peɾo/. Para explicar que las róticas simples subyacentes del primer ejemplo surjan como [r] en el nivel fonético, se postula la aplicación de la regla (4), que convierte la secuencia /ɾɾ/ en [r] fonética (Harris 1969, 55).

(4) /ɾɾ/ → [r]

Existen dos fenómenos principales que avalan la Teoría de la Rótica Unitaria: la formación del futuro y del condicional de ciertos verbos, y el comportamiento asimétrico del plural en los elementos no verbales que terminan en vocal seguida de consonante (Harris 1969, 50–51). El primero tiene que ver esencialmente con los verbos del tipo *querer* y *hablar*. Harris observa que ambos se derivan de modo diferente. En el caso del verbo *querer*, el futuro se forma añadiendo el morfema correspondiente a la raíz que termina en /ɾ/, de manera que se produce una secuencia de róticas simples: /keɾ + ɾe/ *querré*, mientras que, para derivar el futuro de *hablar,* se agrega el morfema directamente al tema sin /ɾ/: /abla + ɾe/. Aunque en la citada obra no se profundiza en el hecho de que se están proponiendo dos formas diferentes de derivar el futuro, tal incongruencia se resuelve con posterioridad al sugerirse que el morfema de futuro se añade igualmente a la raíz de *querer* sin rótica final /keɾe + ɾe/, y que una regla subsiguiente elimina la vocal final de la base solo en este tipo de verbo, que se identifica en el léxico mediante un diacrítico que le es propio (Harris 1983, 69). De acuerdo con la Teoría de la Rótica Unitaria, es importante notar que la forma *querré* se distingue de *hablaré* por que la primera tiene una secuencia de róticas simples en su representación fonológica, mientras que la segunda únicamente contiene una rótica simple.

El segundo argumento a favor de la Teoría de la Rótica Unitaria viene dado por el modo en el que se analiza el plural de las palabras que terminan en /e/ seguida de consonante. Las alternancias entre singular y plural (*red ~ redes, pan ~ panes* y *amor ~ amores*) sugieren que /-s/ es el morfema de plural y que el singular termina en una vocal subyacente; esto es, que las formas fonológicas de *red* o *amor* serían /rede/ y /amoɾe/ respectivamente, y una regla posterior se encargaría de elidir la vocal en el singular cuando le antecede una consonante coronal precedida, a su vez, por una vocal. La hipótesis que se refiere a esta /e/ del singular y que además se aplica a otras palabras que terminan con otras vocales se habrá de modificar al surgir la Teoría No Lineal (también conocida como Modelo Autosegmental [→ § 1.21.2]), en la cual se parte de una plantilla que representa la sucesión temporal de vocales y consonantes en el decurso y en la que se inscribe la melodía correspondiente; la representación de *amor* es /amoɾV/ (Harris 1980). Sin embargo, en las alternancias *carne ~ carnes, grande ~ grandes,* la /e/ no se elimina al ir precedida por más de una consonante. Así pues, la alternancia *torre ~ torres* también sugiere que a la /e/ le debe de preceder más de una consonante, la secuencia /ɾɾ/.

Con la obra pionera de Harris (1969) se inicia en la teoría generativista la polémica sobre la determinación de la naturaleza fonémica de las róticas, y se plantea la hipótesis de que solo existe una rótica, mientras que las demás se derivan mediante reglas. En Harris (1983) se lleva a cabo un análisis diferente, que se basa tanto en los preceptos de la teoría autosegmental como en la reintroducción de la estructura de la sílaba en el modelo, reconocida como una entidad prosódica necesaria en la fonología, pese a que Chomsky y Halle (1968) la habían abandonado [→ § 1.21.7].

23.1.3 La Teoría de la Rótica Unitaria: la rótica geminada en la teoría generativa no lineal

Como se acaba de explicar, Harris (1983) desarrolla la Teoría de la Rótica Unitaria reinterpretándola con base en la estructura silábica, desde una dimensión no lineal. Apela a dos dominios principales: el del contexto léxico y el de los constituyentes intrasilábicos, en particular, el ataque y la rima [→ § 1.21.8, § 24.4.2]. Es decir, los fonos del fonema /ɾ/ al principio de palabra se derivan del mismo modo que en el modelo anterior, mediante una regla que transforma la rótica simple en múltiple. Las demás variantes alofónicas se deducen de su posición en la sílaba: o bien se encuentran en el ataque tras consonante, en cuyo caso surge [r], o bien se hallan en la rima, en donde aparecerá [ɾ] o, en ocasiones, [r].

Ahora bien, en posición intervocálica se sigue postulando una secuencia de róticas subyacentes frente a una sola rótica, como ya se ha descrito en el § 23.1.2. Sin embargo, el análisis toma un nuevo giro al asignar la secuencia de róticas, ahora denominada 'rótica geminada', a los constituyentes silábicos. De esta manera, una de las róticas se distribuye como elemento constitutivo de la rima, y la otra, como parte del ataque, según se muestra en (5) con el ejemplo de la palabra *perro,* en el que σ se refiere al nodo silábico, A al ataque y R a la rima silábica (Harris 1983, 68).

```
(5)      σ      σ
        /\    /\
        A R   A R
        | /\  | |
        pe ɾ ɾ o
```

La representación de (5) pone de manifiesto que los segmentos individuales del grupo rótico geminado en el nivel fonológico se distribuyen heterosilábicamente [→ § 1.21.8]. Ahora interesa determinar cómo resulta dicha secuencia en el nivel fonético. Bien se pudiera apelar a la regla (4), pero lo cierto es que se introdujo sin motivación fonética alguna. Simplemente se estipuló. En cambio, con la nueva reformulación expuesta en (5) se observa que en la fonotaxis la secuencia [ɾ # r] no se distingue de [V # r] en el nivel fonético, puesto que ambas se pronuncian como [r] y no como *[ɾr]. Esto obedece al principio fonético del español según el cual las vibraciones de una consonante rótica simple agrupada con una múltiple no se ven consiguientemente incrementadas. Por ejemplo, en la pronunciación habitual de las secuencias /saliɾ# rapido/ *salir rápido* y /sali # rapido/ *salí rápido,* las róticas se pronuncian de igual manera: [sa'li # ˈrapiðo], aunque Hualde (2004) explica que la diferente duración de ambas también se puede preservar fonéticamente. En términos formales, se propone la regla (6), que desencadena la presencia de la rótica [r] (Harris 1983, 63).

(6)   /ɾ/ → Ø / __ r

Puesto que (6) se aplica en el sintagma fonológico, se presume que debe ser una regla de aplicación posléxica [→ § 1.18.6].

La representación de la rótica geminada de (5) no solo se fundamenta en los argumentos y datos ya mencionados, sino que también se ve apoyada por más datos que el mismo Harris aporta (1983), y por los que introducen, posteriormente, Núñez Cedeño (1994), Harris (2002) y Guitart (2004).

Un primer efecto que produce (6) guarda relación con la posición del acento. Como se describe en el § 26.3 de la presente obra, la colocación del acento en español en nombres, adjetivos y adverbios parece ser, en general, bastante predecible. Si la palabra termina en vocal, el acento recae en la penúltima sílaba y, si termina en consonante, en la última. Lo que conviene destacar de ese capítulo es el argumento que atañe a las formas cuyas últimas sílabas están trabadas por consonantes o conllevan diptongos, en cuyos casos el acento recaerá en dichas sílabas. Así, por lo que respecta a la acentuación, [perˈfek.t̪o] *perfecto,* [aˈβis.pa] *avispa* y [d̪inoˈsau̯ri̯o] *dinosaurio* están bien formadas, mientras que *[ˈperfek.t̪o], *[ˈaβis.pa] y *[d̪iˈnosau̯.ri̯o] no lo están, porque el acento se desplaza a la posición antepenúltima aunque la penúltima sílaba termina en consonante o contiene un diptongo. Esta restricción explica, también, por qué casi no aparecen palabras mal formadas del tipo *[ˈt͡ʃamara] *chamarra* o *[ˈsiɣaro] *cigarro* con acentuación antepenúltima, sino vocablos bien formados como [t͡ʃaˈmara] y [siˈɣaro]. La razón es que este último tipo de palabra tiene una rótica geminada subyacente. Por ejemplo, *cigarro* se representa /si.gar.ro/, con la penúltima sílaba trabada, lo que impide, en consecuencia, que el acento se pueda desplazar a la antepenúltima. Si se piensa, por el contrario, que el fonema /r/ encabeza la última sílaba, no se explica por qué no aparecen formas con acentuación proparoxítona en la mayor parte de estos casos. Sobre la cuestión de la acentuación proparoxítona cuando la penúltima sílaba contiene consonante en su rima o diptongo y los debates que ha generado, puede consultarse el § 26.2.

Un segundo efecto de la rótica geminada que aparece en la representación de (5) se pone de manifiesto en la preaspiración —ya vista en el § 21.2.3; véase también el § 23.1.6— y en la ultracorrección con /s/ que se documentan en español dominicano (Núñez Cedeño 1988, 1989, 1994; asimismo, en Harris 2002). En los citados trabajos se arguye que las representaciones melódicas de una rótica simple y de una múltiple exigen, respectivamente, que la primera esté anclada en un esqueleto prosódico [→ § 1.21.3] representado por una C, como en (7a), y que la segunda esté asociada a un esqueleto con dos C, como en (7b). Semejante asociación viene regulada por el Principio del Contorno Obligatorio [→ § 1.21.4], que prohíbe las secuencias de segmentos melódicos idénticos, como se aprecia en (7c):

```
(7)   a.     b.      c.

      C     C C    *C C
      |      \ /     | |
      ɾ       r      ɾ ɾ
```

Es decir, la representación de (5) se ajusta a los requisitos de (7b). Si existe una representación heterosilábica de la rótica geminada, no resulta extraño que en español dominicano se registren las formas fonéticas [pisaɦ.ra], [baɦ.ri̯o] y [buɦ.ro], entre otras, provenientes de /pisarra/, *pizarra* /barrio/ *barrio* y /burro/ *burro*. A partir de esta secuencia subyacente de róticas, una regla de aspiración de la rótica simple en final de sílaba tendría como efecto que la primera fase de /ɾ.r/ se aspirara, sin que se contraviniera la Condición de Aplicabilidad Uniforme (CAU) [→ § 1.21.4], que prescribe que no se puede alterar una parte de una geminada sin modificar la otra. La hipótesis referida a la inalterabilidad de las geminadas no se quebranta, por tanto, si la rótica geminada en cuestión posee una representación heterosilábica, y si, como en efecto ocurre, se altera la geminada de modo que produzca la secuencia fonética [ɦr], ello es consecuencia inevitable de principios fonéticos universales (Núñez Cedeño 1994). Dicho de otro modo, se espera que el aparato fonador humano, ajustándose a principios universales, actúe siguiendo las instrucciones necesarias para producir una rótica preaspirada cuya duración se distribuya en dos unidades de tiempo, representadas fonológicamente en (7b).

La /s/ que aparece como resultado de una ultracorrección en el habla popular dominicana constituye una tercera consecuencia de la representación propuesta en (5). En dicha variedad dialectal, la /s/ final de sílaba tiende no solo a convertirse en aspirada, sino a desaparecer por completo, fenómeno que goza de un venerable historial en la bibliografía dialectológica y que se aborda en el § 16.3.3. Así, la palabra *estúpido* se pronuncia [eˈt̪upid̪o]. En su intento por sonar bien educados, o hablar *fisno,* algunos hablantes insertan una /s/ y la colocan en un lugar inadecuado. Por consiguiente, dirían tanto [eˈt̪uspid̪o] como [eˈt̪upisd̪o] o, incluso, [eˈt̪upid̪os], pero con sentido singular en este último caso. Ya en trabajos anteriores (Núñez Cedeño 1988, 1989, 1994) se había introducido la idea de que esa epéntesis obedecía las restricciones de la lengua, especialmente en lo que atañe a no crear estructuras que no hayan sido generadas por sus reglas fonológicas y a no alterar la CAU. Además, la epéntesis respetaba la Condición de No Cruce de Líneas [→ § 1.21.4] de la Fonología Autosegmental, que prohíbe el entrecruzamiento de las líneas asociadas a segmentos, de suerte que la representación de (8) es totalmente ilícita.

(8) Condición de No Cruce de Líneas

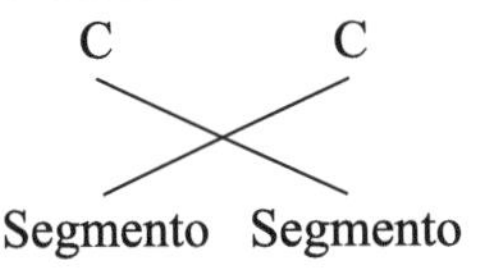

La rótica múltiple respeta la Condición de No Cruce de Líneas, ya que /s/ no se puede insertar en la sílaba precedente. Es decir, un hablante puede ultracorregir la palabra *carreta* diciendo *carresta,* pero jamás *casrreta*. Con la Teoría de la Rótica Dual esta última forma es factible porque, si se supone la representación /kareta/, la inserción de /s/ debería producir *[kaş'reta], lo cual no ocurre. Con la Teoría de la Rótica Unitaria y su representación de (5), en cambio, se explican las tres restricciones (véase Harris 1995, 97), que aparecen adaptadas en (9).

(9)   a.   b.   c.

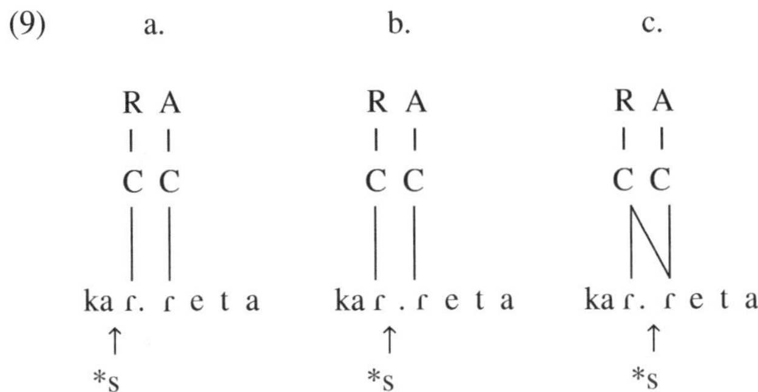

La representación de (9a) está mal formada, ya sea porque la /s/ se inserta indebidamente al no encontrarse en final de sílaba (sobre el dominio de inserción, véase Bullock y Toribio 2010; Bullock, Toribio y Amengual 2014; Núñez Cedeño, Badiola y Sande 2020, 2021), ya sea porque *sr no es una coda permisible en español, además de que se no se respeta el Principio de Secuencia de Sonancia o Sonicidad [→ § 1.21.10, § 32.1.5] para la coda, que, tratándose de estos dos segmentos en particular, requeriría el orden *rs,* como en *pers.pectiva*. En el caso de (9b) se infringe la CAU y, en (9c), se quebranta la Condición de No Cruce de Líneas.

Un último argumento a favor de la existencia de una rótica geminada lo ofrece un juego de tipo lingüístico en el que se hacen trastrueques de sílabas. En este juego, por ejemplo, *casa* y *gato* se dicen, respectivamente, *saca* y *toga* (Harris 1995, 98). Cuando intervienen las róticas, el cambio toma un giro interesante. Si la rótica simple aparece en la coda, cuando cambia de posición se realiza fonéticamente del mismo modo: *pa*[ɾ]*che* se convierte en *chepa*[ɾ]. Cuando la rótica simple es intervocálica, se refuerza al trasladarse al principio de palabra, así que *mo*[ɾ]*a* produce [r]*amo* y, al contrario, [r]*osa* da *sa*[ɾ]*o*. Ambas inversiones sugieren que el fonema /ɾ/ subyace tanto en [ɾ] como [r], lo que parece apoyar la Teoría de la Rótica Unitaria.

Más sorprendente es lo que le ocurre, al aplicarse las reglas del juego, a la rótica múltiple intervocálica. Cuando se mueve de este contexto, se divide, de suerte que en posición inicial de palabra aparece la rótica múltiple y, al final de palabra, la simple: *pe*[r]*o perro* se convierte en [r]*ope*[ɾ]. Si esta trasposición se produjera de modo general en varios dialectos durante el trascurso del juego, ello vendría a corroborar la Teoría de la Rótica Unitaria y el refuerzo de la rótica simple en inicio de palabra y, asimismo, sugeriría que la representación de (7b) es factible teóricamente, puesto que la rótica múltiple se reparte entre dos sílabas diferentes. Lipski (1990) avanzó otra hipótesis, que consiste en asociar la melodía de la rótica múltiple con una plantilla prosódica [→ § 1.21.3] de una o dos consonantes. Los argumentos de esta hipótesis se aplican con igual fuerza a otra posterior que propuso Harris (2002), pero difieren, en cambio, de los de Harris en cuanto a la naturaleza de la regla que genera la rótica múltiple y su representación fonológica.

En primer lugar, la rótica múltiple en el ataque está asociada a una plantilla prosódica subyacente que contiene una C preasociada a /ɾ/. Posteriormente, se inserta en el esqueleto otro elemento C que recibe, por asociación, los rasgos de la rótica simple preexistente, con lo que se crea de ese modo una especie de geminada, según se ve en (10a). En el habla enfática, cuando se produce [r] en la coda, se presumen dos plantillas de C: una, que contiene la melodía /ɾ/, y otra, que está vacía y que se rellena entonces, supuestamente, con la melodía de la rótica simple, como se aprecia en (10b), con lo que nuevamente se produce una geminada. Por lo que se refiere a la rótica múltiple intervocálica, /r/ viene ya previamente especificada en el nivel subyacente con una plantilla de dos C, como se ilustra en (10c). Finalmente, a cada una de las representaciones previas se les aplica la regla (10d), que se encarga de transformar en [r] toda estructura que presente dos C vinculadas.

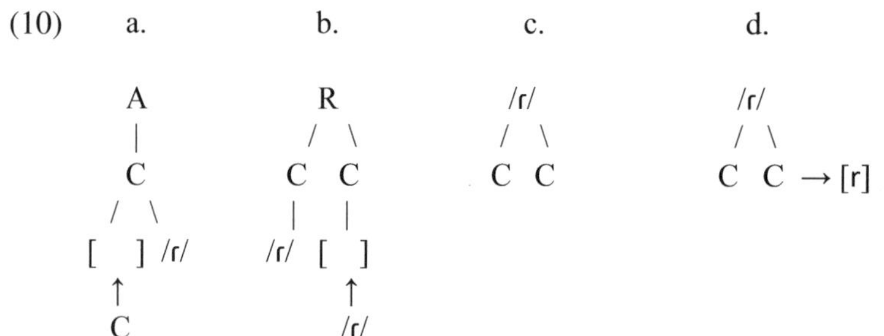

Si se acepta la interpretación de Lipski, según ha quedado expuesta anteriormente, se supone que el tratamiento autosegmental presentado en (10) explica todos los casos que se han analizado y supera en poder predictivo a sus antecesores. La versión (10a) se ve parcial e indirectamente apoyada por el proceso dialectal que sustituye la primera fase de la rótica múltiple en interior de palabra por una oclusiva. Según Lipski, algunos hablantes insertan /d/ en los ataques constituidos por [r], de manera que *Enrique* y *querrá* se realizan respectivamente [eɲ.ˈd̪ɾike] y [ke.ˈð̞ɾa]. Dado que este proceso aparentemente no se documenta en posición inicial de palabra, el argumento de la inserción de /d/ no parece contar con un apoyo muy fuerte. La representación de (10b) refleja la pronunciación reforzada de la rótica en la rima, proceso de naturaleza estilística, particularmente propio del habla enfática. La representación de (10c), por su parte, se ve corroborada por la aspiración, si bien no da cuenta de la inserción de /s/ que se produce por ultracorrección ni de la evidente ausencia de acentuación proparoxítona cuando la penúltima sílaba va encabezada por una rótica múltiple. Para explicar este hecho, Lipski (1990, 168) no recurre a pruebas, sino a argumentos de índole diacrónica, de difícil comprobación. Finalmente, la representación de (10d) no constituye estrictamente una regla de naturaleza fonética, como se supone en el modelo de Harris, sino que las dos C deben interpretarse mediante la Restricción sobre las Asociaciones (Hayes 1986) [→ § 1.21.4]. Con esta condición se espera que las líneas asociadas con sus respectivas estructuras internas, las C en este caso, se interpreten en el nivel fonético de modo exhaustivo, es decir, en concreto, que se correspondan en la superficie con la duración de una rótica múltiple.

Llegados a este punto, conviene determinar si esta alternativa resulta más ventajosa que su predecesora. En primer lugar, para evaluarlas se tendría que sopesar el grado de complejidad que ambas conllevan y el coste de los mecanismos empleados para dar cuenta de los hechos. El modelo de plantilla presentado en (10) resulta adecuado para explicar correctamente la rótica múltiple en posición de ataque, pero falla cuando esta se encuentra al principio de palabra, aun cuando se trata del mismo contexto de ataque silábico. Posee a su favor, en cambio, la ventaja de que requiere una sola regla, en contraposición a las dos de las que hace uso el modelo de Harris. Si se eliminan las reglas de refuerzo de la coda, al estar prescritas por cuestiones de estilo y, por consiguiente, sin que ello tenga una importancia significativa, se produce un virtual empate entre ambos modelos con respecto a su naturaleza más o menos económica [→ § 1.18.1]. Teóricamente, el modelo de Harris se sitúa en un nivel predictivo superior, al no dejar lagunas descriptivas; por ejemplo, describe y predice con mayor alcance lo que ocurriría en el ataque con el que se iniciara una palabra.

23.1.4 La Teoría de la Rótica Dual en la teoría generativa estándar

Poco después de que se articularan las hipótesis que fundamentan la Teoría de la Rótica Unitaria, surge un modelo dual posterior, aunque inscrito fundamentalmente en la teoría generativa estándar. D'Introno, del Teso y Weston (1995, 292–302) formulan su Teoría de la Rótica Dual basándose principalmente en la distribución de las róticas en castellano culto, según se presentan en (1). La idea es que existen dos fonemas, /r/ y /ɾ/, a cuyas realizaciones físicas se llega mediante tres reglas fonológicas. Las realizaciones de [ɾ] y [r], en contextos que no sean interior de palabra entre vocales —en los que claramente son contrastivas y corresponden a dos fonemas distintos: *pero/perro*— se derivan de las siguientes formas subyacentes: [ɾ] siempre de /ɾ/, pero [r] en algunos casos de /r/ y en otros de /ɾ/. A principio de palabra y después de consonante coronal, aparecerá la /r/, cuya manifestación alofónica se genera mediante una regla de aplicación contextual libre, que produce [r]. En los demás casos, al final de sílaba, los alófonos [r] y [ɾ], ambos de carácter facultativo, provienen de un solo fonema /ɾ/.

En la teoría generativa estándar La Teoría de la Rótica Dual es bastante limitada en su alcance y, de hecho, poco productiva, pues solo propone un único fonema no contrastivo en posición final de sílaba, mientras que, en los demás casos, se ajusta a la descripción de los hechos sin predecirlos. No obstante, posibilita la formulación de una alternativa dual, igualmente extensible, por consiguiente, a la Teoría de la Rótica Dual que se aborda en el siguiente apartado.

23.1.5 La Teoría de la Rótica Dual en la teoría generativa no lineal

Si bien durante muchos años la Teoría de la Rótica Unitaria con /r/ geminada se mantuvo como la explicación dominante en el marco de la teoría generativa no lineal, la Teoría de la Rótica Dual, que se acaba de presentar en el § 23.1.4, y la propuesta de Bonet y Mascaró (1997), que se expone a continuación, suponen el retorno a posiciones anteriores en la medida en que se postulan nuevamente dos consonantes róticas, que se distinguen mediante la presencia del rasgo [+f] en el léxico, rasgo correspondiente al sonido del inglés denominado *flap,* en cierta medida similar a una rótica simple.

En el estudio de Bonet y Mascaró, cuyas conclusiones se hacen extensivas tanto a las róticas del portugués como a las del catalán, se proponen dos fonemas róticos. Por una parte, un fonema que representa la rótica simple, cuya representación fonológica viene marcada con el rasgo [+f] y que, convencionalmente, se representa como /R^{+f}/. El fonema múltiple, en cambio, no viene marcado con el rasgo [+f], sino que adquiere su valor en el nivel fonético en función de una versión ligeramente modificada de la Escala de Sonancia o de Sonicidad [→ § 1.21.9] postulada por Clements (1990) y recogida en (11).

(11)   0   1   2   3   4
     obstruyentes nasales laterales paravocales   vocales

     rótica múltiple   rótica simple

La modificación estriba en el hecho de que la rótica múltiple ocupa el mismo nivel de sonicidad mínima que las obstruyentes, mientras que la simple presenta mayor grado de sonancia; tales valores se oponen a los originalmente propuestos por Clements, en cuya escala las róticas aparecen mucho más cerca de las paravocales y de las vocales que de las obstruyentes. La propuesta de Bonet y Mascaró se justifica por el hecho de que la múltiple se comporta como una obstruyente. solo aparece en el ataque silábico y no puede darse como segundo elemento de un ataque. En tal posición se encuentra únicamente la rótica simple, lo que sugiere que esta debe poseer un grado más elevado de sonancia. El nivel de sonicidad condiciona la estructura de la sílaba, determinada por el denominado 'Principio de Dispersión' [→ § 1.21.10]. Este principio estipula que una sílaba consta de dos semisílabas [→ § 1.21.8]: una inicial, en la que se maximiza la distancia o dispersión de sonancia entre los segmentos que la componen, y otra final, en la que se muestra el efecto contrario (Bonet y Mascaró 1997, 108–9). En otras palabras, un grupo que se inicie con obstruyente + líquida —como, por ejemplo, /pl/ en *playa*— forma una mejor semisílaba inicial a causa de la mayor dispersión existente entre /p/ y /l/ que uno que comience con obstruyente + nasal —por ejemplo, la secuencia inicial /pn/, cuya dispersión es mínima—. En la semisílaba final sucede justamente lo contrario: /anp/ es mejor semisílaba que /alp/, puesto que esta última contiene segmentos consonánticos mucho más cercanos entre sí en la Escala de Sonancia.

Con respecto a la dispersión de las róticas, la única que habrá de aparecer al principio de palabra y después de consonante coronal es la múltiple porque, al igual que sucede con las obstruyentes, la transición que se produce desde su articulación hasta la vocal siguiente es bastante reducida. Por tal motivo, en palabras como, por ejemplo, *ruta* y *ritual,* se prefiere [r] en lugar de [ɾ].

La escala presentada en (11) actúa en relación con la estructura silábica: así como las obstruyentes pueden aparecer en el ataque de una sílaba, la rótica múltiple también se da en el ataque silábico al principio de palabra y después de consonante coronal heterosilábica. Este contexto no contrastivo es enteramente predecible y, por lo tanto, se presume que la rótica que aparezca en esa posición debe ser no marcada.

Cuando se compara el comportamiento de ambas róticas en relación con la Escala de Sonancia reproducida en (11), se entiende el motivo por el cual en palabras como *trama* es mucho más factible encontrar la secuencia [t̪ɾ] que la secuencia *[t̺ɾ]: la dispersión es mucho mayor en la primera que en la segunda. La Escala de Sonancia permite, pues, predecir que, en un grupo como [t̺ɾ], solo se realizará la rótica marcada, mientras que en el ataque se produce la no marcada que, finalmente, adquiere la especificación [–f].

Como se ha señalado, las dos róticas intervocálicas son contrastivas; ambas pueden aparecer en posición de ataque: por ejemplo, *mira* se silabea ['mi.ɾa], y *mirra*, ['mi.ra]. En el sistema bipartito de Bonet y Mascaró la distintividad se explica con relación a lo que estos autores denominan 'complejidad de contacto', un principio que modifica el que propone Clements (1990). Este principio podría explicarse sucintamente del siguiente modo: una mala sílaba interna en contacto con un segmento heterosilábico precedente será aquella que aumenta la complejidad total de su semisílaba, mientras que una buena sílaba interna en contacto con una vocal heterosilábica la disminuye. De este modo, una secuencia V.ɾV, como la de *mira*, se ajusta a este último prerrequisito porque tiene un valor de complejidad 3 ya asignado y porque también está en contacto con una vocal precedente, que constituye un buen contexto de contacto silábico; en cambio, la secuencia l.ɾV, que se daría en una hipotética *ol.ra*, resulta mala porque posee un valor de complejidad 5 y porque la rótica está precedida de consonante, lo que constituye un mal contacto silábico. Cabría preguntarse, entonces, por casos como *mirra*, con una rótica múltiple en el ataque. La solución al problema reside en que todo segmento en contacto cuyo valor de complejidad sea menor o igual a 3 no añade ni reduce complejidad. Por lo tanto, /ɾ⁺ᶠ/ y /r/ son igualmente aceptables en posición intervocálica, pero se distinguen por el rasgo subyacente asignado a la primera y el de [–f] que adquiere la segunda en su manifestación fonética.

La viabilidad de la propuesta bipartita de dos róticas subyacentes en la teoría generativa contemporánea descansa principalmente en la distribución de las róticas, según se ha esbozado anteriormente. Sin embargo, si la propuesta de Bonet y Mascaró (1997) —así como también la de D'Introno, del Teso y Weston (1995)— se contrasta con los datos del español general y de otros dialectos hispánicos, su fundamentación queda en entredicho (Harris 2002).

En efecto, en lo que atañe al español general, en el modelo de Bonet y Mascaró, en el que el contexto intervocálico se define de modo que uno de los segmentos puede ser una paravocal, se sugiere que una secuencia de paravocal.rV, que tendría una complejidad de –2, es mucho más preferible que una secuencia paravocal.ɾV, con un valor de complejidad 4, lo que la hace inaceptable. Sin embargo, algunas combinaciones son posibles y otras no lo son, hecho que no se puede predecir con la mencionada hipótesis. Por ejemplo, si bien es cierto que existe la palabra *carruaje* [ka.ˈr̺u̯axe], también existe *Noruega* [no.ˈr̺u̯eɣa], que, por su extrema complejidad, no debería darse en español. De un modo análogo, se predice tanto *aura* [ˈau̯.ɾa] como la inexistente *au.rra* [ˈau̯.ra].

Otra dificultad que plantea la hipótesis tiene que ver con la relación entre las obstruyentes y las róticas, a las cuales se asigna el mismo valor de sonicidad. Así pues, las secuencias paravocal.obstruyenteV —como en *naipe* [ˈnai̯.pe] y *causa* [ˈkau̯.sa]— son perfectamente legítimas; no obstante, igualmente legítima debería ser una posible secuencia *paravocal. rV que, según ya se ha señalado, no se produce de modo general en el dominio hispánico, aunque sí en la variedad peninsular (Hualde 2004).

La hipótesis de las dos róticas también presenta problemas a la hora de justificar y predecir la marcadez [→ § 1.18.8] de la simple frente a la múltiple. La preponderancia, en número de casos, de la primera con respecto a la segunda, que aparece mucho menos frecuentemente en posición intervocálica, lleva a esperar que la simple sea la consonante no marcada, predicción que no puede incorporar la hipótesis dual.

Esta hipótesis tampoco logra predecir el paradigma de la formación del futuro y del condicional, mencionado en el § 23.1.2: la representación de *querré,* por ejemplo, debería ser /keɾ⁺ᶠr⁺ᶠe/ y, ante tal secuencia de róticas subyacentes no marcadas, no es posible determinar qué elemento fonético surgiría. En esa situación, también cabría recordar la asimetría morfológica que se produce al formarse el plural, señalada en el § 23.1.2. El hecho de que exista un vacío con respecto a [r] en la forma plural, *torres,* puesto que no existe un singular *to[r], plantea un problema que no resuelve la hipótesis dual.

Por último, la hipótesis dual presenta las mismas limitaciones que la explicación estructuralista para dar cuenta de la inserción de /s/ en español dominicano en los casos de ultracorrección (véase el § 23.1.3). Asimismo, otro obstáculo evidente que debe superar se refiere a los resultados del juego lingüístico consistente en el trastrueque de sílabas (véase el § 23.1.3): puesto que en posición intervocálica la hipótesis requiere que se postule un único fonema rótico, el no marcado /ɾ/, queda por explicar el motivo por el cual aparecen en el juego dos róticas distribuidas en sílabas diferentes.

23.1.6 La Teoría de la Rótica Dual en la Teoría de la Optimidad

Si bien la teoría no lineal no consiguió un mayor poder predictivo u observacional al retomar la Teoría de la Rótica Dual propia de los albores del estructuralismo, en los últimos años la misma Teoría de la Rótica Dual se ha introducido de nuevo, pero esta vez basándola en los principios teóricos que aporta la Teoría de la Optimidad estándar —abreviada como 'Top'— [→ § 1.22], interpretada en particular a partir de la concepción de la Teoría de la Dispersión que postula Bradley (2006) —a la cual se hará referencia como 'Top-TD'— y a partir de la concepción enmarcada en la Top estándar que propone Colina (2009), aparentemente unitaria, pero que, en el fondo, se debe ubicar bajo la Teoría de la Rótica Dual.

En el enfoque Top-TD se sugiere reanalizar la mayor parte de los datos de que se ha dado cuenta hasta ahora a partir de la presunción de que en realidad existen dos róticas distintivas a nivel fonológico, cuyas manifestaciones fonéticas son controladas por las consabidas correspondencias entre los aductos (en inglés, *inputs*) y los eductos (en inglés, *outputs*) y por las restricciones de marcadez. Contrariamente a la Top estándar, en la que la correspondencia entre el aducto y el educto se evalúa de manera aislada, y en donde se evalúan como eductos palabras simples, la Top-TD evalúa todo el sistema de contrastes en el que se inscriben dichas formas. A tal efecto, se vale de una restricción de marcadez sistémica que tiende a maximizar la distinción perceptiva entre las formas contrastivas, como la que se da entre *pero* y *perro,* según se expresa en (12a). Además de existir este tipo de restricción sistémica [→ § 1.22.5], también se proponen restricciones no sistémicas de fidelidad y marcadez [→ § 1.22.4], como las que se presentan de (12b) a (12e).

(12)   a. Espacio$_{\text{DUR}}$
Los pares mínimos posibles que se diferencian debido a la duración de las róticas difieren entre sí, al menos, como lo hacen las róticas en posición intervocálica.
b. Ident$_{\text{DUR}}$
Existe correspondencia entre el aducto y el educto de las róticas, que tienen idéntica duración.
c. σ[rot
La rótica en sílaba inicial debe ser [r].
d. *r
e. *ɾ

La restricción sistémica Espacio$_{\text{DUR}}$ (12a) requiere que el contraste entre la rótica simple y la múltiple sea al menos tan distintivo perceptivamente como el contraste que se da entre las róticas cuando van entre vocales. Con Ident$_{\text{DUR}}$ (12b) se establece la identidad entre los aductos y los eductos de las róticas en lo que atañe a su duración. La (12c) requiere que toda rótica que inicie sílaba sea la múltiple, mientras que las presentadas en (12d) y (12e) se refieren al costo que implica articular esos dos tipos de róticas.

Con la excepción de (12c), específica de la lengua española, el resto de la batería de restricciones disponibles es de carácter universal, y el candidato óptimo surge refrendado por el Evaluador que se postula en esta teoría [→ § 1.22.3], cuya misión consiste en escoger un candidato que un conjunto de restricciones ordenadas evalúa. Como la gramática de la Top clásica contiene un Léxico de formas contrastivas, se espera entonces que ambas róticas formen parte de dicho léxico, exactamente como ocurre en el estructuralismo. De esa manera, a partir de las posibles formas subyacentes /peɾo/ y /pero/, según la Top-TD se obtienen varios candidatos opuestos en pares mínimos, algunos de ellos presentados como pares, como el par [VɾV] ~ [VrV], y otros como formas simples, esto es, VɾV o bien VrV, que representan ambos pares, pero sin realizar distinciones entre las róticas. Si se mantiene el orden jerarquizado de (12), es decir, Espacio$_{\text{DUR}}$ ≫ Ident$_{\text{DUR}}$ ≫ σ[rot ≫ *r ≫ ɾ —omítase (12a), que es irrelevante para este caso—, el Evaluador escogerá el educto que se corresponde con el par mínimo subyacente, aun cuando infringe mínimamente las restricciones de (12c) a (12e), lo cual se tolera en la Top. Un análisis coincidente con el de Bradley, basado en esta misma teoría, lo ofrece Padgett (2009) para el catalán, con implicaciones para el español, aunque este último investigador sugiere la posibilidad de que exista la rótica geminada por razón del denominado 'Principio de la Riqueza de la Base' [→ § 1.22.3], que es uno de los principios que define la Top clásica. No obstante, Padgett no abunda en esta posibilidad y, al igual que Bradley, presupone un análisis que acepta dos róticas fonológicas.

Esta perspectiva posee la ventaja de no tener que emplear varias reglas para generar las formas correctas del español, sino que se recurre a la restricción específica (12c), que también se aplica a las róticas que aparecen al principio de palabra. Ante un posible par mínimo /ɾoka/ ~ /roka/, por ejemplo, la restricción (12a) se encarga de eliminar un posible par *['ɾoka] ~ ['roka], que supondría una infracción irreparable, a razón de lo que se especifica en su corolario. Del aducto se obtendrían dos candidatos sencillos, uno con la rótica múltiple y otro con la simple. La simple la elimina (12c) porque en esta posición solo es admisible [r]. Resta el candidato ['roka] *roca,* que resulta ser el educto óptimo pese a que infringe las restricciones (12b, d).

Para tratar de explicar la rótica múltiple preaspirada del español dominicano [→ § 21.2.3, § 23.1.3], se agrega la restricción de marcadez *VrV, con la que se consigna que se necesita mucho más esfuerzo articulatorio para producir una rótica múltiple que una simple. Si se supone, por ejemplo, que un hablante produce ['pefɾo] en vez de ['pero], nuevamente se estaría ante el par subyacente /pero/ ~ /peɾo/. Si se asume el orden IDENT$_{DUR}$ ≫ *VrV ≫ σ[rot ≫ *r ≫ ɾ, de entre los diversos candidatos posibles se escogería el par ['pefɾo] ~ ['peɾo] porque el segmento [fɾ] mantiene la misma duración que la [r] de la rótica múltiple en el par mínimo. Si se cambiara el orden de VrV ≫ σ[rot, entonces resultaría seleccionado el par mínimo perdedor *['pero] ~ ['peɾo], lo cual es inaceptable. No obstante, existen más datos fonéticos que revelan que en español dominicano la rótica preaspirada puede darse al inicio de palabra con variaciones que oscilan entre la preaspirada sonora, como alófono más frecuente, y la preaspirada sorda, de manera que /la rana/ pasa a ser [la 'fɾana] (Willis 2006). Su existencia real puede estar sujeta a una restricción del tipo (12c), si bien modificada de tal manera que incluya la secuencia mencionada (Bradley 2006, 17).

Por lo tanto, la Top-TD únicamente requiere una restricción para dar cuenta del refuerzo de la rótica inicial, mientras que el modelo de rótica geminada, aunque exitoso en su poder predictivo, precisa utilizar tres reglas diferentes. En consecuencia, la Top-TD no solo se preferiría por el Principio de Occam [→ § 1.18.1], sino que la existencia misma de las restricciones universales de marcadez, de fundamentación fonética, predice de manera natural los eductos posibles.

La Top-TD auguraría así resultados exitosos al resolver la cuestión de la necesidad de un único fonema rótico o de dos. Por lo pronto, parece que allana el camino en cuanto que explica de manera más económica la [fɾ] inicial de palabra, pues esta ocurre en un contexto en donde no puede darse una rótica que se distribuya heterosilábicamente. A esta objeción la Teoría de la Rótica Unitaria geminada respondería que, así como en el español general, y en el dominicano en particular, se requiere un refuerzo en este contexto, lo que resulta no es un fono producto de un fonema contrastivo, sino la realización de variantes estrictamente fonéticas que bien pudieran ser la rótica múltiple o la versión preaspirada, ambas atribuibles a propiedades fonéticas universales. De reconocerse, no obstante, la ventaja de tener una sola restricción frente a las dos reglas que ofrece la Teoría de la Rótica Unitaria geminada, la alternativa Top-TD tendría que hilar mejor la madeja para constituirse en un modelo superior. Por lo que se refiere al tratamiento de los datos, en primer lugar tendría que dilucidar por qué no existe acento primario cuando la penúltima sílaba se inicia con rótica múltiple. Esto, de por sí, obligaría a la teoría a postular una restricción específica para la lengua española, con lo que se debilita de entrada el canon fundamental de la Top, según el cual las restricciones son de carácter universal. En segundo lugar, el modelo perceptivo habría de dar cuenta de las representaciones morfológicas del futuro y del condicional de verbos como *querer,* para los cuales surgiría un potencial par mínimo [ke're] ~ [ke'ɾe]. La alternativa Top-TD, en efecto, predice el segundo par, que está malformado. En tercer lugar, tendría que explicar las implicaciones teóricas que se derivan del juego de trastrueque de sílabas ya mencionado en el § 23.1.3, puesto que, si bien pudiera avalarlas fonéticamente, no resulta claro cómo representaría a nivel fonológico la escisión fonética resultante. También cabría esperar una buena explicación que resolviera la aparente asimetría morfológica que la alternancia *torre ~ torres* introduce.

Con independencia de que la Top-TD pudiera superar los obstáculos fonéticos descritos, tendría que resolver teóricamente la contradicción que se produce entre sus postulados y los hechos que intenta explicar. Es decir, como ya se expuso, el análisis de la Top-TD reduce efectivamente el mecanismo de varias reglas a una sola restricción, o a lo sumo a dos, cuando se tratan, además, otros datos dialectales. Evidentemente, esto la favorece frente a su alternativa. No obstante, aún no logra sortear con éxito la inserción por ultracorrección de la /s/ en la forma *carreta.* Como *casrreta* es imposible, la Top-TD propone la restricción particular *[estridente] [vibrante], con la que se evita una posible secuencia *sr (Bradley 2006, 26). Ya se ha mencionado, sin embargo, que en la Top se prefiere evitar las restricciones de marcadez específicas de una lengua si se puede operar con las universales. La restricción antes aludida no parece formar parte de la lengua española, puesto que no se ha desestimado fehacientemente que la secuencia [sr] sea pronunciable, sino que lo que se ha afirmado es que su pronunciación suele oscilar, de acuerdo con el estilo del habla que se utilice (Navarro Tomás [1918] 1974, 123), entre la articulación de la /s/ propiamente dicha y su elisión. Añádase a ello el hecho de que los hablantes pueden distinguir entre *desramar* y *derramar,* diferenciación que hay que atribuir a la presencia de [s] en la primera forma, si bien se podrían proponer contraargumentos basados en su configuración morfológica. Lo cierto es que, en cualquier versión teórica que se adopte, la pronunciación [ḏeṣra'maɾ] tendría que admitirse, lo cual pone en tela de juicio la necesidad de plantear la restricción de marcadez tan particular *[estridente] [vibrante].

Colina (2009, 89–95), en cambio, propone que solo existe una rótica subyacente, la /ɾ/, en lo que coincide con la hipótesis de la Teoría de la Rótica Unitaria de Harris, pero sin geminada. Esta autora sugiere que el análisis mediante la Top tradicional basado en la estructuración silábica es superior a todos los análisis anteriores que hasta aquí se han discutido porque con él no es necesario apelar a las representaciones subyacentes, sino que las restricciones y su orden jerarquizado determinan el candidato óptimo que se ha de seleccionar. A tal efecto propone para el ataque silábico tres restricciones de marcadez y una de fidelidad, debidamente ordenadas de la siguiente manera: *|[ɾ] ≫ Ɪᴅᴇɴᴛ/R/ ≫ *[ɾ]/ ataque ≫ *[r]/ataque. Las dos primeras mantienen un orden estricto, mientras que las dos siguientes funcionan cambiando solo su orden según lo que exija la situación. La restricción que ocupa un lugar más alto en la jerarquía impide la aparición de la rótica simple al principio de palabra; la de fidelidad exige que los rasgos de las róticas sean idénticos en el aducto y en el educto; la que sigue proscribe todo ataque que se inicie con rótica simple y la última descarta todo ataque que comience con rótica múltiple.

Presumiendo la jerarquía propuesta por Colina, si, por ejemplo, existen una representación subyacente /ɾatas/ y dos posibles candidatos, uno que comience con rótica simple [ɾa.t̪as] y otro con múltiple [ra.t̪as], la gramática predice que el candidato escogido será este último porque no infringe la restricción situada más arriba en la jerarquía, aunque sí la de fidelidad, por hallarse esta situada más abajo. Igual ocurre cuando las róticas son contrastivas, en cuyo caso la fidelidad determinará si el candidato que surja se corresponderá o no con la representación subyacente de la rótica. Es decir, cuando la representación subyacente es /kaɾo/ y hay dos posibles candidatos, [ˈka.ɾo] y [ˈka.ro], el óptimo escogido será el primero, puesto que no infringe la Ɪᴅᴇɴᴛ/R/, mientras que el segundo no cumple esta restricción.

La propuesta resulta atractiva por su poder predictivo, ya que da cuenta, efectivamente, de las alternancias con róticas e incluso, mediante una restricción relativa a la concordancia de rasgos, de la rótica múltiple que aparece después de /n l s/, o de las róticas que aparecen en los sintagmas *ver osas* frente a *ver rosas*. Un problema evidente es que el análisis presupone que solo existe una rótica subyacente, la simple, aunque la gramática que presenta da lugar a dos róticas cuya aparición viene respaldada por la restricción de fidelidad Ɪᴅᴇɴᴛ/R/, de modo que, si esta no se invocara, no se podría dar cuenta del obvio contraste intervocálico existente. De hecho, la argumentación admite que existen dos róticas subyacentes, propuesta que posteriormente Colina (2010) expande y defiende, y que, por tanto, dista de ser unitaria. Siendo así, se enfrenta además a los mismos retos, enumerados anteriormente, que la teoría de Bradley.

23.2 Procesos fonológicos

La discusión en torno a si hay o no dos fonemas róticos aún se mantiene abierta (Baković 2009; Bradley 2020), pero existe, además, toda una gama de procesos que las róticas experimentan, tanto en la coda como en posición de ataque, muchos de los cuales han sido reconocidos y tratados en los marcos teóricos que se esbozaron en el § 23.1. Por lo tanto, en los apartados siguientes se dará constancia solo de los procesos más sobresalientes que afectan a las róticas en las hablas hispánicas, sin profundizar en enfoques teóricos particulares, pero sí haciendo hincapié en aquellos que han despertado mayor interés en la fonología. A tal efecto, las formas recogidas en (13) se tomarán como modélicas y servirán para ilustrar los diferentes contextos de aparición y todos los procesos que las róticas experimentan.

(13)

a.	b.	c.	d.
a/ɾ/.pa	recibi/ɾ/	a./ɾ/oma	/tɾ/i.pa
ca/ɾ/.ta	muje/ɾ/	i./ɾ/acundo	/tɾ/e.pando
ma/ɾ/.ca	amo/ɾ/	cu./ɾ/ul	cua./tɾ/o
a/ɾ/.busto	coloca/ɾ/	á./ɾ/ido	/tɾ/u.co
da/ɾ/.do	yogu/ɾ/	me./ɾ/ece	
a/ɾ/.guye	kéfi/ɾ/	co./ɾ/oto	
pe/ɾ/.fecto	escáne/ɾ/		
fi/ɾ/.me	alcáza/ɾ/		
pe/ɾ/.la	flúo/ɾ/		
ca/ɾ/.ne	fému/ɾ/		
a/ɾ/.senal			
cánce/ɾ/			
a/ɾ/.chivo			
ma/ɾ/.ginal			
tene/ɾ/#llaves			

23.2.1 Lateralización

Se revisará en primer lugar el fenómeno de la lateralización. Este proceso, también conocido como 'lambdacismo', consiste en convertir la manifestación fonética de /ɾ/ en la rima en el alófono lateral [l]. La distribución de este fenómeno es panhispánica, y se encuentra principalmente en las regiones españolas de Andalucía, Extremadura, Islas Canarias y Murcia, y en las iberoamericanas de Panamá, el Caribe hispánico, la costa Atlántica de Colombia y Venezuela (Lipski 1994; véanse también el § 19.4, el § 21.3.2 y el § 22.2.7 de la presente obra). Así pues, los hablantes que acusan este proceso producen como [l] todas las róticas subyacentes que se muestran en (13a) y en (13b), sin importar el tipo de vocal, atóna o no, que precede, ni el tipo de consonante que sigue. Aparentemente, el proceso no respeta la frontera de palabra y se constata, por tanto, lo mismo ante consonante que ante vocal, com en *recibi*[l] # *juguetes* y *recibi*[l] # *algo*. Sin embargo, en la bibliografía dialectológica no se ha comprobado si ante vocal se produce resilabeo [→ § 1.21.11, § 24.3], de suerte que la [l] resultante pase a formar el ataque correspondiente a la sílaba en la que dicha vocal es el núcleo. Es decir, no se sabe si en las posibles secuencias *ver* # *una* frente a *ver* # *luna* se produce una neutralización de róticas de forma que ambas secuencias resulten [be#ˈluna], aunque pudiera ser que la segunda se produzca con una lateral alargada.

El hecho de que se encuentren las alternancias *moto*[l] ~ *moto*[ɾ]*es* y *muje*[l] ~ *muje*[ɾ]*es* confirma, primero, que la /ɾ/ se ha neutralizado con [l] y, segundo, que la [ɾ] del ataque permanece intacta, lo que también se pone de manifiesto en (13c). Lo mismo se aplica a las róticas de los ataques complejos de (13d), en las que /ɾ/ no se neutraliza.

Tratando de teorizar en torno al origen de la neutralización de rótica con lateral, se ha propuesto que posiblemente este fenómeno se deba a la existencia de un sonido híbrido entre los alófonos [ɾ] y [l] proveniente de /ɾ/, que puede originar la [l] a la que aquí se hace referencia, pero producida con un tinte rótico (Zamora Munné y Guitart 1982, 121–23). Es decir, si /ɾ/ suena como una [l] casi rótica, los hablantes, que construyen las representaciones subyacentes a partir de los sonidos que perciben, se apartan por ello en tal elaboración de los procesos que suelen ocurrir normalmente en la lengua general. Se trata de una hipótesis interesante pendiente de confirmación empírica.

23.2.2 Vocalización

Un segundo proceso que experimentan las róticas finales como las de (13) es el que se conoce comúnmente con el nombre de 'vocalización de líquidas' [→ § 21.3.2, § 22.2.6], porque se da igualmente con la lateral en la rima silábica. También conocido con los términos de 'desconsonantización', 'semivocalización' o 'deslizamiento de líquida final', se encuentra diseminado principalmente en el Cibao, en la región centro-norteña de la República Dominicana. Junto a los de la lateral /l/, los pormenores descriptivos de la vocalización de las róticas se presentan por vez primera en Jiménez Sabater (1975) y el fenómeno ha sido objeto de estudios subsiguientes, ya sea desde perspectivas sociolingüísticas (Alba 1988, 1990; Coupal, Germosén y Jiménez Sabater 1988; Pérez Guerra 1991; Acosta-Martínez 2014; Wilis y Díaz-Campos 2021; Wilis y Ronquest 2022), ya sea desde aproximaciones formalistas-generativistas (Baković 2007; Golibart 1976; Guitart 1981; Harris 1983; Núñez Cedeño 1997; Núñez Cedeño y Acosta 2010, 2011; Rojas 1982).

La característica general de la vocalización de la rótica /ɾ/ consiste en convertir casi todas las róticas finales como las que se muestran en (13), así como las que aparecen en frontera de palabra, en la paravocal [i̯]. El hecho de que cambien justamente a [i̯] y no a [u̯], como suele ocurrir en portugués brasileño, posiblemente se deba a que se activa una subparte del tracto oral y se desactiva otra. En otros términos, de acuerdo con esta hipótesis, se desactiva el nodo correspondiente a la parte del tracto que controla los rasgos de las consonantes líquidas, y se activa, en cambio, el nodo correspondiente al tracto supralaríngeo [→ § 1.21.5], al que están asociados los rasgos de la paravocal no retraída alta (véase, para más detalles, Núñez Cedeño 1997).

Sin embargo, /ɾ/ no siempre aparece como paravocal y, por un lado, obedece a restricciones fonotácticas, mientras que, por otro, responde a condiciones de índole prosódica. Por lo que se refiere al primer tipo de restricciones, se ha documentado que la vocalización no se produce cuando a la rótica le precede una vocal alta; por ejemplo, /firma/ no se registra como *[ˈfii̯ma]. Otra condición fonotáctica que se ha aducido es que la vocalización tampoco se documenta al final de las palabras paroxítonas, de suerte que /ˈkanseɾ/ no produciría *[ˈkansei̯]. En Núñez Cedeño y Acosta (2010, 2011) se demostró, sin embargo, que esta restricción es suave, puesto que los hablantes del cibaeño producen, entre otras, formas como [kaˈðaβei̯], proveniente de *cadáver,* hecho también confirmado por la palabra *huacatay,* originaria de la región andina, pero de amplia aceptación en la lengua española.

El segundo tipo de restricción responde a las condiciones prosódicas, tema que ha llamado la atención de algunos investigadores que adoptan una perspectiva generativista. En efecto, se ha propuesto que la vocalización de /ɾ/, o de las líquidas en general, es mucho más limitada de lo que se pensaba y está sujeta a restricciones prosódicas. Golibart (1976) notó por primera vez que los sintagmas *por#el* y *por#ahí* no daban lugar a las respectivas *[poi̯#ei̯] ni *[poi̯#a'i]. Algo parecido ocurría con los sintagmas encabezados por el determinante *el* seguido de palabras iniciadas con vocal. Para explicar cómo se aplica la regla que desencadena la vocalización de ambas líquidas, Guitart (1981) sugirió que debe de existir una distinción entre los elementos que funcionan como palabras y los que funcionan como proclíticos. Es decir, la vocalización puede ocurrir en el sintagma *trabajar#ahora*, que se registra como [t̠ɾaβa'hai̯#a'oɾa], porque *trabajar* es una forma flanqueada por el límite de palabra, mientras que en *por ahí* no se realiza porque el elemento *por* es una pieza proclítica no flanqueada por el límite de palabra y, por tanto, escapa a los efectos de una regla de vocalización que afecta a la rótica final. Harris (1983) formalizó aún más el proceso al proponer que esa regla solo se aplica a las formas que tienen estatus de palabra de contenido, 'Palabra prosódica' (Pp) [→ § 1.21.6, § 26.5]. De ser así, el sintagma *trabajar#ahora* se estructura como [[trabajar]$_{Pp}$ [ahora]$_{Pp}$], en cuyo caso se vocaliza la rótica final de la primera palabra. Por el contrario, en el sintagma *por ahí* la preposición *por* funciona proclíticamente, es decir, es una 'Palabra funcional' (Pfunc) y, por tanto, Harris la representa integrada con la palabra siguiente, formando ambas una Pp como [por ahí]$_{Pp}$. Con esta estructura, la rótica de la preposición se resilabea pasando a formar el ataque de la sílaba que tiene como núcleo la vocal siguiente, lo cual produce [po.ɾa.'i]$_{Pp}$, en cuyo caso la rótica resulta inmune a la vocalización.

Núñez Cedeño y Acosta (2010, 2011) han documentado que la vocalización afecta a elementos proclíticos, lo cual sugiere que se deben reformular ciertos aspectos de la estructura prosódica que propuso Harris (1983) porque no se avienen con los hechos. Ante esa constatación, proponen que los clíticos poseen la estructura (Pfunc (lex)$_{Pp}$)$_{Sf}$, en donde *Sf* corresponde a 'Sintagma fonológico' [→ § 1.21.6], el cual domina a la Palabra funcional, que es susceptible de recibir estructuración silábica. Si se cumple este requisito, entonces la secuencia *por ahí* tendría la representación (por$_σ$ (ahí)$_{Pp}$)$_{Sf}$, y al estar situada la rótica en la rima, sería candidata a la vocalización. Este planteamiento tiene la virtud de conservar la característica proclítica y átona de las palabras funcionales y, por consiguiente, da cuenta de la realización vocálica de todas las líquidas finales que aparecen en ellas.

23.2.3 Asimilación

La asimilación total de las líquidas a la consonante siguiente, sin importar si hay o no límite de palabra interpuesto, se ha propagado mucho en las hablas espontáneas populares de la Habana (Guitart [1973] 1976; Ruiz Hernández y Miyares 1984; Zamora Munné y Guitart 1982) y en las del este de la República Dominicana (Jiménez Sabater [1975]; González Tapia [1999]; para las líquidas, véanse el § 19.4.2 y el § 20.3.1 de la presente obra; para las róticas, véanse también el § 20.3.3, el § 21.3.2 y el § 22.2.5). Por tanto, todas las róticas finales como las de (13) asimilan el punto y modo de articulación de las consonantes siguientes, de manera que *carta, arbusto* y *carne,* por ejemplo, surgen como las respectivas ['katta], [a'bbuht̠o] y ['kanne]. Lo mismo se aplica a *ser domingo*, que resulta ['seddo'mĩŋgo], y a otros vocablos en contextos similares [→ § 17.4.2].

Un fenómeno curioso es la retroflexión de la rótica final y la consecuente asimilación progresiva de sus rasgos a la consonante coronal siguiente. Zamora Munné y Guitart (1982, 125–27) sugieren que parece existir un orden, según el cual la rótica se hace en primer lugar retrofleja y posteriormente se transmiten sus rasgos. Para *carta*, por ejemplo, el primer paso sería ['kaɽ.ta], seguido del cambio de la segunda consonante, produciéndose ['kaɽ.ɽa]. El hecho, documentado por los referidos autores, de que la retroflexión aparezca ante pausa avala la idea de que el proceso sigue aparentemente este orden.

23.2.4 Aspiración y elisión

Ya se ha podido apreciar hasta ahora que en español dominicano se produce la rótica aspirada [ɦr] intervocálica, que alterna con la múltiple [r], y se han examinado varias hipótesis que intentan explicar estas variaciones alofónicas [→ § 21.3.3, § 22.2.4, § 22.2.10]. Sucede que en este dialecto la aspiración se aplica igualmente a la rótica simple en la rima, solo si se encuentra ante consonante sonante (Núñez Cedeño 1994). En ninguna de las formas de (13c) se aspira ni se elide en el ataque. De todas las listadas en (13) solamente *firme, perla* y *carne* se han documentado con las aspiradas ['fiɦ.me], ['peɦ.la] y ['kaɦ.ne]. Cuando va seguida de obstruyente o de pausa, la /ɾ/ deja de neutralizarse en [ɦ], de manera que *arpa* o *cáncer* no se manifiestan ni como *['ah.pa] ni como *['kanseɦ]. La aspiración se ha explicado con el modelo clásico de la Fonología Autosegmental, en el que se propone que los rasgos supralaríngeos se desvinculan de /ɾ/ y se mantiene solamente la aspiración, ya sea sorda o sonora según el hablante, lo que constituye un fenómeno bastante parecido al de la aspiración de /s/. El problema con el que se enfrenta este tipo de proceso radica en si se relaciona igualmente con la hipótesis que plantea una rótica geminada, y, aparentemente, la respuesta es afirmativa, según el citado estudio de Núñez Cedeño (1994).

Menos trascendental, pero relevante en varios dialectos hispánicos, es la elisión de /ɾ/ en la rima, que parece abarcar un ámbito más amplio de aplicación, pero que obedece a ciertas restricciones de carácter morfológico o, posiblemente, prosódico. Es decir, /ɾ/ se puede elidir en todos los contextos que se recogen en (13a, b), pero no en posición de ataque como en (13c) y (13d), con lo cual se descartarían como anómalas las formas *[a.Øoma] y *[ʈɹØi.pa], entre otras ilustradas en (13c) y (13d). Sin embargo, solo la preposición *para* suele presentar una incidencia elevada de elisión de rótica, que da lugar a [pa.Ø]. Al igual que las aspiradas mencionadas anteriormente, también aparecen ['fiØ.me], ['peØ.la]. ['kaØ.ne], [resi'βiØ] y [aØ.βu(h)ʈo]. Todavía falta determinar en qué medida ocurre la neutralización de rótica ante obstruyentes, porque si bien es cierto que existen testimonios de su elisión ante consonantes sordas o sonoras, también se ha observado que su desaparición se da frecuentemente en ciertas piezas léxicas, como en ['poke] por *porque,* y, por lo común, en los infinitivos verbales, especialmente cuando a estos les siguen enclíticos, como en [de'siØ + lo] por *decir + lo,* según se puede comprobar en la pronunciación de hablantes de diferentes clases sociales (Alba 2004; García Mouton y Moreno Fernández 1994; Jiménez Sabater 1986). La elisión en las preposiciones *para* y *porque* pudiera vincularse al hecho de que no reciben acento primario [→ § 1.21.12, § 26.5].

23.3 Conclusiones

En este capítulo, se ha revisado la distinción fonológica que existe entre la rótica simple [ɾ] y la múltiple [r], vista, fundamentalmente, desde el marco teórico de la fonología generativa. Este contraste se produce exclusivamente en posición intervocálica, hecho que ha suscitado interesantes polémicas en la fonología hispánica con el objeto de determinar su carácter fonológico. Los argumentos principales se han abordado desde dos perspectivas teóricas. La primera sostiene que existen dos fonemas distintivos, /ɾ/ y /r/, cuyas realizaciones fonéticas generales corresponden a la rótica simple y a la múltiple, respectivamente. A esa aproximación se la ha denominado Teoría de la Rótica Dual. La segunda mantiene que solo existe un fonema, /ɾ/, a partir del cual se puede predecir cuándo se establece una oposición distintiva, en cuyo caso en el nivel subyacente existe una secuencia de dos fonemas /ɾ/ o una rótica geminada, y cuándo tal oposición se neutraliza en [r] o en [ɾ], sin causar contraste alguno. A esta perspectiva se la ha llamado aquí Teoría de la Rótica Unitaria.

Como se expuso, la Teoría de la Rótica Unitaria se gestó en el trabajo pionero de Harris (1969), en el cual se brindaron argumentos a favor de un único fonema /ɾ/ basados en toda una gama de constructos que van desde la debatible representación geminada (Hualde 2004; Baković 2009), pasando por algunos aspectos distribucionales y morfológicos, hasta llegar a los puramente fonológicos. Cada uno de estos argumentos sirvió de zapata a la fonología generativa estándar y a la lineal elaborada en Harris (1983) para edificar la Teoría de la Rótica Unitaria y motivar la hipótesis de que no hay necesidad de postular dos fonemas distintivos cuando los hechos son completamente predecibles a partir de uno solo.

De igual manera, se han presentado los argumentos de la teoría generativa lineal a favor de la Teoría de la Rótica Dual, que se basan en las propiedades fonológicas de la rótica. A continuación, se consideró esta misma hipótesis tal como la adoptó la Teoría de la Optimidad, en dos de sus versiones, la Teoría de la Dispersión y la Teoría de la Optimidad Estándar. Con la primera se reanaliza la distribución de las róticas apelando a la distinción perceptiva que se produce en los pares de palabras en los que contrastan y que, por tanto, motivan la existencia de dos róticas fonemáticas. Con la segunda se defiende un modelo que pretende superar todos los modelos anteriores basándose en unas cuantas restricciones de fidelidad y de marcadez que predicen la aparición de la rótica simple en oposición a la múltiple.

Si bien la Teoría de la Rótica Unitaria logra un éxito considerable al explicar y explicitar el contraste fonológico entre las róticas en posición intervocálica, adolece, no obstante, de tener que apelar a una maquinaria de reglas complejas y sospechosas que la justifiquen teóricamente. Es esta complejidad el contraargumento que le recrimina la Teoría de la Optimidad, y que hace que esta se decante por la Teoría de la Rótica Dual. Con sus restricciones de carácter universal no solo logra mayor simplicidad descriptiva y explicativa en su gramática, sino que da cuenta de lo que está ocurriendo en el nivel fonético. Sin embargo, se queda corta al no poder explicar qué es lo que realmente ocurre en los juegos de tipo lingüístico en los que se trastruecan sílabas, o soslaya el problema de la formación del futuro de algunos verbos. Todo parece sugerir, entonces, que el debate en torno a si existe un fonema unitario /ɾ/ o si, por el contrario, existen dos, /ɾ/ y /r/, no se ha cerrado.

Para completar la discusión, se ha llevado a cabo una incursión panorámica en los diferentes procesos fonológicos que experimenta la /r/ en la rima o en los ataques silábicos de varios dialectos. Entre los que se producen en la rima se encuentran la lateralización, la asimilación y la vocalización. Por lo que se refiere a la elisión de la rótica, se ha visto que se registra tanto en la rima como en el ataque silábico.

Un campo fértil para futuras investigaciones sería el concerniente al desarrollo de las róticas en la adquisición de la lengua. Son pocos los trabajos que han confirmado cuál de las dos se adquiere primero, si la simple o la múltiple. En los estudios de Núñez Cedeño (2008) y de Kehoe *et al.* (2008) se ha observado que existe un orden de adquisición de las líquidas: la lateral /l/ precede a la rótica simple /ɾ/. Sin embargo, cuando se trata solo de las dos róticas, situadas tanto en el ataque como en la coda, la que parece que surge primero es la simple [ɾ]. Se especula que este es el orden, porque para la articulación de [r] se requieren varios movimientos balísticos muy complejos, mientras que para articular [ɾ] el esfuerzo es menor [→ § 21.2.1]. Por ello se piensa que los niños logran controlar la producción de [r] muy tardíamente. Faltan, no obstante, estudios empírico-teóricos que avalen semejante presunción.

Referencias bibliográficas

Acosta-Martínez, Junice A. 2014. «Phonological Variation in Cibaeño Spanish: Social Networks as Potential Predictors of Semi-Vocalization.» Tesis de doctorado, University of Illinois at Chicago.

Alarcos, Emilio. (1950) 1965. *Fonología española*. 4.ª ed. aumentada y revisada. Madrid: Gredos.

Alba, Orlando. 1988. «Estudio sociolingüístico de la variación de las líquidas finales de palabra en el español cibaeño». En *Studies in Caribbean Spanish Dialectology*, editado por Robert M. Hammond y Melvyn C. Resnick, 1–12. Washington D. C.: Georgetown University Press.

———. 1990. *Variación fonética y diversidad social en el español dominicano*. Santiago de los Caballeros: Pontificia Universidad Católica Madre y Maestra.

———. 2004. *Cómo hablamos los dominicanos. Un enfoque sociolingüístico*. Santo Domingo: Grupo León Jimenes.

Alonso García, Amado. (1951) 1967. *Estudios lingüísticos. Temas españoles*. 3.ª ed. Madrid: Gredos.

Baković, Eric. 2007. «A Revised Typology of Opaque Generalisations». *Phonology* 24 (2): 217–59. https://doi.org/10.1017/S0952675707001194.

———. 2009. «Abstractness and Motivation in Phonological Theory». *Studies in Hispanic and Lusophone Linguistics* 2 (1): 183–94. https://doi.org/10.1515/shll-2009-1041.

Blecua Falgueras, Beatriz. 2001. «Las vibrantes del español: manifestaciones acústicas y procesos fonéticos». Tesis de doctorado, Universitat Autònoma de Barcelona. http://hdl.handle.net/10803/4859.

Bonet, Eulàlia y Joan Mascaró. 1997. «On the Representation of Contrasting Rhotics». En *Issues in the Phonology and Morphology of the Major Iberian Languages*, editado por Fernando Martínez-Gil y Alfonso Morales-Front, 103–26. Washington D. C.: Georgetown University Press.

Bradley, Travis G. 2006. «Spanish Rhotics and Dominican Hypercorrect /s/». *Probus. International Journal of Latin and Romance Linguistics* 18 (1): 1–33.

———. 2020. «Spanish Rhotics and the Phonetics-Phonology Interface». En *The Routledge Handbook of Spanish Phonology*, editado por Sonia Colina y Fernando Martínez-Gil, 237–58. Londres: Routledge. https://doi.org/10.4324/9781315228112.

Bullock, Barbara E. y Almeida Jacqueline Toribio. 2010. «Correcting the Record on Dominican [s]- Hypercorrection». En *Romance Linguistics 2009. Selected Papers from the 39th Linguistic Symposium on Romance Languages (LSRL). Tucson, Arizona, March 2009*, editado por Sonia Colina, Antxon Olarrea y Ana Maria Carvalho, 15–24. Ámsterdam: John Benjamins. https://doi.org/10.1075/cilt.315.01bul.

Bullock, Barbara E., Almeida Jacqueline Toribio y Mark Amengual. 2014. «The Status of *s* in Dominican Spanish». *Lingua* 143: 20–35. https://doi.org/10.1016/j.lingua.2014.01.009.

Chomsky, Noam y Morris Halle. 1968. *The Sound Pattern of English*. Nueva York: Harper & Row. Trad. parcial de José Antonio Millán, *Principios de fonología generativa*, editado por José Antonio Millán y Pilar Calvo. Madrid: Fundamentos, 1979.

Clements, George N. 1990. «The Role of the Sonority Cycle in Core Syllabification». En *Between the Grammar and Physics of Speech. Papers in Laboratory Phonology I*, editado por John Kingston y Mary E. Beckman, 283–333. Cambridge: Cambridge University Press. https://doi.org/10.1017/CBO9780511627736.017.

Colina, Sonia. 2009. *Spanish Phonology. A Syllabic Perspective*. Washington D. C.: Georgetown University Press.

———. 2010. «Rhotics in Spanish: A New Look at an Old Problem». En *Selected Proceedings of the 12th Hispanic Linguistics Symposium*, editado por Claudia Borgonovo, Manuel Español-Echevarría y Philippe Prévost, 75–86. Somerville: Cascadilla Proceedings Project.

Coupal, Lysanne, Paula Isabel Germosén y Maximiliano Arturo Jiménez Sabater. 1988. «La "-r" y la "-l" en la costa norte dominicana. Nuevos aportes para la delimitación del dialecto cibaeño». *Anuario de Lingüística Hispánica* 4: 39–80.

D'Introno, Francesco, Enrique del Teso y Rosemary Weston. 1995. *Fonética y fonología actual del español*. Madrid: Cátedra.

García Mouton, Pilar y Francisco Moreno Fernández. 1994. «El Atlas Lingüístico y Etnográfico de Castilla-La Mancha. Materiales fonéticos de Ciudad Real y Toledo». En *Geolingüística. Trabajos europeos*, editado por Pilar García Mouton, 111–53. Madrid: Consejo Superior de Investigaciones Científicas.

Gili Gaya, Samuel. (1950) 1966. *Elementos de fonética general*. 5.ª ed. corregida y ampliada. Madrid: Gredos.

Golibart, Pablo. 1976. «Cibaeño Vocalization». Tesis de maestría, University of Kansas.

González Tapia, Carlisle. 1999. *El habla campesina dominicana (Aspecto fonético)*. Santo Domingo: Editora Universitaria.

Guitart, Jorge M. (1973) 1976. *Markedness and a Cuban Dialect of Spanish*. Washington D. C.: Georgetown University Press.

———. 1981. «Some Theoretical Implications of Liquid Gliding in Cibaeño Dominican Spanish». En *Proceedings of the 10th Anniversary Symposium on Romance Linguistics*, editado por Heles Contreras y Klausenburger Jurgen, 223–28. Seattle: University of Washington.

———. 2004. *Sonido y sentido. Teoría y práctica de la pronunciación del español contemporáneo*. Washington D. C.: Georgetown University Press.

Hammond, Robert M. 1999. «On the Non-Occurrence of the Phone [r̃] in the Spanish Sound System». En *Advances in Hispanic Linguistics. Papers from the 2nd Hispanic Linguistics Symposium*, editado por Javier Gutiérrez-Rexach y Fernando Martínez-Gil, 1:135–51. Somerville: Cascadilla Press.

———. 2001. *The Sounds of Spanish: Analysis and Application (with Special Reference to American English)*. Somerville: Cascadilla Press.

Harris, James W. 1969. *Spanish Phonology*. Cambridge, MA: MIT Press. Trad. de Aurelio Verde, *Fonología generativa del español*. Barcelona: Planeta, 1975.

———. 1980. «Nonconcatenative Morphology and Spanish Plurals». *Journal of Linguistic Research* 1 (1): 15–31.

———. 1983. *Syllable Structure and Stress in Spanish. A Nonlinear Analysis*. Cambridge, MA: MIT Press. Trad. de Olga Fernández Soriano, *La estructura silábica y el acento en español. Análisis no lineal*. Madrid: Visor, 1991.

———. 1995. «Projection and Edge Marking in the Computation of Stress in Spanish». En *The Handbook of Phonological Theory*, editado por John A. Goldsmith, 867–88. Oxford: Blackwell.

———. 2002. «Flaps, Trills, and Syllable Structure in Spanish». *MIT Working Papers in Linguistics* 42: 81–108.

Hayes, Bruce. 1986. «Inalterability in cv Phonology». *Language* 62 (2): 321–51. https://doi.org/10.2307/414676.

Hualde, José Ignacio. 2004. «Quasi-Phonemic Contrasts in Spanish». En *Proceedings of the 23rd West Coast Conference on Formal Linguistics (WCCFL 23)*, editado por Vineeta Chand, Ann Kelleher, Angelo J. Rodríguez y Benjamin Schmeiser, 374–98. Somerville: Cascadilla Press.

———. 2005. *The Sounds of Spanish*. Cambridge: Cambridge University Press.

Jiménez Sabater, Maximiliano Arturo. 1975. *Más datos sobre el español de la República Dominicana*. Santo Domingo: Ediciones INTEC.

———. 1986. «La neutralización de /-R/ y /-L/ en el dialecto dominicano. Puesta al día sobre un tema a debate». *Anuario de Lingüística Hispánica* 2: 119–52.

Kehoe, Margaret, Geraldine Hilaire-Debove, Katherine Demuth y Conxita Lleó. 2008. «The Structure of Branching Onsets and Rising Diphthongs: Evidence from the Acquisition of French and Spanish». *Language Acquisition* 15 (1): 5–57. https://doi.org/10.1080/10489220701774229.

Lipski, John. 1990. «Spanish Taps and Trills: Phonological Structure of an Isolated Opposition». *Folia Linguistica. Acta Societatis Linguisticae Europaeae* 24 (3–4): 153–74. https://doi.org/10.1515/flin.1990.24.3-4.153.

———. 1994. *Latin American Spanish*. Nueva York: Longman. Trad. de Silvia Iglesias, *El español de América*. Madrid: Cátedra, 1996.

Maddieson, Ian. 1984. *Patterns of Sounds*. Cambridge: Cambridge University Press. https://doi.org/10.1017/CBO9780511753459.

Navarro Tomás, Tomás. (1918) 1974. *Manual de pronunciación española*. 18.ª ed. Madrid: Consejo Superior de Investigaciones Científicas.

Núñez Cedeño, Rafael A. 1988. «Structure-Preserving Properties of an Epenthetic Rule in Spanish». En *Advances in Romance Linguistics*, editado por David Birdsong y Jean-Pierre Y. Montreuil, 319–35. Dordrecht: Foris.

———. 1989. «La /r/, único fonema vibrante del español: datos del Caribe». *Anuario de Lingüística Hispánica* 5: 153–71.

———. 1994. «The Alterability of Spanish Geminates and Its Effects on the Uniform Applicability Condition». *Probus. International Journal of Latin and Romance Linguistics* 6 (1): 23–41. https://doi.org/10.1515/prbs.1994.6.1.23.

———. 1997. «Liquid Gliding in Cibaeño and Feature Geometry Theories». *Hispanic Linguistics* 9 (1): 1–21.

———. 2008. «On the Acquisition of Spanish Onsets: A Case Study». *Southwest Journal of Linguistics* 27 (1): 77–107.

Núñez Cedeño, Rafael A. y Junice Acosta. 2010. «En torno al contexto real de la vocalización cibaeña: un nuevo replanteamiento prosódico». *Miríada Hispánica* 1: 101–16.

Núñez Cedeño, Rafael A. y Junice Acosta. 2011. «En torno al contexto real de la vocalización cibaeña: un nuevo replanteamiento prosódico». En *Selected proceedings of the 13th Hispanic Linguistics Symposium*, editado por Luis A. Ortiz López, 239–50. Somerville: Cascadilla Proceedings Project.

Núñez Cedeño, Rafael A., Lucía Badiol y Ariane Sande. 2020. «Segmental, Syllabic, and Phrasal Stratum Domains of Dominican Suprise-[s] Hypercorrection». En *The Routledge Handbook of Spanish Phonology*, editado por Sonia Colina y Fernando Martínez-Gil, 341–73. Londres: Routledge. https://doi.org/10.4324/9781315228112.

Núñez Cedeño, Rafael A., Lucía Badiola y Ariane Sande. 2021. «La S sorpresa en el español popular dominicano: resolviendo su verdadero dominio de inserción». En *Desarrollos y procesos lingüísticos en el español dominicano*, de Rafael Núñez Cedeño, 167–79. Santo Domingo: Banco Central de la República Dominicana.

Padgett, Jaye. 2009. «Systemic Contrast and Catalan Rhotics». *The Linguistic Review* 26 (4): 431–63. https://doi.org/10.1515/tlir.2009.016.

Pérez Guerra, Irene. 1991. «Un caso de prestigio encubierto en el español dominicano: la vocalización cibaeña». En *El español de América. Actas del III Congreso Internacional de* El español de América. *Valladolid 3 a 9 de julio de 1989*, editado por César Hernández Alonso, Germán de Granda, Carmen Hoyos, Vicenta Fernández, Deborah A. Dietrick y Yolanda Carballera, 3:1185–92. Valladolid: Junta de Castilla y León.

Piñeros, Carlos-Eduardo. 2009. *Estructura de los sonidos del español*. Upper Saddle River: Pearson Prentice Hall.

Quilis, Antonio. 1981. *Fonética acústica de la lengua española*. Madrid: Gredos.

Rojas, Nelson. 1982. «Sobre la semivocalización de las líquidas en el español cibaeño». En *Español del Caribe*, editado por Orlando Alba, 271–87. Santiago de los Caballeros: Pontificia Universidad Católica Madre y Maestra.

Ruiz Hernández, Julio y Eloína Miyares. 1984. *El consonantismo en Cuba*. La Habana: Editorial de Ciencias Sociales.

Schwegler, Armin, Juergen Kempff y Ana Ameal-Guerra. (1982) 2010. *Fonética y Fonología Españolas*. 4.ª ed. Hoboken: John Wiley & Sons.

Willis, Erik W. 2006. «Trill Variation in Dominican Spanish: An Acoustic Examination and Comparative Analysis». En *Selected Proceedings of the 9th Hispanic Linguistics Symposium*, editado por Nuria Sagarra y Almeida Jacqueline Toribio, 121–31. Somerville: Cascadilla Proceedings Project.

Willis, Erik W. y Travis G. Bradley. 2008. «Contrast Maintenance of Taps and Trills in Dominican Spanish: Data and Analysis». En *Selected Proceedings of the 3rd Conference on Laboratory Approaches to Spanish Phonology*, editado por Laura Colantoni y Jeffrey Steele, 87–100. Somerville: Cascadilla Proceedings Project.

Willis, Erik W. y Manuel Díaz-Campos. 2022. «The Perception of Coda Liquids in Dominican Spanish: Geographical and Social Variation». En *Topics in Spanish Linguistic Perceptions*, editado por Luis Alfredo Ortiz-López y Eva-María Suárez Büdenbender, 35–53. Londres: Routledge. https://doi.org/10.4324/9781003054979.

Willis, Erik W. y Rebecca E. Ronquest. 2022. «A Sociophonetic Exploration of Coda Liquids and Vocalization in Cibao Dominican Spanish». En *The Routledge Handbook of Variationist Approaches to Spanish*, editado por Manuel Díaz-Campos, 207–30. Londres: Routledge. https://doi.org/10.4324/9780429200267.

Zamora Munné, Juan Clemente y Jorge M. Guitart. 1982. *Dialectología hispanoamericana. Teoría, descripción, historia*. Salamanca: Almar.

ÍNDICE DE AUTORES

Lourdes Aguilar   Es Profesora Titular de Lengua Española en el Departamento de Filología Española de la Universidad Autónoma de Barcelona. Son sus principales campos de especialización y experiencia: el estudio de la relación entre procesos fonéticos y procesos fonológicos del español, la descripción de los indicios acústicos de los sonidos del español en diferentes situaciones comunicativas, la definición de sistemas de transcripción entonativa para el español y los modelos de organización prosódica en diversos géneros estilísticos.

María Antonieta Andión Herrero   Es Profesora Titular de Universidad en el Departamento de Lengua Española y Lingüística General de la Universidad Nacional de Educación a Distancia (UNED). Su actividad investigadora, docencia y publicaciones científicas se han centrado en el estudio de la variación de la lengua española y en la lingüística aplicada a la enseñanza del español como segunda lengua.

Álvaro Arias   Es Profesor Titular de Lengua Española en el Departamento de Filología Española de la Universidad de Oviedo. Su investigación se centra mayoritariamente en la fonología y en la morfología desde un punto de vista tanto teórico y sincrónico, como histórico y dialectal, con publicaciones en estos ámbitos sobre el español de España y América, el asturleonés, el gallego y el judeoespañol.

Travis G. Bradley   Es Catedrático de Lingüística Hispánica en el Departamento de Español y Portugués de la Universidad de California en Davis. Ha publicado en diversas revistas internacionales de prestigio, y ha realizado contribuciones a varios libros, como *Optimality-Theoretic Studies in Spanish Phonology*, *Historical Romance Linguistics: Retrospective and Perspectives*, *Laboratory Approaches to Spanish Phonology*, entre otros. Asimismo, ha coeditado, junto con Rafael Núñez Cedeño y Sonia Colina, la obra *Fonología generativa contemporánea de la lengua española* (2.ª edición).

Celia Casado Fresnillo   Es Profesora Titular del Departamento de Lengua Española y Lingüística General de la Universidad Nacional de Educación a Distancia (UNED). Su actividad docente se ha centrado en las variedades del español. Sus proyectos de investigación y publicaciones científicas están relacionados con el estudio de la lengua española en Guinea Ecuatorial, Filipinas y el Ecuador.

Laura Colantoni   Es Catedrática en el Departamento de Español y Portugués de la Universidad de Toronto. Obtuvo su licenciatura en la Universidad de Buenos Aires y su doctorado en la Universidad de Minnesota. Su investigación se centra en la relación entre el cambio fonético y la categorización, y en la adquisición de la fonología de lenguas segundas.

Sonia Colina   Es Catedrática de Lingüística Hispánica en el Departamento de Español y Portugués de la Universidad de Arizona. Es autora de la obra *Spanish Phonology*, y coeditora del *Handbook of Spanish Phonology*, de *Romance Linguistics*

(2009) y de *Optimality-Theoretic Studies in Spanish Phonology*, entre otras publicaciones mencionables. Cuenta en su haber con numerosos trabajos sobre la fonología del español y del gallego, y es miembro del Consejo de Redacción de *Linguistics*.

María Del Saz Caracuel   Es Doctora por la Universidad de Sevilla. Ha sido docente en la Universidad de Carolina del Norte y en la Universidad de Sevilla, y actualmente es Profesora Asociada en la Universidad de Santiago de Chile, donde imparte fonética y fonología inglesas. Colabora como consultora lingüística en proyectos de tecnologías del lenguaje. Sus intereses se centran en la percepción y producción del habla, especialmente en relación a las variedades dialectales, a las tecnologías del habla y a la adquisición de segundas lenguas.

Juana Gil Fernández   Ha dirigido el Instituto Cervantes de Lyon (Francia). Previamente fue profesora en diversas universidades y responsable del Laboratorio de Fonética del Consejo Superior de Investigaciones Científicas. Creó en 2007 el *Posgrado en Estudios Fónicos*, y, en 2014, la revista *Loquens* (CSIC). Se interesa por la relación entre fonología y fonética y por las aplicaciones de ambas disciplinas, sobre las que publicado varios libros y artículos.

C. Elizabeth Goodin-Mayeda   Es Profesora Asociada del Departamento de Estudios Hispánicos de la Universidad de Houston. Entre sus publicaciones destacan sus estudios sobre la percepción de vocales y consonantes nasales por parte de hablantes de español y hablantes de portugués. En la actualidad su investigación se centra en la fonología de los hablantes de español como lengua de herencia (o lengua minoritaria) en los Estados Unidos.

Alexander Iribar Ibabe   Es investigador en el Laboratorio de Fonética de la Universidad de Deusto desde 1990. Ha publicado trabajos descriptivos sobre diversas cuestiones (vocalismo, oclusivas, sibilantes, prosodia), referidas tanto al euskara como al castellano del País Vasco. En los últimos años, trabaja especialmente en la caracterización articulatoria a partir de imágenes MRI (2D y 3D), formando siempre parte de un equipo de investigación interdisciplinar.

Carolina Julià Luna   Es Profesora Contratada Doctora en el Departamento de Lengua Española y Lingüística General de la Universidad Nacional de Educación a Distancia. Ha sido profesora en la Universidad Autónoma de Barcelona y también en *Idiomes Universitat Pompeu Fabra*. Fue profesora lectora invitada de la Universidad de Amberes en Bélgica y ha impartido docencia en diversos másteres. Sus líneas de investigación son la variación lingüística (léxica y fonética), la fraseología, la morfología y la adquisición del español como lengua extranjera.

José María Lahoz-Bengoechea   Es profesor de Lengua Española en la Universidad Complutense de Madrid. Su investigación y sus publicaciones se han centrado en aspectos como la estructura prosódica, la segmentación auditiva del continuo sonoro, la aerodinámica del habla, las bases fonéticas del cambio fonológico, la enseñanza de la pronunciación en ELE, o la fonética judicial.

John Lipski   Es Catedrático de Lingüística Hispánica y General y director del programa de lingüística en la Universidad del Estado de Pennsylvania. Es especialista en variación lingüística, contacto de lenguas, los aspectos formales del bilingüismo, las lenguas criollas y el aporte africano al español y al portugués. Ha realizado investigaciones en España, en todos los países de Hispanoamérica, Brasil, África, Filipinas y en varias comunidades hispanohablantes dentro de los Estados Unidos.

Joaquim Llisterri   Es Profesor Titular de Lingüística General en la Universidad Autónoma de Barcelona. Su investigación y sus publicaciones se han centrado en el papel del conocimiento fonético en las tecnologías del habla, en la creación y anotación de corpus orales y en la interferencia fonética en la adquisición de segundas lenguas, así como en la descripción prosódica del español y sus aplicaciones a la fonética judicial.

Maria-Rosa Lloret   Es Catedrática de Filología Catalana en la Universidad de Barcelona, donde ejerce como profesora desde 1991. Su tarea docente e investigadora se centra en el ámbito de la fonología, la morfología y la variación lingüística. Ha codirigido la *Gramàtica del català contemporani* y ha colaborado en el volumen de *Fonética y fonología* de la *Nueva gramática de la lengua española*. Cuenta con publicaciones en revistas de impacto como *Language*, *Linguistic Inquiry*, *Lingua* o *Phonology*, entre otras.

Victoria Marrero   Es Doctora en Lingüística Hispánica por la Universidad Complutense de Madrid y Catedrática en el Departamento de Lengua Española y Lingüística General de la Universidad Nacional de Educación a Distancia (UNED), donde colabora en el Laboratorio de Fonética «Antonio Quilis». Su actividad investigadora se desarrolla en los campos de la fonética del español, especialmente en su dimensión perceptiva, sus aplicaciones clínicas y su enseñanza como segunda lengua.

Pedro Martín Butragueño   Es profesor-investigador en El Colegio de México, donde co-coordina el Laboratorio de Estudios Fónicos. Su principal área de interés es el estudio del cambio y la variación en español. Ha publicado una quincena de libros (como autor o editor) y diferentes artículos y capítulos de libro. En este momento trabaja en un volumen dedicado a la entonación del español de México.

Eugenio Martínez Celdrán   Es Catedrático Emérito de Lingüística General de la Universidad de Barcelona. Ha sido director del Laboratorio de Fonética de la Facultad de Filología desde su creación en 1978 hasta su jubilación en 2020. Ha publicado numerosos artículos en revistas especializadas de ámbito nacional e internacional. Ha escrito, además, varios libros, entre los cuales se deben destacar *Fonética, 1984, y Manual de fonética española, 2007*, con la colaboración de Ana María Fernández Planas. Es director del proyecto AMPER para el español. Es, asimismo, creador y director de *Estudios de Fonética Experimental*, revista publicada por el Laboratorio de Fonética de la Universidad de Barcelona.

Fernando Martínez-Gil   Es Profesor Titular de Lingüística Hispánica en el Departamento de Español y Portugués de la Universidad de Ohio. Ha coeditado diversos volúmenes sobre fonología del español, entre los que figuran, entre otros mencionables, *Advances in Hispanic Linguistics* y *Optimality-Theoretic Studies in Spanish Phonology*. Sus líneas de investigación incluyen la fonología del español y del gallego, así como la fonología histórica del español y de las lenguas ibero-románicas en general.

Violeta Martínez-Paricio   Es Doctora en Lingüística General por la Universidad de Tromsø y, actualmente, es Profesora Titular de Lingüística General en el Departamento de Teoría de los Lenguajes y Ciencias de la Comunicación de la Universidad de Valencia. Su línea de investigación se centra en el estudio del componente fonológico del lenguaje y sus trabajos sobre fonología métrica y segmental se han publicado en revistas como *Phonology, Linguistics, Verba* y *Loquens*.

Isabel Molina Martos   Es Catedrática de Lengua Española en la Universidad de Alcalá, especialista en sociolingüística y dialectología hispánicas. Es investigadora del *Proyecto para el Estudio Sociolingüístico del Español de España y América* (PRESEEA), en cuyo marco realiza el estudio sociolingüístico de Madrid. Codirige, junto con Pilar García Mouton, el *Atlas Dialectal de Madrid*, y es miembro del comité español en las dos grandes obras de la geolingüística europea: el *Atlas Linguistique Roman* y el *Atlas Linguarum Europae*.

Rafael Núñez Cedeño   Es Catedrático (Emérito) de la Universidad de Illinois con especialidad en fonología, morfología y dialectología hispánicas. Entre sus libros destacan *La fonología moderna y el español de Santo Domingo, Morfología de la sufijación española, The Syllable and Stress,* y las coediciones de *Studies in Romance Languages, Estudios sobre la fonología del español del Caribe, Fonología generativa contemporánea de la lengua española contemporánea, Language Knowledge and Use* y *Desarrollos y procesos lingüísticos en el español dominicano*. Coedita la revista *Probus International Journal of Latin and Romance Linguistics*. Ha publicado numerosos artículos en revistas, enciclopedias y antologías.

Carlos Eduardo Piñeros   Es actualmente Profesor Titular de Lingüística Hispánica en la Universidad de Auckland, donde imparte cursos de fonología y morfología del español. La mayor parte de su investigación ha versado sobre temas de fonología tales como los procesos fonológicos y los inventarios fonémicos, pero sus trabajos más recientes exploran aspectos morfológicos como la actualización de las categorías gramaticales tanto verbales como nominales.

Dolors Poch Olivé   Es profesora de Lengua Española en el Departamento de Filología Española de la Universidad Autónoma de Barcelona. Sus publicaciones abarcan la descripción de las unidades segmentales del español, el análisis de la variación estilística en los sistemas vocálicos de las lenguas románicas, el estudio de las características fónicas del español de Cataluña, así como el estudio de la adquisición del sistema fonológico del español por parte de hablantes extranjeros. Ha sido redactora del volumen de *Fonética y fonología* de la *Nueva gramática de la lengua española* y del DVD adjunto, *Las voces del español: tiempo y espacio*.

Miguel Ángel Quesada Pacheco   Es Catedrático del Departamento de Lenguas Extranjeras de la Universidad de Bergen. Su trabajo de investigación se ciñe en particular al español hablado en América Central desde las perspectivas histórica, dialectológica, sociolingüística y etnolingüística. Además, se dedica a estudiar algunas lenguas de la familia chibchense, habladas en las partes central y sur del Istmo Centroamericano, tales como el pesh (Honduras), el boruca (Costa Rica) y el guaymí (Panamá).

Domingo Román Montes de Oca   Es académico de en la Universidad de Santiago de Chile donde está a cargo del Laboratorio de Fonética y de las asignaturas de fonética y fonología para pregrado y posgrado. Ha trabajado en fonética experimental y descriptiva, en particular, en asuntos de producción y percepción de fenómenos prosódicos y métricos.

Lourdes Romera Barrios   Es Profesora Titular de Universidad en el Departamento de Filología Catalana y Lingüística General de la Universidad de Barcelona, donde imparte cursos de fonética, de fonología y de tipología lingüística. Ha sido profesora en el Posgrado en Estudios Fónicos (CSIC-UIMP). Directora del Laboratorio de Fonética 'Eugenio Martínez Celdrán' de la Facultad de Filología y Comunicación (UB). Subdirectora de la revista *Estudios de Fonética Experimental*. Autora de la tesis *Problemas teóricos en fonología generativa* (1990).

Alexandre Veiga   Es Catedrático de Lengua Española en la Facultad de Humanidades de Lugo, Universidad de Santiago de Compostela, en la que codirige la revista *Moenia*, dedicada a lingüística y literatura. Es autor de una decena de libros y de numerosos artículos mayoritariamente centrados en el dominio de la lingüística hispánica, con atención preferente a la fonología y a la morfosintaxis verbal en las perspectivas sincrónica y diacrónica.

ÍNDICE DE MATERIAS POR APARTADOS

El presente índice de materias remite a los distintos apartados que conforman los capítulos integrantes de los dos volúmenes de la obra. La primera cifra componente de cada referencia corresponde al capítulo y la segunda, al apartado preciso que interesa mencionar.